2025

míni CÓDIGO saraiva

CIVIL
e Legislação Complementar

Inclui **MATERIAL SUPLEMENTAR**
Constituição Federal

saraiva jur

LEGISLAÇÃO BRASILEIRA

míni CÓDIGO saraiva

CIVIL

e Legislação Complementar

Lei n. 10.406, de 10 de janeiro de 2002,
acompanhada de Legislação Complementar, Súmulas e Índices.

31.ª edição
2025

- O Grupo Editorial Nacional | Saraiva Jur empenharam seus melhores esforços para assegurar que as informações e os procedimentos apresentados no texto estejam em acordo com os padrões aceitos à época da publicação, *e todos os dados foram atualizados até a data de fechamento do livro*. Entretanto, tendo em conta a evolução das ciências, as atualizações legislativas, as mudanças regulamentares governamentais e o constante fluxo de novas informações sobre os temas que constam do livro, recomendamos enfaticamente que os leitores consultem sempre outras fontes fidedignas, de modo a se certificarem de que as informações contidas no texto estão corretas e de que não houve alterações nas recomendações ou na legislação regulamentadora.

- Data do fechamento do livro: 17/01/2025

- A equipe e a editora se empenharam para citar adequadamente e dar o devido crédito a todos os detentores de direitos autorais de qualquer material utilizado neste livro, dispondo-se a possíveis acertos posteriores caso, inadvertida e involuntariamente, a identificação de algum deles tenha sido omitida.

- Direitos exclusivos para a língua portuguesa
  Copyright ©2025 by
  Saraiva Jur, um selo da SRV Editora Ltda.
  Uma editora integrante do GEN | Grupo Editorial Nacional
  Travessa do Ouvidor, 11
  Rio de Janeiro – RJ – 20040-040

- Atendimento ao cliente: https://www.editoradodireito.com.br/contato

- Reservados todos os direitos. É proibida a duplicação ou reprodução deste volume, no todo ou em parte, em quaisquer formas ou por quaisquer meios (eletrônico, mecânico, gravação, fotocópia, distribuição pela Internet ou outros), sem permissão, por escrito, da **SRV Editora Ltda.**

- Capa: Tiago Dela Rosa
  Diagramação: Adriana Aguiar

- **DADOS INTERNACIONAIS DE CATALOGAÇÃO NA PUBLICAÇÃO (CIP)
  VAGNER RODOLFO DA SILVA – CRB-8/9410**

S243m Saraiva
Minicódigo civil / Saraiva; organização Equipe Saraiva Jur – 31. ed. – São Paulo:
   Saraiva Jur, 2025.

1.008 p.
ISBN 978-85-5362-477-5 (Impresso)

1. Direito. 2. Direito civil. I. Título.

	CDD 347
2024-3405	CDU 347

Índices para catálogo sistemático:
1. Direito civil   347
2. Direito civil   347

Indicador Geral

Apresentação dos Códigos Saraiva	VII
Nota dos Organizadores	IX
Abreviaturas	XIII
Índice Cronológico da Legislação	XVII
Índice Sistemático do Código Civil	3
Código Civil (Lei n. 10.406, de 10-1-2002)	17
Legislação Complementar	177
Súmulas do Supremo Tribunal Federal	831
Súmulas Vinculantes	837
Súmulas do Superior Tribunal de Justiça	841
Índice Alfabético da Legislação Complementar e das Súmulas	851
Índice Alfabético-Remissivo do Código Civil	895

Constituição da República Federativa do Brasil, acesse:

> *https://uqr.to/1wwbe*

*O seu acesso tem validade de 12 meses a contar da data de fechamento desta edição.

Apresentação dos Códigos Saraiva

Pioneira na exemplar técnica desenvolvida de atualização de Códigos e Legislação, como comprova o avançado número de suas edições e versões, a Saraiva Jur apresenta sua consagrada "Coleção de Códigos", aumentada e atualizada.

Mantivemos, nesta edição, os diferenciais reconhecidos como vantajosos, a saber:

– composição, diagramação e *layout*, que justificam a **portabilidade**;

– texto na íntegra da **Constituição Federal** (acesso via *QR code* ou *link*);

– temas no alto da página indicando o **assunto tratado** naquele trecho do Código e da legislação complementar;

– **tarjas** laterais, que aceleram a pesquisa;

– texto de orelha (parte interna da capa) com **dicas** que facilitam a consulta rápida;

– notas **fundamentais** e índices facilitadores da consulta;

– destaques indicando as alterações legislativas de **2024 e 2025**;

– **negrito** para ressaltar artigos, títulos, capítulos, seções, súmulas e índices;

Organizar o produto ideal sempre constitui um desafio. Muitos perseguem essa meta. Mas, conjugados os esforços de nossa equipe ao parecer valioso de tantos cultores do Direito, acreditamos que esta ferramenta de trabalho e estudo seja diagnosticada como positiva.

Sempre receptivos a sugestões, desejamos a todos bom uso.

Organizadores

Nota dos Organizadores

CÓDIGO DE PROCESSO CIVIL

Elaborado por uma comissão de renomados juristas, depois de muita discussão e debate, foi aprovado pelo Senado Federal no final de 2014 e finalmente instituído pela **Lei n. 13.105, de 16 de março de 2015**, um novo Código de Processo Civil, com entrada em vigor após decorrido um ano de sua publicação (*DOU* de 17-3-2015).

➙ *VACATIO LEGIS*

No período de *vacatio legis* do novo CPC, alguns diplomas alterados por ele sofreram outras modificações, com períodos diferentes de vigência. Por se tratar de obra de legislação seca, que não deve alçar a esfera interpretativa e doutrinária, optamos, na atualização desta edição, pelo critério cronológico de entrada em vigor. Desta forma, procedemos às atualizações do novo CPC, mantendo, porém, logo abaixo, em nota remissiva, a alteração posterior.

CONSTITUIÇÃO FEDERAL E EMENDAS CONSTITUCIONAIS (material suplementar)

O texto completo da Constituição Federal e das emendas constitucionais poderá ser acessado através *QR Code* ou *link* abaixo:

Constituição da República Federativa do Brasil, acesse:

> *https://uqr.to/1wwbe*

*O seu acesso tem validade de 12 meses a contar da data de fechamento desta edição.

DESTAQUES

 ➙ dispositivos alterados em 2024 e 2025.

MINISTÉRIOS

Mantivemos a redação original nos textos dos Códigos e da Legislação Complementar, com a denominação dos Ministérios vigente à época da norma.

A Lei n. 14.600, de 19-6-2023, estabelece a organização básica dos órgãos da Presidência da República e dos Ministérios e dispõe em seu art. 17 sobre a denominação atual dos Ministérios.

NORMAS ALTERADORAS

Normas alteradoras são aquelas que não possuem texto próprio, mas apenas alteram outros diplomas, ou **cujo texto não é relevante para a obra**. Para facilitar a consulta, já processamos as alterações no texto da norma alterada.

NOTAS

As notas foram selecionadas de acordo com seu grau de importância, e estão separadas em fundamentais (grafadas com ••) e acessórias (grafadas com •).

PODER JUDICIÁRIO

– Os *Tribunais de Apelação*, a partir da promulgação da Constituição Federal de 1946, passaram a denominar-se *Tribunais de Justiça*.

– O *Tribunal Federal de Recursos* foi extinto pela Constituição Federal de 1988, nos termos do art. 27 do ADCT.

– Os *Tribunais de Alçada* foram extintos pela Emenda Constitucional n. 45, de 8 de dezembro de 2004, passando os seus membros a integrar os Tribunais de Justiça dos respectivos Estados.

SIGLAS

– OTN (OBRIGAÇÕES DO TESOURO NACIONAL)

A Lei n. 7.730, de 31 de janeiro de 1989, extinguiu a OTN Fiscal e a OTN de que trata o art. 6.º do Decreto-lei n. 2.284, de 10 de março de 1986.

A Lei n. 7.784, de 28 de junho de 1989, diz em seu art. 2.º que "todas as penalidades previstas na legislação em vigor em quantidades de Obrigações do Tesouro Nacional – OTN serão convertidas para Bônus do Tesouro Nacional – BTN, à razão de 1 para 6,92".

Com a Lei n. 8.177, de 1.º de março de 1991, ficaram extintos, a partir de 1.º de fevereiro de 1991, o BTN (Bônus do Tesouro Nacional), de que trata o art. 5.º da Lei n. 7.777, de 19 de junho de 1989, o BTN Fiscal, instituído pela Lei n. 7.799, de 10 de julho de 1989, e o MVR (Maior Valor de Referência). A mesma Lei n. 8.177/91 criou a TR (Taxa Referencial) e a TRD (Taxa Referencial Diária), que são divulgadas pelo Banco Central do Brasil. A Lei n. 8.660, de 28 de maio de 1993, estabeleceu novos critérios para a fixação da Taxa Referencial – TR e extinguiu a Taxa Referencial Diária – TRD.

A Lei n. 9.365, de 16 de dezembro de 1996, instituiu a Taxa de Juros de Longo Prazo – TJLP.

– URV (UNIDADE REAL DE VALOR)

Com a Lei n. 8.880, de 27 de maio de 1994, foi instituída a Unidade Real de Valor – URV, para integrar o Sistema Monetário Nacional, sendo extinta pela Lei n. 9.069, de 29 de junho de 1995.

– UFIR (UNIDADE FISCAL DE REFERÊNCIA)

A Lei n. 8.383, de 30 de dezembro de 1991, "instituiu a UFIR (Unidade Fiscal de Referência) como medida de valor e parâmetro de atualização monetária de tributos e de valores expressos em cruzeiros na legislação tributária federal, bem como os relativos a multas e penalidades de qualquer natureza".

O art. 43 da Lei n. 9.069, de 29 de junho de 1995, extinguiu, a partir de 1.º de setembro de 1994, a UFIR diária de que trata a Lei n. 8.383, de 30 de dezembro de 1991.

A Lei n. 8.981, de 20 de janeiro de 1995, que altera a legislação tributária, fixa em seu art. 1.º a expressão monetária da Unidade Fiscal de Referência – UFIR.

O art. 6.º da Lei n. 10.192, de 14 de fevereiro de 2001, disciplinou o reajuste semestral da UFIR durante o ano de 1996 e anualmente após 1.º de janeiro de 1997. O § 3.º do art. 29 da Lei n. 10.522, de 19 de julho de 2002, extinguiu a UFIR, estabelecendo a reconversão dos créditos para o Real, para fins de débitos de qualquer natureza com a Fazenda Nacional.

– BNH (BANCO NACIONAL DA HABITAÇÃO)

O art. 1.º do Decreto-lei n. 2.291, de 21 de novembro de 1986 diz em seu *caput*: "é extinto o Banco Nacional da Habitação – BNH, empresa pública de que trata a Lei n. 5.762, de 14 de dezembro de 1971, por incorporação à Caixa Econômica Federal – CEF". A CEF sucede ao BNH a partir de então. Regulamenta a Caixa Econômica Federal o Decreto n. 6.473, de 5 de junho de 2008.

Mantivemos, nos textos legislativos constantes deste Código, as referências feitas ao BNH.

– INCRA (INSTITUTO NACIONAL DE COLONIZAÇÃO E REFORMA AGRÁRIA)

Havia sido extinto pelo Decreto-lei n. 2.363, de 21 de outubro de 1987. Foi restabelecido, a partir de 31 de março de 1989, data de publicação do Decreto Legislativo n. 2, de 29 de março de 1989, pelo Decreto n. 97.886, de 28 de junho de 1989.

SÚMULAS

Constam deste volume apenas as Súmulas do STF e do STJ relacionadas à legislação civil.

Sendo assim, a inexistência de súmulas nesta obra não significa que elas tenham sido revogadas ou estejam prejudicadas.

Foram disponibilizadas todas as súmulas vinculantes do STF, tendo em vista seu interesse constitucional.

Em virtude de eventual proibição do uso de súmulas em provas, inserimos nesta edição um recuo na parte destinada a elas, para a utilização de grampeador sem prejuízo do conteúdo da obra.

TEXTOS PARCIAIS

Alguns diplomas deixam de constar integralmente. Nosso propósito foi o de criar espaço para normas mais utilizadas no dia a dia dos profissionais e acadêmicos. A obra mais ampla atenderá aqueles que, ao longo de tantos anos, vêm prestigiando nossos Códigos.

VALORES

São originais todos os valores citados na legislação constante deste Código.

Como muitos valores não comportavam transformação, em face das inúmeras modificações impostas à nossa moeda, entendemos que esta seria a melhor das medidas. Para conhecimento de nossos consulentes, este o histórico de nossa moeda:

a) O Decreto-lei n. 4.791, de 5 de outubro de 1942, instituiu o CRUZEIRO como unidade monetária brasileira, denominada CENTAVO a sua centésima parte. O cruzeiro passava a corresponder a mil-réis.

Nota dos Organizadores

b) A Lei n. 4.511, de 1.º de dezembro de 1964, manteve o CRUZEIRO, mas determinou a extinção do CENTAVO.

c) O Decreto-lei n. 1, de 13 de novembro de 1965, instituiu o CRUZEIRO NOVO, correspondendo o cruzeiro até então vigente a um milésimo do cruzeiro novo, restabelecido o centavo. Sua vigência foi fixada para a partir de 13 de fevereiro de 1967, conforme Resolução n. 47, de 8 de fevereiro de 1967, do Banco Central da República do Brasil.

d) A Resolução n. 144, de 31 de março de 1970, do Banco Central do Brasil, determinou que a unidade do sistema monetário brasileiro passasse a denominar-se CRUZEIRO.

e) A Lei n. 7.214, de 15 de agosto de 1984, extinguiu o CENTAVO.

f) O Decreto-lei n. 2.284, de 10 de março de 1986, criou o CRUZADO, em substituição ao CRUZEIRO, correspondendo o cruzeiro a um milésimo do cruzado.

g) A Lei n. 7.730, de 31 de janeiro de 1989, instituiu o CRUZADO NOVO em substituição ao CRUZADO e manteve o CENTAVO. O cruzado novo correspondeu a um mil cruzados.

h) Por determinação da Lei n. 8.024, de 12 de abril de 1990, a moeda nacional passou a denominar-se CRUZEIRO, sem outra modificação, mantido o centavo e correspondendo o cruzeiro a um cruzado novo.

i) A Lei n. 8.697, de 27 de agosto de 1993, alterou a moeda nacional, estabelecendo a denominação CRUZEIRO REAL para a unidade do sistema monetário brasileiro. A unidade equivalia a um mil cruzeiros e sua centésima parte denominava-se CENTAVO.

j) A Lei n. 8.880, de 27 de maio de 1994, dispondo sobre o Programa de Estabilização Econômica e o Sistema Monetário Nacional, instituiu a UNIDADE REAL DE VALOR — URV.

k) A unidade do Sistema Monetário Nacional, por determinação da Lei n. 9.069, de 29 de junho de 1995 (art. 1.º), passou a ser o REAL. As importâncias em dinheiro serão grafadas precedidas do símbolo R$ (art. 1.º, § 1.º). A centésima parte do REAL, denominada "centavo", será escrita sob a forma decimal, precedida da vírgula que segue a unidade (art. 1.º, § 2.º).

Organizadores

Abreviaturas

ADC(s) – Ação(ões) Declaratória(s) de Constitucionalidade
ADCT – Ato das Disposições Constitucionais Transitórias
ADI(s) – Ação(ões) Direta(s) de Inconstitucionalidade
ADPF – Arguição de Descumprimento de Preceito Fundamental
AGU – Advocacia-Geral da União
ANAC – Agência Nacional de Aviação Civil
BACEN – Banco Central do Brasil
BTN – Bônus do Tesouro Nacional
CADE – Conselho Administrativo de Defesa Econômica
CBA – Código Brasileiro de Aeronáutica (Lei n. 7.565, de 19-12-1986)
CC – Código Civil (Lei n. 10.406, de 10-1-2002)
c/c – combinado com
CCom – Código Comercial (Lei n. 556, de 25-6-1850)
CDC – Código de Proteção e Defesa do Consumidor (Lei n. 8.078, de 11-9-1990)
CE – Código Eleitoral (Lei n. 4.737, de 15-7-1965)
CETRAN – Conselhos Estaduais de Trânsito
CF – Constituição Federal
CGSIM – Comitê para Gestão da Rede Nacional para a Simplificação do Registro e da Legalização de Empresas e Negócios
CGSN – Comitê Gestor do Simples Nacional
CGU – Controladoria-Geral da União
CJF – Conselho da Justiça Federal
CLT – Consolidação das Leis do Trabalho (Decreto-lei n. 5.452, de 1.º-5-1943)
CNAP – Cadastro Nacional de Aprendizagem Profissional
CNDT – Certidão Negativa de Débitos Trabalhistas
CNDU – Conselho Nacional de Desenvolvimento Urbano
CNE – Conselho Nacional de Educação
CNEP – Cadastro Nacional de Empresas Punidas
CNI – Conselho Nacional de Imigração
CNJ – Conselho Nacional de Justiça
CNMP – Conselho Nacional do Ministério Público
CNPCP – Conselho Nacional de Política Criminal e Penitenciária
COAF – Conselho de Controle de Atividades Financeiras
COIJUV – Comitê Interministerial da Política da Juventude
CONAMA – Conselho Nacional do Meio Ambiente

Abreviaturas

CONANDA	–	Conselho Nacional dos Direitos da Criança e do Adolescente
CONASP	–	Conselho Nacional de Segurança Pública
CONTRADIFE	–	Conselho de Trânsito do Distrito Federal
CONTRAN	–	Conselho Nacional de Trânsito
CP	–	Código Penal (Decreto-lei n. 2.848, de 7-12-1940)
CPC	–	Código de Processo Civil (Lei n. 13.105, de 16-3-2015)
CPM	–	Código Penal Militar (Decreto-lei n. 1.001, de 21-10-1969)
CPP	–	Código de Processo Penal (Decreto-lei n. 3.689, de 3-10-1941)
CPPM	–	Código de Processo Penal Militar (Decreto-lei n. 1.002, de 21-10-1969)
CRPS	–	Conselho de Recursos da Previdência Social
CTB	–	Código de Trânsito Brasileiro (Lei n. 9.503, de 23-9-1997)
CTN	–	Código Tributário Nacional (Lei n. 5.172, de 25-10-1966)
CTPS	–	Carteira de Trabalho e Previdência Social
CVM	–	Comissão de Valores Mobiliários
DJE	–	*Diário da Justiça Eletrônico*
DJU	–	*Diário da Justiça da União*
DNRC	–	Departamento Nacional de Registro do Comércio
DOU	–	*Diário Oficial da União*
DPU	–	Defensoria Pública da União
DREI	–	Departamento de Registro Empresarial e Integração
EAOAB	–	Estatuto da Advocacia e da Ordem dos Advogados do Brasil (Lei n. 8.906, de 4-7-1994)
EC	–	Emenda Constitucional
ECA	–	Estatuto da Criança e do Adolescente (Lei n. 8.069, de 13-7-1990)
EIRELI	–	Empresa Individual de Responsabilidade Limitada
FCDF	–	Fundo Constitucional do Distrito Federal
FGTS	–	Fundo de Garantia do Tempo de Serviço
FONAJE	–	Fórum Nacional de Juizados Especiais
INSS	–	Instituto Nacional do Seguro Social
JARI	–	Juntas Administrativas de Recursos de Infrações
JEFs	–	Juizados Especiais Federais
LCP	–	Lei das Contravenções Penais (Decreto-lei n. 3.688, de 3-10-1941)
LDA	–	Lei de Direitos Autorais (Lei n. 9.610, de 19-2-1998)
LEF	–	Lei de Execução Fiscal (Lei n. 6.830, 22-9-1980)
LEP	–	Lei de Execução Penal (Lei n. 7.210, de 11-7-1984)
LINDB	–	Lei de Introdução às Normas do Direito Brasileiro (Decreto-lei n. 4.657, de 4-9-1942)
LOMN	–	Lei Orgânica da Magistratura Nacional (Lei Complementar n. 35, de 14-3-1979)
LPI	–	Lei de Propriedade Industrial (Lei n. 9.279, de 14-5-1996)
LRP	–	Lei de Registros Públicos (Lei n. 6.015, de 31-12-1973)
LSA	–	Lei de Sociedades Anônimas (Lei n. 6.404, de 15-12-1976)

Abreviaturas

MEC	–	Ministério da Educação
MJSP	–	Ministério da Justiça e Segurança Pública
MTE	–	Ministério do Trabalho e Emprego
MVR	–	Maior Valor de Referência
OIT	–	Organização Internacional do Trabalho
OTN	–	Obrigações do Tesouro Nacional
PIA	–	Plano Individual de Atendimento
PNC	–	Plano Nacional de Cultura
PRONAC	–	Programa Nacional de Apoio à Cultura
PRONAICA	–	Programa Nacional de Atenção Integral à Criança e ao Adolescente
PRONASCI	–	Programa Nacional de Segurança Pública com Cidadania
RENACH	–	Registro Nacional de Carteiras de Habilitação
RENAVAM	–	Registro Nacional de Veículos Automotores
s.	–	seguinte(s)
SERP	–	Sistema Eletrônico dos Registros Públicos
SINAMOB	–	Sistema Nacional de Mobilização
SINAJUVE	–	Sistema Nacional de Juventude
SINASE	–	Sistema Nacional de Atendimento Socioeducativo
SNDC	–	Sistema Nacional de Defesa do Consumidor
SNIIC	–	Sistema Nacional de Informação e Indicadores Culturais
SNJ	–	Secretaria Nacional de Justiça
STF	–	Supremo Tribunal Federal
STJ	–	Superior Tribunal de Justiça
STM	–	Superior Tribunal Militar
SUDAM	–	Superintendência de Desenvolvimento da Amazônia
SUDECO	–	Superintendência de Desenvolvimento do Centro-Oeste
SUDENE	–	Superintendência de Desenvolvimento do Nordeste
SUFRAMA	–	Superintendência da Zona Franca de Manaus
SUS	–	Sistema Único de Saúde
SUSEP	–	Superintendência de Seguros Privados
TCU	–	Tribunal de Contas da União
TFR	–	Tribunal Federal de Recursos
TJLP	–	Taxa de Juros de Longo Prazo
TR	–	Taxa Referencial
TRD	–	Taxa Referencial Diária
TRF	–	Tribunal Regional Federal
TSE	–	Tribunal Superior Eleitoral
TST	–	Tribunal Superior do Trabalho
UFIR	–	Unidade Fiscal de Referência
URV	–	Unidade Real de Valor

Índice Cronológico da Legislação

DECRETOS:

- **2.681** – de 7-12-1912 (Responsabilidade civil) 179
- **20.910** – de 6-1-1932 (Prescrição) 181
- **22.626** – de 7-4-1933 (Usura) 182
- **2.556** – de 20-4-1998 (Direitos autorais) 515
- **3.725** – de 10-1-2001 (Bens da União) 542
- **8.771** – de 11-5-2016 (Marco Civil da Internet – regulamento) 698
- **9.574** – de 22-11-2018 (Gestão Coletiva de Direitos Autorais) 764
- **9.830** – de 10-6-2019 (LINDB – Regulamento) 772
- **10.178** – de 18-12-2019 (Liberdade econômica – regulamentação do risco das atividades econômicas) 783
- **10.229** – de 5-2-2020 (Liberdade econômica – regulamentação do direito de exploração de atividade econômica em desacordo com a norma técnica desatualizada) 787

DECRETOS-LEIS:

- **3.200** – de 19-4-1941 (Casamento) 183
- **3.365** – de 21-6-1941 (Desapropriação) 189
- **4.597** – de 19-8-1942 (Prescrição) 196
- **4.657** – de 4-9-1942 (LINDB) 197
- **6.777** – de 8-8-1944 (Imóveis) 201
- **9.760** – de 5-9-1946 (Bens da União) 202
- **41** – de 18-11-1966 (Sociedades civis) 255
- **911** – de 1.º-10-1969 (Alienação fiduciária) 259
- **1.075** – de 22-1-1970 (Desapropriação) 264

LEIS:

- **662** – de 6-4-1949 (Feriados) 226
- **765** – de 14-7-1949 (Registro civil) 226
- **810** – de 6-9-1949 (Ano civil) 227
- **1.060** – de 5-2-1950 (Assistência judiciária) 227
- **1.110** – de 23-5-1950 (Casamento) 228
- **2.313** – de 3-9-1954 (Depósito de bens) 229
- **4.132** – de 10-9-1962 (Desapropriação) 230
- **4.591** – de 16-12-1964 (Condomínio em edificações) 231
- **5.478** – de 25-7-1968 (Alimentos) 256
- **6.015** – de 31-12-1973 (Registros públicos) 265

Índice Cronológico da Legislação

6.515 – de 26-12-1977 (Divórcio) 319
6.766 – de 19-12-1979 (Parcelamento do solo urbano) 323
6.899 – de 8-4-1981 (Correção monetária) 338
6.938 – de 31-8-1981 (Política Nacional do Meio Ambiente) 339
7.089 – de 23-3-1983 (Juros) 348
7.115 – de 29-8-1983 (Prova documental) 348
7.116 – de 29-8-1983 (Documentos) 348
8.009 – de 29-3-1990 (Bem de família) 350
8.069 – de 13-7-1990 (Estatuto da Criança e do Adolescente) .. 351
8.078 – de 11-9-1990 (Código do Consumidor) 409
8.245 – de 18-10-1991 (Locações) 430
8.560 – de 29-12-1992 (Investigação de paternidade) 444
8.617 – de 4-1-1993 (Mar Territorial) 445
8.934 – de 18-11-1994 (Registros públicos) 447
8.935 – de 18-11-1994 (Registros públicos) 456
8.971 – de 29-12-1994 (União estável) 464
9.029 – de 13-4-1995 (Atestado de gravidez) 465
9.049 – de 18-5-1995 (Documentos) 466
9.051 – de 18-5-1995 (Cidadania) 466
9.093 – de 12-9-1995 (Feriados) 466
9.096 – de 19-9-1995 (Partidos políticos) 467
9.265 – de 12-2-1996 (Cidadania) 472
9.278 – de 10-5-1996 (União estável) 473
9.307 – de 23-9-1996 (Arbitragem) 473
9.434 – de 4-2-1997 (Transplantes) 480
9.454 – de 7-4-1997 (Registro de Identidade Civil) 483
9.514 – de 20-11-1997 (Alienação fiduciária) 483
9.534 – de 10-12-1997 (Registros públicos) 493
9.609 – de 19-2-1998 (Propriedade Intelectual) 494
9.610 – de 19-2-1998 (Direitos autorais) 497
9.636 – de 15-5-1998 (Bens da União) 515
9.807 – de 13-7-1999 (Proteção a vítimas e testemunhas) 540
10.257 – de 10-7-2001 (Estatuto da Cidade) 548
10.308 – de 20-11-2001 (Depósito de Rejeitos Radioativos) 562
10.406 – de 10-1-2002 (Código Civil) 17
10.741 – de 1.º-10-2003 (Estatuto da Pessoa Idosa) 564
10.744 – de 9-10-2003 (Responsabilidade civil) 581
10.931 – de 2-8-2004 (Incorporações imobiliárias) 582

Índice Cronológico da Legislação

11.340 – de 7-8-2006 (Violência doméstica).. 590
11.804 – de 5-11-2008 (Alimentos gravídicos)... 621
12.010 – de 3-8-2009 (Adoção).. 621
12.318 – de 26-8-2010 (Alienação parental) 622
12.414 – de 9-6-2011 (Cadastro positivo)... 624
12.594 – de 18-1-2012 (Sinase)... 629
12.662 – de 5-6-2012 (Declaração de Nascido Vivo – DNV) 642
12.846 – de 1.º-8-2013 (Responsabilidade civil).. 643
12.852 – de 5-8-2013 (Estatuto da Juventude)... 649
12.853 – de 14-8-2013 (Direitos autorais) 657
12.965 – de 23-4-2014 (Marco Civil da Internet)... 658
13.097 – de 19-1-2015 (Letra Imobiliária Garantida) 665
13.146 – de 6-7-2015 (Estatuto da Pessoa com Deficiência)... 672
13.185 – de 6-11-2015 (*Bullying*)... 690
13.188 – de 11-11-2015 (Direito de resposta).. 691
13.257 – de 8-3-2016 (Primeira infância) 694
13.431 – de 4-4-2017 (Criança e adolescente vítima ou testemunha de violência) 701
13.445 – de 24-5-2017 (Lei de Migração) 707
13.465 – de 11-7-2017 (Regularização fundiária rural e urbana)... 724
13.709 – de 14-8-2018 (Lei Geral de Proteção de Dados Pessoais).. 744
13.874 – de 20-9-2019 (Liberdade econômica).. 777
14.010 – de 10-6-2020 (Regime Jurídico Emergencial e Transitório das Relações
Jurídicas de Direito Privado (RJET) – Covid-19) 789
14.195 – de 26-8-2021 (Lei sobre ambiente de negócios)... 794
14.216 – de 7-10-2021 (Despejo ou desocupação de imóvel urbano – Coronavírus)......... 798
14.344 – de 24-5-2022 (Lei "Henry Borel")... 800
14.382 – de 27-6-2022 (Sistema Eletrônico dos Registros Públicos – SERP)......................... 806
14.534 – de 11-1-2023 (Número único para documentos)... 810
14.711 – de 30-10-2023 (Marco Legal das Garantias)... 811
14.826 – de 20-3-2024 (Parentalidade positiva).. 814
14.905 – de 28-6-2024 (Juros)... 815
15.040 – de 9-12-2024 (Marco Legal dos Seguros).. 816

LEIS COMPLEMENTARES:
123 – de 14-12-2006 (Estatuto da Microempresa) 600
182 – de 1.º-6-2021 (Marco Legal das *Startups*) 791

MEDIDAS PROVISÓRIAS:
2.172-32 – de 23-8-2001 (Inversão do ônus da prova).. 559
2.220 – de 4-9-2001 (Concessão de uso) 560

PORTARIAS:

- **4** – de 13-3-1998 (Cláusulas abusivas) 514
- **3** – de 19-3-1999 (Cláusulas abusivas) 539
- **3** – de 15-3-2001 (Cláusulas abusivas) 547
- **5** – de 27-8-2002 (Cláusulas abusivas) 564

Código Civil

Índice Sistemático do Código Civil

(Lei n. 10.406, de 10-1-2002)

PARTE GERAL

Livro I

DAS PESSOAS

Título I

DAS PESSOAS NATURAIS

Capítulo I – Da personalidade e da capacidade – arts. 1.º a 10	17
Capítulo II – Dos direitos da personalidade – arts. 11 a 21	18
Capítulo III – Da ausência – arts. 22 a 39	19
Seção I – Da curadoria dos bens do ausente – arts. 22 a 25	19
Seção II – Da sucessão provisória – arts. 26 a 36	19
Seção III – Da sucessão definitiva – arts. 37 a 39	20

Título II

DAS PESSOAS JURÍDICAS

Capítulo I – Disposições gerais – arts. 40 a 52	20
Capítulo II – Das associações – arts. 53 a 61	22
Capítulo III – Das fundações – arts. 62 a 69	23

Título III

DO DOMICÍLIO

Arts. 70 a 78	24

Livro II

DOS BENS

Título Único

DAS DIFERENTES CLASSES DE BENS

Capítulo I – Dos bens considerados em si mesmos – arts. 79 a 91	25
Seção I – Dos bens imóveis – arts. 79 a 81	25
Seção II – Dos bens móveis – arts. 82 a 84	25
Seção III – Dos bens fungíveis e consumíveis – arts. 85 e 86	25
Seção IV – Dos bens divisíveis – arts. 87 e 88	25
Seção V – Dos bens singulares e coletivos – arts. 89 a 91	25

Capítulo II – Dos bens reciprocamente considerados – arts. 92 a 97 25
Capítulo III – Dos bens públicos – arts. 98 a 103 26

Livro III
DOS FATOS JURÍDICOS

Título I
DO NEGÓCIO JURÍDICO

Capítulo I – Disposições gerais – arts. 104 a 114 26
Capítulo II – Da representação – arts. 115 a 120 27
Capítulo III – Da condição, do termo e do encargo – arts. 121 a 137 27
Capítulo IV – Dos defeitos do negócio jurídico – arts. 138 a 165 28
   Seção I – Do erro ou ignorância – arts. 138 a 144 28
   Seção II – Do dolo – arts. 145 a 150 29
   Seção III – Da coação – arts. 151 a 155 29
   Seção IV – Do estado de perigo – art. 156 29
   Seção V – Da lesão – art. 157 29
   Seção VI – Da fraude contra credores – arts. 158 a 165 29
Capítulo V – Da invalidade do negócio jurídico – arts. 166 a 184 30

Título II
DOS ATOS JURÍDICOS LÍCITOS

Art. 185 31

Título III
DOS ATOS ILÍCITOS

Arts. 186 a 188 31

Título IV
DA PRESCRIÇÃO E DA DECADÊNCIA

Capítulo I – Da prescrição – arts. 189 a 206-A 31
   Seção I – Disposições gerais – arts. 189 a 196 31
   Seção II – Das causas que impedem ou suspendem a prescrição – arts. 197 a 201 32
   Seção III – Das causas que interrompem a prescrição – arts. 202 a 204 32
   Seção IV – Dos prazos da prescrição – arts. 205 a 206-A 32
Capítulo II – Da decadência – arts. 207 a 211 33

Título V
DA PROVA

Arts. 212 a 232 33

PARTE ESPECIAL

Livro I
DO DIREITO DAS OBRIGAÇÕES

Título I
DAS MODALIDADES DAS OBRIGAÇÕES

Capítulo I – Das obrigações de dar – arts. 233 a 246	35
Seção I – Das obrigações de dar coisa certa – arts. 233 a 242	35
Seção II – Das obrigações de dar coisa incerta – arts. 243 a 246	36
Capítulo II – Das obrigações de fazer – arts. 247 a 249	36
Capítulo III – Das obrigações de não fazer – arts. 250 e 251	36
Capítulo IV – Das obrigações alternativas – arts. 252 a 256	36
Capítulo V – Das obrigações divisíveis e indivisíveis – arts. 257 a 263	36
Capítulo VI – Das obrigações solidárias – arts. 264 a 285	37
Seção I – Disposições gerais – arts. 264 a 266	37
Seção II – Da solidariedade ativa – arts. 267 a 274	37
Seção III – Da solidariedade passiva – arts. 275 a 285	37

Título II
DA TRANSMISSÃO DAS OBRIGAÇÕES

Capítulo I – Da cessão de crédito – arts. 286 a 298	38
Capítulo II – Da assunção de dívida – arts. 299 a 303	39

Título III
DO ADIMPLEMENTO E EXTINÇÃO DAS OBRIGAÇÕES

Capítulo I – Do pagamento – arts. 304 a 333	39
Seção I – De quem deve pagar – arts. 304 a 307	39
Seção II – Daqueles a quem se deve pagar – arts. 308 a 312	39
Seção III – Do objeto do pagamento e sua prova – arts. 313 a 326	39
Seção IV – Do lugar do pagamento – arts. 327 a 330	40
Seção V – Do tempo do pagamento – arts. 331 a 333	40
Capítulo II – Do pagamento em consignação – arts. 334 a 345	40
Capítulo III – Do pagamento com sub-rogação – arts. 346 a 351	41
Capítulo IV – Da imputação do pagamento – arts. 352 a 355	41
Capítulo V – Da dação em pagamento – arts. 356 a 359	42
Capítulo VI – Da novação – arts. 360 a 367	42
Capítulo VII – Da compensação – arts. 368 a 380	42
Capítulo VIII – Da confusão – arts. 381 a 384	43
Capítulo IX – Da remissão das dívidas – arts. 385 a 388	43

Título IV
DO INADIMPLEMENTO DAS OBRIGAÇÕES

Capítulo I – Disposições gerais – arts. 389 a 393 43
Capítulo II – Da mora – arts. 394 a 401 43
Capítulo III – Das perdas e danos – arts. 402 a 405 44
Capítulo IV – Dos juros legais – arts. 406 e 407 44
Capítulo V – Da cláusula penal – arts. 408 a 416 44
Capítulo VI – Das arras ou sinal – arts. 417 a 420 45

Título V
DOS CONTRATOS EM GERAL

Capítulo I – Disposições gerais – arts. 421 a 471 ....
    Seção I – Preliminares – arts. 421 a 426 45
    Seção II – Da formação dos contratos – arts. 427 a 435 46
    Seção III – Da estipulação em favor de terceiro – arts. 436 a 438 46
    Seção IV – Da promessa de fato de terceiro – arts. 439 e 440 46
    Seção V – Dos vícios redibitórios – arts. 441 a 446 47
    Seção VI – Da evicção – arts. 447 a 457 47
    Seção VII – Dos contratos aleatórios – arts. 458 a 461 47
    Seção VIII – Do contrato preliminar – arts. 462 a 466 48
    Seção IX – Do contrato com pessoa a declarar – arts. 467 a 471 48
Capítulo II – Da extinção do contrato – arts. 472 a 480 48
    Seção I – Do distrato – arts. 472 e 473 48
    Seção II – Da cláusula resolutiva – arts. 474 e 475 48
    Seção III – Da exceção de contrato não cumprido – arts. 476 e 477 49
    Seção IV – Da resolução por onerosidade excessiva – arts. 478 a 480 49

Título VI
DAS VÁRIAS ESPÉCIES DE CONTRATO

Capítulo I – Da compra e venda – arts. 481 a 532 49
    Seção I – Disposições gerais – arts. 481 a 504 49
    Seção II – Das cláusulas especiais à compra e venda – arts. 505 a 532 50
        Subseção I – Da retrovenda – arts. 505 a 508 50
        Subseção II – Da venda a contento e da sujeita a prova – arts. 509 a 512 51
        Subseção III – Da preempção ou preferência – arts. 513 a 520 51
        Subseção IV – Da venda com reserva de domínio – arts. 521 a 528 51
        Subseção V – Da venda sobre documentos – arts. 529 a 532 52
Capítulo II – Da troca ou permuta – art. 533 52
Capítulo III – Do contrato estimatório – arts. 534 a 537 52
Capítulo IV – Da doação – arts. 538 a 564 52

Seção I – Disposições gerais – arts. 538 a 554... 52
Seção II – Da revogação da doação – arts. 555 a 564.. 53
CAPÍTULO V – Da locação de coisas – arts. 565 a 578... 54
CAPÍTULO VI – Do empréstimo – arts. 579 a 592... 55
Seção I – Do comodato – arts. 579 a 585.. 55
Seção II – Do mútuo – arts. 586 a 592... 55
CAPÍTULO VII – Da prestação de serviço – arts. 593 a 609.. 55
CAPÍTULO VIII – Da empreitada – arts. 610 a 626... 56
CAPÍTULO IX – Do depósito – arts. 627 a 652... 58
Seção I – Do depósito voluntário – arts. 627 a 646... 58
Seção II – Do depósito necessário – arts. 647 a 652... 59
CAPÍTULO X – Do mandato – arts. 653 a 692... 59
Seção I – Disposições gerais – arts. 653 a 666.. 59
Seção II – Das obrigações do mandatário – arts. 667 a 674... 60
Seção III – Das obrigações do mandante – arts. 675 a 681.. 61
Seção IV – Da extinção do mandato – arts. 682 a 691... 61
Seção V – Do mandato judicial – art. 692.. 61
CAPÍTULO XI – Da comissão – arts. 693 a 709... 62
CAPÍTULO XII – Da agência e distribuição – arts. 710 a 721.. 62
CAPÍTULO XIII – Da corretagem – arts. 722 a 729.. 63
CAPÍTULO XIV – Do transporte – arts. 730 a 756... 64
Seção I – Disposições gerais – arts. 730 a 733.. 64
Seção II – Do transporte de pessoas – arts. 734 a 742.. 64
Seção III – Do transporte de coisas – arts. 743 a 756... 65
CAPÍTULO XV – Do seguro – arts. 757 a 802.. 66
Seção I – Disposições gerais – arts. 757 a 777.. 66
Seção II – Do seguro de dano – arts. 778 a 788.. 67
Seção III – Do seguro de pessoa – arts. 789 a 802.. 68
CAPÍTULO XVI – Da constituição de renda – arts. 803 a 813.. 69
CAPÍTULO XVII – Do jogo e da aposta – arts. 814 a 817... 69
CAPÍTULO XVIII – Da fiança – arts. 818 a 839... 70
Seção I – Disposições gerais – arts. 818 a 826.. 70
Seção II – Dos efeitos da fiança – arts. 827 a 836.. 70
Seção III – Da extinção da fiança – arts. 837 a 839... 70
CAPÍTULO XIX – Da transação – arts. 840 a 850.. 71
CAPÍTULO XX – Do compromisso – arts. 851 a 853... 71
CAPÍTULO XXI – Do contrato de administração fiduciária de garantias – art. 853-A............................ 71

TÍTULO VII
DOS ATOS UNILATERAIS

CAPÍTULO I – Da promessa de recompensa – arts. 854 a 860... 72

Capítulo II – Da gestão de negócios – arts. 861 a 875 73
Capítulo III – Do pagamento indevido – arts. 876 a 883 73
Capítulo IV – Do enriquecimento sem causa – arts. 884 a 886 74

Título VIII
DOS TÍTULOS DE CRÉDITO

Capítulo I – Disposições gerais – arts. 887 a 903 74
Capítulo II – Do título ao portador – arts. 904 a 909 75
Capítulo III – Do título à ordem – arts. 910 a 920 75
Capítulo IV – Do título nominativo – arts. 921 a 926 76

Título IX
DA RESPONSABILIDADE CIVIL

Capítulo I – Da obrigação de indenizar – arts. 927 a 943 77
Capítulo II – Da indenização – arts. 944 a 954 78

Título X
DAS PREFERÊNCIAS E PRIVILÉGIOS CREDITÓRIOS

Arts. 955 a 965 79

Livro II
DO DIREITO DE EMPRESA

Título I
DO EMPRESÁRIO

Capítulo I – Da caracterização e da inscrição – arts. 966 a 971 79
Capítulo II – Da capacidade – arts. 972 a 980 80

Título I-A
DA EMPRESA INDIVIDUAL DE RESPONSABILIDADE LIMITADA *(REVOGADO)*

Art. 980-A 81

Título II
DA SOCIEDADE

Capítulo Único – Disposições gerais – arts. 981 a 985 81

Subtítulo I
DA SOCIEDADE NÃO PERSONIFICADA

Capítulo I – Da sociedade em comum – arts. 986 a 990 82
Capítulo II – Da sociedade em conta de participação – arts. 991 a 996 82

Subtítulo II
DA SOCIEDADE PERSONIFICADA

Capítulo I – Da sociedade simples – arts. 997 a 1.038	83
Seção I – Do contrato social – arts. 997 a 1.000	83
Seção II – Dos direitos e obrigações dos sócios – arts. 1.001 a 1.009	83
Seção III – Da administração – arts. 1.010 a 1.021	84
Seção IV – Das relações com terceiros – arts. 1.022 a 1.027	85
Seção V – Da resolução da sociedade em relação a um sócio – arts. 1.028 a 1.032	85
Seção VI – Da dissolução – arts. 1.033 a 1.038	86
Capítulo II – Da sociedade em nome coletivo – arts. 1.039 a 1.044	86
Capítulo III – Da sociedade em comandita simples – arts. 1.045 a 1.051	87
Capítulo IV – Da sociedade limitada – arts. 1.052 a 1.087	87
Seção I – Disposições preliminares – arts. 1.052 a 1.054	87
Seção II – Das quotas – arts. 1.055 a 1.059	88
Seção III – Da administração – arts. 1.060 a 1.065	88
Seção IV – Do conselho fiscal – arts. 1.066 a 1.070	88
Seção V – Das deliberações dos sócios – arts. 1.071 a 1.080-A	89
Seção VI – Do aumento e da redução do capital – arts. 1.081 a 1.084	91
Seção VII – Da resolução da sociedade em relação a sócios minoritários – arts. 1.085 e 1.086	91
Seção VIII – Da dissolução – art. 1.087	91
Capítulo V – Da sociedade anônima – arts. 1.088 e 1.089	92
Seção Única – Da caracterização – arts. 1.088 e 1.089	92
Capítulo VI – Da sociedade em comandita por ações – arts. 1.090 a 1.092	92
Capítulo VII – Da sociedade cooperativa – arts. 1.093 a 1.096	92
Capítulo VIII – Das sociedades coligadas – arts. 1.097 a 1.101	92
Capítulo IX – Da liquidação da sociedade – arts. 1.102 a 1.112	93
Capítulo X – Da transformação, da incorporação, da fusão e da cisão das sociedades – arts. 1.113 a 1.122	94
Capítulo XI – Da sociedade dependente de autorização – arts. 1.123 a 1.141	95
Seção I – Disposições gerais – arts. 1.123 a 1.125	95
Seção II – Da sociedade nacional – arts. 1.126 a 1.133	95
Seção III – Da sociedade estrangeira – arts. 1.134 a 1.141	95

Título III
DO ESTABELECIMENTO

Capítulo Único – Disposições gerais – arts. 1.142 a 1.149	97

Título IV
DOS INSTITUTOS COMPLEMENTARES

Capítulo I – Do registro – arts. 1.150 a 1.154	97

Capítulo II – Do nome empresarial – arts. 1.155 a 1.168.. 98
Capítulo III – Dos prepostos – arts. 1.169 a 1.178... 99
   Seção I – Disposições gerais – arts. 1.169 a 1.171.. 99
   Seção II – Do gerente – arts. 1.172 a 1.176... 99
   Seção III – Do contabilista e outros auxiliares – arts. 1.177 e 1.178.......................... 99
Capítulo IV – Da escrituração – arts. 1.179 a 1.195... 100

Livro III
DO DIREITO DAS COISAS

Título I
DA POSSE

Capítulo I – Da posse e sua classificação – arts. 1.196 a 1.203...................................... 101
Capítulo II – Da aquisição da posse – arts. 1.204 a 1.209.. 102
Capítulo III – Dos efeitos da posse – arts. 1.210 a 1.222... 102
Capítulo IV – Da perda da posse – arts. 1.223 e 1.224.. 103

Título II
DOS DIREITOS REAIS

Capítulo Único – Disposições gerais – arts. 1.225 a 1.227.. 103

Título III
DA PROPRIEDADE

Capítulo I – Da propriedade em geral – arts. 1.228 a 1.237.. 103
   Seção I – Disposições preliminares – arts. 1.228 a 1.232.. 103
   Seção II – Da descoberta – arts. 1.233 a 1.237.. 104
Capítulo II – Da aquisição da propriedade imóvel – arts. 1.238 a 1.259........................... 104
   Seção I – Da usucapião – arts. 1.238 a 1.244... 104
   Seção II – Da aquisição pelo registro do título – arts. 1.245 a 1.247........................ 105
   Seção III – Da aquisição por acessão – arts. 1.248 a 1.259.................................... 105
      Subseção I – Das ilhas – art. 1.249.. 105
      Subseção II – Da aluvião – art. 1.250... 105
      Subseção III – Da avulsão – art. 1.251.. 106
      Subseção IV – Do álveo abandonado – art. 1.252... 106
      Subseção V – Das construções e plantações – arts. 1.253 a 1.259..................... 106
Capítulo III – Da aquisição da propriedade móvel – arts. 1.260 a 1.274.......................... 106
   Seção I – Da usucapião – arts. 1.260 a 1.262... 106
   Seção II – Da ocupação – art. 1.263... 106
   Seção III – Do achado do tesouro – arts. 1.264 a 1.266.. 107
   Seção IV – Da tradição – arts. 1.267 e 1.268... 107

Seção V – Da especificação – arts. 1.269 a 1.271 107
Seção VI – Da confusão, da comissão e da adjunção – arts. 1.272 a 1.274 107
Capítulo IV – Da perda da propriedade – arts. 1.275 e 1.276 107
Capítulo V – Dos direitos de vizinhança – arts. 1.277 a 1.313 108
Seção I – Do uso anormal da propriedade – arts. 1.277 a 1.281 108
Seção II – Das árvores limítrofes – arts. 1.282 a 1.284 108
Seção III – Da passagem forçada – art. 1.285 108
Seção IV – Da passagem de cabos e tubulações – arts. 1.286 e 1.287 108
Seção V – Das águas – arts. 1.288 a 1.296 109
Seção VI – Dos limites entre prédios e do direito de tapagem – arts. 1.297 e 1.298 109
Seção VII – Do direito de construir – arts. 1.299 a 1.313 110
Capítulo VI – Do condomínio geral – arts. 1.314 a 1.330 111
Seção I – Do condomínio voluntário – arts. 1.314 a 1.326 111
Subseção I – Dos direitos e deveres dos condôminos – arts. 1.314 a 1.322 111
Subseção II – Da administração do condomínio – arts. 1.323 a 1.326 111
Seção II – Do condomínio necessário – arts. 1.327 a 1.330 112
Capítulo VII – Do condomínio edilício – arts. 1.331 a 1.358-A 112
Seção I – Disposições gerais – arts. 1.331 a 1.346 112
Seção II – Da administração do condomínio – arts. 1.347 a 1.356 114
Seção III – Da extinção do condomínio – arts. 1.357 e 1.358 116
Seção IV – Do condomínio de lotes – art. 1.358-A 116
Capítulo VII-A – Do condomínio em multipropriedade – arts. 1.358-B a 1.358-U 116
Seção I – Disposições gerais – arts. 1.358-B a 1.358-E 116
Seção II – Da instituição da multipropriedade – arts. 1.358-F a 1.358-H 117
Seção III – Dos direitos e das obrigações do multiproprietário – arts. 1.358-I a 1.358-K . 117
Seção IV – Da transferência da multipropriedade – art. 1.358-L 119
Seção V – Da administração da multipropriedade – arts. 1.358-M e 1.358-N 119
Seção VI – Disposições específicas relativas às unidades autônomas de condomínios edilícios – arts. 1.358-O a 1.358-U 120
Capítulo VIII – Da propriedade resolúvel – arts. 1.359 e 1.360 122
Capítulo IX – Da propriedade fiduciária – arts. 1.361 a 1.368-B 122
Capítulo X – Do fundo de investimento – arts. 1.368-C a 1.368-F 123

Título IV
DA SUPERFÍCIE

Arts. 1.369 a 1.377 124

Título V
DAS SERVIDÕES

Capítulo I – Da constituição das servidões – arts. 1.378 e 1.379 124
Capítulo II – Do exercício das servidões – arts. 1.380 a 1.386 124
Capítulo III – Da extinção das servidões – arts. 1.387 a 1.389 125

Título VI
DO USUFRUTO

Capítulo I – Disposições gerais – arts. 1.390 a 1.393 125
Capítulo II – Dos direitos do usufrutuário – arts. 1.394 a 1.399 125
Capítulo III – Dos deveres do usufrutuário – arts. 1.400 a 1.409 126
Capítulo IV – Da extinção do usufruto – arts. 1.410 e 1.411 126

Título VII
DO USO

Arts. 1.412 e 1.413 127

Título VIII
DA HABITAÇÃO

Arts. 1.414 a 1.416 127

Título IX
DO DIREITO DO PROMITENTE COMPRADOR

Arts. 1.417 e 1.418 127

Título X
DO PENHOR, DA HIPOTECA E DA ANTICRESE

Capítulo I – Disposições gerais – arts. 1.419 a 1.430 127
Capítulo II – Do penhor – arts. 1.431 a 1.472 128
   Seção I – Da constituição do penhor – arts. 1.431 e 1.432 128
   Seção II – Dos direitos do credor pignoratício – arts. 1.433 e 1.434 128
   Seção III – Das obrigações do credor pignoratício – art. 1.435 129
   Seção IV – Da extinção do penhor – arts. 1.436 e 1.437 129
   Seção V – Do penhor rural – arts. 1.438 a 1.446 129
      Subseção I – Disposições gerais – arts. 1.438 a 1.441 129
      Subseção II – Do penhor agrícola – arts. 1.442 e 1.443 130
      Subseção III – Do penhor pecuário – arts. 1.444 a 1.446 130
   Seção VI – Do penhor industrial e mercantil – arts. 1.447 a 1.450 130
   Seção VII – Do penhor de direitos e títulos de crédito – arts. 1.451 a 1.460 130
   Seção VIII – Do penhor de veículos – arts. 1.461 a 1.466 131
   Seção IX – Do penhor legal – arts. 1.467 a 1.472 131
Capítulo III – Da hipoteca – arts. 1.473 a 1.505 132
   Seção I – Disposições gerais – arts. 1.473 a 1.488 132
   Seção II – Da hipoteca legal – arts. 1.489 a 1.491 134
   Seção III – Do registro da hipoteca – arts. 1.492 a 1.498 134
   Seção IV – Da extinção da hipoteca – arts. 1.499 a 1.501 134
   Seção V – Da hipoteca de vias férreas – arts. 1.502 a 1.505 135
Capítulo IV – Da anticrese – arts. 1.506 a 1.510 135

Título XI
DA LAJE

Arts. 1.510-A a 1.510-E 135

Livro IV
DO DIREITO DE FAMÍLIA

Título I
DO DIREITO PESSOAL

Subtítulo I
DO CASAMENTO

Capítulo I – Disposições gerais – arts. 1.511 a 1.516	137
Capítulo II – Da capacidade para o casamento – arts. 1.517 a 1.520	137
Capítulo III – Dos impedimentos – arts. 1.521 e 1.522	137
Capítulo IV – Das causas suspensivas – arts. 1.523 e 1.524	138
Capítulo V – Do processo de habilitação para o casamento – arts. 1.525 a 1.532	138
Capítulo VI – Da celebração do casamento – arts. 1.533 a 1.542	139
Capítulo VII – Das provas do casamento – arts. 1.543 e 1.547	140
Capítulo VIII – Da invalidade do casamento – arts. 1.548 a 1.564	140
Capítulo IX – Da eficácia do casamento – arts. 1.565 a 1.570	142
Capítulo X – Da dissolução da sociedade e do vínculo conjugal – arts. 1.571 a 1.582	142
Capítulo XI – Da proteção da pessoa dos filhos – arts. 1.583 a 1.590	144

Subtítulo II
DAS RELAÇÕES DE PARENTESCO

Capítulo I – Disposições gerais – arts. 1.591 a 1.595	145
Capítulo II – Da filiação – arts. 1.596 a 1.606	145
Capítulo III – Do reconhecimento dos filhos – arts. 1.607 a 1.617	146
Capítulo IV – Da adoção – arts. 1.618 a 1.629	146
Capítulo V – Do poder familiar – arts. 1.630 a 1.638	147
Seção I – Disposições gerais – arts. 1.630 a 1.633	147
Seção II – Do exercício do poder familiar – art. 1.634	147
Seção III – Da suspensão e extinção do poder familiar – arts. 1.635 a 1.638	147

Título II
DO DIREITO PATRIMONIAL

Subtítulo I
DO REGIME DE BENS ENTRE OS CÔNJUGES

Capítulo I – Disposições gerais – arts. 1.639 a 1.652	148
Capítulo II – Do pacto antenupcial – arts. 1.653 a 1.657	149

Capítulo III – Do regime de comunhão parcial – arts. 1.658 a 1.666... 150
Capítulo IV – Do regime de comunhão universal – arts. 1.667 a 1.671..................................... 150
Capítulo V – Do regime de participação final nos aquestos – arts. 1.672 a 1.686..................... 151
Capítulo VI – Do regime de separação de bens – arts. 1.687 e 1.688....................................... 151

Subtítulo II
DO USUFRUTO E DA ADMINISTRAÇÃO DOS BENS DE FILHOS MENORES

Arts. 1.689 a 1.693... 151

Subtítulo III
DOS ALIMENTOS

Arts. 1.694 a 1.710... 152

Subtítulo IV
DO BEM DE FAMÍLIA

Arts. 1.711 a 1.722... 153

Título III
DA UNIÃO ESTÁVEL

Arts. 1.723 a 1.727... 154

Título IV
DA TUTELA, DA CURATELA E DA TOMADA DE DECISÃO APOIADA

Capítulo I – Da tutela – arts. 1.728 a 1.766.. 154
   Seção I – Dos tutores – arts. 1.728 a 1.734... 154
   Seção II – Dos incapazes de exercer a tutela – art. 1.735.. 155
   Seção III – Da escusa dos tutores – arts. 1.736 a 1.739... 155
   Seção IV – Do exercício da tutela – arts. 1.740 a 1.752.. 155
   Seção V – Dos bens do tutelado – arts. 1.753 e 1.754.. 156
   Seção VI – Da prestação de contas – arts. 1.755 a 1.762... 157
   Seção VII – Da cessação da tutela – arts. 1.763 a 1.766.. 157
Capítulo II – Da curatela – arts. 1.767 a 1.783... 157
   Seção I – Dos interditos – arts. 1.767 a 1.778... 157
   Seção II – Da curatela do nascituro e do enfermo ou portador de deficiência física – arts. 1.779 e 1.780... 158
   Seção III – Do exercício da curatela – arts. 1.781 a 1.783.. 159
Capítulo III – Da tomada de decisão apoiada – art. 1.783-A... 159

Livro V
DO DIREITO DAS SUCESSÕES
Título I
DA SUCESSÃO EM GERAL

Capítulo I – Disposições gerais – arts. 1.784 a 1.790... 159

Capítulo II – Da herança e de sua administração – arts. 1.791 a 1.797 160
Capítulo III – Da vocação hereditária – arts. 1.798 a 1.803................................. 160
Capítulo IV – Da aceitação e renúncia da herança – arts. 1.804 a 1.813 161
Capítulo V – Dos excluídos da sucessão – arts. 1.814 a 1.818 162
Capítulo VI – Da herança jacente – arts. 1.819 a 1.823....................................... 162
Capítulo VII – Da petição de herança – arts. 1.824 a 1.828................................. 163

Título II
DA SUCESSÃO LEGÍTIMA

Capítulo I – Da ordem da vocação hereditária – arts. 1.829 a 1.844.................... 163
Capítulo II – Dos herdeiros necessários – arts. 1.845 a 1.850............................. 164
Capítulo III – Do direito de representação – arts. 1.851 a 1.856......................... 164

Título III
DA SUCESSÃO TESTAMENTÁRIA

Capítulo I – Do testamento em geral – arts. 1.857 a 1.859................................. 164
Capítulo II – Da capacidade de testar – arts. 1.860 e 1.861................................ 165
Capítulo III – Das formas ordinárias do testamento – arts. 1.862 a 1.880........ 165
    Seção I – Disposições gerais – arts. 1.862 e 1.863.. 165
    Seção II – Do testamento público – arts. 1.864 a 1.867................................. 165
    Seção III – Do testamento cerrado – arts. 1.868 a 1.875................................ 165
    Seção IV – Do testamento particular – arts. 1.876 a 1.880............................ 166
Capítulo IV – Dos codicilos – arts. 1.881 a 1.885... 166
Capítulo V – Dos testamentos especiais – arts. 1.886 a 1.896 166
    Seção I – Disposições gerais – arts. 1.886 e 1.887.. 166
    Seção II – Do testamento marítimo e do testamento aeronáutico – arts. 1.888 a 1.892 166
    Seção III – Do testamento militar – arts. 1.893 a 1.896................................. 167
Capítulo VI – Das disposições testamentárias – arts. 1.897 a 1.911................... 167
Capítulo VII – Dos legados – arts. 1.912 a 1.940... 168
    Seção I – Disposições gerais – arts. 1.912 a 1.922... 168
    Seção II – Dos efeitos do legado e do seu pagamento – arts. 1.923 a 1.938 169
    Seção III – Da caducidade dos legados – arts. 1.939 e 1.940......................... 169
Capítulo VIII – Do direito de acrescer entre herdeiros e legatários – arts. 1.941 a 1.946...... 170
Capítulo IX – Das substituições – arts. 1.947 a 1.960... 170
    Seção I – Da substituição vulgar e da recíproca – arts. 1.947 a 1.950............ 170
    Seção II – Da substituição fideicomissária – arts. 1.951 a 1.960.................... 170
Capítulo X – Da deserdação – arts. 1.961 a 1.965 171
Capítulo XI – Da redução das disposições testamentárias – arts. 1.966 a 1.968 171
Capítulo XII – Da revogação do testamento – arts. 1.969 a 1.972...................... 172
Capítulo XIII – Do rompimento do testamento – arts. 1.973 a 1.975................. 172
Capítulo XIV – Do testamenteiro – arts. 1.976 a 1.990....................................... 172

Título IV
DO INVENTÁRIO E DA PARTILHA

Capítulo I – Do inventário – art. 1.991 173
Capítulo II – Dos sonegados – arts. 1.992 a 1.996 173
Capítulo III – Do pagamento das dívidas – arts. 1.997 a 2.001 173
Capítulo IV – Da colação – arts. 2.002 a 2.012 174
Capítulo V – Da partilha – arts. 2.013 a 2.022 174
Capítulo VI – Da garantia dos quinhões hereditários – arts. 2.023 a 2.026 175
Capítulo VII – Da anulação da partilha – art. 2.027 175

Livro Complementar
DAS DISPOSIÇÕES FINAIS E TRANSITÓRIAS

Arts. 2.028 a 2.046 175

Código Civil

LEI N. 10.406,
DE 10 DE JANEIRO DE 2002 (*)

Institui o Código Civil.

O Presidente da República

Faço saber que o Congresso Nacional decreta e eu sanciono a seguinte Lei:

PARTE GERAL
Livro I
DAS PESSOAS
Título I
DAS PESSOAS NATURAIS
Capítulo I
DA PERSONALIDADE E DA CAPACIDADE

Art. 1.º Toda pessoa é capaz de direitos e deveres na ordem civil.

Art. 2.º A personalidade civil da pessoa começa do nascimento com vida; mas a lei põe a salvo, desde a concepção, os direitos do nascituro.

Art. 3.º São absolutamente incapazes de exercer pessoalmente os atos da vida civil os menores de 16 (dezesseis) anos.

•• *Caput* com redação determinada pela Lei n. 13.146, de 6-7-2015.

I a III – (*Revogados pela Lei n. 13.146, de 6-7-2015.*)

Art. 4.º São incapazes, relativamente a certos atos ou à maneira de os exercer:

•• *Caput* com redação determinada pela Lei n. 13.146, de 6-7-2015.

I – os maiores de dezesseis e menores de dezoito anos;

II – os ébrios habituais e os viciados em tóxico;

•• Inciso II com redação determinada pela Lei n. 13.146, de 6-7-2015.

III – aqueles que, por causa transitória ou permanente, não puderem exprimir sua vontade;

•• Inciso III com redação determinada pela Lei n. 13.146, de 6-7-2015.

IV – os pródigos.

Parágrafo único. A capacidade dos indígenas será regulada por legislação especial.

•• Parágrafo único com redação determinada pela Lei n. 13.146, de 6-7-2015.

Art. 5.º A menoridade cessa aos dezoito anos completos, quando a pessoa fica habilitada à prática de todos os atos da vida civil.

Parágrafo único. Cessará, para os menores, a incapacidade:

I – pela concessão dos pais, ou de um deles na falta do outro, mediante instrumento público, independentemente de homologação judicial, ou por sentença do juiz, ouvido o tutor, se o menor tiver dezesseis anos completos;

II – pelo casamento;

III – pelo exercício de emprego público efetivo;

IV – pela colação de grau em curso de ensino superior;

V – pelo estabelecimento civil ou comercial, ou pela existência de relação de emprego, desde que, em função deles, o menor com dezesseis anos completos tenha economia própria.

Art. 6.º A existência da pessoa natural termina com a morte; presume-se esta, quanto aos ausentes, nos casos em que a lei autoriza a abertura de sucessão definitiva.

(*) Publicada no *DOU*, de 11-1-2002. A Lei n. 15.040, de 9-12-2024, revoga os arts. 757 a 802 desta Lei, após um ano de sua publicação (*DOU* de 10-12-2024).

Art. 7.º Pode ser declarada a morte presumida, sem decretação de ausência:

I – se for extremamente provável a morte de quem estava em perigo de vida;

II – se alguém, desaparecido em campanha ou feito prisioneiro, não for encontrado até dois anos após o término da guerra.

Parágrafo único. A declaração da morte presumida, nesses casos, somente poderá ser requerida depois de esgotadas as buscas e averiguações, devendo a sentença fixar a data provável do falecimento.

Art. 8.º Se dois ou mais indivíduos falecerem na mesma ocasião, não se podendo averiguar se algum dos comorientes precedeu aos outros, presumir-se-ão simultaneamente mortos.

Art. 9.º Serão registrados em registro público:

I – os nascimentos, casamentos e óbitos;

II – a emancipação por outorga dos pais ou por sentença do juiz;

III – a interdição por incapacidade absoluta ou relativa;

IV – a sentença declaratória de ausência e de morte presumida.

Art. 10. Far-se-á averbação em registro público:

I – das sentenças que decretarem a nulidade ou anulação do casamento, o divórcio, a separação judicial e o restabelecimento da sociedade conjugal;

•• *Vide* Emenda Constitucional n. 66, de 13-6-2010, que instituiu o divórcio direto.

II – dos atos judiciais ou extrajudiciais que declararem ou reconhecerem a filiação;

III – (*Revogado pela Lei n. 12.010, de 3-8-2009.*)

Capítulo II
DOS DIREITOS DA PERSONALIDADE

Art. 11. Com exceção dos casos previstos em lei, os direitos da personalidade são intransmissíveis e irrenunciáveis, não podendo o seu exercício sofrer limitação voluntária.

Art. 12. Pode-se exigir que cesse a ameaça, ou a lesão, a direito da personalidade, e reclamar perdas e danos, sem prejuízo de outras sanções previstas em lei.

•• *Vide* Súmula 642 do STJ.

Parágrafo único. Em se tratando de morto, terá legitimação para requerer a medida prevista neste artigo o cônjuge sobrevivente, ou qualquer parente em linha reta, ou colateral até o quarto grau.

Art. 13. Salvo por exigência médica, é defeso o ato de disposição do próprio corpo, quando importar diminuição permanente da integridade física, ou contrariar os bons costumes.

Parágrafo único. O ato previsto neste artigo será admitido para fins de transplante, na forma estabelecida em lei especial.

Art. 14. É válida, com objetivo científico, ou altruístico, a disposição gratuita do próprio corpo, no todo ou em parte, para depois da morte.

•• *Vide* art. 199, § 4.º, da CF.

Parágrafo único. O ato de disposição pode ser livremente revogado a qualquer tempo.

Art. 15. Ninguém pode ser constrangido a submeter-se, com risco de vida, a tratamento médico ou a intervenção cirúrgica.

Art. 16. Toda pessoa tem direito ao nome, nele compreendidos o prenome e o sobrenome.

•• *Vide* arts. 1.565, § 1.º, 1.571, § 2.º, e 1.578 do CC.

•• O Decreto n. 8.727, de 28-4-2016, dispõe sobre o uso do nome social e o reconhecimento da identidade de gênero de pessoas travestis e transexuais no âmbito da administração pública federal direta, autárquica e fundacional.

Art. 17. O nome da pessoa não pode ser empregado por outrem em publicações ou representações que a exponham ao desprezo público, ainda quando não haja intenção difamatória.

Art. 18. Sem autorização, não se pode usar o nome alheio em propaganda comercial.

Art. 19. O pseudônimo adotado para atividades lícitas goza da proteção que se dá ao nome.

Art. 20. Salvo se autorizadas, ou se necessárias à administração da justiça ou à manutenção da ordem pública, a divulgação de escritos, a transmissão da palavra, ou a publicação, a exposição ou a utilização da imagem de uma pessoa poderão ser proibidas, a seu requerimento e sem prejuízo da indenização que couber, se lhe atingirem a honra, a boa fama ou a respeitabilidade, ou se destinarem a fins comerciais.

•• O STF julgou procedente a ADI n. 4.815, de 10-6-2015 (*DOU* de 16-2-2016), dando a este artigo, "sem redução de texto", interpretação conforme à Constituição, "para, em consonância com os direitos fundamentais à liberdade de pensamento e de sua expressão, de criação artística, produção científica, declarar inexigível o consentimento de pessoa biografada relativamente a obras biográficas literárias ou audiovisuais, sendo por igual desnecessária autorização de pessoas retratadas como coadjuvantes (ou seus familiares, em caso de pessoas falecidas)".

Parágrafo único. Em se tratando de morto ou de ausente, são partes legítimas para requerer essa proteção o cônjuge, os ascendentes ou os descendentes.

Art. 21. A vida privada da pessoa natural é inviolável, e o juiz, a requerimento do interessado, adotará as providências necessárias para impedir ou fazer cessar ato contrário a esta norma.

•• O STF julgou procedente a ADI n. 4.815, de 10-6-2015 (*DOU* de 16-2-2016), dando a este artigo, "sem redução de texto", interpretação conforme à Constituição, "para, em consonância com os direitos fundamentais à liberdade de pensamento e de sua expressão, de criação artística, produção científica, declarar inexigível o consentimento de pessoa biografada relativamente a obras biográficas literárias ou audiovisuais, sendo por igual desnecessária autorização de pessoas retratadas como coadjuvantes (ou seus familiares, em caso de pessoas falecidas)".

Capítulo III
DA AUSÊNCIA

Seção I
Da Curadoria dos Bens do Ausente

Art. 22. Desaparecendo uma pessoa do seu domicílio sem dela haver notícia, se não houver deixado representante ou procurador a quem caiba administrar-lhe os bens, o juiz, a requerimento de qualquer interessado ou do Ministério Público, declarará a ausência, e nomear-lhe-á curador.

Art. 23. Também se declarará a ausência, e se nomeará curador, quando o ausente deixar mandatário que não queira ou não possa exercer ou continuar o mandato, ou se os seus poderes forem insuficientes.

Art. 24. O juiz, que nomear o curador, fixar-lhe-á os poderes e obrigações, conforme as circunstâncias, observando, no que for aplicável, o disposto a respeito dos tutores e curadores.

Art. 25. O cônjuge do ausente, sempre que não esteja separado judicialmente, ou de fato por mais de dois anos antes da declaração da ausência, será o seu legítimo curador.

§ 1.º Em falta do cônjuge, a curadoria dos bens do ausente incumbe aos pais ou aos descendentes, nesta ordem, não havendo impedimento que os iniba de exercer o cargo.

§ 2.º Entre os descendentes, os mais próximos precedem os mais remotos.

§ 3.º Na falta das pessoas mencionadas, compete ao juiz a escolha do curador.

Seção II
Da Sucessão Provisória

•• Os §§ 1.º a 4.º do art. 745 do CPC dispõem sobre sucessão provisória.

Art. 26. Decorrido um ano da arrecadação dos bens do ausente, ou, se ele deixou representante ou procurador, em se passando três anos, poderão os interessados requerer que se declare a ausência e se abra provisoriamente a sucessão.

•• *Vide* art. 28, § 1.º, do CC.

•• Os arts. 744 e 745 do CPC dispõem sobre os bens dos ausentes.

Art. 27. Para o efeito previsto no artigo anterior, somente se consideram interessados:

I – o cônjuge não separado judicialmente;

II – os herdeiros presumidos, legítimos ou testamentários;

III – os que tiverem sobre os bens do ausente direito dependente de sua morte;

IV – os credores de obrigações vencidas e não pagas.

Art. 28. A sentença que determinar a abertura da sucessão provisória só produzirá efeito cento e oitenta dias depois de publicada pela imprensa; mas, logo que passe em julgado, proceder-se-á à abertura do testamento, se houver, e ao inventário e partilha dos bens, como se o ausente fosse falecido.

§ 1.º Findo o prazo a que se refere o art. 26, e não havendo interessados na sucessão provisória, cumpre ao Ministério Público requerê-la ao juízo competente.

§ 2.º Não comparecendo herdeiro ou interessado para requerer o inventário até trinta dias depois de passar em julgado a sentença que mandar abrir a sucessão provisória, proceder-se-á à arrecadação dos bens do ausente pela forma estabelecida nos arts. 1.819 a 1.823.

Art. 29. Antes da partilha, o juiz, quando julgar conveniente, ordenará a conversão dos bens móveis, sujeitos a deterioração ou a extravio, em imóveis ou em títulos garantidos pela União.

Art. 30. Os herdeiros, para se imitirem na posse dos bens do ausente, darão garantias da restituição deles, mediante penhores ou hipotecas equivalentes aos quinhões respectivos.

§ 1.º Aquele que tiver direito à posse provisória, mas não puder prestar a garantia exigida neste artigo, será excluído, mantendo-se os bens que lhe deviam caber sob a administração do curador, ou de outro herdeiro designado pelo juiz, e que preste essa garantia.

§ 2.º Os ascendentes, os descendentes e o cônjuge, uma vez provada a sua qualidade de herdeiros, poderão, independentemente de garantia, entrar na posse dos bens do ausente.

Art. 31. Os imóveis do ausente só se poderão alienar, não sendo por desapropriação, ou hipotecar, quando o ordene o juiz, para lhes evitar a ruína.

Art. 32. Empossados nos bens, os sucessores provisórios ficarão representando ativa e passivamente o ausente, de modo que contra eles correrão as ações pendentes e as que de futuro àquele forem movidas.

Art. 33. O descendente, ascendente ou cônjuge que for sucessor provisório do ausente, fará seus todos os frutos e rendimentos dos bens que a este couberem; os outros sucessores, porém, deverão capitalizar metade desses frutos e rendimentos, segundo o disposto no art. 29, de acordo com o representante do Ministério Público, e prestar anualmente contas ao juiz competente.

Parágrafo único. Se o ausente aparecer, e ficar provado que a ausência foi voluntária e injustificada, perderá ele, em favor do sucessor, sua parte nos frutos e rendimentos.

Art. 34. O excluído, segundo o art. 30, da posse provisória poderá, justificando falta de meios, requerer lhe seja entregue metade dos rendimentos do quinhão que lhe tocaria.

Art. 35. Se durante a posse provisória se provar a época exata do falecimento do ausente, considerar-se-á, nessa data, aberta a sucessão em favor dos herdeiros, que o eram àquele tempo.

Art. 36. Se o ausente aparecer, ou se lhe provar a existência, depois de estabelecida a posse provisória, cessarão para logo as vantagens dos sucessores nela imitidos, ficando, todavia, obrigados a tomar as medidas assecuratórias precisas, até a entrega dos bens a seu dono.

Seção III
Da Sucessão Definitiva

Art. 37. Dez anos depois de passada em julgado a sentença que concede a abertura da sucessão provisória, poderão os interessados requerer a sucessão definitiva e o levantamento das cauções prestadas.

Art. 38. Pode-se requerer a sucessão definitiva, também, provando-se que o ausente conta oitenta anos de idade, e que de cinco datam as últimas notícias dele.

Art. 39. Regressando o ausente nos dez anos seguintes à abertura da sucessão definitiva, ou algum de seus descendentes ou ascendentes, aquele ou estes haverão só os bens existentes no estado em que se acharem, os sub-rogados em seu lugar, ou o preço que os herdeiros e demais interessados houverem recebido pelos bens alienados depois daquele tempo.

Parágrafo único. Se, nos dez anos a que se refere este artigo, o ausente não regressar, e nenhum interessado promover a sucessão definitiva, os bens arrecadados passarão ao domínio do Município ou do Distrito Federal, se localizados nas respectivas circunscrições, incorporando-se ao domínio da União, quando situados em território federal.

Título II
DAS PESSOAS JURÍDICAS

Capítulo I
DISPOSIÇÕES GERAIS

Art. 40. As pessoas jurídicas são de direito público, interno ou externo, e de direito privado.

Art. 41. São pessoas jurídicas de direito público interno:
I – a União;
II – os Estados, o Distrito Federal e os Territórios;
III – os Municípios;
IV – as autarquias, inclusive as associações públicas;
•• Inciso IV com redação determinada pela Lei n. 11.107, de 6-4-2005.
V – as demais entidades de caráter público criadas por lei.

Parágrafo único. Salvo disposição em contrário, as pessoas jurídicas de direito público, a que se tenha dado estrutura de direito privado, regem-se, no que couber, quanto ao seu funcionamento, pelas normas deste Código.

Art. 42. São pessoas jurídicas de direito público externo os Estados estrangeiros e todas as pessoas que forem regidas pelo direito internacional público.

Art. 43. As pessoas jurídicas de direito público interno são civilmente responsáveis por atos dos seus agentes que nessa qualidade causem danos a terceiros, ressal-

Arts. 43 a 49-A   Pessoas

vado direito regressivo contra os causadores do dano, se houver, por parte destes, culpa ou dolo.

Art. 44. São pessoas jurídicas de direito privado:

•• *Vide* arts. 2.031 a 2.034 e 2.037 do CC.

I – as associações;

II – as sociedades;

III – as fundações;

IV – as organizações religiosas;

•• Inciso IV acrescentado pela Lei n. 10.825, de 22-12-2003.

V – os partidos políticos;

•• Inciso V acrescentado pela Lei n. 10.825, de 22-12-2003.

VI – (*Revogado pela Lei n. 14.382, de 27-6-2022.*);

VII – os empreendimentos de economia solidária.

•• Inciso VII acrescentado pela Lei n. 15.068, de 23-12-2024.

•• A Lei n. 15.068, de 23-12-2024, dispõe em seu art. 2.º "A economia solidária compreende as atividades de organização da produção e da comercialização de bens e de serviços, da distribuição, do consumo e do crédito, observados os princípios da autogestão, do comércio justo e solidário, da cooperação e da solidariedade, a gestão democrática e participativa, a distribuição equitativa das riquezas produzidas coletivamente, o desenvolvimento local, regional e territorial integrado e sustentável, o respeito aos ecossistemas, a preservação do meio ambiente e a valorização do ser humano, do trabalho e da cultura.".

§ 1.º São livres a criação, a organização, a estruturação interna e o funcionamento das organizações religiosas, sendo vedado ao poder público negar-lhes reconhecimento ou registro dos atos constitutivos e necessários ao seu funcionamento.

•• § 1.º acrescentado pela Lei n. 10.825, de 22-12-2003.

§ 2.º As disposições concernentes às associações aplicam-se subsidiariamente aos empreendimentos de economia solidária e às sociedades que são objeto do Livro II da Parte Especial deste Código.

•• § 2.º com redação determinada pela Lei n. 15.068, de 23-12-2024.

§ 3.º Os partidos políticos serão organizados e funcionarão conforme o disposto em lei específica.

•• § 3.º acrescentado pela Lei n. 10.825, de 22-12-2003.

Art. 45. Começa a existência legal das pessoas jurídicas de direito privado com a inscrição do ato constitutivo no respectivo registro, precedida, quando necessário, de autorização ou aprovação do Poder Executivo, averbando-se no registro todas as alterações por que passar o ato constitutivo.

Parágrafo único. Decai em três anos o direito de anular a constituição das pessoas jurídicas de direito privado, por defeito do ato respectivo, contado o prazo da publicação de sua inscrição no registro.

Art. 46. O registro declarará:

I – a denominação, os fins, a sede, o tempo de duração e o fundo social, quando houver;

II – o nome e a individualização dos fundadores ou instituidores, e dos diretores;

III – o modo por que se administra e representa, ativa e passivamente, judicial e extrajudicialmente;

IV – se o ato constitutivo é reformável no tocante à administração, e de que modo;

V – se os membros respondem, ou não, subsidiariamente, pelas obrigações sociais;

VI – as condições de extinção da pessoa jurídica e o destino do seu patrimônio, nesse caso.

Art. 47. Obrigam a pessoa jurídica os atos dos administradores, exercidos nos limites de seus poderes definidos no ato constitutivo.

Art. 48. Se a pessoa jurídica tiver administração coletiva, as decisões se tomarão pela maioria de votos dos presentes, salvo se o ato constitutivo dispuser de modo diverso.

Parágrafo único. Decai em três anos o direito de anular as decisões a que se refere este artigo, quando violarem a lei ou estatuto, ou forem eivadas de erro, dolo, simulação ou fraude.

Art. 48-A. As pessoas jurídicas de direito privado, sem prejuízo do previsto em legislação especial e em seus atos constitutivos, poderão realizar suas assembleias gerais por meio eletrônico, inclusive para os fins do disposto no art. 59 deste Código, respeitados os direitos previstos de participação e de manifestação.

•• Artigo com redação determinada pela Lei n. 14.382, de 27-6-2022.

Art. 49. Se a administração da pessoa jurídica vier a faltar, o juiz, a requerimento de qualquer interessado, nomear-lhe-á administrador provisório.

Art. 49-A. A pessoa jurídica não se confunde com os seus sócios, associados, instituidores ou administradores.

•• *Caput* acrescentado pela Lei n. 13.874, de 20-9-2019.

Parágrafo único. A autonomia patrimonial das pessoas jurídicas é um instrumento lícito de alocação e segregação de riscos, estabelecido pela lei com a finalidade de estimular empreendimentos, para a geração de empregos, tributo, renda e inovação em benefício de todos.

•• Parágrafo único acrescentado pela Lei n. 13.874, de 20-9-2019.

Art. 50. Em caso de abuso da personalidade jurídica, caracterizado pelo desvio de finalidade ou pela confusão patrimonial, pode o juiz, a requerimento da parte, ou do Ministério Público quando lhe couber intervir no processo, desconsiderá-la para que os efeitos de certas e determinadas relações de obrigações sejam estendidos aos bens particulares de administradores ou de sócios da pessoa jurídica beneficiados direta ou indiretamente pelo abuso.

•• *Caput* com redação determinada pela Lei n. 13.874, de 20-9-2019.

§ 1.º Para os fins do disposto neste artigo, desvio de finalidade é a utilização da pessoa jurídica com o propósito de lesar credores e para a prática de atos ilícitos de qualquer natureza.

•• § 1.º acrescentado pela Lei n. 13.874, de 20-9-2019.

§ 2.º Entende-se por confusão patrimonial a ausência de separação de fato entre os patrimônios, caracterizada por:

•• § 2.º, *caput*, acrescentado pela Lei n. 13.874, de 20-9-2019.

I – cumprimento repetitivo pela sociedade de obrigações do sócio ou do administrador ou vice-versa;

•• Inciso I acrescentado pela Lei n. 13.874, de 20-9-2019.

II – transferência de ativos ou de passivos sem efetivas contraprestações, exceto os de valor proporcionalmente insignificante; e

•• Inciso II acrescentado pela Lei n. 13.874, de 20-9-2019.

III – outros atos de descumprimento da autonomia patrimonial.

•• Inciso III acrescentado pela Lei n. 13.874, de 20-9-2019.

§ 3.º O disposto no *caput* e nos §§ 1.º e 2.º deste artigo também se aplica à extensão das obrigações de sócios ou de administradores à pessoa jurídica.

•• § 3.º acrescentado pela Lei n. 13.874, de 20-9-2019.

§ 4.º A mera existência de grupo econômico sem a presença dos requisitos de que trata o *caput* deste artigo não autoriza a desconsideração da personalidade da pessoa jurídica.

•• § 4.º acrescentado pela Lei n. 13.874, de 20-9-2019.

§ 5.º Não constitui desvio de finalidade a mera expansão ou a alteração da finalidade original da atividade econômica específica da pessoa jurídica.

•• § 5.º acrescentado pela Lei n. 13.874, de 20-9-2019.

Art. 51. Nos casos de dissolução da pessoa jurídica ou cassada a autorização para seu funcionamento, ela subsistirá para os fins de liquidação, até que esta se conclua.

§ 1.º Far-se-á, no registro onde a pessoa jurídica estiver inscrita, a averbação de sua dissolução.

§ 2.º As disposições para a liquidação das sociedades aplicam-se, no que couber, às demais pessoas jurídicas de direito privado.

§ 3.º Encerrada a liquidação, promover-se-á o cancelamento da inscrição da pessoa jurídica.

Art. 52. Aplica-se às pessoas jurídicas, no que couber, a proteção dos direitos da personalidade.

Capítulo II
DAS ASSOCIAÇÕES

Art. 53. Constituem-se as associações pela união de pessoas que se organizem para fins não econômicos.

Parágrafo único. Não há, entre os associados, direitos e obrigações recíprocos.

Art. 54. Sob pena de nulidade, o estatuto das associações conterá:

I – a denominação, os fins e a sede da associação;

II – os requisitos para a admissão, demissão e exclusão dos associados;

III – os direitos e deveres dos associados;

IV – as fontes de recursos para sua manutenção;

V – o modo de constituição e de funcionamento dos órgãos deliberativos;

•• Inciso V com redação determinada pela Lei n. 11.127, de 28-6-2005.

VI – as condições para a alteração das disposições estatutárias e para a dissolução;

VII – a forma de gestão administrativa e de aprovação das respectivas contas.

•• Inciso VII acrescentado pela Lei n. 11.127, de 28-6-2005.

Art. 55. Os associados devem ter iguais direitos, mas o estatuto poderá instituir categorias com vantagens especiais.

Art. 56. A qualidade de associado é intransmissível, se o estatuto não dispuser o contrário.

Parágrafo único. Se o associado for titular de quota ou fração ideal do patrimônio da associação, a transferência daquela não importará, *de per si*, na atribuição da qualidade de associado ao adquirente ou ao herdeiro, salvo disposição diversa do estatuto.

Art. 57. A exclusão do associado só é admissível havendo justa causa, assim reconhecida em procedimen-

to que assegure direito de defesa e de recurso, nos termos previstos no estatuto.
•• *Caput* com redação determinada pela Lei n. 11.127, de 28-6-2005.
Parágrafo único. (*Revogado pela Lei n. 11.127, de 28-6-2005.*)
Art. 58. Nenhum associado poderá ser impedido de exercer direito ou função que lhe tenha sido legitimamente conferido, a não ser nos casos e pela forma previstos na lei ou no estatuto.
Art. 59. Compete privativamente à assembleia geral:
•• *Caput* com redação determinada pela Lei n. 11.127, de 28-6-2005.
•• *Vide* art. 5.º da Lei n. 14.010, de 10-6-2020.
I – destituir os administradores;
•• Inciso I com redação determinada pela Lei n. 11.127, de 28-6-2005.
II – alterar o estatuto.
•• Inciso II com redação determinada pela Lei n. 11.127, de 28-6-2005.
Parágrafo único. Para as deliberações a que se referem os incisos I e II deste artigo é exigido deliberação da assembleia especialmente convocada para esse fim, cujo *quorum* será o estabelecido no estatuto, bem como os critérios de eleição dos administradores.
•• Parágrafo único com redação determinada pela Lei n. 11.127, de 28-6-2005.
Art. 60. A convocação dos órgãos deliberativos far-se--á na forma do estatuto, garantido a 1/5 (um quinto) dos associados o direito de promovê-la.
•• Artigo com redação determinada pela Lei n. 11.127, de 28-6-2005.
Art. 61. Dissolvida a associação, o remanescente do seu patrimônio líquido, depois de deduzidas, se for o caso, as quotas ou frações ideais referidas no parágrafo único do art. 56, será destinado à entidade de fins não econômicos designada no estatuto, ou, omisso este, por deliberação dos associados, à instituição municipal, estadual ou federal, de fins idênticos ou semelhantes.
§ 1.º Por cláusula do estatuto ou, no seu silêncio, por deliberação dos associados, podem estes, antes da destinação do remanescente referida neste artigo, receber em restituição, atualizado o respectivo valor, as contribuições que tiverem prestado ao patrimônio da associação.
§ 2.º Não existindo no Município, no Estado, no Distrito Federal ou no Território, em que a associação tiver sede, instituição nas condições indicadas neste artigo, o que remanescer do seu patrimônio se devolverá à Fazenda do Estado, do Distrito Federal ou da União.

Capítulo III
DAS FUNDAÇÕES

Art. 62. Para criar uma fundação, o seu instituidor fará, por escritura pública ou testamento, dotação especial de bens livres, especificando o fim a que se destina, e declarando, se quiser, a maneira de administrá-la.
Parágrafo único. A fundação somente poderá constituir-se para fins de:
•• Parágrafo único, *caput*, com redação determinada pela Lei n. 13.151, de 28-7-2015.
I – assistência social;
•• Inciso I acrescentado pela Lei n. 13.151, de 28-7-2015.
II – cultura, defesa e conservação do patrimônio histórico e artístico;
•• Inciso II acrescentado pela Lei n. 13.151, de 28-7-2015.
III – educação;
•• Inciso III acrescentado pela Lei n. 13.151, de 28-7-2015.
IV – saúde;
•• Inciso IV acrescentado pela Lei n. 13.151, de 28-7-2015.
V – segurança alimentar e nutricional;
•• Inciso V acrescentado pela Lei n. 13.151, de 28-7-2015.
VI – defesa, preservação e conservação do meio ambiente e promoção do desenvolvimento sustentável;
•• Inciso VI acrescentado pela Lei n. 13.151, de 28-7-2015.
VII – pesquisa científica, desenvolvimento de tecnologias alternativas, modernização de sistemas de gestão, produção e divulgação de informações e conhecimentos técnicos e científicos;
•• Inciso VII acrescentado pela Lei n. 13.151, de 28-7-2015.
VIII – promoção da ética, da cidadania, da democracia e dos direitos humanos;
•• Inciso VIII acrescentado pela Lei n. 13.151, de 28-7-2015.
IX – atividades religiosas; e
•• Inciso IX acrescentado pela Lei n. 13.151, de 28-7-2015.
X – (*Vetado.*)
•• Inciso X acrescentado pela Lei n. 13.151, de 28-7-2015.
Art. 63. Quando insuficientes para constituir a fundação, os bens a ela destinados serão, se de outro modo não dispuser o instituidor, incorporados em outra fundação que se proponha a fim igual ou semelhante.
Art. 64. Constituída a fundação por negócio jurídico entre vivos, o instituidor é obrigado a transferir-lhe a propriedade, ou outro direito real, sobre os bens dotados, e, se não o fizer, serão registrados, em nome dela, por mandado judicial.

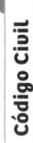

Art. 65. Aqueles a quem o instituidor cometer a aplicação do patrimônio, em tendo ciência do encargo, formularão logo, de acordo com as suas bases (art. 62), o estatuto da fundação projetada, submetendo-o, em seguida, à aprovação da autoridade competente, com recurso ao juiz.

Parágrafo único. Se o estatuto não for elaborado no prazo assinado pelo instituidor, ou, não havendo prazo, em cento e oitenta dias, a incumbência caberá ao Ministério Público.

Art. 66. Velará pelas fundações o Ministério Público do Estado onde situadas.

§ 1.º Se funcionarem no Distrito Federal ou em Território, caberá o encargo ao Ministério Público do Distrito Federal e Territórios.

•• § 1.º com redação determinada pela Lei n. 13.151, de 28-7-2015.

§ 2.º Se estenderem a atividade por mais de um Estado, caberá o encargo, em cada um deles, ao respectivo Ministério Público.

Art. 67. Para que se possa alterar o estatuto da fundação é mister que a reforma:

I – seja deliberada por dois terços dos competentes para gerir e representar a fundação;

II – não contrarie ou desvirtue o fim desta;

III – seja aprovada pelo órgão do Ministério Público no prazo máximo de 45 (quarenta e cinco) dias, findo o qual ou no caso de o Ministério Público a denegar, poderá o juiz supri-la, a requerimento do interessado.

•• Inciso III com redação determinada pela Lei n. 13.151, de 28-7-2015.

Art. 68. Quando a alteração não houver sido aprovada por votação unânime, os administradores da fundação, ao submeterem o estatuto ao órgão do Ministério Público, requererão que se dê ciência à minoria vencida para impugná-la, se quiser, em dez dias.

Art. 69. Tornando-se ilícita, impossível ou inútil a finalidade a que visa a fundação, ou vencido o prazo de sua existência, o órgão do Ministério Público, ou qualquer interessado, lhe promoverá a extinção, incorporando-se o seu patrimônio, salvo disposição em contrário no ato constitutivo, ou no estatuto, em outra fundação, designada pelo juiz, que se proponha a fim igual ou semelhante.

•• A Lei n. 12.715, de 17-9-2012, propôs o acréscimo do art. 69-A, todavia, sofreu veto presidencial.

TÍTULO III
DO DOMICÍLIO

Art. 70. O domicílio da pessoa natural é o lugar onde ela estabelece a sua residência com ânimo definitivo.

Art. 71. Se, porém, a pessoa natural tiver diversas residências, onde, alternadamente, viva, considerar-se-á domicílio seu qualquer delas.

Art. 72. É também domicílio da pessoa natural, quanto às relações concernentes à profissão, o lugar onde esta é exercida.

Parágrafo único. Se a pessoa exercitar profissão em lugares diversos, cada um deles constituirá domicílio para as relações que lhe corresponderem.

Art. 73. Ter-se-á por domicílio da pessoa natural, que não tenha residência habitual, o lugar onde for encontrada.

Art. 74. Muda-se o domicílio, transferindo a residência, com a intenção manifesta o de mudar.

Parágrafo único. A prova da intenção resultará do que declarar a pessoa às municipalidades dos lugares, que deixa, e para onde vai, ou, se tais declarações não fizer, da própria mudança, com as circunstâncias que a acompanharem.

Art. 75. Quanto às pessoas jurídicas, o domicílio é:

I – da União, o Distrito Federal;

II – dos Estados e Territórios, as respectivas capitais;

III – do Município, o lugar onde funcione a administração municipal;

IV – das demais pessoas jurídicas, o lugar onde funcionarem as respectivas diretorias e administrações, ou onde elegerem domicílio especial no seu estatuto ou atos constitutivos.

§ 1.º Tendo a pessoa jurídica diversos estabelecimentos em lugares diferentes, cada um deles será considerado domicílio para os atos nele praticados.

§ 2.º Se a administração, ou diretoria, tiver a sede no estrangeiro, haver-se-á por domicílio da pessoa jurídica, no tocante às obrigações contraídas por cada uma das suas agências, o lugar do estabelecimento, sito no Brasil, a que ela corresponder.

Art. 76. Têm domicílio necessário o incapaz, o servidor público, o militar, o marítimo e o preso.

Parágrafo único. O domicílio do incapaz é o do seu representante ou assistente; o do servidor público, o lugar em que exercer permanentemente suas funções; o do militar, onde servir, e, sendo da Marinha ou da Aeronáutica, a sede do comando a que se encontrar imediatamente subordinado; o do marítimo, onde o navio estiver matriculado; e o do preso, o lugar em que cumprir a sentença.

Art. 77. O agente diplomático do Brasil, que, citado no estrangeiro, alegar extraterritorialidade sem designar onde tem, no país, o seu domicílio, poderá ser demandado no Distrito Federal ou no último ponto do território brasileiro onde o teve.

Art. 78. Nos contratos escritos, poderão os contratantes especificar domicílio onde se exercitem e cumpram os direitos e obrigações deles resultantes.

Livro II
DOS BENS

Título Único
DAS DIFERENTES CLASSES DE BENS

Capítulo I
DOS BENS CONSIDERADOS EM SI MESMOS

Seção I
Dos Bens Imóveis

Art. 79. São bens imóveis o solo e tudo quanto se lhe incorporar natural ou artificialmente.

Art. 80. Consideram-se imóveis para os efeitos legais:
I – os direitos reais sobre imóveis e as ações que os asseguram;
II – o direito à sucessão aberta.

Art. 81. Não perdem o caráter de imóveis:
I – as edificações que, separadas do solo, mas conservando a sua unidade, forem removidas para outro local;
II – os materiais provisoriamente separados de um prédio, para nele se reempregarem.

Seção II
Dos Bens Móveis

Art. 82. São móveis os bens suscetíveis de movimento próprio, ou de remoção por força alheia, sem alteração da substância ou da destinação econômico-social.

Art. 83. Consideram-se móveis para os efeitos legais:
I – as energias que tenham valor econômico;
II – os direitos reais sobre objetos móveis e as ações correspondentes;
III – os direitos pessoais de caráter patrimonial e respectivas ações.

Art. 84. Os materiais destinados a alguma construção, enquanto não forem empregados, conservam sua qualidade de móveis; readquirem essa qualidade os provenientes da demolição de algum prédio.

Seção III
Dos Bens Fungíveis e Consumíveis

Art. 85. São fungíveis os móveis que podem substituir-se por outros da mesma espécie, qualidade e quantidade.

Art. 86. São consumíveis os bens móveis cujo uso importa destruição imediata da própria substância, sendo também considerados tais os destinados à alienação.

Seção IV
Dos Bens Divisíveis

Art. 87. Bens divisíveis são os que se podem fracionar sem alteração na sua substância, diminuição considerável de valor, ou prejuízo do uso a que se destinam.

Art. 88. Os bens naturalmente divisíveis podem tornar-se indivisíveis por determinação da lei ou por vontade das partes.

Seção V
Dos Bens Singulares e Coletivos

Art. 89. São singulares os bens que, embora reunidos, se consideram *de per si*, independentemente dos demais.

Art. 90. Constitui universalidade de fato a pluralidade de bens singulares que, pertinentes à mesma pessoa, tenham destinação unitária.

Parágrafo único. Os bens que formam essa universalidade podem ser objeto de relações jurídicas próprias.

Art. 91. Constitui universalidade de direito o complexo de relações jurídicas, de uma pessoa, dotadas de valor econômico.

Capítulo II
DOS BENS RECIPROCAMENTE CONSIDERADOS

Art. 92. Principal é o bem que existe sobre si, abstrata ou concretamente; acessório, aquele cuja existência supõe a do principal.

Art. 93. São pertenças os bens que, não constituindo partes integrantes, se destinam, de modo duradouro, ao uso, ao serviço ou ao aformoseamento de outro.

Art. 94. Os negócios jurídicos que dizem respeito ao bem principal não abrangem as pertenças, salvo se o contrário resultar da lei, da manifestação de vontade, ou das circunstâncias do caso.

Art. 95. Apesar de ainda não separados do bem principal, os frutos e produtos podem ser objeto de negócio jurídico.

Art. 96. As benfeitorias podem ser voluptuárias, úteis ou necessárias.

§ 1.º São voluptuárias as de mero deleite ou recreio, que não aumentam o uso habitual do bem, ainda que o tornem mais agradável ou sejam de elevado valor.

§ 2.º São úteis as que aumentam ou facilitam o uso do bem.

§ 3.º São necessárias as que têm por fim conservar o bem ou evitar que se deteriore.

Art. 97. Não se consideram benfeitorias os melhoramentos ou acréscimos sobrevindos ao bem sem a intervenção do proprietário, possuidor ou detentor.

Capítulo III
DOS BENS PÚBLICOS

Art. 98. São públicos os bens do domínio nacional pertencentes às pessoas jurídicas de direito público interno; todos os outros são particulares, seja qual for a pessoa a que pertencerem.

Art. 99. São bens públicos:

I – os de uso comum do povo, tais como rios, mares, estradas, ruas e praças;

II – os de uso especial, tais como edifícios ou terrenos destinados a serviço ou estabelecimento da administração federal, estadual, territorial ou municipal, inclusive os de suas autarquias;

III – os dominicais, que constituem o patrimônio das pessoas jurídicas de direito público, como objeto de direito pessoal, ou real, de cada uma dessas entidades.

Parágrafo único. Não dispondo a lei em contrário, consideram-se dominicais os bens pertencentes às pessoas jurídicas de direito público a que se tenha dado estrutura de direito privado.

Art. 100. Os bens públicos de uso comum do povo e os de uso especial são inalienáveis, enquanto conservarem a sua qualificação, na forma que a lei determinar.

Art. 101. Os bens públicos dominicais podem ser alienados, observadas as exigências da lei.

Art. 102. Os bens públicos não estão sujeitos a usucapião.

Art. 103. O uso comum dos bens públicos pode ser gratuito ou retribuído, conforme for estabelecido legalmente pela entidade a cuja administração pertencerem.

Livro III
DOS FATOS JURÍDICOS

Título I
DO NEGÓCIO JURÍDICO

Capítulo I
DISPOSIÇÕES GERAIS

Art. 104. A validade do negócio jurídico requer:

I – agente capaz;

II – objeto lícito, possível, determinado ou determinável;

III – forma prescrita ou não defesa em lei.

Art. 105. A incapacidade relativa de uma das partes não pode ser invocada pela outra em benefício próprio, nem aproveita aos cointeressados capazes, salvo se, neste caso, for indivisível o objeto do direito ou da obrigação comum.

Art. 106. A impossibilidade inicial do objeto não invalida o negócio jurídico se for relativa, ou se cessar antes de realizada a condição a que ele estiver subordinado.

Art. 107. A validade da declaração de vontade não dependerá de forma especial, senão quando a lei expressamente a exigir.

Art. 108. Não dispondo a lei em contrário, a escritura pública é essencial à validade dos negócios jurídicos que visem à constituição, transferência, modificação ou renúncia de direitos reais sobre imóveis de valor superior a trinta vezes o maior salário mínimo vigente no País.

Art. 109. No negócio jurídico celebrado com a cláusula de não valer sem instrumento público, este é da substância do ato.

Art. 110. A manifestação de vontade subsiste ainda que o seu autor haja feito a reserva mental de não querer o que manifestou, salvo se dela o destinatário tinha conhecimento.

Arts. 111 a 125 — **Fatos Jurídicos** — 27

Art. 111. O silêncio importa anuência, quando as circunstâncias ou os usos o autorizarem, e não for necessária a declaração de vontade expressa.

Art. 112. Nas declarações de vontade se atenderá mais à intenção nelas consubstanciada do que ao sentido literal da linguagem.

Art. 113. Os negócios jurídicos devem ser interpretados conforme a boa-fé e os usos do lugar de sua celebração.

§ 1.º A interpretação do negócio jurídico deve lhe atribuir o sentido que:

•• § 1.º acrescentado pela Lei n. 13.874, de 20-9-2019.

I – for confirmado pelo comportamento das partes posterior à celebração do negócio;

•• Inciso I acrescentado pela Lei n. 13.874, de 20-9-2019.

II – corresponder aos usos, costumes e práticas do mercado relativas ao tipo de negócio;

•• Inciso II acrescentado pela Lei n. 13.874, de 20-9-2019.

III – corresponder à boa-fé;

•• Inciso III acrescentado pela Lei n. 13.874, de 20-9-2019.

IV – for mais benéfico à parte que não redigiu o dispositivo, se identificável; e

•• Inciso IV acrescentado pela Lei n. 13.874, de 20-9-2019.

V – corresponder a qual seria a razoável negociação das partes sobre a questão discutida, inferida das demais disposições do negócio e da racionalidade econômica das partes, consideradas as informações disponíveis no momento de sua celebração.

•• Inciso V acrescentado pela Lei n. 13.874, de 20-9-2019.

§ 2.º As partes poderão livremente pactuar regras de interpretação, de preenchimento de lacunas e de integração dos negócios jurídicos diversas daquelas previstas em lei.

•• § 2.º acrescentado pela Lei n. 13.874, de 20-9-2019.

Art. 114. Os negócios jurídicos benéficos e a renúncia interpretam-se estritamente.

Capítulo II
DA REPRESENTAÇÃO

Art. 115. Os poderes de representação conferem-se por lei ou pelo interessado.

Art. 116. A manifestação de vontade pelo representante, nos limites de seus poderes, produz efeitos em relação ao representado.

Art. 117. Salvo se o permitir a lei ou o representado, é anulável o negócio jurídico que o representante, no seu interesse ou por conta de outrem, celebrar consigo mesmo.

Parágrafo único. Para esse efeito, tem-se como celebrado pelo representante o negócio realizado por aquele em quem os poderes houverem sido subestabelecidos.

Art. 118. O representante é obrigado a provar às pessoas, com quem tratar em nome do representado, a sua qualidade e a extensão de seus poderes, sob pena de, não o fazendo, responder pelos atos que a estes excederem.

Art. 119. É anulável o negócio concluído pelo representante em conflito de interesses com o representado, se tal fato era ou devia ser do conhecimento de quem com aquele tratou.

Parágrafo único. É de cento e oitenta dias, a contar da conclusão do negócio ou da cessação da incapacidade, o prazo de decadência para pleitear-se a anulação prevista neste artigo.

Art. 120. Os requisitos e os efeitos da representação legal são os estabelecidos nas normas respectivas; os da representação voluntária são os da Parte Especial deste Código.

Capítulo III
DA CONDIÇÃO, DO TERMO E DO ENCARGO

Art. 121. Considera-se condição a cláusula que, derivando exclusivamente da vontade das partes, subordina o efeito do negócio jurídico a evento futuro e incerto.

Art. 122. São lícitas, em geral, todas as condições não contrárias à lei, à ordem pública ou aos bons costumes; entre as condições defesas se incluem as que privarem de todo efeito o negócio jurídico, ou o sujeitarem ao puro arbítrio de uma das partes.

Art. 123. Invalidam os negócios jurídicos que lhes são subordinados:

I – as condições física ou juridicamente impossíveis, quando suspensivas;

II – as condições ilícitas, ou de fazer coisa ilícita;

III – as condições incompreensíveis ou contraditórias.

Art. 124. Têm-se por inexistentes as condições impossíveis, quando resolutivas, e as de não fazer coisa impossível.

Art. 125. Subordinando-se a eficácia do negócio jurídico à condição suspensiva, enquanto esta se não verificar, não se terá adquirido o direito, a que ele visa.

Art. 126. Se alguém dispuser de uma coisa sob condição suspensiva, e, pendente esta, fizer quanto àquela novas disposições, estas não terão valor, realizada a condição, se com ela forem incompatíveis.

Art. 127. Se for resolutiva a condição, enquanto esta se não realizar, vigorará o negócio jurídico, podendo exercer-se desde a conclusão deste o direito por ele estabelecido.

Art. 128. Sobrevindo a condição resolutiva, extingue-se, para todos os efeitos, o direito a que ela se opõe; mas, se aposta a um negócio de execução continuada ou periódica, a sua realização, salvo disposição em contrário, não tem eficácia quanto aos atos já praticados, desde que compatíveis com a natureza da condição pendente e conforme aos ditames de boa-fé.

Art. 129. Reputa-se verificada, quanto aos efeitos jurídicos, a condição cujo implemento for maliciosamente obstado pela parte a quem desfavorecer, considerando-se, ao contrário, não verificada a condição maliciosamente levada a efeito por aquele a quem aproveita o seu implemento.

Art. 130. Ao titular do direito eventual, nos casos de condição suspensiva ou resolutiva, é permitido praticar os atos destinados a conservá-lo.

Art. 131. O termo inicial suspende o exercício, mas não a aquisição do direito.

Art. 132. Salvo disposição legal ou convencional em contrário, computam-se os prazos, excluído o dia do começo, e incluído o do vencimento.

§ 1.º Se o dia do vencimento cair em feriado, considerar-se-á prorrogado o prazo até o seguinte dia útil.

§ 2.º Meado considera-se, em qualquer mês, o seu décimo quinto dia.

§ 3.º Os prazos de meses e anos expiram no dia de igual número do de início, ou no imediato, se faltar exata correspondência.

§ 4.º Os prazos fixados por hora contar-se-ão de minuto a minuto.

Art. 133. Nos testamentos, presume-se o prazo em favor do herdeiro, e, nos contratos, em proveito do devedor, salvo, quanto a esses, se do teor do instrumento, ou das circunstâncias, resultar que se estabeleceu a benefício do credor, ou de ambos os contratantes.

Art. 134. Os negócios jurídicos entre vivos, sem prazo, são exequíveis desde logo, salvo se a execução tiver de ser feita em lugar diverso ou depender de tempo.

Art. 135. Ao termo inicial e final aplicam-se, no que couber, as disposições relativas à condição suspensiva e resolutiva.

Art. 136. O encargo não suspende a aquisição nem o exercício do direito, salvo quando expressamente imposto no negócio jurídico, pelo disponente, como condição suspensiva.

Art. 137. Considera-se não escrito o encargo ilícito ou impossível, salvo se constituir o motivo determinante da liberalidade, caso em que se invalida o negócio jurídico.

Capítulo IV
DOS DEFEITOS DO NEGÓCIO JURÍDICO
Seção I
Do Erro ou Ignorância

Art. 138. São anuláveis os negócios jurídicos, quando as declarações de vontade emanarem de erro substancial que poderia ser percebido por pessoa de diligência normal, em face das circunstâncias do negócio.

Art. 139. O erro é substancial quando:

I – interessa à natureza do negócio, ao objeto principal da declaração, ou a alguma das qualidades a ele essenciais;

II – concerne à identidade ou à qualidade essencial da pessoa a quem se refira a declaração de vontade, desde que tenha influído nesta de modo relevante;

III – sendo de direito e não implicando recusa à aplicação da lei, for o motivo único ou principal do negócio jurídico.

Art. 140. O falso motivo só vicia a declaração de vontade quando expresso como razão determinante.

Art. 141. A transmissão errônea da vontade por meios interpostos é anulável nos mesmos casos em que o é a declaração direta.

Art. 142. O erro de indicação da pessoa ou da coisa, a que se referir a declaração de vontade, não viciará o negócio quando, por seu contexto e pelas circunstâncias, se puder identificar a coisa ou pessoa cogitada.

Art. 143. O erro de cálculo apenas autoriza a retificação da declaração de vontade.

Art. 144. O erro não prejudica a validade do negócio jurídico quando a pessoa, a quem a manifestação de vontade se dirige, se oferecer para executá-la na conformidade da vontade real do manifestante.

Seção II
Do Dolo

Art. 145. São os negócios jurídicos anuláveis por dolo, quando este for a sua causa.

Art. 146. O dolo acidental só obriga à satisfação das perdas e danos, e é acidental quando, a seu despeito, o negócio seria realizado, embora por outro modo.

Art. 147. Nos negócios jurídicos bilaterais, o silêncio intencional de uma das partes a respeito de fato ou qualidade que a outra parte haja ignorado, constitui omissão dolosa, provando-se que sem ela o negócio não se teria celebrado.

Art. 148. Pode também ser anulado o negócio jurídico por dolo de terceiro, se a parte a quem aproveite dele tivesse ou devesse ter conhecimento; em caso contrário, ainda que subsista o negócio jurídico, o terceiro responderá por todas as perdas e danos da parte a quem ludibriou.

Art. 149. O dolo do representante legal de uma das partes só obriga o representado a responder civilmente até a importância do proveito que teve; se, porém, o dolo for do representante convencional, o representado responderá solidariamente com ele por perdas e danos.

Art. 150. Se ambas as partes procederem com dolo, nenhuma pode alegá-lo para anular o negócio, ou reclamar indenização.

Seção III
Da Coação

Art. 151. A coação, para viciar a declaração da vontade, há de ser tal que incuta ao paciente fundado temor de dano iminente e considerável à sua pessoa, à sua família, ou aos seus bens.

Parágrafo único. Se disser respeito a pessoa não pertencente à família do paciente, o juiz, com base nas circunstâncias, decidirá se houve coação.

Art. 152. No apreciar a coação, ter-se-ão em conta o sexo, a idade, a condição, a saúde, o temperamento do paciente e todas as demais circunstâncias que possam influir na gravidade dela.

Art. 153. Não se considera coação a ameaça do exercício normal de um direito, nem o simples temor reverencial.

Art. 154. Vicia o negócio jurídico a coação exercida por terceiro, se dela tivesse ou devesse ter conhecimento a parte a que aproveite, e esta responderá solidariamente com aquele por perdas e danos.

Art. 155. Subsistirá o negócio jurídico, se a coação decorrer de terceiro, sem que a parte a que aproveite dela tivesse ou devesse ter conhecimento; mas o autor da coação responderá por todas as perdas e danos que houver causado ao coacto.

Seção IV
Do Estado de Perigo

Art. 156. Configura-se o estado de perigo quando alguém, premido da necessidade de salvar-se, ou a pessoa de sua família, de grave dano conhecido pela outra parte, assume obrigação excessivamente onerosa.

Parágrafo único. Tratando-se de pessoa não pertencente à família do declarante, o juiz decidirá segundo as circunstâncias.

Seção V
Da Lesão

Art. 157. Ocorre a lesão quando uma pessoa, sob premente necessidade, ou por inexperiência, se obriga a prestação manifestamente desproporcional ao valor da prestação oposta.

§ 1.º Aprecia-se a desproporção das prestações segundo os valores vigentes ao tempo em que foi celebrado o negócio jurídico.

§ 2.º Não se decretará a anulação do negócio, se for oferecido suplemento suficiente, ou se a parte favorecida concordar com a redução do proveito.

Seção VI
Da Fraude contra Credores

Art. 158. Os negócios de transmissão gratuita de bens ou remissão de dívida, se os praticar o devedor já insolvente, ou por eles reduzido à insolvência, ainda quando o ignore, poderão ser anulados pelos credores quirografários, como lesivos dos seus direitos.

§ 1.º Igual direito assiste aos credores cuja garantia se tornar insuficiente.

§ 2.º Só os credores que já o eram ao tempo daqueles atos podem pleitear a anulação deles.

Art. 159. Serão igualmente anuláveis os contratos onerosos do devedor insolvente, quando a insolvência for notória, ou houver motivo para ser conhecida do outro contratante.

Art. 160. Se o adquirente dos bens do devedor insolvente ainda não tiver pago o preço e este for, aproximadamente, o corrente, desobrigar-se-á depositando-o em juízo, com a citação de todos os interessados.

Parágrafo único. Se inferior, o adquirente, para conservar os bens, poderá depositar o preço que lhes corresponda ao valor real.

Art. 161. A ação, nos casos dos arts. 158 e 159, poderá ser intentada contra o devedor insolvente, a pessoa que com ele celebrou a estipulação considerada fraudulenta, ou terceiros adquirentes que hajam procedido de má-fé.

Art. 162. O credor quirografário, que receber do devedor insolvente o pagamento da dívida ainda não vencida, ficará obrigado a repor, em proveito do acervo sobre que se tenha de efetuar o concurso de credores, aquilo que recebeu.

Art. 163. Presumem-se fraudatórias dos direitos dos outros credores as garantias de dívidas que o devedor insolvente tiver dado a algum credor.

Art. 164. Presumem-se, porém, de boa-fé e valem os negócios ordinários indispensáveis à manutenção de estabelecimento mercantil, rural, ou industrial, ou à subsistência do devedor e de sua família.

Art. 165. Anulados os negócios fraudulentos, a vantagem resultante reverterá em proveito do acervo sobre que se tenha de efetuar o concurso de credores.

Parágrafo único. Se esses negócios tinham por único objeto atribuir direitos preferenciais, mediante hipoteca, penhor ou anticrese, sua invalidade importará somente na anulação da preferência ajustada.

Capítulo V
DA INVALIDADE DO NEGÓCIO JURÍDICO

Art. 166. É nulo o negócio jurídico quando:

I – celebrado por pessoa absolutamente incapaz;

II – for ilícito, impossível ou indeterminável o seu objeto;

III – o motivo determinante, comum a ambas as partes, for ilícito;

IV – não revestir a forma prescrita em lei;

V – for preterida alguma solenidade que a lei considere essencial para a sua validade;

VI – tiver por objetivo fraudar lei imperativa;

VII – a lei taxativamente o declarar nulo, ou proibir-lhe a prática, sem cominar sanção.

Art. 167. É nulo o negócio jurídico simulado, mas subsistirá o que se dissimulou, se válido for na substância e na forma.

§ 1.º Haverá simulação nos negócios jurídicos quando:

I – aparentarem conferir ou transmitir direitos a pessoas diversas daquelas às quais realmente se conferem, ou transmitem;

II – contiverem declaração, confissão, condição ou cláusula não verdadeira;

III – os instrumentos particulares forem antedatados, ou pós-datados.

§ 2.º Ressalvam-se os direitos de terceiros de boa-fé em face dos contraentes do negócio jurídico simulado.

Art. 168. As nulidades dos artigos antecedentes podem ser alegadas por qualquer interessado, ou pelo Ministério Público, quando lhe couber intervir.

Parágrafo único. As nulidades devem ser pronunciadas pelo juiz, quando conhecer do negócio jurídico ou dos seus efeitos e as encontrar provadas, não lhe sendo permitido supri-las, ainda que a requerimento das partes.

Art. 169. O negócio jurídico nulo não é suscetível de confirmação, nem convalesce pelo decurso do tempo.

Art. 170. Se, porém, o negócio jurídico nulo contiver os requisitos de outro, subsistirá este quando o fim a que visavam as partes permitir supor que o teriam querido, se houvessem previsto a nulidade.

Art. 171. Além dos casos expressamente declarados na lei, é anulável o negócio jurídico:

I – por incapacidade relativa do agente;

II – por vício resultante de erro, dolo, coação, estado de perigo, lesão ou fraude contra credores.

Art. 172. O negócio anulável pode ser confirmado pelas partes, salvo direito de terceiro.

Art. 173. O ato de confirmação deve conter a substância do negócio celebrado e a vontade expressa de mantê-lo.

Art. 174. É escusada a confirmação expressa, quando o negócio já foi cumprido em parte pelo devedor, ciente do vício que o inquinava.

Art. 175. A confirmação expressa, ou a execução voluntária de negócio anulável, nos termos dos arts. 172 a 174, importa a extinção de todas as ações, ou exceções, de que contra ele dispusesse o devedor.

Art. 176. Quando a anulabilidade do ato resultar da falta de autorização de terceiro, será validado se este a der posteriormente.

Art. 177. A anulabilidade não tem efeito antes de julgada por sentença, nem se pronuncia de ofício; só os interessados a podem alegar, e aproveita exclusivamente aos que a alegarem, salvo o caso de solidariedade ou indivisibilidade.

Art. 178. É de quatro anos o prazo de decadência para pleitear-se a anulação do negócio jurídico, contado:
I – no caso de coação, do dia em que ela cessar;
II – no de erro, dolo, fraude contra credores, estado de perigo ou lesão, do dia em que se realizou o negócio jurídico;
III – no de atos de incapazes, do dia em que cessar a incapacidade.

Art. 179. Quando a lei dispuser que determinado ato é anulável, sem estabelecer prazo para pleitear-se a anulação, será este de 2 (dois) anos, a contar da data da conclusão do ato.

Art. 180. O menor, entre dezesseis e dezoito anos, não pode, para eximir-se de uma obrigação, invocar a sua idade se dolosamente o ocultou quando inquirido pela outra parte, ou se, no ato de obrigar-se, declarou-se maior.

Art. 181. Ninguém pode reclamar o que, por uma obrigação anulada, pagou a um incapaz, se não provar que reverteu em proveito dele a importância paga.

Art. 182. Anulado o negócio jurídico, restituir-se-ão as partes ao estado em que antes dele se achavam, e, não sendo possível restituí-las, serão indenizadas com o equivalente.

Art. 183. A invalidade do instrumento não induz a do negócio jurídico sempre que este puder provar-se por outro meio.

Art. 184. Respeitada a intenção das partes, a invalidade parcial de um negócio jurídico não o prejudicará na parte válida, se esta for separável; a invalidade da obrigação principal implica a das obrigações acessórias, mas a destas não induz a da obrigação principal.

Título II
DOS ATOS JURÍDICOS LÍCITOS

Art. 185. Aos atos jurídicos lícitos, que não sejam negócios jurídicos, aplicam-se, no que couber, as disposições do Título anterior.

Título III
DOS ATOS ILÍCITOS

Art. 186. Aquele que, por ação ou omissão voluntária, negligência ou imprudência, violar direito e causar dano a outrem, ainda que exclusivamente moral, comete ato ilícito.

•• O STF, nas ADIs n. 6.792 e 7.055, no plenário de 22-5-2024 (*DOU* de 27-5-2024), por maioria, conheceu da ação direta e julgou parcialmente procedente o pedido formulado para "dar interpretação conforme à Constituição a este art. 186 do Código Civil, para estabelecer que a responsabilidade civil do jornalista, no caso de divulgação de notícias que envolvam pessoa pública ou assunto de interesse social, dependem de o jornalista ter agido com dolo ou com culpa grave, afastando-se a possibilidade de responsabilização na hipótese de meros juízos de valor, opiniões ou críticas ou da divulgação de informações verdadeiras sobre assuntos de interesse público". Em seguida, por maioria, foi fixada a seguinte tese de julgamento: "1. Constitui assédio judicial comprometedor da liberdade de expressão o ajuizamento de inúmeras ações a respeito dos mesmos fatos, em comarcas diversas, com o intuito ou o efeito de constranger jornalista ou órgão de imprensa, dificultar sua defesa ou torná-la excessivamente onerosa; 2. Caracterizado o assédio judicial, a parte demandada poderá requerer a reunião de todas as ações no foro de seu domicílio; 3. A responsabilidade civil de jornalistas ou de órgãos de imprensa somente estará configurada em caso inequívoco de dolo ou de culpa grave (evidente negligência profissional na apuração dos fatos)".

Art. 187. Também comete ato ilícito o titular de um direito que, ao exercê-lo, excede manifestamente os limites impostos pelo seu fim econômico ou social, pela boa-fé ou pelos bons costumes.

Art. 188. Não constituem atos ilícitos:
I – os praticados em legítima defesa ou no exercício regular de um direito reconhecido;
II – a deterioração ou destruição da coisa alheia, ou a lesão a pessoa, a fim de remover perigo iminente.
Parágrafo único. No caso do inciso II, o ato será legítimo somente quando as circunstâncias o tornarem absolutamente necessário, não excedendo os limites do indispensável para a remoção do perigo.

Título IV
DA PRESCRIÇÃO E DA DECADÊNCIA

•• *Vide* art. 2.028 do CC.

Capítulo I
DA PRESCRIÇÃO

Seção I
Disposições Gerais

Art. 189. Violado o direito, nasce para o titular a pretensão, a qual se extingue, pela prescrição, nos prazos a que aludem os arts. 205 e 206.

Art. 190. A exceção prescreve no mesmo prazo em que a pretensão.

Art. 191. A renúncia da prescrição pode ser expressa ou tácita, e só valerá, sendo feita, sem prejuízo de terceiro, depois que a prescrição se consumar; tácita é a renúncia quando se presume de fatos do interessado, incompatíveis com a prescrição.
Art. 192. Os prazos de prescrição não podem ser alterados por acordo das partes.
Art. 193. A prescrição pode ser alegada em qualquer grau de jurisdição, pela parte a quem aproveita.
Art. 194. (*Revogado pela Lei n. 11.280, de 16-2-2006.*)
Art. 195. Os relativamente incapazes e as pessoas jurídicas têm ação contra os seus assistentes ou representantes legais, que derem causa à prescrição, ou não a alegarem oportunamente.
Art. 196. A prescrição iniciada contra uma pessoa continua a correr contra o seu sucessor.

Seção II
Das Causas que Impedem ou Suspendem a Prescrição

Art. 197. Não corre a prescrição:
I – entre os cônjuges, na constância da sociedade conjugal;
II – entre ascendentes e descendentes, durante o poder familiar;
III – entre tutelados ou curatelados e seus tutores ou curadores, durante a tutela ou curatela.
Art. 198. Também não corre a prescrição:
I – contra os incapazes de que trata o art. 3.º;
II – contra os ausentes do País em serviço público da União, dos Estados ou dos Municípios;
III – contra os que se acharem servindo nas Forças Armadas, em tempo de guerra.
Art. 199. Não corre igualmente a prescrição:
I – pendendo condição suspensiva;
II – não estando vencido o prazo;
III – pendendo ação de evicção.
Art. 200. Quando a ação se originar de fato que deva ser apurado no juízo criminal, não correrá a prescrição antes da respectiva sentença definitiva.
Art. 201. Suspensa a prescrição em favor de um dos credores solidários, só aproveitam os outros se a obrigação for indivisível.

Seção III
Das Causas que Interrompem a Prescrição

Art. 202. A interrupção da prescrição, que somente poderá ocorrer uma vez, dar-se-á:

I – por despacho do juiz, mesmo incompetente, que ordenar a citação, se o interessado a promover no prazo e na forma da lei processual;
II – por protesto, nas condições do inciso antecedente;
III – por protesto cambial;
IV – pela apresentação do título de crédito em juízo de inventário ou em concurso de credores;
V – por qualquer ato judicial que constitua em mora o devedor;
VI – por qualquer ato inequívoco, ainda que extrajudicial, que importe reconhecimento do direito pelo devedor.
Parágrafo único. A prescrição interrompida recomeça a correr da data do ato que a interrompeu, ou do último ato do processo para a interromper.
Art. 203. A prescrição pode ser interrompida por qualquer interessado.
Art. 204. A interrupção da prescrição por um credor não aproveita aos outros; semelhantemente, a interrupção operada contra o codevedor, ou seu herdeiro, não prejudica aos demais coobrigados.
§ 1.º A interrupção por um dos credores solidários aproveita aos outros; assim como a interrupção efetuada contra o devedor solidário envolve os demais e seus herdeiros.
§ 2.º A interrupção operada contra um dos herdeiros do devedor solidário não prejudica os outros herdeiros ou devedores, senão quando se trate de obrigações e direitos indivisíveis.
§ 3.º A interrupção produzida contra o principal devedor prejudica o fiador.

Seção IV
Dos Prazos da Prescrição

Art. 205. A prescrição ocorre em dez anos, quando a lei não lhe haja fixado prazo menor.
Art. 206. Prescreve:
§ 1.º Em um ano:
I – a pretensão dos hospedeiros ou fornecedores de víveres destinados a consumo no próprio estabelecimento, para o pagamento da hospedagem ou dos alimentos;
II – a pretensão do segurado contra o segurador, ou a deste contra aquele, contado o prazo:

•• A Lei n. 15.040, de 9-12-2024, revoga este inciso II, após um ano de sua publicação (*DOU* de 10-12-2024).

a) para o segurado, no caso de seguro de responsabilidade civil, da data em que é citado para responder à ação de indenização proposta pelo terceiro prejudicado, ou da data que a este indeniza, com a anuência do segurador;

b) quanto aos demais seguros, da ciência do fato gerador da pretensão;

III – a pretensão dos tabeliães, auxiliares da justiça, serventuários judiciais, árbitros e peritos, pela percepção de emolumentos, custas e honorários;

IV – a pretensão contra os peritos, pela avaliação dos bens que entraram para a formação do capital de sociedade anônima, contado da publicação da ata da assembleia que aprovar o laudo;

V – a pretensão dos credores não pagos contra os sócios ou acionistas e os liquidantes, contado o prazo da publicação da ata de encerramento da liquidação da sociedade.

§ 2.º Em dois anos, a pretensão para haver prestações alimentares, a partir da data em que se vencerem.

§ 3.º Em três anos:

I – a pretensão relativa a aluguéis de prédios urbanos ou rústicos;

II – a pretensão para receber prestações vencidas de rendas temporárias ou vitalícias;

III – a pretensão para haver juros, dividendos ou quaisquer prestações acessórias, pagáveis, em períodos não maiores de um ano, com capitalização ou sem ela;

IV – a pretensão de ressarcimento de enriquecimento sem causa;

V – a pretensão de reparação civil;

VI – a pretensão de restituição dos lucros ou dividendos recebidos de má-fé, correndo o prazo da data em que foi deliberada a distribuição;

VII – a pretensão contra as pessoas em seguida indicadas por violação da lei ou do estatuto, contado o prazo:

a) para os fundadores, da publicação dos atos constitutivos da sociedade anônima;

b) para os administradores, ou fiscais, da apresentação, aos sócios, do balanço referente ao exercício em que a violação tenha sido praticada, ou da reunião ou assembleia geral que dela deva tomar conhecimento;

c) para os liquidantes, da primeira assembleia semestral posterior à violação;

VIII – a pretensão para haver o pagamento de título de crédito, a contar do vencimento, ressalvadas as disposições de lei especial;

IX – a pretensão do beneficiário contra o segurador, e a do terceiro prejudicado, no caso de seguro de responsabilidade civil obrigatório.

§ 4.º Em quatro anos, a pretensão relativa à tutela, a contar da data da aprovação das contas.

§ 5.º Em cinco anos:

I – a pretensão de cobrança de dívidas líquidas constantes de instrumento público ou particular;

II – a pretensão dos profissionais liberais em geral, procuradores judiciais, curadores e professores pelos seus honorários, contado o prazo da conclusão dos serviços, da cessação dos respectivos contratos ou mandato;

III – a pretensão do vencedor para haver do vencido o que despendeu em juízo.

Art. 206-A. A prescrição intercorrente observará o mesmo prazo de prescrição da pretensão, observadas as causas de impedimento, de suspensão e de interrupção da prescrição previstas neste Código e observado o disposto no art. 921 da Lei n. 13.105, de 16 de março de 2015 (Código de Processo Civil).

•• Artigo com redação determinada pela Lei n. 14.382, de 27-6-2022.

Capítulo II
DA DECADÊNCIA

•• *Vide* art. 3.º da Lei n. 14.010, de 10-6-2020.

Art. 207. Salvo disposição legal em contrário, não se aplicam à decadência as normas que impedem, suspendem ou interrompem a prescrição.

Art. 208. Aplica-se à decadência o disposto nos arts. 195 e 198, I.

Art. 209. É nula a renúncia à decadência fixada em lei.

Art. 210. Deve o juiz, de ofício, conhecer da decadência, quando estabelecida por lei.

Art. 211. Se a decadência for convencional, a parte a quem aproveita pode alegá-la em qualquer grau de jurisdição, mas o juiz não pode suprir a alegação.

Título V
DA PROVA

Art. 212. Salvo o negócio a que se impõe forma especial, o fato jurídico pode ser provado mediante:

I – confissão;

II – documento;

III – testemunha;

IV – presunção;

V – perícia.

Art. 213. Não tem eficácia a confissão se provém de quem não é capaz de dispor do direito a que se referem os fatos confessados.

Parágrafo único. Se feita a confissão por um representante, somente é eficaz nos limites em que este pode vincular o representado.

Art. 214. A confissão é irrevogável, mas pode ser anulada se decorreu de erro de fato ou de coação.

Art. 215. A escritura pública, lavrada em notas de tabelião, é documento dotado de fé pública, fazendo prova plena.

§ 1.º Salvo quando exigidos por lei outros requisitos, a escritura pública deve conter:

I – data e local de sua realização;

II – reconhecimento da identidade e capacidade das partes e de quantos hajam comparecido ao ato, por si, como representantes, intervenientes ou testemunhas;

III – nome, nacionalidade, estado civil, profissão, domicílio e residência das partes e demais comparecentes, com a indicação, quando necessário, do regime de bens do casamento, nome do outro cônjuge e filiação;

IV – manifestação clara da vontade das partes e dos intervenientes;

V – referência ao cumprimento das exigências legais e fiscais inerentes à legitimidade do ato;

VI – declaração de ter sido lida na presença das partes e demais comparecentes, ou de que todos a leram;

VII – assinatura das partes e dos demais comparecentes, bem como a do tabelião ou seu substituto legal, encerrando o ato.

§ 2.º Se algum comparecente não puder ou não souber escrever, outra pessoa capaz assinará por ele, a seu rogo.

§ 3.º A escritura será redigida na língua nacional.

§ 4.º Se qualquer dos comparecentes não souber a língua nacional e o tabelião não entender o idioma em que se expressa, deverá comparecer tradutor público para servir de intérprete, ou, não o havendo na localidade, outra pessoa capaz que, a juízo do tabelião, tenha idoneidade e conhecimento bastantes.

§ 5.º Se algum dos comparecentes não for conhecido do tabelião, nem puder identificar-se por documento, deverão participar do ato pelo menos duas testemunhas que o conheçam e atestem sua identidade.

Art. 216. Farão a mesma prova que os originais as certidões textuais de qualquer peça judicial, do protocolo das audiências, ou de outro qualquer livro a cargo do escrivão, sendo extraídas por ele, ou sob a sua vigilância, e por ele subscritas, assim como os traslados de autos, quando por outro escrivão consertados.

•• Mantivemos "consertados" conforme publicação oficial. Entendemos que o correto seria "concertados".

Art. 217. Terão a mesma força probante os traslados e as certidões, extraídos por tabelião ou oficial de registro, de instrumentos ou documentos lançados em suas notas.

Art. 218. Os traslados e as certidões considerar-se-ão instrumentos públicos, se os originais se houverem produzido em juízo como prova de algum ato.

Art. 219. As declarações constantes de documentos assinados presumem-se verdadeiras em relação aos signatários.

Parágrafo único. Não tendo relação direta, porém, com as disposições principais ou com a legitimidade das partes, as declarações enunciativas não eximem os interessados em sua veracidade do ônus de prová-las.

Art. 220. A anuência ou a autorização de outrem, necessária à validade de um ato, provar-se-á do mesmo modo que este, e constará, sempre que se possa, do próprio instrumento.

Art. 221. O instrumento particular, feito e assinado, ou somente assinado por quem esteja na livre disposição e administração de seus bens, prova as obrigações convencionais de qualquer valor; mas os seus efeitos, bem como os da cessão, não se operam, a respeito de terceiros, antes de registrado no registro público.

Parágrafo único. A prova do instrumento particular pode suprir-se pelas outras de caráter legal.

Art. 222. O telegrama, quando lhe for contestada a autenticidade, faz prova mediante conferência com o original assinado.

Art. 223. A cópia fotográfica de documento, conferida por tabelião de notas, valerá como prova de declaração da vontade, mas, impugnada sua autenticidade, deverá ser exibido o original.

Parágrafo único. A prova não supre a ausência do título de crédito, ou do original, nos casos em que a lei ou as circunstâncias condicionarem o exercício do direito à sua exibição.

Art. 224. Os documentos redigidos em língua estrangeira serão traduzidos para o português para ter efeitos legais no País.

Art. 225. As reproduções fotográficas, cinematográficas, os registros fonográficos e, em geral, quaisquer outras reproduções mecânicas ou eletrônicas de fatos ou de coisas fazem prova plena destes, se a parte, contra quem forem exibidos, não lhes impugnar a exatidão.

Art. 226. Os livros e fichas dos empresários e sociedades provam contra as pessoas a que pertencem, e, em seu favor, quando, escriturados sem vício extrínseco ou intrínseco, forem confirmados por outros subsídios.

Parágrafo único. A prova resultante dos livros e fichas não é bastante nos casos em que a lei exige escritura pública, ou escrito particular revestido de requisitos especiais, e pode ser ilidida pela comprovação da falsidade ou inexatidão dos lançamentos.

Art. 227. (*Revogado pela Lei n. 13.105, de 15-3-2015.*)

Parágrafo único. Qualquer que seja o valor do negócio jurídico, a prova testemunhal é admissível como subsidiária ou complementar da prova por escrito.

•• A Lei n. 13.105, de 17-3-2015, determinou a revogação do caput deste artigo, sem fazer menção em relação ao parágrafo único.

Art. 228. Não podem ser admitidos como testemunhas:
I – os menores de dezesseis anos;
II e III – (*Revogados pela Lei n. 13.146, de 6-7-2015.*)
IV – o interessado no litígio, o amigo íntimo ou o inimigo capital das partes;
V – os cônjuges, os ascendentes, os descendentes e os colaterais, até o terceiro grau de alguma das partes, por consanguinidade, ou afinidade.

§ 1.º Para a prova de fatos que só elas conheçam, pode o juiz admitir o depoimento das pessoas a que se refere este artigo.

•• Parágrafo único renumerado pela Lei n. 13.146, de 6-7-2015.

§ 2.º A pessoa com deficiência poderá testemunhar em igualdade de condições com as demais pessoas, sendo-lhe assegurados todos os recursos de tecnologia assistiva.

•• § 2.º acrescentado pela Lei n. 13.146, de 6-7-2015.

Arts. 229 e 230. (*Revogados pela Lei n. 13.105, de 15-3-2015.*)

Art. 231. Aquele que se nega a submeter-se a exame médico necessário não poderá aproveitar-se de sua recusa.

Art. 232. A recusa à perícia médica ordenada pelo juiz poderá suprir a prova que se pretendia obter com o exame.

PARTE ESPECIAL

Livro I
DO DIREITO DAS OBRIGAÇÕES

Título I
DAS MODALIDADES DAS OBRIGAÇÕES

Capítulo I
DAS OBRIGAÇÕES DE DAR

Seção I
Das Obrigações de Dar Coisa Certa

Art. 233. A obrigação de dar coisa certa abrange os acessórios dela embora não mencionados, salvo se o contrário resultar do título ou das circunstâncias do caso.

Art. 234. Se, no caso do artigo antecedente, a coisa se perder, sem culpa do devedor, antes da tradição, ou pendente a condição suspensiva, fica resolvida a obrigação para ambas as partes; se a perda resultar de culpa do devedor, responderá este pelo equivalente e mais perdas e danos.

Art. 235. Deteriorada a coisa, não sendo o devedor culpado, poderá o credor resolver a obrigação, ou aceitar a coisa, abatido de seu preço o valor que perdeu.

Art. 236. Sendo culpado o devedor, poderá o credor exigir o equivalente, ou aceitar a coisa no estado em que se acha, com direito a reclamar, em um ou em outro caso, indenização das perdas e danos.

Art. 237. Até a tradição pertence ao devedor a coisa, com os seus melhoramentos e acrescidos, pelos quais poderá exigir aumento no preço; se o credor não anuir, poderá o devedor resolver a obrigação.

Parágrafo único. Os frutos percebidos são do devedor, cabendo ao credor os pendentes.

Art. 238. Se a obrigação for de restituir coisa certa, e esta, sem culpa do devedor, se perder antes da tradição, sofrerá o credor a perda, e a obrigação se resolverá, ressalvados os seus direitos até o dia da perda.

Art. 239. Se a coisa se perder por culpa do devedor, responderá este pelo equivalente, mais perdas e danos.

Art. 240. Se a coisa restituível se deteriorar sem culpa do devedor, recebê-la-á o credor, tal qual se ache, sem direito a indenização; se por culpa do devedor, observar-se-á o disposto no art. 239.

Art. 241. Se, no caso do art. 238, sobrevier melhoramento ou acréscimo à coisa, sem despesa ou trabalho do devedor, lucrará o credor, desobrigado de indenização.

Art. 242. Se para o melhoramento, ou aumento, empregou o devedor trabalho ou dispêndio, o caso se regulará pelas normas deste Código atinentes às benfeitorias realizadas pelo possuidor de boa-fé ou de má-fé.

Parágrafo único. Quanto aos frutos percebidos, observar-se-á, do mesmo modo, o disposto neste Código, acerca do possuidor de boa-fé ou de má-fé.

Seção II
Das Obrigações de Dar Coisa Incerta

Art. 243. A coisa incerta será indicada, ao menos, pelo gênero e pela quantidade.

Art. 244. Nas coisas determinadas pelo gênero e pela quantidade, a escolha pertence ao devedor, se o contrário não resultar do título da obrigação; mas não poderá dar a coisa pior, nem será obrigado a prestar a melhor.

Art. 245. Cientificado da escolha o credor, vigorará o disposto na Seção antecedente.

Art. 246. Antes da escolha, não poderá o devedor alegar perda ou deterioração da coisa, ainda que por força maior ou caso fortuito.

Capítulo II
DAS OBRIGAÇÕES DE FAZER

Art. 247. Incorre na obrigação de indenizar perdas e danos o devedor que recusar a prestação a ele só imposta, ou só por ele exequível.

Art. 248. Se a prestação do fato tornar-se impossível sem culpa do devedor, resolver-se-á a obrigação; se por culpa dele, responderá por perdas e danos.

Art. 249. Se o fato puder ser executado por terceiro, será livre ao credor mandá-lo executar à custa do devedor, havendo recusa ou mora deste, sem prejuízo da indenização cabível.

Parágrafo único. Em caso de urgência, pode o credor, independentemente de autorização judicial, executar ou mandar executar o fato, sendo depois ressarcido.

Capítulo III
DAS OBRIGAÇÕES DE NÃO FAZER

Art. 250. Extingue-se a obrigação de não fazer, desde que, sem culpa do devedor, se lhe torne impossível abster-se do ato, que se obrigou a não praticar.

Art. 251. Praticado pelo devedor o ato, a cuja abstenção se obrigara, o credor pode exigir dele que o desfaça, sob pena de se desfazer à sua custa, ressarcindo o culpado perdas e danos.

Parágrafo único. Em caso de urgência, poderá o credor desfazer ou mandar desfazer, independentemente de autorização judicial, sem prejuízo do ressarcimento devido.

Capítulo IV
DAS OBRIGAÇÕES ALTERNATIVAS

Art. 252. Nas obrigações alternativas, a escolha cabe ao devedor, se outra coisa não se estipulou.

§ 1.º Não pode o devedor obrigar o credor a receber parte em uma prestação e parte em outra.

§ 2.º Quando a obrigação for de prestações periódicas, a faculdade de opção poderá ser exercida em cada período.

§ 3.º No caso de pluralidade de optantes, não havendo acordo unânime entre eles, decidirá o juiz, findo o prazo por este assinado para a deliberação.

§ 4.º Se o título deferir a opção a terceiro, e este não quiser, ou não puder exercê-la, caberá ao juiz a escolha se não houver acordo entre as partes.

Art. 253. Se uma das duas prestações não puder ser objeto de obrigação ou se tornada inexequível, subsistirá o débito quanto à outra.

Art. 254. Se, por culpa do devedor, não se puder cumprir nenhuma das prestações, não competindo ao credor a escolha, ficará aquele obrigado a pagar o valor da que por último se impossibilitou, mais as perdas e danos que o caso determinar.

Art. 255. Quando a escolha couber ao credor e uma das prestações tornar-se impossível por culpa do devedor, o credor terá direito de exigir a prestação subsistente ou o valor da outra, com perdas e danos; se, por culpa do devedor, ambas as prestações se tornarem inexequíveis, poderá o credor reclamar o valor de qualquer das duas, além da indenização por perdas e danos.

Art. 256. Se todas as prestações se tornarem impossíveis sem culpa do devedor, extinguir-se-á a obrigação.

Capítulo V
DAS OBRIGAÇÕES DIVISÍVEIS E INDIVISÍVEIS

Art. 257. Havendo mais de um devedor ou mais de um credor em obrigação divisível, esta presume-se dividida em tantas obrigações, iguais e distintas, quantos os credores ou devedores.

Art. 258. A obrigação é indivisível quando a prestação tem por objeto uma coisa ou um fato não suscetíveis de divisão, por sua natureza, por motivo de ordem econômica, ou dada a razão determinante do negócio jurídico.

Art. 259. Se, havendo dois ou mais devedores, a prestação não for divisível, cada um será obrigado pela dívida toda.

Parágrafo único. O devedor, que paga a dívida, sub-roga-se no direito do credor em relação aos outros coobrigados.

Art. 260. Se a pluralidade for dos credores, poderá cada um destes exigir a dívida inteira; mas o devedor ou devedores se desobrigarão, pagando:

I – a todos conjuntamente;

II – a um, dando este caução de ratificação dos outros credores.

Art. 261. Se um só dos credores receber a prestação por inteiro, a cada um dos outros assistirá o direito de exigir dele em dinheiro a parte que lhe caiba no total.

Art. 262. Se um dos credores remitir a dívida, a obrigação não ficará extinta para com os outros; mas estes só a poderão exigir, descontada a quota do credor remitente.

Parágrafo único. O mesmo critério se observará no caso de transação, novação, compensação ou confusão.

Art. 263. Perde a qualidade de indivisível a obrigação que se resolver em perdas e danos.

§ 1.º Se, para efeito do disposto neste artigo, houver culpa de todos os devedores, responderão todos por partes iguais.

§ 2.º Se for de um só a culpa, ficarão exonerados os outros, respondendo só esse pelas perdas e danos.

Capítulo VI
DAS OBRIGAÇÕES SOLIDÁRIAS

Seção I
Disposições Gerais

Art. 264. Há solidariedade, quando na mesma obrigação concorre mais de um credor, ou mais de um devedor, cada um com direito, ou obrigado, à dívida toda.

Art. 265. A solidariedade não se presume; resulta da lei ou da vontade das partes.

Art. 266. A obrigação solidária pode ser pura e simples para um dos cocredores ou codevedores, e condicional, ou a prazo, ou pagável em lugar diferente, para o outro.

Seção II
Da Solidariedade Ativa

Art. 267. Cada um dos credores solidários tem direito a exigir do devedor o cumprimento da prestação por inteiro.

Art. 268. Enquanto alguns dos credores solidários não demandarem o devedor comum, a qualquer daqueles poderá este pagar.

Art. 269. O pagamento feito a um dos credores solidários extingue a dívida até o montante do que foi pago.

Art. 270. Se um dos credores solidários falecer deixando herdeiros, cada um destes só terá direito a exigir e receber a quota do crédito que corresponder ao seu quinhão hereditário, salvo se a obrigação for indivisível.

Art. 271. Convertendo-se a prestação em perdas e danos, subsiste, para todos os efeitos, a solidariedade.

Art. 272. O credor que tiver remitido a dívida ou recebido o pagamento responderá aos outros pela parte que lhes caiba.

Art. 273. A um dos credores solidários não pode o devedor opor as exceções pessoais oponíveis aos outros.

Art. 274. O julgamento contrário a um dos credores solidários não atinge os demais, mas o julgamento favorável aproveita-lhes, sem prejuízo de exceção pessoal que o devedor tenha direito de invocar em relação a qualquer deles.

•• Artigo com redação determinada pela Lei n. 13.105, de 16-3-2015.

Seção III
Da Solidariedade Passiva

Art. 275. O credor tem direito a exigir e receber de um ou de alguns dos devedores, parcial ou totalmente, a dívida comum; se o pagamento tiver sido parcial, todos os demais devedores continuam obrigados solidariamente pelo resto.

Parágrafo único. Não importará renúncia da solidariedade a propositura de ação pelo credor contra um ou alguns dos devedores.

Art. 276. Se um dos devedores solidários falecer deixando herdeiros, nenhum destes será obrigado a pagar senão a quota que corresponder ao seu quinhão hereditário, salvo se a obrigação for indivisível; mas todos reunidos serão considerados como um devedor solidário em relação aos demais devedores.

Art. 277. O pagamento parcial feito por um dos devedores e a remissão por ele obtida não aproveitam aos outros devedores, senão até à concorrência da quantia paga ou relevada.

Art. 278. Qualquer cláusula, condição ou obrigação adicional, estipulada entre um dos devedores solidários e o credor, não poderá agravar a posição dos outros sem consentimento destes.

Art. 279. Impossibilitando-se a prestação por culpa de um dos devedores solidários, subsiste para todos o encargo de pagar o equivalente; mas pelas perdas e danos só responde o culpado.

Art. 280. Todos os devedores respondem pelos juros da mora, ainda que a ação tenha sido proposta somente contra um; mas o culpado responde aos outros pela obrigação acrescida.

Art. 281. O devedor demandado pode opor ao credor as exceções que lhe forem pessoais e as comuns a todos; não lhe aproveitando as exceções pessoais a outro codevedor.

Art. 282. O credor pode renunciar à solidariedade em favor de um, de alguns ou de todos os devedores.

Parágrafo único. Se o credor exonerar da solidariedade um ou mais devedores, subsistirá a dos demais.

Art. 283. O devedor que satisfez a dívida por inteiro tem direito a exigir de cada um dos codevedores a sua quota, dividindo-se igualmente por todos a do insolvente, se o houver, presumindo-se iguais, no débito, as partes de todos os codevedores.

Art. 284. No caso de rateio entre os codevedores, contribuirão também os exonerados da solidariedade pelo credor, pela parte que na obrigação incumbia ao insolvente.

Art. 285. Se a dívida solidária interessar exclusivamente a um dos devedores, responderá este por toda ela para com aquele que pagar.

Título II
DA TRANSMISSÃO DAS OBRIGAÇÕES

Capítulo I
DA CESSÃO DE CRÉDITO

Art. 286. O credor pode ceder o seu crédito, se a isso não se opuser a natureza da obrigação, a lei, ou a convenção com o devedor; a cláusula proibitiva da cessão não poderá ser oposta ao cessionário de boa-fé, se não constar do instrumento da obrigação.

Art. 287. Salvo disposição em contrário, na cessão de um crédito abrangem-se todos os seus acessórios.

Art. 288. É ineficaz, em relação a terceiros, a transmissão de um crédito, se não celebrar-se mediante instrumento público, ou instrumento particular revestido das solenidades do § 1.º do art. 654.

Art. 289. O cessionário de crédito hipotecário tem o direito de fazer averbar a cessão no registro do imóvel.

Art. 290. A cessão do crédito não tem eficácia em relação ao devedor, senão quando a este notificada; mas por notificado se tem o devedor que, em escrito público ou particular, se declarou ciente da cessão feita.

Art. 291. Ocorrendo várias cessões do mesmo crédito, prevalece a que se completar com a tradição do título do crédito cedido.

Art. 292. Fica desobrigado o devedor que, antes de ter conhecimento da cessão, paga ao credor primitivo, ou que, no caso de mais de uma cessão notificada, paga ao cessionário que lhe apresenta, com o título de cessão, o da obrigação cedida; quando o crédito constar de escritura pública, prevalecerá a prioridade da notificação.

Art. 293. Independentemente do conhecimento da cessão pelo devedor, pode o cessionário exercer os atos conservatórios do direito cedido.

Art. 294. O devedor pode opor ao cessionário as exceções que lhe competirem, bem como as que, no momento em que veio a ter conhecimento da cessão, tinha contra o cedente.

Art. 295. Na cessão por título oneroso, o cedente, ainda que não se responsabilize, fica responsável ao cessionário pela existência do crédito ao tempo em que lhe cedeu; a mesma responsabilidade lhe cabe nas cessões por título gratuito, se tiver procedido de má-fé.

Art. 296. Salvo estipulação em contrário, o cedente não responde pela solvência do devedor.

Art. 297. O cedente, responsável ao cessionário pela solvência do devedor, não responde por mais do que daquele recebeu, com os respectivos juros; mas tem de ressarcir-lhe as despesas da cessão e as que o cessionário houver feito com a cobrança.

Art. 298. O crédito, uma vez penhorado, não pode mais ser transferido pelo credor que tiver conhecimento da penhora; mas o devedor que o pagar, não tendo notificação dela, fica exonerado, subsistindo somente contra o credor os direitos de terceiro.

Capítulo II
DA ASSUNÇÃO DE DÍVIDA

Art. 299. É facultado a terceiro assumir a obrigação do devedor, com o consentimento expresso do credor, ficando exonerado o devedor primitivo, salvo se aquele, ao tempo da assunção, era insolvente e o credor o ignorava.

Parágrafo único. Qualquer das partes pode assinar prazo ao credor para que consinta na assunção da dívida, interpretando-se o seu silêncio como recusa.

Art. 300. Salvo assentimento expresso do devedor primitivo, consideram-se extintas, a partir da assunção da dívida, as garantias especiais por ele originariamente dadas ao credor.

Art. 301. Se a substituição do devedor vier a ser anulada, restaura-se o débito, com todas as suas garantias, salvo as garantias prestadas por terceiros, exceto se este conhecia o vício que inquinava a obrigação.

Art. 302. O novo devedor não pode opor ao credor as exceções pessoais que competiam ao devedor primitivo.

Art. 303. O adquirente de imóvel hipotecado pode tomar a seu cargo o pagamento do crédito garantido; se o credor, notificado, não impugnar em trinta dias a transferência do débito, entender-se-á dado o assentimento.

Título III
DO ADIMPLEMENTO E EXTINÇÃO DAS OBRIGAÇÕES

Capítulo I
DO PAGAMENTO

Seção I
De Quem Deve Pagar

Art. 304. Qualquer interessado na extinção da dívida pode pagá-la, usando, se o credor se opuser, dos meios conducentes à exoneração do devedor.

Parágrafo único. Igual direito cabe ao terceiro não interessado, se o fizer em nome e à conta do devedor, salvo oposição deste.

Art. 305. O terceiro não interessado, que paga a dívida em seu próprio nome, tem direito a reembolsar-se do que pagar; mas não se sub-roga nos direitos do credor.

Parágrafo único. Se pagar antes de vencida a dívida, só terá direito ao reembolso no vencimento.

Art. 306. O pagamento feito por terceiro, com desconhecimento ou oposição do devedor, não obriga a reembolsar aquele que pagou, se o devedor tinha meios para ilidir a ação.

Art. 307. Só terá eficácia o pagamento que importar transmissão da propriedade, quando feito por quem possa alienar o objeto em que ele consistiu.

Parágrafo único. Se se der em pagamento coisa fungível, não se poderá mais reclamar do credor que, de boa-fé, a recebeu e consumiu, ainda que o solvente não tivesse o direito de aliená-la.

Seção II
Daqueles a Quem se Deve Pagar

Art. 308. O pagamento deve ser feito ao credor ou a quem de direito o represente, sob pena de só valer depois de por ele ratificado, ou tanto quanto reverter em seu proveito.

Art. 309. O pagamento feito de boa-fé ao credor putativo é válido, ainda provado depois que não era credor.

Art. 310. Não vale o pagamento cientemente feito ao credor incapaz de quitar, se o devedor não provar que em benefício dele efetivamente reverteu.

Art. 311. Considera-se autorizado a receber o pagamento o portador da quitação, salvo se as circunstâncias contrariarem a presunção daí resultante.

Art. 312. Se o devedor pagar ao credor, apesar de intimado da penhora feita sobre o crédito, ou da impugnação a ele oposta por terceiros, o pagamento não valerá contra estes, que poderão constranger o devedor a pagar de novo, ficando-lhe ressalvado o regresso contra o credor.

Seção III
Do Objeto do Pagamento e sua Prova

Art. 313. O credor não é obrigado a receber prestação diversa da que lhe é devida, ainda que mais valiosa.

Art. 314. Ainda que a obrigação tenha por objeto prestação divisível, não pode o credor ser obrigado a receber, nem o devedor a pagar, por partes, se assim não se ajustou.

Art. 315. As dívidas em dinheiro deverão ser pagas no vencimento, em moeda corrente e pelo valor nominal, salvo o disposto nos artigos subsequentes.

Art. 316. É lícito convencionar o aumento progressivo de prestações sucessivas.

Art. 317. Quando, por motivos imprevisíveis, sobrevier desproporção manifesta entre o valor da prestação devida e o do momento de sua execução, poderá o juiz corrigi-lo, a pedido da parte, de modo que assegure, quanto possível, o valor real da prestação.

Art. 318. São nulas as convenções de pagamento em ouro ou em moeda estrangeira, bem como para compensar a diferença entre o valor desta e o da moeda nacional, exceptuados os casos previstos na legislação especial.

Art. 319. O devedor que paga tem direito a quitação regular, e pode reter o pagamento, enquanto não lhe seja dada.

Art. 320. A quitação, que sempre poderá ser dada por instrumento particular, designará o valor e a espécie da dívida quitada, o nome do devedor, ou quem por este pagou, o tempo e o lugar do pagamento, com a assinatura do credor, ou do seu representante.

Parágrafo único. Ainda sem os requisitos estabelecidos neste artigo valerá a quitação, se de seus termos ou das circunstâncias resultar haver sido paga a dívida.

Art. 321. Nos débitos, cuja quitação consista na devolução do título, perdido este, poderá o devedor exigir, retendo o pagamento, declaração do credor que inutilize o título desaparecido.

Art. 322. Quando o pagamento for em quotas periódicas, a quitação da última estabelece, até prova em contrário, a presunção de estarem solvidas as anteriores.

Art. 323. Sendo a quitação do capital sem reserva dos juros, estes presumem-se pagos.

Art. 324. A entrega do título ao devedor firma a presunção do pagamento.

Parágrafo único. Ficará sem efeito a quitação assim operada se o credor provar, em sessenta dias, a falta do pagamento.

Art. 325. Presumem-se a cargo do devedor as despesas com o pagamento e a quitação; se ocorrer aumento por fato do credor, suportará este a despesa acrescida.

Art. 326. Se o pagamento se houver de fazer por medida, ou peso, entender-se-á, no silêncio das partes, que aceitaram os do lugar da execução.

Seção IV
Do Lugar do Pagamento

Art. 327. Efetuar-se-á o pagamento no domicílio do devedor, salvo se as partes convencionarem diversamente, ou se o contrário resultar da lei, da natureza da obrigação ou das circunstâncias.

Parágrafo único. Designados dois ou mais lugares, cabe ao credor escolher entre eles.

Art. 328. Se o pagamento consistir na tradição de um imóvel, ou em prestações relativas a imóvel, far-se-á no lugar onde situado o bem.

Art. 329. Ocorrendo motivo grave para que se não efetue o pagamento no lugar determinado, poderá o devedor fazê-lo em outro, sem prejuízo para o credor.

Art. 330. O pagamento reiteradamente feito em outro local faz presumir renúncia do credor relativamente ao previsto no contrato.

Seção V
Do Tempo do Pagamento

Art. 331. Salvo disposição legal em contrário, não tendo sido ajustada época para o pagamento, pode o credor exigi-lo imediatamente.

Art. 332. As obrigações condicionais cumprem-se na data do implemento da condição, cabendo ao credor a prova de que deste teve ciência o devedor.

Art. 333. Ao credor assistirá o direito de cobrar a dívida antes de vencido o prazo estipulado no contrato ou marcado neste Código:

I – no caso de falência do devedor, ou de concurso de credores;

II – se os bens, hipotecados ou empenhados, forem penhorados em execução por outro credor;

III – se cessarem, ou se se tornarem insuficientes, as garantias do débito, fidejussórias, ou reais, e o devedor, intimado, se negar a reforçá-las.

Parágrafo único. Nos casos deste artigo, se houver, no débito, solidariedade passiva, não se reputará vencido quanto aos outros devedores solventes.

Capítulo II
DO PAGAMENTO EM CONSIGNAÇÃO

Art. 334. Considera-se pagamento, e extingue a obrigação, o depósito judicial ou em estabelecimento bancário da coisa devida, nos casos e forma legais.

Art. 335. A consignação tem lugar:

I – se o credor não puder, ou, sem justa causa, recusar receber o pagamento, ou dar quitação na devida forma;

II – se o credor não for, nem mandar receber a coisa no lugar, tempo e condição devidos;

III – se o credor for incapaz de receber, for desconhecido, declarado ausente, ou residir em lugar incerto ou de acesso perigoso ou difícil;

IV – se ocorrer dúvida sobre quem deva legitimamente receber o objeto do pagamento;

V – se pender litígio sobre o objeto do pagamento.

Art. 336. Para que a consignação tenha força de pagamento, será mister concorram, em relação às pessoas, ao objeto, modo e tempo, todos os requisitos sem os quais não é válido o pagamento.

Art. 337. O depósito requerer-se-á no lugar do pagamento, cessando, tanto que se efetue, para o depositante, os juros da dívida e os riscos, salvo se for julgado improcedente.

Art. 338. Enquanto o credor não declarar que aceita o depósito, ou não o impugnar, poderá o devedor requerer o levantamento, pagando as respectivas despesas, e subsistindo a obrigação para todas as consequências de direito.

Art. 339. Julgado procedente o depósito, o devedor já não poderá levantá-lo, embora o credor consinta, senão de acordo com os outros devedores e fiadores.

Art. 340. O credor que, depois de contestar a lide ou aceitar o depósito, aquiescer no levantamento, perderá a preferência e a garantia que lhe competiam com respeito à coisa consignada, ficando para logo desobrigados os codevedores e fiadores que não tenham anuído.

Art. 341. Se a coisa devida for imóvel ou corpo certo que deva ser entregue no mesmo lugar onde está, poderá o devedor citar o credor para vir ou mandar recebê-la, sob pena de ser depositada.

Art. 342. Se a escolha da coisa indeterminada competir ao credor, será ele citado para esse fim, sob cominação de perder o direito e de ser depositada a coisa que o devedor escolher; feita a escolha pelo devedor, proceder-se-á como no artigo antecedente.

Art. 343. As despesas com o depósito, quando julgado procedente, correrão à conta do credor, e, no caso contrário, à conta do devedor.

Art. 344. O devedor de obrigação litigiosa exonerar-se-á mediante consignação, mas, se pagar a qualquer dos pretendidos credores, tendo conhecimento do litígio, assumirá o risco do pagamento.

Art. 345. Se a dívida se vencer, pendendo litígio entre credores que se pretendem mutuamente excluir, poderá qualquer deles requerer a consignação.

Capítulo III
DO PAGAMENTO COM SUB-ROGAÇÃO

Art. 346. A sub-rogação opera-se, de pleno direito, em favor:

I – do credor que paga a dívida do devedor comum;

II – do adquirente do imóvel hipotecado, que paga a credor hipotecário, bem como do terceiro que efetiva o pagamento para não ser privado de direito sobre imóvel;

III – do terceiro interessado, que paga a dívida pela qual era ou podia ser obrigado, no todo ou em parte.

Art. 347. A sub-rogação é convencional:

I – quando o credor recebe o pagamento de terceiro e expressamente lhe transfere todos os seus direitos;

II – quando terceira pessoa empresta ao devedor a quantia precisa para solver a dívida, sob a condição expressa de ficar o mutuante sub-rogado nos direitos do credor satisfeito.

Art. 348. Na hipótese do inciso I do artigo antecedente, vigorará o disposto quanto à cessão do crédito.

Art. 349. A sub-rogação transfere ao novo credor todos os direitos, ações, privilégios e garantias do primitivo, em relação à dívida, contra o devedor principal e os fiadores.

Art. 350. Na sub-rogação legal o sub-rogado não poderá exercer os direitos e as ações do credor, senão até à soma que tiver desembolsado para desobrigar o devedor.

Art. 351. O credor originário, só em parte reembolsado, terá preferência ao sub-rogado, na cobrança da dívida restante, se os bens do devedor não chegarem para saldar inteiramente o que a um e outro dever.

Capítulo IV
DA IMPUTAÇÃO DO PAGAMENTO

Art. 352. A pessoa obrigada por dois ou mais débitos da mesma natureza, a um só credor, tem o direito de indicar a qual deles oferece pagamento, se todos forem líquidos e vencidos.

Art. 353. Não tendo o devedor declarado em qual das dívidas líquidas e vencidas quer imputar o pagamento, se aceitar a quitação de uma delas, não terá direito a reclamar contra a imputação feita pelo credor, salvo provando haver ele cometido violência ou dolo.

Art. 354. Havendo capital e juros, o pagamento imputar-se-á primeiro nos juros vencidos, e depois no capital, salvo estipulação em contrário, ou se o credor passar a quitação por conta do capital.

Art. 355. Se o devedor não fizer a indicação do art. 352, e a quitação for omissa quanto à imputação, esta se fará nas dívidas líquidas e vencidas em primeiro lugar. Se as dívidas forem todas líquidas e vencidas ao mesmo tempo, a imputação far-se-á na mais onerosa.

Capítulo V
DA DAÇÃO EM PAGAMENTO

Art. 356. O credor pode consentir em receber prestação diversa da que lhe é devida.

Art. 357. Determinado o preço da coisa dada em pagamento, as relações entre as partes regular-se-ão pelas normas do contrato de compra e venda.

Art. 358. Se for título de crédito a coisa dada em pagamento, a transferência importará em cessão.

Art. 359. Se o credor for evicto da coisa recebida em pagamento, restabelecer-se-á a obrigação primitiva, ficando sem efeito a quitação dada, ressalvados os direitos de terceiros.

Capítulo VI
DA NOVAÇÃO

Art. 360. Dá-se a novação:

I – quando o devedor contrai com o credor nova dívida para extinguir e substituir a anterior;

II – quando novo devedor sucede ao antigo, ficando este quite com o credor;

III – quando, em virtude de obrigação nova, outro credor é substituído ao antigo, ficando o devedor quite com este.

Art. 361. Não havendo ânimo de novar, expresso ou tácito mas inequívoco, a segunda obrigação confirma simplesmente a primeira.

Art. 362. A novação por substituição do devedor pode ser efetuada independentemente de consentimento deste.

Art. 363. Se o novo devedor for insolvente, não tem o credor, que o aceitou, ação regressiva contra o primeiro, salvo se este obteve por má-fé a substituição.

Art. 364. A novação extingue os acessórios e garantias da dívida, sempre que não houver estipulação em contrário. Não aproveitará, contudo, ao credor ressalvar o penhor, a hipoteca ou a anticrese, se os bens dados em garantia pertencerem a terceiro que não foi parte na novação.

Art. 365. Operada a novação entre o credor e um dos devedores solidários, somente sobre os bens do que contrair a nova obrigação subsistem as preferências e garantias do crédito novado. Os outros devedores solidários ficam por esse fato exonerados.

Art. 366. Importa exoneração do fiador a novação feita sem seu consenso com o devedor principal.

Art. 367. Salvo as obrigações simplesmente anuláveis, não podem ser objeto de novação obrigações nulas ou extintas.

Capítulo VII
DA COMPENSAÇÃO

Art. 368. Se duas pessoas forem ao mesmo tempo credor e devedor uma da outra, as duas obrigações extinguem-se, até onde se compensarem.

Art. 369. A compensação efetua-se entre dívidas líquidas, vencidas e de coisas fungíveis.

Art. 370. Embora sejam do mesmo gênero as coisas fungíveis, objeto das duas prestações, não se compensarão, verificando-se que diferem na qualidade, quando especificada no contrato.

Art. 371. O devedor somente pode compensar com o credor o que este lhe dever; mas o fiador pode compensar sua dívida com a de seu credor ao afiançado.

Art. 372. Os prazos de favor, embora consagrados pelo uso geral, não obstam a compensação.

Art. 373. A diferença de causa nas dívidas não impede a compensação, exceto:

I – se provier de esbulho, furto ou roubo;

II – se uma se originar de comodato, depósito ou alimentos;

III – se uma for de coisa não suscetível de penhora.

Art. 374. (*Revogado pela Lei n. 10.677, de 22-5-2003.*)

Art. 375. Não haverá compensação quando as partes, por mútuo acordo, a excluírem, ou no caso de renúncia prévia de uma delas.

Art. 376. Obrigando-se por terceiro uma pessoa, não pode compensar essa dívida com a que o credor dele lhe dever.

Art. 377. O devedor que, notificado, nada opõe à cessão que o credor faz a terceiros dos seus direitos, não pode opor ao cessionário a compensação, que antes da cessão teria podido opor ao cedente. Se, porém, a cessão lhe não tiver sido notificada, poderá opor ao cessionário compensação do crédito que antes tinha contra o cedente.

Art. 378. Quando as duas dívidas não são pagáveis no mesmo lugar, não se podem compensar sem dedução das despesas necessárias à operação.

Art. 379. Sendo a mesma pessoa obrigada por várias dívidas compensáveis, serão observadas, no compensá-las, as regras estabelecidas quanto à imputação do pagamento.

Art. 380. Não se admite a compensação em prejuízo de direito de terceiro. O devedor que se torne credor do seu credor, depois de penhorado o crédito deste, não pode opor ao exequente a compensação, de que contra o próprio credor disporia.

Capítulo VIII
DA CONFUSÃO

Art. 381. Extingue-se a obrigação, desde que na mesma pessoa se confundam as qualidades de credor e devedor.

Art. 382. A confusão pode verificar-se a respeito de toda a dívida, ou só de parte dela.

Art. 383. A confusão operada na pessoa do credor ou devedor solidário só extingue a obrigação até à concorrência da respectiva parte no crédito, ou na dívida, subsistindo quanto ao mais a solidariedade.

Art. 384. Cessando a confusão, para logo se restabelece, com todos os seus acessórios, a obrigação anterior.

Capítulo IX
DA REMISSÃO DAS DÍVIDAS

Art. 385. A remissão da dívida, aceita pelo devedor, extingue a obrigação, mas sem prejuízo de terceiro.

Art. 386. A devolução voluntária do título da obrigação, quando por escrito particular, prova desoneração do devedor e seus coobrigados, se o credor for capaz de alienar, e o devedor capaz de adquirir.

Art. 387. A restituição voluntária do objeto empenhado prova a renúncia do credor à garantia real, não a extinção da dívida.

Art. 388. A remissão concedida a um dos codevedores extingue a dívida na parte a ele correspondente; de modo que, ainda reservando o credor a solidariedade contra os outros, já lhes não pode cobrar o débito sem dedução da parte remitida.

Título IV
DO INADIMPLEMENTO DAS OBRIGAÇÕES

Capítulo I
DISPOSIÇÕES GERAIS

Art. 389. Não cumprida a obrigação, responde o devedor por perdas e danos, mais juros, atualização monetária e honorários de advogado.

•• *Caput* com redação determinada pela Lei n. 14.905, de 28-6-2024.

Parágrafo único. Na hipótese de o índice de atualização monetária não ter sido convencionado ou não estar previsto em lei específica, será aplicada a variação do Índice Nacional de Preços ao Consumidor Amplo (IPCA), apurado e divulgado pela Fundação Instituto Brasileiro de Geografia e Estatística (IBGE), ou do índice que vier a substituí-lo.

•• Parágrafo único acrescentado pela Lei n. 14.905, de 28-6-2024.

Art. 390. Nas obrigações negativas o devedor é havido por inadimplente desde o dia em que executou o ato de que se devia abster.

Art. 391. Pelo inadimplemento das obrigações respondem todos os bens do devedor.

Art. 392. Nos contratos benéficos, responde por simples culpa o contratante, a quem o contrato aproveite, e por dolo aquele a quem não favoreça. Nos contratos onerosos, responde cada uma das partes por culpa, salvo as exceções previstas em lei.

Art. 393. O devedor não responde pelos prejuízos resultantes de caso fortuito ou força maior, se expressamente não se houver por eles responsabilizado.

Parágrafo único. O caso fortuito ou de força maior verifica-se no fato necessário, cujos efeitos não era possível evitar ou impedir.

Capítulo II
DA MORA

Art. 394. Considera-se em mora o devedor que não efetuar o pagamento e o credor que não quiser recebê-lo no tempo, lugar e forma que a lei ou a convenção estabelecer.

Art. 395. Responde o devedor pelos prejuízos a que sua mora der causa, mais juros, atualização dos valores monetários e honorários de advogado.

•• *Caput* com redação determinada pela Lei n. 14.905, de 28-6-2024.

Parágrafo único. Se a prestação, devido à mora, se tornar inútil ao credor, este poderá enjeitá-la, e exigir a satisfação das perdas e danos.

Art. 396. Não havendo fato ou omissão imputável ao devedor, não incorre este em mora.

Art. 397. O inadimplemento da obrigação, positiva e líquida, no seu termo, constitui de pleno direito em mora o devedor.

Parágrafo único. Não havendo termo, a mora se constitui mediante interpelação judicial ou extrajudicial.

Art. 398. Nas obrigações provenientes de ato ilícito, considera-se o devedor em mora, desde que o praticou.

Art. 399. O devedor em mora responde pela impossibilidade da prestação, embora essa impossibilidade resulte de caso fortuito ou de força maior, se estes ocorrerem durante o atraso; salvo se provar isenção de culpa, ou que o dano sobreviria ainda quando a obrigação fosse oportunamente desempenhada.

Art. 400. A mora do credor subtrai o devedor isento de dolo à responsabilidade pela conservação da coisa, obriga o credor a ressarcir as despesas empregadas em conservá-la, e sujeita-o a recebê-la pela estimação mais favorável ao devedor, se o seu valor oscilar entre o dia estabelecido para o pagamento e o da sua efetivação.

Art. 401. Purga-se a mora:

I – por parte do devedor, oferecendo este a prestação mais a importância dos prejuízos decorrentes do dia da oferta;

II – por parte do credor, oferecendo-se este a receber o pagamento e sujeitando-se aos efeitos da mora até a mesma data.

Capítulo III
DAS PERDAS E DANOS

Art. 402. Salvo as exceções expressamente previstas em lei, as perdas e danos devidas ao credor abrangem, além do que ele efetivamente perdeu, o que razoavelmente deixou de lucrar.

Art. 403. Ainda que a inexecução resulte de dolo do devedor, as perdas e danos só incluem os prejuízos efetivos e os lucros cessantes por efeito dela direto e imediato, sem prejuízo do disposto na lei processual.

Art. 404. As perdas e danos, nas obrigações de pagamento em dinheiro, serão pagas com atualização monetária, juros, custas e honorários de advogado, sem prejuízo da pena convencional.

•• *Caput* com redação determinada pela Lei n. 14.905, de 28-6-2024.

Parágrafo único. Provado que os juros da mora não cobrem o prejuízo, e não havendo pena convencional, pode o juiz conceder ao credor indenização suplementar.

Art. 405. Contam-se os juros de mora desde a citação inicial.

Capítulo IV
DOS JUROS LEGAIS

Art. 406. Quando não forem convencionados, ou quando o forem sem taxa estipulada, ou quando provierem de determinação da lei, os juros serão fixados de acordo com a taxa legal.

•• *Caput* com redação determinada pela Lei n. 14.905, de 28-6-2024.

§ 1.º A taxa legal corresponderá à taxa referencial do Sistema Especial de Liquidação e de Custódia (Selic), deduzido o índice de atualização monetária de que trata o parágrafo único do art. 389 deste Código.

•• § 1.º acrescentado pela Lei n. 14.905, de 28-6-2024.

§ 2.º A metodologia de cálculo da taxa legal e sua forma de aplicação serão definidas pelo Conselho Monetário Nacional e divulgadas pelo Banco Central do Brasil.

•• § 2.º acrescentado pela Lei n. 14.905, de 28-6-2024.

•• A Resolução n. 5.171, de 29-8-2024, do CNM, dispõe sobre a metodologia de cálculo e a forma de aplicação da taxa legal, de que trata este § 2.º.

§ 3.º Caso a taxa legal apresente resultado negativo, este será considerado igual a 0 (zero) para efeito de cálculo dos juros no período de referência.

•• § 3.º acrescentado pela Lei n. 14.905, de 28-6-2024.

Art. 407. Ainda que se não alegue prejuízo, é obrigado o devedor aos juros da mora que se contarão assim às dívidas em dinheiro, como às prestações de outra natureza, uma vez que lhes esteja fixado o valor pecuniário por sentença judicial, arbitramento, ou acordo entre as partes.

Capítulo V
DA CLÁUSULA PENAL

Art. 408. Incorre de pleno direito o devedor na cláusula penal, desde que, culposamente, deixe de cumprir a obrigação ou se constitua em mora.

Art. 409. A cláusula penal estipulada conjuntamente com a obrigação, ou em ato posterior, pode referir-se à inexecução completa da obrigação, à de alguma cláusula especial ou simplesmente à mora.

Art. 410. Quando se estipular a cláusula penal para o caso de total inadimplemento da obrigação, esta converter-se-á em alternativa a benefício do credor.

Art. 411. Quando se estipular a cláusula penal para o caso de mora, ou em segurança especial de outra cláusula determinada, terá o credor o arbítrio de exigir a satisfação da pena cominada, juntamente com o desempenho da obrigação principal.

Art. 412. O valor da cominação imposta na cláusula penal não pode exceder o da obrigação principal.

Art. 413. A penalidade deve ser reduzida equitativamente pelo juiz se a obrigação principal tiver sido cumprida em parte, ou se o montante da penalidade for manifestamente excessivo, tendo-se em vista a natureza e a finalidade do negócio.

Art. 414. Sendo indivisível a obrigação, todos os devedores, caindo em falta um deles, incorrerão na pena; mas esta só se poderá demandar integralmente do culpado, respondendo cada um dos outros somente pela sua quota.

Parágrafo único. Aos não culpados fica reservada a ação regressiva contra aquele que deu causa à aplicação da pena.

Art. 415. Quando a obrigação for divisível, só incorre na pena o devedor ou o herdeiro do devedor que a infringir, e proporcionalmente à sua parte na obrigação.

Art. 416. Para exigir a pena convencional, não é necessário que o credor alegue prejuízo.

Parágrafo único. Ainda que o prejuízo exceda ao previsto na cláusula penal, não pode o credor exigir indenização suplementar se assim não foi convencionado. Se o tiver sido, a pena vale como mínimo da indenização, competindo ao credor provar o prejuízo excedente.

Capítulo VI
DAS ARRAS OU SINAL

Art. 417. Se, por ocasião da conclusão do contrato, uma parte der à outra, a título de arras, dinheiro ou outro bem móvel, deverão as arras, em caso de execução, ser restituídas ou computadas na prestação devida, se do mesmo gênero da principal.

Art. 418. Na hipótese de inexecução do contrato, se esta se der:

•• *Caput* com redação determinada pela Lei n. 14.905, de 28-6-2024.

I – por parte de quem deu as arras, poderá a outra parte ter o contrato por desfeito, retendo-as;

•• Inciso I acrescentado pela Lei n. 14.905, de 28-6-2024.

II – por parte de quem recebeu as arras, poderá quem as deu haver o contrato por desfeito e exigir a sua devolução mais o equivalente, com atualização monetária, juros e honorários de advogado.

•• Inciso II acrescentado pela Lei n. 14.905, de 28-6-2024.

Art. 419. A parte inocente pode pedir indenização suplementar, se provar maior prejuízo, valendo as arras como taxa mínima. Pode, também, a parte inocente exigir a execução do contrato, com as perdas e danos, valendo as arras como o mínimo da indenização.

Art. 420. Se no contrato for estipulado o direito de arrependimento para qualquer das partes, as arras ou sinal terão função unicamente indenizatória. Neste caso, quem as deu perdê-las-á em benefício da outra parte; e quem as recebeu devolvê-las-á, mais o equivalente. Em ambos os casos não haverá direito a indenização suplementar.

Título V
DOS CONTRATOS EM GERAL

Capítulo I
DISPOSIÇÕES GERAIS

Seção I
Preliminares

Art. 421. A liberdade contratual será exercida nos limites da função social do contrato.

•• *Caput* com redação determinada pela Lei n. 13.874, de 20-9-2019.

Parágrafo único. Nas relações contratuais privadas, prevalecerão o princípio da intervenção mínima e a excepcionalidade da revisão contratual.

•• Parágrafo único acrescentado pela Lei n. 13.874, de 20-9-2019.

Art. 421-A. Os contratos civis e empresariais presumem-se paritários e simétricos até a presença de elementos concretos que justifiquem o afastamento dessa presunção, ressalvados os regimes jurídicos previstos em leis especiais, garantido também que:

•• *Caput* acrescentado pela Lei n. 13.874, de 20-9-2019.

I – as partes negociantes poderão estabelecer parâmetros objetivos para a interpretação das cláusulas negociais e de seus pressupostos de revisão ou de resolução;

•• Inciso I acrescentado pela Lei n. 13.874, de 20-9-2019.

II – a alocação de riscos definida pelas partes deve ser respeitada e observada; e

•• Inciso II acrescentado pela Lei n. 13.874, de 20-9-2019.

III – a revisão contratual somente ocorrerá de maneira excepcional e limitada.

•• Inciso III acrescentado pela Lei n. 13.874, de 25-9-2019.

Art. 422. Os contratantes são obrigados a guardar, assim na conclusão do contrato, como em sua execução, os princípios de probidade e boa-fé.

Art. 423. Quando houver no contrato de adesão cláusulas ambíguas ou contraditórias, dever-se-á adotar a interpretação mais favorável ao aderente.

Art. 424. Nos contratos de adesão, são nulas as cláusulas que estipulem a renúncia antecipada do aderente a direito resultante da natureza do negócio.

Art. 425. É lícito às partes estipular contratos atípicos, observadas as normas gerais fixadas neste Código.

Art. 426. Não pode ser objeto de contrato a herança de pessoa viva.

Seção II
Da Formação dos Contratos

Art. 427. A proposta de contrato obriga o proponente, se o contrário não resultar dos termos dela, da natureza do negócio, ou das circunstâncias do caso.

Art. 428. Deixa de ser obrigatória a proposta:

I – se, feita sem prazo a pessoa presente, não foi imediatamente aceita. Considera-se também presente a pessoa que contrata por telefone ou por meio de comunicação semelhante;

II – se, feita sem prazo a pessoa ausente, tiver decorrido tempo suficiente para chegar a resposta ao conhecimento do proponente;

III – se, feita a pessoa ausente, não tiver sido expedida a resposta dentro do prazo dado;

IV – se, antes dela, ou simultaneamente, chegar ao conhecimento da outra parte a retratação do proponente.

Art. 429. A oferta ao público equivale a proposta quando encerra os requisitos essenciais ao contrato, salvo se o contrário resultar das circunstâncias ou dos usos.

Parágrafo único. Pode revogar-se a oferta pela mesma via de sua divulgação, desde que ressalvada esta faculdade na oferta realizada.

Art. 430. Se a aceitação, por circunstância imprevista, chegar tarde ao conhecimento do proponente, este comunicá-lo-á imediatamente ao aceitante, sob pena de responder por perdas e danos.

Art. 431. A aceitação fora do prazo, com adições, restrições, ou modificações, importará nova proposta.

Art. 432. Se o negócio for daqueles em que não seja costume a aceitação expressa, ou o proponente tiver dispensado, reputar-se-á concluído o contrato, não chegando a tempo a recusa.

Art. 433. Considera-se inexistente a aceitação, se antes dela ou com ela chegar ao proponente a retratação do aceitante.

Art. 434. Os contratos entre ausentes tornam-se perfeitos desde que a aceitação é expedida, exceto:

I – no caso do artigo antecedente;

II – se o proponente se houver comprometido a esperar resposta;

III – se ela não chegar no prazo convencionado.

Art. 435. Reputar-se-á celebrado o contrato no lugar em que foi proposto.

Seção III
Da Estipulação em Favor de Terceiro

Art. 436. O que estipula em favor de terceiro pode exigir o cumprimento da obrigação.

Parágrafo único. Ao terceiro, em favor de quem se estipulou a obrigação, também é permitido exigi-la, ficando, todavia, sujeito às condições e normas do contrato, se a ele anuir, e o estipulante não o inovar nos termos do art. 438.

Art. 437. Se ao terceiro, em favor de quem se fez o contrato, se deixar o direito de reclamar-lhe a execução, não poderá o estipulante exonerar o devedor.

Art. 438. O estipulante pode reservar-se o direito de substituir o terceiro designado no contrato, independentemente da sua anuência e da do outro contratante.

Parágrafo único. A substituição pode ser feita por ato entre vivos ou por disposição de última vontade.

Seção IV
Da Promessa de Fato de Terceiro

Art. 439. Aquele que tiver prometido fato de terceiro responderá por perdas e danos, quando este o não executar.

Parágrafo único. Tal responsabilidade não existirá se o terceiro for o cônjuge do promitente, dependendo da sua anuência o ato a ser praticado, e desde que, pelo regime do casamento, a indenização, de algum modo, venha a recair sobre os seus bens.

Art. 440. Nenhuma obrigação haverá para quem se comprometer por outrem, se este, depois de se ter obrigado, faltar à prestação.

Seção V
Dos Vícios Redibitórios

Art. 441. A coisa recebida em virtude de contrato comutativo pode ser enjeitada por vícios ou defeitos ocultos, que a tornem imprópria ao uso a que é destinada, ou lhe diminuam o valor.

Parágrafo único. É aplicável a disposição deste artigo às doações onerosas.

Art. 442. Em vez de rejeitar a coisa, redibindo o contrato (art. 441), pode o adquirente reclamar abatimento no preço.

Art. 443. Se o alienante conhecia o vício ou defeito da coisa, restituirá o que recebeu com perdas e danos; se o não conhecia, tão somente restituirá o valor recebido, mais as despesas do contrato.

Art. 444. A responsabilidade do alienante subsiste ainda que a coisa pereça em poder do alienatário, se perecer por vício oculto, já existente ao tempo da tradição.

Art. 445. O adquirente decai do direito de obter a redibição ou abatimento no preço no prazo de trinta dias se a coisa for móvel, e de um ano se for imóvel, contado da entrega efetiva; se já estava na posse, o prazo conta-se da alienação, reduzido à metade.

§ 1.º Quando o vício, por sua natureza, só puder ser conhecido mais tarde, o prazo contar-se-á do momento em que dele tiver ciência, até o prazo máximo de cento e oitenta dias, em se tratando de bens móveis; e de um ano, para os imóveis.

§ 2.º Tratando-se de venda de animais, os prazos de garantia por vícios ocultos serão os estabelecidos em lei especial, ou, na falta desta, pelos usos locais, aplicando-se o disposto no parágrafo antecedente se não houver regras disciplinando a matéria.

Art. 446. Não correrão os prazos do artigo antecedente na constância de cláusula de garantia; mas o adquirente deve denunciar o defeito ao alienante nos trinta dias seguintes ao seu descobrimento, sob pena de decadência.

Seção VI
Da Evicção

Art. 447. Nos contratos onerosos, o alienante responde pela evicção. Subsiste esta garantia ainda que a aquisição se tenha realizado em hasta pública.

Art. 448. Podem as partes, por cláusula expressa, reforçar, diminuir ou excluir a responsabilidade pela evicção.

Art. 449. Não obstante a cláusula que exclui a garantia contra a evicção, se esta se der, tem direito o evicto a receber o preço que pagou pela coisa evicta, se não soube do risco da evicção, ou, dele informado, não o assumiu.

Art. 450. Salvo estipulação em contrário, tem direito o evicto, além da restituição integral do preço ou das quantias que pagou:

I – à indenização dos frutos que tiver sido obrigado a restituir;

II – à indenização pelas despesas dos contratos e pelos prejuízos que diretamente resultarem da evicção;

III – às custas judiciais e aos honorários do advogado por ele constituído.

Parágrafo único. O preço, seja a evicção total ou parcial, será o do valor da coisa, na época em que se evenceu, e proporcional ao desfalque sofrido, no caso de evicção parcial.

Art. 451. Subsiste para o alienante esta obrigação, ainda que a coisa alienada esteja deteriorada, exceto havendo dolo do adquirente.

Art. 452. Se o adquirente tiver auferido vantagens das deteriorações, e não tiver sido condenado a indenizá-las, o valor das vantagens será deduzido da quantia que lhe houver de dar o alienante.

Art. 453. As benfeitorias necessárias ou úteis, não abonadas ao que sofreu a evicção, serão pagas pelo alienante.

Art. 454. Se as benfeitorias abonadas ao que sofreu a evicção tiverem sido feitas pelo alienante, o valor delas será levado em conta na restituição devida.

Art. 455. Se parcial, mas considerável, for a evicção, poderá o evicto optar entre a rescisão do contrato e a restituição da parte do preço correspondente ao desfalque sofrido. Se não for considerável, caberá somente direito a indenização.

Art. 456. (*Revogado pela Lei n. 13.105, de 16-3-2015.*)

Art. 457. Não pode o adquirente demandar pela evicção, se sabia que a coisa era alheia ou litigiosa.

Seção VII
Dos Contratos Aleatórios

Art. 458. Se o contrato for aleatório, por dizer respeito a coisas ou fatos futuros, cujo risco de não virem a existir um dos contratantes assuma, terá o outro direito de receber integralmente o que lhe foi prometido, desde que de sua parte não tenha havido dolo ou culpa, ainda que nada do avençado venha a existir.

Art. 459. Se for aleatório, por serem objeto dele coisas futuras, tomando o adquirente a si o risco de virem a existir em qualquer quantidade, terá também direito o alienante a todo o preço, desde que de sua parte não tiver concorrido culpa, ainda que a coisa venha a existir em quantidade inferior à esperada.

Parágrafo único. Mas, se da coisa nada vier a existir, alienação não haverá, e o alienante restituirá o preço recebido.

Art. 460. Se for aleatório o contrato, por se referir a coisas existentes, mas expostas a risco, assumido pelo adquirente, terá igualmente direito o alienante a todo o preço, posto que a coisa já não existisse, em parte, ou de todo, no dia do contrato.

Art. 461. A alienação aleatória a que se refere o artigo antecedente poderá ser anulada como dolosa pelo prejudicado, se provar que o outro contratante não ignorava a consumação do risco, a que no contrato se considerava exposta a coisa.

Seção VIII
Do Contrato Preliminar

Art. 462. O contrato preliminar, exceto quanto à forma, deve conter todos os requisitos essenciais ao contrato a ser celebrado.

Art. 463. Concluído o contrato preliminar, com observância do disposto no artigo antecedente, e desde que dele não conste cláusula de arrependimento, qualquer das partes terá o direito de exigir a celebração do definitivo, assinando prazo à outra para que o efetive.

Parágrafo único. O contrato preliminar deverá ser levado ao registro competente.

Art. 464. Esgotado o prazo, poderá o juiz, a pedido do interessado, suprir a vontade da parte inadimplente, conferindo caráter definitivo ao contrato preliminar, salvo se a isto se opuser a natureza da obrigação.

Art. 465. Se o estipulante não der execução ao contrato preliminar, poderá a outra parte considerá-lo desfeito, e pedir perdas e danos.

Art. 466. Se a promessa de contrato for unilateral, o credor, sob pena de ficar a mesma sem efeito, deverá manifestar-se no prazo nela previsto, ou, inexistindo este, no que lhe for razoavelmente assinado pelo devedor.

Seção IX
Do Contrato com Pessoa a Declarar

Art. 467. No momento da conclusão do contrato, pode uma das partes reservar-se a faculdade de indicar a pessoa que deve adquirir os direitos e assumir as obrigações dele decorrentes.

Art. 468. Essa indicação deve ser comunicada à outra parte no prazo de cinco dias da conclusão do contrato, se outro não tiver sido estipulado.

Parágrafo único. A aceitação da pessoa nomeada não será eficaz se não se revestir da mesma forma que as partes usaram para o contrato.

Art. 469. A pessoa, nomeada de conformidade com os artigos antecedentes, adquire os direitos e assume as obrigações decorrentes do contrato, a partir do momento em que este foi celebrado.

Art. 470. O contrato será eficaz somente entre os contratantes originários:

I – se não houver indicação de pessoa, ou se o nomeado se recusar a aceitá-la;

II – se a pessoa nomeada era insolvente, e a outra pessoa o desconhecia no momento da indicação.

Art. 471. Se a pessoa a nomear era incapaz ou insolvente no momento da nomeação, o contrato produzirá seus efeitos entre os contratantes originários.

Capítulo II
DA EXTINÇÃO DO CONTRATO

Seção I
Do Distrato

Art. 472. O distrato faz-se pela mesma forma exigida para o contrato.

Art. 473. A resilição unilateral, nos casos em que a lei expressa ou implicitamente o permita, opera mediante denúncia notificada à outra parte.

Parágrafo único. Se, porém, dada a natureza do contrato, uma das partes houver feito investimentos consideráveis para a sua execução, a denúncia unilateral só produzirá efeito depois de transcorrido prazo compatível com a natureza e o vulto dos investimentos.

Seção II
Da Cláusula Resolutiva

Art. 474. A cláusula resolutiva expressa opera de pleno direito; a tácita depende de interpelação judicial.

Art. 475. A parte lesada pelo inadimplemento pode pedir a resolução do contrato, se não preferir exigir-lhe o cumprimento, cabendo, em qualquer dos casos, indenização por perdas e danos.

Seção III
Da Exceção de Contrato não Cumprido

Art. 476. Nos contratos bilaterais, nenhum dos contratantes, antes de cumprida a sua obrigação, pode exigir o implemento da do outro.

Art. 477. Se, depois de concluído o contrato, sobrevier a uma das partes contratantes diminuição em seu patrimônio capaz de comprometer ou tornar duvidosa a prestação pela qual se obrigou, pode a outra recusar-se à prestação que lhe incumbe, até que aquela satisfaça a que lhe compete ou dê garantia bastante de satisfazê-la.

Seção IV
Da Resolução por Onerosidade Excessiva

Art. 478. Nos contratos de execução continuada ou diferida, se a prestação de uma das partes se tornar excessivamente onerosa, com extrema vantagem para a outra, em virtude de acontecimentos extraordinários e imprevisíveis, poderá o devedor pedir a resolução do contrato. Os efeitos da sentença que a decretar retroagirão à data da citação.

Art. 479. A resolução poderá ser evitada, oferecendo-se o réu a modificar equitativamente as condições do contrato.

Art. 480. Se no contrato as obrigações couberem a apenas uma das partes, poderá ela pleitear que a sua prestação seja reduzida, ou alterado o modo de executá-la, a fim de evitar a onerosidade excessiva.

TÍTULO VI
DAS VÁRIAS ESPÉCIES DE CONTRATO

•• A Lei n. 11.795, de 8-10-2008, dispõe sobre o Contrato de Consórcio nos arts. 10 a 15.

Capítulo I
DA COMPRA E VENDA

Seção I
Disposições Gerais

Art. 481. Pelo contrato de compra e venda, um dos contratantes se obriga a transferir o domínio de certa coisa, e o outro, a pagar-lhe certo preço em dinheiro.

Art. 482. A compra e venda, quando pura, considerar-se-á obrigatória e perfeita, desde que as partes acordarem no objeto e no preço.

Art. 483. A compra e venda pode ter por objeto coisa atual ou futura. Neste caso, ficará sem efeito o contrato se esta não vier a existir, salvo se a intenção das partes era de concluir contrato aleatório.

Art. 484. Se a venda se realizar à vista de amostras, protótipos ou modelos, entender-se-á que o vendedor assegura ter a coisa as qualidades que a elas correspondem.

Parágrafo único. Prevalece a amostra, o protótipo ou o modelo, se houver contradição ou diferença com a maneira pela qual se descreveu a coisa no contrato.

Art. 485. A fixação do preço pode ser deixada ao arbítrio de terceiro, que os contratantes logo designarem ou prometerem designar. Se o terceiro não aceitar a incumbência, ficará sem efeito o contrato, salvo quando acordarem os contratantes designar outra pessoa.

Art. 486. Também se poderá deixar a fixação do preço à taxa de mercado ou de bolsa, em certo e determinado dia e lugar.

Art. 487. É lícito às partes fixar o preço em função de índices ou parâmetros, desde que suscetíveis de objetiva determinação.

Art. 488. Convencionada a venda sem fixação de preço ou de critérios para a sua determinação, se não houver tabelamento oficial, entende-se que as partes se sujeitaram ao preço corrente nas vendas habituais do vendedor.

Parágrafo único. Na falta de acordo, por ter havido diversidade de preço, prevalecerá o termo médio.

Art. 489. Nulo é o contrato de compra e venda, quando se deixa ao arbítrio exclusivo de uma das partes a fixação do preço.

Art. 490. Salvo cláusula em contrário, ficarão as despesas de escritura e registro a cargo do comprador, e a cargo do vendedor as da tradição.

Art. 491. Não sendo a venda a crédito, o vendedor não é obrigado a entregar a coisa antes de receber o preço.

Art. 492. Até o momento da tradição, os riscos da coisa correm por conta do vendedor, e os do preço por conta do comprador.

§ 1.º Todavia, os casos fortuitos, ocorrentes no ato de contar, marcar ou assinalar coisas, que comumente se recebem, contando, pesando, medindo ou assinalando, e que já tiverem sido postas à disposição do comprador, correrão por conta deste.

§ 2.º Correrão também por conta do comprador os riscos das referidas coisas, se estiver em mora de as receber, quando postas à sua disposição no tempo, lugar e pelo modo ajustados.

Art. 493. A tradição da coisa vendida, na falta de estipulação expressa, dar-se-á no lugar onde ela se encontrava, ao tempo da venda.

Art. 494. Se a coisa for expedida para lugar diverso, por ordem do comprador, por sua conta correrão os riscos, uma vez entregue a quem haja de transportá-la, salvo se das instruções dele se afastar o vendedor.

Art. 495. Não obstante o prazo ajustado para o pagamento, se antes da tradição o comprador cair em insolvência, poderá o vendedor sobrestar na entrega da coisa, até que o comprador lhe dê caução de pagar no tempo ajustado.

Art. 496. É anulável a venda de ascendente a descendente, salvo se os outros descendentes e o cônjuge do alienante expressamente houverem consentido.

Parágrafo único. Em ambos os casos, dispensa-se o consentimento do cônjuge se o regime de bens for o da separação obrigatória.

Art. 497. Sob pena de nulidade, não podem ser comprados, ainda que em hasta pública:

I – pelos tutores, curadores, testamenteiros e administradores, os bens confiados à sua guarda ou administração;

II – pelos servidores públicos, em geral, os bens ou direitos da pessoa jurídica a que servirem, ou que estejam sob sua administração direta ou indireta;

III – pelos juízes, secretários de tribunais, arbitradores, peritos e outros serventuários ou auxiliares da justiça, os bens ou direitos sobre que se litigar em tribunal, juízo ou conselho, no lugar onde servirem, ou a que se estender a sua autoridade;

IV – pelos leiloeiros e seus prepostos, os bens de cuja venda estejam encarregados.

Parágrafo único. As proibições deste artigo estendem-se à cessão de crédito.

Art. 498. A proibição contida no inciso III do artigo antecedente, não compreende os casos de compra e venda ou cessão entre coerdeiros, ou em pagamento de dívida, ou para garantia de bens já pertencentes a pessoas designadas no referido inciso.

Art. 499. É lícita a compra e venda entre cônjuges, com relação a bens excluídos da comunhão.

Art. 500. Se, na venda de um imóvel, se estipular o preço por medida de extensão, ou se determinar a respectiva área, e esta não corresponder, em qualquer dos casos, às dimensões dadas, o comprador terá o direito de exigir o complemento da área, e, não sendo isso possível, o de reclamar a resolução do contrato ou abatimento proporcional ao preço.

§ 1.º Presume-se que a referência às dimensões foi simplesmente enunciativa, quando a diferença encontrada não exceder de um vigésimo da área total enunciada, ressalvado ao comprador o direito de provar que, em tais circunstâncias, não teria realizado o negócio.

§ 2.º Se em vez de falta houver excesso, e o vendedor provar que tinha motivos para ignorar a medida exata da área vendida, caberá ao comprador, à sua escolha, completar o valor correspondente ao preço ou devolver o excesso.

§ 3.º Não haverá complemento de área, nem devolução de excesso, se o imóvel for vendido como coisa certa e discriminada, tendo sido apenas enunciativa a referência às suas dimensões, ainda que não conste, de modo expresso, ter sido a venda *ad corpus*.

Art. 501. Decai do direito de propor as ações previstas no artigo antecedente o vendedor ou o comprador que não o fizer no prazo de um ano, a contar do registro do título.

Parágrafo único. Se houver atraso na imissão de posse no imóvel, atribuível ao alienante, a partir dela fluirá o prazo de decadência.

Art. 502. O vendedor, salvo convenção em contrário, responde por todos os débitos que gravem a coisa até o momento da tradição.

Art. 503. Nas coisas vendidas conjuntamente, o defeito oculto de uma não autoriza a rejeição de todas.

Art. 504. Não pode um condômino em coisa indivisível vender a sua parte a estranhos, se outro consorte a quiser, tanto por tanto. O condômino, a quem não se der conhecimento da venda, poderá, depositando o preço, haver para si a parte vendida a estranhos, se o requerer no prazo de cento e oitenta dias, sob pena de decadência.

Parágrafo único. Sendo muitos os condôminos, preferirá o que tiver benfeitorias de maior valor e, na falta de benfeitorias, o de quinhão maior. Se as partes forem iguais, haverão a parte vendida os comproprietários, que a quiserem, depositando previamente o preço.

Seção II
Das Cláusulas Especiais à Compra e Venda

Subseção I
Da retrovenda

Art. 505. O vendedor de coisa imóvel pode reservar-se o direito de recobrá-la no prazo máximo de decadência de três anos, restituindo o preço recebido e reembolsando as despesas do comprador, inclusive as que, durante o período de resgate, se efetuaram com a sua autorização escrita, ou para a realização de benfeitorias necessárias.

Art. 506. Se o comprador se recusar a receber as quantias a que faz jus, o vendedor, para exercer o direito de resgate, as depositará judicialmente.

Parágrafo único. Verificada a insuficiência do depósito judicial, não será o vendedor restituído no domínio da coisa, até e enquanto não for integralmente pago o comprador.

Art. 507. O direito de retrato, que é cessível e transmissível a herdeiros e legatários, poderá ser exercido contra o terceiro adquirente.

Art. 508. Se a duas ou mais pessoas couber o direito de retrato sobre o mesmo imóvel, e só uma o exercer, poderá o comprador intimar as outras para nele acordarem, prevalecendo o pacto em favor de quem haja efetuado o depósito, contanto que seja integral.

Subseção II
Da venda a contento e da sujeita a prova

Art. 509. A venda feita a contento do comprador entende-se realizada sob condição suspensiva, ainda que a coisa lhe tenha sido entregue; e não se reputará perfeita, enquanto o adquirente não manifeste seu agrado.

Art. 510. Também a venda sujeita a prova presume-se feita sob a condição suspensiva de que a coisa tenha as qualidades asseguradas pelo vendedor e seja idônea para o fim a que se destina.

Art. 511. Em ambos os casos, as obrigações do comprador, que recebeu, sob condição suspensiva, a coisa comprada, são as de mero comodatário, enquanto não manifeste aceitá-la.

Art. 512. Não havendo prazo estipulado para a declaração do comprador, o vendedor terá direito de intimá-lo, judicial ou extrajudicialmente, para que o faça em prazo improrrogável.

Subseção III
Da preempção ou preferência

Art. 513. A preempção, ou preferência, impõe ao comprador a obrigação de oferecer ao vendedor a coisa que aquele vai vender, ou dar em pagamento, para que este use de seu direito de prelação na compra, tanto por tanto.

Parágrafo único. O prazo para exercer o direito de preferência não poderá exceder a cento e oitenta dias, se a coisa for móvel, ou a dois anos, se imóvel.

Art. 514. O vendedor pode também exercer o seu direito de prelação, intimando o comprador, quando lhe constar que este vai vender a coisa.

Art. 515. Aquele que exerce a preferência está, sob pena de a perder, obrigado a pagar, em condições iguais, o preço encontrado, ou o ajustado.

Art. 516. Inexistindo prazo estipulado, o direito de preempção caducará, se a coisa for móvel, não se exercendo nos três dias, e, se for imóvel, não se exercendo nos sessenta dias subsequentes à data em que o comprador tiver notificado o vendedor.

Art. 517. Quando o direito de preempção for estipulado a favor de dois ou mais indivíduos em comum, só pode ser exercido em relação à coisa no seu todo. Se alguma das pessoas, a quem ele toque, perder ou não exercer o seu direito, poderão as demais utilizá-lo na forma sobredita.

Art. 518. Responderá por perdas e danos o comprador, se alienar a coisa sem ter dado ao vendedor ciência do preço e das vantagens que por ela lhe oferecem. Responderá solidariamente o adquirente, se tiver procedido de má-fé.

Art. 519. Se a coisa expropriada para fins de necessidade ou utilidade pública, ou por interesse social, não tiver o destino para que se desapropriou, ou não for utilizada em obras ou serviços públicos, caberá ao expropriado direito de preferência, pelo preço atual da coisa.

Art. 520. O direito de preferência não se pode ceder nem passa aos herdeiros.

Subseção IV
Da venda com reserva de domínio

Art. 521. Na venda de coisa móvel, pode o vendedor reservar para si a propriedade, até que o preço esteja integralmente pago.

Art. 522. A cláusula de reserva de domínio será estipulada por escrito e depende de registro no domicílio do comprador para valer contra terceiros.

Art. 523. Não pode ser objeto de venda com reserva de domínio a coisa insuscetível de caracterização perfeita, para estremá-la de outras congêneres. Na dúvida, decide-se a favor do terceiro adquirente de boa-fé.

Art. 524. A transferência de propriedade ao comprador dá-se no momento em que o preço esteja integralmente pago. Todavia, pelos riscos da coisa responde o comprador, a partir de quando lhe foi entregue.

Art. 525. O vendedor somente poderá executar a cláusula de reserva de domínio após constituir o comprador em mora, mediante protesto do título ou interpelação judicial.

Art. 526. Verificada a mora do comprador, poderá o vendedor mover contra ele a competente ação de cobrança das prestações vencidas e vincendas e o mais que lhe for devido; ou poderá recuperar a posse da coisa vendida.

Art. 527. Na segunda hipótese do artigo antecedente, é facultado ao vendedor reter as prestações pagas até o necessário para cobrir a depreciação da coisa, as despesas feitas e o mais que de direito lhe for devido. O excedente será devolvido ao comprador; e o que faltar lhe será cobrado, tudo na forma da lei processual.

Art. 528. Se o vendedor receber o pagamento à vista, ou, posteriormente, mediante financiamento de instituição do mercado de capitais, a esta caberá exercer os direitos e ações decorrentes do contrato, a benefício de qualquer outro. A operação financeira e a respectiva ciência do comprador constarão do registro do contrato.

Subseção V
Da venda sobre documentos

Art. 529. Na venda sobre documentos, a tradição da coisa é substituída pela entrega do seu título representativo e dos outros documentos exigidos pelo contrato ou, no silêncio deste, pelos usos.

Parágrafo único. Achando-se a documentação em ordem, não pode o comprador recusar o pagamento, a pretexto de defeito de qualidade ou do estado da coisa vendida, salvo se o defeito já houver sido comprovado.

Art. 530. Não havendo estipulação em contrário, o pagamento deve ser efetuado na data e no lugar da entrega dos documentos.

Art. 531. Se entre os documentos entregues ao comprador figurar apólice de seguro que cubra os riscos do transporte, correm estes à conta do comprador, salvo se, ao ser concluído o contrato, tivesse o vendedor ciência da perda ou da avaria da coisa.

Art. 532. Estipulado o pagamento por intermédio de estabelecimento bancário, caberá a este efetuá-lo contra a entrega dos documentos, sem obrigação de verificar a coisa vendida, pela qual não responde.

Parágrafo único. Nesse caso, somente após a recusa do estabelecimento bancário a efetuar o pagamento, poderá o vendedor pretendê-lo, diretamente do comprador.

Capítulo II
DA TROCA OU PERMUTA

Art. 533. Aplicam-se à troca as disposições referentes à compra e venda, com as seguintes modificações:

I – salvo disposição em contrário, cada um dos contratantes pagará por metade as despesas com o instrumento da troca;

II – é anulável a troca de valores desiguais entre ascendentes e descendentes, sem consentimento dos outros descendentes e do cônjuge do alienante.

Capítulo III
DO CONTRATO ESTIMATÓRIO

Art. 534. Pelo contrato estimatório, o consignante entrega bens móveis ao consignatário, que fica autorizado a vendê-los, pagando àquele o preço ajustado, salvo se preferir, no prazo estabelecido, restituir-lhe a coisa consignada.

Art. 535. O consignatário não se exonera da obrigação de pagar o preço, se a restituição da coisa, em sua integridade, se tornar impossível, ainda que por fato a ele não imputável.

Art. 536. A coisa consignada não pode ser objeto de penhora ou sequestro pelos credores do consignatário, enquanto não pago integralmente o preço.

Art. 537. O consignante não pode dispor da coisa antes de lhe ser restituída ou de lhe ser comunicada a restituição.

Capítulo IV
DA DOAÇÃO

Seção I
Disposições Gerais

Art. 538. Considera-se doação o contrato em que uma pessoa, por liberalidade, transfere do seu patrimônio bens ou vantagens para o de outra.

Art. 539. O doador pode fixar prazo ao donatário, para declarar se aceita ou não a liberalidade. Desde que o donatário, ciente do prazo, não faça, dentro dele, a

Art. 540. A doação feita em contemplação do merecimento do donatário não perde o caráter de liberalidade, como não o perde a doação remuneratória, ou a gravada, no excedente ao valor dos serviços remunerados ou ao encargo imposto.

Art. 541. A doação far-se-á por escritura pública ou instrumento particular.

Parágrafo único. A doação verbal será válida, se, versando sobre bens móveis e de pequeno valor, se lhe seguir incontinenti a tradição.

Art. 542. A doação feita ao nascituro valerá, sendo aceita pelo seu representante legal.

Art. 543. Se o donatário for absolutamente incapaz, dispensa-se a aceitação, desde que se trate de doação pura.

Art. 544. A doação de ascendentes a descendentes, ou de um cônjuge a outro, importa adiantamento do que lhes cabe por herança.

Art. 545. A doação em forma de subvenção periódica ao beneficiado extingue-se morrendo o doador, salvo se este outra coisa dispuser, mas não poderá ultrapassar a vida do donatário.

Art. 546. A doação feita em contemplação de casamento futuro com certa e determinada pessoa, quer pelos nubentes entre si, quer por terceiro a um deles, a ambos, ou aos filhos que, de futuro, houverem de um do outro, não pode ser impugnada por falta de aceitação, e só ficará sem efeito se o casamento não se realizar.

Art. 547. O doador pode estipular que os bens doados voltem ao seu patrimônio, se sobreviver ao donatário.

Parágrafo único. Não prevalece cláusula de reversão em favor de terceiro.

Art. 548. É nula a doação de todos os bens sem reserva de parte, ou renda suficiente para a subsistência do doador.

Art. 549. Nula é também a doação quanto à parte que exceder à de que o doador, no momento da liberalidade, poderia dispor em testamento.

Art. 550. A doação do cônjuge adúltero ao seu cúmplice pode ser anulada pelo outro cônjuge, ou por seus herdeiros necessários, até dois anos depois de dissolvida a sociedade conjugal.

Art. 551. Salvo declaração em contrário, a doação em comum a mais de uma pessoa entende-se distribuída entre elas por igual.

Parágrafo único. Se os donatários, em tal caso, forem marido e mulher, subsistirá na totalidade a doação para o cônjuge sobrevivo.

Art. 552. O doador não é obrigado a pagar juros moratórios, nem é sujeito às consequências da evicção ou do vício redibitório. Nas doações para casamento com certa e determinada pessoa, o doador ficará sujeito à evicção, salvo convenção em contrário.

Art. 553. O donatário é obrigado a cumprir os encargos da doação, caso forem a benefício do doador, de terceiro, ou do interesse geral.

Parágrafo único. Se desta última espécie for o encargo, o Ministério Público poderá exigir sua execução, depois da morte do doador, se este não tiver feito.

Art. 554. A doação a entidade futura caducará se, em dois anos, esta não estiver constituída regularmente.

Seção II
Da Revogação da Doação

Art. 555. A doação pode ser revogada por ingratidão do donatário, ou por inexecução do encargo.

Art. 556. Não se pode renunciar antecipadamente o direito de revogar a liberalidade por ingratidão do donatário.

Art. 557. Podem ser revogadas por ingratidão as doações:

I – se o donatário atentou contra a vida do doador ou cometeu crime de homicídio doloso contra ele;

II – se cometeu contra ele ofensa física;

III – se o injuriou gravemente ou o caluniou;

IV – se, podendo ministrá-los, recusou ao doador os alimentos de que este necessitava.

Art. 558. Pode ocorrer também a revogação quando o ofendido, nos casos do artigo anterior, for o cônjuge, ascendente, descendente, ainda que adotivo, ou irmão do doador.

Art. 559. A revogação por qualquer desses motivos deverá ser pleiteada dentro de um ano, a contar de quando chegue ao conhecimento do doador o fato que a autorizar, e de ter sido o donatário o seu autor.

Art. 560. O direito de revogar a doação não se transmite aos herdeiros do doador, nem prejudica os do donatário. Mas aqueles podem prosseguir na ação iniciada pelo doador, continuando-a contra os herdeiros do donatário, se este falecer depois de ajuizada a lide.

Art. 561. No caso de homicídio doloso do doador, a ação caberá aos seus herdeiros, exceto se aquele houver perdoado.

Art. 562. A doação onerosa pode ser revogada por inexecução do encargo, se o donatário incorrer em mora. Não havendo prazo para o cumprimento, o doador poderá notificar judicialmente o donatário, assinando-lhe prazo razoável para que cumpra a obrigação assumida.

Art. 563. A revogação por ingratidão não prejudica os direitos adquiridos por terceiros, nem obriga o donatário a restituir os frutos percebidos antes da citação válida; mas sujeita-o a pagar os posteriores, e, quando não possa restituir em espécie as coisas doadas, a indenizá-la pelo meio-termo do seu valor.

Art. 564. Não se revogam por ingratidão:

I – as doações puramente remuneratórias;

II – as oneradas com encargo já cumprido;

III – as que se fizerem em cumprimento de obrigação natural;

IV – as feitas para determinado casamento.

Capítulo V
DA LOCAÇÃO DE COISAS

Art. 565. Na locação de coisas, uma das partes se obriga a ceder à outra, por tempo determinado ou não, o uso e gozo de coisa não fungível, mediante certa retribuição.

Art. 566. O locador é obrigado:

I – a entregar ao locatário a coisa alugada, com suas pertenças, em estado de servir ao uso a que se destina, e a mantê-la nesse estado, pelo tempo do contrato, salvo cláusula expressa em contrário;

II – a garantir-lhe, durante o tempo do contrato, o uso pacífico da coisa.

Art. 567. Se, durante a locação, se deteriorar a coisa alugada, sem culpa do locatário, a este caberá pedir redução proporcional do aluguel, ou resolver o contrato, caso já não sirva a coisa para o fim a que se destinava.

Art. 568. O locador resguardará o locatário dos embaraços e turbações de terceiros, que tenham ou pretendam ter direitos sobre a coisa alugada, e responderá pelos seus vícios, ou defeitos, anteriores à locação.

Art. 569. O locatário é obrigado:

I – a servir-se da coisa alugada para os usos convencionados ou presumidos, conforme a natureza dela e as circunstâncias, bem como tratá-la com o mesmo cuidado como se sua fosse;

II – a pagar pontualmente o aluguel nos prazos ajustados, e, em falta de ajuste, segundo o costume do lugar;

III – a levar ao conhecimento do locador as turbações de terceiros, que se pretendam fundadas em direito;

IV – a restituir a coisa, finda a locação, no estado em que a recebeu, salvas as deteriorações naturais ao uso regular.

Art. 570. Se o locatário empregar a coisa em uso diverso do ajustado, ou do a que se destina, ou se ela se danificar por abuso do locatário, poderá o locador, além de rescindir o contrato, exigir perdas e danos.

Art. 571. Havendo prazo estipulado à duração do contrato, antes do vencimento não poderá o locador reaver a coisa alugada, senão ressarcindo ao locatário as perdas e danos resultantes, nem o locatário devolvê-la ao locador, senão pagando, proporcionalmente, a multa prevista no contrato.

Parágrafo único. O locatário gozará do direito de retenção, enquanto não for ressarcido.

•• Sem dispositivo correspondente no CC de 1916.

Art. 572. Se a obrigação de pagar o aluguel pelo tempo que faltar constituir indenização excessiva, será facultado ao juiz fixá-la em bases razoáveis.

Art. 573. A locação por tempo determinado cessa de pleno direito findo o prazo estipulado, independentemente de notificação ou aviso.

Art. 574. Se, findo o prazo, o locatário continuar na posse da coisa alugada, sem oposição do locador, presumir-se-á prorrogada a locação pelo mesmo aluguel, mas sem prazo determinado.

Art. 575. Se, notificado o locatário, não restituir a coisa, pagará, enquanto a tiver em seu poder, o aluguel que o locador arbitrar, e responderá pelo dano que ela venha a sofrer, embora proveniente de caso fortuito.

Parágrafo único. Se o aluguel arbitrado for manifestamente excessivo, poderá o juiz reduzi-lo, mas tendo sempre em conta o seu caráter de penalidade.

Art. 576. Se a coisa for alienada durante a locação, o adquirente não ficará obrigado a respeitar o contrato, se nele não for consignada a cláusula da sua vigência no caso de alienação, e não constar de registro.

§ 1.º O registro a que se refere este artigo será o de Títulos e Documentos do domicílio do locador, quando a coisa for móvel; e será o Registro de Imóveis da respectiva circunscrição, quando imóvel.

§ 2.º Em se tratando de imóvel, e ainda no caso em que o locador não esteja obrigado a respeitar o contrato, não poderá ele despedir o locatário, senão observado o prazo de noventa dias após a notificação.

Art. 577. Morrendo o locador ou o locatário, transfere-se aos seus herdeiros a locação por tempo determinado.

Art. 578. Salvo disposição em contrário, o locatário goza do direito de retenção, no caso de benfeitorias necessárias, ou no de benfeitorias úteis, se estas houverem sido feitas com expresso consentimento do locador.

Capítulo VI
DO EMPRÉSTIMO

Seção I
Do Comodato

Art. 579. O comodato é o empréstimo gratuito de coisas não fungíveis. Perfaz-se com a tradição do objeto.

Art. 580. Os tutores, curadores e em geral todos os administradores de bens alheios não poderão dar em comodato, sem autorização especial, os bens confiados à sua guarda.

Art. 581. Se o comodato não tiver prazo convencional, presumir-se-lhe-á o necessário para o uso concedido; não podendo o comodante, salvo necessidade imprevista e urgente, reconhecida pelo juiz, suspender o uso e gozo da coisa emprestada, antes de findo o prazo convencional, ou o que se determine pelo uso outorgado.

Art. 582. O comodatário é obrigado a conservar, como se sua própria fora, a coisa emprestada, não podendo usá-la senão de acordo com o contrato ou a natureza dela, sob pena de responder por perdas e danos. O comodatário constituído em mora, além de por ela responder, pagará, até restituí-la, o aluguel da coisa que for arbitrado pelo comodante.

Art. 583. Se, correndo risco o objeto do comodato juntamente com outros do comodatário, antepuser este a salvação dos seus abandonando o do comodante, responderá pelo dano ocorrido, ainda que se possa atribuir a caso fortuito, ou força maior.

Art. 584. O comodatário não poderá jamais recobrar do comodante as despesas feitas com o uso e gozo da coisa emprestada.

Art. 585. Se duas ou mais pessoas forem simultaneamente comodatárias de uma coisa, ficarão solidariamente responsáveis para com o comodante.

Seção II
Do Mútuo

Art. 586. O mútuo é o empréstimo de coisas fungíveis. O mutuário é obrigado a restituir ao mutuante o que dele recebeu em coisa do mesmo gênero, qualidade e quantidade.

Art. 587. Este empréstimo transfere o domínio da coisa emprestada ao mutuário, por cuja conta correm todos os riscos dela desde a tradição.

Art. 588. O mútuo feito a pessoa menor, sem prévia autorização daquele sob cuja guarda estiver, não pode ser reavido nem do mutuário, nem de seus fiadores.

Art. 589. Cessa a disposição do artigo antecedente:

I – se a pessoa, de cuja autorização necessitava o mutuário para contrair o empréstimo, o ratificar posteriormente;

II – se o menor, estando ausente essa pessoa, se viu obrigado a contrair o empréstimo para os seus alimentos habituais;

III – se o menor tiver bens ganhos com o seu trabalho. Mas, em tal caso, a execução do credor não lhes poderá ultrapassar as forças;

IV – se o empréstimo reverteu em benefício do menor;

V – se o menor obteve o empréstimo maliciosamente.

Art. 590. O mutuante pode exigir garantia da restituição, se antes do vencimento o mutuário sofrer notória mudança em sua situação econômica.

Art. 591. Destinando-se o mútuo a fins econômicos, presumem-se devidos juros.

•• *Caput* com redação determinada pela Lei n. 14.905, de 28-6-2024.

Parágrafo único. Se a taxa de juros não for pactuada, aplica-se a taxa legal prevista no art. 406 deste Código.

•• Parágrafo único acrescentado pela Lei n. 14.905, de 28-6-2024.

Art. 592. Não se tendo convencionado expressamente, o prazo do mútuo será:

I – até a próxima colheita, se o mútuo for de produtos agrícolas, assim para o consumo, como para semeadura;

II – de trinta dias, pelo menos, se for de dinheiro;

III – do espaço de tempo que declarar o mutuante, se for de qualquer outra coisa fungível.

Capítulo VII
DA PRESTAÇÃO DE SERVIÇO

Art. 593. A prestação de serviço, que não estiver sujeita às leis trabalhistas ou a lei especial, reger-se-á pelas disposições deste Capítulo.

Art. 594. Toda a espécie de serviço ou trabalho lícito, material ou imaterial, pode ser contratada mediante retribuição.

Art. 595. No contrato de prestação de serviço, quando qualquer das partes não souber ler, nem escrever, o instrumento poderá ser assinado a rogo e subscrito por duas testemunhas.

Art. 596. Não se tendo estipulado, nem chegado a acordo as partes, fixar-se-á por arbitramento a retribuição, segundo o costume do lugar, o tempo de serviço e sua qualidade.

Art. 597. A retribuição pagar-se-á depois de prestado o serviço, se, por convenção, ou costume, não houver de ser adiantada, ou paga em prestações.

Art. 598. A prestação de serviço não se poderá convencionar por mais de quatro anos, embora o contrato tenha por causa o pagamento de dívida de quem o presta, ou se destine à execução de certa e determinada obra. Neste caso, decorridos quatro anos, dar-se-á por findo o contrato, ainda que não concluída a obra.

Art. 599. Não havendo prazo estipulado, nem se podendo inferir da natureza do contrato, ou do costume do lugar, qualquer das partes, a seu arbítrio, mediante prévio aviso, pode resolver o contrato.

Parágrafo único. Dar-se-á o aviso:

I – com antecedência de oito dias, se o salário se houver fixado por tempo de um mês, ou mais;

II – com antecipação de quatro dias, se o salário se tiver ajustado por semana, ou quinzena;

III – de véspera, quando se tenha contratado por menos de sete dias.

Art. 600. Não se conta no prazo do contrato o tempo em que o prestador de serviço, por culpa sua, deixou de servir.

Art. 601. Não sendo o prestador de serviço contratado para certo e determinado trabalho, entender-se-á que se obrigou a todo e qualquer serviço compatível com as suas forças e condições.

Art. 602. O prestador de serviço contratado por tempo certo, ou por obra determinada, não se pode ausentar, ou despedir, sem justa causa, antes de preenchido o tempo, ou concluída a obra.

Parágrafo único. Se se despedir sem justa causa, terá direito à retribuição vencida, mas responderá por perdas e danos. O mesmo dar-se-á, se despedido por justa causa.

Art. 603. Se o prestador de serviço for despedido sem justa causa, a outra parte será obrigada a pagar-lhe por inteiro a retribuição vencida, e por metade a que lhe tocaria de então ao termo legal do contrato.

Art. 604. Findo o contrato, o prestador de serviço tem direito a exigir da outra parte a declaração de que o contrato está findo. Igual direito lhe cabe, se for despedido sem justa causa, ou se tiver havido motivo justo para deixar o serviço.

Art. 605. Nem aquele a quem os serviços são prestados, poderá transferir a outrem o direito aos serviços ajustados, nem o prestador de serviços, sem aprazimento da outra parte, dar substituto que os preste.

Art. 606. Se o serviço for prestado por quem não possua título de habilitação, ou não satisfaça requisitos outros estabelecidos em lei, não poderá quem os prestou cobrar a retribuição normalmente correspondente ao trabalho executado. Mas se deste resultar beneficio para a outra parte, o juiz atribuirá a quem o prestou uma compensação razoável, desde que tenha agido com boa-fé.

Parágrafo único. Não se aplica a segunda parte deste artigo, quando a proibição da prestação de serviço resultar de lei de ordem pública.

Art. 607. O contrato de prestação de serviço acaba com a morte de qualquer das partes. Termina, ainda, pelo escoamento do prazo, pela conclusão da obra, pela rescisão do contrato mediante aviso prévio, por inadimplemento de qualquer das partes ou pela impossibilidade da continuação do contrato, motivada por força maior.

Art. 608. Aquele que aliciar pessoas obrigadas em contrato escrito a prestar serviço a outrem pagará a este a importância que ao prestador de serviço, pelo ajuste desfeito, houvesse de caber durante dois anos.

Art. 609. A alienação do prédio agrícola, onde a prestação dos serviços se opera, não importa a rescisão do contrato, salvo ao prestador opção entre continuá-lo com o adquirente da propriedade ou com o primitivo contratante.

Capítulo VIII
DA EMPREITADA

Art. 610. O empreiteiro de uma obra pode contribuir para ela só com seu trabalho ou com ele e os materiais.

§ 1.º A obrigação de fornecer os materiais não se presume; resulta da lei ou da vontade das partes.

§ 2.º O contrato para elaboração de um projeto não implica a obrigação de executá-lo, ou de fiscalizar-lhe a execução.

Art. 611. Quando o empreiteiro fornece os materiais, correm por sua conta os riscos até o momento da entrega da obra, a contento de quem a encomendou, se este não estiver em mora de receber. Mas se estiver, por sua conta correrão os riscos.

Art. 612. Se o empreiteiro só forneceu mão de obra, todos os riscos em que não tiver culpa correrão por conta do dono.

Art. 613. Sendo a empreitada unicamente de lavor (art. 610), se a coisa perecer antes de entregue, sem mora do dono nem culpa do empreiteiro, este perderá a retribuição, se não provar que a perda resultou de defeito dos materiais e que em tempo reclamara contra a sua quantidade ou qualidade.

Art. 614. Se a obra constar de partes distintas, ou for de natureza das que se determinam por medida, o empreiteiro terá direito a que também se verifique por medida, ou segundo as partes em que se dividir, podendo exigir o pagamento na proporção da obra executada.

§ 1.º Tudo o que se pagou presume-se verificado.

§ 2.º O que se mediu presume-se verificado se, em trinta dias, a contar da medição, não forem denunciados os vícios ou defeitos pelo dono da obra ou por quem estiver incumbido da sua fiscalização.

Art. 615. Concluída a obra de acordo com o ajuste, ou o costume do lugar, o dono é obrigado a recebê-la. Poderá, porém, rejeitá-la, se o empreiteiro se afastou das instruções recebidas e dos planos dados, ou das regras técnicas em trabalhos de tal natureza.

Art. 616. No caso da segunda parte do artigo antecedente, pode quem encomendou a obra, em vez de enjeitá-la, recebê-la com abatimento no preço.

Art. 617. O empreiteiro é obrigado a pagar os materiais que recebeu, se por imperícia ou negligência os inutilizar.

Art. 618. Nos contratos de empreitada de edifícios ou outras construções consideráveis, o empreiteiro de materiais e execução responderá, durante o prazo irredutível de cinco anos, pela solidez e segurança do trabalho, assim em razão dos materiais, como do solo.

Parágrafo único. Decairá do direito assegurado neste artigo o dono da obra que não propuser a ação contra o empreiteiro, nos cento e oitenta dias seguintes ao aparecimento do vício ou defeito.

Art. 619. Salvo estipulação em contrário, o empreiteiro que se incumbir de executar uma obra, segundo plano aceito por quem a encomendou, não terá direito a exigir acréscimo no preço, ainda que sejam introduzidas modificações no projeto, a não ser que estas resultem de instruções escritas do dono da obra.

Parágrafo único. Ainda que não tenha havido autorização escrita, o dono da obra é obrigado a pagar ao empreiteiro os aumentos e acréscimos, segundo o que for arbitrado, se, sempre presente à obra, por continuadas visitas, não podia ignorar o que se estava passando, e nunca protestou.

Art. 620. Se ocorrer diminuição no preço do material ou da mão de obra superior a um décimo do preço global convencionado, poderá este ser revisto, a pedido do dono da obra, para que se lhe assegure a diferença apurada.

Art. 621. Sem anuência de seu autor, não pode o proprietário da obra introduzir modificações no projeto por ele aprovado, ainda que a execução seja confiada a terceiros, a não ser que, por motivos supervenientes ou razões de ordem técnica, fique comprovada a inconveniência ou a excessiva onerosidade de execução do projeto em sua forma originária.

Parágrafo único. A proibição deste artigo não abrange alterações de pouca monta, ressalvada sempre a unidade estética da obra projetada.

Art. 622. Se a execução da obra for confiada a terceiros, a responsabilidade do autor do projeto respectivo, desde que não assuma a direção ou fiscalização daquela, ficará limitada aos danos resultantes de defeitos previstos no art. 618 e seu parágrafo único.

Art. 623. Mesmo após iniciada a construção, pode o dono da obra suspendê-la, desde que pague ao empreiteiro as despesas e lucros relativos aos serviços já feitos, mais indenização razoável, calculada em função do que ele teria ganho, se concluída a obra.

Art. 624. Suspensa a execução da empreitada sem justa causa, responde o empreiteiro por perdas e danos.

Art. 625. Poderá o empreiteiro suspender a obra:

I – por culpa do dono, ou por motivo de força maior;

II – quando, no decorrer dos serviços, se manifestem dificuldades imprevisíveis de execução, resultantes de causas geológicas ou hídricas, ou outras semelhantes, de modo que torne a empreitada excessivamente onerosa, e o dono da obra se opuser ao reajuste do preço inerente ao projeto por ele elaborado, observados os preços;

III – se as modificações exigidas pelo dono da obra, por seu vulto e natureza, forem desproporcionais ao projeto aprovado, ainda que o dono se disponha a arcar com o acréscimo de preço.

Art. 626. Não se extingue o contrato de empreitada pela morte de qualquer das partes, salvo se ajustado em consideração às qualidades pessoais do empreiteiro.

Capítulo IX
DO DEPÓSITO

Seção I
Do Depósito Voluntário

Art. 627. Pelo contrato de depósito recebe o depositário um objeto móvel, para guardar, até que o depositante o reclame.

•• *Vide* Súmula Vinculante 25.

Art. 628. O contrato de depósito é gratuito, exceto se houver convenção em contrário, se resultante de atividade negocial ou se o depositário o praticar por profissão.

Parágrafo único. Se o depósito for oneroso e a retribuição do depositário não constar de lei, nem resultar de ajuste, será determinada pelos usos do lugar, e, na falta destes, por arbitramento.

Art. 629. O depositário é obrigado a ter na guarda e conservação da coisa depositada o cuidado e diligência que costuma com o que lhe pertence, bem como a restituí-la, com todos os frutos e acrescidos, quando o exija o depositante.

Art. 630. Se o depósito se entregou fechado, colado, selado, ou lacrado, nesse mesmo estado se manterá.

Art. 631. Salvo disposição em contrário, a restituição da coisa deve dar-se no lugar em que tiver de ser guardada. As despesas de restituição correm por conta do depositante.

Art. 632. Se a coisa houver sido depositada no interesse de terceiro, e o depositário tiver sido cientificado deste fato pelo depositante, não poderá ele exonerar-se restituindo a coisa a este, sem consentimento daquele.

Art. 633. Ainda que o contrato fixe prazo à restituição, o depositário entregará o depósito logo que se lhe exija, salvo se tiver o direito de retenção a que se refere o art. 644, se o objeto for judicialmente embargado, se sobre ele pender execução, notificada ao depositário, ou se houver motivo razoável de suspeitar que a coisa foi dolosamente obtida.

Art. 634. No caso do artigo antecedente, última parte, o depositário, expondo o fundamento da suspeita, requererá que se recolha o objeto ao Depósito Público.

Art. 635. Ao depositário será facultado, outrossim, requerer depósito judicial da coisa, quando, por motivo plausível, não a possa guardar, e o depositante não queira recebê-la.

Art. 636. O depositário, que por força maior houver perdido a coisa depositada e recebido outra em seu lugar, é obrigado a entregar a segunda ao depositante, e ceder-lhe as ações que no caso tiver contra o terceiro responsável pela restituição da primeira.

Art. 637. O herdeiro do depositário, que de boa-fé vendeu a coisa depositada, é obrigado a assistir o depositante na reivindicação, e a restituir ao comprador o preço recebido.

Art. 638. Salvo os casos previstos nos arts. 633 e 634, não poderá o depositário furtar-se à restituição do depósito, alegando não pertencer a coisa ao depositante, ou opondo compensação, exceto se noutro depósito se fundar.

Art. 639. Sendo dois ou mais depositantes, e divisível a coisa, a cada um só entregará o depositário a respectiva parte, salvo se houver entre eles solidariedade.

Art. 640. Sob pena de responder por perdas e danos, não poderá o depositário, sem licença expressa do depositante, servir-se da coisa depositada, nem a dar em depósito a outrem.

Parágrafo único. Se o depositário, devidamente autorizado, confiar a coisa em depósito a terceiro, será responsável se agiu com culpa na escolha deste.

Art. 641. Se o depositário se tornar incapaz, a pessoa que lhe assumir a administração dos bens diligenciará imediatamente restituir a coisa depositada e, não querendo ou não podendo o depositante recebê-la, recolhê-la-á ao Depósito Público ou promoverá nomeação de outro depositário.

Art. 642. O depositário não responde pelos casos de força maior; mas, para que lhe valha a escusa, terá de prová-los.

Art. 643. O depositante é obrigado a pagar ao depositário as despesas feitas com a coisa, e os prejuízos que do depósito provierem.

Art. 644. O depositário poderá reter o depósito até que se lhe pague a retribuição devida, o líquido valor das despesas, ou dos prejuízos a que se refere o artigo anterior, provando imediatamente esses prejuízos ou essas despesas.

Parágrafo único. Se essas dívidas, despesas ou prejuízos não forem provados suficientemente, ou forem ilíquidos, o depositário poderá exigir caução idônea do depositante ou, na falta desta, a remoção da coisa para o Depósito Público, até que se liquidem.

Art. 645. O depósito de coisas fungíveis, em que o depositário se obrigue a restituir objetos do mesmo gênero, qualidade e quantidade, regular-se-á pelo disposto acerca do mútuo.

Art. 646. O depósito voluntário provar-se-á por escrito.

Seção II
Do Depósito Necessário

Art. 647. É depósito necessário:
I – o que se faz em desempenho de obrigação legal;
II – o que se efetua por ocasião de alguma calamidade, como o incêndio, a inundação, o naufrágio ou o saque.

Art. 648. O depósito a que se refere o inciso I do artigo antecedente, reger-se-á pela disposição da respectiva lei, e, no silêncio ou deficiência dela, pelas concernentes ao depósito voluntário.

Parágrafo único. As disposições deste artigo aplicam-se aos depósitos previstos no inciso II do artigo antecedente, podendo estes certificarem-se por qualquer meio de prova.

Art. 649. Aos depósitos previstos no artigo antecedente é equiparado o das bagagens dos viajantes ou hóspedes nas hospedarias onde estiverem.

Parágrafo único. Os hospedeiros responderão como depositários, assim como pelos furtos e roubos que perpetrarem as pessoas empregadas ou admitidas nos seus estabelecimentos.

Art. 650. Cessa, nos casos do artigo antecedente, a responsabilidade dos hospedeiros, se provarem que os fatos prejudiciais aos viajantes ou hóspedes não podiam ter sido evitados.

Art. 651. O depósito necessário não se presume gratuito. Na hipótese do art. 649, a remuneração pelo depósito está incluída no preço da hospedagem.

Art. 652. Seja o depósito voluntário ou necessário, o depositário que não o restituir quando exigido será compelido a fazê-lo mediante prisão não excedente a um ano, e ressarcir os prejuízos.
•• *Vide* art. 5.º, LXVII, da CF.
•• O Decreto n. 592, de 6-7-1992 (Pacto Internacional sobre Direitos Civis e Políticos), dispõe em seu art. 11 que "ninguém poderá ser preso apenas por não poder cumprir com uma obrigação contratual".
•• O Decreto n. 678, de 6-11-1992 (Pacto de São José da Costa Rica), dispõe em seu art. 7.º, item 7, que "ninguém deve ser detido por dívida, exceto no caso de inadimplemento de obrigação alimentar".

Capítulo X
DO MANDATO

Seção I
Disposições Gerais

Art. 653. Opera-se o mandato quando alguém recebe de outrem poderes para, em seu nome, praticar atos ou administrar interesses. A procuração é o instrumento do mandato.

Art. 654. Todas as pessoas capazes são aptas para dar procuração mediante instrumento particular, que valerá desde que tenha a assinatura do outorgante.

§ 1.º O instrumento particular deve conter a indicação do lugar onde foi passado, a qualificação do outorgante e do outorgado, a data e o objetivo da outorga com a designação e a extensão dos poderes conferidos.

§ 2.º O terceiro com quem o mandatário tratar poderá exigir que a procuração traga a firma reconhecida.

Art. 655. Ainda quando se outorgue mandato por instrumento público, pode substabelecer-se mediante instrumento particular.

Art. 656. O mandato pode ser expresso ou tácito, verbal ou escrito.

Art. 657. A outorga do mandato está sujeita à forma exigida por lei para o ato a ser praticado. Não se admite mandato verbal quando o ato deva ser celebrado por escrito.

Art. 658. O mandato presume-se gratuito quando não houver sido estipulada retribuição, exceto se o seu objeto corresponder ao daqueles que o mandatário trata por ofício ou profissão lucrativa.

Parágrafo único. Se o mandato for oneroso, caberá ao mandatário a retribuição prevista em lei ou no contrato. Sendo estes omissos, será ela determinada pelos usos do lugar, ou, na falta destes, por arbitramento.

Art. 659. A aceitação do mandato pode ser tácita, e resulta do começo de execução.

Art. 660. O mandato pode ser especial a um ou mais negócios determinadamente, ou geral a todos os do mandante.

Art. 661. O mandato em termos gerais só confere poderes de administração.

§ 1.º Para alienar, hipotecar, transigir, ou praticar outros quaisquer atos que exorbitem da administração ordinária, depende a procuração de poderes especiais e expressos.

§ 2.º O poder de transigir não importa o de firmar compromisso.

Art. 662. Os atos praticados por quem não tenha mandato, ou o tenha sem poderes suficientes, são ineficazes em relação àquele em cujo nome foram praticados, salvo se este os ratificar.

Parágrafo único. A ratificação há de ser expressa, ou resultar de ato inequívoco, e retroagirá à data do ato.

Art. 663. Sempre que o mandatário estipular negócios expressamente em nome do mandante, será este o único responsável; ficará, porém, o mandatário pessoalmente obrigado, se agir no seu próprio nome, ainda que o negócio seja de conta do mandante.

Art. 664. O mandatário tem o direito de reter, do objeto da operação que lhe foi cometida, quanto baste para pagamento de tudo que lhe for devido em consequência do mandato.

Art. 665. O mandatário que exceder os poderes do mandato, ou proceder contra eles, será considerado mero gestor de negócios, enquanto o mandante lhe não ratificar os atos.

Art. 666. O maior de dezesseis e menor de dezoito anos não emancipado pode ser mandatário, mas o mandante não tem ação contra ele senão de conformidade com as regras gerais, aplicáveis às obrigações contraídas por menores.

Seção II
Das Obrigações do Mandatário

Art. 667. O mandatário é obrigado a aplicar toda sua diligência habitual na execução do mandato, e a indenizar qualquer prejuízo causado por culpa sua ou daquele a quem substabelecer, sem autorização, poderes que devia exercer pessoalmente.

§ 1.º Se, não obstante proibição do mandante, o mandatário se fizer substituir na execução do mandato, responderá ao seu constituinte pelos prejuízos ocorridos sob a gerência do substituto, embora provenientes de caso fortuito, salvo provando que o caso teria sobrevindo, ainda que não tivesse havido substabelecimento.

§ 2.º Havendo poderes de substabelecer, só serão imputáveis ao mandatário os danos causados pelo substabelecido, se tiver agido com culpa na escolha deste ou nas instruções dadas a ele.

§ 3.º Se a proibição de substabelecer constar da procuração, os atos praticados pelo substabelecido não obrigam o mandante, salvo ratificação expressa, que retroagirá à data do ato.

§ 4.º Sendo omissa a procuração quanto ao substabelecimento, o procurador será responsável se o substabelecido proceder culposamente.

Art. 668. O mandatário é obrigado a dar contas de sua gerência ao mandante, transferindo-lhe as vantagens provenientes do mandato, por qualquer título que seja.

Art. 669. O mandatário não pode compensar os prejuízos a que deu causa com os proveitos que, por outro lado, tenha granjeado ao seu constituinte.

Art. 670. Pelas somas que devia entregar ao mandante ou recebeu para despesa, mas empregou em proveito seu, pagará o mandatário juros, desde o momento em que abusou.

Art. 671. Se o mandatário, tendo fundos ou crédito do mandante, comprar, em nome próprio, algo que devera comprar para o mandante, por ter sido expressamente designado no mandato, terá este ação para obrigá-lo à entrega da coisa comprada.

Art. 672. Sendo dois ou mais os mandatários nomeados no mesmo instrumento, qualquer deles poderá exercer os poderes outorgados, se não forem expressamente declarados conjuntos, nem especificamente designados para atos diferentes, ou subordinados a atos sucessivos. Se os mandatários forem declarados conjuntos, não terá eficácia o ato praticado sem interferência de todos, salvo havendo ratificação, que retroagirá à data do ato.

Art. 673. O terceiro que, depois de conhecer os poderes do mandatário, com ele celebrar negócio jurídico exorbitante do mandato, não tem ação contra o mandatário, salvo se este lhe prometeu ratificação do mandante ou se responsabilizou pessoalmente.

Art. 674. Embora ciente da morte, interdição ou mudança de estado do mandante, deve o mandatário concluir o negócio já começado, se houver perigo na demora.

Seção III
Das Obrigações do Mandante

Art. 675. O mandante é obrigado a satisfazer todas as obrigações contraídas pelo mandatário, na conformidade do mandato conferido, e adiantar a importância das despesas necessárias à execução dele, quando o mandatário lho pedir.

Art. 676. É obrigado o mandante a pagar ao mandatário a remuneração ajustada e as despesas da execução do mandato, ainda que o negócio não surta o esperado efeito, salvo tendo o mandatário culpa.

Art. 677. As somas adiantadas pelo mandatário, para a execução do mandato, vencem juros desde a data do desembolso.

Art. 678. É igualmente obrigado o mandante a ressarcir ao mandatário as perdas que este sofrer com a execução do mandato, sempre que não resultem de culpa sua ou de excesso de poderes.

Art. 679. Ainda que o mandatário contrarie as instruções do mandante, se não exceder os limites do mandato, ficará o mandante obrigado para com aqueles com quem o seu procurador contratou; mas terá contra este ação pelas perdas e danos resultantes da inobservância das instruções.

Art. 680. Se o mandato for outorgado por duas ou mais pessoas, e para negócio comum, cada uma ficará solidariamente responsável ao mandatário por todos os compromissos e efeitos do mandato, salvo direito regressivo, pelas quantias que pagar, contra os outros mandantes.

Art. 681. O mandatário tem sobre a coisa de que tenha a posse em virtude do mandato, direito de retenção, até se reembolsar do que no desempenho do encargo despendeu.

Seção IV
Da Extinção do Mandato

Art. 682. Cessa o mandato:
I – pela revogação ou pela renúncia;
II – pela morte ou interdição de uma das partes;
III – pela mudança de estado que inabilite o mandante a conferir os poderes, ou o mandatário para os exercer;
IV – pelo término do prazo ou pela conclusão do negócio.

Art. 683. Quando o mandato contiver a cláusula de irrevogabilidade e o mandante o revogar, pagará perdas e danos.

Art. 684. Quando a cláusula de irrevogabilidade for condição de um negócio bilateral, ou tiver sido estipulada no exclusivo interesse do mandatário, a revogação do mandato será ineficaz.

Art. 685. Conferido o mandato com a cláusula "em causa própria", a sua revogação não terá eficácia, nem se extinguirá pela morte de qualquer das partes, ficando o mandatário dispensado de prestar contas, e podendo transferir para si os bens móveis ou imóveis objeto do mandato, obedecidas as formalidades legais.

Art. 686. A revogação do mandato, notificada somente ao mandatário, não se pode opor aos terceiros que, ignorando-a, de boa-fé com ele trataram; mas ficam salvas ao constituinte as ações que no caso lhe possam caber contra o procurador.

Parágrafo único. É irrevogável o mandato que contenha poderes de cumprimento ou confirmação de negócios encetados, aos quais se ache vinculado.

Art. 687. Tanto que for comunicada ao mandatário a nomeação de outro, para o mesmo negócio, considerar-se-á revogado o mandato anterior.

Art. 688. A renúncia do mandato será comunicada ao mandante, que, se for prejudicado pela sua inoportunidade, ou pela falta de tempo, a fim de prover à substituição do procurador, será indenizado pelo mandatário, salvo se este provar que não podia continuar no mandato sem prejuízo considerável, e que não lhe era dado substabelecer.

Art. 689. São válidos, a respeito dos contratantes de boa-fé, os atos com estes ajustados em nome do mandante pelo mandatário, enquanto este ignorar a morte daquele ou a extinção do mandato, por qualquer outra causa.

Art. 690. Se falecer o mandatário, pendente o negócio a ele cometido, os herdeiros, tendo ciência do mandato, avisarão o mandante, e providenciarão a bem dele, como as circunstâncias exigirem.

Art. 691. Os herdeiros, no caso do artigo antecedente, devem limitar-se às medidas conservatórias, ou continuar os negócios pendentes que se não possam demorar sem perigo, regulando-se os seus serviços dentro desse limite, pelas mesmas normas a que os do mandatário estão sujeitos.

Seção V
Do Mandato Judicial

Art. 692. O mandato judicial fica subordinado às normas que lhe dizem respeito, constantes da legislação processual, e, supletivamente, às estabelecidas neste Código.

Capítulo XI
DA COMISSÃO

Art. 693. O contrato de comissão tem por objeto a compra ou venda de bens ou a realização de mútuo ou outro negócio jurídico de crédito pelo comissário, em seu próprio nome, à conta do comitente.
•• Artigo com redação determinada pela Lei n. 14.690, de 3-10-2023.

Art. 694. O comissário fica diretamente obrigado para com as pessoas com quem contratar, sem que estas tenham ação contra o comitente, nem este contra elas, salvo se o comissário ceder seus direitos a qualquer das partes.

Art. 695. O comissário é obrigado a agir de conformidade com as ordens e instruções do comitente, devendo, na falta destas, não podendo pedi-las a tempo, proceder segundo os usos em casos semelhantes.

Parágrafo único. Ter-se-ão por justificados os atos do comissário, se deles houver resultado vantagem para o comitente, e ainda no caso em que, não admitindo demora a realização do negócio, o comissário agiu de acordo com os usos.

Art. 696. No desempenho das suas incumbências o comissário é obrigado a agir com cuidado e diligência, não só para evitar qualquer prejuízo ao comitente, mas ainda para lhe proporcionar o lucro que razoavelmente se podia esperar do negócio.

Parágrafo único. Responderá o comissário, salvo motivo de força maior, por qualquer prejuízo que, por ação ou omissão, ocasionar ao comitente.

Art. 697. O comissário não responde pela insolvência das pessoas com quem tratar, exceto em caso de culpa e no do artigo seguinte.

Art. 698. Se do contrato de comissão constar a cláusula *del credere*, responderá o comissário solidariamente com as pessoas com que houver tratado em nome do comitente, caso em que, salvo estipulação em contrário, o comissário tem direito a remuneração mais elevada, para compensar o ônus assumido.

Parágrafo único. A cláusula *del credere* de que trata o *caput* deste artigo poderá ser parcial.
•• Parágrafo único acrescentado pela Lei n. 14.690, de 3-10-2023.

Art. 699. Presume-se o comissário autorizado a conceder dilação do prazo para pagamento, na conformidade dos usos do lugar onde se realizar o negócio, se não houver instruções diversas do comitente.

Art. 700. Se houver instruções do comitente proibindo prorrogação de prazos para pagamento, ou se esta não for conforme os usos locais, poderá o comitente exigir que o comissário pague incontinenti ou responda pelas consequências da dilação concedida, procedendo-se de igual modo se o comissário não der ciência ao comitente dos prazos concedidos e de quem é seu beneficiário.

Art. 701. Não estipulada a remuneração devida ao comissário, será ela arbitrada segundo os usos correntes no lugar.

Art. 702. No caso de morte do comissário, ou, quando, por motivo de força maior, não puder concluir o negócio, será devida pelo comitente uma remuneração proporcional aos trabalhos realizados.

Art. 703. Ainda que tenha dado motivo à dispensa, terá o comissário direito a ser remunerado pelos serviços úteis prestados ao comitente, ressalvado a este o direito de exigir daquele os prejuízos sofridos.

Art. 704. Salvo disposição em contrário, pode o comitente, a qualquer tempo, alterar as instruções dadas ao comissário, entendendo-se por elas regidos também os negócios pendentes.

Art. 705. Se o comissário for despedido sem justa causa, terá direito a ser remunerado pelos trabalhos prestados, bem como a ser ressarcido pelas perdas e danos resultantes de sua dispensa.

Art. 706. O comitente e o comissário são obrigados a pagar juros um ao outro; o primeiro pelo que o comissário houver adiantado para cumprimento de suas ordens; e o segundo pela mora na entrega dos fundos que pertencerem ao comitente.

Art. 707. O crédito do comissário, relativo a comissões e despesas feitas, goza de privilégio geral, no caso de falência ou insolvência do comitente.

Art. 708. Para reembolso das despesas feitas, bem como para recebimento das comissões devidas, tem o comissário direito de retenção sobre os bens e valores em seu poder em virtude da comissão.

Art. 709. São aplicáveis à comissão, no que couber, as regras sobre mandato.

Capítulo XII
DA AGÊNCIA E DISTRIBUIÇÃO

Art. 710. Pelo contrato de agência, uma pessoa assume, em caráter não eventual e sem vínculos de dependência, a obrigação de promover, à conta de outra, mediante retribuição, a realização de certos negócios, em zona determinada, caracterizando-se a distribuição quando o agente tiver à sua disposição a coisa a ser negociada.

Parágrafo único. O proponente pode conferir poderes ao agente para que este o represente na conclusão dos contratos.

Art. 711. Salvo ajuste, o proponente não pode constituir, ao mesmo tempo, mais de um agente, na mesma zona, com idêntica incumbência; nem pode o agente assumir o encargo de nela tratar de negócios do mesmo gênero, à conta de outros proponentes.

Art. 712. O agente, no desempenho que lhe foi cometido, deve agir com toda diligência, atendo-se às instruções recebidas do proponente.

Art. 713. Salvo estipulação diversa, todas as despesas com a agência ou distribuição correm a cargo do agente ou distribuidor.

Art. 714. Salvo ajuste, o agente ou distribuidor terá direito à remuneração correspondente aos negócios concluídos dentro de sua zona, ainda que sem a sua interferência.

Art. 715. O agente ou distribuidor tem direito à indenização se o proponente, sem justa causa, cessar o atendimento das propostas ou reduzi-lo tanto que se torna antieconômica a continuação do contrato.

Art. 716. A remuneração será devida ao agente também quando o negócio deixar de ser realizado por fato imputável ao proponente.

Art. 717. Ainda que dispensado por justa causa, terá o agente direito a ser remunerado pelos serviços úteis prestados ao proponente, sem embargo de haver este perdas e danos pelos prejuízos sofridos.

Art. 718. Se a dispensa se der sem culpa do agente, terá ele direito à remuneração até então devida, inclusive sobre os negócios pendentes, além das indenizações previstas em lei especial.

Art. 719. Se o agente não puder continuar o trabalho por motivo de força maior, terá direito à remuneração correspondente aos serviços realizados, cabendo esse direito aos herdeiros no caso de morte.

Art. 720. Se o contrato for por tempo indeterminado, qualquer das partes poderá resolvê-lo, mediante aviso prévio de noventa dias, desde que transcorrido prazo compatível com a natureza e o vulto do investimento exigido do agente.

Parágrafo único. No caso de divergência entre as partes, o juiz decidirá da razoabilidade do prazo e do valor devido.

Art. 721. Aplicam-se ao contrato de agência e distribuição, no que couber, as regras concernentes ao mandato e à comissão e as constantes de lei especial.

Capítulo XIII
DA CORRETAGEM

Art. 722. Pelo contrato de corretagem, uma pessoa, não ligada a outra em virtude de mandato, de prestação de serviços ou por qualquer relação de dependência, obriga-se a obter para a segunda um ou mais negócios, conforme as instruções recebidas.

Art. 723. O corretor é obrigado a executar a mediação com diligência e prudência, e a prestar ao cliente, espontaneamente, todas as informações sobre o andamento do negócio.

•• *Caput* com redação determinada pela Lei n. 12.236, de 19-5-2010.

Parágrafo único. Sob pena de responder por perdas e danos, o corretor prestará ao cliente todos os esclarecimentos acerca da segurança ou do risco do negócio, das alterações de valores e de outros fatores que possam influir nos resultados da incumbência.

•• Parágrafo único acrescentado pela Lei n. 12.236, de 19-5-2010.

Art. 724. A remuneração do corretor, se não estiver fixada em lei, nem ajustada entre as partes, será arbitrada segundo a natureza do negócio e os usos locais.

Art. 725. A remuneração é devida ao corretor uma vez que tenha conseguido o resultado previsto no contrato de mediação, ou ainda que este não se efetive em virtude de arrependimento das partes.

Art. 726. Iniciado e concluído o negócio diretamente entre as partes, nenhuma remuneração será devida ao corretor; mas se, por escrito, for ajustada a corretagem com exclusividade, terá o corretor direito à remuneração integral, ainda que realizado o negócio sem a sua mediação, salvo se comprovada sua inércia ou ociosidade.

Art. 727. Se, por não haver prazo determinado, o dono do negócio dispensar o corretor, e o negócio se realizar posteriormente, como fruto da sua mediação, a corretagem lhe será devida; igual solução se adotará se o negócio se realizar após a decorrência do prazo contratual, mas por efeito dos trabalhos do corretor.

Art. 728. Se o negócio se concluir com a intermediação de mais de um corretor, a remuneração será paga a todos em partes iguais, salvo ajuste em contrário.

Art. 729. Os preceitos sobre corretagem constantes deste Código não excluem a aplicação de outras normas da legislação especial.

Capítulo XIV
DO TRANSPORTE

Seção I
Disposições Gerais

Art. 730. Pelo contrato de transporte alguém se obriga, mediante retribuição, a transportar, de um lugar para outro, pessoas ou coisas.

Art. 731. O transporte exercido em virtude de autorização, permissão ou concessão, rege-se pelas normas regulamentares e pelo que for estabelecido naqueles atos, sem prejuízo do disposto neste Código.

Art. 732. Aos contratos de transporte, em geral, são aplicáveis, quando couber, desde que não contrariem as disposições deste Código, os preceitos constantes da legislação especial e de tratados e convenções internacionais.

Art. 733. Nos contratos de transporte cumulativo, cada transportador se obriga a cumprir o contrato relativamente ao respectivo percurso, respondendo pelos danos nele causados a pessoas e coisas.

§ 1.º O dano, resultante do atraso ou da interrupção da viagem, será determinado em razão da totalidade do percurso.

§ 2.º Se houver substituição de algum dos transportadores no decorrer do percurso, a responsabilidade solidária estender-se-á ao substituto.

Seção II
Do Transporte de Pessoas

Art. 734. O transportador responde pelos danos causados às pessoas transportadas e suas bagagens, salvo motivo de força maior, sendo nula qualquer cláusula excludente da responsabilidade.

Parágrafo único. É lícito ao transportador exigir a declaração do valor da bagagem a fim de fixar o limite da indenização.

Art. 735. A responsabilidade contratual do transportador por acidente com o passageiro não é elidida por culpa de terceiro, contra o qual tem ação regressiva.

Art. 736. Não se subordina às normas do contrato de transporte o feito gratuitamente, por amizade ou cortesia.

Parágrafo único. Não se considera gratuito o transporte quando, embora feito sem remuneração, o transportador auferir vantagens indiretas.

Art. 737. O transportador está sujeito aos horários e itinerários previstos, sob pena de responder por perdas e danos, salvo motivo de força maior.

Art. 738. A pessoa transportada deve sujeitar-se às normas estabelecidas pelo transportador, constantes no bilhete ou afixadas à vista dos usuários, abstendo-se de quaisquer atos que causem incômodo ou prejuízo aos passageiros, danifiquem o veículo, ou dificultem ou impeçam a execução normal do serviço.

Parágrafo único. Se o prejuízo sofrido pela pessoa transportada for atribuível à transgressão de normas e instruções regulamentares, o juiz reduzirá equitativamente a indenização, na medida em que a vítima houver concorrido para a ocorrência do dano.

Art. 739. O transportador não pode recusar passageiros, salvo os casos previstos nos regulamentos, ou se as condições de higiene ou de saúde do interessado o justificarem.

Art. 740. O passageiro tem direito a rescindir o contrato de transporte antes de iniciada a viagem, sendo-lhe devida a restituição do valor da passagem, desde que feita a comunicação ao transportador em tempo de ser renegociada.

§ 1.º Ao passageiro é facultado desistir do transporte, mesmo depois de iniciada a viagem, sendo-lhe devida a restituição do valor correspondente ao trecho não utilizado, desde que provado que outra pessoa haja sido transportada em seu lugar.

§ 2.º Não terá direito ao reembolso do valor da passagem o usuário que deixar de embarcar, salvo se provado que outra pessoa foi transportada em seu lugar, caso em que lhe será restituído o valor do bilhete não utilizado.

§ 3.º Nas hipóteses previstas neste artigo, o transportador terá direito de reter até cinco por cento da importância a ser restituída ao passageiro, a título de multa compensatória.

Art. 741. Interrompendo-se a viagem por qualquer motivo alheio à vontade do transportador, ainda que em consequência de evento imprevisível, fica ele obrigado a concluir o transporte contratado em outro veículo da mesma categoria, ou, com a anuência do passageiro, por modalidade diferente, à sua custa, correndo também por sua conta as despesas de estada e alimentação do usuário, durante a espera de novo transporte.

Art. 742. O transportador, uma vez executado o transporte, tem direito de retenção sobre a bagagem de passageiro e outros objetos pessoais deste, para garantir-se do pagamento do valor da passagem que não tiver sido feito no início ou durante o percurso.

Seção III
Do Transporte de Coisas

Art. 743. A coisa, entregue ao transportador, deve estar caracterizada pela sua natureza, valor, peso e quantidade, e o mais que for necessário para que não se confunda com outras, devendo o destinatário ser indicado ao menos pelo nome e endereço.

Art. 744. Ao receber a coisa, o transportador emitirá conhecimento com a menção dos dados que a identifiquem, obedecido o disposto em lei especial.

Parágrafo único. O transportador poderá exigir que o remetente lhe entregue, devidamente assinada, a relação discriminada das coisas a serem transportadas, em duas vias, uma das quais, por ele devidamente autenticada, ficará fazendo parte integrante do conhecimento.

Art. 745. Em caso de informação inexata ou falsa descrição no documento a que se refere o artigo antecedente, será o transportador indenizado pelo prejuízo que sofrer, devendo a ação respectiva ser ajuizada no prazo de cento e vinte dias, a contar daquele ato, sob pena de decadência.

Art. 746. Poderá o transportador recusar a coisa cuja embalagem seja inadequada, bem como a que possa pôr em risco a saúde das pessoas, ou danificar o veículo e outros bens.

Art. 747. O transportador deverá obrigatoriamente recusar a coisa cujo transporte ou comercialização não sejam permitidos, ou que venha desacompanhada dos documentos exigidos por lei ou regulamento.

Art. 748. Até a entrega da coisa, pode o remetente desistir do transporte e pedi-la de volta, ou ordenar seja entregue a outro destinatário, pagando, em ambos os casos, os acréscimos de despesa decorrentes da contraordem, mais as perdas e danos que houver.

Art. 749. O transportador conduzirá a coisa ao seu destino, tomando todas as cautelas necessárias para mantê-la em bom estado e entregá-la no prazo ajustado ou previsto.

Art. 750. A responsabilidade do transportador, limitada ao valor constante do conhecimento, começa no momento em que ele, ou seus prepostos, recebem a coisa; termina quando é entregue ao destinatário, ou depositada em juízo, se aquele não for encontrado.

Art. 751. A coisa, depositada ou guardada nos armazéns do transportador, em virtude de contrato de transporte, rege-se, no que couber, pelas disposições relativas a depósito.

Art. 752. Desembarcadas as mercadorias, o transportador não é obrigado a dar aviso ao destinatário, se assim não foi convencionado, dependendo também de ajuste a entrega a domicílio, e devem constar do conhecimento de embarque as cláusulas de aviso ou de entrega a domicílio.

Art. 753. Se o transporte não puder ser feito ou sofrer longa interrupção, o transportador solicitará, incontinenti, instruções ao remetente, e zelará pela coisa, por cujo perecimento ou deterioração responderá, salvo força maior.

§ 1.º Perdurando o impedimento, sem motivo imputável ao transportador e sem manifestação do remetente, poderá aquele depositar a coisa em juízo, ou vendê-la, obedecidos os preceitos legais e regulamentares, ou os usos locais, depositando o valor.

§ 2.º Se o impedimento for de responsabilidade do transportador, este poderá depositar a coisa, por sua conta e risco, mas só poderá vendê-la se perecível.

§ 3.º Em ambos os casos, o transportador deve informar o remetente da efetivação do depósito ou da venda.

§ 4.º Se o transportador mantiver a coisa depositada em seus próprios armazéns, continuará a responder pela sua guarda e conservação, sendo-lhe devida, porém, uma remuneração pela custódia, a qual poderá ser contratualmente ajustada ou se conformará aos usos adotados em cada sistema de transporte.

Art. 754. As mercadorias devem ser entregues ao destinatário, ou a quem apresentar o conhecimento endossado, devendo aquele que as receber conferi-las e apresentar as reclamações que tiver, sob pena de decadência dos direitos.

Parágrafo único. No caso de perda parcial ou de avaria não perceptível à primeira vista, o destinatário conserva a sua ação contra o transportador, desde que denuncie o dano em dez dias a contar da entrega.

Art. 755. Havendo dúvida acerca de quem seja o destinatário, o transportador deve depositar a mercadoria em juízo, se não lhe for possível obter instruções do remetente; se a demora puder ocasionar a deterioração da coisa, o transportador deverá vendê-la, depositando o saldo em juízo.

Art. 756. No caso de transporte cumulativo, todos os transportadores respondem solidariamente pelo dano causado perante o remetente, ressalvada a apuração final da responsabilidade entre eles, de modo que o ressarcimento recaia, por inteiro, ou proporcionalmente, naquele ou naqueles em cujo percurso houver ocorrido o dano.

Capítulo XV
DO SEGURO

•• A Lei n. 15.040, de 9-12-2024, revoga os arts. 757 a 802 deste capítulo, após um ano de sua publicação (*DOU* de 10-12-2024).

•• Sobre o Marco Legal dos Seguros: *vide* Lei n. 15.040, de 9-12-2024.

Seção I
Disposições Gerais

•• A Lei n. 15.040, de 9-12-2024, revoga os arts. 757 a 777 desta seção, após um ano de sua publicação (*DOU* de 10-12-2024).

•• Sobre o Marco Legal dos Seguros: *vide* Lei n. 15.040, de 9-12-2024.

Art. 757. Pelo contrato de seguro, o segurador se obriga, mediante o pagamento do prêmio, a garantir interesse legítimo do segurado, relativo a pessoa ou a coisa, contra riscos predeterminados.

Parágrafo único. Somente pode ser parte, no contrato de seguro, como segurador, entidade para tal fim legalmente autorizada.

Art. 758. O contrato de seguro prova-se com a exibição da apólice ou do bilhete do seguro, e, na falta deles, por documento comprobatório do pagamento do respectivo prêmio.

Art. 759. A emissão da apólice deverá ser precedida de proposta escrita com a declaração dos elementos essenciais do interesse a ser garantido e do risco.

Art. 760. A apólice ou o bilhete de seguro serão nominativos, à ordem ou ao portador, e mencionarão os riscos assumidos, o início e o fim de sua validade, o limite da garantia e o prêmio devido, e, quando for o caso, o nome do segurado e o do beneficiário.

Parágrafo único. No seguro de pessoas, a apólice ou o bilhete não podem ser ao portador.

Art. 761. Quando o risco for assumido em cosseguro, a apólice indicará o segurador que administrará o contrato e representará os demais, para todos os seus efeitos.

Art. 762. Nulo será o contrato para garantia de risco proveniente de ato doloso do segurado, do beneficiário, ou de representante de um ou de outro.

Art. 763. Não terá direito a indenização o segurado que estiver em mora no pagamento do prêmio, se ocorrer o sinistro antes de sua purgação.

Art. 764. Salvo disposição especial, o fato de se não ter verificado o risco, em previsão do qual se faz o seguro, não exime o segurado de pagar o prêmio.

Art. 765. O segurado e o segurador são obrigados a guardar na conclusão e na execução do contrato, a mais estrita boa-fé e veracidade, tanto a respeito do objeto como das circunstâncias e declarações a ele concernentes.

Art. 766. Se o segurado, por si ou por seu representante, fizer declarações inexatas ou omitir circunstâncias que possam influir na aceitação da proposta ou na taxa do prêmio, perderá o direito à garantia, além de ficar obrigado ao prêmio vencido.

Parágrafo único. Se a inexatidão ou omissão nas declarações não resultar de má-fé do segurado, o segurador terá direito a resolver o contrato, ou a cobrar, mesmo após o sinistro, a diferença do prêmio.

Art. 767. No seguro à conta de outrem, o segurador pode opor ao segurado quaisquer defesas que tenha contra o estipulante, por descumprimento das normas de conclusão do contrato, ou de pagamento do prêmio.

Art. 768. O segurado perderá o direito à garantia se agravar intencionalmente o risco objeto do contrato.

•• *Vide* Súmula 620 do STJ.

Art. 769. O segurado é obrigado a comunicar ao segurador, logo que saiba, todo incidente suscetível de agravar consideravelmente o risco coberto, sob pena de perder o direito à garantia, se provar que silenciou de má-fé.

§ 1.º O segurador, desde que o faça nos quinze dias seguintes ao recebimento do aviso da agravação do risco sem culpa do segurado, poderá dar-lhe ciência, por escrito, de sua decisão de resolver o contrato.

§ 2.º A resolução só será eficaz trinta dias após a notificação, devendo ser restituída pelo segurador a diferença do prêmio.

Art. 770. Salvo disposição em contrário, a diminuição do risco no curso do contrato não acarreta a redução do prêmio estipulado; mas, se a redução do risco for considerável, o segurado poderá exigir a revisão do prêmio, ou a resolução do contrato.

Art. 771. Sob pena de perder o direito à indenização, o segurado participará o sinistro ao segurador, logo que o saiba, e tomará as providências imediatas para minorar-lhe as consequências.

Parágrafo único. Correm à conta do segurador, até o limite fixado no contrato, as despesas de salvamento consequente ao sinistro.

Art. 772. A mora do segurador em pagar o sinistro obriga à atualização monetária da indenização devida, sem prejuízo dos juros moratórios.

•• Artigo com redação determinada pela Lei n. 14.905, de 28-6-2024.

Art. 773. O segurador que, ao tempo do contrato, sabe estar passado o risco de que o segurado se pretende cobrir, e, não obstante, expede a apólice, pagará em dobro o prêmio estipulado.

Art. 774. A recondução tácita do contrato pelo mesmo prazo, mediante expressa cláusula contratual, não poderá operar mais de uma vez.

Art. 775. Os agentes autorizados do segurador presumem-se seus representantes para todos os atos relativos aos contratos que agenciarem.

Art. 776. O segurador é obrigado a pagar em dinheiro o prejuízo resultante do risco assumido, salvo se convencionada a reposição da coisa.

Art. 777. O disposto no presente Capítulo aplica-se, no que couber, aos seguros regidos por leis próprias.

Seção II
Do Seguro de Dano

•• A Lei n. 15.040, de 9-12-2024, revoga os arts. 778 a 788 desta seção, após um ano de sua publicação (*DOU* de 10-12-2024).

•• Sobre o Marco Legal dos Seguros: *vide* Lei n. 15.040, de 9-12-2024.

Art. 778. Nos seguros de dano, a garantia prometida não pode ultrapassar o valor do interesse segurado no momento da conclusão do contrato, sob pena do disposto no art. 766, e sem prejuízo da ação penal que no caso couber.

Art. 779. O risco do seguro compreenderá todos os prejuízos resultantes ou consequentes, como sejam os estragos ocasionados para evitar o sinistro, minorar o dano, ou salvar a coisa.

Art. 780. A vigência da garantia, no seguro de coisas transportadas, começa no momento em que são pelo transportador recebidas, e cessa com a sua entrega ao destinatário.

Art. 781. A indenização não pode ultrapassar o valor do interesse segurado no momento do sinistro, e, em hipótese alguma, o limite máximo da garantia fixado na apólice, salvo em caso de mora do segurador.

Art. 782. O segurado que, na vigência do contrato, pretender obter novo seguro sobre o mesmo interesse, e contra o mesmo risco junto a outro segurador, deve previamente comunicar sua intenção por escrito ao primeiro, indicando a soma por que pretende segurar-se, a fim de se comprovar a obediência ao disposto no art. 778.

Art. 783. Salvo disposição em contrário, o seguro de um interesse por menos do que valha acarreta a redução proporcional da indenização, no caso de sinistro parcial.

Art. 784. Não se inclui na garantia o sinistro provocado por vício intrínseco da coisa segurada, não declarado pelo segurado.

Parágrafo único. Entende-se por vício intrínseco o defeito próprio da coisa, que se não encontra normalmente em outras da mesma espécie.

Art. 785. Salvo disposição em contrário, admite-se a transferência do contrato a terceiro com a alienação ou cessão do interesse segurado.

§ 1.º Se o instrumento contratual é nominativo, a transferência só produz efeitos em relação ao segurador mediante aviso escrito assinado pelo cedente e pelo cessionário.

•• *Vide* Súmula 465 do STJ.

§ 2.º A apólice ou o bilhete à ordem só se transfere por endosso em preto, datado e assinado pelo endossante e pelo endossatário.

Art. 786. Paga a indenização, o segurador sub-roga-se, nos limites do valor respectivo, nos direitos e ações que competirem ao segurado contra o autor do dano.

§ 1.º Salvo dolo, a sub-rogação não tem lugar se o dano foi causado pelo cônjuge do segurado, seus descendentes ou ascendentes, consanguíneos ou afins.

§ 2.º É ineficaz qualquer ato do segurado que diminua ou extinga, em prejuízo do segurador, os direitos a que se refere este artigo.

Art. 787. No seguro de responsabilidade civil, o segurador garante o pagamento de perdas e danos devidos pelo segurado a terceiro.

§ 1.º Tão logo saiba o segurado das consequências de ato seu, suscetível de lhe acarretar a responsabilidade incluída na garantia, comunicará o fato ao segurador.

§ 2.º É defeso ao segurado reconhecer sua responsabilidade ou confessar a ação, bem como transigir com o terceiro prejudicado, ou indenizá-lo diretamente, sem anuência expressa do segurador.

§ 3.º Intentada a ação contra o segurado, dará este ciência da lide ao segurador.

§ 4.º Subsistirá a responsabilidade do segurado perante o terceiro, se o segurador for insolvente.

Art. 788. Nos seguros de responsabilidade legalmente obrigatórios, a indenização por sinistro será paga pelo segurador diretamente ao terceiro prejudicado.

Parágrafo único. Demandado em ação direta pela vítima do dano, o segurador não poderá opor a exceção de contrato não cumprido pelo segurado, sem promover a citação deste para integrar o contraditório.

Seção III
Do Seguro de Pessoa

•• A Lei n. 15.040, de 9-12-2024, revoga os arts. 789 a 802 desta seção, após um ano de sua publicação (*DOU* de 10-12-2024),

•• Sobre o Marco Legal dos Seguros: *vide* Lei n. 15.040, de 9-12-2024.

Art. 789. Nos seguros de pessoas, o capital segurado é livremente estipulado pelo proponente, que pode contratar mais de um seguro sobre o mesmo interesse, com o mesmo ou diversos seguradores.

Art. 790. No seguro sobre a vida de outros, o proponente é obrigado a declarar, sob pena de falsidade, o seu interesse pela preservação da vida do segurado.

Parágrafo único. Até prova em contrário, presume-se o interesse, quando o segurado é cônjuge, ascendente ou descendente do proponente.

Art. 791. Se o segurado não renunciar à faculdade, ou se o seguro não tiver como causa declarada a garantia de alguma obrigação, é lícita a substituição do beneficiário, por ato entre vivos ou de última vontade.

Parágrafo único. O segurador, que não for cientificado oportunamente da substituição, desobrigar-se-á pagando o capital segurado ao antigo beneficiário.

Art. 792. Na falta de indicação da pessoa ou beneficiário, ou se por qualquer motivo não prevalecer a que for feita, o capital segurado será pago por metade ao cônjuge não separado judicialmente, e o restante aos herdeiros do segurado, obedecida a ordem da vocação hereditária.

Parágrafo único. Na falta das pessoas indicadas neste artigo, serão beneficiários os que provarem que a morte do segurado os privou dos meios necessários à subsistência.

Art. 793. É válida a instituição do companheiro como beneficiário, se ao tempo do contrato o segurado era separado judicialmente, ou já se encontrava separado de fato.

•• O STF, em 5-5-2011, declarou procedentes a ADI n. 4.277 (*DOU* de 1.º-12-2014) e a ADPF n. 132 (*DOU* de 3-11-2014), com eficácia *erga omnes* e efeito vinculante, conferindo interpretação conforme a CF ao art. 1.723 do CC, a fim de declarar a aplicabilidade de regime da união estável às uniões entre pessoas do mesmo sexo.

Art. 794. No seguro de vida ou de acidentes pessoais para o caso de morte, o capital estipulado não está sujeito às dívidas do segurado, nem se considera herança para todos os efeitos de direito.

Art. 795. É nula, no seguro de pessoa, qualquer transação para pagamento reduzido do capital segurado.

Art. 796. O prêmio, no seguro de vida, será conveniado por prazo limitado, ou por toda a vida do segurado.

Parágrafo único. Em qualquer hipótese, no seguro individual, o segurador não terá ação para cobrar o prêmio vencido, cuja falta de pagamento, nos prazos previstos, acarretará, conforme se estipular, a resolução do contrato, com a restituição da reserva já formada, ou a redução do capital garantido proporcionalmente ao prêmio pago.

Art. 797. No seguro de vida para o caso de morte, é lícito estipular-se um prazo de carência, durante o qual o segurador não responde pela ocorrência do sinistro.

Parágrafo único. No caso deste artigo o segurador é obrigado a devolver ao beneficiário o montante da reserva técnica já formada.

•• *Vide* Súmula 610 do STJ.

Art. 798. O beneficiário não tem direito ao capital estipulado quando o segurado se suicida nos primeiros dois anos de vigência inicial do contrato, ou da sua recondução depois de suspenso, observado o disposto no parágrafo único do artigo antecedente.

•• *Vide* Súmula 610 do STJ.

Parágrafo único. Ressalvada a hipótese prevista neste artigo, é nula a cláusula contratual que exclui o pagamento do capital por suicídio do segurado.

Art. 799. O segurador não pode eximir-se ao pagamento do seguro, ainda que da apólice conste a restrição, se a morte ou a incapacidade do segurado provier da utilização de meio de transporte mais arriscado, da prestação de serviço militar, da prática de esporte, ou de atos de humanidade em auxílio de outrem.

Art. 800. Nos seguros de pessoas, o segurador não pode sub-rogar-se nos direitos e ações do segurado, ou do beneficiário, contra o causador do sinistro.

Art. 801. O seguro de pessoas pode ser estipulado por pessoa natural ou jurídica em proveito de grupo que a ela, de qualquer modo, se vincule.

§ 1.º O estipulante não representa o segurador perante o grupo segurado, e é o único responsável, para com o segurador, pelo cumprimento de todas as obrigações contratuais.

§ 2.º A modificação da apólice em vigor dependerá da anuência expressa de segurados que representem três quartos do grupo.

Art. 802. Não se compreende nas disposições desta Seção a garantia do reembolso de despesas hospitalares ou de tratamento médico, nem o custeio das despesas de luto e de funeral do segurado.

Capítulo XVI
DA CONSTITUIÇÃO DE RENDA

Art. 803. Pode uma pessoa, pelo contrato de constituição de renda, obrigar-se para com outra a uma prestação periódica, a título gratuito.

Art. 804. O contrato pode ser também a título oneroso, entregando-se bens móveis ou imóveis à pessoa que se obriga a satisfazer as prestações a favor do credor ou de terceiros.

Art. 805. Sendo o contrato a título oneroso, pode o credor, ao contratar, exigir que o rendeiro lhe preste garantia real, ou fidejussória.

Art. 806. O contrato de constituição de renda será feito a prazo certo, ou por vida, podendo ultrapassar a vida do devedor mas não a do credor, seja ele o contratante, seja terceiro.

Art. 807. O contrato de constituição de renda requer escritura pública.

Art. 808. É nula a constituição de renda em favor de pessoa já falecida, ou que, nos trinta dias seguintes, vier a falecer de moléstia que já sofria, quando foi celebrado o contrato.

Art. 809. Os bens dados em compensação da renda caem, desde a tradição, no domínio da pessoa que por aquela se obrigou.

Art. 810. Se o rendeiro, ou censuário, deixar de cumprir a obrigação estipulada, poderá o credor da renda acioná-lo, tanto para que lhe pague as prestações atrasadas como para que lhe dê garantias das futuras, sob pena de rescisão do contrato.

Art. 811. O credor adquire o direito à renda dia a dia, se a prestação não houver de ser paga adiantada, no começo de cada um dos períodos prefixos.

Art. 812. Quando a renda for constituída em benefício de duas ou mais pessoas, sem determinação da parte de cada uma, entende-se que os seus direitos são iguais; e, salvo estipulação diversa, não adquirirão os sobreviventes direito à parte dos que morrerem.

Art. 813. A renda constituída por título gratuito pode, por ato do instituidor, ficar isenta de todas as execuções pendentes e futuras.

Parágrafo único. A isenção prevista neste artigo prevalece de pleno direito em favor dos montepios e pensões alimentícias.

Capítulo XVII
DO JOGO E DA APOSTA

Art. 814. As dívidas de jogo ou de aposta não obrigam a pagamento; mas não se pode recobrar a quantia, que voluntariamente se pagou, salvo se foi ganha por dolo, ou se o perdente é menor ou interdito.

§ 1.º Estende-se esta disposição a qualquer contrato que encubra ou envolva reconhecimento, novação ou fiança de dívida de jogo; mas a nulidade resultante não pode ser oposta ao terceiro de boa-fé.

§ 2.º O preceito contido neste artigo tem aplicação, ainda que se trate de jogo não proibido, só se exceptuando os jogos e apostas legalmente permitidos.

§ 3.º Excetuam-se, igualmente, os prêmios oferecidos ou prometidos ao vencedor em competição de natureza esportiva, intelectual ou artística, desde que os interessados se submetam às prescrições legais e regulamentares.

Art. 815. Não se pode exigir reembolso do que se emprestou para jogo ou aposta, no ato de apostar ou jogar.

Art. 816. As disposições dos arts. 814 e 815 não se aplicam aos contratos sobre títulos de bolsa, mercadorias ou valores, em que se estipulem a liquidação exclusivamente pela diferença entre o preço ajustado e a cotação que eles tiverem no vencimento do ajuste.

Art. 817. O sorteio para dirimir questões ou dividir coisas comuns considera-se sistema de partilha ou processo de transação, conforme o caso.

Capítulo XVIII
DA FIANÇA

Seção I
Disposições Gerais

Art. 818. Pelo contrato de fiança, uma pessoa garante satisfazer ao credor uma obrigação assumida pelo devedor, caso este não a cumpra.

Art. 819. A fiança dar-se-á por escrito, e não admite interpretação extensiva.

Art. 819-A. (*Vetado.*)
•• Artigo acrescentado pela Lei n. 10.931, de 2-8-2004.

Art. 820. Pode-se estipular a fiança, ainda que sem consentimento do devedor ou contra a sua vontade.

Art. 821. As dívidas futuras podem ser objeto de fiança; mas o fiador, neste caso, não será demandado senão depois que se fizer certa e líquida a obrigação do principal devedor.

Art. 822. Não sendo limitada, a fiança compreenderá todos os acessórios da dívida principal, inclusive as despesas judiciais, desde a citação do fiador.

Art. 823. A fiança pode ser de valor inferior ao da obrigação principal e contraída em condições menos onerosas, e, quando exceder o valor da dívida, ou for mais onerosa que ela, não valerá senão até ao limite da obrigação afiançada.

Art. 824. As obrigações nulas não são suscetíveis de fiança, exceto se a nulidade resultar apenas de incapacidade pessoal do devedor.

Parágrafo único. A exceção estabelecida neste artigo não abrange o caso de mútuo feito a menor.

Art. 825. Quando alguém houver de oferecer fiador, o credor não pode ser obrigado a aceitá-lo se não for pessoa idônea, domiciliada no município onde tenha de prestar a fiança, e não possua bens suficientes para cumprir a obrigação.

Art. 826. Se o fiador se tornar insolvente ou incapaz, poderá o credor exigir que seja substituído.

Seção II
Dos Efeitos da Fiança

Art. 827. O fiador demandado pelo pagamento da dívida tem direito a exigir, até a contestação da lide, que sejam primeiro executados os bens do devedor.

Parágrafo único. O fiador que alegar o benefício de ordem, a que se refere este artigo, deve nomear bens do devedor, sitos no mesmo município, livres e desembargados, quantos bastem para solver o débito.

Art. 828. Não aproveita este benefício ao fiador:

I – se ele o renunciou expressamente;

II – se se obrigou como principal pagador, ou devedor solidário;

III – se o devedor for insolvente, ou falido.

Art. 829. A fiança conjuntamente prestada a um só débito por mais de uma pessoa importa o compromisso de solidariedade entre elas, se declaradamente não se reservarem o benefício de divisão.

Parágrafo único. Estipulado este benefício, cada fiador responde unicamente pela parte que, em proporção, lhe couber no pagamento.

Art. 830. Cada fiador pode fixar no contrato a parte da dívida que toma sob sua responsabilidade, caso em que não será por mais obrigado.

Art. 831. O fiador que pagar integralmente a dívida fica sub-rogado nos direitos do credor; mas só poderá demandar a cada um dos outros fiadores pela respectiva quota.

Parágrafo único. A parte do fiador insolvente distribuir-se-á pelos outros.

Art. 832. O devedor responde também perante o fiador por todas as perdas e danos que este pagar, e pelos que sofrer em razão da fiança.

Art. 833. O fiador tem direito aos juros do desembolso pela taxa estipulada na obrigação principal, e, não havendo taxa convencionada, aos juros legais da mora.

Art. 834. Quando o credor, sem justa causa, demorar a execução iniciada contra o devedor, poderá o fiador promover-lhe o andamento.

Art. 835. O fiador poderá exonerar-se da fiança que tiver assinado sem limitação de tempo, sempre que lhe convier, ficando obrigado por todos os efeitos da fiança, durante sessenta dias após a notificação do credor.

•• *Vide* Súmula 656 do STJ.

Art. 836. A obrigação do fiador passa aos herdeiros; mas a responsabilidade da fiança se limita ao tempo decorrido até a morte do fiador, e não pode ultrapassar as forças da herança.

Seção III
Da Extinção da Fiança

Art. 837. O fiador pode opor ao credor as exceções que lhe forem pessoais, e as extintivas da obrigação que competem ao devedor principal, se não provierem simplesmente de incapacidade pessoal, salvo o caso do mútuo feito à pessoa menor.

Art. 838. O fiador, ainda que solidário, ficará desobrigado:
I – se, sem consentimento seu, o credor conceder moratória ao devedor;
II – se, por fato do credor, for impossível a sub-rogação nos seus direitos e preferências;
III – se o credor, em pagamento da dívida, aceitar amigavelmente do devedor objeto diverso do que este era obrigado a lhe dar, ainda que depois venha a perdê-lo por evicção.

Art. 839. Se for invocado o benefício da excussão e o devedor, retardando-se a execução, cair em insolvência, ficará exonerado o fiador que o invocou, se provar que os bens por ele indicados eram, ao tempo da penhora, suficientes para a solução da dívida afiançada.

Capítulo XIX
DA TRANSAÇÃO

Art. 840. É lícito aos interessados prevenirem ou terminarem o litígio mediante concessões mútuas.

Art. 841. Só quanto a direitos patrimoniais de caráter privado se permite a transação.

Art. 842. A transação far-se-á por escritura pública, nas obrigações em que a lei o exige, ou por instrumento particular, nas em que ela o admite; se recair sobre direitos contestados em juízo, será feita por escritura pública, ou por termo nos autos, assinado pelos transigentes e homologado pelo juiz.

Art. 843. A transação interpreta-se restritivamente, e por ela não se transmitem, apenas se declaram ou reconhecem direitos.

Art. 844. A transação não aproveita, nem prejudica senão aos que nela intervierem, ainda que diga respeito a coisa indivisível.
§ 1.º Se for concluída entre o credor e o devedor, desobrigará o fiador.
§ 2.º Se entre um dos credores solidários e o devedor, extingue a obrigação deste para com os outros credores.
§ 3.º Se entre um dos devedores solidários e seu credor, extingue a dívida em relação aos codevedores.

Art. 845. Dada a evicção da coisa renunciada por um dos transigentes, ou por ele transferida à outra parte, não revive a obrigação extinta pela transação; mas ao evicto cabe o direito de reclamar perdas e danos.

Parágrafo único. Se um dos transigentes adquirir, depois da transação, novo direito sobre a coisa renunciada ou transferida, a transação feita não o inibirá de exercê-lo.

Art. 846. A transação concernente a obrigações resultantes de delito não extingue a ação penal pública.

Art. 847. É admissível, na transação, a pena convencional.

Art. 848. Sendo nula qualquer das cláusulas da transação, nula será esta.
Parágrafo único. Quando a transação versar sobre diversos direitos contestados, independentes entre si, o fato de não prevalecer em relação a um não prejudicará os demais.

Art. 849. A transação só se anula por dolo, coação, ou erro essencial quanto à pessoa ou coisa controversa.
Parágrafo único. A transação não se anula por erro de direito a respeito das questões que foram objeto de controvérsia entre as partes.

Art. 850. É nula a transação a respeito do litígio decidido por sentença passada em julgado, se dela não tinha ciência algum dos transatores, ou quando, por título ulteriormente descoberto, se verificar que nenhum deles tinha direito sobre o objeto da transação.

Capítulo XX
DO COMPROMISSO

Art. 851. É admitido compromisso, judicial ou extrajudicial, para resolver litígios entre pessoas que podem contratar.

Art. 852. É vedado compromisso para solução de questões de estado, de direito pessoal de família e de outras que não tenham caráter estritamente patrimonial.

Art. 853. Admite-se nos contratos a cláusula compromissória, para resolver divergências mediante juízo arbitral, na forma estabelecida em lei especial.

Capítulo XXI
DO CONTRATO DE ADMINISTRAÇÃO FIDUCIÁRIA DE GARANTIAS

•• Capítulo acrescentado pela Lei n. 14.711, de 30-10-2023.

Art. 853-A. Qualquer garantia poderá ser constituída, levada a registro, gerida e ter a sua execução pleiteada por agente de garantia, que será designado pelos credores da obrigação garantida para esse fim e atuará em nome próprio e em benefício dos credores, inclusive em ações judiciais que envolvam discussões sobre a existência, a validade ou a eficácia do ato jurídico do crédito garantido, vedada qualquer cláusula que afaste essa regra em desfavor do devedor ou, se for o caso, do terceiro prestador da garantia.

•• *Caput* acrescentado pela Lei n. 14.711, de 30-10-2023.

§ 1.º O agente de garantia poderá valer-se da execução extrajudicial da garantia, quando houver previsão na legislação especial aplicável à modalidade de garantia.

•• § 1.º acrescentado pela Lei n. 14.711, de 30-10-2023.

§ 2.º O agente de garantia terá dever fiduciário em relação aos credores da obrigação garantida e responderá perante os credores por todos os seus atos.

•• § 2.º acrescentado pela Lei n. 14.711, de 30-10-2023.

§ 3.º O agente de garantia poderá ser substituído, a qualquer tempo, por decisão do credor único ou dos titulares que representarem a maioria simples dos créditos garantidos, reunidos em assembleia, mas a substituição do agente de garantia somente será eficaz após ter sido tornada pública pela mesma forma por meio da qual tenha sido dada publicidade à garantia.

•• § 3.º acrescentado pela Lei n. 14.711, de 30-10-2023.

§ 4.º Os requisitos de convocação e de instalação das assembleias dos titulares dos créditos garantidos estarão previstos em ato de designação ou de contratação do agente de garantia.

•• § 4.º acrescentado pela Lei n. 14.711, de 30-10-2023.

§ 5.º O produto da realização da garantia, enquanto não transferido para os credores garantidos, constitui patrimônio separado daquele do agente de garantia e não poderá responder por suas obrigações pelo período de até 180 (cento e oitenta) dias, contado da data de recebimento do produto da garantia.

•• § 5.º acrescentado pela Lei n. 14.711, de 30-10-2023.

§ 6.º Após receber o valor do produto da realização da garantia, o agente de garantia disporá do prazo de 10 (dez) dias úteis para efetuar o pagamento aos credores.

•• § 6.º acrescentado pela Lei n. 14.711, de 30-10-2023.

§ 7.º Paralelamente ao contrato de que trata este artigo, o agente de garantia poderá manter contratos com o devedor para:

•• § 7.º, *caput*, acrescentado pela Lei n. 14.711, de 30-10-2023.

I – pesquisa de ofertas de crédito mais vantajosas entre os diversos fornecedores;

•• Inciso I acrescentado pela Lei n. 14.711, de 30-10-2023.

II – auxílio nos procedimentos necessários à formalização de contratos de operações de crédito e de garantias reais;

•• Inciso II acrescentado pela Lei n. 14.711, de 30-10-2023.

III – intermediação na resolução de questões relativas aos contratos de operações de crédito ou às garantias reais; e

•• Inciso III acrescentado pela Lei n. 14.711, de 30-10-2023.

IV – outros serviços não vedados em lei.

•• Inciso IV acrescentado pela Lei n. 14.711, de 30-10-2023.

§ 8.º Na hipótese do § 7.º deste artigo, o agente de garantia deverá agir com estrita boa-fé perante o devedor.

•• § 8.º acrescentado pela Lei n. 14.711, de 30-10-2023.

Título VII
DOS ATOS UNILATERAIS

Capítulo I
DA PROMESSA DE RECOMPENSA

Art. 854. Aquele que, por anúncios públicos, se comprometer a recompensar, ou gratificar, a quem preencha certa condição, ou desempenhe certo serviço, contrai obrigação de cumprir o prometido.

Art. 855. Quem quer que, nos termos do artigo antecedente, fizer o serviço, ou satisfizer a condição, ainda que não pelo interesse da promessa, poderá exigir a recompensa estipulada.

Art. 856. Antes de prestado o serviço ou preenchida a condição, pode o promitente revogar a promessa, contanto que o faça com a mesma publicidade; se houver assinado prazo à execução da tarefa, entender-se-á que renuncia o arbítrio de retirar, durante ele, a oferta.

Parágrafo único. O candidato de boa-fé, que houver feito despesas, terá direito a reembolso.

Art. 857. Se o ato contemplado na promessa for praticado por mais de um indivíduo, terá direito à recompensa o que primeiro o executou.

Art. 858. Sendo simultânea a execução, a cada um tocará quinhão igual na recompensa; se esta não for divisível, conferir-se-á por sorteio, e o que obtiver a coisa dará ao outro o valor do seu quinhão.

Art. 859. Nos concursos que se abrirem com promessa pública de recompensa, é condição essencial, para valerem, a fixação de um prazo, observadas também as disposições dos parágrafos seguintes.

§ 1.º A decisão da pessoa nomeada, nos anúncios, como juiz, obriga os interessados.

§ 2.º Em falta de pessoa designada para julgar o mérito dos trabalhos que se apresentarem, entender-se-á que o promitente se reservou essa função.

§ 3.º Se os trabalhos tiverem mérito igual, proceder-se-á de acordo com os arts. 857 e 858.

Art. 860. As obras premiadas, nos concursos de que trata o artigo antecedente, só ficarão pertencendo ao promitente, se assim for estipulado na publicação da promessa.

Capítulo II
DA GESTÃO DE NEGÓCIOS

Art. 861. Aquele que, sem autorização do interessado, intervém na gestão de negócio alheio, dirigi-lo-á segundo o interesse e a vontade presumível de seu dono, ficando responsável a este e às pessoas com que tratar.

Art. 862. Se a gestão foi iniciada contra a vontade manifesta ou presumível do interessado, responderá o gestor até pelos casos fortuitos, não provando que teriam sobrevindo, ainda quando se houvesse abatido.

•• Mantivemos "abatido" conforme publicação oficial. Entendemos que o correto seria "abstido".

Art. 863. No caso do artigo antecedente, se os prejuízos da gestão excederem o seu proveito, poderá o dono do negócio exigir que o gestor restitua as coisas ao estado anterior, ou o indenize da diferença.

Art. 864. Tanto que se possa, comunicará o gestor ao dono do negócio a gestão que assumiu, aguardando-lhe a resposta, se da espera não resultar perigo.

Art. 865. Enquanto o dono não providenciar, velará o gestor pelo negócio, até o levar a cabo, esperando, se aquele falecer durante a gestão, as instruções dos herdeiros, sem se descuidar, entretanto, das medidas que o caso reclame.

Art. 866. O gestor envidará toda sua diligência habitual na administração do negócio, ressarcindo ao dono o prejuízo resultante de qualquer culpa na gestão.

Art. 867. Se o gestor se fizer substituir por outrem, responderá pelas faltas do substituto, ainda que seja pessoa idônea, sem prejuízo da ação que a ele, ou ao dono do negócio, contra ela possa caber.

Parágrafo único. Havendo mais de um gestor, solidária será a sua responsabilidade.

Art. 868. O gestor responde pelo caso fortuito quando fizer operações arriscadas, ainda que o dono costumasse fazê-las, ou quando preterir interesse deste em proveito de interesses seus.

Parágrafo único. Querendo o dono aproveitar-se da gestão, será obrigado a indenizar o gestor das despesas necessárias, que tiver feito, e dos prejuízos, que por motivo da gestão, houver sofrido.

Art. 869. Se o negócio for utilmente administrado, cumprirá ao dono as obrigações contraídas em seu nome, reembolsando ao gestor as despesas necessárias ou úteis que houver feito, com os juros legais, desde o desembolso, respondendo ainda pelos prejuízos que este houver sofrido por causa da gestão.

§ 1.º A utilidade, ou necessidade, da despesa, apreciar-se-á não pelo resultado obtido, mas segundo as circunstâncias da ocasião em que se fizerem.

§ 2.º Vigora o disposto neste artigo, ainda quando o gestor, em erro quanto ao dono do negócio, der a outra pessoa as contas da gestão.

Art. 870. Aplica-se a disposição do artigo antecedente, quando a gestão se proponha a acudir a prejuízos iminentes, ou redunde em proveito do dono do negócio ou da coisa; mas a indenização ao gestor não excederá, em importância, as vantagens obtidas com a gestão.

Art. 871. Quando alguém, na ausência do indivíduo obrigado a alimentos, por ele os prestar a quem se devem, poder-lhes-á reaver do devedor a importância, ainda que este não ratifique o ato.

Art. 872. Nas despesas do enterro, proporcionadas aos usos locais e à condição do falecido, feitas por terceiro, podem ser cobradas da pessoa que teria a obrigação de alimentar a que veio a falecer, ainda mesmo que esta não tenha deixado bens.

Parágrafo único. Cessa o disposto neste artigo e no antecedente, em se provando que o gestor fez essas despesas com o simples intento de bem-fazer.

Art. 873. A ratificação pura e simples do dono do negócio retroage ao dia do começo da gestão, e produz todos os efeitos do mandato.

Art. 874. Se o dono do negócio, ou da coisa, desaprovar a gestão, considerando-a contrária aos seus interesses, vigorará o disposto nos arts. 862 e 863, salvo o estabelecido nos arts. 869 e 870.

Art. 875. Se os negócios alheios forem conexos ao do gestor, de tal arte que se não possam gerir separadamente, haver-se-á o gestor por sócio daquele cujos interesses agenciar de envolta com os seus.

Parágrafo único. No caso deste artigo, aquele em cujo benefício interveio o gestor só é obrigado na razão das vantagens que lograr.

Capítulo III
DO PAGAMENTO INDEVIDO

Art. 876. Todo aquele que recebeu o que lhe não era devido fica obrigado a restituir; obrigação que incumbe àquele que recebe dívida condicional antes de cumprida a condição.

Art. 877. Àquele que voluntariamente pagou o indevido incumbe a prova de tê-lo feito por erro.

Art. 878. Aos frutos, acessões, benfeitorias e deteriorações sobrevindas à coisa dada em pagamento indevido, aplica-se o disposto neste Código sobre o possuidor de boa-fé ou de má-fé, conforme o caso.

Art. 879. Se aquele que indevidamente recebeu um imóvel o tiver alienado em boa-fé, por título oneroso, responde somente pela quantia recebida; mas, se agiu de má-fé, além do valor do imóvel, responde por perdas e danos.

Parágrafo único. Se o imóvel foi alienado por título gratuito, ou se, alienado por título oneroso, o terceiro adquirente agiu de má-fé, cabe ao que pagou por erro o direito de reivindicação.

Art. 880. Fica isento de restituir pagamento indevido aquele que, recebendo-o como parte de dívida verdadeira, inutilizou o título, deixou prescrever a pretensão ou abriu mão das garantias que asseguravam seu direito; mas aquele que pagou dispõe de ação regressiva contra o verdadeiro devedor e seu fiador.

Art. 881. Se o pagamento indevido tiver consistido no desempenho de obrigação de fazer ou para eximir-se da obrigação de não fazer, aquele que recebeu a prestação fica na obrigação de indenizar o que a cumpriu, na medida do lucro obtido.

Art. 882. Não se pode repetir o que se pagou para solver dívida prescrita, ou cumprir obrigação judicialmente inexigível.

Art. 883. Não terá direito à repetição aquele que deu alguma coisa para obter fim ilícito, imoral, ou proibido por lei.

Parágrafo único. No caso deste artigo, o que se deu reverterá em favor de estabelecimento local de beneficência, a critério do juiz.

Capítulo IV
DO ENRIQUECIMENTO SEM CAUSA

Art. 884. Aquele que, sem justa causa, se enriquecer à custa de outrem, será obrigado a restituir o indevidamente auferido, feita a atualização dos valores monetários.

Parágrafo único. Se o enriquecimento tiver por objeto coisa determinada, quem a recebeu é obrigado a restituí-la, e, se a coisa não mais subsistir, a restituição se fará pelo valor do bem na época em que foi exigido.

Art. 885. A restituição é devida, não só quando não tenha havido causa que justifique o enriquecimento, mas também se esta deixou de existir.

Art. 886. Não caberá a restituição por enriquecimento, se a lei conferir ao lesado outros meios para se ressarcir do prejuízo sofrido.

Título VIII
DOS TÍTULOS DE CRÉDITO

Capítulo I
DISPOSIÇÕES GERAIS

Art. 887. O título de crédito, documento necessário ao exercício do direito literal e autônomo nele contido, somente produz efeito quando preencha os requisitos da lei.

Art. 888. A omissão de qualquer requisito legal, que tire ao escrito a sua validade como título de crédito, não implica a invalidade do negócio jurídico que lhe deu origem.

Art. 889. Deve o título de crédito conter a data da emissão, a indicação precisa dos direitos que confere, e a assinatura do emitente.

§ 1.º É à vista o título de crédito que não contenha indicação de vencimento.

§ 2.º Considera-se lugar de emissão e de pagamento, quando não indicado no título, o domicílio do emitente.

§ 3.º O título poderá ser emitido a partir dos caracteres criados em computador ou meio técnico equivalente e que constem da escrituração do emitente, observados os requisitos mínimos previstos neste Código.

Art. 890. Consideram-se não escritas no título a cláusula de juros, a proibitiva de endosso, a excludente de responsabilidade pelo pagamento ou por despesas, a que dispense a observância de termos e formalidade prescritas, e a que, além dos limites fixados em lei, exclua ou restrinja direitos e obrigações.

Art. 891. O título de crédito, incompleto ao tempo da emissão, deve ser preenchido de conformidade com os ajustes realizados.

Parágrafo único. O descumprimento dos ajustes previstos neste artigo pelos que deles participaram, não constitui motivo de oposição ao terceiro portador, salvo se este, ao adquirir o título, tiver agido de má-fé.

Art. 892. Aquele que, sem ter poderes, ou excedendo os que tem, lança a sua assinatura em título de crédito, como mandatário ou representante de outrem, fica pessoalmente obrigado, e, pagando o título, tem ele os mesmos direitos que teria o suposto mandante ou representado.

Art. 893. A transferência do título de crédito implica a de todos os direitos que lhe são inerentes.

Art. 894. O portador de título representativo de mercadoria tem o direito de transferi-lo, de conformidade com as normas que regulam a sua circulação, ou de receber aquela independentemente de quaisquer formalidades, além da entrega do título devidamente quitado.

Art. 895. Enquanto o título de crédito estiver em circulação, só ele poderá ser dado em garantia, ou ser objeto de medidas judiciais, e não, separadamente, os direitos ou mercadorias que representa.

Art. 896. O título de crédito não pode ser reivindicado do portador que o adquiriu de boa-fé e na conformidade das normas que disciplinam a sua circulação.

Art. 897. O pagamento de título de crédito, que contenha obrigação de pagar soma determinada, pode ser garantido por aval.

Parágrafo único. É vedado o aval parcial.

Art. 898. O aval deve ser dado no verso ou no anverso do próprio título.

§ 1.º Para a validade do aval, dado no anverso do título, é suficiente a simples assinatura do avalista.

§ 2.º Considera-se não escrito o aval cancelado.

Art. 899. O avalista equipara-se àquele cujo nome indicar; na falta de indicação, ao emitente ou devedor final.

§ 1.º Pagando o título, tem o avalista ação de regresso contra o seu avalizado e demais coobrigados anteriores.

§ 2.º Subsiste a responsabilidade do avalista, ainda que nula a obrigação daquele a quem se equipara, a menos que a nulidade decorra de vício de forma.

Art. 900. O aval posterior ao vencimento produz os mesmos efeitos do anteriormente dado.

Art. 901. Fica validamente desonerado o devedor que paga título de crédito ao legítimo portador, no vencimento, sem oposição, salvo se agiu de má-fé.

Parágrafo único. Pagando, pode o devedor exigir do credor, além da entrega do título, quitação regular.

Art. 902. Não é o credor obrigado a receber o pagamento antes do vencimento do título, e aquele que o paga, antes do vencimento, fica responsável pela validade do pagamento.

§ 1.º No vencimento, não pode o credor recusar pagamento, ainda que parcial.

§ 2.º No caso de pagamento parcial, em que se não opera a tradição do título, além da quitação em separado, outra deverá ser firmada no próprio título.

Art. 903. Salvo disposição diversa em lei especial, regem-se os títulos de crédito pelo disposto neste Código.

Capítulo II
DO TÍTULO AO PORTADOR

•• A Lei n. 8.021, de 12-4-1990, que dispõe sobre a identificação dos contribuintes para fins fiscais e dá outras providências, estabelece em seu art. 2.º, I e II: "A partir da data de publicação desta Lei fica vedada: I – a emissão de quotas ao portador ou nominativas-endossáveis, pelos fundos em condomínio; II – a emissão de títulos e a captação de depósitos ou aplicações ao portador ou nominativos-endossáveis".

Art. 904. A transferência de título ao portador se faz por simples tradição.

Art. 905. O possuidor de título ao portador tem direito à prestação nele indicada, mediante a sua simples apresentação ao devedor.

Parágrafo único. A prestação é devida ainda que o título tenha entrado em circulação contra a vontade do emitente.

Art. 906. O devedor só poderá opor ao portador exceção fundada em direito pessoal, ou em nulidade de sua obrigação.

Art. 907. É nulo o título ao portador emitido sem autorização de lei especial.

Art. 908. O possuidor de título dilacerado, porém identificável, tem direito a obter do emitente a substituição do anterior, mediante a restituição do primeiro e o pagamento das despesas.

Art. 909. O proprietário, que perder ou extraviar título, ou for injustamente desapossado dele, poderá obter novo título em juízo, bem como impedir sejam pagos a outrem capital e rendimentos.

Parágrafo único. O pagamento, feito antes de ter ciência da ação referida neste artigo, exonera o devedor, salvo se se provar que ele tinha conhecimento do fato.

Capítulo III
DO TÍTULO À ORDEM

Art. 910. O endosso deve ser lançado pelo endossante no verso ou anverso do próprio título.

§ 1.º Pode o endossante designar o endossatário, e para validade do endosso, dado no verso do título, é suficiente a simples assinatura do endossante.

§ 2.º A transferência por endosso completa-se com a tradição do título.

§ 3.º Considera-se não escrito o endosso cancelado, total ou parcialmente.

Art. 911. Considera-se legítimo possuidor o portador do título à ordem com série regular e ininterrupta de endossos, ainda que o último seja em branco.

Parágrafo único. Aquele que paga o título está obrigado a verificar a regularidade da série de endossos, mas não a autenticidade das assinaturas.

Art. 912. Considera-se não escrita no endosso qualquer condição a que o subordine o endossante.

Parágrafo único. É nulo o endosso parcial.

Art. 913. O endossatário de endosso em branco pode mudá-lo para endosso em preto, completando-o com o seu nome ou de terceiro; pode endossar novamente o título, em branco ou em preto; ou pode transferi-lo sem novo endosso.

Art. 914. Ressalvada cláusula expressa em contrário, constante do endosso, não responde o endossante pelo cumprimento da prestação constante do título.

§ 1.º Assumindo responsabilidade pelo pagamento, o endossante se torna devedor solidário.

§ 2.º Pagando o título, tem o endossante ação de regresso contra os coobrigados anteriores.

Art. 915. O devedor, além das exceções fundadas nas relações pessoais que tiver com o portador, só poderá opor a este as exceções relativas à forma do título e ao seu conteúdo literal, à falsidade da própria assinatura, a defeito de capacidade ou de representação no momento da subscrição, e à falta de requisito necessário ao exercício da ação.

Art. 916. As exceções, fundadas em relação do devedor com os portadores precedentes, somente poderão ser por ele opostas ao portador, se este, ao adquirir o título, tiver agido de má-fé.

Art. 917. A cláusula constitutiva de mandato, lançada no endosso, confere ao endossatário o exercício dos direitos inerentes ao título, salvo restrição expressamente estatuída.

§ 1.º O endossatário de endosso-mandato só pode endossar novamente o título na qualidade de procurador, com os mesmos poderes que recebeu.

§ 2.º Com a morte ou a superveniente incapacidade do endossante, não perde eficácia o endosso-mandato.

§ 3.º Pode o devedor opor ao endossatário de endosso-mandato somente as exceções que tiver contra o endossante.

Art. 918. A cláusula constitutiva de penhor, lançada no endosso, confere ao endossatário o exercício dos direitos inerentes ao título.

§ 1.º O endossatário de endosso-penhor só pode endossar novamente o título na qualidade de procurador.

§ 2.º Não pode o devedor opor ao endossatário de endosso-penhor as exceções que tinha contra o endossante, salvo se aquele tiver agido de má-fé.

Art. 919. A aquisição de título à ordem, por meio diverso do endosso, tem efeito de cessão civil.

Art. 920. O endosso posterior ao vencimento produz os mesmos efeitos do anterior.

Capítulo IV
DO TÍTULO NOMINATIVO

Art. 921. É título nominativo o emitido em favor de pessoa cujo nome conste no registro do emitente.

Art. 922. Transfere-se o título nominativo mediante termo, em registro do emitente, assinado pelo proprietário e pelo adquirente.

Art. 923. O título nominativo também pode ser transferido por endosso que contenha o nome do endossatário.

§ 1.º A transferência mediante endosso só tem eficácia perante o emitente, uma vez feita a competente averbação em seu registro, podendo o emitente exigir do endossatário que comprove a autenticidade da assinatura do endossante.

§ 2.º O endossatário, legitimado por série regular e ininterrupta de endossos, tem o direito de obter a averbação no registro do emitente, comprovada a autenticidade das assinaturas de todos os endossantes.

§ 3.º Caso o título original contenha o nome do primitivo proprietário, tem direito o adquirente a obter do emitente novo título, em seu nome, devendo a emissão do novo título constar no registro do emitente.

Art. 924. Ressalvada proibição legal, pode o título nominativo ser transformado em à ordem ou ao portador, a pedido do proprietário e à sua custa.

Art. 925. Fica desonerado de responsabilidade o emitente que de boa-fé fizer a transferência pelos modos indicados nos artigos antecedentes.

Art. 926. Qualquer negócio ou medida judicial, que tenha por objeto o título, só produz efeito perante o emitente ou terceiros, uma vez feita a competente averbação no registro do emitente.

Título IX
DA RESPONSABILIDADE CIVIL

Capítulo I
DA OBRIGAÇÃO DE INDENIZAR

Art. 927. Aquele que, por ato ilícito (arts. 186 e 187), causar dano a outrem, fica obrigado a repará-lo.

•• O STF, nas ADIs n. 6.792 e 7.055, no plenário de 22-5-2024 (*DOU* de 27-5-2024), por maioria, conheceu da ação direta e julgou parcialmente procedente o pedido formulado para "dar interpretação conforme à Constituição ao *caput* deste art. 927 do Código Civil, para estabelecer que a responsabilidade civil do jornalista, no caso de divulgação de notícias que envolvam pessoa pública ou assunto de interesse social, dependem de o jornalista ter agido com dolo ou com culpa grave, afastando-se a possibilidade de responsabilização na hipótese de meros juízos de valor, opiniões ou críticas ou da divulgação de informações verdadeiras sobre assuntos de interesse público". Em seguida, por maioria, foi fixada a seguinte tese de julgamento: "1. Constitui assédio judicial comprometedor da liberdade de expressão o ajuizamento de inúmeras ações a respeito dos mesmos fatos, em comarcas diversas, com o intuito ou o efeito de constranger jornalista ou órgão de imprensa, dificultar sua defesa ou torná-la excessivamente onerosa; 2. Caracterizado o assédio judicial, a parte demandada poderá requerer a reunião de todas as ações no foro de seu domicílio; 3. A responsabilidade civil de jornalistas ou de órgãos de imprensa somente estará configurada em caso inequívoco de dolo ou de culpa grave (evidente negligência profissional na apuração dos fatos)".

Parágrafo único. Haverá obrigação de reparar o dano, independentemente de culpa, nos casos especificados em lei, ou quando a atividade normalmente desenvolvida pelo autor do dano implicar, por sua natureza, risco para os direitos de outrem.

Art. 928. O incapaz responde pelos prejuízos que causar, se as pessoas por ele responsáveis não tiverem obrigação de fazê-lo ou não dispuserem de meios suficientes.

Parágrafo único. A indenização prevista neste artigo, que deverá ser equitativa, não terá lugar se privar do necessário o incapaz ou as pessoas que dele dependem.

Art. 929. Se a pessoa lesada, ou o dono da coisa, no caso do inciso II do art. 188, não forem culpados do perigo, assistir-lhes-á direito à indenização do prejuízo que sofreram.

Art. 930. No caso do inciso II do art. 188, se o perigo ocorrer por culpa de terceiro, contra este terá o autor do dano ação regressiva para haver a importância que tiver ressarcido ao lesado.

Parágrafo único. A mesma ação competirá contra aquele em defesa de quem se causou o dano (art. 188, inciso I).

Art. 931. Ressalvados outros casos previstos em lei especial, os empresários individuais e as empresas respondem independentemente de culpa pelos danos causados pelos produtos postos em circulação.

Art. 932. São também responsáveis pela reparação civil:

I – os pais, pelos filhos menores que estiverem sob sua autoridade e em sua companhia;

II – o tutor e o curador, pelos pupilos e curatelados, que se acharem nas mesmas condições;

III – o empregador ou comitente, por seus empregados, serviçais e prepostos, no exercício do trabalho que lhes competir, ou em razão dele;

IV – os donos de hotéis, hospedarias, casas ou estabelecimentos onde se albergue por dinheiro, mesmo para fins de educação, pelos seus hóspedes, moradores e educandos;

V – os que gratuitamente houverem participado nos produtos do crime, até a concorrente quantia.

Art. 933. As pessoas indicadas nos incisos I a V do artigo antecedente, ainda que não haja culpa de sua parte, responderão pelos atos praticados pelos terceiros ali referidos.

Art. 934. Aquele que ressarcir o dano causado por outrem pode reaver o que houver pago daquele por quem pagou, salvo se o causador do dano for descendente seu, absoluta ou relativamente incapaz.

Art. 935. A responsabilidade civil é independente da criminal, não se podendo questionar mais sobre a existência do fato, ou sobre quem seja o seu autor, quando estas questões se acharem decididas no juízo criminal.

Art. 936. O dono, ou detentor, do animal ressarcirá o dano por este causado, se não provar culpa da vítima ou força maior.

Art. 937. O dono de edifício ou construção responde pelos danos que resultarem de sua ruína, se esta provier de falta de reparos, cuja necessidade fosse manifesta.

•• A Lei n. 13.425, de 30-3-2017, propôs acréscimo dos §§ 1.º e 2.º e incisos I e II, porém, o texto foi vetado.

Art. 938. Aquele que habitar prédio, ou parte dele, responde pelo dano proveniente das coisas que dele caírem ou forem lançadas em lugar indevido.

Art. 939. O credor que demandar o devedor antes de vencida a dívida, fora dos casos em que a lei o permita, ficará obrigado a esperar o tempo que faltava para o vencimento, a descontar os juros correspondentes, embora estipulados, e a pagar as custas em dobro.

Art. 940. Aquele que demandar por dívida já paga, no todo ou em parte, sem ressalvar as quantias recebidas ou pedir mais do que for devido, ficará obrigado a pagar ao devedor, no primeiro caso, o dobro do que houver cobrado e, no segundo, o equivalente do que dele exigir, salvo se houver prescrição.

Art. 941. As penas previstas nos arts. 939 e 940 não se aplicarão quando o autor desistir da ação antes de contestada a lide, salvo ao réu o direito de haver indenização por algum prejuízo que prove ter sofrido.

Art. 942. Os bens do responsável pela ofensa ou violação do direito de outrem ficam sujeitos à reparação do dano causado; e, se a ofensa tiver mais de um autor, todos responderão solidariamente pela reparação.

Parágrafo único. São solidariamente responsáveis com os autores os coautores e as pessoas designadas no art. 932.

Art. 943. O direito de exigir reparação e a obrigação de prestá-la transmitem-se com a herança.

•• *Vide* Súmula 642 do STJ.

Capítulo II
DA INDENIZAÇÃO

Art. 944. A indenização mede-se pela extensão do dano.

Parágrafo único. Se houver excessiva desproporção entre a gravidade da culpa e o dano, poderá o juiz reduzir, equitativamente, a indenização.

Art. 945. Se a vítima tiver concorrido culposamente para o evento danoso, a sua indenização será fixada tendo-se em conta a gravidade de sua culpa em confronto com a do autor do dano.

Art. 946. Se a obrigação for indeterminada, e não houver na lei ou no contrato disposição fixando a indenização devida pelo inadimplente, apurar-se-á o valor das perdas e danos na forma que a lei processual determinar.

Art. 947. Se o devedor não puder cumprir a prestação na espécie ajustada, substituir-se-á pelo seu valor, em moeda corrente.

Art. 948. No caso de homicídio, a indenização consiste, sem excluir outras reparações:

•• *Vide* Súmula 642 do STJ.

I – no pagamento das despesas com o tratamento da vítima, seu funeral e o luto da família;

II – na prestação de alimentos às pessoas a quem o morto os devia, levando-se em conta a duração provável da vida da vítima.

Art. 949. No caso de lesão ou outra ofensa à saúde, o ofensor indenizará o ofendido das despesas do tratamento e dos lucros cessantes até ao fim da convalescença, além de algum outro prejuízo que o ofendido prove haver sofrido.

Art. 950. Se da ofensa resultar defeito pelo qual o ofendido não possa exercer o seu ofício ou profissão, ou se lhe diminua a capacidade de trabalho, a indenização, além das despesas do tratamento e lucros cessantes até ao fim da convalescença, incluirá pensão correspondente à importância do trabalho para que se inabilitou, ou da depreciação que ele sofreu.

Parágrafo único. O prejudicado, se preferir, poderá exigir que a indenização seja arbitrada e paga de uma só vez.

Art. 951. O disposto nos arts. 948, 949 e 950 aplica-se ainda no caso de indenização devida por aquele que, no exercício de atividade profissional, por negligência, imprudência ou imperícia, causar a morte do paciente, agravar-lhe o mal, causar-lhe lesão, ou inabilitá-lo para o trabalho.

Art. 952. Havendo usurpação ou esbulho do alheio, além da restituição da coisa, a indenização consistirá em pagar o valor das suas deteriorações e o devido a título de lucros cessantes; faltando a coisa, dever-se-á reembolsar o seu equivalente ao prejudicado.

Parágrafo único. Para se restituir o equivalente, quando não exista a própria coisa, estimar-se-á ela pelo seu preço ordinário e pelo de afeição, contanto que este não se avantaje àquele.

Art. 953. A indenização por injúria, difamação ou calúnia consistirá na reparação do dano que delas resulte ao ofendido.

Parágrafo único. Se o ofendido não puder provar prejuízo material, caberá ao juiz fixar, equitativamente, o valor da indenização, na conformidade das circunstâncias do caso.

Art. 954. A indenização por ofensa à liberdade pessoal consistirá no pagamento das perdas e danos que sobrevierem ao ofendido, e se este não puder provar prejuízo, tem aplicação o disposto no parágrafo único do artigo antecedente.

Parágrafo único. Consideram-se ofensivos da liberdade pessoal:

I – o cárcere privado;

II – a prisão por queixa ou denúncia falsa e de má-fé;

III – a prisão ilegal.

TÍTULO X
DAS PREFERÊNCIAS E PRIVILÉGIOS CREDITÓRIOS

Art. 955. Procede-se à declaração de insolvência toda vez que as dívidas excedam à importância dos bens do devedor.

Art. 956. A discussão entre os credores pode versar quer sobre a preferência entre eles disputada, quer sobre a nulidade, simulação, fraude, ou falsidade das dívidas e contratos.

Art. 957. Não havendo título legal à preferência, terão os credores igual direito sobre os bens do devedor comum.

Art. 958. Os títulos legais de preferência são os privilégios e os direitos reais.

Art. 959. Conservam seus respectivos direitos os credores, hipotecários ou privilegiados:

I – sobre o preço do seguro da coisa gravada com hipoteca ou privilégio, ou sobre a indenização devida, havendo responsável pela perda ou danificação da coisa;

II – sobre o valor da indenização, se a coisa obrigada a hipoteca ou privilégio for desapropriada.

Art. 960. Nos casos a que se refere o artigo antecedente, o devedor do seguro, ou da indenização, exonera-se pagando sem oposição dos credores hipotecários ou privilegiados.

Art. 961. O crédito real prefere ao pessoal de qualquer espécie; o crédito pessoal privilegiado, ao simples; e o privilégio especial, ao geral.

Art. 962. Quando concorrerem aos mesmos bens, e por título igual, dois ou mais credores da mesma classe especialmente privilegiados, haverá entre eles rateio proporcional ao valor dos respectivos créditos, se o produto não bastar para o pagamento integral de todos.

Art. 963. O privilégio especial só compreende os bens sujeitos, por expressa disposição de lei, ao pagamento do crédito que ele favorece; e o geral, todos os bens não sujeitos a crédito real nem a privilégio especial.

Art. 964. Têm privilégio especial:

I – sobre a coisa arrecadada e liquidada, o credor de custas e despesas judiciais feitas com a arrecadação e liquidação;

II – sobre a coisa salvada, o credor por despesas de salvamento;

III – sobre a coisa beneficiada, o credor por benfeitorias necessárias ou úteis;

IV – sobre os prédios rústicos ou urbanos, fábricas, oficinas, ou quaisquer outras construções, o credor de materiais, dinheiro, ou serviços para a sua edificação, reconstrução ou melhoramento;

V – sobre os frutos agrícolas, o credor por sementes, instrumentos e serviços à cultura, ou à colheita;

VI – sobre as alfaias e utensílios de uso doméstico, nos prédios rústicos ou urbanos, o credor de aluguéis, quanto às prestações do ano corrente e do anterior;

VII – sobre os exemplares da obra existente na massa do editor, o autor dela, ou seus legítimos representantes, pelo crédito fundado contra aquele no contrato da edição;

VIII – sobre o produto da colheita, para a qual houver concorrido com o seu trabalho, e precipuamente a quaisquer outros créditos, ainda que reais, o trabalhador agrícola, quanto à dívida dos seus salários;

IX – sobre os produtos do abate, o credor por animais.

•• Inciso IX acrescentado pela Lei n. 13.176, de 21-10-2015.

Art. 965. Goza de privilégio geral, na ordem seguinte, sobre os bens do devedor:

I – o crédito por despesa de seu funeral, feito segundo a condição do morto e o costume do lugar;

II – o crédito por custas judiciais, ou por despesas com a arrecadação e liquidação da massa;

III – o crédito por despesas com o luto do cônjuge sobrevivo e dos filhos do devedor falecido, se foram moderadas;

IV – o crédito por despesas com a doença de que faleceu o devedor, no semestre anterior à sua morte;

V – o crédito pelos gastos necessários à mantença do devedor falecido e sua família, no trimestre anterior ao falecimento;

VI – o crédito pelos impostos devidos à Fazenda Pública, no ano corrente e no anterior;

VII – o crédito pelos salários dos empregados do serviço doméstico do devedor, nos seus derradeiros seis meses de vida;

VIII – os demais créditos de privilégio geral.

LIVRO II
DO DIREITO DE EMPRESA

TÍTULO I
DO EMPRESÁRIO

Capítulo I
DA CARACTERIZAÇÃO E DA INSCRIÇÃO

Art. 966. Considera-se empresário quem exerce profissionalmente atividade econômica organizada para a produção ou a circulação de bens ou de serviços.

Parágrafo único. Não se considera empresário quem exerce profissão intelectual, de natureza científica, literária ou artística, ainda com o concurso de auxiliares ou colaboradores, salvo se o exercício da profissão constituir elemento de empresa.

Art. 967. É obrigatória a inscrição do empresário no Registro Público de Empresas Mercantis da respectiva sede, antes do início de sua atividade.

Art. 968. A inscrição do empresário far-se-á mediante requerimento que contenha:

I – o seu nome, nacionalidade, domicílio, estado civil e, se casado, o regime de bens;

II – a firma, com a respectiva assinatura autógrafa que poderá ser substituída pela assinatura autenticada com certificação digital ou meio equivalente que comprove a sua autenticidade, ressalvado o disposto no inciso I do § 1.º do art. 4.º da Lei Complementar n. 123, de 14 de dezembro de 2006;

•• Inciso II com redação determinada pela Lei Complementar n. 147, de 7-8-2014.

III – o capital;

IV – o objeto e a sede da empresa.

§ 1.º Com as indicações estabelecidas neste artigo, a inscrição será tomada por termo no livro próprio do Registro Público de Empresas Mercantis, e obedecerá a número de ordem contínuo para todos os empresários inscritos.

§ 2.º À margem da inscrição, e com as mesmas formalidades, serão averbadas quaisquer modificações nela ocorrentes.

§ 3.º Caso venha a admitir sócios, o empresário individual poderá solicitar ao Registro Público de Empresas Mercantis a transformação de seu registro de empresário para registro de sociedade empresária, observado, no que couber, o disposto nos arts. 1.113 a 1.115 deste Código.

•• § 3.º acrescentado pela Lei Complementar n. 128, de 19-12-2008.

§ 4.º O processo de abertura, registro, alteração e baixa do microempreendedor individual de que trata o art. 18-A da Lei Complementar n. 123, de 14 de dezembro de 2006, bem como qualquer exigência para o início de seu funcionamento deverão ter trâmite especial e simplificado, preferencialmente eletrônico, opcional para o empreendedor, na forma a ser disciplinada pelo Comitê para Gestão da Rede Nacional para a Simplificação do Registro e da Legalização de Empresas e Negócios – CGSIM, de que trata o inciso III do art. 2.º da mesma Lei.

•• § 4.º acrescentado pela Lei n. 12.470, de 31-8-2011.

§ 5.º Para fins do disposto no § 4.º, poderão ser dispensados o uso da firma, com a respectiva assinatura autógrafa, o capital, requerimentos, demais assinaturas, informações relativas à nacionalidade, estado civil e regime de bens, bem como remessa de documentos, na forma estabelecida pelo CGSIM.

•• § 5.º acrescentado pela Lei n. 12.470, de 31-8-2011.

Art. 969. O empresário que instituir sucursal, filial ou agência, em lugar sujeito à jurisdição de outro Registro Público de Empresas Mercantis, neste deverá também inscrevê-la, com a prova da inscrição originária.

Parágrafo único. Em qualquer caso, a constituição do estabelecimento secundário deverá ser averbada no Registro Público de Empresas Mercantis da respectiva sede.

Art. 970. A lei assegurará tratamento favorecido, diferenciado e simplificado ao empresário rural e ao pequeno empresário, quanto à inscrição e aos efeitos daí decorrentes.

•• *Vide* art. 1.179, § 2.º, do CC.

Art. 971. O empresário, cuja atividade rural constitua sua principal profissão, pode, observadas as formalidades de que tratam o art. 968 e seus parágrafos, requerer inscrição no Registro Público de Empresas Mercantis da respectiva sede, caso em que, depois de inscrito, ficará equiparado, para todos os efeitos, ao empresário sujeito a registro.

Parágrafo único. Aplica-se o disposto no *caput* deste artigo à associação que desenvolva atividade futebolística em caráter habitual e profissional, caso em que, com a inscrição, será considerada empresária, para todos os efeitos.

•• Parágrafo único acrescentado pela Lei n. 14.193, de 6-8-2021.

Capítulo II
DA CAPACIDADE

Art. 972. Podem exercer a atividade de empresário os que estiverem em pleno gozo da capacidade civil e não forem legalmente impedidos.

Art. 973. A pessoa legalmente impedida de exercer atividade própria de empresário, se a exercer, responderá pelas obrigações contraídas.

Art. 974. Poderá o incapaz, por meio de representante ou devidamente assistido, continuar a empresa antes exercida por ele enquanto capaz, por seus pais ou pelo autor de herança.

§ 1.º Nos casos deste artigo, precederá autorização judicial, após exame das circunstâncias e dos riscos da empresa, bem como da conveniência em continuá-la, podendo a autorização ser revogada pelo juiz, ouvidos os pais, tutores ou representantes legais do menor ou do interdito, sem prejuízo dos direitos adquiridos por terceiros.

§ 2.º Não ficam sujeitos ao resultado da empresa os bens que o incapaz já possuía, ao tempo da sucessão ou da interdição, desde que estranhos ao acervo daquela, devendo tais fatos constar do alvará que conceder a autorização.

§ 3.º O Registro Público de Empresas Mercantis a cargo das Juntas Comerciais deverá registrar contratos ou alterações contratuais de sociedade que envolva sócio incapaz, desde que atendidos, de forma conjunta, os seguintes pressupostos:

•• § 3.º, *caput*, acrescentado pela Lei n. 12.399, de 1.º-4-2011.

I – o sócio incapaz não pode exercer a administração da sociedade;

•• Inciso I acrescentado pela Lei n. 12.399, de 1.º-4-2011.

II – o capital social deve ser totalmente integralizado;

•• Inciso II acrescentado pela Lei n. 12.399, de 1.º-4-2011.

III – o sócio relativamente incapaz deve ser assistido e o absolutamente incapaz deve ser representado por seus representantes legais.

•• Inciso III acrescentado pela Lei n. 12.399, de 1.º-4-2011.

Art. 975. Se o representante ou assistente do incapaz for pessoa que, por disposição de lei, não puder exercer atividade de empresário, nomeará, com a aprovação do juiz, um ou mais gerentes.

§ 1.º Do mesmo modo será nomeado gerente em todos os casos em que o juiz entender ser conveniente.

§ 2.º A aprovação do juiz não exime o representante ou assistente do menor ou do interdito da responsabilidade pelos atos dos gerentes nomeados.

Art. 976. A prova da emancipação e da autorização do incapaz, nos casos do art. 974, e a de eventual revogação desta, serão inscritas ou averbadas no Registro Público de Empresas Mercantis.

Parágrafo único. O uso da nova firma caberá, conforme o caso, ao gerente; ou ao representante do incapaz; ou a este, quando puder ser autorizado.

Art. 977. Faculta-se aos cônjuges contratar sociedade, entre si ou com terceiros, desde que não tenham casado no regime da comunhão universal de bens, ou no da separação obrigatória.

Art. 978. O empresário casado pode, sem necessidade de outorga conjugal, qualquer que seja o regime de bens, alienar os imóveis que integrem o patrimônio da empresa ou gravá-los de ônus real.

Art. 979. Além de no Registro Civil, serão arquivados e averbados, no Registro Público de Empresas Mercantis, os pactos e declarações antenupciais do empresário, o título de doação, herança, ou legado, de bens clausulados de incomunicabilidade ou inalienabilidade.

Art. 980. A sentença que decretar ou homologar a separação judicial do empresário e o ato de reconciliação não podem ser opostos a terceiros, antes de arquivados e averbados no Registro Público de Empresas Mercantis.

Título I-A
DA EMPRESA INDIVIDUAL DE RESPONSABILIDADE LIMITADA

(Revogado pela Lei n. 14.382, de 27-6-2022.)

•• A Lei n. 14.195, de 28-6-2021 (*DOU* de 27-8-2021), dispõe em seu art. 41: "As empresas individuais de responsabilidade limitada existentes na data de entrada em vigor desta Lei serão transformadas em sociedades limitadas unipessoais independentemente de qualquer alteração em seu ato constitutivo".

Art. 980-A. *(Revogado pela Lei n. 14.382, de 27-6-2022.)*

Título II
DA SOCIEDADE

Capítulo Único
DISPOSIÇÕES GERAIS

Art. 981. Celebram contrato de sociedade as pessoas que reciprocamente se obrigam a contribuir, com bens ou serviços, para o exercício de atividade econômica e a partilha, entre si, dos resultados.

•• A Lei n. 14.195, de 26-8-2021, propôs alteração neste artigo, porém teve seu texto vetado.

Parágrafo único. A atividade pode restringir-se à realização de um ou mais negócios determinados.

Art. 982. Salvo as exceções expressas, considera-se empresária a sociedade que tem por objeto o exercício de atividade própria de empresário sujeito a registro (art. 967); e, simples, as demais.

•• A Lei n. 14.195, de 26-8-2021, propôs a revogação deste artigo, porém teve seu texto vetado.

Parágrafo único. Independentemente de seu objeto, considera-se empresária a sociedade por ações; e, simples, a cooperativa.

Art. 983. A sociedade empresária deve constituir-se segundo um dos tipos regulados nos arts. 1.039 a 1.092; a sociedade simples pode constituir-se de conformidade com um desses tipos, e, não o fazendo, subordina-se às normas que lhe são próprias.

•• A Lei n. 14.195, de 26-8-2021, propôs alteração neste artigo, porém teve seu texto vetado.

Parágrafo único. Ressalvam-se as disposições concernentes à sociedade em conta de participação e à cooperativa, bem como as constantes de leis especiais que, para o exercício de certas atividades, imponham a constituição da sociedade segundo determinado tipo.

Art. 984. A sociedade que tenha por objeto o exercício de atividade própria de empresário rural e seja constituída, ou transformada, de acordo com um dos tipos de sociedade empresária, pode, com as formalidades do art. 968, requerer inscrição no Registro Público de Empresas Mercantis da sua sede, caso em que, depois de inscrita, ficará equiparada, para todos os efeitos, à sociedade empresária.

Parágrafo único. Embora já constituída a sociedade segundo um daqueles tipos, o pedido de inscrição se subordinará, no que for aplicável, às normas que regem a transformação.

Art. 985. A sociedade adquire personalidade jurídica com a inscrição, no registro próprio e na forma da lei, dos seus atos constitutivos (arts. 45 e 1.150).

Subtítulo I
DA SOCIEDADE NÃO PERSONIFICADA

•• A Lei n. 11.795, de 8-10-2008, dispõe em seu art. 3.º que o Grupo de Consórcio é uma sociedade não personificada.

Capítulo I
DA SOCIEDADE EM COMUM

Art. 986. Enquanto não inscritos os atos constitutivos, reger-se-á a sociedade, exceto por ações em organização, pelo disposto neste Capítulo, observadas, subsidiariamente e no que com ele forem compatíveis, as normas da sociedade simples.

•• A Lei n. 14.195, de 26-8-2021, propôs alteração neste artigo, porém teve seu texto vetado.

Art. 987. Os sócios, nas relações entre si ou com terceiros, somente por escrito podem provar a existência da sociedade, mas os terceiros podem prová-la de qualquer modo.

Art. 988. Os bens e dívidas sociais constituem patrimônio especial, do qual os sócios são titulares em comum.

Art. 989. Os bens sociais respondem pelos atos de gestão praticados por qualquer dos sócios, salvo pacto expresso limitativo de poderes, que somente terá eficácia contra o terceiro que o conheça ou deva conhecer.

Art. 990. Todos os sócios respondem solidária e ilimitadamente pelas obrigações sociais, excluído do benefício de ordem, previsto no art. 1.024, aquele que contratou pela sociedade.

Capítulo II
DA SOCIEDADE EM CONTA DE PARTICIPAÇÃO

Art. 991. Na sociedade em conta de participação, a atividade constitutiva do objeto social é exercida unicamente pelo sócio ostensivo, em seu nome individual e sob sua própria e exclusiva responsabilidade, participando os demais dos resultados correspondentes.

Parágrafo único. Obriga-se perante terceiro tão somente o sócio ostensivo; e, exclusivamente perante este, o sócio participante, nos termos do contrato social.

Art. 992. A constituição da sociedade em conta de participação independe de qualquer formalidade e pode provar-se por todos os meios de direito.

Art. 993. O contrato social produz efeito somente entre os sócios, e a eventual inscrição de seu instrumento em qualquer registro não confere personalidade jurídica à sociedade.

Parágrafo único. Sem prejuízo do direito de fiscalizar a gestão dos negócios sociais, o sócio participante não pode tomar parte nas relações do sócio ostensivo com terceiros, sob pena de responder solidariamente com este pelas obrigações em que intervier.

Art. 994. A contribuição do sócio participante constitui, com a do sócio ostensivo, patrimônio especial, objeto da conta de participação relativa aos negócios sociais.

§ 1.º A especialização patrimonial somente produz efeitos em relação aos sócios.

§ 2.º A falência do sócio ostensivo acarreta a dissolução da sociedade e a liquidação da respectiva conta, cujo saldo constituirá crédito quirografário.

§ 3.º Falindo o sócio participante, o contrato social fica sujeito às normas que regulam os efeitos da falência nos contratos bilaterais do falido.

Art. 995. Salvo estipulação em contrário, o sócio ostensivo não pode admitir novo sócio sem o consentimento expresso dos demais.

Art. 996. Aplica-se à sociedade em conta de participação, subsidiariamente e no que com ela for compatível, o disposto para a sociedade simples, e a sua liquidação rege-se pelas normas relativas à prestação de contas, na forma da lei processual.

•• A Lei n. 14.195, de 26-8-2021, propôs alteração neste artigo, porém teve seu texto vetado.

Parágrafo único. Havendo mais de um sócio ostensivo, as respectivas contas serão prestadas e julgadas no mesmo processo.

Subtítulo II
DA SOCIEDADE PERSONIFICADA

Capítulo I
DA SOCIEDADE SIMPLES

•• A Lei n. 14.195, de 26-8-2021, propôs alteração na denominação deste Capítulo, porém teve seu texto vetado.

Seção I
Do Contrato Social

Art. 997. A sociedade constitui-se mediante contrato escrito, particular ou público, que, além de cláusulas estipuladas pelas partes, mencionará:

•• A Lei n. 14.195, de 26-8-2021, propôs alteração neste artigo, porém teve seu texto vetado.

I – nome, nacionalidade, estado civil, profissão e residência dos sócios, se pessoas naturais, e a firma ou a denominação, nacionalidade e sede dos sócios, se jurídicas;

II – denominação, objeto, sede e prazo da sociedade;

III – capital da sociedade, expresso em moeda corrente, podendo compreender qualquer espécie de bens, suscetíveis de avaliação pecuniária;

IV – a quota de cada sócio no capital social, e o modo de realizá-la;

V – as prestações a que se obriga o sócio, cuja contribuição consista em serviços;

•• A Lei n. 14.195, de 26-8-2021, propôs alteração neste inciso, porém teve seu texto vetado.

VI – as pessoas naturais incumbidas da administração da sociedade, e seus poderes e atribuições;

VII – a participação de cada sócio nos lucros e nas perdas;

VIII – se os sócios respondem, ou não, subsidiariamente, pelas obrigações sociais.

Parágrafo único. É ineficaz em relação a terceiros qualquer pacto separado, contrário ao disposto no instrumento do contrato.

Art. 998. Nos trinta dias subsequentes à sua constituição, a sociedade deverá requerer a inscrição do contrato social no Registro Civil das Pessoas Jurídicas do local de sua sede.

•• A Lei n. 14.195, de 26-8-2021, propôs a revogação deste artigo, todavia teve seu texto vetado.

§ 1.º O pedido de inscrição será acompanhado do instrumento autenticado do contrato, e, se algum sócio nele houver sido representado por procurador, o da respectiva procuração, bem como, se for o caso, da prova de autorização da autoridade competente.

§ 2.º Com todas as indicações enumeradas no artigo antecedente, será a inscrição tomada por termo no livro de registro próprio, e obedecerá a número de ordem contínua para todas as sociedades inscritas.

Art. 999. As modificações do contrato social, que tenham por objeto matéria indicada no art. 997, dependem do consentimento de todos os sócios; as demais podem ser decididas por maioria absoluta de votos, se o contrato não determinar a necessidade de deliberação unânime.

Parágrafo único. Qualquer modificação do contrato social será averbada, cumprindo-se as formalidades previstas no artigo antecedente.

•• A Lei n. 14.195, de 26-8-2021, propôs a revogação deste parágrafo único, todavia teve seu texto vetado.

Art. 1.000. A sociedade simples que instituir sucursal, filial ou agência na circunscrição de outro Registro Civil das Pessoas Jurídicas, neste deverá também inscrevê-la, com a prova da inscrição originária.

•• A Lei n. 14.195, de 26-8-2021, propôs a revogação deste artigo, todavia teve seu texto vetado.

Parágrafo único. Em qualquer caso, a constituição da sucursal, filial ou agência deverá ser averbada no Registro Civil da respectiva sede.

Seção II
Dos Direitos e Obrigações dos Sócios

Art. 1.001. As obrigações dos sócios começam imediatamente com o contrato, se este não fixar outra data, e terminam quando, liquidada a sociedade, se extinguirem as responsabilidades sociais.

Art. 1.002. O sócio não pode ser substituído no exercício das suas funções, sem o consentimento dos demais sócios, expresso em modificação do contrato social.

Art. 1.003. A cessão total ou parcial de quota, sem a correspondente modificação do contrato social com o consentimento dos demais sócios, não terá eficácia quanto a estes e à sociedade.

Parágrafo único. Até dois anos depois de averbada a modificação do contrato, responde o cedente solidariamente com o cessionário, perante a sociedade e terceiros, pelas obrigações que tinha como sócio.

Art. 1.004. Os sócios são obrigados, na forma e prazo previstos, às contribuições estabelecidas no contrato social, e aquele que deixar de fazê-lo, nos trinta dias seguintes ao da notificação pela sociedade, responderá perante esta pelo dano emergente da mora.

Parágrafo único. Verificada a mora, poderá a maioria dos demais sócios preferir, à indenização, a exclusão do sócio remisso, ou reduzir-lhe a quota ao montante já realizado, aplicando-se, em ambos os casos, o disposto no § 1.º do art. 1.031.

Art. 1.005. O sócio que, a título de quota social, transmitir domínio, posse ou uso, responde pela evicção; e pela solvência do devedor, aquele que transferir crédito.

Art. 1.006. O sócio, cuja contribuição consista em serviços, não pode, salvo convenção em contrário, empregar-se em atividade estranha à sociedade, sob pena de ser privado de seus lucros e dela excluído.

Art. 1.007. Salvo estipulação em contrário, o sócio participa dos lucros e das perdas, na proporção das respectivas quotas, mas aquele, cuja contribuição consiste em serviços, somente participa dos lucros na proporção da média de valor das quotas.

•• A Lei n. 14.195, de 26-8-2021, propôs alteração neste artigo, porém teve seu texto vetado.

Art. 1.008. É nula a estipulação contratual que exclua qualquer sócio de participar dos lucros e das perdas.

Art. 1.009. A distribuição de lucros ilícitos ou fictícios acarreta responsabilidade solidária dos administradores que a realizarem e dos sócios que os receberem, conhecendo ou devendo conhecer-lhes a ilegitimidade.

Seção III
Da Administração

Art. 1.010. Quando, por lei ou pelo contrato social, competir aos sócios decidir sobre os negócios da sociedade, as deliberações serão tomadas por maioria de votos, contados segundo o valor das quotas de cada um.

§ 1.º Para formação da maioria absoluta são necessários votos correspondentes a mais de metade do capital.

§ 2.º Prevalece a decisão sufragada por maior número de sócios no caso de empate, e, se este persistir, decidirá o juiz.

§ 3.º Responde por perdas e danos o sócio que, tendo em alguma operação interesse contrário ao da sociedade, participar da deliberação que a aprove graças a seu voto.

Art. 1.011. O administrador da sociedade deverá ter, no exercício de suas funções, o cuidado e a diligência que todo homem ativo e probo costuma empregar na administração de seus próprios negócios.

§ 1.º Não podem ser administradores, além das pessoas impedidas por lei especial, os condenados a pena que vede, ainda que temporariamente, o acesso a cargos públicos; ou por crime falimentar, de prevaricação, peita ou suborno, concussão, peculato; ou contra a economia popular, contra o sistema financeiro nacional, contra as normas de defesa da concorrência, contra as relações de consumo, a fé pública ou a propriedade, enquanto perdurarem os efeitos da condenação.

§ 2.º Aplicam-se à atividade dos administradores, no que couber, as disposições concernentes ao mandato.

Art. 1.012. O administrador, nomeado por instrumento em separado, deve averbá-lo à margem da inscrição da sociedade, e, pelos atos que praticar, antes de requerer a averbação, responde pessoal e solidariamente com a sociedade.

Art. 1.013. A administração da sociedade, nada dispondo o contrato social, compete separadamente a cada um dos sócios.

§ 1.º Se a administração competir separadamente a vários administradores, cada um pode impugnar operação pretendida por outro, cabendo a decisão aos sócios, por maioria de votos.

§ 2.º Responde por perdas e danos perante a sociedade o administrador que realizar operações, sabendo ou devendo saber que estava agindo em desacordo com a maioria.

Art. 1.014. Nos atos de competência conjunta de vários administradores, torna-se necessário o concurso de todos, salvo nos casos urgentes, em que a omissão ou retardo das providências possa ocasionar dano irreparável ou grave.

Art. 1.015. No silêncio do contrato, os administradores podem praticar todos os atos pertinentes à gestão da sociedade; não constituindo objeto social, a oneração ou a venda de bens imóveis depende do que a maioria dos sócios decidir.

Parágrafo único. (*Revogado pela Lei n. 14.195, de 26-8-2021.*)

Art. 1.016. Os administradores respondem solidariamente perante a sociedade e os terceiros prejudicados, por culpa no desempenho de suas funções.

Art. 1.017. O administrador que, sem consentimento escrito dos sócios, aplicar créditos ou bens sociais em proveito próprio ou de terceiros, terá de restituí-los à sociedade, ou pagar o equivalente, com todos os lucros resultantes, e, se houver prejuízo, por ele também responderá.

Parágrafo único. Fica sujeito às sanções o administrador que, tendo em qualquer operação interesse contrário ao da sociedade, tome parte na correspondente deliberação.

Art. 1.018. Ao administrador é vedado fazer-se substituir no exercício de suas funções, sendo-lhe facultado, nos limites de seus poderes, constituir mandatários da sociedade, especificados no instrumento os atos e operações que poderão praticar.

Art. 1.019. São irrevogáveis os poderes do sócio investido na administração por cláusula expressa do contrato social, salvo justa causa, reconhecida judicialmente, a pedido de qualquer dos sócios.

Parágrafo único. São revogáveis, a qualquer tempo, os poderes conferidos a sócio por ato separado, ou a quem não seja sócio.

Art. 1.020. Os administradores são obrigados a prestar aos sócios contas justificadas de sua administração, e apresentar-lhes o inventário anualmente, bem como o balanço patrimonial e o de resultado econômico.

Art. 1.021. Salvo estipulação que determine época própria, o sócio pode, a qualquer tempo, examinar os livros e documentos, e o estado do caixa e da carteira da sociedade.

Seção IV
Das Relações com Terceiros

Art. 1.022. A sociedade adquire direitos, assume obrigações e procede judicialmente, por meio de administradores com poderes especiais, ou, não os havendo, por intermédio de qualquer administrador.

Art. 1.023. Se os bens da sociedade não lhe cobrirem as dívidas, respondem os sócios pelo saldo, na proporção em que participem das perdas sociais, salvo cláusula de responsabilidade solidária.

Art. 1.024. Os bens particulares dos sócios não podem ser executados por dívidas da sociedade, senão depois de executados os bens sociais.

Art. 1.025. O sócio, admitido em sociedade já constituída, não se exime das dívidas sociais anteriores à admissão.

Art. 1.026. O credor particular de sócio pode, na insuficiência de outros bens do devedor, fazer recair a execução sobre o que a este couber nos lucros da sociedade, ou na parte que lhe tocar em liquidação.

Parágrafo único. Se a sociedade não estiver dissolvida, pode o credor requerer a liquidação da quota do devedor, cujo valor, apurado na forma do art. 1.031, será depositado em dinheiro, no juízo da execução, até noventa dias após aquela liquidação.

Art. 1.027. Os herdeiros do cônjuge de sócio, ou o cônjuge do que se separou judicialmente, não podem exigir desde logo a parte que lhes couber na quota social, mas concorrer à divisão periódica dos lucros, até que se liquide a sociedade.

Seção V
Da Resolução da Sociedade em Relação a um Sócio

Art. 1.028. No caso de morte de sócio, liquidar-se-á sua quota, salvo:

I – se o contrato dispuser diferentemente;

II – se os sócios remanescentes optarem pela dissolução da sociedade;

III – se, por acordo com os herdeiros, regular-se a substituição do sócio falecido.

Art. 1.029. Além dos casos previstos na lei ou no contrato, qualquer sócio pode retirar-se da sociedade; se de prazo indeterminado, mediante notificação aos demais sócios, com antecedência mínima de sessenta dias; se de prazo determinado, provando judicialmente justa causa.

Parágrafo único. Nos trinta dias subsequentes à notificação, podem os demais sócios optar pela dissolução da sociedade.

Art. 1.030. Ressalvado o disposto no art. 1.004 e seu parágrafo único, pode o sócio ser excluído judicialmente, mediante iniciativa da maioria dos demais sócios, por falta grave no cumprimento de suas obrigações, ou, ainda, por incapacidade superveniente.

Parágrafo único. Será de pleno direito excluído da sociedade o sócio declarado falido, ou aquele cuja quota tenha sido liquidada nos termos do parágrafo único do art. 1.026.

Art. 1.031. Nos casos em que a sociedade se resolver em relação a um sócio, o valor da sua quota, considerada pelo montante efetivamente realizado, liquidar-se-á, salvo disposição contratual em contrário, com base na situação patrimonial da sociedade, à data da resolução, verificada em balanço especialmente levantado.

§ 1.º O capital social sofrerá a correspondente redução, salvo se os demais sócios suprirem o valor da quota.

§ 2.º A quota liquidada será paga em dinheiro, no prazo de noventa dias, a partir da liquidação, salvo acordo, ou estipulação contratual em contrário.

Art. 1.032. A retirada, exclusão ou morte do sócio, não o exime, ou a seus herdeiros, da responsabilidade pelas obrigações sociais anteriores, até dois anos após averbada a resolução da sociedade; nem nos dois primeiros casos, pelas posteriores e em igual prazo, enquanto não se requerer a averbação.

Seção VI
Da Dissolução

Art. 1.033. Dissolve-se a sociedade quando ocorrer:

I – o vencimento do prazo de duração, salvo se, vencido este e sem oposição de sócio, não entrar a sociedade em liquidação, caso em que se prorrogará por tempo indeterminado;

II – o consenso unânime dos sócios;

III – a deliberação dos sócios, por maioria absoluta, na sociedade de prazo indeterminado;

IV – (*Revogado pela Lei n. 14.195, de 26-8-2021.*)

V – a extinção, na forma da lei, de autorização para funcionar.

Parágrafo único. (*Revogado pela Lei n. 14.195, de 26-8-2021.*)

Art. 1.034. A sociedade pode ser dissolvida judicialmente, a requerimento de qualquer dos sócios, quando:

I – anulada a sua constituição;

II – exaurido o fim social, ou verificada a sua inexequibilidade.

Art. 1.035. O contrato pode prever outras causas de dissolução, a serem verificadas judicialmente quando contestadas.

Art. 1.036. Ocorrida a dissolução, cumpre aos administradores providenciar imediatamente a investidura do liquidante, e restringir a gestão própria aos negócios inadiáveis, vedadas novas operações, pelas quais responderão solidária e ilimitadamente.

Parágrafo único. Dissolvida de pleno direito a sociedade, pode o sócio requerer, desde logo, a liquidação judicial.

Art. 1.037. Ocorrendo a hipótese prevista no inciso V do art. 1.033, o Ministério Público, tão logo lhe comunique a autoridade competente, promoverá a liquidação judicial da sociedade, se os administradores não o tiverem feito nos trinta dias seguintes à perda da autorização, ou se o sócio não houver exercido a faculdade assegurada no parágrafo único do artigo antecedente.

Parágrafo único. Caso o Ministério Público não promova a liquidação judicial da sociedade nos quinze dias subsequentes ao recebimento da comunicação, a autoridade competente para conceder a autorização nomeará interventor com poderes para requerer a medida e administrar a sociedade até que seja nomeado o liquidante.

Art. 1.038. Se não estiver designado no contrato social, o liquidante será eleito por deliberação dos sócios, podendo a escolha recair em pessoa estranha à sociedade.

§ 1.º O liquidante pode ser destituído, a todo tempo:

I – se eleito pela forma prevista neste artigo, mediante deliberação dos sócios;

II – em qualquer caso, por via judicial, a requerimento de um ou mais sócios, ocorrendo justa causa.

§ 2.º A liquidação da sociedade se processa de conformidade com o disposto no Capítulo IX, deste Subtítulo.

Capítulo II
DA SOCIEDADE EM NOME COLETIVO

Art. 1.039. Somente pessoas físicas podem tomar parte na sociedade em nome coletivo, respondendo todos os sócios, solidária e ilimitadamente, pelas obrigações sociais.

Parágrafo único. Sem prejuízo da responsabilidade perante terceiros, podem os sócios, no ato constitutivo, ou por unânime convenção posterior, limitar entre si a responsabilidade de cada um.

Art. 1.040. A sociedade em nome coletivo se rege pelas normas deste Capítulo e, no que seja omisso, pelas do Capítulo antecedente.

Art. 1.041. O contrato deve mencionar, além das indicações referidas no art. 997, a firma social.

Art. 1.042. A administração da sociedade compete exclusivamente a sócios, sendo o uso da firma, nos limites do contrato, privativo dos que tenham os necessários poderes.

Art. 1.043. O credor particular de sócio não pode, antes de dissolver-se a sociedade, pretender a liquidação da quota do devedor.

Parágrafo único. Poderá fazê-lo quando:
I – a sociedade houver sido prorrogada tacitamente;
II – tendo ocorrido prorrogação contratual, for acolhida judicialmente oposição do credor, levantada no prazo de noventa dias, contado da publicação do ato dilatório.

Art. 1.044. A sociedade se dissolve de pleno direito por qualquer das causas enumeradas no art. 1.033 e, se empresária, também pela declaração da falência.

Capítulo III
DA SOCIEDADE EM COMANDITA SIMPLES

Art. 1.045. Na sociedade em comandita simples tomam parte sócios de duas categorias: os comanditados, pessoas físicas, responsáveis solidária e ilimitadamente pelas obrigações sociais; e os comanditários, obrigados somente pelo valor de sua quota.

Parágrafo único. O contrato deve discriminar os comanditados e os comanditários.

Art. 1.046. Aplicam-se à sociedade em comandita simples as normas da sociedade em nome coletivo, no que forem compatíveis com as deste Capítulo.

Parágrafo único. Aos comanditados cabem os mesmos direitos e obrigações dos sócios da sociedade em nome coletivo.

Art. 1.047. Sem prejuízo da faculdade de participar das deliberações da sociedade e de lhe fiscalizar as operações, não pode o comanditário praticar qualquer ato de gestão, nem ter o nome na firma social, sob pena de ficar sujeito às responsabilidades de sócio comanditado.

Parágrafo único. Pode o comanditário ser constituído procurador da sociedade, para negócio determinado e com poderes especiais.

Art. 1.048. Somente após averbada a modificação do contrato, produz efeito, quanto a terceiros, a diminuição da quota do comanditário, em consequência de ter sido reduzido o capital social, sempre sem prejuízo dos credores preexistentes.

Art. 1.049. O sócio comanditário não é obrigado à reposição de lucros recebidos de boa-fé e de acordo com o balanço.

Parágrafo único. Diminuido o capital social por perdas supervenientes, não pode o comanditário receber quaisquer lucros, antes de reintegrado aquele.

Art. 1.050. No caso de morte de sócio comanditário, a sociedade, salvo disposição do contrato, continuará com os seus sucessores, que designarão quem os represente.

Art. 1.051. Dissolve-se de pleno direito a sociedade:
I – por qualquer das causas previstas no art. 1.044;
II – quando por mais de cento e oitenta dias perdurar a falta de uma das categorias de sócio.

Parágrafo único. Na falta de sócio comanditado, os comanditários nomearão administrador provisório para praticar, durante o período referido no inciso II e sem assumir a condição de sócio, os atos de administração.

Capítulo IV
DA SOCIEDADE LIMITADA

•• *Vide* Lei Complementar n. 182, de 1.º-6-2021, que instituí o marco legal das *startups* e do empreendedorismo inovador.

Seção I
Disposições Preliminares

Art. 1.052. Na sociedade limitada, a responsabilidade de cada sócio é restrita ao valor de suas quotas, mas todos respondem solidariamente pela integralização do capital social.

§ 1.º A sociedade limitada pode ser constituída por 1 (uma) ou mais pessoas.

•• § 1.º acrescentado pela Lei n. 13.874, de 20-9-2019.

§ 2.º Se for unipessoal, aplicar-se-ão ao documento de constituição do sócio único, no que couber, as disposições sobre o contrato social.

•• § 2.º acrescentado pela Lei n. 13.874, de 20-9-2019.

Art. 1.053. A sociedade limitada rege-se, nas omissões deste Capítulo, pelas normas da sociedade simples.

•• A Lei n. 14.195, de 26-8-2021, propôs alteração neste artigo, porém teve seu texto vetado.

Parágrafo único. O contrato social poderá prever a regência supletiva da sociedade limitada pelas normas da sociedade anônima.

Art. 1.054. O contrato mencionará, no que couber, as indicações do art. 997, e, se for o caso, a firma social.

Seção II
Das Quotas

Art. 1.055. O capital social divide-se em quotas, iguais ou desiguais, cabendo uma ou diversas a cada sócio.

§ 1.º Pela exata estimação de bens conferidos ao capital social respondem solidariamente todos os sócios, até o prazo de cinco anos da data do registro da sociedade.

§ 2.º É vedada contribuição que consista em prestação de serviços.

Art. 1.056. A quota é indivisível em relação à sociedade, salvo para efeito de transferência, caso em que se observará o disposto no artigo seguinte.

§ 1.º No caso de condomínio de quota, os direitos a ela inerentes somente podem ser exercidos pelo condômino representante, ou pelo inventariante do espólio de sócio falecido.

§ 2.º Sem prejuízo do disposto no art. 1.052, os condôminos de quota indivisa respondem solidariamente pelas prestações necessárias à sua integralização.

Art. 1.057. Na omissão do contrato, o sócio pode ceder sua quota, total ou parcialmente, a quem seja sócio, independentemente de audiência dos outros, ou a estranho, se não houver oposição de titulares de mais de um quarto do capital social.

Parágrafo único. A cessão terá eficácia quanto à sociedade e terceiros, inclusive para os fins do parágrafo único do art. 1.003, a partir da averbação do respectivo instrumento, subscrito pelos sócios anuentes.

Art. 1.058. Não integralizada a quota de sócio remisso, os outros sócios podem, sem prejuízo do disposto no art. 1.004 e seu parágrafo único, tomá-la para si ou transferi-la a terceiros, excluindo o primitivo titular e devolvendo-lhe o que houver pago, deduzidos os juros da mora, as prestações estabelecidas no contrato mais as despesas.

Art. 1.059. Os sócios serão obrigados à reposição dos lucros e das quantias retiradas, a qualquer título, ainda que autorizados pelo contrato, quando tais lucros ou quantia se distribuírem com prejuízo do capital.

Seção III
Da Administração

Art. 1.060. A sociedade limitada é administrada por uma ou mais pessoas designadas no contrato social ou em ato separado.

Parágrafo único. A administração atribuída no contrato a todos os sócios não se estende de pleno direito aos que posteriormente adquiram essa qualidade.

Art. 1.061. A designação de administradores não sócios dependerá da aprovação de, no mínimo, 2/3 (dois terços) dos sócios, enquanto o capital não estiver integralizado, e da aprovação de titulares de quotas correspondentes a mais da metade do capital social, após a integralização.

•• Artigo com redação determinada pela Lei n. 14.451, de 21-9-2022.

Art. 1.062. O administrador designado em ato separado investir-se-á no cargo mediante termo de posse no livro de atas da administração.

§ 1.º Se o termo não for assinado nos trinta dias seguintes à designação, esta se tornará sem efeito.

§ 2.º Nos dez dias seguintes ao da investidura, deve o administrador requerer seja averbada sua nomeação no registro competente, mencionando o seu nome, nacionalidade, estado civil, residência, com exibição de documento de identidade, o ato e a data da nomeação e o prazo de gestão.

Art. 1.063. O exercício do cargo de administrador cessa pela destituição, em qualquer tempo, do titular, ou pelo término do prazo se, fixado no contrato ou em ato separado, não houver recondução.

§ 1.º Tratando-se de sócio nomeado administrador no contrato, sua destituição somente se opera pela aprovação de titulares de quotas correspondentes a mais da metade do capital social, salvo disposição contratual diversa.

•• § 1.º com redação determinada pela Lei n. 13.792, de 3-1-2019.

§ 2.º A cessação do exercício do cargo de administrador deve ser averbada no registro competente, mediante requerimento apresentado nos dez dias seguintes ao da ocorrência.

§ 3.º A renúncia de administrador torna-se eficaz, em relação à sociedade, desde o momento em que esta toma conhecimento da comunicação escrita do renunciante; e, em relação a terceiros, após a averbação e publicação.

Art. 1.064. O uso da firma ou denominação social é privativo dos administradores que tenham os necessários poderes.

Art. 1.065. Ao término de cada exercício social, proceder-se-á à elaboração do inventário, do balanço patrimonial e do balanço de resultado econômico.

Seção IV
Do Conselho Fiscal

Art. 1.066. Sem prejuízo dos poderes da assembleia dos sócios, pode o contrato instituir conselho fiscal composto de três ou mais membros e respectivos suplentes, sócios ou não, residentes no País, eleitos na assembleia anual prevista no art. 1.078.

§ 1.º Não podem fazer parte do conselho fiscal, além dos inelegíveis enumerados no § 1.º do art. 1.011, os membros dos demais órgãos da sociedade ou de outra por ela controlada, os empregados de quaisquer delas ou dos respectivos administradores, o cônjuge ou parente destes até o terceiro grau.

§ 2.º É assegurado aos sócios minoritários, que representarem pelo menos um quinto do capital social, o direito de eleger, separadamente, um dos membros do conselho fiscal e o respectivo suplente.

Art. 1.067. O membro ou suplente eleito, assinando termo de posse lavrado no livro de atas e pareceres do conselho fiscal, em que se mencione o seu nome, nacionalidade, estado civil, residência e a data da escolha, ficará investido nas suas funções, que exercerá, salvo cessação anterior, até a subsequente assembleia anual.

Parágrafo único. Se o termo não for assinado nos trinta dias seguintes ao da eleição, esta se tornará sem efeito.

Art. 1.068. A remuneração dos membros do conselho fiscal será fixada, anualmente, pela assembleia dos sócios que os eleger.

Art. 1.069. Além de outras atribuições determinadas na lei ou no contrato social, aos membros do conselho fiscal incumbem, individual ou conjuntamente, os deveres seguintes:

I – examinar, pelo menos trimestralmente, os livros e papéis da sociedade e o estado da caixa e da carteira, devendo os administradores ou liquidantes prestar-lhes as informações solicitadas;

II – lavrar no livro de atas e pareceres do conselho fiscal o resultado dos exames referidos no inciso I deste artigo;

III – exarar no mesmo livro e apresentar à assembleia anual dos sócios parecer sobre os negócios e as operações sociais do exercício em que serviram, tomando por base o balanço patrimonial e o do resultado econômico;

IV – denunciar os erros, fraudes ou crimes que descobrirem, sugerindo providências úteis à sociedade;

V – convocar a assembleia dos sócios se a diretoria retardar por mais de trinta dias a sua convocação anual, ou sempre que ocorram motivos graves e urgentes;

VI – praticar, durante o período da liquidação da sociedade, os atos a que se refere este artigo, tendo em vista as disposições especiais reguladoras da liquidação.

Art. 1.070. As atribuições e poderes conferidos pela lei ao conselho fiscal não podem ser outorgados a outro órgão da sociedade, e a responsabilidade de seus membros obedece à regra que define a dos administradores (art. 1.016).

Parágrafo único. O conselho fiscal poderá escolher para assisti-lo no exame dos livros, dos balanços e das contas, contabilista legalmente habilitado, mediante remuneração aprovada pela assembleia dos sócios.

Seção V
Das Deliberações dos Sócios

Art. 1.071. Dependem da deliberação dos sócios, além de outras matérias indicadas na lei ou no contrato:

I – a aprovação das contas da administração;

II – a designação dos administradores, quando feita em ato separado;

III – a destituição dos administradores;

IV – o modo de sua remuneração, quando não estabelecido no contrato;

V – a modificação do contrato social;

VI – a incorporação, a fusão e a dissolução da sociedade, ou a cessação do estado de liquidação;

VII – a nomeação e destituição dos liquidantes e o julgamento das suas contas;

VIII – o pedido de concordata.

•• A Lei n. 11.101, de 9-2-2005, substitui a concordata pela recuperação judicial e extrajudicial do empresário e da sociedade empresária.

Art. 1.072. As deliberações dos sócios, obedecido o disposto no art. 1.010, serão tomadas em reunião ou em assembleia, conforme previsto no contrato social, devendo ser convocadas pelos administradores nos casos previstos em lei ou no contrato.

§ 1.º A deliberação em assembleia será obrigatória se o número dos sócios for superior a dez.

§ 2.º Dispensam-se as formalidades de convocação previstas no § 3.º do art. 1.152, quando todos os sócios comparecerem ou se declararem, por escrito, cientes do local, data, hora e ordem do dia.

§ 3.º A reunião ou a assembleia tornam-se dispensáveis quando todos os sócios decidirem, por escrito, sobre a matéria que seria objeto delas.

§ 4.º No caso do inciso VIII do artigo antecedente, os administradores, se houver urgência e com autorização de titulares de mais da metade do capital social, podem requerer concordata preventiva.

§ 5.º As deliberações tomadas de conformidade com a lei e o contrato vinculam todos os sócios, ainda que ausentes ou dissidentes.

§ 6.º Aplica-se às reuniões dos sócios, nos casos omissos no contrato, o disposto na presente Seção sobre a assembleia.

Art. 1.073. A reunião ou a assembleia podem também ser convocadas:

I – por sócio, quando os administradores retardarem a convocação, por mais de sessenta dias, nos casos previstos em lei ou no contrato, ou por titulares de mais de um quinto do capital, quando não atendido, no prazo de oito dias, pedido de convocação fundamentado, com indicação das matérias a serem tratadas;

II – pelo conselho fiscal, se houver, nos casos a que se refere o inciso V do art. 1.069.

Art. 1.074. A assembleia dos sócios instala-se com a presença, em primeira convocação, de titulares de no mínimo três quartos do capital social, e, em segunda, com qualquer número.

§ 1.º O sócio pode ser representado na assembleia por outro sócio, ou por advogado, mediante outorga de mandato com especificação dos atos autorizados, devendo o instrumento ser levado a registro, juntamente com a ata.

§ 2.º Nenhum sócio, por si ou na condição de mandatário, pode votar matéria que lhe diga respeito diretamente.

Art. 1.075. A assembleia será presidida e secretariada por sócios escolhidos entre os presentes.

§ 1.º Dos trabalhos e deliberações será lavrada, no livro de atas da assembleia, ata assinada pelos membros da mesa e por sócios participantes da reunião, quantos bastem à validade das deliberações, mas sem prejuízo dos que queiram assiná-la.

§ 2.º Cópia da ata autenticada pelos administradores, ou pela mesa, será, nos vinte dias subsequentes à reunião, apresentada ao Registro Público de Empresas Mercantis para arquivamento e averbação.

§ 3.º Ao sócio, que a solicitar, será entregue cópia autenticada da ata.

Art. 1.076. Ressalvado o disposto no art. 1.061, as deliberações dos sócios serão tomadas:

•• *Caput* com redação determinada pela Lei n. 13.792, de 3-1-2019.

I – (*Revogado pela Lei n. 14.451, de 21-9-2022.*);

II – pelos votos correspondentes a mais da metade do capital social, nos casos previstos nos incisos II, III, IV, V, VI e VIII do *caput* do art. 1.071 deste Código;

•• Inciso II com redação determinada pela Lei n. 14.451, de 21-9-2022.

III – pela maioria de votos dos presentes, nos demais casos previstos na lei ou no contrato, se este não exigir maioria mais elevada.

Art. 1.077. Quando houver modificação do contrato, fusão da sociedade, incorporação de outra, ou dela por outra, terá o sócio que dissentiu o direito de retirar-se da sociedade, nos trinta dias subsequentes à reunião, aplicando-se, no silêncio do contrato social antes vigente, o disposto no art. 1.031.

Art. 1.078. A assembleia dos sócios deve realizar-se ao menos uma vez por ano, nos quatro meses seguintes ao término do exercício social, com o objetivo de:

•• A Lei n. 14.030, de 28-7-2020, dispõe em seu art. 4.º: "Art. 4.º A sociedade limitada cujo exercício social tenha sido encerrado entre 31 de dezembro de 2019 e 31 de março de 2020 poderá, excepcionalmente, realizar a assembleia de sócios a que se refere o art. 1.078 da Lei n. 10.406, de 10 de janeiro de 2002 (Código Civil), no prazo de 7 (sete) meses, contado do término do seu exercício social. § 1.º Disposições contratuais que exijam a realização da assembleia de sócios em prazo inferior ao estabelecido no *caput* deste artigo serão consideradas sem efeito no exercício de 2020. § 2.º Os mandatos dos administradores e dos membros do conselho fiscal previstos para se encerrarem antes da realização da assembleia de sócios nos termos do *caput* deste artigo ficam prorrogados até a sua realização".

I – tomar as contas dos administradores e deliberar sobre o balanço patrimonial e o de resultado econômico;

II – designar administradores, quando for o caso;

III – tratar de qualquer outro assunto constante da ordem do dia.

§ 1.º Até trinta dias antes da data marcada para a assembleia, os documentos referidos no inciso I deste artigo devem ser postos, por escrito, e com a prova do respectivo recebimento, à disposição dos sócios que não exerçam a administração.

§ 2.º Instalada a assembleia, proceder-se-á à leitura dos documentos referidos no parágrafo antecedente, os quais serão submetidos, pelo presidente, à discussão e votação, nesta não podendo tomar parte os membros da administração e, se houver, os do conselho fiscal.

Arts. 1.078 a 1.087 **Direito de Empresa**

§ 3.º A aprovação, sem reserva, do balanço patrimonial e do de resultado econômico, salvo erro, dolo ou simulação, exonera de responsabilidade os membros da administração e, se houver, os do conselho fiscal.

§ 4.º Extingue-se em dois anos o direito de anular a aprovação a que se refere o parágrafo antecedente.

Art. 1.079. Aplica-se às reuniões dos sócios, nos casos omissos no contrato, o estabelecido nesta Seção sobre a assembleia, obedecido o disposto no § 1.º do art. 1.072.

Art. 1.080. As deliberações infringentes do contrato ou da lei tornam ilimitada a responsabilidade dos que expressamente as aprovaram.

Art. 1.080-A. O sócio poderá participar e votar a distância em reunião ou em assembleia, nos termos do regulamento do órgão competente do Poder Executivo federal.

•• *Caput* acrescentado pela Lei n. 14.030, de 28-7-2020.

Parágrafo único. A reunião ou a assembleia poderá ser realizada de forma digital, respeitados os direitos legalmente previstos de participação e de manifestação dos sócios e os demais requisitos regulamentares.

•• Parágrafo único acrescentado pela Lei n. 14.030, de 28-7-2020.

Seção VI
Do Aumento e da Redução do Capital

Art. 1.081. Ressalvado o disposto em lei especial, integralizadas as quotas, pode ser o capital aumentado, com a correspondente modificação do contrato.

§ 1.º Até trinta dias após a deliberação, terão os sócios preferência para participar do aumento, na proporção das quotas de que sejam titulares.

§ 2.º À cessão do direito de preferência, aplica-se o disposto no *caput* do art. 1.057.

§ 3.º Decorrido o prazo da preferência, e assumida pelos sócios, ou por terceiros, a totalidade do aumento, haverá reunião ou assembleia dos sócios, para que seja aprovada a modificação do contrato.

Art. 1.082. Pode a sociedade reduzir o capital, mediante a correspondente modificação do contrato:

I – depois de integralizado, se houver perdas irreparáveis;

II – se excessivo em relação ao objeto da sociedade.

Art. 1.083. No caso do inciso I do artigo antecedente, a redução do capital será realizada com a diminuição proporcional do valor nominal das quotas, tornando-se efetiva a partir da averbação, no Registro Público de Empresas Mercantis, da ata da assembleia que a tenha aprovado.

Art. 1.084. No caso do inciso II do art. 1.082, a redução do capital será feita restituindo-se parte do valor das quotas aos sócios, ou dispensando-se as prestações ainda devidas, com diminuição proporcional, em ambos os casos, do valor nominal das quotas.

§ 1.º No prazo de noventa dias, contado da data da publicação da ata da assembleia que aprovar a redução, o credor quirografário, por título líquido anterior a essa data, poderá opor-se ao deliberado.

§ 2.º A redução somente se tornará eficaz se, no prazo estabelecido no parágrafo antecedente, não for impugnada, ou se provado o pagamento da dívida ou o depósito judicial do respectivo valor.

§ 3.º Satisfeitas as condições estabelecidas no parágrafo antecedente, proceder-se-á a averbação, no Registro Público de Empresas Mercantis, da ata que tenha aprovado a redução.

Seção VII
Da Resolução da Sociedade em Relação a Sócios Minoritários

Art. 1.085. Ressalvado o disposto no art. 1.030, quando a maioria dos sócios, representativa de mais da metade do capital social, entender que um ou mais sócios estão pondo em risco a continuidade da empresa, em virtude de atos de inegável gravidade, poderá excluí-los da sociedade, mediante alteração do contrato social, desde que prevista neste a exclusão por justa causa.

Parágrafo único. Ressalvado o caso em que haja apenas dois sócios na sociedade, a exclusão de um sócio somente poderá ser determinada em reunião ou assembleia especialmente convocada para esse fim, ciente o acusado em tempo hábil para permitir seu comparecimento e o exercício do direito de defesa.

•• Parágrafo único com redação determinada pela Lei n. 13.792, de 3-1-2019.

Art. 1.086. Efetuado o registro da alteração contratual, aplicar-se-á o disposto nos arts. 1.031 e 1.032.

Seção VIII
Da Dissolução

Art. 1.087. A sociedade dissolve-se, de pleno direito, por qualquer das causas previstas no art. 1.044.

Capítulo V
DA SOCIEDADE ANÔNIMA

•• *Vide* Lei Complementar n. 182, de 1.º-6-2021, que institui o marco legal das *startups* e do empreendedorismo inovador.

Seção Única
Da Caracterização

Art. 1.088. Na sociedade anônima ou companhia, o capital divide-se em ações, obrigando-se cada sócio ou acionista somente pelo preço de emissão das ações que subscrever ou adquirir.

Art. 1.089. A sociedade anônima rege-se por lei especial, aplicando-se-lhe, nos casos omissos, as disposições deste Código.

Capítulo VI
DA SOCIEDADE EM COMANDITA POR AÇÕES

Art. 1.090. A sociedade em comandita por ações tem o capital dividido em ações, regendo-se pelas normas relativas à sociedade anônima, sem prejuízo das modificações constantes deste Capítulo, e opera sob firma ou denominação.

Art. 1.091. Somente o acionista tem qualidade para administrar a sociedade e, como diretor, responde subsidiária e ilimitadamente pelas obrigações da sociedade.

§ 1.º Se houver mais de um diretor, serão solidariamente responsáveis, depois de esgotados os bens sociais.

§ 2.º Os diretores serão nomeados no ato constitutivo da sociedade, sem limitação de tempo, e somente poderão ser destituídos por deliberação de acionistas que representem no mínimo dois terços do capital social.

§ 3.º O diretor destituído ou exonerado continua, durante dois anos, responsável pelas obrigações sociais contraídas sob sua administração.

Art. 1.092. A assembleia geral não pode, sem o consentimento dos diretores, mudar o objeto essencial da sociedade, prorrogar-lhe o prazo de duração, aumentar ou diminuir o capital social, criar debêntures, ou partes beneficiárias.

Capítulo VII
DA SOCIEDADE COOPERATIVA

Art. 1.093. A sociedade cooperativa reger-se-á pelo disposto no presente Capítulo, ressalvada a legislação especial.

Art. 1.094. São características da sociedade cooperativa:

I – variabilidade, ou dispensa do capital social;

II – concurso de sócios em número mínimo necessário a compor a administração da sociedade, sem limitação de número máximo;

III – limitação do valor da soma de quotas do capital social que cada sócio poderá tomar;

IV – intransferibilidade das quotas do capital a terceiros estranhos à sociedade, ainda que por herança;

V – *quorum*, para a assembleia geral funcionar e deliberar, fundado no número de sócios presentes à reunião, e não no capital social representado;

VI – direito de cada sócio a um só voto nas deliberações, tenha ou não capital a sociedade, e qualquer que seja o valor de sua participação;

VII – distribuição dos resultados, proporcionalmente ao valor das operações efetuadas pelo sócio com a sociedade, podendo ser atribuído juro fixo ao capital realizado;

VIII – indivisibilidade do fundo de reserva entre os sócios, ainda que em caso de dissolução da sociedade.

Art. 1.095. Na sociedade cooperativa, a responsabilidade dos sócios pode ser limitada ou ilimitada.

§ 1.º É limitada a responsabilidade na cooperativa em que o sócio responde somente pelo valor de suas quotas e pelo prejuízo verificado nas operações sociais, guardada a proporção de sua participação nas mesmas operações.

§ 2.º É ilimitada a responsabilidade na cooperativa em que o sócio responde solidária e ilimitadamente pelas obrigações sociais.

Art. 1.096. No que a lei for omissa, aplicam-se as disposições referentes à sociedade simples, resguardadas as características estabelecidas no art. 1.094.

•• A Lei n. 14.195, de 26-8-2021, propôs alteração neste artigo, porém teve seu texto vetado.

Capítulo VIII
DAS SOCIEDADES COLIGADAS

Art. 1.097. Consideram-se coligadas as sociedades que, em suas relações de capital, são controladas, filiadas, ou de simples participação, na forma dos artigos seguintes.

Art. 1.098. É controlada:

I – a sociedade de cujo capital outra sociedade possua a maioria dos votos nas deliberações dos quotistas ou da assembleia geral e o poder de eleger a maioria dos administradores;

II – a sociedade cujo controle, referido no inciso antecedente, esteja em poder de outra, mediante ações ou quotas possuídas por sociedades ou sociedades por esta já controladas.

Art. 1.099. Diz-se coligada ou filiada a sociedade de cujo capital outra sociedade participa com dez por cento ou mais, do capital da outra, sem controlá-la.

Art. 1.100. É de simples participação a sociedade de cujo capital outra sociedade possua menos de dez por cento do capital com direito de voto.

Art. 1.101. Salvo disposição especial de lei, a sociedade não pode participar de outra, que seja sua sócia, por montante superior, segundo o balanço, ao das próprias reservas, excluída a reserva legal.

Parágrafo único. Aprovado o balanço em que se verifique ter sido excedido esse limite, a sociedade não poderá exercer o direito de voto correspondente às ações ou quotas em excesso, as quais devem ser alienadas nos cento e oitenta dias seguintes àquela aprovação.

Capítulo IX
DA LIQUIDAÇÃO DA SOCIEDADE

Art. 1.102. Dissolvida a sociedade e nomeado o liquidante na forma do disposto neste Livro, procede-se à sua liquidação, de conformidade com os preceitos deste Capítulo, ressalvado o disposto no ato constitutivo ou no instrumento da dissolução.

Parágrafo único. O liquidante, que não seja administrador da sociedade, investir-se-á nas funções, averbada a sua nomeação no registro próprio.

Art. 1.103. Constituem deveres do liquidante:

I – averbar e publicar a ata, sentença ou instrumento de dissolução da sociedade;

II – arrecadar os bens, livros e documentos da sociedade, onde quer que estejam;

III – proceder, nos quinze dias seguintes ao da sua investidura e com a assistência, sempre que possível, dos administradores, à elaboração do inventário e do balanço geral do ativo e do passivo;

IV – ultimar os negócios da sociedade, realizar o ativo, pagar o passivo e partilhar o remanescente entre os sócios ou acionistas;

V – exigir dos quotistas, quando insuficiente o ativo à solução do passivo, a integralização de suas quotas e, se for o caso, as quantias necessárias, nos limites da responsabilidade de cada um e proporcionalmente à respectiva participação nas perdas, repartindo-se, entre os sócios solventes e na mesma proporção, o devido pelo insolvente;

VI – convocar assembleia dos quotistas, cada seis meses, para apresentar relatório e balanço do estado da liquidação, prestando conta dos atos praticados durante o semestre, ou sempre que necessário;

VII – confessar a falência da sociedade e pedir concordata, de acordo com as formalidades prescritas para o tipo de sociedade liquidanda;

VIII – finda a liquidação, apresentar aos sócios o relatório da liquidação e as suas contas finais;

IX – averbar a ata da reunião ou da assembleia, ou o instrumento firmado pelos sócios, que considerar encerrada a liquidação.

Parágrafo único. Em todos os atos, documentos ou publicações, o liquidante empregará a firma ou denominação social sempre seguida da cláusula "em liquidação" e de sua assinatura individual, com a declaração de sua qualidade.

Art. 1.104. As obrigações e a responsabilidade do liquidante regem-se pelos preceitos peculiares às dos administradores da sociedade liquidanda.

Art. 1.105. Compete ao liquidante representar a sociedade e praticar todos os atos necessários à sua liquidação, inclusive alienar bens móveis ou imóveis, transigir, receber e dar quitação.

Parágrafo único. Sem estar expressamente autorizado pelo contrato social, ou pelo voto da maioria dos sócios, não pode o liquidante gravar de ônus reais os móveis e imóveis, contrair empréstimos, salvo quando indispensáveis ao pagamento de obrigações inadiáveis, nem prosseguir, embora para facilitar a liquidação, na atividade social.

Art. 1.106. Respeitados os direitos dos credores preferenciais, pagará o liquidante as dívidas sociais proporcionalmente, sem distinção entre vencidas e vincendas, mas, em relação a estas, com desconto.

Parágrafo único. Se o ativo for superior ao passivo, pode o liquidante, sob sua responsabilidade pessoal, pagar integralmente as dívidas vencidas.

Art. 1.107. Os sócios podem resolver, por maioria de votos, antes de ultimada a liquidação, mas depois de pagos os credores, que o liquidante faça rateios por antecipação da partilha, à medida em que se apurem os haveres sociais.

Art. 1.108. Pago o passivo e partilhado o remanescente, convocará o liquidante assembleia dos sócios para a prestação final de contas.

Art. 1.109. Aprovadas as contas, encerra-se a liquidação, e a sociedade se extingue, ao ser averbada no registro próprio a ata da assembleia.

Parágrafo único. O dissidente tem o prazo de trinta dias, a contar da publicação da ata, devidamente averbada, para promover a ação que couber.

Art. 1.110. Encerrada a liquidação, o credor não satisfeito só terá direito a exigir dos sócios, individualmente, o pagamento do seu crédito, até o limite da soma por eles recebida em partilha, e a propor contra o liquidante ação de perdas e danos.

Art. 1.111. No caso de liquidação judicial, será observado o disposto na lei processual.

Art. 1.112. No curso de liquidação judicial, o juiz convocará, se necessário, reunião ou assembleia para deliberar sobre os interesses da liquidação, e as presidirá, resolvendo sumariamente as questões suscitadas.

Parágrafo único. As atas das assembleias serão, em cópia autêntica, apensadas ao processo judicial.

Capítulo X
DA TRANSFORMAÇÃO, DA INCORPORAÇÃO, DA FUSÃO E DA CISÃO DAS SOCIEDADES

•• *Vide* arts. 1.033, parágrafo único, e 2.033 do CC.

Art. 1.113. O ato de transformação independe de dissolução ou liquidação da sociedade, e obedecerá aos preceitos reguladores da constituição e inscrição próprios do tipo em que vai converter-se.

Art. 1.114. A transformação depende do consentimento de todos os sócios, salvo se prevista no ato constitutivo, caso em que o dissidente poderá retirar-se da sociedade, aplicando-se, no silêncio do estatuto ou do contrato social, o disposto no art. 1.031.

Art. 1.115. A transformação não modificará nem prejudicará, em qualquer caso, os direitos dos credores.

Parágrafo único. A falência da sociedade transformada somente produzirá efeitos em relação aos sócios que, no tipo anterior, a eles estariam sujeitos, se o pedirem os titulares de créditos anteriores à transformação, e somente a estes beneficiará.

Art. 1.116. Na incorporação, uma ou várias sociedades são absorvidas por outra, que lhes sucede em todos os direitos e obrigações, devendo todas aprová-la, na forma estabelecida para os respectivos tipos.

Art. 1.117. A deliberação dos sócios da sociedade incorporada deverá aprovar as bases da operação e o projeto de reforma do ato constitutivo.

§ 1.º A sociedade que houver de ser incorporada tomará conhecimento desse ato, e, se o aprovar, autorizará os administradores a praticar o necessário à incorporação, inclusive a subscrição em bens pelo valor da diferença que se verificar entre o ativo e o passivo.

§ 2.º A deliberação dos sócios da sociedade incorporadora compreenderá a nomeação dos peritos para a avaliação do patrimônio líquido da sociedade, que tenha de ser incorporada.

Art. 1.118. Aprovados os atos da incorporação, a incorporadora declarará extinta a incorporada, e promoverá a respectiva averbação no registro próprio.

Art. 1.119. A fusão determina a extinção das sociedades que se unem, para formar sociedade nova, que a elas sucederá nos direitos e obrigações.

Art. 1.120. A fusão será decidida, na forma estabelecida para os respectivos tipos, pelas sociedades que pretendam unir-se.

§ 1.º Em reunião ou assembleia dos sócios de cada sociedade, deliberada a fusão e aprovado o projeto do ato constitutivo da nova sociedade, bem como o plano de distribuição do capital social, serão nomeados os peritos para a avaliação do patrimônio da sociedade.

§ 2.º Apresentados os laudos, os administradores convocarão reunião ou assembleia dos sócios para tomar conhecimento deles, decidindo sobre a constituição definitiva da nova sociedade.

§ 3.º É vedado aos sócios votar o laudo de avaliação do patrimônio da sociedade de que façam parte.

Art. 1.121. Constituída a nova sociedade, aos administradores incumbe fazer inscrever, no registro próprio da sede, os atos relativos à fusão.

Art. 1.122. Até noventa dias após publicados os atos relativos à incorporação, fusão ou cisão, o credor anterior, por ela prejudicado, poderá promover judicialmente a anulação deles.

§ 1.º A consignação em pagamento prejudicará a anulação pleiteada.

§ 2.º Sendo ilíquida a dívida, a sociedade poderá garantir-lhe a execução, suspendendo-se o processo de anulação.

§ 3.º Ocorrendo, no prazo deste artigo, a falência da sociedade incorporadora, da sociedade nova ou da cindida, qualquer credor anterior terá direito a pedir a separação dos patrimônios, para o fim de serem os créditos pagos pelos bens das respectivas massas.

Capítulo XI
DA SOCIEDADE DEPENDENTE DE AUTORIZAÇÃO

Seção I
Disposições Gerais

Art. 1.123. A sociedade que dependa de autorização do Poder Executivo para funcionar reger-se-á por este título, sem prejuízo do disposto em lei especial.

Parágrafo único. A competência para a autorização será sempre do Poder Executivo federal.

Art. 1.124. Na falta de prazo estipulado em lei ou em ato do poder público, será considerada caduca a autorização se a sociedade não entrar em funcionamento nos doze meses seguintes à respectiva publicação.

Art. 1.125. Ao Poder Executivo é facultado, a qualquer tempo, cassar a autorização concedida a sociedade nacional ou estrangeira que infringir disposição de ordem pública ou praticar atos contrários aos fins declarados no seu estatuto.

Seção II
Da Sociedade Nacional

Art. 1.126. É nacional a sociedade organizada de conformidade com a lei brasileira e que tenha no País a sede de sua administração.

Parágrafo único. Quando a lei exigir que todos ou alguns sócios sejam brasileiros, as ações da sociedade anônima revestirão, no silêncio da lei, a forma nominativa. Qualquer que seja o tipo de sociedade, na sua sede ficará arquivada cópia autêntica do documento comprobatório da nacionalidade dos sócios.

Art. 1.127. Não haverá mudança de nacionalidade de sociedade brasileira sem o consentimento unânime dos sócios ou acionistas.

Art. 1.128. O requerimento de autorização de sociedade nacional deve ser acompanhado de cópia do contrato, assinada por todos os sócios, ou, tratando-se de sociedade anônima, de cópia, autenticada pelos fundadores, dos documentos exigidos pela lei especial.

Parágrafo único. Se a sociedade tiver sido constituída por escritura pública, bastará juntar-se ao requerimento a respectiva certidão.

Art. 1.129. Ao Poder Executivo é facultado exigir que se procedam a alterações ou aditamento no contrato ou no estatuto, devendo os sócios, ou, tratando-se de sociedade anônima, os fundadores, cumprir as formalidades legais para revisão dos atos constitutivos, e juntar ao processo prova regular.

Art. 1.130. Ao Poder Executivo é facultado recusar a autorização, se a sociedade não atender às condições econômicas, financeiras ou jurídicas especificadas em lei.

Art. 1.131. Expedido o decreto de autorização, cumprirá à sociedade publicar os atos referidos nos arts. 1.128 e 1.129, em trinta dias, no órgão oficial da União, cujo exemplar representará prova para inscrição, no registro próprio, dos atos constitutivos da sociedade.

Parágrafo único. A sociedade promoverá, também no órgão oficial da União e no prazo de trinta dias, a publicação do termo de inscrição.

Art. 1.132. As sociedades anônimas nacionais, que dependam de autorização do Poder Executivo para funcionar, não se constituirão sem obtê-la, quando seus fundadores pretenderem recorrer à subscrição pública para a formação do capital.

§ 1.º Os fundadores deverão juntar ao requerimento cópias autênticas do projeto do estatuto e do prospecto.

§ 2.º Obtida a autorização e constituída a sociedade, proceder-se-á à inscrição dos seus atos constitutivos.

Art. 1.133. Dependem de aprovação as modificações do contrato ou do estatuto de sociedade sujeita à autorização do Poder Executivo, salvo se decorrerem de aumento do capital social, em virtude de utilização de reservas ou reavaliação do ativo.

Seção III
Da Sociedade Estrangeira

•• A Instrução Normativa n. 77, de 18-3-2020, do DREI, dispõe sobre os pedidos de autorização para funcionamento de filial, agência, sucursal ou estabelecimento no País, por sociedade empresária estrangeira.

Art. 1.134. A sociedade estrangeira, qualquer que seja o seu objeto, não pode, sem autorização do Poder Executivo, funcionar no País, ainda que por estabelecimentos subordinados, podendo, todavia, ressalvados os casos expressos em lei, ser acionista de sociedade anônima brasileira.

•• O Decreto n. 5.664, de 10-1-2006, delega competência ao Ministro de Estado do Desenvolvimento, Indústria e Comércio Exterior para autorizar o funcionamento no Brasil de sociedade estrangeira.

§ 1.º Ao requerimento de autorização devem juntar-se:

I – prova de se achar a sociedade constituída conforme a lei de seu país;
II – inteiro teor do contrato ou do estatuto;
III – relação dos membros de todos os órgãos da administração da sociedade, com nome, nacionalidade, profissão, domicílio e, salvo quanto a ações ao portador, o valor da participação de cada um no capital da sociedade;
IV – cópia do ato que autorizou o funcionamento no Brasil e fixou o capital destinado às operações no território nacional;
V – prova de nomeação do representante no Brasil, com poderes expressos para aceitar as condições exigidas para a autorização;
VI – último balanço.
§ 2.º Os documentos serão autenticados, de conformidade com a lei nacional da sociedade requerente, legalizados no consulado brasileiro da respectiva sede e acompanhados de tradução em vernáculo.
Art. 1.135. É facultado ao Poder Executivo, para conceder a autorização, estabelecer condições convenientes à defesa dos interesses nacionais.
Parágrafo único. Aceitas as condições, expedirá o Poder Executivo decreto de autorização, do qual constará o montante de capital destinado às operações no País, cabendo à sociedade promover a publicação dos atos referidos no art. 1.131 e no § 1.º do art. 1.134.
Art. 1.136. A sociedade autorizada não pode iniciar sua atividade antes de inscrita no registro próprio do lugar em que se deva estabelecer.
§ 1.º O requerimento de inscrição será instruído com exemplar da publicação exigida no parágrafo único do artigo antecedente, acompanhado de documento do depósito em dinheiro, em estabelecimento bancário oficial, do capital ali mencionado.
§ 2.º Arquivados esses documentos, a inscrição será feita por termo em livro especial para as sociedades estrangeiras, com número de ordem contínuo para todas as sociedades inscritas; no termo constarão:
I – nome, objeto, duração e sede da sociedade no estrangeiro;
II – lugar da sucursal, filial ou agência, no País;
III – data e número do decreto de autorização;
IV – capital destinado às operações no País;
V – individuação do seu representante permanente.
§ 3.º Inscrita a sociedade, promover-se-á a publicação determinada no parágrafo único do art. 1.131.

Art. 1.137. A sociedade estrangeira autorizada a funcionar ficará sujeita às leis e aos tribunais brasileiros, quanto aos atos ou operações praticados no Brasil.
Parágrafo único. A sociedade estrangeira funcionará no território nacional com o nome que tiver em seu país de origem, podendo acrescentar as palavras "do Brasil" ou "para o Brasil".
Art. 1.138. A sociedade estrangeira autorizada a funcionar é obrigada a ter, permanentemente, representante no Brasil, com poderes para resolver quaisquer questões e receber citação judicial pela sociedade.
Parágrafo único. O representante somente pode agir perante terceiros depois de arquivado e averbado o instrumento de sua nomeação.
Art. 1.139. Qualquer modificação no contrato ou no estatuto dependerá da aprovação do Poder Executivo, para produzir efeitos no território nacional.

• • O Decreto n. 9.787, de 8-5-2019, delega competência ao Ministro da Economia para decidir e praticar os atos de autorização de funcionamento no País de sociedade estrangeira.

Art. 1.140. A sociedade estrangeira deve, sob pena de lhe ser cassada a autorização, reproduzir no órgão oficial da União, e do Estado, se for o caso, as publicações que, segundo a sua lei nacional, seja obrigada a fazer relativamente ao balanço patrimonial e ao de resultado econômico, bem como aos atos de sua administração.
Parágrafo único. Sob pena, também, de lhe ser cassada a autorização, a sociedade estrangeira deverá publicar o balanço patrimonial e o de resultado econômico das sucursais, filiais ou agências existentes no País.
Art. 1.141. Mediante autorização do Poder Executivo, a sociedade estrangeira admitida a funcionar no País pode nacionalizar-se, transferindo sua sede para o Brasil.
§ 1.º Para o fim previsto neste artigo, deverá a sociedade, por seus representantes, oferecer, com o requerimento, os documentos exigidos no art. 1.134, e ainda a prova da realização do capital, pela forma declarada no contrato, ou no estatuto, e do ato em que foi deliberada a nacionalização.
§ 2.º O Poder Executivo poderá impor as condições que julgar convenientes à defesa dos interesses nacionais.
§ 3.º Aceitas as condições pelo representante, proceder--se-á, após a expedição do decreto de autorização, à inscrição da sociedade e publicação do respectivo termo.

TÍTULO III
DO ESTABELECIMENTO

•• A Lei n. 12.291, de 20-7-2010, torna obrigatória a manutenção de exemplar do Código de Defesa do Consumidor nos estabelecimentos comerciais e de prestação de serviços.

Capítulo Único
DISPOSIÇÕES GERAIS

Art. 1.142. Considera-se estabelecimento todo complexo de bens organizado, para exercício da empresa, por empresário, ou por sociedade empresária.

•• *Vide* Súmula 451 do STJ.

§ 1.º O estabelecimento não se confunde com o local onde se exerce a atividade empresarial, que poderá ser físico ou virtual.

•• § 1.º com redação determinada pela Lei n. 14.382, de 27-6-2022.

§ 2.º Quando o local onde se exerce a atividade empresarial for virtual, o endereço informado para fins de registro poderá ser, conforme o caso, o endereço do empresário individual ou o de um dos sócios da sociedade empresária.

•• § 2.º com redação determinada pela Lei n. 14.382, de 27-6-2022.

§ 3.º Quando o local onde se exerce a atividade empresarial for físico, a fixação do horário de funcionamento competirá ao Município, observada a regra geral prevista no inciso II do *caput* do art. 3.º da Lei n. 13.874, de 20 de setembro de 2019.

•• § 3.º com redação determinada pela Lei n. 14.382, de 27-6-2022.

Art. 1.143. Pode o estabelecimento ser objeto unitário de direitos e de negócios jurídicos, translativos ou constitutivos, que sejam compatíveis com a sua natureza.

Art. 1.144. O contrato que tenha por objeto a alienação, o usufruto ou arrendamento do estabelecimento, só produzirá efeitos quanto a terceiros depois de averbado à margem da inscrição do empresário, ou da sociedade empresária, no Registro Público de Empresas Mercantis, e de publicado na imprensa oficial.

Art. 1.145. Se ao alienante não restarem bens suficientes para solver o seu passivo, a eficácia da alienação do estabelecimento depende do pagamento de todos os credores, ou do consentimento destes, de modo expresso ou tácito, em trinta dias a partir de sua notificação.

Art. 1.146. O adquirente do estabelecimento responde pelo pagamento dos débitos anteriores à transferência, desde que regularmente contabilizados, continuando o devedor primitivo solidariamente obrigado pelo prazo de um ano, a partir, quanto aos créditos vencidos, da publicação, e, quanto aos outros, da data do vencimento.

Art. 1.147. Não havendo autorização expressa, o alienante do estabelecimento não pode fazer concorrência ao adquirente, nos cinco anos subsequentes à transferência.

Parágrafo único. No caso de arrendamento ou usufruto do estabelecimento, a proibição prevista neste artigo persistirá durante o prazo do contrato.

Art. 1.148. Salvo disposição em contrário, a transferência importa a sub-rogação do adquirente nos contratos estipulados para exploração do estabelecimento, se não tiverem caráter pessoal, podendo os terceiros rescindir o contrato em noventa dias a contar da publicação da transferência, se ocorrer justa causa, ressalvada, neste caso, a responsabilidade do alienante.

Art. 1.149. A cessão dos créditos referentes ao estabelecimento transferido produzirá efeito em relação aos respectivos devedores, desde o momento da publicação da transferência, mas o devedor ficará exonerado se de boa-fé pagar ao cedente.

TÍTULO IV
DOS INSTITUTOS COMPLEMENTARES

Capítulo I
DO REGISTRO

Art. 1.150. O empresário e a sociedade empresária vinculam-se ao Registro Público de Empresas Mercantis a cargo das Juntas Comerciais, e a sociedade simples ao Registro Civil das Pessoas Jurídicas, o qual deverá obedecer às normas fixadas para aquele registro, se a sociedade simples adotar um dos tipos de sociedade empresária.

•• A Lei n. 14.195, de 26-8-2021, propôs alteração neste artigo, porém teve seu texto vetado.

Art. 1.151. O registro dos atos sujeitos à formalidade exigida no artigo antecedente será requerido pela pessoa obrigada em lei, e, no caso de omissão ou demora, pelo sócio ou qualquer interessado.

§ 1.º Os documentos necessários ao registro deverão ser apresentados no prazo de trinta dias, contado da lavratura dos atos respectivos.

§ 2.º Requerido além do prazo previsto neste artigo, o registro somente produzirá efeito a partir da data de sua concessão.

§ 3.º As pessoas obrigadas a requerer o registro responderão por perdas e danos, em caso de omissão ou demora.

Art. 1.152. Cabe ao órgão incumbido do registro verificar a regularidade das publicações determinadas em lei, de acordo com o disposto nos parágrafos deste artigo.

§ 1.º Salvo exceção expressa, as publicações ordenadas neste Livro serão feitas no órgão oficial da União ou do Estado, conforme o local da sede do empresário ou da sociedade, e em jornal de grande circulação.

§ 2.º As publicações das sociedades estrangeiras serão feitas nos órgãos oficiais da União e do Estado onde tiverem sucursais, filiais ou agências.

§ 3.º O anúncio de convocação da assembleia de sócios será publicado por três vezes, ao menos, devendo mediar, entre a data da primeira inserção e a da realização da assembleia, o prazo mínimo de oito dias, para a primeira convocação, e de cinco dias, para as posteriores.

Art. 1.153. Cumpre à autoridade competente, antes de efetivar o registro, verificar a autenticidade e a legitimidade do signatário do requerimento, bem como fiscalizar a observância das prescrições legais concernentes ao ato ou aos documentos apresentados.

Parágrafo único. Das irregularidades encontradas deve ser notificado o requerente, que, se for o caso, poderá saná-las, obedecendo às formalidades da lei.

Art. 1.154. O ato sujeito a registro, ressalvadas disposições especiais da lei, não pode, antes do cumprimento das respectivas formalidades, ser oposto a terceiro, salvo prova de que este o conhecia.

Parágrafo único. O terceiro não pode alegar ignorância, desde que cumpridas as referidas formalidades.

Capítulo II
DO NOME EMPRESARIAL

Art. 1.155. Considera-se nome empresarial a firma ou a denominação adotada, de conformidade com este Capítulo, para o exercício de empresa.

•• A Lei n. 14.195, de 26-8-2021, propôs alteração neste artigo, porém teve seu texto vetado.

Parágrafo único. Equipara-se ao nome empresarial, para os efeitos da proteção da lei, a denominação das sociedades simples, associações e fundações.

Art. 1.156. O empresário opera sob firma constituída por seu nome, completo ou abreviado, aditando-lhe, se quiser, designação mais precisa da sua pessoa ou do gênero de atividade.

Art. 1.157. A sociedade em que houver sócios de responsabilidade ilimitada operará sob firma, na qual somente os nomes daqueles poderão figurar, bastando para formá-la aditar ao nome de um deles a expressão "e companhia" ou sua abreviatura.

Parágrafo único. Ficam solidária e ilimitadamente responsáveis pelas obrigações contraídas sob a firma social aqueles que, por seus nomes, figurarem na firma da sociedade de que trata este artigo.

Art. 1.158. Pode a sociedade limitada adotar firma ou denominação, integradas pela palavra final "limitada" ou a sua abreviatura.

§ 1.º A firma será composta com o nome de um ou mais sócios, desde que pessoas físicas, de modo indicativo da relação social.

§ 2.º A denominação deve designar o objeto da sociedade, sendo permitido nela figurar o nome de um ou mais sócios.

§ 3.º A omissão da palavra "limitada" determina a responsabilidade solidária e ilimitada dos administradores que assim empregarem a firma ou a denominação da sociedade.

Art. 1.159. A sociedade cooperativa funciona sob denominação integrada pelo vocábulo "cooperativa".

Art. 1.160. A sociedade anônima opera sob denominação integrada pelas expressões sociedade anônima ou companhia, por extenso ou abreviadamente, facultada a designação do objeto social.

•• *Caput* com redação determinada pela Lei n. 14.382, de 27-6-2022.

Parágrafo único. Pode constar da denominação o nome do fundador, acionista, ou pessoa que haja concorrido para o bom êxito da formação da empresa.

Art. 1.161. A sociedade em comandita por ações pode, em lugar de firma, adotar denominação aditada da expressão comandita por ações, facultada a designação do objeto social.

•• Artigo com redação determinada pela Lei n. 14.382, de 27-6-2022.

Art. 1.162. A sociedade em conta de participação não pode ter firma ou denominação.

Art. 1.163. O nome de empresário deve distinguir-se de qualquer outro já inscrito no mesmo registro.

Parágrafo único. Se o empresário tiver nome idêntico ao de outros já inscritos, deverá acrescentar designação que o distinga.

Art. 1.164. O nome empresarial não pode ser objeto de alienação.

Parágrafo único. O adquirente de estabelecimento, por ato entre vivos, pode, se o contrato o permitir, usar o nome do alienante, precedido do seu próprio, com a qualificação de sucessor.

Art. 1.165. O nome de sócio que vier a falecer, for excluído ou se retirar, não pode ser conservado na firma social.

Art. 1.166. A inscrição do empresário, ou dos atos constitutivos das pessoas jurídicas, ou as respectivas averbações, no registro próprio, asseguram o uso exclusivo do nome nos limites do respectivo Estado.

Parágrafo único. O uso previsto neste artigo estender-se-á a todo o território nacional, se registrado na forma da lei especial.

Art. 1.167. Cabe ao prejudicado, a qualquer tempo, ação para anular a inscrição do nome empresarial feita com violação da lei ou do contrato.

Art. 1.168. A inscrição do nome empresarial será cancelada, a requerimento de qualquer interessado, quando cessar o exercício da atividade para que foi adotado, ou quando ultimar-se a liquidação da sociedade que o inscreveu.

Capítulo III
DOS PREPOSTOS

Seção I
Disposições Gerais

Art. 1.169. O preposto não pode, sem autorização escrita, fazer-se substituir no desempenho da preposição, sob pena de responder pessoalmente pelos atos do substituto e pelas obrigações por ele contraídas.

Art. 1.170. O preposto, salvo autorização expressa, não pode negociar por conta própria ou de terceiro, nem participar, embora indiretamente, de operação do mesmo gênero da que lhe foi cometida, sob pena de responder por perdas e danos e de serem retidos pelo preponente os lucros da operação.

Art. 1.171. Considera-se perfeita a entrega de papéis, bens ou valores ao preposto, encarregado pelo preponente, se os recebeu sem protesto, salvo nos casos em que haja prazo para reclamação.

Seção II
Do Gerente

Art. 1.172. Considera-se gerente o preposto permanente no exercício da empresa, na sede desta, ou em sucursal, filial ou agência.

Art. 1.173. Quando a lei não exigir poderes especiais, considera-se o gerente autorizado a praticar todos os atos necessários ao exercício dos poderes que lhe foram outorgados.

Parágrafo único. Na falta de estipulação diversa, consideram-se solidários os poderes conferidos a dois ou mais gerentes.

Art. 1.174. As limitações contidas na outorga de poderes, para serem opostas a terceiros, dependem do arquivamento e averbação do instrumento no Registro Público de Empresas Mercantis, salvo se provado serem conhecidas da pessoa que tratou com o gerente.

Parágrafo único. Para o mesmo efeito e com idêntica ressalva, deve a modificação ou revogação do mandato ser arquivada e averbada no Registro Público de Empresas Mercantis.

Art. 1.175. O preponente responde com o gerente pelos atos que este pratique em seu próprio nome, mas à conta daquele.

Art. 1.176. O gerente pode estar em juízo em nome do preponente, pelas obrigações resultantes do exercício da sua função.

Seção III
Do Contabilista e Outros Auxiliares

Art. 1.177. Os assentos lançados nos livros ou fichas do preponente, por qualquer dos prepostos encarregados de sua escrituração, produzem, salvo se houver procedido de má-fé, os mesmos efeitos como se o fossem por aquele.

Parágrafo único. No exercício de suas funções, os prepostos são pessoalmente responsáveis, perante os preponentes, pelos atos culposos; e, perante terceiros, solidariamente com o preponente, pelos atos dolosos.

Art. 1.178. Os preponentes são responsáveis pelos atos de quaisquer prepostos, praticados nos seus estabelecimentos e relativos à atividade da empresa, ainda que não autorizados por escrito.

Parágrafo único. Quando tais atos forem praticados fora do estabelecimento, somente obrigarão o preponente nos limites dos poderes conferidos por escrito, cujo instrumento pode ser suprido pela certidão ou cópia autêntica do seu teor.

Capítulo IV
DA ESCRITURAÇÃO

Art. 1.179. O empresário e a sociedade empresária são obrigados a seguir um sistema de contabilidade, mecanizado ou não, com base na escrituração uniforme de seus livros, em correspondência com a documentação respectiva, e a levantar anualmente o balanço patrimonial e o de resultado econômico.

§ 1.º Salvo o disposto no art. 1.180, o número e a espécie de livros ficam a critério dos interessados.

§ 2.º É dispensado das exigências deste artigo o pequeno empresário a que se refere o art. 970.

Art. 1.180. Além dos demais livros exigidos por lei, é indispensável o Diário, que pode ser substituído por fichas no caso de escrituração mecanizada ou eletrônica.

Parágrafo único. A adoção de fichas não dispensa o uso de livro apropriado para o lançamento do balanço patrimonial e do de resultado econômico.

Art. 1.181. Salvo disposição especial de lei, os livros obrigatórios e, se for o caso, as fichas, antes de postos em uso, devem ser autenticados no Registro Público de Empresas Mercantis.

Parágrafo único. A autenticação não se fará sem que esteja inscrito o empresário, ou a sociedade empresária, que poderá fazer autenticar livros não obrigatórios.

Art. 1.182. Sem prejuízo do disposto no art. 1.174, a escrituração ficará sob a responsabilidade de contabilista legalmente habilitado, salvo se nenhum houver na localidade.

Art. 1.183. A escrituração será feita em idioma e moeda corrente nacionais e em forma contábil, por ordem cronológica de dia, mês e ano, sem intervalos em branco, nem entrelinhas, borrões, rasuras, emendas ou transportes para as margens.

Parágrafo único. É permitido o uso de código de números ou de abreviaturas, que constem de livro próprio, regularmente autenticado.

Art. 1.184. No Diário serão lançadas, com individuação, clareza e caracterização do documento respectivo, dia a dia, por escrita direta ou reprodução, todas as operações relativas ao exercício da empresa.

§ 1.º Admite-se a escrituração resumida do Diário, com totais que não excedam o período de trinta dias, relativamente a contas cujas operações sejam numerosas ou realizadas fora da sede do estabelecimento, desde que utilizados livros auxiliares regularmente autenticados, para registro individualizado, e conservados os documentos que permitam a sua perfeita verificação.

§ 2.º Serão lançados no Diário o balanço patrimonial e o de resultado econômico, devendo ambos ser assinados por técnico em Ciências Contábeis legalmente habilitado e pelo empresário ou sociedade empresária.

Art. 1.185. O empresário ou sociedade empresária que adotar o sistema de fichas de lançamentos poderá substituir o livro Diário pelo livro Balancetes Diários e Balanços, observadas as mesmas formalidades extrínsecas exigidas para aquele.

Art. 1.186. O livro Balancetes Diários e Balanços será escriturado de modo que registre:

I – a posição diária de cada uma das contas ou títulos contábeis, pelo respectivo saldo, em forma de balancetes diários;

II – o balanço patrimonial e o de resultado econômico, no encerramento do exercício.

Art. 1.187. Na coleta dos elementos para o inventário serão observados os critérios de avaliação a seguir determinados:

I – os bens destinados à exploração da atividade serão avaliados pelo custo de aquisição, devendo, na avaliação dos que se desgastam ou depreciam com o uso, pela ação do tempo ou outros fatores, atender-se à desvalorização respectiva, criando-se fundos de amortização para assegurar-lhes a substituição ou a conservação do valor;

II – os valores mobiliários, matéria-prima, bens destinados à alienação, ou que constituem produtos ou artigos da indústria ou comércio da empresa, podem ser estimados pelo custo de aquisição ou de fabricação, ou pelo preço corrente, sempre que este for inferior ao preço de custo, e quando o preço corrente ou venal estiver acima do valor do custo de aquisição, ou fabricação, e os bens forem avaliados pelo preço corrente, a diferença entre este e o preço de custo não será levada em conta para a distribuição de lucros, nem para as percentagens referentes a fundos de reserva;

III – o valor das ações e dos títulos de renda fixa pode ser determinado com base na respectiva cotação da Bolsa de Valores; os não cotados e as participações não acionárias serão considerados pelo seu valor de aquisição;

IV – os créditos serão considerados de conformidade com o presumível valor de realização, não se levando em conta os prescritos ou de difícil liquidação, salvo se houver, quanto aos últimos, previsão equivalente.

Parágrafo único. Entre os valores do ativo podem figurar, desde que se preceda, anualmente, à sua amortização:

•• Mantivemos "preceda" conforme publicação oficial. Entendemos que o correto seria "proceda".

I – as despesas de instalação da sociedade, até o limite correspondente a dez por cento do capital social;

II – os juros pagos aos acionistas da sociedade anônima, no período antecedente ao início das operações sociais, à taxa não superior a doze por cento ao ano, fixada no estatuto;

III – a quantia efetivamente paga a título de aviamento de estabelecimento adquirido pelo empresário ou sociedade.

Art. 1.188. O balanço patrimonial deverá exprimir, com fidelidade e clareza, a situação real da empresa e, atendidas as peculiaridades desta, bem como as disposições das leis especiais, indicará, distintamente, o ativo e o passivo.

Parágrafo único. Lei especial disporá sobre as informações que acompanharão o balanço patrimonial, em caso de sociedades coligadas.

Art. 1.189. O balanço de resultado econômico, ou demonstração da conta de lucros e perdas, acompanhará o balanço patrimonial e dele constarão crédito e débito, na forma da lei especial.

Art. 1.190. Ressalvados os casos previstos em lei, nenhuma autoridade, juiz ou tribunal, sob qualquer pretexto, poderá fazer ou ordenar diligência para verificar se o empresário ou a sociedade empresária observam, ou não, em seus livros e fichas, as formalidades prescritas em lei.

Art. 1.191. O juiz só poderá autorizar a exibição integral dos livros e papéis de escrituração quando necessária para resolver questões relativas a sucessão, comunhão ou sociedade, administração ou gestão à conta de outrem, ou em caso de falência.

§ 1.º O juiz ou tribunal que conhecer de medida cautelar ou de ação pode, a requerimento ou de ofício, ordenar que os livros de qualquer das partes, ou de ambas, sejam examinados na presença do empresário ou da sociedade empresária a que pertencerem, ou de pessoas por estes nomeadas, para deles se extrair o que interessar à questão.

§ 2.º Achando-se os livros em outra jurisdição, nela se fará o exame, perante o respectivo juiz.

Art. 1.192. Recusada a apresentação dos livros, nos casos do artigo antecedente, serão apreendidos judicialmente e, no do seu § 1.º, ter-se-á como verdadeiro o alegado pela parte contrária para se provar pelos livros.

Parágrafo único. A confissão resultante da recusa pode ser elidida por prova documental em contrário.

Art. 1.193. As restrições estabelecidas neste Capítulo ao exame da escrituração, em parte ou por inteiro, não se aplicam às autoridades fazendárias, no exercício da fiscalização do pagamento de impostos, nos termos estritos das respectivas leis especiais.

Art. 1.194. O empresário e a sociedade empresária são obrigados a conservar em boa guarda toda a escrituração, correspondência e mais papéis concernentes à sua atividade, enquanto não ocorrer prescrição ou decadência no tocante aos atos neles consignados.

Art. 1.195. As disposições deste Capítulo aplicam-se às sucursais, filiais ou agências, no Brasil, do empresário ou sociedade com sede em país estrangeiro.

Livro III
DO DIREITO DAS COISAS

Título I
DA POSSE

Capítulo I
DA POSSE E SUA CLASSIFICAÇÃO

Art. 1.196. Considera-se possuidor todo aquele que tem de fato o exercício, pleno ou não, de algum dos poderes inerentes à propriedade.

Art. 1.197. A posse direta, de pessoa que tem a coisa em seu poder, temporariamente, em virtude de direito pessoal, ou real, não anula a indireta, de quem aquela foi havida, podendo o possuidor direto defender a sua posse contra o indireto.

Art. 1.198. Considera-se detentor aquele que, achando-se em relação de dependência para com outro, conserva a posse em nome deste e em cumprimento de ordens ou instruções suas.

Parágrafo único. Aquele que começou a comportar-se do modo como prescreve este artigo, em relação ao bem e à outra pessoa, presume-se detentor, até que prove o contrário.

Art. 1.199. Se duas ou mais pessoas possuírem coisa indivisa, poderá cada uma exercer sobre ela atos possessórios, contanto que não excluam os dos outros compossuidores.

Art. 1.200. É justa a posse que não for violenta, clandestina ou precária.

Art. 1.201. É de boa-fé a posse, se o possuidor ignora o vício, ou o obstáculo que impede a aquisição da coisa.

Parágrafo único. O possuidor com justo título tem por si a presunção de boa-fé, salvo prova em contrário, ou quando a lei expressamente não admite esta presunção.

Art. 1.202. A posse de boa-fé só perde este caráter no caso e desde o momento em que as circunstâncias façam presumir que o possuidor não ignora que possui indevidamente.

Art. 1.203. Salvo prova em contrário, entende-se manter a posse o mesmo caráter com que foi adquirida.

Capítulo II
DA AQUISIÇÃO DA POSSE

Art. 1.204. Adquire-se a posse desde o momento em que se torna possível o exercício, em nome próprio, de qualquer dos poderes inerentes à propriedade.

Art. 1.205. A posse pode ser adquirida:
I – pela própria pessoa que a pretende ou por seu representante;
II – por terceiro sem mandato, dependendo de ratificação.

Art. 1.206. A posse transmite-se aos herdeiros ou legatários do possuidor com os mesmos caracteres.

Art. 1.207. O sucessor universal continua de direito a posse do seu antecessor; e ao sucessor singular é facultado unir sua posse à do antecessor, para os efeitos legais.

Art. 1.208. Não induzem posse os atos de mera permissão ou tolerância assim como não autorizam a sua aquisição os atos violentos, ou clandestinos, senão depois de cessar a violência ou a clandestinidade.

Art. 1.209. A posse do imóvel faz presumir, até prova contrária, a das coisas móveis que nele estiverem.

Capítulo III
DOS EFEITOS DA POSSE

Art. 1.210. O possuidor tem direito a ser mantido na posse em caso de turbação, restituído no de esbulho, e segurado de violência iminente, se tiver justo receio de ser molestado.

§ 1.º O possuidor turbado, ou esbulhado, poderá manter-se ou restituir-se por sua própria força, contanto que o faça logo; os atos de defesa, ou de desforço, não podem ir além do indispensável à manutenção, ou restituição da posse.

§ 2.º Não obsta à manutenção ou reintegração na posse a alegação de propriedade, ou de outro direito sobre a coisa.

•• Vide Súmula 637 do STJ.

Art. 1.211. Quando mais de uma pessoa se disser possuidora, manter-se-á provisoriamente a que tiver a coisa, se não estiver manifesto que a obteve de alguma das outras por modo vicioso.

Art. 1.212. O possuidor pode intentar a ação de esbulho, ou a de indenização, contra o terceiro, que recebeu a coisa esbulhada sabendo que o era.

Art. 1.213. O disposto nos artigos antecedentes não se aplica às servidões não aparentes, salvo quando os respectivos títulos provierem do possuidor do prédio serviente, ou daqueles de quem este o houve.

Art. 1.214. O possuidor de boa-fé tem direito, enquanto ela durar, aos frutos percebidos.

Parágrafo único. Os frutos pendentes ao tempo em que cessar a boa-fé devem ser restituídos, depois de deduzidas as despesas da produção e custeio; devem ser também restituídos os frutos colhidos com antecipação.

Art. 1.215. Os frutos naturais e industriais reputam-se colhidos e percebidos, logo que são separados; os civis reputam-se percebidos dia por dia.

Art. 1.216. O possuidor de má-fé responde por todos os frutos colhidos e percebidos, bem como pelos que, por culpa sua, deixou de perceber, desde o momento em que se constituiu de má-fé; tem direito às despesas da produção e custeio.

Art. 1.217. O possuidor de boa-fé não responde pela perda ou deterioração da coisa, a que não der causa.

Art. 1.218. O possuidor de má-fé responde pela perda, ou deterioração da coisa, ainda que acidentais, salvo se provar que de igual modo se teriam dado, estando ela na posse do reivindicante.

Art. 1.219. O possuidor de boa-fé tem direito à indenização das benfeitorias necessárias e úteis, bem como, quanto às voluptuárias, se não lhe forem pagas, a levantá-las, quando o puder sem detrimento da coisa, e poderá exercer o direito de retenção pelo valor das benfeitorias necessárias e úteis.

Art. 1.220. Ao possuidor de má-fé serão ressarcidas somente as benfeitorias necessárias; não lhe assiste o direito de retenção pela importância destas, nem o de levantar as voluptuárias.

Art. 1.221. As benfeitorias compensam-se com os danos, e só obrigam ao ressarcimento se ao tempo da evicção ainda existirem.

Art. 1.222. O reivindicante, obrigado a indenizar as benfeitorias ao possuidor de má-fé, tem o direito de optar entre o seu valor atual e o seu custo; ao possuidor de boa-fé indenizará pelo valor atual.

Capítulo IV
DA PERDA DA POSSE

Art. 1.223. Perde-se a posse quando cessa, embora contra a vontade do possuidor, o poder sobre o bem, ao qual se refere o art. 1.196.

Art. 1.224. Só se considera perdida a posse para quem não presenciou o esbulho, quando, tendo notícia dele, se abstém de retornar a coisa, ou, tentando recuperá-la, é violentamente repelido.

•• Mantivemos "retornar" conforme publicação oficial. Entendemos que o correto seria "retomar".

TÍTULO II
DOS DIREITOS REAIS

Capítulo Único
DISPOSIÇÕES GERAIS

Art. 1.225. São direitos reais:

I – a propriedade;
II – a superfície;
III – as servidões;
IV – o usufruto;
V – o uso;
VI – a habitação;
VII – o direito do promitente comprador do imóvel;
VIII – o penhor;
IX – a hipoteca;
X – a anticrese;
XI – a concessão de uso especial para fins de moradia;
•• Inciso XI acrescentado pela Lei n. 11.481, de 31-5-2007.
XII – a concessão de direito real de uso;
•• Inciso XII com redação determinada pela Lei n. 14.620, de 13-7-2023.
XIII – a laje;
•• Inciso XIII com redação determinada pela Lei n. 14.620, de 13-7-2023.

XIV – os direitos oriundos da imissão provisória na posse, quando concedida à União, aos Estados, ao Distrito Federal, aos Municípios ou às suas entidades delegadas e a respectiva cessão e promessa de cessão.
•• Inciso XIV acrescentado pela Lei n. 14.620, de 13-7-2023.

Art. 1.226. Os direitos reais sobre coisas móveis, quando constituídos, ou transmitidos por atos entre vivos, só se adquirem com a tradição.

Art. 1.227. Os direitos reais sobre imóveis constituídos, ou transmitidos por atos entre vivos, só se adquirem com o registro no Cartório de Registro de Imóveis dos referidos títulos (arts. 1.245 a 1.247), salvo os casos expressos neste Código.

TÍTULO III
DA PROPRIEDADE

Capítulo I
DA PROPRIEDADE EM GERAL

Seção I
Disposições Preliminares

Art. 1.228. O proprietário tem a faculdade de usar, gozar e dispor da coisa, e o direito de reavê-la do poder de quem quer que injustamente a possua ou detenha.

§ 1.º O direito de propriedade deve ser exercido em consonância com as suas finalidades econômicas e sociais e de modo que sejam preservados, de conformidade com o estabelecido em lei especial, a flora, a fauna, as belezas naturais, o equilíbrio ecológico e o patrimônio histórico e artístico, bem como evitada a poluição do ar e das águas.

§ 2.º São defesos os atos que não trazem ao proprietário qualquer comodidade, ou utilidade, e sejam animados pela intenção de prejudicar outrem.

§ 3.º O proprietário pode ser privado da coisa, nos casos de desapropriação, por necessidade ou utilidade pública ou interesse social, bem como no de requisição, em caso de perigo público iminente.

§ 4.º O proprietário também pode ser privado da coisa se o imóvel reivindicado consistir em extensa área, na posse ininterrupta e de boa-fé, por mais de cinco anos, de considerável número de pessoas, e estas nela houverem realizado, em conjunto ou separadamente, obras e serviços considerados pelo juiz de interesse social e econômico relevante.

§ 5.º No caso do parágrafo antecedente, o juiz fixará a justa indenização devida ao proprietário; pago o preço, valerá a sentença como título para o registro do imóvel em nome dos possuidores.

Art. 1.229. A propriedade do solo abrange a do espaço aéreo e subsolo correspondentes, em altura e profundidade úteis ao seu exercício, não podendo o proprietário opor-se a atividades que sejam realizadas, por terceiros, a uma altura ou profundidade tais, que não tenha ele interesse legítimo em impedi-las.

Art. 1.230. A propriedade do solo não abrange as jazidas, minas e demais recursos minerais, os potenciais de energia hidráulica, os monumentos arqueológicos e outros bens referidos por leis especiais.

Parágrafo único. O proprietário do solo tem o direito de explorar os recursos minerais de emprego imediato na construção civil, desde que não submetidos a transformação industrial, obedecido o disposto em lei especial.

Art. 1.231. A propriedade presume-se plena e exclusiva, até prova em contrário.

Art. 1.232. Os frutos e mais produtos da coisa pertencem, ainda quando separados, ao seu proprietário, salvo se, por preceito jurídico especial, couberem a outrem.

Seção II
Da Descoberta

Art. 1.233. Quem quer que ache coisa alheia perdida há de restituí-la ao dono ou legítimo possuidor.

Parágrafo único. Não o conhecendo, o descobridor fará por encontrá-lo, e, se não o encontrar, entregará a coisa achada à autoridade competente.

Art. 1.234. Aquele que restituir a coisa achada, nos termos do artigo antecedente, terá direito a uma recompensa não inferior a cinco por cento do seu valor, e à indenização pelas despesas que houver feito com a conservação e transporte da coisa, se o dono não preferir abandoná-la.

Parágrafo único. Na determinação do montante da recompensa, considerar-se-á o esforço desenvolvido pelo descobridor para encontrar o dono, ou o legítimo possuidor, as possibilidades que teria este de encontrar a coisa e a situação econômica de ambos.

Art. 1.235. O descobridor responde pelos prejuízos causados ao proprietário ou possuidor legítimo, quando tiver procedido com dolo.

Art. 1.236. A autoridade competente dará conhecimento da descoberta através da imprensa e outros meios de informação, somente expedindo editais se o seu valor o comportar.

Art. 1.237. Decorridos sessenta dias da divulgação da notícia pela imprensa, ou do edital, não se apresentando quem comprove a propriedade sobre a coisa, será esta vendida em hasta pública e, deduzidas do preço as despesas, mais a recompensa do descobridor, pertencerá o remanescente ao Município em cuja circunscrição se deparou o objeto perdido.

Parágrafo único. Sendo de diminuto valor, poderá o Município abandonar a coisa em favor de quem a achou.

Capítulo II
DA AQUISIÇÃO DA PROPRIEDADE IMÓVEL

Seção I
Da Usucapião

•• *Vide* art. 10 da Lei n. 14.010, de 10-6-2020.

Art. 1.238. Aquele que, por quinze anos, sem interrupção, nem oposição, possuir como seu um imóvel, adquire-lhe a propriedade, independentemente de título e boa-fé; podendo requerer ao juiz que assim o declare por sentença, a qual servirá de título para o registro no Cartório de Registro de Imóveis.

Parágrafo único. O prazo estabelecido neste artigo reduzir-se-á a dez anos se o possuidor houver estabelecido no imóvel a sua moradia habitual, ou nele realizado obras ou serviços de caráter produtivo.

•• *Vide* art. 2.029 do CC.

Art. 1.239. Aquele que, não sendo proprietário de imóvel rural ou urbano, possua como sua, por cinco anos ininterruptos, sem oposição, área de terra em zona rural não superior a cinquenta hectares, tornando-a produtiva por seu trabalho ou de sua família, tendo nela sua moradia, adquirir-lhe-á a propriedade.

Art. 1.240. Aquele que possuir, como sua, área urbana de até duzentos e cinquenta metros quadrados, por cinco anos ininterruptamente e sem oposição, utilizando-a para sua moradia ou de sua família, adquirir-lhe-á o domínio, desde que não seja proprietário de outro imóvel urbano ou rural.

§ 1.º O título de domínio e a concessão de uso serão conferidos ao homem ou à mulher, ou a ambos, independentemente do estado civil.

§ 2.º O direito previsto no parágrafo antecedente não será reconhecido ao mesmo possuidor mais de uma vez.

Art. 1.240-A. Aquele que exercer, por 2 (dois) anos ininterruptamente e sem oposição, posse direta, com exclusividade, sobre imóvel urbano de até 250m² (duzentos e cinquenta metros quadrados) cuja propriedade

Arts. 1.240-A a 1.250 — **Direito das Coisas**

dívida com ex-cônjuge ou ex-companheiro que abandonou o lar, utilizando-o para sua moradia ou de sua família, adquirir-lhe-á o domínio integral, desde que não seja proprietário de outro imóvel urbano ou rural.

•• *Caput* acrescentado pela Lei n. 12.424, de 16-6-2011.

§ 1.º O direito previsto no *caput* não será reconhecido ao mesmo possuidor mais de uma vez.

•• § 1.º acrescentado pela Lei n. 12.424, de 16-6-2011.

§ 2.º (*Vetado.*)

•• § 2.º acrescentado pela Lei n. 12.424, de 16-6-2011.

Art. 1.241. Poderá o possuidor requerer ao juiz seja declarada adquirida, mediante usucapião, a propriedade imóvel.

Parágrafo único. A declaração obtida na forma deste artigo constituirá título hábil para o registro no Cartório de Registro de Imóveis.

Art. 1.242. Adquire também a propriedade do imóvel aquele que, contínua e incontestadamente, com justo título e boa-fé, o possuir por dez anos.

Parágrafo único. Será de cinco anos o prazo previsto neste artigo se o imóvel houver sido adquirido, onerosamente, com base no registro constante do respectivo cartório, cancelada posteriormente, desde que os possuidores nele tiverem estabelecido a sua moradia, ou realizado investimentos de interesse social e econômico.

•• *Vide* art. 2.029 do CC.

Art. 1.243. O possuidor pode, para o fim de contar o tempo exigido pelos artigos antecedentes, acrescentar à sua posse a dos seus antecessores (art. 1.207), contanto que todas sejam contínuas, pacíficas e, nos casos do art. 1.242, com justo título e de boa-fé.

Art. 1.244. Estende-se ao possuidor o disposto quanto ao devedor acerca das causas que obstam, suspendem ou interrompem a prescrição, as quais também se aplicam à usucapião.

Seção II
Da Aquisição pelo Registro do Título

Art. 1.245. Transfere-se entre vivos a propriedade mediante o registro do título translativo no Registro de Imóveis.

§ 1.º Enquanto não se registrar o título translativo, o alienante continua a ser havido como dono do imóvel.

§ 2.º Enquanto não se promover, por meio de ação própria, a decretação de invalidade do registro, e o respectivo cancelamento, o adquirente continua a ser havido como dono do imóvel.

Art. 1.246. O registro é eficaz desde o momento em que se apresentar o título ao oficial do registro, e este o prenotar no protocolo.

Art. 1.247. Se o teor do registro não exprimir a verdade, poderá o interessado reclamar que se retifique ou anule.

Parágrafo único. Cancelado o registro, poderá o proprietário reivindicar o imóvel, independentemente da boa-fé ou do título do terceiro adquirente.

Seção III
Da Aquisição por Acessão

Art. 1.248. A acessão pode dar-se:

I – por formação de ilhas;

II – por aluvião;

III – por avulsão;

IV – por abandono de álveo;

V – por plantações ou construções.

Subseção I
Das ilhas

Art. 1.249. As ilhas que se formarem em correntes comuns ou particulares pertencem aos proprietários ribeirinhos fronteiros, observadas as regras seguintes:

I – as que se formarem no meio do rio consideram-se acréscimos sobrevindos aos terrenos ribeirinhos fronteiros de ambas as margens, na proporção de suas testadas, até a linha que dividir o álveo em duas partes iguais;

II – as que se formarem entre a referida linha e uma das margens consideram-se acréscimos aos terrenos ribeirinhos fronteiros desse mesmo lado;

III – as que se formarem pelo desdobramento de um novo braço do rio continuam a pertencer aos proprietários dos terrenos à custa dos quais se constituíram.

Subseção II
Da aluvião

Art. 1.250. Os acréscimos formados, sucessiva e imperceptivelmente, por depósitos e aterros naturais ao longo das margens das correntes, ou pelo desvio das águas destas, pertencem aos donos dos terrenos marginais, sem indenização.

Parágrafo único. O terreno aluvial, que se formar em frente de prédios de proprietários diferentes, dividir-se-á entre eles, na proporção da testada de cada um sobre a antiga margem.

Subseção III
Da avulsão

Art. 1.251. Quando, por força natural violenta, uma porção de terra se destacar de um prédio e se juntar a outro, o dono deste adquirirá a propriedade do acréscimo, se indenizar o dono do primeiro ou, sem indenização, se, em um ano, ninguém houver reclamado.

Parágrafo único. Recusando-se ao pagamento de indenização, o dono do prédio a que se juntou a porção de terra deverá aquiescer a que se remova a parte acrescida.

Subseção IV
Do álveo abandonado

Art. 1.252. O álveo abandonado de corrente pertence aos proprietários ribeirinhos das duas margens, sem que tenham indenização os donos dos terrenos por onde as águas abrirem novo curso, entendendo-se que os prédios marginais se estendem até o meio do álveo.

Subseção V
Das construções e plantações

Art. 1.253. Toda construção ou plantação existente em um terreno presume-se feita pelo proprietário e à sua custa, até que se prove o contrário.

Art. 1.254. Aquele que semeia, planta ou edifica em terreno próprio com sementes, plantas ou materiais alheios, adquire a propriedade destes; mas fica obrigado a pagar-lhes o valor, além de responder por perdas e danos, se agiu de má-fé.

Art. 1.255. Aquele que semeia, planta ou edifica em terreno alheio perde, em proveito do proprietário, as sementes, plantas e construções; se procedeu de boa-fé, terá direito à indenização.

Parágrafo único. Se a construção ou a plantação exceder consideravelmente o valor do terreno, aquele que, de boa-fé, plantou ou edificou, adquirirá a propriedade do solo, mediante pagamento da indenização fixada judicialmente, se não houver acordo.

Art. 1.256. Se de ambas as partes houve má-fé, adquirirá o proprietário as sementes, plantas e construções, devendo ressarcir o valor das acessões.

Parágrafo único. Presume-se má-fé no proprietário, quando o trabalho de construção, ou lavoura, se fez em sua presença e sem impugnação sua.

Art. 1.257. O disposto no artigo antecedente aplica-se ao caso de não pertencerem as sementes, plantas ou materiais a quem de má-fé os empregou em solo alheio.

Parágrafo único. O proprietário das sementes, plantas ou materiais poderá cobrar do proprietário do solo a indenização devida, quando não puder havê-la do plantador ou construtor.

Art. 1.258. Se a construção, feita parcialmente em solo próprio, invade solo alheio em proporção não superior à vigésima parte deste, adquire o construtor de boa-fé a propriedade da parte do solo invadido, se o valor da construção exceder o dessa parte, e responde por indenização que represente, também, o valor da área perdida e a desvalorização da área remanescente.

Parágrafo único. Pagando em décuplo as perdas e danos previstos neste artigo, o construtor de má-fé adquire a propriedade da parte do solo que invadiu, se em proporção à vigésima parte deste e o valor da construção exceder consideravelmente o dessa parte e não se puder demolir a porção invasora sem grave prejuízo para a construção.

Art. 1.259. Se o construtor estiver de boa-fé, e a invasão do solo alheio exceder a vigésima parte deste, adquire a propriedade da parte do solo invadido, e responde por perdas e danos que abranjam o valor que a invasão acrescer à construção, mais o da área perdida e o da desvalorização da área remanescente; se de má-fé, é obrigado a demolir o que nele construiu, pagando as perdas e danos apurados, que serão devidos em dobro.

Capítulo III
DA AQUISIÇÃO DA PROPRIEDADE MÓVEL

Seção I
Da Usucapião

•• *Vide* art. 10 da Lei n. 14.010, de 10-6-2020.

Art. 1.260. Aquele que possuir coisa móvel como sua, contínua e incontestadamente durante três anos, com justo título e boa-fé, adquirir-lhe-á a propriedade.

Art. 1.261. Se a posse da coisa móvel se prolongar por cinco anos, produzirá usucapião, independentemente de título ou boa-fé.

Art. 1.262. Aplica-se à usucapião das coisas móveis o disposto nos arts. 1.243 e 1.244.

Seção II
Da Ocupação

Art. 1.263. Quem se assenhorear de coisa sem dono para logo lhe adquire a propriedade, não sendo essa ocupação defesa por lei.

Seção III
Do Achado do Tesouro

Art. 1.264. O depósito antigo de coisas preciosas, oculto e de cujo dono não haja memória, será dividido por igual entre o proprietário do prédio e o que achar o tesouro casualmente.

Art. 1.265. O tesouro pertencerá por inteiro ao proprietário do prédio, se for achado por ele, ou em pesquisa que ordenou, ou por terceiro não autorizado.

Art. 1.266. Achando-se em terreno aforado, o tesouro será dividido por igual entre o descobridor e o enfiteuta, ou será deste por inteiro quando ele mesmo seja o descobridor.

Seção IV
Da Tradição

Art. 1.267. A propriedade das coisas não se transfere pelos negócios jurídicos antes da tradição.

Parágrafo único. Subentende-se a tradição quando o transmitente continua a possuir pelo constituto possessório; quando cede ao adquirente o direito à restituição da coisa, que se encontra em poder de terceiro; ou quando o adquirente já está na posse da coisa, por ocasião do negócio jurídico.

Art. 1.268. Feita por quem não seja proprietário, a tradição não aliena a propriedade, exceto se a coisa, oferecida ao público, em leilão ou estabelecimento comercial, for transferida em circunstâncias tais que, ao adquirente de boa-fé, como a qualquer pessoa, o alienante se afigurar dono.

§ 1.º Se o adquirente estiver de boa-fé e o alienante adquirir depois a propriedade, considera-se realizada a transferência desde o momento em que ocorreu a tradição.

§ 2.º Não transfere a propriedade a tradição, quando tiver por título um negócio jurídico nulo.

Seção V
Da Especificação

Art. 1.269. Aquele que, trabalhando em matéria-prima em parte alheia, obtiver espécie nova, desta será proprietário, se não se puder restituir à forma anterior.

Art. 1.270. Se toda a matéria for alheia, e não se puder reduzir à forma precedente, será do especificador de boa-fé a espécie nova.

§ 1.º Sendo praticável a redução, ou quando impraticável, se a espécie nova se obteve de má-fé, pertencerá ao dono da matéria-prima.

§ 2.º Em qualquer caso, inclusive o da pintura em relação à tela, da escultura, escritura e outro qualquer trabalho gráfico em relação à matéria-prima, a espécie nova será do especificador, se o seu valor exceder consideravelmente o da matéria-prima.

Art. 1.271. Aos prejudicados, nas hipóteses dos arts. 1.269 e 1.270, se ressarcirá o dano que sofrerem, menos ao especificador de má-fé, no caso do § 1.º do artigo antecedente, quando irredutível a especificação.

Seção VI
Da Confusão, da Comissão
e da Adjunção

•• Mantivemos "comissão" conforme publicação oficial. Entendemos que o correto seria "comistão".

Art. 1.272. As coisas pertencentes a diversos donos, confundidas, misturadas ou adjuntadas sem o consentimento deles, continuam a pertencer-lhes, sendo possível separá-las sem deterioração.

§ 1.º Não sendo possível a separação das coisas, ou exigindo dispêndio excessivo, subsiste indiviso o todo, cabendo a cada um dos donos quinhão proporcional ao valor da coisa com que entrou para a mistura ou agregado.

§ 2.º Se uma das coisas puder considerar-se principal, o dono sê-lo-á do todo, indenizando os outros.

Art. 1.273. Se a confusão, comissão ou adjunção se operou de má-fé, à outra parte caberá escolher entre adquirir a propriedade do todo, pagando o que não for seu, abatida a indenização que lhe for devida, ou renunciar ao que lhe pertencer, caso em que será indenizado.

•• Mantivemos "comissão" conforme publicação oficial. Entendemos que o correto seria "comistão".

Art. 1.274. Se da união de matérias de natureza diversa se formar espécie nova, à confusão, comissão ou adjunção aplicam-se as normas dos arts. 1.272 e 1.273.

•• Mantivemos "comissão" conforme publicação oficial. Entendemos que o correto seria "comistão".

Capítulo IV
DA PERDA DA PROPRIEDADE

Art. 1.275. Além das causas consideradas neste Código, perde-se a propriedade:

I – por alienação;
II – pela renúncia;
III – por abandono;
IV – por perecimento da coisa;

V – por desapropriação.
Parágrafo único. Nos casos dos incisos I e II, os efeitos da perda da propriedade imóvel serão subordinados ao registro do título transmissivo ou do ato renunciativo no Registro de Imóveis.
Art. 1.276. O imóvel urbano que o proprietário abandonar, com a intenção de não mais o conservar em seu patrimônio, e que se não encontrar na posse de outrem, poderá ser arrecadado, como bem vago, e passar, três anos depois, à propriedade do Município ou à do Distrito Federal, se se achar nas respectivas circunscrições.
§ 1.º O imóvel situado na zona rural, abandonado nas mesmas circunstâncias, poderá ser arrecadado, como bem vago, e passar, três anos depois, à propriedade da União, onde quer que ele se localize.
§ 2.º Presumir-se-á de modo absoluto a intenção a que se refere este artigo, quando, cessados os atos de posse, deixar o proprietário de satisfazer os ônus fiscais.

Capítulo V
DOS DIREITOS DE VIZINHANÇA

Seção I
Do Uso Anormal da Propriedade

Art. 1.277. O proprietário ou o possuidor de um prédio tem o direito de fazer cessar as interferências prejudiciais à segurança, ao sossego e à saúde dos que o habitam, provocadas pela utilização de propriedade vizinha.
Parágrafo único. Proíbem-se as interferências considerando-se a natureza da utilização, a localização do prédio, atendidas as normas que distribuem as edificações em zonas, e os limites ordinários de tolerância dos moradores da vizinhança.
Art. 1.278. O direito a que se refere o artigo antecedente não prevalece quando as interferências forem justificadas por interesse público, caso em que o proprietário ou o possuidor, causador delas, pagará ao vizinho indenização cabal.
Art. 1.279. Ainda que por decisão judicial devam ser toleradas as interferências, poderá o vizinho exigir a sua redução, ou eliminação, quando estas se tornarem possíveis.
Art. 1.280. O proprietário ou o possuidor tem direito a exigir do dono do prédio vizinho a demolição, ou a reparação deste, quando ameace ruína, bem como que lhe preste caução pelo dano iminente.
Art. 1.281. O proprietário ou o possuidor de um prédio, em que alguém tenha direito de fazer obras, pode, no caso de dano iminente, exigir do autor delas as necessárias garantias contra o prejuízo eventual.

Seção II
Das Árvores Limítrofes

Art. 1.282. A árvore, cujo tronco estiver na linha divisória, presume-se pertencer em comum aos donos dos prédios confinantes.
Art. 1.283. As raízes e os ramos de árvore, que ultrapassarem a estrema do prédio, poderão ser cortados, até o plano vertical divisório, pelo proprietário do terreno invadido.
Art. 1.284. Os frutos caídos de árvore do terreno vizinho pertencem ao dono do solo onde caíram, se este for de propriedade particular.

Seção III
Da Passagem Forçada

Art. 1.285. O dono do prédio que não tiver acesso a via pública, nascente ou porto, pode, mediante pagamento de indenização cabal, constranger o vizinho a lhe dar passagem, cujo rumo será judicialmente fixado, se necessário.
§ 1.º Sofrerá o constrangimento o vizinho cujo imóvel mais natural e facilmente se prestar à passagem.
§ 2.º Se ocorrer alienação parcial do prédio, de modo que uma das partes perca o acesso a via pública, nascente ou porto, o proprietário da outra deve tolerar a passagem.
§ 3.º Aplica-se o disposto no parágrafo antecedente ainda quando, antes da alienação, existia passagem através de imóvel vizinho, não estando o proprietário deste constrangido, depois, a dar uma outra.

Seção IV
Da Passagem de Cabos e Tubulações

Art. 1.286. Mediante recebimento de indenização que atenda, também, à desvalorização da área remanescente, o proprietário é obrigado a tolerar a passagem, através de seu imóvel, de cabos, tubulações e outros condutos subterrâneos de serviços de utilidade pública, em proveito de proprietários vizinhos, quando de outro modo for impossível ou excessivamente onerosa.
Parágrafo único. O proprietário prejudicado pode exigir que a instalação seja feita de modo menos gravoso ao prédio onerado, bem como, depois, seja removida, à sua custa, para outro local do imóvel.
Art. 1.287. Se as instalações oferecerem grave risco, será facultado ao proprietário do prédio onerado exigir a realização de obras de segurança.

Seção V
Das Águas

Art. 1.288. O dono ou o possuidor do prédio inferior é obrigado a receber as águas que correm naturalmente do superior, não podendo realizar obras que embaracem o seu fluxo; porém a condição natural e anterior do prédio inferior não pode ser agravada por obras feitas pelo dono ou possuidor do prédio superior.

Art. 1.289. Quando as águas, artificialmente levadas ao prédio superior, ou aí colhidas, correrem dele para o inferior, poderá o dono deste reclamar que se desviem, ou se lhe indenize o prejuízo que sofrer.

Parágrafo único. Da indenização será deduzido o valor do benefício obtido.

Art. 1.290. O proprietário de nascente, ou do solo onde caem águas pluviais, satisfeitas as necessidades de seu consumo, não pode impedir, ou desviar o curso natural das águas remanescentes pelos prédios inferiores.

Art. 1.291. O possuidor do imóvel superior não poderá poluir as águas indispensáveis às primeiras necessidades da vida dos possuidores dos imóveis inferiores; as demais, que poluir, deverá recuperar, ressarcindo os danos que estes sofrerem, se não for possível a recuperação ou o desvio do curso artificial das águas.

Art. 1.292. O proprietário tem direito de construir barragens, açudes, ou outras obras para represamento de água em seu prédio; se as águas represadas invadirem prédio alheio, será o seu proprietário indenizado pelo dano sofrido, deduzido o valor do benefício obtido.

Art. 1.293. É permitido a quem quer que seja, mediante prévia indenização aos proprietários prejudicados, construir canais, através de prédios alheios, para receber as águas a que tenha direito, indispensáveis às primeiras necessidades da vida, e, desde que não cause prejuízo considerável à agricultura e à indústria, bem como para o escoamento de águas superfluas ou acumuladas, ou a drenagem de terrenos.

§ 1.º Ao proprietário prejudicado, em tal caso, também assiste direito a ressarcimento pelos danos que de futuro lhe advenham da infiltração ou irrupção das águas, bem como da deterioração das obras destinadas a canalizá-las.

§ 2.º O proprietário prejudicado poderá exigir que seja subterrânea a canalização que atravessa áreas edificadas, pátios, hortas, jardins ou quintais.

§ 3.º O aqueduto será construído de maneira que cause o menor prejuízo aos proprietários dos imóveis vizinhos, e a expensas do seu dono, a quem incumbem também as despesas de conservação.

Art. 1.294. Aplica-se ao direito de aqueduto o disposto nos arts. 1.286 e 1.287.

Art. 1.295. O aqueduto não impedirá que os proprietários cerquem os imóveis e construam sobre ele, sem prejuízo para a sua segurança e conservação; os proprietários dos imóveis poderão usar das águas do aqueduto para as primeiras necessidades da vida.

Art. 1.296. Havendo no aqueduto águas superfluas, outros poderão canalizá-las, para os fins previstos no art. 1.293, mediante pagamento de indenização aos proprietários prejudicados e ao dono do aqueduto, de importância equivalente às despesas que então seriam necessárias para a condução das águas até o ponto de derivação.

Parágrafo único. Têm preferência os proprietários dos imóveis atravessados pelo aqueduto.

Seção VI
Dos Limites entre Prédios e do Direito de Tapagem

Art. 1.297. O proprietário tem direito a cercar, murar, valar ou tapar de qualquer modo o seu prédio, urbano ou rural, e pode constranger o seu confinante a proceder com ele à demarcação entre os dois prédios, a aviventar rumos apagados e a renovar marcos destruídos ou arruinados, repartindo-se proporcionalmente entre os interessados as respectivas despesas.

§ 1.º Os intervalos, muros, cercas e os tapumes divisórios, tais como sebes vivas, cercas de arame ou de madeira, valas ou banquetas, presumem-se, até prova em contrário, pertencer a ambos os proprietários confinantes, sendo estes obrigados, de conformidade com os costumes da localidade, a concorrer, em partes iguais, para as despesas de sua construção e conservação.

§ 2.º As sebes vivas, as árvores, ou plantas quaisquer, que servem de marco divisório, só podem ser cortadas, ou arrancadas, de comum acordo entre proprietários.

§ 3.º A construção de tapumes especiais para impedir a passagem de animais de pequeno porte, ou para outro fim, pode ser exigida de quem provocou a necessidade deles, pelo proprietário, que não está obrigado a concorrer para as despesas.

Art. 1.298. Sendo confusos, os limites, em falta de outro meio, se determinarão de conformidade com a posse justa; e, não se achando ela provada, o terreno contestado se dividirá por partes iguais entre os prédios, ou, não sendo possível a divisão cômoda, se adjudicará a um deles, mediante indenização ao outro.

Seção VII
Do Direito de Construir

Art. 1.299. O proprietário pode levantar em seu terreno as construções que lhe aprouver, salvo o direito dos vizinhos e os regulamentos administrativos.

Art. 1.300. O proprietário construirá de maneira que o seu prédio não despeje águas, diretamente, sobre o prédio vizinho.

Art. 1.301. É defeso abrir janelas, ou fazer eirado, terraço ou varanda, a menos de metro e meio do terreno vizinho.

§ 1.º As janelas cuja visão não incida sobre a linha divisória, bem como as perpendiculares, não poderão ser abertas a menos de setenta e cinco centímetros.

§ 2.º As disposições deste artigo não abrangem as aberturas para luz ou ventilação, não maiores de dez centímetros de largura sobre vinte de comprimento e construídas a mais de dois metros de altura de cada piso.

Art. 1.302. O proprietário pode, no lapso de ano e dia após a conclusão da obra, exigir que se desfaça janela, sacada, terraço ou goteira sobre o seu prédio; escoado o prazo, não poderá, por sua vez, edificar sem atender ao disposto no artigo antecedente, nem impedir, ou dificultar, o escoamento das águas da goteira, com prejuízo para o prédio vizinho.

Parágrafo único. Em se tratando de vãos, ou aberturas para luz, seja qual for a quantidade, altura e disposição, o vizinho poderá, a todo tempo, levantar a sua edificação, ou contramuro, ainda que lhes vede a claridade.

Art. 1.303. Na zona rural, não será permitido levantar edificações a menos de três metros do terreno vizinho.

Art. 1.304. Nas cidades, vilas e povoados cuja edificação estiver adstrita a alinhamento, o dono de um terreno pode nele edificar, madeirando na parede divisória do prédio contíguo, se ela suportar a nova construção; mas terá de embolsar ao vizinho metade do valor da parede e do chão correspondentes.

Art. 1.305. O confinante, que primeiro construir, pode assentar a parede divisória até meia espessura no terreno contíguo, sem perder por isso o direito a haver meio valor dela se o vizinho a travejar, caso em que o primeiro fixará a largura e a profundidade do alicerce.

Parágrafo único. Se a parede divisória pertencer a um dos vizinhos, e não tiver capacidade para ser travejada pelo outro, não poderá este fazer-lhe alicerce ao pé sem prestar caução àquele, pelo risco a que expõe a construção anterior.

Art. 1.306. O condômino da parede-meia pode utilizá-la até ao meio da espessura, não pondo em risco a segurança ou a separação dos dois prédios, e avisando previamente o outro condômino das obras que ali tenciona fazer; não pode sem consentimento do outro, fazer, na parede-meia, armários, ou obras semelhantes, correspondendo a outras, da mesma natureza, já feitas do lado oposto.

Art. 1.307. Qualquer dos confinantes pode altear a parede divisória, se necessário reconstruindo-a, para suportar o alteamento; arcará com todas as despesas, inclusive de conservação, ou com metade, se o vizinho adquirir meação também na parte aumentada.

Art. 1.308. Não é lícito encostar à parede divisória chaminés, fogões, fornos ou quaisquer aparelhos ou depósitos suscetíveis de produzir infiltrações ou interferências prejudiciais ao vizinho.

Parágrafo único. A disposição anterior não abrange as chaminés ordinárias e os fogões de cozinha.

Art. 1.309. São proibidas construções capazes de poluir, ou inutilizar, para uso ordinário, a água do poço, ou nascente alheia, a elas preexistentes.

Art. 1.310. Não é permitido fazer escavações ou quaisquer obras que tirem ao poço ou à nascente de outrem a água indispensável às suas necessidades normais.

Art. 1.311. Não é permitida a execução de qualquer obra ou serviço suscetível de provocar desmoronamento ou deslocação de terra, ou que comprometa a segurança do prédio vizinho, senão após haverem sido feitas as obras acautelatórias.

Parágrafo único. O proprietário do prédio vizinho tem direito a ressarcimento pelos prejuízos que sofrer, não obstante haverem sido realizadas as obras acautelatórias.

Art. 1.312. Todo aquele que violar as proibições estabelecidas nesta Seção é obrigado a demolir as construções feitas, respondendo por perdas e danos.

Art. 1.313. O proprietário ou ocupante do imóvel é obrigado a tolerar que o vizinho entre no prédio, mediante prévio aviso, para:

I – dele temporariamente usar, quando indispensável à reparação, construção, reconstrução ou limpeza de sua casa ou do muro divisório;

Arts. 1.313 a 1.325 — **Direito das Coisas**

II – apoderar-se de coisas suas, inclusive animais que aí se encontrem casualmente.

§ 1.º O disposto neste artigo aplica-se aos casos de limpeza ou reparação de esgotos, goteiras, aparelhos higiênicos, poços e nascentes e ao aparo de cerca viva.

§ 2.º Na hipótese do inciso II, uma vez entregues as coisas buscadas pelo vizinho, poderá ser impedida a sua entrada no imóvel.

§ 3.º Se do exercício do direito assegurado neste artigo provier dano, terá o prejudicado direito a ressarcimento.

Capítulo VI
DO CONDOMÍNIO GERAL

Seção I
Do Condomínio Voluntário

Subseção I
Dos direitos e deveres dos condôminos

Art. 1.314. Cada condômino pode usar da coisa conforme sua destinação, sobre ela exercer todos os direitos compatíveis com a indivisão, reivindicá-la de terceiro, defender a sua posse e alhear a respectiva parte ideal, ou gravá-la.

Parágrafo único. Nenhum dos condôminos pode alterar a destinação da coisa comum, nem dar posse, uso ou gozo dela a estranhos, sem o consenso dos outros.

Art. 1.315. O condômino é obrigado, na proporção de sua parte, a concorrer para as despesas de conservação ou divisão da coisa, e a suportar os ônus a que estiver sujeita.

Parágrafo único. Presumem-se iguais as partes ideais dos condôminos.

Art. 1.316. Pode o condômino eximir-se do pagamento das despesas e dívidas, renunciando à parte ideal.

§ 1.º Se os demais condôminos assumem as despesas e as dívidas, a renúncia lhes aproveita, adquirindo a parte ideal de quem renunciou, na proporção dos pagamentos que fizerem.

§ 2.º Se não há condômino que faça os pagamentos, a coisa comum será dividida.

Art. 1.317. Quando a dívida houver sido contraída por todos os condôminos, sem se discriminar a parte de cada um na obrigação, nem se estipular solidariedade, entende-se que cada qual se obrigou proporcionalmente ao seu quinhão na coisa comum.

Art. 1.318. As dívidas contraídas por um dos condôminos em proveito da comunhão, e durante ela, obrigam o contratante; mas terá este ação regressiva contra os demais.

Art. 1.319. Cada condômino responde aos outros pelos frutos que percebeu da coisa e pelo dano que lhe causou.

Art. 1.320. A todo tempo será lícito ao condômino exigir a divisão da coisa comum, respondendo o quinhão de cada um pela sua parte nas despesas da divisão.

§ 1.º Podem os condôminos acordar que fique indivisa a coisa comum por prazo não maior de cinco anos, suscetível de prorrogação ulterior.

§ 2.º Não poderá exceder de cinco anos a indivisão estabelecida pelo doador ou pelo testador.

§ 3.º A requerimento de qualquer interessado e se graves razões o aconselharem, pode o juiz determinar a divisão da coisa comum antes do prazo.

Art. 1.321. Aplicam-se à divisão do condomínio, no que couber, as regras de partilha de herança (arts. 2.013 a 2.022).

Art. 1.322. Quando a coisa for indivisível, e os consortes não quiserem adjudicá-la a um só, indenizando os outros, será vendida e repartido o apurado, preferindo-se, na venda, em condições iguais de oferta, o condômino ao estranho, e entre os condôminos aquele que tiver na coisa benfeitorias mais valiosas, e, não as havendo, o de quinhão maior.

Parágrafo único. Se nenhum dos condôminos tem benfeitorias na coisa comum e participam todos do condomínio em partes iguais, realizar-se-á licitação entre estranhos e, antes de adjudicada a coisa àquele que ofereceu maior lanço, proceder-se-á à licitação entre os condôminos, a fim de que a coisa seja adjudicada a quem afinal oferecer melhor lanço, preferindo, em condições iguais, o condômino ao estranho.

Subseção II
Da administração do condomínio

Art. 1.323. Deliberando a maioria sobre a administração da coisa comum, escolherá o administrador, que poderá ser estranho ao condomínio; resolvendo alugá-la, preferir-se-á, em condições iguais, o condômino ao que não o é.

Art. 1.324. O condômino que administrar sem oposição dos outros presume-se representante comum.

Art. 1.325. A maioria será calculada pelo valor dos quinhões.

§ 1.º As deliberações serão obrigatórias, sendo tomadas por maioria absoluta.

§ 2.º Não sendo possível alcançar maioria absoluta, decidirá o juiz, a requerimento de qualquer condômino, ouvidos os outros.

§ 3.º Havendo dúvida quanto ao valor do quinhão, será este avaliado judicialmente.

Art. 1.326. Os frutos da coisa comum, não havendo em contrário estipulação ou disposição de última vontade, serão partilhados na proporção dos quinhões.

Seção II
Do Condomínio Necessário

Art. 1.327. O condomínio por meação de paredes, cercas, muros e valas regula-se pelo disposto neste Código (arts. 1.297 e 1.298; 1.304 a 1.307).

Art. 1.328. O proprietário que tiver direito a estremar um imóvel com paredes, cercas, muros, valas ou valados, tê-lo-á igualmente a adquirir meação na parede, muro, valado ou cerca do vizinho, embolsando-lhe metade do que atualmente valer a obra e o terreno por ela ocupado (art. 1.297).

Art. 1.329. Não convindo os dois no preço da obra, será este arbitrado por peritos, a expensas de ambos os confinantes.

Art. 1.330. Qualquer que seja o valor da meação, enquanto aquele que pretender a divisão não o pagar ou depositar, nenhum uso poderá fazer na parede, muro, vala, cerca ou qualquer outra obra divisória.

Capítulo VII
DO CONDOMÍNIO EDILÍCIO

Seção I
Disposições Gerais

Art. 1.331. Pode haver, em edificações, partes que são propriedade exclusiva, e partes que são propriedade comum dos condôminos.

§ 1.º As partes suscetíveis de utilização independente, tais como apartamentos, escritórios, salas, lojas e sobrelojas, com as respectivas frações ideais no solo e nas outras partes comuns, sujeitam-se a propriedade exclusiva, podendo ser alienadas e gravadas livremente por seus proprietários, exceto os abrigos para veículos, que não poderão ser alienados ou alugados a pessoas estranhas ao condomínio, salvo autorização expressa na convenção de condomínio.

•• § 1.º com redação determinada pela Lei n. 12.607, de 4-4-2012.

§ 2.º O solo, a estrutura do prédio, o telhado, a rede geral de distribuição de água, esgoto, gás e eletricidade, a calefação e refrigeração centrais, e as demais partes comuns, inclusive o acesso ao logradouro público, são utilizados em comum pelos condôminos, não podendo ser alienados separadamente, ou divididos.

§ 3.º A cada unidade imobiliária caberá, como parte inseparável, uma fração ideal no solo e nas outras partes comuns, que será identificada em forma decimal ou ordinária no instrumento de instituição do condomínio.

•• § 3.º com redação determinada pela Lei n. 10.931, de 2-8-2004.

§ 4.º Nenhuma unidade imobiliária pode ser privada do acesso ao logradouro público.

§ 5.º O terraço de cobertura é parte comum, salvo disposição contrária da escritura de constituição do condomínio.

Art. 1.332. Institui-se o condomínio edilício por ato entre vivos ou testamento, registrado no Cartório de Registro de Imóveis, devendo constar daquele ato, além do disposto em lei especial:

I – a discriminação e individualização das unidades de propriedade exclusiva, estremadas uma das outras e das partes comuns;

II – a determinação da fração ideal atribuída a cada unidade, relativamente ao terreno e partes comuns;

III – o fim a que as unidades se destinam.

Art. 1.333. A convenção que constitui o condomínio edilício deve ser subscrita pelos titulares de, no mínimo, dois terços das frações ideais e torna-se, desde logo, obrigatória para os titulares de direito sobre as unidades, ou para quantos sobre elas tenham posse ou detenção.

Parágrafo único. Para ser oponível contra terceiros, a convenção do condomínio deverá ser registrada no Cartório de Registro de Imóveis.

Art. 1.334. Além das cláusulas referidas no art. 1.332 e das que os interessados houverem por bem estipular, a convenção determinará:

I – a quota proporcional e o modo de pagamento das contribuições dos condôminos para atender às despesas ordinárias e extraordinárias do condomínio;

II – sua forma de administração;

III – a competência das assembleias, forma de sua convocação e *quorum* exigido para as deliberações;

IV – as sanções a que estão sujeitos os condôminos, ou possuidores;

V – o regimento interno.

§ 1.º A convenção poderá ser feita por escritura pública ou por instrumento particular.

§ 2.º São equiparados aos proprietários, para os fins deste artigo, salvo disposição em contrário, os promitentes compradores e os cessionários de direitos relativos às unidades autônomas.

Art. 1.335. São direitos do condômino:

I – usar, fruir e livremente dispor das suas unidades;

II – usar das partes comuns, conforme a sua destinação, e contanto que não exclua a utilização dos demais compossuidores;

III – votar nas deliberações da assembleia e delas participar, estando quite.

Art. 1.336. São deveres do condômino:

I – contribuir para as despesas do condomínio na proporção das suas frações ideais, salvo disposição em contrário na convenção;

•• Inciso I com redação determinada pela Lei n. 10.931, de 2-8-2004.

II – não realizar obras que comprometam a segurança da edificação;

III – não alterar a forma e a cor da fachada, das partes e esquadrias externas;

IV – dar às suas partes a mesma destinação que tem a edificação, e não as utilizar de maneira prejudicial ao sossego, salubridade e segurança dos possuidores, ou aos bons costumes.

§ 1.º O condômino que não pagar a sua contribuição ficará sujeito à correção monetária e aos juros moratórios convencionados ou, não sendo previstos, aos juros estabelecidos no art. 406 deste Código, bem como à multa de até 2% (dois por cento) sobre o débito.

•• § 1.º com redação determinada pela Lei n. 14.905, de 28-6-2024.

§ 2.º O condômino, que não cumprir qualquer dos deveres estabelecidos nos incisos II a IV, pagará a multa prevista no ato constitutivo ou na convenção, não podendo ela ser superior a cinco vezes o valor de suas contribuições mensais, independentemente das perdas e danos que se apurarem; não havendo disposição expressa, caberá à assembleia geral, por dois terços no mínimo dos condôminos restantes, deliberar sobre a cobrança da multa.

Art. 1.337. O condômino, ou possuidor, que não cumpre reiteradamente com os seus deveres perante o condomínio poderá, por deliberação de três quartos dos condôminos restantes, ser constrangido a pagar multa correspondente até ao quíntuplo do valor atribuído à contribuição para as despesas condominiais, conforme a gravidade das faltas e a reiteração, independentemente das perdas e danos que se apurem.

Parágrafo único. O condômino ou possuidor que, por seu reiterado comportamento antissocial, gerar incompatibilidade de convivência com os demais condôminos ou possuidores, poderá ser constrangido a pagar multa correspondente ao décuplo do valor atribuído à contribuição para as despesas condominiais, até ulterior deliberação da assembleia.

Art. 1.338. Resolvendo o condômino alugar área no abrigo para veículos, preferir-se-á, em condições iguais, qualquer dos condôminos a estranhos, e, entre todos, os possuidores.

Art. 1.339. Os direitos de cada condômino às partes comuns são inseparáveis de sua propriedade exclusiva; são também inseparáveis das frações ideais correspondentes as unidades imobiliárias, com as suas partes acessórias.

§ 1.º Nos casos deste artigo é proibido alienar ou gravar os bens em separado.

§ 2.º É permitido ao condômino alienar parte acessória de sua unidade imobiliária a outro condômino, só podendo fazê-lo a terceiro se essa faculdade constar do ato constitutivo do condomínio, e se a ela não se opuser a respectiva assembleia geral.

Art. 1.340. As despesas relativas a partes comuns de uso exclusivo de um condômino, ou de alguns deles, incumbem a quem delas se serve.

Art. 1.341. A realização de obras no condomínio depende:

I – se voluptuárias, de voto de dois terços dos condôminos;

II – se úteis, de voto da maioria dos condôminos.

§ 1.º As obras ou reparações necessárias podem ser realizadas, independentemente de autorização, pelo síndico, ou, em caso de omissão ou impedimento deste, por qualquer condômino.

§ 2.º Se as obras ou reparos necessários forem urgentes e importarem em despesas excessivas, determinada sua realização, o síndico ou o condômino que tomou a iniciativa delas dará ciência à assembleia, que deverá ser convocada imediatamente.

§ 3.º Não sendo urgentes, as obras ou reparos necessários, que importarem em despesas excessivas, somente poderão ser efetuadas após autorização da assembleia, especialmente convocada pelo síndico, ou, em caso de omissão ou impedimento deste, por qualquer dos condôminos.

§ 4.º O condômino que realizar obras ou reparos necessários será reembolsado das despesas que efetuar, não tendo direito à restituição das que fizer com obras ou reparos de outra natureza, embora de interesse comum.

Art. 1.342. A realização de obras, em partes comuns, em acréscimo às já existentes, a fim de lhes facilitar ou aumentar a utilização, depende da aprovação de dois terços dos votos dos condôminos, não sendo permitidas construções, nas partes comuns, suscetíveis de prejudicar a utilização, por qualquer dos condôminos, das partes próprias, ou comuns.

Art. 1.343. A construção de outro pavimento, ou, no solo comum, de outro edifício, destinado a conter novas unidades imobiliárias, depende da aprovação da unanimidade dos condôminos.

Art. 1.344. Ao proprietário do terraço de cobertura incumbem as despesas da sua conservação, de modo que não haja danos às unidades imobiliárias inferiores.

Art. 1.345. O adquirente de unidade responde pelos débitos do alienante, em relação ao condomínio, inclusive multas e juros moratórios.

Art. 1.346. É obrigatório o seguro de toda a edificação contra o risco de incêndio ou destruição, total ou parcial.

Seção II
Da Administração do Condomínio

Art. 1.347. A assembleia escolherá um síndico, que poderá não ser condômino, para administrar o condomínio, por prazo não superior a dois anos, o qual poderá renovar-se.

Art. 1.348. Compete ao síndico:

I – convocar a assembleia dos condôminos;

II – representar, ativa e passivamente, o condomínio, praticando, em juízo ou fora dele, os atos necessários à defesa dos interesses comuns;

III – dar imediato conhecimento à assembleia da existência de procedimento judicial ou administrativo, de interesse do condomínio;

IV – cumprir e fazer cumprir a convenção, o regimento interno e as determinações da assembleia;

V – diligenciar a conservação e a guarda das partes comuns e zelar pela prestação dos serviços que interessem aos possuidores;

VI – elaborar o orçamento da receita e da despesa relativa a cada ano;

VII – cobrar dos condôminos as suas contribuições, bem como impor e cobrar as multas devidas;

VIII – prestar contas à assembleia, anualmente e quando exigidas;

IX – realizar o seguro da edificação.

§ 1.º Poderá a assembleia investir outra pessoa, em lugar do síndico, em poderes de representação.

§ 2.º O síndico pode transferir a outrem, total ou parcialmente, os poderes de representação ou as funções administrativas, mediante aprovação da assembleia, salvo disposição em contrário da convenção.

Art. 1.349. A assembleia, especialmente convocada para o fim estabelecido no § 2.º do artigo antecedente, poderá, pelo voto da maioria absoluta de seus membros, destituir o síndico que praticar irregularidades, não prestar contas, ou não administrar convenientemente o condomínio.

•• *Vide* art. 12 da Lei n. 14.010, de 10-6-2020.

Art. 1.350. Convocará o síndico, anualmente, reunião da assembleia dos condôminos, na forma prevista na convenção, a fim de aprovar o orçamento das despesas, as contribuições dos condôminos e a prestação de contas, e eventualmente eleger-lhe o substituto e alterar o regimento interno.

•• *Vide* art. 12 da Lei n. 14.010, de 10-6-2020.

§ 1.º Se o síndico não convocar a assembleia, um quarto dos condôminos poderá fazê-lo.

§ 2.º Se a assembleia não se reunir, o juiz decidirá, a requerimento de qualquer condômino.

Art. 1.351. Depende da aprovação de 2/3 (dois terços) dos votos dos condôminos a alteração da convenção, bem como a mudança da destinação do edifício ou da unidade imobiliária.

•• Artigo com redação determinada pela Lei n. 14.405, de 12-7-2022.

Art. 1.352. Salvo quando exigido *quorum* especial, as deliberações da assembleia serão tomadas, em primeira convocação, por maioria de votos dos condôminos presentes que representem pelo menos metade das frações ideais.

Parágrafo único. Os votos serão proporcionais às frações ideais no solo e nas outras partes comuns pertencentes a cada condômino, salvo disposição diversa da convenção de constituição do condomínio.

Art. 1.353. Em segunda convocação, a assembleia poderá deliberar por maioria dos votos dos presentes, salvo quando exigido *quorum* especial.

§ 1.º Quando a deliberação exigir quórum especial previsto em lei ou em convenção e ele não for atingido, a assembleia poderá, por decisão da maioria dos presentes, autorizar o presidente a converter a reunião em sessão permanente, desde que cumulativamente:

•• § 1.º, *caput*, acrescentado pela Lei n. 14.309, de 8-3-2022.

I – sejam indicadas a data e a hora da sessão em seguimento, que não poderá ultrapassar 60 (sessenta) dias, e identificadas as deliberações pretendidas, em razão do quórum especial não atingido;

•• Inciso I acrescentado pela Lei n. 14.309, de 8-3-2022.

II – fiquem expressamente convocados os presentes e sejam obrigatoriamente convocadas as unidades ausentes, na forma prevista em convenção;

•• Inciso II acrescentado pela Lei n. 14.309, de 8-3-2022.

III – seja lavrada ata parcial, relativa ao segmento presencial da reunião da assembleia, da qual deverão constar as transcrições circunstanciadas de todos os argumentos até então apresentados relativos à ordem do dia, que deverá ser remetida aos condôminos ausentes;

•• Inciso III acrescentado pela Lei n. 14.309, de 8-3-2022.

IV – seja dada continuidade às deliberações no dia e na hora designados, e seja a ata correspondente lavrada em seguimento à que estava parcialmente redigida, com a consolidação de todas as deliberações.

•• Inciso IV acrescentado pela Lei n. 14.309, de 8-3-2022.

§ 2.º Os votos consignados na primeira sessão ficarão registrados, sem que haja necessidade de comparecimento dos condôminos para sua confirmação, os quais poderão, se estiverem presentes no encontro seguinte, requerer a alteração do seu voto até o desfecho da deliberação pretendida.

•• § 2.º acrescentado pela Lei n. 14.309, de 8-3-2022.

§ 3.º A sessão permanente poderá ser prorrogada tantas vezes quantas necessárias, desde que a assembleia seja concluída no prazo total de 90 (noventa) dias, contado da data de sua abertura inicial.

•• § 3.º acrescentado pela Lei n. 14.309, de 8-3-2022.

Art. 1.354. A assembleia não poderá deliberar se todos os condôminos não forem convocados para a reunião.

Art. 1.354-A. A convocação, a realização e a deliberação de quaisquer modalidades de assembleia poderão dar-se de forma eletrônica, desde que:

•• *Caput* acrescentado pela Lei n. 14.309, de 8-3-2022.

I – tal possibilidade não seja vedada na convenção de condomínio;

•• Inciso I acrescentado pela Lei n. 14.309, de 8-3-2022.

II – sejam preservados aos condôminos os direitos de voz, de debate e de voto.

•• Inciso II acrescentado pela Lei n. 14.309, de 8-3-2022.

§ 1.º Do instrumento de convocação deverá constar que a assembleia será realizada por meio eletrônico, bem como as instruções sobre acesso, manifestação e forma de coleta de votos dos condôminos.

•• § 1.º acrescentado pela Lei n. 14.309, de 8-3-2022.

§ 2.º A administração do condomínio não poderá ser responsabilizada por problemas decorrentes dos equipamentos de informática ou da conexão à internet dos condôminos ou de seus representantes nem por quaisquer outras situações que não estejam sob o seu controle.

•• § 2.º acrescentado pela Lei n. 14.309, de 8-3-2022.

§ 3.º Somente após a somatória de todos os votos e a sua divulgação será lavrada a respectiva ata, também eletrônica, e encerrada a assembleia geral.

•• § 3.º acrescentado pela Lei n. 14.309, de 8-3-2022.

§ 4.º A assembleia eletrônica deverá obedecer aos preceitos de instalação, de funcionamento e de encerramento previstos no edital de convocação e poderá ser realizada de forma híbrida, com a presença física e virtual de condôminos concomitantemente no mesmo ato.

•• § 4.º acrescentado pela Lei n. 14.309, de 8-3-2022.

§ 5.º Normas complementares relativas às assembleias eletrônicas poderão ser previstas no regimento interno do condomínio e definidas mediante aprovação da maioria simples dos presentes em assembleia convocada para essa finalidade.

•• § 5.º acrescentado pela Lei n. 14.309, de 8-3-2022.

§ 6.º Os documentos pertinentes à ordem do dia poderão ser disponibilizados de forma física ou eletrônica aos participantes.

•• § 6.º acrescentado pela Lei n. 14.309, de 8-3-2022.

Art. 1.355. Assembleias extraordinárias poderão ser convocadas pelo síndico ou por um quarto dos condôminos.

Art. 1.356. Poderá haver no condomínio um conselho fiscal, composto de três membros, eleitos pela assembleia, por prazo não superior a dois anos, ao qual compete dar parecer sobre as contas do síndico.

Seção III
Da Extinção do Condomínio

Art. 1.357. Se a edificação for total ou consideravelmente destruída, ou ameace ruína, os condôminos deliberarão em assembleia sobre a reconstrução, ou venda, por votos que representem metade mais uma das frações ideais.

§ 1.º Deliberada a reconstrução, poderá o condômino eximir-se do pagamento das despesas respectivas, alienando os seus direitos a outros condôminos, mediante avaliação judicial.

§ 2.º Realizada a venda, em que se preferirá, em condições iguais de oferta, o condômino ao estranho, será repartido o apurado entre os condôminos, proporcionalmente ao valor das suas unidades imobiliárias.

Art. 1.358. Se ocorrer desapropriação, a indenização será repartida na proporção a que se refere o § 2.º do artigo antecedente.

Seção IV
Do Condomínio de Lotes

•• Seção IV acrescentada pela Lei n. 13.465, de 11-7-2017.

Art. 1.358-A. Pode haver, em terrenos, partes designadas de lotes que são propriedade exclusiva e partes que são propriedade comum dos condôminos.

•• *Caput* acrescentado pela Lei n. 13.465, de 11-7-2017.

§ 1.º A fração ideal de cada condômino poderá ser proporcional à área do solo de cada unidade autônoma, ao respectivo potencial construtivo ou a outros critérios indicados no ato de instituição.

•• § 1.º acrescentado pela Lei n. 13.465, de 11-7-2017.

§ 2.º Aplica-se, no que couber, ao condomínio de lotes:

•• § 2.º, *caput*, com redação determinada pela Lei n. 14.382, de 27-6-2022.

I – o disposto sobre condomínio edilício neste Capítulo, respeitada a legislação urbanística; e

•• Inciso I acrescentado pela Lei n. 14.382, de 27-6-2022.

II – o regime jurídico das incorporações imobiliárias de que trata o Capítulo I do Título II da Lei n. 4.591, de 16 de dezembro de 1964, equiparando-se o empreendedor ao incorporador quanto aos aspectos civis e registrários.

•• Inciso II acrescentado pela Lei n. 14.382, de 27-6-2022.

§ 3.º Para fins de incorporação imobiliária, a implantação de toda a infraestrutura ficará a cargo do empreendedor.

•• § 3.º acrescentado pela Lei n. 13.465, de 11-7-2017.

Capítulo VII-A
DO CONDOMÍNIO
EM MULTIPROPRIEDADE

•• Capítulo VII-A acrescentado pela Lei n. 13.777, de 20-12-2018.

Seção I
Disposições Gerais

•• Seção I acrescentada pela Lei n. 13.777, de 20-12-2018.

Art. 1.358-B. A multipropriedade reger-se-á pelo disposto neste Capítulo e, de forma supletiva e subsidiária, pelas demais disposições deste Código e pelas disposições das Leis n. 4.591, de 16 de dezembro de 1964, e 8.078, de 11 de setembro de 1990 (Código de Defesa do Consumidor).

•• Artigo acrescentado pela Lei n. 13.777, de 20-12-2018.

Art. 1.358-C. Multipropriedade é o regime de condomínio em que cada um dos proprietários de um mesmo imóvel é titular de uma fração de tempo, à qual corresponde a faculdade de uso e gozo, com exclusividade, da totalidade do imóvel, a ser exercida pelos proprietários de forma alternada.

•• *Caput* acrescentado pela Lei n. 13.777, de 20-12-2018.

Parágrafo único. A multipropriedade não se extinguirá automaticamente se todas as frações de tempo forem do mesmo multiproprietário.

•• Parágrafo único acrescentado pela Lei n. 13.777, de 20-12-2018.

Art. 1.358-D. O imóvel objeto da multipropriedade:

•• *Caput* acrescentado pela Lei n. 13.777, de 20-12-2018.

I – é indivisível, não se sujeitando a ação de divisão ou de extinção de condomínio;

•• Inciso I acrescentado pela Lei n. 13.777, de 20-12-2018.

II – inclui as instalações, os equipamentos e o mobiliário destinados a seu uso e gozo.

•• Inciso II acrescentado pela Lei n. 13.777, de 20-12-2018.

Art. 1.358-E. Cada fração de tempo é indivisível.

•• *Caput* acrescentado pela Lei n. 13.777, de 20-12-2018.

§ 1.º O período correspondente a cada fração de tempo será de, no mínimo, 7 (sete) dias, seguidos ou intercalados, e poderá ser:

Arts. 1.358-E a 1.358-I — **Direito das Coisas**

•• § 1.º acrescentado pela Lei n. 13.777, de 20-12-2018.

I – fixo e determinado, no mesmo período de cada ano;

•• Inciso I acrescentado pela Lei n. 13.777, de 20-12-2018.

II – flutuante, caso em que a determinação do período será realizada de forma periódica, mediante procedimento objetivo que respeite, em relação a todos os multiproprietários, o princípio da isonomia, devendo ser previamente divulgado; ou

•• Inciso II acrescentado pela Lei n. 13.777, de 20-12-2018.

III – misto, combinando os sistemas fixo e flutuante.

•• Inciso III acrescentado pela Lei n. 13.777, de 20-12-2018.

§ 2.º Todos os multiproprietários terão direito a uma mesma quantidade mínima de dias seguidos durante o ano, podendo haver a aquisição de frações maiores que a mínima, com o correspondente direito ao uso por períodos também maiores.

•• § 2.º acrescentado pela Lei n. 13.777, de 20-12-2018.

Seção II
Da Instituição da Multipropriedade

•• Seção II acrescentada pela Lei n. 13.777, de 20-12-2018.

Art. 1.358-F. Institui-se a multipropriedade por ato entre vivos ou testamento, registrado no competente cartório de registro de imóveis, devendo constar daquele ato a duração dos períodos correspondentes a cada fração de tempo.

•• Artigo acrescentado pela Lei n. 13.777, de 20-12-2018.

Art. 1.358-G. Além das cláusulas que os multiproprietários decidirem estipular, a convenção de condomínio em multipropriedade determinará:

•• Caput acrescentado pela Lei n. 13.777, de 20-12-2018.

I – os poderes e deveres dos multiproprietários, especialmente em matéria de instalações, equipamentos e mobiliário do imóvel, de manutenção ordinária e extraordinária, de conservação e limpeza e de pagamento da contribuição condominial;

•• Inciso I acrescentado pela Lei n. 13.777, de 20-12-2018.

II – o número máximo de pessoas que podem ocupar simultaneamente o imóvel no período correspondente a cada fração de tempo;

•• Inciso II acrescentado pela Lei n. 13.777, de 20-12-2018.

III – as regras de acesso do administrador condominial ao imóvel para cumprimento do dever de manutenção, conservação e limpeza;

•• Inciso IIII acrescentado pela Lei n. 13.777, de 20-12-2018.

IV – a criação de fundo de reserva para reposição e manutenção dos equipamentos, instalações e mobiliário;

•• Inciso IV acrescentado pela Lei n. 13.777, de 20-12-2018.

V – o regime aplicável em caso de perda ou destruição parcial ou total do imóvel, inclusive para efeitos de participação no risco ou no valor do seguro, da indenização ou da parte restante;

•• Inciso V acrescentado pela Lei n. 13.777, de 20-12-2018.

VI – as multas aplicáveis ao multiproprietário nas hipóteses de descumprimento de deveres.

•• Inciso VI acrescentado pela Lei n. 13.777, de 20-12-2018.

Art. 1.358-H. O instrumento de instituição da multipropriedade ou a convenção de condomínio em multipropriedade poderá estabelecer o limite máximo de frações de tempo no mesmo imóvel que poderão ser detidas pela mesma pessoa natural ou jurídica.

•• Caput acrescentado pela Lei n. 13.777, de 20-12-2018.

Parágrafo único. Em caso de instituição da multipropriedade para posterior venda das frações de tempo a terceiros, o atendimento a eventual limite de frações de tempo por titular estabelecido no instrumento de instituição será obrigatório somente após a venda das frações.

•• Parágrafo único acrescentado pela Lei n. 13.777, de 20-12-2018.

Seção III
Dos Direitos e das Obrigações do Multiproprietário

•• Seção III acrescentada pela Lei n. 13.777, de 20-12-2019.

Art. 1.358-I. São direitos do multiproprietário, além daqueles previstos no instrumento de instituição e na convenção de condomínio em multipropriedade:

•• Caput acrescentado pela Lei n. 13.777, de 20-12-2018.

I – usar e gozar, durante o período correspondente à sua fração de tempo, do imóvel e de suas instalações, equipamentos e mobiliário;

•• Inciso I acrescentado pela Lei n. 13.777, de 20-12-2018.

II – ceder a fração de tempo em locação ou comodato;

•• Inciso II acrescentado pela Lei n. 13.777, de 20-12-2018.

III – alienar a fração de tempo, por ato entre vivos ou por causa de morte, a título oneroso ou gratuito, ou onerá-la, devendo a alienação e a qualificação do sucessor, ou a oneração, ser informadas ao administrador;

•• Inciso III acrescentado pela Lei n. 13.777, de 20-12-2018.

IV – participar e votar, pessoalmente ou por intermédio de representante ou procurador, desde que esteja quite com as obrigações condominiais, em:

•• Inciso IV acrescentado pela Lei n. 13.777, de 20-12-2018.
a) assembleia geral do condomínio em multipropriedade, e o voto do multiproprietário corresponderá à quota de sua fração de tempo no imóvel;
•• Alínea *a* acrescentada pela Lei n. 13.777, de 20-12-2018.
b) assembleia geral do condomínio edilício, quando for o caso, e o voto do multiproprietário corresponderá à quota de sua fração de tempo em relação à quota de poder político atribuído à unidade autônoma na respectiva convenção de condomínio edilício.
•• Alínea *b* acrescentada pela Lei n. 13.777, de 20-12-2018.
Art. 1.358-J. São obrigações do multiproprietário, além daquelas previstas no instrumento de instituição e na convenção de condomínio em multipropriedade:
•• *Caput* acrescentado pela Lei n. 13.777, de 20-12-2018.
I – pagar a contribuição condominial do condomínio em multipropriedade e, quando for o caso, do condomínio edilício, ainda que renuncie ao uso e gozo, total ou parcial, do imóvel, das áreas comuns ou das respectivas instalações, equipamentos e mobiliário;
•• Inciso I acrescentado pela Lei n. 13.777, de 20-12-2018.
II – responder por danos causados ao imóvel, às instalações, aos equipamentos e ao mobiliário por si, por qualquer de seus acompanhantes, convidados ou prepostos ou por pessoas por ele autorizadas;
•• Inciso II acrescentado pela Lei n. 13.777, de 20-12-2018.
III – comunicar imediatamente ao administrador os defeitos, avarias e vícios no imóvel dos quais tiver ciência durante a utilização;
•• Inciso III acrescentado pela Lei n. 13.777, de 20-12-2018.
IV – não modificar, alterar ou substituir o mobiliário, os equipamentos e as instalações do imóvel;
•• Inciso IV acrescentado pela Lei n. 13.777, de 20-12-2018.
V – manter o imóvel em estado de conservação e limpeza condizente com os fins a que se destina e com a natureza da respectiva construção;
•• Inciso V acrescentado pela Lei n. 13.777, de 20-12-2018.
VI – usar o imóvel, bem como suas instalações, equipamentos e mobiliário, conforme seu destino e natureza;
•• Inciso VI acrescentado pela Lei n. 13.777, de 20-12-2018.
VII – usar o imóvel exclusivamente durante o período correspondente à sua fração de tempo;
•• Inciso VII acrescentado pela Lei n. 13.777, de 20-12-2018.

VIII – desocupar o imóvel, impreterivelmente, até o dia e hora fixados no instrumento de instituição ou na convenção de condomínio em multipropriedade, sob pena de multa diária, conforme convencionado no instrumento pertinente;
•• Inciso VIII acrescentado pela Lei n. 13.777, de 20-12-2018.
IX – permitir a realização de obras ou reparos urgentes.
•• Inciso IX acrescentado pela Lei n. 13.777, de 20-12-2018.
§ 1.º Conforme previsão que deverá constar da respectiva convenção de condomínio em multipropriedade, o multiproprietário estará sujeito a:
•• § 1.º, *caput*, acrescentado pela Lei n. 13.777, de 20-12-2018.
I – multa, no caso de descumprimento de qualquer de seus deveres;
•• Inciso I acrescentado pela Lei n. 13.777, de 20-12-2018.
II – multa progressiva e perda temporária do direito de utilização do imóvel no período correspondente à sua fração de tempo, no caso de descumprimento reiterado de deveres.
•• Inciso II acrescentado pela Lei n. 13.777, de 20-12-2018.
§ 2.º A responsabilidade pelas despesas referentes a reparos no imóvel, bem como suas instalações, equipamentos e mobiliário, será:
•• § 2.º, *caput*, acrescentado pela Lei n. 13.777, de 20-12-2018.
I – de todos os multiproprietários, quando decorrentes do uso normal e do desgaste natural do imóvel;
•• Inciso I acrescentado pela Lei n. 13.777, de 20-12-2018.
II – exclusivamente do multiproprietário responsável pelo uso anormal, sem prejuízo de multa, quando decorrentes de uso anormal do imóvel.
•• Inciso II acrescentado pela Lei n. 13.777, de 20-12-2018.
§ 3.º (*Vetado.*)
•• § 3.º acrescentado pela Lei n. 13.777, de 20-12-2018.
§ 4.º (*Vetado.*)
•• § 4.º acrescentado pela Lei n. 13.777, de 20-12-2018.
§ 5.º (*Vetado.*)
•• § 5.º acrescentado pela Lei n. 13.777, de 20-12-2018.
Art. 1.358-K. Para os efeitos do disposto nesta Seção, são equiparados aos multiproprietários os promitentes compradores e os cessionários de direitos relativos a cada fração de tempo.
•• Artigo acrescentado pela Lei n. 13.777, de 20-12-2018.

Seção IV
Da Transferência da Multipropriedade

•• Seção IV acrescentada pela Lei n. 13.777, de 20-12-2018.

Art. 1.358-L. A transferência do direito de multipropriedade e a sua produção de efeitos perante terceiros dar-se-ão na forma da lei civil e não dependerão da anuência ou cientificação dos demais multiproprietários.

•• *Caput* acrescentado pela Lei n. 13.777, de 20-12-2018.

§ 1.º Não haverá direito de preferência na alienação de fração de tempo, salvo se estabelecido no instrumento de instituição ou na convenção do condomínio em multipropriedade em favor dos demais multiproprietários ou do instituidor do condomínio em multipropriedade.

•• § 1.º acrescentado pela Lei n. 13.777, de 20-12-2018.

§ 2.º O adquirente será solidariamente responsável com o alienante pelas obrigações de que trata o § 5.º do art. 1.358-J deste Código caso não obtenha a declaração de inexistência de débitos referente à fração de tempo no momento de sua aquisição.

•• § 2.º acrescentado pela Lei n. 13.777, de 20-12-2018.

Seção V
Da Administração da Multipropriedade

•• Seção V acrescentada pela Lei n. 13.777, de 20-12-2018.

Art. 1.358-M. A administração do imóvel e de suas instalações, equipamentos e mobiliário será responsabilidade da pessoa indicada no instrumento de instituição ou na convenção de condomínio em multipropriedade, ou, na falta de indicação, de pessoa escolhida em assembleia geral dos condôminos.

•• *Caput* acrescentado pela Lei n. 13.777, de 20-12-2018.

§ 1.º O administrador exercerá, além daquelas previstas no instrumento de instituição e na convenção de condomínio em multipropriedade, as seguintes atribuições:

•• § 1.º acrescentado pela Lei n. 13.777, de 20-12-2018.

I – coordenação da utilização do imóvel pelos multiproprietários durante o período correspondente a suas respectivas frações de tempo;

•• Inciso I acrescentado pela Lei n. 13.777, de 20-12-2018.

II – determinação, no caso dos sistemas flutuante ou misto, dos períodos concretos de uso e gozo exclusivos de cada multiproprietário em cada ano;

•• Inciso II acrescentado pela Lei n. 13.777, de 20-12-2018.

III – manutenção, conservação e limpeza do imóvel;

•• Inciso III acrescentado pela Lei n. 13.777, de 20-12-2018.

IV – troca ou substituição de instalações, equipamentos ou mobiliário, inclusive:

•• Inciso IV acrescentado pela Lei n. 13.777, de 20-12-2018.

a) determinar a necessidade da troca ou substituição;

•• Alínea *a* acrescentada pela Lei n. 13.777, de 20-12-2018.

b) providenciar os orçamentos necessários para a troca ou substituição;

•• Alínea *b* acrescentada pela Lei n. 13.777, de 20-12-2018.

c) submeter os orçamentos à aprovação pela maioria simples dos condôminos em assembleia;

•• Alínea *c* acrescentada pela Lei n. 13.777, de 20-12-2018.

V – elaboração do orçamento anual, com previsão das receitas e despesas;

•• Inciso V acrescentado pela Lei n. 13.777, de 20-12-2018.

VI – cobrança das quotas de custeio de responsabilidade dos multiproprietários;

•• Inciso VI acrescentado pela Lei n. 13.777, de 20-12-2018.

VII – pagamento, por conta do condomínio edilício ou voluntário, com os fundos comuns arrecadados, de todas as despesas comuns.

•• Inciso VII acrescentado pela Lei n. 13.777, de 20-12-2018.

§ 2.º A convenção de condomínio em multipropriedade poderá regrar de forma diversa a atribuição prevista no inciso IV do § 1.º deste artigo.

•• § 2.º acrescentado pela Lei n. 13.777, de 20-12-2018.

Art. 1.358-N. O instrumento de instituição poderá prever fração de tempo destinada à realização, no imóvel e em suas instalações, em seus equipamentos e em seu mobiliário, de reparos indispensáveis ao exercício normal do direito de multipropriedade.

•• *Caput* acrescentado pela Lei n. 13.777, de 20-12-2018.

§ 1.º A fração de tempo de que trata o *caput* deste artigo poderá ser atribuída:

•• § 1.º acrescentado pela Lei n. 13.777, de 20-12-2018.

I – ao instituidor da multipropriedade; ou

•• Inciso I acrescentado pela Lei n. 13.777, de 20-12-2018.

II – aos multiproprietários, proporcionalmente às respectivas frações.

•• Inciso II acrescentado pela Lei n. 13.777, de 20-12-2018.

§ 2.º Em caso de emergência, os reparos de que trata o *caput* deste artigo poderão ser feitos durante o período correspondente à fração de tempo de um dos multiproprietários.

Arts. 1.358-N a 1.358-Q   Direito das Coisas

•• § 2.º acrescentado pela Lei n. 13.777, de 20-12-2018.

Seção VI
Disposições Específicas Relativas às Unidades Autônomas de Condomínios Edilícios

•• Seção VI acrescentada pela Lei n. 13.777, de 20-12-2018.

Art. 1.358-O. O condomínio edilício poderá adotar o regime de multipropriedade em parte ou na totalidade de suas unidades autônomas, mediante:

•• *Caput* acrescentado pela Lei n. 13.777, de 20-12-2018.

I – previsão no instrumento de instituição; ou

•• Inciso I acrescentado pela Lei n. 13.777, de 20-12-2018.

II – deliberação da maioria absoluta dos condôminos.

•• Inciso II acrescentado pela Lei n. 13.777, de 20-12-2018.

Parágrafo único. No caso previsto no inciso I do *caput* deste artigo, a iniciativa e a responsabilidade para a instituição do regime da multipropriedade serão atribuídas às mesmas pessoas e observarão os mesmos requisitos indicados nas alíneas *a*, *b* e *c* e no § 1.º do art. 31 da Lei n. 4.591, de 16 de dezembro de 1964.

•• Parágrafo único acrescentado pela Lei n. 13.777, de 20-12-2018.

Art. 1.358-P. Na hipótese do art. 1.358-O, a convenção de condomínio edilício deve prever, além das matérias elencadas nos arts. 1.332, 1.334 e, se for o caso, 1.358-G deste Código:

•• *Caput* acrescentado pela Lei n. 13.777, de 20-12-2018.

I – a identificação das unidades sujeitas ao regime da multipropriedade, no caso de empreendimentos mistos;

•• Inciso I acrescentado pela Lei n. 13.777, de 20-12-2018.

II – a indicação da duração das frações de tempo de cada unidade autônoma sujeita ao regime da multipropriedade;

•• Inciso II acrescentado pela Lei n. 13.777, de 20-12-2018.

III – a forma de rateio, entre os multiproprietários de uma mesma unidade autônoma, das contribuições condominiais relativas à unidade, que, salvo se disciplinada de forma diversa no instrumento de instituição ou na convenção de condomínio em multipropriedade, será proporcional à fração de tempo de cada multiproprietário;

•• Inciso III acrescentado pela Lei n. 13.777, de 20-12-2018.

IV – a especificação das despesas ordinárias, cujo custeio será obrigatório, independentemente do uso e gozo do imóvel e das áreas comuns;

•• Inciso IV acrescentado pela Lei n. 13.777, de 20-12-2018.

V – os órgãos de administração da multipropriedade;

•• Inciso V acrescentado pela Lei n. 13.777, de 20-12-2018.

VI – a indicação, se for o caso, de que o empreendimento conta com sistema de administração de intercâmbio, na forma prevista no § 2.º do art. 23 da Lei n. 11.771, de 17 de setembro de 2008, seja do período de fruição da fração de tempo, seja do local de fruição, caso em que a responsabilidade e as obrigações da companhia de intercâmbio limitam-se ao contido na documentação de sua contratação;

•• Inciso VI acrescentado pela Lei n. 13.777, de 20-12-2018.

VII – a competência para a imposição de sanções e o respectivo procedimento, especialmente nos casos de mora no cumprimento das obrigações de custeio e nos casos de descumprimento da obrigação de desocupar o imóvel até o dia e hora previstos;

•• Inciso VII acrescentado pela Lei n. 13.777, de 20-12-2018.

VIII – o quórum exigido para a deliberação de adjudicação da fração de tempo na hipótese de inadimplemento do respectivo multiproprietário;

•• Inciso VIII acrescentado pela Lei n. 13.777, de 20-12-2018.

IX – o quórum exigido para a deliberação de alienação, pelo condomínio edilício, da fração de tempo adjudicada em virtude do inadimplemento do respectivo multiproprietário.

•• Inciso IX acrescentado pela Lei n. 13.777, de 20-12-2018.

Art. 1.358-Q. Na hipótese do art. 1.358-O deste Código, o regimento interno do condomínio edilício deve prever:

•• *Caput* acrescentado pela Lei n. 13.777, de 20-12-2018.

I – os direitos dos multiproprietários sobre as partes comuns do condomínio edilício;

•• Inciso I acrescentado pela Lei n. 13.777, de 20-12-2018.

II – os direitos e obrigações do administrador, inclusive quanto ao acesso ao imóvel para cumprimento do dever de manutenção, conservação e limpeza;

•• Inciso II acrescentado pela Lei n. 13.777, de 20-12-2018.

III – as condições e regras para uso das áreas comuns;

•• Inciso III acrescentado pela Lei n. 13.777, de 20-12-2018.

IV – os procedimentos a serem observados para uso e gozo dos imóveis e das instalações, equipamentos e mobiliário destinados ao regime da multipropriedade;

•• Inciso IV acrescentado pela Lei n. 13.777, de 20-12-2018.

V – o número máximo de pessoas que podem ocupar simultaneamente o imóvel no período correspondente a cada fração de tempo;

•• Inciso V acrescentado pela Lei n. 13.777, de 20-12-2018.

VI – as regras de convivência entre os multiproprietários e os ocupantes de unidades autônomas não sujeitas ao regime da multipropriedade, quando se tratar de empreendimentos mistos;

•• Inciso VI acrescentado pela Lei n. 13.777, de 20-12-2018.

VII – a forma de contribuição, destinação e gestão do fundo de reserva específico para cada imóvel, para reposição e manutenção dos equipamentos, instalações e mobiliário, sem prejuízo do fundo de reserva do condomínio edilício;

•• Inciso VII acrescentado pela Lei n. 13.777, de 20-12-2018.

VIII – a possibilidade de realização de assembleias não presenciais, inclusive por meio eletrônico;

•• Inciso VIII acrescentado pela Lei n. 13.777, de 20-12-2018.

IX – os mecanismos de participação e representação dos titulares;

•• Inciso IX acrescentado pela Lei n. 13.777, de 20-12-2018.

X – o funcionamento do sistema de reserva, os meios de confirmação e os requisitos a serem cumpridos pelo multiproprietário quando não exercer diretamente sua faculdade de uso;

•• Inciso X acrescentado pela Lei n. 13.777, de 20-12-2018.

XI – a descrição dos serviços adicionais, se existentes, e as regras para seu uso e custeio.

•• Inciso XI acrescentado pela Lei n. 13.777, de 20-12-2018.

Parágrafo único. O regimento interno poderá ser instituído por escritura pública ou por instrumento particular.

•• Parágrafo único acrescentado pela Lei n. 13.777, de 20-12-2018.

Art. 1.358-R. O condomínio edilício em que tenha sido instituído o regime de multipropriedade em parte ou na totalidade de suas unidades autônomas terá necessariamente um administrador profissional.

•• *Caput* acrescentado pela Lei n. 13.777, de 20-12-2018.

§ 1.º O prazo de duração do contrato de administração será livremente convencionado.

•• § 1.º acrescentado pela Lei n. 13.777, de 20-12-2018.

§ 2.º O administrador do condomínio referido no *caput* deste artigo será também o administrador de todos os condomínios em multipropriedade de suas unidades autônomas.

•• § 2.º acrescentado pela Lei n. 13.777, de 20-12-2018.

§ 3.º O administrador será mandatário legal de todos os multiproprietários, exclusivamente para a realização dos atos de gestão ordinária da multipropriedade, incluindo manutenção, conservação e limpeza do imóvel e de suas instalações, equipamentos e mobiliário.

•• § 3.º acrescentado pela Lei n. 13.777, de 20-12-2018.

§ 4.º O administrador poderá modificar o regimento interno quanto aos aspectos estritamente operacionais da gestão da multipropriedade no condomínio edilício.

•• § 4.º acrescentado pela Lei n. 13.777, de 20-12-2018.

§ 5.º O administrador pode ser ou não um prestador de serviços de hospedagem.

•• § 5.º acrescentado pela Lei n. 13.777, de 20-12-2018.

Art. 1.358-S. Na hipótese de inadimplemento, por parte do multiproprietário, da obrigação de custeio das despesas ordinárias ou extraordinárias, é cabível, na forma da lei processual civil, a adjudicação ao condomínio edilício da fração de tempo correspondente.

•• *Caput* acrescentado pela Lei n. 13.777, de 20-12-2018.

Parágrafo único. Na hipótese de o imóvel objeto da multipropriedade ser parte integrante de empreendimento em que haja sistema de locação das frações de tempo no qual os titulares possam ou sejam obrigados a locar suas frações de tempo exclusivamente por meio de uma administração única, repartindo entre si as receitas das locações independentemente da efetiva ocupação de cada unidade autônoma, poderá a convenção do condomínio edilício regrar que em caso de inadimplência:

•• Parágrafo único, *caput*, acrescentado pela Lei n. 13.777, de 20-12-2018.

I – o inadimplente fique proibido de utilizar o imóvel até a integral quitação da dívida;

•• Inciso I acrescentado pela Lei n. 13.777, de 20-12-2018.

II – a fração de tempo do inadimplente passe a integrar o *pool* da administradora;

•• Inciso II acrescentado pela Lei n. 13.777, de 20-12-2018.

III – a administradora do sistema de locação fique automaticamente munida de poderes e obrigada a, por conta e ordem do inadimplente, utilizar a integralidade dos valores líquidos a que o inadimplente tiver direito para amortizar suas dívidas condominiais, seja do condomínio edilício, seja do condomínio em multipropriedade, até sua integral quitação, devendo eventual saldo ser imediatamente repassado ao multiproprietário.

•• Inciso III acrescentado pela Lei n. 13.777, de 20-12-2018.

Art. 1.358-T. O multiproprietário somente poderá renunciar de forma translativa a seu direito de multipropriedade em favor do condomínio edilício.

•• *Caput* acrescentado pela Lei n. 13.777, de 20-12-2018.

Parágrafo único. A renúncia de que trata o *caput* deste artigo só é admitida se o multiproprietário estiver em dia com as contribuições condominiais, com os tributos imobiliários e, se houver, com o foro ou a taxa de ocupação.

•• Parágrafo único acrescentado pela Lei n. 13.777, de 20-12-2018.

Art. 1.358-U. As convenções dos condomínios edilícios, os memoriais de loteamentos e os instrumentos de venda dos lotes em loteamentos urbanos poderão limitar ou impedir a instituição da multipropriedade nos respectivos imóveis, vedação que somente poderá ser alterada no mínimo pela maioria absoluta dos condôminos.

•• Artigo acrescentado pela Lei n. 13.777, de 20-12-2018.

Capítulo VIII
DA PROPRIEDADE RESOLÚVEL

Art. 1.359. Resolvida a propriedade pelo implemento da condição ou pelo advento do termo, entendem-se também resolvidos os direitos reais concedidos na sua pendência, e o proprietário, em cujo favor se opera a resolução, pode reivindicar a coisa do poder de quem a possua ou detenha.

Art. 1.360. Se a propriedade se resolver por outra causa superveniente, o possuidor, que a tiver adquirido por título anterior à sua resolução, será considerado proprietário perfeito, restando à pessoa, em cujo benefício houve a resolução, ação contra aquele cuja propriedade se resolveu para haver a própria coisa ou o seu valor.

Capítulo IX
DA PROPRIEDADE FIDUCIÁRIA

Art. 1.361. Considera-se fiduciária a propriedade resolúvel de coisa móvel infungível que o devedor, com escopo de garantia, transfere ao credor.

§ 1.º Constitui-se a propriedade fiduciária com o registro do contrato, celebrado por instrumento público ou particular, que lhe serve de título, no Registro de Títulos e Documentos do domicílio do devedor, ou, em se tratando de veículos, na repartição competente para o licenciamento, fazendo-se a anotação no certificado de registro.

§ 2.º Com a constituição da propriedade fiduciária, dá-se o desdobramento da posse, tornando-se o devedor possuidor direto da coisa.

§ 3.º A propriedade superveniente, adquirida pelo devedor, torna eficaz, desde o arquivamento, a transferência da propriedade fiduciária.

Art. 1.362. O contrato, que serve de título à propriedade fiduciária, conterá:

I – o total da dívida, ou sua estimativa;

II – o prazo, ou a época do pagamento;

III – a taxa de juros, se houver;

IV – a descrição da coisa objeto da transferência, com os elementos indispensáveis à sua identificação.

Art. 1.363. Antes de vencida a dívida, o devedor, a suas expensas e risco, pode usar a coisa segundo sua destinação, sendo obrigado, como depositário:

I – a empregar na guarda da coisa a diligência exigida por sua natureza;

II – a entregá-la ao credor, se a dívida não for paga no vencimento.

Art. 1.364. Vencida a dívida, e não paga, fica o credor obrigado a vender, judicial ou extrajudicialmente, a coisa a terceiros, e a aplicar o preço no pagamento de seu crédito e das despesas de cobrança, e a entregar o saldo, se houver, ao devedor.

Art. 1.365. É nula a cláusula que autoriza o proprietário fiduciário a ficar com a coisa alienada em garantia, se a dívida não for paga no vencimento.

Parágrafo único. O devedor pode, com a anuência do credor, dar seu direito eventual à coisa em pagamento da dívida, após o vencimento desta.

Art. 1.366. Quando, vendida a coisa, o produto não bastar para o pagamento da dívida e das despesas de cobrança, continuará o devedor obrigado pelo restante.

Art. 1.367. A propriedade fiduciária em garantia de bens móveis ou imóveis sujeita-se às disposições do Capítulo I do Título X do Livro III da Parte Especial deste Código e, no que for específico, à legislação especial pertinente, não se equiparando, para quaisquer efeitos, à propriedade plena de que trata o art. 1.231.

•• Artigo com redação determinada pela Lei n. 13.043, de 13-11-2014.

Art. 1.368. O terceiro, interessado ou não, que pagar a dívida, se sub-rogará de pleno direito no crédito e na propriedade fiduciária.

Art. 1.368-A. As demais espécies de propriedade fiduciária ou de titularidade fiduciária submetem-se à disciplina específica das respectivas leis especiais, somente se aplicando as disposições deste Código naquilo que não for incompatível com a legislação especial.

•• Artigo acrescentado pela Lei n. 10.931, de 2-8-2004.

Art. 1.368-B. A alienação fiduciária em garantia de bem móvel ou imóvel confere direito real de aquisição ao fiduciante, seu cessionário ou sucessor.

•• *Caput* acrescentado pela Lei n. 13.043, de 13-11-2014.

Parágrafo único. O credor fiduciário que se tornar proprietário pleno do bem, por efeito de realização da garantia, mediante consolidação da propriedade, adjudicação, dação ou outra forma pela qual lhe tenha sido transmitida a propriedade plena, passa a responder pelo pagamento dos tributos sobre a propriedade e a posse, taxas, despesas condominiais e quaisquer outros encargos, tributários ou não, incidentes sobre o bem objeto da garantia, a partir da data em que vier a ser imitido na posse direta do bem.

•• Parágrafo único acrescentado pela Lei n. 13.043, de 13-11-2014.

Capítulo X
DO FUNDO DE INVESTIMENTO

•• Capítulo X acrescentado pela Lei n. 13.874, de 20-9-2019.

Art. 1.368-C. O fundo de investimento é uma comunhão de recursos, constituído sob a forma de condomínio de natureza especial, destinado à aplicação em ativos financeiros, bens e direitos de qualquer natureza.

•• *Caput* acrescentado pela Lei n. 13.874, de 20-9-2019.

§ 1.º Não se aplicam ao fundo de investimento as disposições constantes dos arts. 1.314 ao 1.358-A deste Código.

•• § 1.º acrescentado pela Lei n. 13.874, de 20-9-2019.

§ 2.º Competirá à Comissão de Valores Mobiliários disciplinar o disposto no *caput* deste artigo.

•• § 2.º acrescentado pela Lei n. 13.874, de 20-9-2019.

• A Resolução n. 175, de 23-12-2022, da CVM, dispõe sobre a constituição, o funcionamento e a divulgação de informações dos fundos de investimento, bem como sobre a prestação de serviços para os fundos.

§ 3.º O registro dos regulamentos dos fundos de investimentos na Comissão de Valores Mobiliários é condição suficiente para garantir a sua publicidade e a oponibilidade de efeitos em relação a terceiros.

•• § 3º acrescentado pela Lei n. 13.874, de 20-9-2019.

Art. 1.368-D. O regulamento do fundo de investimento poderá, observado o disposto na regulamentação a que se refere o § 2.º do art. 1.368-C desta Lei, estabelecer:

•• *Caput* acrescentado pela Lei n. 13.874, de 20-9-2019.

I – a limitação da responsabilidade de cada investidor ao valor de suas cotas;

•• Inciso I acrescentado pela Lei n. 13.874, de 20-9-2019.

II – a limitação da responsabilidade, bem como parâmetros de sua aferição, dos prestadores de serviços do fundo de investimento, perante o condomínio e entre si, ao cumprimento dos deveres particulares de cada um, sem solidariedade; e

•• Inciso II acrescentado pela Lei n. 13.874, de 20-9-2019.

III – classes de cotas com direitos e obrigações distintos, com possibilidade de constituir patrimônio segregado para cada classe.

•• Inciso III acrescentado pela Lei n. 13.874, de 20-9-2019.

§ 1.º A adoção da responsabilidade limitada por fundo de investimento constituído sem a limitação de responsabilidade somente abrangerá fatos ocorridos após a respectiva mudança em seu regulamento.

•• § 1.º acrescentado pela Lei n. 13.874, de 20-9-2019.

§ 2.º A avaliação de responsabilidade dos prestadores de serviço deverá levar sempre em consideração os riscos inerentes às aplicações nos mercados de atuação do fundo de investimento e a natureza de obrigação de meio de seus serviços.

•• § 2.º acrescentado pela Lei n. 13.874, de 20-9-2019.

§ 3.º O patrimônio segregado referido no inciso III do *caput* deste artigo só responderá por obrigações vinculadas à classe respectiva, nos termos do regulamento.

•• § 3.º acrescentado pela Lei n. 13.874, de 20-9-2019.

Art. 1.368-E. Os fundos de investimento respondem diretamente pelas obrigações legais e contratuais por eles assumidas, e os prestadores de serviço não respondem por essas obrigações, mas respondem pelos prejuízos que causarem quando procederem com dolo ou má-fé.

•• *Caput* acrescentado pela Lei n. 13.874, de 20-9-2019.

§ 1.º Se o fundo de investimento com limitação de responsabilidade não possuir patrimônio suficiente para responder por suas dívidas, aplicam-se as regras de insolvência previstas nos arts. 955 a 965 deste Código.

•• § 1º acrescentado pela Lei n. 13.874, de 20-9-2019.

§ 2.º A insolvência pode ser requerida judicialmente por credores, por deliberação própria dos cotistas do fundo de investimento, nos termos de seu regulamento, ou pela Comissão de Valores Mobiliários.

Arts. 1.368-E a 1.384 Direito das Coisas

•• § 2.º acrescentado pela Lei n. 13.874, de 20-9-2019.

§ 3.º Caso o regulamento do fundo estabeleça classes de cotas com direitos e obrigações distintos, nos termos do inciso III do *caput* do art. 1.368-D deste Código, aplica-se o disposto neste artigo a cada classe de cotas, individualmente considerada.

•• § 3.º acrescentado pela Lei n. 14.754, de 12-12-2023.

Art. 1.368-F. O fundo de investimento constituído por lei específica e regulamentado pela Comissão de Valores Mobiliários deverá, no que couber, seguir as disposições deste Capítulo.

•• Artigo acrescentado pela Lei n. 13.874, de 20-9-2019.

TÍTULO IV
DA SUPERFÍCIE

Art. 1.369. O proprietário pode conceder a outrem o direito de construir ou de plantar em seu terreno, por tempo determinado, mediante escritura pública devidamente registrada no Cartório de Registro de Imóveis.

Parágrafo único. O direito de superfície não autoriza obra no subsolo, salvo se for inerente ao objeto da concessão.

Art. 1.370. A concessão da superfície será gratuita ou onerosa; se onerosa, estipularão as partes se o pagamento será feito de uma só vez, ou parceladamente.

Art. 1.371. O superficiário responderá pelos encargos e tributos que incidirem sobre o imóvel.

Art. 1.372. O direito de superfície pode transferir-se a terceiros e, por morte do superficiário, aos seus herdeiros.

Parágrafo único. Não poderá ser estipulado pelo concedente, a nenhum título, qualquer pagamento pela transferência.

Art. 1.373. Em caso de alienação do imóvel ou do direito de superfície, o superficiário ou o proprietário tem direito de preferência, em igualdade de condições.

Art. 1.374. Antes do termo final, resolver-se-á a concessão se o superficiário der ao terreno destinação diversa daquela para que foi concedida.

Art. 1.375. Extinta a concessão, o proprietário passará a ter a propriedade plena sobre o terreno, construção ou plantação, independentemente de indenização, se as partes não houverem estipulado o contrário.

Art. 1.376. No caso de extinção do direito de superfície em consequência de desapropriação, a indenização cabe ao proprietário e ao superficiário, no valor correspondente ao direito real de cada um.

Art. 1.377. O direito de superfície, constituído por pessoa jurídica de direito público interno, rege-se por este Código, no que não for diversamente disciplinado em lei especial.

TÍTULO V
DAS SERVIDÕES

Capítulo I
DA CONSTITUIÇÃO DAS SERVIDÕES

Art. 1.378. A servidão proporciona utilidade para o prédio dominante, e grava o prédio serviente, que pertence a diverso dono, e constitui-se mediante declaração expressa dos proprietários, ou por testamento, e subsequente registro no Cartório de Registro de Imóveis.

Art. 1.379. O exercício incontestado e contínuo de uma servidão aparente, por dez anos, nos termos do art. 1.242, autoriza o interessado a registrá-la em seu nome no Registro de Imóveis, valendo-lhe como título a sentença que julgar consumada a usucapião.

Parágrafo único. Se o possuidor não tiver título, o prazo da usucapião será de vinte anos.

Capítulo II
DO EXERCÍCIO DAS SERVIDÕES

Art. 1.380. O dono de uma servidão pode fazer todas as obras necessárias à sua conservação e uso, e, se a servidão pertencer a mais de um prédio, serão as despesas rateadas entre os respectivos donos.

Art. 1.381. As obras a que se refere o artigo antecedente devem ser feitas pelo dono do prédio dominante, se o contrário não dispuser expressamente o título.

Art. 1.382. Quando a obrigação incumbir ao dono do prédio serviente, este poderá exonerar-se, abandonando, total ou parcialmente, a propriedade ao dono do dominante.

Parágrafo único. Se o proprietário do prédio dominante se recusar a receber a propriedade do serviente, ou parte dela, caber-lhe-á custear as obras.

Art. 1.383. O dono do prédio serviente não poderá embaraçar de modo algum o exercício legítimo da servidão.

Art. 1.384. A servidão pode ser removida, de um local para outro, pelo dono do prédio serviente e à sua custa, se em nada diminuir as vantagens do prédio dominante, ou pelo dono deste e à sua custa, se houver considerável incremento da utilidade e não prejudicar o prédio serviente.

Art. 1.385. Restringir-se-á o exercício da servidão às necessidades do prédio dominante, evitando-se, quanto possível, agravar o encargo ao prédio serviente.

§ 1.º Constituída para certo fim, a servidão não se pode ampliar a outro.

§ 2.º Nas servidões de trânsito, a de maior inclui a de menor ônus, e a menor exclui a mais onerosa.

§ 3.º Se as necessidades da cultura, ou da indústria, do prédio dominante impuserem à servidão maior largueza, o dono do serviente é obrigado a sofrê-la; mas tem direito a ser indenizado pelo excesso.

Art. 1.386. As servidões prediais são indivisíveis, e subsistem, no caso de divisão dos imóveis, em benefício de cada uma das porções do prédio dominante, e continuam a gravar cada uma das do prédio serviente, salvo se, por natureza, ou destino, só se aplicarem a certa parte de um ou de outro.

Capítulo III
DA EXTINÇÃO DAS SERVIDÕES

Art. 1.387. Salvo nas desapropriações, a servidão, uma vez registrada, só se extingue, com respeito a terceiros, quando cancelada.

Parágrafo único. Se o prédio dominante estiver hipotecado, e a servidão se mencionar no título hipotecário, será também preciso, para a cancelar, o consentimento do credor.

Art. 1.388. O dono do prédio serviente tem direito, pelos meios judiciais, ao cancelamento do registro, embora o dono do prédio dominante lhe impugne:

I – quando o titular houver renunciado a sua servidão;

II – quando tiver cessado, para o prédio dominante, a utilidade ou a comodidade, que determinou a constituição da servidão;

III – quando o dono do prédio serviente resgatar a servidão.

Art. 1.389. Também se extingue a servidão, ficando ao dono do prédio serviente a faculdade de fazê-la cancelar, mediante a prova da extinção:

I – pela reunião dos dois prédios no domínio da mesma pessoa;

II – pela supressão das respectivas obras por efeito de contrato, ou de outro título expresso;

III – pelo não uso, durante dez anos contínuos.

Título VI
DO USUFRUTO

Capítulo I
DISPOSIÇÕES GERAIS

Art. 1.390. O usufruto pode recair em um ou mais bens, móveis ou imóveis, em um patrimônio inteiro, ou parte deste, abrangendo-lhe, no todo ou em parte, os frutos e utilidades.

Art. 1.391. O usufruto de imóveis, quando não resulte de usucapião, constituir-se-á mediante registro no Cartório de Registro de Imóveis.

Art. 1.392. Salvo disposição em contrário, o usufruto estende-se aos acessórios da coisa e seus acrescidos.

§ 1.º Se, entre os acessórios e os acrescidos, houver coisas consumíveis, terá o usufrutuário o dever de restituir, findo o usufruto, as que ainda houver e, das outras, o equivalente em gênero, qualidade e quantidade, ou, não sendo possível, o seu valor, estimado ao tempo da restituição.

§ 2.º Se há no prédio em que recai o usufruto florestas ou os recursos minerais a que se refere o art. 1.230, devem o dono e o usufrutuário prefixar-lhe a extensão do gozo e a maneira de exploração.

§ 3.º Se o usufruto recai sobre universalidade ou quota-parte de bens, o usufrutuário tem direito à parte do tesouro achado por outrem, e ao preço pago pelo vizinho do prédio usufruído, para obter meação em parede, cerca, muro, vala ou valado.

Art. 1.393. Não se pode transferir o usufruto por alienação; mas o seu exercício pode ceder-se por título gratuito ou oneroso.

Capítulo II
DOS DIREITOS DO USUFRUTUÁRIO

Art. 1.394. O usufrutuário tem direito à posse, uso, administração e percepção dos frutos.

Art. 1.395. Quando o usufruto recai em títulos de crédito, o usufrutuário tem direito a perceber os frutos e a cobrar as respectivas dívidas.

Parágrafo único. Cobradas as dívidas, o usufrutuário aplicará, de imediato, a importância em títulos da mesma natureza, ou em títulos da dívida pública federal, com cláusula de atualização monetária segundo índices oficiais regularmente estabelecidos.

Art. 1.396. Salvo direito adquirido por outrem, o usufrutuário faz seus os frutos naturais, pendentes ao começar o usufruto, sem encargo de pagar as despesas de produção.

Parágrafo único. Os frutos naturais, pendentes ao tempo em que cessa o usufruto, pertencem ao dono, também sem compensação das despesas.

Art. 1.397. As crias dos animais pertencem ao usufrutuário, deduzidas quantas bastem para inteirar as cabeças de gado existentes ao começar o usufruto.

Art. 1.398. Os frutos civis, vencidos na data inicial do usufruto, pertencem ao proprietário, e ao usufrutuário os vencidos na data em que cessa o usufruto.

Art. 1.399. O usufrutuário pode usufruir em pessoa, ou mediante arrendamento, o prédio, mas não mudar-lhe a destinação econômica, sem expressa autorização do proprietário.

Capítulo III
DOS DEVERES DO USUFRUTUÁRIO

Art. 1.400. O usufrutuário, antes de assumir o usufruto, inventariará, à sua custa, os bens que receber, determinando o estado em que se acham, e dará caução, fidejussória ou real, se lha exigir o dono, de velar-lhes pela conservação, e entregá-los findo o usufruto.

Parágrafo único. Não é obrigado à caução o doador que se reservar o usufruto da coisa doada.

Art. 1.401. O usufrutuário que não quiser ou não puder dar caução suficiente perderá o direito de administrar o usufruto; e, neste caso, os bens serão administrados pelo proprietário, que ficará obrigado, mediante caução, a entregar ao usufrutuário o rendimento deles, deduzidas as despesas de administração, entre as quais se incluirá a quantia fixada pelo juiz como remuneração do administrador.

Art. 1.402. O usufrutuário não é obrigado a pagar as deteriorações resultantes do exercício regular do usufruto.

Art. 1.403. Incumbem ao usufrutuário:

I – as despesas ordinárias de conservação dos bens no estado em que os recebeu;

II – as prestações e os tributos devidos pela posse ou rendimento da coisa usufruída.

Art. 1.404. Incumbem ao dono as reparações extraordinárias e as que não forem de custo módico; mas o usufrutuário lhe pagará os juros do capital despendido com as que forem necessárias à conservação, ou aumentarem o rendimento da coisa usufruída.

§ 1.º Não se consideram módicas as despesas superiores a dois terços do líquido rendimento em um ano.

§ 2.º Se o dono não fizer as reparações a que está obrigado, e que são indispensáveis à conservação da coisa, o usufrutuário pode realizá-las, cobrando daquele a importância despendida.

Art. 1.405. Se o usufruto recair num patrimônio, ou parte deste, será o usufrutuário obrigado aos juros da dívida que onerar o patrimônio ou a parte dele.

Art. 1.406. O usufrutuário é obrigado a dar ciência ao dono de qualquer lesão produzida contra a posse da coisa, ou os direitos deste.

Art. 1.407. Se a coisa estiver segurada, incumbe ao usufrutuário pagar, durante o usufruto, as contribuições do seguro.

§ 1.º Se o usufrutuário fizer o seguro, ao proprietário caberá o direito dele resultante contra o segurador.

§ 2.º Em qualquer hipótese, o direito do usufrutuário fica sub-rogado no valor da indenização do seguro.

Art. 1.408. Se um edifício sujeito a usufruto for destruído sem culpa do proprietário, não será este obrigado a reconstruí-lo, nem o usufruto se restabelecerá, se o proprietário reconstruir à sua custa o prédio; mas se a indenização do seguro for aplicada à reconstrução do prédio, restabelecer-se-á o usufruto.

Art. 1.409. Também fica sub-rogada no ônus do usufruto, em lugar do prédio, a indenização paga, se ele for desapropriado, ou a importância do dano, ressarcido pelo terceiro responsável no caso de danificação ou perda.

Capítulo IV
DA EXTINÇÃO DO USUFRUTO

Art. 1.410. O usufruto extingue-se, cancelando-se o registro no Cartório de Registro de Imóveis:

I – pela renúncia ou morte do usufrutuário;

II – pelo termo de sua duração;

III – pela extinção da pessoa jurídica, em favor de quem o usufruto foi constituído, ou, se ela perdurar, pelo decurso de trinta anos da data em que se começou a exercer;

IV – pela cessação do motivo de que se origina;

V – pela destruição da coisa, guardadas as disposições dos arts. 1.407, 1.408, 2.ª parte, e 1.409;
VI – pela consolidação;
VII – por culpa do usufrutuário, quando aliena, deteriora, ou deixa arruinar os bens, não lhes acudindo com os reparos de conservação, ou quando, no usufruto de títulos de crédito, não dá às importâncias recebidas a aplicação prevista no parágrafo único do art. 1.395;
VIII – pelo não uso, ou não fruição, da coisa em que o usufruto recai (arts. 1.390 e 1.399).
Art. 1.411. Constituído o usufruto em favor de duas ou mais pessoas, extinguir-se-á a parte em relação a cada uma das que falecerem, salvo se, por estipulação expressa, o quinhão desses couber ao sobrevivente.

TÍTULO VII
DO USO

Art. 1.412. O usuário usará da coisa e perceberá os seus frutos, quanto o exigirem as necessidades suas e de sua família.
§ 1.º Avaliar-se-ão as necessidades pessoais do usuário conforme a sua condição social e o lugar onde viver.
§ 2.º As necessidades da família do usuário compreendem as de seu cônjuge, dos filhos solteiros e das pessoas de seu serviço doméstico.
Art. 1.413. São aplicáveis ao uso, no que não for contrário à sua natureza, as disposições relativas ao usufruto.

TÍTULO VIII
DA HABITAÇÃO

Art. 1.414. Quando o uso consistir no direito de habitar gratuitamente casa alheia, o titular deste direito não a pode alugar, nem emprestar, mas simplesmente ocupá-la com sua família.
Art. 1.415. Se o direito real de habitação for conferido a mais de uma pessoa, qualquer delas que sozinha habite a casa não terá de pagar aluguel à outra, ou às outras, mas não as pode inibir de exercerem, querendo, o direito, que também lhes compete, de habitá-la.
Art. 1.416. São aplicáveis à habitação, no que não for contrário à sua natureza, as disposições relativas ao usufruto.

TÍTULO IX
DO DIREITO DO
PROMITENTE COMPRADOR

Art. 1.417. Mediante promessa de compra e venda, em que se não pactuou arrependimento, celebrada por instrumento público ou particular, e registrada no Cartório de Registro de Imóveis, adquire o promitente comprador direito real à aquisição do imóvel.
Art. 1.418. O promitente comprador, titular de direito real, pode exigir do promitente vendedor, ou de terceiros, a quem os direitos deste forem cedidos, a outorga da escritura definitiva de compra e venda, conforme o disposto no instrumento preliminar; e, se houver recusa, requerer ao juiz a adjudicação do imóvel.

TÍTULO X
DO PENHOR, DA HIPOTECA
E DA ANTICRESE

Capítulo I
DISPOSIÇÕES GERAIS

Art. 1.419. Nas dívidas garantidas por penhor, anticrese ou hipoteca, o bem dado em garantia fica sujeito, por vínculo real, ao cumprimento da obrigação.
Art. 1.420. Só aquele que pode alienar poderá empenhar, hipotecar ou dar em anticrese; só os bens que se podem alienar poderão ser dados em penhor, anticrese ou hipoteca.
§ 1.º A propriedade superveniente torna eficaz, desde o registro, as garantias reais estabelecidas por quem não era dono.
§ 2.º A coisa comum a dois ou mais proprietários não pode ser dada em garantia real, na sua totalidade, sem o consentimento de todos; mas cada um pode individualmente dar em garantia real a parte que tiver.
Art. 1.421. O pagamento de uma ou mais prestações da dívida não importa exoneração correspondente da garantia, ainda que esta compreenda vários bens, salvo disposição expressa no título ou na quitação.
Art. 1.422. O credor hipotecário e o pignoratício têm o direito de excutir a coisa hipotecada ou empenhada, e preferir, no pagamento, a outros credores, observada, quanto à hipoteca, a prioridade no registro.
Parágrafo único. Excetuam-se da regra estabelecida neste artigo as dívidas que, em virtude de outras leis,

devam ser pagas precipuamente a quaisquer outros créditos.

Art. 1.423. O credor anticrético tem direito a reter em seu poder o bem, enquanto a dívida não for paga; extingue-se esse direito decorridos quinze anos da data de sua constituição.

Art. 1.424. Os contratos de penhor, anticrese ou hipoteca declararão, sob pena de não terem eficácia:

I – o valor do crédito, sua estimação, ou valor máximo;
II – o prazo fixado para pagamento;
III – a taxa dos juros, se houver;
IV – o bem dado em garantia com as suas especificações.

Art. 1.425. A dívida considera-se vencida:

I – se, deteriorando-se, ou depreciando-se o bem dado em segurança, desfalcar a garantia, e o devedor, intimado, não a reforçar ou substituir;
II – se o devedor cair em insolvência ou falir;
III – se as prestações não forem pontualmente pagas, toda vez que deste modo se achar estipulado o pagamento. Neste caso, o recebimento posterior da prestação atrasada importa renúncia do credor ao seu direito de execução imediata;
IV – se perecer o bem dado em garantia, e não for substituído;
V – se se desapropriar o bem dado em garantia, hipótese na qual se depositará a parte do preço que for necessária para o pagamento integral do credor.

§ 1.º Nos casos de perecimento da coisa dada em garantia, esta se sub-rogará na indenização do seguro, ou no ressarcimento do dano, em benefício do credor, a quem assistirá sobre ela preferência até seu completo reembolso.

§ 2.º Nos casos dos incisos IV e V, só se vencerá a hipoteca antes do prazo estipulado, se o perecimento, ou a desapropriação recair sobre o bem dado em garantia, e esta não abranger outras; subsistindo, no caso contrário, a dívida reduzida, com a respectiva garantia sobre os demais bens, não desapropriados ou destruídos.

Art. 1.426. Nas hipóteses do artigo anterior, de vencimento antecipado da dívida, não se compreendem os juros correspondentes ao tempo ainda não decorrido.

Art. 1.427. Salvo cláusula expressa, o terceiro que presta garantia real por dívida alheia não fica obrigado a substituí-la, ou reforçá-la, quando, sem culpa sua, se perca, deteriore ou desvalorize.

Art. 1.428. É nula a cláusula que autoriza o credor pignoratício, anticrético ou hipotecário a ficar com o objeto da garantia, se a dívida não for paga no vencimento.

Parágrafo único. Após o vencimento, poderá o devedor dar a coisa em pagamento da dívida.

Art. 1.429. Os sucessores do devedor não podem remir parcialmente o penhor ou a hipoteca na proporção dos seus quinhões; qualquer deles, porém, pode fazê-lo no todo.

Parágrafo único. O herdeiro ou sucessor que fizer a remição fica sub-rogado nos direitos do credor pelas quotas que houver satisfeito.

Art. 1.430. Quando, excutido o penhor, ou executada a hipoteca, o produto não bastar para pagamento da dívida e despesas judiciais, continuará o devedor obrigado pessoalmente pelo restante.

Capítulo II
DO PENHOR

Seção I
Da Constituição do Penhor

Art. 1.431. Constitui-se o penhor pela transferência efetiva da posse que, em garantia do débito ao credor ou a quem o represente, faz o devedor, ou alguém por ele, de uma coisa móvel, suscetível de alienação.

Parágrafo único. No penhor rural, industrial, mercantil e de veículos, as coisas empenhadas continuam em poder do devedor, que as deve guardar e conservar.

Art. 1.432. O instrumento do penhor deverá ser levado a registro, por qualquer dos contratantes; o do penhor comum será registrado no Cartório de Títulos e Documentos.

Seção II
Dos Direitos do Credor Pignoratício

Art. 1.433. O credor pignoratício tem direito:

I – à posse da coisa empenhada;
II – à retenção dela, até que o indenizem das despesas devidamente justificadas, que tiver feito, não sendo ocasionadas por culpa sua;
III – ao ressarcimento do prejuízo que houver sofrido por vício da coisa empenhada;
IV – a promover a execução judicial, ou a venda amigável, se lhe permitir expressamente o contrato, ou lhe autorizar o devedor mediante procuração;
V – a apropriar-se dos frutos da coisa empenhada que se encontra em seu poder;

VI – a promover a venda antecipada, mediante prévia autorização judicial, sempre que haja receio fundado de que a coisa empenhada se perca ou deteriore, devendo o preço ser depositado. O dono da coisa empenhada pode impedir a venda antecipada, substituindo-a, ou oferecendo outra garantia real idônea.

Art. 1.434. O credor não pode ser constrangido a devolver a coisa empenhada, ou uma parte dela, antes de ser integralmente pago, podendo o juiz, a requerimento do proprietário, determinar que seja vendida apenas uma das coisas, ou parte da coisa empenhada, suficiente para o pagamento do credor.

Seção III
Das Obrigações do Credor Pignoratício

Art. 1.435. O credor pignoratício é obrigado:
I – à custódia da coisa, como depositário, e a ressarcir ao dono a perda ou deterioração de que for culpado, podendo ser compensada na dívida, até a concorrente quantia, a importância da responsabilidade;
II – à defesa da posse da coisa empenhada e a dar ciência, ao dono dela, das circunstâncias que tornarem necessário o exercício de ação possessória;
III – a imputar o valor dos frutos, de que se apropriar (art. 1.433, inciso V) nas despesas de guarda e conservação, nos juros e no capital da obrigação garantida, sucessivamente;
IV – a restituí-la, com os respectivos frutos e acessões, uma vez paga a dívida;
V – a entregar o que sobeje do preço, quando a dívida for paga, no caso do inciso IV do art. 1.433.

Seção IV
Da Extinção do Penhor

Art. 1.436. Extingue-se o penhor:
I – extinguindo-se a obrigação;
II – perecendo a coisa;
III – renunciando o credor;
IV – confundindo-se na mesma pessoa as qualidades de credor e de dono da coisa;
V – dando-se a adjudicação judicial, a remissão ou a venda da coisa empenhada, feita pelo credor ou por ele autorizada.
•• Mantivemos "remissão" conforme publicação oficial. Entendemos que o correto seria "remição".

§ 1.º Presume-se a renúncia do credor quando consentir na venda particular do penhor sem reserva de preço, quando restituir a sua posse ao devedor, ou quando anuir à sua substituição por outra garantia.

§ 2.º Operando-se a confusão tão somente quanto a parte da dívida pignoratícia, subsistirá inteiro o penhor quanto ao resto.

Art. 1.437. Produz efeitos a extinção do penhor depois de averbado o cancelamento do registro, à vista da respectiva prova.

Seção V
Do Penhor Rural

Subseção I
Disposições gerais

Art. 1.438. Constitui-se o penhor rural mediante instrumento público ou particular, registrado no Cartório de Registro de Imóveis da circunscrição em que estiverem situadas as coisas empenhadas.

Parágrafo único. Prometendo pagar em dinheiro a dívida, que garante com penhor rural, o devedor poderá emitir, em favor do credor, cédula rural pignoratícia, na forma determinada em lei especial.

Art. 1.439. O penhor agrícola e o penhor pecuário não podem ser convencionados por prazos superiores aos das obrigações garantidas.
•• *Caput* com redação determinada pela Lei n. 12.873, de 24-10-2013.
•• O art. 61 do Decreto-lei n. 167, de 14-2-1967, alterado pela Lei n. 12.873, de 24-10-2013, estabelece: "Art. 61. O prazo do penhor rural, agrícola ou pecuário, não excederá o prazo da obrigação garantida e, embora vencido o prazo, permanece a garantia, enquanto subsistirem os bens que a constituem. Parágrafo único. A prorrogação do penhor rural, inclusive decorrente de prorrogação da obrigação garantida prevista no *caput*, ocorre mediante a averbação à margem do registro respectivo, mediante requerimento do credor e do devedor".

§ 1.º Embora vencidos os prazos, permanece a garantia, enquanto subsistirem os bens que a constituem.

§ 2.º A prorrogação deve ser averbada à margem do registro respectivo, mediante requerimento do credor e do devedor.

Art. 1.440. Se o prédio estiver hipotecado, o penhor rural poderá constituir-se independentemente da anuência do credor hipotecário, mas não lhe prejudica o direito de preferência, nem restringe a extensão da hipoteca, ao ser executada.

Art. 1.441. Tem o credor direito a verificar o estado das coisas empenhadas, inspecionando-as onde se acharem, por si ou por pessoa que credenciar.

Subseção II
Do penhor agrícola

•• *Vide* nota ao art. 1.439 do CC.

Art. 1.442. Podem ser objeto de penhor:
I – máquinas e instrumentos de agricultura;
II – colheitas pendentes, ou em via de formação;
III – frutos acondicionados ou armazenados;
IV – lenha cortada e carvão vegetal;
V – animais do serviço ordinário de estabelecimento agrícola.

Art. 1.443. O penhor agrícola que recai sobre colheita pendente, ou em via de formação, abrange a imediatamente seguinte, no caso de frustrar-se ou ser insuficiente a que se deu em garantia.

Parágrafo único. Se o credor não financiar a nova safra, poderá o devedor constituir com outrem novo penhor, em quantia máxima equivalente à do primeiro; o segundo penhor terá preferência sobre o primeiro, abrangendo este apenas o excesso apurado na colheita seguinte.

Subseção III
Do penhor pecuário

•• *Vide* nota ao art. 1.439 do CC.

Art. 1.444. Podem ser objeto de penhor os animais que integram a atividade pastoril, agrícola ou de laticínios.

Art. 1.445. O devedor não poderá alienar os animais empenhados sem prévio consentimento, por escrito, do credor.

Parágrafo único. Quando o devedor pretende alienar o gado empenhado ou, por negligência, ameace prejudicar o credor, poderá este requerer se depositem os animais sob a guarda de terceiro, ou exigir que se lhe pague a dívida de imediato.

Art. 1.446. Os animais da mesma espécie, comprados para substituir os mortos, ficam sub-rogados no penhor.

Parágrafo único. Presume-se a substituição prevista neste artigo, mas não terá eficácia contra terceiros, se não constar de menção adicional ao respectivo contrato, a qual deverá ser averbada.

Seção VI
Do Penhor Industrial e Mercantil

Art. 1.447. Podem ser objeto de penhor máquinas, aparelhos, materiais, instrumentos, instalados e em funcionamento, com os acessórios ou sem eles; animais, utilizados na indústria; sal e bens destinados à exploração das salinas; produtos de suinocultura, animais destinados à industrialização de carnes e derivados; matérias-primas e produtos industrializados.

Parágrafo único. Regula-se pelas disposições relativas aos armazéns gerais o penhor das mercadorias neles depositadas.

Art. 1.448. Constitui-se o penhor industrial, ou o mercantil, mediante instrumento público ou particular, registrado no Cartório de Registro de Imóveis da circunscrição onde estiverem situadas as coisas empenhadas.

Parágrafo único. Prometendo pagar em dinheiro a dívida, que garante com penhor industrial ou mercantil, o devedor poderá emitir, em favor do credor, cédula do respectivo crédito, na forma e para os fins que a lei especial determinar.

Art. 1.449. O devedor não pode, sem o consentimento por escrito do credor, alterar as coisas empenhadas ou mudar-lhes a situação, nem delas dispor. O devedor que, anuindo o credor, alienar as coisas empenhadas, deverá repor outros bens da mesma natureza, que ficarão sub-rogados no penhor.

Art. 1.450. Tem o credor direito a verificar o estado das coisas empenhadas, inspecionando-as onde se acharem, por si ou por pessoa que credenciar.

Seção VII
Do Penhor de Direitos e Títulos de Crédito

Art. 1.451. Podem ser objeto de penhor direitos, suscetíveis de cessão, sobre coisas móveis.

Art. 1.452. Constitui-se o penhor de direito mediante instrumento público ou particular, registrado no Registro de Títulos e Documentos.

Parágrafo único. O titular de direito empenhado deverá entregar ao credor pignoratício os documentos comprobatórios desse direito, salvo se tiver interesse legítimo em conservá-los.

Art. 1.453. O penhor de crédito não tem eficácia senão quando notificado ao devedor; por notificado tem-se o devedor que, em instrumento público ou particular, declarar-se ciente da existência do penhor.

Art. 1.454. O credor pignoratício deve praticar os atos necessários à conservação e defesa do direito empenhado e cobrar os juros e mais prestações acessórias compreendidas na garantia.

Art. 1.455. Deverá o credor pignoratício cobrar o crédito empenhado, assim que se torne exigível. Se este consistir numa prestação pecuniária, depositará a importância recebida, de acordo com o devedor pignoratício, ou onde o juiz determinar; se consistir na entrega da coisa, nesta se sub-rogará o penhor.

Parágrafo único. Estando vencido o crédito pignoratício, tem o credor direito a reter, da quantia recebida, o que lhe é devido, restituindo o restante ao devedor; ou a excutir a coisa a ele entregue.

Art. 1.456. Se o mesmo crédito for objeto de vários penhores, só ao credor pignoratício, cujo direito prefira aos demais, o devedor deve pagar; responde por perdas e danos aos demais credores o credor preferente que, notificado por qualquer um deles, não promover oportunamente a cobrança.

Art. 1.457. O titular do crédito empenhado só pode receber o pagamento com a anuência, por escrito, do credor pignoratício, caso em que o penhor se extinguirá.

Art. 1.458. O penhor, que recai sobre título de crédito, constitui-se mediante instrumento público ou particular ou endosso pignoratício, com a tradição do título ao credor, regendo-se pelas Disposições Gerais deste Título e, no que couber, pela presente Seção.

Art. 1.459. Ao credor, em penhor de título de crédito, compete o direito de:

I – conservar a posse do título e recuperá-la de quem quer que o detenha;

II – usar dos meios judiciais convenientes para assegurar os seus direitos, e os do credor do título empenhado;

III – fazer intimar ao devedor do título que não pague ao seu credor, enquanto durar o penhor;

IV – receber a importância consubstanciada no título e os respectivos juros, se exigíveis, restituindo o título ao devedor, quando este solver a obrigação.

Art. 1.460. O devedor do título empenhado que receber a intimação prevista no inciso III do artigo antecedente, ou se der por ciente do penhor, não poderá pagar ao seu credor. Se o fizer, responderá solidariamente por este, por perdas e danos, perante o credor pignoratício.

Parágrafo único. Se o credor der quitação ao devedor do título empenhado, deverá saldar imediatamente a dívida, em cuja garantia se constituiu o penhor.

Seção VIII
Do Penhor de Veículos

Art. 1.461. Podem ser objeto de penhor os veículos empregados em qualquer espécie de transporte ou condução.

Art. 1.462. Constitui-se o penhor, a que se refere o artigo antecedente, mediante instrumento público ou particular, registrado no Cartório de Títulos e Documentos do domicílio do devedor, e anotado no certificado de propriedade.

Parágrafo único. Prometendo pagar em dinheiro a dívida garantida com o penhor, poderá o devedor emitir cédula de crédito, na forma e para os fins que a lei especial determinar.

Art. 1.463. (*Revogado pela Lei n. 14.179, de 30-6-2021.*)

Art. 1.464. Tem o credor direito a verificar o estado do veículo empenhado, inspecionando-o onde se achar, por si ou por pessoa que credenciar.

Art. 1.465. A alienação, ou a mudança, do veículo empenhado sem prévia comunicação ao credor importa no vencimento antecipado do crédito pignoratício.

Art. 1.466. O penhor de veículos só se pode convencionar pelo prazo máximo de dois anos, prorrogável até o limite de igual tempo, averbada a prorrogação à margem do registro respectivo.

Seção IX
Do Penhor Legal

Art. 1.467. São credores pignoratícios, independentemente de convenção:

I – os hospedeiros, ou fornecedores de pousada ou alimento, sobre as bagagens, móveis, joias ou dinheiro que os seus consumidores ou fregueses tiverem consigo nas respectivas casas ou estabelecimentos, pelas despesas ou consumo que aí tiverem feito;

II – o dono do prédio rústico ou urbano, sobre os bens móveis que o rendeiro ou inquilino tiver guarnecendo o mesmo prédio, pelos aluguéis ou rendas.

Art. 1.468. A conta das dívidas enumeradas no inciso I do artigo antecedente será extraída conforme a tabela impressa, prévia e ostensivamente exposta na casa, dos preços de hospedagem, da pensão ou dos gêneros fornecidos, sob pena de nulidade do penhor.

Art. 1.469. Em cada um dos casos do art. 1.467, o credor poderá tomar em garantia um ou mais objetos até o valor da dívida.

Art. 1.470. Os credores, compreendidos no art. 1.467, podem fazer efetivo o penhor, antes de recorrerem à autoridade judiciária, sempre que haja perigo na demora, dando aos devedores comprovante dos bens de que se apossarem.

Art. 1.471. Tomado o penhor, requererá o credor, ato contínuo, a sua homologação judicial.

Art. 1.472. Pode o locatário impedir a constituição do penhor mediante caução idônea.

Capítulo III
DA HIPOTECA

Seção I
Disposições Gerais

Art. 1.473. Podem ser objeto de hipoteca:

I – os imóveis e os acessórios dos imóveis conjuntamente com eles;

II – o domínio direto;

III – o domínio útil;

IV – as estradas de ferro;

V – os recursos naturais a que se refere o art. 1.230, independentemente do solo onde se acham;

VI – os navios;

VII – as aeronaves;

VIII – o direito de uso especial para fins de moradia;

•• Inciso VIII acrescentado pela Lei n. 11.481, de 31-5-2007.

IX – o direito real de uso;

•• Inciso IX acrescentado pela Lei n. 11.481, de 31-5-2007.

X – a propriedade superficiária;

•• Inciso X com redação determinada pela Lei n. 14.620, de 13-7-2023.

XI – os direitos oriundos da imissão provisória na posse, quando concedida à União, aos Estados, ao Distrito Federal, aos Municípios ou às suas entidades delegadas e a respectiva cessão e promessa de cessão.

•• Inciso XI acrescentado pela Lei n. 14.620, de 13-7-2023.

§ 1.º A hipoteca dos navios e das aeronaves reger-se-á pelo disposto em lei especial.

§ 2.º Os direitos de garantia instituídos nas hipóteses dos incisos IX e X do *caput* deste artigo ficam limitados à duração da concessão ou direito de superfície, caso tenham sido transferidos por período determinado.

•• § 2.º acrescentado pela Lei n. 11.481, de 31-5-2007.

Art. 1.474. A hipoteca abrange todas as acessões, melhoramentos ou construções do imóvel. Subsistem os ônus reais constituídos e registrados, anteriormente à hipoteca, sobre o mesmo imóvel.

Art. 1.475. É nula a cláusula que proíbe ao proprietário alienar imóvel hipotecado.

Parágrafo único. Pode convencionar-se que vencerá o crédito hipotecário, se o imóvel for alienado.

Art. 1.476. O dono do imóvel hipotecado pode constituir outra hipoteca sobre ele, mediante novo título, em favor do mesmo ou de outro credor.

Art. 1.477. Salvo o caso de insolvência do devedor, o credor da segunda hipoteca, embora vencida, não poderá executar o imóvel antes de vencida a primeira.

§ 1.º Não se considera insolvente o devedor por faltar ao pagamento das obrigações garantidas por hipotecas posteriores à primeira.

•• Parágrafo único renumerado pela Lei n. 14.711, de 30-10-2023.

§ 2.º O inadimplemento da obrigação garantida por hipoteca faculta ao credor declarar vencidas as demais obrigações de que for titular garantidas pelo mesmo imóvel.

•• § 2.º acrescentado pela Lei n. 14.711, de 30-10-2023.

Art. 1.478. O credor hipotecário que efetuar o pagamento, a qualquer tempo, das dívidas garantidas pelas hipotecas anteriores sub-rogar-se-á nos seus direitos, sem prejuízo dos que lhe competirem contra o devedor comum.

•• *Caput* com redação determinada pela Lei n. 14.711, de 30-10-2023.

Parágrafo único. Se o primeiro credor estiver promovendo a execução da hipoteca, o credor da segunda depositará a importância do débito e as despesas judiciais.

Art. 1.479. O adquirente do imóvel hipotecado, desde que não se tenha obrigado pessoalmente a pagar as dívidas aos credores hipotecários, poderá exonerar-se da hipoteca, abandonando-lhes o imóvel.

Art. 1.480. O adquirente notificará o vendedor e os credores hipotecários, deferindo-lhes, conjuntamente, a posse do imóvel, ou o depositará em juízo.

Parágrafo único. Poderá o adquirente exercer a faculdade de abandonar o imóvel hipotecado, até as vinte e quatro horas subsequentes à citação, com que se inicia o procedimento executivo.

Art. 1.481. Dentro em trinta dias, contados do registro do título aquisitivo, tem o adquirente do imóvel hipotecado o direito de remi-lo, citando os credores hipotecários e propondo importância não inferior ao preço por que o adquiriu.

Arts. 1.481 a 1.488 — **Direito das Coisas**

§ 1.º Se o credor impugnar o preço da aquisição ou a importância oferecida, realizar-se-á licitação, efetuando-se a venda judicial a quem oferecer maior preço, assegurada preferência ao adquirente do imóvel.

§ 2.º Não impugnado pelo credor, o preço da aquisição ou o preço proposto pelo adquirente, haver-se-á por definitivamente fixado para a remissão do imóvel, que ficará livre de hipoteca, uma vez pago ou depositado o preço.

•• Mantivemos "remissão" conforme publicação oficial. Entendemos que o correto seria "remição".

§ 3.º Se o adquirente deixar de remir o imóvel, sujeitando-o à execução, ficará obrigado a ressarcir os credores hipotecários da desvalorização que, por sua culpa, o mesmo vier a sofrer, além das despesas judiciais da execução.

§ 4.º Disporá de ação regressiva contra o vendedor o adquirente que ficar privado do imóvel em consequência de licitação ou penhora, o que pagar a hipoteca, o que, por causa de adjudicação ou licitação, desembolsar com o pagamento da hipoteca importância excedente à da compra e o que suportar custas e despesas judiciais.

Arts. 1.482 e 1.483. (*Revogados pela Lei n. 13.105, de 16-3-2015.*)

Art. 1.484. É lícito aos interessados fazer constar das escrituras o valor entre si ajustado dos imóveis hipotecados, o qual, devidamente atualizado, será a base para as arrematações, adjudicações e remições, dispensada a avaliação.

Art. 1.485. Mediante simples averbação, requerida por ambas as partes, poderá prorrogar-se a hipoteca, até 30 (trinta) anos da data do contrato. Desde que perfaça esse prazo, só poderá subsistir o contrato de hipoteca reconstituindo-se por novo título e novo registro; e, nesse caso, lhe será mantida a precedência, que então lhe competir.

•• Artigo com redação determinada pela Lei n. 10.931, de 2-8-2004.

Art. 1.486. Podem o credor e o devedor, no ato constitutivo da hipoteca, autorizar a emissão da correspondente cédula hipotecária, na forma e para os fins previstos em lei especial.

Art. 1.487. A hipoteca pode ser constituída para garantia de dívida futura ou condicionada, desde que determinado o valor máximo do crédito a ser garantido.

§ 1.º Nos casos deste artigo, a execução da hipoteca dependerá de prévia e expressa concordância do devedor quanto à verificação da condição, ou ao montante da dívida.

§ 2.º Havendo divergência entre o credor e o devedor, caberá àquele fazer prova de seu crédito. Reconhecido este, o devedor responderá, inclusive, por perdas e danos, em razão da superveniente desvalorização do imóvel.

Art. 1.487-A. A hipoteca poderá, por requerimento do proprietário, ser posteriormente estendida para garantir novas obrigações em favor do mesmo credor, mantidos o registro e a publicidade originais, mas respeitada, em relação à extensão, a prioridade de direitos contraditórios ingressos na matrícula do imóvel.

•• *Caput* acrescentado pela Lei n. 14.711, de 30-10-2023.

§ 1.º A extensão da hipoteca não poderá exceder ao prazo e ao valor máximo garantido constantes da especialização da garantia original.

•• § 1.º acrescentado pela Lei n. 14.711, de 30-10-2023.

§ 2.º A extensão da hipoteca será objeto de averbação subsequente na matrícula do imóvel, assegurada a preferência creditória em favor da:

•• § 2.º, *caput*, acrescentado pela Lei n. 14.711, de 30-10-2023.

I – obrigação inicial, em relação às obrigações alcançadas pela extensão da hipoteca;

•• Inciso I acrescentado pela Lei n. 14.711, de 30-10-2023.

II – obrigação mais antiga, considerando-se o tempo da averbação, no caso de mais de uma extensão de hipoteca.

•• Inciso II acrescentado pela Lei n. 14.711, de 30-10-2023.

§ 3.º Na hipótese de superveniente multiplicidade de credores garantidos pela mesma hipoteca estendida, apenas o credor titular do crédito mais prioritário, conforme estabelecido no § 2.º deste artigo, poderá promover a execução judicial ou extrajudicial da garantia, exceto se convencionado de modo diverso por todos os credores.

•• § 3.º acrescentado pela Lei n. 14.711, de 30-10-2023.

Art. 1.488. Se o imóvel, dado em garantia hipotecária, vier a ser loteado, ou se nele se constituir condomínio edilício, poderá o ônus ser dividido, gravando cada lote ou unidade autônoma, se o requererem ao juiz o credor, o devedor ou os donos, obedecida a proporção entre o valor de cada um deles e o crédito.

§ 1.º O credor só poderá se opor ao pedido de desmembramento do ônus, provando que o mesmo importa em diminuição de sua garantia.

§ 2.º Salvo convenção em contrário, todas as despesas judiciais ou extrajudiciais necessárias ao desmembramento do ônus correm por conta de quem o requerer.

§ 3.º O desmembramento do ônus não exonera o devedor originário da responsabilidade a que se refere o art. 1.430, salvo anuência do credor.

Seção II
Da Hipoteca Legal

Art. 1.489. A lei confere hipoteca:

I – às pessoas de direito público interno (art. 41) sobre os imóveis pertencentes aos encarregados da cobrança, guarda ou administração dos respectivos fundos e rendas;

II – aos filhos, sobre os imóveis do pai ou da mãe que passar a outras núpcias, antes de fazer o inventário do casal anterior;

III – ao ofendido, ou aos seus herdeiros, sobre os imóveis do delinquente, para satisfação do dano causado pelo delito e pagamento das despesas judiciais;

IV – ao coerdeiro, para garantia do seu quinhão ou torna da partilha, sobre o imóvel adjudicado ao herdeiro reponente;

V – ao credor sobre o imóvel arrematado, para garantia do pagamento do restante do preço da arrematação.

Art. 1.490. O credor da hipoteca legal, ou quem o represente, poderá, provando a insuficiência dos imóveis especializados, exigir do devedor que seja reforçado com outros.

Art. 1.491. A hipoteca legal pode ser substituída por caução de títulos da dívida pública federal ou estadual, recebidos pelo valor de sua cotação mínima no ano corrente; ou por outra garantia, a critério do juiz, a requerimento do devedor.

Seção III
Do Registro da Hipoteca

Art. 1.492. As hipotecas serão registradas no cartório do lugar do imóvel, ou no de cada um deles, se o título se referir a mais de um.

Parágrafo único. Compete aos interessados, exibido o título, requerer o registro da hipoteca.

Art. 1.493. Os registros e averbações seguirão a ordem em que forem requeridas, verificando-se ela pela sua numeração sucessiva no protocolo.

Parágrafo único. O número de ordem determina a prioridade, e esta a preferência entre as hipotecas.

Art. 1.494. (*Revogado pela Lei n. 14.382, de 27-6-2022.*)

Art. 1.495. Quando se apresentar ao oficial do registro título de hipoteca que mencione a constituição de anterior, não registrada, sobrestará ele na inscrição da nova, depois de a prenotar, até trinta dias, aguardando que o interessado inscreva a precedente; esgotado o prazo, sem que se requeira a inscrição desta, a hipoteca ulterior será registrada e obterá preferência.

Art. 1.496. Se tiver dúvida sobre a legalidade do registro requerido, o oficial fará, ainda assim, a prenotação do pedido. Se a dúvida, dentro em noventa dias, for julgada improcedente, o registro efetuar-se-á com o mesmo número que teria na data da prenotação; no caso contrário, cancelada esta, receberá o registro o número correspondente à data em que se tornar a requerer.

Art. 1.497. As hipotecas legais, de qualquer natureza, deverão ser registradas e especializadas.

§ 1.º O registro e a especialização das hipotecas legais incumbem a quem está obrigado a prestar a garantia, mas os interessados podem promover a inscrição delas, ou solicitar ao Ministério Público que o faça.

§ 2.º As pessoas, às quais incumbir o registro e a especialização das hipotecas legais, estão sujeitas a perdas e danos pela omissão.

Art. 1.498. Vale o registro da hipoteca, enquanto a obrigação perdurar; mas a especialização, em completando vinte anos, deve ser renovada.

Seção IV
Da Extinção da Hipoteca

Art. 1.499. A hipoteca extingue-se:

I – pela extinção da obrigação principal;

II – pelo perecimento da coisa;

III – pela resolução da propriedade;

IV – pela renúncia do credor;

V – pela remição;

VI – pela arrematação ou adjudicação.

Art. 1.500. Extingue-se ainda a hipoteca com a averbação, no Registro de Imóveis, do cancelamento do registro, à vista da respectiva prova.

Art. 1.501. Não extinguirá a hipoteca, devidamente registrada, a arrematação ou adjudicação, sem que tenham sido notificados judicialmente os respectivos credores hipotecários, que não forem de qualquer modo partes na execução.

Seção V
Da Hipoteca de Vias Férreas

Art. 1.502. As hipotecas sobre as estradas de ferro serão registradas no Município da estação inicial da respectiva linha.

Art. 1.503. Os credores hipotecários não podem embaraçar a exploração da linha, nem contrariar as modificações, que a administração deliberar, no leito da estrada, em suas dependências, ou no seu material.

Art. 1.504. A hipoteca será circunscrita à linha ou às linhas especificadas na escritura e ao respectivo material de exploração, no estado em que se achar ao tempo da execução estiverem; mas os credores hipotecários poderão opor-se à venda da estrada, à de suas linhas, de seus ramais ou de parte considerável do material de exploração; bem como à fusão com outra empresa, sempre que com isso a garantia do débito enfraquecer.

Art. 1.505. Na execução das hipotecas será intimado o representante da União ou do Estado, para, dentro em quinze dias, remir a estrada de ferro hipotecada, pagando o preço da arrematação ou da adjudicação.

Capítulo IV
DA ANTICRESE

Art. 1.506. Pode o devedor ou outrem por ele, com a entrega do imóvel ao credor, ceder-lhe o direito de perceber, em compensação da dívida, os frutos e rendimentos.

§ 1.º É permitido estipular que os frutos e rendimentos do imóvel sejam percebidos pelo credor à conta de juros, mas se o seu valor ultrapassar a taxa máxima permitida em lei para as operações financeiras, o remanescente será imputado ao capital.

§ 2.º Quando a anticrese recair sobre bem imóvel, este poderá ser hipotecado pelo devedor ao credor anticrético, ou a terceiros, assim como o imóvel hipotecado poderá ser dado em anticrese.

Art. 1.507. O credor anticrético pode administrar os bens dados em anticrese e fruir seus frutos e utilidades, mas deverá apresentar anualmente balanço, exato e fiel, de sua administração.

§ 1.º Se o devedor anticrético não concordar com o que se contém no balanço, por ser inexato, ou ruinosa a administração, poderá impugná-lo, e, se o quiser, requerer a transformação em arrendamento, fixando o juiz o valor mensal do aluguel, o qual poderá ser corrigido anualmente.

§ 2.º O credor anticrético pode, salvo pacto em sentido contrário, arrendar os bens dados em anticrese a terceiro, mantendo, até ser pago, direito de retenção do imóvel, embora o aluguel desse arrendamento não seja vinculativo para o devedor.

Art. 1.508. O credor anticrético responde pelas deteriorações que, por culpa sua, o imóvel vier a sofrer, e pelos frutos e rendimentos que, por sua negligência, deixar de perceber.

Art. 1.509. O credor anticrético pode vindicar os seus direitos contra o adquirente dos bens, os credores quirografários e os hipotecários posteriores ao registro da anticrese.

§ 1.º Se executar os bens por falta de pagamento da dívida, ou permitir que outro credor o execute, sem opor o seu direito de retenção ao exequente, não terá preferência sobre o preço.

§ 2.º O credor anticrético não terá preferência sobre a indenização do seguro, quando o prédio seja destruído, nem, se forem desapropriados os bens, com relação à desapropriação.

Art. 1.510. O adquirente dos bens dados em anticrese poderá remi-los, antes do vencimento da dívida, pagando a sua totalidade à data do pedido de remição e imitir-se-á, se for o caso, na sua posse.

Título XI
DA LAJE

•• Título XI acrescentado pela Lei n. 13.465, de 11-7-2017.

Art. 1.510-A. O proprietário de uma construção-base poderá ceder a superfície superior ou inferior de sua construção a fim de que o titular da laje mantenha unidade distinta daquela originalmente construída sobre o solo.

•• Caput acrescentado pela Lei n. 13.465, de 11-7-2017.

§ 1.º O direito real de laje contempla o espaço aéreo ou o subsolo de terrenos públicos ou privados, tomados em projeção vertical, como unidade imobiliária autônoma, não contemplando as demais áreas edificadas ou não pertencentes ao proprietário da construção-base.

•• § 1.º acrescentado pela Lei n. 13.465, de 11-7-2017.

§ 2.º O titular do direito real de laje responderá pelos encargos e tributos que incidirem sobre a sua unidade.

•• § 2.º acrescentado pela Lei n. 13.465, de 11-7-2017.

§ 3.º Os titulares da laje, unidade imobiliária autônoma constituída em matrícula própria, poderão dela usar, gozar e dispor.

•• § 3.º acrescentado pela Lei n. 13.465, de 11-7-2017.

§ 4.º A instituição do direito real de laje não implica a atribuição de fração ideal de terreno ao titular da laje ou a participação proporcional em áreas já edificadas.

•• § 4.º acrescentado pela Lei n. 13.465, de 11-7-2017.

§ 5.º Os Municípios e o Distrito Federal poderão dispor sobre posturas edilícias e urbanísticas associadas ao direito real de laje.

•• § 5.º acrescentado pela Lei n. 13.465, de 11-7-2017.

§ 6.º O titular da laje poderá ceder a superfície de sua construção para a instituição de um sucessivo direito real de laje, desde que haja autorização expressa dos titulares da construção-base e das demais lajes, respeitadas as posturas edilícias e urbanísticas vigentes.

•• § 6.º acrescentado pela Lei n. 13.465, de 11-7-2017.

Art. 1.510-B. É expressamente vedado ao titular da laje prejudicar com obras novas ou com falta de reparação a segurança, a linha arquitetônica ou o arranjo estético do edifício, observadas as posturas previstas em legislação local.

•• Artigo acrescentado pela Lei n. 13.465, de 11-7-2017.

Art. 1.510-C. Sem prejuízo, no que couber, das normas aplicáveis aos condomínios edilícios, para fins do direito real de laje, as despesas necessárias à conservação e fruição das partes que sirvam a todo o edifício e ao pagamento de serviços de interesse comum serão partilhadas entre o proprietário da construção-base e o titular da laje, na proporção que venha a ser estipulada em contrato.

•• *Caput* acrescentado pela Lei n. 13.465, de 11-7-2017.

§ 1.º São partes que servem a todo o edifício:

•• § 1.º, *caput*, acrescentado pela Lei n. 13.465, de 11-7-2017.

I – os alicerces, colunas, pilares, paredes-mestras e todas as partes restantes que constituam a estrutura do prédio;

•• Inciso I acrescentado pela Lei n. 13.465, de 11-7-2017.

II – o telhado ou os terraços de cobertura, ainda que destinados ao uso exclusivo do titular da laje;

•• Inciso II acrescentado pela Lei n. 13.465, de 11-7-2017.

III – as instalações gerais de água, esgoto, eletricidade, aquecimento, ar condicionado, gás, comunicações e semelhantes que sirvam a todo o edifício; e

•• Inciso III acrescentado pela Lei n. 13.465, de 11-7-2017.

IV – em geral, as coisas que sejam afetadas ao uso de todo o edifício.

•• Inciso IV acrescentado pela Lei n. 13.465, de 11-7-2017.

§ 2.º É assegurado, em qualquer caso, o direito de qualquer interessado em promover reparações urgentes na construção na forma do parágrafo único do art. 249 deste Código.

•• § 2.º acrescentado pela Lei n. 13.465, de 11-7-2017.

Art. 1.510-D. Em caso de alienação de qualquer das unidades sobrepostas, terão direito de preferência, em igualdade de condições com terceiros, os titulares da construção-base e da laje, nessa ordem, que serão cientificados por escrito para que se manifestem no prazo de trinta dias, salvo se o contrato dispuser de modo diverso.

•• *Caput* acrescentado pela Lei n. 13.465, de 11-7-2017.

§ 1.º O titular da construção-base ou da laje a quem não se der conhecimento da alienação poderá, mediante depósito do respectivo preço, haver para si a parte alienada a terceiros, se o requerer no prazo decadencial de cento e oitenta dias, contado da data de alienação.

•• § 1.º acrescentado pela Lei n. 13.465, de 11-7-2017.

§ 2.º Se houver mais de uma laje, terá preferência, sucessivamente, o titular das lajes ascendentes e do titular das lajes descendentes, assegurada a prioridade para a laje mais próxima à unidade sobreposta a ser alienada.

•• § 2.º acrescentado pela Lei n. 13.465, de 11-7-2017.

Art. 1.510-E. A ruína da construção-base implica extinção do direito real de laje, salvo:

•• *Caput* acrescentado pela Lei n. 13.465, de 11-7-2017.

I – se este tiver sido instituído sobre o subsolo;

•• Inciso I acrescentado pela Lei n. 13.465, de 11-7-2017.

II – se a construção-base for reconstruída no prazo de 5 (cinco) anos.

•• Inciso II com redação determinada pela Lei n. 14.382, de 27-6-2022.

Parágrafo único. O disposto neste artigo não afasta o direito a eventual reparação civil contra o culpado pela ruína.

•• Parágrafo único acrescentado pela Lei n. 13.465, de 11-7-2017.

Livro IV
DO DIREITO DE FAMÍLIA

Título I
DO DIREITO PESSOAL

Subtítulo I
DO CASAMENTO

Capítulo I
DISPOSIÇÕES GERAIS

Art. 1.511. O casamento estabelece comunhão plena de vida, com base na igualdade de direitos e deveres dos cônjuges.

Art. 1.512. O casamento é civil e gratuita a sua celebração.

Parágrafo único. A habilitação para o casamento, o registro e a primeira certidão serão isentos de selos, emolumentos e custas, para as pessoas cuja pobreza for declarada, sob as penas da lei.

Art. 1.513. É defeso a qualquer pessoa, de direito público ou privado, interferir na comunhão de vida instituída pela família.

Art. 1.514. O casamento se realiza no momento em que o homem e a mulher manifestam, perante o juiz, a sua vontade de estabelecer vínculo conjugal, e o juiz os declara casados.

Art. 1.515. O casamento religioso, que atender às exigências da lei para a validade do casamento civil, equipara-se a este, desde que registrado no registro próprio, produzindo efeitos a partir da data de sua celebração.

Art. 1.516. O registro do casamento religioso submete-se aos mesmos requisitos exigidos para o casamento civil.

§ 1.º O registro civil do casamento religioso deverá ser promovido dentro de noventa dias de sua realização, mediante comunicação do celebrante ao ofício competente, ou por iniciativa de qualquer interessado, desde que haja sido homologada previamente a habilitação regulada neste Código. Após o referido prazo, o registro dependerá de nova habilitação.

•• O art. 73, *caput*, da Lei n. 6.015, de 31-12-1973, estabelece o prazo de 30 (trinta) dias para o registro civil do casamento religioso.

§ 2.º O casamento religioso, celebrado sem as formalidades exigidas neste Código, terá efeitos civis se, a requerimento do casal, for registrado, a qualquer tempo, no registro civil, mediante prévia habilitação perante a autoridade competente e observado o prazo do art. 1.532.

§ 3.º Será nulo o registro civil do casamento religioso se, antes dele, qualquer dos consorciados houver contraído com outrem casamento civil.

Capítulo II
DA CAPACIDADE PARA O CASAMENTO

Art. 1.517. O homem e a mulher com dezesseis anos podem casar, exigindo-se autorização de ambos os pais, ou de seus representantes legais, enquanto não atingida a maioridade civil.

•• *Vide* art. 1.520 do CC.

Parágrafo único. Se houver divergência entre os pais, aplica-se o disposto no parágrafo único do art. 1.631.

Art. 1.518. Até a celebração do casamento podem os pais ou tutores revogar a autorização.

•• Artigo com redação determinada pela Lei n. 13.146, de 6-7-2015.

Art. 1.519. A denegação do consentimento, quando injusta, pode ser suprida pelo juiz.

Art. 1.520. Não será permitido, em qualquer caso, o casamento de quem não atingiu a idade núbil, observado o disposto no art. 1.517 deste Código.

•• Artigo com redação determinada pela Lei n. 13.811, de 12-3-2019.

Capítulo III
DOS IMPEDIMENTOS

Art. 1.521. Não podem casar:

I – os ascendentes com os descendentes, seja o parentesco natural ou civil;

II – os afins em linha reta;

III – o adotante com quem foi cônjuge do adotado e o adotado com quem o foi do adotante;

IV – os irmãos, unilaterais ou bilaterais, e demais colaterais, até o terceiro grau inclusive;

•• *Vide* arts. 1.º a 3.º do Decreto-lei n. 3.200, de 19-4-1941, que permite o casamento de colaterais de terceiro grau.

V – o adotado com o filho do adotante;

VI – as pessoas casadas;

VII – o cônjuge sobrevivente com o condenado por homicídio ou tentativa de homicídio contra o seu consorte.

Art. 1.522. Os impedimentos podem ser opostos, até o momento da celebração do casamento, por qualquer pessoa capaz.

Parágrafo único. Se o juiz, ou o oficial de registro, tiver conhecimento da existência de algum impedimento, será obrigado a declará-lo.

Capítulo IV
DAS CAUSAS SUSPENSIVAS

Art. 1.523. Não devem casar:

I – o viúvo ou a viúva que tiver filho do cônjuge falecido, enquanto não fizer inventário dos bens do casal e der partilha aos herdeiros;

II – a viúva, ou a mulher cujo casamento se desfez por ser nulo ou ter sido anulado, até dez meses depois do começo da viuvez, ou da dissolução da sociedade conjugal;

III – o divorciado, enquanto não houver sido homologada ou decidida a partilha dos bens do casal;

IV – o tutor ou o curador e os seus descendentes, ascendentes, irmãos, cunhados ou sobrinhos, com a pessoa tutelada ou curatelada, enquanto não cessar a tutela ou curatela, e não estiverem saldadas as respectivas contas.

Parágrafo único. É permitido aos nubentes solicitar ao juiz que não lhes sejam aplicadas as causas suspensivas previstas nos incisos I, III e IV deste artigo, provando-se a inexistência de prejuízo, respectivamente, para o herdeiro, para o ex-cônjuge e para a pessoa tutelada ou curatelada; no caso do inciso II, a nubente deverá provar nascimento de filho, ou inexistência de gravidez, na fluência do prazo.

Art. 1.524. As causas suspensivas da celebração do casamento podem ser arguidas pelos parentes em linha reta de um dos nubentes, sejam consanguíneos ou afins, e pelos colaterais em segundo grau, sejam também consanguíneos ou afins.

Capítulo V
DO PROCESSO DE HABILITAÇÃO
PARA O CASAMENTO

•• A Resolução n. 175, de 14-5-2013, do Conselho Nacional de Justiça, determina que é vedada às autoridades competentes a recusa de habilitação, celebração de casamento civil ou de conversão de união estável em casamento entre pessoas de mesmo sexo.

Art. 1.525. O requerimento de habilitação para o casamento será firmado por ambos os nubentes, de próprio punho, ou, a seu pedido, por procurador, e deve ser instruído com os seguintes documentos:

I – certidão de nascimento ou documento equivalente;

II – autorização por escrito das pessoas sob cuja dependência legal estiverem, ou ato judicial que a supra;

III – declaração de duas testemunhas maiores, parentes ou não, que atestem conhecê-los e afirmem não existir impedimento que os iniba de casar;

IV – declaração do estado civil, do domicílio e da residência atual dos contraentes e de seus pais, se forem conhecidos;

V – certidão de óbito do cônjuge falecido, de sentença declaratória de nulidade ou de anulação de casamento, transitada em julgado, ou do registro da sentença de divórcio.

Art. 1.526. A habilitação será feita pessoalmente perante o oficial do Registro Civil, com a audiência do Ministério Público.

•• *Caput* com redação determinada pela Lei n. 12.133, de 17-12-2009.

Parágrafo único. Caso haja impugnação do oficial, do Ministério Público ou de terceiro, a habilitação será submetida ao juiz.

•• Parágrafo único acrescentado pela Lei n. 12.133, de 17-12-2009.

Art. 1.527. Estando em ordem a documentação, o oficial extrairá o edital, que se afixará durante quinze dias nas circunscrições do Registro Civil de ambos os nubentes, e, obrigatoriamente, se publicará na imprensa local, se houver.

Parágrafo único. A autoridade competente, havendo urgência, poderá dispensar a publicação.

Art. 1.528. É dever do oficial do registro esclarecer os nubentes a respeito dos fatos que podem ocasionar a invalidade do casamento, bem como sobre os diversos regimes de bens.

Art. 1.529. Tanto os impedimentos quanto as causas suspensivas serão opostos em declaração escrita e assinada, instruída com as provas do fato alegado, ou com a indicação do lugar onde possam ser obtidas.

Art. 1.530. O oficial do registro dará aos nubentes ou a seus representantes nota da oposição, indicando os fundamentos, as provas e o nome de quem a ofereceu.

Parágrafo único. Podem os nubentes requerer prazo razoável para fazer prova contrária aos fatos alegados, e promover as ações civis e criminais contra o oponente de má-fé.

Art. 1.531. Cumpridas as formalidades dos arts. 1.526 e 1.527 e verificada a inexistência de fato obstativo, o oficial do registro extrairá o certificado de habilitação.

Art. 1.532. A eficácia da habilitação será de noventa dias, a contar da data em que foi extraído o certificado.

Capítulo VI
DA CELEBRAÇÃO DO CASAMENTO

•• A Resolução n. 175, de 14-5-2013, do Conselho Nacional de Justiça, determina que é vedada às autoridades competentes a recusa de habilitação, celebração de casamento civil ou de conversão de união estável em casamento entre pessoas de mesmo sexo.

Art. 1.533. Celebrar-se-á o casamento, no dia, hora e lugar previamente designados pela autoridade que houver de presidir o ato, mediante petição dos contraentes, que se mostrem habilitados com a certidão do art. 1.531.

Art. 1.534. A solenidade realizar-se-á na sede do cartório, com toda publicidade, a portas abertas, presentes pelo menos duas testemunhas, parentes ou não dos contraentes, ou, querendo as partes e consentindo a autoridade celebrante, noutro edifício público ou particular.

§ 1.º Quando o casamento for em edifício particular, ficará este de portas abertas durante o ato.

§ 2.º Serão quatro as testemunhas na hipótese do parágrafo anterior e se algum dos contraentes não souber ou não puder escrever.

Art. 1.535. Presentes os contraentes, em pessoa ou por procurador especial, juntamente com as testemunhas e o oficial do registro, o presidente do ato, ouvida aos nubentes a afirmação de que pretendem casar por livre e espontânea vontade, declarará efetuado o casamento, nestes termos:

"De acordo com a vontade que ambos acabais de afirmar perante mim, de vos receberdes por marido e mulher, eu, em nome da lei, vos declaro casados".

Art. 1.536. Do casamento, logo depois de celebrado, lavrar-se-á o assento no livro de registro. No assento, assinado pelo presidente do ato, pelos cônjuges, as testemunhas, e o oficial do registro, serão exarados:

I – os prenomes, sobrenomes, datas de nascimento, profissão, domicílio e residência atual dos cônjuges;

II – os prenomes, sobrenomes, datas de nascimento ou de morte, domicílio e residência atual dos pais;

III – o prenome e sobrenome do cônjuge precedente e a data da dissolução do casamento anterior;

IV – a data da publicação dos proclamas e da celebração do casamento;

V – a relação dos documentos apresentados ao oficial do registro;

VI – o prenome, sobrenome, profissão, domicílio e residência atual das testemunhas;

VII – o regime do casamento, com a declaração da data e do cartório em cujas notas foi lavrada a escritura antenupcial, quando o regime não for o da comunhão parcial, ou o obrigatoriamente estabelecido.

Art. 1.537. O instrumento da autorização para casar transcrever-se-á integralmente na escritura antenupcial.

Art. 1.538. A celebração do casamento será imediatamente suspensa se algum dos contraentes:

I – recusar a solene afirmação da sua vontade;

II – declarar que esta não é livre e espontânea;

III – manifestar-se arrependido.

Parágrafo único. O nubente que, por algum dos fatos mencionados neste artigo, der causa à suspensão do ato, não será admitido a retratar-se no mesmo dia.

Art. 1.539. No caso de moléstia grave de um dos nubentes, o presidente do ato irá celebrá-lo onde se encontrar o impedido, sendo urgente, ainda que à noite, perante duas testemunhas que saibam ler e escrever.

§ 1.º A falta ou impedimento da autoridade competente para presidir o casamento suprir-se-á por qualquer dos seus substitutos legais, e a do oficial do Registro Civil por outro *ad hoc*, nomeado pelo presidente do ato.

§ 2.º O termo avulso, lavrado pelo oficial *ad hoc*, será registrado no respectivo registro dentro em cinco dias, perante duas testemunhas, ficando arquivado.

Art. 1.540. Quando algum dos contraentes estiver em iminente risco de vida, não obtendo a presença da autoridade à qual incumba presidir o ato, nem a de seu substituto, poderá o casamento ser celebrado na presença de seis testemunhas, que com os nubentes não tenham parentesco em linha reta, ou, na colateral, até segundo grau.

Art. 1.541. Realizado o casamento, devem as testemunhas comparecer perante a autoridade judicial mais próxima, dentro em dez dias, pedindo que lhes tome por termo a declaração de:

I – que foram convocadas por parte do enfermo;

II – que este parecia em perigo de vida, mas em seu juízo;

III – que, em sua presença, declararam os contraentes, livre e espontaneamente, receber-se por marido e mulher.

§ 1.º Autuado o pedido e tomadas as declarações, o juiz procederá às diligências necessárias para verificar se os contraentes podiam ter-se habilitado, na forma ordinária, ouvidos os interessados que o requererem, dentro em quinze dias.

•• *Vide* art. 76, § 3.º, da Lei n. 6.015, de 31-12-1973.

§ 2.º Verificada a idoneidade dos cônjuges para o casamento, assim o decidirá a autoridade competente, com recurso voluntário às partes.

§ 3.º Se da decisão não se tiver recorrido, ou se ela passar em julgado, apesar dos recursos interpostos, o juiz mandará registrá-la no livro do Registro dos Casamentos.

§ 4.º O assento assim lavrado retrotrairá os efeitos do casamento, quanto ao estado dos cônjuges, à data da celebração.

§ 5.º Serão dispensadas as formalidades deste e do artigo antecedente, se o enfermo convalescer e puder ratificar o casamento na presença da autoridade competente e do oficial do registro.

Art. 1.542. O casamento pode celebrar-se mediante procuração, por instrumento público, com poderes especiais.

§ 1.º A revogação do mandato não necessita chegar ao conhecimento do mandatário; mas, celebrado o casamento sem que o mandatário ou o outro contraente tivessem ciência da revogação, responderá o mandante por perdas e danos.

§ 2.º O nubente que não estiver em iminente risco de vida poderá fazer-se representar no casamento nuncupativo.

§ 3.º A eficácia do mandato não ultrapassará noventa dias.

§ 4.º Só por instrumento público se poderá revogar o mandato.

Capítulo VII
DAS PROVAS DO CASAMENTO

Art. 1.543. O casamento celebrado no Brasil prova-se pela certidão do registro.

Parágrafo único. Justificada a falta ou perda do registro civil, é admissível qualquer outra espécie de prova.

Art. 1.544. O casamento de brasileiro, celebrado no estrangeiro, perante as respectivas autoridades ou os cônsules brasileiros, deverá ser registrado em cento e oitenta dias, a contar da volta de um ou de ambos os cônjuges ao Brasil, no cartório do respectivo domicílio, ou, em sua falta, no 1.º Ofício da Capital do Estado em que passarem a residir.

•• *Vide* art. 32 da Lei n. 6.015, de 31-12-1973.

Art. 1.545. O casamento de pessoas que, na posse do estado de casadas, não possam manifestar vontade, ou tenham falecido, não se pode contestar em prejuízo da prole comum, salvo mediante certidão do Registro Civil que prove que já era casada alguma delas, quando do contrair o casamento impugnado.

Art. 1.546. Quando a prova da celebração legal do casamento resultar de processo judicial, o registro da sentença no livro do Registro Civil produzirá, tanto no que toca aos cônjuges como no que respeita aos filhos, todos os efeitos civis desde a data do casamento.

Art. 1.547. Na dúvida entre as provas favoráveis e contrárias, julgar-se-á pelo casamento, se os cônjuges, cujo casamento se impugna, viverem ou tiverem vivido na posse do estado de casados.

Capítulo VIII
DA INVALIDADE DO CASAMENTO

Art. 1.548. É nulo o casamento contraído:

I – (*Revogado pela Lei n. 13.146, de 6-7-2015.*)

II – por infringência de impedimento.

Art. 1.549. A decretação de nulidade de casamento, pelos motivos previstos no artigo antecedente, pode ser promovida mediante ação direta, por qualquer interessado, ou pelo Ministério Público.

Art. 1.550. É anulável o casamento:

I – de quem não completou a idade mínima para casar;

II – do menor em idade núbil, quando não autorizado por seu representante legal;

III – por vício da vontade, nos termos dos arts. 1.556 a 1.558;

IV – do incapaz de consentir ou manifestar, de modo inequívoco, o consentimento;

V – realizado pelo mandatário, sem que ele ou o outro contraente soubesse da revogação do mandato, e não sobrevindo coabitação entre os cônjuges;

Arts. 1.550 a 1.561 **Direito de Família**

VI – por incompetência da autoridade celebrante.

§ 1.º Equipara-se à revogação a invalidade do mandato judicialmente decretada.

•• Parágrafo único renumerado pela Lei n. 13.146, de 6-7-2015.

§ 2.º A pessoa com deficiência mental ou intelectual em idade núbia poderá contrair matrimônio, expressando sua vontade diretamente ou por meio de seu responsável ou curador.

•• § 2.º acrescentado pela Lei n. 13.146, de 6-7-2015.

Art. 1.551. Não se anulará, por motivo de idade, o casamento de que resultou gravidez.

Art. 1.552. A anulação do casamento dos menores de dezesseis anos será requerida:

I – pelo próprio cônjuge menor;

II – por seus representantes legais;

III – por seus ascendentes.

Art. 1.553. O menor que não atingiu a idade núbil poderá, depois de completá-la, confirmar seu casamento, com a autorização de seus representantes legais, se necessária, ou com suprimento judicial.

Art. 1.554. Subsiste o casamento celebrado por aquele que, sem possuir a competência exigida na lei, exercer publicamente as funções de juiz de casamentos e, nessa qualidade, tiver registrado o ato no Registro Civil.

Art. 1.555. O casamento do menor em idade núbil, quando não autorizado por seu representante legal, só poderá ser anulado se a ação for proposta em cento e oitenta dias, por iniciativa do incapaz, ao deixar de sê-lo, de seus representantes legais ou de seus herdeiros necessários.

§ 1.º O prazo estabelecido neste artigo será contado do dia em que cessou a incapacidade, no primeiro caso; a partir do casamento, no segundo; e, no terceiro, da morte do incapaz.

§ 2.º Não se anulará o casamento quando à sua celebração houverem assistido os representantes legais do incapaz, ou tiverem, por qualquer modo, manifestado sua aprovação.

Art. 1.556. O casamento pode ser anulado por vício da vontade, se houve por parte de um dos nubentes, ao consentir, erro essencial quanto à pessoa do outro.

Art. 1.557. Considera-se erro essencial sobre a pessoa do outro cônjuge:

I – o que diz respeito à sua identidade, sua honra e boa fama, sendo esse erro tal que o seu conhecimento ulterior torne insuportável a vida em comum ao cônjuge enganado;

II – a ignorância de crime, anterior ao casamento, que, por sua natureza, torne insuportável a vida conjugal;

III – a ignorância, anterior ao casamento, de defeito físico irremediável que não caracterize deficiência ou de moléstia grave e transmissível, por contágio ou por herança, capaz de pôr em risco a saúde do outro cônjuge ou de sua descendência;

•• Inciso III com redação determinada pela Lei n. 13.146, de 6-7-2015.

IV – (*Revogado pela Lei n. 13.146, de 6-7-2015.*)

Art. 1.558. É anulável o casamento em virtude de coação, quando o consentimento de um ou de ambos os cônjuges houver sido captado mediante fundado temor de mal considerável e iminente para a vida, a saúde e a honra, sua ou de seus familiares.

Art. 1.559. Somente o cônjuge que incidiu em erro, ou sofreu coação, pode demandar a anulação do casamento; mas a coabitação, havendo ciência do vício, valida o ato, ressalvadas as hipóteses dos incisos III e IV do art. 1.557.

Art. 1.560. O prazo para ser intentada a ação de anulação do casamento, a contar da data da celebração, é de:

I – cento e oitenta dias, no caso do inciso IV do art. 1.550;

II – dois anos, se incompetente a autoridade celebrante;

III – três anos, nos casos dos incisos I a IV do art. 1.557;

IV – quatro anos, se houver coação.

§ 1.º Extingue-se, em cento e oitenta dias, o direito de anular o casamento dos menores de dezesseis anos, contado o prazo para o menor do dia em que perfez essa idade; e da data do casamento, para seus representantes legais ou ascendentes.

§ 2.º Na hipótese do inciso V do art. 1.550, o prazo para anulação do casamento é de cento e oitenta dias, a partir da data em que o mandante tiver conhecimento da celebração.

Art. 1.561. Embora anulável ou mesmo nulo, se contraído de boa-fé por ambos os cônjuges, o casamento, em relação a estes como aos filhos, produz todos os efeitos até o dia da sentença anulatória.

§ 1.º Se um dos cônjuges estava de boa-fé ao celebrar o casamento, os seus efeitos civis só a ele e aos filhos aproveitarão.

§ 2.º Se ambos os cônjuges estavam de má-fé ao celebrar o casamento, os seus efeitos civis só aos filhos aproveitarão.

Art. 1.562. Antes de mover a ação de nulidade de casamento, a de anulação, a de separação judicial, a de divórcio direto ou a de dissolução de união estável, poderá requerer a parte, comprovando sua necessidade, a separação de corpos, que será concedida pelo juiz com a possível brevidade.

Art. 1.563. A sentença que decretar a nulidade do casamento retroagirá à data da sua celebração, sem prejudicar a aquisição de direitos, a título oneroso, por terceiros de boa-fé, nem a resultante de sentença transitada em julgado.

Art. 1.564. Quando o casamento for anulado por culpa de um dos cônjuges, este incorrerá:

I – na perda de todas as vantagens havidas do cônjuge inocente;

II – na obrigação de cumprir as promessas que lhe fez no contrato antenupcial.

Capítulo IX
DA EFICÁCIA DO CASAMENTO

Art. 1.565. Pelo casamento, homem e mulher assumem mutuamente a condição de consortes, companheiros e responsáveis pelos encargos da família.

§ 1.º Qualquer dos nubentes, querendo, poderá acrescer ao seu o sobrenome do outro.

§ 2.º O planejamento familiar é de livre decisão do casal, competindo ao Estado propiciar recursos educacionais e financeiros para o exercício desse direito, vedado qualquer tipo de coerção por parte de instituições privadas ou públicas.

Art. 1.566. São deveres de ambos os cônjuges:

I – fidelidade recíproca;

II – vida em comum, no domicílio conjugal;

III – mútua assistência;

IV – sustento, guarda e educação dos filhos;

V – respeito e consideração mútuos.

Art. 1.567. A direção da sociedade conjugal será exercida, em colaboração, pelo marido e pela mulher, sempre no interesse do casal e dos filhos.

Parágrafo único. Havendo divergência, qualquer dos cônjuges poderá recorrer ao juiz, que decidirá tendo em consideração aqueles interesses.

Art. 1.568. Os cônjuges são obrigados a concorrer, na proporção de seus bens e dos rendimentos do trabalho, para o sustento da família e a educação dos filhos, qualquer que seja o regime patrimonial.

Art. 1.569. O domicílio do casal será escolhido por ambos os cônjuges, mas um e outro podem ausentar-se do domicílio conjugal para atender a encargos públicos, ao exercício de sua profissão, ou a interesses particulares relevantes.

Art. 1.570. Se qualquer dos cônjuges estiver em lugar remoto ou não sabido, encarcerado por mais de cento e oitenta dias, interditado judicialmente ou privado, episodicamente, de consciência, em virtude de enfermidade ou de acidente, o outro exercerá com exclusividade a direção da família, cabendo-lhe a administração dos bens.

Capítulo X
DA DISSOLUÇÃO DA SOCIEDADE E DO VÍNCULO CONJUGAL

•• *Vide* Emenda Constitucional n. 66, de 13-7-2010, que instituiu o divórcio direto.

Art. 1.571. A sociedade conjugal termina:

I – pela morte de um dos cônjuges;

II – pela nulidade ou anulação do casamento;

III – pela separação judicial;

IV – pelo divórcio.

§ 1.º O casamento válido só se dissolve pela morte de um dos cônjuges ou pelo divórcio, aplicando-se a presunção estabelecida neste Código quanto ao ausente.

§ 2.º Dissolvido o casamento pelo divórcio direto ou por conversão, o cônjuge poderá manter o nome de casado; salvo, no segundo caso, dispondo em contrário a sentença de separação judicial.

Art. 1.572. Qualquer dos cônjuges poderá propor a ação de separação judicial, imputando ao outro qualquer ato que importe grave violação dos deveres do casamento e torne insuportável a vida em comum.

§ 1.º A separação judicial pode também ser pedida se um dos cônjuges provar ruptura da vida em comum há mais de um ano e a impossibilidade de sua reconstituição.

§ 2.º O cônjuge pode ainda pedir a separação judicial quando o outro estiver acometido de doença mental grave, manifestada após o casamento, que torne impossível a continuação da vida em comum, desde que, após uma duração de dois anos, a enfermidade tenha sido reconhecida de cura improvável.

§ 3.º No caso do § 2.º, reverterão ao cônjuge enfermo, que não houver pedido a separação judicial, os remanescentes dos bens que levou para o casamento, e se o regime dos bens adotado o permitir, a meação dos adquiridos na constância da sociedade conjugal.

Art. 1.573. Pode caracterizar a impossibilidade da comunhão de vida a ocorrência de algum dos seguintes motivos:

I – adultério;
II – tentativa de morte;
III – sevícia ou injúria grave;
IV – abandono voluntário do lar conjugal, durante um ano contínuo;
V – condenação por crime infamante;
VI – conduta desonrosa.

Parágrafo único. O juiz poderá considerar outros fatos que tornem evidente a impossibilidade da vida em comum.

Art. 1.574. Dar-se-á a separação judicial por mútuo consentimento dos cônjuges se forem casados por mais de um ano e o manifestarem perante o juiz, sendo por ele devidamente homologada a convenção.

- •• *Vide* Emenda Constitucional n. 66, de 13-7-2010, que instituiu o divórcio direto.
- •• O art. 733 do CPC estabelece: "O divórcio consensual, a separação consensual e a extinção consensual de união estável, não havendo nascituro ou filhos incapazes e observados os requisitos legais, poderão ser realizados por escritura pública, da qual constarão as disposições de que trata o art. 731, § 1.º A escritura não depende de homologação judicial e constitui título hábil para qualquer ato de registro, bem como para levantamento de importância depositada em instituições financeiras. § 2.º O tabelião somente lavrará a escritura se os interessados estiverem assistidos por advogado ou por defensor público, cuja qualificação e assinatura constarão do ato notarial".

Parágrafo único. O juiz pode recusar a homologação e não decretar a separação judicial se apurar que a convenção não preserva suficientemente os interesses dos filhos ou de um dos cônjuges.

Art. 1.575. A sentença de separação judicial importa a separação de corpos e a partilha de bens.

Parágrafo único. A partilha de bens poderá ser feita mediante proposta dos cônjuges e homologada pelo juiz ou por este decidida.

Art. 1.576. A separação judicial põe termo aos deveres de coabitação e fidelidade recíproca e ao regime de bens.

Parágrafo único. O procedimento judicial da separação caberá somente aos cônjuges, e, no caso de incapacidade, serão representados pelo curador, pelo ascendente ou pelo irmão.

Art. 1.577. Seja qual for a causa da separação judicial e o modo como esta se faça, é lícito aos cônjuges restabelecer, a todo tempo, a sociedade conjugal, por ato regular em juízo.

Parágrafo único. A reconciliação em nada prejudicará o direito de terceiros, adquirido antes e durante o estado de separado, seja qual for o regime de bens.

Art. 1.578. O cônjuge declarado culpado na ação de separação judicial perde o direito de usar o sobrenome do outro, desde que expressamente requerido pelo cônjuge inocente e se a alteração não acarretar:

I – evidente prejuízo para a sua identificação;
II – manifesta distinção entre o seu nome de família e o dos filhos havidos da união dissolvida;
III – dano grave reconhecido na decisão judicial.

§ 1.º O cônjuge inocente na ação de separação judicial poderá renunciar, a qualquer momento, ao direito de usar o sobrenome do outro.

§ 2.º Nos demais casos caberá a opção pela conservação do nome de casado.

Art. 1.579. O divórcio não modificará os direitos e deveres dos pais em relação aos filhos.

Parágrafo único. Novo casamento de qualquer dos pais, ou de ambos, não poderá importar restrições aos direitos e deveres previstos neste artigo.

Art. 1.580. Decorrido um ano do trânsito em julgado da sentença que houver decretado a separação judicial, ou da decisão concessiva da medida cautelar de separação de corpos, qualquer das partes poderá requerer sua conversão em divórcio.

§ 1.º A conversão em divórcio da separação judicial dos cônjuges será decretada por sentença, da qual não constará referência à causa que a determinou.

§ 2.º O divórcio poderá ser requerido, por um ou por ambos os cônjuges, no caso de comprovada separação de fato por mais de dois anos.

Art. 1.581. O divórcio pode ser concedido sem que haja prévia partilha de bens.

- •• *Vide* art. 31 da Lei n. 6.515, de 26-12-1977.

Art. 1.582. O pedido de divórcio somente competirá aos cônjuges.

Parágrafo único. Se o cônjuge for incapaz para propor a ação ou defender-se, poderá fazê-lo o curador, o ascendente ou o irmão.

Capítulo XI
DA PROTEÇÃO DA PESSOA DOS FILHOS

•• *Vide* Lei n. 12.318, de 26-8-2010, que dispõe sobre alienação parental.

Art. 1.583. A guarda será unilateral ou compartilhada.

•• *Caput* com redação determinada pela Lei n. 11.698, de 13-6-2008.

§ 1.º Compreende-se por guarda unilateral a atribuída a um só dos genitores ou a alguém que o substitua (art. 1.584, § 5.º) e, por guarda compartilhada a responsabilização conjunta e o exercício de direitos e deveres do pai e da mãe que não vivam sob o mesmo teto, concernentes ao poder familiar dos filhos comuns.

•• § 1.º acrescentado pela Lei n. 11.698, de 13-6-2008.

§ 2.º Na guarda compartilhada, o tempo de convívio com os filhos deve ser dividido de forma equilibrada com a mãe e com o pai, sempre tendo em vista as condições fáticas e os interesses dos filhos.

•• § 2.º com redação determinada pela Lei n. 13.058, de 22-12-2014.

I a III – (*Revogados pela Lei n. 13.058, de 22-12-2014.*)

§ 3.º Na guarda compartilhada, a cidade considerada base de moradia dos filhos será aquela que melhor atender aos interesses dos filhos.

•• § 3.º com redação determinada pela Lei n. 13.058, de 22-12-2014.

§ 4.º (*Vetado.*)

•• § 4.º acrescentado pela Lei n. 11.698, de 13-6-2008.

§ 5.º A guarda unilateral obriga o pai ou a mãe que não a detenha a supervisionar os interesses dos filhos, e, para possibilitar tal supervisão, qualquer dos genitores sempre será parte legítima para solicitar informações e/ou prestação de contas, objetivas ou subjetivas, em assuntos ou situações que direta ou indiretamente afetem a saúde física e psicológica e a educação de seus filhos.

•• § 5.º acrescentado pela Lei n. 13.058, de 22-12-2014.

Art. 1.584. A guarda, unilateral ou compartilhada, poderá ser:

•• *Caput* com redação determinada pela Lei n. 11.698, de 13-6-2008.

I – requerida, por consenso, pelo pai e pela mãe, ou por qualquer deles, em ação autônoma de separação, de divórcio, de dissolução de união estável ou em medida cautelar;

•• Inciso I acrescentado pela Lei n. 11.698, de 13-6-2008.

II – decretada pelo juiz, em atenção a necessidades específicas do filho, ou em razão da distribuição de tempo necessário ao convívio deste com o pai e com a mãe.

•• Inciso II acrescentado pela Lei n. 11.698, de 13-6-2008.

§ 1.º Na audiência de conciliação, o juiz informará ao pai e à mãe o significado da guarda compartilhada, a sua importância, a similitude de deveres e direitos atribuídos aos genitores e as sanções pelo descumprimento de suas cláusulas.

•• § 1.º acrescentado pela Lei n. 11.698, de 13-6-2008.

§ 2.º Quando não houver acordo entre a mãe e o pai quanto à guarda do filho, encontrando-se ambos os genitores aptos a exercer o poder familiar, será aplicada a guarda compartilhada, salvo se um dos genitores declarar ao magistrado que não deseja a guarda da criança ou do adolescente ou quando houver elementos que evidenciem a probabilidade de risco de violência doméstica ou familiar.

•• § 2.º com redação determinada pela Lei n. 14.713, de 30-10-2023

§ 3.º Para estabelecer as atribuições do pai e da mãe e os períodos de convivência sob guarda compartilhada, o juiz, de ofício ou a requerimento do Ministério Público, poderá basear-se em orientação técnico-profissional ou de equipe interdisciplinar, que deverá visar à divisão equilibrada do tempo com o pai e com a mãe.

•• § 3.º com redação determinada pela Lei n. 13.058, de 22-12-2014.

§ 4.º A alteração não autorizada ou o descumprimento imotivado de cláusula de guarda unilateral ou compartilhada poderá implicar a redução de prerrogativas atribuídas ao seu detentor.

•• § 4.º com redação determinada pela Lei n. 13.058, de 22-12-2014.

§ 5.º Se o juiz verificar que o filho não deve permanecer sob a guarda do pai ou da mãe, deferirá a guarda a pessoa que revele compatibilidade com a natureza da medida, considerados, de preferência, o grau de parentesco e as relações de afinidade e afetividade.

•• § 5.º com redação determinada pela Lei n. 13.058, de 22-12-2014.

§ 6.º Qualquer estabelecimento público ou privado é obrigado a prestar informações a qualquer dos genitores sobre os filhos destes, sob pena de multa de R$ 200,00 (duzentos reais) a R$ 500,00 (quinhentos reais) por dia pelo não atendimento da solicitação.

•• § 6.º acrescentado pela Lei n. 13.058, de 22-12-2014.

Art. 1.585. Em sede de medida cautelar de separação de corpos, em sede de medida cautelar de guarda ou em outra sede de fixação liminar de guarda, a decisão sobre guarda de filhos, mesmo que provisória, será proferida preferencialmente após a oitiva de ambas as partes perante o juiz, salvo se a proteção aos interesses dos filhos exigir a concessão de liminar sem a oitiva da outra parte, aplicando-se as disposições do art. 1.584.

•• Artigo com redação determinada pela Lei n. 13.058, de 22-12-2014.

Art. 1.586. Havendo motivos graves, poderá o juiz, em qualquer caso, a bem dos filhos, regular de maneira diferente da estabelecida nos artigos antecedentes a situação deles para com os pais.

Art. 1.587. No caso de invalidade do casamento, havendo filhos comuns, observar-se-á o disposto nos arts. 1.584 e 1.586.

Art. 1.588. O pai ou a mãe que contrair novas núpcias não perde o direito de ter consigo os filhos, que só lhe poderão ser retirados por mandado judicial, provado que não são tratados convenientemente.

Art. 1.589. O pai ou a mãe, em cuja guarda não estejam os filhos, poderá visitá-los e tê-los em sua companhia, segundo o que acordar com o outro cônjuge, ou for fixado pelo juiz, bem como fiscalizar sua manutenção e educação.

Parágrafo único. O direito de visita estende-se a qualquer dos avós, a critério do juiz, observados os interesses da criança ou do adolescente.

•• Parágrafo único acrescentado pela Lei n. 12.398, de 28-3-2011.

Art. 1.590. As disposições relativas à guarda e prestação de alimentos aos filhos menores estendem-se aos maiores incapazes.

Subtítulo II
DAS RELAÇÕES DE PARENTESCO

Capítulo I
DISPOSIÇÕES GERAIS

Art. 1.591. São parentes em linha reta as pessoas que estão umas para com as outras na relação de ascendentes e descendentes.

Art. 1.592. São parentes em linha colateral ou transversal, até o quarto grau, as pessoas provenientes de um só tronco, sem descenderem uma da outra.

Art. 1.593. O parentesco é natural ou civil, conforme resulte de consanguinidade ou outra origem.

Art. 1.594. Contam-se, na linha reta, os graus de parentesco pelo número de gerações, e, na colateral, também pelo número delas, subindo de um dos parentes até ao ascendente comum, e descendo até encontrar o outro parente.

Art. 1.595. Cada cônjuge ou companheiro é aliado aos parentes do outro pelo vínculo da afinidade.

§ 1.º O parentesco por afinidade limita-se aos ascendentes, aos descendentes e aos irmãos do cônjuge ou companheiro.

§ 2.º Na linha reta, a afinidade não se extingue com a dissolução do casamento ou da união estável.

Capítulo II
DA FILIAÇÃO

Art. 1.596. Os filhos, havidos ou não da relação de casamento, ou por adoção, terão os mesmos direitos e qualificações, proibidas quaisquer designações discriminatórias relativas à filiação.

Art. 1.597. Presumem-se concebidos na constância do casamento os filhos:

I – nascidos cento e oitenta dias, pelo menos, depois de estabelecida a convivência conjugal;

II – nascidos nos trezentos dias subsequentes à dissolução da sociedade conjugal, por morte, separação judicial, nulidade e anulação do casamento;

III – havidos por fecundação artificial homóloga, mesmo que falecido o marido;

IV – havidos, a qualquer tempo, quando se tratar de embriões excedentários, decorrentes de concepção artificial homóloga;

V – havidos por inseminação artificial heteróloga, desde que tenha prévia autorização do marido.

Art. 1.598. Salvo prova em contrário, se, antes de decorrido o prazo previsto no inciso II do art. 1.523, a mulher contrair novas núpcias e lhe nascer algum filho, este se presume do primeiro marido, se nascido dentro dos trezentos dias a contar da data do falecimento deste e, do segundo, se o nascimento ocorrer após esse período e já decorrido o prazo a que se refere o inciso I do art. 1.597.

Art. 1.599. A prova da impotência do cônjuge para gerar, à época da concepção, ilide a presunção da paternidade.

Art. 1.600. Não basta o adultério da mulher, ainda que confessado, para ilidir a presunção legal da paternidade.

Art. 1.601. Cabe ao marido o direito de contestar a paternidade dos filhos nascidos de sua mulher, sendo tal ação imprescritível.

Parágrafo único. Contestada a filiação, os herdeiros do impugnante têm direito de prosseguir na ação.

Art. 1.602. Não basta a confissão materna para excluir a paternidade.

Art. 1.603. A filiação prova-se pela certidão do termo de nascimento registrada no Registro Civil.

Art. 1.604. Ninguém pode vindicar estado contrário ao que resulta do registro de nascimento, salvo provando-se erro ou falsidade do registro.

Art. 1.605. Na falta, ou defeito, do termo de nascimento, poderá provar-se a filiação por qualquer modo admissível em direito:

I – quando houver começo de prova por escrito, proveniente dos pais, conjunta ou separadamente;

II – quando existirem veementes presunções resultantes de fatos já certos.

Art. 1.606. A ação de prova de filiação compete ao filho, enquanto viver, passando aos herdeiros, se ele morrer menor ou incapaz.

Parágrafo único. Se iniciada a ação pelo filho, os herdeiros poderão continuá-la, salvo se julgado extinto o processo.

Capítulo III
DO RECONHECIMENTO DOS FILHOS

Art. 1.607. O filho havido fora do casamento pode ser reconhecido pelos pais, conjunta ou separadamente.

Art. 1.608. Quando a maternidade constar do termo do nascimento do filho, a mãe só poderá contestá-la, provando a falsidade do termo, ou das declarações nele contidas.

Art. 1.609. O reconhecimento dos filhos havidos fora do casamento é irrevogável e será feito:

I – no registro do nascimento;

II – por escritura pública ou escrito particular, a ser arquivado em cartório;

III – por testamento, ainda que incidentalmente manifestado;

IV – por manifestação direta e expressa perante o juiz, ainda que o reconhecimento não haja sido o objeto único e principal do ato que o contém.

Parágrafo único. O reconhecimento pode preceder o nascimento do filho ou ser posterior ao seu falecimento, se ele deixar descendentes.

Art. 1.610. O reconhecimento não pode ser revogado, nem mesmo quando feito em testamento.

Art. 1.611. O filho havido fora do casamento, reconhecido por um dos cônjuges, não poderá residir no lar conjugal sem o consentimento do outro.

Art. 1.612. O filho reconhecido, enquanto menor, ficará sob a guarda do genitor que o reconheceu, e, se ambos o reconheceram e não houver acordo, sob a de quem melhor atender aos interesses do menor.

Art. 1.613. São ineficazes a condição e o termo apostos ao ato de reconhecimento do filho.

Art. 1.614. O filho maior não pode ser reconhecido sem o seu consentimento, e o menor pode impugnar o reconhecimento, nos quatro anos que se seguirem à maioridade, ou à emancipação.

Art. 1.615. Qualquer pessoa, que justo interesse tenha, pode contestar a ação de investigação de paternidade, ou maternidade.

Art. 1.616. A sentença que julgar procedente a ação de investigação produzirá os mesmos efeitos do reconhecimento; mas poderá ordenar que o filho se crie e eduque fora da companhia dos pais ou daquele que lhe contestou essa qualidade.

Art. 1.617. A filiação materna ou paterna pode resultar de casamento declarado nulo, ainda mesmo sem as condições do putativo.

Capítulo IV
DA ADOÇÃO

•• *Vide* art. 227, § 6.º, da CF.

•• *Vide* Lei Nacional da Adoção (Lei n. 12.010, de 3-8-2009).

Art. 1.618. A adoção de crianças e adolescentes será deferida na forma prevista pela Lei n. 8.069, de 13 de julho de 1990 - Estatuto da Criança e do Adolescente.

•• *Caput* com redação determinada pela Lei n. 12.010, de 3-8-2009.

•• *Vide* arts. 39 a 52-D da Lei n. 8.069, de 13-7-1990.

Parágrafo único. (*Revogado pela Lei n. 12.010, de 3-8-2009.*)

Art. 1.619. A adoção de maiores de 18 (dezoito) anos dependerá da assistência efetiva do poder público e de sentença constitutiva, aplicando-se, no que couber, as regras gerais da Lei n. 8.069, de 13 de julho de 1990 – Estatuto da Criança e do Adolescente.

•• Artigo com redação determinada pela Lei n. 12.010, de 3-8-2009.

Arts. 1.620 a 1.629. (*Revogados pela Lei n. 12.010, de 3-8-2009.*)

Capítulo V
DO PODER FAMILIAR

Seção I
Disposições Gerais

Art. 1.630. Os filhos estão sujeitos ao poder familiar, enquanto menores.

Art. 1.631. Durante o casamento e a união estável, compete o poder familiar aos pais; na falta ou impedimento de um deles, o outro o exercerá com exclusividade.

Parágrafo único. Divergindo os pais quanto ao exercício do poder familiar, é assegurado a qualquer deles recorrer ao juiz para solução do desacordo.

Art. 1.632. A separação judicial, o divórcio e a dissolução da união estável não alteram as relações entre pais e filhos senão quanto ao direito, que aos primeiros cabe, de terem em sua companhia os segundos.

Art. 1.633. O filho, não reconhecido pelo pai, fica sob poder familiar exclusivo da mãe; se a mãe não for conhecida ou capaz de exercê-lo, dar-se-á tutor ao menor.

Seção II
Do Exercício do Poder Familiar

Art. 1.634. Compete a ambos os pais, qualquer que seja a sua situação conjugal, o pleno exercício do poder familiar, que consiste em, quanto aos filhos:

•• *Caput* com redação determinada pela Lei n. 13.058, de 22-12-2014.

I – dirigir-lhes a criação e a educação;

•• Inciso I com redação determinada pela Lei n. 13.058, de 22-12-2014.

II – exercer a guarda unilateral ou compartilhada nos termos do art. 1.584;

•• Inciso II com redação determinada pela Lei n. 13.058, de 22-12-2014.

III – conceder-lhes ou negar-lhes consentimento para casarem;

•• Inciso III com redação determinada pela Lei n. 13.058, de 22-12-2014.

IV – conceder-lhes ou negar-lhes consentimento para viajarem ao exterior;

•• Inciso IV com redação determinada pela Lei n. 13.058, de 22-12-2014.

V – conceder-lhes ou negar-lhes consentimento para mudarem sua residência permanente para outro Município;

•• Inciso V com redação determinada pela Lei n. 13.058, de 22-12-2014.

VI – nomear-lhes tutor por testamento ou documento autêntico, se o outro dos pais não lhe sobreviver, ou o sobrevivo não puder exercer o poder familiar;

•• Inciso VI com redação determinada pela Lei n. 13.058, de 22-12-2014.

VII – representá-los judicial e extrajudicialmente até os 16 (dezesseis) anos, nos atos da vida civil, e assisti-los, após essa idade, nos atos em que forem partes, suprindo-lhes o consentimento;

•• Inciso VII com redação determinada pela Lei n. 13.058, de 22-12-2014.

VIII – reclamá-los de quem ilegalmente os detenha;

•• Inciso VIII acrescentado pela Lei n. 13.058, de 22-12-2014.

IX – exigir que lhes prestem obediência, respeito e os serviços próprios de sua idade e condição.

•• Inciso IX acrescentado pela Lei n. 13.058, de 22-12-2014.

Seção III
Da Suspensão e Extinção do Poder Familiar

Art. 1.635. Extingue-se o poder familiar:

I – pela morte dos pais ou do filho;

II – pela emancipação, nos termos do art. 5.º, parágrafo único;

III – pela maioridade;

IV – pela adoção;

V – por decisão judicial, na forma do artigo 1.638.

Art. 1.636. O pai ou a mãe que contrai novas núpcias, ou estabelece união estável, não perde, quanto aos filhos do relacionamento anterior, os direitos ao poder familiar, exercendo-os sem qualquer interferência do novo cônjuge ou companheiro.

Parágrafo único. Igual preceito ao estabelecido neste artigo aplica-se ao pai ou à mãe solteiros que casarem ou estabelecerem união estável.

Art. 1.637. Se o pai, ou a mãe, abusar de sua autoridade, faltando aos deveres a eles inerentes ou arruinando os bens dos filhos, cabe ao juiz, requerendo algum parente, ou o Ministério Público, adotar a medida que lhe pareça reclamada pela segurança do menor e seus haveres, até suspendendo o poder familiar, quando convenha.

•• *Vide* Lei n. 12.318, de 26-8-2010, que dispõe sobre alienação parental.

Parágrafo único. Suspende-se igualmente o exercício do poder familiar ao pai ou à mãe condenados por sentença irrecorrível, em virtude de crime cuja pena exceda a dois anos de prisão.

Art. 1.638. Perderá por ato judicial o poder familiar o pai ou a mãe que:

I – castigar imoderadamente o filho;

II – deixar o filho em abandono;

III – praticar atos contrários à moral e aos bons costumes;

IV – incidir, reiteradamente, nas faltas previstas no artigo antecedente;

V – entregar de forma irregular o filho a terceiros para fins de adoção.

•• Inciso V acrescentado pela Lei n. 13.509, de 22-11-2017.

Parágrafo único. Perderá também por ato judicial o poder familiar aquele que:

•• Parágrafo único acrescentado pela Lei n. 13.715, de 24-9-2018.

I – praticar contra outrem igualmente titular do mesmo poder familiar:

•• Inciso I acrescentado pela Lei n. 13.715, de 24-9-2018.

a) homicídio, feminicídio ou lesão corporal de natureza grave ou seguida de morte, quando se tratar de crime doloso envolvendo violência doméstica e familiar ou menosprezo ou discriminação à condição de mulher;

•• Alínea *a* acrescentada pela Lei n. 13.715, de 24-9-2018.

b) estupro ou outro crime contra a dignidade sexual sujeito à pena de reclusão;

•• Alínea *b* acrescentada pela Lei n. 13.715, de 24-9-2018.

II – praticar contra filho, filha ou outro descendente:

•• Inciso II acrescentado pela Lei n. 13.715, de 24-9-2018.

a) homicídio, feminicídio ou lesão corporal de natureza grave ou seguida de morte, quando se tratar de crime doloso envolvendo violência doméstica e familiar ou menosprezo ou discriminação à condição de mulher;

•• Alínea *a* acrescentada pela Lei n. 13.715, de 24-9-2018.

b) estupro, estupro de vulnerável ou outro crime contra a dignidade sexual sujeito à pena de reclusão.

•• Alínea *b* acrescentada pela Lei n. 13.715, de 24-9-2018.

TÍTULO II
DO DIREITO PATRIMONIAL

SUBTÍTULO I
DO REGIME DE BENS ENTRE OS CÔNJUGES

•• *Vide* art. 2.039 do CC.

Capítulo I
DISPOSIÇÕES GERAIS

Art. 1.639. É lícito aos nubentes, antes de celebrado o casamento, estipular, quanto aos seus bens, o que lhes aprouver.

§ 1.º O regime de bens entre os cônjuges começa a vigorar desde a data do casamento.

§ 2.º É admissível alteração do regime de bens, mediante autorização judicial em pedido motivado de ambos os cônjuges, apurada a procedência das razões invocadas e ressalvados os direitos de terceiros.

Art. 1.640. Não havendo convenção, ou sendo ela nula ou ineficaz, vigorará, quanto aos bens entre os cônjuges, o regime da comunhão parcial.

Parágrafo único. Poderão os nubentes, no processo de habilitação, optar por qualquer dos regimes que este código regula. Quanto à forma, reduzir-se-á a termo a opção pela comunhão parcial, fazendo-se o pacto antenupcial por escritura pública, nas demais escolhas.

Art. 1.641. É obrigatório o regime da separação de bens no casamento:

I – das pessoas que o contraírem com inobservância das causas suspensivas da celebração do casamento;

II – da pessoa maior de 70 (setenta) anos;

•• Inciso II com redação determinada pela Lei n. 12.344, de 9-12-2010.

•• *Vide* Súmula 655 do STJ.

III – de todos os que dependerem, para casar, de suprimento judicial.

Art. 1.642. Qualquer que seja o regime de bens, tanto o marido quanto a mulher podem livremente:

I – praticar todos os atos de disposição e de administração necessários ao desempenho de sua profissão, com as limitações estabelecidas no inciso I do art. 1.647;

II – administrar os bens próprios;

III – desobrigar ou reivindicar os imóveis que tenham sido gravados ou alienados sem o seu consentimento ou sem suprimento judicial;

IV – demandar a rescisão dos contratos de fiança e doação, ou a invalidação do aval, realizados pelo outro cônjuge com infração do disposto nos incisos III e IV do art. 1.647;

V – reivindicar os bens comuns, móveis ou imóveis, doados ou transferidos pelo outro cônjuge ao concubino, desde que provado que os bens não foram adquiridos pelo esforço comum destes, se o casal estiver separado de fato por mais de cinco anos;

VI – praticar todos os atos que não lhes forem vedados expressamente.

Art. 1.643. Podem os cônjuges, independentemente de autorização um do outro:

I – comprar, ainda a crédito, as coisas necessárias à economia doméstica;

II – obter, por empréstimo, as quantias que a aquisição dessas coisas possa exigir.

Art. 1.644. As dívidas contraídas para os fins do artigo antecedente obrigam solidariamente ambos os cônjuges.

Art. 1.645. As ações fundadas nos incisos III, IV e V do art. 1.642 competem ao cônjuge prejudicado e a seus herdeiros.

Art. 1.646. No caso dos incisos III e IV do art. 1.642, o terceiro, prejudicado com a sentença favorável ao autor, terá direito regressivo contra o cônjuge, que realizou o negócio jurídico, ou seus herdeiros.

Art. 1.647. Ressalvado o disposto no art. 1.648, nenhum dos cônjuges pode, sem autorização do outro, exceto no regime da separação absoluta:

I – alienar ou gravar de ônus real os bens imóveis;

II – pleitear, como autor ou réu, acerca desses bens ou direitos;

III – prestar fiança ou aval;

•• *Vide* Súmula 332 do STJ.

IV – fazer doação, não sendo remuneratória, de bens comuns, ou dos que possam integrar futura meação.

Parágrafo único. São válidas as doações nupciais feitas aos filhos quando casarem ou estabelecerem economia separada.

Art. 1.648. Cabe ao juiz, nos casos do artigo antecedente, suprir a outorga, quando um dos cônjuges a denegue sem motivo justo, ou lhe seja impossível concedê-la.

Art. 1.649. A falta de autorização, não suprida pelo juiz, quando necessária (art. 1.647), tornará anulável o ato praticado, podendo o outro cônjuge pleitear-lhe a anulação, até dois anos depois de terminada a sociedade conjugal.

Parágrafo único. A aprovação torna válido o ato, desde que feita por instrumento público, ou particular, autenticado.

Art. 1.650. A decretação de invalidade dos atos praticados sem outorga, sem consentimento, ou sem suprimento do juiz, só poderá ser demandada pelo cônjuge a quem cabia concedê-la, ou por seus herdeiros.

Art. 1.651. Quando um dos cônjuges não puder exercer a administração dos bens que lhe incumbe, segundo o regime de bens, caberá ao outro:

I – gerir os bens comuns e os do consorte;

II – alienar os bens móveis comuns;

III – alienar os imóveis comuns e os móveis ou imóveis do consorte, mediante autorização judicial.

Art. 1.652. O cônjuge, que estiver na posse dos bens particulares do outro, será para com este e seus herdeiros responsável:

I – como usufrutuário, se o rendimento for comum;

II – como procurador, se tiver mandato expresso ou tácito para os administrar;

III – como depositário, se não for usufrutuário, nem administrador.

Capítulo II
DO PACTO ANTENUPCIAL

Art. 1.653. É nulo o pacto antenupcial se não for feito por escritura pública, e ineficaz se não lhe seguir o casamento.

Art. 1.654. A eficácia do pacto antenupcial, realizado por menor, fica condicionada à aprovação de seu representante legal, salvo as hipóteses de regime obrigatório de separação de bens.

Art. 1.655. É nula a convenção ou cláusula dela que contravenha disposição absoluta de lei.

Art. 1.656. No pacto antenupcial, que adotar o regime de participação final nos aquestos, poder-se-á convencionar a livre disposição dos bens imóveis, desde que particulares.

Art. 1.657. As convenções antenupciais não terão efeito perante terceiros senão depois de registradas, em livro especial, pelo oficial do Registro de Imóveis do domicílio dos cônjuges.

Capítulo III
DO REGIME DE COMUNHÃO PARCIAL

Art. 1.658. No regime de comunhão parcial, comunicam-se os bens que sobrevierem ao casal, na constância do casamento, com as exceções dos artigos seguintes.

Art. 1.659. Excluem-se da comunhão:

I – os bens que cada cônjuge possuir ao casar, e os que lhe sobrevierem, na constância do casamento, por doação ou sucessão, e os sub-rogados em seu lugar;

II – os bens adquiridos com valores exclusivamente pertencentes a um dos cônjuges em sub-rogação dos bens particulares;

III – as obrigações anteriores ao casamento;

IV – as obrigações provenientes de atos ilícitos, salvo reversão em proveito do casal;

V – os bens de uso pessoal, os livros e instrumentos de profissão;

VI – os proventos do trabalho pessoal de cada cônjuge;

VII – as pensões, meios-soldos, montepios e outras rendas semelhantes.

Art. 1.660. Entram na comunhão:

I – os bens adquiridos na constância do casamento por título oneroso, ainda que só em nome de um dos cônjuges;

II – os bens adquiridos por fato eventual, com ou sem o concurso de trabalho ou despesa anterior;

III – os bens adquiridos por doação, herança ou legado, em favor de ambos os cônjuges;

IV – as benfeitorias em bens particulares de cada cônjuge;

V – os frutos dos bens comuns, ou dos particulares de cada cônjuge, percebidos na constância do casamento, ou pendentes ao tempo de cessar a comunhão.

Art. 1.661. São incomunicáveis os bens cuja aquisição tiver por título uma causa anterior ao casamento.

Art. 1.662. No regime da comunhão parcial, presumem-se adquiridos na constância do casamento os bens móveis, quando não se provar que o foram em data anterior.

Art. 1.663. A administração do patrimônio comum compete a qualquer dos cônjuges.

§ 1.º As dívidas contraídas no exercício da administração obrigam os bens comuns e particulares do cônjuge que os administra, e os do outro na razão do proveito que houver auferido.

§ 2.º A anuência de ambos os cônjuges é necessária para os atos, a título gratuito, que impliquem cessão do uso ou gozo dos bens comuns.

§ 3.º Em caso de malversação dos bens, o juiz poderá atribuir a administração a apenas um dos cônjuges.

Art. 1.664. Os bens da comunhão respondem pelas obrigações contraídas pelo marido ou pela mulher para atender aos encargos da família, às despesas de administração e às decorrentes de imposição legal.

Art. 1.665. A administração e a disposição dos bens constitutivos do patrimônio particular competem ao cônjuge proprietário, salvo convenção diversa em pacto antenupcial.

Art. 1.666. As dívidas, contraídas por qualquer dos cônjuges na administração de seus bens particulares e em benefício destes, não obrigam os bens comuns.

Capítulo IV
DO REGIME DE COMUNHÃO UNIVERSAL

Art. 1.667. O regime de comunhão universal importa a comunicação de todos os bens presentes e futuros dos cônjuges e suas dívidas passivas, com as exceções do artigo seguinte.

Art. 1.668. São excluídos da comunhão:

I – os bens doados ou herdados com a cláusula de incomunicabilidade e os sub-rogados em seu lugar;

II – os bens gravados de fideicomisso e o direito do herdeiro fideicomissário, antes de realizada a condição suspensiva;

III – as dívidas anteriores ao casamento, salvo se provierem de despesas com seus aprestos, ou reverterem em proveito comum;

IV – as doações antenupciais feitas por um dos cônjuges ao outro com a cláusula de incomunicabilidade;

V – os bens referidos nos incisos V a VII do art. 1.659.

Art. 1.669. A incomunicabilidade dos bens enumerados no artigo antecedente não se estende aos frutos, quando se percebam ou vençam durante o casamento.

Art. 1.670. Aplica-se ao regime da comunhão universal o disposto no Capítulo antecedente, quanto à administração dos bens.

Art. 1.671. Extinta a comunhão, e efetuada a divisão do ativo e do passivo, cessará a responsabilidade de cada um dos cônjuges para com os credores do outro.

Capítulo V
DO REGIME DE PARTICIPAÇÃO FINAL NOS AQUESTOS

Art. 1.672. No regime de participação final nos aquestos, cada cônjuge possui patrimônio próprio, consoante disposto no artigo seguinte, e lhe cabe, à época da dissolução da sociedade conjugal, direito à metade dos bens adquiridos pelo casal, a título oneroso, na constância do casamento.

Art. 1.673. Integram o patrimônio próprio os bens que cada cônjuge possuía ao casar e os por ele adquiridos, a qualquer título, na constância do casamento.

Parágrafo único. A administração desses bens é exclusiva de cada cônjuge, que os poderá livremente alienar, se forem móveis.

Art. 1.674. Sobrevindo a dissolução da sociedade conjugal, apurar-se-á o montante dos aquestos, excluindo-se da soma dos patrimônios próprios:

I – os bens anteriores ao casamento e os que em seu lugar se sub-rogaram;

II – os que sobrevieram a cada cônjuge por sucessão ou liberalidade;

III – as dívidas relativas a esses bens.

Parágrafo único. Salvo prova em contrário, presumem-se adquiridos durante o casamento os bens móveis.

Art. 1.675. Ao determinar-se o montante dos aquestos, computar-se-á o valor das doações feitas por um dos cônjuges, sem a necessária autorização do outro; nesse caso, o bem poderá ser reivindicado pelo cônjuge prejudicado ou por seus herdeiros, ou declarado no monte partilhável, por valor equivalente ao da época da dissolução.

Art. 1.676. Incorpora-se ao monte o valor dos bens alienados em detrimento da meação, se não houver preferência do cônjuge lesado, ou de seus herdeiros, de os reivindicar.

Art. 1.677. Pelas dívidas posteriores ao casamento, contraídas por um dos cônjuges, somente este responderá, salvo prova de terem revertido, parcial ou totalmente, em benefício do outro.

Art. 1.678. Se um dos cônjuges solveu uma dívida do outro com bens do seu patrimônio, o valor do pagamento deve ser atualizado e imputado, na data da dissolução, à meação do outro cônjuge.

Art. 1.679. No caso de bens adquiridos pelo trabalho conjunto, terá cada um dos cônjuges uma quota igual no condomínio ou no crédito por aquele modo estabelecido.

Art. 1.680. As coisas móveis, em face de terceiros, presumem-se do domínio do cônjuge devedor, salvo se o bem for de uso pessoal do outro.

Art. 1.681. Os bens imóveis são de propriedade do cônjuge cujo nome constar no registro.

Parágrafo único. Impugnada a titularidade, caberá ao cônjuge proprietário provar a aquisição regular dos bens.

Art. 1.682. O direito à meação não é renunciável, cessível ou penhorável na vigência do regime matrimonial.

Art. 1.683. Na dissolução do regime de bens por separação judicial ou por divórcio, verificar-se-á o montante dos aquestos à data em que cessou a convivência.

Art. 1.684. Se não for possível nem conveniente a divisão de todos os bens em natureza, calcular-se-á o valor de alguns ou de todos para reposição em dinheiro ao cônjuge não proprietário.

Parágrafo único. Não se podendo realizar a reposição em dinheiro, serão avaliados e, mediante autorização judicial, alienados tantos bens quantos bastarem.

Art. 1.685. Na dissolução da sociedade conjugal por morte, verificar-se-á a meação do cônjuge sobrevivente de conformidade com os artigos antecedentes, deferindo-se a herança aos herdeiros na forma estabelecida neste Código.

Art. 1.686. As dívidas de um dos cônjuges, quando superiores à sua meação, não obrigam ao outro, ou a seus herdeiros.

Capítulo VI
DO REGIME DE SEPARAÇÃO DE BENS

Art. 1.687. Estipulada a separação de bens, estes permanecerão sob a administração exclusiva de cada um dos cônjuges, que os poderá livremente alienar ou gravar de ônus real.

Art. 1.688. Ambos os cônjuges são obrigados a contribuir para as despesas do casal na proporção dos rendimentos de seu trabalho e de seus bens, salvo estipulação em contrário no pacto antenupcial.

Subtítulo II
DO USUFRUTO E DA ADMINISTRAÇÃO DOS BENS DE FILHOS MENORES

Art. 1.689. O pai e a mãe, enquanto no exercício do poder familiar:

I – são usufrutuários dos bens dos filhos;
II – têm a administração dos bens dos filhos menores sob sua autoridade.
Art. 1.690. Compete aos pais, e na falta de um deles ao outro, com exclusividade, representar os filhos menores de dezesseis anos, bem como assisti-los até completarem a maioridade ou serem emancipados.
Parágrafo único. Os pais devem decidir em comum as questões relativas aos filhos e a seus bens; havendo divergência, poderá qualquer deles recorrer ao juiz para a solução necessária.
Art. 1.691. Não podem os pais alienar, ou gravar de ônus real os imóveis dos filhos, nem contrair, em nome deles, obrigações que ultrapassem os limites da simples administração, salvo por necessidade ou evidente interesse da prole, mediante prévia autorização do juiz.
Parágrafo único. Podem pleitear a declaração de nulidade dos atos previstos neste artigo:
I – os filhos;
II – os herdeiros;
III – o representante legal.
Art. 1.692. Sempre que no exercício do poder familiar colidir o interesse dos pais com o do filho, a requerimento deste ou do Ministério Público o juiz lhe dará curador especial.
Art. 1.693. Excluem-se do usufruto e da administração dos pais:
I – os bens adquiridos pelo filho havido fora do casamento, antes do reconhecimento;
II – os valores auferidos pelo filho maior de dezesseis anos, no exercício de atividade profissional e os bens com tais recursos adquiridos;
III – os bens deixados ou doados ao filho, sob a condição de não serem usufruídos, ou administrados, pelos pais;
IV – os bens que aos filhos couberem na herança, quando os pais forem excluídos da sucessão.

Subtítulo III
DOS ALIMENTOS

Art. 1.694. Podem os parentes, os cônjuges ou companheiros pedir uns aos outros os alimentos de que necessitem para viver de modo compatível com a sua condição social, inclusive para atender às necessidades de sua educação.
§ 1.º Os alimentos devem ser fixados na proporção das necessidades do reclamante e dos recursos da pessoa obrigada.

§ 2.º Os alimentos serão apenas os indispensáveis à subsistência, quando a situação de necessidade resultar de culpa de quem os pleiteia.
Art. 1.695. São devidos os alimentos quando quem os pretende não tem bens suficientes, nem pode prover, pelo seu trabalho, à própria mantença, e aquele, de quem se reclamam, pode fornecê-los, sem desfalque do necessário ao seu sustento.
Art. 1.696. O direito à prestação de alimentos é recíproco entre pais e filhos, e extensivo a todos os ascendentes, recaindo a obrigação nos mais próximos em grau, uns em falta de outros.
•• *Vide* Súmula 596 do STJ.
Art. 1.697. Na falta dos ascendentes cabe a obrigação aos descendentes, guardada a ordem de sucessão e, faltando estes, aos irmãos, assim germanos como unilaterais.
Art. 1.698. Se o parente, que deve alimentos em primeiro lugar, não estiver em condições de suportar totalmente o encargo, serão chamados a concorrer os de grau imediato; sendo várias as pessoas obrigadas a prestar alimentos, todas devem concorrer na proporção dos respectivos recursos, e, intentada ação contra uma delas, poderão as demais ser chamadas a integrar a lide.
•• *Vide* Súmula 596 do STJ.
Art. 1.699. Se, fixados os alimentos, sobrevier mudança na situação financeira de quem os supre, ou na de quem os recebe, poderá o interessado reclamar ao juiz, conforme as circunstâncias, exoneração, redução ou majoração do encargo.
Art. 1.700. A obrigação de prestar alimentos transmite-se aos herdeiros do devedor, na forma do art. 1.694.
Art. 1.701. A pessoa obrigada a suprir alimentos poderá pensionar o alimentando, ou dar-lhe hospedagem e sustento, sem prejuízo do dever de prestar o necessário à sua educação, quando menor.
Parágrafo único. Compete ao juiz, se as circunstâncias o exigirem, fixar a forma do cumprimento da prestação.
Art. 1.702. Na separação judicial litigiosa, sendo um dos cônjuges inocente e desprovido de recursos, prestar-lhe-á o outro a pensão alimentícia que o juiz fixar, obedecidos os critérios estabelecidos no art. 1.694.
Art. 1.703. Para a manutenção dos filhos, os cônjuges separados judicialmente contribuirão na proporção de seus recursos.
Art. 1.704. Se um dos cônjuges separados judicialmente vier a necessitar de alimentos, será o outro obriga-

Arts. 1.704 a 1.718 — **Direito de Família**

do a prestá-los mediante pensão a ser fixada pelo juiz, caso não tenha sido declarado culpado na ação de separação judicial.

Parágrafo único. Se o cônjuge declarado culpado vier a necessitar de alimentos, e não tiver parentes em condições de prestá-los, nem aptidão para o trabalho, o outro cônjuge será obrigado a assegurá-los, fixando o juiz o valor indispensável à sobrevivência.

Art. 1.705. Para obter alimentos, o filho havido fora do casamento pode acionar o genitor, sendo facultado ao juiz determinar, a pedido de qualquer das partes, que a ação se processe em segredo de justiça.

Art. 1.706. Os alimentos provisionais serão fixados pelo juiz, nos termos da lei processual.

Art. 1.707. Pode o credor não exercer, porém lhe é vedado renunciar o direito a alimentos, sendo o respectivo crédito insuscetível de cessão, compensação ou penhora.

Art. 1.708. Com o casamento, a união estável ou o concubinato do credor, cessa o dever de prestar alimentos.

Parágrafo único. Com relação ao credor cessa, também, o direito a alimentos, se tiver procedimento indigno em relação ao devedor.

Art. 1.709. O novo casamento do cônjuge devedor não extingue a obrigação constante da sentença de divórcio.

Art. 1.710. As prestações alimentícias, de qualquer natureza, serão atualizadas segundo índice oficial regularmente estabelecido.

Subtítulo IV
DO BEM DE FAMÍLIA

•• *Vide* Lei n. 8.009, de 29-3-1990, que dispõe sobre a impenhorabilidade do bem de família.

Art. 1.711. Podem os cônjuges, ou a entidade familiar, mediante escritura pública ou testamento, destinar parte de seu patrimônio para instituir bem de família, desde que não ultrapasse um terço do patrimônio líquido existente ao tempo da instituição, mantidas as regras sobre a impenhorabilidade do imóvel residencial estabelecida em lei especial.

Parágrafo único. O terceiro poderá igualmente instituir bem de família por testamento ou doação, dependendo a eficácia do ato da aceitação expressa de ambos os cônjuges beneficiados ou da entidade familiar beneficiada.

Art. 1.712. O bem de família consistirá em prédio residencial urbano ou rural, com suas pertenças e acessórios, destinando-se em ambos os casos a domicílio familiar, e poderá abranger valores mobiliários, cuja renda será aplicada na conservação do imóvel e no sustento da família.

Art. 1.713. Os valores mobiliários, destinados aos fins previstos no artigo antecedente, não poderão exceder o valor do prédio instituído em bem de família, à época de sua instituição.

§ 1.º Deverão os valores mobiliários ser devidamente individualizados no instrumento de instituição do bem de família.

§ 2.º Se se tratar de títulos nominativos, a sua instituição como bem de família deverá constar dos respectivos livros de registro.

§ 3.º O instituidor poderá determinar que a administração dos valores mobiliários seja confiada a instituição financeira, bem como disciplinar a forma de pagamento da respectiva renda aos beneficiários, caso em que a responsabilidade dos administradores obedecerá às regras do contrato de depósito.

Art. 1.714. O bem de família, quer instituído pelos cônjuges ou por terceiro, constitui-se pelo registro de seu título no Registro de Imóveis.

Art. 1.715. O bem de família é isento de execução por dívidas posteriores à sua instituição, salvo as que provierem de tributos relativos ao prédio, ou de despesas de condomínio.

Parágrafo único. No caso de execução pelas dívidas referidas neste artigo, o saldo existente será aplicado em outro prédio, como bem de família, ou em títulos da dívida pública, para sustento familiar, salvo se motivos relevantes aconselharem outra solução, a critério do juiz.

Art. 1.716. A isenção de que trata o artigo antecedente durará enquanto viver um dos cônjuges, ou, na falta destes, até que os filhos completem a maioridade.

Art. 1.717. O prédio e os valores mobiliários, constituídos como bem da família, não podem ter destino diverso do previsto no art. 1.712 ou serem alienados sem o consentimento dos interessados e seus representantes legais, ouvido o Ministério Público.

Art. 1.718. Qualquer forma de liquidação da entidade administradora, a que se refere o § 3.º do art. 1.713, não atingirá os valores a ela confiados, ordenando o juiz a sua transferência para outra instituição semelhante, obedecendo-se, no caso de falência, ao disposto sobre pedido de restituição.

Art. 1.719. Comprovada a impossibilidade da manutenção do bem de família nas condições em que foi instituído, poderá o juiz, a requerimento dos interessados, extingui-lo ou autorizar a sub-rogação dos bens que o constituem em outros, ouvidos o instituidor e o Ministério Público.

Art. 1.720. Salvo disposição em contrário do ato de instituição, a administração do bem de família compete a ambos os cônjuges, resolvendo o juiz em caso de divergência.

Parágrafo único. Com o falecimento de ambos os cônjuges, a administração passará ao filho mais velho, se for maior, e, do contrário, a seu tutor.

Art. 1.721. A dissolução da sociedade conjugal não extingue o bem de família.

Parágrafo único. Dissolvida a sociedade conjugal pela morte de um dos cônjuges, o sobrevivente poderá pedir a extinção do bem de família, se for o único bem do casal.

Art. 1.722. Extingue-se, igualmente, o bem de família com a morte de ambos os cônjuges e a maioridade dos filhos, desde que não sujeitos a curatela.

Título III
DA UNIÃO ESTÁVEL

•• O Provimento n. 149, de 30-8-2023, do CNJ, dispõe sobre o registro de união estável, no Livro "E", por Oficial de Registro Civil das Pessoas Naturais.

Art. 1.723. É reconhecida como entidade familiar a união estável entre o homem e a mulher, configurada na convivência pública, contínua e duradoura e estabelecida com o objetivo de constituição de família.

•• O STF, em 5-5-2011, declarou procedentes a ADI n. 4.277 (*DOU* de 1.º-12-2014) e a ADPF n. 132 (*DOU* de 3-11-2014), com eficácia *erga omnes* e efeito vinculante, conferindo interpretação conforme a CF ao art. 1.723 do CC, a fim de declarar a aplicabilidade de regime da união estável às uniões entre pessoas do mesmo sexo.

§ 1.º A união estável não se constituirá se ocorrerem os impedimentos do art. 1.521; não se aplicando a incidência do inciso VI no caso de a pessoa casada se achar separada de fato ou judicialmente.

§ 2.º As causas suspensivas do art. 1.523 não impedirão a caracterização da união estável.

Art. 1.724. As relações pessoais entre os companheiros obedecerão aos deveres de lealdade, respeito e assistência, e de guarda, sustento e educação dos filhos.

Art. 1.725. Na união estável, salvo contrato escrito entre os companheiros, aplica-se às relações patrimoniais, no que couber, o regime da comunhão parcial de bens.

Art. 1.726. A união estável poderá converter-se em casamento, mediante pedido dos companheiros ao juiz e assento no Registro Civil.

•• A Resolução n. 175, de 14-5-2013, do Conselho Nacional de Justiça, determina que é vedada às autoridades competentes a recusa de habilitação, celebração de casamento civil ou de conversão de união estável em casamento entre pessoas de mesmo sexo.

Art. 1.727. As relações não eventuais entre o homem e a mulher, impedidos de casar, constituem concubinato.

Título IV
DA TUTELA, DA CURATELA E DA TOMADA DE DECISÃO APOIADA

•• Título com denominação determinada pela Lei n. 13.146, de 6-7-2015.

Capítulo I
DA TUTELA

Seção I
Dos Tutores

Art. 1.728. Os filhos menores são postos em tutela:

I – com o falecimento dos pais, ou sendo estes julgados ausentes;

II – em caso de os pais decaírem do poder familiar.

Art. 1.729. O direito de nomear tutor compete aos pais, em conjunto.

Parágrafo único. A nomeação deve constar de testamento ou de qualquer outro documento autêntico.

Art. 1.730. É nula a nomeação de tutor pelo pai ou pela mãe que, ao tempo de sua morte, não tinha o poder familiar.

Art. 1.731. Em falta de tutor nomeado pelos pais incumbe a tutela aos parentes consanguíneos do menor, por esta ordem:

I – aos ascendentes, preferindo o de grau mais próximo ao mais remoto;

II – aos colaterais até o terceiro grau, preferindo os mais próximos aos mais remotos, e, no mesmo grau, os mais velhos aos mais moços; em qualquer dos casos, o juiz escolherá entre eles o mais apto a exercer a tutela em benefício do menor.

Art. 1.732. O juiz nomeará tutor idôneo e residente no domicílio do menor:

I – na falta de tutor testamentário ou legítimo;

II – quando estes forem excluídos ou escusados da tutela;

III – quando removidos por não idôneos o tutor legítimo e o testamentário.

Art. 1.733. Aos irmãos órfãos dar-se-á um só tutor.

§ 1.º No caso de ser nomeado mais de um tutor por disposição testamentária sem indicação de precedência, entende-se que a tutela foi cometida ao primeiro, e que os outros lhe sucederão pela ordem de nomeação, se ocorrer morte, incapacidade, escusa ou qualquer outro impedimento.

§ 2.º Quem institui um menor herdeiro, ou legatário seu, poderá nomear-lhe curador especial para os bens deixados, ainda que o beneficiário se encontre sob o poder familiar, ou tutela.

Art. 1.734. As crianças e os adolescentes cujos pais forem desconhecidos, falecidos ou que tiverem sido suspensos ou destituídos do poder familiar terão tutores nomeados pelo Juiz ou serão incluídos em programa de colocação familiar, na forma prevista pela Lei n. 8.069, de 13 de julho de 1990 - Estatuto da Criança e do Adolescente.

•• Artigo com redação determinada pela Lei n. 12.010, de 3-8-2009.

Seção II
Dos Incapazes de Exercer a Tutela

Art. 1.735. Não podem ser tutores e serão exonerados da tutela, caso a exerçam:

I – aqueles que não tiverem a livre administração de seus bens;

II – aqueles que, no momento de lhes ser deferida a tutela, se acharem constituídos em obrigação para com o menor, ou tiverem que fazer valer direitos contra este, e aqueles cujos pais, filhos ou cônjuges tiverem demanda contra o menor;

III – os inimigos do menor, ou de seus pais, ou que tiverem sido por estes expressamente excluídos da tutela;

IV – os condenados por crime de furto, roubo, estelionato, falsidade, contra a família ou os costumes, tenham ou não cumprido pena;

V – as pessoas de mau procedimento, ou falhas em probidade, e as culpadas de abuso em tutorias anteriores;

VI – aqueles que exercerem função pública incompatível com a boa administração da tutela.

Seção III
Da Escusa dos Tutores

Art. 1.736. Podem escusar-se da tutela:

I – mulheres casadas;

II – maiores de sessenta anos;

III – aqueles que tiverem sob sua autoridade mais de três filhos;

IV – os impossibilitados por enfermidade;

V – aqueles que habitarem longe do lugar onde se haja de exercer a tutela;

VI – aqueles que já exercerem tutela ou curatela;

VII – militares em serviço.

Art. 1.737. Quem não for parente do menor não poderá ser obrigado a aceitar a tutela, se houver no lugar parente idôneo, consanguíneo ou afim, em condições de exercê-la.

Art. 1.738. A escusa apresentar-se-á nos dez dias subsequentes à designação, sob pena de entender-se renunciado o direito de alegá-la; se o motivo escusatório ocorrer depois de aceita a tutela, os dez dias contar-se-ão do em que ele sobrevier.

•• O art. 760 do CPC estabelece prazo de 5 (cinco) dias para a escusa.

Art. 1.739. Se o juiz não admitir a escusa, exercerá o nomeado a tutela, enquanto o recurso interposto não tiver provimento, e responderá desde logo pelas perdas e danos que o menor venha a sofrer.

Seção IV
Do Exercício da Tutela

Art. 1.740. Incumbe ao tutor, quanto à pessoa do menor:

I – dirigir-lhe a educação, defendê-lo e prestar-lhe alimentos, conforme os seus haveres e condição;

II – reclamar do juiz que providencie, como houver por bem, quando o menor haja mister correção;

III – adimplir os demais deveres que normalmente cabem aos pais, ouvida a opinião do menor, se este já contar doze anos de idade.

Art. 1.741. Incumbe ao tutor, sob a inspeção do juiz, administrar os bens do tutelado, em proveito deste, cumprindo seus deveres com zelo e boa-fé.

Art. 1.742. Para fiscalização dos atos do tutor, pode o juiz nomear um protutor.

Art. 1.743. Se os bens e interesses administrativos exigirem conhecimentos técnicos, forem complexos, ou realizados em lugares distantes do domicílio do tutor, poderá este, mediante aprovação judicial, delegar a outras pessoas físicas ou jurídicas o exercício parcial da tutela.

Art. 1.744. A responsabilidade do juiz será:

I – direta e pessoal, quando não tiver nomeado o tutor, ou não o houver feito oportunamente;

II – subsidiária, quando não tiver exigido garantia legal do tutor, nem o removido, tanto que se tornou suspeito.

Art. 1.745. Os bens do menor serão entregues ao tutor mediante termo especificado deles e seus valores, ainda que os pais o tenham dispensado.

Parágrafo único. Se o patrimônio do menor for de valor considerável, poderá o juiz condicionar o exercício da tutela à prestação de caução bastante, podendo dispensá-la se o tutor for de reconhecida idoneidade.

Art. 1.746. Se o menor possuir bens, será sustentado e educado a expensas deles, arbitrando o juiz para tal fim as quantias que lhe pareçam necessárias, considerado o rendimento da fortuna do pupilo quando o pai ou a mãe não as houver fixado.

Art. 1.747. Compete mais ao tutor:

I – representar o menor, até os dezesseis anos, nos atos da vida civil, e assisti-lo, após essa idade, nos atos em que for parte;

II – receber as rendas e pensões do menor, e as quantias a ele devidas;

III – fazer-lhe as despesas de subsistência e educação, bem como as de administração, conservação e melhoramentos de seus bens;

IV – alienar os bens do menor destinados a venda;

V – promover-lhe, mediante preço conveniente, o arrendamento de bens de raiz.

Art. 1.748. Compete também ao tutor, com autorização do juiz:

I – pagar as dívidas do menor;

II – aceitar por ele heranças, legados ou doações, ainda que com encargos;

III – transigir;

IV – vender-lhe os bens móveis, cuja conservação não convier, e os imóveis nos casos em que for permitido;

V – propor em juízo as ações, ou nelas assistir o menor, e promover todas as diligências a bem deste, assim como defendê-lo nos pleitos contra ele movidos.

Parágrafo único. No caso de falta de autorização, a eficácia de ato do tutor depende da aprovação ulterior do juiz.

Art. 1.749. Ainda com autorização judicial, não pode o tutor, sob pena de nulidade:

I – adquirir por si, ou por interposta pessoa, mediante contrato particular, bens móveis ou imóveis pertencentes ao menor;

II – dispor dos bens do menor a título gratuito;

III – constituir-se cessionário de crédito ou de direito, contra o menor.

Art. 1.750. Os imóveis pertencentes aos menores sob tutela somente podem ser vendidos quando houver manifesta vantagem, mediante prévia avaliação judicial e aprovação do juiz.

Art. 1.751. Antes de assumir a tutela, o tutor declarará tudo o que o menor lhe deva, sob pena de não lhe poder cobrar, enquanto exerça a tutoria, salvo provando que não conhecia o débito quando a assumiu.

Art. 1.752. O tutor responde pelos prejuízos que, por culpa, ou dolo, causar ao tutelado; mas tem direito a ser pago pelo que realmente despender no exercício da tutela, salvo no caso do art. 1.734, e a perceber remuneração proporcional à importância dos bens administrados.

§ 1.º Ao protutor será arbitrada uma gratificação módica pela fiscalização efetuada.

§ 2.º São solidariamente responsáveis pelos prejuízos as pessoas às quais competia fiscalizar a atividade do tutor, e as que concorreram para o dano.

Seção V
Dos Bens do Tutelado

Art. 1.753. Os tutores não podem conservar em seu poder dinheiro dos tutelados, além do necessário para as despesas ordinárias com o seu sustento, a sua educação e a administração de seus bens.

§ 1.º Se houver necessidade, os objetos de ouro e prata, pedras preciosas e móveis serão avaliados por pessoa idônea e, após autorização judicial, alienados, e o seu produto convertido em títulos, obrigações e letras de responsabilidade direta ou indireta da União ou dos Estados, atendendo-se preferencialmente à rentabilidade, e recolhidos ao estabelecimento bancário oficial ou aplicado na aquisição de imóveis, conforme for determinado pelo juiz.

§ 2.º O mesmo destino previsto no parágrafo antecedente terá o dinheiro proveniente de qualquer outra procedência.

§ 3.º Os tutores respondem pela demora na aplicação dos valores acima referidos, pagando os juros legais desde o dia em que deveriam dar esse destino, o que não os exime da obrigação, que o juiz fará efetiva, da referida aplicação.

Art. 1.754. Os valores que existirem em estabelecimento bancário oficial, na forma do artigo antecedente, não se poderão retirar, senão mediante ordem do juiz, e somente:

I – para as despesas com o sustento e educação do tutelado, ou a administração de seus bens;

II – para se comprarem bens imóveis e títulos, obrigações ou letras, nas condições previstas no § 1.º do artigo antecedente;

III – para se empregarem em conformidade com o disposto por quem os houver doado, ou deixado;

IV – para se entregarem aos órfãos, quando emancipados, ou maiores, ou, mortos eles, aos seus herdeiros.

Seção VI
Da Prestação de Contas

Art. 1.755. Os tutores, embora o contrário tivessem disposto os pais dos tutelados, são obrigados a prestar contas da sua administração.

Art. 1.756. No fim de cada ano de administração, os tutores submeterão ao juiz o balanço respectivo, que, depois de aprovado, se anexará aos autos do inventário.

Art. 1.757. Os tutores prestarão contas de dois em dois anos, e também quando, por qualquer motivo, deixarem o exercício da tutela ou toda vez que o juiz achar conveniente.

Parágrafo único. As contas serão prestadas em juízo, e julgadas depois da audiência dos interessados, recolhendo o tutor imediatamente a estabelecimento bancário oficial os saldos, ou adquirindo bens imóveis, ou títulos, obrigações ou letras, na forma do § 1.º do art. 1.753.

Art. 1.758. Finda a tutela pela emancipação ou maioridade, a quitação do menor não produzirá efeito antes de aprovadas as contas pelo juiz, subsistindo inteira, até então, a responsabilidade do tutor.

Art. 1.759. Nos casos de morte, ausência, ou interdição do tutor, as contas serão prestadas por seus herdeiros ou representantes.

Art. 1.760. Serão levadas a crédito do tutor todas as despesas justificadas e reconhecidamente proveitosas ao menor.

Art. 1.761. As despesas com a prestação das contas serão pagas pelo tutelado.

Art. 1.762. O alcance do tutor, bem como o saldo contra o tutelado, são dívidas de valor e vencem juros desde o julgamento definitivo das contas.

Seção VII
Da Cessação da Tutela

Art. 1.763. Cessa a condição de tutelado:

I – com a maioridade ou a emancipação do menor;

II – ao cair o menor sob o poder familiar, no caso de reconhecimento ou adoção.

Art. 1.764. Cessam as funções do tutor:

I – ao expirar o termo, em que era obrigado a servir;

II – ao sobrevir escusa legítima;

III – ao ser removido.

Art. 1.765. O tutor é obrigado a servir por espaço de dois anos.

Parágrafo único. Pode o tutor continuar no exercício da tutela, além do prazo previsto neste artigo, se o quiser e o juiz julgar conveniente ao menor.

Art. 1.766. Será destituído o tutor, quando negligente, prevaricador ou incurso em incapacidade.

Capítulo II
DA CURATELA

Seção I
Dos Interditos

Art. 1.767. Estão sujeitos a curatela:

I – aqueles que, por causa transitória ou permanente, não puderem exprimir sua vontade;

•• Inciso I com redação determinada pela Lei n. 13.146, de 6-7-2015.

II – (*Revogado pela Lei n. 13.146, de 6-7-2015.*)

III – os ébrios habituais e os viciados em tóxico;

•• Inciso III com redação determinada pela Lei n. 13.146, de 6-7-2015.

IV – (*Revogado pela Lei n. 13.146, de 6-7-2015.*)

V – os pródigos.

Art. 1.768. (*Revogado pela Lei n. 13.105, de 16-3-2015.*)

•• A Lei n. 13.146, de 6-7-2015, em vigor 180 dias após a publicação (DOU de 7-7-2015), alterou a redação deste artigo:

"Art. 1.768. O processo que define os termos da curatela deve ser promovido:

I – pelos pais ou tutores;

II – pelo cônjuge, ou por qualquer parente;

III – pelo Ministério Público;

IV – pela própria pessoa.

•• Inciso IV acrescentado pela Lei n. 13.146, de 6-7-2015".

Art. 1.769. (*Revogado pela Lei n. 13.105, de 16-3-2015.*)

•• A Lei n. 13.146, de 6-7-2015, em vigor 180 dias após a publicação (DOU de 7-7-2015), alterou a redação deste artigo:

"Art. 1.769. O Ministério Público somente promoverá o processo que define os termos da curatela:

•• *Caput* com redação determinada pela Lei n. 13.146, de 6-7-2015.

I – nos casos de deficiência mental ou intelectual;

•• Inciso I com redação determinada pela Lei n. 13.146, de 6-7-2015.

II – se não existir ou não promover a interdição alguma das pessoas designadas nos incisos I e II do artigo antecedente;

III – se, existindo, forem menores ou incapazes as pessoas mencionadas no inciso II.

•• Inciso III com redação determinada pela Lei n. 13.146, de 6-7-2015".

Art. 1.770. (*Revogado pela Lei n. 13.105, de 16-3-2015.*)

Art. 1.771. (*Revogado pela Lei n. 13.105, de 16-3-2015.*)

•• A Lei n. 13.146, de 6-7-2015, em vigor 180 dias após a publicação (DOU de 7-7-2015), alterou a redação deste artigo:

"Art. 1.771. Antes de se pronunciar acerca dos termos da curatela, o juiz, que deverá ser assistido por equipe multidisciplinar, entrevistará pessoalmente o interditando".

Art. 1.772. (*Revogado pela Lei n. 13.105, de 16-3-2015.*)

•• A Lei n. 13.146, de 6-7-2015, em vigor 180 dias após a publicação (DOU de 7-7-2015), alterou a redação deste artigo:

"Art. 1.772. O juiz determinará, segundo as potencialidades da pessoa, os limites da curatela, circunscritos às restrições constantes do art. 1.782, e indicará curador.

•• *Caput* com redação determinada pela Lei n. 13.146, de 6-7-2015.

Parágrafo único. Para a escolha do curador, o juiz levará em conta a vontade e as preferências do interditando, a ausência de conflito de interesses e de influência indevida, a proporcionalidade e a adequação às circunstâncias da pessoa.

•• Parágrafo único acrescentado pela Lei n. 13.146, de 6-7-2015".

Art. 1.773. (*Revogado pela Lei n. 13.105, de 16-3-2015.*)

Art. 1.774. Aplicam-se à curatela as disposições concernentes à tutela, com as modificações dos artigos seguintes.

Art. 1.775. O cônjuge ou companheiro, não separado judicialmente ou *de fato*, é, de direito, curador do outro, quando interdito.

§ 1.º Na falta do cônjuge ou companheiro, é curador legítimo o pai ou a mãe; na falta destes, o descendente que se demonstrar mais apto.

§ 2.º Entre os descendentes, os mais próximos precedem aos mais remotos.

§ 3.º Na falta das pessoas mencionadas neste artigo, compete ao juiz a escolha do curador.

Art. 1.775-A. Na nomeação do curador para a pessoa com deficiência, o juiz poderá estabelecer curatela compartilhada a mais de uma pessoa.

•• Artigo acrescentado pela Lei n. 13.146, de 6-7-2015.

Art. 1.776. (*Revogado pela Lei n. 13.146, de 6-7-2015.*).

Art. 1.777. As pessoas referidas no inciso I do art. 1.767 receberão todo o apoio necessário para ter preservado o direito à convivência familiar e comunitária, sendo evitado o seu recolhimento em estabelecimento que os afaste desse convívio.

•• Artigo com redação determinada pela Lei n. 13.146, de 6-7-2015.

Art. 1.778. A autoridade do curador estende-se à pessoa e aos bens dos filhos do curatelado, observado o art. 5.º.

Seção II
Da Curatela do Nascituro e do Enfermo ou Portador de Deficiência Física

Art. 1.779. Dar-se-á curador ao nascituro, se o pai falecer estando grávida a mulher, e não tendo o poder familiar.

Parágrafo único. Se a mulher estiver interdita, seu curador será o do nascituro.

Art. 1.780. (*Revogado pela Lei n. 13.146, de 6-7-2015.*)

Seção III
Do Exercício da Curatela

Art. 1.781. As regras a respeito do exercício da tutela aplicam-se ao da curatela, com a restrição do art. 1.772 e as desta Seção.

Art. 1.782. A interdição do pródigo só o privará de, sem curador, emprestar, transigir, dar quitação, alienar, hipotecar, demandar ou ser demandado, e praticar, em geral, os atos que não sejam de mera administração.

Art. 1.783. Quando o curador for o cônjuge e o regime de bens do casamento for de comunhão universal, não será obrigado à prestação de contas, salvo determinação judicial.

Capítulo III
DA TOMADA DE DECISÃO APOIADA

•• Capítulo III acrescentado pela Lei n. 13.146, de 6-7-2015.

Art. 1.783-A. A tomada de decisão apoiada é o processo pelo qual a pessoa com deficiência elege pelo menos 2 (duas) pessoas idôneas, com as quais mantenha vínculos e que gozem de sua confiança, para prestar-lhe apoio na tomada de decisão sobre atos da vida civil, fornecendo-lhes os elementos e informações necessários para que possa exercer sua capacidade.

•• *Caput* acrescentado pela Lei n. 13.146, de 6-7-2015.

§ 1.º Para formular pedido de tomada de decisão apoiada, a pessoa com deficiência e os apoiadores devem apresentar termo em que constem os limites do apoio a ser oferecido e os compromissos dos apoiadores, inclusive o prazo de vigência do acordo e o respeito à vontade, aos direitos e aos interesses da pessoa que devem apoiar.

•• § 1.º acrescentado pela Lei n. 13.146, de 6-7-2015.

§ 2.º O pedido de tomada de decisão apoiada será requerido pela pessoa a ser apoiada, com indicação expressa das pessoas aptas a prestarem o apoio previsto no *caput* deste artigo.

•• § 2.º acrescentado pela Lei n. 13.146, de 6-7-2015.

§ 3.º Antes de se pronunciar sobre o pedido de tomada de decisão apoiada, o juiz, assistido por equipe multidisciplinar, após oitiva do Ministério Público, ouvirá pessoalmente o requerente e as pessoas que lhe prestarão apoio.

•• § 3.º acrescentado pela Lei n. 13.146, de 6-7-2015.

§ 4.º A decisão tomada por pessoa apoiada terá validade e efeitos sobre terceiros, sem restrições, desde que esteja inserida nos limites do apoio acordado.

•• § 4.º acrescentado pela Lei n. 13.146, de 6-7-2015.

§ 5.º Terceiro com quem a pessoa apoiada mantenha relação negocial pode solicitar que os apoiadores contra-assinem o contrato ou o acordo, especificando, por escrito, sua função em relação ao apoiado.

•• § 5.º acrescentado pela Lei n. 13.146, de 6-7-2015.

§ 6.º Em caso de negócio jurídico que possa trazer risco ou prejuízo relevante, havendo divergência de opiniões entre a pessoa apoiada e um dos apoiadores, deverá o juiz, ouvido o Ministério Público, decidir sobre a questão.

•• § 6.º acrescentado pela Lei n. 13.146, de 6-7-2015.

§ 7.º Se o apoiador agir com negligência, exercer pressão indevida ou não adimplir as obrigações assumidas, poderá a pessoa apoiada ou qualquer pessoa apresentar denúncia ao Ministério Público ou ao juiz.

•• § 7.º acrescentado pela Lei n. 13.146, de 6-7-2015.

§ 8.º Se procedente a denúncia, o juiz destituirá o apoiador e nomeará, ouvida a pessoa apoiada e se for de seu interesse, outra pessoa para prestação de apoio.

•• § 8.º acrescentado pela Lei n. 13.146, de 6-7-2015.

§ 9.º A pessoa apoiada pode, a qualquer tempo, solicitar o término de acordo firmado em processo de tomada de decisão apoiada.

•• § 9.º acrescentado pela Lei n. 13.146, de 6-7-2015.

§ 10. O apoiador pode solicitar ao juiz a exclusão de sua participação do processo de tomada de decisão apoiada, sendo seu desligamento condicionado à manifestação do juiz sobre a matéria.

•• § 10 acrescentado pela Lei n. 13.146, de 6-7-2015.

§ 11. Aplicam-se à tomada de decisão apoiada, no que couber, as disposições referentes à prestação de contas na curatela.

•• § 11 acrescentado pela Lei n. 13.146, de 6-7-2015.

Livro V
DO DIREITO DAS SUCESSÕES

Título I
DA SUCESSÃO EM GERAL

Capítulo I
DISPOSIÇÕES GERAIS

Art. 1.784. Aberta a sucessão, a herança transmite-se, desde logo, aos herdeiros legítimos e testamentários.

Art. 1.785. A sucessão abre-se no lugar do último domicílio do falecido.

Art. 1.786. A sucessão dá-se por lei ou por disposição de última vontade.

Art. 1.787. Regula a sucessão e a legitimação para suceder a lei vigente ao tempo da abertura daquela.

Art. 1.788. Morrendo a pessoa sem testamento, transmite a herança aos herdeiros legítimos; o mesmo ocorrerá quanto aos bens que não forem compreendidos no testamento; e subsiste a sucessão legítima se o testamento caducar, ou for julgado nulo.

Art. 1.789. Havendo herdeiros necessários, o testador só poderá dispor da metade da herança.

Art. 1.790. A companheira ou o companheiro participará da sucessão do outro, quanto aos bens adquiridos onerosamente na vigência da união estável, nas condições seguintes:

•• *Vide* art. 1.829 do CC.

I – se concorrer com filhos comuns, terá direito a uma quota equivalente à que por lei for atribuída ao filho;

II – se concorrer com descendentes só do autor da herança, tocar-lhe-á a metade do que couber a cada um daqueles;

III – se concorrer com outros parentes sucessíveis, terá direito a um terço da herança;

IV – não havendo parentes sucessíveis, terá direito à totalidade da herança.

Capítulo II
DA HERANÇA E DE SUA ADMINISTRAÇÃO

Art. 1.791. A herança defere-se como um todo unitário, ainda que vários sejam os herdeiros.

Parágrafo único. Até a partilha, o direito dos coerdeiros, quanto à propriedade e posse da herança, será indivisível, e regular-se-á pelas normas relativas ao condomínio.

Art. 1.792. O herdeiro não responde por encargos superiores às forças da herança; incumbe-lhe, porém, a prova do excesso, salvo se houver inventário que a escuse, demonstrando o valor dos bens herdados.

Art. 1.793. O direito à sucessão aberta, bem como o quinhão de que disponha o coerdeiro, pode ser objeto de cessão por escritura pública.

§ 1.º Os direitos, conferidos ao herdeiro em consequência de substituição ou de direito de acrescer, presumem-se não abrangidos pela cessão feita anteriormente.

§ 2.º É ineficaz a cessão, pelo coerdeiro, de seu direito hereditário sobre qualquer bem da herança considerado singularmente.

§ 3.º Ineficaz é a disposição, sem prévia autorização do juiz da sucessão, por qualquer herdeiro, de bem componente do acervo hereditário, pendente a indivisibilidade.

Art. 1.794. O coerdeiro não poderá ceder a sua quota hereditária a pessoa estranha à sucessão, se outro coerdeiro a quiser, tanto por tanto.

Art. 1.795. O coerdeiro, a quem não se der conhecimento da cessão, poderá, depositado o preço, haver para si a quota cedida a estranho, se o requerer até cento e oitenta dias após a transmissão.

Parágrafo único. Sendo vários os coerdeiros a exercer a preferência, entre eles se distribuirá o quinhão cedido, na proporção das respectivas quotas hereditárias.

Art. 1.796. No prazo de trinta dias, a contar da abertura da sucessão, instaurar-se-á inventário do patrimônio hereditário, perante o juízo competente no lugar da sucessão, para fins de liquidação e, quando for o caso, de partilha da herança.

•• O art. 611 do CPC determina que o processo de inventário e partilha deve ser instaurado dentro de 2 (dois) meses, a contar da abertura da sucessão, ultimando-se nos 12 (doze) meses subsequentes, podendo o juiz prorrogar esses prazos, de ofício ou a requerimento das partes.

Art. 1.797. Até o compromisso do inventariante, a administração da herança caberá, sucessivamente:

I – ao cônjuge ou companheiro, se com o outro convivia ao tempo da abertura da sucessão;

II – ao herdeiro que estiver na posse e administração dos bens, e, se houver mais de um nessas condições, ao mais velho;

III – ao testamenteiro;

IV – a pessoa de confiança do juiz, na falta ou escusa das indicadas nos incisos antecedentes, ou quando tiverem de ser afastadas por motivo grave levado ao conhecimento do juiz.

Capítulo III
DA VOCAÇÃO HEREDITÁRIA

Art. 1.798. Legitimam-se a suceder as pessoas nascidas ou já concebidas no momento da abertura da sucessão.

Art. 1.799. Na sucessão testamentária podem ainda ser chamados a suceder:

I – os filhos, ainda não concebidos, de pessoas indicadas pelo testador, desde que vivas estas ao abrir-se a sucessão;

II – as pessoas jurídicas;

III – as pessoas jurídicas, cuja organização for determinada pelo testador sob a forma de fundação.

Art. 1.800. No caso do inciso I do artigo antecedente, os bens da herança serão confiados, após a liquidação ou partilha, a curador nomeado pelo juiz.

§ 1.º Salvo disposição testamentária em contrário, a curatela caberá à pessoa cujo filho o testador esperava ter por herdeiro, e, sucessivamente, às pessoas indicadas no art. 1.775.

•• Entendemos que a remissão correta deveria ser feita ao art. 1.797 do CC.

§ 2.º Os poderes, deveres e responsabilidades do curador, assim nomeado, regem-se pelas disposições concernentes à curatela dos incapazes, no que couber.

§ 3.º Nascendo com vida o herdeiro esperado, ser-lhe-á deferida a sucessão, com os frutos e rendimentos relativos à deixa, a partir da morte do testador.

§ 4.º Se, decorridos dois anos após a abertura da sucessão, não for concebido o herdeiro esperado, os bens reservados, salvo disposição em contrário do testador, caberão aos herdeiros legítimos.

Art. 1.801. Não podem ser nomeados herdeiros nem legatários:

I – a pessoa que, a rogo, escreveu o testamento, nem o seu cônjuge ou companheiro, ou os seus ascendentes e irmãos;

II – as testemunhas do testamento;

III – o concubino do testador casado, salvo se este, sem culpa sua, estiver separado de fato do cônjuge há mais de cinco anos;

IV – o tabelião, civil ou militar, ou o comandante ou escrivão, perante quem se fizer, assim como o que fizer ou aprovar o testamento.

Art. 1.802. São nulas as disposições testamentárias em favor de pessoas não legitimadas a suceder, ainda quando simuladas sob a forma de contrato oneroso, ou feitas mediante interposta pessoa.

Parágrafo único. Presumem-se pessoas interpostas os ascendentes, os descendentes, os irmãos e o cônjuge ou companheiro do não legitimado a suceder.

Art. 1.803. É lícita a deixa ao filho do concubino, quando também o for do testador.

Capítulo IV
DA ACEITAÇÃO E RENÚNCIA DA HERANÇA

Art. 1.804. Aceita a herança, torna-se definitiva a sua transmissão ao herdeiro, desde a abertura da sucessão.

Parágrafo único. A transmissão tem-se por não verificada quando o herdeiro renuncia à herança.

Art. 1.805. A aceitação da herança, quando expressa, faz-se por declaração escrita; quando tácita, há de resultar tão somente de atos próprios da qualidade de herdeiro.

§ 1.º Não exprimem aceitação de herança os atos oficiosos, como o funeral do finado, os meramente conservatórios, ou os de administração e guarda provisória.

§ 2.º Não importa igualmente aceitação a cessão gratuita, pura e simples, da herança, aos demais coerdeiros.

Art. 1.806. A renúncia da herança deve constar expressamente de instrumento público ou termo judicial.

Art. 1.807. O interessado em que o herdeiro declare se aceita, ou não, a herança, poderá, vinte dias após aberta a sucessão, requerer ao juiz prazo razoável, não maior de trinta dias, para, nele, se pronunciar o herdeiro, sob pena de se haver a herança por aceita.

Art. 1.808. Não se pode aceitar ou renunciar a herança em parte, sob condição ou a termo.

§ 1.º O herdeiro, a quem se testarem legados, pode aceitá-los, renunciando a herança; ou, aceitando-a, repudiá-los.

§ 2.º O herdeiro, chamado, na mesma sucessão, a mais de um quinhão hereditário, sob títulos sucessórios diversos, pode livremente deliberar quanto aos quinhões que aceita e aos que renuncia.

Art. 1.809. Falecendo o herdeiro antes de declarar se aceita a herança, o poder de aceitar passa-lhe aos herdeiros, a menos que se trate de vocação adstrita a uma condição suspensiva, ainda não verificada.

Parágrafo único. Os chamados à sucessão do herdeiro falecido antes da aceitação, desde que concordem em receber a segunda herança, poderão aceitar ou renunciar a primeira.

Art. 1.810. Na sucessão legítima, a parte do renunciante acresce à dos outros herdeiros da mesma classe e, sendo ele o único desta, devolve-se aos da subsequente.

Art. 1.811. Ninguém pode suceder, representando herdeiro renunciante. Se, porém, ele for o único legítimo da sua classe, ou se todos os outros da mesma classe renunciarem a herança, poderão os filhos vir à sucessão, por direito próprio, e por cabeça.

Art. 1.812. São irrevogáveis os atos de aceitação ou de renúncia da herança.

Art. 1.813. Quando o herdeiro prejudicar os seus credores, renunciando à herança, poderão eles, com autorização do juiz, aceitá-la em nome do renunciante.

§ 1.º A habilitação dos credores se fará no prazo de trinta dias seguintes ao conhecimento do fato.

§ 2.º Pagas as dívidas do renunciante, prevalece a renúncia quanto ao remanescente, que será devolvido aos demais herdeiros.

Capítulo V
DOS EXCLUÍDOS DA SUCESSÃO

Art. 1.814. São excluídos da sucessão os herdeiros ou legatários:

I – que houverem sido autores, coautores ou partícipes de homicídio doloso, ou tentativa deste, contra a pessoa de cuja sucessão se tratar, seu cônjuge, companheiro, ascendente ou descendente;

II – que houverem acusado caluniosamente em juízo o autor da herança ou incorrerem em crime contra a sua honra, ou de seu cônjuge ou companheiro;

III – que, por violência ou meios fraudulentos, inibirem ou obstarem o autor da herança de dispor livremente de seus bens por ato de última vontade.

Art. 1.815. A exclusão do herdeiro ou legatário, em qualquer desses casos de indignidade, será declarada por sentença.

§ 1.º O direito de demandar a exclusão do herdeiro ou legatário extingue-se em quatro anos, contados da abertura da sucessão.

•• Parágrafo único renumerado pela Lei n. 13.532, de 7-12-2017.

§ 2.º Na hipótese do inciso I do art. 1.814, o Ministério Público tem legitimidade para demandar a exclusão do herdeiro ou legatário.

•• § 2.º acrescentado pela Lei n. 13.532, de 7-12-2017.

Art. 1.815-A. Em qualquer dos casos de indignidade previstos no art. 1.814, o trânsito em julgado da sentença penal condenatória acarretará a imediata exclusão do herdeiro ou legatário indigno, independentemente da sentença prevista no *caput* do art. 1.815 deste Código.

•• Artigo acrescentado pela Lei n. 14.661, de 23-8-2023.

Art. 1.816. São pessoais os efeitos da exclusão; os descendentes do herdeiro excluído sucedem, como se ele morto fosse antes da abertura da sucessão.

Parágrafo único. O excluído da sucessão não terá direito ao usufruto ou à administração dos bens que a seus sucessores couberem na herança, nem à sucessão eventual desses bens.

Art. 1.817. São válidas as alienações onerosas de bens hereditários a terceiros de boa-fé, e os atos de administração legalmente praticados pelo herdeiro, antes da sentença de exclusão; mas aos herdeiros subsiste, quando prejudicados, o direito de demandar-lhe perdas e danos.

Parágrafo único. O excluído da sucessão é obrigado a restituir os frutos e rendimentos que dos bens da herança houver percebido, mas tem direito a ser indenizado das despesas com a conservação deles.

Art. 1.818. Aquele que incorreu em atos que determinem a exclusão da herança será admitido a suceder, se o ofendido o tiver expressamente reabilitado em testamento, ou em outro ato autêntico.

Parágrafo único. Não havendo reabilitação expressa, o indigno, contemplado em testamento do ofendido, quando o testador, ao testar, já conheça a causa da indignidade, pode suceder no limite da disposição testamentária.

Capítulo VI
DA HERANÇA JACENTE

Art. 1.819. Falecendo alguém sem deixar testamento nem herdeiro legítimo notoriamente conhecido, os bens da herança, depois de arrecadados, ficarão sob a guarda e administração de um curador, até a sua entrega ao sucessor devidamente habilitado ou à declaração de sua vacância.

Art. 1.820. Praticadas as diligências de arrecadação e ultimado o inventário, serão expedidos editais na forma da lei processual, e, decorrido um ano de sua primeira publicação, sem que haja herdeiro habilitado, ou penda habilitação, será a herança declarada vacante.

Art. 1.821. É assegurado aos credores o direito de pedir o pagamento das dívidas reconhecidas, nos limites das forças da herança.

Art. 1.822. A declaração de vacância da herança não prejudicará os herdeiros que legalmente se habilitarem; mas, decorridos cinco anos da abertura da sucessão,

Arts. 1.822 a 1.836 — **Direito das Sucessões**

os bens arrecadados passarão ao domínio do Município ou do Distrito Federal, se localizados nas respectivas circunscrições, incorporando-se ao domínio da União quando situados em território federal.

Parágrafo único. Não se habilitando até a declaração de vacância, os colaterais ficarão excluídos da sucessão.

Art. 1.823. Quando todos os chamados a suceder renunciarem à herança, será esta desde logo declarada vacante.

Capítulo VII
DA PETIÇÃO DE HERANÇA

Art. 1.824. O herdeiro pode, em ação de petição de herança, demandar o reconhecimento de seu direito sucessório, para obter a restituição da herança, ou de parte dela, contra quem, na qualidade de herdeiro, ou mesmo sem título, a possua.

Art. 1.825. A ação de petição de herança, ainda que exercida por um só dos herdeiros, poderá compreender todos os bens hereditários.

Art. 1.826. O possuidor da herança está obrigado à restituição dos bens do acervo, fixando-se-lhe a responsabilidade segundo a sua posse, observado o disposto nos arts. 1.214 a 1.222.

Parágrafo único. A partir da citação, a responsabilidade do possuidor se há de aferir pelas regras concernentes à posse de má-fé e à mora.

Art. 1.827. O herdeiro pode demandar os bens da herança, mesmo em poder de terceiros, sem prejuízo da responsabilidade do possuidor originário pelo valor dos bens alienados.

Parágrafo único. São eficazes as alienações feitas, a título oneroso, pelo herdeiro aparente a terceiro de boa-fé.

Art. 1.828. O herdeiro aparente, que de boa-fé houver pago um legado, não está obrigado a prestar o equivalente ao verdadeiro sucessor, ressalvado a este o direito de proceder contra quem o recebeu.

Título II
DA SUCESSÃO LEGÍTIMA

Capítulo I
DA ORDEM DA VOCAÇÃO HEREDITÁRIA

•• *Vide* art. 2.041 do CC.

Art. 1.829. A sucessão legítima defere-se na ordem seguinte:

•• *Vide* Súmula 642 do STJ.

I – aos descendentes, em concorrência com o cônjuge sobrevivente, salvo se casado este com o falecido no regime da comunhão universal, ou no da separação obrigatória de bens (art. 1.640, parágrafo único); ou se, no regime da comunhão parcial, o autor da herança não houver deixado bens particulares;

II – aos ascendentes, em concorrência com o cônjuge;

III – ao cônjuge sobrevivente;

•• *Vide* art. 2.º, III, da Lei n. 8.971, de 29-12-1994.

IV – aos colaterais.

Art. 1.830. Somente é reconhecido direito sucessório ao cônjuge sobrevivente se, ao tempo da morte do outro, não estavam separados judicialmente, nem separados de fato há mais de dois anos, salvo prova, neste caso, de que essa convivência se tornara impossível sem culpa do sobrevivente.

Art. 1.831. Ao cônjuge sobrevivente, qualquer que seja o regime de bens, será assegurado, sem prejuízo da participação que lhe caiba na herança, o direito real de habitação relativamente ao imóvel destinado à residência da família, desde que seja o único daquela natureza a inventariar.

•• *Vide* art. 7.º, parágrafo único, da Lei n. 9.278, de 10-5-1996.

Art. 1.832. Em concorrência com os descendentes (art. 1.829, I) caberá ao cônjuge quinhão igual ao dos que sucederem por cabeça, não podendo a sua quota ser inferior à quarta parte da herança, se for ascendente dos herdeiros com que concorrer.

Art. 1.833. Entre os descendentes, os em grau mais próximo excluem os mais remotos, salvo o direito de representação.

Art. 1.834. Os descendentes da mesma classe têm os mesmos direitos à sucessão de seus ascendentes.

Art. 1.835. Na linha descendente, os filhos sucedem por cabeça, e os outros descendentes, por cabeça ou por estirpe, conforme se achem ou não no mesmo grau.

Art. 1.836. Na falta de descendentes, são chamados à sucessão os ascendentes, em concorrência com o cônjuge sobrevivente.

§ 1.º Na classe dos ascendentes, o grau mais próximo exclui o mais remoto, sem distinção de linhas.

§ 2.º Havendo igualdade em grau e diversidade em linha, os ascendentes da linha paterna herdam a metade, cabendo a outra aos da linha materna.

Art. 1.837. Concorrendo com ascendente em primeiro grau, ao cônjuge tocará um terço da herança; caber-lhe-á a metade desta se houver um só ascendente, ou se maior for aquele grau.

Art. 1.838. Em falta de descendentes e ascendentes, será deferida a sucessão por inteiro ao cônjuge sobrevivente.

•• Vide art. 2.º, III, da Lei n. 8.971, de 29-12-1994.

Art. 1.839. Se não houver cônjuge sobrevivente, nas condições estabelecidas no art. 1.830, serão chamados a suceder os colaterais até o quarto grau.

•• Vide Súmula 642 do STJ.

Art. 1.840. Na classe dos colaterais, os mais próximos excluem os mais remotos, salvo o direito de representação concedido aos filhos de irmãos.

Art. 1.841. Concorrendo à herança do falecido irmãos bilaterais com irmãos unilaterais, cada um destes herdará metade do que cada um daqueles herdar.

Art. 1.842. Não concorrendo à herança irmão bilateral, herdarão, em partes iguais, os unilaterais.

Art. 1.843. Na falta de irmãos, herdarão os filhos destes e, não os havendo, os tios.

§ 1.º Se concorrerem à herança somente filhos de irmãos falecidos, herdarão por cabeça.

§ 2.º Se concorrem filhos de irmãos bilaterais com filhos de irmãos unilaterais, cada um destes herdará a metade do que herdar cada um daqueles.

§ 3.º Se todos forem filhos de irmãos bilaterais, ou todos de irmãos unilaterais, herdarão por igual.

Art. 1.844. Não sobrevivendo cônjuge, ou companheiro, nem parente algum sucessível, ou tendo eles renunciado a herança, esta se devolve ao Município ou ao Distrito Federal, se localizada nas respectivas circunscrições, ou à União, quando situada em território federal.

Capítulo II
DOS HERDEIROS NECESSÁRIOS

Art. 1.845. São herdeiros necessários os descendentes, os ascendentes e o cônjuge.

Art. 1.846. Pertence aos herdeiros necessários, de pleno direito, a metade dos bens da herança, constituindo a legítima.

Art. 1.847. Calcula-se a legítima sobre o valor dos bens existentes na abertura da sucessão, abatidas as dívidas e as despesas do funeral, adicionando-se, em seguida, o valor dos bens sujeitos a colação.

Art. 1.848. Salvo se houver justa causa, declarada no testamento, não pode o testador estabelecer cláusula de inalienabilidade, impenhorabilidade, e de incomunicabilidade, sobre os bens da legítima.

•• Vide art. 2.042 do CC.

§ 1.º Não é permitido ao testador estabelecer a conversão dos bens da legítima em outros de espécie diversa.

§ 2.º Mediante autorização judicial e havendo justa causa, podem ser alienados os bens gravados, convertendo-se o produto em outros bens, que ficarão sub-rogados nos ônus dos primeiros.

Art. 1.849. O herdeiro necessário, a quem o testador deixar a sua parte disponível, ou algum legado, não perderá o direito à legítima.

Art. 1.850. Para excluir da sucessão os herdeiros colaterais, basta que o testador disponha de seu patrimônio sem os contemplar.

Capítulo III
DO DIREITO DE REPRESENTAÇÃO

Art. 1.851. Dá-se o direito de representação, quando a lei chama certos parentes do falecido a suceder em todos os direitos, em que ele sucederia, se vivo fosse.

Art. 1.852. O direito de representação dá-se na linha reta descendente, mas nunca na ascendente.

Art. 1.853. Na linha transversal, somente se dá o direito de representação em favor dos filhos de irmãos do falecido, quando com irmãos deste concorrerem.

Art. 1.854. Os representantes só podem herdar, como tais, o que herdaria o representado, se vivo fosse.

Art. 1.855. O quinhão do representado partir-se-á por igual entre os representantes.

Art. 1.856. O renunciante à herança de uma pessoa poderá representá-la na sucessão de outra.

Título III
DA SUCESSÃO TESTAMENTÁRIA

Capítulo I
DO TESTAMENTO EM GERAL

Art. 1.857. Toda pessoa capaz pode dispor, por testamento, da totalidade dos seus bens, ou de parte deles, para depois de sua morte.

§ 1.º A legítima dos herdeiros necessários não poderá ser incluída no testamento.

Arts. 1.857 a 1.870 — Direito das Sucessões

§ 2.º São válidas as disposições testamentárias de caráter não patrimonial, ainda que o testador somente a elas se tenha limitado.

Art. 1.858. O testamento é ato personalíssimo, podendo ser mudado a qualquer tempo.

Art. 1.859. Extingue-se em cinco anos o direito de impugnar a validade do testamento, contado o prazo da data do seu registro.

Capítulo II
DA CAPACIDADE DE TESTAR

Art. 1.860. Além dos incapazes, não podem testar os que, no ato de fazê-lo, não tiverem pleno discernimento.

Parágrafo único. Podem testar os maiores de dezesseis anos.

Art. 1.861. A incapacidade superveniente do testador não invalida o testamento, nem o testamento do incapaz se valida com a superveniência da capacidade.

Capítulo III
DAS FORMAS ORDINÁRIAS DO TESTAMENTO

Seção I
Disposições Gerais

Art. 1.862. São testamentos ordinários:

I – o público;
II – o cerrado;
III – o particular.

Art. 1.863. É proibido o testamento conjuntivo, seja simultâneo, recíproco ou correspectivo.

Seção II
Do Testamento Público

Art. 1.864. São requisitos essenciais do testamento público:

I – ser escrito por tabelião ou por seu substituto legal em seu livro de notas, de acordo com as declarações do testador, podendo este servir-se de minuta, notas ou apontamentos;

II – lavrado o instrumento, ser lido em voz alta pelo tabelião ao testador e a duas testemunhas, a um só tempo; ou pelo testador, se o quiser, na presença destas e do oficial;

III – ser o instrumento, em seguida à leitura, assinado pelo testador, pelas testemunhas e pelo tabelião.

Parágrafo único. O testamento público pode ser escrito manualmente ou mecanicamente, bem como ser feito pela inserção da declaração de vontade em partes impressas de livro de notas, desde que rubricadas todas as páginas pelo testador, se mais de uma.

Art. 1.865. Se o testador não souber, ou não puder assinar, o tabelião ou seu substituto legal assim o declarará, assinando, neste caso, pelo testador, e, a seu rogo, uma das testemunhas instrumentárias.

Art. 1.866. O indivíduo inteiramente surdo, sabendo ler, lerá o seu testamento, e, se não o souber, designará quem o leia em seu lugar, presentes as testemunhas.

Art. 1.867. Ao cego só se permite o testamento público, que lhe será lido, em voz alta, duas vezes, uma pelo tabelião ou por seu substituto legal, e a outra por uma das testemunhas, designada pelo testador, fazendo-se de tudo circunstanciada menção no testamento.

Seção III
Do Testamento Cerrado

Art. 1.868. O testamento escrito pelo testador, ou por outra pessoa, a seu rogo, e por aquele assinado, será válido se aprovado pelo tabelião ou seu substituto legal, observadas as seguintes formalidades:

I – que o testador o entregue ao tabelião em presença de duas testemunhas;

II – que o testador declare que aquele é o seu testamento e quer que seja aprovado;

III – que o tabelião lavre, desde logo, o auto de aprovação, na presença de duas testemunhas, e o leia, em seguida, ao testador e testemunhas;

IV – que o auto de aprovação seja assinado pelo tabelião, pelas testemunhas e pelo testador.

Parágrafo único. O testamento cerrado pode ser escrito mecanicamente, desde que seu subscritor numere e autentique, com a sua assinatura, todas as páginas.

Art. 1.869. O tabelião deve começar o auto de aprovação imediatamente depois da última palavra do testador, declarando, sob sua fé, que o testador lhe entregou para ser aprovado na presença das testemunhas; passando a cerrar e coser o instrumento aprovado.

Parágrafo único. Se não houver espaço na última folha do testamento, para início da aprovação, o tabelião aporá nele o seu sinal público, mencionando a circunstância no auto.

Art. 1.870. Se o tabelião tiver escrito o testamento a rogo do testador, poderá, não obstante, aprová-lo.

Art. 1.871. O testamento pode ser escrito em língua nacional ou estrangeira, pelo próprio testador, ou por outrem, a seu rogo.

Art. 1.872. Não pode dispor de seus bens em testamento cerrado quem não saiba ou não possa ler.

Art. 1.873. Pode fazer testamento cerrado o surdo-mudo, contanto que o escreva todo, e o assine de sua mão, e que, ao entregá-lo ao oficial público, ante as duas testemunhas, escreva, na face externa do papel ou do envoltório, que aquele é o seu testamento, cuja aprovação lhe pede.

Art. 1.874. Depois de aprovado e cerrado, será o testamento entregue ao testador, e o tabelião lançará, no seu livro, nota do lugar, dia, mês e ano em que o testamento foi aprovado e entregue.

Art. 1.875. Falecido o testador, o testamento será apresentado ao juiz, que o abrirá e o fará registrar, ordenando seja cumprido, se não achar vício externo que o torne eivado de nulidade ou suspeito de falsidade.

Seção IV
Do Testamento Particular

Art. 1.876. O testamento particular pode ser escrito de próprio punho ou mediante processo mecânico.

§ 1.º Se escrito de próprio punho, são requisitos essenciais à sua validade seja lido e assinado por quem o escreveu, na presença de pelo menos três testemunhas, que o devem subscrever.

§ 2.º Se elaborado por processo mecânico, não pode conter rasuras ou espaços em branco, devendo ser assinado pelo testador, depois de o ter lido na presença de pelo menos três testemunhas, que o subscreverão.

Art. 1.877. Morto o testador, publicar-se-á em juízo o testamento, com citação dos herdeiros legítimos.

Art. 1.878. Se as testemunhas forem contestes sobre o fato da disposição, ou, ao menos, sobre a sua leitura perante elas, e se reconhecerem as próprias assinaturas, assim como a do testador, o testamento será confirmado.

Parágrafo único. Se faltarem testemunhas, por morte ou ausência, e se pelo menos uma delas o reconhecer, o testamento poderá ser confirmado, se, a critério do juiz, houver prova suficiente de sua veracidade.

Art. 1.879. Em circunstâncias excepcionais declaradas na cédula, o testamento particular de próprio punho e assinado pelo testador, sem testemunhas, poderá ser confirmado, a critério do juiz.

Art. 1.880. O testamento particular pode ser escrito em língua estrangeira, contanto que as testemunhas a compreendam.

Capítulo IV
DOS CODICILOS

Art. 1.881. Toda pessoa capaz de testar poderá, mediante escrito particular seu, datado e assinado, fazer disposições especiais sobre o seu enterro, sobre esmolas de pouca monta a certas e determinadas pessoas, ou, indeterminadamente, aos pobres de certo lugar, assim como legar móveis, roupas ou joias, de pouco valor, de seu uso pessoal.

Art. 1.882. Os atos a que se refere o artigo antecedente, salvo direito de terceiro, valerão como codicilos, deixe ou não testamento o autor.

Art. 1.883. Pelo modo estabelecido no art. 1.881, poder-se-ão nomear ou substituir testamenteiros.

Art. 1.884. Os atos previstos nos artigos antecedentes revogam-se por atos iguais, e consideram-se revogados, se, havendo testamento posterior, de qualquer natureza, este os não confirmar ou modificar.

Art. 1.885. Se estiver fechado o codicilo, abrir-se-á do mesmo modo que o testamento cerrado.

Capítulo V
DOS TESTAMENTOS ESPECIAIS

Seção I
Disposições Gerais

Art. 1.886. São testamentos especiais:

I – o marítimo;
II – o aeronáutico;
III – o militar.

Art. 1.887. Não se admitem outros testamentos especiais além dos contemplados neste Código.

Seção II
Do Testamento Marítimo e do
Testamento Aeronáutico

Art. 1.888. Quem estiver em viagem, a bordo de navio nacional, de guerra ou mercante, pode testar perante o comandante, em presença de duas testemunhas, por forma que corresponda ao testamento público ou ao cerrado.

Parágrafo único. O registro do testamento será feito no diário de bordo.

Art. 1.889. Quem estiver em viagem, a bordo de aeronave militar ou comercial, pode testar perante pessoa designada pelo comandante, observado o disposto no artigo antecedente.

Art. 1.890. O testamento marítimo ou aeronáutico ficará sob a guarda do comandante, que o entregará às autoridades administrativas do primeiro porto ou aeroporto nacional, contra recibo averbado no diário de bordo.

Art. 1.891. Caducará o testamento marítimo, ou aeronáutico, se o testador não morrer na viagem, nem nos noventa dias subsequentes ao seu desembarque em terra, onde possa fazer, na forma ordinária, outro testamento.

Art. 1.892. Não valerá o testamento marítimo, ainda que feito no curso de uma viagem, se, ao tempo em que se fez, o navio estava em porto onde o testador pudesse desembarcar e testar na forma ordinária.

Seção III
Do Testamento Militar

Art. 1.893. O testamento dos militares e demais pessoas a serviço das Forças Armadas em campanha, dentro do País ou fora dele, assim como em praça sitiada, ou que esteja de comunicações interrompidas, poderá fazer-se, não havendo tabelião ou seu substituto legal, ante duas, ou três testemunhas, se o testador não puder, ou não souber assinar, caso em que assinará por ele uma delas.

§ 1.º Se o testador pertencer a corpo ou seção de corpo destacado, o testamento será escrito pelo respectivo comandante, ainda que de graduação ou posto inferior.

§ 2.º Se o testador estiver em tratamento em hospital, o testamento será escrito pelo respectivo oficial de saúde, ou pelo diretor do estabelecimento.

§ 3.º Se o testador for o oficial mais graduado, o testamento será escrito por aquele que o substituir.

Art. 1.894. Se o testador souber escrever, poderá fazer o testamento de seu punho, contanto que o date e assine por extenso, e o apresente aberto ou cerrado, na presença de duas testemunhas ao auditor, ou ao oficial de patente, que lhe faça as vezes neste mister.

Parágrafo único. O auditor, ou o oficial a quem o testamento se apresente notará, em qualquer parte dele, lugar, dia, mês e ano, em que lhe for apresentado, nota esta que será assinada por ele e pelas testemunhas.

Art. 1.895. Caduca o testamento militar, desde que, depois dele, o testador esteja, noventa dias seguidos, em lugar onde possa testar na forma ordinária, salvo se esse testamento apresentar as solenidades prescritas no parágrafo único do artigo antecedente.

Art. 1.896. As pessoas designadas no art. 1.893, estando empenhadas em combate, ou feridas, podem testar oralmente, confiando a sua última vontade a duas testemunhas.

Parágrafo único. Não terá efeito o testamento se o testador não morrer na guerra ou convalescer do ferimento.

Capítulo VI
DAS DISPOSIÇÕES TESTAMENTÁRIAS

Art. 1.897. A nomeação de herdeiro, ou legatário, pode fazer-se pura e simplesmente, sob condição, para certo fim ou modo, ou por certo motivo.

Art. 1.898. A designação do tempo em que deva começar ou cessar o direito do herdeiro, salvo nas disposições fideicomissárias, ter-se-á por não escrita.

Art. 1.899. Quando a cláusula testamentária for suscetível de interpretações diferentes, prevalecerá a que melhor assegure a observância da vontade do testador.

Art. 1.900. É nula a disposição:

I – que institua herdeiro ou legatário sob a condição captatória de que este disponha, também por testamento, em benefício do testador, ou de terceiro;

II – que se refira a pessoa incerta, cuja identidade não se possa averiguar;

III – que favoreça a pessoa incerta, cometendo a determinação de sua identidade a terceiro;

IV – que deixe a arbítrio do herdeiro, ou de outrem, fixar o valor do legado;

V – que favoreça as pessoas a que se referem os arts. 1.801 e 1.802.

Art. 1.901. Valerá a disposição:

I – em favor de pessoa incerta que deva ser determinada por terceiro, dentre duas ou mais pessoas mencionadas pelo testador, ou pertencentes a uma família, ou a um corpo coletivo, ou a um estabelecimento por ele designado;

II – em remuneração de serviços prestados ao testador, por ocasião da moléstia de que faleceu, ainda que fique ao arbítrio do herdeiro ou de outrem determinar o valor do legado.

Art. 1.902. A disposição geral em favor dos pobres, dos estabelecimentos particulares de caridade, ou dos de assistência pública, entender-se-á relativa aos pobres do lugar do domicílio do testador ao tempo de sua morte, ou dos estabelecimentos aí sitos, salvo se manifestamente constar que tinha em mente beneficiar os de outra localidade.

Parágrafo único. Nos casos deste artigo, as instituições particulares preferirão sempre às públicas.

Art. 1.903. O erro na designação da pessoa do herdeiro, do legatário, ou da coisa legada anula a disposição, salvo se, pelo contexto do testamento, por outros documentos, ou por fatos inequívocos, se puder identificar a pessoa ou coisa a que o testador queria referir-se.

Art. 1.904. Se o testamento nomear dois ou mais herdeiros, sem discriminar a parte de cada um, partilhar-se-á por igual, entre todos, a porção disponível do testador.

Art. 1.905. Se o testador nomear certos herdeiros individualmente e outros coletivamente, a herança será dividida em tantas quotas quantos forem os indivíduos e os grupos designados.

Art. 1.906. Se forem determinadas as quotas de cada herdeiro, e não absorverem toda a herança, o remanescente pertencerá aos herdeiros legítimos, segundo a ordem da vocação hereditária.

Art. 1.907. Se forem determinados os quinhões de uns e não os de outros herdeiros, distribuir-se-á por igual a estes últimos o que restar, depois de completas as porções hereditárias dos primeiros.

Art. 1.908. Dispondo o testador que não caiba ao herdeiro instituído certo e determinado objeto, dentre os da herança, tocará ele aos herdeiros legítimos.

Art. 1.909. São anuláveis as disposições testamentárias inquinadas de erro, dolo ou coação.

Parágrafo único. Extingue-se em quatro anos o direito de anular a disposição, contados de quando o interessado tiver conhecimento do vício.

Art. 1.910. A ineficácia de uma disposição testamentária importa a das outras que, sem aquela, não teriam sido determinadas pelo testador.

Art. 1.911. A cláusula de inalienabilidade, imposta aos bens por ato de liberalidade, implica impenhorabilidade e incomunicabilidade.

Parágrafo único. No caso de desapropriação de bens clausulados, ou de sua alienação, por conveniência econômica do donatário ou do herdeiro, mediante autorização judicial, o produto da venda converter-se--á em outros bens, sobre os quais incidirão as restrições apostas aos primeiros.

Capítulo VII
DOS LEGADOS

Seção I
Disposições Gerais

Art. 1.912. É ineficaz o legado de coisa certa que não pertença ao testador no momento da abertura da sucessão.

Art. 1.913. Se o testador ordenar que o herdeiro ou legatário entregue coisa de sua propriedade a outrem, não o cumprindo ele, entender-se-á que renunciou à herança ou ao legado.

Art. 1.914. Se tão somente em parte a coisa legada pertencer ao testador, ou, no caso do artigo antecedente, ao herdeiro ou ao legatário, só quanto a essa parte valerá o legado.

Art. 1.915. Se o legado for de coisa que se determine pelo gênero, será o mesmo cumprido, ainda que tal coisa não exista entre os bens deixados pelo testador.

Art. 1.916. Se o testador legar coisa sua, singularizando-a, só terá eficácia o legado se, ao tempo do seu falecimento, ela se achava entre os bens da herança; se a coisa legada existir entre os bens do testador, mas em quantidade inferior à do legado, este será eficaz apenas quanto à existente.

Art. 1.917. O legado de coisa que deva encontrar-se em determinado lugar só terá eficácia se nele for achada, salvo se removida a título transitório.

Art. 1.918. O legado de crédito, ou de quitação de dívida, terá eficácia somente até a importância desta, ou daquele, ao tempo da morte do testador.

§ 1.º Cumpre-se o legado, entregando o herdeiro ao legatário o título respectivo.

§ 2.º Este legado não compreende as dívidas posteriores à data do testamento.

Art. 1.919. Não o declarando expressamente o testador, não se reputará compensação da sua dívida o legado que ele faça ao credor.

Parágrafo único. Subsistirá integralmente o legado, se a dívida lhe foi posterior, e o testador a solveu antes de morrer.

Art. 1.920. O legado de alimentos abrange o sustento, a cura, o vestuário e a casa, enquanto o legatário viver, além da educação, se ele for menor.

Art. 1.921. O legado de usufruto, sem fixação de tempo, entende-se deixado ao legatário por toda a sua vida.

Art. 1.922. Se aquele que legar um imóvel lhe ajuntar depois novas aquisições, estas, ainda que contíguas, não se compreendem no legado, salvo expressa declaração em contrário do testador.

Parágrafo único. Não se aplica o disposto neste artigo às benfeitorias necessárias, úteis ou voluptuárias feitas no prédio legado.

Seção II
Dos Efeitos do Legado e
do seu Pagamento

Art. 1.923. Desde a abertura da sucessão, pertence ao legatário a coisa certa, existente no acervo, salvo se o legado estiver sob condição suspensiva.

§ 1.º Não se defere de imediato a posse da coisa, nem nela pode o legatário entrar por autoridade própria.

§ 2.º O legado de coisa certa existente na herança transfere também ao legatário os frutos que produzir, desde a morte do testador, exceto se dependente de condição suspensiva, ou de termo inicial.

Art. 1.924. O direito de pedir o legado não se exercerá, enquanto se litigue sobre a validade do testamento, e, nos legados condicionais, ou a prazo, enquanto esteja pendente a condição ou o prazo não se vença.

Art. 1.925. O legado em dinheiro só vence juros desde o dia em que se constituir em mora a pessoa obrigada a prestá-lo.

Art. 1.926. Se o legado consistir em renda vitalícia ou pensão periódica, esta ou aquela correrá da morte do testador.

Art. 1.927. Se o legado for de quantidades certas, em prestações periódicas, datará da morte do testador o primeiro período, e o legatário terá direito a cada prestação, uma vez encetado cada um dos períodos sucessivos, ainda que venha a falecer antes do termo dele.

Art. 1.928. Sendo periódicas as prestações, só no termo de cada período se poderão exigir.

Parágrafo único. Se as prestações forem deixadas a título de alimentos, pagar-se-ão no começo de cada período, sempre que outra coisa não tenha disposto o testador.

Art. 1.929. Se o legado consiste em coisa determinada pelo gênero, ao herdeiro tocará escolhê-la, guardando o meio-termo entre as congêneres da melhor e pior qualidade.

Art. 1.930. O estabelecido no artigo antecedente será observado, quando a escolha for deixada a arbítrio de terceiro; e, se este não a quiser ou não a puder exercer, ao juiz competirá fazê-la, guardado o disposto na última parte do artigo antecedente.

Art. 1.931. Se a opção foi deixada ao legatário, este poderá escolher, do gênero determinado, a melhor coisa que houver na herança; e, se nesta não existir coisa de tal gênero, dar-lhe-á de outra congênere o herdeiro, observada a disposição na última parte do art. 1.929.

Art. 1.932. No legado alternativo, presume-se deixada ao herdeiro a opção.

Art. 1.933. Se o herdeiro ou legatário a quem couber a opção falecer antes de exercê-la, passará este poder aos seus herdeiros.

Art. 1.934. No silêncio do testamento, o cumprimento dos legados incumbe aos herdeiros e, não os havendo, aos legatários, na proporção do que herdaram.

Parágrafo único. O encargo estabelecido neste artigo, não havendo disposição testamentária em contrário, caberá ao herdeiro ou legatário incumbido pelo testador da execução do legado; quando indicados mais de um, os onerados dividirão entre si o ônus, na proporção do que recebam da herança.

Art. 1.935. Se algum legado consistir em coisa pertencente a herdeiro ou legatário (art. 1.913), só a ele incumbirá cumpri-lo, com regresso contra os coerdeiros, pela quota de cada um, salvo se o contrário expressamente dispôs o testador.

Art. 1.936. As despesas e os riscos da entrega do legado correm à conta do legatário, se não dispuser diversamente o testador.

Art. 1.937. A coisa legada entregar-se-á, com seus acessórios, no lugar e estado em que se achava ao falecer o testador, passando ao legatário com todos os encargos que a onerarem.

Art. 1.938. Nos legados com encargo, aplica-se ao legatário o disposto neste Código quanto às doações de igual natureza.

Seção III
Da Caducidade dos Legados

Art. 1.939. Caducará o legado:

I – se, depois do testamento, o testador modificar a coisa legada, ao ponto de já não ter a forma nem lhe caber a denominação que possuía;

II – se o testador, por qualquer título, alienar no todo ou em parte a coisa legada; nesse caso, caducará até onde ela deixou de pertencer ao testador;

III – se a coisa perecer ou for evicta, vivo ou morto o testador, sem culpa do herdeiro ou legatário incumbido do seu cumprimento;

IV – se o legatário for excluído da sucessão, nos termos do art. 1.815;

V – se o legatário falecer antes do testador.

Art. 1.940. Se o legado for de duas ou mais coisas alternativamente, e algumas delas perecerem, subsistirá quanto às restantes; perecendo parte de uma, valerá, quanto ao seu remanescente, o legado.

Capítulo VIII
DO DIREITO DE ACRESCER ENTRE HERDEIROS E LEGATÁRIOS

Art. 1.941. Quando vários herdeiros, pela mesma disposição testamentária, forem conjuntamente chamados à herança em quinhões não determinados, e qualquer deles não puder ou não quiser aceitá-la, a sua parte acrescerá à dos coerdeiros, salvo o direito do substituto.

Art. 1.942. O direito de acrescer competirá aos colegatários, quando nomeados conjuntamente a respeito de uma só coisa, determinada e certa, ou quando o objeto do legado não puder ser dividido sem risco de desvalorização.

Art. 1.943. Se um dos coerdeiros ou colegatários, nas condições do artigo antecedente, morrer antes do testador; se renunciar a herança ou legado, ou destes for excluído, e, se a condição sob a qual foi instituído não se verificar, acrescerá o seu quinhão, salvo o direito do substituto, à parte dos coerdeiros ou colegatários conjuntos.

Parágrafo único. Os coerdeiros ou colegatários, aos quais acresceu o quinhão daquele que não quis ou não pôde suceder, ficam sujeitos às obrigações ou encargos que o oneravam.

Art. 1.944. Quando não se efetua o direito de acrescer, transmite-se aos herdeiros legítimos a quota vaga do nomeado.

Parágrafo único. Não existindo o direito de acrescer entre os colegatários, a quota do que faltar acresce ao herdeiro ou ao legatário incumbido de satisfazer esse legado, ou a todos os herdeiros, na proporção dos seus quinhões, se o legado se deduziu da herança.

Art. 1.945. Não pode o beneficiário do acréscimo repudiá-lo separadamente da herança ou legado que lhe caiba, salvo se o acréscimo comportar encargos especiais impostos pelo testador; nesse caso, uma vez repudiado, reverte o acréscimo para a pessoa a favor de quem os encargos foram instituídos.

Art. 1.946. Legado um só usufruto conjuntamente a duas ou mais pessoas, a parte da que faltar acresce aos colegatários.

Parágrafo único. Se não houver conjunção entre os colegatários, ou se, apesar de conjuntos, só lhes foi legada certa parte do usufruto, consolidar-se-ão na propriedade as quotas dos que faltarem, à medida que eles forem faltando.

Capítulo IX
DAS SUBSTITUIÇÕES

Seção I
Da Substituição Vulgar e da Recíproca

Art. 1.947. O testador pode substituir outra pessoa ao herdeiro ou ao legatário nomeado, para o caso de um ou outro não querer ou não poder aceitar a herança ou o legado, presumindo-se que a substituição foi determinada para as duas alternativas, ainda que o testador só a uma se refira.

Art. 1.948. Também é lícito ao testador substituir muitas pessoas por uma só, ou vice-versa, e ainda substituir com reciprocidade ou sem ela.

Art. 1.949. O substituto fica sujeito à condição ou encargo imposto ao substituído, quando não for diversa a intenção manifestada pelo testador, ou não resultar outra coisa da natureza da condição ou do encargo.

Art. 1.950. Se, entre muitos coerdeiros ou legatários de partes desiguais, for estabelecida substituição recíproca, a proporção dos quinhões fixada na primeira disposição entender-se-á mantida na segunda; se, com as outras anteriormente nomeadas, for incluída mais alguma pessoa na substituição, o quinhão vago pertencerá em partes iguais aos substitutos.

Seção II
Da Substituição Fideicomissária

Art. 1.951. Pode o testador instituir herdeiros ou legatários, estabelecendo que, por ocasião de sua morte, a herança ou o legado se transmita ao fiduciário, resolvendo-se o direito deste, por sua morte, a certo tempo ou sob certa condição, em favor de outrem, que se qualifica de fideicomissário.

Art. 1.952. A substituição fideicomissária somente se permite em favor dos não concebidos ao tempo da morte do testador.

Parágrafo único. Se, ao tempo da morte do testador, já houver nascido o fideicomissário, adquirirá este a propriedade dos bens fideicometidos, convertendo-se em usufruto o direito do fiduciário.

Art. 1.953. O fiduciário tem a propriedade da herança ou legado, mas restrita e resolúvel.

Parágrafo único. O fiduciário é obrigado a proceder ao inventário dos bens gravados, e a prestar caução de restituí-los se o exigir o fideicomissário.

Art. 1.954. Salvo disposição em contrário do testador, se o fiduciário renunciar a herança ou o legado, defere-se ao fideicomissário o poder de aceitar.

Art. 1.955. O fideicomissário pode renunciar a herança ou o legado, e, neste caso, o fideicomisso caduca, deixando de ser resolúvel a propriedade do fiduciário, se não houver disposição contrária do testador.

Art. 1.956. Se o fideicomissário aceitar a herança ou o legado, terá direito à parte que, ao fiduciário, em qualquer tempo acrescer.

Art. 1.957. Ao sobrevir a sucessão, o fideicomissário responde pelos encargos da herança que ainda restarem.

Art. 1.958. Caduca o fideicomisso se o fideicomissário morrer antes do fiduciário, ou antes de realizar-se a condição resolutória do direito deste último; nesse caso, a propriedade consolida-se no fiduciário, nos termos do art. 1.955.

Art. 1.959. São nulos os fideicomissos além do segundo grau.

Art. 1.960. A nulidade da substituição ilegal não prejudica a instituição, que valerá sem o encargo resolutório.

Capítulo X
DA DESERDAÇÃO

Art. 1.961. Os herdeiros necessários podem ser privados de sua legítima, ou deserdados, em todos os casos em que podem ser excluídos da sucessão.

Art. 1.962. Além das causas mencionadas no art. 1.814, autorizam a deserdação dos descendentes por seus ascendentes:

I – ofensa física;
II – injúria grave;
III – relações ilícitas com a madrasta ou com o padrasto;
IV – desamparo do ascendente em alienação mental ou grave enfermidade.

Art. 1.963. Além das causas enumeradas no art. 1.814, autorizam a deserdação dos ascendentes pelos descendentes:

I – ofensa física;
II – injúria grave;
III – relações ilícitas com a mulher ou companheira do filho ou a do neto, ou com o marido ou companheiro da filha ou o da neta;
IV – desamparo do filho ou neto com deficiência mental ou grave enfermidade.

Art. 1.964. Somente com expressa declaração de causa pode a deserdação ser ordenada em testamento.

Art. 1.965. Ao herdeiro instituído, ou àquele a quem aproveite a deserdação, incumbe provar a veracidade da causa alegada pelo testador.

Parágrafo único. O direito de provar a causa da deserdação extingue-se no prazo de quatro anos, a contar da data da abertura do testamento.

Capítulo XI
DA REDUÇÃO DAS DISPOSIÇÕES TESTAMENTÁRIAS

Art. 1.966. O remanescente pertencerá aos herdeiros legítimos, quando o testador só em parte dispuser da quota hereditária disponível.

Art. 1.967. As disposições que excederem a parte disponível reduzir-se-ão aos limites dela, de conformidade com o disposto nos parágrafos seguintes.

§ 1.º Em se verificando excederem as disposições testamentárias a porção disponível, serão proporcionalmente reduzidas as quotas do herdeiro ou herdeiros instituídos, até onde baste, e, não bastando, também os legados, na proporção do seu valor.

§ 2.º Se o testador, prevenindo o caso, dispuser que se inteirem, de preferência, certos herdeiros e legatários, a redução far-se-á nos outros quinhões ou legados, observando-se a seu respeito a ordem estabelecida no parágrafo antecedente.

Art. 1.968. Quando consistir em prédio divisível o legado sujeito a redução, far-se-á esta dividindo-o proporcionalmente.

§ 1.º Se não for possível a divisão, e o excesso do legado montar a mais de um quarto do valor do prédio, o legatário deixará inteiro na herança o imóvel legado, ficando com o direito de pedir aos herdeiros o valor que couber na parte disponível; se o excesso não for de mais de um quarto, aos herdeiros fará tornar em dinheiro o legatário, que ficará com o prédio.

§ 2.º Se o legatário for ao mesmo tempo herdeiro necessário, poderá inteirar sua legítima no mesmo imóvel, de preferência aos outros, sempre que ela e a parte subsistente do legado lhe absorverem o valor.

Capítulo XII
DA REVOGAÇÃO DO TESTAMENTO

Art. 1.969. O testamento pode ser revogado pelo mesmo modo e forma como pode ser feito.

Art. 1.970. A revogação do testamento pode ser total ou parcial.

Parágrafo único. Se parcial, ou se o testamento posterior não contiver cláusula revogatória expressa, o anterior subsiste em tudo que não for contrário ao posterior.

Art. 1.971. A revogação produzirá seus efeitos, ainda quando o testamento, que a encerra, vier a caducar por exclusão, incapacidade ou renúncia do herdeiro nele nomeado; não valerá, se o testamento revogatório for anulado por omissão ou infração de solenidades essenciais ou por vícios intrínsecos.

Art. 1.972. O testamento cerrado que o testador abrir ou dilacerar, ou for aberto ou dilacerado com seu consentimento, haver-se-á como revogado.

Capítulo XIII
DO ROMPIMENTO DO TESTAMENTO

Art. 1.973. Sobrevindo descendente sucessível ao testador, que não o tinha ou não o conhecia quando testou, rompe-se o testamento em todas as suas disposições, se esse descendente sobreviver ao testador.

Art. 1.974. Rompe-se também o testamento feito na ignorância de existirem outros herdeiros necessários.

Art. 1.975. Não se rompe o testamento, se o testador dispuser da sua metade, não contemplando os herdeiros necessários de cuja existência saiba, ou quando os exclua dessa parte.

Capítulo XIV
DO TESTAMENTEIRO

Art. 1.976. O testador pode nomear um ou mais testamenteiros, conjuntos ou separados, para lhe darem cumprimento às disposições de última vontade.

Art. 1.977. O testador pode conceder ao testamenteiro a posse e a administração da herança, ou de parte dela, não havendo cônjuge ou herdeiros necessários.

Parágrafo único. Qualquer herdeiro pode requerer partilha imediata, ou devolução da herança, habilitando o testamenteiro com os meios necessários para o cumprimento dos legados, ou dando caução de prestá-los.

Art. 1.978. Tendo o testamenteiro a posse e a administração dos bens, incumbe-lhe requerer inventário e cumprir o testamento.

Art. 1.979. O testamenteiro nomeado, ou qualquer parte interessada, pode requerer, assim como o juiz pode ordenar, de ofício, ao detentor do testamento, que o leve a registro.

Art. 1.980. O testamenteiro é obrigado a cumprir as disposições testamentárias, no prazo marcado pelo testador, e a dar contas do que recebeu e despendeu, subsistindo sua responsabilidade enquanto durar a execução do testamento.

Art. 1.981. Compete ao testamenteiro, com ou sem o concurso do inventariante ou dos herdeiros instituídos, defender a validade do testamento.

Art. 1.982. Além das atribuições exaradas nos artigos antecedentes, terá o testamenteiro as que lhe conferir o testador, nos limites da lei.

Art. 1.983. Não concedendo o testador prazo maior, cumprirá o testamenteiro o testamento e prestará contas em cento e oitenta dias, contados da aceitação da testamentaria.

Parágrafo único. Pode esse prazo ser prorrogado se houver motivo suficiente.

Art. 1.984. Na falta de testamenteiro nomeado pelo testador, a execução testamentária compete a um dos cônjuges, e, em falta destes, ao herdeiro nomeado pelo juiz.

Art. 1.985. O encargo da testamentaria não se transmite aos herdeiros do testamenteiro, nem é delegável; mas o testamenteiro pode fazer-se representar em juízo e fora dele, mediante mandatário com poderes especiais.

Art. 1.986. Havendo simultaneamente mais de um testamenteiro, que tenha aceitado o cargo, poderá cada qual exercê-lo, em falta dos outros; mas todos ficam solidariamente obrigados a dar conta dos bens que lhes forem confiados, salvo se cada um tiver, pelo testamento, funções distintas, e a elas se limitar.

Art. 1.987. Salvo disposição testamentária em contrário, o testamenteiro, que não seja herdeiro ou legatário, terá direito a um prêmio, que, se o testador não o houver fixado, será de um a cinco por cento, arbitrado pelo juiz, sobre a herança líquida, conforme a importância dela e maior ou menor dificuldade na execução do testamento.

Parágrafo único. O prêmio arbitrado será pago à conta da parte disponível, quando houver herdeiro necessário.

Art. 1.988. O herdeiro ou o legatário nomeado testamenteiro poderá preferir o prêmio à herança ou ao legado.

Art. 1.989. Reverterá à herança o prêmio que o testamenteiro perder, por ser removido ou por não ter cumprido o testamento.

Art. 1.990. Se o testador tiver distribuído toda a herança em legados, exercerá o testamenteiro as funções de inventariante.

Título IV
DO INVENTÁRIO E DA PARTILHA

•• O art. 610 do CPC estabelece: "Havendo testamento ou interessado incapaz, proceder-se-á ao inventário judicial. § 1.º Se todos forem capazes e concordes, o inventário e a partilha poderão ser feitos por escritura pública, a qual constituirá documento hábil para qualquer ato de registro, bem como para levantamento de importância depositada em instituições financeiras. § 2.º O tabelião somente lavrará a escritura pública se todas as partes interessadas estiverem assistidas por advogado ou por defensor público, cuja qualificação e assinatura constarão do ato notarial".

Capítulo I
DO INVENTÁRIO

Art. 1.991. Desde a assinatura do compromisso até a homologação da partilha, a administração da herança será exercida pelo inventariante.

Capítulo II
DOS SONEGADOS

Art. 1.992. O herdeiro que sonegar bens da herança, não os descrevendo no inventário quando estejam em seu poder, ou, com o seu conhecimento, no de outrem, ou que os omitir na colação, a que os deva levar, ou que deixar de restituí-los, perderá o direito que sobre eles lhe cabia.

Art. 1.993. Além da pena cominada no artigo antecedente, se o sonegador for o próprio inventariante, remover-se-á, em se provando a sonegação, ou negando ele a existência dos bens, quando indicados.

Art. 1.994. A pena de sonegados só se pode requerer e impor em ação movida pelos herdeiros ou pelos credores da herança.

Parágrafo único. A sentença que se proferir na ação de sonegados, movida por qualquer dos herdeiros ou credores, aproveita aos demais interessados.

Art. 1.995. Se não se restituírem os bens sonegados, por já não os ter o sonegador em seu poder, pagará ele a importância dos valores que ocultou, mais as perdas e danos.

Art. 1.996. Só se pode arguir de sonegação o inventariante depois de encerrada a descrição dos bens, com a declaração, por ele feita, de não existirem outros por inventariar e partir, assim como arguir o herdeiro, depois de declarar-se no inventário que não os possui.

Capítulo III
DO PAGAMENTO DAS DÍVIDAS

Art. 1.997. A herança responde pelo pagamento das dívidas do falecido; mas, feita a partilha, só respondem os herdeiros, cada qual em proporção da parte que na herança lhe coube.

§ 1.º Quando, antes da partilha, for requerido no inventário o pagamento de dívidas constantes de documentos, revestidos de formalidades legais, constituindo prova bastante da obrigação, e houver impugnação, que não se funde na alegação de pagamento, acompanhada de prova valiosa, o juiz mandará reservar, em poder do inventariante, bens suficientes para solução do débito, sobre os quais venha a recair oportunamente a execução.

§ 2.º No caso previsto no parágrafo antecedente, o credor será obrigado a iniciar a ação de cobrança no prazo de trinta dias, sob pena de se tornar de nenhum efeito a providência indicada.

Art. 1.998. As despesas funerárias, haja ou não herdeiros legítimos, sairão do monte da herança; mas as de sufrágios por alma do falecido só obrigarão a herança quando ordenadas em testamento ou codicilo.

Art. 1.999. Sempre que houver ação regressiva de uns contra outros herdeiros, a parte do coerdeiro insolvente dividir-se-á em proporção entre os demais.

Art. 2.000. Os legatários e credores da herança podem exigir que do patrimônio do falecido se discrimine o do herdeiro, e, em concurso com os credores deste, ser-lhes-ão preferidos no pagamento.

Art. 2.001. Se o herdeiro for devedor ao espólio, sua dívida será partilhada igualmente entre todos, salvo se a maioria consentir que o débito seja imputado inteiramente no quinhão do devedor.

Capítulo IV
DA COLAÇÃO

Art. 2.002. Os descendentes que concorrerem à sucessão do ascendente comum são obrigados, para igualar as legítimas, a conferir o valor das doações que dele em vida receberam, sob pena de sonegação.

Parágrafo único. Para cálculo da legítima, o valor dos bens conferidos será computado na parte indisponível, sem aumentar a disponível.

Art. 2.003. A colação tem por fim igualar, na proporção estabelecida neste Código, as legítimas dos descendentes e do cônjuge sobrevivente, obrigando também os donatários que, ao tempo do falecimento do doador, já não possuírem os bens doados.

Parágrafo único. Se, computados os valores das doações feitas em adiantamento de legítima, não houver no acervo bens suficientes para igualar as legítimas dos descendentes e do cônjuge, os bens assim doados serão conferidos em espécie, ou, quando deles já não disponha o donatário, pelo seu valor ao tempo da liberalidade.

Art. 2.004. O valor de colação dos bens doados será aquele, certo ou estimativo, que lhes atribuir o ato de liberalidade.

§ 1.º Se do ato de doação não constar valor certo, nem houver estimação feita naquela época, os bens serão conferidos na partilha pelo que então se calcular valessem ao tempo da liberalidade.

§ 2.º Só o valor dos bens doados entrará em colação; não assim o das benfeitorias acrescidas, as quais pertencerão ao herdeiro donatário, correndo também à conta deste os rendimentos ou lucros, assim como os danos e perdas que eles sofrerem.

Art. 2.005. São dispensadas da colação as doações que o doador determinar saiam da parte disponível, contanto que não a excedam, computado o seu valor ao tempo da doação.

Parágrafo único. Presume-se imputada na parte disponível a liberalidade feita a descendente que, ao tempo do ato, não seria chamado à sucessão na qualidade de herdeiro necessário.

Art. 2.006. A dispensa da colação pode ser outorgada pelo doador em testamento, ou no próprio título de liberalidade.

Art. 2.007. São sujeitas à redução as doações em que se apurar excesso quanto ao que o doador poderia dispor, no momento da liberalidade.

§ 1.º O excesso será apurado com base no valor que os bens doados tinham, no momento da liberalidade.

§ 2.º A redução da liberalidade far-se-á pela restituição ao monte do excesso assim apurado; a restituição será em espécie, ou, se não mais existir o bem em poder do donatário, em dinheiro, segundo o seu valor ao tempo da abertura da sucessão, observadas, no que forem aplicáveis, as regras deste Código sobre a redução das disposições testamentárias.

§ 3.º Sujeita-se a redução, nos termos do parágrafo antecedente, a parte da doação feita a herdeiros necessários que exceder a legítima e mais a quota disponível.

§ 4.º Sendo várias as doações a herdeiros necessários, feitas em diferentes datas, serão elas reduzidas a partir da última, até a eliminação do excesso.

Art. 2.008. Aquele que renunciou a herança ou dela foi excluído, deve, não obstante, conferir as doações recebidas, para o fim de repor o que exceder o disponível.

Art. 2.009. Quando os netos, representando os seus pais, sucederem aos avós, serão obrigados a trazer à colação, ainda que não o hajam herdado, o que os pais teriam de conferir.

Art. 2.010. Não virão à colação os gastos ordinários do ascendente com o descendente, enquanto menor, na sua educação, estudos, sustento, vestuário, tratamento nas enfermidades, enxoval, assim como as despesas de casamento, ou as feitas no interesse de sua defesa em processo-crime.

Art. 2.011. As doações remuneratórias de serviços feitos ao ascendente também não estão sujeitas a colação.

Art. 2.012. Sendo feita a doação por ambos os cônjuges, no inventário de cada um se conferirá por metade.

Capítulo V
DA PARTILHA

Art. 2.013. O herdeiro pode sempre requerer a partilha, ainda que o testador o proíba, cabendo igual faculdade aos seus cessionários e credores.

Art. 2.014. Pode o testador indicar os bens e valores que devem compor os quinhões hereditários, deliberando ele próprio a partilha, que prevalecerá, salvo se o valor dos bens não corresponder às quotas estabelecidas.

Art. 2.015. Se os herdeiros forem capazes, poderão fazer partilha amigável, por escritura pública, termo nos autos do inventário, ou escrito particular, homologado pelo juiz.

•• O art. 1.031 do CPC, com redação determinada pela Lei n. 11.441, de 4-1-2007, estabelece que a partilha amigável, celebrada entre partes capazes, nos termos deste artigo, será homologada de plano pelo juiz, mediante a prova da quitação dos tributos relativos aos bens do espólio e as suas rendas.

Art. 2.016. Será sempre judicial a partilha, se os herdeiros divergirem, assim como se algum deles for incapaz.

Art. 2.017. No partilhar os bens, observar-se-á, quanto ao seu valor, natureza e qualidade, a maior igualdade possível.

Art. 2.018. É válida a partilha feita por ascendente, por ato entre vivos ou de última vontade, contanto que não prejudique a legítima dos herdeiros necessários.

Art. 2.019. Os bens insuscetíveis de divisão cômoda, que não couberem na meação do cônjuge sobrevivente ou no quinhão de um só herdeiro, serão vendidos judicialmente, partilhando-se o valor apurado, a não ser que haja acordo para serem adjudicados a todos.

§ 1.º Não se fará a venda judicial se o cônjuge sobrevivente ou um ou mais herdeiros requererem lhes seja adjudicado o bem, repondo aos outros, em dinheiro, a diferença, após avaliação atualizada.

§ 2.º Se a adjudicação for requerida por mais de um herdeiro, observar-se-á o processo da licitação.

Art. 2.020. Os herdeiros em posse dos bens da herança, o cônjuge sobrevivente e o inventariante são obrigados a trazer ao acervo os frutos que perceberam, desde a abertura da sucessão; têm direito ao reembolso das despesas necessárias e úteis que fizeram, e respondem pelo dano a que, por dolo ou culpa, deram causa.

Art. 2.021. Quando parte da herança consistir em bens remotos do lugar do inventário, litigiosos, ou de liquidação morosa ou difícil, poderá proceder-se, no prazo legal, à partilha dos outros, reservando-se aqueles para uma ou mais sobrepartilhas, sob a guarda e a administração do mesmo ou diverso inventariante, e consentimento da maioria dos herdeiros.

Art. 2.022. Ficam sujeitos a sobrepartilha os bens sonegados e quaisquer outros bens da herança de que se tiver ciência após a partilha.

Capítulo VI
DA GARANTIA DOS QUINHÕES HEREDITÁRIOS

Art. 2.023. Julgada a partilha, fica o direito de cada um dos herdeiros circunscrito aos bens do seu quinhão.

Art. 2.024. Os coerdeiros são reciprocamente obrigados a indenizar-se no caso de evicção dos bens aquinhoados.

Art. 2.025. Cessa a obrigação mútua estabelecida no artigo antecedente, havendo convenção em contrário, e bem assim dando-se a evicção por culpa do evicto, ou por fato posterior à partilha.

Art. 2.026. O evicto será indenizado pelos coerdeiros na proporção de suas quotas hereditárias, mas, se algum deles se achar insolvente, responderão os demais na mesma proporção, pela parte desse, menos a quota que corresponderia ao indenizado.

Capítulo VII
DA ANULAÇÃO DA PARTILHA

Art. 2.027. A partilha é anulável pelos vícios e defeitos que invalidam, em geral, os negócios jurídicos.

•• *Caput* com redação determinada pela Lei n. 13.105, de 16-3-2015.

Parágrafo único. Extingue-se em um ano o direito de anular a partilha.

Livro Complementar
DAS DISPOSIÇÕES FINAIS E TRANSITÓRIAS

Art. 2.028. Serão os da lei anterior os prazos, quando reduzidos por este Código, e se, na data de sua entrada em vigor, já houver transcorrido mais da metade do tempo estabelecido na lei revogada.

Art. 2.029. Até dois anos após a entrada em vigor deste Código, os prazos estabelecidos no parágrafo único do art. 1.238 e no parágrafo único do art. 1.242 serão acrescidos de dois anos, qualquer que seja o tempo transcorrido na vigência do anterior, Lei n. 3.071, de 1.º de janeiro de 1916.

Art. 2.030. O acréscimo de que trata o artigo antecedente, será feito nos casos a que se refere o § 4.º do art. 1.228.

Art. 2.031. As associações, sociedades e fundações, constituídas na forma das leis anteriores, bem como os empresários, deverão se adaptar às disposições deste Código até 11 de janeiro de 2007.

•• *Caput* com redação determinada pela Lei n. 11.127, de 28-6-2005.

Parágrafo único. O disposto neste artigo não se aplica às organizações religiosas nem aos partidos políticos.

•• Parágrafo único acrescentado pela Lei n. 10.825, de 22-12-2003.

Art. 2.032. As fundações, instituídas segundo a legislação anterior, inclusive as de fins diversos dos previstos no parágrafo único do art. 62, subordinam-se, quanto ao seu funcionamento, ao disposto neste Código.

Art. 2.033. Salvo o disposto em lei especial, as modificações dos atos constitutivos das pessoas jurídicas referidas no art. 44, bem como a sua transformação, incorporação, cisão ou fusão, regem-se desde logo por este Código.

Art. 2.034. A dissolução e a liquidação das pessoas jurídicas referidas no artigo antecedente, quando iniciadas antes da vigência deste Código, obedecerão ao disposto nas leis anteriores.

Art. 2.035. A validade dos negócios e demais atos jurídicos, constituídos antes da entrada em vigor deste Código, obedece ao disposto nas leis anteriores, referidas no art. 2.045, mas os seus efeitos, produzidos após a vigência deste Código, aos preceitos dele se subordinam, salvo se houver sido prevista pelas partes determinada forma de execução.

Parágrafo único. Nenhuma convenção prevalecerá se contrariar preceitos de ordem pública, tais como os estabelecidos por este Código para assegurar a função social da propriedade e dos contratos.

Art. 2.036. A locação de prédio urbano, que esteja sujeita à lei especial, por esta continua a ser regida.

•• *Vide* Lei n. 8.245, de 18-10-1991.

Art. 2.037. Salvo disposição em contrário, aplicam-se aos empresários e sociedades empresárias as disposições de lei não revogadas por este Código, referentes a comerciantes, ou a sociedades comerciais, bem como a atividades mercantis.

Art. 2.038. Fica proibida a constituição de enfiteuses e subenfiteuses, subordinando-se as existentes, até sua extinção, às disposições do Código Civil anterior, Lei n. 3.071, de 1.º de janeiro de 1916, e leis posteriores.

§ 1.º Nos aforamentos a que se refere este artigo é defeso:

I – cobrar laudêmio ou prestação análoga nas transmissões de bem aforado, sobre o valor das construções ou plantações;

II – constituir subenfiteuse.

§ 2.º A enfiteuse dos terrenos de marinha e acrescidos regula-se por lei especial.

Art. 2.039. O regime de bens nos casamentos celebrados na vigência do Código Civil anterior, Lei n. 3.071, de 1.º de janeiro de 1916, é o por ele estabelecido.

Art. 2.040. A hipoteca legal dos bens do tutor ou curador, inscrita em conformidade com o inciso IV do art. 827 do Código Civil anterior, Lei n. 3.071, de 1.º de janeiro de 1916, poderá ser cancelada, obedecido o disposto no parágrafo único do art. 1.745 deste Código.

Art. 2.041. As disposições deste Código relativas à ordem da vocação hereditária (arts. 1.829 a 1.844) não se aplicam à sucessão aberta antes de sua vigência, prevalecendo o disposto na lei anterior (Lei n. 3.071, de 1.º-1-1916).

Art. 2.042. Aplica-se o disposto no *caput* do art. 1.848, quando aberta a sucessão no prazo de um ano após a entrada em vigor deste Código, ainda que o testamento tenha sido feito na vigência do anterior, Lei n. 3.071, de 1.º de janeiro de 1916; se, no prazo, o testador não aditar o testamento para declarar a justa causa de cláusula aposta à legítima, não subsistirá a restrição.

Art. 2.043. Até que por outra forma se disciplinem, continuam em vigor as disposições de natureza processual, administrativa ou penal, constantes de leis cujos preceitos de natureza civil hajam sido incorporados a este Código.

Art. 2.044. Este Código entrará em vigor um ano após a sua publicação.

Art. 2.045. Revogam-se a Lei n. 3.071, de 1.º de janeiro de 1916 – Código Civil e a Parte Primeira do Código Comercial, Lei n. 556, de 25 de junho de 1850.

•• *Vide* art. 2.035 do CC.

Art. 2.046. Todas as remissões, em diplomas legislativos, aos Códigos referidos no artigo antecedente, consideram-se feitas às disposições correspondentes deste Código.

Brasília, 10 de janeiro de 2002; 181.º da Independência e 114.º da República.

FERNANDO HENRIQUE CARDOSO

Legislação Complementar

Legislação Complementar

DECRETO N. 2.681, DE 7 DE DEZEMBRO DE 1912 (*)

Regula a responsabilidade civil das estradas de ferro.

Art. 1.º As estradas de ferro serão responsáveis pela perda total ou parcial, furto ou avaria das mercadorias que receberem para transportar.

Será sempre presumida a culpa e contra esta presunção só se admitirá alguma das seguintes provas:

- •• O Decreto n. 1.832, de 4-3-1996, que aprova o Regulamento dos Transportes Ferroviários, dispõe em seu art. 31 que a Administração Ferroviária é responsável por todo o transporte e as operações acessórias a seu cargo e pela qualidade dos serviços prestados aos usuários, conforme o disposto no Regulamento que aprova e no Decreto n. 2.681, de 7-12-1912, bem como pelos compromissos que assumir no tráfego mútuo, no multimodal e nos ajustes com os usuários.
- •• Sobre responsabilidade civil *vide* arts. 927 a 954 do CC.

1.ª) caso fortuito ou força maior;

2.ª) que a perda ou avaria se deu por vício intrínseco da mercadoria ou causas inerentes à sua natureza;

3.ª) tratando-se de animais vivos, que a morte ou avaria foi consequência de risco que tal espécie de transporte faz naturalmente correr;

4.ª) que a perda ou avaria foi devida ao mau acondicionamento da mercadoria ou a ter sido entregue para transportar sem estar encaixotada, enfardada, ou protegida por qualquer outra espécie de envoltório;

5.ª) que foi devida a ter sido transportada em vagões descobertos, em consequência de ajuste ou expressa determinação do regulamento;

6.ª) que o carregamento e descarregamento foram feitos pelo remetente, ou pelo destinatário ou pelos seus agentes e disto proveio a perda ou avaria;

7.ª) que a mercadoria foi transportada em vagões ou plataforma especialmente fretada pelo remetente, sob a sua custódia e vigilância, e que a perda ou avaria foi consequência do risco que essa vigilância devia remover.

Art. 2.º Se nos casos dos n. 2, 3, 5, 6 e 7 do artigo anterior correr a culpa da estrada de ferro com a do remetente ou destinatário, será proporcionalmente dividida a responsabilidade.

Art. 3.º A responsabilidade começará ao ser recebida a mercadoria na estação pelos empregados da estrada de ferro, antes mesmo do despacho, e terminará ao ser efetivamente entregue ao destinatário.

Art. 4.º Será presumida a perda total 30 (trinta) dias depois de findo o prazo marcado pelos regulamentos para a entrega da mercadoria.

Art. 5.º Será obrigatória, por parte do remetente, a declaração da natureza e valor das mercadorias que forem entregues fechadas.

Se a estrada de ferro presumir fraude na declaração, poderá verificar, abrindo o caixão, fardo, ou qualquer invólucro que a contenha. Demonstrada, porém, a verdade da declaração feita pelo remetente, a estrada de ferro, sem demora e às expensas suas, acondicionará a mercadoria novamente, tal qual se achava.

Art. 6.º A indenização pelas estradas de ferro, nos casos de perda ou furto, será equivalente ao preço corrente da mercadoria no tempo e no lugar em que devia ter sido entregue; no caso de avaria, será proporcional à depreciação por ela sofrida. Deverão ser deduzidas as despesas que deixaram de ser feitas pelo fato da perda da mercadoria. Excetua-se o caso de dolo, em que a estrada responderá por todos os prejuízos que tenham diretamente ocorrido.

Parágrafo único. Se na declaração o remetente diminuir com culpa ou dolo o valor da mercadoria, será o valor declarado a base da indenização.

Art. 7.º Nos casos de atraso da entrega das mercadorias, a estrada de ferro perderá, em favor do proprietário da mercadoria, uma parte do preço do transporte, proporcional ao tempo de atraso.

(*) Publicado no *DOU*, de 11-12-1912.

Se pelo particular for provado que a demora causou-lhe um dano maior, por ele responderá a estrada de ferro, até a importância máxima correspondente ao valor da mercadoria.

Serão excetuados os casos de força maior e culpa do remetente ou destinatário. No caso de dolo por parte dos agentes ou empregados da estrada de ferro, esta responderá por todo o prejuízo causado.

Art. 8.º O pagamento do preço do transporte feito pelo destinatário, e bem assim o recebimento da mercadoria, sem reserva ou protesto, exonerará a estrada de ferro de qualquer responsabilidade. Nos casos de avaria oculta ou perda parcial que só mais tarde possam ser verificadas, deverá a reclamação ser feita perante a estrada de ferro no prazo de 30 (trinta) dias, incumbindo ao reclamante provar em juízo que a avaria teve lugar antes da entrega.

Art. 9.º A liquidação da indenização prescreverá no fim de 1 (um) ano, a contar da data da entrega, nos casos de avaria, e nos casos de furto ou perda, a contar do trigésimo dia após aquele em que, de acordo com os regulamentos, devia ter-se efetuado a entrega.

Art. 10. As ações judiciais oriundas do contrato de transporte por estrada de ferro por motivo de perda ou avaria poderão ser intentadas pelos que tiverem recebido a mercadoria ou tenham direito a recebê-la, seus herdeiros ou cessionários. Para a ação ser intentada pelo remetente, seus herdeiros ou cessionários deverão apresentar as duas vias da nota de expedição nos casos em que elas são exigidas ou autorização do destinatário.

Art. 11. A perda ou avaria das bagagens não despachadas que acompanham os passageiros e ficam sob a sua guarda não dará lugar a indenização, salvo se se provar culpa ou dolo por parte dos agentes ou empregados da estrada de ferro.

Art. 12. A cláusula de não garantia das mercadorias, bem como a prévia determinação do máximo de indenização a pagar, nos casos de perda ou avaria, não poderão ser estabelecidas pelas estradas de ferro senão de modo facultativo e correspondendo a uma diminuição de tarifa. Serão nulas quaisquer outras cláusulas diminuindo a responsabilidade das estradas de ferro estabelecida na presente Lei.

Art. 13. As estradas de ferro serão obrigadas a aceitar a expedição de mercadoria não só para as suas estações como para as de quaisquer linhas a que estejam diretamente ligadas.

Art. 14. Quando mais de uma estrada de ferro tiver concorrido para o transporte de uma mercadoria, a ação de indenização por perda, furto ou avaria terá lugar contra a estrada que aceitou a expedição, ou contra a que entregou avariada, ou contra qualquer das estradas intermediárias em cuja linha se provar que teve lugar a perda, furto ou avaria.

Art. 15. No caso do artigo anterior, o direito reversivo das estradas de ferro, uma em relação às outras, será regulado pelas seguintes condições:

§ 1.º Será responsável da perda, furto ou avaria da mercadoria a estrada em cuja linha se der o fato.

§ 2.º Se, porém, provar que foi culpa da outra, esta responderá pelas suas consequências jurídicas.

§ 3.º Se concorrer a culpa de mais de uma, a responsabilidade será dividida proporcionalmente ao grau da culpa, atentas as circunstâncias que acompanharam o fato.

§ 4.º Se não se puder provar qual a estrada em cuja linha deu-se a perda ou avaria, responderão todas, proporcionalmente, ao preço do transporte que cada uma percebeu ou teria o direito de perceber, dada a execução regular do contrato.

§ 5.º No caso de insolvabilidade de algumas estradas, o prejuízo que desse fato possa resultar para a que pagou a indenização será repartido por todas as que tiverem cooperado no transporte, guardada a mesma proporção do parágrafo anterior.

Art. 16. São aplicáveis os princípios dos dois anteriores artigos ao caso de atraso na entrega das mercadorias.

Art. 17. As estradas de ferro responderão pelos desastres que nas suas linhas sucederem aos viajantes e de que resulte a morte, ferimento ou lesão corpórea.

A culpa será sempre presumida, só se admitindo em contrário alguma das seguintes provas:

I – caso fortuito ou força maior;

II – culpa do viajante, não concorrendo culpa da estrada.

Art. 18. Serão solidários entre si e com as estradas de ferro os agentes por cuja culpa se der o acidente. Em relação a estes, terão as estradas direito reversivo.

Art. 19. Se o desastre acontecer nas linhas de uma estrada de ferro por culpa de outra haverá em relação a esta direito reversivo por parte da primeira.

Art. 20. No caso de ferimento a indenização será equivalente às despesas do tratamento e os lucros cessantes durante ele.

Art. 21. No caso de lesão corpórea ou deformidade, à vista da natureza da mesma e de outras circunstâncias, especialmente a invalidade para o trabalho ou profissão habitual, além das despesas com o tratamento e os lucros cessantes, deverá pelo juiz ser arbitrada uma indenização conveniente.

Art. 22. No caso de morte, a estrada de ferro responderá por todas as despesas e indenizará, a arbítrio do juiz, a todos aqueles aos quais a morte do viajante privar de alimento, auxílio ou educação.

Art. 23. No caso de desastre, a estrada de ferro também responderá pela perda ou avaria das bagagens que os passageiros levarem consigo, embora não despachadas.

Art. 24. No caso de atraso de trens e excedido o tempo de tolerância que os regulamentos concederem para a execução dos horários, não tendo sido o fato determinado por força maior, as estradas responderão pelos prejuízos que daí resultarem ao passageiro. A reclamação deverá ser feita no prazo de 1 (um) ano.

Art. 25. As estradas também responderão, nos termos do artigo anterior, quando o viajante provar que não pôde realizar a viagem por ter sido suspenso ou interrompido o tráfego ou por ter sido suprimido algum trem estabelecido no horário ou por não ter encontrado lugar nos vagões da classe para a qual tiver comprado passagem.

Art. 26. As estradas de ferro responderão por todos os danos que a exploração de suas linhas causar aos proprietários marginais.

Cessará, porém, a responsabilidade, se o fato danoso for consequência direta da infração, por parte do proprietário, de alguma disposição legal ou regulamentar relativa a edificações, plantações, escavações, depósito de materiais ou guarda de gado à beira das estradas de ferro.

Rio de Janeiro, 7 de dezembro de 1912; 91.º da Independência e 24.º da República.

HERMES R. DA FONSECA

DECRETO N. 20.910, DE 6 DE JANEIRO DE 1932 (*)

Regula a prescrição quinquenal.

(*) Publicado no *DOU*, de 8-1-1932. *Vide* Decreto-lei n. 4.597, de 19-8-1942.

O Chefe do Governo Provisório da República dos Estados Unidos do Brasil, usando das atribuições contidas no art. 1.º do Decreto n. 19.398, de 11 de novembro de 1930, decreta:

Art. 1.º As dívidas passivas da União, dos Estados e dos Municípios, bem assim todo e qualquer direito ou ação contra a Fazenda federal, estadual ou municipal, seja qual for a sua natureza, prescrevem em 5 (cinco) anos, contados da data do ato ou fato do qual se originarem.

•• Prescreve em apenas 2 (dois) anos a ação anulatória da decisão administrativa que denega restituição de tributos, segundo o disposto no art. 169 da Lei n. 5.172, de 25-10-1966, cujo parágrafo único regula a interrupção dessa prescrição.

Art. 2.º Prescrevem igualmente no mesmo prazo todo o direito e as prestações correspondentes a pensões vencidas ou por vencerem, ao meio soldo e ao montepio civil e militar ou a quaisquer restituições ou diferenças.

Art. 3.º Quando o pagamento se dividir por dias, meses ou anos, a prescrição atingirá progressivamente as prestações, à medida que completarem os prazos estabelecidos pelo presente decreto.

Art. 4.º Não corre a prescrição durante a demora que, no estudo, no reconhecimento ou no pagamento da dívida, considerada líquida, tiverem as repartições ou funcionários encarregados de estudar e apurá-la.

Parágrafo único. A suspensão da prescrição, neste caso, verificar-se-á pela entrada do requerimento do titular do direito ou do credor nos livros ou protocolos das repartições públicas, com designação do dia, mês e ano.

Art. 5.º (*Revogado pela Lei n. 2.211, de 31-5-1954.*)

Art. 6.º O direito à reclamação administrativa, que não tiver prazo fixado em disposição de lei para ser formulada, prescreve em 1 (um) ano a contar da data do ato ou fato do qual a mesma se originar.

Art. 7.º A citação inicial não interrompe a prescrição quando, por qualquer motivo, o processo tenha sido anulado.

Art. 8.º A prescrição somente poderá ser interrompida uma vez.

Art. 9.º A prescrição interrompida recomeça a correr, pela metade do prazo, da data do ato que a interrompeu ou do último ato ou termo do respectivo processo.

Art. 10. O disposto nos artigos anteriores não altera as prescrições de menor prazo, constantes das leis e regulamentos, as quais ficam subordinadas às mesmas regras.

Art. 11. Revogam-se as disposições em contrário.
Rio de Janeiro, 6 de janeiro de 1932; 111.º da Independência e 44.º da República.

GETÚLIO VARGAS

DECRETO N. 22.626, DE 7 DE ABRIL DE 1933 (*)

Dispõe sobre os juros nos contratos e dá outras providências.

O Chefe do Governo Provisório da República dos Estados Unidos do Brasil:

Considerando que todas as legislações modernas adotam normas severas para regular, impedir e reprimir os excessos praticados pela usura;

Considerando que é de interesse superior da economia do país não tenha o capital remuneração exagerada impedindo o desenvolvimento das classes produtoras;

Decreta:

Art. 1.º É vedado, e será punido nos termos desta Lei, estipular em quaisquer contratos taxas de juros superiores ao dobro da taxa legal.

•• Sobre juros legais *vide* arts. 406 e 407 do CC.

•• *Vide* art. 3.º da Lei n. 14.905, de 28-6-2024.

§§ 1.º e 2.º (*Revogados pelo Decreto-lei n. 182, de 5-1-1938*)

§ 3.º A taxa de juros deve ser estipulada em escritura pública ou escrito particular, e, não o sendo, entender-se-á que as partes acordaram nos juros de 6% (seis por cento) ao ano, a contar da data da propositura da respectiva ação ou do protesto cambial.

Art. 2.º É vedado, a pretexto de comissão, receber taxas maiores do que as permitidas por esta Lei.

Art. 3.º As taxas de juros estabelecidas nesta Lei entrarão em vigor com a sua publicação e a partir desta data serão aplicáveis aos contratos existentes ou já ajuizados.

Art. 4.º É proibido contar juros dos juros; esta proibição não compreende a acumulação de juros vencidos aos saldos líquidos em conta corrente de ano a ano.

Art. 5.º Admite-se que pela mora dos juros contratados estes sejam elevados de 1% (um por cento) e não mais.

Art. 6.º Tratando-se de operações a prazo superior a 6 (seis) meses, quando os juros ajustados forem pagos por antecipação, o cálculo deve ser feito de modo que a importância desses juros não exceda a que produziria a importância líquida da operação no prazo convencionado, às taxas máximas que esta Lei permite.

Art. 7.º O devedor poderá sempre liquidar ou amortizar a dívida quando hipotecária ou pignoratícia antes do vencimento, sem sofrer imposição de multa, gravame ou encargo de qualquer natureza por motivo dessa antecipação.

§ 1.º O credor poderá exigir que a amortização não seja inferior a 25% (vinte e cinco por cento) do valor inicial da dívida.

§ 2.º Em caso de amortização, os juros só serão devidos sobre o saldo devedor.

Art. 8.º As multas ou cláusulas penais, quando convencionadas, reputam-se estabelecidas para atender a despesas judiciais, e honorários de advogados, e não poderão ser exigidas quando não for intentada ação judicial para cobrança da respectiva obrigação.

Parágrafo único. Quando se tratar de empréstimo até cem mil cruzeiros e com garantia hipotecária, as multas ou cláusulas penais convencionadas reputam-se estabelecidas para atender, apenas, a honorários de advogado, sendo as despesas judiciais pagas de acordo com a conta feita nos autos da ação judicial para cobrança da respectiva obrigação.

•• Parágrafo único acrescentado pela Lei n. 3.942, de 21-8-1961.

Art. 9.º Não é válida cláusula penal superior à importância de 10% (dez por cento) do valor da dívida.

Art. 10. As dívidas a que se refere o art. 1.º, § 1.º, *in fine*, e 2.º, se existentes ao tempo da publicação desta Lei, quando efetivamente cobertas, poderão ser pagas em 10 (dez) prestações anuais iguais e continuadas, se assim entender o devedor.

Parágrafo único. A falta de pagamento de uma prestação, decorrido 1 (um) ano da publicação desta Lei, determina o vencimento da dívida e dá ao credor o direito da excussão.

(*) Publicado no *DOU*, de 8-4-1933. Revogado pelo Decreto s/n., de 25-4-1991, mas revigorado pelo Decreto s/n., de 29-11-1991.

São originais os valores constantes deste diploma legal, correntemente conhecido como *Lei da Usura*.

Art. 11. O contrato celebrado com infração desta Lei é nulo de pleno direito, ficando assegurada ao devedor a repetição do que houver pago a mais.

Art. 12. Os corretores e intermediários, que aceitarem negócios contrários ao texto da presente Lei, incorrerão em multa de cinco contos de réis a vinte contos de réis, aplicada pelo Ministro da Fazenda e, em caso de reincidência, serão demitidos, sem prejuízo de outras penalidades aplicáveis.

Art. 13. É considerada delito de usura toda a simulação ou prática tendente a ocultar a verdadeira taxa do juro ou a fraudar os dispositivos desta Lei, para o fim de sujeitar o devedor a maiores prestações ou encargos, além dos estabelecidos no respectivo título ou instrumento.

Penas: Prisão de 6 (seis) meses a 1 (um) ano e multas de cinco contos de réis a cinquenta contos de réis.

No caso de reincidência, tais penas serão elevadas ao dobro.

Parágrafo único. Serão responsáveis como coautores o agente e o intermediário, e em se tratando de pessoa jurídica, os que tiverem qualidade para representá-la.

Art. 14. A tentativa deste crime é punível nos termos da lei penal vigente.

Art. 15. São consideradas circunstâncias agravantes o fato de, para conseguir aceitação de exigências contrárias a esta Lei, valer-se o credor da inexperiência ou das paixões do menor, ou da deficiência ou doença mental de alguém, ainda que não esteja interdito, ou de circunstâncias aflitivas em que se encontre o devedor.

Art. 16. Continuam em vigor os arts. 24, parágrafo único, n. 4, e 27 do Decreto n. 5.746, de 9 de dezembro de 1929, e art. 44, n. 1, do Decreto n. 2.044, de 17 de dezembro de 1908, e as disposições do Código Comercial no que não contravenirem com esta Lei.

Art. 17. O Governo Federal baixará uma lei especial, dispondo sobre as casas de empréstimos, sobre penhores e congêneres.

Art. 18. O teor desta Lei será transmitido por telegrama a todos os interventores federais, para que a façam publicar *incontinenti*.

Art. 19. Revogam-se as disposições em contrário.

Rio de Janeiro, 7 de abril de 1933; 112.º da Independência e 45.º da República.

GETÚLIO VARGAS

DECRETO-LEI N. 3.200, DE 19 DE ABRIL DE 1941 (*)

Dispõe sobre a organização e proteção da família.

O Presidente da República, usando da atribuição que lhe confere o art. 180 da Constituição, decreta:

Capítulo I
DO CASAMENTO DE COLATERAIS DO TERCEIRO GRAU

Art. 1.º O casamento de colaterais, legítimos ou ilegítimos, do terceiro grau, é permitido nos termos do presente Decreto-lei.

•• *Vide* art. 1.521, IV, do CC.

Art. 2.º Os colaterais do terceiro grau, que pretendam casar-se, ou seus representantes legais, se forem menores, requererão ao juiz competente para a habilitação que nomeie dois médicos de reconhecida capacidade, isentos de suspeição, para examiná-los e atestar-lhes a sanidade, afirmando não haver inconveniente, sob o ponto de vista da saúde de qualquer deles e da prole, na realização do matrimônio.

§ 1.º Se os dois médicos divergirem quanto à conveniência do matrimônio, poderão os nubentes, conjuntamente, requerer ao juiz que nomeie terceiro, como desempatador.

§ 2.º Sempre que, a critério do juiz, não for possível a nomeação de dois médicos idôneos, poderá ele incumbir do exame um só médico, cujo parecer será conclusivo.

§ 3.º O exame médico será feito extrajudicialmente, sem qualquer formalidade, mediante simples apresentação do requerimento despachado pelo juiz.

§ 4.º Poderá o exame médico concluir não apenas pela declaração da possibilidade ou da irrestrita inconveniência do casamento, mas ainda pelo reconhecimento de sua viabilidade em época ulterior, uma vez feito, por um dos nubentes ou por ambos, o necessário tratamento de saúde. Nesta última hipótese, provando

---

(*) Publicado no *DOU*, de 19-4-1941. São originais os valores constantes deste diploma legal.

A Lei n. 9.278, de 10-5-1996, reconhece como entidade familiar a convivência duradoura.

a realização do tratamento, poderão os interessados pedir ao juiz que determine novo exame médico, na forma do presente artigo.

§ 5.º *(Revogado pela Lei n. 5.891, de 12-6-1973.)*

§ 6.º O atestado, constante de um só ou mais instrumentos, será entregue aos interessados, não podendo qualquer deles divulgar o que se refira ao outro, sob as penas do art. 153 do Código Penal.

§ 7.º Quando o atestado dos dois médicos, havendo ou não desempatador, ou do único médico, no caso do § 2.º deste artigo, afirmar a inexistência de motivo que desaconselhe o matrimônio, poderão os interessados promover o processo de habilitação, apresentando, com o requerimento inicial, a prova de sanidade, devidamente autenticada. Se o atestado declarar a inconveniência do casamento, prevalecerá em toda a plenitude o impedimento matrimonial.

§ 8.º Sempre que na localidade não se encontrar médico, que possa ser nomeado, o juiz designará profissional de localidade próxima, à qual irão os nubentes.

§ 9.º *(Revogado pela Lei n. 5.891, de 12-6-1973.)*

Art. 3.º Se algum dos nubentes, para frustrar os efeitos do exame médico desfavorável, pretender habilitar-se, ou habilitar-se para casamento, perante outro juiz, incorrerá na pena do art. 237 do Código Penal.

Capítulo II
DO CASAMENTO RELIGIOSO COM EFEITOS CIVIS

•• *Vide* Lei n. 1.110, de 23-5-1950, e arts. 1.515 e 1.516 do CC.

Capítulo III
DA GRATUIDADE DO CASAMENTO CIVIL

Art. 6.º No Distrito Federal e no Território do Acre, serão inteiramente gratuitos, e isentos de selos e quaisquer emolumentos ou custas, para as pessoas reconhecidamente pobres, mediante atestado passado pelo prefeito, ou pelo funcionário que este designar, a habilitação para casamento, assim como a sua celebração, registro e primeira certidão.

•• A Lei n. 4.070, de 15-6-1962, elevou o Território do Acre á categoria de Estado.

§ 1.º O oficial do registro civil, exibindo o atestado referido no artigo precedente e o recibo da certidão de casamento, firmado por um dos cônjuges, ou, se ambos não souberem escrever, por pessoa idônea, a rogo de qualquer deles, com duas testemunhas, poderá cobrar da municipalidade metade dos emolumentos ou custas que a ele e ao juiz couberem.

§ 2.º Nos Estados, será a gratuidade do casamento civil assegurada nos termos deste artigo, na conformidade do disposto no art. 41 do presente Decreto-lei.

Capítulo IV
DAS PENSÕES ALIMENTÍCIAS

Art. 7.º Sempre que o pagamento da pensão alimentícia fixada por sentença judicial ou por acordo homologado em juízo, não estiver suficientemente assegurado ou não se fizer com inteira regularidade, será ela descontada, a requerimento do interessado e por ordem do juiz, das vantagens pecuniárias do cargo ou função pública ou do emprego em serviço ou empresa particular, que exerça o devedor, e paga diretamente ao beneficiário.

Parágrafo único. Quando não seja aplicável o preceito do presente artigo, ou se verifique a insuficiência das vantagens referidas, poderá ser a pensão cobrada de alugueres de prédios ou de quaisquer outros rendimentos do devedor, que o juiz destinará a esse efeito, ressalvados os encargos fiscais e de conservação, e que serão recebidos pelo alimentando diretamente, ou por depositário para isto designado.

Capítulo V
DOS MÚTUOS PARA CASAMENTO

Art. 8.º Ficam autorizados os institutos e caixas de previdência, assim como as Caixas Econômicas Federais, a conceder, respectivamente, a seus associados, ou a trabalhadores de qualquer categoria de idade inferior a 30 (trinta) anos e residentes na localidade em que tenham sede, mútuos para casamento, nos termos do presente artigo.

§ 1.º Serão os mútuos efetuados dentro do limite fixado, para cada instituição, pelo Presidente da República.

§ 2.º Para obtenção do mútuo, apresentará o requerente declaração autenticada do propósito de casamento, feita pelo outro nubente, e submeter-se-ão ambos, sem qualquer dispêndio, a exame de sanidade pelo médico ou médicos que a instituição designar.

§ 3.º Será dada, pelo médico ou pelos médicos que hajam feito o exame, comunicação confidencial do resultado aos nubentes. Somente na hipótese de ser a conclusão favorável à realização do casamento, poderá ser concedido o mútuo, juntando-se o atestado ao processo respectivo. São os nubentes obrigados a sigilo, na conformidade do disposto no § 6.º do art. 2.º deste Decreto-lei, sob as mesmas penas aí indicadas.

§ 4.º O mútuo não excederá do montante, em um triênio, da retribuição que o nubente interessado ou os dois, caso ambos trabalhem, já tenham vencido por 2 (dois) anos contínuos e será aplicado em imóvel, adquirido pela instituição mutuante, em nome do mutuário, por indicação deste. A assinatura da escritura de compra far-se-á, posteriormente ao matrimônio, no mesmo dia se possível.

§ 5.º Será feita a transcrição do título de transferência da propriedade, em nome do mutuário, com a averbação de bem de família, e com as cláusulas de inalienabilidade e de impenhorabilidade a não ser pelo crédito da instituição mutuante.

§ 6.º O resgate do mútuo se fará no prazo máximo de 20 (vinte) anos, mediante amortizações mensais, com os juros de 5% (cinco por cento) ao ano, ressalvado o disposto nos dois parágrafos seguintes.

§ 7.º Por motivo do nascimento de cada filho do casal, mediante apresentação da certidão do respectivo registro e atestado de saúde passado por médico designado pela instituição credora, depois do trigésimo dia de vida, se fará no mútuo dedução da importância correspondente a 10% (dez por cento) da importância inicialmente devida, ou redução de 10% (dez por cento) da amortização mensal, como preferir o mutuário. Quando cada filho completar 10 (dez) anos de idade, o mutuário, provando que lhe presta a assistência devida, educando-o convenientemente, obterá nova redução de 10% (dez por cento) da importância do mútuo, ou, se preferir, de 10% (dez por cento) da amortização mensal a que se obrigou.

§ 8.º Por motivo comprovado de doença ou de perda involuntária de emprego, a administração da instituição mutuante poderá conceder moratória para o pagamento das quotas mensais de amortização ou reduzir temporariamente a importância destas.

§ 9.º A falta injustificada de pagamento pontual da amortização acarretará, de pleno direito, a rescisão da venda. A instituição mutuante terá direito a obter a adjudicação e a imissão na posse do imóvel, cumprindo-lhe devolver as prestações pagas, deduzidas as despesas e os juros vencidos.

§ 10. As quotas mensais de amortização serão pagas, mediante desconto das vantagens pecuniárias do empregado, diretamente pela pessoa natural ou jurídica que o tiver a seu serviço, desde que a instituição mutuante lhe comunique o mútuo realizado.

§ 11. O prédio adquirido na conformidade deste artigo, no Distrito Federal e no Território do Acre, gozará de isenção de imposto predial, enquanto não pago o mútuo respectivo. A isenção do imposto predial nos Estados será estabelecida na conformidade do disposto no art. 41 deste Decreto-lei.

§ 12. A instituição mutuante será pela União indenizada da importância da dívida que não possa receber do mutuário, excluídos os juros.

Art. 9.º Ficam autorizados os institutos e caixas de previdência e bem assim as Caixas Econômicas Federais a conceder, respectivamente, aos seus associados, ou, em geral, a trabalhadores de qualquer condição, que, pretendendo casar-se, não hajam obtido empréstimos nos termos do art. 8.º deste Decreto-lei, mútuos de importância correspondente a 1 (um) ano de suas vantagens pecuniárias, porém não excedentes de seis contos de réis, a juros de 6% (seis por cento) anuais, para aquisição de enxoval e instalação de casa, amortizáveis em prestações mensais no prazo de 5 (cinco) anos.

§ 1.º Aplicam-se ao mútuo de que trata o presente artigo as disposições dos §§ 1.º, 2.º, 3.º, 8.º, 10 e 12 do artigo precedente.

§ 2.º Só se iniciará o pagamento depois de decorridos 12 (doze) meses do matrimônio e caso até então não tenha o casal tido filho vivo ou não se tenha verificado a gravidez da mulher; ocorrendo uma destas hipóteses, será prorrogado por 24 (vinte e quatro) meses o início do pagamento, o qual só entrará a ser exigível se, decorrido o prazo, não tenha tido o casal segundo filho vivo ou não esteja novamente grávida a mulher; verificando-se um ou outro caso, será novamente adiado por 24 (vinte e quatro) meses o início do pagamento, e só será exigível se até então não tiver nascido terceiro filho vivo ou não estiver de novo grávida a mulher; e sendo afirmativa uma destas hipóteses, novo adiamento far-se-á por 24 (vinte e quatro) meses, iniciando-se, depois deles, o pagamento, caso não tenha o casal tido quarto filho vivo ou não esteja mais uma vez grávida a mulher. Verificando-se as hipóteses de nascimento ou de gravidez, conforme os termos do presente parágrafo, será a importância do mútuo sucessivamente deduzida de 20% (vinte por cento), de mais 20% (vinte por cento), e de mais 30% (trinta por cento) e enfim extinta, com o nascimento, com vida, do primeiro, do segundo, do terceiro e do quarto filho.

Art. 10. É proibida a acumulação de empréstimos para casamento, seja qual for a sua natureza, provenham de uma só ou mais instituições.

Art. 11. Em caso de morte do devedor, ficando sua família em condição precária, será concedida, a critério do Ministro a que esteja afeta a instituição credora, quitação do restante da dívida, correndo o ônus da indenização à conta dos cofres federais.

Capítulo VI
DOS MÚTUOS A PESSOAS CASADAS

Art. 12. Quando concorrem vários pretendentes aos mútuos dos institutos e caixas de previdência, serão preferidos os casados que tenham filho, e, dentre os casados, os de prole mais numerosa.

Capítulo VII
DOS FILHOS NATURAIS

Art. 13. Os atos de reconhecimento de filhos naturais são isentos, no Distrito Federal e no Território do Acre, de quaisquer selos, emolumentos ou custas. É assegurada a concessão dos mesmos favores nos Estados, na forma do art. 41 deste Decreto-lei.

Art. 14. Nas certidões de registro civil, não se mencionará a circunstância de ser legítima, ou não, a filiação, salvo a requerimento do próprio interessado ou em virtude de determinação judicial.

Art. 15. Se um dos cônjuges negar consentimento para que resida no lar conjugal o filho natural reconhecido do outro, caberá ao pai ou à mãe, que o reconheceu, prestar-lhe, fora do seu lar, inteira assistência, assim como alimentos correspondentes à condição social em que viva, iguais aos que prestar ao filho legítimo se o tiver.

Art. 16. O filho natural enquanto menor ficará sob o poder do genitor que o reconheceu e, se ambos o reconheceram, sob o poder da mãe, salvo se de tal solução advier prejuízo ao menor.

•• *Caput* com redação determinada pela Lei n. 5.582, de 16-6-1970.

§ 1.º Verificado que não deve o filho permanecer em poder da mãe ou do pai, deferirá o juiz a sua guarda a pessoa notoriamente idônea, de preferência da família de qualquer dos genitores.

•• § 1.º com redação determinada pela Lei n. 5.582, de 16-6-1970.

§ 2.º Havendo motivos graves, devidamente comprovados, poderá o juiz, a qualquer tempo e caso, decidir de outro modo, no interesse do menor.

•• § 2.º com redação determinada pela Lei n. 5.582, de 16-6-1970.

Capítulo VIII
DA SUCESSÃO EM CASO DE REGIME MATRIMONIAL EXCLUSIVO DA COMUNHÃO

Art. 17. À brasileira, casada com estrangeiro sob regime que exclua a comunhão universal, caberá, por morte do marido, o usufruto vitalício de quarta parte dos bens deste, se houver filhos brasileiros do casal ou do marido, e de metade, se não os houver.

•• Artigo com redação determinada pelo Decreto-lei n. 5.187, de 13-1-1943.

Art. 18. (*Revogado pelo art. 2.º da Lei n. 2.514, de 27-6-1955.*)

Capítulo IX
DO BEM DE FAMÍLIA

Art. 19. Não há limite de valor para o bem de família desde que o imóvel seja a residência dos interessados por mais de 2 (dois) anos.

•• Artigo com redação determinada pela Lei n. 6.742, de 5-12-1979.

Art. 20. Por morte do instituidor, ou de seu cônjuge, o prédio instituído em bem de família não entrará em inventário, nem será partilhado, enquanto continuar a residir nele o cônjuge sobrevivente ou filho de menor idade. Num e noutro caso, não sofrerá modificação a transcrição.

Art. 21. A cláusula de bem de família somente será eliminada, por mandado do juiz, e a requerimento do instituidor, ou, nos casos do art. 20, de qualquer interessado, se o prédio deixar de ser domicílio da família, ou por motivo relevante plenamente comprovado.

§ 1.º Sempre que possível, o juiz determinará que a cláusula recaia em outro prédio, em que a família estabeleça domicílio.

§ 2.º Eliminada a cláusula, caso se tenha verificado uma das hipóteses do art. 20, entrará o prédio logo em inventário para ser partilhado. Não se cobrará juro de mora sobre o Imposto de Transmissão relativamente ao período decorrido da abertura da sucessão ao cancelamento da cláusula.

Art. 22. Quando instituído em bem de família prédio de zona rural, poderão ficar incluídos na instituição a mobília e utensílios de uso doméstico, gado e instrumento de trabalho, mencionados discriminadamente na escritura respectiva.

Art. 23. São isentos de qualquer imposto federal, inclusive selos, todos os atos relativos à aquisição de imóvel, de valor não superior a cinquenta contos de réis, que se institua em bem de família. Eliminada a cláusula, será pago o imposto que tenha sido dispensado por ocasião da instituição.

§ 1.º Os prédios urbanos e rurais, de valor superior a trinta contos de réis, instituídos em bem de família, gozarão de redução de 50% (cinquenta por cento) dos impostos federais que neles recaiam ou em seus rendimentos.

§ 2.º A isenção e redução de que trata o presente artigo são extensivas aos impostos pertencentes ao Distrito Federal, cabendo aos Estados e aos Municípios regular a matéria, no que lhes diz respeito, de acordo com o disposto no art. 41 deste Decreto-lei.

Capítulo X
DO ENSINO SECUNDÁRIO, NORMAL E PROFISSIONAL

Art. 24. As taxas de matrícula, de exame e quaisquer outras relativas ao ensino, nos estabelecimentos de educação secundária, normal e profissional, oficiais ou fiscalizados, e bem assim quaisquer impostos federais que recaiam em atos da vida escolar discente, nesses estabelecimentos, serão cobrados com as seguintes reduções, para as famílias com mais de um filho: para o segundo filho, redução de 20% (vinte por cento); para o terceiro, de 40% (quarenta por cento); para o quarto e seguintes, de 60% (sessenta por cento).

Parágrafo único. Para gozar dessas reduções, demonstrará o interessado que dois ou mais filhos seus estão sujeitos ao pagamento das citadas taxas, no mesmo estabelecimento.

Art. 25. Nos internatos oficiais de ensino secundário, normal e profissional, serão reservados, em cada ano, havendo candidatos, 10% (dez por cento) dos lugares para matrícula de filhos de família com mais de dois filhos, e que preencham as condições pedagógicas exigidas.

Capítulo XI
DOS SERVIDORES DO ESTADO

Art. 26. (*Revogado pelo Decreto-lei n. 5.976, de 10-11-1943.*)

Art. 27. A mulher de funcionário público, que também seja funcionária, sendo o marido mandado servir, independentemente de solicitação, em outra localidade, será, sempre que possível, sem prejuízo, aí aproveitada em serviço.

Capítulo XII
DOS ABONOS FAMILIARES

Art. 28. A todo funcionário público, federal, estadual ou municipal, em comissão, em efetivo exercício, interino, em disponibilidade ou aposentado, ao extranumerário de qualquer modalidade, em qualquer esfera do serviço público, ou ao militar da ativa, da reserva ou reformado, mesmo, em qualquer dos casos, quando licenciado com o total de sua retribuição ou parte dela, sendo chefe de família numerosa e percebendo, por mês, menos de um conto de réis de vencimentos, remuneração, gratificação, provento ou salário, conceder-se-á, mensalmente, abono familiar de vinte mil-réis por filho, se a retribuição mensal, que tenha, for de quinhentos mil-réis ou menos, ou de dez mil-réis por filho, se essa retribuição mensal for de mais de quinhentos mil-réis, observada a disposição da alínea *a* do art. 37 deste Decreto-lei.

§ 1.º Ao inativo não será concedido o abono familiar a que, nesta qualidade, tenha direito, se entrar a exercer outro cargo ou função, remunerada, a menos que desse exercício só provenha gratificação que a lei permita receber além do provento da inatividade.

§ 2.º Quando também a mãe exercer ou tiver exercido emprego público, as vantagens pecuniárias, que a ela caibam, serão adicionadas à retribuição do chefe de família, para os efeitos deste artigo.

§ 3.º Poderão a União, os Estados, o Distrito Federal e os Municípios, cada qual de acordo com as suas possibilidades financeiras, estabelecer, para os seus servidores, abonos familiares mais amplos ou mais elevados do que os fixados no presente artigo.

Art. 29. (*Revogado pela Lei Complementar n. 11, de 25-5-1971.*)

Capítulo XIII
DAS FAMÍLIAS EM SITUAÇÃO DE MISÉRIA

Art. 30. As instituições assistenciais, já organizadas ou que se organizarem para dar proteção às famílias em situação de miséria, seja qual for a extensão da prole, mediante a prestação de alimentos, internamento dos filhos menores para fins de educação e outras providências de natureza semelhante, serão, de modo especial, subvencionadas pela União, pelos Estados, pelo Distrito Federal e pelos Municípios.

Capítulo XIV
DA INSCRIÇÃO EM SOCIEDADES RECREATIVAS E DESPORTIVAS

Art. 31. Toda associação recreativa ou desportiva, que gozar de favor oficial, admitirá, gratuitamente, como seus associados, na proporção de um por vinte dos sócios inscritos por título oneroso, filhos de famílias numerosas e pobres, residentes na localidade.

§ 1.º A designação caberá ao prefeito e recairá em jovens, até 18 (dezoito) anos de idade, que preencham os requisitos dos estatutos da associação, preferindo-se, em equivalência de condições, os filhos das famílias de maior prole e de melhor educação.

§ 2.º Se não houver, na localidade, filhos de famílias numerosas, nas condições do parágrafo precedente, em número suficiente para preencher todas as vagas, serão indicados filhos de famílias não consideradas numerosas, preferindo-se sempre os das que tenham maior prole.

§ 3.º Em caso de exclusão de associado admitido na forma dos parágrafos anteriores, em observância dos estatutos da associação, designará o prefeito outro jovem que lhe preencha o lugar.

Capítulo XV
DISPOSIÇÕES FISCAIS

Art. 32. Os contribuintes do Imposto de Renda, solteiros ou viúvos sem filhos, maiores de 25 (vinte e cinco) anos, pagarão o adicional de 15% (quinze por cento), e os casados, também maiores de 25 (vinte e cinco) anos, sem filho, pagarão o adicional de 10% (dez por cento), sobre a importância, a que estiverem obrigados, do mesmo imposto.

Art. 33. Os contribuintes do Imposto de Renda, maiores de 45 (quarenta e cinco) anos, que tenham um só filho, pagarão o adicional de 5% (cinco por cento) sobre a importância do mesmo imposto, a que estiverem sujeitos.

Art. 34. Os impostos adicionais, a que se referem os arts. 32 e 33, serão mencionados nas declarações de rendimentos e pagos de uma só vez juntamente com o total ou a primeira quota do Imposto de Renda, mas escriturados destacadamente pelas repartições arrecadadoras.

Art. 35. Para efeito do pagamento dos impostos de que trata o presente Capítulo, ficam os contribuintes do Imposto de Renda obrigados a indicar, em suas declarações, a partir do exercício de 1941, a respectiva idade.

Art. 36. São extensivos aos impostos ora criados os dispositivos legais sobre o Imposto de Renda, que lhes forem aplicáveis.

Capítulo XVI
DISPOSIÇÕES GERAIS

Art. 37. Para os efeitos do presente Decreto-lei:

a) considerar-se-á família numerosa a que compreender oito ou mais filhos, brasileiros, até 18 (dezoito) anos de idade, ou incapazes de trabalhar, vivendo em companhia e a expensas dos pais ou de quem os tenha sob sua guarda, criando e educando-os à sua custa;

b) será equiparado ao pai quem tiver, permanentemente, sob sua guarda, criando-o e educando-o a suas expensas, menor de 18 (dezoito) anos;

c) não se computarão os filhos que hajam atingido a maioridade, e ainda os casados e os que exerçam qualquer atividade remunerada.

Art. 38. Sempre que este Decreto-lei se referir, de modo geral, a filhos, entender-se-á que só abrange os legítimos, os legitimados, os naturais reconhecidos e os adotivos.

Art. 39. Para obtenção dos favores concedidos por este Decreto-lei, por motivo de prole, será sempre exigida do interessado prova de que tem feito ministrar a seus filhos educação não só física e intelectual senão também moral, respeitada a orientação religiosa paterna, e adequada à sua condição, como permitam as circunstâncias. Esta prova será renovada anualmente.

Art. 40. A concessão dos favores estabelecidos por este Decreto-lei se fará a requerimento do interessado, com a prova documental do alegado. O requerimento e todos os documentos serão isentos de selos.

Art. 41. Os Estados e os Municípios deverão expedir os atos necessários à concessão dos mesmos favores de que tratam os arts. 6.º, 8.º, § 11, 13 e 23 deste Decreto-lei.

Art. 42. A execução do disposto nos arts. 28 e 29 deste Decreto-lei terá início depois que a sua matéria for regulamentada.

•• Artigo com redação determinada pelo Decreto-lei n. 3.747, de 23-10-1941.

Art. 43. Revogam-se as disposições em contrário.

Rio de Janeiro, 19 de abril de 1941; 120.º da Independência e 53.º da República.

GETÚLIO VARGAS

DECRETO-LEI N. 3.365, DE 21 DE JUNHO DE 1941 (*)

Dispõe sobre desapropriações por utilidade pública.

O Presidente da República, usando da atribuição que lhe confere o art. 180 da Constituição, decreta:

DISPOSIÇÕES PRELIMINARES

Art. 1.º A desapropriação por utilidade pública regular-se-á por esta Lei, em todo o território nacional.

Art. 2.º Mediante declaração de utilidade pública, todos os bens poderão ser desapropriados, pela União, pelos Estados, Municípios, Distrito Federal e Territórios.

§ 1.º A desapropriação do espaço aéreo ou do subsolo só se tornará necessária, quando de sua utilização resultar prejuízo patrimonial do proprietário do solo.

§ 2.º Será exigida autorização legislativa para a desapropriação dos bens de domínio dos Estados, dos Municípios e do Distrito Federal pela União e dos bens de domínio dos Municípios pelos Estados.

•• § 2.º com redação determinada pela Lei n. 14.620, de 13-7-2023.

§ 2.º-A. Será dispensada a autorização legislativa a que se refere o § 2.º quando a desapropriação for realizada mediante acordo entre os entes federativos, no qual serão fixadas as respectivas responsabilidades financeiras quanto ao pagamento das indenizações correspondentes.

•• § 2.º-A acrescentado pela Lei n. 14.620, de 13-7-2023.

§ 3.º É vedada a desapropriação, pelos Estados, Distrito Federal, Territórios e Municípios, de ações, cotas e direitos representativos do capital de instituições e empresas cujo funcionamento dependa de autorização do Governo Federal e se subordine à sua fiscalização, salvo mediante prévia autorização, por decreto do Presidente da República.

•• § 3.º acrescentado pelo Decreto-lei n. 856, de 11-9-1969.

Art. 3.º Poderão promover a desapropriação mediante autorização expressa constante de lei ou contrato:

•• *Caput* com redação determinada pela Lei n. 14.620, de 13-7-2023.

I – os concessionários, inclusive aqueles contratados nos termos da Lei n. 11.079, de 30 de dezembro de 2004 (Lei de Parceria Público-Privada), permissionários, autorizatários e arrendatários.

•• Inciso I com redação determinada pela Lei n. 14.620, de 13-7-2023.

II – as entidades públicas;

•• Inciso II acrescentado pela Lei n. 14.273, de 23-12-2021.

III – as entidades que exerçam funções delegadas do poder público; e

•• Inciso III acrescentado pela Lei n. 14.273, de 23-12-2021.

IV – o contratado pelo poder público para fins de execução de obras e serviços de engenharia sob os regimes de empreitada por preço global, empreitada integral e contratação integrada.

•• Inciso IV com redação determinada pela Lei n. 14.620, de 13-7-2023.

Parágrafo único. Na hipótese prevista no inciso IV do *caput*, o edital deverá prever expressamente:

•• Parágrafo único, *caput*, acrescentado pela Lei n. 14.620, de 13-7-2023.

I – o responsável por cada fase do procedimento expropriatório;

•• Inciso I acrescentado pela Lei n. 14.620, de 13-7-2023.

II – o orçamento estimado para sua realização;

•• Inciso II acrescentado pela Lei n. 14.620, de 13-7-2023.

III – a distribuição objetiva de riscos entre as partes, incluído o risco pela variação do custo das desapropriações em relação ao orçamento estimado.

•• Inciso III acrescentado pela Lei n. 14.620, de 13-7-2023.

(*) Publicado no *DOU*, de 18-7-1941.

São originais os valores constantes deste diploma legal.

Art. 4.º A desapropriação poderá abranger a área contígua necessária ao desenvolvimento da obra a que se destina, e as zonas que se valorizarem extraordinariamente, em consequência da realização da obra. Em qualquer caso, a declaração de utilidade pública deverá compreendê-las, mencionando-se quais as indispensáveis à continuação da obra e as que se destinam à revenda.

•• A Lei n. 12.833, de 20-6-2013, propôs nova redação para este artigo, porém teve seu texto vetado.

Parágrafo único. Quando a desapropriação executada pelos autorizados a que se refere o art. 3.º destinar-se a planos de urbanização, de renovação urbana ou de parcelamento ou reparcelamento do solo previstos no plano diretor, o edital de licitação poderá prever que a receita decorrente da revenda ou da utilização imobiliária integre projeto associado por conta e risco do contratado, garantido ao poder público responsável pela contratação, no mínimo, o ressarcimento dos desembolsos com indenizações, quando essas ficarem sob sua responsabilidade.

•• Parágrafo único acrescentado pela Lei n. 14.620, de 13-7-2023.

Art. 4.º-A. Quando o imóvel a ser desapropriado caracterizar-se como núcleo urbano informal ocupado predominantemente por população de baixa renda, nos termos do § 2.º do art. 9.º da Lei n. 13.465, de 11 de julho de 2017, e seu regulamento, o ente expropriante deverá prever, no planejamento da ação de desapropriação, medidas compensatórias.

•• *Caput* acrescentado pela Lei n. 14.620, de 13-7-2023.

§ 1.º As medidas compensatórias a que se refere o *caput* incluem a realocação de famílias em outra unidade habitacional, a indenização de benfeitorias ou a compensação financeira suficiente para assegurar o restabelecimento da família em outro local, exigindo-se, para este fim, o prévio cadastramento dos ocupantes.

•• § 1.º acrescentado pela Lei n. 14.620, de 13-7-2023.

§ 2.º Poderá ser equiparada à família ou à pessoa de baixa renda aquela ocupante da área que, por sua situação fática específica, apresente condição de vulnerabilidade, conforme definido pelo expropriante.

•• § 2.º acrescentado pela Lei n. 14.620, de 13-7-2023.

Art. 5.º Consideram-se casos de utilidade pública:
a) a segurança nacional;
b) a defesa do Estado;
c) o socorro público em caso de calamidade;
d) a salubridade pública;
e) a criação e melhoramento de centros de população, seu abastecimento regular de meios de subsistência;
f) o aproveitamento industrial das minas e das jazidas minerais, das águas e da energia hidráulica;
g) a assistência pública, as obras de higiene e decoração, casas de saúde, clínicas, estações de clima e fontes medicinais;
h) a exploração e a conservação dos serviços públicos;
i) a abertura, conservação e melhoramento de vias ou logradouros públicos; a execução de planos de urbanização; o parcelamento do solo, com ou sem edificação, para sua melhor utilização econômica, higiênica ou estética; a construção ou ampliação de distritos industriais;

•• Alínea *i* com redação determinada pela Lei n. 9.785, de 29-1-1999.

j) o funcionamento dos meios de transporte coletivo;
k) a preservação e conservação dos monumentos históricos e artísticos, isolados ou integrados em conjuntos urbanos ou rurais, bem como as medidas necessárias a manter-lhes e realçar-lhes os aspectos mais valiosos ou característicos e, ainda, a proteção de paisagens e locais particularmente dotados pela natureza;
l) a preservação e a conservação adequada de arquivos, documentos e outros bens móveis de valor histórico ou artístico;
m) a construção de edifícios públicos, monumentos comemorativos e cemitérios;
n) a criação de estádios, aeródromos ou campos de pouso para aeronaves;
o) a reedição ou divulgação de obra ou invento de natureza científica, artística ou literária;
p) os demais casos previstos por leis especiais.

§ 1.º A construção ou ampliação de distritos industriais, de que trata a alínea *i* do *caput* deste artigo, inclui o loteamento das áreas necessárias à instalação de indústrias e atividades correlatas, bem como a revenda ou locação dos respectivos lotes a empresas previamente qualificadas.

•• § 1.º acrescentado pela Lei n. 6.602, de 7-12-1978.

§ 2.º A efetivação da desapropriação para fins de criação ou ampliação de distritos industriais depende de aprovação, prévia e expressa, pelo Poder Público competente, do respectivo projeto de implantação.

Decreto-lei n. 3.365, de 21-6-1941 — **Desapropriação**

•• § 2.º acrescentado pela Lei n. 6.602, de 7-12-1978.

§ 3.º Ao imóvel desapropriado para implantação de parcelamento popular, destinado às classes de menor renda, não se dará outra utilização nem haverá retrocessão.

•• § 3.º acrescentado pela Lei n. 9.785, de 29-1-1999.

§ 4.º Os bens desapropriados para fins de utilidade pública e os direitos decorrentes da respectiva imissão na posse poderão ser alienados a terceiros, locados, cedidos, arrendados, outorgados em regimes de concessão de direito real de uso, de concessão comum ou de parceria público-privada e ainda transferidos como integralização de fundos de investimento ou sociedades de propósito específico.

•• § 4.º acrescentado pela Lei n. 14.273, de 23-12-2021.

§ 5.º Aplica-se o disposto no § 4.º nos casos de desapropriação para fins de execução de planos de urbanização, de renovação urbana ou de parcelamento ou reparcelamento do solo, desde que seja assegurada a destinação prevista no referido plano de urbanização ou de parcelamento do solo.

•• § 5.º com redação determinada pela Lei n. 14.620, de 13-7-2023.

§ 6.º Comprovada a inviabilidade ou a perda objetiva de interesse público em manter a destinação do bem prevista no decreto expropriatório, o expropriante deverá adotar uma das seguintes medidas, nesta ordem de preferência:

•• § 6.º, caput, acrescentado pela Lei n. 14.620, de 13-7-2023.

I – destinar a área não utilizada para outra finalidade pública; ou

•• Inciso I acrescentado pela Lei n. 14.620, de 13-7-2023.

II – alienar o bem a qualquer interessado, na forma prevista em lei, assegurado o direito de preferência à pessoa física ou jurídica desapropriada.

•• Inciso II acrescentado pela Lei n. 14.620, de 13-7-2023.

§ 7.º No caso de desapropriação para fins de execução de planos de urbanização, de renovação urbana ou de parcelamento ou reparcelamento do solo, as diretrizes do plano de urbanização ou de parcelamento do solo deverão estar previstas no plano diretor, na legislação de uso e ocupação do solo ou em lei municipal específica.

•• § 7.º acrescentado pela Lei n. 14.620, de 13-7-2023.

Art. 6.º A declaração de utilidade pública far-se-á por decreto do Presidente da República, governador, interventor ou prefeito.

Art. 7.º Declarada a utilidade pública, ficam as autoridades administrativas do expropriante ou seus representantes autorizados a ingressar nas áreas compreendidas na declaração, inclusive para realizar inspeções e levantamentos de campo, podendo recorrer, em caso de resistência, ao auxílio de força policial.

•• Caput com redação determinada pela Lei n. 14.620, de 13-7-2023.

Parágrafo único. Em caso de dano por excesso ou abuso de poder ou originário das inspeções e levantamentos de campo realizados, cabe indenização por perdas e danos, sem prejuízo da ação penal.

•• Parágrafo único acrescentado pela Lei n. 14.620, de 13-7-2023.

Art. 8.º O Poder Legislativo poderá tomar a iniciativa da desapropriação, cumprindo, neste caso, ao Executivo, praticar os atos necessários à sua efetivação.

Art. 9.º Ao Poder Judiciário é vedado, no processo de desapropriação, decidir se se verificam ou não os casos de utilidade pública.

Art. 10. A desapropriação deverá efetivar-se mediante acordo ou intentar-se judicialmente dentro de 5 (cinco) anos, contados da data da expedição do respectivo decreto e findos os quais este caducará. Neste caso, somente decorrido 1 (um) ano, poderá ser o mesmo bem objeto de nova declaração.

•• A Lei n. 13.867, de 26-8-2019, propôs nova redação para este artigo, todavia teve seu texto vetado.

Parágrafo único. Extingue-se em 5 (cinco) anos o direito de propor ação que vise a indenização por restrições decorrentes de atos do Poder Público.

•• Parágrafo único acrescentado pela Medida Provisória n. 2.183-56, de 24-8-2001.

Art. 10-A. O poder público deverá notificar o proprietário e apresentar-lhe oferta de indenização.

•• Caput acrescentado pela Lei n. 13.867, de 26-8-2019.

§ 1.º A notificação de que trata o caput deste artigo conterá:

•• § 1.º, caput, acrescentado pela Lei n. 13.867, de 26-8-2019.

I – cópia do ato de declaração de utilidade pública;

•• Inciso I acrescentado pela Lei n. 13.867, de 26-8-2019.

II – planta ou descrição dos bens e suas confrontações;

•• Inciso II acrescentado pela Lei n. 13.867, de 26-8-2019.

III – valor da oferta;

•• Inciso III acrescentado pela Lei n. 13.867, de 26-8-2019.

IV – informação de que o prazo para aceitar ou rejeitar a oferta é de 15 (quinze) dias e de que o silêncio será considerado rejeição;

•• Inciso IV acrescentado pela Lei n. 13.867, de 26-8-2019.

V – (*Vetado*.)

•• Inciso V acrescentado pela Lei n. 13.867, de 26-8-2019.

§ 2.º Aceita a oferta e realizado o pagamento, será lavrado acordo, o qual será título hábil para a transcrição no registro de imóveis.

•• § 2.º acrescentado pela Lei n. 13.867, de 26-8-2019.

§ 3.º Rejeitada a oferta, ou transcorrido o prazo sem manifestação, o poder público procederá na forma dos arts. 11 e seguintes deste Decreto-lei.

•• § 3.º acrescentado pela Lei n. 13.867, de 26-8-2019.

Art. 10-B. Feita a opção pela mediação ou pela via arbitral, o particular indicará um dos órgãos ou instituições especializados em mediação ou arbitragem previamente cadastrados pelo órgão responsável pela desapropriação.

•• *Caput* acrescentado pela Lei n. 13.867, de 26-8-2019.

§ 1.º A mediação seguirá as normas da Lei n. 13.140, de 26 de junho de 2015, e, subsidiariamente, os regulamentos do órgão ou instituição responsável.

•• § 1.º acrescentado pela Lei n. 13.867, de 26-8-2019.

§ 2.º Poderá ser eleita câmara de mediação criada pelo poder público, nos termos do art. 32 da Lei n. 13.140, de 26 de junho de 2015.

•• § 2.º acrescentado pela Lei n. 13.867, de 26-8-2019.

§ 3.º (*Vetado*.)

•• § 3.º acrescentado pela Lei n. 13.867, de 26-8-2019.

§ 4.º A arbitragem seguirá as normas da Lei n. 9.307, de 23 de setembro de 1996, e, subsidiariamente, os regulamentos do órgão ou instituição responsável.

•• § 4.º acrescentado pela Lei n. 13.867, de 26-8-2019.

§ 5.º (*Vetado*.)

•• § 5.º acrescentado pela Lei n. 13.867, de 26-8-2019.

DO PROCESSO JUDICIAL

Art. 11. A ação, quando a União for autora, será proposta no Distrito Federal ou no foro da Capital do Estado onde for domiciliado o réu, perante o juízo privativo, se houver; sendo outro o autor, no foro da situação dos bens.

Art. 12. Somente os juízes que tiverem garantia de vitaliciedade, inamovibilidade e irredutibilidade de vencimentos poderão conhecer dos processos de desapropriação.

Art. 13. A petição inicial, além dos requisitos previstos no Código de Processo Civil, conterá a oferta do preço e será instruída com um exemplar do contrato, ou do jornal oficial que houver publicado o decreto de desapropriação, ou cópia autenticada dos mesmos, e a planta ou descrição dos bens e suas confrontações.

Parágrafo único. Sendo o valor da causa igual ou inferior a dois contos de réis, dispensam-se os autos suplementares.

Art. 14. Ao despachar a inicial, o juiz designará um perito de sua livre escolha, sempre que possível, técnico, para proceder à avaliação dos bens.

Parágrafo único. O autor e o réu poderão indicar assistente técnico do perito.

Art. 15. Se o expropriante alegar urgência e depositar quantia arbitrada de conformidade com o art. 685 do Código de Processo Civil, o juiz mandará imiti-lo provisoriamente na posse dos bens.

• A referência é feita a dispositivos do CPC de 1939. A matéria era tratada nos arts. 826 a 838 do CPC de 1973. Sem correspondência no CPC de 2015.

§ 1.º A imissão provisória poderá ser feita, independentemente da citação do réu, mediante o depósito:

a) do preço oferecido, se este for superior a vinte vezes o valor locativo, caso o imóvel esteja sujeito ao imposto predial;

b) da quantia correspondente a vinte vezes o valor locativo, estando o imóvel sujeito ao imposto predial e sendo menor o preço oferecido;

c) do valor cadastral do imóvel, para fins de lançamento do imposto territorial, urbano ou rural, caso o referido valor tenha sido atualizado no ano fiscal imediatamente anterior;

d) não tendo havido a atualização a que se refere o inciso c, o juiz fixará, independentemente de avaliação, a importância do depósito, tendo em vista a época em que houver sido fixado originariamente o valor cadastral e a valorização ou desvalorização posterior do imóvel.

•• § 1.º com redação determinada pela Lei n. 2.786, de 21-5-1956.

•• *Vide* Súmula 652 do STF.

§ 2.º A alegação de urgência, que não poderá ser renovada, obrigará o expropriante a requerer a imissão

provisória dentro do prazo improrrogável de 120 (cento e vinte) dias.
•• § 2.º com redação determinada pela Lei n. 2.786, de 21-5-1956.

§ 3.º Excedido o prazo fixado no parágrafo anterior não será concedida a imissão provisória.
•• § 3.º com redação determinada pela Lei n. 2.786, de 21-5-1956.

§ 4.º A imissão provisória na posse será registrada no registro de imóveis competente.
•• § 4.º acrescentado pela Lei n. 11.977, de 7-7-2009.

Art. 15-A. No caso de imissão prévia na posse, na desapropriação por necessidade ou utilidade pública ou na desapropriação por interesse social prevista na Lei n. 4.132, de 10 de setembro de 1962, na hipótese de haver divergência entre o preço ofertado em juízo e o valor do bem fixado na sentença, expressos em termos reais, poderão incidir juros compensatórios de até 6% a.a. (seis por cento ao ano) sobre o valor da diferença eventualmente apurada, contado da data de imissão na posse, vedada a aplicação de juros compostos.
•• *Caput* com redação determinada pela Lei n. 14.620, de 13-7-2023.

§ 1.º Os juros compensatórios destinam-se apenas a compensar danos correspondentes a lucros cessantes comprovadamente sofridos pelo proprietário, não incidindo nas indenizações relativas às desapropriações que tiverem como pressuposto o descumprimento da função social da propriedade, previstas no art. 182, § 4.º, inciso III, e no art. 184 da Constituição.
•• § 1.º com redação determinada pela Lei n. 14.620, de 13-7-2023.

§ 2.º O disposto no *caput* aplica-se também às ações ordinárias de indenização por apossamento administrativo ou por desapropriação indireta e às ações que visem a indenização por restrições decorrentes de atos do poder público.
•• § 2.º com redação determinada pela Lei n. 14.620, de 13-7-2023.

§ 3.º Nas ações referidas no § 2.º, o poder público não será onerado por juros compensatórios relativos a período anterior à aquisição da propriedade ou da posse titulada pelo autor da ação.
•• § 3.º com redação determinada pela Lei n. 14.620, de 13-7-2023.

§ 4.º Nas ações referidas no § 3.º, não será o Poder Público onerado por juros compensatórios relativos a período anterior à aquisição da propriedade ou posse titulada pelo autor da ação.
•• § 4.º acrescentado pela Medida Provisória n. 2.183-56, de 24-8-2001.
•• O STF, na ADI n. 2.332, de 17-5-2018, declarou a inconstitucionalidade deste § 4.º, "de modo a incidir juros compensatórios sobre o período anterior à aquisição da propriedade ou posse titulada pelo autor da ação", em sessão virtual de 7-10-2022 a 17-10-2022 (*DOU* de 24-10-2022).

Art. 15-B. Nas ações a que se refere o art. 15-A, os juros moratórios destinam-se a recompor a perda decorrente do atraso no efetivo pagamento da indenização fixada na decisão final de mérito, e somente serão devidos à razão de até 6% (seis por cento) ao ano, a partir de 1.º de janeiro do exercício seguinte àquele em que o pagamento deveria ser feito, nos termos do art. 100 da Constituição.
•• Artigo acrescentado pela Medida Provisória n. 2.183-56, de 24-8-2001.

Art. 16. A citação far-se-á por mandado na pessoa do proprietário dos bens; a do marido dispensa a da mulher; a de um sócio, ou administrador, a dos demais, quando o bem pertencer à sociedade; a do administrador da coisa, no caso de condomínio, exceto o edifício de apartamento constituindo cada um propriedade autônoma, a dos demais condôminos e a do inventariante, e, se não houver, a do cônjuge, herdeiro, ou legatário, detentor da herança, a dos demais interessados, quando o bem pertencer a espólio.

Parágrafo único. Quando não encontrar o citando, mas ciente de que se encontra no território da jurisdição do juiz, o oficial portador do mandado marcará desde logo hora certa para a citação, ao fim de 48 (quarenta e oito) horas, independentemente de nova diligência ou despacho.

Art. 17. Quando a ação não for proposta no foro do domicílio ou da residência do réu, a citação far-se-á por precatória, se o mesmo estiver em lugar certo, fora do território da jurisdição do juiz.

Art. 18. A citação far-se-á por edital se o citando não for conhecido, ou estiver em lugar ignorado, incerto ou inacessível, ou, ainda, no estrangeiro, o que dois oficiais do juízo certificarão.

Art. 19. Feita a citação, a causa seguirá com o rito ordinário.

Art. 20. A contestação só poderá versar sobre vício do processo judicial ou impugnação do preço; qualquer outra questão deverá ser decidida por ação direta.

Art. 21. A instância não se interrompe. No caso de falecimento do réu, ou perda de sua capacidade civil, o juiz, logo que disso tenha conhecimento, nomeará curador à lide, até que se habilite o interessado.

Parágrafo único. Os atos praticados da data do falecimento ou perda da capacidade à investidura do curador à lide poderão ser ratificados ou impugnados por ele, ou pelo representante do espólio ou do incapaz.

Art. 22. Havendo concordância sobre o preço, o juiz o homologará por sentença no despacho saneador.

Art. 23. Findo o prazo para a contestação e não havendo concordância expressa quanto ao preço, o perito apresentará o laudo em cartório até 5 (cinco) dias, pelo menos, antes da audiência de instrução e julgamento.

§ 1.º O perito poderá requisitar das autoridades públicas os esclarecimentos ou documentos que se tornarem necessários à elaboração do laudo, e deverá indicar nele, entre outras circunstâncias atendíveis para a fixação da indenização, as enumeradas no art. 27.

Ser-lhe-ão abonadas, como custas, as despesas com certidões e, a arbítrio do juiz, as de outros documentos que juntar ao laudo.

§ 2.º Antes de proferido o despacho saneador, poderá o perito solicitar prazo especial para apresentação do laudo.

Art. 24. Na audiência de instrução e julgamento proceder-se-á na conformidade do Código de Processo Civil. Encerrado o debate, o juiz proferirá sentença fixando o preço da indenização.

Parágrafo único. Se não se julgar habilitado a decidir, o juiz designará desde logo outra audiência que se realizará dentro de 10 (dez) dias, a fim de publicar a sentença.

Art. 25. O principal e os acessórios serão computados em parcelas autônomas.

Parágrafo único. O juiz poderá arbitrar quantia módica para desmonte e transporte de maquinismos instalados e em funcionamento.

Art. 26. No valor da indenização que será contemporâneo da avaliação não se incluirão direitos de terceiros contra o expropriado.

•• *Caput* com redação determinada pela Lei n. 2.786, de 21-5-1956.

§ 1.º Serão atendidas as benfeitorias necessárias feitas após a desapropriação; as úteis, quando feitas com autorização do expropriante.

•• Anterior parágrafo único com redação determinada pela Lei n. 2.786, de 21-5-1956, passado a § 1.º pela Lei n. 4.686, de 21-6-1965.

§ 2.º Decorrido prazo superior a 1 (um) ano a partir da avaliação, o juiz ou o tribunal, antes da decisão final, determinará a correção monetária do valor apurado, conforme índice que será fixado, trimestralmente, pela Secretaria de Planejamento da Presidência da República.

•• § 2.º com redação determinada pela Lei n. 6.306, de 15-12-1975.

Art. 27. O juiz indicará na sentença os fatos que motivaram o seu convencimento e deverá atender, especialmente, à estimação dos bens para efeitos fiscais; ao preço de aquisição o interesse que deles aufere o proprietário; à sua situação, estado de conservação e segurança; ao valor venal dos da mesma espécie, nos últimos 5 (cinco) anos, à valorização ou depreciação de área remanescente, pertencente ao réu.

§ 1.º A sentença que fixar o valor da indenização quando este for superior ao preço oferecido condenará o desapropriante a pagar honorários do advogado, que serão fixados entre meio e cinco por cento do valor da diferença, observado o disposto no § 4.º do art. 20 do Código de Processo Civil, não podendo os honorários ultrapassar R$ 151.000,00 (cento e cinquenta e um mil reais).

•• § 1.º com redação determinada pela Medida Provisória n. 2.183-56, de 24-8-2001.

•• O STF, na ADI n. 2.332, de 17-5-2018 (*DOU* de 28-5-2018), reconheceu a "constitucionalidade da estipulação de parâmetros mínimo e máximo para a concessão de honorários advocatícios" previstos neste § 1.º e declarou a inconstitucionalidade da expressão "não podendo os honorários ultrapassar R$ 151.000,00 (cento e cinquenta e um mil reais)"

§ 2.º A transmissão da propriedade decorrente de desapropriação amigável ou judicial, não ficará sujeita ao Imposto de Lucro Imobiliário.

•• § 2.º acrescentado pela Lei n. 2.786, de 21-5-1956.

§ 3.º O disposto no § 1.º deste artigo se aplica:

I – ao procedimento contraditório especial, de rito sumário, para o processo de desapropriação de imóvel rural, por interesse social, para fins de reforma agrária;

II – às ações de indenização por apossamento administrativo ou desapropriação indireta.

•• § 3.º acrescentado pela Medida Provisória n. 2.183-56, de 24-8-2001.

§ 4.º O valor a que se refere o § 1.º será atualizado, a partir de maio de 2000, no dia 1.º de janeiro de cada ano, com base na variação acumulada do Índice de Preços ao Consumidor Amplo – IPCA do respectivo período.

•• § 4.º acrescentado pela Medida Provisória n. 2.183-56, de 24-8-2001.

Art. 28. Da sentença que fixar o preço da indenização caberá apelação com efeito simplesmente devolutivo, quando interposta pelo expropriado, e com ambos os efeitos, quando o for pelo expropriante.

§ 1.º A sentença que condenar a Fazenda Pública em quantia superior ao dobro da oferecida fica sujeita ao duplo grau de jurisdição.

•• § 1.º com redação determinada pela Lei n. 6.071, de 3-7-1974.

§ 2.º Nas causas de valor igual ou inferior a dois contos de réis, observar-se-á o disposto no art. 839 do Código de Processo Civil.

• A norma deste parágrafo tornou-se prejudicada com o advento do novo CPC.

Art. 29. Efetuando o pagamento ou a consignação, expedir-se-á, em favor do expropriante, mandado de imissão de posse valendo a sentença como título hábil para a transcrição no Registro de Imóveis.

Art. 30. As custas serão pagas pelo autor se o réu aceitar o preço oferecido; em caso contrário, pelo vencido, ou em proporção, na forma da lei.

DISPOSIÇÕES FINAIS

Art. 31. Ficam subrogados no preço quaisquer ônus ou direitos que recaiam sobre o bem expropriado.

Art. 32. O pagamento do preço será prévio e em dinheiro.

•• *Caput* com redação dada pela Lei n. 2.786, de 21-5-1956.

§ 1.º As dívidas fiscais serão deduzidas dos valores depositados, quando inscritas e ajuizadas.

•• § 1.º acrescentado pela Lei n. 11.977, de 7-7-2009.

§ 2.º Incluem-se na disposição prevista no § 1.º as multas decorrentes de inadimplemento e de obrigações fiscais.

•• § 2.º acrescentado pela Lei n. 11.977, de 7-7-2009.

§ 3.º A discussão acerca dos valores inscritos ou executados será realizada em ação própria.

•• § 3.º acrescentado pela Lei n. 11.977, de 7-7-2009.

Art. 33. O depósito do preço fixado por sentença, à disposição do juiz da causa, é considerado pagamento prévio da indenização.

§ 1.º O depósito far-se-á no Banco do Brasil ou, onde este não tiver agência, em estabelecimento bancário acreditado, a critério do juiz.

•• Anterior parágrafo único, passado a § 1.º pela Lei n. 2.786, de 21-5-1956.

§ 2.º O desapropriado, ainda que discorde do preço oferecido, do arbitrado ou do fixado pela sentença, poderá levantar até 80% (oitenta por cento) do depósito feito para o fim previsto neste e no art. 15, observado o processo estabelecido no art. 34.

•• § 2.º acrescentado pela Lei n. 2.786, de 21-5-1956.

Art. 34. O levantamento do preço será deferido mediante prova de propriedade, de quitação de dívidas fiscais que recaiam sobre o bem expropriado, e publicação de editais, com o prazo de 10 (dez) dias, para conhecimento de terceiros.

Parágrafo único. Se o juiz verificar que há dúvida fundada sobre o domínio, o preço ficará em depósito, ressalvada aos interessados a ação própria para disputá-lo.

•• *Vide* art. 5.º do Decreto-lei n. 1.075, de 22-1-1970.

Art. 34-A. Se houver concordância, reduzida a termo, do expropriado, a decisão concessiva da imissão provisória na posse implicará a aquisição da propriedade pelo expropriante com o consequente registro da propriedade na matrícula do imóvel.

•• *Caput* acrescentado pela Lei n. 13.465, de 11-7-2017.

§ 1.º A concordância escrita do expropriado não implica renúncia ao seu direito de questionar o preço ofertado em juízo.

•• § 1.º acrescentado pela Lei n. 13.465, de 11-7-2017.

§ 2.º Na hipótese deste artigo, o expropriado poderá levantar 100% (cem por cento) do depósito de que trata o art. 33 deste Decreto-lei.

•• § 2.º acrescentado pela Lei n. 13.465, de 11-7-2017.

§ 3.º Do valor a ser levantado pelo expropriado devem ser deduzidos os valores dispostos nos §§ 1.º e 2.º do art. 32 deste Decreto-lei, bem como, a critério do juiz, aqueles tidos como necessários para o custeio das despesas processuais.

•• § 3.º acrescentado pela Lei n. 13.465, de 11-7-2017.

§ 4.º Após a apresentação da contestação pelo expropriado, se não houver oposição expressa com relação à validade do decreto desapropriatório, deverá ser determinada a imediata transferência da propriedade do imóvel para o expropriante, independentemente de anuência expressa do expropriado, e prosseguirá o processo somente para resolução das questões litigiosas.

•• § 4.º acrescentado pela Lei n. 14.421, de 20-7-2022.

Art. 35. Os bens expropriados, uma vez incorporados à Fazenda Pública, não podem ser objeto de reivindicação, ainda que fundada em nulidade do processo de desapropriação. Qualquer ação, julgada procedente, resolver-se-á em perdas e danos.

Art. 36. É permitida a ocupação temporária, que será indenizada, a final, por ação própria, de terrenos não edificados, vizinhos às obras e necessários à sua realização. O expropriante prestará caução, quando exigida.

Art. 37. Aquele cujo bem for prejudicado extraordinariamente em sua destinação econômica pela desapropriação de áreas contíguas terá direito a reclamar perdas e danos do expropriante.

Art. 38. O réu responderá perante terceiros, e por ação própria, pela omissão ou sonegação de quaisquer informações que possam interessar à marcha do processo ou ao recebimento da indenização.

Art. 39. A ação de desapropriação pode ser proposta durante as férias forenses, e não se interrompe pela superveniência destas.

Art. 40. O expropriante poderá constituir servidões, mediante indenização na forma desta Lei.

Art. 41. As disposições desta Lei aplicam-se aos processos de desapropriação em curso, não se permitindo depois de sua vigência outros termos e atos além dos por ela admitidos, nem o seu processamento por forma diversa da que por ela é regulada.

Art. 42. No que esta Lei for omissa aplica-se o Código de Processo Civil.

Art. 43. Esta Lei entrará em vigor 10 (dez) dias depois de publicada, no Distrito Federal, e 30 (trinta) dias nos Estados e Território do Acre; revogadas as disposições em contrário.

•• A Lei n. 4.070, de 15-6-1962, elevou o Território do Acre à categoria de Estado.

Rio de Janeiro, em 21 de junho de 1941; 120.º da Independência e 53.º da República.

GETÚLIO VARGAS

DECRETO-LEI N. 4.597, DE 19 DE AGOSTO DE 1942 (*)

Dispõe sobre a prescrição das ações contra a Fazenda Pública e dá outras providências.

O Presidente da República, usando da atribuição que lhe confere o art. 180 da Constituição, decreta:

Art. 1.º Salvo o caso do foro do contrato, compete, à justiça de cada Estado e à do Distrito Federal, processar e julgar as causas em que por interessado, como autor, réu assistente ou oponente, respectivamente, o mesmo Estado ou seus Municípios, e o Distrito Federal.

Parágrafo único. O disposto neste artigo não se aplica às causas já ajuizadas.

Art. 2.º O Decreto n. 20.910, de 6 de janeiro de 1932, que regula a prescrição quinquenal, abrange as dívidas passivas das autarquias, ou entidades e órgãos paraestatais, criados por lei e mantidos mediante impostos, taxas ou quaisquer contribuições exigidas em virtude de lei federal, estadual ou municipal, bem como a todo e qualquer direito e ação contra os mesmos.

Art. 3.º A prescrição das dívidas, direitos e ações a que se refere o Decreto n. 20.910, de 6 de janeiro de 1932, somente pode ser interrompida uma vez, e recomeça a correr, pela metade do prazo, da data do ato que a interrompeu, ou do último do processo para a interromper; consumar-se-á a prescrição no curso da lide sempre que a partir do último ato ou termo da mesma, inclusive da sentença nela proferida, embora passada em julgado, decorrer o prazo de dois anos e meio.

Art. 4.º As disposições do artigo anterior aplicam-se desde logo a todas as dívidas, direitos e ações a que se referem, ainda não extintos por qualquer causa, ajuizados ou não, devendo a prescrição ser alegada e decretada em qualquer tempo e instância, inclusive nas execuções de sentença.

Art. 5.º Este Decreto-lei entrará em vigor na data de sua publicação, revogadas as disposições em contrário.

Rio de Janeiro, 19 de agosto de 1942; 121.º da Independência e 54.º da República.

GETÚLIO VARGAS

(*) Publicado no *DOU*, de 20-8-1942.

DECRETO-LEI N. 4.657, DE 4 DE SETEMBRO DE 1942 (*)

Lei de Introdução às Normas do Direito Brasileiro.

•• Ementa com redação determinada pela Lei n. 12.376, de 30-12-2010.

O Presidente da República, usando da atribuição que lhe confere o art. 180 da Constituição, decreta:

Art. 1.º Salvo disposição contrária, a lei começa a vigorar em todo o País 45 (quarenta e cinco) dias depois de oficialmente publicada.

•• *Vide* art. 62, §§ 3.º, 4.º, 6.º e 7.º, da CF.

§ 1.º Nos Estados estrangeiros, a obrigatoriedade da lei brasileira, quando admitida, se inicia 3 (três) meses depois de oficialmente publicada.

§ 2.º (*Revogado pela Lei n. 12.036, de 1.º-10-2009.*)

§ 3.º Se, antes de entrar a lei em vigor, ocorrer nova publicação de seu texto, destinada à correção, o prazo deste artigo e dos parágrafos anteriores começará a correr da nova publicação.

§ 4.º As correções a texto de lei já em vigor consideram-se lei nova.

Art. 2.º Não se destinando à vigência temporária, a lei terá vigor até que outra a modifique ou revogue.

§ 1.º A lei posterior revoga a anterior quando expressamente o declare, quando seja com ela incompatível ou quando regule inteiramente a matéria de que tratava a lei anterior.

§ 2.º A lei nova, que estabeleça disposições gerais ou especiais a par das já existentes, não revoga nem modifica a lei anterior.

§ 3.º Salvo disposição em contrário, a lei revogada não se restaura por ter a lei revogadora perdido a vigência.

(*) Publicado no *DOU*, de 9-9-1942. Retificado em 8-10-1942 e em 17-6-1943. Entrou em vigor no dia 24-10-1942, por força do disposto no Decreto-lei n. 4.707, de 17-9-1942. A Lei Complementar n. 95, de 26-2-1998, regulamentada pelo Decreto n. 9.191, de 1.º-11-2017, dispõe sobre a elaboração, a redação, a alteração e a consolidação das leis conforme determina o parágrafo único do art. 59 da CF, e estabelece normas para a consolidação dos atos normativos que menciona. *Vide* Decreto n. 9.830, de 10-6-2019, que regulamenta o disposto nos arts. 20 a 30 da LINDB.

Art. 3.º Ninguém se escusa de cumprir a lei, alegando que não a conhece.

Art. 4.º Quando a lei for omissa, o juiz decidirá o caso de acordo com a analogia, os costumes e os princípios gerais de direito.

Art. 5.º Na aplicação da lei, o juiz atenderá aos fins sociais a que ela se dirige e às exigências do bem comum.

Art. 6.º A Lei em vigor terá efeito imediato e geral, respeitados o ato jurídico perfeito, o direito adquirido e a coisa julgada.

•• *Caput* com redação determinada pela Lei n. 3.238, de 1.º-8-1957.

§ 1.º Reputa-se ato jurídico perfeito o já consumado segundo a lei vigente ao tempo em que se efetuou.

•• § 1.º acrescentado pela Lei n. 3.238, de 1.º-8-1957.

§ 2.º Consideram-se adquiridos assim os direitos que o seu titular, ou alguém por ele, possa exercer, como aqueles cujo começo do exercício tenha termo pré-fixo, ou condição preestabelecida inalterável, a arbítrio de outrem.

•• § 2.º acrescentado pela Lei n. 3.238, de 1.º-8-1957.

§ 3.º Chama-se coisa julgada ou caso julgado a decisão judicial de que já não caiba recurso.

•• § 3.º acrescentado pela Lei n. 3.238, de 1.º-8-1957.

Art. 7.º A lei do país em que for domiciliada a pessoa determina as regras sobre o começo e o fim da personalidade, o nome, a capacidade e os direitos de família.

§ 1.º Realizando-se o casamento no Brasil, será aplicada a lei brasileira quanto aos impedimentos dirimentes e às formalidades da celebração.

§ 2.º O casamento de estrangeiros poderá celebrar-se perante autoridades diplomáticas ou consulares do país de ambos os nubentes.

•• § 2.º com redação determinada pela Lei n. 3.238, de 1.º-8-1957.

§ 3.º Tendo os nubentes domicílio diverso, regerá os casos de invalidade do matrimônio a lei do primeiro domicílio conjugal.

§ 4.º O regime de bens, legal ou convencional, obedece à lei do país em que tiverem os nubentes domicílio, e, se este for diverso, à do primeiro domicílio conjugal.

§ 5.º O estrangeiro casado, que se naturalizar brasileiro, pode, mediante expressa anuência de seu cônjuge, requerer ao juiz, no ato de entrega do decreto de naturalização, se apostile ao mesmo a adoção do regime de comunhão parcial de bens, respeitados os direitos de terceiros e dada esta adoção ao competente registro.

•• § 5.º com redação determinada pela Lei n. 6.515, de 26-12-1977.

§ 6.º O divórcio realizado no estrangeiro, se um ou ambos os cônjuges forem brasileiros, só será reconhecido no Brasil depois de 1 (um) ano da data da sentença, salvo se houver sido antecedida de separação judicial por igual prazo, caso em que a homologação produzirá efeito imediato, obedecidas as condições estabelecidas para a eficácia das sentenças estrangeiras no país. O Superior Tribunal de Justiça, na forma de seu regimento interno, poderá reexaminar, a requerimento do interessado, decisões já proferidas em pedidos de homologação de sentenças estrangeiras de divórcio de brasileiros, a fim de que passem a produzir todos os efeitos legais.

•• § 6.º com redação determinada pela Lei n. 12.036, de 1.º-10-2009.

§ 7.º Salvo o caso de abandono, o domicílio do chefe da família estende-se ao outro cônjuge e aos filhos não emancipados, e o do tutor ou curador aos incapazes sob sua guarda.

§ 8.º Quando a pessoa não tiver domicílio, considerar-se-á domiciliada no lugar de sua residência ou naquele em que se encontre.

Art. 8.º Para qualificar os bens e regular as relações a eles concernentes, aplicar-se-á a lei do país em que estiverem situados.

§ 1.º Aplicar-se-á a lei do país em que for domiciliado o proprietário, quanto aos bens móveis que ele trouxer ou se destinarem a transporte para outros lugares.

§ 2.º O penhor regula-se pela lei do domicilio que tiver a pessoa, em cuja posse se encontre a coisa apenhada.

Art. 9.º Para qualificar e reger as obrigações, aplicar-se-á a lei do país em que se constituírem.

§ 1.º Destinando-se a obrigação a ser executada no Brasil e dependendo de forma essencial, será esta observada, admitidas as peculiaridades da lei estrangeira quanto aos requisitos extrínsecos do ato.

§ 2.º A obrigação resultante do contrato reputa-se constituída no lugar em que residir o proponente.

Art. 10. A sucessão por morte ou por ausência obedece à lei do país em que era domiciliado o defunto ou o desaparecido, qualquer que seja a natureza e a situação dos bens.

§ 1.º A sucessão de bens de estrangeiros, situados no País, será regulada pela lei brasileira em benefício do cônjuge ou dos filhos brasileiros, ou de quem os represente, sempre que não lhes seja mais favorável a lei pessoal do *de cujus*.

•• § 1.º com redação determinada pela Lei n. 9.047, de 18-5-1995.

§ 2.º A lei do domicílio do herdeiro ou legatário regula a capacidade para suceder.

Art. 11. As organizações destinadas a fins de interesse coletivo, como as sociedades e as fundações, obedecem à lei do Estado em que se constituírem.

§ 1.º Não poderão, entretanto, ter no Brasil filiais, agências ou estabelecimentos antes de serem os atos constitutivos aprovados pelo Governo brasileiro, ficando sujeitas à lei brasileira.

§ 2.º Os governos estrangeiros, bem como as organizações de qualquer natureza, que eles tenham constituído, dirijam ou hajam investido de funções públicas, não poderão adquirir no Brasil bens imóveis ou suscetíveis de desapropriação.

§ 3.º Os governos estrangeiros podem adquirir a propriedade dos prédios necessários à sede dos representantes diplomáticos ou dos agentes consulares.

Art. 12. É competente a autoridade judiciária brasileira, quando for o réu domiciliado no Brasil ou aqui tiver de ser cumprida a obrigação.

§ 1.º Só à autoridade judiciária brasileira compete conhecer das ações relativas a imóveis situados no Brasil.

§ 2.º A autoridade judiciária brasileira cumprirá, concedido o *exequatur* e segundo a forma estabelecida pela lei brasileira, as diligências deprecadas por autoridade estrangeira competente, observando a lei desta, quanto ao objeto das diligências.

Art. 13. A prova dos fatos ocorridos em país estrangeiro rege-se pela lei que nele vigorar, quanto ao ônus e aos meios de produzir-se, não admitindo os tribunais brasileiros provas que a lei brasileira desconheça.

Art. 14. Não conhecendo a lei estrangeira, poderá o juiz exigir de quem a invoca prova do texto e da vigência.

Art. 15. Será executada no Brasil a sentença proferida no estrangeiro, que reúna os seguintes requisitos:

a) haver sido proferida por juiz competente;

b) terem sido as partes citadas ou haver-se legalmente verificado a revelia;

c) ter passado em julgado e estar revestida das formalidades necessárias para a execução no lugar em que foi proferida;

d) estar traduzida por intérprete autorizado;

Decreto-Lei n. 4.657, de 4-9-1942   **LINDB**

e) ter sido homologada pelo Supremo Tribunal Federal.

•• Com o advento da Emenda Constitucional n. 45, de 8-12-2004, que alterou o art. 105, I, *i*, da CF, a competência para homologar sentenças estrangeiras passou a ser do STJ.

Parágrafo único. (*Revogado pela Lei n. 12.036, de 1.º-10-2009.*)

Art. 16. Quando, nos termos dos artigos precedentes, se houver de aplicar a lei estrangeira, ter-se-á em vista a disposição desta, sem considerar-se qualquer remissão por ela feita a outra lei.

Art. 17. As leis, atos e sentenças de outro país, bem como quaisquer declarações de vontade, não terão eficácia no Brasil, quando ofenderem a soberania nacional, a ordem pública e os bons costumes.

Art. 18. Tratando-se de brasileiros, são competentes as autoridades consulares brasileiras para lhes celebrar o casamento e os mais atos de Registro Civil e de tabelionato, inclusive o registro de nascimento e de óbito dos filhos de brasileiro ou brasileira nascidos no país da sede do Consulado.

•• Artigo com redação determinada pela Lei n. 3.238, de 1.º-8-1957.

•• *Vide* art. 12, I, c, da CF.

§ 1.º As autoridades consulares brasileiras também poderão celebrar a separação consensual e o divórcio consensual de brasileiros, não havendo filhos menores ou incapazes do casal e observados os requisitos legais quanto aos prazos, devendo constar da respectiva escritura pública as disposições relativas à descrição e à partilha dos bens comuns e à pensão alimentícia e, ainda, ao acordo quanto à retomada pelo cônjuge de seu nome de solteiro ou à manutenção do nome adotado quando se deu o casamento.

•• § 1.º acrescentado pela Lei n. 12.874, de 29-10-2013.

§ 2.º É indispensável a assistência de advogado, devidamente constituído, que se dará mediante a subscrição de petição, juntamente com ambas as partes, ou com apenas uma delas, caso a outra constitua advogado próprio, não se fazendo necessário que a assinatura do advogado conste da escritura pública.

•• § 2.º acrescentado pela Lei n. 12.874, de 29-10-2013.

Art. 19. Reputam-se válidos todos os atos indicados no artigo anterior e celebrados pelos cônsules brasileiros na vigência do Decreto-lei n. 4.657, de 4 de setembro de 1942, desde que satisfaçam todos os requisitos legais.

•• *Caput* acrescentado pela Lei n. 3.238, de 1.º-8-1957.

Parágrafo único. No caso em que a celebração desses atos tiver sido recusada pelas autoridades consulares, com fundamento no art. 18 do mesmo Decreto-lei, ao interessado é facultado renovar o pedido dentre em 90 (noventa) dias contados da data da publicação desta Lei.

•• Parágrafo acrescentado pela Lei n. 3.238, de 1.º-8-1957.

Art. 20. Nas esferas administrativa, controladora e judicial, não se decidirá com base em valores jurídicos abstratos sem que sejam consideradas as consequências práticas da decisão.

•• *Caput* acrescentado pela Lei n. 13.655, de 25-4-2018.

•• Artigo regulamentado pelo Decreto n. 9.830, de 10-6-2019.

•• *Vide* art. 3.º do Decreto n. 9.830, de 10-6-2019.

Parágrafo único. A motivação demonstrará a necessidade e a adequação da medida imposta ou da invalidação de ato, contrato, ajuste, processo ou norma administrativa, inclusive em face das possíveis alternativas.

•• Parágrafo único acrescentado pela Lei n. 13.655, de 25-4-2018.

Art. 21. A decisão que, nas esferas administrativa, controladora ou judicial, decretar a invalidação de ato, contrato, ajuste, processo ou norma administrativa deverá indicar de modo expresso suas consequências jurídicas e administrativas.

•• *Caput* acrescentado pela Lei n. 13.655, de 25-4-2018.

•• Artigo regulamentado pelo Decreto n. 9.830, de 10-6-2019.

Parágrafo único. A decisão a que se refere o *caput* deste artigo deverá, quando for o caso, indicar as condições para que a regularização ocorra de modo proporcional e equânime e sem prejuízo aos interesses gerais, não se podendo impor aos sujeitos atingidos ônus ou perdas que, em função das peculiaridades do caso, sejam anormais ou excessivos.

•• Parágrafo único acrescentado pela Lei n. 13.655, de 25-4-2018.

Art. 22. Na interpretação de normas sobre gestão pública, serão considerados os obstáculos e as dificuldades reais do gestor e as exigências das políticas públicas a seu cargo, sem prejuízo dos direitos dos administrados.

•• *Caput* acrescentado pela Lei n. 13.655, de 25-4-2018.

•• Artigo regulamentado pelo Decreto n. 9.830, de 10-6-2019.

§ 1.º Em decisão sobre regularidade de conduta ou validade de ato, contrato, ajuste, processo ou norma administrativa, serão consideradas as circunstâncias práticas que houverem imposto, limitado ou condicionado a ação do agente.

•• § 1.º acrescentado pela Lei n. 13.655, de 25-4-2018.

§ 2.º Na aplicação de sanções, serão consideradas a natureza e a gravidade da infração cometida, os danos que dela provierem para a administração pública, as circunstâncias agravantes ou atenuantes e os antecedentes do agente.

•• § 2.º acrescentado pela Lei n. 13.655, de 25-4-2018.

§ 3.º As sanções aplicadas ao agente serão levadas em conta na dosimetria das demais sanções de mesma natureza e relativas ao mesmo fato.

•• § 3.º acrescentado pela Lei n. 13.655, de 25-4-2018.

Art. 23. A decisão administrativa, controladora ou judicial que estabelecer interpretação ou orientação nova sobre norma de conteúdo indeterminado, impondo novo dever ou novo condicionamento de direito, deverá prever regime de transição quando indispensável para que o novo dever ou condicionamento de direito seja cumprido de modo proporcional, equânime e eficiente e sem prejuízo aos interesses gerais.

•• *Caput* acrescentado pela Lei n. 13.655, de 25-4-2018.
•• Artigo regulamentado pelo Decreto n. 9.830, de 10-6-2019.

Parágrafo único. (*Vetado*.)

•• Parágrafo único acrescentado pela Lei n. 13.655, de 25-4-2018.

Art. 24. A revisão, nas esferas administrativa, controladora ou judicial, quanto à validade de ato, contrato, ajuste, processo ou norma administrativa cuja produção já se houver completado levará em conta as orientações gerais da época, sendo vedado que, com base em mudança posterior de orientação geral, se declarem inválidas situações plenamente constituídas.

•• *Caput* acrescentado pela Lei n. 13.655, de 25-4-2018.
•• Artigo regulamentado pelo Decreto n. 9.830, de 10-6-2019.

Parágrafo único. Consideram-se orientações gerais as interpretações e especificações contidas em atos públicos de caráter geral ou em jurisprudência judicial ou administrativa majoritária, e ainda as adotadas por prática administrativa reiterada e de amplo conhecimento público.

•• Parágrafo único acrescentado pela Lei n. 13.655, de 25-4-2018.

Art. 25. (*Vetado*.)

•• Artigo acrescentado pela Lei n. 13.655, de 25-4-2018.

Art. 26. Para eliminar irregularidade, incerteza jurídica ou situação contenciosa na aplicação do direito público, inclusive no caso de expedição de licença, a autoridade administrativa poderá, após oitiva do órgão jurídico e, quando for o caso, após realização de consulta pública, e presentes razões de relevante interesse geral, celebrar compromisso com os interessados, observada a legislação aplicável, o qual só produzirá efeitos a partir de sua publicação oficial.

•• *Caput* acrescentado pela Lei n. 13.655, de 25-4-2018.
•• Artigo regulamentado pelo Decreto n. 9.830, de 10-6-2019.

§ 1.º O compromisso referido no *caput* deste artigo:

•• § 1.º acrescentado pela Lei n. 13.655, de 25-4-2018.

I – buscará solução jurídica proporcional, equânime, eficiente e compatível com os interesses gerais;

•• Inciso I acrescentado pela Lei n. 13.655, de 25-4-2018.

II – (*Vetado*.);

•• Inciso II acrescentado pela Lei n. 13.655, de 25-4-2018.

III – não poderá conferir desoneração permanente de dever ou condicionamento de direito reconhecidos por orientação geral;

•• Inciso III acrescentado pela Lei n. 13.655, de 25-4-2018.

IV – deverá prever com clareza as obrigações das partes, o prazo para seu cumprimento e as sanções aplicáveis em caso de descumprimento.

•• Inciso IV acrescentado pela Lei n. 13.655, de 25-4-2018.

§ 2.º (*Vetado*.)

•• § 2.º acrescentado pela Lei n. 13.655, de 25-4-2018.

Art. 27. A decisão do processo, nas esferas administrativa, controladora ou judicial, poderá impor compensação por benefícios indevidos ou prejuízos anormais ou injustos resultantes do processo ou da conduta dos envolvidos.

•• *Caput* acrescentado pela Lei n. 13.655, de 25-4-2018.
•• Artigo regulamentado pelo Decreto n. 9.830, de 10-6-2019.

§ 1.º A decisão sobre a compensação será motivada, ouvidas previamente as partes sobre seu cabimento, sua forma e, se for o caso, seu valor.

•• § 1.º acrescentado pela Lei n. 13.655, de 25-4-2018.

§ 2.º Para prevenir ou regular a compensação, poderá ser celebrado compromisso processual entre os envolvidos.

•• § 2.º acrescentado pela Lei n. 13.655, de 25-4-2018.

Art. 28. O agente público responderá pessoalmente por suas decisões ou opiniões técnicas em caso de dolo ou erro grosseiro.

•• *Caput* acrescentado pela Lei n. 13.655, de 25-4-2018.
•• Artigo regulamentado pelo Decreto n. 9.830, de 10-6-2019.
•• O STF, nas ADIs n. 6.421 e 6.428, nas sessões virtuais de 1.º-3-2024 a 8-3-2024 (*DOU* de 14-3-2024), por unanimidade, julgou prejudicadas as ações quanto à MP n. 966/2020 e, no mérito, julgou improcedente o pedido de declaração de inconstitucionalidade do art. 28 da LINDB e dos arts. 12 e 14 do Decreto n. 9.830/2019. Foi fixada a seguinte tese de julgamento: "1. Compete ao legislador ordinário dimensionar o conceito de culpa previsto no art. 37, § 6.º, da CF, respeitado o princípio da proporcionalidade, em especial na sua vertente de vedação à proteção insuficiente; 2. Estão abrangidas pela ideia de erro grosseiro as noções de imprudência, negligência e imperícia, quando efetivamente graves".
•• *Vide* arts. 12 a 17 do Decreto n. 9.830, de 10-6-2019.

§ 1.º (*Vetado*.)

•• § 1.º acrescentado pela Lei n. 13.655, de 25-4-2018.

§ 2.º (*Vetado*.)

•• § 2.º acrescentado pela Lei n. 13.655, de 25-4-2018.

§ 3.º (*Vetado*.)

•• § 3.º acrescentado pela Lei n. 13.655, de 25-4-2018.

Art. 29. Em qualquer órgão ou Poder, a edição de atos normativos por autoridade administrativa, salvo os de mera organização interna, poderá ser precedida de consulta pública para manifestação de interessados, preferencialmente por meio eletrônico, a qual será considerada na decisão.

•• *Caput* acrescentado pela Lei n. 13.655, de 25-4-2018.
•• Artigo regulamentado pelo Decreto n. 9.830, de 10-6-2019.

§ 1.º A convocação conterá a minuta do ato normativo e fixará o prazo e demais condições da consulta pública, observadas as normas legais e regulamentares específicas, se houver.

•• § 1.º acrescentado pela Lei n. 13.655, de 25-4-2018.

§ 2.º (*Vetado*.)

•• § 2.º acrescentado pela Lei n. 13.655, de 25-4-2018.

Art. 30. As autoridades públicas devem atuar para aumentar a segurança jurídica na aplicação das normas, inclusive por meio de regulamentos, súmulas administrativas e respostas a consultas.

•• *Caput* acrescentado pela Lei n. 13.655, de 25-4-2018.
•• Artigo regulamentado pelo Decreto n. 9.830, de 10-6-2019.
•• *Vide* arts. 18 e 19 do Decreto n. 9.830, de 10-6-2019.

Parágrafo único. Os instrumentos previstos no *caput* deste artigo terão caráter vinculante em relação ao órgão ou entidade a que se destinam, até ulterior revisão.

•• Parágrafo único acrescentado pela Lei n. 13.655, de 25-4-2018.

Rio de Janeiro, 4 de setembro de 1942; 121.º da Independência e 54.º da República.

GETÚLIO VARGAS

DECRETO-LEI N. 6.777, DE 8 DE AGOSTO DE 1944 (*)

Dispõe sobre a sub-rogação de imóveis gravados ou inalienáveis.

O Presidente da República, usando da atribuição que lhe confere o art. 180 da Constituição, decreta:

Art. 1.º Na sub-rogação de imóveis gravados ou inalienáveis, estes serão sempre substituídos por outros imóveis ou apólices da Dívida Pública.

Art. 2.º Se requerida a sub-rogação mediante permuta por apólices da Dívida Pública, o juiz mandará vender o imóvel em hasta pública, ressalvando ao interessado o direito de conservá-lo livre, desde que, antes de assinado o auto de arrematação, ofereça, em substituição, apólices de valor igual ou superior ao do maior lanço acima da avaliação, ou ao desta, na falta de licitante.

Art. 3.º A presente Lei entrará em vigor na data da sua publicação, aplicando-se aos casos ainda não julgados definitivamente.

Art. 4.º Revogam-se as disposições em contrário.

Rio de Janeiro, 8 de agosto de 1944; 123.º da Independência e 56.º da República.

GETÚLIO VARGAS

(*) Publicado no *DOU*, de 10-8-1944.

DECRETO-LEI N. 9.760, DE 5 DE SETEMBRO DE 1946 (*)

Dispõe sobre os bens imóveis da União e dá outras providências.

O Presidente da República, usando da atribuição que lhe confere o art. 180 da Constituição, decreta:

TÍTULO I
DOS BENS IMÓVEIS DA UNIÃO

Capítulo I
DA DECLARAÇÃO DOS BENS

Seção I
Da Enunciação

Art. 1.º Incluem-se entre os bens imóveis da União:

a) os terrenos de marinha e seus acrescidos;

b) os terrenos marginais dos rios navegáveis, em Territórios Federais, se, por qualquer título legítimo, não pertencerem a particular;

c) os terrenos marginais de rios e as ilhas nestes situadas, na faixa da fronteira do território nacional e nas zonas onde se faça sentir a influência das marés;

d) as ilhas situadas nos mares territoriais ou não, se por qualquer título legítimo não pertencerem aos Estados, Municípios ou particulares;

e) a porção de terras devolutas que for indispensável para a defesa da fronteira, fortificações, construções militares e estradas de ferro federais;

f) as terras devolutas situadas nos Territórios Federais;

g) as estradas de ferro, instalações portuárias, telégrafos, telefones, fábricas, oficinas e fazendas nacionais;

h) os terrenos dos extintos aldeamentos de índios e das colônias militares que não tenham passado, legalmente, para o domínio dos Estados, Municípios ou particulares;.

i) os arsenais com todo o material de marinha, exército e aviação, as fortalezas, fortificações e construções militares, bem como os terrenos adjacentes, reservados por ato imperial;

j) os que foram do domínio da Coroa;

k) os bens perdidos pelo criminoso condenado por sentença proferida em processo judiciário federal;

l) os que tenham sido a algum título, ou em virtude de lei, incorporados ao seu patrimônio.

Seção II
Da Conceituação

Art. 2.º São terrenos de marinha, em uma profundidade de 33 (trinta e três) metros, medidos horizontalmente, para a parte da terra, da posição da linha do preamar médio de 1831:

a) os situados no continente, na costa marítima e nas margens dos rios e lagoas, até onde se faça sentir a influência das marés;

b) os que contornam as ilhas situadas em zona onde se faça sentir a influência das marés.

Parágrafo único. Para os efeitos deste artigo a influência das marés é caracterizada pela oscilação periódica de 5 (cinco) centímetros pelo menos do nível das águas, que ocorra em qualquer época do ano.

Art. 3.º São terrenos acrescidos de marinha os que se tiverem formado, natural ou artificialmente, para o lado do mar ou dos rios e lagoas, em seguimento aos terrenos de marinha.

Art. 4.º São terrenos marginais os que banhados pelas correntes navegáveis, fora do alcance das marés, vão até a distância de 15 (quinze) metros medidos horizontalmente para a parte da terra, contados desde a linha média das enchentes ordinárias.

Art. 5.º São devolutas, na faixa da fronteira, nos Territórios Federais e no Distrito Federal, as terras que, não sendo próprias nem aplicadas a algum uso público federal, estadual ou municipal, não se incorporaram ao domínio privado:

a) por força da Lei n. 601, de 18 de setembro de 1850, Decreto n. 1.318, de 30 de janeiro de 1854, e outras leis e decretos gerais, federais e estaduais;

b) em virtude de alienação, concessão ou reconhecimento por parte da União ou dos Estados;

c) em virtude de lei ou concessão emanada de governo estrangeiro e ratificada ou reconhecida, expressa ou implicitamente, pelo Brasil, em tratado ou convenção de limites;

d) em virtude de sentença judicial com força de coisa julgada;

e) por se acharem em posse contínua e incontestada com justo título e boa-fé, por termo superior a 20 (vinte) anos;

(*) Publicado no *DOU*, de 6-9-1946. São originais os valores constantes deste diploma legal.

Decreto-Lei n. 9.760, de 5-9-1946 **Bens da União**

•• *Vide* arts. 1.238, *caput*, e 1.242 do CC.

f) por se acharem em posse pacífica e ininterrupta, por 30 (trinta) anos, independentemente de justo título de boa-fé;

•• *Vide* nota anterior.

g) por força de sentença declaratória nos termos do art. 148 da Constituição Federal, de 10 de novembro de 1937.

Parágrafo único. A posse a que a União condiciona a sua liberalidade não pode constituir latifúndio e depende do efetivo aproveitamento e morada do possuidor ou do seu preposto, integralmente satisfeitas por estes, no caso de posse de terras situadas na faixa da fronteira, as condições especiais impostas na lei.

Capítulo II
DA IDENTIFICAÇÃO DOS BENS

Seção I
Disposições Gerais

Arts. 6.º a 8.º (*Revogados pela Lei n. 11.481, de 31-5-2007.*)

Seção II
Da Demarcação dos Terrenos de Marinha

Art. 9.º É da competência do Serviço do Patrimônio da União (SPU) a determinação da posição das linhas do preamar médio do ano de 1831 e da média das enchentes ordinárias.

Parágrafo único. A partir da linha demarcatória posicionada na forma do *caput* deste artigo, o procedimento de demarcação física de limites entre os terrenos de domínio da União e os imóveis de terceiros poderá ser realizado pela União, por outros entes públicos ou por particulares, nos termos definidos em ato do Secretário de Coordenação e Governança do Patrimônio da União, observados os procedimentos licitatórios quando for o caso.

•• Parágrafo único acrescentado pela Lei n. 14.474, de 6-12-2022.

Art. 10. A determinação será feita à vista de documentos e plantas de autenticidade irrecusável, relativos àquele ano, ou quando não obtidos, à época que do mesmo se aproxime.

Art. 11. A Secretaria de Coordenação e Governança do Patrimônio da União realizará, no âmbito do processo demarcatório, audiência pública de demarcação das áreas da União, presencial ou eletrônica, nos Municípios abrangidos pelo trecho a ser demarcado.

•• *Caput* com redação determinada pela Lei n. 14.474, de 6-12-2022.

§ 1º A Secretaria de Coordenação e Governança do Patrimônio da União notificará o Município sobre a abertura do processo demarcatório e a apresentação de documentos históricos, cartográficos e institucionais, informando a respeito da realização da audiência e da cooperação na execução de procedimentos técnicos, inclusive quanto à publicidade perante a população local.

•• § 1.º com redação determinada pela Lei n. 14.474, de 6-12-2022.

§ 2º A Secretaria de Coordenação e Governança do Patrimônio da União fará o convite para a audiência pública, por meio de publicação em seu sítio eletrônico institucional e no Diário Oficial da União em até 30 (trinta) dias de sua realização, não descartados outros meios de publicidade.

•• § 2.º com redação determinada pela Lei n. 14.474, de 6-12-2022.

§ 3º Na audiência pública, além de colher documentos históricos, cartográficos e institucionais relativos ao trecho a ser demarcado, a Secretaria de Coordenação e Governança do Patrimônio da União apresentará à população interessada informações e esclarecimentos sobre o processo demarcatório, recebendo os referidos documentos em até 30 (trinta) dias após a sua realização.

•• § 3.º com redação determinada pela Lei n. 14.474, de 6-12-2022.

§ 4.º (*Revogado pela Lei n. 14.474, de 6-12-2022.*)

§ 5.º As audiências públicas a serem realizadas nos Municípios abrangidos pelo mesmo trecho a ser demarcado poderão ser simultâneas ou agrupadas.

•• § 5.º acrescentado pela Lei n. 14.474, de 6-12-2022.

Art. 12. Após a realização dos trabalhos técnicos que se fizerem necessários, o Superintendente do Patrimônio da União no Estado determinará a posição da linha demarcatória por despacho.

•• *Caput* com redação determinada pela Lei n. 13.139, de 26-6-2015.

Parágrafo único. (*Revogado pela Lei n. 13.139, de 26-6-2015.*)

Art. 12-A. A Secretaria do Patrimônio da União do Ministério do Planejamento, Orçamento e Gestão fará notificação pessoal dos interessados certos alcançados pelo traçado da linha demarcatória para, no prazo de 60 (sessenta) dias, oferecerem quaisquer impugnações.

•• *Caput* acrescentado pela Lei n. 13.139, de 26-6-2015.

§ 1.º Na área urbana, considera-se interessado certo o responsável pelo imóvel alcançado pelo traçado da linha demarcatória até a linha limite de terreno marginal ou de terreno de marinha que esteja cadastrado na Secretaria do Patrimônio da União ou inscrito no cadastro do Imposto Predial e Territorial Urbano (IPTU) ou outro cadastro que vier a substituí-lo.

•• § 1.º acrescentado pela Lei n. 13.139, de 26-6-2015.

§ 2.º Na área rural, considera-se interessado certo o responsável pelo imóvel alcançado pelo traçado da linha demarcatória até a linha limite de terreno marginal que esteja cadastrado na Secretaria do Patrimônio da União e, subsidiariamente, esteja inscrito no Cadastro Nacional de Imóveis Rurais (CNIR) ou outro que vier a substituí-lo.

•• § 2.º acrescentado pela Lei n. 13.139, de 26-6-2015.

§ 3.º O Município e o Instituto Nacional de Colonização e Reforma Agrária (Incra), no prazo de 30 (trinta) dias contado da solicitação da Secretaria do Patrimônio da União, deverão fornecer a relação dos inscritos nos cadastros previstos nos §§ 1.º e 2.º.

•• § 3.º acrescentado pela Lei n. 13.139, de 26-6-2015.

§ 4.º A relação dos imóveis constantes dos cadastros referidos nos §§ 1.º e 2.º deverá ser fornecida pelo Município e pelo Incra no prazo de 30 (trinta) dias contado da solicitação da Secretaria do Patrimônio da União.

•• § 4.º acrescentado pela Lei n. 13.139, de 26-6-2015.

§ 5.º A atribuição da qualidade de interessado certo independe da existência de título registrado no Cartório de Registro de Imóveis.

•• § 5.º acrescentado pela Lei n. 13.139, de 26-6-2015.

Art. 12-B. A Secretaria do Patrimônio da União do Ministério do Planejamento, Orçamento e Gestão fará notificação por edital, por meio de publicação em jornal de grande circulação no local do trecho demarcado e no *Diário Oficial da União*, dos interessados incertos alcançados pelo traçado da linha demarcatória para, no prazo de 60 (sessenta) dias, apresentarem quaisquer impugnações, que poderão ser dotadas de efeito suspensivo nos termos do parágrafo único do art. 61 da Lei n. 9.784, de 29 de janeiro de 1999.

•• Artigo acrescentado pela Lei n. 13.139, de 26-6-2015.

Art. 12-C. Fica a Secretaria do Patrimônio da União (SPU) autorizada a concluir até 31 de dezembro de 2025 a identificação dos terrenos marginais de rio federal navegável, dos terrenos de marinha e seus acrescidos, de que tratam os arts. 2.º, 3.º e 4.º deste Decreto-lei.

•• *Caput* acrescentado pela Lei n. 13.465, de 11-7-2017.

Parágrafo único. A conclusão de que trata este artigo refere-se ao disposto no *caput* do art. 12 deste Decreto-lei.

•• Parágrafo único acrescentado pela Lei n. 13.465, de 11-7-2017.

Art. 13. Tomando conhecimento das impugnações eventualmente apresentadas, o Superintendente do Patrimônio da União no Estado reexaminará o assunto e, se confirmar sua decisão, notificará os recorrentes que, no prazo improrrogável de 20 (vinte) dias contado da data de sua ciência, poderão interpor recurso, que poderá ser dotado de efeito suspensivo, dirigido ao Secretário do Patrimônio da União do Ministério do Planejamento, Orçamento e Gestão.

•• *Caput* com redação determinada pela Lei n. 13.139, de 26-6-2015.

Parágrafo único. O efeito suspensivo de que tratam o *caput* e o art. 12-B aplicar-se-á apenas à demarcação do trecho impugnado, salvo se o fundamento alegado na impugnação ou no recurso for aplicável a trechos contíguos, hipótese em que o efeito suspensivo, se deferido, será estendido a todos eles.

•• Parágrafo único com redação determinada pela Lei n. 13.139, de 26-6-2015.

Art. 14. Da decisão proferida pelo Secretário de Coordenação e Governança do Patrimônio da União da Secretaria Especial de Desestatização, Desinvestimento e Mercados do Ministério da Economia será dado conhecimento aos recorrentes que, no prazo de 20 (vinte) dias, contado da data de sua ciência, poderão interpor recurso, sem efeito suspensivo, dirigido ao superior hierárquico, em última instância.

•• Artigo com redação determinada pela Lei n. 13.874, de 20-9-2019.

Seção III
Da Demarcação de Terras Interiores

Art. 15. Serão promovidas pelo SPU as demarcações e aviventações de rumos desde que necessárias à exata individuação dos imóveis de domínio da União e sua perfeita discriminação da propriedade de terceiros.

Art. 16. Na eventualidade prevista no artigo anterior, o órgão local do SPU convidará, por edital, sem prejuízo sempre que possível, de convite por outro meio, os que se julgarem com direito aos imóveis confinantes a, dentro do prazo de 60 (sessenta) dias, oferecerem a exame os títulos, em que fundamentam seus direitos, e bem assim, quaisquer documentos elucidativos, como plantas, memoriais etc.

Parágrafo único. O edital será afixado na repartição arrecadadora da Fazenda Nacional, na localidade da situação do imóvel, e publicado no órgão oficial do Estado ou Território, ou na folha que lhe publicar o expediente, e no *Diário Oficial da União*, em se tratando de imóvel situado no Distrito Federal.

Art. 17. Examinados os documentos exibidos pelos interessados e quaisquer outros de que possa dispor, o SPU, se entender aconselhável, proporá ao confinante a realização da diligência de demarcação administrativa, mediante prévia assinatura de termo em que as partes interessadas se comprometam a aceitar a decisão que for proferida em última instância pelo CTU, desde que seja o caso.

§ 1.º Se não concordarem as partes na indicação de um só, os trabalhos demarcatórios serão efetuados por dois peritos, obrigatoriamente engenheiros ou agrimensores, designados um pelo SPU, outro pelo confinante.

§ 2.º Concluídas suas investigações preliminares os peritos apresentarão, conjuntamente ou não, laudo minucioso, concluindo pelo estabelecimento da linha divisória das propriedades demarcandas.

§ 3.º Em face do laudo ou laudos apresentados, se houver acordo entre a União, representada pelo procurador da Fazenda Pública, e o confinante, quanto ao estabelecimento da linha divisória, lavrar-se-á termo em livro próprio, do órgão local do SPU, efetuando o seu perito a cravação dos marcos, de acordo com o vencido.

§ 4.º O termo a que se refere o parágrafo anterior, isento de selos ou quaisquer emolumentos, terá força de escritura pública, e por meio de certidão de inteiro teor será devidamente averbado no Registro Geral da situação dos imóveis demarcandos.

§ 5.º Não chegando as partes ao acordo a que se refere o § 3.º deste artigo, o processo será submetido ao exame do CTU, cuja decisão terá força de sentença definitiva para a averbação aludida no parágrafo anterior.

§ 6.º As despesas com a diligência da demarcação serão rateadas entre o confinante e a União, indenizada esta da metade a cargo daquele.

Art. 18. Não sendo atendido pelo confinante o convite mencionado no art. 16, ou se ele se recusar a assinar o termo em que se compromete a aceitar a demarcação administrativa, o SPU providenciará no sentido de se proceder à demarcação judicial, pelos meios ordinários.

Seção III-A
Da Demarcação de Terrenos para
Regularização Fundiária de Interesse Social

•• Seção III-A acrescentada pela Lei n. 11.481, de 31-5-2007.

Art. 18-A. A União poderá lavrar auto de demarcação nos seus imóveis, nos casos de regularização fundiária de interesse social, com base no levantamento da situação da área a ser regularizada.

•• *Caput* acrescentado pela Lei n. 11.481, de 31-5-2007.

§ 1.º Considera-se regularização fundiária de interesse social aquela destinada a atender a famílias com renda familiar mensal não superior a 5 (cinco) salários mínimos.

•• § 1.º acrescentado pela Lei n. 11.481, de 31-5-2007.

§ 2.º O auto de demarcação assinado pelo Secretário do Patrimônio da União deve ser instruído com:

•• § 2.º, *caput*, acrescentado pela Lei n. 11.481, de 31-5-2007.

I – planta e memorial descritivo da área a ser regularizada, dos quais constem a sua descrição, com suas medidas perimetrais, área total, localização, confrontantes, coordenadas preferencialmente georreferenciadas dos vértices definidores de seus limites, bem como seu número de matrícula ou transcrição e o nome do pretenso proprietário, quando houver;

•• Inciso I acrescentado pela Lei n. 11.481, de 31-5-2007.

II – planta de sobreposição da área demarcada com a sua situação constante do registro de imóveis e, quando houver, transcrição ou matrícula respectiva;

•• Inciso II acrescentado pela Lei n. 11.481, de 31-5-2007.

III – certidão da matrícula ou transcrição relativa à área a ser regularizada, emitida pelo registro de imóveis competente e das circunscrições imobiliárias anteriormente competentes, quando houver;

•• Inciso III acrescentado pela Lei n. 11.481, de 31-5-2007.

IV – certidão da Secretaria do Patrimônio da União de que a área pertence ao patrimônio da União, indicando o Registro Imobiliário Patrimonial – RIP e o responsável pelo imóvel, quando for o caso;

•• Inciso IV acrescentado pela Lei n. 11.481, de 31-5-2007.

V – planta de demarcação da Linha Preamar Média – LPM, quando se tratar de terrenos de marinha ou acrescidos; e

•• Inciso V acrescentado pela Lei n. 11.481, de 31-5-2007.

VI – planta de demarcação da Linha Média das Enchentes Ordinárias – LMEO, quando se tratar de terrenos marginais de rios federais.

•• Inciso VI acrescentado pela Lei n. 11.481, de 31-5-2007.

§ 3.º As plantas e memoriais mencionados nos incisos I e II do § 2.º deste artigo devem ser assinados por profissional legalmente habilitado, com prova de anotação de responsabilidade técnica no competente Conselho Regional de Engenharia e Arquitetura – CREA.

•• § 3.º acrescentado pela Lei n. 11.481, de 31-5-2007.

§ 4.º Entende-se por responsável pelo imóvel o titular de direito outorgado pela União, devidamente identificado no RIP.

•• § 4.º acrescentado pela Lei n. 11.481, de 31-5-2007.

Art. 18-B. Prenotado e autuado o pedido de registro da demarcação no registro de imóveis, o oficial, no prazo de 30 (trinta) dias, procederá às buscas para identificação de matrículas ou transcrições correspondentes à área a ser regularizada e examinará os documentos apresentados, comunicando ao apresentante, de 1 (uma) única vez, a existência de eventuais exigências para a efetivação do registro.

•• Artigo acrescentado pela Lei n. 11.481, de 31-5-2007.

Art. 18-C. Inexistindo matrícula ou transcrição anterior e estando a documentação em ordem, ou atendidas as exigências feitas no art. 18-B desta Lei, o oficial do registro de imóveis deve abrir matrícula do imóvel em nome da União e registrar o auto de demarcação.

•• Artigo acrescentado pela Lei n. 11.481, de 31-5-2007.

Art. 18-D. Havendo registro anterior, o oficial do registro de imóveis deve notificar pessoalmente o titular de domínio, no imóvel, no endereço que constar do registro imobiliário ou no endereço fornecido pela União, e, por meio de edital, os confrontantes, ocupantes e terceiros interessados.

•• *Caput* acrescentado pela Lei n. 11.481, de 31-5-2007.

§ 1.º Não sendo encontrado o titular de domínio, tal fato será certificado pelo oficial encarregado da diligência, que promoverá sua notificação mediante o edital referido no *caput* deste artigo.

•• § 1.º acrescentado pela Lei n. 11.481, de 31-5-2007.

§ 2.º O edital conterá resumo do pedido de registro da demarcação, com a descrição que permita a identificação da área demarcada, e deverá ser publicado por 2 (duas) vezes, dentro do prazo de 30 (trinta) dias, em um jornal de grande circulação local.

•• § 2.º acrescentado pela Lei n. 11.481, de 31-5-2007.

§ 3.º No prazo de 15 (quinze) dias, contado da última publicação, poderá ser apresentada impugnação do pedido de registro do auto de demarcação perante o registro de imóveis.

•• § 3.º acrescentado pela Lei n. 11.481, de 31-5-2007.

§ 4.º Presumir-se-á a anuência dos notificados que deixarem de apresentar impugnação no prazo previsto no § 3.º deste artigo.

•• § 4.º acrescentado pela Lei n. 11.481, de 31-5-2007.

§ 5.º A publicação dos editais de que trata este artigo será feita pela União, que encaminhará ao oficial do registro de imóveis os exemplares dos jornais que os tenham publicado.

•• § 5.º acrescentado pela Lei n. 11.481, de 31-5-2007.

Art. 18-E. Decorrido o prazo previsto no § 3.º do art. 18-D desta Lei sem impugnação, o oficial do registro de imóveis deve abrir matrícula do imóvel em nome da União e registrar o auto de demarcação, procedendo às averbações necessárias nas matrículas ou transcrições anteriores, quando for o caso.

•• *Caput* acrescentado pela Lei n. 11.481, de 31-5-2007.

Parágrafo único. Havendo registro de direito real sobre a área demarcada ou parte dela, o oficial deverá proceder ao cancelamento de seu registro em decorrência da abertura da nova matrícula em nome da União.

•• Parágrafo único acrescentado pela Lei n. 11.481, de 31-5-2007.

Art. 18-F. Havendo impugnação, o oficial do registro de imóveis dará ciência de seus termos à União.

•• *Caput* acrescentado pela Lei n. 11.481, de 31-5-2007.

§ 1.º Não havendo acordo entre impugnante e a União, a questão deve ser encaminhada ao juízo competente, dando-se continuidade ao procedimento de registro relativo ao remanescente incontroverso.

•• § 1.º acrescentado pela Lei n. 11.481, de 31-5-2007.

§ 2.º Julgada improcedente a impugnação, os autos devem ser encaminhados ao registro de imóveis para que o oficial proceda na forma do art. 18-E desta Lei.

•• § 2.º acrescentado pela Lei n. 11.481, de 31-5-2007.

§ 3.º Sendo julgada procedente a impugnação, os autos devem ser restituídos ao registro de imóveis para as anotações necessárias e posterior devolução ao poder público.

•• § 3.º acrescentado pela Lei n. 11.481, de 31-5-2007.

§ 4.º A prenotação do requerimento de registro da demarcação ficará prorrogada até o cumprimento da decisão proferida pelo juiz ou até seu cancelamento a requerimento da União, não se aplicando às regularizações previstas nesta Seção o cancelamento por decurso de prazo.

•• § 4.º acrescentado pela Lei n. 11.481, de 31-5-2007.

Seção IV
Da Discriminação de Terras da União

Subseção I
Disposições preliminares

Art. 19. Incumbe ao SPU promover, em nome da Fazenda Nacional, a discriminação administrativa das terras na faixa de fronteira e nos Territórios Federais bem como de outras terras do domínio da União, a fim de descrevê-las, medi-las e extremá-las das do domínio particular.

Art. 20. Aos bens imóveis da União, quando indevidamente ocupados, invadidos, turbados na posse, ameaçados de perigos ou confundidos em suas limitações, cabem os remédios de direito comum.

Art. 21. Desdobra-se em duas fases ou instâncias o processo discriminatório, uma administrativa ou amigável, outra judicial, recorrendo a Fazenda Nacional à segunda, relativamente àqueles contra quem não houver surtido ou não puder surtir efeitos a primeira.

Parágrafo único. Dispensar-se-á, todavia, a fase administrativa ou amigável, nas discriminatórias, em que a Fazenda Nacional verificar ser a mesma de todo em grande parte ineficaz pela incapacidade, ausência ou conhecida oposição da totalidade ou maioria dos interessados.

Subseção II
Da discriminação administrativa

Art. 22. Procederá à abertura da instância administrativa o reconhecimento prévio da área discriminada, por engenheiro ou agrimensor com exercício no órgão local do SPU, que apresentará relatório ou memorial descritivo:

a) do perímetro com suas características e continência certa ou aproximada;

b) das propriedades e posses nele localizadas ou a ele confinantes, com os nomes e residências dos respectivos proprietários e possuidores;

c) das criações, benfeitorias e culturas, encontradas, assim como de qualquer manifestação evidente de posse das terras;

d) de um croquis circunstanciado quanto possível;

e) de outras quaisquer informações interessantes.

Art. 23. Com o memorial e documentos que porventura o instruírem, o procurador da Fazenda Pública iniciará o processo, convocando os interessados para em dia, hora e lugar indicados com o prazo antecedente não menor de 60 (sessenta) dias se instalarem os trabalhos de discriminação e apresentarem as partes seus títulos, documentos e informações que lhe possam interessar.

§ 1.º O processo discriminatório correrá na sede da situação da área discriminanda ou de sua maior parte.

§ 2.º A convocação ou citação será feita aos proprietários, possuidores, confinantes, a todos os interessados em geral, inclusive às mulheres casadas, por editais, e, além disso, cautelarmente por carta àqueles cujos nomes constarem do memorial do engenheiro ou agrimensor.

§ 3.º Os editais serão afixados em lugares públicos nas sedes dos municípios e distritos de paz, publicados três vezes no *Diário Oficial da União*, do Estado ou Território, consoante seja o caso, ou na folha que lhe der publicidade ao expediente, e duas vezes, na imprensa local, onde houver.

Art. 24. No dia, hora e lugar aprazados, o procurador da Fazenda Pública, acompanhado do engenheiro ou agrimensor autor do memorial, do escrivão para isso designado pelo chefe do órgão local do SPU e dos servidores deste que forem necessários, abrirá a diligência, dará por instalados os trabalhos e mandará fazer pelo escrivão a chamada dos interessados, procedendo-se a seguir ao recebimento, exame e conferência dos memoriais, requerimentos, informações, títulos e documentos apresentados pelos mesmos, bem como ao arrolamento das testemunhas informantes e indicação de um ou dois peritos que os citados porventura queiram eleger, por maioria de votos, para acompanhar e esclarecer o engenheiro ou agrimensor nos trabalhos topográficos.

§ 1.º Com os documentos pedidos e informações, deverão os interessados, sempre que lhes for possível e tanto quanto o for, prestar esclarecimentos, por escrito ou verbalmente, para serem reduzidos a termo pelo escrivão, acerca da origem e sequência de seus títulos ou posse, da localização, valor estimado e área certa ou aproximada das terras de que se julgarem legítimos senhores ou possuidores, de suas confrontações, dos nomes dos confrontantes, da natureza, qualidade, quantidade e valor das benfeitorias, culturas e criações nelas existentes e o montante do imposto territorial porventura pago.

§ 2.º As testemunhas oferecidas podem ser ouvidas desde logo e seus depoimentos tomados por escrito como elementos instrutivos do direito dos interessados.

§ 3.º A diligência se prolongará por tantos dias quantos necessários, lavrando-se diariamente auto do que se passar com assinatura dos presentes.

§ 4.º Ultimados os trabalhos desta diligência, serão designados dia e hora para a seguinte, ficando as partes, presentes e revéis, convocadas para ela sem mais intimação.

§ 5.º Entre as duas diligências mediará intervalo de 30 (trinta) a 60 (sessenta) dias, durante o qual o procurador da Fazenda Pública estudará os autos, habilitando-se a pronunciar sobre as alegações, documentos e direitos dos interessados.

Art. 25. A segunda diligência instalar-se-á com as formalidades da primeira, tendo por objeto a audiência dos interessados de lado a lado, o acordo que entre eles se firmar sobre a propriedade e posses que forem reconhecidas, o registro dos que são excluídos do processo, por não haverem chegado a acordo ou serem revéis, e a designação do ponto de partida dos trabalhos topográficos: o que tudo se assentará em autos circunstanciados, com a assinatura dos interessados presentes.

Art. 26. Em seguida o engenheiro ou agrimensor, acompanhado de tantos auxiliares quantos necessários, procederá aos trabalhos geodésicos e topográficos de levantamento da planta geral das terras, sua situação quanto à divisão administrativa e judiciária do Estado, Distrito ou Território, sua discriminação, medição e demarcação, separando as da Fazenda Nacional das dos particulares.

§ 1.º O levantamento técnico se fará com instrumentos de precisão, orientada a planta segundo o meridiano do lugar e determinada a declinação da agulha magnética.

§ 2.º A planta deve ser tão minuciosa quanto possível, assinalando as correntes de água com seu valor mecânico, e conformação orográfica aproximativa dos terrenos, as construções existentes, os quinhões de cada um, com as respectivas áreas e situação na divisão administrativa e judiciária do Estado, Distrito ou Território, valos, cercas, muros, tapumes, limites ou marcos divisórios, vias de comunicação e, por meio de convenções, as culturas, campos, matas, capoeiras, cerrados, caatingas e brejos.

§ 3.º A planta será acompanhada de relatório que descreverá circunstanciadamente as indicações daquela, as propriedades culturais, mineralógicas, pastoris e industriais do solo, a qualidade e quantidade das várias áreas de vegetação diversa, a distância dos povoados, pontos de embarque e vias de comunicação.

§ 4.º Os peritos nomeados e as partes que quiserem poderão acompanhar os trabalhos topográficos.

§ 5.º Se durante estes surgirem dúvidas que interrompam ou embaracem as operações, o engenheiro ou agrimensor as submeterá ao chefe do órgão local do SPU para que as resolva com a parte interessada, ouvindo os peritos e testemunhas, se preciso.

Art. 27. Tomar-se-á nos autos termo à parte para cada um dos interessados, assinado pelo representante do órgão local do SPU, contendo a descrição precisa das linhas e marcos divisórios, culturas e outras especificações constantes da planta geral e relatório do engenheiro ou agrimensor.

Art. 28. Findos os trabalhos, de tudo se lavrará auto solene e circunstanciado, em que as partes de lado a lado reconheçam e aceitem, em todos os seus atos, dizeres e operações, a discriminação feita.

O auto fará menção expressa de cada um dos termos a que alude o artigo antecedente e será assinado por todos os interessados, fazendo-o em nome da União, o procurador da Fazenda Pública.

Art. 29. A discriminação administrativa ou amigável não confere direito algum contra terceiros, senão contra a União e aqueles que forem partes no feito.

Art. 30. É lícito ao interessado tirar no SPU, para seu título, instrumento de discriminação, em forma de carta de sentença, contendo o termo e auto solene a que aludem os arts. 27 e 28.

Tal carta, assinada pelo diretor do SPU, terá força orgânica de instrumento público e conterá todos os requisitos necessários para transcrição e averbações nos Registros Públicos.

Parágrafo único. Para a providência de que trata este artigo, subirão ao diretor do SPU, em traslado, todas as peças que interessem ao despacho do pedido, com o parecer do órgão local do mesmo Serviço.

Art. 31. Os particulares não pagam custas no processo discriminatório, administrativo, salvo pelas diligências a seu exclusivo interesse e pela expedição das cartas de discriminação, para as quais as taxas serão as do Regimento de Custas.

Parágrafo único. Serão fornecidas gratuitamente as certidões necessárias à instrução do processo e as cartas de discriminação requeridas pelos possuidores de áreas consideradas diminutas, cujo valor declarado não seja superior a cinco mil cruzeiros, a critério do SPU.

Subseção III
Da discriminação judicial

•• A Lei n. 6.383, de 7-12-1976, derroga esta Subseção III.

Art. 32. Contra aqueles que discordarem em qualquer termo da instância administrativa ou por qualquer motivo não entrarem em composição amigável, abrirá a União, por seu representante em juízo, a instância judicial contenciosa.

Art. 33. Correrá o processo judiciário de discriminação perante o juízo competente, de acordo com a organização judiciária.

Art. 34. Na petição inicial, a União requererá a citação dos proprietários, possuidores, confinantes e em geral de todos os interessados, para acompanharem o processo de discriminação até o final, exibindo seus títulos de propriedade ou prestando minuciosas informações sobre suas posses ou ocupações, ainda que sem títulos documentários.

Parágrafo único. A petição será instruída com o relatório a que alude o art. 22.

Art. 35. A citação inicial compreenderá todos os atos do processo discriminatório, sendo de rigor a citação da mulher casada e do Ministério Público, quando houver menor interessado.

Art. 36. A forma e os prazos de citação obedecerão ao que dispõe o Código de Processo Civil.

Art. 37. Entregue em cartório o mandado de citação pessoal devidamente cumprido e findo o prazo da citação por edital, terão os interessados o prazo comum de 30 (trinta) dias para as providências do artigo seguinte.

Art. 38. Com os títulos, documentos e informações, deverão os interessados oferecer esclarecimentos por escrito, tão minuciosos quanto possível, especialmente acerca da origem e sequência de seus títulos, posses e ocupação.

Art. 39. Organizados os autos, tê-los-á com vista por 60 (sessenta) dias o representante da União em juízo para manifestar-se em memorial minucioso sobre os documentos, informações e pretensões dos interessados, bem como sobre o direito da União às terras que não forem do domínio particular, nos termos do art. 5.º deste Decreto-lei.

Parágrafo único. O juiz poderá prorrogar, mediante requerimento, o prazo de que trata este artigo no máximo por mais 60 (sessenta) dias.

Art. 40. No memorial, depois de requerer a exclusão das áreas que houver reconhecido como do domínio particular, na forma do artigo antecedente, pedirá a Procuradoria da República a discriminação das remanescentes como do domínio da União, indicando todos os elementos indispensáveis para esclarecimento da causa e, especialmente, os característicos das áreas que devem ser declaradas do mesmo domínio.

Art. 41. No memorial pedir-se-á a produção das provas juntamente com as perícias necessárias à demonstração do alegado pela União.

Art. 42. Devolvidos os autos a cartório, dar-se-á por edital, com prazo de 30 (trinta) dias, conhecimento das conclusões do memorial aos interessados, para que possam, querendo, concordar com as conclusões da Fazenda Nacional, e requerer a regularização de suas posses ou sanar quaisquer omissões que hajam cometido na defesa de seus direitos.

Este edital será publicado uma vez no *Diário Oficial da União*, do Estado, ou do Território, consoante seja o caso, ou na folha que lhe publicar o expediente, bem como na imprensa local, onde houver.

Art. 43. Conclusos os autos, o juiz tomando conhecimento do memorial da União excluirá as áreas por esta reconhecidas como do domínio particular e, quanto ao pedido de discriminação das áreas restantes, nomeará para as operações discriminatórias o engenheiro ou agrimensor, dois peritos da confiança dele juiz e os suplentes daquele e destes.

§ 1.º O engenheiro ou agrimensor e seu suplente serão propostos pelo SPU dentre os servidores de que dispuser, ficando-lhe facultado contratar auxiliares para os serviços de campo.

§ 2.º Poderão as partes, por maioria de votos, indicar, ao juiz, assistente técnico de sua confiança ao engenheiro ou agrimensor.

Art. 44. Em seguida terão as partes o prazo comum de 20 (vinte) dias para contestação, a contar da publicação do despacho a que se refere o artigo precedente, e que se fará no *Diário Oficial da União*, do Estado ou do Território, consoante seja o caso, ou na folha que lhe editar o expediente, bem como na imprensa local, se houver.

Art. 45. Se nenhum interessado contestar o pedido, o juiz julgará de plano procedente a ação.

Parágrafo único. Havendo contestação a causa tomará o curso ordinário e o juiz proferirá o despacho saneador.

Art. 46. No despacho saneador procederá o juiz na forma do art. 294 do Código de Processo Civil.

•• Refere-se ao Código de Processo Civil de 1939.

Art. 47. Se não houver sido requerida prova alguma ou findo o prazo para sua produção, mandará o juiz que se proceda à audiência de instrução e julgamento na forma do Código de Processo Civil.

Art. 48. Proferida a sentença e dela intimados os interessados, iniciar-se-á, a despeito de qualquer recurso, o levantamento e demarcação do perímetro declarado devoluto, extremando-o das áreas declaradas particulares, contestes e incontestes; para o que requererá a Fazenda Nacional, ou qualquer dos interessados: designação de dia, hora e lugar para começo das operações técnicas da discriminação, notificadas as partes presentes ou representadas, o engenheiro ou agrimensor e os peritos.

§ 1.º O recurso da sentença será o que determinar o Código de Processo Civil para decisões análogas.

§ 2.º O recurso subirá ao juízo *ad quem* nos autos suplementares, que se organizarão como no processo ordinário.

§ 3.º Serão desde logo avaliadas, na forma de direito, as benfeitorias indenizáveis dos interessados que foram excluídos ou de terceiros, reconhecidos de boa-fé pela sentença (Código de Processo Civil, art. 996, parágrafo único).

•• Refere-se ao Código de 1939.

Art. 49. Em seguida, o engenheiro ou agrimensor, acompanhado de seus auxiliares, procederá aos trabalhos geodésicos e topográficos de levantamento da planta geral das terras, sua situação quanto à divisão administrativa e judiciária do Estado, Distrito ou Território, sua discriminação, medição e demarcação, separando-as das terras particulares.

Parágrafo único. Na demarcação do perímetro devoluto atenderá o engenheiro ou agrimensor à sentença, títulos, posses, marcos, rumos, vestígios encontrados, fama da vizinhança, informações de testemunhas e antigos conhecedores do lugar e a outros elementos que coligir.

Art. 50. A planta levantada com os requisitos do artigo antecedente será instruída pelo engenheiro ou agrimensor com minucioso relatório ou memorial, donde conste necessariamente a descrição de todas as glebas devolutas abarcadas pelo perímetro geral. Para execução desses trabalhos o juiz marcará prazo prorrogável a seu prudente arbítrio.

Art. 51. A planta, que será autenticada pelo juiz, engenheiro ou agrimensor e peritos, deverá ser tão minuciosa quanto possível, assinalando as correntes d'água, a conformação orográfica aproximativa dos terrenos, as construções existentes, os quinhões de cada um, com as respectivas áreas e situação na divisão administrativa e judiciária do Estado, Distrito ou Território, valos, cerca, muros, tapumes, limites ou marcos divisórios, vias de comunicação e, por meio de convenções, as culturas, campos, matas, capoeiras, cerrados, caatingas e brejos.

Art. 52. O relatório ou memorial descreverá circunstanciadamente as indicações da planta, as propriedades culturais, mineralógicas, pastoris e industriais do solo, a qualidade e quantidade das várias áreas de vegetação diversa, a distância dos povoados, pontos de embarque e vias de comunicação.

Art. 53. Se durante os trabalhos técnicos da discriminação surgirem dúvidas que reclamem a deliberação do juiz, a este as submeterá o engenheiro ou agrimensor a fim de que as resolva, ouvidos, se preciso, os peritos.

Parágrafo único. O juiz ouvirá os peritos, quando qualquer interessado alegar falta que deva ser corrigida.

Art. 54. As plantas serão organizadas com observância das normas técnicas que lhes forem aplicáveis.

Art. 55. À planta anexar-se-ão o relatório ou memorial descritivo e as cadernetas das operações de campo, autenticadas pelo engenheiro ou agrimensor.

Art. 56. Concluídas as operações técnicas de discriminação assinará o juiz o prazo comum de 30 (trinta) dias aos interessados e outro igual à Fazenda Nacional, para sucessivamente falarem sobre o feito.

Art. 57. A seguir, subirão os autos à conclusão do juiz para este homologar a discriminação e declarar judicialmente do domínio da União as terras devolutas apuradas no perímetro discriminado e incorporadas ao patrimônio dos particulares, respectivamente, as declaradas do domínio particular, ordenando antes as diligências ou retificações que lhe parecerem necessárias para sua sentença homologatória.

Parágrafo único. Será meramente devolutivo o recurso que couber contra a sentença homologatória.

Art. 58. As custas do primeiro estádio da causa serão pagas pela parte vencida; as do estádio das operações executivas, topográficas e geodésicas, sê-lo-ão pela União e pelos particulares *pro rata*, na proporção da área dos respectivos domínios.

Art. 59. Constituirá atentado que o juiz coibirá, mediante simples monitória, o ato da parte que, no decurso do processo, dilatar a área de seus domínios ou ocupações, assim como o do terceiro que se intrusar no imóvel em discriminação.

Art. 60. As áreas disputadas pelos que houverem recorrido da sentença a que alude o art. 48 serão discriminadas com as demais, descritas no relatório ou memorial do engenheiro ou agrimensor e assinaladas na planta, em convenções específicas, a fim de que, julgados os recursos, se atribuam à União ou aos particulares, conforme o caso, mediante simples juntada aos autos da decisão superior, despacho do juiz mandando cumpri-la e anotação do engenheiro ou agrimensor na planta.

Parágrafo único. Terão os recorrentes direito de continuar a intervir nos atos discriminatórios e deverão ser para eles intimados até decisão final dos respectivos recursos.

Seção V
Da Regularização da Ocupação de Imóveis Presumidamente de Domínio da União

Art. 61. O SPU exigirá, de todo aquele que estiver ocupando imóvel presumidamente pertencente à União, que lhe apresente os documentos e títulos comprobatórios de seus direitos sobre o mesmo.

•• A Lei n. 2.185, de 11-2-1954, modifica a data de início da contagem do prazo para apresentação dos documentos e pedidos de regularização de posses de terrenos pertencentes ao domínio da União.

§ 1.º Para cumprimento do disposto neste artigo, o órgão local do SPU, por edital, sem prejuízo de intimação por outro meio, dará aos interessados o prazo de 60 (sessenta) dias, prorrogáveis por igual termo, a seu prudente arbítrio.

§ 2.º O edital será afixado na repartição arrecadadora da Fazenda Nacional, na localidade da situação do imóvel, e publicado no órgão oficial do Estado ou Território, ou na folha que lhe publicar o expediente, e no *Diário Oficial da União*, em se tratando de imóvel situado no Distrito Federal.

Art. 62. Apreciados os documentos exibidos pelos interessados e quaisquer outros que possa produzir, o SPU, com seu parecer, submeterá ao CTU a apreciação do caso.

Parágrafo único. Examinado o estado de fato e declarado o direito que lhe é aplicável, o CTU restituirá o processo ao SPU para o cumprimento da decisão, que então proferir.

Art. 63. Não exibidos os documentos na forma prevista no art. 61, o SPU declarará irregular a situação do ocupante, e, imediatamente, providenciará no sentido de recuperar a União à posse do imóvel esbulhado.

§ 1.º Para advertência a eventuais interessados de boa-fé e imputação de responsabilidades civis e penais, se for o caso, o SPU tornará pública, por edital, a decisão que declarar a irregularidade da detenção do imóvel esbulhado.

§ 2.º A partir da publicação da decisão a que alude o § 1.º, se do processo já não constar a prova do vício manifesto da ocupação anterior, considera-se constituída em má-fé a detenção de imóvel do domínio presumido da União, obrigado o detentor a satisfazer plenamente as composições da lei.

TÍTULO II
DA UTILIZAÇÃO DOS BENS IMÓVEIS DA UNIÃO

Capítulo I
DISPOSIÇÕES GERAIS

Art. 64. Os bens imóveis da União não utilizados em serviço público poderão, qualquer que seja a sua natureza, ser alugados, aforados ou cedidos.

§ 1.º A *locação* se fará quando houver conveniência em tornar o imóvel produtivo, conservando, porém, a União sua plena propriedade, considerada *arrendamento* mediante condições especiais, quando objetivada a exploração de frutos ou prestação de serviços.

§ 2.º O *aforamento* se dará quando coexistirem a conveniência de radicar-se o indivíduo ao solo e a de manter-se o vínculo da propriedade pública.

§ 3.º A *cessão* se fará quando interessar à União concretizar, com a permissão da utilização gratuita de imóvel seu, auxílio ou colaboração que entenda prestar.

Art. 65. (*Revogado pela Lei n. 9.636, de 15-5-1998.*)

Art. 66. (*Revogado pela Lei n. 9.636, de 15-5-1998.*)

Art. 67. Cabe privativamente ao SPU a fixação do valor locativo e venal dos imóveis de que trata este Decreto-lei.

Art. 68. Os foros, laudêmios, taxas, cotas, aluguéis e multas serão recolhidos na estação arrecadadora da Fazenda Nacional com jurisdição na localidade do imóvel.

Parágrafo único. Excetuam-se dessa disposição os pagamentos que, na forma deste Decreto-lei, devam ser efetuados mediante desconto em folha.

Art. 69. As repartições pagadoras da União remeterão mensalmente ao SPU relação nominal dos servidores que, a título de taxa ou aluguel, tenham sofrido desconto em folha de pagamento, com indicação das importâncias correspondentes.

Parágrafo único. O desconto a que se refere o presente artigo não se somará a outras consignações, para efeito de qualquer limite.

Art. 70. O ocupante do próprio nacional, sob qualquer das modalidades previstas neste Decreto-lei, é obrigado a zelar pela conservação do imóvel, sendo responsável pelos danos ou prejuízos que nele tenha causado.

Art. 71. O ocupante de imóvel da União, sem assentimento desta, poderá ser sumariamente despejado e perderá, sem direito a qualquer indenização, tudo quanto haja incorporado ao solo, ficando ainda sujeito ao disposto nos arts. 513, 515 e 517 do Código Civil.

•• A referência é feita a dispositivos do CC de 1916. *Vide* arts. 1.216, 1.218 e 1.220 do Código vigente.

Parágrafo único. Excetuam-se dessa disposição os ocupantes de boa-fé, com cultura efetiva e moradia habitual, e os com direitos assegurados por este Decreto-lei.

Art. 72. Os editais de convocação a concorrências serão obrigatoriamente afixados, pelo prazo mínimo de 15 (quinze) dias, na estação arrecadadora da Fazenda Nacional com jurisdição na localidade do imóvel e, quando convier, em outras repartições federais, devendo, ainda, sempre que possível, ter ampla divulgação em órgão de imprensa oficial e por outros meios de publicidade.

Parágrafo único. A fixação do edital será sempre atestada pelo chefe da repartição em que se tenha feito.

Art. 73. As concorrências serão realizadas na sede da repartição local do SPU.

§ 1.º Quando o diretor do mesmo Serviço julgar conveniente, poderá qualquer concorrência ser realizada na sede do órgão central da repartição.

§ 2.º Quando o objeto da concorrência for imóvel situado em lugar distante ou de difícil comunicação, poderá o chefe da repartição local do SPU delegar competência ao coletor federal da localidade para realizá-la.

§ 3.º As concorrências serão aprovadas pelo chefe da repartição local do SPU, *ad referendum* do diretor do mesmo Serviço, salvo no caso previsto no § 1.º deste artigo, em que compete ao diretor do SPU aprová-las.

Art. 74. Os termos, ajustes ou contratos relativos a imóveis da União, serão lavrados na repartição local do SPU e terão, para qualquer efeito, força de escritura pública, sendo isentos de publicação, para fins de seu registro pelo Tribunal de Contas.

§ 1.º Quando as circunstâncias aconselharem, poderão os atos de que trata o presente artigo ser lavrados em repartição arrecadadora da Fazenda, situada na localidade do imóvel.

§ 2.º Os termos de que trata o item 1 do art. 85 serão lavrados na sede da repartição a que tenha sido entregue o imóvel.

§ 3.º São isentos de registro pelo Tribunal de Contas os termos e contratos celebrados para os fins previstos nos arts. 79 e 80 deste Decreto-lei.

Art. 75. Nos termos, ajustes e contratos relativos a imóveis, a União será representada por procurador da Fazenda Pública que poderá, para esse fim, delegar competência a outro servidor federal.

§ 1.º Nos termos de que trata o art. 79, representará o SPU o chefe de sua repartição local, que, no interesse do Serviço, poderá para isso delegar competência a outro funcionário do Ministério da Fazenda.

§ 2.º Os termos a que se refere o art. 85 serão assinados perante o chefe da repartição interessada.

Capítulo II
DA UTILIZAÇÃO EM SERVIÇO PÚBLICO

Seção I
Disposições Gerais

Art. 76. São considerados como utilizados em serviço público os imóveis ocupados:

Decreto-Lei n. 9.760, de 5-9-1946   **Bens da União**

I – por serviço federal;

II – por servidor da União, como residência em caráter obrigatório.

Art. 77. A administração dos próprios nacionais aplicados em serviço público compete às repartições que os tenham a seu cargo, enquanto durar a aplicação. Cessada esta, passarão esses imóveis, independentemente do ato especial, à administração do SPU.

Art. 78. O SPU velará para que não sejam mantidos em uso público ou administrativo imóveis da União que ao mesmo uso não sejam estritamente necessários, levando ao conhecimento da autoridade competente as ocorrências que a esse respeito se verifiquem.

Seção II
Da Aplicação em Serviço Federal

Art. 79. A entrega de imóvel para uso da Administração Pública Federal direta compete privativamente à Secretaria do Patrimônio da União - SPU.

•• *Caput* com redação determinada pela Lei n. 9.636, de 15-5-1998.

§ 1.º A entrega, que se fará mediante termo, ficará sujeita a confirmação 2 (dois) anos após a assinatura do mesmo, cabendo ao SPU ratificá-la; desde que, nesse período, tenha o imóvel sido devidamente utilizado no fim para que fora entregue.

§ 2.º O chefe de repartição, estabelecimento ou serviço federal que tenha a seu cargo próprio nacional, não poderá permitir, sob pena de responsabilidade, sua invasão, cessão, locação ou utilização em fim diferente do qual lhe tenha sido prescrito.

§ 3.º Havendo necessidade de destinar imóvel ao uso de entidade da Administração Pública Federal indireta, a aplicação se fará sob o regime da cessão de uso.

•• § 3.º acrescentado pela Lei n. 9.636, de 15-5-1998.

§ 4.º Não subsistindo o interesse do órgão da administração pública federal direta na utilização de imóvel da União entregue para uso no serviço público, deverá ser formalizada a devolução mediante termo acompanhado de laudo de vistoria, recebido pela gerência regional da Secretaria do Patrimônio da União, no qual deverá ser informada a data da devolução.

•• § 4.º acrescentado pela Lei n. 11.481, de 31-5-2007.

§ 5.º Constatado o exercício de posse para fins de moradia em bens entregues a órgãos ou entidades da administração pública federal e havendo interesse público na utilização destes bens para fins de implantação de programa ou ações de regularização fundiária ou para titulação em áreas ocupadas por comunidades tradicionais, a Secretaria do Patrimônio da União fica autorizada a reaver o imóvel por meio de ato de cancelamento da entrega, destinando o imóvel para a finalidade que motivou a medida, ressalvados os bens imóveis da União que estejam sob a administração do Ministério da Defesa e dos Comandos da Marinha, do Exército e da Aeronáutica, e observado o disposto no inciso III do § 1.º do art. 91 da Constituição Federal.

•• § 5.º acrescentado pela Lei n. 11.481, de 31-5-2007.

§ 6.º O disposto no § 5.º deste artigo aplica-se, também, a imóveis não utilizados para a finalidade prevista no ato de entrega de que trata o *caput* deste artigo, quando verificada a necessidade de sua utilização em programas de provisão habitacional de interesse social.

•• § 6.º acrescentado pela Lei n. 11.481, de 31-5-2007.

Seção III
Da Residência Obrigatória de Servidor da União

Art. 80. A residência de servidor da União em próprio nacional ou em outro imóvel utilizado em serviço público somente será considerada obrigatória quando for indispensável, por necessidade de vigilância ou assistência constante.

Art. 81. O ocupante, em caráter obrigatório, de próprio nacional ou de outro imóvel utilizado em serviço público federal, fica sujeito ao pagamento da taxa de 3% (três por cento) ao ano sobre o valor atualizado, do imóvel ou da parte nele ocupada, sem exceder a 20% (vinte por cento) do seu vencimento ou salário.

§ 1.º Em caso de ocupação de imóvel alugado pela União, a taxa será de 50% (cinquenta por cento) sobre o valor locativo da parte ocupada.

§ 2.º A taxa que trata o presente artigo será arrecadada mediante desconto mensal em folha de pagamento.

§ 3.º É isento do pagamento da taxa o servidor da União que ocupar:

I – construção improvisada, junto à obra em que esteja trabalhando;

II – próprio nacional ou prédio utilizado por serviço público federal, em missão de caráter transitório, de guarda, plantão, proteção ou assistência; ou

III – alojamentos militares ou instalações semelhantes.

Decreto-Lei n. 9.760, de 5-9-1946 — **Bens da União**

§ 4.º O servidor que ocupar próprio nacional ou outro imóvel utilizado em serviço público da União, situado na zona rural, pagará apenas a taxa anual de 0,50% (meio por cento), sobre o valor atualizado do imóvel, ou da parte nele ocupada.

•• § 4.º acrescentado pelo art. 1.º da Lei n. 225, de 3-2-1948.

§ 5.º A taxa de uso dos imóveis ocupados por servidores militares continuará a ser regida pela legislação específica que dispõe sobre a remuneração dos militares, resguardado o disposto no § 3.º em se tratando de residência em alojamentos militares ou em instalações semelhantes.

•• § 5.º acrescentado pela Lei n. 9.636, de 15-5-1998.

Art. 82. A obrigatoriedade da residência será determinada expressamente por ato do ministro de Estado, sob a jurisdição de cujo Ministério se encontrar o imóvel, ouvido previamente o SPU.

•• *Caput* com redação determinada pelo art. 2.º da Lei n. 225, de 3-2-1948.

Parágrafo único. Os imóveis residenciais administrados pelos órgãos militares e destinados à ocupação por servidor militar, enquanto utilizados nesta finalidade serão considerados de caráter obrigatório, independentemente dos procedimentos previstos neste artigo.

•• Parágrafo único com redação determinada pela Lei n. 9.636, de 15-5-1998.

Art. 83. O ocupante, em caráter obrigatório, de próprio nacional não poderá, no todo ou em parte, cedê-lo, alugá-lo ou dar-lhe destino diferente do residencial.

§ 1.º A infração do disposto neste artigo constituirá falta grave, para o fim previsto no art. 234 do Decreto-lei n. 1.713, de 28 de outubro de 1939.

•• O Decreto-lei n. 1.713, de 28-10-1939, aprovou o Estatuto dos Funcionários Públicos Civis da União. Atualmente a matéria é tratada pela Lei n. 8.112, de 11-12-1990 – Regime Jurídico dos Servidores Públicos da União, das Autarquias e das Fundações Públicas Federais.

§ 2.º Verificada a hipótese prevista no parágrafo anterior, o SPU, ouvida a repartição interessada, examinará a necessidade de ser mantida a condição de obrigatoriedade da residência no imóvel, e submeterá o assunto, com o seu parecer e pelos meios competentes, à deliberação do Presidente da República.

Art. 84. Baixado o ato a que se refere o art. 82, se o caso for de residência em próprio nacional, o Ministério o remeterá, por cópia, ao SPU.

•• *Caput* com redação determinada pela Lei n. 225, de 3-2-1948.

Parágrafo único. A repartição federal que dispuser de imóvel que deva ser ocupado nas condições previstas no § 3.º do art. 81 deste Decreto-lei, comunicá-lo-á ao SPU, justificando-o.

Art. 85. A repartição federal que tenha sob sua jurisdição imóvel utilizado como residência obrigatória de servidor da União deverá:

I – entregá-lo ou recebê-lo do respectivo ocupante, mediante termo de que constarão as condições prescritas pelo SPU;

II – remeter cópia do termo ao SPU;

III – comunicar à repartição pagadora competente a importância do desconto que deva ser feito em folha de pagamento, para o fim previsto no § 2.º do art. 81, remetendo ao SPU cópia deste expediente;

IV – comunicar ao SPU qualquer alteração havida no desconto a que se refere o item anterior esclarecendo devidamente o motivo que a determinou; e

V – comunicar imediatamente ao SPU qualquer infração das disposições deste Decreto-lei, bem como a cessação da obrigatoriedade de residência, não podendo utilizar o imóvel em nenhum outro fim sem autorização do mesmo Serviço.

Capítulo III
DA LOCAÇÃO

Seção I
Disposições Gerais

Art. 86. Os próprios nacionais não aplicados, total ou parcialmente, nos fins previstos no art. 76 deste Decreto-lei, poderão, a juízo do SPU, ser alugados:

I – para residência de autoridades federais ou de outros servidores da União, no interesse do Serviço;

II – para residência de servidor da União, em caráter voluntário;

III – a quaisquer interessados.

Art. 87. A locação de imóveis da União se fará mediante contrato, não ficando sujeita a disposições de outras leis concernentes à locação.

Art. 88. É proibida a sublocação do imóvel, no todo ou em parte, bem como a transferência de locação.

Art. 89. O contrato de locação poderá ser rescindido:

I – quando ocorrer infração do disposto no artigo anterior;

II – quando os aluguéis não forem pagos nos prazos estipulados;

III – quando o imóvel for necessário a serviço público, e desde que não tenha a locação sido feita em condições especiais, aprovadas pelo Ministro da Fazenda;

IV – quando ocorrer inadimplemento de cláusula contratual.

§ 1.º Nos casos previstos nos itens I e II a rescisão dar-se-á de pleno direito, imitindo-se a União sumariamente na posse da coisa locada.

§ 2.º Na hipótese do item III, a rescisão poderá ser feita em qualquer tempo, por ato administrativo da União, sem que esta fique por isso obrigada a pagar ao locatário indenização de qualquer espécie, excetuada a que se refira a benfeitorias necessárias.

§ 3.º A rescisão, no caso do parágrafo anterior, será feita por notificação, em que se consignará o prazo para restituição do imóvel, que será:

a) de 90 (noventa) dias, quando situado em zona urbana;
b) de 180 (cento e oitenta) dias, quando em zona rural.

§ 4.º Os prazos fixados no parágrafo precedente poderão, a critério do SPU, ser prorrogados, se requerida a prorrogação em tempo hábil e justificadamente.

Art. 90. As benfeitorias necessárias só serão indenizáveis pela União quando o SPU tiver sido notificado da realização das mesmas dentro de 120 (cento e vinte) dias contados da sua execução.

Art. 91. Os aluguéis serão pagos:

I – mediante desconto em folha de pagamento, quando a locação se fizer na forma do item I do art. 86;

II – mediante recolhimento à estação arrecadadora da Fazenda Nacional, nos casos previstos nos itens II e III do mesmo art. 86.

§ 1.º O SPU comunicará às repartições competentes a importância dos descontos que devam ser feitos para os fins previstos neste artigo.

§ 2.º O pagamento dos aluguéis de que trata o item II deste artigo será garantido por depósito em dinheiro, em importância correspondente a 3 (três) meses de aluguel.

Seção II
Da Residência de Servidor da União no Interesse do Serviço

Art. 92. Poderão ser reservados pelo SPU próprios nacionais, no todo ou em parte, para moradia de servidores da União no exercício de cargo em comissão ou função gratificada, ou que, no interesse do serviço, convenha residam nas repartições respectivas ou nas suas proximidades.

Parágrafo único. A locação se fará sem concorrência e por aluguel correspondente à parte ocupada do imóvel.

Art. 93. As repartições que necessitem de imóveis para o fim previsto no artigo anterior solicitarão sua reserva ao SPU, justificando a necessidade.

Parágrafo único. Reservado o imóvel e assinado o contrato de locação, o SPU fará sua entrega ao servidor que deverá ocupá-lo.

Seção III
Da Residência Voluntária de Servidor da União

Art. 94. Os próprios nacionais não aplicados nos fins previstos no art. 76 ou no item I do art. 86 deste Decreto-lei, e que se prestem para moradia, poderão ser alugados para residência de servidor da União.

§ 1.º A locação se fará pelo aluguel que for fixado e mediante concorrência, que versará sobre as qualidades preferenciais dos candidatos, relativas ao número de dependentes, remuneração e tempo de serviço público.

§ 2.º As qualidades preferenciais serão apuradas conforme tabela organizada pelo SPU e aprovada pelo diretor-geral da Fazenda Nacional, tendo em vista o amparo dos mais necessitados.

Seção IV
Da Locação a quaisquer Interessados

Art. 95. Os imóveis da União não aplicados em serviço público e que não forem utilizados nos fins previstos nos itens I e II do art. 86, poderão ser alugados a quaisquer interessados.

Parágrafo único. A locação se fará em concorrência pública e pelo maior preço oferecido, na base mínima do valor locativo fixado.

Art. 96. Em se tratando de exploração de frutos ou prestação de serviços, a locação se fará sob forma de arrendamento, mediante condições especiais, aprovadas pelo Ministro da Fazenda.

Parágrafo único. Salvo em casos especiais, expressamente determinados em lei, não se fará arrendamento por prazo superior a 20 (vinte) anos.

•• Parágrafo único com redação determinada pela Lei n. 11.314, de 3-7-2006.

Art. 97. Terão preferência para a locação de próprio nacional os Estados e Municípios que, porém, ficarão sujeitos ao pagamento da cota ou aluguel fixado e ao cumprimento das demais obrigações estipuladas em contrato.

Art. 98. Ao possuidor de benfeitorias, que estiver cultivando, por si e regularmente, terras compreendidas entre as de que trata o art. 65, fica assegurada a preferência para o seu arrendamento, se tal regime houver sido julgado aconselhável para a utilização das mesmas.

•• O art. 65 foi revogado pela Lei n. 9.636, de 15-5-1998.

Parágrafo único. Não usando desse direito no prazo que for estipulado, será o possuidor das benfeitorias indenizado do valor das mesmas, arbitrado pelo SPU.

Capítulo IV
DO AFORAMENTO

Seção I
Disposições Gerais

Art. 99. A utilização do terreno sob regime de aforamento dependerá de prévia autorização do Presidente da República, salvo se já permitida em expressa disposição legal.

Parágrafo único. Em se tratando de terreno beneficiado com construção constituída de unidades autônomas, ou, comprovadamente, para tal fim destinado, o aforamento poderá ter por objeto as partes ideais correspondentes às mesmas unidades.

Art. 100. A aplicação do regime de aforamento a terras da União, quando autorizada na forma deste Decreto-lei, compete ao SPU, sujeita, porém, a prévia audiência:

a) dos Ministérios da Guerra, por intermédio dos Comandos das Regiões Militares; da Marinha, por intermédio das Capitanias dos Portos; da Aeronáutica, por intermédio dos Comandos das Zonas Aéreas, quando se tratar de terrenos situados dentro da faixa de fronteiras, da faixa de 100 (cem) metros ao longo da costa marítima ou de uma circunferência de 1.320 (um mil trezentos e vinte) metros de raio em torno das fortificações e estabelecimentos militares;

b) do Ministério da Agricultura, por intermédio dos seus órgãos locais interessados, quando se tratar de terras suscetíveis de aproveitamento agrícola ou pastoril;

c) do Ministério da Viação e Obras Públicas, por intermédio de seus órgãos próprios locais, quando se tratar de terrenos situados nas proximidades de obras portuárias, ferroviárias, rodoviárias, de saneamento ou de irrigação;

d) das Prefeituras Municipais, quando se tratar de terreno situado em zona que esteja sendo urbanizada.

§ 1.º A consulta versará sobre zona determinada, devidamente caracterizada.

§ 2.º Os órgãos consultados deverão se pronunciar dentro de 30 (trinta) dias do recebimento da consulta, prazo que poderá ser prorrogado por outros 30 (trinta) dias, quando solicitado, importando o silêncio em assentimento à aplicação do regime enfitêutico na zona caracterizada na consulta.

§ 3.º As impugnações, que se poderão restringir a parte da zona sobre que haja versado a consulta, deverão ser devidamente fundamentadas.

§ 4.º O aforamento, à vista de ponderações dos órgãos consultados, poderá subordinar-se a condições especiais.

§ 5.º Considerada improcedente a impugnação, a autoridade submeterá o recurso à autoridade superior, nos termos estabelecidos em regulamento.

•• § 5.º com redação determinada pela Lei n. 13.874, de 20-9-2019.

§ 6.º Nos casos de aplicação do regime de aforamento gratuito com vistas na regularização fundiária de interesse social, ficam dispensadas as audiências previstas neste artigo, ressalvados os bens imóveis sob administração do Ministério da Defesa e dos Comandos do Exército, da Marinha e da Aeronáutica.

•• § 6.º acrescentado pela Lei n. 11.481, de 31-5-2007.

§ 7.º Quando se tratar de imóvel situado em áreas urbanas consolidadas e fora da faixa de segurança de que trata o § 3.º do art. 49 do Ato das Disposições Constitucionais Transitórias, serão dispensadas as audiências previstas neste artigo e o procedimento será estabelecido em norma da Secretaria do Patrimônio da União.

•• § 7.º com redação determinada pela Lei n. 13.240, de 30-12-2015.

Art. 101. Os terrenos aforados pela União ficam sujeitos ao foro de 0,6% (seis décimos por cento) do valor do respectivo domínio pleno, que será anualmente atualizado.

•• *Caput* com redação determinada pela Lei n. 7.450, de 23-12-1985.

Parágrafo único. O não pagamento do foro durante 3 (três) anos consecutivos, ou 4 (quatro) anos intercalados, importará a caducidade do aforamento.

Decreto-Lei n. 9.760, de 5-9-1946 — **Bens da União**

•• Parágrafo único com redação determinada pela Lei n. 9.636, de 15-5-1998.

• *Vide* art. 47, § 2.º, da Lei n. 9.636, de 15-5-1998.

Art. 102. *(Revogado pelo Decreto-lei n. 2.398, de 21-12-1987.)*

Art. 103. O aforamento extinguir-se-á:

•• *Caput* com redação determinada pela Lei n. 11.481, de 31-5-2007.

I – por inadimplemento de cláusula contratual;

•• Inciso I acrescentado pela Lei n. 11.481, de 31-5-2007.

II – por acordo entre as partes;

•• Inciso II acrescentado pela Lei n. 11.481, de 31-5-2007.

III – pela remissão do foro, nas zonas onde não mais subsistam os motivos determinantes da aplicação do regime enfitêutico;

•• Inciso III acrescentado pela Lei n. 11.481, de 31-5-2007.

IV – pelo abandono do imóvel, caracterizado pela ocupação, por mais de 5 (cinco) anos, sem contestação, de assentamentos informais de baixa renda, retornando o domínio útil à União; ou

•• Inciso IV acrescentado pela Lei n. 11.481, de 31-5-2007.

V – por interesse público, mediante prévia indenização.

•• Inciso V acrescentado pela Lei n. 11.481, de 31-5-2007.

§ 1.º Consistindo o inadimplemento de cláusula contratual no não pagamento do foro durante 3 (três) anos consecutivos, ou 4 (quatro) anos intercalados, é facultado ao foreiro, sem prejuízo do disposto no art. 120, revigorar o aforamento mediante as condições que lhe forem impostas.

•• § 1.º com redação determinada pela Lei n. 9.636, de 15-5-1998.

§ 2.º Na consolidação pela União do domínio pleno de terreno que haja concedido em aforamento, deduzir-se-á do valor do mesmo domínio a importância equivalente a 17% (dezessete por cento) correspondente ao valor do domínio direto.

•• § 2.º com redação determinada pela Lei n. 9.636, de 15-5-1998.

Seção II
Da Constituição

Art. 104. Decidida a aplicação do regime enfitêutico a terrenos compreendidos em determinada zona, a SPU notificará os interessados com preferência ao aforamento nos termos dos arts. 105 e 215, para que o requeiram dentro do prazo de 180 (cento e oitenta) dias, sob pena de perda dos direitos que porventura lhes assistam.

•• *Caput* com redação determinada pela Lei n. 9.636, de 15-5-1998.

Parágrafo único. A notificação será feita por edital afixado na repartição arrecadadora da Fazenda Nacional com jurisdição na localidade do imóvel, e publicado no *Diário Oficial da União*, mediante aviso publicado 3 (três) vezes, durante o período de convocação, nos 2 (dois) jornais de maior veiculação local, e sempre que houver interessados conhecidos, por carta registrada.

•• Parágrafo único com redação determinada pela Lei n. 9.636, de 15-5-1998.

Art. 105. Têm preferência ao aforamento:

I – os que tiverem título de propriedade devidamente transcrito no Registro de Imóveis;

II – os que estejam na posse dos terrenos, com fundamento em título outorgado pelos Estados ou Municípios;

III – os que, necessariamente, utilizam os terrenos para acesso às suas propriedades;

IV – os ocupantes inscritos até o ano de 1940, e que estejam quites com o pagamento das devidas taxas, quanto aos terrenos de marinha e seus acrescidos;

V – *(Revogado pela Lei n. 9.636, de 15-5-1998.)*

VI – os concessionários de terrenos de marinha, quanto aos seus acrescidos, desde que estes não possam constituir unidades autônomas;

VII – os que no terreno possuam benfeitorias, anteriores ao ano de 1940, de valor apreciável em relação ao daquele;

VIII – *(Revogado pela Lei n. 9.636, de 15-5-1998.)*

IX – *(Revogado pela Lei n. 9.636, de 15-5-1998.)*

X – *(Revogado pela Lei n. 9.636, de 15-5-1998.)*

§ 1.º As divergências sobre propriedade, servidão ou posse devem ser decididas pelo Poder Judiciário.

•• § 1.º acrescentado pela Lei n. 13.139, de 26-6-2015.

§ 2.º A decisão da Secretaria do Patrimônio da União quanto ao pedido formulado com fundamento no direito de preferência previsto neste artigo constitui ato vinculado e somente poderá ser desfavorável, de forma fundamentada, caso haja algum impedimento, entre aqueles já previstos em lei, informado em consulta formulada entre aquelas previstas na legislação em vigor, ou nas hipóteses previstas no inciso II do art. 9.º da Lei n. 9.636, de 15 de maio de 1998.

•• § 2.º acrescentado pela Lei n. 13.139, de 26-6-2015.

Art. 106. Os pedidos de aforamento serão dirigidos ao chefe do órgão local do SPU, acompanhados dos documentos comprobatórios dos direitos alegados pelo interessado e de planta ou *croquis* que identifique o terreno.

Art. 107. (*Revogado pelo Decreto-lei n. 2.398, de 21-12-1987.*)

Art. 108. O Superintendente do Patrimônio da União no Estado apreciará a documentação e, deferindo o pedido, calculará o foro, com base no art. 101, e concederá o aforamento, devendo o foreiro comprovar sua regularidade fiscal perante a Fazenda Nacional até o ato da contratação.

•• *Caput* com redação determinada pela Lei n. 13.139, de 26-6-2015.

Parágrafo único. O Ministério do Planejamento, Orçamento e Gestão estabelecerá diretrizes e procedimentos simplificados para a concessão do aforamento de que trata o *caput*.

•• Parágrafo único acrescentado pela Lei n. 13.139, de 26-6-2015.

Art. 109. Concedido o aforamento, será lavrado em livro próprio da Superintendência do Patrimônio da União o contrato enfitêutico de que constarão as condições estabelecidas e as características do terreno aforado.

•• *Caput* com redação determinada pela Lei n. 13.139, de 26-6-2015.

Art. 110. Expirado o prazo de que trata o art. 104 e não havendo interesse do serviço público na manutenção do imóvel no domínio pleno da União, a SPU promoverá a venda do domínio útil dos terrenos em posse, ou daqueles que se encontrem na posse de quem não tenha atendido à notificação a que se refere o mesmo artigo ou de quem, tendo requerido, não tenha preenchido as condições necessárias para obter a concessão do aforamento.

•• Artigo com redação determinada pela Lei n. 9.636, de 15-5-1998.

Art. 111. (*Revogado pelo Decreto-lei n. 2.398, de 21-12-1987.*)

Seção III
Da Transferência

Arts. 112 a 115. (*Revogados pelo Decreto-lei n. 2.398, de 21-12-1987.*)

Art. 115-A. Efetuada a transação e transcrito o título no registro de imóveis, o antigo foreiro, exibindo os documentos comprobatórios, deverá comunicar a transferência à Superintendência do Patrimônio da União, no prazo de até sessenta dias, sob pena de permanecer responsável pelos débitos que vierem a incidir sobre o imóvel até a data da comunicação.

•• Artigo acrescentado pela Lei n. 13.465, de 11-7-2017.

Art. 116. Efetuada a transação e transcrito o título no Registro de Imóveis, o adquirente, exibindo os documentos comprobatórios, deverá requerer, no prazo de 60 (sessenta) dias, que para o seu nome se transfiram as obrigações enfitêuticas.

§ 1.º A transferência das obrigações será feita mediante averbação, no órgão local do SPU, do título de aquisição devidamente transcrito no Registro de Imóveis, ou, em caso de transmissão parcial, do terreno mediante termo.

§ 2.º O adquirente estará sujeito à multa de 0,50% (cinquenta centésimos por cento), por mês ou fração, sobre o valor do terreno, caso não requeira a transferência no prazo estabelecido no *caput* deste artigo.

•• § 2.º com redação determinada pela Lei n. 13.465, de 11-7-2017.

§ 3.º Para fatos geradores anteriores a 22 de dezembro de 2016, a cobrança da multa de que trata o § 2.º deste artigo será efetuada de forma proporcional, regulamentada por intermédio de ato específico da Secretaria do Patrimônio da União (SPU).

•• § 3.º acrescentado pela Lei n. 13.465, de 11-7-2017.

Art. 117. (*Revogado pelo Decreto-lei n. 2.398, de 21-12-1987.*)

Seção IV
Da Caducidade e Revigoração

Art. 118. Caduco o aforamento na forma do parágrafo único do art. 101, o órgão local do SPU notificará o foreiro, por edital, ou, quando possível, por carta registrada, marcando-lhe o prazo de 90 (noventa) dias para apresentar qualquer reclamação ou solicitar a revigoração do aforamento.

•• *Caput* com redação determinada pela Lei n. 9.636, de 15-5-1998.

Parágrafo único. Em caso de apresentação de reclamação, o prazo para o pedido de revigoração será contado da data da notificação ao foreiro da decisão final proferida.

Art. 119. Reconhecido o direito do requerente e pagos os foros em atraso, o chefe do órgão local da Secretaria do Patrimônio da União concederá a revigoração do aforamento.

•• *Caput* com redação determinada pela Lei n. 11.481, de 31-5-2007.

Parágrafo único. A Secretaria do Patrimônio da União disciplinará os procedimentos operacionais destinados à revigoração de que trata o *caput* deste artigo.

•• Parágrafo único acrescentado pela Lei n. 11.481, de 31-5-2007.

Art. 120. A revigoração do aforamento poderá ser negada se a União necessitar do terreno para serviço público, ou, quanto às terras de que trata o art. 65, quando não estiverem as mesmas sendo utilizadas apropriadamente, obrigando-se, nesses casos, à indenização das benfeitorias porventura existentes.

•• O art. 65 foi revogado pela Lei n. 9.636, de 15-5-1998.

Art. 121. Decorrido o prazo de que trata o art. 118, sem que haja sido solicitada a revigoração do aforamento, o chefe do órgão local do SPU providenciará no sentido de ser cancelado o aforamento no Registro de Imóveis e procederá na forma do disposto no art. 110.

Parágrafo único. Nos casos de cancelamento de registro de aforamento, considera-se a certidão da Secretaria do Patrimônio da União de cancelamento de aforamento documento hábil para o cancelamento de registro nos termos do inciso III do *caput* do art. 250 da Lei n. 6.015, de 31 de dezembro de 1973.

•• Parágrafo único acrescentado pela Lei n. 11.481, de 31-5-2007.

Seção V
Da Remissão

Art. 122. Autorizada, na forma do disposto no art. 103, a remissão do aforamento dos terrenos compreendidos em determinada zona, o SPU notificará os foreiros, na forma do parágrafo único do art. 104, da autorização concedida.

Parágrafo único. A decisão da Secretaria do Patrimônio da União sobre os pedidos de remissão do aforamento de terreno de marinha e/ou acrescido de marinha localizado fora da faixa de segurança constituí ato vinculado.

•• Parágrafo único com redação determinada pela Lei n. 13.139, de 26-6-2015.

Art. 123. A remição do aforamento será feita pela importância correspondente a 17% (dezessete por cento) do valor do domínio pleno do terreno, excluídas as benfeitorias.

•• Artigo com redação determinada pela Lei n. 13.240, de 30-12-2015.

•• *Vide* art. 24, § 5.º, da Lei n. 9.636, de 15-5-1998.

Art. 124. Efetuado o resgate, o órgão local do SPU expedirá certificado de remissão, para averbação no Registro de Imóveis.

Capítulo V
DA CESSÃO

Art. 125. *(Revogado pela Lei n. 9.636, de 15-5-1998.)*

Art. 126. *(Revogado pela Lei n. 9.636, de 15-5-1998.)*

Capítulo VI
DA OCUPAÇÃO

Art. 127. Os atuais ocupantes de terrenos da União, sem título outorgado por esta, ficam obrigados ao pagamento anual da taxa de ocupação.

§ 1.º *(Revogado pelo Decreto-lei n. 2.398, de 21-12-1987.)*

§ 2.º *(Revogado pelo Decreto-lei n. 2.398, de 21-12-1987.)*

Art. 128. O pagamento da taxa será devido a partir da inscrição de ocupação, efetivada de ofício ou a pedido do interessado, não se vinculando ao cadastramento do imóvel.

•• *Caput* com redação determinada pela Lei n. 13.139, de 26-6-2015.

§§ 1.º a 3.º *(Revogados pela Lei n. 13.139, de 26-6-2015.)*

§ 4.º Caso o imóvel objeto do pedido de inscrição de ocupação não se encontre cadastrado, a Secretaria do Patrimônio da União do Ministério do Planejamento, Orçamento e Gestão efetuará o cadastramento.

•• § 4.º acrescentado pela Lei n. 13.139, de 26-6-2015.

Art. 129. *(Revogado pelo Decreto-lei n. 2.398, de 21-12-1987.)*

Art. 130. *(Revogado pelo Decreto-lei n. 2.398, de 21-12-1987.)*

Art. 131. A inscrição e o pagamento da taxa de ocupação não importam, em absoluto, no reconhecimento, pela União, de qualquer direito de propriedade do ocupante sobre o terreno ou ao seu aforamento, salvo no caso previsto no item 4 do art. 105.

Art. 132. A União poderá, em qualquer tempo que necessitar do terreno, imitir-se na posse do mesmo, promovendo sumariamente a sua desocupação, observados os prazos fixados no § 3.º, do art. 89.

§ 1.º As benfeitorias existentes no terreno somente serão indenizadas, pela importância arbitrada pelo SPU, se por este for julgada de boa-fé a ocupação.

§ 2.º Do julgamento proferido na forma do parágrafo anterior, cabe recurso para o CTU, no prazo de 30 (trinta) dias da ciência dada ao ocupante.

§ 3.º O preço das benfeitorias será depositado em juízo pelo SPU, desde que a parte interessada não se proponha recebê-lo.

Art. 132-A. Efetuada a transferência do direito de ocupação, o antigo ocupante, exibindo os documentos comprobatórios, deverá comunicar a transferência à Superintendência do Patrimônio da União, no prazo de até sessenta dias, sob pena de permanecer responsável pelos débitos que vierem a incidir sobre o imóvel até a data da comunicação.

•• Artigo acrescentado pela Lei n. 13.465, de 11-7-2017.

Art. 133. (*Revogado pela Lei n. 9.636, de 15-5-1998.*)

Título III
DA ALIENAÇÃO DOS BENS IMÓVEIS DA UNIÃO

Capítulo I
DISPOSIÇÕES GERAIS

•• Os arts. 134 a 140, que compunham este Capítulo I, foram revogados pelo Decreto-lei n. 2.398, de 21-12-1987.

Capítulo II
DOS IMÓVEIS UTILIZÁVEIS EM FINS RESIDENCIAIS

•• Os arts. 141 a 144, que compunham este Capítulo II, foram revogados pelo Decreto-lei n. 2.398, de 21-12-1987.

Capítulo III
DOS IMÓVEIS UTILIZÁVEIS EM FINS COMERCIAIS OU INDUSTRIAIS

•• Os arts. 145 a 148, que compunham este Capítulo III, foram revogados pelo Decreto-lei n. 2.398, de 21-12-1987.

Capítulo IV
DOS TERRENOS DESTINADOS A FINS AGRÍCOLAS E DE COLONIZAÇÃO

Art. 149. Serão reservados em zonas rurais, mediante escolha do Ministério da Agricultura, na forma da lei, terrenos da União, para estabelecimento de núcleos coloniais.

§ 1.º Os terrenos assim reservados, excluídas as áreas destinadas à sede, logradouros e outros serviços gerais do núcleo, serão loteados para venda de acordo com plano organizado pelo Ministério da Agricultura.

§ 2.º O Ministério da Agricultura remeterá ao SPU cópia do plano geral do núcleo, devidamente aprovado.

Art. 150. Os lotes de que trata o § 1.º do artigo anterior serão vendidos a nacionais que queiram dedicar-se à agricultura e a estrangeiros agricultores, a critério, na forma da lei, do Ministério da Agricultura.

Art. 151. O preço de venda dos lotes será estabelecido por comissão de avaliação designada pelo diretor da Divisão de Terras e Colonização (DTC) do Departamento Nacional da Produção Vegetal, do Ministério da Agricultura.

Art. 152. O preço da aquisição poderá ser pago em prestações anuais até o máximo de 15 (quinze), compreendendo amortização e juros de 6% (seis por cento) ao ano, em total constante e discriminável conforme o estado real da dívida.

§ 1.º A primeira prestação vencer-se-á no último dia do terceiro ano e as demais no último dos anos restantes, sob pena de multa de mora de 5% (cinco por cento) ao ano sobre o valor da dívida.

§ 2.º Em casos de atraso de pagamento superior a 2 (dois) anos proceder-se-á à cobrança executiva da dívida, salvo motivo justificado, a critério da DTC.

§ 3.º O adquirente poderá, em qualquer tempo, antecipar o pagamento da dívida, bem como fazer amortização em cotas parciais, não inferiores a hum mil cruzeiros, para o fim de reduzir a importância ou o número das prestações, ou ambos.

Art. 153. Ajustada a transação, lavrar-se-á contrato de promessa de compra e venda, de que constarão todas as condições que hajam sido estipuladas.

Parágrafo único. Para elaboração da minuta do contrato, a DTC remeterá ao SPU os elementos necessários, concernentes à qualificação do adquirente, à identificação do lote e às obrigações estabelecidas, quanto ao pagamento e à utilização do terreno.

Art. 154. Pago o preço total da aquisição, e cumpridas as demais obrigações assumidas, será lavrado o contrato definitivo de compra e venda.

Parágrafo único. Em caso de falecimento do adquirente que tenha pago 3 (três) prestações será dispensado o pagamento do restante da dívida aos seus herdeiros, aos quais será outorgado o título definitivo.

Art. 155. O promitente comprador e, quanto a núcleos coloniais não emancipados, o proprietário do lote, não poderão onerar nem por qualquer forma transferir o imóvel, sem prévia licença da DTC.

Parágrafo único. A DTC dará conhecimento ao SPU das licenças que tiver concedido para os fins de que trata o presente artigo.

Art. 156. As terras de que trata o art. 65 poderão ser alienadas, sem concorrência, pelo SPU, com prévia audiência do Ministério da Agricultura, aos seus arrendatários, possuidores ou ocupantes.

•• O art. 65 foi revogado pela Lei n. 9.636, de 15-5-1998.

Parágrafo único. A alienação poderá ser feita nas condições previstas nos arts. 152, 153 e 154, vencível, porém, a primeira prestação no último dia do primeiro ano, e excluída a dispensa de que trata o parágrafo único do art. 154.

Art. 157. Os contratos, de que tratam os artigos anteriores, são sujeitos às disposições deste Decreto-lei.

Art. 158. Cabe ao SPU fiscalizar o pagamento das prestações devidas e à DTC o cumprimento das demais obrigações contratuais.

Capítulo V
DOS TERRENOS OCUPADOS

Arts. 159 a 163. (*Revogados pelo Decreto-lei n. 2.398, de 21-12-1987.*)

Capítulo VI
DA LEGITIMAÇÃO DE POSSE DE TERRAS DEVOLUTAS

Art. 164. Proferida a sentença homologatória a que se refere o art. 57, iniciará a Fazenda Nacional a execução, sem embargo de qualquer recurso, requerendo preliminarmente ao juiz da causa a intimação dos possuidores de áreas reconhecidas ou julgadas devolutas a legitimarem suas posses, caso o queiram, a lei o permita e o Governo Federal consinta-lhes fazê-lo, mediante pagamento das custas que porventura estiverem devendo e recolhimento aos cofres da União, dentro de 60 (sessenta) dias, da taxa de legitimação.

Parágrafo único. O termo de 60 (sessenta) dias começará a correr da data em que entrar em cartório a avaliação da área possuída.

Art. 165. Declarar-se-ão no requerimento aqueles a quem o Governo Federal recusa legitimação.

Dentro de 20 (vinte) dias da intimação os possuidores que quiserem e puderem legitimar suas posses fá-lo-ão saber, mediante comunicação autêntica ao juiz da causa ou ao SPU.

Art. 166. Consistirá a taxa de legitimação em porcentagem sobre a avaliação que será feita por perito residente no foro *rei sitae*, nomeado pelo juiz.

O perito não terá direito a emolumentos superiores aos cifrados no Regimento de Custas Judiciais.

Art. 167. A avaliação recairá exclusivamente sobre o valor do solo, excluído o das benfeitorias, culturas, animais, acessórios e pertences do legitimante.

Art. 168. A taxa será de 5% (cinco por cento) em relação às posses titulares de menos de 20 (vinte) e mais de 10 (dez) anos; de 10% (dez por cento) às tituladas de menos de 10 (dez) anos; de 20% (vinte por cento) e 15% (quinze por cento) para as não tituladas respectivamente de menos de 15 (quinze) anos ou menos de 30 (trinta) e mais de 15 (quinze).

Art. 169. Recolhidas aos cofres públicos nacionais as custas porventura devidas, as da avaliação e a taxa de legitimação, expedirá o diretor do SPU, a quem subirá o respectivo processo, o título de legitimação, pelo qual pagará o legitimante apenas o selo devido.

§ 1.º O título será confeccionado em forma de carta de sentença, com todos os característicos e individuações da propriedade a que se refere, segundo modelo oficial.

§ 2.º Deverá ser registrado em livro a isso destinado pelo SPU, averbando-se ao lado, em coluna própria, a publicação no *Diário Oficial da União*, do Estado ou do Território, consoante seja o caso, ou na folha que lhe publicar o expediente bem como a transcrição que do respectivo título se fizer no Registro Geral de Imóveis da comarca da situação das terras, segundo o artigo subsequente.

Art. 170. Será o título transcrito no competente Registro Geral de Imóveis, feita a necessária publicação no *Diário Oficial da União*, do Estado ou do Território, conforme o caso, ou na folha que lhe editar o expediente.

§ 1.º O oficial do registro de imóveis remeterá ao SPU uma certidão em relatório da transcrição feita, a fim de ser junta aos autos.

§ 2.º Incorrerá na multa de duzentos cruzeiros a hum mil cruzeiros, aplicada pela autoridade judiciária local, a requerimento do SPU, o oficial que não fizer a transcrição ou remessa dentro de 30 (trinta) dias do recebimento do título.

Art. 171. Contra os que, sendo-lhes permitido fazer, não fizerem a legitimação no prazo legal, promoverá o SPU a execução de sentença por mandado de imissão de posse.

Art. 172. Providenciará o SPU a transcrição no competente Registro Geral de Imóveis, das terras sobre que versar a execução, assim como de todas declaradas de domínio da União e a ele incorporadas, para o que se habilitará com carta de sentença, aparelhada no estilo do direito comum.

Art. 173. Aos brasileiros natos ou naturalizados, possuidores de áreas consideradas diminutas, atendendo-se às peculiaridades locais, com títulos externamente perfeitos de aquisições de boa-fé, é lícito requerer e ao SPU conceder expedição de título de domínio, sem taxa ou com taxa inferior à fixada no presente Decreto-lei.

Art. 174. O Governo Federal negará legitimação, quando assim entender de justiça, de interesse público ou quando assim lhe ordenar a disposição da lei, cumprindo-lhe, se for o caso, indenizar as benfeitorias feitas de boa-fé.

Título IV
DA JUSTIFICAÇÃO DE POSSE DE TERRAS DEVOLUTAS

Art. 175. Aos interessados que se acharem nas condições das letras e, f, g e parágrafo único do art. 5.º será facultada a justificação administrativa de suas posses perante o órgão local do SPU, a fim de se forrarem a possíveis inquietações da parte da União e a incômodos de pleitos em tela judicial.

Art. 176. As justificações só têm eficácia nas relações dos justificantes com a Fazenda Nacional e não obstam, ainda em caso de malogro, o uso dos remédios que porventura lhes caibam e a dedução de seus direitos em juízo, na forma e medida da legislação civil.

Art. 177. O requerimento de justificação será dirigido ao chefe do órgão local do SPU, indicando o nome, nacionalidade, estado civil e residência do requerente e de seu representante no local da posse, se o tiver; a data da posse e os documentos que possam determinar a época do seu início e continuidade; a situação das terras e indicação da área certa ou aproximada, assim como a natureza das benfeitorias, culturas e criações que houver, com o valor real ou aproximado de uma e outras, a descrição dos limites da posse com indicação de todos os confrontantes e suas residências, o rol de testemunhas e documentos que acaso corroborem o alegado.

Art. 178. Recebido, protocolado e autuado o requerimento com os documentos que o instruírem, serão os autos distribuídos ao procurador da Fazenda Pública para tomar conhecimento do pedido e dirigir o processo.

Parágrafo único. Se o pedido não se achar em forma, ordenará o referido procurador ao requerente que complete as omissões, que contiver; se se achar em forma ou for sanado das omissões, admiti-lo-á a processo.

Art. 179. Do pedido dar-se-á então conhecimento a terceiros, por aviso circunstanciado publicado três vezes, dentro de 60 (sessenta) dias, no *Diário Oficial da União*, do Estado ou Território, consoante for o caso, ou na folha que lhe der publicidade ao expediente, e duas vezes, com intervalo de 20 (vinte) dias, no jornal da comarca, ou Município, onde estiverem as terras, se houver, adiantadas as respectivas despesas pelo requerente.

Art. 180. Poderão contestar o pedido terceiros por ele prejudicados, dentro de 30 (trinta) dias, depois de findo o prazo edital.

Parágrafo único. A contestação mencionará o nome e residência do contestante, motivos de sua oposição e provas em que se fundar. Apresentada a contestação ou findo o prazo para ela marcado, o procurador da Fazenda Pública requisitará ao SPU um dos seus engenheiros ou agrimensores para, em face dos autos, proceder a uma vistoria sumária da área objeto da justificação e prestar todas as informações que interessem ao despacho do pedido.

Art. 181. Realizada a vistoria, serão as partes admitidas, uma após outra, a inquirir suas testemunhas cujos depoimentos serão reduzidos a escrito em forma breve pelo escrivão *ad hoc*, que for designado para servir no processo.

Art. 182. Terminadas as inquirições serão os autos encaminhados, com parecer do procurador da Fazenda Pública, ao chefe do órgão local do SPU, para decidir o caso de acordo com as provas colhidas e com outras que possa determinar *ex officio*.

Art. 183. Da decisão proferida pelo chefe do órgão local do SPU cabe ao procurador da Fazenda Pública

Decreto-lei n. 9.760, de 5-9-1946 — **Bens da União**

e às partes recurso voluntário para o Conselho de Terras da União (CTU), dentro do prazo de 30 (trinta) dias da ciência dada aos interessados pessoalmente ou por carta registrada.

Parágrafo único. Antes de presente ao CTU subirão os autos do recurso ao diretor do SPU para manifestar-se sobre o mesmo.

Art. 184. Julgada procedente a justificação e transitando em julgado a decisão administrativa, expedirá o diretor do SPU, à vista do processo respectivo, título recognitivo do domínio do justificante, título que será devidamente formalizado como o de legitimação.

Art. 185. Carregar-se-ão às partes interessadas as custas e despesas feitas, salvo as de justificação com assento no art. 148 da Constituição Federal, que serão gratuitas, quando julgadas procedentes.

A contagem se fará pelo Regimento das Custas Judiciais.

•• Refere-se à CF de 1937. *Vide* art. 183 da CF.

Título V
DO CONSELHO DE TERRAS DA UNIÃO

Art. 186. Fica criado, no Ministério da Fazenda, o Conselho de Terras da União (CTU), órgão coletivo de julgamento e deliberação na esfera administrativa, de questões concernentes a direitos de propriedade ou posse de imóveis entre a União e terceiros, e de consulta do Ministro da Fazenda.

•• O Conselho de Terras da União (CTU) foi extinto pelo Decreto n. 73.977, de 23-4-1974.

Parágrafo único. O CTU terá, além disso, as atribuições específicas que lhe forem conferidas no presente Decreto-lei.

Art. 187. O CTU será constituído por seis membros nomeados pelo Presidente da República, e cujos mandatos, com a duração de 3 (três) anos, serão renovados pelo terço.

§ 1.º As nomeações recairão em três servidores da União, dois dos quais engenheiros e um bacharel em direito, dentre nomes indicados pelo Ministro da Fazenda, e os restantes escolhidos de listas tríplices apresentadas pela Federação Brasileira de Engenheiros, pela Ordem dos Advogados do Brasil e pela Federação das Associações de Proprietários de Imóveis do Brasil ou, na falta destes, por entidades congêneres.

§ 2.º Os conselheiros terão suplentes, indicados e nomeados na mesma forma daqueles.

§ 3.º Aos suplentes cabe, quando convocados pelo presidente do Conselho, substituir, nos impedimentos temporários e nos casos de perda ou renúncia de mandato, os respectivos conselheiros.

Art. 188. O CTU será presidido por um conselheiro, eleito anualmente pelos seus pares na primeira reunião de cada ano.

Parágrafo único. Concomitantemente com a do presidente, far-se-á a eleição do vice-presidente, que substituirá aquele em suas faltas e impedimentos.

Art. 189. O CTU funcionará com a maioria de seus membros e realizará no mínimo oito sessões mensais, das quais será lavrada ata circunstanciada.

Art. 190. Os processos submetidos ao Conselho serão distribuídos, em sessão, ao conselheiro relator, mediante sorteio.

§ 1.º Os conselheiros poderão reter, pelo prazo de 15 (quinze) dias, prorrogável, quando solicitado, a critério do Conselho, os processos que lhe tenham sido distribuídos para o relatório ou conclusos, mediante pedido de vista.

§ 2.º Ao presidente do Conselho, além das que lhe forem cometidas pelo Regimento, competem as mesmas atribuições dos demais conselheiros.

Art. 191. O CTU decidirá por maioria de votos dos membros presentes cabendo ao seu presidente, além do de qualidade, o voto de desempate.

Art. 192. Das decisões do Conselho caberá recurso para o próprio Conselho, no prazo de 20 (vinte) dias úteis, contados da data da decisão proferida.

Parágrafo único. Os recursos somente serão julgados com a presença de, no mínimo, igual número dos membros presentes à sessão em que haja sido proferida a decisão recorrida.

Art. 193. Junto ao Conselho serão admitidos procuradores das partes interessadas no julgamento, aos quais será permitido pronunciarem oral em sessão, constando do processo o instrumento do mandato.

§ 1.º A Fazenda Nacional será representada por servidor da União, designado pelo Ministro da Fazenda, cabendo-lhe ter vista dos processos, pelo prazo improrrogável de 15 (quinze) dias, antes do seu julgamento e depois de estudados pelo conselheiro relator.

§ 2.º O representante da Fazenda terá suplente, pela mesma forma designado, que o substituirá em suas faltas e impedimentos.

Art. 194. O CTU votará e aprovará seu Regimento.

Parágrafo único. Nenhuma alteração se fará no Regimento sem aprovação do Conselho, em duas sessões consecutivas, a que estejam presentes pelo menos cinco conselheiros.

Art. 195. O Conselho terá uma secretaria, que será chefiada por um secretário e terá os auxiliares necessários, todos designados pelo diretor-geral da Fazenda Nacional.

Parágrafo único. Ao secretário competirá, além das atribuições que lhe forem cometidas no Regimento, lavrar e assinar as atas das sessões, que serão submetidas à aprovação do Conselho.

Art. 196. O conselheiro que, sem causa justificada, a critério do próprio Conselho, faltar a quatro sessões consecutivas, perderá o mandato.

Art. 197. Serão considerados de efetivo exercício os dias em que o conselheiro, servidor da União, ou o representante da Fazenda estiver afastado do serviço público ordinário, em virtude de comparecimento a sessão do Conselho.

Título VI
DISPOSIÇÕES FINAIS E TRANSITÓRIAS

Art. 198. A União tem por insubsistentes e nulas quaisquer pretensões sobre o domínio pleno de terrenos de marinha e seus acrescidos, salvo quando originais em títulos por ela outorgados na forma do presente Decreto-lei.

Art. 199. A partir da data da publicação do presente Decreto-lei, cessarão as atribuições cometidas a outros órgãos da administração federal, que não o CTU, concernentes ao exame e julgamento, na esfera administrativa, de questões entre a União e terceiros, relativas à propriedade ou posse de imóvel.

§ 1.º Os órgãos a que se refere este artigo remeterão ao CTU, dentro de 30 (trinta) dias, os respectivos processos pendentes de decisão final.

§ 2.º Poderá, a critério do Governo, ser concedido novo prazo para apresentação, ao CTU, dos títulos de que trata o art. 2.º do Decreto-lei n. 893, de 26 de novembro de 1938.

Art. 200. Os bens imóveis da União, seja qual for a sua natureza, não são sujeitos à usucapião.

Art. 201. São consideradas dívidas ativas da União para efeito de cobrança executiva, as provenientes de aluguéis, taxas, foros, laudêmios e outras contribuições concernentes à utilização de bens imóveis da União.

Art. 202. Ficam confirmadas as demarcações de terrenos de marinha com fundamento em lei vigente na época em que tenham sido realizadas.

Art. 203. Fora dos casos expressos em lei, não poderão as terras devolutas da União ser alienadas ou concedidas senão a título oneroso.

Parágrafo único. Até que sejam regularmente instalados nos Territórios Federais os órgãos locais do SPU, continuarão os governadores a exercer as atribuições que a lei lhes confere, no que respeita às concessões de terras.

Art. 204. Na faixa de fronteira observar-se-á rigorosamente, em matéria de concessão de terras, o que a respeito estatuir a lei vigente, cujos dispositivos prevalecerão em qualquer circunstância.

Art. 205. À pessoa estrangeira física ou jurídica, não serão alienados, concedidos ou transferidos imóveis da União situados nas zonas de que trata a letra *a* do art. 100, exceto se houver autorização do Presidente da República.

§ 1.º Fica dispensada a autorização quando se tratar de unidade autônoma de condomínio, regulados pela Lei n. 4.591, de 16 de dezembro de 1964, desde que o imóvel esteja situado em zona urbana, e as frações ideais pretendidas, em seu conjunto, não ultrapassem 1/3 (um terço) de sua área total.

•• § 1.º acrescentado pela Lei n. 7.450, de 23-12-1985.

§ 2.º A competência prevista neste artigo poderá ser delegada ao Ministro de Estado do Planejamento, Orçamento e Gestão, permitida a subdelegação ao Secretário do Patrimônio da União do Ministério do Planejamento, Orçamento e Gestão.

•• § 2.º com redação determinada pela Lei n. 13.139, de 26-6-2015.

§ 3.º Exclusivamente para pessoas físicas, fica dispensada a autorização quando se tratar de transferência de titularidade de terrenos de até mil metros quadrados, situados dentro da faixa de cem metros ao longo da costa marítima.

•• § 3.º acrescentado pela Lei n. 13.465, de 11-7-2017.

§ 4.º A dispensa de que trata o § 3.º deste artigo aplica-se, também, aos processos de transferência protocolados na Secretaria do Patrimônio da União (SPU) até 22 de dezembro de 2016.

•• § 4.º acrescentado pela Lei n. 13.465, de 11-7-2017.

Art. 206. Os pedidos de aforamento de terrenos da União, já formulados ao SPU, deverão prosseguir em seu processamento, observadas, porém, as disposições deste Decreto-lei no que for aplicável.

Art. 207. A DTC do Departamento Nacional da Produção Vegetal, do Ministério da Agricultura, remeterá ao SPU, no prazo de 180 (cento e oitenta) dias da publicação deste Decreto-lei, cópia das plantas dos núcleos coloniais, bem como dos termos, ajustes, contratos e títulos referentes à aquisição de lotes dos mesmos núcleos, e, ainda, relação dos adquirentes e dos pagamentos por eles efetuados.

Art. 208. Dentro de 90 (noventa) dias da publicação deste Decreto-lei, as repartições federais interessadas deverão remeter ao SPU relação dos imóveis de que necessitam, total ou parcialmente, para os fins previstos no art. 76 e no item I do art. 86, justificando o pedido.

Parágrafo único. Findo esse prazo, o SPU encaminhará dentro de 30 (trinta) dias ao Presidente da República as relações que dependam de sua aprovação, podendo dar aos demais imóveis da União a aplicação que julgar conveniente, na forma deste Decreto-lei.

Art. 209. As repartições federais deverão remeter ao SPU, no prazo de 60 (sessenta) dias da publicação deste Decreto-lei, relação dos imóveis que tenham a seu cargo, acompanhada da documentação respectiva, com indicação dos que estejam servindo de residência de servidor da União, em caráter obrigatório, e do ato determinante da obrigatoriedade.

Art. 210. Fica cancelada toda dívida existente, até à data da publicação deste Decreto-lei, oriunda de aluguel de imóvel ocupado por servidor da União como residência em caráter obrigatório, determinado em lei, regulamento, regimento, ou outros atos do Governo.

Art. 211. Enquanto não forem aprovadas, na forma deste Decreto-lei, as relações de que trata o art. 208, os ocupantes de imóveis, que devam constituir residência obrigatória de servidor da União, ficam sujeitos ao pagamento do aluguel comum, que for fixado.

Art. 212. Serão mantidas as locações, mediante contrato, de imóveis da União, existentes na data da publicação deste Decreto-lei.

Parágrafo único. Findo o prazo contratual, o SPU promoverá a conveniente utilização do imóvel.

Art. 213. Havendo, na data da publicação deste Decreto-lei, prédio residencial ocupado sem contrato e que não seja necessário aos fins previstos no art. 76 e no item I do art. 86, o SPU promoverá a realização de concorrência para sua regular locação.

§ 1.º Enquanto não realizada a concorrência, poderá o ocupante permanecer no imóvel, pagando o aluguel que for fixado.

§ 2.º Será mantida a locação, independentemente de concorrência, de próprio nacional ocupado por servidor da União pelo tempo ininterrupto de 3 (três) ou mais anos, contados da data da publicação deste Decreto-lei, desde que durante esse período tenha o locatário pago com pontualidade os respectivos aluguéis e, a critério do SPU, conservado satisfatoriamente o imóvel.

§ 3.º Na hipótese prevista no parágrafo precedente, o órgão local do SPU promoverá imediatamente a assinatura do respectivo contrato de locação, mediante o aluguel que for fixado.

§ 4.º Nos demais casos, ao ocupante será assegurada, na concorrência, preferência à locação, em igualdade de condições.

§ 5.º Ao mesmo ocupante far-se-á notificação com antecedência de 30 (trinta) dias da abertura da concorrência.

Art. 214. No caso do artigo anterior, sendo, porém, necessário o imóvel aos fins nele mencionados ou não convindo à União alugá-lo por prazo certo, poderá o ocupante nele permanecer, sem contrato, pagando o aluguel que for fixado enquanto não utilizar-se a União do imóvel ou não lhe der outra aplicação.

Art. 215. Os direitos peremptos por força do disposto nos arts. 20, 28 e 35 do Decreto-lei n. 3.438, de 17 de julho de 1941, e 7.º do Decreto-lei n. 5.666, de 15 de julho de 1943, ficam revigorados, correndo os prazos para o seu exercício da data da notificação de que trata o art. 104 deste Decreto-lei.

Art. 216. O Ministro de Estado da Economia, diretamente ou por ato do Secretário Especial de Desestatização, Desinvestimento e Mercados do Ministério da Economia, ouvido previamente o Secretário de Coordenação e Governança do Patrimônio da União, editará os atos necessários à execução do disposto neste Decreto-lei.

•• Artigo com redação determinada pela Lei n. 13.874, de 20-9-2019.

Art. 217. O presente Decreto-lei entra em vigor na data de sua publicação.

Art. 218. Revogam-se as disposições em contrário.
Rio de Janeiro, 5 de setembro de 1946; 125.º da Independência e 58.º da República.

EURICO G. DUTRA

LEI N. 662,
DE 6 DE ABRIL DE 1949 (*)

Declara feriados nacionais os dias 1.º de janeiro, 1.º de maio, 7 de setembro, 15 de novembro e 25 de dezembro.

O Presidente da República:
Faço saber que o Congresso Nacional decreta e eu sanciono a seguinte Lei:

Art. 1.º São feriados nacionais os dias 1.º de janeiro, 21 de abril, 1.º de maio, 7 de setembro, 2 de novembro, 15 de novembro e 25 de dezembro.

•• Artigo com redação determinada pela Lei n. 10.607, de 19-12-2002.

Art. 2.º Só serão permitidas nos feriados nacionais atividades privadas e administrativas absolutamente indispensáveis.

Art. 3.º Os chamados "pontos facultativos" que os Estados, Distrito Federal ou os Municípios decretarem não suspenderão as horas normais do ensino nem prejudicarão os atos da vida forense, dos tabeliães e dos cartórios de registro.

Art. 4.º Esta Lei entrará em vigor na data de sua publicação, revogadas as disposições em contrário.
Rio de Janeiro, 6 de abril de 1949; 128.º da Independência e 61.º da República.

EURICO G. DUTRA

LEI N. 765,
DE 14 DE JULHO DE 1949 (**)

(*) Publicada no *DOU*, de 13-4-1949.
(**) Publicada no *DOU*, de 21-7-1949.
Vide Lei n. 6.015, de 31-12-1973 (Registros Públicos): arts. 50 a 66. A Lei n. 9.465, de 7-7-1997, dispõe sobre o fornecimento gratuito de registro extemporâneo de nascimento.

Dispõe sobre o registro civil de nascimento.

O Presidente da República:
Faço saber que o Congresso Nacional decreta e eu sanciono a seguinte Lei:

Art. 1.º Os brasileiros, de um e outro sexo, ainda não inscritos no registro civil de nascimento serão registrados independentemente do pagamento da multa regulamentar, mediante petição isenta de selos, taxas, emolumentos e custas, despachada pelo juiz competente e apenas atestada por duas testemunhas idôneas na forma e sob as penas da lei:

I – se o registrando for maior de 18 (dezoito) anos de idade ou menor de 21 (vinte e um), ou os nascidos anteriormente à obrigatoriedade do registro civil;

II – se o registrando for maior de 18 (dezoito) anos durante o período do alistamento eleitoral, ou se maior de 17 (dezessete) anos durante o período do alistamento militar, determinados em lei;

III – se o registrando for menor de 18 (dezoito) anos ou maior de 21 (vinte e um), quando apresentado atestado firmado por autoridade competente, desde que considerado pessoa pobre, dispensada, para os menores de 12 (doze) anos de idade, a petição de que trata este artigo, porém, com a atestação de duas testemunhas idôneas.

Art. 2.º As custas dos registros lavrados nos termos desta Lei serão cobradas apenas sobre os atos taxados nos regimentos respectivos para a inscrição do nascimento e sua primeira certidão extraída no talão, excluídas quaisquer outras previstas nos mesmos regimentos de custas, dispensados do pagamento dessas custas mínimas os que apresentarem atestado de pobreza extrema nos termos do art. 40 do Decreto n. 4.857, de 9 de novembro de 1939.

Art. 3.º O juiz terá o prazo de 48 (quarenta e oito) horas para despachar a petição respectiva.

Art. 4.º Esta Lei entrará em vigor na data de sua publicação, revogadas as disposições em contrário.
Rio de Janeiro, 14 de julho de 1949; 128.º da Independência e 61.º da República.

EURICO G. DUTRA

LEI N. 810,
DE 6 DE SETEMBRO DE 1949 (*)

Define o ano civil.

O Presidente da República:

Faço saber que o Congresso Nacional decreta e eu sanciono a seguinte Lei:

Art. 1.º Considera-se ano o período de 12 (doze) meses contados do dia do início ao dia e mês correspondentes do ano seguinte.

Art. 2.º Considera-se mês o período do tempo contado do dia do início ao dia correspondente do mês seguinte.

Art. 3.º Quando no ano ou mês do vencimento não houver o dia correspondente ao do início do prazo, este findará no primeiro dia subsequente.

Art. 4.º Revogam-se as disposições em contrário.

Rio de Janeiro, 6 de setembro de 1949; 128.º da Independência e 61.º da República.

Eurico G. Dutra

LEI N. 1.060,
DE 5 DE FEVEREIRO DE 1950 (**)

Estabelece normas para a concessão da assistência judiciária aos necessitados.

O Presidente da República:

Faço saber que o Congresso Nacional decreta e eu sanciono a seguinte Lei:

Art. 1.º Os poderes públicos federal e estadual, independentemente da colaboração que possam receber dos municípios e da Ordem dos Advogados do Brasil – OAB, concederão assistência judiciária aos necessitados, nos termos desta Lei (*Vetado*).

•• Artigo com redação determinada pela Lei n. 7.510, de 4-7-1986.

Arts. 2.º a 4.º (*Revogados pela Lei n. 13.105, de 16-3-2015.*)

(*) Publicada no *DOU*, de 16-9-1949.

(**) Publicada no *DOU*, de 13-2-1950, e republicada em 8-4-1974, Suplemento. São originais os valores constantes deste diploma legal.

Art. 5.º O juiz, se não tiver fundadas razões para indeferir o pedido, deverá julgá-lo de plano, motivando ou não o deferimento dentro do prazo de 72 (setenta e duas) horas.

§ 1.º Deferido o pedido, o juiz determinará que o serviço de assistência judiciária, organizado e mantido pelo Estado, onde houver, indique, no prazo de 2 (dois) dias úteis, o advogado que patrocinará a causa do necessitado.

§ 2.º Se no Estado não houver serviço de assistência judiciária, por ele mantido, caberá a indicação à Ordem dos Advogados, por suas Seções Estaduais, ou Subseções Municipais.

§ 3.º Nos municípios em que não existirem Subseções da Ordem dos Advogados do Brasil, o próprio juiz fará a nomeação do advogado que patrocinará a causa do necessitado.

§ 4.º Será preferido para a defesa da causa o advogado que o interessado indicar e que declare aceitar o encargo.

§ 5.º Nos Estados onde a Assistência Judiciária seja organizada e por eles mantida, o Defensor Público, ou quem exerça cargo equivalente, será intimado pessoalmente de todos os atos do processo, em ambas as Instâncias, contando-se-lhes em dobro todos os prazos.

•• § 5.º acrescentado pela Lei n. 7.871, de 8-11-1989.

Arts. 6.º e 7.º (*Revogados pela Lei n. 13.105, de 16-3-2015.*)

Art. 8.º Ocorrendo as circunstâncias mencionadas no artigo anterior, poderá o juiz, *ex officio*, decretar a revogação dos benefícios, ouvida a parte interessada dentro de 48 (quarenta e oito) horas improrrogáveis.

Art. 9.º Os benefícios da assistência judiciária compreendem todos os atos do processo até decisão final do litígio, em todas as instâncias.

Art. 10. São individuais e concedidos em cada caso ocorrente os benefícios de assistência judiciária que se não transmitem ao cessionário de direito e se extinguem pela morte do beneficiário, podendo, entretanto, ser concedidos aos herdeiros que continuarem a demanda e que necessitarem de tais favores, na forma estabelecida nesta Lei.

Arts. 11 e 12. (*Revogados pela Lei n. 13.105, de 16-3-2015.*)

Art. 13. Se o assistido puder atender, em parte, as despesas do processo, o juiz mandará pagar as custas que serão rateadas entre os que tiverem direito ao seu recebimento.

Art. 14. Os profissionais liberais designados para o desempenho do encargo de defensor ou de perito, conforme o caso, salvo justo motivo previsto em lei ou, na sua omissão, a critério da autoridade judiciária competente, são obrigados ao respectivo cumprimento, sob pena de multa de Cr$ 1.000,00 (mil cruzeiros) e Cr$ 10.000,00 (dez mil cruzeiros), sujeita ao reajustamento estabelecido na Lei n. 6.205, de 29 de abril de 1975, sem prejuízo da sanção disciplinar cabível.

•• *Caput* com redação determinada pela Lei n. 6.465, de 14-11-1977.

•• Sobre valores, *vide* Nota dos Organizadores.

§ 1.º Na falta de indicação pela assistência ou pela própria parte, o juiz solicitará a do órgão de classe respectivo.

•• § 1.º com redação determinada pela Lei n. 6.465, de 14-11-1977.

§ 2.º A multa prevista neste artigo reverterá em benefício do profissional que assumir o encargo na causa.

•• § 2.º com redação determinada pela Lei n. 6.465, de 14-11-1977.

Art. 15. São motivos para a recusa do mandato pelo advogado designado ou nomeado:

1.º) estar impedido de exercer a advocacia;

2.º) ser procurador constituído pela parte contrária ou ter com ela relações profissionais de interesse atual;

3.º) ter necessidade de se ausentar da sede do juízo para atender a outro mandato anteriormente outorgado ou para defender interesses próprios inadiáveis;

4.º) já haver manifestado por escrito sua opinião contrária ao direito que o necessitado pretende pleitear;

5.º) haver dado à parte contrária parecer escrito sobre a contenda.

Parágrafo único. A recusa será solicitada ao juiz que, de plano, a concederá, temporária ou definitivamente, ou a denegará.

Art. 16. Se o advogado, ao comparecer em juízo, não exibir o instrumento do mandato outorgado pelo assistido, o juiz determinará que se exarem na ata da audiência os termos da referida outorga.

Parágrafo único. O instrumento de mandato não será exigido, quando a parte for representada em juízo por advogado integrante de entidade de direito público incumbido, na forma da lei, de prestação de assistência judiciária gratuita, ressalvados:

•• *Vide* Súmula 644 do STJ.

a) os atos previstos no art. 38 do Código de Processo Civil;

b) o requerimento de abertura de inquérito por crime de ação privada, a proposição de ação penal privada ou o oferecimento de representação por crime de ação pública condicionada.

•• Parágrafo único acrescentado pela Lei n. 6.248, de 8-10-1975.

Art. 17. (*Revogado pela Lei n. 13.105, de 16-3-2015.*)

Art. 18. Os acadêmicos de direito, a partir da 4.ª série, poderão ser indicados pela assistência judiciária, ou nomeados pelo juiz para auxiliar o patrocínio das causas dos necessitados, ficando sujeitos às mesmas obrigações impostas por esta Lei aos advogados.

Art. 19. Esta Lei entrará em vigor 30 (trinta) dias depois da sua publicação no *Diário Oficial da União*, revogadas as disposições em contrário.

Rio de Janeiro, 5 de fevereiro de 1950; 129.º da Independência e 62.º da República.

Eurico G. Dutra

LEI N. 1.110, DE 23 DE MAIO DE 1950 (*)

Regula o reconhecimento dos efeitos civis do casamento religioso.

O Presidente da República:

Faço saber que o Congresso Nacional decreta e eu sanciono a seguinte Lei:

Art. 1.º O casamento religioso equivalerá ao civil, se observadas as prescrições desta Lei (Constituição Federal, art. 163, §§ 1.º e 2.º).

•• Refere-se à Constituição de 1946. *Vide* art. 226, § 2.º, da CF.

HABILITAÇÃO PRÉVIA

Art. 2.º Terminada a habilitação para o casamento perante o oficial do registro civil (Código Civil, arts. 180 e 182 e seu parágrafo) é facultado aos nubentes, para se casarem perante a autoridade civil ou ministro religioso, requerer a certidão de que estão habilitados, na forma da lei civil, deixando-a, obrigato-

---

(*) Publicada no *DOU*, de 27-5-1950.

riamente, em poder da autoridade celebrante, para ser arquivada.

•• A referência é feita a dispositivos do CC de 1916. Vide arts. 1.525 e 1.527 do Código vigente.

Art. 3.º Dentro nos 3 (três) meses imediatos à entrega da certidão, a que se refere o artigo anterior (Código Civil, art. 181, § 1.º), o celebrante do casamento religioso ou qualquer interessado poderá requerer a sua inscrição, no registro público.

•• A referência é feita a dispositivo do CC de 1916. Vide arts. 1.531 e 1.532 do Código vigente.

§ 1.º A prova do ato do casamento religioso, subscrita pelo celebrante, conterá os requisitos constantes dos incisos do art. 81 do Decreto n. 4.857, de 9 de novembro de 1939, exceto o de n. 5 (Lei dos Registros Públicos).

•• O Decreto n. 4.857, de 9-11-1939, foi revogado pela Lei n. 6.015, de 31-12-1973, atual LRP, constante deste volume.

§ 2.º O oficial do registro civil anotará a entrada no prazo do requerimento e, dentro em 24 (vinte e quatro) horas, fará a inscrição.

HABILITAÇÃO POSTERIOR

Art. 4.º Os casamentos religiosos, celebrados sem a prévia habilitação perante o oficial do registro público, anteriores ou posteriores à presente Lei, poderão ser inscritos, desde que apresentados pelos nubentes, com o requerimento de inscrição, a prova do ato religioso e os documentos exigidos pelo art. 180 do Código Civil.

•• A referência é feita a dispositivo do CC de 1916. Vide art. 1.525 do Código vigente.

Parágrafo único. Se a certidão do ato do casamento não contiver os requisitos constantes dos incisos do art. 81 do Decreto n. 4.857, de 9 de novembro de 1939, exceto o de n. 5 (Lei dos Registros Públicos), os requerentes deverão suprir os que faltarem.

•• Vide Lei n. 6.015, de 31-12-1973, art. 70.

Art. 5.º Processada a habilitação dos requerentes e publicados os editais, na forma do disposto no Código Civil, o oficial do registro certificará que está findo o processo de habilitação, sem nada que impeça o registro do casamento religioso já realizado.

Art. 6.º No mesmo dia, o juiz ordenará a inscrição do casamento religioso, de acordo com a prova do ato religioso e os dados constantes do processo, tendo em vista o disposto no art. 81 do Decreto n. 4.857, de 9 de novembro de 1939 (Lei dos Registros Públicos).

•• Vide Lei n. 6.015, de 31-12-1973, art. 70.

DISPOSIÇÕES FINAIS

Art. 7.º A inscrição produzirá os efeitos jurídicos a contar do momento da celebração do casamento.

Art. 8.º A inscrição no Registro revalida os atos praticados com omissão de qualquer das formalidades exigidas, ressalvado o disposto nos arts. 207 e 209 do Código Civil.

•• A referência é feita a dispositivos do CC de 1916. Vide arts. 1.548, caput e II, e 1.550, caput, do Código vigente.

Art. 9.º As ações, para invalidar efeitos civis de casamento religioso, obedecerão exclusivamente aos preceitos da lei civil.

Art. 10. São derrogados os arts. 4.º e 5.º do Decreto-lei n. 3.200, de 19 de abril de 1941, e revogadas a Lei n. 379, de 16 de janeiro de 1937, e demais disposições em contrário.

Rio de Janeiro, 23 de maio de 1950; 129.º da Independência e 62.º da República.

Eurico G. Dutra

LEI N. 2.313, DE 3 DE SETEMBRO DE 1954 (*)

Dispõe sobre os prazos dos contratos de depósito regular e voluntário de bens de qualquer espécie, e dá outras providências.

O Congresso Nacional decreta e eu promulgo, nos termos do art. 70, § 4.º, da Constituição Federal, a seguinte Lei:

Art. 1.º Os contratos de depósito regular e voluntário de bens de qualquer espécie extinguem-se no prazo de 25 (vinte e cinco) anos, podendo, entretanto, ser renovados por expressa aquiescência das partes.

§ 1.º Extintos esses contratos, pelo decurso do prazo, os bens depositados serão recolhidos ao Tesouro Nacional e, aí, devidamente relacionados, em nome dos seus proprietários, permanecerão, se não forem estes

---
(*) Publicada no DOU, de 13-9-1954. Regulamentada pelo Decreto n. 40.395, de 21-11-1956.

reclamados no prazo de 5 (cinco) anos, findo o qual se incorporarão ao patrimônio nacional.

§ 2.º Por ocasião desse recolhimento ao Tesouro Nacional, os depositários dele darão conhecimento aos interessados por meio de publicidade no Diário Oficial, e na imprensa local, onde houver, pelo menos 3 (três) vezes.

Art. 2.º Os créditos resultantes de contratos de qualquer natureza que se encontrarem em poder de estabelecimentos bancários, comerciais e industriais e nas Caixas Econômicas, e não forem reclamados ou movimentadas as respectivas contas pelos credores por mais de 25 (vinte e cinco) anos serão recolhidos, observado o disposto no § 2.º do art. 1.º, ao Tesouro Nacional e aí escriturados em conta especial, sem juros, à disposição dos seus proprietários ou de seus sucessores, durante 5 (cinco) anos, em cujo termo se transferirão ao patrimônio nacional.

§ 1.º Excetuam-se do disposto neste artigo os depósitos populares feitos nos estabelecimentos mencionados, que são imprescritíveis, e os casos para os quais a lei determine prazo de prescrição menor de 25 (vinte e cinco) anos.

§ 2.º Valerá como reclamação dos créditos e movimentação das contas a apresentação ou remessa, aos ditos estabelecimentos, da caderneta para contagem e lançamentos de juros, ou de qualquer documento pelo qual os credores acusem ciência dos seus saldos ou queiram deles conhecer, ressalvados também os meios idôneos admitidos em lei.

§ 3.º Suspendem-se os prazos acima estipulados em tempo de guerra, pelo tempo que esta durar, em favor dos credores, a serviço das forças armadas dentro ou fora do país.

Art. 3.º Revogam-se as disposições em contrário.

Senado Federal, em 3 de setembro de 1954.

ALEXANDRE MARCONDES FILHO

LEI N. 4.132, DE 10 DE SETEMBRO DE 1962 (*)

Define os casos de desapropriação por interesse social e dispõe sobre sua aplicação.

(*) Publicada no *DOU*, de 13-11-1962.

O Presidente da República:

Faço saber que o Congresso Nacional decreta e eu sanciono a seguinte Lei:

Art. 1.º A desapropriação por interesse social será decretada para promover a justa distribuição da propriedade ou condicionar o seu uso ao bem-estar social, na forma do art. 147 da Constituição Federal.

•• A referência é à CF de 1946. Na vigente Constituição de 1988, a matéria é tratada no art. 184.

Art. 2.º Considera-se de interesse social:

I – o aproveitamento de todo bem improdutivo ou explorado sem correspondência com as necessidades de habitação, trabalho e consumo dos centros de população a que deve ou possa suprir por seu destino econômico;

II – a instalação ou a intensificação das culturas nas áreas em cuja exploração não se obedeça a plano de zoneamento agrícola (*Vetado*);

III – o estabelecimento e a manutenção de colônias ou cooperativas de povoamento e trabalho agrícola;

IV – a manutenção de posseiros em terrenos urbanos onde, com a tolerância expressa ou tácita do proprietário, tenham construído sua habitação, formando núcleos residenciais de mais de dez famílias;

V – a construção de casas populares;

VI – as terras e águas suscetíveis de valorização extraordinária, pela conclusão de obras e serviços públicos, notadamente de saneamento, portos, transporte, eletrificação, armazenamento de água e irrigação, no caso em que não sejam ditas áreas socialmente aproveitadas;

VII – a proteção do solo e a preservação de cursos e mananciais de água e de reservas florestais;

VIII – a utilização de áreas, locais ou bens que, por suas características, sejam apropriados ao desenvolvimento de atividades turísticas.

•• Inciso VIII acrescentado pela Lei n. 6.513, de 20-12-1977.

IX – a destinação de áreas às comunidades indígenas que não se encontravam em área de ocupação tradicional em 5 de outubro de 1988, desde que necessárias à reprodução física e cultural, segundo seus usos, costumes e tradições.

•• Inciso IX acrescentando pela Lei n. 14.701, de 20-10-2023, originalmente vetado, todavia promulgado em 28-12-2023.

§ 1.º O disposto no item I deste artigo só se aplicará nos casos de bens retirados de produção ou tratando-se de imóveis rurais cuja produção, por ineficientemente explorados, seja inferior à média da região, atendidas as condições naturais do seu solo e sua situação em relação aos mercados.

§ 2.º As necessidades de habitação, trabalho e consumo serão apuradas anualmente segundo a conjuntura e condições econômicas locais, cabendo o seu estudo e verificação às autoridades encarregadas de velar pelo bem-estar e pelo abastecimento das respectivas populações.

Art. 3.º O expropriante tem o prazo de 2 (dois) anos, a partir da decretação da desapropriação por interesse social, para efetivar a aludida desapropriação e iniciar as providências de aproveitamento do bem expropriado.

Parágrafo único. (*Vetado.*)

Art. 4.º Os bens desapropriados serão objeto de venda ou locação, a quem estiver em condições de dar-lhes a destinação social prevista.

Art. 5.º No que esta Lei for omissa aplicam-se às normas legais que regulam a desapropriação por utilidade pública, inclusive no tocante ao processo e à justa indenização devida ao proprietário.

Art. 6.º Revogam-se as disposições em contrário.

Brasília, 10 de setembro de 1962; 141.º da Independência e 74.º da República.

JOÃO GOULART

LEI N. 4.591,
DE 16 DE DEZEMBRO DE 1964 (*)

Dispõe sobre o condomínio em edificações e as incorporações imobiliárias.

O Presidente da República:

Faço saber que o Congresso Nacional decreta e eu sanciono a seguinte Lei:

TÍTULO I
DO CONDOMÍNIO

Art. 1.º As edificações ou conjuntos de edificações, de um ou mais pavimentos, construídos sob a forma de unidades isoladas entre si, destinadas a fins residenciais ou não residenciais, poderão ser alienados, no todo ou em parte, objetivamente considerados, e constituirá, cada unidade, propriedade autônoma sujeita às limitações desta Lei.

§ 1.º Cada unidade será assinalada por designação especial, numérica ou alfabética, para efeitos de identificação e discriminação.

§ 2.º A cada unidade caberá, como parte inseparável, uma fração ideal do terreno e coisas comuns, expressa sob forma decimal ou ordinária.

Art. 2.º Cada unidade com saída para a via pública, diretamente ou por processo de passagem comum, será sempre tratada como objeto de propriedade exclusiva, qualquer que seja o número de suas peças e sua destinação, inclusive (*Vetado*) edifício-garagem, com ressalva das restrições que se lhe imponham.

§ 1.º O direito à guarda de veículos nas garagens ou locais a isso destinados nas edificações ou conjuntos de edificações será tratado como objeto de propriedade exclusiva, com ressalva das restrições que ao mesmo sejam impostas por instrumentos contratuais adequados, e será vinculada à unidade habitacional a que corresponder, no caso de não lhe ser atribuída fração ideal específica de terreno.

•• § 1.º acrescentado pela Lei n. 4.864, de 29-11-1965.

§ 2.º O direito de que trata o § 1.º deste artigo poderá ser transferido a outro condômino independentemente da alienação da unidade a que corresponder, vedada sua transferência a pessoas estranhas ao condomínio.

•• § 2.º acrescentado pela Lei n. 4.864, de 29-11-1965.

•• *Vide* art. 1.338 do CC.

§ 3.º Nos edifícios-garagens, às vagas serão atribuídas frações ideais de terreno específicas.

•• § 3.º acrescentado pela Lei n. 4.864, de 29-11-1965.

Art. 3.º O terreno em que se levantam a edificação ou conjunto de edificações e suas instalações, bem como as fundações, paredes externas, o teto, as áreas internas de ventilação, e tudo o mais que sirva a qualquer dependência de uso comum dos proprietários ou titulares de direito à aquisição de unidades ou ocupantes, constituirão condomínio de todos, e serão insuscetíveis de divisão, ou de alienação destacada da respectiva unidade. Serão, também, insuscetíveis de utilização exclusiva por qualquer condômino (*Vetado*).

Art. 4.º A alienação de cada unidade, a transferência de direitos pertinentes à sua aquisição e a constituição

---

(*) Publicada no *DOU*, de 21-12-1964, sem a epígrafe do Capítulo I, do Título I. Retificada em 1.º-2-1965. Sobre BNH, *vide* Nota dos Organizadores. São originais os valores constantes deste diploma legal.

de direitos reais sobre ela independerão do consentimento dos condôminos (*Vetado*).

Parágrafo único. A alienação ou transferência de direitos de que trata este artigo dependerá de prova de quitação das obrigações do alienante para com o respectivo condomínio.

•• Parágrafo único com redação determinada pela Lei n. 7.182, de 27-3-1984.

Art. 5.º O condomínio por meação de parede, soalhos e tetos das unidades isoladas regular-se-á pelo disposto no Código Civil, no que lhe for aplicável.

•• A referência é feita ao CC de 1916. *Vide* arts. 1.327 a 1.330 do Código vigente.

Art. 6.º Sem prejuízo do disposto nesta Lei, regular-se-á pelas disposições de direito comum o condomínio por quota ideal de mais de uma pessoa sobre a mesma unidade autônoma.

Art. 7.º O condomínio por unidades autônomas instituir-se-á por ato entre vivos ou por testamento, com inscrição obrigatória, no Registro de Imóveis, dele constando: a individualização de cada unidade, sua identificação e discriminação, bem como a fração ideal sobre o terreno e partes comuns, atribuída a cada unidade, dispensando-se a descrição interna da unidade.

Art. 8.º Quando, em terreno onde não houver edificação, o proprietário, o promitente comprador, o cessionário deste ou promitente cessionário sobre ele desejar erigir mais de uma edificação, observar-se-á também o seguinte:

a) em relação às unidades autônomas que se constituírem em casas térreas ou assobradadas, será discriminada a parte do terreno ocupada pela edificação e também aquela eventualmente reservada como de utilização exclusiva dessas casas, como jardim e quintal, bem assim a fração ideal do todo do terreno e de partes comuns, que corresponderá às unidades;

b) em relação às unidades autônomas que constituírem edifícios de dois ou mais pavimentos, será discriminada a parte do terreno ocupada pela edificação, aquela que eventualmente for reservada como de utilização exclusiva, correspondente às unidades do edifício, e ainda a fração ideal do todo do terreno e de partes comuns, que corresponderá a cada uma das unidades;

c) serão discriminadas as partes do total do terreno que poderão ser utilizadas em comum pelos titulares de direito sobre os vários tipos de unidades autônomas;

d) serão discriminadas as áreas que se constituírem em passagem comum para as vias públicas ou para as unidades entre si.

Capítulo II
DA CONVENÇÃO DE CONDOMÍNIO

Art. 9.º Os proprietários, promitentes compradores, cessionários ou promitentes cessionários dos direitos pertinentes à aquisição de unidades autônomas, em edificações a serem construídas, em construção ou já construídas, elaborarão, por escrito, a Convenção de Condomínio, e deverão, também, por contrato ou por deliberação, em assembleia, aprovar o Regimento Interno da edificação ou conjunto de edificações.

§ 1.º Far-se-á o registro da Convenção no Registro de Imóveis bem como a averbação das suas eventuais alterações.

§ 2.º Considera-se aprovada, e obrigatória para os proprietários de unidades, promitentes compradores, cessionários e promitentes cessionários, atuais e futuros, como para qualquer ocupante, a Convenção que reúna as assinaturas de titulares de direitos que representem, no mínimo, dois terços das frações ideais que compõem o condomínio.

§ 3.º Além de outras normas aprovadas pelos interessados, a Convenção deverá conter:

a) a discriminação das partes de propriedade exclusiva, e as de condomínio, com especificações das diferentes áreas;

b) o destino das diferentes partes;

c) o modo de usar as coisas e serviços comuns;

d) encargos, forma e proporção das contribuições dos condôminos para as despesas de custeio e para as extraordinárias;

e) o modo de escolher o síndico e o Conselho Consultivo;

f) as atribuições do síndico, além das legais;

g) a definição da natureza gratuita ou remunerada de suas funções;

h) o modo e o prazo de convocação das assembleias gerais dos condôminos;

i) o *quorum* para os diversos tipos de votações;

j) a forma de contribuição para constituição de fundo de reserva;

l) a forma e o *quorum* para as alterações de convenção;

m) a forma e o *quorum* para a aprovação do Regimento Interno quando não incluídos na própria Convenção.

§ 4.º No caso de conjunto de edificações, a que se refere o art. 8.º, a Convenção de Condomínio fixará os

Lei n. 4.591, de 16-12-1964 — **Condomínio em Edificações**

direitos e as relações de propriedade entre os condôminos das várias edificações, podendo estipular formas pelas quais se possam desmembrar e alienar porções do terreno, inclusive as edificadas.

•• § 4.º acrescentado pela Lei n. 4.864, de 29-11-1965.

Art. 10. É defeso a qualquer condômino:

I – alterar a forma externa da fachada;

II – decorar as partes e esquadrias externas com tonalidades ou cores diversas das empregadas no conjunto da edificação;

III – destinar a unidade a utilização diversa de finalidade do prédio, ou usá-la de forma nociva ou perigosa ao sossego, à salubridade e à segurança dos demais condôminos;

IV – embaraçar o uso das partes comuns.

§ 1.º O transgressor ficará sujeito ao pagamento de multa prevista na Convenção ou no Regulamento do Condomínio, além de ser compelido a desfazer a obra ou abster-se da prática do ato, cabendo ao síndico, com autorização judicial, mandar desmanchá-la, à custa do transgressor, se este não a desfizer no prazo que lhe for estipulado.

•• Vide art. 1.336, § 2.º, do CC.

§ 2.º O proprietário ou titular de direito à aquisição de unidade poderá fazer obra que (Vetado) ou modifique sua fachada, se obtiver a aquiescência da unanimidade dos condôminos.

Art. 11. Para efeitos tributários, cada unidade autônoma será tratada como prédio isolado, contribuindo o respectivo condômino, diretamente, com as importâncias relativas aos impostos e taxas federais, estaduais e municipais, na forma dos respectivos lançamentos.

Capítulo III
DAS DESPESAS DO CONDOMÍNIO

Art. 12. Cada condômino concorrerá nas despesas do condomínio, recolhendo, nos prazos previstos na Convenção, a quota-parte que lhe couber em rateio.

§ 1.º Salvo disposição em contrário na Convenção, a fixação da quota do rateio corresponderá à fração ideal do terreno de cada unidade.

§ 2.º Cabe ao síndico arrecadar as contribuições, competindo-lhe promover, por via executiva, a cobrança judicial das quotas atrasadas.

§ 3.º O condômino que não pagar a sua contribuição no prazo fixado na Convenção fica sujeito ao juro moratório de 1% (um por cento) ao mês, e multa de até 20% (vinte por cento) sobre o débito, que será atualizado, se o estipular a Convenção, com a aplicação dos índices de correção monetária levantados pelo Conselho Nacional de Economia, no caso da mora por período igual ou superior a 6 (seis) meses.

•• Vide art. 1.336, § 1.º, do CC.

§ 4.º As obras que interessarem à estrutura integral da edificação ou conjunto de edificações, ou ao serviço comum, serão feitas com o concurso pecuniário de todos os proprietários ou titulares de direito à aquisição de unidades, mediante orçamento prévio aprovado em assembleia geral, podendo incumbir-se de sua execução o síndico, ou outra pessoa, com aprovação da assembleia.

§ 5.º A renúncia de qualquer condômino aos seus direitos, em caso algum valerá como escusa para exonerá-lo de seus encargos.

Capítulo IV
DO SEGURO, DO INCÊNDIO, DA DEMOLIÇÃO E DA RECONSTRUÇÃO OBRIGATÓRIA

Art. 13. Proceder-se-á ao seguro da edificação ou do conjunto de edificações, neste caso, discriminadamente, abrangendo todas as unidades autônomas e partes comuns, contra incêndio ou outro sinistro que cause destruição no todo ou em parte, computando-se o prêmio nas despesas ordinárias do condomínio.

Parágrafo único. O seguro de que trata este artigo será obrigatoriamente feito dentro de 120 (cento e vinte) dias, contados da data da concessão do "habite-se", sob pena de ficar o condomínio sujeito à multa mensal equivalente a um doze avos do imposto predial, cobrável executivamente pela Municipalidade.

Art. 14. Na ocorrência de sinistro total, ou que destrua mais de dois terços de uma edificação, seus condôminos reunir-se-ão em assembleia especial, e deliberarão sobre a sua reconstrução ou venda do terreno e materiais, por quorum mínimo de votos que representem metade mais uma das frações ideais do respectivo terreno.

§ 1.º Rejeitada a proposta de reconstrução, a mesma assembleia, ou outra para este fim convocada, decidirá, pelo mesmo quorum, do destino a ser dado ao terreno, e aprovará a partilha do valor do seguro entre os condôminos, sem prejuízo do que receber cada um pelo seguro facultativo de sua unidade.

§ 2.º Aprovada, a reconstrução será feita, guardados, obrigatoriamente, o mesmo destino, a mesma forma externa e a mesma disposição interna.

§ 3.º Na hipótese do parágrafo anterior, a minoria não poderá ser obrigada a contribuir para a reedificação, caso em que a maioria poderá adquirir as partes dos dissidentes, mediante avaliação judicial, feita em vistoria.

Art. 15. Na hipótese de que trata o § 3.º do artigo antecedente, à maioria poderão ser adjudicadas, por sentença, as frações ideais da minoria.

§ 1.º Como condição para o exercício da ação prevista neste artigo, com a inicial, a maioria oferecerá e depositará, à disposição do juízo, as importâncias arbitradas na vistoria para avaliação, prevalecendo as de eventual desempatador.

§ 2.º Feito o depósito de que trata o parágrafo anterior, o juiz, liminarmente, poderá autorizar a adjudicação à maioria, e a minoria poderá levantar as importâncias depositadas; o oficial de registro de imóveis, nestes casos, fará constar do registro que a adjudicação foi resultante de medida liminar.

§ 3.º Feito o depósito, será expedido o mandado de citação, com o prazo de 10 (dez) dias para a contestação (*Vetado*).

§ 4.º Se não contestado, o juiz, imediatamente, julgará o pedido.

§ 5.º Se contestado o pedido, seguirá o processo o rito ordinário.

§ 6.º Se a sentença fixar valor superior ao da avaliação feita na vistoria, o condomínio, em execução, restituirá à minoria a respectiva diferença, acrescida de juros de mora à razão de 1% (um por cento) ao mês, desde a data da concessão de eventual liminar, ou pagará o total devido, com os juros da mora a contar da citação.

§ 7.º Transitada em julgado a sentença, servirá ela de título definitivo para a maioria, que deverá registrá-la no Registro de Imóveis.

§ 8.º A maioria poderá pagar e cobrar da minoria, em execução de sentença, encargos fiscais necessários à adjudicação definitiva a cujo pagamento se recusar a minoria.

Art. 16. Em caso de sinistro que destrua menos de dois terços da edificação, o síndico promoverá o recebimento do seguro e a reconstrução ou os reparos nas partes danificadas.

Art. 17. Os condôminos que representem, pelo menos, dois terços do total de unidades isoladas e frações ideais correspondentes a 80% (oitenta por cento) do terreno e coisas comuns poderão decidir sobre a demolição e reconstrução do prédio, ou sua alienação, por motivos urbanísticos ou arquitetônicos, ou, ainda, no caso de condenação do edifício pela autoridade pública, em razão de sua insegurança ou insalubridade.

•• *Caput* com redação determinada pela Lei n. 6.709, de 31-10-1979.

§ 1.º A minoria não fica obrigada a contribuir para as obras, mas assegura-se à maioria o direito de adquirir as partes dos dissidentes, mediante avaliação judicial, aplicando-se o processo previsto no art. 15.

•• § 1.º com redação determinada pela Lei n. 6.709, de 31-10-1979.

§ 2.º Ocorrendo desgaste, pela ação do tempo, das unidades habitacionais de uma edificação, que deprecie seu valor unitário em relação ao valor global do terreno onde se acha construída, os condôminos, pelo *quorum* mínimo de votos que representem dois terços das unidades isoladas e frações ideais correspondentes a 80% (oitenta por cento) do terreno e coisas comuns, poderão decidir por sua alienação total, procedendo-se em relação à minoria na forma estabelecida no art. 15, e seus parágrafos, desta Lei.

•• § 2.º com redação determinada pela Lei n. 6.709, de 31-10-1979.

§ 3.º Decidida por maioria a alienação do prédio, o valor atribuído à quota dos condôminos vencidos será correspondente ao preço efetivo e, no mínimo, à avaliação prevista no § 2.º ou, a critério desses, a imóvel localizado em área próxima ou adjacente com a mesma área útil de construção.

•• § 3.º com redação determinada pela Lei n. 6.709, de 31-10-1979.

Art. 18. A aquisição parcial de uma edificação, ou de um conjunto de edificações, ainda que por força de desapropriação, importará no ingresso do adquirente no condomínio, ficando sujeito às disposições desta Lei, bem assim às da Convenção do Condomínio e do Regulamento Interno.

•• Artigo com redação determinada pelo Decreto-lei n. 981, de 21-10-1969.

Capítulo V
UTILIZAÇÃO DA EDIFICAÇÃO OU DO CONJUNTO DE EDIFICAÇÕES

Art. 19. Cada condômino tem o direito de usar e fruir, com exclusividade, de sua unidade autônoma, segundo suas conveniências e interesses, condicionados, umas e outros, às normas de boa vizinhança, e poderá usar as partes e coisas comuns, de maneira a não causar dano ou incômodo aos demais condôminos ou moradores, nem obstáculo ou embaraço ao bom uso das mesmas partes por todos.

Parágrafo único. (*Vetado.*)

Art. 20. Aplicam-se ao ocupante do imóvel, a qualquer título, todas as obrigações referentes ao uso, fruição e destino da unidade.

Art. 21. A violação de qualquer dos deveres estipulados na Convenção sujeitará o infrator à multa fixada na própria Convenção ou no Regimento Interno, sem prejuízo da responsabilidade civil ou criminal que, no caso, couber.

Parágrafo único. Compete ao síndico a iniciativa do processo e a cobrança da multa, por via executiva, em benefício do condomínio, e, em caso de omitir-se ele, a qualquer condômino.

•• *Vide* art. 1.337 do CC.

Capítulo VI
DA ADMINISTRAÇÃO DO CONDOMÍNIO

Art. 22. Será eleito, na forma prevista pela Convenção, um síndico do condomínio, cujo mandato não poderá exceder a 2 (dois) anos, permitida a reeleição.

§ 1.º Compete ao síndico:

a) representar, ativa e passivamente, o condomínio, em juízo ou fora dele, e praticar os atos de defesa dos interesses comuns, nos limites das atribuições conferidas por esta Lei ou pela Convenção;

b) exercer a administração interna da edificação ou do conjunto de edificações, no que respeita à sua vigilância, moralidade e segurança, bem como aos serviços que interessam a todos os moradores;

c) praticar os atos que lhe atribuírem as leis, a Convenção e o Regimento Interno;

d) impor as multas estabelecidas na Lei, na Convenção ou no Regimento Interno;

e) cumprir e fazer cumprir a Convenção e o Regimento Interno, bem como executar e fazer executar as deliberações da assembleia;

f) prestar contas à assembleia dos condôminos;

g) manter guardada durante o prazo de 5 (cinco) anos, para eventuais necessidades de verificação contábil, toda a documentação relativa ao condomínio.

•• Alínea *g* acrescentada pela Lei n. 6.434, de 15-7-1977.

§ 2.º As funções administrativas podem ser delegadas a pessoas de confiança do síndico, e sob a sua inteira responsabilidade, mediante aprovação da assembleia geral dos condôminos.

§ 3.º A Convenção poderá estipular que dos atos do síndico caiba recurso para a assembleia, convocada pelo interessado.

§ 4.º Ao síndico, que poderá ser condômino ou pessoa física ou jurídica estranha ao condomínio, será fixada a remuneração pela mesma assembleia que o eleger, salvo se a Convenção dispuser diferentemente.

§ 5.º O síndico poderá ser destituído pela forma e sob as condições previstas na Convenção, ou, no silêncio desta, pelo voto de dois terços dos condôminos, presentes em assembleia geral especialmente convocada.

§ 6.º A Convenção poderá prever a eleição de subsíndicos, definindo-lhes atribuições e fixando-lhes o mandato, que não poderá exceder de 2 (dois) anos, permitida a reeleição.

Art. 23. Será eleito, na forma prevista na Convenção, um Conselho Consultivo, constituído de três condôminos, com mandatos que não poderão exceder de 2 (dois) anos, permitida a reeleição.

Parágrafo único. Funcionará o Conselho como órgão consultivo do síndico, para assessorá-lo na solução dos problemas que digam respeito ao condomínio, podendo a Convenção definir suas atribuições específicas.

Capítulo VII
DA ASSEMBLEIA GERAL

Art. 24. Haverá, anualmente, uma assembleia geral ordinária dos condôminos, convocada pelo síndico na forma prevista na Convenção, à qual compete, além das demais matérias inscritas na ordem do dia, aprovar, por maioria dos presentes, as verbas para as despesas de condomínio, compreendendo as de conservação da edificação ou conjunto de edificações, manutenção de seus serviços e correlatas.

§ 1.º As decisões da assembleia, tomadas, em cada caso, pelo *quorum* que a Convenção fixar, obrigam todos os condôminos.

§ 2.º O síndico, nos 8 (oito) dias subsequentes à assembleia, comunicará aos condôminos o que tiver sido deliberado, inclusive no tocante à previsão orçamentária, o rateio das despesas, e promoverá a arrecadação, tudo na forma que a Convenção previr.

§ 3.º Nas assembleias gerais, os votos serão proporcionais às frações ideais do terreno e partes comuns, pertencentes a cada condômino, salvo disposição diversa da Convenção.

§ 4.º Nas decisões da assembleia que não envolvam despesas extraordinárias do condomínio, o locatário poderá votar, caso o condômino-locador a ela não compareça.

•• § 4.º com redação determinada pela Lei n. 9.267, de 25-3-1996.

Art. 25. Ressalvado o disposto no § 3.º do art. 22, poderá haver assembleias gerais extraordinárias, convocadas pelo síndico ou por condôminos que representem um quarto, no mínimo, do condomínio, sempre que o exigirem os interesses gerais.

Parágrafo único. Salvo estipulação diversa da Convenção, esta só poderá ser modificada em assembleia geral extraordinária, pelo voto mínimo de condôminos que representem dois terços do total das frações ideais.

Art. 26. (Vetado.)

Art. 27. Se a assembleia não se reunir para exercer qualquer dos poderes que lhe competem, 15 (quinze) dias após o pedido de convocação, o juiz decidirá a respeito, mediante requerimento dos interessados.

TÍTULO II
DAS INCORPORAÇÕES

Capítulo I
DISPOSIÇÕES GERAIS

Art. 28. As incorporações imobiliárias, em todo o território nacional, reger-se-ão pela presente Lei.

Parágrafo único. Para efeito desta Lei, considera-se incorporação imobiliária a atividade exercida com o intuito de promover e realizar a construção, para alienação total ou parcial, de edificações, ou conjunto de edificações compostas de unidades autônomas (Vetado).

•• As disposições deste artigo e seguintes não se aplicam às incorporações iniciadas antes de 10-3-1965, segundo dispõe o art. 9.º e parágrafos da Lei n. 4.864, de 29-11-1965.

Art. 29. Considera-se incorporador a pessoa física ou jurídica, comerciante ou não, que, embora não efetuando a construção, compromisse ou efetive a venda de frações ideais de terreno objetivando a vinculação de tais frações a unidades autônomas (Vetado), em edificações a serem construídas ou em construção sob regime condominial, ou que meramente aceita propostas para efetivação de tais transações, coordenando e levando a termo a incorporação e responsabilizando-se, conforme o caso, pela entrega, a certo prazo, preço e determinadas condições, das obras concluídas.

Parágrafo único. Presume-se a vinculação entre a alienação das frações do terreno e o negócio de construção, se, ao ser contratada a venda, ou promessa de venda ou de cessão das frações de terreno, já houver sido aprovado e estiver em vigor, ou pender de aprovação de autoridade administrativa, o respectivo projeto de construção, respondendo o alienante como incorporador.

Art. 30. Estende-se a condição de incorporador aos proprietários e titulares de direitos aquisitivos que contratem a construção de edifícios que se destinem a constituição em condomínio, sempre que iniciarem as alienações antes da conclusão das obras.

Art. 31. A iniciativa e a responsabilidade das incorporações imobiliárias caberão ao incorporador, que somente poderá ser:

a) o proprietário do terreno, o promitente comprador, o cessionário deste ou promitente cessionário com título que satisfaça os requisitos da alínea *a* do art. 32;

b) o construtor (Decretos n. 23.569, de 11-12-1933, e 3.995, de 31-12-1941, e Decreto-lei n. 8.620, de 10-1-1946) ou corretor de imóveis (Lei n. 6.530, de 12-5-1978);

c) o ente da Federação imitido na posse a partir de decisão proferida em processo judicial de desapropriação em curso ou o cessionário deste, conforme comprovado mediante registro no registro de imóveis competente.

•• Alínea *c* acrescentada pela Lei n. 12.424, de 16-6-2011.

§ 1.º No caso da alínea *b*, o incorporador será investido, pelo proprietário do terreno, o promitente comprador e cessionário deste ou o promitente cessionário, de mandato outorgado por instrumento público, onde se faça menção expressa desta Lei e se transcreva o disposto no § 4.º do art. 35, para concluir todos os negócios tendentes à alienação das frações ideais de terreno, mas se obrigará pessoalmente pelos atos que praticar na qualidade de incorporador.

§ 2.º Nenhuma incorporação poderá ser proposta à venda sem a indicação expressa do incorporador, devendo também seu nome permanecer indicado ostensivamente no local da construção.

Lei n. 4.591, de 16-12-1964 — Condomínio em Edificações

§ 3.º Toda e qualquer incorporação, independentemente da forma por que seja constituída, terá um ou mais incorporadores solidariamente responsáveis, ainda que em fase subordinada a período de carência, referido no art. 34.

Capítulo I-A
DO PATRIMÔNIO DE AFETAÇÃO

•• Capítulo acrescentado pela Lei n. 10.931, de 2-8-2004.

Art. 31-A. A critério do incorporador, a incorporação poderá ser submetida ao regime da afetação, pelo qual o terreno e as acessões objeto de incorporação imobiliária, bem como os demais bens e direitos a ela vinculados, manter-se-ão apartados do patrimônio do incorporador e constituirão patrimônio de afetação, destinado à consecução da incorporação correspondente e à entrega das unidades imobiliárias aos respectivos adquirentes.

•• *Caput* acrescentado pela Lei n. 10.931, de 2-8-2004.

§ 1.º O patrimônio de afetação não se comunica com os demais bens, direitos e obrigações do patrimônio geral do incorporador ou de outros patrimônios de afetação por ele constituídos e só responde por dívidas e obrigações vinculadas à incorporação respectiva.

•• § 1.º acrescentado pela Lei n. 10.931, de 2-8-2004.

§ 2.º O incorporador responde pelos prejuízos que causar ao patrimônio de afetação.

•• § 2.º acrescentado pela Lei n. 10.931, de 2-8-2004.

§ 3.º Os bens e direitos integrantes do patrimônio de afetação somente poderão ser objeto de garantia real em operação de crédito cujo produto seja integralmente destinado à consecução da edificação correspondente e à entrega das unidades imobiliárias e de suas pertenças aos respectivos adquirentes.

•• § 3.º com redação determinada pela Lei n. 14.620, de 13-7-2023.

§ 4.º No caso de cessão, plena ou fiduciária, de direitos creditórios oriundos da comercialização das unidades imobiliárias componentes da incorporação, o produto da cessão também passará a integrar o patrimônio de afetação, observado o disposto no § 6.º.

•• § 4.º acrescentado pela Lei n. 10.931, de 2-8-2004.

§ 5.º As quotas de construção correspondentes a acessões vinculadas a frações ideais serão pagas pelo incorporador até que a responsabilidade pela sua construção tenha sido assumida por terceiros, nos termos da parte final do § 6.º do art. 35.

•• § 5.º acrescentado pela Lei n. 10.931, de 2-8-2004.

§ 6.º Os recursos financeiros integrantes do patrimônio de afetação serão utilizados para pagamento ou reembolso das despesas inerentes à incorporação.

•• § 6.º acrescentado pela Lei n. 10.931, de 2-8-2004.

§ 7.º O reembolso do preço de aquisição do terreno somente poderá ser feito quando da alienação das unidades autônomas, na proporção das respectivas frações ideais, considerando-se tão somente os valores efetivamente recebidos pela alienação.

•• § 7.º acrescentado pela Lei n. 10.931, de 2-8-2004.

§ 8.º Excluem-se do patrimônio de afetação:
I — os recursos financeiros que excederem a importância necessária à conclusão da obra (art. 44), considerando-se os valores a receber até sua conclusão e, bem assim, os recursos necessários à quitação de financiamento para a construção, se houver; e
II — o valor referente ao preço de alienação da fração ideal de terreno de cada unidade vendida, no caso de incorporação em que a construção seja contratada sob o regime por empreitada (art. 55) ou por administração (art. 58).

•• § 8.º acrescentado pela Lei n. 10.931, de 2-8-2004.

§ 9.º No caso de conjuntos de edificações de que trata o art. 8.º, poderão ser constituídos patrimônios de afetação separados, tantos quantos forem os:
I — subconjuntos de casas para as quais esteja prevista a mesma data de conclusão (art. 8.º, *a*); e
II — edifícios de dois ou mais pavimentos (art. 8.º, *b*).

•• § 9.º acrescentado pela Lei n. 10.931, de 2-8-2004.

§ 10. A constituição de patrimônios de afetação separados de que trata o § 9.º deverá estar declarada no memorial de incorporação.

•• § 10 acrescentado pela Lei n. 10.931, de 2-8-2004.

§ 11. Nas incorporações objeto de financiamento, a comercialização das unidades deverá contar com a anuência da instituição financiadora ou deverá ser a ela cientificada, conforme vier a ser estabelecido no contrato de financiamento.

•• § 11 acrescentado pela Lei n. 10.931, de 2-8-2004.

§ 12. A contratação de financiamento e constituição de garantias, inclusive mediante transmissão, para o credor, da propriedade fiduciária sobre as unidades imobiliárias integrantes da incorporação, bem como a cessão, plena ou fiduciária, de direitos creditórios decorrentes da comercialização dessas unidades, não

Lei n. 4.591, de 16-12-1964 — Condomínio em Edificações

implicam a transferência para o credor de nenhuma das obrigações ou responsabilidades do cedente, do incorporador ou do construtor, permanecendo estes como únicos responsáveis pelas obrigações e pelos deveres que lhes são imputáveis.

•• § 12 acrescentado pela Lei n. 10.931, de 2-8-2004.

Art. 31-B. Considera-se constituído o patrimônio de afetação mediante averbação, a qualquer tempo, no Registro de Imóveis, de termo firmado pelo incorporador e, quando for o caso, também pelos titulares de direitos reais de aquisição sobre o terreno.

•• *Caput* acrescentado pela Lei n. 10.931, de 2-8-2004.

Parágrafo único. A averbação não será obstada pela existência de ônus reais que tenham sido constituídos sobre o imóvel objeto da incorporação para garantia do pagamento do preço de sua aquisição ou do cumprimento de obrigação de construir o empreendimento.

•• Parágrafo único acrescentado pela Lei n. 10.931, de 2-8-2004.

Art. 31-C. A Comissão de Representantes e a instituição financiadora da construção poderão nomear, às suas expensas, pessoa física ou jurídica para fiscalizar e acompanhar o patrimônio de afetação.

•• *Caput* acrescentado pela Lei n. 10.931, de 2-8-2004.

§ 1.º A nomeação a que se refere o *caput* não transfere para o nomeante qualquer responsabilidade pela qualidade da obra, pelo prazo de entrega do imóvel ou por qualquer outra obrigação decorrente da responsabilidade do incorporador ou do construtor, seja legal ou a oriunda dos contratos de alienação das unidades imobiliárias, de construção e de outros contratos eventualmente vinculados à incorporação.

•• § 1.º acrescentado pela Lei n. 10.931, de 2-8-2004.

§ 2.º A pessoa que, em decorrência do exercício da fiscalização de que trata o *caput* deste artigo, obtiver acesso às informações comerciais, tributárias e de qualquer outra natureza referentes ao patrimônio afetado responderá pela falta de zelo, dedicação e sigilo destas informações.

•• § 2.º acrescentado pela Lei n. 10.931, de 2-8-2004.

§ 3.º A pessoa nomeada pela instituição financiadora deverá fornecer cópia de seu relatório ou parecer à Comissão de Representantes, a requerimento desta, não constituindo esse fornecimento quebra de sigilo de que trata o § 2.º deste artigo.

•• § 3.º acrescentado pela Lei n. 10.931, de 2-8-2004.

Art. 31-D. Incumbe ao incorporador:

•• *Caput* acrescentado pela Lei n. 10.931, de 2-8-2004.

I – promover todos os atos necessários à boa administração e à preservação do patrimônio de afetação, inclusive mediante adoção de medidas judiciais;

•• Inciso I acrescentado pela Lei n. 10.931, de 2-8-2004.

II – manter apartados os bens e direitos objeto de cada incorporação;

•• Inciso II acrescentado pela Lei n. 10.931, de 2-8-2004.

III – diligenciar a captação dos recursos necessários à incorporação e aplicá-los na forma prevista nesta Lei, cuidando de preservar os recursos necessários à conclusão da obra;

•• Inciso III acrescentado pela Lei n. 10.931, de 2-8-2004.

IV – entregar à Comissão de Representantes, no mínimo a cada três meses, demonstrativo do estado da obra e de sua correspondência com o prazo pactuado ou com os recursos financeiros que integrem o patrimônio de afetação recebidos no período, firmados por profissionais habilitados, ressalvadas eventuais modificações sugeridas pelo incorporador e aprovadas pela Comissão de Representantes;

•• Inciso IV acrescentado pela Lei n. 10.931, de 2-8-2004.

V – manter e movimentar os recursos financeiros do patrimônio de afetação em conta de depósito aberta especificamente para tal fim;

•• Inciso V acrescentado pela Lei n. 10.931, de 2-8-2004.

VI – entregar à Comissão de Representantes balancetes coincidentes com o trimestre civil, relativos a cada patrimônio de afetação;

•• Inciso VI acrescentado pela Lei n. 10.931, de 2-8-2004.

VII – assegurar à pessoa nomeada nos termos do art. 31-C o livre acesso à obra, bem como aos livros, contratos, movimentação da conta de depósito exclusiva referida no inciso V deste artigo e quaisquer outros documentos relativos ao patrimônio de afetação; e

•• Inciso VII acrescentado pela Lei n. 10.931, de 2-8-2004.

VIII – manter escrituração contábil completa, ainda que esteja desobrigado pela legislação tributária.

•• Inciso VIII acrescentado pela Lei n. 10.931, de 2-8-2004.

Art. 31-E. O patrimônio de afetação extinguir-se-á pela:

•• *Caput* acrescentado pela Lei n. 10.931, de 2-8-2004.

I – averbação da construção, registro dos títulos de domínio ou de direito de aquisição em nome dos respectivos adquirentes e, quando for o caso, extinção das obrigações do incorporador perante a instituição financiadora do empreendimento;

•• Inciso I acrescentado pela Lei n. 10.931, de 2-8-2004.

II – revogação em razão de denúncia da incorporação, depois de restituídas aos adquirentes as quantias por eles pagas (art. 36), ou de outras hipóteses previstas em lei; e

•• Inciso II acrescentado pela Lei n. 10.931, de 2-8-2004.

III – liquidação deliberada pela assembleia geral nos termos do art. 31-F, § 1.º.

•• Inciso III acrescentado pela Lei n. 10.931, de 2-8-2004.

§ 1.º Na hipótese prevista no inciso I do *caput* deste artigo, uma vez averbada a construção, o registro de cada contrato de compra e venda ou de promessa de venda, acompanhado do respectivo termo de quitação da instituição financiadora da construção, importará a extinção automática do patrimônio de afetação em relação à respectiva unidade, sem necessidade de averbação específica.

•• § 1.º acrescentado pela Lei n. 14.382, de 27-6-2022, originalmente vetado, todavia promulgado em 5-1-2023.

§ 2.º Por ocasião da extinção integral das obrigações do incorporador perante a instituição financiadora do empreendimento e após a averbação da construção, a afetação das unidades não negociadas será cancelada mediante averbação, sem conteúdo financeiro, do respectivo termo de quitação na matrícula matriz do empreendimento ou nas respectivas matrículas das unidades imobiliárias eventualmente abertas.

•• § 2.º acrescentado pela Lei n. 14.382, de 27-6-2022.

§ 3.º A extinção do patrimônio de afetação nas hipóteses do inciso I do *caput* e do § 1.º deste artigo não implica a extinção do regime de tributação instituído pelo art. 1.º da Lei n. 10.931, de 2 de agosto de 2004.

•• § 3.º acrescentado pela Lei n. 14.382, de 27-6-2022, originalmente vetado, todavia promulgado em 5-1-2023.

§ 4.º Após a denúncia da incorporação, proceder-se-á ao cancelamento do patrimônio de afetação, mediante o cumprimento das obrigações previstas neste artigo, no art. 34 desta Lei e nas demais disposições legais.

•• § 4.º acrescentado pela Lei n. 14.382, de 27-6-2022.

Art. 31-F. Os efeitos da decretação da falência ou da insolvência civil do incorporador não atingem os patrimônios de afetação constituídos, não integrando a massa concursal o terreno, as acessões e demais bens, direitos creditórios, obrigações e encargos objeto da incorporação.

•• *Caput* acrescentado pela Lei n. 10.931, de 2-8-2004.

§ 1.º Nos sessenta dias que se seguirem à decretação da falência ou da insolvência civil do incorporador, o condomínio dos adquirentes, por convocação da sua Comissão de Representantes ou, na sua falta, de um sexto dos titulares de frações ideais, ou, ainda, por determinação do juiz prolator da decisão, realizará assembleia geral, na qual, por maioria simples, ratificará o mandato da Comissão de Representantes ou elegerá novos membros, e, em primeira convocação, por dois terços dos votos dos adquirentes ou, em segunda convocação, pela maioria absoluta desses votos, instituirá o condomínio da construção, por instrumento público ou particular, e deliberará sobre os termos da continuação da obra ou da liquidação do patrimônio de afetação (art. 43, III); havendo financiamento para construção, a convocação poderá ser feita pela instituição financiadora.

•• § 1.º acrescentado pela Lei n. 10.931, de 2-8-2004.

§ 2.º O disposto no § 1.º aplica-se também à hipótese de paralisação das obras prevista no art. 43, VI.

•• § 2.º acrescentado pela Lei n. 10.931, de 2-8-2004.

§ 3.º Na hipótese de que tratam os §§ 1.º e 2.º, a Comissão de Representantes ficará investida de mandato irrevogável para firmar com os adquirentes das unidades autônomas o contrato definitivo a que estiverem obrigados o incorporador, o titular do domínio e o titular dos direitos aquisitivos do imóvel objeto da incorporação em decorrência de contratos preliminares.

•• § 3.º acrescentado pela Lei n. 10.931, de 2-8-2004.

§ 4.º O mandato a que se refere o § 3.º será válido mesmo depois de concluída a obra.

•• § 4.º acrescentado pela Lei n. 10.931, de 2-8-2004.

§ 5.º O mandato outorgado à Comissão de Representantes confere poderes para transmitir domínio, direito, posse e ação, manifestar a responsabilidade do alienante pela evicção e imitir os adquirentes na posse das unidades respectivas.

•• § 5.º acrescentado pela Lei n. 10.931, de 2-8-2004.

§ 6.º Os contratos definitivos serão celebrados mesmo com os adquirentes que tenham obrigações a cumprir perante o incorporador ou a instituição financiadora, desde que comprovadamente adimplentes, situação em que a outorga do contrato fica condicionada à constituição de garantia real sobre o imóvel, para assegurar o pagamento do débito remanescente.

•• § 6.º acrescentado pela Lei n. 10.931, de 2-8-2004.

§ 7.º Ainda na hipótese dos §§ 1.º e 2.º, a Comissão de Representantes ficará investida de mandato irrevogável para, em nome dos adquirentes, e em cumprimento da decisão da assembleia geral que deliberar pela liquidação do patrimônio de afetação, efetivar a alienação do terreno e das acessões, transmitindo posse, direito, domínio e ação, manifestar a responsabilidade pela evicção, imitir os futuros adquirentes na posse do terreno e das acessões.

•• § 7.º acrescentado pela Lei n. 10.931, de 2-8-2004.

§ 8.º Na hipótese do § 7.º, será firmado o respectivo contrato de venda, promessa de venda ou outra modalidade de contrato compatível com os direitos objeto da transmissão.

•• § 8.º acrescentado pela Lei n. 10.931, de 2-8-2004.

§ 9.º A Comissão de Representantes cumprirá o mandato nos termos e nos limites estabelecidos pela deliberação da assembleia geral e prestará contas aos adquirentes, entregando-lhes o produto líquido da alienação, no prazo de cinco dias da data em que tiver recebido o preço ou cada parcela do preço.

•• § 9.º acrescentado pela Lei n. 10.931, de 2-8-2004.

§ 10. Os valores pertencentes aos adquirentes não localizados deverão ser depositados em Juízo pela Comissão de Representantes.

•• § 10 acrescentado pela Lei n. 10.931, de 2-8-2004.

§ 11. Caso decidam pela continuação da obra, os adquirentes ficarão automaticamente sub-rogados nos direitos, nas obrigações e nos encargos relativos à incorporação, inclusive aqueles relativos ao contrato de financiamento da obra, se houver.

•• § 11 acrescentado pela Lei n. 10.931, de 2-8-2004.

§ 12. Para os efeitos do § 11 deste artigo, cada adquirente responderá individualmente pelo saldo porventura existente entre as receitas do empreendimento e o custo da conclusão da incorporação na proporção dos coeficientes de construção atribuíveis às respectivas unidades, se outro critério de rateio não for deliberado em assembleia geral por dois terços dos votos dos adquirentes, observado o seguinte:

I – os saldos dos preços das frações ideais e acessões integrantes da incorporação que não tenham sido pagos ao incorporador até a data da decretação da falência ou da insolvência civil passarão a ser pagos à Comissão de Representantes, permanecendo o somatório desses recursos submetido à afetação, nos termos do art. 31-A, até o limite necessário à conclusão da incorporação;

II – para cumprimento do seu encargo de administradora da incorporação, a Comissão de Representantes fica investida de mandato legal, em caráter irrevogável, para, em nome do incorporador ou do condomínio de construção, conforme o caso, receber as parcelas do saldo do preço e dar quitação, bem como promover as medidas extrajudiciais ou judiciais necessárias a esse recebimento, praticando todos os atos relativos ao leilão de que trata o art. 63 ou os atos relativos à consolidação da propriedade e ao leilão de que tratam os arts. 26 e 27 da Lei n. 9.514, de 20 de novembro de 1997, devendo realizar a garantia e aplicar na incorporação todo o produto do recebimento do saldo do preço e do leilão;

III – consideram-se receitas do empreendimento os valores das parcelas a receber, vincendas e vencidas e ainda não pagas, de cada adquirente, correspondentes ao preço de aquisição das respectivas unidades ou do preço de custeio de construção, bem como os recursos disponíveis afetados; e

IV – compreendem-se no custo de conclusão da incorporação todo o custeio da construção do edifício e a averbação da construção das edificações para efeito de individualização e discriminação das unidades, nos termos do art. 44.

•• § 12 acrescentado pela Lei n. 10.931, de 2-8-2004.

§ 13. Havendo saldo positivo entre as receitas da incorporação e o custo da conclusão da incorporação, o valor correspondente a esse saldo deverá ser entregue à massa falida pela Comissão de Representantes.

•• § 13 acrescentado pela Lei n. 10.931, de 2-8-2004.

§ 14. Para assegurar as medidas necessárias ao prosseguimento das obras ou à liquidação do patrimônio de afetação, a Comissão de Representantes, no prazo de sessenta dias, a contar da data de realização da assembleia geral de que trata o § 1.º, promoverá, em leilão público, com observância dos critérios estabelecidos pelo art. 63, a venda das frações ideais e respectivas acessões que, até a data da decretação da falência ou insolvência não tiverem sido alienadas pelo incorporador.

•• § 14 acrescentado pela Lei n. 10.931, de 2-8-2004.

§ 15. Na hipótese de que trata o § 14, o arrematante ficará sub-rogado, na proporção atribuível à fração e acessões adquiridas, nos direitos e nas obrigações relativas ao empreendimento, inclusive nas obrigações de eventual financiamento, e, em se tratando da hipótese do art. 39 desta Lei, nas obrigações perante o proprietário do terreno.

•• § 15 acrescentado pela Lei n. 10.931, de 2-8-2004.

§ 16. Dos documentos para anúncio da venda de que trata o § 14 e, bem assim, o inciso III do art. 43, constarão o valor das acessões não pagas pelo incorporador (art. 35, § 6.º) e o preço da fração ideal do terreno e das acessões (arts. 40 e 41).

•• § 16 acrescentado pela Lei n. 10.931, de 2-8-2004.

§ 17. No processo de venda de que trata o § 14, serão asseguradas, sucessivamente, em igualdade de condições com terceiros:

I – ao proprietário do terreno, nas hipóteses em que este seja pessoa distinta da pessoa do incorporador, a preferência para aquisição das acessões vinculadas à fração objeto da venda, a ser exercida nas vinte e quatro horas seguintes à data designada para a venda; e

II – ao condomínio, caso não exercida a preferência de que trata o inciso I, ou caso não haja licitantes, a preferência para aquisição da fração ideal e acessões, desde que deliberada em assembleia geral, pelo voto da maioria simples dos adquirentes presentes, e exercida no prazo de quarenta e oito horas a contar da data designada para a venda.

•• § 17 acrescentado pela Lei n. 10.931, de 2-8-2004.

§ 18. Realizada a venda prevista no § 14, incumbirá à Comissão de Representantes, sucessivamente, nos cinco dias que se seguirem ao recebimento do preço:

I – pagar as obrigações trabalhistas, previdenciárias e tributárias, vinculadas ao respectivo patrimônio de afetação, observada a ordem de preferência prevista na legislação, em especial o disposto no art. 186 do Código Tributário Nacional;

II – reembolsar aos adquirentes as quantias que tenham adiantado, com recursos próprios, para pagamento das obrigações referidas no inciso I;

III – reembolsar à instituição financiadora a quantia que esta tiver entregue para a construção, salvo se outra forma for convencionada entre as partes interessadas;

IV – entregar ao condomínio o valor que este tiver desembolsado para construção das acessões de responsabilidade do incorporador (§ 6.º do art. 35 e § 5.º do art. 31-A), na proporção do valor obtido na venda;

V – entregar ao proprietário do terreno, nas hipóteses em que este seja pessoa distinta da pessoa do incorporador, o valor apurado na venda, em proporção ao valor atribuído à fração ideal; e

VI – entregar à massa falida o saldo que porventura remanescer.

•• § 18 acrescentado pela Lei n. 10.931, de 2-8-2004.

§ 19. O incorporador deve assegurar à pessoa nomeada nos termos do art. 31-C, o acesso a todas as informações necessárias à verificação do montante das obrigações referidas no § 12, I, do art. 31-F vinculadas ao respectivo patrimônio de afetação.

•• § 19 acrescentado pela Lei n. 10.931, de 2-8-2004.

§ 20. Ficam excluídas da responsabilidade dos adquirentes as obrigações relativas, de maneira direta ou indireta, ao imposto de renda e à contribuição social sobre o lucro, devidas pela pessoa jurídica do incorporador, inclusive por equiparação, bem como as obrigações oriundas de outras atividades do incorporador não relacionadas diretamente com as incorporações objeto de afetação.

•• § 20 acrescentado pela Lei n. 10.931, de 2-8-2004.

Capítulo II
DAS OBRIGAÇÕES E DIREITOS DO INCORPORADOR

Art. 32. O incorporador somente poderá alienar ou onerar as frações ideais de terrenos e acessões que corresponderão às futuras unidades autônomas após o registro, no registro de imóveis competente, do memorial de incorporação composto pelos seguintes documentos:

• *Caput* com redação determinada pela Lei n. 14.382, de 27-6-2022.

a) título de propriedade de terreno, ou de promessa, irrevogável e irretratável, de compra e venda ou de cessão de direitos ou de permuta, do qual conste cláusula de imissão na posse do imóvel, não haja estipulações impeditivas de sua alienação em frações ideais e inclua consentimento para demolição e construção, devidamente registrado;

b) certidões negativas de impostos federais, estaduais e municipais, de protesto de títulos, de ações cíveis e criminais e de ônus reais relativamente ao imóvel, aos alienantes do terreno e ao incorporador;

c) histórico dos títulos de propriedade do imóvel, abrangendo os últimos 20 (vinte) anos, acompanhado de certidão dos respectivos registros;

d) projeto de construção devidamente aprovado pelas autoridades competentes;

e) cálculo das áreas das edificações, discriminando, além da global, a das partes comuns, e indicando, para cada tipo de unidade, a respectiva metragem de área construída;

f) certidão negativa de débito para com a Previdência Social, quando o titular de direitos sobre o terreno for responsável pela arrecadação das respectivas contribuições;

g) memorial descritivo das especificações da obra projetada, segundo modelo a que se refere o inciso IV, do art. 53, desta Lei;

h) avaliação do custo global da obra, atualizada à data do arquivamento, calculada de acordo com a norma do inciso III, do art. 53, com base nos custos unitários referidos no art. 54, discriminando-se, também, o custo de construção de cada unidade, devidamente autenticada pelo profissional responsável pela obra;

i) instrumento de divisão do terreno em frações ideais autônomas que contenham a sua discriminação e a descrição, a caracterização e a destinação das futuras unidades e partes comuns que a elas acederão;

•• Alínea *i* com redação determinada pela Lei n. 14.382, de 27-6-2022.

j) minuta de convenção de condomínio que disciplinará o uso das futuras unidades e partes comuns do conjunto imobiliário;

•• Alínea *j* com redação determinada pela Lei n. 14.382, de 27-6-2022.

l) declaração em que se defina a parcela do preço de que trata o inciso II, do art. 39;

m) certidão do instrumento público de mandato, referido no § 1.º do art. 31;

n) declaração expressa em que se fixe, se houver, o prazo de carência (art. 34);

o) *(Revogada pela Lei n. 14.382, de 27-6-2022.)*

p) declaração, acompanhada de plantas elucidativas, sobre o número de veículos que a garagem comporta e os locais destinados à guarda dos mesmos.

•• Alínea *p* acrescentada pela Lei n. 4.864, de 29-11-1965.

§ 1.º A documentação referida neste artigo, após o exame do oficial de registro de imóveis, será arquivada em cartório, fazendo-se o competente registro.

§ 1.º-A O registro do memorial de incorporação sujeita as frações do terreno e as respectivas acessões a regime condominial especial, investe o incorporador e os futuros adquirentes na faculdade de sua livre disposição ou oneração e independe de anuência dos demais condôminos.

•• § 1.º-A acrescentado pela Lei n. 14.382, de 27-6-2022.

§ 2.º Os contratos de compra e venda, promessa de venda, cessão ou promessa de cessão de unidades autônomas são irretratáveis e, uma vez registrados, conferem direito real oponível a terceiros, atribuindo direito a adjudicação compulsória perante o incorporador ou a quem o suceder, inclusive na hipótese de insolvência posterior ao término da obra.

•• § 2.º com redação determinada pela Lei n. 10.931, de 2-8-2004.

§ 3.º O número do registro referido no § 1.º, bem como a indicação do cartório competente, constará, obrigatoriamente, dos anúncios, impressos, publicações, propostas, contratos, preliminares ou definitivos, referentes à incorporação, salvo dos anúncios "classificados".

§ 4.º O Registro de Imóveis dará certidão ou fornecerá, a quem o solicitar, cópia fotostática, heliográfica, termofax, microfilmagem ou outra equivalente, dos documentos especificados neste artigo, ou autenticará cópia apresentada pela parte interessada.

§ 5.º A existência de ônus fiscais ou reais, salvo os impeditivos de alienação, não impedem o registro, que será feito com as devidas ressalvas, mencionando-se, em todos os documentos, extraídos do registro, a existência e a extensão dos ônus.

§ 6.º Os oficiais do registro de imóveis terão 10 (dez) dias úteis para apresentar, por escrito, todas as exigências que julgarem necessárias ao registro e, satisfeitas as referidas exigências, terão o prazo de 10 (dez) dias úteis para fornecer certidão e devolver a segunda via autenticada da documentação, quando apresentada por meio físico, com exceção dos documentos públicos, e caberá ao oficial, em caso de divergência, suscitar a dúvida, segundo as normas processuais aplicáveis.

•• § 6.º com redação determinada pela Lei n. 14.382, de 27-6-2022.

§ 7.º O oficial do registro de imóveis responde, civil e criminalmente, se efetuar o arquivamento de documentação contraveniente à lei ou der certidão ...

Lei n. 4.591, de 16-12-1964 — Condomínio em Edificações

(*Vetado*) ... sem o arquivamento de todos os documentos exigidos.

§ 8.º O oficial do registro de imóveis que não observar o prazo previsto no § 6.º ficará sujeito à penalidade imposta pela autoridade judiciária competente em montante igual ao dos emolumentos devidos pelo registro de que trata este artigo, aplicável por quinzena ou fração de quinzena de superação de cada um daqueles prazos.

•• § 8.º acrescentado pela Lei n. 4.864, de 29-11-1965.

§ 9.º O oficial do registro de imóveis não responde pela exatidão dos documentos que lhe forem apresentados para arquivamento em obediência ao disposto nas alíneas *e, g, h, l* e *p* deste artigo, desde que assinados pelo profissional responsável pela obra.

•• § 9.º acrescentado pela Lei n. 4.864, de 29-11-1965.

§ 10. As plantas do projeto aprovado (alínea *d* deste artigo) poderão ser apresentadas em cópia autenticada pelo profissional responsável pela obra, acompanhada de cópia de licença de construção.

•• § 10 acrescentado pela Lei n. 4.864, de 29-11-1965.

§ 11. Até 30 de junho de 1966, se, dentro de 15 (quinze) dias da entrega ao Cartório do Registro de Imóveis da documentação completa prevista neste artigo, feita por carta enviada pelo Ofício de Títulos e Documentos, não tiver o Cartório de Imóveis entregue a certidão de arquivamento e registro, nem formulado, por escrito, as exigências previstas no § 6.º, considerar-se-á de pleno direito completado o registro provisório.

•• § 11 acrescentado pela Lei n. 4.864, de 29-11-1965.

§ 12. O registro provisório previsto no parágrafo anterior autoriza o incorporador a negociar as unidades da incorporação, indicando na sua publicação o número do Registro de Títulos e Documentos referente à remessa dos documentos ao Cartório de Imóveis, sem prejuízo, todavia, da sua responsabilidade perante o adquirente da unidade e da obrigação de satisfazer as exigências posteriormente formuladas pelo Cartório, bem como de completar o registro definitivo.

•• § 12 acrescentado pela Lei n. 4.864, de 29-11-1965.

§ 13. Na incorporação sobre imóvel objeto de imissão na posse registrada conforme item 36 do inciso I do art. 167 da Lei n. 6.015, de 31 de dezembro de 1973, fica dispensada a apresentação, relativamente ao ente público, dos documentos mencionados nas alíneas *a, b, c, f* e *o* deste artigo, devendo o incorporador celebrar contrato de cessão de posse com os adquirentes das unidades autônomas, aplicando-se a regra prevista nos §§ 4.º, 5.º e 6.º do art. 26 da Lei n. 6.766, de 19 de dezembro de 1979.

•• § 13 acrescentado pela Lei n. 12.424, de 16-6-2011.

§ 14. Quando demonstrar de modo suficiente o estado do processo e a repercussão econômica do litígio, a certidão esclarecedora de ação cível ou penal poderá ser substituída por impressão do andamento do processo digital.

•• § 14 acrescentado pela Lei n. 14.382, de 27-6-2022.

§ 15. O registro do memorial de incorporação e da instituição do condomínio sobre as frações ideais constitui ato registral único.

•• § 15 acrescentado pela Lei n. 14.382, de 27-6-2022.

Art. 33. Se, após 180 (cento e oitenta) dias da data do registro da incorporação, ela ainda não se houver concretizado, por meio da formalização da alienação ou da oneração de alguma unidade futura, ou a contratação de financiamento para a construção ou do início das obras do empreendimento, o incorporador somente poderá negociar unidades depois de averbar a atualização das certidões e de eventuais documentos com prazo de validade vencido a que se refere o art. 32 desta Lei.

•• *Caput* com redação determinada pela Lei n. 14.382, de 27-6-2022.

Parágrafo único. Enquanto não concretizada a incorporação, o procedimento de que trata o *caput* deste artigo deverá ser realizado a cada 180 (cento e oitenta) dias.

•• Parágrafo único acrescentado pela Lei n. 14.382, de 27-6-2022.

Art. 34. O incorporador poderá fixar, para efetivação da incorporação, prazo de carência, dentro do qual lhe é lícito desistir do empreendimento.

§ 1.º A fixação do prazo de carência será feita pela declaração a que se refere a alínea *n*, do art. 32, onde se fixem as condições que autorizarão o incorporador a desistir do empreendimento.

§ 2.º Em caso algum poderá o prazo de carência ultrapassar o termo final do prazo da validade do registro ou, se for o caso, de sua revalidação.

§ 3.º Os documentos preliminares de ajuste, se houver, mencionarão, obrigatoriamente, o prazo de carência, inclusive para efeitos do art. 45.

§ 4.º A desistência da incorporação será denunciada, por escrito, ao Registro de Imóveis ... (*Vetado*) ... e comunicada, por escrito, a cada um dos adquirentes ou candidatos à aquisição, sob pena de responsabilidade civil e criminal do incorporador.

§ 5.º Será averbada no registro da incorporação a desistência de que trata o parágrafo anterior, arquivando-se em cartório o respectivo documento.

§ 6.º O prazo de carência é improrrogável.

Art. 35. O incorporador terá o prazo máximo de 45 (quarenta e cinco) dias, a contar do termo final do prazo de carência, se houver, para promover a celebração do competente contrato relativo à fração ideal de terreno, e, bem assim, do contrato de construção e da Convenção do Condomínio, de acordo com discriminação constante da alínea *i* do art. 32.

•• O prazo de 60 (sessenta) dias foi determinado pelo art. 13 da Lei n. 4.864, de 29-11-1965.

§ 1.º No caso de não haver prazo de carência, o prazo acima se contará da data de qualquer documento de ajuste preliminar.

§ 2.º Quando houver prazo de carência, a obrigação somente deixará de existir se o incorporador tiver denunciado, dentro do mesmo prazo e nas condições previamente estabelecidas, por escrito, ao Registro de Imóveis, a não concretização do empreendimento.

§ 3.º Se, dentro do prazo de carência, o incorporador não denunciar a incorporação, embora não se tenham reunido as condições a que se refere o § 1.º, o outorgante do mandato, de que trata o § 1.º, do art. 31, poderá fazê-lo nos 5 (cinco) dias subsequentes ao prazo de carência, e nesse caso ficará solidariamente responsável com o incorporador pela devolução das quantias que os adquirentes ou candidatos à aquisição houverem entregue ao incorporador, resguardado o direito de regresso sobre eles, dispensando-se, então, do cumprimento da obrigação fixada no *caput* deste artigo.

§ 4.º Descumprida pelo incorporador e pelo mandatete de que trata o § 1.º do art. 31 a obrigação da outorga dos contratos referidos no *caput* deste artigo, nos prazos ora fixados, a carta-proposta ou o documento de ajuste preliminar poderão ser averbados no Registro de Imóveis, averbação que conferirá direito real oponível a terceiros, com o consequente direito à obtenção compulsória do contrato correspondente.

§ 5.º Na hipótese do parágrafo anterior, o incorporador incorrerá também na multa de 50% (cinquenta por cento) sobre a quantia que efetivamente tiver recebido, cobrável por via executiva, em favor do adquirente ou candidato à aquisição.

§ 6.º Ressalvado o disposto no art. 43, do contrato de construção deverá constar expressamente a menção dos responsáveis pelo pagamento da construção de cada uma das unidades. O incorporador responde, em igualdade de condições, com os demais contratantes, pelo pagamento da construção das unidades que não tenham tido a responsabilidade pela sua construção assumida por terceiros e até que o tenham.

Art. 35-A. Os contratos de compra e venda, promessa de venda, cessão ou promessa de cessão de unidades autônomas integrantes de incorporação imobiliária serão iniciados por quadro-resumo, que deverá conter:

•• *Caput* acrescentado pela Lei n. 13.786, de 27-12-2018.

I – o preço total a ser pago pelo imóvel;

•• Inciso I acrescentado pela Lei n. 13.786, de 27-12-2018.

II – o valor da parcela do preço a ser tratada como entrada, a sua forma de pagamento, com destaque para o valor pago à vista, e os seus percentuais sobre o valor total do contrato;

•• Inciso II acrescentado pela Lei n. 13.786, de 27-12-2018.

III – o valor referente à corretagem, suas condições de pagamento e a identificação precisa de seu beneficiário;

•• Inciso III acrescentado pela Lei n. 13.786, de 27-12-2018.

IV – a forma de pagamento do preço, com indicação clara dos valores e vencimentos das parcelas;

•• Inciso IV acrescentado pela Lei n. 13.786, de 27-12-2018.

V – os índices de correção monetária aplicáveis ao contrato e, quando houver pluralidade de índices, o período de aplicação de cada um;

•• Inciso V acrescentado pela Lei n. 13.786, de 27-12-2018.

VI – as consequências do desfazimento do contrato, seja por meio de distrato, seja por meio de resolução contratual motivada por inadimplemento de obrigação do adquirente ou do incorporador, com destaque negritado para as penalidades aplicáveis e para os prazos para devolução de valores ao adquirente;

•• Inciso VI acrescentado pela Lei n. 13.786, de 27-12-2018.

VII – as taxas de juros eventualmente aplicadas, se mensais ou anuais, se nominais ou efetivas, o seu período de incidência e o sistema de amortização;

•• Inciso VII acrescentado pela Lei n. 13.786, de 27-12-2018.

VIII – as informações acerca da possibilidade do exercício, por parte do adquirente do imóvel, do direito de

Lei n. 4.591, de 16-12-1964 — Condomínio em Edificações

arrependimento previsto no art. 49 da Lei n. 8.078, de 11 de setembro de 1990 (Código de Defesa do Consumidor), em todos os contratos firmados em estandes de vendas e fora da sede do incorporador ou do estabelecimento comercial;

•• Inciso VIII acrescentado pela Lei n. 13.786, de 27-12-2018.

IX – o prazo para quitação das obrigações pelo adquirente após a obtenção do auto de conclusão da obra pelo incorporador;

•• Inciso IX acrescentado pela Lei n. 13.786, de 27-12-2018.

X – as informações acerca dos ônus que recaiam sobre o imóvel, em especial quando o vinculem como garantia real do financiamento destinado à construção do investimento;

•• Inciso X acrescentado pela Lei n. 13.786, de 27-12-2018.

XI – o número do registro do memorial de incorporação, a matrícula do imóvel e a identificação do cartório de registro de imóveis competente;

•• Inciso XI acrescentado pela Lei n. 13.786, de 27-12-2018.

XII – o termo final para obtenção do auto de conclusão da obra (habite-se) e os efeitos contratuais da intempestividade prevista no art. 43-A desta Lei.

•• Inciso XII acrescentado pela Lei n. 13.786, de 27-12-2018.

§ 1.º Identificada a ausência de quaisquer das informações previstas no *caput* deste artigo, será concedido prazo de 30 (trinta) dias para aditamento do contrato e saneamento da omissão, findo o qual, essa omissão, se não sanada, caracterizará justa causa para rescisão contratual por parte do adquirente.

•• § 1.º acrescentado pela Lei n. 13.786, de 27-12-2018.

§ 2.º A efetivação das consequências do desfazimento do contrato, referidas no inciso VI do *caput* deste artigo, dependerá de anuência prévia e específica do adquirente a seu respeito, mediante assinatura junto a essas cláusulas, que deverão ser redigidas conforme o disposto no § 4.º do art. 54 da Lei n. 8.078, de 11 de setembro de 1990 (Código de Defesa do Consumidor).

•• § 2.º acrescentado pela Lei n. 13.786, de 27-12-2018.

Art. 36. No caso de denúncia de incorporação, nos termos do art. 34, se o incorporador, até 30 (trinta) dias a contar da denúncia, não restituir aos adquirentes as importâncias pagas, estes poderão cobrá-la por via executiva, reajustado o seu valor a contar da data do recebimento, em função do índice geral de preços mensalmente publicado pelo Conselho Nacional de Economia, que reflita as variações no poder aquisitivo da moeda nacional, e acrescido de juros de 6% (seis por cento) ao ano, sobre o total corrigido.

Art. 37. Se o imóvel estiver gravado de ônus real ou fiscal ou se contra os alienantes houver qualquer ação que possa comprometê-lo, o fato será obrigatoriamente mencionado em todos os documentos de ajuste, com a indicação de sua natureza e das condições de liberação.

Art. 38. Também constará, obrigatoriamente, dos documentos de ajuste, se for o caso, o fato de encontrar-se ocupado o imóvel, esclarecendo-se a que título se deve esta ocupação e quais as condições de desocupação.

Art. 39. Nas incorporações em que a aquisição do terreno se der com pagamento total ou parcial em unidades a serem construídas, deverão ser discriminadas em todos os documentos de ajuste:

I – a parcela que, se houver, será paga em dinheiro;

II – a quota-parte da área das unidades a serem entregues em pagamento do terreno que corresponderá a cada uma das unidades, a qual deverá ser expressa em metros quadrados.

Parágrafo único. Deverá constar, também, de todos os documentos de ajuste, se o alienante do terreno ficou ou não sujeito a qualquer prestação ou encargo.

Art. 40. No caso de rescisão de contrato de alienação do terreno ou de fração ideal, ficarão rescindidas as cessões ou promessas de cessão de direitos correspondentes à aquisição do terreno.

§ 1.º Nesta hipótese, consolidar-se-á, no alienante em cujo favor se opera a resolução, o direito sobre a construção porventura existente.

§ 2.º No caso do parágrafo anterior, cada um dos ex-titulares de direito à aquisição de unidades autônomas haverá do mencionado alienante o valor da parcela de construção que haja adicionado à unidade, salvo se a rescisão houver sido causada pelo ex-titular.

§ 3.º Na hipótese dos parágrafos anteriores, sob pena de nulidade, não poderá o alienante em cujo favor se operou a resolução voltar a negociar seus direitos sobre a unidade autônoma, sem a prévia indenização aos titulares, de que trata o § 2.º.

§ 4.º No caso do parágrafo anterior, se os ex-titulares tiverem de recorrer à cobrança judicial do que lhes for devido, somente poderão garantir o seu pagamento a unidade e respectiva fração de terreno objeto do presente artigo.

Art. 41. Quando as unidades imobiliárias forem contratadas pelo incorporador por preço global compreendendo quota de terreno e construção, inclusive com parte do pagamento após a entrega da unidade, discriminar-se-ão, no contrato, o preço da quota de terreno e o da construção.

§ 1.º Poder-se-á estipular que, na hipótese de o adquirente atrasar o pagamento de parcela relativa a construção, os efeitos da mora recairão não apenas sobre a aquisição da parte construída, mas, também, sobre a fração ideal de terreno, ainda que esta tenha sido totalmente paga.

§ 2.º Poder-se-á também estipular que, na hipótese de o adquirente atrasar o pagamento da parcela relativa à fração ideal de terreno, os efeitos da mora recairão não apenas sobre a aquisição da fração ideal, mas, também, sobre a parte construída, ainda que totalmente paga.

Art. 42. No caso de rescisão do contrato relativo à fração ideal de terreno e partes comuns, a pessoa em cujo favor se tenha operado a resolução sub-rogar-se-á nos direitos e obrigações contratualmente atribuídos ao inadimplente, com relação à construção.

Art. 43. Quando o incorporador contratar a entrega da unidade a prazo e preços certos, determinados ou determináveis, mesmo quando pessoa física, ser-lhe-ão impostas as seguintes normas:

I – encaminhar à comissão de representantes:

•• Inciso I, *caput*, com redação determinada pela Lei n. 14.382, de 27-6-2022.

a) a cada 3 (três) meses, o demonstrativo do estado da obra e de sua correspondência com o prazo pactuado para entrega do conjunto imobiliário; e

•• Alínea *a* acrescentada pela Lei n. 14.382, de 27-6-2022.

b) quando solicitada, a relação dos adquirentes com os seus endereços residenciais e eletrônicos, devendo os integrantes da comissão de representantes, no tratamento de tais dados, atender ao disposto na Lei n. 13.709, de 14 de agosto de 2018 (Lei Geral de Proteção de Dados Pessoais), no que for aplicável;

•• Alínea *b* acrescentada pela Lei n. 14.382, de 27-6-2022.

II – responder civilmente pela execução da incorporação, devendo indenizar os adquirentes ou compromissários, dos prejuízos que a estes advierem do fato de não se concluir a edificação ou de se retardar injustificadamente a conclusão das obras, cabendo-lhe ação regressiva contra o construtor, se for o caso e se a este couber a culpa;

III – em caso de falência do incorporador, pessoa física ou jurídica, e não ser possível à maioria prosseguir na construção das edificações, os subscritores ou candidatos à aquisição de unidades serão credores privilegiados pelas quantias que houverem pago ao incorporador, respondendo subsidiariamente os bens pessoais deste;

IV – é vedado ao incorporador alterar o projeto, especialmente no que se refere à unidade do adquirente e às partes comuns, modificar as especificações, ou desviar-se do plano da construção, salvo autorização unânime dos interessados ou exigência legal;

V – não poderá modificar as condições de pagamento nem reajustar o preço das unidades, ainda no caso de elevação dos preços dos materiais e da mão de obra, salvo se tiver sido expressamente ajustada a faculdade de reajustamento, procedendo-se, então, nas condições estipuladas;

VI – se o incorporador, sem justa causa devidamente comprovada, paralisar as obras por mais de 30 (trinta) dias, ou retardar-lhes excessivamente o andamento, poderá o juiz notificá-lo para que no prazo mínimo de 30 (trinta) dias as reinicie ou torne a dar-lhes o andamento normal. Desatendida a notificação, poderá o incorporador ser destituído pela maioria absoluta dos votos dos adquirentes, sem prejuízo da responsabilidade civil ou penal que couber, sujeito à cobrança executiva das importâncias comprovadamente devidas, facultando-se aos interessados prosseguir na obra (*Vetado*);

VII – em caso de insolvência do incorporador que tiver optado pelo regime da afetação e não sendo possível à maioria prosseguir na construção, a assembleia geral poderá, pelo voto de 2/3 (dois terços) dos adquirentes, deliberar pela venda do terreno, das acessões e demais bens e direitos integrantes do patrimônio de afetação, mediante leilão ou outra forma que estabelecer, distribuindo entre si, na proporção dos recursos que comprovadamente tiverem aportado, o resultado líquido da venda, depois de pagas as dívidas do patrimônio de afetação e deduzido e entregue ao proprietário do terreno a quantia que lhe couber, nos termos do art. 40; não se obtendo, na venda, a reposição dos aportes efetivados pelos adquirentes, reajustada na forma da lei e de acordo com os critérios do contrato celebrado com o incorporador, os adquirentes serão credores privilegiados pelos valores da diferença não reembolsada, respondendo subsidiariamente os bens pessoais do incorporador.

Lei n. 4.591, de 16-12-1964 — Condomínio em Edificações

•• Inciso VII acrescentado pela Lei n. 10.931, de 2-8-2004.

§ 1.º Deliberada a destituição de que tratam os incisos VI e VII do *caput* deste artigo, o incorporador será notificado extrajudicialmente pelo oficial do registro de imóveis da circunscrição em que estiver localizado o empreendimento para que, no prazo de 15 (quinze) dias, contado da data da entrega da notificação na sede do incorporador ou no seu endereço eletrônico:

•• § 1.º, *caput*, acrescentado pela Lei n. 14.382, de 27-6-2022.

I – imita a comissão de representantes na posse do empreendimento e lhe entregue:

•• Inciso I, *caput*, acrescentado pela Lei n. 14.382, de 27-6-2022.

a) os documentos correspondentes à incorporação; e

•• Alínea *a* acrescentada pela Lei n. 14.382, de 27-6-2022.

b) os comprovantes de quitação das quotas de construção de sua responsabilidade em que se referem o § 5.º do art. 31-A e o § 6.º do art. 35 desta Lei; ou

•• Alínea *b* acrescentada pela Lei n. 14.382, de 27-6-2022.

II – efetive o pagamento das quotas que estiverem pendentes, de modo a viabilizar a realização da auditoria a que se refere o art. 31-C desta Lei.

•• Inciso II acrescentado pela Lei n. 14.382, de 27-6-2022.

§ 2.º Da ata da assembleia geral que deliberar a destituição do incorporador deverão constar os nomes dos adquirentes presentes e as seguintes informações:

•• § 2.º, *caput*, acrescentado pela Lei n. 14.382, de 27-6-2022.

I – a qualificação;

•• Inciso I acrescentado pela Lei n. 14.382, de 27-6-2022.

II – o documento de identidade;

•• Inciso II acrescentado pela Lei n. 14.382, de 27-6-2022.

III – as inscrições no Cadastro de Pessoas Físicas (CPF) ou no Cadastro Nacional de Pessoas Jurídicas (CNPJ) da Secretaria Especial da Receita Federal do Brasil do Ministério da Economia;

•• Inciso III acrescentado pela Lei n. 14.382, de 27-6-2022.

IV – os endereços residenciais ou comerciais completos; e

•• Inciso IV acrescentado pela Lei n. 14.382, de 27-6-2022.

V – as respectivas frações ideais e acessões a que se vincularão as suas futuras unidades imobiliárias, com a indicação dos correspondentes títulos aquisitivos, públicos ou particulares, ainda que não registrados no registro de imóveis.

•• Inciso V acrescentado pela Lei n. 14.382, de 27-6-2022.

§ 3.º A ata de que trata o § 2.º deste artigo, registrada no registro de títulos e documentos, constituirá documento hábil para:

•• § 3.º, *caput*, acrescentado pela Lei n. 14.382, de 27-6-2022.

I – averbação da destituição do incorporador na matrícula do registro de imóveis da circunscrição em que estiver registrado o memorial de incorporação; e

•• Inciso I acrescentado pela Lei n. 14.382, de 27-6-2022.

II – implementação das medidas judiciais ou extrajudiciais necessárias:

•• Inciso II, *caput*, acrescentado pela Lei n. 14.382, de 27-6-2022.

a) à imissão da comissão de representantes na posse do empreendimento;

•• Alínea *a* acrescentada pela Lei n. 14.382, de 27-6-2022.

b) à investidura da comissão de representantes na administração e nos poderes para a prática dos atos de disposição que lhe são conferidos pelos arts. 31-F e 63 desta Lei;

•• Alínea *b* acrescentada pela Lei n. 14.382, de 27-6-2022.

c) à inscrição do respectivo condomínio da construção no CNPJ; e

•• Alínea *c* acrescentada pela Lei n. 14.382, de 27-6-2022.

d) quaisquer outros atos necessários à efetividade da norma instituída no *caput* deste artigo, inclusive para prosseguimento da obra ou liquidação do patrimônio da incorporação.

•• Alínea *d* acrescentada pela Lei n. 14.382, de 27-6-2022.

§ 4.º As unidades não negociadas pelo incorporador e vinculadas ao pagamento das correspondentes quotas de construção nos termos do § 6.º do art. 35 desta Lei ficam indisponíveis e insuscetíveis de constrição por dívidas estranhas à respectiva incorporação até que o incorporador comprove a regularidade do pagamento.

•• § 4.º acrescentado pela Lei n. 14.382, de 27-6-2022.

§ 5.º Fica autorizada a comissão de representantes a promover a venda, com fundamento no § 14 do art. 31-F e no art. 63 desta Lei, das unidades de que trata o § 4.º, expirado o prazo da notificação a que se refere o § 1.º deste artigo, com aplicação do produto obtido no pagamento do débito correspondente.

•• § 5.º acrescentado pela Lei n. 14.382, de 27-6-2022.

Art. 43-A. A entrega do imóvel em até 180 (cento e oitenta) dias corridos da data estipulada contratualmente como data prevista para conclusão do empreendimento, desde que expressamente pactuado, de forma clara e destacada, não dará causa à resolução do contrato por parte do adquirente nem ensejará o pagamento de qualquer penalidade pelo incorporador.

•• *Caput* acrescentado pela Lei n. 13.786, de 27-12-2018.

§ 1.º Se a entrega do imóvel ultrapassar o prazo estabelecido no *caput* deste artigo, desde que o adquirente não tenha dado causa ao atraso, poderá ser promovida por este a resolução do contrato, sem prejuízo da devolução da integralidade de todos os valores pagos e da multa estabelecida, em até 60 (sessenta) dias corridos contados da resolução, corrigidos nos termos do § 8.º do art. 67-A desta Lei.

•• § 1.º acrescentado pela Lei n. 13.786, de 27-12-2018.

§ 2.º Na hipótese de a entrega do imóvel estender-se por prazo superior àquele previsto no *caput* deste artigo, e não se tratar de resolução do contrato, será devida ao adquirente adimplente, por ocasião da entrega da unidade, indenização de 1% (um por cento) do valor efetivamente pago à incorporadora, para cada mês de atraso, *pro rata die*, corrigido monetariamente conforme índice estipulado em contrato.

•• § 2.º acrescentado pela Lei n. 13.786, de 27-12-2018.

§ 3.º A multa prevista no § 2.º deste artigo, referente a mora no cumprimento da obrigação, em hipótese alguma poderá ser cumulada com a multa estabelecida no § 1.º deste artigo, que trata da inexecução total da obrigação.

•• § 3.º acrescentado pela Lei n. 13.786, de 27-12-2018.

Art. 44. Após a concessão do habite-se pela autoridade administrativa, incumbe ao incorporador a averbação da construção em correspondência às frações ideais discriminadas na matrícula do terreno, respondendo perante os adquirentes pelas perdas e danos que resultem da demora no cumprimento dessa obrigação.

•• *Caput* com redação determinada pela Lei n. 14.382, de 27-6-2022.

§ 1.º Se o incorporador não requerer a averbação (*Vetado*) o construtor requerê-la-á (*Vetado*) sob pena de ficar solidariamente responsável com o incorporador perante os adquirentes.

§ 2.º Na omissão do incorporador e do construtor, a averbação poderá ser requerida por qualquer dos adquirentes de unidade.

Art. 45. É lícito ao incorporador recolher o Imposto do Selo devido, mediante apresentação dos contratos preliminares, até 10 (dez) dias a contar do vencimento do prazo de carência a que se refere o art. 34, extinta a obrigação se, dentro deste prazo, for denunciada a incorporação.

•• Com a reforma tributária de 1965 foi extinto o Imposto do Selo, o qual foi substituído pelo Imposto sobre Operações de Crédito, Câmbio e Seguro ou Relativas a Títulos ou Valores Mobiliários.

Art. 46. Quando o pagamento do Imposto sobre Lucro Imobiliário e respectivos acréscimos e adicionais for de responsabilidade do vendedor do terreno, será lícito ao adquirente reter o pagamento das últimas prestações anteriores à data-limite em que é lícito pagar, sem reajuste, o referido imposto e os adicionais, caso o vendedor não apresente a quitação até 10 (dez) dias antes do vencimento das prestações cujo pagamento torne inferior ao débito fiscal a parte do preço a ser ainda paga até a referida data-limite.

Parágrafo único. No caso de retenção pelo adquirente, esse ficará responsável, para todos os efeitos, perante o Fisco, pelo recolhimento do tributo, adicionais e acréscimos, inclusive pelos reajustamentos que vier a sofrer o débito fiscal (*Vetado*).

Art. 47. Quando se fixar no contrato que a obrigação do pagamento do Imposto sobre Lucro Imobiliário, acréscimos e adicionais devidos pelo alienante é transferida ao adquirente, dever-se-á explicitar o montante que tal obrigação atingiria, se sua satisfação se desse na data da escritura.

§ 1.º Neste caso, o adquirente será tido, para todos os efeitos, como responsável perante o Fisco.

§ 2.º Havendo parcela restituível, a restituição será feita ao adquirente, e, se for o caso, em nome deste serão emitidas as Obrigações do Tesouro Nacional a que se refere o art. 4.º da Lei n. 4.357, de 16 de julho de 1964.

§ 3.º Para efeitos fiscais, não importará em aumento do preço de aquisição a circunstância de obrigar-se o adquirente ao pagamento do Imposto sobre Lucro Imobiliário, seus acréscimos e adicionais.

Capítulo III
DA CONSTRUÇÃO DE EDIFICAÇÕES EM CONDOMÍNIO

Seção I
Da Construção em Geral

Art. 48. A construção de imóveis, objeto de incorporação nos moldes previstos nesta Lei, poderá ser contra-

Lei n. 4.591, de 16-12-1964 — Condomínio em Edificações

tada sob o regime da empreitada ou de administração, conforme adiante definidos, e poderá estar incluída no contrato com o incorporador (*Vetado*), ou ser contratada diretamente entre os adquirentes e o construtor.

§ 1.º O projeto e o memorial descritivo das edificações farão parte integrante e complementar do contrato.

§ 2.º Do contrato deverá constar o prazo da entrega das obras e as condições e formas de sua eventual prorrogação.

Art. 49. Os contratantes da construção, inclusive no caso do art. 43, para tratar de seus interesses, com relação a ela, poderão reunir-se em assembleia, cujas deliberações, desde que aprovadas por maioria simples dos votos presentes, serão válidas e obrigatórias para todos eles, salvo no que afetar ao direito de propriedade previsto na legislação.

§ 1.º As assembleias serão convocadas, pelo menos, por um terço dos votos dos contratantes, pelo incorporador ou pelo construtor, com menção expressa do assunto a tratar, sendo admitido comparecimento de procurador bastante.

§ 2.º A convocação da assembleia será feita por carta registrada ou protocolo, com antecedência mínima de 5 (cinco) dias para a primeira convocação, e mais 3 (três) dias para a segunda, podendo ambas as convocações ser feitas no mesmo aviso.

§ 3.º A assembleia instalar-se-á, no mínimo, com metade dos contratantes, em primeira convocação, e com qualquer número, em segunda, sendo, porém, obrigatória a presença, em qualquer caso, do incorporador ou do construtor, quando convocantes, e, pelo menos, com metade dos contratantes que a tenham convocado, se for o caso.

§ 4.º Na assembleia os votos dos contratantes serão proporcionais às respectivas frações ideais de terreno.

Art. 50. Será designada no contrato de construção ou eleita em assembleia geral a ser realizada por iniciativa do incorporador no prazo de até 6 (seis) meses, contado da data do registro do memorial de incorporação, uma comissão de representantes composta por, no mínimo, 3 (três) membros escolhidos entre os adquirentes para representá-los perante o construtor ou, no caso previsto no Art. 43 desta Lei, o incorporador, em tudo o que interessar ao bom andamento da incorporação e, em especial, perante terceiros, para praticar os atos resultantes da aplicação do disposto nos art. 31-A a art. 31-F desta Lei.

•• *Caput* com redação determinada pela Lei n. 14.382, de 27-6-2022.

§ 1.º Uma vez eleita a Comissão, cuja constituição se comprovará com a ata da assembleia, devidamente inscrita no Registro de Títulos e Documentos, esta ficará de pleno direito investida dos poderes necessários para exercer todas as atribuições e praticar todos os atos que esta Lei e o contrato de construção lhe deferirem, sem necessidade de instrumento especial outorgado pelos contratantes ou, se for o caso, pelos que se sub-rogarem nos direitos e obrigações destes.

§ 2.º A assembleia geral poderá, pela maioria absoluta dos votos dos adquirentes, alterar a composição da Comissão de Representantes e revogar qualquer de suas decisões, ressalvados os direitos de terceiros quanto aos efeitos já produzidos.

•• § 2.º com redação determinada pela Lei n. 10.931, de 2-8-2004.

§ 3.º Respeitados os limites constantes desta Lei, o contrato poderá discriminar as atribuições da Comissão e deverá dispor sobre os mandatos de seus membros, sua destituição e a forma de preenchimento das vagas eventuais, sendo lícita a estipulação de que o mandato conferido a qualquer membro, no caso de sub-rogação de seu contrato a terceiros, se tenha por transferido, de pleno direito, ao sub-rogatário, salvo se este não o aceitar.

§ 4.º Nas incorporações em que o número de contratantes de unidades for igual ou inferior a três, a totalidade deles exercerá, em conjunto, as atribuições que esta Lei confere à Comissão, aplicando-se, no que couber, o disposto nos parágrafos anteriores.

Art. 51. Nos contratos de construção, seja qual for seu regime, deverá constar expressamente a quem caberão as despesas com ligações de serviços públicos, devidas ao Poder Público, bem como as despesas indispensáveis à instalação, funcionamento e regulamentação do condomínio.

Parágrafo único. Quando o serviço público for explorado mediante concessão, os contratos de construção deverão também especificar a quem caberão as despesas com as ligações que incumbam às concessionárias, no caso de não estarem elas obrigadas a fazê-las, ou, em o estando, se a isto se recusarem ou alegarem impossibilidade.

Art. 52. Cada contratante da construção só será imitido na posse de sua unidade se estiver em dia com as obrigações assumidas, inclusive as relativas à construção, exercendo o construtor e o condomínio, até então, o direito de retenção sobre a respectiva unidade; no caso do art. 43, este direito será exercido pelo incorporador.

Art. 53. O Poder Executivo, através do Banco Nacional da Habitação, promoverá a celebração de contratos, com a Associação Brasileira de Normas Técnicas (ABNT), no sentido de que esta, tendo em vista o disposto na Lei n. 4.150, de 21 de novembro de 1962, prepare, no prazo máximo de 120 (cento e vinte) dias, normas que estabeleçam, para cada tipo de prédio que padronizar:

I – critérios e normas para cálculo de custos unitários de construção para uso dos sindicatos, na forma do art. 54;

II – critérios e normas para execução de orçamentos de custo de construção, para fins do disposto no art. 59;

III – critérios e normas para avaliação de custo global de obra, para fins da alínea *h*, do art. 32;

IV – modelo de memorial descritivo dos acabamentos de edificação, para fins do disposto no art. 32;

V – critério para entrosamento entre o cronograma das obras e o pagamento das prestações, que poderá ser introduzido nos contratos de incorporação inclusive para o efeito de aplicação do disposto no § 2.º do art. 48.

§ 1.º O número de tipos padronizados deverá ser reduzido e na fixação se atenderá primordialmente:

a) o número de pavimentos e a existência de pavimentos especiais (subsolo, *pilotis* etc.);

b) o padrão da construção (baixo, normal, alto), tendo em conta as condições de acabamento, a qualidade dos materiais empregados, os equipamentos, o número de elevadores e as inovações de conforto;

c) as áreas de construção.

§ 2.º Para custear o serviço a ser feito pela ABNT, definido neste artigo, fica autorizado o Poder Executivo a abrir um crédito especial no valor de dez milhões de cruzeiros, em favor do Banco Nacional da Habitação, vinculado a este fim, podendo o Banco adiantar a importância à ABNT, se necessário.

§ 3.º No contrato a ser celebrado com a ABNT, estipular-se-á a atualização periódica das normas previstas neste artigo, mediante remuneração razoável.

Art. 54. Os sindicatos estaduais da indústria da construção civil ficam obrigados a divulgar mensalmente, até o dia 5 de cada mês, os custos unitários de construção a serem adotados nas respectivas regiões jurisdicionais, calculados com observância dos critérios e normas a que se refere o inciso I do artigo anterior.

§ 1.º O sindicato estadual que deixar de cumprir a obrigação prevista neste artigo deixará de receber dos cofres públicos, enquanto perdurar a omissão, qualquer subvenção ou auxílio que pleiteie ou a que tenha direito.

§ 2.º Na ocorrência de omissão de sindicato estadual, o construtor usará os índices fixados por outro sindicato estadual, em cuja região os custos de construção mais lhe pareçam aproximados dos da sua.

§ 3.º Os orçamentos ou estimativas baseados nos custos unitários a que se refere este artigo só poderão ser considerados atualizados, em certo mês, para os efeitos desta Lei, se baseados em custos unitários relativos ao próprio mês ou a um dos dois meses anteriores.

Seção II
Da Construção por Empreitada

Art. 55. Nas incorporações em que a construção seja feita pelo regime de empreitada, esta poderá ser a preço fixo, ou a preço reajustável por índices previamente determinados.

§ 1.º Na empreitada a preço fixo, o preço da construção será irreajustável, independentemente das variações que sofrer o custo efetivo das obras e quaisquer que sejam suas causas.

§ 2.º Na empreitada a preço reajustável, o preço fixado no contrato será reajustado na forma e nas épocas nele expressamente previstas, em função da variação dos índices adotados, também previstos obrigatoriamente no contrato.

§ 3.º Nos contratos de construção por empreitada, a Comissão de Representantes fiscalizará o andamento da obra e a obediência ao projeto e às especificações exercendo as demais obrigações inerentes à sua função representativa dos contratantes e fiscalizadora da construção.

§ 4.º Nos contratos de construção fixados sob regime de empreitada, reajustável, a Comissão de Representantes fiscalizará, também, o cálculo do reajustamento.

§ 5.º No contrato deverá ser mencionado o montante do orçamento atualizado da obra, calculado de acordo com as normas do inciso III do art. 53, com base nos custos unitários referidos no art. 54, quando o preço estipulado for inferior ao mesmo.

§ 6.º Na forma de expressa referência, os contratos de empreitada entendem-se como sendo a preço fixo.

Art. 56. Em toda a publicidade ou propaganda escrita, destinada a promover a venda de incorporação com construção pelo regime de empreitada reajustável, em que conste preço, serão discriminados explicitamente o preço da fração ideal do terreno e o preço da construção, com indicação expressa da reajustabilidade.

§ 1.º As mesmas indicações deverão constar em todos os papéis utilizados para a realização da incorporação, tais como cartas, propostas, escrituras, contratos e documentos semelhantes.

§ 2.º Esta exigência será dispensada nos anúncios "classificados" dos jornais.

Art. 57. Ao construtor que contratar, por empreitada a preço fixo, uma obra de incorporação, aplicar-se-á, no que couber, o disposto nos itens II, III, IV (*Vetado*) e VI do art. 43.

Seção III
Da Construção por Administração

Art. 58. Nas incorporações em que a construção for contratada pelo regime de administração, também chamado "a preço de custo", será de responsabilidade dos proprietários ou adquirentes o pagamento do custo integral de obra, observadas as seguintes disposições:

I – todas as faturas, duplicatas, recibos e quaisquer documentos referentes às transações ou aquisições para construção, serão emitidos em nome do condomínio dos contratantes da construção;

II – todas as contribuições dos condôminos, para qualquer fim relacionado com a construção, serão depositadas em contas abertas em nome do condomínio dos contratantes em estabelecimentos bancários, as quais serão movimentadas pela forma que for fixada no contrato.

Art. 59. No regime de construção por administração será obrigatório constar do respectivo contrato e o montante do orçamento do custo da obra, elaborado com estrita observância dos critérios e normas referidos no inciso II do art. 53, e a data em que se iniciará efetivamente a obra.

§ 1.º Nos contratos lavrados até o término das funções, este montante não poderá ser inferior ao da estimativa atualizada, a que se refere o § 3.º do art. 54.

§ 2.º Nos contratos celebrados após o término das funções, este montante não poderá ser inferior à última revisão efetivada na forma do artigo seguinte.

§ 3.º Às transferências e sub-rogações do contrato, em qualquer fase da obra, aplicar-se-á o disposto neste artigo.

Art. 60. As revisões da estimativa de custo da obra serão efetuadas, pelo menos semestralmente, em comum entre a Comissão de Representantes e o construtor. O contrato poderá estipular que, em função das necessidades da obra, sejam alteráveis os esquemas de contribuições quanto ao total, ao número, ao valor e à distribuição no tempo das prestações.

Parágrafo único. Em caso de majoração de prestações, o novo esquema deverá ser comunicado aos contratantes, com antecedência mínima de 45 (quarenta e cinco) dias da data em que deverão ser efetuados os depósitos das primeiras prestações alteradas.

Art. 61. A Comissão de Representantes terá poderes para, em nome de todos os contratantes e na forma prevista no contrato:

a) examinar os balancetes organizados pelos construtores, dos recebimentos e despesas do condomínio dos contratantes, aprová-los ou impugná-los, examinando a documentação respectiva;

b) fiscalizar concorrências relativas às compras dos materiais necessários à obra ou aos serviços a ela pertinentes;

c) contratar, em nome do condomínio, com qualquer condômino, modificações por ele solicitadas em sua respectiva unidade, a serem administradas pelo construtor, desde que não prejudiquem unidade de outro condômino e não estejam em desacordo com o parecer técnico do construtor;

d) fiscalizar a arrecadação das contribuições destinadas à construção;

e) exercer as demais obrigações inerentes a sua função representativa dos contratantes e fiscalizadora da construção, e praticar todos os atos necessários ao funcionamento regular do condomínio.

Art. 62. Em toda publicidade ou propaganda escrita destinada a promover a venda de incorporação com construção pelo regime de administração em que conste preço, serão discriminados explicitamente o preço da fração ideal do terreno e o montante do orçamento atualizado do custo da construção, na forma dos arts. 59 e 60, com a indicação do mês a que se refere o dito orçamento e do tipo padronizado a que se vincule o mesmo.

§ 1.º As mesmas indicações deverão constar em todos os papéis utilizados para a realização da incorporação, tais como cartas, propostas, escrituras, contratos e documentos semelhantes.

§ 2.º Esta exigência será dispensada nos anúncios "classificados" dos jornais.

Capítulo IV
DAS INFRAÇÕES

Art. 63. É lícito estipular no contrato, sem prejuízo de outras sanções, que a falta de pagamento, por parte do adquirente ou contratante, de três prestações do preço da construção, quer estabelecidas inicialmente, quer alteradas ou criadas posteriormente, quando for o caso, depois de prévia notificação com o prazo de 10 (dez) dias para purgação da mora, implique na rescisão do contrato, conforme nele se fixar, ou que, na falta de pagamento pelo débito respondem os direitos à respectiva fração ideal de terreno e à parte construída adicionada, na forma abaixo estabelecida, se outra forma não fixar o contrato.

§ 1.º Se o débito não for liquidado no prazo de 10 (dez) dias, após solicitação da Comissão de Representantes, esta ficará, desde logo, de pleno direito, autorizada a efetuar, no prazo que fixar, em público leilão anunciado pela forma que o contrato previr, a venda, promessa de venda ou de cessão, ou a cessão da quota de terreno e correspondente parte construída e direitos, bem como a sub-rogação do contrato de construção.

§ 2.º Se o maior lanço obtido for inferior ao desembolso efetuado pelo inadimplente, para a quota do terreno e a construção, despesas acarretadas e as percentagens expressas no parágrafo seguinte, será realizada nova praça no prazo estipulado no contrato. Nesta segunda praça, será aceito o maior lanço apurado, ainda que inferior àquele total (*Vetado*).

§ 3.º No prazo de 24 (vinte e quatro) horas após a realização do leilão final, o condomínio, por decisão unânime de assembleia geral em condições de igualdade com terceiros, terá preferência na aquisição dos bens, caso em que serão adjudicados ao condomínio.

§ 4.º Do preço que for apurado no leilão, serão deduzidas as quantias em débito, todas as despesas ocorridas, inclusive honorários de advogado e anúncios, e mais 5% (cinco por cento) a título de comissão e 10% (dez por cento) de multa compensatória, que reverterão em benefício do condomínio de todos os contratantes, com exceção do faltoso, ao qual será entregue o saldo, se houver.

§ 5.º Para os fins das medidas estipuladas neste artigo, a Comissão de Representantes ficará investida de mandato irrevogável, isento do Imposto do Selo, na vigência do contrato geral de construção da obra, com poderes necessários para, em nome do condômino inadimplente, efetuar as citadas transações, podendo para este fim fixar preços, ajustar condições, sub-rogar o arrematante nos direitos e obrigações decorrentes do contrato de construção e da quota de terreno e construção; outorgar as competentes escrituras e contratos, receber preços, dar quitações; imitir o arrematante na posse do imóvel; transmitir domínio, direito e ação; responder pela evicção; receber citação, propor e variar de ações; e também dos poderes *ad juditia*, a serem substabelecidos a advogado legalmente habilitado.

•• *Vide* nota ao art. 45 desta Lei.

§ 6.º A morte, falência ou concordata do condômino ou sua dissolução, se se tratar de sociedade, não revogará o mandato de que trata o parágrafo anterior, o qual poderá ser exercido pela Comissão de Representantes até a conclusão dos pagamentos devidos, ainda que a unidade pertença a menor de idade.

§ 7.º Os eventuais débitos, fiscais ou para com a Previdência Social, não impedirão a alienação por leilão público. Neste caso, ao condômino somente será entregue o saldo, se houver, desde que prove estar quite com o Fisco e a Previdência Social, devendo a Comissão de Representantes, em caso contrário, consignar judicialmente a importância equivalente aos débitos existentes, dando ciência do fato à entidade credora.

§ 8.º Independentemente das disposições deste artigo e seus parágrafos, e como penalidades preliminares, poderá o contrato de construção estabelecer a incidência de multas e juros de mora em caso de atraso no depósito de contribuições sem prejuízo do disposto no parágrafo seguinte.

§ 9.º O contrato poderá dispor que o valor das prestações, pagas com atraso, seja corrigível em função da variação do índice geral de preços mensalmente publicado em Conselho Nacional de Economia, que reflita as oscilações do poder aquisitivo da moeda nacional.

§ 10. O membro da Comissão de Representantes que incorrer na falta prevista neste artigo estará sujeito à perda automática do mandato e deverá ser substituído segundo dispuser o contrato.

Art. 64. Os órgãos de informação e publicidade que divulgarem publicidade sem os requisitos exigidos pelo § 3.º do art. 32 e pelos arts. 56 e 62, desta Lei, sujeitar-

-se-ão à multa em importância correspondente ao dobro do preço pago pelo anunciante, a qual reverterá em favor da respectiva Municipalidade.

Art. 65. É crime contra a economia popular promover incorporação, fazendo, em proposta, contratos, prospectos ou comunicação ao público ou aos interessados, afirmação falsa sobre a constituição do condomínio, alienação das frações ideais do terreno ou sobre a construção das edificações.

Pena – reclusão de 1 (um) a 4 (quatro) anos e multa de 5 (cinco) a 50 (cinquenta) vezes o maior salário mínimo legal vigente no País.

§ 1.º Incorrem na mesma pena:

I – o incorporador, o corretor e o construtor, individuais, bem como os diretores ou gerentes de empresa coletiva, incorporadora, corretora ou construtora que, em proposta, contrato, publicidade, prospecto, relatório, parecer, balanço ou comunicação ao público ou aos condôminos, candidatos ou subscritores de unidades, fizerem afirmação falsa sobre a constituição do condomínio, alienação das frações ideais ou sobre a construção das edificações;

II – o incorporador, o corretor e o construtor individuais, bem como os diretores ou gerentes de empresa coletiva, incorporadora, corretora ou construtora que usar, ainda que a título de empréstimo, em proveito próprio ou de terceiro, bens ou haveres destinados a incorporação contratada por administração, sem prévia autorização dos interessados.

§ 2.º O julgamento destes crimes será de competência de juízo singular, aplicando-se os arts. 5.º, 6.º e 7.º da Lei n. 1.521, de 26 de dezembro de 1951.

§ 3.º Em qualquer fase do procedimento criminal objeto deste artigo, a prisão do indiciado dependerá sempre de mandado do juízo referido no § 2.º.

•• § 3.º acrescentado pela Lei n. 4.864, de 29-11-1965.

Art. 66. São contravenções relativas à economia popular, puníveis na forma do art. 10 da Lei n. 1.521, de 26 de dezembro de 1951:

I – negociar o incorporador frações ideais de terreno, sem previamente satisfazer às exigências constantes desta Lei;

II – omitir o incorporador, em qualquer documento de ajuste, as indicações a que se referem os arts. 37 e 38, desta Lei;

III – deixar o incorporador, sem justa causa, no prazo do art. 35 e ressalvada a hipótese de seus §§ 2.º e 3.º, de promover a celebração do contrato relativo à fração ideal de terreno, do contrato de construção ou da Convenção do Condomínio;

IV – (*Vetado*);

V – omitir o incorporador, no contrato, a indicação a que se refere o § 5.º do art. 55 desta Lei;

VI – paralisar o incorporador a obra, por mais de 30 (trinta) dias, ou retardar-lhe excessivamente o andamento sem justa causa.

Pena – multa de 5 (cinco) a 20 (vinte) vezes o maior salário mínimo legal vigente no País.

Parágrafo único. No caso de contratos relativos a incorporações, de que não participe o incorporador, responderão solidariamente pelas faltas capituladas neste artigo o construtor, o corretor, o proprietário ou titular de direitos aquisitivos do terreno, desde que figurem no contrato, com direito regressivo sobre o incorporador, se as faltas cometidas lhe forem imputáveis.

Capítulo V
DAS DISPOSIÇÕES FINAIS E TRANSITÓRIAS

Art. 67. Os contratos poderão consignar exclusivamente as cláusulas, termos ou condições variáveis ou específicas.

§ 1.º As cláusulas comuns a todos os adquirentes não precisarão figurar expressamente nos respectivos contratos.

§ 2.º Os contratos, no entanto, consignarão obrigatoriamente que as partes contratantes adotem e se comprometam a cumprir as cláusulas, termos e condições contratuais a que se refere o parágrafo anterior, sempre transcritas, *verbo ad verbum*, no respectivo cartório ou ofício, mencionando-se, inclusive, o número do livro e das folhas do competente registro.

§ 3.º Aos adquirentes, ao receberem os respectivos instrumentos, será obrigatoriamente entregue cópia, impressa ou mimeografada, autenticada, do contrato-padrão contendo as cláusulas, termos e condições referidas no § 1.º deste artigo.

§ 4.º Os Cartórios de Registro de Imóveis, para os devidos efeitos, receberão dos incorporadores, autenticadamente, o instrumento a que se refere o parágrafo anterior.

Art. 67-A. Em caso de desfazimento do contrato celebrado exclusivamente com o incorporador, mediante distrato ou resolução por inadimplemento absoluto de obrigação do adquirente, este fará jus à restituição das quantias que houver pago diretamente ao incorporador, atualizadas com base no índice contratualmente estabelecido para a correção monetária das parcelas do preço do imóvel, delas deduzidas, cumulativamente:

•• *Caput* acrescentado pela Lei n. 13.786, de 27-12-2018.

I – a integralidade da comissão de corretagem;

•• Inciso I acrescentado pela Lei n. 13.786, de 27-12-2018.

II – a pena convencional, que não poderá exceder a 25% (vinte e cinco por cento) da quantia paga.

•• Inciso II acrescentado pela Lei n. 13.786, de 27-12-2018.

§ 1.º Para exigir a pena convencional, não é necessário que o incorporador alegue prejuízo.

•• § 1.º acrescentado pela Lei n. 13.786, de 27-12-2018.

§ 2.º Em função do período em que teve disponibilizada a unidade imobiliária, responde ainda o adquirente, em caso de resolução ou de distrato, sem prejuízo do disposto no *caput* e no § 1.º deste artigo, pelos seguintes valores:

•• § 2.º, *caput*, acrescentado pela Lei n. 13.786, de 27-12-2018.

I – quantias correspondentes aos impostos reais incidentes sobre o imóvel;

•• Inciso I acrescentado pela Lei n. 13.786, de 27-12-2018.

II – cotas de condomínio e contribuições devidas a associações de moradores;

•• Inciso II acrescentado pela Lei n. 13.786, de 27-12-2018.

III – valor correspondente à fruição do imóvel, equivalente à 0,5% (cinco décimos por cento) sobre o valor atualizado do contrato, *pro rata die*;

•• Inciso III acrescentado pela Lei n. 13.786, de 27-12-2018.

IV – demais encargos incidentes sobre o imóvel e despesas previstas no contrato.

•• Inciso IV acrescentado pela Lei n. 13.786, de 27-12-2018.

§ 3.º Os débitos do adquirente correspondentes às deduções de que trata o § 2.º deste artigo poderão ser pagos mediante compensação com a quantia a ser restituída.

•• § 3.º acrescentado pela Lei n. 13.786, de 27-12-2018.

§ 4.º Os descontos e as retenções de que trata este artigo, após o desfazimento do contrato, estão limitados aos valores efetivamente pagos pelo adquirente, salvo em relação às quantias relativas à fruição do imóvel.

•• § 4.º acrescentado pela Lei n. 13.786, de 27-12-2018.

§ 5.º Quando a incorporação estiver submetida ao regime do patrimônio de afetação, de que tratam os arts. 31-A a 31-F desta Lei, o incorporador restituirá os valores pagos pelo adquirente, deduzidos os valores descritos neste artigo e atualizados com base no índice contratualmente estabelecido para a correção monetária das parcelas do preço do imóvel, no prazo máximo de 30 (trinta) dias após o habite-se ou documento equivalente expedido pelo órgão público municipal competente, admitindo-se, nessa hipótese, que a pena referida no inciso II do *caput* deste artigo seja estabelecida até o limite de 50% (cinquenta por cento) da quantia paga.

•• § 5.º acrescentado pela Lei n. 13.786, de 27-12-2018.

§ 6.º Caso a incorporação não esteja submetida ao regime do patrimônio de afetação de que trata a Lei n.10.931, de 2 de agosto de 2004, e após as deduções a que se referem os parágrafos anteriores, se houver remanescente a ser ressarcido ao adquirente, o pagamento será realizado em parcela única, após o prazo de 180 (cento e oitenta) dias, contado da data do desfazimento do contrato.

•• § 6.º acrescentado pela Lei n. 13.786, de 27-12-2018.

§ 7.º Caso ocorra a revenda da unidade antes de transcorrido o prazo a que se referem os §§ 5.º ou 6.º deste artigo, o valor remanescente devido ao adquirente será pago em até 30 (trinta) dias da revenda.

•• § 7.º acrescentado pela Lei n. 13.786, de 27-12-2018.

§ 8.º O valor remanescente a ser pago ao adquirente nos termos do § 7.º deste artigo deve ser atualizado com base no índice contratualmente estabelecido para a correção monetária das parcelas do preço do imóvel.

•• § 8.º acrescentado pela Lei n. 13.786, de 27-12-2018.

§ 9.º Não incidirá a cláusula penal contratualmente prevista na hipótese de o adquirente que der causa ao desfazimento do contrato encontrar comprador substituto que o sub-rogue nos direitos e obrigações originalmente assumidos, desde que haja a devida anuência do incorporador e a aprovação dos cadastros e da capacidade financeira e econômica do comprador substituto.

•• § 9.º acrescentado pela Lei n. 13.786, de 27-12-2018.

§ 10. Os contratos firmados em estandes de vendas e fora da sede do incorporador permitem ao adquirente o exercício do direito de arrependimento, durante o prazo improrrogável de 7 (sete) dias, com a devolução de todos os valores eventualmente antecipados, inclusive a comissão de corretagem.

•• § 10 acrescentado pela Lei n. 13.786, de 27-12-2018.

§ 11. Caberá ao adquirente demonstrar o exercício tempestivo do direito de arrependimento por meio de carta registrada, com aviso de recebimento, considerada a data da postagem como data inicial da contagem do prazo a que se refere o § 10 deste artigo.

•• § 11 acrescentado pela Lei n. 13.786, de 27-12-2018.

§ 12. Transcorrido o prazo de 7 (sete) dias a que se refere o § 10 deste artigo sem que tenha sido exercido o direito de arrependimento, será observada a irretratabilidade do contrato de incorporação imobiliária, conforme disposto no § 2.º do art. 32 da Lei n. 4.591, de 16 de dezembro de 1964.

•• § 12 acrescentado pela Lei n. 13.786, de 27-12-2018.

§ 13. Poderão as partes, em comum acordo, por meio de instrumento específico de distrato, definir condições diferenciadas das previstas nesta Lei.

•• § 13 acrescentado pela Lei n. 13.786, de 27-12-2018.

§ 14. Nas hipóteses de leilão de imóvel objeto de contrato de compra e venda com pagamento parcelado, com ou sem garantia real, de promessa de compra e venda ou de cessão e de compra e venda com pacto adjeto de alienação fiduciária em garantia, realizado o leilão no contexto de execução judicial ou de procedimento extrajudicial de execução ou de resolução, a restituição far-se-á de acordo com os critérios estabelecidos na respectiva lei especial ou com as normas aplicáveis à execução em geral.

•• § 14 acrescentado pela Lei n. 13.786, de 27-12-2018.

Art. 68. A atividade de alienação de lotes integrantes de desmembramento ou loteamento, quando vinculada à construção de casas isoladas ou geminadas, promovida por uma das pessoas indicadas no Art. 31 desta Lei ou no Art. 2.º-A da Lei n. 6.766, de 19 de dezembro de 1979, caracteriza incorporação imobiliária sujeita ao regime jurídico instituído por esta Lei e às demais normas legais a ele aplicáveis.

•• *Caput* com redação determinada pela Lei n. 14.382, de 27-6-2022.

§ 1.º A modalidade de incorporação de que trata este artigo poderá abranger a totalidade ou apenas parte dos lotes integrantes do parcelamento, ainda que sem área comum, e não sujeita o conjunto imobiliário dela resultante ao regime do condomínio edilício, permanecendo as vias e as áreas por ele abrangidas sob domínio público.

•• § 1.º acrescentado pela Lei n. 14.382, de 27-6-2022.

§ 2.º O memorial de incorporação do empreendimento indicará a metragem de cada lote e da área de construção de cada casa, dispensada a apresentação dos documentos referidos nas alíneas *e, i, j, l* e *n* do *caput* do art. 32 desta Lei.

•• § 2.º acrescentado pela Lei n. 14.382, de 27-6-2022.

§ 3.º A incorporação será registrada na matrícula de origem em que tiver sido registrado o parcelamento, na qual serão também assentados o respectivo termo de afetação de que tratam o art. 31-B desta Lei e o art. 2.º da Lei n. 10.931, de 2 de agosto de 2004, e os demais atos correspondentes à incorporação.

•• § 3.º acrescentado pela Lei n. 14.382, de 27-6-2022.

§ 4.º Após o registro do memorial de incorporação, e até a emissão da carta de habite-se do conjunto imobiliário, as averbações e os registros correspondentes aos atos e negócios relativos ao empreendimento sujeitam-se às normas do art. 237-A da Lei n. 6.015, de 31 de dezembro de 1973 (Lei de Registros Públicos).

•• § 4.º acrescentado pela Lei n. 14.382, de 27-6-2022.

Art. 69. O Poder Executivo baixará, no prazo de 90 (noventa) dias, regulamento sobre o registro no Registro de Imóveis (*Vetado*).

Art. 70. A presente Lei entrará em vigor na data de sua publicação, revogados o Decreto n. 5.481, de 25 de junho de 1928 e quaisquer disposições em contrário. Brasília, 16 de dezembro de 1964; 143.º da Independência e 76.º da República.

H. Castello Branco

DECRETO-LEI N. 41, DE 18 DE NOVEMBRO DE 1966 (*)

Dispõe sobre a dissolução de sociedades civis de fins assistenciais.

O Presidente da República, usando das atribuições que lhe confere o art. 31, parágrafo único, do Ato Institucional n. 2, de 27 de outubro de 1965, decreta:

(*) Publicado no *DOU*, de 21-11-1966.

Art. 1.º Toda sociedade civil de fins assistenciais que receba auxílio ou subvenção do Poder Público ou que se mantenha, no todo ou em parte, com contribuições periódicas de populares fica sujeita a dissolução nos casos e formas previstos neste Decreto-lei.

Art. 2.º A sociedade será dissolvida se:

I – deixar de desempenhar efetivamente as atividades assistenciais a que se destina;

II – aplicar as importâncias representadas pelos auxílios, subvenções ou contribuições populares em fins diversos dos previstos nos seus atos constitutivos ou nos estatutos sociais;

III – ficar sem efetiva administração, por abandono ou omissão continuada dos seus órgãos diretores.

Art. 3.º Verificada a ocorrência de alguma das hipóteses do artigo anterior, o Ministério Público, de ofício ou por provocação de qualquer interessado, requererá ao juízo competente a dissolução da sociedade.

Parágrafo único. O processo de dissolução e da liquidação reger-se-á pelos arts. 655 e segs. do Código de Processo Civil.

•• Refere-se ao Código de 1939.

Art. 4.º A sanção prevista neste Decreto-lei não exclui a aplicação de quaisquer outras, porventura cabíveis contra os responsáveis pelas irregularidades ocorridas.

Art. 5.º Este Decreto-lei entra em vigor na data de sua publicação, revogadas as disposições anteriores em contrário.

Brasília, 18 de novembro de 1966; 145.º da Independência e 78.º da República.

H. Castello Branco

LEI N. 5.478,
DE 25 DE JULHO DE 1968 (*)

Dispõe sobre ação de alimentos e dá outras providências.

(*) Publicada no *DOU*, de 26-7-1968. Republicada em 8-4-1974, por determinação do art. 20 da Lei n. 6.014, de 27-12-1973. *Vide* Súmulas 1, 277, 309, 336 e 358 do STJ. *Vide* Lei n. 11.804, de 5-11-2008 (alimentos gravídicos).

•• O Decreto n. 9.176, de 19-10-2017, promulga a Convenção sobre a Cobrança Internacional de Alimentos para Crianças e outros Membros da Família.

O Presidente da República:

Faço saber que o Congresso Nacional decreta e eu sanciono a seguinte Lei:

Art. 1.º A ação de alimentos é de rito especial, independe de prévia distribuição e de anterior concessão do benefício de gratuidade.

§ 1.º A distribuição será determinada posteriormente por ofício do juízo, inclusive para o fim de registro do feito.

§ 2.º A parte que não estiver em condições de pagar as custas do processo, sem prejuízo do sustento próprio ou de sua família, gozará do benefício da gratuidade, por simples afirmativa dessas condições perante o juiz, sob pena de pagamento até o décuplo das custas judiciais.

§ 3.º Presume-se pobre, até prova em contrário, quem afirmar essa condição, nos termos desta Lei.

§ 4.º A impugnação do direito à gratuidade não suspende o curso do processo de alimentos e será feita em autos apartados.

Art. 2.º O credor, pessoalmente ou por intermédio de advogado, dirigir-se-á ao juiz competente, qualificando-se, e exporá suas necessidades, provando, apenas, o parentesco ou a obrigação de alimentar do devedor, indicando seu nome e sobrenome, residência ou local de trabalho, profissão e naturalidade, quanto ganha aproximadamente ou os recursos de que dispõe.

§ 1.º Dispensar-se-á a produção inicial de documentos probatórios:

I – quando existente em notas, registros, repartições ou estabelecimentos públicos e ocorrer impedimento ou demora em extrair certidões;

II – quando estiverem em poder do obrigado as prestações alimentícias ou de terceiro residente – em lugar incerto ou não sabido.

§ 2.º Os documentos públicos ficam isentos de reconhecimento de firma.

§ 3.º Se o credor comparecer pessoalmente e não indicar profissional que haja concordado em assisti-lo, o juiz designará desde logo quem o deva fazer.

Art. 3.º O pedido será apresentado por escrito, em três vias, e deverá conter a indicação do juiz a quem for dirigido, os elementos referidos no artigo anterior e um histórico sumário dos fatos.

§ 1.º Se houver sido designado pelo juiz defensor para assistir o solicitante, na forma prevista no art. 2.º, formulará o designado, dentro de 24 (vinte e quatro) horas da nomeação, o pedido, por escrito, podendo, se achar conveniente, indicar seja a solicitação verbal reduzida a termo.

§ 2.º O termo previsto no parágrafo anterior será em três vias, datadas e assinadas pelo escrivão, observado, no que couber, o disposto no *caput* do presente artigo.

Art. 4.º Ao despachar o pedido, o juiz fixará desde logo alimentos provisórios a serem pagos pelo devedor, salvo se o credor expressamente declarar que deles não necessita.

Parágrafo único. Se se tratar de alimentos provisórios pedidos pelo cônjuge, casado pelo regime da comunhão universal de bens, o juiz determinará igualmente que seja entregue ao credor, mensalmente, parte da renda líquida dos bens comuns, administrados pelo devedor.

Art. 5.º O escrivão, dentro em 48 (quarenta e oito) horas, remeterá ao devedor a segunda via da petição ou do termo, juntamente com a cópia do despacho do juiz, e a comunicação do dia e hora da realização da audiência de conciliação e julgamento.

§ 1.º Na designação da audiência o juiz fixará o prazo razoável que possibilite ao réu a contestação da ação proposta e a eventualidade de citação por edital.

§ 2.º A comunicação, que será feita mediante registro postal isento de taxas e com aviso de recebimento, importa em citação, para todos os efeitos legais.

§ 3.º Se o réu criar embaraços ao recebimento da citação, ou não for encontrado, repetir-se-á a diligência por intermédio do oficial de justiça, servindo de mandado a terceira via da petição ou do termo.

§ 4.º Impossibilitada a citação do réu por qualquer dos modos acima previstos, será ele citado por edital afixado na sede do juízo e publicado três vezes consecutivas no órgão oficial do Estado, correndo a despesa por conta do vencido, afinal, sendo previamente a conta juntada aos autos.

§ 5.º O edital deverá conter um resumo do pedido inicial, a íntegra do despacho nele exarado, a data e a hora da audiência.

§ 6.º O autor será notificado da data e hora da audiência no ato do recebimento da petição, ou da lavratura do termo.

§ 7.º O juiz, ao marcar a audiência, oficiará ao empregador do réu, ou, se o mesmo for funcionário público, ao responsável por sua repartição, solicitando o envio, no máximo até a data marcada para a audiência, de informações sobre o salário ou os vencimentos do devedor, sob as penas previstas no art. 22 desta Lei.

§ 8.º A citação do réu, mesmo no caso dos arts. 200 e 201 do Código de Processo Civil, far-se-á na forma do § 2.º do art. 5.º desta Lei.

•• § 8.º com redação determinada pela Lei n. 6.014, de 27-12-1973.

Art. 6.º Na audiência de conciliação e julgamento deverão estar presentes autor e réu, independentemente de intimação e de comparecimento de seus representantes.

Art. 7.º O não comparecimento do autor determina o arquivamento do pedido, e a ausência do réu importa em revelia, além de confissão quanto à matéria de fato.

Art. 8.º Autor e réu comparecerão à audiência acompanhados de suas testemunhas, três no máximo, apresentando, nessa ocasião, as demais provas.

Art. 9.º Aberta a audiência, lida a petição, ou o termo, e a resposta, se houver, ou dispensada a leitura, o juiz ouvirá as partes litigantes e o representante do Ministério Público, propondo conciliação.

•• *Caput* com redação determinada pela Lei n. 6.014, de 27-12-1973.

§ 1.º Se houver acordo, lavrar-se-á o respectivo termo, que será assinado pelo juiz, escrivão, partes e representantes do Ministério Público.

§ 2.º Não havendo acordo, o juiz tomará o depoimento pessoal das partes e das testemunhas, ouvidos os peritos, se houver, podendo julgar o feito sem a mencionada produção de provas, se as partes concordarem.

Art. 10. A audiência de julgamento será contínua; mas, se não for possível por motivo de força maior concluí-la no mesmo dia, o juiz marcará a sua continuação para o primeiro dia desimpedido independentemente de novas intimações.

Art. 11. Terminada a instrução poderão as partes e o Ministério Público aduzir alegações finais, em prazo não excedente de 10 (dez) minutos para cada um.

Parágrafo único. Em seguida, o juiz renovará a proposta de conciliação e, não sendo aceita, ditará sua sentença, que conterá sucinto relatório do ocorrido na audiência.

Art. 12. Da sentença serão as partes intimadas, pessoalmente ou através de seus representantes, na própria audiência, ainda quando ausentes, desde que intimadas de sua realização.

Art. 13. O disposto nesta Lei aplica-se igualmente, no que couber, às ordinárias de desquite, nulidade e anulação de casamento, à revisão de sentenças proferidas em pedidos de alimentos e respectivas execuções.

§ 1.º Os alimentos provisórios fixados na inicial poderão ser revistos a qualquer tempo, se houver modificação na situação financeira das partes, mas o pedido será sempre processado em apartado.

§ 2.º Em qualquer caso, os alimentos fixados retroagem à data da citação.

•• *Vide* Súmula 621 do STJ.

§ 3.º Os alimentos provisórios serão devidos até a decisão final, inclusive o julgamento do recurso extraordinário.

Art. 14. Da sentença caberá apelação no efeito devolutivo.

•• Artigo com redação determinada pela Lei n. 6.014, de 27-12-1973.

Art. 15. A decisão judicial sobre alimentos não transita em julgado, pode a qualquer tempo ser revista em face da modificação da situação financeira dos interessados.

Arts. 16 a 18. (*Revogados pela Lei n. 13.105, de 16-3-2015.*)

Art. 19. O juiz, para instrução da causa, ou na execução da sentença ou do acordo, poderá tomar todas as providências necessárias para seu esclarecimento ou para o cumprimento do julgado ou do acordo, inclusive a decretação de prisão do devedor até 60 (sessenta) dias.

§ 1.º O cumprimento integral da pena de prisão não eximirá o devedor do pagamento das prestações alimentícias, vincendas ou vencidas e não pagas.

•• § 1.º com redação determinada pela Lei n. 6.014, de 27-12-1973.

§ 2.º Da decisão que decretar a prisão do devedor, caberá agravo de instrumento.

•• § 2.º com redação determinada pela Lei n. 6.014, de 27-12-1973.

§ 3.º A interposição do agravo não suspende a execução da ordem de prisão.

•• § 3.º com redação determinada pela Lei n. 6.014, de 27-12-1973.

Art. 20. As repartições públicas, civis ou militares, inclusive do Imposto de Renda, darão todas as informações necessárias à instrução dos processos previstos nesta Lei e à execução do que for decidido ou acordado em juízo.

....

Art. 22. Constitui crime contra a administração da justiça deixar o empregador ou funcionário público de prestar ao juízo competente as informações necessárias à instrução de processo ou execução de sentença ou acordo que fixe pensão alimentícia:

Pena – Detenção de 6 (seis) meses a 1 (um) ano, sem prejuízo da pena acessória de suspensão do emprego de 30 (trinta) a 90 (noventa) dias.

Parágrafo único. Nas mesmas penas incide quem, de qualquer modo, ajude o devedor a eximir-se ao pagamento de pensão alimentícia judicialmente acordada, fixada ou majorada, ou se recusa, ou procrastina a executar ordem de descontos em folhas de pagamento, expedida pelo juiz competente.

Art. 23. A prescrição quinquenal referida no art. 178, § 10, I, do Código Civil só alcança as prestações mensais e não o direito a alimentos, que, embora irrenunciável, pode ser provisoriamente dispensado.

•• A referência é feita a dispositivo do CC de 1916. *Vide* art. 206, § 2.º, do Código vigente.

Art. 24. A parte responsável pelo sustento da família, e que deixar a residência comum por motivo que não necessitará declarar, poderá tomar a iniciativa de comunicar ao juízo os rendimentos de que dispõe e de pedir a citação do credor, para comparecer à audiência de conciliação e julgamento destinada à fixação dos alimentos a que está obrigada.

Art. 25. A prestação não pecuniária estabelecida no art. 403 do Código Civil só pode ser autorizada pelo juiz se a ela anuir o alimentando capaz.

•• A referência é feita a dispositivo do CC de 1916. *Vide* art. 1.701 do Código vigente.

Art. 26. É competente para as ações de alimentos decorrentes da aplicação do Decreto Legislativo n. 10, de 13 de novembro de 1958, e Decreto n. 56.826, de 2 de setembro de 1965, o juízo federal da capital da Unidade Federativa Brasileira em que reside o devedor, sendo considerada instituição intermediária, para os fins dos referidos decretos, a Procuradoria-Geral da República.

Parágrafo único. Nos termos do inciso III do art. 2.º da Convenção Internacional sobre ações de alimentos, o Governo brasileiro comunicará, sem demora, ao secretário-geral das Nações Unidas, o disposto neste artigo.

Art. 27. Aplicam-se supletivamente nos processos regulados por esta Lei as disposições do Código de Processo Civil.

Art. 28. Esta Lei entrará em vigor 30 (trinta) dias depois de sua publicação.

Art. 29. Revogam-se as disposições em contrário.

Brasília, 25 de julho de 1968; 147.º da Independência e 80.º da República.

A. COSTA E SILVA

DECRETO-LEI N. 911, DE 1.º DE OUTUBRO DE 1969 (*)

Altera a redação do art. 66 da Lei n. 4.728, de 14 de julho de 1965, estabelece normas de processo sobre alienação fiduciária, e dá outras providências.

Os Ministros da Marinha de Guerra, do Exército e da Aeronáutica Militar, usando das atribuições que lhes confere o art. 1.º do Ato Institucional n. 12, de 31 de agosto de 1969, c.c. o § 1.º do art. 2.º do Ato Institucional n. 5, de 13 de dezembro de 1968, decretam:

Art. 1.º O art. 66, da Lei n. 4.728, de 14 de julho de 1965, passa a ter a seguinte redação:

•• Alteração prejudicada em face da revogação do mencionado dispositivo pela Lei n. 10.931, de 2-8-2004.

Art. 2.º No caso de inadimplemento ou mora nas obrigações contratuais garantidas mediante alienação fiduciária, o proprietário fiduciário ou credor poderá vender a coisa a terceiros, independentemente de leilão, hasta pública, avaliação prévia ou qualquer outra medida judicial ou extrajudicial, salvo disposição expressa em contrário prevista no contrato, devendo aplicar o preço da venda no pagamento de seu crédito e das despesas decorrentes e entregar ao devedor o saldo apurado, se houver, com a devida prestação de contas.

(*) Publicado no *DOU*, de 3-10-1969.

•• *Caput* com redação determinada pela Lei n. 13.043, de 13-11-2014.

§ 1.º O crédito a que se refere o presente artigo abrange o principal, juros e comissões, além das taxas, cláusula penal e correção monetária, quando expressamente convencionados pelas partes.

§ 2.º A mora decorrerá do simples vencimento do prazo para pagamento e poderá ser comprovada por carta registrada com aviso de recebimento, não se exigindo que a assinatura constante do referido aviso seja a do próprio destinatário.

•• § 2.º com redação determinada pela Lei n. 13.043, de 13-11-2014.

§ 3.º A mora e o inadimplemento de obrigações contratuais garantidas por alienação fiduciária, ou a ocorrência legal ou convencional de algum dos casos de antecipação de vencimento da dívida facultarão ao credor considerar, de pleno direito, vencidas todas as obrigações contratuais, independentemente de aviso ou notificação judicial ou extrajudicial.

§ 4.º Os procedimentos previstos no *caput* e no seu § 2.º aplicam-se às operações de arrendamento mercantil previstas na forma da Lei n. 6.099, de 12 de setembro de 1974.

•• § 4.º acrescentado pela Lei n. 13.043, de 13-11-2014.

Art. 3.º O proprietário fiduciário ou credor poderá, desde que comprovada a mora, na forma estabelecida pelo § 2.º do art. 2.º, ou o inadimplemento, requerer contra o devedor ou terceiro a busca e apreensão do bem alienado fiduciariamente, a qual será concedida liminarmente, podendo ser apreciada em plantão judiciário.

•• *Caput* com redação determinada pela Lei n. 13.043, de 13-11-2014.

•• *Vide* Súmula 284 do STJ.

§ 1.º Cinco dias após executada a liminar mencionada no *caput*, consolidar-se-ão a propriedade e a posse plena e exclusiva do bem no patrimônio do credor fiduciário, cabendo às repartições competentes, quando for o caso, expedir novo certificado de registro de propriedade em nome do credor, ou de terceiro por ele indicado, livre do ônus da propriedade fiduciária.

•• § 1.º com redação determinada pela Lei n. 10.931, de 2-8-2004.

§ 2.º No prazo do § 1.º, o devedor fiduciante poderá pagar a integralidade da dívida pendente, segundo os valores apresentados pelo credor fiduciário na inicial, hipóteses na qual o bem lhe será restituído livre do ônus.

•• § 2.º com redação determinada pela Lei n. 10.931, de 2-8-2004.

§ 3.º O devedor fiduciante apresentará resposta no prazo de quinze dias da execução da liminar.

•• § 3.º com redação determinada pela Lei n. 10.931, de 2-8-2004.

§ 4.º A resposta poderá ser apresentada ainda que o devedor tenha se utilizado da faculdade do § 2.º, caso entenda ter havido pagamento a maior e deseje a restituição.

•• § 4.º com redação determinada pela Lei n. 10.931, de 2-8-2004.

§ 5.º Da sentença cabe apelação apenas no efeito devolutivo.

•• § 5.º com redação determinada pela Lei n. 10.931, de 2-8-2004.

§ 6.º Na sentença que decretar a improcedência da ação de busca e apreensão, o juiz condenará o credor fiduciário ao pagamento de multa, em favor do devedor fiduciante, equivalente a cinquenta por cento do valor originalmente financiado, devidamente atualizado, caso o bem já tenha sido alienado.

•• § 6.º com redação determinada pela Lei n. 10.931, de 2-8-2004.

§ 7.º A multa mencionada no § 6.º não exclui a responsabilidade do credor fiduciário por perdas e danos.

•• § 7.º acrescentado pela Lei n. 10.931, de 2-8-2004.

§ 8.º A busca e apreensão prevista no presente artigo constitui processo autônomo e independente de qualquer procedimento posterior.

•• § 8.º acrescentado pela Lei n. 10.931, de 2-8-2004.

§ 9.º Ao decretar a busca e apreensão de veículo, o juiz, caso tenha acesso à base de dados do Registro Nacional de Veículos Automotores – RENAVAM, inserirá diretamente a restrição judicial na base de dados do Renavam, bem como retirará tal restrição após a apreensão.

•• § 9.º acrescentado pela Lei n. 13.043, de 13-11-2014.

§ 10. Caso o juiz não tenha acesso à base de dados prevista no § 9.º, deverá oficiar ao departamento de trânsito competente para que:

•• § 10, *caput*, acrescentado pela Lei n. 13.043, de 13-11-2014.

I – registre o gravame referente à decretação da busca e apreensão do veículo; e

•• Inciso I acrescentado pela Lei n. 13.043, de 13-11-2014.

II – retire o gravame após a apreensão do veículo.

•• Inciso II acrescentado pela Lei n. 13.043, de 13-11-2014.

§ 11. O juiz também determinará a inserção do mandado a que se refere o § 9.º em banco próprio de mandados.

•• § 11 acrescentado pela Lei n. 13.043, de 13-11-2014.

§ 12. A parte interessada poderá requerer diretamente ao juízo da comarca onde foi localizado o veículo com vistas à sua apreensão, sempre que o bem estiver em comarca distinta daquela da tramitação da ação, bastando que em tal requerimento conste a cópia da petição inicial da ação e, quando for o caso, a cópia do despacho que concedeu a busca e apreensão do veículo.

•• § 12 acrescentado pela Lei n. 13.043, de 13-11-2014.

§ 13. A apreensão do veículo será imediatamente comunicada ao juízo, que intimará a instituição financeira para retirar o veículo do local depositado no prazo máximo de 48 (quarenta e oito) horas.

•• § 13 acrescentado pela Lei n. 13.043, de 13-11-2014.

§ 14. O devedor, por ocasião do cumprimento do mandado de busca e apreensão, deverá entregar o bem e seus respectivos documentos.

•• § 14 acrescentado pela Lei n. 13.043, de 13-11-2014.

§ 15. As disposições deste artigo aplicam-se no caso de reintegração de posse de veículos referente às operações de arrendamento mercantil previstas na Lei n. 6.099, de 12 de setembro de 1974.

•• § 15 acrescentado pela Lei n. 13.043, de 13-11-2014.

Art. 4.º Se o bem alienado fiduciariamente não for encontrado ou não se achar na posse do devedor, fica facultado ao credor requerer, nos mesmos autos, a conversão do pedido de busca e apreensão em ação executiva, na forma prevista no Capítulo II do Livro II da Lei n. 5.869, de 11 de janeiro de 1973 – Código de Processo Civil.

•• Artigo com redação determinada pela Lei n. 13.043, de 13-11-2014.

Art. 5.º Se o credor preferir recorrer à ação executiva, direta ou a convertida na forma do art. 4.º, ou, se for o caso ao executivo fiscal, serão penhorados, a critério do autor da ação, bens do devedor quantos bastem para assegurar a execução.

Decreto-lei n. 911, de 1.º-10-1969 — Alienação Fiduciária

•• *Caput* com redação determinada pela Lei n. 13.043, de 13-11-2014.

Parágrafo único. Não se aplica à alienação fiduciária o disposto nos incisos VI e VIII do art. 649 do Código de Processo Civil.

•• Parágrafo único com redação determinada pela Lei n. 6.071, de 3-7-1974.

Art. 6.º O avalista, fiador ou terceiro interessado que pagar a dívida do alienante ou devedor, se sub-rogará, de pleno direito, no crédito e na garantia constituída pela alienação fiduciária.

Art. 6.º-A. O pedido de recuperação judicial ou extrajudicial pelo devedor nos termos da Lei n. 11.101, de 9 de fevereiro de 2005, não impede a distribuição e a busca e apreensão do bem.

•• Artigo acrescentado pela Lei n. 13.043, de 13-11-2014.

Art. 7.º Na falência do devedor alienante, fica assegurado ao credor ou proprietário fiduciário o direito de pedir, na forma prevista na lei, a restituição do bem alienado fiduciariamente.

Parágrafo único. Efetivada a restituição o proprietário fiduciário agirá na forma prevista neste Decreto-lei.

Art. 7.º-A. Não será aceito bloqueio judicial de bens constituídos por alienação fiduciária nos termos deste Decreto-Lei, sendo que, qualquer discussão sobre concursos de preferências deverá ser resolvida pelo valor da venda do bem, nos termos do art. 2.º.

•• Artigo acrescentado pela Lei n. 13.043, de 13-11-2014.

Art. 8.º O CONTRAN, no prazo máximo de 60 (sessenta) dias, a contar da vigência do presente Decreto-lei, expedirá normas regulamentares relativas à alienação fiduciária de veículos automotores.

Art. 8.º-A. (*Revogado pela Lei n. 14.711, de 30-10-2023.*)

Art. 8.º-B. Desde que haja previsão expressa no contrato em cláusula em destaque e após comprovação da mora na forma do § 2.º deste Decreto-lei, é facultado ao credor promover a consolidação da propriedade perante o competente cartório de registro de títulos e documentos no lugar do procedimento judicial a que se referem os arts. 3.º, 4.º, 5.º e 6.º deste Decreto-lei.

•• *Caput* acrescentado pela Lei n. 14.711, de 30-10-2023.

§ 1.º É competente o cartório de registro de títulos e documentos do domicílio do devedor ou da localização do bem da celebração do contrato.

•• § 1.º acrescentado pela Lei n. 14.711, de 30-10-2023.

§ 2.º Vencida e não paga a dívida, o oficial de registro de títulos e documentos, a requerimento do credor fiduciário acompanhado da comprovação da mora na forma do § 2.º do art. 2.º deste Decreto-lei, notificará o devedor fiduciário para:

•• § 2.º, *caput*, acrescentado pela Lei n. 14.711, de 30-10-2023.

I – pagar voluntariamente a dívida no prazo de 20 (vinte) dias, sob pena de consolidação da propriedade;

•• Inciso I acrescentado pela Lei n. 14.711, de 30-10-2023.

II – apresentar, se for o caso, documentos comprobatórios de que a cobrança é total ou parcialmente indevida.

•• Inciso II acrescentado pela Lei n. 14.711, de 30-10-2023.

§ 3.º O oficial avaliará os documentos apresentados na forma do inciso II do § 2.º deste artigo e, na hipótese de constatar o direito do devedor, deverá abster-se de prosseguir no procedimento.

•• § 3.º acrescentado pela Lei n. 14.711, de 30-10-2023.

§ 4.º Na hipótese de o devedor alegar que a cobrança é parcialmente indevida, caber-lhe-á declarar o valor que entender correto e pagá-lo dentro do prazo indicado no inciso I do § 2.º deste artigo.

•• § 4.º acrescentado pela Lei n. 14.711, de 30-10-2023.

§ 5.º É assegurado ao credor optar pelo procedimento judicial para cobrar a dívida ou o saldo remanescente na hipótese de frustração total ou parcial do procedimento extrajudicial.

•• § 5.º acrescentado pela Lei n. 14.711, de 30-10-2023.

§ 6.º A notificação, a cargo de oficial de registro de títulos e documentos, será feita preferencialmente por meio eletrônico, a ser enviada ao endereço eletrônico indicado em contrato pelo devedor fiduciário.

•• § 6.º acrescentado pela Lei n. 14.711, de 30-10-2023.

§ 7.º A ausência de confirmação do recebimento da notificação eletrônica em até 3 (três) dias úteis, contados do recebimento, implicará a realização da notificação postal, com aviso de recebimento, a cargo do oficial de registro de títulos e documentos, ao endereço indicado em contrato pelo devedor fiduciário, não exigido que a assinatura constante do aviso de recebimento seja a do próprio destinatário, desde que o endereço seja o indicado no cadastro.

•• § 7.º acrescentado pela Lei n. 14.711, de 30-10-2023.

§ 8.º Paga a dívida, ficará convalescido o contrato de alienação fiduciária em garantia.

•• § 8.º acrescentado pela Lei n. 14.711, de 30-10-2023.

§ 9.º Não paga a dívida, o oficial averbará a consolidação da propriedade fiduciária ou, no caso de bens cuja alienação fiduciária tenha sido registrada apenas em outro órgão, o oficial comunicará a este para a devida averbação.

•• § 9.º acrescentado pela Lei n. 14.711, de 30-10-2023.

§ 10. A comunicação de que trata o § 6.º deste artigo deverá ocorrer conforme convênio das serventias, ainda que por meio de suas entidades representativas, com os competentes órgãos registrais.

•• § 10 acrescentado pela Lei n. 14.711, de 30-10-2023.

§ 11. Na hipótese de não pagamento voluntário da dívida no prazo legal, é dever do devedor, no mesmo prazo e com a devida ciência do cartório de registro de títulos e documentos, entregar ou disponibilizar voluntariamente a coisa ao credor para a venda extrajudicial na forma do art. 8.º-C deste Decreto-lei, sob pena de sujeitar-se à multa de 5% (cinco por cento) do valor da dívida, respeitado o direito do devedor a recibo escrito por parte do credor.

•• § 11 acrescentado pela Lei n. 14.711, de 30-10-2023.

§ 12. No valor total da dívida, poderão ser incluídos os valores dos emolumentos, das despesas postais e das despesas com remoção da coisa na hipótese de o devedor tê-la disponibilizado em vez de tê-la entregado voluntariamente.

•• § 12 acrescentado pela Lei n. 14.711, de 30-10-2023.

§ 13. A notificação deverá conter, no mínimo, as seguintes informações:

•• § 13, *caput*, acrescentado pela Lei n. 14.711, de 30-10-2023.

I – cópia do contrato referente à dívida;

•• Inciso I acrescentado pela Lei n. 14.711, de 30-10-2023.

II – valor total da dívida de acordo com a possível data de pagamento;

•• Inciso II acrescentado pela Lei n. 14.711, de 30-10-2023.

III – planilha com detalhamento da evolução da dívida;

•• Inciso III acrescentado pela Lei n. 14.711, de 30-10-2023.

IV – boleto bancário, dados bancários ou outra indicação de meio de pagamento, inclusive a faculdade de pagamento direto no competente cartório de registro de títulos e documentos;

•• Inciso IV acrescentado pela Lei n. 14.711, de 30-10-2023.

V – dados do credor, especialmente nome, número de inscrição no Cadastro de Pessoas Físicas (CPF) ou no Cadastro Nacional da Pessoa Jurídica (CNPJ), telefone e outros canais de contato;

•• Inciso V acrescentado pela Lei n. 14.711, de 30-10-2023.

VI – forma de entrega ou disponibilização voluntárias do bem no caso de inadimplemento;

•• Inciso VI acrescentado pela Lei n. 14.711, de 30-10-2023.

VII – advertências referentes ao disposto nos §§ 2.º, 4.º, 8.º e 10 deste artigo.

•• Inciso VII acrescentado pela Lei n. 14.711, de 30-10-2023.

Art. 8.º-C. Consolidada a propriedade, o credor poderá vender o bem na forma do art. 2.º deste Decreto-lei.

•• *Caput* acrescentado pela Lei n. 14.711, de 30-10-2023.

§ 1.º Caso o bem não tenha sido entregue ou disponibilizado voluntariamente no prazo legal, o credor poderá requerer ao oficial de registro de títulos e documentos a busca e apreensão extrajudicial, com apresentação do valor atualizado da dívida e da planilha prevista no inciso III do § 13 do art. 8.º-B deste Decreto-lei.

•• § 1.º acrescentado pela Lei n. 14.711, de 30-10-2023, originariamente vetado, todavia promulgado em 22-12-2023.

§ 2.º Recebido o requerimento, como forma de viabilizar a busca e apreensão extrajudicial, o oficial adotará as seguintes providências:

•• § 2.º, *caput*, acrescentado pela Lei n. 14.711, de 30-10-2023, originariamente vetado, todavia promulgado em 22-12-2023.

I – lançará, no caso de veículos, restrição de circulação e de transferência do bem no sistema de que trata o § 9.º do art. 3.º deste Decreto-lei;

•• Inciso I acrescentado pela Lei n. 14.711, de 30-10-2023, originariamente vetado, todavia promulgado em 22-12-2023.

II – comunicará, se for o caso, aos órgãos registrais competentes para averbação da indisponibilidade do bem e da busca e apreensão extrajudicial;

•• Inciso II acrescentado pela Lei n. 14.711, de 30-10-2023, originariamente vetado, todavia promulgado em 22-12-2023.

III – lançará a busca e apreensão extrajudicial na plataforma eletrônica mantida pelos cartórios de registro de títulos e documentos por meio de suas enti-

Decreto-lei n. 911, de 1.º-10-1969 — **Alienação Fiduciária**

dades representativas, com base no art. 37 da Lei n. 11.977, de 7 de julho de 2009; e

•• Inciso III acrescentado pela Lei n. 14.711, de 30-10-2023, originalmente vetado, todavia promulgado em 22-12-2023.

IV – expedirá certidão de busca e apreensão extrajudicial do bem.

•• Inciso IV acrescentado pela Lei n. 14.711, de 30-10-2023, originalmente vetado, todavia promulgado em 22-12-2023.

§ 3.º Para facilitar a realização das providências de que tratam os incisos I e II do § 2.º deste artigo, os órgãos de trânsito e outros órgãos de registro poderão manter convênios com os cartórios de registro de títulos e documentos, ainda que por meio das suas entidades representativas incumbidas de promover o sistema de registro eletrônico de que trata o art. 37 da Lei n. 11.977, de 7 de julho de 2009.

•• § 3.º acrescentado pela Lei n. 14.711, de 30-10-2023, originalmente vetado, todavia promulgado em 22-12-2023.

§ 4.º O credor, por si ou por terceiros mandatários, poderá realizar diligências para a localização dos bens.

•• § 4.º acrescentado pela Lei n. 14.711, de 30-10-2023, originalmente vetado, todavia promulgado em 22-12-2023.

§ 5.º Os terceiros mandatários de que trata o § 4.º deste artigo poderão ser empresas especializadas na localização de bens.

•• § 5.º acrescentado pela Lei n. 14.711, de 30-10-2023, originalmente vetado, todavia promulgado em 22-12-2023.

§ 6.º Ato do Poder Executivo poderá definir requisitos mínimos para o funcionamento de empresas especializadas na localização de bens constituídas para os fins deste Decreto-lei.

•• § 6.º acrescentado pela Lei n. 14.711, de 30-10-2023, originalmente vetado, todavia promulgado em 22-12-2023.

§ 7.º Apreendido o bem pelo oficial da serventia extrajudicial, o credor poderá promover a venda de que trata o *caput* deste artigo e deverá comunicá-la ao oficial de cartório de registro de títulos e documentos, o qual adotará as seguintes providências:

•• § 7.º, *caput*, acrescentado pela Lei n. 14.711, de 30-10-2023, originalmente vetado, todavia promulgado em 22-12-2023.

I – cancelará os lançamentos e as comunicações de que trata o § 2.º deste artigo;

•• Inciso I acrescentado pela Lei n. 14.711, de 30-10-2023, originalmente vetado, todavia promulgado em 22-12-2023.

II – averbará no registro pertinente ou, no caso de bens cuja alienação fiduciária tenha sido registrada apenas em outro órgão, comunicará a este para a devida averbação.

•• Inciso II acrescentado pela Lei n. 14.711, de 30-10-2023, originalmente vetado, todavia promulgado em 22-12-2023.

§ 8.º O credor fiduciário somente será obrigado por encargos tributários ou administrativos vinculados ao bem a partir da aquisição da posse plena, o que se dará com a apreensão do bem ou com a sua entrega voluntária.

•• § 8.º acrescentado pela Lei n. 14.711, de 30-10-2023, originalmente vetado, todavia promulgado em 22-12-2023.

§ 9.º No prazo de 5 (cinco) dias úteis após a apreensão do bem, o devedor fiduciante terá o direito de pagar a integralidade da dívida pendente, segundo os valores apresentados pelo credor fiduciário no seu requerimento, hipótese na qual será cancelada a consolidação da propriedade e restituída a posse plena do bem.

•• § 9.º acrescentado pela Lei n. 14.711, de 30-10-2023, originalmente vetado, todavia promulgado em 22-12-2023.

§ 10. No valor da dívida, o credor poderá incluir os valores com emolumentos e despesas com as providências do procedimento previsto neste artigo e no art. 8.º-B deste Decreto-lei, além dos tributos e demais encargos pactuados no contrato.

•• § 10 acrescentado pela Lei n. 14.711, de 30-10-2023, originalmente vetado, todavia promulgado em 22-12-2023.

§ 11. O procedimento extrajudicial não impedirá o uso do processo judicial pelo devedor fiduciante.

•• § 11 acrescentado pela Lei n. 14.711, de 30-10-2023, originalmente vetado, todavia promulgado em 22-12-2023.

Art. 8.º-D. No caso de a cobrança extrajudicial realizada na forma dos arts. 8.º-B e 8.º-C deste Decreto-lei ser considerada indevida, o credor fiduciário sujeitar-se-á à multa e ao dever de indenizar de que tratam os §§ 6.º e 7.º do art. 3.º deste Decreto-lei.

•• Artigo acrescentado pela Lei n. 14.711, de 30-10-2023.

Art. 8.º-E. Quando se tratar de veículos automotores, é facultado ao credor, alternativamente, promover os procedimentos de execução extrajudicial a que se referem os arts. 8.º-B e 8.º-C desta Lei perante os órgãos executivos de trânsito dos Estados, em observância às competências previstas no § 1.º do art. 1.361 da Lei n. 10.406, de 10 de janeiro de 2002 (Código Civil).

•• *Caput* acrescentado pela Lei n. 14.711, de 30-10-2023.

Parágrafo único. Na hipótese de o credor exercer a faculdade de que trata o *caput* deste artigo, as empresas previstas no parágrafo único do art. 129-B da Lei n. 9.503, de 23 de setembro de 1997 (Código de Trânsito Brasileiro), praticarão os atos de processamento da execução, inclusive os atos de que trata o § 2.º do art. 8.º-C desta Lei.

•• Parágrafo único acrescentado pela Lei n. 14.711, de 30-10-2023, originalmente vetado, todavia promulgado em 22-12-2023.

Art. 9.º O presente Decreto-lei entrará em vigor na data de sua publicação, aplicando-se desde logo aos processos em curso, revogadas as disposições em contrário.

Brasília, 1.º de outubro de 1969; 148.º da Independência e 81.º da República.

Augusto Hamann Rademaker Grunewald
Aurélio de Lyra Tavares
Márcio de Souza e Mello

DECRETO-LEI N. 1.075, DE 22 DE JANEIRO DE 1970 (*)

Regula a imissão de posse, initio litis, em imóveis residenciais urbanos.

O Presidente da República, usando da atribuição que lhe confere o art. 55, I, da Constituição, e

Considerando que, na cidade de São Paulo, o grande número de desapropriações em zona residencial ameaça desalojar milhares de famílias;

Considerando que os proprietários de prédios residenciais encontram dificuldade, no sistema jurídico vigente, de obter, *initio litis*, uma indenização suficiente para a aquisição de nova casa própria;

Considerando que a oferta do poder expropriante, baseada em valor cadastral do imóvel, é inferior ao valor real apurado em avaliação no processo de desapropriação;

Considerando, finalmente, que o desabrigo dos expropriados causa grave risco à segurança nacional, por ser fermento de agitação social, decreta:

Art. 1.º Na desapropriação por utilidade pública de prédio urbano residencial, o expropriante, alegando urgência, poderá imitir-se provisoriamente na posse do bem, mediante o depósito do preço oferecido, se este não for impugnado pelo expropriado em 5 (cinco) dias da intimação da oferta.

Art. 2.º Impugnada a oferta pelo expropriado, o juiz, servindo-se, caso necessário, de perito avaliador, fixará em 48 (quarenta e oito) horas o valor provisório do imóvel.

Parágrafo único. O perito, quando designado, deverá apresentar o laudo no prazo máximo de 5 (cinco) dias.

Art. 3.º Quando o valor arbitrado for superior à oferta, o juiz só autorizará a imissão provisória na posse do imóvel, se o expropriante complementar o depósito para que este atinja a metade do valor arbitrado.

Art. 4.º No caso do artigo anterior, fica, porém, fixado em 2.300 (dois mil e trezentos) salários mínimos vigentes na região, o máximo do depósito a que será obrigado o expropriante.

Art. 5.º O expropriado, observadas as cautelas previstas no art. 34 do Decreto-lei n. 3.365, de 21 de junho de 1941, poderá levantar toda a importância depositada e complementada nos termos do art. 3.º.

Parágrafo único. Quando o valor arbitrado for inferior ou igual ao dobro do preço oferecido, é lícito ao expropriado optar entre o levantamento de 80% (oitenta por cento) do preço oferecido ou da metade do valor arbitrado.

Art. 6.º O disposto neste Decreto-lei só se aplica à desapropriação de prédio residencial urbano, habitado pelo proprietário ou compromissário comprador, cuja promessa de compra esteja devidamente inscrita no Registro de Imóveis.

Art. 7.º Este Decreto-lei entra em vigor na data de sua publicação, aplicando-se às ações já ajuizadas.

Art. 8.º Revogam-se as disposições em contrário.

Brasília, 22 de janeiro de 1970; 149.º da Independência e 82.º da República.

Emílio G. Médici

(*) Publicado no *DOU*, de 22-1-1970.

LEI N. 6.015, DE 31 DE DEZEMBRO DE 1973 (*)

Dispõe sobre os Registros Públicos e dá outras providências.

O Presidente da República:

Faço saber que o Congresso Nacional decreta e eu sanciono a seguinte Lei:

Título I
DAS DISPOSIÇÕES GERAIS

Capítulo I
DAS ATRIBUIÇÕES

Art. 1.º Os serviços concernentes aos Registros Públicos, estabelecidos pela legislação civil para autenticidade, segurança e eficácia dos atos jurídicos, ficam sujeitos ao regime estabelecido nesta Lei.

§ 1.º Os registros referidos neste artigo são os seguintes:

I – o registro civil de pessoas naturais;

II – o registro civil de pessoas jurídicas;

III – o registro de títulos e documentos;

IV – o registro de imóveis.

§ 2.º Os demais registros reger-se-ão por leis próprias.

§ 3.º Os registros serão escriturados, publicizados e conservados em meio eletrônico, nos termos estabelecidos pela Corregedoria Nacional de Justiça do Conselho Nacional de Justiça, em especial quanto aos:

•• § 3º, *caput* com redação determinada pela Lei n. 14.382, de 27-6-2022.

I – padrões tecnológicos de escrituração, indexação, publicidade, segurança, redundância e conservação; e

•• Inciso I acrescentado pela Lei n. 14.382, de 27-6-2022.

II – prazos de implantação nos registros públicos de que trata este artigo.

•• Inciso II acrescentado pela Lei n. 14.382, de 27-6-2022.

(*) Publicada no *DOU*, de 31-12-1973. Republicada em 16-9-1975 e retificada em 30-10-1975. O Provimento n. 149, de 30-8-2023, do CNJ, instituiu o Código Nacional de Normas da Corregedoria Nacional de Justiça do Conselho Nacional de Justiça – Foro Extrajudicial (CNN/CN/CNJ-Extra), que regulamenta os serviços notariais e de registro.

§ 4.º É vedado às serventias dos registros públicos recusar a recepção, a conservação ou o registro de documentos em forma eletrônica produzidos nos termos estabelecidos pela Corregedoria Nacional de Justiça do Conselho Nacional de Justiça.

•• § 4.º acrescentado pela Lei n. 14.382, de 27-6-2022.

Art. 2.º Os registros indicados no § 1.º do artigo anterior ficam a cargo dos serventuários privativos nomeados de acordo com o estabelecido na Lei de Organização Administrativa e Judiciária do Distrito Federal e dos Territórios e nas Resoluções sobre a Divisão e Organização Judiciária dos Estados, e serão feitos:

I – o do item I, nos ofícios privativos, ou nos Cartórios de Registro de Nascimentos, Casamentos e Óbitos;

II – os dos itens II e III, nos ofícios privativos, ou nos Cartórios de Registro de Títulos e Documentos;

III – o do item IV, nos ofícios privativos, ou nos Cartórios de Registro de Imóveis.

Capítulo II
DA ESCRITURAÇÃO

Art. 3.º A escrituração será feita em livros encadernados, que obedecerão aos modelos anexos a esta Lei, sujeitos à correição da autoridade judiciária competente.

§ 1.º Os livros podem ter 0,22m até 0,40m de largura e de 0,33m até 0,55m de altura, cabendo ao oficial a escolha, dentro dessas dimensões, de acordo com a conveniência do serviço.

§ 2.º Para facilidade do serviço podem os livros ser escriturados mecanicamente, em folhas soltas, obedecidos os modelos aprovados pela autoridade judiciária competente.

Art. 4.º Os livros de escrituração serão abertos, numerados, autenticados e encerrados pelo oficial do registro, podendo ser utilizado, para tal fim, processo mecânico de autenticação previamente aprovado pela autoridade judiciária competente.

Parágrafo único. Os livros notariais, nos modelos existentes, em folhas fixas ou soltas, serão também abertos, numerados, autenticados e encerrados pelo tabelião, que determinará a respectiva quantidade a ser utilizada, de acordo com a necessidade do serviço.

•• Parágrafo único acrescentado pela Lei n. 9.955, de 6-1-2000.

Art. 5.º Considerando a quantidade dos registros, o juiz poderá autorizar a diminuição do número de páginas dos livros respectivos, até à terça parte do consignado nesta Lei.

Art. 6.º Findando-se um livro, o imediato tomará o número seguinte, acrescido à respectiva letra, salvo no registro de imóveis, em que o número será conservado, com a adição sucessiva de letras, na ordem alfabética simples, e, depois, repetidas em combinações com a primeira, com a segunda, e assim indefinidamente. Exemplos: 2-A a 2-Z; 2-AA a 2-AZ; 2-BA a 2-BZ etc.

Art. 7.º Os números de ordem dos registros não serão interrompidos no fim de cada livro, mas continuarão, indefinidamente, nos seguintes da mesma espécie.

Art. 7.º-A O disposto nos art. 3.º, 4.º, 5.º, 6.º e 7.º não se aplica à escrituração por meio eletrônico de que trata o§ 3.º do art. 1.º desta Lei.

•• Artigo acrescentado pela Lei n. 14.382, de 27-6-2022.

Capítulo III
DA ORDEM DO SERVIÇO

Art. 8.º O serviço começará e terminará às mesmas horas em todos os dias úteis.

•• A Lei n. 14.011, de 10-6-2020, propôs nova redação para este *caput*, todavia teve o seu texto vetado.

Parágrafo único. O Registro Civil de Pessoas Naturais funcionará todos os dias, sem exceção.

Art. 9.º Será nulo o registro lavrado fora das horas regulamentares ou em dias em que não houver expediente, sendo civil e criminalmente responsável o oficial que der causa à nulidade.

§ 1.º Serão contados em dias e horas úteis os prazos estabelecidos para a vigência da prenotação, para os pagamentos de emolumentos e para a prática de atos pelos oficiais dos registros de imóveis, de títulos e documentos e civil de pessoas jurídicas, incluída a emissão de certidões, exceto nos casos previstos em lei e naqueles contados em meses e anos.

•• § 1.º acrescentado pela Lei n. 14.382, de 27-6-2022.

§ 2.º Para fins do disposto no§ 1.º deste artigo, consideram-se:

•• § 2.º, *caput*, acrescentado pela Lei n. 14.382, de 27-6-2022.

I – dias úteis: aqueles em que houver expediente; e

•• Inciso I acrescentado pela Lei n. 14.382, de 27-6-2022.

II – horas úteis: as horas regulamentares do expediente.

•• Inciso II acrescentado pela Lei n. 14.382, de 27-6-2022.

§ 3.º A contagem dos prazos nos registros públicos observará os critérios estabelecidos na legislação processual civil.

•• § 3.º acrescentado pela Lei n. 14.382, de 27-6-2022.

Art. 10. Todos os títulos, apresentados no horário regulamentar e que não forem registrados até à hora do encerramento do serviço, aguardarão o dia seguinte, no qual serão registrados, preferencialmente, aos apresentados nesse dia.

Parágrafo único. O registro civil de pessoas naturais não poderá, entretanto, ser adiado.

Art. 11. Os oficiais adotarão o melhor regime interno de modo a assegurar às partes a ordem de precedência na apresentação dos seus títulos, estabelecendo-se, sempre, o número de ordem geral.

Art. 12. Nenhuma exigência fiscal, ou dúvida, obstará a apresentação de um título e o seu lançamento do Protocolo com o respectivo número de ordem, nos casos em que da precedência decorra prioridade de direitos para o apresentante.

Parágrafo único. Independem de apontamento no Protocolo os títulos apresentados apenas para exame e cálculo dos respectivos emolumentos.

Art. 13. Salvo as anotações e as averbações obrigatórias, os atos do registro serão praticados:

I – por ordem judicial;

II – a requerimento verbal ou escrito dos interessados;

III – a requerimento do Ministério Público, quando a lei autorizar.

§ 1.º O reconhecimento de firma nas comunicações ao Registro Civil pode ser exigido pelo respectivo oficial.

§ 2.º A emancipação concedida por sentença judicial será anotada às expensas do interessado.

Art. 14. Os oficiais do registro, pelos atos que praticarem em decorrência do disposto nesta Lei, terão direito, a título de remuneração, aos emolumentos fixados nos Regimentos de Custas do Distrito Federal, dos Estados e dos Territórios, os quais serão pagos pelo interessado que os requerer.

•• *Caput* com redação determinada pela Lei n. 14.382, de 27-6-2022.

Parágrafo único. O valor correspondente às custas de escrituras, certidões, buscas, averbações, registros de qualquer natureza, emolumentos e despesas legais constará, obrigatoriamente, do próprio documento, independentemente da expedição do recibo, quando solicitado.

•• Parágrafo único acrescentado pela Lei n. 6.724, de 19-11-1979.

Art. 15. Quando o interessado no registro for o oficial encarregado de fazê-lo, ou algum parente seu, em grau que determine impedimento, o ato incumbe ao substituto legal do oficial.

Capítulo IV
DA PUBLICIDADE

Art. 16. Os oficiais e os encarregados das repartições em que se façam os registros são obrigados:
1.º) a lavrar certidão do que lhes for requerido;
2.º) a fornecer às partes as informações solicitadas.

Art. 17. Qualquer pessoa pode requerer certidão do registro sem informar ao oficial ou ao funcionário o motivo ou interesse do pedido.

§ 1.º O acesso ou o envio de informações aos registros públicos, quando realizados por meio da internet, deverão ser assinados com o uso de assinatura avançada ou qualificada de que trata o art. 4.º da Lei n. 14.063, de 23 de setembro de 2020, nos termos estabelecidos pela Corregedoria Nacional de Justiça do Conselho Nacional de Justiça.

•• § 1.º com redação determinada pela Lei n. 14.382, de 27-6-2022.

§ 2.º Ato da Corregedoria Nacional de Justiça do Conselho Nacional de Justiça poderá estabelecer hipóteses de uso de assinatura avançada em atos que envolvam imóveis.

•• § 2.º acrescentado pela Lei n. 14.382, de 27-6-2022.

Art. 18. Ressalvado o disposto nos arts. 45, 57, § 7.º, e 95, parágrafo único, a certidão será lavrada independentemente de despacho judicial, devendo mencionar o livro de registro ou o documento arquivado no cartório.

•• Artigo com redação determinada pela Lei n. 9.807, de 13-7-1999.

Art. 19. A certidão será lavrada em inteiro teor, em resumo, ou em relatório, conforme quesitos, e devidamente autenticada pelo oficial ou seus substitutos legais, não podendo ser retardada por mais de 5 (cinco) dias.

§ 1.º A certidão de inteiro teor será extraída por meio reprográfico ou eletrônico.

•• § 1.º com redação determinada pela Lei n. 14.382, de 27-6-2022.

§ 2.º As certidões do registro civil das pessoas naturais mencionarão a data em que foi lavrado o assento.

•• § 2.º com redação determinada pela Lei n. 14.382, de 27-6-2022.

§ 3.º Nas certidões de registro civil, não se mencionará a circunstância de ser legítima, ou não, a filiação, salvo a requerimento do próprio interessado, ou em virtude de determinação judicial.

§ 4.º As certidões de nascimento mencionarão a data em que foi feito o assento, a data, por extenso, do nascimento e, ainda, expressamente, a naturalidade.

•• § 4.º com redação determinada pela Lei n. 13.484, de 26-9-2017.

§ 5.º As certidões extraídas dos registros públicos deverão, observado o disposto no§ 1.º deste artigo, ser fornecidas eletronicamente, com uso de tecnologia que permita a sua impressão pelo usuário e a identificação segura de sua autenticidade, conforme critérios estabelecidos pela Corregedoria Nacional de Justiça do Conselho Nacional de Justiça, dispensada a materialização das certidões pelo oficial de registro.

•• § 5.º com redação determinada pela Lei n. 14.382, de 27-6-2022.

§ 6.º O interessado poderá solicitar a qualquer serventia certidões eletrônicas relativas a atos registrados em outra serventia, por meio do Sistema Eletrônico dos Registros Públicos (Serp), nos termos estabelecidos pela Corregedoria Nacional de Justiça do Conselho Nacional de Justiça.

•• § 6.º acrescentado pela Lei n. 14.382, de 27-6-2022.

§ 7.º A certidão impressa nos termos do§ 5.º e a certidão eletrônica lavrada nos termos do§ 6.º deste artigo terão validade e fé pública.

•• § 7.º acrescentado pela Lei n. 14.382, de 27-6-2022.

§ 8.º Os registros públicos de que trata esta Lei disponibilizarão, por meio do Serp, a visualização eletrônica dos atos neles transcritos, praticados, registrados ou averbados, na forma e nos prazos estabelecidos pela Corregedoria Nacional de Justiça do Conselho Nacional de Justiça.

•• § 8.º acrescentado pela Lei n. 14.382, de 27-6-2022.

§ 9.º A certidão da situação jurídica atualizada do imóvel compreende as informações vigentes de sua descrição, número de contribuinte, proprietário, direitos, ônus e restrições, judiciais e administrativas, incidentes sobre o imóvel e o respectivo titular, além das demais informações necessárias à comprovação da propriedade e à transmissão e à constituição de outros direitos reais.

•• § 9.º acrescentado pela Lei n. 14.382, de 27-6-2022.

§ 10. As certidões do registro de imóveis, inclusive aquelas de que trata o § 6.º deste artigo, serão emitidas nos seguintes prazos máximos, contados a partir do pagamento dos emolumentos:

•• § 10, *caput*, acrescentado pela Lei n. 14.382, de 27-6-2022.

I – 4 (quatro) horas, para a certidão de inteiro teor da matrícula ou do livro auxiliar, em meio eletrônico, requerida no horário de expediente, desde que fornecido pelo usuário o respectivo número;

•• Inciso I acrescentado pela Lei n. 14.382, de 27-6-2022.

II – 1 (um) dia, para a certidão da situação jurídica atualizada do imóvel; e

•• Inciso II acrescentado pela Lei n. 14.382, de 27-6-2022.

III – 5 (cinco) dias, para a certidão de transcrições e para os demais casos.

•• Inciso III acrescentado pela Lei n. 14.382, de 27-6-2022.

§ 11. No âmbito do registro de imóveis, a certidão de inteiro teor da matrícula conterá a reprodução de todo seu conteúdo e será suficiente para fins de comprovação de propriedade, direitos, ônus reais e restrições sobre o imóvel, independentemente de certificação específica pelo oficial.

•• § 11 acrescentado pela Lei n. 14.382, de 27-6-2022.

§ 12. Na localidade em que haja dificuldade de comunicação eletrônica, a Corregedoria-Geral da Justiça Estadual poderá autorizar, de modo excepcional e com expressa comunicação ao público, a aplicação de prazos maiores para emissão das certidões do registro de imóveis de que trata o § 10 deste artigo.

•• § 12 acrescentado pela Lei n. 14.382, de 27-6-2022.

Art. 20. No caso de recusa ou retardamento na expedição da certidão, o interessado poderá reclamar à autoridade competente, que aplicará, se for o caso, a pena disciplinar cabível.

Parágrafo único. Para a verificação do retardamento, o oficial, logo que receber alguma petição, fornecerá à parte uma nota de entrega devidamente autenticada.

Art. 21. Sempre que houver qualquer alteração posterior ao ato cuja certidão é pedida, deve o oficial mencioná-la, obrigatoriamente, não obstante as especificações do pedido, sob pena de responsabilidade civil e penal, ressalvado o disposto nos arts. 45 e 95.

•• O Provimento n. 82, de 3-7-2019, do CNJ, dispõe sobre o procedimento de averbação no registro de nascimento e no de casamento dos filhos, da alteração do nome do genitor e dá outras providências.

Parágrafo único. A alteração a que se refere este artigo deverá ser anotada na própria certidão, contendo a inscrição de que "a presente certidão envolve elementos de averbação à margem do termo".

Capítulo V
DA CONSERVAÇÃO

Art. 22. Os livros de registro, bem como as fichas que os substituam, somente sairão do respectivo cartório mediante autorização judicial.

Art. 23. Todas as diligências judiciais e extrajudiciais que exigirem a apresentação de qualquer livro, ficha substitutiva de livro ou documento, efetuar-se-ão no próprio cartório.

Art. 24. Os oficiais devem manter, em segurança, permanentemente, os livros e documentos e respondem pela sua ordem e conservação.

Art. 25. Os papéis referentes ao serviço do registro serão arquivados em cartório mediante utilização de processos racionais que facilitem as buscas, facultada a utilização de microfilmagem e de outros meios de reprodução autorizados em lei.

Art. 26. Os livros e papéis pertencentes ao arquivo do cartório ali permanecerão indefinidamente.

Art. 27. Quando a lei criar novo cartório, e enquanto este não for instalado, os registros continuarão a ser feitos no cartório que sofreu o desmembramento, não sendo necessário repeti-los no novo ofício.

Parágrafo único. O arquivo do antigo cartório continuará a pertencer-lhe.

Capítulo VI
DA RESPONSABILIDADE

Art. 28. Além dos casos expressamente consignados, os oficiais são civilmente responsáveis por todos os prejuízos que, pessoalmente, ou pelos prepostos ou substitutos que indicarem, causarem, por culpa ou dolo, aos interessados no registro.

Parágrafo único. A responsabilidade civil independe da criminal pelos delitos que cometerem.

TÍTULO II
DO REGISTRO CIVIL DAS PESSOAS NATURAIS

Capítulo I
DISPOSIÇÕES GERAIS

Art. 29. Serão registrados no Registro Civil de Pessoas Naturais:

I – os nascimentos;

•• Inciso I regulamentado pelo Decreto n. 7.231, de 14-7-2010.

II – os casamentos;

•• Inciso II regulamentado pelo Decreto n. 7.231, de 14-7-2010.

III – os óbitos;

•• Inciso III regulamentado pelo Decreto n. 7.231, de 14-7-2010.

IV – as emancipações;

V – as interdições;

VI – as sentenças declaratórias de ausência;

VII – as opções de nacionalidade;

VIII – as sentenças que deferirem a legitimação adotiva.

•• *Vide* art. 227, § 6.º, da CF.

§ 1.º Serão averbados:

•• *Vide* art. 227, § 6.º, da CF.

a) as sentenças que decidirem a nulidade ou anulação do casamento, o desquite e o restabelecimento da sociedade conjugal;

b) as sentenças que julgarem ilegítimos os filhos concebidos na constância do casamento e as que declararem a filiação legítima;

c) os casamentos de que resultar a legitimação de filhos havidos ou concebidos anteriormente;

d) os atos judiciais ou extrajudiciais de reconhecimento de filhos ilegítimos;

e) as escrituras de adoção e os atos que a dissolverem;

f) as alterações ou abreviaturas de nomes.

§ 2.º É competente para a inscrição da opção de nacionalidade o cartório da residência do optante, ou de seus pais. Se forem residentes no estrangeiro, far-se-á o registro no Distrito Federal.

§ 3.º Os ofícios do registro civil das pessoas naturais são considerados ofícios da cidadania e estão autorizados a prestar outros serviços remunerados, na forma prevista em convênio, em credenciamento ou em matrícula com órgãos públicos e entidades interessadas.

•• § 3.º acrescentado pela Lei n. 13.484, de 26-9-2017.

•• O STF, na ADI n. 5.855, de 10-4-2019 (*DOU* de 24-4-2019), concedeu interpretação conforme a CF a este § 3.º.

§ 4.º O convênio referido no § 3.º deste artigo independe de homologação e será firmado pela entidade de classe dos registradores civis de pessoas naturais de mesma abrangência territorial do órgão ou da entidade interessada.

•• § 4.º acrescentado pela Lei n. 13.484, de 26-9-2017.

•• O STF, na ADI n. 5.855, de 10-4-2019 (*DOU* de 24-4-2019), declarou a "nulidade parcial com redução de texto da expressão 'independe de homologação'" constante neste § 4.º.

§ 5º (*Vetado.*)

•• § 5.º acrescentado pela Lei n. 14.382, de 27-6-2022.

§ 6.º Os ofícios de registro civil das pessoas naturais poderão, ainda, emitir certificado de vida, de estado civil e de domicílio, físico e eletrônico, da pessoa natural, e deverá ser realizada comunicação imediata e eletrônica da prova de vida para a instituição interessada, se for o caso, a partir da celebração de convênio.

•• § 6.º acrescentado pela Lei n. 14.711, de 30-10-2023.

Art. 30. Não serão cobrados emolumentos pelo registro civil de nascimento e pelo assento de óbito, bem como pela primeira certidão respectiva.

•• *Caput* com redação determinada pela Lei n. 9.534, de 10-12-1997.

•• A ADC n. 5-2 (*DOU* de 18-6-2007) declara a constitucionalidade deste artigo.

§ 1.º Os reconhecidamente pobres estão isentos de pagamento de emolumentos pelas demais certidões extraídas pelo cartório de registro civil.

•• § 1.º com redação determinada pela Lei n. 9.534, de 10-12-1997.

§ 2.º O estado de pobreza será comprovado por declaração do próprio interessado ou a rogo, tratando-se de analfabeto, neste caso, acompanhada da assinatura de 2 (duas) testemunhas.

•• § 2.º com redação determinada pela Lei n. 9.534, de 10-12-1997.

§ 3.º A falsidade da declaração ensejará a responsabilidade civil e criminal do interessado.

•• § 3.º acrescentado pela Lei n. 9.534, de 10-12-1997.

§ 3.º-A. Comprovado o descumprimento, pelos oficiais de Cartórios de Registro Civil, do disposto no *caput* deste artigo, aplicar-se-ão as penalidades previstas nos arts. 32 e 33 da Lei n. 8.935, de 18 de novembro de 1994.

•• § 3.º-A acrescentado pela Lei n. 9.812, de 10-8-1999.

§ 3.º-B. Esgotadas as penalidades a que se refere o parágrafo anterior e verificando-se novo descumprimento, aplicar-se-á o disposto no art. 39 da Lei n. 8.935, de 18 de novembro de 1994.

•• § 3.º-B acrescentado pela Lei n. 9.812, de 10-8-1999.

§ 3.º-C. Os cartórios de registros públicos deverão afixar, em local de grande visibilidade, que permita fácil leitura e acesso ao público, quadros contendo tabelas atualizadas das custas e emolumentos, além de informações claras sobre a gratuidade prevista no *caput* deste artigo.

•• § 3.º-C acrescentado pela Lei n. 11.802, de 4-11-2008.

§ 4.º É proibida a inserção nas certidões de que trata o § 1.º deste artigo de expressões que indiquem condição de pobreza ou semelhantes.

•• § 4.º com redação determinada pela Lei n. 11.789, de 2-10-2006.

§ 5.º (*Vetado*.)

§ 6.º (*Vetado*.)

§ 7.º (*Vetado*.)

§ 8.º (*Vetado*.)

§ 9.º (*Vetado*.)

•• § 9.º acrescentado pela Lei n. 14.382, de 27-6-2022.

Art. 31. Os fatos concernentes ao registro civil, que se derem a bordo dos navios de guerra e mercantes, em viagem, e no exército, em campanha, serão imediatamente registrados e comunicados em tempo oportuno, por cópia autêntica, aos respectivos Ministérios, a fim de que, através do Ministério da Justiça, sejam ordenados os assentamentos, notas ou averbações nos livros competentes das circunscrições a que se referirem.

Art. 32. Os assentos de nascimento, óbito e de casamento de brasileiros em país estrangeiro serão considerados autênticos, nos termos da lei do lugar em que forem feitos, legalizadas as certidões pelos cônsules ou, quando por estes tomados, nos termos do regulamento consular.

•• *Vide* art. 1.544 do CC.

§ 1.º Os assentos de que trata este artigo serão, porém, trasladados nos cartórios do 1.º Ofício do domicílio do registrado ou no 1.º Ofício do Distrito Federal, em falta de domicílio conhecido, quando tiverem de produzir efeito no País, ou, antes, por meio de segunda via que os cônsules serão obrigados a remeter por intermédio do Ministério das Relações Exteriores.

§ 2.º O filho de brasileiro ou brasileira, nascido no estrangeiro, e cujos pais não estejam ali a serviço do Brasil, desde que registrado em consulado brasileiro ou não registrado, venha a residir no território nacional antes de atingir a maioridade, poderá requerer, no juízo de seu domicílio, se registre, no livro "E" do 1.º Ofício do Registro Civil, o termo de nascimento.

§ 3.º Do termo e das respectivas certidões do nascimento registrado na forma do parágrafo antecedente constará que só valerão como prova de nacionalidade brasileira, até 4 (quatro) anos depois de atingida a maioridade.

§ 4.º Dentro do prazo de 4 (quatro) anos, depois de atingida a maioridade pelo interessado referido no § 2.º, deverá ele manifestar a sua opção pela nacionalidade brasileira perante o juízo federal. Deferido o pedido, proceder-se-á ao registro no livro "E" do Cartório do 1.º Ofício do domicílio do optante.

§ 5.º Não se verificando a hipótese prevista no parágrafo anterior, o oficial cancelará, de ofício, o registro provisório efetuado na forma do § 2.º.

Capítulo II
DA ESCRITURAÇÃO E ORDEM DO SERVIÇO

Art. 33. Haverá, em cada cartório, os seguintes livros:

•• *Caput* com redação determinada pela Lei n. 14.382, de 27-6-2022.

I – "A" – de registro de nascimento;

II – "B" – de registro de casamento;

III – "B Auxiliar" – de registro de casamento religioso para efeitos civis;

IV – "C" – de registro de óbitos;

V – "C Auxiliar" – de registro de natimortos;

VI – "D" – de registro de proclama.

Parágrafo único. No Cartório do 1.º Ofício ou da 1.ª subdivisão judiciária haverá, em cada comarca, outro livro para inscrição dos demais atos relativos ao estado civil, designado sob a letra `E`.

•• Parágrafo único com redação determinada pela Lei n. 14.382, de 27-6-2022.

Art. 34. O oficial juntará, a cada um dos livros, índice alfabético dos assentos lavrados pelos nomes das pessoas a quem se referirem.

Parágrafo único. O índice alfabético poderá, a critério do oficial, ser organizado pelo sistema de fichas, desde que preencham estas os requisitos de segurança, comodidade e pronta busca.

Art. 35. A escrituração será feita seguidamente, em ordem cronológica de declarações, sem abreviaturas, nem algarismos; no fim de cada assento e antes da subscrição e das assinaturas, serão ressalvadas as emendas, entrelinhas ou outras circunstâncias que puderem ocasionar dúvidas. Entre um assento e outro, será traçada uma linha de intervalo, tendo cada um o seu número de ordem.

Art. 36. Os livros de registro serão divididos em três partes, sendo na da esquerda lançado o número de ordem e na central o assento, ficando na da direita espaço para as notas, averbações e retificações.

Art. 37. As partes, ou seus procuradores, bem como as testemunhas, assinarão os assentos, inserindo-se neles as declarações feitas de acordo com a lei ou ordenadas por sentença. As procurações serão arquivadas, declarando-se no termo a data, o livro, a folha e o ofício em que foram lavradas, quando constarem de instrumento público.

§ 1.º Se os declarantes, ou as testemunhas não puderem, por qualquer circunstância, assinar, far-se-á declaração no assento, assinando a rogo outra pessoa e tomando-se a impressão dactiloscópica da que não assinar, à margem do assento.

§ 2.º As custas com o arquivamento das procurações ficarão a cargo dos interessados.

Art. 38. Antes da assinatura dos assentos, serão estes lidos às partes e às testemunhas, do que se fará menção.

Art. 39. Tendo havido omissão ou erro, de modo que seja necessário fazer adição ou emenda, estas serão feitas antes da assinatura ou ainda em seguida, mas antes de outro assento, sendo a ressalva novamente por todos assinada.

Art. 40. Fora da retificação feita no ato, qualquer outra só poderá ser efetuada nos termos dos arts. 109 a 112 desta Lei.

•• Artigo com redação determinada pela Lei n. 12.100, de 27-11-2009.

Art. 41. Reputam-se inexistentes e sem efeitos jurídicos quaisquer emendas ou alterações posteriores, não ressalvadas ou não lançadas na forma indicada nos arts. 39 e 40.

Art. 42. A testemunha para os assentos de registro deve satisfazer às condições exigidas pela lei civil, sendo admitido o parente, em qualquer grau, do registrando.

Parágrafo único. Quando a testemunha não for conhecida do oficial do registro, deverá apresentar documento hábil da sua identidade, do qual se fará, no assento, expressa menção.

Art. 43. Os livros de proclamas serão escriturados cronologicamente com o resumo do que constar dos editais expedidos pelo próprio cartório, ou recebidos de outros, todos assinados pelo oficial.

Parágrafo único. As despesas de publicação do edital serão pagas pelo interessado.

Art. 44. O registro do edital de casamento conterá todas as indicações quanto à época de publicação e aos documentos apresentados, abrangendo também o edital remetido por outro oficial processante.

Art. 45. A certidão relativa ao nascimento de filho legitimado por subsequente matrimônio deverá ser fornecida sem o teor da declaração ou averbação a esse respeito, como se fosse legítimo; na certidão de casamento também será omitida a referência àquele filho, salvo havendo, em qualquer dos casos, determinação judicial, deferida em favor de quem demonstre legítimo interesse em obtê-la.

Capítulo III
DAS PENALIDADES

Art. 46. As declarações de nascimento feitas após o decurso do prazo legal serão registradas no lugar de residência do interessado.

•• *Caput* com redação determinada pela Lei n. 11.790, de 2-10-2008.

§ 1.º O requerimento de registro será assinado por 2 (duas) testemunhas, sob as penas da lei.

•• § 1.º com redação determinada pela Lei n. 11.790, de 2-10-2008.

§ 2.º (*Revogado pela Lei n. 10.215, de 6-4-2001.*)

§ 3.º O oficial do Registro Civil, se suspeitar da falsidade da declaração, poderá exigir prova suficiente.

•• § 3.º com redação determinada pela Lei n. 11.790, de 2-10-2008.

§ 4.º Persistindo a suspeita, o oficial encaminhará os autos ao juízo competente.

•• § 4.º com redação determinada pela Lei n. 11.790, de 2-10-2008.

§ 5.º Se o juiz não fixar prazo menor, o oficial deverá lavrar o assento dentro em 5 (cinco) dias, sob pena de pagar multa correspondente a 1 (um) salário mínimo da região.

§ 6.º Os órgãos do Poder Executivo e do Poder Judiciário detentores de bases biométricas poderão franquear ao oficial de registro civil de pessoas naturais acesso às bases para fins de conferência por ocasião do registro tardio de nascimento.

•• § 6.º acrescentado pela Lei n. 14.382, de 27-6-2022.

Art. 47. Se o oficial do registro civil recusar fazer ou retardar qualquer registro, averbação ou anotação, bem como o fornecimento de certidão, as partes prejudicadas poderão queixar-se à autoridade judiciária, a qual, ouvindo o acusado, decidirá dentro de 5 (cinco) dias.

§ 1.º Se for injusta a recusa ou injustificada a demora, o juiz que tomar conhecimento do fato poderá impor ao oficial multa de 1 (um) a 10 (dez) salários mínimos da região, ordenando que, no prazo improrrogável de 24 (vinte e quatro) horas, seja feito o registro, a averbação, a anotação ou fornecida certidão, sob pena de prisão de 5 (cinco) a 20 (vinte) dias.

§ 2.º Os pedidos de certidão feitos por via postal, telegráfica ou bancária serão obrigatoriamente atendidos pelo oficial do registro civil, satisfeitos os emolumentos devidos, sob as penas previstas no parágrafo anterior.

Art. 48. Os juízes farão correição e fiscalização nos livros de registro, conforme as normas da organização judiciária.

Art. 49. Os oficiais do registro civil remeterão à Fundação Instituto Brasileiro de Geografia e Estatística, dentro dos primeiros 8 (oito) dias dos meses de janeiro, abril, julho e outubro de cada ano, um mapa dos nascimentos, casamentos e óbitos ocorridos no trimestre anterior.

•• *Caput* com redação determinada pela Lei n. 6.140, de 28-11-1974.

§ 1.º A Fundação Instituto Brasileiro de Geografia e Estatística fornecerá mapas para a execução do disposto neste artigo, podendo requisitar aos oficiais do registro que façam as correções que forem necessárias.

•• § 1.º com redação determinada pela Lei n. 6.140, de 28-11-1974.

§ 2.º Os oficiais que, no prazo legal, não remeterem os mapas, incorrerão na multa de 1 (um) a 5 (cinco) salários mínimos da região, que será cobrada como dívida ativa da União, sem prejuízo da ação penal que no caso couber.

•• § 2.º com redação determinada pela Lei n. 6.140, de 28-11-1974.

§ 3.º No mapa de que trata o *caput* deverá ser informado o número da identificação da Declaração de Nascido Vivo.

•• § 3.º acrescentado pela Lei n. 12.662, de 5-6-2012.

§ 4.º Os mapas dos nascimentos deverão ser remetidos aos órgãos públicos interessados no cruzamento das informações do registro civil e da Declaração de Nascido Vivo conforme o regulamento, com o objetivo de integrar a informação e promover a busca ativa de nascimentos.

•• § 4.º acrescentado pela Lei n. 12.662, de 5-6-2012.

§ 5.º Os mapas previstos no *caput* e no § 4.º deverão ser remetidos por meio digital quando o registrador detenha capacidade de transmissão de dados.

•• § 5.º acrescentado pela Lei n. 12.662, de 5-6-2012.

Capítulo IV
DO NASCIMENTO

Art. 50. Todo nascimento que ocorrer no território nacional deverá ser dado a registro, no lugar em que tiver ocorrido o parto ou no lugar da residência dos pais, dentro do prazo de 15 (quinze) dias, que será ampliado em até 3 (três) meses para os lugares distantes mais de 30 (trinta) quilômetros da sede do cartório.

•• *Caput* com redação determinada pela Lei n. 9.053, de 25-5-1995.

§ 1.º Quando for diverso o lugar da residência dos pais, observar-se-á a ordem contida nos itens 1.º e 2.º do art. 52.

•• § 1.º acrescentado pela Lei n. 9.053, de 25-5-1995.

§ 2.º Os índios, enquanto não integrados, não estão obrigados a inscrição do nascimento. Este poderá ser feito em livro próprio do órgão federal de assistência aos índios.

•• Primitivo § 1.º passado a § 2.º por determinação da Lei n. 9.053, de 25-5-1995.

§ 3.º Os menores de 21 (vinte e um) anos e maiores de 18 (dezoito) anos poderão, pessoalmente e isentos de multa, requerer o registro de seu nascimento.

•• Primitivo § 2.º passado a § 3.º por determinação da Lei n. 9.053, de 25-5-1995.

•• *Vide* art. 5.º do CC.

§ 4.º É facultado aos nascidos anteriormente à obrigatoriedade do registro civil requerer, isentos de multa, a inscrição de seu nascimento.

•• Primitivo § 3.º passado a § 4.º por determinação da Lei n. 9.053, de 25-5-1995.

Lei n. 6.015, de 31-12-1973 — Registros Públicos

§ 5.º Aos brasileiros nascidos no estrangeiro aplicar-se-á o disposto neste artigo, ressalvadas as prescrições legais relativas aos consulados.

•• Primitivo § 4.º passado a § 5.º por determinação da Lei n. 9.053, de 25-5-1995.

Art. 51. Os nascimentos ocorridos a bordo, quando não registrados nos termos do art. 64, deverão ser declarados dentro de 5 (cinco) dias, a contar da chegada do navio ou aeronave ao local do destino, no respectivo cartório ou consulado.

Art. 52. São obrigados a fazer a declaração de nascimento:

1.º) o pai ou a mãe, isoladamente ou em conjunto, observado o disposto no § 2.º do art. 54;

•• Item 1.º com redação determinada pela Lei n. 13.112, de 30-3-2015.

2.º) no caso de falta ou de impedimento de um dos indicados no item 1.º, outro indicado, que terá o prazo para declaração prorrogado por 45 (quarenta e cinco) dias;

•• Item 2.º com redação determinada pela Lei n. 13.112, de 30-3-2015.

3.º) no impedimento de ambos, o parente mais próximo, sendo maior e achando-se presente;

4.º) em falta ou impedimento de parente referido no número anterior, os administradores de hospitais ou os médicos e parteiras, que tiverem assistido o parto;

5.º) pessoa idônea da casa em que ocorrer, sendo fora da residência da mãe;

6.º) finalmente, as pessoas (*Vetado*) encarregadas da guarda do menor.

§ 1.º Quando o oficial tiver motivo para duvidar da declaração, poderá ir à casa do recém-nascido verificar a sua existência, ou exigir atestação do médico ou parteira que tiver assistido o parto, ou o testemunho de duas pessoas que não forem os pais e tiverem visto o recém-nascido.

§ 2.º Tratando-se de registro fora do prazo legal, o oficial, em caso de dúvida, poderá requerer ao juiz as providências que forem cabíveis para esclarecimento do fato.

§ 3.º O oficial de registro civil comunicará o registro de nascimento ao Ministério da Economia e ao INSS pelo Sistema Nacional de Informações de Registro Civil (Sirc) ou por outro meio que venha a substituí-lo.

•• § 3.º acrescentado pela Lei n. 13.846, de 18-6-2019.

Art. 53. No caso de ter a criança nascido morta ou no de ter morrido na ocasião do parto, será, não obstante, feito o assento com os elementos que couberem e com remissão ao do óbito.

§ 1.º No caso de ter a criança nascido morta, será o registro feito no livro "C Auxiliar", com os elementos que couberem.

§ 2.º No caso de a criança morrer na ocasião do parto, tendo, entretanto, respirado, serão feitos os dois assentos, o de nascimento e o de óbito, com os elementos cabíveis e com remissões recíprocas.

Art. 54. O assento do nascimento deverá conter:

1.º) o dia, mês, ano e lugar do nascimento e a hora certa, sendo possível determiná-la, ou aproximada;

2.º) o sexo do registrando;

3.º) o fato de ser gêmeo, quando assim tiver acontecido;

4.º) o nome e o prenome, que forem postos à criança;

5.º) a declaração de que nasceu morta, ou morreu no ato ou logo depois do parto;

6.º) a ordem de filiação de outros irmãos do mesmo prenome que existirem ou tiverem existido;

7.º) os nomes e prenomes, a naturalidade, a profissão dos pais, o lugar e cartório onde se casaram, a idade da genitora, do registrando em anos completos, na ocasião do parto, e o domicílio ou a residência do casal;

•• Item 7.º com redação determinada pela Lei n. 6.140, de 28-11-1974.

•• *Vide* arts. 5.º, I, e 227, § 6.º, da CF.

8.º) os nomes e prenomes dos avós paternos e maternos;

9.º) os nomes e prenomes, a profissão e a residência das duas testemunhas do assento, quando se tratar de parto ocorrido sem assistência médica em residência ou fora de unidade hospitalar ou casa de saúde;

•• Item 9.º com redação determinada pela Lei n. 13.484, de 26-9-2017.

10) o número de identificação da Declaração de Nascido Vivo, com controle do dígito verificador, exceto na hipótese de registro tardio previsto no art. 46 desta Lei; e

•• Item 10 com redação determinada pela Lei n. 13.484, de 26-9-2017.

11) a naturalidade do registrando.

•• Item 11 acrescentado pela Lei n. 13.484, de 26-9-2017.

§ 1.º Não constituem motivo para recusa, devolução ou solicitação de retificação da Declaração de Nascido Vivo por parte do Registrador Civil das Pessoas Naturais:

•• § 1.º, *caput*, acrescentado pela Lei n. 12.662, de 5-6-2012.

I – equívocos ou divergências que não comprometam a identificação da mãe;

•• Inciso I acrescentado pela Lei n. 12.662, de 5-6-2012.

II – omissão do nome do recém-nascido ou do nome do pai;

•• Inciso II acrescentado pela Lei n. 12.662, de 5-6-2012.

III – divergência parcial ou total entre o nome do recém-nascido constante da declaração e o escolhido em manifestação perante o registrador no momento do registro de nascimento, prevalecendo este último;

•• Inciso III acrescentado pela Lei n. 12.662, de 5-6-2012.

IV – divergência parcial ou total entre o nome do pai constante da declaração e o verificado pelo registrador nos termos da legislação civil, prevalecendo este último;

•• Inciso IV acrescentado pela Lei n. 12.662, de 5-6-2012.

V – demais equívocos, omissões ou divergências que não comprometam informações relevantes para o registro de nascimento.

•• Inciso V acrescentado pela Lei n. 12.662, de 5-6-2012.

§ 2.º O nome do pai constante da Declaração de Nascido Vivo não constitui prova ou presunção da paternidade, somente podendo ser lançado no registro de nascimento quando verificado nos termos da legislação civil vigente.

•• § 2.º acrescentado pela Lei n. 12.662, de 5-6-2012.

§ 3.º Nos nascimentos frutos de partos sem assistência de profissionais da saúde ou parteiras tradicionais, a Declaração de Nascido Vivo será emitida pelos Oficiais de Registro Civil que lavrarem o registro de nascimento, sempre que haja demanda das Secretarias Estaduais ou Municipais de Saúde para que realizem tais emissões.

•• § 3.º acrescentado pela Lei n. 12.662, de 5-6-2012.

§ 4.º A naturalidade poderá ser do Município em que ocorreu o nascimento ou do Município de residência da mãe do registrando na data do nascimento, desde que localizado em território nacional, e a opção caberá ao declarante no ato de registro do nascimento.

•• § 4.º acrescentado pela Lei n. 13.484, de 26-9-2017.

§ 5.º O oficial de registro civil de pessoas naturais do Município poderá, mediante convênio e desde que não prejudique o regular funcionamento da serventia, instalar unidade interligada em estabelecimento público ou privado de saúde para recepção e remessa de dados, lavratura do registro de nascimento e emissão da respectiva certidão.

•• § 5.º acrescentado pela Lei n. 14.382, de 27-6-2022.

Art. 55. Toda pessoa tem direito ao nome, nele compreendidos o prenome e o sobrenome, observado que ao prenome serão acrescidos os sobrenomes dos genitores ou de seus ascendentes, em qualquer ordem e, na hipótese de acréscimo de sobrenome de ascendente que não conste das certidões apresentadas, deverão ser apresentadas as certidões necessárias para comprovar a linha ascendente.

•• *Caput* com redação determinada pela Lei n. 14.382, de 27-6-2022.

§ 1.º O oficial de registro civil não registrará prenomes suscetíveis de expor ao ridículo os seus portadores, observado que, quando os genitores não se conformarem com a recusa do oficial, este submeterá por escrito o caso à decisão do juiz competente, independentemente da cobrança de quaisquer emolumentos.

•• Parágrafo único renumerado pela Lei n. 14.382, de 27-6-2022.

§ 2.º Quando o declarante não indicar o nome completo, o oficial de registro lançará adiante do prenome escolhido ao menos um sobrenome de cada um dos genitores, na ordem que julgar mais conveniente para evitar homonímias.

•• § 2.º acrescentado pela Lei n. 14.382, de 27-6-2022.

§ 3.º O oficial de registro orientará os pais acerca da conveniência de acrescer sobrenomes, a fim de se evitar prejuízos à pessoa em razão da homonímia.

•• § 3.º acrescentado pela Lei n. 14.382, de 27-6-2022.

§ 4.º Em até 15 (quinze) dias após o registro, qualquer dos genitores poderá apresentar, perante o registro civil onde foi lavrado o assento de nascimento, oposição fundamentada ao prenome e sobrenomes indicados pelo declarante, observado que, se houver manifestação consensual dos genitores, será realizado o procedimento de retificação administrativa do registro, mas, se não houver consenso, a oposição será encaminhada ao juiz competente para decisão.

•• § 4.º acrescentado pela Lei n. 14.382, de 27-6-2022.

Art. 56. A pessoa registrada poderá, após ter atingido a maioridade civil, requerer pessoalmente e imotivadamente a alteração de seu prenome, independentemente de decisão judicial, e a alteração será averbada e publicada em meio eletrônico.

•• *Caput* com redação determinada pela Lei n. 14.382, de 27-6-2022.

§ 1.º A alteração imotivada de prenome poderá ser feita na via extrajudicial apenas 1 (uma) vez, e sua desconstituição dependerá de sentença judicial.

•• § 1.º acrescentado pela Lei n. 14.382, de 27-6-2022.

Lei n. 6.015, de 31-12-1973 **Registros Públicos**

§ 2.º A averbação de alteração de prenome conterá, obrigatoriamente, o prenome anterior, os números de documento de identidade, de inscrição no Cadastro de Pessoas Físicas (CPF) da Secretaria Especial da Receita Federal do Brasil, de passaporte e de título de eleitor do registrado, dados esses que deverão constar expressamente de todas as certidões solicitadas.

•• § 2.º acrescentado pela Lei n. 14.382, de 27-6-2022.

§ 3.º Finalizado o procedimento de alteração no assento, o ofício de registro civil de pessoas naturais no qual se processou a alteração, a expensas do requerente, comunicará o ato oficialmente aos órgãos expedidores do documento de identidade, do CPF e do passaporte, bem como ao Tribunal Superior Eleitoral, preferencialmente por meio eletrônico.

•• § 3.º acrescentado pela Lei n. 14.382, de 27-6-2022.

§ 4.º Se suspeitar de fraude, falsidade, má-fé, vício de vontade ou simulação quanto à real intenção da pessoa requerente, o oficial de registro civil fundamentadamente recusará a retificação.

•• § 4.º acrescentado pela Lei n. 14.382, de 27-6-2022.

Art. 57. A alteração posterior de sobrenomes poderá ser requerida pessoalmente perante o oficial de registro civil, com a apresentação de certidões e de documentos necessários, e será averbada nos assentos de nascimento e casamento, independentemente de autorização judicial, a fim de:

•• Caput com redação determinada pela Lei n. 14.382, de 27-6-2022.

I – inclusão de sobrenomes familiares;

•• Inciso I acrescentado pela Lei n. 14.382, de 27-6-2022.

II – inclusão ou exclusão de sobrenome do cônjuge, na constância do casamento;

•• Inciso II acrescentado pela Lei n. 14.382, de 27-6-2022.

III – exclusão de sobrenome do ex-cônjuge, após a dissolução da sociedade conjugal, por qualquer de suas causas;

•• Inciso III acrescentado pela Lei n. 14.382, de 27-6-2022.

IV – inclusão e exclusão de sobrenomes em razão de alteração das relações de filiação, inclusive para os descendentes, cônjuge ou companheiro da pessoa que teve seu estado alterado.

•• Inciso IV acrescentado pela Lei n. 14.382, de 27-6-2022.

§ 1.º Poderá, também, ser averbado, nos mesmos termos, o nome abreviado, usado como firma comercial registrada ou em qualquer atividade profissional.

§ 2.º Os conviventes em união estável devidamente registrada no registro civil de pessoas naturais poderão requerer a inclusão de sobrenome de seu companheiro, a qualquer tempo, bem como alterar seus sobrenomes nas mesmas hipóteses previstas para as pessoas casadas.

•• § 2.º com redação determinada pela Lei n. 14.382, de 27-6-2022.

§ 3.º (Revogado pela Lei n. 14.382, de 27-6-2022.)

§ 3.º-A. O retorno ao nome de solteiro ou de solteira do companheiro ou da companheira será realizado por meio da averbação da extinção de união estável em seu registro.

•• § 3.º-A acrescentado pela Lei n. 14.382, de 27-6-2022.

§§ 4.º a 6.º (Revogados pela Lei n. 14.382, de 27-6-2022.)

§ 7.º Quando a alteração de nome for concedida em razão de fundada coação ou ameaça decorrente de colaboração com a apuração de crime, o juiz competente determinará que haja a averbação no registro de origem de menção da existência de sentença concessiva da alteração, sem a averbação do nome alterado, que somente poderá ser procedida mediante determinação posterior, que levará em consideração a cessação da coação ou ameaça que deu causa à alteração.

•• § 7.º acrescentado pela Lei n. 9.807, de 13-7-1999.

§ 8.º O enteado ou a enteada, se houver motivo justificável, poderá requerer ao oficial de registro civil que, nos registros de nascimento e de casamento, seja averbado o nome de família de seu padrasto ou de sua madrasta, desde que haja expressa concordância destes, sem prejuízo de seus sobrenomes de família.

•• § 8.º com redação determinada pela Lei n. 14.382, de 27-6-2022.

Art. 58. O prenome será definitivo, admitindo-se, todavia, a sua substituição por apelidos públicos notórios.

•• Caput com redação determinada pela Lei n. 9.708, de 18-11-1998.

•• O STF, no julgamento da ADI n. 4.275, de 1.º-3-2018 (DOU de 9-3-2018), dá interpretação conforme a Constituição e o Pacto de São José da Costa Rica a este artigo, "de modo a reconhecer aos transgêneros que assim o desejarem, independentemente da cirurgia de transgenitalização, ou da realização de tratamentos hormonais ou patologizantes, o direito à substituição de prenome e sexo diretamente no registro civil".

Parágrafo único. A substituição do prenome será ainda admitida em razão de fundada coação ou ameaça decorrente da colaboração com a apuração de crime, por determinação, em sentença, de juiz competente, ouvido o Ministério Público.

•• Parágrafo único com redação determinada pela Lei n. 9.807, de 13-7-1999.

Art. 59. Quando se tratar de filho ilegítimo, não será declarado o nome do pai sem que este expressamente o autorize e compareça, por si ou por procurador especial, para, reconhecendo-o, assinar, ou não sabendo ou não podendo, mandar assinar a seu rogo o respectivo assento com duas testemunhas.

•• Vide art. 227, § 6.º, da CF.

Art. 60. O registro conterá o nome do pai ou da mãe, ainda que ilegítimos, quando qualquer deles for o declarante.

•• Vide art. 227, § 6.º, da CF.

Art. 61. Tratando-se de exposto, o registro será feito de acordo com as declarações que os estabelecimentos de caridade, as autoridades ou os particulares comunicarem ao oficial competente, nos prazos mencionados no art. 51, a partir do achado ou entrega, sob a pena do art. 46, apresentando ao oficial, salvo motivo de força maior comprovada, o exposto e os objetos a que se refere o parágrafo único deste artigo.

Parágrafo único. Declarar-se-á o dia, mês e ano, lugar em que foi exposto, a hora em que foi encontrado e a sua idade aparente. Neste caso, o envoltório, roupas e quaisquer outros objetos e sinais que trouxer a criança e que possam a todo tempo fazê-la reconhecer, serão numerados, alistados e fechados em caixa lacrada e selada, com o seguinte rótulo: "Pertence ao exposto tal, assento de fls. ... do livro ..." e remetidos imediatamente, com uma guia em duplicata, ao juiz, para serem recolhidos a lugar seguro. Recebida e arquivada a duplicata com o competente recibo do depósito, far-se-á à margem do assento a correspondente anotação.

•• Vide art. 227, § 6.º, da CF.

Art. 62. O registro do nascimento do menor abandonado, sob jurisdição do juiz de menores, poderá fazer-se por iniciativa deste, à vista dos elementos de que dispuser e com observância, no que for aplicável, do que preceitua o artigo anterior.

Art. 63. No caso de gêmeos, será declarada no assento especial de cada um a ordem de nascimento. Os gêmeos que tiverem o prenome igual deverão ser inscritos com duplo prenome ou nome completo diverso, de modo que possam distinguir-se.

Parágrafo único. Também serão obrigados a duplo prenome, ou a nome completo diverso, os irmãos a que se pretender dar o mesmo prenome.

Art. 64. Os assentos de nascimentos em navio brasileiro mercante ou de guerra serão lavrados, logo que o fato se verificar, pelo modo estabelecido na legislação de marinha, devendo, porém, observar-se as disposições da presente Lei.

Art. 65. No primeiro porto a que se chegar, o comandante depositará imediatamente, na capitania do porto, ou em sua falta, na estação fiscal, ou ainda, no consulado, em se tratando de porto estrangeiro, duas cópias autenticadas dos assentos, referidos no artigo anterior, uma das quais será remetida, por intermédio do Ministério da Justiça, ao oficial do registro, para o registro, no lugar de residência dos pais ou se, não for possível descobri-lo, no 1.º Ofício do Distrito Federal. Uma terceira cópia será entregue pelo comandante ao interessado que, após conferência na capitania do porto, por ela poderá, também, promover o registro no cartório competente.

Parágrafo único. Os nascimentos ocorridos a bordo de quaisquer aeronaves, ou de navio estrangeiro, poderão ser dados a registro pelos pais brasileiros no cartório ou consulado do local de desembarque.

Art. 66. Pode ser tomado assento de nascimento de filho de militar ou assemelhado em livro criado pela administração militar mediante declaração feita pelo interessado ou remetida pelo comandante de unidade, quando em campanha. Esse assento será publicado em boletim da unidade e, logo que possível, trasladado por cópia autenticada, ex officio ou a requerimento do interessado, para o Cartório de Registro Civil a que competir ou para o do 1.º Ofício do Distrito Federal, quando não puder ser conhecida a residência do pai.

Parágrafo único. A providência de que trata este artigo será extensiva ao assento de nascimento de filho de civil, quando, em consequência de operações de guerra, não funcionarem os cartórios locais.

Capítulo V
DA HABILITAÇÃO PARA O CASAMENTO

•• Vide arts. 1.525 a 1.532 do CC.

Art. 67. Na habilitação para o casamento, os interessados, apresentando os documentos exigidos pela lei civil, requererão ao oficial do registro do distrito de residência de um dos nubentes, que lhes expeça certidão de que se acham habilitados para se casarem.

Lei n. 6.015, de 31-12-1973 — **Registros Públicos**

§ 1.º Se estiver em ordem a documentação, o oficial de registro dará publicidade, em meio eletrônico, à habilitação e extrairá, no prazo de até 5 (cinco) dias, o certificado de habilitação, podendo os nubentes contrair matrimônio perante qualquer serventia de registro civil de pessoas naturais, de sua livre escolha, observado o prazo de eficácia do art. 1.532 da Lei n. 10.406, de 10 de janeiro de 2002 (Código Civil).

•• § 1.º com redação determinada pela Lei n. 14.382, de 27-6-2022.

§§ 2.º a 4.º (*Revogados pela Lei n. 14.382, de 27-6-2022.*)

§ 4.º-A. A identificação das partes e a apresentação dos documentos exigidos pela lei civil para fins de habilitação poderão ser realizadas eletronicamente mediante recepção e comprovação da autoria e da integridade dos documentos.

•• § 4.º-A acrescentado pela Lei n. 14.382, de 27-6-2022.

§ 5.º Se houver impedimento ou arguição de causa suspensiva, o oficial de registro dará ciência do fato aos nubentes, para que indiquem, em 24 (vinte e quatro) horas, prova que pretendam produzir, e remeterá os autos a juízo, e, produzidas as provas pelo oponente e pelos nubentes, no prazo de 3 (três) dias, com ciência do Ministério Público, e ouvidos os interessados e o órgão do Ministério Público em 5 (cinco) dias, decidirá o juiz em igual prazo.

•• § 5.º com redação determinada pela Lei n. 14.382, de 27-6-2022.

§ 6.º Quando a celebração do casamento ocorrer perante oficial de registro civil de pessoas naturais diverso daquele da habilitação, deverá ser comunicado o oficial de registro em que foi realizada a habilitação, por meio eletrônico, para a devida anotação no procedimento de habilitação.

•• § 6.º com redação determinada pela Lei n. 14.382, de 27-6-2022.

§ 7.º Expedido o certificado de habilitação, celebrar-se-á o casamento, no dia, hora e lugar solicitados pelos nubentes e designados pelo oficial de registro.

•• § 7.º acrescentado pela Lei n. 14.382, de 27-6-2022.

§ 8.º A celebração do casamento poderá ser realizada, a requerimento dos nubentes, em meio eletrônico, por sistema de videoconferência em que se possa verificar a livre manifestação da vontade dos contraentes.

•• § 8.º acrescentado pela Lei n. 14.382, de 27-6-2022.

Art. 68. Se o interessado quiser justificar fato necessário à habilitação para o casamento, deduzirá sua intenção perante o juiz competente, em petição circunstanciada, indicando testemunhas e apresentando documentos que comprovem as alegações.

§ 1.º Ouvidas as testemunhas, se houver, dentro do prazo de 5 (cinco) dias, com a ciência do órgão do Ministério Público, este terá o prazo de 24 (vinte e quatro) horas para manifestar-se, decidindo o juiz em igual prazo, sem recurso.

§ 2.º Os autos da justificação serão encaminhados ao oficial do registro para serem anexados ao processo da habilitação matrimonial.

Art. 69. Para a dispensa da publicação eletrônica dos proclamas, nos casos previstos em lei, os contraentes, em petição dirigida ao oficial de registro, deduzirão os motivos de urgência do casamento, provando o alegado, no prazo de 24 (vinte e quatro) horas, com documentos.

•• *Caput* com redação determinada pela Lei n. 14.382, de 27-6-2022.

§ 1.º (*Revogado pela Lei n. 14.382, de 27-6-2022.*)

§ 2.º O oficial de registro, no prazo de 24 (vinte quatro) horas, com base nas provas apresentadas, poderá dispensar ou não a publicação eletrônica, e caberá recurso da decisão ao juiz corregedor.

•• § 2.º acrescentado pela Lei n. 14.382, de 27-6-2022.

Capítulo VI
DO CASAMENTO

Art. 70. Do matrimônio, logo depois de celebrado, será lavrado assento, assinado pelo presidente do ato, os cônjuges, as testemunhas e o oficial, sendo exarados:

•• *Vide* art. 1.536 do CC.

1.º) os nomes, prenomes, nacionalidade, naturalidade, data de nascimento, profissão, domicílio e residência atual dos cônjuges;

•• Item 1.º com redação determinada pela Lei n. 13.484, de 26-9-2017.

2.º) os nomes, prenomes, nacionalidade, data de nascimento ou de morte, domicílio e residência atual dos pais;

3.º) os nomes e prenomes do cônjuge precedente e a data da dissolução do casamento anterior, quando for o caso;

4.º) a data da publicação dos proclamas e da celebração do casamento;

5.º) a relação dos documentos apresentados ao oficial do registro;

6.º) os nomes, prenomes, nacionalidade, profissão, domicílio e residência atual das testemunhas;

7.º) o regime de casamento, com declaração da data e do cartório em cujas notas foi tomada a escritura antenupcial, quando o regime não for o da comunhão ou o legal que, sendo conhecido, será declarado expressamente;

8.º) o nome, que passa a ter a mulher, em virtude do casamento;

•• *Vide* arts. 5.º, I, e 226, § 5.º, da CF.
•• *Vide* art. 1.565, § 1.º, do CC.

9.º) os nomes e as idades dos filhos havidos de matrimônio anterior ou legitimados pelo casamento;

10) à margem do termo, a impressão digital do contraente que não souber assinar o nome.

Parágrafo único. As testemunhas serão, pelo menos, duas, não dispondo a lei de modo diverso.

Art. 70-A. A conversão da união estável em casamento deverá ser requerida pelos companheiros perante o oficial de registro civil de pessoas naturais de sua residência.

•• *Caput* acrescentado pela Lei n. 14.382, de 27-6-2022.

§ 1.º Recebido o requerimento, será iniciado o processo de habilitação sob o mesmo rito previsto para o casamento, e deverá constar dos proclamas que se trata de conversão de união estável em casamento.

•• § 1.º acrescentado pela Lei n. 14.382, de 27-6-2022.

§ 2.º Em caso de requerimento de conversão de união estável por mandato, a procuração deverá ser pública e com prazo máximo de 30 (trinta) dias.

•• § 2.º acrescentado pela Lei n. 14.382, de 27-6-2022.

§ 3.º Se estiver em termos o pedido, será lavrado o assento da conversão da união estável em casamento, independentemente de autorização judicial, prescindindo o ato da celebração do matrimônio.

•• § 3.º acrescentado pela Lei n. 14.382, de 27-6-2022.

§ 4.º O assento da conversão da união estável em casamento será lavrado no Livro B, sem a indicação da data e das testemunhas da celebração, do nome do presidente do ato e das assinaturas dos companheiros e das testemunhas, anotando-se no respectivo termo que se trata de conversão de união estável em casamento.

•• § 4.º acrescentado pela Lei n. 14.382, de 27-6-2022.

§ 5.º A conversão da união estável dependerá da superação dos impedimentos legais para o casamento, sujeitando-se à adoção do regime patrimonial de bens, na forma dos preceitos da lei civil.

•• § 5.º acrescentado pela Lei n. 14.382, de 27-6-2022.

§ 6.º Não constará do assento de casamento convertido a partir da união estável a data do início ou o período de duração desta, salvo no caso de prévio procedimento de certificação eletrônica de união estável realizado perante oficial de registro civil.

•• § 6.º acrescentado pela Lei n. 14.382, de 27-6-2022.

§ 7.º Se estiver em termos o pedido, o falecimento da parte no curso do processo de habilitação não impedirá a lavratura do assento de conversão de união estável em casamento.

•• § 7.º acrescentado pela Lei n. 14.382, de 27-6-2022.

Capítulo VII
DO REGISTRO DO CASAMENTO RELIGIOSO PARA EFEITOS CIVIS

•• *Vide* art. 226, § 2.º, da CF.
•• *Vide* arts. 1.515 e 1.516 do CC.

Art. 71. Os nubentes habilitados para o casamento poderão pedir ao oficial que lhes forneça a respectiva certidão, para se casarem perante autoridade ou ministro religioso, nela mencionando o prazo legal de validade da habilitação.

Art. 72. O termo ou assento do casamento religioso, subscrito pela autoridade ou ministro que o celebrar, pelos nubentes e por duas testemunhas, conterá os requisitos do art. 70, exceto o 5.º.

Art. 73. No prazo de 30 (trinta) dias a contar da realização, o celebrante ou qualquer interessado poderá, apresentando o assento ou termo do casamento religioso, requerer-lhe o registro ao oficial do cartório que expediu a certidão.

•• O CC passa a estabelecer o prazo de 90 (noventa) dias para o registro do casamento religioso (art. 1.516, § 1.º).

§ 1.º O assento ou termo conterá a data da celebração, o lugar, o culto religioso, o nome do celebrante, sua qualidade, o cartório que expediu a habilitação, sua data, os nomes, profissões, residências, nacionalidades das testemunhas que o assinarem e os nomes dos contraentes.

§ 2.º Anotada a entrada do requerimento, o oficial fará o registro no prazo de 24 (vinte e quatro) horas.

§ 3.º A autoridade ou ministro celebrante arquivará a certidão de habilitação que lhe foi apresentada, devendo, nela, anotar a data da celebração do casamento.

Art. 74. O casamento religioso, celebrado sem a prévia habilitação perante o oficial de registro público, poderá ser registrado desde que apresentados pelos nubentes, com o requerimento de registro, a prova do ato religioso e os documentos exigidos pelo Código Civil, suprindo eles eventual falta de requisitos no termo da celebração.

•• A referência é feita ao CC de 1916. *Vide* art. 1.525 do Código vigente.

Parágrafo único. Processada a habilitação com a publicação dos editais e certificada a inexistência de impedimentos, o oficial fará o registro do casamento religioso, de acordo com a prova do ato e os dados constantes do processo, observado o disposto no art. 70.

Art. 75. O registro produzirá efeitos jurídicos a contar da celebração do casamento.

Parágrafo único. O oficial de registro civil comunicará o registro ao Ministério da Economia e ao INSS pelo Sistema Nacional de Informações de Registro Civil (Sirc) ou por outro meio que venha a substituí-lo.

•• Parágrafo único acrescentado pela Lei n. 13.846, de 18-6-2019.

Capítulo VIII
DO CASAMENTO EM IMINENTE RISCO DE VIDA

•• *Vide* arts. 1.540 e 1.541 do CC.

Art. 76. Ocorrendo iminente risco de vida de algum dos contraentes, e não sendo possível a presença da autoridade competente para presidir o ato, o casamento poderá realizar-se na presença de seis testemunhas, que comparecerão, dentro de 5 (cinco) dias, perante a autoridade judiciária mais próxima, a fim de que sejam reduzidas a termo suas declarações.

•• *Vide* art. 1.541, *caput* e I a III, do CC.

§ 1.º Não comparecendo as testemunhas, espontaneamente, poderá qualquer interessado requerer a sua intimação.

§ 2.º Autuadas as declarações e encaminhadas à autoridade judiciária competente, se outra for a que as tomou por termo, será ouvido o órgão do Ministério Público e se realizarão as diligências necessárias para verificar a inexistência de impedimento para o casamento.

§ 3.º Ouvidos dentro de 5 (cinco) dias os interessados que o requerem e o órgão do Ministério Público, o juiz decidirá em igual prazo.

•• *Vide* art. 1.541, § 1.º, do CC.

§ 4.º Da decisão caberá apelação com ambos os efeitos.

§ 5.º Transitada em julgado a sentença, o juiz mandará registrá-la no Livro de Casamento.

•• *Vide* art. 1.541, §§ 3.º e 4.º, do CC.

Capítulo IX
DO ÓBITO

•• A Resolução n. 601, de 13-12-2024, do CNJ, dispõe sobre o dever de reconhecer e retificar os assentos de óbito de todos os mortos e desaparecidos vítimas da ditadura militar.

Art. 77. Nenhum sepultamento será feito sem certidão do oficial de registro do lugar do falecimento ou do lugar de residência do *de cujus*, quando o falecimento ocorrer em local diverso do seu domicílio, extraída após a lavratura do assento de óbito, em vista do atestado de médico, se houver no lugar, ou em caso contrário, de duas pessoas qualificadas que tiverem presenciado ou verificado a morte.

•• *Caput* com redação determinada pela Lei n. 13.484, de 26-9-2017.

§ 1.º Antes de proceder ao assento de óbito de criança de menos de 1 (um) ano, o oficial verificará se houve registro de nascimento, que, em caso de falta, será previamente feito.

§ 2.º A cremação de cadáver somente será feita daquele que houver manifestado a vontade de ser incinerado ou no interesse da saúde pública e se o atestado de óbito houver sido firmado por dois médicos ou por um médico legista e, no caso de morte violenta, depois de autorizada pela autoridade judiciária.

Art. 78. Na impossibilidade de ser feito o registro dentro de 24 (vinte e quatro) horas do falecimento, pela distância ou qualquer outro motivo relevante, o assento será lavrado depois, com a maior urgência, e dentro dos prazos fixados no art. 50.

Art. 79. São obrigados a fazer declaração de óbito:

1.º) o chefe de família, a respeito de sua mulher, filhos, hóspedes, agregados e fâmulos;

•• *Vide* arts. 5.º, I, e 227, § 6.º, da CF.

2.º) a viúva, a respeito de seu marido, e de cada uma das pessoas indicadas no número antecedente;

•• *Vide* arts. 5.º, I, e 227, § 6.º, da CF.

3.º) o filho, a respeito do pai ou da mãe; o irmão, a respeito dos irmãos, e demais pessoas de casa, indicadas no n. 1; o parente mais próximo maior e presente;

4.º) o administrador, diretor ou gerente de qualquer estabelecimento público ou particular, a respeito dos que nele faleceram, salvo se estiver presente algum parente em grau acima indicado;

5.º) na falta de pessoa competente, nos termos dos números anteriores, a que tiver assistido aos últimos momentos do finado, o médico, o sacerdote ou vizinho que do falecimento tiver notícia;

6.º) a autoridade policial, a respeito de pessoas encontradas mortas.

Parágrafo único. A declaração poderá ser feita por meio de preposto, autorizando-o o declarante em escrito de que constem os elementos necessários ao assento de óbito.

Art. 80. O assento de óbito deverá conter:

1.º) a hora, se possível, dia, mês e ano do falecimento;

2.º) o lugar do falecimento, com indicação precisa;

3.º) o prenome, nome, sexo, idade, cor, estado civil, profissão, naturalidade, domicílio e residência do morto;

4.º) se era casado, o nome do cônjuge sobrevivente, mesmo quando desquitado; se viúvo, o do cônjuge pré-defunto; e o cartório de casamento em ambos os casos;

5.º) os nomes, prenomes, profissão, naturalidade e residência dos pais;

6.º) se faleceu com testamento conhecido;

7.º) se deixou filhos, nome e idade de cada um;

8.º) se a morte foi natural ou violenta e a causa conhecida, com o nome dos atestantes;

9.º) o lugar do sepultamento;

10) se deixou bens e herdeiros menores ou interditos;

11) se era eleitor;

12) pelo menos uma das informações a seguir arroladas: número de inscrição do PIS/PASEP; número de inscrição no Instituto Nacional do Serviço Social – INSS, se contribuinte individual; número de benefício previdenciário – NB, se a pessoa falecida for titular de qualquer benefício pago pelo INSS; número do CPF; número do registro da Carteira de Identidade e respectivo órgão emissor; número do título de eleitor; número do registro de nascimento, com informação do livro, da folha e do termo; número e série da Carteira de Trabalho.

•• Item 12 acrescentado pela Medida Provisória n. 2.187-13, de 24-8-2001.

Parágrafo único. O oficial de registro civil comunicará o óbito à Receita Federal e à Secretaria de Segurança Pública da unidade da Federação que tenha emitido a cédula de identidade, exceto se, em razão da idade do falecido, essa informação for manifestamente desnecessária.

•• Parágrafo único acrescentado pela Lei n. 13.114, de 16-4-2015.

Art. 81. Sendo o finado desconhecido, o assento deverá conter declaração de estatura ou medida, se for possível, cor, sinais aparentes, idade presumida, vestuário e qualquer outra indicação que possa auxiliar de futuro o seu reconhecimento; e, no caso de ter sido encontrado morto, serão mencionadas esta circunstância e o lugar em que se achava e o da necropsia, se tiver havido.

Parágrafo único. Neste caso, será extraída a individual datiloscópica, se no local existir esse serviço.

Art. 82. O assento deverá ser assinado pela pessoa que fizer a comunicação ou por alguém a seu rogo, se não souber ou não puder assinar.

Art. 83. Quando o assento for posterior ao enterro, faltando atestado de médico ou de duas pessoas qualificadas, assinarão, com a que fizer a declaração, duas testemunhas que tiverem assistido ao falecimento ou ao funeral e puderem atestar, por conhecimento próprio ou por informação que tiverem colhido, a identidade do cadáver.

Art. 84. Os assentos de óbitos de pessoas falecidas a bordo de navio brasileiro serão lavrados de acordo com as regras estabelecidas para os nascimentos, no que lhes for aplicável, com as referências constantes do art. 80, salvo se o enterro for no porto, onde será tomado o assento.

Art. 85. Os óbitos, verificados em campanha, serão registrados em livro próprio, para esse fim designado, nas formações sanitárias e corpos de tropas, pelos oficiais da corporação militar correspondente, autenticado cada assento com a rubrica do respectivo médico chefe, ficando a cargo da unidade que proceder ao sepultamento o registro, nas condições especificadas, dos óbitos que se derem no próprio local de combate.

Art. 86. Os óbitos a que se refere o artigo anterior serão publicados em boletim da corporação e registrados no Registro Civil, mediante relações autenticadas, remetidas ao Ministério da Justiça, contendo os nomes dos mortos, idade, naturalidade, estado civil, designação dos corpos a que pertenciam, lugar da residência ou de mobilização, dia, mês, ano e lugar do falecimento e do sepultamento para, à vista dessas relações, se fazerem os assentamentos de conformidade com o que a respeito está disposto no art. 66.

Art. 87. O assentamento de óbito ocorrido em hospital, prisão ou outro qualquer estabelecimento público será feito, em falta de declaração de parentes, segundo a da respectiva administração, observadas as disposições dos arts. 80 a 83 e o relativo a pessoa encontrada acidental ou violentamente morta, segundo a comunicação, *ex officio*, das autoridades policiais, às quais incumbe fazê-la logo que tenham conhecimento do fato.

Art. 88. Poderão os juízes togados admitir justificação para o assento de óbito de pessoas desaparecidas em naufrágio, inundação, incêndio, terremoto ou qualquer outra catástrofe, quando estiver provada a sua presença no local do desastre e não for possível encontrar-se o cadáver para exame.

Parágrafo único. Será também admitida a justificação no caso de desaparecimento em campanha, provados a impossibilidade de ter sido feito o registro nos termos do art. 85 e os fatos que convençam da ocorrência do óbito.

Capítulo X
DA EMANCIPAÇÃO, INTERDIÇÃO E AUSÊNCIA

Art. 89. No Cartório do 1.º Ofício ou da 1.ª subdivisão judiciária de cada comarca serão registrados, em livro especial, as sentenças de emancipação, bem como os atos dos pais que a concederem, em relação aos menores nela domiciliados.

Art. 90. O registro será feito mediante trasladação da sentença oferecida em certidão ou do instrumento, limitando-se, se for de escritura pública, às referências da data, livro, folha e ofício em que for lavrada sem dependência, em qualquer dos casos, da presença de testemunhas, mas com a assinatura do apresentante. Dele sempre constarão:

1.º) data do registro e da emancipação;

2.º) nome, prenome, idade, filiação, profissão, naturalidade e residência do emancipado; data e cartório em que foi registrado o seu nascimento;

3.º) nome, profissão, naturalidade e residência dos pais ou do tutor.

Art. 91. Quando o juiz conceder emancipação, deverá comunicá-la, de ofício, ao oficial de registro, se não constar dos autos haver sido efetuado este dentro de 8 (oito) dias.

Parágrafo único. Antes do registro, a emancipação, em qualquer caso, não produzirá efeito.

Art. 92. As interdições serão registradas no mesmo cartório e no mesmo livro de que trata o art. 89, salvo a hipótese prevista na parte final do parágrafo único do art. 33, declarando-se:

1.º) data do registro;

2.º) nome, prenome, idade, estado civil, profissão, naturalidade, domicílio e residência do interdito, data e cartório em que forem registrados o nascimento e o casamento, bem como o nome do cônjuge, se for casado;

3.º) data da sentença, nome e vara do juiz que a proferiu;

4.º) nome, profissão, estado civil, domicílio e residência do curador;

5.º) nome do requerente da interdição e causa desta;

6.º) limites da curadoria, quando for parcial a interdição;

7.º) lugar onde está internado o interdito.

Art. 93. A comunicação, com os dados necessários, acompanhada de certidão de sentença, será remetida pelo juiz ao cartório, para registro de ofício, se o curador ou promovente não o tiver feito dentro de 8 (oito) dias.

Parágrafo único. Antes de registrada a sentença, não poderá o curador assinar o respectivo termo.

Art. 94. O registro das sentenças declaratórias de ausência, que nomearem curador, será feito no cartório do domicílio anterior do ausente, com as mesmas cautelas e efeitos do registro de interdição, declarando-se:

1.º) data do registro;

2.º) nome, idade, estado civil, profissão e domicílio anterior do ausente, data e cartório em que foram registrados o nascimento e o casamento, bem como o nome do cônjuge, se for casado;

3.º) tempo de ausência até à data da sentença;

4.º) nome do promotor do processo;

5.º) data da sentença e nome e vara do juiz que a proferiu;

6.º) nome, estado civil, profissão, domicílio e residência do curador e os limites da curatela.

Art. 94-A. Os registros das sentenças declaratórias de reconhecimento e dissolução, bem como dos termos declaratórios formalizados perante o oficial de registro civil e das escrituras públicas declaratórias e dos distratos que envolvam união estável, serão feitos no Livro E do registro civil de pessoas naturais em que os companheiros têm ou tiveram sua última residência, e dele deverá constar:

•• *Caput* acrescentado pela Lei n. 14.382, de 27-6-2022.

I – data do registro;

•• Inciso I acrescentado pela Lei n. 14.382, de 27-6-2022.

II – nome, estado civil, data de nascimento, profissão, CPF e residência dos companheiros;

•• Inciso II acrescentado pela Lei n. 14.382, de 27-6-2022.

III – nome dos pais dos companheiros;

•• Inciso III acrescentado pela Lei n. 14.382, de 27-6-2022.

IV – data e cartório em que foram registrados os nascimentos das partes, seus casamentos e uniões estáveis anteriores, bem como os óbitos de seus outros cônjuges ou companheiros, quando houver;

•• Inciso IV acrescentado pela Lei n. 14.382, de 27-6-2022.

V – data da sentença, trânsito em julgado da sentença e vara e nome do juiz que a proferiu, quando for o caso;

•• Inciso V acrescentado pela Lei n. 14.382, de 27-6-2022.

VI – data da escritura pública, mencionados o livro, a página e o tabelionato onde foi lavrado o ato;

•• Inciso VI acrescentado pela Lei n. 14.382, de 27-6-2022.

VII – regime de bens dos companheiros;

•• Inciso VII acrescentado pela Lei n. 14.382, de 27-6-2022.

VIII – nome que os companheiros passam a ter em virtude da união estável.

•• Inciso VIII acrescentado pela Lei n. 14.382, de 27-6-2022.

§ 1.º Não poderá ser promovido o registro, no Livro E, de união estável de pessoas casadas, ainda que separadas de fato, exceto se separadas judicialmente ou extrajudicialmente, ou se a declaração da união estável decorrer de sentença judicial transitada em julgado.

•• § 1.º acrescentado pela Lei n. 14.382, de 27-6-2022.

§ 2.º As sentenças estrangeiras de reconhecimento de união estável, os termos extrajudiciais, os instrumentos particulares ou escrituras públicas declaratórias de união estável, bem como os respectivos distratos, lavrados no exterior, nos quais ao menos um dos companheiros seja brasileiro, poderão ser levados a registro no Livro E do registro civil de pessoas naturais em que qualquer dos companheiros tem ou tenha tido sua última residência no território nacional.

•• § 2.º acrescentado pela Lei n. 14.382, de 27-6-2022.

§ 3.º Para fins de registro, as sentenças estrangeiras de reconhecimento de união estável, os termos extrajudiciais, os instrumentos particulares ou escrituras públicas declaratórias de união estável, bem como os respectivos distratos, lavrados no exterior, deverão ser devidamente legalizados ou apostilados e acompanhados de tradução juramentada.

•• § 3.º acrescentado pela Lei n. 14.382, de 27-6-2022.

Capítulo XI
DA LEGITIMAÇÃO ADOTIVA

Art. 95. Serão registradas no registro de nascimento as sentenças de legitimação adotiva, consignando-se nele os nomes dos pais adotivos como pais legítimos e os dos ascendentes dos mesmos se já falecidos, ou sendo vivos, se houverem, em qualquer tempo, manifestado por escrito sua adesão ao ato (Lei n. 4.655, de 2-6-1965, art. 6.º).

•• Citada Lei n. 4.655/65 foi revogada pela Lei n. 6.697, de 10-10-1979 (Código de Menores), que por sua vez foi revogada pela Lei n. 8.069, de 13-7-1990 (ECA).

Parágrafo único. O mandado será arquivado, dele não podendo o oficial fornecer certidão, a não ser por determinação judicial e em segredo de justiça, para salvaguarda de direitos (Lei n. 4.655, de 2-6-1965, art. 8.º, parágrafo único).

•• *Vide* art. 227, § 6.º, da CF.

Art. 96. Feito o registro, será cancelado o assento de nascimento original do menor.

•• *Vide* art. 227, § 6.º, da CF.

Capítulo XII
DA AVERBAÇÃO

Art. 97. A averbação será feita pelo oficial do cartório em que constar o assento à vista da carta de sentença, de mandado ou de petição acompanhada de certidão ou documento legal e autêntico.

•• *Caput* com redação determinada pela Lei n. 13.484, de 26-9-2017.

Parágrafo único. Nas hipóteses em que o oficial suspeitar de fraude, falsidade ou má-fé nas declarações ou na documentação apresentada para fins de averbação, não praticará o ato pretendido e submeterá o caso ao representante do Ministério Público para manifestação, com a indicação, por escrito, dos motivos da suspeita.

•• Parágrafo único acrescentado pela Lei n. 13.484, de 26-9-2017.

Art. 98. A averbação será feita à margem do assento e, quando não houver espaço, no livro corrente, com as notas e remissões recíprocas, que facilitem a busca.

Art. 99. A averbação será feita mediante a indicação minuciosa da sentença ou ato que a determinar.

Art. 100. No livro de casamento, será feita averbação da sentença de nulidade e anulação de casamento, bem como de desquite, declarando-se a data em que o juiz a proferiu, a sua conclusão, os nomes das partes e o trânsito em julgado.

§ 1.º Antes de averbação, as sentenças não produzirão efeito contra terceiros.

§ 2.º As sentenças de nulidade ou anulação de casamento não serão averbadas enquanto sujeitas a recurso, qualquer que seja o seu efeito.

§ 3.º A averbação a que se refere o parágrafo anterior será feita à vista da carta de sentença, subscrita pelo presidente ou pelo outro juiz do tribunal que julgar a ação em grau de recurso, da qual constem os requisitos mencionados neste artigo e, ainda, certidão do trânsito em julgado do acórdão.

§ 4.º O oficial do registro comunicará, dentro de 48 (quarenta e oito) horas, o lançamento da averbação respectiva ao juiz que houver subscrito a carta de sentença mediante ofício sob registro postal.

§ 5.º Ao oficial que deixar de cumprir as obrigações consignadas nos parágrafos anteriores, será imposta a multa de 5 (cinco) salários mínimos da região e a suspensão do cargo até 6 (seis) meses; em caso de reincidência ser-lhe-á aplicada, em dobro, a pena pecuniária, ficando sujeito à perda do cargo.

•• O Decreto n. 12.342, de 30-12-2024, estabelece que, a partir de 1.º-1-2025, o salário mínimo será de R$ 1.518,00 (mil quinhentos e dezoito reais).

Art. 101. Será também averbado, com as mesmas indicações e efeitos, o ato de restabelecimento de sociedade conjugal.

Art. 102. No livro de nascimento serão averbados:

1.º) as sentenças que julgarem ilegítimos os filhos concebidos na constância do casamento;

2.º) as sentenças que declararem legítima a filiação;

3.º) as escrituras de adoção e os atos que a dissolverem;

4.º) o reconhecimento judicial ou voluntário dos filhos ilegítimos;

5.º) a perda de nacionalidade brasileira, quando comunicada pelo Ministério da Justiça;

6.º) a perda e a suspensão do pátrio poder.

•• Item acrescentado pela Lei n. 8.069, de 13-7-1990.

Art. 103. Será feita, ainda de ofício, diretamente quando no mesmo cartório, ou por comunicação do oficial que registrar o casamento, a averbação da legitimação dos filhos por subsequente matrimônio dos pais, quando tal circunstância constar do assento de casamento.

•• *Vide* art. 227, § 6.º, da CF.

Art. 104. No livro de emancipação, interdições e ausências, será feita a averbação das sentenças que puserem termo à interdição, das substituições dos curadores de interditos ou ausentes, das alterações dos limites da curatela, da cessação ou mudança de internação, bem como da cessação de ausência pelo aparecimento do ausente, de acordo com o disposto nos artigos anteriores.

Parágrafo único. Averbar-se-á, também, no assento de ausência, a sentença de abertura de sucessão provisória, após o trânsito em julgado, com referência especial ao testamento do ausente se houver e indicação de seus herdeiros habilitados.

Art. 105. Para a averbação de escritura de adoção de pessoa cujo registro de nascimento haja sido feito fora do País, será trasladado, sem ônus para os interessados, no livro "A" do cartório do 1.º ofício ou da 1.ª subdivisão judiciária da comarca em que for domiciliado o adotante, aquele registro, legalmente traduzido, se for o caso, para que se faça, à margem dele, a competente averbação.

Capítulo XIII
DAS ANOTAÇÕES

Art. 106. Sempre que o oficial fizer algum registro ou averbação, deverá, no prazo de 5 (cinco) dias, anotá-lo nos atos anteriores, com remissões recíprocas, se lançados em seu cartório, ou fará comunicação, com resumo do assento, ao oficial em cujo cartório estiverem os registros primitivos, obedecendo-se sempre à forma prescrita no art. 98.

Parágrafo único. As comunicações serão feitas mediante cartas relacionadas em protocolo, anotando-se à margem ou sob o ato comunicado o número do protocolo e ficarão arquivadas no cartório que as receber.

Art. 107. O óbito deverá ser anotado, com as remissões recíprocas, nos assentos de casamento e nascimento, e o casamento no deste.

§ 1.º A emancipação, a interdição e a ausência serão anotadas pela mesma forma, nos assentos de nascimento e casamento, bem como a mudança do nome da mulher, em virtude de casamento, ou sua dissolução, anulação ou desquite.

•• *Vide* art. 227, § 6.º, da CF.

§ 2.º A dissolução e a anulação do casamento e o restabelecimento da sociedade conjugal serão, também, anotados nos assentos de nascimento dos cônjuges.

Art. 108. Os oficiais, além das penas disciplinares em que incorrerem, são responsáveis civil e criminalmente pela omissão ou atraso na remessa de comunicações a outros cartórios.

Capítulo XIV
DAS RETIFICAÇÕES, RESTAURAÇÕES E SUPRIMENTOS

Art. 109. Quem pretender que se restaure, supra ou retifique assentamento no Registro Civil, requererá, em petição fundamentada e instruída com documentos ou com indicação de testemunhas, que o juiz o ordene, ouvido o órgão do Ministério Público e os interessados, no prazo de 5 (cinco) dias, que correrá em cartório.

§ 1.º Se qualquer interessado ou o órgão do Ministério Público impugnar o pedido, o juiz determinará a produção da prova, dentro do prazo de 10 (dez) dias e ouvidos, sucessivamente, em 3 (três) dias, os interessados e o órgão do Ministério Público, decidirá em 5 (cinco) dias.

§ 2.º Se não houver impugnação ou necessidade de mais provas, o juiz decidirá no prazo de 5 (cinco) dias.

§ 3.º Da decisão do juiz, caberá o recurso de apelação com ambos os efeitos.

§ 4.º Julgado procedente o pedido, o juiz ordenará que se expeça mandado para que seja lavrado, restaurado ou retificado o assentamento, indicando, com precisão, os fatos ou circunstâncias que devam ser retificados, e em que sentido, ou os que devam ser objeto do novo assentamento.

§ 5.º Se houver de ser cumprido em jurisdição diversa, o mandado será remetido, por ofício, ao juiz sob cuja jurisdição estiver o cartório do Registro Civil e, com o seu "cumpra-se", executar-se-á.

§ 6.º As retificações serão feitas à margem do registro, com as indicações necessárias, ou, quando for o caso, com a trasladação do mandado, que ficará arquivado. Se não houver espaço, far-se-á o transporte do assento, com as remissões à margem do registro original.

Art. 110. O oficial retificará o registro, a averbação ou a anotação, de ofício ou a requerimento do interessado, mediante petição assinada pelo interessado, representante legal ou procurador, independentemente de prévia autorização judicial ou manifestação do Ministério Público, nos casos de:

•• *Caput* com redação determinada pela Lei n. 13.484, de 26-9-2017.

I – erros que não exijam qualquer indagação para a constatação imediata de necessidade de sua correção;

•• Inciso I acrescentado pela Lei n. 13.484, de 26-9-2017.

II – erro na transposição dos elementos constantes em ordens e mandados judiciais, termos ou requerimentos, bem como outros títulos a serem registrados, averbados ou anotados, e o documento utilizado para a referida averbação e/ou retificação ficará arquivado no registro no cartório;

•• Inciso II acrescentado pela Lei n. 13.484, de 26-9-2017.

III – inexatidão da ordem cronológica e sucessiva referente à numeração do livro, da folha, da página, do termo, bem como da data do registro;

•• Inciso III acrescentado pela Lei n. 13.484, de 26-9-2017.

IV – ausência de indicação do Município relativo ao nascimento ou naturalidade do registrado, nas hipóteses em que existir descrição precisa do endereço do local do nascimento;

•• Inciso IV acrescentado pela Lei n. 13.484, de 26-9-2017.

V – elevação de Distrito a Município ou alteração de suas nomenclaturas por força de lei.

•• Inciso V acrescentado pela Lei n. 13.484, de 26-9-2017.

§§ 1.º a 4.º (*Revogados pela Lei n. 13.484, de 26-9-2017.*)

§ 5.º Nos casos em que a retificação decorra de erro imputável ao oficial, por si ou por seus prepostos, não será devido pelos interessados o pagamento de selos e taxas.

•• § 5.º acrescentado pela Lei n. 13.484, de 26-9-2017.

Art. 111. Nenhuma justificação em matéria de registro civil, para retificação, restauração ou abertura de assento, será entregue à parte.

Art. 112. Em qualquer tempo poderá ser apreciado o valor probante da justificação, em original ou por traslado, pela autoridade judiciária competente ao conhecer de ações que se relacionem com os fatos justificados.

Art. 113. As questões de filiação legítima ou ilegítima serão decididas em processo contencioso para anulação ou reforma de assento.

•• *Vide* art. 227, § 6.º, da CF.

TÍTULO III
DO REGISTRO CIVIL DE PESSOAS JURÍDICAS (*)

Capítulo I
DA ESCRITURAÇÃO

Art. 114. No Registro Civil de Pessoas Jurídicas serão inscritos:

I – os contratos, os atos constitutivos, o estatuto ou compromissos das sociedades civis, religiosas, pias, morais, científicas, ou literárias, bem como o das fundações e das associações de utilidade pública;

II – as sociedades civis que revestirem as formas estabelecidas nas leis comerciais, salvo as anônimas;

III – os atos constitutivos e os estatutos dos partidos políticos.

•• Inciso III acrescentado pela Lei n. 9.096, de 19-9-1995.

Parágrafo único. No mesmo cartório será feito o registro dos jornais, periódicos, oficinas impressoras, empresas de radiodifusão e agências de notícias a que se refere o art. 8.º da Lei n. 5.250, de 9 de fevereiro de 1967.

•• O STF na ADPF n. 1.307, de 21-2-2008, declara a revogação total da Lei n. 5.250, de 9-2-1967 – Lei de Imprensa.

Art. 115. Não poderão ser registrados os atos constitutivos de pessoas jurídicas, quando o seu objeto ou circunstâncias relevantes indiquem destino ou atividades ilícitas, ou contrárias, nocivos ou perigosos ao bem público, à segurança do Estado e da coletividade, à ordem pública ou social, à moral e aos bons costumes.

Parágrafo único. Ocorrendo qualquer dos motivos previstos neste artigo, o oficial do registro, de ofício ou por provocação de qualquer autoridade, sobrestará no processo de registro e suscitará dúvida para o juiz, que a decidirá.

Art. 116. Haverá, para o fim previsto nos artigos anteriores, os seguintes livros:

I – Livro A, para os fins indicados nos incisos I e II do *caput* do Art. 114 desta Lei; e

•• Inciso I com redação determinada pela Lei n. 14.382, de 27-6-2022.

II – Livro B, para matrícula das oficinas impressoras, jornais, periódicos, empresas de radiodifusão e agências de notícias.

•• Inciso II com redação determinada pela Lei n. 14.382, de 27-6-2022.

Art. 117. Todos os exemplares de contratos, de atos, de estatuto e de publicações, registrados e arquivados, serão encadernados por períodos certos, acompanhados de índice que facilite a busca e o exame.

Art. 118. Os oficiais farão índices, pela ordem cronológica e alfabética, de todos os registros e arquivamentos, podendo adotar o sistema de fichas, mas ficando sempre responsáveis por qualquer erro ou omissão.

Art. 119. A existência legal das pessoas jurídicas só começa com o registro de seus atos constitutivos.

Parágrafo único. Quando o funcionamento da sociedade depender de aprovação da autoridade, sem esta não poderá ser feito o registro.

Capítulo II
DA PESSOA JURÍDICA

Art. 120. O registro das sociedades, fundações e partidos políticos consistirá na declaração, feita em livro, pelo oficial, do número de ordem, da data da apresentação e da espécie do ato constitutivo, com as seguintes indicações:

•• *Caput* com redação determinada pela Lei n. 9.096, de 19-9-1995.

I – a denominação, o fundo social, quando houver, os fins e a sede da associação ou fundação, bem como o tempo de sua duração;

II – o modo por que se administra e representa a sociedade, ativa e passivamente, judicial e extrajudicialmente;

III – se o estatuto, o contrato ou o compromisso é reformável, no tocante à administração, e de que modo;

IV – se os membros respondem ou não, subsidiariamente, pelas obrigações sociais;

V – as condições de extinção da pessoa jurídica e nesse caso o destino do seu patrimônio;

VI – os nomes dos fundadores ou instituidores e dos membros da diretoria, provisória ou definitiva, com indicação da nacionalidade, estado civil e profissão de cada um, bem como o nome e residência do apresentante dos exemplares.

(*) "Os atos e contratos constitutivos de pessoas jurídicas, sob pena de nulidade, só podem ser admitidos a registro, nos órgãos competentes, quando visados por advogados" (Lei n. 8.906, de 4-7-1994 – EAOAB, art. 1.º, § 2.º).

Parágrafo único. Para o registro dos partidos políticos, serão obedecidos, além dos requisitos deste artigo, os estabelecidos em lei específica.

•• Parágrafo único acrescentado pela Lei n. 9.096, de 19-9-1995.

Art. 121. Art. 121. O registro será feito com base em uma via do estatuto, compromisso ou contrato, apresentada em papel ou em meio eletrônico, a requerimento do representante legal da pessoa jurídica.

•• *Caput* com redação determinada pela Lei n. 14.382, de 27-6-2022.

§ 1.º É dispensado o requerimento de que trata o *caput* deste artigo caso o representante legal da pessoa jurídica tenha subscrito o estatuto, compromisso ou contrato.

•• § 1.º acrescentado pela Lei n. 14.382, de 27-6-2022.

§ 2.º Os documentos apresentados em papel poderão ser retirados pelo apresentante nos 180 (cento e oitenta) dias após a data da certificação do registro ou da expedição de nota devolutiva.

•• § 2.º acrescentado pela Lei n. 14.382, de 27-6-2022.

§ 3.º Decorrido o prazo de que trata o § 2º deste artigo, os documentos serão descartados.

•• § 3.º acrescentado pela Lei n. 14.382, de 27-6-2022.

Capítulo III
DO REGISTRO DE JORNAIS, OFICINAS IMPRESSORAS, EMPRESAS DE RADIODIFUSÃO E AGÊNCIAS DE NOTÍCIAS

Art. 122. No Registro Civil das Pessoas Jurídicas serão matriculados:

I – os jornais e demais publicações periódicas;

II – as oficinas impressoras de quaisquer natureza, pertencentes a pessoas naturais ou jurídicas;

III – as empresas de radiodifusão que mantenham serviços de notícias, reportagens, comentários, debates e entrevistas;

IV – as empresas que tenham por objeto o agenciamento de notícias.

Art. 123. O pedido de matrícula conterá as informações e será instruído com os documentos seguintes:

I – no caso de jornais ou outras publicações periódicas:

a) título do jornal ou periódico, sede da redação, administração e oficinas impressoras, esclarecendo, quanto a estas, se são próprias ou de terceiros, e indicando, neste caso, os respectivos proprietários;

b) nome, idade, residência e prova da nacionalidade do diretor ou redator-chefe;

c) nome, idade, residência e prova da nacionalidade do proprietário;

d) se propriedade de pessoa jurídica, exemplar do respectivo estatuto ou contrato social e nome, idade, residência e prova da nacionalidade dos diretores, gerentes e sócios da pessoa jurídica proprietária;

II – nos casos de oficinas impressoras:

a) nome, nacionalidade, idade e residência do gerente e do proprietário, se pessoa natural;

b) sede da administração, lugar, rua e número onde funcionam as oficinas e denominações destas;

c) exemplar do contrato ou estatuto social, se pertencentes a pessoa jurídica;

III – no caso de empresas de radiodifusão:

a) designação da emissora, sede de sua administração e local das instalações do estúdio;

b) nome, idade, residência e prova da nacionalidade do diretor ou redator-chefe responsável pelos serviços de notícias, reportagens, comentários, debates e entrevistas;

IV – no caso de empresas noticiosas:

a) nome, nacionalidade, idade e residência do gerente e do proprietário, se pessoa natural;

b) sede da administração;

c) exemplar do contrato ou estatuto social, se pessoa jurídica.

§ 1.º As alterações em qualquer dessas declarações ou documentos deverão ser averbadas na matrícula no prazo de 8 (oito) dias.

§ 2.º A cada declaração a ser averbada deverá corresponder um requerimento.

Art. 124. A falta de matrícula das declarações, exigidas no artigo anterior, ou da averbação da alteração, será punida com multa que terá o valor de meio a 2 (dois) salários mínimos da região.

§ 1.º A sentença que impuser a multa fixará prazo, não inferior a 20 (vinte) dias, para matrícula ou alteração das declarações.

§ 2.º A multa será aplicada pela autoridade judiciária em representação feita pelo oficial, e cobrada por processo executivo, mediante ação do órgão competente.

§ 3.º Se a matrícula ou alteração não for efetivada no prazo referido no § 1.º deste artigo, o juiz poderá impor nova multa, agravando-a de 50% (cinquenta por cento) toda vez que seja ultrapassado de 10 (dez) dias o prazo assinalado na sentença.

Art. 125. Considera-se clandestino o jornal, ou outra publicação periódica, não matriculado nos termos do art. 122 ou de cuja matrícula não constem os nomes e as qualificações do diretor ou redator e do proprietário.

Art. 126. O processo de matrícula será o mesmo do registro prescrito no art. 121.

TÍTULO IV
DO REGISTRO DE TÍTULOS E DOCUMENTOS

Capítulo I
DAS ATRIBUIÇÕES

Art. 127. No Registro de Títulos e Documentos será feita a transcrição:

I – dos instrumentos particulares, para a prova das obrigações convencionais de qualquer valor;

II – do penhor comum sobre coisas móveis;

III – da caução de títulos de crédito pessoal e da dívida pública federal, estadual ou municipal, ou de bolsa ao portador;

IV – (*Revogado pela Lei n. 14.382, de 27-6-2022.*)

V – do contrato de parceria agrícola ou pecuária;

VI – do mandado judicial de renovação do contrato de arrendamento para sua vigência, quer entre as partes contratantes, quer em face de terceiros (art. 19, § 2.º, do Decreto n. 24.150, de 20 de abril de 1934);

VII – facultativa, de quaisquer documentos, para sua conservação.

Parágrafo único. Caberá ao Registro de Títulos e Documentos a realização de quaisquer registros não atribuídos expressamente a outro ofício.

Art. 127-A. O registro facultativo para conservação de documentos ou conjunto de documentos de que trata o inciso VII do *caput* do Art. 127 desta Lei terá a finalidade de arquivamento de conteúdo e data, não gerará efeitos em relação a terceiros e não poderá servir como instrumento para cobrança de dívidas, mesmo que de forma velada, nem para protesto, notificação extrajudicial, medida judicial ou negativação nos serviços de proteção ao crédito ou congêneres.

•• *Caput* acrescentado pela Lei n. 14.382, de 27-6-2022.

§ 1.º O acesso ao conteúdo do registro efetuado na forma prevista no *caput* deste artigo é restrito ao requerente, vedada a utilização do registro para qualquer outra finalidade, ressalvadas:

•• § 1.º, *caput*, acrescentado pela Lei n. 14.382, de 27-6-2022.

I – requisição da autoridade tributária, em caso de negativa de autorização sem justificativa aceita; e

•• Inciso I acrescentado pela Lei n. 14.382, de 27-6-2022.

II – determinação judicial

•• Inciso II acrescentado pela Lei n. 14.382, de 27-6-2022.

§ 2.º Quando se tratar de registro para fins de conservação de documentos de interesse fiscal, administrativo ou judicial, o apresentante poderá autorizar, a qualquer momento, a sua disponibilização para os órgãos públicos pertinentes, que poderão acessá-los por meio do Serp, sem ônus, nos termos estabelecidos pela Corregedoria Nacional de Justiça do Conselho Nacional de Justiça, dispensada a guarda pelo apresentante.

•• § 2.º acrescentado pela Lei n. 14.382, de 27-6-2022.

§ 3.º A certificação do registro será feita por termo, com indicação do número total de páginas registradas, dispensada a chancela ou rubrica em qualquer uma delas.

•• § 3.º acrescentado pela Lei n. 14.382, de 27-6-2022.

§ 4.º (*Vetado*.)

•• § 4.º acrescentado pela Lei n. 14.382, de 27-6-2022.

Art. 128. À margem dos respectivos registros, serão averbadas quaisquer ocorrências que os alterem, quer em relação às obrigações, quer em atinência às pessoas que nos atos figurem, inclusive quanto à prorrogação dos prazos.

Art. 129. Estão sujeitos a registro, no Registro de Títulos e Documentos, para surtir efeitos em relação a terceiros:

1.º) os contratos de locação de prédios, sem prejuízo do disposto no art. 167, I, 3;

2.º) (*Revogado pela Lei n. 14.382, de 27-6-2022.*)

3.º) as cartas de fiança, em geral, feitas por instrumento particular, seja qual for a natureza do compromisso por elas abonado;

4.º) os contratos de locação de serviços não atribuídos a outras repartições;

5.º) os contratos de compra e venda em prestações, com reserva de domínio ou não, qualquer que seja a forma de que se revistam, e os contratos de alienação ou de promessas de venda referentes a bens móveis;

•• Item 5 com redação determinada pela Lei n. 14.382, de 27-6-2022.

6.º) todos os documentos de procedência estrangeira, acompanhados das respectivas traduções, para produzirem efeitos em repartições da União, dos Estados, do Distrito Federal, dos Territórios e dos Municípios ou em qualquer instância, juízo ou tribunal;

7.º) as quitações, recibos e contratos de compra e venda de automóveis, bem como o penhor destes, qualquer que seja a forma que revistam;

8.º) os atos administrativos expedidos para cumprimento de decisões judiciais, sem trânsito em julgado, pelas quais for determinada a entrega, pelas alfândegas e mesas de renda, de bens e mercadorias procedentes do Exterior;

9.º) os instrumentos de sub-rogação e de dação em pagamento;

•• Item 9 com redação determinada pela Lei n. 14.382, de 27-6-2022.

10.º) a cessão de direitos e de créditos, a reserva de domínio e a alienação fiduciária de bens móveis; e

•• Item 10.º acrescentado pela Lei n. 14.382, de 27-6-2022.

11.º) as constrições judiciais ou administrativas sobre bens móveis corpóreos e sobre direitos de crédito.

•• Item 11.º acrescentado pela Lei n. 14.382, de 27-6-2022.

§ 1.º A inscrição em dívida ativa da Fazenda Pública não se sujeita ao registro de que trata o *caput* deste artigo para efeito da presunção de fraude de que trata o art. 185 da Lei n. 5.172, de 25 de outubro de 1966 (Código Tributário Nacional).

•• § 1.º acrescentado pela Lei n. 14.382, de 27-6-2022.

§ 2.º O disposto no *caput* deste artigo não se aplica ao registro e à constituição de ônus e de gravames previstos em legislação específica, inclusive o estabelecido:

•• § 2.º, *caput*, acrescentado pela Lei n. 14.382, de 27-6-2022.

I – na Lei n. 9.503, de 23 de setembro de 1997 (Código de Trânsito Brasileiro); e

•• Inciso I acrescentado pela Lei n. 14.382, de 27-6-2022.

II – no Art. 26 da Lei n. 12.810, de 15 de maio de 2013.

•• Inciso II acrescentado pela Lei n. 14.382, de 27-6-2022.

Art. 130. Os atos enumerados nos arts. 127 e 129 desta Lei serão registrados no domicílio:

•• *Caput* com redação determinada pela Lei n. 14.382, de 27-6-2022.

I – das partes, quando residirem na mesma circunscrição territorial;

•• Inciso I acrescentado pela Lei n. 14.382, de 27-6-2022.

II – de um dos devedores ou garantidores, quando as partes residirem em circunscrições territoriais diversas; ou

•• Inciso II acrescentado pela Lei n. 14.382, de 27-6-2022.

III – de uma das partes, quando não houver devedor ou garantidor.

•• Inciso III acrescentado pela Lei n. 14.382, de 27-6-2022.

§ 1.º Os atos de que trata este artigo produzirão efeitos a partir da data do registro.

•• § 1.º acrescentado pela Lei n. 14.382, de 27-6-2022.

§ 2.º O registro de títulos e documentos não exigirá reconhecimento de firma, e caberá exclusivamente ao apresentante a responsabilidade pela autenticidade das assinaturas constantes de documento particular.

•• § 2.º acrescentado pela Lei n. 14.382, de 27-6-2022.

§ 3.º O documento de quitação ou de exoneração da obrigação constante do título registrado, quando apresentado em meio físico, deverá conter o reconhecimento de firma do credor."

•• § 3.º acrescentado pela Lei n. 14.382, de 27-6-2022.

Parágrafo único. Os registros de documentos apresentados, depois de findo o prazo, produzirão efeitos a partir da data da apresentação.

Art. 131. Os registros referidos nos artigos anteriores serão feitos independentemente de prévia distribuição.

•• A Lei n. 13.190, de 19-11-2015, propôs nova redação para este artigo, porém teve seu texto vetado.

Capítulo II
DA ESCRITURAÇÃO

Art. 132. No registro de títulos e documentos, haverá os seguintes livros:

•• *Caput* com redação determinada pela Lei n. 14.382, de 27-6-2022.

I – Livro A – protocolo para apontamentos de todos os títulos, documentos e papéis apresentados, diariamente, para serem registrados, ou averbados;

II – Livro B – para trasladação integral de títulos e documentos, sua conservação e validade contra terceiros, ainda que registrados por extratos em outros livros;

Lei n. 6.015, de 31-12-1973 — Registros Públicos

III – Livro C – para inscrição, por extração, de títulos e documentos, a fim de surtirem efeitos em relação a terceiros e autenticação de data;

IV – Livro D – indicador pessoal, substituível pelo sistema de fichas, a critério e sob a responsabilidade do oficial, o qual é obrigado a fornecer com presteza as certidões pedidas pelos nomes das partes que figurarem, por qualquer modo, nos livros de registros;

•• Inciso IV com redação determinada pela Lei n. 14.382, de 27-6-2022.

V – Livro E – indicador real, para matrícula de todos os bens móveis que figurarem nos demais livros, devendo conter sua identificação, referência aos números de ordem dos outros livros e anotações necessárias, inclusive direitos e ônus incidentes sobre eles;

•• Inciso V acrescentado pela Lei n. 14.382, de 27-6-2022.

VI – Livro F – para registro facultativo de documentos ou conjunto de documentos para conservação de que tratam o inciso VII do *caput* do Art. 127 e o Art. 127-A desta Lei; e

•• Inciso VI acrescentada pela Lei n. 14.382, de 27-6-2022.

VII – Livro G – indicador pessoal específico para repositório dos nomes dos apresentantes que figurarem no Livro F, do qual deverá constar o respectivo número do registro, o nome do apresentante e o seu número de inscrição no Cadastro de Pessoas Físicas da Secretaria Especial da Receita Federal do Brasil do Ministério da Economia ou, no caso de pessoa jurídica, a denominação do apresentante e o seu número de inscrição no Cadastro Nacional da Pessoa Jurídica da Secretaria Especial da Receita Federal do Brasil do Ministério da Economia.

•• Inciso VII acrescentada pela Lei n. 14.382, de 27-6-2022.

Art. 133. Na parte superior de cada página do livro se escreverá o título, a letra com o número e o ano em que começar.

Art. 134. O juiz, em caso de afluência de serviço, poderá autorizar o desdobramento dos livros de registro para escrituração das várias espécies de atos, sem prejuízo da unidade do protocolo e de sua numeração em ordem rigorosa.

Parágrafo único. Esses livros desdobrados terão as indicações de E, F, G, H etc.

Art. 135. O protocolo deverá conter colunas para as seguintes anotações:

1.º) número de ordem, continuando, indefinidamente, nos seguintes;

2.º) dia e mês;

3.º) natureza do título e qualidade do lançamento (integral, resumido, penhor etc.);

4.º) o nome do apresentante;

5.º) anotações e averbações.

Parágrafo único. Em seguida ao registro, far-se-á, no protocolo, remissão ao número da página do livro em que foi ele lançado, mencionando-se, também, o número e a página de outros livros em que houver qualquer nota ou declaração concernente ao mesmo ato.

Art. 136. O livro de registro integral de títulos será escriturado nos termos do art. 142, lançando-se, antes de cada registro, o número de ordem, a data do protocolo e o nome do apresentante, e conterá colunas para as seguintes declarações:

1.º) número de ordem;

2.º) dia e mês;

3.º) transcrição;

4.º) anotações e averbações.

Art. 137. O livro de registro, por extrato, conterá colunas para as seguintes declarações:

1.º) número de ordem;

2.º) dia e mês;

3.º) espécie e resumo do título;

4.º) anotações e averbações.

Art. 138. O indicador pessoal será dividido alfabeticamente para a indicação do nome de todas as pessoas que, ativa ou passivamente, individual ou coletivamente, figurarem nos livros de registro e deverá conter, além dos nomes das pessoas, referências aos números de ordem e páginas dos outros livros e anotações.

Art. 139. Se a mesma pessoa já estiver mencionada no indicador, somente se fará, na coluna das anotações, uma referência ao número de ordem, página e número do livro em que estiver lançado o novo registro ou averbação.

Art. 140. Se no mesmo registro, ou averbação, figurar mais de uma pessoa, ativa ou passivamente, o nome de cada uma será lançado distintamente, no indicador, com referência recíproca na coluna das anotações.

Art. 141. (*Revogado pela Lei n. 14.382, de 27-6-2022.*)

Capítulo III
DA TRANSCRIÇÃO E DA AVERBAÇÃO

Art. 142. O registro integral dos documentos consistirá na trasladação dos mesmos, com a mesma ortografia e pontuação, com referências às entrelinhas ou quaisquer acréscimos, alterações, defeitos ou vícios que tiver o original apresentado, e, bem assim, com menção precisa aos seus característicos exteriores e às formalidades legais, podendo a transcrição dos documentos mercantis, quando levados a registro, ser feita na mesma disposição gráfica em que estiverem escritos, se o interessado assim o desejar.

§ 1.º Feita a trasladação, na última linha, de maneira a não ficar espaço em branco, será conferida e realizado o seu encerramento, depois do que o oficial, seu substituto legal ou escrevente designado pelo oficial e autorizado pelo juiz competente, ainda que o primeiro não esteja afastado, assinará o seu nome por inteiro.

§ 2.º Tratando-se de documento impresso, idêntico a outro já anteriormente registrado na íntegra, no mesmo livro, poderá o registro limitar-se a consignar o nome das partes contratantes, as características do objeto e demais dados constantes dos claros preenchidos, fazendo-se remissão, quanto ao mais, àquele já registrado.

Art. 143. O registro resumido consistirá na declaração da natureza do título, do documento ou papel, valor, prazo, lugar em que tenha sido feito, nome e condição jurídica das partes, nomes das testemunhas, data da assinatura e do reconhecimento de firma por tabelião, se houver, o nome deste, do apresentante, o número de ordem e a data do protocolo, e da averbação, a importância e a qualidade do imposto pago, depois do que será datado e rubricado pelo oficial ou servidores referidos no art. 142, § 1.º.

Arts. 144 e 145 (*Revogados pela Lei n. 14.382, de 27-6-2022.*)

Capítulo IV
DA ORDEM DO SERVIÇO

Art. 146. Apresentado o título ou documento para registro ou averbação, serão anotados, no protocolo, a data de sua apresentação, sob o número de ordem que se seguir imediatamente, a natureza do instrumento, a espécie de lançamento a fazer (registro integral ou resumido, ou averbação), o nome do apresentante, reproduzindo-se as declarações relativas ao número de ordem, à data, e à espécie de lançamento a fazer no corpo do título, do documento ou do papel.

Art. 147. Protocolizado o título ou documento, far-se--á, em seguida, no livro respectivo, o lançamento (re-
gistro integral ou resumido, ou averbação) e, concluído este, declarar-se-á no corpo do título, documento ou papel, o número de ordem e a data do procedimento no livro competente, rubricando o oficial ou os servidores referidos no art. 142, § 1.º, esta declaração e as demais folhas do título, do documento ou do papel.

Art. 148. Os títulos, documentos e papéis escritos em língua estrangeira, uma vez adotados os caracteres comuns, poderão ser registrados no original, para o efeito da sua conservação ou perpetuidade. Para produzirem efeitos legais no País e para valerem contra terceiros, deverão, entretanto, ser vertidos em vernáculo e registrada a tradução, o que, também, se observará em relação às procurações lavradas em língua estrangeira.

Parágrafo único. Para o registro resumido, os títulos, documentos ou papéis em língua estrangeira, deverão ser sempre traduzidos.

Art. 149. Depois de concluídos os lançamentos nos livros respectivos, será feita, nas anotações do protocolo, referência ao número de ordem sob o qual tiver sido feito o registro, ou a averbação, no livro respectivo, datando-o e rubricando-o, em seguida, o oficial ou os servidores referidos no art. 142, § 1.º.

Art. 150. O apontamento do título, documento ou papel no protocolo será feito, seguida e imediatamente um depois do outro. Sem prejuízo da numeração individual de cada documento, se a mesma pessoa apresentar simultaneamente diversos documentos de idêntica natureza, para lançamento da mesma espécie, serão eles lançados no protocolo englobadamente.

Parágrafo único. Onde terminar cada apontamento, será traçada uma linha horizontal, separando-o do seguinte, sendo lavrado, no fim do expediente diário, o termo de encerramento do próprio punho do oficial, por ele datado e assinado.

Art. 151. O lançamento dos registros e das averbações nos livros respectivos será feito, também seguidamente, na ordem de prioridade do seu apontamento no protocolo, quando não for obstado por ordem de autoridade judiciária competente, ou por dúvida superveniente; neste caso, seguir-se-ão os registros ou averbações dos imediatos, sem prejuízo da data autenticada pelo competente apontamento.

Art. 152. Cada registro ou averbação será datado e assinado por inteiro, pelo oficial ou pelos servidores referidos no art. 142, § 1.º, separados, um do outro, por uma linha horizontal.

Art. 153. Os títulos terão sempre um número diferente, segundo a ordem de apresentação, ainda que se refiram à mesma pessoa. O registro e a averbação deverão ser imediatos, e, quando não o puderem ser, por acúmulo de serviço, o lançamento será feito no prazo estritamente necessário, e sem prejuízo da ordem da prenotação. Em qualquer desses casos, o oficial, depois de haver dado entrada no protocolo e lançado no corpo do título as declarações prescritas, fornecerá um recibo contendo a declaração da data da apresentação, o número de ordem desta no protocolo e a indicação do dia em que deverá ser entregue, devidamente legalizado; o recibo será restituído pelo apresentante contra a devolução do documento.

Art. 154. Nos termos de encerramento diário do protocolo, lavrados ao findar a hora regulamentar, deverão ser mencionados, pelos respectivos números, os títulos apresentados cujos registros ficarem adiados, com a declaração dos motivos do adiamento.

Parágrafo único. Ainda que o expediente continue para ultimação do serviço, nenhuma nova apresentação será admitida depois da hora regulamentar.

Art. 155. Quando o título, já registrado por extrato, for levado a registro integral, ou for exigido simultaneamente pelo apresentante o duplo registro, mencionar-se-á essa circunstância no lançamento posterior e, nas anotações do protocolo, far-se-ão referências recíprocas para verificação das diversas espécies de lançamento do mesmo título.

Art. 156. O oficial deverá recusar registro a título e a documento que não se revistam das formalidades legais.

Parágrafo único. Se tiver suspeita de falsificação, poderá o oficial sobrestar no registro, depois de protocolado o documento, até notificar o apresentante dessa circunstância; se este insistir, o registro será feito com essa nota, podendo o oficial, entretanto, submeter a dúvida ao juiz competente, ou notificar o signatário para assistir ao registro, mencionando também as alegações pelo último aduzidas.

Art. 157. O oficial, salvo quando agir de má-fé, devidamente comprovada, não será responsável pelos danos decorrentes da anulação do registro, ou da averbação, por vício intrínseco ou extrínseco do documento, título ou papel, mas, tão somente, pelos erros ou vícios no processo do registro.

Art. 158. (*Revogado pela Lei n. 14.382, de 27-6-2022.*)

Art. 159. As folhas do título, documento ou papel que tiver sido registrado e as das certidões serão rubricadas pelo oficial, antes de entregues aos apresentantes. As declarações no protocolo, bem como as dos registros e das averbações lançadas no título, documento ou papel e as respectivas datas poderão ser apostas por carimbo, sendo, porém, para autenticação, de próprio punho do oficial, ou de quem suas vezes fizer, a assinatura ou a rubrica.

Art. 160. O oficial será obrigado, quando o apresentante o requerer, a notificar do registro ou da averbação os demais interessados que figurarem no título, documento, ou papel apresentado, e a quaisquer terceiros que lhes sejam indicados, podendo requisitar dos oficiais de registro, em outros Municípios, as notificações necessárias. Por esse processo, também, poderão ser feitos avisos, denúncias e notificações, quando não for exigida a intervenção judicial.

§ 1.º Os certificados de notificação ou da entrega de registros serão lavrados nas colunas das anotações, no livro competente, à margem dos respectivos registros.

•• A Lei n. 13.190, de 19-11-2015, propôs nova redação para este § 1.º, porém teve seu texto vetado.

§ 2.º O serviço das notificações e demais diligências poderá ser realizado por escreventes designados pelo oficial e autorizados pelo juiz competente.

•• A Lei n. 13.190, de 19-11-2015, propôs nova redação para este § 2.º, porém teve seu texto vetado.

Art. 161. As certidões do registro de títulos e documentos terão a mesma eficácia e o mesmo valor probante dos documentos originais registrados, físicos ou nato-digitais, ressalvado o incidente de falsidade destes, oportunamente levantado em juízo.

•• *Caput* com redação determinada pela Lei n. 14.382, de 27-6-2022.

§§ 1.º e **2.º** (*Revogados pela Lei n. 14.382, de 27-6-2022.*)

Art. 162. O fato da apresentação de um título, documento ou papel, para registro ou averbação, não constituirá, para o apresentante, direito sobre o mesmo, desde que não seja o próprio interessado.

Art. 163. Os tabeliães e escrivães, nos atos que praticarem, farão sempre referência ao livro e à folha do registro de títulos e documentos em que tenham sido trasladados os mandatos de origem estrangeira, a que tenham de reportar-se.

Capítulo V
DO CANCELAMENTO

Art. 164. O cancelamento poderá ser feito em virtude de sentença ou de documento autêntico de quitação ou de exoneração do título registrado.

Art. 165. Apresentado qualquer dos documentos referidos no artigo anterior, o oficial certificará, na coluna das averbações do livro respectivo, o cancelamento e a razão dele, mencionando-se o documento que o autorizou, datando e assinando a certidão, de tudo fazendo referência nas anotações do protocolo.

Parágrafo único. Quando não for suficiente o espaço da coluna das averbações, será feito novo registro, com referências recíprocas, na coluna própria.

Art. 166. Os requerimentos de cancelamento serão arquivados com os documentos que os instruírem.

TÍTULO V
DO REGISTRO DE IMÓVEIS

Capítulo I
DAS ATRIBUIÇÕES

Art. 167. No Registro de Imóveis, além da matrícula, serão feitos:

I – o registro:

1) da instituição de bem de família;

2) das hipotecas legais, judiciais e convencionais;

3) dos contratos de locação de prédios, nos quais tenha sido consignada cláusula de vigência no caso de alienação da coisa locada;

4) do penhor de máquinas e de aparelhos utilizados na indústria, instalados e em funcionamento, com os respectivos pertences ou sem eles;

5) das penhoras, arrestos e sequestros de imóveis;

6) das servidões em geral;

7) do usufruto e do uso sobre imóveis e da habitação, quando não resultarem do direito de família;

8) das rendas constituídas sobre imóveis ou a eles vinculadas por disposição de última vontade;

9) dos contratos de compromisso de compra e venda de cessão deste e de promessa de cessão, com ou sem cláusula de arrependimento, que tenham por objeto imóveis não loteados e cujo preço tenha sido pago no ato de sua celebração, ou deva sê-lo a prazo, de uma só vez ou em prestações;

10) da enfiteuse;

11) da anticrese;

12) das convenções antenupciais;

13) (*Revogado pela Lei n. 13.986, de 7-4-2020.*)

14) das cédulas de crédito industrial;

15) dos contratos de penhor rural;

16) dos empréstimos por obrigações ao portador ou debêntures, inclusive as conversíveis em ações;

17) das incorporações, instituições e convenções de condomínio;

18) dos contratos de promessa de venda, cessão ou promessa de cessão de unidades autônomas condominiais e de promessa de permuta, a que se refere a Lei n. 4.591, de 16 de dezembro de 1964, quando a incorporação ou a instituição de condomínio se formalizar na vigência desta Lei;

•• Item 18 com redação determinada pela Lei n. 14.382, de 27-6-2022.

19) dos loteamentos urbanos e rurais;

20) dos contratos de promessa de compra e venda de terrenos loteados em conformidade com o Decreto-lei n. 58, de 10 de dezembro de 1937, e respectiva cessão e promessa de cessão, quando o loteamento se formalizar na vigência desta Lei;

•• O parcelamento do solo urbano é regulado pela Lei n. 6.766, de 19-12-1979.

21) das citações de ações reais ou pessoais reipersecutórias, relativas a imóveis;

22) (*Revogado pela Lei n. 6.850, de 12-11-1980.*)

23) dos julgados e atos jurídicos entre vivos que dividirem imóveis ou os demarcarem inclusive nos casos de incorporação que resultarem em constituição de condomínio e atribuírem uma ou mais unidades aos incorporadores;

24) das sentenças que nos inventários, arrolamentos e partilhas adjudicarem bens de raiz em pagamento das dívidas da herança;

25) dos atos de entrega de legados de imóveis, dos formais de partilha e das sentenças de adjudicação em inventário ou arrolamento quando não houver partilha;

26) da arrematação e da adjudicação em hasta pública;

27) do dote;

28) das sentenças declaratórias de usucapião;

•• Item 28 com redação determinada pela Medida Provisória n. 2.220, de 4-9-2001.

29) da compra e venda pura e da condicional;

Lei n. 6.015, de 31-12-1973 — Registros Públicos

30) da permuta e da promessa de permuta;

•• Item 30 com redação determinada pela Lei n. 14.382, de 27-6-2022.

31) da dação em pagamento;

32) da transferência de imóvel a sociedade, quando integrar quota social;

33) da doação entre vivos;

34) da desapropriação amigável e das sentenças que, em processo de desapropriação, fixarem o valor da indenização;

35) da alienação fiduciária em garantia de coisa imóvel;

•• Item 35 acrescentado pela Lei n. 9.514, de 20-11-1997.

36) da imissão provisória na posse, quando concedida à União, aos Estados, ao Distrito Federal, aos Municípios ou às suas entidades delegadas, e respectiva cessão e promessa de cessão;

•• Item 36 com redação determinada pela Lei n. 12.424, de 16-6-2011.

37) dos termos administrativos ou das sentenças declaratórias da concessão de uso especial para fins de moradia;

•• Item 37 com redação determinada pela Medida Provisória n. 2.220, de 4-9-2001.

38) (*Vetado.*)

•• Item acrescentado pela Lei n. 10.257, de 10-7-2001, teve seu texto vetado.

39) da constituição do direito de superfície de imóvel urbano;

•• Item 39 acrescentado pela Lei n. 10.257, de 10-7-2001.

•• A Lei n. 13.465, de 11-7-2017, propôs a revogação deste item 39, todavia teve seu texto vetado.

40) do contrato de concessão de direito real de uso de imóvel público;

•• Item 40 acrescentado pela Medida Provisória n. 2.220, de 4-9-2001.

41) da legitimação de posse;

•• Item 41 acrescentado pela Lei n. 11.977, de 7-7-2009.

42) da conversão da legitimação de posse em propriedade, prevista no art. 60 da Lei n. 11.977, de 7 de julho de 2009;

•• Item 42 acrescentado pela Lei n. 12.424, de 16-6-2011.

43) da Certidão de Regularização Fundiária (CRF);

•• Item 43 acrescentado pela Lei n. 13.465, de 11-7-2017.

44) da legitimação fundiária;

•• Item 44 com redação determinada pela Lei n. 14.382, de 27-6-2022.

45) do contrato de pagamento por serviços ambientais, quando este estipular obrigações de natureza *propter rem*; e

•• Item 45 com redação determinada pela Lei n. 14.382, de 27-6-2022.

46) do ato de tombamento definitivo, sem conteúdo financeiro;

•• Item 46 acrescentado pela Lei n. 14.382, de 27-6-2022.

47) do patrimônio rural em afetação em garantia;

•• Item 47 acrescentado pela Lei n. 14.421, de 20-7-2022.

48) de outros negócios jurídicos de transmissão do direito real de propriedade sobre imóveis ou de instituição de direitos reais sobre imóveis, ressalvadas as hipóteses de averbação previstas em lei e respeitada a forma exigida por lei para o negócio jurídico, a exemplo do art. 108 da Lei n. 10.406, de 10 de janeiro de 2002 (Código Civil).

•• Item 48 acrescentado pela Lei n. 14.711, de 30-10-2023.

II – a averbação:

1) das convenções antenupciais e do regime de bens diversos do legal, nos registros referentes a imóveis ou a direitos reais pertencentes a qualquer dos cônjuges, inclusive os adquiridos posteriormente ao casamento;

2) por cancelamento, da extinção dos ônus e direitos reais;

3) dos contratos de promessa de compra e venda, das cessões e das promessas de cessão a que alude o Decreto-lei n. 58, de 10 de dezembro de 1937, quando o loteamento se tiver formalizado anteriormente à vigência desta Lei;

•• *Vide* Lei n. 6.766, de 19-12-1979.

4) da mudança de denominação e de numeração dos prédios, da edificação, da reconstrução, da demolição, do desmembramento e do loteamento de imóveis;

5) da alteração do nome por casamento ou por desquite, ou, ainda, de outras circunstâncias que, de qualquer modo, tenham influência no registro ou nas pessoas nele interessadas;

•• *Vide* Lei n. 6.515, de 26-12-1977.

•• *Vide* arts. 5.º, I, e 226, § 5.º, da CF.

6) dos atos pertinentes a unidades autônomas condominiais a que alude a Lei n. 4.591, de 16 de dezembro de 1964, quando a incorporação tiver sido formalizada anteriormente à vigência desta Lei;

7) das cédulas hipotecárias;

8) da caução e da cessão fiduciária de direitos reais relativos a imóveis;

•• Item 8 com redação determinada pela Lei n. 14.382, de 27-6-2022.

9) das sentenças de separação de dote;

10) do restabelecimento da sociedade conjugal;

11) das cláusulas de inalienabilidade, impenhorabilidade e incomunicabilidade impostas a imóveis, bem como da constituição de fideicomisso;

12) das decisões, recursos e seus efeitos, que tenham por objeto atos ou títulos registrados ou averbados;

13) *ex officio*, dos nomes dos logradouros, decretados pelo poder público;

14) das sentenças de separação judicial, de divórcio e de nulidade ou anulação de casamento, quando nas respectivas partilhas existirem imóveis ou direitos reais sujeitos a registro;

•• Item 14 acrescentado pela Lei n. 6.850, de 12-11-1980.

15) da rerratificação do contrato de mútuo com pacto adjeto de hipoteca em favor de entidade integrante do Sistema Financeiro da Habitação, ainda que importando elevação da dívida, desde que mantidas as mesmas partes e que inexista outra hipoteca registrada em favor de terceiros;

•• Item 15 acrescentado pela Lei n. 6.941, de 14-9-1981.

16) do contrato de locação, para os fins de exercício de direito de preferência;

•• Item 16 acrescentado pela Lei n. 8.245, de 18-10-1991.

17) do Termo de Securitização de créditos imobiliários, quando submetidos a regime fiduciário;

•• Item 17 acrescentado pela Lei n. 9.514, de 20-11-1997.

18) da notificação para parcelamento, edificação ou utilização compulsórios de imóvel urbano;

•• Item 18 acrescentado pela Lei n. 10.257, de 10-7-2001.

19) da extinção da concessão de uso especial para fins de moradia;

•• Item 19 acrescentado pela Lei n. 10.257, de 10-7-2001.

20) da extinção do direito de superfície do imóvel urbano;

•• Item 20 acrescentado pela Lei n. 10.257, de 10-7-2001.

•• A Lei n. 13.465, de 11-7-2017, propôs a revogação deste item 20, todavia teve seu texto vetado.

21) da cessão do crédito com garantia real sobre imóvel, ressalvado o disposto no item 35 deste inciso;

•• Item 21 com redação determinada pela Lei n. 14.382, de 27-6-2022.

22) da reserva legal;

•• Item 22 acrescentado pela Lei n. 11.284, de 2-3-2006.

•• A Lei n. 12.727, de 17-10-2012, propôs a revogação deste item, todavia, sofreu veto presidencial.

23) da servidão ambiental;

•• Item 23 acrescentado pela Lei n. 11.284, de 2-3-2006.

24) do destaque de imóvel de gleba pública originária;

•• Item 24 acrescentado pela Lei n. 11.952, de 25-6-2009.

•• A Medida Provisória n. 458, de 10-2-2009, que foi convertida na Lei n. 11.952, de 25-6-2009, acrescentava os itens 24 e 25 a este inciso. Porém, na conversão passou a acrescentar apenas o item 24 sem mencionar o item 25.

26) do auto de demarcação urbanística;

•• Item 26 acrescentado pela Lei n. 11.977, de 7-7-2009.

27) da extinção da legitimação de posse;

•• Item 27 acrescentado pela Lei n. 12.424, de 16-6-2011.

28) da extinção da concessão de uso especial para fins de moradia;

•• Item 28 acrescentado pela Lei n. 12.424, de 16-6-2011.

29) da extinção da concessão de direito real de uso.

•• Item 29 acrescentado pela Lei n. 12.424, de 16-6-2011.

30) da sub-rogação da dívida, da respectiva garantia fiduciária ou hipotecária e da alteração das condições contratuais, em nome do credor que venha a assumir essa condição nos termos do Art. 31 da Lei n. 9.514, de 20 de novembro de 1997, ou do Art. 347 da Lei n. 10.406, de 10 de janeiro de 2002 (Código Civil), realizada em ato único, a requerimento do interessado, instruído com documento comprobatório firmado pelo credor original e pelo mutuário, ressalvado o disposto no item 35 deste inciso;

•• Item 30 com redação determinada pela Lei n. 14.382, de 27-6-2022.

31) da certidão de liberação de condições resolutivas dos títulos de domínio resolúvel emitidos pelos órgãos fundiários;

•• Item 31 acrescentado pela Lei n. 13.465, de 11-7-2017.

32) do termo de quitação de contrato de compromisso de compra e venda registrado e do termo de quitação dos instrumentos públicos ou privados oriundos da implantação de empreendimentos ou de processo de regularização fundiária, firmado pelo empreendedor proprietário de imóvel ou pelo promotor do empreendimento ou da regularização fundiária objeto de loteamento, desmembramento, condomínio de qualquer modalidade ou de regularização fundiária, exclusivamente para fins de exoneração da sua responsabilidade sobre tributos municipais incidentes sobre o imóvel perante o Município, não implicando transferência de domínio ao compromissário comprador ou ao beneficiário da regularização;

•• Item 32 acrescentado pela Lei n. 13.465, de 11-7-2017.

34) da existência dos penhores previstos no Art. 178 desta Lei, de ofício, sem conteúdo financeiro, por ocasião do registro no livro auxiliar em relação a imóveis de titularidade do devedor pignoratício ou a imóveis objeto de contratos registrados no Livro n. 2 – Registro Geral;

•• Item 34 acrescentado pela Lei n. 14.382, de 27-6-2022.
•• Numeração conforme publicação oficial.

35) da cessão de crédito ou da sub-rogação de dívida decorrentes de transferência do financiamento com garantia real sobre imóvel, nos termos do Capítulo II-A da Lei n. 9.514, de 20 de novembro de 1997; e

•• Item 35 acrescentado pela Lei n. 14.382, de 27-6-2022.
•• Numeração conforme publicação oficial.

36) do processo de tombamento de bens imóveis e de seu eventual cancelamento, sem conteúdo financeiro.

•• Item 36 acrescentado pela Lei n. 14.382, de 27-6-2022.
•• Numeração conforme publicação oficial.

37) da extensão da garantia real à nova operação de crédito, nas hipóteses autorizadas por lei.

•• Item 37 acrescentado pela Lei n. 14.711, de 30-10-2023.

38) do contrato entre gerador e desenvolvedor de projeto de crédito de carbono, quando cabível.

•• Item 38 acrescentado pela Lei n. 15.042, de 11-12-2024.

Parágrafo único. O registro previsto no item 3 do inciso I do *caput* e a averbação prevista no item 16 do inciso II do *caput* deste artigo serão efetuados no registro de imóveis da circunscrição onde o imóvel estiver matriculado, mediante apresentação de uma via do contrato assinado pelas partes, admitida a forma eletrônica e bastando a coincidência entre o nome de um dos proprietários e o do locador.

•• Parágrafo único acrescentado pela Lei n. 14.382, de 27-6-2022.

Art. 168. Na designação genérica de registro, consideram-se englobadas a inscrição e a transcrição a que se referem as leis civis.

Art. 169. Todos os atos enumerados no Art. 167 desta Lei são obrigatórios e serão efetuados na serventia da situação do imóvel, observado o seguinte:

• *Caput* com redação determinada pela Lei n. 14.382, de 27-6-2022.

I – as averbações serão efetuadas na matrícula ou à margem do registro a que se referirem, ainda que o imóvel tenha passado a pertencer a outra circunscrição, observado o disposto no inciso I do § 1.º e no § 18 do art. 176 desta Lei;

•• Inciso I com redação determinada pela Lei n. 14.382, de 27-6-2022.

II – para o imóvel situado em duas ou mais circunscrições, serão abertas matrículas em ambas as serventias dos registros públicos; e

•• Inciso II com redação determinada pela Lei n. 14.382, de 27-6-2022.

III – (*Revogado pela Lei n. 14.382, de 27-6-2022.*)

IV – aberta matrícula na serventia da situação do imóvel, o oficial comunicará o fato à serventia de origem, para o encerramento, de ofício, da matrícula anterior.

•• Inciso IV acrescentado pela Lei n. 14.382, de 27-6-2022.

§ 1.º O registro do loteamento e do desmembramento que abranger imóvel localizado em mais de uma circunscrição imobiliária observará o disposto no inciso II do *caput* deste artigo, e as matrículas das unidades imobiliárias deverão ser abertas na serventia do registro de imóveis da circunscrição em que estiver situada a unidade imobiliária, procedendo-se às averbações remissivas.

•• § 1.º acrescentado pela Lei n. 14.382, de 27-6-2022.

§ 2.º As informações relativas às alterações de denominação de logradouro e de numeração predial serão enviadas pelo Município à serventia do registro de imóveis da circunscrição onde estiver situado o imóvel, por meio do Serp, e as informações de alteração de numeração predial poderão ser arquivadas para uso oportuno e a pedido do interessado.

•• § 2.º acrescentado pela Lei n. 14.382, de 27-6-2022.

§ 3.º Na hipótese prevista no inciso II do *caput* deste artigo, as matrículas serão abertas:

•• § 3.º, *caput*, acrescentado pela Lei n. 14.382, de 27-6-2022.

I – com remissões recíprocas;

•• Inciso I acrescentado pela Lei n. 14.382, de 27-6-2022.

II – com a prática dos atos de registro e de averbação apenas no registro de imóveis da circunscrição em que estiver situada a maior área, averbando-se, sem conteúdo financeiro, a circunstância na outra serventia; e

•• Inciso II acrescentado pela Lei n. 14.382, de 27-6-2022.

III – se a área for idêntica em ambas as circunscrições, adotar-se-á o mesmo procedimento e proceder-se-á aos registros e às averbações na serventia de escolha do interessado, averbada a circunstância na outra serventia, sem conteúdo financeiro.

•• Inciso III acrescentado pela Lei n. 14.382, de 27-6-2022.

Art. 170. O desmembramento territorial posterior ao registro não exige sua repetição no novo cartório.

Art. 171. Os atos relativos a vias férreas serão registrados na circunscrição imobiliária onde se situe o imóvel.

•• *Caput* com redação determinada pela Lei n. 13.465, de 11-7-2017.

Parágrafo único. A requerimento do interessado, o oficial do cartório do registro de imóveis da circunscrição a que se refere o *caput* deste artigo abrirá a matrícula da área correspondente, com base em planta, memorial descritivo e certidão atualizada da matrícula ou da transcrição do imóvel, caso exista, podendo a apuração do remanescente ocorrer em momento posterior.

•• Parágrafo único acrescentado pela Lei n. 13.465, de 11-7-2017.

Capítulo II
DA ESCRITURAÇÃO

Art. 172. No Registro de Imóveis serão feitos, nos termos desta Lei, o registro e a averbação dos títulos ou atos constitutivos, declaratórios, translativos e extintivos de direitos reais sobre imóveis reconhecidos em lei, *inter vivos* ou *mortis causa*, quer para sua constituição, transferência e extinção, quer para sua validade em relação a terceiros, quer para a sua disponibilidade.

Art. 173. Haverá, no Registro de Imóveis, os seguintes livros:

I – Livro n. 1 – Protocolo;
II – Livro n. 2 – Registro Geral;
III – Livro n. 3 – Registro Auxiliar;
IV – Livro n. 4 – Indicador Real;
V – Livro n. 5 – Indicador Pessoal.

Parágrafo único. Observado o disposto no § 2.º do art. 3.º desta Lei, os Livros ns. 2, 3, 4 e 5 poderão ser substituídos por fichas.

Art. 174. O Livro n. 1 – Protocolo – servirá para apontamento de todos os títulos apresentados diariamente, ressalvado o disposto no parágrafo único do art. 12 desta Lei.

Art. 175. São requisitos da escrituração do Livro n. 1 – Protocolo:

I – o número de ordem, que seguirá indefinidamente nos livros da mesma espécie;
II – a data da apresentação;
III – o nome do apresentante;
IV – a natureza formal do título;
V – os atos que formalizar, resumidamente mencionados.

Art. 176. O Livro n. 2 – Registro Geral – será destinado à matrícula dos imóveis e ao registro ou averbação dos atos relacionados no art. 167 e não atribuídos ao Livro n. 3.

§ 1.º A escrituração do Livro n. 2 obedecerá às seguintes normas:

I – cada imóvel terá matrícula própria, que será aberta por ocasião do primeiro ato de registro ou de averbação caso a transcrição possua todos os requisitos elencados para a abertura de matrícula;

•• Inciso I com redação determinada pela Lei n. 14.382, de 27-6-2022.

II – são requisitos da matrícula:
1) o número de ordem, que seguirá ao infinito;
2) a data;
3) a identificação do imóvel, que será feita com indicação:

a) se rural, do código do imóvel, dos dados constantes do CCIR, da denominação e de suas características, confrontações, localização e área;

b) se urbano, de suas características e confrontações, localização, área, logradouro, número e de sua designação cadastral, se houver;

•• Item 3 com redação determinada pela Lei n. 10.267, de 28-8-2001.

4) o nome, domicílio e nacionalidade do proprietário, bem como:

a) tratando-se de pessoa física, o estado civil, a profissão, o número de inscrição no Cadastro de Pessoas Físicas do Ministério da Fazenda ou do Registro Geral da cédula de identidade, ou, à falta deste, sua filiação;

b) tratando-se de pessoa jurídica, a sede social e o número de inscrição no Cadastro Geral de Contribuintes do Ministério da Fazenda;

5) o número do registro anterior;

6) tratando-se de imóvel em regime de multipropriedade, a indicação da existência de matrículas, nos termos do § 10 deste artigo;

•• Item 6 acrescentado pela Lei n. 13.777, de 20-12-2018.

III – são requisitos do registro no Livro n. 2:
1) a data;

Lei n. 6.015, de 31-12-1973 — **Registros Públicos**

2) o nome, domicílio e nacionalidade do transmitente, ou do devedor, e do adquirente, ou credor, bem como:

a) tratando-se de pessoa física, o estado civil, a profissão e o número de inscrição no Cadastro de Pessoas Físicas do Ministério da Fazenda ou do Registro Geral da cédula de identidade, ou, à falta deste, sua filiação;

b) tratando-se de pessoa jurídica, a sede social e o número de inscrição no Cadastro Geral de Contribuintes do Ministério da Fazenda;

3) o título da transmissão ou do ônus;

4) a forma do título, sua procedência e caracterização;

5) o valor do contrato, da coisa ou da dívida, prazo desta, condições e mais especificações, inclusive os juros, se houver.

•• Item 5 com redação determinada pela Lei n. 6.688, de 17-9-1979.

§ 2.º Para a matrícula e registro das escrituras e partilhas, lavradas ou homologadas na vigência do Decreto n. 4.857, de 9 de novembro de 1939, não serão observadas as exigências deste artigo, devendo tais atos obedecer ao disposto na legislação anterior.

•• § 2.º acrescentado pela Lei n. 6.688, de 17-9-1979.

§ 3.º Nos casos de desmembramento, parcelamento ou remembramento de imóveis rurais, a identificação prevista na alínea *a* do item 3 do inciso II do § 1.º será obtida a partir do memorial descritivo, assinado por profissional habilitado e com a devida Anotação de Responsabilidade Técnica – ART, contendo as coordenadas dos vértices definidores dos limites dos imóveis rurais, georreferenciadas ao Sistema Geodésico Brasileiro e com precisão posicional a ser fixada pelo INCRA, garantida a isenção de custos financeiros aos proprietários de imóveis rurais cuja somatória da área não exceda a 4 (quatro) módulos fiscais.

•• § 3.º acrescentado pela Lei n. 10.267, de 28-8-2001.

§ 4.º A identificação de que trata o § 3.º tornar-se-á obrigatória para efetivação de registro, em qualquer situação de transferência de imóvel rural, nos prazos fixados por ato do Poder Executivo.

•• § 4.º acrescentado pela Lei n. 10.267, de 28-8-2001.

§ 5.º Nas hipóteses do § 3.º, caberá ao INCRA certificar que a poligonal objeto do memorial descritivo não se sobrepõe a nenhuma outra constante de seu cadastro georreferenciado e que o memorial atende às exigências técnicas, conforme ato normativo próprio.

•• § 5.º acrescentado pela Lei n. 11.952, de 25-6-2009.

§ 6.º A certificação do memorial descritivo de glebas públicas será referente apenas ao seu perímetro originário.

•• § 6.º acrescentado pela Lei n. 11.952, de 25-6-2009.

§ 7.º Não se exigirá, por ocasião da efetivação do registro do imóvel destacado de glebas públicas, a retificação do memorial descritivo da área remanescente, que somente ocorrerá a cada 3 (três) anos, contados a partir do primeiro destaque, englobando todos os destaques realizados no período.

•• § 7.º acrescentado pela Lei n. 11.952, de 25-6-2009.

§ 8.º O ente público proprietário ou imitido na posse a partir de decisão proferida em processo judicial de desapropriação em curso poderá requerer a abertura de matrícula de parte do imóvel situado em área urbana ou de expansão urbana, previamente matriculado ou não, com base em planta e memorial descritivo, podendo a apuração de remanescente ocorrer em momento posterior.

•• § 8.º acrescentado pela Lei n. 12.424, de 16-6-2011.

§ 9.º A instituição do direito real de laje ocorrerá por meio da abertura de uma matrícula própria no registro de imóveis e por meio da averbação desse fato na matrícula da construção-base e nas matrículas de lajes anteriores, com remissão recíproca.

•• § 9.º acrescentado pela Lei n. 13.465, de 11-7-2017.

§ 10. Quando o imóvel se destinar ao regime da multipropriedade, além da matrícula do imóvel, haverá uma matrícula para cada fração de tempo, na qual se registrarão e averbarão os atos referentes à respectiva fração de tempo, ressalvado o disposto no § 11 deste artigo.

•• § 10 acrescentado pela Lei n. 13.777, de 20-12-2018.

§ 11. Na hipótese prevista no § 10 deste artigo, cada fração de tempo poderá, em função de legislação tributária municipal, ser objeto de inscrição imobiliária individualizada.

•• § 11 acrescentado pela Lei n. 13.777, de 20-12-2018.

§ 12. Na hipótese prevista no inciso II do § 1.º do art. 1.358-N da Lei n. 10.406, de 10 de janeiro de 2002 (Código Civil), a fração de tempo adicional, destinada à realização de reparos, constará da matrícula referente à fração de tempo principal de cada multiproprietário e não será objeto de matrícula específica.

•• § 12 acrescentado pela Lei n. 13.777, de 20-12-2018.

§ 13. Para a identificação de que tratam os §§ 3.º e 4.º deste artigo, é dispensada a anuência dos confrontantes, bastando para tanto a declaração do requerente de que respeitou os limites e as confrontações.

•• § 13 acrescentado pela Lei n. 13.838, de 4-6-2019.

§ 14. É facultada a abertura da matrícula na circunscrição onde estiver situado o imóvel, a requerimento do interessado ou de ofício, por conveniência do serviço.

•• § 14 acrescentado pela Lei n. 14.382, de 27-6-2022.

§ 15. Ainda que ausentes alguns elementos de especialidade objetiva ou subjetiva, desde que haja segurança quanto à localização e à identificação do imóvel, a critério do oficial, e que constem os dados do registro anterior, a matrícula poderá ser aberta nos termos do § 14 deste artigo.

•• § 15 acrescentado pela Lei n. 14.382, de 27-6-2022.

§ 16. Se não forem suficientes os elementos de especialidade objetiva ou subjetiva, será exigida a retificação, no caso de requerimento do interessado na forma prevista no § 14 deste artigo, perante a circunscrição de situação do imóvel.

•• § 16 acrescentado pela Lei n. 14.382, de 27-6-2022.

§ 17. Os elementos de especialidade objetiva ou subjetiva que não alterarem elementos essenciais do ato ou negócio jurídico praticado, quando não constantes do título ou do acervo registral, poderão ser complementados por outros documentos ou, quando se tratar de manifestação de vontade, por declarações dos proprietários ou dos interessados, sob sua responsabilidade.

•• § 17 acrescentado pela Lei n. 14.382, de 27-6-2022.

§ 18. Quando se tratar de transcrição que não possua todos os requisitos para a abertura de matrícula, admitir-se-á que se façam na circunscrição de origem, à margem do título, as averbações necessárias.

•• § 18 acrescentado pela Lei n. 14.382, de 27-6-2022.

Art. 176-A. O registro de aquisição originária ensejará a abertura de matrícula relativa ao imóvel adquirido, se não houver, ou quando:

•• *Caput* com redação determinada pela Lei n. 14.620, de 13-7-2023.

I – atingir parte de imóvel objeto de registro anterior; ou

•• Inciso I acrescentado pela Lei n. 14.620, de 13-7-2023.

II – atingir, total ou parcialmente, mais de um imóvel objeto de registro anterior.

•• Inciso II acrescentado pela Lei n. 14.620, de 13-7-2023.

§ 1.º A matrícula será aberta com base em planta e memorial descritivo do imóvel utilizados na instrução do procedimento administrativo ou judicial que ensejou a aquisição.

•• § 1.º com redação determinada pela Lei n. 14.620, de 13-7-2023.

§ 2.º As matrículas atingidas deverão, conforme o caso, ser encerradas ou receber averbação dos respectivos desfalques, dispensada, para esse fim, a retificação do memorial descritivo da área remanescente.

•• § 2.º com redação determinada pela Lei n. 14.620, de 13-7-2023.

§ 3.º (*Vetado.*)

•• § 3.º acrescentado pela Lei n. 14.273, de 23-12-2021.

§ 4.º Se a área adquirida em caráter originário for maior do que a constante do registro existente, a informação sobre a diferença apurada será averbada na matrícula aberta.

•• § 4.º com redação determinada pela Lei n. 14.620, de 13-7-2023.

§ 4.º-A. Eventuais divergências entre a descrição do imóvel constante do registro e aquela apresentada pelo requerente não obstarão o registro.

•• § 4.º-A acrescentado pela Lei n. 14.620, de 13-7-2023.

§ 5.º O disposto neste artigo aplica-se, sem prejuízo de outros, ao registro de:

•• § 5.º, *caput*, com redação determinada pela Lei n. 14.620, de 13-7-2023.

I – ato de imissão provisória na posse, em procedimento de desapropriação;

•• Inciso I acrescentado pela Lei n. 14.273, de 23-12-2021.

II – carta de adjudicação, em procedimento judicial de desapropriação;

•• Inciso II acrescentado pela Lei n. 14.273, de 23-12-2021.

III – escritura pública, termo ou contrato administrativo, em procedimento extrajudicial de desapropriação.

•• Inciso III acrescentado pela Lei n. 14.273, de 23-12-2021.

IV – aquisição de área por usucapião ou por concessão de uso especial para fins de moradia;

•• Inciso IV acrescentado pela Lei n. 14.620, de 13-7-2023.

V – sentença judicial de aquisição de imóvel, em procedimento expropriatório de que tratam os §§ 4.º e 5.º do art. 1.228 da Lei n. 10.406, de 10 de janeiro de 2002 (Código Civil).

•• Inciso V acrescentado pela Lei n. 14.620, de 13-7-2023.

Art. 177. O Livro n. 3 - Registro Auxiliar - será destinado ao registro dos atos que, sendo atribuídos ao Registro de Imóveis por disposição legal, não digam respeito diretamente a imóvel matriculado.

Art. 178. Registrar-se-ão no Livro n. 3 - Registro Auxiliar:

I – a emissão de debêntures, sem prejuízo do registro eventual e definitivo, na matrícula do imóvel, da hipoteca, anticrese ou penhor que abonarem especialmente tais emissões, firmando-se pela ordem do registro a prioridade entre as séries de obrigações emitidas pela sociedade;

II – as cédulas de crédito industrial, sem prejuízo do registro da hipoteca cedular;

•• Inciso II com redação determinada pela Lei n. 13.986, de 7-4-2020.

III – as convenções de condomínio edilício, condomínio geral voluntário e condomínio em multipropriedade;

•• Inciso III com redação determinada pela Lei n. 13.777, de 20-12-2018.

IV – o penhor de máquinas e de aparelhos utilizados na indústria, instalados e em funcionamento, com os respectivos pertences ou sem eles;

V – as convenções antenupciais;

VI – os contratos de penhor rural;

VII – os títulos que, a requerimento do interessado, forem registrados no seu inteiro teor, sem prejuízo do ato praticado no Livro n. 2.

Art. 179. O Livro n. 4 - Indicador Real - será o repositório de todos os imóveis que figurarem nos demais livros, devendo conter sua identificação, referência aos números de ordem dos outros livros e anotações necessárias.

§ 1.º Se não for utilizado o sistema de fichas, o Livro n. 4 conterá, ainda, o número de ordem, que seguirá indefinidamente, nos livros da mesma espécie.

§ 2.º Adotado o sistema previsto no parágrafo precedente, os oficiais deverão ter, para auxiliar a consulta, um livro-índice ou fichas pelas ruas, quando se tratar de imóveis urbanos, e pelos nomes e situações, quando rurais.

Art. 180. O Livro n. 5 - Indicador Pessoal - dividido alfabeticamente, será o repositório dos nomes de todas as pessoas que, individual ou coletivamente, ativa ou passivamente, direta ou indiretamente, figurarem nos demais livros, fazendo-se referência aos respectivos números de ordem.

Parágrafo único. Se não for utilizado o sistema de fichas, o Livro n. 5 conterá, ainda, o número de ordem de cada letra do alfabeto, que seguirá, indefinidamente, nos livros da mesma espécie. Os oficiais poderão adotar, para auxiliar as buscas, um livro-índice ou fichas em ordem alfabética.

Art. 181. Poderão ser abertos e escriturados, concomitantemente, até 10 (dez) livros de "Registro Geral", obedecendo, neste caso, a sua escrituração ao algarismo final da matrícula, sendo as matrículas de número final 1 (um) feitas no Livro 2-1, as de final 2 (dois) no Livro 2-2 e as de final 3 (três) no Livro 2-3, e assim, sucessivamente.

Parágrafo único. Também poderão ser desdobrados, a critério do oficial, os Livros n. 3 "Registro Auxiliar", 4 "Indicador Real" e 5 "Indicador Pessoal".

Capítulo III
DO PROCESSO DE REGISTRO

Art. 182. Todos os títulos tomarão, no Protocolo, o número de ordem que lhes competir em razão da sequência rigorosa de sua apresentação.

Art. 183. Reproduzir-se-á, em cada título, o número de ordem respectivo e a data de sua prenotação.

Art. 184. O Protocolo será encerrado diariamente.

Art. 185. A escrituração do Protocolo incumbirá tanto ao oficial titular como ao seu substituto legal, podendo ser feita, ainda, por escrevente auxiliar expressamente designado pelo oficial titular ou pelo seu substituto legal mediante autorização do juiz competente, ainda que os primeiros não estejam nem afastados nem impedidos.

Art. 186. O número de ordem determinará a prioridade do título, e esta a preferência dos direitos reais, ainda que apresentadas pela mesma pessoa mais de um título simultaneamente.

Art. 187. Em caso de permuta, e pertencendo os imóveis à mesma circunscrição, serão feitos os registros nas matrículas correspondentes, sob um único número de ordem no Protocolo.

Art. 188. Protocolizado o título, proceder-se-á ao registro ou à emissão de nota devolutiva, no prazo de 10 (dez) dias, contado da data do protocolo, salvo nos casos previstos no § 1.º deste artigo e nos arts. 189, 190, 191 e 192 desta Lei.

•• *Caput* com redação determinada pela Lei n. 14.382, de 27-6-2022.

§ 1.º Se não houver exigências ou falta de pagamento de custas e emolumentos, deverão ser registrados, no prazo de 5 (cinco) dias:

•• § 1.º, *caput*, acrescentado pela Lei n. 14.382, de 27-6-2022.

I – as escrituras de compra e venda sem cláusulas especiais, os requerimentos de averbação de construção e de cancelamento de garantias;

•• Inciso I acrescentado pela Lei n. 14.382, de 27-6-2022.

II – os documentos eletrônicos apresentados por meio do SERP; e

•• Inciso II acrescentado pela Lei n. 14.382, de 27-6-2022.

III – os títulos que reingressarem na vigência da prenotação com o cumprimento integral das exigências formuladas anteriormente.

•• Inciso III acrescentado pela Lei n. 14.382, de 27-6-2022.

§ 2.º A inobservância do disposto neste artigo ensejará a aplicação das penas previstas no art. 32 da Lei n. 8.935, de 18 de novembro de 1994, nos termos estabelecidos pela Corregedoria Nacional de Justiça do Conselho Nacional de Justiça.

•• § 2.º acrescentado pela Lei n. 14.382, de 27-6-2022.

Art. 189. Apresentado título de segunda hipoteca, com referência expressa à existência de outra anterior, o oficial, depois de prenotá-lo, aguardará durante 30 (trinta) dias que os interessados na primeira promovam a inscrição. Esgotado esse prazo, que correrá da data da prenotação, sem que seja apresentado o título anterior, o segundo será inscrito e obterá preferência sobre aquele.

Art. 190. Não serão registrados, no mesmo dia, títulos pelos quais se constituam direitos reais contraditórios sobre o mesmo imóvel.

Art. 191. Prevalecerão, para efeito de prioridade de registro, quando apresentados no mesmo dia, os títulos prenotados no Protocolo sob número de ordem mais baixo, protelando-se o registro dos apresentados posteriormente, pelo prazo correspondente a, pelo menos, 1 (um) dia útil.

Art. 192. O disposto nos arts. 190 e 191 não se aplica às escrituras públicas, da mesma data e apresentadas no mesmo dia, que determinem, taxativamente, a hora da sua lavratura, prevalecendo, para efeito de prioridade, a que foi lavrada em primeiro lugar.

Art. 193. O registro será feito pela simples exibição do título, sem dependência de extratos.

Art. 194. Os títulos físicos serão digitalizados, devolvidos aos apresentantes e mantidos exclusivamente em arquivo digital, nos termos estabelecidos pela Corregedoria Nacional de Justiça do Conselho Nacional de Justiça.

•• Artigo com redação determinada pela Lei n. 14.382, de 27-6-2022.

Art. 195. Se o imóvel não estiver matriculado ou registrado em nome do outorgante, o oficial exigirá a prévia matrícula e o registro do título anterior, qualquer que seja a sua natureza, para manter a continuidade do registro.

Art. 195-A. O Município poderá solicitar ao cartório de registro de imóveis competente a abertura de matrícula de parte ou da totalidade de imóveis públicos oriundos de parcelamento do solo urbano implantado, ainda que não inscrito ou registrado, por meio de requerimento acompanhado dos seguintes documentos:

•• *Caput* com redação determinada pela Lei n. 13.465, de 11-7-2017.

I – planta e memorial descritivo do imóvel público a ser matriculado, dos quais constem a sua descrição, com medidas perimetrais, área total, localização, confrontantes e coordenadas preferencialmente georreferenciadas dos vértices definidores de seus limites;

•• Inciso I acrescentado pela Lei n. 12.424, de 16-6-2011.

II – comprovação de intimação dos confrontantes para que informem, no prazo de 15 (quinze) dias, se os limites definidos na planta e no memorial descritivo do imóvel público a ser matriculado se sobrepõem às suas respectivas áreas, se for o caso;

•• Inciso II acrescentado pela Lei n. 12.424, de 16-6-2011.

III – as respostas à intimação prevista no inciso II, quando houver; e

•• Inciso III acrescentado pela Lei n. 12.424, de 16-6-2011.

IV – planta de parcelamento ou do imóvel público a ser registrado, assinada pelo loteador ou elaborada e assinada por agente público da prefeitura, acompanhada de declaração de que o parcelamento encontra--se implantado, na hipótese de este não ter sido inscrito ou registrado.

•• Inciso IV com redação determinada pela Lei n. 13.465, de 11-7-2017.

§ 1.º Apresentados pelo Município os documentos relacionados no *caput*, o registro de imóveis deverá proceder ao registro dos imóveis públicos decorrentes

Lei n. 6.015, de 31-12-1973 **Registros Públicos**

do parcelamento do solo urbano na matrícula ou transcrição da gleba objeto de parcelamento.

●● § 1.º acrescentado pela Lei n. 12.424, de 16-6-2011.

§ 2.º Na abertura de matrícula de imóvel público oriundo de parcelamento do solo urbano, havendo divergência nas medidas perimetrais de que resulte, ou não, alteração de área, a situação de fato implantada do bem deverá prevalecer sobre a situação constante do registro ou da planta de parcelamento, respeitados os limites dos particulares lindeiros.

●● § 2.º acrescentado pela Lei n. 12.424, de 16-6-2011.

§ 3.º Não será exigido, para transferência de domínio, formalização da doação de áreas públicas pelo loteador nos casos de parcelamentos urbanos realizados na vigência do Decreto-Lei n. 58, de 10 de dezembro de 1937.

●● § 3.º acrescentado pela Lei n. 12.424, de 16-6-2011.

§ 4.º Recebido o requerimento e verificado o atendimento aos requisitos previstos neste artigo, o oficial do registro de imóveis abrirá a matrícula em nome do Município.

●● § 4.º acrescentado pela Lei n. 12.424, de 16-6-2011.

§ 5.º A abertura de matrícula de que trata o *caput* independe do regime jurídico do bem público.

●● § 5.º acrescentado pela Lei n. 12.424, de 16-6-2011.

§ 6.º Na hipótese de haver área remanescente, a sua apuração poderá ocorrer em momento posterior.

●● § 6.º acrescentado pela Lei n. 13.465, de 11-7-2017.

§ 7.º O procedimento definido neste artigo poderá ser adotado para abertura de matrícula de glebas municipais adquiridas por lei ou por outros meios legalmente admitidos, inclusive para as terras devolutas transferidas ao Município em razão de legislação estadual ou federal, dispensado o procedimento discriminatório administrativo ou judicial.

●● § 7.º acrescentado pela Lei n. 13.465, de 11-7-2017.

§ 8.º O disposto neste artigo aplica-se, em especial, às áreas de uso público utilizadas pelo sistema viário do parcelamento urbano irregular.

●● § 8.º acrescentado pela Lei n. 13.465, de 11-7-2017.

Art. 195-B. A União, os Estados, o Distrito Federal e os Municípios poderão solicitar ao registro de imóveis competente a abertura de matrícula de parte ou da totalidade de imóveis urbanos sem registro anterior, cujo domínio lhe tenha sido assegurado pela legislação, por meio de requerimento acompanhado dos documentos previstos nos incisos I, II e III do *caput* do art. 195-A.

●● *Caput* com redação determinada pela Lei n. 14.620, de 13-7-2023.

§ 1.º Recebido o requerimento na forma prevista no *caput* deste artigo, o oficial do registro de imóveis abrirá a matrícula em nome do requerente, observado o disposto nos §§ 5.º e 6.º do art. 195-A.

●● § 1.º com redação determinada pela Lei n. 13.465, de 11-7-2017.

§ 2.º Sem prejuízo da possibilidade de requerer a abertura de matrícula para seus bens, nos termos do *caput*, o Município poderá, em acordo com o Estado, requerer, em nome deste, a abertura de matrícula de imóveis urbanos estaduais situados nos limites do respectivo território municipal no registro de imóveis competente.

●● § 2.º com redação determinada pela Lei n. 14.620, de 13-7-2023.

§ 3.º O procedimento de que trata este artigo poderá ser adotado pela União para o registro de imóveis rurais de sua propriedade, observado o disposto nos §§ 3.º, 4.º, 5.º, 6.º e 7.º do art. 176 desta Lei.

●● § 3.º acrescentado pela Lei n. 13.465, de 11-7-2017.

§ 4.º Para a abertura de matrícula em nome da União com base neste artigo, a comprovação de que trata o inciso II do *caput* do art. 195-A será realizada, no que couber, mediante o procedimento de notificação previsto nos arts. 12-A e 12-B do Decreto-lei n. 9.760, de 5 de setembro de 1946, com ressalva quanto ao prazo para apresentação de eventuais impugnações, que será de quinze dias, na hipótese de notificação pessoal, e de trinta dias, na hipótese de notificação por edital.

●● § 4.º acrescentado pela Lei n. 13.465, de 11-7-2017.

Art. 196. A matrícula será feita à vista dos elementos constantes do título apresentado e do registro anterior que constar do próprio cartório.

Art. 197. Quando o título anterior estiver registrado em outro cartório, o novo título será apresentado juntamente com certidão atualizada, comprobatória do registro anterior, e da existência ou inexistência de ônus.

Art. 198. Se houver exigência a ser satisfeita, ela será indicada pelo oficial por escrito, dentro do prazo previsto no Art. 188 desta Lei e de uma só vez, articuladamente, de forma clara e objetiva, com data, identificação e assinatura do oficial ou preposto responsável, para que:

•• *Caput* com redação determinada pela Lei n. 14.382, de 27-6-2022.

I a IV – (*Revogados pela Lei n. 14.382, de 27-6-2022.*)

V – o interessado possa satisfazê-la; ou

•• Inciso V acrescentado pela Lei n. 14.382, de 27-6-2022.

VI – caso não se conforme ou não seja possível cumprir a exigência, o interessado requeira que o título e a declaração de dúvida sejam remetidos ao juízo competente para dirimi-la.

•• Inciso VI acrescentado pela Lei n. 14.382, de 27-6-2022.

§ 1.º O procedimento da dúvida observará o seguinte:

•• § 1.º, *caput*, acrescentado pela Lei n. 14.382, de 27-6-2022.

I – no Protocolo, o oficial anotará, à margem da prenotação, a ocorrência da dúvida;

•• Inciso I acrescentado pela Lei n. 14.382, de 27-6-2022.

II – após certificar a prenotação e a suscitação da dúvida no título, o oficial rubricará todas as suas folhas;

•• Inciso II acrescentado pela Lei n. 14.382, de 27-6-2022.

III – em seguida, o oficial dará ciência dos termos da dúvida ao apresentante, fornecendo-lhe cópia da suscitação e notificando-o para impugná-la perante o juízo competente, no prazo de 15 (quinze) dias; e

•• Inciso III acrescentado pela Lei n. 14.382, de 27-6-2022.

IV – certificado o cumprimento do disposto no inciso III deste parágrafo, serão remetidos eletronicamente ao juízo competente as razões da dúvida e o título.

•• Inciso IV acrescentado pela Lei n. 14.382, de 27-6-2022.

§ 2.º A inobservância do disposto neste artigo ensejará a aplicação das penas previstas no art. 32 da Lei n. 8.935, de 18 de novembro de 1994, nos termos estabelecidos pela Corregedoria Nacional de Justiça do Conselho Nacional de Justiça.

•• § 2.º acrescentado pela Lei n. 14.382, de 27-6-2022.

Art. 199. Se o interessado não impugnar a dúvida no prazo referido no item III do artigo anterior, será ela, ainda assim, julgada por sentença.

Art. 200. Impugnada a dúvida com os documentos que o interessado apresentar, será ouvido o Ministério Público, no prazo de 10 (dez) dias.

Art. 201. Se não forem requeridas diligências, o juiz proferirá decisão no prazo de 15 (quinze) dias, com base nos elementos constantes dos autos.

Art. 202. Da sentença, poderão interpor apelação, com os efeitos devolutivo e suspensivo, o interessado, o Ministério Público e o terceiro prejudicado.

Art. 203. Transitada em julgado a decisão da dúvida, proceder-se-á do seguinte modo:

I – se for julgada procedente, os documentos serão restituídos à parte, independentemente de traslado, dando-se ciência da decisão ao oficial, para que a consigne no Protocolo e cancele a prenotação;

II – se for julgada improcedente, o interessado apresentará, de novo, os seus documentos, com o respectivo mandado, ou certidão da sentença, que ficarão arquivados, para que, desde logo, se proceda ao registro, declarando o oficial o fato na coluna de anotações do Protocolo.

Art. 204. A decisão da dúvida tem natureza administrativa e não impede o uso do processo contencioso competente.

Art. 205. Cessarão automaticamente os efeitos da prenotação se, decorridos 20 (vinte) dias da data do seu lançamento no Protocolo, o título não tiver sido registrado por omissão do interessado em atender às exigências legais.

•• *Caput* com redação determinada pela Lei n. 14.382, de 27-6-2022.

Parágrafo único. Nos procedimentos de regularização fundiária de interesse social, os efeitos da prenotação cessarão decorridos 40 (quarenta) dias de seu lançamento no Protocolo.

•• Parágrafo único com redação determinada pela Lei n. 14.382, de 27-6-2022.

Art. 206. Se o documento, uma vez prenotado, não puder ser registrado, ou o apresentante desistir do seu registro, a importância relativa às despesas previstas no art. 14 será restituída, deduzida a quantia correspondente às buscas e à prenotação.

Art. 206-A. Quando o título for apresentado para prenotação, o usuário poderá optar:

•• *Caput* acrescentado pela Lei n. 14.382, de 27-6-2022.

•• O art. 19 da Lei n. 14.382, de 27-6-2022, estabelece que o disposto neste artigo "deverá ser implementado, em todo território nacional, no prazo de cento e cinquenta dias, contado da data de entrada em vigor desta Lei" (*DOU* de 28-6-2022).

I – pelo depósito do pagamento antecipado dos emolumentos e das custas; ou

•• Inciso I acrescentado pela Lei n. 14.382, de 27-6-2022.

II – pelo recolhimento do valor da prenotação e depósito posterior do pagamento do valor restante, no prazo de 5 (cinco) dias, contado da data da análise pelo oficial que concluir pela aptidão para registro.

•• Inciso II acrescentado pela Lei n. 14.382, de 27-6-2022.

§ 1.º Os efeitos da prenotação serão mantidos durante o prazo de que trata o inciso II do *caput* deste artigo.

•• § 1.º acrescentado pela Lei n. 14.382, de 27-6-2022.

§ 2.º Efetuado o depósito, os procedimentos registrais serão finalizados com a realização dos atos solicitados e a expedição da respectiva certidão.

•• § 2.º acrescentado pela Lei n. 14.382, de 27-6-2022.

§ 3.º Fica autorizada a devolução do título apto para registro, em caso de não efetivação do pagamento no prazo previsto no *caput* deste artigo, caso em que o apresentante perderá o valor da prenotação.

•• § 3.º acrescentado pela Lei n. 14.382, de 27-6-2022.

§ 4.º Os títulos apresentados por instituições financeiras e demais instituições autorizadas a funcionar pelo Banco Central do Brasil ou por entidades autorizadas pelo Banco Central do Brasil ou pela Comissão de Valores Mobiliários a exercer as atividades de depósito centralizado ou de registro de ativos financeiros e de valores mobiliários, nos termos dos arts. 22 e 28 da Lei n. 12.810, de 15 de maio de 2013, respectivamente, poderão efetuar o pagamento dos atos pertinentes à vista de fatura.

•• § 4.º acrescentado pela Lei n. 14.382, de 27-6-2022.

§ 5.º O disposto neste artigo aplica-se às unidades federativas que adotem forma de pagamento por meio de documento de arrecadação.

•• § 5.º acrescentado pela Lei n. 14.382, de 27-6-2022.

§ 6.º A reapresentação de título que tenha sido devolvido por falta de pagamento dos emolumentos, nos termos do § 3.º deste artigo, dependerá do pagamento integral do depósito prévio.

•• § 6.º acrescentado pela Lei n. 14.382, de 27-6-2022.

§ 7.º O prazo previsto no *caput* deste artigo não é computado dentro do prazo de registro de que trata o art. 188 desta Lei.

•• § 7.º acrescentado pela Lei n. 14.382, de 27-6-2022.

Art. 207. No processo de dúvida, somente serão devidas custas, a serem pagas pelo interessado, quando a dúvida for julgada procedente.

Art. 208. O registro começado dentro das horas fixadas não será interrompido, salvo motivo de força maior declarado, prorrogando-se o expediente até ser concluído.

Art. 209. Durante a prorrogação nenhuma nova apresentação será admitida, lavrando o termo de encerramento no Protocolo.

Art. 210. Todos os atos serão assinados e encerrados pelo oficial, por seu substituto legal, ou por escrevente expressamente designado pelo oficial ou por seu substituto legal e autorizado pelo juiz competente ainda que os primeiros não estejam nem afastados nem impedidos.

Art. 211. Nas vias dos títulos restituídas aos apresentantes, serão declarados resumidamente, por carimbo, os atos praticados.

Art. 212. Se o registro ou a averbação for omissa, imprecisa ou não exprimir a verdade, a retificação será feita pelo Oficial do Registro de Imóveis competente, a requerimento do interessado, por meio do procedimento administrativo previsto no art. 213, facultado ao interessado requerer a retificação por meio de procedimento judicial.

•• *Caput* com redação determinada pela Lei n. 10.931, de 2-8-2004.

Parágrafo único. A opção pelo procedimento administrativo previsto no art. 213 não exclui a prestação jurisdicional, a requerimento da parte prejudicada.

•• Parágrafo único acrescentado pela Lei n. 10.931, de 2-8-2004.

Art. 213. O oficial retificará o registro ou a averbação:

•• *Caput* com redação determinada pela Lei n. 10.931, de 2-8-2004.

I – de ofício ou a requerimento do interessado nos casos de:

a) omissão ou erro cometido na transposição de qualquer elemento do título;

b) indicação ou atualização de confrontação;

c) alteração de denominação de logradouro público, comprovada por documento oficial;

d) retificação que vise a indicação de rumos, ângulos de deflexão ou inserção de coordenadas georreferenciadas, em que não haja alteração das medidas perimetrais;

e) alteração ou inserção que resulte de mero cálculo matemático feito a partir das medidas perimetrais constantes do registro;

f) reprodução de descrição de linha divisória de imóvel confrontante que já tenha sido objeto de retificação;

g) inserção ou modificação dos dados de qualificação pessoal das partes, comprovada por documentos oficiais ou mediante despacho judicial quando houver necessidade de produção de outras provas;

•• Inciso I acrescentado pela Lei n. 10.931, de 2-8-2004.

II – a requerimento do interessado, no caso de inserção ou alteração de medida perimetral de que resulte, ou não, alteração de área, instruído com planta e memorial descritivo assinado por profissional legalmente habilitado, com prova de anotação de responsabilidade técnica no competente Conselho Regional de Engenharia e Arquitetura – CREA, bem assim pelos confrontantes.

•• Inciso II acrescentado pela Lei n. 10.931, de 2-8-2004.

§ 1.º Uma vez atendidos os requisitos de que trata o *caput* do art. 225, o oficial averbará a retificação.

•• § 1.º com redação determinada pela Lei n. 10.931, de 2-8-2004.

§ 2.º Se a planta não contiver a assinatura de algum confrontante, este será notificado pelo Oficial de Registro de Imóveis competente, a requerimento do interessado, para se manifestar em quinze dias, promovendo-se a notificação pessoalmente ou pelo correio, com aviso de recebimento, ou, ainda, por solicitação do Oficial de Registro de Imóveis, pelo Oficial de Registro de Títulos e Documentos da comarca da situação do imóvel ou do domicílio de quem deva recebê-la.

•• § 2.º com redação determinada pela Lei n. 10.931, de 2-8-2004.

§ 3.º A notificação será dirigida ao endereço do confrontante constante do Registro de Imóveis, podendo ser dirigida ao próprio imóvel contíguo ou àquele fornecido pelo requerente; não sendo encontrado o confrontante ou estando em lugar incerto e não sabido, tal fato será certificado pelo oficial encarregado da diligência, promovendo-se a notificação do confrontante mediante edital, com o mesmo prazo fixado no § 2.º, publicado por duas vezes em jornal local de grande circulação.

•• § 3.º com redação determinada pela Lei n. 10.931, de 2-8-2004.

§ 4.º Presumir-se-á a anuência do confrontante que deixar de apresentar impugnação no prazo da notificação.

•• § 4.º com redação determinada pela Lei n. 10.931, de 2-8-2004.

§ 5.º Findo o prazo sem impugnação, o oficial averbará a retificação requerida; se houver impugnação fundamentada por parte de algum confrontante, o oficial intimará o requerente e o profissional que houver assinado a planta e o memorial a fim de que, no prazo de cinco dias, se manifestem sobre a impugnação.

•• § 5.º com redação determinada pela Lei n. 10.931, de 2-8-2004.

§ 6.º Havendo impugnação e se as partes não tiverem formalizado transação amigável para solucioná-la, o oficial remeterá o processo ao juiz competente, que decidirá de plano ou após instrução sumária, salvo se a controvérsia versar sobre o direito de propriedade de alguma das partes, hipóteses em que remeterá o interessado para as vias ordinárias.

•• § 6.º acrescentado pela Lei n. 10.931, de 2-8-2004.

§ 7.º Pelo mesmo procedimento previsto neste artigo poderão ser apurados os remanescentes de áreas parcialmente alienadas, caso em que serão considerados como confrontantes tão somente os confinantes das áreas remanescentes.

•• § 7.º acrescentado pela Lei n. 10.931, de 2-8-2004.

§ 8.º As áreas públicas poderão ser demarcadas ou ter seus registros retificados pelo mesmo procedimento previsto neste artigo, desde que constem do registro ou sejam logradouros devidamente averbados.

•• § 8.º acrescentado pela Lei n. 10.931, de 2-8-2004.

§ 9.º Independentemente de retificação, dois ou mais confrontantes poderão, por meio de escritura pública, alterar ou estabelecer as divisas entre si e, se houver transferência de área, com o recolhimento do devido imposto de transmissão e desde que preservadas, se rural o imóvel, a fração mínima de parcelamento e, quando urbano, a legislação urbanística.

•• § 9.º acrescentado pela Lei n. 10.931, de 2-8-2004.

§ 10. Entendem-se como confrontantes os proprietários e titulares de outros direitos reais e aquisitivos sobre os imóveis contíguos, observado o seguinte:

•• § 10, *caput*, com redação determinada pela Lei n. 14.382, de 27-6-2022.

I – o condomínio geral, de que trata o Capítulo VI do Título III do Livro III da Parte Especial da Lei n. 10.406, de 10 de janeiro de 2002 (Código Civil), será representado por qualquer um dos condôminos;

•• Inciso I acrescentado pela Lei n. 14.382, de 27-6-2022.

II – o condomínio edilício, de que tratam os arts. 1.331 a 1.358 da Lei n. 10.406, de 10 de janeiro de 2002 (Código Civil), será representado pelo síndico, e o condomínio por frações autônomas, de que trata o Art. 32 da Lei n. 4.591, de 16 de dezembro de 1964, pela comissão de representantes; e

•• Inciso II acrescentado pela Lei n. 14.382, de 27-6-2022.

III – não se incluem como confrontantes:

•• Inciso III, *caput*, acrescentado pela Lei n. 14.382, de 27-6-2022.

a) os detentores de direitos reais de garantia hipotecária ou pignoratícia; ou

•• Alínea *a* acrescentada pela Lei n. 14.382, de 27-6-2022.

b) os titulares de crédito vincendo, cuja propriedade imobiliária esteja vinculada, temporariamente, à operação de crédito financeiro.

•• Alínea *b* acrescentada pela Lei n. 14.382, de 27-6-2022.

§ 11. Independe de retificação:

•• § 11, *caput*, acrescentado pela Lei n. 10.931, de 2-8-2004.

I – a regularização fundiária de interesse social realizada em Zonas Especiais de Interesse Social, promovida por Município ou pelo Distrito Federal, quando os lotes já estiverem cadastrados individualmente ou com lançamento fiscal há mais de 10 (dez) anos;

•• Inciso I com redação determinada pela Lei n. 12.424, de 16-6-2011.

II – a adequação da descrição de imóvel rural às exigências dos arts. 176, §§ 3.º e 4.º, e 225, § 3.º, desta Lei;

•• Inciso II acrescentado pela Lei n. 10.931, de 2-8-2004.

III – a adequação da descrição de imóvel urbano decorrente de transformação de coordenadas geodésicas entre os sistemas de georreferenciamento oficiais;

•• Inciso III acrescentado pela Lei n. 12.424, de 16-6-2011.

IV – a averbação do auto de demarcação urbanística e o registro do parcelamento decorrente de projeto de regularização fundiária de interesse social de que trata a Lei n. 11.977, de 7 de julho de 2009; e

•• Inciso IV acrescentado pela Lei n. 12.424, de 16-6-2011.

V – o registro do parcelamento de glebas para fins urbanos anterior a 19 de dezembro de 1979, que esteja implantado e integrado à cidade, nos termos do art. 71 da Lei n. 11.977, de 7 de julho de 2009.

•• Inciso V acrescentado pela Lei n. 12.424, de 16-6-2011.

§ 12. Poderá o oficial realizar diligências no imóvel para a constatação de sua situação em face dos confrontantes e localização na quadra.

•• § 12 acrescentado pela Lei n. 10.931, de 2-8-2004.

§ 13. Se não houver dúvida quanto à identificação do imóvel:

•• § 13, *caput*, com redação determinada pela Lei n. 14.382, de 27-6-2022.

I – o título anterior à retificação poderá ser levado a registro desde que requerido pelo adquirente, promovendo-se o registro em conformidade com a nova descrição; e

•• Inciso I acrescentado pela Lei n. 14.382, de 27-6-2022.

II – a prenotação do título anterior à retificação será prorrogada durante a análise da retificação de registro.

•• Inciso II acrescentado pela Lei n. 14.382, de 27-6-2022.

§ 14. Verificado a qualquer tempo não serem verdadeiros os fatos constantes do memorial descritivo, responderão os requerentes e o profissional que o elaborou pelos prejuízos causados, independentemente das sanções disciplinares e penais.

•• § 14 acrescentado pela Lei n. 10.931, de 2-8-2004.

§ 15. Não são devidos custas ou emolumentos notariais ou de registro decorrentes de regularização fundiária de interesse social a cargo da administração pública.

•• § 15 acrescentado pela Lei n. 10.931, de 2-8-2004.

§ 16. Na retificação de que trata o inciso II do *caput*, serão considerados confrontantes somente os confinantes de divisas que forem alcançadas pela inserção ou alteração de medidas perimetrais.

•• § 16 acrescentado pela Lei n. 12.424, de 16-6-2011.

§ 17. Se, realizadas buscas, não for possível identificar os titulares do domínio dos imóveis confrontantes do imóvel retificando, definidos no § 10, deverá ser colhida a anuência de eventual ocupante, devendo os interessados não identificados ser notificados por meio de edital eletrônico, publicado 1 (uma) vez na internet, para se manifestarem no prazo de 15 (quinze) dias úteis, com as implicações previstas no § 4.º deste artigo.

•• § 17. acrescentado determinada pela Lei n. 14.620, de 13-7-2023.

Art. 214. As nulidades de pleno direito do registro, uma vez provadas, invalidam-no, independentemente de ação direta.

§ 1.º A nulidade será decretada depois de ouvidos os atingidos.

•• § 1.º acrescentado pela Lei n. 10.931, de 2-8-2004.

§ 2.º Da decisão tomada no caso do § 1.º caberá apelação ou agravo conforme o caso.

•• § 2.º acrescentado pela Lei n. 10.931, de 2-8-2004.

§ 3.º Se o juiz entender que a superveniência de novos registros poderá causar danos de difícil reparação poderá determinar de ofício, a qualquer momento, ainda que sem oitiva das partes, o bloqueio da matrícula do imóvel.

•• § 3.º acrescentado pela Lei n. 10.931, de 2-8-2004.

§ 4.º Bloqueada a matrícula, o oficial não poderá mais nela praticar qualquer ato, salvo com autorização judicial, permitindo-se, todavia, aos interessados a prenotação de seus títulos, que ficarão com o prazo prorrogado até a solução do bloqueio.

•• § 4.º acrescentado pela Lei n. 10.931, de 2-8-2004.

§ 5.º A nulidade não será decretada se atingir terceiro de boa-fé que já tiver preenchido as condições de usucapião do imóvel.

•• § 5.º acrescentado pela Lei n. 10.931, de 2-8-2004.

Art. 215. São nulos os registros efetuados após sentença de abertura de falência, ou do termo legal nele fixado, salvo se a apresentação tiver sido feita anteriormente.

Art. 216. O registro poderá também ser retificado ou anulado por sentença em processo contencioso, ou por efeito do julgado em ação de anulação ou de declaração de nulidade de ato jurídico, ou de julgado sobre fraude à execução.

Art. 216-A. Sem prejuízo da via jurisdicional, é admitido o pedido de reconhecimento extrajudicial de usucapião, que será processado diretamente perante o cartório do registro de imóveis da comarca em que estiver situado o imóvel usucapiendo, a requerimento do interessado, representado por advogado, instruído com:

•• Caput acrescentado pela Lei n. 13.105, de 16-3-2015.

I – ata notarial lavrada pelo tabelião, atestando o tempo de posse do requerente e de seus antecessores, conforme o caso e suas circunstâncias, aplicando-se o disposto no art. 384 da Lei n. 13.105, de 16 de março de 2015 (Código de Processo Civil);

•• Inciso I com redação determinada pela Lei n. 13.465, de 11-7-2017.

II – planta e memorial descritivo assinado por profissional legalmente habilitado, com prova de anotação de responsabilidade técnica no respectivo conselho de fiscalização profissional, e pelos titulares de direitos registrados ou averbados na matrícula do imóvel usucapiendo ou na matrícula dos imóveis confinantes;

•• Inciso II com redação determinada pela Lei n. 13.465, de 11-7-2017.

III – certidões negativas dos distribuidores da comarca da situação do imóvel e do domicílio do requerente;

•• Inciso III acrescentado pela Lei n. 13.105, de 16-3-2015.

IV – justo título ou quaisquer outros documentos que demonstrem a origem, a continuidade, a natureza e o tempo da posse, tais como o pagamento dos impostos e das taxas que incidirem sobre o imóvel.

•• Inciso IV acrescentado pela Lei n. 13.105, de 16-3-2015.

§ 1.º O pedido será autuado pelo registrador, prorrogando-se o prazo da prenotação até o acolhimento ou a rejeição do pedido.

•• § 1.º acrescentado pela Lei n. 13.105, de 16-3-2015.

§ 2.º Se a planta não contiver a assinatura de qualquer um dos titulares de direitos registrados ou averbados na matrícula do imóvel usucapiendo ou na matrícula dos imóveis confinantes, o titular será notificado pelo registrador competente, pessoalmente ou pelo correio com aviso de recebimento, para manifestar consentimento expresso em quinze dias, interpretado o silêncio como concordância.

•• § 2.º com redação determinada pela Lei n. 13.465, de 11-7-2017.

§ 3.º O oficial de registro de imóveis dará ciência à União, ao Estado, ao Distrito Federal e ao Município, pessoalmente, por intermédio do oficial de registro de títulos e documentos, ou pelo correio com aviso de recebimento, para que se manifestem, em 15 (quinze) dias, sobre o pedido.

•• § 3.º acrescentado pela Lei n. 13.105, de 16-3-2015.

§ 4.º O oficial de registro de imóveis promoverá a publicação de edital em jornal de grande circulação, onde houver, para a ciência de terceiros eventualmente interessados, que poderão se manifestar em 15 (quinze) dias.

•• § 4.º acrescentado pela Lei n. 13.105, de 16-3-2015.

§ 5.º Para a elucidação de qualquer ponto de dúvida, poderão ser solicitadas ou realizadas diligências pelo oficial de registro de imóveis.

•• § 5.º acrescentado pela Lei n. 13.105, de 16-3-2015.

§ 6.º Transcorrido o prazo de que trata o § 4.º deste artigo, sem pendência de diligências na forma do § 5.º deste artigo e achando-se em ordem a documentação, o oficial de registro de imóveis registrará a aquisição do imóvel com as descrições apresentadas, sendo permitida a abertura de matrícula, se for o caso.

•• § 6.º com redação determinada pela Lei n. 13.465, de 11-7-2017.

§ 7.º Em qualquer caso, é lícito ao interessado suscitar o procedimento de dúvida, nos termos desta Lei.

•• § 7.º acrescentado pela Lei n. 13.105, de 16-3-2015.

§ 8.º Ao final das diligências, se a documentação não estiver em ordem, o oficial de registro de imóveis rejeitará o pedido.

•• § 8.º acrescentado pela Lei n. 13.105, de 16-3-2015.

§ 9.º A rejeição do pedido extrajudicial não impede o ajuizamento de ação de usucapião.

•• § 9.º acrescentado pela Lei n. 13.105, de 16-3-2015.

§ 10. Em caso de impugnação justificada do pedido de reconhecimento extrajudicial de usucapião, o oficial de registro de imóveis remeterá os autos ao juízo competente da comarca da situação do imóvel, cabendo ao requerente emendar a petição inicial para adequá-la ao procedimento comum, porém, em caso de impugnação injustificada, esta não será admitida pelo registrador, cabendo ao interessado o manejo da suscitação de dúvida nos moldes do art. 198 desta Lei.

•• § 10 com redação determinada pela Lei n. 14.382, de 27-6-2022.

§ 11. No caso de o imóvel usucapiendo ser unidade autônoma de condomínio edilício, fica dispensado consentimento dos titulares de direitos reais e outros direitos registrados ou averbados na matrícula dos imóveis confinantes e bastará a notificação do síndico para se manifestar na forma do § 2.º deste artigo.

•• § 11 acrescentado pela Lei n. 13.465, de 11-7-2017.

§ 12. Se o imóvel confinante contiver um condomínio edilício, bastará a notificação do síndico para o efeito do § 2.º deste artigo, dispensada a notificação de todos os condôminos.

•• § 12 acrescentado pela Lei n. 13.465, de 11-7-2017.

§ 13. Para efeito do § 2.º deste artigo, caso não seja encontrado o notificando ou caso ele esteja em lugar incerto ou não sabido, tal fato será certificado pelo registrador, que deverá promover a sua notificação por edital mediante publicação, por duas vezes, em jornal local de grande circulação, pelo prazo de quinze dias cada um, interpretado o silêncio do notificando como concordância.

•• § 13 acrescentado pela Lei n. 13.465, de 11-7-2017.

§ 14. Regulamento do órgão jurisdicional competente para a correição das serventias poderá autorizar a publicação do edital em meio eletrônico, caso em que ficará dispensada a publicação em jornais de grande circulação.

•• § 14 acrescentado pela Lei n. 13.465, de 11-7-2017.

§ 15. No caso de ausência ou insuficiência dos documentos de que trata o inciso IV do caput deste artigo, a posse e os demais dados necessários poderão ser comprovados em procedimento de justificação administrativa perante a serventia extrajudicial, que obedecerá, no que couber, ao disposto no § 5.º do art. 381 e ao rito previsto nos arts. 382 e 383 da Lei n. 13.105, de 16 de março de 2015 (Código de Processo Civil).

•• § 15 acrescentado pela Lei n. 13.465, de 11-7-2017.

Art. 216-B. Sem prejuízo da via jurisdicional, a adjudicação compulsória de imóvel objeto de promessa de venda ou de cessão poderá ser efetivada extrajudicialmente no serviço de registro de imóveis da situação do imóvel, nos termos deste artigo.

• Caput acrescentado pela Lei n. 14.382, de 27-6-2022.

§ 1.º São legitimados a requerer a adjudicação o promitente comprador ou qualquer dos seus cessionários ou promitentes cessionários, ou seus sucessores, bem como o promitente vendedor, representados por advogado, e o pedido deverá ser instruído com os seguintes documentos:

•• § 1.º, caput, acrescentado pela Lei n. 14.382, de 27-6-2022.

I – instrumento de promessa de compra e venda ou de cessão ou de sucessão, quando for o caso;

•• Inciso I acrescentado pela Lei n. 14.382, de 27-6-2022.

II – prova do inadimplemento, caracterizado pela não celebração do título de transmissão da propriedade plena no prazo de 15 (quinze) dias, contado da entrega de notificação extrajudicial pelo oficial do registro de imóveis da situação do imóvel, que poderá delegar a diligência ao oficial do registro de títulos e documentos;

•• Inciso II acrescentado pela Lei n. 14.382, de 27-6-2022.

III – ata notarial lavrada por tabelião de notas da qual constem a identificação do imóvel, o nome e a qualificação do promitente comprador ou de seus sucessores constantes do contrato de promessa, a prova do pagamento do respectivo preço e da caracterização do inadimplemento da obrigação de outorgar ou receber o título de propriedade;

•• Inciso III acrescentado pela Lei n. 14.382, de 27-6-2022, originalmente vetado, todavia promulgado em 5-1-2023.

IV – certidões dos distribuidores forenses da comarca da situação do imóvel e do domicílio do requerente que demonstrem a inexistência de litígio envolvendo o contrato de promessa de compra e venda do imóvel objeto da adjudicação;

•• Inciso IV acrescentado pela Lei n. 14.382, de 27-6-2022.

V – comprovante de pagamento do respectivo Imposto sobre a Transmissão de Bens Imóveis (ITBI);

•• Inciso V acrescentado pela Lei n. 14.382, de 27-6-2022.

VI – procuração com poderes específicos.

•• Inciso VI acrescentado pela Lei n. 14.382, de 27-6-2022.

§ 2.º O deferimento da adjudicação independe de prévio registro dos instrumentos de promessa de compra e venda ou de cessão e da comprovação da regularidade fiscal do promitente vendedor.

•• § 2.º acrescentado pela Lei n. 14.382, de 27-6-2022, originalmente vetado, todavia promulgado em 5-1-2023.

§ 3.º À vista dos documentos a que se refere o § 1.º deste artigo, o oficial do registro de imóveis da circunscrição onde se situa o imóvel procederá ao registro do domínio em nome do promitente comprador, servindo de título a respectiva promessa de compra e venda ou de cessão ou o instrumento que comprove a sucessão.

•• § 3.º acrescentado pela Lei n. 14.382, de 27-6-2022.

Capítulo IV
DAS PESSOAS

Art. 217. O registro e a averbação poderão ser provocados por qualquer pessoa, incumbindo-lhe as despesas respectivas.

Art. 218. Nos atos a título gratuito, o registro pode também ser promovido pelo transferente, acompanhado da prova de aceitação do beneficiado.

Art. 219. O registro do penhor rural independe do consentimento do credor hipotecário.

Art. 220. São considerados, para fins de escrituração, credores e devedores, respectivamente:

I – nas servidões, o dono do prédio dominante e o dono do prédio serviente;

II – no uso, o usuário e o proprietário;

III – na habitação, o habitante e o proprietário;

IV – na anticrese, o mutuante e o mutuário;

V – no usufruto, o usufrutuário e o nu-proprietário;

VI – na enfiteuse, o senhorio e o enfiteuta;

VII – na constituição de renda, o beneficiário e o rendeiro censuário;

VIII – na locação, o locatário e o locador;

IX – nas promessas de compra e venda, o promitente comprador e o promitente vendedor;

X – nas penhoras e ações, o autor e o réu;

XI – nas cessões de direitos, o cessionário e o cedente;

XII – nas promessas de cessão de direitos, o promitente cessionário e o promitente cedente.

Capítulo V
DOS TÍTULOS

Art. 221. Somente são admitidos a registro:

I – escrituras públicas, inclusive as lavradas em consulados brasileiros;

II – escritos particulares autorizados em lei, assinados pelas partes e pelas testemunhas, com as firmas reconhecidas;

•• Inciso II com redação determinada pela Lei n. 14.620, de 13-7-2023.

III – atos autênticos de países estrangeiros, com força de instrumento público, legalizados e traduzidos na forma da lei, e registrados no Cartório do Registro de Títulos e Documentos, assim como sentenças proferidas por tribunais estrangeiros após homologação pelo Supremo Tribunal Federal;

•• O art. 105, I, *i*, da CF, alterado pela Emenda Constitucional n. 45, de 8-12-2004, determina que a homologação de sentença estrangeira passa a ser de competência do STJ.

IV – cartas de sentença, formais de partilha, certidões e mandados extraídos de autos de processo;

V – contratos ou termos administrativos, assinados com a União, Estados, Municípios ou o Distrito Federal, no âmbito de programas de regularização fundiária e de programas habitacionais de interesse social, dispensado o reconhecimento de firma.

•• Inciso V com redação determinada pela Lei n. 12.424, de 16-6-2011.

VI – contratos ou termos administrativos, assinados com os legitimados a que se refere o art. 3.º do Decreto-Lei n. 3.365, de 21 de junho de 1941 (Lei da Desapropriação), no âmbito das desapropriações extrajudiciais.

•• Inciso VI acrescentado pela Lei n. 14.620, de 13-7-2023.

§ 1.º Serão registrados os contratos e termos mencionados no inciso V do *caput* assinados a rogo com a impressão dactiloscópica do beneficiário, quando este for analfabeto ou não puder assinar, acompanhados da assinatura de 2 (duas) testemunhas.

•• § 1.º acrescentado pela Lei n. 12.424, de 16-6-2011.

§ 2.º Os contratos ou termos administrativos mencionados no inciso V do *caput* poderão ser celebrados constando apenas o nome e o número de documento oficial do beneficiário, podendo sua qualificação completa ser efetuada posteriormente, no momento do registro do termo ou contrato, mediante simples requerimento do interessado dirigido ao registro de imóveis.

•• § 2.º acrescentado pela Lei n. 12.424, de 16-6-2011.

§ 3.º Fica dispensada a apresentação dos títulos previstos nos incisos I a V do *caput* deste artigo quando se tratar de registro do projeto de regularização fundiária e da constituição de direito real, sendo o ente público promotor da regularização fundiária urbana responsável pelo fornecimento das informações necessárias ao registro, ficando dispensada a apresentação de título individualizado, nos termos da legislação específica.

•• § 3.º acrescentado pela Lei n. 13.465, de 11-7-2017.

§ 4.º Quando for requerida a prática de ato com base em título físico que tenha sido registrado, digitalizado ou armazenado, inclusive em outra serventia, será dispensada a reapresentação e bastará referência a ele ou a apresentação de certidão.

•• § 4.º acrescentado pela Lei n. 14.382, de 27-6-2022.

§ 5.º Os escritos particulares a que se refere o inciso II do *caput* deste artigo, quando relativos a atos praticados por instituições financeiras que atuem com crédito imobiliário autorizadas a celebrar instrumentos particulares com caráter de escritura pública, dispensam as testemunhas e o reconhecimento de firma.

•• § 5.º acrescentado pela Lei n. 14.620, de 13-7-2023.

§ 6.º Os contratos e termos administrativos mencionados no inciso VI deverão ser submetidos à qualificação registral pelo oficial do registro de imóveis, previamente ao pagamento do valor devido ao expropriado.

•• § 6.º acrescentado pela Lei n. 14.620, de 13-7-2023.

Art. 222. Em todas as escrituras e em todos os atos relativos a imóveis, bem como nas cartas de sentença e formais de partilha, o tabelião ou escrivão deve fazer referência à matrícula ou ao registro anterior, seu número e cartório.

Art. 223. Ficam sujeitas à obrigação, a que alude o artigo anterior, as partes que, por instrumento particular, celebrarem atos relativos a imóveis.

Art. 224. Nas escrituras, lavradas em decorrência de autorização judicial, serão mencionados, por certidão, em breve relatório, com todas as minúcias que permitam identificá-los, os respectivos alvarás.

Art. 225. Os tabeliães, escrivães e juízes farão com que, nas escrituras e nos autos judiciais, as partes indiquem, com precisão, os característicos, as confrontações e as localizações dos imóveis, mencionando os nomes dos confrontantes e, ainda, quando se tratar só de terreno, se esse fica do lado par ou do lado ímpar do logradouro, em que quadra e a que distância métrica da edificação ou da esquina mais próxima, exigindo dos interessados certidão do Registro Imobiliário.

§ 1.º As mesmas minúcias, com relação à caracterização do imóvel, devem constar dos instrumentos particulares apresentados em cartório para registro.

§ 2.º Consideram-se irregulares, para efeito de matrícula, os títulos nos quais a caracterização do imóvel não coincida com a que consta do registro anterior.

§ 3.º Nos autos judiciais que versem sobre imóveis rurais, a localização, os limites e as confrontações serão obtidos a partir de memorial descritivo assinado por profissional habilitado e com a devida Anotação de Responsabilidade Técnica – ART, contendo as coordenadas dos vértices definidores dos limites dos imóveis rurais, georreferenciadas ao Sistema Geodésico Brasileiro e com precisão posicional a ser fixada pelo INCRA, garantida a isenção de custos financeiros aos proprietários de imóveis rurais cuja somatória da área não exceda a 4 (quatro) módulos fiscais.

•• § 3.º acrescentado pela Lei n. 10.267, de 28-8-2001.

Art. 226. Tratando-se de usucapião, os requisitos da matrícula devem constar do mandado judicial.

Capítulo VI
DA MATRÍCULA

Art. 227. Todo imóvel objeto de título a ser registrado deve estar matriculado no Livro n. 2 – Registro Geral – obedecido o disposto no art. 176.

Art. 228. A matrícula será efetuada por ocasião do primeiro registro a ser lançado na vigência desta Lei, mediante os elementos constantes do título apresentado e do registro anterior nele mencionado.

Art. 229. Se o registro anterior foi efetuado em outra circunscrição, a matrícula será aberta com os elementos constantes do título apresentado e da certidão atualizada daquele registro, a qual ficará arquivada em cartório.

Art. 230. Se na certidão constar ônus, o oficial fará a matrícula, e, logo em seguida ao registro, averbará a existência do ônus, sua natureza e valor, certificando o fato no título que devolver à parte, o que ocorrerá, também, quando o ônus estiver lançado no próprio cartório.

Art. 231. No preenchimento dos livros, observar-se-ão as seguintes normas:

I – no alto da face de cada folha será lançada a matrícula do imóvel, com os requisitos constantes do art. 176, e, no espaço restante e no verso, serão lançados, por ordem cronológica e em forma narrativa, os registros e averbações dos atos pertinentes ao imóvel matriculado;

II – preenchida uma folha, será feito o transporte para a primeira folha em branco do mesmo livro ou do livro da mesma série que estiver em uso, onde continuarão os lançamentos, com remissões recíprocas.

Art. 232. Cada lançamento de registro será precedido pela letra "R" e o da averbação pelas letras "AV", seguindo-se o número de ordem do lançamento e o da matrícula (ex.: R-1-1, R-2-1, AV-3-1, R-4-1, AV-5-1 etc.).

Art. 233. A matrícula será cancelada:

I – por decisão judicial;

II – quando, em virtude de alienações parciais, o imóvel for inteiramente transferido a outros proprietários;

III – pela fusão, nos termos do artigo seguinte.

Art. 234. Quando dois ou mais imóveis contíguos, pertencentes ao mesmo proprietário, constarem de matrículas autônomas, pode ele requerer a fusão destas em uma só, de novo número, encerrando-se as primitivas.

Art. 235. Podem, ainda, ser unificados, com abertura de matrícula única:

I – dois ou mais imóveis constantes de transcrições anteriores a esta Lei, à margem das quais será averbada a abertura da matrícula que os unificar;

II – dois ou mais imóveis, registrados por ambos os sistemas, caso em que, nas transcrições, será feita a averbação prevista no item anterior, e as matrículas serão encerradas na forma do artigo anterior;

III – 2 (dois) ou mais imóveis contíguos objeto de imissão provisória registrada em nome da União, dos Estados, do Distrito Federal, dos Municípios ou de suas entidades delegadas ou contratadas e sua respectiva cessão e promessa de cessão.

•• Inciso III com redação determinada pela Lei n. 14.620, de 13-7-2023.

§ 1.º Os imóveis de que trata este artigo, bem como os oriundos de desmembramentos, partilha e glebas destacadas de maior porção, serão desdobrados em novas matrículas, juntamente com os ônus que sobre eles existirem, sempre que ocorrer a transferência de 1 (uma) ou mais unidades, procedendo-se, em seguida, ao que estipula o inciso II do art. 233.

•• Anterior parágrafo único renumerado pela Lei n. 12.424, de 16-6-2011.

§ 2.º A hipótese de que trata o inciso III somente poderá ser utilizada nos casos de imóveis inseridos em área urbana ou de expansão urbana e com a finalidade de implementar programas habitacionais ou de regularização fundiária, o que deverá ser informado no requerimento de unificação.

•• § 2.º acrescentado pela Lei n. 12.424, de 16-6-2011.

§ 3.º Na hipótese de que trata o inciso III do *caput* deste artigo, a unificação poderá abranger matrículas ou transcrições relativas a imóveis contíguos àqueles que tenham sido objeto da imissão provisória na posse.

•• § 3.º com redação determinada pela Lei n. 14.273, de 23-12-2021.

Art. 235-A. Fica instituído o Código Nacional de Matrícula (CNM) que corresponde à numeração única de matrículas imobiliárias em âmbito nacional.

•• *Caput* acrescentado pela Lei n. 13.465, de 11-7-2017.

•• O Provimento n. 89, de 18-12-2019, do CNJ, regulamenta o Código Nacional de Matrículas – CNM.

•• O Provimento n. 143, de 25-4-2023, do CNJ, regulamenta a estrutura, a geração e a validação do Código Nacional de Matrícula – CNM, dispõe sobre a escrituração da matrícula no registro de imóveis.

§ 1.º O CNM referente a matrícula encerrada ou cancelada não poderá ser reutilizado.

•• § 1.º acrescentado pela Lei n. 13.465, de 11-7-2017.

§ 2.º Ato da Corregedoria Nacional de Justiça do Conselho Nacional de Justiça regulamentará as características e a forma de implementação do CNM.

•• § 2.º acrescentado pela Lei n. 13.465, de 11-7-2017.

Capítulo VII
DO REGISTRO

Art. 236. Nenhum registro poderá ser feito sem que o imóvel a que se referir esteja matriculado.

Art. 237. Ainda que o imóvel esteja matriculado, não se fará registro que dependa da apresentação de título anterior, a fim de que se preserve a continuidade do registro.

Art. 237-A. Após o registro do parcelamento do solo, na modalidade loteamento ou na modalidade desmembramento, e da incorporação imobiliária, de condomínio edilício ou de condomínio de lotes, até que tenha sido averbada a conclusão das obras de infraestrutura ou da construção, as averbações e os registros relativos à pessoa do loteador ou do incorporador ou referentes a quaisquer direitos reais, inclusive de garantias, cessões ou demais negócios jurídicos que envolvam o empreendimento e suas unidades, bem como a própria averbação da conclusão do empreendimento, serão realizados na matrícula de origem do imóvel a ele destinado e replicados, sem custo adicional, em cada uma das matrículas recipiendárias dos lotes ou das unidades autônomas eventualmente abertas.

•• *Caput* com redação determinada pela Lei n. 14.382, de 27-6-2022.

§ 1.º Para efeito de cobrança de custas e emolumentos, as averbações e os registros relativos ao mesmo ato jurídico ou negócio jurídico e realizados com base no *caput* deste artigo serão considerados ato de registro único, não importando a quantidade de lotes ou de unidades autônomas envolvidas ou de atos intermediários existentes.

•• § 1.º com redação determinada pela Lei n. 14.382, de 27-6-2022.

§ 2.º Nos registros decorrentes de processo de parcelamento do solo ou de incorporação imobiliária, o registrador deverá observar o prazo máximo de 15 (quinze) dias para o fornecimento do número do registro ao interessado ou a indicação das pendências a serem satisfeitas para sua efetivação.

•• § 2.º acrescentado pela Lei n. 11.977, de 7-7-2009.

§ 3.º O registro da instituição de condomínio ou da especificação do empreendimento constituirá ato único para fins de cobrança de custas e emolumentos.

•• § 3.º acrescentado pela Lei n. 12.424, de 16-6-2011.

§ 4.º É facultada a abertura de matrícula para cada lote ou fração ideal que corresponderá a determinada unidade autônoma, após o registro do loteamento ou da incorporação imobiliária.

•• § 4.º acrescentado pela Lei n. 14.382, de 27-6-2022.

§ 5.º Na hipótese dos 4.º deste artigo, se a abertura da matrícula ocorrer no interesse do serviço, fica vedado o repasse das despesas dela decorrentes ao interessado, mas se a abertura da matrícula ocorrer por requerimento do interessado, o emolumento pelo ato praticado será devido por ele.

•• § 5.º acrescentado pela Lei n. 14.382, de 27-6-2022.

Art. 238. O registro de hipoteca convencional valerá pelo prazo de 30 (trinta) anos, findo o qual só será mantido o número anterior se reconstituída por novo título e novo registro.

Art. 239. As penhoras, arrestos e sequestros de imóveis serão registrados depois de pagas as custas do registro pela parte interessada, em cumprimento de mandado ou à vista de certidão do escrivão, de que constem, além dos requisitos exigidos para o registro, os nomes do juiz, do depositário, das partes e a natureza do processo.

Parágrafo único. A certidão será lavrada pelo escrivão do feito, com a declaração do fim especial a que se destina, após a entrega, em cartório, do mandado devidamente cumprido.

Art. 240. O registro da penhora faz prova quanto à fraude de qualquer transação posterior.

Art. 241. O registro da anticrese no Livro n. 2 declarará, também, o prazo, a época do pagamento e a forma de administração.

Art. 242. O contrato de locação, com cláusula expressa de vigência no caso de alienação do imóvel, registrado no Livro n. 2, consignará, também, o seu valor, a renda, o prazo, o tempo e o lugar do pagamento, bem como pena convencional.

Art. 243. A matrícula do imóvel promovida pelo titular do domínio direto aproveita ao titular do domínio útil, e vice-versa.

Art. 244. As escrituras antenupciais serão registradas no Livro n. 3 do cartório do domicílio conjugal, sem prejuízo de sua averbação obrigatória no lugar da situação dos imóveis de propriedade do casal, ou dos que forem sendo adquiridos e sujeitos a regime de bens diverso do comum, com a declaração das respectivas cláusulas, para ciência de terceiros.

Art. 245. Quando o regime de separação de bens for determinado por lei, far-se-á a respectiva averbação nos termos do artigo anterior, incumbindo ao Ministério Público zelar pela fiscalização e observância dessa providência.

Capítulo VIII
DA AVERBAÇÃO E DO CANCELAMENTO

Art. 246. Além dos casos expressamente indicados no inciso II do *caput* doArt. 167 desta Lei, serão averbadas na matrícula as sub-rogações e outras ocorrências que, por qualquer modo, alterem o registro ou repercutam nos direitos relativos ao imóvel.

•• *Caput* com redação determinada pela Lei n. 14.382, de 27-6-2022.

§ 1.º As averbações a que se referem os itens 4 e 5 do inciso II do art. 167 serão as feitas a requerimento dos interessados, com firma reconhecida, instruído com documento dos interessados, com firma reconhecida, instruído com documento comprobatório fornecido pela autoridade competente. A alteração do nome só poderá ser averbada quando devidamente comprovada por certidão do Registro Civil.

•• § 1.º acrescentado pela Lei n. 10.267, de 28-8-2001.

§ 1.º-A No caso das averbações de que trata o§ 1º deste artigo, o oficial poderá providenciar, preferencialmente por meio eletrônico, a requerimento e às custas do interessado, os documentos comprobatórios necessários perante as autoridades competentes.

•• § 1.º-A acrescentado pela Lei n. 14.382, de 27-6-2022.

§ 2.º Tratando-se de terra indígena com demarcação homologada, a União promoverá o registro da área em seu nome.

•• § 2.º acrescentado pela Lei n. 10.267, de 28-8-2001.

§ 3.º Constatada, durante o processo demarcatório, a existência de domínio privado nos limites da terra indígena, a União requererá ao Oficial de Registro a averbação, na respectiva matrícula, dessa circunstância.

•• § 3.º acrescentado pela Lei n. 10.267, de 28-8-2001.

§ 4.º As providências a que se referem os §§ 2.º e 3.º deste artigo deverão ser efetivadas pelo cartório, no prazo de 30 (trinta) dias, contado a partir do recebimento da solicitação de registro e averbação, sob pena de aplicação de multa diária no valor de R$ 1.000,00 (mil reais), sem prejuízo da responsabilidade civil e penal do Oficial de Registro.

•• § 4.º acrescentado pela Lei n. 10.267, de 28-8-2001.

Art. 247. Averbar-se-á, também, na matrícula, a declaração de indisponibilidade de bens, na forma prevista na lei.

Art. 247-A. É dispensado o habite-se expedido pela prefeitura municipal para a averbação de construção residencial urbana unifamiliar de um só pavimento finalizada há mais de 5 (cinco) anos em área ocupada predominantemente por população de baixa renda, inclusive para o fim de registro ou averbação decorrente de financiamento à moradia.

•• Artigo acrescentado pela Lei n. 13.865, de 8-8-2019.

Art. 248. O cancelamento efetuar-se-á mediante averbação, assinada pelo oficial, seu substituto legal ou escrevente autorizado, e declarará o motivo que o determinou, bem como o título em virtude do qual foi feito.

Art. 249. O cancelamento poderá ser total ou parcial e referir-se a qualquer dos atos do registro.

Art. 250. Far-se-á o cancelamento:

I – em cumprimento de decisão judicial transitada em julgado;

II – a requerimento unânime das partes que tenham participado do ato registrado, se capazes, com as firmas reconhecidas por tabelião;

III – a requerimento do interessado, instruído com documento hábil;

IV – a requerimento da Fazenda Pública, instruído com certidão de conclusão de processo administrativo que declarou, na forma da lei, a rescisão do título de domínio ou da concessão de direito real de uso de imóvel rural, expedido para fins de regularização fundiária, e a reversão do imóvel ao patrimônio público.

•• Inciso IV acrescentado pela Lei n. 11.952, de 25-6-2009.

Art. 251. O cancelamento de hipoteca só pode ser feito:

I – à vista de autorização expressa ou quitação outorgada pelo credor ou seu sucessor, em instrumento público ou particular;

II – em razão de procedimento administrativo ou contencioso, no qual o credor tenha sido intimado (art. 698 do Código de Processo Civil);

III – na conformidade da legislação referente às cédulas hipotecárias.

Art. 251-A. Em caso de falta de pagamento, o cancelamento do registro do compromisso de compra e venda de imóvel será efetuado em conformidade com o disposto neste artigo.

•• *Caput* acrescentado pela Lei n. 14.382, de 27-6-2022.

§ 1.º A requerimento do promitente vendedor, o promitente comprador, ou seu representante legal ou procurador regularmente constituído, será intimado pessoalmente pelo oficial do competente registro de imóveis a satisfazer, no prazo de 30 (trinta) dias, a prestação ou as prestações vencidas e as que vencerem até a data de pagamento, os juros convencionais, a correção monetária, as penalidades e os demais encargos contratuais, os encargos legais, inclusive tributos, as contribuições condominiais ou despesas de conservação e manutenção em loteamentos de acesso controlado, imputáveis ao imóvel, além das despesas de cobrança, de intimação, bem como do registro do contrato, caso esse tenha sido efetuado a requerimento do promitente vendedor.

•• § 1.º acrescentado pela Lei n. 14.382, de 27-6-2022.

§ 2.º O oficial do registro de imóveis poderá delegar a diligência de intimação ao oficial do registro de títulos e documentos da comarca da situação do imóvel ou do domicílio de quem deva recebê-la.

•• § 2.º acrescentado pela Lei n. 14.382, de 27-6-2022.

§ 3.º Aos procedimentos de intimação ou notificação efetuados pelos oficiais de registros públicos, aplicam-se, no que couber, os dispositivos referentes à citação e à intimação previstos na Lei n. 13.105, de 16 de março de 2015 (Código de Processo Civil).

•• § 3.º acrescentado pela Lei n. 14.382, de 27-6-2022.

§ 4.º A mora poderá ser purgada mediante pagamento ao oficial do registro de imóveis, que dará quitação ao promitente comprador ou ao seu cessionário das quantias recebidas no prazo de 3 (três) dias e depositará esse valor na conta bancária informada pelo promitente vendedor no próprio requerimento ou, na falta dessa informação, o cientificará de que o numerário está à sua disposição.

•• § 4.º acrescentado pela Lei n. 14.382, de 27-6-2022.

§ 5.º Se não ocorrer o pagamento, o oficial certificará o ocorrido e intimará o promitente vendedor a promover o recolhimento dos emolumentos para efetuar o cancelamento do registro.

•• § 5.º acrescentado pela Lei n. 14.382, de 27-6-2022.

§ 6.º A certidão do cancelamento do registro do compromisso de compra e venda reputa-se como prova relevante ou determinante para concessão da medida liminar de reintegração de posse.

•• § 6.º acrescentado pela Lei n. 14.382, de 27-6-2022.

Art. 252. O registro, enquanto não cancelado, produz todos os seus efeitos legais ainda que, por outra maneira, se prove que o título está desfeito, anulado, extinto ou rescindido.

Art. 253. Ao terceiro prejudicado é lícito, em juízo, fazer prova da extinção dos ônus reais, e promover o cancelamento do seu registro.

Art. 254. Se, cancelado o registro, subsistirem o título e os direitos dele decorrentes, poderá o credor promover novo registro, o qual só produzirá efeitos a partir da nova data.

Art. 255. Além dos casos previstos nesta Lei, a inscrição de incorporação ou loteamento só será cancelada a requerimento do incorporador ou loteador, enquanto nenhuma unidade ou lote for objeto de transação averbada, ou mediante o consentimento de todos os compromissários ou cessionários.

Art. 256. O cancelamento da servidão, quando o prédio dominante estiver hipotecado, só poderá ser feito com aquiescência do credor, expressamente manifestada.

Art. 257. O dono do prédio serviente terá, nos termos da lei, direito a cancelar a servidão.

Art. 258. O foreiro poderá, nos termos da lei, averbar a renúncia de seu direito, sem dependência do consentimento do senhorio direto.

Art. 259. O cancelamento não pode ser feito em virtude de sentença sujeita, ainda, a recurso.

Capítulo IX
DO BEM DE FAMÍLIA

Art. 260. A instituição do bem de família far-se-á por escritura pública, declarando o instituidor que determinado prédio se destina a domicílio de sua família e ficará isento de execução por dívida.

Art. 261. Para a inscrição do bem de família, o instituidor apresentará ao oficial do registro a escritura pública de instituição, para que mande publicá-la na imprensa local e, à falta, na da capital do Estado ou do Território.

Art. 262. Se não ocorrer razão para dúvida, o oficial fará a publicação, em forma de edital, do qual constará:

I – o resumo da escritura, nome, naturalidade e profissão do instituidor, data do instrumento e nome do tabelião que o fez, situação e características do prédio;

II – o aviso de que, se alguém se julgar prejudicado, deverá, dentro em 30 (trinta) dias, contados da data da publicação, reclamar contra a instituição, por escrito e perante o oficial.

Art. 263. Findo o prazo do n. II do artigo anterior, sem que tenha havido reclamação, o oficial transcreverá a escritura, integralmente, no Livro n. 3 e fará a inscrição na competente matrícula, arquivando um exemplar do jornal em que a publicação houver sido feita e restituindo o instrumento ao apresentante, com a nota da inscrição.

Art. 264. Se for apresentada reclamação, dela fornecerá o oficial, ao instituidor, cópia autêntica e lhe restituirá a escritura, com a declaração de haver sido suspenso o registro, cancelando a prenotação.

§ 1.º O instituidor poderá requerer ao juiz que ordene o registro, sem embargo da reclamação.

§ 2.º Se o juiz determinar que se proceda ao registro, ressalvará ao reclamante o direito de recorrer à ação competente para anular a instituição ou de fazer execução sobre o prédio instituído, na hipótese de tratar-se de divida anterior e cuja solução se tornou inexequível em virtude do ato da instituição.

§ 3.º O despacho do juiz será irrecorrível e, se deferir o pedido, será transcrito integralmente, juntamente com o instrumento.

Art. 265. Quando o bem de família for instituído juntamente com a transmissão da propriedade (Decreto-lei n. 3.200, de 14-4-1941, art. 8.º, § 5.º), a inscrição far-se-á imediatamente após o registro da transmissão ou, se for o caso, com a matrícula.

Capítulo X
DA REMIÇÃO DO IMÓVEL HIPOTECADO

Art. 266. Para remir o imóvel hipotecado, o adquirente requererá, no prazo legal, a citação dos credores hipotecários propondo, para a remição, no mínimo, o preço por que adquiriu o imóvel.

Art. 267. Se o credor, citado, não se opuser à remição, ou não comparecer, lavrar-se-á termo de pagamento e quitação e o juiz ordenará, por sentença, o cancelamento da hipoteca.

Parágrafo único. No caso de revelia, consignar-se-á o preço à custa do credor.

Art. 268. Se o credor, citado, comparecer e impugnar o preço oferecido, o juiz mandará promover a licitação entre os credores hipotecários, os fiadores e o próprio adquirente, autorizando a venda judicial a quem oferecer maior preço.

§ 1.º Na licitação, será preferido, em igualdade de condições, o lanço do adquirente.

§ 2.º Na falta de arrematante, o valor será o proposto pelo adquirente.

Art. 269. Arrematado o imóvel e depositado, dentro de 48 (quarenta e oito) horas, o respectivo preço, o juiz mandará cancelar a hipoteca, sub-rogando-se no produto da venda os direitos do credor hipotecário.

Art. 270. Se o credor de segunda hipoteca, embora não vencida a dívida, requerer a remição, juntará o título e certidão da inscrição da anterior e depositará a importância devida ao primeiro credor, pedindo a citação deste para levantar o depósito e a do devedor para dentro do prazo de 5 (cinco) dias remir a hipoteca, sob pena de ficar o requerente sub-rogado nos direitos creditórios, sem prejuízo dos que lhe couberem em virtude da segunda hipoteca.

Art. 271. Se o devedor não comparecer ou não remir a hipoteca, os autos serão conclusos ao juiz para julgar por sentença a remição pedida pelo segundo credor.

Art. 272. Se o devedor comparecer e quiser efetuar a remição, notificar-se-á o credor para receber o preço, ficando sem efeito o depósito realizado pelo autor.

Art. 273. Se o primeiro credor estiver promovendo a execução da hipoteca, a remição, que abrangerá a importância das custas e despesas realizadas, não se efetuará antes da primeira praça, nem depois de assinado o auto de arrematação.

Art. 274. Na remição de hipoteca legal em que haja interesse de incapaz intervirá o Ministério Público.

Art. 275. Das sentenças que julgarem o pedido de remição caberá o recurso de apelação com ambos os efeitos.

Art. 276. Não é necessária a remição quando o credor assinar, com o vendedor, escritura de venda do imóvel gravado.

Capítulo XI
DO REGISTRO TORRENS

Art. 277. Requerida a inscrição de imóvel rural no Registro Torrens, o oficial protocolizará e autuará o requerimento e documentos que o instruírem e verificará se o pedido se acha em termos de ser despachado.

Art. 278. O requerimento será instruído com:

I – os documentos comprobatórios do domínio do requerente;

II – a prova de quaisquer atos que modifiquem ou limitem a sua propriedade;

III – o memorial de que constem os encargos do imóvel, os nomes dos ocupantes, confrontantes, quaisquer interessados, e a indicação das respectivas residências;

IV – a planta do imóvel, cuja escala poderá variar entre os limites: 1:500m (1/500) e 1:5.000m (1/5.000).

§ 1.º O levantamento da planta obedecerá às seguintes regras:

a) empregar-se-ão goniômetros ou outros instrumentos de maior precisão;

b) a planta será orientada segundo o mediano do lugar, determinada a declinação magnética;

c) fixação dos pontos de referência necessários a verificações ulteriores e de marcos especiais, ligados a pontos certos e estáveis nas sedes das propriedades, de maneira que a planta possa incorporar-se à carta geral cadastral.

§ 2.º Às plantas serão anexados o memorial e as cadernetas das operações de campo, autenticadas pelo agrimensor.

Art. 279. O imóvel sujeito a hipoteca ou ônus real não será admitido a registro sem consentimento expresso do credor hipotecário ou da pessoa em favor de quem se tenha instituído o ônus.

Art. 280. Se o oficial considerar irregular o pedido ou a documentação, poderá conceder o prazo de 30 (trinta) dias para que o interessado os regularize. Se o requerente não estiver de acordo com a exigência do oficial, este suscitará dúvida.

Art. 281. Se o oficial considerar em termos o pedido, remetê-lo-á a juízo para ser despachado.

Art. 282. O juiz, distribuído o pedido a um dos cartórios judiciais, se entender que os documentos justificam a propriedade do requerente, mandará expedir edital que será afixado no lugar de costume e publicado uma vez no órgão oficial do Estado e três vezes na imprensa local, se houver, marcando prazo não menor de 2 (dois) meses, nem maior de 4 (quatro) meses para que se ofereça oposição.

Art. 283. O juiz ordenará, de ofício ou a requerimento da parte, que, à custa do peticionário, se notifiquem do requerimento as pessoas nele indicadas.

Art. 284. Em qualquer hipótese será ouvido o órgão do Ministério Público, que poderá impugnar o registro por falta de prova completa do domínio ou preterição de outra formalidade legal.

Art. 285. Feita a publicação do edital, a pessoa que se julgar com direito sobre o imóvel, no todo ou em parte, poderá contestar o pedido no prazo de 15 (quinze) dias.

§ 1.º A contestação mencionará o nome e a residência do réu, fará a descrição exata do imóvel e indicará os direitos reclamados e os títulos em que se fundarem.

§ 2.º Se não houver contestação, e se o Ministério Público não impugnar o pedido, o juiz ordenará que se inscreva o imóvel, que ficará, assim, submetido aos efeitos do Registro Torrens.

Art. 286. Se houver contestação ou impugnação, o procedimento será ordinário, cancelando-se, mediante mandado, a prenotação.

Art. 287. Da sentença que deferir, ou não, o pedido, cabe o recurso de apelação, com ambos os efeitos.

Art. 288. Transitada em julgado a sentença que deferir o pedido, o oficial inscreverá, na matrícula, o julgado que determinou a submissão do imóvel aos efeitos do Registro Torrens, arquivando em cartório a documentação autuada.

Capítulo XII
DO REGISTRO DA REGULARIZAÇÃO FUNDIÁRIA URBANA

•• Capítulo XII acrescentado pela Lei n. 12.424, de 16-6-2011.

Art. 288-A. O procedimento de registro da regularização fundiária urbana observará o disposto em legislação específica.

•• Artigo com redação determinada pela Lei n. 13.465, de 11-7-2017.

Arts. 288-B a 288-G. (*Revogados pela Lei n. 13.465, de 11-7-2017.*)

TÍTULO VI
DAS DISPOSIÇÕES FINAIS E TRANSITÓRIAS

Art. 289. No exercício de suas funções, cumpre aos oficiais de registro fazer rigorosa fiscalização do pagamento dos impostos devidos por força dos atos que lhes forem apresentados em razão do ofício.

Art. 290. Os emolumentos devidos pelos atos relacionados com a primeira aquisição imobiliária para fins residenciais, financiada pelo Sistema Financeiro da Habitação, serão reduzidos em 50% (cinquenta por cento).

•• *Caput* com redação determinada pela Lei n. 6.941, de 14-9-1981.

§ 1.º O registro e a averbação referentes à aquisição da casa própria, em que seja parte cooperativa habitacional ou entidade assemelhada, serão considerados, para efeito de cálculo de custas e emolumentos, como um ato apenas, não podendo a sua cobrança exceder o limite correspondente a 40% (quarenta por cento) do maior valor de referência.

•• § 1.º com redação determinada pela Lei n. 6.941, de 14-9-1981.

§ 2.º Nos demais programas de interesse social, executados pelas Companhias de Habitação Popular – COHABs ou entidades assemelhadas, os emolumentos e as custas devidos pelos atos de aquisição de imóveis e pelos de averbação de construção estarão sujeitos às seguintes limitações:

a) imóvel de até 60 m² (sessenta metros quadrados) de área construída: 10% (dez por cento) do maior valor de referência;

b) de mais de 60 m² (sessenta metros quadrados) até 70 m² (setenta metros quadrados) de área construída: 15% (quinze por cento) do maior valor de referência;

c) de mais de 70 m² (setenta metros quadrados) e até 80 m² (oitenta metros quadrados) de área construída: 20% (vinte por cento) do maior valor de referência.

•• § 2.º com redação determinada pela Lei n. 6.941, de 14-9-1981.

§ 3.º Os emolumentos devidos pelos atos relativos a financiamento rural serão cobrados de acordo com a legislação federal.

•• § 3.º com redação determinada pela Lei n. 6.941, de 14-9-1981.

§ 4.º As custas e emolumentos devidos aos Cartórios de Notas e de Registro de Imóveis, nos atos relacionados com a aquisição imobiliária para fins residenciais, oriundos de programas e convênios com a União, Estados, Distrito Federal e Municípios, para a construção de habitações populares destinadas a famílias de baixa renda, pelo sistema de mutirão e autoconstrução orientada, serão reduzidos para vinte por cento da tabela cartorária normal, considerando-se que o imóvel será limitado a até sessenta e nove metros quadrados de área construída, em terreno de até duzentos e cinquenta metros quadrados.

•• § 4.º acrescentado pela Lei n. 9.934, de 20-12-1999.

§ 5.º Os cartórios que não cumprirem o disposto no § 4.º ficarão sujeitos a multa de até R$ 1.120,00 (um mil, cento e vinte reais) a ser aplicada pelo juiz, com a atualização que se fizer necessária, em caso de desvalorização da moeda.

•• § 5.º acrescentado pela Lei n. 9.934, de 20-12-1999.

Art. 290-A. Devem ser realizados independentemente do recolhimento de custas e emolumentos:

•• *Caput* acrescentado pela Lei n. 11.481, de 31-5-2007.

I – o primeiro registro de direito real constituído em favor de beneficiário de regularização fundiária de interesse social em áreas urbanas e em áreas rurais de agricultura familiar;

•• Inciso I acrescentado pela Lei n. 11.481, de 31-5-2007.

II – a primeira averbação de construção residencial de até 70 m² (setenta metros quadrados) de edificação em áreas urbanas objeto de regularização fundiária de interesse social;

•• Inciso II acrescentado pela Lei n. 11.481, de 31-5-2007.

III – o registro de título de legitimação de posse, concedido pelo poder público, de que trata o art. 59 da Lei n. 11.977, de 7 de julho de 2009, e de sua conversão em propriedade;

•• Inciso III acrescentado pela Lei n. 12.424, de 16-6-2011.

IV – o registro do título de transferência do direito real de propriedade ou de outro direito ao beneficiário de projetos de assentamento rurais promovidos pelo Instituto Nacional de Colonização e Reforma Agrária (Incra) com base nas Leis n. 4.504, de 30 de novembro de 1964, e 8.629, de 25 de fevereiro de 1993, ou em outra lei posterior com finalidade similar.

•• Inciso IV acrescentado pela Lei n. 14.382, de 27-6-2022.

§ 1.º O registro e a averbação de que tratam os incisos I, II e III do *caput* deste artigo independem da comprovação do pagamento de quaisquer tributos, inclusive previdenciários.

•• § 1.º com redação determinada pela Lei n. 12.424, de 16-6-2011.

§ 2.º (*Revogado pela Lei n. 12.424, de 16-6-2011.*)

Art. 291. A emissão ou averbação da cédula hipotecária, consolidando créditos hipotecários de um só credor, não implica modificação da ordem preferencial dessas hipotecas em relação a outras que lhes sejam posteriores e que garantam créditos não incluídos na consolidação.

•• Artigo acrescentado pela Lei n. 6.941, de 14-9-1981.

Art. 292. É vedado aos tabeliães e aos oficiais de registro de imóveis, sob pena de responsabilidade, lavrar

Lei n. 6.015, de 31-12-1973 — **Registros Públicos**

ou registrar escritura ou escritos particulares autorizados por lei, que tenham por objeto imóvel hipotecado a entidade do Sistema Financeiro da Habitação, ou direitos a eles relativos, sem que conste dos mesmos, expressamente, a menção ao ônus real e ao credor, bem como a comunicação ao credor, necessariamente feita pelo alienante, com antecedência de, no mínimo, 30 (trinta) dias.

•• Artigo acrescentado pela Lei n. 6.941, de 14-9-1981.

Art. 293. Se a escritura deixar de ser lavrada no prazo de 60 (sessenta) dias a contar da data da comunicação do alienante, esta perderá a validade.

•• *Caput* acrescentado pela Lei n. 6.941, de 14-9-1981.

Parágrafo único. A ciência da comunicação não importará consentimento tácito do credor hipotecário.

•• Parágrafo único acrescentado pela Lei n. 6.941, de 14-9-1981.

Art. 294. Nos casos de incorporação de bens imóveis do patrimônio público, para a formação ou integralização do capital de sociedade por ações da administração indireta ou para a formação do patrimônio de empresa pública, o oficial do respectivo registro de imóveis fará o novo registro em nome da entidade a que os mesmos forem incorporados ou transferidos, valendo-se, para tanto, dos dados característicos e confrontações constantes do anterior.

§ 1.º Servirá como título hábil para o novo registro o instrumento pelo qual a incorporação ou transferência se verificou, em cópia autêntica, ou exemplar do órgão oficial no qual foi aquele publicado.

§ 2.º Na hipótese de não coincidência das características do imóvel com as constantes do registro existente, deverá a entidade, ao qual foi o mesmo incorporado ou transferido, promover a respectiva correção mediante termo aditivo ao instrumento de incorporação ou transferência e do qual deverão constar, entre outros elementos, seus limites ou confrontações, sua descrição e caracterização.

§ 3.º Para fins do registro de que trata o presente artigo, considerar-se-á, como valor de transferência dos bens, o constante do instrumento a que alude o § 1.º.

•• Anterior art. 291. Renumerado pela Lei n. 6.941, de 14-9-1981.

Art. 295. O encerramento dos livros em uso, antes da vigência da presente Lei, não exclui a validade dos atos neles registrados, nem impede que, neles, se façam as averbações e anotações posteriores.

Parágrafo único. Se a averbação ou anotação dever ser feita no Livro n. 2 do Registro de Imóvel, pela presente Lei, e não houver espaço nos anteriores Livros de Transcrição das Transmissões, será aberta a matrícula do imóvel.

•• Anterior art. 292. Renumerado pela Lei n. 6.941, de 14-9-1981.

Art. 296. Aplicam-se aos registros referidos no art. 1.º, § 1.º, I, II e III, desta Lei, as disposições relativas ao processo de dúvida no registro de imóveis.

•• Anterior art. 293. Renumerado pela Lei n. 6.941, de 14-9-1981.

Art. 297. Os oficiais, na data de vigência desta Lei, lavrarão termo de encerramento nos livros, e dele remeterão cópia ao juiz a que estiverem subordinados.

Parágrafo único. Sem prejuízo do cumprimento integral das disposições desta Lei, os livros antigos poderão ser aproveitados, até o seu esgotamento, mediante autorização judicial e adaptação aos novos modelos, iniciando-se nova numeração.

•• Anterior art. 294. Renumerado pela Lei n. 6.941, de 14-9-1981.

Art. 298. Esta Lei entrará em vigor no dia 1.º de janeiro de 1976.

•• Anterior art. 295. Renumerado pela Lei n. 6.941, de 14-9-1981.

Art. 299. Revogam-se a Lei n. 4.827, de 7 de março de 1924, os Decretos n. 4.857, de 9 de novembro de 1939, 5.318, de 29 de fevereiro de 1940, 5.553, de 6 de maio de 1940, e as demais disposições em contrário.

•• Anterior art. 296. Renumerado pela Lei n. 6.941, de 14-9-1981.

Brasília, 31 de dezembro de 1973; 152.º da Independência e 85.º da República.

EMÍLIO G. MÉDICI

REGISTRO DE IMÓVEIS – Modelo do Livro n. 1 – Protocolo

REGISTRO DE IMÓVEIS PROTOCOLO				
Livro n. 1				ANO:
N. de ordem	Data	NOME DO APRESENTANTE	Natureza formal do título	ANOTAÇÕES

Dimensões máximas de acordo com o art. 3.º, § 1.º:
Altura: 0,55m
Largura: 0,40m

REGISTRO DE IMÓVEIS – Modelo do Livro n. 2 – Registro Geral

REGISTRO DE IMÓVEIS REGISTRO GERAL	
Livro n. 2	Fl. ....
MATRÍCULA N. .... IDENTIFICAÇÃO NOMINAL NOME, DOMICÍLIO E NACIONALIDADE DO PROPRIETÁRIO NÚMERO DO REGISTRO ANTERIOR	Data ....

Dimensões máximas de acordo com o art. 3.º, § 1.º:
Altura: 0,55m
Largura: 0,40m

REGISTRO DE IMÓVEIS – Modelo do Livro n. 3 – Registro Auxiliar

REGISTRO DE IMÓVEIS Registro Auxiliar				
Livro n. 3				ANO:
N. de ordem	Data	REGISTRO	Referências aos demais livros	AVERBAÇÕES

Dimensões máximas de acordo com o art. 3.º, § 1.º:
Altura: 0,55m
Largura: 0,40m

REGISTRO DE IMÓVEIS – Modelo do Livro n. 4 – Indicador Real

REGISTRO DE IMÓVEIS INDICADOR REAL			
Livro n. 4				ANO:
N. de ordem	Data	IDENTIFICAÇÃO DO IMÓVEL	Referências aos demais livros	ANOTAÇÕES

Dimensões máximas de acordo com o art. 3.º, § 1.º:
Altura: 0,55m
Largura: 0,40m

REGISTRO DE IMÓVEIS – Modelo do Livro n. 5 – Indicador Pessoal

REGISTRO DE IMÓVEIS INDICADOR PESSOAL			
Livro n. 5				ANO:
N. de ordem	PESSOAS	IDENTIFICAÇÃO DO IMÓVEL	Referências aos demais livros	ANOTAÇÕES

Dimensões máximas de acordo com o art. 3.º, § 1.º:
Altura: 0,55m
Largura: 0,40m

LEI N. 6.515, DE 26 DE DEZEMBRO DE 1977 (*)

Regula os casos de dissolução da sociedade conjugal e do casamento, seus efeitos e respectivos processos, e dá outras providências.

O Presidente da República.

Faço saber que o Congresso Nacional decreta e eu sanciono a seguinte Lei:

Art. 1.º A separação judicial, a dissolução do casamento, ou a cessação de seus efeitos civis, de que trata a Emenda Constitucional n. 9, de 28 de junho de 1977, ocorrerão nos casos e segundo a forma que esta Lei regula.

•• *Vide* Emenda Constitucional n. 66, de 13-7-2010, que instituiu o divórcio direto.

Capítulo I
DA DISSOLUÇÃO DA SOCIEDADE CONJUGAL

•• *Vide* Emenda Constitucional n. 66, de 13-7-2010, que instituiu o divórcio direto.

Art. 2.º A sociedade conjugal termina:

I – pela morte de um dos cônjuges;

II – pela nulidade ou anulação do casamento;

III – pela separação judicial;

IV – pelo divórcio.

Parágrafo único. O casamento válido somente se dissolve pela morte de um dos cônjuges ou pelo divórcio.

(*) Publicada no *DOU*, de 27-12-1977. Retificada em 11-4-1978. Sobre OTN, *vide* Nota dos Organizadores.

Lei n. 6.515, de 26-12-1977 — Divórcio

•• Vide art. 226, § 6.º, da CF.

Seção I
Dos Casos e Efeitos da Separação Judicial

Art. 3.º A separação judicial põe termo aos deveres de coabitação, fidelidade recíproca e ao regime matrimonial de bens, como se o casamento fosse dissolvido.

§ 1.º O procedimento judicial da separação caberá somente aos cônjuges, e, no caso de incapacidade, serão representados por curador, ascendente ou irmão.

§ 2.º O juiz deverá promover todos os meios para que as partes se reconciliem ou transijam, ouvindo pessoal e separadamente cada uma delas e, a seguir, reunindo-as em sua presença, se assim considerar necessário.

§ 3.º Após a fase prevista no parágrafo anterior, se os cônjuges pedirem, os advogados deverão ser chamados a assistir aos entendimentos e deles participar.

Art. 4.º Dar-se-á a separação judicial por mútuo consentimento dos cônjuges, se forem casados há mais de 2 (dois) anos, manifestado perante o juiz e devidamente homologado.

Art. 5.º A separação judicial pode ser pedida por um só dos cônjuges quando imputar ao outro conduta desonrosa ou qualquer ato que importe em grave violação dos deveres do casamento e torne insuportável a vida em comum.

§ 1.º A separação judicial pode, também, ser pedida se um dos cônjuges provar a ruptura da vida em comum há mais de 1 (um) ano consecutivo, e a impossibilidade de sua reconstituição.

•• § 1.º com redação determinada pela Lei n. 8.408, de 13-2-1992.

§ 2.º O cônjuge pode ainda pedir a separação judicial quando o outro estiver acometido de grave doença mental, manifestada após o casamento, que torne impossível a continuação da vida em comum, desde que, após uma duração de 5 (cinco) anos, a enfermidade tenha sido reconhecida de cura improvável.

§ 3.º Nos casos dos parágrafos anteriores, reverterão, ao cônjuge que não houver pedido a separação judicial, os remanescentes dos bens que levou para o casamento, e, se o regime de bens adotado o permitir, também a meação nos adquiridos na constância da sociedade conjugal.

Art. 6.º Nos casos dos §§ 1.º e 2.º do artigo anterior, a separação judicial poderá ser negada, se constituir, respectivamente, causa de agravamento das condições pessoais ou da doença do outro cônjuge, ou determinar, em qualquer caso, consequências morais de excepcional gravidade para os filhos menores.

Art. 7.º A separação judicial importará na separação de corpos e na partilha de bens.

§ 1.º A separação de corpos poderá ser determinada como medida cautelar (art. 796 do Código de Processo Civil).

§ 2.º A partilha de bens poderá ser feita mediante proposta dos cônjuges e homologada pelo juiz ou por este decidida.

Art. 8.º A sentença que julgar a separação judicial produz seus efeitos à data de seu trânsito em julgado, ou à da decisão que tiver concedido separação cautelar.

Seção II
Da Proteção da Pessoa dos Filhos

Art. 9.º No caso de dissolução da sociedade conjugal pela separação judicial consensual (art. 4.º), observar-se-á o que os cônjuges acordarem sobre a guarda dos filhos.

Art. 10. Na separação judicial fundada no *caput* do art. 5.º, os filhos menores ficarão com o cônjuge que a ela não houver dado causa.

§ 1.º Se pela separação judicial forem responsáveis ambos os cônjuges, os filhos menores ficarão em poder da mãe, salvo se o juiz verificar que de tal solução possa advir prejuízo de ordem moral para eles.

§ 2.º Verificado que não devem os filhos permanecer em poder da mãe nem do pai, deferirá o juiz a sua guarda a pessoa notoriamente idônea da família de qualquer dos cônjuges.

Art. 11. Quando a separação judicial ocorrer com fundamento no § 1.º do art. 5.º, os filhos ficarão em poder do cônjuge em cuja companhia estavam durante o tempo de ruptura da vida em comum.

Art. 12. Na separação judicial fundada no § 2.º do art. 5.º, o juiz deferirá a entrega dos filhos ao cônjuge que estiver em condições de assumir, normalmente, a responsabilidade de sua guarda e educação.

Art. 13. Se houver motivos graves, poderá o juiz, em qualquer caso, a bem dos filhos, regular por maneira diferente da estabelecida nos artigos anteriores a situação deles com os pais.

Art. 14. No caso de anulação do casamento, havendo filhos comuns, observar-se-á o disposto nos arts. 10 e 13.

Parágrafo único. Ainda que nenhum dos cônjuges esteja de boa-fé ao contrair o casamento, seus efeitos civis aproveitarão aos filhos comuns.

Art. 15. Os pais, em cuja guarda não estejam os filhos, poderão visitá-los e tê-los em sua companhia, segundo fixar o juiz, bem como fiscalizar sua manutenção e educação.

Art. 16. As disposições relativas à guarda e à prestação de alimentos aos filhos menores estendem-se aos filhos maiores inválidos.

Seção III
Do Uso do Nome

Art. 17. Vencida na ação de separação judicial (art. 5.º, *caput*), voltará a mulher a usar o nome de solteira.

§ 1.º Aplica-se, ainda, o disposto neste artigo, quando é da mulher a iniciativa da separação judicial com fundamento nos §§ 1.º e 2.º do art. 5.º.

§ 2.º Nos demais casos, caberá à mulher a opção pela conservação do nome de casada.

Art. 18. Vencedora na ação de separação judicial (art. 5.º, *caput*), poderá a mulher renunciar, a qualquer momento, ao direito de usar o nome do marido.

Seção IV
Dos Alimentos

Art. 19. O cônjuge responsável pela separação judicial prestará ao outro, se dela necessitar, a pensão que o juiz fixar.

Art. 20. Para manutenção dos filhos, os cônjuges, separados judicialmente, contribuirão na proporção de seus recursos.

Art. 21. Para assegurar o pagamento da pensão alimentícia, o juiz poderá determinar a constituição de garantia real ou fidejussória.

§ 1.º Se o cônjuge credor preferir, o juiz poderá determinar que a pensão consista no usufruto de determinados bens do cônjuge devedor.

§ 2.º Aplica-se, também, o disposto no parágrafo anterior, se o cônjuge credor justificar a possibilidade do não recebimento regular da pensão.

Art. 22. Salvo decisão judicial, as prestações alimentícias, de qualquer natureza, serão corrigidas monetariamente na forma dos índices de atualização das Obrigações do Tesouro Nacional – OTN.

Parágrafo único. No caso do não pagamento das referidas prestações no vencimento, o devedor responderá, ainda, por custas e honorários de advogado apurados simultaneamente.

Art. 23. A obrigação de prestar alimentos transmite-se aos herdeiros do devedor, na forma do art. 1.796 do Código Civil.

•• A referência é feita a dispositivo do CC de 1916. *Vide* arts. 1.700 e 1.997 do Código vigente.

Capítulo II
DO DIVÓRCIO

•• *Vide* Emenda Constitucional n. 66, de 13-7-2010, que instituiu o divórcio direto.

Art. 24. O divórcio põe termo ao casamento e aos efeitos civis do matrimônio religioso.

Parágrafo único. O pedido somente competirá aos cônjuges, podendo, contudo, ser exercido, em caso de incapacidade, por curador, ascendente ou irmão.

Art. 25. A conversão em divórcio da separação judicial dos cônjuges existente há mais de 1 (um) ano, contada da data da decisão ou da que concedeu a medida cautelar correspondente (art. 8.º), será decretada por sentença, da qual não constará referência à causa que a determinou.

•• *Caput* com redação dada pela Lei n. 8.408, de 13-2-1992.

Parágrafo único. A sentença de conversão determinará que a mulher volte a usar o nome que tinha antes de contrair matrimônio, só conservando o nome de família do ex-marido se a alteração prevista neste artigo acarretar:

I – evidente prejuízo para a sua identificação;

II – manifesta distinção entre o seu nome de família e o dos filhos havidos da união dissolvida;

III – dano grave reconhecido em decisão judicial.

•• Parágrafo único e incisos com redação determinada pela Lei n. 8.408, de 13-2-1992.

•• *Vide* art. 226, § 5.º, da CF.

Art. 26. No caso de divórcio resultante da separação prevista nos §§ 1.º e 2.º do art. 5.º, o cônjuge que teve a iniciativa da separação continuará com o dever de assistência ao outro (Código Civil, art. 231, III).

•• A referência é feita a dispositivo do CC de 1916. No Código vigente: art. 1.566, III.

Art. 27. O divórcio não modificará os direitos e deveres dos pais em relação aos filhos.

Parágrafo único. O novo casamento de qualquer dos pais ou de ambos também não importará restrição a esses direitos e deveres.

Art. 28. Os alimentos devidos pelos pais e fixados na sentença de separação poderão ser alterados a qualquer tempo.

Art. 29. O novo casamento do cônjuge credor da pensão extinguirá a obrigação do cônjuge devedor.

Art. 30. Se o cônjuge devedor da pensão vier a casar-se, o novo casamento não alterará sua obrigação.

Art. 31. Não se decretará o divórcio se ainda não houver sentença definitiva de separação judicial, ou se esta não tiver decidido sobre a partilha dos bens.

•• *Vide* Emenda Constitucional n. 66, de 13-7-2010, sobre divórcio.

•• *Vide* art. 1.581 do CC.

Art. 32. A sentença definitiva do divórcio produzirá efeitos depois de registrada no Registro Público competente.

Art. 33. Se os cônjuges divorciados quiserem restabelecer a união conjugal só poderão fazê-lo mediante novo casamento.

Capítulo III
DO PROCESSO

Art. 34. A separação judicial consensual se fará pelo procedimento previsto nos arts. 1.120 e 1.124 do Código de Processo Civil, e as demais pelo procedimento ordinário.

•• A referência é feita ao CPC de 1973. Dispõem sobre a matéria os arts. 731 e 733 do CPC de 2015.

§ 1.º A petição será também assinada pelos advogados das partes ou pelo advogado escolhido de comum acordo.

§ 2.º O juiz pode recusar a homologação e não decretar a separação judicial, se comprovar que a convenção não preserva suficientemente os interesses dos filhos ou de um dos cônjuges.

§ 3.º Se os cônjuges não puderem ou não souberem assinar, é lícito que outrem o faça a rogo deles.

§ 4.º As assinaturas, quando não lançadas na presença do juiz, serão, obrigatoriamente, reconhecidas por tabelião.

Art. 35. A conversão da separação judicial em divórcio será feita mediante pedido de qualquer dos cônjuges.

Parágrafo único. O pedido será apensado aos autos da separação judicial (art. 48).

Art. 36. Do pedido referido no artigo anterior, será citado o outro cônjuge, em cuja resposta não caberá reconvenção.

Parágrafo único. A contestação só pode fundar-se em:

I – falta de decurso de 1 (um) ano da separação judicial;

•• Item I com redação determinada pela Lei n. 7.841, de 17-10-1989.

II – descumprimento das obrigações assumidas pelo requerente na separação.

Art. 37. O juiz conhecerá diretamente do pedido, quando não houver contestação ou necessidade de produzir prova em audiência, e proferirá sentença dentro em 10 (dez) dias.

§ 1.º A sentença limitar-se-á à conversão da separação em divórcio, que não poderá ser negada, salvo se provada qualquer das hipóteses previstas no parágrafo único do artigo anterior.

§ 2.º A improcedência do pedido de conversão não impede que o mesmo cônjuge o renove, desde que satisfeita a condição anteriormente descumprida.

Art. 38. (*Revogado pela Lei n. 7.841, de 17-10-1989.*)

Art. 39. No Capítulo III do Título II do Livro IV do Código de Processo Civil, as expressões "desquite por mútuo consentimento", "desquite" e "desquite litigioso" são substituídas por "separação consensual" e "separação judicial".

Capítulo IV
DAS DISPOSIÇÕES FINAIS E TRANSITÓRIAS

Art. 40. No caso de separação de fato, e desde que completados 2 (dois) anos consecutivos, poderá ser promovida ação de divórcio, na qual deverá ser comprovado decurso do tempo da separação.

•• *Caput* com redação determinada pela Lei n. 7.841, de 17-10-1989.

§ 1.º (*Revogado pela Lei n. 7.841, de 17-10-1989.*)

§ 2.º No divórcio consensual, o procedimento adotado será o previsto nos arts. 1.120 a 1.124 do Código de Processo Civil, observadas, ainda, as seguintes normas:

I – a petição conterá a indicação dos meios probatórios da separação de fato, e será instruída com a prova documental já existente;

II – a petição fixará o valor da pensão do cônjuge que dela necessitar para sua manutenção, e indicará as garantias para o cumprimento da obrigação assumida;

III – se houver prova testemunhal, ela será produzida na audiência de ratificação do pedido de divórcio, a qual será obrigatoriamente realizada;

IV – a partilha dos bens deverá ser homologada pela sentença do divórcio.

§ 3.º Nos demais casos, adotar-se-á o procedimento ordinário.

Art. 41. As causas de desquite em curso na data da vigência desta Lei, tanto as que se processam pelo procedimento especial quanto as de procedimento ordinário, passam automaticamente a visar à separação judicial.

Art. 42. As sentenças já proferidas em causas de desquite são equiparadas, para os efeitos desta Lei, às de separação judicial.

Art. 43. Se, na sentença do desquite, não tiver sido homologada ou decidida a partilha dos bens, ou quando esta não tenha sido feita posteriormente, a decisão de conversão disporá sobre ela.

Art. 44. Contar-se-á o prazo de separação judicial a partir da data em que, por decisão judicial proferida em qualquer processo, mesmo nos de jurisdição voluntária, for determinada ou presumida a separação dos cônjuges.

Art. 45. Quando o casamento se seguir a uma comunhão de vida entre os nubentes, existente antes de 28 de junho de 1977, que haja perdurado por 10 (dez) anos consecutivos ou da qual tenham resultado filhos, o regime matrimonial de bens será estabelecido livremente, não se lhe aplicando o disposto no art. 258, parágrafo único, II, do Código Civil.

•• A referência é feita a dispositivo do CC de 1916. No Código vigente: art. 1.641, II.

Art. 46. Seja qual for a causa da separação judicial, e o modo como esta se faça, é permitido aos cônjuges restabelecer a todo o tempo a sociedade conjugal, nos termos em que fora constituída, contanto que o façam mediante requerimento nos autos da ação de separação.

Parágrafo único. A reconciliação em nada prejudicará os direitos de terceiros, adquiridos antes e durante a separação, seja qual for o regime de bens.

Art. 47. Se os autos do desquite ou os da separação judicial tiverem sido extraviados, ou se encontrarem em outra circunscrição judiciária, o pedido de conversão em divórcio será instruído com a certidão da sentença, ou da sua averbação no assento de casamento.

Art. 48. Aplica-se o disposto no artigo anterior, quando a mulher desquitada tiver domicílio diverso daquele em que se julgou o desquite.

Art. 49. Os §§ 5.º e 6.º do art. 7.º da Lei de Introdução ao Código Civil passam a vigorar com a seguinte redação:

•• Alteração parcialmente prejudicada pela Lei n. 12.036, de 1.º-10-2009, que deu nova redação ao § 6.º.

•• A ementa da LICC foi alterada pela Lei n. 12.376, de 30-12-2010, para LINDB.

Art. 50. São introduzidas no Código Civil as alterações seguintes:

•• Modificações prejudicadas em face da revogação do CC de 1916 pela Lei n. 10.406, de 10-1-2002.

Art. 53. A presente Lei entra em vigor na data de sua publicação.

Art. 54. Revogam-se os arts. 315 a 328 e o § 1.º do art. 1.605 do Código Civil e as demais disposições em contrário.

•• Refere-se ao CC de 1916 (Lei n. 3.071, de 1.º-1-1916).

Brasília, 26 de dezembro de 1977; 156.º da Independência e 89.º da República.

Ernesto Geisel

LEI N. 6.766,
DE 19 DE DEZEMBRO DE 1979 (*)

Dispõe sobre o parcelamento do solo urbano e dá outras providências.

O Presidente da República

Faço saber que o Congresso Nacional decreta e eu sanciono a seguinte Lei:

Art. 1.º O parcelamento do solo para fins urbanos será regido por esta Lei.

Parágrafo único. Os Estados, o Distrito Federal e os Municípios poderão estabelecer normas complementares relativas ao parcelamento do solo municipal para adequar o previsto nesta Lei às peculiaridades regionais e locais.

Capítulo I
DISPOSIÇÕES PRELIMINARES

Art. 2.º O parcelamento do solo urbano poderá ser feito mediante loteamento ou desmembramento, observadas as disposições desta Lei e as das legislações estaduais e municipais pertinentes.

(*) Publicada no *DOU*, de 20-12-1979. Sobre INCRA, *vide* Nota dos Organizadores.

§ 1.º Considera-se loteamento a subdivisão de gleba em lotes destinados a edificação, com abertura de novas vias de circulação, de logradouros públicos ou prolongamento, modificação ou ampliação das vias existentes.

§ 2.º Considera-se desmembramento a subdivisão de gleba em lotes destinados a edificação, com aproveitamento do sistema viário existente, desde que não implique a abertura de novas vias e logradouros públicos, nem prolongamento, modificação ou ampliação das já existentes.

§ 3.º (*Vetado.*)

•• § 3.º acrescentado pela Lei n. 9.785, de 29-1-1999.

§ 4.º Considera-se lote o terreno servido de infraestrutura básica cujas dimensões atendam aos índices urbanísticos definidos pelo plano diretor ou lei municipal para a zona em que se situe.

•• § 4.º acrescentado pela Lei n. 9.785, de 29-1-1999.

§ 5.º A infraestrutura básica dos parcelamentos é constituída pelos equipamentos urbanos de escoamento das águas pluviais, iluminação pública, esgotamento sanitário, abastecimento de água potável, energia elétrica pública e domiciliar e vias de circulação.

•• § 5.º com redação determinada pela Lei n. 11.445, de 5-1-2007.

§ 6.º A infraestrutura básica dos parcelamentos situados nas zonas habitacionais declaradas por lei como de interesse social (ZHIS) consistirá, no mínimo, de:

I – vias de circulação;

II – escoamento das águas pluviais;

III – rede para o abastecimento de água potável; e

IV – soluções para o esgotamento sanitário e para a energia elétrica domiciliar.

•• § 6.º acrescentado pela Lei n. 9.785, de 29-1-1999.

§ 7.º O lote poderá ser constituído sob a forma de imóvel autônomo ou de unidade imobiliária integrante de condomínio de lotes.

•• § 7.º acrescentado pela Lei n. 13.465, de 11-7-2017.

§ 8.º Constitui loteamento de acesso controlado a modalidade de loteamento, definida nos termos do § 1.º deste artigo, cujo controle de acesso será regulamentado por ato do poder público Municipal, sendo vedado o impedimento de acesso a pedestres ou a condutores de veículos, não residentes, devidamente identificados ou cadastrados.

•• § 8.º acrescentado pela Lei n. 13.465, de 11-7-2017.

Art. 2.º-A. Considera-se empreendedor, para fins de parcelamento do solo urbano, o responsável pela implantação do parcelamento, o qual, além daqueles indicados em regulamento, poderá ser:

•• *Caput* acrescentado pela Lei n. 14.118, de 12-1-2021.

a) o proprietário do imóvel a ser parcelado;

•• Alínea *a* acrescentada pela Lei n. 14.118, de 12-1-2021.

b) o compromissário comprador, cessionário ou promitente cessionário, ou o foreiro, desde que o proprietário expresse sua anuência em relação ao empreendimento e sub-rogue-se nas obrigações do compromissário comprador, cessionário ou promitente cessionário, ou do foreiro, em caso de extinção do contrato;

•• Alínea *b* acrescentada pela Lei n. 14.118, de 12-1-2021.

c) o ente da administração pública direta ou indireta habilitado a promover a desapropriação com a finalidade de implantação de parcelamento habitacional ou de realização de regularização fundiária de interesse social, desde que tenha ocorrido a regular imissão na posse;

•• Alínea *c* acrescentada pela Lei n. 14.118, de 12-1-2021.

d) a pessoa física ou jurídica contratada pelo proprietário do imóvel a ser parcelado ou pelo poder público para executar o parcelamento ou a regularização fundiária, em forma de parceria, sob regime de obrigação solidária, devendo o contrato ser averbado na matrícula do imóvel no competente registro de imóveis;

•• Alínea *d* acrescentada pela Lei n. 14.118, de 12-1-2021.

e) a cooperativa habitacional ou associação de moradores, quando autorizada pelo titular do domínio, ou associação de proprietários ou compradores que assuma a responsabilidade pela implantação do parcelamento.

•• Alínea *e* acrescentada pela Lei n. 14.118, de 12-1-2021.

Art. 3.º Somente será admitido o parcelamento do solo para fins urbanos em zonas urbanas, de expansão ou de urbanização específica, assim definidas pelo plano diretor ou aprovadas por lei municipal.

•• *Caput* com redação determinada pela Lei n. 9.785, de 29-1-1999.

Parágrafo único. Não será permitido o parcelamento do solo:

I – em terrenos alagadiços e sujeitos a inundações, antes de tomadas as providências para assegurar o escoamento das águas;

II – em terrenos que tenham sido aterrados com ma-

Lei n. 6.766, de 19-12-1979 — Parcelamento do Solo Urbano

terial nocivo à saúde pública, sem que sejam previamente saneados;

III – em terreno com declividade igual ou superior a 30% (trinta por cento), salvo se atendidas exigências específicas das autoridades competentes;

IV – em terrenos onde as condições geológicas não aconselham a edificação;

V – em áreas de preservação ecológica ou naquelas onde a poluição impeça condições sanitárias suportáveis, até a sua correção.

Capítulo II
DOS REQUISITOS URBANÍSTICOS PARA LOTEAMENTO

Art. 4.º Os loteamentos deverão atender, pelo menos, aos seguintes requisitos:

I – as áreas destinadas a sistemas de circulação, a implantação de equipamento urbano e comunitário, bem como a espaços livres de uso público, serão proporcionais à densidade de ocupação prevista pelo plano diretor ou aprovada por lei municipal para a zona em que se situem;

•• Inciso I com redação determinada pela Lei n. 9.785, de 29-1-1999.

II – os lotes terão área mínima de 125 m² (cento e vinte e cinco metros quadrados) e frente mínima de 5 (cinco) metros, salvo quando a legislação estadual ou municipal determinar maiores exigências, ou quando o loteamento se destinar a urbanização específica ou edificação de conjuntos habitacionais de interesse social, previamente aprovados pelos órgãos públicos competentes;

III – ao longo das faixas de domínio público das rodovias, a reserva de faixa não edificável de, no mínimo, 15 (quinze) metros de cada lado poderá ser reduzida por lei municipal ou distrital que aprovar o instrumento do planejamento territorial, até o limite mínimo de 5 (cinco) metros de cada lado.

• Inciso III com redação determinada pela Lei n. 13.913, de 25-11-2019.

III-A – ao longo da faixa de domínio das ferrovias, será obrigatória a reserva de uma faixa não edificável de, no mínimo, 15 (quinze) metros de cada lado;

•• Inciso III-A com redação determinada pela Lei n. 14.285, de 29-12-2021.

III-B – ao longo das águas correntes e dormentes, as áreas de faixas não edificáveis deverão respeitar a lei municipal ou distrital que aprovar o instrumento de planejamento territorial e que definir e regulamentar a largura das faixas marginais de cursos d'água naturais em área urbana consolidada, nos termos da Lei n. 12.651, de 25 de maio de 2012, com obrigatoriedade de reserva de uma faixa não edificável para cada trecho de margem, indicada em diagnóstico socioambiental elaborado pelo Município;

•• Inciso III-B acrescentado pela Lei n. 14.285, de 29-12-2021.

IV – as vias de loteamento deverão articular-se com as vias adjacentes oficiais, existentes ou projetadas, e harmonizar-se com a topografia local.

§ 1.º A legislação municipal definirá, para cada zona em que se divida o território do Município, os usos permitidos e os índices urbanísticos de parcelamento e ocupação do solo, que incluirão, obrigatoriamente, as áreas mínimas e máximas de lotes e os coeficientes máximos de aproveitamento.

•• § 1.º com redação determinada pela Lei n. 9.785, de 29-1-1999.

§ 2.º Consideram-se comunitários os equipamentos públicos de educação, cultura, saúde, lazer e similares.

§ 3.º Se necessária, a reserva de faixa não edificável vinculada a dutovias será exigida no âmbito do respectivo licenciamento ambiental, observados critérios e parâmetros que garantam a segurança da população e a proteção do meio ambiente, conforme estabelecido nas normas técnicas pertinentes.

•• § 3.º acrescentado pela Lei n. 10.932, de 3-8-2004.

§ 4.º No caso de lotes integrantes de condomínio de lotes, poderão ser instituídas limitações administrativas e direitos reais sobre coisa alheia em benefício do poder público, da população em geral e da proteção da paisagem urbana, tais como servidões de passagem, usufrutos e restrições à construção de muros.

•• § 4.º acrescentado pela Lei n. 13.465, de 11-7-2017.

§ 5.º As edificações localizadas nas áreas contíguas às faixas de domínio público dos trechos de rodovia que atravessem perímetros urbanos ou áreas urbanizadas passíveis de serem incluídas em perímetro urbano, desde que construídas até a data de promulgação deste parágrafo, ficam dispensadas da observância da exigência prevista no inciso III do *caput* deste artigo, salvo por ato devidamente fundamentado do poder público municipal ou distrital.

•• § 5.º acrescentado pela Lei n. 13.913, de 25-11-2019.

§ 6.º (*Vetado.*)

•• § 6.º acrescentado pela Lei n. 14.285, de 29-12-2021.

§ 7.º (*Vetado.*)

•• § 7.º acrescentado pela Lei n. 14.285, de 29-12-2021.

Art. 5.º O Poder Público competente poderá complementarmente exigir, em cada loteamento, a reserva de faixa *non aedificandi* destinada a equipamentos urbanos.

Parágrafo único. Consideram-se urbanos os equipamentos públicos de abastecimento de água, serviços de esgotos, energia elétrica, coletas de águas pluviais, rede telefônica e gás canalizado.

Capítulo III
DO PROJETO DE LOTEAMENTO

Art. 6.º Antes da elaboração do projeto de loteamento, o interessado deverá solicitar à Prefeitura Municipal, ou ao Distrito Federal quando for o caso, que defina as diretrizes para o uso do solo, traçado dos lotes, do sistema viário, dos espaços livres e das áreas reservadas para equipamento urbano e comunitário, apresentando, para este fim, requerimento e planta do imóvel contendo, pelo menos:

I – as divisas da gleba a ser loteada;

II – as curvas de nível a distância adequada, quando exigidas por lei estadual ou municipal;

III – a localização dos cursos d'água, bosques e construções existentes;

IV – a indicação dos arruamentos contíguos a todo o perímetro, a localização das vias de comunicação, das áreas livres, dos equipamentos urbanos e comunitários, existentes no local ou em suas adjacências, com as respectivas distâncias da área a ser loteada;

V – o tipo de uso predominante a que o loteamento se destina;

VI – as características, dimensões e localização das zonas de uso contíguas.

Art. 7.º A Prefeitura Municipal, ou o Distrito Federal quando for o caso, indicará, nas plantas apresentadas junto com o requerimento, de acordo com as diretrizes de planejamento estadual e municipal:

I – as ruas ou estradas existentes ou projetadas, que compõem o sistema viário da cidade e do Município relacionadas com o loteamento pretendido e a serem respeitadas;

II – o traçado básico do sistema viário principal;

III – a localização aproximada dos terrenos destinados a equipamento urbano e comunitário e das áreas livres de uso público;

IV – as faixas sanitárias do terreno necessárias ao escoamento das águas pluviais e as faixas não edificáveis;

V – a zona ou zonas de uso predominante da área, com indicação dos usos compatíveis.

Parágrafo único. As diretrizes expedidas vigorarão pelo prazo máximo de 4 (quatro) anos.

•• Parágrafo único com redação determinada pela Lei n. 9.785, de 29-1-1999.

Art. 8.º Os Municípios com menos de 50.000 (cinquenta mil) habitantes e aqueles cujo plano diretor contiver diretrizes de urbanização para a zona em que se situe o parcelamento poderão dispensar, por lei, a fase de fixação de diretrizes previstas nos arts. 6.º e 7.º desta Lei.

•• Artigo com redação determinada pela Lei n. 9.785, de 29-1-1999.

Art. 9.º Orientado pelo traçado e diretrizes oficiais, quando houver, o projeto, contendo desenhos, memorial descritivo e cronograma de execução das obras com duração máxima de 4 (quatro) anos, será apresentado à Prefeitura Municipal, ou ao Distrito Federal, quando for o caso, acompanhado de certidão atualizada da matrícula da gleba, expedida pelo Cartório de Registro de Imóveis competente, de certidão negativa de tributos municipais e do competente instrumento de garantia, ressalvado o disposto no § 4.º do art. 18.

•• *Caput* com redação determinada pela Lei n. 9.785, de 29-1-1999.

§ 1.º Os desenhos conterão pelo menos:

I – a subdivisão das quadras em lotes, com as respectivas dimensões e numeração;

II – o sistema de vias com a respectiva hierarquia;

III – as dimensões lineares e angulares do projeto, com raios, cordas, arcos, ponto de tangência e ângulos centrais das vias;

IV – os perfis longitudinais e transversais de todas as vias de circulação e praças;

V – a indicação dos marcos de alinhamento e nivelamento localizados nos ângulos de curvas e vias projetadas;

VI – a indicação em planta e perfis de todas as linhas de escoamento das águas pluviais.

§ 2.º O memorial descritivo deverá conter, obrigatoriamente, pelo menos:

Lei n. 6.766, de 19-12-1979 — **Parcelamento do Solo Urbano**

I – a descrição sucinta do loteamento, com as suas características e a fixação da zona ou zonas de uso predominante;

II – as condições urbanísticas do loteamento e as limitações que incidem sobre os lotes e suas construções, além daquelas constantes das diretrizes fixadas;

III – a indicação das áreas públicas que passarão ao domínio do Município no ato de registro do loteamento;

IV – a enumeração dos equipamentos urbanos, comunitários e dos serviços públicos de utilidade pública, já existentes no loteamento e adjacências.

§ 3.º Caso se constate, a qualquer tempo, que a certidão da matrícula apresentada como atual não tem mais correspondência com os registros e averbações cartorárias do tempo da sua apresentação, além das consequências penais cabíveis, serão consideradas insubsistentes tanto as diretrizes expedidas anteriormente, quanto as aprovações consequentes.

•• § 3.º acrescentado pela Lei n. 9.785, de 29-1-1999.

Capítulo IV
DO PROJETO DE DESMEMBRAMENTO

Art. 10. Para a aprovação de projeto de desmembramento, o interessado apresentará requerimento à Prefeitura Municipal, ou ao Distrito Federal quando for o caso, acompanhado de certidão atualizada da matrícula da gleba, expedida pelo Cartório de Registro de Imóveis competente, ressalvado o disposto no § 4.º do art. 18, e de planta do imóvel a ser desmembrado contendo:

•• *Caput* com redação determinada pela Lei n. 9.785, de 29-1-1999.

I – a indicação das vias existentes e dos loteamentos próximos;

II – a indicação do tipo de uso predominante no local;

III – a indicação da divisão de lotes pretendida na área.

Art. 11. Aplicam-se ao desmembramento, no que couber, as disposições urbanísticas vigentes para as regiões em que se situem ou, na ausência destas, as disposições urbanísticas para os loteamentos.

•• *Caput* com redação determinada pela Lei n. 9.785, de 29-1-1999.

Parágrafo único. O Município, ou o Distrito Federal quando for o caso, fixará os requisitos exigíveis para a aprovação de desmembramento de lotes decorrentes de loteamento cuja destinação da área pública tenha sido inferior à mínima prevista no § 1.º do art. 4.º desta Lei.

Capítulo V
DA APROVAÇÃO DO PROJETO DE LOTEAMENTO E DESMEMBRAMENTO

Art. 12. O projeto de loteamento e desmembramento deverá ser aprovado pela Prefeitura Municipal, ou pelo Distrito Federal quando for o caso, a quem compete também a fixação das diretrizes a que aludem os arts. 6.º e 7.º desta Lei, salvo a exceção prevista no artigo seguinte.

§ 1.º O projeto aprovado deverá ser executado no prazo constante do cronograma de execução, sob pena de caducidade da aprovação.

•• Primitivo parágrafo único renumerado pela Lei n. 12.608, de 10-4-2012.

§ 2.º Nos Municípios inseridos no cadastro nacional de municípios com áreas suscetíveis à ocorrência de deslizamentos de grande impacto, inundações bruscas ou processos geológicos ou hidrológicos correlatos, a aprovação do projeto de que trata o *caput* ficará vinculada ao atendimento dos requisitos constantes da carta geotécnica de aptidão à urbanização.

•• § 2.º acrescentado pela Lei n. 12.608, de 10-4-2012.

§ 3.º É vedada a aprovação de projeto de loteamento e desmembramento em áreas de risco definidas como não edificáveis, no plano diretor ou em legislação dele derivada.

•• § 3.º acrescentado pela Lei n. 12.608, de 10-4-2012.

Art. 13. Aos Estados caberá disciplinar a aprovação pelos Municípios de loteamentos e desmembramentos nas seguintes condições:

•• *Caput* com redação determinada pela Lei n. 9.785, de 29-1-1999.

I – quando localizados em áreas de interesse especial, tais como as de proteção aos mananciais ou ao patrimônio cultural, histórico, paisagístico e arqueológico, assim definidas por legislação estadual ou federal;

II – quando o loteamento ou desmembramento localizar-se em área limítrofe do Município, ou que pertença a mais de um Município, nas regiões metropolitanas ou em aglomerações urbanas, definidas em lei estadual ou federal;

III – quando o loteamento abranger área superior a 1.000.000 m² (um milhão de metros quadrados).

Parágrafo único. No caso de loteamento ou desmembramento localizado em área de Município integrante de região metropolitana, o exame e a anuência prévia à aprovação do projeto caberão à autoridade metropolitana.

Art. 14. Os Estados definirão, por decreto, as áreas de proteção especial, previstas no inciso I do artigo anterior.

Art. 15. Os Estados estabelecerão, por decreto, as normas a que deverão submeter-se os projetos de loteamento e desmembramento nas áreas previstas no art. 13, observadas as disposições desta Lei.

Parágrafo único. Na regulamentação das normas previstas neste artigo, o Estado procurará atender às exigências decorrentes do planejamento municipal.

Art. 16. A lei municipal definirá os prazos para que um projeto de parcelamento apresentado seja aprovado ou rejeitado e para que as obras executadas sejam aceitas ou recusadas.

•• *Caput* com redação determinada pela Lei n. 9.785, de 29-1-1999.

§ 1.º Transcorridos os prazos sem a manifestação do Poder Público, o projeto será considerado rejeitado ou as obras recusadas, assegurada a indenização por eventuais danos derivados da omissão.

•• § 1.º acrescentado pela Lei n. 9.785, de 29-1-1999.

§ 2.º Nos Municípios cuja legislação for omissa, os prazos serão de 90 (noventa) dias para a aprovação ou rejeição e de 60 (sessenta) dias para a aceitação ou recusa fundamentada das obras de urbanização.

•• § 2.º acrescentado pela Lei n. 9.785, de 29-1-1999.

Art. 17. Os espaços livres de uso comum, as vias e praças, as áreas destinadas a edifícios públicos e outros equipamentos urbanos, constantes do projeto e do memorial descritivo, não poderão ter sua destinação alterada pelo loteador, desde a aprovação do loteamento, salvo as hipóteses de caducidade da licença ou desistência do loteador, sendo, neste caso, observadas as exigências do art. 23 desta Lei.

Capítulo VI
DO REGISTRO DO LOTEAMENTO E DESMEMBRAMENTO

Art. 18. Aprovado o projeto de loteamento ou de desmembramento, o loteador deverá submetê-lo ao Registro Imobiliário dentro de 180 (cento e oitenta) dias, sob pena de caducidade da aprovação, acompanhado dos seguintes documentos:

I – título de propriedade do imóvel ou certidão da matrícula, ressalvado o disposto nos §§ 4.º e 5.º;

•• Inciso I com redação determinada pela Lei n. 9.785, de 29-1-1999.

II – histórico dos títulos de propriedade do imóvel, abrangendo os últimos 20 (vinte) anos, acompanhado dos respectivos comprovantes;

III – certidões negativas:

a) de tributos federais, estaduais e municipais incidentes sobre o imóvel;

b) de ações reais referentes ao imóvel, pelo período de 10 (dez) anos;

c) de ações penais com respeito ao crime contra o patrimônio e contra a Administração Pública;

IV – certidões:

a) dos cartórios de protestos de títulos, em nome do loteador, pelo período de 5 (cinco) anos;

•• Alínea *a* com redação determinada pela Lei n. 14.382, de 27-6-2022.

b) de ações cíveis relativas ao loteador, pelo período de 10 (dez) anos;

•• Alínea *b* com redação determinada pela Lei n. 14.382, de 27-6-2022.

c) da situação jurídica atualizada do imóvel; e

•• Alínea *c* com redação determinada pela Lei n. 14.382, de 27-6-2022.

d) de ações penais contra o loteador, pelo período de 10 (dez) anos;

•• Alínea *d* com redação determinada pela Lei n. 14.382, de 27-6-2022.

V – cópia do ato de aprovação do loteamento e comprovante do termo de verificação, pelo Município ou pelo Distrito Federal, da execução das obras exigidas pela legislação municipal, que incluirão, no mínimo, a execução das vias de circulação do loteamento, demarcação dos lotes, quadras e logradouros e das obras de escoamento das águas pluviais ou da aprovação de um cronograma, com a duração máxima de 4 (quatro) anos, prorrogáveis por mais 4 (quatro) anos, acompanhado de competente instrumento de garantia para a execução das obras;

•• Inciso V com redação determinada pela Lei n. 14.118, de 12-1-2021.

Lei n. 6.766, de 19-12-1979 **Parcelamento do Solo Urbano**

VI – exemplar do contrato-padrão de promessa de venda, ou de cessão ou de promessa de cessão, do qual constarão obrigatoriamente as indicações previstas no art. 26 desta Lei;

VII – declaração do cônjuge do requerente de que consente no registro do loteamento.

§ 1.º Os períodos referidos nos incisos III, *b*, e IV, *a*, *b* e *d*, tomarão por base a data do pedido de registro do loteamento, devendo todas elas ser extraídas em nome daqueles que, nos mencionados períodos, tenham sido titulares de direitos reais sobre o imóvel.

§ 2.º A existência de protestos, de ações pessoais ou de ações penais, exceto as referentes a crime contra o patrimônio e contra a administração, não impedirá o registro do loteamento se o requerente comprovar que esses protestos ou ações não poderão prejudicar os adquirentes dos lotes. Se o oficial do registro de imóveis julgar insuficiente a comprovação feita, suscitará a dúvida perante o juiz competente.

§ 3.º A declaração a que se refere o inciso VII deste artigo não dispensará o consentimento do declarante para os atos de alienação ou promessa de alienação de lotes, ou de direitos a eles relativos, que venham a ser praticados pelo seu cônjuge.

§ 4.º O título de propriedade será dispensado quando se tratar de parcelamento popular, destinado às classes de menor renda, em imóvel declarado de utilidade pública, com processo de desapropriação judicial em curso e imissão provisória na posse, desde que promovido pela União, Estados, Distrito Federal, Municípios ou suas entidades delegadas, autorizadas por lei a implantar projetos de habitação.

•• § 4.º acrescentado pela Lei n. 9.785, de 29-1-1999.

§ 5.º No caso de que trata o § 4.º, o pedido de registro do parcelamento, além dos documentos mencionados nos incisos V e VI deste artigo, será instruído com cópias autênticas da decisão que tenha concedido a imissão provisória na posse, do decreto de desapropriação, do comprovante de sua publicação na imprensa oficial e, quando formulado por entidades delegadas, da lei de criação e de seus atos constitutivos.

•• § 5.º acrescentado pela Lei n. 9.785, de 29-1-1999.

§ 6.º Na hipótese de o loteador ser companhia aberta, as certidões referidas na alínea *a* do inciso III e nas alíneas *a*, *b* e *d* do inciso IV do *caput* deste artigo poderão ser substituídas por exibição das informações trimestrais e demonstrações financeiras anuais constantes do sítio eletrônico da Comissão de Valores Mobiliários.

•• § 6.º acrescentado pela Lei n. 14.382, de 27-6-2022.

§ 7.º Quando demonstrar de modo suficiente o estado do processo e a repercussão econômica do litígio, a certidão esclarecedora de ação cível ou penal poderá ser substituída por impressão do andamento do processo digital.

•• § 7.º acrescentado pela Lei n. 14.382, de 27-6-2022.

§ 8.º O mesmo imóvel poderá servir como garantia ao Município ou ao Distrito Federal na execução das obras de infraestrutura e a créditos constituídos em favor de credor em operações de financiamento a produção do lote urbanizado.

•• § 8.º acrescentado pela Lei n. 14.711, de 30-10-2023.

Art. 18-A. A critério do loteador, o loteamento poderá ser submetido ao regime da afetação, pelo qual o terreno e a infraestrutura, bem como os demais bens e direitos a ele vinculados, manter-se-ão apartados do patrimônio do loteador e constituirão patrimônio de afetação, destinado à consecução do loteamento correspondente à entrega dos lotes urbanizados aos respectivos adquirentes.

•• *Caput* acrescentado pela Lei n. 14.620, de 13-7-2023.

§ 1.º O patrimônio de afetação não se comunica com os demais bens, direitos e obrigações do patrimônio geral do loteador ou de outros patrimônios de afetação por ele constituídos e só responde por dívidas e obrigações vinculadas ao loteamento respectivo e à entrega dos lotes urbanizados aos respectivos adquirentes.

•• § 1.º acrescentado pela Lei n. 14.620, de 13-7-2023.

§ 2.º O loteador responde pelos prejuízos que causar ao patrimônio de afetação.

•• § 2.º acrescentado pela Lei n. 14.620, de 13-7-2023.

§ 3.º Os bens e direitos integrantes do loteamento somente poderão ser objeto de garantia real em operação de crédito cujo produto seja integralmente destinado à implementação da infraestrutura correspondente e à entrega dos lotes urbanizados aos respectivos adquirentes.

•• § 3.º acrescentado pela Lei n. 14.620, de 13-7-2023.

§ 4.º No caso de cessão, plena ou fiduciária, de direitos creditórios oriundos da comercialização dos lotes componentes do loteamento, o produto da cessão também passará a integrar o patrimônio de afetação.

•• § 4.º acrescentado pela Lei n. 14.620, de 13-7-2023.

§ 5.º Os recursos financeiros integrantes do patrimônio de afetação serão administrados pelo loteador.

•• § 5.º acrescentado pela Lei n. 14.620, de 13-7-2023.

§ 6.º Nos loteamentos objeto de financiamento, a comercialização dos lotes deverá contar com a anuência ou a ciência da instituição financiadora, conforme vier a ser estabelecido no contrato de financiamento.

•• § 6.º acrescentado pela Lei n. 14.620, de 13-7-2023.

§ 7.º A contratação de financiamento e a constituição de garantias, inclusive mediante transmissão, para o credor, da propriedade fiduciária sobre os lotes integrantes do loteamento, bem como a cessão, plena ou fiduciária, de direitos creditórios decorrentes da comercialização desses lotes, não implicam a transferência para o credor de nenhuma das obrigações ou responsabilidades do cedente loteador, permanecendo este como único responsável pelas obrigações e pelos deveres que lhe são imputáveis.

•• § 7.º acrescentado pela Lei n. 14.620, de 13-7-2023.

Art. 18-B. Considera-se constituído o patrimônio de afetação mediante averbação, a qualquer tempo, no Registro de Imóveis, de termo firmado pelo loteador e, quando for o caso, também pelos titulares de direitos reais de aquisição de lotes objeto de loteamento.

•• *Caput* acrescentado pela Lei n. 14.620, de 13-7-2023.

Parágrafo único. A averbação não será obstada pela existência de ônus reais que tenham sido constituídos sobre o imóvel objeto do loteamento para garantia do pagamento do preço de sua aquisição ou do cumprimento de obrigação de implantar o empreendimento.

•• Parágrafo único acrescentado pela Lei n. 14.620, de 13-7-2023.

Art. 18-C. A Comissão de Representantes, a Prefeitura e a instituição financiadora da infraestrutura poderão nomear, às suas expensas, pessoa física ou jurídica para fiscalizar e acompanhar o patrimônio de afetação.

•• *Caput* acrescentado pela Lei n. 14.620, de 13-7-2023.

§ 1.º A nomeação a que se refere o *caput* não transfere para o nomeante qualquer responsabilidade pela qualidade da implementação da infraestrutura, pelo prazo do termo de verificação da sua realização ou por qualquer outra obrigação decorrente da responsabilidade do loteador, seja legal ou oriunda dos contratos de alienação dos lotes, de obra e de outros contratos eventualmente vinculados ao loteamento.

•• § 1.º acrescentado pela Lei n. 14.620, de 13-7-2023.

§ 2.º A pessoa que, em decorrência do exercício da fiscalização de que trata o caput deste artigo, obtiver acesso às informações comerciais, tributárias ou de qualquer outra natureza referentes ao patrimônio afetado responderá pela falta de zelo, de dedicação e de sigilo dessas informações.

•• § 2.º acrescentado pela Lei n. 14.620, de 13-7-2023.

§ 3.º A pessoa nomeada pela instituição financiadora deverá fornecer cópia de seu relatório ou parecer à Comissão de Representantes, a requerimento desta, não constituindo esse fornecimento quebra do sigilo a que se refere o § 2.º deste artigo.

•• § 3.º acrescentado pela Lei n. 14.620, de 13-7-2023.

Art. 18-D. Incumbe ao loteador:

•• *Caput* acrescentado pela Lei n. 14.620, de 13-7-2023.

I – promover todos os atos necessários à boa administração e à preservação do patrimônio de afetação, inclusive mediante adoção de medidas judiciais;

•• Inciso I acrescentado pela Lei n. 14.620, de 13-7-2023.

II – manter apartados os bens e direitos objeto de cada loteamento;

•• Inciso II acrescentado pela Lei n. 14.620, de 13-7-2023.

III – diligenciar a captação dos recursos necessários ao loteamento, cuidando de preservar os recursos necessários à conclusão da infraestrutura;

•• Inciso III acrescentado pela Lei n. 14.620, de 13-7-2023.

IV – entregar à Comissão de Representantes, no mínimo a cada 3 (três) meses, demonstrativo do estado da obra e de sua correspondência com o prazo pactuado ou com os recursos financeiros que integrem o patrimônio de afetação recebidos no período, firmado por profissionais habilitados, ressalvadas eventuais modificações sugeridas pelo loteador e aprovadas pela Comissão de Representantes;

•• Inciso IV acrescentado pela Lei n. 14.620, de 13-7-2023.

V – manter e movimentar os recursos financeiros do patrimônio de afetação em pelo menos 1 (uma) conta de depósito aberta especificamente para tal fim;

•• Inciso V acrescentado pela Lei n. 14.620, de 13-7-2023.

VI – entregar à Comissão de Representantes balancetes coincidentes com o trimestre civil, relativos a cada patrimônio de afetação;

•• Inciso VI acrescentado pela Lei n. 14.620, de 13-7-2023.

VII – assegurar à pessoa nomeada nos termos do art. 18-C o livre acesso à obra, bem como aos livros, aos contratos, à movimentação da conta de depósito exclusiva referida no inciso V deste artigo e a quaisquer outros documentos relativos ao patrimônio de afetação;

•• Inciso VII acrescentado pela Lei n. 14.620, de 13-7-2023.

VIII – manter escrituração contábil completa, ainda que esteja desobrigado pela legislação tributária.

•• Inciso VIII acrescentado pela Lei n. 14.620, de 13-7-2023.

Art. 18-E. O patrimônio de afetação extinguir-se-á pela averbação do termo de verificação emitido pelo órgão público competente, pelo registro dos títulos de domínio ou de direito de aquisição em nome dos respectivos adquirentes e, quando for o caso, pela extinção das obrigações do loteador perante eventual instituição financiadora da obra.

•• Artigo acrescentado pela Lei n. 14.620, de 13-7-2023.

Art. 18-F. Os efeitos da decretação da falência ou da insolvência civil do loteador não atingem os patrimônios de afetação constituídos, não integrando a massa concursal o terreno, a obra até então realizada e os demais bens, direitos creditórios, obrigações e encargos objeto do loteamento.

•• Artigo acrescentado pela Lei n. 14.620, de 13-7-2023.

Art. 19. O oficial do registro de imóveis, após examinar a documentação e se encontrá-la em ordem, deverá encaminhar comunicação à Prefeitura e fará publicar, em resumo e com pequeno desenho de localização da área, edital do pedido de registro em 3 (três) dias consecutivos, o qual poderá ser impugnado no prazo de 15 (quinze) dias corridos, contado da data da última publicação.

•• *Caput* com redação determinada pela Lei n. 14.382, de 27-6-2022.

§ 1.º Findo o prazo sem impugnação, será feito imediatamente o registro. Se houver impugnação de terceiros, o oficial do registro de imóveis intimará o requerente e a Prefeitura Municipal, ou o Distrito Federal quando for o caso, para que sobre ela se manifestem no prazo de 5 (cinco) dias, sob pena de arquivamento do processo. Com tais manifestações o processo será enviado ao juiz competente para decisão.

§ 2.º Ouvido o Ministério Público no prazo de 5 (cinco) dias, o juiz decidirá de plano ou após instrução sumária, devendo remeter ao interessado as vias ordinárias caso a matéria exija maior indagação.

§ 3.º Nas capitais, a publicação do edital se fará no Diário Oficial do Estado e num dos jornais de circulação diária. Nos demais Municípios, a publicação se fará apenas num dos jornais locais, se houver, ou, não havendo, em jornal da região.

§ 4.º O oficial do registro de imóveis que efetuar o registro em desacordo com as exigências desta Lei ficará sujeito a multa equivalente a 10 (dez) vezes os emolumentos regimentais fixados para o registro, na época em que for aplicada a penalidade pelo juiz corregedor do cartório, sem prejuízo das sanções penais e administrativas cabíveis.

§ 5.º Registrado o loteamento, o oficial de registro comunicará, por certidão, o seu registro à Prefeitura.

Art. 20. O registro do loteamento será feito, por extrato, no livro próprio.

Parágrafo único. No Registro de Imóveis far-se-á o registro do loteamento, com uma indicação para cada lote, a averbação das alterações, a abertura de ruas e praças e as áreas destinadas a espaços livres ou a equipamentos urbanos.

Art. 21. Quando a área loteada estiver situada em mais de uma circunscrição imobiliária, o registro será requerido primeiramente perante aquela em que estiver localizada a maior parte da área loteada. Procedido o registro nessa circunscrição, o interessado requererá, sucessivamente, o registro do loteamento em cada uma das demais, comprovando perante cada qual o registro efetuado na anterior, até que o loteamento seja registrado em todas. Denegado o registro em qualquer das circunscrições, essa decisão será comunicada, pelo oficial do registro de imóveis, às demais para efeito de cancelamento dos registros feitos, salvo se ocorrer a hipótese prevista no § 4.º deste artigo.

§ 1.º Nenhum lote poderá situar-se em mais de uma circunscrição.

§ 2.º É defeso ao interessado processar simultaneamente, perante diferentes circunscrições, pedidos de registro do mesmo loteamento, sendo nulos os atos praticados com infração a esta norma.

§ 3.º Enquanto não procedidos todos os registros de que trata este artigo, considerar-se-á o loteamento como não registrado para os efeitos desta Lei.

§ 4.º O indeferimento do registro do loteamento em uma circunscrição não determinará o cancelamento do registro procedido em outra, se o motivo do indeferimento naquela não se estender à área situada sob a competência desta, e desde que o interessado requeira a manutenção do registro obtido, submetido o remanescente do loteamento a uma aprovação prévia perante a Prefeitura Municipal, ou o Distrito Federal quando for o caso.

Art. 22. Desde a data de registro do loteamento, passam a integrar o domínio do Município as vias e praças, os espaços livres e as áreas destinadas a edifícios públicos e outros equipamentos urbanos, constantes do projeto e do memorial descritivo.

§ 1.º Na hipótese de parcelamento do solo implantado e não registrado, o Município poderá requerer, por meio da apresentação de planta de parcelamento elaborada pelo loteador ou aprovada pelo Município e de declaração de que o parcelamento se encontra implantado, o registro das áreas destinadas a uso público, que passarão dessa forma a integrar o seu domínio.

•• Parágrafo único renumerado pela Lei n. 14.620, de 13-7-2023.

§ 2.º A partir da data de registro do loteamento, o Município providenciará a atualização do cadastro imobiliário da gleba que serviu de base para a aprovação do loteamento e das áreas que passaram a integrar o seu domínio.

•• § 2.º acrescentado pela Lei n. 14.620, de 13-7-2023.

§ 3.º Somente a partir da emissão do Termo de Verificação e Execução de Obras (TVEO), o Município promoverá a individualização dos lotes no cadastro imobiliário municipal em nome do adquirente ou compromissário comprador no caso dos lotes comercializados e, em nome do proprietário da gleba, no caso dos lotes não comercializados.

•• § 3.º acrescentado pela Lei n. 14.620, de 13-7-2023.

Art. 22-A. (*Vetado.*)

•• Artigo acrescentado pela Lei n. 14.620, de 13-7-2023.

Art. 23. O registro do loteamento só poderá ser cancelado:

I – por decisão judicial;

II – a requerimento do loteador, com anuência da Prefeitura, ou do Distrito Federal quando for o caso, enquanto nenhum lote houver sido objeto de contrato;

III – a requerimento conjunto do loteador e de todos os adquirentes de lotes, com anuência da Prefeitura, ou do Distrito Federal quando for o caso, e do Estado.

§ 1.º A Prefeitura e o Estado só poderão se opor ao cancelamento se disto resultar inconveniente comprovado para o desenvolvimento urbano ou se já se tiver realizado qualquer melhoramento na área loteada ou adjacências.

§ 2.º Nas hipóteses dos incisos II e III, o oficial do registro de imóveis fará publicar, em resumo, edital do pedido de cancelamento, podendo este ser impugnado no prazo de 30 (trinta) dias contados da data da última publicação. Findo esse prazo, com ou sem impugnação, o processo será remetido ao juiz competente para homologação do pedido de cancelamento, ouvido o Ministério Público.

§ 3.º A homologação de que trata o parágrafo anterior será precedida de vistoria judicial destinada a comprovar a inexistência de adquirentes instalados na área loteada.

Art. 24. O processo de loteamento e os contratos depositados em cartório poderão ser examinados por qualquer pessoa, a qualquer tempo, independentemente do pagamento de custas ou emolumentos, ainda que a título de busca.

Capítulo VII
DOS CONTRATOS

Art. 25. São irretratáveis os compromissos de compra e venda, cessões e promessas de cessão, os que atribuam direito a adjudicação compulsória e, estando registrados, confiram direito real oponível a terceiros.

Art. 26. Os compromissos de compra e venda, as cessões ou promessas de cessão poderão ser feitos por escritura pública ou por instrumento particular, de acordo com o modelo depositado na forma do inciso VI do art. 18 e conterão, pelo menos, as seguintes indicações:

I – nome, registro civil, cadastro fiscal no Ministério da Fazenda, nacionalidade, estado civil e residência dos contratantes;

II – denominação e situação do loteamento, número e data da inscrição;

III – descrição do lote ou dos lotes que forem objeto de compromissos, confrontações, área e outras características;

IV – preço, prazo, forma e local de pagamento bem como a importância do sinal;

V – taxa de juros incidentes sobre o débito em aberto e sobre as prestações vencidas e não pagas, bem como a cláusula penal, nunca excedente a 10% (dez por cento) do débito e só exigível nos casos de intervenção judicial ou de mora superior a 3 (três) meses;

VI – indicação sobre a quem incumbe o pagamento dos impostos e taxas incidentes sobre o lote compromissado;

VII – declaração das restrições urbanísticas convencionais do loteamento, supletivas da legislação pertinente.

§ 1.º O contrato deverá ser firmado em três vias ou extraído em três traslados, sendo um para cada parte e o terceiro para arquivo no registro imobiliário, após o registro e anotações devidas.

§ 2.º Quando o contrato houver sido firmado por procurador de qualquer das partes, será obrigatório o arquivamento da procuração no Registro Imobiliário.

§ 3.º Admite-se a cessão da posse em que estiverem provisoriamente imitidas a União, os Estados, o Distrito Federal, os Municípios e suas entidades delegadas, o que poderá ocorrer por instrumento particular, ao qual se atribui, no caso dos parcelamentos populares, para todos os fins de direito, caráter de escritura pública, não se aplicando a disposição do art. 108 da Lei n. 10.406, de 10 de janeiro de 2002 (Código Civil).

•• § 3.º com redação determinada pela Lei n. 14.620, de 13-7-2023.

§ 4.º A cessão da posse referida no § 3.º, cumpridas as obrigações do cessionário constitui crédito contra o expropriante, de aceitação obrigatória em garantia de contratos de financiamentos habitacionais.

•• § 4.º acrescentado pela Lei n. 9.785, de 29-1-1999.

§ 5.º Com o registro da sentença que, em processo de desapropriação, fixar o valor da indenização, a posse referida no § 3.º converter-se-á em propriedade e a sua cessão, em compromisso de compra e venda ou venda e compra, conforme haja obrigações a cumprir ou estejam elas cumpridas, circunstância que, demonstradas ao Registro de Imóveis, serão averbadas na matrícula relativa ao lote.

•• § 5.º acrescentado pela Lei n. 9.785, de 29-1-1999.

§ 6.º Os compromissos de compra e venda, as cessões e as promessas de cessão valerão como título para o registro da propriedade do lote adquirido, quando acompanhados da respectiva prova de quitação.

•• § 6.º acrescentado pela Lei n. 9.785, de 29-1-1999.

Art. 26-A. Os contratos de compra e venda, cessão ou promessa de cessão de loteamento devem ser iniciados por quadro-resumo, que deverá conter, além das indicações constantes do art. 26 desta Lei:

•• *Caput* acrescentado pela Lei n. 13.786, de 27-12-2018.

I – o preço total a ser pago pelo imóvel;

•• Inciso I acrescentado pela Lei n. 13.786, de 27-12-2018.

II – o valor referente à corretagem, suas condições de pagamento e a identificação precisa de seu beneficiário;

•• Inciso II acrescentado pela Lei n. 13.786, de 27-12-2018.

III – a forma de pagamento do preço, com indicação clara dos valores e vencimentos das parcelas;

•• Inciso III acrescentado pela Lei n. 13.786, de 27-12-2018.

IV – os índices de correção monetária aplicáveis ao contrato e, quando houver pluralidade de índices, o período de aplicação de cada um;

•• Inciso IV acrescentado pela Lei n. 13.786, de 27-12-2018.

V – as consequências do desfazimento do contrato, seja mediante distrato, seja por meio de resolução contratual motivada por inadimplemento de obrigação do adquirente ou do loteador, com destaque negritado para as penalidades aplicáveis e para os prazos para devolução de valores ao adquirente;

•• Inciso V acrescentado pela Lei n. 13.786, de 27-12-2018.

VI – as taxas de juros eventualmente aplicadas, se mensais ou anuais, se nominais ou efetivas, o seu período de incidência e o sistema de amortização;

•• Inciso VI acrescentado pela Lei n. 13.786, de 27-12-2018.

VII – as informações acerca da possibilidade do exercício, por parte do adquirente do imóvel, do direito de arrependimento previsto no art. 49 da Lei n. 8.078, de 11 de setembro de 1990 (Código de Defesa do Consumidor), em todos os contratos firmados em sedes de vendas e fora da sede do loteador ou do estabelecimento comercial;

•• Inciso VII acrescentado pela Lei n. 13.786, de 27-12-2018.

VIII – o prazo para quitação das obrigações pelo adquirente após a obtenção do termo de vistoria de obras;

•• Inciso VIII acrescentado pela Lei n. 13.786, de 27-12-2018.

IX – informações acerca dos ônus que recaiam sobre o imóvel;

•• Inciso IX acrescentado pela Lei n. 13.786, de 27-12-2018.

X – o número do registro do loteamento ou do desmembramento, a matrícula do imóvel e a identificação do cartório de registro de imóveis competente;

•• Inciso X acrescentado pela Lei n. 13.786, de 27-12-2018.

XI – o termo final para a execução do projeto referido no § 1.º do art. 12 desta Lei e a data do protocolo do pedido de emissão do termo de vistoria de obras.

•• Inciso XI acrescentado pela Lei n. 13.786, de 27-12-2018.

§ 1.º Identificada a ausência de quaisquer das informações previstas no *caput* deste artigo, será concedido prazo de 30 (trinta) dias para aditamento do contrato e saneamento da omissão, findo o qual, essa omissão, se não sanada, caracterizará justa causa para rescisão contratual por parte do adquirente.

•• § 1.º acrescentado pela Lei n. 13.786, de 27-12-2018.

§ 2.º A efetivação das consequências do desfazimento do contrato, mencionadas no inciso V do caput deste artigo, dependerá de anuência prévia e específica do adquirente a seu respeito, mediante assinatura junto a essas cláusulas, que deverão ser redigidas conforme o disposto no § 4.º do art. 54 da Lei n. 8.078, de 11 de setembro de 1990 (Código de Defesa do Consumidor).

•• § 2.º acrescentado pela Lei n. 13.786, de 27-12-2018.

Art. 27. Se aquele que se obrigou a concluir contrato de promessa de venda ou de cessão não cumprir a obrigação, o credor poderá notificar o devedor para outorga do contrato ou oferecimento de impugnação no prazo de 15 (quinze) dias, sob pena de proceder-se ao registro do pré-contrato, passando as relações entre as partes a serem regidas pelo contrato-padrão.

§ 1.º Para fins deste artigo, terão o mesmo valor de pré-contrato a promessa de cessão, a proposta de compra, a reserva de lote ou qualquer outro instrumento, do qual conste a manifestação da vontade das partes, a indicação do lote, o preço e modo de pagamento, e a promessa de contratar.

§ 2.º O registro de que trata este artigo não será procedido se a parte que o requereu não comprovar haver cumprido a sua prestação, nem a oferecer na forma devida, salvo se ainda não exigível.

§ 3.º Havendo impugnação daquele que se comprometeu a concluir o contrato, observar-se-á o disposto nos arts. 639 e 640 do Código de Processo Civil.

•• Os arts. 639 e 640 do CPC foram revogados pela Lei n. 11.232, de 22-12-2005.

Art. 28. Qualquer alteração ou cancelamento parcial do loteamento registrado dependerá de acordo entre o loteador e os adquirentes de lotes atingidos pela alteração, bem como da aprovação pela Prefeitura Municipal, ou do Distrito Federal quando for o caso, devendo ser depositada no Registro de Imóveis, em complemento ao projeto original, com a devida averbação.

Art. 29. Aquele que adquirir a propriedade loteada mediante ato *inter vivos*, ou por sucessão *causa mortis*, sucederá o transmitente em todos os seus direitos e obrigações, ficando obrigado a respeitar os compromissos de compra e venda ou as promessas de cessão, em todas as suas cláusulas, sendo nula qualquer disposição em contrário, ressalvado o direito do herdeiro ou legatário de renunciar à herança ou ao legado.

Art. 30. A sentença declaratória de falência ou da insolvência de qualquer das partes não rescindirá os contratos de compromisso de compra e venda ou de promessa de cessão que tenham por objeto a área loteada ou lotes da mesma. Se a falência ou insolvência for do proprietário da área loteada ou do titular de direito sobre ela, incumbirá ao síndico ou ao administrador dar cumprimento aos referidos contratos; se do adquirente do lote, seus direitos serão levados à praça.

Art. 31. O contrato particular pode ser transferido por simples trespasse, lançado no verso das vias em poder das partes, ou por instrumento em separado, declarando-se o número do registro do loteamento, o valor da cessão e a qualificação do cessionário, para o devido registro.

§ 1.º A cessão independe da anuência do loteador, mas, em relação a este, seus efeitos só se produzem depois de cientificado, por escrito, pelas partes ou quando registrada a cessão.

§ 2.º Uma vez registrada a cessão, feita sem anuência do loteador, o oficial do registro dar-lhe-á ciência, por escrito, dentro de 10 (dez) dias.

Art. 32. Vencida e não paga a prestação, o contrato será considerado rescindido 30 (trinta) dias depois de constituído em mora o devedor.

§ 1.º Para os fins deste artigo o devedor-adquirente será intimado, a requerimento do credor, pelo oficial do registro de imóveis, a satisfazer as prestações vencidas e as que se vencerem até a data do pagamento, os juros convencionados e as custas de intimação.

§ 2.º Purgada a mora, convalescerá o contrato.

§ 3.º Com a certidão de não haver sido feito o pagamento em cartório, o vendedor requererá ao oficial do registro o cancelamento da averbação.

Art. 32-A. Em caso de resolução contratual por fato imputado ao adquirente, respeitado o disposto no § 2.º deste artigo, deverão ser restituídos os valores pagos por ele, atualizados com base no índice contratualmente estabelecido para a correção monetária das parcelas do preço do imóvel, podendo ser descontados dos valores pagos os seguintes itens:

•• *Caput* acrescentado pela Lei n. 13.786, de 27-12-2018.

Lei n. 6.766, de 19-12-1979 — Parcelamento do Solo Urbano

I – os valores correspondentes à eventual fruição do imóvel, até o equivalente a 0,75% (setenta e cinco centésimos por cento) sobre o valor atualizado do contrato, cujo prazo será contado a partir da data da transmissão da posse do imóvel ao adquirente até sua restituição ao loteador;

•• Inciso I acrescentado pela Lei n. 13.786, de 27-12-2018.

II – montante devido por cláusula penal e despesas administrativas, inclusive arras ou sinal, limitado a um desconto de 10% (dez por cento) do valor atualizado do contrato;

•• Inciso II acrescentado pela Lei n. 13.786, de 27-12-2018.

III – os encargos moratórios relativos às prestações pagas em atraso pelo adquirente;

•• Inciso III acrescentado pela Lei n. 13.786, de 27-12-2018.

IV – os débitos de impostos sobre a propriedade predial e territorial urbana, contribuições condominiais, associativas ou outras de igual natureza que sejam a estas equiparadas e tarifas vinculadas ao lote, bem como tributos, custas e emolumentos incidentes sobre a restituição e/ou rescisão;

•• Inciso IV acrescentado pela Lei n. 13.786, de 27-12-2018.

V – a comissão de corretagem, desde que integrada ao preço do lote.

•• Inciso V acrescentado pela Lei n. 13.786, de 27-12-2018.

§ 1.º O pagamento da restituição ocorrerá em até 12 (doze) parcelas mensais, com início após o seguinte prazo de carência:

•• § 1.º, caput, acrescentado pela Lei n. 13.786, de 27-12-2018.

I – em loteamentos com obras em andamento: no prazo máximo de 180 (cento e oitenta) dias após o prazo previsto em contrato para conclusão das obras;

•• Inciso I acrescentado pela Lei n. 13.786, de 27-12-2018.

II – em loteamentos com obras concluídas: no prazo máximo de 12 (doze) meses após a formalização da rescisão contratual.

•• Inciso II acrescentado pela Lei n. 13.786, de 27-12-2018.

§ 2.º Somente será efetuado registro do contrato de nova venda se for comprovado o início da restituição do valor pago pelo vendedor ao titular do registro cancelado na forma e condições pactuadas no distrato, dispensada essa comprovação nos casos em que o adquirente não for localizado ou não tiver se manifestado, nos termos do art. 32 desta Lei.

•• § 2.º acrescentado pela Lei n. 13.786, de 27-12-2018.

§ 3.º O procedimento previsto neste artigo não se aplica aos contratos e escrituras de compra e venda de lote sob a modalidade de alienação fiduciária nos termos da Lei n. 9.514, de 20 de novembro de 1997.

•• § 3.º acrescentado pela Lei n. 13.786, de 27-12-2018.

Art. 33. Se o credor das prestações se recusar a recebê-las ou furtar-se ao seu recebimento, será constituído em mora mediante notificação do oficial do registro de imóveis para vir receber as importâncias depositadas pelo devedor no próprio Registro de Imóveis. Decorridos 15 (quinze) dias após o recebimento da intimação, considerar-se-á efetuado o pagamento, a menos que o credor impugne o depósito e, alegando inadimplemento do devedor, requeira a intimação deste para os fins do disposto no art. 32 desta Lei.

Art. 34. Em qualquer caso de rescisão por inadimplemento do adquirente, as benfeitorias necessárias ou úteis por ele levadas a efeito no imóvel deverão ser indenizadas, sendo de nenhum efeito qualquer disposição contratual em contrário.

§ 1.º Não serão indenizadas as benfeitorias feitas em desconformidade com o contrato ou com a lei.

•• Primitivo Parágrafo único renumerado pela Lei n. 13.786, de 27-12-2018.

§ 2.º No prazo de 60 (sessenta) dias, contado da constituição em mora, fica o loteador, na hipótese do *caput* deste artigo, obrigado a alienar o imóvel mediante leilão judicial ou extrajudicial, nos termos da Lei n. 9.514, de 20 de novembro de 1997.

•• § 2.º acrescentado pela Lei n. 13.786, de 27-12-2018.

Art. 35. Se ocorrer o cancelamento do registro por inadimplemento do contrato, e tiver sido realizado o pagamento de mais de 1/3 (um terço) do preço ajustado, o oficial do registro de imóveis mencionará esse fato e a quantia paga no ato do cancelamento, e somente será efetuado novo registro relativo ao mesmo lote, mediante apresentação do distrato assinado pelas partes e a comprovação do pagamento da parcela única ou da primeira parcela do montante a ser restituído ao adquirente, na forma do art. 32-A desta Lei, ao titular do registro cancelado, ou mediante depósito em dinheiro à sua disposição no registro de imóveis.

•• Caput com redação determinada pela Lei n. 13.786, de 27-12-2018.

§ 1.º Ocorrendo o depósito a que se refere este artigo, o oficial do registro de imóveis intimará o interessado para vir recebê-lo no prazo de 10 (dez) dias, sob pena de ser devolvido ao depositante.

§ 2.º No caso de não ser encontrado o interessado, o oficial do registro de imóveis depositará a quantia em estabelecimento de crédito, segundo a ordem prevista no inciso I do art. 666 do Código de Processo Civil, em conta com incidência de juros e correção monetária.

§ 3.º A obrigação de comprovação prévia de pagamento da parcela única ou da primeira parcela como condição para efetivação de novo registro, prevista no *caput* deste artigo, poderá ser dispensada se as partes convencionarem de modo diverso e de forma expressa no documento de distrato por elas assinado.

•• § 3.º acrescentado pela Lei n. 13.786, de 27-12-2018.

Art. 36. O registro do compromisso, cessão ou promessa de cessão só poderá ser cancelado:

I – por decisão judicial;

II – a requerimento conjunto das partes contratantes;

III – quando houver rescisão comprovada do contrato.

Art. 36-A. As atividades desenvolvidas pelas associações de proprietários de imóveis, titulares de direitos ou moradores em loteamentos ou empreendimentos assemelhados, desde que não tenham fins lucrativos, bem como pelas entidades civis organizadas em função da solidariedade de interesses coletivos desse público com o objetivo de administração, conservação, manutenção, disciplina de utilização e convivência, visando à valorização dos imóveis que compõem o empreendimento, tendo em vista a sua natureza jurídica, vinculam-se, por critérios de afinidade, similitude e conexão, à atividade de administração de imóveis.

•• *Caput* acrescentado pela Lei n. 13.465, de 11-7-2017.

Parágrafo único. A administração de imóveis na forma do *caput* deste artigo sujeita seus titulares à normatização e à disciplina constantes de seus atos constitutivos, cotizando-se na forma desses atos para suportar a consecução dos seus objetivos.

•• Parágrafo único acrescentado pela Lei n. 13.465, de 11-7-2017.

Capítulo VIII
DISPOSIÇÕES GERAIS

Art. 37. É vedado vender ou prometer vender parcela de loteamento ou desmembramento não registrado.

Art. 38. Verificado que o loteamento ou desmembramento não se acha registrado ou regularmente executado ou notificado pela Prefeitura Municipal, ou pelo Distrito Federal quando for o caso, deverá o adquirente do lote suspender o pagamento das prestações restantes e notificar o loteador para suprir a falta.

§ 1.º Ocorrendo a suspensão do pagamento das prestações restantes, na forma do *caput* deste artigo, o adquirente efetuará o depósito das prestações devidas junto ao Registro de Imóveis competente, que as depositará em estabelecimento de crédito, segundo a ordem prevista no inciso I do art. 666 do Código de Processo Civil, em conta com incidência de juros e correção monetária, cuja movimentação dependerá de prévia autorização judicial.

§ 2.º A Prefeitura Municipal, ou o Distrito Federal quando for o caso, ou o Ministério Público, poderá promover a notificação ao loteador prevista no *caput* deste artigo.

§ 3.º Regularizado o loteamento pelo loteador, este promoverá judicialmente a autorização para levantar as prestações depositadas, com os acréscimos de correção monetária e juros, sendo necessária a citação da Prefeitura, ou do Distrito Federal quando for o caso, para integrar o processo judicial aqui previsto, bem como audiência do Ministério Público.

§ 4.º Após o reconhecimento judicial de regularidade do loteamento, o loteador notificará os adquirentes dos lotes, por intermédio do Registro de Imóveis competente, para que passem a pagar diretamente as prestações restantes, a contar da data da notificação.

§ 5.º No caso de o loteador deixar de atender à notificação até o vencimento do prazo contratual, ou quando o loteamento ou desmembramento for regularizado pela Prefeitura Municipal, ou pelo Distrito Federal quando for o caso, nos termos do art. 40 desta Lei, o loteador não poderá, a qualquer título, exigir o recebimento das prestações depositadas.

Art. 39. Será nula de pleno direito a cláusula de rescisão de contrato por inadimplemento do adquirente, quando o loteamento não estiver regularmente inscrito.

Art. 40. A Prefeitura Municipal, ou o Distrito Federal quando for o caso, se desatendida pelo loteador a notificação, poderá regularizar loteamento ou desmembramento não autorizado ou executado sem observância das determinações do ato administrativo de licença, para evitar lesão aos seus padrões de desenvolvimento urbano e na defesa dos direitos dos adquirentes de lotes.

§ 1.º A Prefeitura Municipal, ou o Distrito Federal quando for o caso, que promover a regularização, na forma deste artigo, obterá judicialmente o levanta-

Lei n. 6.766, de 19-12-1979 **Parcelamento do Solo Urbano**

mento das prestações depositadas, com os respectivos acréscimos de correção monetária e juros, nos termos do § 1.º do art. 38 desta Lei, a título de ressarcimento das importâncias despendidas com equipamentos urbanos ou expropriações necessárias para regularizar o loteamento ou desmembramento.

§ 2.º As importâncias despendidas pela Prefeitura Municipal, ou pelo Distrito Federal quando for o caso, para regularizar o loteamento ou desmembramento, caso não sejam integralmente ressarcidas conforme o disposto no parágrafo anterior, serão exigidas na parte faltante do loteador, aplicando-se o disposto no art. 47 desta Lei.

§ 3.º No caso de o loteador não cumprir o estabelecido no parágrafo anterior, a Prefeitura Municipal, ou o Distrito Federal quando for o caso, poderá receber as prestações dos adquirentes, até o valor devido.

§ 4.º A Prefeitura Municipal, ou o Distrito Federal quando for o caso, para assegurar a regularização do loteamento ou desmembramento, bem como o ressarcimento integral de importâncias despendidas, ou a despender, poderá promover judicialmente os procedimentos cautelares necessários aos fins colimados.

§ 5.º A regularização de um parcelamento pela Prefeitura Municipal, ou Distrito Federal, quando for o caso, não poderá contrariar o disposto nos arts. 3.º e 4.º desta Lei, ressalvado o disposto no § 1.º desse último.

•• § 5.º acrescentado pela Lei n. 9.785, de 29-1-1999.

Art. 41. Regularizado o loteamento ou desmembramento pela Prefeitura Municipal, ou pelo Distrito Federal quando for o caso, o adquirente do lote, comprovando o depósito de todas as prestações do preço avençado, poderá obter o registro de propriedade do lote adquirido, valendo para tanto o compromisso de venda e compra devidamente firmado.

Art. 42. Nas desapropriações não serão considerados como loteados ou loteáveis, para fins de indenização, os terrenos ainda não vendidos ou compromissados, objeto de loteamento ou desmembramento não registrado.

Art. 43. Ocorrendo a execução de loteamento não aprovado, a destinação de áreas públicas exigidas no inciso I do art. 4.º desta Lei não se poderá alterar sem prejuízo da aplicação das sanções administrativas, civis e criminais previstas.

Parágrafo único. Neste caso, o loteador ressarcirá a Prefeitura Municipal ou o Distrito Federal, quando for o caso, em pecúnia ou em área equivalente, no dobro da diferença entre o total das áreas públicas exigidas e as efetivamente destinadas.

•• Parágrafo único acrescentado pela Lei n. 9.785, de 29-1-1999.

Art. 44. O Município, o Distrito Federal e o Estado poderão expropriar áreas urbanas ou de expansão urbana para reloteamento, demolição, reconstrução e incorporação, ressalvada a preferência dos expropriados para a aquisição de novas unidades.

Art. 45. O loteador, ainda que já tenha vendido todos os lotes, ou os vizinhos, são partes legítimas para promover ação destinada a impedir construção em desacordo com restrições legais ou contratuais.

Art. 46. O loteador não poderá fundamentar qualquer ação ou defesa na presente lei sem apresentação dos registros e contratos a que ela se refere.

Art. 47. Se o loteador integrar grupo econômico ou financeiro, qualquer pessoa física ou jurídica desse grupo, beneficiária de qualquer forma do loteamento ou desmembramento irregular, será solidariamente responsável pelos prejuízos por ele causados aos compradores de lotes e ao Poder Público.

Art. 48. O foro competente para os procedimentos judiciais previstos nesta Lei será sempre o da comarca da situação do lote.

Art. 49. As intimações e notificações previstas nesta Lei deverão ser feitas pessoalmente ao intimado ou notificado, que assinará o comprovante do recebimento, e poderão igualmente ser promovidas por meio dos Cartórios de Registro de Títulos e Documentos da comarca da situação do imóvel ou do domicílio de quem deva recebê-las.

§ 1.º Se o destinatário se recusar a dar recibo ou se furtar ao recebimento, ou se for desconhecido o seu paradeiro, o funcionário incumbido da diligência informará esta circunstância ao oficial competente que a certificará, sob sua responsabilidade.

§ 2.º Certificada a ocorrência dos fatos mencionados no parágrafo anterior, a intimação ou notificação será feita por edital na forma desta Lei, começando o prazo a correr 10 (dez) dias após a última publicação.

Capítulo IX
DISPOSIÇÕES PENAIS

Art. 50. Constitui crime contra a Administração Pública:
I – dar início, de qualquer modo, ou efetuar loteamento ou desmembramento do solo para fins urbanos sem autorização do órgão público competente, ou em

desacordo com as disposições desta Lei ou das normas pertinentes do Distrito Federal, Estados e Municípios;

II – dar início, de qualquer modo, ou efetuar loteamento ou desmembramento do solo para fins urbanos sem observância das determinações constantes do ato administrativo de licença;

III – fazer, ou veicular em proposta, contrato, prospecto ou comunicação ao público ou a interessados, afirmação falsa sobre a legalidade de loteamento ou desmembramento do solo para fins urbanos, ou ocultar fraudulentamente fato a ele relativo.

Pena: Reclusão, de 1 (um) a 4 (quatro) anos, e multa de 5 (cinco) a 50 (cinquenta) vezes o maior salário mínimo vigente no País.

Parágrafo único. O crime definido neste artigo é qualificado, se cometido:

I – por meio de venda, promessa de venda, reserva de lote ou quaisquer outros instrumentos que manifestem a intenção de vender lote em loteamento ou desmembramento não registrado no Registro de Imóveis competente;

II – com inexistência de título legítimo de propriedade do imóvel loteado ou desmembrado, ressalvado o disposto no art. 18, §§ 4.º e 5.º, desta Lei, ou com omissão fraudulenta de fato a ele relativo, se o fato não constituir crime mais grave.

•• Inciso II com redação determinada pela Lei n. 9.785, de 29-1-1999.

Pena: Reclusão, de 1 (um) a 5 (cinco) anos, e multa de 10 (dez) a 100 (cem) vezes o maior salário mínimo vigente no País.

Art. 51. Quem, de qualquer modo, concorra para a prática dos crimes previstos no artigo anterior desta Lei incide nas penas a estes cominadas, considerados em especial os atos praticados na qualidade de mandatário de loteador, diretor ou gerente de sociedade.

Parágrafo único. (*Vetado.*)

•• Parágrafo único acrescentado pela Lei n. 9.785, de 29-1-1999.

Art. 52. Registrar loteamento ou desmembramento não aprovado pelos órgãos competentes, registrar o compromisso de compra e venda, a cessão ou promessa de cessão de direitos, ou efetuar registro de contrato de venda de loteamento ou desmembramento não registrado.

Pena: Detenção, de 1 (um) a 2 (dois) anos, e multa de 5 (cinco) a 50 (cinquenta) vezes o maior salário mínimo vigente no País, sem prejuízo das sanções administrativas cabíveis.

Capítulo X
DISPOSIÇÕES FINAIS

Art. 53. Todas as alterações de uso do solo rural para fins urbanos dependerão de prévia audiência do Instituto Nacional de Colonização e Reforma Agrária – INCRA, do Órgão Metropolitano, se houver, onde se localiza o Município, e da aprovação da Prefeitura Municipal, ou do Distrito Federal quando for o caso, segundo as exigências da legislação pertinente.

Art. 53-A. São considerados de interesse público os parcelamentos vinculados a planos ou programas habitacionais de iniciativa das Prefeituras Municipais e do Distrito Federal, ou entidades autorizadas por lei, em especial as regularizações de parcelamentos e de assentamentos.

•• *Caput* acrescentado pela Lei n. 9.785, de 29-1-1999.

Parágrafo único. Às ações e intervenções de que trata este artigo não será exigível documentação que não seja a mínima necessária e indispensável aos registros no cartório competente, inclusive sob a forma de certidões, vedadas as exigências e as sanções pertinentes aos particulares, especialmente aquelas que visem garantir a realização de obras e serviços, ou que visem prevenir questões de domínio de glebas, que se presumirão asseguradas pelo Poder Público respectivo.

•• Parágrafo único acrescentado pela Lei n. 9.785, de 29-1-1999.

Art. 54. Esta Lei entrará em vigor na data de sua publicação.

Art. 55. Revogam-se as disposições em contrário.

Brasília, 19 de dezembro de 1979; 158.º da Independência e 91.º da República.

João Baptista de Oliveira Figueiredo

LEI N. 6.899,
DE 8 DE ABRIL DE 1981 (*)

Determina a aplicação da correção monetária nos débitos oriundos de decisão judicial e dá outras providências.

(*) Publicada no *DOU*, de 9-4-1981. Regulamentada pelo Decreto n. 86.649, de 25-11-1981.

O Presidente da República:

Faço saber que o Congresso Nacional decreta e eu sanciono a seguinte Lei:

Art. 1.º A correção monetária incide sobre qualquer débito resultante de decisão judicial, inclusive sobre custas e honorários advocatícios.

§ 1.º Nas execuções de títulos de dívida líquida e certa, a correção será calculada a contar do respectivo vencimento.

§ 2.º Nos demais casos, o cálculo far-se-á a partir do ajuizamento da ação.

Art. 2.º O Poder Executivo, no prazo de 60 (sessenta) dias, regulamentará a forma pela qual será efetuado o cálculo da correção monetária.

Art. 3.º O disposto nesta Lei aplica-se a todas as causas pendentes de julgamento.

Art. 4.º Esta Lei entrará em vigor na data de sua publicação.

Art. 5.º Revogam-se as disposições em contrário.

Brasília, em 8 de abril de 1981; 160.º da Independência e 93.º da República.

JOÃO FIGUEIREDO

LEI N. 6.938, DE 31 DE AGOSTO DE 1981 (*)

Dispõe sobre a Política Nacional do Meio Ambiente, seus fins e mecanismos de formulação e aplicação, e dá outras providências.

O Presidente da República:

Faço saber que o Congresso Nacional decreta e eu sanciono a seguinte Lei:

Art. 1.º Esta Lei, com fundamento nos incisos VI e VII do art. 23 e no art. 235 da Constituição estabelece a Política Nacional do Meio Ambiente, seus fins e mecanismos de formulação e aplicação, constitui o Sistema Nacional do Meio Ambiente – SISNAMA e institui o Cadastro de Defesa Ambiental.

(*) Publicada no *DOU*, de 2-9-1981. Regulamentada pelo Decreto n. 99.274, de 6-6-1990. Deixamos de publicar os Anexos I a IX por não atenderem ao espírito desta obra. Sobre OTN, *vide* Nota dos Organizadores.

•• Artigo com redação determinada pela Lei n. 8.028, de 12-4-1990. Acreditamos ter havido engano na publicação oficial ao mencionar o art. 235, quando, a rigor, deveria fazer referência ao art. 225 da Constituição.

DA POLÍTICA NACIONAL DO MEIO AMBIENTE

Art. 2.º A Política Nacional do Meio Ambiente tem por objetivo a preservação, melhoria e recuperação da qualidade ambiental propícia à vida, visando assegurar, no País, condições ao desenvolvimento socioeconômico, aos interesses da segurança nacional e à proteção da dignidade da vida humana, atendidos os seguintes princípios:

•• *Vide* Súmula 629 do STJ.

I – ação governamental na manutenção do equilíbrio ecológico, considerando o meio ambiente como um patrimônio público a ser necessariamente assegurado e protegido, tendo em vista o uso coletivo;

•• *Vide* Súmula 652 do STJ.

II – racionalização do uso do solo, do subsolo, da água e do ar;

III – planejamento e fiscalização do uso dos recursos ambientais;

IV – proteção dos ecossistemas, com a preservação de áreas representativas;

V – controle e zoneamento das atividades potencial ou efetivamente poluidoras;

•• *Vide* Súmula 652 do STJ.

VI – incentivos ao estudo e à pesquisa de tecnologias orientadas para o uso racional e a proteção dos recursos ambientais;

VII – acompanhamento do estado da qualidade ambiental;

VIII – recuperação de áreas degradadas;

IX – proteção de áreas ameaçadas de degradação;

X – educação ambiental a todos os níveis do ensino, inclusive a educação da comunidade, objetivando capacitá-la para participação ativa na defesa do meio ambiente.

Art. 3.º Para os fins previstos nesta Lei, entende-se por:

I – meio ambiente, o conjunto de condições, leis, influências e interações de ordem física, química e biológica, que permite, abriga e rege a vida em todas as suas formas;

II – degradação da qualidade ambiental, a alteração adversa das características do meio ambiente;

III – poluição, a degradação da qualidade ambiental resultante de atividades que direta ou indiretamente:

Lei n. 6.938, de 31-8-1981 — Política Nacional do Meio Ambiente

a) prejudiquem a saúde, a segurança e o bem-estar da população;

b) criem condições adversas às atividades sociais e econômicas;

c) afetem desfavoravelmente a biota;

d) afetem as condições estéticas ou sanitárias do meio ambiente;

e) lancem matérias ou energia em desacordo com os padrões ambientais estabelecidos;

IV – poluidor, a pessoa física ou jurídica, de direito público ou privado, responsável, direta ou indiretamente, por atividade causadora de degradação ambiental;

•• *Vide* Súmula 652 do STJ.

V – recursos ambientais: a atmosfera, as águas interiores, superficiais e subterrâneas, os estuários, o mar territorial, o solo, o subsolo, os elementos da biosfera, a fauna e a flora.

•• Inciso V com redação determinada pela Lei n. 7.804, de 18-7-1989.

DOS OBJETIVOS DA POLÍTICA NACIONAL DO MEIO AMBIENTE

Art. 4.º A Política Nacional do Meio Ambiente visará:

•• *Vide* Súmula 629 do STJ.

I – à compatibilização do desenvolvimento econômico-social com a preservação da qualidade do meio ambiente e do equilíbrio ecológico;

II – à definição de áreas prioritárias de ação governamental relativa à qualidade e ao equilíbrio ecológico, atendendo aos interesses da União, dos Estados, do Distrito Federal, dos Territórios e dos Municípios;

III – ao estabelecimento de critérios e padrões da qualidade ambiental e de normas relativas ao uso e manejo de recursos ambientais;

•• Inciso III regulamentado pelo Decreto n. 5.975, de 30-11-2006.

IV – ao desenvolvimento de pesquisas e de tecnologias nacionais orientadas para o uso racional de recursos ambientais;

V – à difusão de tecnologias de manejo do meio ambiente, à divulgação de dados e informações ambientais e à formação de uma consciência pública sobre a necessidade de preservação da qualidade ambiental e do equilíbrio ecológico;

VI – à preservação e restauração dos recursos ambientais com vistas à sua utilização racional e disponibilidade permanente, concorrendo para a manutenção do equilíbrio ecológico propício à vida;

VII – à imposição, ao poluidor e ao predador, da obrigação de recuperar e/ou indenizar os danos causados e, ao usuário, da contribuição pela utilização de recursos ambientais com fins econômicos.

Art. 5.º As diretrizes da Política Nacional do Meio Ambiente serão formuladas em normas e planos, destinados a orientar a ação dos governos da União, dos Estados, do Distrito Federal, dos Territórios e dos Municípios no que se relaciona com a preservação da qualidade ambiental e manutenção do equilíbrio ecológico, observados os princípios estabelecidos no art. 2.º desta Lei.

Parágrafo único. As atividades empresariais públicas ou privadas serão exercidas em consonância com as diretrizes da Política Nacional do Meio Ambiente.

DO SISTEMA NACIONAL DO MEIO AMBIENTE

Art. 6.º Os órgãos e entidades da União, dos Estados, do Distrito Federal, dos Territórios e dos Municípios, bem como as fundações instituídas pelo Poder Público, responsáveis pela proteção e melhoria da qualidade ambiental, constituirão o Sistema Nacional do Meio Ambiente – SISNAMA, assim estruturado:

•• *Vide* Súmula 652 do STJ.

I – órgão superior: o Conselho de Governo, com a função de assessorar o Presidente da República na formulação da política nacional e nas diretrizes governamentais para o meio ambiente e os recursos ambientais;

•• Inciso I com redação determinada pela Lei n. 8.028, de 12-4-1990.

II – órgão consultivo e deliberativo: o Conselho Nacional do Meio Ambiente – CONAMA, com a finalidade de assessorar, estudar e propor ao Conselho de Governo, diretrizes de políticas governamentais para o meio ambiente e os recursos naturais e deliberar, no âmbito de sua competência, sobre normas e padrões compatíveis com o meio ambiente ecologicamente equilibrado e essencial à sadia qualidade de vida;

•• Inciso II com redação determinada pela Lei n. 8.028, de 12-4-1990.

III – órgão central: a Secretaria do Meio Ambiente da Presidência da República, com a finalidade de planejar, coordenar, supervisionar e controlar, como órgão fe-

Lei n. 6.938, de 31-8-1981 — Política Nacional do Meio Ambiente

deral, a política nacional e as diretrizes governamentais fixadas para o meio ambiente;

•• Inciso III com redação determinada pela Lei n. 8.028, de 12-4-1990.

IV – órgãos executores: o Instituto Brasileiro do Meio Ambiente e dos Recursos Naturais Renováveis – IBAMA e o Instituto Chico Mendes de Conservação da Biodiversidade – Instituto Chico Mendes, com a finalidade de executar e fazer executar a política e as diretrizes governamentais fixadas para o meio ambiente, de acordo com as respectivas competências;

•• Inciso IV com redação determinada pela Lei n. 12.856, de 2-9-2013.

V – órgãos seccionais: os órgãos ou entidades estaduais responsáveis pela execução de programas, projetos e pelo controle e fiscalização de atividades capazes de provocar a degradação ambiental;

•• Inciso V com redação determinada pela Lei n. 7.804, de 18-7-1989.

VI – órgãos locais: os órgãos ou entidades municipais, responsáveis pelo controle e fiscalização dessas atividades, nas suas respectivas jurisdições.

•• Inciso VI com redação determinada pela Lei n. 7.804, de 18-7-1989.

§ 1.º Os Estados, na esfera de suas competências e nas áreas de sua jurisdição, elaborarão normas supletivas e complementares e padrões relacionados com o meio ambiente, observados os que forem estabelecidos pelo CONAMA.

§ 2.º Os Municípios, observadas as normas e os padrões federais e estaduais, também poderão elaborar as normas mencionadas no parágrafo anterior.

§ 3.º Os órgãos central, setoriais, seccionais e locais mencionados neste artigo deverão fornecer os resultados das análises efetuadas e sua fundamentação, quando solicitados por pessoa legitimamente interessada.

§ 4.º De acordo com a legislação em vigor, é o Poder Executivo autorizado a criar uma fundação de apoio técnico e científico às atividades do IBAMA.

DO CONSELHO NACIONAL DO MEIO AMBIENTE

Art. 7.º (*Revogado pela Lei n. 8.028, de 12-4-1990.*)

Art. 8.º Compete ao CONAMA:

•• *Caput* com redação determinada pela Lei n. 8.028, de 12-4-1990.

I – estabelecer, mediante proposta do IBAMA, normas e critérios para o licenciamento de atividades efetiva ou potencialmente poluidoras, a ser concedido pelos Estados e supervisionado pelo IBAMA;

II – determinar, quando julgar necessário, a realização de estudos das alternativas e das possíveis consequências ambientais de projetos públicos ou privados, requisitando aos órgãos federais, estaduais e municipais, bem assim a entidades privadas, as informações indispensáveis para apreciação dos estudos de impacto ambiental, e respectivos relatórios, no caso de obras ou atividades de significativa degradação ambiental, especialmente nas áreas consideradas patrimônio nacional;

•• Inciso II com redação determinada pela Lei n. 8.028, de 12-4-1990.

III – (*Revogado pela Lei n. 11.941, de 27-5-2009.*)

IV – homologar acordos visando à transformação de penalidades pecuniárias na obrigação de executar medidas de interesse para a proteção ambiental: (*Vetado*);

V – determinar, mediante representação do IBAMA, a perda ou restrição de benefícios fiscais concedidos pelo Poder Público, em caráter geral ou condicional, e a perda ou suspensão de participação em linhas de financiamento em estabelecimentos oficiais de crédito;

VI – estabelecer, privativamente, normas e padrões nacionais de controle da poluição por veículos automotores, aeronaves e embarcações, mediante audiência dos Ministérios competentes;

VII – estabelecer normas, critérios e padrões relativos ao controle e à manutenção da qualidade do meio ambiente com vistas ao uso racional dos recursos ambientais, principalmente os hídricos.

Parágrafo único. O secretário do Meio Ambiente é, sem prejuízo de suas funções, o Presidente do CONAMA.

•• Parágrafo único acrescentado pela Lei n. 8.028, de 12-4-1990.

DOS INSTRUMENTOS DA POLÍTICA NACIONAL DO MEIO AMBIENTE

Art. 9.º São instrumentos da Política Nacional do Meio Ambiente:

I – o estabelecimento de padrões de qualidade ambiental;

II – o zoneamento ambiental;

•• Inciso II regulamentado pelo Decreto n. 4.297, de 10-7-2002.

III – a avaliação de impactos ambientais;
IV – o licenciamento e a revisão de atividades efetiva ou potencialmente poluidoras;
V – os incentivos à produção e instalação de equipamentos e a criação ou absorção de tecnologia, voltados para a melhoria da qualidade ambiental;
VI – a criação de espaços territoriais especialmente protegidos pelo Poder Público federal, estadual e municipal, tais como áreas de proteção ambiental, de relevante interesse ecológico e reservas extrativistas;
•• Inciso VI com redação determinada pela Lei n. 7.804, de 18-7-1989.
VII – o sistema nacional de informações sobre o meio ambiente;
VIII – o Cadastro Técnico Federal de Atividades e Instrumentos de Defesa Ambiental;
IX – as penalidades disciplinares ou compensatórias ao não cumprimento das medidas necessárias à preservação ou correção da degradação ambiental;
X – a instituição do Relatório de Qualidade do Meio Ambiente, a ser divulgado anualmente pelo Instituto Brasileiro do Meio Ambiente e Recursos Naturais Renováveis – IBAMA;
•• Inciso X acrescentado pela Lei n. 7.804, de 18-7-1989.
XI – a garantia da prestação de informações relativas ao Meio Ambiente, obrigando-se o Poder Público a produzi-las, quando inexistentes;
•• Inciso XI acrescentado pela Lei n. 7.804, de 18-7-1989.
XII – o Cadastro Técnico Federal de atividades potencialmente poluidoras e/ou utilizadoras dos recursos ambientais;
•• Inciso XII acrescentado pela Lei n. 7.804, de 18-7-1989.
XIII – instrumentos econômicos, como concessão florestal, servidão ambiental, seguro ambiental e outros.
•• Inciso XIII acrescentado pela Lei n. 11.284, de 2-3-2006.
Art. 9.º-A. O proprietário ou possuidor de imóvel, pessoa natural ou jurídica, pode, por instrumento público ou particular ou por termo administrativo firmado perante órgão integrante do Sisnama, limitar o uso de toda a sua propriedade ou de parte dela para preservar, conservar ou recuperar os recursos ambientais existentes, instituindo servidão ambiental.
•• *Caput* com redação determinada pela Lei n. 12.651, de 25-5-2012.
§ 1.º O instrumento ou termo de instituição da servidão ambiental deve incluir, no mínimo, os seguintes itens:

•• § 1.º, *caput*, com redação determinada pela Lei n. 12.651, de 25-5-2012.
I – memorial descritivo da área da servidão ambiental, contendo pelo menos um ponto de amarração georreferenciado;
•• Inciso I acrescentado pela Lei n. 12.651, de 25-5-2012.
II – objeto da servidão ambiental;
•• Inciso II acrescentado pela Lei n. 12.651, de 25-5-2012.
III – direitos e deveres do proprietário ou possuidor instituidor;
•• Inciso III acrescentado pela Lei n. 12.651, de 25-5-2012.
IV – prazo durante o qual a área permanecerá como servidão ambiental.
•• Inciso IV acrescentado pela Lei n. 12.651, de 25-5-2012.
§ 2.º A servidão ambiental não se aplica às Áreas de Preservação Permanente e à Reserva Legal mínima exigida.
•• § 2.º com redação determinada pela Lei n. 12.651, de 25-5-2012.
§ 3.º A restrição ao uso ou à exploração da vegetação da área sob servidão ambiental deve ser, no mínimo, a mesma estabelecida para a Reserva Legal.
•• § 3.º com redação determinada pela Lei n. 12.651, de 25-5-2012.
§ 4.º Devem ser objeto de averbação na matrícula do imóvel no registro de imóveis competente:
•• § 4.º, *caput*, com redação determinada pela Lei n. 12.651, de 25-5-2012.
I – o instrumento ou termo de instituição da servidão ambiental;
•• Inciso I acrescentado pela Lei n. 12.651, de 25-5-2012.
II – o contrato de alienação, cessão ou transferência da servidão ambiental.
•• Inciso II acrescentado pela Lei n. 12.651, de 25-5-2012.
§ 5.º Na hipótese de compensação de Reserva Legal, a servidão ambiental deve ser averbada na matrícula de todos os imóveis envolvidos.
•• § 5.º com redação determinada pela Lei n. 12.651, de 25-5-2012.
§ 6.º É vedada, durante o prazo de vigência da servidão ambiental, a alteração da destinação da área, nos casos de transmissão do imóvel a qualquer título, de desmembramento ou de retificação dos limites do imóvel.
•• § 6.º acrescentado pela Lei n. 12.651, de 25-5-2012.

Lei n. 6.938, de 31-8-1981 — Política Nacional do Meio Ambiente

§ 7.º As áreas que tenham sido instituídas na forma de servidão florestal, nos termos do art. 44-A da Lei n. 4.771, de 15 de setembro de 1965, passam a ser consideradas, pelo efeito desta Lei, como de servidão ambiental.

•• § 7.º acrescentado pela Lei n. 12.651, de 25-5-2012.

Art. 9.º-B. A servidão ambiental poderá ser onerosa ou gratuita, temporária ou perpétua.

•• *Caput* acrescentado pela Lei n. 12.651, de 25-5-2012.

§ 1.º O prazo mínimo da servidão ambiental temporária é de 15 (quinze) anos.

•• § 1.º acrescentado pela Lei n. 12.651, de 25-5-2012.

§ 2.º A servidão ambiental perpétua equivale, para fins creditícios, tributários e de acesso aos recursos de fundos públicos, à Reserva Particular do Patrimônio Natural – RPPN, definida no art. 21 da Lei n. 9.985, de 18 de julho de 2000.

•• § 2.º acrescentado pela Lei n. 12.651, de 25-5-2012.

§ 3.º O detentor da servidão ambiental poderá aliená-la, cedê-la ou transferi-la, total ou parcialmente, por prazo determinado ou em caráter definitivo, em favor de outro proprietário ou de entidade pública ou privada que tenha a conservação ambiental como fim social.

•• § 3.º acrescentado pela Lei n. 12.651, de 25-5-2012.

Art. 9.º-C. O contrato de alienação, cessão ou transferência da servidão ambiental deve ser averbado na matrícula do imóvel.

•• *Caput* acrescentado pela Lei n. 12.651, de 25-5-2012.

§ 1.º O contrato referido no *caput* deve conter, no mínimo, os seguintes itens:

•• § 1.º acrescentado pela Lei n. 12.651, de 25-5-2012.

I – a delimitação da área submetida a preservação, conservação ou recuperação ambiental;

•• Inciso I acrescentado pela Lei n. 12.651, de 25-5-2012.

II – o objeto da servidão ambiental;

•• Inciso II acrescentado pela Lei n. 12.651, de 25-5-2012.

III – os direitos e deveres do proprietário instituidor e dos futuros adquirentes ou sucessores;

•• Inciso III acrescentado pela Lei n. 12.651, de 25-5-2012.

IV – os direitos e deveres do detentor da servidão ambiental;

•• Inciso IV acrescentado pela Lei n. 12.651, de 25-5-2012.

V – os benefícios de ordem econômica do instituidor e do detentor da servidão ambiental;

•• Inciso V acrescentado pela Lei n. 12.651, de 25-5-2012.

VI – a previsão legal para garantir o seu cumprimento, inclusive medidas judiciais necessárias, em caso de ser descumprido.

•• Inciso VI acrescentado pela Lei n. 12.651, de 25-5-2012.

§ 2.º São deveres do proprietário do imóvel serviente, entre outras obrigações estipuladas no contrato:

•• § 2.º, *caput*, acrescentado pela Lei n. 12.651, de 25-5-2012.

I – manter a área sob servidão ambiental;

•• Inciso I acrescentado pela Lei n. 12.651, de 25-5-2012.

II – prestar contas ao detentor da servidão ambiental sobre as condições dos recursos naturais ou artificiais;

•• Inciso II acrescentado pela Lei n. 12.651, de 25-5-2012.

III – permitir a inspeção e a fiscalização da área pelo detentor da servidão ambiental;

•• Inciso III acrescentado pela Lei n. 12.651, de 25-5-2012.

IV – defender a posse da área serviente, por todos os meios em direito admitidos.

•• Inciso IV acrescentado pela Lei n. 12.651, de 25-5-2012.

§ 3.º São deveres do detentor da servidão ambiental, entre outras obrigações estipuladas no contrato:

•• § 3.º, *caput*, acrescentado pela Lei n. 12.651, de 25-5-2012.

I – documentar as características ambientais da propriedade;

•• Inciso I acrescentado pela Lei n. 12.651, de 25-5-2012.

II – monitorar periodicamente a propriedade para verificar se a servidão ambiental está sendo mantida;

•• Inciso II acrescentado pela Lei n. 12.651, de 25-5-2012.

III – prestar informações necessárias a quaisquer interessados na aquisição ou aos sucessores da propriedade;

•• Inciso III acrescentado pela Lei n. 12.651, de 25-5-2012.

IV – manter relatórios e arquivos atualizados com as atividades da área objeto da servidão;

•• Inciso IV acrescentado pela Lei n. 12.651, de 25-5-2012.

V – defender judicialmente a servidão ambiental.

•• Inciso V acrescentado pela Lei n. 12.651, de 25-5-2012.

Art. 10. A construção, instalação, ampliação e funcionamento de estabelecimentos e atividades utilizadores de recursos ambientais, efetiva ou potencialmente poluidores ou capazes, sob qualquer forma, de causar degradação ambiental dependerão de prévio licenciamento ambiental.

•• *Caput* com redação determinada pela Lei Complementar n. 140, de 8-12-2011.

§ 1.º Os pedidos de licenciamento, sua renovação e a respectiva concessão serão publicados no jornal oficial, bem como em periódico regional ou local de grande circulação, ou em meio eletrônico de comunicação mantido pelo órgão ambiental competente.

•• § 1.º com redação determinada pela Lei Complementar n. 140, de 8-12-2011.

§§ 2.º a 4.º *(Revogados pela Lei Complementar n. 140, de 8-12-2011.)*

Art. 11. Compete ao IBAMA propor ao CONAMA normas e padrões para implantação, acompanhamento e fiscalização do licenciamento previsto no artigo anterior, além das que forem oriundas do próprio CONAMA.

§ 1.º *(Revogado pela Lei Complementar n. 140, de 8-12-2011.)*

§ 2.º Inclui-se na competência da fiscalização e controle a análise de projetos de entidades, públicas ou privadas, objetivando a preservação ou a recuperação de recursos ambientais, afetados por processos de exploração predatórios ou poluidores.

Art. 12. As entidades e órgãos de financiamento e incentivos governamentais condicionarão a aprovação de projetos habilitados a esses benefícios ao licenciamento, na forma desta Lei, e ao cumprimento das normas, dos critérios e dos padrões expedidos pelo CONAMA.

Parágrafo único. As entidades e órgãos referidos no *caput* deste artigo deverão fazer constar dos projetos a realização de obras e aquisição de equipamentos destinados ao controle de degradação ambiental e à melhoria da qualidade do meio ambiente.

Art. 13. O Poder Executivo incentivará as atividades voltadas ao meio ambiente, visando:

I – ao desenvolvimento, no País, de pesquisas e processos tecnológicos destinados a reduzir a degradação da qualidade ambiental;

II – à fabricação de equipamentos antipoluidores;

III – a outras iniciativas que propiciem a racionalização do uso de recursos ambientais.

Parágrafo único. Os órgãos, entidades e programas do Poder Público, destinados ao incentivo das pesquisas científicas e tecnológicas, considerarão, entre as suas metas prioritárias, o apoio aos projetos que visem a adquirir e desenvolver conhecimentos básicos e aplicáveis na área ambiental e ecológica.

Art. 14. Sem prejuízo das penalidades definidas pela legislação federal, estadual e municipal, o não cumprimento das medidas necessárias à preservação ou correção dos inconvenientes e danos causados pela degradação da qualidade ambiental sujeitará os transgressores:

•• *Vide* Súmula 629 do STJ.

I – à multa simples ou diária, nos valores correspondentes, no mínimo, a 10 (dez) e, no máximo, a 1.000 (mil) Obrigações do Tesouro Nacional – OTNs, agravada em casos de reincidência específica, conforme dispuser o Regulamento, vedada a sua cobrança pela União se já tiver sido aplicada pelo Estado, Distrito Federal, Territórios ou pelos Municípios;

II – à perda ou restrição de incentivos e benefícios fiscais concedidos pelo Poder Público;

III – à perda ou suspensão de participação em linhas de financiamento em estabelecimentos oficiais de crédito;

IV – à suspensão de sua atividade.

§ 1.º Sem obstar a aplicação das penalidades previstas neste artigo, é o poluidor obrigado, independentemente da existência de culpa, a indenizar ou reparar os danos causados ao meio ambiente e a terceiros, afetados por sua atividade. O Ministério Público da União e dos Estados terá legitimidade para propor ação de responsabilidade civil e criminal, por danos causados ao meio ambiente.

•• *Vide* Súmulas 623 e 652 do STJ.

§ 2.º No caso de omissão da autoridade estadual ou municipal, caberá ao Secretário do Meio Ambiente a aplicação das penalidades pecuniárias previstas neste artigo.

§ 3.º Nos casos previstos nos incisos II e III deste artigo, o ato declaratório da perda, restrição ou suspensão será atribuição da autoridade administrativa ou financeira que concedeu os benefícios, incentivos ou financiamento, cumprindo resolução do CONAMA.

§ 4.º *(Revogado pela Lei n. 9.966, de 28-4-2000.)*

§ 5.º A execução das garantias exigidas do poluidor não impede a aplicação das obrigações de indenização e reparação de danos previstas no § 1.º deste artigo.

•• § 5.º acrescentado pela Lei n. 11.284, de 2-3-2006.

Art. 15. O poluidor que expuser a perigo a incolumidade humana, animal ou vegetal, ou estiver tornando mais grave situação de perigo existente, fica sujeito à pena de reclusão de 1 (um) a 3 (três) anos e multa de 100 (cem) a 1.000 (mil) MVR.

•• *Caput* com redação determinada pela Lei n. 7.804, de 18-7-1989.

Lei n. 6.938, de 31-8-1981 — Política Nacional do Meio Ambiente

§ 1.º A pena é aumentada até o dobro se:

I – resultar:

a) dano irreversível à fauna, à flora e ao meio ambiente;

b) lesão corporal grave;

II – a poluição é decorrente de atividade industrial ou de transporte;

III – o crime é praticado durante a noite, em domingo ou em feriado.

•• § 1.º com redação determinada pela Lei n. 7.804, de 18-7-1989.

§ 2.º Incorre no mesmo crime a autoridade competente que deixar de promover as medidas tendentes a impedir a prática das condutas acima descritas.

•• § 2.º com redação determinada pela Lei n. 7.804, de 18-7-1989.

Art. 16. (*Revogado pela Lei n. 7.804, de 18-7-1989.*)

Art. 17. Fica instituído, sob a administração do Instituto Brasileiro do Meio Ambiente e Recursos Naturais Renováveis – IBAMA:

•• *Caput* com redação determinada pela Lei n. 7.804, de 18-7-1989.

I – Cadastro Técnico Federal de Atividades e Instrumentos de Defesa Ambiental, para registro obrigatório de pessoas físicas ou jurídicas que se dedicam a consultoria técnica sobre problemas ecológicos e ambientais e à indústria e comércio de equipamentos, aparelhos e instrumentos destinados ao controle de atividades efetiva ou potencialmente poluidoras;

•• Inciso I acrescentado pela Lei n. 7.804, de 18-7-1989.

•• A Instrução Normativa n. 12, de 20-8-2021, do IBAMA, regulamenta a obrigação de inscrição no Cadastro Técnico Federal de Atividades e Instrumentos de Defesa Ambiental, a que se refere este inciso I.

II – Cadastro Técnico Federal de Atividades Potencialmente Poluidoras ou Utilizadoras de Recursos Ambientais, para registro obrigatório de pessoas físicas ou jurídicas que se dedicam a atividades potencialmente poluidoras e/ou a extração, produção, transporte e comercialização de produtos potencialmente perigosos ao meio ambiente, assim como de produtos e subprodutos da fauna e flora.

•• Inciso II acrescentado pela Lei n. 7.804, de 18-7-1989.

•• A Instrução Normativa n. 13, de 23-8-2021, do IBAMA, regulamenta a obrigação de inscrição no Cadastro Técnico Federal de Atividades Potencialmente Poluidoras e Utilizadoras de Recursos Ambientais, a que se refere este inciso II.

Art. 17-A. São estabelecidos os preços dos serviços e produtos do Instituto Brasileiro do Meio Ambiente e dos Recursos Naturais Renováveis – Ibama, a serem aplicados em âmbito nacional, conforme Anexo A esta Lei.

•• Artigo acrescentado pela Lei n. 9.960, de 28-1-2000.

Art. 17-B. Fica instituída a Taxa de Controle e Fiscalização Ambiental – TCFA, cujo fato gerador é o exercício regular do poder de polícia conferido ao Instituto Brasileiro do Meio Ambiente e dos Recursos Naturais Renováveis – Ibama para controle e fiscalização das atividades potencialmente poluidoras e utilizadoras de recursos naturais.

•• *Caput* com redação determinada pela Lei n. 10.165, de 27-12-2000.

§ 1.º (*Revogado pela Lei n. 10.165, de 27-12-2000.*)

§ 2.º (*Revogado pela Lei n. 10.165, de 27-12-2000.*)

Art. 17-C. É sujeito passivo da TCFA todo aquele que exerça as atividades constantes do Anexo VIII desta Lei.

•• *Caput* com redação determinada pela Lei n. 10.165, de 27-12-2000.

§ 1.º O sujeito passivo da TCFA é obrigado a entregar até o dia 31 de março de cada ano relatório das atividades exercidas no ano anterior, cujo modelo será definido pelo Ibama, para o fim de colaborar com os procedimentos de controle e fiscalização.

•• § 1.º com redação determinada pela Lei n. 10.165, de 27-12-2000.

§ 2.º O descumprimento da providência determinada no § 1.º sujeita o infrator a multa equivalente a vinte por cento da TCFA devida, sem prejuízo da exigência desta.

•• § 2.º com redação determinada pela Lei n. 10.165, de 27-12-2000.

§ 3.º (*Revogado pela Lei n. 10.165, de 27-12-2000.*)

Art. 17-D. A TCFA é devida por estabelecimento e os seus valores são os fixados no Anexo IX desta Lei.

•• *Caput* com redação determinada pela Lei n. 10.165, de 27-12-2000.

§ 1.º Para os fins desta Lei, consideram-se:

I – microempresa e empresa de pequeno porte, as pessoas jurídicas que se enquadrem, respectivamente, nas descrições dos incisos I e II do *caput* do art. 2.º da Lei n. 9.841, de 5 de outubro de 1999;

•• A Lei n. 9.841, de 5-10-1999, foi revogada pela Lei Complementar n. 123, de 14-12-2006 – Estatuto Nacional da Microempresa e Empresa de Pequeno Porte. *Vide* art. 3.º da mencionada Lei Complementar.

II – empresa de médio porte, a pessoa jurídica que tiver receita bruta anual superior a R$ 1.200.000,00 (um milhão e duzentos mil reais) e igual ou inferior a R$ 12.000.000,00 (doze milhões de reais);

III – empresa de grande porte, a pessoa jurídica que tiver receita bruta anual superior a R$ 12.000.000,00 (doze milhões de reais).

•• § 1.º acrescentado pela Lei n. 10.165, de 27-12-2000.

§ 2.º O potencial de poluição (PP) e o grau de utilização (GU) de recursos naturais de cada uma das atividades sujeitas à fiscalização encontram-se definidos no Anexo VIII desta Lei.

•• § 2.º acrescentado pela Lei n. 10.165, de 27-12-2000.

§ 3.º Caso o estabelecimento exerça mais de uma atividade sujeita à fiscalização, pagará a taxa relativamente a apenas uma delas, pelo valor mais elevado.

•• § 3.º acrescentado pela Lei n. 10.165, de 27-12-2000.

Art. 17-E. É o Ibama autorizado a cancelar débitos de valores inferiores a R$ 40,00 (quarenta reais), existentes até 31 de dezembro de 1999.

•• Artigo acrescentado pela Lei n. 9.960, de 28-1-2000.

Art. 17-F. São isentas do pagamento da TCFA as entidades públicas federais, distritais, estaduais e municipais, as entidades filantrópicas, aqueles que praticam agricultura de subsistência e as populações tradicionais.

•• Artigo com redação determinada pela Lei n. 10.165, de 27-12-2000.

Art. 17-G. A TCFA será devida no último dia útil de cada trimestre do ano civil, nos valores fixados no Anexo IX desta Lei, e o recolhimento será efetuado em conta bancária vinculada ao Ibama, por intermédio de documento próprio de arrecadação, até o quinto dia útil do mês subsequente.

•• *Caput* com redação determinada pela Lei n. 10.165, de 27-12-2000.

Parágrafo único. (*Revogado pela Lei n. 10.165, de 27-12-2000.*)

§ 2.º Os recursos arrecadados com a TCFA terão utilização restrita em atividades de controle e fiscalização ambiental.

•• § 2.º acrescentado pela Lei n. 11.284, de 2-3-2006.

•• Numeração dos parágrafos conforme publicação oficial.

Art. 17-H. A TCFA não recolhida nos prazos e nas condições estabelecidas no artigo anterior será cobrada com os seguintes acréscimos:

•• *Caput* com redação determinada pela Lei n. 10.165, de 27-12-2000.

I – juros de mora, na via administrativa ou judicial, contados do mês seguinte ao do vencimento, à razão de 1% (um por cento);

•• Inciso I com redação determinada pela Lei n. 10.165, de 27-12-2000.

II – multa de mora de 20% (vinte por cento), reduzida a 10% (dez por cento) se o pagamento for efetuado até o último dia útil do mês subsequente ao do vencimento;

•• Inciso II com redação determinada pela Lei n. 10.165, de 27-12-2000.

III – encargo de 20% (vinte por cento), substitutivo da condenação do devedor em honorários de advogado, calculado sobre o total do débito inscrito como Dívida Ativa, reduzido para 10% (dez por cento) se o pagamento for efetuado antes do ajuizamento da execução.

•• Inciso III acrescentado pela Lei n. 10.165, de 27-12-2000.

§ 1.º-A. Os juros de mora não incidem sobre o valor da multa de mora.

•• § 1.º-A acrescentado pela Lei n. 10.165, de 27-12-2000.

§ 1.º Os débitos relativos à TCFA poderão ser parcelados de acordo com os critérios fixados na legislação tributária, conforme dispuser o regulamento desta Lei.

•• § 1.º acrescentado pela Lei n. 10.165, de 27-12-2000.

Art. 17-I. As pessoas físicas e jurídicas que exerçam as atividades mencionadas nos incisos I e II do art. 17 e que não estiverem inscritas nos respectivos cadastros até o último dia útil do terceiro mês que se seguir ao da publicação desta Lei incorrerão em infração punível com multa de:

•• *Caput* com redação determinada pela Lei n. 10.165, de 27-12-2000.

I – R$ 50,00 (cinquenta reais), se pessoa física;

•• Inciso I acrescentado pela Lei n. 10.165, de 27-12-2000.

II – R$ 150,00 (cento e cinquenta reais), se microempresa;

•• Inciso II acrescentado pela Lei n. 10.165, de 27-12-2000.

III – R$ 900,00 (novecentos reais), se empresa de pequeno porte;

•• Inciso III acrescentado pela Lei n. 10.165, de 27-12-2000.

IV – R$ 1.800,00 (mil e oitocentos reais), se empresa de médio porte;

Lei n. 6.938, de 31-8-1981 — Política Nacional do Meio Ambiente

•• Inciso IV acrescentado pela Lei n. 10.165, de 27-12-2000.

V – R$ 9.000,00 (nove mil reais), se empresa de grande porte.

•• Inciso V acrescentado pela Lei n. 10.165, de 27-12-2000.

Parágrafo único. (*Revogado pela Lei n. 10.165, de 27-12-2000.*)

Art. 17-J. (*Revogado pela Lei n. 10.165, de 27-12-2000.*)

Art. 17-L. As ações de licenciamento, registro, autorizações, concessões e permissões relacionadas à fauna, à flora, e ao controle ambiental são de competência exclusiva dos órgãos integrantes do Sistema Nacional do Meio Ambiente.

•• Artigo acrescentado pela Lei n. 9.960, de 28-1-2000.

Art. 17-M. Os preços dos serviços administrativos prestados pelo Ibama, inclusive os referentes à venda de impressos e publicações, assim como os de entrada, permanência e utilização de áreas ou instalações nas unidades de conservação, serão definidos em portaria do Ministro de Estado do Meio Ambiente, mediante proposta do Presidente daquele Instituto.

•• Artigo acrescentado pela Lei n. 9.960, de 28-1-2000.

Art. 17-N. Os preços dos serviços técnicos do Laboratório de Produtos Florestais do Ibama, assim como os para venda de produtos da flora, serão, também, definidos em portaria do Ministro de Estado do Meio Ambiente, mediante proposta do Presidente daquele Instituto.

•• Artigo acrescentado pela Lei n. 9.960, de 28-1-2000.

Art. 17-O. Os proprietários rurais que se beneficiarem com redução do valor do Imposto sobre a Propriedade Territorial Rural – ITR, com base em Ato Declaratório Ambiental – ADA, deverão recolher ao Ibama a importância prevista no item 3.11 do Anexo VII da Lei n. 9.960, de 29 de janeiro de 2000, a título de Taxa de Vistoria.

•• *Caput* com redação determinada pela Lei n. 10.165, de 27-12-2000.

§ 1.º (*Revogado pela Lei n. 14.932, de 23-7-2024.*)

§ 1.º-A. A Taxa de Vistoria a que se refere o *caput* deste artigo não poderá exceder a dez por cento do valor da redução do imposto proporcionada pela ADA.

•• § 1.º-A acrescentado pela Lei n. 10.165, de 27-12-2000.

§ 2.º O pagamento de que trata o *caput* deste artigo poderá ser efetivado em cota única ou em parcelas, nos mesmos moldes escolhidos pelo contribuinte para o pagamento do ITR, em documento próprio de arrecadação do Ibama.

•• § 2.º com redação determinada pela Lei n. 10.165, de 27-12-2000.

§ 3.º Para efeito de pagamento parcelado, nenhuma parcela poderá ser inferior a R$ 50,00 (cinquenta reais).

•• § 3.º com redação determinada pela Lei n. 10.165, de 27-12-2000.

§ 4.º O inadimplemento de qualquer parcela ensejará a cobrança de juros e multa nos termos dos incisos I e II do *caput* e §§ 1.º-A e 1.º, todos do art. 17-H desta Lei.

•• § 4.º com redação determinada pela Lei n. 10.165, de 27-12-2000.

§ 5.º Após a vistoria, realizada por amostragem, caso os dados constantes do ADA não coincidam com os efetivamente levantados pelos técnicos do Ibama, estes lavrarão, de ofício, novo ADA, contendo os dados reais, o qual será encaminhado à Secretaria da Receita Federal, para as providências cabíveis.

•• § 5.º com redação determinada pela Lei n. 10.165, de 27-12-2000.

•• A Secretaria da Receita Federal passa a denominar-se Secretaria da Receita Federal do Brasil, por força da Lei n. 11.457, de 16-3-2007.

Art. 17-P. Constitui crédito para compensação com o valor devido a título de TCFA, até o limite de sessenta por cento e relativamente ao mesmo ano, o montante efetivamente pago pelo estabelecimento ao Estado, ao Município e ao Distrito Federal em razão de taxa de fiscalização ambiental.

•• *Caput* acrescentado pela Lei n. 10.165, de 27-12-2000.

§ 1.º Valores recolhidos ao Estado, ao Município e ao Distrito Federal a qualquer outro título, tais como taxas ou preços públicos de licenciamento e venda de produtos, não constituem crédito para compensação com a TCFA.

•• § 1.º acrescentado pela Lei n. 10.165, de 27-12-2000.

§ 2.º A restituição, administrativa ou judicial, qualquer que seja a causa que a determine, da taxa de fiscalização ambiental estadual ou distrital compensada com a TCFA restaura o direito de crédito do Ibama contra o estabelecimento, relativamente ao valor compensado.

•• § 2.º acrescentado pela Lei n. 10.165, de 27-12-2000.

Art. 17-Q. É o Ibama autorizado a celebrar convênios com os Estados, os Municípios e o Distrito Federal para desempenharem atividades de fiscalização ambiental, podendo repassar-lhes parcela da receita obtida com a TCFA.

•• Artigo acrescentado pela Lei n. 10.165, de 27-12-2000.
Art. 18. (*Revogado pela Lei n. 9.985, de 18-7-2000.*)
Art. 19. Ressalvado o disposto nas Leis n. 5.357, de 17 de novembro de 1967, e 7.661, de 16 de maio de 1988, a receita proveniente da aplicação desta Lei será recolhida de acordo com o disposto no art. 4.º da Lei n. 7.735, de 22 de fevereiro de 1989.
•• Artigo acrescentado pela Lei n. 7.804, de 18-7-1989.
Art. 20. Esta Lei entrará em vigor na data de sua publicação.
Art. 21. Revogam-se as disposições em contrário.
Brasília, em 31 de agosto de 1981; 160.º da Independência e 93.º da República.

João Figueiredo

LEI N. 7.089,
DE 23 DE MARÇO DE 1983 (*)

Veda a cobrança de juros de mora sobre título cujo vencimento se dê em feriado, sábado ou domingo.

O Presidente da República:
Faço saber que o Congresso Nacional decreta e eu sanciono a seguinte Lei:
Art. 1.º Fica proibida a cobrança de juros de mora, por estabelecimentos bancários e instituições financeiras, sobre título de qualquer natureza, cujo vencimento se dê em sábado, domingo ou feriado, desde que seja quitado no 1.º dia útil subsequente.
Art. 2.º (*Vetado.*)
Art. 3.º A inobservância do disposto nos artigos anteriores sujeitará os infratores à aplicação das penalidades previstas no art. 44 da Lei n. 4.595, de 31 de dezembro de 1964.
Art. 4.º Esta Lei entra em vigor na data de sua publicação.
Art. 5.º Revogam-se as disposições em contrário.
Brasília, em 23 de março de 1983; 162.º da Independência e 95.º da República.

João Figueiredo

(*) Publicada no *DOU*, de 24-3-1983.

LEI N. 7.115,
DE 29 DE AGOSTO DE 1983 (**)

Dispõe sobre prova documental nos casos que indica e dá outras providências.

O Presidente da República:
Faço saber que o Congresso Nacional decreta e eu sanciono a seguinte Lei:
Art. 1.º A declaração destinada a fazer prova de vida, residência, pobreza, dependência econômica, homonímia ou bons antecedentes, quando firmada pelo próprio interessado ou por procurador bastante, e sob as penas da lei, presume-se verdadeira.
Parágrafo único. O disposto neste artigo não se aplica para fins de prova em processo penal.
Art. 2.º Se comprovadamente falsa a declaração, sujeitar-se-ão os declarantes às sanções civis, administrativas e criminais previstas na legislação aplicável.
Art. 3.º A declaração mencionará expressamente a responsabilidade do declarante.
Art. 4.º Esta Lei entra em vigor na data de sua publicação.
Art. 5.º Revogam-se as disposições em contrário.
Brasília, em 29 de agosto de 1983; 162.º da Independência e 95.º da República.

João Figueiredo

LEI N. 7.116,
DE 29 DE AGOSTO DE 1983 (***)

Assegura validade nacional às Carteiras de Identidade, regula sua expedição e dá outras providências.

O Presidente da República:
Faço saber que o Congresso Nacional decreta e eu sanciono a seguinte Lei:

(**) Publicada no *DOU*, de 30-8-1983.
(***) Publicada no *DOU*, de 30-8-1983. Regulamentada pelo Decreto n. 9.278, de 5-2-2018. *Vide* Lei n. 9.454, de 7-4-1997.

Lei n. 7.116, de 29-8-1983 — Documentos

Art. 1.º A Carteira de Identidade emitida por órgãos de identificação dos Estados, do Distrito Federal e dos Territórios tem fé pública e validade em todo o território nacional.

Art. 2.º Para a expedição da Carteira de Identidade de que trata esta Lei não será exigida do interessado a apresentação de qualquer outro documento, além da certidão de nascimento ou do casamento.

§ 1.º A requerente do sexo feminino apresentará obrigatoriamente a certidão de casamento, caso seu nome de solteira tenha sido alterado em consequência do matrimônio.

§ 2.º O brasileiro naturalizado apresentará o Certificado de Naturalização.

§ 3.º É gratuita a primeira emissão da Carteira de Identidade.

•• § 3.º acrescentado pela Lei n. 12.687, de 18-7-2012.

Art. 3.º A Carteira de Identidade conterá os seguintes elementos:

a) Armas da República e inscrição "República Federativa do Brasil";
b) nome da Unidade da Federação;
c) identificação do órgão expedidor;
d) registro geral no órgão emitente, local e data da expedição;
e) nome, filiação, local e data de nascimento do identificado, bem como, de forma resumida, a comarca, cartório, livro, folha e número do registro de nascimento;
f) fotografia, no formato 3 x 4 cm, assinatura e impressão digital do polegar direito do identificado;
g) assinatura do dirigente do órgão expedidor; e

•• Alínea *g* com redação determinada pela Lei n. 14.534, de 11-1-2023.

h) número de inscrição no Cadastro de Pessoas Físicas (CPF).

•• Alínea *h* acrescentada pela Lei n. 14.129, de 29-3-2021.

§ 1.º O órgão emissor deverá, na emissão de novos documentos, utilizar o número de inscrição no CPF como número de registro geral da Carteira de Identidade.

•• § 1.º com redação determinada pela Lei n. 14.534, de 11-1-2023.

§ 2.º Os órgãos emissores de registro geral deverão realizar pesquisa na base do CPF, a fim de verificar a integridade das informações, bem como disponibilizar dados cadastrais e biométricos do registro geral à Secretaria Especial da Receita Federal do Brasil.

•• § 2.º com redação determinada pela Lei n. 14.534, de 11-1-2023.

§ 3.º Caso o requerente da Carteira de Identidade não esteja inscrito no CPF, o órgão de identificação realizará a sua inscrição.

•• § 3.º com redação determinada pela Lei n. 14.534, de 11-1-2023.

Art. 4.º Desde que o interessado o solicite, a Carteira de Identidade conterá, além dos elementos referidos no art. 3.º desta Lei, os números de inscrição do titular no Programa de Integração Social – PIS ou no Programa de Formação do Patrimônio do Servidor Público – PASEP e no Cadastro de Pessoas Físicas do Ministério da Fazenda.

§ 1.º O Poder Executivo federal poderá aprovar a inclusão de outros dados opcionais na Carteira de Identidade.

§ 2.º A inclusão na Carteira de Identidade dos dados referidos neste artigo poderá ser parcial e dependerá exclusivamente da apresentação dos respectivos documentos comprobatórios.

Art. 5.º A Carteira de Identidade do português beneficiado pelo Estatuto da Igualdade será expedida consoante o disposto nesta Lei, devendo dela constar referência à sua nacionalidade e à Convenção promulgada pelo Decreto n. 70.391, de 12 de abril de 1972.

Art. 6.º A Carteira de Identidade fará prova de todos os dados nela incluídos, dispensando a apresentação dos documentos que lhe deram origem ou que nela tenham sido mencionados.

Art. 7.º A expedição de segunda via da Carteira de Identidade será efetuada mediante simples solicitação do interessado, vedada qualquer outra exigência, além daquela prevista no art. 2.º desta Lei.

Art. 8.º A Carteira de Identidade de que trata esta Lei será expedida com base no processo de identificação datiloscópica.

Art. 9.º A apresentação dos documentos a que se refere o art. 2.º desta Lei poderá ser feita por cópia regularmente autenticada.

Art. 10. O Poder Executivo federal aprovará o modelo da Carteira de Identidade e expedirá as normas complementares que se fizerem necessárias ao cumprimento desta Lei.

Art. 11. As Carteiras de Identidade emitidas anteriormente à vigência desta Lei continuarão válidas em todo o território nacional.
Art. 12. Esta Lei entra em vigor na data de sua publicação.
Art. 13. Revogam-se as disposições em contrário.
Brasília, em 29 de agosto de 1983; 162.º da Independência e 95.º da República.

João Figueiredo

LEI N. 8.009,
DE 29 DE MARÇO DE 1990 (*)

Dispõe sobre a impenhorabilidade do bem de família.

Faço saber que o Presidente da República adotou a Medida Provisória n. 143, de 1990, que o Congresso Nacional aprovou, e eu, Nelson Carneiro, Presidente do Senado Federal, para os efeitos do disposto no parágrafo único do art. 62 da Constituição Federal, promulgo a seguinte Lei:

Art. 1.º O imóvel residencial próprio do casal, ou da entidade familiar, é impenhorável e não responderá por qualquer tipo de dívida civil, comercial, fiscal, previdenciária ou de outra natureza, contraída pelos cônjuges ou pelos pais ou filhos que sejam seus proprietários e nele residam, salvo nas hipóteses previstas nesta Lei.
Parágrafo único. A impenhorabilidade compreende o imóvel sobre o qual se assentam a construção, as plantações, as benfeitorias de qualquer natureza e todos os equipamentos, inclusive os de uso profissional, ou móveis que guarneçam a casa, desde que quitados.
Art. 2.º Excluem-se da impenhorabilidade os veículos de transporte, obras de arte e adornos suntuosos.
Parágrafo único. No caso de imóvel locado, a impenhorabilidade aplica-se aos bens móveis quitados que guarneçam a residência e que sejam de propriedade do locatário, observado o disposto neste artigo.
Art. 3.º A impenhorabilidade é oponível em qualquer processo de execução civil, fiscal, previdenciária, trabalhista ou de outra natureza, salvo se movido:
I – *(Revogado pela Lei Complementar n. 150, de 1.º-6-2015.)*

(*) Publicada no *DOU*, de 30-3-1990. *Vide* Súmula 205 do STJ.

II – pelo titular do crédito decorrente do financiamento destinado à construção ou à aquisição do imóvel, no limite dos créditos e acréscimos constituídos em função do respectivo contrato;
III – pelo credor da pensão alimentícia, resguardados os direitos, sobre o bem, do seu coproprietário que, com o devedor, integre união estável ou conjugal, observadas as hipóteses em que ambos responderão pela dívida;
•• Inciso III com redação determinada pela Lei n. 13.144, de 6-7-2015.

IV – para cobrança de impostos, predial ou territorial, taxas e contribuições devidas em função do imóvel familiar;
V – para execução de hipoteca sobre o imóvel oferecido como garantia real pelo casal ou pela entidade familiar;
VI – por ter sido adquirido com produto de crime ou para execução de sentença penal condenatória a ressarcimento, indenização ou perdimento de bens;
VII – por obrigação decorrente de fiança concedida em contrato de locação.
•• Inciso VII acrescentado pela Lei n. 8.245, de 18-10-1991.
•• *Vide* Súmula 549 do STJ.

Art. 4.º Não se beneficiará do disposto nesta Lei aquele que, sabendo-se insolvente, adquire de má-fé imóvel mais valioso para transferir a residência familiar, desfazendo-se ou não da moradia antiga.
§ 1.º Neste caso poderá o juiz, na respectiva ação do credor, transferir a impenhorabilidade para a moradia familiar anterior, ou anular-lhe a venda, liberando a mais valiosa para execução ou concurso, conforme a hipótese.
§ 2.º Quando a residência familiar constituir-se em imóvel rural, a impenhorabilidade restringir-se-á à sede de moradia, com os respectivos bens móveis, e, nos casos do art. 5.º, inciso XXVI, da Constituição, à área limitada por pequena propriedade rural.
•• *Vide* art. 1.712 do CC.

Art. 5.º Para os efeitos de impenhorabilidade, de que trata esta Lei, considera-se residência um único imóvel utilizado pelo casal ou pela entidade familiar para moradia permanente.
Parágrafo único. Na hipótese de o casal, ou entidade familiar, ser possuidor de vários imóveis utilizados como residência, a impenhorabilidade recairá sobre o de menor valor, salvo se outro tiver sido registrado, para

esse fim, no Registro de Imóveis e na forma do art. 70 do Código Civil.

•• A referência é feita a dispositivo do CC de 1916. *Vide* arts. 1.711, *caput*, 1.715, *caput*, e 1.716 do Código vigente.

Art. 6.º São canceladas as execuções suspensas pela Medida Provisória n. 143, de 8 de março de 1990, que deu origem a esta Lei.

Art. 7.º Esta Lei entra em vigor na data de sua publicação.

Art. 8.º Revogam-se as disposições em contrário.

Senado Federal, em 29 de março de 1990; 169.º da Independência e 102.º da República.

NELSON CARNEIRO

LEI N. 8.069, DE 13 DE JULHO DE 1990 (*)

Dispõe sobre o Estatuto da Criança e do Adolescente, e dá outras providências.

O Presidente da República:

Faço saber que o Congresso Nacional decreta e eu sanciono a seguinte Lei:

LIVRO I
PARTE GERAL

TÍTULO I
DAS DISPOSIÇÕES PRELIMINARES

Art. 1.º Esta Lei dispõe sobre a proteção integral à criança e ao adolescente.

•• A Lei n. 14.717, de 31-10-2023, institui pensão especial aos filhos e dependentes crianças ou adolescentes, órfãos em razão do crime de feminicídio, cuja renda familiar mensal *per capita* seja igual ou inferior a 1/4 (um quarto) do salário mínimo.

Art. 2.º Considera-se criança, para os efeitos desta Lei, a pessoa até doze anos de idade incompletos, e adolescente aquela entre doze e dezoito anos de idade.

(*) Publicada no *DOU*, de 16-7-1990, e retificada em 27-9-1990.
A Lei n. 12.010, de 3-8-2009, em seu art. 3.º, determinou a substituição da expressão "pátrio poder", constante no ECA, por "poder familiar".

Parágrafo único. Nos casos expressos em lei, aplica-se excepcionalmente este Estatuto às pessoas entre dezoito e vinte e um anos de idade.

•• *Vide* art. 5.º do CC.

Art. 3.º A criança e o adolescente gozam de todos os direitos fundamentais inerentes à pessoa humana, sem prejuízo da proteção integral de que trata esta Lei, assegurando-se-lhes, por lei ou por outros meios, todas as oportunidades e facilidades, a fim de lhes facultar o desenvolvimento físico, mental, moral, espiritual e social, em condições de liberdade e de dignidade.

Parágrafo único. Os direitos enunciados nesta Lei aplicam-se a todas as crianças e adolescentes, sem discriminação de nascimento, situação familiar, idade, sexo, raça, etnia ou cor, religião ou crença, deficiência, condição pessoal de desenvolvimento e aprendizagem, condição econômica, ambiente social, região e local de moradia ou outra condição que diferencie as pessoas, as famílias ou a comunidade em que vivem.

•• Parágrafo único acrescentado pela Lei n. 13.257, de 8-3-2016.

Art. 4.º É dever da família, da comunidade, da sociedade em geral e do Poder Público assegurar, com absoluta prioridade, a efetivação dos direitos referentes à vida, à saúde, à alimentação, à educação, ao esporte, ao lazer, à profissionalização, à cultura, à dignidade, ao respeito, à liberdade e à convivência familiar e comunitária.

•• A Resolução n. 215, de 22-11-2018, do CONANDA, dispõe sobre Parâmetros e Ações para Proteção dos Direitos de Crianças e Adolescentes no contexto de obras e empreendimentos.

Parágrafo único. A garantia de prioridade compreende:

a) primazia de receber proteção e socorro em quaisquer circunstâncias;

b) precedência de atendimento nos serviços públicos ou de relevância pública;

c) preferência na formulação e na execução das políticas sociais públicas;

d) destinação privilegiada de recursos públicos nas áreas relacionadas com a proteção à infância e à juventude.

Art. 5.º Nenhuma criança ou adolescente será objeto de qualquer forma de negligência, discriminação, exploração, violência, crueldade e opressão, punido na forma da lei qualquer atentado, por ação ou omissão, aos seus direitos fundamentais.

Art. 6.º Na interpretação desta Lei levar-se-ão em conta os fins sociais a que ela se dirige, as exigências do bem comum, os direitos e deveres individuais e coletivos, e a condição peculiar da criança e do adolescente como pessoas em desenvolvimento.

TÍTULO II
DOS DIREITOS FUNDAMENTAIS

•• A Resolução n. 245, de 5-4-2024, do CONANDA, dispõe sobre os direitos das crianças e adolescentes em ambiente digital.

Capítulo I
DO DIREITO À VIDA E À SAÚDE

•• A Resolução n. 257, de 12-12-2024, do CONANDA, estabelece as diretrizes gerais da Política Nacional de Proteção dos Direitos da Criança e do Adolescente no Ambiente Digital.

Art. 7.º A criança e o adolescente têm direito a proteção à vida e à saúde, mediante a efetivação de políticas sociais públicas que permitam o nascimento e o desenvolvimento sadio e harmonioso, em condições dignas de existência.

Art. 8.º É assegurado a todas as mulheres o acesso aos programas e às políticas de saúde da mulher e de planejamento reprodutivo e, às gestantes, nutrição adequada, atenção humanizada à gravidez, ao parto e ao puerpério e atendimento pré-natal, perinatal e pós-natal integral no âmbito do Sistema Único de Saúde.

•• *Caput* com redação determinada pela Lei n. 13.257, de 8-3-2016.

§ 1.º O atendimento pré-natal será realizado por profissionais da atenção primária.

•• § 1.º com redação determinada pela Lei n. 13.257, de 8-3-2016.

§ 2.º Os profissionais de saúde de referência da gestante garantirão sua vinculação, no último trimestre da gestação, ao estabelecimento em que será realizado o parto, garantido o direito de opção da mulher.

•• § 2.º com redação determinada pela Lei n. 13.257, de 8-3-2016.

§ 3.º Os serviços de saúde onde o parto for realizado assegurarão às mulheres e aos seus filhos recém-nascidos alta hospitalar responsável e contrarreferência na atenção primária, bem como o acesso a outros serviços e a grupos de apoio à amamentação.

•• § 3.º com redação determinada pela Lei n. 13.257, de 8-3-2016.

§ 4.º Incumbe ao poder público proporcionar assistência psicológica à gestante e à mãe, no período pré e pós-natal, inclusive como forma de prevenir ou minorar as consequências do estado puerperal.

•• § 4.º acrescentado pela Lei n. 12.010, de 3-8-2009.

§ 5.º A assistência referida no § 4.º deste artigo deverá ser prestada também a gestantes e mães que manifestem interesse em entregar seus filhos para adoção, bem como a gestantes e mães que se encontrem em situação de privação de liberdade.

•• § 5.º com redação determinada pela Lei n. 13.257, de 8-3-2016.

§ 6.º A gestante e a parturiente têm direito a 1 (um) acompanhante de sua preferência durante o período do pré-natal, do trabalho de parto e do pós-parto imediato.

•• § 6.º acrescentado pela Lei n. 13.257, de 8-3-2016.

§ 7.º A gestante deverá receber orientação sobre aleitamento materno, alimentação complementar saudável e crescimento e desenvolvimento infantil, bem como sobre formas de favorecer a criação de vínculos afetivos e de estimular o desenvolvimento integral da criança.

•• § 7.º acrescentado pela Lei n. 13.257, de 8-3-2016.

§ 8.º A gestante tem direito a acompanhamento saudável durante toda a gestação e a parto natural cuidadoso, estabelecendo-se a aplicação de cesariana e outras intervenções cirúrgicas por motivos médicos.

•• § 8.º acrescentado pela Lei n. 13.257, de 8-3-2016.

§ 9.º A atenção primária à saúde fará a busca ativa da gestante que não iniciar ou que abandonar as consultas de pré-natal, bem como da puérpera que não comparecer às consultas pós-parto.

•• § 9.º acrescentado pela Lei n. 13.257, de 8-3-2016.

§ 10. Incumbe ao poder público garantir, à gestante e à mulher com filho na primeira infância que se encontrem sob custódia em unidade de privação de liberdade, ambiência que atenda às normas sanitárias e assistenciais do Sistema Único de Saúde para o acolhimento do filho, em articulação com o sistema de ensino competente, visando ao desenvolvimento integral da criança.

•• § 10 acrescentado pela Lei n. 13.257, de 8-3-2016.

§ 11. A assistência psicológica à gestante, à parturiente e à puérpera deve ser indicada após avaliação do profissional de saúde no pré-natal e no puerpério, com encaminhamento de acordo com o prognóstico.

Lei n. 8.069, de 13-7-1990 — **Estatuto da Criança e do Adolescente**

•• § 11 acrescentado pela Lei n. 14.721, de 8-11-2023.

Art. 8.º-A. Fica instituída a Semana Nacional de Prevenção da Gravidez na Adolescência, a ser realizada anualmente na semana que incluir o dia 1.º de fevereiro, com o objetivo de disseminar informações sobre medidas preventivas e educativas que contribuam para a redução da incidência da gravidez na adolescência.

•• *Caput* acrescentado pela Lei n. 13.798, de 3-1-2019.

Parágrafo único. As ações destinadas a efetivar o disposto no *caput* ficarão a cargo do Poder Público, em conjunto com organizações da sociedade civil, e serão dirigidas prioritariamente ao público adolescente.

•• Parágrafo único acrescentado pela Lei n. 13.798, de 3-1-2019.

Art. 9.º O Poder Público, as instituições e os empregadores propiciarão condições adequadas ao aleitamento materno, inclusive aos filhos de mães submetidas a medida privativa de liberdade.

§ 1.º Os profissionais das unidades primárias de saúde desenvolverão ações sistemáticas, individuais ou coletivas, visando ao planejamento, à implementação e à avaliação de ações de promoção, proteção e apoio ao aleitamento materno e à alimentação complementar saudável, de forma sistemática.

•• § 1.º acrescentado pela Lei n. 13.257, de 8-3-2016.

§ 2.º Os serviços de unidades de terapia intensiva neonatal deverão dispor de banco de leite humano ou unidade de coleta de leite humano.

•• § 2.º acrescentado pela Lei n. 13.257, de 8-3-2016.

Art. 10. Os hospitais e demais estabelecimentos de atenção à saúde de gestantes, públicos e particulares, são obrigados a:

I – manter registro das atividades desenvolvidas, através de prontuários individuais, pelo prazo de dezoito anos;

II – identificar o recém-nascido mediante o registro de sua impressão plantar e digital e da impressão digital da mãe, sem prejuízo de outras formas normatizadas pela autoridade administrativa competente;

III – proceder a exames visando ao diagnóstico e terapêutica de anormalidades no metabolismo do recém-nascido, bem como prestar orientação aos pais;

IV – fornecer declaração de nascimento onde constem necessariamente as intercorrências do parto e do desenvolvimento do neonato;

V – manter alojamento conjunto, possibilitando ao neonato a permanência junto à mãe;

VI – acompanhar a prática do processo de amamentação, prestando orientações quanto à técnica adequada, enquanto a mãe permanecer na unidade hospitalar, utilizando o corpo técnico já existente;

•• Inciso VI acrescentado pela Lei n. 13.436, de 12-4-2017.

VII – desenvolver atividades de educação, de conscientização e de esclarecimentos a respeito da saúde mental da mulher no período da gravidez e do puerpério.

•• Inciso VII acrescentado pela Lei n. 14.721, de 8-11-2023.

§ 1.º Os testes para o rastreamento de doenças no recém-nascido serão disponibilizados pelo Sistema Único de Saúde, no âmbito do Programa Nacional de Triagem Neonatal (PNTN), na forma da regulamentação elaborada pelo Ministério da Saúde, com implementação de forma escalonada, de acordo com a seguinte ordem de progressão:

•• § 1.º, *caput*, acrescentado pela Lei n. 14.154, de 26-5-2021.

I – etapa 1:

•• Inciso I, *caput*, acrescentado pela Lei n. 14.154, de 26-5-2021.

a) fenilcetonúria e outras hiperfenilalaninemias;

•• Alínea *a* acrescentada pela Lei n. 14.154, de 26-5-2021.

b) hipotireoidismo congênito;

•• Alínea *b* acrescentada pela Lei n. 14.154, de 26-5-2021.

c) doença falciforme e outras hemoglobinopatias;

•• Alínea *c* acrescentada pela Lei n. 14.154, de 26-5-2021.

d) fibrose cística;

•• Alínea *d* acrescentada pela Lei n. 14.154, de 26-5-2021.

e) hiperplasia adrenal congênita;

•• Alínea *e* acrescentada pela Lei n. 14.154, de 26-5-2021.

f) deficiência de biotinidase;

•• Alínea *f* acrescentada pela Lei n. 14.154, de 26-5-2021.

g) toxoplasmose congênita;

•• Alínea *g* acrescentada pela Lei n. 14.154, de 26-5-2021.

II – etapa 2:

•• Inciso II, *caput*, acrescentado pela Lei n. 14.154, de 26-5-2021.

a) galactosemias;

•• Alínea *a* acrescentada pela Lei n. 14.154, de 26-5-2021.

b) aminoacidopatias;

•• Alínea *b* acrescentada pela Lei n. 14.154, de 26-5-2021.

c) distúrbios do ciclo da ureia;

•• Alínea *c* acrescentada pela Lei n. 14.154, de 26-5-2021.

d) distúrbios da betaoxidação dos ácidos graxos;

•• Alínea *d* acrescentada pela Lei n. 14.154, de 26-5-2021.

III – etapa 3: doenças lisossômicas;

•• Inciso III acrescentado pela Lei n. 14.154, de 26-5-2021.

IV – etapa 4: imunodeficiências primárias;

•• Inciso IV acrescentado pela Lei n. 14.154, de 26-5-2021.

V – etapa 5: atrofia muscular espinhal.

•• Inciso V acrescentado pela Lei n. 14.154, de 26-5-2021.

§ 2.º A delimitação de doenças a serem rastreadas pelo teste do pezinho, no âmbito do PNTN, será revisada periodicamente, com base em evidências científicas, considerados os benefícios do rastreamento, do diagnóstico e do tratamento precoce, priorizando as doenças com maior prevalência no País, com protocolo de tratamento aprovado e com tratamento incorporado no Sistema Único de Saúde.

•• § 2.º acrescentado pela Lei n. 14.154, de 26-5-2021.

§ 3.º O rol de doenças constante do § 1.º deste artigo poderá ser expandido pelo poder público com base nos critérios estabelecidos no § 2.º deste artigo.

•• § 3.º acrescentado pela Lei n. 14.154, de 26-5-2021.

§ 4.º Durante os atendimentos de pré-natal e de puerpério imediato, os profissionais de saúde devem informar a gestante e os acompanhantes sobre a importância do teste do pezinho e sobre as eventuais diferenças existentes entre as modalidades oferecidas no Sistema Único de Saúde e na rede privada de saúde.

•• § 4.º acrescentado pela Lei n. 14.154, de 26-5-2021.

Art. 11. É assegurado acesso integral às linhas de cuidado voltadas à saúde da criança e do adolescente, por intermédio do Sistema Único de Saúde, observado o princípio da equidade no acesso a ações e serviços para promoção, proteção e recuperação da saúde.

•• *Caput* com redação determinada pela Lei n. 13.257, de 8-3-2016.

• A Portaria n. 1.130, de 5-8-2015, institui a Política Nacional de Atenção Integral à Saúde da Criança (PNAISC) no âmbito do Sistema Único de Saúde (SUS).

§ 1.º A criança e o adolescente com deficiência serão atendidos, sem discriminação ou segregação, em suas necessidades gerais de saúde e específicas de habilitação e reabilitação.

•• § 1.º com redação determinada pela Lei n. 13.257, de 8-3-2016.

• *Vide* Lei n. 13.146, de 6-7-2015, que instituiu o Estatuto da Pessoa com Deficiência.

§ 2.º Incumbe ao poder público fornecer gratuitamente, àqueles que necessitarem, medicamentos, órteses, próteses e outras tecnologias assistivas relativas ao tratamento, habilitação ou reabilitação para crianças e adolescentes, de acordo com as linhas de cuidado voltadas às suas necessidades específicas.

•• § 2.º com redação determinada pela Lei n. 13.257, de 8-3-2016.

§ 3.º Os profissionais que atuam no cuidado diário ou frequente de crianças na primeira infância receberão formação específica e permanente para a detecção de sinais de risco para o desenvolvimento psíquico, bem como para o acompanhamento que se fizer necessário.

•• § 3.º acrescentado pela Lei n. 13.257, de 8-3-2016.

Art. 12. Os estabelecimentos de atendimento à saúde, inclusive as unidades neonatais, de terapia intensiva e de cuidados intermediários, deverão proporcionar condições para a permanência em tempo integral de um dos pais ou responsável, nos casos de internação de criança ou adolescente.

•• Artigo com redação determinada pela Lei n. 13.257, de 8-3-2016.

• A Lei n. 11.104, de 21-3-2005, dispõe sobre a obrigatoriedade de instalação de brinquedotecas nas unidades de saúde que ofereçam atendimento pediátrico em regime de internação.

Parágrafo único. Será garantido à criança e ao adolescente o direito de visitação à mãe ou ao pai internados em instituição de saúde, nos termos das normas regulamentadoras.

•• Parágrafo único acrescentado pela Lei n. 14.950, de 2-8-2024, em vigor após 180 dias de sua publicação oficial (*DOU* 5-8-2024).

Art. 13. Os casos de suspeita ou confirmação de castigo físico, de tratamento cruel ou degradante e de maus-tratos contra criança ou adolescente serão obrigatoriamente comunicados ao Conselho Tutelar da

Lei n. 8.069, de 13-7-1990 — Estatuto da Criança e do Adolescente

respectiva localidade, sem prejuízo de outras providências legais.

•• *Caput* com redação determinada pela Lei n. 13.010, de 26-6-2014.

§ 1.º As gestantes ou mães que manifestem interesse em entregar seus filhos para adoção serão obrigatoriamente encaminhadas, sem constrangimento, à Justiça da Infância e da Juventude.

•• § 1.º renumerado pela Lei n. 13.257, de 8-3-2016.

§ 2.º Os serviços de saúde em suas diferentes portas de entrada, os serviços de assistência social em seu componente especializado, o Centro de Referência Especializado de Assistência Social (Creas) e os demais órgãos do Sistema de Garantia de Direitos da Criança e do Adolescente deverão conferir máxima prioridade ao atendimento das crianças na faixa etária da primeira infância com suspeita ou confirmação de violência de qualquer natureza, formulando projeto terapêutico singular que inclua intervenção em rede e, se necessário, acompanhamento domiciliar.

•• § 2.º acrescentado pela Lei n. 13.257, de 8-3-2016.

Art. 14. O Sistema Único de Saúde promoverá programas de assistência médica e odontológica para a prevenção das enfermidades que ordinariamente afetam a população infantil, e campanhas de educação sanitária para pais, educadores e alunos.

§ 1.º É obrigatória a vacinação das crianças nos casos recomendados pelas autoridades sanitárias.

•• § 1.º renumerado pela Lei n. 13.257, de 8-3-2016.

§ 2.º O Sistema Único de Saúde promoverá a atenção à saúde bucal das crianças e das gestantes, de forma transversal, integral e intersetorial com as demais linhas de cuidado direcionadas à mulher e à criança.

•• § 2.º acrescentado pela Lei n. 13.257, de 8-3-2016.

§ 3.º A atenção odontológica à criança terá função educativa protetiva e será prestada, inicialmente, antes de o bebê nascer, por meio de aconselhamento pré-natal, e posteriormente, no sexto e no décimo segundo anos de vida, com orientações sobre saúde bucal.

•• § 3.º acrescentado pela Lei n. 13.257, de 8-3-2016.

§ 4.º A criança com necessidade de cuidados odontológicos especiais será atendida pelo Sistema Único de Saúde.

•• § 4.º acrescentado pela Lei n. 13.257, de 8-3-2016.

§ 5.º É obrigatória a aplicação a todas as crianças, nos seus primeiros dezoito meses de vida, de protocolo ou outro instrumento construído com a finalidade de facilitar a detecção, em consulta pediátrica de acompanhamento da criança, de risco para o seu desenvolvimento psíquico.

•• § 5.º acrescentado pela Lei n. 13.438, de 26-4-2017.

Capítulo II
DO DIREITO À LIBERDADE, AO RESPEITO E À DIGNIDADE

Art. 15. A criança e o adolescente têm direito à liberdade, ao respeito e à dignidade como pessoas humanas em processo de desenvolvimento e como sujeitos de direitos civis, humanos e sociais garantidos na Constituição e nas leis.

Art. 16. O direito à liberdade compreende os seguintes aspectos:

I – ir, vir e estar nos logradouros públicos e espaços comunitários, ressalvadas as restrições legais;

II – opinião e expressão;

III – crença e culto religioso;

IV – brincar, praticar esportes e divertir-se;

V – participar da vida familiar e comunitária, sem discriminação;

VI – participar da vida política, na forma da lei;

VII – buscar refúgio, auxílio e orientação.

Art. 17. O direito ao respeito consiste na inviolabilidade da integridade física, psíquica e moral da criança e do adolescente, abrangendo a preservação da imagem, da identidade, da autonomia, dos valores, ideias e crenças, dos espaços e objetos pessoais.

Art. 18. É dever de todos velar pela dignidade da criança e do adolescente, pondo-os a salvo de qualquer tratamento desumano, violento, aterrorizante, vexatório ou constrangedor.

•• *Vide* Lei n. 13.185, de 6-11-2015, que instituiu o Programa de Combate à Intimidação Sistemática (*Bullying*).

Art. 18-A. A criança e o adolescente têm o direito de ser educados e cuidados sem o uso de castigo físico ou de tratamento cruel ou degradante, como formas de correção, disciplina, educação ou qualquer outro pretexto, pelos pais, pelos integrantes da família ampliada, pelos responsáveis, pelos agentes públicos executores de medidas socioeducativas ou por qualquer pessoa encarregada de cuidar deles, tratá-los, educá-los ou protegê-los.

Legislação Complementar

•• *Caput* acrescentado pela Lei n. 13.010, de 26-6-2014.
Parágrafo único. Para os fins desta Lei, considera-se:
•• Parágrafo único, *caput*, acrescentado pela Lei n. 13.010, de 26-6-2014.
I – castigo físico: ação de natureza disciplinar ou punitiva aplicada com o uso da força física sobre a criança ou o adolescente que resulte em:
•• Inciso I acrescentado pela Lei n. 13.010, de 26-6-2014.
a) sofrimento físico; ou
•• Alínea *a* acrescentada pela Lei n. 13.010, de 26-6-2014.
b) lesão;
•• Alínea *b* acrescentada pela Lei n. 13.010, de 26-6-2014.
II – tratamento cruel ou degradante: conduta ou forma cruel de tratamento em relação à criança ou ao adolescente que:
•• Inciso II acrescentado pela Lei n. 13.010, de 26-6-2014.
a) humilhe; ou
•• Alínea *a* acrescentada pela Lei n. 13.010, de 26-6-2014.
b) ameace gravemente; ou
•• Alínea *b* acrescentada pela Lei n. 13.010, de 26-6-2014.
c) ridicularize.
•• Alínea *c* acrescentada pela Lei n. 13.010, de 26-6-2014.

Art. 18-B. Os pais, os integrantes da família ampliada, os responsáveis, os agentes públicos executores de medidas socioeducativas ou qualquer pessoa encarregada de cuidar de crianças e de adolescentes, tratá-los, educá-los ou protegê-los que utilizarem castigo físico ou tratamento cruel ou degradante como formas de correção, disciplina, educação ou qualquer outro pretexto estarão sujeitos, sem prejuízo de outras sanções cabíveis, às seguintes medidas, que serão aplicadas de acordo com a gravidade do caso:
•• *Caput* acrescentado pela Lei n. 13.010, de 26-6-2014.
I – encaminhamento a programa oficial ou comunitário de proteção à família;
•• Inciso I acrescentado pela Lei n. 13.010, de 26-6-2014.
II – encaminhamento a tratamento psicológico ou psiquiátrico;
•• Inciso II acrescentado pela Lei n. 13.010, de 26-6-2014.
III – encaminhamento a cursos ou programas de orientação;
•• Inciso III acrescentado pela Lei n. 13.010, de 26-6-2014.
IV – obrigação de encaminhar a criança a tratamento especializado;
•• Inciso IV acrescentado pela Lei n. 13.010, de 26-6-2014.
V – advertência;
•• Inciso V acrescentado pela Lei n. 13.010, de 26-6-2014.
VI – garantia de tratamento de saúde especializado à vítima.
•• Inciso VI acrescentado pela Lei n. 14.344, de 24-5-2022.
Parágrafo único. As medidas previstas neste artigo serão aplicadas pelo Conselho Tutelar, sem prejuízo de outras providências legais.
•• Parágrafo único acrescentado pela Lei n. 13.010, de 26-6-2014.

Capítulo III
DO DIREITO À CONVIVÊNCIA FAMILIAR E COMUNITÁRIA

Seção I
Disposições Gerais

Art. 19. É direito da criança e do adolescente ser criado e educado no seio de sua família e, excepcionalmente, em família substituta, assegurada a convivência familiar e comunitária, em ambiente que garanta seu desenvolvimento integral.
•• *Caput* com redação determinada pela Lei n. 13.257, de 8-3-2016.

§ 1.º Toda criança ou adolescente que estiver inserido em programa de acolhimento familiar ou institucional terá sua situação reavaliada, no máximo, a cada 3 (três) meses, devendo a autoridade judiciária competente, com base em relatório elaborado por equipe interprofissional ou multidisciplinar, decidir de forma fundamentada pela possibilidade de reintegração familiar ou pela colocação em família substituta, em quaisquer das modalidades previstas no art. 28 desta Lei.
•• § 1.º com redação determinada pela Lei n. 13.509, de 22-11-2017.

§ 2.º A permanência da criança e do adolescente em programa de acolhimento institucional não se prolongará por mais de 18 (dezoito) meses, salvo comprovada necessidade que atenda ao seu superior interesse, devidamente fundamentada pela autoridade judiciária.
•• § 2.º com redação determinada pela Lei n. 13.509, de 22-11-2017.

§ 3.º A manutenção ou a reintegração de criança ou adolescente à sua família terá preferência em relação a qualquer outra providência, caso em que será esta

Lei n. 8.069, de 13-7-1990   Estatuto da Criança e do Adolescente

incluída em serviços e programas de proteção, apoio e promoção, nos termos do § 1.º do art. 23, dos incisos I e IV do *caput* do art. 101 e dos incisos I a IV do *caput* do art. 129 desta Lei.

•• § 3.º com redação determinada pela Lei n. 13.257, de 8-3-2016.

§ 4.º Será garantida a convivência da criança e do adolescente com a mãe ou o pai privado de liberdade, por meio de visitas periódicas promovidas pelo responsável ou, nas hipóteses de acolhimento institucional, pela entidade responsável, independentemente de autorização judicial.

•• § 4.º acrescentado pela Lei n. 12.962, de 8-4-2014.

§ 5.º Será garantida a convivência integral da criança com a mãe adolescente que estiver em acolhimento institucional.

•• § 5.º acrescentado pela Lei n. 13.509, de 22-11-2017.

§ 6.º A mãe adolescente será assistida por equipe especializada multidisciplinar.

•• § 6.º acrescentado pela Lei n. 13.509, de 22-11-2017.

Art. 19-A. A gestante ou mãe que manifeste interesse em entregar seu filho para adoção, antes ou logo após o nascimento, será encaminhada à Justiça da Infância e da Juventude.

•• *Caput* acrescentado pela Lei n. 13.509, de 22-11-2017.

§ 1.º A gestante ou mãe será ouvida pela equipe interprofissional da Justiça da Infância e da Juventude, que apresentará relatório à autoridade judiciária, considerando inclusive os eventuais efeitos do estado gestacional e puerperal.

•• § 1.º acrescentado pela Lei n. 13.509, de 22-11-2017.

§ 2.º De posse do relatório, a autoridade judiciária poderá determinar o encaminhamento da gestante ou mãe, mediante sua expressa concordância, à rede pública de saúde e assistência social para atendimento especializado.

•• § 2.º acrescentado pela Lei n. 13.509, de 22-11-2017.

§ 3.º A busca à família extensa, conforme definida nos termos do parágrafo único do art. 25 desta Lei, respeitará o prazo máximo de 90 (noventa) dias, prorrogável por igual período.

•• § 3.º acrescentado pela Lei n. 13.509, de 22-11-2017.

§ 4.º Na hipótese de não haver a indicação do genitor e de não existir outro representante da família extensa apto a receber a guarda, a autoridade judiciária competente deverá decretar a extinção do poder familiar e determinar a colocação da criança sob a guarda provisória de quem estiver habilitado a adotá-la ou de entidade que desenvolva programa de acolhimento familiar ou institucional.

•• § 4.º acrescentado pela Lei n. 13.509, de 22-11-2017.

§ 5.º Após o nascimento da criança, a vontade da mãe ou de ambos os genitores, se houver pai registral ou pai indicado, deve ser manifestada na audiência a que se refere o § 1.º do art. 166 desta Lei, garantido o sigilo sobre a entrega.

•• § 5.º acrescentado pela Lei n. 13.509, de 22-11-2017.

§ 6.º Na hipótese de não comparecerem à audiência nem o genitor nem representante da família extensa para confirmar a intenção de exercer o poder familiar ou a guarda, a autoridade judiciária suspenderá o poder familiar da mãe, e a criança será colocada sob a guarda provisória de quem esteja habilitado a adotá-la.

•• § 6.º acrescentado pela Lei n. 13.509, de 22-11-2017.

§ 7.º Os detentores da guarda possuem o prazo de 15 (quinze) dias para propor a ação de adoção, contado do dia seguinte à data do término do estágio de convivência.

•• § 7.º acrescentado pela Lei n. 13.509, de 22-11-2017.

§ 8.º Na hipótese de desistência pelos genitores – manifestada em audiência ou perante a equipe interprofissional – da entrega da criança após o nascimento, a criança será mantida com os genitores, e será determinado pela Justiça da Infância e da Juventude o acompanhamento familiar pelo prazo de 180 (cento e oitenta) dias.

•• § 8.º acrescentado pela Lei n. 13.509, de 22-11-2017.

§ 9.º É garantido à mãe o direito ao sigilo sobre o nascimento, respeitado o disposto no art. 48 desta Lei.

•• § 9.º acrescentado pela Lei n. 13.509, de 22-11-2017.

§ 10. Serão cadastrados para adoção recém-nascidos e crianças acolhidas não procuradas por suas famílias no prazo de 30 (trinta) dias, contado a partir do dia do acolhimento.

•• § 10 acrescentado pela Lei n. 13.509, de 22-11-2017.

Art. 19-B. A criança e o adolescente em programa de acolhimento institucional ou familiar poderão participar de programa de apadrinhamento.

•• *Caput* acrescentado pela Lei n. 13.509, de 22-11-2017.

§ 1.º O apadrinhamento consiste em estabelecer e proporcionar à criança e ao adolescente vínculos externos à instituição para fins de convivência familiar e comunitária e colaboração com o seu desenvolvimento nos aspectos social, moral, físico, cognitivo, educacional e financeiro.

•• § 1.º acrescentado pela Lei n. 13.509, de 22-11-2017.

§ 2.º Podem ser padrinhos ou madrinhas pessoas maiores de 18 (dezoito) anos não inscritas nos cadastros de adoção, desde que cumpram os requisitos exigidos pelo programa de apadrinhamento de que fazem parte.

•• § 2.º acrescentado pela Lei n. 13.509, de 22-11-2017.

§ 3.º Pessoas jurídicas podem apadrinhar criança ou adolescente a fim de colaborar para o seu desenvolvimento.

•• § 3.º acrescentado pela Lei n. 13.509, de 22-11-2017.

§ 4.º O perfil da criança ou do adolescente a ser apadrinhado será definido no âmbito de cada programa de apadrinhamento, com prioridade para crianças ou adolescentes com remota possibilidade de reinserção familiar ou colocação em família adotiva.

•• § 4.º acrescentado pela Lei n. 13.509, de 22-11-2017.

§ 5.º Os programas ou serviços de apadrinhamento apoiados pela Justiça da Infância e da Juventude poderão ser executados por órgãos públicos ou por organizações da sociedade civil.

•• § 5.º acrescentado pela Lei n. 13.509, de 22-11-2017.

§ 6.º Se ocorrer violação das regras de apadrinhamento, os responsáveis pelo programa e pelos serviços de acolhimento deverão imediatamente notificar a autoridade judiciária competente.

•• § 6.º acrescentado pela Lei n. 13.509, de 22-11-2017.

Art. 20. Os filhos, havidos ou não da relação do casamento, ou por adoção, terão os mesmos direitos e qualificações, proibidas quaisquer designações discriminatórias relativas à filiação.

Art. 21. O poder familiar será exercido, em igualdade de condições, pelo pai e pela mãe, na forma do que dispuser a legislação civil, assegurado a qualquer deles o direito de, em caso de discordância, recorrer à autoridade judiciária competente para a solução da divergência.

•• *Vide* Lei n. 12.318, de 26-8-2010, que dispõe sobre alienação parental.

Art. 22. Aos pais incumbe o dever de sustento, guarda e educação dos filhos menores, cabendo-lhes ainda, no interesse destes, a obrigação de cumprir e fazer cumprir as determinações judiciais.

Parágrafo único. A mãe e o pai, ou os responsáveis, têm direitos iguais e deveres e responsabilidades compartilhados no cuidado e na educação da criança, devendo ser resguardado o direito de transmissão familiar de suas crenças e culturas, assegurados os direitos da criança estabelecidos nesta Lei.

•• Parágrafo único acrescentado pela Lei n. 13.257, de 8-3-2016.

Art. 23. A falta ou a carência de recursos materiais não constitui motivo suficiente para a perda ou a suspensão do poder familiar.

§ 1.º Não existindo outro motivo que por si só autorize a decretação da medida, a criança ou o adolescente será mantido em sua família de origem, a qual deverá obrigatoriamente ser incluída em serviços e programas oficiais de proteção, apoio e promoção.

•• § 1.º com redação determinada pela Lei n. 13.257, de 8-3-2016.

§ 2.º A condenação criminal do pai ou da mãe não implicará a destituição do poder familiar, exceto na hipótese de condenação por crime doloso sujeito à pena de reclusão contra outrem igualmente titular do mesmo poder familiar ou contra filho, filha ou outro descendente.

•• § 2.º com redação determinada pela Lei n. 13.715, de 24-9-2018.

Art. 24. A perda e a suspensão do poder familiar serão decretadas judicialmente, em procedimento contraditório, nos casos previstos na legislação civil, bem como na hipótese de descumprimento injustificado dos deveres e obrigações a que alude o art. 22.

Seção II
Da Família Natural

Art. 25. Entende-se por família natural a comunidade formada pelos pais ou qualquer deles e seus descendentes.

Parágrafo único. Entende-se por família extensa ou ampliada aquela que se estende para além da unidade pais e filhos ou da unidade do casal, formada por parentes próximos com os quais a criança ou adolescente convive e mantém vínculos de afinidade e afetividade.

•• Parágrafo único acrescentado pela Lei n. 12.010, de 3-8-2009.

Art. 26. Os filhos havidos fora do casamento poderão ser reconhecidos pelos pais, conjunta ou separadamente, no próprio termo de nascimento, por testamento, mediante escritura ou outro documento público, qualquer que seja a origem da filiação.

Parágrafo único. O reconhecimento pode preceder o nascimento do filho ou suceder-lhe ao falecimento, se deixar descendentes.

Art. 27. O reconhecimento do estado de filiação é direito personalíssimo, indisponível e imprescritível, podendo ser exercitado contra os pais ou seus herdeiros, sem qualquer restrição, observado o segredo de Justiça.

Seção III
Da Família Substituta

Subseção I
Disposições gerais

Art. 28. A colocação em família substituta far-se-á mediante guarda, tutela ou adoção, independentemente da situação jurídica da criança ou adolescente, nos termos desta Lei.

§ 1.º Sempre que possível, a criança ou o adolescente será previamente ouvido por equipe interprofissional, respeitado seu estágio de desenvolvimento e grau de compreensão sobre as implicações da medida, e terá sua opinião devidamente considerada.

•• § 1.º com redação determinada pela Lei n. 12.010, de 3-8-2009.

§ 2.º Tratando-se de maior de 12 (doze) anos de idade, será necessário seu consentimento, colhido em audiência.

•• § 2.º com redação determinada pela Lei n. 12.010, de 3-8-2009.

§ 3.º Na apreciação do pedido levar-se-á em conta o grau de parentesco e a relação de afinidade ou de afetividade, a fim de evitar ou minorar as consequências decorrentes da medida.

•• § 3.º acrescentado pela Lei n. 12.010, de 3-8-2009.

§ 4.º Os grupos de irmãos serão colocados sob adoção, tutela ou guarda da mesma família substituta, ressalvada a comprovada existência de risco de abuso ou outra situação que justifique plenamente a excepcionalidade de solução diversa, procurando-se, em qualquer caso, evitar o rompimento definitivo dos vínculos fraternais.

•• § 4.º acrescentado pela Lei n. 12.010, de 3-8-2009.

§ 5.º A colocação da criança ou adolescente em família substituta será precedida de sua preparação gradativa e acompanhamento posterior, realizados pela equipe interprofissional a serviço da Justiça da Infância e da Juventude, preferencialmente com o apoio dos técnicos responsáveis pela execução da política municipal de garantia do direito à convivência familiar.

•• § 5.º acrescentado pela Lei n. 12.010, de 3-8-2009.

§ 6.º Em se tratando de criança ou adolescente indígena ou proveniente de comunidade remanescente de quilombo, é ainda obrigatório:

I – que sejam consideradas e respeitadas sua identidade social e cultural, os seus costumes e tradições, bem como suas instituições, desde que não sejam incompatíveis com os direitos fundamentais reconhecidos por esta Lei e pela Constituição Federal;

II – que a colocação familiar ocorra prioritariamente no seio de sua comunidade ou junto a membros da mesma etnia;

III – a intervenção e oitiva de representantes do órgão federal responsável pela política indigenista, no caso de crianças e adolescentes indígenas, e de antropólogos, perante a equipe interprofissional ou multidisciplinar que irá acompanhar o caso.

•• § 6.º acrescentado pela Lei n. 12.010, de 3-8-2009.

Art. 29. Não se deferirá colocação em família substituta a pessoa que revele, por qualquer modo, incompatibilidade com a natureza da medida ou não ofereça ambiente familiar adequado.

Art. 30. A colocação em família substituta não admitirá transferência da criança ou adolescente a terceiros ou a entidades governamentais ou não governamentais, sem autorização judicial.

Art. 31. A colocação em família substituta estrangeira constitui medida excepcional, somente admissível na modalidade de adoção.

Art. 32. Ao assumir a guarda ou a tutela, o responsável prestará compromisso de bem e fielmente desempenhar o encargo, mediante termo nos autos.

Subseção II
Da guarda

Art. 33. A guarda obriga à prestação de assistência material, moral e educacional à criança ou adolescente, conferindo a seu detentor o direito de opor-se a terceiros, inclusive aos pais.

§ 1.º A guarda destina-se a regularizar a posse de fato, podendo ser deferida, liminar ou incidentalmente, nos procedimentos de tutela e adoção, exceto no de adoção por estrangeiros.

§ 2.º Excepcionalmente, deferir-se-á a guarda, fora dos casos de tutela e adoção, para atender a situações peculiares ou suprir a falta eventual dos pais ou responsável, podendo ser deferido o direito de representação para a prática de atos determinados.

§ 3.º A guarda confere à criança ou adolescente a condição de dependente, para todos os fins e efeitos de direito, inclusive previdenciários.

§ 4.º Salvo expressa e fundamentada determinação em contrário, da autoridade judiciária competente, ou quando a medida for aplicada em preparação para adoção, o deferimento da guarda de criança ou adolescente a terceiros não impede o exercício do direito de visitas pelos pais, assim como o dever de prestar alimentos, que serão objeto de regulamentação específica, a pedido do interessado ou do Ministério Público.

•• § 4.º acrescentado pela Lei n. 12.010, de 3-8-2009.

Art. 34. O poder público estimulará, por meio de assistência jurídica, incentivos fiscais e subsídios, o acolhimento, sob a forma de guarda, de criança ou adolescente afastado do convívio familiar.

•• *Caput* com redação determinada pela Lei n. 12.010, de 3-8-2009.

§ 1.º A inclusão da criança ou adolescente em programas de acolhimento familiar terá preferência a seu acolhimento institucional, observado, em qualquer caso, o caráter temporário e excepcional da medida, nos termos desta Lei.

•• § 1.º acrescentado pela Lei n. 12.010, de 3-8-2009.

§ 2.º Na hipótese do § 1.º deste artigo a pessoa ou casal cadastrado no programa de acolhimento familiar poderá receber a criança ou adolescente mediante guarda, observado o disposto nos arts. 28 a 33 desta Lei.

•• § 2.º acrescentado pela Lei n. 12.010, de 3-8-2009.

§ 3.º A União apoiará a implementação de serviços de acolhimento em família acolhedora como política pública, os quais deverão dispor de equipe que organize o acolhimento temporário de crianças e de adolescentes em residências de famílias selecionadas, capacitadas e acompanhadas que não estejam no cadastro de adoção.

•• § 3.º acrescentado pela Lei n. 13.257, de 8-3-2016.

§ 4.º Poderão ser utilizados recursos federais, estaduais, distritais e municipais para a manutenção dos serviços de acolhimento em família acolhedora, facultando-se o repasse de recursos para a própria família acolhedora.

•• § 4.º acrescentado pela Lei n. 13.257, de 8-3-2016.

Art. 35. A guarda poderá ser revogada a qualquer tempo, mediante ato judicial fundamentado, ouvido o Ministério Público.

Subseção III
Da tutela

Art. 36. A tutela será deferida, nos termos da lei civil, a pessoa de até 18 (dezoito) anos incompletos.

•• *Caput* com redação determinada pela Lei n. 12.010, de 3-8-2009.

Parágrafo único. O deferimento da tutela pressupõe a prévia decretação da perda ou suspensão do poder familiar e implica necessariamente o dever de guarda.

Art. 37. O tutor nomeado por testamento ou qualquer documento autêntico, conforme previsto no parágrafo único do art. 1.729 da Lei n. 10.406, de 10 de janeiro de 2002 – Código Civil, deverá, no prazo de 30 (trinta) dias após a abertura da sucessão, ingressar com pedido destinado ao controle judicial do ato, observando o procedimento previsto nos arts. 165 a 170 desta Lei.

•• *Caput* com redação determinada pela Lei n. 12.010, de 3-8-2009.

Parágrafo único. Na apreciação do pedido, serão observados os requisitos previstos nos arts. 28 e 29 desta Lei, somente sendo deferida a tutela à pessoa indicada na disposição de última vontade, se restar comprovado que a medida é vantajosa ao tutelando e que não existe outra pessoa em melhores condições de assumi-la.

•• Parágrafo único com redação determinada pela Lei n. 12.010, de 3-8-2009.

Art. 38. Aplica-se à destituição da tutela o disposto no art. 24.

Subseção IV
Da adoção

•• *Vide* art. 227, § 6.º, da CF.

•• *Vide* Lei Nacional da Adoção (Lei n. 12.010, de 3-8-2009).

Art. 39. A adoção de criança e de adolescente reger-se-á segundo o disposto nesta Lei.

§ 1.º A adoção é medida excepcional e irrevogável, à qual se deve recorrer apenas quando esgotados os recursos de manutenção da criança ou adolescente na família natural ou extensa, na forma do parágrafo único do art. 25 desta Lei.

•• § 1.º acrescentado pela Lei n. 12.010, de 3-8-2009.

§ 2.º É vedada a adoção por procuração.

•• Primitivo parágrafo único renumerado pela Lei n. 12.010, de 3-8-2009.

§ 3.º Em caso de conflito entre direitos e interesses do adotando e de outras pessoas, inclusive seus pais

Lei n. 8.069, de 13-7-1990 — Estatuto da Criança e do Adolescente

biológicos, devem prevalecer os direitos e os interesses do adotando.

•• § 3.º acrescentado pela Lei n. 13.509, de 22-11-2017.

Art. 40. O adotando deve contar com, no máximo, dezoito anos à data do pedido, salvo se já estiver sob a guarda ou tutela dos adotantes.

Art. 41. A adoção atribui a condição de filho ao adotado, com os mesmos direitos e deveres, inclusive sucessórios, desligando-o de qualquer vínculo com pais e parentes, salvo os impedimentos matrimoniais.

§ 1.º Se um dos cônjuges ou concubinos adota o filho do outro, mantêm-se os vínculos de filiação entre o adotado e o cônjuge ou concubino do adotante e os respectivos parentes.

§ 2.º É recíproco o direito sucessório entre o adotado, seus descendentes, o adotante, seus ascendentes, descendentes e colaterais até o 4.º grau, observada a ordem de vocação hereditária.

Art. 42. Podem adotar os maiores de 18 (dezoito) anos, independentemente do estado civil.

•• *Caput* com redação determinada pela Lei n. 12.010, de 3-8-2009.

§ 1.º Não podem adotar os ascendentes e os irmãos do adotando.

§ 2.º Para adoção conjunta, é indispensável que os adotantes sejam casados civilmente ou mantenham união estável, comprovada a estabilidade da família.

•• § 2.º com redação determinada pela Lei n. 12.010, de 3-8-2009.

§ 3.º O adotante há de ser, pelo menos, dezesseis anos mais velho do que o adotando.

§ 4.º Os divorciados, os judicialmente separados e os ex-companheiros podem adotar conjuntamente, contanto que acordem sobre a guarda e o regime de visitas e desde que o estágio de convivência tenha sido iniciado na constância do período de convivência e que seja comprovada a existência de vínculos de afinidade e afetividade com aquele não detentor da guarda, que justifiquem a excepcionalidade da concessão.

•• § 4.º com redação determinada pela Lei n. 12.010, de 3-8-2009.

§ 5.º Nos casos do § 4.º deste artigo, desde que demonstrado efetivo benefício ao adotando, será assegurada a guarda compartilhada, conforme previsto no art. 1.584 da Lei n. 10.406, de 10 de janeiro de 2002 – Código Civil.

•• § 5.º com redação determinada pela Lei n. 12.010, de 3-8-2009.

§ 6.º A adoção poderá ser deferida ao adotante que, após inequívoca manifestação de vontade, vier a falecer no curso do procedimento, antes de prolatada a sentença.

•• § 6.º acrescentado pela Lei n. 12.010, de 3-8-2009.

Art. 43. A adoção será deferida quando apresentar reais vantagens para o adotando e fundar-se em motivos legítimos.

Art. 44. Enquanto não der conta de sua administração e saldar o seu alcance, não pode o tutor ou o curador adotar o pupilo ou o curatelado.

Art. 45. A adoção depende do consentimento dos pais ou do representante legal do adotando.

§ 1.º O consentimento será dispensado em relação à criança ou adolescente cujos pais sejam desconhecidos ou tenham sido destituídos do poder familiar.

§ 2.º Em se tratando de adotando maior de doze anos de idade, será também necessário o seu consentimento.

Art. 46. A adoção será precedida de estágio de convivência com a criança ou adolescente, pelo prazo máximo de 90 (noventa) dias, observadas a idade da criança ou adolescente e as peculiaridades do caso.

•• *Caput* com redação determinada pela Lei n. 13.509, de 22-11-2017.

§ 1.º O estágio de convivência poderá ser dispensado se o adotando já estiver sob a tutela ou guarda legal do adotante durante tempo suficiente para que seja possível avaliar a conveniência da constituição do vínculo.

•• § 1.º com redação determinada pela Lei n. 12.010, de 3-8-2009.

§ 2.º A simples guarda de fato não autoriza, por si só, a dispensa da realização do estágio de convivência.

•• § 2.º com redação determinada pela Lei n. 12.010, de 3-8-2009.

§ 2.º-A. O prazo máximo estabelecido no *caput* deste artigo pode ser prorrogado por até igual período, mediante decisão fundamentada da autoridade judiciária.

•• § 2.º-A acrescentado pela Lei n. 13.509, de 22-11-2017.

§ 3.º Em caso de adoção por pessoa ou casal residente ou domiciliado fora do País, o estágio de convivência será de, no mínimo, 30 (trinta) dias e, no máximo, 45 (quarenta e cinco) dias, prorrogável por até igual período, uma única vez, mediante decisão fundamentada da autoridade judiciária.

•• § 3.º com redação determinada pela Lei n. 13.509, de 22-11-2017.

§ 3.º-A. Ao final do prazo previsto no § 3.º deste artigo, deverá ser apresentado laudo fundamentado pela equipe mencionada no § 4.º deste artigo, que recomendará ou não o deferimento da adoção à autoridade judiciária.

•• §3.º-A acrescentado pela Lei n. 13.509, de 22-11-2017.

§ 4.º O estágio de convivência será acompanhado pela equipe interprofissional a serviço da Justiça da Infância e da Juventude, preferencialmente com apoio dos técnicos responsáveis pela execução da política de garantia do direito à convivência familiar, que apresentarão relatório minucioso acerca da conveniência do deferimento da medida.

•• § 4.º acrescentado pela Lei n. 12.010, de 3-8-2009.

§ 5.º O estágio de convivência será cumprido no território nacional, preferencialmente na comarca de residência da criança ou adolescente, ou, a critério do juiz, em cidade limítrofe, respeitada, em qualquer hipótese, a competência do juízo da comarca de residência da criança.

•• § 5.º acrescentado pela Lei n. 13.509, de 22-11-2017.

Art. 47. O vínculo da adoção constitui-se por sentença judicial, que será inscrita no registro civil mediante mandado do qual não se fornecerá certidão.

§ 1.º A inscrição consignará o nome dos adotantes como pais, bem como o nome de seus ascendentes.

§ 2.º O mandado judicial, que será arquivado, cancelará o registro original do adotado.

§ 3.º A pedido do adotante, o novo registro poderá ser lavrado no Cartório do Registro Civil do Município de sua residência.

•• § 3.º com redação determinada pela Lei n. 12.010, de 3-8-2009.

§ 4.º Nenhuma observação sobre a origem do ato poderá constar nas certidões do registro.

•• § 4.º com redação determinada pela Lei n. 12.010, de 3-8-2009.

§ 5.º A sentença conferirá ao adotado o nome do adotante e, a pedido de qualquer deles, poderá determinar a modificação do prenome.

•• § 5.º com redação determinada pela Lei n. 12.010, de 3-8-2009.

§ 6.º Caso a modificação de prenome seja requerida pelo adotante, é obrigatória a oitiva do adotando, observado o disposto nos §§ 1.º e 2.º do art. 28 desta Lei.

•• § 6.º com redação determinada pela Lei n. 12.010, de 3-8-2009.

§ 7.º A adoção produz seus efeitos a partir do trânsito em julgado da sentença constitutiva, exceto na hipótese prevista no § 6.º do art. 42 desta Lei, caso em que terá força retroativa à data do óbito.

•• § 7.º acrescentado pela Lei n. 12.010, de 3-8-2009.

§ 8.º O processo relativo à adoção assim como outros a ele relacionados serão mantidos em arquivo, admitindo-se seu armazenamento em microfilme ou por outros meios, garantida a sua conservação para consulta a qualquer tempo.

•• § 8.º acrescentado pela Lei n. 12.010, de 3-8-2009.

§ 9.º Terão prioridade de tramitação os processos de adoção em que o adotando for criança ou adolescente com deficiência ou com doença crônica.

•• § 9.º acrescentado pela Lei n. 12.955, de 5-2-2014.

§ 10. O prazo máximo para conclusão da ação de adoção será de 120 (cento e vinte) dias, prorrogável uma única vez por igual período, mediante decisão fundamentada da autoridade judiciária.

•• §10 acrescentado pela Lei n. 13.509, de 22-11-2017.

Art. 48. O adotado tem direito de conhecer sua origem biológica, bem como de obter acesso irrestrito ao processo no qual a medida foi aplicada e seus eventuais incidentes, após completar 18 (dezoito) anos.

•• *Caput* com redação determinada pela Lei n. 12.010, de 3-8-2009.

Parágrafo único. O acesso ao processo de adoção poderá ser também deferido ao adotado menor de 18 (dezoito) anos, a seu pedido, assegurada orientação e assistência jurídica e psicológica.

••Parágrafo único acrescentado pela Lei n. 12.010, de 3-8-2009.

Art. 49. A morte dos adotantes não restabelece o poder familiar dos pais naturais.

Art. 50. A autoridade judiciária manterá, em cada comarca ou foro regional, um registro de crianças e adolescentes em condições de serem adotados e outro de pessoas interessadas na adoção.

•• *Vide* art. 258-A desta Lei.

§ 1.º O deferimento da inscrição dar-se-á após prévia consulta aos órgãos técnicos do Juizado, ouvido o Ministério Público.

Lei n. 8.069, de 13-7-1990 — **Estatuto da Criança e do Adolescente**

§ 2.º Não será deferida a inscrição se o interessado não satisfizer os requisitos legais, ou verificada qualquer das hipóteses previstas no art. 29.

§ 3.º A inscrição de postulantes à adoção será precedida de um período de preparação psicossocial e jurídica, orientado pela equipe técnica da Justiça da Infância e da Juventude, preferencialmente com apoio dos técnicos responsáveis pela execução da política municipal de garantia do direito à convivência familiar.

•• § 3.º acrescentado pela Lei n. 12.010, de 3-8-2009.

•• O art. 6.º da Lei n. 12.010, de 3-8-2009, dispõe: "Art. 6.º As pessoas e casais já inscritos nos cadastros de adoção ficam obrigados a frequentar, no prazo máximo de 1 (um) ano, contado da entrada em vigor desta Lei, a preparação psicossocial e jurídica a que se referem os §§ 3.º e 4.º do art. 50 da Lei n. 8.069, de 13-7-1990, acrescidos pelo art. 2.º desta Lei, sob pena de cassação de sua inscrição no cadastro".

§ 4.º Sempre que possível e recomendável, a preparação referida no § 3.º deste artigo incluirá o contato com crianças e adolescentes em acolhimento familiar ou institucional em condições de serem adotados, a ser realizado sob a orientação, supervisão e avaliação da equipe técnica da Justiça da Infância e da Juventude, com apoio dos técnicos responsáveis pelo programa de acolhimento e pela execução da política municipal de garantia do direito à convivência familiar.

•• § 4.º acrescentado pela Lei n. 12.010, de 3-8-2009.

•• *Vide* nota ao § 3.º deste artigo.

§ 5.º Serão criados e implementados cadastros estaduais, distrital e nacional de crianças e adolescentes em condições de serem adotados e de pessoas ou casais habilitados à adoção, que deverão obrigatoriamente ser consultados pela autoridade judiciária em qualquer procedimento de adoção, ressalvadas as hipóteses do § 13 deste artigo e as particularidades das crianças e adolescentes indígenas ou provenientes de comunidade remanescente de quilombo previstas no inciso II do § 6.º do art. 28 desta Lei.

•• § 5.º com redação determinada pela Lei n. 14.979, de 18-9-2024.

•• *Vide* art. 258-A desta Lei.

§ 6.º Haverá cadastros distintos para pessoas ou casais residentes fora do País, que somente serão consultados na inexistência de postulantes nacionais habilitados nos cadastros mencionados no § 5.º deste artigo.

•• § 6.º acrescentado pela Lei n. 12.010, de 3-8-2009.

§ 7.º As autoridades estaduais e federais em matéria de adoção terão acesso integral aos cadastros, incumbindo-lhes a troca de informações e a cooperação mútua, para melhoria do sistema.

•• § 7.º acrescentado pela Lei n. 12.010, de 3-8-2009.

§ 8.º A autoridade judiciária providenciará, no prazo de 48 (quarenta e oito) horas, a inscrição das crianças e adolescentes em condições de serem adotados que não tiveram colocação familiar na comarca de origem, e das pessoas ou casais que tiveram deferida sua habilitação à adoção nos cadastros estadual e nacional referidos no § 5.º deste artigo, sob pena de responsabilidade.

•• § 8.º acrescentado pela Lei n. 12.010, de 3-8-2009.

§ 9.º Compete à Autoridade Central Estadual zelar pela manutenção e correta alimentação dos cadastros, com posterior comunicação à Autoridade Central Federal Brasileira.

•• § 9.º acrescentado pela Lei n. 12.010, de 3-8-2009.

§ 10. Consultados os cadastros e verificada a ausência de pretendentes habilitados residentes no País com perfil compatível e interesse manifesto pela adoção de criança ou adolescente inscrito nos cadastros existentes, será realizado o encaminhamento da criança ou adolescente à adoção internacional.

•• § 10 com redação determinada pela Lei n. 13.509, de 22-11-2017.

§ 11. Enquanto não localizada pessoa ou casal interessado em sua adoção, a criança ou o adolescente, sempre que possível e recomendável, será colocado sob guarda de família cadastrada em programa de acolhimento familiar.

•• § 11 acrescentado pela Lei n. 12.010, de 3-8-2009.

§ 12. A alimentação do cadastro e a convocação criteriosa dos postulantes à adoção serão fiscalizadas pelo Ministério Público.

•• § 12 acrescentado pela Lei n. 12.010, de 3-8-2009.

§ 13. Somente poderá ser deferida adoção em favor de candidato domiciliado no Brasil não cadastrado previamente nos termos desta Lei quando:

I – se tratar de pedido de adoção unilateral;

II – for formulada por parente com o qual a criança ou adolescente mantenha vínculos de afinidade e afetividade;

III – oriundo o pedido de quem detém a tutela ou guarda legal de criança maior de 3 (três) anos ou adolescente, desde que o lapso de tempo de convivência comprove a fixação de laços de afinidade e afetividade, e não seja constatada a ocorrência de má-fé ou qualquer das situações previstas nos arts. 237 ou 238 desta Lei.

•• § 13 acrescentado pela Lei n. 12.010, de 3-8-2009.

§ 14. Nas hipóteses previstas no § 13 deste artigo, o candidato deverá comprovar, no curso do procedimento, que preenche os requisitos necessários à adoção, conforme previsto nesta Lei.

•• § 14 acrescentado pela Lei n. 12.010, de 3-8-2009.

§ 15. Será assegurada prioridade no cadastro a pessoas interessadas em adotar criança ou adolescente com deficiência, com doença crônica ou com necessidades específicas de saúde, além de grupo de irmãos.

•• § 15 acrescentado pela Lei n. 13.509, de 22-11-2017.

Art. 51. Considera-se adoção internacional aquela na qual o pretendente possui residência habitual em país-parte da Convenção de Haia, de 29 de maio de 1993, Relativa à Proteção das Crianças e à Cooperação em Matéria de Adoção Internacional, promulgada pelo Decreto n. 3.087, de 21 junho de 1999, e deseja adotar criança em outro país-parte da Convenção.

•• *Caput* com redação determinada pela Lei n. 13.509, de 22-11-2017.

§ 1.º A adoção internacional de criança ou adolescente brasileiro ou domiciliado no Brasil somente terá lugar quando restar comprovado:

I – que a colocação em família adotiva é a solução adequada ao caso concreto;

•• Inciso I com redação determinada pela Lei n. 13.509, de 22-11-2017.

II – que foram esgotadas todas as possibilidades de colocação da criança ou adolescente em família adotiva brasileira, com a comprovação, certificada nos autos, da inexistência de adotantes habilitados residentes no Brasil com perfil compatível com a criança ou adolescente, após consulta aos cadastros mencionados nesta Lei;

•• Inciso II com redação determinada pela Lei n. 13.509, de 22-11-2017.

III – que, em se tratando de adoção de adolescente, este foi consultado, por meios adequados ao seu estágio de desenvolvimento, e que se encontra preparado para a medida, mediante parecer elaborado por equipe interprofissional, observado o disposto nos §§ 1.º e 2.º do art. 28 desta Lei.

•• § 1.º com redação determinada pela Lei n. 12.010, de 3-8-2009.

§ 2.º Os brasileiros residentes no exterior terão preferência aos estrangeiros, nos casos de adoção internacional de criança ou adolescente brasileiro.

•• § 2.º com redação determinada pela Lei n. 12.010, de 3-8-2009.

§ 3.º A adoção internacional pressupõe a intervenção das Autoridades Centrais Estaduais e Federal em matéria de adoção internacional.

•• § 3.º com redação determinada pela Lei n. 12.010, de 3-8-2009.

§ 4.º *(Revogado pela Lei n. 12.010, de 3-8-2009.)*

Art. 52. A adoção internacional observará o procedimento previsto nos arts. 165 a 170 desta Lei, com as seguintes adaptações:

•• *Caput* com redação determinada pela Lei n. 12.010, de 3-8-2009.

I – a pessoa ou casal estrangeiro, interessado em adotar criança ou adolescente brasileiro, deverá formular pedido de habilitação à adoção perante a Autoridade Central em matéria de adoção internacional no país de acolhida, assim entendido aquele onde está situada sua residência habitual;

•• Inciso I acrescentado pela Lei n. 12.010, de 3-8-2009.

II – se a Autoridade Central do país de acolhida considerar que os solicitantes estão habilitados e aptos para adotar, emitirá um relatório que contenha informações sobre a identidade, a capacidade jurídica e adequação dos solicitantes para adotar, sua situação pessoal, familiar e médica, seu meio social, os motivos que os animam e sua aptidão para assumir uma adoção internacional;

•• Inciso II acrescentado pela Lei n. 12.010, de 3-8-2009.

III – a Autoridade Central do país de acolhida enviará o relatório à Autoridade Central Estadual, com cópia para a Autoridade Central Federal Brasileira;

•• Inciso III acrescentado pela Lei n. 12.010, de 3-8-2009.

IV – o relatório será instruído com toda a documentação necessária, incluindo estudo psicossocial elaborado por equipe interprofissional habilitada e cópia autenticada da legislação pertinente, acompanhada da respectiva prova de vigência;

•• Inciso IV acrescentado pela Lei n. 12.010, de 3-8-2009.

V – os documentos em língua estrangeira serão devidamente autenticados pela autoridade consular, observados os tratados e convenções internacionais, e

Lei n. 8.069, de 13-7-1990 — Estatuto da Criança e do Adolescente

acompanhados da respectiva tradução, por tradutor público juramentado;

•• Inciso V acrescentado pela Lei n. 12.010, de 3-8-2009.

VI – a Autoridade Central Estadual poderá fazer exigências e solicitar complementação sobre o estudo psicossocial do postulante estrangeiro à adoção, já realizado no país de acolhida;

•• Inciso VI acrescentado pela Lei n. 12.010, de 3-8-2009.

VII – verificada, após estudo realizado pela Autoridade Central Estadual, a compatibilidade da legislação estrangeira com a nacional, além do preenchimento por parte dos postulantes à medida dos requisitos objetivos e subjetivos necessários ao seu deferimento, tanto à luz do que dispõe esta Lei como da legislação do país de acolhida, será expedido laudo de habilitação à adoção internacional, que terá validade por, no máximo, 1 (um) ano;

•• Inciso VII acrescentado pela Lei n. 12.010, de 3-8-2009.

VIII – de posse do laudo de habilitação, o interessado será autorizado a formalizar pedido de adoção perante o Juízo da Infância e da Juventude do local em que se encontra a criança ou o adolescente, conforme indicação efetuada pela Autoridade Central Estadual.

•• Inciso VIII acrescentado pela Lei n. 12.010, de 3-8-2009.

§ 1.º Se a legislação do país de acolhida assim o autorizar, admite-se que os pedidos de habilitação à adoção internacional sejam intermediados por organismos credenciados.

•• § 1.º acrescentado pela Lei n. 12.010, de 3-8-2009.

§ 2.º Incumbe à Autoridade Central Federal Brasileira o credenciamento de organismos nacionais e estrangeiros encarregados de intermediar pedidos de habilitação à adoção internacional, com posterior comunicação às Autoridades Centrais Estaduais e publicação nos órgãos oficiais de imprensa e em sítio próprio da internet.

•• § 2.º acrescentado pela Lei n. 12.010, de 3-8-2009.

§ 3.º Somente será admissível o credenciamento de organismos que:

I – sejam oriundos de países que ratificaram a Convenção de Haia e estejam devidamente credenciados pela Autoridade Central do país onde estiverem sediados e no país de acolhida do adotando para atuar em adoção internacional no Brasil;

II – satisfizerem as condições de integridade moral, competência profissional, experiência e responsabilidade exigidas pelos países respectivos e pela Autoridade Central Federal Brasileira;

III – forem qualificados por seus padrões éticos e sua formação e experiência para atuar na área de adoção internacional;

IV – cumprirem os requisitos exigidos pelo ordenamento jurídico brasileiro e pelas normas estabelecidas pela Autoridade Central Federal Brasileira.

•• § 3.º acrescentado pela Lei n. 12.010, de 3-8-2009.

§ 4.º Os organismos credenciados deverão ainda:

I – perseguir unicamente fins não lucrativos, nas condições e dentro dos limites fixados pelas autoridades competentes do país onde estiverem sediados, do país de acolhida e pela Autoridade Central Federal Brasileira;

II – ser dirigidos e administrados por pessoas qualificadas e de reconhecida idoneidade moral, com comprovada formação ou experiência para atuar na área de adoção internacional, cadastradas pelo Departamento de Polícia Federal e aprovadas pela Autoridade Central Federal Brasileira, mediante publicação de portaria do órgão federal competente;

III – estar submetidos à supervisão das autoridades competentes do país onde estiverem sediados e no país de acolhida, inclusive quanto à sua composição, funcionamento e situação financeira;

IV – apresentar à Autoridade Central Federal Brasileira, a cada ano, relatório geral das atividades desenvolvidas, bem como relatório de acompanhamento das adoções internacionais efetuadas no período, cuja cópia será encaminhado ao Departamento de Polícia Federal;

V – enviar relatório pós-adotivo semestral para a Autoridade Central Estadual, com cópia para a Autoridade Central Federal Brasileira, pelo período mínimo de 2 (dois) anos. O envio do relatório será mantido até a juntada de cópia autenticada do registro civil, estabelecendo a cidadania do país de acolhida para o adotado;

VI – tomar as medidas necessárias para garantir que os adotantes encaminhem à Autoridade Central Federal Brasileira cópia da certidão de registro de nascimento estrangeira e do certificado de nacionalidade tão logo lhes sejam concedidos.

•• § 4.º acrescentado pela Lei n. 12.010, de 3-8-2009.

§ 5.º A não apresentação dos relatórios referidos no § 4.º deste artigo pelo organismo credenciado poderá acarretar a suspensão de seu credenciamento.

•• § 5.º acrescentado pela Lei n. 12.010, de 3-8-2009.

§ 6.º O credenciamento de organismo nacional ou estrangeiro encarregado de intermediar pedidos de adoção internacional terá validade de 2 (dois) anos.

•• § 6.º acrescentado pela Lei n. 12.010, de 3-8-2009.

§ 7.º A renovação do credenciamento poderá ser concedida mediante requerimento protocolado na Autoridade Central Federal Brasileira nos 60 (sessenta) dias anteriores ao término do respectivo prazo de validade.

•• § 7.º acrescentado pela Lei n. 12.010, de 3-8-2009.

§ 8.º Antes de transitada em julgado a decisão que concedeu a adoção internacional, não será permitida a saída do adotando do território nacional.

•• § 8.º acrescentado pela Lei n. 12.010, de 3-8-2009.

§ 9.º Transitada em julgado a decisão, a autoridade judiciária determinará a expedição de alvará com autorização de viagem, bem como para obtenção de passaporte, constando, obrigatoriamente, as características da criança ou adolescente adotado, como idade, cor, sexo, eventuais sinais ou traços peculiares, assim como foto recente e a aposição da impressão digital do seu polegar direito, instruindo o documento com cópia autenticada da decisão e certidão de trânsito em julgado.

•• § 9.º acrescentado pela Lei n. 12.010, de 3-8-2009.

§ 10. A Autoridade Central Federal Brasileira poderá, a qualquer momento, solicitar informações sobre a situação das crianças e adolescentes adotados.

•• § 10 acrescentado pela Lei n. 12.010, de 3-8-2009.

§ 11. A cobrança de valores por parte dos organismos credenciados, que sejam consideradas abusivos pela Autoridade Central Federal Brasileira e que não estejam devidamente comprovados, é causa de seu descredenciamento.

•• § 11 acrescentado pela Lei n. 12.010, de 3-8-2009.

§ 12. Uma mesma pessoa ou seu cônjuge não podem ser representados por mais de uma entidade credenciada para atuar na cooperação em adoção internacional.

•• § 12 acrescentado pela Lei n. 12.010, de 3-8-2009.

§ 13. A habilitação de postulante estrangeiro ou domiciliado fora do Brasil terá validade máxima de 1 (um) ano, podendo ser renovada.

•• § 13 acrescentado pela Lei n. 12.010, de 3-8-2009.

§ 14. É vedado o contato direto de representantes de organismos de adoção, nacionais ou estrangeiros, com dirigentes de programas de acolhimento institucional ou familiar, assim como com crianças e adolescentes em condições de serem adotados, sem a devida autorização judicial.

•• § 14 acrescentado pela Lei n. 12.010, de 3-8-2009.

§ 15. A Autoridade Central Federal Brasileira poderá limitar ou suspender a concessão de novos credenciamentos sempre que julgar necessário, mediante ato administrativo fundamentado.

•• § 15 acrescentado pela Lei n. 12.010, de 3-8-2009.

Art. 52-A. É vedado, sob pena de responsabilidade e descredenciamento, o repasse de recursos provenientes de organismos estrangeiros encarregados de intermediar pedidos de adoção internacional a organismos nacionais ou a pessoas físicas.

•• *Caput* acrescentado pela Lei n. 12.010, de 3-8-2009.

Parágrafo único. Eventuais repasses somente poderão ser efetuados via Fundo dos Direitos da Criança e do Adolescente e estarão sujeitos às deliberações do respectivo Conselho de Direitos da Criança e do Adolescente.

•• Parágrafo único acrescentado pela Lei n. 12.010, de 3-8-2009.

Art. 52-B. A adoção por brasileiro residente no exterior em país ratificante da Convenção de Haia, cujo processo de adoção tenha sido processado em conformidade com a legislação vigente no país de residência e atendido o disposto na alínea c do artigo 17 da referida Convenção, será automaticamente recepcionada com o reingresso no Brasil.

•• *Caput* acrescentado pela Lei n. 12.010, de 3-8-2009.

§ 1.º Caso não tenha sido atendido o disposto na alínea c do artigo 17 da Convenção de Haia, deverá a sentença ser homologada pelo Superior Tribunal de Justiça.

•• § 1.º acrescentado pela Lei n. 12.010, de 3-8-2009.

§ 2.º O pretendente brasileiro residente no exterior em país não ratificante da Convenção de Haia, uma vez reingressado no Brasil, deverá requerer a homologação da sentença estrangeira pelo Superior Tribunal de Justiça.

•• § 2.º acrescentado pela Lei n. 12.010, de 3-8-2009.

Art. 52-C. Nas adoções internacionais, quando o Brasil for o país de acolhida, a decisão da autoridade competente do país de origem da criança ou do adolescente será conhecida pela Autoridade Central Estadual que tiver processado o pedido de habilitação dos pais adotivos, que comunicará o fato à Autoridade Central Federal e determinará as providências necessárias à expedição do Certificado de Naturalização Provisório.

•• *Caput* acrescentado pela Lei n. 12.010, de 3-8-2009.

§ 1.º A Autoridade Central Estadual, ouvido o Ministério Público, somente deixará de reconhecer os efeitos daquela decisão se restar demonstrado que a adoção é manifestamente contrária à ordem pública ou não atende ao interesse superior da criança ou do adolescente.

•• § 1.º acrescentado pela Lei n. 12.010, de 3-8-2009.

§ 2.º Na hipótese de não reconhecimento da adoção, prevista no § 1.º deste artigo, o Ministério Público deverá imediatamente requerer o que for de direito para resguardar os interesses da criança ou do adolescente, comunicando-se as providências à Autoridade Central Estadual, que fará a comunicação à Autoridade Central Federal Brasileira e à Autoridade Central do país de origem.

•• § 2.º acrescentado pela Lei n. 12.010, de 3-8-2009.

Art. 52-D. Nas adoções internacionais, quando o Brasil for o país de acolhida e a adoção não tenha sido deferida no país de origem porque a sua legislação a delega ao país de acolhida, ou, ainda, na hipótese de, mesmo com decisão, a criança ou o adolescente ser oriundo de país que não tenha aderido à Convenção referida, o processo de adoção seguirá as regras da adoção nacional.

•• Artigo acrescentado pela Lei n. 12.010, de 3-8-2009.

Capítulo IV
DO DIREITO À EDUCAÇÃO, À CULTURA, AO ESPORTE E AO LAZER

•• *Vide* arts. 205 a 217 da CF.

Art. 53. A criança e o adolescente têm direito à educação, visando ao pleno desenvolvimento de sua pessoa, preparo para o exercício da cidadania e qualificação para o trabalho, assegurando-se-lhes:

I – igualdade de condições para o acesso e permanência na escola;

II – direito de ser respeitado por seus educadores;

III – direito de contestar critérios avaliativos, podendo recorrer às instâncias escolares superiores;

IV – direito de organização e participação em entidades estudantis;

V – acesso à escola pública e gratuita, próxima de sua residência, garantindo-se vagas no mesmo estabelecimento a irmãos que frequentem a mesma etapa ou ciclo de ensino da educação básica.

•• Inciso V com redação determinada pela Lei n. 13.845, de 18-6-2019.

Parágrafo único. É direito dos pais ou responsáveis ter ciência do processo pedagógico, bem como participar da definição das propostas educacionais.

Art. 53-A. É dever da instituição de ensino, clubes e agremiações recreativas e de estabelecimentos congêneres assegurar medidas de conscientização, prevenção e enfrentamento ao uso ou dependência de drogas ilícitas.

•• Artigo acrescentado pela Lei n. 13.840, de 5-6-2019.

Art. 54. É dever do Estado assegurar à criança e ao adolescente:

I – ensino fundamental, obrigatório e gratuito, inclusive para os que a ele não tiveram acesso na idade própria;

II – progressiva extensão da obrigatoriedade e gratuidade ao ensino médio;

III – atendimento educacional especializado aos portadores de deficiência, preferencialmente na rede regular de ensino;

IV – atendimento em creche e pré-escola às crianças de zero a cinco anos de idade;

•• Inciso IV com redação determinada pela Lei n. 13.306, de 4-7-2016.

•• *Vide* arts. 7.º, XXV, e 208, IV, da CF.

V – acesso aos níveis mais elevados do ensino, da pesquisa e da criação artística, segundo a capacidade de cada um;

VI – oferta de ensino noturno regular, adequado às condições do adolescente trabalhador;

VII – atendimento no ensino fundamental, através de programas suplementares de material didático-escolar, transporte, alimentação e assistência à saúde.

§ 1.º O acesso ao ensino obrigatório e gratuito é direito público subjetivo.

§ 2.º O não oferecimento do ensino obrigatório pelo Poder Público ou sua oferta irregular importa responsabilidade da autoridade competente.

§ 3.º Compete ao Poder Público recensear os educandos no ensino fundamental, fazer-lhes a chamada e zelar, junto aos pais ou responsável, pela frequência à escola.

Art. 55. Os pais ou responsável têm a obrigação de matricular seus filhos ou pupilos na rede regular de ensino.

Art. 56. Os dirigentes de estabelecimentos de ensino fundamental comunicarão ao Conselho Tutelar os casos de:

I – maus-tratos envolvendo seus alunos;

II – reiteração de faltas injustificadas e de evasão escolar, esgotados os recursos escolares;

III – elevados níveis de repetência.

Art. 57. O Poder Público estimulará pesquisas, experiências e novas propostas relativas a calendário, seriação, currículo, metodologia, didática e avaliação, com vistas à inserção de crianças e adolescentes excluídos do ensino fundamental obrigatório.

Art. 58. No processo educacional respeitar-se-ão os valores culturais, artísticos e históricos próprios do contexto social da criança e do adolescente, garantindo-se a estes a liberdade de criação e o acesso às fontes de cultura.

Art. 59. Os Municípios, com apoio dos Estados e da União, estimularão e facilitarão a destinação de recursos e espaços para programações culturais, esportivas e de lazer voltadas para a infância e a juventude.

Art. 59-A. As instituições sociais públicas ou privadas que desenvolvam atividades com crianças e adolescentes e que recebam recursos públicos deverão exigir e manter certidões de antecedentes criminais de todos os seus colaboradores, as quais deverão ser atualizadas a cada 6 (seis) meses.

•• *Caput* acrescentado pela Lei n. 14.811, de 12-1-2024.

Parágrafo único. Os estabelecimentos educacionais e similares, públicos ou privados, que desenvolvem atividades com crianças e adolescentes, independentemente de recebimento de recursos públicos, deverão manter fichas cadastrais e certidões de antecedentes criminais atualizadas de todos os seus colaboradores.

•• Parágrafo único acrescentado pela Lei n. 14.811, de 12-1-2024.

Capítulo V
DO DIREITO À PROFISSIONALIZAÇÃO E À PROTEÇÃO NO TRABALHO

Art. 60. É proibido qualquer trabalho a menores de quatorze anos de idade, salvo na condição de aprendiz.

•• *Vide* art. 7.º, XXXIII, da CF.

Art. 61. A proteção ao trabalho dos adolescentes é regulada por legislação especial, sem prejuízo do disposto nesta Lei.

Art. 62. Considera-se aprendizagem a formação técnico-profissional ministrada segundo as diretrizes e bases da legislação de educação em vigor.

Art. 63. A formação técnico-profissional obedecerá aos seguintes princípios:

I – garantia de acesso e frequência obrigatória ao ensino regular;

II – atividade compatível com o desenvolvimento do adolescente;

III – horário especial para o exercício das atividades.

Art. 64. Ao adolescente até quatorze anos de idade é assegurada bolsa de aprendizagem.

Art. 65. Ao adolescente aprendiz, maior de quatorze anos, são assegurados os direitos trabalhistas e previdenciários.

Art. 66. Ao adolescente portador de deficiência é assegurado trabalho protegido.

Art. 67. Ao adolescente empregado, aprendiz, em regime familiar de trabalho, aluno de escola técnica, assistido em entidade governamental ou não governamental, é vedado trabalho:

I – noturno, realizado entre as vinte e duas horas de um dia e as cinco horas do dia seguinte;

II – perigoso, insalubre ou penoso;

III – realizado em locais prejudiciais à sua formação e ao seu desenvolvimento físico, psíquico, moral e social;

IV – realizado em horários e locais que não permitam a frequência à escola.

Art. 68. O programa social que tenha por base o trabalho educativo, sob responsabilidade de entidade governamental ou não governamental sem fins lucrativos, deverá assegurar ao adolescente que dele participe condições de capacitação para o exercício de atividade regular remunerada.

§ 1.º Entende-se por trabalho educativo a atividade laboral em que as exigências pedagógicas relativas ao desenvolvimento pessoal e social do educando prevalecem sobre o aspecto produtivo.

§ 2.º A remuneração que o adolescente recebe pelo trabalho efetuado ou a participação na venda dos produtos de seu trabalho não desfigura o caráter educativo.

Art. 69. O adolescente tem direito à profissionalização e à proteção no trabalho, observados os seguintes aspectos, entre outros:

I – respeito à condição peculiar de pessoa em desenvolvimento;
II – capacitação profissional adequada ao mercado de trabalho.

Título III
DA PREVENÇÃO

Capítulo I
DISPOSIÇÕES GERAIS

Art. 70. É dever de todos prevenir a ocorrência de ameaça ou violação dos direitos da criança e do adolescente.

Art. 70-A. A União, os Estados, o Distrito Federal e os Municípios deverão atuar de forma articulada na elaboração de políticas públicas e na execução de ações destinadas a coibir o uso de castigo físico ou de tratamento cruel ou degradante e difundir formas não violentas de educação de crianças e de adolescentes, tendo como principais ações:

•• *Caput* acrescentado pela Lei n. 13.010, de 26-6-2014.

I – a promoção de campanhas educativas permanentes para a divulgação do direito da criança e do adolescente de serem educados e cuidados sem o uso de castigo físico ou de tratamento cruel ou degradante e dos instrumentos de proteção aos direitos humanos;

•• Inciso I acrescentado pela Lei n. 13.010, de 26-6-2014.

II – a integração com os órgãos do Poder Judiciário, do Ministério Público e da Defensoria Pública, com o Conselho Tutelar, com os Conselhos de Direitos da Criança e do Adolescente e com as entidades não governamentais que atuam na promoção, proteção e defesa dos direitos da criança e do adolescente;

•• Inciso II acrescentado pela Lei n. 13.010, de 26-6-2014.

III – a formação continuada e a capacitação dos profissionais de saúde, educação e assistência social e dos demais agentes que atuam na promoção, proteção e defesa dos direitos da criança e do adolescente para o desenvolvimento das competências necessárias à prevenção, à identificação de evidências, ao diagnóstico e ao enfrentamento de todas as formas de violência contra a criança e o adolescente;

•• Inciso III acrescentado pela Lei n. 13.010, de 26-6-2014.

IV – o apoio e o incentivo às práticas de resolução pacífica de conflitos que envolvam violência contra a criança e o adolescente;

•• Inciso IV acrescentado pela Lei n. 13.010, de 26-6-2014.

V – a inclusão, nas políticas públicas, de ações que visem a garantir os direitos da criança e do adolescente, desde a atenção pré-natal, e de atividades junto aos pais e responsáveis com o objetivo de promover a informação, a reflexão, o debate e a orientação sobre alternativas ao uso de castigo físico ou de tratamento cruel ou degradante no processo educativo;

•• Inciso V acrescentado pela Lei n. 13.010, de 26-6-2014.

VI – a promoção de espaços intersetoriais locais para a articulação de ações e a elaboração de planos de atuação conjunta focados nas famílias em situação de violência, com participação de profissionais de saúde, de assistência social e de educação e de órgãos de promoção, proteção e defesa dos direitos da criança e do adolescente.

•• Inciso VI acrescentado pela Lei n. 13.010, de 26-6-2014.

VII – a promoção de estudos e pesquisas, de estatísticas e de outras informações relevantes às consequências e à frequência das formas de violência contra a criança e o adolescente para a sistematização de dados nacionalmente unificados e a avaliação periódica dos resultados das medidas adotadas;

•• Inciso VII acrescentado pela Lei n. 14.344, de 24-5-2022.

VIII – o respeito aos valores da dignidade da pessoa humana, de forma a coibir a violência, o tratamento cruel ou degradante e as formas violentas de educação, correção ou disciplina;

•• Inciso VIII acrescentado pela Lei n. 14.344, de 24-5-2022.

IX – a promoção e a realização de campanhas educativas direcionadas ao público escolar e à sociedade em geral e a difusão desta Lei e dos instrumentos de proteção aos direitos humanos das crianças e dos adolescentes, incluídos os canais de denúncia existentes;

•• Inciso IX acrescentado pela Lei n. 14.344, de 24-5-2022.

X – a celebração de convênios, de protocolos, de ajustes, de termos e de outros instrumentos de promoção de parceria entre órgãos governamentais ou entre estes e entidades não governamentais, com o objetivo de implementar programas de erradicação da violência, de tratamento cruel ou degradante e de formas violentas de educação, correção ou disciplina;

•• Inciso X acrescentado pela Lei n. 14.344, de 24-5-2022.

XI – a capacitação permanente das Polícias Civil e Militar, da Guarda Municipal, do Corpo de Bombeiros, dos profissionais nas escolas, dos Conselhos Tutelares e dos profissionais pertencentes aos órgãos e às áreas referidos no inciso II deste *caput*, para que identifiquem situações em que crianças e adolescentes vivenciam violência e agressões no âmbito familiar ou institucional;

•• Inciso XI acrescentado pela Lei n. 14.344, de 24-5-2022.

XII – a promoção de programas educacionais que disseminem valores éticos de irrestrito respeito à dignidade da pessoa humana, bem como de programas de fortalecimento da parentalidade positiva, da educação sem castigos físicos e de ações de prevenção e enfrentamento da violência doméstica e familiar contra a criança e o adolescente;

•• Inciso XII acrescentado pela Lei n. 14.344, de 24-5-2022.

XIII – o destaque, nos currículos escolares de todos os níveis de ensino, dos conteúdos relativos à prevenção, à identificação e à resposta à violência doméstica e familiar.

•• Inciso XIII acrescentado pela Lei n. 14.344, de 24-5-2022.

Parágrafo único. As famílias com crianças e adolescentes com deficiência terão prioridade de atendimento nas ações e políticas públicas de prevenção e proteção.

•• Parágrafo único acrescentado pela Lei n. 13.010, de 26-6-2014.

Art. 70-B. As entidades, públicas e privadas, que atuem nas áreas da saúde e da educação, além daquelas às quais se refere o art. 71 desta Lei, entre outras, devem contar, em seus quadros, com pessoas capacitadas a reconhecer e a comunicar ao Conselho Tutelar suspeitas ou casos de crimes praticados contra a criança e o adolescente.

•• *Caput* com redação determinada pela Lei n. 14.344, de 24-5-2022.

Parágrafo único. São igualmente responsáveis pela comunicação de que trata este artigo as pessoas encarregadas, por razão de cargo, função, ofício, ministério, profissão ou ocupação, do cuidado, assistência ou guarda de crianças e adolescentes, punível, na forma deste Estatuto, o injustificado retardamento ou omissão, culposos ou dolosos.

•• Parágrafo único acrescentado pela Lei n. 13.046, de 1.º-12-2014.

Art. 71. A criança e o adolescente têm direito a informação, cultura, lazer, esportes, diversões, espetáculos e produtos e serviços que respeitem sua condição peculiar de pessoa em desenvolvimento.

Art. 72. As obrigações previstas nesta Lei não excluem da prevenção especial outras decorrentes dos princípios por ela adotados.

Art. 73. A inobservância das normas de prevenção importará em responsabilidade da pessoa física ou jurídica, nos termos desta Lei.

Capítulo II
DA PREVENÇÃO ESPECIAL

Seção I
Da Informação, Cultura, Lazer,
Esportes, Diversões e Espetáculos

Art. 74. O Poder Público, através do órgão competente, regulará as diversões e espetáculos públicos, informando sobre a natureza deles, as faixas etárias a que não se recomendem, locais e horários em que sua apresentação se mostre inadequada.

•• A Portaria n. 502, de 23-11-2021, do MJSP, regulamenta o processo de classificação indicativa de que trata este artigo.

Parágrafo único. Os responsáveis pelas diversões e espetáculos públicos deverão afixar, em lugar visível e de fácil acesso, à entrada do local de exibição, informação destacada sobre a natureza do espetáculo e a faixa etária especificada no certificado de classificação.

Art. 75. Toda criança ou adolescente terá acesso às diversões e espetáculos públicos classificados como adequados à sua faixa etária.

Parágrafo único. As crianças menores de dez anos somente poderão ingressar e permanecer nos locais de apresentação ou exibição quando acompanhadas dos pais ou responsável.

Art. 76. As emissoras de rádio e televisão somente exibirão, no horário recomendado para o público infantojuvenil, programas com finalidades educativas, artísticas, culturais e informativas.

Parágrafo único. Nenhum espetáculo será apresentado ou anunciado sem aviso de sua classificação, antes de sua transmissão, apresentação ou exibição.

Art. 77. Os proprietários, diretores, gerentes e funcionários de empresas que explorem a venda ou aluguel de fitas de programação em vídeo cuidarão para que não haja venda ou locação em desacordo com a classificação atribuída pelo órgão competente.

Parágrafo único. As fitas a que alude este artigo deverão ser comercializadas em invólucro, informação sobre a natureza da obra e a faixa etária a que se destinam.

Art. 78. As revistas e publicações contendo material impróprio ou inadequado a crianças e adolescentes deverão ser comercializadas em embalagem lacrada, com a advertência de seu conteúdo.

Parágrafo único. As editoras cuidarão para que as capas que contenham mensagens pornográficas ou obscenas sejam protegidas com embalagem opaca.

Art. 79. As revistas e publicações destinadas ao público infantojuvenil não poderão conter ilustrações, fotografias, legendas, crônicas ou anúncios de bebidas alcoólicas, tabaco, armas e munições, e deverão respeitar os valores éticos e sociais da pessoa e da família.

Art. 80. Os responsáveis por estabelecimentos que explorem comercialmente bilhar, sinuca ou congênere ou por casas de jogos, assim entendidas as que realizem apostas, ainda que eventualmente, cuidarão para que não seja permitida a entrada e a permanência de crianças e adolescentes no local, afixando aviso para orientação do público.

Seção II
Dos Produtos e Serviços

Art. 81. É proibida a venda à criança ou ao adolescente de:

I – armas, munições e explosivos;

II – bebidas alcoólicas;

•• *Vide* Súmula 669 do STJ.

III – produtos cujos componentes possam causar dependência física ou psíquica ainda que por utilização indevida;

IV – fogos de estampido e de artifício, exceto aqueles que pelo seu reduzido potencial sejam incapazes de provocar qualquer dano físico em caso de utilização indevida;

V – revistas e publicações a que alude o art. 78;

VI – bilhetes lotéricos e equivalentes.

Art. 82. É proibida a hospedagem de criança ou adolescente em hotel, motel, pensão ou estabelecimento congênere, salvo se autorizado ou acompanhado pelos pais ou responsável.

Seção III
Da Autorização para Viajar

•• A Resolução n. 295, de 13-9-2019, do CNJ, dispõe sobre autorização de viagem nacional para crianças e adolescentes.

Art. 83. Nenhuma criança ou adolescente menor de 16 (dezesseis) anos poderá viajar para fora da comarca onde reside desacompanhado dos pais ou dos responsáveis sem expressa autorização judicial.

•• *Caput* com redação determinada pela Lei n. 13.812, de 16-3-2019.

§ 1.º A autorização não será exigida quando:

a) tratar-se de comarca contígua à da residência da criança ou do adolescente menor de 16 (dezesseis) anos, se na mesma unidade da Federação, ou incluída na mesma região metropolitana;

•• Alínea *a* com redação determinada pela Lei n. 13.812, de 16-3-2019.

b) a criança ou o adolescente menor de 16 (dezesseis) anos estiver acompanhado:

•• Alínea *b*, *caput*, com redação determinada pela Lei n. 13.812, de 16-3-2019.

1) de ascendente ou colateral maior, até o terceiro grau, comprovado documentalmente o parentesco;

2) de pessoa maior, expressamente autorizada pelo pai, mãe ou responsável.

§ 2.º A autoridade judiciária poderá, a pedido dos pais ou responsável, conceder autorização válida por dois anos.

Art. 84. Quando se tratar de viagem ao exterior, a autorização é dispensável, se a criança ou adolescente:

•• A Resolução n. 131, de 26-5-2011, do CNJ, dispõe sobre a concessão de autorização de viagem para o exterior de crianças e adolescentes.

I – estiver acompanhado de ambos os pais ou responsável;

II – viajar na companhia de um dos pais, autorizado expressamente pelo outro através de documento com firma reconhecida.

Art. 85. Sem prévia e expressa autorização judicial, nenhuma criança ou adolescente nascido em território nacional poderá sair do País em companhia de estrangeiro residente ou domiciliado no exterior.

Livro II
PARTE ESPECIAL

Título I
DA POLÍTICA DE ATENDIMENTO

Capítulo I
DISPOSIÇÕES GERAIS

Art. 86. A política de atendimento dos direitos da criança e do adolescente far-se-á através de um conjunto articulado de ações governamentais e não governamentais, da União, dos Estados, do Distrito Federal e dos Municípios.

Art. 87. São linhas de ação da política de atendimento:
I – políticas sociais básicas;
II – serviços, programas, projetos e benefícios de assistência social de garantia de proteção social e de prevenção e redução de violações de direitos, seus agravamentos ou reincidências;

•• Inciso II com redação determinada pela Lei n. 13.257, de 8-3-2016.

•• A Lei n. 14.717, de 31-10-2023, institui pensão especial aos filhos e dependentes crianças ou adolescentes, órfãos em razão do crime de feminicídio, cuja renda familiar mensal *per capita* seja igual ou inferior a 1/4 (um quarto) do salário mínimo.

III – serviços especiais de prevenção e atendimento médico e psicossocial às vítimas de negligência, maus-tratos, exploração, abuso, crueldade e opressão e às crianças e aos adolescentes que tiverem qualquer dos pais ou responsáveis vitimado por grave violência ou preso em regime fechado;

•• Inciso III com redação determinada pela Lei n. 14.987, de 25-9-2024.

IV – serviço de identificação e localização de pais, responsável, crianças e adolescentes desaparecidos;
V – proteção jurídico-social por entidades de defesa dos direitos da criança e do adolescente;
VI – políticas e programas destinados a prevenir ou abreviar o período de afastamento do convívio familiar e a garantir o efetivo exercício do direito à convivência familiar de crianças e adolescentes;

•• Inciso VI acrescentado pela Lei n. 12.010, de 3-8-2009.

VII – campanhas de estímulo ao acolhimento sob forma de guarda de crianças e adolescentes afastados do convívio familiar e à adoção, especificamente inter-racial, de crianças maiores ou de adolescentes, com necessidades específicas de saúde ou com deficiências e de grupos de irmãos.

•• Inciso VII acrescentado pela Lei n. 12.010, de 3-8-2009.

Parágrafo único. A linha de ação da política de atendimento a que se refere o inciso IV do *caput* deste artigo será executada em cooperação com o Cadastro Nacional de Pessoas Desaparecidas, criado pela Lei n. 13.812, de 16 de março de 2019, com o Cadastro Nacional de Crianças e Adolescentes Desaparecidos, criado pela Lei n. 12.127, de 17 de dezembro de 2009, e com os demais cadastros, sejam eles nacionais, estaduais ou municipais.

•• Parágrafo único acrescentado pela Lei n. 14.548, de 13-4-2023.

Art. 88. São diretrizes da política de atendimento:
I – municipalização do atendimento;
II – criação de conselhos municipais, estaduais e nacional dos direitos da criança e do adolescente, órgãos deliberativos e controladores das ações em todos os níveis, assegurada a participação popular paritária por meio de organizações representativas, segundo leis federal, estaduais e municipais;

○ O Decreto n. 11.833, de 15-12-2023, dispõe sobre o Conselho Nacional da Juventude.

III – criação e manutenção de programas específicos, observada a descentralização político-administrativa;
IV – manutenção de fundos nacional, estaduais e municipais vinculados aos respectivos conselhos dos direitos da criança e do adolescente;
V – integração operacional de órgãos do Judiciário, Ministério Público, Defensoria, Segurança Pública e Assistência Social, preferencialmente em um mesmo local, para efeito de agilização do atendimento inicial a adolescente a quem se atribua autoria de ato infracional;
VI – integração operacional de órgãos do Judiciário, Ministério Público, Defensoria, Conselho Tutelar e encarregados da execução das políticas sociais básicas e de assistência social, para efeito de agilização do atendimento de crianças e de adolescentes inseridos em programas de acolhimento familiar ou institucional, com vista na sua rápida reintegração à família de origem ou, se tal solução se mostrar comprovadamente inviável, sua colocação em família substituta, em quaisquer das modalidades previstas no art. 28 desta Lei;

•• Inciso VI com redação determinada pela Lei n. 12.010, de 3-8-2009.

Lei n. 8.069, de 13-7-1990   **Estatuto da Criança e do Adolescente**

VII – mobilização da opinião pública para a indispensável participação dos diversos segmentos da sociedade;

•• Inciso VII acrescentado pela Lei n. 12.010, de 3-8-2009.

VIII – especialização e formação continuada dos profissionais que trabalham nas diferentes áreas da atenção à primeira infância, incluindo os conhecimentos sobre direitos da criança e sobre desenvolvimento infantil;

•• Inciso VIII acrescentado pela Lei n. 13.257, de 8-3-2016.

IX – formação profissional com abrangência dos diversos direitos da criança e do adolescente que favoreça a intersetorialidade no atendimento da criança e do adolescente e seu desenvolvimento integral;

•• Inciso IX acrescentado pela Lei n. 13.257, de 8-3-2016.

X – realização e divulgação de pesquisas sobre desenvolvimento infantil e sobre prevenção da violência.

•• Inciso X acrescentado pela Lei n. 13.257, de 8-3-2016.

•• A Resolução n. 213, de 20-11-2018, do CONANDA, dispõe sobre estratégias para o Enfrentamento da Violência Letal contra crianças e adolescentes.

Art. 89. A função de membro do Conselho Nacional e dos conselhos estaduais e municipais dos direitos da criança e do adolescente é considerada de interesse público relevante e não será remunerada.

Capítulo II
DAS ENTIDADES DE ATENDIMENTO

Seção I
Disposições Gerais

Art. 90. As entidades de atendimento são responsáveis pela manutenção das próprias unidades, assim como pelo planejamento e execução de programas de proteção e socioeducativos destinados a crianças e adolescentes, em regime de:

I – orientação e apoio sociofamiliar;

II – apoio socioeducativo em meio aberto;

III – colocação familiar;

IV – acolhimento institucional;

•• Inciso IV com redação determinada pela Lei n. 12.010, de 3-8-2009.

V – prestação de serviços à comunidade;

•• Inciso V com redação determinada pela Lei n. 12.594, de 18-1-2012.

VI – liberdade assistida;

•• Inciso VI com redação determinada pela Lei n. 12.594, de 18-1-2012.

VII – semiliberdade; e

•• Inciso VII com redação determinada pela Lei n. 12.594, de 18-1-2012.

VIII – internação.

•• Inciso VIII acrescentado pela Lei n. 12.594, de 18-1-2012.

§ 1.º As entidades governamentais e não governamentais deverão proceder à inscrição de seus programas, especificando os regimes de atendimento, na forma definida neste artigo, no Conselho Municipal dos Direitos da Criança e do Adolescente, o qual manterá registro das inscrições e de suas alterações, do que fará comunicação ao Conselho Tutelar e à autoridade judiciária.

•• § 1.º acrescentado pela Lei n. 12.010, de 3-8-2009.

§ 2.º Os recursos destinados à implementação e manutenção dos programas relacionados neste artigo serão previstos nas dotações orçamentárias dos órgãos públicos encarregados das áreas de Educação, Saúde e Assistência Social, dentre outros, observando-se o princípio da prioridade absoluta à criança e ao adolescente preconizado pelo *caput* do art. 227 da Constituição Federal e pelo *caput* e parágrafo único do art. 4.º desta Lei.

•• § 2.º acrescentado pela Lei n. 12.010, de 3-8-2009.

§ 3.º Os programas em execução serão reavaliados pelo Conselho Municipal dos Direitos da Criança e do Adolescente, no máximo, a cada 2 (dois) anos, constituindo-se critérios para renovação da autorização de funcionamento:

I – o efetivo respeito às regras e princípios desta Lei, bem como às resoluções relativas à modalidade de atendimento prestado expedidas pelos Conselhos de Direitos da Criança e do Adolescente, em todos os níveis;

II – a qualidade e eficiência do trabalho desenvolvido, atestadas pelo Conselho Tutelar, pelo Ministério Público e pela Justiça da Infância e da Juventude;

III – em se tratando de programas de acolhimento institucional ou familiar, serão considerados os índices de sucesso na reintegração familiar ou de adaptação à família substituta, conforme o caso.

•• § 3.º acrescentado pela Lei n. 12.010, de 3-8-2009.

Art. 91. As entidades não governamentais somente poderão funcionar depois de registradas no Conselho Municipal dos Direitos da Criança e do Adolescente, o qual comunicará o registro ao Conselho Tutelar e à autoridade judiciária da respectiva localidade.

§ 1.º Será negado o registro à entidade que:

a) não ofereça instalações físicas em condições adequadas de habitabilidade, higiene, salubridade e segurança;

Lei n. 8.069, de 13-7-1990   Estatuto da Criança e do Adolescente

b) não apresente plano de trabalho compatível com os princípios desta Lei;

c) esteja irregularmente constituída;

d) tenha em seus quadros pessoas inidôneas;

e) não se adequar ou deixar de cumprir as resoluções e deliberações relativas à modalidade de atendimento prestado expedidas pelos Conselhos de Direitos da Criança e do Adolescente, em todos os níveis.

•• Alínea e acrescentada pela Lei n. 12.010, de 3-8-2009.

§ 2.º O registro terá validade máxima de 4 (quatro) anos, cabendo ao Conselho Municipal dos Direitos da Criança e do Adolescente, periodicamente, reavaliar o cabimento de sua renovação, observado o disposto no § 1.º deste artigo.

•• § 2.º acrescentado pela Lei n. 12.010, de 3-8-2009.

Art. 92. As entidades que desenvolvam programas de acolhimento familiar ou institucional deverão adotar os seguintes princípios:

•• *Caput* com redação determinada pela Lei n. 12.010, de 3-8-2009.

I – preservação dos vínculos familiares e promoção da reintegração familiar;

•• Inciso I com redação determinada pela Lei n. 12.010, de 3-8-2009.

II – integração em família substituta, quando esgotados os recursos de manutenção na família natural ou extensa;

•• Inciso II com redação determinada pela Lei n. 12.010, de 3-8-2009.

III – atendimento personalizado e em pequenos grupos;

IV – desenvolvimento de atividades em regime de coeducação;

V – não desmembramento de grupos de irmãos;

VI – evitar, sempre que possível, a transferência para outras entidades de crianças e adolescentes abrigados;

VII – participação na vida da comunidade local;

VIII – preparação gradativa para o desligamento;

IX – participação de pessoas da comunidade no processo educativo.

§ 1.º O dirigente de entidade que desenvolve programa de acolhimento institucional é equiparado ao guardião, para todos os efeitos de direito.

•• § 1.º acrescentado pela Lei n. 12.010, de 3-8-2009.

§ 2.º Os dirigentes de entidades que desenvolvem programas de acolhimento familiar ou institucional remeterão à autoridade judiciária, no máximo a cada 6 (seis) meses, relatório circunstanciado acerca da situação de cada criança ou adolescente acolhido e sua família, para fins da reavaliação prevista no § 1.º do art. 19 desta Lei.

•• § 2.º acrescentado pela Lei n. 12.010, de 3-8-2009.

§ 3.º Os entes federados, por intermédio dos Poderes Executivo e Judiciário, promoverão conjuntamente a permanente qualificação dos profissionais que atuam direta ou indiretamente em programas de acolhimento institucional e destinados à colocação familiar de crianças e adolescentes, incluindo membros do Poder Judiciário, Ministério Público e Conselho Tutelar.

•• § 3.º acrescentado pela Lei n. 12.010, de 3-8-2009.

§ 4.º Salvo determinação em contrário da autoridade judiciária competente, as entidades que desenvolvem programas de acolhimento familiar ou institucional, se necessário com o auxílio do Conselho Tutelar e dos órgãos de assistência social, estimularão o contato da criança ou adolescente com seus pais e parentes, em cumprimento ao disposto nos incisos I e VIII do *caput* deste artigo.

•• § 4.º acrescentado pela Lei n. 12.010, de 3-8-2009.

§ 5.º As entidades que desenvolvem programas de acolhimento familiar ou institucional somente poderão receber recursos públicos se comprovado o atendimento dos princípios, exigências e finalidades desta Lei.

•• § 5.º acrescentado pela Lei n. 12.010, de 3-8-2009.

§ 6.º O descumprimento das disposições desta Lei pelo dirigente de entidade que desenvolva programas de acolhimento familiar ou institucional é causa de sua destituição, sem prejuízo da apuração de sua responsabilidade administrativa, civil e criminal.

•• § 6.º acrescentado pela Lei n. 12.010, de 3-8-2009.

§ 7.º Quando se tratar de criança de 0 (zero) a 3 (três) anos em acolhimento institucional, dar-se-á especial atenção à atuação de educadores de referência estáveis e qualitativamente significativos, às rotinas específicas e ao atendimento das necessidades básicas, incluindo as de afeto como prioritárias.

•• § 7.º acrescentado pela Lei n. 13.257, de 8-3-2016.

Art. 93. As entidades que mantenham programa de acolhimento institucional poderão, em caráter excepcional e de urgência, acolher crianças e adolescentes sem prévia determinação da autoridade competente, fazendo comunicação do fato em até 24 (vinte e quatro) horas ao Juiz da Infância e da Juventude, sob pena de responsabilidade.

•• *Caput* com redação determinada pela Lei n. 12.010, de 3-8-2009.

Parágrafo único. Recebida a comunicação, a autoridade judiciária, ouvido o Ministério Público e se necessário com o apoio do Conselho Tutelar local, tomará as medidas necessárias para promover a imediata reintegração familiar da criança ou do adolescente ou, se por qualquer razão não for isso possível ou recomendável, para seu encaminhamento a programa de acolhimento familiar, institucional ou a família substituta, observado o disposto no § 2.º do art. 101 desta Lei.

•• Parágrafo único acrescentado pela Lei n. 12.010, de 3-8-2009.

Art. 94. As entidades que desenvolvem programas de internação têm as seguintes obrigações, entre outras:

I – observar os direitos e garantias de que são titulares os adolescentes;

II – não restringir nenhum direito que não tenha sido objeto de restrição na decisão de internação;

III – oferecer atendimento personalizado, em pequenas unidades e grupos reduzidos;

IV – preservar a identidade e oferecer ambiente de respeito e dignidade ao adolescente;

V – diligenciar no sentido do restabelecimento e da preservação dos vínculos familiares;

VI – comunicar à autoridade judiciária, periodicamente, os casos em que se mostre inviável ou impossível o reatamento dos vínculos familiares;

VII – oferecer instalações físicas em condições adequadas de habitabilidade, higiene, salubridade e segurança e os objetos necessários à higiene pessoal;

VIII – oferecer vestuário e alimentação suficientes e adequados à faixa etária dos adolescentes atendidos;

IX – oferecer cuidados médicos, psicológicos, odontológicos e farmacêuticos;

X – propiciar escolarização e profissionalização;

XI – propiciar atividades culturais, esportivas e de lazer;

XII – propiciar assistência religiosa àqueles que desejarem, de acordo com suas crenças;

XIII – proceder a estudo social e pessoal de cada caso;

XIV – reavaliar periodicamente cada caso, com intervalo máximo de seis meses, dando ciência dos resultados à autoridade competente;

XV – informar, periodicamente, o adolescente internado sobre sua situação processual;

XVI – comunicar às autoridades competentes todos os casos de adolescentes portadores de moléstias infectocontagiosas;

XVII – fornecer comprovante de depósito dos pertences dos adolescentes;

XVIII – manter programas destinados ao apoio e acompanhamento de egressos;

XIX – providenciar os documentos necessários ao exercício da cidadania àqueles que não os tiverem;

XX – manter arquivo de anotações onde constem data e circunstâncias do atendimento, nome do adolescente, seus pais ou responsável, parentes, endereços, sexo, idade, acompanhamento da sua formação, relação de seus pertences e demais dados que possibilitem sua identificação e a individualização do atendimento.

§ 1.º Aplicam-se, no que couber, as obrigações constantes deste artigo às entidades que mantêm programas de acolhimento institucional e familiar.

•• § 1.º com redação determinada pela Lei n. 12.010, de 3-8-2009.

§ 2.º No cumprimento das obrigações a que alude este artigo as entidades utilizarão preferencialmente os recursos da comunidade.

Art. 94-A. As entidades, públicas ou privadas, que abriguem ou recepcionem crianças e adolescentes, ainda que em caráter temporário, devem ter, em seus quadros, profissionais capacitados a reconhecer e reportar ao Conselho Tutelar suspeitas ou ocorrências de maus-tratos.

•• Artigo acrescentado pela Lei n. 13.046, de 1.º-12-2014.

Seção II
Da Fiscalização das Entidades

Art. 95. As entidades governamentais e não governamentais, referidas no art. 90, serão fiscalizadas pelo Judiciário, pelo Ministério Público e pelos Conselhos Tutelares.

Art. 96. Os planos de aplicação e as prestações de contas serão apresentados ao Estado ou ao Município, conforme a origem das dotações orçamentárias.

Art. 97. São medidas aplicáveis às entidades de atendimento que descumprirem obrigação constante do art. 94, sem prejuízo da responsabilidade civil e criminal de seus dirigentes ou prepostos:

•• A Lei n. 12.594, de 18-1-2012, propôs nova redação para este *caput*, todavia teve seu texto vetado.

I – às entidades governamentais:

a) advertência;

b) afastamento provisório de seus dirigentes;

c) afastamento definitivo de seus dirigentes;

d) fechamento de unidade ou interdição de programa;

II – às entidades não governamentais:

a) advertência;

b) suspensão total ou parcial do repasse de verbas públicas;

c) interdição de unidades ou suspensão de programa;

d) cassação do registro.

§ 1.º Em caso de reiteradas infrações cometidas por entidades de atendimento, que coloquem em risco os direitos assegurados nesta Lei, deverá ser o fato comunicado ao Ministério Público ou representado perante autoridade judiciária competente para as providências cabíveis, inclusive suspensão das atividades ou dissolução da entidade.

•• Primitivo parágrafo único renumerado pela Lei n. 12.010, de 3-8-2009.

§ 2.º As pessoas jurídicas de direito público e as organizações não governamentais responderão pelos danos que seus agentes causarem às crianças e aos adolescentes, caracterizado o descumprimento dos princípios norteadores das atividades de proteção específica.

•• § 2.º acrescentado pela Lei n. 12.010, de 3-8-2009.

Título II
DAS MEDIDAS DE PROTEÇÃO

Capítulo I
DISPOSIÇÕES GERAIS

Art. 98. As medidas de proteção à criança e ao adolescente são aplicáveis sempre que os direitos reconhecidos nesta Lei forem ameaçados ou violados:

•• *Vide* Súmula 594 do STJ.

I – por ação ou omissão da sociedade ou do Estado;

II – por falta, omissão ou abuso dos pais ou responsável;

III – em razão de sua conduta.

Capítulo II
DAS MEDIDAS ESPECÍFICAS DE PROTEÇÃO

Art. 99. As medidas previstas neste Capítulo poderão ser aplicadas isolada ou cumulativamente, bem como substituídas a qualquer tempo.

Art. 100. Na aplicação das medidas levar-se-ão em conta as necessidades pedagógicas, preferindo-se aquelas que visem ao fortalecimento dos vínculos familiares e comunitários.

Parágrafo único. São também princípios que regem a aplicação das medidas:

•• Parágrafo único, *caput*, acrescentado pela Lei n. 12.010, de 3-8-2009.

I – condição da criança e do adolescente como sujeitos de direitos: crianças e adolescentes são os titulares dos direitos previstos nesta e em outras Leis, bem como na Constituição Federal;

•• Inciso I acrescentado pela Lei n. 12.010, de 3-8-2009.

II – proteção integral e prioritária: a interpretação e aplicação de toda e qualquer norma contida nesta Lei deve ser voltada à proteção integral e prioritária dos direitos de que crianças e adolescentes são titulares;

•• Inciso II acrescentado pela Lei n. 12.010, de 3-8-2009.

III – responsabilidade primária e solidária do poder público: a plena efetivação dos direitos assegurados a crianças e a adolescentes por esta Lei e pela Constituição Federal, salvo nos casos por esta expressamente ressalvados, é de responsabilidade primária e solidária das 3 (três) esferas de governo, sem prejuízo da municipalização do atendimento e da possibilidade da execução de programas por entidades não governamentais;

•• Inciso III acrescentado pela Lei n. 12.010, de 3-8-2009.

IV – interesse superior da criança e do adolescente: a intervenção deve atender prioritariamente aos interesses e direitos da criança e do adolescente, sem prejuízo da consideração que for devida a outros interesses legítimos no âmbito da pluralidade dos interesses presentes no caso concreto;

•• Inciso IV acrescentado pela Lei n. 12.010, de 3-8-2009.

V – privacidade: a promoção dos direitos e proteção da criança e do adolescente deve ser efetuada no respeito pela intimidade, direito à imagem e reserva da sua vida privada;

•• Inciso V acrescentado pela Lei n. 12.010, de 3-8-2009.

VI – intervenção precoce: a intervenção das autoridades competentes deve ser efetuada logo que a situação de perigo seja conhecida;

•• Inciso VI acrescentado pela Lei n. 12.010, de 3-8-2009.

VII – intervenção mínima: a intervenção deve ser exercida exclusivamente pelas autoridades e instituições cuja ação seja indispensável à efetiva promoção dos direitos e à proteção da criança e do adolescente;

•• Inciso VII acrescentado pela Lei n. 12.010, de 3-8-2009.

VIII – proporcionalidade e atualidade: a intervenção deve ser a necessária e adequada à situação de perigo em que a criança ou o adolescente se encontram no momento em que a decisão é tomada;

•• Inciso VIII acrescentado pela Lei n. 12.010, de 3-8-2009.

IX – responsabilidade parental: a intervenção deve ser efetuada de modo que os pais assumam os seus deveres para com a criança e o adolescente;

•• Inciso IX acrescentado pela Lei n. 12.010, de 3-8-2009.

X – prevalência da família: na promoção de direitos e na proteção da criança e do adolescente deve ser dada prevalência às medidas que os mantenham ou reintegrem na sua família natural ou extensa ou, se isso não for possível, que promovam a sua integração em família adotiva;

•• Inciso X com redação determinada pela Lei n. 13.509, de 22-11-2017.

XI – obrigatoriedade da informação: a criança e o adolescente, respeitado seu estágio de desenvolvimento e capacidade de compreensão, seus pais ou responsável devem ser informados dos seus direitos, dos motivos que determinaram a intervenção e da forma como esta se processa;

•• Inciso XI acrescentado pela Lei n. 12.010, de 3-8-2009.

XII – oitiva obrigatória e participação: a criança e o adolescente, em separado ou na companhia dos pais, de responsável ou de pessoa por si indicada, bem como os seus pais ou responsável, têm direito a ser ouvidos e a participar nos atos e na definição da medida de promoção dos direitos e de proteção, sendo sua opinião devidamente considerada pela autoridade judiciária competente, observado o disposto nos §§ 1.º e 2.º do art. 28 desta Lei.

•• Inciso XII acrescentado pela Lei n. 12.010, de 3-8-2009.

Art. 101. Verificada qualquer das hipóteses previstas no art. 98, a autoridade competente poderá determinar, dentre outras, as seguintes medidas:

I – encaminhamento aos pais ou responsável, mediante termo de responsabilidade;

II – orientação, apoio e acompanhamento temporários;

III – matrícula e frequência obrigatórias em estabelecimento oficial de ensino fundamental;

IV – inclusão em serviços e programas oficiais ou comunitários de proteção, apoio e promoção da família, da criança e do adolescente;

•• Inciso IV com redação determinada pela Lei n. 13.257, de 8-3-2016.

V – requisição de tratamento médico, psicológico ou psiquiátrico, em regime hospitalar ou ambulatorial;

VI – inclusão em programa oficial ou comunitário de auxílio, orientação e tratamento a alcoólatras e toxicômanos;

VII – acolhimento institucional;

•• Inciso VII com redação determinada pela Lei n. 12.010, de 3-8-2009.

VIII – inclusão em programa de acolhimento familiar;

•• Inciso VIII com redação determinada pela Lei n. 12.010, de 3-8-2009.

IX – colocação em família substituta.

•• Inciso IX acrescentado pela Lei n. 12.010, de 3-8-2009.

§ 1.º O acolhimento institucional e o acolhimento familiar são medidas provisórias e excepcionais, utilizáveis como forma de transição para reintegração familiar ou, não sendo esta possível, para colocação em família substituta, não implicando privação de liberdade.

•• § 1.º acrescentado pela Lei n. 12.010, de 3-8-2009.

§ 2.º Sem prejuízo da tomada de medidas emergenciais para proteção de vítimas de violência ou abuso sexual e das providências a que alude o art. 130 desta Lei, o afastamento da criança ou adolescente do convívio familiar é de competência exclusiva da autoridade judiciária e importará na deflagração, a pedido do Ministério Público ou de quem tenha legítimo interesse, de procedimento judicial contencioso, no qual se garanta aos pais ou ao responsável legal o exercício do contraditório e da ampla defesa.

•• § 2.º acrescentado pela Lei n. 12.010, de 3-8-2009.

• A Lei n. 12.845, de 1.º-8-2013, dispõe sobre o atendimento obrigatório e integral de pessoas em situação de violência sexual.

§ 3.º Crianças e adolescentes somente poderão ser encaminhados às instituições que executam programas de acolhimento institucional, governamentais ou não,

Lei n. 8.069, de 13-7-1990 — Estatuto da Criança e do Adolescente

por meio de uma Guia de Acolhimento, expedida pela autoridade judiciária, na qual obrigatoriamente constará, dentre outros:

I – sua identificação e a qualificação completa de seus pais ou de seu responsável, se conhecidos;

II – o endereço de residência dos pais ou do responsável, com pontos de referência;

III – os nomes de parentes ou de terceiros interessados em tê-los sob sua guarda;

IV – os motivos da retirada ou da não reintegração ao convívio familiar.

•• § 3.º acrescentado pela Lei n. 12.010, de 3-8-2009.

§ 4.º Imediatamente após o acolhimento da criança ou do adolescente, a entidade responsável pelo programa de acolhimento institucional ou familiar elaborará um plano individual de atendimento, visando à reintegração familiar, ressalvada a existência de ordem escrita e fundamentada em contrário de autoridade judiciária competente, caso em que também deverá contemplar sua colocação em família substituta, observadas as regras e princípios desta Lei.

•• § 4.º acrescentado pela Lei n. 12.010, de 3-8-2009.

§ 5.º O plano individual será elaborado sob a responsabilidade da equipe técnica do respectivo programa de atendimento e levará em consideração a opinião da criança ou do adolescente e a oitiva dos pais ou do responsável.

•• § 5.º acrescentado pela Lei n. 12.010, de 3-8-2009.

§ 6.º Constarão do plano individual, dentre outros:

I – os resultados da avaliação interdisciplinar;

II – os compromissos assumidos pelos pais ou responsável; e

III – a previsão das atividades a serem desenvolvidas com a criança ou com o adolescente acolhido e seus pais ou responsável, com vista na reintegração familiar ou, caso seja vedada por expressa e fundamentada determinação judicial, as providências a serem tomadas para sua colocação em família substituta, sob direta supervisão da autoridade judiciária.

•• § 6.º acrescentado pela Lei n. 12.010, de 3-8-2009.

§ 7.º O acolhimento familiar ou institucional ocorrerá no local mais próximo à residência dos pais ou do responsável e, como parte do processo de reintegração familiar, sempre que identificada a necessidade, a família de origem será incluída em programas oficiais de orientação, de apoio e de promoção social, sendo facilitado e estimulado o contato com a criança ou com o adolescente acolhido.

•• § 7.º acrescentado pela Lei n. 12.010, de 3-8-2009.

§ 8.º Verificada a possibilidade de reintegração familiar, o responsável pelo programa de acolhimento familiar ou institucional fará imediata comunicação à autoridade judiciária, que dará vista ao Ministério Público, pelo prazo de 5 (cinco) dias, decidindo em igual prazo.

•• § 8.º acrescentado pela Lei n. 12.010, de 3-8-2009.

§ 9.º Em sendo constatada a impossibilidade de reintegração da criança ou do adolescente à família de origem, após seu encaminhamento a programas oficiais ou comunitários de orientação, apoio e promoção social, será enviado relatório fundamentado ao Ministério Público, no qual conste a descrição pormenorizada das providências tomadas e a expressa recomendação, subscrita pelos técnicos da entidade ou responsáveis pela execução da política municipal de garantia do direito à convivência familiar, para a destituição do poder familiar, ou destituição de tutela ou guarda.

•• § 9.º acrescentado pela Lei n. 12.010, de 3-8-2009.

§ 10. Recebido o relatório, o Ministério Público terá o prazo de 15 (quinze) dias para o ingresso com a ação de destituição do poder familiar, salvo se entender necessária a realização de estudos complementares ou de outras providências indispensáveis ao ajuizamento da demanda.

•• § 10 com redação determinada pela Lei n. 13.509, de 22-11-2017.

§ 11. A autoridade judiciária manterá, em cada comarca ou foro regional, um cadastro contendo informações atualizadas sobre as crianças e adolescentes em regime de acolhimento familiar e institucional sob sua responsabilidade, com informações pormenorizadas sobre a situação jurídica de cada um, bem como as providências tomadas para sua reintegração familiar ou colocação em família substituta, em qualquer das modalidades previstas no art. 28 desta Lei.

•• § 11 acrescentado pela Lei n. 12.010, de 3-8-2009.

•• *Vide* art. 258-A desta Lei.

§ 12. Terão acesso ao cadastro o Ministério Público, o Conselho Tutelar, o órgão gestor da Assistência Social e os Conselhos Municipais dos Direitos da Criança e do Adolescente e da Assistência Social, aos quais incumbe deliberar sobre a implementação de políticas públicas que permitam reduzir o número de crianças e adolescentes afastados do convívio familiar e abreviar o período de permanência em programa de acolhimento.

•• § 12 acrescentado pela Lei n. 12.010, de 3-8-2009.

Art. 102. As medidas de proteção de que trata este Capítulo serão acompanhadas da regularização do registro civil.

§ 1.º Verificada a inexistência de registro anterior, o assento de nascimento da criança ou adolescente será feito à vista dos elementos disponíveis, mediante requisição da autoridade judiciária.

§ 2.º Os registros e certidões necessárias à regularização de que trata este artigo são isentos de multas, custas e emolumentos, gozando de absoluta prioridade.

§ 3.º Caso ainda não definida a paternidade, será deflagrado procedimento específico destinado à sua averiguação, conforme previsto pela Lei n. 8.560, de 29 de dezembro de 1992.

•• § 3.º acrescentado pela Lei n. 12.010, de 3-8-2009.

• Citada Lei consta nesta obra.

§ 4.º Nas hipóteses previstas no § 3.º deste artigo, é dispensável o ajuizamento de ação de investigação de paternidade pelo Ministério Público se, após o não comparecimento ou a recusa do suposto pai em assumir a paternidade a ele atribuída, a criança for encaminhada para adoção.

•• § 4.º acrescentado pela Lei n. 12.010, de 3-8-2009.

§ 5.º Os registros e certidões necessários à inclusão, a qualquer tempo, do nome do pai no assento de nascimento são isentos de multas, custas e emolumentos, gozando de absoluta prioridade.

•• § 5.º acrescentado pela Lei n. 13.257, de 8-3-2016.

§ 6.º São gratuitas, a qualquer tempo, a averbação requerida do reconhecimento de paternidade no assento de nascimento e a certidão correspondente.

•• § 6.º acrescentado pela Lei n. 13.257, de 8-3-2016.

Título III
DA PRÁTICA DE ATO INFRACIONAL

Capítulo I
DISPOSIÇÕES GERAIS

Art. 103. Considera-se ato infracional a conduta descrita como crime ou contravenção penal.

Art. 104. São penalmente inimputáveis os menores de dezoito anos, sujeitos às medidas previstas nesta Lei.

Parágrafo único. Para os efeitos desta Lei, deve ser considerada a idade do adolescente à data do fato.

Art. 105. Ao ato infracional praticado por criança corresponderão as medidas previstas no art. 101.

Capítulo II
DOS DIREITOS INDIVIDUAIS

Art. 106. Nenhum adolescente será privado de sua liberdade senão em flagrante de ato infracional ou por ordem escrita e fundamentada da autoridade judiciária competente.

Parágrafo único. O adolescente tem direito à identificação dos responsáveis pela sua apreensão, devendo ser informado acerca de seus direitos.

Art. 107. A apreensão de qualquer adolescente e o local onde se encontra recolhido serão incontinenti comunicados à autoridade judiciária competente e à família do apreendido ou à pessoa por ele indicada.

Parágrafo único. Examinar-se-á desde logo e sob pena de responsabilidade, a possibilidade de liberação imediata.

Art. 108. A internação, antes da sentença, pode ser determinada pelo prazo máximo de quarenta e cinco dias.

Parágrafo único. A decisão deverá ser fundamentada e basear-se em indícios suficientes de autoria e materialidade, demonstrada a necessidade imperiosa da medida.

Art. 109. O adolescente civilmente identificado não será submetido a identificação compulsória pelos órgãos policiais, de proteção e judiciais, salvo para efeito de confrontação, havendo dúvida fundada.

Capítulo III
DAS GARANTIAS PROCESSUAIS

Art. 110. Nenhum adolescente será privado de sua liberdade sem o devido processo legal.

Art. 111. São asseguradas ao adolescente, entre outras, as seguintes garantias:

I – pleno e formal conhecimento da atribuição de ato infracional, mediante citação ou meio equivalente;

II – igualdade na relação processual, podendo confrontar-se com vítimas e testemunhas e produzir todas as provas necessárias à sua defesa;

III – defesa técnica por advogado;

IV – assistência judiciária gratuita e integral aos necessitados, na forma da lei;
V – direito de ser ouvido pessoalmente pela autoridade competente;
VI – direito de solicitar a presença de seus pais ou responsável em qualquer fase do procedimento.

Capítulo IV
DAS MEDIDAS SOCIOEDUCATIVAS

Seção I
Disposições Gerais

Art. 112. Verificada a prática de ato infracional, a autoridade competente poderá aplicar ao adolescente as seguintes medidas:
I – advertência;
II – obrigação de reparar o dano;
III – prestação de serviços à comunidade;
IV – liberdade assistida;
V – inserção em regime de semiliberdade;
VI – internação em estabelecimento educacional;
VII – qualquer uma das previstas no art. 101, I a VI.
§ 1.º A medida aplicada ao adolescente levará em conta a sua capacidade de cumpri-la, as circunstâncias e a gravidade da infração.
§ 2.º Em hipótese alguma e sob pretexto algum, será admitida a prestação de trabalho forçado.
§ 3.º Os adolescentes portadores de doença ou deficiência mental receberão tratamento individual e especializado, em local adequado às suas condições.
Art. 113. Aplica-se a este Capítulo o disposto nos arts. 99 e 100.
Art. 114. A imposição das medidas previstas nos incisos II a VI do art. 112 pressupõe a existência de provas suficientes da autoria e da materialidade da infração, ressalvada a hipótese de remissão, nos termos do art. 127.
Parágrafo único. A advertência poderá ser aplicada sempre que houver prova da materialidade e indícios suficientes da autoria.

Seção II
Da Advertência

Art. 115. A advertência consistirá em admoestação verbal, que será reduzida a termo e assinada.

Seção III
Da Obrigação de Reparar o Dano

Art. 116. Em se tratando de ato infracional com reflexos patrimoniais, a autoridade poderá determinar, se for o caso, que o adolescente restitua a coisa, promova o ressarcimento do dano, ou, por outra forma, compense o prejuízo da vítima.
Parágrafo único. Havendo manifesta impossibilidade, a medida poderá ser substituída por outra adequada.

Seção IV
Da Prestação de Serviços à Comunidade

Art. 117. A prestação de serviços comunitários consiste na realização de tarefas gratuitas de interesse geral, por período não excedente a seis meses, junto a entidades assistenciais, hospitais, escolas e outros estabelecimentos congêneres, bem como em programas comunitários ou governamentais.
Parágrafo único. As tarefas serão atribuídas conforme as aptidões do adolescente, devendo ser cumpridas durante jornada máxima de oito horas semanais, aos sábados, domingos e feriados ou em dias úteis, de modo a não prejudicar a frequência à escola ou à jornada normal de trabalho.

Seção V
Da Liberdade Assistida

Art. 118. A liberdade assistida será adotada sempre que se afigurar a medida mais adequada para o fim de acompanhar, auxiliar e orientar o adolescente.
§ 1.º A autoridade designará pessoa capacitada para acompanhar o caso, a qual poderá ser recomendada por entidade ou programa de atendimento.
§ 2.º A liberdade assistida será fixada pelo prazo mínimo de seis meses, podendo a qualquer tempo ser prorrogada, revogada ou substituída por outra medida, ouvido o orientador, o Ministério Público e o defensor.
Art. 119. Incumbe ao orientador, com o apoio e a supervisão da autoridade competente, a realização dos seguintes encargos, entre outros:
I – promover socialmente o adolescente e sua família, fornecendo-lhes orientação e inserindo-os, se necessário, em programa oficial ou comunitário de auxílio e assistência social;
II – supervisionar a frequência e o aproveitamento escolar do adolescente, promovendo, inclusive, sua matrícula;
III – diligenciar no sentido da profissionalização do adolescente e de sua inserção no mercado de trabalho;

IV – apresentar relatório do caso.

Seção VI
Do Regime de Semiliberdade

Art. 120. O regime de semiliberdade pode ser determinado desde o início, ou como forma de transição para o meio aberto, possibilitada a realização de atividades externas, independentemente de autorização judicial.

§ 1.º É obrigatória a escolarização e a profissionalização, devendo, sempre que possível, ser utilizados os recursos existentes na comunidade.

§ 2.º A medida não comporta prazo determinado, aplicando-se, no que couber, as disposições relativas à internação.

Seção VII
Da Internação

Art. 121. A internação constitui medida privativa da liberdade, sujeita aos princípios de brevidade, excepcionalidade e respeito à condição peculiar de pessoa em desenvolvimento.

§ 1.º Será permitida a realização de atividades externas, a critério da equipe técnica da entidade, salvo expressa determinação judicial em contrário.

§ 2.º A medida não comporta prazo determinado, devendo sua manutenção ser reavaliada, mediante decisão fundamentada, no máximo a cada seis meses.

§ 3.º Em nenhuma hipótese o período máximo de internação excederá a três anos.

§ 4.º Atingido o limite estabelecido no parágrafo anterior, o adolescente deverá ser liberado, colocado em regime de semiliberdade ou de liberdade assistida.

§ 5.º A liberação será compulsória aos vinte e um anos de idade.

§ 6.º Em qualquer hipótese a desinternação será precedida de autorização judicial, ouvido o Ministério Público.

§ 7.º A determinação judicial mencionada no § 1.º poderá ser revista a qualquer tempo pela autoridade judiciária.

•• § 7.º acrescentado pela Lei n. 12.594, de 18-1-2012.

Art. 122. A medida de internação só poderá ser aplicada quando:

I – tratar-se de ato infracional cometido mediante grave ameaça ou violência a pessoa;

II – por reiteração no cometimento de outras infrações graves;

III – por descumprimento reiterado e injustificável da medida anteriormente imposta.

§ 1.º O prazo de internação na hipótese do inciso III deste artigo não poderá ser superior a 3 (três) meses, devendo ser decretada judicialmente após o devido processo legal.

•• § 1.º com redação determinada pela Lei n. 12.594, de 18-1-2012.

§ 2.º Em nenhuma hipótese será aplicada a internação, havendo outra medida adequada.

Art. 123. A internação deverá ser cumprida em entidade exclusiva para adolescentes, em local distinto daquele destinado ao abrigo, obedecida rigorosa separação por critérios de idade, compleição física e gravidade da infração.

Parágrafo único. Durante o período de internação, inclusive provisória, serão obrigatórias atividades pedagógicas.

Art. 124. São direitos do adolescente privado de liberdade, entre outros, os seguintes:

•• A Resolução n. 252, de 16-10-2024, do CONANDA, dispõe sobre as diretrizes nacionais para a segurança e proteção integral de adolescentes e jovens em restrição e privação de liberdade no Sistema Nacional de Atendimento Socioeducativo.

I – entrevistar-se pessoalmente com o representante do Ministério Público;

II – peticionar diretamente a qualquer autoridade;

III – avistar-se reservadamente com seu defensor;

IV – ser informado de sua situação processual, sempre que solicitada;

V – ser tratado com respeito e dignidade;

VI – permanecer internado na mesma localidade ou naquela mais próxima ao domicílio de seus pais ou responsável;

VII – receber visitas, ao menos semanalmente;

VIII – corresponder-se com seus familiares e amigos;

IX – ter acesso aos objetos necessários à higiene e asseio pessoal;

X – habitar alojamento em condições adequadas de higiene e salubridade;

XI – receber escolarização e profissionalização;

XII – realizar atividades culturais, esportivas e de lazer;

XIII – ter acesso aos meios de comunicação social;

XIV – receber assistência religiosa, segundo a sua crença, e desde que assim o deseje;

XV – manter a posse de seus objetos pessoais e dispor de local seguro para guardá-los, recebendo comprovante daqueles porventura depositados em poder da entidade;
XVI – receber, quando de sua desinternação, os documentos pessoais indispensáveis à vida em sociedade.
§ 1.º Em nenhum caso haverá incomunicabilidade.
§ 2.º A autoridade judiciária poderá suspender temporariamente a visita, inclusive de pais ou responsável, se existirem motivos sérios e fundados de sua prejudicialidade aos interesses do adolescente.
Art. 125. É dever do Estado zelar pela integridade física e mental dos internos, cabendo-lhe adotar as medidas adequadas de contenção e segurança.

Capítulo V
DA REMISSÃO

Art. 126. Antes de iniciado o procedimento judicial para apuração de ato infracional, o representante do Ministério Público poderá conceder a remissão, como forma de exclusão do processo, atendendo às circunstâncias e consequências do fato, ao contexto social, bem como à personalidade do adolescente e sua maior ou menor participação no ato infracional.
Parágrafo único. Iniciado o procedimento, a concessão da remissão pela autoridade judiciária importará na suspensão ou extinção do processo.
Art. 127. A remissão não implica necessariamente o reconhecimento ou comprovação da responsabilidade, nem prevalece para efeito de antecedentes, podendo incluir eventualmente a aplicação de qualquer das medidas previstas em lei, exceto a colocação em regime de semiliberdade e a internação.
Art. 128. A medida aplicada por força da remissão poderá ser revista judicialmente, a qualquer tempo, mediante pedido expresso do adolescente ou de seu representante legal, ou do Ministério Público.

TÍTULO IV
DAS MEDIDAS PERTINENTES AOS PAIS OU RESPONSÁVEL

Art. 129. São medidas aplicáveis aos pais ou responsável:
I – encaminhamento a serviços e programas oficiais ou comunitários de proteção, apoio e promoção da família;
•• Inciso I com redação determinada pela Lei n. 13.257, de 8-3-2016.

II – inclusão em programa oficial ou comunitário de auxílio, orientação e tratamento a alcoólatras e toxicômanos;
III – encaminhamento a tratamento psicológico ou psiquiátrico;
IV – encaminhamento a cursos ou programas de orientação;
V – obrigação de matricular o filho ou pupilo e acompanhar sua frequência e aproveitamento escolar;
VI – obrigação de encaminhar a criança ou adolescente a tratamento especializado;
VII – advertência;
VIII – perda da guarda;
IX – destituição da tutela;
X – suspensão ou destituição do poder familiar.
Parágrafo único. Na aplicação das medidas previstas nos incisos IX e X deste artigo, observar-se-á o disposto nos arts. 23 e 24.
Art. 130. Verificada a hipótese de maus-tratos, opressão ou abuso sexual impostos pelos pais ou responsável, a autoridade judiciária poderá determinar, como medida cautelar, o afastamento do agressor da moradia comum.
Parágrafo único. Da medida cautelar constará, ainda, a fixação provisória dos alimentos de que necessitem a criança ou o adolescente dependentes do agressor.
•• Parágrafo único acrescentado pela Lei n. 12.415, de 9-6-2011.

TÍTULO V
DO CONSELHO TUTELAR

Capítulo I
DISPOSIÇÕES GERAIS

Art. 131. O Conselho Tutelar é órgão permanente e autônomo, não jurisdicional, encarregado pela sociedade de zelar pelo cumprimento dos direitos da criança e do adolescente, definidos nesta Lei.
Art. 132. Em cada Município e em cada Região Administrativa do Distrito Federal haverá, no mínimo, 1 (um) Conselho Tutelar como órgão integrante da administração pública local, composto de 5 (cinco) membros, escolhidos pela população local para mandato de 4 (quatro) anos, permitida recondução por novos processos de escolha.
•• Artigo com redação determinada pela Lei n. 13.824, de 9-5-2019.

Art. 133. Para a candidatura a membro do Conselho Tutelar, serão exigidos os seguintes requisitos:
I – reconhecida idoneidade moral;
II – idade superior a vinte e um anos;
III – residir no município.

Art. 134. Lei municipal ou distrital disporá sobre o local, dia e horário de funcionamento do Conselho Tutelar, inclusive quanto à remuneração dos respectivos membros, aos quais é assegurado o direito a:

•• *Caput* com redação determinada pela Lei n. 12.696, de 25-7-2012.

I – cobertura previdenciária;

•• Inciso I acrescentado pela Lei n. 12.696, de 25-7-2012.

II – gozo de férias anuais remuneradas, acrescidas de 1/3 (um terço) do valor da remuneração mensal;

•• Inciso II acrescentado pela Lei n. 12.696, de 25-7-2012.

III – licença-maternidade;

•• Inciso III acrescentado pela Lei n. 12.696, de 25-7-2012.

IV – licença-paternidade;

•• Inciso IV acrescentado pela Lei n. 12.696, de 25-7-2012.

V – gratificação natalina.

•• Inciso V acrescentado pela Lei n. 12.696, de 25-7-2012.

Parágrafo único. Constará da lei orçamentária municipal e da do Distrito Federal previsão dos recursos necessários ao funcionamento do Conselho Tutelar e à remuneração e formação continuada dos conselheiros tutelares.

•• Parágrafo único com redação determinada pela Lei n. 12.696, de 25-7-2012.

Art. 135. O exercício efetivo da função de conselheiro constituirá serviço público relevante e estabelecerá presunção de idoneidade moral.

•• Artigo com redação determinada pela Lei n. 12.696, de 25-7-2012.

Capítulo II
DAS ATRIBUIÇÕES DO CONSELHO

Art. 136. São atribuições do Conselho Tutelar:
I – atender as crianças e adolescentes nas hipóteses previstas nos arts. 98 e 105, aplicando as medidas previstas no art. 101, I a VII;
II – atender e aconselhar os pais ou responsável, aplicando as medidas previstas no art. 129, I a VII;
III – promover a execução de suas decisões, podendo para tanto:

a) requisitar serviços públicos nas áreas de saúde, educação, serviço social, previdência, trabalho e segurança;
b) representar junto à autoridade judiciária nos casos de descumprimento injustificado de suas deliberações;
IV – encaminhar ao Ministério Público notícia de fato que constitua infração administrativa ou penal contra os direitos da criança ou adolescente;
V – encaminhar à autoridade judiciária os casos de sua competência;
VI – providenciar a medida estabelecida pela autoridade judiciária, dentre as previstas no art. 101, de I a VI, para o adolescente autor de ato infracional;
VII – expedir notificações;
VIII – requisitar certidões de nascimento e de óbito de criança ou adolescente quando necessário;
IX – assessorar o Poder Executivo local na elaboração da proposta orçamentária para planos e programas de atendimento dos direitos da criança e do adolescente;
X – representar, em nome da pessoa e da família, contra a violação dos direitos previstos no art. 220, § 3.º, inciso II da Constituição Federal;
XI – representar ao Ministério Público para efeito das ações de perda ou suspensão do poder familiar, após esgotadas as possibilidades de manutenção da criança ou do adolescente junto à família natural;

•• Inciso XI com redação determinada pela Lei n. 12.010, de 3-8-2009.

XII – promover e incentivar, na comunidade e nos grupos profissionais, ações de divulgação e treinamento para o reconhecimento de sintomas de maus-tratos em crianças e adolescentes.

•• Inciso XII acrescentado pela Lei n. 13.046, de 1.º-12-2014.

XIII – adotar, na esfera de sua competência, ações articuladas e efetivas direcionadas à identificação da agressão, à agilidade no atendimento da criança e do adolescente vítima de violência doméstica e familiar e à responsabilização do agressor;

•• Inciso XIII acrescentado pela Lei n. 14.344, de 24-5-2022.

XIV – atender à criança e ao adolescente vítima ou testemunha de violência doméstica e familiar, ou submetido a tratamento cruel ou degradante ou a formas violentas de educação, correção ou disciplina, a seus familiares e a testemunhas, de forma a prover orientação e aconselhamento acerca de seus direitos e dos encaminhamentos necessários;

•• Inciso XIV acrescentado pela Lei n. 14.344, de 24-5-2022.

XV – representar à autoridade judicial ou policial para requerer o afastamento do agressor do lar, do domicílio ou do local de convivência com a vítima nos casos de violência doméstica e familiar contra a criança e o adolescente;

•• Inciso XV acrescentado pela Lei n. 14.344, de 24-5-2022.

XVI – representar à autoridade judicial para requerer a concessão de medida protetiva de urgência à criança ou ao adolescente vítima ou testemunha de violência doméstica e familiar, bem como a revisão daquelas já concedidas;

•• Inciso XVI acrescentado pela Lei n. 14.344, de 24-5-2022.

XVII – representar ao Ministério Público para requerer a propositura de ação cautelar de antecipação de produção de prova nas causas que envolvam violência contra a criança e o adolescente;

•• Inciso XVII acrescentado pela Lei n. 14.344, de 24-5-2022.

XVIII – tomar as providências cabíveis, na esfera de sua competência, ao receber comunicação da ocorrência de ação ou omissão, praticada em local público ou privado, que constitua violência doméstica e familiar contra a criança e o adolescente;

•• Inciso XVIII acrescentado pela Lei n. 14.344, de 24-5-2022.

XIX – receber e encaminhar, quando for o caso, as informações reveladas por noticiantes ou denunciantes relativas à prática de violência, ao uso de tratamento cruel ou degradante ou de formas violentas de educação, correção ou disciplina contra a criança e o adolescente;

•• Inciso XIX acrescentado pela Lei n. 14.344, de 24-5-2022.

XX – representar à autoridade judicial ou ao Ministério Público para requerer a concessão de medidas cautelares direta ou indiretamente relacionada à eficácia da proteção do noticiante ou denunciante de informações de crimes que envolvam violência doméstica e familiar contra a criança e o adolescente.

•• Inciso XX acrescentado pela Lei n. 14.344, de 24-5-2022.

Parágrafo único. Se, no exercício de suas atribuições, o Conselho Tutelar entender necessário o afastamento do convívio familiar, comunicará incontinenti o fato ao Ministério Público, prestando-lhe informações sobre os motivos de tal entendimento e as providências tomadas para a orientação, o apoio e a promoção social da família.

•• Parágrafo único acrescentado pela Lei n. 12.010, de 3-8-2009.

Art. 137. As decisões do Conselho Tutelar somente poderão ser revistas pela autoridade judiciária a pedido de quem tenha legítimo interesse.

Capítulo III
DA COMPETÊNCIA

Art. 138. Aplica-se ao Conselho Tutelar a regra de competência constante do art. 147.

Capítulo IV
DA ESCOLHA DOS CONSELHEIROS

Art. 139. O processo para a escolha dos membros do Conselho Tutelar será estabelecido em lei municipal e realizado sob a responsabilidade do Conselho Municipal dos Direitos da Criança e do Adolescente, e a fiscalização do Ministério Público.

•• Artigo com redação determinada pela Lei n. 8.242, de 12-10-1991.

§ 1.º O processo de escolha dos membros do Conselho Tutelar ocorrerá em data unificada em todo o território nacional a cada 4 (quatro) anos, no primeiro domingo do mês de outubro do ano subsequente ao da eleição presidencial.

•• § 1.º acrescentado pela Lei n. 12.696, de 25-7-2012.

§ 2.º A posse dos conselheiros tutelares ocorrerá no dia 10 de janeiro do ano subsequente ao processo de escolha.

•• § 2.º acrescentado pela Lei n. 12.696, de 25-7-2012.

§ 3.º No processo de escolha dos membros do Conselho Tutelar, é vedado ao candidato doar, oferecer, prometer ou entregar ao eleitor bem ou vantagem pessoal de qualquer natureza, inclusive brindes de pequeno valor.

•• § 3.º acrescentado pela Lei n. 12.696, de 25-7-2012.

Capítulo V
DOS IMPEDIMENTOS

Art. 140. São impedidos de servir no mesmo Conselho marido e mulher, ascendentes e descendentes, sogro e genro ou nora, irmãos, cunhados, durante o cunhadio, tio e sobrinho, padrasto ou madrasta e enteado.

Parágrafo único. Estende-se o impedimento do conselheiro, na forma deste artigo, em relação à autoridade judiciária e ao representante do Ministério Público com atuação na Justiça da Infância e da Juventude, em exercício na Comarca, Foro Regional ou Distrital.

Lei n. 8.069, de 13-7-1990 — **Estatuto da Criança e do Adolescente**

TÍTULO VI
DO ACESSO À JUSTIÇA

Capítulo I
DISPOSIÇÕES GERAIS

Art. 141. É garantido o acesso de toda criança ou adolescente à Defensoria Pública, ao Ministério Público e ao Poder Judiciário, por qualquer de seus órgãos.

§ 1.º A assistência judiciária gratuita será prestada aos que dela necessitarem, através de defensor público ou advogado nomeado.

§ 2.º As ações judiciais da competência da Justiça da Infância e da Juventude são isentas de custas e emolumentos, ressalvada a hipótese de litigância de má-fé.

Art. 142. Os menores de dezesseis anos serão representados e os maiores de dezesseis e menores de vinte e um anos assistidos por seus pais, tutores ou curadores, na forma da legislação civil ou processual.

•• Vide art. 5.º do CC.

Parágrafo único. A autoridade judiciária dará curador especial à criança ou adolescente, sempre que os interesses destes colidirem com os de seus pais ou responsável, ou quando carecer de representação ou assistência legal ainda que eventual.

Art. 143. É vedada a divulgação de atos judiciais, policiais e administrativos que digam respeito a crianças e adolescentes a que se atribua autoria de ato infracional.

Parágrafo único. Qualquer notícia a respeito do fato não poderá identificar a criança ou adolescente, vedando-se fotografia, referência a nome, apelido, filiação, parentesco, residência e, inclusive, iniciais do nome e sobrenome.

•• Parágrafo único com redação determinada pela Lei n. 10.764, de 12-11-2003.

Art. 144. A expedição de cópia ou certidão de atos a que se refere o artigo anterior somente será deferida pela autoridade judiciária competente, se demonstrado o interesse e justificada a finalidade.

Capítulo II
DA JUSTIÇA DA INFÂNCIA E DA JUVENTUDE

Seção I
Disposições Gerais

Art. 145. Os Estados e o Distrito Federal poderão criar varas especializadas e exclusivas da infância e da juventude, cabendo ao Poder Judiciário estabelecer sua proporcionalidade por número de habitantes, dotá-las de infraestrutura e dispor sobre o atendimento, inclusive em plantões.

Seção II
Do Juiz

Art. 146. A autoridade a que se refere esta Lei é o Juiz da Infância e da Juventude, ou o Juiz que exerce essa função, na forma da Lei de Organização Judiciária local.

Art. 147. A competência será determinada:

I – pelo domicílio dos pais ou responsável;

II – pelo lugar onde se encontre a criança ou adolescente, à falta dos pais ou responsável.

§ 1.º Nos casos de ato infracional, será competente a autoridade do lugar da ação ou omissão, observadas as regras de conexão, continência e prevenção.

§ 2.º A execução das medidas poderá ser delegada à autoridade competente da residência dos pais ou responsável, ou do local onde sediar-se a entidade que abrigar a criança ou adolescente.

§ 3.º Em caso de infração cometida através de transmissão simultânea de rádio ou televisão, que atinja mais de uma comarca, será competente, para aplicação da penalidade, a autoridade judiciária do local da sede estadual da emissora ou rede, tendo a sentença eficácia para todas as transmissoras ou retransmissoras do respectivo Estado.

Art. 148. A Justiça da Infância e da Juventude é competente para:

I – conhecer de representações promovidas pelo Ministério Público, para apuração de ato infracional atribuído a adolescente, aplicando as medidas cabíveis;

II – conceder a remissão, como forma de suspensão ou extinção do processo;

III – conhecer de pedidos de adoção e seus incidentes;

IV – conhecer de ações civis fundadas em interesses individuais, difusos ou coletivos afetos à criança e ao adolescente, observado o disposto no art. 209;

V – conhecer de ações decorrentes de irregularidades em entidades de atendimento, aplicando as medidas cabíveis;

VI – aplicar penalidades administrativas nos casos de infrações contra norma de proteção à criança ou adolescentes;

VII – conhecer de casos encaminhados pelo Conselho Tutelar, aplicando as medidas cabíveis.

Parágrafo único. Quando se tratar de criança ou adolescente nas hipóteses do art. 98, é também competente a Justiça da Infância e da Juventude para o fim de:

a) conhecer de pedidos de guarda e tutela;

b) conhecer de ações de destituição do poder familiar, perda ou modificação da tutela ou guarda;

c) suprir a capacidade ou o consentimento para o casamento;

d) conhecer de pedidos baseados em discordância paterna ou materna, em relação ao exercício do poder familiar;

e) conceder a emancipação, nos termos da lei civil, quando faltarem os pais;

f) designar curador especial em casos de apresentação de queixa ou representação, ou de outros procedimentos judiciais ou extrajudiciais em que haja interesses de criança ou adolescente;

g) conhecer de ações de alimentos;

h) determinar o cancelamento, a retificação e o suprimento dos registros de nascimento e óbito.

Art. 149. Compete à autoridade judiciária disciplinar, através de portaria, ou autorizar, mediante alvará:

I – a entrada e permanência de criança ou adolescente, desacompanhado dos pais ou responsável, em:

a) estádio, ginásio e campo desportivo;

b) bailes ou promoções dançantes;

c) boate ou congêneres;

d) casa que explore comercialmente diversões eletrônicas;

e) estúdios cinematográficos, de teatro, rádio e televisão;

II – a participação de criança e adolescente em:

a) espetáculos públicos e seus ensaios;

b) certames de beleza.

§ 1.º Para os fins do disposto neste artigo, a autoridade judiciária levará em conta, dentre outros fatores:

a) os princípios desta Lei;

b) as peculiaridades locais;

c) a existência de instalações adequadas;

d) o tipo de frequência habitual ao local;

e) a adequação do ambiente a eventual participação ou frequência de crianças e adolescentes;

f) a natureza do espetáculo.

§ 2.º As medidas adotadas na conformidade deste artigo deverão ser fundamentadas, caso a caso, vedadas as determinações de caráter geral.

Seção III
Dos Serviços Auxiliares

Art. 150. Cabe ao Poder Judiciário, na elaboração de sua proposta orçamentária, prever recursos para manutenção de equipe interprofissional, destinada a assessorar a Justiça da Infância e da Juventude.

Art. 151. Compete à equipe interprofissional, dentre outras atribuições que lhe forem reservadas pela legislação local, fornecer subsídios por escrito, mediante laudos, ou verbalmente, na audiência, e bem assim desenvolver trabalhos de aconselhamento, orientação, encaminhamento, prevenção e outros, tudo sob a imediata subordinação à autoridade judiciária, assegurada a livre manifestação do ponto de vista técnico.

Parágrafo único. Na ausência ou insuficiência de servidores públicos integrantes do Poder Judiciário responsáveis pela realização dos estudos psicossociais ou de quaisquer outras espécies de avaliações técnicas exigidas por esta Lei ou por determinação judicial, a autoridade judiciária poderá proceder à nomeação de perito, nos termos do art. 156 da Lei n. 13.105, de 16 de março de 2015 (Código de Processo Civil).

•• Parágrafo único acrescentado pela Lei n. 13.509, de 22-11-2017.

Capítulo III
DOS PROCEDIMENTOS

Seção I
Disposições Gerais

Art. 152. Aos procedimentos regulados nesta Lei aplicam-se subsidiariamente as normas gerais previstas na legislação processual pertinente.

§ 1.º É assegurada, sob pena de responsabilidade, prioridade absoluta na tramitação dos processos e procedimentos previstos nesta Lei, assim como na execução dos atos e diligências judiciais a eles referentes.

•• Parágrafo único renumerado pela Lei n. 13.509, de 22-11-2017.

§ 2.º Os prazos estabelecidos nesta Lei e aplicáveis aos seus procedimentos são contados em dias corridos, excluído o dia do começo e incluído o dia do vencimento, vedado o prazo em dobro para a Fazenda Pública e o Ministério Público.

Lei n. 8.069, de 13-7-1990   Estatuto da Criança e do Adolescente

•• § 2.º acrescentado pela Lei n. 13.509, de 22-11-2017.

Art. 153. Se a medida judicial a ser adotada não corresponder a procedimento previsto nesta ou em outra lei, a autoridade judiciária poderá investigar os fatos e ordenar de ofício as providências necessárias, ouvido o Ministério Público.

Parágrafo único. O disposto neste artigo não se aplica para o fim de afastamento da criança ou do adolescente de sua família de origem e em outros procedimentos necessariamente contenciosos.

•• Parágrafo único acrescentado pela Lei n. 12.010, de 3-8-2009.

Art. 154. Aplica-se às multas o disposto no art. 214.

Seção II
Da Perda e da Suspensão do Poder Familiar

Art. 155. O procedimento para a perda ou a suspensão do poder familiar terá início por provocação do Ministério Público ou de quem tenha legítimo interesse.

Art. 156. A petição inicial indicará:

I – a autoridade judiciária a que for dirigida;

II – o nome, o estado civil, a profissão e a residência do requerente e do requerido, dispensada a qualificação em se tratando de pedido formulado por representante do Ministério Público;

III – a exposição sumária do fato e o pedido;

IV – as provas que serão produzidas, oferecendo, desde logo, o rol de testemunhas e documentos.

Art. 157. Havendo motivo grave, poderá a autoridade judiciária, ouvido o Ministério Público, decretar a suspensão do poder familiar, liminar ou incidentalmente, até o julgamento definitivo da causa, ficando a criança ou adolescente confiado a pessoa idônea, mediante termo de responsabilidade.

§ 1.º Recebida a petição inicial, a autoridade judiciária determinará, concomitantemente ao despacho de citação e independentemente de requerimento do interessado, a realização de estudo social ou perícia por equipe interprofissional ou multidisciplinar para comprovar a presença de uma das causas de suspensão ou destituição do poder familiar, ressalvado o disposto no § 10 do art. 101 desta Lei, e observada a Lei n. 13.431, de 4 de abril de 2017.

•• § 1.º acrescentado pela Lei n. 13.509, de 22-11-2017.

§ 2.º Em sendo os pais oriundos de comunidades indígenas, é ainda obrigatória a intervenção, junto à equipe interprofissional ou multidisciplinar referida no § 1.º deste artigo, de representantes do órgão federal responsável pela política indigenista, observado o disposto no § 6.º do art. 28 desta Lei.

•• § 2.º acrescentado pela Lei n. 13.509, de 22-11-2017.

§ 3.º A concessão da liminar será, preferencialmente, precedida de entrevista da criança ou do adolescente perante equipe multidisciplinar e de oitiva da outra parte, nos termos da Lei n. 13.431, de 4 de abril de 2017.

•• § 3.º acrescentado pela Lei n. 14.340, de 18-5-2022.

§ 4.º Se houver indícios de ato de violação de direitos de criança ou de adolescente, o juiz comunicará o fato ao Ministério Público e encaminhará os documentos pertinentes.

•• § 4.º acrescentado pela Lei n. 14.340, de 18-5-2022.

Art. 158. O requerido será citado para, no prazo de dez dias, oferecer resposta escrita, indicando as provas a serem produzidas e oferecendo desde logo o rol de testemunhas e documentos.

§ 1.º A citação será pessoal, salvo se esgotados todos os meios para sua realização.

•• § 1.º acrescentado pela Lei n. 12.962, de 8-4-2014.

§ 2.º O requerido privado de liberdade deverá ser citado pessoalmente.

•• § 2.º acrescentado pela Lei n. 12.962, de 8-4-2014.

§ 3.º Quando, por 2 (duas) vezes, o oficial de justiça houver procurado o citando em seu domicílio ou residência sem o encontrar, deverá, havendo suspeita de ocultação, informar qualquer pessoa da família ou, em sua falta, qualquer vizinho do dia útil em que voltará a fim de efetuar a citação, na hora que designar, nos termos do art. 252 e s. da Lei n. 13.105, de 16 de março de 2015 (Código de Processo Civil).

•• § 3.º acrescentado pela Lei n. 13.509, de 22-11-2017.

§ 4.º Na hipótese de os genitores encontrarem-se em local incerto ou não sabido, serão citados por edital no prazo de 10 (dez) dias, em publicação única, dispensado o envio de ofícios para a localização.

•• § 4.º acrescentado pela Lei n. 13.509, de 22-11-2017.

Art. 159. Se o requerido não tiver possibilidade de constituir advogado, sem prejuízo do próprio sustento e de sua família, poderá requerer, em cartório, que lhe seja nomeado dativo, ao qual incumbirá a apresentação de resposta, contando-se o prazo a partir da intimação do despacho de nomeação.

Parágrafo único. Na hipótese de requerido privado de liberdade, o oficial de justiça deverá perguntar, no momento da citação pessoal, se deseja que lhe seja nomeado defensor.

•• Parágrafo único acrescentado pela Lei n. 12.962, de 8-4-2014.

Art. 160. Sendo necessário, a autoridade judiciária requisitará de qualquer repartição ou órgão público a apresentação de documento que interesse à causa, de ofício ou a requerimento das partes ou do Ministério Público.

Art. 161. Se não for contestado o pedido e tiver sido concluído o estudo social ou a perícia realizada por equipe interprofissional ou multidisciplinar, a autoridade judiciária dará vista dos autos ao Ministério Público, por 5 (cinco) dias, salvo quando este for o requerente, e decidirá em igual prazo.

•• *Caput* com redação determinada pela Lei n. 13.509, de 22-11-2017.

§ 1.º A autoridade judiciária, de ofício ou a requerimento das partes ou do Ministério Público, determinará a oitiva de testemunhas que comprovem a presença de uma das causas de suspensão ou destituição do poder familiar previstas nos arts. 1.637 e 1.638 da Lei n. 10.406, de 10 de janeiro de 2002 (Código Civil), ou no art. 24 desta Lei.

•• § 1.º com redação determinada pela Lei n. 13.509, de 22-11-2017.

§ 2.º (*Revogado pela Lei n. 13.509, de 22-11-2017.*)

§ 3.º Se o pedido importar em modificação de guarda, será obrigatória, desde que possível e razoável, a oitiva da criança ou adolescente, respeitado seu estágio de desenvolvimento e grau de compreensão sobre as implicações da medida.

•• § 3.º acrescentado pela Lei n. 12.010, de 3-8-2009.

§ 4.º É obrigatória a oitiva dos pais sempre que eles forem identificados e estiverem em local conhecido, ressalvados os casos de não comparecimento perante a Justiça quando devidamente citados.

•• § 4.º com redação determinada pela Lei n. 13.509, de 22-11-2017.

§ 5.º Se o pai ou a mãe estiverem privados de liberdade, a autoridade judicial requisitará sua apresentação para a oitiva.

•• § 5.º acrescentado pela Lei n. 12.962, de 8-4-2014.

Art. 162. Apresentada a resposta, a autoridade judiciária dará vista dos autos ao Ministério Público, por cinco dias, salvo quando este for o requerente, designando, desde logo, audiência de instrução e julgamento.

§ 1.º (*Revogado pela Lei n. 13.509, de 22-11-2017.*)

§ 2.º Na audiência, presentes as partes e o Ministério Público, serão ouvidas as testemunhas, colhendo-se oralmente o parecer técnico, salvo quando apresentado por escrito, manifestando-se sucessivamente o requerente, o requerido e o Ministério Público, pelo tempo de 20 (vinte) minutos cada um, prorrogável por mais 10 (dez) minutos.

•• § 2.º com redação determinada pela Lei n. 13.509, de 22-11-2017.

§ 3.º A decisão será proferida na audiência, podendo a autoridade judiciária, excepcionalmente, designar data para sua leitura no prazo máximo de 5 (cinco) dias.

•• § 3.º acrescentado pela Lei n. 13.509, de 22-11-2017.

§ 4.º Quando o procedimento de destituição de poder familiar for iniciado pelo Ministério Público, não haverá necessidade de nomeação de curador especial em favor da criança ou adolescente.

•• § 4.º acrescentado pela Lei n. 13.509, de 22-11-2017.

Art. 163. O prazo máximo para conclusão do procedimento será de 120 (cento e vinte) dias, e caberá ao juiz, no caso de notória inviabilidade de manutenção do poder familiar, dirigir esforços para preparar a criança ou o adolescente com vistas à colocação em família substituta.

•• *Caput* com redação determinada pela Lei n. 13.509, de 22-11-2017.

Parágrafo único. A sentença que decretar a perda ou a suspensão do poder familiar será averbada à margem do registro de nascimento da criança ou do adolescente.

•• Parágrafo único acrescentado pela Lei n. 12.010, de 3-8-2009.

Seção III
Da Destituição da Tutela

Art. 164. Na destituição da tutela, observar-se-á o procedimento para a remoção de tutor previsto na lei processual civil e, no que couber, o disposto na seção anterior.

Seção IV
Da Colocação em Família Substituta

Art. 165. São requisitos para a concessão de pedidos de colocação em família substituta:

I – qualificação completa do requerente e de seu eventual cônjuge, ou companheiro, com expressa anuência deste;

II – indicação de eventual parentesco do requerente e de seu cônjuge, ou companheiro, com a criança ou adolescente, especificando se tem ou não parente vivo;
III – qualificação completa da criança ou adolescente e de seus pais, se conhecidos;
IV – indicação do cartório onde foi inscrito nascimento, anexando, se possível, uma cópia da respectiva certidão;
V – declaração sobre a existência de bens, direitos ou rendimentos relativos à criança ou ao adolescente.
Parágrafo único. Em se tratando de adoção, observar-se-ão também os requisitos específicos.
Art. 166. Se os pais forem falecidos, tiverem sido destituídos ou suspensos do poder familiar, ou houverem aderido expressamente ao pedido de colocação em família substituta, este poderá ser formulado diretamente em cartório, em petição assinada pelos próprios requerentes, dispensada a assistência de advogado.

•• *Caput* com redação determinada pela Lei n. 12.010, de 3-8-2009.

§ 1.º Na hipótese de concordância dos pais, o juiz:

•• § 1.º com redação determinada pela Lei n. 13.509, de 22-11-2017.

I – na presença do Ministério Público, ouvirá as partes, devidamente assistidas por advogado ou por defensor público, para verificar sua concordância com a adoção, no prazo máximo de 10 (dez) dias, contado da data do protocolo da petição ou da entrega da criança em juízo, tomando por termo as declarações; e

•• Inciso I acrescentado pela Lei n. 13.509, de 22-11-2017.

II – declarará a extinção do poder familiar.

•• Inciso II acrescentado pela Lei n. 13.509, de 22-11-2017.

§ 2.º O consentimento dos titulares do poder familiar será precedido de orientações e esclarecimentos prestados pela equipe interprofissional da Justiça da Infância e da Juventude, em especial, no caso de adoção, sobre a irrevogabilidade da medida.

•• § 2.º acrescentado pela Lei n. 12.010, de 3-8-2009.

§ 3.º São garantidos a livre manifestação de vontade dos detentores do poder familiar e o direito ao sigilo das informações.

•• § 3.º com redação determinada pela Lei n. 13.509, de 22-11-2017.

§ 4.º O consentimento prestado por escrito não terá validade se não for ratificado na audiência a que se refere o § 1.º deste artigo.

•• § 4.º com redação determinada pela Lei n. 13.509, de 22-11-2017.

§ 5.º O consentimento é retratável até a data da realização da audiência especificada no § 1.º deste artigo, e os pais podem exercer o arrependimento no prazo de 10 (dez) dias, contado da data de prolação da sentença de extinção do poder familiar.

•• § 5.º com redação determinada pela Lei n. 13.509, de 22-11-2017.

§ 6.º O consentimento somente terá valor se for dado após o nascimento da criança.

•• § 6.º acrescentado pela Lei n. 12.010, de 3-8-2009.

§ 7.º A família natural e a família substituta receberão a devida orientação por intermédio de equipe técnica interprofissional a serviço da Justiça da Infância e da Juventude, preferencialmente com apoio dos técnicos responsáveis pela execução da política municipal de garantia do direito à convivência familiar.

•• § 7.º com redação determinada pela Lei n. 13.509, de 22-11-2017.

Art. 167. A autoridade judiciária, de ofício ou a requerimento das partes ou do Ministério Público, determinará a realização de estudo social ou, se possível, perícia por equipe interprofissional, decidindo sobre a concessão de guarda provisória, bem como, no caso de adoção, sobre o estágio de convivência.

Parágrafo único. Deferida a concessão da guarda provisória ou do estágio de convivência, a criança ou o adolescente será entregue ao interessado, mediante termo de responsabilidade.

•• Parágrafo único acrescentado pela Lei n. 12.010, de 3-8-2009.

Art. 168. Apresentado o relatório social ou o laudo pericial, e ouvida, sempre que possível, a criança ou o adolescente, dar-se-á vista dos autos ao Ministério Público, pelo prazo de cinco dias, decidindo a autoridade judiciária em igual prazo.

Art. 169. Nas hipóteses em que a destituição da tutela, a perda ou a suspensão do poder familiar constituir pressuposto lógico da medida principal de colocação em família substituta, será observado o procedimento contraditório previsto nas seções II e III deste Capítulo.

Parágrafo único. A perda ou a modificação da guarda poderá ser decretada nos mesmos autos do procedimento, observado o disposto no art. 35.

Art. 170. Concedida a guarda ou a tutela, observar-se-á o disposto no art. 32, e, quanto à adoção, o contido no art. 47.

Parágrafo único. A colocação de criança ou adolescente sob a guarda de pessoa inscrita em programa de acolhimento familiar será comunicada pela autoridade judiciária à entidade por este responsável no prazo máximo de 5 (cinco) dias.

•• Parágrafo único acrescentado pela Lei n. 12.010, de 3-8-2009.

Seção V
Da Apuração de Ato Infracional Atribuído a Adolescente

Art. 171. O adolescente apreendido por força de ordem judicial será, desde logo, encaminhado à autoridade judiciária.

Art. 172. O adolescente apreendido em flagrante de ato infracional será, desde logo, encaminhado à autoridade policial competente.

Parágrafo único. Havendo repartição policial especializada para atendimento de adolescente e em se tratando de ato infracional praticado em coautoria com maior, prevalecerá a atribuição da repartição especializada, que, após as providências necessárias e conforme o caso, encaminhará o adulto à repartição policial própria.

Art. 173. Em caso de flagrante de ato infracional cometido mediante violência ou grave ameaça a pessoa, a autoridade policial, sem prejuízo do disposto nos arts. 106, parágrafo único, e 107, deverá:

I – lavrar auto de apreensão, ouvidos as testemunhas e o adolescente;

II – apreender o produto e os instrumentos da infração;

III – requisitar os exames ou perícias necessários à comprovação da materialidade e autoria da infração.

Parágrafo único. Nas demais hipóteses de flagrante, a lavratura do auto poderá ser substituída por boletim de ocorrência circunstanciada.

Art. 174. Comparecendo qualquer dos pais ou responsável, o adolescente será prontamente liberado pela autoridade policial, sob termo de compromisso e responsabilidade de sua apresentação ao representante do Ministério Público, no mesmo dia ou, sendo impossível, no primeiro dia útil imediato, exceto quando, pela gravidade do ato infracional e sua repercussão social, deva o adolescente permanecer sob internação para garantia de sua segurança pessoal ou manutenção da ordem pública.

Art. 175. Em caso de não liberação, a autoridade policial encaminhará, desde logo, o adolescente ao representante do Ministério Público, juntamente com cópia do auto de apreensão ou boletim de ocorrência.

§ 1.º Sendo impossível a apresentação imediata, a autoridade policial encaminhará o adolescente a entidade de atendimento, que fará a apresentação ao representante do Ministério Público no prazo de vinte e quatro horas.

§ 2.º Nas localidades onde não houver entidade de atendimento, a apresentação far-se-á pela autoridade policial. À falta de repartição policial especializada, o adolescente aguardará a apresentação em dependência separada da destinada a maiores, não podendo, em qualquer hipótese, exceder o prazo referido no parágrafo anterior.

Art. 176. Sendo o adolescente liberado, a autoridade policial encaminhará imediatamente ao representante do Ministério Público cópia do auto de apreensão ou boletim de ocorrência.

Art. 177. Se, afastada a hipótese de flagrante, houver indícios de participação de adolescente na prática de ato infracional, a autoridade policial encaminhará ao representante do Ministério Público relatório das investigações e demais documentos.

Art. 178. O adolescente a quem se atribua autoria de ato infracional não poderá ser conduzido ou transportado em compartimento fechado de veículo policial, em condições atentatórias à sua dignidade, ou que impliquem risco à sua integridade física ou mental, sob pena de responsabilidade.

Art. 179. Apresentado o adolescente, o representante do Ministério Público, no mesmo dia e à vista do auto de apreensão, boletim de ocorrência ou relatório policial, devidamente autuados pelo cartório judicial e com informação sobre os antecedentes do adolescente, procederá imediata e informalmente à sua oitiva e, em sendo possível, de seus pais ou responsável, vítima e testemunhas.

Parágrafo único. Em caso de não apresentação, o representante do Ministério Público notificará os pais ou responsável para apresentação do adolescente, podendo requisitar o concurso das Polícias Civil e Militar.

Art. 180. Adotadas as providências a que alude o artigo anterior, o representante do Ministério Público poderá:

I – promover o arquivamento dos autos;

II – conceder a remissão;

III – representar à autoridade judiciária para aplicação de medida socioeducativa.

Art. 181. Promovido o arquivamento dos autos ou concedida a remissão pelo representante do Ministério Público, mediante termo fundamentado, que conterá o resumo dos fatos, os autos serão conclusos à autoridade judiciária para homologação.

§ 1.º Homologado o arquivamento ou a remissão, a autoridade judiciária determinará, conforme o caso, o cumprimento da medida.

§ 2.º Discordando, a autoridade judiciária fará remessa dos autos ao Procurador-Geral de Justiça, mediante despacho fundamentado, e este oferecerá representação, designará outro membro do Ministério Público para apresentá-la, ou ratificará o arquivamento ou a remissão, que só então estará a autoridade judiciária obrigada a homologar.

Art. 182. Se, por qualquer razão, o representante do Ministério Público não promover o arquivamento ou conceder a remissão, oferecerá representação à autoridade judiciária, propondo a instauração de procedimento para aplicação da medida socioeducativa que se afigurar a mais adequada.

§ 1.º A representação será oferecida por petição, que conterá o breve resumo dos fatos e a classificação do ato infracional e, quando necessário, o rol de testemunhas, podendo ser deduzida oralmente, em sessão diária instalada pela autoridade judiciária.

§ 2.º A representação independe de prova pré-constituída da autoria e materialidade.

Art. 183. O prazo máximo e improrrogável para a conclusão do procedimento, estando o adolescente internado provisoriamente, será de quarenta e cinco dias.

Art. 184. Oferecida a representação, a autoridade judiciária designará audiência de apresentação do adolescente, decidindo, desde logo, sobre a decretação ou manutenção da internação, observado o disposto no art. 108 e parágrafo.

§ 1.º O adolescente e seus pais ou responsável serão cientificados do teor da representação, e notificados a comparecer à audiência, acompanhados de advogado.

§ 2.º Se os pais ou responsável não forem localizados, a autoridade judiciária dará curador especial ao adolescente.

§ 3.º Não sendo localizado o adolescente, a autoridade judiciária expedirá mandado de busca e apreensão, determinando o sobrestamento do feito, até a efetiva apresentação.

§ 4.º Estando o adolescente internado, será requisitada a sua apresentação, sem prejuízo da notificação dos pais ou responsável.

Art. 185. A internação, decretada ou mantida pela autoridade judiciária, não poderá ser cumprida em estabelecimento prisional.

§ 1.º Inexistindo na comarca entidade com as características definidas no art. 123, o adolescente deverá ser imediatamente transferido para a localidade mais próxima.

§ 2.º Sendo impossível a pronta transferência, o adolescente aguardará sua remoção em repartição policial, desde que em seção isolada dos adultos e com instalações apropriadas, não podendo ultrapassar o prazo máximo de cinco dias, sob pena de responsabilidade.

Art. 186. Comparecendo o adolescente, seus pais ou responsável, a autoridade judiciária procederá à oitiva dos mesmos, podendo solicitar opinião de profissional qualificado.

•• *Vide* Súmula 342 do STJ.

§ 1.º Se a autoridade judiciária entender adequada a remissão, ouvirá o representante do Ministério Público, proferindo decisão.

§ 2.º Sendo o fato grave, passível de aplicação de medida de internação ou colocação em regime de semiliberdade, a autoridade judiciária, verificando que o adolescente não possui advogado constituído, nomeará defensor, designando, desde logo, audiência em continuação, podendo determinar a realização de diligências e estudo do caso.

§ 3.º O advogado constituído ou o defensor nomeado, no prazo de três dias contado da audiência de apresentação, oferecerá defesa prévia e rol de testemunhas.

§ 4.º Na audiência em continuação, ouvidas as testemunhas arroladas na representação e na defesa prévia, cumpridas as diligências e juntado o relatório da equipe interprofissional, será dada a palavra ao representante do Ministério Público e ao defensor, sucessivamente, pelo tempo de vinte minutos para cada um, prorrogável por mais dez, a critério da autoridade judiciária, que em seguida proferirá decisão.

Art. 187. Se o adolescente, devidamente notificado, não comparecer, injustificadamente, à audiência de apresentação, a autoridade judiciária designará nova data, determinando sua condução coercitiva.

Art. 188. A remissão, como forma de extinção ou suspensão do processo, poderá ser aplicada em qualquer fase do procedimento, antes da sentença.

Art. 189. A autoridade judiciária não aplicará qualquer medida, desde que reconheça na sentença:

I – estar provada a inexistência do fato;

II – não haver prova da existência do fato;

III – não constituir o fato ato infracional;

IV – não existir prova de ter o adolescente concorrido para o ato infracional.

Parágrafo único. Na hipótese deste artigo, estando o adolescente internado, será imediatamente colocado em liberdade.

Art. 190. A intimação da sentença que aplicar medida de internação ou regime de semiliberdade será feita:

I – ao adolescente e ao seu defensor;

II – quando não for encontrado o adolescente, a seus pais ou responsável, sem prejuízo do defensor.

§ 1.º Sendo outra a medida aplicada, a intimação far-se-á unicamente na pessoa do defensor.

§ 2.º Recaindo a intimação na pessoa do adolescente, deverá este manifestar se deseja ou não recorrer da sentença.

Seção V-A
Da Infiltração de Agentes de Polícia para a Investigação de Crimes contra a Dignidade Sexual de Criança e de Adolescente

•• Seção V-A acrescentada pela Lei n. 13.441, de 8-5-2017.

Art. 190-A. A infiltração de agentes de polícia na internet com o fim de investigar os crimes previstos nos arts. 240, 241, 241-A, 241-B, 241-C e 241-D desta Lei e nos arts. 154-A, 217-A, 218, 218-A e 218-B do Decreto-lei n. 2.848, de 7 de dezembro de 1940 (Código Penal), obedecerá às seguintes regras:

•• *Caput* acrescentado pela Lei n. 13.441, de 8-5-2017.

I – será precedida de autorização judicial devidamente circunstanciada e fundamentada, que estabelecerá os limites da infiltração para obtenção de prova, ouvido o Ministério Público;

•• Inciso I acrescentado pela Lei n. 13.441, de 8-5-2017.

II – dar-se-á mediante requerimento do Ministério Público ou representação de delegado de polícia e conterá a demonstração de sua necessidade, o alcance das tarefas dos policiais, os nomes ou apelidos das pessoas investigadas e, quando possível, os dados de conexão ou cadastrais que permitam a identificação dessas pessoas;

•• Inciso II acrescentado pela Lei n. 13.441, de 8-5-2017.

III – não poderá exceder o prazo de 90 (noventa) dias, sem prejuízo de eventuais renovações, desde que o total não exceda a 720 (setecentos e vinte) dias e seja demonstrada sua efetiva necessidade, a critério da autoridade judicial.

•• Inciso III acrescentado pela Lei n. 13.441, de 8-5-2017.

§ 1.º A autoridade judicial e o Ministério Público poderão requisitar relatórios parciais da operação de infiltração antes do término do prazo de que trata o inciso II do § 1.º deste artigo.

•• § 1.º acrescentado pela Lei n. 13.441, de 8-5-2017.

§ 2.º Para efeitos do disposto no inciso I do § 1.º deste artigo, consideram-se:

•• § 2.º, *caput*, acrescentado pela Lei n. 13.441, de 8-5-2017.

I – dados de conexão: informações referentes a hora, data, início, término, duração, endereço de Protocolo de Internet (IP) utilizado e terminal de origem da conexão;

•• Inciso I acrescentado pela Lei n. 13.441, de 8-5-2017.

II – dados cadastrais: informações referentes a nome e endereço de assinante ou de usuário registrado ou autenticado para a conexão a quem endereço de IP, identificação de usuário ou código de acesso tenha sido atribuído no momento da conexão.

•• Inciso II acrescentado pela Lei n. 13.441, de 8-5-2017.

§ 3.º A infiltração de agentes de polícia na internet não será admitida se a prova puder ser obtida por outros meios.

•• § 3.º acrescentado pela Lei n. 13.441, de 8-5-2017.

Art. 190-B. As informações da operação de infiltração serão encaminhadas diretamente ao juiz responsável pela autorização da medida, que zelará por seu sigilo.

•• *Caput* acrescentado pela Lei n. 13.441, de 8-5-2017.

Parágrafo único. Antes da conclusão da operação, o acesso aos autos será reservado ao juiz, ao Ministério Público e ao delegado de polícia responsável pela operação, com o objetivo de garantir o sigilo das investigações.

•• Parágrafo único acrescentado pela Lei n. 13.441, de 8-5-2017.

Art. 190-C. Não comete crime o policial que oculta a sua identidade para, por meio da internet, colher indícios de autoria e materialidade dos crimes previstos nos arts. 240, 241, 241-A, 241-B, 241-C e 241-D desta Lei e nos arts. 154-A, 217-A, 218, 218-A e 218-B do Decreto-lei n. 2.848, de 7 de dezembro de 1940 (Código Penal).

•• *Caput* acrescentado pela Lei n. 13.441, de 8-5-2017.

Parágrafo único. O agente policial infiltrado que deixar de observar a estrita finalidade da investigação responderá pelos excessos praticados.

•• Parágrafo único acrescentado pela Lei n. 13.441, de 8-5-2017.

Art. 190-D. Os órgãos de registro e cadastro público poderão incluir nos bancos de dados próprios, mediante procedimento sigiloso e requisição da autoridade judicial, as informações necessárias à efetividade da identidade fictícia criada.

•• *Caput* acrescentado pela Lei n. 13.441, de 8-5-2017.

Parágrafo único. O procedimento sigiloso de que trata esta Seção será numerado e tombado em livro específico.

•• Parágrafo único acrescentado pela Lei n. 13.441, de 8-5-2017.

Art. 190-E. Concluída a investigação, todos os atos eletrônicos praticados durante a operação deverão ser registrados, gravados, armazenados e encaminhados ao juiz e ao Ministério Público, juntamente com relatório circunstanciado.

•• *Caput* acrescentado pela Lei n. 13.441, de 8-5-2017.

Parágrafo único. Os atos eletrônicos registrados citados no *caput* deste artigo serão reunidos em autos apartados e apensados ao processo criminal juntamente com o inquérito policial, assegurando-se a preservação da identidade do agente policial infiltrado e a intimidade das crianças e dos adolescentes envolvidos.

•• Parágrafo único acrescentado pela Lei n. 13.441, de 8-5-2017.

Seção VI
Da Apuração de Irregularidades em Entidade de Atendimento

Art. 191. O procedimento de apuração de irregularidades em entidade governamental e não governamental terá início mediante portaria da autoridade judiciária ou representação do Ministério Público ou do Conselho Tutelar, onde conste, necessariamente, resumo dos fatos.

Parágrafo único. Havendo motivo grave, poderá a autoridade judiciária, ouvido o Ministério Público, decretar liminarmente o afastamento provisório do dirigente da entidade, mediante decisão fundamentada.

Art. 192. O dirigente da entidade será citado para, no prazo de dez dias, oferecer resposta escrita, podendo juntar documentos e indicar as provas a produzir.

Art. 193. Apresentada ou não a resposta, e sendo necessário, a autoridade judiciária designará audiência de instrução e julgamento, intimando as partes.

§ 1.º Salvo manifestação em audiência, as partes e o Ministério Público terão cinco dias para oferecer alegações finais, decidindo a autoridade judiciária em igual prazo.

§ 2.º Em se tratando de afastamento provisório ou definitivo de dirigente de entidade governamental, a autoridade judiciária oficiará à autoridade administrativa imediatamente superior ao afastado, marcando prazo para a substituição.

§ 3.º Antes de aplicar qualquer das medidas, a autoridade judiciária poderá fixar prazo para a remoção das irregularidades verificadas. Satisfeitas as exigências, o processo será extinto, sem julgamento do mérito.

§ 4.º A multa e a advertência serão impostas ao dirigente da entidade ou programa de atendimento.

Seção VII
Da Apuração de Infração Administrativa às Normas de Proteção à Criança e ao Adolescente

Art. 194. O procedimento para imposição de penalidade administrativa por infração às normas de proteção à criança e ao adolescente terá início por representação do Ministério Público, ou do Conselho Tutelar, ou auto de infração elaborado por servidor efetivo ou voluntário credenciado, e assinado por duas testemunhas, se possível.

§ 1.º No procedimento iniciado com o auto de infração, poderão ser usadas fórmulas impressas, especificando-se a natureza e as circunstâncias da infração.

§ 2.º Sempre que possível, à verificação da infração seguir-se-á a lavratura do auto, certificando-se, em caso contrário, dos motivos do retardamento.

Art. 195. O requerido terá prazo de dez dias para apresentação de defesa, contado da data da intimação, que será feita:

I – pelo autuante, no próprio auto, quando este for lavrado na presença do requerido;

II – por oficial de justiça ou funcionário legalmente habilitado, que entregará cópia do auto ou da representação ao requerido, ou a seu representante legal, lavrando certidão;

III – por via postal, com aviso de recebimento, se não for encontrado o requerido ou seu representante legal;

IV – por edital, com prazo de trinta dias, se incerto ou não sabido o paradeiro do requerido ou de seu representante legal.

Art. 196. Não sendo apresentada a defesa no prazo legal, a autoridade judiciária dará vista dos autos ao Ministério Público, por cinco dias, decidindo em igual prazo.

Art. 197. Apresentada a defesa, a autoridade judiciária procederá na conformidade do artigo anterior, ou, sendo necessário, designará audiência de instrução e julgamento.

Parágrafo único. Colhida a prova oral, manifestar-se-ão sucessivamente o Ministério Público e o procurador do requerido, pelo tempo de vinte minutos para cada um, prorrogável por mais dez, a critério da autoridade judiciária, que em seguida proferirá sentença.

Seção VIII
Da Habilitação de Pretendentes à Adoção

•• Seção VIII acrescentada pela Lei n. 12.010, de 3-8-2009.

Art. 197-A. Os postulantes à adoção, domiciliados no Brasil, apresentarão petição inicial na qual conste:

I – qualificação completa;

II – dados familiares;

III – cópias autenticadas de certidão de nascimento ou casamento, ou declaração relativa ao período de união estável;

IV – cópias da cédula de identidade e inscrição no Cadastro de Pessoas Físicas;

V – comprovante de renda e domicílio;

VI – atestados de sanidade física e mental;

VII – certidão de antecedentes criminais;

VIII – certidão negativa de distribuição cível.

•• Artigo acrescentado pela Lei n. 12.010, de 3-8-2009.

Art. 197-B. A autoridade judiciária, no prazo de 48 (quarenta e oito) horas, dará vista dos autos ao Ministério Público, que no prazo de 5 (cinco) dias poderá:

I – apresentar quesitos a serem respondidos pela equipe interprofissional encarregada de elaborar o estudo técnico a que se refere o art. 197-C desta Lei;

II – requerer a designação de audiência para oitiva dos postulantes em juízo e testemunhas;

III – requerer a juntada de documentos complementares e a realização de outras diligências que entender necessárias.

•• Artigo acrescentado pela Lei n. 12.010, de 3-8-2009.

Art. 197-C. Intervirá no feito, obrigatoriamente, equipe interprofissional a serviço da Justiça da Infância e da Juventude, que deverá elaborar estudo psicossocial, que conterá subsídios que permitam aferir a capacidade e o preparo dos postulantes para o exercício de uma paternidade ou maternidade responsável, à luz dos requisitos e princípios desta Lei.

•• *Caput* acrescentado pela Lei n. 12.010, de 3-8-2009.

§ 1.º É obrigatória a participação dos postulantes em programa oferecido pela Justiça da Infância e da Juventude, preferencialmente com apoio dos técnicos responsáveis pela execução da política municipal de garantia do direito à convivência familiar e dos grupos de apoio à adoção devidamente habilitados perante a Justiça da Infância e da Juventude, que inclua preparação psicológica, orientação e estímulo à adoção inter-racial, de crianças ou de adolescentes com deficiência, com doenças crônicas ou com necessidades específicas de saúde, e de grupos de irmãos.

•• § 1.º com redação determinada pela Lei n. 13.509, de 22-11-2017.

§ 2.º Sempre que possível e recomendável, a etapa obrigatória da preparação referida no § 1.º deste artigo incluirá o contato com crianças e adolescentes em regime de acolhimento familiar ou institucional, a ser realizado sob orientação, supervisão e avaliação da equipe técnica da Justiça da Infância e da Juventude e dos grupos de apoio à adoção, com apoio dos técnicos responsáveis pelo programa de acolhimento familiar e institucional e pela execução da política municipal de garantia do direito à convivência familiar.

•• § 2.º com redação determinada pela Lei n. 13.509, de 22-11-2017.

§ 3.º É recomendável que as crianças e os adolescentes acolhidos institucionalmente ou por família acolhedora sejam preparados por equipe interprofissional antes da inclusão em família adotiva.

•• § 3.º acrescentado pela Lei n. 13.509, de 22-11-2017.

Art. 197-D. Certificada nos autos a conclusão da participação no programa referido no art. 197-C desta Lei, a autoridade judiciária, no prazo de 48 (quarenta e oito) horas, decidirá acerca das diligências requeridas pelo Ministério Público e determinará a juntada do estudo psicossocial, designando, conforme o caso, audiência de instrução e julgamento.

•• *Caput* acrescentado pela Lei n. 12.010, de 3-8-2009.

Parágrafo único. Caso não sejam requeridas diligências, ou sendo essas indeferidas, a autoridade judiciária determinará a juntada do estudo psicossocial, abrindo a seguir vista dos autos ao Ministério Público, por 5 (cinco) dias, decidindo em igual prazo.

•• Parágrafo único acrescentado pela Lei n. 12.010, de 3-8-2009.

Art. 197-E. Deferida a habilitação, o postulante será inscrito nos cadastros referidos no art. 50 desta Lei, sendo a sua convocação para a adoção feita de acordo com ordem cronológica de habilitação e conforme a disponibilidade de crianças ou adolescentes adotáveis.

•• *Caput* acrescentado pela Lei n. 12.010, de 3-8-2009.

§ 1.º A ordem cronológica das habilitações somente poderá deixar de ser observada pela autoridade judiciária nas hipóteses previstas no § 13 do art. 50 desta Lei, quando comprovado ser essa a melhor solução no interesse do adotando.

•• § 1.º acrescentado pela Lei n. 12.010, de 3-8-2009.

§ 2.º A habilitação à adoção deverá ser renovada no mínimo trienalmente mediante avaliação por equipe interprofissional.

•• § 2.º com redação determinada pela Lei n. 13.509, de 22-11-2017.

§ 3.º Quando o adotante candidatar-se a uma nova adoção, será dispensável a renovação da habilitação, bastando a avaliação por equipe interprofissional.

•• § 3.º acrescentado pela Lei n. 13.509, de 22-11-2017.

§ 4.º Após 3 (três) recusas injustificadas, pelo habilitado, à adoção de crianças ou adolescentes indicados dentro do perfil escolhido, haverá reavaliação da habilitação concedida.

•• § 4.º acrescentado pela Lei n. 13.509, de 22-11-2017.

§ 5.º A desistência do pretendente em relação à guarda para fins de adoção ou a devolução da criança ou do adolescente depois do trânsito em julgado da sentença de adoção importará na sua exclusão dos cadastros de adoção e na vedação de renovação da habilitação, salvo decisão judicial fundamentada, sem prejuízo das demais sanções previstas na legislação vigente.

•• § 5.º acrescentado pela Lei n. 13.509, de 22-11-2017.

Art. 197-F. O prazo máximo para conclusão da habilitação à adoção será de 120 (cento e vinte) dias, prorrogável por igual período, mediante decisão fundamentada da autoridade judiciária.

•• Artigo acrescentado pela Lei n. 13.509, de 22-11-2017.

Capítulo IV
DOS RECURSOS

Art. 198. Nos procedimentos afetos à Justiça da Infância e da Juventude, inclusive os relativos à execução das medidas socioeducativas, adotar-se-á o sistema recursal da Lei n. 5.869, de 11 de janeiro de 1973 (Código de Processo Civil), com as seguintes adaptações:

•• *Caput* com redação determinada pela Lei n. 12.594, de 18-1-2012.

I – os recursos serão interpostos independentemente de preparo;

II – em todos os recursos, salvo nos embargos de declaração, o prazo para o Ministério Público e para a defesa será sempre de 10 (dez) dias;

•• Inciso II com redação determinada pela Lei n. 12.594, de 18-1-2012.

III – os recursos terão preferência de julgamento e dispensarão revisor;

IV – (*Revogado pela Lei n. 12.010, de 3-8-2009.*)

V – (*Revogado pela Lei n. 12.010, de 3-8-2009.*)

VI – (*Revogado pela Lei n. 12.010, de 3-8-2009.*)

VII – antes de determinar a remessa dos autos à superior instância, no caso de apelação, ou do instrumento, no caso de agravo, a autoridade judiciária proferirá despacho fundamentado, mantendo ou reformando a decisão, no prazo de cinco dias;

VIII – mantida a decisão apelada ou agravada, o escrivão remeterá os autos ou o instrumento à superior instância dentro de vinte e quatro horas, independentemente de novo pedido do recorrente; se a reformar, a remessa dos autos dependerá de pedido expresso da parte interessada ou do Ministério Público, no prazo de cinco dias, contados da intimação.

Art. 199. Contra as decisões proferidas com base no art. 149 caberá recurso de apelação.

Art. 199-A. A sentença que deferir a adoção produz efeito desde logo, embora sujeita a apelação, que será recebida exclusivamente no efeito devolutivo, salvo se se tratar de adoção internacional ou se houver perigo de dano irreparável ou de difícil reparação ao adotando.

•• Artigo acrescentado pela Lei n. 12.010, de 3-8-2009.

Art. 199-B. A sentença que destituir ambos ou qualquer dos genitores do poder familiar fica sujeita a apelação, que deverá ser recebida apenas no efeito devolutivo.

•• Artigo acrescentado pela Lei n. 12.010, de 3-8-2009.

Art. 199-C. Os recursos nos procedimentos de adoção e de destituição de poder familiar, em face da relevância das questões, serão processados com prioridade absoluta, devendo ser imediatamente distribuídos, ficando vedado que aguardem, em qualquer situação, oportuna distribuição, e serão colocados em mesa para julgamento sem revisão e com parecer urgente do Ministério Público.

•• Artigo acrescentado pela Lei n. 12.010, de 3-8-2009.

Art. 199-D. O relator deverá colocar o processo em mesa para julgamento no prazo máximo de 60 (sessenta) dias, contado da sua conclusão.

•• *Caput* acrescentado pela Lei n. 12.010, de 3-8-2009.

Parágrafo único. O Ministério Público será intimado da data do julgamento e poderá na sessão, se entender necessário, apresentar oralmente seu parecer.

•• Parágrafo único acrescentado pela Lei n. 12.010, de 3-8-2009.

Art. 199-E. O Ministério Público poderá requerer a instauração de procedimento para apuração de responsabilidades se constatar o descumprimento das providências e do prazo previstos nos artigos anteriores.

•• Artigo acrescentado pela Lei n. 12.010, de 3-8-2009.

Capítulo V
DO MINISTÉRIO PÚBLICO

Art. 200. As funções do Ministério Público, previstas nesta Lei, serão exercidas nos termos da respectiva Lei Orgânica.

Art. 201. Compete ao Ministério Público:

I – conceder a remissão como forma de exclusão do processo;

II – promover e acompanhar os procedimentos relativos às infrações atribuídas a adolescentes;

III – promover e acompanhar as ações de alimentos e os procedimentos de suspensão e destituição do poder familiar, nomeação e remoção de tutores, curadores e guardiães, bem como oficiar em todos os demais procedimentos da competência da Justiça da Infância e da Juventude;

•• *Vide* Súmula 594 do STJ.

IV – promover, de ofício ou por solicitação dos interessados, a especialização e a inscrição de hipoteca legal e a prestação de contas dos tutores, curadores e quaisquer administradores de bens de crianças e adolescentes nas hipóteses do art. 98;

V – promover o inquérito civil e a ação civil pública para a proteção dos interesses individuais, difusos ou coletivos relativos à infância e à adolescência, inclusive os definidos no art. 220, § 3.º, inciso II, da Constituição Federal;

VI – instaurar procedimentos administrativos e, para instruí-los:

a) expedir notificações para colher depoimentos ou esclarecimentos e, em caso de não comparecimento injustificado, requisitar condução coercitiva, inclusive pela polícia civil ou militar;

b) requisitar informações, exames, perícias e documentos de autoridades municipais, estaduais e federais, da administração direta ou indireta, bem como promover inspeções e diligências investigatórias;

c) requisitar informações e documentos a particulares e instituições privadas;

VII – instaurar sindicâncias, requisitar diligências investigatórias e determinar a instauração de inquérito policial, para apuração de ilícitos ou infrações às normas de proteção à infância e à juventude;

VIII – zelar pelo efetivo respeito aos direitos e garantias legais assegurados às crianças e adolescentes, promovendo as medidas judiciais e extrajudiciais cabíveis;

IX – impetrar mandado de segurança, de injunção e *habeas corpus*, em qualquer juízo, instância ou tribunal, na defesa dos interesses sociais e individuais indisponíveis afetos à criança e ao adolescente;

Lei n. 8.069, de 13-7-1990 — **Estatuto da Criança e do Adolescente**

X – representar ao juízo visando à aplicação de penalidade por infrações cometidas contra as normas de proteção à infância e à juventude, sem prejuízo da promoção da responsabilidade civil e penal do infrator, quando cabível;

XI – inspecionar as entidades públicas e particulares de atendimento e os programas de que trata esta Lei, adotando de pronto as medidas administrativas ou judiciais necessárias à remoção de irregularidades porventura verificadas;

XII – requisitar força policial, bem como a colaboração dos serviços médicos, hospitalares, educacionais e de assistência social, públicos ou privados, para o desempenho de suas atribuições;

XIII – intervir, quando não for parte, nas causas cíveis e criminais decorrentes de violência doméstica e familiar contra a criança e o adolescente.

•• Inciso XIII acrescentado pela Lei n. 14.344, de 24-5-2022.

§ 1.º A legitimação do Ministério Público para as ações cíveis previstas neste artigo não impede a de terceiros, nas mesmas hipóteses, segundo dispuserem a Constituição e esta Lei.

§ 2.º As atribuições constantes deste artigo não excluem outras, desde que compatíveis com a finalidade do Ministério Público.

§ 3.º O representante do Ministério Público, no exercício de suas funções, terá livre acesso a todo local onde se encontre criança ou adolescente.

§ 4.º O representante do Ministério Público será responsável pelo uso indevido das informações e documentos que requisitar, nas hipóteses legais de sigilo.

§ 5.º Para o exercício da atribuição de que trata o inciso VIII deste artigo, poderá o representante do Ministério Público:

a) reduzir a termo as declarações do reclamante, instaurando o competente procedimento, sob sua presidência;

b) entender-se diretamente com a pessoa ou autoridade reclamada, em dia, local e horário previamente notificados ou acertados;

c) efetuar recomendações visando à melhoria dos serviços públicos e de relevância pública afetos à criança e ao adolescente, fixando prazo razoável para sua perfeita adequação.

Art. 202. Nos processos e procedimentos em que não for parte, atuará obrigatoriamente o Ministério Público na defesa dos direitos e interesses de que cuida esta Lei, hipótese em que terá vista dos autos depois das partes, podendo juntar documentos e requerer diligências, usando os recursos cabíveis.

Art. 203. A intimação do Ministério Público, em qualquer caso, será feita pessoalmente.

Art. 204. A falta de intervenção do Ministério Público acarreta a nulidade do feito, que será declarada de ofício pelo juiz ou a requerimento de qualquer interessado.

Art. 205. As manifestações processuais do representante do Ministério Público deverão ser fundamentadas.

Capítulo VI
DO ADVOGADO

Art. 206. A criança ou o adolescente, seus pais ou responsável, e qualquer pessoa que tenha legítimo interesse na solução da lide poderão intervir nos procedimentos de que trata esta Lei, através de advogado, o qual será intimado para todos os atos, pessoalmente ou por publicação oficial, respeitado o segredo de justiça.

Parágrafo único. Será prestada assistência judiciária integral e gratuita àqueles que dela necessitarem.

Art. 207. Nenhum adolescente a quem se atribua a prática de ato infracional, ainda que ausente ou foragido, será processado sem defensor.

§ 1.º Se o adolescente não tiver defensor, ser-lhe-á nomeado pelo juiz, ressalvado o direito de, a todo tempo, constituir outro de sua preferência.

§ 2.º A ausência do defensor não determinará o adiamento de nenhum ato do processo, devendo o juiz nomear substituto, ainda que provisoriamente, ou para o só efeito do ato.

§ 3.º Será dispensada a outorga de mandato, quando se tratar de defensor nomeado ou, sendo constituído, tiver sido indicado por ocasião de ato formal com a presença da autoridade judiciária.

Capítulo VII
DA PROTEÇÃO JUDICIAL DOS INTERESSES INDIVIDUAIS, DIFUSOS E COLETIVOS

Art. 208. Regem-se pelas disposições desta Lei as ações de responsabilidade por ofensa aos direitos assegurados à criança e ao adolescente, referentes ao não oferecimento ou oferta irregular:

I – do ensino obrigatório;
II – de atendimento educacional especializado aos portadores de deficiência;
III – de atendimento em creche e pré-escola às crianças de zero a cinco anos de idade;

•• Inciso III com redação determinada pela Lei n. 13.306, de 4-7-2016.

IV – de ensino noturno regular, adequado às condições do educando;
V – de programas suplementares de oferta de material didático-escolar, transporte e assistência à saúde do educando do ensino fundamental;
VI – de serviço de assistência social visando à proteção à família, à maternidade, à infância e à adolescência, bem como ao amparo às crianças e adolescentes que dele necessitem;
VII – de acesso às ações e serviços de saúde;
VIII – de escolarização e profissionalização dos adolescentes privados de liberdade;
IX – de ações, serviços e programas de orientação, apoio e promoção social de famílias e destinados ao pleno exercício do direito à convivência familiar por crianças e adolescentes.

•• Inciso IX acrescentado pela Lei n. 12.010, de 3-8-2009.

X – de programas de atendimento para a execução das medidas socioeducativas e aplicação de medidas de proteção;

•• Inciso X acrescentado pela Lei n. 12.594, de 18-1-2012.

XI – de políticas e programas integrados de atendimento à criança e ao adolescente vítima ou testemunha de violência.

•• Inciso XI acrescentado pela Lei n. 13.431, de 4-4-2017.

§ 1.º As hipóteses previstas neste artigo não excluem da proteção judicial outros interesses individuais, difusos ou coletivos, próprios da infância e da adolescência, protegidos pela Constituição e pela Lei.

•• Primitivo parágrafo único renumerado pela Lei n. 11.259, de 30-12-2005.

§ 2.º A investigação do desaparecimento de crianças ou adolescentes será realizada imediatamente após notificação aos órgãos competentes, que deverão comunicar o fato aos portos, aeroportos, Polícia Rodoviária e companhias de transporte interestaduais e internacionais, fornecendo-lhes todos os dados necessários à identificação do desaparecido.

•• § 2.º acrescentado pela Lei n. 11.259, de 30-12-2005.

§ 3.º A notificação a que se refere o § 2.º deste artigo será imediatamente comunicada ao Cadastro Nacional de Pessoas Desaparecidas e ao Cadastro Nacional de Crianças e Adolescentes Desaparecidos, que deverão ser prontamente atualizados a cada nova informação.

•• § 3.º acrescentado pela Lei n. 14.548, de 13-4-2023.

Art. 209. As ações previstas neste Capítulo serão propostas no foro do local onde ocorreu ou deva ocorrer a ação ou omissão, cujo juízo terá competência absoluta para processar a causa, ressalvadas a competência da Justiça Federal e a competência originária dos Tribunais Superiores.

Art. 210. Para as ações cíveis fundadas em interesses coletivos ou difusos, consideram-se legitimados concorrentemente:
I – o Ministério Público;
II – a União, os Estados, os Municípios, o Distrito Federal e os Territórios;
III – as associações legalmente constituídas há pelo menos um ano e que incluam entre seus fins institucionais a defesa dos interesses e direitos protegidos por esta Lei, dispensada a autorização da assembleia, se houver prévia autorização estatutária.

§ 1.º Admitir-se-á litisconsórcio facultativo entre os Ministérios Públicos da União e dos Estados na defesa dos interesses e direitos de que cuida esta Lei.

§ 2.º Em caso de desistência ou abandono da ação por associação legitimada, o Ministério Público ou outro legitimado poderá assumir a titularidade ativa.

Art. 211. Os órgãos públicos legitimados poderão tomar dos interessados compromisso de ajustamento de sua conduta às exigências legais, o qual terá eficácia de título executivo extrajudicial.

Art. 212. Para defesa dos direitos e interesses protegidos por esta Lei, são admissíveis todas as espécies de ações pertinentes.

§ 1.º Aplicam-se às ações previstas neste Capítulo as normas do Código de Processo Civil.

§ 2.º Contra atos ilegais ou abusivos de autoridade pública ou agente de pessoa jurídica no exercício de atribuições do Poder Público, que lesem direito líquido e certo previsto nesta Lei, caberá ação mandamental, que se regerá pelas normas da lei do mandado de segurança.

Art. 213. Na ação que tenha por objeto o cumprimento de obrigação de fazer ou não fazer, o juiz concederá a tutela específica da obrigação ou determinará providências que assegurem o resultado prático equivalente ao do adimplemento.

§ 1.º Sendo relevante o fundamento da demanda e havendo justificado receio de ineficácia do provimento final, é lícito ao juiz conceder a tutela liminarmente ou após justificação prévia, citando o réu.

§ 2.º O juiz poderá, na hipótese do parágrafo anterior ou na sentença, impor multa diária ao réu, independentemente de pedido do autor, se for suficiente ou compatível com a obrigação, fixando prazo razoável para o cumprimento do preceito.

§ 3.º A multa só será exigível do réu após o trânsito em julgado da sentença favorável ao autor, mas será devida desde o dia em que se houver configurado o descumprimento.

Art. 214. Os valores das multas reverterão ao fundo gerido pelo Conselho dos Direitos da Criança e do Adolescente do respectivo município.

§ 1.º As multas não recolhidas até trinta dias após o trânsito em julgado da decisão serão exigidas através de execução promovida pelo Ministério Público, nos mesmos autos, facultada igual iniciativa aos demais legitimados.

§ 2.º Enquanto o fundo não for regulamentado, o dinheiro ficará depositado em estabelecimento oficial de crédito, em conta com correção monetária.

Art. 215. O juiz poderá conferir efeito suspensivo aos recursos, para evitar dano irreparável à parte.

Art. 216. Transitada em julgado a sentença que impuser condenação ao Poder Público, o juiz determinará a remessa de peças à autoridade competente, para apuração da responsabilidade civil e administrativa do agente a que se atribua a ação ou omissão.

Art. 217. Decorridos sessenta dias do trânsito em julgado da sentença condenatória sem que a associação autora lhe promova a execução, deverá fazê-lo o Ministério Público, facultada igual iniciativa aos demais legitimados.

Art. 218. O juiz condenará a associação autora a pagar ao réu os honorários advocatícios arbitrados na conformidade do § 4.º do art. 20 da Lei n. 5.869, de 11 de janeiro de 1973 – Código de Processo Civil, quando reconhecer que a pretensão é manifestamente infundada.

Parágrafo único. Em caso de litigância de má-fé, a associação autora e os diretores responsáveis pela propositura da ação serão solidariamente condenados ao décuplo das custas, sem prejuízo de responsabilidade por perdas e danos.

Art. 219. Nas ações de que trata este Capítulo, não haverá adiantamento de custas, emolumentos, honorários periciais e quaisquer outras despesas.

Art. 220. Qualquer pessoa poderá e o servidor público deverá provocar a iniciativa do Ministério Público, prestando-lhe informações sobre fatos que constituam objeto de ação civil, e indicando-lhe os elementos de convicção.

Art. 221. Se, no exercício de suas funções, os juízes e tribunais tiverem conhecimento de fatos que possam ensejar a propositura de ação civil, remeterão peças ao Ministério Público para as providências cabíveis.

Art. 222. Para instruir a petição inicial, o interessado poderá requerer às autoridades competentes as certidões e informações que julgar necessárias, que serão fornecidas no prazo de quinze dias.

Art. 223. O Ministério Público poderá instaurar, sob sua presidência, inquérito civil, ou requisitar, de qualquer pessoa, organismo público ou particular, certidões, informações, exames ou perícias, no prazo que assinalar, o qual não poderá ser inferior a dez dias úteis.

§ 1.º Se o órgão do Ministério Público, esgotadas todas as diligências, se convencer da inexistência de fundamento para a propositura da ação cível, promoverá o arquivamento dos autos do inquérito civil ou das peças informativas, fazendo-o fundamentadamente.

§ 2.º Os autos do inquérito civil ou as peças de informação arquivados serão remetidos, sob pena de se incorrer em falta grave, no prazo de três dias, ao Conselho Superior do Ministério Público.

§ 3.º Até que seja homologada ou rejeitada a promoção de arquivamento, em sessão do Conselho Superior do Ministério Público, poderão as associações legitimadas apresentar razões escritas ou documentos, que serão juntados aos autos do inquérito ou anexados às peças de informação.

§ 4.º A promoção de arquivamento será submetida a exame e deliberação do Conselho Superior do Ministério Público, conforme dispuser o seu Regimento.

§ 5.º Deixando o Conselho Superior de homologar a promoção de arquivamento, designará, desde logo, outro órgão do Ministério Público para o ajuizamento da ação.

Art. 224. Aplicam-se subsidiariamente, no que couber, as disposições da Lei n. 7.347, de 24 de julho de 1985.

TÍTULO VII
DOS CRIMES E DAS INFRAÇÕES ADMINISTRATIVAS

Capítulo I
DOS CRIMES

Seção I
Disposições Gerais

Art. 225. Este Capítulo dispõe sobre crimes praticados contra a criança e o adolescente, por ação ou omissão, sem prejuízo do disposto na legislação penal.

Art. 226. Aplicam-se aos crimes definidos nesta Lei as normas da Parte Geral do Código Penal e, quanto ao processo, as pertinentes ao Código de Processo Penal.

§ 1.º Aos crimes cometidos contra a criança e o adolescente, independentemente da pena prevista, não se aplica a Lei n. 9.099, de 26 de setembro de 1995.

•• § 1.º acrescentado pela Lei n. 14.344, de 24-5-2022.

§ 2.º Nos casos de violência doméstica e familiar contra a criança e o adolescente, é vedada a aplicação de penas de cesta básica ou de outras de prestação pecuniária, bem como a substituição de pena que implique o pagamento isolado de multa.

•• § 2.º acrescentado pela Lei n. 14.344, de 24-5-2022.

Art. 227. Os crimes definidos nesta Lei são de ação pública incondicionada.

Art. 227-A. Os efeitos da condenação prevista no inciso I do *caput* do art. 92 do Decreto-lei n. 2.848, de 7 de dezembro de 1940 (Código Penal), para os crimes previstos nesta Lei, praticados por servidores públicos com abuso de autoridade, são condicionados à ocorrência de reincidência.

•• *Caput* acrescentado pela Lei n. 13.869, de 5-9-2019.

Parágrafo único. A perda do cargo, do mandato ou da função, nesse caso, independerá da pena aplicada na reincidência.

•• Parágrafo único acrescentado pela Lei n. 13.869, de 5-9-2019.

Seção II
Dos Crimes em Espécie

Art. 228. Deixar o encarregado de serviço ou o dirigente de estabelecimento de atenção à saúde de gestante de manter registro das atividades desenvolvidas, na forma e prazo referidos no art. 10 desta Lei, bem como de fornecer à parturiente ou a seu responsável, por ocasião da alta médica, declaração de nascimento, onde constem as intercorrências do parto e do desenvolvimento do neonato:

Pena – detenção de seis meses a dois anos.

Parágrafo único. Se o crime é culposo:

Pena – detenção de dois a seis meses, ou multa.

Art. 229. Deixar o médico, enfermeiro ou dirigente de estabelecimento de atenção à saúde de gestante de identificar corretamente o neonato e a parturiente, por ocasião do parto, bem como deixar de proceder aos exames referidos no art. 10 desta Lei:

Pena – detenção de seis meses a dois anos.

Parágrafo único. Se o crime é culposo:

Pena – detenção de dois a seis meses, ou multa.

Art. 230. Privar a criança ou o adolescente de sua liberdade, procedendo à sua apreensão sem estar em flagrante de ato infracional ou inexistindo ordem escrita da autoridade judiciária competente:

Pena – detenção de seis meses a dois anos.

Parágrafo único. Incide na mesma pena aquele que procede à apreensão sem observância das formalidades legais.

Art. 231. Deixar a autoridade policial responsável pela apreensão de criança ou adolescente de fazer imediata comunicação à autoridade judiciária competente e à família do apreendido ou à pessoa por ele indicada:

Pena – detenção de seis meses a dois anos.

Art. 232. Submeter criança ou adolescente sob sua autoridade, guarda ou vigilância a vexame ou a constrangimento:

Pena – detenção de seis meses a dois anos.

Art. 233. (*Revogado pela Lei n. 9.455, de 7-4-1997.*)

Art. 234. Deixar a autoridade competente, sem justa causa, de ordenar a imediata liberação de criança ou adolescente, tão logo tenha conhecimento da ilegalidade da apreensão:

Pena – detenção de seis meses a dois anos.

Art. 235. Descumprir, injustificadamente, prazo fixado nesta Lei em benefício de adolescente privado de liberdade:

Pena – detenção de seis meses a dois anos.

Art. 236. Impedir ou embaraçar a ação de autoridade judiciária, membro do Conselho Tutelar ou representante do Ministério Público no exercício de função prevista nesta Lei:

Pena – detenção de seis meses a dois anos.

Art. 237. Subtrair criança ou adolescente ao poder de quem o tem sob sua guarda em virtude de lei ou ordem judicial, com o fim de colocação em lar substituto:
Pena – reclusão de dois a seis anos, e multa.

Art. 238. Prometer ou efetivar a entrega de filho ou pupilo a terceiro, mediante paga ou recompensa:
Pena – reclusão de um a quatro anos, e multa.

Parágrafo único. Incide nas mesmas penas quem oferece ou efetiva a paga ou recompensa.

Art. 239. Promover ou auxiliar a efetivação de ato destinado ao envio de criança ou adolescente para o exterior com inobservância das formalidades legais ou com o fito de obter lucro:
Pena – reclusão de quatro a seis anos, e multa.

Parágrafo único. Se há emprego de violência, grave ameaça ou fraude:
Pena – reclusão, de 6 (seis) a 8 (oito) anos, além da pena correspondente à violência.

•• Parágrafo único acrescentado pela Lei n. 10.764, de 12-11-2003.

Art. 240. Produzir, reproduzir, dirigir, fotografar, filmar ou registrar, por qualquer meio, cena de sexo explícito ou pornográfica, envolvendo criança ou adolescente:
Pena – reclusão, de 4 (quatro) a 8 (oito) anos, e multa.

•• Caput com redação determinada pela Lei n. 11.829, de 25-11-2008.

§ 1.º Incorre nas mesmas penas quem:

•• § 1.º, caput, com redação determinada pela Lei n. 14.811, de 12-1-2024.

I – agencia, facilita, recruta, coage ou de qualquer modo intermedeia a participação de criança ou adolescente nas cenas referidas no caput deste artigo, ou ainda quem com esses contracena;

•• Inciso I acrescentado pela Lei n. 14.811, de 12-1-2024.

II – exibe, transmite, auxilia ou facilita a exibição ou transmissão, em tempo real, pela internet, por aplicativos, por meio de dispositivo informático ou qualquer meio ou ambiente digital, de cena de sexo explícito ou pornográfica com a participação de criança ou adolescente.

•• Inciso II acrescentado pela Lei n. 14.811, de 12-1-2024.

§ 2.º Aumenta-se a pena de 1/3 (um terço) se o agente comete o crime:

•• § 2.º, caput, com redação determinada pela Lei n. 11.829, de 25-11-2008.

I – no exercício de cargo ou função pública ou a pretexto de exercê-la;

•• Inciso I com redação determinada pela Lei n. 11.829, de 25-11-2008.

II – prevalecendo-se de relações domésticas, de coabitação ou de hospitalidade; ou

•• Inciso II com redação determinada pela Lei n. 11.829, de 25-11-2008.

III – prevalecendo-se de relações de parentesco consanguíneo ou afim até o terceiro grau, ou por adoção, de tutor, curador, preceptor, empregador da vítima ou de quem, a qualquer outro título, tenha autoridade sobre ela, ou com seu consentimento.

•• Inciso III acrescentado pela Lei n. 11.829, de 25-11-2008.

Art. 241. Vender ou expor à venda fotografia, vídeo ou outro registro que contenha cena de sexo explícito ou pornográfica envolvendo criança ou adolescente:
Pena – reclusão, de 4 (quatro) a 8 (oito) anos, e multa.

•• Artigo com redação determinada pela Lei n. 11.829, de 25-11-2008.

Art. 241-A. Oferecer, trocar, disponibilizar, transmitir, distribuir, publicar ou divulgar por qualquer meio, inclusive por meio de sistema de informática ou telemático, fotografia, vídeo ou outro registro que contenha cena de sexo explícito ou pornográfica envolvendo criança ou adolescente:
Pena – reclusão, de 3 (três) a 6 (seis) anos, e multa.

•• Caput acrescentado pela Lei n. 11.829, de 25-11-2008.

§ 1.º Nas mesmas penas incorre quem:

I – assegura os meios ou serviços para o armazenamento das fotografias, cenas ou imagens de que trata o caput deste artigo;

II – assegura, por qualquer meio, o acesso por rede de computadores às fotografias, cenas ou imagens de que trata o caput deste artigo.

•• § 1.º acrescentado pela Lei n. 11.829, de 25-11-2008.

§ 2.º As condutas tipificadas nos incisos I e II do § 1.º deste artigo são puníveis quando o responsável legal pela prestação do serviço, oficialmente notificado, deixa de desabilitar o acesso ao conteúdo ilícito de que trata o caput deste artigo.

•• § 2.º acrescentado pela Lei n. 11.829, de 25-11-2008.

Art. 241-B. Adquirir, possuir ou armazenar, por qualquer meio, fotografia, vídeo ou outra forma de registro que contenha cena de sexo explícito ou pornográfica envolvendo criança ou adolescente:

Pena – reclusão, de 1 (um) a 4 (quatro) anos, e multa.

•• *Caput* acrescentado pela Lei n. 11.829, de 25-11-2008.

§ 1.º A pena é diminuída de 1 (um) a 2/3 (dois terços) se de pequena quantidade o material a que se refere o *caput* deste artigo.

•• § 1.º acrescentado pela Lei n. 11.829, de 25-11-2008.

§ 2.º Não há crime se a posse ou o armazenamento tem a finalidade de comunicar às autoridades competentes a ocorrência das condutas descritas nos arts. 240, 241, 241-A e 241-C desta Lei, quando a comunicação for feita por:

I – agente público no exercício de suas funções;

II – membro de entidade, legalmente constituída, que inclua, entre suas finalidades institucionais, o recebimento, o processamento e o encaminhamento de notícia dos crimes referidos neste parágrafo;

III – representante legal e funcionários responsáveis de provedor de acesso ou serviço prestado por meio de rede de computadores, até o recebimento do material relativo à notícia feita à autoridade policial, ao Ministério Público ou ao Poder Judiciário.

•• § 2.º acrescentado pela Lei n. 11.829, de 25-11-2008.

§ 3.º As pessoas referidas no § 2.º deste artigo deverão manter sob sigilo o material ilícito referido.

•• § 3.º acrescentado pela Lei n. 11.829, de 25-11-2008.

Art. 241-C. Simular a participação de criança ou adolescente em cena de sexo explícito ou pornográfica por meio de adulteração, montagem ou modificação de fotografia, vídeo ou qualquer outra forma de representação visual:

Pena – reclusão, de 1 (um) a 3 (três) anos, e multa.

•• *Caput* acrescentado pela Lei n. 11.829, de 25-11-2008.

Parágrafo único. Incorre nas mesmas penas quem vende, expõe à venda, disponibiliza, distribui, publica ou divulga por qualquer meio, adquire, possui ou armazena o material produzido na forma do *caput* deste artigo.

•• Parágrafo único acrescentado pela Lei n. 11.829, de 25-11-2008.

Art. 241-D. Aliciar, assediar, instigar ou constranger, por qualquer meio de comunicação, criança, com o fim de com ela praticar ato libidinoso:

Pena – reclusão, de 1 (um) a 3 (três) anos, e multa.

•• *Caput* acrescentado pela Lei n. 11.829, de 25-11-2008.

Parágrafo único. Nas mesmas penas incorre quem:

I – facilita ou induz o acesso à criança de material contendo cena de sexo explícito ou pornográfica com o fim de com ela praticar ato libidinoso;

II – pratica as condutas descritas no *caput* deste artigo com o fim de induzir criança a se exibir de forma pornográfica ou sexualmente explícita.

•• Parágrafo único acrescentado pela Lei n. 11.829, de 25-11-2008.

Art. 241-E. Para efeito dos crimes previstos nesta Lei, a expressão "cena de sexo explícito ou pornográfica" compreende qualquer situação que envolva criança ou adolescente em atividades sexuais explícitas, reais ou simuladas, ou exibição dos órgãos genitais de uma criança ou adolescente para fins primordialmente sexuais.

•• Artigo acrescentado pela Lei n. 11.829, de 25-11-2008.

Art. 242. Vender, fornecer ainda que gratuitamente ou entregar, de qualquer forma, a criança ou adolescente arma, munição ou explosivo:

Pena – reclusão, de 3 (três) a 6 (seis) anos.

•• Pena com redação determinada pela Lei n. 10.764, de 12-11-2003.

Art. 243. Vender, fornecer, servir, ministrar ou entregar, ainda que gratuitamente, de qualquer forma, a criança ou a adolescente, bebida alcoólica ou, sem justa causa, outros produtos cujos componentes possam causar dependência física ou psíquica:

•• *Caput* com redação determinada pela Lei n. 13.106, de 17-3-2015.

•• *Vide* Súmula 669 do STJ.

Pena – detenção, de 2 (dois) a 4 (quatro) anos, e multa, se o fato não constitui crime mais grave.

•• Pena com redação determinada pela Lei n. 13.106, de 17-3-2015.

Art. 244. Vender, fornecer ainda que gratuitamente ou entregar, de qualquer forma, a criança ou adolescente fogos de estampido ou de artifício, exceto aqueles que, pelo seu reduzido potencial, sejam incapazes de provocar qualquer dano físico em caso de utilização indevida:

Pena – detenção de seis meses a dois anos, e multa.

Art. 244-A. Submeter criança ou adolescente, como tais definidos no *caput* do art. 2.º desta Lei, à prostituição ou à exploração sexual:

Pena – reclusão de quatro a dez anos e multa, além da perda de bens e valores utilizados na prática criminosa em favor do Fundo dos Direitos da Criança e do Adolescente da unidade da Federação (Estado ou Distrito Federal) em que foi cometido o crime, ressalvado o direito de terceiro de boa-fé.

•• Pena com redação determinada pela Lei n. 13.440, de 8-5-2017.

•• *Caput* acrescentado pela Lei n. 9.975, de 23-6-2000.

§ 1.º Incorrem nas mesmas penas o proprietário, o gerente ou o responsável pelo local em que se verifique a submissão de criança ou adolescente às práticas referidas no *caput* deste artigo.

•• § 1.º acrescentado pela Lei n. 9.975, de 23-6-2000.

§ 2.º Constitui efeito obrigatório da condenação a cassação da licença de localização e de funcionamento do estabelecimento.

•• § 2.º acrescentado pela Lei n. 9.975, de 23-6-2000.

Art. 244-B. Corromper ou facilitar a corrupção de menor de 18 (dezoito) anos, com ele praticando infração penal ou induzindo-o a praticá-la:

Pena – reclusão, de 1 (um) a 4 (quatro) anos.

•• *Caput* acrescentado pela Lei n. 12.015, de 7-8-2009.

•• *Vide* Súmula n. 500 do STJ.

§ 1.º Incorre nas penas previstas no *caput* deste artigo quem pratica as condutas ali tipificadas utilizando-se de quaisquer meios eletrônicos, inclusive salas de bate-papo da internet.

•• § 1.º acrescentado pela Lei n. 12.015, de 7-8-2009.

§ 2.º As penas previstas no *caput* deste artigo são aumentadas de um terço no caso de a infração cometida ou induzida estar incluída no rol do art. 1.º da Lei n. 8.072, de 25 de julho de 1990.

•• § 2.º acrescentado pela Lei n. 12.015, de 7-8-2009.

Art. 244-C. Deixar o pai, a mãe ou o responsável legal, de forma dolosa, de comunicar à autoridade pública o desaparecimento de criança ou adolescente:

Pena – reclusão, de 2 (dois) a 4 (quatro) anos, e multa.

•• Pena acrescentada pela Lei n. 14.811, de 12-1-2024.

Capítulo II
DAS INFRAÇÕES ADMINISTRATIVAS

Art. 245. Deixar o médico, professor ou responsável por estabelecimento de atenção à saúde e de ensino fundamental, pré-escola ou creche, de comunicar à autoridade competente os casos de que tenha conhecimento, envolvendo suspeita ou confirmação de maus-tratos contra criança ou adolescente:

Pena – multa de três a vinte salários de referência, aplicando-se o dobro em caso de reincidência.

•• A Lei n. 13.010, de 26-7-2014, propôs nova redação a este artigo, todavia teve seu texto vetado.

Art. 246. Impedir o responsável ou funcionário de entidade de atendimento o exercício dos direitos constantes nos incisos II, III, VII, VIII e XI do art. 124 desta Lei:

Pena – multa de três a vinte salários de referência, aplicando-se o dobro em caso de reincidência.

Art. 247. Divulgar, total ou parcialmente, sem autorização devida, por qualquer meio de comunicação, nome, ato ou documento de procedimento policial, administrativo ou judicial relativo a criança ou adolescente a que se atribua ato infracional:

Pena – multa de três a vinte salários de referência, aplicando-se o dobro em caso de reincidência.

§ 1.º Incorre na mesma pena quem exibe ou transmite imagem, vídeo ou corrente de vídeo de criança ou adolescente envolvido em ato infracional ou em outro ato ilícito que lhe seja atribuído, de forma a permitir sua identificação.

•• § 1.º com redação determinada pela Lei n. 14.811, de 12-1-2024.

§ 2.º Se o fato for praticado por órgão de imprensa ou emissora de rádio ou televisão, além da pena prevista neste artigo, a autoridade judiciária poderá determinar a apreensão da publicação ou a suspensão da programação da emissora até por dois dias, bem como da publicação do periódico até por dois números.

•• O STF, no julgamento da ADI n. 869-2, de 4-8-1999 (*DOU* de 3-9-2004), declarou a inconstitucionalidade da expressão "ou suspensão da programação da emissora até por dois dias, bem como da publicação do periódico até por dois números", constante deste parágrafo.

•• *Vide* art. 7.º, XXXIII, da CF.

Art. 248. (*Revogado pela Lei n. 13.431, de 4-4-2017.*)

Art. 249. Descumprir, dolosa ou culposamente, os deveres inerentes ao poder familiar ou decorrentes de tutela ou guarda, bem assim determinação da autoridade judiciária ou Conselho Tutelar:

Pena – multa de três a vinte salários de referência, aplicando-se o dobro em caso de reincidência.

Art. 250. Hospedar criança ou adolescente desacompanhado dos pais ou responsável, ou sem autorização escrita desses ou da autoridade judiciária, em hotel, pensão, motel ou congênere:
Pena – multa.

•• *Caput* com redação determinada pela Lei n. 12.038, de 1.º-10-2009.

§ 1.º Em caso de reincidência, sem prejuízo da pena de multa, a autoridade judiciária poderá determinar o fechamento do estabelecimento por até 15 (quinze) dias.

•• § 1.º acrescentado pela Lei n. 12.038, de 1.º-10-2009.

§ 2.º Se comprovada a reincidência em período inferior a 30 (trinta) dias, o estabelecimento será definitivamente fechado e terá sua licença cassada.

•• § 2.º acrescentado pela Lei n. 12.038, de 1.º-10-2009.

Art. 251. Transportar criança ou adolescente, por qualquer meio, com inobservância do disposto nos arts. 83, 84 e 85 desta Lei:
Pena – multa de três a vinte salários de referência, aplicando-se o dobro em caso de reincidência.

Art. 252. Deixar o responsável por diversão ou espetáculo público de afixar, em lugar visível e de fácil acesso, à entrada do local de exibição, informação destacada sobre a natureza da diversão ou espetáculo e a faixa etária especificada no certificado de classificação:
Pena – multa de três a vinte salários de referência, aplicando-se o dobro em caso de reincidência.

Art. 253. Anunciar peças teatrais, filmes ou quaisquer representações ou espetáculos, sem indicar os limites de idade a que não se recomendem:
Pena – multa de três a vinte salários de referência, duplicada em caso de reincidência, aplicável, separadamente, à casa de espetáculo e aos órgãos de divulgação ou publicidade.

Art. 254. Transmitir, através de rádio ou televisão, espetáculo em horário diverso do autorizado ou sem aviso de sua classificação:

•• O STF, na ADI n. 2.404, de 31-8-2016 (*DOU* de 12-9-2016), por maioria, julgou procedente o pedido, para declarar a inconstitucionalidade da expressão "em horário diverso do autorizado", contida neste artigo.

Pena – multa de vinte a cem salários de referência; duplicada em caso de reincidência a autoridade judiciária poderá determinar a suspensão da programação da emissora por até dois dias.

•• A Portaria n. 1.189, de 3-8-2018, do Ministério da Justiça, regulamenta as disposições da Lei n. 8.069, de 13-7-1990 (ECA), relativas à classificação indicativa de diversões públicas.

Art. 255. Exibir filme, trailer, peça, amostra ou congênere classificado pelo órgão competente como inadequado às crianças ou adolescentes admitidos ao espetáculo:
Pena – multa de vinte a cem salários de referência; na reincidência, a autoridade poderá determinar a suspensão do espetáculo ou o fechamento do estabelecimento por até quinze dias.

Art. 256. Vender ou locar a criança ou adolescente fita de programação em vídeo, em desacordo com a classificação atribuída pelo órgão competente:
Pena – multa de três a vinte salários de referência; em caso de reincidência, a autoridade judiciária poderá determinar o fechamento do estabelecimento por até quinze dias.

Art. 257. Descumprir obrigação constante dos arts. 78 e 79 desta Lei:
Pena – multa de três a vinte salários de referência, duplicando-se a pena em caso de reincidência, sem prejuízo de apreensão da revista ou publicação.

Art. 258. Deixar o responsável pelo estabelecimento ou o empresário de observar o que dispõe esta Lei sobre o acesso de criança ou adolescente aos locais de diversão, ou sobre sua participação no espetáculo:
Pena – multa de três a vinte salários de referência; em caso de reincidência, a autoridade judiciária poderá determinar o fechamento do estabelecimento por até quinze dias.

Art. 258-A. Deixar a autoridade competente de providenciar a instalação e operacionalização dos cadastros previstos no art. 50 e no § 11 do art. 101 desta Lei:
Pena – multa de R$ 1.000,00 (mil reais) a R$ 3.000,00 (três mil reais).

•• *Caput* acrescentado pela Lei n. 12.010, de 3-8-2009.

Parágrafo único. Incorre nas mesmas penas a autoridade que deixa de efetuar o cadastramento de crianças e de adolescentes em condições de serem adotadas, de pessoas ou casais habilitados à adoção e de crianças e adolescentes em regime de acolhimento institucional ou familiar.

•• Parágrafo único acrescentado pela Lei n. 12.010, de 3-8-2009.

Art. 258-B. Deixar o médico, enfermeiro ou dirigente de estabelecimento de atenção à saúde de gestante de efetuar imediato encaminhamento à autoridade judiciária de caso de que tenha conhecimento de mãe ou gestante interessada em entregar seu filho para adoção:

Pena – multa de R$ 1.000,00 (mil reais) a R$ 3.000,00 (três mil reais).

•• *Caput* acrescentado pela Lei n. 12.010, de 3-8-2009.

Art. 258-C. Descumprir a proibição estabelecida no inciso II do art. 81:

•• *Caput* acrescentado pela Lei n. 13.106, de 17-3-2015.

•• *Vide* Súmula 669 do STJ.

Pena – multa de R$ 3.000,00 (três mil reais) a R$ 10.000,00 (dez mil reais);

•• Pena acrescentada pela Lei n. 13.106, de 17-3-2015.

Medida Administrativa – interdição do estabelecimento comercial até o recolhimento da multa aplicada.

•• Medida administrativa acrescentada pela Lei n. 13.106, de 17-3-2015.

Parágrafo único. Incorre na mesma pena o funcionário de programa oficial ou comunitário destinado à garantia do direito à convivência familiar que deixa de efetuar a comunicação referida no *caput* deste artigo.

•• Parágrafo único acrescentado pela Lei n. 12.010, de 3-8-2009.

DISPOSIÇÕES FINAIS E TRANSITÓRIAS

Art. 259. A União, no prazo de noventa dias contados da publicação deste Estatuto, elaborará projeto de lei dispondo sobre a criação ou adaptação de seus órgãos às diretrizes da política de atendimento fixadas no art. 88 e ao que estabelece o Título V do Livro II.

Parágrafo único. Compete aos Estados e Municípios promoverem a adaptação de seus órgãos e programas às diretrizes e princípios estabelecidos nesta Lei.

Art. 260. Os contribuintes poderão efetuar doações aos Fundos dos Direitos da Criança e do Adolescente nacional, distrital, estaduais ou municipais, devidamente comprovadas, sendo essas integralmente deduzidas do imposto de renda, obedecidos os seguintes limites:

•• *Caput* com redação determinada pela Lei n. 12.594, de 18-1-2012.

I – 1% (um por cento) do imposto sobre a renda devido apurado pelas pessoas jurídicas tributadas com base no lucro real; e

•• Inciso I acrescentado pela Lei n. 12.594, de 18-1-2012.

II – 6% (seis por cento) do imposto sobre a renda apurado pelas pessoas físicas na Declaração de Ajuste Anual, observado o disposto no art. 22 da Lei n. 9.532, de 10 de dezembro de 1997.

•• Inciso II acrescentado pela Lei n. 12.594, de 18-1-2012.

§ 1.º (*Revogado pela Lei n. 9.532, de 10-12-1997.*)

§ 1.º-A. Na definição das prioridades a serem atendidas com os recursos captados pelos fundos nacional, estaduais e municipais dos direitos da criança e do adolescente, serão consideradas as disposições do Plano Nacional de Promoção, Proteção e Defesa do Direito de Crianças e Adolescentes à Convivência Familiar e Comunitária e as do Plano Nacional pela Primeira Infância.

•• § 1.º-A com redação determinada pela Lei n. 13.257, de 8-3-2016.

§ 2.º Os conselhos nacional, estaduais e municipais dos direitos da criança e do adolescente fixarão critérios de utilização, por meio de planos de aplicação, das dotações subsidiadas e demais receitas, aplicando necessariamente percentual para incentivo ao acolhimento, sob a forma de guarda, de crianças e adolescentes e para programas de atenção integral à primeira infância em áreas de maior carência socioeconômica e em situações de calamidade.

•• § 2.º com redação determinada pela Lei n. 13.257, de 8-3-2016.

§ 2.º-A. O contribuinte poderá indicar o projeto que receberá a destinação de recursos, entre os projetos aprovados por conselho dos direitos da criança e do adolescente.

•• § 2.º-A acrescentado pela Lei n. 14.692, de 3-10-2023.

§ 2.º-B. É facultado aos conselhos chancelar projetos ou banco de projetos, por meio de regulamentação própria, observadas as seguintes regras:

•• § 2.º-B, *caput*, acrescentado pela Lei n. 14.692, de 3-10-2023.

I – a chancela deverá ser entendida como a autorização para captação de recursos por meio dos Fundos dos Direitos da Criança e do Adolescente com a finalidade de viabilizar a execução dos projetos aprovados pelos conselhos;

•• Inciso I acrescentado pela Lei n. 14.692, de 3-10-2023.

II – os projetos deverão garantir os direitos fundamentais e humanos das crianças e dos adolescentes;

•• Inciso II acrescentado pela Lei n. 14.692, de 3-10-2023.

III – a captação de recursos por meio do Fundo dos Direitos da Criança e do Adolescente deverá ser realizada pela instituição proponente para o financiamento do respectivo projeto;

•• Inciso III acrescentado pela Lei n. 14.692, de 3-10-2023.

IV – os recursos captados serão repassados para a instituição proponente mediante formalização de instrumento de repasse de recursos, conforme a legislação vigente;

•• Inciso IV acrescentado pela Lei n. 14.692, de 3-10-2023.

V – os conselhos deverão fixar percentual de retenção dos recursos captados, em cada chancela, que serão destinados ao Fundo dos Direitos da Criança e do Adolescente;

•• Inciso V acrescentado pela Lei n. 14.692, de 3-10-2023.

VI – o tempo de duração entre a aprovação do projeto e a captação dos recursos deverá ser de 2 (dois) anos e poderá ser prorrogado por igual período;

•• Inciso VI acrescentado pela Lei n. 14.692, de 3-10-2023.

VII – a chancela do projeto não deverá obrigar seu financiamento pelo Fundo dos Direitos da Criança e do Adolescente, caso não tenha sido captado valor suficiente.

•• Inciso VII acrescentado pela Lei n. 14.692, de 3-10-2023.

§ 3.º O Departamento da Receita Federal, do Ministério da Economia, Fazenda e Planejamento, regulamentará a comprovação das doações feitas aos Fundos, nos termos deste artigo.

•• § 3.º acrescentado pela Lei n. 8.242, de 12-10-1991.

§ 4.º O Ministério Público determinará em cada comarca a forma de fiscalização da aplicação, pelo Fundo Municipal dos Direitos da Criança e do Adolescente, dos incentivos fiscais referidos neste artigo.

•• § 4.º acrescentado pela Lei n. 8.242, de 12-10-1991.

§ 5.º Observado o disposto no § 4.º do art. 3.º da Lei n. 9.249, de 26 de dezembro de 1995, a dedução de que trata o inciso I do *caput*:

•• § 5.º, *caput*, com redação determinada pela Lei n. 12.594, de 18-1-2012.

I – será considerada isoladamente, não se submetendo a limite em conjunto com outras deduções do imposto; e

•• Inciso I acrescentado pela Lei n. 12.594, de 18-1-2012.

II – não poderá ser computada como despesa operacional na apuração do lucro real.

•• Inciso II acrescentado pela Lei n. 12.594, de 18-1-2012.

Art. 260-A. A partir do exercício de 2010, ano-calendário de 2009, a pessoa física poderá optar pela doação de que trata o inciso II do *caput* do art. 260 diretamente em sua Declaração de Ajuste Anual.

•• *Caput* acrescentado pela Lei n. 12.594, de 18-1-2012.

§ 1.º A doação de que trata o *caput* poderá ser deduzida até os seguintes percentuais aplicados sobre o imposto apurado na declaração:

•• § 1.º, *caput*, acrescentado pela Lei n. 12.594, de 18-1-2012.

I – (*Vetado.*)

•• A Lei n. 12.594, de 18-1-2012, propôs o acréscimo de inciso I a este § 1.º, todavia teve seu texto vetado.

II – (*Vetado.*)

•• A Lei n. 12.594, de 18-1-2012, propôs o acréscimo de inciso II a este § 1.º, todavia teve seu texto vetado.

III – 3% (três por cento) a partir do exercício de 2012.

•• Inciso III acrescentado pela Lei n. 12.594, de 18-1-2012.

§ 2.º A dedução de que trata o *caput*:

•• § 2.º, *caput*, acrescentado pela Lei n. 12.594, de 18-1-2012.

I – está sujeita ao limite de 6% (seis por cento) do imposto sobre a renda apurado na declaração de que trata o inciso II do *caput* do art. 260;

•• Inciso I acrescentado pela Lei n. 12.594, de 18-1-2012.

II – não se aplica à pessoa física que:

•• Inciso II, *caput*, acrescentado pela Lei n. 12.594, de 18-1-2012.

a) utilizar o desconto simplificado;

•• Alínea *a* acrescentada pela Lei n. 12.594, de 18-1-2012.

b) apresentar declaração em formulário; ou

•• Alínea *b* acrescentada pela Lei n. 12.594, de 18-1-2012.

c) entregar a declaração fora do prazo;

•• Alínea *c* acrescentada pela Lei n. 12.594, de 18-1-2012.

III – só se aplica às doações em espécie; e

•• Inciso III acrescentado pela Lei n. 12.594, de 18-1-2012.

IV – não exclui ou reduz outros benefícios ou deduções em vigor.

•• Inciso IV acrescentado pela Lei n. 12.594, de 18-1-2012.

§ 3.º O pagamento da doação deve ser efetuado até a data de vencimento da primeira quota ou quota única do imposto, observadas instruções específicas da Secretaria da Receita Federal do Brasil.

•• § 3.º acrescentado pela Lei n. 12.594, de 18-1-2012.

§ 4.º O não pagamento da doação no prazo estabelecido no § 3.º implica a glosa definitiva desta parcela de dedução, ficando a pessoa física obrigada ao recolhimento da diferença de imposto devido apurado na Declaração de Ajuste Anual com os acréscimos legais previstos na legislação.

•• § 4.º acrescentado pela Lei n. 12.594, de 18-1-2012.

§ 5.º A pessoa física poderá deduzir do imposto apurado na Declaração de Ajuste Anual as doações feitas, no respectivo ano-calendário, aos fundos controlados pelos Conselhos dos Direitos da Criança e do Adolescente municipais, distrital, estaduais e nacional concomitantemente com a opção de que trata o *caput*, respeitado o limite previsto no inciso II do art. 260.

•• § 5.º acrescentado pela Lei n. 12.594, de 18-1-2012.

Art. 260-B. A doação de que trata o inciso I do art. 260 poderá ser deduzida:

•• *Caput* acrescentado pela Lei n. 12.594, de 18-1-2012.

I – do imposto devido no trimestre, para as pessoas jurídicas que apuram o imposto trimestralmente; e

•• Inciso I acrescentado pela Lei n. 12.594, de 18-1-2012.

II – do imposto devido mensalmente e no ajuste anual, para as pessoas jurídicas que apuram o imposto anualmente.

•• Inciso II acrescentado pela Lei n. 12.594, de 18-1-2012.

Parágrafo único. A doação deverá ser efetuada dentro do período a que se refere a apuração do imposto.

•• Parágrafo único acrescentado pela Lei n. 12.594, de 18-1-2012.

Art. 260-C. As doações de que trata o art. 260 desta Lei podem ser efetuadas em espécie ou em bens.

•• *Caput* acrescentado pela Lei n. 12.594, de 18-1-2012.

Parágrafo único. As doações efetuadas em espécie devem ser depositadas em conta específica, em instituição financeira pública, vinculadas aos respectivos fundos de que trata o art. 260.

•• Parágrafo único acrescentado pela Lei n. 12.594, de 18-1-2012.

Art. 260-D. Os órgãos responsáveis pela administração das contas dos Fundos dos Direitos da Criança e do Adolescente nacional, estaduais, distrital e municipais devem emitir recibo em favor do doador, assinado por pessoa competente e pelo presidente do Conselho correspondente, especificando:

•• *Caput* acrescentado pela Lei n. 12.594, de 18-1-2012.

I – número de ordem;

•• Inciso I acrescentado pela Lei n. 12.594, de 18-1-2012.

II – nome, Cadastro Nacional da Pessoa Jurídica (CNPJ) e endereço do emitente;

•• Inciso II acrescentado pela Lei n. 12.594, de 18-1-2012.

III – nome, CNPJ ou Cadastro de Pessoas Físicas (CPF) do doador;

•• Inciso III acrescentado pela Lei n. 12.594, de 18-1-2012.

IV – data da doação e valor efetivamente recebido; e

•• Inciso IV acrescentado pela Lei n. 12.594, de 18-1-2012.

V – ano-calendário a que se refere a doação.

•• Inciso V acrescentado pela Lei n. 12.594, de 18-1-2012.

§ 1.º O comprovante de que trata o *caput* deste artigo pode ser emitido anualmente, desde que discrimine os valores doados mês a mês.

•• § 1.º acrescentado pela Lei n. 12.594, de 18-1-2012.

§ 2.º No caso de doação em bens, o comprovante deve conter a identificação dos bens, mediante descrição em campo próprio ou em relação anexa ao comprovante, informando também se houve avaliação, o nome, CPF ou CNPJ e endereço dos avaliadores.

•• § 2.º acrescentado pela Lei n. 12.594, de 18-1-2012.

Art. 260-E. Na hipótese da doação em bens, o doador deverá:

•• *Caput* acrescentado pela Lei n. 12.594, de 18-1-2012.

I – comprovar a propriedade dos bens, mediante documentação hábil;

•• Inciso I acrescentado pela Lei n. 12.594, de 18-1-2012.

II – baixar os bens doados na declaração de bens e direitos, quando se tratar de pessoa física, e na escrituração, no caso de pessoa jurídica; e

•• Inciso II acrescentado pela Lei n. 12.594, de 18-1-2012.

III – considerar como valor dos bens doados:

•• Inciso III, *caput*, acrescentado pela Lei n. 12.594, de 18-1-2012.

a) para as pessoas físicas, o valor constante da última declaração do imposto de renda, desde que não exceda o valor de mercado;

•• Alínea *a* acrescentada pela Lei n. 12.594, de 18-1-2012.

b) para as pessoas jurídicas, o valor contábil dos bens.

Parágrafo único. O preço obtido em caso de leilão não será considerado na determinação do valor dos bens doados, exceto se o leilão for determinado por autoridade judiciária.

•• Parágrafo único acrescentado pela Lei n. 12.594, de 18-1-2012.

Art. 260-F. Os documentos a que se referem os arts. 260-D e 260-E devem ser mantidos pelo contribuinte por um prazo de 5 (cinco) anos para fins de comprovação da dedução perante a Receita Federal do Brasil.

•• Artigo acrescentado pela Lei n. 12.594, de 18-1-2012.

Art. 260-G. Os órgãos responsáveis pela administração das contas dos Fundos dos Direitos da Criança e do Adolescente nacional, estaduais, distrital e municipais devem:

•• *Caput* acrescentado pela Lei n. 12.594, de 18-1-2012.

I – manter conta bancária específica destinada exclusivamente a gerir os recursos do Fundo;

•• Inciso I acrescentado pela Lei n. 12.594, de 18-1-2012.

II – manter controle das doações recebidas; e

•• Inciso II acrescentado pela Lei n. 12.594, de 18-1-2012.

III – informar anualmente à Secretaria da Receita Federal do Brasil as doações recebidas mês a mês, identificando os seguintes dados por doador:

•• Inciso III, *caput*, acrescentado pela Lei n. 12.594, de 18-1-2012.

a) nome, CNPJ ou CPF;

•• Alínea *a* acrescentada pela Lei n. 12.594, de 18-1-2012.

b) valor doado, especificando se a doação foi em espécie ou em bens.

•• Alínea *b* acrescentada pela Lei n. 12.594, de 18-1-2012.

Art. 260-H. Em caso de descumprimento das obrigações previstas no art. 260-G, a Secretaria da Receita Federal do Brasil dará conhecimento do fato ao Ministério Público.

•• Artigo acrescentado pela Lei n. 12.594, de 18-1-2012.

Art. 260-I. Os Conselhos dos Direitos da Criança e do Adolescente nacional, estaduais, distrital e municipais divulgarão amplamente à comunidade:

•• *Caput* acrescentado pela Lei n. 12.594, de 18-1-2012.

I – o calendário de suas reuniões;

•• Inciso I acrescentado pela Lei n. 12.594, de 18-1-2012.

II – as ações prioritárias para aplicação das políticas de atendimento à criança e ao adolescente;

•• Inciso II acrescentado pela Lei n. 12.594, de 18-1-2012.

III – os requisitos para a apresentação de projetos a serem beneficiados com recursos dos Fundos dos Direitos da Criança e do Adolescente nacional, estaduais, distrital ou municipais;

•• Inciso III acrescentado pela Lei n. 12.594, de 18-1-2012.

IV – a relação dos projetos aprovados em cada ano-calendário e o valor dos recursos previstos para implementação das ações, por projeto;

•• Inciso IV acrescentado pela Lei n. 12.594, de 18-1-2012.

V – o total dos recursos recebidos e a respectiva destinação, por projeto atendido, inclusive com cadastramento na base de dados do Sistema de Informações sobre a Infância e a Adolescência; e

•• Inciso V acrescentado pela Lei n. 12.594, de 18-1-2012.

VI – a avaliação dos resultados dos projetos beneficiados com recursos dos Fundos dos Direitos da Criança e do Adolescente nacional, estaduais, distrital e municipais.

•• Inciso VI acrescentado pela Lei n. 12.594, de 18-1-2012.

Art. 260-J. O Ministério Público determinará, em cada Comarca, a forma de fiscalização da aplicação dos incentivos fiscais referidos no art. 260 desta Lei.

•• *Caput* acrescentado pela Lei n. 12.594, de 18-1-2012.

Parágrafo único. O descumprimento do disposto nos arts. 260-G e 260-I sujeitará os infratores a responder por ação judicial proposta pelo Ministério Público, que poderá atuar de ofício, a requerimento ou representação de qualquer cidadão.

•• Parágrafo único acrescentado pela Lei n. 12.594, de 18-1-2012.

Art. 260-K. A Secretaria de Direitos Humanos da Presidência da República (SDH/PR) encaminhará à Secretaria da Receita Federal do Brasil, até 31 de outubro de cada ano, arquivo eletrônico contendo a relação atualizada dos Fundos dos Direitos da Criança e do Adolescente nacional, distrital, estaduais e municipais, com a indicação dos respectivos números de inscrição no CNPJ e das contas bancárias específicas mantidas em instituições financeiras públicas, destinadas exclusivamente a gerir os recursos dos Fundos.

•• Artigo acrescentado pela Lei n. 12.594, de 18-1-2012.

Art. 260-L. A Secretaria da Receita Federal do Brasil expedirá as instruções necessárias à aplicação do disposto nos arts. 260 a 260-K.

•• Artigo acrescentado pela Lei n. 12.594, de 18-1-2012.

Art. 261. À falta dos Conselhos Municipais dos Direitos da Criança e do Adolescente, os registros, inscrições e alterações a que se referem os arts. 90, parágrafo único, e 91 desta Lei serão efetuados perante a autoridade judiciária da comarca a que pertencer a entidade.

•• A Lei n. 12.010, de 3-8-2009, acrescentou §§ 1.º a 3.º ao art. 90 desta Lei, renumerando seu antigo parágrafo único.

Parágrafo único. A União fica autorizada a repassar aos Estados e Municípios, e os Estados aos Municípios, os recursos referentes aos programas e atividades previstos nesta Lei, tão logo estejam criados os Conselhos dos Direitos da Criança e do Adolescente nos seus respectivos níveis.

Art. 262. Enquanto não instalados os Conselhos Tutelares, as atribuições a eles conferidas serão exercidas pela autoridade judiciária.

Art. 264. O art. 102 da Lei n. 6.015, de 31 de dezembro de 1973, fica acrescido do seguinte item:

•• Texto já integrado ao diploma citado.

Art. 265. A Imprensa Nacional e demais gráficas da União, da administração direta ou indireta, inclusive fundações instituídas e mantidas pelo Poder Público Federal, promoverão edição popular do texto integral deste Estatuto, que será posto à disposição das escolas e das entidades de atendimento e de defesa dos direitos da criança e do adolescente.

Art. 265-A. O poder público fará periodicamente ampla divulgação dos direitos da criança e do adolescente nos meios de comunicação social.

•• *Caput* acrescentado pela Lei n. 13.257, de 8-3-2016.

Parágrafo único. A divulgação a que se refere o *caput* será veiculada em linguagem clara, compreensível e adequada a crianças e adolescentes, especialmente às crianças com idade inferior a 6 (seis) anos.

•• Parágrafo único acrescentado pela Lei n. 13.257, de 8-3-2016.

Art. 266. Esta Lei entra em vigor noventa dias após sua publicação.

Parágrafo único. Durante o período de vacância deverão ser promovidas atividades e campanhas de divulgação e esclarecimentos acerca do disposto nesta Lei.

Art. 267. Revogam-se as Leis n. 4.513, de 1964, e 6.697, de 10 de outubro de 1979 (Código de Menores), e as demais disposições em contrário.

Brasília, em 13 de julho de 1990; 169.º da Independência e 102.º da República.

FERNANDO COLLOR

LEI N. 8.078, DE 11 DE SETEMBRO DE 1990 (*)

Dispõe sobre a proteção do consumidor e dá outras providências.

O Presidente da República:
Faço saber que o Congresso Nacional decreta e eu sanciono a seguinte Lei:

TÍTULO I
DOS DIREITOS DO CONSUMIDOR

Capítulo I
DISPOSIÇÕES GERAIS

Art. 1.º O presente Código estabelece normas de proteção e defesa do consumidor, de ordem pública e interesse social, nos termos dos arts. 5.º, inciso XXXII, 170, inciso V, da Constituição Federal e art. 48 de suas Disposições Transitórias.

•• A Lei n. 12.291, de 20-7-2010, torna obrigatória a manutenção de exemplar do CDC nos estabelecimentos comerciais e de prestação de serviços.

Art. 2.º Consumidor é toda pessoa física ou jurídica que adquire ou utiliza produto ou serviço como destinatário final.

Parágrafo único. Equipara-se a consumidor a coletividade de pessoas, ainda que indetermináveis, que haja intervindo nas relações de consumo.

Art. 3.º Fornecedor é toda pessoa física ou jurídica, pública ou privada, nacional ou estrangeira, bem como os entes despersonalizados, que desenvolvem atividades de produção, montagem, criação, construção, transformação, importação, exportação, distribuição ou comercialização de produtos ou prestação de serviços.

•• *Vide* Súmula 675 do STJ.

§ 1.º Produto é qualquer bem, móvel ou imóvel, material ou imaterial.

(*) Publicada no *DOU*, de 12-9-1990, Suplemento. Retificada em 10-1-2007. O Decreto n. 11.034, de 5-4-2022, regulamenta esta Lei para fixar normas sobre o Serviço de Atendimento ao Consumidor. A Lei n. 12.529, de 30-11-2011, estrutura o Sistema Brasileiro de Defesa da Concorrência. O Decreto n. 7.962, de 15-3-2013, regulamenta esta Lei para dispor sobre a contratação no comércio eletrônico.

§ 2.º Serviço é qualquer atividade fornecida no mercado de consumo, mediante remuneração, inclusive as de natureza bancária, financeira, de crédito e securitária, salvo as decorrentes das relações de caráter trabalhista.

Capítulo II
DA POLÍTICA NACIONAL DE RELAÇÕES DE CONSUMO

Art. 4.º A Política Nacional das Relações de Consumo tem por objetivo o atendimento das necessidades dos consumidores, o respeito à sua dignidade, saúde e segurança, a proteção de seus interesses econômicos, a melhoria da sua qualidade de vida, bem como a transparência e harmonia das relações de consumo, atendidos os seguintes princípios:

•• *Caput* com redação determinada pela Lei n. 9.008, de 21-3-1995.

•• *Vide* Súmula 675 do STJ.

I – reconhecimento da vulnerabilidade do consumidor no mercado de consumo;

II – ação governamental no sentido de proteger efetivamente o consumidor:

a) por iniciativa direta;

b) por incentivos à criação e desenvolvimento de associações representativas;

c) pela presença do Estado no mercado de consumo;

d) pela garantia dos produtos e serviços com padrões adequados de qualidade, segurança, durabilidade e desempenho;

III – harmonização dos interesses dos participantes das relações de consumo e compatibilização da proteção do consumidor com a necessidade de desenvolvimento econômico e tecnológico, de modo a viabilizar os princípios nos quais se funda a ordem econômica (art. 170 da Constituição Federal), sempre com base na boa-fé e equilíbrio nas relações entre consumidores e fornecedores;

IV – educação e informação de fornecedores e consumidores, quanto aos seus direitos e deveres, com vistas à melhoria do mercado de consumo;

V – incentivo à criação pelos fornecedores de meios eficientes de controle de qualidade e segurança de produtos e serviços, assim como de mecanismos alternativos de solução de conflitos de consumo;

VI – coibição e repressão eficientes de todos os abusos praticados no mercado de consumo, inclusive a concorrência desleal e utilização indevida de inventos e criações industriais das marcas e nomes comerciais e signos distintivos, que possam causar prejuízos aos consumidores;

VII – racionalização e melhoria dos serviços públicos;

VIII – estudo constante das modificações do mercado de consumo;

IX – fomento de ações direcionadas à educação financeira e ambiental dos consumidores;

•• Inciso IX acrescentado pela Lei n. 14.181, de 1.º-7-2021.

X – prevenção e tratamento do superendividamento como forma de evitar a exclusão social do consumidor.

•• Inciso X acrescentado pela Lei n. 14.181, de 1.º-7-2021.

Art. 5.º Para a execução da Política Nacional das Relações de Consumo, contará o Poder Público com os seguintes instrumentos, entre outros:

•• *Vide* Súmula 675 do STJ.

I – manutenção de assistência jurídica, integral e gratuita para o consumidor carente;

II – instituição de Promotorias de Justiça de Defesa do Consumidor, no âmbito do Ministério Público;

III – criação de delegacias de polícia especializadas no atendimento de consumidores vítimas de infrações penais de consumo;

IV – criação de Juizados Especiais de Pequenas Causas e Varas Especializadas para a solução de litígios de consumo;

V – concessão de estímulos à criação e desenvolvimento das Associações de Defesa do Consumidor;

VI – instituição de mecanismos de prevenção e tratamento extrajudicial e judicial do superendividamento e de proteção do consumidor pessoa natural;

•• Inciso VI acrescentado pela Lei n. 14.181, de 1.º-7-2021.

VII – instituição de núcleos de conciliação e mediação de conflitos oriundos de superendividamento.

•• Inciso VII acrescentado pela Lei n. 14.181, de 1.º-7-2021.

§ 1.º (*Vetado*.)

§ 2.º (*Vetado*.)

Capítulo III
DOS DIREITOS BÁSICOS DO CONSUMIDOR

Art. 6.º São direitos básicos do consumidor:

I – a proteção da vida, saúde e segurança contra os riscos provocados por práticas no fornecimento de produtos e serviços considerados perigosos ou nocivos;

•• A Portaria n. 351, de 12-4-2023, do MJSP, dispõe sobre medidas administrativas a serem adotadas no âmbito do Ministério da Justiça e Segurança Pública, para fins de prevenção à disseminação de conteúdos flagrantemente ilícitos, prejudiciais ou danosos por plataformas de redes sociais.

II – a educação e divulgação sobre o consumo adequado dos produtos e serviços, asseguradas a liberdade de escolha e a igualdade nas contratações;

III – a informação adequada e clara sobre os diferentes produtos e serviços, com especificação correta de quantidade, características, composição, qualidade, tributos incidentes e preço, bem como sobre os riscos que apresentem;

•• Inciso III com redação determinada pela Lei n. 12.741, de 8-12-2012.

•• A Lei n. 10.962, de 11-10-2004, dispõe sobre a oferta e as formas de afixação de preços de produtos e serviços para o consumidor.

•• O Decreto n. 5.903, de 20-9-2006, dispõe sobre as práticas infracionais que atentam contra o direito básico do consumidor de obter informação adequada e clara sobre produtos e serviços.

• A Portaria n. 392, de 29-9-2021, do Ministério da Justiça e Segurança Pública, dispõe sobre a obrigatoriedade da informação ao consumidor em relação à ocorrência de alteração quantitativa de produto embalado posto à venda.

IV – a proteção contra a publicidade enganosa e abusiva, métodos comerciais coercitivos ou desleais, bem como contra práticas e cláusulas abusivas ou impostas no fornecimento de produtos e serviços;

V – a modificação das cláusulas contratuais que estabeleçam prestações desproporcionais ou sua revisão em razão de fatos supervenientes que as tornem excessivamente onerosas;

•• *Vide* Medida Provisória n. 2.172-32, de 23-8-2001.

VI – a efetiva prevenção e reparação de danos patrimoniais e morais, individuais, coletivos e difusos;

VII – o acesso aos órgãos judiciários e administrativos, com vistas à prevenção ou reparação de danos patrimoniais e morais, individuais, coletivos ou difusos, assegurada a proteção jurídica, administrativa e técnica aos necessitados;

VIII – a facilitação da defesa de seus direitos, inclusive com a inversão do ônus da prova, a seu favor, no processo civil, quando, a critério do juiz, for verossímil a alegação ou quando for ele hipossuficiente, segundo as regras ordinárias de experiências;

IX – (*Vetado*);

X – a adequada e eficaz prestação dos serviços públicos em geral;

XI – a garantia de práticas de crédito responsável, de educação financeira e de prevenção e tratamento de situações de superendividamento, preservado o mínimo existencial, nos termos da regulamentação, por meio da revisão e da repactuação da dívida, entre outras medidas;

•• Inciso XI acrescentado pela Lei n. 14.181, de 1.º-7-2021.

XII – a preservação do mínimo existencial, nos termos da regulamentação, na repactuação de dívidas e na concessão de crédito;

•• Inciso XII acrescentado pela Lei n. 14.181, de 1.º-7-2021.

•• O Decreto n. 11.150, de 26-7-2022, regulamenta a preservação e o não comprometimento do mínimo existencial para fins de prevenção, tratamento e conciliação de situações de superendividamento em dívidas de consumo.

XIII – a informação acerca dos preços dos produtos por unidade de medida, tal como por quilo, por litro, por metro ou por outra unidade, conforme o caso.

•• Inciso XIII acrescentado pela Lei n. 14.181, de 1.º-7-2021.

Parágrafo único. A informação de que trata o inciso III do *caput* deste artigo deve ser acessível à pessoa com deficiência, observado o disposto em regulamento.

•• Parágrafo único acrescentado pela Lei n. 13.146, de 6-7-2015.

Art. 7.º Os direitos previstos neste Código não excluem outros decorrentes de tratados ou convenções internacionais de que o Brasil seja signatário, da legislação interna ordinária, de regulamentos expedidos pelas autoridades administrativas competentes, bem como dos que derivem dos princípios gerais do direito, analogia, costumes e equidade.

Parágrafo único. Tendo mais de um autor a ofensa, todos responderão solidariamente pela reparação dos danos previstos nas normas de consumo.

Capítulo IV
DA QUALIDADE DE PRODUTOS E SERVIÇOS, DA PREVENÇÃO E DA REPARAÇÃO DOS DANOS

Seção I
Da Proteção à Saúde e Segurança

•• A Portaria n. 44, de 26-8-2024, da SENACON, estabelece estratégias destinadas à garantia da proteção da saúde dos consumidores em shows, festivais e quaisquer eventos de grandes proporções.

Art. 8.º Os produtos e serviços colocados no mercado de consumo não acarretarão riscos à saúde ou segurança dos consumidores, exceto os considerados normais e previsíveis em decorrência de sua natureza e fruição, obrigando-se os fornecedores, em qualquer hipótese, a dar as informações necessárias e adequadas a seu respeito.

§ 1.º Em se tratando de produto industrial, ao fabricante cabe prestar as informações a que se refere este artigo, através de impressos apropriados que devam acompanhar o produto.

•• Parágrafo único renumerado pela Lei n. 13.486, de 3-10-2017.

§ 2.º O fornecedor deverá higienizar os equipamentos e utensílios utilizados no fornecimento de produtos ou serviços, ou colocados à disposição do consumidor, e informar, de maneira ostensiva e adequada, quando for o caso, sobre o risco de contaminação.

•• § 2.º acrescentado pela Lei n. 13.486, de 3-10-2017.

Art. 9.º O fornecedor de produtos e serviços potencialmente nocivos ou perigosos à saúde ou segurança deverá informar, de maneira ostensiva e adequada, a respeito da sua nocividade ou periculosidade, sem prejuízo da adoção de outras medidas cabíveis em cada caso concreto.

Art. 10. O fornecedor não poderá colocar no mercado de consumo produto ou serviço que sabe ou deveria saber apresentar alto grau de nocividade ou periculosidade à saúde ou segurança.

§ 1.º O fornecedor de produtos e serviços que, posteriormente à sua introdução no mercado de consumo, tiver conhecimento da periculosidade que apresentem, deverá comunicar o fato imediatamente às autoridades competentes e aos consumidores, mediante anúncios publicitários.

§ 2.º Os anúncios publicitários a que se refere o parágrafo anterior serão veiculados na imprensa, rádio e televisão, às expensas do fornecedor do produto ou serviço.

§ 3.º Sempre que tiverem conhecimento de periculosidade de produtos ou serviços à saúde ou segurança dos consumidores, a União, os Estados, o Distrito Federal e os Municípios deverão informá-los a respeito.

Art. 11. (*Vetado*.)

Seção II
Da Responsabilidade pelo Fato do Produto e do Serviço

Art. 12. O fabricante, o produtor, o construtor, nacional ou estrangeiro, e o importador respondem, independentemente da existência de culpa, pela reparação dos danos causados aos consumidores por defeitos decorrentes de projeto, fabricação, construção, montagem, fórmulas, manipulação, apresentação ou acondicionamento de seus produtos, bem como por informações insuficientes ou inadequadas sobre sua utilização e riscos.

§ 1.º O produto é defeituoso quando não oferece a segurança que dele legitimamente se espera, levando-se em consideração as circunstâncias relevantes, entre as quais:

I – sua apresentação;

II – o uso e os riscos que razoavelmente dele se esperam;

III – a época em que foi colocado em circulação.

§ 2.º O produto não é considerado defeituoso pelo fato de outro de melhor qualidade ter sido colocado no mercado.

§ 3.º O fabricante, o construtor, o produtor ou importador só não será responsabilizado quando provar:

I – que não colocou o produto no mercado;

II – que, embora haja colocado o produto no mercado, o defeito inexiste;

III – a culpa exclusiva do consumidor ou de terceiro.

Art. 13. O comerciante é igualmente responsável, nos termos do artigo anterior, quando:

I – o fabricante, o construtor, o produtor ou o importador não puderem ser identificados;

II – o produto for fornecido sem identificação clara do seu fabricante, produtor, construtor ou importador;

III – não conservar adequadamente os produtos perecíveis.

Parágrafo único. Aquele que efetivar o pagamento ao prejudicado poderá exercer o direito de regresso contra os demais responsáveis, segundo sua participação na causação do evento danoso.

Art. 14. O fornecedor de serviços responde, independentemente da existência de culpa, pela reparação dos danos causados aos consumidores por defeitos relativos à prestação dos serviços, bem como por informações insuficientes ou inadequadas sobre sua fruição e riscos.

§ 1.º O serviço é defeituoso quando não fornece a segurança que o consumidor dele pode esperar, levando-se em consideração as circunstâncias relevantes, entre as quais:

I – o modo de seu fornecimento;

II – o resultado e os riscos que razoavelmente dele se esperam;

III – a época em que foi fornecido.

§ 2.º O serviço não é considerado defeituoso pela adoção de novas técnicas.

§ 3.º O fornecedor de serviços só não será responsabilizado quando provar:

I – que, tendo prestado o serviço, o defeito inexiste;

II – a culpa exclusiva do consumidor ou de terceiro.

§ 4.º A responsabilidade pessoal dos profissionais liberais será apurada mediante a verificação de culpa.

Art. 15. (Vetado.)

Art. 16. (Vetado.)

Art. 17. Para os efeitos desta Seção, equiparam-se aos consumidores todas as vítimas do evento.

Seção III
Da Responsabilidade por Vício do Produto e do Serviço

Art. 18. Os fornecedores de produtos de consumo duráveis ou não duráveis respondem solidariamente pelos vícios de qualidade ou quantidade que os tornem impróprios ou inadequados ao consumo a que se destinam ou lhes diminuam o valor, assim como por aqueles decorrentes da disparidade, com as indicações constantes do recipiente, da embalagem, rotulagem ou mensagem publicitária, respeitadas as variações decorrentes de sua natureza, podendo o consumidor exigir a substituição das partes viciadas.

§ 1.º Não sendo o vício sanado no prazo máximo de trinta dias, pode o consumidor exigir, alternativamente e à sua escolha:

I – a substituição do produto por outro da mesma espécie, em perfeitas condições de uso;

II – a restituição imediata da quantia paga, monetariamente atualizada, sem prejuízo de eventuais perdas e danos;

III – o abatimento proporcional do preço.

§ 2.º Poderão as partes convencionar a redução ou ampliação do prazo previsto no parágrafo anterior, não podendo ser inferior a sete nem superior a cento e oitenta dias. Nos contratos de adesão, a cláusula de prazo deverá ser convencionada em separado, por meio de manifestação expressa do consumidor.

§ 3.º O consumidor poderá fazer uso imediato das alternativas do § 1.º deste artigo sempre que, em razão da extensão do vício, a substituição das partes viciadas puder comprometer a qualidade ou características do produto, diminuir-lhe o valor ou se tratar de produto essencial.

§ 4.º Tendo o consumidor optado pela alternativa do inciso I do § 1.º deste artigo, e não sendo possível a substituição do bem, poderá haver substituição por outro de espécie, marca ou modelo diversos, mediante complementação ou restituição de eventual diferença de preço, sem prejuízo do disposto nos incisos II e III do § 1.º deste artigo.

§ 5.º No caso de fornecimento de produtos *in natura*, será responsável perante o consumidor o fornecedor imediato, exceto quando identificado claramente seu produtor.

§ 6.º São impróprios ao uso e consumo:

I – os produtos cujos prazos de validade estejam vencidos;

II – os produtos deteriorados, alterados, adulterados, avariados, falsificados, corrompidos, fraudados, nocivos à vida ou à saúde, perigosos ou, ainda, aqueles em desacordo com as normas regulamentares de fabricação, distribuição ou apresentação;

III – os produtos que, por qualquer motivo, se revelem inadequados ao fim a que se destinam.

Art. 19. Os fornecedores respondem solidariamente pelos vícios de quantidade do produto sempre que, respeitadas as variações decorrentes de sua natureza, seu conteúdo líquido for inferior às indicações constantes do recipiente, da embalagem, rotulagem ou de mensagem publicitária, podendo o consumidor exigir, alternativamente e à sua escolha:

I – o abatimento proporcional do preço;

II – complementação do peso ou medida;

III – a substituição do produto por outro da mesma espécie, marca ou modelo, sem os aludidos vícios;

IV – a restituição imediata da quantia paga, monetariamente atualizada, sem prejuízo de eventuais perdas e danos.

§ 1.º Aplica-se a este artigo o disposto no § 4.º do artigo anterior.

§ 2.º O fornecedor imediato será responsável quando fizer a pesagem ou a medição e o instrumento utilizado não estiver aferido segundo os padrões oficiais.

Art. 20. O fornecedor de serviços responde pelos vícios de qualidade que os tornem impróprios ao consumo ou lhes diminuam o valor, assim como por aqueles decorrentes da disparidade com as indicações constantes da oferta ou mensagem publicitária, podendo o consumidor exigir, alternativamente e à sua escolha:

I – a reexecução dos serviços, sem custo adicional e quando cabível;

II – a restituição imediata da quantia paga, monetariamente atualizada, sem prejuízo de eventuais perdas e danos;

III – o abatimento proporcional do preço.

§ 1.º A reexecução dos serviços poderá ser confiada a terceiros devidamente capacitados, por conta e risco do fornecedor.

§ 2.º São impróprios os serviços que se mostrem inadequados para os fins que razoavelmente deles se esperam, bem como aqueles que não atendam as normas regulamentares de prestabilidade.

Art. 21. No fornecimento de serviços que tenham por objetivo a reparação de qualquer produto considerar-se-á implícita a obrigação do fornecedor de empregar componentes de reposição originais adequados e novos, ou que mantenham as especificações técnicas do fabricante, salvo, quanto a estes últimos, autorização em contrário do consumidor.

Art. 22. Os órgãos públicos, por si ou suas empresas, concessionárias, permissionárias ou sob qualquer outra forma de empreendimento, são obrigados a fornecer serviços adequados, eficientes, seguros e, quanto aos essenciais, contínuos.

Parágrafo único. Nos casos de descumprimento, total ou parcial, das obrigações referidas neste artigo, serão as pessoas jurídicas compelidas a cumpri-las e a reparar os danos causados, na forma prevista neste Código.

Art. 23. A ignorância do fornecedor sobre os vícios de qualidade por inadequação dos produtos e serviços não o exime de responsabilidade.

Art. 24. A garantia legal de adequação do produto ou serviço independe de termo expresso, vedada a exoneração contratual do fornecedor.

Art. 25. É vedada a estipulação contratual de cláusula que impossibilite, exonere ou atenue a obrigação de indenizar prevista nesta e nas Seções anteriores.

§ 1.º Havendo mais de um responsável pela causação do dano, todos responderão solidariamente pela reparação prevista nesta e nas Seções anteriores.

§ 2.º Sendo o dano causado por componente ou peça incorporada ao produto ou serviço, são responsáveis solidários seu fabricante, construtor ou importador e o que realizou a incorporação.

Seção IV
Da Decadência e da Prescrição

Art. 26. O direito de reclamar pelos vícios aparentes ou de fácil constatação caduca em:

I – trinta dias, tratando-se de fornecimento de serviço e de produto não duráveis;

II – noventa dias, tratando-se de fornecimento de serviço e de produto duráveis.

§ 1.º Inicia-se a contagem do prazo decadencial a partir da entrega efetiva do produto ou do término da execução dos serviços.

§ 2.º Obstam a decadência:

I – a reclamação comprovadamente formulada pelo consumidor perante o fornecedor de produtos e serviços até a resposta negativa correspondente, que deve ser transmitida de forma inequívoca;

II – (*Vetado*);

III – a instauração de inquérito civil, até seu encerramento.

§ 3.º Tratando-se de vício oculto, o prazo decadencial inicia-se no momento em que ficar evidenciado o defeito.

Art. 27. Prescreve em cinco anos a pretensão à reparação pelos danos causados por fato do produto ou do serviço prevista na Seção II deste Capítulo, iniciando-se a contagem do prazo a partir do conhecimento do dano e de sua autoria.

Parágrafo único. (*Vetado*).

Seção V
Da Desconsideração da Personalidade Jurídica

Art. 28. O juiz poderá desconsiderar a personalidade jurídica da sociedade quando, em detrimento do consumidor, houver abuso de direito, excesso de poder, infração da lei, fato ou ato ilícito ou violação dos estatutos ou contrato social. A desconsideração também será efetivada quando houver falência, estado de insolvência, encerramento ou inatividade da pessoa jurídica provocados por má administração.

§ 1.º (*Vetado*.)

§ 2.º As sociedades integrantes dos grupos societários e as sociedades controladas, são subsidiariamente responsáveis pelas obrigações decorrentes deste Código.

§ 3.º As sociedades consorciadas são solidariamente responsáveis pelas obrigações decorrentes deste Código.

§ 4.º As sociedades coligadas só responderão por culpa.

§ 5.º Também poderá ser desconsiderada a pessoa jurídica sempre que sua personalidade for, de alguma forma, obstáculo ao ressarcimento de prejuízos causados aos consumidores.

Capítulo V
DAS PRÁTICAS COMERCIAIS

Seção I
Das Disposições Gerais

Art. 29. Para os fins deste Capítulo e do seguinte, equiparam-se aos consumidores todas as pessoas determináveis ou não, expostas às práticas nele previstas.

Seção II
Da Oferta

Art. 30. Toda informação ou publicidade, suficientemente precisa, veiculada por qualquer forma ou meio de comunicação com relação a produtos e serviços oferecidos ou apresentados, obriga o fornecedor que a fizer veicular ou dela se utilizar e integra o contrato que vier a ser celebrado.

Art. 31. A oferta e apresentação de produtos ou serviços devem assegurar informações corretas, claras, precisas, ostensivas e em língua portuguesa sobre suas características, qualidades, quantidade, composição, preço, garantia, prazos de validade e origem, entre outros dados, bem como sobre os riscos que apresentam à saúde e segurança dos consumidores.

•• A Lei n. 10.962, de 11-10-2004, dispõe sobre a oferta e as formas de afixação de preços de produtos e serviços para o consumidor.

•• O Decreto n. 5.903, de 20-9-2006, dispõe sobre as práticas infracionais que atentam contra o direito básico do consumidor de obter informação adequada e clara sobre produtos e serviços.

Parágrafo único. As informações de que trata este artigo, nos produtos refrigerados oferecidos ao consumidor, serão gravadas de forma indelével.

•• Parágrafo único acrescentado pela Lei n. 11.989, de 27-7-2009.

Art. 32. Os fabricantes e importadores deverão assegurar a oferta de componentes e peças de reposição enquanto não cessar a fabricação ou importação do produto.

Parágrafo único. Cessadas a produção ou importação, a oferta deverá ser mantida por período razoável de tempo, na forma da lei.

Art. 33. Em caso de oferta ou venda por telefone ou reembolso postal, deve constar o nome do fabricante e endereço na embalagem, publicidade e em todos os impressos utilizados na transação comercial.

Parágrafo único. É proibida a publicidade de bens e serviços por telefone, quando a chamada for onerosa ao consumidor que a origina.

•• Parágrafo único acrescentado pela Lei n. 11.800, de 29-10-2008.

Art. 34. O fornecedor do produto ou serviço é solidariamente responsável pelos atos de seus prepostos ou representantes autônomos.

Art. 35. Se o fornecedor de produtos ou serviços recusar cumprimento à oferta, apresentação ou publicidade, o consumidor poderá, alternativamente e à sua livre escolha:

I – exigir o cumprimento forçado da obrigação, nos termos da oferta, apresentação ou publicidade;

II – aceitar outro produto ou prestação de serviço equivalente;

III – rescindir o contrato, com direito à restituição de quantia eventualmente antecipada, monetariamente atualizada, e a perdas e danos.

Seção III
Da Publicidade

Art. 36. A publicidade deve ser veiculada de tal forma que o consumidor, fácil e imediatamente, a identifique como tal.

Parágrafo único. O fornecedor, na publicidade de seus produtos ou serviços, manterá, em seu poder, para informação dos legítimos interessados, os dados fáticos, técnicos e científicos que dão sustentação à mensagem.

Art. 37. É proibida toda publicidade enganosa ou abusiva.

•• Vide art. 67 desta Lei.

§ 1.º É enganosa qualquer modalidade de informação ou comunicação de caráter publicitário, inteira ou parcialmente falsa, ou, por qualquer outro modo, mesmo por omissão, capaz de induzir em erro o consumidor a respeito da natureza, características, qualidade, quantidade, propriedades, origem, preço e quaisquer outros dados sobre produtos e serviços.

§ 2.º É abusiva, dentre outras, a publicidade discriminatória de qualquer natureza, a que incite à violência, explore o medo ou a superstição, se aproveite da deficiência de julgamento e experiência da criança, desrespeita valores ambientais, ou que seja capaz de induzir o consumidor a se comportar de forma prejudicial ou perigosa à sua saúde ou segurança.

§ 3.º Para os efeitos deste Código, a publicidade é enganosa por omissão quando deixar de informar sobre dado essencial do produto ou serviço.

§ 4.º (*Vetado.*)

Art. 38. O ônus da prova da veracidade e correção da informação ou comunicação publicitária cabe a quem as patrocina.

Seção IV
Das Práticas Abusivas

Art. 39. É vedado ao fornecedor de produtos ou serviços, dentre outras práticas abusivas:

•• *Caput* com redação determinada pela Lei n. 8.884, de 11-6-1994.

I – condicionar o fornecimento de produto ou de serviço ao fornecimento de outro produto ou serviço, bem como, sem justa causa, a limites quantitativos;

II – recusar atendimento às demandas dos consumidores, na exata medida de suas disponibilidades de estoque, e, ainda, de conformidade com os usos e costumes;

III – enviar ou entregar ao consumidor, sem solicitação prévia, qualquer produto, ou fornecer qualquer serviço;

IV – prevalecer-se da fraqueza ou ignorância do consumidor, tendo em vista sua idade, saúde, conhecimento ou condição social, para impingir-lhe seus produtos ou serviços;

V – exigir do consumidor vantagem manifestamente excessiva;

•• A Portaria n. 7, de 3-9-2003, da Secretaria de Direito Econômico, considera abusiva, nos termos deste inciso, a interrupção da internação hospitalar em leito clínico, cirúrgico ou em centro de terapia intensiva ou similar, por motivos alheios às prescrições médicas.

VI – executar serviços sem a prévia elaboração de orçamento e autorização expressa do consumidor, ressalvadas as decorrentes de práticas anteriores entre as partes;

VII – repassar informação depreciativa, referente a ato praticado pelo consumidor no exercício de seus direitos;

VIII – colocar, no mercado de consumo, qualquer produto ou serviço em desacordo com as normas expedidas pelos órgãos oficiais competentes ou, se normas específicas não existirem, pela Associação Brasileira de Normas Técnicas ou outra entidade credenciada pelo Conselho Nacional de Metrologia, Normalização e Qualidade Industrial – CONMETRO;

IX – recusar a venda de bens ou a prestação de serviços, diretamente a quem se disponha a adquiri-los mediante pronto pagamento, ressalvados os casos de intermediação regulados em leis especiais;

•• Inciso IX com redação determinada pela Lei n. 8.884, de 11-6-1994.

X – elevar sem justa causa o preço de produtos ou serviços;

•• A Medida Provisória n. 1.890-67, de 22-10-1999, que foi convertida na Lei n. 9.870, de 23-11-1999, acrescentava o inciso XI a este artigo. Porém, na conversão passou a acrescentar o inciso XIII, com redação idêntica, sem mencionar o inciso XI.

•• Inciso X com redação determinada pela Lei n. 8.884, de 11-6-1994.

XII – deixar de estipular prazo para o cumprimento de sua obrigação ou deixar a fixação de seu termo inicial a seu exclusivo critério;

•• Inciso XII acrescentado pela Lei n. 9.008, de 21-3-1995.

XIII – aplicar fórmula ou índice de reajuste diverso do legal ou contratualmente estabelecido;

•• Inciso XIII acrescentado pela Lei n. 9.870, de 23-11-1999.

XIV – permitir o ingresso em estabelecimentos comerciais ou de serviços de um número maior de consumidores que o fixado pela autoridade administrativa como máximo.

•• Inciso XIV acrescentado pela Lei n. 13.425, de 30-3-2017.

•• A Lei n. 14.368, de 14-6-2022, propôs o acréscimo do inciso XV, todavia teve seu texto vetado.

Parágrafo único. Os serviços prestados e os produtos remetidos ou entregues ao consumidor, na hipótese prevista no inciso III, equiparam-se às amostras grátis, inexistindo obrigação de pagamento.

Art. 40. O fornecedor de serviço será obrigado a entregar ao consumidor orçamento prévio discriminando o valor da mão de obra, dos materiais e equipamentos a serem empregados, as condições de pagamento, bem como as datas de início e término dos serviços.

§ 1.º Salvo estipulação em contrário, o valor orçado terá validade pelo prazo de dez dias, contado de seu recebimento pelo consumidor.

§ 2.º Uma vez aprovado pelo consumidor, o orçamento obriga os contraentes e somente pode ser alterado mediante livre negociação das partes.

§ 3.º O consumidor não responde por quaisquer ônus ou acréscimos decorrentes da contratação de serviços de terceiros, não previstos no orçamento prévio.

Art. 41. No caso de fornecimento de produtos ou de serviços sujeitos ao regime de controle ou de tabela-

Lei n. 8.078, de 11-9-1990 — Código do Consumidor

mento de preços, os fornecedores deverão respeitar os limites oficiais sob pena de, não o fazendo, responderem pela restituição da quantia recebida em excesso, monetariamente atualizada, podendo o consumidor exigir, à sua escolha, o desfazimento do negócio, sem prejuízo de outras sanções cabíveis.

•• A Lei n. 1.521, de 26-12-1951, determina os crimes contra a economia popular.

Seção V
Da Cobrança de Dívidas

Art. 42. Na cobrança de débitos, o consumidor inadimplente não será exposto a ridículo, nem será submetido a qualquer tipo de constrangimento ou ameaça.

Parágrafo único. O consumidor cobrado em quantia indevida tem direito à repetição do indébito, por valor igual ao dobro do que pagou em excesso, acrescido de correção monetária e juros legais, salvo hipótese de engano justificável.

Art. 42-A. Em todos os documentos de cobrança de débitos apresentados ao consumidor, deverão constar o nome, o endereço e o número de inscrição no Cadastro de Pessoas Físicas – CPF ou no Cadastro Nacional de Pessoa Jurídica – CNPJ do fornecedor do produto ou serviço correspondente.

•• Artigo acrescentado pela Lei n. 12.039, de 1.º-10-2009.

Seção VI
Dos Bancos de Dados e Cadastros de Consumidores

Art. 43. O consumidor, sem prejuízo do disposto no art. 86, terá acesso às informações existentes em cadastros, fichas, registros e dados pessoais e de consumo arquivados sobre ele, bem como sobre as suas respectivas fontes.

§ 1.º Os cadastros e dados de consumidores devem ser objetivos, claros, verdadeiros e em linguagem de fácil compreensão, não podendo conter informações negativas referentes a período superior a cinco anos.

§ 2.º A abertura de cadastro, ficha, registro e dados pessoais e de consumo deverá ser comunicada por escrito ao consumidor, quando não solicitada por ele.

•• *Vide* Súmulas 359, 385 e 404 do STJ.

§ 3.º O consumidor, sempre que encontrar inexatidão nos seus dados e cadastros, poderá exigir sua imediata correção, devendo o arquivista, no prazo de cinco dias úteis, comunicar a alteração aos eventuais destinatários das informações incorretas.

•• *Vide* Súmula 548 do STJ.

§ 4.º Os bancos de dados e cadastros relativos a consumidores, os serviços de proteção ao crédito e congêneres são considerados entidades de caráter público.

§ 5.º Consumada a prescrição relativa à cobrança de débitos do consumidor, não serão fornecidas, pelos respectivos Sistemas de Proteção ao Crédito, quaisquer informações que possam impedir ou dificultar novo acesso ao crédito junto aos fornecedores.

§ 6.º Todas as informações de que trata o *caput* deste artigo devem ser disponibilizadas em formatos acessíveis, inclusive para a pessoa com deficiência, mediante solicitação do consumidor.

•• § 6.º acrescentado pela Lei n. 13.146, de 6-7-2015.

Art. 44. Os órgãos públicos de defesa do consumidor manterão cadastros atualizados de reclamações fundamentadas contra fornecedores de produtos e serviços, devendo divulgá-lo pública e anualmente. A divulgação indicará se a reclamação foi atendida ou não pelo fornecedor.

§ 1.º É facultado o acesso às informações lá constantes para orientação e consulta por qualquer interessado.

§ 2.º Aplicam-se a este artigo, no que couber, as mesmas regras enunciadas no artigo anterior e as do parágrafo único do art. 22 deste Código.

Art. 45. (*Vetado*.)

Capítulo VI
DA PROTEÇÃO CONTRATUAL

Seção I
Disposições Gerais

Art. 46. Os contratos que regulam as relações de consumo não obrigarão os consumidores, se não lhes for dada a oportunidade de tomar conhecimento prévio de seu conteúdo, ou se os respectivos instrumentos forem redigidos de modo a dificultar a compreensão de seu sentido e alcance.

Art. 47. As cláusulas contratuais serão interpretadas de maneira mais favorável ao consumidor.

Art. 48. As declarações de vontade constantes de escritos particulares, recibos e pré-contratos relativos às relações de consumo vinculam o fornecedor, ensejando inclusive execução específica, nos termos do art. 84 e parágrafos.

Art. 49. O consumidor pode desistir do contrato, no prazo de 7 dias a contar de sua assinatura ou do ato de recebimento do produto ou serviço, sempre que a contratação de fornecimento de produtos e serviços ocorrer fora do estabelecimento comercial, especialmente por telefone ou a domicílio.

Parágrafo único. Se o consumidor exercitar o direito de arrependimento previsto neste artigo, os valores eventualmente pagos, a qualquer título, durante o prazo de reflexão, serão devolvidos, de imediato, monetariamente atualizados.

Art. 50. A garantia contratual é complementar à legal e será conferida mediante termo escrito.

Parágrafo único. O termo de garantia ou equivalente deve ser padronizado e esclarecer, de maneira adequada, em que consiste a mesma garantia, bem como a forma, o prazo e o lugar em que pode ser exercitada e os ônus a cargo do consumidor, devendo ser-lhe entregue, devidamente preenchido pelo fornecedor, no ato do fornecimento, acompanhado de manual de instrução, de instalação e uso de produto em linguagem didática, com ilustrações.

Seção II
Das Cláusulas Abusivas

•• *Vide* Portaria n. 4, de 13-3-1998, da Secretaria de Direito Econômico do Ministério da Justiça.

•• *Vide* Portaria n. 3, de 19-3-1999, da Secretaria de Direito Econômico do Ministério da Justiça.

•• *Vide* Portaria n. 3, de 15-3-2001, da Secretaria de Direito Econômico do Ministério da Justiça.

•• *Vide* Portaria n. 5, de 27-8-2002, da Secretaria de Direito Econômico do Ministério da Justiça.

•• *Vide* Súmula 302 do STJ.

Art. 51. São nulas de pleno direito, entre outras, as cláusulas contratuais relativas ao fornecimento de produtos e serviços que:

I – impossibilitem, exonerem ou atenuem a responsabilidade do fornecedor por vícios de qualquer natureza dos produtos e serviços ou impliquem renúncia ou disposição de direitos. Nas relações de consumo entre o fornecedor e o consumidor-pessoa jurídica, a indenização poderá ser limitada, em situações justificáveis;

•• *Vide* Súmula 638 do STJ.

II – subtraiam ao consumidor a opção de reembolso da quantia já paga, nos casos previstos neste Código;

III – transfiram responsabilidades a terceiros;

IV – estabeleçam obrigações consideradas iníquas, abusivas, que coloquem o consumidor em desvantagem exagerada, ou sejam incompatíveis com a boa-fé ou a equidade;

V – (*Vetado*);

VI – estabeleçam inversão do ônus da prova em prejuízo do consumidor;

VII – determinem a utilização compulsória de arbitragem;

VIII – imponham representante para concluir ou realizar outro negócio jurídico pelo consumidor;

IX – deixem ao fornecedor a opção de concluir ou não o contrato, embora obrigando o consumidor;

X – permitam ao fornecedor, direta ou indiretamente, variação do preço de maneira unilateral;

XI – autorizem o fornecedor a cancelar o contrato unilateralmente, sem que igual direito seja conferido ao consumidor;

XII – obriguem o consumidor a ressarcir os custos de cobrança de sua obrigação, sem que igual direito lhe seja conferido contra o fornecedor;

XIII – autorizem o fornecedor a modificar unilateralmente o conteúdo ou a qualidade do contrato, após sua celebração;

XIV – infrinjam ou possibilitem a violação de normas ambientais;

XV – estejam em desacordo com o sistema de proteção ao consumidor;

XVI – possibilitem a renúncia do direito de indenização por benfeitorias necessárias;

XVII – condicionem ou limitem de qualquer forma o acesso aos órgãos do Poder Judiciário;

•• Inciso XVII acrescentado pela Lei n. 14.181, de 1.º-7-2021.

XVIII – estabeleçam prazos de carência em caso de impontualidade das prestações mensais ou impeçam o restabelecimento integral dos direitos do consumidor e de seus meios de pagamento a partir da purgação da mora ou do acordo com os credores;

•• Inciso XVIII acrescentado pela Lei n. 14.181, de 1.º-7-2021.

XIX – (*Vetado*.)

•• Inciso XIX acrescentado pela Lei n. 14.181, de 1.º-7-2021.

§ 1.º Presume-se exagerada, entre outros casos, a vantagem que:

I – ofende os princípios fundamentais do sistema jurídico a que pertence;

II – restringe direitos ou obrigações fundamentais inerentes à natureza do contrato, de tal modo a ameaçar seu objeto ou o equilíbrio contratual;

III – se mostra excessivamente onerosa para o consumidor, considerando-se a natureza e conteúdo do contrato, o interesse das partes e outras circunstâncias peculiares ao caso.

§ 2.º A nulidade de uma cláusula contratual abusiva não invalida o contrato, exceto quando de sua ausência, apesar dos esforços de integração, decorrer ônus excessivo a qualquer das partes.

§ 3.º (*Vetado.*)

§ 4.º É facultado a qualquer consumidor ou entidade que o represente requerer ao Ministério Público que ajuíze a competente ação para ser declarada a nulidade de cláusula contratual que contrarie o disposto neste Código ou de qualquer forma não assegure o justo equilíbrio entre direitos e obrigações das partes.

Art. 52. No fornecimento de produtos ou serviços que envolva outorga de crédito ou concessão de financiamento ao consumidor, o fornecedor deverá, entre outros requisitos, informá-lo prévia e adequadamente sobre:

•• *Vide* art. 54-B do CDC.

I – preço do produto ou serviço em moeda corrente nacional;

II – montante dos juros de mora e da taxa efetiva anual de juros;

III – acréscimos legalmente previstos;

IV – número e periodicidade das prestações;

V – soma total a pagar, com e sem financiamento.

§ 1.º As multas de mora decorrentes do inadimplemento de obrigações no seu termo não poderão ser superiores a 2% (dois por cento) do valor da prestação.

•• § 1.º com redação determinada pela Lei n. 9.298, de 1.º-8-1996.

§ 2.º É assegurada ao consumidor a liquidação antecipada do débito, total ou parcialmente, mediante redução proporcional dos juros e demais acréscimos.

§ 3.º (*Vetado.*)

Art. 53. Nos contratos de compra e venda de móveis ou imóveis mediante pagamento em prestações, bem como nas alienações fiduciárias em garantia, consideram-se nulas de pleno direito as cláusulas que estabeleçam a perda total das prestações pagas em benefício do credor que, em razão do inadimplemento, pleitear a resolução do contrato e a retomada do produto alienado.

§ 1.º (*Vetado.*)

§ 2.º Nos contratos do sistema de consórcio de produtos duráveis, a compensação ou a restituição das parcelas quitadas, na forma deste artigo, terá descontada, além da vantagem econômica auferida com a fruição, os prejuízos que o desistente ou inadimplente causar ao grupo.

§ 3.º Os contratos de que trata o *caput* deste artigo serão expressos em moeda corrente nacional.

Seção III
Dos Contratos de Adesão

Art. 54. Contrato de adesão é aquele cujas cláusulas tenham sido aprovadas pela autoridade competente ou estabelecidas unilateralmente pelo fornecedor de produtos ou serviços, sem que o consumidor possa discutir ou modificar substancialmente seu conteúdo.

§ 1.º A inserção de cláusula no formulário não desfigura a natureza de contrato de adesão.

§ 2.º Nos contratos de adesão admite-se cláusula resolutória, desde que alternativa, cabendo a escolha ao consumidor, ressalvando-se o disposto no § 2.º do artigo anterior.

§ 3.º Os contratos de adesão escritos serão redigidos em termos claros e com caracteres ostensivos e legíveis, cujo tamanho da fonte não será inferior ao corpo doze, de modo a facilitar sua compreensão pelo consumidor.

•• § 3.º com redação determinada pela Lei n. 11.785, de 22-9-2008.

•• *Vide* Súmula 620 do STJ.

§ 4.º As cláusulas que implicarem limitação de direito do consumidor deverão ser redigidas com destaque, permitindo sua imediata e fácil compreensão.

•• *Vide* Súmula 620 do STJ.

§ 5.º (*Vetado.*)

Capítulo VI-A
DA PREVENÇÃO E DO TRATAMENTO DO SUPERENDIVIDAMENTO

•• Capítulo VI-A acrescentado pela Lei n. 14.181, de 1.º-7-2021.

Art. 54-A. Este Capítulo dispõe sobre a prevenção do superendividamento da pessoa natural, sobre o crédito responsável e sobre a educação financeira do consumidor.

•• *Caput* acrescentado pela Lei n. 14.181, de 1.º-7-2021.

•• A validade dos negócios e dos demais atos jurídicos de crédito em curso constituídos antes da entrada em vigor da Lei n. 14.181, de 1.º-7-2021, obedece ao disposto em lei anterior, mas os efeitos produzidos subordinam-se aos preceitos dessa lei.

§ 1.º Entende-se por superendividamento a impossibilidade manifesta de o consumidor pessoa natural, de boa-fé, pagar a totalidade de suas dívidas de consumo, exigíveis e vincendas, sem comprometer seu mínimo existencial, nos termos da regulamentação.

•• § 1.º acrescentado pela Lei n. 14.181, de 1.º-7-2021.

•• O Decreto n. 11.150, de 26-7-2022, regulamenta a preservação e o não comprometimento do mínimo existencial para fins de prevenção, tratamento e conciliação de situações de superendividamento em dívidas de consumo.

§ 2.º As dívidas referidas no § 1.º deste artigo englobam quaisquer compromissos financeiros assumidos decorrentes de relação de consumo, inclusive operações de crédito, compras a prazo e serviços de prestação continuada.

•• § 2.º acrescentado pela Lei n. 14.181, de 1.º-7-2021.

§ 3.º O disposto neste Capítulo não se aplica ao consumidor cujas dívidas tenham sido contraídas mediante fraude ou má-fé, sejam oriundas de contratos celebrados dolosamente com o propósito de não realizar o pagamento ou decorram da aquisição ou contratação de produtos e serviços de luxo de alto valor.

•• § 3.º acrescentado pela Lei n. 14.181, de 1.º-7-2021.

Art. 54-B. No fornecimento de crédito e na venda a prazo, além das informações obrigatórias previstas no Art. 52 deste Código e na legislação aplicável à matéria, o fornecedor ou o intermediário deverá informar o consumidor, prévia e adequadamente, no momento da oferta, sobre:

•• *Caput* acrescentado pela Lei n. 14.181, de 1.º-7-2021.

I – o custo efetivo total e a descrição dos elementos que o compõem;

•• Inciso I acrescentado pela Lei n. 14.181, de 1.º-7-2021.

II – a taxa efetiva mensal de juros, bem como a taxa dos juros de mora e o total de encargos, de qualquer natureza, previstos para o atraso no pagamento;

•• Inciso II acrescentado pela Lei n. 14.181, de 1.º-7-2021.

III – o montante das prestações e o prazo de validade da oferta, que deve ser, no mínimo, de 2 (dois) dias;

•• Inciso III acrescentado pela Lei n. 14.181, de 1.º-7-2021.

IV – o nome e o endereço, inclusive o eletrônico, do fornecedor;

•• Inciso IV acrescentado pela Lei n. 14.181, de 1.º-7-2021.

V – o direito do consumidor à liquidação antecipada e não onerosa do débito, nos termos do § 2.º do art. 52 deste Código e da regulamentação em vigor.

•• Inciso V acrescentado pela Lei n. 14.181, de 1.º-7-2021.

§ 1.º As informações referidas no art. 52 deste Código e no *caput* deste artigo devem constar de forma clara e resumida do próprio contrato, da fatura ou de instrumento apartado, de fácil acesso ao consumidor.

•• § 1.º acrescentado pela Lei n. 14.181, de 1.º-7-2021.

§ 2.º Para efeitos deste Código, o custo efetivo total da operação de crédito ao consumidor consistirá em taxa percentual anual e compreenderá todos os valores cobrados do consumidor, sem prejuízo do cálculo padronizado pela autoridade reguladora do sistema financeiro.

•• § 2.º acrescentado pela Lei n. 14.181, de 1.º-7-2021.

§ 3.º Sem prejuízo do disposto no art. 37 deste Código, a oferta de crédito ao consumidor e a oferta de venda a prazo, ou a fatura mensal, conforme o caso, devem indicar, no mínimo, o custo efetivo total, o agente financiador e a soma total a pagar, com e sem financiamento.

•• § 3.º acrescentado pela Lei n. 14.181, de 1.º-7-2021.

Art. 54-C. É vedado, expressa ou implicitamente, na oferta de crédito ao consumidor, publicitária ou não:

•• *Caput* acrescentado pela Lei n. 14.181, de 1.º-7-2021.

I – (*Vetado.*)

•• Inciso I acrescentado pela Lei n. 14.181, de 1.º-7-2021.

II – indicar que a operação de crédito poderá ser concluída sem consulta a serviços de proteção ao crédito ou sem avaliação da situação financeira do consumidor;

•• Inciso II acrescentado pela Lei n. 14.181, de 1.º-7-2021.

III – ocultar ou dificultar a compreensão sobre os ônus e os riscos da contratação do crédito ou da venda a prazo;

•• Inciso III acrescentado pela Lei n. 14.181, de 1.º-7-2021.

IV – assediar ou pressionar o consumidor para contratar o fornecimento de produto, serviço ou crédito, principalmente se se tratar de consumidor idoso, analfabeto, doente ou em estado de vulnerabilidade agravada ou se a contratação envolver prêmio;

•• Inciso IV acrescentado pela Lei n. 14.181, de 1.º-7-2021.

V – condicionar o atendimento de pretensões do consumidor ou o início de tratativas à renúncia ou à desistência de demandas judiciais, ao pagamento de honorários advocatícios ou a depósitos judiciais.

•• Inciso V acrescentado pela Lei n. 14.181, de 1.º-7-2021.

Parágrafo único. (*Vetado.*)

•• Parágrafo único acrescentado pela Lei n. 14.181, de 1.º-7-2021.

Art. 54-D. Na oferta de crédito, previamente à contratação, o fornecedor ou o intermediário deverá, entre outras condutas:

•• *Caput* acrescentado pela Lei n. 14.181, de 1.º-7-2021.

I – informar e esclarecer adequadamente o consumidor, considerada sua idade, sobre a natureza e a modalidade do crédito oferecido, sobre todos os custos incidentes, observado o disposto nos arts. 52 e 54-B deste Código, e sobre as consequências genéricas e específicas do inadimplemento;

•• Inciso I acrescentado pela Lei n. 14.181, de 1.º-7-2021.

II – avaliar, de forma responsável, as condições de crédito do consumidor, mediante análise das informações disponíveis em bancos de dados de proteção ao crédito, observado o disposto neste Código e na legislação sobre proteção de dados;

•• Inciso II acrescentado pela Lei n. 14.181, de 1.º-7-2021.

III – informar a identidade do agente financiador e entregar ao consumidor, ao garante e a outros coobrigados cópia do contrato de crédito.

•• Inciso III acrescentado pela Lei n. 14.181, de 1.º-7-2021.

Parágrafo único. O descumprimento de qualquer dos deveres previstos no *caput* deste artigo e nos arts. 52 e 54-C deste Código poderá acarretar judicialmente a redução dos juros, dos encargos ou de qualquer acréscimo ao principal e a dilação do prazo de pagamento previsto no contrato original, conforme a gravidade da conduta do fornecedor e as possibilidades financeiras do consumidor, sem prejuízo de outras sanções e de indenização por perdas e danos, patrimoniais e morais, ao consumidor.

•• Parágrafo único acrescentado pela Lei n. 14.181, de 1.º-7-2021.

Art. 54-E. (*Vetado.*)

•• Artigo acrescentado pela Lei n. 14.181, de 1.º-7-2021.

Art. 54-F. São conexos, coligados ou interdependentes, entre outros, o contrato principal de fornecimento de produto ou serviço e os contratos acessórios de crédito que lhe garantam o financiamento quando o fornecedor de crédito:

•• *Caput* acrescentado pela Lei n. 14.181, de 1.º-7-2021.

I – recorrer aos serviços do fornecedor de produto ou serviço para a preparação ou a conclusão do contrato de crédito;

•• Inciso I acrescentado pela Lei n. 14.181, de 1.º-7-2021.

II – oferecer o crédito no local da atividade empresarial do fornecedor de produto ou serviço financiado ou onde o contrato principal for celebrado.

•• Inciso II acrescentado pela Lei n. 14.181, de 1.º-7-2021.

§ 1.º O exercício do direito de arrependimento nas hipóteses previstas neste Código, no contrato principal ou no contrato de crédito, implica a resolução de pleno direito do contrato que lhe seja conexo.

•• § 1.º acrescentado pela Lei n. 14.181, de 1.º-7-2021.

§ 2.º Nos casos dos incisos I e II do *caput* deste artigo, se houver inexecução de qualquer das obrigações e deveres do fornecedor de produto ou serviço, o consumidor poderá requerer a rescisão do contrato não cumprido contra o fornecedor do crédito.

•• § 2.º acrescentado pela Lei n. 14.181, de 1.º-7-2021.

§ 3.º O direito previsto no§ 2.º deste artigo caberá igualmente ao consumidor:

•• § 3.º, *caput*, acrescentado pela Lei n. 14.181, de 1.º-7-2021.

I – contra o portador de cheque pós-datado emitido para aquisição de produto ou serviço a prazo;

•• Inciso I acrescentado pela Lei n. 14.181, de 1.º-7-2021.

II – contra o administrador ou o emitente de cartão de crédito ou similar quando o cartão de crédito ou similar e o produto ou serviço forem fornecidos pelo mesmo fornecedor ou por entidades pertencentes a um mesmo grupo econômico.

•• Inciso II acrescentado pela Lei n. 14.181, de 1.º-7-2021.

§ 4.º A invalidade ou a ineficácia do contrato principal implicará, de pleno direito, a do contrato de crédito que lhe seja conexo, nos termos do *caput* deste artigo, ressalvado ao fornecedor do crédito o direito de obter do fornecedor do produto ou serviço a devolução dos valores entregues, inclusive relativamente a tributos.

•• § 4.º acrescentado pela Lei n. 14.181, de 1.º-7-2021.

Art. 54-G. Sem prejuízo do disposto noArt. 39 deste Código e na legislação aplicável à matéria, é vedado ao fornecedor de produto ou serviço que envolva crédito, entre outras condutas:

•• *Caput* acrescentado pela Lei n. 14.181, de 1.º-7-2021.

I – realizar ou proceder à cobrança ou ao débito em conta de qualquer quantia que houver sido contestada pelo consumidor em compra realizada com cartão de crédito ou similar, enquanto não for adequadamente solucionada a controvérsia, desde que o consumidor haja notificado a administradora do cartão com antecedência de pelo menos 10 (dez) dias contados da data de vencimento da fatura, vedada a manutenção do valor na fatura seguinte e assegurado ao consumidor o direito de deduzir do total da fatura o valor em disputa e efetuar o pagamento da parte não contestada, podendo o emissor lançar como crédito em confiança o valor idêntico ao da transação contestada que tenha sido cobrada, enquanto não encerrada a apuração da contestação;

•• Inciso I acrescentado pela Lei n. 14.181, de 1.º-7-2021.

II – recusar ou não entregar ao consumidor, ao garante e aos outros coobrigados cópia da minuta do contrato principal de consumo ou do contrato de crédito, em papel ou outro suporte duradouro, disponível e acessível, e, após a conclusão, cópia do contrato;

•• Inciso II acrescentado pela Lei n. 14.181, de 1.º-7-2021.

III – impedir ou dificultar, em caso de utilização fraudulenta do cartão de crédito ou similar, que o consumidor peça e obtenha, quando aplicável, a anulação ou o imediato bloqueio do pagamento, ou ainda a restituição dos valores indevidamente recebidos.

•• Inciso III acrescentado pela Lei n. 14.181, de 1.º-7-2021.

§ 1.º Sem prejuízo do dever de informação e esclarecimento do consumidor e de entrega da minuta do contrato, no empréstimo cuja liquidação seja feita mediante consignação em folha de pagamento, a formalização e a entrega da cópia do contrato ou do instrumento de contratação ocorrerão após o fornecedor do crédito obter da fonte pagadora a indicação sobre a existência de margem consignável.

•• § 1.º acrescentado pela Lei n. 14.181, de 1.º-7-2021.

§ 2.º Nos contratos de adesão, o fornecedor deve prestar ao consumidor, previamente, as informações de que tratam o art. 52 e o *caput* do art. 54-B deste Código, além de outras porventura determinadas na legislação em vigor, e fica obrigado a entregar ao consumidor cópia do contrato, após a sua conclusão.

•• § 2.º acrescentado pela Lei n. 14.181, de 1.º-7-2021.

Capítulo VII
DAS SANÇÕES ADMINISTRATIVAS

Art. 55. A União, os Estados e o Distrito Federal, em caráter concorrente e nas suas respectivas áreas de atuação administrativa, baixarão normas relativas à produção, industrialização, distribuição e consumo de produtos e serviços.

§ 1.º A União, os Estados, o Distrito Federal e os Municípios fiscalizarão e controlarão a produção, industrialização, distribuição, a publicidade de produtos e serviços e o mercado de consumo, no interesse da preservação da vida, da saúde, da segurança, da informação e do bem-estar do consumidor, baixando as normas que se fizerem necessárias.

§ 2.º (*Vetado.*)

§ 3.º Os órgãos federais, estaduais, do Distrito Federal e municipais com atribuições para fiscalizar e controlar o mercado de consumo manterão comissões permanentes para elaboração, revisão e atualização das normas referidas no § 1.º, sendo obrigatória a participação dos consumidores e fornecedores.

§ 4.º Os órgãos oficiais poderão expedir notificações aos fornecedores para que, sob pena de desobediência, prestem informações sobre questões de interesse do consumidor, resguardado o segredo industrial.

Art. 56. As infrações das normas de defesa do consumidor ficam sujeitas, conforme o caso, às seguintes sanções administrativas, sem prejuízo das de natureza civil, penal e das definidas em normas específicas:

I – multa;

II – apreensão do produto;

III – inutilização do produto;

IV – cassação do registro do produto junto ao órgão competente;

V – proibição de fabricação do produto;

VI – suspensão de fornecimento de produtos ou serviço;

VII – suspensão temporária de atividade;

VIII – revogação de concessão ou permissão de uso;

IX – cassação de licença do estabelecimento ou de atividade;

X – interdição, total ou parcial, de estabelecimento, de obra ou de atividade;

XI – intervenção administrativa;

XII – imposição de contrapropaganda.

Parágrafo único. As sanções previstas neste artigo serão aplicadas pela autoridade administrativa, no âmbito de sua atribuição, podendo ser aplicadas cumulativamente, inclusive por medida cautelar antecedente ou incidente de procedimento administrativo.

Art. 57. A pena de multa, graduada de acordo com a gravidade da infração, a vantagem auferida e a condição econômica do fornecedor, será aplicada mediante procedimento administrativo, revertendo para o Fundo de que trata a Lei n. 7.347, de 24 de julho de 1985, os valores cabíveis à União, ou para os Fundos estaduais ou municipais de proteção ao consumidor nos demais casos.

•• *Caput* com redação determinada pela Lei n. 8.656, de 21-5-1993.
•• *Vide* Súmula 675 do STJ.

Parágrafo único. A multa será em montante não inferior a duzentas e não superior a três milhões de vezes o valor da Unidade Fiscal de Referência (UFIR), ou índice equivalente que venha a substituí-lo.

•• Parágrafo único acrescentado pela Lei n. 8.703, de 6-9-1993.

Art. 58. As penas de apreensão, de inutilização de produtos, de proibição de fabricação de produtos, de suspensão do fornecimento de produto ou serviço, de cassação do registro do produto e revogação da concessão ou permissão de uso serão aplicadas pela administração, mediante procedimento administrativo, assegurada ampla defesa, quando forem constatados vícios de quantidade ou de qualidade por inadequação ou insegurança do produto ou serviço.

Art. 59. As penas de cassação de alvará de licença, de interdição e de suspensão temporária da atividade, bem como a de intervenção administrativa serão aplicadas mediante procedimento administrativo, assegurada ampla defesa, quando o fornecedor reincidir na prática das infrações de maior gravidade previstas neste Código e na legislação de consumo.

§ 1.º A pena de cassação da concessão será aplicada à concessionária de serviço público, quando violar obrigação legal ou contratual.

§ 2.º A pena de intervenção administrativa será aplicada sempre que as circunstâncias de fato desaconselharem a cassação de licença, a interdição ou suspensão da atividade.

§ 3.º Pendendo ação judicial na qual se discuta a imposição de penalidade administrativa, não haverá reincidência até o trânsito em julgado da sentença.

Art. 60. A imposição de contrapropaganda será cominada quando o fornecedor incorrer na prática de publicidade enganosa ou abusiva, nos termos do art. 36 e seus parágrafos, sempre às expensas do infrator.

•• Onde se lê art. 36 e seus parágrafos, acreditamos seja art. 37 e parágrafos.

§ 1.º A contrapropaganda será divulgada pelo responsável da mesma forma, frequência e dimensão e, preferencialmente no mesmo veículo, local, espaço e horário, de forma capaz de desfazer o malefício da publicidade enganosa ou abusiva.

§ 2.º (*Vetado.*)

§ 3.º (*Vetado.*)

Título II
DAS INFRAÇÕES PENAIS

Art. 61. Constituem crimes contra as relações de consumo previstas neste Código, sem prejuízo do disposto no Código Penal e leis especiais, as condutas tipificadas nos artigos seguintes.

Art. 62. (*Vetado.*)

Art. 63. Omitir dizeres ou sinais ostensivos sobre a nocividade ou periculosidade de produtos, nas embalagens, nos invólucros, recipientes ou publicidade:
Pena – Detenção de seis meses a dois anos e multa.

§ 1.º Incorrerá nas mesmas penas quem deixar de alertar, mediante recomendações escritas ostensivas, sobre a periculosidade do serviço a ser prestado.

§ 2.º Se o crime é culposo:
Pena – Detenção de um a seis meses ou multa.

Art. 64. Deixar de comunicar à autoridade competente e aos consumidores a nocividade ou periculosidade de produtos cujo conhecimento seja posterior à sua colocação no mercado:
Pena – Detenção de seis meses a dois anos e multa.

Parágrafo único. Incorrerá nas mesmas penas quem deixar de retirar do mercado, imediatamente quando determinado pela autoridade competente, os produtos nocivos ou perigosos, na forma deste artigo.

Art. 65. Executar serviço de alto grau de periculosidade, contrariando determinação de autoridade competente:
Pena – Detenção de seis meses a dois anos e multa.

§ 1.º As penas deste artigo são aplicáveis sem prejuízo das correspondentes à lesão corporal e à morte.

•• Parágrafo único renumerado pela Lei n. 13.425, de 30-3-2017.

§ 2.º A prática do disposto no inciso XIV do art. 39 desta Lei também caracteriza o crime previsto no *caput* deste artigo

•• § 2.º acrescentado pela Lei n. 13.425, de 30-3-2017.

Art. 66. Fazer afirmação falsa ou enganosa, ou omitir informação relevante sobre a natureza, característica, qualidade, quantidade, segurança, desempenho, durabilidade, preço ou garantia de produtos ou serviços:
Pena – Detenção de três meses a um ano e multa.

§ 1.º Incorrerá nas mesmas penas quem patrocinar a oferta.

§ 2.º Se o crime é culposo:
Pena – Detenção de um a seis meses ou multa.
Art. 67. Fazer ou promover publicidade que sabe ou deveria saber ser enganosa ou abusiva:
Pena – Detenção de três meses a um ano e multa.
•• *Vide* art. 37 desta Lei.
Parágrafo único. (*Vetado.*)
Art. 68. Fazer ou promover publicidade que sabe ou deveria saber ser capaz de induzir o consumidor a se comportar de forma prejudicial ou perigosa a sua saúde ou segurança:
Pena – Detenção de seis meses a dois anos e multa.
Parágrafo único. (*Vetado.*)
Art. 69. Deixar de organizar dados fáticos, técnicos e científicos que dão base à publicidade:
Pena – Detenção de um a seis meses ou multa.
Art. 70. Empregar, na reparação de produtos, peças ou componentes de reposição usados, sem autorização do consumidor:
Pena – Detenção de três meses a um ano e multa.
Art. 71. Utilizar, na cobrança de dívidas, de ameaça, coação, constrangimento físico ou moral, afirmações falsas, incorretas ou enganosas ou de qualquer outro procedimento que exponha o consumidor, injustificadamente, a ridículo ou interfira com seu trabalho, descanso ou lazer:
Pena – Detenção de três meses a um ano e multa.
Art. 72. Impedir ou dificultar o acesso do consumidor às informações que sobre ele constem em cadastros, banco de dados, fichas e registros:
Pena – Detenção de seis meses a um ano ou multa.
Art. 73. Deixar de corrigir imediatamente informação sobre consumidor constante de cadastro, banco de dados, fichas ou registros que sabe ou deveria saber ser inexata:
Pena – Detenção de um a seis meses ou multa.
Art. 74. Deixar de entregar ao consumidor o termo de garantia adequadamente preenchido e com especificação clara de seu conteúdo:
Pena – Detenção de um a seis meses ou multa.
Art. 75. Quem, de qualquer forma, concorrer para os crimes referidos neste Código incide nas penas a esses cominadas na medida de sua culpabilidade, bem como o diretor, administrador ou gerente da pessoa jurídica que promover, permitir ou por qualquer modo aprovar o fornecimento, oferta, exposição à venda ou manutenção em depósito de produtos ou a oferta e prestação de serviços nas condições por ele proibidas.

Art. 76. São circunstâncias agravantes dos crimes tipificados neste Código:
I – serem cometidos em época de grave crise econômica ou por ocasião de calamidade;
II – ocasionarem grave dano individual ou coletivo;
III – dissimular-se a natureza ilícita do procedimento;
IV – quando cometidos:
a) por servidor público, ou por pessoa cuja condição econômico-social seja manifestamente superior à da vítima;
b) em detrimento de operário ou rurícola; de menor de dezoito ou maior de sessenta anos ou de pessoas portadoras de deficiência mental, interditadas ou não;
V – serem praticados em operações que envolvam alimentos, medicamentos ou quaisquer outros produtos ou serviços essenciais.
Art. 77. A pena pecuniária prevista nesta Seção será fixada em dias-multa, correspondente ao mínimo e ao máximo de dias de duração da pena privativa da liberdade cominada ao crime. Na individualização desta multa, o juiz observará o disposto no art. 60, § 1.º, do CP.
Art. 78. Além das penas privativas de liberdade e de multa, podem ser impostas, cumulativa ou alternadamente, observado o disposto nos arts. 44 a 47, do Código Penal:
I – a interdição temporária de direitos;
II – a publicação em órgãos de comunicação de grande circulação ou audiência, às expensas do condenado, de notícia sobre os fatos e a condenação;
III – a prestação de serviços à comunidade.
Art. 79. O valor da fiança, nas infrações de que trata este Código, será fixado pelo juiz, ou pela autoridade que presidir o inquérito, entre cem e duzentas mil vezes o valor do Bônus do Tesouro Nacional – BTN, ou índice equivalente que venha substituí-lo.
Parágrafo único. Se assim recomendar a situação econômica do indiciado ou réu, a fiança poderá ser:
a) reduzida até a metade de seu valor mínimo;
b) aumentada pelo juiz até vinte vezes.
Art. 80. No processo penal atinente aos crimes previstos neste Código, bem como a outros crimes e contravenções que envolvam relações de consumo, poderão

intervir, como assistentes do Ministério Público, os legitimados indicados no art. 82, incisos III e IV, aos quais também é facultado propor ação penal subsidiária, se a denúncia não for oferecida no prazo legal.

Título III
DA DEFESA DO CONSUMIDOR EM JUÍZO

Capítulo I
DISPOSIÇÕES GERAIS

Art. 81. A defesa dos interesses e direitos dos consumidores e das vítimas poderá ser exercida em juízo individualmente, ou a título coletivo.

Parágrafo único. A defesa coletiva será exercida quando se tratar de:

I – interesses ou direitos difusos, assim entendidos, para efeitos deste Código, os transindividuais, de natureza indivisível, de que sejam titulares pessoas indeterminadas e ligadas por circunstâncias de fato;

II – interesses ou direitos coletivos, assim entendidos, para efeitos deste Código, os transindividuais de natureza indivisível de que seja titular grupo, categoria ou classe de pessoas ligadas entre si ou com a parte contrária por uma relação jurídica base;

III – interesses ou direitos individuais homogêneos, assim entendidos os decorrentes de origem comum.

Art. 82. Para os fins do art. 81, parágrafo único, são legitimados concorrentemente:

•• *Caput* com redação determinada pela Lei n. 9.008, de 21-3-1995.

I – o Ministério Público;

II – a União, os Estados, os Municípios e o Distrito Federal;

III – as entidades e órgãos da administração pública, direta ou indireta, ainda que sem personalidade jurídica, especificamente destinados à defesa dos interesses e direitos protegidos por este Código;

IV – as associações legalmente constituídas há pelo menos um ano e que incluam entre seus fins institucionais a defesa dos interesses e direitos protegidos por este Código, dispensada a autorização assemblear.

§ 1.º O requisito da pré-constituição pode ser dispensado pelo juiz, nas ações previstas no art. 91 e seguintes, quando haja manifesto interesse social evidenciado pela dimensão ou característica do dano, ou pela relevância do bem jurídico a ser protegido.

§ 2.º (*Vetado.*)

§ 3.º (*Vetado.*)

Art. 83. Para a defesa dos direitos e interesses protegidos por este Código são admissíveis todas as espécies de ações capazes de propiciar sua adequada e efetiva tutela.

Parágrafo único. (*Vetado.*)

Art. 84. Na ação que tenha por objeto o cumprimento da obrigação de fazer ou não fazer, o juiz concederá a tutela específica da obrigação ou determinará providências que assegurem o resultado prático equivalente ao do adimplemento.

§ 1.º A conversão da obrigação em perdas e danos somente será admissível se por elas optar o autor ou se impossível a tutela específica ou a obtenção do resultado prático correspondente.

§ 2.º A indenização por perdas e danos se fará sem prejuízo da multa (art. 287, do Código de Processo Civil).

§ 3.º Sendo relevante o fundamento da demanda e havendo justificado receio de ineficácia do provimento final, é lícito ao juiz conceder a tutela liminarmente ou após justificação prévia, citado o réu.

§ 4.º O juiz poderá, na hipótese do § 3.º ou na sentença, impor multa diária ao réu, independentemente de pedido do autor, se for suficiente ou compatível com a obrigação, fixando prazo razoável para o cumprimento do preceito.

§ 5.º Para a tutela específica ou para a obtenção do resultado prático equivalente, poderá o juiz determinar as medidas necessárias, tais como busca e apreensão, remoção de coisas e pessoas, desfazimento de obra, impedimento de atividade nociva, além de requisição de força policial.

Art. 85. (*Vetado.*)

Art. 86. (*Vetado.*)

Art. 87. Nas ações coletivas de que trata este Código não haverá adiantamento de custas, emolumentos, honorários periciais e quaisquer outras despesas, nem condenação da associação autora, salvo comprovada má-fé, em honorários de advogados, custas e despesas processuais.

Parágrafo único. Em caso de litigância de má-fé, a associação autora e os diretores responsáveis pela propositura da ação serão solidariamente condenados em honorários advocatícios e ao décuplo das custas, sem prejuízo da responsabilidade por perdas e danos.

Art. 88. Na hipótese do art. 13, parágrafo único deste Código, a ação de regresso poderá ser ajuizada em processo autônomo, facultada a possibilidade de prosseguir-se nos mesmos autos, vedada a denunciação da lide.

Art. 89. (*Vetado.*)

Art. 90. Aplicam-se às ações previstas neste Título as normas do Código de Processo Civil e da Lei n. 7.347, de 24 de julho de 1985, inclusive no que respeita ao inquérito civil, naquilo que não contrariar suas disposições.

Capítulo II
DAS AÇÕES COLETIVAS PARA A DEFESA DE INTERESSES INDIVIDUAIS HOMOGÊNEOS

Art. 91. Os legitimados de que trata o art. 82 poderão propor, em nome próprio e no interesse das vítimas ou seus sucessores, ação civil coletiva de responsabilidade pelos danos individualmente sofridos, de acordo com o disposto nos artigos seguintes.

•• Artigo com redação determinada pela Lei n. 9.008, de 21-3-1995.

Art. 92. O Ministério Público, se não ajuizar a ação, atuará sempre como fiscal da lei.

Parágrafo único. (*Vetado.*)

Art. 93. Ressalvada a competência da justiça federal, é competente para a causa a justiça local:

I – no foro do lugar onde ocorreu ou deva ocorrer o dano, quando de âmbito local;

II – no foro da Capital do Estado ou no do Distrito Federal, para os danos de âmbito nacional ou regional, aplicando-se as regras do Código de Processo Civil aos casos de competência concorrente.

Art. 94. Proposta a ação, será publicado edital no órgão oficial, a fim de que os interessados possam intervir no processo como litisconsortes, sem prejuízo de ampla divulgação pelos meios de comunicação social por parte dos órgãos de defesa do consumidor.

Art. 95. Em caso de procedência do pedido, a condenação será genérica, fixando a responsabilidade do réu pelos danos causados.

Art. 96. (*Vetado.*)

Art. 97. A liquidação e a execução de sentença poderão ser promovidas pela vítima e seus sucessores, assim como pelos legitimados de que trata o art. 82.

Parágrafo único. (*Vetado.*)

Art. 98. A execução poderá ser coletiva, sendo promovida pelos legitimados de que trata o art. 82, abrangendo as vítimas cujas indenizações já tiverem sido fixadas em sentença de liquidação, sem prejuízo do ajuizamento de outras execuções.

•• *Caput* com redação determinada pela Lei n. 9.008, de 21-3-1995.

§ 1.º A execução coletiva far-se-á com base em certidão das sentenças de liquidação, da qual deverá constar a ocorrência ou não do trânsito em julgado.

§ 2.º É competente para a execução o juízo:

I – da liquidação da sentença ou da ação condenatória, no caso de execução individual;

II – da ação condenatória, quando coletiva a execução.

Art. 99. Em caso de concurso de créditos decorrentes de condenação prevista na Lei n. 7.347, de 24 de julho de 1985, e de indenizações pelos prejuízos individuais resultantes do mesmo evento danoso, estas terão preferência no pagamento.

Parágrafo único. Para efeito do disposto neste artigo, a destinação da importância recolhida ao Fundo criado pela Lei n. 7.347, de 24 de julho de 1985, ficará sustada enquanto pendentes de decisão de segundo grau as ações de indenização pelos danos individuais, salvo na hipótese de o patrimônio do devedor ser manifestamente suficiente para responder pela integralidade das dívidas.

•• Fundo regulamentado pelo Decreto n. 1.306, de 9-11-1994.

Art. 100. Decorrido o prazo de um ano sem habilitação de interessados em número compatível com a gravidade do dano, poderão os legitimados do art. 82 promover a liquidação e execução da indenização devida.

Parágrafo único. O produto da indenização devida reverterá para o Fundo criado pela Lei n. 7.347, de 24 de julho de 1985.

•• Fundo regulamentado pelo Decreto n. 1.306, de 9-11-1994.

Capítulo III
DAS AÇÕES DE RESPONSABILIDADE DO FORNECEDOR DE PRODUTOS E SERVIÇOS

Art. 101. Na ação de responsabilidade civil do fornecedor de produtos e serviços, sem prejuízo do disposto nos Capítulos I e II deste Título, serão observadas as seguintes normas:

I – a ação pode ser proposta no domicílio do autor;

II – o réu que houver contratado seguro de responsabilidade poderá chamar ao processo o segurador, vedada a integração do contraditório pelo Instituto de Resseguros do Brasil. Nesta hipótese, a sentença que julgar procedente o pedido condenará o réu nos termos do art. 80 do Código de Processo Civil. Se o réu houver sido declarado falido, o síndico será intimado a informar a existência de seguro de responsabilidade facultando-se, em caso afirmativo, o ajuizamento de ação de indenização diretamente contra o segurador, vedada a denunciação da lide ao Instituto de Resseguros do Brasil e dispensado o litisconsórcio obrigatório com este.

Art. 102. Os legitimados a agir na forma deste Código poderão propor ação visando compelir o Poder Público competente a proibir, em todo o território nacional, a produção, divulgação, distribuição ou venda, ou a determinar alteração na composição, estrutura, fórmula ou acondicionamento de produto, cujo uso ou consumo regular se revele nocivo ou perigoso à saúde pública e à incolumidade pessoal.

§ 1.º (*Vetado.*)

§ 2.º (*Vetado.*)

Capítulo IV
DA COISA JULGADA

Art. 103. Nas ações coletivas de que trata este Código, a sentença fará coisa julgada:

I – *erga omnes*, exceto se o pedido for julgado improcedente por insuficiência de provas, hipótese em que qualquer legitimado poderá intentar outra ação, com idêntico fundamento, valendo-se de nova prova, na hipótese do inciso I do parágrafo único do art. 81;

II – *ultra partes*, mas limitadamente ao grupo, categoria ou classe, salvo improcedência por insuficiência de provas, nos termos do inciso anterior, quando se tratar da hipótese prevista no inciso II do parágrafo único do art. 81;

III – *erga omnes*, apenas no caso de procedência do pedido, para beneficiar todas as vítimas e seus sucessores, na hipótese do inciso III do parágrafo único do art. 81.

§ 1.º Os efeitos da coisa julgada previstos nos incisos I e II não prejudicarão interesses e direitos individuais dos integrantes da coletividade, do grupo, categoria ou classe.

§ 2.º Na hipótese prevista no inciso III, em caso de improcedência do pedido, os interessados que não tiverem intervindo no processo como litisconsortes poderão propor ação de indenização a título individual.

§ 3.º Os efeitos da coisa julgada de que cuida o art. 16, combinado com o art. 13 da Lei n. 7.347, de 24 de julho de 1985, não prejudicarão as ações de indenização por danos pessoalmente sofridos, propostas individualmente ou na forma prevista neste Código, mas, se procedente o pedido, beneficiarão as vítimas e seus sucessores, que poderão proceder à liquidação e à execução, nos termos dos arts. 96 a 99.

§ 4.º Aplica-se o disposto no parágrafo anterior à sentença penal condenatória.

Art. 104. As ações coletivas, previstas nos incisos I e II do parágrafo único do art. 81, não induzem litispendência para as ações individuais, mas os efeitos da coisa julgada *erga omnes* ou *ultra partes* a que aludem os incisos II e III do artigo anterior não beneficiarão os autores das ações individuais, se não for requerida sua suspensão no prazo de trinta dias, a contar da ciência nos autos do ajuizamento da ação coletiva.

•• Acreditamos que a remissão certa aos incisos II e III do parágrafo único do art. 81.

Capítulo V
DA CONCILIAÇÃO NO SUPERENDIVIDAMENTO

•• Capítulo V acrescentado pela Lei n. 14.181, de 1.º-7-2021.

Art. 104-A. A requerimento do consumidor superendividado pessoa natural, o juiz poderá instaurar processo de repactuação de dívidas, com vistas à realização de audiência conciliatória, presidida por ele ou por conciliador credenciado no juízo, com a presença de todos os credores de dívidas previstas no Art. 54-A deste Código, na qual o consumidor apresentará proposta de plano de pagamento com prazo máximo de 5 (cinco) anos, preservados o mínimo existencial, nos termos da regulamentação, e as garantias e as formas de pagamento originariamente pactuadas.

•• *Caput* acrescentado pela Lei n. 14.181, de 1.º-7-2021.

§ 1.º Excluem-se do processo de repactuação as dívidas, ainda que decorrentes de relações de consumo, oriundas de contratos celebrados dolosamente sem o propósito de realizar pagamento, bem como as dívidas provenientes de contratos de crédito com garantia real, de financiamentos imobiliários e de crédito rural.

•• § 1.º acrescentado pela Lei n. 14.181, de 1.º-7-2021.

§ 2.º O não comparecimento injustificado de qualquer credor, ou de seu procurador com poderes especiais e plenos para transigir, à audiência de conciliação de que trata o *caput* deste artigo acarretará a suspensão da exigibilidade do débito e a interrupção dos encargos da mora, bem como a sujeição compulsória ao plano de pagamento da dívida se o montante devido ao credor ausente for certo e conhecido pelo consumidor, devendo o pagamento a esse credor ser estipulado para ocorrer apenas após o pagamento aos credores presentes à audiência conciliatória.

•• § 2.º acrescentado pela Lei n. 14.181, de 1.º-7-2021.

§ 3.º No caso de conciliação, com qualquer credor, a sentença judicial que homologar o acordo descreverá o plano de pagamento da dívida e terá eficácia de título executivo e força de coisa julgada.

•• § 3.º acrescentado pela Lei n. 14.181, de 1.º-7-2021.

§ 4.º Constarão do plano de pagamento referido no § 3.º deste artigo:

•• § 4.º, caput, acrescentado pela Lei n. 14.181, de 1.º-7-2021.

I – medidas de dilação dos prazos de pagamento e de redução dos encargos da dívida ou da remuneração do fornecedor, entre outras destinadas a facilitar o pagamento da dívida;

•• Inciso I acrescentado pela Lei n. 14.181, de 1.º-7-2021.

II – referência à suspensão ou à extinção das ações judiciais em curso;

•• Inciso II acrescentado pela Lei n. 14.181, de 1.º-7-2021.

III – data a partir da qual será providenciada a exclusão do consumidor de bancos de dados e cadastros de inadimplentes;

•• Inciso III acrescentado pela Lei n. 14.181, de 1.º-7-2021.

IV – condicionamento de seus efeitos à abstenção, pelo consumidor, de condutas que importem no agravamento de sua situação de superendividamento.

•• Inciso IV acrescentado pela Lei n. 14.181, de 1.º-7-2021.

§ 5.º O pedido do consumidor a que se refere o *caput* deste artigo não importará em declaração de insolvência civil e poderá ser repetido somente após decorrido o prazo de 2 (dois) anos, contado da liquidação das obrigações previstas no plano de pagamento homologado, sem prejuízo de eventual repactuação.

•• § 5.º acrescentado pela Lei n. 14.181, de 1.º-7-2021.

Art. 104-B. Se não houver êxito na conciliação em relação a quaisquer credores, o juiz, a pedido do consumidor, instaurará processo por superendividamento para revisão e integração dos contratos e repactuação das dívidas remanescentes mediante plano judicial compulsório e procederá à citação de todos os credores cujos créditos não tenham integrado o acordo porventura celebrado.

•• *Caput* acrescentado pela Lei n. 14.181, de 1.º-7-2021.

§ 1.º Serão considerados no processo por superendividamento, se for o caso, os documentos e as informações prestadas em audiência.

•• § 1.º acrescentado pela Lei n. 14.181, de 1.º-7-2021.

§ 2.º No prazo de 15 (quinze) dias, os credores citados juntarão documentos e as razões da negativa de aceder ao plano voluntário ou de renegociar.

•• § 2.º acrescentado pela Lei n. 14.181, de 1.º-7-2021.

§ 3.º O juiz poderá nomear administrador, desde que isso não onere as partes, o qual, no prazo de até 30 (trinta) dias, após cumpridas as diligências eventualmente necessárias, apresentará plano de pagamento que contemple medidas de temporização ou de atenuação dos encargos.

•• § 3.º acrescentado pela Lei n. 14.181, de 1.º-7-2021.

§ 4.º O plano judicial compulsório assegurará aos credores, no mínimo, o valor do principal devido, corrigido monetariamente por índices oficiais de preço, e preverá a liquidação total da dívida, após a quitação do plano de pagamento consensual previsto no art. 104-A deste Código, em, no máximo, 5 (cinco) anos, sendo que a primeira parcela será devida no prazo máximo de 180 (cento e oitenta) dias, contado de sua homologação judicial, e o restante do saldo será devido em parcelas mensais iguais e sucessivas.

•• § 4.º acrescentado pela Lei n. 14.181, de 1.º-7-2021.

Art. 104-C. Compete concorrente e facultativamente aos órgãos públicos integrantes do Sistema Nacional de Defesa do Consumidor a fase conciliatória e preventiva do processo de repactuação de dívidas, nos moldes do Art. 104-A deste Código, no que couber, com possibilidade de o processo ser regulado por convênios específicos celebrados entre os referidos órgãos e as instituições credoras ou suas associações.

•• *Caput* acrescentado pela Lei n. 14.181, de 1.º-7-2021.

§ 1.º Em caso de conciliação administrativa para prevenir o superendividamento do consumidor pessoa natural, os órgãos públicos poderão promover, nas reclamações individuais, audiência global de conciliação com todos os credores e, em todos os casos, facilitar a elaboração de plano de pagamento, preservado o mínimo existencial, nos termos da regulamentação, sob a supervisão desses órgãos, sem prejuízo das demais atividades de reeducação financeira cabíveis.

•• § 1.º acrescentado pela Lei n. 14.181, de 1.º-7-2021.

•• O Decreto n. 11.150, de 26-7-2022, regulamenta a preservação e o não comprometimento do mínimo existencial para fins de prevenção, tratamento e conciliação de situações de superendividamento em dívidas de consumo.

§ 2.º O acordo firmado perante os órgãos públicos de defesa do consumidor, em caso de superendividamento do consumidor pessoa natural, incluirá a data a partir da qual será providenciada a exclusão do consumidor de bancos de dados e de cadastros de inadimplentes, bem como o condicionamento de seus efeitos à abstenção, pelo consumidor, de condutas que importem no agravamento de sua situação de superendividamento, especialmente a de contrair novas dívidas.

•• § 2.º acrescentado pela Lei n. 14.181, de 1.º-7-2021.

Título IV
DO SISTEMA NACIONAL DE DEFESA DO CONSUMIDOR

Art. 105. Integram o Sistema Nacional de Defesa do Consumidor – SNDC, os órgãos federais, estaduais, do Distrito Federal e municipais e as entidades privadas de defesa do consumidor.

Art. 106. O Departamento Nacional de Defesa do Consumidor, da Secretaria Nacional de Direito Econômico-MJ, ou órgão federal que venha substituí-lo, é organismo de coordenação da política do Sistema Nacional de Defesa do Consumidor, cabendo-lhe:

I – planejar, elaborar, propor, coordenar e executar a política nacional de proteção ao consumidor;

II – receber, analisar, avaliar e encaminhar consultas, denúncias ou sugestões apresentadas por entidades representativas ou pessoas jurídicas de direito público ou privado;

III – prestar aos consumidores orientação permanente sobre seus direitos e garantias;

IV – informar, conscientizar e motivar o consumidor através dos diferentes meios de comunicação;

•• A Lei n. 12.741, de 8-12-2012, propôs nova redação para este inciso, todavia sofreu veto presidencial.

V – solicitar à polícia judiciária a instauração de inquérito policial para a apreciação de delito contra os consumidores, nos termos da legislação vigente;

VI – representar ao Ministério Público competente para fins de adoção de medidas processuais no âmbito de suas atribuições;

VII – levar ao conhecimento dos órgãos competentes as infrações de ordem administrativa que violarem os interesses difusos, coletivos, ou individuais dos consumidores;

VIII – solicitar o concurso de órgãos e entidades da União, Estados, do Distrito Federal e Municípios, bem como auxiliar a fiscalização de preços, abastecimento, quantidade e segurança de bens e serviços;

IX – incentivar, inclusive com recursos financeiros e outros programas especiais, a formação de entidades de defesa do consumidor pela população e pelos órgãos públicos estaduais e municipais;

X – (*Vetado*);

XI – (*Vetado*);

XII – (*Vetado*);

XIII – desenvolver outras atividades compatíveis com suas finalidades.

Parágrafo único. Para a consecução de seus objetivos, o Departamento Nacional de Defesa do Consumidor poderá solicitar o concurso de órgãos e entidades de notória especialização técnico-científica.

Título V
DA CONVENÇÃO COLETIVA DE CONSUMO

Art. 107. As entidades civis de consumidores e as associações de fornecedores ou sindicatos de categoria econômica podem regular, por convenção escrita, relações de consumo que tenham por objeto estabelecer condições relativas ao preço, à qualidade, à quantidade, à garantia e características de produtos e serviços, bem como à reclamação e composição do conflito de consumo.

§ 1.º A convenção tornar-se-á obrigatória a partir do registro do instrumento no cartório de títulos e documentos.

§ 2.º A convenção somente obrigará os filiados às entidades signatárias.

§ 3.º Não se exime de cumprir a convenção o fornecedor que se desligar da entidade em data posterior ao registro do instrumento.

Art. 108. (*Vetado.*)

TÍTULO VI
DISPOSIÇÕES FINAIS

Art. 109. (*Vetado.*)

Art. 110. Acrescente-se o seguinte inciso IV ao art. 1.º da Lei n. 7.347, de 24 de julho de 1985:

"IV – a qualquer outro interesse difuso ou coletivo".

Art. 111. O inciso II do art. 5.º da Lei n. 7.347, de 24 de julho de 1985, passa a ter a seguinte redação:

•• Alteração prejudicada pela nova redação determinada pela Lei n. 11.448, de 15-1-2007.

Art. 112. O § 3.º do art. 5.º da Lei n. 7.347, de 24 de julho de 1985, passa a ter a seguinte redação:

"§ 3.º Em caso de desistência infundada ou abandono da ação por associação legitimada, o Ministério Público ou outro legitimado assumirá a titularidade ativa".

Art. 113. Acrescente-se os seguintes §§ 4.º, 5.º e 6.º ao art. 5.º da Lei n. 7.347, de 24 de julho de 1985:

"§ 4.º O requisito da pré-constituição poderá ser dispensado pelo juiz, quando haja manifesto interesse social evidenciado pela dimensão ou característica do dano, ou pela relevância do bem jurídico a ser protegido.

§ 5.º Admitir-se-á o litisconsórcio facultativo entre os Ministérios Públicos da União, do Distrito Federal e dos Estados na defesa dos interesses e direitos de que cuida esta Lei.

§ 6.º Os órgãos públicos legitimados poderão tomar dos interessados compromisso de ajustamento de sua conduta às exigências legais, mediante cominações, que terá eficácia de título executivo extrajudicial".

Art. 114. O art. 15 da Lei n. 7.347, de 24 de julho de 1985, passa a ter a seguinte redação:

"Art. 15. Decorridos sessenta dias do trânsito em julgado da sentença condenatória, sem que a associação autora lhe promova a execução, deverá fazê-lo o Ministério Público, facultada igual iniciativa aos demais legitimados".

Art. 115. Suprima-se o *caput* do art. 17 da Lei n. 7.347, de 24 de julho de 1985, passando o parágrafo único a constituir o *caput*, com a seguinte redação:

"Art. 17. Em caso de litigância de má-fé, a associação autora e os diretores responsáveis pela propositura da ação serão solidariamente condenados em honorários advocatícios e ao décuplo das custas, sem prejuízo da responsabilidade por perdas e danos".

Art. 116. Dê-se a seguinte redação ao art. 18, da Lei n. 7.347, de 24 de julho de 1985:

"Art. 18. Nas ações de que trata esta Lei, não haverá adiantamento de custas, emolumentos, honorários periciais e quaisquer outras despesas, nem condenação da associação autora, salvo comprovada má-fé, em honorários de advogado, custas e despesas processuais".

Art. 117. Acrescente-se à Lei n. 7.347, de 24 de julho de 1985, o seguinte dispositivo, renumerando-se os seguintes:

"Art. 21. Aplicam-se à defesa dos direitos e interesses difusos, coletivos e individuais, no que for cabível, os dispositivos do Título III da Lei que instituiu o Código de Defesa do Consumidor".

Art. 118. Este Código entrará em vigor dentro de cento e oitenta dias a contar de sua publicação.

Art. 119. Revogam-se as disposições em contrário.

Brasília, em 11 de setembro de 1990; 169.º da Independência e 102.º da República.

FERNANDO COLLOR

LEI N. 8.245, DE 18 DE OUTUBRO DE 1991 (*)

Dispõe sobre as locações dos imóveis urbanos e os procedimentos a elas pertinentes.

O Presidente da República:

Faço saber que o Congresso Nacional decreta e eu sanciono a seguinte Lei:

TÍTULO I
DA LOCAÇÃO

Capítulo I
DISPOSIÇÕES GERAIS

Seção I
Da Locação em Geral

Art. 1.º A locação de imóvel urbano regula-se pelo disposto nesta Lei.

(*) Publicada no *DOU*, de 21-10-1991.

Lei n. 8.245, de 18-10-1991 — Locações

Parágrafo único. Continuam regulados pelo Código Civil e pelas leis especiais:

•• A referência é feita ao CC de 1916. *Vide* arts. 565 a 578 e 2.036 do Código vigente.

a) as locações:

1. de imóveis de propriedade da União, dos Estados e dos Municípios, de suas autarquias e fundações públicas;

2. de vagas autônomas de garagem ou de espaços para estacionamento de veículos;

3. de espaços destinados à publicidade;

4. em apart-hotéis, hotéis-residência ou equiparados, assim considerados aqueles que prestam serviços regulares a seus usuários e como tais sejam autorizados a funcionar;

b) o arrendamento mercantil, em qualquer de suas modalidades.

Art. 2.º Havendo mais de um locador ou mais de um locatário, entende-se que são solidários se o contrário não se estipulou.

Parágrafo único. Os ocupantes de habitações coletivas multifamiliares presumem-se locatários ou sublocatários.

Art. 3.º O contrato de locação pode ser ajustado por qualquer prazo, dependendo de vênia conjugal, se igual ou superior a dez anos.

Parágrafo único. Ausente a vênia conjugal, o cônjuge não estará obrigado a observar o prazo excedente.

Art. 4.º Durante o prazo estipulado para a duração do contrato, não poderá o locador reaver o imóvel alugado. Com exceção ao que estipula o § 2.º do art. 54-A, o locatário, todavia, poderá devolvê-lo, pagando a multa pactuada, proporcional ao período de cumprimento do contrato, ou, na sua falta, a que for judicialmente estipulada.

•• *Caput* com redação determinada pela Lei n. 12.744, de 19-12-2012.

Parágrafo único. O locatário ficará dispensado da multa se a devolução do imóvel decorrer de transferência, pelo seu empregador, privado ou público, para prestar serviços em localidades diversas daquela do início do contrato, e se notificar, por escrito, o locador com prazo de, no mínimo, trinta dias de antecedência.

Art. 5.º Seja qual for o fundamento do término da locação, a ação do locador para reaver o imóvel é a de despejo.

Parágrafo único. O disposto neste artigo não se aplica se a locação termina em decorrência de desapropriação, com a imissão do expropriante na posse do imóvel.

Art. 6.º O locatário poderá denunciar a locação por prazo indeterminado mediante aviso por escrito ao locador, com antecedência mínima de trinta dias.

Parágrafo único. Na ausência do aviso, o locador poderá exigir quantia correspondente a um mês de aluguel e encargos, vigentes quando da resilição.

Art. 7.º Nos casos de extinção de usufruto ou de fideicomisso, a locação celebrada pelo usufrutuário ou fiduciário poderá ser denunciada, com o prazo de trinta dias para a desocupação, salvo se tiver havido aquiescência escrita do nu-proprietário ou do fideicomissário, ou se a propriedade estiver consolidada em mãos do usufrutuário ou do fiduciário.

Parágrafo único. A denúncia deverá ser exercitada no prazo de noventa dias contados da extinção do fideicomisso ou da averbação da extinção do usufruto, presumindo-se, após esse prazo, a concordância na manutenção da locação.

Art. 8.º Se o imóvel for alienado durante a locação, o adquirente poderá denunciar o contrato, com o prazo de noventa dias para a desocupação, salvo se a locação for por tempo determinado e o contrato contiver cláusula de vigência em caso de alienação e estiver averbado junto à matrícula do imóvel.

§ 1.º Idêntico direito terá o promissário comprador e o promissário cessionário, em caráter irrevogável, com imissão na posse do imóvel e título registrado junto à matrícula do mesmo.

§ 2.º A denúncia deverá ser exercitada no prazo de noventa dias contados do registro da venda ou do compromisso, presumindo-se, após esse prazo, a concordância na manutenção da locação.

Art. 9.º A locação também poderá ser desfeita:

I – por mútuo acordo;

II – em decorrência da prática de infração legal ou contratual;

III – em decorrência da falta de pagamento do aluguel e demais encargos;

IV – para a realização de reparações urgentes determinadas pelo Poder Público, que não possam ser normalmente executadas com a permanência do locatário no imóvel ou, podendo, ele se recuse a consenti-las.

Art. 10. Morrendo o locador, a locação transmite-se aos herdeiros.

Art. 11. Morrendo o locatário, ficarão sub-rogados nos seus direitos e obrigações:

I – nas locações com finalidade residencial, o cônjuge sobrevivente ou o companheiro e, sucessivamente, os herdeiros necessários e as pessoas que viviam na dependência econômica do *de cujus*, desde que residentes no imóvel;

II – nas locações com finalidade não residencial, o espólio e, se for o caso, seu sucessor no negócio.

Art. 12. Em casos de separação de fato, separação judicial, divórcio ou dissolução da união estável, a locação residencial prosseguirá automaticamente com o cônjuge ou companheiro que permanecer no imóvel.

•• *Caput* com redação determinada pela Lei n. 12.112, de 9-12-2009.

§ 1.º Nas hipóteses previstas neste artigo e no art. 11, a sub-rogação será comunicada por escrito ao locador e ao fiador, se esta for a modalidade de garantia locatícia.

•• § 1.º acrescentado pela Lei n. 12.112, de 9-12-2009.

§ 2.º O fiador poderá exonerar-se das suas responsabilidades no prazo de 30 (trinta) dias contado do recebimento da comunicação oferecida pelo sub-rogado, ficando responsável pelos efeitos da fiança durante 120 (cento e vinte) dias após a notificação ao locador.

•• § 2.º acrescentado pela Lei n. 12.112, de 9-12-2009.

Art. 13. A cessão da locação, a sublocação e o empréstimo do imóvel, total ou parcialmente, dependem do consentimento prévio e escrito do locador.

§ 1.º Não se presume o consentimento pela simples demora do locador em manifestar formalmente a sua oposição.

§ 2.º Desde que notificado por escrito pelo locatário, de ocorrência de uma das hipóteses deste artigo, o locador terá o prazo de trinta dias para manifestar formalmente a sua oposição.

§ 3.º (*Vetado*.)

•• § 3.º acrescentado pela Lei n. 12.112, de 9-12-2009.

Seção II
Das Sublocações

Art. 14. Aplicam-se às sublocações, no que couber, as disposições relativas às locações.

Art. 15. Rescindida ou finda a locação, qualquer que seja sua causa, resolvem-se as sublocações, assegurado o direito de indenização do sublocatário contra o sublocador.

Art. 16. O sublocatário responde subsidiariamente ao locador pela importância que dever ao sublocador, quando este for demandado e, ainda, pelos aluguéis que se vencerem durante a lide.

Seção III
Do Aluguel

Art. 17. É livre a convenção do aluguel, vedada a sua estipulação em moeda estrangeira e a sua vinculação à variação cambial ou ao salário mínimo.

Parágrafo único. Nas locações residenciais serão observados os critérios de reajustes previstos na legislação específica.

Art. 18. É lícito às partes fixar, de comum acordo, novo valor para o aluguel, bem como inserir ou modificar cláusula de reajuste.

Art. 19. Não havendo acordo, o locador ou o locatário, após três anos de vigência do contrato ou do acordo anteriormente realizado, poderão pedir revisão judicial do aluguel, a fim de ajustá-lo ao preço de mercado.

Art. 20. Salvo as hipóteses do art. 42 e da locação para temporada, o locador não poderá exigir o pagamento antecipado do aluguel.

Art. 21. O aluguel da sublocação não poderá exceder o da locação, nas habitações coletivas multifamiliares, a soma dos aluguéis não poderá ser superior ao dobro do valor da locação.

Parágrafo único. O descumprimento deste artigo autoriza o sublocatário a reduzir o aluguel até os limites nele estabelecidos.

Seção IV
Dos Deveres do Locador e do Locatário

Art. 22. O locador é obrigado a:

I – entregar ao locatário o imóvel alugado em estado de servir ao uso a que se destina;

II – garantir, durante o tempo da locação, o uso pacífico do imóvel locado;

III – manter, durante a locação, a forma e o destino do imóvel;

IV – responder pelos vícios ou defeitos anteriores à locação;

V – fornecer ao locatário, caso este solicite, descrição minuciosa do estado do imóvel, quando de sua entre-

Lei n. 8.245, de 18-10-1991   **Locações**

ga, com expressa referência aos eventuais defeitos existentes;

VI – fornecer ao locatário recibo discriminado das importâncias por este pagas, vedada a quitação genérica;

VII – pagar as taxas de administração imobiliária, se houver, e de intermediações, nestas compreendidas as despesas necessárias à aferição da idoneidade do pretendente ou de seu fiador;

VIII – pagar os impostos e taxas, e ainda o prêmio de seguro complementar contra fogo, que incidam ou venham a incidir sobre o imóvel, salvo disposição expressa em contrário no contrato;

IX – exibir ao locatário, quando solicitado, os comprovantes relativos às parcelas que estejam sendo exigidas;

X – pagar as despesas extraordinárias de condomínio.

Parágrafo único. Por despesas extraordinárias de condomínio se entendem aquelas que não se refiram aos gastos rotineiros de manutenção do edifício, especialmente:

a) obras de reformas ou acréscimos que interessem à estrutura integral do imóvel;

b) pintura das fachadas, empenas, poços de aeração e iluminação, bem como das esquadrias externas;

c) obras destinadas a repor as condições de habitabilidade do edifício;

d) indenizações trabalhistas e previdenciárias pela dispensa de empregados, ocorridas em data anterior ao início da locação;

e) instalação de equipamentos de segurança e de incêndio, de telefonia, de intercomunicação, de esporte e de lazer;

f) despesas de decoração e paisagismo nas partes de uso comum;

g) constituição de fundo de reserva.

Art. 23. O locatário é obrigado a:

I – pagar pontualmente o aluguel e os encargos da locação, legal ou contratualmente exigíveis, no prazo estipulado ou, em sua falta, até o sexto dia útil do mês seguinte ao vencido, no imóvel locado, quando outro local não tiver sido indicado no contrato;

II – servir-se do imóvel para o uso convencionado ou presumido, compatível com a natureza deste e com o fim a que se destina, devendo tratá-lo com o mesmo cuidado como se fosse seu;

III – restituir o imóvel, finda a locação, no estado em que o recebeu, salvo as deteriorações decorrentes do seu uso normal;

IV – levar imediatamente ao conhecimento do locador o surgimento de qualquer dano ou defeito cuja reparação a este incumba, bem como as eventuais turbações de terceiros;

V – realizar a imediata reparação dos danos verificados no imóvel, ou nas suas instalações, provocados por si, seus dependentes, familiares, visitantes ou prepostos;

VI – não modificar a forma interna ou externa do imóvel sem o consentimento prévio e por escrito do locador;

VII – entregar imediatamente ao locador os documentos de cobrança de tributos e encargos condominiais, bem como qualquer intimação, multa ou exigência de autoridade pública, ainda que dirigida a ele, locatário;

VIII – pagar as despesas de telefone e de consumo de força, luz e gás, água e esgoto;

IX – permitir a vistoria do imóvel pelo locador ou por seu mandatário, mediante combinação prévia, de dia e hora, bem como admitir que seja o mesmo visitado e examinado por terceiros, na hipótese prevista no art. 27;

X – cumprir integralmente a convenção de condomínio e os regulamentos internos;

XI – pagar o prêmio do seguro de fiança;

XII – pagar as despesas ordinárias de condomínio.

§ 1.º Por despesas ordinárias de condomínio se entendem as necessárias à administração respectiva, especialmente:

a) salários, encargos trabalhistas, contribuições previdenciárias e sociais dos empregados do condomínio;

b) consumo de água e esgoto, gás, luz e força das áreas de uso comum;

c) limpeza, conservação e pintura das instalações e dependências de uso comum;

d) manutenção e conservação das instalações e equipamentos hidráulicos, elétricos, mecânicos e de segurança, de uso comum;

e) manutenção e conservação das instalações e equipamentos de uso comum destinados à prática de esportes e lazer;

f) manutenção e conservação de elevadores, porteiro eletrônico e antenas coletivas;

g) pequenos reparos nas dependências e instalações elétricas e hidráulicas de uso comum;

h) rateios de saldo devedor, salvo se referentes a período anterior ao início da locação;

i) reposição do fundo de reserva, total ou parcialmente utilizado no custeio ou complementação das despesas referidas nas alíneas anteriores, salvo se referentes a período anterior ao início da locação.

§ 2.º O locatário fica obrigado ao pagamento das despesas referidas no parágrafo anterior, desde que comprovadas a previsão orçamentária e o rateio mensal, podendo exigir a qualquer tempo a comprovação das mesmas.

§ 3.º No edifício constituído por unidades imobiliárias autônomas, de propriedade da mesma pessoa, os locatários ficam obrigados ao pagamento das despesas referidas no § 1.º deste artigo, desde que comprovadas.

Art. 24. Nos imóveis utilizados como habitação coletiva multifamiliar, os locatários ou sublocatários poderão depositar judicialmente o aluguel e encargos se a construção for considerada em condições precárias pelo Poder Público.

§ 1.º O levantamento dos depósitos somente será deferido com a comunicação, pela autoridade pública, da regularização do imóvel.

§ 2.º Os locatários ou sublocatários que deixarem o imóvel estarão desobrigados do aluguel durante a execução das obras necessárias à regularização.

§ 3.º Os depósitos efetuados em juízo pelos locatários e sublocatários poderão ser levantados, mediante ordem judicial, para realização das obras ou serviços necessários à regularização do imóvel.

Art. 25. Atribuída ao locatário a responsabilidade pelo pagamento dos tributos, encargos e despesas ordinárias de condomínio, o locador poderá cobrar tais verbas juntamente com o aluguel do mês a que se refiram.

Parágrafo único. Se o locador antecipar os pagamentos, a ele pertencerão as vantagens daí advindas, salvo se o locatário reembolsá-lo integralmente.

Art. 26. Necessitando o imóvel de reparos urgentes, cuja realização incumba ao locador, o locatário é obrigado a consenti-los.

Parágrafo único. Se os reparos durarem mais de dez dias, o locatário terá direito ao abatimento do aluguel, proporcional ao período excedente; se mais de trinta dias, poderá resilir o contrato.

Seção V
Do Direito de Preferência

Art. 27. No caso de venda, promessa de venda, cessão ou promessa de cessão de direitos ou dação em pagamento, o locatário tem preferência para adquirir o imóvel locado, em igualdade de condições com terceiros, devendo o locador dar-lhe conhecimento do negócio mediante notificação judicial, extrajudicial ou outro meio de ciência inequívoca.

Parágrafo único. A comunicação deverá conter todas as condições do negócio e, em especial, o preço, a forma de pagamento, a existência de ônus reais, bem como o local e horário em que pode ser examinada a documentação pertinente.

Art. 28. O direito de preferência do locatário caducará se não manifestada, de maneira inequívoca, sua aceitação integral à proposta, no prazo de trinta dias.

Art. 29. Ocorrendo aceitação da proposta, pelo locatário, a posterior desistência do negócio pelo locador acarreta, a este, responsabilidade pelos prejuízos ocasionados, inclusive lucros cessantes.

Art. 30. Estando o imóvel sublocado em sua totalidade, caberá a preferência ao sublocatário e, em seguida, ao locatário. Se forem vários os sublocatários, a preferência caberá a todos, em comum, ou a qualquer deles, se um só for o interessado.

Parágrafo único. Havendo pluralidade de pretendentes, caberá a preferência ao locatário mais antigo, e, se da mesma data, ao mais idoso.

Art. 31. Em se tratando de alienação de mais de uma unidade imobiliária, o direito de preferência incidirá sobre a totalidade dos bens objeto da alienação.

Art. 32. O direito de preferência não alcança os casos de perda da propriedade ou venda por decisão judicial, permuta, doação, integralização de capital, cisão, fusão e incorporação.

Parágrafo único. Nos contratos firmados a partir de 1.º de outubro de 2001, o direito de preferência de que trata este artigo não alcançará também os casos de constituição da propriedade fiduciária e de perda da propriedade ou venda por quaisquer formas de realização de garantia, inclusive mediante leilão extrajudicial, devendo essa condição constar expressamente em cláusula contratual específica, destacando-se das demais por sua apresentação gráfica.

•• Parágrafo único acrescentado pela Lei n. 10.931, de 2-8-2004.

Art. 33. O locatário preterido no seu direito de preferência poderá reclamar do alienante as perdas e danos ou, depositando o preço e demais despesas do ato de transferência, haver para si o imóvel locado, se o requerer no prazo de seis meses, a contar do registro do ato no Cartório de Imóveis, desde que o contrato de locação esteja averbado pelo menos trinta dias antes da alienação junto à matrícula do imóvel.

Parágrafo único. A averbação far-se-á à vista de qualquer das vias do contrato de locação, desde que subscrito também por duas testemunhas.

Art. 34. Havendo condomínio no imóvel, a preferência do condômino terá prioridade sobre a do locatário.

Seção VI
Das Benfeitorias

Art. 35. Salvo expressa disposição contratual em contrário, as benfeitorias necessárias introduzidas pelo locatário, ainda que não autorizadas pelo locador, bem como as úteis, desde que autorizadas, serão indenizáveis e permitem o exercício do direito de retenção.

Art. 36. As benfeitorias voluptuárias não serão indenizáveis, podendo ser levantadas pelo locatário, finda a locação, desde que sua retirada não afete a estrutura e a substância do imóvel.

Seção VII
Das Garantias Locatícias

Art. 37. No contrato de locação, pode o locador exigir do locatário as seguintes modalidades de garantia:

I – caução;

II – fiança;

III – seguro de fiança locatícia;

IV – cessão fiduciária de quotas de fundo de investimento.

•• Inciso IV acrescentado pela Lei n. 11.196, de 21-11-2005.

Parágrafo único. É vedada, sob pena de nulidade, mais de uma das modalidades de garantia num mesmo contrato de locação.

Art. 38. A caução poderá ser em bens móveis ou imóveis.

§ 1.º A caução em bens móveis deverá ser registrada em Cartório de Títulos e Documentos; e a em bens imóveis deverá ser averbada à margem da respectiva matrícula.

§ 2.º A caução em dinheiro, que não poderá exceder o equivalente a três meses de aluguel, será depositada em caderneta de poupança, autorizada pelo Poder Público e por ele regulamentada, revertendo em benefício do locatário todas as vantagens dela decorrentes por ocasião do levantamento da soma respectiva.

§ 3.º A caução em títulos e ações deverá ser substituída, no prazo de trinta dias, em caso de concordata, falência ou liquidação das sociedades emissoras.

Art. 39. Salvo disposição contratual em contrário, qualquer das garantias da locação se estende até a efetiva devolução do imóvel, ainda que prorrogada a locação por prazo indeterminado, por força desta Lei.

•• Artigo com redação determinada pela Lei n. 12.112, de 9-12-2009.

•• Vide Súmula 656 do STJ.

Art. 40. O locador poderá exigir novo fiador ou a substituição da modalidade de garantia, nos seguintes casos:

I – morte do fiador;

II – ausência, interdição, recuperação judicial, falência ou insolvência do fiador, declaradas judicialmente;

•• Inciso II com redação determinada pela Lei n. 12.112, de 9-12-2009.

III – alienação ou gravação de todos os bens imóveis do fiador ou sua mudança de residência sem comunicação ao locador;

IV – exoneração do fiador;

V – prorrogação da locação por prazo indeterminado, sendo a fiança ajustada por prazo certo;

VI – desaparecimento dos bens móveis;

VII – desapropriação ou alienação do imóvel;

VIII – exoneração de garantia constituída por quotas de fundo de investimento;

•• Inciso VIII acrescentado pela Lei n. 11.196, de 21-11-2005.

IX – liquidação ou encerramento do fundo de investimento de que trata o inciso IV do art. 37 desta Lei;

•• Inciso IX acrescentado pela Lei n. 11.196, de 21-11-2005.

X – prorrogação da locação por prazo indeterminado uma vez notificado o locador pelo fiador de sua intenção de desoneração, ficando obrigado por todos os efeitos da fiança, durante 120 (cento e vinte) dias após a notificação ao locador.

•• Inciso X acrescentado pela Lei n. 12.112, de 9-12-2009.

Parágrafo único. O locador poderá notificar o locatário para apresentar nova garantia locatícia no prazo de 30 (trinta) dias, sob pena de desfazimento da locação.

•• Parágrafo único acrescentado pela Lei n. 12.112, de 9-12-2009.

Lei n. 8.245, de 18-10-1991 — Locações

Art. 41. O seguro de fiança locatícia abrangerá a totalidade das obrigações do locatário.

Art. 42. Não estando a locação garantida por qualquer das modalidades, o locador poderá exigir do locatário o pagamento do aluguel e encargos até o sexto dia útil do mês vincendo.

Seção VIII
Das Penalidades Criminais e Civis

Art. 43. Constitui contravenção penal, punível com prisão simples de cinco dias a seis meses ou multa de três a doze meses do valor do último aluguel atualizado, revertida em favor do locatário:

I – exigir, por motivo de locação ou sublocação, quantia ou valor além do aluguel e encargos permitidos;

II – exigir, por motivo de locação ou sublocação, mais de uma modalidade de garantia num mesmo contrato de locação;

III – cobrar antecipadamente o aluguel, salvo a hipótese do art. 42 e da locação para temporada.

Art. 44. Constitui crime de ação pública, punível com detenção de três meses a um ano, que poderá ser substituída pela prestação de serviços à comunidade:

I – recusar-se o locador ou sublocador, nas habitações coletivas multifamiliares, a fornecer recibo discriminado do aluguel e encargos;

II – deixar o retomante, dentro de cento e oitenta dias após a entrega do imóvel, no caso do inciso III do art. 47, de usá-lo para o fim declarado ou, usando-o, não o fizer pelo prazo mínimo de um ano;

III – não iniciar o proprietário, promissário comprador ou promissário cessionário, nos casos do inciso IV do art. 9.º, inciso IV do art. 47, inciso I do art. 52 e inciso II do art. 53, a demolição ou a reparação do imóvel, dentro de sessenta dias contados de sua entrega;

IV – executar o despejo com inobservância do disposto no § 2.º do art. 65.

Parágrafo único. Ocorrendo qualquer das hipóteses previstas neste artigo, poderá o prejudicado reclamar, em processo próprio, multa equivalente a um mínimo de doze e um máximo de vinte e quatro meses do valor do último aluguel atualizado ou do que esteja sendo cobrado do novo locatário, se realugado o imóvel.

Seção IX
Das Nulidades

Art. 45. São nulas de pleno direito as cláusulas do contrato de locação que visem a elidir os objetivos da presente Lei, notadamente as que proíbam a prorrogação prevista no art. 47, ou que afastem o direito à renovação, na hipótese do art. 51, ou que imponham obrigações pecuniárias para tanto.

Capítulo II
DAS DISPOSIÇÕES ESPECIAIS

Seção I
Da Locação Residencial

Art. 46. Nas locações ajustadas por escrito e por prazo igual ou superior a trinta meses, a resolução do contrato ocorrerá findo o prazo estipulado, independentemente de notificação ou aviso.

§ 1.º Findo o prazo ajustado, se o locatário continuar na posse do imóvel alugado por mais de trinta dias sem oposição do locador, presumir-se-á prorrogada a locação por prazo indeterminado, mantidas as demais cláusulas e condições do contrato.

§ 2.º Ocorrendo a prorrogação, o locador poderá denunciar o contrato a qualquer tempo, concedido o prazo de trinta dias para desocupação.

Art. 47. Quando ajustada verbalmente ou por escrito e com prazo inferior a trinta meses, findo o prazo estabelecido, a locação prorroga-se automaticamente, por prazo indeterminado, somente podendo ser retomado o imóvel:

I – nos casos do art. 9.º;

II – em decorrência de extinção do contrato de trabalho, se a ocupação do imóvel pelo locatário estiver relacionada com o seu emprego;

III – se for pedido para uso próprio, de seu cônjuge ou companheiro, ou para uso residencial de ascendente ou descendente que não disponha, assim como seu cônjuge ou companheiro, de imóvel residencial próprio;

IV – se for pedido para demolição e edificação licenciada ou para a realização de obras aprovadas pelo Poder Público, que aumentem a área construída em, no mínimo, vinte por cento ou, se o imóvel for destinado à exploração de hotel ou pensão, em cinquenta por cento;

V – se a vigência ininterrupta da locação ultrapassar cinco anos.

§ 1.º Na hipótese do inciso III, a necessidade deverá ser judicialmente demonstrada, se:

a) o retomante, alegando necessidade de usar o imóvel, estiver ocupando, com a mesma finalidade, outro de sua propriedade situado na mesma localidade ou, residindo ou utilizando imóvel alheio, já tiver retomado o imóvel anteriormente;

b) o ascendente ou descendente, beneficiário da retomada, residir em imóvel próprio.

§ 2.º Nas hipóteses dos incisos III e IV, o retomante deverá comprovar ser proprietário, promissário comprador ou promissário cessionário, em caráter irrevogável, com imissão na posse do imóvel e título registrado junto à matrícula do mesmo.

Seção II
Da Locação para Temporada

Art. 48. Considera-se locação para temporada aquela destinada à residência temporária do locatário, para prática de lazer, realização de cursos, tratamento de saúde, feitura de obras em seu imóvel, e outros fatos que decorram tão somente de determinado tempo, e contratada por prazo não superior a noventa dias, esteja ou não mobiliado o imóvel.

Parágrafo único. No caso de a locação envolver imóvel mobiliado, constará do contrato, obrigatoriamente, a descrição dos móveis e utensílios que o guarnecem, bem como o estado em que se encontram.

Art. 49. O locador poderá receber de uma só vez e antecipadamente os aluguéis e encargos, bem como exigir qualquer das modalidades de garantia previstas no art. 37 para atender as demais obrigações do contrato.

Art. 50. Findo o prazo ajustado, se o locatário permanecer no imóvel sem oposição do locador por mais de trinta dias, presumir-se-á prorrogada a locação por tempo indeterminado, não mais sendo exigível o pagamento antecipado do aluguel e dos encargos.

Parágrafo único. Ocorrendo a prorrogação, o locador somente poderá denunciar o contrato após trinta meses de seu início ou nas hipóteses do art. 47.

Seção III
Da Locação não Residencial

Art. 51. Nas locações de imóveis destinados ao comércio, o locatário terá direito a renovação do contrato, por igual prazo, desde que, cumulativamente:

I – o contrato a renovar tenha sido celebrado por escrito e com prazo determinado;

II – o prazo mínimo do contrato a renovar ou a soma dos prazos ininterruptos dos contratos escritos seja de cinco anos;

III – o locatário esteja explorando seu comércio, no mesmo ramo, pelo prazo mínimo e ininterrupto de três anos.

§ 1.º O direito assegurado neste artigo poderá ser exercido pelos cessionários ou sucessores da locação; no caso de sublocação total do imóvel, o direito a renovação somente poderá ser exercido pelo sublocatário.

§ 2.º Quando o contrato autorizar que o locatário utilize o imóvel para as atividades de sociedade de que faça parte e que a esta passe a pertencer o fundo de comércio, o direito a renovação poderá ser exercido pelo locatário ou pela sociedade.

§ 3.º Dissolvida a sociedade comercial por morte de um dos sócios, o sócio sobrevivente fica sub-rogado no direito a renovação, desde que continue no mesmo ramo.

§ 4.º O direito a renovação do contrato estende-se às locações celebradas por indústrias e sociedades civis com fim lucrativo, regularmente constituídas, desde que ocorrentes os pressupostos previstos neste artigo.

§ 5.º Do direito a renovação decai aquele que não propuser a ação no interregno de um ano, no máximo, até seis meses, no mínimo, anteriores à data da finalização do prazo do contrato em vigor.

Art. 52. O locador não estará obrigado a renovar o contrato se:

I – por determinação do Poder Público, tiver que realizar no imóvel obras que importarem na sua radical transformação; ou para fazer modificação de tal natureza que aumente o valor do negócio ou da propriedade;

II – o imóvel vier a ser utilizado por ele próprio ou para transferência de fundo de comércio existente há mais de um ano, sendo detentor da maioria do capital o locador, seu cônjuge, ascendente ou descendente.

§ 1.º Na hipótese do inciso II, o imóvel não poderá ser destinado ao uso do mesmo ramo do locatário, salvo se a locação também envolva o fundo de comércio, com as instalações e pertences.

§ 2.º Nas locações de espaço em *shopping centers*, o locador não poderá recusar a renovação do contrato com fundamento no inciso II deste artigo.

§ 3.º O locatário terá direito a indenização para ressarcimento dos prejuízos e dos lucros cessantes que tiver que arcar com a mudança, perda do lugar e desvalorização do fundo de comércio, se a renovação não ocorrer em razão de proposta de terceiro, em melhores condições, ou se o locador, no prazo de três meses da entrega do imóvel, não der o destino alegado ou não iniciar as obras determinadas pelo Poder Público ou que declarou pretender realizar.

•• A Lei n. 12.112, de 9-12-2009, propôs nova redação para este § 3.º, porém teve seu texto vetado.

Art. 53. Nas locações de imóveis utilizados por hospitais, unidades sanitárias oficiais, asilos, estabelecimentos de saúde e de ensino autorizados e fiscalizados pelo Poder Público, bem como por entidades religiosas devidamente registradas, o contrato somente poderá ser rescindido:

•• *Caput* com redação determinada pela Lei n. 9.256, de 9-1-1996.

I – nas hipóteses do art. 9.º;

II – se o proprietário, promissário comprador ou promissário cessionário, em caráter irrevogável e imitido na posse, com título registrado, que haja quitado o preço da promessa ou que, não o tendo feito, seja autorizado pelo proprietário, pedir o imóvel para demolição, edificação licenciada ou reforma que venha a resultar em aumento mínimo de cinquenta por cento da área útil.

Art. 54. Nas relações entre lojistas e empreendedores de *shopping center*, prevalecerão as condições livremente pactuadas nos contratos de locação respectivos e as disposições procedimentais previstas nesta Lei.

§ 1.º O empreendedor não poderá cobrar do locatário em *shopping center*:

a) as despesas referidas nas alíneas *a*, *b* e *d* do parágrafo único do art. 22; e

b) as despesas com obras ou substituições de equipamentos, que impliquem modificar o projeto ou o memorial descritivo da data do habite-se e obras de paisagismo nas partes de uso comum.

§ 2.º As despesas cobradas do locatário devem ser previstas em orçamento, salvo casos de urgência ou força maior, devidamente demonstradas, podendo o locatário, a cada sessenta dias, por si ou entidade de classe exigir a comprovação das mesmas.

Art. 54-A. Na locação não residencial de imóvel urbano na qual o locador procede à prévia aquisição, construção ou substancial reforma, por si mesmo ou por terceiros, do imóvel então especificado pelo pretendente à locação, a fim de que seja a este locado por prazo determinado, prevalecerão as condições livremente pactuadas no contrato respectivo e as disposições procedimentais previstas nesta Lei.

•• *Caput* acrescentado pela Lei n. 12.744, de 19-12-2012.

§ 1.º Poderá ser convencionada a renúncia ao direito de revisão do valor dos aluguéis durante o prazo de vigência do contrato de locação;

•• § 1.º acrescentado pela Lei n. 12.744, de 19-12-2012.

§ 2.º Em caso de denúncia antecipada do vínculo locatício pelo locatário, compromete-se este a cumprir a multa convencionada, que não excederá, porém, a soma dos valores dos aluguéis a receber até o termo final da locação;

•• § 2.º acrescentado pela Lei n. 12.744, de 19-12-2012.

§ 3.º (*Vetado*.)

•• § 3.º acrescentado pela Lei n. 12.744, de 19-12-2012.

Art. 55. Considera-se locação não residencial quando o locatário for pessoa jurídica e o imóvel destinar-se ao uso de seus titulares, diretores, sócios, gerentes, executivos ou empregados.

Art. 56. Nos demais casos de locação não residencial, o contrato por prazo determinado cessa, de pleno direito, findo o prazo estipulado, independentemente de notificação ou aviso.

Parágrafo único. Findo o prazo estipulado, se o locatário permanecer no imóvel por mais de trinta dias sem oposição do locador, presumir-se-á prorrogada a locação nas condições ajustadas, mas sem prazo determinado.

Art. 57. O contrato de locação por prazo indeterminado pode ser denunciado por escrito, pelo locador, concedidos ao locatário trinta dias para a desocupação.

TÍTULO II
DOS PROCEDIMENTOS

Capítulo I
DAS DISPOSIÇÕES GERAIS

Art. 58. Ressalvados os casos previstos no parágrafo único do art. 1.º, nas ações de despejo, consignação em pagamento de aluguel e acessório da locação, revisionais de aluguel e renovatórias de locação, observar-se-á o seguinte:

I – os processos tramitam durante as férias forenses e não se suspendem pela superveniência delas;

Lei n. 8.245, de 18-10-1991   Locações

II – é competente para conhecer e julgar tais ações o foro do lugar da situação do imóvel, salvo se outro houver sido eleito no contrato;

III – o valor da causa corresponderá a doze meses de aluguel, ou, na hipótese do inciso II do art. 47, a três salários vigentes por ocasião do ajuizamento;

IV – desde que autorizado no contrato, a citação, intimação ou notificação far-se-á mediante correspondência com aviso de recebimento, ou, tratando-se de pessoa jurídica ou firma individual, também mediante telex ou fac-símile, ou, ainda, sendo necessário, pelas demais formas previstas no Código de Processo Civil;

V – os recursos interpostos contra as sentenças terão efeito somente devolutivo.

Capítulo II
DAS AÇÕES DE DESPEJO

Art. 59. Com as modificações constantes deste Capítulo, as ações de despejo terão o rito ordinário.

§ 1.º Conceder-se-á liminar para desocupação em quinze dias, independentemente da audiência da parte contrária e desde que prestada a caução no valor equivalente a três meses de aluguel, nas ações que tiverem por fundamento exclusivo:

I – o descumprimento do mútuo acordo (art. 9.º, inciso I), celebrado por escrito e assinado pelas partes e por duas testemunhas, no qual tenha sido ajustado o prazo mínimo de seis meses para desocupação, contado da assinatura do instrumento;

•• *Vide* art. 4.º da Lei n. 14.216, de 7-10-2021.

II – o disposto no inciso II do art. 47, havendo prova escrita da rescisão do contrato de trabalho ou sendo ela demonstrada em audiência prévia;

•• *Vide* art. 4.º da Lei n. 14.216, de 7-10-2021.

III – o término do prazo da locação para temporada, tendo sido proposta a ação de despejo em até trinta dias após o vencimento do contrato;

IV – a morte do locatário sem deixar sucessor legítimo na locação, de acordo com o referido no inciso I do art. 11, permanecendo no imóvel pessoas não autorizadas por lei;

V – a permanência do sublocatário no imóvel, extinta a locação, celebrada com o locatário;

•• *Vide* art. 4.º da Lei n. 14.216, de 7-10-2021.

VI – o disposto no inciso IV do art. 9.º, havendo necessidade de se produzir reparações urgentes no imóvel, determinadas pelo poder público, que não possam ser normalmente executadas com a permanência do locatário, ou, podendo, ele se recuse a consenti-las;

•• Inciso VI acrescentado pela Lei n. 12.112, de 9-12-2009.

VII – o término do prazo notificatório previsto no parágrafo único do art. 40, sem apresentação de nova garantia apta a manter a segurança inaugural do contrato;

•• Inciso VII acrescentado pela Lei n. 12.112, de 9-12-2009.

•• *Vide* art. 4.º da Lei n. 14.216, de 7-10-2021.

VIII – o término do prazo da locação não residencial, tendo sido proposta a ação em até 30 (trinta) dias do termo ou do cumprimento de notificação comunicando o intento de retomada;

•• Inciso VIII acrescentado pela Lei n. 12.112, de 9-12-2009.

•• *Vide* art. 4.º da Lei n. 14.216, de 7-10-2021.

IX – a falta de pagamento de aluguel e acessórios da locação no vencimento, estando o contrato desprovido de qualquer das garantias previstas no art. 37, por não ter sido contratada ou em caso de extinção ou pedido de exoneração dela, independentemente de motivo.

•• Inciso IX acrescentado pela Lei n. 12.112, de 9-12-2009.

•• *Vide* art. 4.º da Lei n. 14.216, de 7-10-2021.

§ 2.º Qualquer que seja o fundamento da ação dar-se-á ciência do pedido aos sublocatários, que poderão intervir no processo como assistentes.

§ 3.º No caso do inciso IX do § 1.º deste artigo, poderá o locatário evitar a rescisão da locação e elidir a liminar de desocupação se, dentro dos 15 (quinze) dias concedidos para a desocupação do imóvel e independentemente de cálculo, efetuar depósito judicial que contemple a totalidade dos valores devidos, na forma prevista no inciso II do art. 62.

•• § 3.º acrescentado pela Lei n. 12.112, de 9-12-2009.

Art. 60. Nas ações de despejo fundadas no inciso IV do art. 9.º, inciso IV do art. 47 e inciso II do art. 53, a petição inicial deverá ser instruída com prova da propriedade do imóvel ou do compromisso registrado.

Art. 61. Nas ações fundadas no § 2.º do art. 46 e nos incisos III e IV do art. 47, se o locatário, no prazo da contestação, manifestar sua concordância com a desocupação do imóvel, o juiz acolherá o pedido fixando prazo de seis meses para a desocupação, contados da citação, impondo ao vencido a responsabilidade pelas custas e honorários advocatícios de vinte por cento sobre o valor dado à causa. Se a desocupação ocorrer dentro do prazo fixado, o réu ficará isento dessa responsabilidade; caso contrário, será expedido mandado de despejo.

Art. 62. Nas ações de despejo fundadas na falta de pagamento de aluguel e acessórios da locação, de aluguel provisório, de diferenças de aluguéis, ou somente de quaisquer dos acessórios da locação, observar-se-á o seguinte:

•• *Caput* com redação determinada pela Lei n. 12.112, de 9-12-2009.

I – o pedido de rescisão da locação poderá ser cumulado com o pedido de cobrança dos aluguéis e acessórios da locação; nesta hipótese, citar-se-á o locatário para responder ao pedido de rescisão e o locatário e os fiadores para responderem ao pedido de cobrança, devendo ser apresentado, com a inicial, cálculo discriminado do valor do débito;

•• Inciso I com redação determinada pela Lei n. 12.112, de 9-12-2009.

II – o locatário e o fiador poderão evitar a rescisão da locação efetuando, no prazo de 15 (quinze) dias, contado da citação, o pagamento do débito atualizado, independentemente de cálculo e mediante depósito judicial, incluídos:

•• Inciso II, *caput*, com redação determinada pela Lei n. 12.112, de 9-12-2009.

a) os aluguéis e acessórios da locação que vencerem até a sua efetivação;

b) as multas ou penalidades contratuais, quando exigíveis;

c) os juros de mora;

d) as custas e os honorários do advogado do locador, fixados em dez por cento sobre o montante devido, se do contrato não constar disposição diversa;

III – efetuada a purga da mora, se o locador alegar que a oferta não é integral, justificando a diferença, o locatário poderá complementar o depósito no prazo de 10 (dez) dias, contado da intimação, que poderá ser dirigida ao locatário ou diretamente ao patrono deste, por carta ou publicação no órgão oficial, a requerimento do locador;

•• Inciso III com redação determinada pela Lei n. 12.112, de 9-12-2009.

IV – não sendo integralmente complementado o depósito, o pedido de rescisão prosseguirá pela diferença, podendo o locador levantar a quantia depositada;

•• Inciso IV com redação determinada pela Lei n. 12.112, de 9-12-2009.

V – os aluguéis que forem vencendo até a sentença deverão ser depositados à disposição do juízo, nos respectivos vencimentos, podendo o locador levantá-los desde que incontroversos;

VI – havendo cumulação dos pedidos de rescisão da locação e cobrança dos aluguéis, a execução desta pode ter início antes da desocupação do imóvel, caso ambos tenham sido acolhidos.

Parágrafo único. Não se admitirá a emenda da mora se o locatário já houver utilizado essa faculdade nos 24 (vinte e quatro) meses imediatamente anteriores à propositura da ação.

•• Parágrafo único com redação determinada pela Lei n. 12.112, de 9-12-2009.

Art. 63. Julgada procedente a ação de despejo, o juiz determinará a expedição de mandado de despejo, que conterá o prazo de 30 (trinta) dias para a desocupação voluntária, ressalvado o disposto nos parágrafos seguintes.

•• *Caput* com redação determinada pela Lei n. 12.112, de 9-12-2009.

§ 1.º O prazo será de quinze dias se:

a) entre a citação e a sentença de primeira instância houverem decorrido mais de quatro meses; ou

b) o despejo houver sido decretado com fundamento no art. 9.º ou no § 2.º do art. 46.

•• Alínea b com redação determinada pela Lei n. 12.112, de 9-12-2009.

§ 2.º Tratando-se de estabelecimento de ensino autorizado e fiscalizado pelo Poder Público, respeitado o prazo mínimo de seis meses e o máximo de um ano, o juiz disporá, de modo que a desocupação coincida com o período de férias escolares.

§ 3.º Tratando-se de hospitais, repartições públicas, unidades sanitárias oficiais, asilos, estabelecimentos de saúde e de ensino autorizados e fiscalizados pelo Poder Público, bem como por entidades religiosas devidamente registradas, e o despejo for decretado com fundamento no inciso IV do art. 9.º ou no inciso II do art. 53, o prazo será de um ano, exceto no caso em que entre a citação e a sentença de primeira instância houver decorrido mais de um ano, hipótese em que o prazo será de seis meses.

•• § 3.º com redação determinada pela Lei n. 9.256, de 9-1-1996.

§ 4.º A sentença que decretar o despejo fixará o valor da caução para o caso de ser executada provisoriamente.

Art. 64. Salvo nas hipóteses das ações fundadas no art. 9.º, a execução provisória do despejo dependerá de caução não inferior a 6 (seis) meses nem superior a 12 (doze) meses do aluguel, atualizado até a data da prestação da caução.

•• *Caput* com redação determinada pela Lei n. 12.112, de 9-12-2009.

§ 1.º A caução poderá ser real ou fidejussória e será prestada nos autos da execução provisória.

§ 2.º Ocorrendo a reforma da sentença ou da decisão que concedeu liminarmente o despejo, o valor da caução reverterá em favor do réu, como indenização mínima das perdas e danos, podendo este reclamar, em ação própria, a diferença pelo que a exceder.

Art. 65. Findo o prazo assinado para a desocupação, contado da data da notificação, será efetuado o despejo, se necessário com emprego de força, inclusive arrombamento.

§ 1.º Os móveis e utensílios serão entregues à guarda de depositário, se não os quiser retirar o despejado.

§ 2.º O despejo não poderá ser executado até o trigésimo dia seguinte ao do falecimento do cônjuge, ascendente, descendente ou irmão de qualquer das pessoas que habitem o imóvel.

Art. 66. Quando o imóvel for abandonado após ajuizada a ação, o locador poderá imitir-se na posse do imóvel.

Capítulo III
DA AÇÃO DE CONSIGNAÇÃO DE ALUGUEL E ACESSÓRIOS DA LOCAÇÃO

Art. 67. Na ação que objetivar o pagamento dos aluguéis e acessórios da locação mediante consignação, será observado o seguinte:

I – a petição inicial, além dos requisitos exigidos pelo art. 282 do Código de Processo Civil, deverá especificar os aluguéis e acessórios da locação com indicação dos respectivos valores;

II – determinada a citação do réu, o autor será intimado a, no prazo de vinte e quatro horas, efetuar o depósito judicial da importância indicada na petição inicial, sob pena de ser extinto o processo;

III – o pedido envolverá a quitação das obrigações que vencerem durante a tramitação do feito e até ser prolatada a sentença de primeira instância, devendo o autor promover os depósitos nos respectivos vencimentos;

IV – não sendo oferecida a contestação, ou se o locador receber os valores depositados, o juiz acolherá o pedido, declarando quitadas as obrigações, condenando o réu ao pagamento das custas e honorários de vinte por cento do valor dos depósitos;

V – a contestação do locador, além da defesa de direito que possa caber, ficará adstrita, quanto à matéria de fato, a:

a) não ter havido recusa ou mora em receber a quantia devida;

b) ter sido justa a recusa;

c) não ter sido efetuado o depósito no prazo ou no lugar do pagamento;

d) não ter sido o depósito integral;

VI – além de contestar, o réu poderá, em reconvenção, pedir o despejo e a cobrança dos valores objeto da consignatória ou da diferença do depósito inicial, na hipótese de ter sido alegado não ser o mesmo integral;

VII – o autor poderá complementar o depósito inicial, no prazo de cinco dias contados da ciência do oferecimento da resposta, com acréscimo de dez por cento sobre o valor da diferença. Se tal ocorrer, o juiz declarará quitadas as obrigações, elidindo a rescisão da locação, mas imporá ao autor-reconvindo a responsabilidade pelas custas e honorários advocatícios de vinte por cento sobre o valor dos depósitos;

VIII – havendo, na reconvenção, cumulação dos pedidos de rescisão da locação e cobrança dos valores objeto da consignatória, a execução desta somente poderá ter início após obtida a desocupação do imóvel, caso ambos tenham sido acolhidos.

Parágrafo único. O réu poderá levantar a qualquer momento as importâncias depositadas sobre as quais não penda controvérsia.

Capítulo IV
DA AÇÃO REVISIONAL DE ALUGUEL

Art. 68. Na ação revisional de aluguel, que terá o rito sumário, observar-se-á o seguinte:

•• *Caput* com redação determinada pela Lei n. 12.112, de 9-12-2009.

I – além dos requisitos exigidos pelos arts. 276 e 282 do Código de Processo Civil, a petição inicial deverá indicar o valor do aluguel cuja fixação é pretendida;

II – ao designar a audiência de conciliação, o juiz, se houver pedido e com base nos elementos fornecidos tanto pelo locador como pelo locatário, ou nos que indicar, fixará aluguel provisório, que será devido desde a citação, nos seguintes moldes:

•• Inciso II, *caput*, com redação determinada pela Lei n. 12.112, de 9-12-2009.

a) em ação proposta pelo locador, o aluguel provisório não poderá ser excedente a 80% (oitenta por cento) do pedido;

•• Alínea *a* acrescentada pela Lei n. 12.112, de 9-12-2009.

b) em ação proposta pelo locatário, o aluguel provisório não poderá ser inferior a 80% (oitenta por cento) do aluguel vigente;

•• Alínea *b* acrescentada pela Lei n. 12.112, de 9-12-2009.

III – sem prejuízo da contestação e até a audiência, o réu poderá pedir seja revisto o aluguel provisório, fornecendo os elementos para tanto;

IV – na audiência de conciliação, apresentada a contestação, que deverá conter contraproposta se houver discordância quanto ao valor pretendido, o juiz tentará a conciliação e, não sendo esta possível, determinará a realização de perícia, se necessária, designando, desde logo, audiência de instrução e julgamento;

•• Inciso IV com redação determinada pela Lei n. 12.112, de 9-12-2009.

V – o pedido de revisão previsto no inciso III deste artigo interrompe o prazo para interposição de recurso contra a decisão que fixar o aluguel provisório.

•• Inciso V acrescentado pela Lei n. 12.112, de 9-12-2009.

§ 1.º Não caberá ação revisional na pendência de prazo para desocupação do imóvel (arts. 46, § 2.º, e 57), ou quando tenha sido este estipulado amigável ou judicialmente.

§ 2.º No curso da ação de revisão, o aluguel provisório será reajustado na periodicidade pactuada ou na fixada em lei.

Art. 69. O aluguel fixado na sentença retroge à citação, e as diferenças devidas durante a ação de revisão, descontados os alugueres provisórios satisfeitos, serão pagas corrigidas, exigíveis a partir do trânsito em julgado da decisão que fixar o novo aluguel.

§ 1.º Se pedido pelo locador, ou sublocador, a sentença poderá estabelecer periodicidade de reajustamento do aluguel diversa daquela prevista no contrato revisando, bem como adotar outro indexador para reajustamento do aluguel.

§ 2.º A execução das diferenças será feita nos autos da ação de revisão.

Art. 70. Na ação de revisão do aluguel, o juiz poderá homologar acordo de desocupação, que será executado mediante expedição de mandado de despejo.

Capítulo V
DA AÇÃO RENOVATÓRIA

Art. 71. Além dos demais requisitos exigidos no art. 282 do Código de Processo Civil, a petição inicial da ação renovatória deverá ser instruída com:

I – prova do preenchimento dos requisitos dos incisos I, II e III do art. 51;

II – prova do exato cumprimento do contrato em curso;

III – prova da quitação dos impostos e taxas que incidiram sobre o imóvel e cujo pagamento lhe incumbia;

IV – indicação clara e precisa das condições oferecidas para a renovação da locação;

V – indicação do fiador quando houver no contrato a renovar e, quando não for o mesmo, com indicação do nome ou denominação completa, número de sua inscrição no Ministério da Fazenda, endereço e, tratando-se de pessoa natural, a nacionalidade, o estado civil, a profissão e o número da carteira de identidade, comprovando, desde logo, mesmo que não haja alteração do fiador, a atual idoneidade financeira;

•• Inciso V com redação determinada pela Lei n. 12.112, de 9-12-2009.

VI – prova de que o fiador do contrato ou o que o substituir na renovação aceita os encargos da fiança, autorizado por seu cônjuge, se casado for;

VII – prova, quando for o caso, de ser cessionário ou sucessor, em virtude de título oponível ao proprietário.

Parágrafo único. Proposta a ação pelo sublocatário do imóvel ou de parte dele, serão citados o sublocador e o locador, como litisconsortes, salvo se, em virtude de locação originária ou renovada, o sublocador dispuser de prazo que admita renovar a sublocação; na primeira hipótese, procedente a ação, o proprietário ficará diretamente obrigado à renovação.

Art. 72. A contestação do locador, além da defesa de direito que possa caber, ficará adstrita, quanto à matéria de fato, ao seguinte:

I – não preencher o autor os requisitos estabelecidos nesta Lei;

II – não atender, a proposta do locatário, o valor locativo real do imóvel na época da renovação, excluída a valorização trazida por aquele ao ponto ou lugar;

III – ter proposta de terceiro para a locação, em condições melhores;

IV – não estar obrigado a renovar a locação (incisos I e II do art. 52).

§ 1.º No caso do inciso II, o locador deverá apresentar, em contraproposta, as condições de locação que repute compatíveis com o valor locativo real e atual do imóvel.

§ 2.º No caso do inciso III, o locador deverá juntar prova documental da proposta do terceiro, subscrita por este e por duas testemunhas, com clara indicação do ramo a ser explorado, que não poderá ser o mesmo do locatário. Nessa hipótese, o locatário poderá, em réplica, aceitar tais condições para obter a renovação pretendida.

§ 3.º No caso do inciso I do art. 52, a contestação deverá trazer prova da determinação do Poder Público ou relatório pormenorizado das obras a serem realizadas e da estimativa de valorização que sofrerá o imóvel, assinado por engenheiro devidamente habilitado.

§ 4.º Na contestação, o locador, ou sublocador, poderá pedir, ainda, a fixação de aluguel provisório, para vigorar a partir do primeiro mês do prazo do contrato a ser renovado, não excedente a oitenta por cento do pedido, desde que apresentados elementos hábeis para aferição do justo valor do aluguel.

§ 5.º Se pedido pelo locador, ou sublocador, a sentença poderá estabelecer periodicidade de reajustamento do aluguel diversa daquela prevista no contrato renovando, bem como adotar outro indexador para reajustamento do aluguel.

Art. 73. Renovada a locação, as diferenças dos aluguéis vencidos serão executadas nos próprios autos da ação e pagas de uma só vez.

Art. 74. Não sendo renovada a locação, o juiz determinará a expedição de mandado de despejo, que conterá o prazo de 30 (trinta) dias para a desocupação voluntária, se houver pedido na contestação.

•• *Caput* com redação determinada pela Lei n. 12.112, de 9-12-2009.

§ 1.º (Vetado.)

•• § 1.º acrescentado pela Lei n. 12.112, de 9-12-2009.

§ 2.º (Vetado.)

•• § 2.º acrescentado pela Lei n. 12.112, de 9-12-2009.

§ 3.º (Vetado.)

•• § 3.º acrescentado pela Lei n. 12.112, de 9-12-2009.

Art. 75. Na hipótese do inciso III do art. 72, a sentença fixará desde logo a indenização devida ao locatário em consequência da não prorrogação da locação, solidariamente devida pelo locador e o proponente.

•• A Lei n. 12.112, de 9-12-2009, propôs nova redação para este artigo, porém teve seu texto vetado.

Título III
DAS DISPOSIÇÕES FINAIS E TRANSITÓRIAS

Art. 76. Não se aplicam as disposições desta Lei aos processos em curso.

Art. 77. Todas as locações residenciais que tenham sido celebradas anteriormente à vigência desta Lei serão automaticamente prorrogadas por tempo indeterminado, ao término do prazo ajustado no contrato.

Art. 78. As locações residenciais que tenham sido celebradas anteriormente à vigência desta Lei e que já vigorem ou venham a vigorar por prazo indeterminado, poderão ser denunciadas pelo locador, concedido o prazo de doze meses para a desocupação.

Parágrafo único. Na hipótese de ter havido revisão judicial ou amigável do aluguel, atingindo o preço do mercado, a denúncia somente poderá ser exercitada após vinte e quatro meses da data da revisão, se esta ocorreu nos doze meses anteriores à data da vigência desta Lei.

Art. 79. No que for omissa esta Lei aplicam-se as normas do Código Civil e do Código de Processo Civil.

•• Refere-se ao CC de 1916. *Vide* arts. 565 a 578 e 2.036 do Código vigente.

Art. 80. Para os fins do inciso I do art. 98 da Constituição Federal, as ações de despejo poderão ser consideradas como causas cíveis de menor complexidade.

Art. 81. O inciso II do art. 167 e o art. 169 da Lei n. 6.015, de 31 de dezembro de 1973, passam a vigorar com as seguintes alterações:

•• Modificação já integrada ao texto da citada Lei.

Art. 82. O art. 3.º da Lei n. 8.009, de 29 de março de 1990, passa a vigorar acrescido do seguinte inciso VII:

•• Modificação já integrada ao texto da citada Lei.

Art. 83. Ao art. 24 da Lei n. 4.591, de 16 de dezembro de 1964, fica acrescido o seguinte § 4.º:

•• Modificação prejudicada pela nova redação determinada pela Lei n. 9.267, de 25-3-1996.

Art. 84. Reputam-se válidos os registros dos contratos de locação dos imóveis, realizados até a data da vigência desta Lei.

Art. 85. Nas locações residenciais, é livre a convenção do aluguel quanto a preço, periodicidade e indexador de reajustamento, vedada a vinculação à variação do salário mínimo, variação cambial e moeda estrangeira:

I – dos imóveis novos com habite-se concedido a partir da entrada em vigor desta Lei;

II – dos demais imóveis não enquadrados no inciso anterior, em relação aos contratos celebrados, após cinco anos de entrada em vigor desta Lei.

....

Art. 87. (*Vetado.*)

Art. 88. (*Vetado.*)

Art. 89. Esta Lei entrará em vigor sessenta dias após a sua publicação.

Art. 90. Revogam-se as disposições em contrário, especialmente:

I – o Decreto n. 24.150, de 20 de abril de 1934;

II – a Lei n. 6.239, de 19 de setembro de 1975;

III – a Lei n. 6.649, de 16 de maio de 1979;

IV – a Lei n. 6.698, de 15 de outubro de 1979;

V – a Lei n. 7.355, de 31 de agosto de 1985;

VI – a Lei n. 7.538, de 24 de setembro de 1986;

VII – a Lei n. 7.612, de 9 de julho de 1987; e

VIII – a Lei n. 8.157, de 3 de janeiro de 1991.

Brasília, em 18 de outubro de 1991; 170.º da Independência e 103.º da República.

FERNANDO COLLOR

LEI N. 8.560,
DE 29 DE DEZEMBRO DE 1992 (*)

Regula a investigação de paternidade dos filhos havidos fora do casamento e dá outras providências.

O Presidente da República:

(*) Publicada no *DOU*, de 30-12-1992.

Faço saber que o Congresso Nacional decreta e eu sanciono a seguinte Lei:

Art. 1.º O reconhecimento dos filhos havidos fora do casamento é irrevogável e será feito:

I – no registro de nascimento;

II – por escritura pública ou escrito particular, a ser arquivado em cartório;

III – por testamento, ainda que incidentalmente manifestado;

IV – por manifestação expressa e direta perante o juiz, ainda que o reconhecimento não haja sido o objeto único e principal do ato que o contém.

Art. 2.º Em registro de nascimento de menor apenas com a maternidade estabelecida, o oficial remeterá ao juiz certidão integral do registro e o nome e prenome, profissão, identidade e residência do suposto pai, a fim de ser averiguada oficiosamente a procedência da alegação.

§ 1.º O juiz, sempre que possível, ouvirá a mãe sobre a paternidade alegada e mandará, em qualquer caso, notificar o suposto pai, independente de seu estado civil, para que se manifeste sobre a paternidade que lhe é atribuída.

§ 2.º O juiz, quando entender necessário, determinará que a diligência seja realizada em segredo de justiça.

§ 3.º No caso do suposto pai confirmar expressamente a paternidade, será lavrado termo de reconhecimento e remetida certidão ao oficial do registro, para a devida averbação.

§ 4.º Se o suposto pai não atender no prazo de 30 (trinta) dias a notificação judicial, ou negar a alegada paternidade, o juiz remeterá os autos ao representante do Ministério Público para que intente, havendo elementos suficientes, a ação de investigação de paternidade.

§ 5.º Nas hipóteses previstas no § 4.º deste artigo, é dispensável o ajuizamento de ação de investigação de paternidade pelo Ministério Público se, após o não comparecimento ou a recusa do suposto pai em assumir a paternidade a ele atribuída, a criança for encaminhada para adoção.

•• § 5.º com redação determinada pela Lei n. 12.010, de 3-8-2009.

§ 6.º A iniciativa conferida ao Ministério Público não impede a quem tenha legítimo interesse de intentar investigação, visando a obter o pretendido reconhecimento da paternidade.

•• Primitivo § 5.º renumerado pela Lei n. 12.010, de 3-8-2009.

Art. 2.º-A. Na ação de investigação de paternidade, todos os meios legais, bem como os moralmente legítimos, serão hábeis para provar a verdade dos fatos.

•• *Caput* acrescentado pela Lei n. 12.004, de 29-7-2009.

§ 1.º A recusa do réu em se submeter ao exame de código genético – DNA gerará a presunção da paternidade, a ser apreciada em conjunto com o contexto probatório.

•• Parágrafo único renumerado pela Lei n. 14.138, de 16-4-2021.

§ 2.º Se o suposto pai houver falecido ou não existir notícia de seu paradeiro, o juiz determinará, a expensas do autor da ação, a realização do exame de pareamento do código genético (DNA) em parentes consanguíneos, preferindo-se os de grau mais próximo aos mais distantes, importando a recusa em presunção da paternidade, a ser apreciada em conjunto com o contexto probatório.

•• § 2.º acrescentado pela Lei n. 14.138, de 16-4-2021.

Art. 3.º É vedado legitimar e reconhecer filho na ata do casamento.

Parágrafo único. É ressalvado o direito de averbar alteração do patronímico materno, em decorrência do casamento, no termo de nascimento do filho.

Art. 4.º O filho maior não pode ser reconhecido sem o seu consentimento.

Art. 5.º No registro de nascimento não se fará qualquer referência à natureza da filiação, à sua ordem em relação a outros irmãos do mesmo prenome, exceto gêmeos, ao lugar e cartório do casamento dos pais e ao estado civil destes.

Art. 6.º Das certidões de nascimento não constarão indícios de a concepção haver sido decorrente de relação extraconjugal.

§ 1.º Não deverá constar, em qualquer caso, o estado civil dos pais e a natureza da filiação, bem como o lugar e cartório do casamento, proibida referência à presente Lei.

§ 2.º São ressalvadas autorizações ou requisições judiciais de certidões de inteiro teor, mediante decisão fundamentada, assegurados os direitos, as garantias e interesses relevantes do registrado.

Art. 7.º Sempre que na sentença de primeiro grau se reconhecer a paternidade, nela se fixarão os alimentos provisionais ou definitivos do reconhecido que deles necessite.

Art. 8.º Os registros de nascimento, anteriores à data da presente Lei, poderão ser retificados por decisão judicial, ouvido o Ministério Público.

Art. 9.º Esta Lei entra em vigor na data de sua publicação.

Art. 10. São revogados os arts. 332, 337 e 347 do Código Civil e demais disposições em contrário.

•• Refere-se ao CC de 1916 (Lei n. 3.071, de 1.º-1-1916).

Brasília, 29 de dezembro de 1992; 171.º da Independência e 104.º da República.

ITAMAR FRANCO

LEI N. 8.617, DE 4 DE JANEIRO DE 1993 (*)

Dispõe sobre o mar territorial, a zona contígua, a zona econômica exclusiva e a plataforma continental brasileiros, e dá outras providências.

O Presidente da República:

Faço saber que o Congresso Nacional decreta e eu sanciono a seguinte Lei:

Capítulo I
DO MAR TERRITORIAL

Art. 1.º O mar territorial brasileiro compreende uma faixa de 12 (doze) milhas marítimas de largura, medidas a partir da linha de baixa-mar do litoral continental e insular brasileiro, tal como indicada nas cartas náuticas de grande escala, reconhecidas oficialmente no Brasil.

Parágrafo único. Nos locais em que a costa apresente recortes profundos e reentrâncias ou em que exista uma franja de ilhas ao longo da costa na sua proximidade imediata, será adotado o método das linhas de base retas, ligando pontos apropriados, para o traçado da linha de base, a partir da qual será medida a extensão do mar territorial.

(*) Publicada no *DOU*, de 5-1-1993.

Art. 2.º A soberania do Brasil estende-se ao mar territorial, ao espaço aéreo sobrejacente, bem como ao seu leito e subsolo.

Art. 3.º É reconhecido aos navios de todas as nacionalidades o direito de passagem inocente no mar territorial brasileiro.

§ 1.º A passagem será considerada inocente desde que não seja prejudicial à paz, à boa ordem ou à segurança do Brasil, devendo ser contínua e rápida.

§ 2.º A passagem inocente poderá compreender o parar e o fundear, mas apenas na medida em que tais procedimentos constituam incidentes comuns de navegação ou sejam impostos por motivos de força maior ou por dificuldade grave, ou tenham por fim prestar auxílio a pessoas, a navios ou aeronaves em perigo ou em dificuldade grave.

§ 3.º Os navios estrangeiros no mar territorial brasileiro estarão sujeitos aos regulamentos estabelecidos pelo Governo brasileiro.

Capítulo II
DA ZONA CONTÍGUA

Art. 4.º A zona contígua brasileira compreende uma faixa que se estende das 12 (doze) às 24 (vinte e quatro) milhas marítimas, contadas a partir das linhas de base que servem para medir a largura do mar territorial.

Art. 5.º Na zona contígua, o Brasil poderá tomar as medidas de fiscalização necessárias para:

I – evitar as infrações às leis e aos regulamentos aduaneiros, fiscais, de imigração ou sanitários, no seu território ou no seu mar territorial;

II – reprimir as infrações às leis e aos regulamentos, no seu território ou no seu mar territorial.

Capítulo III
DA ZONA ECONÔMICA EXCLUSIVA

Art. 6.º A zona econômica exclusiva brasileira compreende uma faixa que se estende das 12 (doze) às 200 (duzentas) milhas marítimas, contadas a partir das linhas de base que servem para medir a largura do mar territorial.

Art. 7.º Na zona econômica exclusiva, o Brasil tem direitos de soberania para fins de exploração e aproveitamento, conservação e gestão dos recursos naturais, vivos ou não vivos, das águas sobrejacentes ao leito do mar, do leito do mar e seu subsolo, e no que se refere a outras atividades com vistas à exploração e ao aproveitamento da zona para fins econômicos.

Art. 8.º Na zona econômica exclusiva, o Brasil, no exercício de sua jurisdição, tem o direito exclusivo de regulamentar a investigação científica marinha, a proteção e preservação do meio marinho, bem como a construção, operação e uso de todos os tipos de ilhas artificiais, instalações e estruturas.

Parágrafo único. A investigação científica marinha na zona econômica exclusiva só poderá ser conduzida por outros Estados com o consentimento prévio do Governo brasileiro, nos termos da legislação em vigor que regula a matéria.

Art. 9.º A realização por outros Estados, na zona econômica exclusiva, de exercícios ou manobras militares, em particular as que impliquem o uso de armas ou explosivos, somente poderá ocorrer com o consentimento do Governo brasileiro.

Art. 10. É reconhecido a todos os Estados o gozo, na zona econômica exclusiva, das liberdades de navegação e sobrevoo, bem como de outros usos do mar internacionalmente lícitos, relacionados com as referidas liberdades, tais como os ligados à operação de navios e aeronaves.

Capítulo IV
DA PLATAFORMA CONTINENTAL

Art. 11. A plataforma continental do Brasil compreende o leito e o subsolo das áreas submarinas que se estendem além do seu mar territorial, em toda a extensão do prolongamento natural de seu território terrestre, até o bordo exterior da margem continental, ou até uma distância de 200 (duzentas) milhas marítimas das linhas de base, a partir das quais se mede a largura do mar territorial, nos casos em que o bordo exterior da margem continental não atinja essa distância.

Parágrafo único. O limite exterior da plataforma continental será fixado de conformidade com os critérios estabelecidos no art. 76 da Convenção das Nações Unidas sobre o Direito do Mar, celebrada em Montego Bay, em 10 de dezembro de 1982.

Art. 12. O Brasil exerce direitos de soberania sobre a plataforma continental, para efeitos de exploração e aproveitamento dos seus recursos naturais.

Parágrafo único. Os recursos naturais a que se refere o *caput* são os recursos minerais e outros recursos não vivos do leito do mar e subsolo, bem como os organismos vivos pertencentes a espécies sedentárias, isto é, aquelas que no período de captura estão imóveis no leito do mar ou no seu subsolo, ou que só podem mover-se em constante contato físico com esse leito ou subsolo.

Art. 13. Na plataforma continental, o Brasil, no exercício de sua jurisdição, tem o direito exclusivo de regulamentar a investigação científica marinha, a proteção e preservação do meio marinho, bem como a construção, operação e o uso de todos os tipos de ilhas artificiais, instalações e estruturas.

§ 1.º A investigação científica marinha, na plataforma continental, só poderá ser conduzida por outros Estados com o consentimento prévio do Governo brasileiro, nos termos da legislação em vigor que regula a matéria.

§ 2.º O Governo brasileiro tem o direito exclusivo de autorizar e regulamentar as perfurações na plataforma continental, quaisquer que sejam os seus fins.

Art. 14. É reconhecido a todos os Estados o direito de colocar cabos e dutos na plataforma continental.

§ 1.º O traçado da linha para a colocação de tais cabos e dutos na plataforma continental dependerá do consentimento do Governo brasileiro.

§ 2.º O Governo brasileiro poderá estabelecer condições para a colocação dos cabos e dutos que penetrem seu território ou seu mar territorial.

Art. 15. Esta Lei entra em vigor na data de sua publicação.

Art. 16. Revogam-se o Decreto-lei n. 1.098, de 25 de março de 1970, e as demais disposições em contrário.

Brasília, 4 de janeiro de 1993; 172.º da Independência e 105.º da República.

ITAMAR FRANCO

LEI N. 8.934, DE 18 DE NOVEMBRO DE 1994 (*)

Dispõe sobre o Registro Público de Empresas Mercantis e Atividades Afins e dá outras providências.

(*) Publicada no *DOU*, de 21-11-1994. Regulamentada pelo Decreto n. 1.800, de 30-1-1996.

O Presidente da República,

Faço saber que o Congresso Nacional decreta e eu sanciono a seguinte lei:

TÍTULO I
DO REGISTRO PÚBLICO DE EMPRESAS MERCANTIS E ATIVIDADES AFINS

Capítulo I
DAS FINALIDADES E DA ORGANIZAÇÃO

Seção I
Das Finalidades

Art. 1.º O Registro Público de Empresas Mercantis e Atividades Afins, observado o disposto nesta Lei, será exercido em todo o território nacional, de forma sistêmica, por órgãos federais, estaduais e distrital, com as seguintes finalidades:

•• *Caput* com redação determinada pela Lei n. 13.833, de 4-6-2019.

I – dar garantia, publicidade, autenticidade, segurança e eficácia aos atos jurídicos das empresas mercantis, submetidos a registro na forma desta lei;

II – cadastrar as empresas nacionais e estrangeiras em funcionamento no País e manter atualizadas as informações pertinentes;

III – proceder à matrícula dos agentes auxiliares do comércio, bem como ao seu cancelamento.

Art. 2.º Os atos das firmas mercantis individuais e das sociedades mercantis serão arquivados no Registro Público de Empresas Mercantis e Atividades Afins, independentemente de seu objeto, salvo as exceções previstas em lei.

Parágrafo único. (*Revogado pela Lei n. 13.874, de 20-9-2019.*)

Seção II
Da Organização

Art. 3.º Os serviços do Registro Público de Empresas Mercantis e Atividades Afins serão exercidos, em todo o território nacional, de maneira uniforme, harmônica e interdependente, pelo Sistema Nacional de Registro de Empresas Mercantis (Sinrem), composto pelos seguintes órgãos:

I – o Departamento Nacional de Registro Empresarial e Integração, órgão central do Sinrem, com as seguintes funções:

•• Inciso I, *caput*, com redação determinada pela Lei n. 13.833, de 4-6-2019.

a) supervisora, orientadora, coordenadora e normativa, na área técnica; e

•• Alínea *a* acrescentada pela Lei n. 13.833, de 4-6-2019.

b) supletiva, na área administrativa; e

•• Alínea *b* acrescentada pela Lei n. 13.833, de 4-6-2019.

II – as Juntas Comerciais, como órgãos locais, com funções executora e administradora dos serviços de registro.

Subseção I
Do Departamento Nacional de Registro Empresarial e Integração

•• Subseção I com denominação determinada pela Lei n. 13.833, de 4-6-2019.

Art. 4.º O Departamento Nacional de Registro Empresarial e Integração (Drei) da Secretaria de Governo Digital da Secretaria Especial de Desburocratização, Gestão e Governo Digital do Ministério da Economia tem por finalidade:

•• *Caput* com redação determinada pela Lei n. 13.874, de 20-9-2019.

I – supervisionar e coordenar, no plano técnico, os órgãos incumbidos da execução dos serviços de Registro Público de Empresas Mercantis e Atividades Afins;

II – estabelecer e consolidar, com exclusividade, as normas e diretrizes gerais do Registro Público de Empresas Mercantis e Atividades Afins;

III – solucionar dúvidas ocorrentes na interpretação das leis, regulamentos e demais normas relacionadas com o registro de empresas mercantis, baixando instruções para esse fim;

IV – prestar orientação às Juntas Comerciais, com vistas à solução de consultas e à observância das normas legais e regulamentares do Registro Público de Empresas Mercantis e Atividades Afins;

V – exercer ampla fiscalização jurídica sobre os órgãos incumbidos do Registro Público de Empresas Mercantis e Atividades Afins, representando para os devidos fins às autoridades administrativas contra abusos e infrações das respectivas normas, e requerendo tudo o que se afigurar necessário ao cumprimento dessas normas;

•• A Instrução Normativa n. 70, de 6-12-2019, da Secretaria de Governo Digital, dispõe sobre a fiscalização jurídica dos órgãos incumbidos do Registro Público de Empresas Mercantis e Atividades Afins, institui o Reclame ao DREI, bem como o procedimento para formulação de consultas por parte das Juntas Comerciais.

VI – estabelecer normas procedimentais de arquivamento de atos de firmas mercantis individuais e sociedades mercantis de qualquer natureza;

VII – promover ou providenciar, supletivamente, as medidas tendentes a suprir ou corrigir as ausências, falhas ou deficiências dos serviços de Registro Público de Empresas Mercantis e Atividades Afins;

VIII – prestar colaboração técnica e financeira às juntas comerciais para a melhoria dos serviços pertinentes ao Registro Público de Empresas Mercantis e Atividades Afins;

IX – organizar e manter atualizado o cadastro nacional das empresas mercantis em funcionamento no País, com a cooperação das juntas comerciais;

•• A Lei n. 14.195, de 26-8-2021, propôs a revogação deste inciso IX, porém teve seu texto vetado.

X – instruir, examinar e encaminhar os pedidos de autorização para nacionalização ou instalação de filial, de agência, de sucursal ou de estabelecimento no País por sociedade estrangeira, ressalvada a competência de outros órgãos federais;

•• Inciso X com redação determinada pela Lei n. 14.195, de 26-8-2021.

XI – promover e elaborar estudos e publicações e realizar reuniões sobre temas pertinentes ao Registro Público de Empresas Mercantis e Atividades Afins;

•• Inciso XI com redação determinada pela Lei n. 13.833, de 4-6-2019.

XII – apoiar a articulação e a supervisão dos órgãos e das entidades envolvidos na integração para o registro e a legalização de empresas;

•• Inciso XII acrescentado pela Lei n. 14.195, de 26-8-2021.

XIII – quanto à integração para o registro e a legalização de empresas:

•• Inciso XIII, *caput*, acrescentado pela Lei n. 14.195, de 26-8-2021.

a) propor planos de ação e diretrizes e implementar as medidas deles decorrentes, em articulação com outros órgãos e entidades públicas, inclusive estaduais, distritais e municipais;

•• Alínea *a* acrescentada pela Lei n. 14.195, de 26-8-2021.

b) (*Vetada*);

•• Alínea *b* acrescentada pela Lei n. 14.195, de 26-8-2021.

c) (*Vetada*); e

•• Alínea c acrescentada pela Lei n. 14.195, de 26-8-2021.

d) propor e implementar projetos, ações, convênios e programas de cooperação, em articulação com órgãos e com entidades públicas e privadas, nacionais e estrangeiras, no âmbito de sua área de competência;

•• Alínea d acrescentada pela Lei n. 14.195, de 26-8-2021.

XIV – quanto ao Registro Público de Empresas Mercantis e Atividades Afins, propor os planos de ação, as diretrizes e as normas e implementar as medidas necessárias;

•• Inciso XIV acrescentado pela Lei n. 14.195, de 26-8-2021.

XV – coordenar as ações dos órgãos incumbidos da execução dos serviços do Registro Público de Empresas Mercantis e Atividades Afins;

•• Inciso XV acrescentado pela Lei n. 14.195, de 26-8-2021.

XVI – especificar, desenvolver, implementar, manter e operar os sistemas de informação relativos à integração para o registro e para a legalização de empresas, em articulação com outros órgãos e observadas as competências destes; e

•• Inciso XVI acrescentado pela Lei n. 14.195, de 26-8-2021.

XVII – propor, implementar e monitorar medidas relacionadas com a desburocratização do registro público de empresas e destinadas à melhoria do ambiente de negócios no País.

•• Inciso XVII acrescentado pela Lei n. 14.195, de 26-8-2021.

Parágrafo único. O cadastro nacional a que se refere o inciso IX do *caput* deste artigo será mantido com as informações originárias do cadastro estadual de empresas, vedados a exigência de preenchimento de formulário pelo empresário ou o fornecimento de novos dados ou informações, bem como a cobrança de preço pela inclusão das informações no cadastro nacional.

•• Parágrafo único acrescentado pela Lei n. 13.874, de 20-9-2019.

Subseção II
Das juntas comerciais

Art. 5.º Haverá uma junta comercial em cada unidade federativa, com sede na capital e jurisdição na área da circunscrição territorial respectiva.

Art. 6.º As juntas comerciais subordinam-se, administrativamente, ao governo do respectivo ente federativo e, tecnicamente, ao Departamento Nacional de Registro Empresarial e Integração, nos termos desta Lei.

•• *Caput* com redação determinada pela Lei n. 13.833, de 4-6-2019.

Parágrafo único. (*Revogado pela Lei n. 13.833, de 4-6-2019.*)

Art. 7.º As juntas comerciais poderão desconcentrar os seus serviços, mediante convênios com órgãos públicos e entidades privadas sem fins lucrativos, preservada a competência das atuais delegacias.

Art. 8.º Às Juntas Comerciais incumbe:

I – executar os serviços previstos no art. 32 desta lei;

II – elaborar a tabela de preços de seus serviços, observadas as normas legais pertinentes;

III – processar a habilitação e a nomeação dos tradutores públicos e intérpretes comerciais;

IV – elaborar os respectivos Regimentos Internos e suas alterações, bem como as resoluções de caráter administrativo necessárias ao fiel cumprimento das normas legais, regulamentares e regimentais;

V – expedir carteiras de exercício profissional de pessoas legalmente inscritas no Registro Público de Empresas Mercantis e Atividades Afins;

VI – o assentamento dos usos e práticas mercantis.

Art. 9.º A estrutura básica das juntas comerciais será integrada pelos seguintes órgãos:

I – a Presidência, como órgão diretivo e representativo;

II – o Plenário, como órgão deliberativo superior;

III – as Turmas, como órgãos deliberativos inferiores;

IV – a Secretaria-Geral, como órgão administrativo;

V – a Procuradoria, como órgão de fiscalização e de consulta jurídica.

§ 1.º As juntas comerciais poderão ter uma assessoria técnica, com a competência de preparar e relatar os documentos a serem submetidos à sua deliberação, cujos membros deverão ser bacharéis em Direito, Economistas, Contadores ou Administradores.

§ 2.º As juntas comerciais, por seu plenário, poderão resolver pela criação de delegacias, órgãos locais do registro do comércio, nos termos da legislação estadual respectiva.

Art. 10. O Plenário, composto de Vogais e respectivos suplentes, será constituído pelo mínimo de 11 (onze) e no máximo de 23 (vinte e três) Vogais.

• Artigo com redação determinada pela Lei n. 10.194, de 14-2-2001.

Art. 11. Os vogais e os respectivos suplentes serão nomeados, salvo disposição em contrário, pelos governos dos Estados e do Distrito Federal, dentre brasileiros que atendam às seguintes condições:

•• *Caput* com redação determinada pela Lei n. 13.833, de 4-6-2019.

I – estejam em pleno gozo dos direitos civis e políticos;

II – não estejam condenados por crime cuja pena vede o acesso a cargo, emprego e funções públicas, ou por crime de prevaricação, falência fraudulenta, peita ou suborno, concussão, peculato, contra a propriedade, a fé pública e a economia popular;

III – sejam, ou tenham sido, por mais de cinco anos, titulares de firma mercantil individual, sócios ou administradores de sociedade mercantil, valendo como prova, para esse fim, certidão expedida pela junta comercial;

IV – estejam quites com o serviço militar e o serviço eleitoral.

Parágrafo único. Qualquer pessoa poderá representar fundamentadamente à autoridade competente contra a nomeação de vogal ou suplente, contrária aos preceitos desta lei, no prazo de quinze dias, contados da data da posse.

Art. 12. Os vogais e respectivos suplentes serão escolhidos da seguinte forma:

I – a metade do número de vogais e suplentes será designada mediante indicação de nomes, em listas tríplices, pelas entidades patronais de grau superior e pelas Associações Comerciais, com sede na jurisdição da junta;

II – um Vogal e respectivo suplente, representando a União, por nomeação do Ministro de Estado do Desenvolvimento, Indústria e Comércio Exterior;

•• Inciso II com redação determinada pela Lei n. 10.194, de 14-2-2001.

III – quatro vogais e respectivos suplentes representando a classe dos advogados, a dos economistas, a dos contadores e a dos administradores, todos mediante indicação, em lista tríplice, do Conselho Seccional ou Regional do Órgão Corporativo dessas categorias profissionais;

•• Inciso III com redação determinada pela Lei n. 9.829, de 2-9-1999.

IV – os demais vogais e suplentes serão designados, nos Estados e no Distrito Federal, por livre escolha dos respectivos governadores.

•• Inciso IV com redação determinada pela Lei n. 13.833, de 4-6-2019.

§ 1.º Os vogais e respectivos suplentes de que tratam os incisos II e III deste artigo ficam dispensados da prova do requisito previsto no inciso III do art. 11, mas exigir-se-á a prova de mais de 5 (cinco) anos de efetivo exercício da profissão em relação aos vogais e suplentes de que trata o inciso III.

§ 2.º As listas referidas neste artigo devem ser remetidas até 60 (sessenta) dias antes do término do mandato, caso contrário será considerada, com relação a cada entidade que se omitir na remessa, a última lista que não inclua pessoa que exerça ou tenha exercido mandato de vogal.

Art. 13. Os vogais serão remunerados por presença, nos termos da legislação da unidade federativa a que pertencer a junta comercial.

Art. 14. O vogal será substituído por seu suplente durante os impedimentos e, no caso de vaga, até o final do mandato.

Art. 15. São incompatíveis para a participação no colégio de vogais da mesma junta comercial os parentes consanguíneos e afins até o segundo grau e os sócios da mesma empresa.

Parágrafo único. Em caso de incompatibilidade, serão seguidos, para a escolha dos membros, sucessivamente, os critérios da precedência na nomeação, da precedência na posse, ou do membro mais idoso.

Art. 16. O mandato de vogal e respectivo suplente será de 4 (quatro) anos, permitida apenas uma recondução.

Art. 17. O vogal ou seu suplente perderá o mandato nos seguintes casos:

I – mais de 3 (três) faltas consecutivas às sessões, ou 12 (doze) alternadas no mesmo ano, sem justo motivo;

II – por conduta incompatível com a dignidade do cargo.

Art. 18. Na sessão inaugural do plenário das juntas comerciais, que iniciará cada período de mandato, serão distribuídos os vogais por turmas de três membros cada uma, com exclusão do presidente e do vice-presidente.

Art. 19. Ao plenário compete o julgamento dos processos em grau de recurso, nos termos previstos no regulamento desta lei.

Art. 20. As sessões ordinárias do plenário e das turmas efetuar-se-ão com a periodicidade e do modo determinado no regimento da junta comercial; e as extraordinárias, sempre justificadas, por convocação do presidente ou de dois terços dos seus membros.

Art. 21. Compete às turmas julgar, originariamente, os pedidos relativos à execução dos atos de registro.

Art. 22. Compete aos respectivos governadores a nomeação para os cargos em comissão de presidente e vice-presidente das juntas comerciais dos Estados e do Distrito Federal, escolhidos dentre os vogais do Plenário.

•• Artigo com redação determinada pela Lei n. 13.833, de 4-6-2019.

Art. 23. Compete ao presidente:

I – a direção e representação geral da junta;

II – dar posse aos vogais, convocar e dirigir as sessões do Plenário, superintender todos os serviços e velar pelo fiel cumprimento das normas legais e regulamentares.

Art. 24. Ao vice-presidente incumbe substituir o presidente em suas faltas ou impedimentos e efetuar a correição permanente dos serviços, na forma do regulamento desta lei.

Art. 25. Compete aos respectivos governadores a nomeação para o cargo em comissão de secretário-geral das juntas comerciais dos Estados e do Distrito Federal, e a escolha deverá recair sobre brasileiros de notória idoneidade moral e com conhecimentos em direito empresarial.

•• Artigo com redação determinada pela Lei n. 13.833, de 4-6-2019.

Art. 26. À secretaria-geral compete a execução dos serviços de registro e de administração da junta.

Art. 27. As procuradorias serão compostas de 1 (um) ou mais procuradores e chefiadas pelo procurador que for designado pelo governador do Estado ou do Distrito Federal.

•• Artigo com redação determinada pela Lei n. 13.833, de 4-6-2019.

Art. 28. A procuradoria tem por atribuição fiscalizar e promover o fiel cumprimento das normas legais e executivas, oficiando, internamente, por sua iniciativa ou mediante solicitação da presidência, do plenário, das turmas; e, externamente, em atos ou feitos de natureza jurídica, inclusive os judiciais, que envolvam matéria do interesse da junta.

Capítulo II
DA PUBLICIDADE DO REGISTRO PÚBLICO DE EMPRESAS MERCANTIS E ATIVIDADES AFINS

Seção I
Das Disposições Gerais

Art. 29. Qualquer pessoa, sem necessidade de provar interesse, poderá consultar os assentamentos existentes nas juntas comerciais e obter certidões, mediante pagamento do preço devido.

Art. 30. A forma, prazo e procedimento de expedição de certidões serão definidos no regulamento desta lei.

Seção II
Da Publicação dos Atos

Art. 31. Os atos decisórios serão publicados em sítio da rede mundial de computadores da junta comercial do respectivo ente federativo.

•• Artigo com redação determinada pela Lei n. 13.874, de 20-9-2019.

Capítulo III
DOS ATOS PERTINENTES AO REGISTRO PÚBLICO DE EMPRESAS MERCANTIS E ATIVIDADES AFINS

Seção I
Da Compreensão dos Atos

Art. 32. O registro compreende:

•• Da inscrição no Registro Público de Empresas Mercantis no CC: *vide* arts. 967 a 971.

I – a matrícula e seu cancelamento: dos leiloeiros, tradutores públicos e intérpretes comerciais, trapicheiros e administradores de armazéns-gerais;

• A Instrução Normativa n. 52, de 29-7-2022, do DREI, dispõe sobre o exercício das profissões de administrador de armazéns gerais, trapicheiro, leiloeiro oficial e tradutor e intérprete público.

II – o arquivamento:

a) dos documentos relativos à constituição, alteração, dissolução e extinção de firmas mercantis individuais, sociedades mercantis e cooperativas;

b) dos atos relativos a consórcio e grupo de sociedade de que trata a Lei n. 6.404, de 15 de dezembro de 1976;

c) dos atos concernentes a empresas mercantis estrangeiras autorizadas a funcionar no Brasil;

d) das declarações de microempresa;

e) de atos ou documentos que, por determinação legal, sejam atribuídos ao Registro Público de Empresas Mercantis e Atividades Afins ou daqueles que possam interessar ao empresário e às empresas mercantis;

III – a autenticação dos instrumentos de escrituração das empresas mercantis registradas e dos agentes auxiliares do comércio, na forma de lei própria.

•• Sobre escrituração: *vide* arts. 1.179 a 1.195 do CC.

§ 1.º Os atos, os documentos e as declarações que contenham informações meramente cadastrais serão levados automaticamente a registro se puderem ser obtidos de outras bases de dados disponíveis em órgãos públicos.

•• § 1.º acrescentado pela Lei n. 13.874, de 20-9-2019.

§ 2.º Ato do Departamento Nacional de Registro Empresarial e Integração definirá os atos, os documentos e as declarações que contenham informações meramente cadastrais.

•• § 2.º acrescentado pela Lei n. 13.874, de 20-9-2019.

Art. 33. A proteção ao nome empresarial decorre automaticamente do arquivamento dos atos constitutivos de firma individual e de sociedades, ou de suas alterações.

§ 1.º (*Vetado*.)

§ 2.º (*Vetado*.)

Art. 34. O nome empresarial obedecerá aos princípios da veracidade e da novidade.

Seção II
Das Proibições de Arquivamento

Art. 35. Não podem ser arquivados:

I – os documentos que não obedecerem às prescrições legais ou regulamentares ou que contiverem matéria contrária aos bons costumes ou à ordem pública, bem como os que colidirem com o respectivo estatuto ou contrato não modificado anteriormente;

II – os documentos de constituição ou alteração de empresas mercantis de qualquer espécie ou modalidade em que figure como titular ou administrador pessoa que esteja condenada pela prática de crime cuja pena vede o acesso à atividade mercantil;

III – os atos constitutivos de empresas mercantis que, além das cláusulas exigidas em lei, não designarem o respectivo capital e a declaração de seu objeto, cuja indicação no nome empresarial é facultativa;

•• Inciso III com redação determinada pela Lei n. 14.195, de 26-8-2021.

IV – (*Revogado pela Lei n. 14.195, de 26-8-2021*);

V – os atos de empresas mercantis com nome idêntico a outro já existente.

•• Inciso V com redação determinada pela Lei n. 14.195, de 26-8-2021.

VI – a alteração contratual, por deliberação majoritária do capital social, quando houver cláusula restritiva;

VII – os contratos sociais ou suas alterações em que haja incorporação de imóveis à sociedade, por instrumento particular, quando do instrumento não constar:

a) a descrição e identificação do imóvel, sua área, dados relativos à sua titulação, bem como o número da matrícula no registro imobiliário;

b) a outorga uxória ou marital, quando necessária;

VIII – (*Revogado pela Lei n. 13.874, de 20-9-2019.*)

§ 1.º O registro dos atos constitutivos e de suas alterações e extinções ocorrerá independentemente de autorização governamental prévia, e os órgãos públicos deverão ser informados pela Rede Nacional para a Simplificação do Registro e da Legalização de Empresas e Negócios (Redesim) a respeito dos registros sobre os quais manifestarem interesse.

•• Parágrafo único renumerado pela Lei n. 14.195, de 26-8-2021.

§ 2.º Eventuais casos de confronto entre nomes empresariais por semelhança poderão ser questionados pelos interessados, a qualquer tempo, por meio de recurso ao Drei.

•• § 2.º acrescentado pela Lei n. 14.195, de 26-8-2021.

Art. 35-A. O empresário ou a pessoa jurídica poderá optar por utilizar o número de inscrição no Cadastro Nacional da Pessoa Jurídica (CNPJ) como nome empresarial, seguido da partícula identificadora do tipo societário ou jurídico, quando exigida por lei.

•• Artigo acrescentado pela Lei n. 14.195, de 26-8-2021.

Seção III
Da Ordem dos Serviços

Subseção I
Da apresentação dos atos e arquivamento

Art. 36. Os documentos referidos no inciso II do art. 32 deverão ser apresentados a arquivamento na junta, dentro de 30 (trinta) dias contados de sua assinatura, a cuja data retroagirão os efeitos do arquivamento; fora desse prazo, o arquivamento só terá eficácia a partir do despacho que o conceder.

•• A Lei n. 14.030, de 28-7-2020, dispõe em seu art. 6.º: "Art. 6.º Enquanto durarem as medidas restritivas ao funcionamento normal das juntas comerciais decorrentes exclusivamente da pandemia da Covid-19, deverão ser observadas as seguintes disposições: I – o prazo de que trata o art. 36 da Lei n. 8.934, de 18 de novembro de 1994, será contado da data em que a junta comercial respectiva restabelecer a prestação regular dos seus serviços, para os atos sujeitos a arquivamento assinados a partir de 16 de fevereiro de 2020; e II – a exigência de arquivamento prévio de ato para a realização de emissões de valores mobiliários e para outros negócios jurídicos fica suspensa a partir de 1.º de março de 2020, e o arquivamento deverá ser feito na junta comercial respectiva no prazo de 30 (trinta) dias, contado da data em que a junta comercial restabelecer a prestação regular dos seus serviços".

Art. 37. Instruirão obrigatoriamente os pedidos de arquivamento:

I – o instrumento original de constituição, modificação ou extinção de empresas mercantis, assinado pelo titular, pelos administradores, sócios ou seus procuradores;

II – declaração do titular ou administrador, firmada sob as penas da lei, de não estar impedido de exercer o comércio ou a administração de sociedade mercantil, em virtude de condenação criminal;

•• Inciso II com redação determinada pela Lei n. 10.194, de 14-2-2001.

III – a ficha cadastral padronizada, que deverá seguir o modelo aprovado pelo Drei, a qual incluirá, no mínimo, as informações sobre os seus titulares e administradores, bem como sobre a forma de representação da empresa mercantil;

•• Inciso III com redação determinada pela Lei n. 14.195, de 26-8-2021.

•• A Instrução Normativa n. 112, de 20-1-2022, do DREI, aprova Ficha de Cadastro Nacional - FCN, de que trata este inciso.

IV – os comprovantes de pagamento dos preços dos serviços correspondentes;

V – a prova de identidade dos titulares e dos administradores da empresa mercantil.

Parágrafo único. Além dos referidos neste artigo, nenhum outro documento será exigido das firmas individuais e sociedades referidas nas alíneas *a*, *b* e *d* do inciso II do art. 32.

Art. 38. Para cada empresa mercantil, a junta comercial organizará um prontuário com os respectivos documentos.

Subseção II
Das autenticações

Art. 39. As juntas comerciais autenticarão:

I – os instrumentos de escrituração das empresas mercantis e dos agentes auxiliares do comércio;

II – as cópias dos documentos assentados.

Parágrafo único. Os instrumentos autenticados, não retirados no prazo de 30 (trinta) dias, contados da sua apresentação, poderão ser eliminados.

Art. 39-A. A autenticação dos documentos de empresas de qualquer porte realizada por meio de sistemas públicos eletrônicos dispensa qualquer outra.

•• Artigo acrescentado pela Lei Complementar n. 147, de 7-8-2014.

Art. 39-B. A comprovação da autenticação de documentos e da autoria de que trata esta Lei poderá ser realizada por meio eletrônico, na forma do regulamento.

•• Artigo acrescentado pela Lei Complementar n. 147, de 7-8-2014.

Subseção III
Do exame das formalidades

Art. 40. Todo ato, documento ou instrumento apresentado a arquivamento será objeto de exame do cumprimento das formalidades legais pela junta comercial.

§ 1.º Verificada a existência de vício insanável, o requerimento será indeferido; quando for sanável, o processo será colocado em exigência.

§ 2.º As exigências formuladas pela junta comercial deverão ser cumpridas em até 30 (trinta) dias, contados da data da ciência pelo interessado ou da publicação do despacho.

§ 3.º O processo em exigência será entregue completo ao interessado; não devolvido no prazo previsto no parágrafo anterior, será considerado como novo pedido de arquivamento, sujeito ao pagamento dos preços dos serviços correspondentes.

Subseção IV
Do processo decisório

Art. 41. Estão sujeitos ao regime de decisão colegiada pelas juntas comerciais, na forma desta lei:

I – o arquivamento:

a) *dos atos de constituição de sociedades anônimas;*

•• Alínea *a* com redação determinada pela Lei n. 13.874, de 20-9-2019.

b) dos atos referentes à transformação, incorporação, fusão e cisão de empresas mercantis;

c) dos atos de constituição e alterações de consórcio e de grupo de sociedades, conforme previsto na Lei n. 6.404, de 15 de dezembro de 1976;

II – o julgamento do recurso previsto nesta lei.

Parágrafo único. Os pedidos de arquivamento de que trata o inciso I do *caput* deste artigo serão decididos no prazo de 5 (cinco) dias úteis, contado da data de seu recebimento, sob pena de os atos serem considerados arquivados, mediante provocação dos interessados, sem prejuízo do exame das formalidades legais pela procuradoria.

•• Parágrafo único acrescentado pela Lei n. 13.874, de 20-9-2019.

Art. 42. Os atos próprios do Registro Público de Empresas Mercantis e Atividades Afins, não previstos no artigo anterior, serão objeto de decisão singular proferida pelo presidente da junta comercial, por vogal ou servidor que possua comprovados conhecimentos de Direito Comercial e de Registro de Empresas Mercantis.

§ 1.º Os vogais e servidores habilitados a proferir decisões singulares serão designados pelo presidente da junta comercial.

•• Parágrafo único renumerado pela Lei n. 13.874, de 20-9-2019.

§ 2.º Os pedidos de arquivamento não previstos no inciso I do *caput* do art. 41 desta Lei serão decididos no prazo de 2 (dois) dias úteis, contado da data de seu recebimento, sob pena de os atos serem considerados arquivados, mediante provocação dos interessados, sem prejuízo do exame das formalidades legais pela procuradoria.

•• § 2.º acrescentado pela Lei n. 13.874, de 20-9-2019.

§ 3.º O arquivamento dos atos constitutivos e de alterações não previstos no inciso I do *caput* do art. 41 desta Lei terá o registro deferido automaticamente caso cumpridos os requisitos de:

•• § 3.º, *caput*, acrescentado pela Lei n. 13.874, de 20-9-2019.

I – aprovação da consulta prévia da viabilidade do nome empresarial e da viabilidade de localização, quando o ato exigir; e

•• Inciso I acrescentado pela Lei n. 13.874, de 20-9-2019.

II – utilização pelo requerente do instrumento padrão estabelecido pelo Departamento Nacional de Registro Empresarial e Integração (Drei) da Secretaria de Governo Digital da Secretaria Especial de Desburocratização, Gestão e Governo Digital do Ministério da Economia.

•• Inciso II acrescentado pela Lei n. 13.874, de 20-9-2019.

§ 4.º O arquivamento dos atos de extinção não previstos no inciso I do *caput* do art. 41 desta Lei terá o registro deferido automaticamente no caso de utilização pelo requerente do instrumento padrão estabelecido pelo Drei.

•• § 4.º acrescentado pela Lei n. 13.874, de 20-9-2019.

§ 5.º Nas hipóteses de que tratam os §§ 3.º e 4.º do *caput* deste artigo, a análise do cumprimento das formalidades legais será feita posteriormente, no prazo de 2 (dois) dias úteis, contado da data do deferimento automático do registro.

•• § 5.º acrescentado pela Lei n. 13.874, de 20-9-2019.

§ 6.º Após a análise de que trata o § 5.º deste artigo, a identificação da existência de vício acarretará:

•• § 6.º, *caput*, acrescentado pela Lei n. 13.874, de 20-9-2019.

I – o cancelamento do arquivamento, se o vício for insanável; ou

•• Inciso I acrescentado pela Lei n. 13.874, de 20-9-2019.

II – a observação do procedimento estabelecido pelo Drei, se o vício for sanável.

•• Inciso II acrescentado pela Lei n. 13.874, de 20-9-2019.

Art. 43. (*Revogado pela Lei n. 13.874, de 20-9-2019.*)

Subseção V
Do processo revisional

Art. 44. O processo revisional pertinente ao Registro Público de Empresas Mercantis e Atividades Afins dar-se-á mediante:

I – Pedido de Reconsideração;

II – Recurso ao Plenário;

III – Recurso ao Departamento Nacional de Registro Empresarial e Integração.

•• Inciso III com redação determinada pela Lei n. 13.874, de 20-9-2019.

Art. 45. O Pedido de Reconsideração terá por objeto obter a revisão de despachos singulares ou de Turmas que formulem exigências para o deferimento do arquivamento e será apresentado no prazo para cumprimento da exigência para apreciação pela autoridade recorrida em 3 (três) dias úteis ou 5 (cinco) dias úteis, respectivamente.

•• Artigo com redação determinada pela Lei n. 11.598, de 3-12-2007.

Art. 46. Das decisões definitivas, singulares ou de turmas, cabe recurso ao plenário, que deverá ser decidido no prazo máximo de 30 (trinta) dias, a contar da data do recebimento da peça recursal, ouvida a procuradoria, no prazo de 10 (dez) dias, quando a mesma não for a recorrente.

Art. 47. Das decisões do plenário cabe recurso ao Departamento Nacional de Registro Empresarial e Integração como última instância administrativa.

Lei n. 8.934, de 18-11-1994 — **Registros Públicos**

•• *Caput* com redação determinada pela Lei n. 13.874, de 20-9-2019.

Parágrafo único. (*Revogado pela Lei n. 13.874, de 20-9-2019.*)

Art. 48. Os recursos serão indeferidos liminarmente pelo presidente da junta quando assinados por procurador sem mandato ou, ainda, quando interpostos fora do prazo ou antes da decisão definitiva, devendo ser, em qualquer caso, anexados ao processo.

Art. 49. Os recursos de que trata esta lei não têm efeito suspensivo.

Art. 50. Todos os recursos previstos nesta lei deverão ser interpostos no prazo de 10 (dez) dias úteis, cuja fluência começa na data da intimação da parte ou da publicação do ato no órgão oficial de publicidade da junta comercial.

Art. 51. A procuradoria e as partes interessadas, quando for o caso, serão intimadas para, no mesmo prazo de 10 (dez) dias, oferecerem contrarrazões.

TÍTULO II
DAS DISPOSIÇÕES FINAIS E TRANSITÓRIAS

Capítulo I
DAS DISPOSIÇÕES FINAIS

Art. 52. (Vetado.)

Art. 53. As alterações contratuais ou estatutárias poderão ser efetivadas por escritura pública ou particular, independentemente da forma adotada no ato constitutivo.

Art. 54. A prova da publicidade de atos societários, quando exigida em lei, será feita mediante anotação nos registros da junta comercial à vista da apresentação da folha do *Diário Oficial*, em sua versão eletrônica, dispensada a juntada da mencionada folha.

•• Artigo com redação determinada pela Lei n. 13.874, de 20-9-2019.

Art. 55. Compete ao Departamento Nacional de Registro Empresarial e Integração propor a elaboração da tabela de preços dos serviços pertinentes ao Registro Público de Empresas Mercantis, na parte relativa aos atos de natureza federal, bem como especificar os atos a serem observados pelas juntas comerciais na elaboração de suas tabelas locais.

•• *Caput* com redação determinada pela Lei n. 13.874, de 20-9-2019.

§ 1.º As isenções de preços de serviços restringem-se aos casos previstos em lei.

•• Parágrafo único renumerado pela Lei n. 13.874, de 20-9-2019.

§ 2.º É vedada a cobrança de preço pelo serviço de arquivamento dos documentos relativos à extinção do registro do empresário individual, da empresa individual de responsabilidade limitada (Eireli) e da sociedade limitada.

•• § 2.º acrescentado pela Lei n. 13.874, de 20-9-2019.

Art. 56. Os documentos arquivados pelas juntas comerciais não serão retirados, em qualquer hipótese, de suas dependências, ressalvado o disposto no Art. 57 desta Lei.

•• Artigo com redação determinada pela Lei n. 14.195, de 26-8-2021.

Art. 57. Quaisquer atos e documentos, após microfilmados ou preservada a sua imagem por meios tecnológicos mais avançados, poderão ser eliminados pelas juntas comerciais, conforme disposto em regulamento.

•• *Caput* com redação determinada pela Lei n. 14.195, de 26-8-2021.

Parágrafo único. Antes da eliminação prevista no *caput* deste artigo, será concedido o prazo de 30 (trinta) dias para os acionistas, os diretores e os procuradores das empresas ou outros interessados retirarem, facultativamente, a documentação original, sem qualquer custo.

•• Parágrafo único acrescentado pela Lei n. 14.195, de 26-8-2021.

Art. 58. (*Revogado pela Lei n. 14.195, de 26-8-2021.*)

Art. 59. Expirado o prazo da sociedade celebrada por tempo determinado, esta perderá a proteção do seu nome empresarial.

Art. 60. (*Revogado pela Lei n. 14.195, de 26-8-2021.*)

Art. 61. O fornecimento de informações cadastrais aos órgãos executores do Registro Público de Empresas Mercantis e Atividades Afins desobriga as firmas individuais e sociedades de prestarem idênticas informações a outros órgãos ou entidades das Administrações Federal, Estadual ou Municipal.

Parágrafo único. O Departamento Nacional de Registro Empresarial e Integração manterá à disposição dos órgãos ou das entidades de que trata este artigo os seus serviços de cadastramento de empresas mercantis.

•• Parágrafo único com redação determinada pela Lei n. 13.833, de 4-6-2019.

Art. 62. (*Revogado pela Lei n. 13.833, de 4-6-2019.*)

Art. 63. Os atos levados a arquivamento nas juntas comerciais são dispensados de reconhecimento de firma.

•• *Caput* com redação determinada pela Lei n. 14.195, de 26-8-2021.

§ 1.º A cópia de documento, autenticada na forma prevista em lei, dispensará nova conferência com o documento original.

•• Anterior parágrafo único com redação determinada pela Lei n. 13.874, de 20-9-2019.

§ 2.º A autenticação do documento poderá ser realizada por meio de comparação entre o documento original e a sua cópia pelo servidor a quem o documento seja apresentado.

•• § 2.º acrescentado pela Lei n. 13.874, de 20-9-2019.

§ 3.º Fica dispensada a autenticação a que se refere o § 1.º do *caput* deste artigo quando o advogado ou o contador da parte interessada declarar, sob sua responsabilidade pessoal, a autenticidade da cópia do documento.

•• § 3.º acrescentado pela Lei n. 13.874, de 20-9-2019.

Art. 64. A certidão dos atos de constituição e de alteração de empresários individuais e de sociedades mercantis, fornecida pelas juntas comerciais em que foram arquivados, será o documento hábil para a transferência, por transcrição no registro público competente, dos bens com que o subscritor tiver contribuído para a formação ou para o aumento do capital.

•• Artigo com redação determinada pela Lei n. 14.195, de 26-8-2021.

Capítulo II
DAS DISPOSIÇÕES TRANSITÓRIAS

Art. 65. As juntas comerciais adaptarão os respectivos regimentos ou regulamentos às disposições desta lei no prazo de 180 (cento e oitenta) dias.

Art. 65-A. Os atos de constituição, alteração, transformação, incorporação, fusão, cisão, dissolução e extinção de registro de empresários e de pessoas jurídicas poderão ser realizados também por meio de sistema eletrônico criado e mantido pela administração pública federal.

•• Artigo acrescentado pela Lei n. 13.874, de 20-9-2019.

Art. 66. (*Vetado.*)

Art. 67. Esta lei será regulamentada pelo Poder Executivo no prazo de 90 (noventa) dias e entrará em vigor na data da sua publicação, revogadas as Leis n. 4.726, de 13 de julho de 1965, 6.939, de 9 de setembro de 1981, 6.054, de 12 de junho de 1974, o § 4.º do art. 71 da Lei n. 4.215, de 27 de abril de 1963, acrescentado pela Lei n. 6.884, de 9 de dezembro de 1980, e a Lei n. 8.209, de 18 de julho de 1991.

Brasília, 18 de novembro de 1994; 173.º da Independência e 106.º da República.

ITAMAR FRANCO

LEI N. 8.935, DE 18 DE NOVEMBRO DE 1994 (*)

Regulamenta o art. 236 da Constituição Federal, dispondo sobre serviços notariais e de registro.

O Presidente da República:

Faço saber que o Congresso Nacional decreta e eu sanciono a seguinte Lei:

TÍTULO I
DOS SERVIÇOS NOTARIAIS E DE REGISTROS

Capítulo I
NATUREZA E FINS

Art. 1.º Serviços notariais e de registro são os de organização técnica e administrativa destinados a garantir a publicidade, autenticidade, segurança e eficácia dos atos jurídicos.

Art. 2.º (*Vetado*).

Art. 3.º Notário, ou tabelião, e oficial de registro, ou registrador, são profissionais do direito, dotados de fé pública, a quem é delegado o exercício da atividade notarial e de registro.

(*) Publicada no *DOU*, de 21-11-1994. O Provimento n. 149, de 30-8-2023, do CNJ, instituiu o Código Nacional de Normas da Corregedoria Nacional de Justiça do Conselho Nacional de Justiça – Foro Extrajudicial (CNN/CN/CNJ-Extra), que regulamenta os serviços notariais e de registro

Art. 4.º Os serviços notariais e de registro serão prestados, de modo eficiente e adequado, em dias e horários estabelecidos pelo juízo competente, atendidas as peculiaridades locais, em local de fácil acesso ao público e que ofereça segurança para o arquivamento de livros e documentos.

§ 1.º O serviço de registro civil das pessoas naturais será prestado, também, nos sábados, domingos e feriados pelo sistema de plantão.

§ 2.º O atendimento ao público será, no mínimo, de 6 (seis) horas diárias.

Capítulo II
DOS NOTÁRIOS E REGISTRADORES

Seção I
Dos Titulares

Art. 5.º Os titulares de serviços notariais e de registro são os:

I – tabeliães de notas;

II – tabeliães e oficiais de registro de contratos marítimos;

III – tabeliães de protesto de títulos;

IV – oficiais de registro de imóveis;

V – oficiais de registro de títulos e documentos e civis das pessoas jurídicas;

VI – oficiais de registro civis das pessoas naturais e de interdições e tutelas;

VII – oficiais de registro de distribuição.

Seção II
Das Atribuições e Competências dos Notários

Art. 6.º Aos notários compete:

I – formalizar juridicamente a vontade das partes;

II – intervir nos atos e negócios jurídicos a que as partes devam ou queiram dar forma legal ou autenticidade, autorizando a redação ou redigindo os instrumentos adequados, conservando os originais e expedindo cópias fidedignas de seu conteúdo;

III – autenticar fatos.

Art. 6.º-A. A pedido dos interessados, os tabeliães de notas comunicarão ao juiz da vara ou ao tribunal, conforme o caso, a existência de negociação em curso entre o credor atual de precatório ou de crédito reconhecido em sentença transitada em julgado e terceiro, o que constará das informações ou consultas quo o juízo emitir, consideradas ineficazes as cessões realizadas para pessoas não identificadas na comunicação notarial se, dentro do prazo de 15 (quinze) dias corridos, contado do recebimento desta pelo juízo, for lavrada a respectiva escritura pública de cessão de crédito.

•• *Caput* acrescentado pela Lei n. 14.711, de 30-10-2023.

§ 1.º O tabelião de notas deverá comunicar ao juiz da vara ou tribunal, conforme aplicável e em atenção ao pedido dos interessados, a negociação, imediatamente, e a cessão realizada, em até 3 (três) dias úteis contados da data da assinatura da escritura pública.

•• § 1.º acrescentado pela Lei n. 14.711, de 30-10-2023.

§ 2.º Para o fim da regular cessão dos precatórios que emitirem, os tribunais de todos os poderes e esferas darão, exclusivamente aos tabeliães de notas e aos seus substitutos, acesso à consulta ou a banco de dados, por meio de central notarial de âmbito nacional, com identificação do número de cadastro de contribuinte do credor e demais dados do crédito que não sejam sensíveis, bem como receberão as comunicações notariais das cessões de precatórios.

•• § 2.º acrescentado pela Lei n. 14.711, de 30-10-2023.

Art. 7.º Aos tabeliães de notas compete com exclusividade:

I – lavrar escrituras e procurações, públicas;

II – lavrar testamentos públicos e aprovar os cerrados;

III – lavrar atas notariais;

IV – reconhecer firmas;

V – autenticar cópias.

§ 1.º É facultado aos tabeliães de notas realizar todas as gestões e diligências necessárias ou convenientes ao preparo dos atos notariais, requerendo o que couber, sem ônus maiores que os emolumentos devidos pelo ato.

•• Parágrafo único renumerado pela Lei n. 14.382, de 27-6-2022.

§ 2.º É vedada a exigência de testemunhas apenas em razão de o ato envolver pessoa com deficiência, salvo disposição em contrário.

•• § 2.º acrescentado pela Lei n. 14.382, de 27-6-2022.

§ 3.º (*Vetado.*)

•• § 3.º acrescentado pela Lei n. 14.382, de 27-6-2022.

§ 4.º (*Vetado.*)

•• § 4.º acrescentado pela Lei n. 14.382, de 27-6-2022.

•• A Lei n. 14.711, de 30-10-2023, propôs nova redação para este § 4.º, porém, teve seu texto vetado.

§ 5.º Os tabeliães de notas estão autorizados a prestar outros serviços remunerados, na forma prevista em convênio com órgãos públicos, entidades e empresas interessadas, respeitados os requisitos de forma previstos na Lei n. 10.406, de 10 de janeiro de 2002 (Código Civil).

•• § 5.º acrescentado pela Lei n. 14.382, de 27-6-2022.

•• A Lei n. 14.711, de 30-10-2023, propôs nova redação para este § 5.º, porém, teve seu texto vetado.

§§ 6.º e 7.º (*Vetados.*)

•• §§ 6.º e 7.º acrescentados pela Lei n. 14.711, de 30-10-2023.

Art. 7.º-A. Aos tabeliães de notas também compete, sem exclusividade, entre outras atividades:

•• *Caput* acrescentado pela Lei n. 14.711, de 30-10-2023.

I – certificar o implemento ou a frustração de condições e outros elementos negociais, respeitada a competência própria dos tabeliães de protesto;

•• Inciso I acrescentado pela Lei n. 14.711, de 30-10-2023.

II – atuar como mediador ou conciliador;

•• Inciso II acrescentado pela Lei n. 14.711, de 30-10-2023.

III – atuar como árbitro.

•• Inciso III acrescentado pela Lei n. 14.711, de 30-10-2023.

§ 1.º O preço do negócio ou os valores conexos poderão ser recebidos ou consignados por meio do tabelião de notas, que repassará o montante à parte devida ao constatar a ocorrência ou a frustração das condições negociais aplicáveis, não podendo o depósito feito em conta vinculada ao negócio, nos termos de convênio firmado entre a entidade de classe de âmbito nacional e instituição financeira credenciada, que constituirá patrimônio segregado, ser constrito por autoridade judicial ou fiscal em razão de obrigação do depositante, de qualquer parte ou do tabelião de notas, por motivo estranho ao próprio negócio.

•• § 1.º acrescentado pela Lei n. 14.711, de 30-10-2023.

§ 2.º O tabelião de notas lavrará, a pedido das partes, ata notarial para constatar a verificação da ocorrência ou da frustração das condições negociais aplicáveis e certificará o repasse dos valores devidos e a eficácia ou a rescisão do negócio celebrado, o que, quando aplicável, constituirá título para fins do art. 221 da Lei n. 6.015, de 31 de dezembro de 1973 (Lei de Registros Públicos), respeitada a competência própria dos tabeliães de protesto.

•• § 2.º acrescentado pela Lei n. 14.711, de 30-10-2023.

§ 3.º A mediação e a conciliação extrajudicial serão remuneradas na forma estabelecida em convênio, nos termos dos §§ 5.º e 7.º do art. 7.º desta Lei, ou, na falta ou na inaplicabilidade do convênio, pela tabela de emolumentos estadual aplicável para escrituras públicas com valor econômico.

•• § 3.º acrescentado pela Lei n. 14.711, de 30-10-2023.

§§ 4.º e 5.º (*Vetados.*)

•• §§ 4.º e 5.º acrescentados pela Lei n. 14.711, de 30-10-2023.

Art. 8.º É livre a escolha do tabelião de notas, qualquer que seja o domicílio das partes ou o lugar de situação dos bens objeto do ato ou negócio.

Art. 9.º O tabelião de notas não poderá praticar atos de seu ofício fora do Município para o qual recebeu delegação.

Art. 10. Aos tabeliães e oficiais de registro de contratos marítimos compete:

I – lavrar os atos, contratos e instrumentos relativos a transações de embarcações a que as partes devam ou queiram dar forma legal de escritura pública;

II – registrar os documentos da mesma natureza;

III – reconhecer firmas em documentos destinados a fins de direito marítimo;

IV – expedir traslados e certidões.

Art. 11. Aos tabeliães de protesto de título compete privativamente:

I – protocolar de imediato os documentos de dívida, para prova do descumprimento da obrigação;

II – intimar os devedores dos títulos para aceitá-los, devolvê-los ou pagá-los, sob pena de protesto;

III – receber o pagamento dos títulos protocolizados, dando quitação;

IV – lavrar o protesto, registrando o ato em livro próprio, em microfilme ou sob outra forma de documentação;

V – acatar o pedido de desistência do protesto formulado pelo apresentante;

VI – averbar:

a) o cancelamento do protesto;

b) as alterações necessárias para atualização dos registros efetuados;

VII – expedir certidões de atos e documentos que constem de seus registros e papéis.

Parágrafo único. Havendo mais de um tabelião de protestos na mesma localidade, será obrigatória a prévia distribuição dos títulos.

Lei n. 8.935, de 18-11-1994 — **Registros Públicos**

Seção III
Das Atribuições e Competências dos Oficiais de Registros

Art. 12. Aos oficiais de registro de imóveis, de títulos e documentos e civis das pessoas jurídicas, civis das pessoas naturais e de interdições e tutelas compete a prática dos atos relacionados na legislação pertinente aos registros públicos, de que são incumbidos, independentemente de prévia distribuição, mas sujeitos os oficiais de registro de imóveis e civis das pessoas naturais às normas que definirem as circunscrições geográficas.

•• A Lei n. 13.190, de 19-11-2015, propôs nova redação para este artigo, porém teve seu texto vetado.

Art. 13. Aos oficiais de registro de distribuição compete privativamente:

I – quando previamente exigida, proceder à distribuição equitativa pelos serviços da mesma natureza, registrando os atos praticados; em caso contrário, registrar as comunicações recebidas dos órgãos e serviços competentes;

II – efetuar as averbações e os cancelamentos de sua competência;

III – expedir certidões de atos e documentos que constem de seus registros e papéis.

Título II
DAS NORMAS COMUNS

Capítulo I
DO INGRESSO NA ATIVIDADE NOTARIAL E DE REGISTRO

Art. 14. A delegação para o exercício da atividade notarial e de registro depende dos seguintes requisitos:
I – habilitação em concurso público de provas e títulos;
II – nacionalidade brasileira;
III – capacidade civil;
IV – quitação com as obrigações eleitorais e militares;
V – diploma de bacharel em direito;
VI – verificação de conduta condigna para o exercício da profissão.

Art. 15. Os concursos serão realizados pelo Poder Judiciário, com a participação, em todas as suas fases, da Ordem dos Advogados do Brasil, do Ministério Público, de um notário e de um registrador.

§ 1.º O concurso será aberto com a publicação de edital, dele constando os critérios de desempate.

§ 2.º Ao concurso público poderão concorrer candidatos não bacharéis em direito que tenham completado, até a data da primeira publicação do edital do concurso de provas e títulos, 10 (dez) anos de exercício em serviço notarial ou de registro.

§ 3.º (*Vetado.*)

Art. 16. As vagas serão preenchidas alternadamente, duas terças partes por concurso público de provas e títulos e uma terça parte por meio de remoção, mediante concurso de títulos, não se permitindo que qualquer serventia notarial ou de registro fique vaga, sem abertura de concurso de provimento inicial ou de remoção, por mais de seis meses.

•• *Caput* com redação determinada pela Lei n. 10.506, de 9-7-2002.

•• O STF, na ADC n. 14, nas sessões virtuais de 25-8-2023 a 1-9-2023 (*DOU* de 12-9-2023), por unanimidade, conheceu da ação declaratória de constitucionalidade e julgou improcedente o pedido, declarando, em consequência, a inconstitucionalidade deste artigo, na redação dada pela Lei n. 10.506/2002, e modulou os efeitos da decisão para estabelecer "a validade das remoções realizadas com base na norma declarada inconstitucional, quando precedidas de concursos públicos exclusivamente de títulos iniciados e concluídos, com a publicação da relação dos aprovados, no período compreendido entre a entrada em vigor da Lei n. 10.506/2002 (9-7-2002) e a edição da Resolução CNJ 81/2009 (9-6-2009)".

Parágrafo único. Para estabelecer o critério do preenchimento, tomar-se-á por base a data de vacância da titularidade ou, quando vagas na mesma data, aquela da criação do serviço.

Art. 17. Ao concurso de remoção somente serão admitidos titulares que exerçam a atividade por mais de 2 (dois) anos.

Art. 18. A legislação estadual disporá sobre as normas e os critérios para o concurso de remoção.

Parágrafo único. Aos que ingressaram por concurso, nos termos do art. 236 da Constituição Federal, ficam preservadas todas as remoções reguladas por lei estadual ou do Distrito Federal, homologadas pelo respectivo Tribunal de Justiça, que ocorrerem no período anterior à publicação desta Lei.

•• Parágrafo único acrescentado pela Lei n. 13.489, de 6-10-2017.

Art. 19. Os candidatos serão declarados habilitados na rigorosa ordem de classificação no concurso.

Capítulo II
DOS PREPOSTOS

Art. 20. Os notários e os oficiais de registro poderão, para o desempenho de suas funções, contratar escreventes, dentre eles escolhendo os substitutos, e auxiliares como empregados, com remuneração livremente ajustada e sob o regime da legislação do trabalho.

•• O STF, por unanimidade, deu parcial provimento aos embargos de declaração na ADI n. 1.183, na sessão plenária de 19-10-2023 (*DOU* de 26-10-2023), para : "esclarecer que o substituto não concursado ficará limitado a exercer a titularidade da serventia pelo prazo de seis meses apenas na hipótese de vacância, isto é, quando ele estiver na interinidade do cartório, porque nesse caso age em nome próprio e por conta própria" e "declarar que a interpretação conforme ao art. 20 da Lei n. 8.935/94, consignada no acórdão embargado e ora esclarecida, somente se aplica a partir da conclusão deste julgamento, preservada a validade dos atos anteriormente praticados" e quanto às demais alegações veiculadas na petição de embargos, rejeitou-as, ficando a parte dispositiva do voto do Relator com a seguinte redação final, já incorporados todos os esclarecimentos e integrações: "Ante o exposto, conheço da ação direta e julgo parcialmente procedentes os pedidos formulados, apenas para declarar inconstitucional a interpretação que extraia do art. 20 da Lei n. 8.935/94 a possibilidade de prepostos não concursados, indicados pelo titular ou mesmo pelos tribunais de justiça, exercerem substituições ininterruptas por períodos maiores que seis meses, em caso de vacância da serventia. Declaro, ainda, que, para essas substituições (a ultrapassarem os seis meses decorrentes de vacância da serventia), a solução constitucionalmente válida é a indicação, como 'substituto', de outro notário ou registrador, observadas as leis locais de organização do serviço notarial e registral, ressalvada a possibilidade de os tribunais de justiça indicarem substitutos *ad hoc*, quando não houver, entre os titulares concursados, interessado que aceite a substituição, sem prejuízo da imediata abertura de concurso público para preenchimento da(s) vaga(s), e respeitado, em qualquer caso, na remuneração do interino, o teto constitucional (CF, art. 37, XI). Proponho a modulação da eficácia da decisão (Lei n. 9.868/99, art. 27) para que produza efeitos, no tocante ao art. 20 da Lei n. 8.935/94, apenas a contar da data da conclusão deste julgamento, de forma que a determinação de progressiva troca, por outros titulares de serventia extrajudicial, dos substitutos de titulares de cartório extrajudicial então em exercício que não forem notários ou registradores (CF, arts. 37, II, e 236, § 3.º) se aplique em até seis meses, contados da conclusão deste julgamento (proclamado o resultado pelo Presidente, na sessão de julgamento presencial, ou alcançado o prazo para votar, na hipótese de julgamento virtual), ressalvada, em qualquer caso, a validade dos atos praticados por aqueles que tiverem sido nomeados pelo Tribunal de Justiça segundo as regras e interpretações então vigentes".

§ 1.º Em cada serviço notarial ou de registro haverá tantos substitutos, escreventes e auxiliares quantos forem necessários, a critério de cada notário ou oficial de registro.

§ 2.º Os notários e os oficiais de registro encaminharão ao juízo competente os nomes dos substitutos.

§ 3.º Os escreventes poderão praticar somente os atos que o notário ou o oficial de registro autorizar.

§ 4.º Os substitutos poderão, simultaneamente com o notário ou o oficial de registro, praticar todos os atos que lhe sejam próprios exceto, nos tabelionatos de notas, lavrar testamentos.

•• *Vide* art. 1.864, I, do CC.

§ 5.º Dentre os substitutos, um deles será designado pelo notário ou oficial de registro para responder pelo respectivo serviço nas ausências e nos impedimentos do titular.

Art. 21. O gerenciamento administrativo e financeiro dos serviços notariais e de registro é da responsabilidade exclusiva do respectivo titular, inclusive no que diz respeito às despesas de custeio, investimento e pessoal, cabendo-lhe estabelecer normas, condições e obrigações relativas à atribuição de funções e de remuneração de seus prepostos de modo a obter a melhor qualidade na prestação dos serviços.

Capítulo III
DA RESPONSABILIDADE CIVIL E CRIMINAL

Art. 22. Os notários e oficiais de registro são civilmente responsáveis por todos os prejuízos que causarem a terceiros, por culpa ou dolo, pessoalmente, pelos substitutos que designarem ou escreventes que autorizarem, assegurado o direito de regresso.

•• *Caput* com redação determinada pela Lei n. 13.286, de 10-5-2016.

Parágrafo único. Prescreve em três anos a pretensão de reparação civil, contado o prazo da data de lavratura do ato registral ou notarial.

•• Parágrafo único acrescentado pela Lei n. 13.286, de 10-5-2016.

Art. 23. A responsabilidade civil independe da criminal.

Art. 24. A responsabilidade criminal será individualizada, aplicando-se, no que couber, a legislação relativa aos crimes contra a administração pública.

Parágrafo único. A individualização prevista no *caput* não exime os notários e os oficiais de registro de sua responsabilidade civil.

Capítulo IV
DAS INCOMPATIBILIDADES E DOS IMPEDIMENTOS

Art. 25. O exercício da atividade notarial e de registro é incompatível com o da advocacia, o da intermediação de seus serviços ou o de qualquer cargo, emprego ou função públicos, ainda que em comissão.

§ 1.º (*Vetado*.)

§ 2.º A diplomação, na hipótese de mandato eletivo, e a posse, nos demais casos, implicará no afastamento da atividade.

Art. 26. Não são acumuláveis os serviços enumerados no art. 5.º.

Parágrafo único. Poderão, contudo, ser acumulados nos Municípios que não comportarem, em razão do volume dos serviços ou da receita, a instalação de mais de um dos serviços.

Art. 27. No serviço de que é titular, o notário e o registrador não poderão praticar, pessoalmente, qualquer ato de seu interesse, ou de interesse de seu cônjuge ou de parentes, na linha reta, ou na colateral, consanguíneos ou afins, até o terceiro grau.

Capítulo V
DOS DIREITOS E DEVERES

Art. 28. Os notários e oficiais de registro gozam de independência no exercício de suas atribuições, têm direito à percepção dos emolumentos integrais pelos atos praticados na serventia e só perderão a delegação nas hipóteses previstas em lei.

Art. 29. São direitos do notário e do registrador:

I – exercer opção, nos casos de desmembramento ou desdobramento de sua serventia;

II – organizar associações ou sindicatos de classe e deles participar.

Art. 30. São deveres dos notários e dos oficiais de registro:

I – manter em ordem os livros, papéis e documentos de sua serventia, guardando-os em locais seguros;

II – atender as partes com eficiência, urbanidade e presteza;

III – atender prioritariamente as requisições de papéis, documentos, informações ou providências que lhes forem solicitadas pelas autoridades judiciárias ou administrativas para a defesa das pessoas jurídicas de direito público em juízo;

IV – manter em arquivo as leis, regulamentos, resoluções, provimentos, regimentos, ordens de serviço e quaisquer outros atos que digam respeito à sua atividade;

V – proceder de forma a dignificar a função exercida, tanto nas atividades profissionais como na vida privada;

VI – guardar sigilo sobre a documentação e os assuntos de natureza reservada de que tenham conhecimento em razão do exercício de sua profissão;

VII – afixar em local visível, de fácil leitura e acesso ao público, as tabelas de emolumentos em vigor;

VIII – observar os emolumentos fixados para a prática dos atos do seu ofício;

IX – dar recibo dos emolumentos percebidos;

X – observar os prazos legais fixados para a prática dos atos do seu ofício;

XI – fiscalizar o recolhimento dos impostos incidentes sobre os atos que devem praticar;

XII – facilitar, por todos os meios, o acesso à documentação existente às pessoas legalmente habilitadas;

XIII – encaminhar ao juízo competente as dúvidas levantadas pelos interessados, obedecida a sistemática processual fixada pela legislação respectiva;

XIV – observar as normas técnicas estabelecidas pelo juízo competente; e

•• Inciso XIV com redação determinada pela Lei n. 14.382, de 27-6-2022.

XV – admitir pagamento dos emolumentos, das custas e das despesas por meio eletrônico, a critério do usuário, inclusive mediante parcelamento.

•• Inciso XV acrescentado pela Lei n. 14.382, de 27-6-2022.

Capítulo VI
DAS INFRAÇÕES DISCIPLINARES E DAS PENALIDADES

Art. 31. São infrações disciplinares que sujeitam os notários e os oficiais de registro às penalidades previstas nesta Lei:

I – a inobservância das prescrições legais ou normativas;
II – a conduta atentatória às instituições notariais e de registro;
III – a cobrança indevida ou excessiva de emolumentos, ainda que sob a alegação de urgência;
IV – a violação do sigilo profissional;
V – o descumprimento de quaisquer dos deveres descritos no art. 30.

Art. 32. Os notários e os oficiais de registro estão sujeitos, pelas infrações que praticarem, assegurado amplo direito de defesa, às seguintes penas:
I – repreensão;
II – multa;
III – suspensão por 90 (noventa) dias, prorrogável por mais 30 (trinta);
IV – perda da delegação.

Art. 33. As penas serão aplicadas:
I – a de repreensão, no caso de falta leve;
II – a de multa, em caso de reincidência ou de infração que não configure falta mais grave;
III – a de suspensão, em caso de reiterado descumprimento dos deveres ou de falta grave.

Art. 34. As penas serão impostas pelo juízo competente, independentemente da ordem de gradação, conforme a gravidade do fato.

Art. 35. A perda da delegação dependerá:
I – de sentença judicial transitada em julgado; ou
II – de decisão decorrente de processo administrativo instaurado pelo juízo competente, assegurado amplo direito de defesa.

§ 1.º Quando o caso configurar a perda da delegação, o juízo competente suspenderá o notário ou oficial de registro, até a decisão final, e designará interventor, observando-se o disposto no art. 36.

§ 2.º (*Vetado*).

Art. 36. Quando, para a apuração de faltas imputadas a notários ou a oficiais de registro, for necessário o afastamento do titular do serviço, poderá ele ser suspenso, preventivamente, pelo prazo de 90 (noventa) dias, prorrogável por mais 30 (trinta).

§ 1.º Na hipótese do *caput*, o juízo competente designará interventor para responder pela serventia, quando o substituto também for acusado das faltas ou quando a medida se revelar conveniente para os serviços.

§ 2.º Durante o período de afastamento, o titular perceberá metade da renda líquida da serventia; outra metade será depositada em conta bancária especial, com correção monetária.

§ 3.º Absolvido o titular, receberá ele o montante dessa conta; condenado, caberá esse montante ao interventor.

Capítulo VII
DA FISCALIZAÇÃO PELO PODER JUDICIÁRIO

Art. 37. A fiscalização judiciária dos atos notariais e de registro, mencionados nos arts. 6.º a 13, será exercida pelo juízo competente, assim definido na órbita estadual e do Distrito Federal, sempre que necessário, ou mediante representação de qualquer interessado, quando da inobservância de obrigação legal por parte de notário ou de oficial de registro, ou de seus prepostos.

Parágrafo único. Quando, em autos ou papéis de que conhecer, o Juiz verificar a existência de crime de ação pública, remeterá ao Ministério Público as cópias e os documentos necessários ao oferecimento da denúncia.

Art. 38. O juízo competente zelará para que os serviços notariais e de registro sejam prestados com rapidez, qualidade satisfatória e de modo eficiente, podendo sugerir à autoridade competente a elaboração de planos de adequada e melhor prestação desses serviços, observados, também, critérios populacionais e socioeconômicos, publicados regularmente pela Fundação Instituto Brasileiro de Geografia e Estatística.

Capítulo VIII
DA EXTINÇÃO DA DELEGAÇÃO

Art. 39. Extinguir-se-á a delegação a notário ou a oficial de registro por:
I – morte;
II – aposentadoria facultativa;

•• O STF, por maioria, julgou parcialmente procedente a ADI n. 1.183, nas sessões virtuais de 28-5-2021 a 7-6-2021 (*DOU* de 16-6-2021), para reconhecer a constitucionalidade deste inciso II.

III – invalidez;
IV – renúncia;
V – perda, nos termos do art. 35;
VI – descumprimento, comprovado, da gratuidade estabelecida na Lei n. 9.534, de 10 de dezembro de 1997.

•• Inciso VI acrescentado pela Lei n. 9.812, de 10-8-1999.

§ 1.º Dar-se-á aposentadoria facultativa ou por invalidez nos termos da legislação previdenciária federal.

§ 2.º Extinta a delegação ao notário ou ao oficial de registro, a autoridade competente declarará vago o respectivo serviço, designará o substituto mais antigo para responder pelo expediente e abrirá concurso.

§§ 3.º e 4.º (*Vetados.*)

•• §§ 3.º e 4.º acrescentados pela Lei n. 14.711, de 30-10-2023.

Capítulo IX
DA SEGURIDADE SOCIAL

Art. 40. Os notários, oficiais de registro, escreventes e auxiliares são vinculados à previdência social, de âmbito federal, e têm assegurada a contagem recíproca de tempo de serviço em sistemas diversos.

Parágrafo único. Ficam assegurados, aos notários, oficiais de registro, escreventes e auxiliares os direitos e vantagens previdenciários adquiridos até a data da publicação desta Lei.

Título III
DAS DISPOSIÇÕES GERAIS

Art. 41. Incumbe aos notários e aos oficiais de registro praticar, independentemente de autorização, todos os atos previstos em lei necessários à organização e execução dos serviços, podendo, ainda, adotar sistemas de computação, microfilmagem, disco ótico e outros meios de reprodução.

Art. 42. Os papéis referentes aos serviços dos notários e dos oficiais de registro serão arquivados mediante utilização de processos que facilitem as buscas.

Art. 42-A. As centrais de serviços eletrônicos, geridas por entidade representativa da atividade notarial e de registro para acessibilidade digital a serviços e maior publicidade, sistematização e tratamento digital de dados e informações inerentes às atribuições delegadas, poderão fixar preços e gratuidades pelos serviços de natureza complementar que prestam e disponibilizam aos seus usuários de forma facultativa.

•• Artigo acrescentado pela Lei n. 14.206, de 27-9-2021.

Art. 43. Cada serviço notarial ou de registro funcionará em um só local, vedada a instalação de sucursal.

Art. 44. Verificada a absoluta impossibilidade de se prover, através de concurso público, a titularidade de serviço notarial ou de registro, por desinteresse ou inexistência de candidatos, o juízo competente proporá à autoridade competente a extinção do serviço e a anexação de suas atribuições ao serviço da mesma natureza mais próximo ou àquele localizado na sede do respectivo Município ou de Município contíguo.

§ 1.º (*Vetado.*)

§ 2.º Em cada sede municipal haverá no mínimo um registrador civil das pessoas naturais.

§ 3.º Nos municípios de significativa extensão territorial, a juízo do respectivo Estado, cada sede distrital disporá no mínimo de um registrador civil das pessoas naturais.

Art. 45. São gratuitos os assentos do registro civil de nascimento e o de óbito, bem como a primeira certidão respectiva.

•• *Caput* com redação determinada pela Lei n. 9.534, de 10-12-1997.

•• O STF, na ADC n. 5-2 (*DOU* de 18-6-2007), declara a constitucionalidade deste artigo.

§ 1.º Para os reconhecidamente pobres não serão cobrados emolumentos pelas certidões a que se refere este artigo.

•• Anterior parágrafo único renumerado pela Lei n. 11.789, de 2-10-2008.

§ 2.º É proibida a inserção nas certidões de que trata o § 1.º deste artigo de expressões que indiquem condição de pobreza ou semelhantes.

•• § 2.º acrescentado pela Lei n. 11.789, de 2-10-2008.

Art. 46. Os livros, fichas, documentos, papéis, microfilmes e sistemas de computação deverão permanecer sempre sob a guarda e responsabilidade do titular de serviço notarial ou de registro, que zelará por sua ordem, segurança e conservação.

Parágrafo único. Se houver necessidade de serem periciados, o exame deverá ocorrer na própria sede do serviço, em dia e hora adrede designados, com ciência do titular e autorização do juízo competente.

Título IV
DAS DISPOSIÇÕES TRANSITÓRIAS

Art. 47. O notário e o oficial de registro, legalmente nomeados até 5 de outubro de 1988, detêm a delegação constitucional de que trata o art. 2.º.

Art. 48. Os notários e os oficiais de registro poderão contratar, segundo a legislação trabalhista, seus atuais escreventes e auxiliares de investidura estatutária ou em regime especial desde que estes aceitem a transformação de seu regime jurídico, em opção expressa, no prazo improrrogável de 30 (trinta) dias, contados da publicação desta Lei.

•• O STF, por maioria, julgou parcialmente procedente a ADI n. 1.183, nas sessões virtuais de 28-5-2021 a 7-6-2021 (*DOU* de 16-6-2021), para reconhecer a constitucionalidade deste artigo.

§ 1.º Ocorrendo opção, o tempo de serviço prestado será integralmente considerado, para todos os efeitos de direito.

§ 2.º Não ocorrendo opção, os escreventes e auxiliares de investidura estatutária ou em regime especial continuarão regidos pelas normas aplicáveis aos funcionários públicos ou pelas editadas pelo Tribunal de Justiça respectivo, vedadas novas admissões por qualquer desses regimes, a partir da publicação desta Lei.

Art. 49. Quando da primeira vacância da titularidade de serviço notarial ou de registro, será procedida a desacumulação, nos termos do art. 26.

Art. 50. Em caso de vacância, os serviços notariais e de registro estatizados passarão automaticamente ao regime desta Lei.

Art. 51. Aos atuais notários e oficiais de registro, quando da aposentadoria, fica assegurado o direito de percepção de proventos de acordo com a legislação que anteriormente os regia, desde que tenham mantido as contribuições nela estipuladas até a data do deferimento do pedido ou de sua concessão.

§ 1.º O disposto neste artigo aplica-se aos escreventes e auxiliares de investidura estatutária ou em regime especial que vierem a ser contratados em virtude da opção de que trata o art. 48.

§ 2.º Os proventos de que trata este artigo serão os fixados pela legislação previdenciária aludida no *caput*.

§ 3.º O disposto neste artigo aplica-se também às pensões deixadas, por morte, pelos notários, oficiais de registro, escreventes e auxiliares.

Art. 52. Nas unidades federativas onde já exista lei estadual específica, em vigor na data de publicação desta Lei, são competentes para a lavratura de instrumentos traslatícios de direitos reais, procurações, reconhecimento de firmas e autenticação de cópia reprográfica os serviços de Registro Civil das Pessoas Naturais.

Art. 53. Nos Estados cujas organizações judiciárias, vigentes à época da publicação desta Lei, assim previrem, continuam em vigor as determinações relativas à fixação da área territorial de atuação dos tabeliães de protesto de títulos, a quem os títulos serão distribuídos em obediência às respectivas zonas.

Parágrafo único. Quando da primeira vacância, aplicar-se-á à espécie o disposto no parágrafo único do art. 11.

Art. 54. Esta Lei entra em vigor na data da sua publicação.

Art. 55. Revogam-se as disposições em contrário.

Brasília, 18 de novembro de 1994; 173.º da Independência e 106.º da República.

ITAMAR FRANCO

LEI N. 8.971, DE 29 DE DEZEMBRO DE 1994 (*)

Regula o direito dos companheiros a alimentos e à sucessão.

O Presidente da República.

Faço saber que o Congresso Nacional decreta e eu sanciono a seguinte Lei:

Art. 1.º A companheira comprovada de um homem solteiro, separado judicialmente, divorciado ou viúvo, que com ele viva há mais de 5 (cinco) anos, ou dele tenha prole, poderá valer-se do disposto na Lei n. 5.478, de 25 de julho de 1968, enquanto não constituir nova união e desde que prove a necessidade.

Parágrafo único. Igual direito e nas mesmas condições é reconhecido ao companheiro de mulher solteira, separada judicialmente, divorciada ou viúva.

•• *Vide* arts. 1.723 a 1.727 do CC.

Art. 2.º As pessoas referidas no artigo anterior participarão da sucessão do(a) companheiro(a) nas seguintes condições:

•• *Vide* art. 1.790 do CC.

I – o(a) companheiro(a) sobrevivente terá direito enquanto não constituir nova união, ao usufruto de quarta parte dos bens do *de cujus*, se houver filhos deste ou comuns;

II – o(a) companheiro(a) sobrevivente terá direito, enquanto não constituir nova união, ao usufruto da metade dos bens do *de cujus*, se não houver filhos, embora sobrevivam ascendentes;

III – na falta de descendentes e de ascendentes, o(a) companheiro(a) sobrevivente terá direito à totalidade da herança.

(*) Publicada no *DOU*, de 30-12-1994. *Vide* Lei n. 9.278, de 10-5-1996, sobre o reconhecimento da convivência duradoura como entidade familiar.

•• *Vide* arts. 1.829, III, e 1.838 do CC.

Art. 3.º Quando os bens deixados pelo(a) autor(a) da herança resultarem de atividade em que haja colaboração do(a) companheiro(a), terá o sobrevivente direito à metade dos bens.

Art. 4.º Esta Lei entra em vigor na data de sua publicação.

Art. 5.º Revogam-se as disposições em contrário.

Brasília, 29 de dezembro de 1994; 173.º da Independência e 106.º da República.

Itamar Franco

LEI N. 9.029, DE 13 DE ABRIL DE 1995 (*)

Proíbe a exigência de atestados de gravidez e esterilização, e outras práticas discriminatórias, para efeitos admissionais ou de permanência da relação jurídica de trabalho, e dá outras providências.

O Presidente da República.

Faço saber que o Congresso Nacional decreta e eu sanciono a seguinte Lei:

Art. 1.º É proibida a adoção de qualquer prática discriminatória e limitativa para efeito de acesso à relação de trabalho, ou de sua manutenção, por motivo de sexo, origem, raça, cor, estado civil, situação familiar, deficiência, reabilitação profissional, idade, entre outros, ressalvadas, nesse caso, as hipóteses de proteção à criança e ao adolescente previstas no inciso XXXIII do art. 7.º da Constituição Federal.

•• Artigo com redação determinada pela Lei n. 13.146, de 6-7-2015.

Art. 2.º Constituem crime as seguintes práticas discriminatórias:

I – a exigência de teste, exame, perícia, laudo, atestado, declaração ou qualquer outro procedimento relativo à esterilização ou a estado de gravidez;

II – a adoção de quaisquer medidas, de iniciativa do empregador, que configurem:

a) indução ou instigamento à esterilização genética;

b) promoção do controle de natalidade, assim não considerado o oferecimento de serviços e de aconselhamento ou planejamento familiar, realizados através de instituições públicas ou privadas, submetidas às normas do Sistema Único de Saúde – SUS.

Pena: detenção de 1 (um) a 2 (dois) anos e multa.

Parágrafo único. São sujeitos ativos dos crimes a que se refere este artigo:

I – a pessoa física empregadora;

II – o representante legal do empregador, como definido na legislação trabalhista;

III – o dirigente, direto ou por delegação, de órgãos públicos e entidades das Administrações Públicas direta, indireta e fundacional de qualquer dos Poderes da União, dos Estados, do Distrito Federal e dos Municípios.

Art. 3.º Sem prejuízo do prescrito no art. 2.º desta Lei e nos dispositivos legais que tipificam os crimes resultantes de preconceito de etnia, raça, cor ou deficiência, as infrações ao disposto nesta Lei são passíveis das seguintes cominações:

•• *Caput* com redação determinada pela Lei n. 13.146, de 6-7-2015.

I – multa administrativa de 10 (dez) vezes o valor do maior salário pago pelo empregador, elevado em 50% (cinquenta por cento) em caso de reincidência;

II – proibição de obter empréstimo ou financiamento junto a instituições financeiras oficiais.

Art. 4.º O rompimento da relação de trabalho por ato discriminatório, nos moldes desta Lei, além do direito à reparação pelo dano moral, faculta ao empregado optar entre:

•• *Caput* com redação determinada pela Lei n. 12.288, de 20-7-2010.

I – a reintegração com ressarcimento integral de todo o período de afastamento, mediante pagamento das remunerações devidas, corrigidas monetariamente e acrescidas de juros legais;

•• Inciso I com redação determinada pela Lei n. 13.146, de 6-7-2015.

II – a percepção, em dobro, da remuneração do período do afastamento, corrigida monetariamente e acrescida dos juros legais.

Art. 5.º Esta Lei entra em vigor na data de sua publicação.

Art. 6.º Revogam-se as disposições em contrário.

Brasília, 13 de abril de 1995; 174.º da Independência e 107.º da República.

Fernando Henrique Cardoso

(*) Publicada no *DOU*, de 17-4-1995.

LEI N. 9.049, DE 18 DE MAIO DE 1995 (*)

Faculta o registro, nos documentos pessoais de identificação, das informações que especifica.

O Presidente da República.

Faço saber que o Congresso Nacional decreta e eu sanciono a seguinte Lei:

Art. 1.º Qualquer cidadão poderá requerer à autoridade pública expedidora o registro, no respectivo documento pessoal de identificação, do número e, se for o caso, da data de validade dos seguintes documentos:
1 – Carteira Nacional de Habilitação;
2 – Título de Eleitor;
3 – Cartão de Identificação do Contribuinte do Imposto de Renda;
4 – Identidade Funcional ou Carteira Profissional;
5 – Certificado Militar.

Art. 2.º Poderão, também, ser incluídas na Cédula de Identidade, a pedido do titular, informações sucintas sobre o tipo sanguíneo, a disposição de doar órgãos em caso de morte e condições particulares de saúde cuja divulgação possa contribuir para preservar a saúde ou salvar a vida do titular.

Art. 3.º Dispor-se-á, na regulamentação desta Lei, sobre o modelo de Cédula de Identidade a ser adotado, bem como sobre os dísticos admissíveis.

Art. 4.º Esta Lei entra em vigor na data de sua publicação.

Art. 5.º Revogam-se as disposições em contrário.

Brasília, 18 de maio de 1995; 174.º da Independência e 107.º da República.

FERNANDO HENRIQUE CARDOSO

LEI N. 9.051, DE 18 DE MAIO DE 1995 (**)

Dispõe sobre a expedição de certidões para a defesa de direitos e esclarecimentos de situações.

(*) Publicada no *DOU*, de 19-5-1995. *Vide* Lei n. 9.454, de 7-4-1997.

(**) Publicada no *DOU*, de 19-5-1995.

O Presidente da República.

Faço saber que o Congresso Nacional decreta e eu sanciono a seguinte Lei:

Art. 1.º As certidões para a defesa de direitos e esclarecimentos de situações, requeridas aos órgãos da administração centralizada ou autárquica, às empresas públicas, às sociedades de economia mista e às fundações públicas da União, dos Estados, do Distrito Federal e dos Municípios, deverão ser expedidas no prazo improrrogável de 15 (quinze) dias, contado do registro do pedido no órgão expedidor.

Art. 2.º Nos requerimentos que objetivam a obtenção das certidões a que se refere esta Lei, deverão os interessados fazer constar esclarecimentos relativos aos fins e razões do pedido.

Art. 3.º (*Vetado.*)

Art. 4.º Esta Lei entra em vigor na data de sua publicação.

Art. 5.º Revogam-se as disposições em contrário.

Brasília, 18 de maio de 1995; 174.º da Independência e 107.º da República.

FERNANDO HENRIQUE CARDOSO

LEI N. 9.093, DE 12 DE SETEMBRO DE 1995 (***)

Dispõe sobre feriados.

O Presidente da República.

Faço saber que o Congresso Nacional decreta e eu sanciono a seguinte Lei:

Art. 1.º São feriados civis:
I – os declarados em lei federal;
II – a data magna do Estado fixada em lei estadual;
III – os dias do início e do término do ano do centenário de fundação do Município, fixados em lei municipal.
•• Inciso III acrescentado pela Lei n. 9.335, de 10-12-1996.

Art. 2.º São feriados religiosos os dias de guarda, declarados em lei municipal, de acordo com a tradição local e em número não superior a 4 (quatro), neste incluída a Sexta-Feira da Paixão.

Art. 3.º Esta Lei entra em vigor na data de sua publicação.

(***) Publicada no *DOU*, de 13-9-1995.

Art. 4.º Revogam-se as disposições em contrário, especialmente o art. 11 da Lei n. 605, de 5 de janeiro de 1949.

Brasília, 12 de setembro de 1995; 174.º da Independência e 107.º da República.

FERNANDO HENRIQUE CARDOSO

LEI N. 9.096,
DE 19 DE SETEMBRO DE 1995 (*)

Dispõe sobre partidos políticos, regulamenta os arts. 17 e 14, § 3.º, inciso V, da Constituição Federal.

O Vice-Presidente da República no exercício do cargo de Presidente da República.

Faço saber que o Congresso Nacional decreta e eu sanciono a seguinte Lei:

TÍTULO I
DISPOSIÇÕES PRELIMINARES

Art. 1.º O partido político, pessoa jurídica de direito privado, destina-se a assegurar, no interesse do regime democrático, a autenticidade do sistema representativo e a defender os direitos fundamentais definidos na Constituição Federal.

Parágrafo único. O partido político não se equipara às entidades paraestatais.

•• Parágrafo único acrescentado pela Lei n. 13.488, de 6-10-2017.

Art. 2.º É livre a criação, fusão, incorporação e extinção de partidos políticos cujos programas respeitem a soberania nacional, o regime democrático, o pluripartidarismo e os direitos fundamentais da pessoa humana.

Art. 3.º É assegurada, ao partido político, autonomia para definir sua estrutura interna, organização e funcionamento.

§ 1.º É assegurada aos candidatos, partidos políticos e coligações autonomia para definir o cronograma das atividades eleitorais de campanha e executá-lo em qualquer dia e horário, observados os limites estabelecidos em lei.

(*) Publicada no *DOU*, de 20-9-1995.

•• Parágrafo único renumerado pela Lei n. 13.831, de 17-5-2019.

§ 2.º É assegurada aos partidos políticos autonomia para definir o prazo de duração dos mandatos dos membros dos seus órgãos partidários permanentes ou provisórios.

•• § 2.º acrescentado pela Lei n. 13.831, de 17-5-2019.

•• O STF, na ADI 6.230, por unanimidade, deu interpretação conforme à Constituição a este § 2.º, com a redação dada pela Lei n. 13.831/19, para assentar que os partidos políticos podem, no exercício de sua autonomia constitucional, estabelecer a duração dos mandatos de seus dirigentes desde que compatível com o princípio republicano da alternância do poder concretizado por meio da realização de eleições periódicas em prazo razoável, nas sessões virtuais de 1.7.2022 a 5.8.2022 (*DOU* de 15-8-2022).

§ 3.º O prazo de vigência dos órgãos provisórios dos partidos políticos poderá ser de até 8 (oito) anos.

•• § 3.º acrescentado pela Lei n. 13.831, de 17-5-2019.

•• O STF, na ADI 6.230, por unanimidade, declarou a inconstitucionalidade deste § 3.º, com a redação dada pela Lei n. 13.831/19, produzindo efeitos exclusivamente a partir de janeiro de 2023, prazo após o qual o Tribunal Superior Eleitoral poderá analisar a compatibilidade dos estatutos com o presente acórdão, nas sessões virtuais de 1.7.2022 a 5.8.2022 (*DOU* de 15-8-2022).

§ 4.º Exaurido o prazo de vigência de um órgão partidário, ficam vedados a extinção automática do órgão e o cancelamento de sua inscrição no Cadastro Nacional da Pessoa Jurídica (CNPJ).

•• § 4.º acrescentado pela Lei n. 13.831, de 17-5-2019.

Art. 4.º Os filiados de um partido político têm iguais direitos e deveres.

Art. 5.º A ação do partido tem caráter nacional e é exercida de acordo com seu estatuto e programa, sem subordinação a entidades ou governos estrangeiros.

Art. 6.º É vedado ao partido político ministrar instrução militar ou paramilitar, utilizar-se de organização da mesma natureza e adotar uniforme para seus membros.

Art. 7.º O partido político, após adquirir personalidade jurídica na forma da lei civil, registra seu estatuto no Tribunal Superior Eleitoral.

§ 1.º Só é admitido o registro do estatuto de partido político que tenha caráter nacional, considerando-se como tal aquele que comprove, no período de dois anos, o apoiamento de eleitores não filiados a partido político, correspondente a, pelo menos, 0,5% (cinco décimos por cento) dos votos dados na última eleição geral para a Câmara dos Deputados, não computados os votos em branco e os nulos, distribuídos por um terço, ou mais, dos Estados, com um mínimo de 0,1% (um décimo por cento) do eleitorado que haja votado em cada um deles.

•• § 1.º com redação determinada pela Lei n. 13.165, de 29-9-2015.

§ 2.º Só o partido que tenha registrado seu estatuto no Tribunal Superior Eleitoral pode participar do processo eleitoral, receber recursos do Fundo Partidário e ter acesso gratuito ao rádio e à televisão, nos termos fixados nesta Lei.

§ 3.º Somente o registro do estatuto do partido no Tribunal Superior Eleitoral assegura a exclusividade da sua denominação, sigla e símbolos, vedada a utilização, por outros partidos, de variações que venham a induzir a erro ou confusão.

TÍTULO II
DA ORGANIZAÇÃO E FUNCIONAMENTO DOS PARTIDOS POLÍTICOS

Capítulo I
DA CRIAÇÃO E DO REGISTRO DOS PARTIDOS POLÍTICOS

Art. 8.º O requerimento do registro de partido político, dirigido ao cartório competente do Registro Civil das Pessoas Jurídicas do local de sua sede, deve ser subscrito pelos seus fundadores, em número nunca inferior a 101 (cento e um), com domicílio eleitoral em, no mínimo, 1/3 (um terço) dos Estados, e será acompanhado de:

•• *Caput* com redação determinada pela Lei n. 13.877, de 27-9-2019.

I – cópia autêntica da ata da reunião de fundação do partido;

II – exemplares do *Diário Oficial* que publicou, no seu inteiro teor, o programa e o estatuto;

III – relação de todos os fundadores com o nome completo, naturalidade, número do título eleitoral com a Zona, Seção, Município e Estado, profissão e endereço da residência.

§ 1.º O requerimento indicará o nome e a função dos dirigentes provisórios e o endereço da sede do partido no território nacional.

•• § 1.º com redação determinada pela Lei n. 13.877, de 27-9-2019.

§ 2.º Satisfeitas as exigências deste artigo, o Oficial de Registro Civil efetua o registro no livro correspondente, expedindo certidão de inteiro teor.

§ 3.º Adquirida personalidade jurídica na forma deste artigo, o partido promove a obtenção do apoiamento mínimo de eleitores a que se refere o § 1.º do art. 7.º e realiza os atos necessários para a constituição definitiva de seus órgãos e designação dos dirigentes, na forma do seu estatuto.

Art. 9.º Feita a constituição e designação, referidas no § 3.º do artigo anterior, os dirigentes nacionais promoverão o registro do estatuto do partido junto ao Tribunal Superior Eleitoral, através de requerimento acompanhado de:

I – exemplar autenticado do inteiro teor do programa e do estatuto partidários, inscritos no Registro Civil;

II – certidão do registro civil da pessoa jurídica, a que se refere o § 2.º do artigo anterior;

III – certidões dos cartórios eleitorais que comprovem ter o partido obtido o apoiamento mínimo de eleitores a que se refere o § 1.º do art. 7.º.

§ 1.º A prova do apoiamento mínimo de eleitores é feita por meio de suas assinaturas, com menção ao número do respectivo título eleitoral, em listas organizadas para cada Zona, sendo a veracidade das respectivas assinaturas e o número dos títulos atestados pelo Escrivão Eleitoral.

§ 2.º O Escrivão Eleitoral dá imediato recibo de cada lista que lhe for apresentada e, no prazo de quinze dias, lavra o seu atestado, devolvendo-a ao interessado.

§ 3.º Protocolado o pedido de registro no Tribunal Superior Eleitoral, o processo respectivo, no prazo de quarenta e oito horas, é distribuído a um Relator, que, ouvida a Procuradoria-Geral, em dez dias, determina, em igual prazo, diligências para sanar eventuais falhas do processo.

§ 4.º Se não houver diligências a determinar, ou após o seu atendimento, o Tribunal Superior Eleitoral registra o estatuto do partido, no prazo de trinta dias.

Art. 10. As alterações programáticas ou estatutárias, após registradas no Ofício Civil competente, devem ser encaminhadas, para o mesmo fim, ao Tribunal Superior Eleitoral.

§ 1.º O Partido comunica à Justiça Eleitoral a constituição de seus órgãos de direção e os nomes dos respectivos integrantes, bem como as alterações que forem promovidas, para anotação:

•• Parágrafo único, *caput*, renumerado pela Lei n. 13.877, de 27-9-2019.

I – no Tribunal Superior Eleitoral, dos integrantes dos órgãos de âmbito nacional;

II – nos Tribunais Regionais Eleitorais, dos integrantes dos órgãos de âmbito estadual, municipal ou zonal.

•• Estabelece o art. 3.º da Lei n. 9.259, de 9-1-1996: "O disposto no parágrafo único do art. 10 da Lei n. 9.096, de 19-9-1995, na redação dada por esta Lei, aplica-se a todas as alterações efetivadas a qualquer tempo, ainda que submetidas à Justiça Eleitoral na vigência da Lei n. 5.682, de 21-7-1971, sem que tenha sido prolatada decisão final".

§ 2.º Após o recebimento da comunicação de constituição dos órgãos de direção regionais e municipais, definitivos ou provisórios, o Tribunal Superior Eleitoral, na condição de unidade cadastradora, deverá proceder à inscrição, ao restabelecimento e à alteração de dados cadastrais e da situação cadastral perante o CNPJ na Secretaria Especial da Receita Federal do Brasil.

•• § 2.º com redação determinada pela Lei n. 14.063, de 23-9-2020.

Art. 11. O partido com registro no Tribunal Superior Eleitoral pode credenciar, respectivamente:

I – delegados perante o Juiz Eleitoral;

II – delegados perante o Tribunal Regional Eleitoral;

III – delegados perante o Tribunal Superior Eleitoral.

Parágrafo único. Os delegados credenciados pelo órgão de direção nacional representam o partido perante quaisquer Tribunais ou Juízes Eleitorais; os credenciados pelos órgãos estaduais, somente perante o Tribunal Regional Eleitoral e os Juízes Eleitorais do respectivo Estado, do Distrito Federal ou Território Federal; e os credenciados pelo órgão municipal, perante o Juiz Eleitoral da respectiva jurisdição.

Art. 11-A. Dois ou mais partidos políticos poderão reunir-se em federação, a qual, após sua constituição e respectivo registro perante o Tribunal Superior Eleitoral, atuará como se fosse uma única agremiação partidária.

•• *Caput* acrescentado pela Lei n. 14.208, de 28-9-2021.

•• O STF, por maioria, referendou a cautelar deferida parcialmente na ADI n. 7.021, de 9-2-2022 (*DJE* de 17-5-2022), apenas para adequar o prazo para constituição e registro das federações partidárias e, nesse sentido: (i) suspendeu o inciso III do § 3.º do art. 11-A da Lei n. 9.096/1995 e o parágrafo único do art. 6.º-A da Lei n. 9.504/1997, com a redação dada pela Lei n. 14.208/2021; bem como (ii) conferiu interpretação conforme à Constituição ao *caput* do art. 11-A da Lei n. 9.096/1995, de modo a exigir que, para participar das eleições, as federações estejam constituídas como pessoa jurídica e obtenham o registro de seu estatuto perante o Tribunal Superior Eleitoral no mesmo prazo aplicável aos partidos políticos; (iii) ressalvadas as federações constituídas para as eleições de 2022, as quais deverão preencher tais condições até 31 de maio de 2022.

§ 1.º Aplicam-se à federação de partidos todas as normas que regem o funcionamento parlamentar e a fidelidade partidária.

•• § 1.º acrescentado pela Lei n. 14.208, de 28-9-2021.

§ 2.º Assegura-se a preservação da identidade e da autonomia dos partidos integrantes de federação.

•• § 2.º acrescentado pela Lei n. 14.208, de 28-9-2021.

§ 3.º A criação de federação obedecerá às seguintes regras:

•• § 3.º, *caput*, acrescentado pela Lei n. 14.208, de 28-9-2021.

I – a federação somente poderá ser integrada por partidos com registro definitivo no Tribunal Superior Eleitoral;

•• Inciso I acrescentado pela Lei n. 14.208, de 28-9-2021.

II – os partidos reunidos em federação deverão permanecer a ela filiados por, no mínimo, 4 (quatro) anos;

•• Inciso II acrescentado pela Lei n. 14.208, de 28-9-2021.

III – a federação poderá ser constituída até a data final do período de realização das convenções partidárias;

•• Inciso III acrescentado pela Lei n. 14.208, de 28-9-2021.

•• O STF, por maioria, referendou a cautelar deferida parcialmente na ADI n. 7.021, de 9-2-2022 (*DJE* de 17-5-2022), apenas para adequar o prazo para constituição e registro das federações partidárias e, nesse sentido: (i) suspendeu o inciso III do § 3.º do art. 11-A da Lei n. 9.096/1995 e o parágrafo único do art. 6.º-A da Lei n. 9.504/1997, com a redação dada pela Lei n. 14.208/2021; bem como (ii) conferiu interpretação conforme à Constituição ao *caput* do art. 11-A da Lei n. 9.096/1995, de modo a exigir que, para participar das eleições, as federações estejam constituídas como pessoa jurídica e obtenham o registro de seu estatuto perante o Tribunal Superior Eleitoral no mesmo prazo aplicável aos partidos políticos; (iii) ressalvadas as federações constituídas para as eleições de 2022, as quais deverão preencher tais condições até 31 de maio de 2022.

IV – a federação terá abrangência nacional e seu registro será encaminhado ao Tribunal Superior Eleitoral.

•• Inciso IV acrescentado pela Lei n. 14.208, de 28-9-2021.

§ 4.º O descumprimento do disposto no inciso II do § 3.º deste artigo acarretará ao partido vedação de ingressar em federação, de celebrar coligação nas 2 (duas) eleições seguintes e, até completar o prazo mínimo remanescente, de utilizar o fundo partidário.

•• § 4.º acrescentado pela Lei n. 14.208, de 28-9-2021.

§ 5.º Na hipótese de desligamento de 1 (um) ou mais partidos, a federação continuará em funcionamento, até a eleição seguinte, desde que nela permaneçam 2 (dois) ou mais partidos.

•• § 5.º acrescentado pela Lei n. 14.208, de 28-9-2021.

§ 6.º O pedido de registro de federação de partidos encaminhado ao Tribunal Superior Eleitoral será acompanhado dos seguintes documentos:

•• § 6.º, *caput*, acrescentado pela Lei n. 14.208, de 28-9-2021.

I – cópia da resolução tomada pela maioria absoluta dos votos dos órgãos de deliberação nacional de cada um dos partidos integrantes da federação;

•• Inciso I acrescentado pela Lei n. 14.208, de 28-9-2021.

II – cópia do programa e do estatuto comuns da federação constituída;

•• Inciso II acrescentado pela Lei n. 14.208, de 28-9-2021.

III – ata de eleição do órgão de direção nacional da federação.

•• Inciso III acrescentado pela Lei n. 14.208, de 28-9-2021.

§ 7.º O estatuto de que trata o inciso II do § 6.º deste artigo definirá as regras para a composição da lista da federação para as eleições proporcionais.

•• § 7.º acrescentado pela Lei n. 14.208, de 28-9-2021.

§ 8.º Aplicam-se à federação de partidos todas as normas que regem as atividades dos partidos políticos no que diz respeito às eleições, inclusive no que se refere à escolha e registro de candidatos para as eleições majoritárias e proporcionais, à arrecadação e aplicação de recursos em campanhas eleitorais, à propaganda eleitoral, à contagem de votos, à obtenção de cadeiras, à prestação de contas e à convocação de suplentes.

•• § 8.º acrescentado pela Lei n. 14.208, de 28-9-2021.

§ 9.º Perderá o mandato o detentor de cargo eletivo que se desfiliar, sem justa causa, de partido que integra federação.

•• § 9.º acrescentado pela Lei n. 14.208, de 28-9-2021.

Capítulo II
DO FUNCIONAMENTO PARLAMENTAR

Art. 12. O partido político funciona, nas Casas Legislativas, por intermédio de uma bancada, que deve constituir suas lideranças de acordo com o estatuto do partido, as disposições regimentais das respectivas Casas e as normas desta Lei.

Art. 13. Tem direito a funcionamento parlamentar, em todas as Casas Legislativas para as quais tenha elegido representante, o partido que, em cada eleição para a Câmara dos Deputados obtenha o apoio de, no mínimo, cinco por cento dos votos apurados, não computados os brancos e os nulos, distribuídos em, pelo menos, um terço dos Estados, com um mínimo de dois por cento do total de cada um deles.

•• O STF, na ADI n. 1.351-3, de 7-12-2006 (*DOU* de 18-12-2006), declarou a inconstitucionalidade deste artigo.

Capítulo III
DO PROGRAMA E DO ESTATUTO

Art. 14. Observadas as disposições constitucionais e as desta Lei, o partido é livre para fixar, em seu programa, seus objetivos políticos e para estabelecer, em seu estatuto, a sua estrutura interna, organização e funcionamento.

Art. 15. O Estatuto do partido deve conter, entre outras, normas sobre:

I – nome, denominação abreviada e o estabelecimento da sede no território nacional;

•• Inciso I com redação determinada pela Lei n. 13.877, de 27-9-2019.

II – filiação e desligamento de seus membros;

III – direitos e deveres dos filiados;

IV – modo como se organiza e administra, com a definição de sua estrutura geral e identificação, composição e competências dos órgãos partidários nos níveis municipal, estadual e nacional, duração dos mandatos e processo de eleição dos seus membros;

V – fidelidade e disciplina partidárias, processo para apuração das infrações e aplicação das penalidades, assegurado amplo direito de defesa;

VI – condições e forma de escolha de seus candidatos a cargos e funções eletivas;

VII – finanças e contabilidade, estabelecendo, inclusive, normas que os habilitem a apurar as quantias que os seus candidatos possam despender com a própria eleição, que fixem os limites das contribuições dos filiados e definam as diversas fontes de receita do partido, além daquelas previstas nesta Lei;

VIII – critérios de distribuição dos recursos do Fundo Partidário entre os órgãos de nível municipal, estadual e nacional que compõem o partido;

IX – procedimento de reforma do programa e do estatuto;

X – prevenção, repressão e combate à violência política contra a mulher.

•• Inciso X acrescentado pela Lei n. 14.192, de 4-8-2021.

Art. 15-A. A responsabilidade, inclusive civil e trabalhista, cabe exclusivamente ao órgão partidário municipal, estadual ou nacional que tiver dado causa ao não cumprimento da obrigação, à violação de direito, a dano a outrem ou a qualquer ato ilícito, excluída a solidariedade de outros órgãos de direção partidária.

•• *Caput* com redação determinada pela Lei n. 12.034, de 29-9-2009.

•• O STF, por maioria, julgou procedente o pedido formulado na petição inicial da ADC n. 31, de 22-9-2021 (*DOU* de 5-10-2021), para declarar a validade constitucional deste artigo.

Parágrafo único. O órgão nacional do partido político, quando responsável, somente poderá ser demandado judicialmente na circunscrição especial judiciária da sua sede, inclusive nas ações de natureza cível ou trabalhista.

•• Parágrafo único acrescentado pela Lei n. 12.891, de 11-12-2013.

Título V
DISPOSIÇÕES GERAIS

Art. 50. (*Vetado.*)

Art. 51. É assegurado ao partido político com estatuto registrado no Tribunal Superior Eleitoral o direito à utilização gratuita de escolas públicas ou Casas Legislativas para a realização de suas reuniões ou convenções, responsabilizando-se pelos danos porventura causados com a realização do evento.

Art. 52. (*Vetado.*)

Parágrafo único. (*Revogado pela Lei n. 13.487, de 6-10-2017.*)

Art. 53. A fundação ou instituto de direito privado, criado por partido político, destinado ao estudo e pesquisa, à doutrinação e à educação política, rege-se pelas normas da lei civil e tem autonomia para contratar com instituições públicas e privadas, prestar serviços e manter estabelecimentos de acordo com suas finalidades, podendo, ainda, manter intercâmbio com instituições não nacionais.

§ 1.º O instituto poderá ser criado sob qualquer das formas admitidas pela lei civil.

•• § 1.º acrescentado pela Lei n. 13.487, de 6-10-2017.

§ 2.º O patrimônio da fundação ou do instituto de direito privado a que se referem o inciso IV do art. 44 desta Lei e o *caput* deste artigo será vertido ao ente que vier a sucedê-lo nos casos de:

•• § 2.º acrescentado pela Lei n. 13.487, de 6-10-2017.

I – extinção da fundação ou do instituto, quando extinto, fundido ou incorporado o partido político, assim como nas demais hipóteses previstas na legislação;

•• Inciso I acrescentado pela Lei n. 13.487, de 6-10-2017.

II – conversão ou transformação da fundação em instituto, assim como deste em fundação.

•• Inciso II acrescentado pela Lei n. 13.487, de 6-10-2017.

§ 3.º Para fins do disposto no § 2.º deste artigo, a versão do patrimônio implica a sucessão de todos os direitos, os deveres e as obrigações da fundação ou do instituto extinto, transformado ou convertido.

•• § 3.º acrescentado pela Lei n. 13.487, de 6-10-2017.

§ 4.º A conversão, a transformação ou, quando for o caso, a extinção da fundação ou do instituto ocorrerá por decisão do órgão de direção nacional do partido político.

•• § 4.º acrescentado pela Lei n. 13.487, de 6-10-2017.

Art. 54. Para fins de aplicação das normas estabelecidas nesta Lei, consideram-se como equivalentes a Estados e Municípios o Distrito Federal e os Territórios e respectivas divisões político-administrativas.

Título VI
DISPOSIÇÕES FINAIS E TRANSITÓRIAS

Art. 55. O partido político que, nos termos da legislação anterior, tenha registro definitivo, fica dispensado da condição estabelecida no § 1.º do art. 7.º, e deve providenciar a adaptação de seu estatuto às disposições desta Lei, no prazo de seis meses da data de sua publicação.

§ 1.º A alteração estatutária com a finalidade prevista neste artigo pode ser realizada pelo partido político em reunião do órgão nacional máximo, especialmente convocado na forma dos estatutos, com antecedência mínima de trinta dias e ampla divulgação, entre seus órgãos e filiados, do projeto do estatuto.

§ 2.º Aplicam-se as disposições deste artigo ao partido que, na data da publicação desta Lei:

I – tenha completado seu processo de organização nos termos da legislação anterior e requerido o registro definitivo;

II – tenha seu pedido de registro *sub judice*, desde que sobrevenha decisão favorável do órgão judiciário competente;

III – tenha requerido registro de seus estatutos junto ao Tribunal Superior Eleitoral, após o devido registro como entidade civil.

Art. 59. O art. 16 da Lei n. 3.071, de 1.º de janeiro de 1916 (Código Civil), passa a vigorar com a seguinte redação:

•• A Lei n. 3.071, de 1.º-1-1916, foi revogada pela Lei n. 10.406, de 10-1-2002, que instituiu o CC.

Art. 60. Os artigos a seguir enumerados da Lei n. 6.015, de 31 de dezembro de 1973, passam a vigorar com a seguinte redação:

•• Alterações já processadas no texto da mencionada Lei.

Art. 61. O Tribunal Superior Eleitoral expedirá instruções para a fiel execução desta Lei.

Art. 62. Esta Lei entra em vigor na data de sua publicação.

Art. 63. Ficam revogadas a Lei n. 5.682, de 21 de julho de 1971, e respectivas alterações; a Lei n. 6.341, de 5 de julho de 1976; a Lei n. 6.817, de 5 de setembro de 1980; a Lei n. 6.957, de 23 de novembro de 1981; o art. 16 da Lei n. 6.996, de 7 de junho de 1982; a Lei n. 7.307, de 9 de abril de 1985 e a Lei n. 7.514, de 9 de julho de 1986.

Brasília, 19 de setembro de 1995; 174.º da Independência e 107.º da República.

Marco Antonio de Oliveira Maciel

LEI N. 9.265, DE 12 DE FEVEREIRO DE 1996 (*)

Regulamenta o inciso LXXVII do art. 5.º da Constituição, dispondo sobre a gratuidade dos atos necessários ao exercício da cidadania.

O Presidente da República:

Faço saber que o Congresso Nacional decreta e eu sanciono a seguinte Lei:

Art. 1.º São gratuitos os atos necessários ao exercício da cidadania, assim considerados:

I – os que capacitam o cidadão ao exercício da soberania popular, a que se reporta o art. 14 da Constituição;

•• O STF declarou a constitucionalidade deste inciso, na ADC n. 5-2 (*DOU* de 22-10-2007).

II – aqueles referentes ao alistamento militar;

III – os pedidos de informações ao poder público, em todos os seus âmbitos, objetivando a instrução de defesa ou a denúncia de irregularidades administrativas na órbita pública;

IV – as ações de impugnação de mandato eletivo por abuso do poder econômico, corrupção ou fraude;

V – quaisquer requerimentos ou petições que visem as garantias individuais e a defesa do interesse público;

VI – o registro civil de nascimento e o assento de óbito, bem como a primeira certidão respectiva;

•• Inciso VI acrescentado pela Lei n. 9.534, de 10-12-1997.

•• O STF declarou a constitucionalidade deste inciso, na ADC n. 5-2 (*DOU* de 22-10-2007).

VII – o requerimento e a emissão de documento de identificação específico, ou segunda via, para pessoa com transtorno do espectro autista.

•• Inciso VII acrescentado pela Lei n. 13.977, de 8-1-2020.

Art. 2.º Esta Lei entra em vigor na data de sua publicação.

Art. 3.º Revogam-se as disposições em contrário.

Brasília, 12 de fevereiro de 1996; 175.º da Independência e 108.º da República.

Fernando Henrique Cardoso

(*) Publicada no *DOU*, de 13-2-1996. A Lei n. 10.317, de 6-12-2001, altera a Lei n. 1.060, de 5-2-1950 (assistência judiciária aos necessitados), para conceder a gratuidade do exame de DNA nos casos que especifica.

LEI N. 9.278, DE 10 DE MAIO DE 1996 (*)

Regula o § 3.º do art. 226 da Constituição Federal.

O Presidente da República:

Faço saber que o Congresso Nacional decreta e eu sanciono a seguinte Lei:

Art. 1.º É reconhecida como entidade familiar a convivência duradoura, pública e contínua, de um homem e uma mulher, estabelecida com objetivo de constituição de família.

Art. 2.º São direitos e deveres iguais dos conviventes:

I – respeito e consideração mútuos;

II – assistência moral e material recíproca;

III – guarda, sustento e educação dos filhos comuns.

Art. 3.º (*Vetado.*)

Art. 4.º (*Vetado.*)

Art. 5.º Os bens móveis e imóveis adquiridos por um ou por ambos os conviventes, na constância da união estável e a título oneroso, são considerados fruto do trabalho e da colaboração comum, passando a pertencer a ambos, em condomínio e em partes iguais, salvo estipulação contrária em contrato escrito.

§ 1.º Cessa a presunção do *caput* deste artigo se a aquisição patrimonial ocorrer com o produto de bens adquiridos anteriormente ao início da união.

§ 2.º A administração do patrimônio comum dos conviventes compete a ambos, salvo estipulação contrária em contrato escrito.

Art. 6.º (*Vetado.*)

Art. 7.º Dissolvida a união estável por rescisão, a assistência material prevista nesta Lei será prestada por um dos conviventes ao que dela necessitar, a título de alimentos.

•• *Vide* arts. 1.790 e 1.831 do CC.

Parágrafo único. Dissolvida a união estável por morte de um dos conviventes, o sobrevivente terá direito real de habitação, enquanto viver ou não constituir nova união ou casamento, relativamente ao imóvel destinado à residência da família.

Art. 8.º Os conviventes poderão, de comum acordo e a qualquer tempo, requerer a conversão da união estável em casamento, por requerimento ao Oficial do Registro Civil da Circunscrição de seu domicílio.

Art. 9.º Toda a matéria relativa à união estável é de competência do juízo da Vara de Família, assegurado o segredo de justiça.

Art. 10. Esta Lei entra em vigor na data de sua publicação.

Art. 11. Revogam-se as disposições em contrário.

Brasília, 10 de maio de 1996; 175.º da Independência e 108.º da República.

Fernando Henrique Cardoso

LEI N. 9.307, DE 23 DE SETEMBRO DE 1996 (**)

Dispõe sobre a arbitragem.

O Presidente da República:

Faço saber que o Congresso Nacional decreta e eu sanciono a seguinte Lei:

Capítulo I
DISPOSIÇÕES GERAIS

Art. 1.º As pessoas capazes de contratar poderão valer-se da arbitragem para dirimir litígios relativos a direitos patrimoniais disponíveis.

§ 1.º A administração pública direta e indireta poderá utilizar-se da arbitragem para dirimir conflitos relativos a direitos patrimoniais disponíveis.

•• § 1.º acrescentado pela Lei n. 13.129, de 26-5-2015.

§ 2.º A autoridade ou o órgão competente da administração pública direta para a celebração de convenção de arbitragem é a mesma para a realização de acordos ou transações.

•• § 2.º acrescentado pela Lei n. 13.129, de 26-5-2015.

Art. 2.º A arbitragem poderá ser de direito ou de equidade, a critério das partes.

§ 1.º Poderão as partes escolher, livremente, as regras de direito que serão aplicadas na arbitragem, desde que não haja violação aos bons costumes e à ordem pública.

§ 2.º Poderão, também, as partes convencionar que a arbitragem se realize com base nos princípios gerais

---

(*) Publicada no *DOU*, de 13-5-1996.

(**) Publicada no *DOU*, de 24-9-1996.

de direito, nos usos e costumes e nas regras internacionais de comércio.

§ 3.º A arbitragem que envolva a administração pública será sempre de direito e respeitará o princípio da publicidade.

•• § 3.º acrescentado pela Lei n. 13.129, de 26-5-2015.

Capítulo II
DA CONVENÇÃO DE ARBITRAGEM E SEUS EFEITOS

Art. 3.º As partes interessadas podem submeter a solução de seus litígios ao juízo arbitral mediante convenção de arbitragem, assim entendida a cláusula compromissória e o compromisso arbitral.

Art. 4.º A cláusula compromissória é a convenção através da qual as partes em um contrato comprometem-se a submeter à arbitragem os litígios que possam vir a surgir, relativamente a tal contrato.

§ 1.º A cláusula compromissória deve ser estipulada por escrito, podendo estar inserta no próprio contrato ou em documento apartado que a ele se refira.

§ 2.º Nos contratos de adesão, a cláusula compromissória só terá eficácia se o aderente tomar a iniciativa de instituir a arbitragem ou concordar, expressamente, com a sua instituição, desde que por escrito em documento anexo ou em negrito, com a assinatura ou visto especialmente para essa cláusula.

•• A Lei n. 13.129, de 26-5-2015, propôs nova redação para este § 2.º, bem como o acréscimo dos §§ 3.º e 4.º para este artigo, todavia teve seu texto vetado.

Art. 5.º Reportando-se as partes, na cláusula compromissória, às regras de algum órgão arbitral institucional ou entidade especializada, a arbitragem será instituída e processada de acordo com tais regras, podendo, igualmente, as partes estabelecer na própria cláusula, ou em outro documento, a forma convencionada para a instituição da arbitragem.

Art. 6.º Não havendo acordo prévio sobre a forma de instituir a arbitragem, a parte interessada manifestará à outra parte sua intenção de dar início à arbitragem, por via postal ou por outro meio qualquer de comunicação, mediante comprovação de recebimento, convocando-a para, em dia, hora e local certos, firmar o compromisso arbitral.

Parágrafo único. Não comparecendo a parte convocada ou, comparecendo, recusar-se a firmar o compromisso arbitral, poderá a outra parte propor a demanda de que trata o art. 7.º desta Lei, perante o órgão do Poder Judiciário a que, originariamente, tocaria o julgamento da causa.

Art. 7.º Existindo cláusula compromissória e havendo resistência quanto à instituição da arbitragem, poderá a parte interessada requerer a citação da outra parte para comparecer em juízo a fim de lavrar-se o compromisso, designando o juiz audiência especial para tal fim.

§ 1.º O autor indicará, com precisão, o objeto da arbitragem, instruindo o pedido com o documento que contiver a cláusula compromissória.

§ 2.º Comparecendo as partes à audiência, o juiz tentará, previamente, a conciliação acerca do litígio. Não obtendo sucesso, tentará o juiz conduzir as partes à celebração, de comum acordo, do compromisso arbitral.

§ 3.º Não concordando as partes sobre os termos do compromisso, decidirá o juiz, após ouvir o réu, sobre seu conteúdo, na própria audiência ou no prazo de dez dias, respeitadas as disposições da cláusula compromissória e atendendo ao disposto nos arts. 10 e 21, § 2.º, desta Lei.

§ 4.º Se a cláusula compromissória nada dispuser sobre a nomeação de árbitros, caberá ao juiz, ouvidas as partes, estatuir a respeito, podendo nomear árbitro único para a solução do litígio.

§ 5.º A ausência do autor, sem justo motivo, à audiência designada para a lavratura do compromisso arbitral, importará a extinção do processo sem julgamento de mérito.

§ 6.º Não comparecendo o réu à audiência, caberá ao juiz, ouvido o autor, estatuir a respeito do conteúdo do compromisso, nomeando árbitro único.

§ 7.º A sentença que julgar procedente o pedido valerá como compromisso arbitral.

Art. 8.º A cláusula compromissória é autônoma em relação ao contrato em que estiver inserta, de tal sorte que a nulidade deste não implica, necessariamente, a nulidade da cláusula compromissória.

Parágrafo único. Caberá ao árbitro decidir de ofício, ou por provocação das partes, as questões acerca da existência, validade e eficácia da convenção de arbitragem e do contrato que contenha a cláusula compromissória.

Art. 9.º O compromisso arbitral é a convenção através da qual as partes submetem um litígio à arbitragem de uma ou mais pessoas, podendo ser judicial ou extrajudicial.

§ 1.º O compromisso arbitral judicial celebrar-se-á por termo nos autos, perante o juízo ou tribunal, onde tem curso a demanda.

§ 2.º O compromisso arbitral extrajudicial será celebrado por escrito particular, assinado por duas testemunhas, ou por instrumento público.

Art. 10. Constará, obrigatoriamente, do compromisso arbitral:

I – o nome, profissão, estado civil e domicílio das partes;

II – o nome, profissão e domicílio do árbitro, ou dos árbitros, ou, se for o caso, a identificação da entidade à qual as partes delegaram a indicação de árbitros;

III – a matéria que será objeto da arbitragem; e

IV – o lugar em que será proferida a sentença arbitral.

Art. 11. Poderá, ainda, o compromisso arbitral conter:

I – local, ou locais, onde se desenvolverá a arbitragem;

II – a autorização para que o árbitro ou os árbitros julguem por equidade, se assim for convencionado pelas partes;

III – o prazo para apresentação da sentença arbitral;

IV – a indicação da lei nacional ou das regras corporativas aplicáveis à arbitragem, quando assim convencionarem as partes;

V – a declaração da responsabilidade pelo pagamento dos honorários e das despesas com a arbitragem; e

VI – a fixação dos honorários do árbitro, ou dos árbitros.

Parágrafo único. Fixando as partes os honorários do árbitro, ou dos árbitros, no compromisso arbitral, este constituirá título executivo extrajudicial; não havendo tal estipulação, o árbitro requererá ao órgão do Poder Judiciário que seria competente para julgar, originariamente, a causa que os fixe por sentença.

Art. 12. Extingue-se o compromisso arbitral:

I – escusando-se qualquer dos árbitros, antes de aceitar a nomeação, desde que as partes tenham declarado, expressamente, não aceitar substituto;

II – falecendo ou ficando impossibilitado de dar seu voto algum dos árbitros, desde que as partes declarem, expressamente, não aceitar substituto; e

III – tendo expirado o prazo a que se refere o art. 11, inciso III, desde que a parte interessada tenha notificado o árbitro, ou o presidente do tribunal arbitral, concedendo-lhe o prazo de dez dias para a prolação e apresentação da sentença arbitral.

Capítulo III
DOS ÁRBITROS

Art. 13. Pode ser árbitro qualquer pessoa capaz e que tenha a confiança das partes.

§ 1.º As partes nomearão um ou mais árbitros, sempre em número ímpar, podendo nomear, também, os respectivos suplentes.

§ 2.º Quando as partes nomearem árbitros em número par, estes estão autorizados, desde logo, a nomear mais um árbitro. Não havendo acordo, requererão as partes ao órgão do Poder Judiciário a que tocaria, originariamente, o julgamento da causa a nomeação do árbitro, aplicável, no que couber, o procedimento previsto no art. 7.º desta Lei.

§ 3.º As partes poderão, de comum acordo, estabelecer o processo de escolha dos árbitros, ou adotar as regras de um órgão arbitral institucional ou entidade especializada.

§ 4.º As partes, de comum acordo, poderão afastar a aplicação de dispositivo do regulamento do órgão arbitral institucional ou entidade especializada que limite a escolha do árbitro único, coárbitro ou presidente do tribunal à respectiva lista de árbitros, autorizado o controle da escolha pelos órgãos competentes da instituição, sendo que, nos casos de impasse e arbitragem multiparte, deverá ser observado o que dispuser o regulamento aplicável.

•• § 4.º com redação determinada pela Lei n. 13.129, de 26-5-2015.

§ 5.º O árbitro ou o presidente do tribunal designará, se julgar conveniente, um secretário, que poderá ser um dos árbitros.

§ 6.º No desempenho de sua função, o árbitro deverá proceder com imparcialidade, independência, competência, diligência e discrição.

§ 7.º Poderá o árbitro ou o tribunal arbitral determinar às partes o adiantamento de verbas para despesas e diligências que julgar necessárias.

Art. 14. Estão impedidos de funcionar como árbitros as pessoas que tenham, com as partes ou com o litígio que lhes for submetido, algumas das relações que caracterizam os casos de impedimento ou suspeição de juízes, aplicando-se-lhes, no que couber, os mesmos deveres e responsabilidades, conforme previsto no Código de Processo Civil.

§ 1.º As pessoas indicadas para funcionar como árbitro têm o dever de revelar, antes da aceitação da função, qualquer fato que denote dúvida justificada quanto à sua imparcialidade e independência.

§ 2.º O árbitro somente poderá ser recusado por motivo ocorrido após sua nomeação. Poderá, entretanto, ser recusado por motivo anterior à sua nomeação, quando:

a) não for nomeado, diretamente, pela parte; ou

b) o motivo para a recusa do árbitro for conhecido posteriormente à sua nomeação.

Art. 15. A parte interessada em arguir a recusa do árbitro apresentará, nos termos do art. 20, a respectiva exceção, diretamente ao árbitro ou ao presidente do tribunal arbitral, deduzindo suas razões e apresentando as provas pertinentes.

Parágrafo único. Acolhida a exceção, será afastado o árbitro suspeito ou impedido, que será substituído, na forma do art. 16 desta Lei.

Art. 16. Se o árbitro escusar-se antes da aceitação da nomeação, ou, após a aceitação, vier a falecer, tornar-se impossibilitado para o exercício da função, ou for recusado, assumirá seu lugar o substituto indicado no compromisso, se houver.

§ 1.º Não havendo substituto indicado para o árbitro, aplicar-se-ão as regras do órgão arbitral institucional ou entidade especializada, se as partes as tiverem invocado na convenção de arbitragem.

§ 2.º Nada dispondo a convenção de arbitragem e não chegando as partes a um acordo sobre a nomeação do árbitro a ser substituído, procederá a parte interessada da forma prevista no art. 7.º desta Lei, a menos que as partes tenham declarado, expressamente, na convenção de arbitragem, não aceitar substituto.

Art. 17. Os árbitros, quando no exercício de suas funções ou em razão delas, ficam equiparados aos funcionários públicos, para os efeitos da legislação penal.

Art. 18. O árbitro é juiz de fato e de direito, e a sentença que proferir não fica sujeita a recurso ou a homologação pelo Poder Judiciário.

Capítulo IV
DO PROCEDIMENTO ARBITRAL

Art. 19. Considera-se instituída a arbitragem quando aceita a nomeação pelo árbitro, se for único, ou por todos, se forem vários.

§ 1.º Instituída a arbitragem e entendendo o árbitro ou o tribunal arbitral que há necessidade de explicitar questão disposta na convenção de arbitragem, será elaborado, juntamente com as partes, adendo firmado por todos, que passará a fazer parte integrante da convenção de arbitragem.

•• Parágrafo único renumerado pela Lei n. 13.129, de 26-5-2015.

§ 2.º A instituição da arbitragem interrompe a prescrição, retroagindo à data do requerimento de sua instauração, ainda que extinta a arbitragem por ausência de jurisdição.

•• § 2.º acrescentado pela Lei n. 13.129, de 26-5-2015.

Art. 20. A parte que pretender arguir questões relativas à competência, suspeição ou impedimento do árbitro ou dos árbitros, bem como nulidade, invalidade ou ineficácia da convenção de arbitragem, deverá fazê-lo na primeira oportunidade que tiver de se manifestar, após a instituição da arbitragem.

§ 1.º Acolhida a arguição de suspeição ou impedimento, será o árbitro substituído nos termos do art. 16 desta Lei, reconhecida a incompetência do árbitro ou do tribunal arbitral, bem como a nulidade, invalidade ou ineficácia da convenção de arbitragem, serão as partes remetidas ao órgão do Poder Judiciário competente para julgar a causa.

§ 2.º Não sendo acolhida a arguição, terá normal prosseguimento a arbitragem, sem prejuízo de vir a ser examinada a decisão pelo órgão do Poder Judiciário competente, quando da eventual propositura da demanda de que trata o art. 33 desta Lei.

Art. 21. A arbitragem obedecerá ao procedimento estabelecido pelas partes na convenção de arbitragem, que poderá reportar-se às regras de um órgão arbitral institucional ou entidade especializada, facultando-se, ainda, às partes delegar ao próprio árbitro, ou ao tribunal arbitral, regular o procedimento.

§ 1.º Não havendo estipulação acerca do procedimento, caberá ao árbitro ou ao tribunal arbitral discipliná-lo.

§ 2.º Serão, sempre, respeitados no procedimento arbitral os princípios do contraditório, da igualdade das partes, da imparcialidade do árbitro e de seu livre convencimento.

§ 3.º As partes poderão postular por intermédio de advogado, respeitada, sempre, a faculdade de designar quem as represente ou assista no procedimento arbitral.

§ 4.º Competirá ao árbitro ou ao tribunal arbitral, no início do procedimento, tentar a conciliação das partes, aplicando-se, no que couber, o art. 28 desta Lei.

Lei n. 9.307, de 23-9-1996 — Arbitragem

Art. 22. Poderá o árbitro ou o tribunal arbitral tomar o depoimento das partes, ouvir testemunhas e determinar a realização de perícias ou outras provas que julgar necessárias, mediante requerimento das partes ou de ofício.

§ 1.º O depoimento das partes e das testemunhas será tomado em local, dia e hora previamente comunicados, por escrito, e reduzido a termo, assinado pelo depoente, ou a seu rogo, e pelos árbitros.

§ 2.º Em caso de desatendimento, sem justa causa, da convocação para prestar depoimento pessoal, o árbitro ou o tribunal arbitral levará em consideração o comportamento da parte faltosa, ao proferir sua sentença; se a ausência for de testemunha, nas mesmas circunstâncias, poderá o árbitro ou o presidente do tribunal arbitral requerer à autoridade judiciária que conduza a testemunha renitente, comprovando a existência da convenção de arbitragem.

§ 3.º A revelia da parte não impedirá que seja proferida a sentença arbitral.

§ 4.º (*Revogado pela Lei n. 13.129, de 26-5-2015.*)

§ 5.º Se, durante o procedimento arbitral, um árbitro vier a ser substituído fica a critério do substituto repetir as provas já produzidas.

Capítulo IV-A
DAS TUTELAS CAUTELARES E DE URGÊNCIA

•• Capítulo IV-A acrescentado pela Lei n. 13.129, de 26-5-2015.

Art. 22-A. Antes de instituída a arbitragem, as partes poderão recorrer ao Poder Judiciário para a concessão de medida cautelar ou de urgência.

•• *Caput* acrescentado pela Lei n. 13.129, de 26-5-2015.

Parágrafo único. Cessa a eficácia da medida cautelar ou de urgência se a parte interessada não requerer a instituição da arbitragem no prazo de 30 (trinta) dias, contado da data de efetivação da respectiva decisão.

•• Parágrafo único acrescentado pela Lei n. 13.129, de 26-5-2015.

Art. 22-B. Instituída a arbitragem, caberá aos árbitros manter, modificar ou revogar a medida cautelar ou de urgência concedida pelo Poder Judiciário.

•• *Caput* acrescentado pela Lei n. 13.129, de 26-5-2015.

Parágrafo único. Estando já instituída a arbitragem, a medida cautelar ou de urgência será requerida diretamente aos árbitros.

•• Parágrafo único acrescentado pela Lei n. 13.129, de 26-5-2015.

Capítulo IV-B
DA CARTA ARBITRAL

•• Capítulo IV-B acrescentado pela Lei n. 13.129, de 26-5-2015.

Art. 22-C. O árbitro ou o tribunal arbitral poderá expedir carta arbitral para que o órgão jurisdicional nacional pratique ou determine o cumprimento, na área de sua competência territorial, de ato solicitado pelo árbitro.

•• *Caput* acrescentado pela Lei n. 13.129, de 26-5-2015.

Parágrafo único. No cumprimento da carta arbitral será observado o segredo de justiça, desde que comprovada a confidencialidade estipulada na arbitragem.

•• Parágrafo único acrescentado pela Lei n. 13.129, de 26-5-2015.

Capítulo V
DA SENTENÇA ARBITRAL

Art. 23. A sentença arbitral será proferida no prazo estipulado pelas partes. Nada tendo sido convencionado, o prazo para a apresentação da sentença é de seis meses, contado da instituição da arbitragem ou da substituição do árbitro.

§ 1.º Os árbitros poderão proferir sentenças parciais.

•• § 1.º acrescentado pela Lei n. 13.129, de 26-5-2015.

§ 2.º As partes e os árbitros, de comum acordo, poderão prorrogar o prazo para proferir a sentença final.

•• Parágrafo único renumerado pela Lei n. 13.129, de 26-5-2015.

Art. 24. A decisão do árbitro ou dos árbitros será expressa em documento escrito.

§ 1.º Quando forem vários os árbitros, a decisão será tomada por maioria. Se não houver acordo majoritário, prevalecerá o voto do presidente do tribunal arbitral.

§ 2.º O árbitro que divergir da maioria poderá, querendo, declarar seu voto em separado.

Art. 25. (*Revogado pela Lei n. 13.129, de 26-5-2015.*)

Art. 26. São requisitos obrigatórios da sentença arbitral:

I – o relatório, que conterá os nomes das partes e um resumo do litígio;

II – os fundamentos da decisão, onde serão analisadas as questões de fato e de direito, mencionando-se, expressamente, se os árbitros julgaram por equidade;

III – o dispositivo, em que os árbitros resolverão as questões que lhes forem submetidas e estabelecerão o prazo para o cumprimento da decisão, se for o caso; e

IV – a data e o lugar em que foi proferida.

Parágrafo único. A sentença arbitral será assinada pelo árbitro ou por todos os árbitros. Caberá ao presidente do tribunal arbitral, na hipótese de um ou alguns dos árbitros não poder ou não querer assinar a sentença, certificar tal fato.

Art. 27. A sentença arbitral decidirá sobre a responsabilidade das partes acerca das custas e despesas com a arbitragem, bem como sobre verba decorrente de litigância de má-fé, se for o caso, respeitadas as disposições da convenção de arbitragem, se houver.

Art. 28. Se, no decurso da arbitragem, as partes chegarem a acordo quanto ao litígio, o árbitro ou o tribunal arbitral poderá, a pedido das partes, declarar tal fato mediante sentença arbitral, que conterá os requisitos do art. 26 desta Lei.

Art. 29. Proferida a sentença arbitral, dá-se por finda a arbitragem, devendo o árbitro, ou o presidente do tribunal arbitral, enviar cópia da decisão às partes, por via postal ou por outro meio qualquer de comunicação, mediante comprovação de recebimento, ou, ainda, entregando-a diretamente às partes, mediante recibo.

Art. 30. No prazo de 5 (cinco) dias, a contar do recebimento da notificação ou da ciência pessoal da sentença arbitral, salvo se outro prazo for acordado entre as partes, a parte interessada, mediante comunicação à outra parte, poderá solicitar ao árbitro ou ao tribunal arbitral que:

•• *Caput* com redação determinada pela Lei n. 13.129, de 26-5-2015.

I – corrija qualquer erro material da sentença arbitral;

II – esclareça alguma obscuridade, dúvida ou contradição da sentença arbitral, ou se pronuncie sobre ponto omitido a respeito do qual devia manifestar-se a decisão.

Parágrafo único. O árbitro ou o tribunal arbitral decidirá no prazo de 10 (dez) dias ou em prazo acordado com as partes, aditará a sentença arbitral e notificará as partes na forma do art. 29.

•• Parágrafo único com redação determinada pela Lei n. 13.129, de 26-5-2015.

Art. 31. A sentença arbitral produz, entre as partes e seus sucessores, os mesmos efeitos da sentença proferida pelos órgãos do Poder Judiciário e, sendo condenatória, constitui título executivo.

Art. 32. É nula a sentença arbitral se:

I – for nula a convenção de arbitragem;

•• Inciso I com redação determinada pela Lei n. 13.129, de 26-5-2015.

II – emanou de quem não podia ser árbitro;

III – não contiver os requisitos do art. 26 desta Lei;

IV – for proferida fora dos limites da convenção de arbitragem;

V – (*Revogado pela Lei n. 13.129, de 26-5-2015.*)

VI – comprovado que foi proferida por prevaricação, concussão ou corrupção passiva;

VII – proferida fora do prazo, respeitado o disposto no art. 12, III, desta Lei; e

VIII – forem desrespeitados os princípios de que trata o art. 21, § 2.º, desta Lei.

Art. 33. A parte interessada poderá pleitear ao órgão do Poder Judiciário competente a declaração de nulidade da sentença arbitral, nos casos previstos nesta Lei.

•• *Caput* com redação determinada pela Lei n. 13.129, de 26-5-2015.

§ 1.º A demanda para a declaração de nulidade da sentença arbitral, parcial ou final, seguirá as regras do procedimento comum, previstas na Lei n. 5.869, de 11 de janeiro de 1973 (Código de Processo Civil), e deverá ser proposta no prazo de até 90 (noventa) dias após o recebimento da notificação da respectiva sentença, parcial ou final, ou da decisão do pedido de esclarecimentos.

•• § 1.º com redação determinada pela Lei n. 13.129, de 26-5-2015.

•• A Lei n. 5.869, de 11-1-1973, foi revogada pela Lei n. 13.105, de 16-3-2015 (novo CPC).

§ 2.º A sentença que julgar procedente o pedido declarará a nulidade da sentença arbitral, nos casos do art. 32, e determinará, se for o caso, que o árbitro ou o tribunal profira nova sentença arbitral.

•• § 2.º com redação determinada pela Lei n. 13.129, de 26-5-2015.

§ 3.º A decretação da nulidade da sentença arbitral também poderá ser requerida na impugnação ao cumprimento da sentença, nos termos dos arts. 525 e seguintes do Código de Processo Civil, se houver execução judicial.

•• § 3.º com redação determinada pela Lei n. 13.105, de 16-3-2015.

•• A Lei n. 13.129, de 26-5-2015, em vigor 60 dias após a publicação (*DOU* de 7-7-2015), alterou a redação deste artigo:

"§ 3.º A declaração de nulidade da sentença arbitral também poderá ser arguida mediante impugnação, conforme o art. 475-L e seguintes da Lei n. 5.869, de 11 de janeiro de 1973 (Código de Processo Civil), se houver execução judicial".

§ 4.º A parte interessada poderá ingressar em juízo para requerer a prolação de sentença arbitral complementar, se o árbitro não decidir todos os pedidos submetidos à arbitragem.

•• § 4.º acrescentado pela Lei n. 13.129, de 26-5-2015.

Capítulo VI
DO RECONHECIMENTO E EXECUÇÃO DE SENTENÇAS ARBITRAIS ESTRANGEIRAS

• O Decreto Legislativo n. 269, de 19-12-2024, aprova o texto do Acordo de Sede entre a República Federativa do Brasil e a Corte Permanente de Arbitragem.

Art. 34. A sentença arbitral estrangeira será reconhecida ou executada no Brasil de conformidade com os tratados internacionais com eficácia no ordenamento interno e, na sua ausência, estritamente de acordo com os termos desta Lei.

Parágrafo único. Considera-se sentença arbitral estrangeira a que tenha sido proferida fora do território nacional.

Art. 35. Para ser reconhecida ou executada no Brasil, a sentença arbitral estrangeira está sujeita, unicamente, à homologação do Superior Tribunal de Justiça.

•• Artigo com redação determinada pela Lei n. 13.129, de 26-5-2015.

Art. 36. Aplica-se à homologação para reconhecimento ou execução de sentença arbitral estrangeira, no que couber, o disposto nos arts. 483 e 484 do Código de Processo Civil.

Art. 37. A homologação de sentença arbitral estrangeira será requerida pela parte interessada, devendo a petição inicial conter as indicações da lei processual, conforme o art. 282 do Código de Processo Civil, e ser instruída, necessariamente, com:

I – o original da sentença arbitral ou uma cópia devidamente certificada, autenticada pelo consulado brasileiro e acompanhada de tradução oficial;

II – o original da convenção de arbitragem ou cópia devidamente certificada, acompanhada de tradução oficial.

Art. 38. Somente poderá ser negada a homologação para o reconhecimento ou execução de sentença arbitral estrangeira, quando o réu demonstrar que:

I – as partes na convenção de arbitragem eram incapazes;

II – a convenção de arbitragem não era válida segundo a lei à qual as partes a submeteram, ou, na falta de indicação, em virtude da lei do país onde a sentença arbitral foi proferida;

III – não foi notificado da designação do árbitro ou do procedimento de arbitragem, ou tenha sido violado o princípio do contraditório, impossibilitando a ampla defesa;

IV – a sentença arbitral foi proferida fora dos limites da convenção de arbitragem, e não foi possível separar a parte excedente daquela submetida à arbitragem;

V – a instituição da arbitragem não está de acordo com o compromisso arbitral ou cláusula compromissória;

VI – a sentença arbitral não se tenha, ainda, tornado obrigatória para as partes, tenha sido anulada, ou, ainda, tenha sido suspensa por órgão judicial do país onde a sentença arbitral for prolatada.

Art. 39. A homologação para o reconhecimento ou a execução da sentença arbitral estrangeira também será denegada se o Superior Tribunal de Justiça constatar que:

•• *Caput* com redação determinada pela Lei n. 13.129, de 26-5-2015.

I – segundo a lei brasileira, o objeto do litígio não é suscetível de ser resolvido por arbitragem;

II – a decisão ofende a ordem pública nacional.

Parágrafo único. Não será considerada ofensa à ordem pública nacional a efetivação da citação da parte residente ou domiciliada no Brasil, nos moldes da convenção de arbitragem ou da lei processual do país onde se realizou a arbitragem, admitindo-se, inclusive, a citação postal com prova inequívoca de recebimento, desde que assegure à parte brasileira tempo hábil para o exercício do direito de defesa.

Art. 40. A denegação da homologação para reconhecimento ou execução de sentença arbitral estrangeira por vícios formais, não obsta que a parte interessada renove o pedido, uma vez sanados os vícios apresentados.

Capítulo VII
DISPOSIÇÕES FINAIS

Art. 43. Esta Lei entrará em vigor sessenta dias após a data de sua publicação.

Art. 44. Ficam revogados os arts. 1.037 a 1.048 da Lei n. 3.071, de 1.º de janeiro de 1916, Código Civil Brasileiro; os arts. 101 e 1.072 a 1.102 da Lei n. 5.869, de 11 de janeiro de 1973, Código de Processo Civil; e demais disposições em contrário.

•• A Lei n. 3.071, de 1.º-1-1916, foi revogada pela Lei n. 10.406, de 10-1-2002, e a Lei n. 5.869, de 11-1-1973, foi revogada pela Lei n. 13.105, de 16-3-2015.

Brasília, 23 de setembro de 1996; 175.º da Independência e 108.º da República.

Fernando Henrique Cardoso

LEI N. 9.434, DE 4 DE FEVEREIRO DE 1997 (*)

Dispõe sobre a remoção de órgãos, tecidos e partes do corpo humano para fins de transplante e tratamento e dá outras providências.

O Presidente da República

Faço saber que o Congresso Nacional decreta e eu sanciono a seguinte Lei:

Capítulo I
DAS DISPOSIÇÕES GERAIS

Art. 1.º A disposição gratuita de tecidos, órgãos e partes do corpo humano, em vida ou *post mortem*, para fins de transplante e tratamento, é permitida na forma desta Lei.

Parágrafo único. Para os efeitos desta Lei, não estão compreendidos entre os tecidos a que se refere este artigo o sangue, o esperma e o óvulo.

Art. 2.º A realização de transplantes ou enxertos de tecidos, órgãos ou partes do corpo humano só poderá ser realizada por estabelecimento de saúde, público ou privado, e por equipes médico-cirúrgicas de remoção

---
(*) Publicada no *DOU*, de 5-2-1997. Regulamentada pelo Decreto n. 9.175, de 18-10-2017.

e transplante previamente autorizados pelo órgão de gestão nacional do Sistema Único de Saúde.

Parágrafo único. A realização de transplantes ou enxertos de tecidos, órgãos e partes do corpo humano só poderá ser autorizada após a realização, no doador, de todos os testes de triagem para diagnóstico de infecção e infestação exigidos em normas regulamentares expedidas pelo Ministério da Saúde.

•• Parágrafo único com redação determinada pela Lei n. 10.211, de 23-3-2001.

Capítulo II
DA DISPOSIÇÃO POST MORTEM DE TECIDOS, ÓRGÃOS E PARTES DO CORPO HUMANO PARA FINS DE TRANSPLANTE

Art. 3.º A retirada *post mortem* de tecidos, órgãos ou partes do corpo humano destinados a transplante ou tratamento deverá ser precedida de diagnóstico de morte encefálica, constatada e registrada por dois médicos não participantes das equipes de remoção e transplante, mediante a utilização de critérios clínicos e tecnológicos definidos por resolução do Conselho Federal de Medicina.

•• A Resolução n. 2.173, de 23-11-2017, do CFM, define os critérios do diagnóstico de morte encefálica.

§ 1.º Os prontuários médicos, contendo os resultados ou os laudos dos exames referentes aos diagnósticos de morte encefálica e cópias dos documentos de que tratam os arts. 2.º, parágrafo único; 4.º e seus parágrafos; 5.º; 7.º; 9.º, §§ 2.º, 4.º, 6.º e 8.º; e 10, quando couber, e detalhando os atos cirúrgicos relativos aos transplantes e enxertos, serão mantidos nos arquivos das instituições referidas no art. 2.º por um período mínimo de 5 (cinco) anos.

§ 2.º As instituições referidas no art. 2.º enviarão anualmente um relatório contendo os nomes dos pacientes receptores ao órgão gestor estadual do Sistema Único de Saúde.

§ 3.º Será admitida a presença de médico de confiança da família do falecido no ato da comprovação e atestação da morte encefálica.

Art. 4.º A retirada de tecidos, órgãos e partes do corpo de pessoas falecidas para transplantes ou outra finalidade terapêutica, dependerá da autorização do cônjuge ou parente, maior de idade, obedecida a linha sucessória, reta ou colateral, até o segundo grau inclusive, firmada em documento subscrito por duas testemunhas presentes à verificação da morte.

•• *Caput* com redação determinada pela Lei n. 10.211, de 23-3-2001.

Parágrafo único. (*Vetado.*)

•• O texto original deste artigo era composto por *caput* e §§ 1.º a 5.º. A Lei n. 10.211, de 23-3-2001, revogou expressamente os §§ 1.º a 5.º deste artigo, alterando-o para *caput* e parágrafo único.

Art. 5.º A remoção *post mortem* de tecidos, órgãos ou partes do corpo de pessoa juridicamente incapaz poderá ser feita desde que permitida expressamente por ambos os pais ou por seus responsáveis legais.

Art. 6.º É vedada a remoção *post mortem* de tecidos, órgãos ou partes do corpo de pessoas não identificadas.

Art. 7.º (*Vetado.*)

Parágrafo único. No caso de morte sem assistência médica, de óbito em decorrência de causa mal definida ou de outras situações nas quais houver indicação de verificação da causa médica da morte, a remoção de tecidos, órgãos ou partes de cadáver para fins de transplante ou terapêutica somente poderá ser realizada após a autorização do patologista do serviço de verificação de óbito responsável pela investigação e citada em relatório de necropsia.

Art. 8.º Após a retirada de tecidos, órgãos e partes, o cadáver será imediatamente necropsiado, se verificada a hipótese do parágrafo único do art. 7.º, e, em qualquer caso, condignamente recomposto para ser entregue, em seguida, aos parentes do morto ou seus responsáveis legais para sepultamento.

•• Artigo com redação determinada pela Lei n. 10.211, de 23-3-2001.

Capítulo III
DA DISPOSIÇÃO DE TECIDOS, ÓRGÃOS E PARTES DO CORPO HUMANO VIVO PARA FINS DE TRANSPLANTE OU TRATAMENTO

Art. 9.º É permitida à pessoa juridicamente capaz dispor gratuitamente de tecidos, órgãos e partes do próprio corpo vivo, para fins terapêuticos ou para transplantes em cônjuge ou parentes consanguíneos até o quarto grau, inclusive, na forma do § 4.º deste artigo, ou em qualquer outra pessoa, mediante autorização judicial, dispensada esta em relação à medula óssea.

•• *Caput* com redação determinada pela Lei n. 10.211, de 23-3-2001.

§ 1.º (*Vetado.*)

§ 2.º (*Vetado.*)

§ 3.º Só é permitida a doação referida neste artigo quando se tratar de órgãos duplos, de partes de órgãos, tecidos ou partes do corpo cuja retirada não impeça o organismo do doador de continuar vivendo sem risco para a sua integridade e não represente grave comprometimento de suas aptidões vitais e saúde mental e não cause mutilação ou deformação inaceitável, e corresponda a uma necessidade terapêutica comprovadamente indispensável à pessoa receptora.

§ 4.º O doador deverá autorizar, preferencialmente por escrito e diante de testemunhas, especificamente o tecido, órgão ou parte do corpo objeto da doação.

§ 5.º A doação poderá ser revogada pelo doador ou pelos responsáveis legais a qualquer momento antes de sua concretização.

§ 6.º O indivíduo juridicamente incapaz, com compatibilidade imunológica comprovada, poderá fazer doação nos casos de transplante de medula óssea, desde que haja consentimento de ambos os pais ou seus responsáveis legais e autorização judicial e o ato não oferecer risco para a sua saúde.

§ 7.º É vedado à gestante dispor de tecidos, órgãos ou partes de seu corpo vivo, exceto quando se tratar de doação de tecido para ser utilizado em transplante de medula óssea e o ato não oferecer risco à sua saúde ou ao feto.

§ 8.º O autotransplante depende apenas do consentimento do próprio indivíduo, registrado em seu prontuário médico ou, se ele for juridicamente incapaz, de um de seus pais ou responsáveis legais.

Art. 9.º-A. É garantido a toda mulher o acesso a informações sobre as possibilidades e os benefícios da doação voluntária de sangue do cordão umbilical e placentário durante o período de consultas pré-natais e no momento da realização do parto.

•• Artigo acrescentado pela Lei n. 11.633, de 22-12-2007.

Capítulo IV
DAS DISPOSIÇÕES COMPLEMENTARES

Art. 10. O transplante ou enxerto só se fará com o consentimento expresso do receptor, assim inscrito em lista única de espera, após aconselhamento sobre a excepcionalidade e os riscos do procedimento.

•• *Caput* com redação determinada pela Lei n. 10.211, de 23-3-2001.

§ 1.º Nos casos em que o receptor seja juridicamente incapaz ou cujas condições de saúde impeçam ou comprometam a manifestação válida da sua vontade, o consentimento de que trata este artigo será dado por um de seus pais ou responsáveis legais.

•• Primitivo parágrafo único renumerado pela Lei n. 10.211, de 23-3-2001.

§ 2.º A inscrição em lista única de espera não confere ao pretenso receptor ou à sua família direito subjetivo a indenização, se o transplante não se realizar em decorrência de alteração do estado de órgãos, tecidos e partes, que lhe seriam destinados, provocado por acidente ou incidente em seu transporte.

•• § 2.º acrescentado pela Lei n. 10.211, de 23-3-2001.

Art. 11. É proibida a veiculação, através de qualquer meio de comunicação social, de anúncio que configure:

a) publicidade de estabelecimentos autorizados a realizar transplantes e enxertos, relativa a estas atividades;

b) apelo público no sentido da doação de tecido, órgão ou parte do corpo humano para pessoa determinada, identificada ou não, ressalvado o disposto no parágrafo único;

c) apelo público para a arrecadação de fundos para o financiamento de transplante ou enxerto em benefício de particulares.

Parágrafo único. Os órgãos de gestão nacional, regional e local do Sistema Único de Saúde realizarão periodicamente, através dos meios adequados de comunicação social, campanhas de esclarecimento público dos benefícios esperados a partir da vigência desta Lei e de estímulo à doação de órgãos.

Art. 12. (*Vetado.*)

Art. 13. É obrigatório, para todos os estabelecimentos de saúde, notificar, às centrais de notificação, captação e distribuição de órgãos da unidade federada onde ocorrer, o diagnóstico de morte encefálica feito em pacientes por eles atendidos.

Parágrafo único. Após a notificação prevista no *caput* deste artigo, os estabelecimentos de saúde não autorizados a retirar tecidos, órgãos ou partes do corpo humano destinados a transplante ou tratamento deverão permitir a imediata remoção do paciente ou franquear suas instalações e fornecer o apoio operacional necessário às equipes médico-cirúrgicas de remoção e transplante, hipótese em que serão ressarcidos na forma da lei.

•• Parágrafo único acrescentado pela Lei n. 11.521, de 18-9-2007.

Art. 13-A. Os órgãos públicos civis, as instituições militares e as empresas públicas e privadas que operem ou utilizem veículos de transporte de pessoas e cargas, por via terrestre, aérea ou aquática, são obrigados a dar prioridade ao transporte de órgãos, tecidos e partes do corpo humano para fins de transplante e tratamento e de integrantes da equipe de captação e distribuição de órgãos que acompanhará o transporte do material.

•• *Caput* acrescentado pela Lei n. 14.858, de 21-5-2024.

§ 1.º O transporte previsto no *caput* deste artigo será gratuito e coordenado pelo Sistema Nacional de Transplantes (SNT), por meio da Central Nacional de Transplantes (CNT), realizado de forma articulada entre o remetente, o transportador e o destinatário, nos termos de acordo firmado para esse fim, em tempo e condições adequados para cada tipo de órgão, tecido ou parte do corpo humano, garantindo-se a qualidade, a segurança e a integridade do material, conforme as disposições de regulamento.

•• § 1.º acrescentado pela Lei n. 14.858, de 21-5-2024.

§ 2.º Constitui justa causa o cancelamento de reserva de espaço e de vaga de passageiro, em virtude de lotação esgotada no veículo, realizado para fins do disposto no *caput* deste artigo, o que isenta a empresa de responder por descumprimento de contrato de transporte.

•• § 2.º acrescentado pela Lei n. 14.858, de 21-5-2024.

§ 3.º O disposto no *caput* deste artigo não se aplica às instituições militares quando as aeronaves, os veículos e as embarcações estiverem em missão de defesa aeroespacial ou engajados em operações militares, conforme definido pelo respectivo Comando da Força Militar competente.

•• § 3.º acrescentado pela Lei n. 14.858, de 21-5-2024.

Capítulo VI
DAS DISPOSIÇÕES FINAIS

Art. 24. (*Vetado.*)

Art. 25. Revogam-se as disposições em contrário, particularmente a Lei n. 8.489, de 18 de novembro de 1992, e o Decreto n. 879, de 22 de julho de 1993.

Brasília, 4 de fevereiro de 1997; 176.º da Independência e 109.º da República.

FERNANDO HENRIQUE CARDOSO

LEI N. 9.454, DE 7 DE ABRIL DE 1997 (*)

Institui o número único de Registro de Identidade Civil e dá outras providências.

O Presidente da República

Faço saber que o Congresso Nacional decreta e eu sanciono a seguinte Lei:

Art. 1.º É instituído o número único de Registro de Identidade Civil, pelo qual cada cidadão brasileiro, nato ou naturalizado, será identificado em suas relações com a sociedade e com os organismos governamentais e privados.

•• *Caput* com redação determinada pela Lei n. 12.058, de 13-10-2009.

§ 1.º (*Vetado.*)

•• Parágrafo único renumerado pela Lei n. 14.534, de 11-1-2023.

§ 2.º Será adotado, nos documentos novos, para o número único de que trata este artigo, o número de inscrição no Cadastro de Pessoas Físicas (CPF).

•• § 2.º acrescentado pela Lei n. 14.534, de 11-1-2023.

§ 3.º O número de inscrição no CPF é único e definitivo para cada pessoa física.

•• § 3.º acrescentado pela Lei n. 14.534, de 11-1-2023.

Art. 2.º É instituído o Cadastro Nacional de Registro de Identificação Civil, destinado a conter o número único de Registro de Identidade Civil, acompanhado dos dados de identificação de cada cidadão.

•• Artigo com redação determinada pela Lei n. 12.058, de 13-10-2009.

Art. 3.º O Poder Executivo definirá a entidade que centralizará as atividades de implementação, coordenação e controle do Cadastro Nacional de Registro de Identificação Civil, que se constituirá em órgão central do Sistema Nacional de Registro de Identificação Civil.

§ 1.º Fica a União autorizada a firmar convênio com os Estados e o Distrito Federal para a implementação do número único de registro de identificação civil.

•• § 1.º com redação determinada pela Lei n. 12.058, de 13-10-2009.

§ 2.º Os Estados e o Distrito Federal, signatários do convênio, participarão do Sistema Nacional de Registro de Identificação Civil e ficarão responsáveis pela operacionalização e atualização, nos respectivos territórios, do Cadastro Nacional de Registro de Identificação Civil, em regime de compartilhamento com o órgão central, a quem caberá disciplinar a forma de compartilhamento a que se refere este parágrafo.

•• § 2.º com redação determinada pela Lei n. 12.058, de 13-10-2009.

§ 3.º (*Revogado pela Lei n. 12.058, de 13-10-2009.*)

Art. 4.º Será incluída na proposta orçamentária do órgão central do sistema a provisão de meios necessários, acompanhada do cronograma de implementação e manutenção do sistema.

Art. 5.º O Poder Executivo providenciará, no prazo de 180 (cento e oitenta) dias, a regulamentação desta Lei e, no prazo de 360 (trezentos e sessenta) dias, o início de sua implementação.

Art. 6.º (*Revogado pela Lei n. 12.058, de 13-10-2009.*)

Art. 7.º Esta Lei entra em vigor na data de sua publicação.

Art. 8.º Revogam-se as disposições em contrário.

Brasília, 7 de abril de 1997; 176.º da Independência e 109.º da República.

Fernando Henrique Cardoso

LEI N. 9.514, DE 20 DE NOVEMBRO DE 1997 (**)

Dispõe sobre o Sistema de Financiamento Imobiliário, institui a alienação fiduciária de coisa imóvel e dá outras providências.

O Presidente da República

Faço saber que o Congresso Nacional decreta e eu sanciono a seguinte Lei:

(*) Publicada no *DOU*, de 8-4-1997.

(**) Publicada no *DOU*, de 21-11-1997. Retificada em 24-11-1997.

Capítulo I
DO SISTEMA DE FINANCIAMENTO IMOBILIÁRIO

Seção I
Da Finalidade

Art. 1.º O Sistema de Financiamento Imobiliário – SFI tem por finalidade promover o financiamento imobiliário em geral, segundo condições compatíveis com as da formação dos fundos respectivos.

Seção II
Das Entidades

Art. 2.º Poderão operar no SFI as caixas econômicas, os bancos comerciais, os bancos de investimento, os bancos com carteira de crédito imobiliário, as sociedades de crédito imobiliário, as associações de poupança e empréstimo, as companhias hipotecárias e, a critério do Conselho Monetário Nacional – CMN, outras entidades.

Art. 3.º As companhias securitizadoras de créditos imobiliários, instituições não financeiras constituídas sob a forma de sociedade por ações, terão por finalidade a aquisição e securitização desses créditos e a emissão e colocação, no mercado financeiro, de Certificados de Recebíveis Imobiliários, podendo emitir outros títulos de crédito, realizar negócios e prestar serviços compatíveis com as suas atividades.

Parágrafo único. (*Revogado pela Lei n. 13.097, de 19-1-2015.*)

Seção III
Do Financiamento Imobiliário

Art. 4.º As operações de financiamento imobiliário em geral serão livremente efetuadas pelas entidades autorizadas a operar no SFI, segundo condições de mercado e observadas as prescrições legais.

Parágrafo único. Nas operações de que trata este artigo, poderão ser empregados recursos provenientes da captação nos mercados financeiro e de valores mobiliários, de acordo com a legislação pertinente.

Art. 5.º As operações de financiamento imobiliário em geral, no âmbito do SFI, serão livremente pactuadas pelas partes, observadas as seguintes condições essenciais:

I – reposição integral do valor emprestado e respectivo reajuste;

II – remuneração do capital emprestado às taxas convencionadas no contrato;

III – capitalização dos juros;

IV – contratação, pelos tomadores de financiamento, de seguros contra os riscos de morte e invalidez permanente.

§ 1.º As partes poderão estabelecer os critérios do reajuste de que trata o inciso I, observada a legislação vigente.

§ 2.º As operações de comercialização de imóveis, com pagamento parcelado, de arrendamento mercantil de imóveis e de financiamento imobiliário em geral, poderão ser pactuadas nas mesmas condições permitidas para as entidades autorizadas a operar no SFI.

•• § 2.º com redação determinada pela Lei n. 10.931, de 2-8-2004.

§ 3.º Na alienação de unidades em edificação sob o regime da Lei n. 4.591, de 16 de dezembro de 1964, a critério do adquirente e mediante informação obrigatória do incorporador, poderá ser contratado seguro que garanta o ressarcimento ao adquirente das quantias por este pagas, na hipótese de inadimplemento do incorporador ou construtor quanto à entrega da obra.

Seção IV
Do Certificado de Recebíveis Imobiliários

Art. 6.º O Certificado de Recebíveis Imobiliários – CRI é título de crédito nominativo, de livre negociação, lastreado em créditos imobiliários e constitui promessa de pagamento em dinheiro.

Parágrafo único. (*Revogado pela Lei n. 14.430, de 3-8-2022.*)

Art. 7.º (*Revogado pela Lei n. 14.430, de 3-8-2022.*)

Seção V
Da Securitização de Créditos Imobiliários

Art. 8.º (*Revogado pela Lei n. 14.430, de 3-8-2022.*)

Seção VI
Do Regime Fiduciário

Arts. 9.º a **16.** (*Revogado pela Lei n. 14.430, de 3-8-2022.*)

Seção VII
Das Garantias

Art. 17. As operações de financiamento imobiliário em geral poderão ser garantidas por:

I – hipoteca;

II – cessão fiduciária de direitos creditórios decorrentes de contratos de alienação de imóveis;

Lei n. 9.514, de 20-11-1997 — Alienação Fiduciária

III – caução de direitos creditórios ou aquisitivos decorrentes de contratos de venda ou promessa de venda de imóveis;

IV – alienação fiduciária de coisa imóvel.

§ 1.º As garantias a que se referem os incisos II, III e IV deste artigo constituem direito real sobre os respectivos objetos.

§ 2.º Aplicam-se à caução dos direitos creditórios a que se refere o inciso III deste artigo as disposições dos arts. 789 a 795 do Código Civil.

•• A referência é feita a dispositivos do CC de 1916. *Vide* arts. 1.459 e 1.460 do Código vigente.

§ 3.º As operações do SFI que envolvam locação poderão ser garantidas suplementarmente por anticrese.

Art. 18. O contrato de cessão fiduciária em garantia opera a transferência ao credor da titularidade dos créditos cedidos, até a liquidação da dívida garantida, e conterá, além de outros elementos, os seguintes:

I – o total da dívida ou sua estimativa;

II – o local, a data e a forma de pagamento;

III – a taxa de juros;

IV – a identificação dos direitos creditórios objeto da cessão fiduciária.

Art. 19. Ao credor fiduciário compete o direito de:

I – conservar e recuperar a posse dos títulos representativos dos créditos cedidos, contra qualquer detentor, inclusive o próprio cedente;

II – promover a intimação dos devedores que não paguem ao cedente, enquanto durar a cessão fiduciária;

III – usar das ações, recursos e execuções, judiciais e extrajudiciais, para receber os créditos cedidos e exercer os demais direitos conferidos ao cedente no contrato de alienação do imóvel;

IV – receber diretamente dos devedores os créditos cedidos fiduciariamente.

§ 1.º As importâncias recebidas na forma do inciso IV deste artigo, depois de deduzidas as despesas de cobrança e de administração, serão creditadas ao devedor cedente, na operação objeto da cessão fiduciária, até final liquidação da dívida e encargos, responsabilizando-se o credor fiduciário perante o cedente, como depositário, pelo que receber além do que este lhe devia.

§ 2.º Se as importâncias recebidas, a que se refere o parágrafo anterior, não bastarem para o pagamento integral da dívida e seus encargos, bem como das despesas de cobrança e de administração daqueles créditos, o devedor continuará obrigado a resgatar o saldo remanescente nas condições convencionadas no contrato.

Art. 20. Na hipótese de falência do devedor cedente e se não tiver havido a tradição dos títulos representativos dos créditos cedidos fiduciariamente, ficará assegurada ao cessionário fiduciário a restituição na forma da legislação pertinente.

Parágrafo único. Efetivada a restituição, prosseguirá o cessionário fiduciário no exercício de seus direitos na forma do disposto nesta seção.

Art. 21. São suscetíveis de caução, desde que transmissíveis, os direitos aquisitivos sobre imóvel, ainda que em construção.

§ 1.º O instrumento da caução, a que se refere este artigo, indicará o valor do débito e dos encargos e identificará o imóvel cujos direitos aquisitivos são caucionados.

§ 2.º Referindo-se a caução a direitos aquisitivos de promessa de compra e venda cujo preço ainda não tenha sido integralizado, poderá o credor caucionário, sobrevindo a mora do promissário comprador, promover a execução do seu crédito ou efetivar, sob protesto, o pagamento do saldo da promessa.

§ 3.º Se, nos termos do disposto no parágrafo anterior, o credor efetuar o pagamento, o valor pago, com todos os seus acessórios e eventuais penalidades, será adicionado à dívida garantida pela caução, ressalvado ao credor o direito de executar desde logo o devedor, inclusive pela parcela da dívida assim acrescida.

Capítulo II
DA ALIENAÇÃO FIDUCIÁRIA DE COISA IMÓVEL

Art. 22. A alienação fiduciária regulada por esta Lei é o negócio jurídico pelo qual o fiduciante, com o escopo de garantia de obrigação própria ou de terceiro, contrata a transferência ao credor, ou fiduciário, da propriedade resolúvel de coisa imóvel.

•• *Caput* com redação determinada pela Lei n. 14.711, de 30-10-2023.

§ 1.º A alienação fiduciária poderá ser contratada por pessoa física ou jurídica, não sendo privativa das entidades que operam no SFI, podendo ter como objeto, além da propriedade plena:

•• § 1.º, *caput*, acrescentado pela Lei n. 11.481, de 31-5-2007.

I – bens enfitêuticos, hipótese em que será exigível o pagamento do laudêmio, se houver a consolidação do domínio útil no fiduciário;

•• Inciso I acrescentado pela Lei n. 11.481, de 31-5-2007.

II – o direito de uso especial para fins de moradia;

•• Inciso II acrescentado pela Lei n. 11.481, de 31-5-2007.

III – o direito real de uso, desde que suscetível de alienação;

•• Inciso III acrescentado pela Lei n. 11.481, de 31-5-2007.

IV – a propriedade superficiária.

•• Inciso IV acrescentado pela Lei n. 11.481, de 31-5-2007.

V – os direitos oriundos da imissão provisória na posse, quando concedida à União, aos Estados, ao Distrito Federal, aos Municípios ou às suas entidades delegadas, e a respectiva cessão e promessa de cessão;

•• Inciso V acrescentado pela Lei n. 14.620, de 13-7-2023.

VI – os bens que, não constituindo partes integrantes do imóvel, destinam-se, de modo duradouro, ao uso ou ao serviço deste.

•• Inciso VI acrescentado pela Lei n. 14.620, de 13-7-2023.

§ 2.º Os direitos de garantia instituídos nas hipóteses dos incisos III e IV do § 1.º deste artigo ficam limitados à duração da concessão ou direito de superfície, caso tenham sido transferidos por período determinado.

•• § 2.º acrescentado pela Lei n. 11.481, de 31-5-2007.

§ 3.º A alienação fiduciária da propriedade superveniente, adquirida pelo fiduciante, é suscetível de registro no registro de imóveis desde a data de sua celebração, tornando-se eficaz a partir do cancelamento da propriedade fiduciária anteriormente constituída.

•• § 3.º acrescentado pela Lei n. 14.711, de 30-10-2023.

§ 4.º Havendo alienações fiduciárias sucessivas da propriedade superveniente, as anteriores terão prioridade em relação às posteriores na excussão da garantia, observado que, no caso de excussão do imóvel pelo credor fiduciário anterior com alienação a terceiros, os direitos dos credores fiduciários posteriores sub-rogam-se no preço obtido, cancelando-se os registros das respectivas alienações fiduciárias.

•• § 4.º acrescentado pela Lei n. 14.711, de 30-10-2023.

§ 5.º O credor fiduciário que pagar a dívida do devedor fiduciante comum ficará sub-rogado no crédito e na propriedade fiduciária em garantia, nos termos do inciso I do *caput* do art. 346 da Lei n. 10.406, de 10 de janeiro de 2002 (Código Civil).

•• § 5.º acrescentado pela Lei n. 14.711, de 30-10-2023.

§ 6.º O inadimplemento de quaisquer das obrigações garantidas pela propriedade fiduciária faculta ao credor declarar vencidas as demais obrigações de que for titular garantidas pelo mesmo imóvel, inclusive quando a titularidade decorrer do disposto no art. 31 desta Lei.

•• § 6.º acrescentado pela Lei n. 14.711, de 30-10-2023.

§ 7.º O disposto no § 6.º aplica-se à hipótese prevista no § 3.º deste artigo.

•• § 7.º acrescentado pela Lei n. 14.711, de 30-10-2023.

§ 8.º O instrumento constitutivo da alienação fiduciária na forma do § 3.º deve conter cláusula com a previsão de que trata o § 6.º deste artigo.

•• § 8.º acrescentado pela Lei n. 14.711, de 30-10-2023.

§ 9.º Na hipótese de o fiduciário optar por exercer a faculdade de que trata o § 6.º deste artigo, deverá informá-lo na intimação de que trata o § 1.º do art. 26 desta Lei.

•• § 9.º acrescentado pela Lei n. 14.711, de 30-10-2023.

§ 10. O disposto no § 3.º do art. 49 da Lei n. 11.101, de 9 de fevereiro de 2005, beneficia todos os credores fiduciários, mesmo aqueles decorrentes da alienação fiduciária da propriedade superveniente.

•• § 10 acrescentado pela Lei n. 14.711, de 30-10-2023.

Art. 23. Constitui-se a propriedade fiduciária de coisa imóvel mediante registro, no competente Registro de Imóveis, do contrato que lhe serve de título.

§ 1.º Com a constituição da propriedade fiduciária, dá-se o desdobramento da posse, tornando-se o fiduciante possuidor direto e o fiduciário possuidor indireto da coisa imóvel.

•• Parágrafo único renumerado pela Lei n. 14.620, de 13-7-2023.

§ 2.º Caberá ao fiduciante a obrigação de arcar com o custo do pagamento do Imposto sobre a Propriedade Predial e Territorial Urbana (IPTU) incidente sobre o bem e das taxas condominiais existentes.

•• § 2.º acrescentado pela Lei n. 14.620, de 13-7-2023.

Art. 24. O contrato que serve de título ao negócio fiduciário conterá:

I – o valor da dívida, sua estimação ou seu valor máximo;

•• Inciso I com redação determinada pela Lei n. 14.711, de 30-10-2023.

II – o prazo e as condições de reposição do empréstimo ou do crédito do fiduciário;

III – a taxa de juros e os encargos incidentes;

Lei n. 9.514, de 20-11-1997 — **Alienação Fiduciária**

IV – a cláusula de constituição da propriedade fiduciária, com a descrição do imóvel objeto da alienação fiduciária e a indicação do título e modo de aquisição;
V – a cláusula que assegure ao fiduciante a livre utilização, por sua conta e risco, do imóvel objeto da alienação fiduciária, exceto a hipótese de inadimplência;
•• Inciso V com redação determinada pela Lei n. 14.711, de 30-10-2023.

VI – a indicação, para efeito de venda em público leilão, do valor do imóvel e dos critérios para a respectiva revisão;
VII – a cláusula que disponha sobre os procedimentos de que tratam os arts. 26-A, 27 e 27-A desta Lei.
•• Inciso VII com redação determinada pela Lei n. 14.711, de 30-10-2023.

Parágrafo único. Caso o valor do imóvel convencionado pelas partes nos termos do inciso VI do *caput* deste artigo seja inferior ao utilizado pelo órgão competente como base de cálculo para a apuração do imposto sobre transmissão *inter vivos*, exigível por força da consolidação da propriedade em nome do credor fiduciário, este último será o valor mínimo para efeito de venda do imóvel no primeiro leilão.
•• Parágrafo único acrescentado pela Lei n. 13.465, de 11-7-2017.

Art. 25. Com o pagamento da dívida e seus encargos, resolve-se, nos termos deste artigo, a propriedade fiduciária do imóvel.

§ 1.º No prazo de 30 (trinta) dias, contado da data de liquidação da dívida, o fiduciário fornecerá o termo de quitação ao devedor e, se for o caso, ao terceiro fiduciante.
•• § 1.º com redação determinada pela Lei n. 14.711, de 30-10-2023.

§ 1.º-A. O não fornecimento do termo de quitação no prazo previsto no § 1.º deste artigo acarretará multa ao fiduciário equivalente a 0,5% (meio por cento) ao mês, ou fração, sobre o valor do contrato, que se reverterá em favor daquele a quem o termo não tiver sido disponibilizado no referido prazo.
•• § 1.º-A acrescentado pela Lei n. 14.711, de 30-10-2023.

§ 2.º À vista do termo de quitação de que trata o parágrafo anterior, o oficial do competente Registro de Imóveis efetuará o cancelamento do registro da propriedade fiduciária.

§ 3.º (*Revogado pela Lei n. 12.810, de 15-5-2013.*)

Art. 26. Vencida e não paga a dívida, no todo ou em parte, e constituídos em mora o devedor e, se for o caso, o terceiro fiduciante, será consolidada, nos termos deste artigo, a propriedade do imóvel em nome do fiduciário.
•• *Caput* com redação determinada pela Lei n. 14.711, de 30-10-2023.

§ 1.º Para fins do disposto neste artigo, o devedor e, se for o caso, o terceiro fiduciante serão intimados, a requerimento do fiduciário, pelo oficial do registro de imóveis competente, a satisfazer, no prazo de 15 (quinze) dias, a prestação vencida e aquelas que vencerem até a data do pagamento, os juros convencionais, as penalidades e os demais encargos contratuais, os encargos legais, inclusive os tributos, as contribuições condominiais imputáveis ao imóvel e as despesas de cobrança e de intimação.
•• § 1.º com redação determinada pela Lei n. 14.711, de 30-10-2023.

§ 1.º-A. Na hipótese de haver imóveis localizados em mais de uma circunscrição imobiliária em garantia da mesma dívida, a intimação para purgação da mora poderá ser requerida a qualquer um dos registradores competentes e, uma vez realizada, importa em cumprimento do requisito de intimação em todos os procedimentos de excussão, desde que informe a totalidade da dívida e dos imóveis passíveis de consolidação de propriedade.
•• § 1.º-A acrescentado pela Lei n. 14.711, de 30-10-2023.

§ 2.º O contrato poderá estabelecer o prazo de carência, após o qual será expedida a intimação.
•• § 2.º com redação determinada pela Lei n. 14.711, de 30-10-2023.

§ 2.º-A. Quando não for estabelecido o prazo de carência no contrato de que trata o § 2.º deste artigo, este será de 15 (quinze) dias.
•• § 2.º-A acrescentado pela Lei n. 14.711, de 30-10-2023.

§ 3.º A intimação será feita pessoalmente ao devedor e, se for o caso, ao terceiro fiduciante, por pessoa por esse ato serão cientificados de que, se a mora não for purgada no prazo legal, a propriedade será consolidada no patrimônio do credor e o imóvel será levado a leilão nos termos dos arts. 26-A, 27 e 27-A desta Lei, conforme o caso, hipótese em que a intimação poderá ser promovida por solicitação do oficial do registro de imóveis, por oficial de registro de títulos e documentos da comarca da situação do imóvel ou do domicílio de quem deva recebê-la, ou pelo correio, com aviso de recebimento, situação em que se aplica, no que couber, o disposto no art. 160 da Lei n. 6.015, de 31 de dezembro de 1973 (Lei de Registros Públicos).

•• § 3.º com redação determinada pela Lei n. 14.711, de 30-10-2023.

§ 3.º-A. Quando, por duas vezes, o oficial de registro de imóveis ou de registro de títulos e documentos ou o serventuário por eles credenciado houver procurado o intimando em seu domicílio ou residência sem o encontrar, deverá, havendo suspeita motivada de ocultação, intimar qualquer pessoa da família ou, em sua falta, qualquer vizinho de que, no dia útil imediato, retornará ao imóvel, a fim de efetuar a intimação, na hora que designar, aplicando-se subsidiariamente o disposto nos arts. 252, 253 e 254 da Lei n 13.105, de 16 de março de 2015 (Código de Processo Civil).

•• § 3.º-A acrescentado pela Lei n. 13.465, de 11-7-2017.

§ 3.º-B. Nos condomínios edilícios ou outras espécies de conjuntos imobiliários com controle de acesso, a intimação de que trata o § 3.º-A poderá ser feita ao funcionário da portaria responsável pelo recebimento de correspondência.

•• § 3.º-B acrescentado pela Lei n. 13.465, de 11-7-2017.

§ 4.º Quando o devedor ou, se for o caso, o terceiro fiduciante, o cessionário, o representante legal ou o procurador regularmente constituído encontrar-se em local ignorado, incerto ou inacessível, o fato será certificado pelo serventuário encarregado da diligência e informado ao oficial de registro de imóveis, que, à vista da certidão, promoverá a intimação por edital publicado por período mínimo de 3 (três) dias em jornal de maior circulação local ou em jornal de comarca de fácil acesso, se o local não dispuser de imprensa diária, contado o prazo para purgação da mora da data da última publicação do edital.

•• § 4.º com redação determinada pela Lei n. 14.711, de 30-10-2023.

§ 4.º-A. É responsabilidade do devedor e, se for o caso, do terceiro fiduciante informar ao credor fiduciário sobre a alteração de seu domicílio.

•• § 4.º-A acrescentado pela Lei n. 14.711, de 30-10-2023.

§ 4.º-B. Presume-se que o devedor e, se for o caso, o terceiro fiduciante encontram-se em lugar ignorado quando não forem encontrados no local do imóvel dado em garantia nem no endereço que tenham fornecido por último, observado que, na hipótese de o devedor ter fornecido contato eletrônico no contrato, é imprescindível o envio da intimação por essa via com, no mínimo, 15 (quinze) dias de antecedência da realização de intimação edilícia.

•• § 4.º-B acrescentado pela Lei n. 14.711, de 30-10-2023.

§ 4.º-C. Para fins do disposto no § 4.º deste artigo, considera-se lugar inacessível:

•• § 4.º-C, caput, acrescentado pela Lei n. 14.711, de 30-10-2023.

I – aquele em que o funcionário responsável pelo recebimento de correspondência se recuse a atender a pessoa encarregada pela intimação; ou

•• Inciso I acrescentado pela Lei n. 14.711, de 30-10-2023.

II – aquele em que não haja funcionário responsável pelo recebimento de correspondência para atender a pessoa encarregada pela intimação.

•• Inciso II acrescentado pela Lei n. 14.711, de 30-10-2023.

§ 5.º Purgada a mora no Registro de Imóveis, convalescerá o contrato de alienação fiduciária.

§ 6.º O oficial do Registro de Imóveis, nos 3 (três) dias seguintes à purgação da mora, entregará ao fiduciário as importâncias recebidas, deduzidas as despesas de cobrança e de intimação.

§ 7.º Decorrido o prazo de que trata o § 1.º sem a purgação da mora, o oficial do competente Registro de Imóveis, certificando esse fato, promoverá a averbação, na matrícula do imóvel, da consolidação da propriedade em nome do fiduciário, à vista da prova do pagamento, por este, do imposto de transmissão *inter vivos* e, se for o caso, do laudêmio.

•• § 7.º com redação determinada pela Lei n. 10.931, de 2-8-2004.

§ 8.º O fiduciante pode, com a anuência do fiduciário, dar seu direito eventual ao imóvel em pagamento da dívida, dispensados os procedimentos previstos no art. 27.

•• § 8.º acrescentado pela Lei n. 10.931, de 2-8-2004.

Art. 26-A. Os procedimentos de cobrança, purgação da mora, consolidação da propriedade fiduciária e leilão decorrentes de financiamentos para aquisição ou construção de imóvel residencial do devedor, exceto as operações do sistema de consórcio de que trata a Lei n. 11.795, de 8 de outubro de 2008, estão sujeitos às normas especiais estabelecidas neste artigo.

•• Caput com redação determinada pela Lei n. 14.711, de 30-10-2023.

§ 1.º A consolidação da propriedade em nome do credor fiduciário será averbada no registro de imóveis trinta dias após a expiração do prazo para purgação da mora de que trata o § 1.º do art. 26 desta Lei.

•• § 1.º acrescentado pela Lei n. 13.465, de 11-7-2017.

§ 2.º Até a data da averbação da consolidação da propriedade fiduciária, é assegurado ao devedor e, se for o caso, ao terceiro fiduciante pagar as parcelas da dívida vencidas e as despesas de que trata o inciso II do § 3.º do art. 27 desta Lei, hipótese em que convalescerá o contrato de alienação fiduciária.

•• § 2.º com redação determinada pela Lei n. 14.711, de 30-10-2023.

§ 3.º No segundo leilão, será aceito o maior lance oferecido desde que seja igual ou superior ao valor integral da dívida garantida pela alienação fiduciária mais antiga vigente sobre o bem, das despesas, inclusive emolumentos cartorários, dos prêmios de seguro, dos encargos legais, inclusive tributos, e das contribuições condominiais.

•• § 3.º acrescentado pela Lei n. 14.711, de 30-10-2023.

§ 4.º Se no segundo leilão não houver lance que atenda ao referencial mínimo para arrematação estabelecido no § 3.º deste artigo, a dívida será considerada extinta, com recíproca quitação, hipótese em que o credor ficará investido da livre disponibilidade.

•• § 4.º acrescentado pela Lei n. 14.711, de 30-10-2023.

§ 5.º A extinção da dívida no excedente ao referencial mínimo para arrematação configura condição resolutiva inerente à dívida e, por isso, estende-se às hipóteses em que o credor tenha preferido o uso da via judicial para executar a dívida.

•• § 5.º acrescentado pela Lei n. 14.711, de 30-10-2023.

Art. 27. Consolidada a propriedade em seu nome, o fiduciário promoverá leilão público para a alienação do imóvel, no prazo de 60 (sessenta) dias, contado da data do registro de que trata o § 7.º do art. 26 desta Lei.

• *Caput* com redação determinada pela Lei n. 14.711, de 30-10-2023.

§ 1.º Se no primeiro leilão público o maior lance oferecido for inferior ao valor do imóvel, estipulado na forma do inciso VI e do parágrafo único do art. 24 desta Lei, será realizado o segundo leilão nos quinze dias seguintes.

•• § 1.º com redação determinada pela Lei n. 13.465, de 11-7-2017.

§ 2.º No segundo leilão, será aceito o maior lance oferecido, desde que seja igual ou superior ao valor integral da dívida garantida pela alienação fiduciária, das despesas, inclusive emolumentos cartorários, dos prêmios de seguro, dos encargos legais, inclusive tributos, e das contribuições condominiais, podendo, caso não haja lance que alcance referido valor, ser aceito pelo credor fiduciário, a seu exclusivo critério, lance que corresponda a, pelo menos, metade do valor de avaliação do bem.

•• § 2.º com redação determinada pela Lei n. 14.711, de 30-10-2023.

§ 2.º-A. Para fins do disposto nos §§ 1.º e 2.º deste artigo, as datas, os horários e os locais dos leilões serão comunicados ao devedor e, se for o caso, ao terceiro fiduciante, por meio de correspondência dirigida aos endereços constantes do contrato, inclusive ao endereço eletrônico.

•• § 2.º-A com redação determinada pela Lei n. 14.711, de 30-10-2023.

§ 2.º-B. Após a averbação da consolidação da propriedade fiduciária no patrimônio do credor fiduciário e até a data da realização do segundo leilão, é assegurado ao fiduciante o direito de preferência para adquirir o imóvel por preço correspondente ao valor da dívida, somado às despesas, aos prêmios de seguro, aos encargos legais, às contribuições condominiais, aos tributos, inclusive os valores correspondentes ao imposto sobre transmissão *inter vivos* e ao laudêmio, se for o caso, pagos para efeito de consolidação da propriedade fiduciária no patrimônio do credor fiduciário, e às despesas inerentes aos procedimentos de cobrança e leilão, hipótese em que incumbirá também ao fiduciante o pagamento dos encargos tributários e das despesas exigíveis para a nova aquisição do imóvel, inclusive as custas e dos emolumentos.

•• § 2.º-B com redação determinada pela Lei n. 14.711, de 30-10-2023.

§ 3.º Para os fins do disposto neste artigo, entende-se por:

I – dívida: o saldo devedor da operação de alienação fiduciária, na data do leilão, nele incluídos os juros convencionais, as penalidades e os demais encargos contratuais;

II – despesas: a soma das importâncias correspondentes aos encargos e às custas de intimação e daquelas necessárias à realização do leilão público, compreendidas as relativas aos anúncios e à comissão do leiloeiro; e

•• Inciso II com redação determinada pela Lei n. 14.711, de 30-10-2023.

III – encargos do imóvel: os prêmios de seguro e os encargos legais, inclusive tributos e contribuições condominiais.

•• Inciso III acrescentado pela Lei n. 14.711, de 30-10-2023.

§ 4.º Nos 5 (cinco) dias que se seguirem à venda do imóvel no leilão, o credor entregará ao fiduciante a importância que sobejar, nela compreendido o valor da indenização de benfeitorias, depois de deduzidos os valores da dívida, das despesas e dos encargos de que trata o § 3.º deste artigo, o que importará em recíproca quitação, hipótese em que não se aplica o disposto na parte final do art. 516 da Lei n. 10.406, de 10 de janeiro de 2002 (Código Civil).

•• § 4.º com redação determinada pela Lei n. 14.711, de 30-10-2023.

§ 5.º Se no segundo leilão não houver lance que atenda ao referencial mínimo para arrematação estabelecido no § 2.º, o fiduciário ficará investido na livre disponibilidade do imóvel e exonerado da obrigação de que trata o § 4.º deste artigo.

•• § 5.º com redação determinada pela Lei n. 14.711, de 30-10-2023.

§ 5.º-A. Se o produto do leilão não for suficiente para o pagamento integral do montante da dívida, das despesas e dos encargos de que trata o § 3.º deste artigo, o devedor continuará obrigado pelo pagamento do saldo remanescente, que poderá ser cobrado por meio de ação de execução e, se for o caso, excussão das demais garantias da dívida, ressalvada a hipótese de extinção do saldo devedor remanescente prevista no § 4.º do art. 26-A desta Lei.

•• § 5.º-A acrescentado pela Lei n. 14.711, de 30-10-2023.

§ 6.º (*Revogado pela Lei n. 14.711, de 30-10-2023.*)

§ 6.º-A. Na hipótese de que trata o § 5.º, para efeito de cálculo do saldo remanescente de que trata o § 5.º-A, será deduzido o valor correspondente ao referencial mínimo para arrematação do valor atualizado da dívida, conforme estabelecido no § 2.º deste artigo, incluídos os encargos e as despesas de cobrança.

•• § 6.º-A acrescentado pela Lei n. 14.711, de 30-10-2023.

§ 7.º Se o imóvel estiver locado, a locação poderá ser denunciada com o prazo de trinta dias para desocupação, salvo se tiver havido aquiescência por escrito do fiduciário, devendo a denúncia ser realizada no prazo de noventa dias a contar da data da consolidação da propriedade no fiduciário, devendo essa condição constar expressamente em cláusula contratual específica, destacando-se das demais por sua apresentação gráfica.

•• § 7.º acrescentado pela Lei n. 10.931, de 2-8-2004.

§ 8.º Responde o fiduciante pelo pagamento dos impostos, taxas, contribuições condominiais e quaisquer outros encargos que recaiam ou venham a recair sobre o imóvel, cuja posse tenha sido transferida para o fiduciário, nos termos deste artigo, até a data em que o fiduciário vier a ser imitido na posse.

•• § 8.º acrescentado pela Lei n. 10.931, de 2-8-2004.

§ 9.º O disposto no § 2.º-B deste artigo aplica-se à consolidação da propriedade fiduciária de imóveis do FAR, na forma prevista na Lei n. 11.977, de 7 de julho de 2009.

•• § 9.º acrescentado pela Lei n. 13.465, de 11-7-2017.

§ 10. Os leilões e a publicação dos respectivos editais poderão ser realizados por meio eletrônico.

•• § 10 com redação determinada pela Lei n. 14.620, de 13-7-2023.

§ 11. Os direitos reais de garantia ou constrições, inclusive penhoras, arrestos, bloqueios e indisponibilidades de qualquer natureza, incidentes sobre o direito real de aquisição do fiduciante não obstam a consolidação da propriedade no patrimônio do credor fiduciário e a venda do imóvel para realização da garantia.

•• § 11 acrescentado pela Lei n. 14.711, de 30-10-2023.

§ 12. Na hipótese prevista no § 11 deste artigo, os titulares dos direitos reais de garantia ou constrições sub-rogam-se no direito do fiduciante à percepção do saldo que eventualmente restar do produto da venda.

•• § 12 acrescentado pela Lei n. 14.711, de 30-10-2023.

Art. 27-A. Nas operações de crédito garantidas por alienação fiduciária de 2 (dois) ou mais imóveis, na hipótese de não ser convencionada a vinculação de cada imóvel a 1 (uma) parcela da dívida, o credor poderá promover a excussão em ato simultâneo, por meio de consolidação da propriedade e leilão de todos os imóveis em conjunto, ou em atos sucessivos, por meio de consolidação e leilão de cada imóvel em sequência, à medida do necessário para satisfação integral do crédito.

•• *Caput* acrescentado pela Lei n. 14.711, de 30-10-2023.

§ 1.º Na hipótese de excussão em atos sucessivos, caberá ao credor fiduciário a indicação dos imóveis a serem excutidos em sequência, exceto se houver disposição em sentido contrário expressa no contrato, situação em que a consolidação da propriedade dos demais ficará suspensa.

•• § 1.º acrescentado pela Lei n. 14.711, de 30-10-2023.

§ 2.º A cada leilão, o credor fiduciário promoverá nas matrículas dos imóveis não leiloados a averbação do demonstrativo do resultado e o encaminhará ao devedor e, se for o caso, aos terceiros fiduciantes, por meio de correspondência dirigida aos endereços físico e eletrônico informados no contrato.

•• § 2.º acrescentado pela Lei n. 14.711, de 30-10-2023.

§ 3.º Na hipótese de não se alcançar a quantia suficiente para satisfação do crédito, a cada leilão realizado, o credor recolherá o imposto sobre transmissão *inter vivos* e, se for o caso, o laudêmio, relativos ao imóvel a ser excutido em seguida, requererá a averbação da consolidação da propriedade e, no prazo de 30 (trinta) dias, realizará os procedimentos de leilão nos termos do art. 27 desta Lei.

•• § 3.º acrescentado pela Lei n. 14.711, de 30-10-2023.

§ 4.º Satisfeito integralmente o crédito com o produto dos leilões realizados sucessivamente, o credor fiduciário entregará ao devedor e, se for o caso, aos terceiros fiduciantes, o termo de quitação e a autorização de cancelamento do registro da propriedade fiduciária de eventuais imóveis que restem a ser desonerados.

•• § 4.º acrescentado pela Lei n. 14.711, de 30-10-2023.

Art. 28. A cessão do crédito objeto da alienação fiduciária implicará a transferência, ao cessionário, de todos os direitos e obrigações inerentes à propriedade fiduciária em garantia.

Art. 29. O fiduciante, com anuência expressa do fiduciário, poderá transmitir os direitos de que seja titular sobre o imóvel objeto da alienação fiduciária em garantia, assumindo o adquirente as respectivas obrigações.

Art. 30. É assegurada ao fiduciário, ao seu cessionário ou aos seus sucessores, inclusive ao adquirente do imóvel por força do leilão público de que tratam os arts. 26-A, 27 e 27-A, a reintegração na posse do imóvel, que será concedida liminarmente, para desocupação no prazo de 60 (sessenta) dias, desde que comprovada a consolidação da propriedade em seu nome, na forma prevista no art. 26 desta Lei.

•• *Caput* com redação determinada pela Lei n. 14.711, de 30-10-2023.

Parágrafo único. Arrematado o imóvel ou consolidada definitivamente a propriedade no caso de frustração dos leilões, as ações judiciais que tenham por objeto controvérsias sobre as estipulações contratuais ou os requisitos procedimentais de cobrança e leilão, excetuada a exigência de notificação do devedor e, se for o caso, do terceiro fiduciante, não obstarão a reintegração de posse de que trata este artigo e serão resolvidas em perdas e danos.

•• Parágrafo único com redação determinada pela Lei n. 14.711, de 30-10-2023.

Art. 31. O fiador ou terceiro interessado que pagar a dívida ficará sub-rogado, de pleno direito, no crédito e na propriedade fiduciária.

Parágrafo único. Nos casos de transferência de financiamento para outra instituição financeira, o pagamento da dívida à instituição credora original poderá ser feito, a favor do mutuário, pela nova instituição credora.

•• Parágrafo único acrescentado pela Lei n. 12.810, de 15-5-2013.

Art. 32. Na hipótese de insolvência do fiduciante, fica assegurada ao fiduciário a restituição do imóvel alienado fiduciariamente, na forma da legislação pertinente.

Art. 33. Aplicam-se à propriedade fiduciária, no que couber, as disposições dos arts. 647 e 648 do Código Civil.

•• A referência é feita a dispositivos do CC de 1916. *Vide* arts. 1.359 e 1.360 do Código vigente.

Capítulo II-A
DO REFINANCIAMENTO COM TRANSFERÊNCIA DE CREDOR

•• Capítulo II-A acrescentado pela Lei n. 12.810, de 15-5-2013.

Art. 33-A. A transferência de dívida de financiamento imobiliário com garantia real, de um credor para outro, inclusive sob a forma de sub-rogação, obriga o credor original a emitir documento que ateste, para todos os fins de direito, inclusive para efeito de averbação, a validade da transferência.

•• *Caput* acrescentado pela Lei n. 12.810, de 15-5-2013.

Parágrafo único. A emissão do documento será feita no prazo máximo de 2 (dois) dias úteis após a quitação da dívida original.
•• Parágrafo único acrescentado pela Lei n. 12.810, de 15-5-2013.

Art. 33-B. Para fins de efetivação do disposto no art. 33-A, a nova instituição credora deverá informar à instituição credora original, por documento escrito ou, quando solicitado, eletrônico, as condições de financiamento oferecidas ao mutuário, inclusive as seguintes:
•• *Caput* acrescentado pela Lei n. 12.810, de 15-5-2013.

I – a taxa de juros do financiamento;
•• Inciso I acrescentado pela Lei n. 12.810, de 15-5-2013.

II – o custo efetivo total;
•• Inciso II acrescentado pela Lei n. 12.810, de 15-5-2013.

III – o prazo da operação;
•• Inciso III acrescentado pela Lei n. 12.810, de 15-5-2013.

IV – o sistema de pagamento utilizado; e
•• Inciso IV acrescentado pela Lei n. 12.810, de 15-5-2013.

V – o valor das prestações.
•• Inciso V acrescentado pela Lei n. 12.810, de 15-5-2013.

§ 1.º A instituição credora original terá prazo máximo de 5 (cinco) dias úteis, contados do recebimento das informações de que trata o *caput*, para solicitar à instituição proponente da transferência o envio dos recursos necessários para efetivar a transferência.
•• § 1.º acrescentado pela Lei n. 12.810, de 15-5-2013.

§ 2.º O mutuário da instituição credora original poderá, a qualquer tempo, enquanto não encaminhada a solicitação de envio dos recursos necessários para efetivar a transferência de que trata o § 1.º, decidir pela não efetivação da transferência, sendo vedada a cobrança de qualquer tipo de ônus ou custa por parte das instituições envolvidas.
•• § 2.º acrescentado pela Lei n. 12.810, de 15-5-2013.

§ 3.º A eventual desistência do mutuário deverá ser informada à instituição credora original, que terá até 2 (dois) dias úteis para transmiti-la à instituição proponente da transferência.
•• § 3.º acrescentado pela Lei n. 12.810, de 15-5-2013.

Art. 33-C. O credor original deverá fornecer a terceiros, sempre que formalmente solicitado pelo mutuário, as informações sobre o crédito que se fizerem necessárias para viabilizar a transferência referida no art. 33-A.

•• *Caput* acrescentado pela Lei n. 12.810, de 15-5-2013.

Parágrafo único. O credor original não poderá realizar ações que impeçam, limitem ou dificultem o fornecimento das informações requeridas na forma do *caput*.
•• Parágrafo único acrescentado pela Lei n. 12.810, de 15-5-2013.

Art. 33-D. A instituição credora original poderá exigir ressarcimento financeiro pelo custo de originação da operação de crédito, o qual não poderá ser repassado ao mutuário.
•• *Caput* acrescentado pela Lei n. 12.810, de 15-5-2013.

§ 1.º O ressarcimento disposto no *caput* deverá ser proporcional ao valor do saldo devedor apurado à época da transferência e decrescente com o decurso de prazo desde a assinatura do contrato, cabendo sua liquidação à instituição proponente da transferência.
•• § 1.º acrescentado pela Lei n. 12.810, de 15-5-2013.

§ 2.º O Conselho Monetário Nacional disciplinará o disposto neste artigo, podendo inclusive limitar o ressarcimento considerando o tipo de operação de crédito ou o prazo decorrido desde a assinatura do contrato de crédito com a instituição credora original até o momento da transferência.
•• § 2.º acrescentado pela Lei n. 12.810, de 15-5-2013.

Art. 33-E. O Conselho Monetário Nacional e o Conselho Curador do Fundo de Garantia do Tempo de Serviço, no âmbito de suas respectivas competências, expedirão as instruções que se fizerem necessárias à execução do disposto no parágrafo único do art. 31 e nos arts. 33-A a 33-D desta Lei.
•• Artigo acrescentado pela Lei n. 12.810, de 15-5-2013.

Art. 33-F. O disposto nos arts. 33-A a 33-E desta Lei não se aplica às operações de transferência de dívida decorrentes de cessão de crédito entre entidades que compõem o Sistema Financeiro da Habitação, desde que a citada transferência independa de manifestação do mutuário.
•• Artigo acrescentado pela Lei n. 12.810, de 15-5-2013.

Capítulo III
DISPOSIÇÕES GERAIS E FINAIS

Art. 34. Os contratos relativos ao financiamento imobiliário em geral poderão estipular que litigios ou controvérsias entre as partes sejam dirimidos mediante arbitragem, nos termos do disposto na Lei n. 9.307, de 24 de setembro de 1996.

Art. 35. Nas cessões de crédito a que aludem os arts. 3.º, 18 e 28, é dispensada a notificação do devedor.

Art. 36. Nos contratos de venda de imóveis a prazo, inclusive alienação fiduciária, de arrendamento mercantil de imóveis, de financiamento imobiliário em geral e nos títulos de que tratam os arts. 6.º, 7.º e 8.º, admitir-se-á, respeitada a legislação pertinente, a estipulação de cláusula de reajuste e das condições e critérios de sua aplicação.

Art. 37. Às operações de arrendamento mercantil de imóveis não se aplica a legislação pertinente à locação de imóveis residenciais, não residenciais ou comerciais.

Art. 37-A. O fiduciante pagará ao credor fiduciário ou ao seu sucessor, a título de taxa de ocupação do imóvel, por mês ou fração, valor correspondente a 1% (um por cento) do valor de que trata o inciso VI do *caput* ou o parágrafo único do art. 24 desta Lei, computado e exigível desde a data da consolidação da propriedade fiduciária no patrimônio do credor fiduciário até a data em que este ou seu sucessor vier a ser imitido na posse do imóvel.

•• *Caput* com redação determinada pela Lei n. 14.711, de 30-10-2023.

Parágrafo único. O disposto no *caput* deste artigo aplica-se às operações do Programa Minha Casa, Minha Vida, instituído pela Lei n. 11.977, de 7 de julho de 2009, com recursos advindos da integralização de cotas no Fundo de Arrendamento Residencial (FAR).

•• Parágrafo único acrescentado pela Lei n. 13.465, de 11-7-2017.

Art. 37-B. Será considerada ineficaz, e sem qualquer efeito perante o fiduciário ou seus sucessores, a contratação ou a prorrogação de locação de imóvel alienado fiduciariamente por prazo superior a um ano sem concordância por escrito do fiduciário.

•• Artigo acrescentado pela Lei n. 10.931, de 2-8-2004.

Art. 37-C. Os editais previstos nesta Lei poderão ser publicados de forma eletrônica.

•• Artigo acrescentado pela Lei n. 14.620, de 13-7-2023.

Art. 38. Os atos e contratos referidos nesta Lei ou resultantes da sua aplicação, mesmo aqueles que visem à constituição, transferência, modificação ou renúncia de direitos reais sobre imóveis, poderão ser celebrados por escritura pública ou por instrumento particular com efeitos de escritura pública.

•• Artigo com redação determinada pela Lei n. 11.076, de 30-12-2004.

Art. 39. As disposições da Lei n. 4.380, de 21 de agosto de 1964, e as demais disposições legais referentes ao Sistema Financeiro da Habitação não se aplicam às operações de crédito compreendidas no sistema de financiamento imobiliário a que se refere esta Lei.

•• *Caput* com redação determinada pela Lei n. 14.711, de 30-10-2023.

I e II – (*Revogados pela Lei n. 14.711, de 30-10-2023.*)

Art. 40. Os incisos I e II do art. 167 da Lei n. 6.015, de 31 de dezembro de 1973, passam a vigorar acrescidos, respectivamente, dos seguintes itens:

•• Alterações já processadas na Lei modificada.

Art. 41. O Conselho Monetário Nacional poderá regulamentar o disposto nesta Lei, inclusive estabelecer prazos mínimos e outras condições para emissão e resgate de CRI e diferenciar tais condições de acordo com o tipo de crédito imobiliário vinculado à emissão e com o indexador adotado contratualmente.

•• Artigo com redação determinada pela Lei n. 13.097, de 19-1-2015.

Art. 42. Esta Lei entra em vigor na data de sua publicação.

Brasília, 20 de novembro de 1997; 176.º da Independência e 109.º da República.

FERNANDO HENRIQUE CARDOSO

LEI N. 9.534, DE 10 DE DEZEMBRO DE 1997 (*)

Dá nova redação ao art. 30 da Lei n. 6.015, de 31 de dezembro de 1973, que dispõe sobre os registros públicos; acrescenta inciso ao art. 1.º da Lei n. 9.265, de 12 de fevereiro de 1996, que trata da gratuidade dos atos necessários ao exercício da cidadania; e altera os arts. 30 e 45 da Lei n. 8.935, de 18 de novembro de 1994, que dispõe sobre os serviços notariais e de registro.

O Presidente da República

Faço saber que o Congresso Nacional decreta e eu sanciono a seguinte Lei:

(*) Publicada no *DOU*, de 11-12-1997.

Art. 1.º O art. 30 da Lei n. 6.015, de 31 de dezembro de 1973, alterada pela Lei n. 7.844, de 18 de outubro de 1989, passa a vigorar com a seguinte redação:

•• Alteração já processada na Lei modificada.

Art. 2.º (Vetado.)

Art. 3.º O art. 1.º da Lei n. 9.265, de 12 de fevereiro de 1996, passa a vigorar acrescido do seguinte inciso:

•• Alteração já processada na Lei modificada.

Art. 4.º (Vetado.)

Art. 5.º O art. 45 da Lei n. 8.935, de 18 de novembro de 1994, passa a vigorar com a seguinte redação:

•• Alteração já processada na Lei modificada.

Art. 6.º (Vetado.)

Art. 7.º Os Tribunais de Justiça dos Estados poderão instituir, junto aos Ofícios de Registro Civil, serviços itinerantes de registros, apoiados pelo poder público estadual e municipal, para provimento da gratuidade prevista nesta Lei.

Art. 8.º Esta Lei entra em vigor no prazo de 90 (noventa) dias, contado da data de sua publicação.

Brasília, 10 de dezembro de 1997; 176.º da Independência e 109.º da República.

Fernando Henrique Cardoso

LEI N. 9.609,
DE 19 DE FEVEREIRO DE 1998 (*)

Dispõe sobre a proteção da propriedade intelectual de programa de computador, sua comercialização no País, e dá outras providências.

O Presidente da República

Faço saber que o Congresso Nacional decreta e eu sanciono a seguinte Lei:

Capítulo I
DISPOSIÇÕES PRELIMINARES

Art. 1.º Programa de computador é a expressão de um conjunto organizado de instruções em linguagem natural ou codificada, contida em suporte físico de qualquer natureza, de emprego necessário em máquinas automáticas de tratamento da informação, dispositivos, instrumentos ou equipamentos periféricos, baseados em técnica digital ou análoga, para fazê-los funcionar de modo e para fins determinados.

Capítulo II
DA PROTEÇÃO AOS DIREITOS
DE AUTOR E DO REGISTRO

Art. 2.º O regime de proteção à propriedade intelectual de programa de computador é o conferido às obras literárias pela legislação de direitos autorais e conexos vigentes no País, observado o disposto nesta Lei.

§ 1.º Não se aplicam ao programa de computador as disposições relativas aos direitos morais, ressalvado, a qualquer tempo, o direito do autor de reivindicar a paternidade do programa de computador e o direito do autor de opor-se a alterações não autorizadas, quando estas impliquem deformação, mutilação ou outra modificação do programa de computador, que prejudiquem a sua honra ou a sua reputação.

§ 2.º Fica assegurada a tutela dos direitos relativos a programa de computador pelo prazo de 50 (cinquenta) anos, contados a partir de 1.º de janeiro do ano subsequente ao da sua publicação ou, na ausência desta, da sua criação.

§ 3.º A proteção aos direitos de que trata esta Lei independe de registro.

§ 4.º Os direitos atribuídos por esta Lei ficam assegurados aos estrangeiros domiciliados no exterior, desde que o país de origem do programa conceda, aos brasileiros e estrangeiros domiciliados no Brasil, direitos equivalentes.

§ 5.º Inclui-se dentre os direitos assegurados por esta Lei e pela legislação de direitos autorais e conexos vigentes no País aquele direito exclusivo de autorizar ou proibir o aluguel comercial, não sendo esse direito exaurível pela venda, licença ou outra forma de transferência da cópia do programa.

§ 6.º O disposto no parágrafo anterior não se aplica aos casos em que o programa em si não seja objeto essencial do aluguel.

Art. 3.º Os programas de computador poderão, a critério do titular, ser registrados em órgão ou entidade a ser designado por ato do Poder Executivo, por iniciativa do Ministério responsável pela política de ciência e tecnologia.

•• Artigo regulamentado pelo Decreto n. 2.556, de 20-4-1998.

(*) Publicada no *DOU*, de 20-2-1998. Retificada em 25-2-1998.

Lei n. 9.609, de 19-2-1998 — Propriedade intelectual

§ 1.º O pedido de registro estabelecido neste artigo deverá conter, pelo menos, as seguintes informações:

I – os dados referentes ao autor do programa de computador e ao titular, se distinto do autor, sejam pessoas físicas ou jurídicas;

II – a identificação e descrição funcional do programa de computador; e

III – os trechos do programa e outros dados que se considerar suficientes para identificá-lo e caracterizar sua originalidade, ressalvando-se os direitos de terceiros e a responsabilidade do Governo.

§ 2.º As informações referidas no inciso III do parágrafo anterior são de caráter sigiloso, não podendo ser reveladas, salvo por ordem judicial ou a requerimento do próprio titular.

Art. 4.º Salvo estipulação em contrário, pertencerão exclusivamente ao empregador, contratante de serviços ou órgão público, os direitos relativos ao programa de computador, desenvolvido e elaborado durante a vigência de contrato ou de vínculo estatutário, expressamente destinado à pesquisa e desenvolvimento, ou em que a atividade do empregado, contratado de serviço ou servidor seja prevista, ou ainda, que decorra da própria natureza dos encargos concernentes a esses vínculos.

§ 1.º Ressalvado ajuste em contrário, a compensação do trabalho ou serviço prestado limitar-se-á à remuneração ou ao salário convencionado.

§ 2.º Pertencerão, com exclusividade, ao empregado, contratado de serviço ou servidor os direitos concernentes a programa de computador gerado sem relação com o contrato de trabalho, prestação de serviços ou vínculo estatutário, e sem a utilização de recursos, informações tecnológicas, segredos industriais e de negócios, materiais, instalações ou equipamentos do empregador, da empresa ou entidade com a qual o empregador mantenha contrato de prestação de serviços ou assemelhados, do contratante de serviços ou órgão público.

§ 3.º O tratamento previsto neste artigo será aplicado nos casos em que o programa de computador for desenvolvido por bolsistas, estagiários e assemelhados.

Art. 5.º Os direitos sobre as derivações autorizadas pelo titular dos direitos de programa de computador, inclusive sua exploração econômica, pertencerão à pessoa autorizada que as fizer, salvo estipulação contratual em contrário.

Art. 6.º Não constituem ofensa aos direitos do titular de programa de computador:

I – a reprodução, em um só exemplar, de cópia legitimamente adquirida, desde que se destine à cópia de salvaguarda ou armazenamento eletrônico, hipótese em que o exemplar original servirá de salvaguarda;

II – a citação parcial do programa, para fins didáticos, desde que identificados o programa e o titular dos direitos respectivos;

III – a ocorrência de semelhança de programa a outro, preexistente, quando so se der por força das características funcionais de sua aplicação, da observância de preceitos normativos e técnicos, ou de limitação de forma alternativa para a sua expressão;

IV – a integração de um programa, mantendo-se suas características essenciais, a um sistema aplicativo ou operacional, tecnicamente indispensável às necessidades do usuário, desde que para o uso exclusivo de quem a promoveu.

Capítulo III
DAS GARANTIAS AOS USUÁRIOS DE PROGRAMA DE COMPUTADOR

Art. 7.º O contrato de licença de uso de programa de computador, o documento fiscal correspondente, os suportes físicos do programa ou as respectivas embalagens deverão consignar, de forma facilmente legível pelo usuário, o prazo de validade técnica da versão comercializada.

Art. 8.º Aquele que comercializar programa de computador, quer seja titular dos direitos do programa, quer seja titular dos direitos de comercialização, fica obrigado, no território nacional, durante o prazo de validade técnica da respectiva versão, a assegurar aos respectivos usuários a prestação de serviços técnicos complementares relativos ao adequado funcionamento do programa, consideradas as suas especificações.

Parágrafo único. A obrigação persistirá no caso de retirada de circulação comercial do programa de computador durante o prazo de validade, salvo justa indenização de eventuais prejuízos causados a terceiros.

Capítulo IV
DOS CONTRATOS DE LICENÇA DE USO, DE COMERCIALIZAÇÃO E DE TRANSFERÊNCIA DE TECNOLOGIA

Art. 9.º O uso de programa de computador no País será objeto de contrato de licença.

Parágrafo único. Na hipótese de eventual inexistência do contrato referido no *caput* deste artigo, o documento fiscal relativo à aquisição ou licenciamento de cópia servirá para comprovação da regularidade do seu uso.

Art. 10. Os atos e contratos de licença de direitos de comercialização referentes a programas de computador de origem externa deverão fixar, quanto aos tributos e encargos exigíveis, a responsabilidade pelos pagamentos e estabelecerão a remuneração do titular dos direitos respectivos de programa de computador residente no domicílio no exterior.

§ 1.º Serão nulas as cláusulas que:

I – limitem a produção, a distribuição ou a comercialização, em violação às disposições normativas em vigor;

II – eximam qualquer dos contratantes das responsabilidades por eventuais ações de terceiros, decorrentes de vícios, defeitos ou violação de direitos de autor.

§ 2.º O remetente do correspondente valor em moeda estrangeira, em pagamento da remuneração de que se trata, conservará em seu poder, pelo prazo de 5 (cinco) anos, todos os documentos necessários à comprovação da licitude das remessas e da sua conformidade ao *caput* deste artigo.

Art. 11. Nos casos de transferência de tecnologia de programa de computador, o Instituto Nacional da Propriedade Industrial fará o registro dos respectivos contratos, para que produzam efeitos em relação a terceiros.

Parágrafo único. Para o registro de que trata este artigo, é obrigatória a entrega, por parte do fornecedor ao receptor de tecnologia, da documentação completa, em especial do código-fonte comentado, memorial descritivo, especificações funcionais internas, diagramas, fluxogramas e outros dados técnicos necessários à absorção da tecnologia.

Capítulo V
DAS INFRAÇÕES E DAS PENALIDADES

Art. 12. Violar direitos de autor de programa de computador:

Pena – Detenção de 6 (seis) meses a 2 (dois) anos ou multa.

§ 1.º Se a violação consistir na reprodução, por qualquer meio, de programa de computador, no todo ou em parte, para fins de comércio, sem autorização expressa do autor ou de quem o represente:

Pena – Reclusão de 1 (um) a 4 (quatro) anos e multa.

§ 2.º Na mesma pena do parágrafo anterior incorre quem vende, expõe à venda, introduz no País, adquire, oculta ou tem em depósito, para fins de comércio, original ou cópia de programa de computador, produzido com violação de direito autoral.

§ 3.º Nos crimes previstos neste artigo, somente se procede mediante queixa, salvo:

I – quando praticados em prejuízo de entidade de direito público, autarquia, empresa pública, sociedade de economia mista ou fundação instituída pelo poder público;

II – quando, em decorrência de ato delituoso, resultar sonegação fiscal, perda de arrecadação tributária ou prática de quaisquer dos crimes contra a ordem tributária ou contra as relações de consumo.

§ 4.º No caso do inciso II do parágrafo anterior, a exigibilidade do tributo, ou contribuição social e qualquer acessório, processar-se-á independentemente de representação.

Art. 13. A ação penal e as diligências preliminares de busca e apreensão, nos casos de violação de direito de autor de programa de computador, serão precedidas de vistoria, podendo o juiz ordenar a apreensão das cópias produzidas ou comercializadas com violação de direito de autor, suas versões e derivações, em poder do infrator ou de quem as esteja expondo, mantendo em depósito, reproduzindo ou comercializando.

Art. 14. Independentemente da ação penal, o prejudicado poderá intentar ação para proibir ao infrator a prática do ato incriminado, com cominação de pena pecuniária para o caso de transgressão do preceito.

§ 1.º A ação de abstenção de prática de ato poderá ser cumulada com a de perdas e danos pelos prejuízos decorrentes da infração.

§ 2.º Independentemente de ação cautelar preparatória, o juiz poderá conceder medida liminar proibindo ao infrator a prática do ato incriminado, nos termos deste artigo.

§ 3.º Nos procedimentos cíveis, as medidas cautelares de busca e apreensão observarão o disposto no artigo anterior.

§ 4.º Na hipótese de serem apresentadas, em juízo, para a defesa dos interesses de qualquer das partes, informações que se caracterizem como confidenciais, deverá o juiz determinar que o processo prossiga em segredo de justiça, vedado o uso de tais informações também à outra parte para outras finalidades.

§ 5.º Será responsabilizado por perdas e danos aquele que requerer e promover as medidas previstas neste e nos arts. 12 e 13, agindo de má-fé ou por espírito de emulação, capricho ou erro grosseiro, nos termos dos arts. 16, 17 e 18 do Código de Processo Civil.

Capítulo VI
DISPOSIÇÕES FINAIS

Art. 15. Esta Lei entra em vigor na data de sua publicação.

Art. 16. Fica revogada a Lei n. 7.646, de 18 de dezembro de 1987.

Brasília, 19 de fevereiro de 1998; 177.º da Independência e 110.º da República.

FERNANDO HENRIQUE CARDOSO

LEI N. 9.610,
DE 19 DE FEVEREIRO DE 1998 (*)

Altera, atualiza e consolida a legislação sobre direitos autorais e dá outras providências.

O Presidente da República

Faço saber que o Congresso Nacional decreta e eu sanciono a seguinte Lei:

TÍTULO I
DISPOSIÇÕES PRELIMINARES

Art. 1.º Esta Lei regula os direitos autorais, entendendo-se sob esta denominação os direitos de autor e os que lhes são conexos.

Art. 2.º Os estrangeiros domiciliados no exterior gozarão da proteção assegurada nos acordos, convenções e tratados em vigor no Brasil.

Parágrafo único. Aplica-se o disposto nesta Lei aos nacionais ou pessoas domiciliadas em país que assegure aos brasileiros ou pessoas domiciliadas no Brasil a reciprocidade na proteção aos direitos autorais ou equivalentes.

Art. 3.º Os direitos autorais reputam-se, para os efeitos legais, bens móveis.

Art. 4.º Interpretam-se restritivamente os negócios jurídicos sobre os direitos autorais.

Art. 5.º Para os efeitos desta Lei, considera-se:

I – publicação – o oferecimento de obra literária, artística ou científica ao conhecimento do público, com o consentimento do autor, ou de qualquer outro titular de direito de autor, por qualquer forma ou processo;

II – transmissão ou emissão – a difusão de sons ou de sons e imagens, por meio de ondas radioelétricas; sinais de satélite; fio, cabo ou outro condutor; meios óticos ou qualquer outro processo eletromagnético;

III – retransmissão – a emissão simultânea da transmissão de uma empresa por outra;

IV – distribuição – a colocação à disposição do público do original ou cópia de obras literárias, artísticas ou científicas, interpretações ou execuções fixadas e fonogramas, mediante a venda, locação ou qualquer outra forma de transferência de propriedade ou posse;

V – comunicação ao público – ato mediante o qual a obra é colocada ao alcance do público, por qualquer meio ou procedimento e que não consista na distribuição de exemplares;

VI – reprodução – a cópia de um ou vários exemplares de uma obra literária, artística ou científica ou de um fonograma, de qualquer forma tangível, incluindo qualquer armazenamento permanente ou temporário por meios eletrônicos ou qualquer outro meio de fixação que venha a ser desenvolvido;

VII – contrafação – a reprodução não autorizada;

VIII – obra:

a) em coautoria – quando é criada em comum, por dois ou mais autores;

b) anônima – quando não se indica o nome do autor, por sua vontade ou por ser desconhecido;

c) pseudônima – quando o autor se oculta sob nome suposto;

d) inédita – a que não haja sido objeto de publicação;

e) póstuma – a que se publique após a morte do autor;

f) originária – a criação primígena;

g) derivada – a que, constituindo criação intelectual nova, resulta da transformação de obra originária;

h) coletiva – a criada por iniciativa, organização e

(*) Publicada no *DOU*, de 20-2-1998. O Decreto n. 9.574, de 22-11-2018, consolida atos normativos que dispõem sobre gestão coletiva de direitos autorais e fonogramas.

responsabilidade de uma pessoa física ou jurídica, que a publica sob seu nome ou marca e que é constituída pela participação de diferentes autores, cujas contribuições se fundem numa criação autônoma;

i) audiovisual – a que resulta da fixação de imagens com ou sem som, que tenha a finalidade de criar, por meio de sua reprodução, a impressão de movimento, independentemente dos processos de sua captação, do suporte usado inicial ou posteriormente para fixá-lo, bem como dos meios utilizados para sua veiculação;

IX – fonograma – toda fixação de sons de uma execução ou interpretação ou de outros sons, ou de uma representação de sons que não seja uma fixação incluída em uma obra audiovisual;

X – editor – a pessoa física ou jurídica à qual se atribui o direito exclusivo de reprodução da obra e o dever de divulgá-la, nos limites previstos no contrato de edição;

XI – produtor – a pessoa física ou jurídica que toma a iniciativa e tem a responsabilidade econômica da primeira fixação do fonograma ou da obra audiovisual, qualquer que seja a natureza do suporte utilizado;

XII – radiodifusão – a transmissão sem fio, inclusive por satélites, de sons ou imagens e sons ou das representações desses, para recepção ao público e a transmissão de sinais codificados, quando os meios de decodificação sejam oferecidos ao público pelo organismo de radiodifusão ou com seu consentimento;

XIII – artistas intérpretes ou executantes – todos os atores, cantores, músicos, bailarinos ou outras pessoas que representem um papel, cantem, recitem, declamem, interpretem ou executem em qualquer forma obras literárias ou artísticas ou expressões do folclore;

XIV – titular originário – o autor de obra intelectual, o intérprete, o executante, o produtor fonográfico e as empresas de radiodifusão.

•• Inciso XIV acrescentado pela Lei n. 12.853, de 14-8-2013.

Art. 6.º Não serão de domínio da União, dos Estados, do Distrito Federal ou dos Municípios as obras por eles simplesmente subvencionadas.

Título II
DAS OBRAS INTELECTUAIS

Capítulo I
DAS OBRAS PROTEGIDAS

Art. 7.º São obras intelectuais protegidas as criações do espírito, expressas por qualquer meio ou fixadas em qualquer suporte, tangível ou intangível, conhecido ou que se invente no futuro, tais como:

I – os textos de obras literárias, artísticas ou científicas;

II – as conferências, alocuções, sermões e outras obras da mesma natureza;

III – as obras dramáticas e dramático-musicais;

IV – as obras coreográficas e pantomímicas, cuja execução cênica se fixe por escrito ou por outra qualquer forma;

V – as composições musicais, tenham ou não letra;

VI – as obras audiovisuais, sonorizadas ou não, inclusive as cinematográficas;

VII – as obras fotográficas e as produzidas por qualquer processo análogo ao da fotografia;

VIII – as obras de desenho, pintura, gravura, escultura, litografia e arte cinética;

IX – as ilustrações, cartas geográficas e outras obras da mesma natureza;

X – os projetos, esboços e obras plásticas concernentes à geografia, engenharia, topografia, arquitetura, paisagismo, cenografia e ciência;

XI – as adaptações, traduções e outras transformações de obras originais, apresentadas como criação intelectual nova;

XII – os programas de computador;

XIII – as coletâneas ou compilações, antologias, enciclopédias, dicionários, bases de dados e outras obras, que, por sua seleção, organização ou disposição de seu conteúdo, constituam uma criação intelectual.

§ 1.º Os programas de computador são objeto de legislação específica, observadas as disposições desta Lei que lhes sejam aplicáveis.

§ 2.º A proteção concedida no inciso XIII não abarca os dados ou materiais em si mesmos e se entende sem prejuízo de quaisquer direitos autorais que subsistam a respeito dos dados ou materiais contidos nas obras.

§ 3.º No domínio das ciências, a proteção recairá sobre a forma literária ou artística, não abrangendo o seu conteúdo científico ou técnico, sem prejuízo dos direitos que protegem os demais campos da propriedade imaterial.

Art. 8.º Não são objeto de proteção como direitos autorais de que trata esta Lei:

I – as ideias, procedimentos normativos, sistemas, métodos, projetos ou conceitos matemáticos como tais;

II – os esquemas, planos ou regras para realizar atos mentais, jogos ou negócios;

III – os formulários em branco para serem preenchidos por qualquer tipo de informação, científica ou não, e suas instruções;

IV – os textos de tratados ou convenções, leis, decretos, regulamentos, decisões judiciais e demais atos oficiais;

V – as informações de uso comum tais como calendários, agendas, cadastros ou legendas;

VI – os nomes e títulos isolados;

VII – o aproveitamento industrial ou comercial das ideias contidas nas obras.

Art. 9.º À cópia de obra de arte plástica feita pelo próprio autor é assegurada a mesma proteção de que goza o original.

Art. 10. A proteção à obra intelectual abrange o seu título, se original e inconfundível com o de obra do mesmo gênero, divulgada anteriormente por outro autor.

Parágrafo único. O título de publicações periódicas, inclusive jornais, é protegido até um ano após a saída do seu último número, salvo se forem anuais, caso em que esse prazo se elevará a dois anos.

Capítulo II
DA AUTORIA DAS OBRAS INTELECTUAIS

Art. 11. Autor é a pessoa física criadora de obra literária, artística ou científica.

Parágrafo único. A proteção concedida ao autor poderá aplicar-se às pessoas jurídicas nos casos previstos nesta Lei.

Art. 12. Para se identificar como autor, poderá o criador da obra literária, artística ou científica usar de seu nome civil, completo ou abreviado até por suas iniciais, de pseudônimo ou qualquer outro sinal convencional.

Art. 13. Considera-se autor da obra intelectual, não havendo prova em contrário, aquele que, por uma das modalidades de identificação referidas no artigo anterior, tiver, em conformidade com o uso, indicada ou anunciada essa qualidade na sua utilização.

Art. 14. É titular de direitos de autor quem adapta, traduz, arranja ou orquestra obra caída no domínio público, não podendo opor-se a outra adaptação, arranjo, orquestração ou tradução, salvo se for cópia da sua.

Art. 15. A coautoria da obra é atribuída àqueles em cujo nome, pseudônimo ou sinal convencional for utilizada.

§ 1.º Não se considera coautor quem simplesmente auxiliou o autor na produção da obra literária, artística ou científica, revendo-a, atualizando-a, bem como fiscalizando ou dirigindo sua edição ou apresentação por qualquer meio.

§ 2.º Ao coautor, cuja contribuição possa ser utilizada separadamente, são asseguradas todas as faculdades inerentes à sua criação como obra individual, vedada, porém, a utilização que possa acarretar prejuízo à exploração da obra comum.

Art. 16. São coautores da obra audiovisual o autor do assunto ou argumento literário, musical ou literomusical e o diretor.

Parágrafo único. Consideram-se coautores de desenhos animados os que criam os desenhos utilizados na obra audiovisual.

Art. 17. É assegurada a proteção às participações individuais em obras coletivas.

§ 1.º Qualquer dos participantes, no exercício de seus direitos morais, poderá proibir que se indique ou anuncie seu nome na obra coletiva, sem prejuízo do direito de haver a remuneração contratada.

§ 2.º Cabe ao organizador a titularidade dos direitos patrimoniais sobre o conjunto da obra coletiva.

§ 3.º O contrato com o organizador especificará a contribuição do participante, o prazo para entrega ou realização, a remuneração e demais condições para sua execução.

Capítulo III
DO REGISTRO DAS OBRAS INTELECTUAIS

Art. 18. A proteção aos direitos de que trata esta Lei independe de registro.

Art. 19. É facultado ao autor registrar a sua obra no órgão público definido no *caput* e no § 1.º do art. 17 da Lei n. 5.988, de 14 de dezembro de 1973.

•• Disposições mantidas da Lei n. 5.988, de 14-12-1973:

"DO REGISTRO DAS OBRAS INTELECTUAIS

Art. 17. Para segurança de seus direitos, o autor da obra intelectual poderá registrá-la, conforme sua natureza, na Biblioteca Nacional, na Escola de Música, na Escola de Belas Artes da Universidade Federal do Rio de Janeiro, no Instituto Nacional do Cinema, ou no Conselho Federal de Engenharia, Arquitetura e Agronomia.

§ 1.º Se a obra for de natureza que comporte registro em mais de um desses órgãos, deverá ser registrada naquele com que tiver maior afinidade.

§ 2.º O Poder Executivo, mediante decreto, poderá, a qualquer tempo, reorganizar os serviços de registro, conferindo a outros órgãos as atribuições a que se refere este artigo".

- A Instrução Normativa n. 2, de 4-12-2024, da FBN, disciplina os procedimentos e rotinas relativos aos serviços de registro e/ou averbação de obras intelectuais, bem como os demais serviços correlatos, a serem realizados pelo Escritório de Direitos Autorais (EDA) da Fundação Biblioteca Nacional (FBN).

Art. 20. Para os serviços de registro previstos nesta Lei será cobrada retribuição, cujo valor e processo de recolhimento serão estabelecidos por ato do titular do órgão da administração pública federal a que estiver vinculado o registro das obras intelectuais.

Art. 21. Os serviços de registro de que trata esta Lei serão organizados conforme preceitua o § 2.º do art. 17 da Lei n. 5.988, de 14 de dezembro de 1973.

•• *Vide* nota ao art. 19 desta Lei.

TÍTULO III
DOS DIREITOS DO AUTOR

Capítulo I
DISPOSIÇÕES PRELIMINARES

Art. 22. Pertencem ao autor os direitos morais e patrimoniais sobre a obra que criou.

Art. 23. Os coautores da obra intelectual exercerão, de comum acordo, os seus direitos, salvo convenção em contrário.

Capítulo II
DOS DIREITOS MORAIS DO AUTOR

Art. 24. São direitos morais do autor:

I – o de reivindicar, a qualquer tempo, a autoria da obra;

II – o de ter seu nome, pseudônimo ou sinal convencional indicado ou anunciado, como sendo o do autor, na utilização de sua obra;

III – o de conservar a obra inédita;

IV – o de assegurar a integridade da obra, opondo-se a quaisquer modificações ou à prática de atos que, de qualquer forma, possam prejudicá-la ou atingi-lo, como autor, em sua reputação ou honra;

V – o de modificar a obra, antes ou depois de utilizada;

VI – o de retirar de circulação a obra ou de suspender qualquer forma de utilização já autorizada, quando a circulação ou utilização implicarem afronta à sua reputação e imagem;

VII – o de ter acesso a exemplar único e raro da obra, quando se encontre legitimamente em poder de outrem, para o fim de, por meio de processo fotográfico ou assemelhado, ou audiovisual, preservar sua memória, de forma que cause o menor inconveniente possível a seu detentor, que, em todo caso, será indenizado de qualquer dano ou prejuízo que lhe seja causado.

§ 1.º Por morte do autor, transmitem-se a seus sucessores os direitos a que se referem os incisos I a IV.

§ 2.º Compete ao Estado a defesa da integridade e autoria da obra caída em domínio público.

§ 3.º Nos casos dos incisos V e VI, ressalvam-se as prévias indenizações a terceiros, quando couberem.

Art. 25. Cabe exclusivamente ao diretor o exercício dos direitos morais sobre a obra audiovisual.

Art. 26. O autor poderá repudiar a autoria de projeto arquitetônico alterado sem o seu consentimento durante a execução ou após a conclusão da construção.

Parágrafo único. O proprietário da construção responde pelos danos que causar ao autor sempre que, após o repúdio, der como sendo daquele a autoria do projeto repudiado.

Art. 27. Os direitos morais do autor são inalienáveis e irrenunciáveis.

Capítulo III
DOS DIREITOS PATRIMONIAIS DO AUTOR E DE SUA DURAÇÃO

Art. 28. Cabe ao autor o direito exclusivo de utilizar, fruir e dispor da obra literária, artística ou científica.

Art. 29. Depende de autorização prévia e expressa do autor a utilização da obra, por quaisquer modalidades, tais como:

I – a reprodução parcial ou integral;

II – a edição;

III – a adaptação, o arranjo musical e quaisquer outras transformações;

IV – a tradução para qualquer idioma;

V – a inclusão em fonograma ou produção audiovisual;

VI – a distribuição, quando não intrínseca ao contrato firmado pelo autor com terceiros para uso ou exploração da obra;

VII – a distribuição para oferta de obras ou produções mediante cabo, fibra ótica, satélite, ondas ou qualquer outro sistema que permita ao usuário realizar a seleção da obra ou produção para percebê-la em um tempo e lugar previamente determinados por quem formula a demanda, e nos casos em que o acesso às obras ou produções se faça por qualquer sistema que importe em pagamento pelo usuário;

VIII – a utilização, direta ou indireta, da obra literária, artística ou científica, mediante:

a) representação, recitação ou declamação;

b) execução musical;

c) emprego de alto-falante ou de sistemas análogos;

d) radiodifusão sonora ou televisiva;

e) captação de transmissão de radiodifusão em locais de frequência coletiva;

f) sonorização ambiental;

g) a exibição audiovisual, cinematográfica ou por processo assemelhado;

h) emprego de satélites artificiais;

i) emprego de sistemas óticos, fios telefônicos ou não, cabos de qualquer tipo e meios de comunicação similares que venham a ser adotados;

j) exposição de obras de artes plásticas e figurativas;

IX – a inclusão em base de dados, o armazenamento em computador, a microfilmagem e as demais formas de arquivamento do gênero;

X – quaisquer outras modalidades de utilização existentes ou que venham a ser inventadas.

Art. 30. No exercício do direito de reprodução, o titular dos direitos autorais poderá colocar à disposição do público a obra, na forma, local e pelo tempo que desejar, a título oneroso ou gratuito.

§ 1.º O direito de exclusividade de reprodução não será aplicável quando ela for temporária e apenas tiver o propósito de tornar a obra, fonograma ou interpretação perceptível em meio eletrônico ou quando for de natureza transitória e incidental, desde que ocorra no curso do uso devidamente autorizado da obra, pelo titular.

§ 2.º Em qualquer modalidade de reprodução, a quantidade de exemplares será informada e controlada, cabendo a quem reproduzir a obra a responsabilidade de manter os registros que permitam, ao autor, a fiscalização do aproveitamento econômico da exploração.

Art. 31. As diversas modalidades de utilização de obras literárias, artísticas ou científicas ou de fonogramas são independentes entre si, e a autorização concedida pelo autor, ou pelo produtor, respectivamente, não se estende a quaisquer das demais.

Art. 32. Quando uma obra feita em regime de coautoria não for divisível, nenhum dos coautores, sob pena de responder por perdas e danos, poderá, sem consentimento dos demais, publicá-la ou autorizar-lhe a publicação, salvo na coleção de suas obras completas.

§ 1.º Havendo divergência, os coautores decidirão por maioria.

§ 2.º Ao coautor dissidente é assegurado o direito de não contribuir para as despesas de publicação, renunciando a sua parte nos lucros, e o de vedar que se inscreva seu nome na obra.

§ 3.º Cada coautor pode, individualmente, sem aquiescência dos outros, registrar a obra e defender os próprios direitos contra terceiros.

Art. 33. Ninguém pode reproduzir obra que não pertença ao domínio público, a pretexto de anotá-la, comentá-la ou melhorá-la, sem permissão do autor.

Parágrafo único. Os comentários ou anotações poderão ser publicados separadamente.

Art. 34. As cartas missivas, cuja publicação está condicionada à permissão do autor, poderão ser juntadas como documento de prova em processos administrativos e judiciais.

Art. 35. Quando o autor, em virtude de revisão, tiver dado à obra versão definitiva, não poderão seus sucessores reproduzir versões anteriores.

Art. 36. O direito de utilização econômica dos escritos publicados pela imprensa, diária ou periódica, com exceção dos assinados ou que apresentem sinal de reserva, pertence ao editor, salvo convenção em contrário.

Parágrafo único. A autorização para utilização econômica de artigos assinados, para publicação em diários e periódicos, não produz efeito além do prazo da periodicidade acrescido de 20 (vinte) dias, a contar de sua publicação, findo o qual recobra o autor o seu direito.

Art. 37. A aquisição do original de uma obra, ou de exemplar, não confere ao adquirente qualquer dos direitos patrimoniais do autor, salvo convenção em contrário entre as partes e os casos previstos nesta Lei.

Art. 38. O autor tem o direito, irrenunciável e inalienável, de perceber, no mínimo, 5% (cinco por cento) sobre o aumento do preço eventualmente verificável em cada revenda de obra de arte ou manuscrito, sendo originais, que houver alienado.

Parágrafo único. Caso o autor não perceba o seu direito de sequência no ato da revenda, o vendedor é considerado depositário da quantia a ele devida, salvo se a operação for realizada por leiloeiro, quando será este o depositário.

Art. 39. Os direitos patrimoniais do autor, excetuados os rendimentos resultantes de sua exploração, não se comunicam, salvo pacto antenupcial em contrário.

Art. 40. Tratando-se de obra anônima ou pseudônima, caberá a quem publicá-la o exercício dos direitos patrimoniais do autor.

Parágrafo único. O autor que se der a conhecer assumirá o exercício dos direitos patrimoniais, ressalvados os direitos adquiridos por terceiros.

Art. 41. Os direitos patrimoniais do autor perduram por 70 (setenta) anos contados de 1.º de janeiro do ano subsequente ao de seu falecimento, obedecida a ordem sucessória da lei civil.

Parágrafo único. Aplica-se às obras póstumas o prazo de proteção a que alude o *caput* deste artigo.

Art. 42. Quando a obra literária, artística ou científica realizada em coautoria for indivisível, o prazo previsto no artigo anterior será contado da morte do último dos coautores sobreviventes.

Parágrafo único. Acrescer-se-ão aos dos sobreviventes os direitos do coautor que falecer sem sucessores.

Art. 43. Será de 70 (setenta) anos o prazo de proteção aos direitos patrimoniais sobre as obras anônimas ou pseudônimas, contado de 1.º de janeiro do ano imediatamente posterior ao da primeira publicação.

Parágrafo único. Aplicar-se-á o disposto no art. 41 e seu parágrafo único, sempre que o autor se der a conhecer antes do termo do prazo previsto no *caput* deste artigo.

Art. 44. O prazo de proteção aos direitos patrimoniais sobre obras audiovisuais e fotográficas será de 70 (setenta) anos, a contar de 1.º de janeiro do ano subsequente ao de sua divulgação.

Art. 45. Além das obras em relação às quais decorreu o prazo de proteção aos direitos patrimoniais, pertencem ao domínio público:

I – as de autores falecidos que não tenham deixado sucessores;

II – as de autor desconhecido, ressalvada a proteção legal aos conhecimentos étnicos e tradicionais.

Capítulo IV
DAS LIMITAÇÕES AOS DIREITOS AUTORAIS

Art. 46. Não constitui ofensa aos direitos autorais:

I – a reprodução:

a) na imprensa diária ou periódica, de notícia ou de artigo informativo, publicado em diários ou periódicos, com a menção do nome do autor, se assinados, e da publicação de onde foram transcritos;

b) em diários ou periódicos, de discursos pronunciados em reuniões públicas de qualquer natureza;

c) de retratos, ou de outra forma de representação da imagem, feitos sob encomenda, quando realizada pelo proprietário do objeto encomendado, não havendo a oposição da pessoa neles representada ou de seus herdeiros;

d) de obras literárias, artísticas ou científicas, para uso exclusivo de deficientes visuais, sempre que a reprodução, sem fins comerciais, seja feita mediante o sistema Braille ou outro procedimento em qualquer suporte para esses destinatários;

II – a reprodução, em um só exemplar de pequenos trechos, para uso privado do copista, desde que feita por este, sem intuito de lucro;

III – a citação em livros, jornais, revistas ou qualquer outro meio de comunicação, de passagens de qualquer obra, para fins de estudo, crítica ou polêmica, na medida justificada para o fim a atingir, indicando-se o nome do autor e a origem da obra;

IV – o apanhado de lições em estabelecimentos de ensino por aqueles a quem elas se dirigem, vedada sua publicação, integral ou parcial, sem autorização prévia e expressa de quem as ministrou;

V – a utilização de obras literárias, artísticas ou científicas, fonogramas e transmissão de rádio e televisão em estabelecimentos comerciais, exclusivamente para demonstração à clientela, desde que esses estabelecimentos comercializem os suportes ou equipamentos que permitam a sua utilização;

VI – a representação teatral e a execução musical, quando realizadas no recesso familiar ou, para fins exclusivamente didáticos, nos estabelecimentos de ensino, não havendo em qualquer caso intuito de lucro;

VII – a utilização de obras literárias, artísticas ou científicas para produzir prova judiciária ou administrativa;

VIII – a reprodução, em quaisquer obras, de pequenos trechos de obras preexistentes, de qualquer natureza, ou de obra integral, quando de artes plásticas, sempre que a reprodução em si não seja o objetivo principal da obra nova e que não prejudique a exploração normal da obra reproduzida nem cause um prejuízo injustificado aos legítimos interesses dos autores.

Art. 47. São livres as paráfrases e paródias que não forem verdadeiras reproduções da obra originária nem lhe implicarem descrédito.

Art. 48. As obras situadas permanentemente em logradouros públicos podem ser representadas livremente, por meio de pinturas, desenhos, fotografias e procedimentos audiovisuais.

Capítulo V
DA TRANSFERÊNCIA DOS DIREITOS DE AUTOR

Art. 49. Os direitos de autor poderão ser total ou parcialmente transferidos a terceiros, por ele ou por seus sucessores, a título universal ou singular, pessoalmente ou por meio de representantes com poderes especiais, por meio de licenciamento, concessão, cessão ou por outros meios admitidos em Direito, obedecidas as seguintes limitações:

I – a transmissão total compreende todos os direitos de autor, salvo os de natureza moral e os expressamente excluídos por lei;

II – somente se admitirá transmissão total e definitiva dos direitos mediante estipulação contratual escrita;

III – na hipótese de não haver estipulação contratual escrita, o prazo máximo será de 5 (cinco) anos;

IV – a cessão será válida unicamente para o país em que se firmou o contrato, salvo estipulação em contrário;

V – a cessão só se operará para modalidades de utilização já existentes à data do contrato;

VI – não havendo especificações quanto à modalidade de utilização, o contrato será interpretado restritivamente, entendendo-se como limitada apenas a uma que seja aquela indispensável ao cumprimento da finalidade do contrato.

Art. 50. A cessão total ou parcial dos direitos de autor, que se fará sempre por escrito, presume-se onerosa.

§ 1.º Poderá a cessão ser averbada à margem do registro a que se refere o art. 19 desta Lei, ou, não estando a obra registrada, poderá o instrumento ser registrado em Cartório de Títulos e Documentos.

§ 2.º Constarão do instrumento de cessão como elementos essenciais seu objeto e as condições de exercício do direito quanto a tempo, lugar e preço.

Art. 51. A cessão dos direitos de autor sobre obras futuras abrangerá, no máximo, o período de 5 (cinco) anos.

Parágrafo único. O prazo será reduzido a 5 (cinco) anos sempre que indeterminado ou superior, diminuindo-se, na devida proporção, o preço estipulado.

Art. 52. A omissão do nome do autor, ou de coautor, na divulgação da obra não presume o anonimato ou a cessão de seus direitos.

Título IV
DA UTILIZAÇÃO DE OBRAS INTELECTUAIS E DOS FONOGRAMAS

Capítulo I
DA EDIÇÃO

Art. 53. Mediante contrato de edição, o editor, obrigando-se a reproduzir e a divulgar a obra literária, artística ou científica, fica autorizado, em caráter de exclusividade, a publicá-la e a explorá-la pelo prazo e nas condições pactuadas com o autor.

Parágrafo único. Em cada exemplar da obra o editor mencionará:

I – o título da obra e seu autor;

II – no caso de tradução, o título original e o nome do tradutor;

III – o ano de publicação;

IV – o seu nome ou marca que o identifique.

Art. 54. Pelo mesmo contrato pode o autor obrigar-se à feitura de obra literária, artística ou científica em cuja publicação e divulgação se empenha o editor.

Art. 55. Em caso de falecimento ou de impedimento do autor para concluir a obra, o editor poderá:

I – considerar resolvido o contrato, mesmo que tenha sido entregue parte considerável da obra;

II – editar a obra, sendo autônoma, mediante pagamento proporcional do preço;

III – mandar que outro a termine, desde que consintam os sucessores e seja o fato indicado na edição.

Parágrafo único. É vedada a publicação parcial, se o autor manifestou a vontade de só publicá-la por inteiro ou se assim o decidirem seus sucessores.

Art. 56. Entende-se que o contrato versa apenas sobre uma edição, se não houver cláusula expressa em contrário.

Parágrafo único. No silêncio do contrato, considera-se que cada edição se constitui de três mil exemplares.

Art. 57. O preço da retribuição será arbitrado, com base nos usos e costumes, sempre que no contrato não a tiver estipulado expressamente o autor.

Art. 58. Se os originais forem entregues em desacordo com o ajustado e o editor não os recusar nos 30 (trinta) dias seguintes ao do recebimento, ter-se-ão por aceitas as alterações introduzidas pelo autor.

Art. 59. Quaisquer que sejam as condições do contrato, o editor é obrigado a facultar ao autor o exame da escrituração na parte que lhe corresponde, bem como a informá-lo sobre o estado da edição.

Art. 60. Ao editor compete fixar o preço da venda, sem, todavia, poder elevá-lo a ponto de embaraçar a circulação da obra.

Art. 61. O editor será obrigado a prestar contas mensais ao autor sempre que a retribuição deste estiver condicionada à venda da obra, salvo se prazo diferente houver sido convencionado.

Art. 62. A obra deverá ser editada em 2 (dois) anos da celebração do contrato, salvo prazo diverso estipulado em convenção.

Parágrafo único. Não havendo edição da obra no prazo legal ou contratual, poderá ser rescindido o contrato, respondendo o editor por danos causados.

Art. 63. Enquanto não se esgotarem as edições a que tiver direito o editor, não poderá o autor dispor de sua obra, cabendo ao editor o ônus da prova.

§ 1.º Na vigência do contrato de edição, assiste ao editor o direito de exigir que se retire de circulação edição da mesma obra feita por outrem.

§ 2.º Considera-se esgotada a edição quando restarem em estoque, em poder do editor, exemplares em número inferior a 10% (dez por cento) do total da edição.

Art. 64. Somente decorrido 1 (um) ano de lançamento da edição, o editor poderá vender, como saldo, os exemplares restantes, desde que o autor seja notificado de que, no prazo de 30 (trinta) dias, terá prioridade na aquisição dos referidos exemplares pelo preço de saldo.

Art. 65. Esgotada a edição, e o editor, com direito a outra, não a publicar, poderá o autor notificá-lo a que o faça em certo prazo, sob pena de perder aquele direito, além de responder por danos.

Art. 66. O autor tem o direito de fazer, nas edições sucessivas de suas obras, as emendas e alterações que bem lhe aprouver.

Parágrafo único. O editor poderá opor-se às alterações que lhe prejudiquem os interesses, ofendam sua reputação ou aumentem sua responsabilidade.

Art. 67. Se, em virtude de sua natureza, for imprescindível a atualização da obra em novas edições, o editor, negando-se o autor a fazê-la, dela poderá encarregar outrem, mencionando o fato na edição.

Capítulo II
DA COMUNICAÇÃO AO PÚBLICO

Art. 68. Sem prévia e expressa autorização do autor ou titular, não poderão ser utilizadas obras teatrais, composições musicais ou literomusicais e fonogramas, em representações e execuções públicas.

§ 1.º Considera-se representação pública a utilização de obras teatrais no gênero drama, tragédia, comédia, ópera, opereta, balé, pantomimas e assemelhadas, musicadas ou não, mediante a participação de artistas, remunerados ou não, em locais de frequência coletiva ou pela radiodifusão, transmissão e exibição cinematográfica.

§ 2.º Considera-se execução pública a utilização de composições musicais ou literomusicais, mediante a participação de artistas, remunerados ou não, ou a utilização de fonogramas e obras audiovisuais, em locais de frequência coletiva, por quaisquer processos, inclusive a radiodifusão ou transmissão por qualquer modalidade, e a exibição cinematográfica.

§ 3.º Consideram-se locais de frequência coletiva os teatros, cinemas, salões de baile ou concertos, boates, bares, clubes ou associações de qualquer natureza, lojas, estabelecimentos comerciais e industriais, estádios, circos, feiras, restaurantes, hotéis, motéis, clínicas, hospitais, órgãos públicos da administração direta ou indireta, fundacionais e estatais, meios de transporte de passageiros terrestre, marítimo, fluvial ou aéreo, ou onde quer que se representem, executem ou transmitam obras literárias, artísticas ou científicas.

§ 4.º Previamente à realização da execução pública, o empresário deverá apresentar ao escritório central, previsto no art. 99, a comprovação dos recolhimentos relativos aos direitos autorais.

§ 5.º Quando a remuneração depender da frequência do público, poderá o empresário, por convênio com o escritório central, pagar o preço após a realização da execução pública.

§ 6.º O usuário entregará à entidade responsável pela arrecadação dos direitos relativos à execução ou exibição pública, imediatamente após o ato de comunicação ao público, relação completa das obras e fonogramas utilizados, e a tornará pública e de livre acesso, juntamente com os valores pagos, em seu sítio eletrônico ou, em não havendo este, no local da comunicação e em sua sede.

•• § 6.º com redação determinada pela Lei n. 12.853, de 14-8-2013.

§ 7.º As empresas cinematográficas e de radiodifusão manterão à imediata disposição dos interessados, cópia autêntica dos contratos, ajustes ou acordos, individuais ou coletivos, autorizando e disciplinando a remuneração por execução pública das obras musicais e fonogramas contidos em seus programas ou obras audiovisuais.

§ 8.º Para as empresas mencionadas no § 7.º, o prazo para cumprimento do disposto no § 6.º será até o décimo dia útil de cada mês, relativamente à relação completa das obras e fonogramas utilizados no mês anterior.

•• § 8.º acrescentado pela Lei n. 12.853, de 14-8-2013.

Art. 69. O autor, observados os usos locais, notificará o empresário do prazo para a representação ou execução, salvo prévia estipulação convencional.

Art. 70. Ao autor assiste o direito de opor-se à representação ou execução que não seja suficientemente ensaiada, bem como fiscalizá-la, tendo, para isso, livre acesso durante as representações ou execuções, no local onde se realizam.

Art. 71. O autor da obra não pode alterar-lhe a substância, sem acordo com o empresário que a faz representar.

Art. 72. O empresário, sem licença do autor, não pode entregar a obra a pessoa estranha à representação ou à execução.

Art. 73. Os principais intérpretes e os diretores de orquestras ou do coro, escolhidos de comum acordo pelo autor e pelo produtor, não podem ser substituídos por ordem deste, sem que aquele consinta.

Art. 74. O autor de obra teatral, ao autorizar a sua tradução ou adaptação, poderá fixar prazo para utilização dela em representações públicas.

Parágrafo único. Após o decurso do prazo a que se refere este artigo, não poderá opor-se o tradutor ou adaptador à utilização de outra tradução ou adaptação autorizada, salvo se for cópia da sua.

Art. 75. Autorizada a representação de obra teatral feita em coautoria, não poderá qualquer dos coautores revogar a autorização dada, provocando a suspensão da temporada contratualmente ajustada.

Art. 76. É impenhorável a parte do produto dos espetáculos reservada ao autor e aos artistas.

Capítulo III
DA UTILIZAÇÃO DA OBRA DE ARTE PLÁSTICA

Art. 77. Salvo convenção em contrário, o autor de obra de arte plástica, ao alienar o objeto em que ela se materializa, transmite o direito de expô-la, mas não transmite ao adquirente o direito de reproduzi-la.

Art. 78. A autorização para reproduzir obra de arte plástica, por qualquer processo, deve se fazer por escrito e se presume onerosa.

Capítulo IV
DA UTILIZAÇÃO DA OBRA FOTOGRÁFICA

Art. 79. O autor de obra fotográfica tem direito a reproduzi-la e colocá-la à venda, observadas as restrições à exposição, reprodução e venda de retratos, e sem prejuízo dos direitos de autor sobre a obra fotografada, se de artes plásticas protegidas.

§ 1.º A fotografia, quando utilizada por terceiros, indicará de forma legível o nome do seu autor.

§ 2.º É vedada a reprodução de obra fotográfica que não esteja em absoluta consonância com o original, salvo prévia autorização do autor.

Capítulo V
DA UTILIZAÇÃO DE FONOGRAMA

Art. 80. Ao publicar o fonograma, o produtor mencionará em cada exemplar:

I – o título da obra incluída e seu autor;

II – o nome ou pseudônimo do intérprete;

III – o ano de publicação;

IV – o seu nome ou marca que o identifique.

Capítulo VI
DA UTILIZAÇÃO DA OBRA AUDIOVISUAL

Art. 81. A autorização do autor e do intérprete de obra literária, artística ou científica para produção audiovisual implica, salvo disposição em contrário, consentimento para sua utilização econômica.

§ 1.º A exclusividade da autorização depende de cláusula expressa e cessa 10 (dez) anos após a celebração do contrato.

§ 2.º Em cada cópia da obra audiovisual, mencionará o produtor:

I – o título da obra audiovisual;
II – os nomes ou pseudônimos do diretor e dos demais coautores;
III – o título da obra adaptada e seu autor, se for o caso;
IV – os artistas intérpretes;
V – o ano de publicação;
VI – o seu nome ou marca que o identifique;
VII – o nome dos dubladores.

•• Inciso VII acrescentado pela Lei n. 12.091, de 11-11-2009.

Art. 82. O contrato de produção audiovisual deve estabelecer:

I – a remuneração devida pelo produtor aos coautores da obra e aos artistas intérpretes e executantes, bem como o tempo, lugar e forma de pagamento;
II – o prazo de conclusão da obra;
III – a responsabilidade do produtor para com os coautores, artistas intérpretes ou executantes, no caso de coprodução.

Art. 83. O participante da produção da obra audiovisual que interromper, temporária ou definitivamente, sua atuação, não poderá opor-se a que esta seja utilizada na obra nem a que terceiro o substitua, resguardados os direitos que adquiriu quanto à parte já executada.

Art. 84. Caso a remuneração dos coautores da obra audiovisual dependa dos rendimentos de sua utilização econômica, o produtor lhes prestará contas semestralmente, se outro prazo não houver sido pactuado.

Art. 85. Não havendo disposição em contrário, poderão os coautores da obra audiovisual utilizar-se, em gênero diverso, da parte que constitua sua contribuição pessoal.

Parágrafo único. Se o produtor não concluir a obra audiovisual no prazo ajustado ou não iniciar sua exploração dentro de 2 (dois) anos, a contar de sua conclusão, a utilização a que se refere este artigo será livre.

Art. 86. Os direitos autorais de execução musical relativos a obras musicais, literomusicais e fonogramas incluídos em obras audiovisuais serão devidos aos seus titulares pelos responsáveis dos locais ou estabelecimentos a que alude o § 3.º do art. 68 desta Lei, que as exibirem, ou pelas emissoras de televisão que as transmitirem.

Capítulo VII
DA UTILIZAÇÃO DE BASES DE DADOS

Art. 87. O titular do direito patrimonial sobre uma base de dados terá o direito exclusivo, a respeito da forma de expressão da estrutura da referida base, de autorizar ou proibir:

I – sua reprodução total ou parcial, por qualquer meio ou processo;
II – sua tradução, adaptação, reordenação ou qualquer outra modificação;
III – a distribuição do original ou cópias da base de dados ou a sua comunicação ao público;
IV – a reprodução, distribuição ou comunicação ao público dos resultados das operações mencionadas no inciso II deste artigo.

Capítulo VIII
DA UTILIZAÇÃO DA OBRA COLETIVA

Art. 88. Ao publicar a obra coletiva, o organizador mencionará em cada exemplar:

I – o título da obra;
II – a relação de todos os participantes, em ordem alfabética, se outra não houver sido convencionada;
III – o ano de publicação;
IV – o seu nome ou marca que o identifique.

Parágrafo único. Para valer-se do disposto no § 1.º do art. 17, deverá o participante notificar o organizador, por escrito, até a entrega de sua participação.

TÍTULO V
DOS DIREITOS CONEXOS

Capítulo I
DISPOSIÇÕES PRELIMINARES

Art. 89. As normas relativas aos direitos de autor aplicam-se, no que couber, aos direitos dos artistas intérpretes ou executantes, dos produtores fonográficos e das empresas de radiodifusão.

Parágrafo único. A proteção desta Lei aos direitos previstos neste artigo deixa intactas e não afeta as garantias asseguradas aos autores das obras literárias, artísticas ou científicas.

Capítulo II
DOS DIREITOS DOS ARTISTAS INTÉRPRETES OU EXECUTANTES

Art. 90. Tem o artista intérprete ou executante o direito exclusivo de, a título oneroso ou gratuito, autorizar ou proibir:

I – a fixação de suas interpretações ou execuções;

II – a reprodução, a execução pública e a locação das suas interpretações ou execuções fixadas;

III – a radiodifusão das suas interpretações ou execuções, fixadas ou não;

IV – a colocação à disposição do público de suas interpretações ou execuções, de maneira que qualquer pessoa a elas possa ter acesso, no tempo e no lugar que individualmente escolherem;

V – qualquer outra modalidade de utilização de suas interpretações ou execuções.

§ 1.º Quando na interpretação ou na execução participarem vários artistas, seus direitos serão exercidos pelo diretor do conjunto.

§ 2.º A proteção aos artistas intérpretes ou executantes estende-se à reprodução da voz e imagem, quando associadas às suas atuações.

Art. 91. As empresas de radiodifusão poderão realizar fixações de interpretação ou execução de artistas que as tenham permitido para utilização em determinado número de emissões, facultada sua conservação em arquivo público.

Parágrafo único. A reutilização subsequente da fixação, no País ou no exterior, somente será lícita mediante autorização escrita dos titulares de bens intelectuais incluídos no programa, devida uma remuneração adicional aos titulares para cada nova utilização.

Art. 92. Aos intérpretes cabem os direitos morais de integridade e paternidade de suas interpretações, inclusive depois da cessão dos direitos patrimoniais, sem prejuízo da redução, compactação, edição ou dublagem da obra de que tenham participado, sob a responsabilidade do produtor, que não poderá desfigurar a interpretação do artista.

Parágrafo único. O falecimento de qualquer participante de obra audiovisual, concluída ou não, não obsta sua exibição e aproveitamento econômico, nem exige autorização adicional, sendo a remuneração prevista para o falecido, nos termos do contrato e da lei, efetuada a favor do espólio ou dos sucessores.

Capítulo III
DOS DIREITOS DOS PRODUTORES FONOGRÁFICOS

Art. 93. O produtor de fonogramas tem o direito exclusivo de, a título oneroso ou gratuito, autorizar-lhes ou proibir-lhes:

I – a reprodução direta ou indireta, total ou parcial;

II – a distribuição por meio da venda ou locação de exemplares da reprodução;

III – a comunicação ao público por meio da execução pública, inclusive pela radiodifusão;

IV – (*Vetado*);

V – quaisquer outras modalidades de utilização, existentes ou que venham a ser inventadas.

Art. 94. (*Revogado pela Lei n. 12.853, de 14-8-2013.*)

Capítulo IV
DOS DIREITOS DAS EMPRESAS DE RADIODIFUSÃO

Art. 95. Cabe às empresas de radiodifusão o direito exclusivo de autorizar ou proibir a retransmissão, fixação e reprodução de suas emissões, bem como a comunicação ao público, pela televisão, em locais de frequência coletiva, sem prejuízo dos direitos dos titulares de bens intelectuais incluídos na programação.

Capítulo V
DA DURAÇÃO DOS DIREITOS CONEXOS

Art. 96. É de 70 (setenta) anos o prazo de proteção aos direitos conexos, contados a partir de 1.º de janeiro do ano subsequente à fixação, para os fonogramas; à transmissão, para as emissões das empresas de radiodifusão; e à execução e representação pública, para os demais casos.

Título VI
DAS ASSOCIAÇÕES DE TITULARES DE DIREITOS DE AUTOR E DOS QUE LHES SÃO CONEXOS

Art. 97. Para o exercício e defesa de seus direitos, podem os autores e os titulares de direitos conexos associar-se sem intuito de lucro.

§ 1.º As associações reguladas por este artigo exercem atividade de interesse público, por determinação desta Lei, devendo atender a sua função social.
•• § 1.º com redação determinada pela Lei n. 12.853, de 14-8-2013.

§ 2.º É vedado pertencer, simultaneamente, a mais de uma associação para a gestão coletiva de direitos da mesma natureza.
•• § 2.º com redação determinada pela Lei n. 12.853, de 14-8-2013.

§ 3.º Pode o titular transferir-se, a qualquer momento, para outra associação, devendo comunicar o fato, por escrito, à associação de origem.
•• § 3.º com redação determinada pela Lei n. 12.853, de 14-8-2013.

§ 4.º As associações com sede no exterior far-se-ão representar, no País, por associações nacionais constituídas na forma prevista nesta Lei.
•• § 4.º acrescentado pela Lei n. 12.853, de 14-8-2013.

§ 5.º Apenas os titulares originários de direitos de autor ou de direitos conexos filiados diretamente às associações nacionais poderão votar ou ser votados nas associações reguladas por este artigo.
•• § 5.º acrescentado pela Lei n. 12.853, de 14-8-2013.

§ 6.º Apenas os titulares originários de direitos de autor ou de direitos conexos, nacionais ou estrangeiros domiciliados no Brasil, filiados diretamente às associações nacionais poderão assumir cargos de direção nas associações reguladas por este artigo.
•• § 6.º acrescentado pela Lei n. 12.853, de 14-8-2013.

Art. 98. Com o ato de filiação, as associações de que trata o art. 97 tornam-se mandatárias de seus associados para a prática de todos os atos necessários à defesa judicial ou extrajudicial de seus direitos autorais, bem como para o exercício da atividade de cobrança desses direitos.
•• *Caput* com redação determinada pela Lei n. 12.853, de 14-8-2013.
•• A Instrução Normativa n. 7, de 28-8-2023, do Ministério da Cultura, regulamenta os processos administrativos de habilitação para a atividade de cobrança, monitoramento, fiscalização e sancionamento das associações de gestão coletiva de direitos de autor e direitos conexos e de ente arrecadador.

§ 1.º O exercício da atividade de cobrança citada no *caput* somente será lícito para as associações que obtiverem habilitação em órgão da Administração Pública Federal, nos termos do art. 98-A.
•• § 1.º acrescentado pela Lei n. 12.853, de 14-8-2013.

§ 2.º As associações deverão adotar os princípios da isonomia, eficiência e transparência na cobrança pela utilização de qualquer obra ou fonograma.
•• § 2.º acrescentado pela Lei n. 12.853, de 14-8-2013.

§ 3.º Caberá às associações, no interesse dos seus associados, estabelecer os preços pela utilização de seus repertórios, considerando a razoabilidade, a boa-fé e os usos do local de utilização das obras.
•• § 3.º acrescentado pela Lei n. 12.853, de 14-8-2013.

§ 4.º A cobrança será sempre proporcional ao grau de utilização das obras e fonogramas pelos usuários, considerando a importância da execução pública no exercício de suas atividades, e as particularidades de cada segmento, conforme disposto no regulamento desta Lei.
•• § 4.º acrescentado pela Lei n. 12.853, de 14-8-2013.

§ 5.º As associações deverão tratar seus associados de forma equitativa, sendo vedado o tratamento desigual.
•• § 5.º acrescentado pela Lei n. 12.853, de 14-8-2013.

§ 6.º As associações deverão manter um cadastro centralizado de todos os contratos, declarações ou documentos de qualquer natureza que comprovem a autoria e a titularidade das obras e dos fonogramas, bem como as participações individuais em cada obra e em cada fonograma, prevenindo o falseamento de dados e fraudes e promovendo a desambiguação de títulos similares de obras.
•• § 6.º acrescentado pela Lei n. 12.853, de 14-8-2013.

§ 7.º As informações mencionadas no § 6.º são de interesse público e o acesso a elas deverá ser disponibilizado por meio eletrônico a qualquer interessado, de forma gratuita, permitindo-se ainda ao Ministério da Cultura o acesso contínuo e integral a tais informações.
•• § 7.º acrescentado pela Lei n. 12.853, de 14-8-2013.

§ 8.º Mediante comunicação do interessado e preservada a ampla defesa e o direito ao contraditório, o Ministério da Cultura poderá, no caso de inconsistência nas informações mencionadas no § 6.º deste artigo, determinar sua retificação e demais medidas necessárias à sua regularização, conforme disposto em regulamento.
•• § 8.º acrescentado pela Lei n. 12.853, de 14-8-2013.

§ 9.º As associações deverão disponibilizar sistema de informação para comunicação periódica, pelo usuário, da totalidade das obras e fonogramas utilizados, bem

Lei n. 9.610, de 19-2-1998 — Direitos Autorais

como para acompanhamento, pelos titulares de direitos, dos valores arrecadados e distribuídos.

•• § 9.º acrescentado pela Lei n. 12.853, de 14-8-2013.

§ 10. Os créditos e valores não identificados deverão permanecer retidos e à disposição dos titulares pelo período de 5 (cinco) anos, devendo ser distribuídos à medida de sua identificação.

•• § 10 acrescentado pela Lei n. 12.853, de 14-8-2013.

§ 11. Findo o período de 5 (cinco) anos previsto no § 10 sem que tenha ocorrido a identificação dos créditos e valores retidos, estes serão distribuídos aos titulares de direitos de autor e de direitos conexos dentro da mesma rubrica em que foram arrecadados e na proporção de suas respectivas arrecadações durante o período da retenção daqueles créditos e valores, sendo vedada a sua destinação para outro fim.

•• § 11 acrescentado pela Lei n. 12.853, de 14-8-2013.

§ 12. A taxa de administração praticada pelas associações no exercício da cobrança e distribuição de direitos autorais deverá ser proporcional ao custo efetivo de suas operações, considerando as peculiaridades de cada uma delas.

•• § 12 acrescentado pela Lei n. 12.853, de 14-8-2013.

§ 13. Os dirigentes das associações serão eleitos para mandato de 3 (três) anos, permitida uma única recondução precedida de nova eleição.

•• § 13 acrescentado pela Lei n. 12.853, de 14-8-2013.

§ 14. Os dirigentes das associações atuarão diretamente em sua gestão, por meio de voto pessoal, sendo vedado que atuem representados por terceiros.

•• § 14 acrescentado pela Lei n. 12.853, de 14-8-2013.

§ 15. Os titulares de direitos autorais poderão praticar pessoalmente os atos referidos no *caput* e no § 3.º deste artigo, mediante comunicação à associação a que estiverem filiados, com até 48 (quarenta e oito) horas de antecedência da sua prática.

•• § 15 acrescentado pela Lei n. 12.853, de 14-8-2013.

§ 16. As associações, por decisão do seu órgão máximo de deliberação e conforme previsto em seus estatutos, poderão destinar até 20% (vinte por cento) da totalidade ou de parte dos recursos oriundos de suas atividades para ações de natureza cultural e social que beneficiem seus associados de forma coletiva.

•• § 16 acrescentado pela Lei n. 12.853, de 14-8-2013.

Art. 98-A. O exercício da atividade de cobrança de que trata o art. 98 dependerá de habilitação prévia em órgão da Administração Pública Federal, conforme disposto em regulamento, cujo processo administrativo observará:

•• *Caput* acrescentado pela Lei n. 12.853, de 14-8-2013.

I – o cumprimento, pelos estatutos da entidade solicitante, dos requisitos estabelecidos na legislação para sua constituição;

•• Inciso I acrescentado pela Lei n. 12.853, de 14-8-2013.

II – a demonstração de que a entidade solicitante reúne as condições necessárias para assegurar uma administração eficaz e transparente dos direitos a ela confiados e significativa representatividade de obras e titulares cadastrados, mediante comprovação dos seguintes documentos e informações:

•• Inciso II, *caput*, acrescentado pela Lei n. 12.853, de 14-8-2013.

a) cadastros das obras e titulares que representam;

•• Alínea *a* acrescentada pela Lei n. 12.853, de 14-8-2013.

b) contratos e convênios mantidos com usuários de obras de seus repertórios, quando aplicável;

•• Alínea *b* acrescentada pela Lei n. 12.853, de 14-8-2013.

c) estatutos e respectivas alterações;

•• Alínea *c* acrescentada pela Lei n. 12.853, de 14-8-2013.

d) atas das assembleias ordinárias ou extraordinárias;

•• Alínea *d* acrescentada pela Lei n. 12.853, de 14-8-2013.

e) acordos de representação recíproca com entidades congêneres estrangeiras, quando existentes;

•• Alínea *e* acrescentada pela Lei n. 12.853, de 14-8-2013.

f) relatório anual de suas atividades, quando aplicável;

•• Alínea *f* acrescentada pela Lei n. 12.853, de 14-8-2013.

g) demonstrações contábeis anuais, quando aplicável;

•• Alínea *g* acrescentada pela Lei n. 12.853, de 14-8-2013.

h) demonstração de que as taxas de administração são proporcionais aos custos de cobrança e distribuição para cada tipo de utilização, quando aplicável;

•• Alínea *h* acrescentada pela Lei n. 12.853, de 14-8-2013.

i) relatório anual de auditoria externa de suas contas, desde que a entidade funcione há mais de 1 (um) ano e que a auditoria seja demandada pela maioria de seus associados ou por sindicato ou associação profissional, nos termos do art. 100;

•• Alínea *i* acrescentada pela Lei n. 12.853, de 14-8-2013.

j) detalhamento do modelo de governança da associação, incluindo estrutura de representação isonômica dos associados;

•• Alínea j acrescentada pela Lei n. 12.853, de 14-8-2013.
k) plano de cargos e salários, incluindo valor das remunerações dos dirigentes, gratificações, bonificações e outras modalidades de remuneração e premiação, com valores atualizados;

•• Alínea k acrescentada pela Lei n. 12.853, de 14-8-2013.
III – outras informações estipuladas em regulamento por órgão da Administração Pública Federal, como as que demonstrem o cumprimento das obrigações internacionais contratuais da entidade solicitante que possam ensejar questionamento ao Estado Brasileiro no âmbito dos acordos internacionais dos quais é parte.

•• Inciso III acrescentado pela Lei n. 12.853, de 14-8-2013.
§ 1.º Os documentos e informações a que se referem os incisos II e III do *caput* deste artigo deverão ser apresentados anualmente ao Ministério da Cultura.

•• § 1.º acrescentado pela Lei n. 12.853, de 14-8-2013.
§ 2.º A habilitação de que trata o § 1.º do art. 98 é um ato de qualificação vinculado ao cumprimento dos requisitos instituídos por esta Lei e por seu regulamento e não precisará ser renovada periodicamente, mas poderá ser anulada mediante decisão proferida em processo administrativo ou judicial, quando verificado que a associação não atende ao disposto nesta Lei, assegurados sempre o contraditório e ampla defesa, bem como a comunicação do fato ao Ministério Público.

•• § 2.º acrescentado pela Lei n. 12.853, de 14-8-2013.
§ 3.º A anulação da habilitação a que se refere o § 1.º do art. 98 levará em consideração a gravidade e a relevância das irregularidades identificadas, a boa-fé do infrator e a reincidência nas irregularidades, conforme disposto em regulamento, e somente se efetivará após a aplicação de advertência, quando se concederá prazo razoável para atendimento das exigências apontadas pela autoridade competente.

•• § 3.º acrescentado pela Lei n. 12.853, de 14-8-2013.
§ 4.º A ausência de uma associação que seja mandatária de determinada categoria de titulares em função da aplicação do § 2.º deste artigo não isenta os usuários das obrigações previstas no art. 68, que deverão ser quitadas em relação ao período compreendido entre o indeferimento do pedido de habilitação, a anulação ou o cancelamento da habilitação e a obtenção de nova habilitação ou constituição de entidade sucessora nos termos deste artigo, ficando a entidade sucessora responsável pela fixação dos valores dos direitos autorais ou conexos em relação ao período compreendido entre o indeferimento do pedido de habilitação ou sua anulação e a obtenção de nova habilitação pela entidade sucessora.

•• § 4.º acrescentado pela Lei n. 12.853, de 14-8-2013.
§ 5.º A associação cuja habilitação, nos termos deste artigo, seja anulada, inexistente ou pendente de apreciação pela autoridade competente, ou apresente qualquer outra forma de irregularidade, não poderá utilizar tais fatos como impedimento para distribuição de eventuais valores já arrecadados, sob pena de responsabilização direta de seus dirigentes nos termos do art. 100-A, sem prejuízo das sanções penais cabíveis.

•• § 5.º acrescentado pela Lei n. 12.853, de 14-8-2013.
§ 6.º As associações de gestão coletiva de direitos autorais deverão manter atualizados e disponíveis aos associados os documentos e as informações previstos nos incisos II e III deste artigo.

•• § 6.º acrescentado pela Lei n. 12.853, de 14-8-2013.
Art. 98-B. A as associações de gestão coletiva de direitos autorais, no desempenho de suas funções, deverão:

•• *Caput* acrescentado pela Lei n. 12.853, de 14-8-2013.
I – dar publicidade e transparência, por meio de sítios eletrônicos próprios, às formas de cálculo e critérios de cobrança, discriminando, dentre outras informações, o tipo de usuário, tempo e lugar de utilização, bem como os critérios de distribuição dos valores dos direitos autorais arrecadados, incluídas as planilhas e demais registros de utilização das obras e fonogramas fornecidas pelos usuários, excetuando os valores distribuídos aos titulares individualmente;

•• Inciso I acrescentado pela Lei n. 12.853, de 14-8-2013.
II – dar publicidade e transparência, por meio de sítios eletrônicos próprios, aos estatutos, aos regulamentos de arrecadação e distribuição, às atas de suas reuniões deliberativas e aos cadastros das obras e titulares que representam, bem como ao montante arrecadado e distribuído e aos créditos eventualmente arrecadados e não distribuídos, sua origem e o motivo da sua retenção;

•• Inciso II acrescentado pela Lei n. 12.853, de 14-8-2013.
III – buscar eficiência operacional, dentre outros meios, pela redução de seus custos administrativos e dos prazos de distribuição dos valores aos titulares de direitos;

•• Inciso III acrescentado pela Lei n. 12.853, de 14-8-2013.

Lei n. 9.610, de 19-2-1998 — Direitos Autorais

IV – oferecer aos titulares de direitos os meios técnicos para que possam acessar o balanço dos seus créditos da forma mais eficiente dentro do estado da técnica;

•• Inciso IV acrescentado pela Lei n. 12.853, de 14-8-2013.

V – aperfeiçoar seus sistemas para apuração cada vez mais acurada das execuções públicas realizadas e publicar anualmente seus métodos de verificação, amostragem e aferição;

•• Inciso V acrescentado pela Lei n. 12.853, de 14-8-2013.

VI – garantir aos associados o acesso às informações referentes às obras sobre as quais sejam titulares de direitos e às execuções aferidas para cada uma delas, abstendo-se de firmar contratos, convênios ou pactos com cláusula de confidencialidade;

•• Inciso VI acrescentado pela Lei n. 12.853, de 14-8-2013.

VII – garantir ao usuário o acesso às informações referentes às utilizações por ele realizadas.

•• Inciso VII acrescentado pela Lei n. 12.853, de 14-8-2013.

Parágrafo único. As informações contidas nos incisos I e II devem ser atualizadas periodicamente, em intervalo nunca superior a 6 (seis) meses.

•• Parágrafo único acrescentado pela Lei n. 12.853, de 14-8-2013.

Art. 98-C. As associações de gestão coletiva de direitos autorais deverão prestar contas dos valores devidos, em caráter regular e de modo direto, aos seus associados.

•• Caput acrescentado pela Lei n. 12.853, de 14-8-2013.

§ 1.º O direito à prestação de contas poderá ser exercido diretamente pelo associado.

•• § 1.º acrescentado pela Lei n. 12.853, de 14-8-2013.

§ 2.º Se as contas não forem prestadas na forma do § 1.º, o pedido do associado poderá ser encaminhado ao Ministério da Cultura que, após sua apreciação, poderá determinar a prestação de contas pela associação, na forma do regulamento.

•• § 2.º acrescentado pela Lei n. 12.853, de 14-8-2013.

Art. 99. A arrecadação e distribuição dos direitos relativos à execução pública de obras musicais e literomusicais e de fonogramas será feita por meio das associações de gestão coletiva criadas para este fim por seus titulares, as quais deverão unificar a cobrança em um único escritório central para arrecadação e distribuição, que funcionará como ente arrecadador com personalidade jurídica própria e observará os §§ 1.º a 12 do art. 98 e os arts. 98-A, 98-B, 98-C, 99-B, 100, 100-A e 100-B.

•• Caput com redação determinada pela Lei n. 12.853, de 14-8-2013.

§ 1.º O ente arrecadador organizado na forma prevista no caput não terá finalidade de lucro e será dirigido e administrado por meio do voto unitário de cada associação que o integra.

•• § 1.º com redação determinada pela Lei n. 12.853, de 14-8-2013.

§ 2.º O ente arrecadador e as associações a que se refere este Título atuarão em juízo e fora dele em seus próprios nomes como substitutos processuais dos titulares a eles vinculados.

•• § 2.º com redação determinada pela Lei n. 12.853, de 14-8-2013.

§ 3.º O recolhimento de quaisquer valores pelo ente arrecadador somente se fará por depósito bancário.

•• § 3.º com redação determinada pela Lei n. 12.853, de 14-8-2013.

§ 4.º A parcela destinada à distribuição aos autores e demais titulares de direitos não poderá, em um ano da data de publicação desta Lei, ser inferior a 77,5% (setenta e sete inteiros e cinco décimos por cento) dos valores arrecadados, aumentando-se tal parcela à razão de 2,5% a.a. (dois inteiros e cinco décimos por cento ao ano), até que, em 4 (quatro) anos da data de publicação desta Lei, ela não seja inferior a 85% (oitenta e cinco por cento) dos valores arrecadados.

•• § 4.º com redação determinada pela Lei n. 12.853, de 14-8-2013.

§ 5.º O ente arrecadador poderá manter fiscais, aos quais é vedado receber do usuário numerário a qualquer título.

•• § 5.º com redação determinada pela Lei n. 12.853, de 14-8-2013.

§ 6.º A inobservância da norma do § 5.º tornará o faltoso inabilitado à função de fiscal, sem prejuízo da comunicação do fato ao Ministério Público e da aplicação das sanções civis e penais cabíveis.

•• § 6.º acrescentado pela Lei n. 12.853, de 14-8-2013.

§ 7.º Cabe ao ente arrecadador e às associações de gestão coletiva zelar pela continuidade da arrecadação e, no caso de perda da habilitação por alguma associação, cabe a ela cooperar para que a transição entre associações seja realizada sem qualquer prejuízo aos titulares, transferindo-se todas as informações necessárias ao processo de arrecadação e distribuição de direitos.

•• § 7.º acrescentado pela Lei n. 12.853, de 14-8-2013.

§ 8.º Sem prejuízo do disposto no § 3.º do art. 98, as associações devem estabelecer e unificar o preço de seus repertórios junto ao ente arrecadador para a sua cobrança, atuando este como mandatário das associações que o integram.

•• § 8.º acrescentado pela Lei n. 12.853, de 14-8-2013.

§ 9.º O ente arrecadador cobrará do usuário de forma unificada, e se encarregará da devida distribuição da arrecadação às associações, observado o disposto nesta Lei, especialmente os critérios estabelecidos nos §§ 3.º e 4.º do art. 98.

•• § 9.º acrescentado pela Lei n. 12.853, de 14-8-2013.

Art. 99-A. O ente arrecadador de que trata o *caput* do art. 99 deverá admitir em seus quadros, além das associações que o constituíram, as associações de titulares de direitos autorais que tenham pertinência com sua área de atuação e estejam habilitadas em órgão da Administração Pública Federal na forma do art. 98-A.

•• *Caput* acrescentado pela Lei n. 12.853, de 14-8-2013.

Parágrafo único. As deliberações quanto aos critérios de distribuição dos recursos arrecadados serão tomadas por meio do voto unitário de cada associação que integre o ente arrecadador.

•• Parágrafo único acrescentado pela Lei n. 12.853, de 14-8-2013.

Art. 99-B. As associações referidas neste Título estão sujeitas às regras concorrenciais definidas em legislação específica que trate da prevenção e repressão às infrações contra a ordem econômica.

•• Artigo acrescentado pela Lei n. 12.853, de 14-8-2013.

Art. 100. O sindicato ou associação profissional que congregue filiados de uma associação de gestão coletiva de direitos autorais poderá, 1 (uma) vez por ano, às suas expensas, após notificação, com 8 (oito) dias de antecedência, fiscalizar, por intermédio de auditor independente, a exatidão das contas prestadas por essa associação autoral a seus representados.

•• Artigo com redação determinada pela Lei n. 12.853, de 14-8-2013.

Art. 100-A. Os dirigentes das associações de gestão coletiva de direitos autorais respondem solidariamente, com seus bens particulares, por desvio de finalidade ou quanto ao inadimplemento das obrigações para com os associados, por dolo ou culpa.

•• Artigo acrescentado pela Lei n. 12.853, de 14-8-2013.

Art. 100-B. Os litígios entre usuários e titulares de direitos autorais ou seus mandatários, em relação à falta de pagamento, aos critérios de cobrança, às formas de oferecimento de repertório e aos valores de arrecadação, e entre titulares e suas associações, em relação aos valores e critérios de distribuição, poderão ser objeto da atuação de órgão da Administração Pública Federal para a resolução de conflitos por meio de mediação ou arbitragem, na forma do regulamento, sem prejuízo da apreciação pelo Poder Judiciário e pelos órgãos do Sistema Brasileiro de Defesa da Concorrência, quando cabível.

•• Artigo acrescentado pela Lei n. 12.853, de 14-8-2013.

Título VII
DAS SANÇÕES ÀS VIOLAÇÕES DOS DIREITOS AUTORAIS

Capítulo I
DISPOSIÇÃO PRELIMINAR

Art. 101. As sanções civis de que trata este Capítulo aplicam-se sem prejuízo das penas cabíveis.

Capítulo II
DAS SANÇÕES CIVIS

Art. 102. O titular cuja obra seja fraudulentamente reproduzida, divulgada ou de qualquer forma utilizada, poderá requerer a apreensão dos exemplares reproduzidos ou a suspensão da divulgação, sem prejuízo da indenização cabível.

Art. 103. Quem editar obra literária, artística ou científica, sem autorização do titular, perderá para este os exemplares que se apreenderem e pagar-lhe-á o preço dos que tiver vendido.

Parágrafo único. Não se conhecendo o número de exemplares que constituem a edição fraudulenta, pagará o transgressor o valor de 3.000 (três mil) exemplares, além dos apreendidos.

Art. 104. Quem vender, expuser a venda, ocultar, adquirir, distribuir, tiver em depósito ou utilizar obra ou fonograma reproduzidos com fraude, com a finalidade de vender, obter ganho, vantagem, proveito, lucro direto ou indireto, para si ou para outrem, será solidariamente responsável com o contrafator, nos termos dos artigos precedentes, respondendo como contrafatores o importador e o distribuidor em caso de reprodução no exterior.

Art. 105. A transmissão e a retransmissão, por qualquer meio ou processo, e a comunicação ao público de obras artísticas, literárias e científicas, de interpretações e de fonogramas, realizadas mediante violação aos direitos de seus titulares, deverão ser imediatamente suspensas ou interrompidas pela autoridade judicial competente, sem prejuízo da multa diária pelo descumprimento e das demais indenizações cabíveis, independentemente das sanções penais aplicáveis; caso se comprove que o infrator é reincidente na violação aos direitos dos titulares de direitos de autor e conexos, o valor da multa poderá ser aumentado até o dobro.

Art. 106. A sentença condenatória poderá determinar a destruição de todos os exemplares ilícitos, bem como as matrizes, moldes, negativos e demais elementos utilizados para praticar o ilícito civil, assim como a perda de máquinas, equipamentos e insumos destinados a tal fim ou, servindo eles unicamente para o fim ilícito, sua destruição.

Art. 107. Independentemente da perda dos equipamentos utilizados, responderá por perdas e danos, nunca inferiores ao valor que resultaria da aplicação do disposto no art. 103 e seu parágrafo único, quem:

I – alterar, suprimir, modificar ou inutilizar, de qualquer maneira, dispositivos técnicos introduzidos nos exemplares das obras e produções protegidas para evitar ou restringir sua cópia;

II – alterar, suprimir ou inutilizar, de qualquer maneira, os sinais codificados destinados a restringir a comunicação ao público de obras, produções ou emissões protegidas ou a evitar a sua cópia;

III – suprimir ou alterar, sem autorização, qualquer informação sobre a gestão de direitos;

IV – distribuir, importar para distribuição, emitir, comunicar ou puser à disposição do público, sem autorização, obras, interpretações ou execuções, exemplares de interpretações fixadas em fonogramas e emissões, sabendo que a informação sobre a gestão de direitos, sinais codificados e dispositivos técnicos foram suprimidos ou alterados sem autorização.

Art. 108. Quem, na utilização, por qualquer modalidade, de obra intelectual, deixar de indicar ou de anunciar, como tal, o nome, pseudônimo ou sinal convencional do autor e do intérprete, além de responder por danos morais, está obrigado a divulgar-lhes a identidade da seguinte forma:

I – tratando-se de empresa de radiodifusão, no mesmo horário em que tiver ocorrido a infração, por 3 (três) dias consecutivos;

II – tratando-se de publicação gráfica ou fonográfica, mediante inclusão de errata nos exemplares ainda não distribuídos, sem prejuízo de comunicação, com destaque, por 3 (três) vezes consecutivas em jornal de grande circulação, dos domicílios do autor, do intérprete e do editor ou produtor;

III – tratando-se de outra forma de utilização, por intermédio da imprensa, na forma a que se refere o inciso anterior.

Art. 109. A execução pública feita em desacordo com os arts. 68, 97, 98 e 99 desta Lei sujeitará os responsáveis a multa de 20 (vinte) vezes o valor que deveria ser originariamente pago.

Art. 109-A. A falta de prestação ou a prestação de informações falsas no cumprimento do disposto no § 6.º do art. 68 e no § 9.º do art. 98 sujeitará os responsáveis, por determinação da autoridade competente e nos termos do regulamento desta Lei, a multa de 10 (dez) a 30% (trinta por cento) do valor que deveria ser originariamente pago, sem prejuízo das perdas e danos.

•• *Caput* acrescentado pela Lei n. 12.853, de 14-8-2013.

Parágrafo único. Aplicam-se as regras da legislação civil quanto ao inadimplemento das obrigações no caso de descumprimento, pelos usuários, dos seus deveres legais e contratuais junto às associações referidas neste Título.

•• Parágrafo único acrescentado pela Lei n. 12.853, de 14-8-2013.

Art. 110. Pela violação de direitos autorais nos espetáculos e audições públicas, realizados nos locais ou estabelecimento a que alude o art. 68, seus proprietários, diretores, gerentes, empresários e arrendatários respondem solidariamente com os organizadores dos espetáculos.

Capítulo III
DA PRESCRIÇÃO DA AÇÃO

Art. 111. (*Vetado.*)

Título VIII
DISPOSIÇÕES FINAIS E TRANSITÓRIAS

Art. 112. Se uma obra, em consequência de ter expirado o prazo de proteção que lhe era anteriormente reconhecido pelo § 2.º do art. 42 da Lei n. 5.988, de 14 de dezembro de 1973, caiu no domínio público, não terá o prazo de proteção dos direitos patrimoniais ampliado por força do art. 41 desta Lei.

Art. 113. Os fonogramas, os livros e as obras audiovisuais sujeitar-se-ão a selos ou sinais de identificação sob a responsabilidade do produtor, distribuidor ou importador, sem ônus para o consumidor, com o fim de atestar o cumprimento das normas legais vigentes, conforme dispuser o regulamento.

Art. 114. Esta Lei entra em vigor 120 (cento e vinte) dias após sua publicação.

Art. 115. Ficam revogados os arts. 649 a 673 e 1.346 a 1.362 do Código Civil e as Leis n. 4.944, de 6 de abril de 1966; 5.988, de 14 de dezembro de 1973, excetuando-se o art. 17 e seus §§ 1.º e 2.º; 6.800, de 25 de junho de 1980; 7.123, de 12 de setembro de 1983; 9.045, de 18 de maio de 1995, e demais disposições em contrário, mantidas em vigor as Leis n. 6.533, de 24 de maio de 1978, e 6.615, de 16 de dezembro de 1978.

Brasília, 19 de fevereiro de 1998; 177.º da Independência e 110.º da República.

FERNANDO HENRIQUE CARDOSO

PORTARIA N. 4, DE 13 DE MARÇO DE 1998 (*)

> *Divulga, em aditamento ao elenco do art. 51 da Lei n. 8.078, de 11 de setembro de 1990, e do art. 22 do Decreto n. 2.181, de 20 de março de 1997, as cláusulas abusivas que, dentre outras, são consideradas nulas de pleno direito.*

O Secretário de Direito Econômico do Ministério da Justiça, no uso de suas atribuições legais, considerando o disposto no art. 56 do Decreto n. 2.181, de 20 de março de 1997, e com o objetivo de orientar o Sistema Nacional de Defesa do Consumidor, notadamente para o fim de aplicação do disposto no inciso IV do art. 22 deste Decreto; considerando que o elenco de cláusulas abusivas relativas ao fornecimento de produtos e serviços, constantes do art. 51 da Lei n. 8.078, de 11 de setembro de 1990, é de tipo aberto, exemplificativo, permitindo, desta forma a sua complementação; e considerando, ainda, que decisões terminativas dos diversos PROCON's e Ministérios Públicos, pacificam como abusivas as cláusulas a seguir enumeradas, resolve:

Divulgar, em aditamento ao elenco do art. 51 da Lei n. 8.078/90, e do art. 22 do Decreto n. 2.181/97, as seguintes cláusulas que, dentre outras, são nulas de pleno direito:

1. estabeleçam prazos de carência na prestação ou fornecimento de serviços, em caso de impontualidade das prestações ou mensalidades;

2. imponham, em caso de impontualidade, interrupção de serviço essencial, sem aviso prévio;

3. não restabeleçam integralmente os direitos do consumidor a partir da purgação da mora;

4. impeçam o consumidor de se beneficiar do evento, constante de termo de garantia contratual, que lhe seja mais favorável;

5. estabeleçam a perda total ou desproporcionada das prestações pagas pelo consumidor, em benefício do credor, que, em razão de desistência ou inadimplemento, pleitear a resilição ou resolução do contrato, ressalvada a cobrança judicial de perdas e danos comprovadamente sofridos;

6. estabeleçam sanções em caso de atraso ou descumprimento da obrigação somente em desfavor do consumidor;

7. estabeleçam cumulativamente a cobrança de comissão de permanência e correção monetária;

8. elejam foro para dirimir conflitos decorrentes de relações de consumo diverso daquele onde reside o consumidor;

9. (*Revogado pela Portaria n. 17, de 22-6-2004.*)

10. impeçam, restrinjam ou afastem a aplicação das normas do código de defesa do consumidor nos conflitos decorrentes de contratos de transporte aéreo;

11. atribuam ao fornecedor o poder de escolha entre múltiplos índices de reajuste, entre os admitidos legalmente;

(*) Publicada no *DOU*, de 16-3-1998.

12. permitam ao fornecedor emitir títulos de crédito em branco ou livremente circuláveis por meio de endosso na representação de toda e qualquer obrigação assumida pelo consumidor;

13. estabeleçam a devolução de prestações pagas, sem que os valores sejam corrigidos monetariamente;

14. imponham limite ao tempo de internação hospitalar, que não o prescrito pelo médico.

Ruy Coutinho do Nascimento

DECRETO N. 2.556, DE 20 DE ABRIL DE 1998 (*)

Regulamenta o registro previsto no art. 3.º da Lei n. 9.609, de 19 de fevereiro de 1998, que dispõe sobre a proteção da propriedade intelectual de programa de computador, sua comercialização no País, e dá outras providências.

O Presidente da República

Faço saber que o Congresso Nacional decreta e eu sanciono a seguinte Lei:

Art. 1.º Os programas de computador poderão, a critério do titular dos respectivos direitos, ser registrados no Instituto Nacional da Propriedade Industrial – INPI.

§ 1.º O pedido de registro de que trata este artigo deverá conter, pelo menos, as seguintes informações:

I – os dados referentes ao autor do programa de computador e ao titular, se distinto do autor, sejam pessoas físicas ou jurídicas;

II – a identificação e descrição funcional do programa de computador; e

III – os trechos do programa e outros dados que se considerar suficientes para identificá-lo e caracterizar sua originalidade.

§ 2.º As informações referidas no inciso III do parágrafo anterior são de caráter sigiloso, não podendo ser reveladas, salvo por ordem judicial ou a requerimento do próprio titular.

Art. 2.º A veracidade das informações de que trata o artigo anterior são de inteira responsabilidade do requerente, não prejudicando eventuais direitos de terceiros nem acarretando qualquer responsabilidade do Governo.

Art. 3.º À cessão dos direitos de autor sobre programa de computador aplica-se o disposto no art. 50 da Lei n. 9.610, de 19 de fevereiro de 1998.

Art. 4.º Quando se tratar de programa de computador derivado de outro, nos termos do art. 5.º da Lei n. 9.609, de 19 de fevereiro de 1998, o requerente do registro deverá juntar o instrumento pelo qual lhe foi autorizada a realização da derivação.

Art. 5.º O INPI expedirá normas complementares regulamentando os procedimentos relativos ao registro e à guarda das informações de caráter sigiloso, bem como fixando os valores das retribuições que lhe serão devidas.

Art. 6.º Este Decreto entra em vigor na data de sua publicação.

Brasília, 20 de abril de 1998; 177.º da Independência e 110.º da República.

Fernando Henrique Cardoso

LEI N. 9.636, DE 15 DE MAIO DE 1998 (**)

Dispõe sobre a regularização, administração, aforamento e alienação de bens imóveis de domínio da União, altera dispositivos dos Decretos-leis n. 9.760, de 5 de setembro de 1946, e 2.398, de 21 de dezembro de 1987, regulamenta o § 2.º do art. 49 do Ato das Disposições Constitucionais Transitórias, e dá outras providências.

O Presidente da República

Faço saber que o Congresso Nacional decreta e eu sanciono a seguinte Lei:

(*) Publicado no *DOU*, de 22-4-1998.

(**) Publicada no *DOU*, de 18-5-1998. Regulamentada pelo Decreto n. 3.725, de 10-1-2001.

Capítulo I
DA REGULARIZAÇÃO E UTILIZAÇÃO ORDENADA

Art. 1.º É o Poder Executivo autorizado, por intermédio da Secretaria de Coordenação e Governança do Patrimônio da União da Secretaria Especial de Desestatização, Desinvestimento e Mercados do Ministério da Economia, a executar ações de identificação, de demarcação, de cadastramento, de registro e de fiscalização dos bens imóveis da União e a regularizar as ocupações desses imóveis, inclusive de assentamentos informais de baixa renda, e poderá, para tanto, firmar convênios com os Estados, o Distrito Federal e os Municípios em cujos territórios se localizem e, observados os procedimentos licitatórios previstos em lei, celebrar contratos com a iniciativa privada.

•• *Caput* com redação determinada pela Lei n. 14.011, de 10-6-2020.

§ 1.º Fica dispensada a exigência de habilitação técnica complementar para execução de georreferenciamento e inscrição em registro ou cadastro fundiário públicos dos imóveis de que trata o *caput* deste artigo, quando o responsável técnico for servidor ou empregado público ocupante de cargo ou de emprego compatível com o exercício dessas atividades.

•• § 1.º acrescentado pela Lei n. 14.474, de 6-12-2022.

§ 2.º Constitui requisito à dispensa de que trata o § 1.º deste artigo para o credenciamento do servidor ou do empregado público perante o Instituto Nacional de Colonização e Reforma Agrária (Incra), para atendimento ao disposto no § 5.º do art. 176 da Lei n. 6.015, de 31 de dezembro de 1973 (Lei dos Registros Públicos), a indicação por ato do Secretário de Coordenação e Governança do Patrimônio da União.

•• § 2º acrescentado pela Lei n. 14.474, de 6-12-2022.

Art. 1.º-A. A comunicação dos atos necessários à execução das ações previstas no Art. 1.º desta Lei e das atividades de destinação de imóveis da União, de auto de infração, de arrecadação e de cobrança de receitas patrimoniais poderá ser efetuada mediante notificação por meio eletrônico, nos termos definidos pelo Secretário de Coordenação e Governança do Patrimônio da União.

•• *Caput* acrescentado pela Lei n. 14.474, de 6-12-2022.

Parágrafo único. Na hipótese de notificação prevista no *caput* deste artigo, o usuário de imóvel da União será considerado notificado 30 (trinta) dias após a inclusão da informação no sistema eletrônico e o envio da respectiva mensagem.

•• Parágrafo único acrescentado pela Lei n. 14.474, de 6-12-2022.

Art. 2.º Concluído, na forma da legislação vigente, o processo de identificação e demarcação das terras de domínio da União, a SPU lavrará, em livro próprio, com força de escritura pública, o termo competente, incorporando a área ao patrimônio da União.

§ 1.º O termo a que se refere o *caput* deste artigo será registrado no Cartório de Registro de Imóveis competente, com certidão de inteiro teor, acompanhado de plantas e de outros documentos técnicos que permitam a correta caracterização do imóvel.

•• § 1.º acrescentado pela Lei n. 14.474, de 6-12-2022.

§ 2.º Nos registros relativos a direitos reais de titularidade da União, deverão ser utilizados o número de inscrição no Cadastro Nacional da Pessoa Jurídica (CNPJ) do órgão central da Secretaria de Coordenação e Governança do Patrimônio da União e o nome "UNIÃO", independentemente do órgão gestor do imóvel, retificados para esse fim os registros anteriores à vigência deste dispositivo.

•• § 2º acrescentado pela Lei n. 14.474, de 6-12-2022.

Art. 3.º A regularização dos imóveis de que trata esta Lei, junto aos órgãos municipais e aos Cartórios de Registro de Imóveis, será promovida pela SPU e pela Procuradoria-Geral da Fazenda Nacional – PGFN, com o concurso, sempre que necessário, da Caixa Econômica Federal – CEF.

Parágrafo único. Os órgãos públicos federais, estaduais e municipais e os Cartórios de Registro de Imóveis darão preferência ao atendimento dos serviços de regularização de que trata este artigo.

Art. 3.º-A. Caberá ao Poder Executivo organizar e manter sistema unificado de informações sobre os bens de que trata esta Lei, que conterá, além de outras informações relativas a cada imóvel:

•• *Caput* acrescentado pela Lei n. 11.481, de 31-5-2007.

I – a localização e a área;

•• Inciso I acrescentado pela Lei n. 11.481, de 31-5-2007.

II – a respectiva matrícula no registro de imóveis competente;

•• Inciso II acrescentado pela Lei n. 11.481, de 31-5-2007.

III – o tipo de uso;

Lei n. 9.636, de 15-5-1998   Bens da União

•• Inciso III acrescentado pela Lei n. 11.481, de 31-5-2007.
IV – a indicação da pessoa física ou jurídica à qual, por qualquer instrumento, o imóvel tenha sido destinado; e
•• Inciso IV acrescentado pela Lei n. 11.481, de 31-5-2007.
V – o valor atualizado, se disponível.
•• Inciso V acrescentado pela Lei n. 11.481, de 31-5-2007.
Parágrafo único. As informações do sistema de que trata o *caput* deste artigo deverão ser disponibilizadas na internet, sem prejuízo de outras formas de divulgação.
•• Parágrafo único acrescentado pela Lei n. 11.481, de 31-5-2007.

Seção I
Da Celebração de Convênios e Contratos

Art. 4.º Os Estados, o Distrito Federal, os Municípios e a iniciativa privada, a critério da Secretaria de Coordenação e Governança do Patrimônio da União, observadas as instruções que regulamentam a matéria, poderão firmar, mediante convênios ou contratos com essa Secretaria, compromisso para executar ações de demarcação, de cadastramento, de avaliação, de venda e de fiscalização de áreas do patrimônio da União, assim como para o planejamento, a execução e a aprovação dos parcelamentos urbanos e rurais.
•• *Caput* com redação determinada pela Lei n. 14.011, de 10-6-2020.

§ 1.º Na elaboração e execução dos projetos de que trata este artigo, serão sempre respeitados a preservação e o livre acesso às praias marítimas, fluviais e lacustres e a outras áreas de uso comum do povo.

§ 2.º Como retribuição pelas obrigações assumidas na elaboração dos projetos de parcelamentos urbanos e rurais, os Estados, o Distrito Federal, os Municípios e a iniciativa privada farão jus a parte das receitas provenientes da alienação dos imóveis da União, no respectivo projeto de parcelamento, até a satisfação integral dos custos por eles assumidos, observado que:
•• § 2.º, *caput*, com redação determinada pela Lei n. 14.011, de 10-6-2020.

I e II – (*Revogados pela Lei n. 14.011, de 10-6-2020.*);
III – os contratos e convênios firmados em conformidade com o disposto no *caput* deste artigo deverão ser registrados nas matrículas dos imóveis;
•• Inciso III acrescentado pela Lei n. 14.011, de 10-6-2020.
IV – o interessado que optar pela aquisição da área por ele ocupada poderá desmembrar parte de seu imóvel para fins de pagamento dos custos da regularização, respeitado o limite mínimo de parcelamento definido no plano diretor do Município em que se encontre;
•• Inciso IV acrescentado pela Lei n. 14.011, de 10-6-2020.
V – a partir da assinatura dos contratos ou convênios, as taxas de ocupação poderão ser revertidas para amortizar os custos da regularização no momento da alienação, desde que o ocupante esteja adimplente e seja comprovada a sua participação no financiamento dos custos para regularização do parcelamento;
•• Inciso V acrescentado pela Lei n. 14.011, de 10-6-2020.
VI – o domínio útil ou pleno dos lotes resultantes de projetos urbanísticos poderá ser vendido para o ressarcimento dos projetos de parcelamento referidos no *caput* deste parágrafo;
•• Inciso VI acrescentado pela Lei n. 14.011, de 10-6-2020.
VII – os custos para a elaboração das peças técnicas necessárias à regularização dos imóveis da União, para fins de alienação, poderão ser abatidos do valor do pagamento do imóvel no momento da sua aquisição.
•• Inciso VII acrescentado pela Lei n. 14.011, de 10-6-2020.

§ 3.º A participação nas receitas de que trata o parágrafo anterior será ajustada nos respectivos convênios ou contratos, observados os limites previstos em regulamento e as instruções a serem baixadas pelo Ministro de Estado da Fazenda, que considerarão a complexidade, o volume e o custo dos trabalhos de identificação, demarcação, cadastramento, recadastramento e fiscalização das áreas vagas existentes, bem como de elaboração e execução dos projetos de parcelamento e urbanização e, ainda, o valor de mercado dos imóveis na região e, quando for o caso, a densidade de ocupação local.

§ 4.º A participação dos Estados e Municípios nas receitas de que tratam os incisos I e II poderá ser realizada mediante repasse de recursos financeiros.

§ 5.º Na contratação, por intermédio da iniciativa privada, da elaboração e execução dos projetos urbanísticos de que trata este artigo, observados os procedimentos licitatórios previstos em lei, quando os serviços contratados envolverem, também, a cobrança e o recebimento das receitas deles decorrentes, poderá ser admitida a dedução prévia, pela contratada, da participação acordada.

Art. 5.º A demarcação de terras, o cadastramento e os loteamentos, realizados com base no disposto no art. 4.º, somente terão validade depois de homologados pela SPU.

Art. 5.º-A. Após a conclusão dos trabalhos, a Secretaria do Patrimônio da União (SPU) fica autorizada a utilizar, total ou parcialmente, os dados e informações decorrentes dos serviços executados por empresas contratadas para prestação de consultorias e elaboração de trabalhos de atualização e certificação cadastral, pelo prazo de até vinte anos, nos termos constantes de ato da SPU.

•• Artigo acrescentado pela Lei n. 13.465, de 11-7-2017.

Seção II
Do Cadastramento

•• Seção II com denominação determinada pela Lei n. 11.481, de 31-5-2007.

Art. 6.º Para fins do disposto no art. 1.º desta Lei, as terras da União deverão ser cadastradas, nos termos do regulamento.

•• *Caput* com redação determinada pela Lei n. 11.481, de 31-5-2007.

§ 1.º Nas áreas urbanas, em imóveis possuídos por população carente ou de baixa renda para sua moradia, onde não for possível individualizar as posses, poderá ser feita a demarcação da área a ser regularizada, cadastrando-se o assentamento, para posterior outorga de título de forma individual ou coletiva.

•• § 1.º com redação determinada pela Lei n. 11.481, de 31-5-2007.

§ 2.º (*Revogado pela Lei n. 11.481, de 31-5-2007.*)
§ 3.º (*Revogado pela Lei n. 11.481, de 31-5-2007.*)
§ 4.º (*Revogado pela Lei n. 11.481, de 31-5-2007.*)

Art. 6.º-A. No caso de cadastramento de ocupações para fins de moradia cujo ocupante seja considerado carente ou de baixa renda, na forma do § 2.º do art. 1.º do Decreto-lei n. 1.876, de 15 de julho de 1981, a União poderá proceder à regularização fundiária da área, utilizando, entre outros, os instrumentos previstos no art. 18, no inciso VI do art. 19 e nos arts. 22-A e 31 desta Lei.

•• Artigo acrescentado pela Lei n. 11.481, de 31-5-2007.

Seção II-A
Da Inscrição da Ocupação

•• Seção II-A acrescentada pela Lei n. 11.481, de 31-5-2007.

Art. 7.º A inscrição de ocupação, a cargo da Secretaria do Patrimônio da União, é ato administrativo precário, resolúvel a qualquer tempo, que pressupõe o efetivo aproveitamento do terreno pelo ocupante, nos termos do regulamento, outorgada pela administração depois de analisada a conveniência e oportunidade, e gera obrigação de pagamento anual da taxa de ocupação.

•• *Caput* com redação determinada pela Lei n. 11.481, de 31-5-2007.

§ 1.º É vedada a inscrição de ocupação sem a comprovação do efetivo aproveitamento de que trata o *caput* deste artigo.

•• § 1.º acrescentado pela Lei n. 11.481, de 31-5-2007.

§ 2.º A comprovação do efetivo aproveitamento será dispensada nos casos de assentamentos informais definidos pelo Município como área ou zona especial de interesse social, nos termos do seu plano diretor ou outro instrumento legal que garanta a função social da área, exceto na faixa de fronteira ou quando se tratar de imóveis que estejam sob a administração do Ministério da Defesa e dos Comandos da Marinha, do Exército e da Aeronáutica.

•• § 2.º acrescentado pela Lei n. 11.481, de 31-5-2007.

§ 3.º A inscrição de ocupação de imóvel dominial da União, a pedido ou de ofício, será formalizada por meio de ato da autoridade local da Secretaria do Patrimônio da União em processo administrativo específico.

•• § 3.º acrescentado pela Lei n. 11.481, de 31-5-2007.

§ 4.º Será inscrito o ocupante do imóvel, tornando-se este o responsável no cadastro dos bens dominiais da União, para efeito de administração e cobrança de receitas patrimoniais.

•• § 4.º acrescentado pela Lei n. 11.481, de 31-5-2007.

§ 5.º As ocupações anteriores à inscrição, sempre que identificadas, serão anotadas no cadastro a que se refere o § 4.º.

•• § 5.º com redação determinada pela Lei n. 13.139, de 26-6-2015.

§ 6.º Os créditos originados em receitas patrimoniais decorrentes da ocupação de imóvel da União serão lançados após concluído o processo administrativo correspondente, observadas a decadência e a inexigibilidade previstas no art. 47 desta Lei.

•• § 6.º acrescentado pela Lei n. 11.481, de 31-5-2007.

§ 7.º Para fins de regularização nos registros cadastrais da Secretaria do Patrimônio da União do Ministério do Planejamento, Desenvolvimento e Gestão das ocupações ocorridas até 10 de junho de 2014, as transferências de posse na cadeia sucessória do imóvel serão anotadas no cadastro dos bens dominiais da União para o fim de cobrança de receitas patrimoniais dos responsáveis, independentemente do prévio recolhimento do laudêmio.

•• § 7.º com redação determinada pela Lei n. 13.813, de 9-4-2019.

Art. 8.º Na realização do cadastramento ou recadastramento de ocupantes, serão observados os procedimentos previstos no art. 128 do Decreto-lei n. 9.760, de 5 de setembro de 1946, com as alterações desta Lei.

Art. 9.º É vedada a inscrição de ocupações que:

I – ocorreram após 10 de junho de 2014;

•• Inciso I com redação determinada pela Lei n. 13.139, de 26-6-2015.

II – estejam concorrendo ou tenham concorrido para comprometer a integridade das áreas de uso comum do povo, de segurança nacional, de preservação ambiental ou necessárias à preservação dos ecossistemas naturais e de implantação de programas ou ações de regularização fundiária de interesse social ou habitacionais das reservas indígenas, das áreas ocupadas por comunidades remanescentes de quilombos, das vias federais de comunicação e das áreas reservadas para construção de hidrelétricas ou congêneres, ressalvados os casos especiais autorizados na forma da lei.

•• Inciso II com redação determinada pela Lei n. 11.481, de 31-5-2007.

Art. 10. Constatada a existência de posses ou ocupações em desacordo com o disposto nesta Lei, a União deverá imitir-se sumariamente na posse do imóvel, cancelando-se as inscrições eventualmente realizadas.

Parágrafo único. Até a efetiva desocupação, será devida à União indenização pela posse ou ocupação ilícita, correspondente a 10% (dez por cento) do valor atualizado do domínio pleno do terreno, por ano ou fração de ano em que a União tenha ficado privada da posse ou ocupação do imóvel, sem prejuízo das demais sanções cabíveis.

Art. 10-A. A autorização de uso sustentável, de incumbência da Secretaria do Patrimônio da União (SPU), ato administrativo excepcional, transitório e precário, é outorgada às comunidades tradicionais, mediante termo, quando houver necessidade de reconhecimento de ocupação em área da União, conforme procedimento estabelecido em ato da referida Secretaria.

•• *Caput* acrescentado pela Lei n. 13.465, de 11-7-2017.

Parágrafo único. A autorização a que se refere o *caput* deste artigo visa a possibilitar a ordenação do uso racional e sustentável dos recursos naturais disponíveis na orla marítima e fluvial, destinados à subsistência da população tradicional, de maneira a possibilitar o início do processo de regularização fundiária que culminará na concessão de título definitivo, quando cabível.

•• Parágrafo único acrescentado pela Lei n. 13.465, de 11-7-2017.

Seção III
Da Fiscalização e Conservação

• A Instrução Normativa n. 23, de 18-3-2020, da Secretaria do Patrimônio da União, disciplina a atividade de fiscalização dos imóveis da União.

Art. 11. Caberá à SPU a incumbência de fiscalizar e zelar para que sejam mantidos a destinação e o interesse público, o uso e a integridade física dos imóveis pertencentes ao patrimônio da União, podendo, para tanto, por intermédio de seus técnicos credenciados, embargar serviços e obras, aplicar multas e demais sanções previstas em lei e, ainda, requisitar força policial federal e solicitar o necessário auxílio de força pública estadual.

§ 1.º Para fins do disposto neste artigo, quando necessário, a SPU poderá, na forma do regulamento, solicitar a cooperação de força militar federal.

§ 2.º A incumbência de que trata o presente artigo não implicará prejuízo para:

I – as obrigações e responsabilidades previstas nos arts. 70 e 79, § 2.º, do Decreto-lei n. 9.760, de 1946;

II – as atribuições dos demais órgãos federais, com área de atuação direta ou indiretamente relacionada, nos termos da legislação vigente, com o patrimônio da União.

§ 3.º As obrigações e prerrogativas previstas neste artigo poderão ser repassadas, no que couber, às entidades conveniadas ou contratadas na forma dos arts. 1.º e 4.º.

§ 4.º Constitui obrigação do Poder Público federal, estadual e municipal, observada a legislação específica vigente, zelar pela manutenção das áreas de preservação ambiental, bem como as necessárias à proteção dos ecossistemas naturais e de uso comum do povo, independentemente da celebração de convênio para esse fim.

Art. 11-A. Para efeitos desta Lei, considera-se avaliação de imóvel a atividade desenvolvida por profissional habilitado para identificar o valor de bem imóvel, os seus custos, frutos e direitos e determinar os indicadores de viabilidade de sua utilização econômica para determinada finalidade, por meio do seu valor de mercado, do valor da terra nua, do valor venal ou do

Lei n. 9.636, de 15-5-1998 — **Bens da União**

valor de referência, consideradas suas características físicas e econômicas, a partir de exames, vistorias e pesquisas.

•• *Caput* acrescentado pela Lei n. 13.465, de 11-7-2017.

§ 1.º As avaliações no âmbito da União terão como objeto os bens classificados como de uso comum do povo, de uso especial e dominicais, nos termos estabelecidos em ato da Secretaria do Patrimônio da União (SPU).

•• § 1.º acrescentado pela Lei n. 13.465, de 11-7-2017.

§ 2.º Os imóveis da União cedidos ou administrados por outros órgãos ou entidades da administração pública federal serão por estes avaliados, conforme critérios estabelecidos em ato da Secretaria do Patrimônio da União (SPU).

•• § 2.º acrescentado pela Lei n. 13.465, de 11-7-2017.

Art. 11-B. O valor do domínio pleno do terreno da União será obtido com base na planta de valores da Secretaria de Coordenação e Governança do Patrimônio da União.

•• *Caput* com redação determinada pela Lei n. 14.011, de 10-6-2020.

I e II – (*Revogados pela Lei n. 14.011, de 10-6-2020.*);

§§ 1.º a 3.º (*Revogados pela Lei n. 14.011, de 10-6-2020.*)

§ 4.º Os Municípios e o Distrito Federal fornecerão à Secretaria de Coordenação e Governança do Patrimônio da União, até 30 de junho de cada ano, o valor venal dos terrenos localizados sob sua jurisdição, para subsidiar a atualização da base de dados da referida Secretaria.

•• § 4.º com redação determinada pela Lei n. 14.011, de 10-6-2020.

§ 5.º Em caso de descumprimento do prazo estabelecido no § 4.º deste artigo para encaminhamento do valor venal dos terrenos pelos Municípios e pelo Distrito Federal, o ente federativo perderá o direito, no exercício seguinte, ao repasse de 20% (vinte por cento) dos recursos arrecadados por meio da cobrança de taxa de ocupação, foro e laudêmio aos Municípios e ao Distrito Federal onde estão localizados os imóveis que deram origem à cobrança, previstos no Decreto-lei n. 2.398, de 21 de dezembro de 1987, e dos 20% (vinte por cento) da receita patrimonial decorrente da alienação desses imóveis, conforme o disposto na Lei n. 13.240, de 30 de dezembro de 2015.

•• § 5.º acrescentado pela Lei n. 13.465, de 11-7-2017.

§ 6.º Para o exercício de 2017, o valor de que trata o *caput* deste artigo será determinado de acordo com a planta de valores da Secretaria do Patrimônio da União (SPU), referente ao exercício de 2016 e atualizada pelo percentual de 7,17% (sete inteiros e dezessete centésimos por cento), ressalvada a correção de inconsistências cadastrais.

•• § 6.º acrescentado pela Lei n. 13.465, de 11-7-2017.

§ 7.º Ato do Secretário de Coordenação e Governança do Patrimônio da União disporá sobre as condições para o encaminhamento dos dados de que trata o § 4.º deste artigo.

•• § 7.º acrescentado pela Lei n. 14.011, de 10-6-2020.

§ 8.º O lançamento de débitos relacionados ao foro, à taxa de ocupação e a outras receitas extraordinárias:

•• § 8.º, *caput*, acrescentado pela Lei n. 14.011, de 10-6-2020.

•• A Lei n. 14.474, de 6-12-2022, dispõe em seu art. 6º: "Art. 6.º No exercício de 2022, o reajuste das receitas patrimoniais decorrentes da atualização da planta de valores, para efeito do lançamento dos débitos a que se refere o § 8.º do art. 11-B da Lei n. 9.636, de 15 de maio de 1998, fica limitado a 10,06% (dez inteiros e seis centésimos por cento) sobre os valores cobrados no exercício de 2021, ressalvada a correção de inconsistências cadastrais. § 1.º A Secretaria de Coordenação e Governança do Patrimônio da União da Secretaria Especial de Desestatização, Desinvestimento e Mercados do Ministério da Economia: I – efetuará os novos lançamentos decorrentes da aplicação do disposto no *caput* deste artigo; e II – disponibilizará os documentos de arrecadação em seu sítio eletrônico. § 2.º As cobranças decorrentes do disposto no *caput* deste artigo poderão ser parceladas em até 5 (cinco) cotas mensais, com o vencimento da primeira parcela ou da cota única em 31 de agosto de 2022, respeitado o valor mínimo de R$ 100,00 (cem reais) para cada parcela".

I – utilizará como parâmetro o valor do domínio pleno do terreno estabelecido de acordo com o disposto no *caput* deste artigo; e

•• Inciso I acrescentado pela Lei n. 14.011, de 10-6-2020.

II – observará o percentual máximo de atualização estabelecido em regulamento, aplicado sobre os valores cobrados no ano anterior, ressalvada a correção de inconsistências cadastrais.

•• Inciso II com redação determinada pela Lei n. 14.474, de 6-12-2022.

•• A Lei n. 14.474, de 6-12-2022, dispõe em seu art. 7.º:

"Art. 7.º A partir do exercício de 2023, enquanto não for editado o regulamento a que se refere o inciso II do § 8.º do art. 11-B da Lei n. 9.636, de 15 de maio de 1998, o lançamento de débitos relacionados ao foro, à taxa de ocupação e a outras receitas extraordinárias decorrentes da atualização da planta de valores observará o percentual máximo de atualização correspondente a 2 (duas) vezes a variação acumulada do Índice Nacional de Preços ao Consumidor Amplo (IPCA) do exercício anterior ou ao percentual previsto no caput do art. 6.º desta Lei, o que for menor, aplicado sobre os valores cobrados no ano anterior, ressalvada a correção de inconsistências cadastrais".

§ 8.º-A O regulamento a que se refere o inciso II do § 8.º deste artigo não estabelecerá percentual superior a 2 (duas) vezes o Índice Nacional de Preços ao Consumidor Amplo (IPCA) do exercício anterior ou o índice que vier a substituí-lo.

•• § 8.º-A acrescentado pela Lei n. 14.474, de 6-12-2022.

§ 9.º A Secretaria de Coordenação e Governança do Patrimônio da União atualizará a planta de valores anualmente e estabelecerá os valores mínimos para fins de cobrança dos débitos a que se refere o § 8.º deste artigo.

•• § 9.º acrescentado pela Lei n. 14.011, de 10-6-2020.

§ 10. (*Vetado*.)

•• § 10 acrescentado pela Lei n. 14.011, de 10-6-2020.

Art. 11-C. As avaliações para fins de alienação onerosa dos domínios pleno, útil ou direto de imóveis da União, permitida a contratação da Caixa Econômica Federal ou de empresas públicas, órgãos ou entidades da administração pública direta ou indireta da União, do Distrito Federal, dos Estados ou dos Municípios cuja atividade-fim seja o desenvolvimento urbano ou imobiliário, com dispensa de licitação, ou de empresa privada, por meio de licitação, serão realizadas:

•• *Caput* com redação determinada pela Lei n. 14.011, de 10-6-2020.

I – pela Secretaria de Coordenação e Governança do Patrimônio da União; ou

•• Inciso I acrescentado pela Lei n. 14.011, de 10-6-2020.

II – pelo órgão ou entidade pública gestora responsável pelo imóvel.

•• Inciso II acrescentado pela Lei n. 14.011, de 10-6-2020.

§ 1.º O preço mínimo para as alienações onerosas será fixado com base no valor de mercado do imóvel, estabelecido em laudo de avaliação, cujo prazo de validade será de 12 (doze) meses.

•• § 1.º com redação determinada pela Lei n. 14.474, de 6-12-2022.

§ 2.º Para as áreas públicas da União objeto da Reurb-E, nos casos de venda direta, o preço de venda será fixado com base no valor de mercado do imóvel, excluídas as benfeitorias realizadas pelo ocupante, cujo prazo de validade da avaliação será de, no máximo, doze meses.

•• § 2.º acrescentado pela Lei n. 13.465, de 11-7-2017.

§ 3.º Para as alienações que tenham como objeto a remição do aforamento ou a venda do domínio pleno ou útil, para os ocupantes ou foreiros regularmente cadastrados na SPU, a avaliação, cujo prazo de validade será de, no máximo, doze meses, poderá ser realizada por trecho ou região, desde que comprovadamente homogêneos, com base em pesquisa mercadológica e critérios estabelecidos no zoneamento ou plano diretor do Município.

•• § 3.º acrescentado pela Lei n. 13.465, de 11-7-2017.

§ 4.º Será admitida a avaliação por planta de valores da Secretaria de Coordenação e Governança do Patrimônio da União por ocasião da alienação de:

•• § 4.º com redação determinada pela Lei n. 14.474, de 6-12-2022.

I – terrenos da União ou de suas frações de até 250 m² (duzentos e cinquenta metros quadrados) em área urbana;

•• Inciso I com redação determinada pela Lei n. 14.474, de 6-12-2022.

II – imóveis inscritos em ocupação, utilizados como moradia pelos atuais ocupantes, independentemente da extensão da área; ou

•• Inciso II com redação determinada pela Lei n. 14.474, de 6-12-2022.

III – imóveis rurais de até o limite do módulo fiscal, definido pelo Instituto Nacional de Colonização e Reforma Agrária (Incra).

•• Inciso III com redação determinada pela Lei n. 14.474, de 6-12-2022.

§ 5.º (*Revogado pela Lei n. 14.474, de 6-12-2022*).

§ 6.º As avaliações poderão ser realizadas sem que haja visita presencial, por meio de modelos de precificação, automatizados ou não, nos termos dos §§ 4.º e 5.º deste artigo.

•• § 6.º acrescentado pela Lei n. 14.011, de 10-6-2020.

Lei n. 9.636, de 15-5-1998   **Bens da União**

§ 7.º Os laudos de avaliação dos imóveis elaborados por empresas especializadas serão homologados pela Secretaria de Coordenação e Governança do Patrimônio da União ou pelo órgão ou entidade pública gestora do imóvel, por meio de modelos preestabelecidos e sistema automatizado.

•• § 7.º acrescentado pela Lei n. 14.011, de 10-6-2020.

§ 8.º É dispensada a homologação de que trata o § 7.º deste artigo dos laudos de avaliação realizados por banco público federal ou por empresas públicas.

•• § 8.º acrescentado pela Lei n. 14.011, de 10-6-2020.

§ 9.º O órgão ou a entidade pública gestora poderá estabelecer que o laudo de avaliação preveja os valores para a venda do imóvel de acordo com prazo inferior à média de absorção do mercado.

•• § 9.º acrescentado pela Lei n. 14.011, de 10-6-2020.

§ 10. A Secretaria de Coordenação e Governança do Patrimônio da União poderá utilizar o valor estimado nos laudos de avaliação para fins de venda do imóvel em prazo menor do que a média de absorção do mercado.

•• § 10 acrescentado pela Lei n. 14.011, de 10-6-2020.

§ 11. É vedada a avaliação por empresas especializadas cujos sócios sejam servidores da Secretaria de Coordenação e Governança do Patrimônio da União ou da Secretaria Especial de Desestatização, Desinvestimento e Mercados do Ministério da Economia, ou seus parentes, em linha reta ou colateral, por consanguinidade ou afinidade, até o terceiro grau, inclusive.

•• § 11 acrescentado pela Lei n. 14.011, de 10-6-2020.

§ 12. Ato do Secretário de Coordenação e Governança do Patrimônio da União disporá sobre critérios técnicos para a elaboração e a homologação dos laudos de avaliação.

•• § 12 acrescentado pela Lei n. 14.011, de 10-6-2020.

§ 13. Nos casos de homologação dos laudos de avaliação, a Secretaria de Coordenação e Governança do Patrimônio da União será responsável exclusivamente pela verificação das normas aplicáveis, sem prejuízo da responsabilidade integral do agente privado que elaborou o laudo.

•• § 13 acrescentado pela Lei n. 14.474, de 6-12-2022.

§ 14. As avaliações de imóveis da União poderão ter seu prazo de validade estendido, por meio de revalidação, conforme critérios técnicos estabelecidos em ato do Secretário de Coordenação e Governança do Patrimônio da União.

•• § 14 acrescentado pela Lei n. 14.474, de 6-12-2022.

Art. 11-D. Ato do Secretário de Coordenação e Governança do Patrimônio da União estabelecerá critérios técnicos e impessoais para habilitação de profissionais com vistas à execução de medidas necessárias ao processo de alienação dos bens imóveis da União.

•• *Caput* acrescentado pela Lei n. 14.011, de 10-6-2020.

§ 1.º A remuneração do profissional habilitado pela Secretaria de Coordenação e Governança do Patrimônio da União será devida somente na hipótese de êxito do processo de alienação correspondente.

•• § 1.º acrescentado pela Lei n. 14.011, de 10-6-2020.

§ 2.º Os laudos de avaliação dos imóveis elaborados pelos avaliadores serão homologados pela Secretaria de Coordenação e Governança do Patrimônio da União ou pelo órgão ou entidade pública gestora do imóvel, por meio de modelos preestabelecidos e sistema automatizado.

•• § 2.º acrescentado pela Lei n. 14.011, de 10-6-2020.

§ 3.º O profissional ou empresa que atender aos critérios estabelecidos no ato a que se refere o *caput* deste artigo será automaticamente considerado habilitado, sem necessidade de declaração da Secretaria de Coordenação e Governança do Patrimônio da União.

•• § 3.º acrescentado pela Lei n. 14.011, de 10-6-2020.

Seção IV
Do Aforamento

Art. 12. Observadas as condições previstas no § 1.º do art. 23 e resguardadas as situações previstas no inciso I do art. 5.º do Decreto-lei n. 2.398, de 1987, os imóveis dominiais da União, situados em zonas sujeitas ao regime enfitêutico, poderão ser aforados, mediante leilão ou concorrência pública, respeitado, como preço mínimo, o valor de mercado do respectivo domínio útil, estabelecido em avaliação de precisão, realizada, especificamente para esse fim, pela SPU ou, sempre que necessário, pela Caixa Econômica Federal, com validade de 6 (seis) meses a contar da data de sua publicação.

§ 1.º Na impossibilidade, devidamente justificada, de realização de avaliação de precisão, será admitida a avaliação expedita.

§ 2.º Para realização das avaliações de que trata este artigo, a SPU e a CEF poderão contratar serviços especializados de terceiros, devendo os respectivos laudos,

Lei n. 9.636, de 15-5-1998 **Bens da União**

para os fins previstos nesta Lei, ser homologados por quem os tenha contratado, quanto à observância das normas técnicas pertinentes.

§ 3.º Não serão objeto de aforamento os imóveis que:

•• § 3.º, *caput*, com redação determinada pela Lei n. 13.139, de 26-6-2015.

I – por sua natureza e em razão de norma especial, são ou venham a ser considerados indisponíveis e inalienáveis; e

•• Inciso I acrescentado pela Lei n. 13.139, de 26-6-2015.

II – são considerados de interesse do serviço público, mediante ato do Secretário do Patrimônio da União do Ministério do Planejamento, Orçamento e Gestão.

•• Inciso II acrescentado pela Lei n. 13.139, de 26-6-2015.

Art. 13. Na concessão do aforamento, será dada preferência a quem, comprovadamente, em 10 de junho de 2014, já ocupava o imóvel há mais de 1 (um) ano e esteja, até a data da formalização do contrato de alienação do domínio útil, regularmente inscrito como ocupante e em dia com suas obrigações perante a Secretaria do Patrimônio da União do Ministério do Planejamento, Orçamento e Gestão.

•• *Caput* com redação determinada pela Lei n. 13.139, de 26-6-2015.

§ 1.º Previamente à publicação do edital de licitação, dar-se-á conhecimento do preço mínimo para venda do domínio útil ao titular da preferência de que trata este artigo, que poderá adquiri-lo por esse valor, devendo, para este fim, sob pena de decadência, manifestar o seu interesse na aquisição e apresentar a documentação exigida em lei na forma e nos prazos previstos em regulamento e, ainda, celebrar o contrato de aforamento de que trata o art. 14 no prazo de 6 (seis) meses, a contar da data da notificação.

§ 2.º O prazo para celebração do contrato de que trata o parágrafo anterior poderá ser prorrogado, a pedido do interessado e observadas as condições previstas em regulamento, por mais 6 (seis) meses, situação em que, havendo variação significativa no mercado imobiliário local, será feita nova avaliação, correndo os custos de sua realização por conta do respectivo ocupante.

§ 3.º A notificação de que trata o § 1.º será feita por edital publicado no *Diário Oficial da União* e, sempre que possível, por carta registrada a ser enviada ao ocupante do imóvel que se encontre inscrito na SPU.

§ 4.º O edital especificará o nome do ocupante, a localização do imóvel e a respectiva área, o valor de avaliação, bem como o local e horário de atendimento aos interessados.

§ 5.º (*Revogado pela Lei n. 13.139, de 26-6-2015.*)

§ 6.º Para fins de regularização nos registros cadastrais da Secretaria do Patrimônio da União do Ministério do Planejamento, Desenvolvimento e Gestão dos aforamentos ocorridos até 10 de junho de 2014, as transferências de posse na cadeia sucessória do imóvel serão anotadas no cadastro dos bens dominiais da União para o fim de cobrança de receitas patrimoniais dos respectivos responsáveis, independentemente do prévio recolhimento do laudêmio.

•• § 6.º acrescentado pela Lei n. 13.813, de 9-4-2019.

Art. 14. O domínio útil, quando adquirido mediante o exercício da preferência de que tratam o art. 13 e o § 3.º do art. 17 desta Lei, poderá ser pago:

•• *Caput* com redação determinada pela Lei n. 13.465, de 11-7-2017.

I – à vista;

•• Inciso I com redação determinada pela Lei n. 13.465, de 11-7-2017.

II – a prazo, mediante pagamento, no ato da assinatura do contrato de aforamento, de entrada mínima de 10% (dez por cento) do preço, a título de sinal e princípio de pagamento, e do saldo em até 120 (cento e vinte) prestações mensais e consecutivas, devidamente atualizadas, observando-se, neste caso, que o término do parcelamento não poderá ultrapassar a data em que o adquirente completar 80 (oitenta) anos de idade.

Parágrafo único. (*Revogado pela Lei n. 13.465, de 11-7-2017.*)

Art. 15. A Secretaria do Patrimônio da União do Ministério do Planejamento, Orçamento e Gestão promoverá, mediante licitação, o aforamento dos terrenos de domínio da União situados em zonas sujeitas ao regime enfitêutico que estiverem vagos ou ocupados há até 1 (um) ano em 10 de junho de 2014, bem como daqueles cujos ocupantes não tenham exercido a preferência ou a opção de que tratam os arts. 13 e 17 desta Lei e o inciso I do *caput* do art. 5.º do Decreto-lei n. 2.398, de 21 de dezembro de 1987.

•• *Caput* com redação determinada pela Lei n. 13.139, de 26-6-2015.

§ 1.º O domínio pleno das benfeitorias incorporadas ao imóvel, independentemente de quem as tenha realizado, será também objeto de alienação.

§ 2.º Os ocupantes com até 1 (um) ano de ocupação em 10 de junho de 2014 que continuem ocupando o imóvel e estejam regularmente inscritos e em dia com suas obrigações perante a Secretaria do Patrimônio da União do Ministério do Planejamento, Orçamento e Gestão na data da realização da licitação poderão adquirir o domínio útil do imóvel, em caráter preferencial, pelo preço, abstraído o valor correspondente às benfeitorias por eles realizadas, e nas mesmas condições oferecidas pelo vencedor da licitação, desde que manifestem seu interesse no ato do pregão ou no prazo de 48 (quarenta e oito) horas, contado da publicação do resultado do julgamento da concorrência.

•• § 2.º com redação determinada pela Lei n. 13.139, de 26-6-2015.

§ 3.º O edital de licitação especificará, com base na proporção existente entre os valores apurados no laudo de avaliação, o percentual a ser subtraído da proposta ou do lance vencedor, correspondente às benfeitorias realizadas pelo ocupante, caso este exerça a preferência de que trata o parágrafo anterior.

§ 4.º Ocorrendo a venda, na forma deste artigo, do domínio útil do imóvel a terceiros, será repassado ao ocupante, exclusivamente neste caso, o valor correspondente às benfeitorias por ele realizadas calculado com base no percentual apurado na forma do parágrafo anterior, sendo vedada a extensão deste benefício a outros casos, mesmo que semelhantes.

§ 5.º O repasse de que trata o parágrafo anterior será realizado nas mesmas condições de pagamento, pelo adquirente, do preço do domínio útil.

§ 6.º Caso o domínio útil do imóvel não seja vendido no primeiro certame, serão promovidas, após a reintegração sumária da União na posse do imóvel, novas licitações, nas quais não será dada nenhuma preferência ao ocupante.

§ 7.º Os ocupantes que não exercerem, conforme o caso, as preferências de que tratam os arts. 13 e 15, § 2.º, e a opção de que trata o art.17, nos termos e condições previstos nesta Lei e em seu regulamento, terão o prazo de 60 (sessenta) dias para desocupar o imóvel, findo o qual ficarão sujeitos ao pagamento de indenização pela ocupação ilícita, correspondente a 10% (dez por cento) do valor atualizado do domínio pleno do terreno, por ano ou fração de ano, até que a União seja reintegrada na posse do imóvel.

Art. 16. Constatado, no processo de habilitação, que os adquirentes prestaram declaração falsa sobre pré-requisitos necessários ao exercício da preferência de que tratam os arts. 13, 15, § 2.º, e 17, § 3.º, desta Lei, e o inciso I do art. 5.º do Decreto-lei n. 2.398, de 1987, os respectivos contratos de aforamento serão nulos de pleno direito, sem prejuízo das sanções penais aplicáveis, independentemente de notificação judicial ou extrajudicial, retornando automaticamente o imóvel ao domínio pleno da União e perdendo os compradores o valor correspondente aos pagamentos eventualmente já efetuados.

Art. 16-A. Para os terrenos submetidos ao regime enfitêutico, ficam autorizadas a remição do foro e a consolidação do domínio pleno com o foreiro mediante o pagamento do valor correspondente ao domínio direto do terreno, segundo os critérios de avaliação previstos no art. 11-C desta Lei, cujo prazo de validade da avaliação será de, no máximo, doze meses, e das obrigações pendentes na Secretaria do Patrimônio da União (SPU), inclusive aquelas objeto de parcelamento, excluídas as benfeitorias realizadas pelo foreiro.

•• *Caput* acrescentado pela Lei n. 13.465, de 11-7-2017.

§ 1.º Ficam dispensadas do pagamento pela remição as pessoas consideradas carentes ou de baixa renda, nos termos previstos no art. 1.º do Decreto-lei n. 1.876, de 15 de julho de 1981.

•• § 1.º acrescentado pela Lei n. 13.465, de 11-7-2017.

§ 2.º A remição do foro e a consolidação do domínio pleno com o foreiro a que se refere este artigo poderão ser efetuadas à vista ou de forma parcelada, permitida a utilização dos recursos do FGTS para pagamento total, parcial ou em amortização de parcelas e liquidação do saldo devedor, observadas as demais regras e condições estabelecidas para uso do FGTS.

•• § 2.º acrescentado pela Lei n. 13.465, de 11-7-2017.

§ 3.º As demais condições para a remição do foro dos imóveis submetidos ao regime enfitêutico a que se refere este artigo serão estabelecidas em ato da Secretaria do Patrimônio da União (SPU).

•• § 3.º acrescentado pela Lei n. 13.465, de 11-7-2017.

§ 4.º O foreiro que não optar pela aquisição dos imóveis de que trata este artigo continuará submetido ao regime enfitêutico, na forma da legislação vigente.

•• § 4.º acrescentado pela Lei n. 13.465, de 11-7-2017.

§ 5.º A Secretaria do Patrimônio da União (SPU) verificará a regularidade cadastral dos imóveis a serem

Lei n. 9.636, de 15-5-1998   **Bens da União**

alienados e procederá aos ajustes eventualmente necessários durante o processo de alienação.

•• § 5.º acrescentado pela Lei n. 13.465, de 11-7-2017.

§ 6.º Não se aplica o disposto neste artigo aos imóveis da União:

•• § 6.º, *caput*, acrescentado pela Lei n. 13.465, de 11-7-2017.

I – administrados pelo Ministério das Relações Exteriores, pelo Ministério da Defesa ou pelos Comandos da Marinha, do Exército ou da Aeronáutica;

•• Inciso I acrescentado pela Lei n. 13.465, de 11-7-2017.

II – situados na faixa de fronteira de que trata a Lei n. 6.634, de 2 de maio de 1979, ou na faixa de segurança de que trata o § 3.º do art. 49 do Ato das Disposições Constitucionais Transitórias.

•• Inciso II acrescentado pela Lei n. 13.465, de 11-7-2017.

§ 7.º Para os fins desta Lei, considera-se faixa de segurança a extensão de trinta metros a partir do final da praia, nos termos do § 3.º do art. 10 da Lei n. 7.661, de 16 de maio de 1988.

•• § 7.º acrescentado pela Lei n. 13.465, de 11-7-2017.

Art. 16-B. Fica o Poder Executivo Federal autorizado, por intermédio da Secretaria do Patrimônio da União (SPU), a contratar a Caixa Econômica Federal, independentemente de processo licitatório, para a prestação de serviços relacionados à administração dos contratos, à arrecadação e à cobrança administrativa decorrentes da remição do foro dos imóveis a que se refere o art. 16-A desta Lei.

•• *Caput* acrescentado pela Lei n. 13.465, de 11-7-2017.

Parágrafo único. A Caixa Econômica Federal representará a União na celebração dos contratos de que trata o *caput* deste artigo.

•• Parágrafo único acrescentado pela Lei n. 13.465, de 11-7-2017.

Art. 16-C. O Ministro de Estado do Planejamento, Desenvolvimento e Gestão, permitida a delegação, editará portaria com a lista de áreas ou imóveis sujeitos à alienação nos termos do art. 16-A desta Lei.

•• *Caput* acrescentado pela Lei n. 13.465, de 11-7-2017.

§ 1.º Os terrenos de marinha e acrescidos alienados na forma desta Lei:

•• § 1.º, *caput*, acrescentado pela Lei n. 13.465, de 11-7-2017.

I – não incluirão:

•• Inciso I, *caput*, acrescentado pela Lei n. 13.465, de 11-7-2017.

a) áreas de preservação permanente, na forma do inciso II do *caput* do art. 3.º da Lei n. 12.651, de 25 de maio de 2012; ou

•• Alínea *a* acrescentada pela Lei n. 13.465, de 11-7-2017.

b) áreas em que seja vedado o parcelamento do solo, na forma do art. 3.º e do inciso I do *caput* do art. 13 da Lei n. 6.766, de 19 de dezembro de 1979;

•• Alínea *b* acrescentada pela Lei n. 13.465, de 11-7-2017.

II – deverão estar situados em área urbana consolidada.

•• Inciso II acrescentado pela Lei n. 13.465, de 11-7-2017.

§ 2.º Para os fins desta Lei, considera-se área urbana consolidada aquela:

•• § 2.º, *caput*, acrescentado pela Lei n. 13.465, de 11-7-2017.

I – incluída no perímetro urbano ou em zona urbana pelo plano diretor ou por lei municipal específica;

•• Inciso I acrescentado pela Lei n. 13.465, de 11-7-2017.

II – com sistema viário implantado e vias de circulação pavimentadas;

•• Inciso II acrescentado pela Lei n. 13.465, de 11-7-2017.

III – organizada em quadras e lotes predominantemente edificados;

•• Inciso III acrescentado pela Lei n. 13.465, de 11-7-2017.

IV – de uso predominantemente urbano, caracterizado pela existência de edificações residenciais, comerciais, industriais, institucionais, mistas ou voltadas à prestação de serviços; e

•• Inciso IV acrescentado pela Lei n. 13.465, de 11-7-2017.

V – com a presença de, no mínimo, três dos seguintes equipamentos de infraestrutura urbana implantados:

•• Inciso V, *caput*, acrescentado pela Lei n. 13.465, de 11-7-2017.

a) drenagem de águas pluviais;

•• Alínea *a* acrescentada pela Lei n. 13.465, de 11-7-2017.

b) esgotamento sanitário;

•• Alínea *b* acrescentada pela Lei n. 13.465, de 11-7-2017.

c) abastecimento de água potável;

•• Alínea *c* acrescentada pela Lei n. 13.465, de 11-7-2017.

d) distribuição de energia elétrica; e

•• Alínea *d* acrescentada pela Lei n. 13.465, de 11-7-2017.

e) limpeza urbana, coleta e manejo de resíduos sólidos.

•• Alínea e acrescentada pela Lei n. 13.465, de 11-7-2017.

§ 3.º A alienação dos imóveis de que trata o § 1.º deste artigo não implica supressão das restrições administrativas de uso ou edificação que possam prejudicar a segurança da navegação, conforme estabelecido em ato do Ministro de Estado da Defesa.

•• § 3.º acrescentado pela Lei n. 13.465, de 11-7-2017.

§ 4.º Não há necessidade de autorização legislativa específica para alienação dos imóveis arrolados na portaria a que se refere o *caput* deste artigo.

•• § 4.º acrescentado pela Lei n. 13.465, de 11-7-2017.

Art. 16-D. O adquirente receberá desconto de 25% (vinte e cinco por cento) na aquisição à vista, com fundamento no art. 16-A desta Lei, desde que atendidas as seguintes condições, cumulativamente:

• *Caput* com redação determinada pela Lei n. 13.813, de 9-4-2019.

I – tenha sido apresentada manifestação de interesse para a aquisição à vista com o desconto de que trata o *caput* deste artigo no prazo de 30 (trinta) dias, contado a partir da data do recebimento da notificação da inclusão do imóvel na portaria de que trata o art. 16-C desta Lei; e

•• Inciso I acrescentado pela Lei n. 13.813, de 9-4-2019.

II – tenha sido efetuado o pagamento à vista do valor da alienação no prazo de 60 (sessenta) dias, contado a partir da data da manifestação de interesse do adquirente.

•• Inciso II acrescentado pela Lei n. 13.813, de 9-4-2019.

Parágrafo único. Para as alienações efetuadas de forma parcelada não será concedido desconto.

• Parágrafo único acrescentado pela Lei n. 13.465, de 11-7-2017.

Art. 16-E. O pagamento das alienações realizadas nos termos do art. 16-A desta Lei observará critérios fixados em regulamento e poderá ser realizado:

•• *Caput* acrescentado pela Lei n. 13.465, de 11-7-2017.

I – à vista;

•• Inciso I acrescentado pela Lei n. 13.465, de 11-7-2017.

II – a prazo, mediante as condições de parcelamento estabelecidas em ato da Secretaria do Patrimônio da União (SPU).

•• Inciso II acrescentado pela Lei n. 13.465, de 11-7-2017.

Art. 16-F. Para os imóveis divididos em frações ideais em que já tenha havido aforamento de, no mínimo, uma das unidades autônomas, na forma do item 1.º do art. 105 do Decreto-lei n. 9.760, de 5 de setembro de 1946, combinado com o inciso I do *caput* do art. 5.º do Decreto-lei n. 2.398, de 21 de dezembro 1987, será aplicado o mesmo critério de outorga de aforamento para as demais unidades do imóvel.

•• Artigo acrescentado pela Lei n. 13.465, de 11-7-2017.

Art. 16-G. A União repassará 20% (vinte por cento) da receita patrimonial decorrente da remição do foro dos imóveis a que se refere o art. 16-A desta Lei aos Municípios e ao Distrito Federal onde estão localizados.

•• Artigo acrescentado pela Lei n. 13.465, de 11-7-2017.

Art. 16-H. Fica a Secretaria do Patrimônio da União (SPU) autorizada a receber Proposta de Manifestação de Aquisição, por foreiro de imóvel da União, que esteja regularmente inscrito e adimplente com suas obrigações com aquela Secretaria.

•• *Caput* acrescentado pela Lei n. 13.465, de 11-7-2017.

§ 1.º O foreiro deverá apresentar à SPU carta formalizando o interesse na aquisição juntamente com a identificação do imóvel e do foreiro, comprovação do período de foro e de estar em dia com as respectivas taxas, avaliação do imóvel e das benfeitorias, proposta de pagamento e, para imóveis rurais, georreferenciamento e CAR individualizado.

•• § 1.º acrescentado pela Lei n. 13.465, de 11-7-2017.

§ 2.º Para a análise da Proposta de Manifestação de Aquisição de que trata este artigo deverão ser cumpridos todos os requisitos e condicionantes estabelecidos na legislação que normatiza a alienação de imóveis da União, mediante a edição da portaria do Ministério do Planejamento, Desenvolvimento e Gestão de que trata o art. 16-C, bem como os critérios de avaliação previstos no art. 11-C, ambos desta Lei.

•• § 2.º acrescentado pela Lei n. 13.465, de 11-7-2017.

§ 3.º O protocolo da Proposta de Manifestação de Aquisição de imóvel da União pela Secretaria do Patrimônio da União (SPU) não constituirá nenhum direito ao foreiro perante a União.

•• § 3.º acrescentado pela Lei n. 13.465, de 11-7-2017.

§ 4.º A Secretaria do Patrimônio da União (SPU) fica autorizada a regulamentar a Proposta de Manifestação de Aquisição de que trata este artigo, mediante edição de portaria específica.

•• § 4.º acrescentado pela Lei n. 13.465, de 11-7-2017.

Art. 16-I. Os imóveis submetidos ao regime enfitêutico com valor de remição do domínio direto do terreno até o limite estabelecido em ato do Ministro de Estado da Economia terão, mediante procedimento simplificado, a remição do foro autorizada, e o domínio pleno será consolidado em nome dos atuais foreiros que estejam regularmente cadastrados na Secretaria de Coordenação e Governança do Patrimônio da União e que estejam em dia com suas obrigações.

•• *Caput* acrescentado pela Lei n. 14.011, de 10-6-2020.

•• A Portaria n. 7.796, de 30-6-2021, do Ministério da Economia, estabelece o valor limite de remição do domínio direto dos imóveis submetidos ao regime enfitêutico em até R$ 250.000,00 (duzentos e cinquenta mil reais), na forma deste artigo.

§ 1.º O valor para remição do foro dos imóveis enquadrados no *caput* deste artigo será definido de acordo com a planta de valores da Secretaria de Coordenação e Governança do Patrimônio da União, observado, no que couber, o disposto no art. 11-C desta Lei.

•• § 1.º acrescentado pela Lei n. 14.011, de 10-6-2020.

§ 2.º Os imóveis sujeitos à alienação nos termos deste artigo serão remidos mediante venda direta ao atual foreiro, dispensada a edição de portaria específica.

•• § 2.º acrescentado pela Lei n. 14.011, de 10-6-2020.

§ 3.º Os imóveis com valor do domínio direto do terreno superior ao estabelecido em ato do Ministro de Estado da Economia poderão ser alienados nos termos do art. 16-A desta Lei.

•• § 3.º acrescentado pela Lei n. 14.011, de 10-6-2020.

§ 4.º A hipótese de que trata este artigo está condicionada à edição de ato do Secretário de Coordenação e Governança do Patrimônio da União que discipline os procedimentos e o cronograma dos imóveis abrangidos.

•• § 4.º acrescentado pela Lei n. 14.011, de 10-6-2020.

Seção V
Dos Direitos dos Ocupantes Regularmente Inscritos até 5 de Outubro de 1988

Art. 17. Os ocupantes regularmente inscritos até 5 de outubro de 1988, que não exercerem a preferência de que trata o art.13, terão os seus direitos e obrigações assegurados mediante a celebração de contratos de cessão de uso onerosa, por prazo indeterminado.

§ 1.º A opção pela celebração do contrato de cessão de que trata este artigo deverá ser manifestada e formalizada, sob pena de decadência, observando-se os mesmos prazos previstos no art. 13 para exercício da preferência ao aforamento.

§ 2.º Havendo interesse do serviço público, a União poderá, a qualquer tempo, revogar o contrato de cessão e reintegrar-se na posse do imóvel, após o decurso do prazo de 90 (noventa) dias da notificação administrativa que para esse fim expedir, em cada caso, não sendo reconhecidos ao cessionário quaisquer direitos sobre o terreno ou a indenização por benfeitorias realizadas.

§ 3.º A qualquer tempo, durante a vigência do contrato de cessão, poderá o cessionário pleitear novamente a preferência à aquisição, exceto na hipótese de haver sido declarado o interesse do serviço público, na forma do art. 5.º do Decreto-lei n. 2.398, de 1987.

Seção VI
Da Cessão

Art. 18. A critério do Poder Executivo poderão ser cedidos, gratuitamente ou em condições especiais, sob qualquer dos regimes previstos no Decreto-lei n. 9.760, de 1946, imóveis da União a:

I – Estados, Distrito Federal, Municípios e entidades sem fins lucrativos das áreas de educação, cultura, assistência social ou saúde;

•• Inciso I com redação determinada pela Lei n. 11.481, de 31-5-2007.

II – pessoas físicas ou jurídicas, em se tratando de interesse público ou social ou de aproveitamento econômico de interesse nacional.

•• Inciso II com redação determinada pela Lei n. 11.481, de 31-5-2007.

§ 1.º A cessão de que trata este artigo poderá ser realizada, ainda, sob o regime de concessão de direito real de uso resolúvel, previsto no art. 7.º do Decreto-lei n. 271, de 28 de fevereiro de 1967, aplicando-se, inclusive, em terrenos de marinha e acrescidos, dispensando-se o procedimento licitatório para associações e cooperativas que se enquadrem no inciso II do *caput* deste artigo.

•• § 1.º com redação determinada pela Lei n. 11.481, de 31-5-2007.

§ 2.º O espaço aéreo sobre bens públicos, o espaço físico em águas públicas, as áreas de álveo de lagos, rios e quaisquer correntes d'água, de vazantes, da plataforma continental e de outros bens de domínio da União, insuscetíveis de transferência de direitos reais a terceiros, poderão ser objeto de cessão de uso, nos termos deste artigo, observadas as prescrições legais vigentes.

§ 3.º A cessão será autorizada em ato do Presidente da República e se formalizará mediante termo ou contrato, do qual constarão expressamente as condições estabelecidas, entre as quais a finalidade da sua realização e o prazo para seu cumprimento, e tornar-se-á nula, independentemente de ato especial, se ao imóvel, no todo ou em parte, vier a ser dada aplicação diversa da prevista no ato autorizativo e consequente termo ou contrato.

§ 4.º A competência para autorizar a cessão de que trata este artigo poderá ser delegada ao Ministro de Estado da Fazenda, permitida a subdelegação.

§ 5.º Na hipótese de destinação à execução de empreendimento de fim lucrativo, a cessão será onerosa e, sempre que houver condições de competitividade, serão observados os procedimentos licitatórios previstos em lei e o disposto no art. 18-B desta Lei.

•• § 5.º com redação determinada pela Lei n. 13.813, de 9-4-2019.

§ 6.º Fica dispensada de licitação a cessão prevista no *caput* deste artigo relativa a:

•• § 6.º, *caput*, acrescentado pela Lei n. 11.481, de 31-5-2007.

I – bens imóveis residenciais construídos, destinados ou efetivamente utilizados no âmbito de programas de provisão habitacional ou de regularização fundiária de interesse social desenvolvidos por órgãos ou entidades da administração pública;

•• Inciso I acrescentado pela Lei n. 11.481, de 31-5-2007.

II – bens imóveis de uso comercial de âmbito local com área de até 250 m² (duzentos e cinquenta metros quadrados), inseridos no âmbito de programas de regularização fundiária de interesse social desenvolvidos por órgãos ou entidades da administração pública e cuja ocupação se tenha consolidado até 27 de abril de 2006.

•• Inciso II acrescentado pela Lei n. 11.481, de 31-5-2007.

III – espaços físicos em corpos d'água de domínio da União para fins de aquicultura, no âmbito da regularização aquícola desenvolvido por órgãos ou entidades da administração pública.

•• Inciso III acrescentado pela Lei n. 14.011, de 10-6-2020.

§ 6.º-A. Os espaços físicos a que refere o inciso III do § 6.º deste artigo serão cedidos ao requerente que tiver projeto aprovado perante a Secretaria de Aquicultura e Pesca do Ministério da Agricultura, Pecuária e Abastecimento e demais órgãos da administração pública.

•• § 6.º-A acrescentado pela Lei n. 14.011, de 10-6-2020.

§ 7.º Além das hipóteses previstas nos incisos I e II do *caput* e no § 2.º deste artigo, o espaço aéreo sobre bens públicos, o espaço físico em águas públicas, as áreas de álveo de lagos, rios e quaisquer correntes d'água, de vazantes e de outros bens do domínio da União, contíguos a imóveis da União afetados ao regime de aforamento ou ocupação, poderão ser objeto de cessão de uso.

•• § 7.º acrescentado pela Lei n. 12.058, de 13-10-2009.

•• O STF, por unanimidade, julgou parcialmente procedente a ADI n. 4.970, nas sessões virtuais de 3-9-2021 a 14-9-2021, para interpretar conforme à Constituição da República este § 7.º, adotando-se compreensão que possibilita a cessão do espaço aéreo sobre bens públicos, do espaço físico em águas públicas, das áreas de álveo de lagos, dos rios e quaisquer correntes d'água, das vazantes e de outros bens do domínio da União, contíguos a imóveis da União afetados ao regime de aforamento ou ocupação, desde que destinada a Estados, Distrito Federal, Municípios ou entidades sem fins lucrativos nas áreas de educação, cultura, assistência social ou saúde, ou a pessoas físicas ou jurídicas, nesse caso demonstrado o interesse público ou social (*DOU* de 21-9-2021).

§ 8.º A destinação que tenha como beneficiários entes públicos ou privados concessionários ou delegatários da prestação de serviços de coleta, tratamento e distribuição de água potável, esgoto sanitário e destinação final de resíduos sólidos poderá ser realizada com dispensa de licitação e sob regime gratuito.

•• § 8.º acrescentado pela Lei n. 13.465, de 11-7-2017.

§ 9.º Na hipótese prevista no § 8.º deste artigo, caso haja a instalação de tubulação subterrânea e subaquática que permita outro uso concomitante, a destinação dar-se-á por meio de autorização de passagem, nos termos de ato da Secretaria do Patrimônio da União (SPU).

•• § 9.º acrescentado pela Lei n. 13.465, de 11-7-2017.

§ 10. A cessão de que trata este artigo poderá estabelecer como contrapartida a obrigação de construir, reformar ou prestar serviços de engenharia em imóveis da União ou em bens móveis de interesse da União, admitida a contrapartida em imóveis da União que não sejam objeto da cessão.

•• § 10 acrescentado pela Lei n. 14.011, de 10-6-2020.

§ 11. A cessão com contrapartida será celebrada sob condição resolutiva até que a obrigação seja integralmente cumprida pelo cessionário.

•• § 11 acrescentado pela Lei n. 14.011, de 10-6-2020.

§ 12. Na hipótese de descumprimento pelo cessionário da contrapartida, nas condições e nos prazos estabelecidos, o instrumento jurídico da cessão resolver-se-á sem direito à indenização pelas acessões e benfeitorias nem a qualquer outra indenização ao cessionário, e a posse do imóvel será imediatamente revertida para a União.

•• § 12 acrescentado pela Lei n. 14.011, de 10-6-2020.

§ 13. A cessão que tenha como beneficiária autorizatária de exploração ferroviária, nos termos da legislação específica, será realizada com dispensa de licitação.

•• § 13 acrescentado pela Lei n. 14.273, de 23-12-2021.

Art. 18-A. Os responsáveis pelas estruturas náuticas instaladas ou em instalação no mar territorial, nos rios e nos lagos de domínio da União que requererem a sua regularização até 31 de dezembro de 2018 perceberão desconto de 50% (cinquenta por cento) no valor do recolhimento do preço público pelo uso privativo de área da União quanto ao período que antecedeu a data de publicação da Medida Provisória n. 759, de 22 de dezembro de 2016.

•• *Caput* acrescentado pela Lei n. 13.465, de 11-7-2017.

§ 1.º O desconto de que trata o *caput* deste artigo fica condicionado ao deferimento do pedido de regularização pela Secretaria do Patrimônio da União (SPU).

•• § 1.º acrescentado pela Lei n. 13.465, de 11-7-2017.

§ 2.º O disposto no *caput* deste artigo não se aplica aos créditos inscritos em dívida ativa da União.

•• § 2.º acrescentado pela Lei n. 13.465, de 11-7-2017.

Art. 18-B. Os imóveis da União que estiverem ocupados por entidades desportivas de quaisquer modalidades poderão ser objeto de cessão em condições especiais, dispensado o procedimento licitatório e observadas as seguintes condições:

•• *Caput* acrescentado pela Lei n. 13.813, de 9-4-2019.

I – que as ocupações sejam anteriores a 5 de outubro de 1988, exclusivamente; e

•• Inciso I acrescentado pela Lei n. 13.813, de 9-4-2019.

II – que a cessão seja pelo prazo máximo de 30 (trinta) anos, admitidas prorrogações por iguais períodos.

•• Inciso II acrescentado pela Lei n. 13.813, de 9-4-2019.

§ 1.º A cessão será formalizada por meio de termo ou de contrato, do qual constarão expressamente as condições estabelecidas.

•• § 1.º acrescentado pela Lei n. 13.813, de 9-4-2019.

§ 2.º A cessão será tornada nula, independentemente de ato especial, se ao imóvel vier a ser dada aplicação diversa da prevista no termo ou no contrato, no todo ou em parte, observado o disposto no § 5.º do art. 18 desta Lei.

•• § 2.º acrescentado pela Lei n. 13.813, de 9-4-2019.

§ 3.º As entidades desportivas de que trata este artigo receberão desconto de 50% (cinquenta por cento) sobre os débitos inadimplidos relativos a preços públicos pelo uso privativo de área da União quanto ao período anterior à data de formalização do termo ou do contrato.

•• § 3.º acrescentado pela Lei n. 13.813, de 9-4-2019.

§ 4.º O desconto de que trata o § 3.º deste artigo somente será concedido aos interessados que requererem a regularização até 31 de dezembro de 2019 e ficará condicionado ao deferimento do pedido pela Secretaria do Patrimônio da União do Ministério do Planejamento, Desenvolvimento e Gestão.

•• § 4.º acrescentado pela Lei n. 13.813, de 9-4-2019.

Art. 19. O ato autorizativo da cessão de que trata o artigo anterior poderá:

I – permitir a alienação do domínio útil ou de direitos reais de uso de frações do terreno cedido mediante regime competente, com a finalidade de obter recursos para execução dos objetivos da cessão, inclusive para construção de edificações que pertencerão, no todo ou em parte, ao cessionário;

II – permitir a hipoteca do domínio útil ou de direitos reais de uso de frações do terreno cedido, mediante regime competente, e de benfeitorias eventualmente aderidas, com as finalidades referidas no inciso anterior;

III – permitir a locação ou o arrendamento de partes do imóvel cedido e benfeitorias eventualmente aderidas, desnecessárias ao uso imediato do cessionário;

IV – isentar o cessionário do pagamento de foro, enquanto o domínio útil do terreno fizer parte do seu patrimônio, e de laudêmios, nas transferências de domínio útil de que trata este artigo;

V – conceder prazo de carência para início de pagamento das retribuições devidas, quando:

a) for necessária a viabilização econômico-financeira do empreendimento;

b) houver interesse em incentivar atividade pouco ou ainda não desenvolvida no País ou em alguma de suas regiões; ou

c) for necessário ao desenvolvimento de microempresas, cooperativas e associações de pequenos produtores e de outros segmentos da economia brasileira que precisem ser incrementados;

VI – permitir a cessão gratuita de direitos enfitêuticos relativos a frações de terrenos cedidos quando se tratar de regularização fundiária ou provisão habitacional para famílias carentes ou de baixa renda.

•• Inciso VI acrescentado pela Lei n. 11.481, de 31-5-2007.

Art. 20. Não será considerada utilização em fim diferente do previsto no termo de entrega, a que se refere o § 2.º do art. 79 do Decreto-lei n. 9.760, de 1946, a cessão de uso a terceiros, a título gratuito ou oneroso, de áreas para exercício de atividade de apoio, definidas em regulamento, necessárias ao desempenho da atividade do órgão a que o imóvel foi entregue.

Parágrafo único. A cessão de que trata este artigo será formalizada pelo chefe da repartição, estabelecimento ou serviço público federal a que tenha sido entregue o imóvel, desde que aprovada sua realização pelo Secretário-Geral da Presidência da República, respectivos Ministros de Estado ou autoridades com competência equivalente nos Poderes Legislativo ou Judiciário, conforme for o caso, e tenham sido observadas as condições previstas no regulamento e os procedimentos licitatórios previstos em lei.

Art. 21. Quando o projeto envolver investimentos cujo retorno, justificadamente, não possa ocorrer dentro do prazo máximo de 20 (vinte) anos, a cessão sob o regime de arrendamento poderá ser realizada por prazo superior, observando-se, nesse caso, como prazo de vigência, o tempo seguramente necessário à viabilização econômico-financeira do empreendimento, não ultrapassando o período da possível renovação.

•• Artigo com redação determinada pela Lei n. 11.314, de 3-7-2006.

Seção VII
Da Permissão de Uso

Art. 22. A utilização, a título precário, de áreas de domínio da União para a realização de eventos de curta duração, de natureza recreativa, esportiva, cultural, religiosa ou educacional, poderá ser autorizada, na forma do regulamento, sob o regime de permissão de uso, em ato do Secretário do Patrimônio da União, publicado no *Diário Oficial da União*.

§ 1.º A competência para autorizar a permissão de uso de que trata este artigo poderá ser delegada aos titulares das Delegacias do Patrimônio da União nos Estados.

§ 2.º Em áreas específicas, devidamente identificadas, a competência para autorizar a permissão de uso poderá ser repassada aos Estados e Municípios, devendo, para tal fim, as áreas envolvidas lhes serem cedidas sob o regime de cessão de uso, na forma do art. 18.

Seção VIII
Da Concessão de Uso Especial
para Fins de Moradia

•• Seção VIII acrescentada pela Lei n. 11.481, de 31-5-2007.

Art. 22-A. A concessão de uso especial para fins de moradia aplica-se às áreas de propriedade da União, inclusive aos terrenos de marinha e acrescidos, e será conferida aos possuidores ou ocupantes que preencham os requisitos legais estabelecidos na Medida Provisória n. 2.220, de 4 de setembro de 2001.

•• *Caput* acrescentado pela Lei n. 11.481, de 31-5-2007.

§ 1.º O direito de que trata o *caput* deste artigo não se aplica a imóveis funcionais.

•• § 1.º acrescentado pela Lei n. 11.481, de 31-5-2007.

§ 2.º Os imóveis sob administração do Ministério da Defesa ou dos Comandos da Marinha, do Exército e da Aeronáutica são considerados de interesse da defesa nacional para efeito do disposto no inciso III do *caput* do art. 5.º da Medida Provisória n. 2.220, de 4 de setembro de 2001, sem prejuízo do estabelecido no § 1.º deste artigo.

•• § 2.º acrescentado pela Lei n. 11.481, de 31-5-2007.

•• A Lei n. 13.240, de 30-12-2015, propôs o acréscimo da Seção IX, todavia teve seu texto vetado.

Capítulo II
DA ALIENAÇÃO

•• A Portaria n. 12.600, de 25-10-2021, da Secretaria Especial de Desestatização, Desinvestimento e Mercados, regulamenta o recebimento de proposta de aquisição de imóveis da União que não estejam inscritos em regime enfitêutico ou em ocupação, apresentada por interessado à Secretaria de Coordenação e Governança do Patrimônio da União.

Lei n. 9.636, de 15-5-1998 — Bens da União

Art. 23. A alienação de bens imóveis da União dependerá de autorização, mediante ato do Presidente da República, e será sempre precedida de parecer da SPU quanto à sua oportunidade e conveniência.

§ 1.º A alienação ocorrerá quando não houver interesse público, econômico ou social em manter o imóvel no domínio da União, nem inconveniência quanto à preservação ambiental e à defesa nacional, no desaparecimento do vínculo de propriedade.

§ 2.º A competência para autorizar a alienação poderá ser delegada ao Ministro de Estado da Fazenda, permitida a subdelegação.

Art. 23-A. Qualquer interessado poderá apresentar proposta de aquisição de imóveis da União que não estejam inscritos em regime enfitêutico ou em ocupação, mediante requerimento específico à Secretaria de Coordenação e Governança do Patrimônio da União.

•• *Caput* acrescentado pela Lei n. 14.011, de 10-6-2020.

§ 1.º O requerimento de que trata o *caput* deste artigo não gera para a administração pública federal obrigação de alienar o imóvel nem direito subjetivo à aquisição.

•• § 1.º acrescentado pela Lei n. 14.011, de 10-6-2020.

§ 2.º A Secretaria de Coordenação e Governança do Patrimônio da União manifestar-se-á sobre o requerimento de que trata o *caput* deste artigo e avaliará a conveniência e a oportunidade de alienar o imóvel.

•• § 2.º acrescentado pela Lei n. 14.011, de 10-6-2020.

§ 3.º Na hipótese de manifestação favorável da Secretaria de Coordenação e Governança do Patrimônio da União, se o imóvel não possuir avaliação dentro do prazo de validade, o interessado providenciará, a expensas dele, avaliação elaborada por avaliador habilitado ou empresa especializada, nos termos dos §§ 1.º, 7.º e 8.º do art. 11-C desta Lei.

•• § 3.º acrescentado pela Lei n. 14.011, de 10-6-2020.

•• A Portaria n. 11.488, de 22-9-2021, da SPU/ME, regulamenta os critérios de habilitação de profissionais e empresas avaliadoras para elaboração de laudo de avaliação de imóveis da União, bem como estabelece os limites de reembolso dos custos incorridos pelo proponente pelos serviços de avaliação de imóveis.

§ 4.º Compete à Secretaria de Coordenação e Governança do Patrimônio da União homologar os laudos de avaliação e iniciar o processo de alienação do imóvel, observado o disposto no art. 24 desta Lei.

•• § 4.º acrescentado pela Lei n. 14.011, de 10-6-2020.

§ 5.º A homologação de avaliação pela Secretaria de Coordenação e Governança do Patrimônio da União limitar-se-á à verificação quanto à aplicação das normas técnicas de avaliação de ativos e à assinatura do documento por profissional habilitado para o trabalho de avaliação e não constituirá nenhum direito ao interessado, e a Secretaria poderá desistir da alienação.

•• § 5.º com redação determinada pela Lei n. 14.474, de 6-12-2022.

§ 6.º As propostas apresentadas que não cumprirem os requisitos mínimos ou que forem descartadas de plano pela Secretaria de Coordenação e Governança do Patrimônio da União serão desconsideradas.

•• § 6.º acrescentado pela Lei n. 14.011, de 10-6-2020.

§ 7.º As propostas apresentadas nos termos deste artigo serão disponibilizadas pela Secretaria de Coordenação e Governança do Patrimônio da União em sua página na internet, exceto as propostas de que trata o § 6.º deste artigo.

•• § 7.º acrescentado pela Lei n. 14.011, de 10-6-2020.

§ 8.º Ato do Secretário de Coordenação e Governança do Patrimônio da União disporá sobre o conteúdo e a forma do requerimento de que trata o *caput* deste artigo.

•• § 8.º acrescentado pela Lei n. 14.011, de 10-6-2020.

Seção I
Da Venda

Art. 24. A venda de bens imóveis da União será feita mediante concorrência ou leilão público, observadas as seguintes condições:

I – na venda por leilão público, a publicação do edital observará as mesmas disposições legais aplicáveis à concorrência pública;

II – os licitantes apresentarão propostas ou lances distintos para cada imóvel;

III – (*Revogado pela Lei n. 13.240, de 30-12-2015.*)

IV – no caso de leilão público, o arrematante pagará, no ato do pregão, sinal correspondente a, no mínimo, 10% (dez por cento) do valor da arrematação, complementando o preço no prazo e nas condições previstas no edital, sob pena de perder, em favor da União, o valor correspondente ao sinal e, em favor do leiloeiro, se for o caso, a respectiva comissão;

V – o leilão público será realizado por leiloeiro oficial ou por servidor especialmente designado;

VI – quando o leilão público for realizado por leiloeiro oficial, a respectiva comissão será, na forma do regulamento, de até 5% (cinco por cento) do valor da arrematação e será paga pelo arrematante, juntamente com o sinal;

VII – o preço mínimo de venda será fixado com base no valor de mercado do imóvel, estabelecido na forma dos arts. 11-C, 11-D e 23-A desta Lei; e

•• Inciso VII com redação determinada pela Lei n. 14.011, de 10-6-2020.

VIII – demais condições previstas no regulamento e no edital de licitação.

§ 1.º *(Revogado pela Lei n. 14.011, de 10-6-2020.)*

§ 2.º Para realização das avaliações de que trata o inciso VII, é dispensada a homologação dos serviços técnicos de engenharia realizados pela Caixa Econômica Federal.

•• § 2.º com redação determinada pela Lei n. 13.240, de 30-12-2015.

§ 3.º Poderá adquirir o imóvel, em condições de igualdade com o vencedor da licitação, o cessionário de direito real ou pessoal, o locatário ou arrendatário que esteja em dia com suas obrigações junto à SPU, bem como o expropriado.

§ 3.º-A Os ocupantes regulares de imóveis funcionais da União poderão adquiri-los, com direito de preferência, excluídos aqueles considerados indispensáveis ao serviço público, em condições de igualdade com o vencedor da licitação.

•• § 3.º-A acrescentado pela Lei n. 13.465, de 11-7-2017.

§ 4.º A venda, em quaisquer das modalidades previstas neste artigo, poderá ser parcelada, mediante pagamento de sinal correspondente a, no mínimo, 10% (dez por cento) do valor de aquisição, na forma a ser regulamentada em ato do Poder Executivo federal.

•• § 4.º com redação determinada pela Lei n. 13.465, de 11-7-2017.

§ 5.º *(Revogado pela Lei n. 13.465, de 11-7-2017.)*

§ 6.º O interessado que tiver custeado a avaliação poderá adquirir o imóvel, em condições de igualdade com o vencedor da licitação, na hipótese de não serem exercidos os direitos previstos nos §§ 3.º e 3.º-A deste artigo.

•• § 6.º acrescentado pela Lei n. 14.011, de 10-6-2020.

§ 7.º O vencedor da licitação ressarcirá os gastos com a avaliação diretamente àquele que a tiver custeado, na hipótese de o vencedor ser outra pessoa, observados os limites de remuneração da avaliação estabelecidos pelo Secretário de Coordenação e Governança do Patrimônio da União.

•• § 7.º acrescentado pela Lei n. 14.011, de 10-6-2020.

•• A Portaria n. 11.488, de 22-9-2021, da SPU/ME, regulamenta os critérios de habilitação de profissionais e empresas avaliadoras para elaboração de laudo de avaliação de imóveis da União, bem como estabelece os limites de reembolso dos custos incorridos pelo proponente pelos serviços de avaliação de imóveis.

§ 8.º Os procedimentos licitatórios de que trata este artigo poderão ser realizados integralmente por meio de recursos de tecnologia da informação, com a utilização de sistemas próprios ou disponibilizados por terceiros, mediante acordo ou contrato.

•• § 8.º acrescentado pela Lei n. 14.011, de 10-6-2020.

•• A Portaria n. 17.480, de 21-7-2020, do Ministério da Economia, aprova a implantação do Sistema de Concorrência Eletrônica – SCE, para realização dos procedimentos licitatórios dos imóveis da União por intermédio de recursos de tecnologia da informação.

§ 9.º Os procedimentos específicos a serem adotados na execução do disposto no § 8.º deste artigo serão estabelecidos em ato específico do Secretário de Coordenação e Governança do Patrimônio da União.

•• § 9.º acrescentado pela Lei n. 14.011, de 10-6-2020.

Art. 24-A. Na hipótese de concorrência ou leilão público deserto ou fracassado na venda de bens imóveis da União, poderão esses imóveis ser disponibilizados para venda direta.

•• *Caput* com redação determinada pela Lei n. 13.813, de 9-4-2019.

•• A Portaria n. 5.343, de 10-6-2022, do ME, regulamenta os procedimentos para a venda direta de bens imóveis da União, na hipótese de licitação deserta ou fracassada, conforme previsto neste artigo.

§ 1.º Na hipótese de concorrência ou leilão público deserto ou fracassado, a Secretaria de Coordenação e Governança do Patrimônio da União poderá realizar segunda concorrência ou leilão público com desconto de 25% (vinte e cinco por cento) sobre o valor de avaliação vigente.

•• § 1.º acrescentado pela Lei n. 14.011, de 10-6-2020.

§ 2.º Na hipótese de concorrência ou leilão público deserto ou fracassado por 2 (duas) vezes consecutivas, os imóveis poderão ser disponibilizados para venda direta, aplicado o desconto de 25% (vinte e cinco por cento) sobre o valor do imóvel constante do primeiro edital.

•• § 2.º com redação determinada pela Lei n. 14.474, de 6-12-2022.

§ 3.º A compra de imóveis da União disponibilizados para venda direta poderá ser intermediada por corretores de imóveis.

•• § 3.º acrescentado pela Lei n. 14.011, de 10-6-2020.

§ 4.º Na hipótese de que trata o § 3.º deste artigo, caberá ao comprador o pagamento dos valores de corretagem.

•• § 4.º acrescentado pela Lei n. 14.011, de 10-6-2020.

§ 5.º Na hipótese de realização de leilão eletrônico, nos termos do § 8.º do art. 24 desta Lei, a Secretaria de Coordenação e Governança do Patrimônio da União poderá realizar sessões públicas com prazos definidos e aplicar descontos sucessivos, até o limite de 25% (vinte e cinco por cento) sobre o valor de avaliação vigente.

•• § 5.º acrescentado pela Lei n. 14.011, de 10-6-2020.

Art. 24-B. A Secretaria de Coordenação e Governança do Patrimônio da União poderá realizar a alienação de imóveis da União por lote, se essa modalidade implicar, conforme demonstrado em parecer técnico:

•• *Caput* acrescentado pela Lei n. 14.011, de 10-6-2020.

I – maior valorização dos bens;

•• Inciso I acrescentado pela Lei n. 14.011, de 10-6-2020.

II – maior liquidez para os imóveis cuja alienação isolada seja difícil ou não recomendada; ou

•• Inciso II acrescentado pela Lei n. 14.011, de 10-6-2020.

III – outras situações decorrentes das práticas normais do mercado ou em que se observem condições mais vantajosas para a administração pública, devidamente fundamentadas.

•• Inciso III acrescentado pela Lei n. 14.011, de 10-6-2020.

Parágrafo único. A alienação por lote a que se refere o *caput* deste artigo somente poderá ser adotada após o encerramento da vigência do estado de emergência em saúde pública a que se refere a Lei n. 13.979, de 6 de fevereiro de 2020.

•• Parágrafo único acrescentado pela Lei n. 14.011, de 10-6-2020.

Art. 24-C. A Secretaria de Coordenação e Governança do Patrimônio da União poderá contratar empresas privadas, por meio de licitação, ou bancos públicos federais, bem como empresas públicas, órgãos ou entidades da administração pública direta ou indireta da União, do Distrito Federal, dos Estados ou dos Municípios cuja atividade-fim seja o desenvolvimento urbano ou imobiliário, com dispensa de licitação, e celebrar convênios ou acordos de cooperação com os demais entes da Federação e seus órgãos para:

•• *Caput* acrescentado pela Lei n. 14.011, de 10-6-2020.

I – elaboração de propostas de alienação para bens individuais ou lotes de ativos imobiliários da União;

•• Inciso I acrescentado pela Lei n. 14.011, de 10-6-2020.

II – execução de ações de cadastramento, de regularização, de avaliação e de alienação dos bens imóveis; e

•• Inciso II acrescentado pela Lei n. 14.011, de 10-6-2020.

III – execução das atividades de alienação dos ativos indicados, incluídas a realização do procedimento licitatório e a representação da União na assinatura dos instrumentos jurídicos indicados.

•• Inciso III acrescentado pela Lei n. 14.011, de 10-6-2020.

§ 1.º Fica dispensada a homologação da avaliação realizada, nos termos deste artigo, por bancos públicos federais ou empresas públicas, órgãos ou entidades da administração pública direta ou indireta da União, do Distrito Federal, dos Estados ou dos Municípios que tenham como atividade-fim o desenvolvimento urbano ou imobiliário, bem como nas hipóteses de convênios ou acordos de cooperação firmados com órgãos ou entidades da administração pública federal, estadual, distrital ou municipal.

•• § 1.º acrescentado pela Lei n. 14.011, de 10-6-2020.

§ 2.º A remuneração fixa, a remuneração variável ou a combinação das duas modalidades, em percentual da operação concluída, poderá ser admitida, além do ressarcimento dos gastos efetuados com terceiros necessários à execução dos processos de alienação previstos neste artigo, conforme estabelecido em ato do Secretário de Coordenação e Governança do Patrimônio da União e no ato de contratação.

•• § 2.º acrescentado pela Lei n. 14.011, de 10-6-2020.

§ 3.º Outras condições para a execução das ações previstas neste artigo serão estabelecidas em ato do Secretário de Coordenação e Governança do Patrimônio da União.

•• § 3.º acrescentado pela Lei n. 14.011, de 10-6-2020.

Art. 24-D. A Secretaria de Coordenação e Governança do Patrimônio da União poderá contratar o Banco Nacional de Desenvolvimento Econômico e Social (BNDES), com dispensa de licitação, para a realização de estudos e a execução de plano de desestatização de ativos imobiliários da União.

•• *Caput* acrescentado pela Lei n. 14.011, de 10-6-2020.

•• O Decreto n. 11.051, de 26-4-2022, regulamenta este artigo para dispor sobre a contratação do Banco Nacional de Desenvolvimento Econômico e Social pela Secretaria de Coordenação e Governança do Patrimônio da União da Secretaria Especial de Desestatização, Desinvestimento e Mercados do Ministério da Economia, para a realização de estudos e a execução de plano de desestatização de ativos imobiliários da União.

§ 1.º A desestatização referida no *caput* deste artigo poderá ocorrer por meio de:

•• § 1.º, *caput*, acrescentado pela Lei n. 14.011, de 10-6-2020.

I – remição de foro, alienação mediante venda ou permuta, cessão ou concessão de direito real de uso;

•• Inciso I acrescentado pela Lei n. 14.011, de 10-6-2020.

II – constituição de fundos de investimento imobiliário e contratação de seus gestores e administradores, conforme legislação vigente; ou

•• Inciso II acrescentado pela Lei n. 14.011, de 10-6-2020.

III – qualquer outro meio admitido em lei.

•• Inciso III acrescentado pela Lei n. 14.011, de 10-6-2020.

§ 2.º Os atos de que trata o inciso I do § 1.º deste artigo dependem de ratificação pela Secretaria de Coordenação e Governança do Patrimônio da União.

•• § 2.º acrescentado pela Lei n. 14.011, de 10-6-2020.

§ 3.º A execução do plano de desestatização poderá incluir as ações previstas nos incisos I, II e III do *caput* do art. 24-C desta Lei.

•• § 3.º acrescentado pela Lei n. 14.011, de 10-6-2020.

§ 4.º A remuneração fixa, remuneração variável ou a combinação das duas modalidades, no percentual de até 3% (três por cento) sobre a receita pública decorrente de cada plano de desestatização, poderá ser admitida, além do ressarcimento dos gastos efetuados com terceiros necessários à execução dos planos de desestatização previstos neste artigo, conforme estabelecido em regulamento e no instrumento de contratação.

•• § 4.º acrescentado pela Lei n. 14.011, de 10-6-2020.

Art. 25. A preferência de que trata o art. 13, exceto com relação aos imóveis sujeitos aos regimes dos arts. 80 a 85 do Decreto-lei n. 9.760, de 1946, e da Lei n. 8.025, de 12 de abril de 1990, poderá, a critério da Administração, ser estendida, na aquisição do domínio útil ou pleno de imóveis residenciais de propriedade da União, que venham a ser colocados à venda, àqueles que, em 15 de fevereiro de 1997, já os ocupavam, na qualidade de locatários, independentemente do tempo de locação, observadas, no que couber, as demais condições estabelecidas para os ocupantes.

Parágrafo único. A preferência de que trata este artigo poderá, ainda, ser estendida àquele que, atendendo as demais condições previstas neste artigo, esteja regularmente cadastrado como locatário, independentemente da existência de contrato locativo.

Art. 26. Em se tratando de projeto de caráter social para fins de moradia, a venda do domínio pleno ou útil observará os critérios de habilitação e renda familiar fixados em regulamento, podendo o pagamento ser efetivado mediante um sinal de, no mínimo, 5% (cinco por cento) do valor da avaliação, permitido o seu parcelamento em até 2 (duas) vezes e do saldo em até 300 (trezentas) prestações mensais e consecutivas, observando-se, como mínimo, a quantia correspondente a 30% (trinta por cento) do valor do salário mínimo vigente.

•• *Caput* com redação determinada pela Lei n. 11.481, de 31-5-2007.

§§ 1.º e 2.º (*Revogados pela Lei n. 11.481, de 31-5-2007.*)

§ 3.º (*Revogado pela Lei n. 13.465, de 11-7-2017.*)

Arts. 27 a 29. (*Revogados pela Lei n. 13.465, de 11-7-2017.*)

Seção II
Da Permuta

Art. 30. Poderá ser autorizada, na forma do art. 23, a permuta de imóveis de qualquer natureza, de propriedade da União, por imóveis edificados ou não, ou por edificações a construir.

§ 1.º Os imóveis permutados com base neste artigo não poderão ser utilizados para fins residenciais funcionais, exceto nos casos de residências de caráter obrigatório, de que tratam os arts. 80 a 85 do Decreto-lei n. 9.760, de 1946.

§ 2.º Na permuta, sempre que houver condições de competitividade, deverão ser observados os procedimentos licitatórios previstos em lei.

Seção III
Da Doação

Art. 31. Mediante ato do Poder Executivo e a seu critério, poderá ser autorizada a doação de bens imóveis de domínio da União, observado o disposto no art. 23 desta Lei, a:

•• *Caput* com redação determinada pela Lei n. 11.481, de 31-5-2007.
I – Estados, Distrito Federal, Municípios, fundações públicas e autarquias públicas federais, estaduais e municipais;
•• Inciso I acrescentado pela Lei n. 11.481, de 31-5-2007.
II – empresas públicas federais, estaduais e municipais;
•• Inciso II acrescentado pela Lei n. 11.481, de 31-5-2007.
III – fundos públicos e fundos privados dos quais a União seja cotista, nas transferências destinadas à realização de programas de provisão habitacional ou de regularização fundiária de interesse social;
•• Inciso III com redação determinada pela Lei n. 12.693, de 24-7-2012.
IV – sociedades de economia mista direcionadas à execução de programas de provisão habitacional ou de regularização fundiária de interesse social;
•• Inciso IV com redação determinada pela Lei n. 13.813, de 9-4-2019.
V – beneficiários, pessoas físicas ou jurídicas, de programas de provisão habitacional ou de regularização fundiária de interesse social desenvolvidos por órgãos ou entidades da administração pública, para cuja execução seja efetivada a doação; ou
•• Inciso V com redação determinada pela Lei n. 13.813, de 9-4-2019.
VI – instituições filantrópicas devidamente comprovadas como entidades beneficentes de assistência social e organizações religiosas
•• Inciso VI acrescentado pela Lei n. 13.813, de 9-4-2019.
§ 1.º No ato autorizativo e no respectivo termo constarão a finalidade da doação e o prazo para seu cumprimento.
§ 2.º O encargo de que trata o parágrafo anterior será permanente e resolutivo, revertendo automaticamente o imóvel à propriedade da União, independentemente de qualquer indenização por benfeitorias realizadas, se:
I – não for cumprida, dentro do prazo, a finalidade da doação;
II – cessarem as razões que justificaram a doação; ou
III – ao imóvel, no todo ou em parte, vier a ser dada aplicação diversa da prevista.
§ 3.º Nas hipóteses de que tratam os incisos I a IV do *caput* deste artigo, é vedada ao beneficiário a possibilidade de alienar o imóvel recebido em doação, exceto quando a finalidade for a execução, por parte do donatário, de projeto de assentamento de famílias carentes ou de baixa renda, na forma do art. 26 desta Lei, e desde que, no caso de alienação onerosa, o produto da venda seja destinado à instalação de infraestrutura, equipamentos básicos ou de outras melhorias necessárias ao desenvolvimento do projeto.
•• § 3.º com redação determinada pela Lei n. 11.481, de 31-5-2007.
§ 4.º Na hipótese de que trata o inciso V do *caput* deste artigo:
•• § 4.º, *caput*, acrescentado pela Lei n. 11.481, de 31-5-2007.
I – não se aplica o disposto no § 2.º deste artigo para o beneficiário pessoa física, devendo o contrato dispor sobre eventuais encargos e conter cláusula de inalienabilidade por um período de 5 (cinco) anos; e
•• Inciso I acrescentado pela Lei n. 11.481, de 31-5-2007.
II – a pessoa jurídica que receber o imóvel em doação só poderá utilizá-lo no âmbito do respectivo programa habitacional ou de regularização fundiária e deverá observar, nos contratos com os beneficiários finais, o requisito de inalienabilidade previsto no inciso I deste parágrafo.
•• Inciso II acrescentado pela Lei n. 11.481, de 31-5-2007.
§ 5.º Nas hipóteses de que tratam os incisos III a V do *caput* deste artigo, o beneficiário final pessoa física deve atender aos seguintes requisitos:
•• § 5.º, *caput*, acrescentado pela Lei n. 11.481, de 31-5-2007.
I – possuir renda familiar mensal não superior a 5 (cinco) salários mínimos;
•• Inciso I acrescentado pela Lei n. 11.481, de 31-5-2007.
II – não ser proprietário de outro imóvel urbano ou rural.
•• Inciso II acrescentado pela Lei n. 11.481, de 31-5-2007.
§ 6.º Na hipótese de que trata o inciso VI do *caput* deste artigo, a escolha da instituição será precedida de chamamento público, na forma prevista em regulamento.
•• § 6.º acrescentado pela Lei n. 13.813, de 9-4-2019.
Art. 31-A. As autarquias, as fundações e as empresas públicas federais poderão doar à União os imóveis de sua propriedade que não estejam vinculados às suas atividades operacionais.
•• *Caput* acrescentado pela Lei n. 14.474, de 6-12-2022.
Parágrafo único. Poderão ser objeto de doação os imóveis vinculados às atividades operacionais das

autarquias, das fundações e das empresas públicas federais que não estejam sendo utilizados por essas entidades.

•• Parágrafo único acrescentado pela Lei n. 14.474, de 6-12-2022.

Capítulo III
DAS DISPOSIÇÕES FINAIS

Art. 32. Os arts. 79, 81, 82, 101, 103, 104, 110, 118, 123 e 128 do Decreto-lei n. 9.760, de 1946, passam a vigorar com as seguintes alterações:

•• Alterações já processadas no diploma modificado.

Art. 32-A. A Secretaria de Coordenação e Governança do Patrimônio da União será responsável pelo acompanhamento e monitoramento dos dados patrimoniais recebidos dos órgãos e das entidades da administração pública federal e pelo apoio à realização das operações de alienação de bens imóveis.

•• *Caput* acrescentado pela Lei n. 14.011, de 10-6-2020.

§ 1.º É obrigação dos órgãos e das entidades da administração pública manter inventário atualizado dos bens imóveis sob sua gestão, públicos ou privados, e disponibilizá-lo à Secretaria de Coordenação e Governança do Patrimônio da União.

•• § 1.º acrescentado pela Lei n. 14.011, de 10-6-2020.

§ 2.º A Secretaria de Coordenação e Governança do Patrimônio da União será responsável pela compilação dos dados patrimoniais recebidos dos órgãos, das autarquias e das fundações públicas e pelo apoio à realização das operações de alienação de bens regidas por esta Lei.

•• § 2.º acrescentado pela Lei n. 14.011, de 10-6-2020.

§ 3.º As demais condições para a execução das ações previstas neste artigo serão estabelecidas em ato do Secretário de Coordenação e Governança do Patrimônio da União.

•• § 3.º acrescentado pela Lei n. 14.011, de 10-6-2020.

Art. 33. Os arts. 3.º, 5.º e 6.º do Decreto-lei n. 2.398, 1987, passam a vigorar com as seguintes alterações:

•• Alterações já processadas no diploma modificado.

Arts. 34 e 35. (*Revogados pela Lei n. 13.465, de 11-7-2017.*)

Art. 36. Nas vendas de que trata esta Lei, quando realizadas mediante licitação, os adquirentes poderão, a critério da Administração, utilizar, para pagamento à vista do domínio útil ou pleno de imóveis de propriedade da União, créditos securitizados ou títulos da dívida pública de emissão do Tesouro Nacional.

Art. 37. Fica instituído o Programa de Administração Patrimonial Imobiliária da União – PROAP, destinado, segundo as possibilidades e as prioridades definidas pela administração pública federal:

•• *Caput* com redação determinada pela Lei n. 13.240, de 30-12-2015.

I – à adequação dos imóveis de uso especial aos critérios de:

•• Inciso I, *caput*, acrescentado pela Lei n. 13.240, de 30-12-2015.

a) acessibilidade das pessoas com deficiência ou com mobilidade reduzida;

•• Alínea *a* acrescentada pela Lei n. 13.240, de 30-12-2015.

b) sustentabilidade;

•• Alínea *b* acrescentada pela Lei n. 13.240, de 30-12-2015.

c) baixo impacto ambiental;

•• Alínea *c* acrescentada pela Lei n. 13.240, de 30-12-2015.

d) eficiência energética;

•• Alínea *d* acrescentada pela Lei n. 13.240, de 30-12-2015.

e) redução de gastos com manutenção;

•• Alínea *e* acrescentada pela Lei n. 13.240, de 30-12-2015.

f) qualidade e eficiência das edificações;

•• Alínea *f* acrescentada pela Lei n. 13.240, de 30-12-2015.

II – à ampliação e à qualificação do cadastro dos bens imóveis da União;

•• Inciso II acrescentado pela Lei n. 13.240, de 30-12-2015.

III – à aquisição, à reforma, ao restauro e à construção de imóveis;

•• Inciso III acrescentado pela Lei n. 13.240, de 30-12-2015.

IV – o incentivo à regularização e realização de atividades de fiscalização, demarcação, cadastramento, controle e avaliação dos imóveis públicos federais e ao incremento das receitas patrimoniais;

•• Inciso IV com redação determinada pela Lei n. 13.465, de 11-7-2017.

V – ao desenvolvimento de recursos humanos visando à qualificação da gestão patrimonial, mediante a realização de cursos de capacitação e participação em eventos relacionados ao tema;

•• Inciso V com redação determinada pela Lei n. 13.465, de 11-7-2017.

VI – à aquisição e instalação de equipamentos, bem como à modernização e informatização dos métodos e processos inerentes à gestão patrimonial dos imóveis públicos federais;

• • Inciso VI com redação determinada pela Lei n. 13.465, de 11-7-2017.

VII – à regularização fundiária; e

• • Inciso VII com redação determinada pela Lei n. 13.465, de 11-7-2017.

VIII – à gestão e manutenção das atividades das Unidades Central e Descentralizadas da SPU.

• • Inciso VIII acrescentado pela Lei n. 13.465, de 11-7-2017.

Parágrafo único. Comporão o Fundo instituído pelo Decreto-lei n. 1.437, de 17 de dezembro de 1975, e integrarão subconta especial destinada a atender às despesas com o Programa instituído neste artigo, que será gerida pelo Secretário do Patrimônio da União, as receitas patrimoniais decorrentes de:

I – multas; e

II – parcela do produto das alienações de que trata esta Lei, nos percentuais adiante indicados, observado o limite de R$ 25.000.000,00 (vinte e cinco milhões de reais) ao ano:

• • Inciso II e alíneas *a* a *d* com redação determinada pela Lei n. 9.821, de 23-8-1999.

a) 20% (vinte por cento), nos anos 1998 e 1999;

b) 15% (quinze por cento), no ano 2000;

c) 10% (dez por cento), no ano 2001;

d) 5% (cinco por cento), nos anos 2002 e 2003.

Art. 38. No desenvolvimento do PROAP, a SPU priorizará ações no sentido de desobrigar-se de tarefas operacionais, recorrendo, sempre que possível, à execução indireta, mediante convênio com outros órgãos públicos federais, estaduais e municipais e contrato com a iniciativa privada, ressalvadas as atividades típicas de Estado e resguardados os ditames do interesse público e as conveniências da segurança nacional.

Art. 39. As disposições previstas no art. 30 aplicam-se, no que couber, às entidades da Administração Pública Federal indireta, inclusive às autarquias e fundações públicas e às sociedades sob controle direto ou indireto da União.

Parágrafo único. A permuta que venha a ser realizada com base no disposto neste artigo deverá ser previamente autorizada pelo conselho de administração, ou órgão colegiado equivalente, das entidades de que trata o *caput*, ou ainda, na inexistência destes ou de respectiva autorização, pelo Ministro de Estado a cuja Pasta se vinculem, dispensando-se autorização legislativa para a correspondente alienação.

• • Parágrafo único acrescentado pela Lei n. 9.821, de 23-8-1999.

Art. 40. Será de competência exclusiva da SPU, observado o disposto no art. 38 e sem prejuízo das competências da Procuradoria-Geral da Fazenda Nacional, previstas no Decreto-lei n. 147, de 3 de fevereiro de 1967, a realização de aforamentos, concessões de direito real de uso, locações, arrendamentos, entregas e cessões a qualquer título, de imóveis de propriedade da União, exceto nos seguintes casos:

I – cessões, locações e arrendamentos especialmente autorizados nos termos de entrega, observadas as condições fixadas em regulamento;

II – locações de imóveis residenciais de caráter obrigatório, de que tratam os arts. 80 a 85 do Decreto-lei n. 9.760, de 1946;

III – locações de imóveis residenciais sob o regime da Lei n. 8.025, de 1990;

IV – cessões de que trata o art. 20; e

V – as locações e arrendamentos autorizados nos termos do inciso III do art. 19.

Art. 41. Será observado como valor mínimo para efeito de aluguel, arrendamento, cessão de uso onerosa, foro e taxa de ocupação, aquele correspondente ao custo de processamento da respectiva cobrança.

Art. 42. Serão reservadas, na forma do regulamento, áreas necessárias à gestão ambiental, à implantação de projetos demonstrativos de uso sustentável de recursos naturais e dos ecossistemas costeiros, de compensação por impactos ambientais, relacionados com instalações portuárias, marinas, complexos navais e outros complexos náuticos, desenvolvimento do turismo, de atividades pesqueiras, da aquicultura, da exploração de petróleo e gás natural, de recursos hídricos e minerais, aproveitamento de energia hidráulica e outros empreendimentos considerados de interesse nacional.

§ 1.º Na hipótese de o empreendimento envolver áreas originariamente de uso comum do povo, poderá ser autorizada a utilização dessas áreas, mediante cessão de uso na forma do art. 18 desta Lei, condicionada, quando necessário, à apresentação de licença ambiental que ateste a viabilidade do empreendimento, observadas as demais disposições legais pertinentes.

• • Parágrafo único renumerado pela Lei n. 13.813, de 9-4-2019.

§ 2.º A regularidade ambiental é condicionante de contratos de destinação de áreas da União e, comprovada a existência de comprometimento da integridade da área pelo órgão ambiental competente, o contrato será rescindido sem ônus para a União e sem prejuízo das demais sanções cabíveis.

•• § 2.º acrescentado pela Lei n. 13.813, de 9-4-2019.

Art. 43. Nos aterros realizados até 15 de fevereiro de 1997, sem prévia autorização, a aplicação das penalidades de que tratam os incisos I e II do art. 6.º do Decreto-lei n. 2.398, de 1987, com a redação dada por esta Lei, será suspensa a partir do mês seguinte ao da sua aplicação, desde que o interessado solicite, junto ao Ministério da Fazenda, a regularização e a compra à vista do domínio útil do terreno acrescido, acompanhado do comprovante de recolhimento das multas até então incidentes, cessando a suspensão 30 (trinta) dias após a ciência do eventual indeferimento.

Parágrafo único. O deferimento do pleito dependerá da prévia audiência dos órgãos técnicos envolvidos.

Art. 44. As condições previstas nesta Lei aplicar-se-ão às ocupações existentes nas terras de propriedade da União situadas na Área de Proteção Ambiental – APA da Bacia do Rio São Bartolomeu, no Distrito Federal, que se tornarem passíveis de regularização, após o rezoneamento de que trata a Lei n. 9.262, de 12 de janeiro de 1996.

Parágrafo único. A alienação dos imóveis residenciais da União, localizados nas Vilas Operárias de Nossa Senhora das Graças e Santa Alice, no Conjunto Residencial Salgado Filho, em Xerém, no Município de Duque de Caxias (RJ), e na Vila Portuária Presidente Dutra, na Rua da América n. 31, no Bairro da Gamboa, no Município do Rio de Janeiro (RJ), observará, também, o disposto nesta Lei.

Art. 45. (*Revogado pela Lei n. 13.465, de 11-7-2017.*)

Art. 46. O disposto nesta Lei não se aplica à alienação do domínio útil ou pleno dos terrenos interiores de domínio da União, situados em ilhas oceânicas e costeiras de que trata o inciso IV do art. 20 da Constituição Federal, onde existam sedes de municípios, que será disciplinada em lei específica, ressalvados os terrenos de uso especial que vierem a ser desafetados.

Art. 47. O crédito originado de receita patrimonial será submetido aos seguintes prazos:

I – decadencial de dez anos para sua constituição, mediante lançamento; e

II – prescricional de cinco anos para sua exigência, contados do lançamento.

•• *Caput* e incisos com redação determinada pela Lei n. 10.852, de 29-3-2004.

§ 1.º O prazo de decadência de que trata o *caput* conta-se do instante em que o respectivo crédito poderia ser constituído, a partir do conhecimento por iniciativa da União ou por solicitação do interessado das circunstâncias e fatos que caracterizam a hipótese de incidência da receita patrimonial, ficando limitada a 5 (cinco) anos a cobrança de créditos relativos a período anterior ao conhecimento.

•• § 1.º acrescentado pela Lei n. 9.821, de 23-8-1999.

§ 2.º Os débitos cujos créditos foram alcançados pela prescrição serão considerados apenas para o efeito da caracterização da ocorrência de caducidade de que trata o parágrafo único do art. 101 do Decreto-lei n. 9.760, de 1946, com a redação dada pelo art. 32 desta Lei.

•• § 2.º acrescentado pela Lei n. 9.821, de 23-8-1999.

Art. 48. (*Vetado.*)

Art. 49. O Poder Executivo regulamentará esta Lei no prazo de 90 (noventa) dias, contado da sua publicação.

Art. 50. O Poder Executivo fará publicar no *Diário Oficial da União*, no prazo de 90 (noventa) dias, contado da publicação desta Lei, texto consolidado do Decreto-lei n. 9.760, de 1946, e legislação superveniente.

Art. 51. São convalidados os atos praticados com base na Medida Provisória n. 1.647-14, de 24 de março de 1998.

Art. 52. Esta Lei entra em vigor na data da sua publicação.

Art. 53. São revogados os arts. 65, 66, 125, 126 e 133, e os itens 5.º, 8.º, 9.º e 10 do art. 105 do Decreto-lei n. 9.760, de 5 de setembro de 1946, o Decreto-lei n. 178, de 16 de fevereiro de 1967, o art. 195 do Decreto-lei n. 200, de 25 de fevereiro de 1967, o art. 4.º do Decreto-lei n. 1.561, de 13 de julho de 1977, a Lei n. 6.609, de 7 de dezembro de 1978, o art. 90 da Lei n. 7.450, de 23 de dezembro de 1985, o art. 4.º do Decreto-lei n. 2.398, de 21 de dezembro de 1987, a Lei n. 9.253, de 28 de dezembro de 1995.

Brasília, 15 de maio de 1998; 177.º da Independência e 110.º da República.

FERNANDO HENRIQUE CARDOSO

PORTARIA N. 3, DE 19 DE MARÇO DE 1999 (*)

Divulga, em aditamento ao elenco do art. 51 da Lei n. 8.078, de 11 de setembro de 1990, e do art. 22 do Decreto n. 2.181, de 20 de março de 1997, as cláusulas abusivas que, dentre outras, são consideradas nulas de pleno direito.

O Secretário de Direito Econômico do Ministério da Justiça, no uso de suas atribuições legais,

Considerando que o elenco de Cláusulas Abusivas relativas ao fornecimento de produtos e serviços, constantes do art. 51 da Lei n. 8.078, de 11 de setembro de 1990, é de tipo aberto, exemplificativo, permitindo, desta forma, a sua complementação;

Considerando o disposto no art. 56 do Decreto n. 2.181, de 20 de março de 1997, que regulamentou a Lei n. 8.078/90, e com o objetivo de orientar o Sistema Nacional de Defesa do Consumidor, notadamente para o fim de aplicação do disposto no inciso IV do art. 22 deste Decreto, bem assim promover a educação e a informação de fornecedores e consumidores, quanto aos seus direitos e deveres, com a melhoria, transparência, harmonia, equilíbrio e boa-fé nas relações de consumo, e

Considerando que decisões administrativas de diversos PROCONs, entendimentos dos Ministérios Públicos ou decisões judiciais pacificam como abusivas as cláusulas a seguir enumeradas, resolve:

Divulgar, em aditamento ao elenco do art. 51 da Lei n. 8.078/90, e do art. 22 do Decreto n. 2.181/97, as seguintes cláusulas que, dentre outras, são nulas de pleno direito:

1. determinem aumentos de prestações nos contratos de planos e seguros de saúde, firmados anteriormente à Lei n. 9.656/98, por mudanças de faixas etárias sem previsão expressa e definida;

2. imponham, em contratos de planos de saúde firmados anteriormente à Lei n. 9.656/98, limites ou restrições a procedimentos médicos (consultas, exames médicos, laboratoriais e internações hospitalares, UTI e similares) contrariando prescrição médica;

3. permitam ao fornecedor de serviço essencial (água, energia elétrica, telefonia) incluir na conta, sem autorização expressa do consumidor, a cobrança de outros serviços. Excetuam-se os casos em que a prestadora do serviço essencial informe e disponibilize gratuitamente ao consumidor a opção de bloqueio prévio da cobrança ou utilização dos serviços de valor adicionado;

4. estabeleçam prazos de carência para cancelamento do contrato de cartão de crédito;

5. imponham o pagamento antecipado referente a períodos superiores a 30 (trinta) dias pela prestação de serviços educacionais ou similares;

6. estabeleçam, nos contratos de prestação de serviços educacionais, a vinculação à aquisição de outros produtos ou serviços;

7. estabeleçam que o consumidor reconheça que o contrato acompanhado do extrato demonstrativo da conta corrente bancária constituem título executivo extrajudicial, para os fins do art. 585, II, do Código de Processo Civil;

•• A referência é feita ao CPC de 1973. No CPC atual, o art. 784, incisos II, III e IV, elenca como títulos executivos extrajudiciais: "II – a escritura pública ou outro documento público assinado pelo devedor; III – o documento particular assinado pelo devedor e por 2 (duas) testemunhas; IV – o instrumento de transação referendado pelo Ministério Público, pela Defensoria Pública, pela Advocacia Pública, pelos advogados dos transatores ou por conciliador ou mediador credenciado por tribunal".

8. estipulem o reconhecimento, pelo consumidor, de que os valores lançados no extrato da conta corrente ou na fatura do cartão de crédito constituem dívida líquida, certa e exigível;

9. estabeleçam a cobrança de juros capitalizados mensalmente;

10. imponham, em contratos de consórcios, o pagamento de percentual a título de taxa de administração futura, pelos consorciados desistentes ou excluídos;

11. estabeleçam, nos contratos de prestação de serviços educacionais e similares, multa moratória superior a 2% (dois por cento);

12. exijam a assinatura de duplicatas, letras de câmbio, notas promissórias ou quaisquer outros títulos de crédito em branco;

13. subtraiam ao consumidor, nos contratos de seguro, o recebimento de valor inferior ao contratado na apólice;

(*) Publicada no *DOU*, de 22-3-1999.

14. prevejam em contratos de arrendamento mercantil (*leasing*) a exigência, a título de indenização, do pagamento das parcelas vincendas, no caso de restituição do bem;

15. estabeleçam, em contrato de arrendamento mercantil (*leasing*), a exigência do pagamento antecipado do Valor Residual Garantido (VRG), sem previsão de devolução desse montante, corrigido monetariamente, se não exercida a opção de compra do bem.

Ruy Coutinho do Nascimento

LEI N. 9.807, DE 13 DE JULHO DE 1999 (*)

Estabelece normas para a organização e a manutenção de programas especiais de proteção a vítimas e a testemunhas ameaçadas, institui o Programa Federal de Assistência a Vítimas e a Testemunhas Ameaçadas e dispõe sobre a proteção de acusados ou condenados que tenham voluntariamente prestado efetiva colaboração à investigação policial e ao processo criminal.

O Presidente da República

Faço saber que o Congresso Nacional decreta e eu sanciono a seguinte Lei:

Capítulo I
DA PROTEÇÃO ESPECIAL A VÍTIMAS E A TESTEMUNHAS

Art. 2.º A proteção concedida pelos programas e as medidas dela decorrentes levarão em conta a gravidade da coação ou da ameaça à integridade física ou psicológica, a dificuldade de preveni-las ou reprimi-las pelos meios convencionais e a sua importância para a produção da prova.

§ 1.º A proteção poderá ser dirigida ou estendida ao cônjuge ou companheiro, ascendentes, descendentes e dependentes que tenham convivência habitual com a vítima ou testemunha, conforme o especificamente necessário em cada caso.

§ 3.º O ingresso no programa, as restrições de segurança e demais medidas por ele adotadas terão sempre a anuência da pessoa protegida, ou de seu representante legal.

§ 4.º Após ingressar no programa, o protegido ficará obrigado ao cumprimento das normas por ele prescritas.

§ 5.º As medidas e providências relacionadas com os programas serão adotadas, executadas e mantidas em sigilo pelos protegidos e pelos agentes envolvidos em sua execução.

Art. 5.º A solicitação objetivando ingresso no programa poderá ser encaminhada ao órgão executor:

I – pelo interessado;

II – por representante do Ministério Público;

§ 2.º Para fins de instrução do pedido, o órgão executor poderá solicitar, com a aquiescência do interessado:

I – documentos ou informações comprobatórios de sua identidade, estado civil, situação profissional, patrimônio e grau de instrução, e da pendência de obrigações civis, administrativas, fiscais, financeiras ou penais;

II – exames ou pareceres técnicos sobre a sua personalidade, estado físico ou psicológico.

Art. 7.º Os programas compreendem, dentre outras, as seguintes medidas, aplicáveis isolada ou cumulativamente em benefício da pessoa protegida, segundo a gravidade e as circunstâncias de cada caso:

I – segurança na residência, incluindo o controle de telecomunicações;

II – escolta e segurança nos deslocamentos da residência, inclusive para fins de trabalho ou para a prestação de depoimentos;

III – transferência de residência ou acomodação provisória em local compatível com a proteção;

IV – preservação da identidade, imagem e dados pessoais;

V – ajuda financeira mensal para prover as despesas necessárias à subsistência individual ou familiar, no caso de a pessoa protegida estar impossibilitada de desenvolver trabalho regular ou de inexistência de qualquer fonte de renda;

(*) Publicada no *DOU*, de 14-7-1999.

VI – suspensão temporária das atividades funcionais, sem prejuízo dos respectivos vencimentos ou vantagens, quando servidor público ou militar;
VII – apoio e assistência social, médica e psicológica;
VIII – sigilo em relação aos atos praticados em virtude da proteção concedida;
IX – apoio do órgão executor do programa para o cumprimento de obrigações civis e administrativas que exijam o comparecimento pessoal.
Parágrafo único. A ajuda financeira mensal terá um teto fixado pelo conselho deliberativo no início de cada exercício financeiro.

Art. 9.º Em casos excepcionais e considerando as características e gravidade da coação ou ameaça, poderá o conselho deliberativo encaminhar requerimento da pessoa protegida ao juiz competente para registros públicos objetivando a alteração de nome completo.
§ 1.º A alteração de nome completo poderá estender-se às pessoas mencionadas no § 1.º do art. 2.º desta Lei, inclusive aos filhos menores, e será precedida das providências necessárias ao resguardo de direitos de terceiros.

§ 3.º Concedida a alteração pretendida, o juiz determinará na sentença, observando o sigilo indispensável à proteção do interessado:
I – a averbação no registro original de nascimento da menção de que houve alteração de nome completo em conformidade com o estabelecido nesta Lei, com expressa referência à sentença autorizatória e ao juiz que a exarou e sem a aposição do nome alterado;
II – a determinação aos órgãos competentes para o fornecimento dos documentos decorrentes da alteração;
III – a remessa da sentença ao órgão nacional competente para o registro único de identificação civil, cujo procedimento obedecerá às necessárias restrições de sigilo.
§ 4.º O conselho deliberativo, resguardado o sigilo das informações, manterá controle sobre a localização do protegido cujo nome tenha sido alterado.
§ 5.º Cessada a coação ou ameaça que deu causa à alteração, ficará facultado ao protegido solicitar ao juiz competente o retorno à situação anterior, com a alteração para o nome original, em petição que será encaminhada pelo conselho deliberativo e terá manifestação prévia do Ministério Público.

Art. 10. A exclusão da pessoa protegida de programa de proteção a vítimas e a testemunhas poderá ocorrer a qualquer tempo:
I – por solicitação do próprio interessado;
II – por decisão do conselho deliberativo, em consequência de:
a) cessação dos motivos que ensejaram a proteção;
b) conduta incompatível do protegido.
Art. 11. A proteção oferecida pelo programa terá a duração máxima de 2 (dois) anos.
Parágrafo único. Em circunstâncias excepcionais, perdurando os motivos que autorizam a admissão, a permanência poderá ser prorrogada.
Art. 12. Fica instituído, no âmbito do órgão do Ministério da Justiça com atribuições para a execução da política de direitos humanos, o Programa Federal de Assistência a Vítimas e a Testemunhas Ameaçadas, a ser regulamentado por decreto do Poder Executivo.

•• Regulamento: Decreto n. 3.518, de 20-6-2000.

DISPOSIÇÕES GERAIS

Art. 16. O art. 57 da Lei n. 6.015, de 31 de dezembro de 1973, fica acrescido do seguinte § 7.º:
•• Alteração já integrada ao texto da Lei modificada.

Art. 17. O parágrafo único do art. 58 da Lei n. 6.015, de 31 de dezembro de 1973, com a redação dada pela Lei n. 9.708, de 18 de novembro de 1998, passa a ter a seguinte redação:
•• Alteração já integrada ao texto da Lei modificada.

Art. 18. O art. 18 da Lei n. 6.015, de 31 de dezembro de 1973, passa a ter a seguinte redação:
•• Alteração já integrada ao texto da Lei modificada.

Art. 19. A União poderá utilizar estabelecimentos especialmente destinados ao cumprimento de pena de condenados que tenham prévia e voluntariamente prestado a colaboração de que trata esta Lei.
Parágrafo único. Para fins de utilização desses estabelecimentos, poderá a União celebrar convênios com os Estados e o Distrito Federal.
Art. 19-A. Terão prioridade na tramitação o inquérito e o processo criminal em que figure indiciado, acusado, vítima ou réu colaboradores, vítima ou testemunha protegidas pelos programas de que trata esta Lei.
•• *Caput* acrescentado pela Lei n. 12.483, de 8-9-2011.

Parágrafo único. Qualquer que seja o rito processual criminal, o juiz, após a citação, tomará antecipadamente o depoimento das pessoas incluídas nos programas de proteção previstos nesta Lei, devendo justificar a eventual impossibilidade de fazê-lo no caso concreto ou o possível prejuízo que a oitiva antecipada traria para a instrução criminal.

•• Parágrafo único acrescentado pela Lei n. 12.483, de 8-9-2011.

Art. 20. As despesas decorrentes da aplicação desta Lei, pela União, correrão à conta de dotação consignada no orçamento.

Art. 21. Esta Lei entra em vigor na data de sua publicação.

Brasília, 13 de julho de 1999; 178.º da Independência e 111.º da República.

FERNANDO HENRIQUE CARDOSO

DECRETO N. 3.725, DE 10 DE JANEIRO DE 2001 (*)

Regulamenta a Lei n. 9.636, de 15 de maio de 1998, que dispõe sobre a regularização, administração, aforamento e alienação de bens imóveis de domínio da União, e dá outras providências.

O Presidente da República, no uso da atribuição que lhe confere o art. 84, IV, da Constituição, e tendo em vista o disposto no art. 49 da Lei n. 9.636, de 15 de maio de 1998, decreta:

Art. 1.º A identificação, a demarcação, o cadastramento, a regularização e a fiscalização das áreas do patrimônio da União poderão ser realizadas mediante convênios ou contratos celebrados pela Secretaria do Patrimônio da União, que observem os seguintes limites para participação nas receitas de que trata o § 2.º do art. 4.º da Lei n. 9.636, de 15 de maio de 1998, a serem fixados, em cada caso, em ato do Ministro de Estado do Planejamento, Orçamento e Gestão:

I – para Estados, Distrito Federal e Municípios, e respectivas autarquias e fundações, considerado o universo de atividades assumidas: de dez a cinquenta por cento; e

II – para as demais entidades: de dez a trinta por cento.

Parágrafo único. Excepcionalmente, em decorrência da complexidade, do volume e dos custos dos trabalhos a realizar, poderá ser estipulado regime distinto na participação das receitas de que trata este artigo.

Art. 2.º Considera-se para a finalidade de que trata o art. 6.º da Lei n. 9.636, de 1998:

I – efetivo aproveitamento:

a) a utilização de área pública como residência ou local de atividades comerciais, industriais ou de prestação de serviços, ou rurais de qualquer natureza, e o exercício de posse nas áreas contíguas ao terreno ocupado pelas construções correspondentes, até o limite de duas vezes a área de projeção das edificações de caráter permanente; e

b) as ocorrências e especificações definidas pela Secretaria do Patrimônio da União;

II – áreas de acesso necessárias ao terreno: a parcela de imóvel da União utilizada como servidão de passagem, quando possível, definida pela Secretaria do Patrimônio da União;

III – áreas remanescentes que não constituem unidades autônomas: as que se encontrem, em razão do cadastramento de uma ou mais ocupações, da realização de obras públicas, da existência de acidentes geográficos ou de outras circunstâncias semelhantes, encravadas ou que possuam medidas inferiores às estabelecidas pelas posturas municipais ou à fração mínima rural fixada para a região; e

IV – faixas de terrenos de marinha e de terrenos marginais que não possam constituir unidades autônomas por circunstâncias semelhantes às mencionadas no inciso anterior.

Parágrafo único. Na hipótese de comprovação de efetivo aproveitamento por grupo de pessoas sob a forma de parcelamento irregular do solo, o cadastramento deverá ser realizado em nome coletivo.

Art. 3.º No exercício das atribuições de fiscalização e conservação de imóveis públicos, afetados ou não ao uso especial, a Secretaria do Patrimônio da União poderá requisitar a intervenção de força policial federal, além do necessário auxílio de força pública estadual e, nos casos que envolvam segurança nacional ou relevante ofensa a valores, instituições ou patrimônio

---

(*) Publicado no *DOU*, de 11-1-2001.

Decreto n. 3.725, de 10-1-2001   **Bens da União**   543

públicos, de forças militares federais, observado o procedimento previsto em lei.

Art. 4.º Na concessão de aforamento, será dada preferência, com base no art. 13 da Lei n. 9.636, de 1998, a quem, comprovadamente, em 15 de fevereiro de 1997, já ocupava o imóvel há mais de um ano e esteja, até a data da formalização do contrato de alienação do domínio útil, regularmente inscrito como ocupante e em dia com suas obrigações junto à Secretaria do Patrimônio da União.

§ 1.º Previamente à publicação do edital de licitação, dar-se-á conhecimento do preço mínimo de venda do domínio útil ao titular da preferência de que trata este artigo, que poderá adquiri-lo por esse valor, devendo, para este fim, sob pena de decadência, manifestar o seu interesse na aquisição e apresentar a documentação exigida em lei e neste Decreto, e, ainda, celebrar o contrato de aforamento no prazo de seis meses, a contar da data da notificação.

§ 2.º O prazo para celebração do contrato de que trata este artigo poderá ser prorrogado por mais seis meses, desde que o interessado apresente, antes do seu término, junto com a documentação que comprove a sua preferência, requerimento solicitando a prorrogação, situação em que, havendo variação significativa nos preços praticados no mercado imobiliário local, será feita nova avaliação, correndo os custos de sua realização por conta do respectivo ocupante.

§ 3.º A notificação de que trata o § 1.º deste artigo será feita por edital publicado no *Diário Oficial da União* e, sempre que possível, por carta registrada, a ser encaminhada ao ocupante do imóvel que se encontre inscrito na Secretaria do Patrimônio da União.

§ 4.º O edital especificará o nome do ocupante, a localização do imóvel e a respectiva área, e o valor de avaliação, bem como o local e horário de atendimento aos interessados.

§ 5.º Em se tratando de zona onde existam ocupantes regularmente inscritos, antes de 5 de outubro de 1988, o edital deverá conter, ainda, notificação para que os ocupantes que se enquadrem nesta situação exerçam a opção de que trata o art. 17 da Lei n. 9.636, de 1998.

Art. 5.º As manifestações de interesse na aquisição serão dirigidas ao Gerente Regional da Secretaria do Patrimônio da União e deverão ser entregues, acompanhadas dos documentos comprobatórios da preferência de que trata o art. 13 da Lei n. 9.636, de 1998, e de planta ou croquis que identifique o terreno, com até noventa dias de antecedência do término do prazo previsto para celebração do contrato de aforamento.

Art. 6.º Apreciados os documentos e as reclamações que tenham sido apresentadas, o Gerente Regional da Secretaria do Patrimônio da União concederá o aforamento, *ad referendum* do Secretário do Patrimônio da União, recolhidas as receitas porventura devidas à Fazenda Nacional.

Parágrafo único. A Secretaria do Patrimônio da União estabelecerá os parâmetros e as condições em que a concessão de aforamento se dará, independentemente de homologação do Secretário do Patrimônio da União.

Art. 7.º Após o ato homologatório ou o despacho concessório, nos casos de que trata o parágrafo único do artigo anterior, o ocupante com preferência e que tenha manifestado o seu interesse na aquisição do domínio útil, terá seu nome, juntamente com os dados que identifiquem o imóvel que ocupa, encaminhado à Caixa Econômica Federal para celebração do contrato de compra e venda, que também poderá ser celebrado diretamente pela Secretaria do Patrimônio da União.

Art. 8.º Com antecedência mínima de trinta dias do término do prazo para celebração do contrato, independentemente de nova notificação, o ocupante deverá dirigir-se à agência designada da Caixa Econômica Federal para entregar a documentação exigida em lei para contratação com a União, fornecer os demais dados necessários à celebração do contrato de compra e venda do domínio útil e, atendidas as disposições legais, marcar a data, o local e o horário da sua assinatura.

Parágrafo único. O disposto neste artigo aplica-se aos contratos celebrados diretamente pela Secretaria do Patrimônio da União.

Art. 9.º Na data, no horário e local estabelecidos, será celebrado o contrato de compra e venda, após a comprovação do recolhimento do valor total do domínio útil ou do respectivo sinal, das taxas cartorárias necessárias à realização do registro do contrato e, no caso de vendas a prazo, da garantia hipotecária, e, ainda, do pagamento do Imposto sobre Transmissão de Bens Imóveis – ITBI e das taxas, emolumentos e despesas incidentes na transação.

Art. 10. A preferência de que trata o art. 25 da Lei n. 9.636, de 1998, poderá ser conferida ao interessado em ato do Secretário do Patrimônio da União, formalizado a requerimento da parte, previamente à publicação do aviso de concorrência ou leilão.

Art. 11. A entrega de imóvel para uso da Administração Pública Federal, nos termos do art. 79 do Decreto-lei n. 9.760, de 5 de setembro de 1946, compete privativamente à Secretaria do Patrimônio da União.

§ 1.º A entrega será realizada, indistintamente a órgãos dos Poderes Legislativo, Executivo e Judiciário, e observará, dentre outros, os seguintes critérios:

I – ordem de solicitação;

II – real necessidade do órgão;

III – vocação do imóvel; e

IV – compatibilidade do imóvel com as necessidades do órgão, quanto aos aspectos de espaço, localização e condições físicas do terreno e do prédio.

§ 2.º Havendo necessidade de destinar imóvel para uso de entidade da Administração Federal indireta, a aplicação far-se-á sob o regime de cessão de uso.

§ 3.º Quando houver urgência na entrega ou cessão de uso de que trata este artigo, em razão da necessidade de proteção ou manutenção do imóvel, poderá a autoridade competente fazê-lo em caráter provisório, em ato fundamentado, que será revogado a qualquer momento se o interesse público o exigir, ou terá validade até decisão final no procedimento administrativo que tratar da entrega ou cessão de uso definitivo.

Art. 12. Não será considerada utilização em fim diferente do previsto no termo de entrega, a que se refere o § 2.º do art. 79 do Decreto-lei n. 9.760, de 1946, a cessão de uso a terceiros, a título gratuito ou oneroso, de áreas para exercício das seguintes atividades de apoio necessárias ao desempenho da atividade do órgão a que o imóvel foi entregue:

I – posto bancário;

II – posto dos correios e telégrafos;

III – restaurante e lanchonete;

IV – central de atendimento a saúde;

V – creche; e

VI – outras atividades similares que venham a ser consideradas necessárias pelos Ministros de Estado, ou autoridades com competência equivalente nos Poderes Legislativo e Judiciário, responsáveis pela administração do imóvel.

Parágrafo único. As atividades previstas neste artigo destinar-se-ão ao atendimento das necessidades do órgão cedente e de seus servidores.

Art. 13. A cessão de que trata o artigo anterior será formalizada pelo chefe da repartição, estabelecimento ou serviço público federal a que tenha sido entregue o imóvel, desde que aprovada sua realização pelo Chefe da Secretaria-Geral da Presidência da República, respectivos Ministros de Estado ou autoridades com competência equivalente nos Poderes Legislativo e Judiciário, conforme for o caso, observados os procedimentos licitatórios previstos em lei e as seguintes condições:

I – disponibilidade de espaço físico, de forma que não venha a prejudicar a atividade-fim da repartição;

II – inexistência de qualquer ônus para a União, sobretudo no que diz respeito aos empregados da cessionária;

III – compatibilidade de horário de funcionamento da cessionária com o horário de funcionamento do órgão cedente;

IV – obediência às normas relacionadas com o funcionamento da atividade e às normas de utilização do imóvel;

V – aprovação prévia do órgão cedente para realização de qualquer obra de adequação do espaço físico a ser utilizado pela cessionária;

VI – precariedade da cessão, que poderá ser revogada a qualquer tempo, havendo interesse do serviço público, independentemente de indenização;

VII – participação proporcional da cessionária no rateio das despesas com manutenção, conservação e vigilância do prédio;

VIII – quando destinada a empreendimento de fins lucrativos, a cessão deverá ser sempre onerosa e sempre que houver condições de competitividade deverão ser observados os procedimentos licitatórios previstos em lei; e

IX – outras que venham a ser estabelecidas no termo de cessão, que será divulgado pela Secretaria do Patrimônio da União.

Art. 14. A utilização, a título precário, de áreas de domínio da União será autorizada mediante outorga de permissão de uso pelo Secretário do Patrimônio da União, publicada resumidamente no *Diário Oficial*.

§ 1.º Do ato de outorga constarão as condições da permissão, dentre as quais:

I – a finalidade da sua realização;

II – os direitos e obrigações do permissionário;

III – o prazo de vigência, que será de até três meses, podendo ser prorrogado por igual período;

2. estabeleça restrições ao direito do consumidor de questionar nas esferas administrativa e judicial possíveis lesões decorrentes de contrato por ele assinado;

3. imponha a perda de parte significativa das prestações já quitadas em situações de venda a crédito, em caso de desistência por justa causa ou impossibilidade de cumprimento da obrigação pelo consumidor;

4. estabeleça cumulação de multa rescisória e perda do valor das arras;

5. estipule a utilização expressa ou não, de juros capitalizados nos contratos civis;

6. autorize, em virtude de inadimplemento, o não fornecimento ao consumidor de informações de posse do fornecedor, tais como: histórico escolar, registros médicos, e demais do gênero;

7. autorize o envio do nome do consumidor e/ou seus garantes a cadastros de consumidores (SPC, SERASA, etc.), enquanto houver discussão em juízo relativa à relação de consumo;

8. considere, nos contratos bancários, financeiros e de cartões de crédito, o silêncio do consumidor, pessoa física, como aceitação tácita dos valores cobrados, das informações prestadas nos extratos ou aceitação de modificações de índices ou de quaisquer alterações contratuais;

9. permita à instituição bancária retirar da conta corrente do consumidor ou cobrar restituição deste dos valores usados por terceiros, que de forma ilícita estejam de posse de seus cartões bancários ou cheques, após comunicação de roubo, furto ou desaparecimento suspeito ou requisição de bloqueio ou final de conta;

10. exclua, nos contratos de seguro de vida, a cobertura de evento decorrente de doença preexistente, salvo as hipóteses em que a seguradora comprove que o consumidor tinha conhecimento da referida doença à época da contratação;

11. (*Revogado pela Portaria n. 24, de 7-12-2004.*)

12. preveja, nos contratos de seguro de automóvel, o ressarcimento pelo valor de mercado, se inferior ao previsto no contrato;

13. impeça o consumidor de acionar, em caso de erro médico, diretamente a operadora ou cooperativa que organiza ou administra o plano privado de assistência à saúde;

14. estabeleça, no contrato de venda e compra de imóvel, a incidência de juros antes da entrega das chaves;

15. preveja, no contrato de promessa de venda e compra de imóvel, que o adquirente autorize ao incorporador alienante constituir hipoteca do terreno e de suas acessões (unidades construídas) para garantir dívida da empresa incorporadora, realizada para financiamento de obras;

16. vede, nos serviços educacionais, em face de desistência pelo consumidor, a restituição de valor pago a título de pagamento antecipado de mensalidade.

PAULO DE TARSO RAMOS RIBEIRO

LEI N. 10.257, DE 10 DE JULHO DE 2001 (*)

Regulamenta os arts. 182 e 183 da Constituição Federal, estabelece diretrizes gerais da política urbana e dá outras providências.

O Presidente da República

Faço saber que o Congresso Nacional decreta e eu sanciono a seguinte Lei:

Capítulo I
DIRETRIZES GERAIS

Art. 1.º Na execução da política urbana, de que tratam os arts. 182 e 183 da Constituição Federal, será aplicado o previsto nesta Lei.

Parágrafo único. Para todos os efeitos, esta Lei, denominada Estatuto da Cidade, estabelece normas de ordem pública e interesse social que regulam o uso da propriedade urbana em prol do bem coletivo, da segurança e do bem-estar dos cidadãos, bem como do equilíbrio ambiental.

Art. 2.º A política urbana tem por objetivo ordenar o pleno desenvolvimento das funções sociais da cidade e da propriedade urbana, mediante as seguintes diretrizes gerais:

I – garantia do direito a cidades sustentáveis, entendido como o direito à terra urbana, à moradia, ao sanea-

---

(*) Publicada no *DOU*, de 11-7-2001. A Lei n. 12.587, de 3-1-2012, institui as diretrizes da Política Nacional de Mobilidade Urbana.

costeiros, de compensação por impactos ambientais, relacionados com instalações portuárias, marinas, complexos navais e outros complexos náuticos, desenvolvimento do turismo, de atividades pesqueiras, da aquicultura, da exploração de petróleo e gás natural, de recursos hídricos e minerais, aproveitamento de energia hidráulica e outros empreendimentos considerados de interesse nacional, serão reservadas segundo os seguintes critérios:

I – a identificação das áreas a serem reservadas será promovida conjuntamente pela Secretaria do Patrimônio da União e órgãos e entidades técnicas envolvidas, das três esferas de governo, federal, estadual e municipal, e das demais entidades técnicas não governamentais, relacionadas com cada empreendimento, inclusive daqueles ligados à preservação ambiental, quando for o caso;

II – as áreas reservadas serão declaradas de interesse do serviço público, mediante ato do Secretário do Patrimônio da União, em conformidade com o que prevê o parágrafo único do art. 5.º do Decreto-lei n. 2.398, de 21 de dezembro de 1987;

III – quando o empreendimento envolver áreas originariamente de uso comum do povo, a utilização dar-se-á mediante cessão de uso, na forma do art. 18 da Lei n. 9.636, de 1998, condicionada, quando for o caso, à apresentação do Estudo de Impacto Ambiental e respectivo relatório, devidamente aprovados pelos órgãos competentes, observadas as demais disposições legais pertinentes; e

IV – no desenvolvimento dos empreendimentos deverão ser observados, sempre que possível, os parâmetros estabelecidos pelo Secretário do Patrimônio da União para a utilização ordenada de imóveis de domínio da União.

Art. 19. O Secretário do Patrimônio da União disciplinará, em instrução normativa, a utilização ordenada de imóveis da União e a demarcação dos terrenos de marinha, dos terrenos marginais e das terras interiores.

Art. 20. Este Decreto entra em vigor na data da sua publicação.

Brasília, 10 de janeiro de 2001; 180.º da Independência e 113.º da República.

FERNANDO HENRIQUE CARDOSO

PORTARIA N. 3, DE 15 DE MARÇO DE 2001 (*)

Divulga, em aditamento ao elenco do art. 51 da Lei n. 8.078, de 11 de setembro de 1990, e do art. 56 do Decreto n. 2.181, de 20 de março de 1997, as cláusulas abusivas, para fim de aplicação do disposto no inciso IV, do art. 22 do Decreto n. 2.181, de 20 de março de 1997.

O Secretário de Direito Econômico do Ministério da Justiça, no uso de suas atribuições legais;

Considerando que o elenco de Cláusulas Abusivas relativas ao fornecimento de produtos e serviços, constantes do art. 51 da Lei n. 8.078, de 11 de setembro de 1990, é de tipo aberto, exemplificativo, permitindo, desta forma a sua complementação;

Considerando o disposto no art. 56 do Decreto n. 2.181, de 20 de março de 1997, que regulamentou a Lei n. 8.078/90, e com o objetivo de orientar o Sistema Nacional de Defesa do Consumidor, notadamente para o fim de aplicação do disposto no inciso IV do art. 22 desse Decreto, bem assim promover a educação e a informação de fornecedores e consumidores, quanto aos seus direitos e deveres, com a melhoria, transparência, harmonia, equilíbrio e boa-fé nas relações de consumo;

Considerando que decisões judiciais, decisões administrativas de diversos Procon's, e entendimentos dos Ministérios Públicos pacificam como abusivas as cláusulas a seguir enumeradas, resolve:

Divulgar o seguinte elenco de cláusulas, as quais, na forma do art. 51 da Lei n. 8.078, de 11 de setembro de 1990, e do art. 56 do Decreto n. 2.181, de 20 de março de 1997, com o objetivo de orientar o Sistema Nacional de Defesa do Consumidor, serão consideradas como abusivas, notadamente para fim de aplicação do disposto no inciso IV, do art. 22 do Decreto n. 2.181/97:

1. estipule presunção de conhecimento por parte do consumidor de fatos novos não previstos em contrato;

(*) Publicada no *DOU*, de 17-3-2001.

XV – as sanções cominadas ao arrematante ou licitante vencedor, na hipótese de desistência ou não complementação do pagamento do preço ofertado;

XVI – a possibilidade de revigoração do lance ou proposta vencedora, na hipótese de desistência da preferência exercida;

XVII – a documentação necessária para celebração do respectivo termo ou contrato;

XVIII – os horários, os dias e as demais condições necessárias para visitação dos imóveis; e

XIX – os locais, horários e códigos de acesso dos meios de comunicação à distância em que serão fornecidos elementos, informações e esclarecimentos relativos à licitação e ao seu objeto.

§ 1.º O original do edital deverá ser datado, rubricado em todas as folhas e assinado pelo presidente da Comissão de Alienação de Imóveis, pelo leiloeiro ou pelo servidor especialmente designado para realização do leilão, permanecendo no processo de licitação e dele se extraindo cópias integrais ou resumidas, para sua divulgação e fornecimento aos interessados.

§ 2.º Constituirá anexo do edital, dele fazendo parte integrante, a minuta do contrato a ser firmado entre a União e o arrematante ou licitante vencedor.

Art. 17. Em se tratando de projeto de caráter social, para fins de assentamento de famílias de baixa renda, a venda do domínio pleno ou útil priorizará, na forma das instruções a serem baixadas pelo Ministro de Estado do Planejamento, Orçamento e Gestão, aquelas mais necessitadas ou que já estejam ocupando as áreas a serem utilizadas no assentamento, ou, ainda, que estejam sendo remanejadas de áreas definidas como de risco, insalubres ou ambientalmente incompatíveis ou que venham a ser consideradas necessárias para desenvolvimento de outros projetos de interesse público, podendo o pagamento ser efetivado mediante um sinal de, no mínimo, cinco por cento do valor da avaliação, permitido o parcelamento deste sinal em até duas vezes e do saldo em até trezentas prestações mensais e consecutivas, observando-se, como mínimo, a quantia correspondente a 30% (trinta por cento) do valor do salário mínimo vigente.

§ 1.º Quando o projeto se destinar ao assentamento de famílias carentes, será dispensado o sinal, e o valor da prestação não poderá ser superior a trinta por cento da renda familiar do beneficiário, observando-se, como valor mínimo, aquele correspondente ao custo do processamento da respectiva cobrança.

§ 2.º Para efeito do disposto neste artigo será considerada:

I – família de baixa renda, aquela cuja renda familiar for igual ou inferior ao valor correspondente a oito salários mínimos, acrescido da importância equivalente a um quinto do salário mínimo por dependente, que com ela comprovadamente resida, até o máximo de cinco dependentes; e

II – família carente, aquela cuja renda familiar for igual ou inferior ao valor correspondente a três salários mínimos, acrescido da importância equivalente a um quinto do salário mínimo por dependente, que com ela comprovadamente resida, até o máximo de cinco dependentes.

§ 3.º Não serão consideradas de baixa renda ou carentes as famílias cuja situação patrimonial de seus membros demonstre maior capacidade de pagamento, sem comprometimento do seu sustento.

§ 4.º Será considerado membro de uma mesma família, para efeito do disposto neste artigo, a pessoa que conviver com os demais membros e que concorra para o sustento comum, independentemente da existência de consanguinidade.

§ 5.º Havendo alteração na situação financeira das famílias de que trata este artigo que justifique o seu reenquadramento, as condições de venda deverão ser revistas, reduzindo-se o prazo de amortização proporcionalmente à capacidade financeira aferida.

§ 6.º As situações de baixa renda e de carência serão comprovadas, pelo adquirente, por ocasião da habilitação, e por iniciativa do adquirente ou da Secretaria do Patrimônio da União, na hipótese prevista no parágrafo anterior, mediante prévia apresentação dos comprovantes de renda, observadas as instruções a serem baixadas pelo Ministro de Estado do Planejamento, Orçamento e Gestão.

§ 7.º Nas vendas de que trata este artigo, aplicar-se-ão, no que couber, as condições previstas para a alienação de imóveis da União, não sendo exigido, a critério da Administração, o pagamento de prêmio mensal de seguro nos projetos de assentamento de famílias carentes.

Art. 18. As áreas necessárias à gestão ambiental, à implantação de projetos demonstrativos de uso sustentável dos recursos naturais e dos ecossistemas

Decreto n. 3.725, de 10-1-2001   **Bens da União**

IV – o valor da garantia de cumprimento das obrigações, quando necessária, e a forma de seu recolhimento;

V – as penalidades aplicáveis, nos casos de inadimplemento; e

VI – o valor e a forma de pagamento, que deverá ser efetuado no ato de formalização da permissão.

§ 2.º Os equipamentos e as instalações a serem utilizados na realização do evento não poderão impedir o livre e franco acesso às praias e às águas públicas correntes e dormentes.

§ 3.º Constituirá requisito para que se solicite a outorga de permissão de uso a comprovação da prévia autorização pelos órgãos federais, estaduais e municipais competentes para autorizar a realização do evento.

§ 4.º Durante a vigência da permissão de uso, o permissionário ficará responsável pela segurança, limpeza, manutenção, conservação e fiscalização da área, comprometendo-se, salvo autorização expressa em contrário, a entregá-la, dentro do prazo, nas mesmas condições em que inicialmente se encontrava.

§ 5.º O simples início da utilização da área, ou a prestação da garantia, quando exigida, após a publicação do ato de outorga, independentemente de qualquer outro ato especial, representará a concordância do permissionário com todas as condições da permissão de uso estabelecidas pela autoridade competente.

§ 6.º Nas permissões de uso, mesmo quando gratuitas, serão cobrados, a título de ressarcimento, os custos administrativos da União, relacionados direta ou indiretamente com o evento.

§ 7.º A Secretaria do Patrimônio da União estabelecerá os parâmetros para a fixação do valor e da forma de pagamento na permissão de uso de áreas da União.

§ 8.º A publicação resumida identificará o local de situação da área da União, o permissionário e o período de vigência da permissão.

Art. 15. Na hipótese de venda de bens imóveis mediante a atuação de leiloeiro oficial, a respectiva comissão será paga pelo arrematante, juntamente com o sinal, e será estabelecida em ato do Secretário do Patrimônio da União.

Art. 16. O edital de licitação conterá, no preâmbulo, o número de ordem em série anual, o nome do órgão, da repartição interessada e de seu setor, a modalidade da licitação, a menção de que a licitação será regida pela Lei n. 9.636, de 1998, complementarmente pela Lei n. 8.666, de 21 de junho de 1993, por este Decreto, pelo manual de alienação da Secretaria do Patrimônio da União e pelo edital de licitação, o enquadramento legal e a autorização competente para alienação do imóvel, o local, o dia e a hora em que será realizado o pregão ou o recebimento e a abertura dos envelopes contendo a documentação e as propostas e, no seu corpo, dentre outras condições, o que se segue:

I – o objeto da licitação, venda ou permuta de imóveis, com a identificação e descrição de cada imóvel, especificando as suas localizações, características, limites, confrontações ou amarrações geográficas, medidas, *ad corpus* ou *ad mensuram*, inclusive de área;

II – a menção da inexistência ou existência de ônus que recaiam sobre cada imóvel e, se for o caso, a circunstância de se encontrar na posse de terceiros, inclusive mediante locação;

III – a obrigatoriedade de cada adquirente de se responsabilizar, integralmente, pela reivindicação de posse do imóvel por ele adquirido, e nada alegar perante a União, em decorrência de eventual demora na desocupação;

IV – o valor de cada imóvel, apurado em laudo de avaliação;

V – o percentual, referente a cada imóvel, a ser subtraído da proposta ou do lance vencedor, correspondente às benfeitorias realizadas pelo ocupante, quando se tratar de imóvel que se encontre na situação de que trata o § 2.º do art. 15 da Lei n. 9.636, de 1998;

VI – as condições de participação e de habilitação, especificando a documentação necessária, inclusive a comprovação do recolhimento da caução exigida, em se tratando de licitação na modalidade de concorrência;

VII – as condições de pagamento;

VIII – as sanções para o caso de inadimplemento;

IX – o critério de julgamento;

X – os prazos para celebração do contrato de compra e venda, promessa de compra e venda ou de permuta e para realização do registro junto ao cartório competente;

XI – a obrigatoriedade dos licitantes apresentarem propostas ou lances distintos para cada imóvel;

XII – as hipóteses de preferência;

XIII – os encargos legais e fiscais de responsabilidade do arrematante e, no caso de aforamento, o foro;

XIV – a comissão do leiloeiro a ser paga pelo arrematante;

mento ambiental, à infraestrutura urbana, ao transporte e aos serviços públicos, ao trabalho e ao lazer, para as presentes e futuras gerações;

II – gestão democrática por meio da participação da população e de associações representativas dos vários segmentos da comunidade na formulação, execução e acompanhamento de planos, programas e projetos de desenvolvimento urbano;

III – cooperação entre os governos, a iniciativa privada e os demais setores da sociedade no processo de urbanização, em atendimento ao interesse social;

IV – planejamento do desenvolvimento das cidades, da distribuição espacial da população e das atividades econômicas do Município e do território sob sua área de influência, de modo a evitar e corrigir as distorções do crescimento urbano e seus efeitos negativos sobre o meio ambiente;

V – oferta de equipamentos urbanos e comunitários, transporte e serviços públicos adequados aos interesses e necessidades da população e às características locais;

VI – ordenação e controle do uso do solo, de forma a evitar:

a) a utilização inadequada dos imóveis urbanos;

b) a proximidade de usos incompatíveis ou inconvenientes;

c) o parcelamento do solo, a edificação ou o uso excessivos ou inadequados em relação à infraestrutura urbana;

d) a instalação de empreendimentos ou atividades que possam funcionar como polos geradores de tráfego, sem a previsão da infraestrutura correspondente;

e) a retenção especulativa de imóvel urbano, que resulte na sua subutilização ou não utilização;

f) a deterioração das áreas urbanizadas;

g) a poluição e a degradação ambiental;

h) a exposição a riscos de desastres.

•• Alínea *h* acrescentada pela Lei n. 12.608, de 10-4-2012.

VII – integração e complementaridade entre as atividades urbanas e rurais, tendo em vista o desenvolvimento socioeconômico do Município e do território sob sua área de influência;

VIII – adoção de padrões de produção e consumo de bens e serviços e de expansão urbana compatíveis com os limites da sustentabilidade ambiental, social e econômica do Município e do território sob sua área de influência;

IX – justa distribuição dos benefícios e ônus decorrentes do processo de urbanização;

X – adequação dos instrumentos de política econômica, tributária e financeira e dos gastos públicos aos objetivos do desenvolvimento urbano, de modo a privilegiar os investimentos geradores de bem-estar geral e a fruição dos bens pelos diferentes segmentos sociais;

XI – recuperação dos investimentos do Poder Público de que tenha resultado a valorização de imóveis urbanos;

XII – proteção, preservação e recuperação do meio ambiente natural e construído, do patrimônio cultural, histórico, artístico, paisagístico e arqueológico;

XIII – audiência do Poder Público municipal e da população interessada nos processos de implantação de empreendimentos ou atividades com efeitos potencialmente negativos sobre o meio ambiente natural ou construído, o conforto ou a segurança da população;

XIV – regularização fundiária e urbanização de áreas ocupadas por população de baixa renda mediante o estabelecimento de normas especiais de urbanização, uso e ocupação do solo e edificação, consideradas a situação socioeconômica da população e as normas ambientais;

XV – simplificação da legislação de parcelamento, uso e ocupação do solo e das normas edilícias, com vistas a permitir a redução dos custos e o aumento da oferta dos lotes e unidades habitacionais;

XVI – isonomia de condições para os agentes públicos e privados na promoção de empreendimentos e atividades relativos ao processo de urbanização, atendido o interesse social;

XVII – estímulo à utilização, nos parcelamentos do solo e nas edificações urbanas, de sistemas operacionais, padrões construtivos e aportes tecnológicos que objetivem a redução de impactos ambientais e a economia de recursos naturais;

•• Inciso XVII acrescentado pela Lei n. 12.836, de 2-7-2013.

XVIII – tratamento prioritário às obras e edificações de infraestrutura de energia, telecomunicações, abastecimento de água e saneamento.

•• Inciso XVIII acrescentado pela Lei n. 13.116, de 20-4-2015.

XIX – garantia de condições condignas de acessibilidade, utilização e conforto nas dependências internas das edificações urbanas, inclusive nas destinadas à moradia e ao serviço dos trabalhadores domésticos, observados requisitos mínimos de dimensionamento, ventilação, iluminação, ergonomia, privacidade e qualidade dos materiais empregados.

•• Inciso XIX acrescentado pela Lei n. 13.699, de 2-8-2018.

XX – promoção de conforto, abrigo, descanso, bem-estar e acessibilidade na fruição dos espaços livres de uso público, de seu mobiliário e de suas interfaces com os espaços de uso privado, vedado o emprego de materiais, estruturas, equipamentos e técnicas construtivas hostis que tenham como objetivo ou resultado o afastamento de pessoas em situação de rua, idosos, jovens e outros segmentos da população.

•• Inciso XX acrescentado pela Lei n. 14.489, de 21-12-2022.

•• O Decreto n. 11.819, de 11-12-2023, regulamenta o disposto neste inciso para vedar o emprego de materiais, estruturas, equipamentos e técnicas construtivas hostis nos espaços livres de uso público.

Art. 3.º Compete à União, entre outras atribuições de interesse da política urbana:

I – legislar sobre normas gerais de direito urbanístico;

II – legislar sobre normas para a cooperação entre a União, os Estados, o Distrito Federal e os Municípios em relação à política urbana, tendo em vista o equilíbrio do desenvolvimento e do bem-estar em âmbito nacional;

III – promover, por iniciativa própria e em conjunto com os Estados, o Distrito Federal e os Municípios, programas de construção de moradias e melhoria das condições habitacionais, de saneamento básico, das calçadas, dos passeios públicos, do mobiliário urbano e dos demais espaços de uso público;

•• Inciso III com redação determinada pela Lei n. 13.146, de 6-7-2015.

IV – instituir diretrizes para desenvolvimento urbano, inclusive habitação, saneamento básico, transporte e mobilidade urbana, que incluam regras de acessibilidade aos locais de uso público;

•• Inciso IV com redação determinada pela Lei n. 13.146, de 6-7-2015.

V – elaborar e executar planos nacionais e regionais de ordenação do território e de desenvolvimento econômico e social.

Capítulo II
DOS INSTRUMENTOS DA POLÍTICA URBANA

Seção I
Dos Instrumentos em Geral

Art. 4.º Para os fins desta Lei, serão utilizados, entre outros instrumentos:

I – planos nacionais, regionais e estaduais de ordenação do território e de desenvolvimento econômico e social;

II – planejamento das regiões metropolitanas, aglomerações urbanas e microrregiões;

III – planejamento municipal, em especial:

a) plano diretor;

b) disciplina do parcelamento, do uso e da ocupação do solo;

c) zoneamento ambiental;

d) plano plurianual;

e) diretrizes orçamentárias e orçamento anual;

f) gestão orçamentária participativa;

g) planos, programas e projetos setoriais;

h) planos de desenvolvimento econômico e social;

IV – institutos tributários e financeiros:

a) imposto sobre a propriedade predial e territorial urbana – IPTU;

b) contribuição de melhoria;

c) incentivos e benefícios fiscais e financeiros;

V – institutos jurídicos e políticos:

a) desapropriação;

b) servidão administrativa;

c) limitações administrativas;

d) tombamento de imóveis ou de mobiliário urbano;

e) instituição de unidades de conservação;

f) instituição de zonas especiais de interesse social;

g) concessão de direito real de uso;

h) concessão de uso especial para fins de moradia;

i) parcelamento, edificação ou utilização compulsórios;

j) usucapião especial de imóvel urbano;

l) direito de superfície;

m) direito de preempção;

n) outorga onerosa do direito de construir e de alteração de uso;

o) transferência do direito de construir;

p) operações urbanas consorciadas;

q) regularização fundiária;

r) assistência técnica e jurídica gratuita para as comunidades e grupos sociais menos favorecidos;

s) referendo popular e plebiscito;

Lei n. 10.257, de 10-7-2001 — **Estatuto da Cidade**

t) demarcação urbanística para fins de regularização fundiária;

•• Alínea *t* acrescentada pela Lei n. 11.977, de 7-7-2009.

u) legitimação de posse.

•• Alínea *u* acrescentada pela Lei n. 11.977, de 7-7-2009.

VI – estudo prévio de impacto ambiental (EIA) e estudo prévio de impacto de vizinhança (EIV).

§ 1.º Os instrumentos mencionados neste artigo regem-se pela legislação que lhes é própria, observado o disposto nesta Lei.

§ 2.º Nos casos de programas e projetos habitacionais de interesse social, desenvolvidos por órgãos ou entidades da Administração Pública com atuação específica nessa área, a concessão de direito real de uso de imóveis públicos poderá ser contratada coletivamente.

§ 3.º Os instrumentos previstos neste artigo que demandam dispêndio de recursos por parte do Poder Público municipal devem ser objeto de controle social, garantida a participação de comunidades, movimentos e entidades da sociedade civil.

Seção II
Do Parcelamento, Edificação ou Utilização Compulsórios

Art. 5.º Lei municipal específica para área incluída no plano diretor poderá determinar o parcelamento, a edificação ou a utilização compulsórios do solo urbano não edificado, subutilizado ou não utilizado, devendo fixar as condições e os prazos para implementação da referida obrigação.

§ 1.º Considera-se subutilizado o imóvel:

I – cujo aproveitamento seja inferior ao mínimo definido no plano diretor ou em legislação dele decorrente;

II – (*Vetado.*)

§ 2.º O proprietário será notificado pelo Poder Executivo municipal para o cumprimento da obrigação, devendo a notificação ser averbada no cartório de registro de imóveis.

§ 3.º A notificação far-se-á:

I – por funcionário do órgão competente do Poder Público municipal, ao proprietário do imóvel ou, no caso de este ser pessoa jurídica, a quem tenha poderes de gerência geral ou administração;

II – por edital quando frustradas, por três vezes, a tentativa de notificação na forma prevista pelo inciso I.

§ 4.º Os prazos a que se refere o *caput* não poderão ser inferiores a:

I – 1 (um) ano, a partir da notificação, para que seja protocolado o projeto no órgão municipal competente;

II – 2 (dois) anos, a partir da aprovação do projeto, para iniciar as obras do empreendimento.

§ 5.º Em empreendimentos de grande porte, em caráter excepcional, a lei municipal específica a que se refere o *caput* poderá prever a conclusão em etapas, assegurando-se que o projeto aprovado compreenda o empreendimento como um todo.

Art. 6.º A transmissão do imóvel, por ato *inter vivos* ou *causa mortis*, posterior à data da notificação, transfere as obrigações de parcelamento, edificação ou utilização previstas no art. 5.º desta Lei, sem interrupção de quaisquer prazos.

Seção III
Do IPTU Progressivo no Tempo

Art. 7.º Em caso de descumprimento das condições e dos prazos previstos na forma do *caput* do art. 5.º desta Lei, ou não sendo cumpridas as etapas previstas no § 5.º do art. 5.º desta Lei, o Município procederá à aplicação do Imposto sobre a Propriedade Predial e Territorial Urbana (IPTU) progressivo no tempo, mediante a majoração da alíquota pelo prazo de 5 (cinco) anos consecutivos.

§ 1.º O valor da alíquota a ser aplicado a cada ano será fixado na lei específica a que se refere o *caput* do art. 5.º desta Lei e não excederá a duas vezes o valor referente ao ano anterior, respeitada a alíquota máxima de 15% (quinze por cento).

§ 2.º Caso a obrigação de parcelar, edificar ou utilizar não esteja atendida em 5 (cinco) anos, o Município manterá a cobrança pela alíquota máxima, até que se cumpra a referida obrigação, garantida a prerrogativa prevista no art. 8.º.

§ 3.º É vedada a concessão de isenções ou de anistia relativas à tributação progressiva de que trata este artigo.

Seção IV
Da Desapropriação com Pagamento em Títulos

Art. 8.º Decorridos 5 (cinco) anos de cobrança do IPTU progressivo sem que o proprietário tenha cumprido a obrigação de parcelamento, edificação ou utilização, o Município poderá proceder à desapropriação do imóvel, com pagamento em títulos da dívida pública.

§ 1.º Os títulos da dívida pública terão prévia aprovação pelo Senado Federal e serão resgatados no prazo de até 10 (dez) anos, em prestações anuais, iguais e sucessivas, assegurados o valor real da indenização e os juros legais de 6% (seis por cento) ao ano.

§ 2.º O valor real da indenização:

I – refletirá o valor da base de cálculo do IPTU, descontado o montante incorporado em função de obras realizadas pelo Poder Público na área onde o mesmo se localiza após a notificação de que trata o § 2.º do art. 5.º desta Lei;

II – não computará expectativas de ganhos, lucros cessantes e juros compensatórios.

§ 3.º Os títulos de que trata este artigo não terão poder liberatório para pagamento de tributos.

§ 4.º O Município procederá ao adequado aproveitamento do imóvel no prazo máximo de 5 (cinco) anos, contado a partir da sua incorporação ao patrimônio público.

§ 5.º O aproveitamento do imóvel poderá ser efetivado diretamente pelo Poder Público ou por meio de alienação ou concessão a terceiros, observando-se, nesses casos, o devido procedimento licitatório.

§ 6.º Ficam mantidas para o adquirente de imóvel nos termos do § 5.º as mesmas obrigações de parcelamento, edificação ou utilização previstas no art. 5.º desta Lei.

Seção V
Da Usucapião Especial de Imóvel Urbano

Art. 9.º Aquele que possuir como sua área ou edificação urbana de até 250 m² (duzentos e cinquenta metros quadrados), por 5 (cinco) anos, ininterruptamente e sem oposição, utilizando-a para sua moradia ou de sua família, adquirir-lhe-á o domínio, desde que não seja proprietário de outro imóvel urbano ou rural.

§ 1.º O título de domínio será conferido ao homem ou à mulher, ou a ambos, independentemente do estado civil.

§ 2.º O direito de que trata este artigo não será reconhecido ao mesmo possuidor mais de uma vez.

§ 3.º Para os efeitos deste artigo, o herdeiro legítimo continua, de pleno direito, a posse de seu antecessor, desde que já resida no imóvel por ocasião da abertura da sucessão.

Art. 10. Os núcleos urbanos informais existentes sem oposição há mais de cinco anos e cuja área total dividida pelo número de possuidores seja inferior a duzentos e cinquenta metros quadrados por possuidor são suscetíveis de serem usucapidos coletivamente, desde que os possuidores não sejam proprietários de outro imóvel urbano ou rural.

• **•** *Caput* com redação determinada pela Lei n. 13.465, de 11-7-2017.

§ 1.º O possuidor pode, para o fim de contar o prazo exigido por este artigo, acrescentar sua posse à de seu antecessor, contanto que ambas sejam contínuas.

§ 2.º A usucapião especial coletiva de imóvel urbano será declarada pelo juiz, mediante sentença, a qual servirá de título para registro no cartório de registro de imóveis.

§ 3.º Na sentença, o juiz atribuirá igual fração ideal de terreno a cada possuidor, independentemente da dimensão do terreno que cada um ocupe, salvo hipótese de acordo escrito entre os condôminos, estabelecendo frações ideais diferenciadas.

§ 4.º O condomínio especial constituído é indivisível, não sendo passível de extinção, salvo deliberação favorável tomada por, no mínimo, 2/3 (dois terços) dos condôminos, no caso de execução de urbanização posterior à constituição do condomínio.

§ 5.º As deliberações relativas à administração do condomínio especial serão tomadas por maioria de votos dos condôminos presentes, obrigando também os demais, discordantes ou ausentes.

Art. 11. Na pendência da ação de usucapião especial urbana, ficarão sobrestadas quaisquer outras ações, petitórias ou possessórias, que venham a ser propostas relativamente ao imóvel usucapiendo.

Art. 12. São partes legítimas para a propositura da ação de usucapião especial urbana:

I – o possuidor, isoladamente ou em litisconsórcio originário ou superveniente;

II – os possuidores, em estado de composse;

III – como substituto processual, a associação de moradores da comunidade, regularmente constituída, com personalidade jurídica, desde que explicitamente autorizada pelos representados.

§ 1.º Na ação de usucapião especial urbana é obrigatória a intervenção do Ministério Público.

§ 2.º O autor terá os benefícios da justiça e da assistência judiciária gratuita, inclusive perante o cartório de registro de imóveis.

Art. 13. A usucapião especial de imóvel urbano poderá ser invocada como matéria de defesa, valendo a sentença que a reconhecer como título para registro no cartório de registro de imóveis.

Art. 14. Na ação judicial de usucapião especial de imóvel urbano, o rito processual a ser observado é o sumário.

Seção VI
Da Concessão de Uso Especial para Fins de Moradia

Arts. 15 a 20. (Vetados.)

Seção VII
Do Direito de Superfície

Art. 21. O proprietário urbano poderá conceder a outrem o direito de superfície do seu terreno, por tempo determinado ou indeterminado, mediante escritura pública registrada no cartório de registro de imóveis.

§ 1.º O direito de superfície abrange o direito de utilizar o solo, o subsolo ou o espaço aéreo relativo ao terreno, na forma estabelecida no contrato respectivo, atendida a legislação urbanística.

§ 2.º A concessão do direito de superfície poderá ser gratuita ou onerosa.

§ 3.º O superficiário responderá integralmente pelos encargos e tributos que incidirem sobre a propriedade superficiária, arcando, ainda, proporcionalmente à sua parcela de ocupação efetiva, com os encargos e tributos sobre a área objeto da concessão do direito de superfície, salvo disposição em contrário do contrato respectivo.

§ 4.º O direito de superfície pode ser transferido a terceiros, obedecidos os termos do contrato respectivo.

§ 5.º Por morte do superficiário, os seus direitos transmitem-se a seus herdeiros.

Art. 22. Em caso de alienação do terreno, ou do direito de superfície, o superficiário e o proprietário, respectivamente, terão direito de preferência, em igualdade de condições à oferta de terceiros.

Art. 23. Extingue-se o direito de superfície:

I – pelo advento do termo;

II – pelo descumprimento das obrigações contratuais assumidas pelo superficiário.

Art. 24. Extinto o direito de superfície, o proprietário recuperará o pleno domínio do terreno, bem como das acessões e benfeitorias introduzidas no imóvel, independentemente de indenização, se as partes não houverem estipulado o contrário no respectivo contrato.

§ 1.º Antes do termo final do contrato, extinguir-se-á o direito de superfície se o superficiário der ao terreno destinação diversa daquela para a qual for concedida.

§ 2.º A extinção do direito de superfície será averbada no cartório de registro de imóveis.

Seção VIII
Do Direito de Preempção

Art. 25. O direito de preempção confere ao Poder Público municipal preferência para aquisição de imóvel urbano objeto de alienação onerosa entre particulares.

§ 1.º Lei municipal, baseada no plano diretor, delimitará as áreas em que incidirá o direito de preempção e fixará prazo de vigência, não superior a 5 (cinco) anos, renovável a partir de 1 (um) ano após o decurso do prazo inicial de vigência.

§ 2.º O direito de preempção fica assegurado durante o prazo de vigência fixado na forma do § 1.º, independentemente do número de alienações referentes ao mesmo imóvel.

Art. 26. O direito de preempção será exercido sempre que o Poder Público necessitar de áreas para:

I – regularização fundiária;

II – execução de programas e projetos habitacionais de interesse social;

III – constituição de reserva fundiária;

IV – ordenamento e direcionamento da expansão urbana;

V – implantação de equipamentos urbanos e comunitários;

VI – criação de espaços públicos de lazer e áreas verdes;

VII – criação de unidades de conservação ou proteção de outras áreas de interesse ambiental;

VIII – proteção de áreas de interesse histórico, cultural ou paisagístico;

IX – (Vetado.)

Parágrafo único. A lei municipal prevista no § 1.º do art. 25 desta Lei deverá enquadrar cada área em que incidirá o direito de preempção em uma ou mais das finalidades enumeradas por este artigo.

Art. 27. O proprietário deverá notificar sua intenção de alienar o imóvel, para que o Município, no prazo máximo de 30 (trinta) dias, manifeste por escrito seu interesse em comprá-lo.

§ 1.º À notificação mencionada no *caput* será anexada a proposta de compra assinada por terceiro interessado na aquisição do imóvel, da qual constarão preço, condições de pagamento e prazo de validade.

§ 2.º O Município fará publicar, em órgão oficial e em pelo menos um jornal local ou regional de grande circulação, edital de aviso da notificação recebida nos termos do *caput* e da intenção de aquisição do imóvel nas condições da proposta apresentada.

§ 3.º Transcorrido o prazo mencionado no *caput* sem manifestação, fica o proprietário autorizado a realizar a alienação para terceiros, nas condições da proposta apresentada.

§ 4.º Concretizada a venda a terceiro, o proprietário fica obrigado a apresentar ao Município, no prazo de 30 (trinta) dias, cópia do instrumento público de alienação do imóvel.

§ 5.º A alienação processada em condições diversas da proposta apresentada é nula de pleno direito.

§ 6.º Ocorrida a hipótese prevista no § 5.º, o Município poderá adquirir o imóvel pelo valor da base de cálculo do IPTU ou pelo valor indicado na proposta apresentada, se este for inferior àquele.

Seção IX
Da Outorga Onerosa do Direito de Construir

Art. 28. O plano diretor poderá fixar áreas nas quais o direito de construir poderá ser exercido acima do coeficiente de aproveitamento básico adotado, mediante contrapartida a ser prestada pelo beneficiário.

§ 1.º Para os efeitos desta Lei, coeficiente de aproveitamento é a relação entre a área edificável e a área do terreno.

§ 2.º O plano diretor poderá fixar coeficiente de aproveitamento básico único para toda a zona urbana ou diferenciado para áreas específicas dentro da zona urbana.

§ 3.º O plano diretor definirá os limites máximos a serem atingidos pelos coeficientes de aproveitamento, considerando a proporcionalidade entre a infraestrutura existente e o aumento de densidade esperado em cada área.

Art. 29. O plano diretor poderá fixar áreas nas quais poderá ser permitida alteração de uso do solo, mediante contrapartida a ser prestada pelo beneficiário.

Art. 30. Lei municipal específica estabelecerá as condições a serem observadas para a outorga onerosa do direito de construir e de alteração de uso, determinando:

I – a fórmula de cálculo para a cobrança;

II – os casos passíveis de isenção do pagamento da outorga;

III – a contrapartida do beneficiário.

Art. 31. Os recursos auferidos com a adoção da outorga onerosa do direito de construir e de alteração de uso serão aplicados com as finalidades previstas nos incisos I a IX do art. 26 desta Lei.

Seção X
Das Operações Urbanas Consorciadas

Art. 32. Lei municipal específica, baseada no plano diretor, poderá delimitar área para aplicação de operações consorciadas.

§ 1.º Considera-se operação urbana consorciada o conjunto de intervenções e medidas coordenadas pelo Poder Público municipal, com a participação dos proprietários, moradores, usuários permanentes e investidores privados, com o objetivo de alcançar em uma área transformações urbanísticas estruturais, melhorias sociais e a valorização ambiental.

§ 2.º Poderão ser previstas nas operações urbanas consorciadas, entre outras medidas:

I – a modificação de índices e características de parcelamento, uso e ocupação do solo e subsolo, bem como alterações das normas edilícias, considerado o impacto ambiental delas decorrente;

II – a regularização de construções, reformas ou ampliações executadas em desacordo com a legislação vigente;

III – a concessão de incentivos a operações urbanas que utilizam tecnologias visando a redução de impactos ambientais, e que comprovem a utilização, nas construções e uso de edificações urbanas, de tecnologias que reduzam os impactos ambientais e economizem recursos naturais, especificadas as modalidades de *design* e de obras a serem contempladas.

•• Inciso III acrescentado pela Lei n. 12.836, de 2-7-2013.

Art. 33. Da lei específica que aprovar a operação urbana consorciada constará o plano de operação urbana consorciada, contendo, no mínimo:

I – definição da área a ser atingida;

II – programa básico de ocupação da área;

III – programa de atendimento econômico e social para a população diretamente afetada pela operação;

IV – finalidades da operação;

V – estudo prévio de impacto de vizinhança;

VI – contrapartida a ser exigida dos proprietários, usuários permanentes e investidores privados em função da utilização dos benefícios previstos nos incisos I, II e III do § 2.º do art. 32 desta Lei;

•• Inciso VI com redação determinada pela Lei n. 12.836, de 2-7-2013.

VII – forma de controle da operação, obrigatoriamente compartilhado com representação da sociedade civil;

VIII – natureza dos incentivos a serem concedidos aos proprietários, usuários permanentes e investidores privados, uma vez atendido o disposto no inciso III do § 2.º do art. 32 desta Lei.

•• Inciso VIII acrescentado pela Lei n. 12.836, de 2-7-2013.

§ 1.º Os recursos obtidos pelo Poder Público municipal na forma do inciso VI deste artigo serão aplicados exclusivamente na própria operação urbana consorciada.

§ 2.º A partir da aprovação da lei específica de que trata o *caput*, são nulas as licenças e autorizações a cargo do Poder Público municipal expedidas em desacordo com o plano de operação urbana consorciada.

Art. 34. A lei específica que aprovar a operação urbana consorciada poderá prever a emissão pelo Município de quantidade determinada de certificados de potencial adicional de construção, que serão alienados em leilão ou utilizados diretamente no pagamento das obras necessárias à própria operação.

§ 1.º Os certificados de potencial adicional de construção serão livremente negociados, mas conversíveis em direito de construir unicamente na área objeto da operação.

§ 2.º Apresentado pedido de licença para construir, o certificado de potencial adicional será utilizado no pagamento da área de construção que supere os padrões estabelecidos pela legislação de uso e ocupação do solo, até o limite fixado pela lei específica que aprovar a operação urbana consorciada.

Art. 34-A. Nas regiões metropolitanas ou nas aglomerações urbanas instituídas por lei complementar estadual, poderão ser realizadas operações urbanas consorciadas interfederativas, aprovadas por leis estaduais específicas.

•• *Caput* acrescentado pela Lei n. 13.089, de 12-1-2015.

Parágrafo único. As disposições dos arts. 32 a 34 desta Lei aplicam-se às operações urbanas consorciadas interfederativas previstas no *caput* deste artigo, no que couber.

•• Parágrafo único acrescentado pela Lei n. 13.089, de 12-1-2015.

Seção XI
Da Transferência do Direito de Construir

Art. 35. Lei municipal, baseada no plano diretor, poderá autorizar o proprietário de imóvel urbano, privado ou público, a exercer em outro local, ou alienar, mediante escritura pública, o direito de construir previsto no plano diretor ou em legislação urbanística dele decorrente, quando o referido imóvel for considerado necessário para fins de:

I – implantação de equipamentos urbanos e comunitários;

II – preservação, quando o imóvel for considerado de interesse histórico, ambiental, paisagístico, social ou cultural;

III – servir a programas de regularização fundiária, urbanização de áreas ocupadas por população de baixa renda e habitação de interesse social.

§ 1.º A mesma faculdade poderá ser concedida ao proprietário que doar ao Poder Público seu imóvel, ou parte dele, para os fins previstos nos incisos I a III do *caput*.

§ 2.º A lei municipal referida no *caput* estabelecerá as condições relativas à aplicação da transferência do direito de construir.

Seção XII
Do Estudo de Impacto de Vizinhança

Art. 36. Lei municipal definirá os empreendimentos e atividades privados ou públicos em área urbana que dependerão de elaboração de Estudo Prévio de Impacto de Vizinhança (EIV) para obter as licenças ou autorizações de construção, ampliação ou funcionamento a cargo do Poder Público municipal.

Art. 37. O EIV será executado de forma a contemplar os efeitos positivos e negativos do empreendimento ou atividade quanto à qualidade de vida da população residente na área e suas proximidades, incluindo a análise, no mínimo, das seguintes questões:

I – adensamento populacional;

II – equipamentos urbanos e comunitários;

III – uso e ocupação do solo;

IV – valorização imobiliária;

V – mobilidade urbana, geração de tráfego e demanda por transporte público;

•• Inciso V com redação determinada pela Lei n. 14.849, de 2-5-2024.

VI – ventilação e iluminação;

VII – paisagem urbana e patrimônio natural e cultural.

Parágrafo único. Dar-se-á publicidade aos documentos integrantes do EIV, que ficarão disponíveis para consulta, no órgão competente do Poder Público municipal, por qualquer interessado.

Art. 38. A elaboração do EIV não substitui a elaboração e a aprovação de Estudo Prévio de Impacto Ambiental (EIA), requeridas nos termos da legislação ambiental.

Capítulo III
DO PLANO DIRETOR

Art. 39. A propriedade urbana cumpre sua função social quando atende às exigências fundamentais de ordenação da cidade expressas no plano diretor, assegurando o atendimento das necessidades dos cidadãos quanto à qualidade de vida, à justiça social e ao desenvolvimento das atividades econômicas, respeitadas as diretrizes previstas no art. 2.º desta Lei.

Art. 40. O plano diretor, aprovado por lei municipal, é o instrumento básico da política de desenvolvimento e expansão urbana.

§ 1.º O plano diretor é parte integrante do processo de planejamento municipal, devendo o plano plurianual, as diretrizes orçamentárias e o orçamento anual incorporar as diretrizes e as prioridades nele contidas.

§ 2.º O plano diretor deverá englobar o território do Município como um todo.

§ 3.º A lei que instituir o plano diretor deverá ser revista, pelo menos, a cada 10 (dez) anos.

§ 4.º No processo de elaboração do plano diretor e na fiscalização de sua implementação, os Poderes Legislativo e Executivo municipais garantirão:

I – a promoção de audiências públicas e debates com a participação da população e de associações representativas dos vários segmentos da comunidade;

II – a publicidade quanto aos documentos e informações produzidos;

III – o acesso de qualquer interessado aos documentos e informações produzidos.

§ 5.º (Vetado.)

Art. 41. O plano diretor é obrigatório para cidades:

I – com mais de 20.000 (vinte mil) habitantes;

II – integrantes de regiões metropolitanas e aglomerações urbanas;

III – onde o Poder Público municipal pretenda utilizar os instrumentos previstos no § 4.º do art. 182 da Constituição Federal;

IV – integrantes de áreas de especial interesse turístico;

V – inseridas na área de influência de empreendimentos ou atividades com significativo impacto ambiental de âmbito regional ou nacional.

VI – incluídas no cadastro nacional de Municípios com áreas suscetíveis à ocorrência de deslizamentos de grande impacto, inundações bruscas ou processos geológicos ou hidrológicos correlatos.

•• Inciso VI acrescentado pela Lei n. 12.608, de 10-4-2012.

§ 1.º No caso da realização de empreendimentos ou atividades enquadrados no inciso V do caput, os recursos técnicos e financeiros para a elaboração do plano diretor estarão inseridos entre as medidas de compensação adotadas.

§ 2.º No caso de cidades com mais de 500.000 (quinhentos mil) habitantes, deverá ser elaborado um plano de transporte urbano integrado, compatível com o plano diretor ou nele inserido.

§ 3.º As cidades de que trata o caput deste artigo devem elaborar plano de rotas acessíveis, compatível com o plano diretor no qual está inserido, que disponha sobre os passeios públicos a serem implantados ou reformados pelo poder público, com vistas a garantir acessibilidade da pessoa com deficiência ou com mobilidade reduzida a todas as rotas e vias existentes, inclusive as que concentrem os focos geradores de maior circulação de pedestres, como os órgãos públicos e os locais de prestação de serviços públicos e privados de saúde, educação, assistência social, esporte, cultura, correios e telégrafos, bancos, entre outros, sempre que possível de maneira integrada com os sistemas de transporte coletivo de passageiros.

•• § 3.º acrescentado pela Lei n. 13.146, de 6-7-2015.

Art. 42. O plano diretor deverá conter no mínimo:

I – a delimitação das áreas urbanas onde poderá ser aplicado o parcelamento, edificação ou utilização compulsórios, considerando a existência de infraestrutura e de demanda para utilização, na forma do art. 5.º desta Lei;

II – disposições requeridas pelos arts. 25, 28, 29, 32 e 35 desta Lei;

Lei n. 10.257, de 10-7-2001   **Estatuto da Cidade**

III – sistema de acompanhamento e controle.

Art. 42-A. Além do conteúdo previsto no art. 42, o plano diretor dos Municípios incluídos no cadastro nacional de municípios com áreas suscetíveis à ocorrência de deslizamentos de grande impacto, inundações bruscas ou processos geológicos ou hidrológicos correlatos deverá conter:

•• *Caput* acrescentado pela Lei n. 12.608, de 10-4-2012.

I – parâmetros de parcelamento, uso e ocupação do solo, de modo a promover a diversidade de usos e a contribuir para a geração de emprego e renda;

•• Inciso I acrescentado pela Lei n. 12.608, de 10-4-2012.

II – mapeamento contendo as áreas suscetíveis à ocorrência de deslizamentos de grande impacto, inundações bruscas ou processos geológicos ou hidrológicos correlatos;

•• Inciso II acrescentado pela Lei n. 12.608, de 10-4-2012.

III – planejamento de ações de intervenção preventiva e realocação de população de áreas de risco de desastre;

•• Inciso III acrescentado pela Lei n. 12.608, de 10-4-2012.

IV – medidas de drenagem urbana necessárias à prevenção e à mitigação de impactos de desastres; e

•• Inciso IV acrescentado pela Lei n. 12.608, de 10-4-2012.

V – diretrizes para a regularização fundiária de assentamentos urbanos irregulares, se houver, observadas a Lei n. 11.977, de 7 de julho de 2009, e demais normas federais e estaduais pertinentes, e previsão de áreas para habitação de interesse social por meio da demarcação de zonas especiais de interesse social e de outros instrumentos de política urbana, onde o uso habitacional for permitido;

•• Inciso V acrescentado pela Lei n. 12.608, de 10-4-2012.

VI – identificação e diretrizes para a preservação e ocupação das áreas verdes municipais, quando for o caso, com vistas à redução da impermeabilização das cidades.

•• Inciso VI acrescentado pela Lei n. 12.983, de 2-6-2014.

§ 1.º A identificação e o mapeamento de áreas de risco levarão em conta as cartas geotécnicas.

•• § 1.º acrescentado pela Lei n. 12.608, de 10-4-2012.

§ 2.º O conteúdo do plano diretor deverá ser compatível com as disposições insertas nos planos de recursos hídricos, formulados consoante a Lei n. 9.433, de 8 de janeiro de 1997.

•• § 2.º acrescentado pela Lei n. 12.608, de 10-4-2012.

§ 3.º Os Municípios adequarão o plano diretor às disposições deste artigo, por ocasião de sua revisão, observados os prazos legais.

•• § 3.º acrescentado pela Lei n. 12.608, de 10-4-2012.

§ 4.º Os Municípios enquadrados no inciso VI do art. 41 desta Lei e que não tenham plano diretor aprovado terão o prazo de 5 (cinco) anos para o seu encaminhamento para aprovação pela Câmara Municipal.

•• § 4.º acrescentado pela Lei n. 12.608, de 10-4-2012.

Art. 42-B. Os Municípios que pretendam ampliar o seu perímetro urbano após a data de publicação desta Lei deverão elaborar projeto específico que contenha, no mínimo:

•• *Caput* acrescentado pela Lei n. 12.608, de 10-4-2012.

I – demarcação do novo perímetro urbano;

•• Inciso I acrescentado pela Lei n. 12.608, de 10-4-2012.

II – delimitação dos trechos com restrições à urbanização e dos trechos sujeitos a controle especial em função de ameaça de desastres naturais;

•• Inciso II acrescentado pela Lei n. 12.608, de 10-4-2012.

III – definição de diretrizes específicas e de áreas que serão utilizadas para infraestrutura, sistema viário, equipamentos e instalações públicas, urbanas e sociais;

•• Inciso III acrescentado pela Lei n. 12.608, de 10-4-2012.

IV – definição de parâmetros de parcelamento, uso e ocupação do solo, de modo a promover a diversidade de usos e contribuir para a geração de emprego e renda;

•• Inciso IV acrescentado pela Lei n. 12.608, de 10-4-2012.

V – a previsão de áreas para habitação de interesse social por meio da demarcação de zonas especiais de interesse social e de outros instrumentos de política urbana, quando o uso habitacional for permitido;

•• Inciso V acrescentado pela Lei n. 12.608, de 10-4-2012.

VI – definição de diretrizes e instrumentos específicos para proteção ambiental e do patrimônio histórico e cultural; e

•• Inciso VI acrescentado pela Lei n. 12.608, de 10-4-2012.

VII – definição de mecanismos para garantir a justa distribuição dos ônus e benefícios decorrentes do processo de urbanização do território de expansão urbana e a recuperação para a coletividade da valorização imobiliária resultante da ação do poder público;

•• Inciso VII acrescentado pela Lei n. 12.608, de 10-4-2012.

VIII – planejamento integrado de transporte urbano, inclusive por meio de veículos não motorizados, com vistas a melhorar a mobilidade.

•• Inciso VIII acrescentado pela Lei n. 14.729, de 23-11-2023.

§ 1.º O projeto específico de que trata o *caput* deste artigo deverá ser instituído por lei municipal e atender às diretrizes do plano diretor, quando houver.

•• § 1.º acrescentado pela Lei n. 12.608, de 10-4-2012.

§ 2.º Quando o plano diretor contemplar as exigências estabelecidas no *caput*, o Município ficará dispensado da elaboração do projeto específico de que trata o *caput* deste artigo.

•• § 2.º acrescentado pela Lei n. 12.608, de 10-4-2012.

§ 3.º A aprovação de projetos de parcelamento do solo no novo perímetro urbano ficará condicionada à existência do projeto específico e deverá obedecer às suas disposições.

•• § 3.º acrescentado pela Lei n. 12.608, de 10-4-2012.

Capítulo IV
DA GESTÃO DEMOCRÁTICA DA CIDADE

Art. 43. Para garantir a gestão democrática da cidade, deverão ser utilizados, entre outros, os seguintes instrumentos:

I – órgãos colegiados de política urbana, nos níveis nacional, estadual e municipal;

II – debates, audiências e consultas públicas;

III – conferências sobre assuntos de interesse urbano, nos níveis nacional, estadual e municipal;

IV – iniciativa popular de projeto de lei e de planos, programas e projetos de desenvolvimento urbano;

V – (*Vetado.*)

Art. 44. No âmbito municipal, a gestão orçamentária participativa de que trata a alínea *f* do inciso III do art. 4.º desta Lei incluirá a realização de debates, audiências e consultas públicas sobre as propostas do plano plurianual, da lei de diretrizes orçamentárias e do orçamento anual, como condição obrigatória para sua aprovação pela Câmara Municipal.

Art. 45. Os organismos gestores das regiões metropolitanas e aglomerações urbanas incluirão obrigatória e significativa participação da população e de associações representativas dos vários segmentos da comunidade, de modo a garantir o controle direto de suas atividades e o pleno exercício da cidadania.

Capítulo V
DISPOSIÇÕES GERAIS

Art. 46. O poder público municipal poderá facultar ao proprietário da área atingida pela obrigação de que trata o *caput* do art. 5.º desta Lei, ou objeto de regularização fundiária urbana para fins de regularização fundiária, o estabelecimento de consórcio imobiliário como forma de viabilização financeira do aproveitamento do imóvel.

•• *Caput* com redação determinada pela Lei n. 13.465, de 11-7-2017.

§ 1.º Considera-se consórcio imobiliário a forma de viabilização de planos de urbanização, de regularização fundiária ou de reforma, conservação ou construção de edificação por meio da qual o proprietário transfere ao poder público municipal seu imóvel e, após a realização das obras, recebe, como pagamento, unidades imobiliárias devidamente urbanizadas ou edificadas, ficando as demais unidades incorporadas ao patrimônio público.

•• § 1.º com redação determinada pela Lei n. 13.465, de 11-7-2017.

§ 2.º O valor das unidades imobiliárias a serem entregues ao proprietário será correspondente ao valor do imóvel antes da execução das obras.

•• § 2.º com redação determinada pela Lei n. 13.465, de 11-7-2017.

§ 3.º A instauração do consórcio imobiliário por proprietários que tenham dado causa à formação de núcleos urbanos informais, ou por seus sucessores, não os eximirá das responsabilidades administrativa, civil ou criminal.

•• § 3.º acrescentado pela Lei n. 13.465, de 11-7-2017.

Art. 47. Os tributos sobre imóveis urbanos, assim como as tarifas relativas a serviços públicos urbanos, serão diferenciados em função do interesse social.

Art. 48. Nos casos de programas e projetos habitacionais de interesse social, desenvolvidos por órgãos ou entidades da Administração Pública com atuação específica nessa área, os contratos de concessão de direito real de uso de imóveis públicos:

I – terão, para todos os fins de direito, caráter de escritura pública, não se aplicando o disposto no inciso II do art. 134 do Código Civil;

II – constituirão título de aceitação obrigatória em garantia de contratos de financiamentos habitacionais.

Art. 49. Os Estados e Municípios terão o prazo de 90 (noventa) dias, a partir da entrada em vigor desta Lei, para fixar prazos, por lei, para a expedição de diretrizes de empreendimentos urbanísticos, aprovação de projetos de parcelamento e de edificação, realização de vistorias e expedição de termo de verificação e conclusão de obras.

Parágrafo único. Não sendo cumprida a determinação do *caput*, fica estabelecido o prazo de 60 (sessenta) dias para a realização de cada um dos referidos atos administrativos, que valerá até que os Estados e Municípios disponham em lei de forma diversa.

Art. 50. Os Municípios que estejam enquadrados na obrigação prevista nos incisos I e II do *caput* do art. 41 desta Lei e que não tenham plano diretor aprovado na data de entrada em vigor desta Lei deverão aprová-lo até 30 de junho de 2008.

•• Artigo com redação determinada pela Lei n. 11.673, de 8-5-2008.

Art. 51. Para os efeitos desta Lei, aplicam-se ao Distrito Federal e ao Governador do Distrito Federal as disposições relativas, respectivamente, a Município e a Prefeito.

Art. 52. Sem prejuízo da punição de outros agentes públicos envolvidos e da aplicação de outras sanções cabíveis, o Prefeito incorre em improbidade administrativa, nos termos da Lei n. 8.429, de 2 de junho de 1992, quando:

I – (*Vetado*.)

II – deixar de proceder, no prazo de 5 (cinco) anos, o adequado aproveitamento do imóvel incorporado ao patrimônio público, conforme o disposto no § 4.º do art. 8.º desta Lei;

III – utilizar áreas obtidas por meio do direito de preempção em desacordo com o disposto no art. 26 desta Lei;

IV – aplicar os recursos auferidos com a outorga onerosa do direito de construir e de alteração de uso em desacordo com o previsto no art. 31 desta Lei;

V – aplicar os recursos auferidos com operações consorciadas em desacordo com o previsto no § 1.º do art. 33 desta Lei;

VI – impedir ou deixar de garantir os requisitos contidos nos incisos I a III do § 4.º do art. 40 desta Lei;

VII – deixar de tomar as providências necessárias para garantir a observância do disposto no § 3.º do art. 40 e no art. 50 desta Lei;

VIII – adquirir imóvel objeto de direito de preempção, nos termos dos arts. 25 a 27 desta Lei, pelo valor da proposta apresentada, se este for, comprovadamente, superior ao de mercado.

Art. 56. O art. 167, I, da Lei n. 6.015, de 1973, passa a vigorar acrescido dos seguintes itens 37, 38 e 39:

•• Alteração já processada no diploma citado.

Art. 57. O art. 167, II, da Lei n. 6.015, de 1973, passa a vigorar acrescido dos seguintes itens 18, 19 e 20:

•• Alteração já processada no diploma citado.

Art. 57-A. A operadora ferroviária, inclusive metroferroviária, poderá constituir o direito real de laje de que trata a Lei n. 10.406, de 10 de janeiro de 2002 (Código Civil), e o de superfície de que trata esta Lei, sobre ou sob a faixa de domínio de sua via férrea, observado o plano diretor e o respectivo contrato de outorga com o poder concedente.

•• *Caput* acrescentado pela Lei n. 14.273, de 23-12-2021.
•• Direito real de laje no CC: *vide* arts. 1.510-A a 1.510-E.

Parágrafo único. A constituição do direito real de laje ou de superfície a que se refere o *caput* deste artigo é condicionada à existência prévia de licenciamento urbanístico municipal, que estabelecerá os ônus urbanísticos a serem observados e o direito de construir incorporado a cada unidade imobiliária.

•• Parágrafo único acrescentado pela Lei n. 14.273, de 23-12-2021.

Art. 58. Esta Lei entra em vigor após decorridos 90 (noventa) dias de sua publicação.

Brasília, 10 de julho de 2001; 180.º da Independência e 113.º da República.

FERNANDO HENRIQUE CARDOSO

MEDIDA PROVISÓRIA N. 2.172-32, DE 23 DE AGOSTO DE 2001 (*)

Estabelece a nulidade das disposições contratuais que menciona e inverte, nas hipóteses que prevê, o ônus da prova nas ações intentadas para sua declaração.

O Presidente da República, no uso da atribuição que lhe confere o art. 62 da Constituição, adota a seguinte Medida Provisória, com força de lei:

(*) Publicada no *DOU*, de 24-8-2001.

Art. 1.º São nulas de pleno direito as estipulações usurárias, assim consideradas as que estabeleçam:

I – nos contratos civis de mútuo, taxas de juros superiores às legalmente permitidas, caso em que deverá o juiz, se requerido, ajustá-las à medida legal ou, na hipótese de já terem sido cumpridas, ordenar a restituição, em dobro, da quantia paga em excesso, com juros legais a contar da data do pagamento indevido;

II – nos negócios jurídicos não disciplinados pelas legislações comercial e de defesa do consumidor, lucros ou vantagens patrimoniais excessivos, estipulados em situação de vulnerabilidade da parte, caso em que deverá o juiz, se requerido, restabelecer o equilíbrio da relação contratual, ajustando-os ao valor corrente, ou, na hipótese de cumprimento da obrigação, ordenar a restituição, em dobro, da quantia recebida em excesso, com juros legais a contar da data do pagamento indevido.

Parágrafo único. Para a configuração do lucro ou vantagem excessivos, considerar-se-ão a vontade das partes, as circunstâncias da celebração do contrato, o seu conteúdo e natureza, a origem das correspondentes obrigações, as práticas de mercado e as taxas de juros legalmente permitidas.

Art. 2.º São igualmente nulas de pleno direito as disposições contratuais que, com o pretexto de conferir ou transmitir direitos, são celebradas para garantir, direta ou indiretamente, contratos civis de mútuo com estipulações usurárias.

Art. 3.º Nas ações que visem à declaração de nulidade de estipulações com amparo no disposto nesta Medida Provisória, incumbirá ao credor ou beneficiário do negócio o ônus de provar a regularidade jurídica das correspondentes obrigações, sempre que demonstrada pelo prejudicado, ou pelas circunstâncias do caso, a verossimilhança da alegação.

Art. 4.º As disposições desta Medida Provisória não se aplicam:

I – às instituições financeiras e demais instituições autorizadas a funcionar pelo Banco Central do Brasil, bem como às operações realizadas nos mercados financeiro, de capitais e de valores mobiliários, que continuam regidas pelas normas legais e regulamentares que lhes são aplicáveis;

II – às sociedades de crédito que tenham por objeto social exclusivo a concessão de financiamentos ao microempreendedor;

III – às organizações da sociedade civil de interesse público de que trata a Lei n. 9.790, de 23 de março de 1999, devidamente registradas no Ministério da Justiça, que se dedicam a sistemas alternativos de crédito e não têm qualquer tipo de vinculação com o Sistema Financeiro Nacional.

Parágrafo único. Poderão também ser excluídas das disposições desta Medida Provisória, mediante deliberação do Conselho Monetário Nacional, outras modalidades de operações e negócios de natureza subsidiária, complementar ou acessória das atividades exercidas no âmbito dos mercados financeiro, de capitais e de valores mobiliários.

Art. 6.º Esta Medida Provisória entra em vigor na data de sua publicação.

Art. 7.º Ficam revogados o § 3.º do art. 4.º da Lei n. 1.521, de 26 de dezembro de 1951.

Brasília, 23 de agosto de 2001; 180.º da Independência e 113.º da República.

FERNANDO HENRIQUE CARDOSO

MEDIDA PROVISÓRIA N. 2.220, DE 4 DE SETEMBRO DE 2001 (*)

Dispõe sobre a concessão de uso especial de que trata o § 1.º do art. 183 da Constituição, cria o CNDU – CNDU e dá outras providências.

O Presidente da República, no uso da atribuição que lhe confere o art. 62 da Constituição, adota a seguinte Medida Provisória, com força de lei:

Capítulo I
DA CONCESSÃO DE USO ESPECIAL

Art. 1.º Aquele que, até 22 de dezembro de 2016, possuiu como seu, por cinco anos, ininterruptamente e sem oposição, até duzentos e cinquenta metros quadrados de imóvel público situado em área com características e finalidade urbanas, e que o utilize para

---

(*) Publicada no *DOU*, de 5-9-2001.

Medida Provisória n. 2.220, de 4-9-2001   **Concessão de Uso**

sua moradia ou de sua família, tem o direito à concessão de uso especial para fins de moradia em relação ao bem objeto da posse, desde que não seja proprietário ou concessionário, a qualquer título, de outro imóvel urbano ou rural.

•• *Caput* com redação determinada pela Lei n. 13.465, de 11-7-2017.

§ 1.º A concessão de uso especial para fins de moradia será conferida de forma gratuita ao homem ou à mulher, ou a ambos, independentemente do estado civil.

§ 2.º O direito de que trata este artigo não será reconhecido ao mesmo concessionário mais de uma vez.

§ 3.º Para os efeitos deste artigo, o herdeiro legítimo continua, de pleno direito, na posse de seu antecessor, desde que já resida no imóvel por ocasião da abertura da sucessão.

Art. 2.º Nos imóveis de que trata o art. 1.º, com mais de duzentos e cinquenta metros quadrados, ocupados até 22 de dezembro de 2016, por população de baixa renda para sua moradia, por cinco anos, ininterruptamente e sem oposição, cuja área total dividida pelo número de possuidores seja inferior a duzentos e cinquenta metros quadrados por possuidor, a concessão de uso especial para fins de moradia será conferida de forma coletiva, desde que os possuidores não sejam proprietários ou concessionários, a qualquer título, de outro imóvel urbano ou rural.

•• *Caput* com redação determinada pela Lei n. 13.465, de 11-7-2017.

§ 1.º O possuidor pode, para o fim de contar o prazo exigido por este artigo, acrescentar sua posse à de seu antecessor, contanto que ambas sejam contínuas.

§ 2.º Na concessão de uso especial de que trata este artigo, será atribuída igual fração ideal de terreno a cada possuidor, independentemente da dimensão do terreno que cada um ocupe, salvo hipótese de acordo escrito entre os ocupantes, estabelecendo frações ideais diferenciadas.

§ 3.º A fração ideal atribuída a cada possuidor não poderá ser superior a 250m² (duzentos e cinquenta metros quadrados).

Art. 3.º Será garantida a opção de exercer os direitos de que tratam os arts. 1.º e 2.º também aos ocupantes, regularmente inscritos, de imóveis públicos, com até 250m² (duzentos e cinquenta metros quadrados), da União, dos Estados, do Distrito Federal e dos Municípios, que estejam situados em área urbana, na forma do regulamento.

Art. 4.º No caso de a ocupação acarretar risco à vida ou à saúde dos ocupantes, o Poder Público garantirá ao possuidor o exercício do direito de que tratam os arts. 1.º e 2.º em outro local.

Art. 5.º É facultado ao Poder Público assegurar o exercício do direito de que tratam os arts. 1.º e 2.º em outro local na hipótese de ocupação de imóvel:

I – de uso comum do povo;

II – destinado a projeto de urbanização;

III – de interesse da defesa nacional, da preservação ambiental e da proteção dos ecossistemas naturais;

IV – reservado à construção de represas e obras congêneres; ou

V – situado em via de comunicação.

Art. 6.º O título de concessão de uso especial para fins de moradia será obtido pela via administrativa perante o órgão competente da Administração Pública ou, em caso de recusa ou omissão deste, pela via judicial.

§ 1.º A Administração Pública terá o prazo máximo de 12 (doze) meses para decidir o pedido, contado da data de seu protocolo.

§ 2.º Na hipótese de bem imóvel da União ou dos Estados, o interessado deverá instruir o requerimento de concessão de uso especial para fins de moradia com certidão expedida pelo Poder Público municipal, que ateste a localização do imóvel em área urbana e a sua destinação para moradia do ocupante ou de sua família.

§ 3.º Em caso de ação judicial, a concessão de uso especial para fins de moradia será declarada pelo juiz, mediante sentença.

§ 4.º O título conferido por via administrativa ou por sentença judicial servirá para efeito de registro no cartório de registro de imóveis.

Art. 7.º O direito de concessão de uso especial para fins de moradia é transferível por ato *inter vivos* ou *causa mortis*.

Art. 8.º O direito à concessão de uso especial para fins de moradia extingue-se no caso de:

I – o concessionário dar ao imóvel destinação diversa da moradia para si ou para sua família; ou

II – o concessionário adquirir a propriedade ou a concessão de uso de outro imóvel urbano ou rural.

Parágrafo único. A extinção de que trata este artigo será averbada no cartório de registro de imóveis, por meio de declaração do Poder Público concedente.

Art. 9.º É facultado ao poder público competente conceder autorização de uso àquele que, até 22 de dezembro de 2016, possuiu como seu, por cinco anos, ininterruptamente e sem oposição, até duzentos e cinquenta metros quadrados de imóvel público situado em área com características e finalidade urbanas para fins comerciais.

•• *Caput* com redação determinada pela Lei n. 13.465, de 11-7-2017.

§ 1.º A autorização de uso de que trata este artigo será conferida de forma gratuita.

§ 2.º O possuidor pode, para o fim de contar o prazo exigido por este artigo, acrescentar sua posse à de seu antecessor, contanto que ambas sejam contínuas.

§ 3.º Aplica-se à autorização de uso prevista no *caput* deste artigo, no que couber, o disposto nos arts. 4.º e 5.º desta Medida Provisória.

Capítulo II
DO CONSELHO NACIONAL DE DESENVOLVIMENTO URBANO

•• Atualmente Conselho das Cidades (Lei n. 10.683, de 28-5-2003, art. 33, VIII).

Art. 10. Fica criado o Conselho Nacional de Desenvolvimento Urbano – CNDU, órgão deliberativo e consultivo, integrante da estrutura da Presidência da República, com as seguintes competências:

I – propor diretrizes, instrumentos, normas e prioridades da política nacional de desenvolvimento urbano;

II – acompanhar e avaliar a implementação da política nacional de desenvolvimento urbano, em especial as políticas de habitação, de saneamento básico e de transportes urbanos, e recomendar as providências necessárias ao cumprimento de seus objetivos;

III – propor a edição de normas gerais de direito urbanístico e manifestar-se sobre propostas de alteração da legislação pertinente ao desenvolvimento urbano;

IV – emitir orientações e recomendações sobre a aplicação da Lei n. 10.257, de 10 de julho de 2001, e dos demais atos normativos relacionados ao desenvolvimento urbano;

V – promover a cooperação entre os governos da União, dos Estados, do Distrito Federal e dos Municípios e a sociedade civil na formulação e execução da política nacional de desenvolvimento urbano; e

VI – elaborar o regimento interno.

Art. 11. O CNDU é composto por seu Presidente, pelo Plenário e por uma Secretaria-Executiva, cujas atribuições serão definidas em decreto.

Parágrafo único. O CNDU poderá instituir comitês técnicos de assessoramento, na forma do regimento interno.

Art. 12. O Presidente da República disporá sobre a estrutura do CNDU, a composição do seu Plenário e a designação dos membros e suplentes do Conselho e dos seus comitês técnicos.

Art. 13. A participação no CNDU e nos comitês técnicos não será remunerada.

Art. 14. As funções de membro do CNDU e dos comitês técnicos serão consideradas prestação de relevante interesse público e a ausência ao trabalho delas decorrente será abonada e computada como jornada efetiva de trabalho, para todos os efeitos legais.

Capítulo III
DAS DISPOSIÇÕES FINAIS

Art. 15. O inciso I do art. 167 da Lei n. 6.015, de 31 de dezembro de 1973, passa a vigorar com as seguintes alterações.

•• Alterações já processadas no texto indicado.

Art. 16. Esta Medida Provisória entra em vigor na data de sua publicação.

Brasília, 4 de setembro de 2001; 180.º da Independência e 113.º da República.

Fernando Henrique Cardoso

LEI N. 10.308,
DE 20 DE NOVEMBRO DE 2001 (*)

Dispõe sobre a seleção de locais, a construção, o licenciamento, a operação, a fiscalização, os custos, a indenização, a responsabilidade civil e as garantias referentes aos depósitos de rejeitos radioativos, e dá outras providências.

O Presidente da República

Faço saber que o Congresso Nacional decreta e eu sanciono a seguinte Lei:

(*) Publicada no *DOU*, de 21-11-2001.

Capítulo I
DISPOSIÇÕES PRELIMINARES

Art. 1.º Esta Lei estabelece normas para o destino final dos rejeitos radioativos produzidos em território nacional, incluídos a seleção de locais, a construção, o licenciamento, a operação, a fiscalização, os custos, a indenização, a responsabilidade civil e as garantias referentes aos depósitos radioativos.

Parágrafo único. Para efeito desta Lei, será adotada a nomenclatura técnica estabelecida nas normas da Autoridade Nacional de Segurança Nuclear (ANSN).

•• Parágrafo único com redação determinada pela Lei n. 14.222, de 15-10-2021.

Art. 3.º São permitidas a instalação e a operação dos seguintes tipos de depósitos de rejeitos radioativos:

I – depósitos iniciais;

II – depósitos intermediários;

III – depósitos finais.

Art. 5.º A seleção de locais para depósitos iniciais obedecerá aos critérios estabelecidos pela ANSN para a localização das atividades produtoras de rejeitos radioativos.

•• Artigo com redação determinada pela Lei n. 14.222, de 15-10-2021.

Art. 6.º A seleção de locais para instalação de depósitos intermediários e finais obedecerá aos critérios, procedimentos e normas estabelecidos pela ANSN.

•• *Caput* com redação determinada pela Lei n. 14.222, de 15-10-2021.

Parágrafo único. Os terrenos selecionados para depósitos finais serão declarados de utilidade pública e desapropriados pela União, quando já não forem de sua propriedade.

Art. 7.º É proibido o depósito de rejeitos de quaisquer naturezas nas ilhas oceânicas, na plataforma continental e nas águas territoriais brasileiras.

Art. 13. Cabe à CNEN a administração e a operação de depósitos intermediários e finais.

Parágrafo único. Poderá haver delegação dos serviços previstos no *caput* a terceiros, mantida a responsabilidade integral da CNEN.

Capítulo VIII
DA RESPONSABILIDADE CIVIL

Art. 19. Nos depósitos iniciais, a responsabilidade civil por danos radiológicos pessoais, patrimoniais e ambientais causados por rejeitos radioativos neles depositados, independente de culpa ou dolo, é do titular da autorização para operação daquela instalação.

Art. 20. Nos depósitos intermediários e finais, a responsabilidade civil por danos radiológicos pessoais, patrimoniais e ambientais causados por rejeitos radioativos neles depositados, independente de culpa ou dolo, é da CNEN.

Art. 21. No transporte de rejeitos dos depósitos iniciais para os depósitos intermediários ou de depósitos iniciais para os depósitos finais, a responsabilidade civil por danos radiológicos pessoais, patrimoniais e ambientais causados por rejeitos radioativos é do titular da autorização para operação da instalação que contém o depósito inicial.

Art. 22. No transporte de rejeitos dos depósitos intermediários para os depósitos finais, a responsabilidade civil por danos radiológicos pessoais, patrimoniais e ambientais causados por rejeitos radioativos é da CNEN.

Parágrafo único. Poderá haver delegação do serviço previsto no *caput* a terceiros, mantida a responsabilidade integral da CNEN.

Capítulo IX
DAS GARANTIAS

Art. 23. As autorizações para operação de depósitos iniciais, intermediários ou finais condicionam-se à prestação das garantias previstas no art. 13 da Lei n. 6.453, de 17 de outubro de 1977.

Art. 24. Para a operação e o descomissionamento de depósitos iniciais e de intermediários e finais, caso estes estejam sendo operados por terceiros, o titular da autorização para operação da instalação deverá oferecer garantia para cobrir as indenizações por danos radiológicos causados por rejeitos radioativos.

Art. 25. Nos depósitos intermediários e finais, caso sejam operados por terceiros, consoante o art. 13 desta Lei, o prestador de serviços deverá oferecer garantia para cobrir as indenizações por danos radiológicos.

Art. 31. A responsabilidade civil por danos radiológicos pessoais, patrimoniais e ambientais causados por rejeitos nos depósitos provisórios ou durante o transporte do local do acidente para o depósito provisório e deste para o depósito final é da CNEN.

Parágrafo único. A responsabilidade civil pelos danos radiológicos causados por rejeitos armazenados em depósito provisório decorrente de falha na segurança física é do Estado.

Capítulo XII
DISPOSIÇÕES GERAIS

Art. 32. A responsabilidade civil por danos decorrentes das atividades disciplinadas nesta Lei será atribuída na forma da Lei n. 6.453, de 1977.

Art. 33. É assegurado à CNEN o direito de regresso em relação a prestadores de serviço na hipótese de culpa ou dolo destes.

....

Art. 39. Esta Lei entra em vigor na data de sua publicação.

Brasília, 20 de novembro de 2001; 180.º da Independência e 113.º da República.

FERNANDO HENRIQUE CARDOSO

PORTARIA N. 5,
DE 27 DE AGOSTO DE 2002 (*)

Complementa o elenco de cláusulas abusivas constante do art. 51 da Lei n. 8.078, de 11 de setembro de 1990.

A Secretaria de Direito Econômico do Ministério da Justiça, no uso da atribuição que lhe confere o art. 56 do Decreto n. 2.181, de 20 de março de 1997, e

Considerando que constitui dever da Secretaria de Direito Econômico orientar o Sistema Nacional de Defesa do Consumidor sobre a abusividade de cláusulas insertas em contratos de fornecimento de produtos e serviços, notadamente para o fim de aplicação do disposto no inciso IV do art. 22 do Decreto n. 2.181, de 1997;

Considerando que o elenco de cláusulas abusivas constante do art. 51 da Lei n. 8.078, de 1990, é meramente exemplificativo, uma vez que outras estipulações contratuais lesivas ao consumidor defluem do próprio texto legal;

Considerando que a informação de fornecedores e de consumidores quanto aos seus direitos e deveres promove a melhoria, a transparência, a harmonia, o equilíbrio e a boa-fé nas relações de consumo;

Considerando, finalmente, as sugestões oferecidas pelo Ministério Público e pelos PROCONs, bem como decisões judiciais sobre relações de consumo; resolve:

Art. 1.º Considerar abusiva, nos contratos de fornecimento de produtos e serviços, a cláusula que:

I – autorize o envio do nome do consumidor, e/ou seus garantes, a bancos de dados e cadastros de consumidores, sem comprovada notificação prévia;

II – imponha ao consumidor, nos contratos de adesão, a obrigação de manifestar-se contra a transferência, onerosa ou não, para terceiros, dos dados cadastrais confiados ao fornecedor;

III – autorize o fornecedor a investigar a vida privada do consumidor;

IV – imponha em contratos de seguro-saúde, firmados anteriormente à Lei n. 9.656, de 3 de junho de 1998, limite temporal para internação hospitalar;

V – prescreva, em contrato de plano de saúde ou seguro-saúde, a não cobertura de doenças de notificação compulsória.

Art. 2.º Esta Portaria entra em vigor na data de sua publicação.

ELISA SILVA RIBEIRO
BAPTISTA DE OLIVEIRA

LEI N. 10.741,
DE 1.º DE OUTUBRO DE 2003 (**)

Dispõe sobre o Estatuto da Pessoa Idosa e dá outras providências.

•• Ementa com redação determinada pela Lei n. 14.423, de 22-7-2022.

O Presidente da República

Faço saber que o Congresso Nacional decreta e eu sanciono a seguinte Lei:

(*) Publicada no *DOU*, de 28-8-2002.

(**) Publicada no *DOU*, de 3-10-2003.

Título I
DISPOSIÇÕES PRELIMINARES

Art. 1.º É instituído o Estatuto da Pessoa Idosa, destinado a regular os direitos assegurados às pessoas com idade igual ou superior a 60 (sessenta) anos.

•• Artigo com redação determinada pela Lei n. 14.423, de 22-7-2022.

Art. 2.º A pessoa idosa goza de todos os direitos fundamentais inerentes à pessoa humana, sem prejuízo da proteção integral de que trata esta Lei, assegurando-se-lhe, por lei ou por outros meios, todas as oportunidades e facilidades, para preservação de sua saúde física e mental e seu aperfeiçoamento moral, intelectual, espiritual e social, em condições de liberdade e dignidade.

•• Artigo com redação determinada pela Lei n. 14.423, de 22-7-2022.

Art. 3.º É obrigação da família, da comunidade, da sociedade e do poder público assegurar à pessoa idosa, com absoluta prioridade, a efetivação do direito à vida, à saúde, à alimentação, à educação, à cultura, ao esporte, ao lazer, ao trabalho, à cidadania, à liberdade, à dignidade, ao respeito e à convivência familiar e comunitária.

•• *Caput* com redação determinada pela Lei n. 14.423, de 22-7-2022.

§ 1.º A garantia de prioridade compreende:

•• Parágrafo único, *caput*, renumerado pela Lei n. 13.466, de 12-7-2017.

I – atendimento preferencial imediato e individualizado junto aos órgãos públicos e privados prestadores de serviços à população;

II – preferência na formulação e na execução de políticas sociais públicas específicas;

III – destinação privilegiada de recursos públicos nas áreas relacionadas com a proteção à pessoa idosa;

•• Inciso III com redação determinada pela Lei n. 14.423, de 22-7-2022.

IV – viabilização de formas alternativas de participação, ocupação e convívio da pessoa idosa com as demais gerações;

•• Inciso IV com redação determinada pela Lei n. 14.423, de 22-7-2022.

V – priorização do atendimento da pessoa idosa por sua própria família, em detrimento do atendimento asilar, exceto dos que não a possuam ou careçam de condições de manutenção da própria sobrevivência;

•• Inciso V com redação determinada pela Lei n. 14.423, de 22-7-2022.

VI – capacitação e reciclagem dos recursos humanos nas áreas de geriatria e gerontologia e na prestação de serviços às pessoas idosas;

•• Inciso VI com redação determinada pela Lei n. 14.423, de 22-7-2022.

VII – estabelecimento de mecanismos que favoreçam a divulgação de informações de caráter educativo sobre os aspectos biopsicossociais do envelhecimento;

VIII – garantia de acesso à rede de serviços de saúde e de assistência social locais;

IX – prioridade no recebimento da restituição do Imposto de Renda.

•• Inciso IX acrescentado pela Lei n. 11.765, de 5-8-2008.

§ 2.º Entre as pessoas idosas, é assegurada prioridade especial aos maiores de 80 (oitenta) anos, atendendo-se suas necessidades sempre preferencialmente em relação às demais pessoas idosas.

•• § 2.º com redação determinada pela Lei n. 14.423, de 22-7-2022.

Art. 4.º Nenhuma pessoa idosa será objeto de qualquer tipo de negligência, discriminação, violência, crueldade ou opressão, e todo atentado aos seus direitos, por ação ou omissão, será punido na forma da lei.

•• *Caput* com redação determinada pela Lei n. 14.423, de 22-7-2022.

§ 1.º É dever de todos prevenir a ameaça ou violação aos direitos da pessoa idosa.

•• § 1.º com redação determinada pela Lei n. 14.423, de 22-7-2022.

§ 2.º As obrigações previstas nesta Lei não excluem da prevenção outras decorrentes dos princípios por ela adotados.

Art. 5.º A inobservância das normas de prevenção importará em responsabilidade à pessoa física ou jurídica nos termos da lei.

Art. 6.º Todo cidadão tem o dever de comunicar à autoridade competente qualquer forma de violação a esta Lei que tenha testemunhado ou de que tenha conhecimento.

Art. 7.º Os Conselhos Nacional, Estaduais, do Distrito Federal e Municipais da Pessoa Idosa, previstos na Lei n. 8.842, de 4 de janeiro de 1994, zelarão pelo cumprimento dos direitos da pessoa idosa, definidos nesta Lei.

•• Artigo com redação determinada pela Lei n. 14.423, de 22-7-2022.

•• O Decreto n. 11.483, de 6-4-2023, dispõe sobre o Conselho Nacional dos Direitos da Pessoa Idosa – CNDPI.

TÍTULO II
DOS DIREITOS FUNDAMENTAIS

Capítulo I
DO DIREITO À VIDA

Art. 8.º O envelhecimento é um direito personalíssimo e a sua proteção um direito social, nos termos desta Lei e da legislação vigente.

Art. 9.º É obrigação do Estado, garantir à pessoa idosa a proteção à vida e à saúde, mediante efetivação de políticas sociais públicas que permitam um envelhecimento saudável e em condições de dignidade.

Capítulo II
DO DIREITO À LIBERDADE, AO RESPEITO E À DIGNIDADE

Art. 10. É obrigação do Estado e da sociedade assegurar à pessoa idosa a liberdade, o respeito e a dignidade, como pessoa humana e sujeito de direitos civis, políticos, individuais e sociais, garantidos na Constituição e nas leis.

•• *Caput* com redação determinada pela Lei n. 14.423, de 22-7-2022.

§ 1.º O direito à liberdade compreende, entre outros, os seguintes aspectos:

I – faculdade de ir, vir e estar nos logradouros públicos e espaços comunitários, ressalvadas as restrições legais;

II – opinião e expressão;

III – crença e culto religioso;

IV – prática de esportes e de diversões;

V – participação na vida familiar e comunitária;

VI – participação na vida política, na forma da lei;

VII – faculdade de buscar refúgio, auxílio e orientação.

§ 2.º O direito ao respeito consiste na inviolabilidade da integridade física, psíquica e moral, abrangendo a preservação da imagem, da identidade, da autonomia, de valores, ideias e crenças, dos espaços e dos objetos pessoais.

§ 3.º É dever de todos zelar pela dignidade da pessoa idosa, colocando-a a salvo de qualquer tratamento desumano, violento, aterrorizante, vexatório ou constrangedor.

•• § 3.º com redação determinada pela Lei n. 14.423, de 22-7-2022.

Capítulo III
DOS ALIMENTOS

Art. 11. Os alimentos serão prestados à pessoa idosa na forma da lei civil.

•• Artigo com redação determinada pela Lei n. 14.423, de 22-7-2022.

Art. 12. A obrigação alimentar é solidária, podendo a pessoa idosa optar entre os prestadores.

•• Artigo com redação determinada pela Lei n. 14.423, de 22-7-2022.

Art. 13. As transações relativas a alimentos poderão ser celebradas perante o Promotor de Justiça ou Defensor Público, que as referendará, e passarão a ter efeito de título executivo extrajudicial nos termos da lei processual civil.

•• Artigo com redação determinada pela Lei n. 11.737, de 14-7-2008.

Art. 14. Se a pessoa idosa ou seus familiares não possuírem condições econômicas de prover o seu sustento, impõe-se ao poder público esse provimento, no âmbito da assistência social.

•• Artigo com redação determinada pela Lei n. 14.423, de 22-7-2022.

Capítulo IV
DO DIREITO À SAÚDE

Art. 15. É assegurada a atenção integral à saúde da pessoa idosa, por intermédio do Sistema Único de Saúde (SUS), garantindo-lhe o acesso universal e igualitário, em conjunto articulado e contínuo das ações e serviços, para a prevenção, promoção, proteção e recuperação da saúde, incluindo a atenção especial às doenças que afetam preferencialmente as pessoas idosas.

•• *Caput* com redação determinada pela Lei n. 14.423, de 22-7-2022.

§ 1.º A prevenção e a manutenção da saúde da pessoa idosa serão efetivadas por meio de:

•• § 1.º, *caput*, com redação determinada pela Lei n. 14.423, de 22-7-2022.

Lei n. 10.741, de 1.º-10-2003 — Estatuto da Pessoa Idosa

I – cadastramento da população idosa em base territorial;

II – atendimento geriátrico e gerontológico em ambulatórios;

III – unidades geriátricas de referência, com pessoal especializado nas áreas de geriatria e gerontologia social;

IV – atendimento domiciliar, incluindo a internação, para a população que dele necessitar e esteja impossibilitada de se locomover, inclusive para as pessoas idosas abrigadas e acolhidas por instituições públicas, filantrópicas ou sem fins lucrativos e eventualmente conveniadas com o poder público, nos meios urbano e rural;

•• Inciso IV com redação determinada pela Lei n. 14.423, de 22-7-2022.

V – reabilitação orientada pela geriatria e gerontologia, para redução das sequelas decorrentes do agravo da saúde.

§ 2.º Incumbe ao poder público fornecer às pessoas idosas, gratuitamente, medicamentos, especialmente os de uso continuado, assim como próteses, órteses e outros recursos relativos ao tratamento, habilitação ou reabilitação.

•• § 2.º com redação determinada pela Lei n. 14.423, de 22-7-2022.

§ 3.º É vedada a discriminação da pessoa idosa nos planos de saúde pela cobrança de valores diferenciados em razão da idade.

•• § 3.º com redação determinada pela Lei n. 14.423, de 22-7-2022.

§ 4.º As pessoas idosas com deficiência ou com limitação incapacitante terão atendimento especializado, nos termos da lei.

•• § 4.º com redação determinada pela Lei n. 14.423, de 22-7-2022.

§ 5.º É vedado exigir o comparecimento da pessoa idosa enferma perante os órgãos públicos, hipótese na qual será admitido o seguinte procedimento:

•• § 5.º, *caput*, com redação determinada pela Lei n. 14.423, de 22-7-2022.

I – quando de interesse do poder público, o agente promoverá o contato necessário com a pessoa idosa em sua residência; ou

•• Inciso I com redação determinada pela Lei n. 14.423, de 22-7-2022.

II – quando de interesse da própria pessoa idosa, esta se fará representar por procurador legalmente constituído.

•• Inciso II com redação determinada pela Lei n. 14.423, de 22-7-2022.

§ 6.º É assegurado à pessoa idosa enferma o atendimento domiciliar pela perícia médica do Instituto Nacional do Seguro Social (INSS), pelo serviço público de saúde ou pelo serviço privado de saúde, contratado ou conveniado, que integre o SUS, para expedição do laudo de saúde necessário ao exercício de seus direitos sociais e de isenção tributária.

•• § 6.º com redação determinada pela Lei n. 14.423, de 22-7-2022.

§ 7.º Em todo atendimento de saúde, os maiores de 80 (oitenta) anos terão preferência especial sobre as demais pessoas idosas, exceto em caso de emergência.

•• § 7.º com redação determinada pela Lei n. 14.423, de 22-7-2022.

Art. 16. À pessoa idosa internada ou em observação é assegurado o direito a acompanhante, devendo o órgão de saúde proporcionar as condições adequadas para a sua permanência em tempo integral, segundo o critério médico.

•• *Caput* com redação determinada pela Lei n. 14.423, de 22-7-2022.

Parágrafo único. Caberá ao profissional de saúde responsável pelo tratamento conceder autorização para o acompanhamento da pessoa idosa ou, no caso de impossibilidade, justificá-la por escrito.

•• Parágrafo único com redação determinada pela Lei n. 14.423, de 22-7-2022.

Art. 17. À pessoa idosa que esteja no domínio de suas faculdades mentais é assegurado o direito de optar pelo tratamento de saúde que lhe for reputado mais favorável.

•• *Caput* com redação determinada pela Lei n. 14.423, de 22-7-2022.

Parágrafo único. Não estando a pessoa idosa em condições de proceder à opção, esta será feita:

•• Parágrafo único, *caput*, com redação determinada pela Lei n. 14.423, de 22-7-2022.

I – pelo curador, quando a pessoa idosa for interditada;

•• Inciso I com redação determinada pela Lei n. 14.423, de 22-7-2022.

- Curatela no CC: arts. 1.767 a 1.783.

II – pelos familiares, quando a pessoa idosa não tiver curador ou este não puder ser contactado em tempo hábil;

•• Inciso II com redação determinada pela Lei n. 14.423, de 22-7-2022.

III – pelo médico, quando ocorrer iminente risco de vida e não houver tempo hábil para consulta a curador ou familiar;

IV – pelo próprio médico, quando não houver curador ou familiar conhecido, caso em que deverá comunicar o fato ao Ministério Público.

Art. 18. As instituições de saúde devem atender aos critérios mínimos para o atendimento às necessidades da pessoa idosa, promovendo o treinamento e a capacitação dos profissionais, assim como orientação a cuidadores familiares e grupos de autoajuda.

•• Artigo com redação determinada pela Lei n. 14.423, de 22-7-2022.

Art. 19. Os casos de suspeita ou confirmação de violência praticada contra pessoas idosas serão objeto de notificação compulsória pelos serviços de saúde públicos e privados à autoridade sanitária, bem como serão obrigatoriamente comunicados por eles a quaisquer dos seguintes órgãos:

•• *Caput* com redação determinada pela Lei n. 14.423, de 22-7-2022.

I – autoridade policial;

II – Ministério Público;

III – Conselho Municipal da Pessoa Idosa;

•• Inciso III com redação determinada pela Lei n. 14.423, de 22-7-2022.

IV – Conselho Estadual da Pessoa Idosa;

•• Inciso IV com redação determinada pela Lei n. 14.423, de 22-7-2022.

V – Conselho Nacional da Pessoa Idosa.

•• Inciso V com redação determinada pela Lei n. 14.423, de 22-7-2022.

•• A Lei n. 10.683, de 28-5-2003, que dispõe sobre a organização da Presidência da República e dos Ministérios, fala em "Conselho Nacional dos Direitos do Idoso – CNDI".

§ 1.º Para os efeitos desta Lei, considera-se violência contra a pessoa idosa qualquer ação ou omissão praticada em local público ou privado que lhe cause morte, dano ou sofrimento físico ou psicológico.

•• § 1.º com redação determinada pela Lei n. 14.423, de 22-7-2022.

§ 2.º Aplica-se, no que couber, à notificação compulsória prevista no *caput* deste artigo, o disposto na Lei n. 6.259, de 30 de outubro de 1975.

•• § 2.º acrescentado pela Lei n. 12.461, de 26-7-2011.

Capítulo V
DA EDUCAÇÃO, CULTURA, ESPORTE E LAZER

Art. 20. A pessoa idosa tem direito a educação, cultura, esporte, lazer, diversões, espetáculos, produtos e serviços que respeitem sua peculiar condição de idade.

•• Artigo com redação determinada pela Lei n. 14.423, de 22-7-2022.

Art. 21. O poder público criará oportunidades de acesso da pessoa idosa à educação, adequando currículos, metodologias e material didático aos programas educacionais a ela destinados.

•• *Caput* com redação determinada pela Lei n. 14.423, de 22-7-2022.

§ 1.º Os cursos especiais para pessoas idosas incluirão conteúdo relativo às técnicas de comunicação, computação e demais avanços tecnológicos, para sua integração à vida moderna.

•• § 1.º com redação determinada pela Lei n. 14.423, de 22-7-2022.

§ 2.º As pessoas idosas participarão das comemorações de caráter cívico ou cultural, para transmissão de conhecimentos e vivências às demais gerações, no sentido da preservação da memória e da identidade culturais.

•• § 2.º com redação determinada pela Lei n. 14.423, de 22-7-2022.

Art. 22. Nos currículos mínimos dos diversos níveis de ensino formal serão inseridos conteúdos voltados ao processo de envelhecimento, ao respeito e à valorização da pessoa idosa, de forma a eliminar o preconceito e a produzir conhecimentos sobre a matéria.

•• Artigo com redação determinada pela Lei n. 14.423, de 22-7-2022.

Art. 23. A participação das pessoas idosas em atividades culturais e de lazer será proporcionada mediante descontos de pelo menos 50% (cinquenta por cento) nos ingressos para eventos artísticos, culturais, esportivos e de lazer, bem como o acesso preferencial aos respectivos locais.

•• Artigo com redação determinada pela Lei n. 14.423, de 22-7-2022.

Art. 24. Os meios de comunicação manterão espaços ou horários especiais voltados às pessoas idosas, com finalidade informativa, educativa, artística e cultural, e ao público sobre o processo de envelhecimento.

•• Artigo com redação determinada pela Lei n. 14.423, de 22-7-2022.

Art. 25. As instruções de educação superior ofertarão às pessoas idosas, na perspectiva da educação ao longo da vida, cursos e programas de extensão, presenciais ou a distância, constituídos por atividades formais e não formais.

•• *Caput* com redação determinada pela Lei n. 13.535, de 15-12-2017.

Parágrafo único. O poder público apoiará a criação de universidade aberta para as pessoas idosas e incentivará a publicação de livros e periódicos, de conteúdo e padrão editorial adequados à pessoa idosa, que facilitem a leitura, considerada a natural redução da capacidade visual.

•• Parágrafo único com redação determinada pela Lei n. 14.423, de 22-7-2022.

Capítulo VI
DA PROFISSIONALIZAÇÃO E DO TRABALHO

Art. 26. A pessoa idosa tem direito ao exercício de atividade profissional, respeitadas suas condições físicas, intelectuais e psíquicas.

•• Artigo com redação determinada pela Lei n. 14.423, de 22-7-2022.

Art. 27. Na admissão da pessoa idosa em qualquer trabalho ou emprego, são vedadas a discriminação e a fixação de limite máximo de idade, inclusive para concursos, ressalvados os casos em que a natureza do cargo o exigir.

•• *Caput* com redação determinada pela Lei n. 14.423, de 22-7-2022.

Parágrafo único. O primeiro critério de desempate em concurso público será a idade, dando-se preferência ao de idade mais elevada.

Art. 28. O Poder Público criará e estimulará programas de:

I – profissionalização especializada para as pessoas idosas, aproveitando seus potenciais e habilidades para atividades regulares e remuneradas;

•• Inciso I com redação determinada pela Lei n. 14.423, de 22-7-2022.

II – preparação dos trabalhadores para a aposentadoria, com antecedência mínima de 1 (um) ano, por meio de estímulo a novos projetos sociais, conforme seus interesses, e de esclarecimento sobre os direitos sociais e de cidadania;

III – estímulo às empresas privadas para admissão de pessoas idosas ao trabalho.

•• Inciso III com redação determinada pela Lei n. 14.423, de 22-7-2022.

Capítulo VII
DA PREVIDÊNCIA SOCIAL

Art. 29. Os benefícios de aposentadoria e pensão do Regime Geral da Previdência Social observarão, na sua concessão, critérios de cálculo que preservem o valor real dos salários sobre os quais incidiram contribuição, nos termos da legislação vigente.

Parágrafo único. Os valores dos benefícios em manutenção serão reajustados na mesma data de reajuste do salário mínimo, *pro rata*, de acordo com suas respectivas datas de início ou do seu último reajustamento, com base em percentual definido em regulamento, observados os critérios estabelecidos pela Lei n. 8.213, de 24 de julho de 1991.

Art. 30. A perda da condição de segurado não será considerada para a concessão da aposentadoria por idade, desde que a pessoa conte com, no mínimo, o tempo de contribuição correspondente ao exigido para efeito de carência na data de requerimento do benefício.

Parágrafo único. O cálculo do valor do benefício previsto no *caput* observará o disposto no *caput* e § 2.º do art. 3.º da Lei n. 9.876, de 26 de novembro de 1999, ou, não havendo salários de contribuição recolhidos a partir da competência de julho de 1994, o disposto no art. 35 da Lei n. 8.213, de 1991.

Art. 31. O pagamento de parcelas relativas a benefícios, efetuado com atraso por responsabilidade da Previdência Social, será atualizado pelo mesmo índice utilizado para os reajustamentos dos benefícios do Regime Geral de Previdência Social, verificado no período compreendido entre o mês que deveria ter sido pago e o mês do efetivo pagamento.

Art. 32. O Dia Mundial do Trabalho, 1.º de Maio, é a data-base dos aposentados e pensionistas.

Capítulo VIII
DA ASSISTÊNCIA SOCIAL

Art. 33. A assistência social às pessoas idosas será prestada, de forma articulada, conforme os princípios e diretrizes previstos na Lei Orgânica da Assistência Social (Loas), na Política Nacional da Pessoa Idosa, no SUS e nas demais normas pertinentes.

•• Artigo com redação determinada pela Lei n. 14.423, de 22-7-2022.

Art. 34. Às pessoas idosas, a partir de 65 (sessenta e cinco) anos, que não possuam meios para prover sua subsistência, nem de tê-la provida por sua família, é assegurado o benefício mensal de 1 (um) salário mínimo, nos termos da Loas.

•• *Caput* com redação determinada pela Lei n. 14.423, de 22-7-2022.

•• O Decreto n. 6.214, de 26-9-2007, regulamenta o benefício de prestação continuada de assistência social, devido ao idoso de que trata esta Lei.

Parágrafo único. O benefício já concedido a qualquer membro da família nos termos do *caput* não será computado para os fins do cálculo da renda familiar *per capita* a que se refere a Loas.

Art. 35. Todas as entidades de longa permanência, ou casa-lar, são obrigadas a firmar contrato de prestação de serviços com a pessoa idosa abrigada.

§ 1.º No caso de entidade filantrópica, ou casa-lar, é facultada a cobrança de participação da pessoa idosa no custeio da entidade.

•• § 1.º com redação determinada pela Lei n. 14.423, de 22-7-2022.

§ 2.º O Conselho Municipal da Pessoa Idosa ou o Conselho Municipal da Assistência Social estabelecerá a forma de participação prevista no § 1.º deste artigo, que não poderá exceder a 70% (setenta por cento) de qualquer benefício previdenciário ou de assistência social percebido pela pessoa idosa.

•• § 2.º com redação determinada pela Lei n. 14.423, de 22-7-2022.

§ 3.º Se a pessoa idosa for incapaz, caberá a seu representante legal firmar o contrato a que se refere o *caput* deste artigo.

Art. 36. O acolhimento de pessoas idosas em situação de risco social, por adulto ou núcleo familiar, caracteriza a dependência econômica, para os efeitos legais.

•• Artigo com redação determinada pela Lei n. 14.423, de 22-7-2022.

Capítulo IX
DA HABITAÇÃO

Art. 37. A pessoa idosa tem direito a moradia digna, no seio da família natural ou substituta, ou desacompanhada de seus familiares, quando assim o desejar, ou, ainda, em instituição pública ou privada.

•• *Caput* com redação determinada pela Lei n. 14.423, de 22-7-2022.

§ 1.º A assistência integral na modalidade de entidade de longa permanência será prestada quando verificada inexistência de grupo familiar, casa-lar, abandono ou carência de recursos financeiros próprios ou da família.

•• A Resolução n. 502, de 27-5-2021, da Diretoria Colegiada da Anvisa, dispõe sobre o funcionamento de instituição de longa permanência para idosos, de caráter residencial.

§ 2.º Toda instituição dedicada ao atendimento à pessoa idosa fica obrigada a manter identificação externa visível, sob pena de interdição, além de atender toda a legislação pertinente.

•• § 2.º com redação determinada pela Lei n. 14.423, de 22-7-2022.

§ 3.º As instituições que abrigarem pessoas idosas são obrigadas a manter padrões de habitação compatíveis com as necessidades delas, bem como provê-las com alimentação regular e higiene indispensáveis às normas sanitárias e com estas condizentes, sob as penas da lei.

•• § 3.º com redação determinada pela Lei n. 14.423, de 22-7-2022.

Art. 38. Nos programas habitacionais, públicos ou subsidiados com recursos públicos, a pessoa idosa goza de prioridade na aquisição de imóvel para moradia própria, observado o seguinte:

•• *Caput* com redação determinada pela Lei n. 14.423, de 22-7-2022.

I – reserva de pelo menos 3% (três por cento) das unidades habitacionais residenciais para atendimento às pessoas idosas;

•• Inciso I com redação determinada pela Lei n. 14.423, de 22-7-2022.

II – implantação de equipamentos urbanos comunitários voltados à pessoa idosa;

•• Inciso II com redação determinada pela Lei n. 14.423, de 22-7-2022.

III – eliminação de barreiras arquitetônicas e urbanísticas, para garantia de acessibilidade à pessoa idosa;

•• Inciso III com redação determinada pela Lei n. 14.423, de 22-7-2022.

IV – critérios de financiamento compatíveis com os rendimentos de aposentadoria e pensão.

Parágrafo único. As unidades residenciais reservadas para atendimento a pessoas idosas devem situar-se, preferencialmente, no pavimento térreo.

•• Parágrafo único com redação determinada pela Lei n. 14.423, de 22-7-2022.

Capítulo X
DO TRANSPORTE

Art. 39. Aos maiores de 65 (sessenta e cinco) anos fica assegurada a gratuidade dos transportes coletivos públicos urbanos e semiurbanos, exceto nos serviços seletivos e especiais, quando prestados paralelamente aos serviços regulares.

§ 1.º Para ter acesso à gratuidade, basta que a pessoa idosa apresente qualquer documento pessoal que faça prova de sua idade.

•• § 1.º com redação determinada pela Lei n. 14.423, de 22-7-2022.

§ 2.º Nos veículos de transporte coletivo de que trata este artigo, serão reservados 10% (dez por cento) dos assentos para as pessoas idosas, devidamente identificados com a placa de reservado preferencialmente para pessoas idosas.

•• § 2.º com redação determinada pela Lei n. 14.423, de 22-7-2022.

§ 3.º No caso das pessoas compreendidas na faixa etária entre 60 (sessenta) e 65 (sessenta e cinco) anos, ficará a critério da legislação local dispor sobre as condições para exercício da gratuidade nos meios de transporte previstos no *caput* deste artigo.

Art. 40. No sistema de transporte coletivo interestadual observar-se-á, nos termos da legislação específica:

I – a reserva de 2 (duas) vagas gratuitas por veículo para pessoas idosas com renda igual ou inferior a 2 (dois) salários mínimos;

•• Inciso I com redação determinada pela Lei n. 14.423, de 22-7-2022.

II – desconto de 50% (cinquenta por cento), no mínimo, no valor das passagens, para as pessoas idosas que excederem as vagas gratuitas, com renda igual ou inferior a 2 (dois) salários mínimos.

•• Inciso II com redação determinada pela Lei n. 14.423, de 22-7-2022.

Parágrafo único. Caberá aos órgãos competentes definir os mecanismos e os critérios para o exercício dos direitos previstos nos incisos I e II.

Art. 41. É assegurada a reserva para as pessoas idosas, nos termos da lei local, de 5% (cinco por cento) das vagas nos estacionamentos públicos e privados, as quais deverão ser posicionadas de forma a garantir a melhor comodidade à pessoa idosa.

•• Artigo com redação determinada pela Lei n. 14.423, de 22-7-2022.

Art. 42. São asseguradas a prioridade e a segurança da pessoa idosa nos procedimentos de embarque e desembarque nos veículos do sistema de transporte coletivo.

•• Artigo com redação determinada pela Lei n. 14.423, de 22-7-2022.

Título III
DAS MEDIDAS DE PROTEÇÃO

Capítulo I
DAS DISPOSIÇÕES GERAIS

Art. 43. As medidas de proteção à pessoa idosa são aplicáveis sempre que os direitos reconhecidos nesta Lei forem ameaçados ou violados:

•• *Caput* com redação determinada pela Lei n. 14.423, de 22-7-2022.

I – por ação ou omissão da sociedade ou do Estado;

II – por falta, omissão ou abuso da família, curador ou entidade de atendimento;

III – em razão de sua condição pessoal.

Capítulo II
DAS MEDIDAS ESPECÍFICAS DE PROTEÇÃO

Art. 44. As medidas de proteção à pessoa idosa previstas nesta Lei poderão ser aplicadas, isolada ou cumulativamente, e levarão em conta os fins sociais a que se destinam e o fortalecimento dos vínculos familiares e comunitários.

•• Artigo com redação determinada pela Lei n. 14.423, de 22-7-2022.

Art. 45. Verificada qualquer das hipóteses previstas no art. 43, o Ministério Público ou o Poder Judiciário, a requerimento daquele, poderá determinar, dentre outras, as seguintes medidas:

I – encaminhamento à família ou curador, mediante termo de responsabilidade;

II – orientação, apoio e acompanhamento temporários;

III – requisição para tratamento de sua saúde, em regime ambulatorial, hospitalar ou domiciliar;

IV – inclusão em programa oficial ou comunitário de auxílio, orientação e tratamento a usuários dependentes de drogas lícitas ou ilícitas, à própria pessoa idosa ou à pessoa de sua convivência que lhe cause perturbação;

•• Inciso IV com redação determinada pela Lei n. 14.423, de 22-7-2022.

V – abrigo em entidade;

VI – abrigo temporário.

Título IV
DA POLÍTICA DE ATENDIMENTO À PESSOA IDOSA

•• Título IV com redação determinada pela Lei n. 14.423, de 22-7-2022.

Capítulo I
DISPOSIÇÕES GERAIS

Art. 46. A política de atendimento à pessoa idosa far-se-á por meio do conjunto articulado de ações governamentais e não governamentais da União, dos Estados, do Distrito Federal e dos Municípios.

•• Artigo com redação determinada pela Lei n. 14.423, de 22-7-2022.

Art. 47. São linhas de ação da política de atendimento:

I – políticas sociais básicas, previstas na Lei n. 8.842, de 4 de janeiro de 1994;

II – políticas e programas de assistência social, em caráter supletivo, para aqueles que necessitarem;

III – serviços especiais de prevenção e atendimento às vítimas de negligência, maus-tratos, exploração, abuso, crueldade e opressão;

IV – serviço de identificação e localização de parentes ou responsáveis por pessoas idosas abandonados em hospitais e instituições de longa permanência;

•• Inciso IV com redação determinada pela Lei n. 14.423, de 22-7-2022.

V – proteção jurídico-social por entidades de defesa dos direitos das pessoas idosas;

•• Inciso V com redação determinada pela Lei n. 14.423, de 22-7-2022.

VI – mobilização da opinião pública no sentido da participação dos diversos segmentos da sociedade no atendimento da pessoa idosa.

•• Inciso VI com redação determinada pela Lei n. 14.423, de 22-7-2022.

Capítulo II
DAS ENTIDADES DE ATENDIMENTO À PESSOA IDOSA

•• Capítulo II com redação determinada pela Lei n. 14.423, de 22-7-2022.

Art. 48. As entidades de atendimento são responsáveis pela manutenção das próprias unidades, observadas as normas de planejamento e execução emanadas do órgão competente da Política Nacional da Pessoa Idosa, conforme a Lei n. 8.842, de 4 de janeiro de 1994.

•• *Caput* com redação determinada pela Lei n. 14.423, de 22-7-2022.

Parágrafo único. As entidades governamentais e não governamentais de assistência à pessoa idosa ficam sujeitas à inscrição de seus programas perante o órgão competente da Vigilância Sanitária e o Conselho Municipal da Pessoa Idosa e, em sua falta, perante o Conselho Estadual ou Nacional da Pessoa Idosa, especificando os regimes de atendimento, observados os seguintes requisitos:

•• Parágrafo único, *caput*, com redação determinada pela Lei n. 14.423, de 22-7-2022.

I – oferecer instalações físicas em condições adequadas de habitabilidade, higiene, salubridade e segurança;

II – apresentar objetivos estatutários e plano de trabalho compatíveis com os princípios desta Lei;

III – estar regularmente constituída;

IV – demonstrar a idoneidade de seus dirigentes.

Art. 49. As entidades que desenvolvam programas de institucionalização de longa permanência adotarão os seguintes princípios:

I – preservação dos vínculos familiares;

II – atendimento personalizado e em pequenos grupos;

III – manutenção da pessoa idosa na mesma instituição, salvo em caso de força maior;

•• Inciso III com redação determinada pela Lei n. 14.423, de 22-7-2022.

IV – participação da pessoa idosa nas atividades comunitárias, de caráter interno e externo;

Lei n. 10.741, de 1.º-10-2003 **Estatuto da Pessoa Idosa** 573

•• Inciso IV com redação determinada pela Lei n. 14.423, de 22-7-2022.

V – observância dos direitos e garantias das pessoas idosas;

•• Inciso V com redação determinada pela Lei n. 14.423, de 22-7-2022.

VI – preservação da identidade da pessoa idosa e oferecimento de ambiente de respeito e dignidade.

•• Inciso VI com redação determinada pela Lei n. 14.423, de 22-7-2022.

Parágrafo único. O dirigente de instituição prestadora de atendimento à pessoa idosa responderá civil e criminalmente pelos atos que praticar em detrimento da pessoa idosa, sem prejuízo das sanções administrativas.

•• Parágrafo único com redação determinada pela Lei n. 14.423, de 22-7-2022.

Art. 50. Constituem obrigações das entidades de atendimento:

I – celebrar contrato escrito de prestação de serviço com a pessoa idosa, especificando o tipo de atendimento, as obrigações da entidade e prestações decorrentes do contrato, com os respectivos preços, se for o caso;

•• Inciso I com redação determinada pela Lei n. 14.423, de 22-7-2022.

II – observar os direitos e as garantias de que são titulares as pessoas idosas;

•• Inciso II com redação determinada pela Lei n. 14.423, de 22-7-2022.

III – fornecer vestuário adequado, se for pública, e alimentação suficiente;

IV – oferecer instalações físicas em condições adequadas de habitabilidade;

V – oferecer atendimento personalizado;

VI – diligenciar no sentido da preservação dos vínculos familiares;

VII – oferecer acomodações apropriadas para recebimento de visitas;

VIII – proporcionar cuidados à saúde, conforme a necessidade da pessoa idosa;

•• Inciso VIII com redação determinada pela Lei n. 14.423, de 22-7-2022.

IX – promover atividades educacionais, esportivas, culturais e de lazer;

X – propiciar assistência religiosa àqueles que desejarem, de acordo com suas crenças;

XI – proceder a estudo social e pessoal de cada caso;

XII – comunicar à autoridade competente de saúde toda ocorrência de pessoa idosa com doenças infectocontagiosas;

•• Inciso XII com redação determinada pela Lei n. 14.423, de 22-7-2022.

XIII – providenciar ou solicitar que o Ministério Público requisite os documentos necessários ao exercício da cidadania àqueles que não os tiverem, na forma da lei;

XIV – fornecer comprovante de depósito dos bens móveis que receberem das pessoas idosas;

•• Inciso XIV com redação determinada pela Lei n. 14.423, de 22-7-2022.

XV – manter arquivo de anotações no qual constem data e circunstâncias do atendimento, nome da pessoa idosa, responsável, parentes, endereços, cidade, relação de seus pertences, bem como o valor de contribuições, e suas alterações, se houver, e demais dados que possibilitem sua identificação e a individualização do atendimento;

•• Inciso XV com redação determinada pela Lei n. 14.423, de 22-7-2022.

XVI – comunicar ao Ministério Público, para as providências cabíveis, a situação de abandono moral ou material por parte dos familiares;

XVII – manter no quadro de pessoal profissionais com formação específica.

Art. 51. As instituições filantrópicas ou sem fins lucrativos prestadoras de serviço às pessoas idosas terão direito à assistência judiciária gratuita.

•• Artigo com redação determinada pela Lei n. 14.423, de 22-7-2022.

Capítulo III
DA FISCALIZAÇÃO DAS ENTIDADES DE ATENDIMENTO

Art. 52. As entidades governamentais e não governamentais de atendimento à pessoa idosa serão fiscalizadas pelos Conselhos da Pessoa Idosa, Ministério Público, Vigilância Sanitária e outros previstos em lei.

•• Artigo com redação determinada pela Lei n. 14.423, de 22-7-2022.

....

Art. 54. Será dada publicidade das prestações de contas dos recursos públicos e privados recebidos pelas entidades de atendimento.

Art. 55. As entidades de atendimento que descumprirem as determinações desta Lei ficarão sujeitas, sem prejuízo da responsabilidade civil e criminal de seus dirigentes ou prepostos, às seguintes penalidades, observado o devido processo legal:

I – as entidades governamentais:

a) advertência;

b) afastamento provisório de seus dirigentes;

c) afastamento definitivo de seus dirigentes;

d) fechamento de unidade ou interdição de programa;

II – as entidades não governamentais:

a) advertência;

b) multa;

c) suspensão parcial ou total do repasse de verbas públicas;

d) interdição de unidade ou suspensão de programa;

e) proibição de atendimento a pessoas idosas a bem do interesse público.

•• Alínea e com redação determinada pela Lei n. 14.423, de 22-7-2022.

§ 1.º Havendo danos às pessoas idosas abrigadas ou qualquer tipo de fraude em relação ao programa, caberá o afastamento provisório dos dirigentes ou a interdição da unidade e a suspensão do programa.

•• § 1.º com redação determinada pela Lei n. 14.423, de 22-7-2022.

§ 2.º A suspensão parcial ou total do repasse de verbas públicas ocorrerá quando verificada a má aplicação ou desvio de finalidade dos recursos.

§ 3.º Na ocorrência de infração por entidade de atendimento que coloque em risco os direitos assegurados nesta Lei, será o fato comunicado ao Ministério Público, para as providências cabíveis, inclusive para promover a suspensão das atividades ou dissolução da entidade, com a proibição de atendimento a pessoas idosas a bem do interesse público, sem prejuízo das providências a serem tomadas pela Vigilância Sanitária.

•• § 3.º com redação determinada pela Lei n. 14.423, de 22-7-2022.

§ 4.º Na aplicação das penalidades, serão consideradas a natureza e a gravidade da infração cometida, os danos que dela provierem para a pessoa idosa, as circunstâncias agravantes ou atenuantes e os antecedentes da entidade.

•• § 4.º com redação determinada pela Lei n. 14.423, de 22-7-2022.

Capítulo IV
DAS INFRAÇÕES ADMINISTRATIVAS

Art. 56. Deixar a entidade de atendimento de cumprir as determinações do art. 50 desta Lei:

Pena – multa de R$ 500,00 (quinhentos reais) a R$ 3.000,00 (três mil reais), se o fato não for caracterizado como crime, podendo haver a interdição do estabelecimento até que sejam cumpridas as exigências legais.

Parágrafo único. No caso de interdição do estabelecimento de longa permanência, as pessoas idosas abrigadas serão transferidas para outra instituição, a expensas do estabelecimento interditado, enquanto durar a interdição.

•• Parágrafo único com redação determinada pela Lei n. 14.423, de 22-7-2022.

Art. 57. Deixar o profissional de saúde ou o responsável por estabelecimento de saúde ou instituição de longa permanência de comunicar à autoridade competente os casos de crimes contra pessoa idosa de que tiver conhecimento:

•• *Caput* com redação determinada pela Lei n. 14.423, de 22-7-2022.

Pena – multa de R$ 500,00 (quinhentos reais) a R$ 3.000,00 (três mil reais), aplicada em dobro no caso de reincidência.

Art. 58. Deixar de cumprir as determinações desta Lei sobre a prioridade no atendimento à pessoa idosa:

•• *Caput* com redação determinada pela Lei n. 14.423, de 22-7-2022.

Pena – multa de R$ 500,00 (quinhentos reais) a R$ 1.000,00 (mil reais) e multa civil a ser estipulada pelo juiz, conforme o dano sofrido pela pessoa idosa.

•• Pena com redação determinada pela Lei n. 14.423, de 22-7-2022.

Capítulo V
DA APURAÇÃO ADMINISTRATIVA DE INFRAÇÃO ÀS NORMAS DE PROTEÇÃO À PESSOA IDOSA

•• Capítulo V com redação determinada pela Lei n. 14.423, de 22-7-2022.

Art. 59. Os valores monetários expressos no Capítulo IV serão atualizados anualmente, na forma da lei.

Art. 60. O procedimento para a imposição de penalidade administrativa por infração às normas de proteção à pessoa idosa terá início com requisição do Ministério Público ou auto de infração elaborado por servidor efetivo e assinado, se possível, por 2 (duas) testemunhas.

•• *Caput* com redação determinada pela Lei n. 14.423, de 22-7-2022.

§ 1.º No procedimento iniciado com o auto de infração poderão ser usadas fórmulas impressas, especificando-se a natureza e as circunstâncias da infração.

§ 2.º Sempre que possível, à verificação da infração seguir-se-á a lavratura do auto, ou este será lavrado dentro de 24 (vinte e quatro) horas, por motivo justificado.

Art. 61. O autuado terá prazo de 10 (dez) dias para a apresentação da defesa, contado da data da intimação, que será feita:

I – pelo autuante, no instrumento de autuação, quando for lavrado na presença do infrator;

II – por via postal, com aviso de recebimento.

Art. 62. Havendo risco para a vida ou à saúde da pessoa idosa, a autoridade competente aplicará à entidade de atendimento as sanções regulamentares, sem prejuízo da iniciativa e das providências que vierem a ser adotadas pelo Ministério Público ou pelas demais instituições legitimadas para a fiscalização.

•• Artigo com redação determinada pela Lei n. 14.423, de 22-7-2022.

Art. 63. Nos casos em que não houver risco para a vida ou a saúde da pessoa idosa abrigada, a autoridade competente aplicará à entidade de atendimento as sanções regulamentares, sem prejuízo da iniciativa e das providências que vierem a ser adotadas pelo Ministério Público ou pelas demais instituições legitimadas para a fiscalização.

Capítulo VI
DA APURAÇÃO JUDICIAL DE IRREGULARIDADES EM ENTIDADE DE ATENDIMENTO

Art. 64. Aplicam-se, subsidiariamente, ao procedimento administrativo de que trata este Capítulo as disposições das Leis n. 6.437, de 20 de agosto de 1977, e 9.784, de 29 de janeiro de 1999.

Art. 65. O procedimento de apuração de irregularidade em entidade governamental e não governamental de atendimento à pessoa idosa terá início mediante petição fundamentada de pessoa interessada ou iniciativa do Ministério Público.

•• Artigo com redação determinada pela Lei n. 14.423, de 22-7-2022.

Art. 66. Havendo motivo grave, poderá a autoridade judiciária, ouvido o Ministério Público, decretar liminarmente o afastamento provisório do dirigente da entidade ou outras medidas que julgar adequadas, para evitar lesão aos direitos da pessoa idosa, mediante decisão fundamentada.

•• Artigo com redação determinada pela Lei n. 14.423, de 22-7-2022.

Art. 67. O dirigente da entidade será citado para, no prazo de 10 (dez) dias, oferecer resposta escrita, podendo juntar documentos e indicar as provas a produzir.

Art. 68. Apresentada a defesa, o juiz procederá na conformidade do art. 69 ou, se necessário, designará audiência de instrução e julgamento, deliberando sobre a necessidade de produção de outras provas.

§ 1.º Salvo manifestação em audiência, as partes e o Ministério Público terão 5 (cinco) dias para oferecer alegações finais, decidindo a autoridade judiciária em igual prazo.

§ 2.º Em se tratando de afastamento provisório ou definitivo de dirigente de entidade governamental, a autoridade judiciária oficiará a autoridade administrativa imediatamente superior ao afastado, fixando-lhe prazo de 24 (vinte e quatro) horas para proceder à substituição.

§ 3.º Antes de aplicar qualquer das medidas, a autoridade judiciária poderá fixar prazo para a remoção das irregularidades verificadas. Satisfeitas as exigências, o processo será extinto, sem julgamento do mérito.

§ 4.º A multa e a advertência serão impostas ao dirigente da entidade ou ao responsável pelo programa de atendimento.

TÍTULO V
DO ACESSO À JUSTIÇA

Capítulo I
DISPOSIÇÕES GERAIS

Art. 69. Aplica-se, subsidiariamente, às disposições deste Capítulo, o procedimento sumário previsto no Código de Processo Civil, naquilo que não contrarie os prazos previstos nesta Lei.

Art. 70. O poder público poderá criar varas especializadas e exclusivas da pessoa idosa.

•• Artigo com redação determinada pela Lei n. 14.423, de 22-7-2022.

Art. 71. É assegurada prioridade na tramitação dos processos e procedimentos e na execução dos atos e diligências judiciais em que figure como parte ou interveniente pessoa com idade igual ou superior a 60 (sessenta) anos, em qualquer instância.

§ 1.º O interessado na obtenção da prioridade a que alude este artigo, fazendo prova de sua idade, requererá o benefício à autoridade judiciária competente para decidir o feito, que determinará as providências a serem cumpridas, anotando-se essa circunstância em local visível nos autos do processo.

§ 2.º A prioridade não cessará com a morte do beneficiado, estendendo-se em favor do cônjuge supérstite, companheiro ou companheira, com união estável, maior de 60 (sessenta) anos.

§ 3.º A prioridade se estende aos processos e procedimentos na Administração Pública, empresas prestadoras de serviços públicos e instituições financeiras, ao atendimento preferencial junto à Defensoria Pública da União, dos Estados e do Distrito Federal em relação aos Serviços de Assistência Judiciária.

§ 4.º Para o atendimento prioritário, será garantido à pessoa idosa o fácil acesso aos assentos e caixas, identificados com a destinação a pessoas idosas em local visível e caracteres legíveis.

•• § 4.º com redação determinada pela Lei n. 14.423, de 22-7-2022.

§ 5.º Dentre os processos de pessoas idosas, dar-se-á prioridade especial aos das maiores de 80 (oitenta) anos.

•• § 5.º com redação determinada pela Lei n. 14.423, de 22-7-2022.

Capítulo II
DO MINISTÉRIO PÚBLICO

Art. 72. (*Vetado.*)

Art. 73. As funções do Ministério Público, previstas nesta Lei, serão exercidas nos termos da respectiva Lei Orgânica.

Art. 74. Compete ao Ministério Público:

I – instaurar o inquérito civil e a ação civil pública para a proteção dos direitos e interesses difusos ou coletivos, individuais indisponíveis e individuais homogêneos da pessoa idosa;

•• Inciso I com redação determinada pela Lei n. 14.423, de 22-7-2022.

II – promover e acompanhar as ações de alimentos, de interdição total ou parcial, de designação de curador especial, em circunstâncias que justifiquem a medida e oficiar em todos os feitos em que se discutam os direitos das pessoas idosas em condições de risco;

•• Inciso II com redação determinada pela Lei n. 14.423, de 22-7-2022.

III – atuar como substituto processual da pessoa idosa em situação de risco, conforme o disposto no Art. 43 desta Lei;

•• Inciso III com redação determinada pela Lei n. 14.423, de 22-7-2022.

IV – promover a revogação de instrumento procuratório da pessoa idosa, nas hipóteses previstas no Art. 43 desta Lei, quando necessário ou o interesse público justificar;

•• Inciso IV com redação determinada pela Lei n. 14.423, de 22-7-2022.

V – instaurar procedimento administrativo e, para instruí-lo:

a) expedir notificações, colher depoimentos ou esclarecimentos e, em caso de não comparecimento injustificado da pessoa notificada, requisitar condução coercitiva, inclusive pela Polícia Civil ou Militar;

b) requisitar informações, exames, perícias e documentos de autoridades municipais, estaduais e federais, da administração direta e indireta, bem como promover inspeções e diligências investigatórias;

c) requisitar informações e documentos particulares de instituições privadas;

VI – instaurar sindicâncias, requisitar diligências investigatórias e a instauração de inquérito policial, para a apuração de ilícitos ou infrações às normas de proteção à pessoa idosa;

•• Inciso VI com redação determinada pela Lei n. 14.423, de 22-7-2022.

VII – zelar pelo efetivo respeito aos direitos e garantias legais assegurados à pessoa idosa, promovendo as medidas judiciais e extrajudiciais cabíveis;

•• Inciso VII com redação determinada pela Lei n. 14.423, de 22-7-2022.

VIII – inspecionar as entidades públicas e particulares de atendimento e os programas de que trata esta Lei, adotando de pronto as medidas administrativas ou judiciais necessárias à remoção de irregularidades porventura verificadas;

IX – requisitar força policial, bem como a colaboração dos serviços de saúde, educacionais e de assistência social, públicos, para o desempenho de suas atribuições;

X – referendar transações envolvendo interesses e direitos das pessoas idosas previstos nesta Lei.

•• Inciso X com redação determinada pela Lei n. 14.423, de 22-7-2022.

§ 1.º A legitimação do Ministério Público para as ações cíveis previstas neste artigo não impede a de terceiros, nas mesmas hipóteses, segundo dispuser a lei.

§ 2.º As atribuições constantes deste artigo não excluem outras, desde que compatíveis com a finalidade e atribuições do Ministério Público.

§ 3.º O representante do Ministério Público, no exercício de suas funções, terá livre acesso a toda entidade de atendimento à pessoa idosa.

•• § 3.º com redação determinada pela Lei n. 14.423, de 22-7-2022.

Art. 75. Nos processos e procedimentos em que não for parte, atuará obrigatoriamente o Ministério Público na defesa dos direitos e interesses de que cuida esta Lei, hipóteses em que terá vista dos autos depois das partes, podendo juntar documentos, requerer diligências e produção de outras provas, usando os recursos cabíveis.

Art. 76. A intimação do Ministério Público, em qualquer caso, será feita pessoalmente.

Art. 77. A falta de intervenção do Ministério Público acarreta a nulidade do feito, que será declarada de ofício pelo juiz ou a requerimento de qualquer interessado.

Capítulo III
DA PROTEÇÃO JUDICIAL DOS INTERESSES DIFUSOS, COLETIVOS E INDIVIDUAIS INDISPONÍVEIS OU HOMOGÊNEOS

Art. 78. As manifestações processuais do representante do Ministério Público deverão ser fundamentadas.

Art. 79. Regem-se pelas disposições desta Lei as ações de responsabilidade por ofensa aos direitos assegurados à pessoa idosa, referentes à omissão ou ao oferecimento insatisfatório de:

•• *Caput* com redação determinada pela Lei n. 14.423, de 22-7-2022.

I – acesso às ações e serviços de saúde;

II – atendimento especializado à pessoa idosa com deficiência ou com limitação incapacitante;

•• Inciso II com redação determinada pela Lei n. 14.423, de 22-7-2022.

III – atendimento especializado à pessoa idosa com doença infectocontagiosa;

•• Inciso III com redação determinada pela Lei n. 14.423, de 22-7-2022.

IV – serviço de assistência social visando ao amparo da pessoa idosa.

•• Inciso IV com redação determinada pela Lei n. 14.423, de 22-7-2022.

Parágrafo único. As hipóteses previstas neste artigo não excluem da proteção judicial outros interesses difusos, coletivos, individuais indisponíveis ou homogêneos, próprios da pessoa idosa, protegidos em lei.

•• Parágrafo único com redação determinada pela Lei n. 14.423, de 22-7-2022.

Art. 80. As ações previstas neste Capítulo serão propostas no foro do domicílio da pessoa idosa, cujo juízo terá competência absoluta para processar a causa, ressalvadas as competências da Justiça Federal e a competência originária dos Tribunais Superiores.

•• Artigo com redação determinada pela Lei n. 14.423, de 22-7-2022.

Art. 81. Para as ações cíveis fundadas em interesses difusos, coletivos, individuais indisponíveis ou homogêneos, consideram-se legitimados, concorrentemente:

I – o Ministério Público;

II – a União, os Estados, o Distrito Federal e os Municípios;

III – a Ordem dos Advogados do Brasil;

IV – as associações legalmente constituídas há pelo menos 1 (um) ano e que incluam entre os fins institucionais a defesa dos interesses e direitos da pessoa idosa, dispensada a autorização da assembleia, se houver prévia autorização estatutária.

§ 1.º Admitir-se-á litisconsórcio facultativo entre os Ministérios Públicos da União e dos Estados na defesa dos interesses e direitos de que cuida esta Lei.

§ 2.º Em caso de desistência ou abandono da ação por associação legitimada, o Ministério Público ou outro legitimado deverá assumir a titularidade ativa.

Art. 82. Para defesa dos interesses e direitos protegidos por esta Lei, são admissíveis todas as espécies de ação pertinentes.

Parágrafo único. Contra atos ilegais ou abusivos de autoridade pública ou agente de pessoa jurídica no exercício de atribuições de Poder Público, que lesem direito líquido e certo previsto nesta Lei, caberá ação mandamental, que se regerá pelas normas da lei do mandado de segurança.

Art. 83. Na ação que tenha por objeto o cumprimento de obrigação de fazer ou não fazer, o juiz concederá a tutela específica da obrigação ou determinará providências que assegurem o resultado prático equivalente ao adimplemento.

§ 1.º Sendo relevante o fundamento da demanda e havendo justificado receio de ineficácia do provimento final, é lícito ao juiz conceder a tutela liminarmente ou após justificação prévia, na forma do art. 273 do Código de Processo Civil.

§ 2.º O juiz poderá, na hipótese do § 1.º ou na sentença, impor multa diária ao réu, independentemente do pedido do autor, se for suficiente ou compatível com a obrigação, fixando prazo razoável para o cumprimento do preceito.

§ 3.º A multa só será exigível do réu após o trânsito em julgado da sentença favorável ao autor, mas será devida desde o dia em que se houver configurado.

Art. 84. Os valores das multas previstas nesta Lei reverterão ao Fundo da Pessoa Idosa, onde houver, ou na falta deste, ao Fundo Municipal de Assistência Social, ficando vinculados ao atendimento à pessoa idosa.

•• *Caput* com redação determinada pela Lei n. 14.423, de 22-7-2022.

Parágrafo único. As multas não recolhidas até 30 (trinta) dias após o trânsito em julgado da decisão serão exigidas por meio de execução promovida pelo Ministério Público, nos mesmos autos, facultada igual iniciativa aos demais legitimados em caso de inércia daquele.

Art. 85. O juiz poderá conferir efeito suspensivo aos recursos, para evitar dano irreparável à parte.

Art. 86. Transitada em julgado a sentença que impuser condenação ao Poder Público, o juiz determinará a remessa de peças à autoridade competente, para apuração da responsabilidade civil e administrativa do agente a que se atribua a ação ou omissão.

Art. 87. Decorridos 60 (sessenta) dias do trânsito em julgado da sentença condenatória favorável à pessoa idosa sem que o autor lhe promova a execução, deverá fazê-lo o Ministério Público, facultada igual iniciativa aos demais legitimados, como assistentes ou assumindo o polo ativo, em caso de inércia desse órgão.

•• Artigo com redação determinada pela Lei n. 14.423, de 22-7-2022.

Art. 88. Nas ações de que trata este Capítulo, não haverá adiantamento de custas, emolumentos, honorários periciais e quaisquer outras despesas.

Parágrafo único. Não se imporá sucumbência ao Ministério Público.

Art. 89. Qualquer pessoa poderá, e o servidor deverá, provocar a iniciativa do Ministério Público, prestando-lhe informações sobre os fatos que constituam objeto de ação civil e indicando-lhe os elementos de convicção.

Art. 90. Os agentes públicos em geral, os juízes e tribunais, no exercício de suas funções, quando tiverem conhecimento de fatos que possam configurar crime de ação pública contra a pessoa idosa ou ensejar a propositura de ação para sua defesa, devem encaminhar as peças pertinentes ao Ministério Público, para as providências cabíveis.

•• Artigo com redação determinada pela Lei n. 14.423, de 22-7-2022.

Art. 91. Para instruir a petição inicial, o interessado poderá requerer às autoridades competentes as certidões e informações que julgar necessárias, que serão fornecidas no prazo de 10 (dez) dias.

Art. 92. O Ministério Público poderá instaurar sob sua presidência, inquérito civil, ou requisitar, de qualquer pessoa, organismo público ou particular, certidões, informações, exames ou perícias, no prazo que assinalar, o qual não poderá ser inferior a 10 (dez) dias.

§ 1.º Se o órgão do Ministério Público, esgotadas todas as diligências, se convencer da inexistência de fundamento para a propositura da ação civil ou de peças informativas, determinará o seu arquivamento, fazendo-o fundamentadamente.

§ 2.º Os autos do inquérito civil ou as peças de informação arquivados serão remetidos, sob pena de se incorrer em falta grave, no prazo de 3 (três) dias, ao Conselho Superior do Ministério Público ou à Câmara de Coordenação e Revisão do Ministério Público.

§ 3.º Até que seja homologado ou rejeitado o arquivamento, pelo Conselho Superior do Ministério Público ou por Câmara de Coordenação e Revisão do Ministério Público, as associações legitimadas poderão apresentar razões escritas ou documentos, que serão juntados ou anexados às peças de informação.

§ 4.º Deixando o Conselho Superior ou a Câmara de Coordenação e Revisão do Ministério Público de homologar a promoção de arquivamento, será designado outro membro do Ministério Público para o ajuizamento da ação.

Título VI
DOS CRIMES

Capítulo I
DISPOSIÇÕES GERAIS

Art. 93. Aplicam-se subsidiariamente, no que couber, as disposições da Lei n. 7.347, de 24 de julho de 1985.

Art. 94. Aos crimes previstos nesta Lei, cuja pena máxima privativa de liberdade não ultrapasse 4 (quatro) anos, aplica-se o procedimento previsto na Lei n. 9.099, de 26 de setembro de 1995, e, subsidiariamente, no que couber, as disposições do Código Penal e do Código de Processo Penal.

•• O STF, em 16-6-2010, julgou parcialmente procedente a ADI n. 3.096 (*DOU* de 27-9-2010), para dar interpretação conforme a CF, com redução de texto, para suprimir a expressão "do Código Penal e", no sentido de aplicar-se apenas o procedimento sumaríssimo previsto na Lei n. 9.099/95, e não outros benefícios ali previstos.

Capítulo II
DOS CRIMES EM ESPÉCIE

Art. 95. Os crimes definidos nesta Lei são de ação penal pública incondicionada, não se lhes aplicando os arts. 181 e 182 do CP.

Art. 96. Discriminar pessoa idosa, impedindo ou dificultando seu acesso a operações bancárias, aos meios de transporte, ao direito de contratar ou por qualquer outro motivo ou instrumento necessário ao exercício da cidadania, por motivo de idade:

Pena – reclusão de 6 (seis) meses a 1 (um) ano e multa.

§ 1.º Na mesma pena incorre quem desdenhar, humilhar, menosprezar ou discriminar pessoa idosa, por qualquer motivo.

§ 2.º A pena será aumentada de 1/3 (um terço) se a vítima se encontrar sob os cuidados ou responsabilidade do agente.

§ 3.º Não constitui crime a negativa de crédito motivada por superendividamento da pessoa idosa.

•• § 3.º com redação determinada pela Lei n. 14.423, de 22-7-2022.

Art. 97. Deixar de prestar assistência à pessoa idosa, quando possível fazê-lo sem risco pessoal, em situação de iminente perigo, ou recusar, retardar ou dificultar sua assistência à saúde, sem justa causa, ou não pedir, nesses casos, o socorro de autoridade pública:

•• *Caput* com redação determinada pela Lei n. 14.423, de 22-7-2022.

Pena – detenção de 6 (seis) meses a 1 (um) ano e multa.

Parágrafo único. A pena é aumentada de metade, se da omissão resulta lesão corporal de natureza grave, e triplicada, se resulta a morte.

Art. 98. Abandonar a pessoa idosa em hospitais, casas de saúde, entidades de longa permanência, ou congêneres, ou não prover suas necessidades básicas, quando obrigado por lei ou mandado:

•• *Caput* com redação determinada pela Lei n. 14.423, de 22-7-2022.

Pena – detenção de 6 (seis) meses a 3 (três) anos e multa.

Art. 99. Expor a perigo a integridade e a saúde, física ou psíquica, da pessoa idosa, submetendo-a a condições desumanas ou degradantes ou privando-a de alimentos e cuidados indispensáveis, quando obrigado a fazê-lo, ou sujeitando-a a trabalho excessivo ou inadequado:

•• *Caput* com redação determinada pela Lei n. 14.423, de 22-7-2022.

Pena – detenção de 2 (dois) meses a 1 (um) ano e multa.

§ 1.º Se do fato resulta lesão corporal de natureza grave:
Pena – reclusão de 1 (um) a 4 (quatro) anos.

§ 2.º Se resulta a morte:
Pena – reclusão de 4 (quatro) a 12 (doze) anos.

Art. 100. Constitui crime punível com reclusão de 6 (seis) meses a 1 (um) ano e multa:

I – obstar o acesso de alguém a qualquer cargo público por motivo de idade;

II – negar a alguém, por motivo de idade, emprego ou trabalho;

III – recusar, retardar ou dificultar atendimento ou deixar de prestar assistência à saúde, sem justa causa, a pessoa idosa;

IV – deixar de cumprir, retardar ou frustrar, sem justo motivo, a execução de ordem judicial expedida na ação civil a que alude esta Lei;

V – recusar, retardar ou omitir dados técnicos indispensáveis à propositura da ação civil objeto desta Lei, quando requisitados pelo Ministério Público.

Art. 101. Deixar de cumprir, retardar ou frustrar, sem justo motivo, a execução de ordem judicial expedida nas ações em que for parte ou interveniente a pessoa idosa:

•• *Caput* com redação determinada pela Lei n. 14.423, de 22-7-2022.

Pena – detenção de 6 (seis) meses a 1 (um) ano e multa.

Art. 102. Apropriar-se de ou desviar bens, proventos, pensão ou qualquer outro rendimento da pessoa idosa, dando-lhes aplicação diversa da de sua finalidade:

•• *Caput* com redação determinada pela Lei n. 14.423, de 22-7-2022.

Pena – reclusão de 1 (um) a 4 (quatro) anos e multa.

Art. 103. Negar o acolhimento ou a permanência da pessoa idosa, como abrigada, por recusa desta em outorgar procuração à entidade de atendimento:

•• *Caput* com redação determinada pela Lei n. 14.423, de 22-7-2022.

Pena – detenção de 6 (seis) meses a 1 (um) ano e multa.

Art. 104. Reter o cartão magnético de conta bancária relativa a benefícios, proventos ou pensão da pessoa idosa, bem como qualquer outro documento com objetivo de assegurar recebimento ou ressarcimento de dívida:

•• *Caput* com redação determinada pela Lei n. 14.423, de 22-7-2022.

Pena – detenção de 6 (seis) meses a 2 (dois) anos e multa.

Art. 105. Exibir ou veicular, por qualquer meio de comunicação, informações ou imagens depreciativas ou injuriosas à pessoa idosa:

•• *Caput* com redação determinada pela Lei n. 14.423, de 22-7-2022.

Pena – detenção de 1 (um) a 3 (três) anos e multa.

Art. 106. Induzir pessoa idosa sem discernimento de seus atos a outorgar procuração para fins de administração de bens ou deles dispor livremente:

Pena – reclusão de 2 (dois) a 4 (quatro) anos.

Art. 107. Coagir, de qualquer modo, a pessoa idosa a doar, contratar, testar ou outorgar procuração:

•• *Caput* com redação determinada pela Lei n. 14.423, de 22-7-2022.

Pena – reclusão de 2 (dois) a 5 (cinco) anos.

Art. 108. Lavrar ato notarial que envolva pessoa idosa sem discernimento de seus atos, sem a devida representação legal:

Pena – reclusão de 2 (dois) a 4 (quatro) anos.

Título VII
DISPOSIÇÕES FINAIS E TRANSITÓRIAS

Art. 109. Impedir ou embaraçar ato do representante do Ministério Público ou de qualquer outro agente fiscalizador:

Pena – reclusão de 6 (seis) meses a 1 (um) ano e multa.

....

Art. 115. O Orçamento da Seguridade Social destinará ao Fundo Nacional de Assistência Social, até que o Fundo Nacional da Pessoa Idosa seja criado, os recursos necessários, em cada exercício financeiro, para aplicação em programas e ações relativos à pessoa idosa.

•• Artigo com redação determinada pela Lei n. 14.423, de 22-7-2022.

•• A Lei n. 12.213, de 20-1-2010, instituiu o Fundo Nacional do Idoso, e autoriza a deduzir do imposto de renda devido pelas pessoas físicas e jurídicas as doações efetuadas nos Fundos Municipais e Estaduais e Nacional do Idoso.

Art. 116. Serão incluídos nos censos demográficos dados relativos à população idosa do País.

Art. 117. O Poder Executivo encaminhará ao Congresso Nacional projeto de lei revendo os critérios de concessão do Benefício de Prestação Continuada previsto na Lei Orgânica da Assistência Social, de forma a garantir que o acesso ao direito seja condizente com o estágio de desenvolvimento socioeconômico alcançado pelo País.

Art. 118. Esta Lei entra em vigor decorridos 90 (noventa) dias da sua publicação, ressalvado o disposto no *caput* do art. 36, que vigorará a partir de 1.º de janeiro de 2004.

Brasília, 1.º de outubro de 2003; 182.º da Independência e 115.º da República.

Luiz Inácio Lula da Silva

LEI N. 10.744, DE 9 DE OUTUBRO DE 2003 (*)

Dispõe sobre a assunção, pela União, de responsabilidades civis perante terceiros no caso de atentados terroristas, atos de guerra ou eventos correlatos, contra aeronaves de matrícula brasileira operadas por empresas brasileiras de transporte aéreo público, excluídas as empresas de táxi aéreo.

Faço saber que o Presidente da República adotou a Medida Provisória n. 126, de 2003, que o Congresso Nacional aprovou, e eu, José Sarney, Presidente da Mesa do Congresso Nacional, para os efeitos do disposto no art. 62 da Constituição Federal, com a redação dada pela Emenda Constitucional n. 32, combinado com o art. 12 da Resolução n. 1, de 2002-CN, promulgo a seguinte Lei:

Art. 1.º Fica a União autorizada, na forma e critérios estabelecidos pelo Poder Executivo, a assumir despesas de responsabilidades civis perante terceiros na hipótese da ocorrência de danos a bens e pessoas, passageiros ou não, provocados por atentados terroristas, atos de guerra ou eventos correlatos, ocorridos no Brasil ou no exterior, contra aeronaves de matrícula brasileira operadas por empresas brasileiras de transporte aéreo público, excluídas as empresas de táxi aéreo.

§ 1.º O montante global das despesas de responsabilidades civis referidas no *caput* fica limitado ao equivalente em reais a US$ 1,000,000,000.00 (um bilhão de dólares dos Estados Unidos da América) para o total dos eventos contra aeronaves de matrícula brasileira operadas por empresas brasileiras de transporte aéreo público, excluídas as empresas de táxi aéreo.

§ 2.º As despesas de responsabilidades civis perante terceiros, na hipótese da ocorrência de danos a pessoas de que trata o *caput* deste artigo, estão limitadas exclusivamente à reparação de danos corporais, doenças, morte ou invalidez sofridos em decorrência dos atos referidos no *caput* deste artigo, excetuados, dentre outros, os danos morais, ofensa à honra, ao afeto, à liberdade, à profissão, ao respeito aos mortos, à psique, à saúde, ao nome, ao crédito e ao bem-estar, sem necessidade da ocorrência de prejuízo econômico.

§ 3.º Entende-se por atos de guerra qualquer guerra, invasão, atos inimigos estrangeiros, hostilidades com ou sem guerra declarada, guerra civil, rebelião, revolução, insurreição, lei marcial, poder militar ou usurpado ou tentativas para usurpação do poder.

§ 4.º Entende-se por ato terrorista qualquer ato de uma ou mais pessoas, sendo ou não agentes de um poder soberano, com fins políticos ou terroristas, seja a perda ou dano dele resultante acidental ou intencional.

§ 5.º Os eventos correlatos, a que se refere o *caput* deste artigo, incluem greves, tumultos, comoções civis, distúrbios trabalhistas, atos maliciosos, ato de sabotagem, confisco, nacionalização, apreensão, sujeição, detenção, apropriação, sequestro ou qualquer apreensão ilegal ou exercício indevido de controle da aeronave ou da tripulação em voo por parte de qualquer pessoa ou pessoas a bordo da aeronave sem consentimento do explorador.

Art. 2.º Caberá ao Ministro de Estado da Fazenda definir as normas para a operacionalização da assunção de que trata esta Lei, segundo disposições a serem estabelecidas pelo Poder Executivo.

Art. 3.º Caberá ao Ministro de Estado da Defesa, ouvidos os órgãos competentes, atestar que a despesa a que se refere o art. 1.º desta Lei ocorreu em virtude de atentados terroristas, atos de guerra ou eventos correlatos.

Art. 4.º Fica o Poder Executivo autorizado a fixar critérios de suspensão e cancelamento da assunção a que se refere esta Lei.

Art. 5.º Fica a União autorizada a emitir títulos de responsabilidade do Tesouro Nacional, cujas características serão definidas pelo Ministro de Estado da Fazenda, para atender eventuais despesas de responsabilidades civis perante terceiros na hipótese da ocorrência de danos a bens e pessoas, passageiros ou não, provocados por atentados terroristas, atos de guerra ou eventos correlatos, contra aeronaves de matrícula brasileira operadas por empresas brasileiras de transporte aéreo público, excluídas as empresas de táxi aéreo.

Art. 6.º A União ficará sub-rogada, em todos os direitos decorrentes dos pagamentos efetuados, contra aqueles que, por ato, fato ou omissão tenham causado os prejuízos pagos pela União ou tenham para eles

---

(*) Publicada no *DOU*, de 10-10-2003. Regulamentada pelo Decreto n. 5.035, de 5-4-2004.

concorrido, obrigando-se a empresa aérea ou o beneficiário a fornecer os meios necessários ao exercício dessa sub-rogação.

Art. 7.º Na hipótese de haver diferença positiva, em favor de empresa aérea, entre o valor pago a título de cobertura de seguros até 10 de setembro de 2001 e o valor pago a mesmo título após aquela data, deverá aquela diferença ser recolhida ao Tesouro Nacional como condição para a efetivação da assunção de despesas a que se refere o art. 1.º desta Lei.

Art. 9.º Esta Lei entra em vigor na data de sua publicação.

Art. 10. Fica revogada a Lei n. 10.605, de 18 de dezembro de 2002.

Congresso Nacional, em 9 de outubro de 2003; 182.º da Independência e 115.º da República.

José Sarney

LEI N. 10.931, DE 2 DE AGOSTO DE 2004 (*)

Dispõe sobre o patrimônio de afetação de incorporações imobiliárias, Letra de Crédito Imobiliário, Cédula de Crédito Imobiliário, Cédula de Crédito Bancário, altera o Decreto-lei n. 911, de 1.º de outubro de 1969, as Leis n. 4.591, de 16 de dezembro de 1964, n. 4.728, de 14 de julho de 1965, e n. 10.406, de 10 de janeiro de 2002, e dá outras providências.

O Presidente da República
Faço saber que o Congresso Nacional decreta e eu sanciono a seguinte Lei:

Capítulo I
DO REGIME ESPECIAL TRIBUTÁRIO DO PATRIMÔNIO DE AFETAÇÃO

Art. 1.º Fica instituído o regime especial de tributação aplicável às incorporações imobiliárias, em caráter opcional e irretratável enquanto perdurarem direitos de crédito ou obrigações do incorporador junto aos adquirentes dos imóveis que compõem a incorporação.

Art. 2.º A opção pelo regime especial de tributação de que trata o art. 1.º será efetivada quando atendidos os seguintes requisitos:

I – entrega do termo de opção ao regime especial de tributação na unidade competente da Secretaria da Receita Federal, conforme regulamentação a ser estabelecida; e

•• A Secretaria da Receita Federal passa a denominar-se Secretaria da Receita Federal do Brasil, por força da Lei n. 11.457, de 16-3-2007.

II – afetação do terreno e das acessões objeto da incorporação imobiliária, conforme disposto nos arts. 31-A a 31-E da Lei n. 4.591, de 16 de dezembro de 1964.

Art. 3.º O terreno e as acessões objeto da incorporação imobiliária sujeitas ao regime especial de tributação, bem como os demais bens e direitos a ela vinculados, não responderão por dívidas tributárias da incorporadora relativas ao Imposto de Renda das Pessoas Jurídicas – IRPJ, à Contribuição Social sobre o Lucro Líquido – CSLL, à Contribuição para o Financiamento da Seguridade Social – COFINS e à Contribuição para os Programas de Integração Social e de Formação do Patrimônio do Servidor Público – PIS/PASEP, exceto aquelas calculadas na forma do art. 4.º sobre as receitas auferidas no âmbito da respectiva incorporação.

•• **A Lei Complementar n. 214, de 16-1-2025, deu nova redação a este *caput*, com produção de efeitos a partir de 1.º-1-2026:** " Art. 3.º O terreno e as acessões objeto da incorporação imobiliária sujeitas ao regime especial de tributação, bem como os demais bens e direitos a ela vinculados, não responderão por dívidas tributárias da incorporadora relativas ao Imposto sobre a Renda das Pessoas Jurídicas – IRPJ, à Contribuição Social sobre o Lucro Líquido – CSLL, à Contribuição para o Financiamento da Seguridade Social – COFINS, à Contribuição para os Programas de Integração Social e de Formação do Patrimônio do Servidor Público – PIS/PASEP, à Contribuição sobre Bens e Serviços – CBS e ao Imposto sobre Bens e Serviços – IBS, exceto aquelas calculadas na forma do art. 4.º sobre as receitas auferidas no âmbito da respectiva incorporação".

Parágrafo único. O patrimônio da incorporadora responderá pelas dívidas tributárias da incorporação afetada.

(*) Publicada no *DOU*, de 3-8-2004. *Vide* Lei n. 13.097, de 19-1-2015.

Art. 4.º Para cada incorporação submetida ao regime especial de tributação, a incorporadora ficará sujeita ao pagamento equivalente a 4% (quatro por cento) da receita mensal recebida, o qual corresponderá ao pagamento mensal unificado do seguinte imposto e contribuições:

•• *Caput* com redação determinada pela Lei n. 12.844, de 19-7-2013.

•• **A Lei Complementar n. 214, de 16-1-2025, deu nova redação a este *caput*, com produção de efeitos a partir de 1.º-1-2027:** "Art. 4.º Para cada incorporação submetida ao regime especial de tributação, a incorporadora ficará sujeita ao pagamento equivalente a 1,92% (um inteiro e noventa e dois centésimos por cento) da receita mensal recebida, o qual corresponderá ao pagamento mensal unificado do seguinte imposto e contribuições:".

I – Imposto de Renda das Pessoas Jurídicas – IRPJ;

II – Contribuição para os Programas de Integração Social e de Formação do Patrimônio do Servidor Público – PIS/PASEP;

•• A Lei Complementar n. 214, de 16-1-2025, revoga este inciso a partir de 1.º-1-2027.

III – Contribuição Social sobre o Lucro Líquido – CSLL; e

IV – Contribuição para Financiamento da Seguridade Social – COFINS.

•• A Lei Complementar n. 214, de 16-1-2025, revoga este inciso a partir de 1.º-1-2027.

§ 1.º Para fins do disposto no *caput*, considera-se receita mensal a totalidade das receitas auferidas pela incorporadora na venda das unidades imobiliárias que compõem a incorporação, bem como as receitas financeiras e variações monetárias decorrentes desta operação.

§ 2.º O pagamento dos tributos e contribuições na forma do disposto no *caput* deste artigo será considerado definitivo, não gerando, em qualquer hipótese, direito à restituição ou à compensação com o que for apurado pela incorporadora.

•• § 2.º com redação determinada pela Lei n. 11.196, de 21-11-2005.

§ 3.º As receitas, custos e despesas próprios da incorporação sujeita a tributação na forma deste artigo não deverão ser computados na apuração das bases de cálculo dos tributos e contribuições de que trata o *caput* deste artigo devidos pela incorporadora em virtude de suas outras atividades empresariais, inclusive incorporações não afetadas.

•• § 3.º com redação determinada pela Lei n. 11.196, de 21-11-2005.

§ 4.º Para fins do disposto no § 3.º deste artigo, os custos e despesas indiretos pagos pela incorporadora no mês serão apropriados a cada incorporação na mesma proporção representada pelos custos diretos próprios da incorporação, em relação ao custo direto total da incorporadora, assim entendido como a soma de todos os custos diretos de todas as incorporações e o de outras atividades exercidas pela incorporadora.

•• § 4.º com redação determinada pela Lei n. 11.196, de 21-11-2005.

§ 5.º A opção pelo regime especial de tributação obriga o contribuinte a fazer o recolhimento dos tributos, na forma do *caput* deste artigo, a partir do mês da opção.

•• § 5.º acrescentado pela Lei n. 11.196, de 21-11-2005.

§ 6.º Para os projetos de incorporação de imóveis residenciais de interesse social cuja construção tenha sido iniciada ou contratada a partir de 31 de março de 2009, o percentual correspondente ao pagamento unificado dos tributos de que trata o *caput* deste artigo será equivalente a 1% (um por cento) da receita mensal recebida, desde que, até 31 de dezembro de 2018, a incorporação tenha sido registrada no cartório de imóveis competente ou tenha sido assinado o contrato de construção.

•• § 6.º com redação determinada pela Lei n. 13.970, de 27-12-2019.

•• **A Lei Complementar n. 214, de 16-1-2025, deu nova redação a este § 6.º, com produção de efeitos a partir de 1.º-1-2027:** " § 6.º Para os projetos de incorporação de imóveis residenciais de interesse social cuja construção tenha sido iniciada ou contratada a partir de 31 de março de 2009, o percentual correspondente ao pagamento unificado dos tributos de que trata o *caput* deste artigo será equivalente a 0,47% (quarenta e sete centésimos por cento) da receita mensal recebida, desde que, até 31 de dezembro de 2018, a incorporação tenha sido registrada no cartório de imóveis competente ou tenha sido assinado o contrato de construção".

§ 7.º Para efeito do disposto no § 6.º, consideram-se projetos de incorporação de imóveis de interesse social os destinados à construção de unidades residenciais de valor de até R$ 100.000,00 (cem mil reais) no âmbito do Programa Minha Casa Minha Vida, de que trata a Lei n. 11.977, de 7 de julho de 2009.

•• § 7.º com redação determinada pela Lei n. 12.767, de 27-12-2012.

§ 8.º Para os projetos de construção e incorporação de imóveis residenciais de interesse social, o percentual correspondente ao pagamento unificado dos tributos de que trata o *caput* deste artigo será equivalente a 1% (um por cento) da receita mensal recebida, conforme regulamentação da Secretaria Especial da Receita Federal do Brasil.

•• § 8.º com redação determinada pela Lei n. 14.620, de 13-7-2023.

•• **A Lei Complementar n. 214, de 16-1-2025, deu nova redação a este § 8.º, com produção de efeitos a partir de 1.º-1-2027:** " § 8.º Para os projetos de construção e incorporação de imóveis residenciais de interesse social, o percentual correspondente ao pagamento unificado dos tributos de que trata o *caput* deste artigo será equivalente a 0,47% (quarenta e sete centésimos por cento) da receita mensal recebida, conforme regulamentação da Secretaria Especial da Receita Federal do Brasil".

§ 9.º Para efeito do disposto no § 8.º, consideram-se projetos de incorporação de imóveis residenciais de interesse social aqueles destinados a famílias cuja renda se enquadre na Faixa Urbano 1, independentemente do valor da unidade, no âmbito do Programa Minha Casa, Minha Vida, sendo que a existência de unidades destinadas às outras faixas de renda no empreendimento não obstará a fruição do regime especial de tributação de que trata o § 8.º.

•• § 9.º acrescentado pela Lei n. 14.620, de 13-7-2023.

§ 10. As condições para utilização dos benefícios de que tratam os §§ 6.º e 8.º serão definidas em regulamento.

•• § 10. acrescentado pela Lei n. 14.620, de 13-7-2023.

§ 11. (*Vetado.*)

•• § 11. acrescentado pela Lei n. 14.620, de 13-7-2023.

Art. 5.º O pagamento unificado de impostos e contribuições efetuado na forma do art. 4.º deverá ser feito até o 20.º (vigésimo) dia do mês subsequente àquele em que houver sido auferida a receita.

•• *Caput* com redação determinada pela Lei n. 12.024, de 27-8-2009.

Parágrafo único. Para fins do disposto no *caput*, a incorporadora deverá utilizar, no Documento de Arrecadação de Receitas Federais – DARF, o número específico de inscrição da incorporação no Cadastro Nacional das Pessoas Jurídicas – CNPJ e código de arrecadação próprio.

Art. 6.º Os créditos tributários devidos pela incorporadora na forma do disposto no art. 4.º não poderão ser objeto de parcelamento.

Art. 7.º O incorporador fica obrigado a manter escrituração contábil segregada para cada incorporação submetida ao regime especial de tributação.

Art. 8.º Para fins de repartição de receita tributária e do disposto no § 2.º do art. 4.º, o percentual de 4% (quatro por cento) de que trata o *caput* do art. 4.º será considerado:

•• *Caput* com redação determinada pela Lei n. 12.844, de 19-7-2013.

•• **A Lei Complementar n. 214, de 16-1-2025, deu nova redação a este *caput*, com produção de efeitos a partir de 1.º-1-2027:** " Art. 8.º Para fins de repartição de receita tributária e do disposto no § 2.º do art. 4.º, o percentual de 1,92% (um inteiro e noventa e dois centésimos por cento) de que trata o *caput* do art. 4.º será considerado:".

I – 1,71% (um inteiro e setenta e um centésimos por cento) como COFINS;

•• Inciso I com redação determinada pela Lei n. 12.844, de 19-7-2013.

•• A Lei Complementar n. 214, de 16-1-2025, revoga este inciso a partir de 1.º-1-2027.

II – 0,37% (trinta e sete centésimos por cento) como Contribuição para o PIS/PASEP;

•• Inciso II com redação determinada pela Lei n. 12.844, de 19-7-2013.

•• A Lei Complementar n. 214, de 16-1-2025, revoga este inciso a partir de 1.º-1-2027.

III – 1,26% (um inteiro e vinte e seis centésimos por cento) como IRPJ; e

•• Inciso III com redação determinada pela Lei n. 12.844, de 19-7-2013.

IV – 0,66% (sessenta e seis centésimos por cento) como CSLL.

•• Inciso IV com redação determinada pela Lei n. 12.844, de 19-7-2013.

Parágrafo único. O percentual de 1% (um por cento) de que trata o § 6.º do art. 4.º será considerado para os fins do *caput*:

- Parágrafo único, *caput*, acrescentado pela Lei n. 12.024, de 27-8-2009.
- **A Lei Complementar n. 214, de 16-1-2025, deu nova redação a este parágrafo único, com produção de efeitos a partir de 1.º-1-2027:** " Parágrafo único. O percentual de 0,47% (quarenta e sete centésimos por cento) de que trata o § 6.º do art. 4º será considerado para os fins do *caput*:".

I – 0,44% (quarenta e quatro centésimos por cento) como Cofins;

- Inciso I acrescentado pela Lei n. 12.024, de 27-8-2009.
- A Lei Complementar n. 214, de 16-1-2025, revoga este inciso a partir de 1.º-1-2027.

II – 0,09% (nove centésimos por cento) como Contribuição para o PIS/Pasep;

- Inciso II acrescentado pela Lei n. 12.024, de 27-8-2009.
- A Lei Complementar n. 214, de 16-1-2025, revoga este inciso a partir de 1.º-1-2027.

III – 0,31% (trinta e um centésimos por cento) como IRPJ; e

- Inciso III acrescentado pela Lei n. 12.024, de 27-8-2009.

IV – 0,16% (dezesseis centésimos por cento) como CSLL.

- Inciso IV acrescentado pela Lei n. 12.024, de 27-8-2009.

Art. 9.º Perde eficácia a deliberação pela continuação da obra a que se refere o § 1.º do art. 31-F da Lei n. 4.591, de 1964, bem como os efeitos do regime de afetação instituídos por esta Lei, caso não se verifique o pagamento das obrigações tributárias, previdenciárias e trabalhistas, vinculadas ao respectivo patrimônio de afetação, cujos fatos geradores tenham ocorrido até a data da decretação da falência, ou insolvência do incorporador, que deverão ser pagas pelos adquirentes em até um ano daquela deliberação, ou até a data da concessão do habite-se, se esta ocorrer em prazo inferior.

Art. 10. O disposto no art. 76 da Medida Provisória n. 2.158-35, de 24 de agosto de 2001, não se aplica ao patrimônio de afetação de incorporações imobiliárias definido pela Lei n. 4.591, de 1964.

Art. 11. (*Revogado pela Lei n. 11.196, de 21-11-2005.*)

Art. 11-A. O regime especial de tributação previsto nesta Lei será aplicado até o recebimento integral do valor das vendas de todas as unidades que compõem o memorial de incorporação registrado no cartório de imóveis competente, independentemente da data de sua comercialização, e, no caso de contratos de construção, até o recebimento integral do valor do respectivo contrato.

- Artigo acrescentado pela Lei n. 13.970, de 27-12-2019.

Capítulo II
DA LETRA DE CRÉDITO IMOBILIÁRIO

Art. 12. Os bancos comerciais, os bancos múltiplos com carteira de crédito imobiliário, a Caixa Econômica Federal, as sociedades de crédito imobiliário, as associações de poupança e empréstimo, as companhias hipotecárias e demais espécies de instituições que, para as operações a que se refere este artigo, venham a ser expressamente autorizadas pelo Banco Central do Brasil, poderão emitir, independentemente de tradição efetiva, Letra de Crédito Imobiliário – LCI, lastreada por créditos imobiliários garantidos por hipoteca ou por alienação fiduciária de coisa imóvel, conferindo aos seus tomadores direito de crédito pelo valor nominal, juros e, se for o caso, atualização monetária nelas estipulados.

§ 1.º A LCI será emitida sob a forma nominativa, podendo ser transferível mediante endosso em preto, e conterá:

I – o nome da instituição emitente e as assinaturas de seus representantes;

II – o número de ordem, o local e a data de emissão;

III – a denominação "Letra de Crédito Imobiliário";

IV – o valor nominal e a data de vencimento;

V – a forma, a periodicidade e o local de pagamento do principal, dos juros e, se for o caso, da atualização monetária;

VI – os juros, fixos ou flutuantes, que poderão ser renegociáveis, a critério das partes;

VII – a identificação dos créditos caucionados e seu valor;

VIII – o nome do titular; e

IX – cláusula à ordem, se endossável.

§ 2.º A LCI poderá ser emitida sob a forma escritural, por meio do lançamento em sistema eletrônico do emissor, e deverá ser registrada ou depositada em entidade autorizada pelo Banco Central do Brasil a exercer a atividade de registro ou de depósito centralizado de ativos financeiros.

- § 2.º com redação determinada pela Lei n. 13.986, de 7-4-2020.

Art. 13. A LCI poderá ser atualizada mensalmente por índice de preços, desde que emitida com prazo mínimo de trinta e seis meses.

Parágrafo único. É vedado o pagamento dos valores relativos à atualização monetária apropriados desde a emissão, quando ocorrer o resgate antecipado, total ou parcial, em prazo inferior ao estabelecido neste artigo, da LCI emitida com previsão de atualização mensal por índice de preços.

Art. 14. A LCI poderá contar com garantia fidejussória adicional de instituição financeira.

Art. 15. A LCI poderá ser garantida por um ou mais créditos imobiliários, mas a soma do principal das LCI emitidas não poderá exceder o valor total dos créditos imobiliários em poder da instituição emitente.

§ 1.º A LCI não poderá ter prazo de vencimento superior ao prazo de quaisquer dos créditos imobiliários que lhe servem de lastro.

§ 2.º O crédito imobiliário caucionado poderá ser substituído por outro crédito da mesma natureza por iniciativa do emitente da LCI, nos casos de liquidação ou vencimento antecipados do crédito, ou por solicitação justificada do credor da letra.

Art. 16. O endossante da LCI responderá pela veracidade do título, mas contra ele não será admitido direito de cobrança regressiva.

Art. 17. O Conselho Monetário Nacional poderá estabelecer o prazo mínimo e outras condições para emissão e resgate de LCI, observado o disposto no art. 13 desta Lei, podendo inclusive diferenciar tais condições de acordo com o tipo de indexador adotado contratualmente.

•• Artigo com redação determinada pela Lei n. 13.097, de 19-1-2015.

Capítulo III
DA CÉDULA DE CRÉDITO IMOBILIÁRIO

Art. 18. É instituída a Cédula de Crédito Imobiliário – CCI para representar créditos imobiliários.

§ 1.º A CCI será emitida pelo credor do crédito imobiliário e poderá ser integral, quando representar a totalidade do crédito, ou fracionária, quando representar parte dele, não podendo a soma das CCI fracionárias emitidas em relação a cada crédito exceder o valor total do crédito que elas representam.

§ 2.º As CCI fracionárias poderão ser emitidas simultaneamente ou não, a qualquer momento antes do vencimento do crédito que elas representam.

§ 3.º A CCI poderá ser emitida com ou sem garantia, real ou fidejussória, sob a forma escritural ou cartular.

§ 4.º A emissão da CCI sob a forma escritural ocorrerá por meio de escritura pública ou instrumento particular, que permanecerá custodiado em instituição financeira.

•• § 4.º com redação determinada pela Lei n. 13.986, de 7-4-2020.

§ 4.º-A. A negociação da CCI emitida sob forma escritural ou a substituição da instituição custodiante de que trata o § 4.º deste artigo será precedida de registro ou depósito em entidade autorizada pelo Banco Central do Brasil a exercer a atividade de registro ou de depósito centralizado de ativos financeiros.

•• § 4.º-A acrescentado pela Lei n. 13.986, de 7-4-2020.

§ 4.º-B. O Conselho Monetário Nacional poderá estabelecer as condições para o registro e o depósito centralizado de CCI e a obrigatoriedade de depósito da CCI em entidade autorizada pelo Banco Central do Brasil a exercer a atividade de depósito centralizado de ativos financeiros.

•• § 4.º-B acrescentado pela Lei n. 13.986, de 7-4-2020.

§ 4.º-C. Na hipótese de a CCI ser liquidada antes de ser negociada, a instituição custodiante declarará a inexistência do registro ou do depósito de que trata o § 4.º-A deste artigo, para fins do disposto no art. 24 desta Lei.

•• § 4.º-C acrescentado pela Lei n. 13.986, de 7-4-2020.

§ 5.º Sendo o crédito imobiliário garantido por direito real, a emissão da CCI será averbada no Registro de Imóveis da situação do imóvel, na respectiva matrícula, devendo dela constar, exclusivamente, o número, a série e a instituição custodiante.

§ 6.º A averbação da emissão da CCI e o registro da garantia do crédito respectivo, quando solicitados simultaneamente, serão considerados como ato único para efeito de cobrança de emolumentos.

§ 7.º A constrição judicial que recaia sobre crédito representado por CCI será efetuada nos registros da instituição custodiante ou mediante apreensão da respectiva cártula.

§ 8.º O credor da CCI deverá ser imediatamente intimado de constrição judicial que recaia sobre a garantia real do crédito imobiliário representado por aquele título.

§ 9.º No caso de CCI emitida sob a forma escritural, caberá à instituição custodiante identificar o credor, para o fim da intimação prevista no § 8.º.

Art. 19. A CCI deverá conter:

I – a denominação "Cédula de Crédito Imobiliário", quando emitida cartularmente;

II – o nome, a qualificação e o endereço do credor e do devedor e, no caso de emissão escritural, também o do custodiante;

III – a identificação do imóvel objeto do crédito imobiliário, com a indicação da respectiva matrícula no Registro de Imóveis competente e do registro da constituição da garantia, se for o caso;

IV – a modalidade da garantia, se for o caso;

V – o número e a série da cédula;

VI – o valor do crédito que representa;

VII – a condição de integral ou fracionária e, nessa última hipótese, também a indicação da fração que representa;

VIII – o prazo, a data de vencimento, o valor da prestação total, nela incluídas as parcelas de amortização e juros, as taxas, seguros e demais encargos contratuais de responsabilidade do devedor, a forma de reajuste e o valor das multas previstas contratualmente, com a indicação do local de pagamento;

IX – o local e a data da emissão;

X – a assinatura do credor, quando emitida cartularmente;

XI – a autenticação pelo Oficial do Registro de Imóveis competente, no caso de contar com garantia real; e

XII – cláusula à ordem, se endossável.

Art. 20. A CCI é título executivo extrajudicial, exigível pelo valor apurado de acordo com as cláusulas e condições pactuadas no contrato que lhe deu origem.

Parágrafo único. O crédito representado pela CCI será exigível mediante ação de execução, ressalvadas as hipóteses em que a lei determine procedimento especial, judicial ou extrajudicial para satisfação do crédito e realização da garantia.

Art. 21. A emissão e a negociação de CCI independe de autorização do devedor do crédito imobiliário que ela representa.

Art. 22. A cessão do crédito representado por CCI poderá ocorrer por meio de sistema de entidade autorizada pelo Banco Central do Brasil a exercer a atividade de depósito centralizado de ativos financeiros na qual a CCI tenha sido depositada.

•• *Caput* com redação determinada pela Lei n. 13.986, de 7-4-2020.

§ 1.º A cessão do crédito representado por CCI implica automática transmissão das respectivas garantias ao cessionário, sub-rogando-o em todos os direitos representados pela cédula, ficando o cessionário, no caso de contrato de alienação fiduciária, investido na propriedade fiduciária.

§ 2.º A cessão de crédito garantido por direito real, quando representado por CCI emitida sob a forma escritural, está dispensada de averbação no Registro de Imóveis, aplicando-se, no que esta Lei não contrarie, o disposto nos arts. 286 e seguintes da Lei n. 10.406, de 10 de janeiro de 2002 – Código Civil Brasileiro.

Art. 23. (*Revogado pela Lei n. 14.430, de 3-8-2022.*)

Art. 24. O resgate da dívida representada pela CCI prova-se com a declaração de quitação, emitida pelo credor, ou, na falta desta, por outros meios admitidos em direito.

Art. 25. É vedada a averbação da emissão de CCI com garantia real quando houver prenotação ou registro de qualquer outro ônus real sobre os direitos imobiliários respectivos, inclusive penhora ou averbação de qualquer mandado ou ação judicial.

Capítulo V
DOS CONTRATOS DE FINANCIAMENTO DE IMÓVEIS

Art. 46. Nos contratos de comercialização de imóveis, de financiamento imobiliário em geral e nos de arrendamento mercantil de imóveis, bem como nos títulos e valores mobiliários por eles originados, com prazo mínimo de trinta e seis meses, é admitida estipulação de cláusula de reajuste, com periodicidade mensal, por índices de preços setoriais ou gerais ou pelo índice de remuneração básica dos depósitos de poupança.

§ 1.º É vedado o pagamento dos valores relativos à atualização monetária apropriados nos títulos e valores mobiliários, quando ocorrer o resgate antecipado, total ou parcial, em prazo inferior ao estabelecido no *caput*.

§ 2.º Os títulos e valores mobiliários a que se refere o *caput* serão cancelados pelo emitente na hipótese de resgate antecipado em que o prazo a decorrer for inferior a trinta e seis meses.

§ 3.º Não se aplica o disposto no § 1.º, no caso de quitação ou vencimento antecipados dos créditos imobiliários que lastreiem ou tenham originado a emissão dos títulos e valores mobiliários a que se refere o *caput*.

Art. 47. São nulos de pleno direito quaisquer expedientes que, de forma direta ou indireta, resultem em efeitos equivalentes à redução do prazo mínimo de que trata o *caput* do art. 46.

Parágrafo único. O Conselho Monetário Nacional poderá disciplinar o disposto neste artigo.

Art. 48. Fica vedada a celebração de contratos com cláusula de equivalência salarial ou de comprometimento de renda, bem como a inclusão de cláusulas desta espécie em contratos já firmados, mantidas, para os contratos firmados até a data de entrada em vigor da Medida Provisória n. 2.223, de 4 de setembro de 2001, as disposições anteriormente vigentes.

Art. 49. No caso do não pagamento tempestivo, pelo devedor, dos tributos e das taxas condominiais incidentes sobre o imóvel objeto do crédito imobiliário respectivo, bem como das parcelas mensais incontroversas de encargos estabelecidos no respectivo contrato e de quaisquer outros encargos que a lei imponha ao proprietário ou ao ocupante de imóvel, poderá o juiz, a requerimento do credor, determinar a cassação de medida liminar, de medida cautelar ou de antecipação dos efeitos da tutela que tenha interferido na eficácia de cláusulas do contrato de crédito imobiliário correspondente ou suspendido encargos dele decorrentes.

Art. 50. Nas ações judiciais que tenham por objeto obrigação decorrente de empréstimo, financiamento ou alienação imobiliários, o autor deverá discriminar na petição inicial, dentre as obrigações contratuais, aquelas que pretende controverter, quantificando o valor incontroverso, sob pena de inépcia.

§ 1.º O valor incontroverso deverá continuar sendo pago no tempo e modo contratados.

§ 2.º A exigibilidade do valor controvertido poderá ser suspensa mediante depósito do montante correspondente, no tempo e modo contratados.

§ 3.º Em havendo concordância do réu, o autor poderá efetuar o depósito de que trata o § 2.º deste artigo, com remuneração e atualização nas mesmas condições aplicadas ao contrato:

I – na própria instituição financeira credora, oficial ou não; ou

II – em instituição financeira indicada pelo credor, oficial ou não, desde que estes tenham pactuado nesse sentido.

§ 4.º O juiz poderá dispensar o depósito de que trata o § 2.º em caso de relevante razão de direito e risco de dano irreparável ao autor, por decisão fundamentada na qual serão detalhadas as razões jurídicas e fáticas da ilegitimidade da cobrança no caso concreto.

§ 5.º É vedada a suspensão liminar da exigibilidade da obrigação principal sob a alegação de compensação com valores pagos a maior, sem o depósito do valor integral desta.

Art. 51. Sem prejuízo das disposições do Código Civil, as obrigações em geral também poderão ser garantidas, inclusive por terceiros, por cessão fiduciária de direitos creditórios decorrentes de contratos de alienação de imóveis, por caução de direitos creditórios ou aquisitivos decorrentes de contratos de venda ou promessa de venda de imóveis e por alienação fiduciária de coisa imóvel.

Art. 52. Uma vez protocolizados todos os documentos necessários à averbação ou ao registro dos atos e dos títulos a que se referem esta Lei e a Lei n. 9.514, de 1997, o oficial de Registro de Imóveis procederá ao registro ou à averbação, dentro do prazo de quinze dias.

Capítulo VI
DISPOSIÇÕES FINAIS

Alterações da Lei de Incorporações

Art. 53. O Título II da Lei n. 4.591, de 16 de dezembro de 1964, passa a vigorar acrescido dos seguintes Capítulo e artigos:

•• Alterações já processadas no diploma modificado.

Art. 54. A Lei n. 4.591, de 1964, passa a vigorar com as seguintes alterações:

•• Alterações já processadas no diploma modificado.

Alterações de Leis sobre Alienação Fiduciária

Art. 55. A Seção XIV da Lei n. 4.728, de 14 de julho de 1965, passa a vigorar com a seguinte redação:

"Seção XIV
Alienação Fiduciária em Garantia no Âmbito do Mercado Financeiro e de Capitais

Art. 66-B. O contrato de alienação fiduciária celebrado no âmbito do mercado financeiro e de capitais, bem como em garantia de créditos fiscais e previdenciários, deverá conter, além dos requisitos definidos na Lei n. 10.406, de 10 de janeiro de 2002 – Código Civil, a taxa de juros, a cláusula penal, o índice de atualização monetária, se houver, e as demais comissões e encargos.

§ 1.º Se a coisa objeto de propriedade fiduciária não se identifica por números, marcas e sinais no contrato de alienação fiduciária, cabe ao proprietário fiduciário o ônus da prova, contra terceiros, da identificação dos bens do seu domínio que se encontram em poder do devedor.

§ 2.º O devedor que alienar, ou der em garantia a terceiros, coisa que já alienara fiduciariamente em garantia, ficará sujeito à pena prevista no art. 171, § 2.º, I, do Código Penal.

§ 3.º É admitida a alienação fiduciária de coisa fungível e a cessão fiduciária de direitos sobre coisas móveis, bem como de títulos de crédito, hipóteses em que, salvo disposição em contrário, a posse direta e indireta do bem objeto da propriedade fiduciária ou do título representativo do direito ou do crédito é atribuída ao credor, que, em caso de inadimplemento ou mora da obrigação garantida, poderá vender a terceiros o bem objeto da propriedade fiduciária independente de leilão, hasta pública ou qualquer outra medida judicial ou extrajudicial, devendo aplicar o preço da venda no pagamento do seu crédito e das despesas decorrentes da realização da garantia, entregando ao devedor o saldo, se houver, acompanhado do demonstrativo da operação realizada.

§ 4.º No tocante à cessão fiduciária de direitos sobre coisas móveis ou sobre títulos de crédito aplica-se, também, o disposto nos arts. 18 a 20 da Lei n. 9.514, de 20 de novembro de 1997.

§ 5.º Aplicam-se à alienação fiduciária e à cessão fiduciária de que trata esta Lei os arts. 1.421, 1.425, 1.426, 1.435 e 1.436 da Lei n. 10.406, de 10 de janeiro de 2002.

§ 6.º Não se aplica à alienação fiduciária e à cessão fiduciária de que trata esta Lei o disposto no art. 644 da Lei n. 10.406, de 10 de janeiro de 2002".

Art. 56. O Decreto-lei n. 911, de 1.º de outubro de 1969, passa a vigorar com as seguintes alterações:

•• Alterações já processadas no diploma modificado.

Art. 57. A Lei n. 9.514, de 1997, passa a vigorar com as seguintes alterações:

•• Alterações já processadas no diploma modificado.

Alterações no Código Civil

Art. 58. A Lei n. 10.406, de 2002 – Código Civil passa a vigorar com as seguintes alterações:

•• Alterações já processadas no diploma modificado.

Alterações na Lei de Registros Públicos

Art. 59. A Lei n. 6.015, de 31 de dezembro de 1973, passa a vigorar com as seguintes alterações:

•• Alterações já processadas no diploma modificado.

Alterações na Lei de Locações

Art. 61. A Lei n. 8.245, de 18 de outubro de 1991, passa a vigorar com as seguintes alterações:

•• Alterações já processadas no diploma modificado.

Alterações na Lei de Protesto de Títulos e Documentos de Dívida

Art. 62. (Vetado.)

Normas Complementares a esta Lei

Art. 63. Nas operações envolvendo recursos do Sistema Financeiro da Habitação e do Sistema Financeiro Imobiliário, relacionadas com a moradia, é vedado cobrar do mutuário a elaboração de instrumento contratual particular, ainda que com força de escritura pública.

Art. 63-A. (Revogado pela Lei n. 13.476, de 28-8-2017.)

Art. 64. (Vetado.)

Art. 65. O Conselho Monetário Nacional e a Secretaria da Receita Federal, no âmbito das suas respectivas atribuições, expedirão as instruções que se fizerem necessárias à execução das disposições desta Lei.

•• A Secretaria da Receita Federal passa a denominar-se Secretaria da Receita Federal do Brasil, por força da Lei n. 11.457, de 16-3-2007.

Vigência

Art. 66. Esta Lei entra em vigor na data de sua publicação.

Revogações

Art. 67. Ficam revogadas as Medidas Provisórias n. 2.160-25, de 23 de agosto de 2001, 2.221, de 4 de setembro de 2001, e 2.223, de 4 de setembro de 2001, e os arts. 66 e 66-A da Lei n. 4.728, de 14 de julho de 1965.

Brasília, 2 de agosto de 2004; 183.º da Independência e 116.º da República.

Luiz Inácio Lula da Silva

LEI N. 11.340, DE 7 DE AGOSTO DE 2006 (*)

Cria mecanismos para coibir a violência doméstica e familiar contra a mulher, nos termos do § 8.º do art. 226 da Constituição Federal, da Convenção sobre a Eliminação de Todas as Formas de Discriminação contra as Mulheres e da Convenção Interamericana para Prevenir, Punir e Erradicar a Violência contra a Mulher; dispõe sobre a criação dos Juizados de Violência Doméstica e Familiar contra a Mulher; altera o Código de Processo Penal, o Código Penal e a Lei de Execução Penal; e dá outras providências.

O Presidente da República

Faço saber que o Congresso Nacional decreta e eu sanciono a seguinte Lei:

Título I
DISPOSIÇÕES PRELIMINARES

Art. 1.º Esta Lei cria mecanismos para coibir e prevenir a violência doméstica e familiar contra a mulher, nos termos do § 8.º do art. 226 da Constituição Federal, da Convenção sobre a Eliminação de Todas as Formas de Violência contra a Mulher, da Convenção Interamericana para Prevenir, Punir e Erradicar a Violência contra a Mulher e de outros tratados internacionais ratificados pela República Federativa do Brasil; dispõe sobre a criação dos Juizados de Violência Doméstica e Familiar contra a Mulher; e estabelece medidas de assistência e proteção às mulheres em situação de violência doméstica e familiar.

•• O STF, na ADI n. 19, de 9-2-2012, declarou a constitucionalidade deste artigo.

(*) Publicada no *DOU*, de 8-8-2006. A Resolução n. 254, de 4-9-2018, do CNJ, instituiu a Política Judiciária Nacional de enfrentamento à violência contra as Mulheres pelo Poder Judiciário. O Decreto n. 9.586, de 27-11-2018, instituiu o Sistema Nacional de Políticas para as Mulheres e o Plano Nacional de Combate à Violência Doméstica.

•• A Lei n. 14.149, de 5-5-2021, institui o Formulário Nacional de Avaliação de Risco, a ser aplicado à mulher vítima de violência doméstica e familiar.

•• A Lei n. 14.786, de 28-12-2023, cria o protocolo "Não é Não", para prevenção ao constrangimento e à violência contra a mulher e para proteção à vítima.

Art. 2.º Toda mulher, independentemente de classe, raça, etnia, orientação sexual, renda, cultura, nível educacional, idade e religião, goza dos direitos fundamentais inerentes à pessoa humana, sendo-lhe asseguradas as oportunidades e facilidades para viver sem violência, preservar sua saúde física e mental e seu aperfeiçoamento moral, intelectual e social.

Art. 3.º Serão asseguradas às mulheres as condições para o exercício efetivo dos direitos à vida, à segurança, à saúde, à alimentação, à educação, à cultura, à moradia, ao acesso à justiça, ao esporte, ao lazer, ao trabalho, à cidadania, à liberdade, à dignidade, ao respeito e à convivência familiar e comunitária.

§ 1.º O poder público desenvolverá políticas que visem garantir os direitos humanos das mulheres no âmbito das relações domésticas e familiares no sentido de resguardá-las de toda forma de negligência, discriminação, exploração, violência, crueldade e opressão.

§ 2.º Cabe à família, à sociedade e ao poder público criar as condições necessárias para o efetivo exercício dos direitos enunciados no *caput*.

Art. 4.º Na interpretação desta Lei, serão considerados os fins sociais a que ela se destina e, especialmente, as condições peculiares das mulheres em situação de violência doméstica e familiar.

Título II
DA VIOLÊNCIA DOMÉSTICA E FAMILIAR CONTRA A MULHER

Capítulo I
DISPOSIÇÕES GERAIS

Art. 5.º Para os efeitos desta Lei, configura violência doméstica e familiar contra a mulher qualquer ação ou omissão baseada no gênero que lhe cause morte, lesão, sofrimento físico, sexual ou psicológico e dano moral ou patrimonial:

•• *Vide* Súmula 600 do STJ.

I – no âmbito da unidade doméstica, compreendida como o espaço de convívio permanente de pessoas, com ou sem vínculo familiar, inclusive as esporadicamente agregadas;

Lei n. 11.340, de 7-8-2006   **Violência Doméstica**

II – no âmbito da família, compreendida como a comunidade formada por indivíduos que são ou se consideram aparentados, unidos por laços naturais, por afinidade ou por vontade expressa;

III – em qualquer relação íntima de afeto, na qual o agressor conviva ou tenha convivido com a ofendida, independentemente de coabitação.

Parágrafo único. As relações pessoais enunciadas neste artigo independem de orientação sexual.

Art. 6.º A violência doméstica e familiar contra a mulher constitui uma das formas de violação dos direitos humanos.

Capítulo II
DAS FORMAS DE VIOLÊNCIA DOMÉSTICA E FAMILIAR CONTRA A MULHER

Art. 7.º São formas de violência doméstica e familiar contra a mulher, entre outras:

•• *Vide* Súmula 600 do STJ.

I – a violência física, entendida como qualquer conduta que ofenda sua integridade ou saúde corporal;

II – a violência psicológica, entendida como qualquer conduta que lhe cause dano emocional e diminuição da autoestima ou que lhe prejudique e perturbe o pleno desenvolvimento ou que vise degradar ou controlar suas ações, comportamentos, crenças e decisões, mediante ameaça, constrangimento, humilhação, manipulação, isolamento, vigilância constante, perseguição contumaz, insulto, chantagem, violação de sua intimidade, ridicularização, exploração e limitação do direito de ir e vir ou qualquer outro meio que lhe cause prejuízo à saúde psicológica e à autodeterminação;

•• Inciso II com redação determinada pela Lei n. 13.772, de 19-12-2018.

III – a violência sexual, entendida como qualquer conduta que a constranja a presenciar, a manter ou a participar de relação sexual não desejada, mediante intimidação, ameaça, coação ou uso da força; que a induza a comercializar ou a utilizar, de qualquer modo, a sua sexualidade, que a impeça de usar qualquer método contraceptivo ou que a force ao matrimônio, à gravidez, ao aborto ou à prostituição, mediante coação, chantagem, suborno ou manipulação; ou que limite ou anule o exercício de seus direitos sexuais e reprodutivos;

IV – a violência patrimonial, entendida como qualquer conduta que configure retenção, subtração, destruição parcial ou total de seus objetos, instrumentos de trabalho, documentos pessoais, bens, valores e direitos ou recursos econômicos, incluindo os destinados a satisfazer suas necessidades;

V – a violência moral, entendida como qualquer conduta que configure calúnia, difamação ou injúria.

Título III
DA ASSISTÊNCIA À MULHER EM SITUAÇÃO DE VIOLÊNCIA DOMÉSTICA E FAMILIAR

Capítulo I
DAS MEDIDAS INTEGRADAS DE PREVENÇÃO

Art. 8.º A política pública que visa coibir a violência doméstica e familiar contra a mulher far-se-á por meio de um conjunto articulado de ações da União, dos Estados, do Distrito Federal e dos Municípios e de ações não governamentais, tendo por diretrizes:

•• A Lei n. 14.188, de 28-7-2021, define o programa de cooperação Sinal Vermelho contra a Violência Doméstica.

I – a integração operacional do Poder Judiciário, do Ministério Público e da Defensoria Pública com as áreas de segurança pública, assistência social, saúde, educação, trabalho e habitação;

II – a promoção de estudos e pesquisas, estatísticas e outras informações relevantes, com a perspectiva de gênero e de raça ou etnia, concernentes às causas, às consequências e à frequência da violência doméstica e familiar contra a mulher, para a sistematização de dados, a serem unificados nacionalmente, e a avaliação periódica dos resultados das medidas adotadas;

•• A Lei n. 14.232, de 28-10-2021, instituiu a Política Nacional de Dados e Informações relacionadas à Violência contra as Mulheres - PNAINFO.

III – o respeito, nos meios de comunicação social, dos valores éticos e sociais da pessoa e da família, de forma a coibir os papéis estereotipados que legitimem ou exacerbem a violência doméstica e familiar, de acordo com o estabelecido no inciso III do art. 1.º, no inciso IV do art. 3.º e no inciso IV do art. 221 da Constituição Federal;

IV – a implementação de atendimento policial especializado para as mulheres, em particular nas Delegacias de Atendimento à Mulher;

V – a promoção e a realização de campanhas educativas de prevenção da violência doméstica e familiar contra a mulher, voltadas ao público escolar e à sociedade em geral, e a difusão desta Lei e dos instrumentos de proteção aos direitos humanos das mulheres;

VI – a celebração de convênios, protocolos, ajustes, termos ou outros instrumentos de promoção de parceria entre órgãos governamentais ou entre estes e entidades não governamentais, tendo por objetivo a implementação de programas de erradicação da violência doméstica e familiar contra a mulher;

VII – a capacitação permanente das Polícias Civil e Militar, da Guarda Municipal, do Corpo de Bombeiros e dos profissionais pertencentes aos órgãos e às áreas enunciados no inciso I quanto às questões de gênero e de raça ou etnia;

VIII – a promoção de programas educacionais que disseminem valores éticos de irrestrito respeito à dignidade da pessoa humana com a perspectiva de gênero e de raça ou etnia;

IX – o destaque, nos currículos escolares de todos os níveis de ensino, para os conteúdos relativos aos direitos humanos, à equidade de gênero e de raça ou etnia e ao problema da violência doméstica e familiar contra a mulher.

Capítulo II
DA ASSISTÊNCIA À MULHER EM SITUAÇÃO DE VIOLÊNCIA DOMÉSTICA E FAMILIAR

Art. 9.º A assistência à mulher em situação de violência doméstica e familiar será prestada em caráter prioritário no Sistema Único de Saúde (SUS) e no Sistema Único de Segurança Pública (Susp), de forma articulada e conforme os princípios e as diretrizes previstos na Lei n. 8.742, de 7 de dezembro de 1993 (Lei Orgânica da Assistência Social), e em outras normas e políticas públicas de proteção, e emergencialmente, quando for o caso.

•• *Caput* com redação determinada pela Lei n. 14.887, de 12-6-2024.

•• O Decreto n. 11.309, de 26-12-2022 instituiu o Programa Nacional Qualifica Mulher, com a finalidade de fomentar ações de qualificação profissional, de trabalho e de empreendedorismo, para promover geração de emprego e renda para mulheres em situação de vulnerabilidade social, com vistas à sua projeção econômica, por meio da formação de redes de parcerias com os Poderes Públicos federal, estadual, distrital e municipal e com os órgãos, as entidades e as instituições, públicos e privados.

§ 1.º O juiz determinará, por prazo certo, a inclusão da mulher em situação de violência doméstica e familiar no cadastro de programas assistenciais do governo federal, estadual e municipal.

§ 2.º O juiz assegurará à mulher em situação de violência doméstica e familiar, para preservar sua integridade física e psicológica:

I – acesso prioritário à remoção quando servidora pública, integrante da administração direta ou indireta;

II – manutenção do vínculo trabalhista, quando necessário o afastamento do local de trabalho, por até seis meses;

III – encaminhamento à assistência judiciária, quando for o caso, inclusive para eventual ajuizamento da ação de separação judicial, de divórcio, de anulação de casamento ou de dissolução de união estável perante o juízo competente.

•• Inciso III acrescentado pela Lei n. 13.894, de 29-10-2019.

§ 3.º A assistência à mulher em situação de violência doméstica e familiar compreenderá o acesso aos benefícios decorrentes do desenvolvimento científico e tecnológico, incluindo os serviços de contracepção de emergência, a profilaxia das Doenças Sexualmente Transmissíveis (DST) e da Síndrome da Imunodeficiência Adquirida (AIDS) e outros procedimentos médicos necessários e cabíveis nos casos de violência sexual.

§ 4.º Aquele que, por ação ou omissão, causar lesão, violência física, sexual ou psicológica e dano moral ou patrimonial a mulher fica obrigado a ressarcir todos os danos causados, inclusive ressarcir ao Sistema Único de Saúde (SUS), de acordo com a tabela SUS, os custos relativos aos serviços de saúde prestados para o total tratamento das vítimas em situação de violência doméstica e familiar, recolhidos os recursos assim arrecadados ao Fundo de Saúde do ente federado responsável pelas unidades de saúde que prestarem os serviços.

•• § 4.º acrescentado pela Lei n. 13.871, de 17-9-2019.

§ 5.º Os dispositivos de segurança destinados ao uso em caso de perigo iminente e disponibilizados para o monitoramento das vítimas de violência doméstica ou familiar amparadas por medidas protetivas terão seus custos ressarcidos pelo agressor.

•• § 5.º acrescentado pela Lei n. 13.871, de 17-9-2019.

§ 6.º O ressarcimento de que tratam os §§ 4.º e 5.º deste artigo não poderá importar ônus de qualquer natureza ao patrimônio da mulher e dos seus dependentes, nem configurar atenuante ou ensejar possibilidade de substituição da pena aplicada.

•• § 6.º acrescentado pela Lei n. 13.871, de 17-9-2019.

§ 7.º A mulher em situação de violência doméstica e familiar tem prioridade para matricular seus dependentes em instituição de educação básica mais próxima de seu domicílio, ou transferi-los para essa instituição, mediante a apresentação dos documentos comprobatórios do registro da ocorrência policial ou do processo de violência doméstica e familiar em curso.

•• § 7.º acrescentado pela Lei n. 13.882, de 8-10-2019.

§ 8.º Serão sigilosos os dados da ofendida e de seus dependentes matriculados ou transferidos conforme o disposto no § 7.º deste artigo, e o acesso às informações será reservado ao juiz, ao Ministério Público e aos órgãos competentes do poder público.

•• § 8.º acrescentado pela Lei n. 13.882, de 8-10-2019.

Capítulo III
DO ATENDIMENTO PELA AUTORIDADE POLICIAL

Art. 10. Na hipótese da iminência ou da prática de violência doméstica e familiar contra a mulher, a autoridade policial que tomar conhecimento da ocorrência adotará, de imediato, as providências legais cabíveis.

Parágrafo único. Aplica-se o disposto no *caput* deste artigo ao descumprimento de medida protetiva de urgência deferida.

Art. 10-A. É direito da mulher em situação de violência doméstica e familiar o atendimento policial e pericial especializado, ininterrupto e prestado por servidores – preferencialmente do sexo feminino – previamente capacitados.

•• *Caput* acrescentado pela Lei n. 13.505, de 8-11-2017.

§ 1.º A inquirição de mulher em situação de violência doméstica e familiar ou de testemunha de violência doméstica, quando se tratar de crime contra a mulher, obedecerá às seguintes diretrizes:

•• § 1.º, *caput*, acrescentado pela Lei n. 13.505, de 8-11-2017.

I – salvaguarda da integridade física, psíquica e emocional da depoente, considerada a sua condição peculiar de pessoa em situação de violência doméstica e familiar;

•• Inciso I acrescentado pela Lei n. 13.505, de 8-11-2017.

II – garantia de que, em nenhuma hipótese, a mulher em situação de violência doméstica e familiar, familiares e testemunhas terão contato direto com investigados ou suspeitos e pessoas a eles relacionadas;

•• Inciso II acrescentado pela Lei n. 13.505, de 8-11-2017.

III – não revitimização da depoente, evitando sucessivas inquirições sobre o mesmo fato nos âmbitos criminal, cível e administrativo, bem como questionamentos sobre a vida privada.

•• Inciso III acrescentado pela Lei n. 13.505, de 8-11-2017.

§ 2.º Na inquirição de mulher em situação de violência doméstica e familiar ou de testemunha de delitos de que trata esta Lei, adotar-se-á, preferencialmente, o seguinte procedimento:

•• §2.º, *caput*, acrescentado pela Lei n. 13.505, de 8-11-2017.

I – a inquirição será feita em recinto especialmente projetado para esse fim, o qual conterá os equipamentos próprios e adequados à idade da mulher em situação de violência doméstica e familiar ou testemunha e ao tipo e à gravidade da violência sofrida;

•• Inciso I acrescentado pela Lei n. 13.505, de 8-11-2017.

II – quando for o caso, a inquirição será intermediada por profissional especializado em violência doméstica e familiar designado pela autoridade judiciária ou policial;

•• Inciso II acrescentado pela Lei n. 13.505, de 8-11-2017.

III – o depoimento será registrado em meio eletrônico ou magnético, devendo a degravação e a mídia integrar o inquérito.

•• Inciso III acrescentado pela Lei n. 13.505, de 8-11-2017.

Art. 11. No atendimento à mulher em situação de violência doméstica e familiar, a autoridade policial deverá, entre outras providências:

I – garantir proteção policial, quando necessário, comunicando de imediato ao Ministério Público e ao Poder Judiciário;

II – encaminhar a ofendida ao hospital ou posto de saúde e ao Instituto Médico Legal;

III – fornecer transporte para a ofendida e seus dependentes para abrigo ou local seguro, quando houver risco de vida;

IV – se necessário, acompanhar a ofendida para assegurar a retirada de seus pertences do local da ocorrência ou do domicílio familiar;

V – informar à ofendida os direitos a ela conferidos nesta Lei e os serviços disponíveis, inclusive os de assistência judiciária para o eventual ajuizamento perante o juízo competente da ação de separação judicial, de divórcio, de anulação de casamento ou de dissolução de união estável.

•• Inciso V com redação determinada pela Lei n. 13.894, de 29-10-2019.

Art. 12. Em todos os casos de violência doméstica e familiar contra a mulher, feito o registro da ocorrência, deverá a autoridade policial adotar, de imediato, os seguintes procedimentos, sem prejuízo daqueles previstos no Código de Processo Penal:

I – ouvir a ofendida, lavrar o boletim de ocorrência e tomar a representação a termo, se apresentada;

•• O STF julgou procedente a ADI 4.424, de 9-2-2012 (*DOU* de 17-2-2012), para, dando interpretação conforme a este inciso, "assentar a natureza incondicionada da ação penal em caso de crime de lesão, pouco importando a extensão desta, praticado contra a mulher no ambiente doméstico".

II – colher todas as provas que servirem para o esclarecimento do fato e de suas circunstâncias;

III – remeter, no prazo de 48 (quarenta e oito) horas, expediente apartado ao juiz com o pedido da ofendida, para a concessão de medidas protetivas de urgência;

IV – determinar que se proceda ao exame de corpo de delito da ofendida e requisitar outros exames periciais necessários;

V – ouvir o agressor e as testemunhas;

VI – ordenar a identificação do agressor e fazer juntar aos autos sua folha de antecedentes criminais, indicando a existência de mandado de prisão ou o registro de outras ocorrências policiais contra ele;

VI-A – verificar se o agressor possui registro de porte ou posse de arma de fogo e, na hipótese de existência, juntar aos autos essa informação, bem como notificar a ocorrência à instituição responsável pela concessão do registro ou da emissão do porte, nos termos da Lei n. 10.826, de 22 de dezembro de 2003 (Estatuto do Desarmamento);

•• Inciso VI-A acrescentado pela Lei n. 13.880, de 8-10-2019.

VII – remeter, no prazo legal, os autos do inquérito policial ao juiz e ao Ministério Público.

§ 1.º O pedido da ofendida será tomado a termo pela autoridade policial e deverá conter:

I – qualificação da ofendida e do agressor;

II – nome e idade dos dependentes;

III – descrição sucinta do fato e das medidas protetivas solicitadas pela ofendida;

IV – informação sobre a condição de a ofendida ser pessoa com deficiência e se da violência sofrida resultou deficiência ou agravamento de deficiência preexistente.

•• Inciso IV acrescentado pela Lei n. 13.836, de 4-6-2019.

§ 2.º A autoridade policial deverá anexar ao documento referido no § 1.º o boletim de ocorrência e cópia de todos os documentos disponíveis em posse da ofendida.

§ 3.º Serão admitidos como meios de prova os laudos ou prontuários médicos fornecidos por hospitais e postos de saúde.

Art. 12-A. Os Estados e o Distrito Federal, na formulação de suas políticas e planos de atendimento à mulher em situação de violência doméstica e familiar, darão prioridade, no âmbito da Polícia Civil, à criação de Delegacias Especializadas de Atendimento à Mulher (Deams), de Núcleos Investigativos de Feminicídio e de equipes especializadas para o atendimento e a investigação das violências graves contra a mulher.

•• Artigo acrescentado pela Lei n. 13.505, de 8-11-2017.

Art. 12-B. (*Vetado.*)

•• *Caput* acrescentado pela Lei n. 13.505, de 8-11-2017.

§ 1.º (*Vetado.*)

•• § 1.º acrescentado pela Lei n. 13.505, de 8-11-2017.

§ 2.º (*Vetado.*)

•• § 2.º acrescentado pela Lei n. 13.505, de 8-11-2017.

§ 3.º A autoridade policial poderá requisitar os serviços públicos necessários à defesa da mulher em situação de violência doméstica e familiar e de seus dependentes.

•• § 3.º acrescentado pela Lei n. 13.505, de 8-11-2017.

Art. 12-C. Verificada a existência de risco atual ou iminente à vida ou à integridade física ou psicológica da mulher em situação de violência doméstica e familiar, ou de seus dependentes, o agressor será imediatamente afastado do lar, domicílio ou local de convivência com a ofendida:

•• *Caput* com redação determinada pela Lei n. 14.188, de 28-7-2021.

Lei n. 11.340, de 7-8-2006 — **Violência Doméstica**

I – pela autoridade judicial;

•• Inciso I acrescentado pela Lei n. 13.827, de 13-5-2019.

II – pelo delegado de polícia, quando o Município não for sede de comarca; ou

•• Inciso II acrescentado pela Lei n. 13.827, de 13-5-2019.

III – pelo policial, quando o Município não for sede de comarca e não houver delegado disponível no momento da denúncia.

•• Inciso III acrescentado pela Lei n. 13.827, de 13-5-2019.

§ 1.º Nas hipóteses dos incisos II e III do *caput* deste artigo, o juiz será comunicado no prazo máximo de 24 (vinte e quatro) horas e decidirá, em igual prazo, sobre a manutenção ou a revogação da medida aplicada, devendo dar ciência ao Ministério Público concomitantemente.

•• § 1.º acrescentado pela Lei n. 13.827, de 13-5-2019.

§ 2.º Nos casos de risco à integridade física da ofendida ou à efetividade da medida protetiva de urgência, não será concedida liberdade provisória ao preso.

•• § 2.º acrescentado pela Lei n. 13.827, de 13-5-2019.

Título IV
DOS PROCEDIMENTOS

Capítulo I
DISPOSIÇÕES GERAIS

Art. 13. Ao processo, ao julgamento e à execução das causas cíveis e criminais decorrentes da prática de violência doméstica e familiar contra a mulher aplicar-se-ão as normas dos Códigos de Processo Penal e Processo Civil e da legislação específica relativa à criança, ao adolescente e ao idoso que não conflitarem com o estabelecido nesta Lei.

Art. 14. Os Juizados de Violência Doméstica e Familiar contra a Mulher, órgãos da Justiça Ordinária com competência cível e criminal, poderão ser criados pela União, no Distrito Federal e nos Territórios, e pelos Estados, para o processo, o julgamento e a execução das causas decorrentes da prática de violência doméstica e familiar contra a mulher.

Parágrafo único. Os atos processuais poderão realizar-se em horário noturno, conforme dispuserem as normas de organização judiciária.

Art. 14-A. A ofendida tem a opção de propor ação de divórcio ou de dissolução de união estável no Juizado de Violência Doméstica e Familiar contra a Mulher.

•• *Caput* acrescentado pela Lei n. 13.894, de 29-10-2019, originalmente vetado, porém promulgado em 11-12-2019.

§ 1.º Exclui-se da competência dos Juizados de Violência Doméstica e Familiar contra a mulher a pretensão relacionada à partilha de bens.

•• § 1.º acrescentado pela Lei n. 13.894, de 29-10-2019, originalmente vetado, porém promulgado em 11-12-2019.

§ 2.º Iniciada a situação de violência doméstica e familiar após o ajuizamento da ação de divórcio ou de dissolução de união estável, a ação terá preferência no juízo onde estiver.

•• § 2.º acrescentado pela Lei n. 13.894, de 29-10-2019, originalmente vetado, porém promulgado em 11-12-2019.

Art. 15. É competente, por opção da ofendida, para os processos cíveis regidos por esta Lei, o Juizado:

I – do seu domicílio ou de sua residência;

II – do lugar do fato em que se baseou a demanda;

III – do domicílio do agressor.

Art. 16. Nas ações penais públicas condicionadas à representação da ofendida de que trata esta Lei, só será admitida a renúncia à representação perante o juiz, em audiência especialmente designada para tal finalidade, antes do recebimento da denúncia e ouvido o Ministério Público.

•• O STF julgou procedente a ADI n. 4.424, de 9-2-2012 (*DOU* de 17-2-2012), para, dando interpretação conforme a este inciso, "assentar a natureza incondicionada da ação penal em caso de crime de lesão, pouco importando a extensão desta, praticado contra a mulher no ambiente doméstico".

•• O STF, na ADI n. 7.267, nas sessões virtuais de 11-8-2023 a 21-8-2023 (*DOU* de 4-9-2023), por unanimidade, julgou parcialmente procedente a presente ação direta, para dar interpretação conforme à Constituição a este artigo, "de modo a reconhecer a inconstitucionalidade da designação, de ofício, da audiência nele prevista, assim como da inconstitucionalidade do reconhecimento de que eventual não comparecimento da vítima de violência doméstica implique 'retratação tácita' ou 'renúncia tácita ao direito de representação'".

•• *Vide* Súmula 542 do STJ.

Art. 17. É vedada a aplicação, nos casos de violência doméstica e familiar contra a mulher, de penas de cesta básica ou outras de prestação pecuniária, bem como a substituição de pena que implique o pagamento isolado de multa.

Art. 17-A. O nome da ofendida ficará sob sigilo nos processos em que se apuram crimes praticados no contexto de violência doméstica e familiar contra a mulher.
•• *Caput* acrescentado pela Lei n. 14.857, de 21-5-2024.

Parágrafo único. O sigilo referido no *caput* deste artigo não abrange o nome do autor do fato, tampouco os demais dados do processo.
•• Parágrafo único acrescentado pela Lei n. 14.857, de 21-5-2024.

Capítulo II
DAS MEDIDAS PROTETIVAS DE URGÊNCIA

Seção I
Disposições Gerais

Art. 18. Recebido o expediente com o pedido da ofendida, caberá ao juiz, no prazo de 48 (quarenta e oito) horas:

I – conhecer do expediente e do pedido e decidir sobre as medidas protetivas de urgência;

II – determinar o encaminhamento da ofendida ao órgão de assistência judiciária, quando for o caso, inclusive para o ajuizamento da ação de separação judicial, de divórcio, de anulação de casamento ou de dissolução de união estável perante o juízo competente;
•• Inciso II com redação determinada pela Lei n. 13.894, de 29-10-2019.

III – comunicar ao Ministério Público para que adote as providências cabíveis;

IV – determinar a apreensão imediata de arma de fogo sob a posse do agressor.
•• Inciso IV acrescentado pela Lei n. 13.880, de 8-10-2019.

Art. 19. As medidas protetivas de urgência poderão ser concedidas pelo juiz, a requerimento do Ministério Público ou a pedido da ofendida.

§ 1.º As medidas protetivas de urgência poderão ser concedidas de imediato, independentemente de audiência das partes e de manifestação do Ministério Público, devendo este ser prontamente comunicado.

§ 2.º As medidas protetivas de urgência serão aplicadas isolada ou cumulativamente, e poderão ser substituídas a qualquer tempo por outras de maior eficácia, sempre que os direitos reconhecidos nesta Lei forem ameaçados ou violados.

§ 3.º Poderá o juiz, a requerimento do Ministério Público ou a pedido da ofendida, conceder novas medidas protetivas de urgência ou rever aquelas já concedidas, se entender necessário à proteção da ofendida, de seus familiares e de seu patrimônio, ouvido o Ministério Público.

§ 4.º As medidas protetivas de urgência serão concedidas em juízo de cognição sumária a partir do depoimento da ofendida perante a autoridade policial ou da apresentação de suas alegações escritas e poderão ser indeferidas no caso de avaliação pela autoridade de inexistência de risco à integridade física, psicológica, sexual, patrimonial ou moral da ofendida ou de seus dependentes.
•• § 4.º acrescentado pela Lei n. 14.550, de 19-4-2023.

§ 5.º As medidas protetivas de urgência serão concedidas independentemente da tipificação penal da violência, do ajuizamento de ação penal ou cível, da existência de inquérito policial ou do registro de boletim de ocorrência.
•• § 5.º acrescentado pela Lei n. 14.550, de 19-4-2023.

§ 6.º As medidas protetivas de urgência vigorarão enquanto persistir risco à integridade física, psicológica, sexual, patrimonial ou moral da ofendida ou de seus dependentes.
•• § 6.º acrescentado pela Lei n. 14.550, de 19-4-2023.

Art. 20. Em qualquer fase do inquérito policial ou da instrução criminal, caberá a prisão preventiva do agressor, decretada pelo juiz, de ofício, a requerimento do Ministério Público ou mediante representação da autoridade policial.

Parágrafo único. O juiz poderá revogar a prisão preventiva se, no curso do processo, verificar a falta de motivo para que subsista, bem como de novo decretá-la, se sobrevierem razões que a justifiquem.

Art. 21. A ofendida deverá ser notificada dos atos processuais relativos ao agressor, especialmente dos pertinentes ao ingresso e à saída da prisão, sem prejuízo da intimação do advogado constituído ou do defensor público.
•• A Resolução n. 346, de 8-10-2020, do CNJ, dispõe sobre o prazo para cumprimento, por oficiais de justiça, de mandados referentes a medidas protetivas de urgência, bem como sobre a forma de comunicação à vítima dos atos processuais relativos ao agressor, especialmente dos pertinentes ao ingresso e à saída da prisão.

Parágrafo único. A ofendida não poderá entregar intimação ou notificação ao agressor.

Seção II
Das Medidas Protetivas de Urgência que Obrigam o Agressor

Art. 22. Constatada a prática de violência doméstica e familiar contra a mulher, nos termos desta Lei, o juiz poderá aplicar, de imediato, ao agressor, em conjunto ou separadamente, as seguintes medidas protetivas de urgência, entre outras:

I – suspensão da posse ou restrição do porte de armas, com comunicação ao órgão competente, nos termos da Lei n. 10.826, de 22 de dezembro de 2003;

II – afastamento do lar, domicílio ou local de convivência com a ofendida;

III – proibição de determinadas condutas, entre as quais:

a) aproximação da ofendida, de seus familiares e das testemunhas, fixando o limite mínimo de distância entre estes e o agressor;

b) contato com a ofendida, seus familiares e testemunhas por qualquer meio de comunicação;

c) frequentação de determinados lugares a fim de preservar a integridade física e psicológica da ofendida;

IV – restrição ou suspensão de visitas aos dependentes menores, ouvida a equipe de atendimento multidisciplinar ou serviço similar;

V – prestação de alimentos provisionais ou provisórios;

VI – comparecimento do agressor a programas de recuperação e reeducação; e

•• Inciso VI acrescentado pela Lei n. 13.984, de 3-4-2020.

VII – acompanhamento psicossocial do agressor, por meio de atendimento individual e/ou em grupo de apoio.

•• Inciso VII acrescentado pela Lei n. 13.984, de 3-4-2020.

§ 1.º As medidas referidas neste artigo não impedem a aplicação de outras previstas na legislação em vigor, sempre que a segurança da ofendida ou as circunstâncias o exigirem, devendo a providência ser comunicada ao Ministério Público.

§ 2.º Na hipótese de aplicação do inciso I, encontrando-se o agressor nas condições mencionadas no *caput* e incisos do art. 6.º da Lei n. 10.826, de 22 de dezembro de 2003, o juiz comunicará ao respectivo órgão, corporação ou instituição as medidas protetivas de urgência concedidas e determinará a restrição do porte de armas, ficando o superior imediato do agressor responsável pelo cumprimento da determinação judicial, sob pena de incorrer nos crimes de prevaricação ou de desobediência, conforme o caso.

§ 3.º Para garantir a efetividade das medidas protetivas de urgência, poderá o juiz requisitar, a qualquer momento, auxílio da força policial.

§ 4.º Aplica-se às hipóteses previstas neste artigo, no que couber, o disposto no *caput* e nos §§ 5.º e 6.º do art. 461 da Lei n. 5.869, de 11 de janeiro de 1973 (Código de Processo Civil).

Seção III
Das Medidas Protetivas de Urgência à Ofendida

Art. 23. Poderá o juiz, quando necessário, sem prejuízo de outras medidas:

I – encaminhar a ofendida e seus dependentes a programa oficial ou comunitário de proteção ou de atendimento;

II – determinar a recondução da ofendida e a de seus dependentes ao respectivo domicílio, após afastamento do agressor;

III – determinar o afastamento da ofendida do lar, sem prejuízo dos direitos relativos a bens, guarda dos filhos e alimentos;

IV – determinar a separação de corpos;

V – determinar a matrícula dos dependentes da ofendida em instituição de educação básica mais próxima do seu domicílio, ou a transferência deles para essa instituição, independentemente da existência de vaga.

•• Inciso V acrescentado pela Lei n. 13.882, de 8-10-2019.

VI – conceder à ofendida auxílio-aluguel, com valor fixado em função de sua situação de vulnerabilidade social e econômica, por período não superior a 6 (seis) meses.

•• Inciso VI acrescentado pela Lei n. 14.674, de 14-9-2023.

Art. 24. Para a proteção patrimonial dos bens da sociedade conjugal ou daqueles de propriedade particular da mulher, o juiz poderá determinar, liminarmente, as seguintes medidas, entre outras:

I – restituição de bens indevidamente subtraídos pelo agressor à ofendida;

II – proibição temporária para a celebração de atos e contratos de compra, venda e locação de propriedade em comum, salvo expressa autorização judicial;

III – suspensão das procurações conferidas pela ofendida ao agressor;

IV – prestação de caução provisória, mediante depósito judicial, por perdas e danos materiais decorrentes da prática de violência doméstica e familiar contra a ofendida.

Parágrafo único. Deverá o juiz oficiar ao cartório competente para os fins previstos nos incisos II e III deste artigo.

Seção IV
Do Crime de Descumprimento de Medidas
Protetivas de Urgência Descumprimento de
Medidas Protetivas de Urgência

•• Seção IV acrescentada pela Lei n. 13.641, de 3-4-2018.

Art. 24-A. Descumprir decisão judicial que defere medidas protetivas de urgência previstas nesta Lei:

•• *Caput* acrescentado pela Lei n. 13.641, de 3-4-2018.

Pena – reclusão, de 2 (dois) a 5 (cinco) anos, e multa.

•• Pena com redação determinada pela Lei n. 14.994, de 9-10-2024.

§ 1.º A configuração do crime independe da competência civil ou criminal do juiz que deferiu as medidas.

•• § 1.º acrescentado pela Lei n. 13.641, de 3-4-2018.

§ 2.º Na hipótese de prisão em flagrante, apenas a autoridade judicial poderá conceder fiança.

•• § 2.º acrescentado pela Lei n. 13.641, de 3-4-2018.

§ 3.º O disposto neste artigo não exclui a aplicação de outras sanções cabíveis.

•• § 3.º acrescentado pela Lei n. 13.641, de 3-4-2018.

Capítulo III
DA ATUAÇÃO DO MINISTÉRIO PÚBLICO

Art. 25. O Ministério Público intervirá, quando não for parte, nas causas cíveis e criminais decorrentes da violência doméstica e familiar contra a mulher.

Art. 26. Caberá ao Ministério Público, sem prejuízo de outras atribuições, nos casos de violência doméstica e familiar contra a mulher, quando necessário:

I – requisitar força policial e serviços públicos de saúde, de educação, de assistência social e de segurança, entre outros;

II – fiscalizar os estabelecimentos públicos e particulares de atendimento à mulher em situação de violência doméstica e familiar, e adotar, de imediato, as medidas administrativas ou judiciais cabíveis no tocante a quaisquer irregularidades constatadas;

III – cadastrar os casos de violência doméstica e familiar contra a mulher.

Capítulo IV
DA ASSISTÊNCIA JUDICIÁRIA

Art. 27. Em todos os atos processuais, cíveis e criminais, a mulher em situação de violência doméstica e familiar deverá estar acompanhada de advogado, ressalvado o previsto no art. 19 desta Lei.

Art. 28. É garantido a toda mulher em situação de violência doméstica e familiar o acesso aos serviços de Defensoria Pública ou de Assistência Judiciária Gratuita, nos termos da lei, em sede policial e judicial, mediante atendimento específico e humanizado.

TÍTULO V
DA EQUIPE DE ATENDIMENTO
MULTIDISCIPLINAR

Art. 29. Os Juizados de Violência Doméstica e Familiar contra a Mulher que vierem a ser criados poderão contar com uma equipe de atendimento multidisciplinar, a ser integrada por profissionais especializados nas áreas psicossocial, jurídica e de saúde.

Art. 30. Compete à equipe de atendimento multidisciplinar, entre outras atribuições que lhe forem reservadas pela legislação local, fornecer subsídios por escrito ao juiz, ao Ministério Público e à Defensoria Pública, mediante laudos ou verbalmente em audiência, e desenvolver trabalhos de orientação, encaminhamento, prevenção e outras medidas, voltados para a ofendida, o agressor e os familiares, com especial atenção às crianças e aos adolescentes.

Art. 31. Quando a complexidade do caso exigir avaliação mais aprofundada, o juiz poderá determinar a manifestação de profissional especializado, mediante a indicação da equipe de atendimento multidisciplinar.

Art. 32. O Poder Judiciário, na elaboração de sua proposta orçamentária, poderá prever recursos para a criação e manutenção da equipe de atendimento multidisciplinar, nos termos da Lei de Diretrizes Orçamentárias.

TÍTULO VI
DISPOSIÇÕES TRANSITÓRIAS

Art. 33. Enquanto não estruturados os Juizados de Violência Doméstica e Familiar contra a Mulher, as varas criminais acumularão as competências cível e criminal para conhecer e julgar as causas decorrentes da prática de violência doméstica e familiar contra a mulher, observadas as previsões do Título IV desta Lei, subsidiada pela legislação processual pertinente.

•• O STF, na ADI n. 19, de 9-2-2012, declarou a constitucionalidade deste artigo.

Parágrafo único. Será garantido o direito de preferência, nas varas criminais, para o processo e o julgamento das causas referidas no *caput*.

TÍTULO VII
DISPOSIÇÕES FINAIS

Art. 34. A instituição dos Juizados de Violência Doméstica e Familiar contra a Mulher poderá ser acompanhada pela implantação das curadorias necessárias e do serviço de assistência judiciária.

Art. 35. A União, o Distrito Federal, os Estados e os Municípios poderão criar e promover, no limite das respectivas competências:

•• A Lei n. 14.316, de 29-3-2022, estabelece que as ações previstas neste artigo são consideradas ações de enfrentamento da violência contra a mulher e poderão ser custeadas com os recursos do FNSP.

I – centros de atendimento integral e multidisciplinar para mulheres e respectivos dependentes em situação de violência doméstica e familiar;

II – casas-abrigos para mulheres e respectivos dependentes menores em situação de violência doméstica e familiar;

III – delegacias, núcleos de defensoria pública, serviços de saúde e centros de perícia médico-legal especializados no atendimento à mulher em situação de violência doméstica e familiar;

IV – programas e campanhas de enfrentamento da violência doméstica e familiar;

V – centros de educação e de reabilitação para os agressores.

Art. 36. A União, os Estados, o Distrito Federal e os Municípios promoverão a adaptação de seus órgãos e de seus programas às diretrizes e aos princípios desta Lei.

Art. 37. A defesa dos interesses e direitos transindividuais previstos nesta Lei poderá ser exercida, concorrentemente, pelo Ministério Público e por associação de atuação na área, regularmente constituída há pelo menos um ano, nos termos da legislação civil.

Parágrafo único. O requisito da pré-constituição poderá ser dispensado pelo juiz quando entender que não há outra entidade com representatividade adequada para o ajuizamento da demanda coletiva.

Art. 38. As estatísticas sobre a violência doméstica e familiar contra a mulher serão incluídas nas bases de dados dos órgãos oficiais do Sistema de Justiça e Segurança a fim de subsidiar o sistema nacional de dados e informações relativo às mulheres.

•• A Lei n. 14.232, de 28-10-2021, institui a Política Nacional de Dados e Informações relacionadas à Violência contra as Mulheres – PNAINFO.

Parágrafo único. As Secretarias de Segurança Pública dos Estados e do Distrito Federal poderão remeter suas informações criminais para a base de dados do Ministério da Justiça.

Art. 38-A. O juiz competente providenciará o registro da medida protetiva de urgência.

•• *Caput* acrescentado pela Lei n. 13.827, de 13-5-2019.

Parágrafo único. As medidas protetivas de urgência serão, após sua concessão, imediatamente registradas em banco de dados mantido e regulamentado pelo Conselho Nacional de Justiça, garantido o acesso instantâneo do Ministério Público, da Defensoria Pública e dos órgãos de segurança pública e de assistência social, com vistas à fiscalização e à efetividade das medidas protetivas..

•• Parágrafo único com redação determinada pela Lei n. 14.310, de 8-3-2022.

Art. 39. A União, os Estados, o Distrito Federal e os Municípios, no limite de suas competências e nos termos das respectivas leis de diretrizes orçamentárias, poderão estabelecer dotações orçamentárias específicas, em cada exercício financeiro, para a implementação das medidas estabelecidas nesta Lei.

Art. 40. As obrigações previstas nesta Lei não excluem outras decorrentes dos princípios por ela adotados.

Art. 40-A. Esta Lei será aplicada a todas as situações previstas no seu art. 5.º, independentemente da causa ou da motivação dos atos de violência e da condição do ofensor ou da ofendida.

•• Artigo acrescentado pela Lei n. 14.550, de 19-4-2023.

Art. 41. Aos crimes praticados com violência doméstica e familiar contra a mulher, independentemente da pena prevista, não se aplica a Lei n. 9.099, de 26 de setembro de 1995.

•• O STF, na ADI n. 19, de 9-2-2012, declarou a constitucionalidade deste artigo.

Art. 46. Esta Lei entra em vigor 45 (quarenta e cinco) dias após sua publicação.

Brasília, 7 de agosto de 2006; 185.º da Independência e 118.º da República.

LUIZ INÁCIO LULA DA SILVA

LEI COMPLEMENTAR N. 123, DE 14 DE DEZEMBRO DE 2006 (*)

Institui o Estatuto Nacional da Microempresa e da Empresa de Pequeno Porte; altera dispositivos das Leis n. 8.212 e 8.213, ambas de 24 de julho de 1991, da Consolidação das Leis do Trabalho – CLT, aprovada pelo Decreto-lei n. 5.452, de 1.º de maio de 1943, da Lei n. 10.189, de 14 de fevereiro de 2001, da Lei Complementar n. 63, de 11 de janeiro de 1990; e revoga as Leis n. 9.317, de 5 de dezembro de 1996, e 9.841, de 5 de outubro de 1999.

O Presidente da República

Faço saber que o Congresso Nacional decreta e eu sanciono a seguinte Lei Complementar:

Capítulo I
DISPOSIÇÕES PRELIMINARES

Art. 1.º Esta Lei Complementar estabelece normas gerais relativas ao tratamento diferenciado e favorecido a ser dispensado às microempresas e empresas de pequeno porte no âmbito dos Poderes da União, dos Estados, do Distrito Federal e dos Municípios, especialmente no que se refere:

•• *Vide* art. 179 da CF.

I – à apuração e recolhimento dos impostos e contribuições da União, dos Estados, do Distrito Federal e dos Municípios, mediante regime único de arrecadação, inclusive obrigações acessórias;

II – ao cumprimento de obrigações trabalhistas e previdenciárias, inclusive obrigações acessórias;

III – ao acesso a crédito e ao mercado, inclusive quanto à preferência nas aquisições de bens e serviços pelos Poderes Públicos, à tecnologia, ao associativismo e às regras de inclusão;

IV – ao cadastro nacional único de contribuintes a que se refere o inciso IV do § 1.º do art. 146 da Constituição Federal.

•• Inciso IV com redação determinada pela Lei Complementar n. 214, de 16-1-2025, produzindo efeitos a partir de 1.º-1-2025.

§ 1.º Cabe ao Comitê Gestor do Simples Nacional (CGSN) apreciar a necessidade de revisão, a partir de 1.º de janeiro de 2015, dos valores expressos em moeda nesta Lei Complementar.

•• § 1.º com redação determinada pela Lei Complementar n. 139, de 10-11-2011.

§ 2.º (*Vetado.*)

§ 3.º Ressalvado o disposto no Capítulo IV, toda nova obrigação que atinja as microempresas e empresas de pequeno porte deverá apresentar, no instrumento que a instituiu, especificação do tratamento diferenciado, simplificado e favorecido para cumprimento.

•• § 3.º acrescentado pela Lei Complementar n. 147, de 7-8-2014.

§ 4.º Na especificação do tratamento diferenciado, simplificado e favorecido de que trata o § 3.º, deverá constar prazo máximo, quando forem necessários procedimentos adicionais, para que os órgãos fiscalizadores cumpram as medidas necessárias à emissão de documentos, realização de vistorias e atendimento das demandas realizadas pelas microempresas e empresas de pequeno porte com o objetivo de cumprir a nova obrigação.

•• § 4.º acrescentado pela Lei Complementar n. 147, de 7-8-2014.

§ 5.º Caso o órgão fiscalizador descumpra os prazos estabelecidos na especificação do tratamento diferenciado e favorecido, conforme o disposto no § 4.º, a nova obrigação será inexigível até que seja realizada visita para fiscalização orientadora e seja reiniciado o prazo para regularização.

•• § 5.º acrescentado pela Lei Complementar n. 147, de 7-8-2014.

§ 6.º A ausência de especificação do tratamento diferenciado, simplificado e favorecido ou da determinação de prazos máximos, de acordo com os §§ 3.º e 4.º, tornará a nova obrigação inexigível para as microempresas e empresas de pequeno porte.

•• § 6.º acrescentado pela Lei Complementar n. 147, de 7-8-2014.

(*) Publicada no *DOU*, de 15-12-2006. Os anexos não foram publicados por não atenderem ao propósito desta obra. A Resolução n. 140, de 22-5-2018, do CGSN, dispõe sobre o Regime Especial Unificado de Arrecadação de Tributos e Contribuições devidos pelas Microempresas e Empresas de Pequeno Porte (Simples Nacional).

§ 7.º A inobservância do disposto nos §§ 3.º a 6.º resultará em atentado aos direitos e garantias legais assegurados ao exercício profissional da atividade empresarial.

•• § 7.º acrescentado pela Lei Complementar n. 147, de 7-8-2014.

Art. 2.º O tratamento diferenciado e favorecido a ser dispensado às microempresas e empresas de pequeno porte de que trata o art. 1.º desta Lei Complementar será gerido pelas instâncias a seguir especificadas:

I – Comitê Gestor do Simples Nacional, vinculado ao Ministério da Fazenda, composto de 4 (quatro) representantes da União, 2 (dois) dos Estados e do Distrito Federal, 2 (dois) dos Municípios, 1 (um) do Serviço Brasileiro de Apoio às Micro e Pequenas Empresas (Sebrae) e 1 (um) das confederações nacionais de representação do segmento de microempresas e empresas de pequeno porte referidas no art. 11 da Lei Complementar n. 147, de 7 de agosto de 2014, para tratar dos aspectos tributários;

•• Inciso I com redação determinada pela Lei Complementar n. 214, de 16-1-2025, produzindo efeitos a partir de 1.º-1-2025.

•• A Resolução n. 176, de 19-6-2024, do CGSN aprova o Regimento Interno do Comitê Gestor do Simples Nacional.

II – Fórum Permanente das Microempresas e Empresas de Pequeno Porte, com a participação dos órgãos federais competentes e das entidades vinculadas ao setor, para tratar dos demais aspectos, ressalvado o disposto no inciso III do *caput* deste artigo;

•• Inciso II com redação determinada pela Lei Complementar n. 128, de 19-12-2008.

•• O Decreto n. 8.364, de 17-11-2014, regulamenta o Fórum Permanente das Microempresas e Empresas de Pequeno Porte.

III – Comitê para Integração das Administrações Tributárias e Gestão da Rede Nacional para Simplificação do Registro e da Legalização de Empresas e Negócios – CGSIM, vinculado ao Ministério da Fazenda, composto por representantes da União, Estados, Municípios e Distrito Federal e demais órgãos de apoio e de registro, na forma definida pelo Poder Executivo, para tratar dos atos cadastrais tributários e do processo de registro e de legalização de empresários e de pessoas jurídicas.

•• Inciso III com redação determinada pela Lei Complementar n. 214, de 16-1-2025, produzindo efeitos a partir de 1.º-1-2025.

•• *Vide* art. 968, § 4.º, do CC.

§ 1.º Os Comitês de que tratam os incisos I e III do *caput* deste artigo serão presididos e coordenados por representantes da União.

•• § 1.º com redação determinada pela Lei Complementar n. 128, de 19-12-2008.

§ 2.º Os representantes dos Estados e do Distrito Federal nos Comitês referidos nos incisos I e III do *caput* deste artigo serão indicados pelo Conselho Nacional de Política Fazendária – CONFAZ e os dos Municípios serão indicados, um pela entidade representativa das Secretarias de Finanças das Capitais e outro pelas entidades de representação nacional dos Municípios brasileiros.

•• § 2.º com redação determinada pela Lei Complementar n. 128, de 19-12-2008.

§ 3.º As entidades de representação referidas no inciso III do *caput* e no § 2.º deste artigo serão aquelas regularmente constituídas há pelo menos 1 (um) ano antes da publicação desta Lei Complementar.

•• § 3.º com redação determinada pela Lei Complementar n. 128, de 19-12-2008.

§ 4.º Os comitês de que tratam os incisos I e III do *caput* deste artigo elaborarão seus regimentos internos mediante resolução, observado, quanto ao CGSN, o disposto nos §§ 4.º-A e 4.º-B deste artigo.

•• § 4.º com redação determinada pela Lei Complementar n. 188, de 31-12-2021.

§ 4.º-A. O quórum mínimo para a realização das reuniões do CGSN será de 3/4 (três quartos) dos membros, dos quais um deles será necessariamente o Presidente ou seu substituto.

•• § 4.º-A com redação determinada pela Lei Complementar n. 214, de 16-1-2025, produzindo efeitos a partir de 1.º-1-2025.

§ 4.º-B. As deliberações do CGSN serão tomadas por 3/4 (três quartos) dos componentes presentes às reuniões, presenciais ou virtuais, ressalvadas as decisões que determinem a exclusão de ocupações autorizadas a atuar na qualidade de Microempreendedor Individual (MEI), quando a deliberação deverá ser unânime.

•• § 4.º-B acrescentado pela Lei Complementar n. 188, de 31-12-2021.

§ 5.º O Fórum referido no inciso II do *caput* deste artigo tem por finalidade orientar e assessorar a formulação e coordenação da política nacional de desenvolvimento das microempresas e empresas de pequeno porte, bem como acompanhar e avaliar a sua implantação, sendo presidido e coordenado pela Secretaria da Micro e Pequena Empresa da Presidência da República.

•• § 5.º com redação determinada pela Lei n. 12.792, de 28-3-2013.

§ 6.º Ao Comitê de que trata o inciso I do *caput* deste artigo compete regulamentar a opção, exclusão, tributação, fiscalização, arrecadação, cobrança, dívida ativa, recolhimento e demais itens relativos ao regime de que trata o art. 12 desta Lei Complementar, observadas as demais disposições desta Lei Complementar.

•• § 6.º acrescentado pela Lei Complementar n. 128, de 19-12-2008.

§ 7.º Ao Comitê de que trata o inciso III do *caput* deste artigo compete, na forma da lei, regulamentar a inscrição, cadastro, abertura, alvará, arquivamento, licenças, permissão, autorização, registros e demais itens relativos à abertura, legalização e funcionamento de empresários e de pessoas jurídicas de qualquer porte, atividade econômica ou composição societária.

•• § 7.º acrescentado pela Lei Complementar n. 128, de 19-12-2008.

§ 8.º Os membros do CGSN e do CGSIM serão designados pelo Ministro de Estado da Fazenda, mediante indicação dos órgãos e entidades vinculados.

•• § 8.º com redação determinada pela Lei Complementar n. 214, de 16-1-2025, produzindo efeitos a partir de 1.º-1-2025.

§ 8.º-A. Dos membros da União que compõem o CGSN, 3 (três) serão representantes da Secretaria Especial da Receita Federal do Brasil e 1 (um) do Ministério do Empreendedorismo, da Microempresa e da Empresa de Pequeno Porte ou do órgão que vier a substituí-lo.

•• § 8.º-A com redação determinada pela Lei Complementar n. 214, de 16-1-2025, produzindo efeitos a partir de 1.º-1-2025.

§ 8.º-B. A vaga das confederações nacionais de representação do segmento de microempresas e empresas de pequeno porte no comitê de que trata o inciso I do *caput* deste artigo será ocupada em regime de rodízio anual entre as confederações.

•• § 8.º-B acrescentado pela Lei Complementar n. 188, de 31-12-2021.

§ 9.º O CGSN poderá determinar, com relação à microempresa e à empresa de pequeno porte optante pelo Simples Nacional, a forma, a periodicidade e o prazo:

•• § 9.º, *caput*, acrescentado pela Lei Complementar n. 147, de 7-8-2014.

I – de entrega à Secretaria da Receita Federal do Brasil – RFB de uma única declaração com dados relacionados a fatos geradores, base de cálculo e valores da contribuição para a Seguridade Social devida sobre a remuneração do trabalho, inclusive a descontada dos trabalhadores a serviço da empresa, do Fundo de Garantia do Tempo de Serviço – FGTS e outras informações de interesse do Ministério do Trabalho e Emprego – MTE, do Instituto Nacional do Seguro Social – INSS e do Conselho Curador do FGTS, observado o disposto no § 7.º deste artigo; e

•• Inciso I acrescentado pela Lei Complementar n. 147, de 7-8-2014.

II – do recolhimento das contribuições descritas no inciso I e do FGTS.

•• Inciso II acrescentado pela Lei Complementar n. 147, de 7-8-2014.

§ 10. O recolhimento de que trata o inciso II do § 9.º deste artigo poderá se dar de forma unificada relativamente aos tributos apurados na forma do Simples Nacional.

•• Inciso II acrescentado pela Lei Complementar n. 147, de 7-8-2014.

§ 11. A entrega da declaração de que trata o inciso I do § 9.º substituirá, na forma regulamentada pelo CGSN, a obrigatoriedade de entrega de todas as informações, formulários e declarações a que estão sujeitas as demais empresas ou equiparados que contratam trabalhadores, inclusive relativamente ao recolhimento do FGTS, à Relação Anual de Informações Sociais e ao Cadastro Geral de Empregados e Desempregados.

•• § 11 acrescentado pela Lei Complementar n. 147, de 7-8-2014.

§ 12. Na hipótese de recolhimento do FGTS na forma do inciso II do § 9.º deste artigo, deve-se assegurar a transferência dos recursos e dos elementos identificadores do recolhimento ao gestor desse fundo para crédito na conta vinculada do trabalhador.

•• § 12 acrescentado pela Lei Complementar n. 147, de 7-8-2014.

§ 13. O documento de que trata o inciso I do § 9.º tem caráter declaratório, constituindo instrumento hábil e suficiente para a exigência dos tributos, contribuições e dos débitos fundiários que não tenham sido recolhidos resultantes das informações nele prestadas.

•• § 13 acrescentado pela Lei Complementar n. 147, de 7-8-2014.

Lei Complementar n. 123, de 14-12-2006 — **Estatuto da Microempresa**

Capítulo II
DA DEFINIÇÃO DE MICROEMPRESA E DE EMPRESA DE PEQUENO PORTE

Art. 3.º Para os efeitos desta Lei Complementar, consideram-se microempresas ou empresas de pequeno porte a sociedade empresária, a sociedade simples, a empresa individual de responsabilidade limitada e o empresário a que se refere o art. 966 da Lei n. 10.406, de 10 de janeiro de 2002 (Código Civil), devidamente registrados no Registro de Empresas Mercantis ou no Registro Civil de Pessoas Jurídicas, conforme o caso, desde que:

•• *Caput* com redação determinada pela Lei Complementar n. 139, de 10-11-2011.

•• *Vide* arts. 967 e 998 do CC.

I – no caso da microempresa, aufira, em cada ano-calendário, receita bruta igual ou inferior a R$ 360.000,00 (trezentos e sessenta mil reais); e

•• Inciso I com redação determinada pela Lei Complementar n. 139, de 10-11-2011.

II – no caso de empresa de pequeno porte, aufira, em cada ano-calendário, receita bruta superior a R$ 360.000,00 (trezentos e sessenta mil reais) e igual ou inferior a R$ 4.800.000,00 (quatro milhões e oitocentos mil reais).

•• Inciso II com redação determinada pela Lei Complementar n. 155, de 27-10-2016.

§ 1.º Considera-se receita bruta, para fins do disposto no *caput*, o produto da venda de bens e serviços nas operações de conta própria, o preço dos serviços prestados, o resultado nas operações em conta alheia e as demais receitas da atividade ou objeto principal das microempresas ou das empresas de pequeno porte, não incluídas as vendas canceladas e os descontos incondicionais concedidos.

•• § 1.º com redação determinada pela Lei Complementar n. 214, de 16-1-2025, produzindo efeitos a partir de 1.º-1-2025.

•• **A Lei Complementar n. 214, de 16-1-2025, acrescenta a este artigo o § 1.º-A, com produção de efeitos a partir de 1.º-1-2027:** § 1.º-A. A receita bruta de que trata o § 1.º também compreende as receitas com operações com bens materiais ou imateriais, inclusive direitos, ou com serviços".

§ 2.º No caso de início de atividade no próprio ano-calendário, o limite a que se refere o *caput* deste artigo será proporcional ao número de meses em que a microempresa ou a empresa de pequeno porte houver exercido atividade, inclusive as frações de meses.

§ 3.º O enquadramento do empresário ou da sociedade simples ou empresária como microempresa ou empresa de pequeno porte bem como o seu desenquadramento não implicarão alteração, denúncia ou qualquer restrição em relação a contratos por elas anteriormente firmados.

§ 4.º Não poderá se beneficiar do tratamento jurídico diferenciado previsto nesta Lei Complementar, incluído o regime de que trata o art. 12 desta Lei Complementar, para nenhum efeito legal, a pessoa jurídica:

•• § 4.º, *caput*, com redação determinada pela Lei Complementar n. 128, de 19-12-2008.

I – de cujo capital participe outra pessoa jurídica;

II – que seja filial, sucursal, agência ou representação, no País, de pessoa jurídica com sede no exterior;

III – de cujo capital participe pessoa física que seja inscrita como empresário ou seja sócia de outra empresa que receba tratamento jurídico diferenciado nos termos desta Lei Complementar, desde que a receita bruta global ultrapasse o limite de que trata o inciso II do *caput* deste artigo;

IV – cujo titular ou sócio participe com mais de 10% (dez por cento) do capital de outra empresa não beneficiada por esta Lei Complementar, desde que a receita bruta global ultrapasse o limite de que trata o inciso II do *caput* deste artigo;

V – cujo sócio ou titular de fato ou de direito seja administrador ou equiparado de outra pessoa jurídica com fins lucrativos, desde que a receita bruta global ultrapasse o limite de que trata o inciso II do *caput*;

•• Inciso V com redação determinada pela Lei Complementar n. 214, de 16-1-2025, produzindo efeitos a partir de 1.º-1-2025.

VI – constituída sob a forma de cooperativas, salvo as de consumo;

VII – que participe do capital de outra pessoa jurídica;

VIII – que exerça atividade de banco comercial, de investimentos e de desenvolvimento, de caixa econômica, de sociedade de crédito, financiamento e investimento ou de crédito imobiliário, de corretora ou de distribuidora de títulos, valores mobiliários e câmbio, de empresa de arrendamento mercantil, de seguros privados e de capitalização ou de previdência complementar;

IX – resultante ou remanescente de cisão ou qualquer outra forma de desmembramento de pessoa jurídica que tenha ocorrido em um dos 5 (cinco) anos-calendário anteriores;

X – constituída sob a forma de sociedade por ações;

XI – cujos titulares ou sócios guardem, cumulativamente, com o contratante do serviço, relação de pessoalidade, subordinação e habitualidade.

•• Inciso XI acrescentado pela Lei Complementar n. 147, de 7-8-2014.

XII – que tenha filial, sucursal, agência ou representação no exterior.

•• Inciso XII acrescentado pela Lei Complementar n. 214, de 16-1-2025, produzindo efeitos a partir de 1.º-1-2025.

§ 5.º O disposto nos incisos IV e VII do § 4.º deste artigo não se aplica à participação no capital de cooperativas de crédito, bem como em centrais de compras, bolsas de subcontratação, no consórcio referido no art. 50 desta Lei Complementar e na sociedade de propósito específico prevista no art. 56 desta Lei Complementar, e em associações assemelhadas, sociedades de interesse econômico, sociedades de garantia solidária e outros tipos de sociedade, que tenham como objetivo social a defesa exclusiva dos interesses econômicos das microempresas e empresas de pequeno porte.

•• § 5.º com redação dada pela Lei Complementar n. 128, de 19-12-2008.

§ 6.º Na hipótese de a microempresa ou empresa de pequeno porte incorrer em alguma das situações previstas nos incisos do § 4.º, será excluída do tratamento jurídico diferenciado previsto nesta Lei Complementar, bem como do regime de que trata o art. 12, com efeitos a partir do mês seguinte ao que incorrida a situação impeditiva.

•• § 6.º com redação determinada pela Lei Complementar n. 139, de 10-11-2011.

§ 7.º Observado o disposto no § 2.º deste artigo, no caso de início de atividades, a microempresa que, no ano-calendário, exceder o limite de receita bruta anual previsto no inciso I do *caput* deste artigo passa, no ano-calendário seguinte, à condição de empresa de pequeno porte.

§ 8.º Observado o disposto no § 2.º deste artigo, no caso de início de atividades, a empresa de pequeno porte que, no ano-calendário, não ultrapassar o limite de receita bruta anual previsto no inciso I do *caput* deste artigo passa, no ano-calendário seguinte, à condição de microempresa.

§ 9.º A empresa de pequeno porte que, no ano-calendário, exceder o limite de receita bruta anual previsto no inciso II do *caput* fica excluída, no mês subsequente à ocorrência do excesso, do tratamento jurídico diferenciado previsto nesta Lei Complementar, incluindo o regime de que trata o art. 12, para todos os efeitos legais, ressalvado o disposto nos §§ 9.º-A, 10 e 12.

•• § 9.º com redação determinada pela Lei Complementar n. 139, de 10-11-2011.

§ 9.º-A. Os efeitos da exclusão prevista no § 9.º dar-se-ão no ano-calendário subsequente se o excesso verificado em relação à receita bruta não for superior a 20% (vinte por cento) do limite referido no inciso II do *caput*.

•• § 9.º-A acrescentado pela Lei Complementar n. 139, de 10-11-2011.

§ 10. A empresa de pequeno porte que no decurso do ano-calendário de início de atividade ultrapassar o limite proporcional de receita bruta de que trata o § 2.º estará excluída do tratamento jurídico diferenciado previsto nesta Lei Complementar, bem como do regime de que trata o art. 12 desta Lei Complementar, com efeitos retroativos ao início de suas atividades.

•• § 10 com redação determinada pela Lei Complementar n. 139, de 10-11-2011.

§ 11. Na hipótese de o Distrito Federal, os Estados e os respectivos Municípios adotarem um dos limites previstos nos incisos I e II do *caput* do art. 19 e no art. 20, caso a receita bruta auferida pela empresa durante o ano-calendário de início de atividade ultrapasse 1/12 (um doze avos) do limite estabelecido multiplicado pelo número de meses de funcionamento nesse período, a empresa não poderá recolher o ICMS e o ISS na forma do Simples Nacional, relativos ao estabelecimento localizado na unidade da federação que os houver adotado, com efeitos retroativos ao início de suas atividades.

•• § 11 com redação determinada pela Lei Complementar n. 139, de 10-11-2011.

•• **A Lei Complementar n. 214, de 16-1-2025, deu nova redação a este § 11, com produção de efeitos a partir de 1.º-1-2027:** "§ 11. Na hipótese de excesso do limite previsto no art. 13-A, caso a receita bruta auferida pela empresa durante o ano-calendário de início de atividade ultrapasse 1/12 (um doze avos) do limite estabelecido multiplicado pelo número de meses de funcionamento nesse período, a empresa não poderá recolher o ICMS, o ISS e o IBS na forma do Simples Nacional, com efeitos retroativos ao início de suas atividades".

•• **A Lei Complementar n. 214, de 16-1-2025, deu nova redação a este § 11, com produção de efeitos a partir de 1.º-1-2033:** "§ 11. Na hipótese de excesso do limite previsto no art. 13-A, caso a receita bruta auferida pela empresa durante o ano-calendário de início de atividade ultrapasse 1/12 (um doze avos) do limite estabelecido multiplicado pelo número de meses de funcionamento nesse período, a empresa não poderá recolher o IBS na forma do Simples Nacional, com efeitos retroativos ao início de suas atividades".

§ 12. A exclusão de que trata o § 10 não retroagirá ao início das atividades se o excesso verificado em relação à receita bruta não for superior a 20% (vinte por cento) do respectivo limite referido naquele parágrafo, hipótese em que os efeitos da exclusão dar-se-ão no ano-calendário subsequente.

•• § 12 com redação determinada pela Lei Complementar n. 139, de 10-11-2011.

§ 13. O impedimento de que trata o § 11 não retroagirá ao início das atividades se o excesso verificado em relação à receita bruta não for superior a 20% (vinte por cento) dos respectivos limites referidos naquele parágrafo, hipótese em que os efeitos do impedimento ocorrerão no ano-calendário subsequente.

•• § 13 acrescentado pela Lei Complementar n. 139, de 10-11-2011.

•• **A Lei Complementar n. 214, de 16-1-2025, deu nova redação a este § 13, com produção de efeitos a partir de 1.º-1-2027:** " § 13. O impedimento de que trata o § 11 não retroagirá ao início das atividades se o excesso verificado em relação à receita bruta não for superior a 20% (vinte por cento) do limite referido naquele parágrafo, hipótese em que os efeitos do impedimento ocorrerão no ano-calendário subsequente".

§ 14. Para fins de enquadramento como microempresa ou empresa de pequeno porte, poderão ser auferidas receitas no mercado interno até o limite previsto no inciso II do *caput* ou no § 2.º, conforme o caso, e, adicionalmente, receitas decorrentes da exportação de mercadorias ou serviços, inclusive quando realizada por meio de comercial exportadora ou da sociedade de propósito específico prevista no art. 56 desta Lei Complementar, desde que as receitas de exportação também não excedam os referidos limites de receita bruta anual.

•• § 14 com redação determinada pela Lei Complementar n. 147, de 7-8-2014.

§ 15. Na hipótese do § 14, para fins de determinação da alíquota de que trata o § 1.º do art. 18, da base de cálculo prevista em seu § 3.º e das majorações de alíquotas previstas em seus §§ 16, 16-A, 17 e 17-A, serão consideradas separadamente as receitas brutas auferidas no mercado interno e aquelas decorrentes da exportação.

•• § 15 com redação determinada pela Lei Complementar n. 147, de 7-8-2014.

•• **A Lei Complementar n. 214, de 16-1-2025, deu nova redação a este § 15, com produção de efeitos a partir de 1.º-1-2027:** "§ 15. Na hipótese do § 14, para fins de determinação da alíquota de que trata o § 1.º do art. 18, da base de cálculo prevista em seu § 3.º e da aplicação de alíquota sobre a parcela excedente de receita bruta prevista em seus §§ 16, 16-A, 17, 17-A, 17-B e 17-C, serão consideradas separadamente as receitas brutas auferidas no mercado interno e aquelas decorrentes da exportação".

§ 16. O disposto neste artigo será regulamentado por resolução do CGSN.

•• § 16 acrescentado pela Lei Complementar n. 147, de 7-8-2014.

§ 17. (*Vetado.*)

•• § 17 acrescentado pela Lei Complementar n. 155, de 27-10-2016.

§ 18. (*Vetado.*)

•• § 18 acrescentado pela Lei Complementar n. 155, de 27-10-2016.

§ 19. Para fins do disposto nesta Lei Complementar, devem ser consideradas todas as atividades econômicas exercidas, as receitas brutas auferidas e os débitos tributários das entidades de que trata o *caput* e o art. 18-A, ainda que em inscrições cadastrais distintas ou na qualidade de contribuinte individual, em um mesmo ano-calendário.

•• § 19 acrescentado pela Lei Complementar n. 214, de 16-1-2025, produzindo efeitos a partir de 1.º-1-2025.

Art. 3.º-A. Aplica-se ao produtor rural pessoa física e ao agricultor familiar conceituado na Lei n. 11.326, de 24 de julho de 2006, com situação regular na Previdência Social e no Município que tenham auferido receita bruta anual até o limite de que trata o inciso II do *caput* do art. 3.º o disposto nos arts. 6.º e 7.º, nos Capítulos V a X, na Seção IV do Capítulo XI e no Capítulo XII desta Lei Complementar, ressalvadas as disposições da Lei n. 11.718, de 20 de junho de 2008.

•• *Caput* acrescentado pela Lei Complementar n. 147, de 7-8-2014.

Parágrafo único. A equiparação de que trata o *caput* não se aplica às disposições do Capítulo IV desta Lei Complementar.

•• Parágrafo único acrescentado pela Lei Complementar n. 147, de 7-8-2014.

Art. 3.º-B. Os dispositivos desta Lei Complementar, com exceção dos dispostos no Capítulo IV, são aplicáveis a todas as microempresas e empresas de pequeno porte, assim definidas pelos incisos I e II do *caput* e § 4.º do art. 3.º, ainda que não enquadradas no regime tributário do Simples Nacional, por vedação ou por opção.

•• Artigo acrescentado pela Lei Complementar n. 147, de 7-8-2014.

Capítulo III
DA INSCRIÇÃO E DA BAIXA

Art. 4.º Na elaboração de normas de sua competência, os órgãos e entidades envolvidos na abertura e fechamento de empresas, dos 3 (três) âmbitos de governo, deverão considerar a unicidade do processo de registro e de legalização de empresários e de pessoas jurídicas, para tanto devendo articular as competências próprias com aquelas dos demais membros, e buscar, em conjunto, compatibilizar e integrar procedimentos, de modo a evitar a duplicidade de exigências e garantir a linearidade do processo, da perspectiva do usuário.

§ 1.º O processo de abertura, registro, alteração e baixa da microempresa e empresa de pequeno porte, bem como qualquer exigência para o início de seu funcionamento, deverão ter trâmite especial e simplificado, preferencialmente eletrônico, opcional para o empreendedor, observado o seguinte:

•• § 1.º com redação determinada pela Lei Complementar n. 147, de 7-8-2014.

I – poderão ser dispensados o uso da firma, com a respectiva assinatura autógrafa, o capital, requerimentos, demais assinaturas, informações relativas ao estado civil e regime de bens, bem como remessa de documentos, na forma estabelecida pelo CGSIM; e

•• Inciso I acrescentado pela Lei Complementar n. 139, de 10-11-2011.

II – (*Revogado pela Lei Complementar n. 147, de 7-8-2014.*)

§ 2.º (*Revogado pela Lei Complementar n. 139, de 10-11-2011.*)

§ 3.º Ressalvado o disposto nesta Lei Complementar, ficam reduzidos a 0 (zero) todos os custos, inclusive prévios, relativos à abertura, à inscrição, ao registro, ao funcionamento, ao alvará, à licença, ao cadastro, às alterações e procedimentos de baixa e encerramento e aos demais itens relativos ao Microempreendedor Individual, incluindo os valores referentes a taxas, emolumentos e a demais contribuições relativas aos órgãos de registro, de licenciamento, sindicais, de regulamentação, de anotação de responsabilidade técnica, de vistoria e fiscalização do exercício de profissões regulamentadas.

•• § 3.º com redação determinada pela Lei Complementar n. 147, de 7-8-2014.

§ 3.º-A. O agricultor familiar, definido conforme a Lei n. 11.326, de 24 de julho de 2006, e identificado pela Declaração de Aptidão ao Pronaf – DAP física ou jurídica, bem como o MEI e o empreendedor de economia solidária ficam isentos de taxas e outros valores relativos à fiscalização da vigilância sanitária.

•• § 3.º-A acrescentado pela Lei Complementar n. 147, de 7-8-2014.

§ 4.º No caso do MEI, de que trata o art. 18-A desta Lei Complementar, a cobrança associativa ou oferta de serviços privados relativos aos atos de que trata o § 3.º deste artigo somente poderá ser efetuada a partir de demanda prévia do próprio MEI, firmado por meio de contrato com assinatura autógrafa, observando-se que:

•• § 4.º, *caput*, acrescentado pela Lei Complementar n. 147, de 7-8-2014.

I – para a emissão de boletos de cobrança, os bancos públicos ou privados deverão exigir das instituições sindicais e associativas autorização prévia específica a ser emitida pelo CGSIM;

•• Inciso I acrescentado pela Lei Complementar n. 147, de 7-8-2014.

II – o desrespeito ao disposto neste parágrafo configurará vantagem ilícita pelo induzimento ao erro em prejuízo do MEI, aplicando-se as sanções previstas em lei.

Lei Complementar n. 123, de 14-12-2006 — Estatuto da Microempresa

•• Inciso II acrescentado pela Lei Complementar n. 147, de 7-8-2014.

§ 5.º (*Vetado.*)

•• § 5.º acrescentado pela Lei Complementar n. 147, de 7-8-2014.

§ 6.º Na ocorrência de fraude no registro do Microempreendedor Individual – MEI feito por terceiros, o pedido de baixa deve ser feito por meio exclusivamente eletrônico, com efeitos retroativos à data de registro, na forma a ser regulamentada pelo CGSIM, não sendo aplicáveis os efeitos do § 1.º do art. 29 desta Lei Complementar.

•• § 6.º acrescentado pela Lei Complementar n. 155, de 27-10-2016.

Art. 5.º Os órgãos e entidades envolvidos na abertura e fechamento de empresas, dos 3 (três) âmbitos de governo, no âmbito de suas atribuições, deverão manter à disposição dos usuários, de forma presencial e pela rede mundial de computadores, informações, orientações e instrumentos, de forma integrada e consolidada, que permitam pesquisas prévias às etapas de registro ou inscrição, alteração e baixa de empresários e pessoas jurídicas, de modo a prover ao usuário certeza quanto à documentação exigível e quanto à viabilidade do registro ou inscrição.

Parágrafo único. As pesquisas prévias à elaboração de ato constitutivo ou de sua alteração deverão bastar a que o usuário seja informado pelos órgãos e entidades competentes:

I – da descrição oficial do endereço de seu interesse e da possibilidade de exercício da atividade desejada no local escolhido;

II – de todos os requisitos a serem cumpridos para obtenção de licenças de autorização de funcionamento, segundo a atividade pretendida, o porte, o grau de risco e a localização; e

III – da possibilidade de uso do nome empresarial de seu interesse.

Art. 6.º Os requisitos de segurança sanitária, metrologia, controle ambiental e prevenção contra incêndios, para os fins de registro e legalização de empresários e pessoas jurídicas, deverão ser simplificados, racionalizados e uniformizados pelos órgãos envolvidos na abertura e fechamento de empresas, no âmbito de suas competências.

§ 1.º Os órgãos e entidades envolvidos na abertura e fechamento de empresas que sejam responsáveis pela emissão de licenças e autorizações de funcionamento somente realizarão vistorias após o início de operação do estabelecimento, quando a atividade, por sua natureza, comportar grau de risco compatível com esse procedimento.

§ 2.º Os órgãos e entidades competentes definirão, em 6 (seis) meses, contados da publicação desta Lei Complementar, as atividades cujo grau de risco seja considerado alto e que exigirão vistoria prévia.

§ 3.º Na falta de legislação estadual, distrital ou municipal específica relativa à definição do grau de risco da atividade aplicar-se-á resolução do CGSIM.

•• § 3.º acrescentado pela Lei Complementar n. 147, de 7-8-2014.

§ 4.º A classificação de baixo grau de risco permite ao empresário ou à pessoa jurídica a obtenção do licenciamento de atividade mediante o simples fornecimento de dados e a substituição da comprovação prévia do cumprimento de exigências e restrições por declarações do titular ou responsável.

•• § 4.º acrescentado pela Lei Complementar n. 147, de 7-8-2014.

§ 5.º O disposto neste artigo não é impeditivo da inscrição fiscal.

•• § 5.º acrescentado pela Lei Complementar n. 147, de 7-8-2014.

Art. 7.º Exceto nos casos em que o grau de risco da atividade seja considerado alto, os Municípios emitirão Alvará de Funcionamento Provisório, que permitirá o início de operação do estabelecimento imediatamente após o ato de registro.

Parágrafo único. Nos casos referidos no *caput* deste artigo, poderá o Município conceder Alvará de Funcionamento Provisório para o microempreendedor individual, para microempresas e para empresas de pequeno porte:

I – instaladas em área ou edificação desprovidas de regulação fundiária e imobiliária, inclusive habite-se; ou

•• Inciso I com redação determinada pela Lei Complementar n. 147, de 7-8-2014.

II – em residência do microempreendedor individual ou do titular ou sócio da microempresa ou empresa de pequeno porte, na hipótese em que a atividade não gere grande circulação de pessoas.

•• Parágrafo único acrescentado pela Lei Complementar n. 128, de 19-12-2008.

Art. 8.º Será assegurado aos empresários e pessoas jurídicas:

•• *Caput* com redação determinada pela Lei Complementar n. 147, de 7-8-2014.

I – entrada única de dados e documentos;

•• Inciso I acrescentado pela Lei Complementar n. 147, de 7-8-2014.

II – processo de registro e legalização integrado entre os órgãos e entes envolvidos, por meio de sistema informatizado que garanta:

•• Inciso II, *caput*, acrescentado pela Lei Complementar n. 147, de 7-8-2014.

a) sequenciamento das seguintes etapas: consulta prévia de nome empresarial e de viabilidade de localização, registro empresarial, inscrições fiscais e licenciamento de atividade;

•• Alínea *a* acrescentada pela Lei Complementar n. 147, de 7-8-2014.

b) criação da base nacional cadastral única de empresas;

•• Alínea *b* acrescentada pela Lei Complementar n. 147, de 7-8-2014.

III – identificação nacional cadastral única que corresponderá ao número de inscrição no Cadastro Nacional de Pessoas Jurídicas – CNPJ.

•• Inciso III acrescentado pela Lei Complementar n. 147, de 7-8-2014.

§ 1.º O sistema de que trata o inciso II do *caput* deve garantir aos órgãos e entidades integrados:

•• § 1.º acrescentado pela Lei Complementar n. 147, de 7-8-2014.

I – compartilhamento irrestrito dos dados da base nacional única de empresas;

•• Inciso I acrescentado pela Lei Complementar n. 147, de 7-8-2014.

II – autonomia na definição das regras para comprovação do cumprimento de exigências nas respectivas etapas do processo.

•• Inciso II acrescentado pela Lei Complementar n. 147, de 7-8-2014.

§ 2.º A identificação nacional cadastral única substituirá para todos os efeitos as demais inscrições, sejam elas federais, estaduais ou municipais, após a implantação do sistema a que se refere o inciso II do *caput*, no prazo e na forma estabelecidos pelo CGSIM.

•• § 2.º acrescentado pela Lei Complementar n. 147, de 7-8-2014.

§ 3.º É vedado aos órgãos e entidades integrados ao sistema informatizado de que trata o inciso II do *caput* o estabelecimento de exigências não previstas em lei.

•• § 3.º acrescentado pela Lei Complementar n. 147, de 7-8-2014.

§ 4.º A coordenação do desenvolvimento e da implantação do sistema de que trata o inciso II do *caput* ficará a cargo do CGSIM.

•• § 4.º acrescentado pela Lei Complementar n. 147, de 7-8-2014.

Art. 9.º O registro dos atos constitutivos, de suas alterações e extinções (baixas), referentes a empresários e pessoas jurídicas em qualquer órgão dos 3 (três) âmbitos de governo ocorrerá independentemente da regularidade de obrigações tributárias, previdenciárias ou trabalhistas, principais ou acessórias, do empresário, da sociedade, dos sócios, dos administradores ou de empresas de que participem, sem prejuízo das responsabilidades do empresário, dos titulares, dos sócios ou dos administradores por tais obrigações, apuradas antes ou após o ato de extinção.

•• *Caput* com redação determinada pela Lei Complementar n. 147, de 7-8-2014.

§ 1.º O arquivamento, nos órgãos de registro, dos atos constitutivos de empresários, de sociedades empresárias e de demais equiparados que se enquadrarem como microempresa ou empresa de pequeno porte bem como o arquivamento de suas alterações são dispensados das seguintes exigências:

I – certidão de inexistência de condenação criminal, que será substituída por declaração do titular ou administrador, firmada sob as penas da lei, de não estar impedido de exercer atividade mercantil ou a administração de sociedade, em virtude de condenação criminal;

II – prova de quitação, regularidade ou inexistência de débito referente a tributo ou contribuição de qualquer natureza.

§ 2.º Não se aplica às microempresas e às empresas de pequeno porte o disposto no § 2.º do art. 1.º da Lei n. 8.906, de 4 de julho de 1994.

§ 3.º (*Revogado pela Lei Complementar n. 147, de 7-8-2014.*)

§ 4.º A baixa do empresário ou da pessoa jurídica não impede que, posteriormente, sejam lançados ou cobrados tributos, contribuições e respectivas penalidades, decorrentes da falta do cumprimento de obrigações ou da prática comprovada e apurada em processo administrativo ou judicial de outras irregularidades praticadas pelos empresários, pelas pessoas jurídicas ou por seus titulares, sócios ou administradores.

•• § 4.º com redação determinada pela Lei Complementar n. 147, de 7-8-2014.

§ 5.º A solicitação de baixa do empresário ou da pessoa jurídica importa responsabilidade solidária dos empresários, dos titulares, dos sócios e dos administradores no período da ocorrência dos respectivos fatos geradores.

•• § 5.º com redação determinada pela Lei Complementar n. 147, de 7-8-2014.

§ 6.º Os órgãos referidos no *caput* deste artigo terão o prazo de 60 (sessenta) dias para efetivar a baixa nos respectivos cadastros.

•• § 6.º acrescentado pela Lei Complementar n. 128, de 19-12-2008.

§ 7.º Ultrapassado o prazo previsto no § 6.º deste artigo sem manifestação do órgão competente, presumir-se-á a baixa dos registros das microempresas e a das empresas de pequeno porte.

•• § 7.º acrescentado pela Lei Complementar n. 128, de 19-12-2008.

§§ 8.º a 12. (*Revogados pela Lei Complementar n. 147, de 7-8-2014.*)

Art. 10. Não poderão ser exigidos pelos órgãos e entidades envolvidos na abertura e fechamento de empresas, dos 3 (três) âmbitos de governo:

I – excetuados os casos de autorização prévia, quaisquer documentos adicionais aos requeridos pelos órgãos executores do Registro Público de Empresas Mercantis e Atividades Afins e do Registro Civil de Pessoas Jurídicas;

•• *Vide* Lei n. 8.934, de 18-11-1994, que dispõe sobre o Registro Público de Empresas Mercantis e Atividades Afins e dá outras providências.

II – documento de propriedade ou contrato de locação do imóvel onde será instalada a sede, filial ou outro estabelecimento, salvo para comprovação do endereço indicado;

III – comprovação de regularidade de prepostos dos empresários ou pessoas jurídicas com seus órgãos de classe, sob qualquer forma, como requisito para deferimento de ato de inscrição, alteração ou baixa de empresa, bem como para autenticação de instrumento de escrituração.

Art. 11. Fica vedada a instituição de qualquer tipo de exigência de natureza documental ou formal, restritiva ou condicionante, pelos órgãos envolvidos na abertura e fechamento de empresas, dos 3 (três) âmbitos de governo, que exceda o estrito limite dos requisitos pertinentes à essência do ato de registro, alteração ou baixa da empresa.

Capítulo VIII
DO ASSOCIATIVISMO

Seção Única
Da Sociedade de Propósito Específico Formada por Microempresas e Empresas de Pequeno Porte Optantes pelo Simples Nacional

•• Seção com denominação determinada pela Lei Complementar n. 128, de 19-12-2008.

Art. 56. As microempresas ou as empresas de pequeno porte poderão realizar negócios de compra e venda de bens e serviços para os mercados nacional e internacional, por meio de sociedade de propósito específico, nos termos e condições estabelecidos pelo Poder Executivo federal.

•• *Caput* com redação determinada pela Lei Complementar n. 147, de 7-8-2014.

•• A Lei n. 11.079, de 30-12-2004, instituiu normas gerais para licitação e contratação de parceria público-privada no âmbito da administração pública.

§ 1.º Não poderão integrar a sociedade de que trata o *caput* deste artigo pessoas jurídicas não optantes pelo Simples Nacional.

•• § 1.º com redação determinada pela Lei Complementar n. 128, de 19-12-2008.

§ 2.º A sociedade de propósito específico de que trata este artigo:

•• § 2.º, *caput*, acrescentado pela Lei Complementar n. 128, de 9-12-2008.

I – terá seus atos arquivados no Registro Público de Empresas Mercantis;

•• Inciso I acrescentado pela Lei Complementar n. 128, de 9-12-2008.

II – terá por finalidade realizar:

•• Inciso II, *caput*, acrescentado pela Lei Complementar n. 128, de 9-12-2008.

a) operações de compras para revenda às microempresas ou empresas de pequeno porte que sejam suas sócias;

•• Alínea *a* acrescentada pela Lei Complementar n. 128, de 9-12-2008.

b) operações de venda de bens adquiridos das microempresas e empresas de pequeno porte que sejam suas sócias para pessoas jurídicas que não sejam suas sócias;

•• Alínea *b* acrescentada pela Lei Complementar n. 128, de 9-12-2008.

III – poderá exercer atividades de promoção dos bens referidos na alínea b do inciso II deste parágrafo;

•• Inciso III acrescentado pela Lei Complementar n. 128, de 9-12-2008.

IV – apurará o imposto de renda das pessoas jurídicas com base no lucro real, devendo manter a escrituração dos livros Diário e Razão;

•• Inciso IV acrescentado pela Lei Complementar n. 128, de 9-12-2008.

V – apurará a Cofins e a Contribuição para o PIS/Pasep de modo não cumulativo;

•• Inciso V acrescentado pela Lei Complementar n. 128, de 9-12-2008.

VI – exportará, exclusivamente, bens a ela destinados pelas microempresas e empresas de pequeno porte que dela façam parte;

•• Inciso VI acrescentado pela Lei Complementar n. 128, de 9-12-2008.

VII – será constituída como sociedade limitada;

•• Inciso VII acrescentado pela Lei Complementar n. 128, de 9-12-2008.

VIII – deverá, nas revendas às microempresas ou empresas de pequeno porte que sejam suas sócias, observar preço no mínimo igual ao das aquisições realizadas para revenda; e

•• Inciso VIII acrescentado pela Lei Complementar n. 128, de 9-12-2008.

IX – deverá, nas revendas de bens adquiridos de microempresas ou empresas de pequeno porte que sejam suas sócias, observar preço no mínimo igual ao das aquisições desses bens.

•• Inciso IX acrescentado pela Lei Complementar n. 128, de 9-12-2008.

§ 3.º A aquisição de bens destinados à exportação pela sociedade de propósito específico não gera direito a créditos relativos a impostos ou contribuições abrangidos pelo Simples Nacional.

•• § 3.º acrescentado pela Lei Complementar n. 128, de 19-12-2008.

§ 4.º A microempresa ou a empresa de pequeno porte não poderá participar simultaneamente de mais de uma sociedade de propósito específico de que trata este artigo.

•• § 4.º acrescentado pela Lei Complementar n. 128, de 19-12-2008.

§ 5.º A sociedade de propósito específico de que trata este artigo não poderá:

•• § 5.º, *caput*, acrescentado pela Lei Complementar n. 128, de 9-12-2008.

I – ser filial, sucursal, agência ou representação, no País, de pessoa jurídica com sede no exterior;

•• Inciso I acrescentado pela Lei Complementar n. 128, de 9-12-2008.

II – ser constituída sob a forma de cooperativas, inclusive de consumo;

•• Inciso II acrescentado pela Lei Complementar n. 128, de 9-12-2008.

III – participar do capital de outra pessoa jurídica;

•• Inciso III acrescentado pela Lei Complementar n. 128, de 9-12-2008.

IV – exercer atividade de banco comercial, de investimentos e de desenvolvimento, de caixa econômica, de sociedade de crédito, financiamento e investimento ou de crédito imobiliário, de corretora ou de distribuidora de títulos, valores mobiliários e câmbio, de empresa de arrendamento mercantil, de seguros privados e de capitalização ou de previdência complementar;

•• Inciso IV acrescentado pela Lei Complementar n. 128, de 9-12-2008.

V – ser resultante ou remanescente de cisão ou qualquer outra forma de desmembramento de pessoa jurídica que tenha ocorrido em um dos 5 (cinco) anos-calendário anteriores;

•• Inciso V acrescentado pela Lei Complementar n. 128, de 9-12-2008.

VI – exercer a atividade vedada às microempresas e empresas de pequeno porte optantes pelo Simples Nacional.

•• Inciso VI acrescentado pela Lei Complementar n. 128, de 9-12-2008.

§ 6.º A inobservância do disposto no § 4.º deste artigo acarretará a responsabilidade solidária das microempresas ou empresas de pequeno porte sócias da sociedade de propósito específico de que trata este artigo na hipótese em que seus titulares, sócios ou administradores conhecessem ou devessem conhecer tal inobservância.

•• § 6.º acrescentado pela Lei Complementar n. 128, de 19-12-2008.

§ 7.º O Poder Executivo regulamentará o disposto neste artigo até 31 de dezembro de 2008.

•• § 7.º acrescentado pela Lei Complementar n. 128, de 19-12-2008.

§ 8.º (Vetado.)

•• § 8.º acrescentado pela Lei Complementar n. 155, de 27-10-2016.

Capítulo IX
DO ESTÍMULO AO CRÉDITO E À CAPITALIZAÇÃO

Seção I
Disposições Gerais

Art. 57. O Poder Executivo federal proporá, sempre que necessário, medidas no sentido de melhorar o acesso das microempresas e empresas de pequeno porte aos mercados de crédito e de capitais, objetivando a redução do custo de transação, a elevação da eficiência alocativa, o incentivo ao ambiente concorrencial e a qualidade do conjunto informacional, em especial o acesso e portabilidade das informações cadastrais relativas ao crédito.

Art. 58. Os bancos comerciais públicos e os bancos múltiplos públicos com carteira comercial, a Caixa Econômica Federal e o Banco Nacional do Desenvolvimento Econômico e Social – BNDES manterão linhas de crédito específicas para as microempresas e para as empresas de pequeno porte, vinculadas à reciprocidade social, devendo o montante disponível e suas condições de acesso ser expressos nos respectivos orçamentos e amplamente divulgados.

•• *Caput* com redação determinada pela Lei Complementar n. 155, de 27-10-2016.

§ 1.º As instituições mencionadas no *caput* deste artigo deverão publicar, juntamente com os respectivos balanços, relatório circunstanciado dos recursos alocados às linhas de crédito referidas no *caput* e daqueles efetivamente utilizados, consignando, obrigatoriamente, as justificativas do desempenho alcançado.

•• § 1.º com redação determinada pela Lei Complementar n. 155, de 27-10-2016.

§ 2.º O acesso às linhas de crédito específicas previstas no *caput* deste artigo deverá ter tratamento simplificado e ágil, com divulgação ampla das respectivas condições e exigências.

•• § 2.º acrescentado pela Lei Complementar n. 147, de 7-8-2014.

§ 3.º (Vetado.)

•• § 3.º acrescentado pela Lei Complementar n. 155, de 27-10-2016.

§ 4.º O Conselho Monetário Nacional – CMN regulamentará o percentual mínimo de direcionamento dos recursos de que trata o *caput*, inclusive no tocante aos recursos de que trata a alínea *b* do inciso III do art. 10 da Lei n. 4.595, de 31 de dezembro de 1964.

•• § 4.º acrescentado pela Lei Complementar n. 155, de 27-10-2016.

Art. 58-A. Os bancos públicos e privados não poderão contabilizar, para cumprimento de metas, empréstimos realizados a pessoas físicas, ainda que sócios de empresas, como disponibilização de crédito para microempresas e empresas de pequeno porte.

•• Artigo acrescentado pela Lei Complementar n. 147, de 7-8-2014.

Art. 59. As instituições referidas no *caput* do art. 58 desta Lei Complementar devem se articular com as respectivas entidades de apoio e representação das microempresas e empresas de pequeno porte, no sentido de proporcionar e desenvolver programas de treinamento, desenvolvimento gerencial e capacitação tecnológica.

Art. 60. (Vetado.)

Art. 60-A. Poderá ser instituído Sistema Nacional de Garantias de Crédito pelo Poder Executivo, com o objetivo de facilitar o acesso das microempresas e empresas de pequeno porte a crédito e demais serviços das instituições financeiras, o qual, na forma de regulamento, proporcionará a elas tratamento diferenciado, favorecido e simplificado, sem prejuízo de atendimento a outros públicos-alvo.

•• *Caput* acrescentado pela Lei Complementar n. 127, de 14-8-2007.

•• O Decreto n. 10.780, de 25-8-2021, instituiu o Sistema Nacional de Garantias de Crédito, de que trata este artigo.

Parágrafo único. O Sistema Nacional de Garantias de Crédito integrará o Sistema Financeiro Nacional.

•• Parágrafo único acrescentado pela Lei Complementar n. 127, de 14-8-2007.

Art. 60-B. Os fundos garantidores de risco de crédito empresarial que possuam participação da União na composição do seu capital atenderão, sempre que possível, as operações de crédito que envolvam microempresas e empresas de pequeno porte, definidas na forma do art. 3.º desta Lei.

•• Artigo acrescentado pela Lei Complementar n. 147, de 7-8-2014.

Art. 60-C. (*Vetado.*)

•• Artigo acrescentado pela Lei Complementar n. 147, de 7-8-2014.

Art. 61. Para fins de apoio creditício às operações de comércio exterior das microempresas e das empresas de pequeno porte, serão utilizados os parâmetros de enquadramento ou outros instrumentos de alta significância para as microempresas, empresas de pequeno porte exportadoras segundo o porte de empresas, aprovados pelo Mercado Comum do Sul – MERCOSUL.

Art. 61-A. Para incentivar as atividades de inovação e os investimentos produtivos, a sociedade enquadrada como microempresa ou empresa de pequeno porte, nos termos desta Lei Complementar, poderá admitir o aporte de capital, que não integrará o capital social da empresa.

•• *Caput* acrescentado pela Lei Complementar n. 155, de 27-10-2016.

§ 1.º As finalidades de fomento a inovação e investimentos produtivos deverão constar do contrato de participação, com vigência não superior a sete anos.

•• § 1.º acrescentado pela Lei Complementar n. 155, de 27-10-2016.

§ 2.º O aporte de capital poderá ser realizado por pessoa física, por pessoa jurídica ou por fundos de investimento, conforme regulamento da Comissão de Valores Mobiliários, que serão denominados investidores-anjos.

•• § 2.º com redação determinada pela Lei Complementar n. 182, de 1.º-6-2021.

§ 3.º A atividade constitutiva do objeto social é exercida unicamente por sócios regulares, em seu nome individual e sob sua exclusiva responsabilidade.

•• § 3.º acrescentado pela Lei Complementar n. 155, de 27-10-2016.

§ 4.º O investidor-anjo:

•• § 4.º, *caput*, acrescentado pela Lei Complementar n. 155, de 27-10-2016.

I – não será considerado sócio nem terá qualquer direito a gerência ou a voto na administração da empresa, resguardada a possibilidade de participação nas deliberações em caráter estritamente consultivo, conforme pactuação contratual;

•• Inciso I com redação determinada pela Lei Complementar n. 182, de 1.º-6-2021.

II – não responderá por qualquer dívida da empresa, inclusive em recuperação judicial, não se aplicando a ele o art. 50 da Lei n. 10.406, de 10 de janeiro de 2002 – Código Civil;

•• Inciso II acrescentado pela Lei Complementar n. 155, de 27-10-2016.

III – será remunerado por seus aportes, nos termos do contrato de participação, pelo prazo máximo de 7 (sete) anos;

•• Inciso III com redação determinada pela Lei Complementar n. 182, de 1.º-6-2021.

IV – poderá exigir dos administradores as contas justificadas de sua administração e, anualmente, o inventário, o balanço patrimonial e o balanço de resultado econômico; e

•• Inciso IV acrescentado pela Lei Complementar n. 182, de 1.º-6-2021.

V – poderá examinar, a qualquer momento, os livros, os documentos e o estado do caixa e da carteira da sociedade, exceto se houver pactuação contratual que determine época própria para isso.

•• Inciso V acrescentado pela Lei Complementar n. 182, de 1.º-6-2021.

§ 5.º Para fins de enquadramento da sociedade como microempresa ou empresa de pequeno porte, os valores de capital aportado não são considerados receitas da sociedade.

•• § 5.º acrescentado pela Lei Complementar n. 155, de 27-10-2016.

§ 6.º As partes contratantes poderão:

•• § 6.º, *caput*, com redação determinada pela Lei Complementar n. 182, de 1.º-6-2021.

I – estipular remuneração periódica, ao final de cada período, ao investidor-anjo, conforme contrato de participação; ou

•• Inciso I acrescentado pela Lei Complementar n. 182, de 1.º-6-2021.

II – prever a possibilidade de conversão do aporte de capital em participação societária.

•• Inciso II acrescentado pela Lei Complementar n. 182, de 1.º-6-2021.

Lei Complementar n. 123, de 14-12-2006   Estatuto da Microempresa

§ 7.º O investidor-anjo somente poderá exercer o direito de resgate depois de decorridos, no mínimo, 2 (dois) anos do aporte de capital, ou prazo superior estabelecido no contrato de participação, e seus haveres serão pagos na forma prevista no art. 1.031 da Lei n. 10.406, de 10 de janeiro de 2002 (Código Civil), não permitido ultrapassar o valor investido devidamente corrigido por índice previsto em contrato.

•• § 7.º com redação determinada pela Lei Complementar n. 182, de 1.º-6-2021.

§ 8.º O disposto no § 7.º deste artigo não impede a transferência da titularidade do aporte para terceiros.

•• § 8.º acrescentado pela Lei Complementar n. 155, de 27-10-2016.

§ 9.º A transferência da titularidade do aporte para terceiro alheio à sociedade dependerá do consentimento dos sócios, salvo estipulação contratual expressa em contrário.

•• § 9.º acrescentado pela Lei Complementar n. 155, de 27-10-2016.

§ 10. O Ministério da Fazenda poderá regulamentar a tributação sobre retirada do capital investido.

•• § 10 acrescentado pela Lei Complementar n. 155, de 27-10-2016.

Art. 61-B. A emissão e a titularidade de aportes especiais não impedem a fruição do Simples Nacional.

•• Artigo acrescentado pela Lei Complementar n. 155, de 27-10-2016.

Art. 61-C. Caso os sócios decidam pela venda da empresa, o investidor-anjo terá direito de preferência na aquisição, bem como direito de venda conjunta da titularidade do aporte de capital, nos mesmos termos e condições que forem ofertados aos sócios regulares.

•• Artigo acrescentado pela Lei Complementar n. 155, de 27-10-2016.

Art. 61-D. Os fundos de investimento poderão aportar capital como investidores-anjos em microempresas e em empresas de pequeno porte, conforme regulamentação da Comissão de Valores Mobiliários.

•• Artigo com redação determinada pela Lei Complementar n. 182, de 1.º-6-2021.

Seção I-A
Da Sociedade de Garantia Solidária e da Sociedade de Contragarantia

•• Seção acrescentada pela Lei Complementar n. 169, de 2-12-2019.

Art. 61-E. É autorizada a constituição de sociedade de garantia solidária (SGS), sob a forma de sociedade por ações, para a concessão de garantia a seus sócios participantes.

•• *Caput* acrescentado pela Lei Complementar n. 169, de 2-12-2019.

§ 1.º (*Vetado.*)

•• § 1.º acrescentado pela Lei Complementar n. 169, de 2-12-2019.

§ 2.º (*Vetado.*)

•• § 2.º acrescentado pela Lei Complementar n. 169, de 2-12-2019.

§ 3.º Os atos da sociedade de garantia solidária serão arquivados no Registro Público de Empresas Mercantis e Atividades Afins.

•• § 3.º acrescentado pela Lei Complementar n. 169, de 2-12-2019.

§ 4.º É livre a negociação, entre sócios participantes, de suas ações na respectiva sociedade de garantia solidária, respeitada a participação máxima que cada sócio pode atingir.

•• § 4.º acrescentado pela Lei Complementar n. 169, de 2-12-2019.

§ 5.º Podem ser admitidos como sócios participantes os pequenos empresários, microempresários e microempreendedores e as pessoas jurídicas constituídas por esses associados.

•• § 5.º acrescentado pela Lei Complementar n. 169, de 2-12-2019.

§ 6.º (*Vetado.*)

•• § 6.º acrescentado pela Lei Complementar n. 169, de 2-12-2019.

§ 7.º Sem prejuízo do disposto nesta Lei Complementar, aplicam-se à sociedade de garantia solidária as disposições da lei que rege as sociedades por ações.

•• § 7.º acrescentado pela Lei Complementar n. 169, de 2-12-2019.

Art. 61-F. O contrato de garantia solidária tem por finalidade regular a concessão da garantia pela sociedade ao sócio participante, mediante o recebimento de taxa de remuneração pelo serviço prestado, devendo fixar as cláusulas necessárias ao cumprimento das obrigações do sócio beneficiário perante a sociedade.

•• *Caput* acrescentado pela Lei Complementar n. 169, de 2-12-2019.

Parágrafo único. Para a concessão da garantia, a sociedade de garantia solidária poderá exigir contragarantia por parte do sócio participante beneficiário, respeitados os princípios que orientam a existência daquele tipo de sociedade.

•• Parágrafo único acrescentado pela Lei Complementar n. 169, de 2-12-2019.

Art. 61-G. A sociedade de garantia solidária pode conceder garantia sobre o montante de recebíveis de seus sócios participantes que sejam objeto de securitização.

•• Artigo acrescentado pela Lei Complementar n. 169, de 2-12-2019.

Art. 61-H. É autorizada a constituição de sociedade de contragarantia, que tem como finalidade o oferecimento de contragarantias à sociedade de garantia solidária, nos termos a serem definidos por regulamento.

•• Artigo acrescentado pela Lei Complementar n. 169, de 2-12-2019.

Art. 61-I. A sociedade de garantia solidária e a sociedade de contragarantia integrarão o Sistema Financeiro Nacional e terão sua constituição, organização e funcionamento disciplinados pelo Conselho Monetário Nacional, observado o disposto nesta Lei Complementar.

•• Artigo acrescentado pela Lei Complementar n. 169, de 2-12-2019.

•• A Resolução n. 4.822, de 1.º-6-2020, do BCB, dispõe sobre a constituição, a organização e o funcionamento da sociedade de garantia solidária e da sociedade de contragarantia.

Seção II
Das Responsabilidades do Banco Central do Brasil

Art. 62. O Banco Central do Brasil disponibilizará dados e informações das instituições financeiras integrantes do Sistema Financeiro Nacional, inclusive por meio do Sistema de Informações de Crédito – SCR, de modo a ampliar o acesso ao crédito para microempresas e empresas de pequeno porte e fomentar a competição bancária.

•• *Caput* com redação determinada pela Lei Complementar n. 147, de 7-8-2014.

§ 1.º O disposto no *caput* deste artigo alcança a disponibilização de dados e informações específicas relativas ao histórico de relacionamento bancário e creditício das microempresas e das empresas de pequeno porte, apenas aos próprios titulares.

§ 2.º O Banco Central do Brasil poderá garantir o acesso simplificado, favorecido e diferenciado dos dados e informações constantes no § 1.º deste artigo aos seus respectivos interessados, podendo a instituição optar por realizá-lo por meio das instituições financeiras, com as quais o próprio cliente tenha relacionamento.

Seção III
Das Condições de Acesso aos Depósitos Especiais do Fundo de Amparo ao Trabalhador – FAT

Art. 63. O CODEFAT poderá disponibilizar recursos financeiros por meio da criação de programa específico para as cooperativas de crédito de cujos quadros de cooperados participem microempreendedores, empreendedores de microempresa e empresa de pequeno porte bem como suas empresas.

Parágrafo único. Os recursos referidos no *caput* deste artigo deverão ser destinados exclusivamente às microempresas e empresas de pequeno porte.

Seção IV
(Vetada.)

•• Seção IV acrescentada pela Lei Complementar n. 155, de 27-10-2016.

Capítulo X
DO ESTÍMULO À INOVAÇÃO

Seção I
Disposições Gerais

Art. 64. Para os efeitos desta Lei Complementar considera-se:

I – inovação: a concepção de um novo produto ou processo de fabricação, bem como a agregação de novas funcionalidades ou características ao produto ou processo que implique melhorias incrementais e efetivo ganho de qualidade ou produtividade, resultando em maior competitividade no mercado;

II – agência de fomento: órgão ou instituição de natureza pública ou privada que tenha entre os seus objetivos o financiamento de ações que visem a estimular e promover o desenvolvimento da ciência, da tecnologia e da inovação;

III – Instituição Científica e Tecnológica – ICT: órgão ou entidade da administração pública que tenha por missão institucional, dentre outras, executar atividades de pesquisa básica ou aplicada de caráter científico ou tecnológico;

IV – núcleo de inovação tecnológica: núcleo ou órgão constituído por uma ou mais ICT com a finalidade de gerir sua política de inovação;

V – instituição de apoio: instituições criadas sob o amparo da Lei n. 8.958, de 20 de dezembro de 1994, com a finalidade de dar apoio a projetos de pesquisa, ensino e extensão e de desenvolvimento institucional, científico e tecnológico;

VI – instrumentos de apoio tecnológico para a inovação: qualquer serviço disponibilizado presencialmente ou na internet que possibilite acesso a informações, orientações, bancos de dados de soluções de informações, respostas técnicas, pesquisas e atividades de apoio complementar desenvolvidas pelas instituições previstas nos incisos II a V deste artigo.

•• Inciso VI acrescentado pela Lei Complementar n. 147, de 7-8-2014.

Seção II
Do Apoio à Inovação e do Inova Simples da Empresa Simples de Inovação

•• Seção II com redação determinada pela Lei Complementar n. 167, de 24-4-2019.

Art. 65. A União, os Estados, o Distrito Federal e os Municípios, e as respectivas agências de fomento, as ICT, os núcleos de inovação tecnológica e as instituições de apoio manterão programas específicos para as microempresas e para as empresas de pequeno porte, inclusive quando estas revestirem a forma de incubadoras, observando-se o seguinte:

I – as condições de acesso serão diferenciadas, favorecidas e simplificadas;

II – o montante disponível e suas condições de acesso deverão ser expressos nos respectivos orçamentos e amplamente divulgados.

§ 1.º As instituições deverão publicar, juntamente com as respectivas prestações de contas, relatório circunstanciado das estratégias para maximização da participação do segmento, assim como dos recursos alocados às ações referidas no *caput* deste artigo e aqueles efetivamente utilizados, consignando, obrigatoriamente, as justificativas do desempenho alcançado no período.

§ 2.º As pessoas jurídicas referidas no *caput* deste artigo terão por meta a aplicação de, no mínimo, 20% (vinte por cento) dos recursos destinados à inovação para o desenvolvimento de tal atividade nas microempresas ou nas empresas de pequeno porte.

§ 3.º Os órgãos e entidades integrantes da administração pública federal, estadual e municipal atuantes em pesquisa, desenvolvimento ou capacitação tecnológica terão por meta efetivar suas aplicações, no percentual mínimo fixado neste artigo, em programas e projetos de apoio às microempresas ou às empresas de pequeno porte, transmitindo ao Ministério da Ciência, Tecnologia e Inovação, no primeiro trimestre de cada ano, informação relativa aos valores alocados e a respectiva relação percentual em relação ao total dos recursos destinados para esse fim.

•• § 3.º com redação determinada pela Lei Complementar n. 147, de 7-8-2014.

§ 4.º Ficam autorizados a reduzir a 0 (zero) as alíquotas dos impostos e contribuições a seguir indicados, incidentes na aquisição, ou importação, de equipamentos, máquinas, aparelhos, instrumentos, acessórios, sobressalentes e ferramentas que os acompanhem, na forma definida em regulamento, quando adquiridos, ou importados, diretamente por microempresas ou empresas de pequeno porte para incorporação ao seu ativo imobilizado:

I – a União, em relação ao IPI, à Cofins, à Contribuição para o PIS/Pasep, à Cofins-Importação e à Contribuição para o PIS/Pasep-Importação; e

•• **A Lei Complementar n. 214, de 16-1-2025, deu nova redação a este inciso I, com produção de efeitos a partir de 1.º-1-2027:** "I – a União, em relação ao IPI;".

II – os Estados e o Distrito Federal, em relação ao ICMS.

•• § 4.º com redação determinada pela Lei Complementar n. 128, de 19-12-2008.

•• A Lei Complementar n. 214, de 16-1-2025, revoga este inciso a partir de 1.º-1-2033.

§ 5.º A microempresa ou empresa de pequeno porte, adquirente de bens com o benefício previsto no § 4.º deste artigo, fica obrigada, nas hipóteses previstas em regulamento, a recolher os impostos e contribuições que deixaram de ser pagos, acrescidos de juros e multa, de mora ou de ofício, contados a partir da data da aquisição, no mercado interno, ou do registro da declaração de importação – DI, calculados na forma da legislação que rege a cobrança do tributo não pago.

•• § 5.º acrescentado pela Lei Complementar n. 128, de 19-12-2008.

§ 6.º Para efeito da execução do orçamento previsto neste artigo, os órgãos e instituições poderão alocar os recursos destinados à criação e ao custeio de ambientes de inovação, incluindo incubadoras, parques e centros vocacionais tecnológicos, laboratórios metrológicos, de ensaio, de pesquisa ou apoio ao treinamento, bem como custeio de bolsas de extensão e remuneração de professores, pesquisadores e agentes envolvidos nas atividades de apoio tecnológico complementar.

•• § 6.º acrescentado pela Lei Complementar n. 147, de 7-8-2014.

Art. 65-A. Fica criado o Inova Simples, regime especial simplificado que concede às iniciativas empresariais de caráter incremental ou disruptivo que se autodeclarem como empresas de inovação tratamento diferenciado com vistas a estimular sua criação, formalização, desenvolvimento e consolidação como agentes indutores de avanços tecnológicos e da geração de emprego e renda.

•• *Caput* com redação determinada pela Lei Complementar n. 182, de 1.º-6-2021.

•• *Vide* Lei Complementar n. 182, de 1.º-6-2021, que institui o marco legal das *startups* e do empreendedorismo inovador.

§§ 1.º e 2.º (*Revogados pela Lei Complementar n. 182, de 1.º-6-2021.*)

§ 3.º O tratamento diferenciado a que se refere o *caput* deste artigo consiste na fixação de rito sumário para abertura e fechamento de empresas sob o regime do Inova Simples, que se dará de forma simplificada e automática, no mesmo ambiente digital do portal da Rede Nacional para a Simplificação do Registro e da Legalização de Empresas e Negócios (Redesim), em sítio eletrônico oficial do governo federal, por meio da utilização de formulário digital próprio, disponível em janela ou ícone intitulado Inova Simples.

•• § 3.º acrescentado pela Lei Complementar n. 167, de 24-4-2019.

•• *Vide* Lei n. 11.598, de 3-12-2007.

§ 4.º Os titulares de empresa submetida ao regime do Inova Simples preencherão cadastro básico com as seguintes informações:

•• § 4.º, *caput*, acrescentado pela Lei Complementar n. 167, de 24-4-2019.

I – qualificação civil, domicílio e CPF;

•• Inciso I acrescentado pela Lei Complementar n. 167, de 24-4-2019.

II – descrição do escopo da intenção empresarial inovadora, que utilize modelos de negócios inovadores para a geração de produtos ou serviços, e definição do nome empresarial, que conterá a expressão "Inova Simples (I.S.)";

•• Inciso II com redação determinada pela Lei Complementar n. 182, de 1.º-6-2021.

III – autodeclaração, sob as penas da lei, de que o funcionamento da empresa submetida ao regime do Inova Simples não produzirá poluição, barulho e aglomeração de tráfego de veículos, para fins de caracterizar baixo grau de risco, nos termos do § 4.º do art. 6.º desta Lei Complementar;

•• Inciso III acrescentado pela Lei Complementar n. 167, de 24-4-2019.

IV – definição do local da sede, que poderá ser comercial, residencial ou de uso misto, sempre que não proibido pela legislação municipal ou distrital, admitindo-se a possibilidade de sua instalação em locais onde funcionam parques tecnológicos, instituições de ensino, empresas juniores, incubadoras, aceleradoras e espaços compartilhados de trabalho na forma de *coworking*; e

•• Inciso IV acrescentado pela Lei Complementar n. 167, de 24-4-2019.

V – em caráter facultativo, a existência de apoio ou validação de instituto técnico, científico ou acadêmico, público ou privado, bem como de incubadoras, aceleradoras e instituições de ensino, nos parques tecnológicos e afins.

•• Inciso V acrescentado pela Lei Complementar n. 167, de 24-4-2019.

§ 5.º Realizado o correto preenchimento das informações, será gerado automaticamente número de CNPJ específico, em nome da denominação da empresa Inova Simples, em código próprio Inova Simples.

•• § 5.º acrescentado pela Lei Complementar n. 167, de 24-4-2019.

§ 6.º A empresa submetida ao regime do Inova Simples constituída na forma deste artigo deverá abrir, imediatamente, conta bancária de pessoa jurídica, para fins de captação e integralização de capital, proveniente de aporte próprio de seus titulares ou de investidor domiciliado no exterior, de linha de crédito público ou privado e de outras fontes previstas em lei.

•• § 6.º acrescentado pela Lei Complementar n. 167, de 24-4-2019.

§ 7.º No portal da Redesim, no espaço destinado ao preenchimento de dados do Inova Simples, será disponibilizado ícone que direcionará a ambiente virtual do Instituto Nacional da Propriedade Industrial (INPI), do qual constarão orientações para o depósito de pedido de patente ou de registro de marca.

•• § 7.º com redação determinada pela Lei Complementar n. 182, de 1.º-6-2021.

§ 8.º O exame dos pedidos de patente ou de registro de marca, nos termos deste artigo, que tenham sido depositados por empresas participantes do Inova Simples será realizado em caráter prioritário.

•• § 8.º com redação determinada pela Lei Complementar n. 182, de 1.º-6-2021.

§ 9.º (*Revogado pela Lei Complementar n. 182, de 1.º-6-2021.*)

§ 10. É permitida a comercialização experimental do serviço ou produto até o limite fixado para o MEI nesta Lei Complementar.

•• § 10 acrescentado pela Lei Complementar n. 167, de 24-4-2019.

§ 11. Na eventualidade de não lograr êxito no desenvolvimento do escopo pretendido, a baixa do CNPJ será automática, mediante procedimento de autodeclaração no portal da Redesim.

•• § 11 acrescentado pela Lei Complementar n. 167, de 24-4-2019.

§ 12. (*Vetado.*)

•• § 12 acrescentado pela Lei Complementar n. 167, de 24-4-2019.

§ 13. O disposto neste artigo será regulamentado pelo Comitê Gestor do Simples Nacional.

•• § 13 acrescentado pela Lei Complementar n. 167, de 24-4-2019.

Art. 66. No primeiro trimestre do ano subsequente, os órgãos e entidades a que alude o art. 67 desta Lei Complementar transmitirão ao Ministério da Ciência e Tecnologia relatório circunstanciado dos projetos realizados, compreendendo a análise do desempenho alcançado.

Art. 67. Os órgãos congêneres ao Ministério da Ciência e Tecnologia estaduais e municipais deverão elaborar e divulgar relatório anual indicando o valor dos recursos recebidos, inclusive por transferência de terceiros, que foram aplicados diretamente ou por organizações vinculadas, por Fundos Setoriais e outros, no segmento das microempresas e empresas de pequeno porte, retratando e avaliando os resultados obtidos e indicando as previsões de ações e metas para ampliação de sua participação no exercício seguinte.

Seção III
Do Apoio à Certificação

•• Seção III acrescentada pela Lei Complementar n. 155, de 27-10-2016.

Art. 67-A. O órgão competente do Poder Executivo disponibilizará na internet informações sobre certificação de qualidade de produtos e processos para microempresas e empresas de pequeno porte.

•• *Caput* acrescentado pela Lei Complementar n. 155, de 27-10-2016.

Parágrafo único. Os órgãos da administração direta e indireta e as entidades certificadoras privadas, responsáveis pela criação, regulação e gestão de processos de certificação de qualidade de produtos e processos, deverão, sempre que solicitados, disponibilizar ao órgão competente do Poder Executivo informações referentes a procedimentos e normas aplicáveis aos processos de certificação em seu escopo de atuação.

•• Parágrafo único acrescentado pela Lei Complementar n. 155, de 27-10-2016.

Capítulo XI
DAS REGRAS CIVIS E EMPRESARIAIS

Seção I
Das Regras Civis

Subseção I
Do pequeno empresário

Art. 68. Considera-se pequeno empresário, para efeito de aplicação do disposto nos arts. 970 e 1.179 da Lei n. 10.406, de 10 de janeiro de 2002 (Código Civil), o empresário individual caracterizado como microempresa na forma desta Lei Complementar que aufira receita bruta anual até o limite previsto no § 1.º do art. 18-A.

•• Artigo com redação determinada pela Lei Complementar n. 139, de 10-11-2011.

Subseção II
(Vetada.)

Art. 69. (*Vetado.*)

Seção II
Das Deliberações Sociais e da Estrutura Organizacional

Art. 70. As microempresas e as empresas de pequeno porte são desobrigadas da realização de reuniões e assembleias em qualquer das situações previstas na legislação civil, as quais serão substituídas por deliberação representativa do primeiro número inteiro superior à metade do capital social.

§ 1.º O disposto no *caput* deste artigo não se aplica caso haja disposição contratual em contrário, caso ocorra hipótese de justa causa que enseje a exclusão de sócio ou caso um ou mais sócios ponham em risco a continuidade da empresa em virtude de atos de inegável gravidade.

§ 2.º Nos casos referidos no § 1.º deste artigo, realizar-se-á reunião ou assembleia de acordo com a legislação civil.

Art. 71. Os empresários e as sociedades de que trata esta Lei Complementar, nos termos da legislação civil, ficam dispensados da publicação de qualquer ato societário.

Seção III
Do Nome Empresarial

Art. 72. *(Revogado pela Lei Complementar n. 155, de 27-10-2016.)*

Seção IV
Do Protesto de Títulos

Art. 73. O protesto de título, quando o devedor for microempresário ou empresa de pequeno porte, é sujeito às seguintes condições:

•• A Lei n. 9.492, de 10-9-1997, define competência, regulamenta os serviços concernentes ao protesto de títulos e outros documentos de dívida e dá outras providências.

I – sobre os emolumentos do tabelião não incidirão quaisquer acréscimos a título de taxas, custas e contribuições para o Estado ou Distrito Federal, carteira de previdência, fundo de custeio de atos gratuitos, fundos especiais do Tribunal de Justiça, bem como de associação de classe, criados ou que venham a ser criados sob qualquer título ou denominação, ressalvada a cobrança do devedor das despesas de correio, condução e publicação de edital para realização da intimação;

II – para o pagamento do título em cartório, não poderá ser exigido cheque de emissão de estabelecimento bancário, mas, feito o pagamento por meio de cheque, de emissão de estabelecimento bancário ou não, a quitação dada pelo tabelionato de protesto será condicionada à efetiva liquidação do cheque;

III – o cancelamento do registro de protesto, fundado no pagamento do título, será feito independentemente de declaração de anuência do credor, salvo no caso de impossibilidade de apresentação do original protestado;

IV – para os fins do disposto no *caput* e nos incisos I, II e III do *caput* deste artigo, o devedor deverá provar sua qualidade de microempresa ou de empresa de pequeno porte perante o tabelionato de protestos de títulos, mediante documento expedido pela Junta Comercial ou pelo Registro Civil das Pessoas Jurídicas, conforme o caso;

V – quando o pagamento do título ocorrer com cheque sem a devida provisão de fundos, serão automaticamente suspensos pelos cartórios de protesto, pelo prazo de 1 (um) ano, todos os benefícios previstos para o devedor neste artigo, independentemente da lavratura e registro do respectivo protesto.

Art. 73-A. São vedadas cláusulas contratuais relativas à limitação da emissão ou circulação de títulos de crédito ou direitos creditórios originados de operações de compra e venda de produtos e serviços por microempresas e empresas de pequeno porte.

•• Artigo acrescentado pela Lei Complementar n. 147, de 7-8-2014.

Capítulo XII
DO ACESSO À JUSTIÇA

Seção I
Do Acesso aos Juizados Especiais

Art. 74. Aplica-se às microempresas e às empresas de pequeno porte de que trata esta Lei Complementar o disposto no § 1.º do art. 8.º da Lei n. 9.099, de 26 de setembro de 1995, e no inciso I do *caput* do art. 6.º da Lei n. 10.259, de 12 de julho de 2001, as quais, assim como as pessoas físicas capazes, passam a ser admitidas como proponentes de ação perante o Juizado Especial, excluídos os cessionários de direito de pessoas jurídicas.

Art. 74-A. O Poder Judiciário, especialmente por meio do Conselho Nacional de Justiça – CNJ, e o Ministério da Justiça implementarão medidas para disseminar o tratamento diferenciado e favorecido às microempresas e empresas de pequeno porte em suas respectivas áreas de competência.

•• Artigo acrescentado pela Lei Complementar n. 147, de 7-8-2014.

Seção II
Da Conciliação Prévia, Mediação e Arbitragem

Art. 75. As microempresas e empresas de pequeno porte deverão ser estimuladas a utilizar os institutos de conciliação prévia, mediação e arbitragem para solução dos seus conflitos.

•• *Vide* Lei n. 9.307, de 23-9-1996, dispõe sobre a arbitragem.

§ 1.º Serão reconhecidos de pleno direito os acordos celebrados no âmbito das comissões de conciliação prévia.

§ 2.º O estímulo a que se refere o *caput* deste artigo compreenderá campanhas de divulgação, serviços de esclarecimento e tratamento diferenciado, simplificado e favorecido no tocante aos custos administrativos e honorários cobrados.

Seção III
Das Parcerias

•• Seção III acrescentada pela Lei Complementar n. 128, de 19-12-2008.

Art. 75-A. Para fazer face às demandas originárias do estímulo previsto nos arts. 74 e 75 desta Lei Complementar, entidades privadas, públicas, inclusive o Poder Judiciário, poderão firmar parcerias entre si, objetivando a instalação ou utilização de ambientes propícios para a realização dos procedimentos inerentes a busca da solução de conflitos.

•• Artigo acrescentado pela Lei Complementar n. 128, de 19-12-2008.

Art. 75-B. (*Vetado*.)

•• Artigo acrescentado pela Lei Complementar n. 155, de 27-10-2016.

Capítulo XIII
DO APOIO E DA REPRESENTAÇÃO

Art. 76. Para o cumprimento do disposto nesta Lei Complementar, bem como para desenvolver e acompanhar políticas públicas voltadas às microempresas e empresas de pequeno porte, o poder público, em consonância com o Fórum Permanente das Microempresas e Empresas de Pequeno Porte, sob a coordenação da Secretaria da Micro e Pequena Empresa da Presidência da República, deverá incentivar e apoiar a criação de fóruns com participação dos órgãos públicos competentes e das entidades vinculadas ao setor.

•• *Caput* com redação determinada pela Lei n. 12.792, de 28-3-2013.

•• O Decreto n. 8.364, de 17-11-2014, regulamenta o Fórum Permanente das Microempresas e Empresas de Pequeno Porte.

Parágrafo único. A Secretaria da Micro e Pequena Empresa da Presidência da República coordenará com as entidades representativas das microempresas e empresas de pequeno porte a implementação dos fóruns regionais nas unidades da federação.

•• Parágrafo único com redação determinada pela Lei n. 12.792, de 28-3-2013.

Art. 76-A. As instituições de representação e apoio empresarial deverão promover programas de sensibilização, de informação, de orientação e apoio, de educação fiscal, de regularidade dos contratos de trabalho e de adoção de sistemas informatizados e eletrônicos, como forma de estímulo à formalização de empreendimentos, de negócios e empregos, à ampliação da competitividade e à disseminação do associativismo entre as microempresas, os microempreendedores individuais, as empresas de pequeno porte e equiparados.

•• Artigo acrescentado pela Lei Complementar n. 147, de 7-8-2014.

Capítulo XIV
DISPOSIÇÕES FINAIS E TRANSITÓRIAS

Art. 77. Promulgada esta Lei Complementar, o Comitê Gestor expedirá, em 30 (trinta) meses, as instruções que se fizerem necessárias à sua execução.

•• *Caput* com redação determinada pela Lei Complementar n. 128, de 19-12-2008.

§ 1.º O Ministério do Trabalho e Emprego, a Secretaria da Receita Federal, a Secretaria da Receita Previdenciária, os Estados, o Distrito Federal e os Municípios deverão editar, em 1 (um) ano, as leis e demais atos necessários para assegurar o pronto e imediato tratamento jurídico diferenciado, simplificado e favorecido às microempresas e às empresas de pequeno porte.

§ 2.º A administração direta e indireta federal, estadual e municipal e as entidades paraestatais acordarão, no prazo previsto no § 1.º deste artigo, as providências necessárias à adaptação dos respectivos atos normativos ao disposto nesta Lei Complementar.

•• § 2.º com redação determinada pela Lei Complementar n. 128, de 19-12-2008.

§ 3.º (Vetado.)

§ 4.º O Comitê Gestor regulamentará o disposto no inciso I do § 6.º do art. 13 desta Lei Complementar até 31 de dezembro de 2008.

•• § 4.º acrescentado pela Lei Complementar n. 128, de 19-12-2008.

§ 5.º A partir de 1.º de janeiro de 2009, perderão eficácia as substituições tributárias que não atenderem à disciplina estabelecida na forma do § 4.º deste artigo.

•• § 5.º acrescentado pela Lei Complementar n. 128, de 19-12-2008.

§ 6.º O Comitê de que trata o inciso III do caput do art. 2.º desta Lei Complementar expedirá, até 31 de dezembro de 2009, as instruções que se fizerem necessárias relativas a sua competência.

•• § 6.º acrescentado pela Lei Complementar n. 128, de 19-12-2008.

Art. 78. (Revogado pela Lei Complementar n. 128, de 19-12-2008.)

Art. 79. Será concedido, para ingresso no Simples Nacional, parcelamento, em até 100 (cem) parcelas mensais e sucessivas, dos débitos com o Instituto Nacional do Serviço Social – INSS, ou com as Fazendas Públicas federal, estadual ou municipal, de responsabilidade da microempresa ou empresa de pequeno porte e de seu titular ou sócio, com vencimento até 30 de junho de 2008.

•• Caput com redação determinada pela Lei Complementar n. 128, de 19-12-2008.

§ 1.º O valor mínimo da parcela mensal será de R$ 100,00 (cem reais), considerados isoladamente os débitos para com a Fazenda Nacional, para com a Seguridade Social, para com a Fazenda dos Estados, dos Municípios ou do Distrito Federal.

§ 2.º Esse parcelamento alcança inclusive débitos inscritos em dívida ativa.

§ 3.º O parcelamento será requerido à respectiva Fazenda para com a qual o sujeito passivo esteja em débito.

§ 3.º-A. O parcelamento deverá ser requerido no prazo estabelecido em regulamentação do Comitê Gestor.

•• § 3.º-A acrescentado pela Lei Complementar n. 128, de 19-12-2008.

§ 4.º Aplicam-se ao disposto neste artigo as demais regras vigentes para parcelamento de tributos e contribuições federais, na forma regulamentada pelo Comitê Gestor.

Art. 85-A. Caberá ao Poder Público Municipal designar Agente de Desenvolvimento para a efetivação do disposto nesta Lei Complementar, observadas as especificidades locais.

•• Caput acrescentado pela Lei Complementar n. 128, de 19-12-2008.

§ 1.º A função de Agente de Desenvolvimento caracteriza-se pelo exercício de articulação das ações públicas para a promoção do desenvolvimento local e territorial, mediante ações locais ou comunitárias, individuais ou coletivas, que visem ao cumprimento das disposições e diretrizes contidas nesta Lei Complementar, sob supervisão do órgão gestor local responsável pelas políticas de desenvolvimento.

•• § 1.º acrescentado pela Lei Complementar n. 128, de 19-12-2008.

§ 2.º O Agente de Desenvolvimento deverá preencher os seguintes requisitos:

•• § 2.º, caput, acrescentado pela Lei Complementar n. 128, de 19-12-2008.

I – residir na área da comunidade em que atuar;

•• Inciso I acrescentado pela Lei Complementar n. 128, de 19-12-2008.

II – haver concluído, com aproveitamento, curso de qualificação básica para a formação de Agente de Desenvolvimento;

•• Inciso II acrescentado pela Lei Complementar n. 128, de 19-12-2008.

III – possuir formação ou experiência compatível com a função a ser exercida; e

•• Inciso III com redação determinada pela Lei Complementar n. 147, de 7-8-2014.

IV – ser preferencialmente servidor efetivo do Município.

•• Inciso IV acrescentado pela Lei Complementar n. 147, de 7-8-2014.

§ 3.º A Secretaria da Micro e Pequena Empresa da Presidência da República juntamente com as entidades municipalistas e de apoio e representação empresarial prestarão suporte aos referidos agentes na forma de capacitação, estudos e pesquisas, publicações, promoção de intercâmbio de informações e experiências.

•• § 3.º com redação determinada pela Lei n. 12.792, de 28-3-2013.

Art. 86. As matérias tratadas nesta Lei Complementar que não sejam reservadas constitucionalmente a lei complementar poderão ser objeto de alteração por lei ordinária.

....

Art. 88. Esta Lei Complementar entra em vigor na data de sua publicação, ressalvado o regime de tributação das microempresas e empresas de pequeno porte, que entra em vigor em 1.º de julho de 2007.

Art. 89. Ficam revogadas, a partir de 1.º de julho de 2007, a Lei n. 9.317, de 5 de dezembro de 1996, e a Lei n. 9.841, de 5 de outubro de 1999.

Brasília, 14 de dezembro de 2006; 185.º da Independência e 118.º da República.

Luiz Inácio Lula da Silva

LEI N. 11.804, DE 5 DE NOVEMBRO DE 2008 (*)

Disciplina o direito a alimentos gravídicos e a forma como ele será exercido e dá outras providências.

O Presidente da República

Faço saber que o Congresso Nacional decreta e eu sanciono a seguinte Lei:

Art. 1.º Esta Lei disciplina o direito de alimentos da mulher gestante e a forma como será exercido.

Art. 2.º Os alimentos de que trata esta Lei compreenderão os valores suficientes para cobrir as despesas adicionais do período de gravidez e que sejam dela decorrentes, da concepção ao parto, inclusive as referentes a alimentação especial, assistência médica e psicológica, exames complementares, internações, parto, medicamentos e demais prescrições preventivas e terapêuticas indispensáveis, a juízo do médico, além de outras que o juiz considere pertinentes.

Parágrafo único. Os alimentos de que trata este artigo referem-se à parte das despesas que deverá ser custeada pelo futuro pai, considerando-se a contribuição que também deverá ser dada pela mulher grávida, na proporção dos recursos de ambos.

Arts. 3.º a 5.º (*Vetados.*)

Art. 6.º Convencido da existência de indícios da paternidade, o juiz fixará alimentos gravídicos que perdurarão até o nascimento da criança, sopesando as necessidades da parte autora e as possibilidades da parte ré.

Parágrafo único. Após o nascimento com vida, os alimentos gravídicos ficam convertidos em pensão alimentícia em favor do menor até que uma das partes solicite a sua revisão.

Art. 7.º O réu será citado para apresentar resposta em 5 (cinco) dias.

Arts. 8.º a 10. (*Vetados.*)

Art. 11. Aplicam-se supletivamente nos processos regulados por esta Lei as disposições das Leis n. 5.478, de 25 de julho de 1968, e 5.869, de 11 de janeiro de 1973 – Código de Processo Civil.

Art. 12. Esta Lei entra em vigor na data de sua publicação.

Brasília, 5 de novembro de 2008; 187.º da Independência e 120.º da República.

Luiz Inácio Lula da Silva

LEI N. 12.010, DE 3 DE AGOSTO DE 2009 (**)

Dispõe sobre adoção; altera as Leis n. 8.069, de 13 de julho de 1990 – Estatuto da Criança e do Adolescente, 8.560, de 29 de dezembro de 1992; revoga dispositivos da Lei n. 10.406, de 10 de janeiro de 2002 – Código Civil, e da Consolidação das Leis do Trabalho – CLT, aprovada pelo De-

---

(*) Publicada no *DOU*, de 6-11-2008.

(**) Publicada no *DOU*, de 4-8-2009, e retificada em 2-9-2009.

creto-lei n. 5.452, de 1.º de maio de 1943; e dá outras providências.

O Presidente da República

Faço saber que o Congresso Nacional decreta e eu sanciono a seguinte Lei:

Art. 1.º Esta Lei dispõe sobre o aperfeiçoamento da sistemática prevista para garantia do direito à convivência familiar a todas as crianças e adolescentes, na forma prevista pela Lei n. 8.069, de 13 de julho de 1990, Estatuto da Criança e do Adolescente.

§ 1.º A intervenção estatal, em observância ao disposto no *caput* do art. 226 da Constituição Federal, será prioritariamente voltada à orientação, apoio e promoção social da família natural, junto à qual a criança e o adolescente devem permanecer, ressalvada absoluta impossibilidade, demonstrada por decisão judicial fundamentada.

§ 2.º Na impossibilidade de permanência na família natural, a criança e o adolescente serão colocados sob adoção, tutela ou guarda, observadas as regras e princípios contidos na Lei n. 8.069, de 13 de julho de 1990, e na Constituição Federal.

Art. 2.º A Lei n. 8.069, de 13 de julho de 1990, Estatuto da Criança e do Adolescente, passa a vigorar com as seguintes alterações:

•• Alterações já processadas no diploma modificado.

Art. 3.º A expressão "pátrio poder" contida nos arts. 21, 23, 24, no parágrafo único do art. 36, no § 1.º do art. 45, no art. 49, no inciso X do *caput* do art. 129, nas alíneas *b* e *d* do parágrafo único do art. 148, nos arts. 155, 157, 163, 166, 169, no inciso III do *caput* do art. 201 e no art. 249, todos da Lei n. 8.069, de 13 de julho de 1990, bem como na Seção II do Capítulo III do Título VI da Parte Especial do mesmo Diploma Legal, fica substituída pela expressão "poder familiar".

Art. 4.º Os arts. 1.618, 1.619 e 1.734 da Lei n. 10.406, de 10 de janeiro de 2002 – Código Civil, passam a vigorar com a seguinte redação:

•• Alterações já processadas no diploma modificado.

Art. 5.º O art. 2.º da Lei n. 8.560, de 29 de dezembro de 1992, fica acrescido do seguinte § 5.º, renumerando-se o atual § 5.º para § 6.º, com a seguinte redação:

•• Alterações já processadas no diploma modificado.

Art. 6.º As pessoas e casais já inscritos nos cadastros de adoção ficam obrigados a frequentar, no prazo máximo de 1 (um) ano, contado da entrada em vigor desta Lei, a preparação psicossocial e jurídica a que se referem os §§ 3.º e 4.º do art. 50 da Lei n. 8.069, de 13 de julho de 1990, acrescidos pelo art. 2.º desta Lei, sob pena de cassação de sua inscrição no cadastro.

Art. 7.º Esta Lei entra em vigor 90 (noventa) dias após a sua publicação.

Art. 8.º Revogam-se o § 4.º do art. 51 e os incisos IV, V e VI do *caput* do art. 198 da Lei n. 8.069, de 13 de julho de 1990, bem como o parágrafo único do art. 1.618, o inciso III do *caput* do art. 10 e os arts. 1.620 a 1.629 da Lei n. 10.406, de 10 de janeiro de 2002 – Código Civil, e os §§ 1.º a 3.º do art. 392-A da Consolidação das Leis do Trabalho, aprovada pelo Decreto-lei n. 5.452, de 1.º de maio de 1943.

Brasília, 3 de agosto de 2009; 188.º da Independência e 121.º da República.

Luiz Inácio Lula da Silva

LEI N. 12.318,
DE 26 DE AGOSTO DE 2010 (*)

Dispõe sobre a alienação parental e altera o art. 236 da Lei n. 8.069, de 13 de julho de 1990.

O Presidente da República

Faço saber que o Congresso Nacional decreta e eu sanciono a seguinte Lei:

Art. 1.º Esta Lei dispõe sobre a alienação parental.

Art. 2.º Considera-se ato de alienação parental a interferência na formação psicológica da criança ou do adolescente promovida ou induzida por um dos genitores, pelos avós ou pelos que tenham a criança ou adolescente sob a sua autoridade, guarda ou vigilância para que repudie genitor ou que cause prejuízo ao estabelecimento ou à manutenção de vínculos com este.

Parágrafo único. São formas exemplificativas de alienação parental, além dos atos assim declarados pelo

---

(*) Publicada no *DOU*, de 27-8-2010.

Lei n. 12.318, de 26-8-2010 — Alienação Parental

juiz ou constatados por perícia, praticados diretamente ou com auxílio de terceiros:

I – realizar campanha de desqualificação da conduta do genitor no exercício da paternidade ou maternidade;

II – dificultar o exercício da autoridade parental;

III – dificultar contato de criança ou adolescente com genitor;

IV – dificultar o exercício do direito regulamentado de convivência familiar;

V – omitir deliberadamente a genitor informações pessoais relevantes sobre a criança ou o adolescente, inclusive escolares, médicas e alterações de endereço;

VI – apresentar falsa denúncia contra genitor, contra familiares deste ou contra avós, para obstar ou dificultar a convivência deles com a criança ou adolescente;

VII – mudar o domicílio para local distante, sem justificativa, visando a dificultar a convivência da criança ou adolescente com o outro genitor, com familiares deste ou com avós.

Art. 3.º A prática de ato de alienação parental fere direito fundamental da criança ou do adolescente de convivência familiar saudável, prejudica a realização de afeto nas relações com genitor e com o grupo familiar, constitui abuso moral contra a criança ou o adolescente e descumprimento dos deveres inerentes à autoridade parental ou decorrentes de tutela ou guarda.

Art. 4.º Declarado indício de ato de alienação parental, a requerimento ou de ofício, em qualquer momento processual, em ação autônoma ou incidentalmente, o processo terá tramitação prioritária, e o juiz determinará, com urgência, ouvido o Ministério Público, as medidas provisórias necessárias para preservação da integridade psicológica da criança ou do adolescente, inclusive para assegurar sua convivência com genitor ou viabilizar a efetiva reaproximação entre ambos, se for o caso.

Parágrafo único. Assegurar-se-á à criança ou ao adolescente e ao genitor garantia mínima de visitação assistida no fórum em que tramita a ação ou em entidades conveniadas com a Justiça, ressalvados os casos em que há iminente risco de prejuízo à integridade física ou psicológica da criança ou do adolescente, atestado por profissional eventualmente designado pelo juiz para acompanhamento das visitas.

•• Parágrafo único com redação determinada pela Lei n. 14.340, de 18-5-2022.

Art. 5.º Havendo indício da prática de ato de alienação parental, em ação autônoma ou incidental, o juiz, se necessário, determinará perícia psicológica ou biopsicossocial.

§ 1.º O laudo pericial terá base em ampla avaliação psicológica ou biopsicossocial, conforme o caso, compreendendo, inclusive, entrevista pessoal com as partes, exame de documentos dos autos, histórico do relacionamento do casal e da separação, cronologia de incidentes, avaliação da personalidade dos envolvidos e exame da forma como a criança ou adolescente se manifesta acerca de eventual acusação contra genitor.

§ 2.º A perícia será realizada por profissional ou equipe multidisciplinar habilitados, exigido, em qualquer caso, aptidão comprovada por histórico profissional ou acadêmico para diagnosticar atos de alienação parental.

§ 3.º O perito ou equipe multidisciplinar designada para verificar a ocorrência de alienação parental terá prazo de 90 (noventa) dias para apresentação do laudo, prorrogável exclusivamente por autorização judicial baseada em justificativa circunstanciada.

§ 4.º Na ausência ou insuficiência de serventuários responsáveis pela realização de estudo psicológico, biopsicossocial ou qualquer outra espécie de avaliação técnica exigida por esta Lei ou por determinação judicial, a autoridade judiciária poderá proceder à nomeação de perito com qualificação e experiência pertinentes ao tema, nos termos dos arts. 156 e 465 da Lei n. 13.105, de 16 de março de 2015 (Código de Processo Civil).

•• § 4.º acrescentado pela Lei n. 14.340, de 18-5-2022.

Art. 6.º Caracterizados atos típicos de alienação parental ou qualquer conduta que dificulte a convivência de criança ou adolescente com genitor, em ação autônoma ou incidental, o juiz poderá, cumulativamente ou não, sem prejuízo da decorrente responsabilidade civil ou criminal e da ampla utilização de instrumentos processuais aptos a inibir ou atenuar seus efeitos, segundo a gravidade do caso:

I – declarar a ocorrência de alienação parental e advertir o alienador;

II – ampliar o regime de convivência familiar em favor do genitor alienado;

III – estipular multa ao alienador;

IV – determinar acompanhamento psicológico e/ou biopsicossocial;

V – determinar a alteração da guarda para guarda compartilhada ou sua inversão;

VI – determinar a fixação cautelar do domicílio da criança ou adolescente.

VII – (*Revogado pela Lei n. 14.340, de 18-5-2022.*)

§ 1.º Caracterizado mudança abusiva de endereço, inviabilização ou obstrução à convivência familiar, o juiz também poderá inverter a obrigação de levar para ou retirar a criança ou adolescente da residência do genitor, por ocasião das alternâncias dos períodos de convivência familiar.

•• Parágrafo único renumerado pela Lei n. 14.340, de 18-5-2022.

§ 2.º O acompanhamento psicológico ou o biopsicossocial deve ser submetido a avaliações periódicas, com a emissão, pelo menos, de um laudo inicial, que contenha a avaliação do caso e o indicativo da metodologia a ser empregada, e de um laudo final, ao término do acompanhamento.

•• § 2.º acrescentado pela Lei n. 14.340, de 18-5-2022.

•• A Lei n. 14.340, de 18-5-2022 (DOU de 19-5-2022), dispõe em seu art. 5.º: "Art. 5.º Os processos em curso a que se refere a Lei n. 12.318, de 26 de agosto de 2010, que estejam pendentes de laudo psicológico ou biopsicossocial há mais de 6 (seis) meses, quando da publicação desta Lei, terão prazo de 3 (três) meses para a apresentação da avaliação requisitada".

Art. 7.º A atribuição ou alteração da guarda dar-se-á por preferência ao genitor que viabiliza a efetiva convivência da criança ou adolescente com o outro genitor nas hipóteses em que seja inviável a guarda compartilhada.

Art. 8.º A alteração de domicílio da criança ou adolescente é irrelevante para a determinação da competência relacionada às ações fundadas em direito de convivência familiar, salvo se decorrente de consenso entre os genitores ou de decisão judicial.

Art. 8.º-A. Sempre que necessário o depoimento ou a oitiva de crianças e de adolescentes em casos de alienação parental, eles serão realizados obrigatoriamente nos termos da Lei n. 13.431, de 4 de abril de 2017, sob pena de nulidade processual.

•• Artigo acrescentado pela Lei n. 14.340, de 18-5-2022.

Art. 9.º (*Vetado.*)

Art. 10. (*Vetado.*)

Art. 11. Esta Lei entra em vigor na data de sua publicação.

Brasília, 26 de agosto de 2010; 189.º da Independência e 122.º da República.

LUIZ INÁCIO LULA DA SILVA

LEI N. 12.414, DE 9 DE JUNHO DE 2011 (*)

Disciplina a formação e consulta a bancos de dados com informações de adimplemento, de pessoas naturais ou de pessoas jurídicas, para formação de histórico de crédito.

A Presidenta da República

Faço saber que o Congresso Nacional decreta e eu sanciono a seguinte Lei:

Art. 1.º Esta Lei disciplina a formação e consulta a bancos de dados com informações de adimplemento, de pessoas naturais ou de pessoas jurídicas, para formação de histórico de crédito, sem prejuízo do disposto na Lei n. 8.078, de 11 de setembro de 1990 – Código de Proteção e Defesa do Consumidor.

•• *Vide* arts. 43 e 44 do CDC.

Parágrafo único. Os bancos de dados instituídos ou mantidos por pessoas jurídicas de direito público interno serão regidos por legislação específica.

Art. 2.º Para os efeitos desta Lei, considera-se:

I – banco de dados: conjunto de dados relativo a pessoa natural ou jurídica armazenados com a finalidade de subsidiar a concessão de crédito, a realização de venda a prazo ou de outras transações comerciais e empresariais que impliquem risco financeiro;

II – gestor: pessoa jurídica que atenda aos requisitos mínimos de funcionamento previstos nesta Lei e em regulamentação complementar, responsável pela administração de banco de dados, bem como pela coleta, pelo armazenamento, pela análise e pelo acesso de terceiros aos dados armazenados;

•• Inciso II com redação determinada pela Lei Complementar n. 166, de 8-4-2019.

III – cadastrado: pessoa natural ou jurídica cujas informações tenham sido incluídas em banco de dados;

•• Inciso III com redação determinada pela Lei Complementar n. 166, de 8-4-2019.

IV – fonte: pessoa natural ou jurídica que conceda crédito, administre operações de autofinanciamento

---

(*) Publicada no *DOU* de 10-6-2011. Regulamentada pelo Decreto n. 9.936, de 24-7-2019.

Lei n. 12.414, de 9-6-2011 — Cadastro Positivo

ou realize venda a prazo ou outras transações comerciais e empresariais que lhe impliquem risco financeiro, inclusive as instituições autorizadas a funcionar pelo Banco Central do Brasil e os prestadores de serviços continuados de água, esgoto, eletricidade, gás, telecomunicações e assemelhados;

•• Inciso IV com redação determinada pela Lei Complementar n. 166, de 8-4-2019.

V – consulente: pessoa natural ou jurídica que acesse informações em bancos de dados para qualquer finalidade permitida por esta Lei;

VI – anotação: ação ou efeito de anotar, assinalar, averbar, incluir, inscrever ou registrar informação relativa ao histórico de crédito em banco de dados; e

VII – histórico de crédito: conjunto de dados financeiros e de pagamentos, relativos às operações de crédito e obrigações de pagamento adimplidas ou em andamento por pessoa natural ou jurídica.

•• Inciso VII com redação determinada pela Lei Complementar n. 166, de 8-4-2019.

Art. 3.º Os bancos de dados poderão conter informações de adimplemento do cadastrado, para a formação do histórico de crédito, nas condições estabelecidas nesta Lei.

§ 1.º Para a formação do banco de dados, somente poderão ser armazenadas informações objetivas, claras, verdadeiras e de fácil compreensão, que sejam necessárias para avaliar a situação econômica do cadastrado.

•• Vide art. 43, § 1.º, do CDC.

§ 2.º Para os fins do disposto no § 1.º, consideram-se informações:

I – objetivas: aquelas descritivas dos fatos e que não envolvam juízo de valor;

II – claras: aquelas que possibilitem o imediato entendimento do cadastrado independentemente de remissão a anexos, fórmulas, siglas, símbolos, termos técnicos ou nomenclatura específica;

III – verdadeiras: aquelas exatas, completas e sujeitas à comprovação nos termos desta Lei; e

IV – de fácil compreensão: aquelas em sentido comum que assegurem ao cadastrado o pleno conhecimento do conteúdo, do sentido e do alcance dos dados sobre ele anotados.

§ 3.º Ficam proibidas as anotações de:

I – informações excessivas, assim consideradas aquelas que não estiverem vinculadas à análise de risco de crédito ao consumidor; e

II – informações sensíveis, assim consideradas aquelas pertinentes à origem social e étnica, à saúde, à informação genética, à orientação sexual e às convicções políticas, religiosas e filosóficas.

Art. 4.º O gestor está autorizado, nas condições estabelecidas nesta Lei, a:

•• Caput com redação determinada pela Lei Complementar n. 166, de 8-4-2019.

I – abrir cadastro em banco de dados com informações de adimplemento de pessoas naturais e jurídicas;

•• Inciso I acrescentado pela Lei Complementar n. 166, de 8-4-2019.

II – fazer anotações no cadastro de que trata o inciso I do caput deste artigo;

•• Inciso II acrescentado pela Lei Complementar n. 166, de 8-4-2019.

III – compartilhar as informações cadastrais e de adimplemento armazenadas com outros bancos de dados; e

•• Inciso III acrescentado pela Lei Complementar n. 166, de 8-4-2019.

IV – disponibilizar a consulentes:

•• Inciso IV, caput, acrescentado pela Lei Complementar n. 166, de 8-4-2019.

a) a nota ou a pontuação de crédito elaborada com base nas informações de adimplemento armazenadas; e

•• Alínea a acrescentada pela Lei Complementar n. 166, de 8-4-2019.

b) o histórico de crédito, mediante prévia autorização específica do cadastrado.

•• Alínea b acrescentada pela Lei Complementar n. 166, de 8-4-2019.

§§ 1.º e 2.º (Revogados pela Lei Complementar n. 166, de 8-4-2019.)

§ 3.º (Vetado.)

§ 4.º A comunicação ao cadastrado deve:

•• § 4.º, caput, acrescentado pela Lei Complementar n. 166, de 8-4-2019.

I – ocorrer em até 30 (trinta) dias após a abertura do cadastro no banco de dados, sem custo para o cadastrado;

•• Inciso I acrescentado pela Lei Complementar n. 166, de 8-4-2019.

II – ser realizada pelo gestor, diretamente ou por intermédio de fontes; e

•• Inciso II acrescentado pela Lei Complementar n. 166, de 8-4-2019.

III – informar de maneira clara e objetiva os canais disponíveis para o cancelamento do cadastro no banco de dados.

•• Inciso III acrescentado pela Lei Complementar n. 166, de 8-4-2019.

§ 5.º Fica dispensada a comunicação de que trata o § 4.º deste artigo caso o cadastrado já tenha cadastro aberto em outro banco de dados.

•• § 5.º acrescentado pela Lei Complementar n. 166, de 8-4-2019.

§ 6.º Para o envio da comunicação de que trata o § 4.º deste artigo, devem ser utilizados os dados pessoais, como endereço residencial, comercial, eletrônico, fornecidos pelo cadastrado à fonte.

•• § 6.º acrescentado pela Lei Complementar n. 166, de 8-4-2019.

§ 7.º As informações do cadastrado somente poderão ser disponibilizadas a consulentes 60 (sessenta) dias após a abertura do cadastro, observado o disposto no § 8.º deste artigo e no art. 15 desta Lei.

•• § 7.º acrescentado pela Lei Complementar n. 166, de 8-4-2019.

§ 8.º É obrigação do gestor manter procedimentos adequados para comprovar a autenticidade e a validade da autorização de que trata a alínea *b* do inciso IV do *caput* deste artigo.

•• § 8.º acrescentado pela Lei Complementar n. 166, de 8-4-2019.

Art. 5.º São direitos do cadastrado:

I – obter o cancelamento ou a reabertura do cadastro, quando solicitado;

•• Inciso I com redação determinada pela Lei Complementar n. 166, de 8-4-2019.

II – acessar gratuitamente, independentemente de justificativa, as informações sobre ele existentes no banco de dados, inclusive seu histórico e sua nota ou pontuação de crédito, cabendo ao gestor manter sistemas seguros, por telefone ou por meio eletrônico, de consulta às informações pelo cadastrado;

•• Inciso II com redação determinada pela Lei Complementar n. 166, de 8-4-2019.

•• *Vide* art. 43, *caput*, do CDC.

III – solicitar a impugnação de qualquer informação sobre ele erroneamente anotada em banco de dados e ter, em até 10 (dez) dias, sua correção ou seu cancelamento em todos os bancos de dados que compartilharam a informação;

•• Inciso III com redação determinada pela Lei Complementar n. 166, de 8-4-2019.

•• *Vide* art. 43, § 3.º, do CDC.

IV – conhecer os principais elementos e critérios considerados para a análise de risco, resguardado o segredo empresarial;

•• *Vide* Súmula 550 do STJ.

V – ser informado previamente sobre a identidade do gestor e sobre o armazenamento e o objetivo do tratamento dos dados pessoais;

•• Inciso V com redação determinada pela Lei Complementar n. 166, de 8-4-2019.

VI – solicitar ao consulente a revisão de decisão realizada exclusivamente por meios automatizados; e

VII – ter os seus dados pessoais utilizados somente de acordo com a finalidade para a qual eles foram coletados.

§ 1.º (*Vetado.*)

§ 2.º (*Vetado.*)

§ 3.º O prazo para disponibilização das informações de que tratam os incisos II e IV do *caput* deste artigo será de 10 (dez) dias.

•• § 3.º acrescentado pela Lei Complementar n. 166, de 8-4-2019.

§ 4.º O cancelamento e a reabertura de cadastro somente serão processados mediante solicitação gratuita do cadastrado ao gestor.

•• § 4.º acrescentado pela Lei Complementar n. 166, de 8-4-2019.

§ 5.º O cadastrado poderá realizar a solicitação de que trata o § 4.º deste artigo a qualquer gestor de banco de dados, por meio telefônico, físico e eletrônico.

•• § 5.º acrescentado pela Lei Complementar n. 166, de 8-4-2019.

§ 6.º O gestor que receber a solicitação de que trata o § 4.º deste artigo é obrigado a, no prazo de até 2 (dois) dias úteis:

•• § 6.º, *caput*, acrescentado pela Lei Complementar n. 166, de 8-4-2019.

I – encerrar ou reabrir o cadastro, conforme solicitado; e

•• Inciso I acrescentado pela Lei Complementar n. 166, de 8-4-2019.

II – transmitir a solicitação aos demais gestores, que devem também atender, no mesmo prazo, à solicitação do cadastrado.

Lei n. 12.414, de 9-6-2011 — Cadastro Positivo

•• Inciso II acrescentado pela Lei Complementar n. 166, de 8-4-2019.

§ 7.º O gestor deve proceder automaticamente ao cancelamento de pessoa natural ou jurídica que tenha manifestado previamente, por meio telefônico, físico ou eletrônico, a vontade de não ter aberto seu cadastro.

•• § 7.º acrescentado pela Lei Complementar n. 166, de 8-4-2019.

§ 8.º O cancelamento de cadastro implica a impossibilidade de uso das informações do histórico de crédito pelos gestores, para os fins previstos nesta Lei, inclusive para a composição de nota ou pontuação de crédito de terceiros cadastrados, na forma do art. 7.º-A desta Lei.

•• § 8.º acrescentado pela Lei Complementar n. 166, de 8-4-2019.

Art. 6.º Ficam os gestores de bancos de dados obrigados, quando solicitados, a fornecer ao cadastrado:

I – todas as informações sobre ele constantes de seus arquivos, no momento da solicitação;

II – indicação das fontes relativas às informações de que trata o inciso I, incluindo endereço e telefone para contato;

III – indicação dos gestores de bancos de dados com os quais as informações foram compartilhadas;

IV – indicação de todos os consulentes que tiveram acesso a qualquer informação sobre ele nos 6 (seis) meses anteriores à solicitação;

•• Inciso IV com redação determinada pela Lei Complementar n. 166, de 8-4-2019.

V – cópia de texto com o sumário dos seus direitos, definidos em lei ou em normas infralegais pertinentes à sua relação com gestores, bem como à lista dos órgãos governamentais aos quais poderá ele recorrer, caso considere que esses direitos foram infringidos; e

•• Inciso V com redação determinada pela Lei Complementar n. 166, de 8-4-2019.

VI – confirmação de cancelamento do cadastro.

•• Inciso VI acrescentado pela Lei Complementar n. 166, de 8-4-2019.

§ 1.º É vedado aos gestores de bancos de dados estabelecerem políticas ou realizarem operações que impeçam, limitem ou dificultem o acesso do cadastrado previsto no inciso II do art. 5.º.

§ 2.º O prazo para atendimento das informações de que tratam os incisos II, III, IV e V do *caput* deste artigo será de 10 (dez) dias.

•• § 2.º com redação determinada pela Lei Complementar n. 166, de 8-4-2019.

Art. 7.º As informações disponibilizadas nos bancos de dados somente poderão ser utilizadas para:

I – realização de análise de risco de crédito do cadastrado; ou

II – subsidiar a concessão ou extensão de crédito e a realização de venda a prazo ou outras transações comerciais e empresariais que impliquem risco financeiro ao consulente.

Parágrafo único. Cabe ao gestor manter sistemas seguros, por telefone ou por meio eletrônico, de consulta para informar aos consulentes as informações de adimplemento do cadastrado.

Art. 7.º-A. Nos elementos e critérios considerados para composição da nota ou pontuação de crédito de pessoa cadastrada em banco de dados de que trata esta Lei, não podem ser utilizadas informações:

•• *Caput* acrescentado pela Lei Complementar n. 166, de 8-4-2019.

I – que não estiverem vinculadas à análise de risco de crédito e aquelas relacionadas à origem social e étnica, à saúde, à informação genética, ao sexo e às convicções políticas, religiosas e filosóficas;

•• Inciso I acrescentado pela Lei Complementar n. 166, de 8-4-2019.

II – de pessoas que não tenham com o cadastrado relação de parentesco de primeiro grau ou de dependência econômica; e

•• Inciso II acrescentado pela Lei Complementar n. 166, de 8-4-2019.

III – relacionadas ao exercício regular de direito pelo cadastrado, previsto no inciso II do *caput* do art. 5.º desta Lei.

•• Inciso III acrescentado pela Lei Complementar n. 166, de 8-4-2019.

§ 1.º O gestor de banco de dados deve disponibilizar em seu sítio eletrônico, de forma clara, acessível e de fácil compreensão, a sua política de coleta e utilização de dados pessoais para fins de elaboração de análise de risco de crédito.

•• § 1.º acrescentado pela Lei Complementar n. 166, de 8-4-2019.

§ 2.º A transparência da política de coleta e utilização de dados pessoais de que trata o § 1.º deste artigo deve ser objeto de verificação, na forma de regulamentação a ser expedida pelo Poder Executivo.

•• § 2.º acrescentado pela Lei Complementar n. 166, de 8-4-2019.

Art. 8.º São obrigações das fontes:

I e II – (*Revogados pela Lei Complementar n. 166, de 8-4-2019.*)

III – verificar e confirmar, ou corrigir, em prazo não superior a 2 (dois) dias úteis, informação impugnada, sempre que solicitado por gestor de banco de dados ou diretamente pelo cadastrado;

IV – atualizar e corrigir informações enviadas aos gestores, em prazo não superior a 10 (dez) dias;

•• Inciso IV com redação determinada pela Lei Complementar n. 166, de 8-4-2019.

V – manter os registros adequados para verificar informações enviadas aos gestores de bancos de dados; e

VI – fornecer informações sobre o cadastrado, em bases não discriminatórias, a todos os gestores de bancos de dados que as solicitarem, no mesmo formato e contendo as mesmas informações fornecidas a outros bancos de dados.

Parágrafo único. É vedado às fontes estabelecer políticas ou realizar operações que impeçam, limitem ou dificultem a transmissão a banco de dados de informações de cadastrados.

•• Parágrafo único com redação determinada pela Lei Complementar n. 166, de 8-4-2019.

Art. 9.º O compartilhamento de informações de adimplemento entre gestores é permitido na forma do inciso III do *caput* do art. 4.º desta Lei.

•• *Caput* com redação determinada pela Lei Complementar n. 166, de 8-4-2019.

§ 1.º O gestor que receber informação por meio de compartilhamento equipara-se, para todos os efeitos desta Lei, ao gestor que anotou originariamente a informação, inclusive quanto à responsabilidade por eventuais prejuízos a que der causa e ao dever de receber e processar impugnações ou cancelamentos e realizar retificações.

•• § 1.º com redação determinada pela Lei Complementar n. 166, de 8-4-2019.

§ 2.º O gestor originário é responsável por manter atualizadas as informações cadastrais nos demais bancos de dados com os quais compartilhou informações, sem nenhum ônus para o cadastrado.

•• § 2.º com redação determinada pela Lei Complementar n. 166, de 8-4-2019.

§ 3.º (*Revogado pela Lei Complementar n. 166, de 8-4-2019.*)

§ 4.º O gestor deverá assegurar, sob pena de responsabilidade, a identificação da pessoa que promover qualquer inscrição ou atualização de dados relacionados com o cadastrado, registrando a data desta ocorrência, bem como a identificação exata da fonte, do nome do agente que a efetuou e do equipamento ou terminal a partir do qual foi processada tal ocorrência.

Art. 10. É proibido ao gestor exigir exclusividade das fontes de informações.

Art. 11. (*Revogado pela Lei Complementar n. 166, de 8-4-2019.*)

Art. 12. As instituições autorizadas a funcionar pelo Banco Central do Brasil fornecerão as informações relativas a suas operações de crédito, de arrendamento mercantil e de autofinanciamento realizadas por meio de grupos de consórcio e a outras operações com características de concessão de crédito somente aos gestores registrados no Banco Central do Brasil.

•• *Caput* com redação determinada pela Lei Complementar n. 166, de 8-4-2019.

§§ 1.º e 2.º (*Revogados pela Lei Complementar n. 166, de 8-4-2019.*)

§ 3.º O Conselho Monetário Nacional adotará as medidas e normas complementares necessárias para a aplicação do disposto neste artigo.

§ 4.º O compartilhamento de que trata o inciso III do *caput* do art. 4.º desta Lei, quando referente a informações provenientes de instituições autorizadas a funcionar pelo Banco Central do Brasil, deverá ocorrer apenas entre gestores registrados na forma deste artigo.

•• § 4.º acrescentado pela Lei Complementar n. 166, de 8-4-2019.

§ 5.º As infrações à regulamentação de que trata o § 3.º deste artigo sujeitam o gestor ao cancelamento do seu registro no Banco Central do Brasil, assegurado o devido processo legal, na forma da Lei n. 9.784, de 29 de janeiro de 1999.

•• § 5.º acrescentado pela Lei Complementar n. 166, de 8-4-2019.

§ 6.º O órgão administrativo competente poderá requerer aos gestores, na forma e no prazo que estabelecer, as informações necessárias para o desempenho das atribuições de que trata este artigo.

•• § 6.º acrescentado pela Lei Complementar n. 166, de 8-4-2019.

§ 7.º Os gestores não se sujeitam à legislação aplicável às instituições financeiras e às demais instituições autorizadas a funcionar pelo Banco Central do Brasil, inclusive quanto às disposições sobre processo administrativo sancionador, regime de administração especial temporária, intervenção e liquidação extrajudicial.

•• § 7.º acrescentado pela Lei Complementar n. 166, de 8-4-2019.

§ 8.º O disposto neste artigo não afasta a aplicação pelos órgãos integrantes do Sistema Nacional de Defesa do Consumidor (SNDC), na forma do art. 17 desta Lei, das penalidades cabíveis por violação das normas de proteção do consumidor.

•• § 8.º acrescentado pela Lei Complementar n. 166, de 8-4-2019.

Art. 13. O Poder Executivo regulamentará o disposto nesta Lei, em especial quanto:

•• *Caput* com redação determinada pela Lei Complementar n. 166, de 8-4-2019.

I – ao uso, à guarda, ao escopo e ao compartilhamento das informações recebidas por bancos de dados;

•• Inciso I acrescentado pela Lei Complementar n. 166, de 8-4-2019.

II – aos procedimentos aplicáveis aos gestores de banco de dados na hipótese de vazamento de informações dos cadastrados, inclusive com relação à comunicação aos órgãos responsáveis pela sua fiscalização, nos termos do § 1.º do art. 17 desta Lei; e

•• Inciso II acrescentado pela Lei Complementar n. 166, de 8-4-2019.

III – ao disposto nos arts. 5.º e 7.º-A desta Lei.

•• Inciso III acrescentado pela Lei Complementar n. 166, de 8-4-2019.

Art. 14. As informações de adimplemento não poderão constar de bancos de dados por período superior a 15 (quinze) anos.

Art. 15. As informações sobre o cadastrado constantes dos bancos de dados somente poderão ser acessadas por consulentes que com ele mantiveram ou pretenderem manter relação comercial ou creditícia.

Art. 16. O banco de dados, a fonte e o consulente são responsáveis, objetiva e solidariamente, pelos danos materiais e morais que causarem ao cadastrado, nos termos da Lei n. 8.078, de 11 de setembro de 1990 (Código de Proteção e Defesa do Consumidor).

•• Artigo com redação determinada pela Lei Complementar n. 166, de 8-4-2019.

Art. 17. Nas situações em que o cadastrado for consumidor, caracterizado conforme a Lei n. 8.078, de 11 de setembro de 1990 – Código de Proteção e Defesa do Consumidor, aplicam-se as sanções e penas nela previstas e o disposto no § 2.º.

§ 1.º Nos casos previstos no *caput*, a fiscalização e a aplicação das sanções serão exercidas concorrentemente pelos órgãos de proteção e defesa do consumidor da União, dos Estados, do Distrito Federal e dos Municípios, nas respectivas áreas de atuação administrativa.

§ 2.º Sem prejuízo do disposto no *caput* e no § 1.º deste artigo, os órgãos de proteção e defesa do consumidor poderão aplicar medidas corretivas e estabelecer aos bancos de dados que descumprirem o previsto nesta Lei a obrigação de excluir do cadastro informações incorretas, no prazo de 10 (dez) dias, bem como de cancelar os cadastros de pessoas que solicitaram o cancelamento, conforme disposto no inciso I do *caput* do art. 5.º desta Lei.

•• § 2.º com redação determinada pela Lei Complementar n. 166, de 8-4-2019.

Art. 17-A. A quebra do sigilo previsto na Lei Complementar n. 105, de 10 de janeiro de 2001, sujeita os responsáveis às penalidades previstas no art. 10 da referida Lei, sem prejuízo do disposto na Lei n. 8.078, de 11 de setembro de 1990 (Código de Proteção e Defesa do Consumidor).

•• Artigo acrescentado pela Lei Complementar n. 166, de 8-4-2019.

Art. 18. Esta Lei entra em vigor na data de sua publicação.

Brasília, 9 de junho de 2011; 190.º da Independência e 123.º da República.

DILMA ROUSSEFF

LEI N. 12.594, DE 18 DE JANEIRO DE 2012 (*)

Institui o Sistema Nacional de Atendimento Socioeducativo (Sinase), regulamenta a execução das medidas socioeducativas destinadas a adolescente que pratique ato infracional;

(*) Publicada no *DOU*, de 19-1-2012.

e altera as Leis n. 8.069, de 13 de julho de 1990 (Estatuto da Criança e do Adolescente); 7.560, de 19 de dezembro de 1986, 7.998, de 11 de janeiro de 1990, 5.537, de 21 de novembro de 1968, 8.315, de 23 de dezembro de 1991, 8.706, de 14 de setembro de 1993, os Decretos-Leis n. 4.048, de 22 de janeiro de 1942, 8.621, de 10 de janeiro de 1946, e a Consolidação das Leis do Trabalho (CLT), aprovada pelo Decreto-Lei n. 5.452, de 1.º de maio de 1943.

A Presidenta da República

Faço saber que o Congresso Nacional decreta e eu sanciono a seguinte Lei:

TÍTULO I
DO SISTEMA NACIONAL DE ATENDIMENTO SOCIOEDUCATIVO (SINASE)

Capítulo I
DISPOSIÇÕES GERAIS

Art. 1.º Esta Lei institui o Sistema Nacional de Atendimento Socioeducativo (Sinase) e regulamenta a execução das medidas destinadas a adolescente que pratique ato infracional.

§ 1.º Entende-se por Sinase o conjunto ordenado de princípios, regras e critérios que envolvem a execução de medidas socioeducativas, incluindo-se nele, por adesão, os sistemas estaduais, distrital e municipais, bem como todos os planos, políticas e programas específicos de atendimento a adolescente em conflito com a lei.

§ 2.º Entende-se por medidas socioeducativas as previstas no art. 112 da Lei n. 8.069, de 13 de julho de 1990 (Estatuto da Criança e do Adolescente), as quais têm por objetivos:

I – a responsabilização do adolescente quanto às consequências lesivas do ato infracional, sempre que possível incentivando a sua reparação;

II – a integração social do adolescente e a garantia de seus direitos individuais e sociais, por meio do cumprimento de seu plano individual de atendimento; e

III – a desaprovação da conduta infracional, efetivando as disposições da sentença como parâmetro máximo de privação de liberdade ou restrição de direitos, observados os limites previstos em lei.

§ 3.º Entendem-se por programa de atendimento a organização e o funcionamento, por unidade, das condições necessárias para o cumprimento das medidas socioeducativas.

§ 4.º Entende-se por unidade a base física necessária para a organização e o funcionamento de programa de atendimento.

§ 5.º Entendem-se por entidade de atendimento a pessoa jurídica de direito público ou privado que instala e mantém a unidade e os recursos humanos e materiais necessários ao desenvolvimento de programas de atendimento.

Art. 2.º O Sinase será coordenado pela União e integrado pelos sistemas estaduais, distrital e municipais responsáveis pela implementação dos seus respectivos programas de atendimento a adolescente ao qual seja aplicada medida socioeducativa, com liberdade de organização e funcionamento, respeitados os termos desta Lei.

Capítulo II
DAS COMPETÊNCIAS

Art. 3.º Compete à União:

I – formular e coordenar a execução da política nacional de atendimento socioeducativo;

II – elaborar o Plano Nacional de Atendimento Socioeducativo, em parceria com os Estados, o Distrito Federal e os Municípios;

III – prestar assistência técnica e suplementação financeira aos Estados, ao Distrito Federal e aos Municípios para o desenvolvimento de seus sistemas;

IV – instituir e manter o Sistema Nacional de Informações sobre o Atendimento Socioeducativo, seu funcionamento, entidades, programas, incluindo dados relativos a financiamento e população atendida;

V – contribuir para a qualificação e ação em rede dos Sistemas de Atendimento Socioeducativo;

VI – estabelecer diretrizes sobre a organização e funcionamento das unidades e programas de atendimento e as normas de referência destinadas ao cumprimento das medidas socioeducativas de internação e semiliberdade;

VII – instituir e manter processo de avaliação dos Sistemas de Atendimento Socioeducativo, seus planos, entidades e programas;

VIII – financiar, com os demais entes federados, a execução de programas e serviços do Sinase; e

IX – garantir a publicidade de informações sobre repasses de recursos aos gestores estaduais, distrital e municipais, para financiamento de programas de atendimento socioeducativo.

§ 1.º São vedados à União o desenvolvimento e a oferta de programas próprios de atendimento.

§ 2.º Ao Conselho Nacional dos Direitos da Criança e do Adolescente (Conanda) competem as funções normativa, deliberativa, de avaliação e de fiscalização do Sinase, nos termos previstos na Lei n. 8.242, de 12 de outubro de 1991, que cria o referido Conselho.

§ 3.º O Plano de que trata o inciso II do *caput* deste artigo será submetido à deliberação do Conanda.

§ 4.º À Secretaria de Direitos Humanos da Presidência da República (SDH/PR) competem as funções executiva e de gestão do Sinase.

Art. 4.º Compete aos Estados:

I – formular, instituir, coordenar e manter Sistema Estadual de Atendimento Socioeducativo, respeitadas as diretrizes fixadas pela União;

II – elaborar o Plano Estadual de Atendimento Socioeducativo em conformidade com o Plano Nacional;

III – criar, desenvolver e manter programas para a execução das medidas socioeducativas de semiliberdade e internação;

IV – editar normas complementares para a organização e funcionamento do seu sistema de atendimento e dos sistemas municipais;

V – estabelecer com os Municípios formas de colaboração para o atendimento socioeducativo em meio aberto;

VI – prestar assessoria técnica e suplementação financeira aos Municípios para a oferta regular de programas de meio aberto;

VII – garantir o pleno funcionamento do plantão interinstitucional, nos termos previstos no inciso V do art. 88 da Lei n. 8.069, de 13 de julho de 1990 (Estatuto da Criança e do Adolescente);

VIII – garantir defesa técnica do adolescente a quem se atribua prática de ato infracional;

IX – cadastrar-se no Sistema Nacional de Informações sobre o Atendimento Socioeducativo e fornecer regularmente os dados necessários ao povoamento e à atualização do Sistema; e

X – cofinanciar, com os demais entes federados, a execução de programas e ações destinados ao atendimento inicial de adolescente apreendido para apuração de ato infracional, bem como aqueles destinados a adolescente a quem foi aplicada medida socioeducativa privativa de liberdade.

§ 1.º Ao Conselho Estadual dos Direitos da Criança e do Adolescente competem as funções deliberativas e de controle do Sistema Estadual de Atendimento Socioeducativo, nos termos previstos no inciso II do art. 88 da Lei n. 8.069, de 13 de julho de 1990 (Estatuto da Criança e do Adolescente), bem como outras definidas na legislação estadual ou distrital.

§ 2.º O Plano de que trata o inciso II do *caput* deste artigo será submetido à deliberação do Conselho Estadual dos Direitos da Criança e do Adolescente.

§ 3.º Competem ao órgão a ser designado no Plano de que trata o inciso II do *caput* deste artigo as funções executiva e de gestão do Sistema Estadual de Atendimento Socioeducativo.

Art. 5.º Compete aos Municípios:

I – formular, instituir, coordenar e manter o Sistema Municipal de Atendimento Socioeducativo, respeitadas as diretrizes fixadas pela União e pelo respectivo Estado;

II – elaborar o Plano Municipal de Atendimento Socioeducativo, em conformidade com o Plano Nacional e o respectivo Plano Estadual;

III – criar e manter programas de atendimento para a execução das medidas socioeducativas em meio aberto;

IV – editar normas complementares para a organização e funcionamento dos programas do seu Sistema de Atendimento Socioeducativo;

V – cadastrar-se no Sistema Nacional de Informações sobre o Atendimento Socioeducativo e fornecer regularmente os dados necessários ao povoamento e à atualização do Sistema; e

VI – cofinanciar, conjuntamente com os demais entes federados, a execução de programas e ações destinados ao atendimento inicial de adolescente apreendido para apuração de ato infracional, bem como aqueles destinados a adolescente a quem foi aplicada medida socioeducativa em meio aberto.

§ 1.º Para garantir a oferta de programa de atendimento socioeducativo de meio aberto, os Municípios podem instituir os consórcios dos quais trata a Lei n.

11.107, de 6 de abril de 2005, que dispõe sobre normas gerais de contratação de consórcios públicos e dá outras providências, ou qualquer outro instrumento jurídico adequado, como forma de compartilhar responsabilidades.

§ 2.º Ao Conselho Municipal dos Direitos da Criança e do Adolescente competem as funções deliberativas e de controle do Sistema Municipal de Atendimento Socioeducativo, nos termos previstos no inciso II do art. 88 da Lei n. 8.069, de 13 de julho de 1990 (Estatuto da Criança e do Adolescente), bem como outras definidas na legislação municipal.

§ 3.º O Plano de que trata o inciso II do *caput* deste artigo será submetido à deliberação do Conselho Municipal dos Direitos da Criança e do Adolescente.

§ 4.º Competem ao órgão a ser designado no Plano de que trata o inciso I do *caput* deste artigo as funções executiva e de gestão do Sistema Municipal de Atendimento Socioeducativo.

Art. 6.º Ao Distrito Federal cabem, cumulativamente, as competências dos Estados e dos Municípios.

Capítulo III
DOS PLANOS DE ATENDIMENTO SOCIOEDUCATIVO

Art. 7.º O Plano de que trata o inciso II do art. 3.º desta Lei deverá incluir um diagnóstico da situação do Sinase, as diretrizes, os objetivos, as metas, as prioridades e as formas de financiamento e gestão das ações de atendimento para os 10 (dez) anos seguintes, em sintonia com os princípios elencados na Lei n. 8.069, de 13 de julho de 1990 (Estatuto da Criança e do Adolescente).

§ 1.º As normas nacionais de referência para o atendimento socioeducativo devem constituir anexo ao Plano de que trata o inciso II do art. 3.º desta Lei.

§ 2.º Os Estados, o Distrito Federal e os Municípios deverão, com base no Plano Nacional de Atendimento Socioeducativo, elaborar seus planos decenais correspondentes, em até 360 (trezentos e sessenta) dias a partir da aprovação do Plano Nacional.

Art. 8.º Os Planos de Atendimento Socioeducativo deverão, obrigatoriamente, prever ações articuladas nas áreas de educação, saúde, assistência social, cultura, capacitação para o trabalho e esporte, para os adolescentes atendidos, em conformidade com os princípios elencados na Lei n. 8.069, de 13 de julho de 1990 (Estatuto da Criança e do Adolescente).

Parágrafo único. Os Poderes Legislativos federal, estaduais, distrital e municipais, por meio de suas comissões temáticas pertinentes, acompanharão a execução dos Planos de Atendimento Socioeducativo dos respectivos entes federados.

Capítulo IV
DOS PROGRAMAS DE ATENDIMENTO

Seção I
Disposições Gerais

Art. 9.º Os Estados e o Distrito Federal inscreverão seus programas de atendimento e alterações no Conselho Estadual ou Distrital dos Direitos da Criança e do Adolescente, conforme o caso.

Art. 10. Os Municípios inscreverão seus programas e alterações, bem como as entidades de atendimento executoras, no Conselho Municipal dos Direitos da Criança e do Adolescente.

Art. 11. Além da especificação do regime, são requisitos obrigatórios para a inscrição de programa de atendimento:

I – a exposição das linhas gerais dos métodos e técnicas pedagógicas, com a especificação das atividades de natureza coletiva;

II – a indicação da estrutura material, dos recursos humanos e das estratégias de segurança compatíveis com as necessidades da respectiva unidade;

III – regimento interno que regule o funcionamento da entidade, no qual deverá constar, no mínimo:

a) o detalhamento das atribuições e responsabilidades do dirigente, de seus prepostos, dos membros da equipe técnica e dos demais educadores;

b) a previsão das condições do exercício da disciplina e concessão de benefícios e o respectivo procedimento de aplicação; e

c) a previsão da concessão de benefícios extraordinários e enaltecimento, tendo em vista tornar público o reconhecimento ao adolescente pelo esforço realizado na consecução dos objetivos do plano individual;

IV – a política de formação dos recursos humanos;

V – a previsão das ações de acompanhamento do adolescente após o cumprimento de medida socioeducativa;

VI – a indicação da equipe técnica, cuja quantidade e formação devem estar em conformidade com as normas de referência do sistema e dos conselhos profissionais e com o atendimento socioeducativo a ser realizado; e

VII – a adesão ao Sistema de Informações sobre o Atendimento Socioeducativo, bem como sua operação efetiva.

Parágrafo único. O não cumprimento do previsto neste artigo sujeita as entidades de atendimento, os órgãos gestores, seus dirigentes ou prepostos à aplicação das medidas previstas no art. 97 da Lei n. 8.069, de 13 de julho de 1990 (Estatuto da Criança e do Adolescente).

Art. 12. A composição da equipe técnica do programa de atendimento deverá ser interdisciplinar, compreendendo, no mínimo, profissionais das áreas de saúde, educação e assistência social, de acordo com as normas de referência.

§ 1.º Outros profissionais podem ser acrescentados às equipes para atender necessidades específicas do programa.

§ 2.º Regimento interno deve discriminar as atribuições de cada profissional, sendo proibida a sobreposição dessas atribuições na entidade de atendimento.

§ 3.º O não cumprimento do previsto neste artigo sujeita as entidades de atendimento, seus dirigentes ou prepostos à aplicação das medidas previstas no art. 97 da Lei n. 8.069, de 13 de julho de 1990 (Estatuto da Criança e do Adolescente).

Seção II
Dos Programas de Meio Aberto

Art. 13. Compete à direção do programa de prestação de serviços à comunidade ou de liberdade assistida:

I – selecionar e credenciar orientadores, designando-os, caso a caso, para acompanhar e avaliar o cumprimento da medida;

II – receber o adolescente e seus pais ou responsável e orientá-los sobre a finalidade da medida e a organização e funcionamento do programa;

III – encaminhar o adolescente para o orientador credenciado;

IV – supervisionar o desenvolvimento da medida; e

V – avaliar, com o orientador, a evolução do cumprimento da medida e, se necessário, propor à autoridade judiciária sua substituição, suspensão ou extinção.

Parágrafo único. O rol de orientadores credenciados deverá ser comunicado, semestralmente, à autoridade judiciária e ao Ministério Público.

Art. 14. Incumbe ainda à direção do programa de medida de prestação de serviços à comunidade selecionar e credenciar entidades assistenciais, hospitais, escolas ou outros estabelecimentos congêneres, bem como os programas comunitários ou governamentais, de acordo com o perfil do socioeducando e o ambiente no qual a medida será cumprida.

Parágrafo único. Se o Ministério Público impugnar o credenciamento, ou a autoridade judiciária considerá-lo inadequado, instaurará incidente de impugnação, com a aplicação subsidiária do procedimento de apuração de irregularidade em entidade de atendimento regulamentado na Lei n. 8.069, de 13 de julho de 1990 (Estatuto da Criança e do Adolescente), devendo citar o dirigente do programa e a direção da entidade ou órgão credenciado.

Seção III
Dos Programas de Privação da Liberdade

Art. 15. São requisitos específicos para a inscrição de programas de regime de semiliberdade ou internação:

I – a comprovação da existência de estabelecimento educacional com instalações adequadas e em conformidade com as normas de referência;

II – a previsão do processo e dos requisitos para a escolha do dirigente;

III – a apresentação das atividades de natureza coletiva;

IV – a definição das estratégias para a gestão de conflitos, vedada a previsão de isolamento cautelar, exceto nos casos previstos no § 2.º do art. 49 desta Lei; e

V – a previsão de regime disciplinar nos termos do art. 72 desta Lei.

Art. 16. A estrutura física da unidade deverá ser compatível com as normas de referência do Sinase.

§ 1.º É vedada a edificação de unidades socioeducacionais em espaços contíguos, anexos, ou de qualquer outra forma integrados a estabelecimentos penais.

§ 2.º A direção da unidade adotará, em caráter excepcional, medidas para proteção do interno em casos de risco à sua integridade física, à sua vida, ou à de outrem, comunicando, de imediato, seu defensor e o Ministério Público.

Art. 17. Para o exercício da função de dirigente de programa de atendimento em regime de semiliberdade ou de internação, além dos requisitos específicos previstos no respectivo programa de atendimento, é necessário:

I – formação de nível superior compatível com a natureza da função;

II – comprovada experiência no trabalho com adolescentes, no mínimo, 2 (dois) anos; e

III – reputação ilibada.

Capítulo V
DA AVALIAÇÃO E ACOMPANHAMENTO DA GESTÃO DO ATENDIMENTO SOCIOEDUCATIVO

Art. 18. A União, em articulação com os Estados, o Distrito Federal e os Municípios, realizará avaliações periódicas da implementação dos Planos de Atendimento Socioeducativo em intervalos não superiores a 3 (três) anos.

§ 1.º O objetivo da avaliação é verificar o cumprimento das metas estabelecidas e elaborar recomendações aos gestores e operadores dos Sistemas.

§ 2.º O processo de avaliação deverá contar com a participação de representantes do Poder Judiciário, do Ministério Público, da Defensoria Pública e dos Conselhos Tutelares, na forma a ser definida em regulamento.

§ 3.º A primeira avaliação do Plano Nacional de Atendimento Socioeducativo realizar-se-á no terceiro ano de vigência desta Lei, cabendo ao Poder Legislativo federal acompanhar o trabalho por meio de suas comissões temáticas pertinentes.

Art. 19. É instituído o Sistema Nacional de Avaliação e Acompanhamento do Atendimento Socioeducativo, com os seguintes objetivos:

I – contribuir para a organização da rede de atendimento socioeducativo;

II – assegurar conhecimento rigoroso sobre as ações do atendimento socioeducativo e seus resultados;

III – promover a melhoria da qualidade da gestão e do atendimento socioeducativo; e

IV – disponibilizar informações sobre o atendimento socioeducativo.

§ 1.º A avaliação abrangerá, no mínimo, a gestão, as entidades de atendimento, os programas e os resultados da execução das medidas socioeducativas.

§ 2.º Ao final da avaliação, será elaborado relatório contendo histórico e diagnóstico da situação, as recomendações e os prazos para que essas sejam cumpridas, além de outros elementos a serem definidos em regulamento.

§ 3.º O relatório da avaliação deverá ser encaminhado aos respectivos Conselhos de Direitos, Conselhos Tutelares e ao Ministério Público.

§ 4.º Os gestores e entidades têm o dever de colaborar com o processo de avaliação, facilitando o acesso às suas instalações, à documentação e a todos os elementos necessários ao seu efetivo cumprimento.

§ 5.º O acompanhamento tem por objetivo verificar o cumprimento das metas dos Planos de Atendimento Socioeducativo.

Art. 20. O Sistema Nacional de Avaliação e Acompanhamento da Gestão do Atendimento Socioeducativo assegurará, na metodologia a ser empregada:

I – a realização da autoavaliação dos gestores e das instituições de atendimento;

II – a avaliação institucional externa, contemplando a análise global e integrada das instalações físicas, relações institucionais, compromisso social, atividades e finalidades das instituições de atendimento e seus programas;

III – o respeito à identidade e à diversidade de entidades e programas;

IV – a participação do corpo de funcionários das entidades de atendimento e dos Conselhos Tutelares da área de atuação da entidade avaliada; e

V – o caráter público de todos os procedimentos, dados e resultados dos processos avaliativos.

Art. 21. A avaliação será coordenada por uma comissão permanente e realizada por comissões temporárias, essas compostas, no mínimo, por 3 (três) especialistas com reconhecida atuação na área temática e definidas na forma do regulamento.

Parágrafo único. É vedado à comissão permanente designar avaliadores:

I – que sejam titulares ou servidores dos órgãos gestores avaliados ou funcionários das entidades avaliadas;

II – que tenham relação de parentesco até o 3.º grau com titulares ou servidores dos órgãos gestores avaliados e/ou funcionários das entidades avaliadas; e

III – que estejam respondendo a processos criminais.

Art. 22. A avaliação da gestão terá por objetivo:

I – verificar se o planejamento orçamentário e sua execução se processam de forma compatível com as necessidades do respectivo Sistema de Atendimento Socioeducativo;

II – verificar a manutenção do fluxo financeiro, considerando as necessidades operacionais do atendimento socioeducativo, as normas de referência e as condições previstas nos instrumentos jurídicos celebrados entre os órgãos gestores e as entidades de atendimento;

III – verificar a implementação de todos os demais compromissos assumidos por ocasião da celebração dos instrumentos jurídicos relativos ao atendimento socioeducativo; e

IV – a articulação interinstitucional e intersetorial das políticas.

Art. 23. A avaliação das entidades terá por objetivo identificar o perfil e o impacto de sua atuação, por meio de suas atividades, programas e projetos, considerando as diferentes dimensões institucionais e, entre elas, obrigatoriamente, as seguintes:

I – o plano de desenvolvimento institucional;

II – a responsabilidade social, considerada especialmente sua contribuição para a inclusão social e o desenvolvimento socioeconômico do adolescente e de sua família;

III – a comunicação e o intercâmbio com a sociedade;

IV – as políticas de pessoal quanto à qualificação, aperfeiçoamento, desenvolvimento profissional e condições de trabalho;

V – a adequação da infraestrutura física às normas de referência;

VI – o planejamento e a autoavaliação quanto aos processos, resultados, eficiência e eficácia do projeto pedagógico e da proposta socioeducativa;

VII – as políticas de atendimento para os adolescentes e suas famílias;

VIII – a atenção integral à saúde dos adolescentes em conformidade com as diretrizes do art. 60 desta Lei; e

IX – a sustentabilidade financeira.

Art. 24. A avaliação dos programas terá por objetivo verificar, no mínimo, o atendimento ao que determinam os arts. 94, 100, 117, 119, 120, 123 e 124 da Lei n. 8.069, de 13 de julho de 1990 (Estatuto da Criança e do Adolescente).

Art. 25. A avaliação dos resultados da execução de medida socioeducativa terá por objetivo, no mínimo:

I – verificar a situação do adolescente após cumprimento da medida socioeducativa, tomando por base suas perspectivas educacionais, sociais, profissionais e familiares; e

II – verificar reincidência de prática de ato infracional.

Art. 26. Os resultados da avaliação serão utilizados para:

I – planejamento de metas e eleição de prioridades do Sistema de Atendimento Socioeducativo e seu financiamento;

II – reestruturação e/ou ampliação da rede de atendimento socioeducativo, de acordo com as necessidades diagnosticadas;

III – adequação dos objetivos e da natureza do atendimento socioeducativo prestado pelas entidades avaliadas;

IV – celebração de instrumentos de cooperação com vistas à correção de problemas diagnosticados na avaliação;

V – reforço de financiamento para fortalecer a rede de atendimento socioeducativo;

VI – melhorar e ampliar a capacitação dos operadores do Sistema de Atendimento Socioeducativo; e

VII – os efeitos do art. 95 da Lei n. 8.069, de 13 de julho de 1990 (Estatuto da Criança e do Adolescente).

Parágrafo único. As recomendações originadas da avaliação deverão indicar prazo para seu cumprimento por parte das entidades de atendimento e dos gestores avaliados, ao fim do qual estarão sujeitos às medidas previstas no art. 28 desta Lei.

Art. 27. As informações produzidas a partir do Sistema Nacional de Informações sobre Atendimento Socioeducativo serão utilizadas para subsidiar a avaliação, o acompanhamento, a gestão e o financiamento dos Sistemas Nacional, Distrital, Estaduais e Municipais de Atendimento Socioeducativo.

Capítulo VI
DA RESPONSABILIZAÇÃO DOS GESTORES, OPERADORES E ENTIDADES DE ATENDIMENTO

Art. 28. No caso do desrespeito, mesmo que parcial, ou do não cumprimento integral às diretrizes e determinações desta Lei, em todas as esferas, são sujeitos:

I – gestores, operadores e seus prepostos e entidades governamentais às medidas previstas no inciso I e no § 1.º do art. 97 da Lei n. 8.069, de 13 de julho de 1990 (Estatuto da Criança e do Adolescente); e

II – entidades não governamentais, seus gestores, operadores e prepostos às medidas previstas no inciso II e no § 1.º do art. 97 da Lei n. 8.069, de 13 de julho de 1990 (Estatuto da Criança e do Adolescente).

Parágrafo único. A aplicação das medidas previstas neste artigo dar-se-á a partir da análise de relatório circunstanciado elaborado após as avaliações, sem prejuízo do que determinam os arts. 191 a 197, 225

a 227, 230 a 236, 243 e 245 a 247 da Lei n. 8.069, de 13 de julho de 1990 (Estatuto da Criança e do Adolescente).

Art. 29. Àqueles que, mesmo não sendo agentes públicos, induzam ou concorram, sob qualquer forma, direta ou indireta, para o não cumprimento desta Lei, aplicam-se, no que couber, as penalidades dispostas na Lei n. 8.429, de 2 de junho de 1992, que dispõe sobre as sanções aplicáveis aos agentes públicos nos casos de enriquecimento ilícito no exercício de mandato, cargo, emprego ou função na administração pública direta, indireta ou fundacional e dá outras providências (Lei de Improbidade Administrativa).

Capítulo VII
DO FINANCIAMENTO E DAS PRIORIDADES

Art. 30. O Sinase será cofinanciado com recursos dos orçamentos fiscal e da seguridade social, além de outras fontes.

§ 1.º (*Vetado*).

§ 2.º Os entes federados que tenham instituído seus sistemas de atendimento socioeducativo terão acesso aos recursos na forma de transferência adotada pelos órgãos integrantes do Sinase.

§ 3.º Os entes federados beneficiados com recursos dos orçamentos dos órgãos responsáveis pelas políticas integrantes do Sinase, ou de outras fontes, estão sujeitos às normas e procedimentos de monitoramento estabelecidas pelas instâncias dos órgãos das políticas setoriais envolvidas, sem prejuízo do disposto nos incisos IX e X do art. 4.º, nos incisos V e VI do art. 5.º e no art. 6.º desta Lei.

Art. 31. Os Conselhos de Direitos, nas 3 (três) esferas de governo, definirão, anualmente, o percentual de recursos dos Fundos dos Direitos da Criança e do Adolescente a serem aplicados no financiamento das ações previstas nesta Lei, em especial para capacitação, sistemas de informação e de avaliação.

Parágrafo único. Os entes federados beneficiados com recursos do Fundo dos Direitos da Criança e do Adolescente para ações de atendimento socioeducativo prestarão informações sobre o desempenho dessas ações por meio do Sistema de Informações sobre Atendimento Socioeducativo.

Título II
DA EXECUÇÃO DAS MEDIDAS SOCIOEDUCATIVAS

Capítulo I
DISPOSIÇÕES GERAIS

Art. 35. A execução das medidas socioeducativas reger-se-á pelos seguintes princípios:

•• A Resolução n. 252, de 16-10-2024, do CONANDA, dispõe sobre as diretrizes nacionais para a segurança e proteção integral de adolescentes e jovens em restrição e privação de liberdade no Sistema Nacional de Atendimento Socioeducativo.

I – legalidade, não podendo o adolescente receber tratamento mais gravoso do que o conferido ao adulto;

II – excepcionalidade da intervenção judicial e da imposição de medidas, favorecendo-se meios de autocomposição de conflitos;

III – prioridade a práticas ou medidas que sejam restaurativas e, sempre que possível, atendam às necessidades das vítimas;

IV – proporcionalidade em relação à ofensa cometida;

V – brevidade da medida em resposta ao ato cometido, em especial o respeito ao que dispõe o art. 122 da Lei n. 8.069, de 13 de julho de 1990 (Estatuto da Criança e do Adolescente);

VI – individualização, considerando-se a idade, capacidades e circunstâncias pessoais do adolescente;

VII – mínima intervenção, restrita ao necessário para a realização dos objetivos da medida;

VIII – não discriminação do adolescente, notadamente em razão de etnia, gênero, nacionalidade, classe social, orientação religiosa, política ou sexual, ou associação ou pertencimento a qualquer minoria ou *status*; e

IX – fortalecimento dos vínculos familiares e comunitários no processo socioeducativo.

Capítulo II
DOS PROCEDIMENTOS

Art. 36. A competência para jurisdicionar a execução das medidas socioeducativas segue o determinado pelo art. 146 da Lei n. 8.069, de 13 de julho de 1990 (Estatuto da Criança e do Adolescente).

Art. 37. A defesa e o Ministério Público intervirão, sob pena de nulidade, no procedimento judicial de execução de medida socioeducativa, asseguradas aos seus membros as prerrogativas previstas na Lei n. 8.069, de 13 de julho de 1990 (Estatuto da Criança e do Adolescente), podendo requerer as providências necessárias para adequar a execução aos ditames legais e regulamentares.

Art. 38. As medidas de proteção, de advertência e de reparação do dano, quando aplicadas de forma isolada, serão executadas nos próprios autos do processo de conhecimento, respeitado o disposto nos arts. 143 e 144 da Lei n. 8.069, de 13 de julho de 1990 (Estatuto da Criança e do Adolescente).

Art. 39. Para aplicação das medidas socioeducativas de prestação de serviços à comunidade, liberdade assistida, semiliberdade ou internação, será constituído processo de execução para cada adolescente, respeitado o disposto nos arts. 143 e 144 da Lei n. 8.069, de 13 de julho de 1990 (Estatuto da Criança e do Adolescente), e com autuação das seguintes peças:

I – documentos de caráter pessoal do adolescente existentes no processo de conhecimento, especialmente os que comprovem sua idade; e

II – as indicadas pela autoridade judiciária, sempre que houver necessidade e, obrigatoriamente:

a) cópia da representação;
b) cópia da certidão de antecedentes;
c) cópia da sentença ou acórdão; e
d) cópia de estudos técnicos realizados durante a fase de conhecimento.

Parágrafo único. Procedimento idêntico será observado na hipótese de medida aplicada em sede de remissão, como forma de suspensão do processo.

Art. 40. Autuadas as peças, a autoridade judiciária encaminhará, imediatamente, cópia integral do expediente ao órgão gestor do atendimento socioeducativo, solicitando designação do programa ou da unidade de cumprimento da medida.

Art. 41. A autoridade judiciária dará vistas da proposta de plano individual de que trata o art. 53 desta Lei ao defensor e ao Ministério Público pelo prazo sucessivo de 3 (três) dias, contados do recebimento da proposta encaminhada pela direção do programa de atendimento.

§ 1.º O defensor e o Ministério Público poderão requerer, e o Juiz da Execução poderá determinar, de ofício, a realização de qualquer avaliação ou perícia que entenderem necessárias para complementação do plano individual.

§ 2.º A impugnação ou complementação do plano individual, requerida pelo defensor ou pelo Ministério Público, deverá ser fundamentada, podendo a autoridade judiciária indeferi-la, se entender insuficiente a motivação.

§ 3.º Admitida a impugnação, ou se entender que o plano é inadequado, a autoridade judiciária designará, se necessário, audiência da qual cientificará o defensor, o Ministério Público, a direção do programa de atendimento, o adolescente e seus pais ou responsável.

§ 4.º A impugnação não suspenderá a execução do plano individual, salvo determinação judicial em contrário.

§ 5.º Findo o prazo sem impugnação, considerar-se-á o plano individual homologado.

Art. 42. As medidas socioeducativas de liberdade assistida, de semiliberdade e de internação deverão ser reavaliadas no máximo a cada 6 (seis) meses, podendo a autoridade judiciária, se necessário, designar audiência, no prazo máximo de 10 (dez) dias, cientificando o defensor, o Ministério Público, a direção do programa de atendimento, o adolescente e seus pais ou responsável.

§ 1.º A audiência será instruída com o relatório da equipe técnica do programa de atendimento sobre a evolução do plano de que trata o art. 52 desta Lei e com qualquer outro parecer técnico requerido pelas partes e deferido pela autoridade judiciária.

§ 2.º A gravidade do ato infracional, os antecedentes e o tempo de duração da medida não são fatores que, por si, justifiquem a não substituição da medida por outra menos grave.

§ 3.º Considera-se mais grave a internação, em relação a todas as demais medidas, e mais grave a semiliberdade, em relação às medidas de meio aberto.

Art. 43. A reavaliação da manutenção, da substituição ou da suspensão das medidas de meio aberto ou de privação da liberdade e do respectivo plano individual pode ser solicitada a qualquer tempo, a pedido da direção do programa de atendimento, do Ministério Público, do adolescente, de seus pais ou responsável.

§ 1.º Justifica o pedido de reavaliação, entre outros motivos:

I – o desempenho adequado do adolescente com base no seu plano de atendimento individual, antes do prazo da reavaliação obrigatória;

II – a inadaptação do adolescente ao programa e o reiterado descumprimento das atividades do plano individual; e

III – a necessidade de modificação das atividades do plano individual que importem em maior restrição da liberdade do adolescente.

§ 2.º A autoridade judiciária poderá indeferir o pedido, de pronto, se entender insuficiente a motivação.

§ 3.º Admitido o processamento do pedido, a autoridade judiciária, se necessário, designará audiência, observando o princípio do § 1.º do art. 42 desta Lei.

§ 4.º A substituição por medida mais gravosa somente ocorrerá em situações excepcionais, após o devido processo legal, inclusive na hipótese do inciso III do art. 122 da Lei n. 8.069, de 13 de julho de 1990 (Estatuto da Criança e do Adolescente), e deve ser:

I – fundamentada em parecer técnico;

II – precedida de prévia audiência, e nos termos do § 1.º do art. 42 desta Lei.

Art. 44. Na hipótese de substituição da medida ou modificação das atividades do plano individual, a autoridade judiciária remeterá o inteiro teor da decisão à direção do programa de atendimento, assim como as peças que entender relevantes à nova situação jurídica do adolescente.

Parágrafo único. No caso de a substituição da medida importar em vinculação do adolescente a outro programa de atendimento, o plano individual e o histórico do cumprimento da medida deverão acompanhar a transferência.

Art. 45. Se, no transcurso da execução, sobrevier sentença de aplicação de nova medida, a autoridade judiciária procederá à unificação, ouvidos, previamente, o Ministério Público e o defensor, no prazo de 3 (três) dias sucessivos, decidindo-se em igual prazo.

§ 1.º É vedado à autoridade judiciária determinar reinício de cumprimento de medida socioeducativa, ou deixar de considerar os prazos máximos, e de liberação compulsória previstos na Lei n. 8.069, de 13 de julho de 1990 (Estatuto da Criança e do Adolescente), excetuada a hipótese de medida aplicada por ato infracional praticado durante a execução.

§ 2.º É vedado à autoridade judiciária aplicar nova medida de internação, por atos infracionais praticados anteriormente, ao adolescente que já tenha concluído cumprimento de medida socioeducativa dessa natureza, ou que tenha sido transferido para cumprimento de medida menos rigorosa, sendo tais atos absorvidos por aqueles aos quais se impôs a medida socioeducativa extrema.

Art. 46. A medida socioeducativa será declarada extinta:

I – pela morte do adolescente;

II – pela realização de sua finalidade;

III – pela aplicação de pena privativa de liberdade, a ser cumprida em regime fechado ou semiaberto, em execução provisória ou definitiva;

IV – pela condição de doença grave, que torne o adolescente incapaz de submeter-se ao cumprimento da medida; e

V – nas demais hipóteses previstas em lei.

§ 1.º No caso de o maior de 18 (dezoito) anos, em cumprimento de medida socioeducativa, responder a processo-crime, caberá à autoridade judiciária decidir sobre eventual extinção da execução, cientificando da decisão o juízo criminal competente.

§ 2.º Em qualquer caso, o tempo de prisão cautelar não convertida em pena privativa de liberdade deve ser descontado do prazo de cumprimento da medida socioeducativa.

Art. 47. O mandado de busca e apreensão do adolescente terá vigência máxima de 6 (seis) meses, a contar da data da expedição, podendo, se necessário, ser renovado, fundamentadamente.

Art. 48. O defensor, o Ministério Público, o adolescente e seus pais ou responsável poderão postular revisão judicial de qualquer sanção disciplinar aplicada, podendo a autoridade judiciária suspender a execução da sanção até decisão final do incidente.

§ 1.º Postulada a revisão após ouvida a autoridade colegiada que aplicou a sanção e havendo provas a produzir em audiência, procederá o magistrado na forma do § 1.º do art. 42 desta Lei.

§ 2.º É vedada a aplicação de sanção disciplinar de isolamento a adolescente interno, exceto seja essa imprescindível para garantia da segurança de outros internos ou do próprio adolescente a quem seja imposta a sanção, sendo necessária ainda comunicação ao defensor, ao Ministério Público e à autoridade judiciária em até 24 (vinte e quatro) horas.

Capítulo III
DOS DIREITOS INDIVIDUAIS

Art. 49. São direitos do adolescente submetido ao cumprimento de medida socioeducativa, sem prejuízo de outros previstos em lei:

Lei n. 12.594, de 18-1-2012 **SINASE**

I – ser acompanhado por seus pais ou responsável e por seu defensor, em qualquer fase do procedimento administrativo ou judicial;

II – ser incluído em programa de meio aberto quando inexistir vaga para o cumprimento de medida de privação da liberdade, exceto nos casos de ato infracional cometido mediante grave ameaça ou violência à pessoa, quando o adolescente deverá ser internado em Unidade mais próxima de seu local de residência;

III – ser respeitado em sua personalidade, intimidade, liberdade de pensamento e religião e em todos os direitos não expressamente limitados na sentença;

IV – peticionar, por escrito ou verbalmente, diretamente a qualquer autoridade ou órgão público, devendo, obrigatoriamente, ser respondido em até 15 (quinze) dias;

V – ser informado, inclusive por escrito, das normas de organização e funcionamento do programa de atendimento e também das previsões de natureza disciplinar;

VI – receber, sempre que solicitar, informações sobre a evolução de seu plano individual, participando, obrigatoriamente, de sua elaboração e, se for o caso, reavaliação;

VII – receber assistência integral à sua saúde, conforme o disposto no art. 60 desta Lei; e

VIII – ter atendimento garantido em creche e pré-escola aos filhos de 0 (zero) a 5 (cinco) anos.

§ 1.º As garantias processuais destinadas a adolescente autor de ato infracional previstas na Lei n. 8.069, de 13 de julho de 1990 (Estatuto da Criança e do Adolescente), aplicam-se integralmente na execução das medidas socioeducativas, inclusive no âmbito administrativo.

§ 2.º A oferta irregular de programas de atendimento socioeducativo em meio aberto não poderá ser invocada como motivo para aplicação ou manutenção de medida de privação da liberdade.

Art. 50. Sem prejuízo do disposto no § 1.º do art. 121 da Lei n. 8.069, de 13 de julho de 1990 (Estatuto da Criança e do Adolescente), a direção do programa de execução de medida de privação da liberdade poderá autorizar a saída, monitorada, do adolescente nos casos de tratamento médico, doença grave ou falecimento, devidamente comprovados, de pai, mãe, filho, cônjuge, companheiro ou irmão, com imediata comunicação ao juízo competente.

Art. 51. A decisão judicial relativa à execução de medida socioeducativa será proferida após manifestação do defensor e do Ministério Público.

Capítulo IV
DO PLANO INDIVIDUAL DE ATENDIMENTO (PIA)

Art. 52. O cumprimento das medidas socioeducativas, em regime de prestação de serviços à comunidade, liberdade assistida, semiliberdade ou internação, dependerá de Plano Individual de Atendimento (PIA), instrumento de previsão, registro e gestão das atividades a serem desenvolvidas com o adolescente.

Parágrafo único. O PIA deverá contemplar a participação dos pais ou responsáveis, os quais têm o dever de contribuir com o processo ressocializador do adolescente, sendo esses passíveis de responsabilização administrativa, nos termos do art. 249 da Lei n. 8.069, de 13 de julho de 1990 (Estatuto da Criança e do Adolescente), civil e criminal.

Art. 53. O PIA será elaborado sob a responsabilidade da equipe técnica do respectivo programa de atendimento, com a participação efetiva do adolescente e de sua família, representada por seus pais ou responsável.

Art. 54. Constarão do plano individual, no mínimo:

I – os resultados da avaliação interdisciplinar;

II – os objetivos declarados pelo adolescente;

III – a previsão de suas atividades de integração social e/ou capacitação profissional;

IV – atividades de integração e apoio à família;

V – formas de participação da família para efetivo cumprimento do plano individual; e

VI – as medidas específicas de atenção à sua saúde.

Art. 55. Para o cumprimento das medidas de semiliberdade ou de internação, o plano individual conterá, ainda:

I – a designação do programa de atendimento mais adequado para o cumprimento da medida;

II – a definição das atividades internas e externas, individuais ou coletivas, das quais o adolescente poderá participar; e

III – a fixação das metas para o alcance de desenvolvimento de atividades externas.

Parágrafo único. O PIA será elaborado no prazo de até 45 (quarenta e cinco) dias da data do ingresso do adolescente no programa de atendimento.

Art. 56. Para o cumprimento das medidas de prestação de serviços à comunidade e de liberdade assistida, o PIA será elaborado no prazo de até 15 (quinze) dias do ingresso do adolescente no programa de atendimento.

Art. 57. Para a elaboração do PIA, a direção do respectivo programa de atendimento, pessoalmente ou por meio de membro da equipe técnica, terá acesso aos autos do procedimento de apuração do ato infracional e aos dos procedimentos de apuração de outros atos infracionais atribuídos ao mesmo adolescente.

§ 1.º O acesso aos documentos de que trata o *caput* deverá ser realizado por funcionário da entidade de atendimento, devidamente credenciado para tal atividade, ou por membro da direção, em conformidade com as normas a serem definidas pelo Poder Judiciário, de forma a preservar o que determinam os arts. 143 e 144 da Lei n. 8.069, de 13 de julho de 1990 (Estatuto da Criança e do Adolescente).

§ 2.º A direção poderá requisitar, ainda:

I – ao estabelecimento de ensino, o histórico escolar do adolescente e as anotações sobre o seu aproveitamento;

II – os dados sobre o resultado de medida anteriormente aplicada e cumprida em outro programa de atendimento; e

III – os resultados de acompanhamento especializado anterior.

Art. 58. Por ocasião da reavaliação da medida, é obrigatória a apresentação pela direção do programa de atendimento de relatório da equipe técnica sobre a evolução do adolescente no cumprimento do plano individual.

Art. 59. O acesso ao plano individual será restrito aos servidores do respectivo programa de atendimento, ao adolescente e a seus pais ou responsável, ao Ministério Público e ao defensor, exceto expressa autorização judicial.

Capítulo V
DA ATENÇÃO INTEGRAL À SAÚDE DE ADOLESCENTE EM CUMPRIMENTO DE MEDIDA SOCIOEDUCATIVA

Seção I
Disposições Gerais

Art. 60. A atenção integral à saúde do adolescente no Sistema de Atendimento Socioeducativo seguirá as seguintes diretrizes:

I – previsão, nos planos de atendimento socioeducativo, em todas as esferas, da implantação de ações de promoção da saúde, com o objetivo de integrar as ações socioeducativas, estimulando a autonomia, a melhoria das relações interpessoais e o fortalecimento de redes de apoio aos adolescentes e suas famílias;

II – inclusão de ações e serviços para a promoção, proteção, prevenção de agravos e doenças e recuperação da saúde;

III – cuidados especiais em saúde mental, incluindo os relacionados ao uso de álcool e outras substâncias psicoativas, e atenção aos adolescentes com deficiências;

IV – disponibilização de ações de atenção à saúde sexual e reprodutiva e à prevenção de doenças sexualmente transmissíveis;

V – garantia de acesso a todos os níveis de atenção à saúde, por meio de referência e contrarreferência, de acordo com as normas do Sistema Único de Saúde (SUS);

VI – capacitação das equipes de saúde e dos profissionais das entidades de atendimento, bem como daqueles que atuam nas unidades de saúde de referência voltadas às especificidades de saúde dessa população e de suas famílias;

VII – inclusão, nos Sistemas de Informação de Saúde do SUS, bem como no Sistema de Informações sobre Atendimento Socioeducativo, de dados e indicadores de saúde da população de adolescentes em atendimento socioeducativo; e

VIII – estruturação das unidades de internação conforme as normas de referência do SUS e do Sinase, visando ao atendimento das necessidades de Atenção Básica.

Art. 61. As entidades que ofereçam programas de atendimento socioeducativo em meio aberto e de semiliberdade deverão prestar orientações aos socioeducandos sobre o acesso aos serviços e às unidades do SUS.

Art. 62. As entidades que ofereçam programas de privação de liberdade deverão contar com uma equipe mínima de profissionais de saúde cuja composição esteja em conformidade com as normas de referência do SUS.

Art. 63. (*Vetado.*)

§ 1.º O filho de adolescente nascido nos estabelecimentos referidos no *caput* deste artigo não terá tal informação lançada em seu registro de nascimento.

§ 2.º Serão asseguradas as condições necessárias para que a adolescente submetida à execução de medida socioeducativa de privação de liberdade permaneça com o seu filho durante o período de amamentação.

Seção II
Do Atendimento a Adolescente com Transtorno Mental e com Dependência de Álcool e de Substância Psicoativa

Art 64. O adolescente em cumprimento de medida socioeducativa que apresente indícios de transtorno mental, de deficiência mental, ou associadas, deverá ser avaliado por equipe técnica multidisciplinar e multissetorial.

§ 1.º As competências, a composição e a atuação da equipe técnica de que trata o *caput* deverão seguir, conjuntamente, as normas de referência do SUS e do Sinase, na forma do regulamento.

§ 2.º A avaliação de que trata o *caput* subsidiará a elaboração e execução da terapêutica a ser adotada, a qual será incluída no PIA do adolescente, prevendo, se necessário, ações voltadas para a família.

§ 3.º As informações produzidas na avaliação de que trata o *caput* são consideradas sigilosas.

§ 4.º Excepcionalmente, o juiz poderá suspender a execução da medida socioeducativa, ouvidos o defensor e o Ministério Público, com vistas a incluir o adolescente em programa de atenção integral à saúde mental que melhor atenda aos objetivos terapêuticos estabelecidos para o seu caso específico.

§ 5.º Suspensa a execução da medida socioeducativa, o juiz designará o responsável por acompanhar e informar sobre a evolução do atendimento ao adolescente.

§ 6.º A suspensão da execução da medida socioeducativa será avaliada, no mínimo, a cada 6 (seis) meses.

§ 7.º O tratamento a que se submeterá o adolescente deverá observar o previsto na Lei n. 10.216, de 6 de abril de 2001, que dispõe sobre a proteção e os direitos das pessoas portadoras de transtornos mentais e redireciona o modelo assistencial em saúde mental.

§ 8.º (*Vetado.*)

Art. 65. Enquanto não cessada a jurisdição da Infância e Juventude, a autoridade judiciária, nas hipóteses tratadas no art. 64, poderá remeter cópia dos autos ao Ministério Público para eventual propositura de interdição e outras providências pertinentes.

Art. 66. (*Vetado.*)

Capítulo VI
DAS VISITAS A ADOLESCENTE EM CUMPRIMENTO DE MEDIDA DE INTERNAÇÃO

Art. 67. A visita do cônjuge, companheiro, pais ou responsáveis, parentes e amigos a adolescente a quem foi aplicada medida socioeducativa de internação observará dias e horários próprios definidos pela direção do programa de atendimento.

Art. 68. É assegurado ao adolescente casado ou que viva, comprovadamente, em união estável o direito à visita íntima.

Parágrafo único. O visitante será identificado e registrado pela direção do programa de atendimento, que emitirá documento de identificação, pessoal e intransferível, específico para a realização da visita íntima.

Art. 69. É garantido aos adolescentes em cumprimento de medida socioeducativa de internação o direito de receber visita dos filhos, independentemente da idade desses.

Art. 70. O regulamento interno estabelecerá as hipóteses de proibição da entrada de objetos na unidade de internação, vedando o acesso aos seus portadores.

Capítulo VII
DOS REGIMES DISCIPLINARES

Art. 71. Todas as entidades de atendimento socioeducativo deverão, em seus respectivos regimentos, realizar a previsão de regime disciplinar que obedeça aos seguintes princípios:

I – tipificação explícita das infrações como leves, médias e graves e determinação das correspondentes sanções;

II – exigência da instauração formal de processo disciplinar para a aplicação de qualquer sanção, garantidos a ampla defesa e o contraditório;

III – obrigatoriedade de audiência do socioeducando nos casos em que seja necessária a instauração de processo disciplinar;

IV – sanção de duração determinada;

V – enumeração das causas ou circunstâncias que eximam, atenuem ou agravem a sanção a ser imposta ao socioeducando, bem como os requisitos para a extinção dessa;

VI – enumeração explícita das garantias de defesa;

VII – garantia de solicitação e rito de apreciação dos recursos cabíveis; e

VIII – apuração da falta disciplinar por comissão composta por, no mínimo, 3 (três) integrantes, sendo 1 (um), obrigatoriamente, oriundo da equipe técnica.

Art. 72. O regime disciplinar é independente da responsabilidade civil ou penal que advenha do ato cometido.

Art. 73. Nenhum socioeducando poderá desempenhar função ou tarefa de apuração disciplinar ou aplicação de sanção nas entidades de atendimento socioeducativo.

Art. 74. Não será aplicada sanção disciplinar sem expressa e anterior previsão legal ou regulamentar e o devido processo administrativo.

Art. 75. Não será aplicada sanção disciplinar ao socioeducando que tenha praticado a falta:

I – por coação irresistível ou por motivo de força maior;

II – em legítima defesa, própria ou de outrem.

Título III
DISPOSIÇÕES FINAIS E TRANSITÓRIAS

Art. 81. As entidades que mantenham programas de atendimento têm o prazo de até 6 (seis) meses após a publicação desta Lei para encaminhar ao respectivo Conselho Estadual ou Municipal dos Direitos da Criança e do Adolescente proposta de adequação da sua inscrição, sob pena de interdição.

Art. 82. Os Conselhos dos Direitos da Criança e do Adolescente, em todos os níveis federados, com os órgãos responsáveis pelo sistema de educação pública e as entidades de atendimento, deverão, no prazo de 1 (um) ano a partir da publicação desta Lei, garantir a inserção de adolescentes em cumprimento de medida socioeducativa na rede pública de educação, em qualquer fase do período letivo, contemplando as diversas faixas etárias e níveis de instrução.

Art. 83. Os programas de atendimento socioeducativo sob a responsabilidade do Poder Judiciário serão, obrigatoriamente, transferidos ao Poder Executivo no prazo máximo de 1 (um) ano a partir da publicação desta Lei e de acordo com a política de oferta dos programas aqui definidos.

Art. 84. Os programas de internação e semiliberdade sob a responsabilidade dos Municípios serão, obrigatoriamente, transferidos para o Poder Executivo do respectivo Estado no prazo máximo de 1 (um) ano a partir da publicação desta Lei e de acordo com a política de oferta dos programas aqui definidos.

Art. 85. A não transferência de programas de atendimento para os devidos entes responsáveis, no prazo determinado nesta Lei, importará na interdição do programa e caracterizará ato de improbidade administrativa do agente responsável, vedada, ademais, ao Poder Judiciário e ao Poder Executivo municipal, ao final do referido prazo, a realização de despesas para a sua manutenção.

Art. 86. Os arts. 90, 97, 121, 122, 198 e 208 da Lei n. 8.069, de 13 de julho de 1990 (Estatuto da Criança e do Adolescente), passam a vigorar com a seguinte redação:

•• Alterações já processadas no diploma modificado.

Art. 87. A Lei n. 8.069, de 13 de julho de 1990 (Estatuto da Criança e do Adolescente), passa a vigorar com as seguintes alterações:

•• Alterações já processadas no diploma modificado.

Art. 89. (*Vetado*.)

Art. 90. Esta Lei entra em vigor após decorridos 90 (noventa) dias de sua publicação oficial.

Brasília, 18 de janeiro de 2012; 191.º da Independência e 124.º da República.

DILMA ROUSSEFF

LEI N. 12.662, DE 5 DE JUNHO DE 2012 (*)

Assegura validade nacional à Declaração de Nascido Vivo – DNV, regula sua expedição, altera a Lei n. 6.015, de 31 de dezembro de 1973, e dá outras providências.

A Presidenta da República

Faço saber que o Congresso Nacional decreta e eu sanciono a seguinte Lei:

Art. 1.º Esta Lei regula a expedição e a validade nacional da Declaração de Nascido Vivo.

(*) Publicada no *DOU*, de 6-6-2012.

Art. 2.º A Declaração de Nascido Vivo tem validade em todo o território nacional até que seja lavrado o assento do registro do nascimento.

Art. 3.º A Declaração de Nascido Vivo será emitida para todos os nascimentos com vida ocorridos no País e será válida exclusivamente para fins de elaboração de políticas públicas e lavratura do assento de nascimento.

§ 1.º A Declaração de Nascido Vivo deverá ser emitida por profissional de saúde responsável pelo acompanhamento da gestação, do parto ou do recém-nascido, inscrito no Cadastro Nacional de Estabelecimentos de Saúde - CNES ou no respectivo Conselho profissional.

§ 2.º A Declaração de Nascido Vivo não substitui ou dispensa, em qualquer hipótese, o registro civil de nascimento, obrigatório e gratuito, nos termos da Lei.

Art. 4.º A Declaração de Nascido Vivo deverá conter número de identificação nacionalmente unificado, a ser gerado exclusivamente pelo Ministério da Saúde, além dos seguintes dados:

I – nome e prenome do indivíduo;

II – dia, mês, ano, hora e Município de nascimento;

III – sexo do indivíduo;

IV – informação sobre gestação múltipla, quando for o caso;

V – nome e prenome, naturalidade, profissão, endereço de residência da mãe e sua idade na ocasião do parto;

VI – nome e prenome do pai; e

VII – outros dados a serem definidos em regulamento.

§ 1.º O prenome previsto no inciso I não pode expor seu portador ao ridículo.

§ 2.º Caso não seja possível determinar a hora do nascimento, prevista no inciso II, admite-se a declaração da hora aproximada.

§ 3.º A declaração e o preenchimento dos dados do inciso VI são facultativos.

§ 4.º A Declaração de Nascido Vivo deverá conter inscrição indicando que o registro civil de nascimento permanece obrigatório, não sendo substituído por esse documento.

§ 5.º A Declaração de Nascido Vivo deverá conter campo para que sejam descritas, quando presentes, as anomalias ou malformações congênitas observadas.

•• § 5.º acrescentado pela Lei n. 13.685, de 25-6-2018.

Art. 5.º Os dados colhidos nas Declarações de Nascido Vivo serão consolidados em sistema de informação do Ministério da Saúde.

§ 1.º Os dados do sistema previsto no *caput* poderão ser compartilhados com outros órgãos públicos, para elaboração de estatísticas voltadas ao desenvolvimento, avaliação e monitoramento de políticas públicas, respeitadas as normas do Ministério da Saúde sobre acesso a informações que exigem confidencialidade.

§ 2.º O sistema previsto no *caput* deverá assegurar a interoperabilidade com o sistema de registro eletrônico determinado pela Lei n. 11.977, de 7 de julho de 2009, de modo a permitir a troca de dados com os serviços de registro civil de pessoas naturais.

§ 3.º O sistema previsto no *caput* deverá assegurar a interoperabilidade com o Sistema Nacional de Informações de Registro Civil (Sirc).

•• § 3.º acrescentado pela Lei n. 13.257, de 8-3-2016.

§ 4.º Os estabelecimentos de saúde públicos e privados que realizam partos terão prazo de 1 (um) ano para se interligarem, mediante sistema informatizado, às serventias de registro civil existentes nas unidades federativas que aderirem ao sistema interligado previsto em regramento do Conselho Nacional de Justiça (CNJ).

•• § 4.º acrescentado pela Lei n. 13.257, de 8-3-2016.

Art. 6.º Os arts. 49 e 54 da Lei n. 6.015, de 31 de dezembro de 1973, passam a vigorar com a seguinte redação:

•• Alterações já processadas no diploma modificado.

Art. 7.º Esta Lei entra em vigor na data de sua publicação.

Brasília, 5 de junho de 2012; 191.º da Independência e 124.º da República.

DILMA ROUSSEFF

LEI N. 12.846, DE 1.º DE AGOSTO DE 2013 (*)

Dispõe sobre a responsabilização administrativa e civil de pessoas jurídicas pela prática de atos contra a administração pública, nacional ou estrangeira, e dá outras providências.

(*) Publicada no *DOU*, de 2-8-2013. Regulamentada pelo Decreto n. 11.129, de 11-7-2022.

A Presidenta da República

Faço saber que o Congresso Nacional decreta e eu sanciono a seguinte Lei:

Capítulo I
DISPOSIÇÕES GERAIS

Art. 1.º Esta Lei dispõe sobre a responsabilização objetiva administrativa e civil de pessoas jurídicas pela prática de atos contra a administração pública, nacional ou estrangeira.

•• Responsabilidade civil: *vide* arts. 927 e s. do CC.

•• A Portaria Normativa n. 155, de 21-8-2024, da CGU, dispõe sobre a celebração de termo de compromisso no âmbito da Lei n. 12.846, de 1.º de agosto de 2013, de competência privativa da Controladoria-Geral da União, com a pessoa jurídica que admita a sua responsabilidade pela prática de atos lesivos investigados.

Parágrafo único. Aplica-se o disposto nesta Lei às sociedades empresárias e às sociedades simples, personificadas ou não, independentemente da forma de organização ou modelo societário adotado, bem como a quaisquer fundações, associações de entidades ou pessoas, ou sociedades estrangeiras, que tenham sede, filial ou representação no território brasileiro, constituídas de fato ou de direito, ainda que temporariamente.

Art. 2.º As pessoas jurídicas serão responsabilizadas objetivamente, nos âmbitos administrativo e civil, pelos atos lesivos previstos nesta Lei praticados em seu interesse ou benefício, exclusivo ou não.

Art. 3.º A responsabilização da pessoa jurídica não exclui a responsabilidade individual de seus dirigentes ou administradores ou de qualquer pessoa natural, autora, coautora ou partícipe do ato ilícito.

§ 1.º A pessoa jurídica será responsabilizada independentemente da responsabilização individual das pessoas naturais referidas no *caput*.

§ 2.º Os dirigentes ou administradores somente serão responsabilizados por atos ilícitos na medida da sua culpabilidade.

Art. 4.º Subsiste a responsabilidade da pessoa jurídica na hipótese de alteração contratual, transformação, incorporação, fusão ou cisão societária.

§ 1.º Nas hipóteses de fusão e incorporação, a responsabilidade da sucessora será restrita à obrigação de pagamento de multa e reparação integral do dano causado, até o limite do patrimônio transferido, não lhe sendo aplicáveis as demais sanções previstas nesta Lei decorrentes de atos e fatos ocorridos antes da data da fusão ou incorporação, exceto no caso de simulação ou evidente intuito de fraude, devidamente comprovados.

§ 2.º As sociedades controladoras, controladas, coligadas ou, no âmbito do respectivo contrato, as consorciadas serão solidariamente responsáveis pela prática dos atos previstos nesta Lei, restringindo-se tal responsabilidade à obrigação de pagamento de multa e reparação integral do dano causado.

Capítulo II
DOS ATOS LESIVOS À ADMINISTRAÇÃO PÚBLICA NACIONAL OU ESTRANGEIRA

Art. 5.º Constituem atos lesivos à administração pública, nacional ou estrangeira, para os fins desta Lei, todos aqueles praticados pelas pessoas jurídicas mencionadas no parágrafo único do art. 1.º, que atentem contra o patrimônio público nacional ou estrangeiro, contra princípios da administração pública ou contra os compromissos internacionais assumidos pelo Brasil, assim definidos:

I – prometer, oferecer ou dar, direta ou indiretamente, vantagem indevida a agente público, ou a terceira pessoa a ele relacionada;

II – comprovadamente, financiar, custear, patrocinar ou de qualquer modo subvencionar a prática dos atos ilícitos previstos nesta Lei;

III – comprovadamente, utilizar-se de interposta pessoa física ou jurídica para ocultar ou dissimular seus reais interesses ou a identidade dos beneficiários dos atos praticados;

IV – no tocante a licitações e contratos:

a) frustrar ou fraudar, mediante ajuste, combinação ou qualquer outro expediente, o caráter competitivo de procedimento licitatório público;

b) impedir, perturbar ou fraudar a realização de qualquer ato de procedimento licitatório público;

c) afastar ou procurar afastar licitante, por meio de fraude ou oferecimento de vantagem de qualquer tipo;

d) fraudar licitação pública ou contrato dela decorrente;

e) criar, de modo fraudulento ou irregular, pessoa jurídica para participar de licitação pública ou celebrar contrato administrativo;

Lei n. 12.846, de 1.º-8-2013 — **Responsabilidade Civil**

f) obter vantagem ou benefício indevido, de modo fraudulento, de modificações ou prorrogações de contratos celebrados com a administração pública, sem autorização em lei, no ato convocatório da licitação pública ou nos respectivos instrumentos contratuais; ou

g) manipular ou fraudar o equilíbrio econômico-financeiro dos contratos celebrados com a administração pública;

V – dificultar atividade de investigação ou fiscalização de órgãos, entidades ou agentes públicos, ou intervir em sua atuação, inclusive no âmbito das agências reguladoras e dos órgãos de fiscalização do sistema financeiro nacional.

§ 1.º Considera-se administração pública estrangeira os órgãos e entidades estatais ou representações diplomáticas de país estrangeiro, de qualquer nível ou esfera de governo, bem como as pessoas jurídicas controladas, direta ou indiretamente, pelo poder público de país estrangeiro.

§ 2.º Para os efeitos desta Lei, equiparam-se à administração pública estrangeira as organizações públicas internacionais.

§ 3.º Considera-se agente público estrangeiro, para os fins desta Lei, quem, ainda que transitoriamente ou sem remuneração, exerça cargo, emprego ou função pública em órgãos, entidades estatais ou em representações diplomáticas de país estrangeiro, assim como em pessoas jurídicas controladas, direta ou indiretamente, pelo poder público de país estrangeiro ou em organizações públicas internacionais.

Capítulo III
DA RESPONSABILIZAÇÃO ADMINISTRATIVA

Art. 6.º Na esfera administrativa, serão aplicadas às pessoas jurídicas consideradas responsáveis pelos atos lesivos previstos nesta Lei as seguintes sanções:

I – multa, no valor de 0,1% (um décimo por cento) a 20% (vinte por cento) do faturamento bruto do último exercício anterior ao da instauração do processo administrativo, excluídos os tributos, a qual nunca será inferior à vantagem auferida, quando for possível sua estimação; e

II – publicação extraordinária da decisão condenatória.

§ 1.º As sanções serão aplicadas fundamentadamente, isolada ou cumulativamente, de acordo com as peculiaridades do caso concreto e com a gravidade e natureza das infrações.

§ 2.º A aplicação das sanções previstas neste artigo será precedida da manifestação jurídica elaborada pela Advocacia Pública ou pelo órgão de assistência jurídica, ou equivalente, do ente público.

§ 3.º A aplicação das sanções previstas neste artigo não exclui, em qualquer hipótese, a obrigação da reparação integral do dano causado.

§ 4.º Na hipótese do inciso I do *caput*, caso não seja possível utilizar o critério do valor do faturamento bruto da pessoa jurídica, a multa será de R$ 6.000,00 (seis mil reais) a R$ 60.000.000,00 (sessenta milhões de reais).

§ 5.º A publicação extraordinária da decisão condenatória ocorrerá na forma de extrato de sentença, a expensas da pessoa jurídica, em meios de comunicação de grande circulação na área da prática da infração e de atuação da pessoa jurídica ou, na sua falta, em publicação de circulação nacional, bem como por meio de afixação de edital, pelo prazo mínimo de 30 (trinta) dias, no próprio estabelecimento ou no local de exercício da atividade, de modo visível ao público, e no sítio eletrônico na rede mundial de computadores.

§ 6.º (*Vetado.*)

Art. 7.º Serão levados em consideração na aplicação das sanções:

I – a gravidade da infração;

II – a vantagem auferida ou pretendida pelo infrator;

III – a consumação ou não da infração;

IV – o grau de lesão ou perigo de lesão;

V – o efeito negativo produzido pela infração;

VI – a situação econômica do infrator;

VII – a cooperação da pessoa jurídica para a apuração das infrações;

VIII – a existência de mecanismos e procedimentos internos de integridade, auditoria e incentivo à denúncia de irregularidades e a aplicação efetiva de códigos de ética e de conduta no âmbito da pessoa jurídica;

IX – o valor dos contratos mantidos pela pessoa jurídica com o órgão ou entidade pública lesados; e

X – (*Vetado.*)

Parágrafo único. Os parâmetros de avaliação de mecanismos e procedimentos previstos no inciso VIII do *caput* serão estabelecidos em regulamento do Poder Executivo federal.

Capítulo IV
DO PROCESSO ADMINISTRATIVO DE RESPONSABILIZAÇÃO

Art. 8.º A instauração e o julgamento de processo administrativo para apuração da responsabilidade de pessoa jurídica cabem à autoridade máxima de cada órgão ou entidade dos Poderes Executivo, Legislativo e Judiciário, que agirá de ofício ou mediante provocação, observados o contraditório e a ampla defesa.

§ 1.º A competência para a instauração e o julgamento do processo administrativo de apuração de responsabilidade da pessoa jurídica poderá ser delegada, vedada a subdelegação.

§ 2.º No âmbito do Poder Executivo federal, a Controladoria-Geral da União – CGU terá competência concorrente para instaurar processos administrativos de responsabilização de pessoas jurídicas ou para avocar os processos instaurados com fundamento nesta Lei, para exame de sua regularidade ou para corrigir-lhes o andamento.

Art. 9.º Competem à Controladoria-Geral da União – CGU a apuração, o processo e o julgamento dos atos ilícitos previstos nesta Lei, praticados contra a administração pública estrangeira, observado o disposto no Artigo 4 da Convenção sobre o Combate da Corrupção de Funcionários Públicos Estrangeiros em Transações Comerciais Internacionais, promulgada pelo Decreto n. 3.678, de 30 de novembro de 2000.

Art. 10. O processo administrativo para apuração da responsabilidade de pessoa jurídica será conduzido por comissão designada pela autoridade instauradora e composta por 2 (dois) ou mais servidores estáveis.

§ 1.º O ente público, por meio do seu órgão de representação judicial, ou equivalente, a pedido da comissão a que se refere o *caput*, poderá requerer as medidas judiciais necessárias para a investigação e o processamento das infrações, inclusive de busca e apreensão.

§ 2.º A comissão poderá, cautelarmente, propor à autoridade instauradora que suspenda os efeitos do ato ou processo objeto da investigação.

§ 3.º A comissão deverá concluir o processo no prazo de 180 (cento e oitenta) dias contados da data da publicação do ato que a instituir e, ao final, apresentar relatórios sobre os fatos apurados e eventual responsabilidade da pessoa jurídica, sugerindo de forma motivada as sanções a serem aplicadas.

§ 4.º O prazo previsto no § 3.º poderá ser prorrogado, mediante ato fundamentado da autoridade instauradora.

Art. 11. No processo administrativo para apuração de responsabilidade, será concedido à pessoa jurídica prazo de 30 (trinta) dias para defesa, contados a partir da intimação.

Art. 12. O processo administrativo, com o relatório da comissão, será remetido à autoridade instauradora, na forma do art. 10, para julgamento.

Art. 13. A instauração de processo administrativo específico de reparação integral do dano não prejudica a aplicação imediata das sanções estabelecidas nesta Lei.

Parágrafo único. Concluído o processo e não havendo pagamento, o crédito apurado será inscrito em dívida ativa da fazenda pública.

Art. 14. A personalidade jurídica poderá ser desconsiderada sempre que utilizada com abuso do direito para facilitar, encobrir ou dissimular a prática dos atos ilícitos previstos nesta Lei ou para provocar confusão patrimonial, sendo estendidos todos os efeitos das sanções aplicadas à pessoa jurídica aos seus administradores e sócios com poderes de administração, observados o contraditório e a ampla defesa.

Art. 15. A comissão designada para apuração da responsabilidade de pessoa jurídica, após a conclusão do procedimento administrativo, dará conhecimento ao Ministério Público de sua existência, para apuração de eventuais delitos.

Capítulo V
DO ACORDO DE LENIÊNCIA

Art. 16. A autoridade máxima de cada órgão ou entidade pública poderá celebrar acordo de leniência com as pessoas jurídicas responsáveis pela prática dos atos previstos nesta Lei que colaborem efetivamente com as investigações e o processo administrativo, sendo que dessa colaboração resulte:

I – a identificação dos demais envolvidos na infração, quando couber; e

II – a obtenção célere de informações e documentos que comprovem o ilícito sob apuração.

§ 1.º O acordo de que trata o *caput* somente poderá ser celebrado se preenchidos, cumulativamente, os seguintes requisitos:

I – a pessoa jurídica seja a primeira a se manifestar sobre seu interesse em cooperar para a apuração do ato ilícito;

Lei n. 12.846, de 1.º-8-2013 — **Responsabilidade Civil**

II – a pessoa jurídica cesse completamente seu envolvimento na infração investigada a partir da data de propositura do acordo;

III – a pessoa jurídica admita sua participação no ilícito e coopere plena e permanentemente com as investigações e o processo administrativo, comparecendo, sob suas expensas, sempre que solicitada, a todos os atos processuais, até seu encerramento.

§ 2.º A celebração do acordo de leniência isentará a pessoa jurídica das sanções previstas no inciso II do art. 6.º e no inciso IV do art. 19 e reduzirá em até 2/3 (dois terços) o valor da multa aplicável.

•• A Portaria Normativa Interministerial n. 36, de 7-12-2022, da CGU e da AGU, dispõe sobre os critérios para redução em até dois terços do valor da multa aplicável no âmbito da negociação dos acordos de leniência, de que trata este parágrafo.

§ 3.º O acordo de leniência não exime a pessoa jurídica da obrigação de reparar integralmente o dano causado.

§ 4.º O acordo de leniência estipulará as condições necessárias para assegurar a efetividade da colaboração e o resultado útil do processo.

§ 5.º Os efeitos do acordo de leniência serão estendidos às pessoas jurídicas que integram o mesmo grupo econômico, de fato e de direito, desde que firmem o acordo em conjunto, respeitadas as condições nele estabelecidas.

§ 6.º A proposta de acordo de leniência somente se tornará pública após a efetivação do respectivo acordo, salvo no interesse das investigações e do processo administrativo.

§ 7.º Não importará em reconhecimento da prática do ato ilícito investigado a proposta de acordo de leniência rejeitada.

§ 8.º Em caso de descumprimento do acordo de leniência, a pessoa jurídica ficará impedida de celebrar novo acordo pelo prazo de 3 (três) anos contados do conhecimento pela administração pública do referido descumprimento.

§ 9.º A celebração do acordo de leniência interrompe o prazo prescricional dos atos ilícitos previstos nesta Lei.

§ 10. A Controladoria-Geral da União – CGU é o órgão competente para celebrar os acordos de leniência no âmbito do Poder Executivo federal, bem como no caso de atos lesivos praticados contra a administração pública estrangeira.

•• A Portaria Conjunta n. 4, de 23-9-2019, da CGU, define os procedimentos para negociação, celebração e acompanhamento dos acordos de leniência de que trata este § 10.

Art. 17. A administração pública poderá também celebrar acordo de leniência com a pessoa jurídica responsável pela prática de ilícitos previstos na Lei n. 8.666, de 21 de junho de 1993, com vistas à isenção ou atenuação das sanções administrativas estabelecidas em seus arts. 86 a 88.

•• A Lei n. 8.666, de 21-6-1993, institui normas para licitações e contratos da Administração Pública.

Capítulo VI
DA RESPONSABILIZAÇÃO JUDICIAL

Art. 18. Na esfera administrativa, a responsabilidade da pessoa jurídica não afasta a possibilidade de sua responsabilização na esfera judicial.

Art. 19. Em razão da prática de atos previstos no art. 5.º desta Lei, a União, os Estados, o Distrito Federal e os Municípios, por meio das respectivas Advocacias Públicas ou órgãos de representação judicial, ou equivalentes, e o Ministério Público, poderão ajuizar ação com vistas à aplicação das seguintes sanções às pessoas jurídicas infratoras:

I – perdimento dos bens, direitos ou valores que representem vantagem ou proveito direta ou indiretamente obtidos da infração, ressalvado o direito do lesado ou de terceiro de boa-fé;

II – suspensão ou interdição parcial de suas atividades;

III – dissolução compulsória da pessoa jurídica;

IV – proibição de receber incentivos, subsídios, subvenções, doações ou empréstimos de órgãos ou entidades públicas e de instituições financeiras públicas ou controladas pelo poder público, pelo prazo mínimo de 1 (um) e máximo de 5 (cinco) anos.

§ 1.º A dissolução compulsória da pessoa jurídica será determinada quando comprovado:

I – ter sido a personalidade jurídica utilizada de forma habitual para facilitar ou promover a prática de atos ilícitos; ou

II – ter sido constituída para ocultar ou dissimular interesses ilícitos ou a identidade dos beneficiários dos atos praticados.

§ 2.º (*Vetado.*)

§ 3.º As sanções poderão ser aplicadas de forma isolada ou cumulativa.

§ 4.º O Ministério Público ou a Advocacia Pública ou órgão de representação judicial, ou equivalente, do ente público poderá requerer a indisponibilidade de bens, direitos ou valores necessários à garantia do pagamento da multa ou da reparação integral do dano causado, conforme previsto no art. 7.º, ressalvado o direito do terceiro de boa-fé.

Art. 20. Nas ações ajuizadas pelo Ministério Público, poderão ser aplicadas as sanções previstas no art. 6.º, sem prejuízo daquelas previstas neste Capítulo, desde que constatada a omissão das autoridades competentes para promover a responsabilização administrativa.

Art. 21. Nas ações de responsabilização judicial, será adotado o rito previsto na Lei n. 7.347, de 24 de julho de 1985.

• A Lei n. 7.347, de 24-7-1985, dispõe sobre a Ação Civil Pública.

Parágrafo único. A condenação torna certa a obrigação de reparar, integralmente, o dano causado pelo ilícito, cujo valor será apurado em posterior liquidação, se não constar expressamente da sentença.

Capítulo VII
DISPOSIÇÕES FINAIS

Art. 22. Fica criado no âmbito do Poder Executivo federal o Cadastro Nacional de Empresas Punidas – CNEP, que reunirá e dará publicidade às sanções aplicadas pelos órgãos ou entidades dos Poderes Executivo, Legislativo e Judiciário de todas as esferas de governo com base nesta Lei.

§ 1.º Os órgãos e entidades referidos no *caput* deverão informar e manter atualizados, no Cnep, os dados relativos às sanções por eles aplicadas.

§ 2.º O Cnep conterá, entre outras, as seguintes informações acerca das sanções aplicadas:

I – razão social e número de inscrição da pessoa jurídica ou entidade no Cadastro Nacional da Pessoa Jurídica – CNPJ;

II – tipo de sanção; e

III – data de aplicação e data final da vigência do efeito limitador ou impeditivo da sanção, quando for o caso.

§ 3.º As autoridades competentes, para celebrarem acordos de leniência previstos nesta Lei, também deverão prestar e manter atualizadas no Cnep, após a efetivação do respectivo acordo, as informações acerca do acordo de leniência celebrado, salvo se esse procedimento vier a causar prejuízo às investigações e ao processo administrativo.

§ 4.º Caso a pessoa jurídica não cumpra os termos do acordo de leniência, além das informações previstas no § 3.º, deverá ser incluída no Cnep referência ao respectivo descumprimento.

§ 5.º Os registros das sanções e acordos de leniência serão excluídos depois de decorrido o prazo previamente estabelecido no ato sancionador ou do cumprimento integral do acordo de leniência e da reparação do eventual dano causado, mediante solicitação do órgão ou entidade sancionadora.

Art. 23. Os órgãos ou entidades dos Poderes Executivo, Legislativo e Judiciário de todas as esferas de governo deverão informar e manter atualizados, para fins de publicidade, no Cadastro Nacional de Empresas Inidôneas e Suspensas – CEIS, de caráter público, instituído no âmbito do Poder Executivo federal, os dados relativos às sanções por eles aplicadas, nos termos do disposto nos arts. 87 e 88 da Lei n. 8.666, de 21 de junho de 1993.

•• A Lei n. 8.666, de 21-6-1993, institui normas para licitações e contratos da Administração Pública.

Art. 24. A multa e o perdimento de bens, direitos ou valores aplicados com fundamento nesta Lei serão destinados preferencialmente aos órgãos ou entidades públicas lesadas.

Art. 25. Prescrevem em 5 (cinco) anos as infrações previstas nesta Lei, contados da data da ciência da infração ou, no caso de infração permanente ou continuada, do dia em que tiver cessado.

Parágrafo único. Na esfera administrativa ou judicial, a prescrição será interrompida com a instauração de processo que tenha por objeto a apuração da infração.

Art. 26. A pessoa jurídica será representada no processo administrativo na forma do seu estatuto ou contrato social.

§ 1.º As sociedades sem personalidade jurídica serão representadas pela pessoa a quem couber a administração de seus bens.

§ 2.º A pessoa jurídica estrangeira será representada pelo gerente, representante ou administrador de sua filial, agência ou sucursal aberta ou instalada no Brasil.

Art. 27. A autoridade competente que, tendo conhecimento das infrações previstas nesta Lei, não adotar providências para a apuração dos fatos será responsabilizada penal, civil e administrativamente nos termos da legislação específica aplicável.

Art. 28. Esta Lei aplica-se aos atos lesivos praticados por pessoa jurídica brasileira contra a administração pública estrangeira, ainda que cometidos no exterior.

Art. 29. O disposto nesta Lei não exclui as competências do Conselho Administrativo de Defesa Econômica, do Ministério da Justiça e do Ministério da Fazenda para processar e julgar fato que constitua infração à ordem econômica.

Art. 30. A aplicação das sanções previstas nesta Lei não afeta os processos de responsabilização e aplicação de penalidades decorrentes de:

I – ato de improbidade administrativa nos termos da Lei n. 8.429, de 2 de junho de 1992; e

II – atos ilícitos alcançados pela Lei n. 8.666, de 21 de junho de 1993, ou outras normas de licitações e contratos da administração pública, inclusive no tocante ao Regime Diferenciado de Contratações Públicas – RDC instituído pela Lei n. 12.462, de 4 de agosto de 2011.

•• A Lei n. 8.666, de 21-6-1993, institui normas para licitações e contratos da Administração Pública.

Art. 31. Esta Lei entra em vigor 180 (cento e oitenta) dias após a data de sua publicação.

Brasília, 1.º de agosto de 2013; 192.º da Independência e 125.º da República.

DILMA ROUSSEFF

LEI N. 12.852, DE 5 DE AGOSTO DE 2013 (*)

Institui o Estatuto da Juventude e dispõe sobre os direitos dos jovens, os princípios e diretrizes das políticas públicas de juventude e o Sistema Nacional de Juventude – SINAJUVE.

A Presidenta da República

Faço saber que o Congresso Nacional decreta e eu sanciono a seguinte Lei:

(*) Publicada no *DOU*, de 6-8-2013.

TÍTULO I
DOS DIREITOS E DAS POLÍTICAS PÚBLICAS DE JUVENTUDE

Capítulo I
DOS PRINCÍPIOS E DIRETRIZES DAS POLÍTICAS PÚBLICAS DE JUVENTUDE

Art. 1.º Esta Lei institui o Estatuto da Juventude e dispõe sobre os direitos dos jovens, os princípios e diretrizes das políticas públicas de juventude e o Sistema Nacional de Juventude – SINAJUVE.

•• *Vide* art. 227, § 8.º, da CF.

§ 1.º Para os efeitos desta Lei, são consideradas jovens as pessoas com idade entre 15 (quinze) e 29 (vinte e nove) anos de idade.

§ 2.º Aos adolescentes com idade entre 15 (quinze) e 18 (dezoito) anos aplica-se a Lei n. 8.069, de 13 de julho de 1990 – Estatuto da Criança e do Adolescente, e, excepcionalmente, este Estatuto, quando não conflitar com as normas de proteção integral do adolescente.

Seção I
Dos Princípios

Art. 2.º O disposto nesta Lei e as políticas públicas de juventude são regidos pelos seguintes princípios:

I – promoção da autonomia e emancipação dos jovens;

•• *Vide* parágrafo único deste artigo.

II – valorização e promoção da participação social e política, de forma direta e por meio de suas representações;

III – promoção da criatividade e da participação no desenvolvimento do País;

IV – reconhecimento do jovem como sujeito de direitos universais, geracionais e singulares;

V – promoção do bem-estar, da experimentação e do desenvolvimento integral do jovem;

VI – respeito à identidade e à diversidade individual e coletiva da juventude;

VII – promoção da vida segura, da cultura da paz, da solidariedade e da não discriminação; e

VIII – valorização do diálogo e convívio do jovem com as demais gerações.

Parágrafo único. A emancipação dos jovens a que se refere o inciso I do *caput* refere-se à trajetória de inclusão, liberdade e participação do jovem na vida em sociedade, e não ao instituto da emancipação disciplinado pela Lei n. 10.406, de 10 de janeiro de 2002 – Código Civil.

Seção II
Diretriges Gerais

Art. 3.º Os agentes públicos ou privados envolvidos com políticas públicas de juventude devem observar as seguintes diretrizes:

I – desenvolver a intersetorialidade das políticas estruturais, programas e ações;

II – incentivar a ampla participação juvenil em sua formulação, implementação e avaliação;

III – ampliar as alternativas de inserção social do jovem, promovendo programas que priorizem o seu desenvolvimento integral e participação ativa nos espaços decisórios;

IV – proporcionar atendimento de acordo com suas especificidades perante os órgãos públicos e privados prestadores de serviços à população, visando ao gozo de direitos simultaneamente nos campos da saúde, educacional, político, econômico, social, cultural e ambiental;

V – garantir meios e equipamentos públicos que promovam o acesso à produção cultural, à prática esportiva, à mobilidade territorial e à fruição do tempo livre;

VI – promover o território como espaço de integração;

VII – fortalecer as relações institucionais com os entes federados e as redes de órgãos, gestores e conselhos de juventude;

VIII – estabelecer mecanismos que ampliem a gestão de informação e produção de conhecimento sobre juventude;

IX – promover a integração internacional entre os jovens, preferencialmente no âmbito da América Latina e da África, e a cooperação internacional;

X – garantir a integração das políticas de juventude com os Poderes Legislativo e Judiciário, com o Ministério Público e com a Defensoria Pública; e

XI – zelar pelos direitos dos jovens com idade entre 18 (dezoito) e 29 (vinte e nove) anos privados de liberdade e egressos do sistema prisional, formulando políticas de educação e trabalho, incluindo estímulos à sua reinserção social e laboral, bem como criando e estimulando oportunidades de estudo e trabalho que favoreçam o cumprimento do regime semiaberto.

Capítulo II
DOS DIREITOS DOS JOVENS

Seção I
Do Direito à Cidadania, à Participação Social e Política e à Representação Juvenil

Art. 4.º O jovem tem direito à participação social e política e na formulação, execução e avaliação das políticas públicas de juventude.

Parágrafo único. Entende-se por participação juvenil:

I – a inclusão do jovem nos espaços públicos e comunitários a partir da sua concepção como pessoa ativa, livre, responsável e digna de ocupar uma posição central nos processos políticos e sociais;

II – o envolvimento ativo dos jovens em ações de políticas públicas que tenham por objetivo o próprio benefício, o de suas comunidades, cidades e regiões e o do País;

III – a participação individual e coletiva do jovem em ações que contemplem a defesa dos direitos da juventude ou de temas afetos aos jovens; e

IV – a efetiva inclusão dos jovens nos espaços públicos de decisão com direito a voz e voto.

Art. 5.º A interlocução da juventude com o poder público pode realizar-se por intermédio de associações, redes, movimentos e organizações juvenis.

Parágrafo único. É dever do poder público incentivar a livre associação dos jovens.

Art. 6.º São diretrizes da interlocução institucional juvenil:

I – a definição de órgão governamental específico para a gestão das políticas públicas de juventude;

II – o incentivo à criação de conselhos de juventude em todos os entes da Federação.

Parágrafo único. Sem prejuízo das atribuições do órgão governamental específico para a gestão das políticas públicas de juventude e dos conselhos de juventude com relação aos direitos previstos neste Estatuto, cabe ao órgão governamental de gestão e aos conselhos dos direitos da criança e do adolescente a interlocução institucional com adolescentes de idade entre 15 (quinze) e 18 (dezoito) anos.

Seção II
Do Direito à Educação

Art. 7.º O jovem tem direito à educação de qualidade, com a garantia de educação básica, obrigatória e

Lei n. 12.852, de 5-8-2013 — Estatuto da Juventude

gratuita, inclusive para os que a ela não tiveram acesso na idade adequada.

§ 1.º A educação básica será ministrada em língua portuguesa, assegurada aos jovens indígenas e de povos e comunidades tradicionais a utilização de suas línguas maternas e de processos próprios de aprendizagem.

§ 2.º É dever do Estado oferecer aos jovens que não concluíram a educação básica programas na modalidade da educação de jovens e adultos, adaptados às necessidades e especificidades da juventude, inclusive no período noturno, ressalvada a legislação educacional específica.

§ 3.º São assegurados aos jovens com surdez o uso e o ensino da Língua Brasileira de Sinais – LIBRAS, em todas as etapas e modalidades educacionais.

§ 4.º É assegurada aos jovens com deficiência a inclusão no ensino regular em todos os níveis e modalidades educacionais, incluindo o atendimento educacional especializado, observada a acessibilidade a edificações, transportes, espaços, mobiliários, equipamentos, sistemas e meios de comunicação e assegurados os recursos de tecnologia assistiva e adaptações necessárias a cada pessoa.

§ 5.º A Política Nacional de Educação no Campo contemplará a ampliação da oferta de educação para os jovens do campo, em todos os níveis e modalidades educacionais.

Art. 8.º O jovem tem direito à educação superior, em instituições públicas ou privadas, com variados graus de abrangência do saber ou especialização do conhecimento, observadas as regras de acesso de cada instituição.

§ 1.º É assegurado aos jovens negros, indígenas e alunos oriundos da escola pública o acesso ao ensino superior nas instituições públicas por meio de políticas afirmativas, nos termos da lei.

•• O art. 1.º da Lei n. 12.711, de 29-8-2012, regulamentada pelo Decreto n. 7.824, de 11-10-2012, determina a reserva, pelas instituições federais de educação superior vinculadas ao MEC, em cada concurso seletivo para ingresso nos cursos de graduação, por curso e turno, de no mínimo 50% de suas vagas para estudantes que tenham cursado integralmente o ensino médio em escolas públicas, bem como aos estudantes oriundos de famílias com renda igual ou inferior a 1 salário mínimo *per capita*.

§ 2.º O poder público promoverá programas de expansão da oferta de educação superior nas instituições públicas, de financiamento estudantil e de bolsas de estudos nas instituições privadas, em especial para jovens com deficiência, negros, indígenas e alunos oriundos da escola pública.

Art. 9.º O jovem tem direito à educação profissional e tecnológica, articulada com os diferentes níveis e modalidades de educação, ao trabalho, à ciência e à tecnologia, observada a legislação vigente.

Art. 10. É dever do Estado assegurar ao jovem com deficiência o atendimento educacional especializado gratuito, preferencialmente, na rede regular de ensino.

Art. 11. O direito ao programa suplementar de transporte escolar de que trata o art. 4.º da Lei n. 9.394, de 20 de dezembro de 1996, será progressivamente estendido ao jovem estudante do ensino fundamental, do ensino médio e da educação superior, no campo e na cidade.

§ 1.º (*Vetado.*)

§ 2.º (*Vetado.*)

Art. 12. É garantida a participação efetiva do segmento juvenil, respeitada sua liberdade de organização, nos conselhos e instâncias deliberativas de gestão democrática das escolas e universidades.

Art. 13. As escolas e as universidades deverão formular e implantar medidas de democratização do acesso e permanência, inclusive programas de assistência estudantil, ação afirmativa e inclusão social para os jovens estudantes.

Seção III
Do Direito à Profissionalização, ao Trabalho e à Renda

Art. 14. O jovem tem direito à profissionalização, ao trabalho e à renda, exercido em condições de liberdade, equidade e segurança, adequadamente remunerado e com proteção social.

Art. 15. A ação do poder público na efetivação do direito do jovem à profissionalização, ao trabalho e à renda contempla a adoção das seguintes medidas:

I – promoção de formas coletivas de organização para o trabalho, de redes de economia solidária e da livre associação;

II – oferta de condições especiais de jornada de trabalho por meio de:

a) compatibilização entre os horários de trabalho e de estudo;

b) oferta dos níveis, formas e modalidades de ensino em horários que permitam a compatibilização da frequência escolar com o trabalho regular;
III – criação de linha de crédito especial destinada aos jovens empreendedores;
IV – atuação estatal preventiva e repressiva quanto à exploração e precarização do trabalho juvenil;
V – adoção de políticas públicas voltadas para a promoção do estágio, aprendizagem e trabalho para a juventude;
VI – apoio ao jovem trabalhador rural na organização da produção da agricultura familiar e dos empreendimentos familiares rurais, por meio das seguintes ações:
a) estímulo à produção e à diversificação de produtos;
b) fomento à produção sustentável baseada na agroecologia, nas agroindústrias familiares, na integração entre lavoura, pecuária e floresta e no extrativismo sustentável;
c) investimento em pesquisa de tecnologias apropriadas à agricultura familiar e aos empreendimentos familiares rurais;
d) estímulo à comercialização direta da produção da agricultura familiar, aos empreendimentos familiares rurais e à formação de cooperativas;
e) garantia de projetos de infraestrutura básica de acesso e escoamento de produção, priorizando a melhoria das estradas e do transporte;
f) promoção de programas que favoreçam o acesso ao crédito, à terra e à assistência técnica rural;
VII – apoio ao jovem trabalhador com deficiência, por meio das seguintes ações:
a) estímulo à formação e à qualificação profissional em ambiente inclusivo;
b) oferta de condições especiais de jornada de trabalho;
c) estímulo à inserção no mercado de trabalho por meio da condição de aprendiz.

Art. 16. O direito à profissionalização e à proteção no trabalho dos adolescentes com idade entre 15 (quinze) e 18 (dezoito) anos de idade será regido pelo disposto na Lei n. 8.069, de 13 de julho de 1990 – Estatuto da Criança e do Adolescente, e em leis específicas, não se aplicando o previsto nesta Seção.

Seção IV
Do Direito à Diversidade e à Igualdade

Art. 17. O jovem tem direito à diversidade e à igualdade de direitos e de oportunidades e não será discriminado por motivo de:

I – etnia, raça, cor da pele, cultura, origem, idade e sexo;
II – orientação sexual, idioma ou religião;
III – opinião, deficiência e condição social ou econômica.

Art. 18. A ação do poder público na efetivação do direito do jovem à diversidade e à igualdade contempla a adoção das seguintes medidas:
I – adoção, nos âmbitos federal, estadual, municipal e do Distrito Federal, de programas governamentais destinados a assegurar a igualdade de direitos aos jovens de todas as raças e etnias, independentemente de sua origem, relativamente à educação, à profissionalização, ao trabalho e renda, à cultura, à saúde, à segurança, à cidadania e ao acesso à justiça;
II – capacitação dos professores dos ensinos fundamental e médio para a aplicação das diretrizes curriculares nacionais no que se refere ao enfrentamento de todas as formas de discriminação;
III – inclusão de temas sobre questões étnicas, raciais, de deficiência, de orientação sexual, de gênero e de violência doméstica e sexual praticada contra a mulher na formação dos profissionais de educação, de saúde e de segurança pública e dos operadores do direito;
IV – observância das diretrizes curriculares para a educação indígena como forma de preservação dessa cultura;
V – inclusão, nos conteúdos curriculares, de informações sobre a discriminação na sociedade brasileira e sobre o direito de todos os grupos e indivíduos a tratamento igualitário perante a lei; e
VI – inclusão, nos conteúdos curriculares, de temas relacionados à sexualidade, respeitando a diversidade de valores e crenças.

Seção V
Do Direito à Saúde

Art. 19. O jovem tem direito à saúde e à qualidade de vida, considerando suas especificidades na dimensão da prevenção, promoção, proteção e recuperação da saúde de forma integral.

Art. 20. A política pública de atenção à saúde do jovem será desenvolvida em consonância com as seguintes diretrizes:
I – acesso universal e gratuito ao Sistema Único de Saúde – SUS e a serviços de saúde humanizados e de qualidade, que respeitem as especificidades do jovem;

Lei n. 12.852, de 5-8-2013 — **Estatuto da Juventude**

II – atenção integral à saúde, com especial ênfase ao atendimento e à prevenção dos agravos mais prevalentes nos jovens;

III – desenvolvimento de ações articuladas entre os serviços de saúde e os estabelecimentos de ensino, a sociedade e a família, com vistas à prevenção de agravos;

IV – garantia da inclusão de temas relativos ao consumo de álcool, tabaco e outras drogas, à saúde sexual e reprodutiva, com enfoque de gênero e dos direitos sexuais e reprodutivos nos projetos pedagógicos dos diversos níveis de ensino;

V – reconhecimento do impacto da gravidez planejada ou não, sob os aspectos médico, psicológico, social e econômico;

VI – capacitação dos profissionais de saúde, em uma perspectiva multiprofissional, para lidar com temas relativos à saúde sexual e reprodutiva dos jovens, inclusive com deficiência, e ao abuso de álcool, tabaco e outras drogas pelos jovens;

VII – habilitação dos professores e profissionais de saúde e de assistência social para a identificação dos problemas relacionados ao uso abusivo e à dependência de álcool, tabaco e outras drogas e o devido encaminhamento aos serviços assistenciais e de saúde;

VIII – valorização das parcerias com instituições da sociedade civil na abordagem das questões de prevenção, tratamento e reinserção social dos usuários e dependentes de álcool, tabaco e outras drogas;

IX – proibição de propagandas de bebidas contendo qualquer teor alcoólico com a participação de pessoa com menos de 18 (dezoito) anos de idade;

X – veiculação de campanhas educativas relativas ao álcool, ao tabaco e a outras drogas como causadores de dependência; e

XI – articulação das instâncias de saúde e justiça na prevenção do uso e abuso de álcool, tabaco e outras drogas, inclusive esteroides anabolizantes e, especialmente, *crack*.

Seção VI
Do Direito à Cultura

Art. 21. O jovem tem direito à cultura, incluindo a livre criação, o acesso aos bens e serviços culturais e a participação nas decisões de política cultural, à identidade e diversidade cultural e à memória social.

Art. 22. Na consecução dos direitos culturais da juventude, compete ao poder público:

I – garantir ao jovem a participação no processo de produção, reelaboração e fruição dos bens culturais;

II – propiciar ao jovem o acesso aos locais e eventos culturais, mediante preços reduzidos, em âmbito nacional;

III – incentivar os movimentos de jovens a desenvolver atividades artístico-culturais e ações voltadas à preservação do patrimônio histórico;

IV – valorizar a capacidade criativa do jovem, mediante o desenvolvimento de programas e projetos culturais;

V – propiciar ao jovem o conhecimento da diversidade cultural, regional e étnica do País;

VI – promover programas educativos e culturais voltados para a problemática do jovem nas emissoras de rádio e televisão e nos demais meios de comunicação de massa;

VII – promover a inclusão digital dos jovens, por meio do acesso às novas tecnologias da informação e comunicação;

VIII – assegurar ao jovem do campo o direito à produção e à fruição cultural e aos equipamentos públicos que valorizem a cultura camponesa; e

IX – garantir ao jovem com deficiência acessibilidade e adaptações razoáveis.

Parágrafo único. A aplicação dos incisos I, III e VIII do *caput* deve observar a legislação específica sobre o direito à profissionalização e à proteção no trabalho dos adolescentes.

Art. 23. É assegurado aos jovens de até 29 (vinte e nove) anos pertencentes a famílias de baixa renda e aos estudantes, na forma do regulamento, o acesso a salas de cinema, cineclubes, teatros, espetáculos musicais e circenses, eventos educativos, esportivos, de lazer e entretenimento, em todo o território nacional, promovidos por quaisquer entidades e realizados em estabelecimentos públicos ou particulares, mediante pagamento da metade do preço do ingresso cobrado do público em geral.

•• O Decreto n. 8.537, de 5-10-2015, regulamenta o disposto neste artigo.

§ 1.º Terão direito ao benefício previsto no *caput* os estudantes regularmente matriculados nos níveis e modalidades de educação e ensino previstos no Título V da Lei n. 9.394, de 20 de dezembro de 1996 – Lei de Diretrizes e Bases da Educação Nacional, que comprovem sua condição de discente, mediante apresentação, no momento da aquisição do ingresso e na portaria do local de realização do evento, da Carteira de Identificação Estudantil – CIE.

§ 2.º A CIE será expedida preferencialmente pela Associação Nacional de Pós-Graduandos, pela União Nacional dos Estudantes, pela União Brasileira dos Estudantes Secundaristas e por entidades estudantis estaduais e municipais a elas filiadas.

§ 3.º É garantida a gratuidade na expedição da CIE para estudantes pertencentes a famílias de baixa renda, nos termos do regulamento.

§ 4.º As entidades mencionadas no § 2.º deste artigo deverão tornar disponível, para eventuais consultas pelo poder público e pelos estabelecimentos referidos no *caput*, banco de dados com o nome e o número de registro dos estudantes portadores da Carteira de Identificação Estudantil, expedida nos termos do § 3.º deste artigo.

§ 5.º A CIE terá validade até o dia 31 de março do ano subsequente à data de sua expedição.

§ 6.º As entidades mencionadas no § 2.º deste artigo são obrigadas a manter o documento comprobatório do vínculo do aluno com o estabelecimento escolar, pelo mesmo prazo de validade da respectiva Carteira de Identificação Estudantil.

§ 7.º Caberá aos órgãos públicos competentes federais, estaduais, municipais e do Distrito Federal a fiscalização do cumprimento do disposto neste artigo e a aplicação das sanções cabíveis, nos termos do regulamento.

§ 8.º Os benefícios previstos neste artigo não incidirão sobre os eventos esportivos de que tratam as Leis n. 12.663, de 5 de junho de 2012, e 12.780, de 9 de janeiro de 2013.

§ 9.º Considera-se de baixa renda, para os fins do disposto no *caput*, a família inscrita no Cadastro Único para Programas Sociais do Governo Federal – CadÚnico cuja renda mensal seja de até 2 (dois) salários mínimos.

§ 10. A concessão do benefício da meia-entrada de que trata o *caput* é limitada a 40% (quarenta por cento) do total de ingressos disponíveis para cada evento.

Art. 24. O poder público destinará, no âmbito dos respectivos orçamentos, recursos financeiros para o fomento dos projetos culturais destinados aos jovens e por eles produzidos.

Art. 25. Na destinação dos recursos do Fundo Nacional da Cultura – FNC, de que trata a Lei n. 8.313, de 23 de dezembro de 1991, serão consideradas as necessidades específicas dos jovens em relação à ampliação do acesso à cultura e à melhoria das condições para o exercício do protagonismo no campo da produção cultural.

Parágrafo único. As pessoas físicas ou jurídicas poderão optar pela aplicação de parcelas do imposto sobre a renda a título de doações ou patrocínios, de que trata a Lei n. 8.313, de 23 de dezembro de 1991, no apoio a projetos culturais apresentados por entidades juvenis legalmente constituídas há, pelo menos, 1 (um) ano.

Seção VII
Do Direito à Comunicação e à Liberdade de Expressão

Art. 26. O jovem tem direito à comunicação e à livre expressão, à produção de conteúdo, individual e colaborativo, e ao acesso às tecnologias de informação e comunicação.

Art. 27. A ação do poder público na efetivação do direito do jovem à comunicação e à liberdade de expressão contempla a adoção das seguintes medidas:

I – incentivar programas educativos e culturais voltados para os jovens nas emissoras de rádio e televisão e nos demais meios de comunicação de massa;

II – promover a inclusão digital dos jovens, por meio do acesso às novas tecnologias de informação e comunicação;

III – promover as redes e plataformas de comunicação dos jovens, considerando a acessibilidade para os jovens com deficiência;

IV – incentivar a criação e manutenção de equipamentos públicos voltados para a promoção do direito do jovem à comunicação; e

V – garantir a acessibilidade à comunicação por meio de tecnologias assistivas e adaptações razoáveis para os jovens com deficiência.

Seção VIII
Do Direito ao Desporto e ao Lazer

Art. 28. O jovem tem direito à prática desportiva destinada a seu pleno desenvolvimento, com prioridade para o desporto de participação.

Parágrafo único. O direito à prática desportiva dos adolescentes deverá considerar sua condição peculiar de pessoa em desenvolvimento.

Art. 29. A política pública de desporto e lazer destinada ao jovem deverá considerar:

I – a realização de diagnóstico e estudos estatísticos oficiais acerca da educação física e dos desportos e dos equipamentos de lazer no Brasil;

II – a adoção de lei de incentivo fiscal para o esporte, com critérios que priorizem a juventude e promovam a equidade;

III – a valorização do desporto e do paradesporto educacional;

IV – a oferta de equipamentos comunitários que permitam a prática desportiva, cultural e de lazer.

Art. 30. Todas as escolas deverão buscar pelo menos um local apropriado para a prática de atividades poliesportivas.

Seção IX
Do Direito ao Território e à Mobilidade

Art. 31. O jovem tem direito ao território e à mobilidade, incluindo a promoção de políticas públicas de moradia, circulação e equipamentos públicos, no campo e na cidade.

Parágrafo único. Ao jovem com deficiência devem ser garantidas a acessibilidade e as adaptações necessárias.

Art. 32. No sistema de transporte coletivo interestadual, observar-se-á, nos termos da legislação específica:

•• O Decreto n. 8.537, de 5-10-2015, regulamenta o disposto neste artigo.

I – a reserva de 2 (duas) vagas gratuitas por veículo para jovens de baixa renda;

II – a reserva de 2 (duas) vagas por veículo com desconto de 50% (cinquenta por cento), no mínimo, no valor das passagens, para os jovens de baixa renda, a serem utilizadas após esgotadas as vagas previstas no inciso I.

Parágrafo único. Os procedimentos e os critérios para o exercício dos direitos previstos nos incisos I e II serão definidos em regulamento.

Art. 33. A União envidará esforços, em articulação com os Estados, o Distrito Federal e os Municípios, para promover a oferta de transporte público subsidiado para os jovens, com prioridade para os jovens em situação de pobreza e vulnerabilidade, na forma do regulamento.

Seção X
Do Direito à Sustentabilidade
e ao Meio Ambiente

Art. 34. O jovem tem direito à sustentabilidade e ao meio ambiente ecologicamente equilibrado, bem de uso comum do povo, essencial à sadia qualidade de vida, e o dever de defendê-lo e preservá-lo para a presente e as futuras gerações.

Art. 35. O Estado promoverá, em todos os níveis de ensino, a educação ambiental voltada para a preservação do meio ambiente e a sustentabilidade, de acordo com a Política Nacional do Meio Ambiente.

Art. 36. Na elaboração, na execução e na avaliação de políticas públicas que incorporem a dimensão ambiental, o poder público deverá considerar:

I – o estímulo e o fortalecimento de organizações, movimentos, redes e outros coletivos de juventude que atuem no âmbito das questões ambientais e em prol do desenvolvimento sustentável;

II – o incentivo à participação dos jovens na elaboração das políticas públicas de meio ambiente;

III – a criação de programas de educação ambiental destinados aos jovens; e

IV – o incentivo à participação dos jovens em projetos de geração de trabalho e renda que visem ao desenvolvimento sustentável nos âmbitos rural e urbano.

Parágrafo único. A aplicação do disposto no inciso IV do *caput* deve observar a legislação específica sobre o direito à profissionalização e à proteção no trabalho dos adolescentes.

Seção XI
Do Direito à Segurança Pública
e ao Acesso à Justiça

Art. 37. Todos os jovens têm direito de viver em um ambiente seguro, sem violência, com garantia da sua incolumidade física e mental, sendo-lhes asseguradas a igualdade de oportunidades e facilidades para seu aperfeiçoamento intelectual, cultural e social.

Art. 38. As políticas de segurança pública voltadas para os jovens deverão articular ações da União, dos Estados, do Distrito Federal e dos Municípios e ações não governamentais, tendo por diretrizes:

I – a integração com as demais políticas voltadas à juventude;

II – a prevenção e enfrentamento da violência;

III – a promoção de estudos e pesquisas e a obtenção de estatísticas e informações relevantes para subsidiar as ações de segurança pública e permitir a avaliação periódica dos impactos das políticas públicas quanto às causas, às consequências e à frequência da violência contra os jovens;

IV – a priorização de ações voltadas para os jovens em situação de risco, vulnerabilidade social e egressos do sistema penitenciário nacional;

V – a promoção do acesso efetivo dos jovens à Defensoria Pública, considerando as especificidades da condição juvenil; e

VI – a promoção do efetivo acesso dos jovens com deficiência à justiça em igualdade de condições com as demais pessoas, inclusive mediante a provisão de adaptações processuais adequadas a sua idade.

Título II
DO SISTEMA NACIONAL DE JUVENTUDE

Capítulo I
DO SISTEMA NACIONAL DE JUVENTUDE – SINAJUVE

Art. 39. É instituído o Sistema Nacional de Juventude – SINAJUVE, cujos composição, organização, competência e funcionamento serão definidos em regulamento.

Art. 40. O financiamento das ações e atividades realizadas no âmbito do Sinajuve será definido em regulamento.

Capítulo II
DAS COMPETÊNCIAS

Art. 41. Compete à União:

I – formular e coordenar a execução da Política Nacional de Juventude;

II – coordenar e manter o Sinajuve;

III – estabelecer diretrizes sobre a organização e o funcionamento do Sinajuve;

IV – elaborar o Plano Nacional de Políticas de Juventude, em parceria com os Estados, o Distrito Federal, os Municípios e a sociedade, em especial a juventude;

V – convocar e realizar, em conjunto com o Conselho Nacional de Juventude, as Conferências Nacionais de Juventude, com intervalo máximo de 4 (quatro) anos;

VI – prestar assistência técnica e suplementação financeira aos Estados, ao Distrito Federal e aos Municípios para o desenvolvimento de seus sistemas de juventude;

VII – contribuir para a qualificação e ação em rede do Sinajuve em todos os entes da Federação;

VIII – financiar, com os demais entes federados, a execução das políticas públicas de juventude;

IX – estabelecer formas de colaboração com os Estados, o Distrito Federal e os Municípios para a execução das políticas públicas de juventude; e

X – garantir a publicidade de informações sobre repasses de recursos para financiamento das políticas públicas de juventude aos conselhos e gestores estaduais, do Distrito Federal e municipais.

Art. 42. Compete aos Estados:

I – coordenar, em âmbito estadual, o Sinajuve;

II – elaborar os respectivos planos estaduais de juventude, em conformidade com o Plano Nacional, com a participação da sociedade, em especial da juventude;

III – criar, desenvolver e manter programas, ações e projetos para a execução das políticas públicas de juventude;

IV – convocar e realizar, em conjunto com o Conselho Estadual de Juventude, as Conferências Estaduais de Juventude, com intervalo máximo de 4 (quatro) anos;

V – editar normas complementares para a organização e o funcionamento do Sinajuve, em âmbito estadual e municipal;

VI – estabelecer com a União e os Municípios formas de colaboração para a execução das políticas públicas de juventude; e

VII – cofinanciar, com os demais entes federados, a execução de programas, ações e projetos das políticas públicas de juventude.

Parágrafo único. Serão incluídos nos censos demográficos dados relativos à população jovem do País.

Art. 43. Compete aos Municípios:

I – coordenar, em âmbito municipal, o Sinajuve;

II – elaborar os respectivos planos municipais de juventude, em conformidade com os respectivos Planos Nacional e Estadual, com a participação da sociedade, em especial da juventude;

III – criar, desenvolver e manter programas, ações e projetos para a execução das políticas públicas de juventude;

IV – convocar e realizar, em conjunto com o Conselho Municipal de Juventude, as Conferências Municipais de Juventude, com intervalo máximo de 4 (quatro) anos;

V – editar normas complementares para a organização e funcionamento do Sinajuve, em âmbito municipal;

VI – cofinanciar, com os demais entes federados, a execução de programas, ações e projetos das políticas públicas de juventude; e

VII – estabelecer mecanismos de cooperação com os Estados e a União para a execução das políticas públicas de juventude.

Parágrafo único. Para garantir a articulação federativa com vistas ao efetivo cumprimento das políticas públicas de juventude, os Municípios podem instituir os consórcios de que trata a Lei n. 11.107, de 6 de abril de 2005, ou qualquer outro instrumento jurídico adequado, como forma de compartilhar responsabilidades.

Art. 44. As competências dos Estados e Municípios são atribuídas, cumulativamente, ao Distrito Federal.

Capítulo III
DOS CONSELHOS DE JUVENTUDE

- O Decreto n. 11.833, de 15-12-2023, dispõe sobre o Conselho Nacional da Juventude.

Art. 45. Os conselhos de juventude são órgãos permanentes e autônomos, não jurisdicionais, encarregados de tratar das políticas públicas de juventude e da garantia do exercício dos direitos do jovem, com os seguintes objetivos:

I – auxiliar na elaboração de políticas públicas de juventude que promovam o amplo exercício dos direitos dos jovens estabelecidos nesta Lei;

II – utilizar instrumentos de forma a buscar que o Estado garanta aos jovens o exercício dos seus direitos;

III – colaborar com os órgãos da administração no planejamento e na implementação das políticas de juventude;

IV – estudar, analisar, elaborar, discutir e propor a celebração de instrumentos de cooperação, visando à elaboração de programas, projetos e ações voltados para a juventude;

V – promover a realização de estudos relativos à juventude, objetivando subsidiar o planejamento das políticas públicas de juventude;

VI – estudar, analisar, elaborar, discutir e propor políticas públicas que permitam e garantam a integração e a participação do jovem nos processos social, econômico, político e cultural no respectivo ente federado;

VII – propor a criação de formas de participação da juventude nos órgãos da administração pública;

VIII – promover e participar de seminários, cursos, congressos e eventos correlatos para o debate de temas relativos à juventude;

IX – desenvolver outras atividades relacionadas às políticas públicas de juventude.

§ 1.º A lei, em âmbito federal, estadual, do Distrito Federal e municipal, disporá sobre a organização, o funcionamento e a composição dos conselhos de juventude, observada a participação da sociedade civil mediante critério, no mínimo, paritário com os representantes do poder público.

§ 2.º (*Vetado.*)

Art. 46. São atribuições dos conselhos de juventude:

I – encaminhar ao Ministério Público notícia de fato que constitua infração administrativa ou penal contra os direitos do jovem garantidos na legislação;

II – encaminhar à autoridade judiciária os casos de sua competência;

III – expedir notificações;

IV – solicitar informações das autoridades públicas;

V – assessorar o Poder Executivo local na elaboração dos planos, programas, projetos, ações e proposta orçamentária das políticas públicas de juventude.

Art. 47. Sem prejuízo das atribuições dos conselhos de juventude com relação aos direitos previstos neste Estatuto, cabe aos conselhos de direitos da criança e do adolescente deliberar e controlar as ações em todos os níveis relativas aos adolescentes com idade entre 15 (quinze) e 18 (dezoito) anos.

Art. 48. Esta Lei entra em vigor após decorridos 180 (cento e oitenta) dias de sua publicação oficial.

Brasília, 5 de agosto de 2013; 192.º da Independência e 125.º da República.

DILMA ROUSSEFF

LEI N. 12.853,
DE 14 DE AGOSTO DE 2013 (*)

Altera os arts. 5.º, 68, 97, 98, 99 e 100, acrescenta arts. 98-A, 98-B, 98-C, 99-A, 99-B, 100-A, 100-B e 109-A e revoga o art. 94 da Lei n. 9.610, de 19 de fevereiro de 1998, para dispor sobre a gestão coletiva de direitos autorais, e dá outras providências.

(*) Publicada no *DOU*, de 15-8-2013. O Decreto n. 9.574, de 22-11-2018, consolida atos normativos que dispõem sobre gestão coletiva de direitos autorais e fonogramas.

A Presidenta da República

Faço saber que o Congresso Nacional decreta e eu sanciono a seguinte Lei:

Art. 1.º Esta Lei dispõe sobre a gestão coletiva de direitos autorais, altera, revoga e acrescenta dispositivos à Lei n. 9.610, de 19 de fevereiro de 1998.

Art. 2.º Os arts. 5.º, 68, 97, 98, 99 e 100 da Lei n. 9.610, de 19 de fevereiro de 1998, passam a vigorar com as seguintes alterações:

•• Alterações já processadas no diploma modificado.

Art. 3.º A Lei n. 9.610, de 1998, passa a vigorar acrescida dos seguintes arts. 98-A, 98-B, 98-C, 99-A, 99-B, 100-A, 100-B e 109-A:

•• Alterações já processadas no diploma modificado.

Art. 4.º As associações de gestão coletiva de direitos autorais que, antes da vigência da presente Lei, estejam legalmente constituídas e arrecadando e distribuindo os direitos autorais de obras e fonogramas considerar-se-ão habilitadas para exercerem a atividade econômica de cobrança pelo prazo definido em regulamento, devendo obedecer às disposições constantes do art. 98-A da Lei n. 9.610, de 1998.

Art. 5.º As associações a que se refere o art. 4.º desta Lei terão 60 (sessenta) dias para adaptar seus estatutos ao § 13 do art. 98 da Lei n. 9.610, de 1998, permitindo-se que seus dirigentes concluam os mandatos em curso quando do início da vigência desta Lei até o prazo originalmente previsto, após o qual poderão candidatar-se para mandato de 3 (três) anos, com possibilidade de 1 (uma) recondução, nos termos desta Lei.

Art. 6.º Desde que se comprove a observância de todas as exigências para a constituição do novo ente arrecadador unificado, constantes do *caput* do art. 99 da Lei n. 9.610, de 1998, as associações referidas no art. 4.º desta Lei poderão requerer ao Ministério da Cultura, no prazo estabelecido em regulamento, que reconheça a pessoa jurídica já constituída como ente arrecadador.

Art. 7.º O Ministério da Cultura constituirá, no prazo e nos termos dispostos em regulamento, comissão permanente para aperfeiçoamento da gestão coletiva, que promoverá o aprimoramento contínuo da gestão coletiva de direitos autorais no Brasil por meio da análise da atuação e dos resultados obtidos pelas entidades brasileiras, bem como do exame das melhores práticas internacionais.

Art. 8.º Admite-se a delegação, pelo Ministério da Cultura, das competências a ele atribuídas por esta Lei a outro órgão.

Art. 9.º Revoga-se o art. 94 da Lei n. 9.610, de 19 de fevereiro de 1998.

Art. 10. Esta Lei entra em vigor após decorridos 120 (cento e vinte) dias de sua publicação oficial.

Brasília, 14 de agosto de 2013; 192.º da Independência e 125.º da República.

Dilma Rousseff

LEI N. 12.965,
DE 23 DE ABRIL DE 2014 (*)

Estabelece princípios, garantias, direitos e deveres para o uso da Internet no Brasil.

A Presidenta da República

Faço saber que o Congresso Nacional decreta e eu sanciono a seguinte Lei:

Capítulo I
DISPOSIÇÕES PRELIMINARES

Art. 1.º Esta Lei estabelece princípios, garantias, direitos e deveres para o uso da internet no Brasil e determina as diretrizes para atuação da União, do Distrito Federal e dos Municípios em relação à matéria.

Art. 2.º A disciplina do uso da internet no Brasil tem como fundamento o respeito à liberdade de expressão, bem como:

I – o reconhecimento da escala mundial da rede;

II – os direitos humanos, o desenvolvimento da personalidade e o exercício da cidadania em meios digitais;

III – a pluralidade e a diversidade;

IV – a abertura e a colaboração;

V – a livre iniciativa, a livre concorrência e a defesa do consumidor; e

• *Vide* Lei n. 8.078, de 11-9-1990 (Código do Consumidor).

VI – a finalidade social da rede.

(*) Publicada no *DOU*, de 24-4-2014. Regulamentada pelo Decreto n. 8.771, de 11-5-2016.

Lei n. 12.965, de 23-4-2014 — Marco Civil da Internet

Art. 3.º A disciplina do uso da internet no Brasil tem os seguintes princípios:

I – garantia da liberdade de expressão, comunicação e manifestação de pensamento, nos termos da Constituição Federal;

- *Vide* art. 5.º, IV, da CF.

II – proteção da privacidade;

- *Vide* arts. 5.º, X, da CF e 21 do CC.

III – proteção dos dados pessoais, na forma da lei;

IV – preservação e garantia da neutralidade de rede;

V – preservação da estabilidade, segurança e funcionalidade da rede, por meio de medidas técnicas compatíveis com os padrões internacionais e pelo estímulo ao uso de boas práticas;

VI – responsabilização dos agentes de acordo com suas atividades, nos termos da lei;

VII – preservação da natureza participativa da rede;

VIII – liberdade dos modelos de negócios promovidos na internet, desde que não conflitem com os demais princípios estabelecidos nesta Lei.

Parágrafo único. Os princípios expressos nesta Lei não excluem outros previstos no ordenamento jurídico pátrio relacionados à matéria ou nos tratados internacionais em que a República Federativa do Brasil seja parte.

Art. 4.º A disciplina do uso da internet no Brasil tem por objetivo a promoção:

I – do direito de acesso à internet a todos;

II – do acesso à informação, ao conhecimento e à participação na vida cultural e na condução dos assuntos públicos;

- *Vide* art. 220 da CF.

III – da inovação e do fomento à ampla difusão de novas tecnologias e modelos de uso e acesso; e

IV – da adesão a padrões tecnológicos abertos que permitam a comunicação, a acessibilidade e a interoperabilidade entre aplicações e bases de dados.

Art. 5.º Para os efeitos desta Lei, considera-se:

I – internet: o sistema constituído do conjunto de protocolos lógicos, estruturado em escala mundial para uso público e irrestrito, com a finalidade de possibilitar a comunicação de dados entre terminais por meio de diferentes redes;

II – terminal: o computador ou qualquer dispositivo que se conecte à internet;

III – endereço de protocolo de internet (endereço IP): o código atribuído a um terminal de uma rede para permitir sua identificação, definido segundo parâmetros internacionais;

IV – administrador de sistema autônomo: a pessoa física ou jurídica que administra blocos de endereço IP específicos e o respectivo sistema autônomo de roteamento, devidamente cadastrada no ente nacional responsável pelo registro e distribuição de endereços IP geograficamente referentes ao País;

V – conexão à internet: a habilitação de um terminal para envio e recebimento de pacotes de dados pela internet, mediante a atribuição ou autenticação de um endereço IP;

VI – registro de conexão: o conjunto de informações referentes à data e hora de início e término de uma conexão à internet, sua duração e o endereço IP utilizado pelo terminal para o envio e recebimento de pacotes de dados;

VII – aplicações de internet: o conjunto de funcionalidades que podem ser acessadas por meio de um terminal conectado à internet; e

VIII – registros de acesso a aplicações de internet: o conjunto de informações referentes à data e hora de uso de uma determinada aplicação de internet a partir de um determinado endereço IP.

Art. 6.º Na interpretação desta Lei serão levados em conta, além dos fundamentos, princípios e objetivos previstos, a natureza da internet, seus usos e costumes particulares e sua importância para a promoção do desenvolvimento humano, econômico, social e cultural.

Capítulo II
DOS DIREITOS E GARANTIAS DOS USUÁRIOS

•• Sobre proteção de dados nos meios digitais, *vide* Lei n. 13.709, de 14-8-2018.

Art. 7.º O acesso à internet é essencial ao exercício da cidadania, e ao usuário são assegurados os seguintes direitos:

I – inviolabilidade da intimidade e da vida privada, sua proteção e indenização pelo dano material ou moral decorrente de sua violação;

- *Vide* arts. 5.º, X, da CF e 12, 21 e 927 e s. do CC.

II – inviolabilidade e sigilo do fluxo de suas comunicações pela internet, salvo por ordem judicial, na forma da lei;

- *Vide* art. 10, § 2.º, desta Lei.
- *Vide* art. 5.º, XII, da CF, regulamentado pela Lei n. 9.296, de 24-7-1996.

III – inviolabilidade e sigilo de suas comunicações privadas armazenadas, salvo por ordem judicial;

- *Vide* art. 10, § 2.º, desta Lei.

IV – não suspensão da conexão à internet, salvo por débito diretamente decorrente de sua utilização;

- *Vide* arts. 42 e 42-A da Lei n. 8.078, de 11-9-1990.

V – manutenção da qualidade contratada da conexão à internet;

VI – informações claras e completas constantes dos contratos de prestação de serviços, com detalhamento sobre o regime de proteção aos registros de conexão e aos registros de acesso a aplicações de internet, bem como sobre práticas de gerenciamento da rede que possam afetar sua qualidade;

VII – não fornecimento a terceiros de seus dados pessoais, inclusive registros de conexão, e de acesso a aplicações de internet, salvo mediante consentimento livre, expresso e informado ou nas hipóteses previstas em lei;

•• *Vide* arts. 13 e 14 do Decreto n. 8.771, de 11-5-2016.

VIII – informações claras e completas sobre coleta, uso, armazenamento, tratamento e proteção de seus dados pessoais, que somente poderão ser utilizados para finalidades que:

a) justifiquem sua coleta;

b) não sejam vedadas pela legislação; e

c) estejam especificadas nos contratos de prestação de serviços ou em termos de uso de aplicações de internet;

IX – consentimento expresso sobre coleta, uso, armazenamento e tratamento de dados pessoais, que deverá ocorrer de forma destacada das demais cláusulas contratuais;

X – exclusão definitiva dos dados pessoais que tiver fornecido a determinada aplicação de internet, a seu requerimento, ao término da relação entre as partes, ressalvadas as hipóteses de guarda obrigatória de registros previstas nesta Lei e na que dispõe sobre a proteção de dados pessoais;

•• Inciso X com redação determinada pela Lei n. 13.709, de 14-8-2018.

XI – publicidade e clareza de eventuais políticas de uso dos provedores de conexão à internet e de aplicações de internet;

XII – acessibilidade, consideradas as características físico-motoras, perceptivas, sensoriais, intelectuais e mentais do usuário, nos termos da lei; e

XIII – aplicação das normas de proteção e defesa do consumidor nas relações de consumo realizadas na internet.

- *Vide* Lei n. 8.078, de 11-9-1990 (Código do Consumidor).

Art. 8.º A garantia do direito à privacidade e à liberdade de expressão nas comunicações é condição para o pleno exercício do direito de acesso à internet.

Parágrafo único. São nulas de pleno direito as cláusulas contratuais que violem o disposto no *caput*, tais como aquelas que:

I – impliquem ofensa à inviolabilidade e ao sigilo das comunicações privadas, pela internet; ou

II – em contrato de adesão, não ofereçam como alternativa ao contratante a adoção do foro brasileiro para solução de controvérsias decorrentes de serviços prestados no Brasil.

Capítulo III
DA PROVISÃO DE CONEXÃO E DE APLICAÇÕES DE INTERNET

Seção I
Da Neutralidade de Rede

•• *Vide* arts. 3.º a 10 do Decreto n. 8.771, de 11-5-2016.

Art. 9.º O responsável pela transmissão, comutação ou roteamento tem o dever de tratar de forma isonômica quaisquer pacotes de dados, sem distinção por conteúdo, origem e destino, serviço, terminal ou aplicação.

§ 1.º A discriminação ou degradação do tráfego será regulamentada nos termos das atribuições privativas do Presidente da República previstas no inciso IV do art. 84 da Constituição Federal, para a fiel execução desta Lei, ouvidos o Comitê Gestor da Internet e a Agência Nacional de Telecomunicações, e somente poderá decorrer de:

I – requisitos técnicos indispensáveis à prestação adequada dos serviços e aplicações; e

II – priorização de serviços de emergência.

§ 2.º Na hipótese de discriminação ou degradação do tráfego prevista no § 1.º, o responsável mencionado no *caput* deve:

•• *Vide* art. 4.º do Decreto n. 8.771, de 11-5-2016.

Lei n. 12.965, de 23-4-2014   **Marco Civil da Internet**

I – abster-se de causar dano aos usuários, na forma do art. 927 da Lei n. 10.406, de 10 de janeiro de 2002 – Código Civil;

II – agir com proporcionalidade, transparência e isonomia;

III – informar previamente de modo transparente, claro e suficientemente descritivo aos seus usuários sobre as práticas de gerenciamento e mitigação de tráfego adotadas, inclusive as relacionadas à segurança da rede; e

IV – oferecer serviços em condições comerciais não discriminatórias e abster-se de praticar condutas anticoncorrenciais.

§ 3.º Na provisão de conexão à internet, onerosa ou gratuita, bem como na transmissão, comutação ou roteamento, é vedado bloquear, monitorar, filtrar ou analisar o conteúdo dos pacotes de dados, respeitado o disposto neste artigo.

Seção II
Da Proteção aos Registros, aos Dados Pessoais e às Comunicações Privadas

•• *Vide* arts. 11 a 16 do Decreto n. 8.771, de 11-5-2016.

Art. 10. A guarda e a disponibilização dos registros de conexão e de acesso a aplicações de internet de que trata esta Lei, bem como de dados pessoais e do conteúdo de comunicações privadas, devem atender à preservação da intimidade, da vida privada, da honra e da imagem das partes direta ou indiretamente envolvidas.

§ 1.º O provedor responsável pela guarda somente será obrigado a disponibilizar os registros mencionados no *caput*, de forma autônoma ou associados a dados pessoais ou a outras informações que possam contribuir para a identificação do usuário ou do terminal, mediante ordem judicial, na forma do disposto na Seção IV deste Capítulo, respeitado o disposto no art. 7.º.

§ 2.º O conteúdo das comunicações privadas somente poderá ser disponibilizado mediante ordem judicial, nas hipóteses e na forma que a lei estabelecer, respeitado o disposto nos incisos II e III do art. 7.º.

§ 3.º O disposto no *caput* não impede o acesso aos dados cadastrais que informem qualificação pessoal, filiação e endereço, na forma da lei, pelas autoridades administrativas que detenham competência legal para a sua requisição.

•• *Vide* art. 11 do Decreto n. 8.771, de 11-5-2016.

§ 4.º As medidas e os procedimentos de segurança e de sigilo devem ser informados pelo responsável pela provisão de serviços de forma clara e atender a padrões definidos em regulamento, respeitado seu direito de confidencialidade quanto a segredos empresariais.

Art. 11. Em qualquer operação de coleta, armazenamento, guarda e tratamento de registros, de dados pessoais ou de comunicações por provedores de conexão e de aplicações de internet em que pelo menos um desses atos ocorra em território nacional, deverão ser obrigatoriamente respeitados a legislação brasileira e os direitos à privacidade, à proteção dos dados pessoais e ao sigilo das comunicações privadas e dos registros.

•• *Vide* arts. 15 e 20 do Decreto n. 8.771, de 11-5-2016.

§ 1.º O disposto no *caput* aplica-se aos dados coletados em território nacional e ao conteúdo das comunicações, desde que pelo menos um dos terminais esteja localizado no Brasil.

§ 2.º O disposto no *caput* aplica-se mesmo que as atividades sejam realizadas por pessoa jurídica sediada no exterior, desde que oferte serviço ao público brasileiro ou pelo menos uma integrante do mesmo grupo econômico possua estabelecimento no Brasil.

§ 3.º Os provedores de conexão e de aplicações de internet deverão prestar, na forma da regulamentação, informações que permitam a verificação quanto ao cumprimento da legislação brasileira referente à coleta, à guarda, ao armazenamento ou ao tratamento de dados, bem como quanto ao respeito à privacidade e ao sigilo de comunicações.

•• *Vide* art. 13, III, do Decreto n. 8.771, de 11-5-2016.

§ 4.º Decreto regulamentará o procedimento para apuração de infrações ao disposto neste artigo.

Art. 12. Sem prejuízo das demais sanções cíveis, criminais ou administrativas, as infrações às normas previstas nos arts. 10 e 11 ficam sujeitas, conforme o caso, às seguintes sanções, aplicadas de forma isolada ou cumulativa:

I – advertência, com indicação de prazo para adoção de medidas corretivas;

II – multa de até 10% (dez por cento) do faturamento do grupo econômico no Brasil no seu último exercício, excluídos os tributos, considerados a condição econômica do infrator e o princípio da proporcionalidade entre a gravidade da falta e a intensidade da sanção;

III – suspensão temporária das atividades que envolvam os atos previstos no art. 11; ou

IV – proibição de exercício das atividades que envolvam os atos previstos no art. 11.

Parágrafo único. Tratando-se de empresa estrangeira, responde solidariamente pelo pagamento da multa de que trata o caput sua filial, sucursal, escritório ou estabelecimento situado no País.

Subseção I
Da guarda de registros de conexão

Art. 13. Na provisão de conexão à internet, cabe ao administrador de sistema autônomo respectivo o dever de manter os registros de conexão, sob sigilo, em ambiente controlado e de segurança, pelo prazo de 1 (um) ano, nos termos do regulamento.

§ 1.º A responsabilidade pela manutenção dos registros de conexão não poderá ser transferida a terceiros.

§ 2.º A autoridade policial ou administrativa ou o Ministério Público poderá requerer cautelarmente que os registros de conexão sejam guardados por prazo superior ao previsto no caput.

§ 3.º Na hipótese do § 2.º, a autoridade requerente terá o prazo de 60 (sessenta) dias, contados a partir do requerimento, para ingressar com o pedido de autorização judicial de acesso aos registros previstos no caput.

§ 4.º O provedor responsável pela guarda dos registros deverá manter sigilo em relação ao requerimento previsto no § 2.º, que perderá sua eficácia caso o pedido de autorização judicial seja indeferido ou não tenha sido protocolado no prazo previsto no § 3.º.

§ 5.º Em qualquer hipótese, a disponibilização ao requerente dos registros de que trata este artigo deverá ser precedida de autorização judicial, conforme disposto na Seção IV deste Capítulo.

§ 6.º Na aplicação de sanções pelo descumprimento ao disposto neste artigo, serão considerados a natureza e a gravidade da infração, os danos dela resultantes, eventual vantagem auferida pelo infrator, as circunstâncias agravantes, os antecedentes do infrator e a reincidência.

Subseção II
Da guarda de registros de acesso a aplicações de internet na provisão de conexão

Art. 14. Na provisão de conexão, onerosa ou gratuita, é vedado guardar os registros de acesso a aplicações de internet.

Subseção III
Da guarda de registros de acesso a aplicações de internet na provisão de aplicações

Art. 15. O provedor de aplicações de internet constituído na forma de pessoa jurídica e que exerça essa atividade de forma organizada, profissionalmente e com fins econômicos deverá manter os respectivos registros de acesso a aplicações de internet, sob sigilo, em ambiente controlado e de segurança, pelo prazo de 6 (seis) meses, nos termos do regulamento.

§ 1.º Ordem judicial poderá obrigar, por tempo certo, os provedores de aplicações de internet que não estão sujeitos ao disposto no caput a guardarem registros de acesso a aplicações de internet, desde que se trate de registros relativos a fatos específicos em período determinado.

§ 2.º A autoridade policial ou administrativa ou o Ministério Público poderão requerer cautelarmente a qualquer provedor de aplicações de internet que os registros de acesso a aplicações de internet sejam guardados, inclusive por prazo superior ao previsto no caput, observado o disposto nos §§ 3.º e 4.º do art. 13.

§ 3.º Em qualquer hipótese, a disponibilização ao requerente dos registros de que trata este artigo deverá ser precedida de autorização judicial, conforme disposto na Seção IV deste Capítulo.

§ 4.º Na aplicação de sanções pelo descumprimento ao disposto neste artigo, serão considerados a natureza e a gravidade da infração, os danos dela resultantes, eventual vantagem auferida pelo infrator, as circunstâncias agravantes, os antecedentes do infrator e a reincidência.

Art. 16. Na provisão de aplicações de internet, onerosa ou gratuita, é vedada a guarda:

I – dos registros de acesso a outras aplicações de internet sem que o titular dos dados tenha consentido previamente, respeitado o disposto no art. 7.º; ou

II – de dados pessoais que sejam excessivos em relação à finalidade para a qual foi dado consentimento pelo seu titular, exceto nas hipóteses previstas na Lei que dispõe sobre a proteção de dados pessoais.

•• Inciso II com redação determinada pela Lei n. 13.709, de 14-8-2018.

Lei n. 12.965, de 23-4-2014 — Marco Civil da Internet

- *Vide* Lei n. 13.709, de 14-8-2018 (Proteção de dados pessoais).

Art. 17. Ressalvadas as hipóteses previstas nesta Lei, a opção por não guardar os registros de acesso a aplicações de internet não implica responsabilidade sobre danos decorrentes do uso desses serviços por terceiros.

Seção III
Da Responsabilidade por Danos Decorrentes de Conteúdo Gerado por Terceiros

Art. 18. O provedor de conexão à internet não será responsabilizado civilmente por danos decorrentes de conteúdo gerado por terceiros.

- *Vide* arts. 927 e s. do CC.

Art. 19. Com o intuito de assegurar a liberdade de expressão e impedir a censura, o provedor de aplicações de internet somente poderá ser responsabilizado civilmente por danos decorrentes de conteúdo gerado por terceiros se, após ordem judicial específica, não tomar as providências para, no âmbito e nos limites técnicos do seu serviço e dentro do prazo assinalado, tornar indisponível o conteúdo apontado como infringente, ressalvadas as disposições legais em contrário.

•• A Portaria n. 351, de 12-4-2023, do MJSP, dispõe sobre medidas administrativas a serem adotadas no âmbito do Ministério da Justiça e Segurança Pública, para fins de prevenção à disseminação de conteúdos flagrantemente ilícitos, prejudiciais ou danosos por plataformas de redes sociais.

§ 1.º A ordem judicial de que trata o *caput* deverá conter, sob pena de nulidade, identificação clara e específica do conteúdo apontado como infringente, que permita a localização inequívoca do material.

§ 2.º A aplicação do disposto neste artigo para infrações a direitos de autor ou a direitos conexos depende de previsão legal específica, que deverá respeitar a liberdade de expressão e demais garantias previstas no art. 5.º da Constituição Federal.

- *Vide* art. 5.º, IX, XXVII, XXVIII e XXIX, da CF.

§ 3.º As causas que versem sobre ressarcimento por danos decorrentes de conteúdos disponibilizados na internet relacionados à honra, à reputação ou a direitos de personalidade, bem como sobre a indisponibilização desses conteúdos por provedores de aplicações de internet, poderão ser apresentadas perante os juizados especiais.

- Direitos da personalidade: *vide* arts. 11 a 21 do CC.

§ 4.º O juiz, inclusive no procedimento previsto no § 3.º, poderá antecipar, total ou parcialmente, os efeitos da tutela pretendida no pedido inicial, existindo prova inequívoca do fato e considerado o interesse da coletividade na disponibilização do conteúdo na internet, desde que presentes os requisitos de verossimilhança da alegação do autor e de fundado receio de dano irreparável ou de difícil reparação.

- Sobre tutela provisória e de urgência dispõem os arts. 294 e 300 do CPC.

Art. 20. Sempre que tiver informações de contato do usuário diretamente responsável pelo conteúdo a que se refere o art. 19, caberá ao provedor de aplicações de internet comunicar-lhe os motivos e informações relativos à indisponibilização de conteúdo, com informações que permitam o contraditório e a ampla defesa em juízo, salvo expressa previsão legal ou expressa determinação judicial fundamentada em contrário.

Parágrafo único. Quando solicitado pelo usuário que disponibilizou o conteúdo tornado indisponível, o provedor de aplicações de internet que exerce essa atividade de forma organizada, profissionalmente e com fins econômicos substituirá o conteúdo tornado indisponível pela motivação ou pela ordem judicial que deu fundamento à indisponibilização.

Art. 21. O provedor de aplicações de internet que disponibilize conteúdo gerado por terceiros será responsabilizado subsidiariamente pela violação da intimidade decorrente da divulgação, sem autorização de seus participantes, de imagens, de vídeos ou de outros materiais contendo cenas de nudez ou de atos sexuais de caráter privado quando, após o recebimento de notificação pelo participante ou seu representante legal, deixar de promover, de forma diligente, no âmbito e nos limites técnicos do seu serviço, a indisponibilização desse conteúdo.

Parágrafo único. A notificação prevista no *caput* deverá conter, sob pena de nulidade, elementos que permitam a identificação específica do material apontado como violador da intimidade do participante e a verificação da legitimidade para apresentação do pedido.

Seção IV
Da Requisição Judicial de Registros

Art. 22. A parte interessada poderá, com o propósito de formar conjunto probatório em processo judicial cível ou penal, em caráter incidental ou autônomo, requerer ao juiz que ordene ao responsável pela guarda o fornecimento de registros de conexão ou de registros de acesso a aplicações de internet.

Parágrafo único. Sem prejuízo dos demais requisitos legais, o requerimento deverá conter, sob pena de inadmissibilidade:

I – fundados indícios da ocorrência do ilícito;

II – justificativa motivada da utilidade dos registros solicitados para fins de investigação ou instrução probatória; e

III – período ao qual se referem os registros.

Art. 23. Cabe ao juiz tomar as providências necessárias à garantia do sigilo das informações recebidas e à preservação da intimidade, da vida privada, da honra e da imagem do usuário, podendo determinar segredo de justiça, inclusive quanto aos pedidos de guarda de registro.

Capítulo IV
DA ATUAÇÃO DO PODER PÚBLICO

Art. 24. Constituem diretrizes para a atuação da União, dos Estados, do Distrito Federal e dos Municípios no desenvolvimento da internet no Brasil:

I – estabelecimento de mecanismos de governança multiparticipativa, transparente, colaborativa e democrática, com a participação do governo, do setor empresarial, da sociedade civil e da comunidade acadêmica;

II – promoção da racionalização da gestão, expansão e uso da internet, com participação do Comitê Gestor da internet no Brasil;

III – promoção da racionalização e da interoperabilidade tecnológica dos serviços de governo eletrônico, entre os diferentes Poderes e âmbitos da Federação, para permitir o intercâmbio de informações e a celeridade de procedimentos;

IV – promoção da interoperabilidade entre sistemas e terminais diversos, inclusive entre os diferentes âmbitos federativos e diversos setores da sociedade;

V – adoção preferencial de tecnologias, padrões e formatos abertos e livres;

VI – publicidade e disseminação de dados e informações públicos, de forma aberta e estruturada;

VII – otimização da infraestrutura das redes e estímulo à implantação de centros de armazenamento, gerenciamento e disseminação de dados no País, promovendo a qualidade técnica, a inovação e a difusão das aplicações de internet, sem prejuízo à abertura, à neutralidade e à natureza participativa;

VIII – desenvolvimento de ações e programas de capacitação para uso da internet;

IX – promoção da cultura e da cidadania; e

X – prestação de serviços públicos de atendimento ao cidadão de forma integrada, eficiente, simplificada e por múltiplos canais de acesso, inclusive remotos.

Art. 25. As aplicações de internet de entes do poder público devem buscar:

I – compatibilidade dos serviços de governo eletrônico com diversos terminais, sistemas operacionais e aplicativos para seu acesso;

II – acessibilidade a todos os interessados, independentemente de suas capacidades físico-motoras, perceptivas, sensoriais, intelectuais, mentais, culturais e sociais, resguardados os aspectos de sigilo e restrições administrativas e legais;

III – compatibilidade tanto com a leitura humana quanto com o tratamento automatizado das informações;

IV – facilidade de uso dos serviços de governo eletrônico; e

V – fortalecimento da participação social nas políticas públicas.

Art. 26. O cumprimento do dever constitucional do Estado na prestação da educação, em todos os níveis de ensino, inclui a capacitação, integrada a outras práticas educacionais, para o uso seguro, consciente e responsável da internet como ferramenta para o exercício da cidadania, a promoção da cultura e o desenvolvimento tecnológico.

Art. 27. As iniciativas públicas de fomento à cultura digital e de promoção da internet como ferramenta social devem:

I – promover a inclusão digital;

II – buscar reduzir as desigualdades, sobretudo entre as diferentes regiões do País, no acesso às tecnologias da informação e comunicação e no seu uso; e

III – fomentar a produção e circulação de conteúdo nacional.

Art. 28. O Estado deve, periodicamente, formular e fomentar estudos, bem como fixar metas, estratégias, planos e cronogramas, referentes ao uso e desenvolvimento da internet no País.

Capítulo V
DISPOSIÇÕES FINAIS

Art. 29. O usuário terá a opção de livre escolha na utilização de programa de computador em seu terminal para exercício do controle parental de conteúdo entendido por ele como impróprio a seus filhos menores, desde que respeitados os princípios desta Lei e da Lei n. 8.069, de 13 de julho de 1990 – Estatuto da Criança e do Adolescente.

Parágrafo único. Cabe ao poder público, em conjunto com os provedores de conexão e de aplicações de internet e a sociedade civil, promover a educação e fornecer informações sobre o uso dos programas de computador previstos no *caput*, bem como para a definição de boas práticas para a inclusão digital de crianças e adolescentes.

Art. 30. A defesa dos interesses e dos direitos estabelecidos nesta Lei poderá ser exercida em juízo, individual ou coletivamente, na forma da lei.

Art. 31. Até a entrada em vigor da lei específica prevista no § 2.º do art. 19, a responsabilidade do provedor de aplicações de internet por danos decorrentes de conteúdo gerado por terceiros, quando se tratar de infração a direitos de autor ou a direitos conexos, continuará a ser disciplinada pela legislação autoral vigente aplicável na data da entrada em vigor desta Lei.

• *Vide* Lei n. 9.610, de 19-2-1998.

Art. 32. Esta Lei entra em vigor após decorridos 60 (sessenta) dias de sua publicação oficial.

Brasília, 23 de abril de 2014; 193.º da Independência e 126.º da República.

DILMA ROUSSEFF

LEI N. 13.097, DE 19 DE JANEIRO DE 2015 (*)

Reduz a zero as alíquotas da Contribuição para o PIS/PASEP, da COFINS, da Contribuição para o PIS/Pasep--Importação e da Cofins-Importação incidentes sobre a receita de vendas e na importação de partes utilizadas em aerogeradores; prorroga os benefícios previstos nas Leis n. 9.250, de 26 de dezembro de 1995, 9.440, de 14 de março de 1997, 10.931, de 2 de agosto de 2004, 11.196, de 21 de novembro de 2005, 12.024, de 27 de agosto de 2009, e 12.375, de 30 de dezembro de 2010; altera o art. 46 da Lei n. 12.715, de 17 de setembro de 2012, que dispõe sobre a devolução ao exterior ou a destruição de mercadoria estrangeira cuja importação não seja autorizada; altera as Leis n. 9.430, de 27 de dezembro de 1996, 12.546, de 14 de dezembro de 2011, 12.973, de 13 de maio de 2014, 9.826, de 23 de agosto de 1999, 10.833, de 29 de dezembro de 2003, 10.865, de 30 de abril de 2004, 11.051, de 29 de dezembro de 2004, 11.774, de 17 de setembro de 2008, 10.637, de 30 de dezembro de 2002, 12.249, de 11 de junho de 2010, 10.522, de 19 de julho de 2002, 12.865, de 9 de outubro de 2013, 10.820, de 17 de dezembro de 2003, 6.634, de 2 de maio de 1979, 7.433, de 18 de dezembro de 1985, 11.977, de 7 de julho de 2009, 10.931, de 2 de agosto de 2004, 11.076, de 30 de dezembro de 2004, 9.514, de 20 de novembro de 1997, 9.427, de 26 de dezembro de 1996, 9.074, de 7 de julho de 1995, 12.783, de 11 de janeiro de 2013, 11.943, de 28 de maio de 2009, 10.848, de 15 de março de 2004, 7.565, de 19 de dezembro de 1986, 12.462, de 4 de agosto de 2011, 9.503, de 23 de setembro de 1997, 11.442, de 5 de janeiro de 2007, 8.666, de 21 de junho de 1993, 9.782, de 26 de janeiro de 1999, 6.360, de 23 de setembro de 1976, 5.991, de 17 de dezembro de 1973, 12.850, de 2 de agosto de 2013, 5.070, de 7 de julho de 1966, 9.472, de 16 de julho de 1997, 10.480, de 2 de julho de 2002, 8.112, de 11 de dezembro de 1990,

---

(*) Publicada no *DOU*, de 20-1-2015.

6.530, de 12 de maio de 1978, 5.764, de 16 de dezembro de 1971, 8.080, de 19 de setembro de 1990, 11.079, de 30 de dezembro de 2004, 13.043, de 13 de novembro de 2014, 8.987, de 13 de fevereiro de 1995, 10.925, de 23 de julho de 2004, 12.096, de 24 de novembro de 2009, 11.482, de 31 de maio de 2007, 7.713, de 22 de dezembro de 1988, a Lei Complementar n. 123, de 14 de dezembro de 2006, o Decreto-Lei n. 745, de 7 de agosto de 1969, e o Decreto n. 70.235, de 6 de março de 1972; revoga dispositivos das Leis n. 4.380, de 21 de agosto de 1964, 6.360, de 23 de setembro de 1976, 7.789, de 23 de novembro de 1989, 8.666, de 21 de junho de 1993, 9.782, de 26 de janeiro de 1999, 10.150, de 21 de dezembro de 2000, 9.430, de 27 de dezembro de 1996, 12.973, de 13 de maio de 2014, 8.177, de 1.º de março de 1991, 10.637, de 30 de dezembro de 2002, 10.833, de 29 de dezembro de 2003, 10.865, de 30 de abril de 2004, 11.051, de 29 de dezembro de 2004 e 9.514, de 20 de novembro de 1997, e do Decreto-Lei n. 3.365, de 21 de junho de 1941; e dá outras providências.

A Presidenta da República

Faço saber que o Congresso Nacional decreta e eu sanciono a seguinte Lei:

Capítulo III
DOS REGISTROS PÚBLICOS

Seção II
Dos Registros na Matrícula do Imóvel

Art. 54. Os negócios jurídicos que tenham por fim constituir, transferir ou modificar direitos reais sobre imóveis são eficazes em relação a atos jurídicos precedentes, nas hipóteses em que não tenham sido registradas ou averbadas na matrícula do imóvel as seguintes informações:

I – registro de citação de ações reais ou pessoais reipersecutórias;

II – averbação, por solicitação do interessado, de constrição judicial, de que a execução foi admitida pelo juiz ou de fase de cumprimento de sentença, procedendo-se nos termos previstos noArt. 828 da Lei n. 13.105, de 16 de março de 2015 (Código de Processo Civil);

•• Inciso II com redação determinada pela Lei n. 14.382, de 27-6-2022.

III – averbação de restrição administrativa ou convencional ao gozo de direitos registrados, de indisponibilidade ou de outros ônus quando previstos em lei; e

IV – averbação, mediante decisão judicial, da existência de outro tipo de ação cujos resultados ou responsabilidade patrimonial possam reduzir seu proprietário à insolvência, nos termos do inciso IV do *caput* doArt. 792 da Lei n. 13.105, de 16 de março de 2015 (Código de Processo Civil).

•• Inciso IV com redação determinada pela Lei n. 14.382, de 27-6-2022.

V – averbação, mediante decisão judicial, de qualquer tipo de constrição judicial incidente sobre o imóvel ou sobre o patrimônio do titular do imóvel, inclusive a proveniente de ação de improbidade administrativa ou a oriunda de hipoteca judiciária.

•• Inciso V acrescentado pela Lei n. 14.825, de 20-3-2024.

§ 1.º Não poderão ser opostas situações jurídicas não constantes da matrícula no registro de imóveis, inclusive para fins de evicção, ao terceiro de boa-fé que adquirir ou receber em garantia direitos reais sobre o imóvel, ressalvados o disposto nos arts. 129 e 130 da Lei n. 11.101, de 9 de fevereiro de 2005, e as hipóteses de aquisição e extinção da propriedade que independam de registro de título de imóvel.

•• Parágrafo único renumerado pela Lei n. 14.382, de 27-6-2022.

§ 2.º Para a validade ou eficácia dos negócios jurídicos a que se refere o *caput* deste artigo ou para a caracterização da boa-fé do terceiro adquirente de imóvel ou beneficiário de direito real, não serão exigidas:

•• § 2.º, *caput*, acrescentado pela Lei n. 14.382, de 27-6-2022.

I – a obtenção prévia de quaisquer documentos ou certidões além daqueles requeridos nos termos do § 2.º do art. 1.º da Lei n. 7.433, de 18 de dezembro de 1985; e

•• Inciso I acrescentado pela Lei n. 14.382, de 27-6-2022.

II – a apresentação de certidões forenses ou de distribuidores judiciais.

•• Inciso II acrescentado pela Lei n. 14.382, de 27-6-2022.

Art. 55. A alienação ou oneração de unidades autônomas integrantes de incorporação imobiliária, parcelamento do solo ou condomínio edilício, devidamente registrada, não poderá ser objeto de evicção ou de decretação de ineficácia, mas eventuais credores do alienante ficam sub-rogados no preço ou no eventual crédito imobiliário, sem prejuízo das perdas e danos imputáveis ao incorporador ou empreendedor, decorrentes de seu dolo ou culpa, bem como da aplicação das disposições constantes da Lei n. 8.078, de 11 de setembro de 1990.

Art. 56. A averbação na matrícula do imóvel prevista no inciso IV do art. 54 será realizada por determinação judicial e conterá a identificação das partes, o valor da causa e o juízo para o qual a petição inicial foi distribuída.

§ 1.º Para efeito de inscrição, a averbação de que trata o *caput* é considerada sem valor declarado.

§ 2.º A averbação de que trata o *caput* será gratuita àqueles que se declararem pobres sob as penas da lei.

§ 3.º O Oficial do Registro Imobiliário deverá comunicar ao juízo a averbação efetivada na forma do *caput*, no prazo de até dez dias contado da sua concretização.

§ 4.º A averbação recairá preferencialmente sobre imóveis indicados pelo proprietário e se restringirá a quantos sejam suficientes para garantir a satisfação do direito objeto da ação.

Art. 57. Recebida a comunicação da determinação de que trata o *caput* do art. 56, será feita a averbação ou serão indicadas as pendências a serem satisfeitas para sua efetivação no prazo de 5 (cinco) dias.

Art. 58. O disposto nesta Lei não se aplica a imóveis que façam parte do patrimônio da União, dos Estados, do Distrito Federal, dos Municípios e de suas fundações e autarquias.

....

Art. 61. Os registros e averbações relativos a atos jurídicos anteriores a esta Lei, devem ser ajustados aos seus termos em até 2 (dois) anos, contados do início de sua vigência.

....

Capítulo IV
DA LETRA IMOBILIÁRIA GARANTIDA E DO DIRECIONAMENTO DE RECURSOS DA CADERNETA DE POUPANÇA

Art. 63. A Letra Imobiliária Garantida – LIG é título de crédito nominativo, transferível e de livre negociação, garantido por Carteira de Ativos submetida ao regime fiduciário disciplinado na forma desta Lei.

Parágrafo único. A instituição emissora responde pelo adimplemento de todas as obrigações decorrentes da LIG, independentemente da suficiência da Carteira de Ativos.

Art. 64. A LIG consiste em promessa de pagamento em dinheiro e será emitida por instituições financeiras, exclusivamente sob a forma escritural, mediante registro em depositário central autorizado pelo Banco Central do Brasil, com as seguintes características:

I – a denominação "Letra Imobiliária Garantida";

II – o nome da instituição financeira emitente;

III – o nome do titular;

IV – o número de ordem, o local e a data de emissão;

V – o valor nominal;

VI – a data de vencimento;

VII – a taxa de juros, fixa ou flutuante, admitida a capitalização;

VIII – outras formas de remuneração, quando houver, inclusive baseadas em índices ou taxas de conhecimento público;

IX – a cláusula de correção pela variação cambial, quando houver;

X – a forma, a periodicidade e o local de pagamento;

XI – a identificação da Carteira de Ativos;

XII – a identificação e o valor dos créditos imobiliários e demais ativos que integram a Carteira de Ativos;

XIII – a instituição do regime fiduciário sobre a Carteira de Ativos, nos termos desta Lei;

XIV – a identificação do agente fiduciário, indicando suas obrigações, responsabilidades e remuneração, bem como as hipóteses, condições e forma de sua destituição ou substituição e as demais condições de sua atuação; e

XV – a descrição da garantia real ou fidejussória, quando houver.

§ 1.º A LIG é título executivo extrajudicial e pode:

I – ser executada, independentemente de protesto, com base em certidão de inteiro teor emitida pelo depositário central;

II – gerar valor de resgate inferior ao valor de sua emissão, em função de seus critérios de remuneração; e

Lei n. 13.097, de 19-1-2015 — Letra Imobiliária Garantida

III – ser atualizada mensalmente por índice de preços, desde que emitida com prazo mínimo de 36 (trinta e seis) meses.

§ 2.º É vedado o pagamento dos valores relativos à atualização monetária apropriados desde a emissão, quando ocorrer o resgate antecipado, total ou parcial, em prazo inferior ao estabelecido no inciso III do § 1.º, da LIG emitida com previsão de atualização mensal por índice de preços.

Art. 65. A LIG e os ativos que integram a Carteira de Ativos devem ser depositados em entidade autorizada a exercer a atividade de depósito centralizado pelo Banco Central do Brasil, nos termos da Lei n. 12.810, de 15 de maio de 2013.

- A Lei n. 12.810, de 15-5-2013, dispõe sobre o parcelamento de débitos com a Fazenda Nacional relativos a contribuições previdenciárias de responsabilidade dos Estados, do Distrito Federal e dos Municípios.

Parágrafo único. Nas condições estabelecidas pelo Conselho Monetário Nacional, os ativos que integram a Carteira de Ativos podem ser dispensados de depósito, desde que registrados em entidade autorizada pelo Banco Central do Brasil ou pela Comissão de Valores Mobiliários, no âmbito de suas competências, a exercer a atividade de registro de ativos financeiros e de valores mobiliários, nos termos da Lei n. 12.810, de 15 de maio de 2013.

•• Parágrafo único com redação determinada pela Lei n. 13.476, de 28-8-2017.

Art. 66. A Carteira de Ativos pode ser integrada pelos seguintes ativos:

I – créditos imobiliários;

II – títulos de emissão do Tesouro Nacional;

III – instrumentos derivativos; e

•• Inciso III com redação determinada pela Lei n. 13.476, de 28-8-2017.

IV – outros ativos que venham a ser autorizados pelo Conselho Monetário Nacional.

§ 1.º Os ativos que integram a Carteira de Ativos não podem estar sujeitos a qualquer tipo de ônus, exceto aqueles relacionados à garantia dos direitos dos titulares das LIG.

§ 2.º Compete ao Conselho Monetário Nacional estabelecer as modalidades de operação de crédito admitidas como créditos imobiliários para os efeitos desta Lei.

§ 3.º O crédito imobiliário somente pode integrar a Carteira de Ativos se:

I – garantido por hipoteca ou por alienação fiduciária de coisa imóvel; ou

II – a incorporação imobiliária objeto da operação de crédito estiver submetida ao regime de afetação a que se refere o art. 31-A da Lei n. 4.591, de 16 de dezembro de 1964.

Art. 67. A Carteira de Ativos deve atender a requisitos de elegibilidade, composição, suficiência, prazo e liquidez estabelecidos pelo Conselho Monetário Nacional.

§ 1.º Os requisitos de que trata o *caput* devem contemplar, no mínimo:

I – as características dos ativos da Carteira de Ativos quanto às garantias e ao risco de crédito;

II – a participação dos tipos de ativos previstos no art. 66 no valor total da Carteira de Ativos;

III – o excesso do valor total da Carteira de Ativos em relação ao valor total das LIG por ela garantidas;

IV – o prazo médio ponderado da Carteira de Ativos em relação ao prazo médio ponderado das LIG por ela garantidas;

V – a mitigação do risco cambial, no caso de LIG com cláusula de correção pela variação cambial.

§ 2.º O excesso a que se refere o inciso III do § 1.º não pode ser inferior a 5% (cinco por cento).

§ 3.º Para os fins do disposto no inciso II do § 1.º, os créditos imobiliários deverão representar, no mínimo, 50% (cinquenta por cento) do valor total da Carteira de Ativos.

Art. 68. A instituição emissora deve instituir regime fiduciário sobre a Carteira de Ativos, sendo agente fiduciário instituição financeira ou entidade autorizada para esse fim pelo Banco Central do Brasil e beneficiários os titulares das LIG por ela garantidas.

Art. 69. O regime fiduciário é instituído mediante registro em entidade qualificada como depositário central de ativos financeiros, que deve conter:

I – a constituição do regime fiduciário sobre a Carteira de Ativos;

II – a constituição de patrimônio de afetação, integrado pela totalidade dos ativos da Carteira de Ativos submetida ao regime fiduciário;

III – a afetação dos ativos que integram a Carteira de Ativos como garantia das LIG; e

Lei n. 13.097, de 19-1-2015 — **Letra Imobiliária Garantida**

IV – a nomeação do agente fiduciário, com a definição de seus deveres, responsabilidades e remuneração, bem como as hipóteses, condições e forma de sua destituição ou substituição e as demais condições de sua atuação.

Art. 70. Os ativos que integram a Carteira de Ativos submetida ao regime fiduciário constituem patrimônio de afetação, que não se confunde com o da instituição emissora, e:

I – não são alcançados pelos efeitos da decretação de intervenção, liquidação extrajudicial ou falência da instituição emissora, não integrando a massa concursal;

II – não respondem direta ou indiretamente por dívidas e obrigações da instituição emissora, por mais privilegiadas que sejam, até o pagamento integral dos montantes devidos aos titulares das LIG;

III – não podem ser objeto de arresto, sequestro, penhora, busca e apreensão ou qualquer outro ato de constrição judicial em decorrência de outras obrigações da instituição emissora; e

IV – não podem ser utilizados para realizar ou garantir obrigações assumidas pela instituição emissora, exceto as decorrentes da emissão da LIG.

Art. 71. Os recursos financeiros provenientes dos ativos integrantes da Carteira de Ativos ficam liberados do regime fiduciário a que se refere o art. 68, desde que atendidos os requisitos de que trata o art. 67 e adimplidas as obrigações vencidas das LIG por ela garantidas.

Art. 72. O regime fiduciário sobre a Carteira de Ativos extingue-se pelo pagamento integral do principal, juros e demais encargos relativos às LIG por ela garantidas.

Art. 73. Compete à instituição emissora administrar a Carteira de Ativos, mantendo controles contábeis que permitam a sua identificação, bem como evidenciar, em suas demonstrações financeiras, informações a ela referentes.

Art. 74. A instituição emissora deve promover o reforço ou a substituição de ativos que integram a Carteira de Ativos sempre que verificar insuficiência ou inadequação dessa em relação aos requisitos de que tratam os arts. 66 e 67.

Art. 75. A instituição emissora, o depositário central e a entidade registradora, na hipótese a que se refere o parágrafo único do art. 65 desta Lei, devem assegurar ao agente fiduciário o acesso a todas as informações e aos documentos necessários ao desempenho de suas funções.

•• *Caput* com redação determinada pela Lei n. 13.476, de 28-8-2017.

Art. 76. A instituição emissora responde pela origem e autenticidade dos ativos que integram a Carteira de Ativos.

Art. 77. A instituição emissora responderá pelos prejuízos que causar aos investidores titulares da LIG por descumprimento de disposição legal ou regulamentar, por negligência na administração temerária ou, ainda, por desvio da finalidade da Carteira de Ativos.

Art. 78. A instituição emissora deve designar o agente fiduciário, especificando, na constituição do regime fiduciário de que trata o art. 68, suas obrigações, responsabilidades e remuneração, bem como as hipóteses, condições e forma de sua destituição ou substituição e as demais condições de sua atuação.

Art. 79. O agente fiduciário deve ser instituição financeira ou outra entidade autorizada para esse fim pelo Banco Central do Brasil.

§ 1.º É vedado o exercício da atividade de agente fiduciário por entidades ligadas à instituição emissora.

§ 2.º Compete ao Conselho Monetário Nacional estabelecer o conceito de entidade ligada à instituição emissora para os efeitos desta Lei.

Art. 80. Ao agente fiduciário são conferidos poderes gerais de representação da comunhão de investidores titulares de LIG, incumbindo-lhe, adicionalmente às atribuições definidas pelo Conselho Monetário Nacional:

I – zelar pela proteção dos direitos e interesses dos investidores titulares de LIG, monitorando a atuação da instituição emissora da LIG na administração da Carteira de Ativos;

II – adotar as medidas judiciais ou extrajudiciais necessárias à defesa dos interesses dos investidores titulares;

III – convocar a assembleia geral dos investidores titulares de LIG; e

IV – exercer, nas hipóteses a que se refere o art. 84, a administração da Carteira de Ativos, observadas as condições estabelecidas pelo Conselho Monetário Nacional.

Art. 81. As infrações a esta Lei e às normas estabelecidas pelo Conselho Monetário Nacional e pelo Banco Central do Brasil sujeitam o agente fiduciário, seus administradores e os membros de seus órgãos estatutários ou contratuais, às penalidades previstas na legislação aplicável às instituições financeiras.

Art. 82. No exercício de suas atribuições de fiscalização, o Banco Central do Brasil poderá exigir do agente fiduciário a exibição de documentos e livros de escrituração e o acesso, inclusive em tempo real, aos dados armazenados em sistemas eletrônicos.

Parágrafo único. A negativa de atendimento ao disposto no *caput* será considerada infração, sujeita às penalidades a que se refere o art. 81.

Art. 83. A assembleia geral dos investidores titulares de LIG deve ser convocada com antecedência mínima de vinte dias, mediante edital publicado em jornal de grande circulação na praça em que tiver sido feita a emissão da LIG, instalando-se, em primeira convocação, com a presença dos titulares que representem, pelo menos, 2/3 (dois terços) do valor global dos títulos e, em segunda convocação, com qualquer número.

§ 1.º A assembleia geral que reunir a totalidade dos investidores titulares de LIG pode considerar sanada a falta de atendimento aos requisitos mencionados no *caput*.

§ 2.º Consideram-se válidas as deliberações tomadas pelos investidores titulares de LIG que representem mais da metade do valor global dos títulos presente na assembleia geral, desde que não estabelecido formalmente outro *quorum* específico.

Art. 84. Na hipótese de decretação de intervenção, liquidação extrajudicial ou falência da instituição emissora, o agente fiduciário fica investido de mandato para administrar a Carteira de Ativos, observadas as condições estabelecidas pelo Conselho Monetário Nacional.

§ 1.º O agente fiduciário investido de mandato para administrar a Carteira de Ativos tem poderes para ceder, alienar, renegociar, transferir ou de qualquer outra forma dispor dos ativos dela integrantes, incluindo poderes para ajuizar ou defender os investidores titulares de LIG em ações judiciais, administrativas ou arbitrais relacionadas à Carteira de Ativos.

§ 2.º Em caso de decretação de qualquer dos regimes a que se refere o *caput*:

I – os ativos integrantes da Carteira de Ativos serão destinados exclusivamente ao pagamento do principal, dos juros e dos demais encargos relativos às LIG por ela garantidas, e ao pagamento das obrigações decorrentes de contratos de derivativos integrantes da carteira, dos seus custos de administração e de obrigações fiscais, não se aplicando aos recursos financeiros provenientes desses ativos o disposto no art. 71; e

II – o agente fiduciário deverá convocar a assembleia geral dos investidores, observados os requisitos do art. 83.

Art. 85. A assembleia geral dos investidores titulares de LIG, convocada em função das hipóteses previstas no art. 84, está legitimada a adotar qualquer medida pertinente à administração da Carteira de Ativos, desde que observadas as condições estabelecidas pelo Conselho Monetário Nacional.

Art. 86. O reconhecimento, pelo Banco Central do Brasil, do estado de insolvência de instituição emissora que, nos termos da legislação em vigor, não estiver sujeita à intervenção, liquidação extrajudicial ou falência, produz os mesmos efeitos estabelecidos nos arts. 84 e 85.

Art. 87. Uma vez liquidados integralmente os direitos dos investidores titulares de LIG e satisfeitos os encargos, custos e despesas relacionados ao exercício desses direitos, os ativos excedentes da Carteira de Ativos serão integrados à massa concursal.

Art. 88. Em caso de insuficiência da Carteira de Ativos para a liquidação integral dos direitos dos investidores das LIG por ela garantidas, esses terão direito de inscrever o crédito remanescente na massa concursal em igualdade de condições com os credores quirografários.

Art. 89. Em caso de solvência da Carteira de Ativos, definida conforme critérios estabelecidos pelo Conselho Monetário Nacional, fica vedado o vencimento antecipado das LIG por ela garantidas, ainda que decretados os regimes de que trata o art. 84 ou reconhecida a insolvência da instituição emissora, nos termos do art. 86.

Art. 90. Ficam isentos de imposto sobre a renda os rendimentos e ganhos de capital produzidos pela LIG quando o beneficiário for:

I – pessoa física residente no país; ou

II – residente ou domiciliado no exterior, exceto em país com tributação favorecida a que se refere o art. 24 da Lei n. 9.430, de 27 de dezembro de 1996, que realizar operações financeiras no País de acordo com as normas e condições estabelecidas pelo Conselho Monetário Nacional.

Parágrafo único. No caso de residente ou domiciliado em país com tributação favorecida a que se refere o art. 24 da Lei n. 9.430, de 27 de dezembro de 1996, aplicar-se-á a alíquota de 15% (quinze por cento).

Art. 91. O Conselho Monetário Nacional regulamentará o disposto nesta Lei quanto à LIG, em especial os seguintes aspectos:

Lei n. 13.097, de 19-1-2015 — **Letra Imobiliária Garantida**

I – condições de emissão da LIG;
II – tipos de instituição financeira autorizada a emitir LIG, inclusive podendo estabelecer requisitos específicos para a emissão;
III – limites de emissão da LIG, inclusive o de emissão de LIG com cláusula de correção pela variação cambial, observado o disposto no parágrafo único;
IV – utilização de índices, taxas ou metodologias de remuneração da LIG;
V – prazo de vencimento da LIG;
VI – prazo médio ponderado da LIG, não podendo ser inferior a vinte e quatro meses;
VII – condições de resgate e de vencimento antecipado da LIG;
VIII – forma e condições para o registro e depósito da LIG e dos ativos que integram a Carteira de Ativos;
IX – requisitos de elegibilidade, composição, suficiência, prazo e liquidez da Carteira de Ativos, inclusive quanto às metodologias de apuração;
X – condições de substituição e reforço dos ativos que integram a Carteira de Ativos;
XI – requisitos para atuação como agente fiduciário e as hipóteses, condições e forma de sua destituição ou substituição;
XII – atribuições do agente fiduciário;
XIII – condições de administração da Carteira de Ativos; e
XIV – condições de utilização de instrumentos derivativos.
Parágrafo único. No primeiro ano de aplicação desta Lei, o limite de emissão de LIG com cláusula de correção pela variação cambial, previsto no inciso III do *caput*, não pode ser superior, para cada emissor, a cinquenta por cento do respectivo saldo total de LIG emitidas.
Art. 92. Aplica-se à LIG, no que não contrariar o disposto nesta Lei, a legislação cambiária.
Art. 93. A distribuição e a oferta pública da LIG observarão o disposto em regulamentação da Comissão de Valores Mobiliários.
Art. 94. Não se aplica à LIG e aos ativos que integram a Carteira de Ativos o disposto no art. 76 da Medida Provisória n. 2.158-35, de 24 de agosto de 2001.
Art. 95. Compete ao Conselho Monetário Nacional dispor sobre a aplicação dos recursos provenientes da captação em depósitos de poupança pelas entidades integrantes do Sistema Brasileiro de Poupança e Empréstimo.
§ 1.º As normas editadas pelo Conselho Monetário Nacional devem priorizar o financiamento imobiliário, tendo em vista o disposto na Lei n. 4.380, de 21 de agosto de 1964.

- A Lei n. 4.380, de 21-8-1964, instituiu a correção monetária nos contratos imobiliários de interesse social, o sistema financeiro para a aquisição da casa própria e cria as sociedades de crédito imobiliário, as letras imobiliárias e o serviço federal de habitação e urbanismo.

§ 2.º As normas editadas pelo Conselho Monetário Nacional poderão:
I – indicar as instituições autorizadas a captar depósitos de poupança no âmbito do Sistema Brasileiro de Poupança e Empréstimo;
II – estabelecer outras formas de direcionamento, inclusive, a aplicação dos recursos de que trata o *caput* em operações de empréstimos para pessoas naturais, garantidas por alienação fiduciária de coisa imóvel; e
III – fixar índices de atualização para as operações com os recursos de que trata o *caput*, diferenciando, caso seja necessário, as condições contratuais de acordo com o indexador adotado.
§ 3.º A aplicação em operações de empréstimos para pessoas naturais, garantidas por alienação fiduciária de coisa imóvel, prevista no inciso II do § 2.º, não pode ser superior a três por cento da base de cálculo do direcionamento dos depósitos de poupança de que trata este artigo.
§ 4.º Ficam convalidados todos os atos do Conselho Monetário Nacional que dispuseram sobre a aplicação dos recursos de que trata o *caput*.
Art. 96. A Lei n. 10.931, de 2 de agosto de 2004, passa a vigorar com as seguintes alterações:

•• Alterações já processadas no diploma modificado.

Art. 98. A Lei n. 9.514, de 20 de novembro de 1997, passa a vigorar com as seguintes alterações:

•• Alterações já processadas no diploma modificado.

Brasília, 19 de janeiro de 2015; 194.º da Independência e 127.º da República.

DILMA ROUSSEFF

LEI N. 13.146, DE 6 DE JULHO DE 2015 (*)

Institui a Lei Brasileira de Inclusão da Pessoa com Deficiência (Estatuto da Pessoa com Deficiência).

A Presidenta da República

Faço saber que o Congresso Nacional decreta e eu sanciono a seguinte Lei:

Livro I
PARTE GERAL

Título I
DISPOSIÇÕES PRELIMINARES

Capítulo I
DISPOSIÇÕES GERAIS

Art. 1.º É instituída a Lei Brasileira de Inclusão da Pessoa com Deficiência (Estatuto da Pessoa com Deficiência), destinada a assegurar e a promover, em condições de igualdade, o exercício dos direitos e das liberdades fundamentais por pessoa com deficiência, visando à sua inclusão social e cidadania.

Parágrafo único. Esta Lei tem como base a Convenção sobre os Direitos das Pessoas com Deficiência e seu Protocolo Facultativo, ratificados pelo Congresso Nacional por meio do Decreto Legislativo n. 186, de 9 de julho de 2008, em conformidade com o procedimento previsto no § 3.º do art. 5.º da Constituição da República Federativa do Brasil, em vigor para o Brasil, no plano jurídico externo, desde 31 de agosto de 2008, e promulgados pelo Decreto n. 6.949, de 25 de agosto de 2009, data de início de sua vigência no plano interno.

Art. 2.º Considera-se pessoa com deficiência aquela que tem impedimento de longo prazo de natureza física, mental, intelectual ou sensorial, o qual, em interação com uma ou mais barreiras, pode obstruir sua participação plena e efetiva na sociedade em igualdade de condições com as demais pessoas.

§ 1.º A avaliação da deficiência, quando necessária, será biopsicossocial, realizada por equipe multiprofissional e interdisciplinar e considerará:

(*) Publicada no *DOU*, de 7-7-2015.

• O Decreto n. 11.063, de 4-5-2022, estabelece os critérios e os requisitos para a avaliação de pessoas com deficiência ou pessoas com transtorno do espectro autista para fins de concessão de isenção do Imposto sobre Produtos Industrializados - IPI na aquisição de automóveis.

I – os impedimentos nas funções e nas estruturas do corpo;

II – os fatores socioambientais, psicológicos e pessoais;

III – a limitação no desempenho de atividades; e

IV – a restrição de participação.

§ 2.º O Poder Executivo criará instrumentos para avaliação da deficiência.

§ 3.º O exame médico-pericial componente da avaliação biopsicossocial da deficiência de que trata o § 1.º deste artigo poderá ser realizado com o uso de tecnologia de telemedicina ou por análise documental conforme situações e requisitos definidos em regulamento.

•• § 3.º acrescentado pela Lei n. 14.724, de 14-11-2023.

Art. 2.º-A. É instituído o cordão de fita com desenhos de girassóis como símbolo nacional de identificação de pessoas com deficiências ocultas.

•• *Caput* acrescentado pela Lei n. 14.624, de 17-7-2023.

§ 1.º O uso do símbolo de que trata o *caput* deste artigo é opcional, e sua ausência não prejudica o exercício de direitos e garantias previstos em lei.

•• § 1.º acrescentado pela Lei n. 14.624, de 17-7-2023.

§ 2.º A utilização do símbolo de que trata o *caput* deste artigo não dispensa a apresentação de documento comprobatório da deficiência, caso seja solicitado pelo atendente ou pela autoridade competente.

•• § 2.º acrescentado pela Lei n. 14.624, de 17-7-2023.

Art. 3.º Para fins de aplicação desta Lei, consideram-se:

I – acessibilidade: possibilidade e condição de alcance para utilização, com segurança e autonomia, de espaços, mobiliários, equipamentos urbanos, edificações, transportes, informação e comunicação, inclusive seus sistemas e tecnologias, bem como de outros serviços e instalações abertos ao público, de uso público ou privados de uso coletivo, tanto na zona urbana como na rural, por pessoa com deficiência ou com mobilidade reduzida;

II – desenho universal: concepção de produtos, ambientes, programas e serviços a serem usados por todas as pessoas, sem necessidade de adaptação ou de projeto específico, incluindo os recursos de tecnologia assistiva;

Lei n. 13.146, de 6-7-2015 — Estatuto da Pessoa com Deficiência

III – tecnologia assistiva ou ajuda técnica: produtos, equipamentos, dispositivos, recursos, metodologias, estratégias, práticas e serviços que objetivem promover a funcionalidade, relacionada à atividade e à participação da pessoa com deficiência ou com mobilidade reduzida, visando à sua autonomia, independência, qualidade de vida e inclusão social;

IV – barreiras: qualquer entrave, obstáculo, atitude ou comportamento que limite ou impeça a participação social da pessoa, bem como o gozo, a fruição e o exercício de seus direitos à acessibilidade, à liberdade de movimento e de expressão, à comunicação, ao acesso à informação, à compreensão, à circulação com segurança, entre outros, classificadas em:

a) barreiras urbanísticas: as existentes nas vias e nos espaços públicos e privados abertos ao público ou de uso coletivo;

b) barreiras arquitetônicas: as existentes nos edifícios públicos e privados;

c) barreiras nos transportes: as existentes nos sistemas e meios de transportes;

d) barreiras nas comunicações e na informação: qualquer entrave, obstáculo, atitude ou comportamento que dificulte ou impossibilite a expressão ou o recebimento de mensagens e de informações por intermédio de sistemas de comunicação e de tecnologia da informação;

e) barreiras atitudinais: atitudes ou comportamentos que impeçam ou prejudiquem a participação social da pessoa com deficiência em igualdade de condições e oportunidades com as demais pessoas;

f) barreiras tecnológicas: as que dificultam ou impedem o acesso da pessoa com deficiência às tecnologias;

V – comunicação: forma de interação dos cidadãos que abrange, entre outras opções, as línguas, inclusive a Língua Brasileira de Sinais (Libras), a visualização de textos, o Braille, o sistema de sinalização ou de comunicação tátil, os caracteres ampliados, os dispositivos multimídia, assim como a linguagem simples, escrita e oral, os sistemas auditivos e os meios de voz digitalizados e os modos, meios e formatos aumentativos e alternativos de comunicação, incluindo as tecnologias da informação e das comunicações;

VI – adaptações razoáveis: adaptações, modificações e ajustes necessários e adequados que não acarretem ônus desproporcional e indevido, quando requeridos em cada caso, a fim de assegurar que a pessoa com deficiência possa gozar ou exercer, em igualdade de condições e oportunidades com as demais pessoas, todos os direitos e liberdades fundamentais;

VII – elemento de urbanização: quaisquer componentes de obras de urbanização, tais como os referentes a pavimentação, saneamento, encanamento para esgotos, distribuição de energia elétrica e de gás, iluminação pública, serviços de comunicação, abastecimento e distribuição de água, paisagismo e os que materializam as indicações do planejamento urbanístico;

VIII – mobiliário urbano: conjunto de objetos existentes nas vias e nos espaços públicos, superpostos ou adicionados aos elementos de urbanização ou de edificação, de forma que sua modificação ou seu traslado não provoque alterações substanciais nesses elementos, tais como semáforos, postes de sinalização e similares, terminais e pontos de acesso coletivo às telecomunicações, fontes de água, lixeiras, toldos, marquises, bancos, quiosques e quaisquer outros de natureza análoga;

IX – pessoa com mobilidade reduzida: aquela que tenha, por qualquer motivo, dificuldade de movimentação, permanente ou temporária, gerando redução efetiva da mobilidade, da flexibilidade, da coordenação motora ou da percepção, incluindo idoso, gestante, lactante, pessoa com criança de colo e obeso;

X – residências inclusivas: unidades de oferta do Serviço de Acolhimento do Sistema Único de Assistência Social (Suas) localizadas em áreas residenciais da comunidade, com estruturas adequadas, que possam contar com apoio psicossocial para o atendimento das necessidades da pessoa acolhida, destinadas a jovens e adultos com deficiência, em situação de dependência, que não dispõem de condições de autossustentabilidade e com vínculos familiares fragilizados ou rompidos;

XI – moradia para a vida independente da pessoa com deficiência: moradia com estruturas adequadas capazes de proporcionar serviços de apoio coletivos e individualizados que respeitem e ampliem o grau de autonomia de jovens e adultos com deficiência;

XII – atendente pessoal: pessoa, membro ou não da família, que, com ou sem remuneração, assiste ou presta cuidados básicos e essenciais à pessoa com deficiência no exercício de suas atividades diárias, excluídas as técnicas ou os procedimentos identificados com profissões legalmente estabelecidas;

XIII – profissional de apoio escolar: pessoa que exerce atividades de alimentação, higiene e locomoção do estudante com deficiência e atua em todas as atividades escolares nas quais se fizer necessária, em todos os níveis e modalidades de ensino, em instituições públicas e privadas, excluídas as técnicas ou os procedimentos identificados com profissões legalmente estabelecidas;

XIV – acompanhante: aquele que acompanha a pessoa com deficiência, podendo ou não desempenhar as funções de atendente pessoal.

Capítulo II
DA IGUALDADE E DA NÃO DISCRIMINAÇÃO

Art. 4.º Toda pessoa com deficiência tem direito à igualdade de oportunidades com as demais pessoas e não sofrerá nenhuma espécie de discriminação.

§ 1.º Considera-se discriminação em razão da deficiência toda forma de distinção, restrição ou exclusão, por ação ou omissão, que tenha o propósito ou o efeito de prejudicar, impedir ou anular o reconhecimento ou o exercício dos direitos e das liberdades fundamentais de pessoa com deficiência, incluindo a recusa de adaptações razoáveis e de fornecimento de tecnologias assistivas.

§ 2.º A pessoa com deficiência não está obrigada à fruição de benefícios decorrentes de ação afirmativa.

Art. 5.º A pessoa com deficiência será protegida de toda forma de negligência, discriminação, exploração, violência, tortura, crueldade, opressão e tratamento desumano ou degradante.

Parágrafo único. Para os fins da proteção mencionada no *caput* deste artigo, são considerados especialmente vulneráveis a criança, o adolescente, a mulher e o idoso, com deficiência.

Art. 6.º A deficiência não afeta a plena capacidade civil da pessoa, inclusive para:

I – casar-se e constituir união estável;

II – exercer direitos sexuais e reprodutivos;

III – exercer o direito de decidir sobre o número de filhos e de ter acesso a informações adequadas sobre reprodução e planejamento familiar;

IV – conservar sua fertilidade, sendo vedada a esterilização compulsória;

V – exercer o direito à família e à convivência familiar e comunitária; e

VI – exercer o direito à guarda, à tutela, à curatela e à adoção, como adotante ou adotando, em igualdade de oportunidades com as demais pessoas.

Art. 7.º É dever de todos comunicar à autoridade competente qualquer forma de ameaça ou de violação aos direitos da pessoa com deficiência.

Parágrafo único. Se, no exercício de suas funções, os juízes e os tribunais tiverem conhecimento de fatos que caracterizem as violações previstas nesta Lei, devem remeter peças ao Ministério Público para as providências cabíveis.

Art. 8.º É dever do Estado, da sociedade e da família assegurar à pessoa com deficiência, com prioridade, a efetivação dos direitos referentes à vida, à saúde, à sexualidade, à paternidade e à maternidade, à alimentação, à habitação, à educação, à profissionalização, ao trabalho, à previdência social, à habilitação e à reabilitação, ao transporte, à acessibilidade, à cultura, ao desporto, ao turismo, ao lazer, à informação, à comunicação, aos avanços científicos e tecnológicos, à dignidade, ao respeito, à liberdade, à convivência familiar e comunitária, entre outros decorrentes da Constituição Federal, da Convenção sobre os Direitos das Pessoas com Deficiência e seu Protocolo Facultativo e das leis e de outras normas que garantam seu bem-estar pessoal, social e econômico.

Seção Única
Do Atendimento Prioritário

Art. 9.º A pessoa com deficiência tem direito a receber atendimento prioritário, sobretudo com a finalidade de:

I – proteção e socorro em quaisquer circunstâncias;

II – atendimento em todas as instituições e serviços de atendimento ao público;

III – disponibilização de recursos, tanto humanos quanto tecnológicos, que garantam atendimento em igualdade de condições com as demais pessoas;

IV – disponibilização de pontos de parada, estações e terminais acessíveis de transporte coletivo de passageiros e garantia de segurança no embarque e no desembarque;

V – acesso a informações e disponibilização de recursos de comunicação acessíveis;

VI – recebimento de restituição de imposto de renda;

VII – tramitação processual e procedimentos judiciais e administrativos em que for parte ou interessada, em todos os atos e diligências.

§ 1.º Os direitos previstos neste artigo são extensivos ao acompanhante da pessoa com deficiência ou ao seu atendente pessoal, exceto quanto ao disposto nos incisos VI e VII deste artigo.

§ 2.º Nos serviços de emergência públicos e privados, a prioridade conferida por esta Lei é condicionada aos protocolos de atendimento médico.

Título II
DOS DIREITOS FUNDAMENTAIS

Capítulo I
DO DIREITO À VIDA

Art. 10. Compete ao poder público garantir a dignidade da pessoa com deficiência ao longo de toda a vida.

Parágrafo único. Em situações de risco, emergência ou estado de calamidade pública, a pessoa com deficiência será considerada vulnerável, devendo o poder público adotar medidas para sua proteção e segurança.

Art. 11. A pessoa com deficiência não poderá ser obrigada a se submeter a intervenção clínica ou cirúrgica, a tratamento ou a institucionalização forçada.

Parágrafo único. O consentimento da pessoa com deficiência em situação de curatela poderá ser suprido, na forma da lei.

Art. 12. O consentimento prévio, livre e esclarecido da pessoa com deficiência é indispensável para a realização de tratamento, procedimento, hospitalização e pesquisa científica.

§ 1.º Em caso de pessoa com deficiência em situação de curatela, deve ser assegurada sua participação, no maior grau possível, para a obtenção de consentimento.

§ 2.º A pesquisa científica envolvendo pessoa com deficiência em situação de tutela ou de curatela deve ser realizada, em caráter excepcional, apenas quando houver indícios de benefício direto para sua saúde ou para a saúde de outras pessoas com deficiência e desde que não haja outra opção de pesquisa de eficácia comparável com participantes não tutelados ou curatelados.

Art. 13. A pessoa com deficiência somente será atendida sem seu consentimento prévio, livre e esclarecido em casos de risco de morte e de emergência em saúde, resguardado seu superior interesse e adotadas as salvaguardas legais cabíveis.

Capítulo II
DO DIREITO À HABILITAÇÃO E À REABILITAÇÃO

•• O Decreto n. 8.725, de 27-4-2016, institui a Rede Intersetorial de Reabilitação Integral e dá outras providências.

Art. 14. O processo de habilitação e de reabilitação é um direito da pessoa com deficiência.

Parágrafo único. O processo de habilitação e de reabilitação tem por objetivo o desenvolvimento de potencialidades, talentos, habilidades e aptidões físicas, cognitivas, sensoriais, psicossociais, atitudinais, profissionais e artísticas que contribuam para a conquista da autonomia da pessoa com deficiência e de sua participação social em igualdade de condições e oportunidades com as demais pessoas.

Art. 15. O processo mencionado no art. 14 desta Lei baseia-se em avaliação multidisciplinar das necessidades, habilidades e potencialidades de cada pessoa, observadas as seguintes diretrizes:

I – diagnóstico e intervenção precoces;

II – adoção de medidas para compensar perda ou limitação funcional, buscando o desenvolvimento de aptidões;

III – atuação permanente, integrada e articulada de políticas públicas que possibilitem a plena participação social da pessoa com deficiência;

IV – oferta de rede de serviços articulados, com atuação intersetorial, nos diferentes níveis de complexidade, para atender às necessidades específicas da pessoa com deficiência;

V – prestação de serviços próximo ao domicílio da pessoa com deficiência, inclusive na zona rural, respeitadas a organização da pessoa com deficiência e as Redes de Atenção à Saúde (RAS) nos territórios locais e as normas do Sistema Único de Saúde (SUS).

Art. 16. Nos programas e serviços de habilitação e de reabilitação para a pessoa com deficiência, são garantidos:

I – organização, serviços, métodos, técnicas e recursos para atender às características de cada pessoa com deficiência;

II – acessibilidade em todos os ambientes e serviços;

III – tecnologia assistiva, tecnologia de reabilitação, materiais e equipamentos adequados e apoio técnico profissional, de acordo com as especificidades de cada pessoa com deficiência;

IV – capacitação continuada de todos os profissionais que participem dos programas e serviços.

Art. 17. Os serviços do SUS e do Suas deverão promover ações articuladas para garantir à pessoa com deficiência e sua família a aquisição de informações, orientações e formas de acesso às políticas públicas disponíveis, com a finalidade de propiciar sua plena participação social.

Parágrafo único. Os serviços de que trata o *caput* deste artigo podem fornecer informações e orientações nas áreas de saúde, de educação, de cultura, de esporte, de lazer, de transporte, de previdência social, de assistência social, de habitação, de trabalho, de empreendedorismo, de acesso ao crédito, de promoção, proteção e defesa de direitos e nas demais áreas que possibilitem à pessoa com deficiência exercer sua cidadania.

Capítulo III
DO DIREITO À SAÚDE

Art. 18. É assegurada atenção integral à saúde da pessoa com deficiência em todos os níveis de complexidade, por intermédio do SUS, garantido acesso universal e igualitário.

§ 1.º É assegurada a participação da pessoa com deficiência na elaboração das políticas de saúde a ela destinadas.

§ 2.º É assegurado atendimento segundo normas éticas e técnicas, que regulamentarão a atuação dos profissionais de saúde e contemplarão aspectos relacionados aos direitos e às especificidades da pessoa com deficiência, incluindo temas como sua dignidade e autonomia.

§ 3.º Aos profissionais que prestam assistência à pessoa com deficiência, especialmente em serviços de habilitação e de reabilitação, deve ser garantida capacitação inicial e continuada.

§ 4.º As ações e os serviços de saúde pública destinados à pessoa com deficiência devem assegurar:

I – diagnóstico e intervenção precoces, realizados por equipe multidisciplinar;

II – serviços de habilitação e de reabilitação sempre que necessários, para qualquer tipo de deficiência, inclusive para a manutenção da melhor condição de saúde e qualidade de vida;

III – atendimento domiciliar multidisciplinar, tratamento ambulatorial e internação;

IV – campanhas de vacinação;

V – atendimento psicológico, inclusive para seus familiares e atendentes pessoais;

VI – respeito à especificidade, à identidade de gênero e à orientação sexual da pessoa com deficiência;

VII – atenção sexual e reprodutiva, incluindo o direito à fertilização assistida;

VIII – informação adequada e acessível à pessoa com deficiência e a seus familiares sobre sua condição de saúde;

IX – serviços projetados para prevenir a ocorrência e o desenvolvimento de deficiências e agravos adicionais;

X – promoção de estratégias de capacitação permanente das equipes que atuam no SUS, em todos os níveis de atenção, no atendimento à pessoa com deficiência, bem como orientação a seus atendentes pessoais;

XI – oferta de órteses, próteses, meios auxiliares de locomoção, medicamentos, insumos e fórmulas nutricionais, conforme as normas vigentes do Ministério da Saúde.

§ 5.º As diretrizes deste artigo aplicam-se também às instituições privadas que participem de forma complementar do SUS ou que recebam recursos públicos para sua manutenção.

Art. 19. Compete ao SUS desenvolver ações destinadas à prevenção de deficiências por causas evitáveis, inclusive por meio de:

I – acompanhamento da gravidez, do parto e do puerpério, com garantia de parto humanizado e seguro;

II – promoção de práticas alimentares adequadas e saudáveis, vigilância alimentar e nutricional, prevenção e cuidado integral dos agravos relacionados à alimentação e nutrição da mulher e da criança;

III – aprimoramento e expansão dos programas de imunização e de triagem neonatal;

IV – identificação e controle da gestante de alto risco;

V – aprimoramento do atendimento neonatal, com a oferta de ações e serviços de prevenção de danos cerebrais e sequelas neurológicas em recém-nascidos, inclusive por telessaúde.

•• Inciso V acrescentado pela Lei n. 14.510, de 27-12-2022.

Art. 20. As operadoras de planos e seguros privados de saúde são obrigadas a garantir à pessoa com deficiência, no mínimo, todos os serviços e produtos ofertados aos demais clientes.

Art. 21. Quando esgotados os meios de atenção à saúde da pessoa com deficiência no local de residência, será prestado atendimento fora de domicílio, para fins de diagnóstico e de tratamento, garantidos o transporte e a acomodação da pessoa com deficiência e de seu acompanhante.

Art. 22. À pessoa com deficiência internada ou em observação é assegurado o direito a acompanhante ou a atendente pessoal, devendo o órgão ou a instituição de saúde proporcionar condições adequadas para sua permanência em tempo integral.

§ 1.º Na impossibilidade de permanência do acompanhante ou do atendente pessoal junto à pessoa com deficiência, cabe ao profissional de saúde responsável pelo tratamento justificá-la por escrito.

§ 2.º Na ocorrência da impossibilidade prevista no § 1.º deste artigo, o órgão ou a instituição de saúde deve adotar as providências cabíveis para suprir a ausência do acompanhante ou do atendente pessoal.

Art. 23. São vedadas todas as formas de discriminação contra a pessoa com deficiência, inclusive por meio de cobrança de valores diferenciados por planos e seguros privados de saúde, em razão de sua condição.

Art. 24. É assegurado à pessoa com deficiência o acesso aos serviços de saúde, tanto públicos como privados, e às informações prestadas e recebidas, por meio de recursos de tecnologia assistiva e de todas as formas de comunicação previstas no inciso V do art. 3.º desta Lei.

Art. 25. Os espaços dos serviços de saúde, tanto públicos quanto privados, devem assegurar o acesso da pessoa com deficiência, em conformidade com a legislação em vigor, mediante a remoção de barreiras, por meio de projetos arquitetônico, de ambientação de interior e de comunicação que atendam às especificidades das pessoas com deficiência física, sensorial, intelectual e mental.

Art. 26. Os casos de suspeita ou de confirmação de violência praticada contra a pessoa com deficiência serão objeto de notificação compulsória pelos serviços de saúde públicos e privados à autoridade policial e ao Ministério Público, além dos Conselhos dos Direitos da Pessoa com Deficiência.

Parágrafo único. Para os efeitos desta Lei, considera-se violência contra a pessoa com deficiência qualquer ação ou omissão, praticada em local público ou privado, que lhe cause morte ou dano ou sofrimento físico ou psicológico.

Capítulo IV
DO DIREITO À EDUCAÇÃO

Art. 27. A educação constitui direito da pessoa com deficiência, assegurados sistema educacional inclusivo em todos os níveis e aprendizado ao longo de toda a vida, de forma a alcançar o máximo desenvolvimento possível de seus talentos e habilidades físicas, sensoriais, intelectuais e sociais, segundo suas características, interesses e necessidades de aprendizagem.

Parágrafo único. É dever do Estado, da família, da comunidade escolar e da sociedade assegurar educação de qualidade à pessoa com deficiência, colocando-a a salvo de toda forma de violência, negligência e discriminação.

Art. 28. Incumbe ao poder público assegurar, criar, desenvolver, implementar, incentivar, acompanhar e avaliar:

I – sistema educacional inclusivo em todos os níveis e modalidades, bem como o aprendizado ao longo de toda a vida;

II – aprimoramento dos sistemas educacionais, visando a garantir condições de acesso, permanência, participação e aprendizagem, por meio da oferta de serviços e de recursos de acessibilidade que eliminem as barreiras e promovam a inclusão plena;

III – projeto pedagógico que institucionalize o atendimento educacional especializado, assim como os demais serviços e adaptações razoáveis, para atender às características dos estudantes com deficiência e garantir o seu pleno acesso ao currículo em condições de igualdade, promovendo a conquista e o exercício de sua autonomia;

IV – oferta de educação bilíngue, em Libras como primeira língua e na modalidade escrita da língua portuguesa como segunda língua, em escolas e classes bilíngues e em escolas inclusivas;

V – adoção de medidas individualizadas e coletivas em ambientes que maximizem o desenvolvimento acadêmico e social dos estudantes com deficiência, favorecendo o acesso, a permanência, a participação e a aprendizagem em instituições de ensino;

VI – pesquisas voltadas para o desenvolvimento de novos métodos e técnicas pedagógicas, de materiais didáticos, de equipamentos e de recursos de tecnologia assistiva;

VII – planejamento de estudo de caso, de elaboração de plano de atendimento educacional especializado, de organização de recursos e serviços de acessibilidade e de disponibilização e usabilidade pedagógica de recursos de tecnologia assistiva;

VIII – participação dos estudantes com deficiência e de suas famílias nas diversas instâncias de atuação da comunidade escolar;

IX – adoção de medidas de apoio que favoreçam o desenvolvimento dos aspectos linguísticos, culturais, vocacionais e profissionais, levando-se em conta o talento, a criatividade, as habilidades e os interesses do estudante com deficiência;

X – adoção de práticas pedagógicas inclusivas pelos programas de formação inicial e continuada de professores e oferta de formação continuada para o atendimento educacional especializado;

XI – formação e disponibilização de professores para o atendimento educacional especializado, de tradutores e intérpretes da Libras, de guias intérpretes e de profissionais de apoio;

XII – oferta de ensino da Libras, do Sistema Braille e de uso de recursos de tecnologia assistiva, de forma a ampliar habilidades funcionais dos estudantes, promovendo sua autonomia e participação;

XIII – acesso à educação superior e à educação profissional e tecnológica em igualdade de oportunidades e condições com as demais pessoas;

XIV – inclusão em conteúdos curriculares, em cursos de nível superior e de educação profissional técnica e tecnológica, de temas relacionados à pessoa com deficiência nos respectivos campos de conhecimento;

XV – acesso da pessoa com deficiência, em igualdade de condições, a jogos e a atividades recreativas, esportivas e de lazer, no sistema escolar;

XVI – acessibilidade para todos os estudantes, trabalhadores da educação e demais integrantes da comunidade escolar às edificações, aos ambientes e às atividades concernentes a todas as modalidades, etapas e níveis de ensino;

XVII – oferta de profissionais de apoio escolar;

XVIII – articulação intersetorial na implementação de políticas públicas.

§ 1.º Às instituições privadas, de qualquer nível e modalidade de ensino, aplica-se obrigatoriamente o disposto nos incisos I, II, III, V, VII, VIII, IX, X, XI, XII, XIII, XIV, XV, XVI, XVII e XVIII do *caput* deste artigo, sendo vedada a cobrança de valores adicionais de qualquer natureza em suas mensalidades, anuidades e matrículas no cumprimento dessas determinações.

§ 2.º Na disponibilização de tradutores e intérpretes da Libras a que se refere o inciso XI do *caput* deste artigo, deve-se observar o seguinte:

I – os tradutores e intérpretes da Libras atuantes na educação básica devem, no mínimo, possuir ensino médio completo e certificado de proficiência na Libras;

II – os tradutores e intérpretes da Libras, quando direcionados à tarefa de interpretar nas salas de aula dos cursos de graduação e pós-graduação, devem possuir nível superior, com habilitação, prioritariamente, em Tradução e Interpretação em Libras.

Art. 29. (*Vetado*).

Art. 30. Nos processos seletivos para ingresso e permanência nos cursos oferecidos pelas instituições de ensino superior e de educação profissional e tecnológica, públicas e privadas, devem ser adotadas as seguintes medidas:

I – atendimento preferencial à pessoa com deficiência nas dependências das Instituições de Ensino Superior (IES) e nos serviços;

II – disponibilização de formulário de inscrição de exames com campos específicos para que o candidato com deficiência informe os recursos de acessibilidade e de tecnologia assistiva necessários para sua participação;

III – disponibilização de provas em formatos acessíveis para atendimento às necessidades específicas do candidato com deficiência;

IV – disponibilização de recursos de acessibilidade e de tecnologia assistiva adequados, previamente solicitados e escolhidos pelo candidato com deficiência;

V – dilação de tempo, conforme demanda apresentada pelo candidato com deficiência, tanto na realização de exame para seleção quanto nas atividades acadêmicas, mediante prévia solicitação e comprovação da necessidade;

VI – adoção de critérios de avaliação das provas escritas, discursivas ou de redação que considerem a singularidade linguística da pessoa com deficiência, no domínio da modalidade escrita da língua portuguesa;

VII – tradução completa do edital e de suas retificações em Libras.

Capítulo V
DO DIREITO À MORADIA

Art. 31. A pessoa com deficiência tem direito à moradia digna, no seio da família natural ou substituta, com seu cônjuge ou companheiro ou desacompanhada, ou em moradia para a vida independente da pessoa com deficiência, ou, ainda, em residência inclusiva.

§ 1.º O poder público adotará programas e ações estratégicas para apoiar a criação e a manutenção de moradia para a vida independente da pessoa com deficiência.

§ 2.º A proteção integral na modalidade de residência inclusiva será prestada no âmbito do Suas à pessoa com deficiência em situação de dependência que não disponha de condições de autossustentabilidade, com vínculos familiares fragilizados ou rompidos.

Art. 32. Nos programas habitacionais, públicos ou subsidiados com recursos públicos, a pessoa com deficiência ou o seu responsável goza de prioridade na aquisição de imóvel para moradia própria, observado o seguinte:

I – reserva de, no mínimo, 3% (três por cento) das unidades habitacionais para pessoa com deficiência;

II – (*Vetado*);

III – em caso de edificação multifamiliar, garantia de acessibilidade nas áreas de uso comum e nas unidades habitacionais no piso térreo e de acessibilidade ou de adaptação razoável nos demais pisos;

IV – disponibilização de equipamentos urbanos comunitários acessíveis;

V – elaboração de especificações técnicas no projeto que permitam a instalação de elevadores.

§ 1.º O direito à prioridade, previsto no *caput* deste artigo, será reconhecido à pessoa com deficiência beneficiária apenas uma vez.

§ 2.º Nos programas habitacionais públicos, os critérios de financiamento devem ser compatíveis com os rendimentos da pessoa com deficiência ou de sua família.

§ 3.º Caso não haja pessoa com deficiência interessada nas unidades habitacionais reservadas por força do disposto no inciso I do *caput* deste artigo, as unidades não utilizadas serão disponibilizadas às demais pessoas.

Art. 33. Ao poder público compete:

I – adotar as providências necessárias para o cumprimento do disposto nos arts. 31 e 32 desta Lei; e

II – divulgar, para os agentes interessados e beneficiários, a política habitacional prevista nas legislações federal, estaduais, distrital e municipais, com ênfase nos dispositivos sobre acessibilidade.

Capítulo VI
DO DIREITO AO TRABALHO

Seção I
Disposições Gerais

Art. 34. A pessoa com deficiência tem direito ao trabalho de sua livre escolha e aceitação, em ambiente acessível e inclusivo, em igualdade de oportunidades com as demais pessoas.

§ 1.º As pessoas jurídicas de direito público, privado ou de qualquer natureza são obrigadas a garantir ambientes de trabalho acessíveis e inclusivos.

§ 2.º A pessoa com deficiência tem direito, em igualdade de oportunidades com as demais pessoas, a condições justas e favoráveis de trabalho, incluindo igual remuneração por trabalho de igual valor.

§ 3.º É vedada restrição ao trabalho da pessoa com deficiência e qualquer discriminação em razão de sua condição, inclusive nas etapas de recrutamento, seleção, contratação, admissão, exames admissional e periódico, permanência no emprego, ascensão profissional e reabilitação profissional, bem como exigência de aptidão plena.

§ 4.º A pessoa com deficiência tem direito à participação e ao acesso a cursos, treinamentos, educação continuada, planos de carreira, promoções, bonificações e incentivos profissionais oferecidos pelo empregador, em igualdade de oportunidades com os demais empregados.

§ 5.º É garantida aos trabalhadores com deficiência acessibilidade em cursos de formação e de capacitação.

Art. 35. É finalidade primordial das políticas públicas de trabalho e emprego promover e garantir condições de acesso e de permanência da pessoa com deficiência no campo de trabalho.

Parágrafo único. Os programas de estímulo ao empreendedorismo e ao trabalho autônomo, incluídos o cooperativismo e o associativismo, devem prever a participação da pessoa com deficiência e a disponibilização de linhas de crédito, quando necessárias.

Seção Ii
Da Habilitação Profissional e
Reabilitação Profissional

Art. 36. O poder público deve implementar serviços e programas completos de habilitação profissional e de reabilitação profissional para que a pessoa com deficiência possa ingressar, continuar ou retornar ao campo do trabalho, respeitados sua livre escolha, sua vocação e seu interesse.

§ 1.º Equipe multidisciplinar indicará, com base em critérios previstos no § 1.º do art. 2.º desta Lei, programa de habilitação ou de reabilitação que possibilite à pessoa com deficiência restaurar sua capacidade e habilidade profissional ou adquirir novas capacidades e habilidades de trabalho.

§ 2.º A habilitação profissional corresponde ao processo destinado a propiciar à pessoa com deficiência aquisição de conhecimentos, habilidades e aptidões para exercício de profissão ou de ocupação, permitindo nível suficiente de desenvolvimento profissional para ingresso no campo de trabalho.

§ 3.º Os serviços de habilitação profissional, de reabilitação profissional e de educação profissional devem ser dotados de recursos necessários para atender a toda pessoa com deficiência, independentemente de sua característica específica, a fim de que ela possa ser capacitada para trabalho que lhe seja adequado e ter perspectivas de obtê-lo, de conservá-lo e de nele progredir.

§ 4.º Os serviços de habilitação profissional, de reabilitação profissional e de educação profissional deverão ser oferecidos em ambientes acessíveis e inclusivos.

§ 5.º A habilitação profissional e a reabilitação profissional devem ocorrer articuladas com as redes públicas e privadas, especialmente de saúde, de ensino e de assistência social, em todos os níveis e modalidades, em entidades de formação profissional ou diretamente com o empregador.

§ 6.º A habilitação profissional pode ocorrer em empresas por meio de prévia formalização do contrato de emprego da pessoa com deficiência, que será considerada para o cumprimento da reserva de vagas prevista em lei, desde que por tempo determinado e concomitante com a inclusão profissional na empresa, observado o disposto em regulamento.

§ 7.º A habilitação profissional e a reabilitação profissional atenderão à pessoa com deficiência.

Seção III
Da Inclusão da Pessoa com Deficiência no Trabalho

Art. 37. Constitui modo de inclusão da pessoa com deficiência no trabalho a colocação competitiva, em igualdade de oportunidades com as demais pessoas, nos termos da legislação trabalhista e previdenciária, na qual devem ser atendidas as regras de acessibilidade, o fornecimento de recursos de tecnologia assistiva e a adaptação razoável no ambiente de trabalho.

Parágrafo único. A colocação competitiva da pessoa com deficiência pode ocorrer por meio de trabalho com apoio, observadas as seguintes diretrizes:

I – prioridade no atendimento à pessoa com deficiência com maior dificuldade de inserção no campo de trabalho;

II – provisão de suportes individualizados que atendam a necessidades específicas da pessoa com deficiência, inclusive a disponibilização de recursos de tecnologia assistiva, de agente facilitador e de apoio no ambiente de trabalho;

III – respeito ao perfil vocacional e ao interesse da pessoa com deficiência apoiada;

IV – oferta de aconselhamento e de apoio aos empregadores, com vistas à definição de estratégias de inclusão e de superação de barreiras, inclusive atitudinais;

V – realização de avaliações periódicas;

VI – articulação intersetorial das políticas públicas;

VII – possibilidade de participação de organizações da sociedade civil.

Art. 38. A entidade contratada para a realização de processo seletivo público ou privado para cargo, função ou emprego está obrigada à observância do disposto nesta Lei e em outras normas de acessibilidade vigentes.

Capítulo VII
DO DIREITO À ASSISTÊNCIA SOCIAL

Art. 39. Os serviços, os programas, os projetos e os benefícios no âmbito da política pública de assistência social à pessoa com deficiência e sua família têm como objetivo a garantia da segurança de renda, da acolhida, da habilitação e da reabilitação, do desenvolvimento da autonomia e da convivência familiar e comunitária, para a promoção do acesso a direitos e da plena participação social.

§ 1.º A assistência social à pessoa com deficiência, nos termos do *caput* deste artigo, deve envolver conjunto articulado de serviços do âmbito da Proteção Social Básica e da Proteção Social Especial, ofertados pelo Suas, para a garantia de seguranças fundamentais no enfrentamento de situações de vulnerabilidade e de risco, por fragilização de vínculos e ameaça ou violação de direitos.

§ 2.º Os serviços socioassistenciais destinados à pessoa com deficiência em situação de dependência deverão contar com cuidadores sociais para prestar-lhe cuidados básicos e instrumentais.

Art. 40. É assegurado à pessoa com deficiência que não possua meios para prover sua subsistência nem de tê-la provida por sua família o benefício mensal de 1 (um) salário mínimo, nos termos da Lei n. 8.742, de 7 de dezembro de 1993.

Capítulo VIII
DO DIREITO À PREVIDÊNCIA SOCIAL

Art. 41. A pessoa com deficiência segurada do Regime Geral de Previdência Social (RGPS) tem direito à aposentadoria nos termos da Lei Complementar n. 142, de 8 de maio de 2013.

Capítulo IX
DO DIREITO À CULTURA, AO ESPORTE, AO TURISMO E AO LAZER

Art. 42. A pessoa com deficiência tem direito à cultura, ao esporte, ao turismo e ao lazer em igualdade de oportunidades com as demais pessoas, sendo-lhe garantido o acesso:

I – a bens culturais em formato acessível;

II – a programas de televisão, cinema, teatro e outras atividades culturais e desportivas em formato acessível; e

III – a monumentos e locais de importância cultural e a espaços que ofereçam serviços ou eventos culturais e esportivos.

§ 1.º É vedada a recusa de oferta de obra intelectual em formato acessível à pessoa com deficiência, sob qualquer argumento, inclusive sob a alegação de proteção dos direitos de propriedade intelectual.

§ 2.º O poder público deve adotar soluções destinadas à eliminação, à redução ou à superação de barreiras para a promoção do acesso a todo patrimônio cultural, observadas as normas de acessibilidade, ambientais e de proteção do patrimônio histórico e artístico nacional.

Art. 43. O poder público deve promover a participação da pessoa com deficiência em atividades artísticas, intelectuais, culturais, esportivas e recreativas, com vistas ao seu protagonismo, devendo:

I – incentivar a provisão de instrução, de treinamento e de recursos adequados, em igualdade de oportunidades com as demais pessoas;

II – assegurar acessibilidade nos locais de eventos e nos serviços prestados por pessoa ou entidade envolvida na organização das atividades de que trata este artigo; e

III – assegurar a participação da pessoa com deficiência em jogos e atividades recreativas, esportivas, de lazer, culturais e artísticas, inclusive no sistema escolar, em igualdade de condições com as demais pessoas.

Art. 44. Nos teatros, cinemas, auditórios, estádios, ginásios de esporte, locais de espetáculos e de conferências e similares, serão reservados espaços livres e assentos para a pessoa com deficiência, de acordo com a capacidade de lotação da edificação, observado o disposto em regulamento.

§ 1.º Os espaços e assentos a que se refere este artigo devem ser distribuídos pelo recinto em locais diversos, de boa visibilidade, em todos os setores, próximos aos corredores, devidamente sinalizados, evitando-se áreas segregadas de público e obstrução das saídas, em conformidade com as normas de acessibilidade.

§ 2.º No caso de não haver comprovada procura pelos assentos reservados, esses podem, excepcionalmente, ser ocupados por pessoas sem deficiência ou que não tenham mobilidade reduzida, observado o disposto em regulamento.

§ 3.º Os espaços e assentos a que se refere este artigo devem situar-se em locais que garantam a acomodação de, no mínimo, 1 (um) acompanhante da pessoa com deficiência ou com mobilidade reduzida, resguardado o direito de se acomodar proximamente a grupo familiar e comunitário.

§ 4.º Nos locais referidos no *caput* deste artigo, deve haver, obrigatoriamente, rotas de fuga e saídas de emergência acessíveis, conforme padrões das normas de acessibilidade, a fim de permitir a saída segura da pessoa com deficiência ou com mobilidade reduzida, em caso de emergência.

§ 5.º Todos os espaços das edificações previstas no *caput* deste artigo devem atender às normas de acessibilidade em vigor.

§ 6.º As salas de cinema devem oferecer, em todas as sessões, recursos de acessibilidade para a pessoa com deficiência.

§ 7.º O valor do ingresso da pessoa com deficiência não poderá ser superior ao valor cobrado das demais pessoas.

Art. 45. Os hotéis, pousadas e similares devem ser construídos observando-se os princípios do desenho universal, além de adotar todos os meios de acessibilidade, conforme legislação em vigor.

•• Artigo regulamentado pelo Decreto n. 9.296, de 1.º-3-2018.

§ 1.º Os estabelecimentos já existentes deverão disponibilizar, pelo menos, 10% (dez por cento) de seus dormitórios acessíveis, garantida, no mínimo, 1 (uma) unidade acessível.

§ 2.º Os dormitórios mencionados no § 1.º deste artigo deverão ser localizados em rotas acessíveis.

§ 3.º Os meios de hospedagem já existentes que, por impossibilidade técnica decorrente de riscos estruturais da edificação, não possam cumprir o percentual estipulado no § 1.º deste artigo, ficam dispensados dessa exigência mediante comprovação por laudo técnico estrutural, que deverá ser renovado a cada 5 (cinco) anos.

•• § 3.º acrescentado pela Lei n. 14.978, de 18-9-2024.

Capítulo X
DO DIREITO AO TRANSPORTE E À MOBILIDADE

Art. 46. O direito ao transporte e à mobilidade da pessoa com deficiência ou com mobilidade reduzida será assegurado em igualdade de oportunidades com as demais pessoas, por meio de identificação e de eliminação de todos os obstáculos e barreiras ao seu acesso.

§ 1.º Para fins de acessibilidade aos serviços de transporte coletivo terrestre, aquaviário e aéreo, em todas as jurisdições, consideram-se como integrantes desses serviços os veículos, os terminais, as estações, os pontos de parada, o sistema viário e a prestação do serviço.

§ 2.º São sujeitas ao cumprimento das disposições desta Lei, sempre que houver interação com a matéria nela regulada, a outorga, a concessão, a permissão, a autorização, a renovação ou a habilitação de linhas e de serviços de transporte coletivo.

§ 3.º Para colocação do símbolo internacional de acesso nos veículos, as empresas de transporte coletivo de passageiros dependem da certificação de acessibilidade emitida pelo gestor público responsável pela prestação do serviço.

Art. 47. Em todas as áreas de estacionamento aberto ao público, de uso público ou privado de uso coletivo e em vias públicas, devem ser reservadas vagas próximas aos acessos de circulação de pedestres, devidamente sinalizadas, para veículos que transportem pessoa com deficiência com comprometimento de mobilidade, desde que devidamente identificados.

§ 1.º As vagas a que se refere o *caput* deste artigo devem equivaler a 2% (dois por cento) do total, garantida, no mínimo, 1 (uma) vaga devidamente sinalizada e com as especificações de desenho e traçado de acordo com as normas técnicas vigentes de acessibilidade.

§ 2.º Os veículos estacionados nas vagas reservadas devem exibir, em local de ampla visibilidade, a credencial de beneficiário, a ser confeccionada e fornecida pelos órgãos de trânsito, que disciplinarão suas características e condições de uso.

§ 3.º A utilização indevida das vagas de que trata este artigo sujeita os infratores às sanções previstas no inciso XX do art. 181 da Lei n. 9.503, de 23 de setembro de 1997 (Código de Trânsito Brasileiro).

•• § 3.º com redação determinada pela Lei n. 13.281, de 4-5-2016.

§ 4.º A credencial a que se refere o § 2.º deste artigo é vinculada à pessoa com deficiência que possui comprometimento de mobilidade e é válida em todo o território nacional.

Art. 48. Os veículos de transporte coletivo terrestre, aquaviário e aéreo, as instalações, as estações, os portos e os terminais em operação no País devem ser acessíveis, de forma a garantir o seu uso por todas as pessoas.

§ 1.º Os veículos e as estruturas de que trata o *caput* deste artigo devem dispor de sistema de comunicação acessível que disponibilize informações sobre todos os pontos do itinerário.

§ 2.º São asseguradas à pessoa com deficiência prioridade e segurança nos procedimentos de embarque e de desembarque nos veículos de transporte coletivo, de acordo com as normas técnicas.

§ 3.º Para colocação do símbolo internacional de acesso nos veículos, as empresas de transporte coletivo de passageiros dependem da certificação de acessibilidade emitida pelo gestor público responsável pela prestação do serviço.

Art. 49. As empresas de transporte de fretamento e de turismo, na renovação de suas frotas, são obrigadas ao cumprimento do disposto nos arts. 46 e 48 desta Lei.

Art. 50. O poder público incentivará a fabricação de veículos acessíveis e a sua utilização como táxis e *vans*, de forma a garantir o seu uso por todas as pessoas.

Art. 51. As frotas de empresas de táxi devem reservar 10% (dez por cento) de seus veículos acessíveis à pessoa com deficiência.

•• Artigo regulamentado pelo Decreto n. 9.762, de 11-4-2019.

§ 1.º É proibida a cobrança diferenciada de tarifas ou de valores adicionais pelo serviço de táxi prestado à pessoa com deficiência.

§ 2.º O poder público é autorizado a instituir incentivos fiscais com vistas a possibilitar a acessibilidade dos veículos a que se refere o *caput* deste artigo.

Art. 52. As locadoras de veículos são obrigadas a oferecer 1 (um) veículo adaptado para uso de pessoa com deficiência, a cada conjunto de 20 (vinte) veículos de sua frota.

•• Artigo regulamentado pelo Decreto n. 9.762, de 11-4-2019.

Parágrafo único. O veículo adaptado deverá ter, no mínimo, câmbio automático, direção hidráulica, vidros elétricos e comandos manuais de freio e de embreagem.

TÍTULO III
DA ACESSIBILIDADE

Capítulo I
DISPOSIÇÕES GERAIS

Art. 53. A acessibilidade é direito que garante à pessoa com deficiência ou com mobilidade reduzida viver de forma independente e exercer seus direitos de cidadania e de participação social.

Art. 54. São sujeitas ao cumprimento das disposições desta Lei e de outras normas relativas à acessibilidade, sempre que houver interação com a matéria nela regulada:

I – a aprovação de projeto arquitetônico e urbanístico ou de comunicação e informação, a fabricação de veículos de transporte coletivo, a prestação do respectivo serviço e a execução de qualquer tipo de obra, quando tenham destinação pública ou coletiva;

II – a outorga ou a renovação de concessão, permissão, autorização ou habilitação de qualquer natureza;

III – a aprovação de financiamento de projeto com utilização de recursos públicos, por meio de renúncia ou de incentivo fiscal, contrato, convênio ou instrumento congênere; e

IV – a concessão de aval da União para obtenção de empréstimo e de financiamento internacionais por entes públicos ou privados.

Art. 55. A concepção e a implantação de projetos que tratem do meio físico, de transporte, de informação e comunicação, inclusive de sistemas e tecnologias da informação e comunicação, e de outros serviços, equipamentos e instalações abertos ao público, de uso público ou privado de uso coletivo, tanto na zona urbana como na rural, devem atender aos princípios do desenho universal, tendo como referência as normas de acessibilidade.

§ 1.º O desenho universal será sempre tomado como regra de caráter geral.

§ 2.º Nas hipóteses em que comprovadamente o desenho universal não possa ser empreendido, deve ser adotada adaptação razoável.

§ 3.º Caberá ao poder público promover a inclusão de conteúdos temáticos referentes ao desenho universal nas diretrizes curriculares da educação profissional e tecnológica e do ensino superior e na formação das carreiras de Estado.

§ 4.º Os programas, os projetos e as linhas de pesquisa a serem desenvolvidos com o apoio de organismos públicos de auxílio à pesquisa e de agências de fomento deverão incluir temas voltados para o desenho universal.

§ 5.º Desde a etapa de concepção, as políticas públicas deverão considerar a adoção do desenho universal.

Art. 56. A construção, a reforma, a ampliação ou a mudança de uso de edificações abertas ao público, de uso público ou privadas de uso coletivo deverão ser executadas de modo a serem acessíveis.

§ 1.º As entidades de fiscalização profissional das atividades de Engenharia, de Arquitetura e correlatas, ao anotarem a responsabilidade técnica de projetos, devem exigir a responsabilidade profissional declarada de atendimento às regras de acessibilidade previstas em legislação e em normas técnicas pertinentes.

§ 2.º Para a aprovação, o licenciamento ou a emissão de certificado de projeto executivo arquitetônico, urbanístico e de instalações e equipamentos temporários ou permanentes e para o licenciamento ou a emissão de certificado de conclusão de obra ou de serviço, deve ser atestado o atendimento às regras de acessibilidade.

§ 3.º O poder público, após certificar a acessibilidade de edificação ou de serviço, determinará a colocação, em espaços ou em locais de ampla visibilidade, do símbolo internacional de acesso, na forma prevista em legislação e em normas técnicas correlatas.

Art. 57. As edificações públicas e privadas de uso coletivo já existentes devem garantir acessibilidade à pessoa com deficiência em todas as suas dependências e serviços, tendo como referência as normas de acessibilidade vigentes.

Art. 58. O projeto e a construção de edificação de uso privado multifamiliar devem atender aos preceitos de acessibilidade, na forma regulamentar.

•• O Decreto n. 9.451, de 26-7-2018, regulamenta este artigo.

§ 1.º As construtoras e incorporadoras responsáveis pelo projeto e pela construção das edificações a que se refere o *caput* deste artigo devem assegurar percentual mínimo de suas unidades internamente acessíveis, na forma regulamentar.

§ 2.º É vedada a cobrança de valores adicionais para a aquisição de unidades internamente acessíveis a que se refere o § 1.º deste artigo.

Art. 59. Em qualquer intervenção nas vias e nos espaços públicos, o poder público e as empresas concessionárias responsáveis pela execução das obras e dos serviços devem garantir, de forma segura, a fluidez do trânsito e a livre circulação e acessibilidade das pessoas, durante e após sua execução.

Art. 60. Orientam-se, no que couber, pelas regras de acessibilidade previstas em legislação e em normas técnicas, observado o disposto na Lei n. 10.098, de 19 de dezembro de 2000, n. 10.257, de 10 de julho de 2001, e n. 12.587, de 3 de janeiro de 2012:

I – os planos diretores municipais, os planos diretores de transporte e trânsito, os planos de mobilidade urbana e os planos de preservação de sítios históricos elaborados ou atualizados a partir da publicação desta Lei;

II – os códigos de obras, os códigos de postura, as leis de uso e ocupação do solo e as leis do sistema viário;

III – os estudos prévios de impacto de vizinhança;

IV – as atividades de fiscalização e a imposição de sanções; e

V – a legislação referente à prevenção contra incêndio e pânico.

§ 1.º A concessão e a renovação de alvará de funcionamento para qualquer atividade são condicionadas à observação e à certificação das regras de acessibilidade.

§ 2.º A emissão de carta de habite-se ou de habilitação equivalente e sua renovação, quando esta tiver sido emitida anteriormente às exigências de acessibilidade, é condicionada à observação e à certificação das regras de acessibilidade.

Art. 61. A formulação, a implementação e a manutenção das ações de acessibilidade atenderão às seguintes premissas básicas:

I – eleição de prioridades, elaboração de cronograma e reserva de recursos para implementação das ações; e

II – planejamento contínuo e articulado entre os setores envolvidos.

Art. 62. É assegurado à pessoa com deficiência, mediante solicitação, o recebimento de contas, boletos, recibos, extratos e cobranças de tributos em formato acessível.

Capítulo II
DO ACESSO À INFORMAÇÃO E À COMUNICAÇÃO

Art. 63. É obrigatória a acessibilidade nos sítios da internet mantidos por empresas com sede ou representação comercial no País ou por órgãos de governo, para uso da pessoa com deficiência, garantindo-lhe acesso às informações disponíveis, conforme as melhores práticas e diretrizes de acessibilidade adotadas internacionalmente.

§ 1.º Os sítios devem conter símbolo de acessibilidade em destaque.

§ 2.º Telecentros comunitários que receberem recursos públicos federais para seu custeio ou sua instalação e *lan houses* devem possuir equipamentos e instalações acessíveis.

§ 3.º Os telecentros e as *lan houses* de que trata o § 2.º deste artigo devem garantir, no mínimo, 10% (dez por cento) de seus computadores com recursos de acessibilidade para pessoa com deficiência visual, sendo assegurado pelo menos 1 (um) equipamento, quando o resultado percentual for inferior a 1 (um).

Art. 64. A acessibilidade nos sítios da internet de que trata o art. 63 desta Lei deve ser observada para obtenção do financiamento de que trata o inciso III do art. 54 desta Lei.

Art. 65. As empresas prestadoras de serviços de telecomunicações deverão garantir pleno acesso à pessoa com deficiência, conforme regulamentação específica.

Art. 66. Cabe ao poder público incentivar a oferta de aparelhos de telefonia fixa e móvel celular com acessibilidade que, entre outras tecnologias assistivas, possuam possibilidade de indicação e de ampliação sonoras de todas as operações e funções disponíveis.

Art. 67. Os serviços de radiodifusão de sons e imagens devem permitir o uso dos seguintes recursos, entre outros:

I – subtitulação por meio de legenda oculta;
II – janela com intérprete da Libras;
III – audiodescrição.

Art. 68. O poder público deve adotar mecanismos de incentivo à produção, à edição, à difusão, à distribuição e à comercialização de livros em formatos acessíveis, inclusive em publicações da administração pública ou financiadas com recursos públicos, com vistas a garantir à pessoa com deficiência o direito de acesso à leitura, à informação e à comunicação.

§ 1.º Nos editais de compras de livros, inclusive para o abastecimento ou a atualização de acervos de bibliotecas em todos os níveis e modalidades de educação e de bibliotecas públicas, o poder público deverá adotar cláusulas de impedimento à participação de editoras que não ofertem sua produção também em formatos acessíveis.

§ 2.º Consideram-se formatos acessíveis os arquivos digitais que possam ser reconhecidos e acessados por *softwares* leitores de telas ou outras tecnologias assistivas que vierem a substituí-los, permitindo leitura com voz sintetizada, ampliação de caracteres, diferentes contrastes e impressão em Braille.

§ 3.º O poder público deve estimular e apoiar a adaptação e a produção de artigos científicos em formato acessível, inclusive em Libras.

Art. 69. O poder público deve assegurar a disponibilidade de informações corretas e claras sobre os diferentes produtos e serviços ofertados, por quaisquer meios de comunicação empregados, inclusive em ambiente virtual, contendo a especificação correta de quantidade, qualidade, características, composição e preço, bem como sobre os eventuais riscos à saúde e à segurança do consumidor com deficiência, em caso de sua utilização, aplicando-se, no que couber, os arts. 30 a 41 da Lei n. 8.078, de 11 de setembro de 1990.

§ 1.º Os canais de comercialização virtual e os anúncios publicitários veiculados na imprensa escrita, na internet, no rádio, na televisão e nos demais veículos de comunicação abertos ou por assinatura devem disponibilizar, conforme a compatibilidade do meio, os recursos de acessibilidade de que trata o art. 67 desta Lei, a expensas do fornecedor do produto ou do serviço, sem prejuízo da observância do disposto nos arts. 36 a 38 da Lei n. 8.078, de 11 de setembro de 1990.

§ 2.º Os fornecedores devem disponibilizar, mediante solicitação, exemplares de bulas, prospectos, textos ou qualquer outro tipo de material de divulgação em formato acessível.

Art. 70. As instituições promotoras de congressos, seminários, oficinas e demais eventos de natureza científico-cultural devem oferecer à pessoa com deficiência, no mínimo, os recursos de tecnologia assistiva previstos no art. 67 desta Lei.

Art. 71. Os congressos, os seminários, as oficinas e os demais eventos de natureza científico-cultural promovidos ou financiados pelo poder público devem garantir as condições de acessibilidade e os recursos de tecnologia assistiva.

Art. 72. Os programas, as linhas de pesquisa e os projetos a serem desenvolvidos com o apoio de agências de financiamento e de órgãos e entidades integrantes da administração pública que atuem no auxílio à pesquisa devem contemplar temas voltados à tecnologia assistiva.

Art. 73. Caberá ao poder público, diretamente ou em parceria com organizações da sociedade civil, promover a capacitação de tradutores e intérpretes da Libras, de guias intérpretes e de profissionais habilitados em Braille, audiodescrição, estenotipia e legendagem.

Art. 73-A. As campanhas sociais, preventivas e educativas, devem ser acessíveis à pessoa com deficiência.

•• Artigo acrescentado pela Lei n. 14.863, de 27-5-2024.

Capítulo III
DA TECNOLOGIA ASSISTIVA

Art. 74. É garantido à pessoa com deficiência acesso a produtos, recursos, estratégias, práticas, processos, métodos e serviços de tecnologia assistiva que maximizem sua autonomia, mobilidade pessoal e qualidade de vida.

Art. 75. O poder público desenvolverá plano específico de medidas, a ser renovado em cada período de 4 (quatro) anos, com a finalidade de:

•• Artigo regulamentado pelo Decreto n. 10.645, de 11-3-2021.

I – facilitar o acesso a crédito especializado, inclusive com oferta de linhas de crédito subsidiadas, específicas para aquisição de tecnologia assistiva;

II – agilizar, simplificar e priorizar procedimentos de importação de tecnologia assistiva, especialmente as questões atinentes a procedimentos alfandegários e sanitários;

III – criar mecanismos de fomento à pesquisa e à produção nacional de tecnologia assistiva, inclusive por meio de concessão de linhas de crédito subsidiado e de parcerias com institutos de pesquisa oficiais;

IV – eliminar ou reduzir a tributação da cadeia produtiva e de importação de tecnologia assistiva;

V – facilitar e agilizar o processo de inclusão de novos recursos de tecnologia assistiva no rol de produtos distribuídos no âmbito do SUS e por outros órgãos governamentais.

Parágrafo único. Para fazer cumprir o disposto neste artigo, os procedimentos constantes do plano específico de medidas deverão ser avaliados, pelo menos, a cada 2 (dois) anos.

Capítulo IV
DO DIREITO À PARTICIPAÇÃO NA VIDA PÚBLICA E POLÍTICA

Art. 76. O poder público deve garantir à pessoa com deficiência todos os direitos políticos e a oportunidade de exercê-los em igualdade de condições com as demais pessoas.

§ 1.º À pessoa com deficiência será assegurado o direito de votar e de ser votada, inclusive por meio das seguintes ações:

I – garantia de que os procedimentos, as instalações, os materiais e os equipamentos para votação sejam apropriados, acessíveis a todas as pessoas e de fácil compreensão e uso, sendo vedada a instalação de seções eleitorais exclusivas para a pessoa com deficiência;

II – incentivo à pessoa com deficiência a candidatar-se e a desempenhar quaisquer funções públicas em todos os níveis de governo, inclusive por meio do uso de novas tecnologias assistivas, quando apropriado;

III – garantia de que os pronunciamentos oficiais, a propaganda eleitoral obrigatória e os debates transmitidos pelas emissoras de televisão possuam, pelo menos, os recursos elencados no art. 67 desta Lei;

IV – garantia do livre exercício do direito ao voto e, para tanto, sempre que necessário e a seu pedido, permissão para que a pessoa com deficiência seja auxiliada na votação por pessoa de sua escolha.

§ 2.º O poder público promoverá a participação da pessoa com deficiência, inclusive quando institucionalizada, na condução das questões públicas, sem discriminação e em igualdade de oportunidades, observado o seguinte:

I – participação em organizações não governamentais relacionadas à vida pública e à política do País e em atividades e administração de partidos políticos;

II – formação de organizações para representar a pessoa com deficiência em todos os níveis;

III – participação da pessoa com deficiência em organizações que a representem.

Título IV
DA CIÊNCIA E TECNOLOGIA

Art. 77. O poder público deve fomentar o desenvolvimento científico, a pesquisa e a inovação e a capacitação tecnológicas, voltados à melhoria da qualidade de vida e ao trabalho da pessoa com deficiência e sua inclusão social.

§ 1.º O fomento pelo poder público deve priorizar a geração de conhecimentos e técnicas que visem à prevenção e ao tratamento de deficiências e ao desenvolvimento de tecnologias assistiva e social.

§ 2.º A acessibilidade e as tecnologias assistiva e social devem ser fomentadas mediante a criação de cursos de pós-graduação, a formação de recursos humanos e a inclusão do tema nas diretrizes de áreas do conhecimento.

§ 3.º Deve ser fomentada a capacitação tecnológica de instituições públicas e privadas para o desenvolvimento de tecnologias assistiva e social que sejam voltadas para melhoria da funcionalidade e da participação social da pessoa com deficiência.

§ 4.º As medidas previstas neste artigo devem ser reavaliadas periodicamente pelo poder público, com vistas ao seu aperfeiçoamento.

Art. 78. Devem ser estimulados a pesquisa, o desenvolvimento, a inovação e a difusão de tecnologias voltadas para ampliar o acesso da pessoa com deficiência às tecnologias da informação e comunicação e às tecnologias sociais.

Parágrafo único. Serão estimulados, em especial:

I – o emprego de tecnologias da informação e comunicação como instrumento de superação de limitações funcionais e de barreiras à comunicação, à informação, à educação e ao entretenimento da pessoa com deficiência;

II – a adoção de soluções e a difusão de normas que visem a ampliar a acessibilidade da pessoa com deficiência à computação e aos sítios da internet, em especial aos serviços de governo eletrônico.

Livro II
PARTE ESPECIAL

Título I
DO ACESSO À JUSTIÇA

Capítulo I
DISPOSIÇÕES GERAIS

Art. 79. O poder público deve assegurar o acesso da pessoa com deficiência à justiça, em igualdade de oportunidades com as demais pessoas, garantindo, sempre que requeridos, adaptações e recursos de tecnologia assistiva.

§ 1.º A fim de garantir a atuação da pessoa com deficiência em todo o processo judicial, o poder público deve capacitar os membros e os servidores que atuam no Poder Judiciário, no Ministério Público, na Defensoria Pública, nos órgãos de segurança pública e no sistema penitenciário quanto aos direitos da pessoa com deficiência.

§ 2.º Devem ser asseguradas à pessoa com deficiência submetida à medida restritiva de liberdade todos os direitos e garantias a que fazem jus os apenados sem deficiência, garantida a acessibilidade.

§ 3.º A Defensoria Pública e o Ministério Público tomarão as medidas necessárias à garantia dos direitos previstos nesta Lei.

Art. 80. Devem ser oferecidos todos os recursos de tecnologia assistiva disponíveis para que a pessoa com deficiência tenha garantido o acesso à justiça, sempre que figure em um dos polos da ação ou atue como testemunha, partícipe da lide posta em juízo, advogado, defensor público, magistrado ou membro do Ministério Público.

Parágrafo único. A pessoa com deficiência tem garantido o acesso ao conteúdo de todos os atos processuais de seu interesse, inclusive no exercício da advocacia.

Art. 81. Os direitos da pessoa com deficiência serão garantidos por ocasião da aplicação de sanções penais.

Art. 82. (*Vetado*).

Art. 83. Os serviços notariais e de registro não podem negar ou criar óbices ou condições diferenciadas à prestação de seus serviços em razão de deficiência do solicitante, devendo reconhecer sua capacidade legal plena, garantida a acessibilidade.

Parágrafo único. O descumprimento do disposto no *caput* deste artigo constitui discriminação em razão de deficiência.

Capítulo II
DO RECONHECIMENTO IGUAL PERANTE A LEI

Art. 84. A pessoa com deficiência tem assegurado o direito ao exercício de sua capacidade legal em igualdade de condições com as demais pessoas.

§ 1.º Quando necessário, a pessoa com deficiência será submetida à curatela, conforme a lei.

§ 2.º É facultado à pessoa com deficiência a adoção de processo de tomada de decisão apoiada.

§ 3.º A definição de curatela de pessoa com deficiência constitui medida protetiva extraordinária, proporcional às necessidades e às circunstâncias de cada caso, e durará o menor tempo possível.

§ 4.º Os curadores são obrigados a prestar, anualmente, contas de sua administração ao juiz, apresentando o balanço do respectivo ano.

Art. 85. A curatela afetará tão somente os atos relacionados aos direitos de natureza patrimonial e negocial.

§ 1.º A definição da curatela não alcança o direito ao próprio corpo, à sexualidade, ao matrimônio, à privacidade, à educação, à saúde, ao trabalho e ao voto.

§ 2.º A curatela constitui medida extraordinária, devendo constar da sentença as razões e motivações de sua definição, preservados os interesses do curatelado.

§ 3.º No caso de pessoa em situação de institucionalização, ao nomear curador, o juiz deve dar preferência a pessoa que tenha vínculo de natureza familiar, afetiva ou comunitária com o curatelado.

Art. 86. Para emissão de documentos oficiais, não será exigida a situação de curatela da pessoa com deficiência.

Art. 87. Em casos de relevância e urgência e a fim de proteger os interesses da pessoa com deficiência em situação de curatela, será lícito ao juiz, ouvido o Ministério Público, de ofício ou a requerimento do interessado, nomear, desde logo, curador provisório, o qual estará sujeito, no que couber, às disposições do Código de Processo Civil.

TÍTULO II
DOS CRIMES E DAS INFRAÇÕES ADMINISTRATIVAS

Art. 88. Praticar, induzir ou incitar discriminação de pessoa em razão de sua deficiência:
Pena – reclusão, de 1 (um) a 3 (três) anos, e multa.

§ 1.º Aumenta-se a pena em 1/3 (um terço) se a vítima encontrar-se sob cuidado e responsabilidade do agente.

§ 2.º Se qualquer dos crimes previstos no *caput* deste artigo é cometido por intermédio de meios de comunicação social ou de publicação de qualquer natureza:
Pena – reclusão, de 2 (dois) a 5 (cinco) anos, e multa.

§ 3.º Na hipótese do § 2.º deste artigo, o juiz poderá determinar, ouvido o Ministério Público ou a pedido deste, ainda antes do inquérito policial, sob pena de desobediência:
I – recolhimento ou busca e apreensão dos exemplares do material discriminatório;
II – interdição das respectivas mensagens ou páginas de informação na internet.

§ 4.º Na hipótese do § 2.º deste artigo, constitui efeito da condenação, após o trânsito em julgado da decisão, a destruição do material apreendido.

Art. 89. Apropriar-se de ou desviar bens, proventos, pensão, benefícios, remuneração ou qualquer outro rendimento de pessoa com deficiência:
Pena – reclusão, de 1 (um) a 4 (quatro) anos, e multa.
Parágrafo único. Aumenta-se a pena em 1/3 (um terço) se o crime é cometido:
I – por tutor, curador, síndico, liquidatário, inventariante, testamenteiro ou depositário judicial; ou
II – por aquele que se apropriou em razão de ofício ou de profissão.

Art. 90. Abandonar pessoa com deficiência em hospitais, casas de saúde, entidades de abrigamento ou congêneres:
Pena – reclusão, de 6 (seis) meses a 3 (três) anos, e multa.
Parágrafo único. Na mesma pena incorre quem não prover as necessidades básicas de pessoa com deficiência quando obrigado por lei ou mandado.

Art. 91. Reter ou utilizar cartão magnético, qualquer meio eletrônico ou documento de pessoa com deficiência destinados ao recebimento de benefícios, proventos, pensões ou remuneração ou à realização de operações financeiras, com o fim de obter vantagem indevida para si ou para outrem:
Pena – detenção, de 6 (seis) meses a 2 (dois) anos, e multa.
Parágrafo único. Aumenta-se a pena em 1/3 (um terço) se o crime é cometido por tutor ou curador.

TÍTULO III
DISPOSIÇÕES FINAIS E TRANSITÓRIAS

Art. 92. É criado o Cadastro Nacional de Inclusão da Pessoa com Deficiência (Cadastro-Inclusão), registro público eletrônico com a finalidade de coletar, processar, sistematizar e disseminar informações georreferenciadas que permitam a identificação e a caracterização socioeconômica da pessoa com deficiência, bem como das barreiras que impedem a realização de seus direitos.

§ 1.º O Cadastro-Inclusão será administrado pelo Poder Executivo federal e constituído por base de dados, instrumentos, procedimentos e sistemas eletrônicos.

§ 2.º Os dados constituintes do Cadastro-Inclusão serão obtidos pela integração dos sistemas de informação e da base de dados de todas as políticas públicas relacionadas aos direitos da pessoa com deficiência, bem como por informações coletadas, inclusive em censos nacionais e nas demais pesquisas realizadas no País, de acordo com os parâmetros estabelecidos pela Convenção sobre os Direitos das Pessoas com Deficiência e seu Protocolo Facultativo.

§ 3.º Para coleta, transmissão e sistematização de dados, é facultada a celebração de convênios, acordos, termos de parceria ou contratos com instituições públicas e privadas, observados os requisitos e procedimentos previstos em legislação específica.

§ 4.º Para assegurar a confidencialidade, a privacidade e as liberdades fundamentais da pessoa com deficiência e os princípios éticos que regem a utilização de informações, devem ser observadas as salvaguardas estabelecidas em lei.

§ 5.º Os dados do Cadastro-Inclusão somente poderão ser utilizados para as seguintes finalidades:
I – formulação, gestão, monitoramento e avaliação das políticas públicas para a pessoa com deficiência e para identificar as barreiras que impedem a realização de seus direitos;

II – realização de estudos e pesquisas.

§ 6.º As informações a que se refere este artigo devem ser disseminadas em formatos acessíveis.

Art. 93. Na realização de inspeções e de auditorias pelos órgãos de controle interno e externo, deve ser observado o cumprimento da legislação relativa à pessoa com deficiência e das normas de acessibilidade vigentes.

Art. 94. Terá direito a auxílio-inclusão, nos termos da lei, a pessoa com deficiência moderada ou grave que:

I – receba o benefício de prestação continuada previsto no art. 20 da Lei n. 8.742, de 7 de dezembro de 1993, e que passe a exercer atividade remunerada que a enquadre como segurado obrigatório do RGPS;

II – tenha recebido, nos últimos 5 (cinco) anos, o benefício de prestação continuada previsto no art. 20 da Lei n. 8.742, de 7 de dezembro de 1993, e que exerça atividade remunerada que a enquadre como segurado obrigatório do RGPS.

Art. 95. É vedado exigir o comparecimento de pessoa com deficiência perante os órgãos públicos quando seu deslocamento, em razão de sua limitação funcional e de condições de acessibilidade, imponha-lhe ônus desproporcional e indevido, hipótese na qual serão observados os seguintes procedimentos:

I – quando for de interesse do poder público, o agente promoverá o contato necessário com a pessoa com deficiência em sua residência;

II – quando for de interesse da pessoa com deficiência, ela apresentará solicitação de atendimento domiciliar ou fará representar-se por procurador constituído para essa finalidade.

Parágrafo único. É assegurado à pessoa com deficiência atendimento domiciliar pela perícia médica e social do Instituto Nacional do Seguro Social (INSS), pelo serviço público de saúde ou pelo serviço privado de saúde, contratado ou conveniado, que integre o SUS e pelas entidades da rede socioassistencial integrantes do Suas, quando seu deslocamento, em razão de sua limitação funcional e de condições de acessibilidade, imponha-lhe ônus desproporcional e indevido.

....

Art. 100. A Lei n. 8.078, de 11 de setembro de 1990 (Código de Defesa do Consumidor), passa a vigorar com as seguintes alterações:

•• Alteração já processada no diploma modificado.

....

Art. 107. A Lei n. 9.029, de 13 de abril de 1995, passa a vigorar com as seguintes alterações:

•• Alteração já processada no diploma modificado.

....

Art. 113. A Lei n. 10.257, de 10 de julho de 2001 (Estatuto da Cidade), passa a vigorar com as seguintes alterações:

•• Alteração já processada no diploma modificado.

Art. 114. A Lei n. 10.406, de 10 de janeiro de 2002 (Código Civil), passa a vigorar com as seguintes alterações:

•• Alteração já processada no diploma modificado.

Art. 115. O Título IV do Livro IV da Parte Especial da Lei n. 10.406, de 10 de janeiro de 2002 (Código Civil), passa a vigorar com a seguinte redação:

•• Alteração já processada no diploma modificado.

Art. 116. O Título IV do Livro IV da Parte Especial da Lei n. 10.406, de 10 de janeiro de 2002 (Código Civil), passa a vigorar acrescido do seguinte Capítulo III:

•• Alteração já processada no diploma modificado.

....

Art. 120. Cabe aos órgãos competentes, em cada esfera de governo, a elaboração de relatórios circunstanciados sobre o cumprimento dos prazos estabelecidos por força das Leis n. 10.048, de 8 de novembro de 2000, e n. 10.098, de 19 de dezembro de 2000, bem como o seu encaminhamento ao Ministério Público e aos órgãos de regulação para adoção das providências cabíveis.

Parágrafo único. Os relatórios a que se refere o *caput* deste artigo deverão ser apresentados no prazo de 1 (um) ano a contar da entrada em vigor desta Lei.

Art. 121. Os direitos, os prazos e as obrigações previstos nesta Lei não excluem os já estabelecidos em outras legislações, inclusive em pactos, tratados, convenções e declarações internacionais aprovados e promulgados pelo Congresso Nacional, e devem ser aplicados em conformidade com as demais normas internas e acordos internacionais vinculantes sobre a matéria.

Parágrafo único. Prevalecerá a norma mais benéfica à pessoa com deficiência.

Art. 122. Regulamento disporá sobre a adequação do disposto nesta Lei ao tratamento diferenciado, simplificado e favorecido a ser dispensado às microempresas e às empresas de pequeno porte, previsto no § 3.º do art. 1.º da Lei Complementar n. 123, de 14 de dezembro de 2006.

Art. 123. Revogam-se os seguintes dispositivos:

I – o inciso II do § 2.º do art. 1.º da Lei n. 9.008, de 21 de março de 1995;

II – os incisos I, II e III do art. 3.º da Lei n. 10.406, de 10 de janeiro de 2002 (Código Civil);

III – os incisos II e III do art. 228 da Lei n. 10.406, de 10 de janeiro de 2002 (Código Civil);

IV – o inciso I do art. 1.548 da Lei n. 10.406, de 10 de janeiro de 2002 (Código Civil);

V – o inciso IV do art. 1.557 da Lei n. 10.406, de 10 de janeiro de 2002 (Código Civil);

VI – os incisos II e IV do art. 1.767 da Lei n. 10.406, de 10 de janeiro de 2002 (Código Civil);

VII – os arts. 1.776 e 1.780 da Lei n. 10.406, de 10 de janeiro de 2002 (Código Civil).

Art. 124. O § 1.º do art. 2.º desta Lei deverá entrar em vigor em até 2 (dois) anos, contados da entrada em vigor desta Lei.

Art. 125. Devem ser observados os prazos a seguir discriminados, a partir da entrada em vigor desta Lei, para o cumprimento dos seguintes dispositivos:

I – incisos I e II do § 2.º do art. 28, 48 (quarenta e oito) meses;

 II – § 6.º do art. 44, 84 (oitenta e quatro) meses;

•• Inciso II com redação determinada pela Lei n. 14.159, de 2-6-2021.

III – art. 45, 24 (vinte e quatro) meses;

IV – art. 49, 48 (quarenta e oito) meses.

Art. 126. Prorroga-se até 31 de dezembro de 2021 a vigência da Lei n. 8.989, de 24 de fevereiro de 1995.

Art. 127. Esta Lei entra em vigor após decorridos 180 (cento e oitenta) dias de sua publicação oficial.

Brasília, 6 de julho de 2015; 194.º da Independência e 127.º da República.

DILMA ROUSSEFF

LEI N. 13.185, DE 6 DE NOVEMBRO DE 2015 (*)

Institui o Programa de Combate à Intimidação Sistemática (Bullying).

(*) Publicada no *DOU*, de 9-11-2015.

A Presidenta da República

Faço saber que o Congresso Nacional decreta e eu sanciono a seguinte Lei:

Art. 1.º Fica instituído o Programa de Combate à Intimidação Sistemática (*Bullying*) em todo o território nacional.

§ 1.º No contexto e para os fins desta Lei, considera-se intimidação sistemática (*bullying*) todo ato de violência física ou psicológica, intencional e repetitivo que ocorre sem motivação evidente, praticado por indivíduo ou grupo, contra uma ou mais pessoas, com o objetivo de intimidá-la ou agredi-la, causando dor e angústia à vítima, em uma relação de desequilíbrio de poder entre as partes envolvidas.

§ 2.º O Programa instituído no *caput* poderá fundamentar as ações do Ministério da Educação e das Secretarias Estaduais e Municipais de Educação, bem como de outros órgãos, aos quais a matéria diz respeito.

•• O STF, em sessão virtual de 11-2-2022 a 18-2-2022 (*DOU* de 4-3-2022), julgou parcialmente procedente a ADI n. 4.968, para declarar a inconstitucionalidade deste § 2.º, com eficácia da decisão a partir de 12 (doze) meses contados da data da publicação da ata de julgamento.

Art. 2.º Caracteriza-se a intimidação sistemática (*bullying*) quando há violência física ou psicológica em atos de intimidação, humilhação ou discriminação e, ainda:

I – ataques físicos;

II – insultos pessoais;

III – comentários sistemáticos e apelidos pejorativos;

IV – ameaças por quaisquer meios;

V – grafites depreciativos;

VI – expressões preconceituosas;

VII – isolamento social consciente e premeditado;

VIII – pilhérias.

Parágrafo único. Há intimidação sistemática na rede mundial de computadores (*cyberbullying*), quando se usarem os instrumentos que lhe são próprios para depreciar, incitar a violência, adulterar fotos e dados pessoais com o intuito de criar meios de constrangimento psicossocial.

Art. 3.º A intimidação sistemática (*bullying*) pode ser classificada, conforme as ações praticadas, como:

I – verbal: insultar, xingar e apelidar pejorativamente;

II – moral: difamar, caluniar, disseminar rumores;

III – sexual: assediar, induzir e/ou abusar;

IV – social: ignorar, isolar e excluir;

V – psicológica: perseguir, amedrontar, aterrorizar, intimidar, dominar, manipular, chantagear e infernizar;
VI – físico: socar, chutar, bater;
VII – material: furtar, roubar, destruir pertences de outrem;
VIII – virtual: depreciar, enviar mensagens intrusivas da intimidade, enviar ou adulterar fotos e dados pessoais que resultem em sofrimento ou com o intuito de criar meios de constrangimento psicológico e social.
Art. 4.º Constituem objetivos do Programa referido no *caput* do art. 1.º:
I – prevenir e combater a prática da intimidação sistemática (*bullying*) em toda a sociedade;
II – capacitar docentes e equipes pedagógicas para a implementação das ações de discussão, prevenção, orientação e solução do problema;
III – implementar e disseminar campanhas de educação, conscientização e informação;
IV – instituir práticas de conduta e orientação de pais, familiares e responsáveis diante da identificação de vítimas e agressores;
V – dar assistência psicológica, social e jurídica às vítimas e aos agressores;
VI – integrar os meios de comunicação de massa com as escolas e a sociedade, como forma de identificação e conscientização do problema e forma de preveni-lo e combatê-lo;
VII – promover a cidadania, a capacidade empática e o respeito a terceiros, nos marcos de uma cultura de paz e tolerância mútua;
VIII – evitar, tanto quanto possível, a punição dos agressores, privilegiando mecanismos e instrumentos alternativos que promovam a efetiva responsabilização e a mudança de comportamento hostil;
IX – promover medidas de conscientização, prevenção e combate a todos os tipos de violência, com ênfase nas práticas recorrentes de intimidação sistemática (*bullying*), ou constrangimento físico e psicológico, cometidas por alunos, professores e outros profissionais integrantes de escola e de comunidade escolar.
Art. 5.º É dever do estabelecimento de ensino, dos clubes e das agremiações recreativas assegurar medidas de conscientização, prevenção, diagnose e combate à violência e à intimidação sistemática (*bullying*).
Art. 6.º Serão produzidos e publicados relatórios bimestrais das ocorrências de intimidação sistemática (*bullying*) nos Estados e Municípios para planejamento das ações.
Art. 7.º Os entes federados poderão firmar convênios e estabelecer parcerias para a implementação e a correta execução dos objetivos e diretrizes do Programa instituído por esta Lei.
Art. 8.º Esta Lei entra em vigor após decorridos 90 (noventa) dias da data de sua publicação oficial.
Brasília, 6 de novembro de 2015; 194.º da Independência e 127.º da República.

Dilma Rousseff

LEI N. 13.188, DE 11 DE NOVEMBRO DE 2015 (*)

Dispõe sobre o direito de resposta ou retificação do ofendido em matéria divulgada, publicada ou transmitida por veículo de comunicação social.

A Presidenta da República
Faço saber que o Congresso Nacional decreta e eu sanciono a seguinte Lei:
Art. 1.º Esta Lei disciplina o exercício do direito de resposta ou retificação do ofendido em matéria divulgada, publicada ou transmitida por veículo de comunicação social.
•• *Vide* art. 5.º, V, IX e X, da CF.
Art. 2.º Ao ofendido em matéria divulgada, publicada ou transmitida por veículo de comunicação social é assegurado o direito de resposta ou retificação, gratuito e proporcional ao agravo.
•• *Vide* art. 5.º, V, IX e X, da CF.
§ 1.º Para os efeitos desta Lei, considera-se matéria qualquer reportagem, nota ou notícia divulgada por veículo de comunicação social, independentemente do meio ou da plataforma de distribuição, publicação ou transmissão que utilize, cujo conteúdo atente, ainda que por equívoco de informação, contra a honra, a intimidade, a reputação, o conceito, o nome, a marca ou a imagem de pessoa física ou jurídica identificada ou passível de identificação.

(*) Publicada no *DOU*, de 12-11-2015.

§ 2.º São excluídos da definição de matéria estabelecida no § 1.º deste artigo os comentários realizados por usuários da internet nas páginas eletrônicas dos veículos de comunicação social.

§ 3.º A retratação ou retificação espontânea, ainda que a elas sejam conferidos os mesmos destaque, publicidade, periodicidade e dimensão do agravo, não impedem o exercício do direito de resposta pelo ofendido nem prejudicam a ação de reparação por dano moral.

- •• O STF, por maioria, julgou as ADIs n. 5.415, 5.418 e 5.436, na sessão virtual de 11-3-2021 (*DOU* de 25-3-2021), para declarar constitucionalidade deste § 3.º.

Art. 3.º O direito de resposta ou retificação deve ser exercido no prazo decadencial de 60 (sessenta) dias, contado da data de cada divulgação, publicação ou transmissão da matéria ofensiva, mediante correspondência com aviso de recebimento encaminhada diretamente ao veículo de comunicação social ou, inexistindo pessoa jurídica constituída, a quem por ele responda, independentemente de quem seja o responsável intelectual pelo agravo.

§ 1.º O direito de resposta ou retificação poderá ser exercido, de forma individualizada, em face de todos os veículos de comunicação social que tenham divulgado, publicado, republicado, transmitido ou retransmitido o agravo original.

§ 2.º O direito de resposta ou retificação poderá ser exercido, também, conforme o caso:

I – pelo representante legal do ofendido incapaz ou da pessoa jurídica;

II – pelo cônjuge, descendente, ascendente ou irmão do ofendido que esteja ausente do País ou tenha falecido depois do agravo, mas antes de decorrido o prazo de decadência do direito de resposta ou retificação.

§ 3.º No caso de divulgação, publicação ou transmissão continuada e ininterrupta da mesma matéria ofensiva, o prazo será contado da data em que se iniciou o agravo.

Art. 4.º A resposta ou retificação atenderá, quanto à forma e à duração, ao seguinte:

I – praticado o agravo em mídia escrita ou na internet, terá a resposta ou retificação o destaque, a publicidade, a periodicidade e a dimensão da matéria que a ensejou;

II – praticado o agravo em mídia televisiva, terá a resposta ou retificação o destaque, a publicidade, a periodicidade e a duração da matéria que a ensejou;

III – praticado o agravo em mídia radiofônica, terá a resposta ou retificação o destaque, a publicidade, a periodicidade e a duração da matéria que a ensejou.

§ 1.º Se o agravo tiver sido divulgado, publicado, republicado, transmitido ou retransmitido em mídia escrita ou em cadeia de rádio ou televisão para mais de um Município ou Estado, será conferido proporcional alcance à divulgação da resposta ou retificação.

§ 2.º O ofendido poderá requerer que a resposta ou retificação seja divulgada, publicada ou transmitida nos mesmos espaço, dia da semana e horário do agravo.

§ 3.º A resposta ou retificação cuja divulgação, publicação ou transmissão não obedeça ao disposto nesta Lei é considerada inexistente.

§ 4.º Na delimitação do agravo, deverá ser considerado o contexto da informação ou matéria que gerou a ofensa.

Art. 5.º Se o veículo de comunicação social ou quem por ele responda não divulgar, publicar ou transmitir a resposta ou retificação no prazo de 7 (sete) dias, contado do recebimento do respectivo pedido, na forma do art. 3.º, restará caracterizado o interesse jurídico para a propositura de ação judicial.

§ 1.º É competente para conhecer do feito o juízo do domicílio do ofendido ou, se este assim o preferir, aquele do lugar onde o agravo tenha apresentado maior repercussão.

- •• O STF, por maioria, julgou as ADIs n. 5.415, 5.418 e 5.436, na sessão virtual de 11-3-2021 (*DOU* de 25-3-2021), para declarar constitucionalidade deste § 1.º.

§ 2.º A ação de rito especial de que trata esta Lei será instruída com as provas do agravo e do pedido de resposta ou retificação não atendido, bem como com o texto da resposta ou retificação a ser divulgado, publicado ou transmitido, sob pena de inépcia da inicial, e processada no prazo máximo de 30 (trinta) dias, vedados:

- •• O STF, por maioria, julgou as ADIs n. 5.415, 5.418 e 5.436, na sessão virtual de 11-3-2021 (*DOU* de 25-3-2021), para declarar constitucionalidade deste § 2.º.

I – a cumulação de pedidos;

II – a reconvenção;

III – o litisconsórcio, a assistência e a intervenção de terceiros.

§ 3.º (*Vetado.*)

Art. 6.º Recebido o pedido de resposta ou retificação, o juiz, dentro de 24 (vinte e quatro) horas, mandará citar o responsável pelo veículo de comunicação social para que:

Lei n. 13.188, de 11-11-2015 — Direito de Resposta

•• O STF, por maioria, julgou as ADIs n. 5.415, 5.418 e 5.436, na sessão virtual de 11-3-2021 (*DOU* de 25-3-2021), para declarar constitucionalidade deste artigo.

I – em igual prazo, apresente as razões pelas quais não o divulgou, publicou ou transmitiu;

II – no prazo de 3 (três) dias, ofereça contestação.

Parágrafo único. O agravo consistente em injúria não admitirá a prova da verdade.

•• O art. 140 do CP define o crime de injúria.

Art. 7.º O juiz, nas 24 (vinte e quatro) horas seguintes à citação, tenha ou não se manifestado o responsável pelo veículo de comunicação, conhecerá do pedido e, havendo prova capaz de convencer sobre a verossimilhança da alegação ou justificado receio de ineficácia do provimento final, fixará desde logo as condições e a data para a veiculação, em prazo não superior a 10 (dez) dias, da resposta ou retificação.

•• O STF, por maioria, julgou as ADIs n. 5.415, 5.418 e 5.436, na sessão virtual de 11-3-2021 (*DOU* de 25-3-2021), para declarar constitucionalidade deste artigo.

§ 1.º Se o agravo tiver sido divulgado ou publicado por veículo de mídia impressa cuja circulação seja periódica, a resposta ou retificação será divulgada na edição seguinte à da ofensa ou, ainda, excepcionalmente, em edição extraordinária, apenas nos casos em que o prazo entre a ofensa e a próxima edição indique desproporcionalidade entre a ofensa e a resposta ou retificação.

§ 2.º A medida antecipatória a que se refere o *caput* deste artigo poderá ser reconsiderada ou modificada a qualquer momento, em decisão fundamentada.

§ 3.º O juiz poderá, a qualquer tempo, impor multa diária ao réu, independentemente de pedido do autor, bem como modificar-lhe o valor ou a periodicidade, caso verifique que se tornou insuficiente ou excessiva.

§ 4.º Para a efetivação da tutela específica de que trata esta Lei, poderá o juiz, de ofício ou mediante requerimento, adotar as medidas cabíveis para o cumprimento da decisão.

Art. 8.º Não será admitida a divulgação, publicação ou transmissão de resposta ou retificação que não tenha relação com as informações contidas na matéria a que pretende responder nem se enquadre no § 1.º do art. 2.º desta Lei.

Art. 9.º O juiz prolatará a sentença no prazo máximo de 30 (trinta) dias, contado do ajuizamento da ação, salvo na hipótese de conversão do pedido em reparação por perdas e danos.

Parágrafo único. As ações judiciais destinadas a garantir a efetividade do direito de resposta ou retificação previsto nesta Lei processam-se durante as férias forenses e não se suspendem pela superveniência delas.

Art. 10. Das decisões proferidas nos processos submetidos ao rito especial estabelecido nesta Lei, poderá ser concedido efeito suspensivo pelo tribunal competente, desde que constatadas, em juízo colegiado prévio, a plausibilidade do direito invocado e a urgência na concessão da medida.

•• O STF, por maioria, julgou as ADIs n. 5.415, 5.418 e 5.436, na sessão virtual de 11-3-2021 (*DOU* de 25-3-2021), para declarar a inconstitucionalidade da expressão "em juízo colegiado prévio", deste artigo, e conferir interpretação conforme ao dispositivo, no sentido de permitir ao magistrado integrante do tribunal respectivo decidir monocraticamente sobre a concessão de efeito suspensivo a recurso interposto em face de decisão proferida segundo o rito especial do direito de resposta, em conformidade com a liminar anteriormente concedida.

Art. 11. A gratuidade da resposta ou retificação divulgada pelo veículo de comunicação, em caso de ação temerária, não abrange as custas processuais nem exime o autor do ônus da sucumbência.

Parágrafo único. Incluem-se entre os ônus da sucumbência os custos com a divulgação, publicação ou transmissão da resposta ou retificação, caso a decisão judicial favorável ao autor seja reformada em definitivo.

Art. 12. Os pedidos de reparação ou indenização por danos morais, materiais ou à imagem serão deduzidos em ação própria, salvo se o autor, desistindo expressamente da tutela específica de que trata esta Lei, os requerer, caso em que o processo seguirá pelo rito ordinário.

§ 1.º O ajuizamento de ação cível ou penal contra o veículo de comunicação ou seu responsável com fundamento na divulgação, publicação ou transmissão ofensiva não prejudica o exercício administrativo ou judicial do direito de resposta ou retificação previsto nesta Lei.

§ 2.º A reparação ou indenização dar-se-á sem prejuízo da multa a que se refere o § 3.º do art. 7.º.

Art. 14. Esta Lei entra em vigor na data de sua publicação.

Brasília, 11 de novembro de 2015; 194.º da Independência e 127.º da República.

DILMA ROUSSEFF

LEI N. 13.257,
DE 8 DE MARÇO DE 2016 (*)

Dispõe sobre as políticas públicas para a primeira infância e altera a Lei n. 8.069, de 13 de julho de 1990 (Estatuto da Criança e do Adolescente), o Decreto-lei n. 3.689, de 3 de outubro de 1941 (Código de Processo Penal), a Consolidação das Leis do Trabalho (CLT), aprovada pelo Decreto-lei n. 5.452, de 1.º de maio de 1943, a Lei n. 11.770, de 9 de setembro de 2008, e a Lei n. 12.662, de 5 de junho de 2012.

A Presidenta da República

Faço saber que o Congresso Nacional decreta e eu sanciono a seguinte Lei:

Art. 1.º Esta Lei estabelece princípios e diretrizes para a formulação e a implementação de políticas públicas para a primeira infância em atenção à especificidade e à relevância dos primeiros anos de vida no desenvolvimento infantil e no desenvolvimento do ser humano, em consonância com os princípios e diretrizes da Lei n. 8.069, de 13 de julho de 1990 (Estatuto da Criança e do Adolescente); altera a Lei n. 8.069, de 13 de julho de 1990 (Estatuto da Criança e do Adolescente); altera os arts. 6.º, 185, 304 e 318 do Decreto-lei n. 3.689, de 3 de outubro de 1941 (Código de Processo Penal); acrescenta incisos ao art. 473 da Consolidação das Leis do Trabalho (CLT), aprovada pelo Decreto-lei n. 5.452, de 1.º de maio de 1943; altera os arts. 1.º, 3.º, 4.º e 5.º da Lei n. 11.770, de 9 de setembro de 2008; e acrescenta parágrafos ao art. 5.º da Lei n. 12.662, de 5 de junho de 2012.

___

(*) Publicada no *DOU*, de 9-3-2016.

Art. 2.º Para os efeitos desta Lei, considera-se primeira infância o período que abrange os primeiros 6 (seis) anos completos ou 72 (setenta e dois) meses de vida da criança.

Art. 3.º A prioridade absoluta em assegurar os direitos da criança, do adolescente e do jovem, nos termos do art. 227 da Constituição Federal e do art. 4.º da Lei n. 8.069, de 13 de julho de 1990, implica o dever do Estado de estabelecer políticas, planos, programas e serviços para a primeira infância que atendam às especificidades dessa faixa etária, visando a garantir seu desenvolvimento integral.

§ 1.º É instituída a Política Nacional de Atendimento Educacional Especializado a Crianças de Zero a Três Anos (Atenção Precoce), viabilizada por meio da criação e da articulação de serviços multiprofissionais e intersetoriais de atenção precoce destinados a potencializar o processo de desenvolvimento e aprendizagem das crianças de 0 (zero) a 3 (três) anos, em cooperação, preferencialmente, com os serviços de saúde e assistência social.

•• § 1.º acrescentado pela Lei n. 14.880, de 4-6-2024.

§ 2.º A Atenção Precoce priorizará as crianças de 0 (zero) a 3 (três) anos que necessitem de atendimento educacional especializado e os bebês que tenham nascido em condição de risco, como os prematuros, os acometidos por asfixia perinatal ou os que apresentem problemas neurológicos, malformações congênitas, síndromes genéticas, entre outros.

•• § 2.º acrescentado pela Lei n. 14.880, de 4-6-2024.

Art. 4.º As políticas públicas voltadas ao atendimento dos direitos da criança na primeira infância serão elaboradas e executadas de forma a:

I – atender ao interesse superior da criança e à sua condição de sujeito de direitos e de cidadã;

II – incluir a participação da criança na definição das ações que lhe digam respeito, em conformidade com suas características etárias e de desenvolvimento;

III – respeitar a individualidade e os ritmos de desenvolvimento das crianças e valorizar a diversidade da infância brasileira, assim como as diferenças entre as crianças em seus contextos sociais e culturais;

IV – reduzir as desigualdades no acesso aos bens e serviços que atendam aos direitos da criança na primeira infância, priorizando o investimento público na promoção da justiça social, da equidade e da inclusão sem discriminação da criança;

V – articular as dimensões ética, humanista e política da criança cidadã com as evidências científicas e a prática profissional no atendimento da primeira infância;

VI – adotar abordagem participativa, envolvendo a sociedade, por meio de suas organizações representativas, os profissionais, os pais e as crianças, no aprimoramento da qualidade das ações e na garantia da oferta dos serviços;

VII – articular as ações setoriais com vistas ao atendimento integral e integrado;

VIII – descentralizar as ações entre os entes da Federação;

IX – promover a formação da cultura de proteção e promoção da criança, com apoio dos meios de comunicação social.

X – promover o desenvolvimento das potencialidades das crianças de 0 (zero) a 3 (três) anos com deficiência, transtornos globais do desenvolvimento, altas habilidades ou superdotação e dos bebês que nasceram em condição de risco, no que se refere aos aspectos físico, cognitivo, psicoafetivo, social e cultural, de forma a priorizar o processo de interação e comunicação mediante atividades significativas e lúdicas;

•• Inciso X acrescentado pela Lei n. 14.880, de 4-6-2024.

XI – garantir o conjunto de serviços, apoios e recursos necessários para atender às necessidades das crianças de 0 (zero) a 3 (três) anos e às necessidades de suas famílias, com vistas à promoção do desenvolvimento infantil pleno e inclusivo, em colaboração interfederativa.

•• Inciso XI acrescentado pela Lei n. 14.880, de 4-6-2024.

Parágrafo único. A participação da criança na formulação das políticas e das ações que lhe dizem respeito tem o objetivo de promover sua inclusão social como cidadã e dar-se-á de acordo com a especificidade de sua idade, devendo ser realizada por profissionais qualificados em processos de escuta adequados às diferentes formas de expressão infantil.

Art. 5.º Constituem áreas prioritárias para as políticas públicas para a primeira infância a saúde, a alimentação e a nutrição, a educação infantil, a convivência familiar e comunitária, a assistência social à família da criança, a cultura, o brincar e o lazer, o espaço e o meio ambiente, bem como a proteção contra toda forma de violência e de pressão consumista, a prevenção de acidentes e a adoção de medidas que evitem a exposição precoce à comunicação mercadológica.

Parágrafo único. Será conferida às crianças de 0 (zero) a 3 (três) anos referidas no § 2.º do art. 3.º desta Lei prioridade absoluta na oferta de serviços, apoios e recursos necessários ao seu pleno desenvolvimento infantil.

•• Parágrafo único acrescentado pela Lei n. 14.880, de 4-6-2024.

Art. 6.º A Política Nacional Integrada para a primeira infância será formulada e implementada mediante abordagem e coordenação intersetorial que articule as diversas políticas setoriais a partir de uma visão abrangente de todos os direitos da criança na primeira infância.

Art. 7.º A União, os Estados, o Distrito Federal e os Municípios poderão instituir, nos respectivos âmbitos, comitê intersetorial de políticas públicas para a primeira infância com a finalidade de assegurar a articulação das ações voltadas à proteção e à promoção dos direitos da criança, garantida a participação social por meio dos conselhos de direitos.

§ 1.º Caberá ao Poder Executivo no âmbito da União, dos Estados, do Distrito Federal e dos Municípios indicar o órgão responsável pela coordenação do comitê intersetorial previsto no *caput* deste artigo.

§ 2.º O órgão indicado pela União nos termos do § 1.º deste artigo manterá permanente articulação com as instâncias de coordenação das ações estaduais, distrital e municipais de atenção à criança na primeira infância, visando à complementaridade das ações e ao cumprimento do dever do Estado na garantia dos direitos da criança.

Art. 8.º O pleno atendimento dos direitos da criança na primeira infância constitui objetivo comum de todos os entes da Federação, segundo as respectivas competências constitucionais e legais, a ser alcançado em regime de colaboração entre a União, os Estados, o Distrito Federal e os Municípios.

Parágrafo único. A União buscará a adesão dos Estados, do Distrito Federal e dos Municípios à abordagem multi e intersetorial no atendimento dos direitos da criança na primeira infância e oferecerá assistência técnica na elaboração de planos estaduais, distrital e municipais para a primeira infância que articulem os diferentes setores.

Art. 9.º As políticas para a primeira infância serão articuladas com as instituições de formação profissional, visando à adequação dos cursos às características e necessidades das crianças e à formação de profissionais qualificados, para possibilitar a expansão com qualidade dos diversos serviços.

Art. 10. Os profissionais que atuam nos diferentes ambientes de execução das políticas e programas destinados à criança na primeira infância terão acesso garantido e prioritário à qualificação, sob a forma de especialização e atualização, em programas que contemplem, entre outros temas, a especificidade da primeira infância, a estratégia da intersetorialidade na promoção do desenvolvimento integral e a prevenção e a proteção contra toda forma de violência contra a criança.

Art. 11. As políticas públicas terão, necessariamente, componentes de monitoramento e coleta sistemática de dados, avaliação periódica dos elementos que constituem a oferta dos serviços à criança e divulgação dos seus resultados.

§ 1.º A União manterá instrumento individual de registro unificado de dados do crescimento e desenvolvimento da criança, assim como sistema informatizado, que inclua as redes pública e privada de saúde, para atendimento ao disposto neste artigo.

§ 2.º A União informará à sociedade a soma dos recursos aplicados anualmente no conjunto dos programas e serviços para a primeira infância e o percentual que os valores representam em relação ao respectivo orçamento realizado, bem como colherá informações sobre os valores aplicados pelos demais entes da Federação.

Art. 12. A sociedade participa solidariamente com a família e o Estado da proteção e da promoção da criança na primeira infância, nos termos do *caput* e do § 7.º do art. 227, combinado com o inciso II do art. 204 da Constituição Federal, entre outras formas:

I – formulando políticas e controlando ações, por meio de organizações representativas;

II – integrando conselhos, de forma paritária com representantes governamentais, com funções de planejamento, acompanhamento, controle social e avaliação;

III – executando ações diretamente ou em parceria com o poder público;

IV – desenvolvendo programas, projetos e ações compreendidos no conceito de responsabilidade social e de investimento social privado;

V – criando, apoiando e participando de redes de proteção e cuidado à criança nas comunidades;

VI – promovendo ou participando de campanhas e ações que visem a aprofundar a consciência social sobre o significado da primeira infância no desenvolvimento do ser humano.

Art. 13. A União, os Estados, o Distrito Federal e os Municípios apoiarão a participação das famílias em redes de proteção e cuidado da criança em seus contextos sociofamiliar e comunitário visando, entre outros objetivos, à formação e ao fortalecimento dos vínculos familiares e comunitários, com prioridade aos contextos que apresentem riscos ao desenvolvimento da criança.

Art. 14. As políticas e programas governamentais de apoio às famílias, incluindo as visitas domiciliares e os programas de promoção da paternidade e maternidade responsáveis, buscarão a articulação das áreas de saúde, nutrição, educação, assistência social, cultura, trabalho, habitação, meio ambiente e direitos humanos, entre outras, com vistas ao desenvolvimento integral da criança.

•• A Lei n. 11.770, de 9-9-2008, faculta a prorrogação da licença-paternidade e da licença-maternidade, mediante concessão de incentivo fiscal.

§ 1.º Os programas que se destinam ao fortalecimento da família no exercício de sua função de cuidado e educação de seus filhos na primeira infância promoverão atividades centradas na criança, focadas na família e baseadas na comunidade.

§ 2.º As famílias identificadas nas redes de saúde, educação e assistência social e nos órgãos do Sistema de Garantia dos Direitos da Criança e do Adolescente que se encontrem em situação de vulnerabilidade e de risco ou com direitos violados para exercer seu papel protetivo de cuidado e educação da criança na primeira infância, bem como as que têm crianças com indicadores de risco ou deficiência, terão prioridade nas políticas sociais públicas.

§ 3.º As gestantes e as famílias com crianças na primeira infância deverão receber orientação e formação sobre maternidade e paternidade responsáveis, aleitamento materno, alimentação complementar saudável, crescimento e desenvolvimento infantil integral, prevenção de acidentes e educação sem uso de castigos físicos, nos termos dos Lei n. 13.010, de 26 de junho de 2014, com o intuito de favorecer a formação e a consolidação de vínculos afetivos e estimular o desenvolvimento integral na primeira infância.

§ 4.º A oferta de programas e de ações de visita domiciliar e de outras modalidades que estimulem o desenvolvimento integral na primeira infância será considerada estratégia de atuação sempre que respaldada pelas políticas públicas sociais e avaliada pela equipe profissional responsável.

§ 5.º Os programas de visita domiciliar voltados ao cuidado e educação na primeira infância deverão contar com profissionais qualificados, apoiados por medidas que assegurem sua permanência e formação continuada.

§ 6.º Os programas de visita domiciliar deverão dar prioridade de atendimento às crianças referidas no § 2.º do art. 3.º desta Lei, com o objetivo de identificar de forma precoce necessidades específicas de atenção e promover o desenvolvimento integral dessas crianças, encaminhadas, inclusive, por meio de serviços estruturados de atenção precoce.

•• § 6.º acrescentado pela Lei n. 14.880, de 4-6-2024.

Art. 15. As políticas públicas criarão condições e meios para que, desde a primeira infância, a criança tenha acesso à produção cultural e seja reconhecida como produtora de cultura.

Art. 16. A expansão da educação infantil deverá ser feita de maneira a assegurar a qualidade da oferta, com instalações e equipamentos que obedeçam a padrões de infraestrutura estabelecidos pelo Ministério da Educação, com profissionais qualificados conforme dispõe a Lei n. 9.394, de 20 de dezembro de 1996 (Lei de Diretrizes e Bases da Educação Nacional), e com currículo e materiais pedagógicos adequados à proposta pedagógica.

§ 1.º A expansão da educação infantil das crianças de 0 (zero) a 3 (três) anos de idade, no cumprimento da meta do Plano Nacional de Educação, atenderá aos critérios definidos no território nacional pelo competente sistema de ensino, em articulação com as demais políticas sociais.

•• Parágrafo único renumerado pela Lei n. 14.880, de 4-6-2024.

§ 2.º Os serviços de atenção precoce atinentes à faixa etária de 0 (zero) a 3 (três) anos, expressão do atendimento educacional especializado em uma perspectiva inclusiva, serão realizados em espaços físicos adequados ou adaptados às necessidades da criança, que contarão com infraestrutura e recursos pedagógicos e de acessibilidade apropriados ao trabalho a ser desenvolvido, bem como com profissionais qualificados.

•• § 2.º acrescentado pela Lei n. 14.880, de 4-6-2024.

§ 3.º Os serviços de atenção precoce e sua operacionalização deverão ter como eixos a perspectiva inclusiva e o processo de aprendizagem global das crianças e deverão fixar objetivos pedagógicos, enfatizar a construção do conhecimento e desenvolver trabalhos coletivos direcionados à aquisição de competências humanas e sociais.

•• § 3.º acrescentado pela Lei n. 14.880, de 4-6-2024.

Art. 17. A União, os Estados, o Distrito Federal e os Municípios deverão organizar e estimular a criação de espaços lúdicos que propiciem o bem-estar, o brincar e o exercício da criatividade em locais públicos e privados onde haja circulação de crianças, bem como a fruição de ambientes livres e seguros em suas comunidades.

Art. 18. O art. 3.º da Lei n. 8.069, de 13 de julho de 1990 (Estatuto da Criança e do Adolescente), passa a vigorar acrescido do seguinte parágrafo único:

•• Alteração já processada no diploma modificado.

Art. 19. O art. 8.º da Lei n. 8.069, de 13 de julho de 1990, passa a vigorar com a seguinte redação:

•• Alteração já processada no diploma modificado.

Art. 20. O art. 9.º da Lei n. 8.069, de 13 de julho de 1990, passa a vigorar acrescido dos seguintes §§ 1.º e 2.º:

•• Alteração já processada no diploma modificado.

Art. 21. O art. 11 da Lei n. 8.069, de 13 de julho de 1990, passa a vigorar com a seguinte redação:

•• Alteração já processada no diploma modificado.

Art. 22. O art. 12 da Lei n. 8.069, de 13 de julho de 1990, passa a vigorar com a seguinte redação:

•• Alteração já processada no diploma modificado.

Art. 23. O art. 13 da Lei n. 8.069, de 13 de julho de 1990, passa a vigorar acrescido do seguinte § 2.º, numerando-se o atual parágrafo único como § 1.º:

•• Alteração já processada no diploma modificado.

Art. 24. O art. 14 da Lei n. 8.069, de 13 de julho de 1990, passa a vigorar acrescido dos seguintes §§ 2.º, 3.º e 4.º, numerando-se o atual parágrafo único como § 1.º:

•• Alteração já processada no diploma modificado.

Art. 25. O art. 19 da Lei n. 8.069, de 13 de julho de 1990, passa a vigorar com a seguinte redação:

•• Alteração já processada no diploma modificado.

Art. 26. O art. 22 da Lei n. 8.069, de 13 de julho de 1990, passa a vigorar acrescido do seguinte parágrafo único:

•• Alteração já processada no diploma modificado.

Art. 27. O § 1.º do art. 23 da Lei n. 8.069, de 13 de julho de 1990, passa a vigorar com a seguinte redação:

•• Alteração já processada no diploma modificado.

Art. 28. O art. 34 da Lei n. 8.069, de 13 de julho de 1990, passa a vigorar acrescido dos seguintes §§ 3.º e 4.º:

•• Alteração já processada no diploma modificado.

Art. 29. O inciso II do art. 87 da Lei n. 8.069, de 13 de julho de 1990, passa a vigorar com a seguinte redação:

•• Alteração já processada no diploma modificado.

Art. 30. O art. 88 da Lei n. 8.069, de 13 de julho de 1990, passa a vigorar acrescido dos seguintes incisos VIII, IX e X:

•• Alteração já processada no diploma modificado.

Art. 31. O art. 92 da Lei n. 8.069, de 13 de julho de 1990, passa a vigorar acrescido do seguinte § 7.º:

•• Alteração já processada no diploma modificado.

Art. 32. O inciso IV do *caput* do art. 101 da Lei n. 8.069, de 13 de julho de 1990, passa a vigorar com a seguinte redação:

•• Alteração já processada no diploma modificado.

Art. 33. O art. 102 da Lei n. 8.069, de 13 de julho de 1990, passa a vigorar acrescido dos seguintes §§ 5.º e 6.º:

•• Alteração já processada no diploma modificado.

Art. 34. O inciso I do art. 129 da Lei n. 8.069, de 13 de julho de 1990, passa a vigorar com a seguinte redação:

•• Alteração já processada no diploma modificado.

Art. 35. Os §§ 1.º-A e 2.º do art. 260 da Lei n. 8.069, de 13 de julho de 1990, passam a vigorar com a seguinte redação:

•• Alteração já processada no diploma modificado.

Art. 36. A Lei n. 8.069, de 13 de julho de 1990, passa a vigorar acrescida do seguinte art. 265-A:

•• Alteração já processada no diploma modificado.

....

Art. 39. O Poder Executivo, com vistas ao cumprimento do disposto no inciso II do *caput* do art. 5.º e nos arts. 12 e 14 da Lei Complementar n. 101, de 4 de maio de 2000, estimará o montante da renúncia fiscal decorrente do disposto no art. 38 desta Lei e o incluirá no demonstrativo a que se refere o § 6.º do art. 165 da Constituição Federal, que acompanhará o projeto de lei orçamentária cuja apresentação se der após decorridos 60 (sessenta) dias da publicação desta Lei.

Art. 40. Os arts. 38 e 39 desta Lei produzem efeitos a partir do primeiro dia do exercício subsequente àquele em que for implementado o disposto no art. 39.

....

Art. 42. O art. 5.º da Lei n. 12.662, de 5 de junho de 2012, passa a vigorar acrescido dos seguintes §§ 3.º e 4.º:

•• Alteração já processada no diploma modificado.

Art. 43. Esta Lei entra em vigor na data de sua publicação.

Brasília, 8 de março de 2016; 195.º da Independência e 128.º da República.

DILMA ROUSSEFF

DECRETO N. 8.771, DE 11 DE MAIO DE 2016 (*)

Regulamenta a Lei n. 12.965, de 23 de abril de 2014, para tratar das hipóteses admitidas de discriminação de pacotes de dados na internet e de degradação de tráfego, indicar procedimentos para guarda e proteção de dados por provedores de conexão e de aplicações, apontar medidas de transparência na requisição de dados cadastrais pela administração pública e estabelecer parâmetros para fiscalização e apuração de infrações.

A Presidenta da República, no uso da atribuição que lhe confere o art. 84, *caput*, inciso IV, da Constituição, e tendo em vista o disposto na Lei n. 12.965, de 23 de abril de 2014, decreta:

Capítulo I
DISPOSIÇÕES GERAIS

Art. 1.º Este Decreto trata das hipóteses admitidas de discriminação de pacotes de dados na internet e de

_____
(*) Publicado no *DOU*, de 11-5-2016 – Edição Extra.

degradação de tráfego, indica procedimentos para guarda e proteção de dados por provedores de conexão e de aplicações, aponta medidas de transparência na requisição de dados cadastrais pela administração pública e estabelece parâmetros para fiscalização e apuração de infrações contidas na Lei n. 12.965, de 23 de abril de 2014.

Art. 2.º O disposto neste Decreto se destina aos responsáveis pela transmissão, pela comutação ou pelo roteamento e aos provedores de conexão e de aplicações de internet, definida nos termos do inciso I do *caput* do art. 5.º da Lei n. 12.965, de 2014.

Parágrafo único. O disposto neste Decreto não se aplica:

I – aos serviços de telecomunicações que não se destinem ao provimento de conexão de internet; e

II – aos serviços especializados, entendidos como serviços otimizados por sua qualidade assegurada de serviço, de velocidade ou de segurança, ainda que utilizem protocolos lógicos TCP/IP ou equivalentes, desde que:

a) não configurem substituto à internet em seu caráter público e irrestrito; e

b) sejam destinados a grupos específicos de usuários com controle estrito de admissão.

Capítulo II
DA NEUTRALIDADE DE REDE

Art. 3.º A exigência de tratamento isonômico de que trata o art. 9.º da Lei n. 12.965, de 2014, deve garantir a preservação do caráter público e irrestrito do acesso à internet e os fundamentos, princípios e objetivos do uso da internet no País, conforme previsto na Lei n. 12.965, de 2014.

Art. 4.º A discriminação ou a degradação de tráfego são medidas excepcionais, na medida em que somente poderão decorrer de requisitos técnicos indispensáveis à prestação adequada de serviços e aplicações ou da priorização de serviços de emergência, sendo necessário o cumprimento de todos os requisitos dispostos no art. 9.º, § 2.º, da Lei n. 12.965, de 2014.

Art. 5.º Os requisitos técnicos indispensáveis à prestação adequada de serviços e aplicações devem ser observados pelo responsável de atividades de transmissão, de comutação ou de roteamento, no âmbito de sua respectiva rede, e têm como objetivo manter sua estabilidade, segurança, integridade e funcionalidade.

§ 1.º Os requisitos técnicos indispensáveis apontados no *caput* são aqueles decorrentes de:

I – tratamento de questões de segurança de redes, tais como restrição ao envio de mensagens em massa (*spam*) e controle de ataques de negação de serviço; e

II – tratamento de situações excepcionais de congestionamento de redes, tais como rotas alternativas em casos de interrupções da rota principal e em situações de emergência.

§ 2.º A Agência Nacional de Telecomunicações – Anatel atuará na fiscalização e na apuração de infrações quanto aos requisitos técnicos elencados neste artigo, consideradas as diretrizes estabelecidas pelo Comitê Gestor da Internet – CGIbr.

Art. 6.º Para a adequada prestação de serviços e aplicações na internet, é permitido o gerenciamento de redes com o objetivo de preservar sua estabilidade, segurança e funcionalidade, utilizando-se apenas de medidas técnicas compatíveis com os padrões internacionais, desenvolvidos para o bom funcionamento da internet, e observados os parâmetros regulatórios expedidos pela Anatel e consideradas as diretrizes estabelecidas pelo CGIbr.

Art. 7.º O responsável pela transmissão, pela comutação ou pelo roteamento deverá adotar medidas de transparência para explicitar ao usuário os motivos do gerenciamento que implique a discriminação ou a degradação de que trata o art. 4.º, tais como:

I – a indicação nos contratos de prestação de serviço firmado com usuários finais ou provedores de aplicação; e

II – a divulgação de informações referentes às práticas de gerenciamento adotadas em seus sítios eletrônicos, por meio de linguagem de fácil compreensão.

Parágrafo único. As informações de que trata esse artigo deverão conter, no mínimo:

I – a descrição dessas práticas;

II – os efeitos de sua adoção para a qualidade de experiência dos usuários; e

III – os motivos e a necessidade da adoção dessas práticas.

Art. 8.º A degradação ou a discriminação decorrente da priorização de serviços de emergência somente poderá decorrer de:

I – comunicações destinadas aos prestadores dos serviços de emergência, ou comunicação entre eles, conforme previsto na regulamentação da Agência Nacional de Telecomunicações – Anatel; ou

II – comunicações necessárias para informar a população em situações de risco de desastre, de emergência ou de estado de calamidade pública.

Parágrafo único. A transmissão de dados nos casos elencados neste artigo será gratuita.

Art. 9.º Ficam vedadas condutas unilaterais ou acordos entre o responsável pela transmissão, pela comutação ou pelo roteamento e os provedores de aplicação que:

I – comprometam o caráter público e irrestrito do acesso à internet e os fundamentos, os princípios e os objetivos do uso da internet no País;

II – priorizem pacotes de dados em razão de arranjos comerciais; ou

III – privilegiem aplicações ofertadas pelo próprio responsável pela transmissão, pela comutação ou pelo roteamento ou por empresas integrantes de seu grupo econômico.

Art. 10. As ofertas comerciais e os modelos de cobrança de acesso à internet devem preservar uma internet única, de natureza aberta, plural e diversa, compreendida como um meio para a promoção do desenvolvimento humano, econômico, social e cultural, contribuindo para a construção de uma sociedade inclusiva e não discriminatória.

Capítulo III
DA PROTEÇÃO AOS REGISTROS, AOS DADOS PESSOAIS E ÀS COMUNICAÇÕES PRIVADAS

Seção I
Da Requisição de Dados Cadastrais

Art. 11. As autoridades administrativas a que se refere o art. 10, § 3.º, da Lei n. 12.965, de 2014, indicarão o fundamento legal de competência expressa para o acesso e a motivação para o pedido de acesso aos dados cadastrais.

§ 1.º O provedor que não coletar dados cadastrais deverá informar tal fato à autoridade solicitante, ficando desobrigado de fornecer tais dados.

§ 2.º São considerados dados cadastrais:

I – a filiação;

II – o endereço; e

III – a qualificação pessoal, entendida como nome, prenome, estado civil e profissão do usuário.

§ 3.º Os pedidos de que trata o *caput* devem especificar os indivíduos cujos dados estão sendo requeridos e as informações desejadas, sendo vedados pedidos coletivos que sejam genéricos ou inespecíficos.

Art. 12. A autoridade máxima de cada órgão da administração pública federal publicará anualmente em seu sítio na internet relatórios estatísticos de requisição de dados cadastrais, contendo:

I – o número de pedidos realizados;

II – a listagem dos provedores de conexão ou de acesso a aplicações aos quais os dados foram requeridos;

III – o número de pedidos deferidos e indeferidos pelos provedores de conexão e de acesso a aplicações; e

IV – o número de usuários afetados por tais solicitações.

Seção II
Padrões de Segurança e Sigilo dos Registros, Dados Pessoais e Comunicações Privadas

Art. 13. Os provedores de conexão e de aplicações devem, na guarda, armazenamento e tratamento de dados pessoais e comunicações privadas, observar as seguintes diretrizes sobre padrões de segurança:

I – o estabelecimento de controle estrito sobre o acesso aos dados mediante a definição de responsabilidades das pessoas que terão possibilidade de acesso e de privilégios de acesso exclusivo para determinados usuários;

II – a previsão de mecanismos de autenticação de acesso aos registros, usando, por exemplo, sistemas de autenticação dupla para assegurar a individualização do responsável pelo tratamento dos registros;

III – a criação de inventário detalhado dos acessos aos registros de conexão e de acesso a aplicações, contendo o momento, a duração, a identidade do funcionário ou do responsável pelo acesso designado pela empresa e o arquivo acessado, inclusive para cumprimento do disposto no art. 11, § 3.º, da Lei n. 12.965, de 2014; e

IV – o uso de soluções de gestão dos registros por meio de técnicas que garantam a inviolabilidade dos dados, como encriptação ou medidas de proteção equivalentes.

§ 1.º Cabe ao CGIbr promover estudos e recomendar procedimentos, normas e padrões técnicos e operacionais para o disposto nesse artigo, de acordo com as especificidades e o porte dos provedores de conexão e de aplicação.

§ 2.º Tendo em vista o disposto nos incisos VII a X do *caput* do art. 7.º da Lei n. 12.965, de 2014, os provedores de conexão e aplicações devem reter a menor quantidade possível de dados pessoais, comunicações privadas e registros de conexão e acesso a aplicações, os quais deverão ser excluídos:

I – tão logo atingida a finalidade de seu uso; ou

II – se encerrado o prazo determinado por obrigação legal.

Art. 14. Para os fins do disposto neste Decreto, considera-se:

I – dado pessoal – dado relacionado à pessoa natural identificada ou identificável, inclusive números identificativos, dados locacionais ou identificadores eletrônicos, quando estes estiverem relacionados a uma pessoa; e

II – tratamento de dados pessoais – toda operação realizada com dados pessoais, como as que se referem a coleta, produção, recepção, classificação, utilização, acesso, reprodução, transmissão, distribuição, processamento, arquivamento, armazenamento, eliminação, avaliação ou controle da informação, modificação, comunicação, transferência, difusão ou extração.

Art. 15. Os dados de que trata o art. 11 da Lei n. 12.965, de 2014, deverão ser mantidos em formato interoperável e estruturado, para facilitar o acesso decorrente de decisão judicial ou determinação legal, respeitadas as diretrizes elencadas no art. 13 deste Decreto.

Art. 16. As informações sobre os padrões de segurança adotados pelos provedores de aplicação e provedores de conexão devem ser divulgadas de forma clara e acessível a qualquer interessado, preferencialmente por meio de seus sítios na internet, respeitado o direito de confidencialidade quanto aos segredos empresariais.

Capítulo IV
DA FISCALIZAÇÃO E DA TRANSPARÊNCIA

Art. 17. A Anatel atuará na regulação, na fiscalização e na apuração de infrações, nos termos da Lei n. 9.472, de 16 de julho de 1997.

Art. 18. A Secretaria Nacional do Consumidor atuará na fiscalização e na apuração de infrações, nos termos da Lei n. 8.078, de 11 de setembro de 1990.

Art. 19. A apuração de infrações à ordem econômica ficará a cargo do Sistema Brasileiro de Defesa da Concorrência, nos termos da Lei n. 12.529, de 30 de novembro de 2011.

Art. 20. Os órgãos e as entidades da administração pública federal com competências específicas quanto aos assuntos relacionados a este Decreto atuarão de forma colaborativa, consideradas as diretrizes do CGIbr, e deverão zelar pelo cumprimento da legislação brasileira, inclusive quanto à aplicação das sanções cabíveis, mesmo que as atividades sejam realizadas por pessoa jurídica sediada no exterior, nos termos do art. 11 da Lei n. 12.965, de 2014.

Art. 21. A apuração de infrações à Lei n. 12.965, de 2014, e a este Decreto atenderá aos procedimentos internos de cada um dos órgãos fiscalizatórios e poderá ser iniciada de ofício ou mediante requerimento de qualquer interessado.

Art. 22. Este Decreto entra em vigor trinta dias após a data de sua publicação.

Brasília, 11 de maio de 2016; 195.º da Independência e 128.º da República.

DILMA ROUSSEFF

LEI N. 13.431, DE 4 DE ABRIL DE 2017 (*)

Estabelece o sistema de garantia de direitos da criança e do adolescente vítima ou testemunha de violência e altera a Lei n. 8.069, de 13 de julho de 1990 (Estatuto da Criança e do Adolescente).

O Presidente da República

Faço saber que o Congresso Nacional decreta e eu sanciono a seguinte Lei:

(*) Publicada no *DOU*, de 5-4-2017, em vigor 1 (um) ano após sua publicação. Regulamentada pelo Decreto n. 9.603, de 10-12-2018.

TÍTULO I
DISPOSIÇÕES GERAIS

Art. 1.º Esta Lei normatiza e organiza o sistema de garantia de direitos da criança e do adolescente vítima ou testemunha de violência, cria mecanismos para prevenir e coibir a violência, nos termos do art. 227 da Constituição Federal, da Convenção sobre os Direitos da Criança e seus protocolos adicionais, da Resolução n. 20/2005 do Conselho Econômico e Social das Nações Unidas e de outros diplomas internacionais, e estabelece medidas de assistência e proteção à criança e ao adolescente em situação de violência.

•• A Resolução n. 299, de 5-11-2019, do CNJ, dispõe sobre o sistema de garantia de direitos da criança e do adolescente vítima ou testemunha de violência, de que trata esta Lei.

•• A Resolução n. 287, de 12-3-2024, do CNMP, dispõe sobre a atuação integrada do Ministério Público para a efetiva defesa e proteção das crianças e adolescentes vítimas ou testemunhas de violência.

Art. 2.º A criança e o adolescente gozam dos direitos fundamentais inerentes à pessoa humana, sendo-lhes asseguradas a proteção integral e as oportunidades e facilidades para viver sem violência e preservar sua saúde física e mental e seu desenvolvimento moral, intelectual e social, e gozam de direitos específicos à sua condição de vítima ou testemunha.

Parágrafo único. A União, os Estados, o Distrito Federal e os Municípios desenvolverão políticas integradas e coordenadas que visem a garantir os direitos humanos da criança e do adolescente no âmbito das relações domésticas, familiares e sociais, para resguardá-los de toda forma de negligência, discriminação, exploração, violência, abuso, crueldade e opressão.

Art. 3.º Na aplicação e interpretação desta Lei, serão considerados os fins sociais a que ela se destina e, especialmente, as condições peculiares da criança e do adolescente como pessoas em desenvolvimento, às quais o Estado, a família e a sociedade devem assegurar a fruição dos direitos fundamentais com absoluta prioridade.

Parágrafo único. A aplicação desta Lei é facultativa para as vítimas e testemunhas de violência entre 18 (dezoito) e 21 (vinte e um) anos, conforme disposto no parágrafo único do art. 2.º da Lei n. 8.069, de 13 de julho de 1990 (Estatuto da Criança e do Adolescente).

Art. 4.º Para os efeitos desta Lei, sem prejuízo da tipificação das condutas criminosas, são formas de violência:

I – violência física, entendida como a ação infligida à criança ou ao adolescente que ofenda sua integridade ou saúde corporal ou que lhe cause sofrimento físico;

II – violência psicológica:

a) qualquer conduta de discriminação, depreciação ou desrespeito em relação à criança ou ao adolescente mediante ameaça, constrangimento, humilhação, manipulação, isolamento, agressão verbal e xingamento, ridicularização, indiferença, exploração ou intimidação sistemática (*bullying*) que possa comprometer seu desenvolvimento psíquico ou emocional;

• *Vide* Lei n. 13.185, de 6-11-2015, que institui o Programa de Combate à Intimidação Sistêmica (*bullying*).

b) o ato de alienação parental, assim entendido como a interferência na formação psicológica da criança ou do adolescente, promovida ou induzida por um dos genitores, pelos avós ou por quem os tenha sob sua autoridade, guarda ou vigilância, que leve ao repúdio de genitor ou que cause prejuízo ao estabelecimento ou à manutenção de vínculo com este;

• *Vide* Lei n. 12.318, de 26-8-2010, que dispõe sobre alienação parental.

c) qualquer conduta que exponha a criança ou o adolescente, direta ou indiretamente, a crime violento contra membro de sua família ou de sua rede de apoio, independentemente do ambiente em que cometido, particularmente quando isto a torna testemunha;

III – violência sexual, entendida como qualquer conduta que constranja a criança ou o adolescente a praticar ou presenciar conjunção carnal ou qualquer outro ato libidinoso, inclusive exposição do corpo em foto ou vídeo por meio eletrônico ou não, que compreenda:

a) abuso sexual, entendido como toda ação que se utiliza da criança ou do adolescente para fins sexuais, seja conjunção carnal ou outro ato libidinoso, realizado de modo presencial ou por meio eletrônico, para estimulação sexual do agente ou de terceiro;

b) exploração sexual comercial, entendida como o uso da criança ou do adolescente em atividade sexual em troca de remuneração ou qualquer outra forma de compensação, de forma independente ou sob patrocínio, apoio ou incentivo de terceiro, seja de modo presencial ou por meio eletrônico;

Lei n. 13.431, de 4-4-2017 — **Criança e Adolescente**

c) tráfico de pessoas, entendido como o recrutamento, o transporte, a transferência, o alojamento ou o acolhimento da criança ou do adolescente, dentro do território nacional ou para o estrangeiro, com o fim de exploração sexual, mediante ameaça, uso de força ou outra forma de coação, rapto, fraude, engano, abuso de autoridade, aproveitamento de situação de vulnerabilidade ou entrega ou aceitação de pagamento, entre os casos previstos na legislação;

•• A Lei n. 13.344, de 6-10-2016, dispõe sobre prevenção e repressão ao tráfico interno e internacional de pessoas.
•• *Vide* art. 239 do ECA.

IV – violência institucional, entendida como a praticada por instituição pública ou conveniada, inclusive quando gerar revitimização;

V – violência patrimonial, entendida como qualquer conduta que configure retenção, subtração, destruição parcial ou total de seus documentos pessoais, bens, valores e direitos ou recursos econômicos, incluídos os destinados a satisfazer suas necessidades, desde que a medida não se enquadre como educacional.

•• Inciso V acrescentado pela Lei n. 14.344, de 24-5-2022.

§ 1.º Para os efeitos desta Lei, a criança e o adolescente serão ouvidos sobre a situação de violência por meio de escuta especializada e depoimento especial.

§ 2.º Os órgãos de saúde, assistência social, educação, segurança pública e justiça adotarão os procedimentos necessários por ocasião da revelação espontânea da violência.

§ 3.º Na hipótese de revelação espontânea da violência, a criança e o adolescente serão chamados a confirmar os fatos na forma especificada no § 1.º deste artigo, salvo em caso de intervenções de saúde.

§ 4.º O não cumprimento do disposto nesta Lei implicará a aplicação das sanções previstas na Lei n. 8.069, de 13 de julho de 1990 (Estatuto da Criança e do Adolescente).

Título II
DOS DIREITOS E GARANTIAS

Art. 5.º A aplicação desta Lei, sem prejuízo dos princípios estabelecidos nas demais normas nacionais e internacionais de proteção dos direitos da criança e do adolescente, terá como base, entre outros, os direitos e garantias fundamentais da criança e do adolescente a:

I – receber prioridade absoluta e ter considerada a condição peculiar de pessoa em desenvolvimento;

II – receber tratamento digno e abrangente;

III – ter a intimidade e as condições pessoais protegidas quando vítima ou testemunha de violência;

IV – ser protegido contra qualquer tipo de discriminação, independentemente de classe, sexo, raça, etnia, renda, cultura, nível educacional, idade, religião, nacionalidade, procedência regional, regularidade migratória, deficiência ou qualquer outra condição sua, de seus pais ou de seus representantes legais;

V – receber informação adequada à sua etapa de desenvolvimento sobre direitos, inclusive sociais, serviços disponíveis, representação jurídica, medidas de proteção, reparação de danos e qualquer procedimento a que seja submetido;

VI – ser ouvido e expressar seus desejos e opiniões, assim como permanecer em silêncio;

VII – receber assistência qualificada jurídica e psicossocial especializada, que facilite a sua participação e o resguarde contra comportamento inadequado adotado pelos demais órgãos atuantes no processo;

VIII – ser resguardado e protegido de sofrimento, com direito a apoio, planejamento de sua participação, prioridade na tramitação do processo, celeridade processual, idoneidade do atendimento e limitação das intervenções;

IX – ser ouvido em horário que lhe for mais adequado e conveniente, sempre que possível;

X – ter segurança, com avaliação contínua sobre possibilidades de intimidação, ameaça e outras formas de violência;

XI – ser assistido por profissional capacitado e conhecer os profissionais que participam dos procedimentos de escuta especializada e depoimento especial;

XII – ser reparado quando seus direitos forem violados;

XIII – conviver em família e em comunidade;

XIV – ter as informações prestadas tratadas confidencialmente, sendo vedada a utilização ou o repasse a terceiro das declarações feitas pela criança e pelo adolescente vítima, salvo para os fins de assistência à saúde e de persecução penal;

XV – prestar declarações em formato adaptado à criança e ao adolescente com deficiência ou em idioma diverso do português.

Parágrafo único. O planejamento referido no inciso VIII, no caso de depoimento especial, será realizado entre os profissionais especializados e o juízo.

Art. 6.º A criança e o adolescente vítima ou testemunha de violência têm direito a pleitear, por meio de seu representante legal, medidas protetivas contra o autor da violência.

Parágrafo único. Os casos omissos nesta Lei serão interpretados à luz do disposto na Lei n. 8.069, de 13 de julho de 1990 (Estatuto da Criança e do Adolescente), na Lei n. 11.340, de 7 de agosto de 2006 (Lei Maria da Penha), e em normas conexas.

Título III
DA ESCUTA ESPECIALIZADA E DO DEPOIMENTO ESPECIAL

Art. 7.º Escuta especializada é o procedimento de entrevista sobre situação de violência com criança ou adolescente perante órgão da rede de proteção, limitado o relato estritamente ao necessário para o cumprimento de sua finalidade.

Art. 8.º Depoimento especial é o procedimento de oitiva de criança ou adolescente vítima ou testemunha de violência perante autoridade policial ou judiciária.

Art. 9.º A criança ou o adolescente será resguardado de qualquer contato, ainda que visual, com o suposto autor ou acusado, ou com outra pessoa que represente ameaça, coação ou constrangimento.

Art. 10. A escuta especializada e o depoimento especial serão realizados em local apropriado e acolhedor, com infraestrutura e espaço físico que garantam a privacidade da criança ou do adolescente vítima ou testemunha de violência.

Art. 11. O depoimento especial reger-se-á por protocolos e, sempre que possível, será realizado uma única vez, em sede de produção antecipada de prova judicial, garantida a ampla defesa do investigado.

§ 1.º O depoimento especial seguirá o rito cautelar de antecipação de prova:

I – quando a criança ou o adolescente tiver menos de 7 (sete) anos;

II – em caso de violência sexual.

§ 2.º Não será admitida a tomada de novo depoimento especial, salvo quando justificada a sua imprescindibilidade pela autoridade competente e houver a concordância da vítima ou da testemunha, ou de seu representante legal.

Art. 12. O depoimento especial será colhido conforme o seguinte procedimento:

I – os profissionais especializados esclarecerão à criança ou o adolescente sobre a tomada do depoimento especial, informando-lhe os seus direitos e os procedimentos a serem adotados e planejando sua participação, sendo vedada a leitura da denúncia ou de outras peças processuais;

II – é assegurada à criança ou ao adolescente a livre narrativa sobre a situação de violência, podendo o profissional especializado intervir quando necessário, utilizando técnicas que permitam a elucidação dos fatos;

III – no curso do processo judicial, o depoimento especial será transmitido em tempo real para a sala de audiência, preservado o sigilo;

IV – findo o procedimento previsto no inciso II deste artigo, o juiz, após consultar o Ministério Público, o defensor e os assistentes técnicos, avaliará a pertinência de perguntas complementares, organizadas em bloco;

V – o profissional especializado poderá adaptar as perguntas à linguagem de melhor compreensão da criança ou do adolescente;

VI – o depoimento especial será gravado em áudio e vídeo.

§ 1.º À vítima ou testemunha de violência é garantido o direito de prestar depoimento diretamente ao juiz, se assim o entender.

§ 2.º O juiz tomará todas as medidas apropriadas para a preservação da intimidade e da privacidade da vítima ou testemunha.

§ 3.º O profissional especializado comunicará ao juiz se verificar que a presença, na sala de audiência, do autor da violência pode prejudicar o depoimento especial ou colocar o depoente em situação de risco, caso em que, fazendo constar em termo, será autorizado o afastamento do imputado.

§ 4.º Nas hipóteses em que houver risco à vida ou à integridade física da vítima ou testemunha, o juiz tomará as medidas de proteção cabíveis, inclusive a restrição do disposto nos incisos III e VI deste artigo.

§ 5.º As condições de preservação e de segurança da mídia relativa ao depoimento da criança ou do adolescente serão objeto de regulamentação, de forma a garantir o direito à intimidade e à privacidade da vítima ou testemunha.

§ 6.º O depoimento especial tramitará em segredo de justiça.

TÍTULO IV
DA INTEGRAÇÃO DAS POLÍTICAS DE ATENDIMENTO

Capítulo I
DISPOSIÇÕES GERAIS

Art. 13. Qualquer pessoa que tenha conhecimento ou presencie ação ou omissão, praticada em local público ou privado, que constitua violência contra criança ou adolescente tem o dever de comunicar o fato imediatamente ao serviço de recebimento e monitoramento de denúncias, ao conselho tutelar ou à autoridade policial, os quais, por sua vez, cientificarão imediatamente o Ministério Público.

- *Vide* art. 245 do ECA.

Parágrafo único. A União, os Estados, o Distrito Federal e os Municípios poderão promover, periodicamente, campanhas de conscientização da sociedade, promovendo a identificação das violações de direitos e garantias de crianças e adolescentes e a divulgação dos serviços de proteção e dos fluxos de atendimento, como forma de evitar a violência institucional.

Art. 14. As políticas implementadas nos sistemas de justiça, segurança pública, assistência social, educação e saúde deverão adotar ações articuladas, coordenadas e efetivas voltadas ao acolhimento e ao atendimento integral às vítimas de violência.

§ 1.º As ações de que trata o *caput* observarão as seguintes diretrizes:

I – abrangência e integralidade, devendo comportar avaliação e atenção de todas as necessidades da vítima decorrentes da ofensa sofrida;

II – capacitação interdisciplinar continuada, preferencialmente conjunta, dos profissionais;

III – estabelecimento de mecanismos de informação, referência, contrarreferência e monitoramento;

IV – planejamento coordenado do atendimento e do acompanhamento, respeitadas as especificidades da vítima ou testemunha e de suas famílias;

V – celeridade do atendimento, que deve ser realizado imediatamente – ou tão logo quanto possível – após a revelação da violência;

VI – priorização do atendimento em razão da idade ou de eventual prejuízo ao desenvolvimento psicossocial, garantida a intervenção preventiva;

VII – mínima intervenção dos profissionais envolvidos; e

VIII – monitoramento e avaliação periódica das políticas de atendimento.

§ 2.º Nos casos de violência sexual, cabe ao responsável da rede de proteção garantir a urgência e a celeridade necessárias ao atendimento de saúde e à produção probatória, preservada a confidencialidade.

Art. 15. A União, os Estados, o Distrito Federal e os Municípios poderão criar serviços de atendimento, de ouvidoria ou de resposta, pelos meios de comunicação disponíveis, integrados às redes de proteção, para receber denúncias de violações de direitos de crianças e adolescentes.

Parágrafo único. As denúncias recebidas serão encaminhadas:

I – à autoridade policial do local dos fatos, para apuração;

II – ao conselho tutelar, para aplicação de medidas de proteção;

III – ao Ministério Público, nos casos que forem de sua atribuição específica.

Art. 16. O poder público poderá criar programas, serviços ou equipamentos que proporcionem atenção e atendimento integral e interinstitucional às crianças e adolescentes vítimas ou testemunhas de violência, compostos por equipes multidisciplinares especializadas.

Parágrafo único. Os programas, serviços ou equipamentos públicos poderão contar com delegacias especializadas, serviços de saúde, perícia médico-legal, serviços socioassistenciais, varas especializadas, Ministério Público e Defensoria Pública, entre outros possíveis de integração, e deverão estabelecer parcerias em caso de indisponibilidade de serviços de atendimento.

Capítulo II
DA SAÚDE

Art. 17. A União, os Estados, o Distrito Federal e os Municípios poderão criar, no âmbito do Sistema Único de Saúde (SUS), serviços para atenção integral à criança e ao adolescente em situação de violência, de forma a garantir o atendimento acolhedor.

Art. 18. A coleta, guarda provisória e preservação de material com vestígios de violência serão realizadas pelo Instituto Médico Legal (IML) ou por serviço credenciado do sistema de saúde mais próximo, que entregará o material para perícia imediata, observado o disposto no art. 5.º desta Lei.

Capítulo III
DA ASSISTÊNCIA SOCIAL

Art. 19. A União, os Estados, o Distrito Federal e os Municípios poderão estabelecer, no âmbito do Sistema Único de Assistência Social (Suas), os seguintes procedimentos:

I – elaboração de plano individual e familiar de atendimento, valorizando a participação da criança e do adolescente e, sempre que possível, a preservação dos vínculos familiares;

II – atenção à vulnerabilidade indireta dos demais membros da família decorrente da situação de violência, e solicitação, quando necessário, aos órgãos competentes, de inclusão da vítima ou testemunha e de suas famílias nas políticas, programas e serviços existentes;

III – avaliação e atenção às situações de intimidação, ameaça, constrangimento ou discriminação decorrentes da vitimização, inclusive durante o trâmite do processo judicial, as quais deverão ser comunicadas imediatamente à autoridade judicial para tomada de providências; e

IV – representação ao Ministério Público, nos casos de falta de responsável legal com capacidade protetiva em razão da situação de violência, para colocação da criança ou do adolescente sob os cuidados da família extensa, de família substituta ou de serviço de acolhimento familiar ou, em sua falta, institucional.

Capítulo IV
DA SEGURANÇA PÚBLICA

Art. 20. O poder público poderá criar delegacias especializadas no atendimento de crianças e adolescentes vítimas de violência.

§ 1.º Na elaboração de suas propostas orçamentárias, as unidades da Federação alocarão recursos para manutenção de equipes multidisciplinares destinadas a assessorar as delegacias especializadas.

§ 2.º Até a criação do órgão previsto no *caput* deste artigo, a vítima será encaminhada prioritariamente a delegacia especializada em temas de direitos humanos.

§ 3.º A tomada de depoimento especial da criança ou do adolescente vítima ou testemunha de violência observará o disposto no art. 14 desta Lei.

Art. 21. Constatado que a criança ou o adolescente está em risco, a autoridade policial requisitará à autoridade judicial responsável, em qualquer momento dos procedimentos de investigação e responsabilização dos suspeitos, as medidas de proteção pertinentes, entre as quais:

I – evitar o contato direto da criança ou do adolescente vítima ou testemunha de violência com o suposto autor da violência;

II – solicitar o afastamento cautelar do investigado da residência ou local de convivência, em se tratando de pessoa que tenha contato com a criança ou o adolescente;

III – requerer a prisão preventiva do investigado, quando houver suficientes indícios de ameaça à criança ou adolescente vítima ou testemunha de violência;

IV – solicitar aos órgãos socioassistenciais a inclusão da vítima e de sua família nos atendimentos a que têm direito;

V – requerer a inclusão da criança ou do adolescente em programa de proteção a vítimas ou testemunhas ameaçadas; e

• *Vide* Lei n. 9.807, de 13-7-1999.

VI – representar ao Ministério Público para que proponha ação cautelar de antecipação de prova, resguardados os pressupostos legais e as garantias previstas no art. 5.º desta Lei, sempre que a demora possa causar prejuízo ao desenvolvimento da criança ou do adolescente.

Art. 22. Os órgãos policiais envolvidos envidarão esforços investigativos para que o depoimento especial não seja o único meio de prova para o julgamento do réu.

Capítulo V
DA JUSTIÇA

Art. 23. Os órgãos responsáveis pela organização judiciária poderão criar juizados ou varas especializadas em crimes contra a criança e o adolescente.

Parágrafo único. Até a implementação do disposto no *caput* deste artigo, o julgamento e a execução das causas decorrentes das práticas de violência ficarão, preferencialmente, a cargo dos juizados ou varas especializadas em violência doméstica e temas afins.

Título V
DOS CRIMES

Art. 24. Violar sigilo processual, permitindo que depoimento de criança ou adolescente seja assistido por pessoa estranha ao processo, sem autorização judicial e sem o consentimento do depoente ou de seu representante legal.

Pena – reclusão, de 1 (um) a 4 (quatro) anos, e multa.

Título VI
DISPOSIÇÕES FINAIS E TRANSITÓRIAS

Art. 25. O art. 208 da Lei n. 8.069, de 13 de julho de 1990 (Estatuto da Criança e do Adolescente), passa a vigorar acrescido do seguinte inciso XI:

•• Alteração já processada no diploma modificado.

Art. 26. Cabe ao poder público, no prazo máximo de 60 (sessenta) dias contado da entrada em vigor desta Lei, emanar atos normativos necessários à sua efetividade.

Art. 27. Cabe aos Estados, ao Distrito Federal e aos Municípios, no prazo máximo de 180 (cento e oitenta) dias contado da entrada em vigor desta Lei, estabelecer normas sobre o sistema de garantia de direitos da criança e do adolescente vítima ou testemunha de violência, no âmbito das respectivas competências.

Art. 28. Revoga-se o art. 248 da Lei n. 8.069, de 13 de julho de 1990 (Estatuto da Criança e do Adolescente).

Art. 29. Esta Lei entra em vigor após decorrido 1 (um) ano de sua publicação oficial.

Brasília, 4 de abril de 2017; 196.º da Independência e 129.º da República.

Michel Temer

LEI N. 13.445,
DE 24 DE MAIO DE 2017 (*)

Institui a Lei de Migração.

O Presidente da República

Faço saber que o Congresso Nacional decreta e eu sanciono a seguinte Lei:

Capítulo I
DISPOSIÇÕES PRELIMINARES

Seção I
Disposições Gerais

Art. 1.º Esta Lei dispõe sobre os direitos e os deveres do migrante e do visitante, regula a sua entrada e estada no País e estabelece princípios e diretrizes para as políticas públicas para o emigrante.

(*) Publicada no *DOU*, de 25-5-2017. Regulamentada pelo Decreto n. 9.199, de 20-11-2017. Deixamos de inserir a Tabela de Taxas e Emolumentos Consulares anexa a esta Lei.

§ 1.º Para os fins desta Lei, considera-se:

I – (*Vetado*);

II – imigrante: pessoa nacional de outro país ou apátrida que trabalha ou reside e se estabelece temporária ou definitivamente no Brasil;

III – emigrante: brasileiro que se estabelece temporária ou definitivamente no exterior;

IV – residente fronteiriço: pessoa nacional de país limítrofe ou apátrida que conserva a sua residência habitual em município fronteiriço de país vizinho;

V – visitante: pessoa nacional de outro país ou apátrida que vem ao Brasil para estadas de curta duração, sem pretensão de se estabelecer temporária ou definitivamente no território nacional;

VI – apátrida: pessoa que não seja considerada como nacional por nenhum Estado, segundo a sua legislação, nos termos da Convenção sobre o Estatuto dos Apátridas, de 1954, promulgada pelo Decreto n. 4.246, de 22 de maio de 2002, ou assim reconhecida pelo Estado brasileiro.

§ 2.º (*Vetado.*)

Art. 2.º Esta Lei não prejudica a aplicação de normas internas e internacionais específicas sobre refugiados, asilados, agentes e pessoal diplomático ou consular, funcionários de organização internacional e seus familiares.

Seção II
Dos Princípios e das Garantias

Art. 3.º A política migratória brasileira rege-se pelos seguintes princípios e diretrizes:

I – universalidade, indivisibilidade e interdependência dos direitos humanos;

II – repúdio e prevenção à xenofobia, ao racismo e a quaisquer formas de discriminação;

III – não criminalização da migração;

IV – não discriminação em razão dos critérios ou dos procedimentos pelos quais a pessoa foi admitida em território nacional;

V – promoção de entrada regular e de regularização documental;

VI – acolhida humanitária;

VII – desenvolvimento econômico, turístico, social, cultural, esportivo, científico e tecnológico do Brasil;

VIII – garantia do direito à reunião familiar;

IX – igualdade de tratamento e de oportunidade ao migrante e a seus familiares;

X – inclusão social, laboral e produtiva do migrante por meio de políticas públicas;

XI – acesso igualitário e livre do migrante a serviços, programas e benefícios sociais, bens públicos, educação, assistência jurídica integral pública, trabalho, moradia, serviço bancário e seguridade social;

XII – promoção e difusão de direitos, liberdades, garantias e obrigações do migrante;

XIII – diálogo social na formulação, na execução e na avaliação de políticas migratórias e promoção da participação cidadã do migrante;

XIV – fortalecimento da integração econômica, política, social e cultural dos povos da América Latina, mediante constituição de espaços de cidadania e de livre circulação de pessoas;

XV – cooperação internacional com Estados de origem, de trânsito e de destino de movimentos migratórios, a fim de garantir efetiva proteção aos direitos humanos do migrante;

XVI – integração e desenvolvimento das regiões de fronteira e articulação de políticas públicas regionais capazes de garantir efetividade aos direitos do residente fronteiriço;

XVII – proteção integral e atenção ao superior interesse da criança e do adolescente migrante;

- A Resolução n. 232, de 28-12-2022, do CONANDA, estabelece procedimentos de identificação, atenção e proteção para criança e adolescente fora do país de origem desacompanhado, separado ou indocumentado.

XVIII – observância ao disposto em tratado;

XIX – proteção ao brasileiro no exterior;

XX – migração e desenvolvimento humano no local de origem, como direitos inalienáveis de todas as pessoas;

XXI – promoção do reconhecimento acadêmico e do exercício profissional no Brasil, nos termos da lei; e

XXII – repúdio a práticas de expulsão ou de deportação coletivas.

Art. 4.º Ao migrante é garantida no território nacional, em condição de igualdade com os nacionais, a inviolabilidade do direito à vida, à liberdade, à igualdade, à segurança e à propriedade, bem como são assegurados:

- *Vide* art. 5.º da CF.

I – direitos e liberdades civis, sociais, culturais e econômicos;

II – direito à liberdade de circulação em território nacional;

III – direito à reunião familiar do migrante com seu cônjuge ou companheiro e seus filhos, familiares e dependentes;

IV – medidas de proteção a vítimas e testemunhas de crimes e de violações de direitos;

V – direito de transferir recursos decorrentes de sua renda e economias pessoais a outro país, observada a legislação aplicável;

VI – direito de reunião para fins pacíficos;

VII – direito de associação, inclusive sindical, para fins lícitos;

VIII – acesso a serviços públicos de saúde e de assistência social e à previdência social, nos termos da lei, sem discriminação em razão da nacionalidade e da condição migratória;

IX – amplo acesso à justiça e à assistência jurídica integral gratuita aos que comprovarem insuficiência de recursos;

X – direito à educação pública, vedada a discriminação em razão da nacionalidade e da condição migratória;

XI – garantia de cumprimento de obrigações legais e contratuais trabalhistas e de aplicação das normas de proteção ao trabalhador, sem discriminação em razão da nacionalidade e da condição migratória;

XII – isenção das taxas de que trata esta Lei, mediante declaração de hipossuficiência econômica, na forma de regulamento;

XIII – direito de acesso à informação e garantia de confidencialidade quanto aos dados pessoais do migrante, nos termos da Lei n. 12.527, de 18 de novembro de 2011;

XIV – direito a abertura de conta bancária;

XV – direito de sair, de permanecer e de reingressar em território nacional, mesmo enquanto pendente pedido de autorização de residência, de prorrogação de estada ou de transformação de visto em autorização de residência; e

XVI – direito do imigrante de ser informado sobre as garantias que lhe são asseguradas para fins de regularização migratória.

§ 1.º Os direitos e as garantias previstos nesta Lei serão exercidos em observância ao disposto na Constituição Federal, independentemente da situação migratória, observado o disposto no § 4.º deste artigo, e não excluem outros decorrentes de tratado de que o Brasil seja parte.

§§ 2.º a 4.º (*Vetados.*)

Capítulo II
DA SITUAÇÃO DOCUMENTAL DO MIGRANTE E DO VISITANTE

Seção I
Dos Documentos de Viagem

Art. 5.º São documentos de viagem:

I – passaporte;

II – *laissez-passer*;

III – autorização de retorno;

IV – salvo-conduto;

V – carteira de identidade de marítimo;

VI – carteira de matrícula consular;

VII – documento de identidade civil ou documento estrangeiro equivalente, quando admitidos em tratado;

VIII – certificado de membro de tripulação de transporte aéreo; e

IX – outros que vierem a ser reconhecidos pelo Estado brasileiro em regulamento.

§ 1.º Os documentos previstos nos incisos I, II, III, IV, V, VI e IX, quando emitidos pelo Estado brasileiro, são de propriedade da União, cabendo a seu titular a posse direta e o uso regular.

§ 2.º As condições para a concessão dos documentos de que trata o § 1.º serão previstas em regulamento.

Seção II
Dos Vistos

Subseção I
Disposições gerais

Art. 6.º O visto é o documento que dá a seu titular expectativa de ingresso em território nacional.

Parágrafo único. (*Vetado.*)

Art. 7.º O visto será concedido por embaixadas, consulados-gerais, consulados, vice-consulados e, quando habilitados pelo órgão competente do Poder Executivo, por escritórios comerciais e de representação do Brasil no exterior.

Parágrafo único. Excepcionalmente, os vistos diplomático, oficial e de cortesia poderão ser concedidos no Brasil.

Art. 8.º Poderão ser cobrados taxas e emolumentos consulares pelo processamento do visto.

Art. 9.º Regulamento disporá sobre:

I – requisitos de concessão de visto, bem como de sua simplificação, inclusive por reciprocidade;

II – prazo de validade do visto e sua forma de contagem;

III – prazo máximo para a primeira entrada e para a estada do imigrante e do visitante no País;

IV – hipóteses e condições de dispensa recíproca ou unilateral de visto e de taxas e emolumentos consulares por seu processamento; e

V – solicitação e emissão de visto por meio eletrônico.

Parágrafo único. A simplificação e a dispensa recíproca de visto ou de cobrança de taxas e emolumentos consulares por seu processamento poderão ser definidas por comunicação diplomática.

Art. 10. Não se concederá visto:

I – a quem não preencher os requisitos para o tipo de visto pleiteado;

II – a quem comprovadamente ocultar condição impeditiva de concessão de visto ou de ingresso no País; ou

III – a menor de 18 (dezoito) anos desacompanhado ou sem autorização de viagem por escrito dos responsáveis legais ou de autoridade competente.

Art. 11. Poderá ser denegado visto a quem se enquadrar em pelo menos um dos casos de impedimento definidos nos incisos I, II, III, IV e IX do art. 45.

Parágrafo único. A pessoa que tiver visto brasileiro denegado será impedida de ingressar no País enquanto permanecerem as condições que ensejaram a denegação.

Subseção II
Dos tipos de visto

Art. 12. Ao solicitante que pretenda ingressar ou permanecer em território nacional poderá ser concedido visto:

I – de visita;

II – temporário;

III – diplomático;

IV – oficial;

V – de cortesia.

Subseção III
Do visto de visita

Art. 13. O visto de visita poderá ser concedido ao visitante que venha ao Brasil para estada de curta duração, sem intenção de estabelecer residência, nos seguintes casos:

I – turismo;

II – negócios;
III – trânsito;
IV – atividades artísticas ou desportivas; e
V – outras hipóteses definidas em regulamento.

§ 1.º É vedado ao beneficiário de visto de visita exercer atividade remunerada no Brasil.

§ 2.º O beneficiário de visto de visita poderá receber pagamento do governo, de empregador brasileiro ou de entidade privada a título de diária, ajuda de custo, cachê, pró-labore ou outras despesas com a viagem, bem como concorrer a prêmios, inclusive em dinheiro, em competições desportivas ou em concursos artísticos ou culturais.

§ 3.º O visto de visita não será exigido em caso de escala ou conexão em território nacional, desde que o visitante não deixe a área de trânsito internacional.

Subseção IV
Do visto temporário

Art. 14. O visto temporário poderá ser concedido ao imigrante que venha ao Brasil com o intuito de estabelecer residência por tempo determinado e que se enquadre em pelo menos uma das seguintes hipóteses:

I – o visto temporário tenha como finalidade:

a) pesquisa, ensino ou extensão acadêmica;
b) tratamento de saúde;
c) acolhida humanitária;
d) estudo;
e) trabalho;
f) férias-trabalho;
g) prática de atividade religiosa ou serviço voluntário;
h) realização de investimento ou de atividade com relevância econômica, social, científica, tecnológica ou cultural;
i) reunião familiar;
j) atividades artísticas ou desportivas com contrato por prazo determinado;

II – o imigrante seja beneficiário de tratado em matéria de vistos;

III – outras hipóteses definidas em regulamento.

§ 1.º O visto temporário para pesquisa, ensino ou extensão acadêmica poderá ser concedido ao imigrante com ou sem vínculo empregatício com a instituição de pesquisa ou de ensino brasileira, exigida, na hipótese de vínculo, a comprovação de formação superior compatível ou equivalente reconhecimento científico.

§ 2.º O visto temporário para tratamento de saúde poderá ser concedido ao imigrante e a seu acompanhante, desde que o imigrante comprove possuir meios de subsistência suficientes.

§ 3.º O visto temporário para acolhida humanitária poderá ser concedido ao apátrida ou ao nacional de qualquer país em situação de grave ou iminente instabilidade institucional, de conflito armado, de calamidade de grande proporção, de desastre ambiental ou de grave violação de direitos humanos ou de direito internacional humanitário, ou em outras hipóteses, na forma de regulamento.

§ 4.º O visto temporário para estudo poderá ser concedido ao imigrante que pretenda vir ao Brasil para frequentar curso regular ou realizar estágio ou intercâmbio de estudo ou de pesquisa.

§ 5.º Observadas as hipóteses previstas em regulamento, o visto temporário para trabalho poderá ser concedido ao imigrante que venha exercer atividade laboral, com ou sem vínculo empregatício no Brasil, desde que comprove oferta de trabalho formalizada por pessoa jurídica em atividade no País, dispensada esta exigência se o imigrante comprovar titulação em curso de ensino superior ou equivalente.

§ 6.º O visto temporário para férias-trabalho poderá ser concedido ao imigrante maior de 16 (dezesseis) anos que seja nacional de país que conceda idêntico benefício ao nacional brasileiro, em termos definidos por comunicação diplomática.

§ 7.º Não se exigirá do marítimo que ingressar no Brasil em viagem de longo curso ou em cruzeiros marítimos pela costa brasileira o visto temporário de que trata a alínea e do inciso I do *caput*, bastando a apresentação da carteira internacional de marítimo, nos termos de regulamento.

§ 8.º É reconhecida ao imigrante a quem se tenha concedido visto temporário para trabalho a possibilidade de modificação do local de exercício de sua atividade laboral.

§ 9.º O visto para realização de investimento poderá ser concedido ao imigrante que aporte recursos em projeto com potencial para geração de empregos ou de renda no País.

§ 10. (*Vetado*.)

Subseção V
Dos vistos diplomático, oficial e de cortesia

Art. 15. Os vistos diplomático, oficial e de cortesia serão concedidos, prorrogados ou dispensados na forma desta Lei e de regulamento.

Parágrafo único. Os vistos diplomático e oficial poderão ser transformados em autorização de residência, o que importará cessação de todas as prerrogativas, privilégios e imunidades decorrentes do respectivo visto.

Art. 16. Os vistos diplomático e oficial poderão ser concedidos a autoridades e funcionários estrangeiros que viajem ao Brasil em missão oficial de caráter transitório ou permanente, representando Estado estrangeiro ou organismo internacional reconhecido.

§ 1.º Não se aplica ao titular dos vistos referidos no *caput* o disposto na legislação trabalhista brasileira.

§ 2.º Os vistos diplomático e oficial poderão ser estendidos aos dependentes das autoridades referidas no *caput*.

Art. 17. O titular de visto diplomático ou oficial somente poderá ser remunerado por Estado estrangeiro ou organismo internacional, ressalvado o disposto em tratado que contenha cláusula específica sobre o assunto.

Parágrafo único. O dependente de titular de visto diplomático ou oficial poderá exercer atividade remunerada no Brasil, sob o amparo da legislação trabalhista brasileira, desde que seja nacional de país que assegure reciprocidade de tratamento ao nacional brasileiro, por comunicação diplomática.

Art. 18. O empregado particular titular de visto de cortesia somente poderá exercer atividade remunerada para o titular de visto diplomático, oficial ou de cortesia ao qual esteja vinculado, sob o amparo da legislação trabalhista brasileira.

Parágrafo único. O titular de visto diplomático, oficial ou de cortesia será responsável pela saída de seu empregado do território nacional.

Seção III
Do Registro e da Identificação Civil do Imigrante e dos Detentores de Vistos Diplomáticos, Oficial e de Cortesia

Art. 19. O registro consiste na identificação civil por dados biográficos e biométricos, e é obrigatório a todo imigrante detentor de visto temporário ou de autorização de residência.

• Identificação civil nacional: Lei n. 13.444, de 11-5-2017.

§ 1.º O registro gerará número único de identificação que garantirá o pleno exercício dos atos da vida civil.

§ 2.º O documento de identidade do imigrante será expedido com base no número único de identificação.

§ 3.º Enquanto não for expedida identificação civil, o documento comprobatório de que o imigrante a solicitou à autoridade competente garantirá ao titular o acesso aos direitos disciplinados nesta Lei.

Art. 20. A identificação civil de solicitante de refúgio, de asilo, de reconhecimento de apatridia e de acolhimento humanitário poderá ser realizada com a apresentação dos documentos de que o imigrante dispuser.

Art. 21. Os documentos de identidade emitidos até a data de publicação desta Lei continuarão válidos até sua total substituição.

Art. 22. A identificação civil, o documento de identidade e as formas de gestão da base cadastral dos detentores de vistos diplomático, oficial e de cortesia atenderão a disposições específicas previstas em regulamento.

Capítulo III
DA CONDIÇÃO JURÍDICA DO MIGRANTE E DO VISITANTE

Seção I
Do Residente Fronteiriço

Art. 23. A fim de facilitar a sua livre circulação, poderá ser concedida ao residente fronteiriço, mediante requerimento, autorização para a realização de atos da vida civil.

Parágrafo único. Condições específicas poderão ser estabelecidas em regulamento ou tratado.

Art. 24. A autorização referida no *caput* do art. 23 indicará o Município fronteiriço no qual o residente estará autorizado a exercer os direitos a ele atribuídos por esta Lei.

§ 1.º O residente fronteiriço detentor da autorização gozará das garantias e dos direitos assegurados pelo regime geral de migração desta Lei, conforme especificado em regulamento.

§ 2.º O espaço geográfico de abrangência e de validade da autorização será especificado no documento de residente fronteiriço.

Art. 25. O documento de residente fronteiriço será cancelado, a qualquer tempo, se o titular:

I – tiver fraudado documento ou utilizado documento falso para obtê-lo;

II – obtiver outra condição migratória;

III – sofrer condenação penal; ou

IV – exercer direito fora dos limites previstos na autorização.

Seção II
Da Proteção do Apátrida e da Redução da Apatridia

Art. 26. Regulamento disporá sobre instituto protetivo especial do apátrida, consolidado em processo simplificado de naturalização.

§ 1.º O processo de que trata o *caput* será iniciado tão logo seja reconhecida a situação de apatridia.

§ 2.º Durante a tramitação do processo de reconhecimento da condição de apátrida, incidem todas as garantias e mecanismos protetivos e de facilitação da inclusão social relativos à Convenção sobre o Estatuto dos Apátridas de 1954, promulgada pelo Decreto n. 4.246, de 22 de maio de 2002, à Convenção relativa ao Estatuto dos Refugiados, promulgada pelo Decreto n. 50.215, de 28 de janeiro de 1961, e à Lei n. 9.474, de 22 de julho de 1997.

• A Lei n. 9.474, de 22-7-1997, dispõe sobre refugiados.

§ 3.º Aplicam-se ao apátrida residente todos os direitos atribuídos ao migrante relacionados no art. 4.º.

§ 4.º O reconhecimento da condição de apátrida assegura os direitos e garantias previstos na Convenção sobre o Estatuto dos Apátridas, de 1954, promulgada pelo Decreto n. 4.246, de 22 de maio de 2002, bem como outros direitos e garantias reconhecidos pelo Brasil.

§ 5.º O processo de reconhecimento da condição de apátrida tem como objetivo verificar se o solicitante é considerado nacional pela legislação de algum Estado e poderá considerar informações, documentos e declarações prestadas pelo próprio solicitante e por órgãos e organismos nacionais e internacionais.

§ 6.º Reconhecida a condição de apátrida, nos termos do inciso VI do § 1.º do art. 1.º, o solicitante será consultado sobre o desejo de adquirir a nacionalidade brasileira.

§ 7.º Caso o apátrida opte pela naturalização, a decisão sobre o reconhecimento será encaminhada ao órgão competente do Poder Executivo para publicação dos atos necessários à efetivação da naturalização no prazo de 30 (trinta) dias, observado o art. 65.

§ 8.º O apátrida reconhecido que não opte pela naturalização imediata terá a autorização de residência outorgada em caráter definitivo.

§ 9.º Caberá recurso contra decisão negativa de reconhecimento da condição de apátrida.

§ 10. Subsistindo a denegação do reconhecimento da condição de apátrida, é vedada a devolução do indivíduo para país onde sua vida, integridade pessoal ou liberdade estejam em risco.

§ 11. Será reconhecido o direito de reunião familiar a partir do reconhecimento da condição de apátrida.

§ 12. Implica perda da proteção conferida por esta Lei:
I – a renúncia;

II – a prova da falsidade dos fundamentos invocados para o reconhecimento da condição de apátrida; ou

III – a existência de fatos que, se fossem conhecidos por ocasião do reconhecimento, teriam ensejado decisão negativa.

Seção III
Do Asilado

Art. 27. O asilo político, que constitui ato discricionário do Estado, poderá ser diplomático ou territorial e será outorgado como instrumento de proteção à pessoa.

• *Vide* art. 4.º, X, da CF.

Parágrafo único. Regulamento disporá sobre as condições para a concessão e a manutenção de asilo.

Art. 28. Não se concederá asilo a quem tenha cometido crime de genocídio, crime contra a humanidade, crime de guerra ou crime de agressão, nos termos do Estatuto de Roma do Tribunal Penal Internacional, de 1998, promulgado pelo Decreto n. 4.388, de 25 de setembro de 2002.

Art. 29. A saída do asilado do País sem prévia comunicação implica renúncia ao asilo.

Seção IV
Da Autorização de Residência

Art. 30. A residência poderá ser autorizada, mediante registro, ao imigrante, ao residente fronteiriço ou ao visitante que se enquadre em uma das seguintes hipóteses:

I – a residência tenha como finalidade:
a) pesquisa, ensino ou extensão acadêmica;
b) tratamento de saúde;
c) acolhida humanitária;
d) estudo;
e) trabalho;
f) férias-trabalho;

Lei n. 13.445, de 24-5-2017 — **Lei de Migração**

g) prática de atividade religiosa ou serviço voluntário;
h) realização de investimento ou de atividade com relevância econômica, social, científica, tecnológica ou cultural;
i) reunião familiar;
II – a pessoa:
a) seja beneficiária de tratado em matéria de residência e livre circulação;
b) seja detentora de oferta de trabalho;
c) já tenha possuído a nacionalidade brasileira e não deseje ou não reúna os requisitos para readquiri-la;
d) (Vetada)
e) seja beneficiária de refúgio, de asilo ou de proteção ao apátrida;
f) seja menor nacional de outro país ou apátrida, desacompanhado ou abandonado, que se encontre nas fronteiras brasileiras ou em território nacional;
g) tenha sido vítima de tráfico de pessoas, de trabalho escravo ou de violação de direito agravada por sua condição migratória;

- A Lei n. 13.344, de 6-10-2016, dispõe sobre prevenção e repressão ao tráfico interno e internacional de pessoas.
- A Portaria n. 87, de 23-3-2020, dispõe sobre a concessão e os procedimentos de autorização de residência à pessoa que tenha sido vítima de tráfico de pessoas, de trabalho escravo ou de violação de direito agravada por sua condição migratória.

h) esteja em liberdade provisória ou em cumprimento de pena no Brasil;
III – outras hipóteses definidas em regulamento.

§ 1.º Não se concederá a autorização de residência a pessoa condenada criminalmente no Brasil ou no exterior por sentença transitada em julgado, desde que a conduta esteja tipificada na legislação penal brasileira, ressalvados os casos em que:
I – a conduta caracterize infração de menor potencial ofensivo;
II – (Vetado); ou
III – a pessoa se enquadre nas hipóteses previstas nas alíneas *b*, *c* e *i* do inciso I e na alínea *a* do inciso II do *caput* deste artigo.

§ 2.º O disposto no § 1.º não obsta progressão de regime de cumprimento de pena, nos termos da Lei n. 7.210, de 11 de julho de 1984, ficando a pessoa autorizada a trabalhar quando assim exigido pelo novo regime de cumprimento de pena.

- A Lei n. 7.210, de 11-7-1984, dispõe sobre execução penal.

§ 3.º Nos procedimentos conducentes ao cancelamento de autorização de residência e no recurso contra a negativa de concessão de autorização de residência devem ser respeitados o contraditório e a ampla defesa.

Art. 31. Os prazos e o procedimento da autorização de residência de que trata o art. 30 serão dispostos em regulamento, observado o disposto nesta Lei.

§ 1.º Será facilitada a autorização de residência nas hipóteses das alíneas *a* e *e* do inciso I do art. 30 desta Lei, devendo a deliberação sobre a autorização ocorrer em prazo não superior a 60 (sessenta) dias, a contar de sua solicitação.

§ 2.º Nova autorização de residência poderá ser concedida, nos termos do art. 30, mediante requerimento.

§ 3.º O requerimento de nova autorização de residência após o vencimento do prazo da autorização anterior implicará aplicação da sanção prevista no inciso II do art. 109.

§ 4.º O solicitante de refúgio, de asilo ou de proteção ao apátrida fará jus a autorização provisória de residência até a obtenção de resposta ao seu pedido.

§ 5.º Poderá ser concedida autorização de residência independentemente da situação migratória.

Art. 32. Poderão ser cobradas taxas pela autorização de residência.

Art. 33. Regulamento disporá sobre a perda e o cancelamento da autorização de residência em razão de fraude ou de ocultação de condição impeditiva de concessão de visto, de ingresso ou de permanência no País, observado procedimento administrativo que garanta o contraditório e a ampla defesa.

Art. 34. Poderá ser negada autorização de residência com fundamento nas hipóteses previstas nos incisos I, II, III, IV e IX do art. 45.

Art. 35. A posse ou a propriedade de bem no Brasil não confere o direito de obter visto ou autorização de residência em território nacional, sem prejuízo do disposto sobre visto para realização de investimento.

Art. 36. O visto de visita ou de cortesia poderá ser transformado em autorização de residência, mediante requerimento e registro, desde que satisfeitos os requisitos previstos em regulamento.

Seção V
Da Reunião Familiar

• A Portaria n. 3, de 27-2-2018, do Ministério da Justiça, dispõe sobre os procedimentos de permanência definitiva e registro de estrangeiros, com base na modalidade de reunião familiar, prole, casamento, união estável, de prorrogação de visto temporário, de transformação do visto oficial ou diplomático em temporário, de transformação do visto temporário permanente e de transformação da residência temporária em permanente.

Art. 37. O visto ou a autorização de residência para fins de reunião familiar será concedido ao imigrante:

I – cônjuge ou companheiro, sem discriminação alguma;

II – filho de imigrante beneficiário de autorização de residência, ou que tenha filho brasileiro ou imigrante beneficiário de autorização de residência;

III – ascendente, descendente até o segundo grau ou irmão de brasileiro ou de imigrante beneficiário de autorização de residência; ou

IV – que tenha brasileiro sob sua tutela ou guarda.

Parágrafo único. (*Vetado*.)

Capítulo IV
DA ENTRADA E DA SAÍDA DO TERRITÓRIO NACIONAL

Seção I
Da Fiscalização Marítima, Aeroportuária e de Fronteira

Art. 38. As funções de polícia marítima, aeroportuária e de fronteira serão realizadas pela Polícia Federal nos pontos de entrada e de saída do território nacional.

Parágrafo único. É dispensável a fiscalização de passageiro, tripulante e estafe de navio em passagem inocente, exceto quando houver necessidade de descida de pessoa a terra ou de subida a bordo do navio.

Art. 39. O viajante deverá permanecer em área de fiscalização até que seu documento de viagem tenha sido verificado, salvo os casos previstos em lei.

Art. 40. Poderá ser autorizada a admissão excepcional no País de pessoa que se encontre em uma das seguintes condições, desde que esteja de posse de documento de viagem válido:

I – não possua visto;

II – seja titular de visto emitido com erro ou omissão;

III – tenha perdido a condição de residente por ter permanecido ausente do País na forma especificada em regulamento e detenha as condições objetivas para a concessão de nova autorização de residência;

IV – (*vetado*); ou

V – seja criança ou adolescente desacompanhado de responsável legal e sem autorização expressa para viajar desacompanhado, independentemente do documento de viagem que portar, hipótese em que haverá imediato encaminhamento ao Conselho Tutelar ou, em caso de necessidade, a instituição indicada pela autoridade competente.

Parágrafo único. Regulamento poderá dispor sobre outras hipóteses excepcionais de admissão, observados os princípios e as diretrizes desta Lei.

Art. 41. A entrada condicional, em território nacional, de pessoa que não preencha os requisitos de admissão poderá ser autorizada mediante a assinatura, pelo transportador ou por seu agente, de termo de compromisso de custear as despesas com a permanência e com as providências para a repatriação do viajante.

Art. 42. O tripulante ou o passageiro que, por motivo de força maior, for obrigado a interromper a viagem em território nacional poderá ter seu desembarque permitido mediante termo de responsabilidade pelas despesas decorrentes do transbordo.

Art. 43. A autoridade responsável pela fiscalização contribuirá para a aplicação de medidas sanitárias em consonância com o Regulamento Sanitário Internacional e com outras disposições pertinentes.

Seção II
Do Impedimento de Ingresso

Art. 44. (*Vetado*.)

Art. 45. Poderá ser impedida de ingressar no País, após entrevista individual e mediante ato fundamentado, a pessoa:

I – anteriormente expulsa do País, enquanto os efeitos da expulsão vigorarem;

• *Vide* art. 11 desta Lei.

II – condenada ou respondendo a processo por ato de terrorismo ou por crime de genocídio, crime contra a humanidade, crime de guerra ou crime de agressão, nos termos definidos pelo Estatuto de Roma do Tribunal Penal Internacional, de 1998, promulgado pelo Decreto n. 4.388, de 25 de setembro de 2002;

• *Vide* art. 11 desta Lei.

III – condenada ou respondendo a processo em outro país por crime doloso passível de extradição segundo a lei brasileira;

• Vide art. 11 desta Lei.

IV – que tenha o nome incluído em lista de restrições por ordem judicial ou por compromisso assumido pelo Brasil perante organismo internacional;

• Vide art. 11 desta Lei.

V – que apresente documento de viagem que:

a) não seja válido para o Brasil;

b) esteja com o prazo de validade vencido; ou

c) esteja com rasura ou indício de falsificação;

VI – que não apresente documento de viagem ou documento de identidade, quando admitido;

VII – cuja razão da viagem não seja condizente com o visto ou com o motivo alegado para a isenção de visto;

VIII – que tenha, comprovadamente, fraudado documentação ou prestado informação falsa por ocasião da solicitação de visto; ou

IX – que tenha praticado ato contrário aos princípios e objetivos dispostos na Constituição Federal.

•• A Portaria n. 770, de 11-10-2019, do Ministério da Justiça e Segurança Pública, dispõe sobre o impedimento de ingresso, a repatriação e a deportação de pessoa perigosa ou que tenha praticado ato contrário à Constituição Federal.

• Vide art. 11 desta Lei.

Parágrafo único. Ninguém será impedido de ingressar no País por motivo de raça, religião, nacionalidade, pertinência a grupo social ou opinião política.

Capítulo V
DAS MEDIDAS DE RETIRADA COMPULSÓRIA

Seção I
Disposições Gerais

Art. 46. A aplicação deste Capítulo observará o disposto na Lei n. 9.474, de 22 de julho de 1997, e nas disposições legais, tratados, instrumentos e mecanismos que tratem da proteção aos apátridas ou de outras situações humanitárias.

Art. 47. A repatriação, a deportação e a expulsão serão feitas para o país de nacionalidade ou de procedência do migrante ou do visitante, ou para outro que o aceite, em observância aos tratados dos quais o Brasil seja parte.

Art. 48. Nos casos de deportação ou expulsão, o chefe da unidade da Polícia Federal poderá representar perante o juízo federal, respeitados, nos procedimentos judiciais, os direitos à ampla defesa e ao devido processo legal.

Seção II
Da Repatriação

Art. 49. A repatriação consiste em medida administrativa de devolução de pessoa em situação de impedimento ao país de procedência ou de nacionalidade.

§ 1.º Será feita imediata comunicação do ato fundamentado de repatriação à empresa transportadora e à autoridade consular do país de procedência ou de nacionalidade do migrante ou do visitante, ou a quem o representa.

§ 2.º A Defensoria Pública da União será notificada, preferencialmente por via eletrônica, no caso do § 4.º deste artigo ou quando a repatriação imediata não seja possível.

§ 3.º Condições específicas de repatriação podem ser definidas por regulamento ou tratado, observados os princípios e as garantias previstos nesta Lei.

§ 4.º Não será aplicada medida de repatriação à pessoa em situação de refúgio ou de apatridia, de fato ou de direito, ao menor de 18 (dezoito) anos desacompanhado ou separado de sua família, exceto nos casos em que se demonstrar favorável para a garantia de seus direitos ou para a reintegração a sua família de origem, ou a quem necessite de acolhimento humanitário, nem, em qualquer caso, medida de devolução para país ou região que possa apresentar risco à vida, à integridade pessoal ou à liberdade da pessoa.

§ 5.º (Vetado.)

Seção III
Da Deportação

Art. 50. A deportação é medida decorrente de procedimento administrativo que consiste na retirada compulsória de pessoa que se encontre em situação migratória irregular em território nacional.

§ 1.º A deportação será precedida de notificação pessoal ao deportando, da qual constem, expressamente, as irregularidades verificadas e prazo para a regularização não inferior a 60 (sessenta) dias, podendo ser prorrogado, por igual período, por despacho fundamentado e mediante compromisso de a pessoa manter atualizadas suas informações domiciliares.

§ 2.º A notificação prevista no § 1.º não impede a livre circulação em território nacional, devendo o deportando informar seu domicílio e suas atividades.

§ 3.º Vencido o prazo do § 1.º sem que se regularize a situação migratória, a deportação poderá ser executada.

§ 4.º A deportação não exclui eventuais direitos adquiridos em relações contratuais ou decorrentes da lei brasileira.

§ 5.º A saída voluntária de pessoa notificada para deixar o País equivale ao cumprimento da notificação de deportação para todos os fins.

§ 6.º O prazo previsto no § 1.º poderá ser reduzido nos casos que se enquadrem no inciso IX do art. 45.

•• A Portaria n. 770, de 11-10-2019, do Ministério da Justiça e Segurança Pública, dispõe sobre o impedimento de ingresso, a repatriação e a deportação de pessoa perigosa ou que tenha praticado ato contrário à Constituição Federal.

Art. 51. Os procedimentos conducentes à deportação devem respeitar o contraditório e a ampla defesa e a garantia de recurso com efeito suspensivo.

§ 1.º A Defensoria Pública da União deverá ser notificada, preferencialmente por meio eletrônico, para prestação de assistência ao deportado em todos os procedimentos administrativos de deportação.

§ 2.º A ausência de manifestação da Defensoria Pública da União, desde que prévia e devidamente notificada, não impedirá a efetivação da medida de deportação.

Art. 52. Em se tratando de apátrida, o procedimento de deportação dependerá de prévia autorização da autoridade competente.

Art. 53. Não se procederá à deportação se a medida configurar extradição não admitida pela legislação brasileira.

Seção IV
Da Expulsão

Art. 54. A expulsão consiste em medida administrativa de retirada compulsória de migrante ou visitante do território nacional, conjugada com o impedimento de reingresso por prazo determinado.

§ 1.º Poderá dar causa à expulsão a condenação com sentença transitada em julgado relativa à prática de:

I – crime de genocídio, crime contra a humanidade, crime de guerra ou crime de agressão, nos termos definidos pelo Estatuto de Roma do Tribunal Penal Internacional, de 1998, promulgado pelo Decreto n. 4.388, de 25 de setembro de 2002; ou

II – crime comum doloso passível de pena privativa de liberdade, consideradas a gravidade e as possibilidades de ressocialização em território nacional.

§ 2.º Caberá à autoridade competente resolver sobre a expulsão, a duração do impedimento de reingresso e a suspensão ou a revogação dos efeitos da expulsão, observado o disposto nesta Lei.

§ 3.º O processamento da expulsão em caso de crime comum não prejudicará a progressão de regime, o cumprimento da pena, a suspensão condicional do processo, a comutação da pena ou a concessão de pena alternativa, de indulto coletivo ou individual, de anistia ou de quaisquer benefícios concedidos em igualdade de condições ao nacional brasileiro.

§ 4.º O prazo de vigência da medida de impedimento vinculada aos efeitos da expulsão será proporcional ao prazo total da pena aplicada e nunca será superior ao dobro de seu tempo.

Art. 55. Não se procederá à expulsão quando:

I – a medida configurar extradição inadmitida pela legislação brasileira;

II – o expulsando:

a) tiver filho brasileiro que esteja sob sua guarda ou dependência econômica ou socioafetiva ou tiver pessoa brasileira sob sua tutela;

b) tiver cônjuge ou companheiro residente no Brasil, sem discriminação alguma, reconhecido judicial ou legalmente;

c) tiver ingressado no Brasil até os 12 (doze) anos de idade, residindo desde então no País;

d) for pessoa com mais de 70 (setenta) anos que resida no País há mais de 10 (dez) anos, considerados a gravidade e o fundamento da expulsão; ou

e) (vetada.)

Art. 56. Regulamento definirá procedimentos para apresentação e processamento de pedidos de suspensão e de revogação dos efeitos das medidas de expulsão e de impedimento de ingresso e permanência em território nacional.

Art. 57. Regulamento disporá sobre condições especiais de autorização de residência para viabilizar medidas de ressocialização a migrante e a visitante em cumprimento de penas aplicadas ou executadas em território nacional.

Art. 58. No processo de expulsão serão garantidos o contraditório e a ampla defesa.

Lei n. 13.445, de 24-5-2017 — **Lei de Migração**

- *Vide* art. 5.º, LV, da CF.

§ 1.º A Defensoria Pública da União será notificada da instauração de processo de expulsão, se não houver defensor constituído.

§ 2.º Caberá pedido de reconsideração da decisão sobre a expulsão no prazo de 10 (dez) dias, a contar da notificação pessoal do expulsando.

Art. 59. Será considerada regular a situação migratória do expulsando cujo processo esteja pendente de decisão, nas condições previstas no art. 55.

Art. 60. A existência de processo de expulsão não impede a saída voluntária do expulsando do País.

Seção V
Das Vedações

Art. 61. Não se procederá à repatriação, à deportação ou à expulsão coletivas.

Parágrafo único. Entende-se por repatriação, deportação ou expulsão coletiva aquela que não individualiza a situação migratória irregular de cada pessoa.

Art. 62. Não se procederá à repatriação, à deportação ou à expulsão de nenhum indivíduo quando subsistirem razões para acreditar que a medida poderá colocar em risco a vida ou a integridade pessoal.

Capítulo VI
DA OPÇÃO DE NACIONALIDADE E DA NATURALIZAÇÃO

Seção I
Da Opção de Nacionalidade

Art. 63. O filho de pai ou de mãe brasileiro nascido no exterior e que não tenha sido registrado em repartição consular poderá, a qualquer tempo, promover ação de opção de nacionalidade.

Parágrafo único. O órgão de registro deve informar periodicamente à autoridade competente os dados relativos à opção de nacionalidade, conforme regulamento.

Seção II
Das Condições da Naturalização

Art. 64. A naturalização pode ser:

I – ordinária;

II – extraordinária;

III – especial; ou

IV – provisória.

Art. 65. Será concedida a naturalização ordinária àquele que preencher as seguintes condições:

•• A Portaria n. 623, de 13-11-2020, do Ministério da Justiça e Segurança Pública, dispõe sobre os procedimentos de naturalização, de igualdade de direitos, de perda da nacionalidade, de reaquisição da nacionalidade e de revogação da decisão de perda da nacionalidade brasileira.

I – ter capacidade civil, segundo a lei brasileira;

II – ter residência em território nacional, pelo prazo mínimo de 4 (quatro) anos;

III – comunicar-se em língua portuguesa, consideradas as condições do naturalizando; e

IV – não possuir condenação penal ou estiver reabilitado, nos termos da lei.

Art. 66. O prazo de residência fixado no inciso II do *caput* do art. 65 será reduzido para, no mínimo, 1 (um) ano se o naturalizando preencher quaisquer das seguintes condições:

I – (*vetado*);

II – ter filho brasileiro;

III – ter cônjuge ou companheiro brasileiro e não estar dele separado legalmente ou de fato no momento de concessão da naturalização;

IV – (*vetado*);

V – haver prestado ou poder prestar serviço relevante ao Brasil; ou

VI – recomendar-se por sua capacidade profissional, científica ou artística.

Parágrafo único. O preenchimento das condições previstas nos incisos V e VI do *caput* será avaliado na forma disposta em regulamento.

Art. 67. A naturalização extraordinária será concedida a pessoa de qualquer nacionalidade fixada no Brasil há mais de 15 (quinze) anos ininterruptos e sem condenação penal, desde que requeira a nacionalidade brasileira.

•• A Portaria n. 623, de 13-11-2020, do Ministério da Justiça e Segurança Pública, dispõe sobre os procedimentos de naturalização, de igualdade de direitos, de perda da nacionalidade, de reaquisição da nacionalidade e de revogação da decisão de perda da nacionalidade brasileira.

Art. 68. A naturalização especial poderá ser concedida ao estrangeiro que se encontre em uma das seguintes situações:

I – seja cônjuge ou companheiro, há mais de 5 (cinco) anos, de integrante do Serviço Exterior Brasileiro em atividade ou de pessoa a serviço do Estado brasileiro no exterior; ou

II – seja ou tenha sido empregado em missão diplomática ou em repartição consular do Brasil por mais de 10 (dez) anos ininterruptos.

Art. 69. São requisitos para a concessão da naturalização especial:

I – ter capacidade civil, segundo a lei brasileira;

II – comunicar-se em língua portuguesa, consideradas as condições do naturalizando; e

III – não possuir condenação penal ou estiver reabilitado, nos termos da lei.

Art. 70. A naturalização provisória poderá ser concedida ao migrante criança ou adolescente que tenha fixado residência em território nacional antes de completar 10 (dez) anos de idade e deverá ser requerida por intermédio de seu representante legal.

•• A Portaria n. 623, de 13-11-2020, do Ministério da Justiça e Segurança Pública, dispõe sobre os procedimentos de naturalização, de igualdade de direitos, de perda da nacionalidade, de reaquisição da nacionalidade e de revogação da decisão de perda da nacionalidade brasileira.

Parágrafo único. A naturalização prevista no *caput* será convertida em definitiva se o naturalizando expressamente assim o requerer no prazo de 2 (dois) anos após atingir a maioridade.

Art. 71. O pedido de naturalização será apresentado e processado na forma prevista pelo órgão competente do Poder Executivo, sendo cabível recurso em caso de denegação.

§ 1.º No curso do processo de naturalização, o naturalizando poderá requerer a tradução ou a adaptação de seu nome à língua portuguesa.

§ 2.º Será mantido cadastro com o nome traduzido ou adaptado associado ao nome anterior.

Art. 72. No prazo de até 1 (um) ano após a concessão da naturalização, deverá o naturalizado comparecer perante a Justiça Eleitoral para o devido cadastramento.

Seção III
Dos Efeitos da Naturalização

Art. 73. A naturalização produz efeitos após a publicação no *Diário Oficial* do ato de naturalização.

Art. 74. (Vetado.)

Seção IV
Da Perda da Nacionalidade

Art. 75. O naturalizado perderá a nacionalidade em razão de condenação transitada em julgado por atividade nociva ao interesse nacional, nos termos do inciso I do § 4.º do art. 12 da Constituição Federal.

•• A Portaria n. 623, de 13-11-2020, do Ministério da Justiça e Segurança Pública, dispõe sobre os procedimentos de naturalização, de igualdade de direitos, de perda da nacionalidade, de reaquisição da nacionalidade e de revogação da decisão de perda da nacionalidade brasileira.

Parágrafo único. O risco de geração de situação de apatridia será levado em consideração antes da efetivação da perda da nacionalidade.

Seção V
Da Reaquisição da Nacionalidade

Art. 76. O brasileiro que, em razão do previsto no inciso II do § 4.º do art. 12 da Constituição Federal, houver perdido a nacionalidade, uma vez cessada a causa, poderá readquiri-la ou ter o ato que declarou a perda revogado, na forma definida pelo órgão competente do Poder Executivo.

•• A Portaria n. 623, de 13-11-2020, do Ministério da Justiça e Segurança Pública, dispõe sobre os procedimentos de naturalização, de igualdade de direitos, de perda da nacionalidade, de reaquisição da nacionalidade e de revogação da decisão de perda da nacionalidade brasileira.

Capítulo VII
DO EMIGRANTE

Seção I
Das Políticas Públicas para os Emigrantes

Art. 77. As políticas públicas para os emigrantes observarão os seguintes princípios e diretrizes:

I – proteção e prestação de assistência consular por meio das representações do Brasil no exterior;

II – promoção de condições de vida digna, por meio, entre outros, da facilitação do registro consular e da prestação de serviços consulares relativos às áreas de educação, saúde, trabalho, previdência social e cultura;

III – promoção de estudos e pesquisas sobre os emigrantes e as comunidades de brasileiros no exterior, a fim de subsidiar a formulação de políticas públicas;

IV – atuação diplomática, nos âmbitos bilateral, regional e multilateral, em defesa dos direitos do emigrante brasileiro, conforme o direito internacional;

Lei n. 13.445, de 24-5-2017 — Lei de Migração

V – ação governamental integrada, com a participação de órgãos do governo com atuação nas áreas temáticas mencionadas nos incisos I, II, III e IV, visando a assistir as comunidades brasileiras no exterior; e

VI – esforço permanente de desburocratização, atualização e modernização do sistema de atendimento, com o objetivo de aprimorar a assistência ao emigrante.

Seção II
Dos Direitos do Emigrante

Art. 78. Todo emigrante que decida retornar ao Brasil com ânimo de residência poderá introduzir no País, com isenção de direitos de importação e de taxas aduaneiras, os bens novos ou usados que um viajante, em compatibilidade com as circunstâncias de sua viagem, puder destinar para seu uso ou consumo pessoal e profissional, sempre que, por sua quantidade, natureza ou variedade, não permitam presumir importação ou exportação com fins comerciais ou industriais.

Art. 79. Em caso de ameaça à paz social e à ordem pública por grave ou iminente instabilidade institucional ou de calamidade de grande proporção na natureza, deverá ser prestada especial assistência ao emigrante pelas representações brasileiras no exterior.

Art. 80. O tripulante brasileiro contratado por embarcação ou armadora estrangeira, de cabotagem ou a longo curso e com sede ou filial no Brasil, que explore economicamente o mar territorial e a costa brasileira terá direito a seguro a cargo do contratante, válido para todo o período da contratação, conforme o disposto no Registro de Embarcações Brasileiras (REB), contra acidente de trabalho, invalidez total ou parcial e morte, sem prejuízo de benefícios de apólice mais favorável vigente no exterior.

Capítulo VIII
DAS MEDIDAS DE COOPERAÇÃO

Seção I
Da Extradição

Art. 81. A extradição é a medida de cooperação internacional entre o Estado brasileiro e outro Estado pela qual se concede ou solicita a entrega de pessoa sobre quem recaia condenação criminal definitiva ou para fins de instrução de processo penal em curso.

§ 1.º A extradição será requerida por via diplomática ou pelas autoridades centrais designadas para esse fim.

§ 2.º A extradição e sua rotina de comunicação serão realizadas pelo órgão competente do Poder Executivo em coordenação com as autoridades judiciárias e policiais competentes.

Art. 82. Não se concederá a extradição quando:

•• *Vide* art. 5.º, LI, da CF.

I – o indivíduo cuja extradição é solicitada ao Brasil for brasileiro nato;

II – o fato que motivar o pedido não for considerado crime no Brasil ou no Estado requerente;

III – o Brasil for competente, segundo suas leis, para julgar o crime imputado ao extraditando;

IV – a lei brasileira impuser ao crime pena de prisão inferior a 2 (dois) anos;

V – o extraditando estiver respondendo a processo ou já houver sido condenado ou absolvido no Brasil pelo mesmo fato em que se fundar o pedido;

VI – a punibilidade estiver extinta pela prescrição, segundo a lei brasileira ou a do Estado requerente;

VII – o fato constituir crime político ou de opinião;

VIII – o extraditando tiver de responder, no Estado requerente, perante tribunal ou juízo de exceção; ou

IX – o extraditando for beneficiário de refúgio, nos termos da Lei n. 9.474, de 22 de julho de 1997, ou de asilo territorial.

§ 1.º A previsão constante do inciso VII do *caput* não impedirá a extradição quando o fato constituir, principalmente, infração à lei penal comum ou quando o crime comum, conexo ao delito político, constituir o fato principal.

§ 2.º Caberá à autoridade judiciária competente a apreciação do caráter da infração.

§ 3.º Para determinação da incidência do disposto no inciso I, será observada, nos casos de aquisição de outra nacionalidade por naturalização, a anterioridade do fato gerador da extradição.

§ 4.º O Supremo Tribunal Federal poderá deixar de considerar crime político o atentado contra chefe de Estado ou quaisquer autoridades, bem como crime contra a humanidade, crime de guerra, crime de genocídio e terrorismo.

§ 5.º Admite-se a extradição de brasileiro naturalizado, nas hipóteses previstas na Constituição Federal.

Art. 83. São condições para concessão da extradição:

I – ter sido o crime cometido no território do Estado requerente ou serem aplicáveis ao extraditando as leis penais desse Estado; e

II – estar o extraditando respondendo a processo investigatório ou a processo penal ou ter sido condenado pelas autoridades judiciárias do Estado requerente a pena privativa de liberdade.

Art. 84. Em caso de urgência, o Estado interessado na extradição poderá, previamente ou conjuntamente com a formalização do pedido extradicional, requerer, por via diplomática ou por meio de autoridade central do Poder Executivo, prisão cautelar com o objetivo de assegurar a executoriedade da medida de extradição que, após exame da presença dos pressupostos formais de admissibilidade exigidos nesta Lei ou em tratado, deverá representar à autoridade judicial competente, ouvido previamente o Ministério Público Federal.

§ 1.º O pedido de prisão cautelar deverá conter informação sobre o crime cometido e deverá ser fundamentado, podendo ser apresentado por correio, fax, mensagem eletrônica ou qualquer outro meio que assegure a comunicação por escrito.

§ 2.º O pedido de prisão cautelar poderá ser transmitido à autoridade competente para extradição no Brasil por meio de canal estabelecido com o ponto focal da Organização Internacional de Polícia Criminal (Interpol) no País, devidamente instruído com a documentação comprobatória da existência de ordem de prisão proferida por Estado estrangeiro, e, em caso de ausência de tratado, com a promessa de reciprocidade recebida por via diplomática.

§ 3.º Efetivada a prisão do extraditando, o pedido de extradição será encaminhado à autoridade judiciária competente.

§ 4.º Na ausência de disposição específica em tratado, o Estado estrangeiro deverá formalizar o pedido de extradição no prazo de 60 (sessenta) dias, contado da data em que tiver sido cientificado da prisão do extraditando.

§ 5.º Caso o pedido de extradição não seja apresentado no prazo previsto no § 4.º, o extraditando deverá ser posto em liberdade, não se admitindo novo pedido de prisão cautelar pelo mesmo fato sem que a extradição tenha sido devidamente requerida.

§ 6.º A prisão cautelar poderá ser prorrogada até o julgamento final da autoridade judiciária competente quanto à legalidade do pedido de extradição.

Art. 85. Quando mais de um Estado requerer a extradição da mesma pessoa, pelo mesmo fato, terá preferência o pedido daquele em cujo território a infração foi cometida.

§ 1.º Em caso de crimes diversos, terá preferência, sucessivamente:

I – o Estado requerente em cujo território tenha sido cometido o crime mais grave, segundo a lei brasileira;

II – o Estado que em primeiro lugar tenha pedido a entrega do extraditando, se a gravidade dos crimes for idêntica;

III – o Estado de origem, ou, em sua falta, o domiciliar do extraditando, se os pedidos forem simultâneos.

§ 2.º Nos casos não previstos nesta Lei, o órgão competente do Poder Executivo decidirá sobre a preferência do pedido, priorizando o Estado requerente que mantiver tratado de extradição com o Brasil.

§ 3.º Havendo tratado com algum dos Estados requerentes, prevalecerão suas normas no que diz respeito à preferência de que trata este artigo.

Art. 86. O Supremo Tribunal Federal, ouvido o Ministério Público, poderá autorizar prisão albergue ou domiciliar ou determinar que o extraditando responda ao processo de extradição em liberdade, com retenção do documento de viagem ou outras medidas cautelares necessárias, até o julgamento da extradição ou a entrega do extraditando, se pertinente, considerando a situação administrativa migratória, os antecedentes do extraditando e as circunstâncias do caso.

Art. 87. O extraditando poderá entregar-se voluntariamente ao Estado requerente, desde que o declare expressamente, esteja assistido por advogado e seja advertido de que tem direito ao processo judicial de extradição e à proteção que tal direito encerra, caso em que o pedido será decidido pelo Supremo Tribunal Federal.

Art. 88. Todo pedido que possa originar processo de extradição em face de Estado estrangeiro deverá ser encaminhado ao órgão competente do Poder Executivo diretamente pelo órgão do Poder Judiciário responsável pela decisão ou pelo processo penal que a fundamenta.

§ 1.º Compete a órgão do Poder Executivo o papel de orientação, de informação e de avaliação dos elementos formais de admissibilidade dos processos preparatórios para encaminhamento ao Estado requerido.

§ 2.º Compete aos órgãos do sistema de Justiça vinculados ao processo penal gerador de pedido de extradição a apresentação de todos os documentos, manifestações e demais elementos necessários para o processamento do pedido, inclusive suas traduções oficiais.

Lei n. 13.445, de 24-5-2017 — Lei de Migração

§ 3.º O pedido deverá ser instruído com cópia autêntica ou com o original da sentença condenatória ou da decisão penal proferida, conterá indicações precisas sobre o local, a data, a natureza e as circunstâncias do fato criminoso e a identidade do extraditando e será acompanhado de cópia dos textos legais sobre o crime, a competência, a pena e a prescrição.

§ 4.º O encaminhamento do pedido de extradição ao órgão competente do Poder Executivo confere autenticidade aos documentos.

Art. 89. O pedido de extradição originado de Estado estrangeiro será recebido pelo órgão competente do Poder Executivo e, após exame da presença dos pressupostos formais de admissibilidade exigidos nesta Lei ou em tratado, encaminhado à autoridade judiciária competente.

Parágrafo único. Não preenchidos os pressupostos referidos no *caput*, o pedido será arquivado mediante decisão fundamentada, sem prejuízo da possibilidade de renovação do pedido, devidamente instruído, uma vez superado o óbice apontado.

Art. 90. Nenhuma extradição será concedida sem prévio pronunciamento do Supremo Tribunal Federal sobre sua legalidade e procedência, não cabendo recurso da decisão.

Art. 91. Ao receber o pedido, o relator designará dia e hora para o interrogatório do extraditando e, conforme o caso, nomear-lhe-á curador ou advogado, se não o tiver.

§ 1.º A defesa, a ser apresentada no prazo de 10 (dez) dias contado da data do interrogatório, versará sobre a identidade da pessoa reclamada, defeito de forma de documento apresentado ou ilegalidade da extradição.

§ 2.º Não estando o processo devidamente instruído, o Tribunal, a requerimento do órgão do Ministério Público Federal correspondente, poderá converter o julgamento em diligência para suprir a falta.

§ 3.º Para suprir a falta referida no § 2.º, o Ministério Público Federal terá prazo improrrogável de 60 (sessenta) dias, após o qual o pedido será julgado independentemente da diligência.

§ 4.º O prazo referido no § 3.º será contado da data de notificação à missão diplomática do Estado requerente.

Art. 92. Julgada procedente a extradição e autorizada a entrega pelo órgão competente do Poder Executivo, será o ato comunicado por via diplomática ao Estado requerente, que, no prazo de 60 (sessenta) dias da comunicação, deverá retirar o extraditando do território nacional.

Art. 93. Se o Estado requerente não retirar o extraditando do território nacional no prazo previsto no art. 92, será ele posto em liberdade, sem prejuízo de outras medidas aplicáveis.

Art. 94. Negada a extradição em fase judicial, não se admitirá novo pedido baseado no mesmo fato.

Art. 95. Quando o extraditando estiver sendo processado ou tiver sido condenado, no Brasil, por crime punível com pena privativa de liberdade, a extradição será executada somente depois da conclusão do processo ou do cumprimento da pena, ressalvadas as hipóteses de liberação antecipada pelo Poder Judiciário e de determinação da transferência da pessoa condenada.

§ 1.º A entrega do extraditando será igualmente adiada se a efetivação da medida puser em risco sua vida em virtude de enfermidade grave comprovada por laudo médico oficial.

§ 2.º Quando o extraditando estiver sendo processado ou tiver sido condenado, no Brasil, por infração de menor potencial ofensivo, a entrega poderá ser imediatamente efetivada.

Art. 96. Não será efetivada a entrega do extraditando sem que o Estado requerente assuma o compromisso de:

I – não submeter o extraditando a prisão ou processo por fato anterior ao pedido de extradição;

II – computar o tempo da prisão que, no Brasil, foi imposta por força da extradição;

III – comutar a pena corporal, perpétua ou de morte em pena privativa de liberdade, respeitado o limite máximo de cumprimento de 30 (trinta) anos;

IV – não entregar o extraditando, sem consentimento do Brasil, a outro Estado que o reclame;

V – não considerar qualquer motivo político para agravar a pena; e

VI – não submeter o extraditando a tortura ou a outros tratamentos ou penas cruéis, desumanos ou degradantes.

Art. 97. A entrega do extraditando, de acordo com as leis brasileiras e respeitado o direito de terceiro, será feita com os objetos e instrumentos do crime encontrados em seu poder.

Parágrafo único. Os objetos e instrumentos referidos neste artigo poderão ser entregues independentemente da entrega do extraditando.

Art. 98. O extraditando que, depois de entregue ao Estado requerente, escapar à ação da Justiça e homiziar-se no Brasil, ou por ele transitar, será detido mediante pedido feito diretamente por via diplomática ou pela Interpol e novamente entregue, sem outras formalidades.

Art. 99. Salvo motivo de ordem pública, poderá ser permitido, pelo órgão competente do Poder Executivo, o trânsito no território nacional de pessoa extraditada por Estado estrangeiro, bem como o da respectiva guarda, mediante apresentação de documento comprobatório de concessão da medida.

Seção II
Da Transferência de Execução da Pena

Art. 100. Nas hipóteses em que couber solicitação de extradição executória, a autoridade competente poderá solicitar ou autorizar a transferência de execução da pena, desde que observado o princípio do *non bis in idem*.

Parágrafo único. Sem prejuízo do disposto no Decreto-lei n. 2.848, de 7 de dezembro de 1940 (Código Penal), a transferência de execução da pena será possível quando preenchidos os seguintes requisitos:

I – o condenado em território estrangeiro for nacional ou tiver residência habitual ou vínculo pessoal no Brasil;

II – a sentença tiver transitado em julgado;

III – a duração da condenação a cumprir ou que restar para cumprir for de, pelo menos, 1 (um) ano, na data de apresentação do pedido ao Estado da condenação;

IV – o fato que originou a condenação constituir infração penal perante a lei de ambas as partes; e

V – houver tratado ou promessa de reciprocidade.

Art. 101. O pedido de transferência de execução de pena de Estado estrangeiro será requerido por via diplomática ou por via de autoridades centrais.

§ 1.º O pedido será recebido pelo órgão competente do Poder Executivo e, após exame da presença dos pressupostos formais de admissibilidade exigidos nesta Lei ou em tratado, encaminhado ao Superior Tribunal de Justiça para decisão quanto à homologação.

§ 2.º Não preenchidos os pressupostos referidos no § 1.º, o pedido será arquivado mediante decisão fundamentada, sem prejuízo da possibilidade de renovação do pedido, devidamente instruído, uma vez superado o óbice apontado.

Art. 102. A forma do pedido de transferência de execução da pena e seu processamento serão definidos em regulamento.

Parágrafo único. Nos casos previstos nesta Seção, a execução penal será de competência da Justiça Federal.

Seção III
Da Transferência de Pessoa Condenada

Art. 103. A transferência de pessoa condenada poderá ser concedida quando o pedido se fundamentar em tratado ou houver promessa de reciprocidade.

§ 1.º O condenado no território nacional poderá ser transferido para seu país de nacionalidade ou país em que tiver residência habitual ou vínculo pessoal, desde que expresse interesse nesse sentido, a fim de cumprir pena a ele imposta pelo Estado brasileiro por sentença transitada em julgado.

§ 2.º A transferência de pessoa condenada no Brasil pode ser concedida juntamente com a aplicação de medida de impedimento de reingresso em território nacional, na forma de regulamento.

Art. 104. A transferência de pessoa condenada será possível quando preenchidos os seguintes requisitos:

I – o condenado no território de uma das partes for nacional ou tiver residência habitual ou vínculo pessoal no território da outra parte que justifique a transferência;

II – a sentença tiver transitado em julgado;

III – a duração da condenação a cumprir ou que restar para cumprir for de, pelo menos, 1 (um) ano, na data de apresentação do pedido ao Estado da condenação;

IV – o fato que originou a condenação constituir infração penal perante a lei de ambos os Estados;

V – houver manifestação de vontade do condenado ou, quando for o caso, de seu representante; e

VI – houver concordância de ambos os Estados.

Art. 105. A forma do pedido de transferência de pessoa condenada e seu processamento serão definidos em regulamento.

§ 1.º Nos casos previstos nesta Seção, a execução penal será de competência da Justiça Federal.

§ 2.º Não se procederá à transferência quando inadmitida a extradição.

§ 3.º (*Vetado.*)

Capítulo IX
DAS INFRAÇÕES E DAS PENALIDADES ADMINISTRATIVAS

Art. 106. Regulamento disporá sobre o procedimento de apuração das infrações administrativas e seu processamento e sobre a fixação e a atualização das multas, em observância ao disposto nesta Lei.

Art. 107. As infrações administrativas previstas neste Capítulo serão apuradas em processo administrativo próprio, assegurados o contraditório e a ampla defesa e observadas as disposições desta Lei.

§ 1.º O cometimento simultâneo de duas ou mais infrações importará cumulação das sanções cabíveis, respeitados os limites estabelecidos nos incisos V e VI do art. 108.

§ 2.º A multa atribuída por dia de atraso ou por excesso de permanência poderá ser convertida em redução equivalente do período de autorização de estada para o visto de visita, em caso de nova entrada no País.

Art. 108. O valor das multas tratadas neste Capítulo considerará:

I – as hipóteses individualizadas nesta Lei;

II – a condição econômica do infrator, a reincidência e a gravidade da infração;

III – a atualização periódica conforme estabelecido em regulamento;

IV – o valor mínimo individualizável de R$ 100,00 (cem reais);

V – o valor mínimo de R$ 100,00 (cem reais) e o máximo de R$ 10.000,00 (dez mil reais) para infrações cometidas por pessoa física;

VI – o valor mínimo de R$ 1.000,00 (mil reais) e o máximo de R$ 1.000.000,00 (um milhão de reais) para infrações cometidas por pessoa jurídica, por ato infracional.

Art. 109. Constitui infração, sujeitando o infrator às seguintes sanções:

I – entrar em território nacional sem estar autorizado:
Sanção: deportação, caso não saia do País ou não regularize a situação migratória no prazo fixado;

II – permanecer em território nacional depois de esgotado o prazo legal da documentação migratória:
Sanção: multa por dia de excesso e deportação, caso não saia do País ou não regularize a situação migratória no prazo fixado;

III – deixar de se registrar, dentro do prazo de 90 (noventa) dias do ingresso no País, quando for obrigatória a identificação civil:
Sanção: multa;

IV – deixar o imigrante de se registrar, para efeito de autorização de residência, dentro do prazo de 30 (trinta) dias, quando orientado a fazê-lo pelo órgão competente:
Sanção: multa por dia de atraso;

V – transportar para o Brasil pessoa que esteja sem documentação migratória regular:
Sanção: multa por pessoa transportada;

VI – deixar a empresa transportadora de atender a compromisso de manutenção da estada ou de promoção da saída do território nacional de quem tenha sido autorizado a ingresso condicional no Brasil por não possuir a devida documentação migratória:
Sanção: multa;

VII – furtar-se ao controle migratório, na entrada ou saída do território nacional:
Sanção: multa.

Art. 110. As penalidades aplicadas serão objeto de pedido de reconsideração e de recurso, nos termos de regulamento.

Parágrafo único. Serão respeitados o contraditório, a ampla defesa e a garantia de recurso, assim como a situação de hipossuficiência do migrante ou do visitante.

Capítulo X
DISPOSIÇÕES FINAIS E TRANSITÓRIAS

Art. 111. Esta Lei não prejudica direitos e obrigações estabelecidos por tratados vigentes no Brasil e que sejam mais benéficos ao migrante e ao visitante, em particular os tratados firmados no âmbito do Mercosul.

Art. 112. As autoridades brasileiras serão tolerantes quanto ao uso do idioma do residente fronteiriço e do imigrante quando eles se dirigirem a órgãos ou repartições públicas para reclamar ou reivindicar os direitos decorrentes desta Lei.

Art. 113. As taxas e emolumentos consulares são fixados em conformidade com a tabela anexa a esta Lei.

•• Deixamos de publicar a Tabela de Taxas e Emolumentos Consulares mencionada neste artigo por não atender a proposta da obra.

§ 1.º Os valores das taxas e emolumentos consulares poderão ser ajustados pelo órgão competente da administração pública federal, de forma a preservar o interesse nacional ou a assegurar a reciprocidade de tratamento.

§ 2.º Não serão cobrados emolumentos consulares pela concessão de:

I – vistos diplomáticos, oficiais e de cortesia; e

II – vistos em passaportes diplomáticos, oficiais ou de serviço, ou equivalentes, mediante reciprocidade de tratamento a titulares de documento de viagem similar brasileiro.

§ 3.º Não serão cobrados taxas e emolumentos consulares pela concessão de vistos ou para a obtenção de documentos para regularização migratória aos integrantes de grupos vulneráveis e indivíduos em condição de hipossuficiência econômica.

§ 4.º (Vetado.)

Art. 114. Regulamento poderá estabelecer competência para órgãos do Poder Executivo disciplinarem aspectos específicos desta Lei.

....

Art. 116. (Vetado.)

Art. 117. O documento conhecido por Registro Nacional de Estrangeiro passa a ser denominado Registro Nacional Migratório.

Art. 118. (Vetado.)

Art. 119. O visto emitido até a data de entrada em vigor desta Lei poderá ser utilizado até a data prevista de expiração de sua validade, podendo ser transformado ou ter seu prazo de estada prorrogado, nos termos de regulamento.

Art. 120. A Política Nacional de Migrações, Refúgio e Apatridia terá a finalidade de coordenar e articular ações setoriais implementadas pelo Poder Executivo federal em regime de cooperação com os Estados, o Distrito Federal e os Municípios, com participação de organizações da sociedade civil, organismos internacionais e entidades privadas, conforme regulamento.

§ 1.º Ato normativo do Poder Executivo federal poderá definir os objetivos, a organização e a estratégia de coordenação da Política Nacional de Migrações, Refúgio e Apatridia.

§ 2.º Ato normativo do Poder Executivo federal poderá estabelecer planos nacionais e outros instrumentos para a efetivação dos objetivos desta Lei e a coordenação entre órgãos e colegiados setoriais.

§ 3.º Com vistas à formulação de políticas públicas, deverá ser produzida informação quantitativa e qualitativa, de forma sistemática, sobre os migrantes, com a criação de banco de dados.

Art. 121. Na aplicação desta Lei, devem ser observadas as disposições da Lei n. 9.474, de 22 de julho de 1997, nas situações que envolvam refugiados e solicitantes de refúgio.

Art. 122. A aplicação desta Lei não impede o tratamento mais favorável assegurado por tratado em que a República Federativa do Brasil seja parte.

Art. 123. Ninguém será privado de sua liberdade por razões migratórias, exceto nos casos previstos nesta Lei.

Art. 124. Revogam-se:

I – a Lei n. 818, de 18 de setembro de 1949; e

II – a Lei n. 6.815, de 19 de agosto de 1980 (Estatuto do Estrangeiro).

Art. 125. Esta Lei entra em vigor após decorridos 180 (cento e oitenta) dias de sua publicação oficial.

Brasília, 24 de maio de 2017; 196.º da Independência e 129.º da República.

MICHEL TEMER

LEI N. 13.465,
DE 11 DE JULHO DE 2017 (*)

Dispõe sobre a regularização fundiária rural e urbana, sobre a liquidação de créditos concedidos aos assentados da reforma agrária e sobre a regularização fundiária no âmbito da Amazônia Legal; institui mecanismos para aprimorar a eficiência dos procedimentos de alienação de imóveis da União; altera as Leis n. 8.629, de 25 de fevereiro de 1993, 13.001, de 20 de junho de 2014, 11.952, de 25 de junho de 2009, 13.340, de 28 de setembro de 2016,

---

(*) Publicada no *DOU*, de 12-7-2017.

8.666, de 21 de junho de 1993, 6.015, de 31 de dezembro de 1973, 12.512, de 14 de outubro de 2011, 10.406, de 10 de janeiro de 2002 (Código Civil), 13.105, de 16 de março de 2015 (Código de Processo Civil), 11.977, de 7 de julho de 2009, 9.514, de 20 de novembro de 1997, 11.124, de 16 de junho de 2005, 6.766, de 19 de dezembro de 1979, 10.257, de 10 de julho de 2001, 12.651, de 25 de maio de 2012, 13.240, de 30 de dezembro de 2015, 9.636, de 15 de maio de 1998, 8.036, de 11 de maio de 1990, 13.139, de 26 de junho de 2015, 11.483, de 31 de maio de 2007, e a 12.712, de 30 de agosto de 2012, a Medida Provisória n. 2.220, de 4 de setembro de 2001, e os Decretos-leis n. 2.398, de 21 de dezembro de 1987, 1.876, de 15 de julho de 1981, 9.760, de 5 de setembro de 1946, e 3.365, de 21 de junho de 1941; revoga dispositivos da Lei Complementar n. 76, de 6 de julho de 1993, e da Lei n. 13.347, de 10 de outubro de 2016; e dá outras providências.

O Presidente da República

Faço saber que o Congresso Nacional decreta e eu sanciono a seguinte Lei:

Art. 1.º Esta Lei dispõe sobre a regularização fundiária rural e urbana, sobre a liquidação de créditos concedidos aos assentados da reforma agrária e sobre a regularização fundiária no âmbito da Amazônia Legal; institui mecanismos para aprimorar a eficiência dos procedimentos de alienação de imóveis da União; e dá outras providências.

Título I
DA REGULARIZAÇÃO FUNDIÁRIA RURAL

Art. 7.º A Lei n. 6.015, de 31 de dezembro de 1973, passa a vigorar com as seguintes alterações:

•• Alterações já processadas no diploma modificado.

Título II
DA REGULARIZAÇÃO FUNDIÁRIA URBANA

Capítulo I
DISPOSIÇÕES GERAIS

Seção I
Da Regularização Fundiária Urbana

Art. 9.º Ficam instituídas no território nacional normas gerais e procedimentos aplicáveis à Regularização Fundiária Urbana (Reurb), a qual abrange medidas jurídicas, urbanísticas, ambientais e sociais destinadas à incorporação dos núcleos urbanos informais ao ordenamento territorial urbano e à titulação de seus ocupantes.

§ 1.º Os poderes públicos formularão e desenvolverão no espaço urbano as políticas de suas competências de acordo com os princípios de sustentabilidade econômica, social e ambiental e ordenação territorial, buscando a ocupação do solo de maneira eficiente, combinando seu uso de forma funcional.

§ 2.º A Reurb promovida mediante legitimação fundiária somente poderá ser aplicada para os núcleos urbanos informais comprovadamente existentes, na forma desta Lei, até 22 de dezembro de 2016.

Art. 10. Constituem objetivos da Reurb, a serem observados pela União, Estados, Distrito Federal e Municípios:

I – identificar os núcleos urbanos informais que devam ser regularizados, organizá-los e assegurar a prestação de serviços públicos aos seus ocupantes, de modo a melhorar as condições urbanísticas e ambientais em relação à situação de ocupação informal anterior;

II – criar unidades imobiliárias compatíveis com o ordenamento territorial urbano e constituir sobre elas direitos reais em favor dos seus ocupantes;

III – ampliar o acesso à terra urbanizada pela população de baixa renda, de modo a priorizar a permanência dos ocupantes nos próprios núcleos urbanos informais regularizados;

IV – promover a integração social e a geração de emprego e renda;

V – estimular a resolução extrajudicial de conflitos, em reforço à consensualidade e à cooperação entre Estado e sociedade;

VI – garantir o direito social à moradia digna e às condições de vida adequadas;

VII – garantir a efetivação da função social da propriedade;

VIII – ordenar o pleno desenvolvimento das funções sociais da cidade e garantir o bem-estar de seus habitantes;

IX – concretizar o princípio constitucional da eficiência na ocupação e no uso do solo;

X – prevenir e desestimular a formação de novos núcleos urbanos informais;

XI – conceder direitos reais, preferencialmente em nome da mulher;

XII – franquear participação dos interessados nas etapas do processo de regularização fundiária.

Art. 11. Para fins desta Lei, consideram-se:

I – núcleo urbano: assentamento humano, com uso e características urbanas, constituído por unidades imobiliárias de área inferior à fração mínima de parcelamento prevista na Lei n. 5.868, de 12 de dezembro de 1972, independentemente da propriedade do solo, ainda que situado em área qualificada ou inscrita como rural;

- A Lei n. 5.868, de 12-12-1972, cria o Sistema Nacional de Cadastro Rural.

II – núcleo urbano informal: aquele clandestino, irregular ou no qual não foi possível realizar, por qualquer modo, a titulação de seus ocupantes, ainda que atendida a legislação vigente à época de sua implantação ou regularização;

III – núcleo urbano informal consolidado: aquele de difícil reversão, considerados o tempo da ocupação, a natureza das edificações, a localização das vias de circulação e a presença de equipamentos públicos, entre outras circunstâncias a serem avaliadas pelo Município;

IV – demarcação urbanística: procedimento destinado a identificar os imóveis públicos e privados abrangidos pelo núcleo urbano informal e a obter a anuência dos respectivos titulares de direitos inscritos na matrícula dos imóveis ocupados, culminando com averbação na matrícula destes imóveis da viabilidade da regularização fundiária, a ser promovida a critério do Município;

V – Certidão de Regularização Fundiária (CRF): documento expedido pelo Município ao final do procedimento da Reurb, constituído do projeto de regularização fundiária aprovado, do termo de compromisso relativo a sua execução e, no caso da legitimação fundiária e da legitimação de posse, da listagem dos ocupantes do núcleo urbano informal regularizado, da devida qualificação destes e dos direitos reais que lhes foram conferidos;

VI – legitimação de posse: ato do poder público destinado a conferir título, por meio do qual fica reconhecida a posse de imóvel objeto da Reurb, conversível em aquisição de direito real de propriedade na forma desta Lei, com a identificação de seus ocupantes, do tempo da ocupação e da natureza da posse;

VII – legitimação fundiária: mecanismo de reconhecimento da aquisição originária do direito real de propriedade sobre unidade imobiliária objeto da Reurb;

VIII – ocupante: aquele que mantém poder de fato sobre lote ou fração ideal de terras públicas ou privadas em núcleos urbanos informais.

§ 1.º Para fins da Reurb, os Municípios poderão dispensar as exigências relativas ao percentual e às dimensões de áreas destinadas ao uso público ou ao tamanho dos lotes regularizados, assim como a outros parâmetros urbanísticos e edilícios.

§ 2.º Constatada a existência de núcleo urbano informal situado, total ou parcialmente, em área de preservação permanente ou em área de unidade de conservação de uso sustentável ou de proteção de mananciais definidas pela União, Estados ou Municípios, a Reurb observará, também, o disposto nos arts. 64 e 65 da Lei n. 12.651, de 25 de maio de 2012, hipótese na qual se torna obrigatória a elaboração de estudos técnicos, no âmbito da Reurb, que justifiquem as melhorias ambientais em relação à situação de ocupação informal anterior, inclusive por meio de compensações ambientais, quando for o caso.

§ 3.º No caso da Reurb abranger área de unidade de conservação de uso sustentável que, nos termos da Lei n. 9.985, de 18 de julho de 2000, admita regularização, será exigida também a anuência do órgão gestor da unidade, desde que estudo técnico comprove que essas intervenções de regularização fundiária implicam a

Lei n. 13.465, de 11-7-2017 — Regularização Fundiária Rural e Urbana

melhoria das condições ambientais em relação à situação de ocupação informal anterior.

§ 4.º Na Reurb cuja ocupação tenha ocorrido às margens de reservatórios artificiais de água destinados à geração de energia ou ao abastecimento público, a faixa da área de preservação permanente consistirá na distância entre o nível máximo operativo normal e a cota máxima *maximorum*.

§ 5.º Esta Lei não se aplica aos núcleos urbanos informais situados em áreas indispensáveis à segurança nacional ou de interesse da defesa, assim reconhecidas em decreto do Poder Executivo federal.

§ 6.º Aplicam-se as disposições desta Lei aos imóveis localizados em área rural, desde que a unidade imobiliária tenha área inferior à fração mínima de parcelamento prevista na Lei n. 5.868, de 12 de dezembro de 1972.

Art. 12. A aprovação municipal da Reurb corresponde à aprovação urbanística do projeto de regularização fundiária e, na hipótese de o Município ter órgão ambiental capacitado, à aprovação ambiental.

•• *Caput* com redação determinada pela Lei n. 14.118, de 12-1-2021.

§ 1.º Considera-se órgão ambiental capacitado o órgão municipal que possua em seus quadros ou à sua disposição profissionais com atribuição técnica para a análise e a aprovação dos estudos referidos no art. 11, independentemente da existência de convênio com os Estados ou a União.

§ 2.º Os estudos referidos no art. 11 deverão ser elaborados por profissional legalmente habilitado, compatibilizar-se com o projeto de regularização fundiária e conter, conforme o caso, os elementos constantes dos arts. 64 ou 65 da Lei n. 12.651, de 25 de maio de 2012.

§ 3.º Os estudos técnicos referidos no art. 11 aplicam-se somente às parcelas dos núcleos urbanos informais situados nas áreas de preservação permanente, nas unidades de conservação de uso sustentável ou nas áreas de proteção de mananciais e poderão ser feitos em fases ou etapas, sendo que a parte do núcleo urbano informal não afetada por esses estudos poderá ter seu projeto aprovado e levado a registro separadamente.

§ 4.º A aprovação ambiental da Reurb prevista neste artigo poderá ser feita pelos Estados na hipótese de o Município não dispor de capacidade técnica para a aprovação dos estudos referidos no art. 11.

Art. 13. A Reurb compreende duas modalidades:

I – Reurb de Interesse Social (Reurb-S) – regularização fundiária aplicável aos núcleos urbanos informais ocupados predominantemente por população de baixa renda, assim declarados em ato do Poder Executivo municipal; e

II – Reurb de Interesse Específico (Reurb-E) – regularização fundiária aplicável aos núcleos urbanos informais ocupados por população não qualificada na hipótese de que trata o inciso I deste artigo.

§ 1.º Serão isentos de custas e emolumentos, entre outros, os seguintes atos registrais relacionados à Reurb-S:

I – o primeiro registro da Reurb-S, o qual confere direitos reais aos seus beneficiários;

II – o registro da legitimação fundiária;

III – o registro do título de legitimação de posse e a sua conversão em título de propriedade;

IV – o registro da CRF e do projeto de regularização fundiária, com abertura de matrícula para cada unidade imobiliária urbana regularizada;

V – a primeira averbação de construção residencial, desde que respeitado o limite de até setenta metros quadrados;

VI – a aquisição do primeiro direito real sobre unidade imobiliária derivada da Reurb-S;

VII – o primeiro registro do direito real de laje no âmbito da Reurb-S; e

VIII – o fornecimento de certidões de registro para os atos previstos neste artigo.

§ 2.º Os atos de que trata este artigo independem da comprovação do pagamento de tributos ou penalidades tributárias, sendo vedado ao oficial de registro de imóveis exigir sua comprovação.

§ 3.º O disposto nos §§ 1.º e 2.º deste artigo aplica-se também à Reurb-S que tenha por objeto conjuntos habitacionais ou condomínios de interesse social construídos pelo poder público, diretamente ou por meio da administração pública indireta, que já se encontrem implantados em 22 de dezembro de 2016.

§ 4.º Na Reurb, os Municípios e o Distrito Federal poderão admitir o uso misto de atividades como forma de promover a integração social e a geração de emprego e renda no núcleo urbano informal regularizado.

§ 5.º A classificação do interesse visa exclusivamente à identificação dos responsáveis pela implantação ou adequação das obras de infraestrutura essencial e ao reconhecimento do direito à gratuidade das custas e emolumentos notariais e registrais em favor daqueles a quem for atribuído o domínio das unidades imobiliárias regularizadas.

§ 6.º Os cartórios que não cumprirem o disposto neste artigo, que retardarem ou não efetuarem o registro de acordo com as normas previstas nesta Lei, por ato não justificado, ficarão sujeitos às sanções previstas no art. 44 da Lei n. 11.977, de 7 de julho de 2009, observado o disposto nos §§ 3.º-A e 3.º-B do art. 30 da Lei n. 6.015, de 31 de dezembro de 1973.

§ 7.º A partir da disponibilidade de equipamentos e infraestrutura para prestação de serviço público de abastecimento de água, coleta de esgoto, distribuição de energia elétrica, ou outros serviços públicos, é obrigatório aos beneficiários da Reurb realizar a conexão da edificação à rede de água, de coleta de esgoto ou de distribuição de energia elétrica e adotar as demais providências necessárias à utilização do serviço, salvo disposição em contrário na legislação municipal.

Seção II
Dos Legitimados para Requerer a Reurb

Art. 14. Poderão requerer a Reurb:

I – a União, os Estados, o Distrito Federal e os Municípios, diretamente ou por meio de entidades da administração pública indireta;

II – os seus beneficiários, individual ou coletivamente, diretamente ou por meio de cooperativas habitacionais, associações de moradores, fundações, organizações sociais, organizações da sociedade civil de interesse público ou outras associações civis que tenham por finalidade atividades nas áreas de desenvolvimento urbano ou regularização fundiária urbana;

III – os proprietários de imóveis ou de terrenos, loteadores ou incorporadores;

IV – a Defensoria Pública, em nome dos beneficiários hipossuficientes; e

V – o Ministério Público.

§ 1.º Os legitimados poderão promover todos os atos necessários à regularização fundiária, inclusive requerer os atos de registro.

§ 2.º Nos casos de parcelamento do solo, de conjunto habitacional ou de condomínio informal, empreendidos por particular, a conclusão da Reurb confere direito de regresso àqueles que suportarem os seus custos e obrigações contra os responsáveis pela implantação dos núcleos urbanos informais.

§ 3.º O requerimento de instauração da Reurb por proprietários de terreno, loteadores e incorporadores que tenham dado causa à formação de núcleos urbanos informais, ou os seus sucessores, não os eximirá de responsabilidades administrativa, civil ou criminal.

Capítulo II
DOS INSTRUMENTOS DA REURB

Seção I
Disposições Gerais

Art. 15. Poderão ser empregados, no âmbito da Reurb, sem prejuízo de outros que se apresentem adequados, os seguintes institutos jurídicos:

I – a legitimação fundiária e a legitimação de posse, nos termos desta Lei;

II – a usucapião, nos termos dos arts. 1.238 a 1.244 da Lei n. 10.406, de 10 de janeiro de 2002 (Código Civil), dos arts. 9.º a 14 da Lei n. 10.257, de 10 de julho de 2001, e do art. 216-A da Lei n. 6.015, de 31 de dezembro de 1973;

III – a desapropriação em favor dos possuidores, nos termos dos §§ 4.º e 5.º do art. 1.228 da Lei n. 10.406, de 10 de janeiro de 2002 (Código Civil);

IV – a arrecadação de bem vago, nos termos do art. 1.276 da Lei n. 10.406, de 10 de janeiro de 2002 (Código Civil);

V – o consórcio imobiliário, nos termos do art. 46 da Lei n. 10.257, de 10 de julho de 2001;

VI – a desapropriação por interesse social, nos termos do inciso IV do art. 2.º da Lei n. 4.132, de 10 de setembro de 1962;

VII – o direito de preempção, nos termos do inciso I do art. 26 da Lei n. 10.257, de 10 de julho de 2001;

VIII – a transferência do direito de construir, nos termos do inciso III do art. 35 da Lei n. 10.257, de 10 de julho de 2001;

IX – a requisição, em caso de perigo público iminente, nos termos do § 3.º do art. 1.228 da Lei n. 10.406, de 10 de janeiro de 2002 (Código Civil);

X – a intervenção do poder público em parcelamento clandestino ou irregular, nos termos do art. 40 da Lei n. 6.766, de 19 de dezembro de 1979;

XI – a alienação de imóvel pela administração pública diretamente para seu detentor, nos termos da alínea *f*

do inciso I do art. 17 da Lei n. 8.666, de 21 de junho de 1993;

XII – a concessão de uso especial para fins de moradia;

XIII – a concessão de direito real de uso;

XIV – a doação; e

XV – a compra e venda.

Art. 16. Na Reurb-E, promovida sobre bem público, havendo solução consensual, a aquisição de direitos reais pelo particular ficará condicionada ao pagamento do justo valor da unidade imobiliária regularizada, a ser apurado na forma estabelecida em ato do Poder Executivo titular do domínio, sem considerar o valor das acessões e benfeitorias do ocupante e a valorização decorrente da implantação dessas acessões e benfeitorias.

Parágrafo único. As áreas de propriedade do poder público registradas no Registro de Imóveis, que sejam objeto de ação judicial versando sobre a sua titularidade, poderão ser objeto da Reurb, desde que celebrado acordo judicial ou extrajudicial, na forma desta Lei, homologado pelo juiz.

Art. 17. Na Reurb-S promovida sobre bem público, o registro do projeto de regularização fundiária e a constituição de direito real em nome dos beneficiários poderão ser feitos em ato único, a critério do ente público promovente.

Parágrafo único. Nos casos previstos no *caput* deste artigo, serão encaminhados ao cartório o instrumento indicativo do direito real constituído, a listagem dos ocupantes que serão beneficiados pela Reurb e respectivas qualificações, com indicação das respectivas unidades, ficando dispensadas a apresentação de título cartorial individualizado e as cópias da documentação referente à qualificação de cada beneficiário.

Art. 18. O Município e o Distrito Federal poderão instituir como instrumento de planejamento urbano Zonas Especiais de Interesse Social (ZEIS), no âmbito da política municipal de ordenamento de seu território.

§ 1.º Para efeitos desta Lei, considera-se ZEIS a parcela de área urbana instituída pelo plano diretor ou definida por outra lei municipal, destinada preponderantemente à população de baixa renda e sujeita a regras específicas de parcelamento, uso e ocupação do solo.

§ 2.º A Reurb não está condicionada à existência de ZEIS.

Seção II
Da Demarcação Urbanística

Art. 19. O poder público poderá utilizar o procedimento de demarcação urbanística, com base no levantamento da situação da área a ser regularizada e na caracterização do núcleo urbano informal a ser regularizado.

§ 1.º O auto de demarcação urbanística deve ser instruído com os seguintes documentos:

I – planta e memorial descritivo da área a ser regularizada, nos quais constem suas medidas perimetrais, área total, confrontantes, coordenadas georreferenciadas dos vértices definidores de seus limites, números das matrículas ou transcrições atingidas, indicação dos proprietários identificados e ocorrência de situações de domínio privado com proprietários não identificados em razão de descrições imprecisas dos registros anteriores;

II – planta de sobreposição do imóvel demarcado com a situação da área constante do registro de imóveis.

§ 2.º O auto de demarcação urbanística poderá abranger uma parte ou a totalidade de um ou mais imóveis inseridos em uma ou mais das seguintes situações:

I – domínio privado com proprietários não identificados, em razão de descrições imprecisas dos registros anteriores;

II – domínio privado objeto do devido registro no registro de imóveis competente, ainda que de proprietários distintos; ou

III – domínio público.

§ 3.º Os procedimentos da demarcação urbanística não constituem condição para o processamento e a efetivação da Reurb.

Art. 20. O poder público notificará os titulares de domínio e os confrontantes da área demarcada, pessoalmente ou por via postal, com aviso de recebimento, no endereço que constar da matrícula ou da transcrição, para que estes, querendo, apresentem impugnação à demarcação urbanística, no prazo comum de trinta dias.

§ 1.º Eventuais titulares de domínio ou confrontantes não identificados, ou não encontrados ou que recusarem o recebimento da notificação por via postal, serão notificados por edital, para que, querendo, apresentem impugnação à demarcação urbanística, no prazo comum de trinta dias.

§ 2.º O edital de que trata o § 1.º deste artigo conterá resumo do auto de demarcação urbanística, com a descrição que permita a identificação da área a ser demarcada e seu desenho simplificado.

§ 3.º A ausência de manifestação dos indicados neste artigo será interpretada como concordância com a demarcação urbanística.

§ 4.º Se houver impugnação apenas em relação à parcela da área objeto do auto de demarcação urbanística, é facultado ao poder público prosseguir com o procedimento em relação à parcela não impugnada.

§ 5.º A critério do poder público municipal, as medidas de que trata este artigo poderão ser realizadas pelo registro de imóveis do local do núcleo urbano informal a ser regularizado.

§ 6.º A notificação conterá a advertência de que a ausência de impugnação implicará a perda de eventual direito que o notificado titularize sobre o imóvel objeto da Reurb.

Art. 21. Na hipótese de apresentação de impugnação, poderá ser adotado procedimento extrajudicial de composição de conflitos.

§ 1.º Caso exista demanda judicial de que o impugnante seja parte e que verse sobre direitos reais ou possessórios relativos ao imóvel abrangido pela demarcação urbanística, deverá informá-la ao poder público, que comunicará ao juízo a existência do procedimento de que trata o *caput* deste artigo.

§ 2.º Para subsidiar o procedimento de que trata o *caput* deste artigo, será feito um levantamento de eventuais passivos tributários, ambientais e administrativos associados aos imóveis objeto de impugnação, assim como das posses existentes, com vistas à identificação de casos de prescrição aquisitiva da propriedade.

§ 3.º A mediação observará o disposto na Lei n. 13.140, de 26 de junho de 2015, facultando-se ao poder público promover a alteração do auto de demarcação urbanística ou adotar qualquer outra medida que possa afastar a oposição do proprietário ou dos confrontantes à regularização da área ocupada.

§ 4.º Caso não se obtenha acordo na etapa de mediação, fica facultado o emprego da arbitragem.

Art. 22. Decorrido o prazo sem impugnação ou caso superada a oposição ao procedimento, o auto de demarcação urbanística será encaminhado ao registro de imóveis e averbado nas matrículas por ele alcançadas.

§ 1.º A averbação informará:

I – a área total e o perímetro correspondente ao núcleo urbano informal a ser regularizado;

II – as matrículas alcançadas pelo auto de demarcação urbanística e, quando possível, a área abrangida em cada uma delas; e

III – a existência de áreas cuja origem não tenha sido identificada em razão de imprecisões dos registros anteriores.

§ 2.º Na hipótese de o auto de demarcação urbanística incidir sobre imóveis ainda não matriculados, previamente à averbação, será aberta matrícula, que deverá refletir a situação registrada do imóvel, dispensadas a retificação do memorial descritivo e a apuração de área remanescente.

§ 3.º Nos casos de registro anterior efetuado em outra circunscrição, para abertura da matrícula de que trata o § 2.º deste artigo, o oficial requererá, de ofício, certidões atualizadas daquele registro.

§ 4.º Na hipótese de a demarcação urbanística abranger imóveis situados em mais de uma circunscrição imobiliária, o oficial do registro de imóveis responsável pelo procedimento comunicará às demais circunscrições imobiliárias envolvidas para averbação da demarcação urbanística nas respectivas matrículas alcançadas.

§ 5.º A demarcação urbanística será averbada ainda que a área abrangida pelo auto de demarcação urbanística supere a área disponível nos registros anteriores.

§ 6.º Não se exigirá, para a averbação da demarcação urbanística, a retificação da área não abrangida pelo auto de demarcação urbanística, ficando a apuração de remanescente sob a responsabilidade do proprietário do imóvel atingido.

Seção III
Da Legitimação Fundiária

Art. 23. A legitimação fundiária constitui forma originária de aquisição do direito real de propriedade conferido por ato do poder público, exclusivamente no âmbito da Reurb, àquele que detiver em área pública ou possuir em área privada, como sua, unidade imobiliária com destinação urbana, integrante de núcleo urbano informal consolidado existente em 22 de dezembro de 2016.

• *Vide* arts. 1.228 e s. do CC.

§ 1.º Apenas na Reurb-S, a legitimação fundiária será concedida ao beneficiário, desde que atendidas as seguintes condições:

I – o beneficiário não seja concessionário, foreiro ou proprietário exclusivo de imóvel urbano ou rural;

•• Inciso I com redação determinada pela Lei n. 14.118, de 12-1-2021.

II – o beneficiário não tenha sido contemplado com legitimação de posse ou fundiária de imóvel urbano com a mesma finalidade, ainda que situado em núcleo urbano distinto; e

III – em caso de imóvel urbano com finalidade não residencial, seja reconhecido pelo poder público o interesse público de sua ocupação.

§ 2.º Por meio da legitimação fundiária, em qualquer das modalidades da Reurb, o ocupante adquire a unidade imobiliária com destinação urbana livre e desembaraçada de quaisquer ônus, direitos reais, gravames ou inscrições, eventualmente existentes em sua matrícula de origem, exceto quando disserem respeito ao próprio legitimado.

§ 3.º Deverão ser transportadas as inscrições, as indisponibilidades ou os gravames existentes no registro da área maior originária para as matrículas das unidades imobiliárias que não houverem sido adquiridas por legitimação fundiária.

§ 4.º Na Reurb-S de imóveis públicos, a União, os Estados, o Distrito Federal e os Municípios, e as suas entidades vinculadas, quando titulares do domínio, ficam autorizados a reconhecer o direito de propriedade aos ocupantes do núcleo urbano informal regularizado por meio da legitimação fundiária.

§ 5.º Nos casos previstos neste artigo, o poder público encaminhará a CRF para registro imediato da aquisição de propriedade, dispensados a apresentação de título individualizado e as cópias da documentação referente à qualificação do beneficiário, o projeto de regularização fundiária aprovado, a listagem dos ocupantes e sua devida qualificação e a identificação das áreas que ocupam.

§ 6.º Poderá o poder público atribuir domínio adquirido por legitimação fundiária aos ocupantes que não tenham constado da listagem inicial, mediante cadastramento complementar, sem prejuízo dos direitos de quem haja constado na listagem inicial.

Art. 24. Nos casos de regularização fundiária urbana previstos na Lei n. 11.952, de 25 de junho de 2009, os Municípios poderão utilizar a legitimação fundiária e demais instrumentos previstos nesta Lei para conferir propriedade aos ocupantes.

Seção IV
Da Legitimação de Posse

Art. 25. A legitimação de posse, instrumento de uso exclusivo para fins de regularização fundiária, constitui ato do poder público destinado a conferir título, por meio do qual fica reconhecida a posse de imóvel objeto da Reurb, com a identificação de seus ocupantes, do tempo da ocupação e da natureza da posse, o qual é conversível em direito real de propriedade, na forma desta Lei.

§ 1.º A legitimação de posse poderá ser transferida por *causa mortis* ou por ato *inter vivos*.

§ 2.º A legitimação de posse não se aplica aos imóveis urbanos situados em área de titularidade do poder público.

Art. 26. Sem prejuízo dos direitos decorrentes do exercício da posse mansa e pacífica no tempo, aquele em cujo favor for expedido título de legitimação de posse, decorrido o prazo de cinco anos de seu registro, terá a conversão automática dele em título de propriedade, desde que atendidos os termos e as condições do art. 183 da Constituição Federal, independentemente de prévia provocação ou prática de ato registral.

§ 1.º Nos casos não contemplados pelo art. 183 da Constituição Federal, o título de legitimação de posse poderá ser convertido em título de propriedade, desde que satisfeitos os requisitos de usucapião estabelecidos na legislação em vigor, a requerimento do interessado, perante o registro de imóveis competente.

§ 2.º A legitimação de posse, após convertida em propriedade, constitui forma originária de aquisição de direito real, de modo que a unidade imobiliária com destinação urbana regularizada restará livre e desembaraçada de quaisquer ônus, direitos reais, gravames ou inscrições, eventualmente existentes em sua matrícula de origem, exceto quando disserem respeito ao próprio beneficiário.

Art. 27. O título de legitimação de posse poderá ser cancelado pelo poder público emitente quando constatado que as condições estipuladas nesta Lei deixaram de ser satisfeitas, sem que seja devida qualquer indenização àquele que irregularmente se beneficiou do instrumento.

Capítulo III
DO PROCEDIMENTO ADMINISTRATIVO

Seção I
Disposições Gerais

Art. 28. A Reurb obedecerá às seguintes fases:
I – requerimento dos legitimados;
II – processamento administrativo do requerimento, no qual será conferido prazo para manifestação dos titulares de direitos reais sobre o imóvel e dos confrontantes;
III – elaboração do projeto de regularização fundiária;
IV – saneamento do processo administrativo;
V – decisão da autoridade competente, mediante ato formal, ao qual se dará publicidade;
VI – expedição da CRF pelo Município; e
VII – registro da CRF e do projeto de regularização fundiária aprovado perante o oficial do cartório de registro de imóveis em que se situe a unidade imobiliária com destinação urbana regularizada.

Parágrafo único. Não impedirá a Reurb, na forma estabelecida nesta Lei, a inexistência de lei municipal específica que trate de medidas ou posturas de interesse local aplicáveis a projetos de regularização fundiária urbana.

Art. 29. A fim de fomentar a efetiva implantação das medidas da Reurb, os entes federativos poderão celebrar convênios ou outros instrumentos congêneres com o Ministério das Cidades, com vistas a cooperar para a fiel execução do disposto nesta Lei.

Art. 30. Compete aos Municípios nos quais estejam situados os núcleos urbanos informais a serem regularizados:
I – classificar, caso a caso, as modalidades da Reurb;
II – processar, analisar e aprovar os projetos de regularização fundiária; e
III – emitir a CRF.

§ 1.º Na Reurb requerida pela União ou pelos Estados, a classificação prevista no inciso I do *caput* deste artigo será de responsabilidade do ente federativo instaurador.

§ 2.º O Município deverá classificar e fixar, no prazo de até cento e oitenta dias, uma das modalidades da Reurb ou indeferir, fundamentadamente, o requerimento.

§ 3.º A inércia do Município implica a automática fixação da modalidade de classificação da Reurb indicada pelo legitimado em seu requerimento, bem como o prosseguimento do procedimento administrativo da Reurb, sem prejuízo de futura revisão dessa classificação pelo Município, mediante estudo técnico que a justifique.

§ 4.º Para as terras de sua propriedade, os órgãos da administração direta e as entidades da administração indireta da União, dos Estados, do Distrito Federal e dos Municípios ficam autorizados a instaurar, processar e aprovar a Reurb-S ou a Reurb-E e a utilizar os demais instrumentos previstos nesta Lei.

•• § 4.º acrescentado pela Lei n. 14.620, de 13-7-2023.

Art. 31. Instaurada a Reurb, o Município deverá proceder às buscas necessárias para determinar a titularidade do domínio dos imóveis onde está situado o núcleo urbano informal a ser regularizado.

§ 1.º Tratando-se de imóveis públicos ou privados, caberá aos Municípios notificar os titulares de domínio, os responsáveis pela implantação do núcleo urbano informal, os confinantes e os terceiros eventualmente interessados, para, querendo, apresentar impugnação no prazo de trinta dias, contado da data de recebimento da notificação.

§ 2.º Tratando-se de imóveis públicos municipais, o Município deverá notificar os confinantes e terceiros eventualmente interessados, para, querendo, apresentar impugnação no prazo de trinta dias, contado da data de recebimento da notificação.

§ 3.º Na hipótese de apresentação de impugnação, será iniciado o procedimento extrajudicial de composição de conflitos de que trata esta Lei.

§ 4.º A notificação do proprietário e dos confinantes será feita por via postal, com aviso de recebimento, no endereço que constar da matrícula ou da transcrição, considerando-se efetuada quando comprovada a entrega nesse endereço.

§ 5.º A notificação da Reurb também será feita por meio de publicação de edital, com prazo de trinta dias, do qual deverá constar, de forma resumida, a descrição da área a ser regularizada, nos seguintes casos:
I – quando o proprietário e os confinantes não forem encontrados;
II – quando houver recusa da notificação por qualquer motivo.

§ 6.º A ausência de manifestação dos indicados referidos nos §§ 1.º e 4.º deste artigo será interpretada como concordância com a Reurb.

§ 7.º Caso algum dos imóveis atingidos ou confinantes não esteja matriculado ou transcrito na serventia, o Distrito Federal ou os Municípios realizarão diligências perante as serventias anteriormente competentes, mediante apresentação da planta do perímetro regularizado, a fim de que a sua situação jurídica atual seja certificada, caso possível.

§ 8.º O requerimento de instauração da Reurb ou, na forma de regulamento, a manifestação de interesse nesse sentido por parte de qualquer dos legitimados garantem perante o poder público aos ocupantes dos núcleos urbanos informais situados em áreas públicas a serem regularizados a permanência em suas respectivas unidades imobiliárias, preservando-se as situações de fato já existentes, até o eventual arquivamento definitivo do procedimento.

§ 9.º Fica dispensado o disposto neste artigo, caso adotados os procedimentos da demarcação urbanística.

Art. 32. A Reurb será instaurada por decisão do Município, por meio de requerimento, por escrito, de um dos legitimados de que trata esta Lei.

Parágrafo único. Na hipótese de indeferimento do requerimento de instauração da Reurb, a decisão do Município deverá indicar as medidas a serem adotadas, com vistas à reformulação e à reavaliação do requerimento, quando for o caso.

Art. 33. Instaurada a Reurb, compete ao Município aprovar o projeto de regularização fundiária, do qual deverão constar as responsabilidades das partes envolvidas.

§ 1.º A elaboração e o custeio do projeto de regularização fundiária e da implantação da infraestrutura essencial obedecerão aos seguintes procedimentos:

•• Anterior parágrafo único, *caput*, renumerado pela Lei n. 14.118, de 12-1-2021.

I – na Reurb-S, caberá ao Município ou ao Distrito Federal a responsabilidade de elaborar e custear o projeto de regularização fundiária e a implantação da infraestrutura essencial, quando necessária;

•• Inciso I com redação determinada pela Lei n. 14.118, de 12-1-2021.

II – na Reurb-E, a regularização fundiária será contratada e custeada por seus potenciais beneficiários ou requerentes privados;

III – na Reurb-E sobre áreas públicas, se houver interesse público, o Município poderá proceder à elaboração e ao custeio do projeto de regularização fundiária e da implantação da infraestrutura essencial, com posterior cobrança aos seus beneficiários.

§ 2.º Na Reurb-S, fica facultado aos legitimados promover, a suas expensas, os projetos e os demais documentos técnicos necessários à regularização de seu imóvel, inclusive as obras de infraestrutura essencial nos termos do § 1.º do art. 36 desta Lei.

•• § 2.º acrescentado pela Lei n. 14.118, de 12-1-2021.

Art. 34. Os Municípios poderão criar câmaras de prevenção e resolução administrativa de conflitos, no âmbito da administração local, inclusive mediante celebração de ajustes com os Tribunais de Justiça estaduais, as quais deterão competência para dirimir conflitos relacionados à Reurb, mediante solução consensual.

§ 1.º O modo de composição e funcionamento das câmaras de que trata o *caput* deste artigo será estabelecido em ato do Poder Executivo municipal e, na falta do ato, pelo disposto na Lei n. 13.140, de 26 de junho de 2015.

§ 2.º Se houver consenso entre as partes, o acordo será reduzido a termo e constituirá condição para a conclusão da Reurb, com consequente expedição da CRF.

§ 3.º Os Municípios poderão instaurar, de ofício ou mediante provocação, procedimento de mediação coletiva de conflitos relacionados à Reurb.

§ 4.º A instauração de procedimento administrativo para a resolução consensual de conflitos no âmbito da Reurb suspende a prescrição.

§ 5.º Os Municípios e o Distrito Federal poderão, mediante a celebração de convênio, utilizar os Centros Judiciários de Solução de Conflitos e Cidadania ou as câmaras de mediação credenciadas nos Tribunais de Justiça.

Seção II
Do Projeto de Regularização Fundiária

Art. 35. O projeto de regularização fundiária conterá, no mínimo:

I – levantamento planialtimétrico e cadastral, com georreferenciamento, subscrito por profissional competente, acompanhado de Anotação de Responsabilidade Técnica (ART) ou Registro de Responsabilidade Técnica (RRT), que demonstrará as unidades, as construções, o sistema viário, as áreas públicas, os acidentes geográficos e os demais elementos caracterizadores do núcleo a ser regularizado;

II – planta do perímetro do núcleo urbano informal com demonstração das matrículas ou transcrições atingidas, quando for possível;
III – estudo preliminar das desconformidades e da situação jurídica, urbanística e ambiental;
IV – projeto urbanístico;
V – memoriais descritivos;
VI – proposta de soluções para questões ambientais, urbanísticas e de reassentamento dos ocupantes, quando for o caso;
VII – estudo técnico para situação de risco, quando for o caso;
VIII – estudo técnico ambiental, para os fins previstos nesta Lei, quando for o caso;
IX – cronograma físico de serviços e implantação de obras de infraestrutura essencial, compensações urbanísticas, ambientais e outras, quando houver, definidas por ocasião da aprovação do projeto de regularização fundiária; e
X – termo de compromisso a ser assinado pelos responsáveis, públicos ou privados, pelo cumprimento do cronograma físico definido no inciso IX deste artigo.
Parágrafo único. O projeto de regularização fundiária deverá considerar as características da ocupação e da área ocupada para definir parâmetros urbanísticos e ambientais específicos, além de identificar os lotes, as vias de circulação e as áreas destinadas a uso público, quando for o caso.
Art. 36. O projeto urbanístico de regularização fundiária deverá conter, no mínimo, indicação:
I – das áreas ocupadas, do sistema viário e das unidades imobiliárias, existentes ou projetadas;
II – das unidades imobiliárias a serem regularizadas, suas características, área, confrontações, localização, nome do logradouro e número de sua designação cadastral, se houver;
III – quando for o caso, das quadras e suas subdivisões em lotes ou as frações ideais vinculadas à unidade regularizada;
IV – dos logradouros, espaços livres, áreas destinadas a edifícios públicos e outros equipamentos urbanos, quando houver;
V – de eventuais áreas já usucapidas;
VI – das medidas de adequação para correção das desconformidades, quando necessárias;
VII – das medidas de adequação da mobilidade, acessibilidade, infraestrutura e relocação de edificações, quando necessárias;
VIII – das obras de infraestrutura essencial, quando necessárias;
IX – de outros requisitos que sejam definidos pelo Município.
§ 1.º Para fins desta Lei, considera-se infraestrutura essencial os seguintes equipamentos:
I – sistema de abastecimento de água potável, coletivo ou individual;
II – sistema de coleta e tratamento do esgotamento sanitário, coletivo ou individual;
III – rede de energia elétrica domiciliar;
IV – soluções de drenagem, quando necessário; e
V – outros equipamentos a serem definidos pelos Municípios em função das necessidades locais e características regionais.
§ 2.º A Reurb pode ser implementada por etapas, abrangendo o núcleo urbano informal de forma total ou parcial.
§ 3.º As obras de implantação de infraestrutura essencial, de equipamentos comunitários e de melhoria habitacional, bem como sua manutenção, podem ser realizadas antes, durante ou após a conclusão da Reurb.
§ 4.º O Município definirá os requisitos para elaboração do projeto de regularização, no que se refere aos desenhos, ao memorial descritivo e ao cronograma físico de obras e serviços a serem realizados, se for o caso.
§ 5.º A planta e o memorial descritivo deverão ser assinados por profissional legalmente habilitado, dispensada a apresentação de Anotação de Responsabilidade Técnica (ART) no Conselho Regional de Engenharia e Agronomia (Crea) ou de Registro de Responsabilidade Técnica (RRT) no Conselho de Arquitetura e Urbanismo (CAU), quando o responsável técnico for servidor ou empregado público.
§ 6.º Na hipótese de utilização, pelo poder público, de peças técnicas e projetos de regularização fundiária elaborados por empresas privadas e particulares em geral, será necessária, para a emissão da Certidão de Regularização Fundiária (CRF), a anuência dos autores ou de quem detenha os direitos autorais.

•• § 6.º acrescentado pela Lei n. 14.620, de 13-7-2023.

Lei n. 13.465, de 11-7-2017   **Regularização Fundiária Rural e Urbana**

§ 7.º As unidades desocupadas e não comercializadas do titular originário do domínio da área alcançadas pela Reurb, na forma do inciso I do *caput* deste artigo, poderão ser caucionadas ou averbadas em alienação fiduciária e colocadas em garantia para as obras de infraestrutura essenciais, consignando-se o poder público como beneficiário da garantia estabelecida.

•• § 7.º acrescentado pela Lei n. 14.620, de 13-7-2023.

Art. 37. Na Reurb-S, caberá ao poder público competente, diretamente ou por meio da administração pública indireta, implementar a infraestrutura essencial, os equipamentos comunitários e as melhorias habitacionais previstas nos projetos de regularização, assim como arcar com os ônus de sua manutenção, podendo utilizar-se de recursos financeiros públicos e privados.

• *Caput* com redação determinada pela Lei n. 14.620, de 13-7-2023.

§ 1.º Os projetos e as obras de infraestrutura essencial na Reurb-S ou Reurb-E, incluindo vias de acesso, iluminação pública, solução de esgotamento sanitário e de drenagem de águas pluviais, ligações domiciliares de abastecimento de água e de energia elétrica e valores despendidos com indenizações aos antigos proprietários, poderão ser financiados com recursos do Sistema Brasileiro de Poupança e Empréstimo (SBPE), do Fundo de Garantia do Tempo de Serviço (FGTS), do Fundo de Arrendamento Residencial (FAR) e do Fundo de Desenvolvimento Social (FDS), bem como por outras fontes de financiamento públicas, privadas ou internacionais.

•• § 1.º acrescentado pela Lei n. 14.620, de 13-7-2023.

§ 2.º Garantida a previsão de restituição integral dos valores disponibilizados, ficam autorizados a realizar as operações financeiras para as obras de infraestrutura referidas no § 1.º os órgãos federais, estaduais e municipais, inclusive sociedades de economia mista, que operem na execução de política habitacional e de infraestruturas conexas.

•• § 2.º acrescentado pela Lei n. 14.620, de 13-7-2023.

§ 3.º As garantias para as operações financeiras para as obras de infraestrutura e melhorias essenciais para a Reurb são as previstas no art. 17 da Lei n. 9.514, de 20 de novembro de 1997, e deverão ser incluídas na Certidão de Regularização Fundiária (CRF).

•• § 3.º acrescentado pela Lei n. 14.620, de 13-7-2023.

§ 4.º O cálculo dos valores devidos pelos beneficiários da Reurb poderá ser realizado adotando-se como critério as áreas dos imóveis regularizados, individualmente considerados.

•• § 4.º acrescentado pela Lei n. 14.620, de 13-7-2023.

Art. 37-A. Fica autorizada a transferência do direito de construir correspondente ao potencial construtivo passível de ser utilizado em outro local, prevista no art. 35 da Lei n. 10.257, de 10 de julho de 2001 (Estatuto da Cidade), para fins de viabilizar a elaboração de projetos, a indenização e a realização das obras de infraestrutura em projetos de Reurb-S.

•• *Caput* acrescentado pela Lei n. 14.620, de 13-7-2023.

Parágrafo único. As prefeituras poderão receber imóveis para o atendimento das finalidades previstas neste artigo, oferecendo como contrapartida ao proprietário a possibilidade de transferência do potencial construtivo do bem doado ou desapropriado amigavelmente.

•• Parágrafo único acrescentado pela Lei n. 14.620, de 13-7-2023.

Art. 38. Na Reurb-E, o Distrito Federal ou os Municípios deverão definir, por ocasião da aprovação dos projetos de regularização fundiária, nos limites da legislação de regência, os responsáveis pela:

I – implantação dos sistemas viários;

II – implantação da infraestrutura essencial e dos equipamentos públicos ou comunitários, quando for o caso; e

III – implementação das medidas de mitigação e compensação urbanística e ambiental, e dos estudos técnicos, quando for o caso.

§ 1.º As responsabilidades de que trata o *caput* deste artigo poderão ser atribuídas aos beneficiários da Reurb-E.

§ 2.º Os responsáveis pela adoção de medidas de mitigação e compensação urbanística e ambiental deverão celebrar termo de compromisso com as autoridades competentes como condição de aprovação da Reurb-E.

Art. 39. Para que seja aprovada a Reurb de núcleos urbanos informais, ou de parcela deles, situados em áreas de riscos geotécnicos, de inundações ou de outros riscos especificados em lei, estudos técnicos deverão ser realizados, a fim de examinar a possibilidade de eliminação, de correção ou de administração de riscos na parcela por eles afetada.

§ 1.º Na hipótese do *caput* deste artigo, é condição indispensável à aprovação da Reurb a implantação das medidas indicadas nos estudos técnicos realizados.

§ 2.º Na Reurb-S que envolva áreas de riscos que não comportem eliminação, correção ou administração, os Municípios deverão proceder à realocação dos ocupantes do núcleo urbano informal a ser regularizado.

Seção III
Da Conclusão da Reurb

Art. 40. O pronunciamento da autoridade competente que decidir o processamento administrativo da Reurb deverá:

I – indicar as intervenções a serem executadas, se for o caso, conforme o projeto de regularização fundiária aprovado;

II – aprovar o projeto de regularização fundiária resultante do processo de regularização fundiária; e

III – identificar e declarar os ocupantes de cada unidade imobiliária com destinação urbana regularizada, e os respectivos direitos reais.

Art. 41. A Certidão de Regularização Fundiária (CRF) é o ato administrativo de aprovação da regularização que deverá acompanhar o projeto aprovado e deverá conter, no mínimo:

I – o nome do núcleo urbano regularizado;

II – a localização;

III – a modalidade da regularização;

IV – as responsabilidades das obras e serviços constantes do cronograma;

V – a indicação numérica de cada unidade regularizada, quando houver;

VI – a listagem com nomes dos ocupantes que houverem adquirido a respectiva unidade, por título de legitimação fundiária ou mediante ato único de registro, bem como o estado civil, a profissão, o número de inscrição no cadastro das pessoas físicas do Ministério da Fazenda e do registro geral da cédula de identidade e a filiação.

Capítulo IV
DO REGISTRO DA REGULARIZAÇÃO FUNDIÁRIA

Art. 42. O registro da CRF e do projeto de regularização fundiária aprovado será requerido diretamente ao oficial do cartório de registro de imóveis da situação do imóvel e será efetivado independentemente de determinação judicial ou do Ministério Público.

Parágrafo único. Em caso de recusa do registro, o oficial do cartório de registro de imóveis expedirá nota devolutiva fundamentada, na qual indicará os motivos da recusa e formulará exigências nos termos desta Lei.

Art. 43. Na hipótese de a Reurb abranger imóveis situados em mais de uma circunscrição imobiliária, o procedimento será efetuado perante cada um dos oficiais dos cartórios de registro de imóveis.

Parágrafo único. Quando os imóveis regularizados estiverem situados na divisa das circunscrições imobiliárias, as novas matrículas das unidades imobiliárias serão de competência do oficial do cartório de registro de imóveis em cuja circunscrição estiver situada a maior porção da unidade imobiliária regularizada.

Art. 44. Recebida a CRF, cumprirá ao oficial do cartório de registro de imóveis prenotá-la, autuá-la, instaurar o procedimento registral e, no prazo de quinze dias, emitir a respectiva nota de exigência ou praticar os atos tendentes ao registro.

§ 1.º O registro do projeto Reurb aprovado importa em:

I – abertura de nova matrícula, quando for o caso;

II – abertura de matrículas individualizadas para os lotes e áreas públicas resultantes do projeto de regularização aprovado; e

III – registro dos direitos reais indicados na CRF junto às matrículas dos respectivos lotes, dispensada a apresentação de título individualizado.

§ 2.º Quando o núcleo urbano regularizado abranger mais de uma matrícula, o oficial do registro de imóveis abrirá nova matrícula para a área objeto de regularização, conforme previsto no inciso I do § 1.º deste artigo, destacando a área abrangida na matrícula de origem, dispensada a apuração de remanescentes.

§ 3.º O registro da CRF dispensa a comprovação do pagamento de tributos ou penalidades tributárias de responsabilidade dos legitimados.

§ 4.º O registro da CRF aprovado independe de averbação prévia do cancelamento do cadastro de imóvel rural no Instituto Nacional de Colonização e Reforma Agrária (Incra).

§ 5.º O procedimento registral deverá ser concluído no prazo de sessenta dias, prorrogável por até igual período, mediante justificativa fundamentada do oficial do cartório de registro de imóveis.

§ 6.º O oficial de registro fica dispensado de providenciar a notificação dos titulares de domínio, dos confinantes e de terceiros eventualmente interessados, uma

Lei n. 13.465, de 11-7-2017   Regularização Fundiária Rural e Urbana

vez cumprido esse rito pelo Município, conforme o disposto no art. 31 desta Lei.

§ 7.º O oficial do cartório de registro de imóveis, após o registro da CRF, notificará o Incra, o Ministério do Meio Ambiente e a Secretaria da Receita Federal do Brasil para que esses órgãos cancelem, parcial ou totalmente, os respectivos registros existentes no Cadastro Ambiental Rural (CAR) e nos demais cadastros relacionados a imóvel rural, relativamente às unidades imobiliárias regularizadas.

§ 8.º O oficial do cartório de registro de imóveis, ao abrir as matrículas individuais decorrentes do projeto de regularização fundiária, deverá, nas matrículas de unidades imobiliárias cujo ocupante não venha a ser informado na lista de beneficiários da CRF, fazer constar o titular originário da matrícula na condição de proprietário anterior, não inserindo esse mesmo proprietário como titular atual da matrícula aberta, mas apenas inserindo, no campo relativo ao proprietário atual, texto informando que o futuro proprietário será oportunamente citado na matrícula quando do envio de listas complementares de beneficiários.

•• § 8.º acrescentado pela Lei n. 14.620, de 13-7-2023.

Art. 45. Quando se tratar de imóvel sujeito a regime de condomínio geral a ser dividido em lotes com indicação, na matrícula, da área deferida a cada condômino, o Município poderá indicar, de forma individual ou coletiva, as unidades imobiliárias correspondentes às frações ideais registradas, sob sua exclusiva responsabilidade, para a especialização das áreas registradas em comum.

Parágrafo único. Na hipótese de a informação prevista no *caput* deste artigo não constar do projeto de regularização fundiária aprovado pelo Município, as novas matrículas das unidades imobiliárias serão abertas mediante requerimento de especialização formulado pelos legitimados de que trata esta Lei, dispensada a outorga de escritura pública para indicação da quadra e do lote.

Art. 46. Para atendimento ao princípio da especialidade, o oficial do cartório de registro de imóveis adotará o memorial descritivo da gleba apresentado com o projeto de regularização fundiária e deverá averbá-lo na matrícula existente, anteriormente ao registro do projeto, independentemente de provocação, retificação, notificação, unificação ou apuração de disponibilidade ou remanescente.

§ 1.º Se houver dúvida quanto à extensão da gleba matriculada, em razão da precariedade da descrição tabular, o oficial do cartório de registro de imóveis abrirá nova matrícula para a área destacada e averbará o referido destaque na matrícula matriz.

§ 2.º As notificações serão emitidas de forma simplificada, indicando os dados de identificação do núcleo urbano a ser regularizado, sem a anexação de plantas, projetos, memoriais ou outros documentos, convidando o notificado a comparecer à sede da serventia para tomar conhecimento da CRF com a advertência de que o não comparecimento e a não apresentação de impugnação, no prazo legal, importará em anuência ao registro.

§ 3.º Na hipótese de o projeto de regularização fundiária não envolver a integralidade do imóvel matriculado, o registro será feito com base na planta e no memorial descritivo referentes à área objeto de regularização e o destaque na matrícula da área total deverá ser averbado.

Art. 47. Os padrões dos memoriais descritivos, das plantas e das demais representações gráficas, inclusive as escalas adotadas e outros detalhes técnicos, seguirão as diretrizes estabelecidas pela autoridade municipal ou distrital competente, as quais serão consideradas atendidas com a emissão da CRF.

Parágrafo único. Não serão exigidos reconhecimentos de firma nos documentos que compõem a CRF ou o termo individual de legitimação fundiária quando apresentados pela União, Estados, Distrito Federal, Municípios ou entes da administração indireta.

Art. 48. O registro da CRF produzirá efeito de instituição e especificação de condomínio, quando for o caso, regido pelas disposições legais específicas, hipótese em que fica facultada aos condôminos a aprovação de convenção condominial.

Art. 49. O registro da CRF será feito em todas as matrículas atingidas pelo projeto de regularização fundiária aprovado, devendo ser informadas, quando possível, as parcelas correspondentes a cada matrícula.

Art. 50. Nas matrículas abertas para cada parcela, deverão constar dos campos referentes ao registro anterior e ao proprietário:

I – quando for possível, a identificação exata da origem da parcela matriculada, por meio de planta de sobreposição do parcelamento com os registros existentes, a matrícula anterior e o nome de seu proprietário;

II – quando não for possível identificar a exata origem da parcela matriculada, todas as matrículas anteriores atingidas pela Reurb e a expressão "proprietário não identificado", dispensando-se nesse caso os requisitos dos itens 4 e 5 do inciso II do art. 167 da Lei n. 6.015, de 31 de dezembro de 1973.

Art. 51. Qualificada a CRF e não havendo exigências nem impedimentos, o oficial do cartório de registro de imóveis efetuará o seu registro na matrícula dos imóveis cujas áreas tenham sido atingidas, total ou parcialmente.

Parágrafo único. Não identificadas as transcrições ou as matrículas da área regularizada, o oficial do cartório de registro abrirá matrícula com a descrição do perímetro do núcleo urbano informal que constar da CRF e nela efetuará o registro.

Art. 52. Registrada a CRF, será aberta matrícula para cada uma das unidades imobiliárias regularizadas.

Parágrafo único. Para os atuais ocupantes das unidades imobiliárias objeto da Reurb, os compromissos de compra e venda, as cessões e as promessas de cessão valerão como título hábil para a aquisição da propriedade, quando acompanhados da prova de quitação das obrigações do adquirente, e serão registrados nas matrículas das unidades imobiliárias correspondentes, resultantes da regularização fundiária.

Art. 53. Com o registro da CRF, serão incorporados automaticamente ao patrimônio público as vias públicas, as áreas destinadas ao uso comum do povo, os prédios públicos e os equipamentos urbanos, na forma indicada no projeto de regularização fundiária aprovado.

Parágrafo único. A requerimento do Município, o oficial de registro de imóveis abrirá matrícula para as áreas que tenham ingressado no domínio público.

Art. 54. As unidades desocupadas e não comercializadas alcançadas pela Reurb terão as suas matrículas abertas em nome do titular originário do domínio da área.

Parágrafo único. As unidades não edificadas que tenham sido comercializadas a qualquer título terão suas matrículas abertas em nome do adquirente, conforme procedimento previsto nos arts. 84 e 98 desta Lei.

•• Parágrafo único com redação determinada pela Lei n. 14.118, de 12-1-2021.

Capítulo V
DO DIREITO REAL DE LAJE

Art. 55. A Lei n. 10.406, de 10 de janeiro de 2002 (Código Civil), passa a vigorar com as seguintes alterações:

•• Alterações já processadas no diploma modificado.

Art. 56. A Lei n. 6.015, de 31 de dezembro de 1973, passa a vigorar com as seguintes alterações:

◦ Alterações já processadas no diploma modificado.

....

Capítulo VI
DO CONDOMÍNIO DE LOTES

Art. 58. A Lei n. 10.406, de 10 de janeiro de 2002 (Código Civil), passa a vigorar acrescida da Seção IV no Capítulo VII do Título III do Livro III da Parte Especial:

•• Alterações já processadas no diploma modificado.

Capítulo VII
DOS CONJUNTOS HABITACIONAIS

Art. 59. Serão regularizados como conjuntos habitacionais os núcleos urbanos informais que tenham sido constituídos para a alienação de unidades já edificadas pelo próprio empreendedor, público ou privado.

§ 1.º Os conjuntos habitacionais podem ser constituídos de parcelamento do solo com unidades edificadas isoladas, parcelamento do solo com edificações em condomínio, condomínios horizontais ou verticais, ou ambas as modalidades de parcelamento e condomínio.

§ 2.º As unidades resultantes da regularização de conjuntos habitacionais serão atribuídas aos ocupantes reconhecidos, salvo quando o ente público promotor do programa habitacional demonstrar que, durante o processo de regularização fundiária, há obrigações pendentes, caso em que as unidades imobiliárias regularizadas serão a ele atribuídas.

Art. 60. Para a aprovação e registro dos conjuntos habitacionais que compõem a Reurb ficam dispensadas a apresentação do habite-se e, no caso de Reurb-S, as respectivas certidões negativas de tributos e contribuições previdenciárias.

Capítulo VIII
DO CONDOMÍNIO URBANO SIMPLES

Art. 61. Quando um mesmo imóvel contiver construções de casas ou cômodos, poderá ser instituído, inclusive para fins de Reurb, condomínio urbano simples, respeitados os parâmetros urbanísticos locais, e serão discriminadas, na matrícula, a parte do terreno ocupada pelas edificações, as partes de utilização exclusiva e as áreas que constituem passagem para as vias públicas ou para as unidades entre si.

Parágrafo único. O condomínio urbano simples será regido por esta Lei, aplicando-se, no que couber, o disposto na legislação civil, tal como os arts. 1.331 a 1.358 da Lei n. 10.406, de 10 de janeiro de 2002 (Código Civil).

Art. 62. A instituição do condomínio urbano simples será registrada na matrícula do respectivo imóvel, na qual deverão ser identificadas as partes comuns ao nível do solo, as partes comuns internas à edificação, se houver, e as respectivas unidades autônomas, dispensada a apresentação de convenção de condomínio.

§ 1.º Após o registro da instituição do condomínio urbano simples, deverá ser aberta uma matrícula para cada unidade autônoma, à qual caberá, como parte inseparável, uma fração ideal do solo e das outras partes comuns, se houver, representada na forma de percentual.

§ 2.º As unidades autônomas constituídas em matrícula própria poderão ser alienadas e gravadas livremente por seus titulares.

§ 3.º Nenhuma unidade autônoma poderá ser privada de acesso ao logradouro público.

§ 4.º A gestão das partes comuns será feita de comum acordo entre os condôminos, podendo ser formalizada por meio de instrumento particular.

Art. 63. No caso da Reurb-S, a averbação das edificações poderá ser efetivada a partir de mera notícia, a requerimento do interessado, da qual constem a área construída e o número da unidade imobiliária, dispensada a apresentação de habite-se e de certidões negativas de tributos e contribuições previdenciárias.

Capítulo IX
DA ARRECADAÇÃO DE IMÓVEIS ABANDONADOS

Art. 64. Os imóveis urbanos privados abandonados cujos proprietários não possuam a intenção de conservá-los em seu patrimônio ficam sujeitos à arrecadação pelo Município ou pelo Distrito Federal na condição de bem vago.

§ 1.º A intenção referida no *caput* deste artigo será presumida quando o proprietário, cessados os atos de posse sobre o imóvel, não adimplir os ônus fiscais instituídos sobre a propriedade predial e territorial urbana, por cinco anos.

§ 2.º O procedimento de arrecadação de imóveis urbanos abandonados obedecerá ao disposto em ato do Poder Executivo municipal ou distrital e observará, no mínimo:

I – abertura de processo administrativo para tratar da arrecadação;

II – comprovação do tempo de abandono e de inadimplência fiscal;

III – notificação ao titular do domínio para, querendo, apresentar impugnação no prazo de trinta dias, contado da data de recebimento da notificação.

§ 3.º A ausência de manifestação do titular do domínio será interpretada como concordância com a arrecadação.

§ 4.º Respeitado o procedimento de arrecadação, o Município poderá realizar, diretamente ou por meio de terceiros, os investimentos necessários para que o imóvel urbano arrecadado atinja prontamente os objetivos sociais a que se destina.

§ 5.º Na hipótese de o proprietário reivindicar a posse do imóvel declarado abandonado, no transcorrer do triênio a que alude o art. 1.276 da Lei n. 10.406, de 10 de janeiro de 2002 (Código Civil), fica assegurado ao Poder Executivo municipal ou distrital o direito ao ressarcimento prévio, e em valor atualizado, de todas as despesas em que eventualmente houver incorrido, inclusive tributárias, em razão do exercício da posse provisória.

Art. 65. Os imóveis arrecadados pelos Municípios ou pelo Distrito Federal poderão ser destinados aos programas habitacionais, à prestação de serviços públicos, ao fomento da Reurb-S ou serão objeto de concessão de direito real de uso a entidades civis que comprovadamente tenham fins filantrópicos, assistenciais, educativos, esportivos ou outros, no interesse do Município ou do Distrito Federal.

Capítulo X
DA REGULARIZAÇÃO DA PROPRIEDADE FIDUCIÁRIA DO FUNDO DE ARRENDAMENTO RESIDENCIAL (FAR)

Art. 67. A Lei n. 9.514, de 20 de novembro de 1997, passa a vigorar com as seguintes alterações:

•• Alterações já processadas no diploma modificado.

Capítulo XI
DISPOSIÇÕES FINAIS E TRANSITÓRIAS

Art. 68. Ao Distrito Federal são atribuídas as competências, os direitos e as responsabilidades reservadas aos Estados e aos Municípios, na forma desta Lei.

Art. 69. As glebas parceladas para fins urbanos anteriormente a 19 de dezembro de 1979, que não possuírem registro, poderão ter a sua situação jurídica regularizada mediante o registro do parcelamento, desde que esteja implantado e integrado à cidade, podendo, para tanto, utilizar-se dos instrumentos previstos nesta Lei.

§ 1.º O interessado requererá ao oficial do cartório de registro de imóveis a efetivação do registro do parcelamento, munido dos seguintes documentos:

I – planta da área em regularização assinada pelo interessado responsável pela regularização e por profissional legalmente habilitado, acompanhada da Anotação de Responsabilidade Técnica (ART) no Conselho Regional de Engenharia e Agronomia (Crea) ou de Registro de Responsabilidade Técnica (RRT) no Conselho de Arquitetura e Urbanismo (CAU), contendo o perímetro da área a ser regularizada e as subdivisões das quadras, lotes e áreas públicas, com as dimensões e numeração dos lotes, logradouros, espaços livres e outras áreas com destinação específica, se for o caso, dispensada a ART ou o RRT quando o responsável técnico for servidor ou empregado público;

II – descrição técnica do perímetro da área a ser regularizada, dos lotes, das áreas públicas e de outras áreas com destinação específica, quando for o caso;

III – documento expedido pelo Município, atestando que o parcelamento foi implantado antes de 19 de dezembro de 1979 e que está integrado à cidade.

§ 2.º A apresentação da documentação prevista no § 1.º deste artigo dispensa a apresentação do projeto de regularização fundiária, de estudo técnico ambiental, de CRF ou de quaisquer outras manifestações, aprovações, licenças ou alvarás emitidos pelos órgãos públicos.

Art. 70. As disposições da Lei n. 6.766, de 19 de dezembro de 1979, não se aplicam à Reurb, exceto quanto ao disposto nos arts. 37, 38, 39, no *caput* e nos §§ 1.º, 2.º, 3.º e 4.º do art. 40 e nos arts. 41, 42, 44, 47, 48, 49, 50, 51 e 52 da referida Lei.

Art. 71. Para fins da Reurb, ficam dispensadas a desafetação e as exigências previstas no inciso I do *caput* do art. 17 da Lei n. 8.666, de 21 de junho de 1993.

Art. 73. Devem os Estados criar e regulamentar fundos específicos destinados à compensação, total ou parcial, dos custos referentes aos atos registrais da Reurb-S previstos nesta Lei.

Parágrafo único. Para que os fundos estaduais acessem os recursos do Fundo Nacional de Habitação de Interesse Social (FNHIS), criado pela Lei n. 11.124, de 16 de junho de 2005, deverão firmar termo de adesão, na forma a ser regulamentada pelo Poder Executivo federal.

Art. 74. Serão regularizadas, na forma desta Lei, as ocupações que incidam sobre áreas objeto de demanda judicial que versem sobre direitos reais de garantia ou constrições judiciais, bloqueios e indisponibilidades, ressalvada a hipótese de decisão judicial específica que impeça a análise, aprovação e registro do projeto de regularização fundiária urbana.

Art. 75. As normas e os procedimentos estabelecidos nesta Lei poderão ser aplicados aos processos administrativos de regularização fundiária iniciados pelos entes públicos competentes até a data de publicação desta Lei, sendo regidos, a critério deles, pelos arts. 288-A a 288-G da Lei n. 6.015, de 31 de dezembro de 1973, e pelos arts. 46 a 71-A da Lei n. 11.977, de 7 de julho de 2009.

Art. 76. O Sistema de Registro Eletrônico de Imóveis (SREI) será implementado e operado, em âmbito nacional, pelo Operador Nacional do Sistema de Registro Eletrônico de Imóveis (ONR).

§ 1.º O procedimento administrativo e os atos de registro decorrentes da Reurb serão feitos por meio eletrônico, nos termos dos arts. 37 a 41 da Lei n. 11.977, de 7 de julho de 2009.

•• § 1.º com redação determinada pela Lei n. 14.382, de 27-6-2022.

§ 2.º O ONR será organizado como pessoa jurídica de direito privado, sem fins lucrativos.

§ 3.º (*Vetado*.)

§ 4.º Caberá à Corregedoria Nacional de Justiça do Conselho Nacional de Justiça exercer a função de agente regulador do ONR e zelar pelo cumprimento de seu estatuto.

•• O Provimento n. 148, de 27-7-2023, do CNJ, disciplina a atuação da Corregedoria Nacional de Justiça como Agente Regulador dos Operadores Nacionais dos Registros Públicos.

§ 5.º As unidades do serviço de registro de imóveis dos Estados e do Distrito Federal integram o SREI e ficam vinculadas ao ONR.

§ 6.º Os serviços eletrônicos serão disponibilizados, sem ônus, ao Poder Judiciário, ao Poder Executivo federal, ao Ministério Público, aos entes públicos previstos nos regimentos de custas e emolumentos dos Estados e do Distrito Federal, e aos órgãos encarregados de investigações criminais, fiscalização tributária e recuperação de ativos.

§ 7.º A administração pública federal acessará as informações do SREI por meio do Sistema Nacional de Gestão de Informações Territoriais (Sinter), na forma de regulamento.

§ 8.º (*Vetado*.)

§ 9.º Fica criado o fundo para a implementação e custeio do SREI, que será gerido pelo ONR e subvencionado pelas unidades do serviço de registro de imóveis dos Estados e do Distrito Federal referidas no § 5.º deste artigo.

•• § 9.º acrescentado pela Lei n. 14.118, de 12-1-2021.

§ 10. Caberá ao agente regulador do ONR disciplinar a instituição da receita do fundo para a implementação e o custeio do registro eletrônico de imóveis, estabelecer as cotas de participação das unidades de registro de imóveis do País, fiscalizar o recolhimento e supervisionar a aplicação dos recursos e as despesas do gestor, sem prejuízo da fiscalização ordinária e própria como for prevista nos estatutos.

•• § 10 acrescentado pela Lei n. 14.118, de 12-1-2021.

Art. 77. A Medida Provisória n. 2.220, de 4 de setembro de 2001, passa a vigorar com as seguintes alterações:

•• Alterações já processadas no diploma modificado.

Art. 78. A Lei n. 6.766, de 19 de dezembro de 1979, passa a vigorar com as seguintes alterações:

•• Alterações já processadas no diploma modificado.

Art. 79. A Lei n. 10.257, de 10 de julho de 2001, passa a vigorar com as seguintes alterações:

•• Alterações já processadas no diploma modificado.

....

Art. 81. A Lei n. 6.015, de 31 de dezembro de 1973, passa a vigorar com as seguintes alterações:

•• Alterações já processadas no diploma modificado.

....

TÍTULO III
DOS PROCEDIMENTOS DE AVALIAÇÃO E ALIENAÇÃO DE IMÓVEIS DA UNIÃO

Art. 83. Os procedimentos para a Reurb promovida em áreas de domínio da União serão regulamentados em ato específico da Secretaria do Patrimônio da União (SPU), sem prejuízo da eventual adoção de procedimentos e instrumentos previstos para a Reurb.

• A Portaria n. 2.826, de 31-1-2020, do ME, estabelece normas e procedimentos para a Regularização Fundiária Urbana – REURB em áreas da União, cadastradas ou não, previstos nesta Lei.

Art. 84. Os imóveis da União objeto da Reurb-E que forem objeto de processo de parcelamento reconhecido pela autoridade pública poderão ser, no todo ou em parte, vendidos diretamente aos seus ocupantes, dispensados os procedimentos exigidos pela Lei n. 8.666, de 21 de junho de 1993.

§ 1.º A venda aplica-se unicamente aos imóveis ocupados até 22 de dezembro de 2016, exigindo-se que o usuário seja regularmente inscrito e esteja em dia com suas obrigações para com a Secretaria do Patrimônio da União (SPU).

§ 2.º A venda direta de que trata este artigo somente poderá ser concedida para, no máximo, dois imóveis, um residencial e um não residencial, regularmente cadastrados em nome do beneficiário na Secretaria do Patrimônio da União (SPU).

§ 3.º A venda direta de que trata este artigo deverá obedecer à Lei n. 9.514, de 20 de novembro de 1997, ficando a União com a propriedade fiduciária dos bens alienados até a quitação integral, na forma dos §§ 4.º e 5.º deste artigo.

§ 4.º Para ocupantes com renda familiar situada entre cinco e dez salários mínimos, a aquisição poderá ser realizada à vista ou em até duzentas e quarenta parcelas mensais e consecutivas, mediante sinal de, no mínimo, 5% (cinco por cento) do valor da avaliação, e o valor da parcela mensal não poderá ser inferior ao valor equivalente ao devido pelo usuário a título de taxa de foro ou ocupação, quando requerido pelo interessado.

§ 5.º Para ocupantes com renda familiar acima de dez salários mínimos, a aquisição poderá ser realizada à vista ou em até cento e vinte parcelas mensais e consecutivas, mediante um sinal de, no mínimo, 10%

(dez por cento) do valor da avaliação, e o valor da parcela mensal não poderá ser inferior ao valor equivalente ao devido pelo usuário a título de taxa de foro ou ocupação, quando requerido pelo interessado.

§ 6.º A regulamentação do disposto neste artigo será efetuada pela Secretaria do Patrimônio da União (SPU) no prazo de doze meses contado da data de publicação desta Lei.

Art. 85. O preço de venda será fixado com base no valor de mercado do imóvel, segundo os critérios de avaliação previstos no art. 11-C da Lei n. 9.636, de 15 de maio de 1998, excluídas as acessões e as benfeitorias realizadas pelo ocupante.

§ 1.º O prazo de validade da avaliação a que se refere o *caput* deste artigo será de, no máximo, doze meses.

§ 2.º Nos casos de condomínio edilício privado, as áreas comuns, excluídas suas benfeitorias, serão adicionadas na fração ideal da unidade privativa correspondente.

Art. 86. As pessoas físicas de baixa renda que, por qualquer título, utilizem regularmente imóvel da União, inclusive imóveis provenientes de entidades federais extintas, para fins de moradia até 22 de dezembro de 2016, e que sejam isentas do pagamento de qualquer valor pela utilização, na forma da legislação patrimonial e dos cadastros da Secretaria do Patrimônio da União (SPU), poderão requerer diretamente ao oficial de registro de imóveis, mediante apresentação da Certidão de Autorização de Transferência (CAT) expedida pela SPU, a transferência gratuita da propriedade do imóvel, desde que preencham os requisitos previstos no § 5.º do art. 31 da Lei n. 9.636, de 15 de maio de 1998.

§ 1.º A transferência gratuita de que trata este artigo somente poderá ser concedida uma vez por beneficiário.

§ 2.º A avaliação prévia do imóvel e a prévia autorização legislativa específica não configuram condição para a transferência gratuita de que trata este artigo.

Art. 87. Para obter gratuitamente a concessão de direito real de uso ou o domínio pleno do imóvel, o interessado deverá requerer à Secretaria do Patrimônio da União (SPU) a Certidão de Autorização de Transferência para fins de Reurb-S (CAT-Reurb-S), a qual valerá como título hábil para a aquisição do direito mediante o registro no cartório de registro de imóveis competente.

Parágrafo único. Efetivado o registro da transferência da concessão de direito real de uso ou do domínio pleno do imóvel, o oficial do cartório de registro de imóveis, no prazo de trinta dias, notificará a Superintendência do Patrimônio da União no Estado ou no Distrito Federal, informando o número da matrícula do imóvel e o seu Registro Imobiliário Patrimonial (RIP), o qual deverá constar da CAT-Reurb-S.

Art. 88. Na hipótese de imóveis destinados à Reurb-S cuja propriedade da União ainda não se encontre regularizada no cartório de registro de imóveis competente, a abertura de matrícula poderá ser realizada por meio de requerimento da Secretaria do Patrimônio da União (SPU), dirigido ao oficial do referido cartório, acompanhado dos seguintes documentos:

I – planta e memorial descritivo do imóvel, assinados por profissional habilitado perante o Conselho Regional de Engenharia e Agronomia (Crea) ou o Conselho de Arquitetura e Urbanismo (CAU), condicionados à apresentação da Anotação de Responsabilidade Técnica (ART) ou do Registro de Responsabilidade Técnica (RRT), quando for o caso; e

II – ato de discriminação administrativa do imóvel da União para fins de Reurb-S, a ser expedido pela Secretaria do Patrimônio da União (SPU).

§ 1.º O oficial do cartório de registro de imóveis deverá, no prazo de trinta dias, contado da data de protocolo do requerimento, fornecer à Superintendência do Patrimônio da União no Estado ou no Distrito Federal a certidão da matrícula aberta ou os motivos fundamentados para a negativa da abertura, hipótese para a qual deverá ser estabelecido prazo para que as pendências sejam supridas.

§ 2.º O disposto no *caput* deste artigo não se aplica aos imóveis da União submetidos a procedimentos específicos de identificação e demarcação, os quais continuam submetidos às normas pertinentes.

Art. 89. Os procedimentos para a transferência gratuita do direito real de uso ou do domínio pleno de imóveis da União no âmbito da Reurb-S, inclusive aqueles relacionados à forma de comprovação dos requisitos pelos beneficiários, serão regulamentados em ato específico da Secretaria do Patrimônio da União (SPU).

Art. 90. Ficam a União, suas autarquias e fundações autorizadas a transferir aos Estados, aos Municípios e ao Distrito Federal as áreas públicas federais ocupadas por núcleos urbanos informais, para que promovam a

Reurb nos termos desta Lei, observado o regulamento quando se tratar de imóveis de titularidade de fundos.

....

Art. 93. A Lei n. 9.636, de 15 de maio de 1998, passa a vigorar com as seguintes alterações:

•• Alterações já processadas no diploma modificado.

....

Art. 96. O Decreto-lei n. 9.760, de 5 de setembro de 1946, passa a vigorar com as seguintes alterações:

•• Alterações já processadas no diploma modificado.

....

Título IV
DISPOSIÇÕES FINAIS

Art. 98. Fica facultado aos Estados, aos Municípios e ao Distrito Federal utilizar a prerrogativa de venda direta aos ocupantes de suas áreas públicas objeto da Reurb-E, dispensados os procedimentos exigidos pela Lei n. 8.666, de 21 de junho de 1993, e desde que os imóveis se encontrem ocupados até 22 de dezembro de 2016, devendo regulamentar o processo em legislação própria nos moldes do disposto no art. 84 desta Lei.

....

Art. 101. A Lei n. 6.015, de 31 de dezembro de 1973, passa a vigorar acrescida do seguinte art. 235-A:

•• Alterações já processadas no diploma modificado.

Art. 102. Fica a União autorizada a doar ao Estado de Rondônia as glebas públicas arrecadadas e registradas em nome da União nele situadas.

§ 1.º São excluídas da autorização de que trata o *caput* deste artigo:

I – as áreas relacionadas nos incisos II a XI do art. 20 da Constituição Federal;

II – as terras destinadas ou em processo de destinação pela União a projetos de assentamento;

III – as áreas de unidades de conservação já instituídas pela União e aquelas em processo de instituição, conforme regulamento;

IV – as áreas afetadas, de modo expresso ou tácito, a uso público, comum ou especial;

V – as áreas objeto de títulos expedidos pela União que não tenham sido extintos por descumprimento de cláusula resolutória;

VI – as áreas urbanas consolidadas, que serão objeto de doação diretamente da União ao Município, nos termos da Lei n. 11.952, de 25 de junho de 2009.

§ 2.º As glebas objeto de doação ao Estado de Rondônia deverão ser preferencialmente utilizadas em atividades de conservação ambiental e desenvolvimento sustentável, de assentamento, de colonização e de regularização fundiária, podendo ser adotado o regime de concessão de uso previsto no Decreto-lei n. 271, de 28 de fevereiro de 1967.

§ 3.º As doações serão efetuadas de forma gradativa, à medida que reste comprovado que a gleba anteriormente transferida tenha sido destinada nos termos do § 2.º deste artigo.

§ 4.º A aquisição ou arrendamento de lotes por estrangeiros obedecerá aos limites, às condições e às restrições estabelecidos na legislação federal.

§ 5.º A doação de glebas públicas federais aos Estados de Roraima e do Amapá será regida pela Lei n. 10.304, de 5 de novembro de 2001.

§ 6.º O Poder Executivo da União editará ato para regulamentar este artigo, inclusive para fixar critérios de definição das glebas a serem alienadas.

Art. 103. Os interessados poderão, no prazo de cento e oitenta dias, requerer à Secretaria Especial de Agricultura Familiar e do Desenvolvimento Agrário, ao Incra e à Secretaria do Patrimônio da União (SPU) a revisão das decisões administrativas denegatórias, ainda que judicializadas, caso em que o pedido deverá ser objeto de análise final no prazo de um ano.

Parágrafo único. O disposto neste artigo não impede o interessado de pleitear direitos previstos nesta Lei, desde que preencha os pressupostos fáticos pertinentes.

Art. 104. O Decreto-lei n. 3.365, de 21 de junho de 1941, passa a vigorar acrescido do seguinte art. 34-A:

•• Alterações já processadas no diploma modificado.

Art. 105. Em caso de certificação de imóveis rurais em unidade de conservação situados em região de difícil acesso ou em que a implantação do marco físico implique supressão de cobertura vegetal, deverão ser utilizados vértices virtuais para fins de georreferenciamento.

Art. 106. O disposto nesta Lei aplica-se à ilha de Fernando de Noronha e às demais ilhas oceânicas e costeiras, em conformidade com a legislação patrimonial em vigor.

Art. 107. Decreto do Poder Executivo federal poderá regulamentar o disposto nesta Lei.

Art. 108. Esta Lei entra em vigor na data de sua publicação.

Art. 109. Ficam revogados:

I – os arts. 14 e 15 da Lei Complementar n. 76, de 6 de julho de 1993;

II – os arts. 27 e 28 da Lei n. 9.636, de 15 de maio de 1998;

III – os seguintes dispositivos da Lei n. 11.952, de 25 de junho de 2009:

a) o § 2.º do art. 5.º;

b) o parágrafo único do art. 18;

c) os incisos I, II, III e IV do *caput* e os §§ 1.º e 2.º, todos do art. 30; e

d) os §§ 4.º e 5.º do art. 15;

IV – o Capítulo III da Lei n. 11.977, de 7 de julho de 2009;

V – (*vetado*);

VI – os arts. 288-B a 288-G da Lei n. 6.015, de 31 de dezembro de 1973;

VII – os arts. 2.º, 3.º, 7.º e 13 da Lei n. 13.240, de 30 de dezembro de 2015;

VIII – o parágrafo único do art. 14, o § 5.º do art. 24, o § 3.º do art. 26 e os arts. 29, 34, 35 e 45 da Lei n. 9.636, de 15 de maio de 1998;

IX – o § 1.º do art. 1.º da Lei n. 13.347, de 10 de outubro de 2016.

Brasília, 11 de julho de 2017; 196.º da Independência e 129.º da República.

MICHEL TEMER

LEI N. 13.709, DE 14 DE AGOSTO DE 2018 (*)

Lei Geral de Proteção de Dados Pessoais (LGPD).

•• Ementa com redação determinada pela Lei n. 13.853, de 8-7-2019.

(*) Publicada no *DOU*, de 15-8-2018 e republicada parcialmente na mesma data, em edição extra. A Resolução n. 15, de 24-4-2024, da ANPD, aprova o Regulamento de Comunicação de Incidente de Segurança.

O Presidente da República

Faço saber que o Congresso Nacional decreta e eu sanciono a seguinte Lei:

Capítulo I
DISPOSIÇÕES PRELIMINARES

Art. 1.º Esta Lei dispõe sobre o tratamento de dados pessoais, inclusive nos meios digitais, por pessoa natural ou por pessoa jurídica de direito público ou privado, com o objetivo de proteger os direitos fundamentais de liberdade e de privacidade e o livre desenvolvimento da personalidade da pessoa natural.

•• A Resolução n. 363, de 12-1-2021, do CNJ, estabelece medidas para o processo de adequação à Lei Geral de Proteção de Dados Pessoais a serem adotadas pelos tribunais do país (primeira e segunda instâncias e Cortes Superiores), à exceção do STF, para facilitar o processo de implementação no âmbito do sistema judicial.

Parágrafo único. As normas gerais contidas nesta Lei são de interesse nacional e devem ser observadas pela União, Estados, Distrito Federal e Municípios.

•• Parágrafo único acrescentado pela Lei n. 13.853, de 8-7-2019.

Art. 2.º A disciplina da proteção de dados pessoais tem como fundamentos:

I – o respeito à privacidade;

II – a autodeterminação informativa;

III – a liberdade de expressão, de informação, de comunicação e de opinião;

IV – a inviolabilidade da intimidade, da honra e da imagem;

V – o desenvolvimento econômico e tecnológico e a inovação;

VI – a livre iniciativa, a livre concorrência e a defesa do consumidor; e

VII – os direitos humanos, o livre desenvolvimento da personalidade, a dignidade e o exercício da cidadania pelas pessoas naturais.

Art. 3.º Esta Lei aplica-se a qualquer operação de tratamento realizada por pessoa natural ou por pessoa jurídica de direito público ou privado, independentemente do meio, do país de sua sede ou do país onde estejam localizados os dados, desde que:

I – a operação de tratamento seja realizada no território nacional;

Lei n. 13.709, de 14-8-2018 — **Lei Geral de Proteção de Dados Pessoais**

II – a atividade de tratamento tenha por objetivo a oferta ou o fornecimento de bens ou serviços ou o tratamento de dados de indivíduos localizados no território nacional; ou

•• Inciso II com redação determinada pela Lei n. 13.853, de 8-7-2019.

III – os dados pessoais objeto do tratamento tenham sido coletados no território nacional.

§ 1.º Consideram-se coletados no território nacional os dados pessoais cujo titular nele se encontre no momento da coleta.

§ 2.º Excetua-se do disposto no inciso I deste artigo o tratamento de dados previsto no inciso IV do *caput* do art. 4.º desta Lei.

Art. 4.º Esta Lei não se aplica ao tratamento de dados pessoais:

I – realizado por pessoa natural para fins exclusivamente particulares e não econômicos;

II – realizado para fins exclusivamente:

a) jornalístico e artísticos; ou

b) acadêmicos, aplicando-se a esta hipótese os arts. 7.º e 11 desta Lei;

III – realizado para fins exclusivos de:

a) segurança pública;

b) defesa nacional;

c) segurança do Estado; ou

d) atividades de investigação e repressão de infrações penais; ou

IV – provenientes de fora do território nacional e que não sejam objeto de comunicação, uso compartilhado de dados com agentes de tratamento brasileiros ou objeto de transferência internacional de dados com outro país que não o de proveniência, desde que o país de proveniência proporcione grau de proteção de dados pessoais adequado ao previsto nesta Lei.

§ 1.º O tratamento de dados pessoais previsto no inciso III será regido por legislação específica, que deverá prever medidas proporcionais e estritamente necessárias ao atendimento do interesse público, observados o devido processo legal, os princípios gerais de proteção e os direitos do titular previstos nesta Lei.

§ 2.º É vedado o tratamento dos dados a que se refere o inciso III do *caput* deste artigo por pessoa de direito privado, exceto em procedimentos sob tutela de pessoa jurídica de direito público, que serão objeto de informe específico à autoridade nacional e que deverão observar a limitação imposta no § 4.º deste artigo.

§ 3.º A autoridade nacional emitirá opiniões técnicas ou recomendações referentes às exceções previstas no inciso III do *caput* deste artigo e deverá solicitar aos responsáveis relatórios de impacto à proteção de dados pessoais.

§ 4.º Em nenhum caso a totalidade dos dados pessoais de banco de dados de que trata o inciso III do *caput* deste artigo poderá ser tratada por pessoa de direito privado, salvo por aquela que possua capital integralmente constituído pelo poder público.

•• § 4.º com redação determinada pela Lei n. 13.853, de 8-7-2019.

Art. 5.º Para os fins desta Lei, considera-se:

I – dado pessoal: informação relacionada a pessoa natural identificada ou identificável;

II – dado pessoal sensível: dado pessoal sobre origem racial ou étnica, convicção religiosa, opinião política, filiação a sindicato ou a organização de caráter religioso, filosófico ou político, dado referente à saúde ou à vida sexual, dado genético ou biométrico, quando vinculado a uma pessoa natural;

•• *Vide* art. 5.º, VI e VIII, da CF.

•• *Vide* arts. 11 e s. desta Lei.

III – dado anonimizado: dado relativo a titular que não possa ser identificado, considerando a utilização de meios técnicos razoáveis e disponíveis na ocasião de seu tratamento;

IV – banco de dados: conjunto estruturado de dados pessoais, estabelecido em um ou em vários locais, em suporte eletrônico ou físico;

V – titular: pessoa natural a quem se referem os dados pessoais que são objeto de tratamento;

VI – controlador: pessoa natural ou jurídica, de direito público ou privado, a quem competem as decisões referentes ao tratamento de dados pessoais;

VII – operador: pessoa natural ou jurídica, de direito público ou privado, que realiza o tratamento de dados pessoais em nome do controlador;

VIII – encarregado: pessoa indicada pelo controlador e operador para atuar como canal de comunicação entre o controlador, os titulares dos dados e a Autoridade Nacional de Proteção de Dados (ANPD);

•• Inciso VIII com redação determinada pela Lei n. 13.853, de 8-7-2019.

IX – agentes de tratamento: o controlador e o operador;

X – tratamento: toda operação realizada com dados pessoais, como as que se referem a coleta, produção, recepção, classificação, utilização, acesso, reprodução, transmissão, distribuição, processamento, arquivamento, armazenamento, eliminação, avaliação ou controle da informação, modificação, comunicação, transferência, difusão ou extração;

XI – anonimização: utilização de meios técnicos razoáveis e disponíveis no momento do tratamento, por meio dos quais um dado perde a possibilidade de associação, direta ou indireta, a um indivíduo;

XII – consentimento: manifestação livre, informada e inequívoca pela qual o titular concorda com o tratamento de seus dados pessoais para uma finalidade determinada;

XIII – bloqueio: suspensão temporária de qualquer operação de tratamento, mediante guarda do dado pessoal ou do banco de dados;

XIV – eliminação: exclusão de dado ou de conjunto de dados armazenados em banco de dados, independentemente do procedimento empregado;

XV – transferência internacional de dados: transferência de dados pessoais para país estrangeiro ou organismo internacional do qual o país seja membro;

XVI – uso compartilhado de dados: comunicação, difusão, transferência internacional, interconexão de dados pessoais ou tratamento compartilhado de bancos de dados pessoais por órgãos e entidades públicos no cumprimento de suas competências legais, ou entre esses e entes privados, reciprocamente, com autorização específica, para uma ou mais modalidades de tratamento permitidas por esses entes públicos, ou entre entes privados;

XVII – relatório de impacto à proteção de dados pessoais: documentação do controlador que contém a descrição dos processos de tratamento de dados pessoais que podem gerar riscos às liberdades civis e aos direitos fundamentais, bem como medidas, salvaguardas e mecanismos de mitigação de risco;

XVIII – órgão de pesquisa: órgão ou entidade da administração pública direta ou indireta ou pessoa jurídica de direito privado sem fins lucrativos legalmente constituída sob as leis brasileiras, com sede e foro no País, que inclua em sua missão institucional ou em seu objetivo social ou estatutário a pesquisa básica ou aplicada de caráter histórico, científico, tecnológico ou estatístico; e

•• Inciso XVIII com redação determinada pela Lei n. 13.853, de 8-7-2019.

XIX – autoridade nacional: órgão da administração pública responsável por zelar, implementar e fiscalizar o cumprimento desta Lei em todo o território nacional.

•• Inciso XIX com redação determinada pela Lei n. 13.853, de 8-7-2019.

Art. 6.º As atividades de tratamento de dados pessoais deverão observar a boa-fé e os seguintes princípios:

I – finalidade: realização do tratamento para propósitos legítimos, específicos, explícitos e informados ao titular, sem possibilidade de tratamento posterior de forma incompatível com essas finalidades;

II – adequação: compatibilidade do tratamento com as finalidades informadas ao titular, de acordo com o contexto do tratamento;

III – necessidade: limitação do tratamento ao mínimo necessário para a realização de suas finalidades, com abrangência dos dados pertinentes, proporcionais e não excessivos em relação às finalidades do tratamento de dados;

IV – livre acesso: garantia, aos titulares, de consulta facilitada e gratuita sobre a forma e a duração do tratamento, bem como sobre a integralidade de seus dados pessoais;

V – qualidade dos dados: garantia, aos titulares, de exatidão, clareza, relevância e atualização dos dados, de acordo com a necessidade e para o cumprimento da finalidade de seu tratamento;

VI – transparência: garantia, aos titulares, de informações claras, precisas e facilmente acessíveis sobre a realização do tratamento e os respectivos agentes de tratamento, observados os segredos comercial e industrial;

VII – segurança: utilização de medidas técnicas e administrativas aptas a proteger os dados pessoais de acessos não autorizados e de situações acidentais ou ilícitas de destruição, perda, alteração, comunicação ou difusão;

VIII – prevenção: adoção de medidas para prevenir a ocorrência de danos em virtude do tratamento de dados pessoais;

IX – não discriminação: impossibilidade de realização do tratamento para fins discriminatórios ilícitos ou abusivos;

X – responsabilização e prestação de contas: demonstração, pelo agente, da adoção de medidas eficazes e

Lei n. 13.709, de 14-8-2018 — **Lei Geral de Proteção de Dados Pessoais**

capazes de comprovar a observância e o cumprimento das normas de proteção de dados pessoais e, inclusive, da eficácia dessas medidas.

Capítulo II
DO TRATAMENTO DE DADOS PESSOAIS

Seção I
Dos Requisitos para o
Tratamento de Dados Pessoais

Art. 7.º O tratamento de dados pessoais somente poderá ser realizado nas seguintes hipóteses:

I – mediante o fornecimento de consentimento pelo titular;

II – para o cumprimento de obrigação legal ou regulatória pelo controlador;

III – pela administração pública, para o tratamento e uso compartilhado dos dados necessários à execução de políticas públicas previstas em leis e regulamentos ou respaldadas em contratos, convênios ou instrumentos congêneres, observadas as disposições do Capítulo IV desta Lei;

IV – para a realização de estudos por órgão de pesquisa, garantida, sempre que possível, a anonimização dos dados pessoais;

V – quando necessário para a execução de contrato ou de procedimentos preliminares relacionados a contrato do qual seja parte o titular, a pedido do titular dos dados;

VI – para o exercício regular de direitos em processo judicial, administrativo ou arbitral, esse último nos termos da Lei n. 9.307, de 23 de setembro de 1996 (Lei de Arbitragem);

VII – para a proteção da vida ou da incolumidade física do titular ou de terceiro;

VIII – para a tutela da saúde, exclusivamente, em procedimento realizado por profissionais de saúde, serviços de saúde ou autoridade sanitária;

•• Inciso VIII com redação determinada pela Lei n. 13.853, de 8-7-2019.

IX – quando necessário para atender aos interesses legítimos do controlador ou de terceiro, exceto no caso de prevalecerem direitos e liberdades fundamentais do titular que exijam a proteção dos dados pessoais; ou

X – para a proteção do crédito, inclusive quanto ao disposto na legislação pertinente.

§§ 1.º e 2.º *(Revogados pela Lei n. 13.853, de 8-7-2019.)*

§ 3.º O tratamento de dados pessoais cujo acesso é público deve considerar a finalidade, a boa-fé e o interesse público que justificaram sua disponibilização.

§ 4.º É dispensada a exigência do consentimento previsto no *caput* deste artigo para os dados tornados manifestamente públicos pelo titular, resguardados os direitos do titular e os princípios previstos nesta Lei.

§ 5.º O controlador que obteve o consentimento referido no inciso I do *caput* deste artigo que necessitar comunicar ou compartilhar dados pessoais com outros controladores deverá obter consentimento específico do titular para esse fim, ressalvadas as hipóteses de dispensa do consentimento previstas nesta Lei.

§ 6.º A eventual dispensa da exigência do consentimento não desobriga os agentes de tratamento das demais obrigações previstas nesta Lei, especialmente da observância dos princípios gerais e da garantia dos direitos do titular.

§ 7.º O tratamento posterior dos dados pessoais a que se referem os §§ 3.º e 4.º deste artigo poderá ser realizado para novas finalidades, desde que observados os propósitos legítimos e específicos para o novo tratamento e a preservação dos direitos do titular, assim como os fundamentos e os princípios previstos nesta Lei.

•• § 7.º acrescentado pela Lei n. 13.853, de 8-7-2019.

Art. 8.º O consentimento previsto no inciso I do art. 7.º desta Lei deverá ser fornecido por escrito ou por outro meio que demonstre a manifestação de vontade do titular.

§ 1.º Caso o consentimento seja fornecido por escrito, esse deverá constar de cláusula destacada das demais cláusulas contratuais.

§ 2.º Cabe ao controlador o ônus da prova de que o consentimento foi obtido em conformidade com o disposto nesta Lei.

§ 3.º É vedado o tratamento de dados pessoais mediante vício de consentimento.

§ 4.º O consentimento deverá referir-se a finalidades determinadas, e as autorizações genéricas para o tratamento de dados pessoais serão nulas.

§ 5.º O consentimento pode ser revogado a qualquer momento mediante manifestação expressa do titular, por procedimento gratuito e facilitado, ratificados os tratamentos realizados sob amparo do consentimento anteriormente manifestado enquanto não houver requerimento de eliminação, nos termos do inciso VI do *caput* do art. 18 desta Lei.

§ 6.º Em caso de alteração de informação referida nos incisos I, II, III ou V do art. 9.º desta Lei, o controlador deverá informar ao titular, com destaque de forma específica do teor das alterações, podendo o titular, nos casos em que o seu consentimento é exigido, revogá-lo caso discorde da alteração.

Art. 9.º O titular tem direito ao acesso facilitado às informações sobre o tratamento de seus dados, que deverão ser disponibilizadas de forma clara, adequada e ostensiva acerca de, entre outras características previstas em regulamentação para o atendimento do princípio do livre acesso:

I – finalidade específica do tratamento;

II – forma e duração do tratamento, observados os segredos comercial e industrial;

III – identificação do controlador;

IV – informações de contato do controlador;

V – informações acerca do uso compartilhado de dados pelo controlador e a finalidade;

VI – responsabilidades dos agentes que realizarão o tratamento; e

VII – direitos do titular, com menção explícita aos direitos contidos no art. 18 desta Lei.

§ 1.º Na hipótese em que o consentimento é requerido, esse será considerado nulo caso as informações fornecidas ao titular tenham conteúdo enganoso ou abusivo ou não tenham sido apresentadas previamente com transparência, de forma clara e inequívoca.

§ 2.º Na hipótese em que o consentimento é requerido, se houver mudanças da finalidade para o tratamento de dados pessoais não compatíveis com o consentimento original, o controlador deverá informar previamente o titular sobre as mudanças de finalidade, podendo o titular revogar o consentimento, caso discorde das alterações.

§ 3.º Quando o tratamento de dados pessoais for condição para o fornecimento de produto ou de serviço ou para o exercício de direito, o titular será informado com destaque sobre esse fato e sobre os meios pelos quais poderá exercer os direitos do titular elencados no art. 18 desta Lei.

Art. 10. O legítimo interesse do controlador somente poderá fundamentar tratamento de dados pessoais para finalidades legítimas, consideradas a partir de situações concretas, que incluem, mas não se limitam a:

I – apoio e promoção de atividades do controlador; e

II – proteção, em relação ao titular, do exercício regular de seus direitos ou prestação de serviços que o beneficiem, respeitadas as legítimas expectativas dele e os direitos e liberdades fundamentais, nos termos desta Lei.

§ 1.º Quando o tratamento for baseado no legítimo interesse do controlador, somente os dados pessoais estritamente necessários para a finalidade pretendida poderão ser tratados.

§ 2.º O controlador deverá adotar medidas para garantir a transparência do tratamento de dados baseado em seu legítimo interesse.

§ 3.º A autoridade nacional poderá solicitar ao controlador relatório de impacto à proteção de dados pessoais, quando o tratamento tiver como fundamento seu interesse legítimo, observados os segredos comercial e industrial.

Seção II
Do Tratamento de Dados Pessoais Sensíveis

Art. 11. O tratamento de dados pessoais sensíveis somente poderá ocorrer nas seguintes hipóteses:

I – quando o titular ou seu responsável legal consentir, de forma específica e destacada, para finalidades específicas;

II – sem fornecimento de consentimento do titular, nas hipóteses em que for indispensável para:

a) cumprimento de obrigação legal ou regulatória pelo controlador;

b) tratamento compartilhado de dados necessários à execução, pela administração pública, de políticas públicas previstas em leis ou regulamentos;

c) realização de estudos por órgão de pesquisa, garantida, sempre que possível, a anonimização dos dados pessoais sensíveis;

d) exercício regular de direitos, inclusive em contrato e em processo judicial, administrativo e arbitral, este último nos termos da Lei n. 9.307, de 23 de setembro de 1996 (Lei de Arbitragem);

e) proteção da vida ou da incolumidade física do titular ou de terceiro;

f) tutela da saúde, exclusivamente, em procedimento realizado por profissionais de saúde, serviços de saúde ou autoridade sanitária; ou

•• Alínea *f* com redação determinada pela Lei n. 13.853, de 8-7-2019.

g) garantia da prevenção à fraude e à segurança do titular, nos processos de identificação e autenticação de cadastro em sistemas eletrônicos, resguardados os direitos mencionados no art. 9.º desta Lei e exceto no caso de prevalecerem direitos e liberdades fundamentais do titular que exijam a proteção dos dados pessoais.

§ 1.º Aplica-se o disposto neste artigo a qualquer tratamento de dados pessoais que revele dados pessoais sensíveis e que possa causar dano ao titular, ressalvado o disposto em legislação específica.

§ 2.º Nos casos de aplicação do disposto nas alíneas *a* e *b* do inciso II do *caput* deste artigo pelos órgãos e pelas entidades públicas, será dada publicidade à referida dispensa de consentimento, nos termos do inciso I do *caput* do art. 23 desta Lei.

§ 3.º A comunicação ou o uso compartilhado de dados pessoais sensíveis entre controladores com objetivo de obter vantagem econômica poderá ser objeto de vedação ou de regulamentação por parte da autoridade nacional, ouvidos os órgãos setoriais do Poder Público, no âmbito de suas competências.

§ 4.º É vedada a comunicação ou o uso compartilhado entre controladores de dados pessoais sensíveis referentes à saúde com objetivo de obter vantagem econômica, exceto nas hipóteses relativas a prestação de serviços de saúde, de assistência farmacêutica e de assistência à saúde, desde que observado o § 5.º deste artigo, incluídos os serviços auxiliares de diagnose e terapia, em benefício dos interesses dos titulares de dados, e para permitir:

•• § 4.º com redação determinada pela Lei n. 13.853, de 8-7-2019.

I – a portabilidade de dados quando solicitada pelo titular; ou

•• Inciso I acrescentado pela Lei n. 13.853, de 8-7-2019.

II – as transações financeiras e administrativas resultantes do uso e da prestação dos serviços de que trata este parágrafo.

•• Inciso II acrescentado pela Lei n. 13.853, de 8-7-2019.

§ 5.º É vedado às operadoras de planos privados de assistência à saúde o tratamento de dados de saúde para a prática de seleção de riscos na contratação de qualquer modalidade, assim como na contratação e exclusão de beneficiários.

•• § 5.º acrescentado pela Lei n. 13.853, de 8-7-2019.

Art. 12. Os dados anonimizados não serão considerados dados pessoais para os fins desta Lei, salvo quando o processo de anonimização ao qual foram submetidos for revertido, utilizando exclusivamente meios próprios, ou quando, com esforços razoáveis, puder ser revertido.

§ 1.º A determinação do que seja razoável deve levar em consideração fatores objetivos, tais como custo e tempo necessários para reverter o processo de anonimização, de acordo com as tecnologias disponíveis, e a utilização exclusiva de meios próprios.

§ 2.º Poderão ser igualmente considerados como dados pessoais, para os fins desta Lei, aqueles utilizados para formação do perfil comportamental de determinada pessoa natural, se identificada.

§ 3.º A autoridade nacional poderá dispor sobre padrões e técnicas utilizados em processos de anonimização e realizar verificações acerca de sua segurança, ouvido o Conselho Nacional de Proteção de Dados Pessoais.

Art. 13. Na realização de estudos em saúde pública, os órgãos de pesquisa poderão ter acesso a bases de dados pessoais, que serão tratados exclusivamente dentro do órgão e estritamente para a finalidade de realização de estudos e pesquisas e mantidos em ambiente controlado e seguro, conforme práticas de segurança previstas em regulamento específico e que incluam, sempre que possível, a anonimização ou pseudonimização dos dados, bem como considerem os devidos padrões éticos relacionados a estudos e pesquisas.

§ 1.º A divulgação dos resultados ou de qualquer excerto do estudo ou da pesquisa de que trata o *caput* deste artigo em nenhuma hipótese poderá revelar dados pessoais.

§ 2.º O órgão de pesquisa será o responsável pela segurança da informação prevista no *caput* deste artigo, não permitida, em circunstância alguma, a transferência dos dados a terceiros.

§ 3.º O acesso aos dados de que trata este artigo será objeto de regulamentação por parte da autoridade nacional e das autoridades da área de saúde e sanitárias, no âmbito de suas competências.

§ 4.º Para os efeitos deste artigo, a pseudonimização é o tratamento por meio do qual um dado perde a possibilidade de associação, direta ou indireta, a um indivíduo, senão pelo uso de informação adicional mantida separadamente pelo controlador em ambiente controlado e seguro.

Seção III
Do Tratamento de Dados Pessoais de Crianças e de Adolescentes

Art. 14. O tratamento de dados pessoais de crianças e de adolescentes deverá ser realizado em seu melhor interesse, nos termos deste artigo e da legislação pertinente.

- *Vide* Lei n. 8.069, de 13-7-1990, que institui o Estatuto da Criança e do Adolescente e dispõe sobre a proteção integral a eles.

§ 1.º O tratamento de dados pessoais de crianças deverá ser realizado com o consentimento específico e em destaque dado por pelo menos um dos pais ou pelo responsável legal.

§ 2.º No tratamento de dados de que trata o § 1.º deste artigo, os controladores deverão manter pública a informação sobre os tipos de dados coletados, a forma de sua utilização e os procedimentos para o exercício dos direitos a que se refere o art. 18 desta Lei.

§ 3.º Poderão ser coletados dados pessoais de crianças sem o consentimento a que se refere o § 1.º deste artigo quando a coleta for necessária para contatar os pais ou o responsável legal, utilizados uma única vez e sem armazenamento, ou para sua proteção, e em nenhum caso poderão ser repassados a terceiro sem o consentimento de que trata o § 1.º deste artigo.

§ 4.º Os controladores não deverão condicionar a participação dos titulares de que trata o § 1.º deste artigo em jogos, aplicações de internet ou outras atividades ao fornecimento de informações pessoais além das estritamente necessárias à atividade.

§ 5.º O controlador deve realizar todos os esforços razoáveis para verificar que o consentimento a que se refere o § 1.º deste artigo foi dado pelo responsável pela criança, consideradas as tecnologias disponíveis.

§ 6.º As informações sobre o tratamento de dados referidas neste artigo deverão ser fornecidas de maneira simples, clara e acessível, consideradas as características físico-motoras, perceptivas, sensoriais, intelectuais e mentais do usuário, com uso de recursos audiovisuais quando adequado, de forma a proporcionar a informação necessária aos pais ou ao responsável legal e adequada ao entendimento da criança.

Seção IV
Do Término do Tratamento de Dados

Art. 15. O término do tratamento de dados pessoais ocorrerá nas seguintes hipóteses:

I – verificação de que a finalidade foi alcançada ou de que os dados deixaram de ser necessários ou pertinentes ao alcance da finalidade específica almejada;

II – fim do período de tratamento;

III – comunicação do titular, inclusive no exercício de seu direito de revogação do consentimento conforme disposto no § 5.º do art. 8.º desta Lei, resguardado o interesse público; ou

IV – determinação da autoridade nacional, quando houver violação ao disposto nesta Lei.

Art. 16. Os dados pessoais serão eliminados após o término de seu tratamento, no âmbito e nos limites técnicos das atividades, autorizada a conservação para as seguintes finalidades:

I – cumprimento de obrigação legal ou regulatória pelo controlador;

II – estudo por órgão de pesquisa, garantida, sempre que possível, a anonimização dos dados pessoais;

III – transferência a terceiro, desde que respeitados os requisitos de tratamento de dados dispostos nesta Lei; ou

IV – uso exclusivo do controlador, vedado seu acesso por terceiro, e desde que anonimizados os dados.

Capítulo III
DOS DIREITOS DO TITULAR

Art. 17. Toda pessoa natural tem assegurada a titularidade de seus dados pessoais e garantidos os direitos fundamentais de liberdade, de intimidade e de privacidade, nos termos desta Lei.

•• *Vide* art. 5.º, X, da CF.

Art. 18. O titular dos dados pessoais tem direito a obter do controlador, em relação aos dados do titular por ele tratados, a qualquer momento e mediante requisição:

- *Vide* art. 14, § 2.º, desta Lei.

I – confirmação da existência de tratamento;

II – acesso aos dados;

III – correção de dados incompletos, inexatos ou desatualizados;

IV – anonimização, bloqueio ou eliminação de dados desnecessários, excessivos ou tratados em desconformidade com o disposto nesta Lei;

V – portabilidade dos dados a outro fornecedor de serviço ou produto, mediante requisição expressa, de acordo com a regulamentação da autoridade nacional, observados os segredos comercial e industrial;

•• Inciso V com redação determinada pela Lei n. 13.853, de 8-7-2019.

VI – eliminação dos dados pessoais tratados com o consentimento do titular, exceto nas hipóteses previstas no art. 16 desta Lei;

VII – informação das entidades públicas e privadas com as quais o controlador realizou uso compartilhado de dados;

VIII – informação sobre a possibilidade de não fornecer consentimento e sobre as consequências da negativa;

IX – revogação do consentimento, nos termos do § 5.º do art. 8.º desta Lei.

§ 1.º O titular dos dados pessoais tem o direito de peticionar em relação aos seus dados contra o controlador perante a autoridade nacional.

§ 2.º O titular pode opor-se a tratamento realizado com fundamento em uma das hipóteses de dispensa de consentimento, em caso de descumprimento ao disposto nesta Lei.

§ 3.º Os direitos previstos neste artigo serão exercidos mediante requerimento expresso do titular ou de representante legalmente constituído, a agente de tratamento.

§ 4.º Em caso de impossibilidade de adoção imediata da providência de que trata o § 3.º deste artigo, o controlador enviará ao titular resposta em que poderá:

I – comunicar que não é agente de tratamento dos dados e indicar, sempre que possível, o agente; ou

II – indicar as razões de fato ou de direito que impedem a adoção imediata da providência.

§ 5.º O requerimento referido no § 3.º deste artigo será atendido sem custos para o titular, nos prazos e nos termos previstos em regulamento.

§ 6.º O responsável deverá informar, de maneira imediata, aos agentes de tratamento com os quais tenha realizado uso compartilhado de dados a correção, a eliminação, a anonimização ou o bloqueio dos dados, para que repitam idêntico procedimento, exceto nos casos em que esta comunicação seja comprovadamente impossível ou implique esforço desproporcional.

•• § 6.º com redação determinada pela Lei n. 13.853, de 8-7-2019.

§ 7.º A portabilidade dos dados pessoais a que se refere o inciso V do *caput* deste artigo não inclui dados que já tenham sido anonimizados pelo controlador.

§ 8.º O direito a que se refere o § 1.º deste artigo também poderá ser exercido perante os organismos de defesa do consumidor.

Art. 19. A confirmação de existência ou o acesso a dados pessoais serão providenciados, mediante requisição do titular:

I – em formato simplificado, imediatamente; ou

II – por meio de declaração clara e completa, que indique a origem dos dados, a inexistência de registro, os critérios utilizados e a finalidade do tratamento, observados os segredos comercial e industrial, fornecida no prazo de até 15 (quinze) dias, contado da data do requerimento do titular.

§ 1.º Os dados pessoais serão armazenados em formato que favoreça o exercício do direito de acesso.

§ 2.º As informações e os dados poderão ser fornecidos, a critério do titular:

I – por meio eletrônico, seguro e idôneo para esse fim; ou

II – sob forma impressa.

§ 3.º Quando o tratamento tiver origem no consentimento do titular ou em contrato, o titular poderá solicitar cópia eletrônica integral de seus dados pessoais, observados os segredos comercial e industrial, nos termos de regulamentação da autoridade nacional, em formato que permita a sua utilização subsequente, inclusive em outras operações de tratamento.

§ 4.º A autoridade nacional poderá dispor de forma diferenciada acerca dos prazos previstos nos incisos I e II do *caput* deste artigo para os setores específicos.

Art. 20. O titular dos dados tem direito a solicitar a revisão de decisões tomadas unicamente com base em tratamento automatizado de dados pessoais que afetem seus interesses, incluídas as decisões destinadas a definir o seu perfil pessoal, profissional, de consumo e de crédito ou os aspectos de sua personalidade.

•• *Caput* com redação determinada pela Lei n. 13.853, de 8-7-2019.

§ 1.º O controlador deverá fornecer, sempre que solicitadas, informações claras e adequadas a respeito dos critérios e dos procedimentos utilizados para a decisão automatizada, observados os segredos comercial e industrial.

§ 2.º Em caso de não oferecimento de informações de que trata o § 1.º deste artigo baseado na observância de segredo comercial e industrial, a autoridade nacional poderá realizar auditoria para verificação de aspectos discriminatórios em tratamento automatizado de dados pessoais.

§ 3.º (*Vetado.*)

•• § 3.º acrescentado pela Lei n. 13.853, de 8-7-2019.

Art. 21. Os dados pessoais referentes ao exercício regular de direitos pelo titular não podem ser utilizados em seu prejuízo.

Art. 22. A defesa dos interesses e dos direitos dos titulares de dados poderá ser exercida em juízo, individual ou coletivamente, na forma do disposto na legislação pertinente, acerca dos instrumentos de tutela individual e coletiva.

Capítulo IV
DO TRATAMENTO DE DADOS PESSOAIS PELO PODER PÚBLICO

Seção I
Das Regras

Art. 23. O tratamento de dados pessoais pelas pessoas jurídicas de direito público referidas no parágrafo único do art. 1.º da Lei n.12.527, de 18 de novembro de 2011 (Lei de Acesso à Informação), deverá ser realizado para o atendimento de sua finalidade pública, na persecução do interesse público, com o objetivo de executar as competências legais ou cumprir as atribuições legais do serviço público, desde que:

I – sejam informadas as hipóteses em que, no exercício de suas competências, realizam o tratamento de dados pessoais, fornecendo informações claras e atualizadas sobre a previsão legal, a finalidade, os procedimentos e as práticas utilizadas para a execução dessas atividades, em veículos de fácil acesso, preferencialmente em seus sítios eletrônicos;

II – (*vetado*); e

III – seja indicado um encarregado quando realizarem operações de tratamento de dados pessoais, nos termos do art. 39 desta Lei; e

•• Inciso III com redação determinada pela Lei n. 13.853, de 8-7-2019.

IV – (*Vetado.*)

•• Inciso IV acrescentado pela Lei n. 13.853, de 8-7-2019.

§ 1.º A autoridade nacional poderá dispor sobre as formas de publicidade das operações de tratamento.

§ 2.º O disposto nesta Lei não dispensa as pessoas jurídicas mencionadas no *caput* deste artigo de instituir as autoridades de que trata a Lei n. 12.527, de 18 de novembro de 2011 (Lei de Acesso à Informação).

§ 3.º Os prazos e procedimentos para exercício dos direitos do titular perante o Poder Público observarão o disposto em legislação específica, em especial as disposições constantes da Lei n. 9.507, de 12 de novembro de 1997 (Lei do *Habeas Data*), da Lei n. 9.784, de 29 de janeiro de 1999 (Lei Geral do Processo Administrativo), e da Lei n. 12.527, de 18 de novembro de 2011 (Lei de Acesso à Informação).

§ 4.º Os serviços notariais e de registro exercidos em caráter privado, por delegação do Poder Público, terão o mesmo tratamento dispensado às pessoas jurídicas referidas no *caput* deste artigo, nos termos desta Lei.

§ 5.º Os órgãos notariais e de registro devem fornecer acesso aos dados por meio eletrônico para a administração pública, tendo em vista as finalidades de que trata o *caput* deste artigo.

Art. 24. As empresas públicas e as sociedades de economia mista que atuam em regime de concorrência, sujeitas ao disposto no art. 173 da Constituição Federal, terão o mesmo tratamento dispensado às pessoas jurídicas de direito privado particulares, nos termos desta Lei.

Parágrafo único. As empresas públicas e as sociedades de economia mista, quando estiverem operacionalizando políticas públicas e no âmbito da execução delas, terão o mesmo tratamento dispensado aos órgãos e às entidades do Poder Público, nos termos deste Capítulo.

Art. 25. Os dados deverão ser mantidos em formato interoperável e estruturado para o uso compartilhado, com vistas à execução de políticas públicas, à prestação de serviços públicos, à descentralização da atividade pública e à disseminação e ao acesso das informações pelo público em geral.

Art. 26. O uso compartilhado de dados pessoais pelo Poder Público deve atender a finalidades específicas de execução de políticas públicas e atribuição legal pelos órgãos e pelas entidades públicas, respeitados os princípios de proteção de dados pessoais elencados no art. 6.º desta Lei.

§ 1.º É vedado ao Poder Público transferir a entidades privadas dados pessoais constantes de bases de dados a que tenha acesso, exceto:

Lei n. 13.709, de 14-8-2018   **Lei Geral de Proteção de Dados Pessoais**

I – em casos de execução descentralizada de atividade pública que exija a transferência, exclusivamente para esse fim específico e determinado, observado o disposto na Lei n. 12.527, de 18 de novembro de 2011 (Lei de Acesso à Informação);

II – (*vetado*);

III – nos casos em que os dados forem acessíveis publicamente, observadas as disposições desta Lei.

IV – quando houver previsão legal ou a transferência for respaldada em contratos, convênios ou instrumentos congêneres; ou

•• Inciso IV acrescentado pela Lei n. 13.853, de 8-7-2019.

V – na hipótese de a transferência dos dados objetivar exclusivamente a prevenção de fraudes e irregularidades, ou proteger e resguardar a segurança e a integridade do titular dos dados, desde que vedado o tratamento para outras finalidades.

•• Inciso V acrescentado pela Lei n. 13.853, de 8-7-2019.

§ 2.º Os contratos e convênios de que trata o § 1.º deste artigo deverão ser comunicados à autoridade nacional.

Art. 27. A comunicação ou o uso compartilhado de dados pessoais de pessoa jurídica de direito público a pessoa jurídica de direito privado dependerá de consentimento do titular, exceto:

I – nas hipóteses de dispensa de consentimento previstas nesta Lei;

II – nos casos de uso compartilhado de dados, em que será dada publicidade nos termos do inciso I do *caput* do art. 23 desta Lei; ou

III – nas exceções constantes do § 1.º do art. 26 desta Lei.

Parágrafo único. A informação à autoridade nacional de que trata o *caput* deste artigo será objeto de regulamentação.

•• Parágrafo único acrescentado pela Lei n. 13.853, de 8-7-2019.

Art. 28. (*Vetado.*)

Art. 29. A autoridade nacional poderá solicitar, a qualquer momento, aos órgãos e às entidades do poder público a realização de operações de tratamento de dados pessoais, informações específicas sobre o âmbito e a natureza dos dados e outros detalhes do tratamento realizado e poderá emitir parecer técnico complementar para garantir o cumprimento desta Lei.

•• Artigo com redação determinada pela Lei n. 13.853, de 8-7-2019.

Art. 30. A autoridade nacional poderá estabelecer normas complementares para as atividades de comunicação e de uso compartilhado de dados pessoais.

Seção II
Da Responsabilidade

Art. 31. Quando houver infração a esta Lei em decorrência do tratamento de dados pessoais por órgãos públicos, a autoridade nacional poderá enviar informe com medidas cabíveis para fazer cessar a violação.

Art. 32. A autoridade nacional poderá solicitar a agentes do Poder Público a publicação de relatórios de impacto à proteção de dados pessoais e sugerir a adoção de padrões e de boas práticas para os tratamentos de dados pessoais pelo Poder Público.

Capítulo V
DA TRANSFERÊNCIA INTERNACIONAL DE DADOS

Art. 33. A transferência internacional de dados pessoais somente é permitida nos seguintes casos:

I – para países ou organismos internacionais que proporcionem grau de proteção de dados pessoais adequado ao previsto nesta Lei;

II – quando o controlador oferecer e comprovar garantias de cumprimento dos princípios, dos direitos do titular e do regime de proteção de dados previstos nesta Lei, na forma de:

a) cláusulas contratuais específicas para determinada transferência;

b) cláusulas-padrão contratuais;

c) normas corporativas globais;

d) selos, certificados e códigos de conduta regularmente emitidos;

III – quando a transferência for necessária para a cooperação jurídica internacional entre órgãos públicos de inteligência, de investigação e de persecução, de acordo com os instrumentos de direito internacional;

IV – quando a transferência for necessária para a proteção da vida ou da incolumidade física do titular ou de terceiro;

V – quando a autoridade nacional autorizar a transferência;

VI – quando a transferência resultar em compromisso assumido em acordo de cooperação internacional;

VII – quando a transferência for necessária para a execução de política pública ou atribuição legal do serviço público, sendo dada publicidade nos termos do inciso I do *caput* do art. 23 desta Lei;

VIII – quando o titular tiver fornecido o seu consentimento específico e em destaque para a transferência, com informação prévia sobre o caráter internacional da operação, distinguindo claramente esta de outras finalidades; ou

IX – quando necessário para atender as hipóteses previstas nos incisos II, V e VI do art. 7.º desta Lei.

Parágrafo único. Para os fins do inciso I deste artigo, as pessoas jurídicas de direito público referidas no parágrafo único do art. 1.º da Lei n. 12.527, de 18 de novembro de 2011 (Lei de Acesso à Informação), no âmbito de suas competências legais, e responsáveis, no âmbito de suas atividades, poderão requerer à autoridade nacional a avaliação do nível de proteção a dados pessoais conferido por país ou organismo internacional.

Art. 34. O nível de proteção de dados do país estrangeiro ou do organismo internacional mencionado no inciso I do *caput* do art. 33 desta Lei será avaliado pela autoridade nacional, que levará em consideração:

I – as normas gerais e setoriais da legislação em vigor no país de destino ou no organismo internacional;

II – a natureza dos dados;

III – a observância dos princípios gerais de proteção de dados pessoais e direitos dos titulares previstos nesta Lei;

IV – a adoção de medidas de segurança previstas em regulamento;

V – a existência de garantias judiciais e institucionais para o respeito aos direitos de proteção de dados pessoais; e

VI – outras circunstâncias específicas relativas à transferência.

Art. 35. A definição do conteúdo de cláusulas-padrão contratuais, bem como a verificação de cláusulas contratuais específicas para uma determinada transferência, normas corporativas globais ou selos, certificados e códigos de conduta, a que se refere o inciso II do *caput* do art. 33 desta Lei, será realizada pela autoridade nacional.

§ 1.º Para a verificação do disposto no *caput* deste artigo, deverão ser considerados os requisitos, as condições e as garantias mínimas para a transferência que observem os direitos, as garantias e os princípios desta Lei.

§ 2.º Na análise de cláusulas contratuais, de documentos ou de normas corporativas globais submetidas à aprovação da autoridade nacional, poderão ser requeridas informações suplementares ou realizadas diligências de verificação quanto às operações de tratamento, quando necessário.

§ 3.º A autoridade nacional poderá designar organismos de certificação para a realização do previsto no *caput* deste artigo, que permanecerão sob sua fiscalização nos termos definidos em regulamento.

§ 4.º Os atos realizados por organismo de certificação poderão ser revistos pela autoridade nacional e, caso em desconformidade com esta Lei, submetidos a revisão ou anulados.

§ 5.º As garantias suficientes de observância dos princípios gerais de proteção e dos direitos do titular referidas no *caput* deste artigo serão também analisadas de acordo com as medidas técnicas e organizacionais adotadas pelo operador, de acordo com o previsto nos §§ 1.º e 2.º do art. 46 desta Lei.

Art. 36. As alterações nas garantias apresentadas como suficientes de observância dos princípios gerais de proteção e dos direitos do titular referidas no inciso II do art. 33 desta Lei deverão ser comunicadas à autoridade nacional.

Capítulo VI
DOS AGENTES DE TRATAMENTO DE DADOS PESSOAIS

Seção I
Do Controlador e do Operador

Art. 37. O controlador e o operador devem manter registro das operações de tratamento de dados pessoais que realizarem, especialmente quando baseado no legítimo interesse.

Art. 38. A autoridade nacional poderá determinar ao controlador que elabore relatório de impacto à proteção de dados pessoais, inclusive de dados sensíveis, referente a suas operações de tratamento de dados, nos termos de regulamento, observados os segredos comercial e industrial.

Parágrafo único. Observado o disposto no *caput* deste artigo, o relatório deverá conter, no mínimo, a descrição dos tipos de dados coletados, a metodologia utilizada para a coleta e para a garantia da segurança das informações e a análise do controlador com relação a medidas, salvaguardas e mecanismos de mitigação de risco adotados.

Lei n. 13.709, de 14-8-2018 — **Lei Geral de Proteção de Dados Pessoais**

Art. 39. O operador deverá realizar o tratamento segundo as instruções fornecidas pelo controlador, que verificará a observância das próprias instruções e das normas sobre a matéria.

Art. 40. A autoridade nacional poderá dispor sobre padrões de interoperabilidade para fins de portabilidade, livre acesso aos dados e segurança, assim como sobre o tempo de guarda dos registros, tendo em vista especialmente a necessidade e a transparência.

Seção II
Do Encarregado pelo Tratamento de Dados Pessoais

Art. 41. O controlador deverá indicar encarregado pelo tratamento de dados pessoais.

§ 1.º A identidade e as informações de contato do encarregado deverão ser divulgadas publicamente, de forma clara e objetiva, preferencialmente no sítio eletrônico do controlador.

§ 2.º As atividades do encarregado consistem em:

I – aceitar reclamações e comunicações dos titulares, prestar esclarecimentos e adotar providências;

II – receber comunicações da autoridade nacional e adotar providências;

III – orientar os funcionários e os contratados da entidade a respeito das práticas a serem tomadas em relação à proteção de dados pessoais; e

IV – executar as demais atribuições determinadas pelo controlador ou estabelecidas em normas complementares.

§ 3.º A autoridade nacional poderá estabelecer normas complementares sobre a definição e as atribuições do encarregado, inclusive hipóteses de dispensa da necessidade de sua indicação, conforme a natureza e o porte da entidade ou o volume de operações de tratamento de dados.

§ 4.º (*Vetado.*)

•• § 4.º acrescentado pela Lei n. 13.853, de 8-7-2019.

Seção III
Da Responsabilidade e do Ressarcimento de Danos

Art. 42. O controlador ou o operador que, em razão do exercício de atividade de tratamento de dados pessoais, causar a outrem dano patrimonial, moral, individual ou coletivo, em violação à legislação de proteção de dados pessoais, é obrigado a repará-lo.

§ 1.º A fim de assegurar a efetiva indenização ao titular dos dados:

I – o operador responde solidariamente pelos danos causados pelo tratamento quando descumprir as obrigações da legislação de proteção de dados ou quando não tiver seguido as instruções lícitas do controlador, hipótese em que o operador equipara-se ao controlador, salvo nos casos de exclusão previstos no art. 43 desta Lei;

II – os controladores que estiverem diretamente envolvidos no tratamento do qual decorreram danos ao titular dos dados respondem solidariamente, salvo nos casos de exclusão previstos no art. 43 desta Lei.

§ 2.º O juiz, no processo civil, poderá inverter o ônus da prova a favor do titular dos dados quando, a seu juízo, for verossímil a alegação, houver hipossuficiência para fins de produção de prova ou quando a produção de prova pelo titular resultar-lhe excessivamente onerosa.

§ 3.º As ações de reparação por danos coletivos que tenham por objeto a responsabilização nos termos do *caput* deste artigo podem ser exercidas coletivamente em juízo, observado o disposto na legislação pertinente.

§ 4.º Aquele que reparar o dano ao titular tem direito de regresso contra os demais responsáveis, na medida de sua participação no evento danoso.

Art. 43. Os agentes de tratamento só não serão responsabilizados quando provarem:

I – que não realizaram o tratamento de dados pessoais que lhes é atribuído;

II – que, embora tenham realizado o tratamento de dados pessoais que lhes é atribuído, não houve violação à legislação de proteção de dados; ou

III – que o dano é decorrente de culpa exclusiva do titular dos dados ou de terceiro.

Art. 44. O tratamento de dados pessoais será irregular quando deixar de observar a legislação ou quando não fornecer a segurança que o titular dele pode esperar, consideradas as circunstâncias relevantes, entre as quais:

I – o modo pelo qual é realizado;

II – o resultado e os riscos que razoavelmente dele se esperam;

III – as técnicas de tratamento de dados pessoais disponíveis à época em que foi realizado.

Parágrafo único. Responde pelos danos decorrentes da violação da segurança dos dados o controlador ou o operador que, ao deixar de adotar as medidas de segurança previstas no art. 46 desta Lei, der causa ao dano.

Art. 45. As hipóteses de violação do direito do titular no âmbito das relações de consumo permanecem sujeitas às regras de responsabilidade previstas na legislação pertinente.

Capítulo VII
DA SEGURANÇA E DAS BOAS PRÁTICAS

Seção I
Da Segurança e do Sigilo de Dados

Art. 46. Os agentes de tratamento devem adotar medidas de segurança, técnicas e administrativas aptas a proteger os dados pessoais de acessos não autorizados e de situações acidentais ou ilícitas de destruição, perda, alteração, comunicação ou qualquer forma de tratamento inadequado ou ilícito.

§ 1.º A autoridade nacional poderá dispor sobre padrões técnicos mínimos para tornar aplicável o disposto no *caput* deste artigo, considerados a natureza das informações tratadas, as características específicas do tratamento e o estado atual da tecnologia, especialmente no caso de dados pessoais sensíveis, assim como os princípios previstos no *caput* do art. 6.º desta Lei.

§ 2.º As medidas de que trata o *caput* deste artigo deverão ser observadas desde a fase de concepção do produto ou do serviço até a sua execução.

Art. 47. Os agentes de tratamento ou qualquer outra pessoa que intervenha em uma das fases do tratamento obriga-se a garantir a segurança da informação prevista nesta Lei em relação aos dados pessoais, mesmo após o seu término.

Art. 48. O controlador deverá comunicar à autoridade nacional e ao titular a ocorrência de incidente de segurança que possa acarretar risco ou dano relevante aos titulares.

§ 1.º A comunicação será feita em prazo razoável, conforme definido pela autoridade nacional, e deverá mencionar, no mínimo:

I – a descrição da natureza dos dados pessoais afetados;
II – as informações sobre os titulares envolvidos;
III – a indicação das medidas técnicas e de segurança utilizadas para a proteção dos dados, observados os segredos comercial e industrial;
IV – os riscos relacionados ao incidente;
V – os motivos da demora, no caso de a comunicação não ter sido imediata; e
VI – as medidas que foram ou que serão adotadas para reverter ou mitigar os efeitos do prejuízo.

§ 2.º A autoridade nacional verificará a gravidade do incidente e poderá, caso necessário para a salvaguarda dos direitos dos titulares, determinar ao controlador a adoção de providências, tais como:

I – ampla divulgação do fato em meios de comunicação; e
II – medidas para reverter ou mitigar os efeitos do incidente.

§ 3.º No juízo de gravidade do incidente, será avaliada eventual comprovação de que foram adotadas medidas técnicas adequadas que tornem os dados pessoais afetados ininteligíveis, no âmbito e nos limites técnicos de seus serviços, para terceiros não autorizados a acessá-los.

Art. 49. Os sistemas utilizados para o tratamento de dados pessoais devem ser estruturados de forma a atender aos requisitos de segurança, aos padrões de boas práticas e de governança e aos princípios gerais previstos nesta Lei e às demais normas regulamentares.

Seção II
Das Boas Práticas e da Governança

Art. 50. Os controladores e operadores, no âmbito de suas competências, pelo tratamento de dados pessoais, individualmente ou por meio de associações, poderão formular regras de boas práticas e de governança que estabeleçam as condições de organização, o regime de funcionamento, os procedimentos, incluindo reclamações e petições de titulares, as normas de segurança, os padrões técnicos, as obrigações específicas para os diversos envolvidos no tratamento, as ações educativas, os mecanismos internos de supervisão e de mitigação de riscos e outros aspectos relacionados ao tratamento de dados pessoais.

§ 1.º Ao estabelecer regras de boas práticas, o controlador e o operador levarão em consideração, em relação ao tratamento e aos dados, a natureza, o escopo, a finalidade e a probabilidade e a gravidade dos riscos e dos benefícios decorrentes de tratamento de dados do titular.

Lei n. 13.709, de 14-8-2018 — **Lei Geral de Proteção de Dados Pessoais**

§ 2.º Na aplicação dos princípios indicados nos incisos VII e VIII do *caput* do art. 6.º desta Lei, o controlador, observados a estrutura, a escala e o volume de suas operações, bem como a sensibilidade dos dados tratados e a probabilidade e a gravidade dos danos para os titulares dos dados, poderá:

I – implementar programa de governança em privacidade que, no mínimo:

a) demonstre o comprometimento do controlador em adotar processos e políticas internas que assegurem o cumprimento, de forma abrangente, de normas e boas práticas relativas à proteção de dados pessoais;

b) seja aplicável a todo o conjunto de dados pessoais que estejam sob seu controle, independentemente do modo como se realizou sua coleta;

c) seja adaptado à estrutura, à escala e ao volume de suas operações, bem como à sensibilidade dos dados tratados;

d) estabeleça políticas e salvaguardas adequadas com base em processo de avaliação sistemática de impactos e riscos à privacidade;

e) tenha o objetivo de estabelecer relação de confiança com o titular, por meio de atuação transparente e que assegure mecanismos de participação do titular;

f) esteja integrado a sua estrutura geral de governança e estabeleça e aplique mecanismos de supervisão internos e externos;

g) conte com planos de resposta a incidentes e remediação; e

h) seja atualizado constantemente com base em informações obtidas a partir de monitoramento contínuo e avaliações periódicas.

II – demonstrar a efetividade de seu programa de governança em privacidade quando apropriado e, em especial, a pedido da autoridade nacional ou de outra entidade responsável por promover o cumprimento de boas práticas ou códigos de conduta, os quais, de forma independente, promovam o cumprimento desta Lei.

§ 3.º As regras de boas práticas e de governança deverão ser publicadas e atualizadas periodicamente e poderão ser reconhecidas e divulgadas pela autoridade nacional.

Art. 51. A autoridade nacional estimulará a adoção de padrões técnicos que facilitem o controle pelos titulares dos seus dados pessoais.

Capítulo VIII
DA FISCALIZAÇÃO

Seção I
Das Sanções Administrativas

Art. 52. Os agentes de tratamento de dados, em razão das infrações cometidas às normas previstas nesta Lei, ficam sujeitos às seguintes sanções administrativas aplicáveis pela autoridade nacional:

I – advertência, com indicação de prazo para adoção de medidas corretivas;

II – multa simples, de até 2% (dois por cento) do faturamento da pessoa jurídica de direito privado, grupo ou conglomerado no Brasil no seu último exercício, excluídos os tributos, limitada, no total, a R$ 50.000.000,00 (cinquenta milhões de reais) por infração;

III – multa diária, observado o limite total a que se refere o inciso II;

IV – publicização da infração após devidamente apurada e confirmada a sua ocorrência;

V – bloqueio dos dados pessoais a que se refere a infração até a sua regularização;

VI – eliminação dos dados pessoais a que se refere a infração;

VII – (*vetado*);

VIII – (*vetado*);

IX – (*vetado*);

X – suspensão parcial do funcionamento do banco de dados a que se refere a infração pelo período máximo de 6 (seis) meses, prorrogável por igual período, até a regularização da atividade de tratamento pelo controlador;

•• Inciso X acrescentado pela Lei n. 13.853, de 8-7-2019, originalmente vetado, todavia promulgado em 20-12-2019.

XI – suspensão do exercício da atividade de tratamento dos dados pessoais a que se refere a infração pelo período máximo de 6 (seis) meses, prorrogável por igual período;

•• Inciso XI acrescentado pela Lei n. 13.853, de 8-7-2019, originalmente vetado, todavia promulgado em 20-12-2019.

XII – proibição parcial ou total do exercício de atividades relacionadas a tratamento de dados.

•• Inciso XII acrescentado pela Lei n. 13.853, de 8-7-2019, originalmente vetado, todavia promulgado em 20-12-2019.

§ 1.º As sanções serão aplicadas após procedimento administrativo que possibilite a oportunidade da ampla defesa, de forma gradativa, isolada ou cumulativa, de acordo com as peculiaridades do caso concreto e considerados os seguintes parâmetros e critérios:

I – a gravidade e a natureza das infrações e dos direitos pessoais afetados;
II – a boa-fé do infrator;
III – a vantagem auferida ou pretendida pelo infrator;
IV – a condição econômica do infrator;
V – a reincidência;
VI – o grau do dano;
VII – a cooperação do infrator;
VIII – a adoção reiterada e demonstrada de mecanismos e procedimentos internos capazes de minimizar o dano, voltados ao tratamento seguro e adequado de dados, em consonância com o disposto no inciso II do § 2.º do art. 48 desta Lei;
IX – a adoção de política de boas práticas e governança;
X – a pronta adoção de medidas corretivas; e
XI – a proporcionalidade entre a gravidade da falta e a intensidade da sanção.

§ 2.º O disposto neste artigo não substitui a aplicação de sanções administrativas, civis ou penais definidas na Lei n. 8.078, de 11 de setembro de 1990, e em legislação específica.

•• § 2.º com redação determinada pela Lei n. 13.853, de 8-7-2019.

§ 3.º O disposto nos incisos I, IV, V, VI, X, XI e XII do *caput* deste artigo poderá ser aplicado às entidades e aos órgãos públicos, sem prejuízo do disposto na Lei n. 8.112, de 11 de dezembro de 1990, na Lei n. 8.429, de 2 de junho de 1992, e na Lei n. 12.527, de 18 de novembro de 2011.

•• § 3.º com redação determinada pela Lei n. 13.853, de 8-7-2019, originalmente vetado, todavia promulgado em 20-12-2019.

§ 4.º No cálculo do valor da multa de que trata o inciso II do *caput* deste artigo, a autoridade nacional poderá considerar o faturamento total da empresa ou grupo de empresas, quando não dispuser do valor do faturamento no ramo de atividade empresarial em que ocorreu a infração, definido pela autoridade nacional, ou quando o valor for apresentado de forma incompleta ou não for demonstrado de forma inequívoca e idônea.

§ 5.º O produto da arrecadação das multas aplicadas pela ANPD, inscritas ou não em dívida ativa, será destinado ao Fundo de Defesa de Direitos Difusos de que tratam o art. 13 da Lei n. 7.347, de 24 de julho de 1985, e a Lei n. 9.008, de 21 de março de 1995.

•• § 5.º acrescentado pela Lei n. 13.853, de 8-7-2019.

§ 6.º As sanções previstas nos incisos X, XI e XII do *caput* deste artigo serão aplicadas:

•• § 6.º, *caput*, acrescentado pela Lei n. 13.853, de 8-7-2019, originalmente vetado, todavia promulgado em 20-12-2019.

I – somente após já ter sido imposta ao menos 1 (uma) das sanções de que tratam os incisos II, III, IV, V e VI do *caput* deste artigo para o mesmo caso concreto; e

•• Inciso I acrescentado pela Lei n. 13.853, de 8-7-2019, originalmente vetado, todavia promulgado em 20-12-2019.

II – em caso de controladores submetidos a outros órgãos e entidades com competências sancionatórias, ouvidos esses órgãos.

•• Inciso II acrescentado pela Lei n. 13.853, de 8-7-2019, originalmente vetado, todavia promulgado em 20-12-2019.

§ 7.º Os vazamentos individuais ou os acessos não autorizados de que trata o *caput* do art. 46 desta Lei poderão ser objeto de conciliação direta entre controlador e titular e, caso não haja acordo, o controlador estará sujeito à aplicação das penalidades de que trata este artigo.

•• § 7.º acrescentado pela Lei n. 13.853, de 8-7-2019.

Art. 53. A autoridade nacional definirá, por meio de regulamento próprio sobre sanções administrativas a infrações a esta Lei, que deverá ser objeto de consulta pública, as metodologias que orientarão o cálculo do valor-base das sanções de multa.

§ 1.º As metodologias a que se refere o *caput* deste artigo devem ser previamente publicadas, para ciência dos agentes de tratamento, e devem apresentar objetivamente as formas e dosimetrias para o cálculo do valor-base das sanções de multa, que deverão conter fundamentação detalhada de todos os seus elementos, demonstrando a observância dos critérios previstos nesta Lei.

§ 2.º O regulamento de sanções e metodologias correspondentes deve estabelecer as circunstâncias e as condições para a adoção de multa simples ou diária.

Lei n. 13.709, de 14-8-2018 — **Lei Geral de Proteção de Dados Pessoais**

Art. 54. O valor da sanção de multa diária aplicável às infrações a esta Lei deve observar a gravidade da falta e a extensão do dano ou prejuízo causado e ser fundamentado pela autoridade nacional.

Parágrafo único. A intimação da sanção de multa diária deverá conter, no mínimo, a descrição da obrigação imposta, o prazo razoável e estipulado pelo órgão para o seu cumprimento e o valor da multa diária a ser aplicada pelo seu descumprimento.

Capítulo IX
DA AUTORIDADE NACIONAL DE PROTEÇÃO DE DADOS (ANPD) E DO CONSELHO NACIONAL DE PROTEÇÃO DE DADOS PESSOAIS E DA PRIVACIDADE

Seção I
Da Autoridade Nacional de Proteção de Dados (ANPD)

Art. 55. (*Vetado.*)

Art. 55-A. Fica criada a Autoridade Nacional de Proteção de Dados (ANPD), autarquia de natureza especial, dotada de autonomia técnica e decisória, com patrimônio próprio e com sede e foro no Distrito Federal.

•• *Caput* com redação determinada pela Lei n. 14.460, de 25-10-2022.

§ 1.º a 3.º (*Revogados pela Lei n. 14.460, de 25-10-2022.*)

Art. 55-B. (*Revogado pela Lei n. 14.460, de 25-10-2022.*)

Art. 55-C. A ANPD é composta de:

•• *Caput* acrescentado pela Lei n. 13.853, de 8-7-2019.

I – Conselho Diretor, órgão máximo de direção;

•• Inciso I acrescentado pela Lei n. 13.853, de 8-7-2019.

II – Conselho Nacional de Proteção de Dados Pessoais e da Privacidade;

•• Inciso II acrescentado pela Lei n. 13.853, de 8-7-2019.

III – Corregedoria;

•• Inciso III acrescentado pela Lei n. 13.853, de 8-7-2019.

IV – Ouvidoria;

•• Inciso IV acrescentado pela Lei n. 13.853, de 8-7-2019.

V – (*Revogado pela Lei n. 14.460, de 25-10-2022.*)

V-A – Procuradoria; e

•• Inciso V-A acrescentado pela Lei n. 14.460, de 25-10-2022.

VI – unidades administrativas e unidades especializadas necessárias à aplicação do disposto nesta Lei.

•• Inciso VI acrescentado pela Lei n. 13.853, de 8-7-2019.

Art. 55-D. O Conselho Diretor da ANPD será composto de 5 (cinco) diretores, incluído o Diretor-Presidente.

•• *Caput* acrescentado pela Lei n. 13.853, de 8-7-2019.

§ 1.º Os membros do Conselho Diretor da ANPD serão escolhidos pelo Presidente da República e por ele nomeados, após aprovação pelo Senado Federal, nos termos da alínea *f* do inciso III do art. 52 da Constituição Federal, e ocuparão cargo em comissão do Grupo-Direção e Assessoramento Superiores – DAS, no mínimo, de nível 5.

•• § 1.º acrescentado pela Lei n. 13.853, de 8-7-2019.

§ 2.º Os membros do Conselho Diretor serão escolhidos dentre brasileiros que tenham reputação ilibada, nível superior de educação e elevado conceito no campo de especialidade dos cargos para os quais serão nomeados.

•• § 2.º acrescentado pela Lei n. 13.853, de 8-7-2019.

§ 3.º O mandato dos membros do Conselho Diretor será de 4 (quatro) anos.

•• § 3.º acrescentado pela Lei n. 13.853, de 8-7-2019.

§ 4.º Os mandatos dos primeiros membros do Conselho Diretor nomeados serão de 2 (dois), de 3 (três), de 4 (quatro), de 5 (cinco) e de 6 (seis) anos, conforme estabelecido no ato de nomeação.

•• § 4.º acrescentado pela Lei n. 13.853, de 8-7-2019.

§ 5.º Na hipótese de vacância do cargo no curso do mandato de membro do Conselho Diretor, o prazo remanescente será completado pelo sucessor.

•• § 5.º acrescentado pela Lei n. 13.853, de 8-7-2019.

Art. 55-E. Os membros do Conselho Diretor somente perderão seus cargos em virtude de renúncia, condenação judicial transitada em julgado ou pena de demissão decorrente de processo administrativo disciplinar.

•• *Caput* acrescentado pela Lei n. 13.853, de 8-7-2019.

§ 1.º Nos termos do *caput* deste artigo, cabe ao Ministro de Estado Chefe da Casa Civil da Presidência da República instaurar o processo administrativo disciplinar, que será conduzido por comissão especial constituída por servidores públicos federais estáveis.

•• § 1.º acrescentado pela Lei n. 13.853, de 8-7-2019.

§ 2.º Compete ao Presidente da República determinar o afastamento preventivo, somente quando assim recomendado pela comissão especial de que trata o § 1.º deste artigo, e proferir o julgamento.

•• § 2.º acrescentado pela Lei n. 13.853, de 8-7-2019.

Art. 55-F. Aplica-se aos membros do Conselho Diretor, após o exercício do cargo, o disposto no art. 6.º da Lei n. 12.813, de 16 de maio de 2013.

• *Caput* acrescentado pela Lei n. 13.853, de 8-7-2019.

Parágrafo único. A infração ao disposto no *caput* deste artigo caracteriza ato de improbidade administrativa.

•• Parágrafo único acrescentado pela Lei n. 13.853, de 8-7-2019.

Art. 55-G. Ato do Presidente da República disporá sobre a estrutura regimental da ANPD.

•• *Caput* acrescentado pela Lei n. 13.853, de 8-7-2019.

§ 1.º Até a data de entrada em vigor de sua estrutura regimental, a ANPD receberá o apoio técnico e administrativo da Casa Civil da Presidência da República para o exercício de suas atividades.

•• § 1.º acrescentado pela Lei n. 13.853, de 8-7-2019.

§ 2.º O Conselho Diretor disporá sobre o regimento interno da ANPD.

•• § 2.º acrescentado pela Lei n. 13.853, de 8-7-2019.

Art. 55-H. Os cargos em comissão e as funções de confiança da ANPD serão remanejados de outros órgãos e entidades do Poder Executivo federal.

•• Artigo acrescentado pela Lei n. 13.853, de 8-7-2019.

Art. 55-I. Os ocupantes dos cargos em comissão e das funções de confiança da ANPD serão indicados pelo Conselho Diretor e nomeados ou designados pelo Diretor-Presidente.

•• Artigo acrescentado pela Lei n. 13.853, de 8-7-2019.

Art. 55-J. Compete à ANPD:

•• *Caput* acrescentado pela Lei n. 13.853, de 8-7-2019.

I – zelar pela proteção dos dados pessoais, nos termos da legislação;

•• Inciso I acrescentado pela Lei n. 13.853, de 8-7-2019.

II – zelar pela observância dos segredos comercial e industrial, observada a proteção de dados pessoais e do sigilo das informações quando protegido por lei ou quando a quebra do sigilo violar os fundamentos do art. 2.º desta Lei;

•• Inciso II acrescentado pela Lei n. 13.853, de 8-7-2019.

III – elaborar diretrizes para a Política Nacional de Proteção de Dados Pessoais e da Privacidade;

•• Inciso III acrescentado pela Lei n. 13.853, de 8-7-2019.

IV – fiscalizar e aplicar sanções em caso de tratamento de dados realizado em descumprimento à legislação, mediante processo administrativo que assegure o contraditório, a ampla defesa e o direito de recurso;

•• Inciso IV acrescentado pela Lei n. 13.853, de 8-7-2019.

V – apreciar petições de titular contra controlador após comprovada pelo titular a apresentação de reclamação ao controlador não solucionada no prazo estabelecido em regulamentação;

•• Inciso V acrescentado pela Lei n. 13.853, de 8-7-2019.

VI – promover na população o conhecimento das normas e das políticas públicas sobre proteção de dados pessoais e das medidas de segurança;

•• Inciso VI acrescentado pela Lei n. 13.853, de 8-7-2019.

VII – promover e elaborar estudos sobre as práticas nacionais e internacionais de proteção de dados pessoais e privacidade;

•• Inciso VII acrescentado pela Lei n. 13.853, de 8-7-2019.

VIII – estimular a adoção de padrões para serviços e produtos que facilitem o exercício de controle dos titulares sobre seus dados pessoais, os quais deverão levar em consideração as especificidades das atividades e o porte dos responsáveis;

•• Inciso VIII acrescentado pela Lei n. 13.853, de 8-7-2019.

IX – promover ações de cooperação com autoridades de proteção de dados pessoais de outros países, de natureza internacional ou transnacional;

•• Inciso IX acrescentado pela Lei n. 13.853, de 8-7-2019.

X – dispor sobre as formas de publicidade das operações de tratamento de dados pessoais, respeitados os segredos comercial e industrial;

•• Inciso X acrescentado pela Lei n. 13.853, de 8-7-2019.

XI – solicitar, a qualquer momento, às entidades do poder público que realizem operações de tratamento de dados pessoais informe específico sobre o âmbito, a natureza dos dados e os demais detalhes do tratamento realizado, com a possibilidade de emitir parecer técnico complementar para garantir o cumprimento desta Lei;

•• Inciso XI acrescentado pela Lei n. 13.853, de 8-7-2019.

XII – elaborar relatórios de gestão anuais acerca de suas atividades;

•• Inciso XII acrescentado pela Lei n. 13.853, de 8-7-2019.

XIII – editar regulamentos e procedimentos sobre proteção de dados pessoais e privacidade, bem como sobre relatórios de impacto à proteção de dados pessoais para os casos em que o tratamento representar alto risco à garantia dos princípios gerais de proteção de dados pessoais previstos nesta Lei;

•• Inciso XIII acrescentado pela Lei n. 13.853, de 8-7-2019.

XIV – ouvir os agentes de tratamento e a sociedade em matérias de interesse relevante e prestar contas sobre suas atividades e planejamento;

•• Inciso XIV acrescentado pela Lei n. 13.853, de 8-7-2019.

XV – arrecadar e aplicar suas receitas e publicar, no relatório de gestão a que se refere o inciso XII do *caput* deste artigo, o detalhamento de suas receitas e despesas;

•• Inciso XV acrescentado pela Lei n. 13.853, de 8-7-2019.

XVI – realizar auditorias, ou determinar sua realização, no âmbito da atividade de fiscalização de que trata o inciso IV e com a devida observância do disposto no inciso II do *caput* deste artigo, sobre o tratamento de dados pessoais efetuado pelos agentes de tratamento, incluído o poder público;

•• Inciso XVI acrescentado pela Lei n. 13.853, de 8-7-2019.

XVII – celebrar, a qualquer momento, compromisso com agentes de tratamento para eliminar irregularidade, incerteza jurídica ou situação contenciosa no âmbito de processos administrativos, de acordo com o previsto no Decreto-lei n. 4.657, de 4 de setembro de 1942;

•• Inciso XVII acrescentado pela Lei n. 13.853, de 8-7-2019.

XVIII – editar normas, orientações e procedimentos simplificados e diferenciados, inclusive quanto aos prazos, para que microempresas e empresas de pequeno porte, bem como iniciativas empresariais de caráter incremental ou disruptivo que se autodeclarem *startups* ou empresas de inovação, possam adequar-se a esta Lei;

•• Inciso XVIII acrescentado pela Lei n. 13.853, de 8-7-2019.

XIX – garantir que o tratamento de dados de idosos seja efetuado de maneira simples, clara, acessível e adequada ao seu entendimento, nos termos desta Lei e da Lei n. 10.741, de 1.º de outubro de 2003 (Estatuto do Idoso);

•• Inciso XIX acrescentado pela Lei n. 13.853, de 8-7-2019.

XX – deliberar, na esfera administrativa, em caráter terminativo, sobre a interpretação desta Lei, as suas competências e os casos omissos;

•• Inciso XX acrescentado pela Lei n. 13.853, de 8-7-2019.

XXI – comunicar às autoridades competentes as infrações penais das quais tiver conhecimento;

•• Inciso XXI acrescentado pela Lei n. 13.853, de 8-7-2019.

XXII – comunicar aos órgãos de controle interno o descumprimento do disposto nesta Lei por órgãos e entidades da administração pública federal;

•• Inciso XXII acrescentado pela Lei n. 13.853, de 8-7-2019.

XXIII – articular-se com as autoridades reguladoras públicas para exercer suas competências em setores específicos de atividades econômicas e governamentais sujeitas à regulação; e

•• Inciso XXIII acrescentado pela Lei n. 13.853, de 8-7-2019.

XXIV – implementar mecanismos simplificados, inclusive por meio eletrônico, para o registro de reclamações sobre o tratamento de dados pessoais em desconformidade com esta Lei.

•• Inciso XXIV acrescentado pela Lei n. 13.853, de 8-7-2019.

§ 1.º Ao impor condicionantes administrativas ao tratamento de dados pessoais por agente de tratamento privado, sejam eles limites, encargos ou sujeições, a ANPD deve observar a exigência de mínima intervenção, asseguradas os fundamentos, os princípios e os direitos dos titulares previstos no art. 170 da Constituição Federal e nesta Lei.

•• § 1.º acrescentado pela Lei n. 13.853, de 8-7-2019.

§ 2.º Os regulamentos e as normas editados pela ANPD devem ser precedidos de consulta e audiência públicas, bem como de análises de impacto regulatório.

•• § 2.º acrescentado pela Lei n. 13.853, de 8-7-2019.

§ 3.º A ANPD e os órgãos e entidades públicos responsáveis pela regulação de setores específicos da atividade econômica e governamental devem coordenar suas atividades, nas correspondentes esferas de atuação, com vistas a assegurar o cumprimento de suas atribuições com a maior eficiência e promover o adequado funcionamento dos setores regulados, conforme legislação específica, e o tratamento de dados pessoais, na forma desta Lei.

•• § 3.º acrescentado pela Lei n. 13.853, de 8-7-2019.

§ 4.º A ANPD manterá fórum permanente de comunicação, inclusive por meio de cooperação técnica, com órgãos e entidades da administração pública responsáveis pela regulação de setores específicos da atividade econômica e governamental, a fim de facilitar as competências regulatória, fiscalizatória e punitiva da ANPD.

•• § 4.º acrescentado pela Lei n. 13.853, de 8-7-2019.

§ 5.º No exercício das competências de que trata o *caput* deste artigo, a autoridade competente deverá zelar pela preservação do segredo empresarial e do sigilo das informações, nos termos da lei.

•• § 5.º acrescentado pela Lei n. 13.853, de 8-7-2019.

§ 6.º As reclamações colhidas conforme o disposto no inciso V do *caput* deste artigo poderão ser analisadas de forma agregada, e as eventuais providências delas decorrentes poderão ser adotadas de forma padronizada.

•• § 6.º acrescentado pela Lei n. 13.853, de 8-7-2019.

Art. 55-K. A aplicação das sanções previstas nesta Lei compete exclusivamente à ANPD, e suas competências prevalecerão, no que se refere à proteção de dados pessoais, sobre as competências correlatas de outras entidades ou órgãos da administração pública.

•• *Caput* acrescentado pela Lei n. 13.853, de 8-7-2019.

Parágrafo único. A ANPD articulará sua atuação com outros órgãos e entidades com competências sancionatórias e normativas afetas ao tema de proteção de dados pessoais e será o órgão central de interpretação desta Lei e do estabelecimento de normas e diretrizes para a sua implementação.

•• Parágrafo único acrescentado pela Lei n. 13.853, de 8-7-2019.

Art. 55-L. Constituem receitas da ANPD:

•• *Caput* acrescentado pela Lei n. 13.853, de 8-7-2019.

I – as dotações, consignadas no orçamento geral da União, os créditos especiais, os créditos adicionais, as transferências e os repasses que lhe forem conferidos;

•• Inciso I acrescentado pela Lei n. 13.853, de 8-7-2019.

II – as doações, os legados, as subvenções e outros recursos que lhe forem destinados;

•• Inciso II acrescentado pela Lei n. 13.853, de 8-7-2019.

III – os valores apurados na venda ou aluguel de bens móveis e imóveis de sua propriedade;

•• Inciso III acrescentado pela Lei n. 13.853, de 8-7-2019.

IV – os valores apurados em aplicações no mercado financeiro das receitas previstas neste artigo;

•• Inciso IV acrescentado pela Lei n. 13.853, de 8-7-2019.

V – (*Vetado*);

•• Inciso V acrescentado pela Lei n. 13.853, de 8-7-2019.

VI – os recursos provenientes de acordos, convênios ou contratos celebrados com entidades, organismos ou empresas, públicos ou privados, nacionais ou internacionais;

•• Inciso VI acrescentado pela Lei n. 13.853, de 8-7-2019.

VII – o produto da venda de publicações, material técnico, dados e informações, inclusive para fins de licitação pública.

•• Inciso VII acrescentado pela Lei n. 13.853, de 8-7-2019.

Art. 55-M. Constituem o patrimônio da ANPD os bens e os direitos:

•• *Caput* acrescentado pela Lei n. 14.460, de 25-10-2022.

I – que lhe forem transferidos pelos órgãos da Presidência da República; e

•• Inciso I acrescentado pela Lei n. 14.460, de 25-10-2022.

II – que venha a adquirir ou a incorporar.

•• Inciso II acrescentado pela Lei n. 14.460, de 25-10-2022.

Art. 56. (*Vetado.*)

Art. 57. (*Vetado.*)

Seção II
Do Conselho Nacional de Proteção de Dados
Pessoais e da Privacidade

Art. 58. (*Vetado.*)

Art. 58-A. O Conselho Nacional de Proteção de Dados Pessoais e da Privacidade será composto de 23 (vinte e três) representantes, titulares e suplentes, dos seguintes órgãos:

•• *Caput* acrescentado pela Lei n. 13.853, de 8-7-2019.

I – 5 (cinco) do Poder Executivo federal;

•• Inciso I acrescentado pela Lei n. 13.853, de 8-7-2019.

II – 1 (um) do Senado Federal;

•• Inciso II acrescentado pela Lei n. 13.853, de 8-7-2019.

III – 1 (um) da Câmara dos Deputados;

•• Inciso III acrescentado pela Lei n. 13.853, de 8-7-2019.

IV – 1 (um) do Conselho Nacional de Justiça;

•• Inciso IV acrescentado pela Lei n. 13.853, de 8-7-2019.

V – 1 (um) do Conselho Nacional do Ministério Público;

•• Inciso V acrescentado pela Lei n. 13.853, de 8-7-2019.

VI – 1 (um) do Comitê Gestor da Internet no Brasil;

•• Inciso VI acrescentado pela Lei n. 13.853, de 8-7-2019.

VII – 3 (três) de entidades da sociedade civil com atuação relacionada a proteção de dados pessoais;

•• Inciso VII acrescentado pela Lei n. 13.853, de 8-7-2019.

VIII – 3 (três) de instituições científicas, tecnológicas e de inovação;

Lei n. 13.709, de 14-8-2018 **Lei Geral de Proteção de Dados Pessoais**

•• Inciso VIII acrescentado pela Lei n. 13.853, de 8-7-2019.

IX – 3 (três) de confederações sindicais representativas das categorias econômicas do setor produtivo;

•• Inciso IX acrescentado pela Lei n. 13.853, de 8-7-2019.

X – 2 (dois) de entidades representativas do setor empresarial relacionado à área de tratamento de dados pessoais; e

•• Inciso X acrescentado pela Lei n. 13.853, de 8-7-2019.

XI – 2 (dois) de entidades representativas do setor laboral.

•• Inciso XI acrescentado pela Lei n. 13.853, de 8-7-2019.

§ 1.º Os representantes serão designados por ato do Presidente da República, permitida a delegação.

•• § 1.º acrescentado pela Lei n. 13.853, de 8-7-2019.

§ 2.º Os representantes de que tratam os incisos I, II, III, IV, V e VI do *caput* deste artigo e seus suplentes serão indicados pelos titulares dos respectivos órgãos e entidades da administração pública.

•• § 2.º acrescentado pela Lei n. 13.853, de 8-7-2019.

§ 3.º Os representantes de que tratam os incisos VII, VIII, IX, X e XI do *caput* deste artigo e seus suplentes:

•• § 3.º, *caput*, acrescentado pela Lei n. 13.853, de 8-7-2019.

I – serão indicados na forma de regulamento;

•• Inciso I acrescentado pela Lei n. 13.853, de 8-7-2019.

II – não poderão ser membros do Comitê Gestor da Internet no Brasil;

•• Inciso II acrescentado pela Lei n. 13.853, de 8-7-2019.

III – terão mandato de 2 (dois) anos, permitida 1 (uma) recondução.

•• Inciso III acrescentado pela Lei n. 13.853, de 8-7-2019.

§ 4.º A participação no Conselho Nacional de Proteção de Dados Pessoais e da Privacidade será considerada prestação de serviço público relevante, não remunerada.

•• § 4.º acrescentado pela Lei n. 13.853, de 8-7-2019.

Art. 58-B. Compete ao Conselho Nacional de Proteção de Dados Pessoais e da Privacidade:

•• *Caput* acrescentado pela Lei n. 13.853, de 8-7-2019.

I – propor diretrizes estratégicas e fornecer subsídios para a elaboração da Política Nacional de Proteção de Dados Pessoais e da Privacidade e para a atuação da ANPD;

•• Inciso I acrescentado pela Lei n. 13.853, de 8-7-2019.

II – elaborar relatórios anuais de avaliação da execução das ações da Política Nacional de Proteção de Dados Pessoais e da Privacidade;

•• Inciso II acrescentado pela Lei n. 13.853, de 8-7-2019.

III – sugerir ações a serem realizadas pela ANPD;

•• Inciso III acrescentado pela Lei n. 13.853, de 8-7-2019.

IV – elaborar estudos e realizar debates e audiências públicas sobre a proteção de dados pessoais e da privacidade; e

•• Inciso IV acrescentado pela Lei n. 13.853, de 8-7-2019.

V – disseminar o conhecimento sobre a proteção de dados pessoais e da privacidade à população.

•• Inciso V acrescentado pela Lei n. 13.853, de 8-7-2019.

Art. 59. (*Vetado.*)

Capítulo X
DISPOSIÇÕES FINAIS E TRANSITÓRIAS

Art. 60. A Lei n. 12.965, de 23 de abril de 2014 (Marco Civil da Internet), passa a vigorar com as seguintes alterações:

•• Alterações já processadas no diploma modificado.

Art. 61. A empresa estrangeira será notificada e intimada de todos os atos processuais previstos nesta Lei, independentemente de procuração ou de disposição contratual ou estatutária, na pessoa do agente ou representante ou pessoa responsável por sua filial, agência, sucursal, estabelecimento ou escritório instalado no Brasil.

Art. 62. A autoridade nacional e o Instituto Nacional de Estudos e Pesquisas Educacionais Anísio Teixeira (Inep), no âmbito de suas competências, editarão regulamentos específicos para o acesso a dados tratados pela União para o cumprimento do disposto no § 2.º do art. 9.º da Lei n. 9.394, de 20 de dezembro de 1996 (Lei de Diretrizes e Bases da Educação Nacional), e aos referentes ao Sistema Nacional de Avaliação da Educação Superior (Sinaes), de que trata a Lei n. 10.861, de 14 de abril de 2004.

Art. 63. A autoridade nacional estabelecerá normas sobre a adequação progressiva de bancos de dados constituídos até a data de entrada em vigor desta Lei, consideradas a complexidade das operações de tratamento e a natureza dos dados.

Art. 64. Os direitos e princípios expressos nesta Lei não excluem outros previstos no ordenamento jurídico pátrio relacionados à matéria ou nos tratados internacionais em que a República Federativa do Brasil seja parte.

Art. 65. Esta Lei entra em vigor:

•• *Caput* com redação determinada pela Lei n. 13.853, de 8-7-2019.

I – dia 28 de dezembro de 2018, quanto aos arts. 55-A, 55-B, 55-C, 55-D, 55-E, 55-F, 55-G, 55-H, 55-I, 55-J, 55-K, 55-L, 58-A e 58-B; e

•• Inciso I acrescentado pela Lei n. 13.853, de 8-7-2019.

I-A – dia 1.º de agosto de 2021, quanto aos arts. 52, 53 e 54;

•• Inciso I-A acrescentado pela Lei n. 14.010, de 10-6-2020.

II – 24 (vinte e quatro) meses após a data de sua publicação, quanto aos demais artigos.

•• Inciso II acrescentado pela Lei n. 13.853, de 8-7-2019.

MICHEL TEMER

DECRETO N. 9.574, DE 22 DE NOVEMBRO DE 2018 (*)

Consolida atos normativos editados pelo Poder Executivo federal que dispõem sobre gestão coletiva de direitos autorais e fonogramas, de que trata a Lei n. 9.610, de 19 de fevereiro de 1998.

O Presidente da República, no uso das atribuições que lhe conferem o art. 84, *caput*, incisos IV e VI, alínea "a", da Constituição, e tendo em vista o disposto na Lei n. 9.610, de 19 de fevereiro de 1998, e na Lei Complementar n. 95, de 26 de fevereiro de 1998, decreta:

Capítulo I
DISPOSIÇÕES PRELIMINARES

Art. 1.º Este Decreto consolida os atos normativos editados pelo Poder Executivo federal que dispõem

---

(*) Publicado no *DOU* de 23-11-2018 e republicado em edição extra na mesma data.

sobre gestão coletiva de direitos autorais e fonogramas, em observância ao disposto na Lei Complementar n. 95, de 26 de fevereiro de 1998, e no Decreto n. 9.191, de 1.º de novembro de 2017.

• Citados diplomas dispõem sobre a elaboração, redação, alteração, consolidação e encaminhamento de propostas de atos normativos.

§ 1.º Para fins do disposto neste Decreto, considera-se consolidação a reunião de atos normativos pertinentes a determinada matéria em um único diploma legal, com a revogação formal daqueles atos normativos incorporados à consolidação e sem a modificação do alcance nem da interrupção da força normativa dos dispositivos consolidados, nos termos do disposto no art. 13, § 1.º, da Lei Complementar n. 95, de 1998, e no art. 45 do Decreto n. 9.191, de 2017.

§ 2.º A consolidação de atos normativos tem por objetivo eliminar do ordenamento jurídico brasileiro normas de conteúdo idêntico ou divergente, observado o disposto no art. 46 do Decreto n. 9.191, de 2017.

Capítulo II
DA GESTÃO COLETIVA DE DIREITOS AUTORAIS

Seção I
Da Habilitação

Art. 2.º O exercício da atividade de cobrança de direitos autorais a que se refere a Lei n. 9.610, de 1998, somente será lícito para as associações que obtiverem habilitação junto ao Ministério da Cultura, observado o disposto no art. 98-A da referida Lei e neste Decreto.

Art. 3.º O requerimento para a habilitação das associações de gestão coletiva que desejarem realizar a atividade de cobrança a que se refere o art. 2.º deverá ser protocolado junto ao Ministério da Cultura.

§ 1.º O Ministério da Cultura disporá sobre o procedimento administrativo e a documentação de habilitação para a realização da atividade de cobrança, na forma prevista na legislação, observados os princípios do contraditório e da ampla defesa.

§ 2.º Na hipótese de a associação desejar realizar atividade de cobrança relativa a obras intelectuais protegidas de diferentes categorias ou a várias modalidades de utilização, na forma prevista, respectivamente, no art. 7.º e no art. 29 da Lei n. 9.610, de 1998, deverá requerer habilitação para cada uma das atividades de cobrança separadamente, que serão consideradas independentes para fins do disposto neste Decreto.

§ 3.º Para o procedimento de que trata o § 1.º, o Ministério da Cultura poderá conceder habilitação provisória para a atividade de cobrança, com condicionantes, pelo prazo de um ano, admitida uma prorrogação por igual período.

§ 4.º O não cumprimento das condicionantes estabelecidas na decisão que conceder a habilitação provisória implicará a sua revogação.

§ 5.º As associações habilitadas provisoriamente pelo Ministério da Cultura, nos termos do disposto no § 3.º, não terão direito ao voto unitário previsto no § 1.º do art. 99 da Lei n. 9.610, de 1998.

Art. 4.º O pedido de habilitação de associação que desejar realizar atividade de cobrança da mesma natureza que a já executada por outras associações só será concedido se o número de seus associados ou de suas obras administradas corresponder ao percentual mínimo do total relativo às associações já habilitadas, na forma definida em ato do Ministro de Estado da Cultura, consideradas as diferentes categorias e modalidades de utilização das obras intelectuais administradas, conforme o disposto no art. 7.º e no art. 29 da Lei n. 9.610, de 1998.

Parágrafo único. No caso das associações a que se refere o art. 99 da Lei n. 9.610, de 1998, que desejarem realizar a atividade de cobrança, o pedido de habilitação só será concedido àquela que possuir titulares de direitos e repertório de obras, de interpretações ou execuções e de fonogramas que gerem distribuição equivalente ao percentual mínimo da distribuição do Escritório Central, na forma estabelecida em ato do Ministro de Estado da Cultura, observado o disposto no § 4.º do art. 99 da referida Lei.

Art. 5.º As associações de gestão coletiva de direitos autorais que, na data da entrada em vigor da Lei n. 12.853, de 2013, estavam legalmente constituídas e arrecadavam e distribuíam os direitos autorais das obras, das interpretações ou execuções e dos fonogramas são habilitadas para exercerem a atividade econômica de cobrança até 25 de fevereiro de 2019, desde que apresentem a documentação a que se refere o § 1.º do art. 3.º ao Ministério da Cultura até 26 de fevereiro de 2018.

Seção II
Do Exercício da Atividade de Cobrança

Art. 6.º Os preços pela utilização de obras e fonogramas deverão ser estabelecidos pelas associações em assembleia geral, convocada em conformidade com as normas estatutárias e amplamente divulgada entre os associados, considerados a razoabilidade, a boa-fé e os usos do local de utilização das obras.

§ 1.º No caso das associações referidas no art. 99 da Lei n. 9.610, de 1998, os preços serão estabelecidos e unificados em assembleia geral do Escritório Central, nos termos estabelecidos em seu estatuto, considerados os parâmetros e as diretrizes aprovados anualmente pelas assembleias gerais das associações que o compõem.

§ 2.º Os preços a que se referem o *caput* e o § 1.º servirão como referência para a cobrança dos usuários, observada a possibilidade de negociação quanto aos valores e de contratação de licenças de utilização de acordo com particularidades, observado o disposto nos art. 7.º, art. 8.º e art. 9.º.

§ 3.º Os critérios de cobrança para cada tipo de usuário serão considerados no estabelecimento dos critérios de distribuição dos valores cobrados do mesmo tipo de usuário, mantida a correlação entre ambos.

Art. 7.º A cobrança terá como princípios a eficiência e a isonomia, e não deverá haver discriminação entre usuários que apresentem as mesmas características.

Art. 8.º Será considerada proporcional ao grau de utilização das obras e dos fonogramas pelos usuários a cobrança que observe critérios como:

I – tempo de utilização de obras ou fonogramas protegidos;

II – número de utilizações de obras ou fonogramas protegidos; e

III – proporção de obras e fonogramas utilizados que não estejam em domínio público ou que não se encontrem licenciados mediante gestão individual de direitos ou sob outro regime de licenças que não o da gestão coletiva da associação licenciante.

Art. 9.º A cobrança considerará a importância da utilização das obras e dos fonogramas no exercício das atividades dos usuários e as particularidades de cada segmento de usuários, observados critérios como:

I – importância ou relevância da utilização das obras e dos fonogramas para a atividade fim do usuário;

II – limitação do poder de escolha do usuário, no todo ou em parte, sobre o repertório a ser utilizado;

III – região da utilização das obras e dos fonogramas;
IV – utilização por entidades beneficentes de assistência social certificadas nos termos do disposto na Lei n. 12.101, de 27 de novembro de 2009; e
V – utilização por emissoras de televisão ou rádio públicas, estatais, comunitárias, educativas ou universitárias.

§ 1.º Na hipótese prevista no inciso V do *caput*, os critérios de cobrança deverão considerar se a emissora explora comercialmente, em sua grade de programação, a publicidade de produtos ou serviços, vedada a utilização de critérios de cobrança que tenham como parâmetro percentual de orçamento público.

§ 2.º O Escritório Central de que trata o art. 99 da Lei n. 9.610, de 1998, e as associações que o integram observarão os critérios dispostos nesta Seção e deverão classificar os usuários por segmentos, de acordo com as suas particularidades, de forma objetiva e fundamentada.

Seção III
Do Cadastro

Art. 10. As associações de gestão coletiva de direitos autorais e dos que lhes são conexos deverão manter cadastro centralizado de todos os contratos, declarações ou documentos de qualquer natureza que comprovem a autoria e a titularidade das obras, das interpretações ou execuções e dos fonogramas, e as participações individuais em cada obra, interpretação ou execução e em cada fonograma.

• *Vide* art. 98, § 6.º, da Lei n. 9.610, de 19-2-1998.

§ 1.º As associações a que se refere o art. 99 da Lei n. 9.610, de 1998, além do cadastro a que se refere o *caput*, deverão centralizar no Escritório Central, base de dados que contenha todas as informações referentes à autoria e à titularidade das obras, das interpretações ou execuções e dos fonogramas, e às participações individuais em cada obra, interpretação ou execução e em cada fonograma, contidas nos contratos, nas declarações ou em outros documentos de qualquer natureza, observado o disposto em ato do Ministro de Estado da Cultura.

§ 2.º As associações deverão se prevenir contra o falseamento de dados e fraudes, e assumir, para todos os efeitos, a responsabilidade pelos dados que cadastrarem.

§ 3.º As associações que mantiverem acordos de representação recíproca ou unilateral com entidades congêneres com sede no exterior deverão obter e transferir para o cadastro de que trata o *caput* as informações relativas à autoria, à titularidade e às participações individuais das obras, das interpretações ou execuções e dos fonogramas produzidos em seus países de origem, as fichas cadastrais que registrem a presença de interpretações ou execuções ou a inserção das obras musicais e dos fonogramas em obras audiovisuais ou em programas de televisão, e assumir, para todos os efeitos, a responsabilidade por tais informações.

Art. 11. As associações deverão, na forma estabelecida em ato do Ministro de Estado da Cultura, tornar disponíveis, gratuitamente:

I – ao público e aos seus associados informações, sobre autoria e titularidade das obras, das interpretações ou execuções e dos fonogramas; e

II – ao Ministério da Cultura, para fins de consulta, informações adicionais sobre os titulares das obras, interpretações ou execuções e dos fonogramas.

Parágrafo único. No caso das associações a que se refere o art. 99 da Lei n. 9.610, de 1998, o cumprimento das obrigações previstas neste artigo poderá ser realizado por meio da disponibilização das informações pelo Escritório Central.

Art. 12. A retificação de informações e as medidas necessárias à regularização do cadastro de que tratam o § 6.º e o § 8.º do art. 99 da Lei n. 9.610, de 1998, serão objeto de ato do Ministro de Estado da Cultura.

Seção IV
Da Gestão Individual de Direitos Autorais ou Conexos

Art. 13. Os titulares de direitos autorais ou de direitos conexos poderão praticar pessoalmente os atos necessários à defesa judicial ou extrajudicial de seus direitos, cobrar e estabelecer o preço pela utilização de suas obras ou seus fonogramas, por meio de comunicação prévia à associação de gestão coletiva a que estiverem filiados, encaminhada com o prazo de até quarenta e oito horas de antecedência da prática dos atos, que será suspenso nos dias não úteis.

§ 1.º Na hipótese de obras e fonogramas com titularidade compartilhada, a comunicação prévia deverá ser feita por todos os titulares às suas associações.

§ 2.º Cabe às associações de gestão coletiva de que trata o art. 99 da Lei n. 9.610, de 1998, repassar imediatamente ao Escritório Central a decisão do seu associado relativa ao exercício dos direitos previstos no *caput*.

Seção V
Da Transparência

Art. 14. As associações e os entes arrecadadores habilitados para exercer a atividade de cobrança deverão

Decreto n. 9.574, de 22-11-2018   Gestão Coletiva de Direitos Autorais

dar publicidade e transparência às suas atividades, dentre outros, pelos seguintes meios:

I – apresentação anual, ao Ministério da Cultura, de documentos que permitam a verificação do cumprimento ao disposto na Lei n. 9.610, de 1998 e na legislação correlata;

II – divulgação, por meio de sítios eletrônicos próprios, das formas de cálculo e dos critérios de cobrança e de distribuição; e

III – disponibilização de sistema de informação para acompanhamento, pelos titulares de direitos, das informações sobre os valores arrecadados e distribuídos referentes às obras, às interpretações ou execuções ou aos fonogramas de sua titularidade.

Parágrafo único. Ato do Ministro de Estado da Cultura disporá sobre a forma de cumprimento ao disposto neste artigo.

Art. 15. Observado o disposto no § 10 e no § 11 do art. 98 da Lei n. 9.610, de 1998, as associações deverão disponibilizar aos seus associados, semestralmente, relação consolidada dos títulos das obras, das interpretações ou execuções e dos fonogramas que tiveram seu uso captado, mas cuja identificação não tenha sido possível em decorrência de:

I – inexistência de dados correspondentes no cadastro;

II – insuficiência das informações recebidas de usuários; ou

III – outras inconsistências.

§ 1.º No caso das obras musicais, literomusicais e dos fonogramas que tiveram seu uso captado, mas cuja identificação não tenha sido possível nos termos do disposto no *caput*, o Escritório Central deverá disponibilizar às associações de titulares que o integram sistema de consulta permanente e em tempo real para a identificação dos créditos retidos e fornecer às referidas associações, semestralmente, relação consolidada contendo os títulos das obras, das interpretações ou execuções e dos fonogramas.

§ 2.º Ato do Ministro de Estado da Cultura determinará as informações que deverão constar da relação a que se referem o *caput* e o § 1.º.

§ 3.º As associações deverão estabelecer regras para a solução célere e eficiente de casos de conflitos de informações cadastrais que resultem na retenção da distribuição de valores aos titulares das obras, das interpretações ou execuções e dos fonogramas.

Art. 16. Caberá às associações disponibilizar sistema de informação para comunicação periódica, pelo usuário, da totalidade das obras, das interpretações ou execuções e dos fonogramas utilizados.

§ 1.º Caberá à associação responsável pela cobrança ou ao Escritório Central a aferição da veracidade das informações prestadas pelos usuários.

§ 2.º Nas hipóteses em que determinado tipo de utilização tornar inviável ou impraticável a apuração exata das utilizações das obras, das interpretações ou execuções e dos fonogramas, as associações responsáveis pela cobrança poderão adotar critérios de amostragem baseados em informações estatísticas, inquéritos, pesquisas ou outros métodos de aferimento que permitam o conhecimento mais aproximado da realidade.

Art. 17. As associações de gestão coletiva de direitos autorais deverão prestar contas dos valores devidos aos seus associados na forma estabelecida em ato do Ministro de Estado da Cultura, observado o disposto na Lei n. 9.610, de 1998.

Seção VI
Das Associações e do Escritório Central

Art. 18. As associações que realizem atividade de cobrança relativa a obras intelectuais protegidas de diferentes categorias ou a várias modalidades de utilização, na forma prevista, respectivamente, no art. 7.º e no art. 29 da Lei n. 9.610, de 1998, deverão gerir e contabilizar separadamente os respectivos recursos.

Art. 19. Sem prejuízo do disposto no § 5.º e no § 6.º do art. 97 da Lei n. 9.610, de 1998, a associação poderá contratar administradores ou manter conselho de administração formado por seus associados para a gestão de seus negócios.

§ 1.º Para fins do disposto no *caput*, os administradores contratados ou o conselho de administração não terão poder deliberativo.

§ 2.º Toda forma e qualquer valor de remuneração ou ajuda de custo dos dirigentes das associações e do Escritório Central, dos administradores e dos membros do conselho de administração deverá ser homologada em assembleia geral, convocada em conformidade com as normas estatutárias e amplamente divulgada entre os associados.

Art. 20. As associações, por decisão do seu órgão máximo de deliberação e conforme previsto em seus estatutos, poderão destinar até vinte por cento da totalidade ou de parte dos recursos oriundos de suas atividades para ações de natureza cultural ou social

que beneficiem seus associados de forma coletiva e com base em critérios não discriminatórios, tais como:
I – assistência social;
II – fomento à criação e à divulgação de obras; e
III – capacitação ou qualificação de associados.

Art. 21. A pessoa jurídica constituída como ente arrecadador de direitos de execução pública de obras musicais, literomusicais e fonogramas que desejar realizar a atividade de cobrança, nos termos do disposto no art. 98 da Lei n. 9.610, de 1998, deverá requerer habilitação e encaminhar ao Ministério da Cultura a documentação pertinente, no prazo máximo de trinta dias, contado da data de entrega do requerimento de reconhecimento, observado o disposto no art. 3.º, no que couber.

Parágrafo único. O ente arrecadador cuja habilitação seja indeferida, revogada, anulada, inexistente, pendente de apreciação pela autoridade competente ou apresente qualquer outra forma de irregularidade não poderá utilizar tais fatos como impedimento para distribuição de eventuais valores já arrecadados, sob pena de responsabilização de seus dirigentes nos termos do disposto no art. 100-A da Lei n. 9.610, de 1998, sem prejuízo das sanções penais cabíveis.

Seção VII
Das Obrigações dos Usuários

Art. 22. O usuário entregará à entidade responsável pela arrecadação dos direitos autorais relativos à execução ou à exibição pública, imediatamente após o ato de comunicação ao público, relação completa das obras, dos seus autores e dos fonogramas utilizados, e a tornará pública e acessível, juntamente com os valores pagos, em seu sítio eletrônico ou, na inexistência deste, em local de comunicação ao público e em sua sede.

§ 1.º Ato do Ministro de Estado da Cultura estabelecerá a forma de cumprimento do disposto no *caput* sempre que o usuário final fizer uso de obras e fonogramas a partir de ato de comunicação ao público realizado por terceiros.

§ 2.º O usuário poderá cumprir o disposto no *caput* por meio da indicação do endereço eletrônico do Escritório Central, no qual deverá estar disponível a relação completa de obras musicais e fonogramas utilizados.

§ 3.º Ato do Ministro de Estado da Cultura disporá sobre as obrigações dos usuários no que se refere à execução pública de obras e fonogramas inseridos em obras e outras produções audiovisuais, especialmente no que concerne ao fornecimento de informações que identifiquem as obras e os fonogramas e os seus titulares.

Art. 23. Quando o usuário deixar de prestar as informações devidas ou prestá-las de forma incompleta ou falsa, a entidade responsável pela cobrança poderá encaminhar representação ao Ministério da Cultura, a fim de que seja aplicada a multa prevista no art. 33.

Art. 24. Na hipótese de anulação, revogação ou indeferimento da habilitação, de ausência ou de dissolução de associação ou ente arrecadador, fica mantida a responsabilidade de o usuário quitar as suas obrigações até a habilitação da entidade sucessora, que ficará responsável pela fixação dos valores dos direitos autorais ou conexos em relação ao período em que não havia entidade habilitada para cobrança.

Seção VIII
Da Mediação e da Arbitragem

Art. 25. Sem prejuízo da apreciação pelo Poder Judiciário e, quando couber, pelos órgãos do Sistema Brasileiro de Defesa da Concorrência, o Ministério da Cultura poderá:

• *Vide* art. 100-B da Lei n. 9.610, de 19-2-1998.

I – promover a mediação e a conciliação entre usuários e titulares de direitos autorais ou seus mandatários, em relação à falta de pagamento, aos critérios de cobrança, às formas de oferecimento de repertório e aos valores de arrecadação, e entre titulares e suas associações, em relação aos valores e aos critérios de distribuição, de acordo com o Regulamento de Mediação, Conciliação e Arbitragem; e

II – dirimir os litígios entre usuários e titulares de direitos autorais ou seus mandatários e entre titulares e suas associações, na forma prevista na Lei n. 9.307, de 23 de setembro de 1996, e de acordo com o Regulamento de Mediação, Conciliação e Arbitragem.

§ 1.º Ato do Ministro de Estado da Cultura aprovará o Regulamento de Mediação, Conciliação e Arbitragem a que se referem os incisos I e II do *caput*.

§ 2.º O Ministério da Cultura poderá, ainda, com o objetivo de estimular a resolução de controvérsias por meio de mediação e arbitragem, publicar edital para credenciamento de mediadores e árbitros com comprovada experiência e notório saber na área de direito

Decreto n. 9.574, de 22-11-2018   **Gestão Coletiva de Direitos Autorais**

autoral, que poderão ser escolhidos pelas partes na forma prevista na Lei n. 9.307, de 1996.

§ 3.º É facultada a utilização de outros serviços de mediação e arbitragem além daqueles mencionados no *caput* e no § 2.º.

Seção IX
Da Comissão Permanente para o Aperfeiçoamento da Gestão Coletiva

Arts. 26 a 28. (*Revogados pelo Decreto n. 9.879, de 27-6-2019.*)

Seção X
Das Sanções

Art. 29. O não cumprimento das normas previstas no Título VI da Lei n. 9.610, de 1998, sujeitará as associações e o Escritório Central às sanções previstas no § 2.º e no § 3.º do art. 98-A da referida Lei, sem prejuízo das sanções civis e penais cabíveis e da comunicação do fato ao Ministério Público.

•• *Vide* arts. 101 e s. da Lei n. 9.610, de 19-2-1998.

Art. 30. Para fins do disposto na Lei n. 9.610, de 1998, e neste Decreto, considera-se infração administrativa:

I – descumprir, no processo de eleição ou no mandato dos dirigentes das associações, o disposto no § 5.º e no § 6.º do art. 97 e no § 13 e no § 14 do art. 98 da Lei n. 9.610, de 1998;

II – exercer a atividade de cobrança em desacordo com o disposto na Seção II deste Capítulo;

III – tratar os associados de forma desigual ou discriminatória ou oferecer valores, proveitos ou vantagens de forma individualizada, não estendidos ao conjunto de titulares de mesma categoria;

IV – distribuir valores de forma arbitrária e sem correlação com o que é cobrado do usuário;

V – inserir dados, informações ou documentos que saiba, ou tenha razões para saber, serem falsos no cadastro centralizado a que se refere o art. 10;

VI – dificultar ou impedir o acesso contínuo, para fins de consulta, do Ministério da Cultura ou dos interessados às informações e aos documentos sobre autoria e titularidade das obras, das interpretações ou execuções e dos fonogramas, incluídas as participações individuais, observado o disposto no art. 10 ao art. 12;

VII – deixar de prestar contas dos valores devidos aos associados ou prestá-las de forma incompleta ou fraudulenta, ou não disponibilizar sistema atualizado de informação para acompanhamento pelos titulares dos valores arrecadados e distribuídos e dos créditos retidos;

VIII – reter, retardar ou distribuir indevidamente valores arrecadados ou não distribuir créditos retidos que não tenham sido identificados após o período de cinco anos;

IX – cobrar taxa de administração abusiva ou desproporcional ao custo efetivo das atividades relacionadas à cobrança e à distribuição de direitos autorais, consideradas as peculiaridades de cada tipo de usuário e os limites estabelecidos no § 4.º do art. 99 da Lei n. 9.610, de 1998, quando aplicáveis;

X – impedir, obstruir ou dificultar, de qualquer forma, a gestão individual de direitos autorais, observado o disposto no art. 13;

XI – utilizar recursos destinados a ações de natureza cultural ou social para outros fins, para ações que não beneficiem a coletividade dos associados ou em desconformidade com o estatuto da associação;

XII – impedir ou dificultar a transferência de informações necessárias ao processo de arrecadação e distribuição de direitos, no caso da perda da habilitação por parte de associação, nos termos do disposto no § 7.º do art. 99 da Lei n. 9.610, de 1998;

XIII – impedir ou dificultar que sindicato ou associação profissional fiscalize, por intermédio de auditor independente, as contas prestadas pela associação de gestão coletiva aos seus associados, nos termos do disposto no art. 100 da Lei n. 9.610, de 1998;

XIV – deixar de apresentar ou apresentar de forma incompleta ou fraudulenta os documentos e as informações previstos neste Decreto ou em suas normas complementares ao Ministério da Cultura ou aos seus associados e impedir ou dificultar o seu acesso;

XV – não dar acesso ou publicidade, conforme o caso, aos relatórios, às informações e aos documentos atualizados de que trata o art. 98-B da Lei n. 9.610, de 1998; e

XVI – firmar contratos, convênios ou acordos com cláusula de confidencialidade.

Parágrafo único. São responsáveis pela prática das infrações administrativas previstas neste artigo as associações de gestão coletiva e, no que couber, o Escritório Central.

Art. 31. Para fins do disposto na Lei n. 9.610, de 1998, e neste Decreto, considera-se infração administrativa relativa à atuação do Escritório Central:

I – descumprir o disposto:

a) no § 1.º do art. 99 da Lei n. 9.610, de 1998; e

b) no § 2.º do art. 19 e no parágrafo único do art. 21 deste Decreto;

II – não disponibilizar sistema de informação para comunicação periódica, pelo usuário, da totalidade das obras, das interpretações ou execuções e dos fonogramas utilizados;

III – deixar de prestar contas dos valores devidos às associações, ou prestá-las de forma incompleta ou fraudulenta, ou não disponibilizar às associações a relação e a procedência dos créditos retidos;

IV – reter, retardar ou distribuir indevidamente às associações valores arrecadados ou não distribuir créditos retidos que não tenham sido identificados após o período de cinco anos;

V – permitir ou tolerar o recebimento por fiscais de valores de usuários, ou recolher ou permitir o recolhimento de valores por outros meios que não o depósito bancário;

VI – deixar de inabilitar fiscal que tenha recebido valores de usuário, ou contratar ou permitir a atuação de fiscal que tenha sido inabilitado;

VII – interromper a continuidade da cobrança, ou impedir ou dificultar a transição entre associações, na hipótese de perda da habilitação pela associação;

VIII – deixar de apresentar ou apresentar de forma incompleta ou fraudulenta os documentos e as informações previstos neste Decreto ou em suas normas complementares ao Ministério da Cultura ou às associações que o integram, ou impedir ou dificultar o seu acesso, observado o disposto no § 1.º do art. 10 e no parágrafo único do art. 11;

IX – impedir ou dificultar o acesso dos usuários às informações referentes às utilizações por eles realizadas; e

X – impedir ou dificultar a admissão de associação de titulares de direitos autorais que tenha pertinência com sua área de atuação e esteja habilitada pelo Ministério da Cultura.

Art. 32. A prática de infração administrativa sujeitará as associações e o Escritório Central às seguintes penas:

I – advertência, para fins de atendimento às exigências do Ministério da Cultura no prazo máximo de cento e vinte dias; ou

II – anulação da habilitação para a atividade de cobrança.

§ 1.º Para a imposição e a gradação das sanções, serão observados:

I – a gravidade e a relevância da infração, considerados os motivos para a sua prática e as suas consequências para usuários ou titulares de direitos autorais;

II – a reincidência da infração;

III – os antecedentes e a boa-fé do infrator; e

IV – o descumprimento de condição imposta na decisão que houver concedido a habilitação provisória.

§ 2.º Considera-se reincidente o infrator que cometer nova infração administrativa depois que a decisão que o tenha condenado por qualquer infração administrativa nos cinco anos anteriores tiver transitado em julgado.

§ 3.º Considera-se infração grave a que implique desvio de finalidade ou inadimplemento de obrigações para os associados, como aquelas previstas nos incisos III, IV, V, VII, VIII, IX e XI do caput do art. 30 e nos incisos III, IV, V, VII e X do caput do art. 31.

§ 4.º A sanção de anulação da habilitação para a atividade de cobrança apenas poderá ser aplicada após a aplicação da pena de advertência e o não atendimento, no prazo a que se refere o inciso I do caput, das exigências estabelecidas pelo Ministério da Cultura.

§ 5.º A associação que não cumprir os requisitos mínimos de representatividade estabelecidos no art. 4.º poderá ter sua habilitação anulada, exceto enquanto não houver encerrado o prazo para o cumprimento do disposto no art. 5.º.

Art. 33. Para os efeitos da aplicação da multa prevista no caput do art. 109-A da Lei n. 9.610, de 1998, considera-se infração administrativa os seguintes atos praticados por usuários de direitos autorais:

I – deixar de entregar ou entregar de forma incompleta à entidade responsável pela cobrança dos direitos relativos à execução ou à exibição pública, imediatamente após o ato de comunicação ao público, relação completa das obras e dos fonogramas utilizados, ressalvado o disposto no inciso II e no § 1.º;

II – para as empresas cinematográficas e de radiodifusão, deixar de entregar ou entregar de forma incompleta à entidade responsável pela cobrança dos direitos relativos à execução ou à exibição pública, até o décimo dia útil de cada mês, relação completa das obras e dos fonogramas utilizados no mês anterior, ressalvado o disposto no § 1.º;

III – não disponibilizar ou disponibilizar de forma incompleta ao público, em sítio eletrônico de livre acesso ou, na inexistência deste, em local da comunicação ao público e em sua sede, a relação completa das obras e dos fonogramas utilizados, juntamente com os valores pagos, ressalvado o disposto no § 1.º; e

IV – prestar informações falsas à entidade responsável pela cobrança dos direitos relativos à execução ou à exibição pública ou disponibilizar informações falsas ao público sobre a utilização das obras e dos fonogramas e sobre os valores pagos.

§ 1.º A aplicação do disposto no inciso I ao inciso III do *caput* estará sujeita ao disposto no § 1.º e no § 3.º do art. 22, na forma estabelecida em ato do Ministro de Estado da Cultura.

§ 2.º O valor da multa ficará sujeito à atualização monetária desde a ciência pelo autuado da decisão que aplicou a penalidade até o seu efetivo pagamento, sem prejuízo da aplicação de juros de mora e dos demais encargos, conforme previsto em lei.

§ 3.º Para a aplicação da multa, respeitados os limites impostos no *caput* do art. 109-A da Lei n. 9.610, de 1998, serão observados:

I – a gravidade do fato, considerados o valor envolvido, o motivo da infração e a sua consequência;

II – os antecedentes e a boa-fé do infrator e se este é ou não reincidente;

III – a existência de dolo;

IV – o grau de acesso e controle pelo usuário das obras por ele utilizadas; e

V – a situação econômica do infrator.

§ 4.º A autoridade competente poderá isentar o usuário da aplicação a multa na hipótese de mero erro material que não cause prejuízo considerável a terceiros, observada a razoabilidade e a existência de reincidências.

§ 5.º Considera-se reincidente o usuário que cometer nova infração administrativa, depois que a decisão que o tenha condenado pela prática de qualquer infração administrativa nos dois anos anteriores transitar em julgado.

§ 6.º O valor da multa aplicada será recolhido ao Tesouro Nacional, na forma da legislação.

Capítulo III
DOS FONOGRAMAS

•• *Vide* arts. 53 e s. da Lei n. 9.610, de 19-2-1998.

Seção única
Dos Sinais de Identificação

Art. 34. Em cada exemplar do suporte material que contenha fonograma deverá constar, obrigatoriamente, os seguintes sinais de identificação:

I – na face do suporte material que permite a leitura ótica:

a) o número da matriz, em código de barras ou em código alfanumérico;

b) o nome da empresa responsável pelo processo industrial de reprodução, em código binário; e

c) o número de catálogo do produto, em código binário;

II – na face do suporte material que não permite a leitura ótica:

a) o nome, a marca registrada ou a logomarca do responsável pelo processo industrial de reprodução que a identifique;

b) o nome, a marca registrada, a logomarca, ou o número do Cadastro de Pessoas Físicas – CPF ou do Cadastro Nacional da Pessoa Jurídica – CNPJ do produtor;

c) o número de catálogo do produto; e

d) a identificação do lote e a quantidade de exemplares nele mandada reproduzir; e

III – na lombada, na capa ou no encarte de envoltório do suporte material, a identificação do lote e a quantidade nele mandada reproduzir.

§ 1.º A aposição das informações em qualquer parte da embalagem não dispensa sua aposição no suporte material propriamente dito.

§ 2.º O suporte material deverá conter o código digital *International Standard Recording Code*, no qual deverão ser identificados o fonograma e os seus autores, artistas intérpretes ou executantes, de forma permanente e individualizada, de acordo com as informações fornecidas pelo produtor.

§ 3.º A identificação do lote e a quantidade de exemplares nele mandada reproduzir, de que tratam a alínea "d" do inciso II e o inciso III, serão estampadas por meio de código alfanumérico, constante de duas letras que indiquem a ordem sequencial das tiragens, além de numeral que indique a quantidade de exemplares daquela tiragem.

§ 4.º O conjunto de duas letras que inicia o código alfanumérico será alterado a cada tiragem e seguirá a ordem alfabética, de forma que a primeira tiragem seja representada pelas letras AA, a segunda por AB, a terceira por AC, e assim sucessivamente.

Art. 35. Quando o fonograma for fixado em suporte distinto daquele previsto no art. 34, os sinais de identificação estabelecidos neste Decreto serão consignados na capa dos exemplares, nos encartes ou nos próprios suportes.

Art. 36. O responsável pelo processo industrial de reprodução deverá informar ao produtor a quantidade de exemplares efetivamente fabricados em cada tiragem e o responsável pelo processo industrial de reprodução e o produtor deverá manter os registros dessas informações em seus arquivos por um período mínimo de cinco anos, de maneira a viabilizar o controle do aproveitamento econômico da exploração pelo titular dos direitos autorais ou pela entidade representativa de classe.

Art. 37. O produtor deverá manter em seu arquivo registro de exemplares devolvidos por qualquer razão.

Art. 38. O autor e o artista intérprete ou executante terá acesso aos registros referidos no art. 36 e no art. 37, diretamente, ou por meio de sindicato ou de associação.

Art. 39. O produtor deverá comunicar ao autor, ao artista intérprete ou executante, e ao sindicato ou à associação a que se refere o art. 38, conforme estabelecido pelas partes interessadas, a destruição de exemplares, com a antecedência mínima de dez dias, possibilitado ao interessado enviar representante para presenciar o ato.

Art. 40. O disposto neste Decreto aplica-se aos fonogramas com ou sem imagens, assim entendidos aqueles que não se enquadrem na definição de obra audiovisual de que trata a Lei n. 9.610, de 1998.

Art. 41. As despesas necessárias para atender aos custos decorrentes da identificação, da numeração e da fiscalização previstas neste Decreto deverão ser objeto de instrumento particular a ser firmado entre as partes interessadas, sem ônus para o consumidor.

Capítulo IV
DISPOSIÇÕES FINAIS E TRANSITÓRIAS

Art. 42. O Ministério da Cultura editará as normas complementares necessárias à execução e ao cumprimento do disposto neste Decreto, especialmente quanto:

I – às ações de fiscalização; e
II – aos procedimentos e aos processos de:
a) habilitação, retificação e regularização do cadastro;
b) prestação de contas aos associados;
c) apuração e correção de irregularidades; e
d) aplicação de sanções.

Art. 43. Em observância ao disposto no art. 31 da Lei n. 12.527, de 18 de novembro de 2011, as informações pessoais repassadas ao Ministério da Cultura terão seu acesso restrito.

Art. 44. Ficam revogados:
I – o Decreto n. 4.533, de 19 de dezembro de 2002;
II – o Decreto n. 8.469, de 22 de junho de 2015;
III – o Decreto n. 9.081, de 21 de junho de 2017; e
IV – o Decreto n. 9.145, de 23 de agosto de 2017.

Art. 45. Este Decreto entra em vigor na data de sua publicação.

Brasília, 22 de novembro de 2018; 197.º da Independência e 130.º da República.

MICHEL TEMER

DECRETO N. 9.830, DE 10 DE JUNHO DE 2019 (*)

Regulamenta o disposto nos art. 20 ao art. 30 do Decreto-Lei n. 4.657, de 4 de setembro de 1942, que institui a Lei de Introdução às normas do Direito brasileiro.

O Presidente da República, no uso da atribuição que lhe confere o art. 84, *caput*, inciso IV e VI, alínea a, da Constituição, e tendo em vista o disposto nos art. 20 ao art. 30 do Decreto-lei n. 4.657, de 4 de setembro de 1942, decreta:

Capítulo I
DISPOSIÇÕES PRELIMINARES

OBJETO

Art. 1.º Este Decreto regulamenta o disposto nos art. 20 ao art. 30 do Decreto-Lei n. 4.657, de 4 de setembro

---
(*) Publicado no *DOU*, de 11-6-2019.

de 1942, que institui a Lei de Introdução às normas do Direito brasileiro.

Capítulo II
DA DECISÃO

•• Vide arts. 20, 21, 22, 23, 27 e 29 do Decreto-lei n. 4.657, de 4-9-1942.

MOTIVAÇÃO E DECISÃO

Art. 2.º A decisão será motivada com a contextualização dos fatos, quando cabível, e com a indicação dos fundamentos de mérito e jurídicos.

§ 1.º A motivação da decisão conterá os seus fundamentos e apresentará a congruência entre as normas e os fatos que a embasaram, de forma argumentativa.

§ 2.º A motivação indicará as normas, a interpretação jurídica, a jurisprudência ou a doutrina que a embasaram.

§ 3.º A motivação poderá ser constituída por declaração de concordância com o conteúdo de notas técnicas, pareceres, informações, decisões ou propostas que precederam a decisão.

MOTIVAÇÃO E DECISÃO BASEADAS EM VALORES JURÍDICOS ABSTRATOS

Art. 3.º A decisão que se basear exclusivamente em valores jurídicos abstratos observará o disposto no art. 2.º e as consequências práticas da decisão.

§ 1.º Para fins do disposto neste Decreto, consideram-se valores jurídicos abstratos aqueles previstos em normas jurídicas com alto grau de indeterminação e abstração.

§ 2.º Na indicação das consequências práticas da decisão, o decisor apresentará apenas aquelas consequências práticas que, no exercício diligente de sua atuação, consiga vislumbrar diante dos fatos e fundamentos de mérito e jurídicos.

§ 3.º A motivação demonstrará a necessidade e a adequação da medida imposta, inclusive consideradas as possíveis alternativas e observados os critérios de adequação, proporcionalidade e de razoabilidade.

MOTIVAÇÃO E DECISÃO NA INVALIDAÇÃO

Art. 4.º A decisão que decretar invalidação de atos, contratos, ajustes, processos ou normas administrativos observará o disposto no art. 2.º e indicará, de modo expresso, as suas consequências jurídicas e administrativas.

§ 1.º A consideração das consequências jurídicas e administrativas é limitada aos fatos e fundamentos de mérito e jurídicos que se espera do decisor no exercício diligente de sua atuação.

§ 2.º A motivação demonstrará a necessidade e a adequação da medida imposta, consideradas as possíveis alternativas e observados os critérios de proporcionalidade e de razoabilidade.

§ 3.º Quando cabível, a decisão a que se refere o *caput* indicará, na modulação de seus efeitos, as condições para que a regularização ocorra de forma proporcional e equânime e sem prejuízo aos interesses gerais.

§ 4.º Na declaração de invalidade de atos, contratos, ajustes, processos ou normas administrativos, o decisor poderá, consideradas as consequências jurídicas e administrativas da decisão para a administração pública e para o administrado:

I – restringir os efeitos da declaração; ou

II – decidir que sua eficácia se iniciará em momento posteriormente definido.

§ 5.º A modulação dos efeitos da decisão buscará a mitigação dos ônus ou das perdas dos administrados ou da administração pública que sejam anormais ou excessivos em função das peculiaridades do caso.

REVISÃO QUANTO À VALIDADE POR MUDANÇA DE ORIENTAÇÃO GERAL

Art. 5.º A decisão que determinar a revisão quanto à validade de atos, contratos, ajustes, processos ou normas administrativos cuja produção de efeitos esteja em curso ou que tenha sido concluída levará em consideração as orientações gerais da época.

§ 1.º É vedado declarar inválida situação plenamente constituída devido à mudança posterior de orientação geral.

§ 2.º O disposto no § 1.º não exclui a possibilidade de suspensão de efeitos futuros de relação em curso.

§ 3.º Para fins do disposto neste artigo, consideram-se orientações gerais as interpretações e as especificações contidas em atos públicos de caráter geral ou em jurisprudência judicial ou administrativa majoritária e as adotadas por prática administrativa reiterada e de amplo conhecimento público.

§ 4.º A decisão a que se refere o *caput* será motivada na forma do disposto nos art. 2.º, art. 3.º ou art. 4.º.

MOTIVAÇÃO E DECISÃO NA NOVA INTERPRETAÇÃO DE NORMA DE CONTEÚDO INDETERMINADO

Art. 6.º A decisão administrativa que estabelecer interpretação ou orientação nova sobre norma de conteúdo indeterminado e impuser novo dever ou novo condicionamento de direito, preverá regime de transição, quando indispensável para que o novo dever ou o novo condicionamento de direito seja cumprido de modo proporcional, equânime e eficiente e sem prejuízo aos interesses gerais.

§ 1.º A instituição do regime de transição será motivada na forma do disposto nos art. 2.º, art. 3.º ou art. 4.º.

§ 2.º A motivação considerará as condições e o tempo necessário para o cumprimento proporcional, equânime e eficiente do novo dever ou do novo condicionamento de direito e os eventuais prejuízos aos interesses gerais.

§ 3.º Considera-se nova interpretação ou nova orientação aquela que altera o entendimento anterior consolidado.

REGIME DE TRANSIÇÃO

Art. 7.º Quando cabível, o regime de transição preverá:

I – os órgãos e as entidades da administração pública e os terceiros destinatários;

II – as medidas administrativas a serem adotadas para adequação à interpretação ou à nova orientação sobre norma de conteúdo indeterminado; e

III – o prazo e o modo para que o novo dever ou novo condicionamento de direito seja cumprido.

INTERPRETAÇÃO DE NORMAS SOBRE GESTÃO PÚBLICA

Art. 8.º Na interpretação de normas sobre gestão pública, serão considerados os obstáculos, as dificuldades reais do agente público e as exigências das políticas públicas a seu cargo, sem prejuízo dos direitos dos administrados.

§ 1.º Na decisão sobre a regularidade de conduta ou a validade de atos, contratos, ajustes, processos ou normas administrativos, serão consideradas as circunstâncias práticas que impuseram, limitaram ou condicionaram a ação do agente público.

§ 2.º A decisão a que se refere o § 1.º observará o disposto nos art. 2.º, art. 3.º ou art. 4.º.

COMPENSAÇÃO

Art. 9.º A decisão do processo administrativo poderá impor diretamente à pessoa obrigada compensação por benefícios indevidos ou prejuízos anormais ou injustos resultantes do processo ou da conduta dos envolvidos, com a finalidade de evitar procedimentos contenciosos de ressarcimento de danos.

§ 1.º A decisão do processo administrativo é de competência da autoridade pública, que poderá exigir compensação por benefícios indevidamente fruídos pelo particular ou por prejuízos resultantes do processo ou da conduta do particular.

§ 2.º A compensação prevista no *caput* será motivada na forma do disposto nos art. 2.º, art. 3.º ou art. 4.º e será precedida de manifestação das partes obrigadas sobre seu cabimento, sua forma e, se for o caso, seu valor.

§ 3.º A compensação poderá ser efetivada por meio do compromisso com os interessados a que se refere o art. 10.

Capítulo III
DOS INSTRUMENTOS

COMPROMISSO

Art. 10. Na hipótese de a autoridade entender conveniente para eliminar irregularidade, incerteza jurídica ou situações contenciosas na aplicação do direito público, poderá celebrar compromisso com os interessados, observada a legislação aplicável e as seguintes condições:

I – após oitiva do órgão jurídico;

II – após realização de consulta pública, caso seja cabível; e

III – presença de razões de relevante interesse geral.

§ 1.º A decisão de celebrar o compromisso a que se refere o *caput* será motivada na forma do disposto no art. 2.º.

§ 2.º O compromisso:

I – buscará solução proporcional, equânime, eficiente e compatível com os interesses gerais;

II – não poderá conferir desoneração permanente de dever ou condicionamento de direito reconhecido por orientação geral; e

III – preverá:

a) as obrigações das partes;

b) o prazo e o modo para seu cumprimento;

c) a forma de fiscalização quanto a sua observância;

d) os fundamentos de fato e de direito;

Decreto n. 9.830, de 10-6-2019   LINDB – Regulamento

e) a sua eficácia de título executivo extrajudicial; e

f) as sanções aplicáveis em caso de descumprimento.

§ 3.º O compromisso firmado somente produzirá efeitos a partir de sua publicação.

§ 4.º O processo que subsidiar a decisão de celebrar o compromisso será instruído com:

I – o parecer técnico conclusivo do órgão competente sobre a viabilidade técnica, operacional e, quando for o caso, sobre as obrigações orçamentário-financeiras a serem assumidas;

II – o parecer conclusivo do órgão jurídico sobre a viabilidade jurídica do compromisso, que conterá a análise da minuta proposta;

III – a minuta do compromisso, que conterá as alterações decorrentes das análises técnica e jurídica previstas nos incisos I e II; e

IV – a cópia de outros documentos que possam auxiliar na decisão de celebrar o compromisso.

§ 5.º Na hipótese de o compromisso depender de autorização do Advogado-Geral da União e de Ministro de Estado, nos termos do disposto no § 4.º do art. 1.º ou no art. 4.º-A da Lei n. 9.469, de 10 de julho de 1997, ou ser firmado pela Advocacia-Geral da União, o processo de que trata o § 3.º será acompanhado de manifestação de interesse da autoridade máxima do órgão ou da entidade da administração pública na celebração do compromisso.

§ 6.º Na hipótese de que trata o § 5.º, a decisão final quanto à celebração do compromisso será do Advogado-Geral da União, nos termos do disposto no parágrafo único do art. 4.º-A da Lei n. 9.469, de 1997.

TERMO DE AJUSTAMENTO DE GESTÃO

Art. 11. Poderá ser celebrado termo de ajustamento de gestão entre os agentes públicos e os órgãos de controle interno da administração pública com a finalidade de corrigir falhas apontadas em ações de controle, aprimorar procedimentos, assegurar a continuidade da execução do objeto, sempre que possível, e garantir o atendimento ao interesse geral.

§ 1.º A decisão de celebrar o termo de ajustamento de gestão será motivada na forma do disposto no art. 2.º.

§ 2.º Não será celebrado termo de ajustamento de gestão na hipótese de ocorrência de dano ao erário praticado por agentes públicos que agirem com dolo ou erro grosseiro.

§ 3.º A assinatura de termo de ajustamento de gestão será comunicada ao órgão central do sistema de controle interno.

Capítulo IV
DA RESPONSABILIZAÇÃO DO AGENTE PÚBLICO

RESPONSABILIZAÇÃO NA HIPÓTESE DE DOLO OU ERRO GROSSEIRO

Art. 12. O agente público somente poderá ser responsabilizado por suas decisões ou opiniões técnicas se agir ou se omitir com dolo, direto ou eventual, ou cometer erro grosseiro, no desempenho de suas funções.

•• O STF, nas ADIs n. 6.421 e 6.428, nas sessões virtuais de 1.º-3-2024 a 8-3-2024 (*DOU* de 14-3-2024), por unanimidade, julgou prejudicadas as ações quanto à MP n. 966/2020 e, no mérito, julgou improcedente o pedido de declaração de inconstitucionalidade do art. 28 da LINDB e dos arts. 12 e 14 do Decreto n. 9.830/2019. Foi fixada a seguinte tese de julgamento: "1. Compete ao legislador ordinário dispor sobre o conceito de culpa previsto no art. 37, § 6.º, da CF, respeitado o princípio da proporcionalidade, em especial na sua vertente de vedação à proteção insuficiente; 2. Estão abrangidas pela ideia de erro grosseiro as noções de imprudência, negligência e imperícia, quando efetivamente graves".

•• *Vide* art. 28 do Decreto-lei n. 4.657, de 4-9-1942.

§ 1.º Considera-se erro grosseiro aquele manifesto, evidente e inescusável praticado com culpa grave, caracterizado por ação ou omissão com elevado grau de negligência, imprudência ou imperícia.

§ 2.º Não será configurado dolo ou erro grosseiro do agente público se não restar comprovada, nos autos do processo de responsabilização, situação ou circunstância fática capaz de caracterizar o dolo ou o erro grosseiro.

§ 3.º O mero nexo de causalidade entre a conduta e o resultado danoso não implica responsabilização, exceto se comprovado o dolo ou o erro grosseiro do agente público.

§ 4.º A complexidade da matéria e das atribuições exercidas pelo agente público serão consideradas em eventual responsabilização do agente público.

§ 5.º O montante do dano ao erário, ainda que expressivo, não poderá, por si só, ser elemento para caracterizar o erro grosseiro ou o dolo.

§ 6.º A responsabilização pela opinião técnica não se estende de forma automática ao decisor que a adotou como fundamento de decidir e somente se configurará se estiverem presentes elementos suficientes para o decisor aferir o dolo ou o erro grosseiro da opinião técnica ou se houver conluio entre os agentes.

§ 7.º No exercício do poder hierárquico, só responderá por culpa *in vigilando* aquele cuja omissão caracterizar erro grosseiro ou dolo.

§ 8.º O disposto neste artigo não exime o agente público de atuar de forma diligente e eficiente no cumprimento dos seus deveres constitucionais e legais.

ANÁLISE DE REGULARIDADE DA DECISÃO

Art. 13. A análise da regularidade da decisão não poderá substituir a atribuição do agente público, dos órgãos ou das entidades da administração pública no exercício de suas atribuições e competências, inclusive quanto à definição de políticas públicas.

§ 1.º A atuação de órgãos de controle privilegiará ações de prevenção antes de processos sancionadores.

§ 2.º A eventual estimativa de prejuízo causado ao erário não poderá ser considerada isolada e exclusivamente como motivação para se concluir pela irregularidade de atos, contratos, ajustes, processos ou normas administrativos.

DIREITO DE REGRESSO, DEFESA JUDICIAL E EXTRAJUDICIAL

Art. 14. No âmbito do Poder Executivo federal, o direito de regresso previsto no § 6.º do art. 37 da Constituição somente será exercido na hipótese de o agente público ter agido com dolo ou erro grosseiro em suas decisões ou opiniões técnicas, nos termos do disposto no art. 28 do Decreto-Lei n. 4.657, de 1942, e com observância aos princípios constitucionais da proporcionalidade e da razoabilidade.

•• O STF, nas ADIs n. 6.421 e 6.428, nas sessões virtuais de 1.º-3-2024 a 8-3-2024 (*DOU* de 14-3-2024), por unanimidade, julgou prejudicadas as ações quanto à MP n. 966/2020 e, no mérito, julgou improcedente o pedido de declaração de inconstitucionalidade do art. 28 da LINDB e dos arts. 12 e 14 do Decreto n. 9.830/2019. Foi fixada a seguinte tese de julgamento: "1. Compete ao legislador ordinário dimensionar o conceito de culpa previsto no art. 37, § 6.º, da CF, respeitado o princípio da proporcionalidade, em especial na sua vertente de vedação à proteção insuficiente; 2. Estão abrangidas pela ideia de erro grosseiro as noções de imprudência, negligência e imperícia, quando efetivamente graves".

Art. 15. O agente público federal que tiver que se defender, judicial ou extrajudicialmente, por ato ou conduta praticada no exercício regular de suas atribuições institucionais, poderá solicitar à Advocacia-Geral da União que avalie a verossimilhança de suas alegações e a consequente possibilidade de realizar sua defesa, nos termos do disposto no art. 22 da Lei n. 9.028, de 12 de abril de 1995, e nas demais normas de regência.

DECISÃO QUE IMPUSER SANÇÃO AO AGENTE PÚBLICO

Art. 16. A decisão que impuser sanção ao agente público considerará:

I – a natureza e a gravidade da infração cometida;

II – os danos que dela provierem para a administração pública;

III – as circunstâncias agravantes ou atenuantes;

IV – os antecedentes do agente;

V – o nexo de causalidade; e

VI – a culpabilidade do agente.

§ 1.º A motivação da decisão a que se refere o *caput* observará o disposto neste Decreto.

§ 2.º As sanções aplicadas ao agente público serão levadas em conta na dosimetria das demais sanções da mesma natureza e relativas ao mesmo fato.

Art. 17. O disposto no art. 12 não afasta a possibilidade de aplicação de sanções previstas em normas disciplinares, inclusive nos casos de ação ou de omissão culposas de natureza leve.

Capítulo V
DA SEGURANÇA JURÍDICA NA APLICAÇÃO DAS NORMAS

•• O Decreto n. 12.002, de 22-4-2024, estabelece normas para elaboração, redação, alteração e consolidação de atos normativos.

CONSULTA PÚBLICA PARA EDIÇÃO DE ATOS NORMATIVOS

• O Decreto n. 12.002, de 22-4-2024, dispõe sobre consulta pública de atos normativos nos arts. 27 a 32.

Art. 18. (*Revogado pelo Decreto n. 12.002, de 22-4-2024.*)

SEGURANÇA JURÍDICA NA APLICAÇÃO DAS NORMAS

Art. 19. As autoridades públicas atuarão com vistas a aumentar a segurança jurídica na aplicação das normas, inclusive por meio de normas complementares, orientações normativas, súmulas, enunciados e respostas a consultas.

Parágrafo único. Os instrumentos previstos no *caput* terão caráter vinculante em relação ao órgão ou à entidade da administração pública a que se destinarem, até ulterior revisão.

PARECER DO ADVOGADO-GERAL DA UNIÃO E DE CONSULTORIAS JURÍDICAS E SÚMULAS DA ADVOCACIA-GERAL DA UNIÃO

Art. 20. O parecer do Advogado-Geral da União de que tratam os art. 40 e art. 41 da Lei Complementar n. 73, de 10 de fevereiro de 1993, aprovado pelo Presidente da República e publicado no *Diário Oficial da União* juntamente com o despacho presidencial, vincula os órgãos e as entidades da administração pública federal, que ficam obrigadas a lhe dar fiel cumprimento.

§ 1.º O parecer do Advogado-Geral da União aprovado pelo Presidente da República, mas não publicado, obriga apenas as repartições interessadas, a partir do momento em que dele tenham ciência.

§ 2.º Os pareceres de que tratam o *caput* e o § 1.º têm prevalência sobre outros mecanismos de uniformização de entendimento.

Art. 21. Os pareceres das consultorias jurídicas e dos órgãos de assessoramento jurídico, de que trata o art. 42 da Lei Complementar n. 73, de 1993, aprovados pelo respectivo Ministro de Estado, vinculam o órgão e as respectivas entidades vinculadas.

ORIENTAÇÕES NORMATIVAS

Art. 22. A autoridade que representa órgão central de sistema poderá editar orientações normativas ou enunciados que vincularão os órgãos setoriais e seccionais.

§ 1.º As controvérsias sobre a interpretação de norma, instrução ou orientação de órgão central de sistema poderão ser submetidas à Advocacia-Geral da União.

§ 2.º A submissão à Advocacia-Geral da União de que trata o § 1.º será instruída com a posição do órgão jurídico do órgão central de sistema, do órgão jurídico que divergiu e dos outros órgãos que se pronunciaram sobre o caso.

ENUNCIADOS

Art. 23. A autoridade máxima de órgão ou da entidade da administração pública poderá editar enunciados que vinculem o próprio órgão ou a entidade e os seus órgãos subordinados.

TRANSPARÊNCIA

Art. 24. Compete aos órgãos e às entidades da administração pública manter atualizados, em seus sítios eletrônicos, as normas complementares, as orientações normativas, as súmulas e os enunciados a que se referem os art. 19 ao art. 23.

VIGÊNCIA

Art. 25. Este Decreto entra em vigor na data de sua publicação.

Brasília, 10 de junho de 2019; 198.º da Independência e 131.º da República.

Jair Messias Bolsonaro

LEI N. 13.874, DE 20 DE SETEMBRO DE 2019 (*)

Institui a Declaração de Direitos de Liberdade Econômica; estabelece garantias de livre mercado; altera as Leis n. 10.406, de 10 de janeiro de 2002 (Código Civil), 6.404, de 15 de dezembro de 1976, 11.598, de 3 de dezembro de 2007, 12.682, de 9 de julho de 2012, 6.015, de 31 de dezembro de 1973, 10.522, de 19 de julho de 2002, 8.934, de 18 de novembro 1994, o Decreto-lei n. 9.760, de 5 de setembro de 1946 e a Consolidação das Leis do Trabalho, aprovada pelo Decreto-lei n. 5.452, de 1.º de maio de 1943; revoga a Lei Delegada n. 4, de 26 de setembro de 1962, a Lei n. 11.887, de 24 de dezembro de 2008, e dispositivos das Leis n. 10.101, de 19 de dezembro de

---

(*) Publicada no *DOU*, de 20-9-2019. Regulamentada pelo Decreto n. 10.178, de 18-12-2019.

2000, 605, de 5 de janeiro de 1949, 4.178, de 11 de dezembro de 1962, e do Decreto-lei n. 73, de 21 de novembro de 1966; e dá outras providências.

O Presidente da República

Faço saber que o Congresso Nacional decreta e eu sanciono a seguinte Lei:

Capítulo I
DISPOSIÇÕES GERAIS

•• *Vide* art. 1.º, § 3.º, desta Lei.

Art. 1.º Fica instituída a Declaração de Direitos de Liberdade Econômica, que estabelece normas de proteção à livre-iniciativa e ao livre exercício de atividade econômica e disposições sobre a atuação do Estado como agente normativo e regulador, nos termos do inciso IV do *caput* do art. 1.º, do parágrafo único do art. 170 e do *caput* do art. 174 da Constituição Federal.

§ 1.º O disposto nesta Lei será observado na aplicação e na interpretação do direito civil, empresarial, econômico, urbanístico e do trabalho nas relações jurídicas que se encontrem no seu âmbito de aplicação e na ordenação pública, inclusive sobre exercício das profissões, comércio, juntas comerciais, registros públicos, trânsito, transporte e proteção ao meio ambiente.

§ 2.º Interpretam-se em favor da liberdade econômica, da boa-fé e do respeito aos contratos, aos investimentos e à propriedade todas as normas de ordenação pública sobre atividades econômicas privadas.

§ 3.º O disposto neste Capítulo e nos Capítulos II e III desta Lei não se aplica ao direito tributário e ao direito financeiro, ressalvado o disposto no inciso X do *caput* do art. 3.º desta Lei.

•• § 3.º com redação determinada pela Lei n. 14.195, de 26-8-2021.

§ 4.º O disposto nos arts. 1.º, 2.º, 3.º e 4.º desta Lei constitui norma geral de direito econômico, conforme o disposto no inciso I do *caput* e nos §§ 1.º, 2.º, 3.º e 4.º do art. 24 da Constituição Federal, e será observado para todos os atos públicos de liberação da atividade econômica executados pelos Estados, pelo Distrito Federal e pelos Municípios, nos termos do § 2.º deste artigo.

§ 5.º O disposto no inciso IX do *caput* do art. 3.º desta Lei não se aplica aos Estados, ao Distrito Federal e aos Municípios, exceto se:

I – o ato público de liberação da atividade econômica for derivado ou delegado por legislação ordinária federal; ou

II – o ente federativo ou o órgão responsável pelo ato decidir vincular-se ao disposto no inciso IX do *caput* do art. 3.º desta Lei por meio de instrumento válido e próprio.

§ 6.º Para fins do disposto nesta Lei, consideram-se atos públicos de liberação a licença, a autorização, a concessão, a inscrição, a permissão, o alvará, o cadastro, o credenciamento, o estudo, o plano, o registro e os demais atos exigidos, sob qualquer denominação, por órgão ou entidade da administração pública na aplicação de legislação, como condição para o exercício de atividade econômica, inclusive o início, a continuação e o fim para a instalação, a construção, a operação, a produção, o funcionamento, o uso, o exercício ou a realização, no âmbito público ou privado, de atividade, serviço, estabelecimento, profissão, instalação, operação, produto, equipamento, veículo, edificação e outros.

Art. 2.º São princípios que norteiam o disposto nesta Lei:

I – a liberdade como uma garantia no exercício de atividades econômicas;

II – a boa-fé do particular perante o poder público;

III – a intervenção subsidiária e excepcional do Estado sobre o exercício de atividades econômicas; e

IV – o reconhecimento da vulnerabilidade do particular perante o Estado.

Parágrafo único. Regulamento disporá sobre os critérios de aferição para afastamento do inciso IV do *caput* deste artigo, limitados a questões de má-fé, hipersuficiência ou reincidência.

Capítulo II
DA DECLARAÇÃO DE DIREITOS DE LIBERDADE ECONÔMICA

•• *Vide* art. 1.º, § 3.º, desta Lei.

Art. 3.º São direitos de toda pessoa, natural ou jurídica, essenciais para o desenvolvimento e o crescimento econômicos do País, observado o disposto no parágrafo único do art. 170 da Constituição Federal:

I – desenvolver atividade econômica de baixo risco, para a qual se valha exclusivamente de propriedade privada própria ou de terceiros consensuais, sem a necessidade de quaisquer atos públicos de liberação da atividade econômica;

Lei n. 13.874, de 20-9-2019 — **Liberdade Econômica**

II – desenvolver atividade econômica em qualquer horário ou dia da semana, inclusive feriados, sem que para isso esteja sujeita a cobranças ou encargos adicionais, observadas:

a) as normas de proteção ao meio ambiente, incluídas as de repressão à poluição sonora e à perturbação do sossego público;

b) as restrições advindas de contrato, de regulamento condominial ou de outro negócio jurídico, bem como as decorrentes das normas de direito real, incluídas as de direito de vizinhança; e

c) a legislação trabalhista;

III – definir livremente, em mercados não regulados, o preço de produtos e de serviços como consequência de alterações da oferta e da demanda;

IV – receber tratamento isonômico de órgãos e de entidades da administração pública quanto ao exercício de atos de liberação da atividade econômica, hipótese em que o ato de liberação estará vinculado aos mesmos critérios de interpretação adotados nas decisões administrativas análogas anteriores, observado o disposto em regulamento;

V – gozar de presunção de boa-fé nos atos praticados no exercício da atividade econômica, para os quais as dúvidas de interpretação do direito civil, empresarial, econômico e urbanístico serão resolvidas de forma a preservar a autonomia privada, exceto se houver expressa disposição legal em contrário;

VI – desenvolver, executar, operar ou comercializar novas modalidades de produtos e de serviços quando as normas infralegais se tornarem desatualizadas por força de desenvolvimento tecnológico consolidado internacionalmente, nos termos estabelecidos em regulamento, que disciplinará os requisitos para aferição da situação concreta, os procedimentos, o momento e as condições dos efeitos;

•• *Vide* Decreto n. 10.229, de 5-2-2020, que regulamenta o direito de desenvolver, executar, operar ou comercializar produto ou serviço em desacordo com a norma técnica desatualizada, de que trata este inciso.

VII – (*vetado*.);

VIII – ter a garantia de que os negócios jurídicos empresariais paritários serão objeto de livre estipulação das partes pactuantes, de forma a aplicar todas as regras de direito empresarial apenas de maneira subsidiária ao avençado, exceto normas de ordem pública;

IX – ter a garantia de que, nas solicitações de atos públicos de liberação da atividade econômica que se sujeitam ao disposto nesta Lei, apresentados todos os elementos necessários à instrução do processo, o particular será cientificado expressa e imediatamente do prazo máximo estipulado para a análise de seu pedido e de que, transcorrido o prazo fixado, o silêncio da autoridade competente importará aprovação tácita para todos os efeitos, ressalvadas as hipóteses expressamente vedadas em lei;

•• *Vide* art. 1.º, § 5.º, desta Lei.

X – arquivar qualquer documento por meio de microfilme ou por meio digital, conforme técnica e requisitos estabelecidos em regulamento, hipótese em que se equiparará a documento físico para todos os efeitos legais e para a comprovação de qualquer ato de direito público;

•• *Vide* art. 1.º, § 3.º, desta Lei.

•• O Decreto n. 10.278, de 18-3-2020, estabelece a técnica e os requisitos para a digitalização de documentos públicos ou privados, para equiparação com documentos originais, de que trata este inciso.

XI – não ser exigida medida ou prestação compensatória ou mitigatória abusiva, em sede de estudos de impacto ou outras liberações de atividade econômica no direito urbanístico, entendida como aquela que:

a) (*vetada*.);

b) requeira medida que já era planejada para execução antes da solicitação pelo particular, sem que a atividade econômica altere a demanda para execução da referida medida;

c) utilize-se do particular para realizar execuções que compensem impactos que existiriam independentemente do empreendimento ou da atividade econômica solicitada;

d) requeira a execução ou prestação de qualquer tipo para áreas ou situação além daquelas diretamente impactadas pela atividade econômica; ou

e) mostre-se sem razoabilidade ou desproporcional, inclusive utilizada como meio de coação ou intimidação; e

XII – não ser exigida pela administração pública direta ou indireta certidão sem previsão expressa em lei.

§ 1.º Para fins do disposto no inciso I do *caput* deste artigo:

I – ato do Poder Executivo federal disporá sobre a classificação de atividades de baixo risco a ser observada na ausência de legislação estadual, distrital ou municipal específica;

II – na hipótese de ausência de ato do Poder Executivo federal de que trata o inciso I deste parágrafo, será aplicada resolução do Comitê para Gestão da Rede Nacional para a Simplificação do Registro e da Legalização de Empresas e Negócios (CGSIM), independentemente da aderência do ente federativo à Rede Nacional para a Simplificação do Registro e da Legalização de Empresas e Negócios (Redesim); e

•• A Lei n. 11.598, de 3-12-2007, estabelece diretrizes e procedimentos para a simplificação e integração do processo de registro e legalização de empresários e pessoas jurídicas e cria a Redesim – Rede Nacional para a Simplificação do Registro e da Legalização de Empresas e Negócios.

•• O Decreto n. 6.884, de 25-6-2009, institui o Comitê para Gestão da Rede Nacional para a Simplificação do Registro e da Legalização de Empresas e Negócios – CGSIM.

III – na hipótese de existência de legislação estadual, distrital ou municipal sobre a classificação de atividades de baixo risco, o ente federativo que editar ou tiver editado norma específica encaminhará notificação ao Ministério da Economia sobre a edição de sua norma.

§ 2.º A fiscalização do exercício do direito de que trata o inciso I do *caput* deste artigo será realizada posteriormente, de ofício ou como consequência de denúncia encaminhada à autoridade competente.

§ 3.º O disposto no inciso III do *caput* deste artigo não se aplica:

I – às situações em que o preço de produtos e de serviços seja utilizado com a finalidade de reduzir o valor do tributo, de postergar a sua arrecadação ou de remeter lucros em forma de custos ao exterior; e

II – à legislação de defesa da concorrência, aos direitos do consumidor e às demais disposições protegidas por lei federal.

§ 4.º (*Revogado pela Lei n. 14.011, de 10-6-2020.*)

§ 5.º O disposto no inciso VIII do *caput* deste artigo não se aplica à empresa pública e à sociedade de economia mista definidas nos arts. 3.º e 4.º da Lei n. 13.303, de 30 de junho de 2016.

§ 6.º O disposto no inciso IX do *caput* deste artigo não se aplica quando:

I – versar sobre questões tributárias de qualquer espécie ou de concessão de registro de marcas;

II – a decisão importar em compromisso financeiro da administração pública; e

III – houver objeção expressa em tratado em vigor no País.

§ 7.º A aprovação tácita prevista no inciso IX do *caput* deste artigo não se aplica quando a titularidade da solicitação for de agente público ou de seu cônjuge, companheiro ou parente em linha reta ou colateral, por consanguinidade ou afinidade, até o 3.º (terceiro) grau, dirigida a autoridade administrativa ou política do próprio órgão ou entidade da administração pública em que desenvolva suas atividades funcionais.

§ 8.º O prazo a que se refere o inciso IX do *caput* deste artigo será definido pelo órgão ou pela entidade da administração pública solicitada, observados os princípios da impessoalidade e da eficiência e os limites máximos estabelecidos em regulamento.

§ 9.º (*Vetado.*)

§ 10. O disposto no inciso XI do *caput* deste artigo não se aplica às situações de acordo resultantes de ilicitude.

§ 11. Para os fins do inciso XII do *caput* deste artigo, é ilegal delimitar prazo de validade de certidão emitida sobre fato imutável, inclusive sobre óbito.

Capítulo III
DAS GARANTIAS DE LIVRE-INICIATIVA

•• *Vide* art. 1.º, § 3.º, desta Lei.

Art. 4.º É dever da administração pública e das demais entidades que se vinculam a esta Lei, no exercício de regulamentação de norma pública pertencente à legislação sobre a qual esta Lei versa, exceto se em estrito cumprimento a previsão explícita em lei, evitar o abuso do poder regulatório de maneira a, indevidamente:

I – criar reserva de mercado ao favorecer, na regulação, grupo econômico, ou profissional, em prejuízo dos demais concorrentes;

II – redigir enunciados que impeçam a entrada de novos competidores nacionais ou estrangeiros no mercado;

III – exigir especificação técnica que não seja necessária para atingir o fim desejado;

IV – redigir enunciados que impeçam ou retardem a inovação e a adoção de novas tecnologias, processos ou modelos de negócios, ressalvadas as situações consideradas em regulamento como de alto risco;

Lei n. 13.874, de 20-9-2019 **Liberdade Econômica**

V – aumentar os custos de transação sem demonstração de benefícios;
VI – criar demanda artificial ou compulsória de produto, serviço ou atividade profissional, inclusive de uso de cartórios, registros ou cadastros;
VII – introduzir limites à livre formação de sociedades empresariais ou de atividades econômicas;
VIII – restringir o uso e o exercício da publicidade e propaganda sobre um setor econômico, ressalvadas as hipóteses expressamente vedadas em lei federal; e
IX – exigir, sob o pretexto de inscrição tributária, requerimentos de outra natureza de maneira a mitigar os efeitos do inciso I do *caput* do art. 3.º desta Lei.
Art. 4.º-A. É dever da administração pública e das demais entidades que se sujeitam a esta Lei, na aplicação da ordenação pública sobre atividades econômicas privadas:

•• *Caput* acrescentado pela Lei n. 14.195, de 26-8-2021.

I – dispensar tratamento justo, previsível e isonômico entre os agentes econômicos;

•• Inciso I acrescentado pela Lei n. 14.195, de 26-8-2021.

II – proceder à lavratura de autos de infração ou aplicar sanções com base em termos subjetivos ou abstratos somente quando estes forem propriamente regulamentados por meio de critérios claros, objetivos e previsíveis; e

•• Inciso II acrescentado pela Lei n. 14.195, de 26-8-2021.

III – observar o critério de dupla visita para lavratura de autos de infração decorrentes do exercício de atividade considerada de baixo ou médio risco.

•• Inciso III acrescentado pela Lei n. 14.195, de 26-8-2021.

§ 1.º Os órgãos e as entidades competentes, na aplicação do inciso II do *caput* deste artigo, editarão atos normativos para definir a aplicação e a incidência de conceitos subjetivos ou abstratos por meio de critérios claros, objetivos e previsíveis, observado que:

•• § 1.º acrescentado pela Lei n. 14.195, de 26-8-2021.

I – nos casos de imprescindibilidade de juízo subjetivo para a aplicação da sanção, o ato normativo determinará o procedimento para sua aferição, de forma a garantir a maior previsibilidade e impessoalidade possível;

•• Inciso I acrescentado pela Lei n. 14.195, de 26-8-2021.

II – a competência da edição dos atos normativos infralegais equivalentes a que se refere este parágrafo poderá ser delegada pelo Poder competente conforme sua autonomia, bem como pelo órgão ou pela entidade responsável pela lavratura do auto de infração.

•• Inciso II acrescentado pela Lei n. 14.195, de 26-8-2021.

§ 2.º Para os fins administrativos, controladores e judiciais, consideram-se plenamente atendidos pela administração pública os requisitos previstos no inciso II do *caput* deste artigo, quando a advocacia pública, no âmbito da União, dos Estados, do Distrito Federal e dos Municípios, nos limites da respectiva competência, tiver previamente analisado o ato de que trata o § 1.º deste artigo.

•• § 2.º acrescentado pela Lei n. 14.195, de 26-8-2021.

§ 3.º Os órgãos e as entidades deverão editar os atos normativos previstos no § 1.º deste artigo no prazo de 4 (quatro) anos, podendo o Poder Executivo estabelecer prazo inferior em regulamento.

•• § 3.º acrescentado pela Lei n. 14.195, de 26-8-2021.

§ 4.º O disposto no inciso II do *caput* deste artigo aplica-se exclusivamente ao ato de lavratura decorrente de infrações referentes a matérias nas quais a atividade foi considerada de baixo ou médio risco, não se aplicando a órgãos e a entidades da administração pública que não a tenham assim classificado, de forma direta ou indireta, de acordo com os seguintes critérios:

•• § 4.º, *caput*, acrescentado pela Lei n. 14.195, de 26-8-2021.

I – direta, quando realizada pelo próprio órgão ou entidade da administração pública que procede à lavratura; e

•• Inciso I acrescentado pela Lei n. 14.195, de 26-8-2021.

II – indireta, quando o nível de risco aplicável decorre de norma hierarquicamente superior ou subsidiária, por força de lei, desde que a classificação refira-se explicitamente à matéria sobre a qual se procederá a lavratura.

•• Inciso II acrescentado pela Lei n. 14.195, de 26-8-2021.

Capítulo IV
DA ANÁLISE DE IMPACTO REGULATÓRIO

Art. 5.º As propostas de edição e de alteração de atos normativos de interesse geral de agentes econômicos ou de usuários dos serviços prestados, editadas por órgão ou entidade da administração pública federal, incluídas as autarquias e as fundações públicas, serão precedidas da realização de análise de impacto regulatório, que conterá informações e dados sobre os possíveis efeitos do ato normativo para verificar a razoabilidade do seu impacto econômico.

•• O Decreto n. 10.411, de 30-6-2020, regulamenta a análise de impacto regulatório de que trata este artigo.

Parágrafo único. Regulamento disporá sobre a data de início da exigência de que trata o *caput* deste artigo e sobre o conteúdo, a metodologia da análise de impacto regulatório, os quesitos mínimos a serem objeto de exame, as hipóteses em que será obrigatória sua realização e as hipóteses em que poderá ser dispensada.

Capítulo V
DAS ALTERAÇÕES LEGISLATIVAS E DISPOSIÇÕES FINAIS

Art. 6.º Fica extinto o Fundo Soberano do Brasil (FSB), fundo especial de natureza contábil e financeira, vinculado ao Ministério da Economia, criado pela Lei n. 11.887, de 24 de dezembro de 2008.

Art. 7.º A Lei n. 10.406, de 10 de janeiro de 2002 (Código Civil), passa a vigorar com as seguintes alterações:

•• Alterações já processadas no diploma modificado.

....

Art. 11. O Decreto-lei n. 9.760, de 5 de setembro de 1946, passa a vigorar com as seguintes alterações:

•• Alterações já processadas no diploma modificado.

Art. 12. O art. 1.º da Lei n. 6.015, de 31 de dezembro de 1973, passa a vigorar acrescido do seguinte § 3.º:

•• Alteração já processada no diploma modificado.

....

Art. 14. A Lei n. 8.934, de 18 de novembro de 1994, passa a vigorar com as seguintes alterações:

•• Alterações já processadas no diploma modificado.

....

Art. 16. O Sistema de Escrituração Digital das Obrigações Fiscais, Previdenciárias e Trabalhistas (eSocial) será substituído, em nível federal, por sistema simplificado de escrituração digital de obrigações previdenciárias, trabalhistas e fiscais.

Parágrafo único. Aplica-se o disposto no *caput* deste artigo às obrigações acessórias à versão digital gerenciadas pela Receita Federal do Brasil do Livro de Controle de Produção e Estoque da Secretaria Especial da Receita Federal do Brasil (Bloco K).

Art. 17. Ficam resguardados a vigência e a eficácia ou os efeitos dos atos declaratórios do Procurador-Geral da Fazenda Nacional, aprovados pelo Ministro de Estado respectivo e editados até a data de publicação desta Lei, nos termos do inciso II do *caput* do art. 19 da Lei n. 10.522, de 19 de julho de 2002.

Art. 18. A eficácia do disposto no inciso X do *caput* do art. 3.º desta Lei fica condicionada à regulamentação em ato do Poder Executivo federal, observado que:

I – para documentos particulares, qualquer meio de comprovação da autoria, integridade e, se necessário, confidencialidade de documentos em forma eletrônica é válido, desde que escolhido de comum acordo pelas partes ou aceito pela pessoa a quem for oposto o documento; e

II – independentemente de aceitação, o processo de digitalização que empregar o uso da certificação no padrão da Infraestrutura de Chaves Públicas Brasileira (ICP-Brasil) terá garantia de integralidade, autenticidade e confidencialidade para documentos públicos e privados.

Art. 19. Ficam revogados:

I – a Lei Delegada n. 4, de 26 de setembro de 1962;

II – os seguintes dispositivos do Decreto-lei n. 73, de 21 de novembro de 1966:

a) inciso III do *caput* do art. 5.º; e

b) inciso X do *caput* do art. 32;

III – a Lei n. 11.887, de 24 de dezembro de 2008;

IV – (*vetado.*);

V – os seguintes dispositivos da Consolidação das Leis do Trabalho, aprovada pelo Decreto-lei n. 5.452, de 1.º de maio de 1943:

a) art. 17;

b) art. 20;

c) art. 21;

d) art. 25;

e) art. 26;

f) art. 30;

g) art. 31;

h) art. 32;

i) art. 33;

j) art. 34;

k) inciso II do art. 40;

l) art. 53;

m) art. 54;
n) art. 56;
o) art. 141;
p) parágrafo único do art. 415;
q) art. 417;
r) art. 419;
s) art. 420;
t) art. 421;
u) art. 422; e
v) art. 633;

VI – os seguintes dispositivos da Lei n. 8.934, de 18 de novembro de 1994:

a) parágrafo único do art. 2.º;
b) inciso VIII do *caput* do art. 35;
c) art. 43; e
d) parágrafo único do art. 47;

Art. 20. Esta Lei entra em vigor:

I – (*vetado*.);

II – na data de sua publicação, para os demais artigos.
Brasília, 20 de setembro de 2019; 198.º da Independência e 131.º da República.

JAIR MESSIAS BOLSONARO

DECRETO N. 10.178, DE 18 DE DEZEMBRO DE 2019 (*)

Regulamenta dispositivos da Lei n. 13.874, de 20 de setembro de 2019, para dispor sobre os critérios e os procedimentos para a classificação de risco de atividade econômica e para fixar o prazo para aprovação tácita e altera o Decreto n. 9.094, de 17 de julho de 2017, para incluir elementos na Carta de Serviços ao Usuário.

O Presidente da República, no uso das atribuições que lhe confere o art. 84, *caput*, incisos IV e VI, alínea *a*, da Constituição, e tendo em vista o disposto no art.

(*) Publicado no *DOU*, de 19-12-2019.

3.º, *caput*, incisos I e IX, § 1.º, inciso I, e § 8.º, da Lei n. 13.874, de 20 de setembro de 2019, e no art. 7.º da Lei n. 13.460, de 26 de junho de 2017, decreta:

Capítulo I
DO OBJETO E DO ÂMBITO DE APLICAÇÃO

Art. 1.º Este Decreto dispõe sobre os critérios e os procedimentos a serem observados pelos órgãos e pelas entidades da administração pública federal direta, autárquica e fundacional para a classificação do nível de risco de atividade econômica e para fixar o prazo para aprovação tácita do ato público de liberação.

•• *Vide* Lei n. 13.874, de 20-9-2019 (liberdade econômica).

§ 1.º O disposto neste Decreto aplica-se aos Estados, ao Distrito Federal e aos Municípios nas seguintes condições:

•• § 1.º, *caput*, acrescentado pelo Decreto n. 10.219, de 30-1-2020.

I – o Capítulo II, como norma subsidiária na ausência de legislação estadual, distrital ou municipal específica para definição de risco das atividades econômicas para a aprovação de ato público de liberação; e

•• Inciso I acrescentado pelo Decreto n. 10.219, de 30-1-2020.

II – o Capítulo III, nas seguintes hipóteses:

•• Inciso II acrescentado pelo Decreto n. 10.219, de 30-1-2020.

a) o ato público de liberação da atividade econômica ter sido derivado ou delegado por legislação ordinária federal; ou

•• Alínea *a* acrescentada pelo Decreto n. 10.219, de 30-1-2020.

b) o ente federativo ou o órgão responsável pelo ato decidir vincular-se ao disposto no inciso IX do *caput* do art. 3.º da Lei n. 13.874, de 20 de setembro de 2019, por meio de instrumento válido e próprio.

•• Alínea *a* acrescentada pelo Decreto n. 10.219, de 30-1-2020.

§ 2.º As disposições deste Decreto aplicam-se ao trâmite do processo administrativo dentro de um mesmo órgão ou entidade, ainda que o pleno exercício da atividade econômica requeira ato administrativo adicional ou complementar cuja responsabilidade seja de outro órgão ou entidade da administração pública de qualquer ente federativo.

•• § 2.º acrescentado pelo Decreto n. 10.219, de 30-1-2020.

§ 3.º A aplicação deste Decreto independe de o ato público de liberação de atividade econômica:

•• § 3.º, *caput*, acrescentado pelo Decreto n. 10.219, de 30-1-2020.

I – estar previsto em lei ou em ato normativo infralegal; ou

•• Inciso I acrescentado pelo Decreto n. 10.219, de 30-1-2020.

II – referir-se a:

•• Inciso II, *caput*, acrescentado pelo Decreto n. 10.219, de 30-1-2020.

a) início, continuidade ou finalização de atividade econômica;

•• Alínea *a* acrescentada pelo Decreto n. 10.219, de 30-1-2020.

b) liberação de atividade, de serviço, de estabelecimento, de profissão, de instalação, de operação, de produto, de equipamento, de veículo e de edificação, dentre outros; ou

•• Alínea *b* acrescentada pelo Decreto n. 10.219, de 30-1-2020.

c) atuação de ente público ou privado.

•• Alínea *c* acrescentada pelo Decreto n. 10.219, de 30-1-2020.

Art. 2.º O disposto neste Decreto não se aplica ao ato ou ao procedimento administrativo de natureza fiscalizatória decorrente do exercício de poder de polícia pelo órgão ou pela entidade após o ato público de liberação.

Capítulo II
DOS NÍVEIS DE RISCO DA ATIVIDADE ECONÔMICA E SEUS EFEITOS

CLASSIFICAÇÃO DE RISCOS DA ATIVIDADE ECONÔMICA

•• *Vide* art. 3.º da Lei n. 13.874, de 20-9-2019.

Art. 3.º O órgão ou a entidade responsável pela decisão administrativa acerca do ato público de liberação classificará o risco da atividade econômica em:

I – nível de risco I – para os casos de risco leve, irrelevante ou inexistente;

II – nível de risco II – para os casos de risco moderado; ou

III – nível de risco III – para os casos de risco alto.

§ 1.º Ato normativo da autoridade máxima do órgão ou da entidade especificará, de modo exaustivo, as hipóteses de classificação na forma do disposto no *caput*.

§ 2.º O órgão ou a entidade poderão enquadrar a atividade econômica em níveis distintos de risco:

•• § 2.º, *caput*, com redação determinada pelo Decreto n. 10.219, de 30-1-2020.

I – em razão da complexidade, da dimensão ou de outras características e se houver possibilidade de aumento do risco envolvido; ou

•• Inciso I acrescentado pelo Decreto n. 10.219, de 30-1-2020.

II – quando a atividade constituir objeto de dois ou mais atos públicos de liberação, hipóteses em que o enquadramento do risco da atividade será realizado por ato público de liberação.

•• Inciso II acrescentado pelo Decreto n. 10.219, de 30-1-2020.

Art. 4.º O órgão ou a entidade, para aferir o nível de risco da atividade econômica, considerará, no mínimo:

I – a probabilidade de ocorrência de eventos danosos; e

II – a extensão, a gravidade ou o grau de irreparabilidade do impacto causado à sociedade na hipótese de ocorrência de evento danoso.

Parágrafo único. A classificação do risco será aferida preferencialmente por meio de análise quantitativa e estatística.

Art. 5.º A classificação de risco de que trata o art. 3.º assegurará que:

I – todas as hipóteses de atos públicos de liberação estejam classificadas em, no mínimo, um dos níveis de risco; e

II – pelo menos uma hipótese esteja classificada no nível de risco I.

Parágrafo único. A condição prevista no inciso II do *caput* poderá ser afastada mediante justificativa da autoridade máxima do órgão ou da entidade.

Art. 6.º O ato normativo de que trata o § 1.º do art. 3.º poderá estabelecer critérios para alteração do enquadramento do nível de risco da atividade econômica, mediante a demonstração pelo requerente da existência de instrumentos que, a critério do órgão ou da entidade, reduzam ou anulem o risco inerente à atividade econômica, tais como:

I – declaração própria ou de terceiros como substitutivo de documentos ou de comprovantes;

II – ato ou contrato que preveja instrumentos de responsabilização própria ou de terceiros em relação aos riscos inerentes à atividade econômica;

III – contrato de seguro;

IV – prestação de caução; ou

Decreto n. 10.178, de 18-12-2019 **Liberdade Econômica – Regulamento**

V – laudos de profissionais privados habilitados acerca do cumprimento dos requisitos técnicos ou legais.

Parágrafo único. Ato normativo da autoridade máxima do órgão ou da entidade disciplinará as hipóteses, as modalidades e o procedimento para a aceitação ou para a prestação das garantias, nos termos do disposto no *caput*.

Art. 7.º O órgão ou a entidade dará publicidade em seu sítio eletrônico às manifestações técnicas que subsidiarem a edição do ato normativo de que trata o § 1.º do art. 3.º.

EFEITOS DA CLASSIFICAÇÃO DE RISCO

Art. 8.º O exercício de atividades econômicas enquadradas no nível de risco I dispensa a solicitação de qualquer ato público de liberação.

Art. 9.º Os órgãos e as entidades adotarão procedimentos administrativos simplificados para as solicitações de atos públicos de liberação de atividades econômicas enquadradas no nível de risco II.

§ 1.º Se estiverem presentes os elementos necessários à instrução do processo, a decisão administrativa acerca do ato público de liberação de que trata o *caput* será proferida no momento da solicitação.

§ 2.º A presença de todos os elementos necessários à instrução do processo, inclusive dos instrumentos de que trata o art. 6, poderá ser verificada por meio de mecanismos tecnológicos automatizados.

Capítulo III
DA APROVAÇÃO TÁCITA

CONSEQUÊNCIAS DO TRANSCURSO DO PRAZO

Art. 10. A autoridade máxima do órgão ou da entidade responsável pelo ato público de liberação fixará o prazo para resposta aos atos requeridos junto à unidade.

§ 1.º Decorrido o prazo previsto no *caput*, a ausência de manifestação conclusiva do órgão ou da entidade acerca do deferimento do ato público de liberação requerido implicará sua aprovação tácita.

§ 2.º A liberação concedida na forma de aprovação tácita não:

I – exime o requerente de cumprir as normas aplicáveis à exploração da atividade econômica que realizar; ou

II – afasta a sujeição à realização das adequações identificadas pelo Poder Público em fiscalizações posteriores.

§ 3.º O disposto no *caput* não se aplica:

I – a ato público de liberação relativo a questões tributárias de qualquer espécie ou de concessão de registro de direitos de propriedade intelectual;

II – quando a decisão importar em compromisso financeiro da administração pública;

•• Inciso II com redação determinada pelo Decreto n. 10.219, de 30-1-2020.

III – quando se tratar de decisão sobre recurso interposto contra decisão denegatória de ato público de liberação;

•• Inciso III com redação determinada pelo Decreto n. 10.219, de 30-1-2020.

IV – aos processos administrativos de licenciamento ambiental, na hipótese de exercício de competência supletiva nos termos do disposto no § 3.º do art. 14 da Lei Complementar n. 140, de 8 de dezembro de 2011; ou

•• Inciso IV acrescentado pelo Decreto n. 10.219, de 30-1-2020.

V – aos demais atos públicos de liberação de atividades com impacto significativo ao meio ambiente, conforme estabelecido pelo órgão ambiental competente no ato normativo a que se refere o *caput*.

•• Inciso V acrescentado pelo Decreto n. 10.219, de 30-1-2020.

§ 4.º O órgão ou a entidade poderá estabelecer prazos diferentes para fases do processo administrativo de liberação da atividade econômica cujo transcurso importará em aprovação tácita, desde que respeitado o prazo total máximo previsto no art. 11.

§ 5.º O ato normativo de que trata o *caput* conterá anexo com a indicação de todos os atos públicos de liberação de competência do órgão ou da entidade não sujeitos a aprovação tácita por decurso de prazo.

•• § 5.º acrescentado pelo Decreto n. 10.219, de 30-1-2020.

PRAZOS MÁXIMOS

Art. 11. Para fins do disposto no § 8.º do art. 3.º da Lei 13.874, de 2019, o órgão ou a entidade não poderá estabelecer prazo superior a sessenta dias para a decisão administrativa acerca do ato público de liberação.

§ 1.º O ato normativo de que trata o art. 10 poderá estabelecer prazos superiores aos previsto no *caput*, em razão da natureza dos interesses públicos envolvidos e da complexidade da atividade econômica a ser desenvolvida pelo requerente, mediante fundamentação da autoridade máxima do órgão ou da entidade.

§ 2.º O órgão ou a entidade considerará os padrões internacionais para o estabelecimento de prazo nos termos do disposto no § 1.º.

PROTOCOLO E CONTAGEM DO PRAZO

•• Rubrica com redação determinada pelo Decreto n. 10.219, de 30-1-2020.

Art. 12. O prazo para decisão administrativa acerca do ato público de liberação para fins de aprovação tácita inicia-se na data da apresentação de todos os elementos necessários à instrução do processo.

§ 1.º O particular será cientificado, expressa e imediatamente, sobre o prazo para a análise de seu requerimento, presumida a boa-fé das informações prestadas.

§ 2.º Os órgãos ou as entidades buscarão adotar mecanismos automatizados para recebimento das solicitações de ato público de liberação.

§ 3.º A redução ou a ampliação do prazo de que trata o art. 10 em ato da autoridade máxima do órgão ou da entidade não modificará o prazo cientificado ao particular para análise do seu requerimento nos termos do disposto no § 1.º.

•• § 3.º acrescentado pelo Decreto n. 10.219, de 30-1-2020.

SUSPENSÃO DO PRAZO

Art. 13. O prazo para a decisão administrativa acerca do ato público de liberação para fins de aprovação tácita poderá ser suspenso uma vez, se houver necessidade de complementação da instrução processual.

§ 1.º O requerente será informado, de maneira clara e exaustiva, acerca de todos os documentos e condições necessárias para complementação da instrução processual.

§ 2.º Poderá ser admitida nova suspensão do prazo na hipótese da ocorrência de fato novo durante a instrução do processo.

EFEITOS DO DECURSO DO PRAZO

Art. 14. O requerente poderá solicitar documento comprobatório da liberação da atividade econômica a partir do primeiro dia útil subsequente ao término do prazo, nos termos do disposto no art. 10.

§ 1.º O órgão ou a entidade buscará automatizar a emissão do documento comprobatório de liberação da atividade econômica, especialmente nos casos de aprovação tácita.

§ 2.º O documento comprobatório do deferimento do ato público de liberação não conterá elemento que indique a natureza tácita da decisão administrativa.

DO NÃO EXERCÍCIO DO DIREITO À APROVAÇÃO TÁCITA

Art. 15. O requerente poderá renunciar ao direito de aprovação tácita a qualquer momento.

§ 1.º A renúncia ao direito de aprovação tácita não exime o órgão ou a entidade de cumprir os prazos estabelecidos.

§ 2.º Na hipótese de a decisão administrativa acerca do ato público de liberação não ser proferida no prazo estabelecido, o processo administrativo será encaminhado à chefia imediata do servidor responsável pela análise do requerimento, que poderá:

I – proferir de imediato a decisão; ou

II – designar outro servidor para acompanhar o processo.

Capítulo IV
DISPOSIÇÕES FINAIS E TRANSITÓRIAS

FALTA DE DEFINIÇÃO DO PRAZO DE DECISÃO

Art. 16. Enquanto o órgão ou a entidade não editar o ato normativo a que se refere o art. 10, o prazo para análise do requerimento de liberação da atividade econômica, para fins de aprovação tácita, será de trinta dias, contado da data de apresentação de todos os elementos necessários à instrução do processo.

ALTERAÇÃO DO DECRETO N. 9.094, DE 2017

•• O Decreto n. 9.094, de 17-7-2017, dispõe sobre a simplificação do atendimento prestado aos usuários de serviços públicos.

DISPOSIÇÕES TRANSITÓRIAS

Art. 18. O prazo a que se refere o art. 11 será:

I – de cento e vinte dias, para os requerimentos apresentados até 1.º de fevereiro de 2021; e

II – de noventa dias, para os requerimentos apresentados até 1.º de fevereiro de 2022.

Art. 18-A. A previsão de prazos para análise e deliberação sobre atos públicos de liberação em normativos internos do órgão ou da entidade não dispensa a publicação do ato de que trata o art. 10.

•• Artigo acrescentado pelo Decreto n. 10.219, de 30-1-2020.

Art. 19. Enquanto o órgão ou a entidade não editar o ato normativo de que trata o art. 3.º, a atividade econômica sujeita a ato público de liberação será enquadrada, sucessivamente, em nível de risco definido:

•• *Caput* com redação determinada pelo Decreto n. 10.310, de 2-4-2020.

I – por resolução do Comitê para Gestão da Rede Nacional para a Simplificação do Registro e da Legalização de Empresas e Negócios, independentemente da adesão do ente federativo à Rede Nacional para a Simplificação do Registro e da Legalização de Empresas e Negócios;

II – em ato normativo de classificação de risco, nos termos do disposto neste Decreto, editado por órgão ou entidade dotado de poder regulador estabelecido em lei; ou

III – no nível de risco II.

Art. 20. O disposto no Capítulo III se aplica somente aos requerimentos apresentados após a data de entrada em vigor deste Decreto.

VIGÊNCIA

Art. 21. Este Decreto entra em vigor em 1.º de setembro de 2020.

•• Artigo com redação determinada pelo Decreto n. 10.310, de 2-4-2020.

Brasília, 18 de dezembro de 2019; 198.º da Independência e 131.º da República.

Jair Messias Bolsonaro

DECRETO N. 10.229, DE 5 DE FEVEREIRO DE 2020 (*)

Regulamenta o direito de desenvolver, executar, operar ou comercializar produto ou serviço em desacordo com a norma técnica desatualizada de que trata o inciso VI do caput do art. 3.º da Lei n. 13.874, de 20 de setembro de 2019.

O Presidente da República, no uso da atribuição que lhe confere o art. 84, *caput*, inciso IV, da Constituição, e tendo em vista o disposto no art. 3.º, *caput*, inciso VI, da Lei n. 13.874, de 20 de setembro de 2019, decreta:

OBJETO

Art. 1.º Este Decreto regulamenta os requisitos para aferição da situação concreta, os procedimentos, o momento e as condições dos efeitos dos requerimentos para desenvolver, executar, operar ou comercializar novas modalidades de produtos e de serviços quando as normas infralegais se tornarem desatualizadas por força de desenvolvimento tecnológico consolidado internacionalmente.

ÂMBITO DE APLICAÇÃO

Art. 2.º O disposto neste Decreto se aplica à administração pública direta, autárquica e fundacional da União, dos Estados, do Distrito Federal e dos Municípios, nos termos previstos no § 4.º do art. 1.º da Lei n. 13.874, de 20 de setembro de 2019.

Parágrafo único. O disposto neste Decreto:

I – não poderá ser invocado para questionar normas aprovadas pelo Poder Legislativo ou pelo Chefe do Poder Executivo; e

II – não se caracteriza como ato público de liberação da atividade econômica de que trata a Lei n. 13.874, de 2019.

DIREITO ESTABELECIDO

Art. 3.º É direito de toda pessoa, natural ou jurídica, desenvolver, executar, operar ou comercializar novas modalidades de produtos e de serviços quando as normas infralegais se tornarem desatualizadas por força de desenvolvimento tecnológico consolidado internacionalmente, desde que não restringido em lei e que observe o seguinte:

I – na hipótese de existir norma infralegal vigente que restrinja o exercício integral do direito, o particular poderá fazer uso do procedimento disposto nos art. 4.º ao art. 8.º; e

II – na hipótese de inexistir restrição em ato normativo, a administração pública respeitará o pleno exercício do direito de que trata este artigo.

Parágrafo único. Para os fins do disposto no inciso II do *caput*, em casos de dúvida, interpreta-se a norma em favor do particular de boa-fé, nos termos do disposto no § 2.º do art. 1.º e no inciso V do *caput* do art. 3.º da Lei n. 13.874, de 2019.

(*) Publicado no *DOU*, de 6-2-2020.

LEGITIMIDADE ATIVA

Art. 4.º A legitimidade para requerer a revisão da norma de que trata o inciso I do *caput* do art. 3.º é de qualquer pessoa que explore ou que tenha interesse de explorar atividade econômica afetada pela norma questionada.

LEGITIMIDADE PASSIVA

Art. 5.º A legitimidade para receber e processar requerimentos de revisão de normas desatualizadas é do órgão ou da entidade responsável pela edição de norma sobre a matéria.

INSTRUÇÃO DO PEDIDO

Art. 6.º O processo de solicitação do exercício do direito de que trata o inciso I do *caput* do art. 3.º será instaurado por meio do encaminhamento de requerimento inicial endereçado ao órgão ou à entidade competente, e conterá:

I – a identificação do requerente;

II – a identificação da norma interna desatualizada e da norma que tem sido utilizada internacionalmente; e

III – a comparação da norma interna com a norma internacional, na qual deverá ser demonstrada análise de conveniência e oportunidade de adoção da norma internacional.

Parágrafo único. Para fins do disposto nos incisos II e III do *caput*, somente serão aceitas como normas utilizadas internacionalmente aquelas oriundas da:

I – Organização Internacional de Normalização – ISO;

II – Comissão Eletrotécnica Internacional – IEC;

III – Comissão do *Codex Alimentarius*;

IV – União Internacional de Telecomunicações – UIT; e

V – Organização Internacional de Metrologia Legal – OIML.

PRAZO PARA MANIFESTAÇÃO

Art. 7.º O prazo para manifestação do órgão ou da entidade sobre o pedido de revisão da norma desatualizada é de seis meses.

§ 1.º O prazo de que trata o *caput* ficará suspenso por eventual intimação do órgão ou da entidade para complementação da instrução, vedada a suspensão na hipótese de segundo pedido de complementação.

§ 2.º Até o fim do prazo de que trata o *caput*, o órgão ou a entidade fica obrigado a decidir pelo:

I – não conhecimento do requerimento;

II – indeferimento do requerimento; ou

III – deferimento do requerimento, total ou parcial, com a edição de norma técnica com o conteúdo internacionalmente aceito.

§ 3.º Também se considera deferimento, para os fins do disposto no inciso III do § 2.º, a revogação da norma interna desatualizada.

§ 4.º Nas hipóteses de que trata o inciso III do § 2.º ou o § 3.º, o prazo para publicação do ato é de um mês, contado da data da decisão.

DESCUMPRIMENTO DOS PRAZOS

Art. 8.º O requerente poderá optar por cumprir a norma utilizada internacionalmente em detrimento da norma interna apontada como desatualizada se:

I – complementar a instrução do pedido de que trata o art. 7.º com declaração, em instrumento público, de responsabilidade:

a) objetiva e irrestrita por quaisquer danos, perante entes públicos ou particulares, advindos da exploração da atividade econômica; e

b) por quaisquer gastos ou obrigações decorrentes do encerramento da atividade econômico por força de rejeição posterior do pedido de revisão da norma apontada como desatualizada; e

II – o órgão ou a entidade pública não:

a) se manifestar na forma prevista nos § 2.º ao § 4.º do art. 7.º nos prazos estabelecidos; e

b) rejeitar, de modo fundamentado, no prazo de seis meses, contado da data do pedido, a pretensão de afastamento da norma interna apontada como desatualizada.

Parágrafo único. Ressalvado o disposto no *caput*, o descumprimento dos prazos previstos no art. 7.º pelo órgão ou pela entidade não legitima o descumprimento da norma vigente.

VIGÊNCIA

Art. 9.º Este Decreto entra em vigor em 6 de julho de 2020.

•• Artigo com redação determinada pelo Decreto n. 10.310, de 2-4-2020.

Brasília, 5 de fevereiro de 2020; 199.º da Independência e 132.º da República.

JAIR MESSIAS BOLSONARO

LEI N. 14.010, DE 10 DE JUNHO DE 2020 (*)

Dispõe sobre o Regime Jurídico Emergencial e Transitório das relações jurídicas de Direito Privado (RJET) no período da pandemia do coronavírus (Covid-19).

O Presidente da República

Faço saber que o Congresso Nacional decreta e eu sanciono a seguinte Lei:

Capítulo I
DISPOSIÇÕES GERAIS

Art. 1.º Esta Lei institui normas de caráter transitório e emergencial para a regulação de relações jurídicas de Direito Privado em virtude da pandemia do coronavírus (Covid-19).

Parágrafo único. Para os fins desta Lei, considera-se 20 de março de 2020, data da publicação do Decreto Legislativo n. 6, como termo inicial dos eventos derivados da pandemia do coronavírus (Covid-19).

Art. 2.º A suspensão da aplicação das normas referidas nesta Lei não implica sua revogação ou alteração.

Capítulo II
DA PRESCRIÇÃO E DECADÊNCIA

Art. 3.º Os prazos prescricionais consideram-se impedidos ou suspensos, conforme o caso, a partir da entrada em vigor desta Lei até 30 de outubro de 2020.

§ 1.º Este artigo não se aplica enquanto perdurarem as hipóteses específicas de impedimento, suspensão e interrupção dos prazos prescricionais previstas no ordenamento jurídico nacional.

§ 2.º Este artigo aplica-se à decadência, conforme ressalva prevista no art. 207 da Lei n. 10.406, de 10 de janeiro de 2002 (Código Civil).

Capítulo III
DAS PESSOAS JURÍDICAS DE DIREITO PRIVADO

Art. 4.º As pessoas jurídicas de direito privado referidas nos incisos I a III do art. 44 do Código Civil deverão observar as restrições à realização de reuniões e as-sembleias presenciais até 30 de outubro de 2020, durante a vigência desta Lei, observadas as determinações sanitárias das autoridades locais.

•• Artigo originalmente vetado, todavia promulgado em 8-9-2020.

Art. 5.º A assembleia geral, inclusive para os fins do art. 59 do Código Civil, até 30 de outubro de 2020, poderá ser realizada por meios eletrônicos, independentemente de previsão nos atos constitutivos da pessoa jurídica.

Parágrafo único. A manifestação dos participantes poderá ocorrer por qualquer meio eletrônico indicado pelo administrador, que assegure a identificação do participante e a segurança do voto, e produzirá todos os efeitos legais de uma assinatura presencial.

Capítulo IV
DA RESILIÇÃO, RESOLUÇÃO E REVISÃO DOS CONTRATOS

•• Capítulo IV originalmente vetado, todavia promulgado em 8-9-2020.

Art. 6.º As consequências decorrentes da pandemia do coronavírus (Covid-19) nas execuções dos contratos, incluídas as previstas no art. 393 do Código Civil, não terão efeitos jurídicos retroativos.

• Artigo originalmente vetado, todavia promulgado em 8-9-2020.

Art. 7.º Não se consideram fatos imprevisíveis, para os fins exclusivos dos arts. 317, 478, 479 e 480 do Código Civil, o aumento da inflação, a variação cambial, a desvalorização ou a substituição do padrão monetário.

• Artigo originalmente vetado, todavia promulgado em 8-9-2020.

§ 1.º As regras sobre revisão contratual previstas na Lei n. 8.078, de 11 de setembro de 1990 (Código de Defesa do Consumidor), e na Lei n. 8.245, de 18 de outubro de 1991, não se sujeitam ao disposto no *caput* deste artigo.

§ 2.º Para os fins desta Lei, as normas de proteção ao consumidor não se aplicam às relações contratuais subordinadas ao Código Civil, incluindo aquelas estabelecidas exclusivamente entre empresas ou empresários.

Capítulo V
DAS RELAÇÕES DE CONSUMO

Art. 8.º Até 30 de outubro de 2020, fica suspensa a aplicação do art. 49 do Código de Defesa do Consumi-

---
(*) Publicada no *DOU*, de 12-6-2020.

dor na hipótese de entrega domiciliar (*delivery*) de produtos perecíveis ou de consumo imediato e de medicamentos.

Capítulo VI
DAS LOCAÇÕES DE IMÓVEIS URBANOS

Art. 9.º Não se concederá liminar para desocupação de imóvel urbano nas ações de despejo, a que se refere o art. 59, § 1.º, incisos I, II, V, VII, VIII e IX, da Lei n. 8.245, de 18 de outubro de 1991, até 30 de outubro de 2020.

•• Artigo originalmente vetado, todavia promulgado em 8-9-2020.

Capítulo VII
DA USUCAPIÃO

Art. 10. Suspendem-se os prazos de aquisição para a propriedade imobiliária ou mobiliária, nas diversas espécies de usucapião, a partir da entrada em vigor desta Lei até 30 de outubro de 2020.

Capítulo VIII
DOS CONDOMÍNIOS EDILÍCIOS

Art. 11. (*Vetado.*)

Art. 12. A assembleia condominial, inclusive para os fins dos arts. 1.349 e 1.350 do Código Civil, e a respectiva votação poderão ocorrer, em caráter emergencial, até 30 de outubro de 2020, por meios virtuais, caso em que a manifestação de vontade de cada condômino será equiparada, para todos os efeitos jurídicos, à sua assinatura presencial.

Parágrafo único. Não sendo possível a realização de assembleia condominial na forma prevista no *caput*, os mandatos de síndico vencidos a partir de 20 de março de 2020 ficam prorrogados até 30 de outubro de 2020.

Art. 13. É obrigatória, sob pena de destituição do síndico, a prestação de contas regular de seus atos de administração.

Capítulo IX
DO REGIME CONCORRENCIAL

Art. 14. Ficam sem eficácia os incisos XV e XVII do § 3.º do art. 36 e o inciso IV do art. 90 da Lei n. 12.529, de 30 de novembro de 2011, em relação a todos os atos praticados e com vigência de 20 de março de 2020 até 30 de outubro de 2020 ou enquanto durar o estado de calamidade pública reconhecido pelo Decreto Legislativo n. 6, de 20 de março de 2020.

§ 1.º Na apreciação, pelo órgão competente, das demais infrações previstas no art. 36 da Lei n. 12.529, de 30 de novembro de 2011, caso praticadas a partir de 20 de março de 2020, e enquanto durar o estado de calamidade pública reconhecido pelo Decreto Legislativo n. 6, de 20 de março de 2020, deverão ser consideradas as circunstâncias extraordinárias decorrentes da pandemia do coronavírus (Covid-19).

§ 2.º A suspensão da aplicação do inciso IV do art. 90 da Lei n. 12.529, de 30 de novembro de 2011, referida no *caput*, não afasta a possibilidade de análise posterior do ato de concentração ou de apuração de infração à ordem econômica, na forma do art. 36 da Lei n. 12.529, de 2011, dos acordos que não forem necessários ao combate ou à mitigação das consequências decorrentes da pandemia do coronavírus (Covid-19).

Capítulo X
DO DIREITO DE FAMÍLIA
E SUCESSÕES

Art. 15. Até 30 de outubro de 2020, a prisão civil por dívida alimentícia, prevista no art. 528, § 3.º e seguintes da Lei n. 13.105, de 16 de março de 2015 (Código de Processo Civil), deverá ser cumprida exclusivamente sob a modalidade domiciliar, sem prejuízo da exigibilidade das respectivas obrigações.

Art. 16. O prazo do art. 611 do Código de Processo Civil para sucessões abertas a partir de 1.º de fevereiro de 2020 terá seu termo inicial dilatado para 30 de outubro de 2020.

Parágrafo único. O prazo de 12 (doze) meses do art. 611 do Código de Processo Civil, para que seja ultimado o processo de inventário e de partilha, caso iniciado antes de 1.º de fevereiro de 2020, ficará suspenso a partir da entrada em vigor desta Lei até 30 de outubro de 2020.

Capítulo XI
(*Vetado.*)

Arts. 17 e 18. (*Vetados.*)

Capítulo XII
DISPOSIÇÕES FINAIS

Art. 19. (*Vetado.*)

Art. 20. O *caput* do art. 65 da Lei n. 13.709, de 14 de agosto de 2018, passa a vigorar acrescido do seguinte inciso I-A:

•• Alteração já processada no diploma modificado.

Art. 21. Esta Lei entra em vigor na data de sua publicação.

Brasília, 10 de junho de 2020; 199.º da Independência e 132.º da República.

JAIR MESSIAS BOLSONARO

LEI COMPLEMENTAR N. 182, DE 1.º DE JUNHO DE 2021 (*)

Institui o marco legal das startups *e do empreendedorismo inovador; e altera a Lei n. 6.404, de 15 de dezembro de 1976, e a Lei Complementar n. 123, de 14 de dezembro de 2006.*

O Presidente da República

Faço saber que o Congresso Nacional decreta e eu sanciono a seguinte Lei Complementar:

Capítulo I
DAS DEFINIÇÕES, DOS PRINCÍPIOS E DAS DIRETRIZES FUNDAMENTAIS

Art. 1.º Esta Lei Complementar institui o marco legal das *startups* e do empreendedorismo inovador.

Parágrafo único. Esta Lei Complementar:

I – estabelece os princípios e as diretrizes para a atuação da administração pública no âmbito da União, dos Estados, do Distrito Federal e dos Municípios;

II – apresenta medidas de fomento ao ambiente de negócios e ao aumento da oferta de capital para investimento em empreendedorismo inovador; e

III – disciplina a licitação e a contratação de soluções inovadoras pela administração pública.

Art. 2.º Para os efeitos desta Lei Complementar, considera-se:

I – investidor-anjo: investidor que não é considerado sócio nem tem qualquer direito a gerência ou a voto na administração da empresa, não responde por qualquer obrigação da empresa e é remunerado por seus aportes;

II – ambiente regulatório experimental (*sandbox* regulatório): conjunto de condições especiais simplificadas para que as pessoas jurídicas participantes possam receber autorização temporária dos órgãos ou das entidades com competência de regulamentação setorial para desenvolver modelos de negócios inovadores e testar técnicas e tecnologias experimentais, mediante o cumprimento de critérios e de limites previamente estabelecidos pelo órgão ou entidade reguladora e por meio de procedimento facilitado.

Art. 3.º Esta Lei Complementar é pautada pelos seguintes princípios e diretrizes:

I – reconhecimento do empreendedorismo inovador como vetor de desenvolvimento econômico, social e ambiental;

II – incentivo à constituição de ambientes favoráveis ao empreendedorismo inovador, com valorização da segurança jurídica e da liberdade contratual como premissas para a promoção do investimento e do aumento da oferta de capital direcionado a iniciativas inovadoras;

III – importância das empresas como agentes centrais do impulso inovador em contexto de livre mercado;

IV – modernização do ambiente de negócios brasileiro, à luz dos modelos de negócios emergentes;

V – fomento ao empreendedorismo inovador como meio de promoção da produtividade e da competitividade da economia brasileira e de geração de postos de trabalho qualificados;

VI – aperfeiçoamento das políticas públicas e dos instrumentos de fomento ao empreendedorismo inovador;

VII – promoção da cooperação e da interação entre os entes públicos, entre os setores público e privado e entre empresas, como relações fundamentais para a conformação de ecossistema de empreendedorismo inovador efetivo;

VIII – incentivo à contratação, pela administração pública, de soluções inovadoras elaboradas ou desenvolvidas por *startups*, reconhecidos o papel do Estado no fomento à inovação e as potenciais oportunidades de economicidade, de benefício e de solução de problemas públicos com soluções inovadoras; e

IX – promoção da competitividade das empresas brasileiras e da internacionalização e da atração de investimentos estrangeiros.

(*) Publicada no *DOU*, de 2-6-2021. Retificada em 4-6-2021.

Capítulo II
DO ENQUADRAMENTO DE EMPRESAS *STARTUPS*

Art. 4.º São enquadradas como *startups* as organizações empresariais ou societárias, nascentes ou em operação recente, cuja atuação caracteriza-se pela inovação aplicada a modelo de negócios ou a produtos ou serviços ofertados.

§ 1.º Para fins de aplicação desta Lei Complementar, são elegíveis para o enquadramento na modalidade de tratamento especial destinada ao fomento de *startup* o empresário individual, a empresa individual de responsabilidade limitada, as sociedades empresárias, as sociedades cooperativas e as sociedades simples:

I – com receita bruta de até R$ 16.000.000,00 (dezesseis milhões de reais) no ano-calendário anterior ou de R$ 1.333.334,00 (um milhão, trezentos e trinta e três mil trezentos e trinta e quatro reais) multiplicado pelo número de meses de atividade no ano-calendário anterior, quando inferior a 12 (doze) meses, independentemente da forma societária adotada;

II – com até 10 (dez) anos de inscrição no Cadastro Nacional da Pessoa Jurídica (CNPJ) da Secretaria Especial da Receita Federal do Brasil do Ministério da Economia; e

III – que atendam a um dos seguintes requisitos, no mínimo:

a) declaração em seu ato constitutivo ou alterador e utilização de modelos de negócios inovadores para a geração de produtos ou serviços, nos termos do inciso IV do *caput* do art. 2.º da Lei n. 10.973, de 2 de dezembro de 2004; ou

•• A Lei n. 10.973, de 2-12-2004, dispõe sobre incentivos à inovação e à pesquisa científica e tecnológica no ambiente produtivo.

b) enquadramento no regime especial Inova Simples, nos termos do art. 65-A da Lei Complementar n. 123, de 14 de dezembro de 2006.

•• A Lei Complementar n. 123, de 14-12-2006, instituiu o Estatuto Nacional da Microempresa e da Empresa de Pequeno Porte.

§ 2.º Para fins de contagem do prazo estabelecido no inciso II do § 1.º deste artigo, deverá ser observado o seguinte:

I – para as empresas decorrentes de incorporação, será considerado o tempo de inscrição da empresa incorporadora;

II – para as empresas decorrentes de fusão, será considerado o maior tempo de inscrição entre as empresas fundidas; e

III – para as empresas decorrentes de cisão, será considerado o tempo de inscrição da empresa cindida, na hipótese de criação de nova sociedade, ou da empresa que a absorver, na hipótese de transferência de patrimônio para a empresa existente.

Capítulo III
DOS INSTRUMENTOS DE INVESTIMENTO EM INOVAÇÃO

Art. 5.º As *startups* poderão admitir aporte de capital por pessoa física ou jurídica, que poderá resultar ou não em participação no capital social da *startup*, a depender da modalidade de investimento escolhida pelas partes.

§ 1.º Não será considerado como integrante do capital social da empresa o aporte realizado na *startup* por meio dos seguintes instrumentos:

I – contrato de opção de subscrição de ações ou de quotas celebrado entre o investidor e a empresa;

II – contrato de opção de compra de ações ou de quotas celebrado entre o investidor e os acionistas ou sócios da empresa;

III – debênture conversível emitida pela empresa nos termos da Lei n. 6.404, de 15 de dezembro de 1976;

IV – contrato de mútuo conversível em participação societária celebrado entre o investidor e a empresa;

V – estruturação de sociedade em conta de participação celebrada entre o investidor e a empresa;

VI – contrato de investimento-anjo na forma da Lei Complementar n. 123, de 14 de dezembro 2006;

VII – outros instrumentos de aporte de capital em que o investidor, pessoa física ou jurídica, não integre formalmente o quadro de sócios da *startup* e/ou não tenha subscrito qualquer participação representativa do capital social da empresa.

§ 2.º Realizado o aporte por qualquer das formas previstas neste artigo, a pessoa física ou jurídica somente será considerada quotista, acionista ou sócia da *startup* após a conversão do instrumento do aporte em efetiva e formal participação societária.

§ 3.º Os valores recebidos por empresa e oriundos dos instrumentos jurídicos estabelecidos neste artigo serão registrados contabilmente, de acordo com a natureza contábil do instrumento.

Art. 6.º A Comissão de Valores Mobiliários (CVM) estabelecerá em regulamento as regras para aporte de capital na forma do art. 5.º desta Lei Complementar por parte de fundos de investimento.

Art. 7.º (*Vetado*.)

Art. 8.º O investidor que realizar o aporte de capital a que se refere o art. 5.º desta Lei Complementar:

I – não será considerado sócio ou acionista nem possuirá direito a gerência ou a voto na administração da empresa, conforme pactuação contratual;

II – não responderá por qualquer dívida da empresa, inclusive em recuperação judicial, e a ele não se estenderá o disposto no art. 50 da Lei n. 10.406, de 10 de janeiro de 2002 (Código Civil), no art. 855-A da Consolidação das Leis do Trabalho (CLT), aprovada pelo Decreto-lei n. 5.452, de 1.º de maio de 1943, nos arts. 124, 134 e 135 da Lei n. 5.172, de 25 de outubro de 1966 (Código Tributário Nacional), e em outras disposições atinentes à desconsideração da personalidade jurídica existentes na legislação vigente.

•• Os arts. 50 do CC e 855-A da CLT dispõem sobre o instituto da desconsideração da personalidade jurídica.

•• Os artigos citados do CTN tratam de solidariedade e da responsabilização de terceiros nas obrigações tributárias

Parágrafo único. As disposições do inciso II do *caput* deste artigo não se aplicam às hipóteses de dolo, de fraude ou de simulação com o envolvimento do investidor.

Capítulo IV
DO FOMENTO À PESQUISA, AO DESENVOLVIMENTO E À INOVAÇÃO

Art. 9.º As empresas que possuem obrigações de investimento em pesquisa, desenvolvimento e inovação, decorrentes de outorgas ou de delegações firmadas por meio de agências reguladoras, ficam autorizadas a cumprir seus compromissos com aporte de recursos em *startups* por meio de:

I – fundos patrimoniais de que trata a Lei n. 13.800, de 4 de janeiro de 2019, destinados à inovação, na forma do regulamento;

•• A Lei n. 13.800, de 4-1-2019, autoriza a administração pública a firmar instrumentos de parceria e termos de execução de programas, projetos e demais finalidades de interesse público com organizações gestoras de fundos patrimoniais.

II – Fundos de Investimento em Participações (FIP), autorizados pela CVM, nas categorias:

a) capital semente;

b) empresas emergentes; e

c) empresas com produção econômica intensiva em pesquisa, desenvolvimento e inovação;

III – investimentos em programas, em editais ou em concursos destinados a financiamento, a aceleração e a escalabilidade de *startups*, gerenciados por instituições públicas, tais como empresas públicas direcionadas ao desenvolvimento de pesquisa, inovação e novas tecnologias, fundações universitárias, entidades paraestatais e bancos de fomento que tenham como finalidade o desenvolvimento de empresas de base tecnológica, de ecossistemas empreendedores e de estímulo à inovação.

§ 1.º O disposto no *caput* deste artigo não se aplica aos percentuais mínimos legais ou contratuais estabelecidos para serem aportados em fundos públicos.

§ 2.º O representante legal do FIP, do fundo patrimonial ou da instituição pública que receber recursos nos termos do *caput* deste artigo emitirá certificado comprobatório para fins de eficácia liberatória quanto às obrigações legais ou contratuais de investimento em pesquisa, desenvolvimento e inovação, na exata proporção do seu aporte, por ocasião:

I – da efetiva transferência do recurso ao fundo patrimonial, após a celebração de instrumento de transferência de recursos, no valor das despesas qualificadas para esse fim;

II – do efetivo comprometimento do recurso, após a assinatura do boletim de subscrição do FIP, nos termos do regulamento editado pela CVM; e

III – do efetivo recebimento do recurso pela instituição pública para efetivação de programas e de editais direcionados às atividades referidas no inciso III do *caput* do art. 9.º desta Lei Complementar.

§ 3.º Para que o fundo patrimonial ou o FIP capte recursos perante as empresas que possuem obrigações legais ou contratuais de investimento em pesquisa, desenvolvimento e inovação, e para que essa captação tenha eficácia liberatória quanto às obrigações, a sua destinação estará adstrita às diretivas indicadas pela entidade setorial responsável por fiscalizar tais obrigações.

Art. 10. Ato do Poder Executivo federal regulamentará a forma de prestação de contas do FIP, do fundo patrimonial ou da instituição pública que receber recursos nos termos do art. 9.º desta Lei Complementar e a fiscalização das obrigações legais ou contratuais de investimento em pesquisa, desenvolvimento e inovação.

....

Art. 17. A Lei Complementar n. 123, de 14 de dezembro de 2006, passa a vigorar com as seguintes alterações:

•• Alterações já processadas no diploma modificado.

Art. 18. Ficam revogados os seguintes dispositivos:

I – incisos I e II do *caput* do art. 294 da Lei n. 6.404, de 15 de dezembro de 1976; e

II – os §§ 1.º, 2.º e 9.º do art. 65-A da Lei Complementar n. 123, de 14 de dezembro de 2006.

Art. 19. Esta Lei Complementar entra em vigor após decorridos 90 (noventa) dias de sua publicação oficial. Brasília, 1.º de junho de 2021; 200.º da Independência e 133.º da República.

JAIR MESSIAS BOLSONARO

LEI N. 14.195, DE 26 DE AGOSTO DE 2021 (*)

> *Dispõe sobre a facilitação para abertura de empresas, sobre a proteção de acionistas minoritários, sobre a facilitação do comércio exterior, sobre o Sistema Integrado de Recuperação de Ativos (Sira), sobre as cobranças realizadas pelos conselhos profissionais, sobre a profissão de tradutor e intérprete público, sobre a obtenção de eletricidade, sobre a desburocratização societária e de atos processuais e a prescrição intercorrente na Lei n. 10.406, de 10 de janeiro de 2002 (Código Civil); altera as Leis n. 11.598, de 3 de dezembro de 2007, 8.934, de 18 de novembro de 1994, 6.404, de 15 de dezembro de 1976, 7.913, de 7 de dezembro de 1989, 12.546, de 14 de dezembro 2011, 9.430, de 27 de dezembro de 1996, 10.522, de 19 de julho de 2002, 12.514, de 28 de outubro de 2011, 6.015, de 31 de dezembro de 1973, 10.406, de 10 de janeiro de 2002 (Código Civil), 13.105, de 16 de março de 2015 (Código de Processo Civil), 4.886, de 9 de dezembro de 1965, 5.764, de 16 de dezembro de 1971, 6.385, de 7 de dezembro de 1976, e 13.874, de 20 de setembro de 2019, e o Decreto-lei n. 341, de 17 de março de 1938; e revoga as Leis n. 2.145, de 29 de dezembro de 1953, 2.807, de 28 de junho de 1956, 2.815, de 6 de julho de 1956, 3.187, de 28 de junho de 1957, 3.227, de 27 de julho de 1957, 4.557, de 10 de dezembro de 1964, 7.409, de 25 de novembro de 1985, e 7.690, de 15 de dezembro de 1988, os Decretos n. 13.609, de 21 de outubro de 1943, 20.256, de 20 de dezembro de 1945, e 84.248, de 28 de novembro de 1979, e os Decretos-lei n. 1.416, de 25 de agosto de 1975, e 1.427, de 2 de dezembro de 1975, e dispositivos das Leis n. 2.410, de 29 de janeiro de 1955, 2.698, de 27 de dezembro de 1955, 3.053, de 22 de dezembro de 1956, 5.025, de 10 de junho de 1966, 6.137, de 7 de novembro de 1974, 8.387, de 30 de dezembro de 1991, 9.279, de 14 de maio de 1996, e 9.472, de 16 de julho de 1997, e dos Decretos-lei n. 491, de 5 de março de 1969, 666, de 2 de julho de 1969, e 687, de 18 de julho de 1969; e dá outras providências.*

O Presidente da República

Faço saber que o Congresso Nacional decreta e eu sanciono a seguinte Lei:

Capítulo I
DO OBJETO

Art. 1.º Esta Lei dispõe sobre a facilitação para abertura de empresas, sobre a proteção de acionistas minoritários, sobre a facilitação do comércio exterior,

---

(*) Publicada no *DOU*, de 27-8-2021.

Lei n. 14.195, de 26-8-2021 — **Desburocratização Empresarial**

sobre o Sistema Integrado de Recuperação de Ativos (Sira), sobre as cobranças realizadas pelos conselhos profissionais, sobre a profissão de tradutor e intérprete público, sobre a obtenção de eletricidade, sobre a desburocratização societária e de atos processuais e a prescrição intercorrente na Lei n. 10.406, de 10 de janeiro de 2002 (Código Civil).

Capítulo II
DA FACILITAÇÃO PARA ABERTURA DE EMPRESAS

Art. 3.º A Lei n. 8.934, de 18 de novembro de 1994, passa a vigorar com as seguintes alterações:

•• Alterações já processadas no diploma modificado.

Capítulo V
DO SISTEMA INTEGRADO DE RECUPERAÇÃO DE ATIVOS

Art. 13. Fica o Poder Executivo federal autorizado a instituir, sob a governança da Procuradoria-Geral da Fazenda Nacional, o Sistema Integrado de Recuperação de Ativos (Sira), constituído de um conjunto de instrumentos, mecanismos e iniciativas destinados a facilitar a identificação e a localização de bens e de devedores, bem como a constrição e a alienação de ativos.

Art. 14. São objetivos do Sira:

I – promover o desenvolvimento nacional e o bem-estar social por meio da redução dos custos de transação de concessão de créditos mediante aumento do índice de efetividade das ações que envolvam a recuperação de ativos;

II – conferir efetividade às decisões judiciais que visem à satisfação das obrigações de qualquer natureza, em âmbito nacional;

III – reunir dados cadastrais, relacionamentos e bases patrimoniais de pessoas físicas e jurídicas para subsidiar a tomada de decisão, no âmbito de processo judicial em que seja demandada a recuperação de créditos públicos ou privados;

IV – fornecer aos usuários, conforme os respectivos níveis de acesso, os dados cadastrais, os relacionamentos e as bases patrimoniais das pessoas requisitadas, de forma estruturada e organizada; e

V – garantir, com a quantidade, a qualidade e a tempestividade necessárias, os insumos de dados e informações relevantes para a recuperação de créditos públicos ou privados.

Parágrafo único. O Sira zelará pela liberdade de acesso, de uso e de gerenciamento dos dados pelo seu titular, na forma do art. 9.º da Lei n. 13.709, de 14 de agosto de 2018, e obedecerá ao regime geral de proteção de dados aplicável.

Art. 15. São princípios do Sira:

I – melhoria da efetividade e eficiência das ações de recuperação de ativos;

II – promoção da transformação digital e estímulo ao uso de soluções tecnológicas na recuperação de créditos públicos e privados;

III – racionalização e sustentabilidade econômico-financeira das soluções de tecnologia da informação e comunicação de dados, permitida a atribuição aos usuários, quando houver, dos custos de operacionalização do serviço, na forma prevista em regulamento;

IV – respeito à privacidade, à inviolabilidade da intimidade, da honra e da imagem das pessoas e às instituições, na forma prevista em lei; e

V – ampla interoperabilidade e integração com os demais sistemas semelhantes, em especial aqueles utilizados pelo Poder Judiciário, de forma a subsidiar a tomada de decisão, bem como racionalizar e permitir o cumprimento eficaz de ordens judiciais relacionadas à recuperação de ativos.

Art. 16. Ato do Presidente da República disporá sobre:

I – as regras e as diretrizes para o compartilhamento de dados e informações, observado que, para usuários privados, apenas poderão ser fornecidos dados públicos não sujeitos a nenhuma restrição de acesso;

II – a relação nominal das bases mínimas que comporão o Sira;

III – a periodicidade com que a Procuradoria-Geral da Fazenda Nacional apresentará ao Ministério da Economia e ao Conselho Nacional de Justiça relatório sobre as bases geridas e integradas;

IV – o procedimento administrativo para o exercício, na forma prevista em lei, do poder de requisição das informações contidas em bancos de dados geridos por órgãos e por entidades públicos e privados e o prazo para o atendimento da requisição, sem prejuízo da celebração de acordos de cooperação, de convênios e de ajustes de qualquer natureza, quando necessário;

V – a forma de sustentação econômico-financeira do Sira; e

VI – as demais competências da Procuradoria-Geral da Fazenda Nacional e do órgão central de tecnologia da informação no âmbito do Sira.

Art. 17. Fica o Poder Executivo federal autorizado a instituir, sob governança da Procuradoria-Geral da Fazenda Nacional, o Cadastro Fiscal Positivo, com o objetivo de:

I – criar condições para construção permanente de um ambiente de confiança entre os contribuintes e a administração tributária federal;

II – garantir a previsibilidade das ações da Procuradoria-Geral da Fazenda Nacional em face dos contribuintes inscritos no referido cadastro;

III – criar condições para solução consensual dos conflitos tributários, com incentivo à redução da litigiosidade;

IV – reduzir os custos de conformidade em relação aos créditos inscritos em dívida ativa da União e à situação fiscal do contribuinte, a partir das informações constantes do Sira;

V – tornar mais eficientes a gestão de risco dos contribuintes inscritos no referido cadastro e a realização de negócios jurídicos processuais;

VI – melhorar a compreensão das atividades empresariais e dos gargalos fiscais.

Parágrafo único. A Procuradoria-Geral da Fazenda Nacional poderá estabelecer convênio com Estados, com Municípios e com o Distrito Federal para compartilhamento de informações que contribuam para a formação do Cadastro Fiscal Positivo.

Art. 18. Compete ao Procurador-Geral da Fazenda Nacional regulamentar o Cadastro Fiscal Positivo, o qual poderá dispor sobre atendimento, sobre concessões inerentes à garantias, sobre prazos para apreciação de requerimentos, sobre recursos e demais solicitações do contribuinte, sobre cumprimento de obrigações perante a Procuradoria-Geral da Fazenda Nacional e sobre atos de cobrança administrativa ou judicial, especialmente:

I – criação de canais de atendimento diferenciado, inclusive para recebimento de pedidos de transação no contencioso judicial ou na cobrança da dívida ativa da União, nos termos da Lei n. 13.988, de 14 de abril de 2020, ou para esclarecimento sobre esses pedidos;

II – flexibilização das regras para aceitação ou para substituição de garantias, inclusive sobre a possibilidade de substituição de depósito judicial por seguro-garantia ou por outras garantias baseadas na capacidade de geração de resultados dos contribuintes;

III – possibilidade de antecipar a oferta de garantias para regularização de débitos futuros;

IV – execução de garantias em execução fiscal somente após o trânsito em julgado da discussão judicial relativa ao título executado.

Parágrafo único. Será conferido, exclusivamente ao contribuinte, mediante solicitação, acesso aos dados próprios, relacionados ao seu enquadramento no Cadastro Fiscal Positivo.

Capítulo IX
DA DESBUROCRATIZAÇÃO EMPRESARIAL E DOS ATOS PROCESSUAIS E DA PRESCRIÇÃO INTERCORRENTE

Arts. 38 a 40. (*Vetados.*)

Art. 41. As empresas individuais de responsabilidade limitada existentes na data da entrada em vigor desta Lei serão transformadas em sociedades limitadas unipessoais independentemente de qualquer alteração em seu ato constitutivo.

Parágrafo único. Ato do Drei disciplinará a transformação referida neste artigo.

Art. 42. (*Vetado.*)

Art. 43. (*Revogado pela Lei n. 14.382, de 27-6-2022.*)

Capítulo XI
DA NOTA COMERCIAL

Art. 45. A nota comercial, valor mobiliário de que trata o inciso VI do *caput* do art. 2.º da Lei n. 6.385, de 7 de dezembro de 1976, é título de crédito não conversível em ações, de livre negociação, representativo de promessa de pagamento em dinheiro, emitido exclusivamente sob a forma escritural por meio de instituições autorizadas a prestar o serviço de escrituração pela Comissão de Valores Mobiliários.

Art. 46. Podem emitir a nota comercial as sociedades anônimas, as sociedades limitadas e as sociedades cooperativas.

Parágrafo único. A deliberação sobre emissão de nota comercial é de competência dos órgãos de administração, quando houver, ou do administrador do emissor, observado o que dispuser a respeito o respectivo ato constitutivo.

Art. 47. A nota comercial terá as seguintes características, que deverão constar de seu termo constitutivo:

I – a denominação "Nota Comercial";

II – o nome ou razão social do emitente;

III – o local e a data de emissão;

IV – o número da emissão e a divisão em séries, quando houver;

V – o valor nominal;

VI – o local de pagamento;

VII – a descrição da garantia real ou fidejussória, quando houver;

VIII – a data e as condições de vencimento;

IX – a taxa de juros, fixa ou flutuante, admitida a capitalização;

X – a cláusula de pagamento de amortização e de rendimentos, quando houver;

XI – a cláusula de correção por índice de preço, quando houver; e

XII – os aditamentos e as retificações, quando houver.

§ 1.º As notas comerciais de uma mesma série terão igual valor nominal e conferirão a seus titulares os mesmos direitos.

§ 2.º A alteração das características a que se refere o *caput* deste artigo dependerá de aprovação da maioria simples dos titulares de notas comerciais em circulação, presentes em assembleia, se maior quórum não for estabelecido no termo de emissão.

§ 3.º Aplica-se à convocação e ao funcionamento da assembleia prevista no § 2.º deste artigo, entre outros aspectos, o disposto na Lei n. 6.404, de 15 de dezembro de 1976, sobre assembleia geral de debenturistas.

Art. 48. A nota comercial é título executivo extrajudicial, que pode ser executado independentemente de protesto, com base em certidão emitida pelo escriturador ou pelo depositário central, quando esse título for objeto de depósito centralizado.

Parágrafo único. A nota comercial poderá ser considerada vencida na hipótese de inadimplemento de obrigação constante do respectivo termo de emissão.

Art. 49. A titularidade da nota comercial será atribuída exclusivamente por meio de controle realizado nos sistemas informatizados do escriturador ou no depositário central, quando esse título for objeto de depósito centralizado.

Art. 50. A Comissão de Valores Mobiliários poderá estabelecer requisitos adicionais aos previstos nesta Lei, inclusive a eventual necessidade de contratação de agente fiduciário, relativos à nota comercial que seja:

I – ofertada publicamente; ou

II – admitida à negociação em mercados regulamentados de valores mobiliários.

Art. 51. Nas distribuições privadas, o serviço de escrituração deverá ser efetuado em sistemas que atendam aos seguintes requisitos:

I – comprovação da observância de padrões técnicos adequados, em conformidade com os Princípios para Infraestruturas do Mercado Financeiro do Bank for International Settlements (BIS), inclusive no que diz respeito à segurança, à governança e à continuidade de negócios;

II – garantia de acesso integral às informações mantidas por si ou por terceiros por elas contratados para realizar atividades relacionadas com a escrituração;

III – garantia de acesso amplo a informações claras e objetivas aos participantes do mercado, sempre observadas as restrições legais de acesso a informações; e

IV – observância de requisitos e emprego de mecanismos que assegurem a interoperabilidade com os demais sistemas de escrituração autorizados pela Comissão de Valores Mobiliários.

§ 1.º As instituições autorizadas a prestar o serviço de escrituração não poderão escriturar títulos em que sejam participantes como credoras ou emissoras, direta ou indiretamente.

§ 2.º A oferta privada de nota comercial poderá conter cláusula de conversibilidade em participação societária, exceto em relação às sociedades anônimas.

Capítulo XII
DISPOSIÇÕES GERAIS

Art. 56. A Lei n. 13.874, de 20 de setembro de 2019, passa a vigorar com as seguintes alterações:

•• Alterações já processadas no diploma modificado.

Capítulo XIII
DISPOSIÇÕES FINAIS

Art. 57. Ficam revogados:

XXV – os seguintes dispositivos da Lei n. 8.934, de 18 de novembro de 1994:

a) (Vetado);
b) inciso IV do caput do art. 35;
c) art. 58; e
d) art. 60;

XXIX – os seguintes dispositivos da Lei n. 10.406, de 10 de janeiro de 2002 (Código Civil):
a) (Vetado);
b) (Vetado);
c) parágrafo único do art. 1.015;
d) inciso IV do caput e o parágrafo único do art. 1.033; e
e) (Vetado);

Art. 58. Esta Lei entra em vigor na data de sua publicação e produzirá efeitos:
I – em 3 (três) anos, contados da data de sua publicação, quanto ao inciso I do caput do art. 36, podendo a Aneel determinar a antecipação da produção de efeitos em cada área de concessão ou permissão;
II – em 360 (trezentos e sessenta) dias, contados da data de sua publicação, quanto à parte do art. 5.º que altera o § 3.º do art. 138 da Lei n. 6.404, de 15 de dezembro de 1976;
III – em 180 (cento e oitenta) dias, contados da data de sua publicação, quanto ao § 3.º do art. 8.º;
IV – no primeiro dia útil do primeiro mês subsequente ao da data de sua publicação, quanto aos arts. 8.º, 9.º, 10, 11 e 12 e aos incisos III a XV, XVIII, XXIII e XXXI do caput do art. 57; e
V – na data de sua publicação, quanto aos demais dispositivos.

Brasília, 26 de agosto de 2021; 200.º da Independência e 133.º da República.

JAIR MESSIAS BOLSONARO

LEI N. 14.216, DE 7 DE OUTUBRO DE 2021 (*)

Estabelece medidas excepcionais em razão da Emergência em Saúde Pública de Importância Nacional (Espin) decorrente da infecção humana pelo coronavírus SARS-CoV-2, para suspender o cumprimento de medida judicial, extrajudicial ou administrativa que resulte em desocupação ou remoção forçada coletiva em imóvel privado ou público, exclusivamente urbano, e a concessão de liminar em ação de despejo de que trata a Lei n. 8.245, de 18 de outubro de 1991, e para estimular a celebração de acordos nas relações locatícias.

O Presidente da República

Faço saber que o Congresso Nacional decreta e eu promulgo, nos termos do parágrafo 5.º do art. 66 da Constituição Federal, a seguinte Lei:

Art. 1.º Esta Lei estabelece medidas excepcionais em razão da Emergência em Saúde Pública de Importância Nacional (Espin) decorrente da infecção humana pelo coronavírus SARS-CoV-2, para suspender até 31 de dezembro de 2021 o cumprimento de medida judicial, extrajudicial ou administrativa que resulte em desocupação ou remoção forçada coletiva em imóvel privado ou público, exclusivamente urbano, e a concessão de liminar em ação de despejo de que trata a Lei n. 8.245, de 18 de outubro de 1991, para dispensar o locatário do pagamento de multa em caso de denúncia de locação de imóvel e para autorizar a realização de aditivo em contrato de locação por meio de correspondências eletrônicas ou de aplicativos de mensagens.

Art. 2.º Ficam suspensos até 31 de dezembro de 2021 os efeitos de atos ou decisões judiciais, extrajudiciais ou administrativos, editados ou proferidos desde a vigência do estado de calamidade pública reconhecido pelo Decreto Legislativo n. 6, de 20 de março de 2020, até 1 (um) ano após o seu término, que imponham a desocupação ou a remoção forçada coletiva de imóvel privado ou público, exclusivamente urbano, que sirva de moradia ou que represente área produtiva pelo trabalho individual ou familiar.

§ 1.º Para fins do disposto neste artigo, aplica-se a suspensão nos seguintes casos, entre outros:
I – execução de decisão liminar e de sentença em ações de natureza possessória e petitória, inclusive mandado pendente de cumprimento;

(*) Publicada no DOU, de 8-10-2021.

Lei n. 14.216, de 7-10-2021   Despejo ou Desocupação de Imóvel Urbano – Coronavírus

II – despejo coletivo promovido pelo Poder Judiciário;
III – desocupação ou remoção promovida pelo poder público;
IV – medida extrajudicial;
V – despejo administrativo em locação e arrendamento em assentamentos;
VI – autotutela da posse.
§ 2.º As medidas decorrentes de atos ou decisões proferidos em data anterior à vigência do estado de calamidade pública reconhecido pelo Decreto Legislativo n. 6, de 20 de março de 2020, não serão efetivadas até 1 (um) ano após o seu término.
§ 3.º Durante o período mencionado no *caput* deste artigo, não serão adotadas medidas preparatórias ou negociações com o fim de efetivar eventual remoção, e a autoridade administrativa ou judicial deverá manter sobrestados os processos em curso.
§ 4.º Superado o prazo de suspensão a que se refere o *caput* deste artigo, o Poder Judiciário deverá realizar audiência de mediação entre as partes, com a participação do Ministério Público e da Defensoria Pública, nos processos de despejo, de remoção forçada e de reintegração de posse coletivos que estejam em tramitação e realizar inspeção judicial nas áreas em litígio.
Art. 3.º Considera-se desocupação ou remoção forçada coletiva a retirada definitiva ou temporária de indivíduos ou de famílias, promovida de forma coletiva e contra a sua vontade, de casas ou terras que ocupam, sem que estejam disponíveis ou acessíveis as formas adequadas de proteção de seus direitos, notadamente:
I – garantia de habitação, sem nova ameaça de remoção, viabilizando o cumprimento do isolamento social;
II – manutenção do acesso a serviços básicos de comunicação, de energia elétrica, de água potável, de saneamento e de coleta de lixo;
III – proteção contra intempéries climáticas ou contra outras ameaças à saúde e à vida;
IV – acesso aos meios habituais de subsistência, inclusive acesso a terra, a seus frutos, a infraestrutura, a fontes de renda e ao trabalho;
V – privacidade, segurança e proteção contra a violência à pessoa e contra o dano ao seu patrimônio.
Art. 4.º Em virtude da Espin decorrente da infecção humana pelo coronavírus SARS-CoV-2, não se concederá liminar para desocupação de imóvel urbano nas ações de despejo a que se referem os incisos I, II, V, VII, VIII e IX do § 1.º do art. 59 da Lei n. 8.245, de 18 de outubro de 1991, até 31 de dezembro de 2021, desde que o locatário demonstre a ocorrência de alteração da situação econômico-financeira decorrente de medida de enfrentamento da pandemia que resulte em incapacidade de pagamento do aluguel e dos demais encargos sem prejuízo da subsistência familiar.

Parágrafo único. O disposto no *caput* deste artigo somente se aplica aos contratos cujo valor mensal do aluguel não seja superior a:
I – R$ 600,00 (seiscentos reais), em caso de locação de imóvel residencial;
II – R$ 1.200,00 (mil e duzentos reais), em caso de locação de imóvel não residencial.
Art. 5.º Frustrada tentativa de acordo entre locador e locatário para desconto, suspensão ou adiamento, total ou parcial, do pagamento de aluguel devido desde a vigência do estado de calamidade pública reconhecido pelo Decreto Legislativo n. 6, de 20 de março de 2020, até 1 (um) ano após o seu término, relativo a contrato findado em razão de alteração econômico-financeira decorrente de demissão, de redução de carga horária ou de diminuição de remuneração que resulte em incapacidade de pagamento do aluguel e dos demais encargos sem prejuízo da subsistência familiar, será admitida a denúncia da locação pelo locatário residencial até 31 de dezembro de 2021:
I – nos contratos por prazo determinado, independentemente do cumprimento da multa convencionada para o caso de denúncia antecipada do vínculo locatício;
II – nos contratos por prazo indeterminado, independentemente do cumprimento do aviso prévio de desocupação, dispensado o pagamento da multa indenizatória.
§ 1.º A denúncia da locação na forma prevista nos incisos I e II do *caput* deste artigo aplica-se à locação de imóvel não residencial urbano no qual se desenvolva atividade que tenha sofrido a interrupção contínua ou em razão da imposição de medidas de isolamento ou de quarentena, por prazo igual ou superior a 30 (trinta) dias, se frustrada tentativa de acordo entre locador e locatário para desconto, suspensão ou adiamento, total ou parcial, do pagamento de aluguel devido desde a vigência do estado de calamidade pública reconhecido pelo Decreto Legislativo n. 6, de 20 de março de 2020, até 1 (um) ano após o seu término.

§ 2.º Não se aplica o disposto no *caput* deste artigo quando o imóvel objeto da locação for o único de propriedade do locador, excluído o utilizado para sua residência, desde que os aluguéis consistam na totalidade de sua renda.

Art. 6.º As tentativas de acordo para desconto, suspensão ou adiamento de pagamento de aluguel, ou que estabeleçam condições para garantir o reequilíbrio contratual dos contratos de locação de imóveis durante a Espin decorrente da infecção humana pelo coronavírus SARS-CoV-2, poderão ser realizadas por meio de correspondências eletrônicas ou de aplicativos de mensagens, e o conteúdo deles extraído terá valor de aditivo contratual, com efeito de título executivo extrajudicial, bem como provará a não celebração do acordo para fins do disposto no art. 5.º desta Lei.

Art. 7.º As medidas de que tratam os arts. 2.º e 3.º desta Lei:

I – não se aplicam a ocupações ocorridas após 31 de março de 2021;

II – não alcançam as desocupações já perfectibilizadas na data da publicação desta Lei.

Art. 8.º Esta Lei entra em vigor na data de sua publicação.

Brasília, 7 de outubro de 2021; 200.º da Independência e 133.º da República.

Jair Messias Bolsonaro

LEI N. 14.344, DE 24 DE MAIO DE 2022 (*)

Cria mecanismos para a prevenção e o enfrentamento da violência doméstica e familiar contra a criança e o adolescente, nos termos do § 8.º do art. 226 e do § 4.º do art. 227 da Constituição Federal e das disposições específicas previstas em tratados, convenções ou acordos internacionais de que o Brasil seja parte; altera o Decreto-lei n. 2.848, de 7 de dezembro de 1940 (Código Penal), e as Leis n. 7.210, de 11 de julho de 1984 (Lei de Execução Penal), 8.069, de 13 de julho de 1990 (Estatuto da Criança e do Adolescente), 8.072, de 25 de julho de 1990 (Lei de Crimes Hediondos), e 13.431, de 4 de abril de 2017, que estabelece o sistema de garantia de direitos da criança e do adolescente vítima ou testemunha de violência; e dá outras providências.

O Presidente da República

Faço saber que o Congresso Nacional decreta e eu sanciono a seguinte Lei:

Art. 1.º Esta Lei cria mecanismos para a prevenção e o enfrentamento da violência doméstica e familiar contra a criança e o adolescente, nos termos do § 8.º do art. 226 e do § 4.º do art. 227 da Constituição Federal e das disposições específicas previstas em tratados, convenções e acordos internacionais ratificados pela República Federativa do Brasil, e altera o Decreto-lei n. 2.848, de 7 de dezembro de 1940 (Código Penal), e as Leis ns. 7.210, de 11 de julho de 1984 (Lei de Execução Penal), 8.069, de 13 de julho de 1990 (Estatuto da Criança e do Adolescente), 8.072, de 25 de julho de 1990 (Lei de Crimes Hediondos), e 13.431, de 4 de abril de 2017, que estabelece o sistema de garantia de direitos da criança e do adolescente vítima ou testemunha de violência.

•• A Resolução n. 287, de 12-3-2024, do CNMP, dispõe sobre a atuação integrada do Ministério Público para a efetiva defesa e proteção das crianças e adolescentes vítimas ou testemunhas de violência.

Capítulo I
DA VIOLÊNCIA DOMÉSTICA E FAMILIAR CONTRA A CRIANÇA E O ADOLESCENTE

Art. 2.º Configura violência doméstica e familiar contra a criança e o adolescente qualquer ação ou omissão que lhe cause morte, lesão, sofrimento físico, sexual, psicológico ou dano patrimonial:

I – no âmbito do domicílio ou da residência da criança e do adolescente, compreendida como o espaço de convívio permanente de pessoas, com ou sem vínculo familiar, inclusive as esporadicamente agregadas;

II – no âmbito da família, compreendida como a comunidade formada por indivíduos que compõem a

---

(*) Publicada no *Diário Oficial da União*, de 25-5-2022.

Lei n. 14.344, de 24-5-2022   **Lei "Henry Borel"**

família natural, ampliada ou substituta, por laços naturais, por afinidade ou por vontade expressa;

III – em qualquer relação doméstica e familiar na qual o agressor conviva ou tenha convivido com a vítima, independentemente de coabitação.

Parágrafo único. Para a caracterização da violência prevista no *caput* deste artigo, deverão ser observadas as definições estabelecidas na Lei n. 13.431, de 4 de abril de 2017.

Art. 3.º A violência doméstica e familiar contra a criança e o adolescente constitui uma das formas de violação dos direitos humanos.

Art. 4.º As estatísticas sobre a violência doméstica e familiar contra a criança e o adolescente serão incluídas nas bases de dados dos órgãos oficiais do Sistema de Garantia dos Direitos da Criança e do Adolescente, do Sistema Único de Saúde, do Sistema Único de Assistência Social e do Sistema de Justiça e Segurança, de forma integrada, a fim de subsidiar o sistema nacional de dados e informações relativo às crianças e aos adolescentes.

§ 1.º Por meio da descentralização político-administrativa que prevê o Sistema de Garantia dos Direitos da Criança e do Adolescente, os entes federados poderão remeter suas informações para a base de dados do Ministério da Justiça e Segurança Pública e do Ministério da Mulher, da Família e dos Direitos Humanos.

§ 2.º Os serviços deverão compartilhar entre si, de forma integrada, as informações coletadas das vítimas, dos membros da família e de outros sujeitos de sua rede afetiva, por meio de relatórios, em conformidade com o fluxo estabelecido, preservado o sigilo das informações.

§ 3.º O compartilhamento completo do registro de informações será realizado por meio de encaminhamento ao serviço, ao programa ou ao equipamento do sistema de garantia de direitos da criança e do adolescente vítima ou testemunha de violência, que acolherá, em seguida, a criança ou o adolescente vítima ou testemunha de violência.

§ 4.º O compartilhamento de informações de que trata o § 3.º deste artigo deverá zelar pelo sigilo dos dados pessoais da criança e do adolescente vítima ou testemunha de violência.

§ 5.º Será adotado modelo de registro de informações para compartilhamento do sistema de garantia de direitos da criança e do adolescente vítima ou testemunha de violência, que conterá, no mínimo:

I – os dados pessoais da criança ou do adolescente;

II – a descrição do atendimento;

III – o relato espontâneo da criança ou do adolescente, quando houver;

IV – os encaminhamentos efetuados.

Art. 5.º O Sistema de Garantia dos Direitos da Criança e do Adolescente intervirá nas situações de violência contra a criança e o adolescente com a finalidade de:

I – mapear as ocorrências das formas de violência e suas particularidades no território nacional;

II – prevenir os atos de violência contra a criança e o adolescente;

III – fazer cessar a violência quando esta ocorrer;

IV – prevenir a reiteração da violência já ocorrida;

V – promover o atendimento da criança e do adolescente para minimizar as sequelas da violência sofrida; e

VI – promover a reparação integral dos direitos da criança e do adolescente.

VII – promover a parentalidade positiva e o direito ao brincar como estratégias de prevenção à violência doméstica contra a criança e o adolescente.

•• Inciso VII acrescentado pela Lei n. 14.826, de 20-3-2024.

Capítulo II
DA ASSISTÊNCIA À CRIANÇA E AO ADOLESCENTE EM SITUAÇÃO DE VIOLÊNCIA DOMÉSTICA E FAMILIAR

Art. 6.º A assistência à criança e ao adolescente em situação de violência doméstica e familiar será prestada de forma articulada e conforme os princípios e as diretrizes previstos nas Leis ns. 8.069, de 13 de julho de 1990 (Estatuto da Criança e do Adolescente), e 8.742, de 7 de dezembro de 1993, no Sistema Único de Saúde, no Sistema Único de Segurança Pública, entre outras normas e políticas públicas de proteção, e emergencialmente, quando for o caso.

Art. 7.º A União, o Distrito Federal, os Estados e os Municípios poderão criar e promover, para a criança e o adolescente em situação de violência doméstica e familiar, no limite das respectivas competências e de acordo com o art. 88 da Lei n. 8.069, de 13 de julho de 1990 (Estatuto da Criança e do Adolescente):

I – centros de atendimento integral e multidisciplinar;

II – espaços para acolhimento familiar e institucional e programas de apadrinhamento;
III – delegacias, núcleos de defensoria pública, serviços de saúde e centros de perícia médico-legal especializados;
IV – programas e campanhas de enfrentamento da violência doméstica e familiar;
V – centros de educação e de reabilitação para os agressores.

Art. 8.º O Sistema de Garantia dos Direitos da Criança e do Adolescente, juntamente com os sistemas de justiça, de saúde, de segurança pública e de assistência social, os Conselhos Tutelares e a comunidade escolar, poderão, na esfera de sua competência, adotar ações articuladas e efetivas direcionadas à identificação da agressão, à agilidade no atendimento da criança e do adolescente vítima de violência doméstica e familiar e à responsabilização do agressor.

Art. 9.º Os Estados e o Distrito Federal, na formulação de suas políticas e planos de atendimento à criança e ao adolescente em situação de violência doméstica e familiar, darão prioridade, no âmbito da Polícia Civil, à criação de Delegacias Especializadas de Proteção à Criança e ao Adolescente.

Art. 10. A União, os Estados, o Distrito Federal e os Municípios poderão estabelecer dotações orçamentárias específicas, em cada exercício financeiro, para a implementação das medidas estabelecidas nesta Lei.

Capítulo III
DO ATENDIMENTO PELA AUTORIDADE POLICIAL

Art. 11. Na hipótese de ocorrência de ação ou omissão que implique a ameaça ou a prática de violência doméstica e familiar contra a criança e o adolescente, a autoridade policial que tomar conhecimento da ocorrência adotará, de imediato, as providências legais cabíveis.

Parágrafo único. Aplica-se o disposto no *caput* deste artigo ao descumprimento de medida protetiva de urgência deferida.

Art. 12. O depoimento da criança e do adolescente vítima ou testemunha de violência doméstica e familiar será colhido nos termos da Lei n. 13.431, de 4 de abril de 2017, observadas as disposições da Lei n. 8.069, de 13 de julho de 1990 (Estatuto da Criança e do Adolescente).

Art. 13. No atendimento à criança e ao adolescente em situação de violência doméstica e familiar, a autoridade policial deverá, entre outras providências:
I – encaminhar a vítima ao Sistema Único de Saúde e ao Instituto Médico-Legal imediatamente;
II – encaminhar a vítima, os familiares e as testemunhas, caso sejam crianças ou adolescentes, ao Conselho Tutelar para os encaminhamentos necessários, inclusive para a adoção das medidas protetivas adequadas;
III – garantir proteção policial, quando necessário, comunicados de imediato o Ministério Público e o Poder Judiciário;
IV – fornecer transporte para a vítima e, quando necessário, para seu responsável ou acompanhante, para serviço de acolhimento existente ou local seguro, quando houver risco à vida.

Art. 14. Verificada a ocorrência de ação ou omissão que implique a ameaça ou a prática de violência doméstica e familiar, com a existência de risco atual ou iminente à vida ou à integridade física da criança e do adolescente, ou de seus familiares, o agressor será imediatamente afastado do lar, do domicílio ou do local de convivência com a vítima:
I – pela autoridade judicial;
II – pelo delegado de polícia, quando o Município não for sede de comarca;
III – pelo policial, quando o Município não for sede de comarca e não houver delegado disponível no momento da denúncia.

§ 1.º O Conselho Tutelar poderá representar às autoridades referidas nos incisos I, II e III do *caput* deste artigo para requerer o afastamento do agressor do lar, do domicílio ou do local de convivência com a vítima.

§ 2.º Nas hipóteses previstas nos incisos II e III do *caput* deste artigo, o juiz será comunicado no prazo máximo de 24 (vinte e quatro) horas e decidirá, em igual prazo, sobre a manutenção ou a revogação da medida aplicada, bem como dará ciência ao Ministério Público concomitantemente.

§ 3.º Nos casos de risco à integridade física da vítima ou à efetividade da medida protetiva de urgência, não será concedida liberdade provisória ao preso.

Capítulo IV
DOS PROCEDIMENTOS

Lei n. 14.344, de 24-5-2022 — Lei "Henry Borel"

Seção I
Das Medidas Protetivas de Urgência

Art. 15. Recebido o expediente com o pedido em favor de criança e de adolescente em situação de violência doméstica e familiar, caberá ao juiz, no prazo de 24 (vinte e quatro) horas:

I – conhecer do expediente e do pedido e decidir sobre as medidas protetivas de urgência;

II – determinar o encaminhamento do responsável pela criança ou pelo adolescente ao órgão de assistência judiciária, quando for o caso;

III – comunicar ao Ministério Público para que adote as providências cabíveis;

IV – determinar a apreensão imediata de arma de fogo sob a posse do agressor.

Art. 16. As medidas protetivas de urgência poderão ser concedidas pelo juiz, a requerimento do Ministério Público, da autoridade policial, do Conselho Tutelar ou a pedido da pessoa que atue em favor da criança e do adolescente.

§ 1.º As medidas protetivas de urgência poderão ser concedidas de imediato, independentemente de audiência das partes e de manifestação do Ministério Público, o qual deverá ser prontamente comunicado.

§ 2.º As medidas protetivas de urgência serão aplicadas isolada ou cumulativamente e poderão ser substituídas a qualquer tempo por outras de maior eficácia, sempre que os direitos reconhecidos nesta Lei forem ameaçados ou violados.

§ 3.º Poderá o juiz, a requerimento do Ministério Público ou do Conselho Tutelar, ou a pedido da vítima ou de quem esteja atuando em seu favor, conceder novas medidas protetivas de urgência ou rever aquelas já concedidas, se entender necessário à proteção da vítima, de seus familiares e de seu patrimônio, ouvido o Ministério Público.

Art. 17. Em qualquer fase do inquérito policial ou da instrução criminal, caberá a prisão preventiva do agressor, decretada pelo juiz, a requerimento do Ministério Público ou mediante representação da autoridade policial.

Parágrafo único. O juiz poderá revogar a prisão preventiva se, no curso do processo, verificar a falta de motivo para que subsista, bem como decretá-la novamente, se sobrevierem razões que a justifiquem.

Art. 18. O responsável legal pela criança ou pelo adolescente vítima ou testemunha de violência doméstica e familiar, desde que não seja o autor das agressões, deverá ser notificado dos atos processuais relativos ao agressor, especialmente dos pertinentes ao ingresso e à saída da prisão, sem prejuízo da intimação do advogado constituído ou do defensor público.

Art. 19. O juiz competente providenciará o registro da medida protetiva de urgência.

Parágrafo único. As medidas protetivas de urgência serão, após sua concessão, imediatamente registradas em banco de dados mantido e regulamentado pelo Conselho Nacional de Justiça, garantido o acesso instantâneo do Ministério Público, da Defensoria Pública, dos órgãos de segurança pública e de assistência social e dos integrantes do Sistema de Garantia dos Direitos da Criança e do Adolescente, com vistas à fiscalização e à efetividade das medidas protetivas.

Seção II
Das Medidas Protetivas de Urgência que Obrigam o Agressor

Art. 20. Constatada a prática de violência doméstica e familiar contra a criança e o adolescente nos termos desta Lei, o juiz poderá determinar ao agressor, de imediato, em conjunto ou separadamente, a aplicação das seguintes medidas protetivas de urgência, entre outras:

I – a suspensão da posse ou a restrição do porte de armas, com comunicação ao órgão competente, nos termos da Lei n. 10.826, de 22 de dezembro de 2003;

II – o afastamento do lar, do domicílio ou do local de convivência com a vítima;

III – a proibição de aproximação da vítima, de seus familiares, das testemunhas e de noticiantes ou denunciantes, com a fixação do limite mínimo de distância entre estes e o agressor;

IV – a vedação de contato com a vítima, com seus familiares, com testemunhas e com noticiantes ou denunciantes, por qualquer meio de comunicação;

V – a proibição de frequentação de determinados lugares a fim de preservar a integridade física e psicológica da criança ou do adolescente, respeitadas as disposições da Lei n. 8.069, de 13 de julho de 1990 (Estatuto da Criança e do Adolescente);

VI – a restrição ou a suspensão de visitas à criança ou ao adolescente;

VII – a prestação de alimentos provisionais ou provisórios;
VIII – o comparecimento a programas de recuperação e reeducação;
IX – o acompanhamento psicossocial, por meio de atendimento individual e/ou em grupo de apoio.
§ 1.º As medidas referidas neste artigo não impedem a aplicação de outras previstas na legislação em vigor, sempre que a segurança da vítima ou as circunstâncias o exigirem, e todas as medidas devem ser comunicadas ao Ministério Público.
§ 2.º Na hipótese de aplicação da medida prevista no inciso I do *caput* deste artigo, encontrando-se o agressor nas condições referidas no art. 6.º da Lei n. 10.826, de 22 de dezembro de 2003, o juiz comunicará ao respectivo órgão, corporação ou instituição as medidas protetivas de urgência concedidas e determinará a restrição do porte de armas, e o superior imediato do agressor ficará responsável pelo cumprimento da determinação judicial, sob pena de incorrer nos crimes de prevaricação ou de desobediência, conforme o caso.
§ 3.º Para garantir a efetividade das medidas protetivas de urgência, poderá o juiz requisitar, a qualquer momento, auxílio da força policial.

Seção III
Das Medidas Protetivas de Urgência à Vítima

Art. 21. Poderá o juiz, quando necessário, sem prejuízo de outras medidas, determinar:
I – a proibição do contato, por qualquer meio, entre a criança ou o adolescente vítima ou testemunha de violência e o agressor;
II – o afastamento do agressor da residência ou do local de convivência ou de coabitação;
III – a prisão preventiva do agressor, quando houver suficientes indícios de ameaça à criança ou ao adolescente vítima ou testemunha de violência;
IV – a inclusão da vítima e de sua família natural, ampliada ou substituta nos atendimentos a que têm direito nos órgãos de assistência social;
V – a inclusão da criança ou do adolescente, de familiar ou de noticiante ou denunciante em programa de proteção a vítimas ou a testemunhas;
VI – no caso da impossibilidade de afastamento do lar do agressor ou de prisão, a remessa do caso para o juízo competente, a fim de avaliar a necessidade de acolhimento familiar, institucional ou colação em família substituta;
VII – a realização da matrícula da criança ou do adolescente em instituição de educação mais próxima de seu domicílio ou do local de trabalho de seu responsável legal, ou sua transferência para instituição congênere, independentemente da existência de vaga.
§ 1.º A autoridade policial poderá requisitar e o Conselho Tutelar requerer ao Ministério Público a propositura de ação cautelar de antecipação de produção de prova nas causas que envolvam violência contra a criança e o adolescente, observadas as disposições da Lei n. 13.431, de 4 de abril de 2017.

•• O STF, na ADI n. 7.192, nas sessões virtuais de 10-5-2024 a 17-5-2024 (*DOU* de 22-5-2024), por unanimidade, julgou parcialmente procedente a ação direta de inconstitucionalidade, para conferir interpretação conforme a este § 1.º, e assentar que o Delegado pode solicitar ao Ministério Público a propositura de ação cautelar de antecipação de produção de prova nas causas que envolvam violência contra a criança e o adolescente, cabendo ao membro desta última instituição avaliar se entende ser o caso de atuação, nos limites de sua independência funcional e observados os deveres que lhe são inerentes.

§ 2.º O juiz poderá determinar a adoção de outras medidas cautelares previstas na legislação em vigor, sempre que as circunstâncias o exigirem, com vistas à manutenção da integridade ou da segurança da criança ou do adolescente, de seus familiares e de noticiante ou denunciante.

Capítulo V
DO MINISTÉRIO PÚBLICO

Art. 22. Caberá ao Ministério Público, sem prejuízo de outras atribuições, nos casos de violência doméstica e familiar contra a criança e o adolescente, quando necessário:
I – registrar em seu sistema de dados os casos de violência doméstica e familiar contra a criança e o adolescente;

•• A Resolução n. 298, de 10-9-2024, do CNMP, instituiu o Cadastro Nacional de Casos de Violência contra Criança e Adolescente.

II – requisitar força policial e serviços públicos de saúde, de educação, de assistência social e de segurança, entre outros;

Lei n. 14.344, de 24-5-2022   Lei "Henry Borel"

III – fiscalizar os estabelecimentos públicos e particulares de atendimento à criança e ao adolescente em situação de violência doméstica e familiar e adotar, de imediato, as medidas administrativas ou judiciais cabíveis no tocante a quaisquer irregularidades constatadas.

Capítulo VI
DA PROTEÇÃO AO NOTICIANTE OU DENUNCIANTE DE VIOLÊNCIA DOMÉSTICA E FAMILIAR

Art. 23. Qualquer pessoa que tenha conhecimento ou presencie ação ou omissão, praticada em local público ou privado, que constitua violência doméstica e familiar contra a criança e o adolescente tem o dever de comunicar o fato imediatamente ao serviço de recebimento e monitoramento de denúncias, ao Disque 100 da Ouvidoria Nacional de Direitos Humanos do Ministério da Mulher, da Família e dos Direitos Humanos, ao Conselho Tutelar ou à autoridade policial, os quais, por sua vez, tomarão as providências cabíveis.

Art. 24. O poder público garantirá meios e estabelecerá medidas e ações para a proteção e a compensação da pessoa que noticiar informações ou denunciar a prática de violência, de tratamento cruel ou degradante ou de formas violentas de educação, correção ou disciplina contra a criança e o adolescente.

§ 1.º A União, os Estados, o Distrito Federal e os Municípios poderão estabelecer programas de proteção e compensação das vítimas, das testemunhas e dos noticiantes ou denunciantes das condutas previstas no *caput* deste artigo.

§ 2.º O noticiante ou denunciante poderá requerer que a revelação das informações de que tenha conhecimento seja feita perante a autoridade policial, o Conselho Tutelar, o Ministério Público ou o juiz, caso em que a autoridade competente solicitará sua presença, designando data e hora para audiência especial com esse fim.

§ 3.º O noticiante ou denunciante poderá condicionar a revelação de informações de que tenha conhecimento à execução das medidas de proteção necessárias para assegurar sua integridade física e psicológica, e caberá à autoridade competente requerer e deferir a adoção das medidas necessárias.

§ 4.º Ninguém será submetido a retaliação, a represália, a discriminação ou a punição pelo fato ou sob o fundamento de ter reportado ou denunciado as condutas descritas no *caput* deste artigo.

§ 5.º O noticiante ou denunciante que, na iminência de revelar as informações de que tenha conhecimento, ou após tê-lo feito, ou que, no curso de investigação, de procedimento ou de processo instaurado a partir de revelação realizada, seja coagido ou exposto a grave ameaça, poderá requerer a execução das medidas de proteção previstas na Lei n.º 9.807, de 13 de julho de 1999, que lhe sejam aplicáveis.

§ 6.º O Ministério Público manifestar-se-á sobre a necessidade e a utilidade das medidas de proteção formuladas pelo noticiante ou denunciante e requererá ao juiz competente o deferimento das que entender apropriadas.

§ 7.º Para a adoção das medidas de proteção, considerar-se-á, entre outros aspectos, a gravidade da coação ou da ameaça à integridade física ou psicológica, a dificuldade de preveni-las ou de reprimi-las pelos meios convencionais e a sua importância para a produção de provas.

§ 8.º Em caso de urgência e levando em consideração a procedência, a gravidade e a iminência da coação ou ameaça, o juiz competente, de ofício ou a requerimento do Ministério Público, determinará que o noticiante ou denunciante seja colocado provisoriamente sob a proteção de órgão de segurança pública, até que o conselho deliberativo decida sobre sua inclusão no programa de proteção.

§ 9.º Quando entender necessário, o juiz competente, de ofício, a requerimento do Ministério Público, da autoridade policial, do Conselho Tutelar ou por solicitação do órgão deliberativo concederá as medidas cautelares direta ou indiretamente relacionadas à eficácia da proteção.

Capítulo VIII
DISPOSIÇÕES FINAIS

Art. 27. Fica instituído, em todo o território nacional, o dia 3 de maio de cada ano como Dia Nacional de Combate à Violência Doméstica e Familiar contra a Criança e o Adolescente, em homenagem ao menino Henry Borel.

Art. 33. Aos procedimentos regulados nesta Lei aplicam-se subsidiariamente, no que couber, as disposições das Leis n. 8.069, de 13 de julho de 1990 (Estatuto da Criança e do Adolescente), 11.340, de 7 de agosto de 2006 (Lei Maria da Penha), e 13.431, de 4 de abril de 2017.

Art. 34. Esta Lei entra em vigor após decorridos 45 (quarenta e cinco) dias de sua publicação oficial.
Brasília, 24 de maio de 2022; 201.º da Independência e 134.º da República.

JAIR MESSIAS BOLSONARO

LEI N. 14.382, DE 27 DE JUNHO DE 2022 (*)

Dispõe sobre o Sistema Eletrônico dos Registros Públicos (SERP); altera as Leis n. 4.591, de 16 de dezembro de 1964, 6.015, de 31 de dezembro de 1973 (Lei de Registros Públicos), 6.766, de 19 de dezembro de 1979, 8.935, de 18 de novembro de 1994, 10.406, de 10 de janeiro de 2002 (Código Civil), 11.977, de 7 de julho de 2009, 13.097, de 19 de janeiro de 2015, e 13.465, de 11 de julho de 2017; e revoga a Lei n. 9.042, de 9 de maio de 1995, e dispositivos das Leis n. 4.864, de 29 de novembro de 1965, 8.212, de 24 de julho de 1991, 12.441, de 11 de julho de 2011, 12.810, de 15 de maio de 2013, e 14.195, de 26 de agosto de 2021.

O Presidente da República

Faço saber que o Congresso Nacional decreta e eu sanciono a seguinte Lei:

Capítulo I
DISPOSIÇÕES GERAIS

Art. 1.º Esta Lei dispõe sobre o Sistema Eletrônico dos Registros Públicos (SERP), de que trata o art. 37 da Lei n. 11.977, de 7 de julho de 2009, bem como moderniza e simplifica os procedimentos relativos aos registros públicos de atos e negócios jurídicos, de que trata a Lei n. 6.015, de 31 de dezembro de 1973 (Lei de Registros Públicos), e de incorporações imobiliárias, de que trata a Lei n. 4.591, de 16 de dezembro de 1964.

•• A Lei n. 11.977, de 7-7-2009, dispõe sobre o Programa Minha Casa, Minha Vida e sobre a regularização fundiária de assentamentos localizados em áreas urbanas.

Art. 2.º Esta Lei aplica-se:

I – às relações jurídicas que envolvam oficiais dos registros públicos; e

II – aos usuários dos serviços de registros públicos.

Capítulo II
DO SISTEMA ELETRÔNICO DE REGISTROS PÚBLICOS

Seção I
Dos Objetivos e das Responsabilidades

•• O Provimento n. 139, de 1.º-2-2023, do CNJ, regulamenta o Sistema Eletrônico dos Registros Públicos (Serp).

Art. 3.º O SERP tem o objetivo de viabilizar:

I – o registro público eletrônico dos atos e negócios jurídicos;

II – a interconexão das serventias dos registros públicos;

III – a interoperabilidade das bases de dados entre as serventias dos registros públicos e entre as serventias dos registros públicos e o SERP;

IV – o atendimento remoto aos usuários de todas as serventias dos registros públicos, por meio da internet;

V – a recepção e o envio de documentos e títulos, a expedição de certidões e a prestação de informações, em formato eletrônico, inclusive de forma centralizada, para distribuição posterior às serventias dos registros públicos competentes;

VI – a visualização eletrônica dos atos transcritos, registrados ou averbados nas serventias dos registros públicos;

VII – o intercâmbio de documentos eletrônicos e de informações entre as serventias dos registros públicos e:

a) os entes públicos, inclusive por meio do Sistema Integrado de Recuperação de Ativos (Sira), de que trata o Capítulo V da Lei n. 14.195, de 26 de agosto de 2021; e

b) os usuários em geral, inclusive as instituições financeiras e as demais instituições autorizadas a funcionar pelo Banco Central do Brasil e os tabeliães;

(*) Publicada no *Diário Oficial da União*, de 28-6-2022. O Provimento n. 149, de 30-8-2023, do CNJ, instituiu o Código Nacional de Normas da Corregedoria Nacional de Justiça do Conselho Nacional de Justiça — Foro Extrajudicial (CNN/CN/CNJ-Extra), que regulamenta os serviços notariais e de registro.

VIII – o armazenamento de documentos eletrônicos para dar suporte aos atos registrais;

IX – a divulgação de índices e de indicadores estatísticos apurados a partir de dados fornecidos pelos oficiais dos registros públicos, observado o disposto no inciso VII do *caput* do art. 7.º desta Lei;

X – a consulta:

a) às indisponibilidades de bens decretadas pelo Poder Judiciário ou por entes públicos;

b) às restrições e aos gravames de origem legal, convencional ou processual incidentes sobre bens móveis e imóveis registrados ou averbados nos registros públicos; e

c) aos atos em que a pessoa pesquisada conste como:
1. devedora de título protestado e não pago;
2. garantidora real;
3. cedente convencional de crédito; ou
4. titular de direito sobre bem objeto de constrição processual ou administrativa; e

XI – outros serviços, nos termos estabelecidos pela Corregedoria Nacional de Justiça do Conselho Nacional de Justiça.

§ 1.º Os oficiais dos registros públicos de que trata a Lei n. 6.015, de 31 de dezembro de 1973 (Lei de Registros Públicos), integram o SERP.

§ 2.º A consulta a que se refere o inciso X do *caput* deste artigo será realizada com base em indicador pessoal ou, quando compreender bem especificamente identificável, mediante critérios relativos ao bem objeto de busca.

§ 3.º O SERP deverá:

I – observar os padrões e os requisitos de documentos, de conexão e de funcionamento estabelecidos pela Corregedoria Nacional de Justiça do Conselho Nacional de Justiça; e

II – garantir a segurança da informação e a continuidade da prestação do serviço dos registros públicos.

§ 4.º O SERP terá operador nacional, sob a forma de pessoa jurídica de direito privado, na forma prevista nos incisos I ou III do *caput* do art. 44 da Lei n. 10.406, de 10 de janeiro de 2002 (Código Civil), na modalidade de entidade civil sem fins lucrativos, nos termos estabelecidos pela Corregedoria Nacional de Justiça do Conselho Nacional de Justiça.

Art. 4.º Compete aos oficiais dos registros públicos promover a implantação e o funcionamento adequado do SERP, com a disponibilização das informações necessárias, nos termos estabelecidos pela Corregedoria Nacional de Justiça do Conselho Nacional de Justiça, especialmente das informações relativas:

I – às garantias de origem legal, convencional ou processual, aos contratos de arrendamento mercantil financeiro e às cessões convencionais de crédito, constituídos no âmbito da sua competência; e

II – aos dados necessários à produção de índices e de indicadores estatísticos.

§ 1.º É obrigatória a adesão ao SERP dos oficiais dos registros públicos de que trata a Lei n. 6.015, de 31 de dezembro de 1973 (Lei de Registros Públicos), ou dos responsáveis interinos pelo expediente.

§ 2.º O descumprimento do disposto neste artigo ensejará a aplicação das penas previstas no art. 32 da Lei n. 8.935, de 18 de novembro de 1994, nos termos estabelecidos pela Corregedoria Nacional de Justiça do Conselho Nacional de Justiça.

Seção II
Do Fundo para a Implementação e Custeio do Sistema Eletrônico dos Registros Públicos

Art. 5.º Fica criado o Fundo para a Implementação e Custeio do Sistema Eletrônico dos Registros Públicos (Fics), subvencionado pelos oficiais dos registros públicos, respeitado o disposto no § 9.º do art. 76 da Lei n. 13.465, de 11 de julho de 2017.

§ 1.º Caberá à Corregedoria Nacional de Justiça do Conselho Nacional de Justiça:

I – disciplinar a instituição da receita do Fics;

II – estabelecer as cotas de participação dos oficiais dos registros públicos;

III – fiscalizar o recolhimento das cotas de participação dos oficiais dos registros públicos; e

IV – supervisionar a aplicação dos recursos e as despesas incorridas.

§ 2.º Os oficiais dos registros públicos ficam dispensados de participar da subvenção do Fics na hipótese de desenvolverem e utilizarem sistemas e plataformas interoperáveis necessários para a integração plena dos serviços de suas delegações ao SERP, nos termos estabelecidos pela Corregedoria Nacional de Justiça do Conselho Nacional de Justiça.

Seção III
Dos Extratos Eletrônicos para Registro ou Averbação

Art. 6.º Os oficiais dos registros públicos, quando cabível, receberão dos interessados, por meio do SERP, os extratos eletrônicos para registro ou averbação de fatos, de atos e de negócios jurídicos, nos termos do inciso VIII do *caput* do art. 7.º desta Lei.

§ 1.º Na hipótese de que trata o *caput* deste artigo:

I – o oficial:

a) qualificará o título pelos elementos, pelas cláusulas e pelas condições constantes do extrato eletrônico; e

b) disponibilizará ao requerente as informações relativas à certificação do registro em formato eletrônico;

II – o requerente poderá, a seu critério, solicitar o arquivamento da íntegra do instrumento contratual que deu origem ao extrato eletrônico relativo a bens imóveis;

III – os extratos eletrônicos relativos a bens imóveis deverão, obrigatoriamente, ser acompanhados do arquivamento da íntegra do instrumento contratual, em cópia simples, exceto se apresentados por tabelião de notas, hipótese em que este arquivará o instrumento contratual em pasta própria;

•• Inciso III originalmente vetado, todavia promulgado em 22-12-2022.

IV – os extratos eletrônicos relativos a bens imóveis produzidos pelas instituições financeiras que atuem com crédito imobiliário autorizadas a celebrar instrumentos particulares com caráter de escritura pública, bem como os relativos a garantias de crédito rural em cédulas e títulos de crédito do agronegócio, poderão ser apresentados ao registro eletrônico de imóveis, e as referidas instituições financeiras arquivarão o instrumento contratual ou título em pasta própria.

•• Inciso IV acrescentado pela Lei n. 14.620, de 13-7-2023.

§ 2.º No caso de extratos eletrônicos para registro ou averbação de atos e de negócios jurídicos relativos a bens imóveis, ficará dispensada a atualização prévia da matrícula quanto aos dados objetivos ou subjetivos previstos no art. 176 da Lei n. 6.015, de 31 de dezembro de 1973 (Lei de Registros Públicos), exceto dos dados imprescindíveis para comprovar a subsunção do objeto e das partes aos dados constantes do título apresentado, ressalvado o seguinte:

I – não poderá ser criada nova unidade imobiliária por fusão ou desmembramento sem observância da especialidade; e

II – subordinar-se-á a dispensa de atualização à correspondência dos dados descritivos do imóvel e dos titulares entre o título e a matrícula.

§ 3.º Será dispensada, no âmbito do registro de imóveis, a apresentação da escritura de pacto antenupcial, desde que os dados de seu registro e o regime de bens sejam indicados no extrato eletrônico de que trata o *caput* deste artigo, com a informação sobre a existência ou não de cláusulas especiais.

§ 4.º O instrumento contratual a que se referem os incisos II e III do § 1.º deste artigo será apresentado por meio de documento eletrônico ou digitalizado, nos termos do inciso VIII do *caput* do art. 3.º desta Lei, acompanhado de declaração, assinada eletronicamente, de que seu conteúdo corresponde ao original firmado pelas partes.

Seção IV
Da Competência da Corregedoria Nacional de Justiça

Art. 7.º Caberá à Corregedoria Nacional de Justiça do Conselho Nacional de Justiça disciplinar o disposto nos arts. 37 a 41 e 45 da Lei n. 11.977, de 7 de julho de 2009, e o disposto nesta Lei, em especial os seguintes aspectos:

I – os sistemas eletrônicos integrados ao SERP, por tipo de registro público ou de serviço prestado;

II – o cronograma de implantação do SERP e do registro público eletrônico dos atos jurídicos em todo o País, que poderá considerar as diferenças regionais e as características de cada registro público;

III – os padrões tecnológicos de escrituração, indexação, publicidade, segurança, redundância e conservação de atos registrais, de recepção e comprovação da autoria e da integridade de documentos em formato eletrônico, a serem atendidos pelo SERP e pelas serventias dos registros públicos, observada a legislação;

IV – a forma de certificação eletrônica da data e da hora do protocolo dos títulos para assegurar a integridade da informação e a ordem de prioridade das garantias sobre bens móveis e imóveis constituídas nos registros públicos;

V – a forma de integração do Sistema de Registro Eletrônico de Imóveis (SREI), de que trata o art. 76 da Lei n. 13.465, de 11 de julho de 2017, ao SERP;

VI – a forma de integração da Central Nacional de Registro de Títulos e Documentos, prevista no § 2.º do art. 3.º da Lei n. 13.775, de 20 de dezembro de 2018, ao SERP;

VII – os índices e os indicadores estatísticos que serão produzidos por meio do SERP, nos termos do inciso II do *caput* do art. 4.º desta Lei, a forma de sua divulga-

Lei n. 14.382, de 27-6-2022   **Sistema Eletrônico de Registros Públicos**

ção e o cronograma de implantação da obrigatoriedade de fornecimento de dados ao SERP;

VIII – a definição do extrato eletrônico previsto no art. 6.º desta Lei e os tipos de documentos que poderão ser recepcionados dessa forma;

IX – o formato eletrônico de que trata a alínea *b* do inciso I do § 1.º do art. 6.º desta Lei; e

X – outros serviços a serem prestados por meio do SERP, nos termos do inciso XI do *caput* do art. 3.º desta Lei.

Art. 8.º A Corregedoria Nacional de Justiça do Conselho Nacional de Justiça poderá definir, em relação aos atos e negócios jurídicos relativos a bens móveis, os tipos de documentos que serão, prioritariamente, recepcionados por extrato eletrônico.

§ 1.º São legitimados a apresentar extratos eletrônicos relativos a bens móveis:

•• § 1.º, *caput*, acrescentado pela Lei n. 14.711, de 30-10-2023.

I – os tabeliães de notas;

•• Inciso I acrescentado pela Lei n. 14.711, de 30-10-2023.

II – as pessoas físicas ou jurídicas, nos negócios em que forem parte, que tenham contratado na qualidade de credor com garantia real, de cessionário de crédito e de arrendador mercantil;

•• Inciso II acrescentado pela Lei n. 14.711, de 30-10-2023.

III – as pessoas autorizadas pelo Conselho Nacional de Justiça, em relação a outras espécies de bens móveis ou negócios jurídicos não previstas neste artigo.

•• Inciso III acrescentado pela Lei n. 14.711, de 30-10-2023.

§ 2.º O disposto neste artigo não se aplica ao registro e à constituição de ônus e de gravames previstos em legislação específica, inclusive:

•• § 2.º, *caput*, acrescentado pela Lei n. 14.711, de 30-10-2023.

I – na Lei n. 9.503, de 23 de setembro de 1997 (Código de Trânsito Brasileiro); e

•• Inciso I acrescentado pela Lei n. 14.711, de 30-10-2023.

II – no art. 26 da Lei n. 12.810, de 15 de maio de 2013.

•• Inciso II acrescentado pela Lei n. 14.711, de 30-10-2023.

Seção V
Do Acesso a Bases de Dados de Identificação

Art. 9.º Para verificação da identidade dos usuários dos registros públicos, as bases de dados de identificação civil, inclusive de identificação biométrica, dos institutos de identificação civil, das bases cadastrais da União, inclusive do Cadastro de Pessoas Físicas da Secretaria Especial da Receita Federal do Brasil do Ministério da Economia e da Justiça Eleitoral, poderão ser acessadas, a critério dos responsáveis pelas referidas bases de dados, desde que previamente pactuado, por tabeliães e oficiais dos registros públicos, observado o disposto nas Leis ns 13.709, de 14 de agosto de 2018 (Lei Geral de Proteção de Dados Pessoais), e 13.444, de 11 de maio de 2017.

• A Lei n. 13.444, de 11-5-2017, dispõe sobre a Identificação Civil Nacional (ICN).

Capítulo III
DA ALTERAÇÃO DA LEGISLAÇÃO CORRELATA

Art. 10. A Lei n. 4.591, de 16 de dezembro de 1964, passa a vigorar com as seguintes alterações:

•• Alterações já processadas no diploma modificado.

Art. 11. A Lei n. 6.015, de 31 de dezembro de 1973 (Lei de Registros Públicos), passa a vigorar com as seguintes alterações:

•• Alterações já processadas no diploma modificado.

Art. 12. A Lei n. 6.766, de 19 de dezembro de 1979, passa a vigorar com as seguintes alterações:

•• Alterações já processadas no diploma modificado.

Art. 13. A Lei n. 8.935, de 18 de novembro de 1994, passa a vigorar com as seguintes alterações:

•• Alterações já processadas no diploma modificado.

Art. 14. A Lei n. 10.406, de 10 de janeiro de 2002 (Código Civil), passa a vigorar com as seguintes alterações:

•• Alterações já processadas no diploma modificado.

....

Art. 16. O art. 54 da Lei n. 13.097, de 19 de janeiro de 2015, passa a vigorar com as seguintes alterações, numerado o parágrafo único como § 1.º:

•• Alterações já processadas no diploma modificado.

Art. 17. O § 1.º do art. 76 da Lei n. 13.465, de 11 de julho de 2017, passa a vigorar com a seguinte redação:

•• Alterações já processadas no diploma modificado.

Capítulo IV
DISPOSIÇÕES TRANSITÓRIAS E FINAIS

Art. 18. A data final do cronograma previsto no inciso II do *caput* do art. 7.º desta Lei não poderá ultrapassar 31 de janeiro de 2023.

Art. 19. O disposto no art. 206-A da Lei n. 6.015, de 31 de dezembro de 1973 (Lei de Registros Públicos), deverá ser implementado, em todo o território nacional, no prazo de 150 (cento e cinquenta) dias, contado da data de entrada em vigor desta Lei.

Art. 20. Ficam revogados:

I – a alínea *o* do *caput* do art. 32 da Lei n. 4.591, de 16 de dezembro de 1964;

II – o art. 12 da Lei n. 4.864, de 29 de novembro de 1965;

III – os seguintes dispositivos da Lei n. 6.015, de 31 de dezembro de 1973 (Lei de Registros Públicos):

a) §§ 3.º, 4.º, 5.º e 6.º do art. 57;
b) §§ 2.º, 3.º e 4.º do art. 67;
c) § 1.º do art. 69;
d) inciso IV do *caput* do art. 127;
e) item 2.º do *caput* do art. 129;
f) art. 141;
g) art. 144;
h) art. 145;
i) art. 158;
j) §§ 1.º e 2.º do art. 161;
k) inciso III do *caput* do art. 169; e
l) incisos I, II, III e IV do *caput* do art. 198;

IV – (*Vetado*);

V – a Lei n. 9.042, de 9 de maio de 1995;

VI – da Lei n. 10.406, de 10 de janeiro de 2002 (Código Civil):

a) o inciso VI do *caput* do art. 44;
b) o Título I-A do Livro II da Parte Especial; e
c) o art. 1.494;

VII – o art. 2.º da Lei n. 12.441, de 11 de julho de 2011, na parte em que altera, da Lei n. 10.406, de 10 de janeiro de 2002 (Código Civil):

a) o inciso VI do *caput* do art. 44; e
b) o Título I-A do Livro II da Parte Especial;

VIII – o art. 32 da Lei n. 12.810, de 15 de maio de 2013; e

IX – o art. 43 da Lei n. 14.195, de 26 de agosto de 2021.

Art. 21. Esta Lei entra em vigor:

I – em 1.º de janeiro de 2024, quanto ao art. 11, na parte em que altera o art. 130 da Lei n. 6.015, de 31 de dezembro de 1973 (Lei de Registros Públicos); e

II – na data de sua publicação, quanto aos demais dispositivos.

Brasília, 27 de junho de 2022; 201.º da Independência e 134.º da República.

JAIR MESSIAS BOLSONARO

LEI N. 14.534, DE 11 DE JANEIRO DE 2023 (*)

Altera as Leis ns. 7.116, de 29 de agosto de 1983, 9.454, de 7 de abril de 1997, 13.444, de 11 de maio de 2017, e 13.460, de 26 de junho de 2017, para adotar número único para os documentos que especifica e para estabelecer o Cadastro de Pessoas Físicas (CPF) como número suficiente para identificação do cidadão nos bancos de dados de serviços públicos.

O Presidente da República

Faço saber que o Congresso Nacional decreta e eu sanciono a seguinte Lei:

Art. 1.º Fica estabelecido o número de inscrição no Cadastro de Pessoas Físicas (CPF) como número único e suficiente para identificação do cidadão nos bancos de dados de serviços públicos.

§ 1.º O número de inscrição no CPF deverá constar dos cadastros e dos documentos de órgãos públicos, do registro civil de pessoas naturais ou dos conselhos profissionais, em especial nos seguintes documentos:

I – certidão de nascimento;

II – certidão de casamento;

III – certidão de óbito;

IV – Documento Nacional de Identificação (DNI);

V – Número de Identificação do Trabalhador (NIT);

VI – registro no Programa de Integração Social (PIS) ou no Programa de Formação do Patrimônio do Servidor Público (Pasep);

VII – Cartão Nacional da Saúde;

VIII – título de eleitor;

IX – Carteira de Trabalho e Previdência Social (CTPS);

(*) Publicado no *Diário Oficial da União*, de 11-1-2023 – Edição Extra.

X – número da Permissão para Dirigir ou Carteira Nacional de Habilitação (CNH);
XI – certificado militar;
XII – carteira profissional expedida pelos conselhos de fiscalização de profissão regulamentada; e
XIII – outros certificados de registro e números de inscrição existentes em bases de dados públicas federais, estaduais, distritais e municipais.
§ 2.º O número de identificação de novos documentos emitidos ou reemitidos por órgãos públicos ou por conselhos profissionais será o número de inscrição no CPF.

....

Arts. 6.º e **7.º** (*Vetados.*)
Art. 8.º Ficam revogados os seguintes dispositivos:
I – alínea *b* do inciso I do § 2.º do art. 5.º da Lei n. 13.444, de 11 de maio de 2017;
II – (*Vetado.*)
Art. 9.º Esta Lei entra em vigor na data de sua publicação e ficam fixados os seguintes prazos:
I – 12 (doze) meses, para que os órgãos e as entidades realizem a adequação dos sistemas e dos procedimentos de atendimento aos cidadãos, para adoção do número de inscrição no CPF como número de identificação; e
II – 24 (vinte e quatro) meses, para que os órgãos e as entidades tenham a interoperabilidade entre os cadastros e as bases de dados a partir do número de inscrição no CPF.
Brasília, 11 de janeiro de 2023; 202.º da Independência e 135.º da República.

LUIZ INÁCIO LULA DA SILVA

LEI N. 14.711, DE 30 DE OUTUBRO DE 2023 (*)

Dispõe sobre o aprimoramento das regras de garantia, a execução extrajudicial de créditos garantidos por hipoteca, a execução extrajudicial de garantia imobiliária em concurso de credores, o procedimento de busca e apreensão extrajudicial de bens móveis em caso de inadimplemento de contrato de alienação fiduciária, o resgate antecipado de Letra Financeira, a alíquota de imposto de renda sobre rendimentos no caso de fundos de investimento em participações qualificados que envolvam titulares de cotas com residência ou domicílio no exterior e o procedimento de emissão de debêntures; altera as Leis n. 9.514, de 20 de novembro de 1997, 10.406, de 10 de janeiro de 2002 (Código Civil), 13.476, de 28 de agosto de 2017, 6.015, de 31 de dezembro de 1973 (Lei de Registros Públicos), 6.766, de 19 de dezembro de 1979, 13.105, de 16 de março de 2015 (Código de Processo Civil), 9.492, de 10 de setembro de 1997, 8.935, de 18 de novembro de 1994, 12.249, de 11 de junho de 2010, 14.113, de 25 de dezembro de 2020, 11.312, de 27 de junho de 2006, 6.404, de 15 de dezembro de 1976, e 14.382, de 27 de junho de 2022, e o Decreto-lei n. 911, de 1.º de outubro de 1969; e revoga dispositivos dos Decretos-lei n. 70, de 21 de novembro de 1966, e 73, de 21 de novembro de 1966.

O Presidente da República
Faço saber que o Congresso Nacional decreta e eu sanciono a seguinte Lei:

Capítulo I
DO OBJETO

Art. 1.º Esta Lei dispõe sobre o aprimoramento das regras relativas ao tratamento do crédito e das garantias e às medidas extrajudiciais para recuperação de crédito.

Capítulo II
DO APRIMORAMENTO DAS REGRAS DE GARANTIAS

Art. 2.º A Lei n. 9.514, de 20 de novembro de 1997, passa a vigorar com as seguintes alterações:

(*) Publicada no *Diário Oficial da União*, de 31-10-2023.

•• Alterações já processadas no diploma modificado.

Art. 3.º A Lei n. 10.406, de 10 de janeiro de 2002 (Código Civil), passa a vigorar com as seguintes alterações:

•• Alterações já processadas no diploma modificado.

...

Art. 5.º A Lei n. 6.015, de 31 de dezembro de 1973 (Lei de Registros Públicos), passa a vigorar com as seguintes alterações:

•• Alterações já processadas no diploma modificado.

Art. 6.º O Decreto-lei n. 911, de 1.º de outubro de 1969, passa a vigorar acrescido dos seguintes arts. 8.º-B, 8.º-C, 8.º-D e 8.º-E:

•• Alterações já processadas no diploma modificado.

Art. 7.º O art. 18 da Lei n. 6.766, de 19 de dezembro de 1979, passa a vigorar acrescido do seguinte § 8.º:

•• Alteração já processada no diploma modificado.

...

Capítulo III
DA EXECUÇÃO EXTRAJUDICIAL DOS CRÉDITOS GARANTIDOS POR HIPOTECA

Art. 9.º Os créditos garantidos por hipoteca poderão ser executados extrajudicialmente na forma prevista neste artigo.

§ 1.º Vencida e não paga a dívida hipotecária, no todo ou em parte, o devedor e, se for o caso, o terceiro hipotecante ou seus representantes legais ou procuradores regularmente constituídos serão intimados pessoalmente, a requerimento do credor ou do seu cessionário, pelo oficial do registro de imóveis da situação do imóvel hipotecado, para purgação da mora no prazo de 15 (quinze) dias, observado o disposto no art. 26 da Lei n. 9.514, de 20 de novembro de 1997, no que couber.

§ 2.º A não purgação da mora no prazo estabelecido no § 1.º deste artigo autoriza o início do procedimento de excussão extrajudicial da garantia hipotecária por meio de leilão público, e o fato será previamente averbado na matrícula do imóvel, a partir do pedido formulado pelo credor, nos 15 (quinze) dias seguintes ao término do prazo estabelecido para a purgação da mora.

§ 3.º No prazo de 60 (sessenta) dias, contado da averbação de que trata o § 2.º deste artigo, o credor promoverá leilão público do imóvel hipotecado, que poderá ser realizado por meio eletrônico.

§ 4.º Para fins do disposto no § 3.º deste artigo, as datas, os horários e os locais dos leilões serão comunicados ao devedor e, se for o caso, ao terceiro hipotecante por meio de correspondência dirigida aos endereços constantes do contrato ou posteriormente fornecidos, inclusive ao endereço eletrônico.

§ 5.º Na hipótese de o lance oferecido no primeiro leilão público não ser igual ou superior ao valor do imóvel estabelecido no contrato para fins de excussão ou ao valor de avaliação realizada pelo órgão público competente para cálculo do imposto sobre transmissão *inter vivos*, o que for maior, o segundo leilão será realizado nos 15 (quinze) dias seguintes.

§ 6.º No segundo leilão, será aceito o maior lance oferecido, desde que seja igual ou superior ao valor integral da dívida garantida pela hipoteca, das despesas, inclusive emolumentos cartorários, dos prêmios de seguro, dos encargos legais, inclusive tributos, e das contribuições condominiais, podendo, caso não haja lance que alcance referido valor, ser aceito pelo credor hipotecário, a seu exclusivo critério, lance que corresponda a, pelo menos, metade do valor de avaliação do bem.

§ 7.º Antes de o bem ser alienado em leilão, é assegurado ao devedor ou, se for o caso, ao prestador da garantia hipotecária o direito de remir a execução, mediante o pagamento da totalidade da dívida, cujo valor será acrescido das despesas relativas ao procedimento de cobrança e leilões, autorizado o oficial de registro de imóveis a receber e a transferir as quantias correspondentes ao credor no prazo de 3 (três) dias.

§ 8.º Se o lance para arrematação do imóvel superar o valor da totalidade da dívida, acrescida das despesas previstas no § 7.º deste artigo, a quantia excedente será entregue ao hipotecante no prazo de 15 (quinze) dias, contado da data da efetivação do pagamento do preço da arrematação.

§ 9.º Na hipótese de o lance oferecido no segundo leilão não ser igual ou superior ao referencial mínimo estabelecido no § 6.º deste artigo para arrematação, o credor terá a faculdade de:

I – apropriar-se do imóvel em pagamento da dívida, a qualquer tempo, pelo valor correspondente ao referencial mínimo devidamente atualizado, mediante requerimento ao oficial do registro de imóveis competente, que registrará os autos dos leilões negativos com a anotação da transmissão dominial em ato registral único, dispensadas, nessa hipótese, a ata notarial de especialização de que trata este artigo e a obrigação a que se refere o § 8.º deste artigo; ou

II – realizar, no prazo de até 180 (cento e oitenta) dias, contado do último leilão, a venda direta do imóvel a terceiro, por valor não inferior ao referencial mínimo, dispensado novo leilão, hipótese em que o credor hipotecário ficará investido, por força desta Lei, de mandato irrevogável para representar o garantidor hipotecário, com poderes para transmitir domínio, direito, posse e ação, manifestar a responsabilidade do alienante pela evicção e imitir o adquirente na posse.

§ 10. Nas operações de financiamento para a aquisição ou a construção de imóvel residencial do devedor, excetuadas aquelas compreendidas no sistema de consórcio, caso não seja suficiente o produto da excussão da garantia hipotecária para o pagamento da totalidade da dívida e das demais despesas previstas no § 7.º deste artigo, o devedor ficará exonerado da responsabilidade pelo saldo remanescente, hipótese em que não se aplica o disposto no art. 1.430 da Lei n. 10.406, de 10 de janeiro de 2002 (Código Civil).

§ 11. Concluído o procedimento e havendo lance vencedor, os autos do leilão e o processo de execução extrajudicial da hipoteca serão distribuídos a tabelião de notas com circunscrição delegada que abranja o local do imóvel para lavratura de ata notarial de arrematação, que conterá os dados da intimação do devedor e do garantidor e dos autos do leilão e constituirá título hábil de transmissão da propriedade ao arrematante a ser registrado na matrícula do imóvel.

§ 12. Aplicam-se à execução hipotecária realizada na forma prevista neste artigo as disposições previstas para o caso de execução extrajudicial da alienação fiduciária em garantia sobre imóveis relativamente à desocupação do ocupante do imóvel excutido, mesmo se houver locação, e à obrigação do fiduciante em arcar com taxa de ocupação e com as despesas vinculadas ao imóvel até a desocupação, conforme os §§ 7.º e 8.º do art. 27 e os arts. 30 e 37-A da Lei n. 9.514, de 20 de novembro de 1997, equiparada a data de consolidação da propriedade na execução da alienação fiduciária à data da expedição da ata notarial de arrematação ou, se for o caso, do registro da apropriação definitiva do bem pelo credor hipotecário no registro de imóveis.

§ 13. A execução extrajudicial prevista no *caput* deste artigo não se aplica às operações de financiamento da atividade agropecuária.

§ 14. Em quaisquer das hipóteses de arrematação, venda privada ou adjudicação, deverá ser previamente apresentado ao registro imobiliário o comprovante de pagamento do imposto sobre transmissão *inter vivos* e, se for o caso, do laudêmio.

§ 15. O título constitutivo da hipoteca deverá conter, sem prejuízo dos requisitos de forma do art. 108 da Lei n. 10.406, de 10 de janeiro de 2002 (Código Civil), ou da lei especial, conforme o caso, como requisito de validade, expressa previsão do procedimento previsto neste artigo, com menção ao teor dos §§ 1.º a 10 deste artigo.

Capítulo IV
DA EXECUÇÃO EXTRAJUDICIAL DA GARANTIA IMOBILIÁRIA EM CONCURSO DE CREDORES

Art. 10. Quando houver mais de um crédito garantido pelo mesmo imóvel, realizadas averbações de início da excussão extrajudicial da garantia hipotecária ou, se for o caso, de consolidação da propriedade em decorrência da execução extrajudicial da propriedade fiduciária, o oficial do registro de imóveis competente intimará simultaneamente todos os credores concorrentes para habilitarem os seus créditos, no prazo de 15 (quinze) dias, contado da data de intimação, por meio de requerimento que contenha:

I – o cálculo do valor atualizado do crédito para excussão da garantia, incluídos os seus acessórios;

II – os documentos comprobatórios do desembolso e do saldo devedor, quando se tratar de crédito pecuniário futuro, condicionado ou rotativo; e

III – a sentença judicial ou arbitral que tornar líquido e certo o montante devido, quando ilíquida a obrigação garantida.

§ 1.º Decorrido o prazo de que trata o *caput* deste artigo, o oficial do registro de imóveis lavrará a certidão correspondente e intimará o garantidor e todos os credores em concurso quanto ao quadro atualizado de credores, que incluirá os créditos e os graus de prioridade sobre o produto da excussão da garantia, observada a antiguidade do crédito real como parâmetro na definição desses graus de prioridade.

§ 2.º A distribuição dos recursos obtidos a partir da excussão da garantia aos credores, com prioridade, ao fiduciante ou ao hipotecante, ficará a cargo do credor exequente, que deverá observar os graus de prioridade estabelecidos no quadro de credores e os prazos legais para a entrega ao devedor da quantia remanescente após o pagamento dos credores nas hipóteses, conforme o caso, de execução extrajudicial da propriedade fiduciária ou de execução extrajudicial da garantia hipotecária.

Capítulo VI
DA NEGOCIAÇÃO E DA CESSÃO DE PRECATÓRIOS OU CRÉDITOS E DO APRIMORAMENTO DAS REGRAS RELATIVAS A SERVIÇOS NOTARIAIS

Art. 12. A Lei n. 8.935, de 18 de novembro de 1994, passa a vigorar com as seguintes alterações:

•• Alterações já processadas no diploma modificado.

Capítulo XI
DA APRESENTAÇÃO DE EXTRATOS ELETRÔNICOS RELATIVOS A BENS MÓVEIS

Art. 17. O art. 8.º da Lei n. 14.382, de 27 de junho de 2022, passa a vigorar com as seguintes alterações:

•• Alterações já processadas no diploma modificado.

Capítulo XII
DISPOSIÇÕES FINAIS

Art. 18. Ficam revogados:

I – o Capítulo III do Decreto-lei n. 70, de 21 de novembro de 1966;

II – o inciso VI do *caput* do art. 33 do Decreto-lei n. 73, de 21 de novembro de 1966;

III – o art. 8.º-A do Decreto-lei n. 911, de 1.º de outubro de 1969;

IV – os seguintes dispositivos do art. 62 da Lei n. 6.404, de 15 de dezembro de 1976:

a) inciso II do *caput*; e

b) §§ 3.º e 4.º;

V – os seguintes dispositivos da Lei n. 9.514, de 20 de novembro de 1997:

a) § 6.º do art. 27; e

b) incisos I e II do art. 39; e

VI – o § 4.º do art. 2.º e os §§ 1.º e 2.º do art. 3.º da Lei n. 11.312, de 27 de junho de 2006.

Art. 19. Esta Lei entra em vigor:

I – (*Vetado.*);

II – na data de sua publicação, quanto aos demais dispositivos.

Brasília, 30 de outubro de 2023; 202.º da Independência e 135.º da República.

LUIZ INÁCIO LULA DA SILVA

LEI N. 14.826, DE 20 DE MARÇO DE 2024 (*)

Institui a parentalidade positiva e o direito ao brincar como estratégias intersetoriais de prevenção à violência contra crianças; e altera a Lei n. 14.344, de 24 de maio de 2022.

O Presidente da República

Faço saber que o Congresso Nacional decreta e eu sanciono a seguinte Lei:

Art. 1.º Esta Lei institui a parentalidade positiva e o direito ao brincar como estratégias para prevenção à violência contra crianças.

Art. 2.º A parentalidade positiva e o direito ao brincar constituem políticas de Estado a serem observadas no âmbito da União, dos Estados, do Distrito Federal e dos Municípios.

Art. 3.º É dever do Estado, da família e da sociedade proteger, preservar e garantir o direito ao brincar a todas as crianças.

Parágrafo único. Considera-se criança, para os fins desta Lei, a pessoa com até 12 (doze) anos de idade incompletos.

Art. 4.º A União, os Estados, o Distrito Federal e os Municípios desenvolverão, no âmbito das políticas de

---

(*) Publicado no *Diário Oficial da União*, de 21-3-2024.

assistência social, educação, cultura, saúde e segurança pública, ações de fortalecimento da parentalidade positiva e de promoção do direito ao brincar.

Art. 5.º Para os fins desta Lei, considera-se parentalidade positiva o processo desenvolvido pelas famílias na educação das crianças na condição de sujeitos de direitos no desenvolvimento de um relacionamento fundamentado no respeito, no acolhimento e na não violência.

Art. 6.º É dever do Estado, da família e da sociedade a promoção dos seguintes aspectos da parentalidade positiva:

I – manutenção da vida: ações de proteção e manutenção da vida da criança, de forma a oferecer condições para a sua sobrevivência e saúde física e mental, bem como a prevenir violências e violações de direitos;

II – apoio emocional: atendimento adequado às necessidades emocionais da criança, a fim de garantir seu desenvolvimento psicológico pleno e saudável;

III – estrutura: conjunto de equipamentos de uso comum destinados a práticas culturais, de lazer e de esporte, com garantia de acesso e segurança à população em geral;

IV – estimulação: promoção de ações e de campanhas que visem ao pleno desenvolvimento das capacidades neurológicas e cognitivas da criança;

V – supervisão: estímulo a ações que visem ao desenvolvimento da autonomia da criança;

VI – educação não violenta e lúdica: ações que promovam o direito ao brincar e ao brincar livre, bem como as relações não violentas.

Art. 7.º A aplicação desta Lei, sem prejuízo dos princípios estabelecidos nas demais normas nacionais de proteção aos direitos da criança e do adolescente, terá como base, entre outros, os direitos e garantias fundamentais da criança e do adolescente a:

I – brincar livre de intimidação ou discriminação;

II – relacionar-se com a natureza;

III – viver em seus territórios originários;

IV – receber estímulos parentais lúdicos adequados à sua condição peculiar de pessoa em desenvolvimento.

Art. 8.º O *caput* do art. 5.º da Lei n. 14.344, de 24 de maio de 2022, passa a vigorar acrescido do seguinte inciso VII:

•• Alteração já processada no diploma modificado.

Art. 9.º Cabe ao poder público editar atos normativos necessários à efetividade desta Lei.

Art. 10. Cabe aos Estados, ao Distrito Federal e aos Municípios estabelecer as ações de promoção da parentalidade positiva e do direito ao brincar, em programas já existentes ou novos, no âmbito das respectivas competências.

Art. 11. Esta Lei entra em vigor após decorridos 180 (cento e oitenta) dias de sua publicação oficial.

Brasília, 20 de março de 2024; 203.º da Independência e 136.º da República.

Luiz Inácio Lula Da Silva

LEI N. 14.905, DE 28 DE JUNHO DE 2024 (*)

Altera a Lei n. 10.406, de 10 de janeiro de 2002 (Código Civil), para dispor sobre atualização monetária e juros.

O Presidente da República

Faço saber que o Congresso Nacional decreta e eu sanciono a seguinte Lei:

Art. 1.º Esta Lei altera a Lei n. 10.406, de 10 de janeiro de 2002 (Código Civil), para dispor sobre atualização monetária e juros.

Art. 2.º A Lei n. 10.406, de 10 de janeiro de 2002 (Código Civil), passa a vigorar com as seguintes alterações:

•• Alterações já processadas no diploma modificado.

Art. 3.º Não se aplica o disposto no Decreto n. 22.626, de 7 de abril de 1933, às obrigações:

I – contratadas entre pessoas jurídicas;

II – representadas por títulos de crédito ou valores mobiliários;

III – contraídas perante:

a) instituições financeiras e demais instituições autorizadas a funcionar pelo Banco Central do Brasil;

b) fundos ou clubes de investimento;

c) sociedades de arrendamento mercantil e empresas simples de crédito;

(*) Publicado no *Diário Oficial da União*, de 1º-7-2024.

d) organizações da sociedade civil de interesse público de que trata a Lei n. 9.790, de 23 de março de 1999, que se dedicam à concessão de crédito; ou

IV – realizadas nos mercados financeiro, de capitais ou de valores mobiliários.

Art. 4.º O Banco Central do Brasil disponibilizará aplicação interativa, de acesso público, que permita simular o uso da taxa de juros legal estabelecida no art. 406 da Lei n. 10.406, de 10 de janeiro de 2002 (Código Civil), em situações do cotidiano financeiro.

Art. 5.º Esta Lei entra em vigor na data de sua publicação e produzirá efeitos:

I – na data de sua publicação, quanto à parte do art. 2.º que inclui o § 2.º no art. 406 da Lei n. 10.406, de 10 de janeiro de 2002 (Código Civil); e

II – 60 (sessenta) dias após a data de sua publicação, quanto aos demais dispositivos.

Brasília, 28 de junho de 2024; 203.º da Independência e 136.º da República.

LUIZ INÁCIO LULA DA SILVA

LEI N. 15.040, DE 9 DE DEZEMBRO DE 2024 (*)

Dispõe sobre normas de seguro privado; e revoga dispositivos da Lei n. 10.406, de 10 de janeiro de 2002 (Código Civil), e do Decreto-lei n. 73, de 21 de novembro de 1966.

O Presidente da República

Faço saber que o Congresso Nacional decreta e eu sanciono a seguinte Lei:

Capítulo I
DISPOSIÇÕES GERAIS

Seção I
Do Objeto e do Âmbito de Aplicação

Art. 1.º Pelo contrato de seguro, a seguradora obriga-se, mediante o pagamento do prêmio equivalente, a garantir interesse legítimo do segurado ou do beneficiário contra riscos predeterminados.

(*) Publicada no *Diário Oficial da União*, de 10-12-2024.

Art. 2.º Somente podem pactuar contratos de seguro entidades que se encontrem devidamente autorizadas na forma da lei.

Art. 3.º A seguradora que ceder sua posição contratual a qualquer título, no todo ou em parte, sem concordância prévia dos segurados e de seus beneficiários conhecidos, ou sem autorização prévia e específica da autoridade fiscalizadora, será solidariamente responsável com a seguradora cessionária.

§ 1.º A cessão parcial ou total de carteira por iniciativa da seguradora sempre deverá ser autorizada pela autoridade fiscalizadora.

§ 2.º A cessão de carteira mantém a cedente solidária perante o cedido, caso a cessionária se encontre ou venha a tornar-se insolvente no período de vigência do seguro ou no prazo de 24 (vinte e quatro) meses, contado da cessão da carteira, o que for menor.

Art. 4.º O contrato de seguro, em suas distintas modalidades, será regido por esta Lei.

§ 1.º Sem prejuízo do disposto no art. 20 da Lei Complementar n. 126, de 15 de janeiro de 2007, aplica-se exclusivamente a lei brasileira:

I – aos contratos de seguro celebrados por seguradora autorizada a operar no Brasil;

II – quando o segurado ou o proponente tiver residência ou domicílio no País; ou

III – quando os bens sobre os quais recaírem os interesses garantidos se situarem no Brasil.

§ 2.º O disposto nesta Lei aplica-se, no que couber, aos seguros regidos por leis próprias.

Seção II
Do Interesse

Art. 5.º A eficácia do contrato de seguro depende da existência de interesse legítimo.

§ 1.º A superveniência de interesse legítimo torna eficaz o contrato desde então.

§ 2.º Se for parcial o interesse legítimo, a ineficácia não atingirá a parte útil.

§ 3.º Se for impossível a existência do interesse, o contrato será nulo.

Art. 6.º Extinto o interesse, resolve-se o contrato com a redução proporcional do prêmio, ressalvado, na mesma proporção, o direito da seguradora às despesas realizadas com a contratação.

Parágrafo único. Se ocorrer redução relevante do interesse, o valor do prêmio será proporcionalmente reduzido, ressalvado, na mesma proporção, o direito da seguradora às despesas realizadas com a contratação.

Art. 7.º Quando o contrato de seguro for nulo ou ineficaz, o segurado ou o tomador terá direito à devolução do prêmio, deduzidas as despesas realizadas, salvo se provado que o vício decorreu de sua má-fé.

Art. 8.º No seguro sobre a vida e a integridade física de terceiro, o proponente é obrigado a declarar, sob pena de nulidade do contrato, seu interesse sobre a vida e a incolumidade do segurado.

Parágrafo único. Presume-se o interesse referido no *caput* deste artigo quando o segurado for cônjuge, companheiro, ascendente ou descendente do terceiro cuja vida ou integridade física seja objeto do seguro celebrado.

Seção III
Do Risco

Art. 9.º O contrato cobre os riscos relativos à espécie de seguro contratada.

§ 1.º Os riscos e os interesses excluídos devem ser descritos de forma clara e inequívoca.

§ 2.º Se houver divergência entre a garantia delimitada no contrato e a prevista no modelo de contrato ou nas notas técnicas e atuariais apresentadas ao órgão fiscalizador competente, prevalecerá o texto mais favorável ao segurado.

§ 3.º Quando a seguradora se obrigar a garantir diferentes interesses e riscos, deverá o contrato preencher os requisitos exigidos para a garantia de cada um dos interesses e riscos abrangidos, de modo que a nulidade ou a ineficácia de uma garantia não prejudique as demais.

§ 4.º Nos seguros de transporte de bens e de responsabilidade civil pelos danos relacionados a essa atividade, a garantia começa quando as mercadorias são de fato recebidas pelo transportador e cessa com a efetiva entrega ao destinatário.

§ 5.º O contrato não poderá conter cláusula que permita a extinção unilateral pela seguradora ou que, por qualquer modo, subtraia sua eficácia além das situações previstas em lei.

Art. 10. O contrato pode ser celebrado para toda classe de risco, salvo vedação legal.

Parágrafo único. São nulas as garantias, sem prejuízo de outras vedadas em lei:

I – de interesses patrimoniais relativos aos valores das multas e outras penalidades aplicadas em virtude de atos cometidos pessoalmente pelo segurado que caracterizem ilícito criminal; e

II – contra risco de ato doloso do segurado, do beneficiário ou de representante de um ou de outro, salvo o dolo do representante do segurado ou do beneficiário em prejuízo desses.

Art. 11. O contrato é nulo quando qualquer das partes souber, no momento de sua conclusão, que o risco é impossível ou já se realizou.

Parágrafo único. A parte que tiver conhecimento da impossibilidade ou da prévia realização do risco e, não obstante, celebrar o contrato pagará à outra o dobro do valor do prêmio.

Art. 12. Desaparecido o risco, resolve-se o contrato com a redução do prêmio pelo valor equivalente ao risco a decorrer, ressalvado, na mesma proporção, o direito da seguradora às despesas incorridas com a contratação.

Art. 13. Sob pena de perder a garantia, o segurado não deve agravar intencionalmente e de forma relevante o risco objeto do contrato de seguro.

§ 1.º Será relevante o agravamento que conduza ao aumento significativo e continuado da probabilidade de realização do risco descrito no questionário de avaliação de risco referido no art. 44 desta Lei ou da severidade dos efeitos de tal realização.

§ 2.º Se a seguradora, comunicada nos termos do art. 14 desta Lei, anuir com a continuidade da garantia, cobrando ou não prêmio adicional, será afastada a consequência estabelecida no *caput* deste artigo.

Art. 14. O segurado deve comunicar à seguradora relevante agravamento do risco tão logo dele tome conhecimento.

§ 1.º Ciente do agravamento, a seguradora poderá, no prazo de 20 (vinte) dias, cobrar a diferença de prêmio ou, se não for tecnicamente possível garantir o novo risco, resolver o contrato, hipótese em que este perderá efeito em 30 (trinta) dias contados do recebimento da notificação de resolução.

§ 2.º A resolução deve ser feita por qualquer meio idôneo que comprove o recebimento da notificação pelo segurado, e a seguradora deverá restituir a eventual diferença de prêmio, ressalvado, na mesma proporção, seu direito ao ressarcimento das despesas incorridas com a contratação.

§ 3.º O segurado que dolosamente descumprir o dever previsto no *caput* deste artigo perde a garantia, sem prejuízo da dívida de prêmio e da obrigação de ressarcir as despesas incorridas pela seguradora.

§ 4.º O segurado que culposamente descumprir o dever previsto no *caput* deste artigo fica obrigado a pagar a diferença de prêmio apurada ou, se a garantia for tecnicamente impossível ou o fato corresponder a tipo de risco que não seja normalmente subscrito pela seguradora, não fará jus à garantia.

Art. 15. Se, em consequência do relevante agravamento do risco, o aumento do prêmio for superior a 10% (dez por cento) do valor originalmente pactuado, o segurado poderá recusar a modificação no contrato, resolvendo-o no prazo de 15 (quinze) dias, contado da ciência da alteração no prêmio, com eficácia desde o momento em que o estado de risco foi agravado.

Art. 16. Sobrevindo o sinistro, a seguradora somente poderá recusar-se a indenizar caso prove o nexo causal entre o relevante agravamento do risco e o sinistro caracterizado.

Art. 17. Nos seguros sobre a vida e a integridade física, mesmo em caso de relevante agravamento do risco, a seguradora somente poderá cobrar a diferença de prêmio.

Art. 18. Se houver relevante redução do risco, o valor do prêmio será proporcionalmente reduzido, ressalvado, na mesma proporção, o direito da seguradora ao ressarcimento das despesas realizadas com a contratação.

Seção IV
Do Prêmio

Art. 19. O prêmio deverá ser pago no tempo, no lugar e na forma convencionados.

§ 1.º Salvo disposição em contrário, o prêmio deverá ser pago à vista e no domicílio do devedor.

§ 2.º É vedado o recebimento do prêmio antes de formado o contrato, salvo o caso de cobertura provisória.

Art. 20. A mora relativa à prestação única ou à primeira parcela do prêmio resolve de pleno direito o contrato, salvo convenção, uso ou costume em contrário.

§ 1.º A mora relativa às demais parcelas suspenderá a garantia contratual, sem prejuízo do crédito da seguradora ao prêmio, após notificação do segurado concedendo-lhe prazo não inferior a 15 (quinze) dias, contado do recebimento, para a purgação da mora.

§ 2.º A notificação deve ser feita por qualquer meio idôneo que comprove o seu recebimento pelo segurado e conter as advertências de que o não pagamento no novo prazo suspenderá a garantia e de que, não purgada a mora, a seguradora não efetuará pagamento algum relativo a sinistros ocorridos a partir do vencimento original da parcela não paga.

§ 3.º Caso o segurado recuse o recebimento da notificação ou, por qualquer razão, não seja encontrado no último endereço informado à seguradora, o prazo previsto no § 1.º deste artigo terá início na data da frustração da notificação.

Art. 21. A resolução do contrato, salvo quando se tratar de mora da prestação única ou da primeira parcela do prêmio, está condicionada à notificação prévia e não poderá ocorrer em prazo inferior a 30 (trinta) dias após a suspensão da garantia.

§ 1.º A resolução libera integralmente a seguradora por sinistros e despesas de salvamento ocorridos a partir de então.

§ 2.º Nos seguros coletivos sobre a vida e a integridade física, a resolução somente ocorrerá 90 (noventa) dias após a última notificação feita ao estipulante.

§ 3.º Nos seguros sobre a vida e a integridade física estruturados com reserva matemática, o não pagamento de parcela do prêmio que não a primeira implicará a redução proporcional da garantia ou a devolução da reserva, conforme a escolha do segurado ou de seus beneficiários, a ser feita dentro de 30 (trinta) dias contados da notificação do inadimplemento, da qual deve constar a advertência de que, se houver abstenção nessa escolha, a decisão caberá à seguradora.

§ 4.º O prazo previsto no *caput* deste artigo terá início na data da frustração da notificação sempre que o segurado ou o estipulante recusar o recebimento ou, por qualquer razão, não for encontrado no último endereço informado à seguradora ou no que constar dos cadastros normalmente utilizados pelas instituições financeiras.

§ 5.º Dispensa-se a notificação a que se refere o *caput* deste artigo quando a notificação de suspensão de garantia, de que tratam os §§ 1.º, 2.º e 3.º do art. 20 desta Lei, advertir para a resolução do contrato caso não purgada a mora.

Art. 22. Nos seguros sobre a vida e a integridade física, o prêmio pode ser convencionado por prazo limitado ou por toda a vida do segurado.

Art. 23. Caberá execução para a cobrança do prêmio, se infrutífera a notificação realizada pela seguradora, e sempre que esta houver suportado o risco que recai sobre o interesse garantido.

Seção V
Do Seguro em Favor de Terceiro

Art. 24. O seguro será estipulado em favor de terceiro quando garantir interesse de titular distinto do estipulante, determinado ou determinável.

§ 1.º O beneficiário será identificado por lei, por ato de vontade anterior à ocorrência do sinistro ou pela titularidade do interesse garantido.

§ 2.º Sendo determinado o beneficiário a título oneroso, a seguradora e o estipulante deverão entregar-lhe, tão logo quanto possível, cópia dos instrumentos probatórios do contrato.

Art. 25. O seguro alheio, sempre que conhecido pelo proponente, deve ser declarado à seguradora.

§ 1.º Presume-se que o seguro é por conta própria, salvo quando, em razão das circunstâncias ou dos termos do contrato, a seguradora tiver ciência de que o seguro é em favor de terceiro.

§ 2.º Na contratação do seguro em favor de terceiro, ainda que decorrente de cumprimento de dever, não poderá ser suprimida a escolha da seguradora e do corretor de seguro por parte do estipulante.

Art. 26. O seguro em favor de terceiro pode coexistir com o seguro por conta própria, ainda que no âmbito do mesmo contrato.

Parágrafo único. Salvo disposição em contrário, se houver concorrência de interesses garantidos, prevalecerá a garantia por conta própria, sendo considerada, naquilo que ultrapassar o valor do interesse próprio, como em favor de terceiro, sempre respeitado o limite da garantia.

Art. 27. O estipulante deverá cumprir as obrigações e os deveres do contrato, salvo os que por sua natureza devam ser cumpridos pelo segurado ou pelo beneficiário.

Art. 28. O estipulante poderá substituir processualmente o segurado ou o beneficiário para exigir, em favor exclusivo destes, o cumprimento das obrigações derivadas do contrato.

Art. 29. Cabe ao estipulante, além de outras atribuições que decorram de lei ou de convenção, assistir o segurado ou o beneficiário durante a execução do contrato.

Art. 30. Considera-se estipulante de seguro coletivo aquele que contrata em proveito de um grupo de pessoas, pactuando com a seguradora os termos do contrato para a adesão de eventuais interessados.

Art. 31. Admite-se como estipulante de seguro coletivo apenas aquele que tiver vínculo anterior e não securitário com o grupo de pessoas em proveito do qual contratar o seguro, sem o que o seguro será considerado individual.

§ 1.º As quantias eventualmente pagas ao estipulante de seguro coletivo pelos serviços prestados deverão ser informadas com destaque aos segurados ou aos beneficiários nas propostas de adesão, nos questionários e nos demais documentos do contrato.

§ 2.º Salvo disposição em contrário, o estipulante de seguro coletivo sobre a vida e a integridade física do segurado é o único responsável perante a seguradora pelo cumprimento de todas as obrigações contratuais, inclusive a de pagar o prêmio.

Art. 32. O estipulante de seguro coletivo representa os segurados e os beneficiários durante a formação e a execução do contrato e responde perante eles e a seguradora por seus atos e omissões.

Parágrafo único. Para que possam valer as exceções e as defesas da seguradora em razão das declarações prestadas para a formação do contrato, o documento de adesão ao seguro deverá ter seu conteúdo preenchido pessoalmente pelos segurados ou pelos beneficiários.

Seção VI
Do Cosseguro e do Seguro Cumulativo

Art. 33. Ocorre cosseguro quando 2 (duas) ou mais seguradoras, por acordo expresso entre si e o segurado ou o estipulante, garantem o mesmo interesse contra o mesmo risco, ao mesmo tempo, cada uma delas assumindo uma cota de garantia.

Art. 34. O cosseguro poderá ser documentado em 1 (um) ou mais instrumentos contratuais emitidos por cada uma das cosseguradoras com o mesmo conteúdo.

§ 1.º O documento probatório do contrato deverá destacar a existência do cosseguro, as seguradoras participantes e a cota da garantia assumida por cada uma.

§ 2.º Se não houver inequívoca identificação da cosseguradora líder, os interessados devem dirigir-se àquela que emitiu o documento probatório ou a cada uma das emitentes, se o contrato for documentado em diversos instrumentos.

Art. 35. A cosseguradora líder administra o cosseguro, representando as demais na formação e na execução do contrato, e as substitui, ativa ou passivamente, nas arbitragens e nos processos judiciais.

§ 1.º Quando a ação for proposta apenas contra a líder, esta deverá, no prazo de sua resposta, comunicar a existência do cosseguro e promover a notificação judicial ou extrajudicial das cosseguradoras.

§ 2.º A sentença proferida contra a líder fará coisa julgada em relação às demais, que serão executadas nos mesmos autos.

§ 3.º Não há solidariedade entre as cosseguradoras, arcando cada uma exclusivamente com sua cota de garantia, salvo previsão contratual diversa.

§ 4.º O descumprimento de obrigações entre as cosseguradoras não prejudicará o segurado, o beneficiário ou o terceiro.

Art. 36. Ocorre seguro cumulativo quando a distribuição entre várias seguradoras for feita pelo segurado ou pelo estipulante por força de contratações independentes, sem limitação a uma cota de garantia.

§ 1.º Nos seguros cumulativos de dano, o segurado deverá comunicar a cada uma das seguradoras a existência dos contratos com as demais.

§ 2.º Será reduzida proporcionalmente a importância segurada de cada contrato celebrado, quando a soma das importâncias seguradas, nos seguros cumulativos de dano, superar o valor do interesse, desde que haja coincidência de garantia entre os seguros cumulados.

§ 3.º Na redução proporcional prevista no § 2.º deste artigo não se levarão em conta os contratos celebrados com seguradoras que se encontrarem insolventes.

Seção VII
Dos Intervenientes no Contrato

Art. 37. Os intervenientes são obrigados a agir com lealdade e boa-fé e prestar informações completas e verídicas sobre todas as questões envolvendo a formação e a execução do contrato.

Art. 38. Os representantes e os prepostos da seguradora, ainda que temporários ou a título precário, vinculam-na para todos os fins quanto a seus atos e omissões.

Art. 39. O corretor de seguro é responsável pela efetiva entrega ao destinatário dos documentos e outros dados que lhe forem confiados, no prazo máximo de 5 (cinco) dias úteis.

Parágrafo único. Sempre que for conhecido o iminente perecimento de direito, a entrega deve ser feita em prazo hábil.

Art. 40. Pelo exercício de sua atividade, o corretor de seguro fará jus à comissão de corretagem.

Parágrafo único. A renovação ou a prorrogação do seguro, quando não automática ou se implicar alteração de conteúdo de cobertura ou financeiro mais favorável aos segurados e aos beneficiários, poderá ser intermediada por outro corretor de seguro, de livre escolha do segurado ou do estipulante.

Seção VIII
Da Formação e da Duração do Contrato

Art. 41. A proposta de seguro poderá ser feita diretamente, pelo potencial segurado ou estipulante ou pela seguradora, ou por intermédio de seus representantes.

Parágrafo único. O corretor de seguro poderá representar o proponente na formação do contrato, na forma da lei.

Art. 42. A proposta feita pela seguradora não poderá ser condicional e deverá conter, em suporte duradouro, mantido à disposição dos interessados, todos os requisitos necessários para a contratação, o conteúdo integral do contrato e o prazo máximo para sua aceitação.

§ 1.º Entende-se por suporte duradouro qualquer meio idôneo, durável e legível, capaz de ser admitido como meio de prova.

§ 2.º A seguradora não poderá invocar omissões em sua proposta depois da formação do contrato.

§ 3.º A aceitação da proposta feita pela seguradora somente se dará pela manifestação expressa de vontade ou por ato inequívoco do destinatário.

Art. 43. A proposta feita pelo potencial segurado ou estipulante não exige forma escrita.

Parágrafo único. O simples pedido de cotação à seguradora não equivale à proposta, mas as informações prestadas pelas partes e por terceiros intervenientes integram o conteúdo que vier a ser celebrado.

Art. 44. O potencial segurado ou estipulante é obrigado a fornecer as informações necessárias à aceitação da proposta e à fixação da taxa para cálculo do valor do prêmio, de acordo com o questionário que lhe submeta a seguradora.

Lei n. 15.040, de 9-12-2024 — Marco Legal dos Seguros

§ 1.º O descumprimento doloso do dever de informar previsto no *caput* deste artigo importará em perda da garantia, sem prejuízo da dívida de prêmio e da obrigação de ressarcir as despesas efetuadas pela seguradora.

§ 2.º O descumprimento culposo do dever de informar previsto no *caput* deste artigo implicará a redução da garantia proporcionalmente à diferença entre o prêmio pago e o que seria devido caso prestadas as informações posteriormente reveladas.

§ 3.º Se, diante dos fatos não revelados, a garantia for tecnicamente impossível, ou se tais fatos corresponderem a um tipo de interesse ou risco que não seja normalmente subscrito pela seguradora, o contrato será extinto, sem prejuízo da obrigação de ressarcir as despesas efetuadas pela seguradora.

Art. 45. As partes e os terceiros intervenientes no contrato, ao responderem ao questionário, devem informar tudo de relevante que souberem ou que deveriam saber a respeito do interesse e do risco a serem garantidos, de acordo com as regras ordinárias de conhecimento.

Art. 46. A seguradora deverá alertar o potencial segurado ou estipulante sobre quais são as informações relevantes a serem prestadas na formação do contrato de seguro e esclarecer, em suas comunicações e questionários, as consequências do descumprimento do dever de informar.

Art. 47. Quando o seguro, por sua natureza ou por expressa disposição, for do tipo que exige informações contínuas ou averbações de globalidade de riscos e interesses, a omissão do segurado, desde que comprovada, implicará a perda da garantia, sem prejuízo da dívida do prêmio.

§ 1.º A sanção de perda da garantia será aplicável ainda que a omissão seja detectada após a ocorrência do sinistro.

§ 2.º O segurado poderá afastar a aplicação da sanção de perda da garantia consignando a diferença de prêmio e provando a casualidade da omissão e sua boa-fé.

Art. 48. O proponente deverá ser cientificado com antecedência sobre o conteúdo do contrato, obrigatoriamente redigido em língua portuguesa e inscrito em suporte duradouro, nos termos do § 1.º do art. 42 desta Lei.

§ 1.º As regras sobre perda de direitos, exclusão de interesses, prejuízos e riscos, imposição de obrigações e restrições de direitos serão redigidas de forma clara, compreensível e colocadas em destaque, sob pena de nulidade.

§ 2.º Serão nulas as cláusulas redigidas em idioma estrangeiro ou que se limitem a referir-se a regras de uso internacional.

§ 3.º O contrato celebrado sem atender ao previsto no *caput* deste artigo, naquilo que não contrariar a proposta, será regido pelas condições contratuais previstas nos modelos que vierem a ser tempestivamente depositados pela seguradora no órgão fiscalizador de seguros, para o ramo e a modalidade de garantia constantes da proposta, prevalecendo, quando mencionado na proposta o número do processo administrativo, o clausulado correspondente cuja vigência abranja à época da contratação do seguro, ou o mais favorável ao segurado, caso haja diversos clausulados depositados para o mesmo ramo e modalidade de seguro e não exista menção específica a nenhum deles na proposta.

Art. 49. Recebida a proposta, a seguradora terá o prazo máximo de 25 (vinte e cinco) dias para cientificar sua recusa ao proponente, ao final do qual será considerada aceita.

§ 1.º Considera-se igualmente aceita a proposta pela prática de atos inequívocos, tais como o recebimento total ou parcial do prêmio ou sua cobrança pela seguradora.

§ 2.º A seguradora poderá solicitar esclarecimentos ou produção de exames periciais, e o prazo para a recusa terá novo início, a partir do atendimento da solicitação ou da conclusão do exame pericial.

§ 3.º Em qualquer hipótese, para a validade da recusa, a seguradora deverá comunicar sua justificativa ao proponente.

Art. 50. A seguradora poderá garantir provisoriamente o interesse, sem obrigar-se à aceitação definitiva do negócio.

Art. 51. Os critérios comerciais e técnicos de subscrição ou aceitação de riscos devem promover a solidariedade e o desenvolvimento econômico e social, vedadas políticas técnicas e comerciais conducentes à discriminação social ou prejudiciais à livre iniciativa empresarial.

Art. 52. O contrato presume-se celebrado para vigorar pelo prazo de 1 (um) ano, salvo quando outro prazo decorrer de sua natureza, do interesse, do risco ou da vontade das partes.

Art. 53. Nos seguros com previsão de renovação automática, a seguradora deverá, em até 30 (trinta) dias antes de seu término, cientificar o contratante de sua decisão de não renovar ou das eventuais modificações que pretenda fazer para a renovação.

§ 1.º Se a seguradora for omissa, o contrato será automaticamente renovado.

§ 2.º O segurado poderá recusar o novo contrato a qualquer tempo antes do início de sua vigência, comunicando-o à seguradora ou, caso não tenha promovido averbações de riscos, simplesmente deixando de efetuar o pagamento da única ou da primeira parcela do prêmio.

Seção IX
Da Prova do Contrato

Art. 54. O contrato de seguro prova-se por todos os meios admitidos em direito, vedada a prova exclusivamente testemunhal.

Art. 55. A seguradora é obrigada a entregar ao contratante, no prazo de até 30 (trinta) dias, contado da aceitação, documento probatório do contrato, do qual constarão os seguintes elementos:

I – a denominação, a qualificação completa e o número de registro da seguradora no órgão fiscalizador de seguros;

II – o nome do segurado e, caso distinto, o do beneficiário, se nomeado;

III – o nome do estipulante;

IV – o dia e o horário do início e fim de vigência do contrato, bem como o modo de sua determinação;

V – o valor do seguro e a demonstração da regra de atualização monetária;

VI – os interesses e os riscos garantidos;

VII – os locais de risco compreendidos pela garantia;

VIII – os interesses, os prejuízos e os riscos excluídos;

IX – o nome, a qualificação e o domicílio do corretor de seguro que intermediou a contratação do seguro;

X – em caso de cosseguro organizado em apólice única, a denominação, a qualificação completa, o número de registro no órgão fiscalizador de seguros e a cota de garantia de cada cosseguradora, bem como a identificação da cosseguradora líder, de forma destacada;

XI – se existir, o número de registro do produto no órgão fiscalizador competente;

XII – o valor, o parcelamento e a composição do prêmio.

§ 1.º A quantia segurada será expressa em moeda nacional, observadas as exceções legais.

§ 2.º A apólice conterá glossário dos termos técnicos nela empregados.

Seção X
Da Interpretação do Contrato

Art. 56. O contrato de seguro deve ser interpretado e executado segundo a boa-fé.

Art. 57. Se da interpretação de quaisquer documentos elaborados pela seguradora, tais como peças publicitárias, impressos, instrumentos contratuais ou pré-contratuais, resultarem dúvidas, contradições, obscuridades ou equivocidades, elas serão resolvidas no sentido mais favorável ao segurado, ao beneficiário ou ao terceiro prejudicado.

Art. 58. As condições particulares do seguro prevalecem sobre as especiais, e estas, sobre as gerais.

Art. 59. As cláusulas referentes a exclusão de riscos e prejuízos ou que impliquem limitação ou perda de direitos e garantias são de interpretação restritiva quanto à sua incidência e abrangência, cabendo à seguradora a prova do seu suporte fático.

Seção XI
Do Resseguro

Art. 60. Pelo contrato de resseguro, a resseguradora, mediante o pagamento do prêmio equivalente, garante o interesse da seguradora contra os riscos próprios de sua atividade, decorrentes da celebração e da execução de contratos de seguro.

§ 1.º O contrato de resseguro é funcional ao exercício da atividade seguradora e será formado pelo silêncio da resseguradora no prazo de 20 (vinte) dias, contado da recepção da proposta.

§ 2.º Em caso de comprovada necessidade técnica, a autoridade fiscalizadora poderá aumentar o prazo de aceitação pelo silêncio da resseguradora estabelecido no § 1.º deste artigo.

Art. 61. A resseguradora, salvo disposição em contrário, e sem prejuízo do previsto no § 2.º do art. 62 desta Lei, não responde, com fundamento no negócio de resseguro, perante o segurado, o beneficiário do seguro ou o terceiro prejudicado.

Parágrafo único. É válido o pagamento feito diretamente pela resseguradora ao segurado, quando a seguradora se encontrar insolvente.

Art. 62. Demandada para revisão ou cumprimento do contrato de seguro que motivou a contratação de resseguro facultativo, a seguradora, no prazo da resposta, deverá promover a notificação judicial ou extrajudicial da resseguradora, comunicando-lhe o ajuizamento da ação, salvo disposição contratual em contrário.

§ 1.º A resseguradora poderá intervir na causa como assistente simples.

§ 2.º A seguradora não poderá opor ao segurado, ao beneficiário ou ao terceiro o descumprimento de obrigações por parte de sua resseguradora.

Art. 63. As prestações de resseguro adiantadas à seguradora a fim de provê-la financeiramente para o cumprimento do contrato de seguro deverão ser imediatamente utilizadas para o adiantamento ou o pagamento da indenização do capital ao segurado, ao beneficiário ou ao terceiro prejudicado.

Art. 64. Salvo disposição em contrário, o resseguro abrangerá a totalidade do interesse ressegurado, incluído o interesse da seguradora relacionado à recuperação dos efeitos da mora no cumprimento dos contratos de seguro, bem como as despesas de salvamento e as efetuadas em virtude da regulação e liquidação dos sinistros.

Art. 65. Sem prejuízo do disposto no parágrafo único do art. 14 da Lei Complementar n. 126, de 15 de janeiro de 2007, os créditos do segurado, do beneficiário e do terceiro prejudicado têm preferência absoluta perante quaisquer outros créditos em relação aos montantes devidos pela resseguradora à seguradora, caso esta se encontre sob direção fiscal, intervenção ou liquidação.

Seção XII
Do Sinistro

Art. 66. Ao tomar ciência do sinistro ou da iminência de seu acontecimento, com o objetivo de evitar prejuízos à seguradora, o segurado é obrigado a:

I – tomar as providências necessárias e úteis para evitar ou minorar seus efeitos;

II – avisar prontamente a seguradora, por qualquer meio idôneo, e seguir suas instruções para a contenção ou o salvamento;

III – prestar todas as informações de que disponha sobre o sinistro, suas causas e consequências, sempre que questionado a respeito pela seguradora.

§ 1.º O descumprimento doloso dos deveres previstos neste artigo implica a perda do direito à indenização ou ao capital pactuado, sem prejuízo da dívida de prêmio e da obrigação de ressarcir as despesas efetuadas pela seguradora.

§ 2.º O descumprimento culposo dos deveres previstos neste artigo implica a perda do direito à indenização do valor equivalente aos danos decorrentes da omissão.

§ 3.º Não se aplica o disposto nos §§ 1.º e 2.º, no caso dos deveres previstos nos incisos II e III do *caput* deste artigo, quando o interessado provar que a seguradora tomou ciência oportunamente do sinistro e das informações por outros meios.

§ 4.º Incumbe também ao beneficiário, no que couber, o cumprimento das disposições deste artigo, sujeitando-se às mesmas sanções.

§ 5.º As providências previstas no inciso I do *caput* deste artigo não serão exigíveis se colocarem em perigo interesses relevantes do segurado, do beneficiário ou de terceiros, ou se implicarem sacrifício acima do razoável.

Art. 67. As despesas com as medidas de contenção ou de salvamento para evitar o sinistro iminente ou atenuar seus efeitos, mesmo que realizadas por terceiros, correm por conta da seguradora, até o limite pactuado pelas partes, sem reduzir a garantia do seguro.

§ 1.º A obrigação prevista no *caput* deste artigo subsistirá ainda que os prejuízos não superem o valor da franquia contratada ou que as medidas de contenção ou de salvamento tenham sido ineficazes.

§ 2.º Não constituem despesas de salvamento as realizadas com prevenção ordinária, incluída qualquer espécie de manutenção.

§ 3.º A seguradora não estará obrigada ao pagamento de despesas com medidas notoriamente inadequadas, observada a garantia contratada para o tipo de sinistro iminente ou verificado.

§ 4.º Se não for pactuado limite diverso, o reembolso das despesas de contenção ou de salvamento será limitado ao equivalente a 20% (vinte por cento) do limite máximo de indenização ou capital garantido aplicável ao tipo de sinistro iminente ou verificado.

§ 5.º A seguradora suportará a totalidade das despesas efetuadas com a adoção de medidas de contenção ou de salvamento que expressamente recomendar para o caso específico, ainda que excedam o limite pactuado.

Art. 68. É vedado ao segurado e ao beneficiário promover modificações no local do sinistro, bem como destruir ou alterar elementos relacionados ao sinistro.

§ 1.º O descumprimento culposo do dever previsto no *caput* deste artigo implica obrigação de suportar as despesas acrescidas para a regulação e a liquidação do sinistro.

§ 2.º O descumprimento doloso do dever previsto no *caput* deste artigo exonera a seguradora do dever de indenizar ou pagar o capital segurado.

Art. 69. A provocação dolosa de sinistro determina a perda do direito à indenização ou ao capital segurado, sem prejuízo da dívida de prêmio e da obrigação de ressarcir as despesas incorridas pela seguradora.

§ 1.º A conduta prevista no inciso I do parágrafo único do art. 10 desta Lei implica, além da perda do direito à indenização ou ao capital segurado, a perda da garantia, sem prejuízo da dívida de prêmio e da obrigação de ressarcir as despesas incorridas pela seguradora.

§ 2.º Sucede a mesma consequência prevista no *caput* deste artigo quando o segurado ou o beneficiário tiver prévia ciência da prática delituosa e não tentar evitá-la.

§ 3.º Nos seguros sobre a vida e a integridade física, o capital segurado, ou a reserva matemática devida, será pago ao segurado ou a seus herdeiros quando o sinistro for dolosamente provocado pelo beneficiário.

§ 4.º A fraude cometida por ocasião da reclamação de sinistro leva à perda pelo infrator do direito à garantia, liberando a seguradora do dever de prestar o capital segurado ou a indenização.

Art. 70. A seguradora responde pelos efeitos do sinistro caracterizado na vigência do contrato, ainda que se manifestem ou perdurem após o seu término.

Art. 71. Salvo disposição em contrário, a seguradora não responde pelos efeitos manifestados durante a vigência do contrato quando decorrentes de sinistro anterior.

Art. 72. Salvo disposição em contrário, a ocorrência de sinistros com efeitos parciais não importa em redução do valor da garantia.

Art. 73. A seguradora poderá opor ao segurado e ao beneficiário todas as defesas e exceções fundadas no contrato e anteriores ao sinistro e, salvo o caso dos seguros em que o risco coberto seja a vida ou a integridade física, também as posteriores ao sinistro.

Art. 74. Apresentados pelo interessado elementos que indiquem a existência de lesão ao interesse garantido, cabe à seguradora provar que a lesão não existiu ou que não foi, no todo ou em parte, consequência dos riscos predeterminados no contrato.

Seção XIII
Da Regulação e da Liquidação de Sinistros

Art. 75. A reclamação de pagamento por sinistro, feita pelo segurado, pelo beneficiário ou pelo terceiro prejudicado, determinará a prestação dos serviços de regulação e liquidação, que têm por objetivo identificar as causas e os efeitos do fato comunicado pelo interessado e quantificar em dinheiro os valores devidos pela seguradora, salvo quando convencionada reposição em espécie.

Art. 76. Cabem exclusivamente à seguradora a regulação e a liquidação do sinistro.

Parágrafo único. A seguradora poderá contratar regulador e liquidante de sinistro para desenvolverem a prestação dos serviços em seu lugar, sempre reservando para si a decisão sobre a cobertura do fato comunicado pelo interessado e o valor devido ao segurado.

Art. 77. A regulação e a liquidação do sinistro devem ser realizadas simultaneamente, sempre que possível.

Parágrafo único. Apurando a existência de sinistro e de quantias parciais a pagar, a seguradora deverá adequar suas provisões e efetuar, em favor do segurado ou do beneficiário, no prazo máximo de 30 (trinta) dias, adiantamentos por conta do pagamento final.

Art. 78. O regulador e o liquidante do sinistro devem prontamente informar à seguradora as quantias apuradas a fim de que possam ser efetuados os pagamentos devidos ao segurado ou ao beneficiário.

Parágrafo único. O descumprimento da obrigação prevista no *caput* deste artigo acarretará a responsabilidade solidária do regulador e do liquidante pelos danos decorrentes da demora.

Art. 79. O regulador e o liquidante de sinistro atuam por conta da seguradora.

Parágrafo único. É vedada a fixação da remuneração do regulador, do liquidante, dos peritos, dos inspetores

Lei n. 15.040, de 9-12-2024   Marco Legal dos Seguros

e dos demais auxiliares com base na economia proporcionada à seguradora.

Art. 80. Cumpre ao regulador e ao liquidante de sinistro:
I – exercer suas atividades com probidade e celeridade;
II – informar os interessados de todo o conteúdo de suas apurações, quando solicitado, respeitada a exceção prevista no parágrafo único do art. 83 desta Lei;
III – empregar peritos especializados, sempre que necessário.

Art. 81. Em caso de dúvida sobre critérios e fórmulas destinados à apuração do valor da dívida da seguradora, serão adotados aqueles que forem mais favoráveis ao segurado ou ao beneficiário, vedado o enriquecimento sem causa.

Art. 82. O relatório de regulação e liquidação do sinistro é documento comum às partes.

Art. 83. Negada a cobertura, no todo ou em parte, a seguradora deverá entregar ao interessado os documentos produzidos ou obtidos durante a regulação e a liquidação do sinistro que fundamentem sua decisão.
Parágrafo único. A seguradora não está obrigada a entregar documentos e demais elementos probatórios que sejam considerados confidenciais ou sigilosos por lei ou que possam causar danos a terceiros, salvo em razão de decisão judicial ou arbitral.

Art. 84. Correm por conta da seguradora todas as despesas com a regulação e a liquidação do sinistro, salvo as realizadas para a apresentação dos documentos predeterminados para comunicação da ocorrência e para prova da identificação e legitimidade do interessado, além de outros documentos ordinariamente em poder do interessado.

Art. 85. A execução dos procedimentos de regulação e liquidação de sinistro não importa em reconhecimento de nenhuma obrigação de pagamento do valor do seguro por parte da seguradora.

Art. 86. A seguradora terá o prazo máximo de 30 (trinta) dias para manifestar-se sobre a cobertura, sob pena de decair do direito de recusá-la, contado da data de apresentação da reclamação ou do aviso de sinistro pelo interessado, acompanhados de todos os elementos necessários à decisão a respeito da existência de cobertura.
§ 1.º Os elementos necessários à decisão sobre a cobertura devem ser expressamente arrolados nos documentos probatórios do seguro.

§ 2.º A seguradora ou o regulador do sinistro poderão solicitar documentos complementares, de forma justificada, ao interessado, desde que lhe seja possível produzi-los.
§ 3.º Solicitados documentos complementares dentro do prazo estabelecido no *caput* deste artigo, o prazo para a manifestação sobre a cobertura suspende-se por no máximo 2 (duas) vezes, recomeçando a correr no primeiro dia útil subsequente àquele em que for atendida a solicitação.
§ 4.º O prazo estabelecido no *caput* deste artigo somente pode ser suspenso 1 (uma) vez nos sinistros relacionados a seguros de veículos automotores e em todos os demais seguros em que a importância segurada não exceda o correspondente a 500 (quinhentas) vezes o salário mínimo vigente.
§ 5.º A autoridade fiscalizadora poderá fixar prazo superior ao disposto no *caput* deste artigo para tipos de seguro em que a verificação da existência de cobertura implique maior complexidade na apuração, respeitado o limite máximo de 120 (cento e vinte) dias.
§ 6.º A recusa de cobertura deve ser expressa e motivada, não podendo a seguradora inovar posteriormente o fundamento, salvo quando, depois da recusa, vier a tomar conhecimento de fatos que anteriormente desconhecia.

Art. 87. Reconhecida a cobertura, a seguradora terá o prazo máximo de 30 (trinta) dias para pagar a indenização ou o capital estipulado.
§ 1.º Os elementos necessários à quantificação dos valores devidos devem ser expressamente arrolados nos documentos probatórios do seguro.
§ 2.º A seguradora ou o liquidante do sinistro poderão solicitar documentos complementares, de forma justificada, ao interessado, desde que lhe seja possível produzi-los.
§ 3.º Solicitados documentos complementares dentro do prazo estabelecido no *caput* deste artigo, o prazo para o pagamento da indenização ou do capital estipulado suspende-se por no máximo 2 (duas) vezes, recomeçando a correr no primeiro dia útil subsequente àquele em que for atendida a solicitação.
§ 4.º O prazo estabelecido no *caput* deste artigo somente pode ser suspenso 1 (uma) vez nos sinistros relacionados a seguros de veículos automotores e seguros de vida e integridade física, assim como em todos os demais seguros em que a importância segu-

rada não exceda o correspondente a 500 (quinhentas) vezes o salário mínimo vigente.

§ 5.º A autoridade fiscalizadora poderá fixar prazo superior ao disposto no *caput* deste artigo para tipos de seguro em que a liquidação dos valores devidos implique maior complexidade na apuração, respeitado o limite máximo de 120 (cento e vinte) dias.

§ 6.º O valor devido apurado deve ser apresentado de forma fundamentada ao interessado, não podendo a seguradora inovar posteriormente, salvo quando vier a tomar conhecimento de fatos que anteriormente desconhecia.

Art. 88. A mora da seguradora fará incidir multa de 2% (dois por cento) sobre o montante devido, corrigido monetariamente, sem prejuízo dos juros legais e da responsabilidade por perdas e danos desde a data em que a indenização ou o capital segurado deveriam ter sido pagos, conforme disposto nos arts. 86 e 87 desta Lei.

Capítulo II
DOS SEGUROS DE DANO

Seção I
Disposições Gerais

Art. 89. Os valores da garantia e da indenização não poderão superar o valor do interesse, ressalvadas as exceções previstas nesta Lei.

Art. 90. A indenização não poderá exceder o valor da garantia, ainda que o valor do interesse lhe seja superior.

Art. 91. Na hipótese de sinistro parcial, o valor da indenização devida não será objeto de rateio em razão de seguro contratado por valor inferior ao do interesse, salvo disposição em contrário.

§ 1.º Quando expressamente pactuado o rateio, a seguradora exemplificará na apólice a fórmula para cálculo da indenização.

§ 2.º A aplicação do rateio em razão de infrasseguro superveniente será limitada aos casos em que for expressamente afastado na apólice o regime de ajustamento final de prêmio, e o aumento do valor do interesse lesado decorrer de ato voluntário do segurado.

Art. 92. É lícito contratar o seguro a valor de novo.

§ 1.º É lícito convencionar a reposição ou a reconstrução paulatina com pagamentos correspondentes, salvo quando esse regime impedir a reposição ou a reconstrução.

§ 2.º Nos seguros de que trata este artigo, não são admitidas cláusulas de rateio.

Art. 93. Não se presume na garantia do seguro a obrigação de indenizar o vício não aparente e não declarado no momento da contratação do seguro, nem seus efeitos exclusivos.

§ 1.º Salvo disposição em contrário, se houver cobertura para o vício, a garantia compreende tanto os danos ao bem no qual se manifestou o vício quanto aqueles decorrentes do vício.

§ 2.º A simples inspeção prévia pela seguradora de riscos relacionados com atividades empresariais não autoriza a presunção de conhecimento do vício.

Art. 94. A seguradora sub-roga-se nos direitos do segurado pelas indenizações pagas nos seguros de dano.

§ 1.º É ineficaz qualquer ato do segurado que diminua ou extinga a sub-rogação.

§ 2.º O segurado é obrigado a colaborar no exercício dos direitos derivados da sub-rogação, respondendo pelos prejuízos que causar à seguradora.

§ 3.º A sub-rogação da seguradora não poderá implicar prejuízo ao direito remanescente do segurado ou do beneficiário contra terceiros.

Art. 95. A seguradora não terá ação própria ou derivada de sub-rogação quando o sinistro decorrer de culpa não grave de:

I - cônjuge ou parentes até o segundo grau, consanguíneos ou por afinidade, do segurado ou do beneficiário;

II - empregados ou pessoas sob a responsabilidade do segurado.

Parágrafo único. Quando o culpado pelo sinistro for garantido por seguro de responsabilidade civil, é admitido o exercício do direito excluído pelo *caput* deste artigo contra a seguradora que o garantir.

Art. 96. A seguradora e o segurado ratearão os bens atingidos pelo sinistro, na proporção do prejuízo suportado.

Art. 97. Os seguros contra os riscos de morte e de perda de integridade física de pessoa que visem a garantir direito patrimonial de terceiro ou que tenham finalidade indenizatória submetem-se, no que couber, às regras do seguro de dano.

Parágrafo único. Quando, no momento do sinistro, o valor da garantia superar o valor do direito patrimonial garantido, o excedente sujeitar-se-á às regras do seguro de vida, e será credor da diferença aquele sobre cuja vida ou integridade física foi contratado o seguro e, no caso de morte, o beneficiário, observando-se as disposições do Capítulo III desta Lei.

Seção II
Do Seguro de Responsabilidade Civil

Art. 98. O seguro de responsabilidade civil garante o interesse do segurado contra os efeitos da imputação de responsabilidade e do seu reconhecimento, assim como os dos terceiros prejudicados à indenização.

§ 1.º No seguro de responsabilidade civil, o risco pode caracterizar-se pela ocorrência do fato gerador, da manifestação danosa ou da imputação de responsabilidade.

§ 2.º Na garantia de gastos com a defesa contra a imputação de responsabilidade, deverá ser estabelecido um limite específico e diverso daquele destinado à indenização dos prejudicados.

Art. 99. A indenização, no seguro de responsabilidade civil, está sujeita aos mesmos acessórios legais incidentes sobre a dívida do responsável.

Art. 100. O responsável garantido pelo seguro que não colaborar com a seguradora ou praticar atos em detrimento da responderá pelos prejuízos a que der causa, cabendo-lhe:

I – informar prontamente a seguradora das comunicações recebidas que possam gerar reclamação futura;

II – fornecer os documentos e outros elementos a que tiver acesso e que lhe forem solicitados pela seguradora;

III – comparecer aos atos processuais para os quais for intimado;

IV – abster-se de agir em detrimento dos direitos e das pretensões da seguradora.

Art. 101. Quando a pretensão do prejudicado for exercida exclusivamente contra o segurado, este será obrigado a cientificar a seguradora, tão logo seja citado para responder à demanda, e a disponibilizar os elementos necessários para o conhecimento do processo.

Parágrafo único. O segurado poderá chamar a seguradora a integrar o processo, na condição de litisconsorte, sem responsabilidade solidária.

Art. 102. Os prejudicados poderão exercer seu direito de ação contra a seguradora, desde que em litisconsórcio passivo com o segurado.

Parágrafo único. O litisconsórcio será dispensado quando o segurado não tiver domicílio no Brasil.

Art. 103. Salvo disposição legal em contrário, a seguradora poderá opor aos prejudicados as defesas fundadas no contrato de seguro que tiver contra o segurado antes do sinistro.

Art. 104. A seguradora poderá opor aos terceiros prejudicados todas as defesas que contra eles possuir.

Art. 105. O segurado deverá empreender os melhores esforços para informar os terceiros prejudicados sobre a existência e o conteúdo do seguro contratado.

Art. 106. Salvo disposição em contrário, a seguradora poderá celebrar transação com os prejudicados, o que não implicará o reconhecimento de responsabilidade do segurado nem prejudicará aqueles a quem é imputada a responsabilidade.

Art. 107. Se houver pluralidade de prejudicados em um mesmo evento, a seguradora ficará liberada com a prestação da totalidade das indenizações decorrentes da garantia do seguro a um ou mais prejudicados, sempre que ignorar a existência dos demais.

Seção III
Da Transferência do Interesse

Art. 108. A transferência do interesse garantido implica a cessão do seguro correspondente, obrigando-se o cessionário no lugar do cedente.

§ 1.º A cessão do seguro não ocorrerá sem anuência prévia da seguradora quando o cessionário exercer atividade capaz de aumentar de forma relevante o risco ou não preencher os requisitos exigidos pela técnica de seguro, hipóteses em que o contrato será resolvido com a devolução proporcional do prêmio, ressalvado, na mesma proporção, o direito da seguradora às despesas incorridas.

§ 2.º Caso a cessão do seguro implique alteração da taxa de prêmio, será feito o ajuste e creditada a diferença à parte favorecida.

§ 3.º As bonificações, as taxações especiais e outras vantagens personalíssimas do cedente não se comunicam com o novo titular do interesse.

Art. 109. A cessão do seguro correspondente deixará de ser eficaz se não for comunicada à seguradora nos 30 (trinta) dias posteriores à transferência do interesse garantido.

§ 1.º A seguradora poderá, no prazo de 15 (quinze) dias, contado da comunicação, resolver o contrato.

§ 2.º A recusa deverá ser notificada ao cedente e ao cessionário e produzirá efeitos após 15 (quinze) dias contados do recebimento da notificação.

§ 3.º Se a seguradora resolver o contrato nos termos do § 1.º deste artigo, o segurado fará jus à devolução proporcional do prêmio, ressalvado, na mesma proporção, o direito da seguradora às despesas incorridas.

Art. 110. Nos seguros obrigatórios, a transferência do interesse garantido implica a cessão do seguro correspondente, independentemente da comunicação à seguradora.

Art. 111. A cessão do direito à indenização somente deverá ser comunicada para evitar que a seguradora efetue pagamento válido ao credor putativo.

Capítulo III
DOS SEGUROS SOBRE A VIDA E A INTEGRIDADE FÍSICA

Art. 112. Nos seguros sobre a vida e a integridade física, o capital segurado é livremente estipulado pelo proponente, que pode contratar mais de um seguro sobre o mesmo interesse, com a mesma ou com diversas seguradoras.

§ 1.º O capital segurado, conforme convencionado, será pago sob a forma de renda ou de pagamento único.

§ 2.º É lícita a estruturação de seguro sobre a vida e a integridade física com prêmio e capital variáveis.

Art. 113. É livre a indicação do beneficiário nos seguros sobre a vida e a integridade física.

Art. 114. Salvo renúncia do segurado, é lícita a substituição do beneficiário do seguro sobre a vida e a integridade física por ato entre vivos ou por declaração de última vontade.

Parágrafo único. A seguradora não cientificada da substituição será exonerada pagando ao antigo beneficiário.

Art. 115. Na falta de indicação do beneficiário ou se não prevalecer a indicação feita, o capital segurado será pago ou, se for o caso, será devolvida a reserva matemática por metade ao cônjuge, se houver, e o restante aos demais herdeiros do segurado.

§ 1.º Considera-se ineficaz a indicação quando o beneficiário falecer antes da ocorrência do sinistro ou se ocorrer comoriência.

§ 2.º Se o segurado for separado, ainda que de fato, caberá ao companheiro a metade que caberia ao cônjuge.

§ 3.º Se não houver beneficiários indicados ou legais, o valor será pago àqueles que provarem que a morte do segurado os privou de meios de subsistência.

§ 4.º Se a seguradora, ciente do sinistro, não identificar beneficiário ou dependente do segurado para subsistência no prazo prescricional da respectiva pretensão, o capital segurado será tido por abandonado, nos termos do inciso III do *caput* do art. 1.275 da Lei n. 10.406, de 10 de janeiro de 2002 (Código Civil), e será aportado no Fundo Nacional para Calamidades Públicas, Proteção e Defesa Civil (Funcap).

§ 5.º Não prevalecerá a indicação de beneficiário nas hipóteses de revogação da doação, observados o disposto nos arts. 555, 556 e 557 da Lei n. 10.406, de 10 de janeiro de 2002 (Código Civil).

Art. 116. O capital segurado devido em razão de morte não é considerado herança para nenhum efeito.

Parágrafo único. Para os fins deste artigo, equipara-se ao seguro de vida a garantia de risco de morte do participante nos planos de previdência complementar.

Art. 117. É nulo, no seguro sobre a vida e a integridade física próprias, qualquer negócio jurídico que direta ou indiretamente implique renúncia ou redução do crédito ao capital segurado ou à reserva matemática, ressalvadas as atribuições feitas em favor do segurado ou dos beneficiários a título de empréstimo técnico ou resgate.

Art. 118. Nos seguros sobre a vida própria para o caso de morte e sobre a integridade física própria para o caso de invalidez por doença, é lícito estipular-se prazo de carência, durante o qual a seguradora não responde pela ocorrência do sinistro.

§ 1.º O prazo de carência não pode ser convencionado quando se tratar de renovação ou de substituição de contrato existente, ainda que seja outra a seguradora.

§ 2.º O prazo de carência não pode ser pactuado de forma a tornar inócua a garantia e em nenhum caso pode exceder a metade da vigência do contrato.

§ 3.º Ocorrendo o sinistro no prazo de carência, legal ou contratual, a seguradora é obrigada a entregar ao segurado ou ao beneficiário o valor do prêmio pago, ou a reserva matemática, se houver.

§ 4.º Convencionada a carência, a seguradora não poderá negar o pagamento do capital sob a alegação de preexistência de estado patológico.

Art. 119. É lícito, nos seguros sobre a vida e a integridade física, excluir da garantia os sinistros cuja causa exclusiva ou principal corresponda a estados patológicos preexistentes ao início da relação contratual.

Parágrafo único. A exclusão somente poderá ser alegada quando não convencionado prazo de carência e desde que o segurado, questionado claramente, omita voluntariamente a informação da preexistência.

Art. 120. O beneficiário não terá direito ao recebimento do capital segurado quando o suicídio voluntário do segurado ocorrer antes de completados 2 (dois) anos de vigência do seguro de vida.

§ 1.º Quando o segurado aumentar o capital, o beneficiário não terá direito à quantia acrescida se ocorrer o suicídio no prazo previsto no *caput* deste artigo.

§ 2.º É vedada a fixação de novo prazo de carência, nas hipóteses de renovação e de substituição do contrato, ainda que seja outra a seguradora.

§ 3.º O suicídio em razão de grave ameaça ou de legítima defesa de terceiro não está compreendido no prazo de carência.

§ 4.º É nula a cláusula de exclusão de cobertura de suicídio de qualquer espécie.

§ 5.º Ocorrendo o suicídio no prazo de carência, é assegurado o direito à devolução do montante da reserva matemática formada.

Art. 121. A seguradora não se exime do pagamento do capital segurado, ainda que previsto contratualmente, quando a morte ou a incapacidade decorrer do trabalho, da prestação de serviços militares, de atos humanitários, da utilização de meio de transporte arriscado ou da prática desportiva.

Art. 122. Os capitais segurados devidos em razão de morte ou de perda da integridade física não implicam sub-rogação, quando pagos, e são impenhoráveis.

Art. 123. Nos seguros coletivos sobre a vida e a integridade física, a modificação dos termos do contrato em vigor que possa gerar efeitos contrários aos interesses dos segurados e dos beneficiários dependerá da anuência expressa de segurados que representem pelo menos 3/4 (três quartos) do grupo.

Parágrafo único. Quando não prevista no contrato anterior, a modificação do conteúdo dos seguros coletivos sobre a vida e a integridade física, em caso de renovação, dependerá da anuência expressa de segurados que representem pelo menos 3/4 (três quartos) do grupo.

Art. 124. Salvo se a seguradora encerrar operações no ramo ou na modalidade, a recusa de renovação de seguros individuais sobre a vida e a integridade física que tenham sido renovados sucessiva e automaticamente por mais de 10 (dez) anos deverá ser precedida de comunicação ao segurado e acompanhada de oferta de outro seguro que contenha garantia similar e preços atuarialmente repactuados, em função da realidade e do equilíbrio da carteira, com antecedência mínima de 90 (noventa) dias, vedados carências e direito de recusa de prestação em virtude de fatos preexistentes.

Capítulo IV
DOS SEGUROS OBRIGATÓRIOS

Art. 125. As garantias dos seguros obrigatórios terão conteúdo e valores mínimos, de modo a permitir o cumprimento de sua função social.

Parágrafo único. É nulo, nos seguros obrigatórios, o negócio jurídico que direta ou indiretamente implique renúncia total ou parcial da indenização ou do capital segurado para os casos de morte ou de invalidez.

Capítulo V
DA PRESCRIÇÃO

Art. 126. Prescrevem:

I – em 1 (um) ano, contado da ciência do respectivo fato gerador:

a) a pretensão da seguradora para a cobrança do prêmio ou qualquer outra pretensão contra o segurado e o estipulante do seguro;

b) a pretensão dos intervenientes corretores de seguro, agentes ou representantes de seguro e estipulantes para a cobrança de suas remunerações;

c) as pretensões das cosseguradoras entre si;

d) as pretensões entre seguradoras, resseguradoras e retrocessionárias;

II – em 1 (um) ano, contado da ciência da recepção da recusa expressa e motivada da seguradora, a pretensão do segurado para exigir indenização, capital, reserva matemática, prestações vencidas de rendas temporárias ou vitalícias ou restituição de prêmio em seu favor;

III – em 3 (três) anos, contados da ciência do respectivo fato gerador, a pretensão dos beneficiários ou terceiros prejudicados para exigir da seguradora indenização, capital, reserva matemática e prestações vencidas de rendas temporárias ou vitalícias.

Art. 127. Além das causas previstas na Lei n. 10.406, de 10 de janeiro de 2002 (Código Civil), a prescrição da pretensão relativa ao recebimento de indenização ou capital segurado será suspensa uma única vez, quando a seguradora receber pedido de reconsideração da recusa de pagamento.

Parágrafo único. Cessa a suspensão no dia em que o interessado for comunicado pela seguradora de sua decisão final.

Capítulo VI
DISPOSIÇÕES FINAIS E TRANSITÓRIAS

Art. 128. A autoridade fiscalizadora poderá expedir atos normativos que não contrariem esta Lei, atuando para a proteção dos interesses dos segurados e de seus beneficiários.

Art. 129. Nos contratos de seguro sujeitos a esta Lei, poderá ser pactuada, mediante instrumento assinado pelas partes, a resolução de litígios por meios alternativos, que será feita no Brasil e submetida às regras do direito brasileiro, inclusive na modalidade de arbitragem.

Parágrafo único. A autoridade fiscalizadora disciplinará a divulgação obrigatória dos conflitos e das decisões respectivas, sem identificações particulares, em repositório de fácil acesso aos interessados.

Art. 130. É absoluta a competência da justiça brasileira para a composição de litígios relativos aos contratos de seguro sujeitos a esta Lei, sem prejuízo do previsto no art. 129 desta Lei.

Art. 131. O foro competente para as ações de seguro é o do domicílio do segurado ou do beneficiário, salvo se eles ajuizarem a ação optando por qualquer domicílio da seguradora ou de agente dela.

Parágrafo único. A seguradora, a resseguradora e a retrocessionária, para as ações e as arbitragens promovidas entre si, em que sejam discutidos conflitos que possam interferir diretamente na execução dos contratos de seguro sujeitos a esta Lei, respondem no foro de seu domicílio no Brasil.

Art. 132. Os contratos de seguro sobre a vida são títulos executivos extrajudiciais.

Parágrafo único. O título executivo extrajudicial será constituído por qualquer documento que se mostre hábil para a prova da existência do contrato e do qual constem os elementos essenciais para a verificação da certeza e da liquidez da dívida, acompanhado dos documentos necessários à prova de sua exigibilidade.

Art. 133. Ficam revogados o inciso II do § 1.º do art. 206 e os arts. 757 a 802 da Lei n. 10.406, de 10 de janeiro de 2002 (Código Civil), bem como os arts. 9.º a 14 do Decreto-lei n. 73, de 21 de novembro de 1966.

Art. 134. Esta Lei entra em vigor após decorrido 1 (um) ano de sua publicação oficial.

Brasília, 9 de dezembro de 2024; 203.º da Independência e 136.º da República.

Luiz Inácio Lula da Silva

Súmulas do Supremo Tribunal Federal (*)

•• *As Súmulas aqui constantes (até a de n. 619) foram promulgadas antes da Constituição Federal, que mudou a competência do STF.*

15. Dentro do prazo de validade do concurso, o candidato aprovado tem direito à nomeação, quando o cargo for preenchido sem observância da classificação.

16. Funcionário nomeado por concurso tem direito à posse.

18. Pela falta residual, não compreendida na absolvição pelo juízo criminal, é admissível a punição administrativa do servidor público.

23. Verificados os pressupostos legais para o licenciamento da obra, não o impede a declaração de utilidade pública para desapropriação do imóvel, mas o valor da obra não se incluirá na indenização, quando a desapropriação for efetivada.

25. A nomeação a termo não impede a livre demissão, pelo Presidente da República, de ocupante de cargo dirigente de autarquia.

28. O estabelecimento bancário é responsável pelo pagamento de cheque falso, ressalvadas as hipóteses de culpa exclusiva ou concorrente do correntista.

35. Em caso de acidente do trabalho ou de transporte, a concubina tem direito de ser indenizada pela morte do amásio, se entre eles não havia impedimento para o matrimônio.

49. A cláusula de inalienabilidade inclui a incomunicabilidade dos bens.

71. Embora pago indevidamente, não cabe restituição de tributo indireto.

105. Salvo se tiver havido premeditação, o suicídio do segurado no período contratual de carência não exime o segurador do pagamento do seguro.

•• *Vide CC, arts. 797 e 798.*

111. É legítima a incidência do Imposto de Transmissão *inter vivos* sobre a restituição, ao antigo proprietário, de imóvel que deixou de servir à finalidade da sua desapropriação.

112. O Imposto de Transmissão *causa mortis* é devido pela alíquota vigente ao tempo da abertura da sucessão.

120. Parede de tijolos de vidro translúcido pode ser levantada a menos de metro e meio do prédio vizinho, não importando servidão sobre ele.

122. O enfiteuta pode purgar a mora enquanto não decretado o comisso por sentença.

149. É imprescritível a ação de investigação de paternidade, mas não o é a de petição de herança.

150. Prescreve a execução no mesmo prazo da prescrição da ação.

153. Simples protesto cambiário não interrompe a prescrição.

154. Simples vistoria não interrompe a prescrição.

158. Salvo estipulação contratual averbada no registro imobiliário, não responde o adquirente pelas benfeitorias do locatário.

159. Cobrança excessiva, mas de boa-fé, não dá lugar às sanções do art. 1.531 do Código Civil.

•• *A referência é feita a dispositivo do CC de 1916. Vide art. 940 do Código vigente.*

161. Em contrato de transporte é inoperante a cláusula de não indenizar.

(*) De acordo com o art. 8.º da Emenda Constitucional n. 45, de 8-12-2004 (Reforma do Judiciário), as atuais súmulas do STF somente produzirão efeito vinculante após sua confirmação por dois terços de seus integrantes e publicação na imprensa oficial.

164. No processo de desapropriação, são devidos juros compensatórios desde a antecipada imissão de posse, ordenada pelo juiz, por motivo de urgência.

165. A venda realizada diretamente pelo mandante ao mandatário não é atingida pela nulidade do art. 1.133, II, do Código Civil.
•• A referência é feita a dispositivo do CC de 1916.

166. É inadmissível o arrependimento no compromisso de compra e venda sujeito ao regime do Decreto-lei n. 58, de 10 de dezembro de 1937.

167. Não se aplica o regime do Decreto-lei n. 58, de 10 de dezembro de 1937, ao compromisso de compra e venda não inscrito no registro imobiliário, salvo se o promitente vendedor se obrigou a efetuar o registro.

168. Para os efeitos do Decreto-lei n. 58, de 10 de dezembro de 1937, admite-se a inscrição imobiliária do compromisso de compra e venda no curso da ação.

169. Depende de sentença a aplicação da pena de comisso.

170. É resgatável a enfiteuse instituída anteriormente à vigência do Código Civil.

177. O cessionário do promitente comprador, nas mesmas condições deste, pode retomar o imóvel locado.

178. Não excederá de cinco anos a renovação judicial de contrato de locação, fundada no Decreto n. 24.150, de 20-4-1934.
•• O Decreto n. 24.150, de 20-4-1934, foi revogado pela Lei n. 8.245, de 18-10-1991 (Lei de Locações).

187. A responsabilidade contratual do transportador, pelo acidente com o passageiro, não é elidida por culpa de terceiro, contra o qual tem ação regressiva.

188. O segurador tem ação regressiva contra o causador do dano, pelo que efetivamente pagou, até ao limite previsto no contrato de seguro.

229. A indenização acidentária não exclui a do direito comum, em caso de dolo ou culpa grave do empregador.

237. O usucapião pode ser arguido em defesa.

249. É competente o Superior Tribunal Federal para a ação rescisória quando, embora não tendo conhecido do recurso extraordinário, ou havendo negado provimento a agravo, tiver apreciado a questão federal controvertida.

252. Na ação rescisória, não estão impedidos juízes que participaram do julgamento rescindindo.

257. São cabíveis honorários de advogado na ação regressiva do segurador contra o causador do dano.

259. Para produzir efeito em juízo não é necessária a inscrição, no Registro Público, de documentos de procedência estrangeira, autenticados por via consular.

260. O exame de livros comerciais, em ação judicial, fica limitado às transações entre os litigantes.

263. O possuidor deve ser citado pessoalmente para a ação de usucapião.
•• Vide Súmula 391.

264. Verifica-se a prescrição intercorrente pela paralisação da ação rescisória por mais de 5 (cinco) anos.

265. Na apuração de haveres, não prevalece o balanço não aprovado pelo sócio falecido, excluído ou que se retirou.

328. É legítima a incidência do Imposto de Transmissão *inter vivos* sobre a doação de imóvel.
•• Vide Súmula 656.

329. O Imposto de Transmissão *inter vivos* não incide sobre a transferência de ações de sociedade imobiliária.

331. É legítima a incidência do Imposto de Transmissão *causa mortis*, no inventário por morte presumida.

335. É válida a cláusula de eleição do foro para os processos oriundos do contrato.

340. Desde a vigência do Código Civil, os bens dominicais, como os demais bens públicos, não podem ser adquiridos por usucapião.
•• A referência é feita ao CC de 1916. Vide arts. 100, 101 e 102 do Código vigente e Decreto-lei n. 9.760, de 5-9-1946, art. 200.

Súmulas do STF

341. É presumida a culpa do patrão ou comitente pelo ato culposo do empregado ou preposto.

343. Não cabe ação rescisória por ofensa a literal disposição de Lei, quando a decisão rescindenda se tiver baseado em texto legal de interpretação controvertida nos tribunais.

346. A administração pública pode declarar a nulidade dos seus próprios atos.

363. A pessoa jurídica de direito privado pode ser demandada no domicílio da agência, ou estabelecimento, em que se praticou o ato.

374. Na retomada para construção mais útil, não é necessário que a obra tenha sido ordenada pela autoridade pública.

377. No regime de separação legal de bens, comunicam-se os adquiridos na constância do casamento.
- •• *Vide* Súmula 655 do STJ.

378. Na indenização por desapropriação incluem-se honorários do advogado do expropriado.

380. Comprovada a existência de sociedade de fato entre os concubinos, é cabível a sua dissolução judicial, com a partilha do patrimônio adquirido pelo esforço comum.

381. Não se homologa sentença de divórcio obtida por procuração, em país de que os cônjuges não eram nacionais.
- •• *Vide* Súmula 420.

382. A vida em comum sob o mesmo teto, *more uxorio*, não é indispensável à caracterização do concubinato.

386. Pela execução de obra musical por artistas remunerados é devido direito autoral, não exigível, porém, quando a orquestra for de amadores.

390. A exibição judicial de livros comerciais pode ser requerida como medida preventiva.

391. O confinante certo deve ser citado pessoalmente para a ação de usucapião.
- •• *Vide* Súmula 263.

409. Ao retomante, que tenha mais de um prédio alugado, cabe optar entre eles, salvo abuso de direito.

412. No compromisso de compra e venda com cláusula de arrependimento, a devolução do sinal, por quem o deu, ou a sua restituição em dobro, por quem o recebeu, exclui indenização maior, a título de perdas e danos, salvo os juros moratórios e os encargos do processo.

413. O compromisso de compra e venda de imóveis, ainda que não loteados, dá direito à execução compulsória, quando reunidos os requisitos legais.

414. Não se distingue a visão direta da oblíqua, na proibição de abrir janela, ou fazer terraço, eirado, ou varanda, a menos de metro e meio do prédio de outrem.

415. Servidão de trânsito não titulada, mas tornada permanente, sobretudo pela natureza das obras realizadas, considera-se aparente, conferindo direito à proteção possessória.

416. Pela demora no pagamento do preço da desapropriação não cabe indenização complementar além dos juros.

420. Não se homologa sentença proferida no estrangeiro, sem prova do trânsito em julgado.
- •• *Vide* Súmula 381.

439. Estão sujeitos à fiscalização tributária ou previdenciária quaisquer livros comerciais, limitado o exame aos pontos objeto da investigação.

442. A inscrição do contrato de locação no Registro de Imóveis, para a validade da cláusula de vigência contra o adquirente do imóvel, ou perante terceiros, dispensa a transcrição no Registro de Títulos e Documentos.

443. A prescrição das prestações anteriores ao período previsto em lei não ocorre, quando não tiver sido negado, antes daquele prazo, o próprio direito reclamado, ou a situação jurídica de que ele resulta.

447. É válida a disposição testamentária em favor de filho adulterino do testador com sua concubina.

450. São devidos honorários de advogado sempre que vencedor o beneficiário de justiça gratuita.

464. No cálculo da indenização por acidente de trabalho, inclui-se, quando devido, o repouso semanal remunerado.

472. A condenação do autor em honorários de advogado, com fundamento no art. 64 do Código de Processo Civil, depende de reconvenção.

475. A Lei n. 4.686, de 21 de junho de 1965, tem aplicação imediata aos processos em curso, inclusive em grau de recurso extraordinário.

476. Desapropriadas as ações de uma sociedade, o Poder desapropriante, imitido na posse, pode exercer, desde logo, todos os direitos inerentes aos respectivos títulos.

481. Se a locação compreende, além do imóvel, Fundo de Comércio, com instalações e pertences, como no caso de teatros, cinemas e hotéis, não se aplicam ao retomante as restrições do art. 8.º, e, parágrafo único, do Decreto n. 24.150, de 20 de abril de 1934.

•• O Decreto n. 24.150, de 20-4-1934, foi revogado pela atual Lei de Locações – Lei n. 8.245, de 18-10-1981.

482. O locatário, que não for sucessor ou cessionário do que o precedeu na locação, não pode somar os prazos concedidos a este, para pedir a renovação do contrato, nos termos do Decreto n. 24.150.

•• O Decreto n. 24.150, de 20-4-1934, foi revogado pela atual Lei de Locações – Lei n. 8.245, de 18-10-1981.

483. É dispensável a prova da necessidade, na retomada de prédio situado em localidade para onde o proprietário pretende transferir residência, salvo se mantiver, também, a anterior, quando dita prova será exigida.

486. Admite-se a retomada para sociedade da qual o locador, ou seu cônjuge, seja sócio, com participação predominante no capital social.

487. Será deferida a posse a quem, evidentemente, tiver o domínio, se com base neste for ela disputada.

489. A compra e venda de automóvel não prevalece contra terceiros, de boa-fé, se o contrato não foi transcrito no Registro de Títulos e Documentos.

490. A pensão correspondente à indenização oriunda de responsabilidade civil, deve ser calculada com base no salário mínimo vigente ao tempo da sentença e ajustar-se-á às variações ulteriores.

491. É indenizável o acidente que cause a morte de filho menor, ainda que não exerça trabalho remunerado.

492. A empresa locadora de veículos responde, civil e solidariamente com o locatário, pelos danos por este causados a terceiro, no uso do carro locado.

494. A ação para anular venda de ascendente a descendente, sem consentimento dos demais, prescreve em 20 (vinte) anos, contados da data do ato, revogada a Súmula 152.

504. Compete à Justiça Federal, em ambas as instâncias, o processo e o julgamento das causas fundadas em contrato de seguro marítimo.

514. Admite-se ação rescisória contra sentença transitada em julgado, ainda que contra ela não se tenham esgotado todos os recursos.

538. A avaliação judicial para o efeito do cálculo das benfeitorias dedutíveis do imposto sobre lucro imobiliário independe do limite a que se refere a Lei n. 3.470, de 28 de novembro de 1958, art. 8.º, parágrafo único.

542. Não é inconstitucional a multa instituída pelo Estado-Membro, como sanção pelo retardamento do início ou da ultimação do inventário.

546. Cabe a restituição do tributo, pago indevidamente, quando reconhecido por decisão, que o contribuinte *de jure* não recuperou do contribuinte *de facto* o *quantum* respectivo.

556. É competente a Justiça comum para julgar as causas em que é parte sociedade de economia mista.

557. É competente a Justiça Federal para julgar as causas em que são partes a COBAL e a CIBRAZEM.

•• COBAL – Companhia Brasileira de Alimentos.
•• CIBRAZEM – Companhia Brasileira de Armazenamento.

561. Em desapropriação, é devida a correção monetária até a data do efetivo pagamento da indenização, devendo proceder-se à atualização do cálculo, ainda que por mais de uma vez.

562. Na indenização de danos materiais decorrentes de ato ilícito cabe a atualização de seu valor, utilizando-se, para esse fim, dentre outros critérios, dos índices de correção monetária.

565. A multa fiscal moratória constitui pena administrativa, não se incluindo no crédito habilitado em falência.

583. Promitente comprador de imóvel residencial transcrito em nome de autarquia é contribuinte do Imposto Predial e Territorial Urbano.

590. Calcula-se o Imposto de Transmissão *causa mortis* sobre o saldo credor da promessa de compra e venda de imóvel, no momento da abertura da sucessão do promitente vendedor.

596. As disposições do Decreto n. 22.626/33 não se aplicam às taxas de juros e aos outros encargos cobrados nas operações realizadas por instituições públicas ou privadas, que integram o sistema financeiro nacional.

618. Na desapropriação, direta ou indireta, a taxa dos juros compensatórios é de 12% (doze por cento) ao ano.

619. A prisão do depositário judicial pode ser decretada no próprio processo em que se constitui o encargo, independentemente da propositura de ação de depósito.

•• Súmula revogada em 3-12-2008, no julgamento do HC 92.566.

(*) 629. A impetração de mandado de segurança coletivo por entidade de classe em favor dos associados independe da autorização destes.

630. A entidade de classe tem legitimidade para o mandado de segurança ainda quando a pretensão veiculada interesse apenas a uma parte da respectiva categoria.

632. É constitucional lei que fixa o prazo de decadência para a impetração de mandado de segurança.

(*) As Súmulas seguintes foram promulgadas após a CF de 1988.

638. A controvérsia sobre a incidência, ou não, de correção monetária em operações de crédito rural é de natureza infraconstitucional, não viabilizando recurso extraordinário.

643. O Ministério Público tem legitimidade para promover ação civil pública cujo fundamento seja a ilegalidade de reajuste de mensalidades escolares.

645. É competente o Município para fixar o horário de funcionamento de estabelecimento comercial.

646. Ofende o princípio da livre concorrência lei municipal que impede a instalação de estabelecimentos comerciais do mesmo ramo em determinada área.

648. A norma do § 3.º do art. 192 da Constituição, revogada pela EC 40/2003, que limitava a taxa de juros reais a 12% ao ano, tinha sua aplicabilidade condicionada à edição de lei complementar.

650. Os incisos I e XI do art. 20 da CF não alcançam terras de aldeamentos extintos, ainda que ocupadas por indígenas em passado remoto.

•• Súmula com redação retificada no *Diário da Justiça* de 29-11-2003.

652. Não contraria a Constituição o art. 15, § 1.º, do Decreto-lei n. 3.365/41 (Lei da Desapropriação por utilidade pública).

654. A garantia da irretroatividade da lei, prevista no art. 5.º, XXXVI, da Constituição da República, não é invocável pela entidade estatal que a tenha editado.

656. É inconstitucional a lei que estabelece alíquotas progressivas para o imposto de transmissão *inter vivos* de bens imóveis – ITBI com base no valor venal do imóvel.

668. É inconstitucional a lei municipal que tenha estabelecido, antes da Emenda Constitucional 29/2000, alíquotas progressivas para o IPTU, salvo se destinada a assegurar o cumprimento da função social da propriedade urbana.

683. O limite de idade para a inscrição em concurso público só se legitima em face do art. 7.º, XXX, da Constituição, quando possa ser justificado pela natureza do cargo a ser preenchido.

684. É inconstitucional o veto não motivado à participação de candidato a concurso público.

686. Só por lei se pode sujeitar a exame psicotécnico a habilitação de candidato a cargo público.

692. Não se conhece de *habeas corpus* contra omissão de relator de extradição, se fundado em fato ou direito estrangeiro cuja prova não constava dos autos, nem foi ele provocado a respeito.

724. Ainda quando alugado a terceiros, permanece imune ao IPTU o imóvel pertencente a qualquer das entidades referidas pelo art. 150, VI, c, da Constituição, desde que o valor dos aluguéis seja aplicado nas atividades essenciais de tais entidades.

Súmulas Vinculantes (*)

1. Ofende a garantia constitucional do ato jurídico perfeito a decisão que, sem ponderar as circunstâncias do caso concreto, desconsidera a validade e a eficácia de acordo constante de termo de adesão instituído pela Lei Complementar n. 110/2001.

2. É inconstitucional a lei ou ato normativo estadual ou distrital que disponha sobre sistemas de consórcios e sorteios, inclusive bingos e loterias.

3. Nos processos perante o Tribunal de Contas da União asseguram-se o contraditório e a ampla defesa quando da decisão puder resultar anulação ou revogação de ato administrativo que beneficie o interessado, excetuada a apreciação da legalidade do ato de concessão inicial de aposentadoria, reforma e pensão.

4. Salvo nos casos previstos na Constituição, o salário mínimo não pode ser usado como indexador de base de cálculo de vantagem de servidor público ou de empregado, nem ser substituído por decisão judicial.

5. A falta de defesa técnica por advogado no processo administrativo disciplinar não ofende a Constituição.

6. Não viola a Constituição o estabelecimento de remuneração inferior ao salário mínimo para as praças prestadoras de serviço militar inicial.

7. A norma do § 3.º do art. 192 da Constituição, revogada pela Emenda Constitucional n. 40/2003, que limitava a taxa de juros reais a 12% ao ano, tinha sua aplicação condicionada à edição de lei complementar.

8. São inconstitucionais o parágrafo único do artigo 5.º do Decreto-lei n. 1.569/77 e os arts. 45 e 46 da Lei n. 8.212/91, que tratam de prescrição e decadência de crédito tributário.

9. O disposto no art. 127 da Lei n. 7.210/84 (Lei de Execução Penal) foi recebido pela ordem constitucional vigente, e não se lhe aplica o limite temporal previsto no *caput* do art. 58.

10. Viola a cláusula de reserva de plenário (CF, art. 97) a decisão de órgão fracionário de Tribunal que, embora não declare expressamente a inconstitucionalidade de lei ou ato normativo do poder público, afasta sua incidência, no todo ou em parte.

11. Só é lícito o uso de algemas em casos de resistência e de fundado receio de fuga ou de perigo à integridade física própria ou alheia, por parte do preso ou de terceiros, justificada a excepcionalidade por escrito, sob pena de responsabilidade disciplinar, civil e penal do agente ou da autoridade e de nulidade da prisão ou do ato processual a que se refere, sem prejuízo da responsabilidade civil do Estado.

12. A cobrança de taxa de matrícula nas universidades públicas viola o disposto no art. 206, IV, da Constituição Federal.

13. A nomeação de cônjuge, companheiro ou parente em linha reta, colateral ou por afinidade, até o terceiro grau, inclusive, da autoridade nomeante ou de servidor da mesma pessoa jurídica investido em cargo de direção, chefia ou assessoramento, para o exercício de cargo em comissão ou de confiança ou, ainda, de função gratificada na administração pública direta e indireta em qualquer dos Poderes da União, dos Estados, do Distrito Federal e dos Municípios, compreendido o ajuste mediante designações recíprocas, viola a Constituição Federal.

(*) As súmulas vinculantes estão previstas no art. 103-A da CF, acrescentado pela Emenda Constitucional n. 45, de 2004 (Reforma do Judiciário), e regulamentado pela Lei n. 11.417, de 19-12-2006.

14. É direito do defensor, no interesse do representado, ter acesso amplo aos elementos de prova que, já documentados em procedimento investigatório realizado por órgão com competência de polícia judiciária, digam respeito ao exercício do direito de defesa.

15. O cálculo de gratificações e outras vantagens do servidor público não incide sobre o abono utilizado para se atingir o salário mínimo.

16. Os arts. 7.º, IV, e 39, § 3.º (redação da EC n. 19/98), da Constituição, referem-se ao total da remuneração percebida pelo servidor público.

17. Durante o período previsto no § 1.º do art. 100 da Constituição, não incidem juros de mora sobre os precatórios que nele sejam pagos.

18. A dissolução da sociedade ou do vínculo conjugal, no curso do mandato, não afasta a inelegibilidade prevista no § 7.º do art. 14 da Constituição Federal.

19. A taxa cobrada exclusivamente em razão dos serviços públicos de coleta, remoção e tratamento ou destinação de lixo ou resíduos provenientes de imóveis, não viola o art. 145, II, da Constituição Federal.

20. A Gratificação de Desempenho de Atividade Técnico-Administrativa – GDATA, instituída pela Lei n. 10.404/2002, deve ser deferida aos inativos nos valores correspondentes a 37,5 (trinta e sete vírgula cinco) pontos no período de fevereiro a maio de 2002 e, nos termos do art. 5.º, parágrafo único, da Lei n. 10.404/2002, no período de junho de 2002 até a conclusão dos efeitos do último ciclo de avaliação a que se refere o art. 1.º da Medida Provisória n. 198/2004, a partir da qual passa a ser de 60 (sessenta) pontos.

21. É inconstitucional a exigência de depósito ou arrolamento prévios de dinheiro ou bens para admissibilidade de recurso administrativo.

22. A Justiça do Trabalho é competente para processar e julgar as ações de indenização por danos morais e patrimoniais decorrentes de acidente de trabalho propostas por empregado contra empregador, inclusive aquelas que ainda não possuíam sentença de mérito em primeiro grau quando da promulgação da Emenda Constitucional n. 45/2004.

23. A Justiça do Trabalho é competente para processar e julgar ação possessória ajuizada em decorrência do exercício do direito de greve pelos trabalhadores da iniciativa privada.

24. Não se tipifica crime material contra a ordem tributária, previsto no art. 1.º, incisos I a IV, da Lei n. 8.137/90, antes do lançamento definitivo do tributo.

25. É ilícita a prisão civil de depositário infiel, qualquer que seja a modalidade do depósito.
•• *Vide* art. 5.º, LXVII e § 2.º, da CF.

26. Para efeito de progressão de regime no cumprimento de pena por crime hediondo, ou equiparado, o juízo da execução observará a inconstitucionalidade do art. 2.º da Lei n. 8.072, de 25 de julho de 1990, sem prejuízo de avaliar se o condenado preenche, ou não, os requisitos objetivos e subjetivos do benefício, podendo determinar, para tal fim, de modo fundamentado, a realização de exame criminológico.

27. Compete à Justiça estadual julgar causas entre consumidor e concessionária de serviço público de telefonia, quando a ANATEL não seja litisconsorte passiva necessária, assistente, nem opoente.

28. É inconstitucional a exigência de depósito prévio como requisito de admissibilidade de ação judicial na qual se pretenda discutir a exigibilidade de crédito tributário.

29. É constitucional a adoção, no cálculo do valor de taxa, de um ou mais elementos da base de cálculo própria de determinado imposto, desde que não haja integral identidade entre uma base e outra.

•• Até a data de fechamento desta edição o STF mantinha suspensa a publicação da Súmula Vinculante n. 30.

31. É inconstitucional a incidência do Imposto sobre Serviços de Qualquer Natureza – ISS sobre operações de locação de bens móveis.

Súmulas Vinculantes

32. O ICMS não incide sobre alienação de salvados de sinistro pelas seguradoras.

33. Aplicam-se ao servidor público, no que couber, as regras do regime geral da previdência social sobre aposentadoria especial de que trata o art. 40, § 4.º, inciso III, da Constituição Federal, até a edição de lei complementar específica.

34. A Gratificação de Desempenho de Atividade de Seguridade Social e do Trabalho – GDASST, instituída pela Lei n. 10.483/2002, deve ser estendida aos inativos no valor correspondente a 60 (sessenta) pontos, desde o advento da Medida Provisória n. 198/2004, convertida na Lei n. 10.971/2004, quando tais inativos façam jus à paridade constitucional (EC n. 20/98, 41/2003 e 47/2005).
- Vide art. 40, § 8.º, da CF.

35. A homologação da transação penal prevista no art. 76 da Lei n. 9.099/95 não faz coisa julgada material e, descumpridas suas cláusulas, retoma-se a situação anterior, possibilitando-se ao Ministério Público a continuidade da persecução penal mediante oferecimento de denúncia ou requisição de inquérito policial.

36. Compete à Justiça Federal comum processar e julgar civil denunciado pelos crimes de falsificação e de uso de documento falso quando se tratar de falsificação da Caderneta de Inscrição e Registro (CIR) ou de Carteira de Habilitação de Amador (CHA), ainda que expedidas pela Marinha do Brasil.
- Vide arts. 296 e s. do CP.

37. Não cabe ao Poder Judiciário, que não tem função legislativa, aumentar vencimentos de servidores públicos sob o fundamento de isonomia.

38. É competente o Município para fixar o horário de funcionamento de estabelecimento comercial.

39. Compete privativamente à União legislar sobre vencimentos dos membros das polícias civil e militar e do corpo de bombeiros militar do Distrito Federal.

40. A contribuição confederativa de que trata o art. 8.º, IV, da Constituição Federal, só é exigível dos filiados ao sindicato respectivo.

41. O serviço de iluminação pública não pode ser remunerado mediante taxa.

42. É inconstitucional a vinculação do reajuste de vencimentos de servidores estaduais ou municipais a índices federais de correção monetária.

43. É inconstitucional toda modalidade de provimento que propicie ao servidor investir-se, sem prévia aprovação em concurso público destinado ao seu provimento, em cargo que não integra a carreira na qual anteriormente investido.

44. Só por lei se pode sujeitar a exame psicotécnico a habilitação de candidato a cargo público.

45. A competência constitucional do Tribunal do Júri prevalece sobre o foro por prerrogativa de função estabelecido exclusivamente pela constituição estadual.

46. A definição dos crimes de responsabilidade e o estabelecimento das respectivas normas de processo e julgamento são da competência legislativa privativa da União.

47. Os honorários advocatícios incluídos na condenação ou destacados do montante principal devido ao credor consubstanciam verba de natureza alimentar cuja satisfação ocorrerá com a expedição de precatório ou requisição de pequeno valor, observada ordem especial restrita aos créditos dessa natureza.
- • Vide art. 100, § 1.º, da CF.

48. Na entrada de mercadoria importada do exterior, é legítima a cobrança do ICMS por ocasião do desembaraço aduaneiro.
- • Vide art. 155, § 2.º, IX, a, da CF.

49. Ofende o princípio da livre concorrência lei municipal que impede a instalação de estabelecimentos comerciais do mesmo ramo em determinada área.

50. Norma legal que altera o prazo de recolhimento de obrigação tributária não se sujeita ao princípio da anterioridade.

51. O reajuste de 28,86%, concedido aos servidores militares pelas Leis 8.622/93 e 8.627/93, estende-se aos servidores civis do poder executivo, observadas as eventuais compensações decorrentes dos reajustes diferenciados concedidos pelos mesmos diplomas legais.

52. Ainda quando alugado a terceiros, permanece imune ao IPTU o imóvel pertencente a qualquer das entidades referidas pelo art. 150, VI, c, da Constituição Federal, desde que o valor dos aluguéis seja aplicado nas atividades para as quais tais entidades foram constituídas.

53. A competência da Justiça do Trabalho prevista no art. 114, VIII, da Constituição Federal alcança a execução de ofício das contribuições previdenciárias relativas ao objeto da condenação constante das sentenças que proferir e acordos por ela homologados.

54. A medida provisória não apreciada pelo Congresso Nacional podia, até a Emenda Constitucional n. 32/2001, ser reeditada dentro do seu prazo de eficácia de trinta dias, mantidos os efeitos de lei desde a primeira edição.

•• *Vide* art. 62 da CF.

55. O direito ao auxílio-alimentação não se estende aos servidores inativos.

56. A falta de estabelecimento penal adequado não autoriza a manutenção do condenado em regime prisional mais gravoso, devendo-se observar, nessa hipótese, os parâmetros fixados no RE 641.320/ RS.

57. A imunidade tributária constante do art. 150, VI, *d*, da CF/88 aplica-se à importação e comercialização, no mercado interno, do livro eletrônico (*e-book*) e dos suportes exclusivamente utilizados para fixá-lo, como os leitores de livros eletrônicos (*e-readers*), ainda que possuam funcionalidades acessórias.

58. Inexiste direito a crédito presumido de IPI relativamente à entrada de insumos isentos, sujeitos à alíquota zero ou não tributáveis, o que não contraria o princípio da não cumulatividade.

59. É impositiva a fixação do regime aberto e a substituição da pena privativa de liberdade por restritiva de direitos quando reconhecida a figura do tráfico privilegiado (art. 33, § 4.º, da Lei n. 11.343/2006) e ausentes vetores negativos na primeira fase da dosimetria (art. 59 do CP), observados os requisitos do art. 33, § 2.º, alínea c, e do art. 44, ambos do Código Penal.

60. O pedido e a análise administrativos de fármacos na rede pública de saúde, a judicialização do caso, bem ainda seus desdobramentos (administrativos e jurisdicionais), devem observar os termos dos 3 (três) acordos interfederativos (e seus fluxos) homologados pelo Supremo Tribunal Federal, em governança judicial colaborativa, no tema 1.234 da sistemática da repercussão geral (RE 1.366.243).

•• *Vide* arts . 23, II, 109, I, 196, 197 e 198, I, da CF.

61. A concessão judicial de medicamento registrado na ANVISA, mas não incorporado às listas de dispensação do Sistema Único de Saúde, deve observar as teses firmadas no julgamento do Tema 6 da Repercussão Geral (RE 566.471).

• *Vide* arts. 6.º e 196 da CF.

62. É legítima a revogação da isenção estabelecida no art. 6.º, II, da Lei Complementar 70/1991 pelo art. 56 da Lei n. 9.430/1996, dado que a LC 70/1991 é apenas formalmente complementar, mas materialmente ordinária com relação aos dispositivos concernentes à contribuição social por ela instituída.

Súmulas do Superior Tribunal de Justiça

1. O foro do domicílio ou da residência do alimentando é o competente para a ação de investigação de paternidade, quando cumulada com a de alimentos.

8. Aplica-se a correção monetária aos créditos habilitados em concordata preventiva, salvo durante o período compreendido entre as datas de vigência da Lei n. 7.274, de 10 de dezembro de 1984, e do Decreto-lei n. 2.283, de 27 de fevereiro de 1986.

11. A presença da União ou de qualquer de seus entes, na ação de usucapião especial, não afasta a competência do foro da situação do imóvel.

12. Em desapropriação, são cumuláveis juros compensatórios e moratórios.

14. Arbitrados os honorários advocatícios em percentual sobre o valor da causa, a correção monetária incide a partir do respectivo ajuizamento.

26. O avalista do título de crédito vinculado a contrato de mútuo também responde pelas obrigações pactuadas, quando no contrato figurar como devedor solidário.

27. Pode a execução fundar-se em mais de um título extrajudicial relativos ao mesmo negócio.

28. O contrato de alienação fiduciária em garantia pode ter por objeto bem que já integrava o patrimônio do devedor.

31. A aquisição, pelo segurado, de mais de um imóvel financiado pelo Sistema Financeiro da Habitação, situados na mesma localidade, não exime a seguradora da obrigação de pagamento dos seguros.

36. A correção monetária integra o valor da restituição, em caso de adiantamento de câmbio, requerida em concordata ou falência.

37. São cumuláveis as indenizações por dano material e dano moral oriundos do mesmo fato.

39. Prescreve em vinte anos a ação para haver indenização, por responsabilidade civil, de sociedade de economia mista.

43. Incide correção monetária sobre dívida por ato ilícito a partir da data do efetivo prejuízo.

54. Os juros moratórios fluem a partir do evento danoso, em caso de responsabilidade extracontratual.

56. Na desapropriação para instituir servidão administrativa são devidos os juros compensatórios pela limitação de uso da propriedade.

60. É nula a obrigação cambial assumida por procurador do mutuário vinculado ao mutuante, no exclusivo interesse deste.

63. São devidos direitos autorais pela retransmissão radiofônica de músicas em estabelecimentos comerciais.

67. Na desapropriação, cabe a atualização monetária, ainda que por mais de uma vez, independente do decurso de prazo superior a 1 (um) ano entre o cálculo e o efetivo pagamento da indenização.

70. Os juros moratórios, na desapropriação direta ou indireta, contam-se desde o trânsito em julgado da sentença.

72. A comprovação da mora é imprescindível à busca e apreensão do bem alienado fiduciariamente.

76. A falta de registro do compromisso de compra e venda de imóvel não dispensa a prévia interpelação para constituir em mora o devedor.

84. É admissível a oposição de Embargos de Terceiro fundados em alegação de posse advinda de compromisso de compra e venda de imóvel, ainda que desprovido de registro.

85. Nas relações jurídicas de trato sucessivo em que a Fazenda Pública figure como devedora, quando não tiver sido negado o próprio direito reclamado, a prescrição atinge apenas as prestações vencidas antes do quinquênio anterior à propositura da ação.

92. A terceiro de boa-fé não é oponível a alienação fiduciária não anotada no Certificado de Registro do veículo automotor.

101. A ação de indenização do segurado em grupo contra a seguradora prescreve em 1 (um) ano.

102. A incidência dos juros moratórios sobre os compensatórios, nas ações expropriatórias, não constitui anatocismo vedado em lei.

108. A aplicação de medidas socioeducativas ao adolescente, pela prática de ato infracional, é da competência exclusiva do juiz.

109. O reconhecimento do direito a indenização, por falta de mercadoria transportada via marítima, independe de vistoria.

113. Os juros compensatórios, na desapropriação direta, incidem a partir da imissão na posse, calculados sobre o valor da indenização, corrigido monetariamente.

114. Os juros compensatórios, na desapropriação indireta, incidem a partir da ocupação, calculados sobre o valor da indenização, corrigido monetariamente.

119. A ação de desapropriação indireta prescreve em 20 (vinte) anos.

120. O oficial de farmácia, inscrito no Conselho Regional de Farmácia, pode ser responsável técnico por drogaria.

130. A empresa responde, perante o cliente, pela reparação de dano ou furto de veículo ocorridos em seu estacionamento.

131. Nas ações de desapropriação incluem-se no cálculo da verba advocatícia as parcelas relativas aos juros compensatórios e moratórios, devidamente corrigidas.

132. A ausência de registro da transferência não implica a responsabilidade do antigo proprietário por dano resultante de acidente que envolva o veículo alienado.

134. Embora intimado da penhora em imóvel do casal, o cônjuge do executado pode opor embargos de terceiro para defesa de sua meação.

136. O pagamento de licença-prêmio não gozada por necessidade do serviço não está sujeito ao imposto de renda.

141. Os honorários de advogado em desapropriação direta são calculados sobre a diferença entre a indenização e a oferta, corrigidas monetariamente.

143. Prescreve em 5 (cinco) anos a ação de perdas e danos pelo uso de marca comercial.

144. Os créditos de natureza alimentícia gozam de preferência, desvinculados os precatórios da ordem cronológica dos créditos de natureza diversa.

145. No transporte desinteressado, de simples cortesia, o transportador só será civilmente responsável por danos causados ao transportado quando incorrer em dolo ou culpa grave.

148. Os débitos relativos a benefício previdenciário, vencidos e cobrados em juízo após a vigência da Lei n. 6.899/81, devem ser corrigidos monetariamente na forma prevista nesse diploma legal.

176. É nula a cláusula contratual que sujeita o devedor à taxa de juros divulgada pela ANBID/CETIP.

179. O estabelecimento de crédito que recebe dinheiro, em depósito judicial, responde pelo pagamento da correção monetária relativa aos valores recolhidos.

186. Nas indenizações por ato ilícito, os juros compostos somente são devidos por aquele que praticou o crime.

188. Os juros moratórios, na repetição do indébito tributário são devidos a partir do trânsito em julgado da sentença.

190. Na execução fiscal, processada perante a Justiça Estadual, cumpre à Fazenda Pública antecipar o numerário destinado ao custeio

Súmulas do STJ

das despesas com o transporte dos oficiais de justiça.

193. O direito de uso de linha telefônica pode ser adquirido por usucapião.

194. Prescreve em 20 (vinte) anos a ação para obter, do construtor, indenização por defeitos da obra.

195. Em embargos de terceiro não se anula ato jurídico, por fraude contra credores.

197. O divórcio direto pode ser concedido sem que haja prévia partilha dos bens.

199. Na execução hipotecária de crédito vinculado ao Sistema Financeiro da Habitação, nos termos da Lei n. 5.741/71, a petição inicial deve ser instruída com, pelo menos, 2 (dois) avisos de cobrança.

201. Os honorários advocatícios não podem ser fixados em salários mínimos.

204. Os juros de mora nas ações relativas a benefícios previdenciários incidem a partir da citação válida.

205. A Lei n. 8.009, de 29 de março de 1990, aplica-se à penhora realizada antes de sua vigência.

214. O fiador na locação não responde por obrigações resultantes de aditamento ao qual não anuiu.

•• *Vide* Súmula 656 do STJ.

227. A pessoa jurídica pode sofrer dano moral.

•• *Vide* Súmula 629 do STJ.

228. É inadmissível o interdito proibitório para a proteção do direito autoral.

229. O pedido do pagamento de indenização à seguradora suspende o prazo de prescrição até que o segurado tenha ciência da decisão.

238. A avaliação da indenização devida ao proprietário do solo, em razão de alvará de pesquisa mineral, é processada no Juízo Estadual da situação do imóvel.

239. O direito à adjudicação compulsória não se condiciona ao registro do compromisso de compra e venda no cartório de imóveis.

245. A notificação destinada a comprovar a mora nas dívidas garantidas por alienação fiduciária dispensa a indicação do valor do débito.

246. O valor do seguro obrigatório deve ser deduzido da indenização judicialmente fixada.

251. A meação só responde pelo ato ilícito quando o credor, na execução fiscal, provar que o enriquecimento dele resultante aproveitou ao casal.

257. A falta de pagamento do prêmio do seguro obrigatório de Danos Pessoais Causados por Veículos Automotores de Vias Terrestres (DPVAT) não é motivo para a recusa do pagamento da indenização.

260. A convenção de condomínio aprovada, ainda que sem registro, é eficaz para regular as relações entre os condôminos.

261. A cobrança de direitos autorais pela retransmissão radiofônica de músicas, em estabelecimentos hoteleiros, deve ser feita conforme a taxa média de utilização do equipamento, apurada em liquidação.

262. Incide o imposto de renda sobre o resultado das aplicações financeiras realizadas pelas cooperativas.

265. É necessária a oitiva do menor infrator antes de decretar-se a regressão da medida socioeducativa.

268. O fiador que não integrou a relação processual na ação de despejo não responde pela execução do julgado.

272. O trabalhador rural, na condição de segurado especial, sujeito à contribuição obrigatória sobre a produção rural comercializada, somente faz jus à aposentadoria por tempo de serviço se recolher contribuições facultativas.

277. Julgada procedente a investigação de paternidade, os alimentos são devidos a partir da citação.

•• *Vide* Súmula 629 do STJ.

278. O termo inicial do prazo prescricional, na ação de indenização, é a data em que o segurado teve ciência inequívoca da incapacidade laboral.

283. As empresas administradoras de cartão de crédito são instituições financeiras e, por isso, os juros remuneratórios por elas cobrados não sofrem as limitações da Lei de Usura.

284. A purga da mora, nos contratos de alienação fiduciária, só é permitida quando já pagos pelo menos 40% (quarenta por cento) do valor financiado.

•• *Vide* art. 3.º do Decreto-lei n. 911, de 1.º-10-1969.

285. Nos contratos bancários posteriores ao Código de Defesa do Consumidor incide a multa moratória nele prevista.

286. A renegociação de contrato bancário ou a confissão da dívida não impede a possibilidade de discussão sobre eventuais ilegalidades dos contratos anteriores.

287. A Taxa Básica Financeira (TBF) não pode ser utilizada como indexador de correção monetária nos contratos bancários.

288. A Taxa de Juros de Longo Prazo (TJLP) pode ser utilizada como indexador de correção monetária nos contratos bancários.

297. O Código de Defesa do Consumidor é aplicável às instituições financeiras.

•• *Vide* Súmula 638 do STJ.

298. O alongamento de dívida originada de crédito rural não constitui faculdade da instituição financeira, mas, direito do devedor nos termos da lei.

301. Em ação investigatória, a recusa do suposto pai a submeter-se ao exame de DNA induz presunção *juris tantum* de paternidade.

302. É abusiva a cláusula contratual de plano de saúde que limita no tempo a internação hospitalar do segurado.

304. É ilegal a decretação da prisão civil daquele que não assume expressamente o encargo de depositário judicial.

•• *Vide* art. 5.º, LXVII, da CF.

•• O Decreto n. 592, de 6-7-1992 (Pacto Internacional sobre Direitos Civis e Políticos), dispõe em seu art. 11 que "ninguém poderá ser preso apenas por não poder cumprir com uma obrigação contratual".

•• O Decreto n. 678, de 6-11-1992 (Pacto de São José da Costa Rica), dispõe em seu art. 7.º, item 7, que "ninguém deve ser detido por dívida, exceto no caso de inadimplemento de obrigação alimentar".

305. É descabida a prisão civil do depositário quando, decretada a falência da empresa, sobrevém a arrecadação do bem pelo síndico.

308. A hipoteca firmada entre a construtora e o agente financeiro, anterior ou posterior à celebração da promessa de compra e venda, não tem eficácia perante os adquirentes do imóvel.

309. O débito alimentar que autoriza a prisão civil do alimentante é o que compreende as três prestações anteriores ao ajuizamento da execução e as que se vencerem no curso do processo.

•• Súmula com redação determinada pela Segunda Seção, na sessão ordinária de 22-3-2006.

313. Em ação de indenização, procedente o pedido, é necessária a constituição de capital ou caução fidejussória para a garantia de pagamento de pensão, independentemente da situação financeira do demandado.

314. Em execução fiscal, não localizados bens penhoráveis, suspende-se o processo por um ano, findo o qual se inicia o prazo da prescrição quinquenal intercorrente.

319. O encargo de depositário de bens penhorados pode ser expressamente recusado.

322. Para a repetição de indébito, nos contratos de abertura de crédito em conta-corrente, não se exige a prova do erro.

323. A inscrição do nome do devedor pode ser mantida nos serviços de proteção ao crédito até o prazo máximo de cinco anos, independentemente da prescrição da execução.

•• Redação determinada pela Segunda Seção, na sessão de 25-11-2009.

326. Na ação de indenização por dano moral, a condenação em montante inferior ao postulado na inicial não implica sucumbência recíproca.

327. Nas ações referentes ao Sistema Financeiro da Habitação, a Caixa Econômica Federal tem legitimidade como sucessora do Banco Nacional da Habitação.

328. Na execução contra instituição financeira, é penhorável o numerário disponível, excluídas as reservas bancárias mantidas no Banco Central.

329. O Ministério Público tem legitimidade para propor ação civil pública em defesa do patrimônio público.

Súmulas do STJ

332. A fiança prestada sem autorização de um dos cônjuges implica a ineficácia total da garantia.

335. Nos contratos de locação, é válida a cláusula de renúncia à indenização das benfeitorias e ao direito de retenção.

336. A mulher que renunciou aos alimentos na separação judicial tem direito à pensão previdenciária por morte do ex-marido, comprovada necessidade econômica superveniente.

338. A prescrição penal é aplicável nas medidas socioeducativas.

342. No procedimento para aplicação de medida socioeducativa, é nula a desistência de outras provas em face da confissão do adolescente.

354. A invasão do imóvel é causa de suspensão do processo expropriatório para fins de reforma agrária.

356. É legítima a cobrança da tarifa básica pelo uso dos serviços de telefonia fixa.

358. O cancelamento de pensão alimentícia de filho que atingiu a maioridade está sujeito à decisão judicial, mediante contraditório, ainda que nos próprios autos.

359. Cabe ao órgão mantenedor do Cadastro de Proteção ao Crédito a notificação do devedor antes de proceder à inscrição.

362. A correção monetária do valor da indenização do dano moral incide desde a data do arbitramento.

364. O conceito de impenhorabilidade de bem de família abrange também o imóvel pertencente a pessoas solteiras, separadas e viúvas.

367. A competência estabelecida pela EC n. 45/2004 não alcança os processos já sentenciados.

369. No contrato de arrendamento mercantil (*leasing*), ainda que haja cláusula resolutiva expressa, é necessária a notificação prévia do arrendatário para constituí-lo em mora.

370. Caracteriza dano moral a apresentação antecipada de cheque pré-datado.

371. Nos contratos de participação financeira para a aquisição de linha de telefônica, o Valor Patrimonial da Ação (VPA) é apurado com base no balancete do mês da integralização.

379. Nos contratos bancários não regidos por legislação específica, os juros moratórios poderão ser convencionados até o limite de 1% ao mês.

380. A simples propositura da ação de revisão de contrato não inibe a caracterização da mora do autor.

381. Nos contratos bancários, é vedado ao julgador conhecer, de ofício, da abusividade das cláusulas.

382. A estipulação de juros remuneratórios superiores a 12% ao ano, por si só, não indica abusividade.

383. A competência para processar e julgar as ações conexas de interesse de menor é, em princípio, do foro do domicílio do detentor de sua guarda.

384. Cabe ação monitória para haver saldo remanescente oriundo da venda extrajudicial de bem alienado fiduciariamente em garantia.

385. Da anotação irregular em cadastro de proteção ao crédito, não cabe indenização por dano moral, quando preexistente legítima inscrição, ressalvado o direito ao cancelamento.

387. É lícita a cumulação das indenizações de dano estético e dano moral.

388. A simples devolução indevida de cheque caracteriza dano moral.

389. A comprovação do pagamento do "custo do serviço" referente ao fornecimento de certidão de assentamentos constantes dos livros da companhia é requisito de procedibilidade da ação de exibição de documentos ajuizada em face da sociedade anônima.

395. O ICMS incide sobre o valor da venda a prazo constante da nota fiscal.

397. O contribuinte do IPTU é notificado do lançamento pelo envio do carnê ao seu endereço.

402. O contrato de seguro por danos pessoais compreende os danos morais, salvo cláusula expressa de exclusão.

403. Independe de prova do prejuízo a indenização pela publicação não autorizada de imagem de pessoa com fins econômicos ou comerciais.

404. É dispensável o aviso de recebimento (AR) na carta de comunicação ao consumidor sobre a negativação de seu nome em bancos de dados e cadastros.

405. A ação de cobrança do seguro obrigatório (DPVAT) prescreve em três anos.

407. É legítima a cobrança da tarifa de água fixada de acordo com as categorias de usuários e as faixas de consumo.

408. (*Cancelada.*)

410. A prévia intimação pessoal do devedor constitui condição necessária para a cobrança de multa pelo descumprimento de obrigação de fazer ou não fazer.

412. A ação de repetição de indébito de tarifas de água e esgoto sujeita-se ao prazo prescricional estabelecido no Código Civil.

419. Descabe a prisão civil do depositário judicial infiel.

420. Incabível, em embargos de divergência, discutir o valor de indenização por danos morais.

422. O art. 6.º, e, da Lei n. 4.380/64 não estabelece limitação aos juros remuneratórios nos contratos vinculados ao SFH.

•• A alínea e do art. 6.º da Lei n. 4.380, de 21 de agosto de 1964, determina que os juros convencionais não podem exceder 10% ao ano.

426. Os juros de mora na indenização do seguro DPVAT fluem a partir da citação.

435. Presume-se dissolvida irregularmente a empresa que deixar de funcionar no seu domicílio fiscal, sem comunicação aos órgãos competentes, legitimando o redirecionamento da execução fiscal para o sócio-gerente.

449. A vaga de garagem que possui matrícula própria no registro de imóveis não constitui bem de família para efeito de penhora.

450. Nos contratos vinculados ao SFH, a atualização do saldo devedor antecede sua amortização pelo pagamento da prestação.

451. É legítima a penhora da sede do estabelecimento comercial.

454. Pactuada a correção monetária nos contratos do SFH pelo mesmo índice aplicável à caderneta de poupança, incide a taxa referencial (TR) a partir da vigência da Lei n. 8.177/91.

464. A regra de imputação de pagamentos estabelecida no art. 354 do Código Civil não se aplica às hipóteses de compensação tributária.

465. Ressalvada a hipótese de efetivo agravamento do risco, a seguradora não se exime do dever de indenizar em razão da transferência do veículo sem a sua prévia comunicação.

473. O mutuário do SFH não pode ser compelido a contratar o seguro habitacional obrigatório com a instituição financeira mutuante ou com a seguradora por ela indicada.

474. A indenização do seguro DPVAT, em caso de invalidez parcial do beneficiário, será paga de forma proporcional ao grau da invalidez.

477. A decadência do art. 26 do CDC não é aplicável à prestação de contas para obter esclarecimentos sobre cobrança de taxas, tarifas e encargos bancários.

478. Na execução de crédito relativo a cotas condominiais, este tem preferência sobre o hipotecário.

479. As instituições financeiras respondem objetivamente pelos danos gerados por fortuito interno relativo a fraudes e delitos praticados por terceiros no âmbito de operações bancárias.

481. Faz jus ao benefício da justiça gratuita a pessoa jurídica com ou sem fins lucrativos que demonstrar sua impossibilidade de arcar com os encargos processuais.

485. A Lei de Arbitragem aplica-se aos contratos que contenham cláusula arbitral, ainda que celebrados antes da sua edição.

486. É impenhorável o único imóvel residencial do devedor que esteja locado a terceiros, desde que a renda obtida com a locação seja revertida para a subsistência ou a moradia da sua família.

496. Os registros de propriedade particular de imóveis situados em terrenos de marinha não são oponíveis à União.

498. Não incide imposto de renda sobre a indenização por danos morais.

499. As empresas prestadoras de serviços estão sujeitas às contribuições ao SESC e SENAC, salvo se integradas noutro serviço social.

500. A configuração do crime do art. 244-B do ECA independe da prova da efetiva corrupção do menor, por se tratar de delito formal.

503. O prazo para ajuizamento de ação monitória em face do emitente de cheque sem força executiva é quinquenal, a contar do dia seguinte à data de emissão estampada na cártula.

504. O prazo para ajuizamento da ação monitória em face do emitente de nota promissória sem força executiva é quinquenal, a contar do dia seguinte ao vencimento do título.

523. A taxa de juros de mora incidente na repetição de indébito de tributos estaduais deve corresponder à utilizada para cobrança do tributo pago em atraso, sendo legítima a incidência da taxa Selic, em ambas as hipóteses, quando prevista na legislação local, vedada sua cumulação com quaisquer outros índices.

525. A Câmara de Vereadores não possui personalidade jurídica, apenas personalidade judiciária, somente podendo demandar em juízo para defender os seus direitos institucionais.

529. No seguro de responsabilidade civil facultativo, não cabe o ajuizamento de ação pelo terceiro prejudicado direta e exclusivamente em face da seguradora do apontado causador do dano.

•• *Vide* art. 787 do CC.

530. Nos contratos bancários, na impossibilidade de comprovar a taxa de juros efetivamente contratada – por ausência de pactuação ou pela falta de juntada do instrumento aos autos –, aplica-se a taxa média de mercado, divulgada pelo Bacen, praticada nas operações da mesma espécie, salvo se a taxa cobrada for mais vantajosa para o devedor.

•• *Vide* arts. 112, 122, 170, 406 e 591 do CC.

531. Em ação monitória fundada em cheque prescrito ajuizada contra o emitente, é dispensável a menção ao negócio jurídico subjacente à emissão da cártula.

532. Constitui prática comercial abusiva o envio de cartão de crédito sem prévia e expressa solicitação do consumidor, configurando-se ato ilícito indenizável e sujeito à aplicação de multa administrativa.

•• *Vide* art. 39, III, do CDC.

536. A suspensão condicional do processo e a transação penal não se aplicam na hipótese de delitos sujeitos ao rito da Lei Maria da Penha.

537. Em ação de reparação de danos, a seguradora denunciada, se aceitar a denunciação ou contestar o pedido do autor, pode ser condenada, direta e solidariamente junto com o segurado, ao pagamento da indenização devida à vítima, nos limites contratados na apólice.

538. As administradoras de consórcio têm liberdade para estabelecer a respectiva taxa de administração, ainda que fixada em percentual superior a dez por cento.

539. É permitida a capitalização de juros com periodicidade inferior à anual em contratos celebrados com instituições integrantes do Sistema Financeiro Nacional a partir de 31/3/2000 (MP n. 1.963-17/2000, reeditada como MP n. 2.170-36/2001), desde que expressamente pactuada.

540. Na ação de cobrança do seguro DPVAT, constitui faculdade do autor escolher entre os foros do seu domicílio, do local do acidente ou ainda do domicílio do réu.

541. A previsão no contrato bancário de taxa de juros anual superior ao duodécuplo da mensal é suficiente para permitir a cobrança da taxa efetiva anual contratada.

542. A ação penal relativa ao crime de lesão corporal resultante de violência doméstica contra a mulher é pública incondicionada.

543. Na hipótese de resolução de contrato de promessa de compra e venda de imóvel submetido ao Código de Defesa do Consumidor, deve ocorrer a imediata restituição das parcelas pagas pelo promitente comprador – integralmente, em caso de culpa exclusiva do promitente vendedor/construtor, ou parcialmente, caso tenha sido o comprador quem deu causa ao desfazimento.

544. É válida a utilização de tabela do Conselho Nacional de Seguros Privados para estabelecer a proporcionalidade da indenização do seguro DPVAT ao grau de invalidez também na hipótese de sinistro anterior a 16/12/2008, data da entrada em vigor da Medida Provisória n. 451/2008.

547. Nas ações em que se pleiteia o ressarcimento dos valores pagos a título de participação financeira do consumidor no custeio de construção de rede elétrica, o prazo prescricional é de vinte anos na vigência do Código Civil de 1916. Na vigência do Código Civil de 2002, o prazo é de cinco anos se houver previsão contratual de ressarcimento e de três anos na ausência de cláusula nesse sentido, observada a regra de transição disciplinada em seu art. 2.028.

548. Incumbe ao credor a exclusão do registro da dívida em nome do devedor no cadastro de inadimplentes no prazo de cinco dias úteis, a partir do integral e efetivo pagamento do débito.

549. É válida a penhora de bem de família pertencente a fiador de contrato de locação.

550. A utilização de escore de crédito, método estatístico de avaliação de risco que não constitui banco de dados, dispensa o consentimento do consumidor, que terá o direito de solicitar esclarecimentos sobre as informações pessoais valoradas e as fontes dos dados considerados no respectivo cálculo.

563. O Código de Defesa do Consumidor é aplicável às entidades abertas de previdência complementar, não incidindo nos contratos previdenciários celebrados com entidades fechadas.

564. No caso de reintegração de posse em arrendamento mercantil financeiro, quando a soma da importância antecipada a título de valor residual garantido (VRG) com o valor da venda do bem ultrapassar o total do VRG previsto contratualmente, o arrendatário terá direito de receber a respectiva diferença, cabendo, porém, se estipulado no contrato, o prévio desconto de outras despesas ou encargos pactuados.

565. A pactuação das tarifas de abertura de crédito (TAC) e de emissão de carnê (TEC), ou outra denominação para o mesmo fato gerador, é válida apenas nos contratos bancários anteriores ao início da vigência da Resolução-CMN n. 3.518/2007, em 30-4-2008.

566. Nos contratos bancários posteriores ao início da vigência da Resolução-CMN n. 3.518/2007, em 30-4-2008, pode ser cobrada a tarifa de cadastro no início do relacionamento entre o consumidor e a instituição financeira.

572. O Banco do Brasil, na condição de gestor do Cadastro de Emitentes de Cheques sem Fundos (CCF), não tem a responsabilidade de notificar previamente o devedor acerca da sua inscrição no aludido cadastro, tampouco legitimidade passiva para as ações de reparação de danos fundadas na ausência de prévia comunicação.

574. Para a configuração do delito de violação de direito autoral e a comprovação de sua materialidade, é suficiente a perícia realizada por amostragem do produto apreendido, nos aspectos externos do material, e é desnecessária a identificação dos titulares dos direitos autorais violados ou daqueles que os representem.

•• *Vide* Lei n. 9.610, de 19-2-1998.

586. A exigência de acordo entre o credor e o devedor na escolha do agente fiduciário aplica-se, exclusivamente, aos contratos não vinculados ao Sistema Financeiro da Habitação – SFH.

594. O Ministério Público tem legitimidade ativa para ajuizar ação de alimentos em proveito de criança ou adolescente independentemente do exercício do poder familiar dos pais, ou do fato de o menor se encontrar nas situações de risco descritas no art. 98 do Estatuto da Criança e do Adolescente, ou de quaisquer outros questionamentos acerca da existência ou eficiência da Defensoria Pública na comarca.

•• *Vide* arts. 98 e 201, III, da Lei n. 8.069/90.

• *Vide* Lei n. 5.478, de 25-7-1958, que dispõe sobre ação de alimentos.

595. As instituições de ensino superior respondem objetivamente pelos danos suportados pelo aluno/consumidor pela realização de curso não reconhecido pelo Ministério da Educação, sobre o qual não lhe tenha sido dada prévia e adequada informação.

•• *Vide* arts. 186 e 927 do CC.

•• *Vide* arts. 6.º, III, 14, *caput* e § 1.º, 20, *caput* e § 2.º, e 37, *caput* e §§ 1.º e 3.º, do CDC.

596. A obrigação alimentar dos avós tem natureza complementar e subsidiária, somente se configurando no caso de impossibilidade total ou parcial de seu cumprimento pelos pais.

•• *Vide* arts. 1.696 e 1.698 do CC.

597. A cláusula contratual de plano de saúde que prevê carência para utilização dos serviços de assistência médica nas situações de emergência ou de urgência é considerada abusiva se ultrapassado o prazo máximo de 24 (vinte e quatro)horas contado da data da contratação.

600. Para a configuração da violência doméstica e familiar prevista no art. 5.º da Lei n. 11.340/2006 (Lei Maria da Penha) não se exige a coabitação entre autor e vítima.

•• *Vide* art. 7.º da Lei n. 11.340, de 7-8-2006.

•• *Vide* art. 266, § 8.º, da CF.

602. O Código de Defesa do Consumidor é aplicável aos empreendimentos habitacionais promovidos pelas sociedades cooperativas.

608. Aplica-se o Código de Defesa do Consumidor aos contratos de plano de saúde, salvo os administrados por entidades de autogestão.

610. O suicídio não é coberto nos dois primeiros anos de vigência do contrato de seguro de vida, ressalvado o direito do beneficiário à devolução do montante da reserva técnica formada.

•• *Vide* arts. 797, parágrafo único, e 798 do CC.

616. A indenização securitária é devida quando ausente a comunicação prévia do segurado acerca do atraso no pagamento do prêmio, por constituir requisito essencial para a suspensão ou resolução do contrato de seguro.

618. A inversão do ônus da prova aplica-se às ações de degradação ambiental.

619. A ocupação indevida de bem público configura mera detenção, de natureza precária, insuscetível de retenção ou indenização por acessões e benfeitorias.

620. A embriaguez do segurado não exime a seguradora do pagamento da indenização prevista em contrato de seguro de vida.

•• *Vide* art. 768 do CC.

•• *Vide* art. 54, §§ 3.º e 4.º do CDC.

621. Os efeitos da sentença que reduz, majora ou exonera o alimentante do pagamento retroagem à data da citação, vedadas a compensação e a repetibilidade.

•• *Vide* art. 13, § 2.º da Lei n. 5.478, de 25-7-1968.

•• *Vide* Súmula n. 277 do STJ.

623. As obrigações ambientais possuem natureza *propter rem*, sendo admissível cobrá-las do proprietário ou possuidor atual e/ou dos anteriores, à escolha do credor.

•• *Vide* arts. 23, VI e VII, 24, VI e VIII, 186, II e 225, § 1.º, I da CF.

•• *Vide* art. 14, § 1.º da Lei n. 6.938, de 31-8-1981.

629. Quanto ao dano ambiental, é admitida a condenação do réu à obrigação de fazer ou à de não fazer cumulada com a de indenizar.

•• *Vide* arts. 186, II e 225, § 3.º da CF.

•• *Vide* arts. 2.º, 4.º e 14 da Lei n. 6.938, de 31-8-1981.

632. Nos contratos de seguro regidos pelo Código Civil, a correção monetária sobre a indenização securitária incide a partir da contratação até o efetivo pagamento.

•• *Vide* arts. 757 a 802 do CC.

637. O ente público detém legitimidade e interesse para intervir, incidentalmente, na ação possessória entre particulares, podendo deduzir qualquer matéria defensiva, inclusive, se for o caso, o domínio.
- •• Vide art. 5.º, XXV, da CF.
- •• Vide art. 1.210, § 2.º, do CC.
- •• Vide art. 557 do CPC.

638. É abusiva a cláusula contratual que restringe a responsabilidade de instituição financeira pelos danos decorrentes de roubo, furto ou extravio de bem entregue em garantia no âmbito de contrato de penhor civil.
- •• Vide art. 51, I, do CDC.
- •• Vide Súmula 297 do STJ.

642. O direito à indenização por danos morais transmite-se com o falecimento do titular, possuindo os herdeiros da vítima legitimidade ativa para ajuizar ou prosseguir a ação indenizatória.

644. O núcleo de prática jurídica deve apresentar o instrumento de mandato quando constituído pelo réu hipossuficiente, salvo nas hipóteses em que é nomeado pelo juízo.
- •• Vide art. 266 do CPP.
- •• Vide art. 16 da Lei n. 1.060, de 5-2-1950.

647. São imprescritíveis as ações indenizatórias por danos morais e materiais decorrentes de atos de perseguição política com violação de direitos fundamentais ocorridos durante o regime militar.
- •• Vide arts. 1.º, III, e 5.º, III, da CF.
- •• Vide art. 8.º, § 3.º, do ADCT.

652. A responsabilidade civil da Administração Pública por danos ao meio ambiente, decorrente de sua omissão no dever de fiscalização, é de caráter solidário, mas de execução subsidiária.
- •• Vide arts. 2.º, I e V, 3.º, IV, 6.º, e 14, § 1.º, da Lei n. 6.938/81.

655. Aplica-se à união estável contraída por septuagenário o regime da separação obrigatória de bens, comunicando-se os adquiridos na constância, quando comprovado o esforço comum.
- •• Vide art. 1.641, II, do CC.
- •• Vide Súmula 377 do STF.

656. É válida a cláusula de prorrogação automática de fiança na renovação do contrato principal. A exoneração do fiador depende da notificação prevista no art. 835 do Código Civil.
- •• Vide art. 835 do CC.
- •• Vide art. 39 da Lei n. 8.245, de 18-10-1991.
- •• Vide Súmula 214 do STJ.

669. O fornecimento de bebida alcoólica a criança ou adolescente, após o advento da Lei n. 13.106, de 17 de março de 2015, configura o crime previsto no art. 243 do ECA.
- •• Vide arts. 81, II, 243 e 258-C, do ECA.

675. É legítima a atuação dos órgãos de defesa do consumidor na aplicação de sanções administrativas previstas no CDC quando a conduta praticada ofender direito consumerista, o que não exclui nem inviabiliza a atuação do órgão ou entidade de controle quando a atividade é regulada.
- •• Vide arts. 3.º, 4.º, 5.º e 57, do CDC.

Índice Alfabético da Legislação Complementar e das Súmulas

ABONOS FAMILIARES
- funcionário público, federal, estadual ou municipal: Decreto-lei n. 3.200, de 19-4-1941, art. 28.. 187

AÇÃO(ÕES)
- civil pública contra ilegalidade de reajuste de mensalidades escolares; legitimidade do Ministério Público: Súmula 643/STF.. 835
- civil pública; legitimidade do Ministério Público: Súmula 329/STJ............................ 844
- contra a Fazenda Pública; prescrição: Decreto-lei n. 4.597, de 19-8-1942 196
- de alimentos; disposições gerais: Lei n. 5.478, de 25-7-1968 256
- de despejo; locação de imóveis urbanos: Lei n. 8.245, de 18-10-1991 430
- de revisão de contrato; mora do autor: Súmula 380/STJ 845
- de sociedade; desapropriação; poder desapropriante; exercício dos direitos inerentes aos respectivos títulos: Súmula 476/STF.. 834
- de sociedade imobiliária; transferência; Imposto de Transmissão *inter vivos*; não incidência: Súmula 329/STF 832
- para invalidar efeitos civis de casamento religioso: Lei n. 1.110, de 23-5-1950, art. 9.º ... 229

AÇÃO ANULATÓRIA
- venda de ascendente a descendente; prescrição: Súmula 494/STF 834

AÇÃO DE ALIMENTOS
- créditos de natureza alimentícia; preferência: Súmula 144/STJ 842
- foro competente: Súmula 1/STJ 841
- legitimidade ativa do Ministério Público para ajuizar: Súmula 594/STJ................... 848
- Lei n. 5.478, de 25-7-1968 256

AÇÃO DE COBRANÇA
- seguro obrigatório (DPVAT); prescrição: Súmula 405/STJ 846

AÇÃO DE DEPÓSITO
- dispensa; prisão do depositário judicial: Súmula 619/STF 835

AÇÃO DE DESPEJO
- nas locações de imóveis urbanos; suspensão da concessão de liminar em: Lei n. 14.216, de 7-10-2021 798

AÇÃO DE INDENIZAÇÃO
- contra construtor por defeitos da obra; prescrição: Súmula 194/STJ 843
- danos morais: Súmula 642/STJ 850
- do segurado em grupo contra seguradora; prescrição: Súmula 101/STJ 842
- necessidade da constituição de capital ou caução fidejussória: Súmula 313/STJ...... 844

- termo inicial do prazo prescricional; data da ciência da incapacidade laboral: Súmula 278/STJ 843

AÇÃO DE INVESTIGAÇÃO DE PATERNIDADE
- alimentos; devidos a partir da citação: Súmula 277/STJ 843
- exame de DNA; recusa; presunção de paternidade: Súmula 301/STJ 844
- foro competente: Súmula 1/STJ 841
- imprescritibilidade: Súmula 149/STF 831
- Lei n. 8.560, de 29-12-1992 444

AÇÃO DE PETIÇÃO DE HERANÇA
- prescritibilidade: Súmula 149/STF.. 831

AÇÃO DE USUCAPIÃO
- citação pessoal do confinante certo: Súmula 391/STF 833
- citação pessoal do possuidor: Súmula 263/STF 832
- especial; competência: Súmula 11/STJ 841
- especial; Estatuto da Cidade: Lei n. 10.257, de 10-7-2001, arts. 9.º a 14 552

AÇÃO EXPROPRIATÓRIA
- juros moratórios sobre os compensatórios: Súmula 102/STJ....................................... 842

AÇÃO MONITÓRIA
- ajuizada contra o emitente de cheque prescrito: Súmula 531/STJ............................... 847
- cheque sem força executiva; prazo para ajuizamento da: Súmula 503/STJ 847
- nota promissória sem força executiva; prazo para ajuizamento da: Súmula 504/STJ 847

AÇÃO POSSESSÓRIA
- posse; deferimento a quem tiver o domínio: Súmula 487/STF..................................... 834
- intervenção de ente público: Súmula 637/STJ.. 850

AÇÃO REGRESSIVA
- do segurador contra o causador do dano: Súmula 188/STF... 832
- do segurador contra o causador do dano; honorários de advogado: Súmula 257/STF...... 832

AÇÃO RENOVATÓRIA
- *Vide* também LOCAÇÃO
- locação de imóveis urbanos: Lei n. 8.245, de 18-10-1991.. 430

AÇÃO RESCISÓRIA
- competência; Supremo Tribunal Federal: Súmula 249/STF... 832
- de sentença; possibilidade de recursos; admissibilidade: Súmula 514/STF 834
- juízes que participaram do julgamento rescindendo; impedimento: Súmula 252/STF 832
- paralisação por mais de cinco anos; prescrição intercorrente: Súmula 264/STF 832
- por ofensa a literal disposição de lei: Súmula 343/STF 833

AÇÃO REVISIONAL
- locação de imóveis urbanos: Lei n. 8.245, de 18-10-1991.. 430

ACIDENTE DE TRANSPORTE
- concubina; direito a indenização pela morte do amásio: Súmula 35/STF.................... 831
- responsabilidade do transportador: Súmula 187/STF 832

Índice Alfabético da Legislação Complementar e das Súmulas

ACIDENTE DO TRABALHO
- cálculo da indenização; repouso semanal remunerado; inclusão: Súmula 464/STF............ 833
- concubina; direito a indenização pela morte do amásio: Súmula 35/STF.............................. 831

ADJUDICAÇÃO COMPULSÓRIA
- direito à; não se condiciona ao registro do compromisso de compra e venda: Súmula 239/STJ.. 843

ADMINISTRAÇÃO PÚBLICA
- atos praticados contra; responsabilidade objetiva: Lei n. 12.846, de 1.º-8-2013 643
- atos lesivos à: Lei n. 12.846, de 1.º-8-2013... 643
- declaração da nulidade dos seus próprios atos: Súmula 346/STF.. 833

ADOÇÃO
- *Vide* também ESTATUTO DA CRIANÇA E DO ADOLESCENTE
- disposições: Lei n. 12.010, de 3-8-2009 621

ADOLESCENTE
- *Vide* ESTATUTO DA CRIANÇA E DO ADOLESCENTE
- fornecimento de bebida alcoólica a criança ou adolescente: Súmula 669/STJ 850
- vítima ou testemunha de violência; sistema de garantia de direitos: Lei n. 13.431, de 4-4-2017.. 701

AFORAMENTO
- bens imóveis da União; caducidade e revigoração: Decreto-lei n. 9.760, de 5-9-1946, arts. 118 a 121... 218
- bens imóveis da União; constituição: Decreto-lei n. 9.760, de 5-9-1946, arts. 104 a 111 217
- bens imóveis da União: Decreto-lei n. 9.760, de 5-9-1946, art. 64, § 2.º............................... 211
- bens imóveis da União; disposições gerais: Decreto-lei n. 9.760, de 5-9-1946, arts. 99 a 103... 216
- bens imóveis da União; transferência: Decreto-lei n. 9.760, de 5-9-1946, arts. 112 a 117 .. 218

AGÊNCIAS DE NOTÍCIAS
- Registros Públicos: Lei n. 6.015, de 31-12-1973 265

ALIENAÇÃO
- legitimação de posse de terras devolutas: Decreto-lei n. 9.760, de 5-9-1946, arts. 164 a 174... 221
- terrenos destinados a fins agrícolas e de colonização: Decreto-lei n. 9.760, de 5-9-1946, arts. 149 a 158 220

ALIENAÇÃO FIDUCIÁRIA
- busca e apreensão; comprovação da mora: Súmula 72/STJ.. 841
- de coisa imóvel: Lei n. 9.514, de 20-11-1997... 483
- em garantia; contrato; objeto: Súmula 28/STJ 841
- não anotada no certificado de registro do veículo automotor: Súmula 92/STJ.................... 842
- normas de processo sobre: Decreto-lei n. 911, de 1.º-10-1969 259
- notificação; comprovação da mora: Súmula 245/STJ 843
- purga da mora; nos contratos de: Súmula 284/STJ.. 844
- saldo remanescente; ação monitória: Súmula 384/STJ.. 845

ALIENAÇÃO PARENTAL
- disposições: Lei n. 12.318, de 26-8-2010 622

ALIMENTOS
- cancelamento; filho que atingiu a maioridade: Súmula 358/STJ 845
- créditos de natureza alimentícia; preferência: Súmula 144/STJ 842
- direitos dos companheiros: Lei n. 8.971, de 29-12-1994 464
- dissolução da sociedade conjugal: Lei n. 6.515, de 26-12-1977, arts. 19 a 23 321
- efeitos da sentença para o alimentante: Súmula 621/STJ 849
- foro competente; ação: Súmula 1/STJ 841
- gravídicos: Lei n. 11.804, de 5-11-2008 621
- investigação de paternidade; devidos a partir da citação: Súmula 277/STJ 843
- Ministério Público; legitimidade ativa para ajuizar ação: Súmula 594/STJ 848
- obrigação subsidiária dos avós: Súmula 596/STJ 849
- prisão civil do alimentante: Súmula 309/STJ 844
- renúncia na separação judicial; direito a pensão previdenciária: Súmula 336/STJ ... 845

ALUGUÉIS
- *Vide* também REVISÃO JUDICIAL
- locação de imóveis urbanos: Lei n. 8.245, de 18-10-1991 430

ANO CIVIL
- define: Lei n. 810, de 6-9-1949 227

ARBITRAGEM
- disposições sobre: Lei n. 9.307, de 23-9-1996 473
- cláusula arbitral: Súmula 485/STJ 846

ARRENDAMENTO
- bens imóveis da União; locação; condições especiais: Decreto-lei n. 9.760, de 5-9-1946, art. 64, § 1.º 211
- de imóvel da União: Decreto-lei n. 9.760, de 5-9-1946, arts. 95 e s. 215
- mercantil; cláusula resolutiva expressa: Súmula 369/STJ 845
- mercantil financeiro; reintegração de posse: Súmula 564/STJ 848

ARTES PLÁSTICAS
- *Vide* DIREITOS AUTORAIS

ARTISTAS EXECUTANTES
- *Vide* DIREITOS AUTORAIS

ARTISTAS INTÉRPRETES
- *Vide* DIREITOS AUTORAIS

ASSISTÊNCIA AO MENOR
- *Vide* ESTATUTO DA CRIANÇA E DO ADOLESCENTE

ASSISTÊNCIA JUDICIÁRIA
- aos necessitados: Lei n. 1.060, de 5-2-1950 227
- benefícios: Lei n. 1.060, de 5-2-1950, art. 9.º 227

Índice Alfabético da Legislação Complementar e das Súmulas

- causa vencida pelo beneficiário; honorários de advogado: Súmula 450/STF 833

ATESTADO DE ESTERILIZAÇÃO
- proibição de exigência: Lei n. 9.029, de 13-4-1995 465

ATESTADO DE GRAVIDEZ
- proibição de exigência: Lei n. 9.029, de 13-4-1995 465

ATIVIDADE ECONÔMICA
- critérios e procedimentos para a classificação de risco: Decreto n. 10.178, de 18-12-2019 783
- exploração de atividade em desacordo com a norma técnica desatualizada: Decreto n. 10.229, de 5-2-2020 787

ATO ILÍCITO
- danos materiais decorrentes de; indenização; correção monetária: Súmula 562/STF 835
- meação; execução fiscal; responsabilidade: Súmula 251/STJ 843

ATOS ADMINISTRATIVOS
- declaração de nulidade de administração pública: Súmula 346/STF 833

ATOS JURÍDICOS
- embargos de terceiro; fraude contra credores: Súmula 195/STJ 843

AUSÊNCIA
- Registros Públicos: Lei n. 6.015, de 31-12-1973 265

AUTARQUIA(S)
- dirigente; nomeação a termo; demissão: Súmula 25/STF 831
- imóvel residencial transcrito em seu nome; promitente-comprador; contribuinte do Imposto Predial e Territorial Urbano: Súmula 583/STF 835

AUTOMÓVEIS
- *Vide* também VEÍCULOS
- compra e venda; prevalência contra terceiros de boa-fé; transcrição no Registro de Títulos e Documentos: Súmula 489/STF 834

AVALIAÇÃO JUDICIAL
- benfeitorias dedutíveis do imposto sobre lucro imobiliário: Súmula 538/STF 834

AVALISTA
- título de crédito vinculado a contrato de mútuo; responsabilidade: Súmula 26/STJ 841

AVERBAÇÃO
- Registros Públicos: Lei n. 6.015, de 31-12-1973 265

BANCO DE DADOS
- informações de adimplemento; formação de histórico de crédito: Lei n. 12.414, de 9-6-2011 ... 624

BEM DE FAMÍLIA
- cláusula de: Decreto-lei n. 3.200, de 19-4-1941, art. 21 186
- impenhorabilidade: Lei n. 8.009, de 29-3-1990 350
- impenhorabilidade; aplicação: Súmula 205/STJ 843
- impenhorabilidade do; pessoas solteiras, separadas e viúvas: Súmula 364/STJ 845

- instituição; prédio de zona rural: Decreto-lei n. 3.200, de 19-4-1941, art. 22 187
- isenção de impostos: Decreto-lei n. 3.200, de 19-4-1941, art. 23 187
- limite: Decreto-lei n. 3.200, de 19-4-1941, art. 19 186
- não entrará em inventário: Decreto-lei n. 3.200, de 19-4-1941, art. 20 186
- penhora: Súmula 549/STJ 848
- Registros Públicos: Lei n. 6.015, de 31-12-1973, arts. 260 a 265 313
- vaga de garagem; matrícula própria: Súmula 449/STJ 846

BENFEITORIAS
- dedutíveis do imposto sobre lucro imobiliário; avaliação judicial: Súmula 538/STF 834
- do locatário; responsabilidade do adquirente: Súmula 158/STF 831
- em imóvel da União, feitas por locatário: Decreto-lei n. 9.760, de 5-9-1946, art. 90 215
- em imóvel da União, feitas por ocupantes: Decreto-lei n. 9.760, de 5-9-1946, art. 132, § 1.º. 219
- em imóvel da União, indenização nos processos de discriminação: Decreto-lei n. 9.760, de 5-9-1946, art. 48 210
- em imóvel da União, perda em caso de esbulho: Decreto-lei n. 9.760, de 5-9-1946, art. 71 .. 212
- indenização às; renúncia nos contratos de locação: Súmula 335/STJ 845
- na extinção do direito de superfície: Lei n. 10.257, de 10-7-2001, art. 24 553

BENS
- *Vide* também BENS IMÓVEIS
- cláusula de inalienabilidade; inclusão da incomunicabilidade: Súmula 49/STF 831
- objeto de alienação fiduciária: Decreto-lei n. 911, de 1.º-10-1969, art. 1.º 259

BENS DA UNIÃO
- bens imóveis; aforamento; constituição; disposições gerais: Decreto-lei n. 9.760, de 5-9-1946.. 202
- bens imóveis; regularização, administração, aforamento e alienação: Lei n. 9.636, de 15-5-1998 515
- bens imóveis; regularização, administração, aforamento e alienação; regulamento: Decreto n. 3.725, de 10-1-2001 542
- mar territorial: Lei n. 8.617, de 4-1-1993 445

BENS IMÓVEIS
- adquiridos por conviventes: Lei n. 9.278, de 10-5-1996, art. 5.º 473
- da União: Decreto-lei n. 9.760, de 5-9-1946 202
- da União; aforamento; caducidade e revigoração: Decreto-lei n. 9.760, de 5-9-1946, arts. 118 a 121 218
- da União; aforamento; constituição: Decreto-lei n. 9.760, de 5-9-1946, arts. 104 a 111 ... 217
- da União; aforamento; disposições gerais: Decreto-lei n. 9.760, de 5-9-1946, arts. 99 a 103.. 216
- da União; aforamento; remissão: Decreto-lei n. 9.760, de 5-9-1946, arts. 122 a 124 219
- da União; declaração: Decreto-lei n. 9.760, de 5-9-1946, art. 1.º 202
- da União; identificação: Decreto-lei n. 9.760, de 5-9-1946, arts. 6.º a 63 203
- da União; locação: Decreto-lei n. 9.760, de 5-9-1946, art. 64, § 1.º 211
- da União; locação; a quaisquer interessados: Decreto-lei n. 9.760, de 5-9-1946, arts. 95 a 98.... 215
- da União; locação; disposições gerais: Decreto-lei n. 9.760, de 5-9-1946, arts. 87 a 91 ... 214

Índice Alfabético da Legislação Complementar e das Súmulas

- da União; locação; residência de servidor da União no interesse do serviço: Decreto-lei n. 9.760, de 5-9-1946, arts. 92 e 93.. 215
- da União; locação; residência voluntária de servidor da União: Decreto-lei n. 9.760, de 5-9-1946, art. 94... 215
- da União; não alcançam terras de aldeamentos extintos: Súmula 650/STF........................ 835
- da União; ocupação: Decreto-lei n. 9.760, de 5-9-1946, arts. 127 a 133............................. 219
- da União; regularização, administração, aforamento e alienação: Lei n. 9.636, de 15-5-1998.. 515
- da União; utilização: Decreto-lei n. 9.760, de 5-9-1946, arts. 64 a 133................................ 211
- da União; utilização em serviço público: Decreto-lei n. 9.760, de 5-9-1946, arts. 76 a 78... 212
- promessa de compra e venda; contrato submetido ao CDC; restituição de parcelas pagas: Súmula 543/STJ... 848

BENS PÚBLICOS
- aquisição por usucapião: Súmula 340/STF.. 832
- desapropriação: Decreto-lei n. 3.365, de 21-6-1941, art. 2.º.. 189
- usucapião: Decreto-lei n. 9.760, de 5-9-1946, art. 200... 224

BULLYING
- combate à intimidação sistemática: Lei n. 13.185, de 6-11-2015.. 690

CADASTRO DE EMITENTES DE CHEQUES SEM FUNDOS (CCF)
- notificação prévia de inscrição e ação de reparação: Súmula 572/STJ.................................. 848

CADASTRO DE PESSOA FÍSICA (CPF)
- número único para documentos: Lei n. 14.534, de 11-1-2023... 810

CADASTRO DE PROTEÇÃO AO CRÉDITO
- carta de comunicação ao consumidor; dispensa do aviso de recebimento (AR): Súmula 404/STJ.. 846
- inscrição; notificação do devedor: Súmula 359/STJ... 845

CADASTRO NACIONAL DE REGISTRO DE IDENTIFICAÇÃO CIVIL
- instituição: Lei n. 9.454, de 7-4-1997.. 483

CADASTRO POSITIVO
- instituição de: Lei n. 12.414, de 9-6-2011... 624

CADÁVER
- remoção de órgãos, tecidos e partes do corpo humano para fins de transplante e tratamento; disposições: Lei n. 9.434, de 4-2-1997... 480

CÂMARA DE VEREADORES
- ausência de personalidade jurídica; legitimidade para demandar em juízo: Súmula 525/STJ.. 847

CARTEIRAS DE IDENTIDADE
- instituição de número único de Registro de Identidade Civil: Lei n. 9.454, de 7-4-1997.. 483
- Lei n. 7.116, de 29-8-1983... 348

CARTÕES DE CRÉDITO

- empresas administradoras; não aplicabilidade da Lei de Usura: Súmula 283/STJ 843
- envio sem prévia solicitação do consumidor: Súmula 532/STJ 847

CASAMENTO

- ações para invalidar efeitos civis de casamento religioso: Lei n. 1.110, de 23-5- 1950, art. 9.º.. 229
- bem de família: Decreto-lei n. 3.200, de 19-4-1941, arts. 19 a 23 186
- colaterais do terceiro grau: Decreto-lei n. 3.200, de 19-4-1941 183
- conversão da união estável em: Lei n. 9.278, de 10-5-1996, art. 8.º 473
- dissolução da sociedade conjugal: Lei n. 6.515, de 26-12-1977 319
- filhos naturais: Decreto-lei n. 3.200, de 19-4-1941, arts. 13 a 16 186
- gratuidade do civil: Decreto-lei n. 3.200, de 19-4-1941, art. 6.º 184
- habilitação posterior: Lei n. 1.110, de 23-5-1950, arts. 4.º a 6.º 229
- habilitação prévia: Lei n. 1.110, de 23-5-1950, arts. 2.º e 3.º 228
- mútuos a pessoas casadas: Decreto-lei n. 3.200, de 19-4-1941, art. 12 186
- mútuos para: Decreto-lei n. 3.200, de 19-4-1941, arts. 8.º a 11 184
- pensões alimentícias: Decreto-lei n. 3.200, de 19-4-1941, art. 7.º e parágrafo único 184
- Registros Públicos: Lei n. 6.015, de 31-12-1973 265
- religioso; efeitos civis: Lei n. 1.110, de 23-5-1950 228
- sucessão em caso de regime matrimonial exclusivo da comunhão: Decreto-lei n. 3.200, de 19-4-1941, art. 17 186

CÉDULA DE CRÉDITO IMOBILIÁRIO

- instituição: Lei n. 10.931, de 2-8-2004, arts. 18 a 25 586

CESSÃO

- bens imóveis da União: Decreto-lei n. 9.760, de 5-9-1946, art. 64, § 3.º 211

CESSIONÁRIO(S)

- do promitente comprador; retomada do imóvel locado: Súmula 177/STF 832

CHEQUE FALSO

- pagamento; responsabilidade civil: Súmula 28/STF 831

CHEQUE PRÉ-DATADO

- apresentação antecipada; dano moral: Súmula 370/STJ 845

CHEQUE PRESCRITO

- ação monitória ajuizada contra o emitente: Súmula 531/STJ 847

CIDADANIA

- gratuidade dos atos necessários ao exercício da; alterações: Lei n. 9.534, de 10-12-1997... 493
- gratuidade dos atos necessários ao exercício da: Lei n. 9.265, de 12-2-1996 472
- juros de mora nas ações relativas a benefícios previdenciários; incidência a partir da: Súmula 204/STJ 843
- pessoal; confinante certo; ação de usucapião: Súmula 391/STF 833

CLÁUSULA DE INALIENABILIDADE

- inclusão da incomunicabilidade dos bens: Súmula 49/STF 831

COBRANÇA EXCESSIVA

- de boa-fé; sanções do art. 1.531 do Código Civil de 1916; inaplicabilidade: Súmula 159/STF .. 831

CÓDIGO DE PROTEÇÃO E DEFESA DO CONSUMIDOR

- aplicação às entidades abertas de previdência complementar: Súmula 563/STJ 848
- aplicação às instituições financeiras: Súmula 297/STJ 844
- cláusula abusiva; planos de saúde; limitação do tempo de internação hospitalar: Súmula 302/STJ 844
- cláusulas abusivas; aditamento ao elenco do art. 51 do: Portaria n. 4, de 13-3-1998 514
- cláusulas abusivas; aditamento ao elenco do art. 51 do: Portaria n. 3, de 19-3-1999 539
- cláusulas abusivas; aditamento ao elenco do art. 51 do: Portaria n. 3, de 15-3-2001 547
- cláusulas abusivas; complemento ao art. 51 do Código de Proteção e Defesa do Consumidor: Portaria n. 5, de 27-8-2002 564
- cláusulas abusivas; contratos bancários: Súmula 638/STJ 850
- contratos bancários; incidência da multa moratória prevista no: Súmula 285/STJ 844
- Lei n. 8.078, de 11-9-1990 409

COLATERAIS

- casamento entre; terceiro grau, quando é que se permite: Decreto-lei n. 3.200, de 19-4-1941.. 183

COMITÊ

- gestão da rede nacional para a simplificação do registro e da legalização de empresas e negócios: Lei Complementar n. 123, de 14-12-2006, art. 2.º 600

COMPANHEIRA

- *Vide* também CONCUBINATO

COMPANHEIROS

- direito a alimentos e à sucessão: Lei n. 8.971, de 29-12-1994 464

COMPANHIA BRASILEIRA DE ALIMENTOS – COBAL

- causas em que é parte; competência: Súmula 557/STF 834

COMPANHIA BRASILEIRA DE ARMAZENAMENTO – CIBRAZEM

- causas em que é parte; competência: Súmula 557/STF 834

COMPETÊNCIA

- ação de usucapião especial: Súmula 11/STJ 841
- alvará de pesquisa mineral; avaliação da indenização devida ao proprietário do solo; competência; Justiça Estadual: Súmula 238/STJ 843
- causas em que é parte sociedade de economia mista: Súmula 556/STF 834
- causas em que são partes empresas públicas: Súmula 557/STF 834
- contrato de seguro marítimo: Súmula 504/STF 834
- foro de eleição; contratos; validade: Súmula 335/STF 832
- pessoa jurídica de direito privado; demanda no domicílio da agência ou estabelecimento onde se praticou o ato: Súmula 363/STF 833

COMPRA E VENDA

- *Vide* também COMPROMISSO DE COMPRA E VENDA

- de automóveis; prevalência contra terceiros de boa-fé; transcrição no Registro de Títulos e Documentos: Súmula 489/STF 834
- promessa; promitente vendedor; sucessão; Imposto de Transmissão *causa mortis*: Súmula 590/STF 835

COMPROMISSO DE COMPRA E VENDA

- com cláusula de arrependimento; devolução ou restituição do sinal; indenização de perdas e danos; exclusão; juros moratórios: Súmula 412/STF 833
- execução compulsória: Súmula 413/STF 833
- inscrição imobiliária; inscrição, no curso da ação, para os efeitos do Decreto-lei n. 58/37: Súmula 168/STF 832
- não inscrito no registro imobiliário; regime do Decreto-lei n. 58/37; inaplicabilidade: Súmula 167/STF 832
- sujeito ao regime do Decreto-lei n. 58/37; arrependimento; inadmissibilidade: Súmula 166/STF 832

COMPUTADOR

- Lei n. 9.609, de 19-2-1998 494
- regulamento: Decreto n. 2.556, de 20-4-1998 515

CONCEITUAÇÃO

- bens imóveis da União: Decreto-lei n. 9.760, de 5-9-1946, arts. 2.º a 5.º 202

CONCORDATA PREVENTIVA

- aplicação de correção monetária: Súmula 8/STJ 841
- correção monetária; adiantamento de câmbio requerida em: Súmula 36/STJ 841

CONCUBINA(S)

- acidente do trabalho ou de transporte; direito a indenização pela morte do amásio: Súmula 35/STF 831

CONCUBINATO

- caracterização; vida em comum sob o mesmo teto, *more uxorio*; dispensa: Súmula 382/STF 833
- existência de sociedade de fato; dissolução judicial; cabimento: Súmula 380/STF 833

CONCURSO PÚBLICO

- *Vide* também FUNCIONÁRIO PÚBLICO
- exame psicotécnico para habilitação de candidato; só lei pode sujeitá-lo a: Súmula 686/STF 836
- limite de idade para inscrição: Súmula 683/STF 835
- preenchimento de cargo sem observância da classificação; direito de candidato aprovado à nomeação: Súmula 15/STF 831
- veto não motivado à participação em; inconstitucionalidade: Súmula 684/STF 836

CONDOMÍNIO

- convenção; eficácia: Súmula 260/STJ 843
- cotas; execução de crédito: Súmula 478/STJ 846

Índice Alfabético da Legislação Complementar e das Súmulas

- em edificações e as incorporações imobiliárias: Lei n. 4.591, de 16-12-1964 231

CONSELHO NACIONAL DE DESENVOLVIMENTO URBANO – CNDU
- criação do: Medida Provisória n. 2.220, de 4-9-2001, arts. 10 a 14 562

CONSÓRCIO
- administradoras de; liberdade para estabelecer taxa de administração: Súmula 538/STJ. 847

CONSUMIDOR
- cadastro de inadimplentes; exclusão do registro: Súmula 548/STJ 848
- cláusula abusiva; planos de saúde; limitação do tempo de internação hospitalar: Súmula 302/STJ 844
- cláusulas abusivas; aditamento ao art. 51 do Código de Proteção e Defesa do: Portaria n. 4, de 13-3-1998 514
- cláusulas abusivas; aditamento ao elenco do art. 51 do Código de Proteção e Defesa do: Portaria n. 3, de 19-3-1999 539
- cláusulas abusivas; aditamento ao elenco do art. 51 do Código de Proteção e Defesa do: Portaria n. 3, de 15-3-2001 547
- cláusulas abusivas; complemento ao art. 51 do Código de Proteção e Defesa do Consumidor: Portaria n. 5, de 27-8-2002 564
- Código de Proteção e Defesa do: Lei n. 8.078, de 11-9-1990 409
- escore de crédito; esclarecimentos; direito do: Súmula 550/STJ 848
- legitimidade da atuação de órgãos de defesa do consumidor em setores regulados: Súmula 675/STJ 850
- participação no custeio de rede elétrica; ressarcimento: Súmula 547/STJ 848
- prática comercial abusiva; envio de cartão de crédito sem solicitação do consumidor: Súmula 532/STJ 847
- tarifa de água; fixação; categorias de usuários e faixas de consumo: Súmula 407/STJ..... 846

CONTRATO(S)
- cláusula contratual; nulidade: Súmula 176/STJ 842
- cláusula de eleição do foro; validade: Súmula 335/STF 832
- de financiamento de imóveis: Lei n. 10.931, de 2-8-2004, arts. 46 a 52 587
- de participação financeira; aquisição de linha telefônica: Súmula 371/STJ 845
- estipulações usurárias; nulidade: Medida Provisória n. 2.172-32, de 23-8-2001 559
- juros: Decreto n. 22.626, de 7-4-1933 182
- planos de saúde; limitação do tempo de internação hospitalar; cláusula abusiva: Súmula 302/STJ 844
- seguro marítimo; competência; processo e julgamento: Súmula 504/STF 834

CONTRATOS BANCÁRIOS
- abusividade das cláusulas: Súmula 381/STJ 845
- correção monetária; aplicabilidade da Taxa de Juros de Longo Prazo (TJLP): Súmula 288/STJ 844
- correção monetária; não aplicabilidade da Taxa Básica Financeira (TBF): Súmula 287/STJ... 844

- ilegalidades; discussão independente de renegociação ou confissão: Súmula 286/STJ...... 844
- impossibilidade de comprovação de taxa de juros contratada; aplicação de taxa média divulgada pelo Bacen: Súmula 530/STJ.. 847
- incidência da multa moratória prevista no Código do Consumidor: Súmula 285/STJ 844
- tarifa de abertura de crédito: Súmula 565/STJ... 848
- tarifa de cadastro: Súmula 566/STJ... 848

CONTRIBUIÇÕES
- ao Sesc e Senac; por empresas prestadoras de serviços: Súmula 499/STJ........................ 847

CONVIVENTES
- entidade familiar; convivência duradoura; direitos e deveres: Lei n. 9.278, de 10-5-1996 475

COOPERATIVAS
- resultado das aplicações financeiras; incidência do imposto de renda: Súmula 262/STJ... 843

CORONAVÍRUS (COVID-19)
- Regime Jurídico Emergencial e Transitório das Relações Jurídicas de Direito Privado no período da pandemia do: Lei n. 14.010, de 10-6-2020.. 789

CORPO HUMANO
- remoção de órgãos, tecidos e partes do corpo humano para fins de transplante e tratamento; disposições: Lei n. 9.434, de 4-2-1997 480

CORREÇÃO MONETÁRIA
- créditos habilitados em concordata preventiva; aplicação: Súmula 8/STJ........................ 841
- débitos oriundos de decisão judicial; aplicação: Lei n. 6.899, de 8-4-1981 338
- desapropriação: Súmula 561/STF... 834
- em dano moral; data do arbitramento: Súmula 362/STJ... 845
- incidência em operação de crédito rural: Súmula 638/STF... 835
- indenização de danos materiais decorrentes de ato ilícito: Súmula 562/STF 835

CRÉDITO RURAL
- alongamento das dívidas; direito do devedor: Súmula 298/STJ.. 844
- incidência de correção monetária em operações de: Súmula 638/STF 835

CREDOR
- processos sobre alienação fiduciária: Decreto-lei n. 911, de 1.º-10-1969........................... 259

CRIANÇA
- *Vide* ESTATUTO DA CRIANÇA E DO ADOLESCENTE
- estratégias intersetoriais de prevenção à violência; parentalidade positiva e o direito ao brincar: Lei n. 14.826, de 20-3-2024 814
- fornecimento de bebida alcoólica a criança ou adolescente: Súmula 669/STJ 850
- parentalidade positiva: Lei n. 14.826, de 20-3-2024 814
- vítima ou testemunha de violência; sistema de garantia de direitos: Lei n. 13.431, de 4-4-2017 701

CUSTAS
- assistência judiciária: Lei n. 1.060, de 5-2-1950 227

Índice Alfabético da Legislação Complementar e das Súmulas

DANOS

- ação de indenização; condenação em montante inferior ao postulado; não implicação de sucumbência recíproca: Súmula 326/STJ 844
- ambientais: Súmula 629/STJ 849
- anotação irregular em cadastro de proteção ao crédito: Súmula 385/STJ 845
- cumulado com dano material; indenização: Súmula 37/STJ 841
- cumulado com dano estético; indenização. Súmula 387/STJ 845
- devolução indevida de cheque; caracterização: Súmula 388/STJ 845
- instituições financeiras: Súmula 479/STJ 846
- morais; ações indenizatórias imprescritíveis; regime militar: Súmula 647/STJ 850
- morais; indenização: Súmula 642/STJ 850
- pessoa jurídica: Súmula 227/STJ 843

DANOS NUCLEARES E RADIOLÓGICOS

- responsabilidade civil por danos radiológicos causados por rejeitos radioativos: Lei n. 10.308, de 20-11-2001 562

DADOS PESSOAIS

- tratamento e proteção por pessoa natural ou jurídica de direito público ou privado: Lei n. 13.709, de 14-8-2018 744

DECLARAÇÃO DE NASCIDO VIVO – DNV

- validade nacional: Lei n. 12.662, de 5-6-2012 642

DEFESA DE DIREITOS

- certidões para: Lei n. 9.051, de 18-5-1995 466

DEMARCAÇÃO

- de terrenos de marinha: Decreto-lei n. 9.760, de 5-9-1946, arts. 9.º e s. 203

DEPOSITÁRIO JUDICIAL

- de bens penhorados; recusa expressa; possibilidade: Súmula 319/STJ 844
- em dinheiro; pagamento de correção monetária: Súmula 179/STJ 842
- falência decretada; arrecadação do bem pelo síndico; descabe prisão civil do: Súmula 305/STJ 844
- prisão; decretação no próprio processo em que se constituiu o encargo: Súmula 619/STF 835
- que não assume o encargo; prisão civil; ilegalidade: Súmula 304/STJ 844

DEPÓSITO DE BENS

- prazos dos contratos de: Lei n. 2.313, de 3-9-1954 229

DEPÓSITOS RADIOATIVOS

- fiscalização, licenciamento, garantias referentes: Lei n. 10.308, de 20-11-2001 562

DESAPROPRIAÇÃO

- ação; verba advocatícia: Súmula 131/STJ 842
- ações de sociedade; poder desapropriante; exercício dos direitos inerentes aos respectivos títulos: Súmula 476/STF 834
- atualização monetária: Súmula 67/STJ 841

- bens públicos: Decreto-lei n. 3.365, de 21-6-1941, art. 2.º 189
- com pagamento em títulos da dívida pública; Estatuto da Cidade: Lei n. 10.257, de 10-7-2001, art. 8.º 551
- constitucionalidade do art. 15, § 1.º, do Decreto-lei n. 3.365/41: Súmula 652/STF 835
- correção monetária: Súmula 561/STF 834
- declaração de utilidade pública; licenciamento de obra; indenização: Súmula 23/STF 831
- direta; juros compensatórios; incidência: Súmula 113/STJ 842
- disposições finais: Decreto-lei n. 3.365, de 21-6-1941, arts. 31 a 43 195
- disposições preliminares: Decreto-lei n. 3.365, de 21-6-1941, arts. 1.º a 10 189
- espaço aéreo: Decreto-lei n. 3.365, de 21-6-1941, art. 2.º 189
- Imposto de Transmissão *inter vivos*; restituição do imóvel ao antigo proprietário; incidência: Súmula 111/STF 831
- indenização por; incluem-se honorários do advogado do expropriado: Súmula 378/STF .. 833
- indireta; juros compensatórios; incidência: Súmula 114/STJ 842
- indireta; prazo de prescrição: Súmula 119/STJ 842
- iniciada na forma do Decreto-lei n. 512/69; discordância do expropriado com o juros compensatórios; contagem; termo inicial: Súmula 164/STF 832
- juros compensatórios; taxa: Súmula 618/STF 835
- juros moratórios; sentença: Súmula 70/STJ 841
- por interesse social; sua aplicação; casos: Lei n. 4.132, de 10-9-1962 230
- por utilidade pública: Decreto-lei n. 3.365, de 21-6-1941 189
- por utilidade pública; imissão de posse, *initio litis*, em imóveis residenciais urbanos: Decreto-lei n. 1.075, de 22-1-1970 264
- por utilidade pública; Lei n. 4.686/65; aplicação: Súmula 475/STF 834
- preço; mora no pagamento; indenização complementar; descabimento: Súmula 416/STF.. 833
- processo judicial: Decreto-lei n. 3.365, de 21-6-1941, arts. 11 a 30 192
- servidão administrativa; juros compensatórios: Súmula 56/STJ 841
- subsolo: Decreto-lei n. 3.365, de 21-6-1941, art. 2.º 189
- transcrição da sentença no Registro de Imóveis: Decreto-lei n. 3.365, de 21-6-1941, art. 29. 195
- valor real da indenização; Estatuto da Cidade: Lei n. 10.257, de 10-7-2001, art. 8.º 551

DEVEDOR

processos sobre alienação fiduciária: Decreto-lei n. 911, de 1.º-10-1969 259

DIREITO BRASILEIRO

- Lei de Introdução ao: Decreto-lei n. 4.657, de 4-9-1942 197
- regulamento: Decreto n. 9.830, de 10-6-2019 772

DIREITO DE ARENA

- *Vide* DIREITOS AUTORAIS

DIREITO DE CONSTRUIR

- *Vide* ESTATUTO DA CIDADE

DIREITO DE PREEMPÇÃO

- *Vide* ESTATUTO DA CIDADE

Índice Alfabético da Legislação Complementar e das Súmulas

DIREITO DE RESPOSTA
- meios de comunicação social: Lei n. 13.188, de 11-11-2015 691

DIREITO DE SUPERFÍCIE
- *Vide* ESTATUTO DA CIDADE

DIREITO DE VIZINHANÇA
- parede de tijolos de vidro translúcido; levantamento a menos de metro e meio do prédio vizinho: Súmula 120/STF.. 831
- proibição de abrir janela, ou fazer terraço, eirado, ou varanda, a menos de metro e meio do prédio de outrem; visão direta e oblíqua; ausência de distinção: Súmula 414/STF....... 833

DIREITOS AUTORAIS
- associações de titulares: Lei n. 9.610, de 19-2-1998, arts. 97 a 100 507
- autoria das obras intelectuais: Lei n. 9.610, de 19-2-1998, arts. 11 a 17 499
- da cessão dos direitos do autor: Lei n. 9.610, de 19-2-1998, arts. 49 a 52 503
- das limitações aos direitos do autor: Lei n. 9.610, de 19-2-1998, arts. 46 a 48 502
- direitos conexos; disposições preliminares: Lei n. 9.610, de 19-2-1998, art. 89 506
- direitos das empresas de radiodifusão: Lei n. 9.610, de 19-2-1998, art. 95 507
- direitos do autor: Lei n. 9.610, de 19-2-1998, arts. 22 a 52 500
- direitos dos artistas intérpretes ou executantes, e dos produtores de fonogramas: Lei n. 9.610, de 19-2-1998, arts. 89 a 96 506
- direitos morais do autor: Lei n. 9.610, de 19-2-1998, arts. 24 a 27 500
- direitos patrimoniais do autor e de sua duração: Lei n. 9.610, de 19-2-1998, arts. 28 a 45 500
- disposições preliminares: Lei n. 9.610, de 19-2-1998, arts. 1.º a 6.º 497
- duração dos direitos conexos: Lei n. 9.610, de 19-2-1998, art. 96 507
- exigibilidade; execução de obra musical por artistas remunerados: Súmula 386/STF 833
- gestão coletiva de: Lei n. 12.853, de 14-8-2013 657
- gestão coletiva de: Decreto n. 9.574, de 22-11-2018 764
- identificação dos fonogramas: Decreto n. 9.574, de 22-11-2018 764
- obras intelectuais; protegidas: Lei n. 9.610, de 19-2-1998, arts. 7.º a 10 498
- programas de computador; proteção da propriedade intelectual: Lei n. 9.609, de 19-2-1998.. 494
- programas de computador; registro: Decreto n. 2.556, de 20-4-1998 515
- proteção; interdito proibitório; inadmissibilidade: Súmula 228/STJ 843
- registro das obras intelectuais: Lei n. 9.610, de 19-2-1998, arts. 18 a 21 499
- retransmissão radiofônica de música; estabelecimentos comerciais: Súmula 63/STJ 841
- retransmissão radiofônica de música; estabelecimentos hoteleiros: Súmula 261/STJ 843
- sanções à violação; disposição preliminar: Lei n. 9.610, de 19-2-1998, art. 101 512
- sanções às violações civis: Lei n. 9.610, de 19-2-1998, arts. 102 a 110 512
- utilização de fonograma: Lei n. 9.610, de 19-2-1998, art. 80 505
- utilização de obra audiovisual: Lei n. 9.610, de 19-2-1998, arts. 81 a 86 505
- utilização de obra de arte plástica: Lei n. 9.610, de 19-2-1998, arts. 77 e 78 505
- utilização de obra fotográfica: Lei n. 9.610, de 19-2-1998, art. 79 505

Índice Alfabético da Legislação Complementar e das Súmulas

- utilização de obras intelectuais: Lei n. 9.610, de 19-2-1998, arts. 53 a 88 503
- violação de direito autoral; configuração do delito: Súmula 574/STJ 848

DIREITOS DO CONSUMIDOR
- Código de Proteção e de Defesa do Consumidor: Lei n. 8.078, de 11-9-1990 409
- legitimidade da atuação de órgãos de defesa do consumidor em setores regulados: Súmula 675/STJ 850

DISSOLUÇÃO
- judicial; concubinato; sociedade de fato: Súmula 380/STF 833
- sociedades civis de fins assistenciais: Decreto-lei n. 41, de 18-11-1966 255

DIVERSÕES
- *Vide* ESTATUTO DA CRIANÇA E DO ADOLESCENTE

DÍVIDA(S)
- cobrança excessiva de boa-fé; sanções do art. 1.531 do Código Civil de 1916; inaplicabilidade: Súmula 159/STF 831

DIVÓRCIO
- direto; sem partilha dos bens; concessão: Súmula 197/STJ 843
- Lei n. 6.515, de 26-12-1977, arts. 24 a 33 321
- sentença obtida por procuração, em país de que os cônjuges não eram nacionais; homologação; vedação: Súmula 381/STF 833

DOAÇÃO
- de imóvel; Imposto de Transmissão *inter vivos*; incidência: Súmula 328/STF 832

DOCUMENTO(S)
- ação de exibição de; requisito de procedibilidade: Súmula 389/STJ 845
- certidões para a defesa de direitos e esclarecimento de situações: Lei n. 9.051, de 18-5-1995 466
- de identificação pessoal; registro de informações: Lei n. 9.049, de 18-5-1995 466
- de procedência estrangeira; efeitos judiciais: Súmula 259/STF 832
- número único: Lei n. 14.534, de 11-1-2023 810
- registro de identidade civil: Lei n. 9.454, de 7-4-1997 483

DOMÍNIO
- bens da União: Decreto-lei n. 9.760, de 5-9-1946 202

DROGARIA
- responsável técnico: Súmula 120/STJ 842

EDIFICAÇÕES
- Estatuto da Cidade: Lei n. 10.257, de 10-7-2001 548
- incorporações imobiliárias e condomínio em: Lei n. 4.591, de 16-12-1964 231

EMANCIPAÇÃO
- Registros Públicos: Lei n. 6.015, de 31-12-1973 265

EMBARGOS DE DIVERGÊNCIA
- indenização; descabimento: Súmula 420/STJ 846

Índice Alfabético da Legislação Complementar e das Súmulas

EMBARGOS DE TERCEIRO
- oposição pelo cônjuge do executado: Súmula 134/STJ 842
- por fraude contra credores: Súmula 195/STJ 843

EMPRESA(S)
- dissolvida; não funcionamento. Redirecionamento da execução fiscal: Súmula 435/STJ.. 846
- públicas; causas em que são partes; competência: Súmula 557/STF 834

EMPRESA DE PEQUENO PORTE
- Estatuto: Lei Complementar n. 123, de 14-12-2006 600

ENFITEUSE
- enfiteuta; purgação da mora: Súmula 122/STF 831
- instituída antes da vigência do Código Civil; resgate: Súmula 170/STF 832
- pena de comisso; necessidade de sentença: Súmula 169/STF 832

ENUNCIAÇÃO
- bens imóveis da União: Decreto-lei n. 9.760, de 5-9-1946, art. 1.º 202

ESPAÇO AÉREO
- desapropriação: Decreto-lei n. 3.365, de 21-6-1941, art. 2.º 189

ESTABELECIMENTOS BANCÁRIOS E COMERCIAIS
- competência do Município para fixar horário de funcionamento: Súmula 645/STF 835
- do mesmo ramo; instalação em determinada área: Súmula 646/STF 835
- penhora da sede: Súmula 451/STJ 846

ESTATUTO DA CIDADE
- aplicabilidade; diretrizes gerais: Lei n. 10.257, de 10-7-2001, art. 1.º 548
- da concessão de uso especial para fins de moradia: Medida Provisória n. 2.220, de 4-9-2001.. 560
- da desapropriação com pagamento em títulos: Lei n. 10.257, de 10-7-2001, art. 8.º 551
- da gestão democrática da cidade: Lei n. 10.257, de 10-7-2001, arts. 43 a 45 558
- da outorga onerosa do direito de construir: Lei n. 10.257, de 10-7-2001, arts. 28 a 31 ... 554
- das operações urbanas consorciadas: Lei n. 10.257, de 10-7-2001, arts. 32 a 34 ... 554
- da transferência do direito de construir: Lei n. 10.257, de 10-7-2001, art. 35 555
- da usucapião especial de imóvel urbano: Lei n. 10.257, de 10-7-2001, arts. 9.º a 14 552
- disposições gerais: Lei n. 10.257, de 10-7-2001, arts. 46 a 58 558
- do direito de preempção: Lei n. 10.257, de 10-7-2001, arts. 25 a 27 553
- do direito de superfície: Lei n. 10.257, de 10-7-2001, arts. 21 a 24 553
- do estudo de impacto de vizinhança: Lei n. 10.257, de 10-7-2001, arts. 36 a 38 ... 555
- do IPTU progressivo no tempo: Lei n. 10.257, de 10-7-2001, art. 7.º 551
- do parcelamento, edificação ou utilização compulsórios: Lei n. 10.257, de 10-7-2001, arts. 5.º e 6.º 551
- do plano diretor: Lei n. 10.257, de 10-7-2001, arts. 39 a 42 556
- dos instrumentos da política urbana: Lei n. 10.257, de 10-7-2001, arts. 4.º a 38 ... 550
- dos instrumentos em geral: Lei n. 10.257, de 10-7-2001, art. 4.º 550

- política urbana; diretrizes gerais: Lei n. 10.257, de 10-7-2001, art. 2.º 548
- política urbana; diretrizes gerais; competência: Lei n. 10.257, de 10-7-2001, art. 3.º 550

ESTATUTO DA CRIANÇA E DO ADOLESCENTE

- acesso à justiça; apuração de ato infracional atribuído a adolescente: Lei n. 8.069, de 13-7-1990, arts. 171 a 190 390
- acesso à justiça; apuração de infração administrativa às normas de proteção à criança e ao adolescente: Lei n. 8.069, de 13-7-1990, arts. 194 a 197 393
- acesso à justiça; apuração de irregularidades em entidade de atendimento: Lei n. 8.069, de 13-7-1990, arts. 191 a 193 393
- acesso à justiça; colocação em família substituta: Lei n. 8.069, de 13-7-1990, arts. 165 a 170.... 388
- acesso à justiça; da perda e da suspensão do pátrio poder: Lei n. 8.069, de 13-7-1990, arts. 155 a 163 387
- acesso à justiça; destituição da tutela: Lei n. 8.069, de 13-7-1990, art. 164................ 388
- acesso à justiça; disposições gerais: Lei n. 8.069, de 13-7-1990, arts. 141 a 144................ 385
- acesso à justiça; do advogado: Lei n. 8.069, de 13-7-1990, arts. 206 e 207................ 397
- acesso à justiça; do juiz: Lei n. 8.069, de 13-7-1990, arts. 146 a 149................ 385
- acesso à justiça; do Ministério Público: Lei n. 8.069, de 13-7-1990, arts. 200 a 205................ 396
- acesso à justiça; dos procedimentos: Lei n. 8.069, de 13-7-1990, arts. 152 a 197................ 386
- acesso à justiça; dos recursos: Lei n. 8.069, de 13-7-1990, arts. 198 e 199................ 395
- acesso à justiça; dos serviços auxiliares: Lei n. 8.069, de 13-7-1990, arts. 150 e 151................ 386
- acesso à justiça; infância e juventude: Lei n. 8.069, de 13-7-1990, arts. 145 a 151................ 385
- acesso à justiça; proteção judicial dos interesses individuais, difusos e coletivos: Lei n. 8.069, de 13-7-1990, arts. 208 a 224 397
- ações conexas; domicílio do detentor da guarda: Súmula 383/STJ................ 845
- aplicação de medidas socioeducativas pela prática de ato infracional, competência: Súmula 108/STJ 842
- castigo físico; tratamento cruel ou degradante: Lei n. 8.069, de 13-7-1990, arts. 18-A, 18-B, 70-A, 70-B e 94-A 355, 356, 369, 370, 375
- conselho tutelar; atribuições: Lei n. 8.069, de 13-7-1990, arts. 136 e 137................ 383
- conselho tutelar; competência: Lei n. 8.069, de 13-7-1990, art. 138................ 384
- conselho tutelar; disposições gerais: Lei n. 8.069, de 13-7-1990, arts. 131 a 135................ 382
- conselho tutelar; escolha dos conselheiros: Lei n. 8.069, de 13-7-1990, art. 139................ 384
- conselho tutelar; impedimentos: Lei n. 8.069, de 13-7-1990, art. 140................ 384
- corrupção de menor: Súmula 500/STJ................ 847
- crimes; disposições gerais: Lei n. 8.069, de 13-7-1990, arts. 225 a 227................ 400
- crimes em espécie: Lei n. 8.069, de 13-7-1990, arts. 228 a 244-B................ 400
- direitos fundamentais; convivência familiar e comunitária; disposições gerais: Lei n. 8.069, de 13-7-1990, arts. 19 a 24 356
- direitos fundamentais; convivência familiar e comunitária; família natural: Lei n. 8.069, de 13-7-1990, arts. 25 a 27 358
- direitos fundamentais; convivência familiar e comunitária; família substituta: Lei n. 8.069, de 13-7-1990, arts. 28 a 52 359

Índice Alfabético da Legislação Complementar e das Súmulas

- direitos fundamentais; direito à convivência familiar e comunitária: Lei n. 8.069, de 13-7-1990, arts. 19 a 52.. 356
- direitos fundamentais; direito à liberdade, ao respeito e à dignidade: Lei n. 8.069, de 13-7-1990, arts. 15 a 18... 355
- direitos fundamentais; direito à vida e à saúde: Lei n. 8.069, de 13-7-1990, arts. 7.º a 14... 352
- direitos fundamentais; do direito à educação, à cultura, ao esporte e ao lazer: Lei n. 8.069, de 13-7-1990, arts. 53 a 59.. 367
- direitos fundamentais; do direito à profissionalização e à proteção no trabalho: Lei n. 8.069, de 13-7-1990, arts. 60 a 69.. 368
- disposições finais e transitórias: Lei n. 8.069, de 13-7-1990, arts. 259 a 267 405
- disposições preliminares: Lei n. 8.069, de 13-7-1990, arts. 1.º a 6.º................................... 351
- família substituta; da adoção: Lei n. 8.069, de 13-7-1990, arts. 39 a 52............................. 360
- família substituta; da guarda: Lei n. 8.069, de 13-7-1990, arts. 33 a 35.............................. 359
- família substituta; da tutela: Lei n. 8.069, de 13-7-1990, arts. 36 a 38................................ 360
- infrações administrativas: Lei n. 8.069, de 13-7-1990, arts. 245 a 258................................ 403
- medidas de proteção; disposições gerais: Lei n. 8.069, de 13-7-1990, art. 98 376
- medidas específicas de proteção: Lei n. 8.069, de 13-7-1990, arts. 99 a 102 376
- medidas pertinentes aos pais ou responsável: Lei n. 8.069, de 13-7-1990, arts. 129 e 130.. 382
- política de atendimento; disposições gerais: Lei n. 8.069, de 13-7-1990, arts. 86 a 89..... 372
- política de atendimento; entidades de atendimento: Lei n. 8.069, de 13-7-1990, arts. 90 a 94... 373
- política de atendimento; entidades; fiscalização: Lei n. 8.069, de 13-7-1990, arts. 95 a 97..... 375
- prática de ato infracional; advertência: Lei n. 8.069, de 13-7-1990, art. 115....................... 380
- prática de ato infracional; das garantias processuais: Lei n. 8.069, de 13-7-1990, arts. 110 e 111.. 379
- prática de ato infracional; das medidas socioeducativas: Lei n. 8.069, de 13-7-1990, arts. 112 a 125... 380
- prática de ato infracional; disposições gerais: Lei n. 8.069, de 13-7-1990, arts. 103 a 105 379
- prática de ato infracional; dos direitos individuais: Lei n. 8.069, de 13-7-1990, arts. 106 a 109... 379
- prática de ato infracional; internação: Lei n. 8.069, de 13-7-1990, arts. 121 a 125............. 381
- prática de ato infracional; liberdade assistida: Lei n. 8.069, de 13-7-1990, arts. 118 e 119... 380
- prática de ato infracional; obrigação de reparar dano: Lei n. 8.069, de 13-7-1990, art. 116... 380
- prática de ato infracional; prestação de serviços à comunidade: Lei n. 8.069, de 13-7-1990, art. 117 380
- prática de ato infracional; regime de semiliberdade: Lei n. 8.069, de 13-7-1990, art. 120... 381
- prática de ato infracional; remissão: Lei n. 8.069, de 13-7-1990, arts. 126 a 128............... 382
- prevenção; disposições gerais: Lei n. 8.069, de 13-7-1990, arts. 70 a 73 369
- prevenção especial: Lei n. 8.069, de 13-7-1990, arts. 74 a 85... 370
- prevenção especial; da autorização para viajar: Lei n. 8.069, de 13-7-1990, arts. 83 a 85..... 371

- prevenção especial; dos produtos e serviços: Lei n. 8.069, de 13-7-1990, arts. 81 e 82..... 371
- prevenção especial; informação, cultura, lazer, esportes, diversões e espetáculos: Lei n. 8.069, de 13-7-1990, arts. 74 a 80.. 370

ESTATUTO DA JUVENTUDE

- acesso à justiça: Lei n. 12.852, de 5-8-2013, arts. 37 e 38 655
- agentes públicos ou privados; diretrizes gerais: Lei n. 12.852, de 5-8-2013, art. 3.º 650
- competências: Lei n. 12.852, de 5-8-2013, arts. 41 a 44.. 656
- comunicação; liberdade de expressão: Lei n. 12.852, de 5-8-2013, arts. 26 e 27 654
- conselhos de juventude: Lei n. 12.852, de 5-8-2013, arts. 45 a 47 657
- cultura: Lei n. 12.852, de 5-8-2013, arts. 21 a 25 653
- desporto: Lei n. 12.852, de 5-8-2013, arts. 28 a 30... 654
- diversidade e igualdade: Lei n. 12.852, de 5-8-2013, art. 17.. 652
- educação ambiental: Lei n. 12.852, de 5-8-2013, arts. 35 e 36 655
- educação: Lei n. 12.852, de 5-8-2013, arts. 7.º a 13 650
- institui: Lei n. 12.852, de 5-8-2013.. 649
- jovens; definição: Lei n. 12.852, de 5-8-2013, art. 1.º... 649
- lazer: Lei n. 12.852, de 5-8-2013, art. 29 654
- meio ambiente: Lei n. 12.852, de 5-8-2013, arts. 34 a 36 655
- mobilidade: Lei n. 12.852, de 5-8-2013, arts. 31 a 33.. 655
- participação social e política: Lei n. 12.852, de 5-8-2013, arts. 4.º a 6.º 650
- princípios: Lei n. 12.852, de 5-8-2013, art. 2.º... 649
- profissionalização: Lei n. 12.852, de 5-8-2013, arts. 14 a 16 651
- saúde: Lei n. 12.852, de 5-8-2013, arts. 19 e 20 652
- segurança pública: Lei n. 12.852, de 5-8-2013, arts. 37 e 38 655
- sistema nacional de juventude: Lei n. 12.852, de 5-8-2013, arts. 39 e 40 656
- transporte coletivo interestadual: Lei n. 12.852, de 5-8-2013, art. 32.............................. 655

ESTATUTO DA PESSOA COM DEFICIÊNCIA

- acessibilidade: Lei n. 13.146, de 6-7-2015, arts. 53 a 76.. 683
- acesso à informação e à comunicação: Lei n. 13.146, de 6-7-2015, arts. 63 a 73.............. 684
- acesso à justiça: Lei n. 13.146, de 6-7-2015, arts. 79 a 83 687
- atendimento prioritário: Lei n. 13.146, de 6-7-2015, art. 9.º.. 674
- direito à assistência social: Lei n. 13.146, de 6-7-2015, arts. 39 e 40 680
- direito à cultura, esporte, turismo e lazer: Lei n. 13.146, de 6-7-2015, arts. 42 a 45 681
- direito à educação: Lei n. 13.146, de 6-7-2015, arts. 27 a 30 677
- direito à habilitação e reabilitação: Lei n. 13.146, de 6-7-2015, arts. 14 a 17 675
- direito à moradia: Lei n. 13.146, de 6-7-2015, arts. 31 a 33 678
- direito à participação na vida pública e política: Lei n. 13.146, de 6-7-2015, art. 76 686
- direito à previdência social: Lei n. 13.146, de 6-7-2015, art. 41 681
- direito à saúde: Lei n. 13.146, de 6-7-2015, arts. 18 a 26 676
- direito à vida: Lei n. 13.146, de 6-7-2015, arts. 10 a 13 675

Índice Alfabético da Legislação Complementar e das Súmulas

- direito ao trabalho: Lei n. 13.146, de 6-7-2015, arts. 34 e 35........................... 679
- direito ao transporte e à mobilidade: Lei n. 13.146, de 6-7-2015, arts. 46 a 52 682
- direitos fundamentais: Lei n. 13.146, de 6-7-2015, arts. 10 a 52........................ 675
- disposições preliminares: Lei n. 13.146, de 6-7-2015, arts. 1.º a 9.º.................... 672
- dos crimes e das infrações administrativas: Lei n. 13.146, de 6-7-2015, arts. 88 a 91...... 688
- habilitação e reabilitação profissional: Lei n. 13.146, de 6-7-2015, art. 36............ 679
- igualdade: Lei n. 13.146, de 6-7-2015, arts. 4.º a 8.º 674

ESTATUTO DA PESSOA IDOSA

- acesso à justiça: Lei n. 10.741, de 1.º-10-2003, arts. 69 a 71 575
- alimentos: Lei n. 10.741, de 1.º-10-2003, arts. 11 a 14 566
- assistência social: Lei n. 10.741, de 1.º-10-2003, arts. 33 a 36........................ 570
- crimes: Lei n. 10.741, de 1.º-10-2003, arts. 93 e s....................................... 579
- direito à liberdade, ao respeito e à dignidade do idoso: Lei n. 10.741, de 1.º-10- 2003, art. 10... 566
- direito à saúde: Lei n. 10.741, de 1.º-10-2003, arts. 15 a 19............................ 566
- direito à vida do idoso: Lei n. 10.741, de 1.º-10-2003, arts. 8.º e 9.º 566
- disposições preliminares: Lei n. 10.741, de 1.º-10-2003, arts. 1.º a 7.º............... 565
- educação, cultura, esporte e lazer: Lei n. 10.741, de 1.º-10-2003, arts. 20 a 25 568
- entidades de atendimento ao idoso: Lei n. 10.741, de 1.º-10-2003, arts. 48 a 51 572
- entidades de atendimento ao idoso; apuração judicial de irregularidades em: Lei n. 10.741, de 1.º-10-2003, arts. 64 a 68.. 575
- entidades de atendimento ao idoso; fiscalização das: Lei n. 10.741, de 1.º-10-2003, arts. 52 a 55.. 573
- habitação: Lei n. 10.741, de 1.º-10-2003, arts. 37 e 38 570
- infrações administrativas ao: Lei n. 10.741, de 1.º-10-2003, arts. 56 a 63............ 574
- interesses difusos, coletivos e individuais indisponíveis ou homogêneos; proteção judicial: Lei n. 10.741, de 1.º-10-2003, arts. 78 a 92.. 577
- medidas de proteção: Lei n. 10.741, de 1.º-10-2003, arts. 43 a 45 571
- Ministério Público; competência nas ações pertinentes ao: Lei n. 10.741, de 1.º-10- 2003, arts. 72 a 77 576
- política de atendimento ao idoso: Lei n. 10.741, de 1.º-10-2003, arts. 46 e 47 572
- previdência social: Lei n. 10.741, de 1.º-10-2003, arts. 29 a 32......................... 569
- profissionalização e trabalho: Lei n. 10.741, de 1.º-10-2003, arts. 26 a 28........... 569
- transporte: Lei n. 10.741, de 1.º-10-2003, arts. 39 a 42 571

ESTATUTO NACIONAL DA MICROEMPRESA E DA EMPRESA DE PEQUENO PORTE

- institui: Lei Complementar n. 123, de 14-12-2006.. 600

ESTRADAS DE FERRO

- responsabilidade civil: Decreto n. 2.681, de 7-12-1912 179

ESTRANGEIRO

- extradição; *habeas corpus* fundado em fato ou direito estrangeiro: Súmula 692/STF 836

- imóveis da União na faixa de fronteira, restrições: Decreto-lei n. 9.760, de 5-9-1946, art. 205.. 224

EXECUÇÃO

- fiador não integrante da ação de despejo; não responde pela: Súmula 268/STJ............. 843
- fundada em mais de um título extrajudicial: Súmula 27/STJ.. 841
- prescrição: Súmula 150/STF.. 831

EXECUÇÃO COMPULSÓRIA

- compromisso de compra e venda: Súmula 413/STF.. 833

EXECUÇÃO EXTRAJUDICIAL

- dos créditos garantidos por hipoteca; da garantia imobiliária em concurso de credores: Lei n. 14.711, de 30-10-2023.. 811

EXECUÇÃO FISCAL

- não localizados bens penhoráveis; suspensão do processo; início da prescrição quinquenal intercorrente: Súmula 314/STJ... 844

FAIXA DE FRONTEIRA

- concessão de terras: Decreto-lei n. 9.760, de 5-9-1946, arts. 204 e 205............................ 224

FALÊNCIA(S)

- correção monetária requerida em concordata ou; adiantamento de câmbio: Súmula 36/STJ.. 841
- habilitação de crédito; multa fiscal moratória; não inclusão: Súmula 565/STF............... 835

FAMÍLIA

- convivência duradoura; entidade familiar; disposições: Lei n. 9.278, de 10-5-1996 473
- em situação de miséria: Decreto-lei n. 3.200, de 19-4-1941, art. 30.................................... 188
- impenhorabilidade do bem de: Lei n. 8.009, de 29-3-1990... 350
- organização e proteção: Decreto-lei n. 3.200, de 19-4-1941... 183

FÁRMACOS E MEDICAMENTOS

- registrado na ANVISA, mas não incorporado às listas do SUS; concessão judicial: Súmula Vinculante 61.. 840

FAZENDA PÚBLICA

- devedora; prescrição quinquenal: Súmula 85/STJ... 842
- execução fiscal; Justiça Estadual; custeio das despesas com transporte dos oficiais de justiça: Súmula 190/STJ... 842
- prescrição das ações contra: Decreto-lei n. 4.597, de 19-8-1942... 196
- prescrição quinquenal: Decreto n. 20.910, de 6-1-1932.. 181

FERIADO(S)

- cobrança de juros de mora sobre título cujo vencimento se dê em: Lei n. 7.089, de 23-3-1983... 348
- Lei n. 662, de 6-4-1949.. 226
- Lei n. 9.093, de 12-9-1995... 466

FIANÇA

- fiador não integrante; não responde pela execução na ação de despejo: Súmula 268/STJ 843

Índice Alfabético da Legislação Complementar e das Súmulas

- obrigações resultantes de aditamento: Súmula 214/STJ 843
- prestada sem autorização do cônjuge; ineficácia: Súmula 332/STJ 845
- prorrogação automática: Súmula 656/STJ 850

FILHO ADULTERINO
- disposição testamentária em seu favor; validade: Súmula 447/STF 833

FILHO MENOR
- morte decorrente de acidente; indenização: Súmula 491/STF 834

FILHOS
- convivência duradoura; entidade familiar; guarda, sustento e educação dos: Lei n. 9.278, de 10-5-1996, art. 2.º, III 473
- dissolução da sociedade conjugal: Lei n. 6.515, de 26-12-1977, arts. 9.º a 16 320

FILIAÇÃO
- investigação de paternidade: Lei n. 8.560, de 29-12-1992 444

FONOGRAMAS
- *Vide* DIREITOS AUTORAIS

FUNCIONÁRIO PÚBLICO
- *Vide* também CONCURSO PÚBLICO
- absolvição criminal; punição administrativa pela falta residual: Súmula 18/STF 831
- nomeado por concurso; direito à posse: Súmula 16/STF 831

GARANTIA CONSTITUCIONAL
- oitiva do menor infrator; regressão da medida socioeducativa: Súmula 265/STJ 843

GUARDA
- *Vide* ESTATUTO DA CRIANÇA E DO ADOLESCENTE

HABITAÇÃO
- alienação fiduciária de coisa imóvel: Lei n. 9.514, de 20-11-1997 483
- concessão de uso especial para fins de moradia: Medida Provisória n. 2.220, de 4-9-2001 560
- incorporações imobiliárias; patrimônio de afetação: Lei n. 10.931, de 2-8-2004 582
- Sistema Financeiro da; ações referentes ao; legitimidade da Caixa Econômica Federal: Súmula 327/STJ 844

HERDEIROS
- legítimo; Estatuto da Cidade; posse de seu antecessor; permanência: Lei n. 10.257, de 10-7-2001, art. 9.º, § 3.º 552
- transmissão do direito de superfície: Lei n. 10.257, de 10-7-2001, art. 21, § 5.º 553

HIPOTECA
- firmada entre a construtora e o agente financeiro; ineficácia: Súmula 308/STJ 844

HONORÁRIOS DE ADVOGADO
- ação de desapropriação: Súmula 131/STJ 842
- ação regressiva do segurador contra o causador do dano: Súmula 257/STF 832

- assistência judiciária; causa vencida pelo beneficiário: Súmula 450/STF 833
- autor; condenação fundada no art. 64 do CPC/39; dependência da reconvenção: Súmula 472/STF 834
- desapropriação indireta: Súmula 141/STJ 842
- em percentual sobre o valor da causa; correção monetária; incidência: Súmula 14/STJ... 841
- em se tratando de assistência judiciária aos necessitados: Lei n. 1.060, de 5-2-1950 227
- fixação; salários mínimos: Súmula 201/STJ 843

HOTEL(ÉIS)
- *Vide* ESTATUTO DA CRIANÇA E DO ADOLESCENTE

IDENTIFICAÇÃO CIVIL NACIONAL
- número único para documentos: Lei n. 14.534, de 11-1-2023 810

IDOSO
- *Vide* ESTATUTO DA PESSOA IDOSA

ILHAS
- quando são bens da União: Decreto-lei n. 9.760, de 5-9-1946 202

IMAGEM
- direito à; publicação não autorizada: Súmula 403/STJ 846

IMÓVEIS
- *Vide* também BENS IMÓVEIS, LOTEAMENTO E DESMEMBRAMENTO e PARCELAMENTO DO SOLO URBANO
- alienação fiduciária de coisa imóvel e financiamento imobiliário em geral: Lei n. 9.514, de 20-11-1997 483
- da regularização da ocupação; domínio da União: Decreto-lei n. 9.760, de 5-9-1946, arts. 61 a 63 211
- desapropriação por necessidade ou utilidade pública: Decreto-lei n. 3.365, de 21-6-1941 . 189
- gravados ou inalienáveis; sub-rogação: Decreto-lei n. 6.777, de 8-8-1944 201
- invasão; suspensão do processo expropriatório para fins de reforma agrária: Súmula 354/STJ 845
- residenciais urbanos; imissão de posse, *initio litis*: Decreto-lei n. 1.075, de 22-1-1970.... 264

IMPENHORABILIDADE
- bem de família: Lei n. 8.009, de 29-3-1990 350
- bem de família; aplicação: Súmula 205/STJ 843
- bem de família; locado para terceiros: Súmula 486/STJ 846

IMPOSTO DE RENDA
- danos morais; incidência: Súmula 498/STJ 847
- incidente sobre lucro imobiliário; benfeitorias dedutíveis; avaliação judicial: Súmula 538/STF 834
- licença-prêmio: Súmula 136/STJ 842
- organização e proteção da família; disposições fiscais; contribuintes: Decreto-lei n. 3.200, de 19-4-1941 183

IMPOSTO DE TRANSMISSÃO CAUSA MORTIS

- cálculo; promessa de compra e venda de imóvel; sucessão do promitente vendedor: Súmula 590/STF 835
- inventário por morte presumida; incidência: Súmula 331/STF 832
- sucessão; alíquota aplicável: Súmula 112/STF 831

IMPOSTO DE TRANSMISSÃO INTER VIVOS

- ações de sociedade imobiliária; transferência; não incidência: Súmula 329/STF 832
- alíquotas progressivas; inconstitucionalidade da lei que as estabelece com base no valor venal do imóvel: Súmula 656/STF 835
- desapropriação; restituição do imóvel ao antigo proprietário: Súmula 111/STF 831
- doação de imóvel; incidência: Súmula 328/STF 832

IMPOSTO PREDIAL E TERRITORIAL URBANO

- alíquotas progressivas; inconstitucionalidade antes da Emenda Constitucional n. 29/2000: Súmula 668/STF 835
- imóvel residencial transcrito em nome de autarquia; promitente comprador; contribuinte: Súmula 583/STF 835
- imunidade ao; imóvel pertencente a qualquer das entidades referidas no art. 150, VI, c, da CF/88: Súmula 724/STF 836
- notificação do lançamento: Súmula 397/STJ 845
- progressivo no tempo; Estatuto da Cidade: Lei n. 10.257, de 10-7-2001, art. 7.º 551

INALIENABILIDADE

- sub-rogação de imóveis gravados: Decreto-lei n. 6.777, de 8-8-1944 201

INCORPORAÇÕES IMOBILIÁRIAS

- condomínio em edificações e: Lei n. 4.591, de 16-12-1964 231
- patrimônio de afetação: Lei n. 10.931, de 2-8-2004 582

INDENIZAÇÃO

- *Vide* também RESPONSABILIDADE CIVIL
- acidentária; não exclusão do direito comum; casos: Súmula 229/STF 832
- desapropriação; atualização monetária: Súmula 67/STJ 841
- por ato ilícito: Súmula 186/STJ 842
- por falta de mercadoria transportada via marítima; vistoria; reconhecimento do direito a: Súmula 109/STJ 842
- publicação não autorizada de imagem: Súmula 403/STJ 846
- seguradora; dever de indenizar; transferência do veículo sem a sua prévia comunicação: Súmula 465/STJ 846
- seguro obrigatório de danos pessoais causados por veículos automotores; falta de pagamento; pagamento da: Súmula 257/STJ 843
- seguro obrigatório; invalidez: Súmula 474/STJ 846
- suspensão do prazo de prescrição; seguradora; pedido do pagamento de: Súmula 229/STJ 843

INFRAÇÕES

- condomínio em edificações e incorporações imobiliárias: Lei n. 4.591, de 16-12-1964 231

– da ordem econômica e da economia popular; estipulações usurárias: Medida Provisória n. 2.172-32, de 23-8-2001.. 559

INSTITUIÇÕES FINANCEIRAS

– cheque falso; pagamento; responsabilidade civil: Súmula 28/STF.. 831
– cobrança; taxas, tarifas e encargos bancários: Súmula 477/STJ 846
– execução contra; numerário penhorável: Súmula 328/STJ.. 844

INTERDIÇÃO

– Registros Públicos: Lei n. 6.015, de 31-12-1973 265

INTERESSE SOCIAL

– casos de desapropriação por: Lei n. 4.132, de 10-9-1962.. 230
– nos contratos de direito real de uso de imóvel público; Estatuto da Cidade: Lei n. 10.257, de 10-7-2001, art. 48 558
– tributos e taxas; diferenciação na cobrança; Estatuto da Cidade: Lei n. 10.257, de 10-7-2001, art. 47.. 558

INTERNET

– marco civil; princípios, garantias, direitos e deveres no uso: Lei n. 12.965, de 23-4-2014 ... 658
– marco civil; regulamento: Decreto n. 8.771, de 11-5-2016 698
– tratamento de dados pessoais por pessoa natural ou jurídica de direito público ou privado: Lei n. 13.709, de 14-8-2018 744

INSTRUMENTO DE MANDATO

– núcleo de prática jurídica: Súmula 644/STJ.. 850

INVENTÁRIO(S)

– por morte presumida; Imposto de Transmissão *causa mortis*; incidência: Súmula 331/STF. 832
– retardamento do início ou da ultimação; multa estadual; constitucionalidade: Súmula 542/STF 834

INVESTIGAÇÃO DE PATERNIDADE

– filhos havidos fora do casamento: Lei n. 8.560, de 29-12-1992.. 444

JORNAIS

– Registros Públicos: Lei n. 6.015, de 31-12-1973 265

JUIZADOS DE VIOLÊNCIA DOMÉSTICA E FAMILIAR CONTRA A MULHER

– criação: Lei n. 11.340, de 7-8-2006 589

JUROS

– capitalização de; contratos com instituições integrantes do Sistema Financeiro Nacional: Súmula 539/STJ.. 847
– contratos: Decreto n. 22.626, de 7-4-1933 182
– de mora; cobrança; título cujo vencimento se dê em feriado, sábado ou domingo: Lei n. 7.089, de 23-3-1983 348
– de mora; indenização do seguro DPVAT: Súmula 426/STJ 846
– Lei n. 14.905, de 28-6-2024 815
– reais; aplicabilidade do revogado § 3.º do art. 192 da Constituição: Súmula 648/STF....... 835

Índice Alfabético da Legislação Complementar e das Súmulas

- remuneratórios; não abusividade: Súmula 382/STJ 845
- taxa anual superior ao duodécuplo da mensal; previsão em contrato bancário: Súmula 541/STJ 847

JUROS COMPENSATÓRIOS

- ações expropriatórias; juros moratórios sobre os: Súmula 102/STJ 842
- desapropriação; contagem; termo inicial: Súmula 164/STF 832
- desapropriação; taxa: Súmula 618/STF 835

JUROS MORATÓRIOS

- e encargos do processo; compromisso de compra e venda com cláusula de arrependimento: Súmula 412/STF 833
- evento danoso; responsabilidade extracontratual: Súmula 54/STJ 841
- nos contratos bancários: Súmula 379/STJ 845
- sobre os compensatórios; ações expropriatórias: Súmula 102/STJ 842

JUSTIÇA

- gratuita: Lei n. 1.060, de 5-2-1950 227
- gratuita; a pessoa jurídica com ou sem fins lucrativos: Súmula 481/STJ 846

LEGITIMAÇÃO ADOTIVA

- Registros Públicos: Lei n. 6.015, de 31-12-1973 265

LEI DA PANDEMIA

- Regime Jurídico Emergencial e Transitório das Relações Jurídicas de Direito Privado (RJET): Lei n. 14.010, de 10-6-2020 789

LEI DE MIGRAÇÃO

- Lei n. 13.445, de 24-5-2017 707

LEI DE USURA

- Decreto n. 22.626, de 7-4-1933 182
- instituições financeiras; taxas de juros e outros encargos cobrados nas suas operações; inaplicabilidade: Súmula 596/STF 835
- não aplicabilidade; empresas administradoras de cartão de crédito: Súmula 283/STJ 843

LEI DE INTRODUÇÃO ÀS NORMAS DO DIREITO BRASILEIRO – LINDB

- analogia; aplicação pelo juiz: Decreto-lei n. 4.657, de 4-9-1942, art. 4.º 197
- ato jurídico perfeito; lei posterior; respeito: Decreto-lei n. 4.657, de 4-9-1942, art. 6.º... 197
- autoridade consular brasileira; competência: Decreto-lei n. 4.657, de 4-9-1942, art. 18. 199
- autoridade judiciária brasileira; competência: Decreto-lei n. 4.657, de 4-9-1942, art. 12 198
- bens; legislação aplicável: Decreto-lei n. 4.657, de 4-9-1942, art. 8.º 198
- coisa julgada; lei posterior; respeito: Decreto-lei n. 4.657, de 4-9-1942, art. 6.º ... 197
- costumes; aplicação pelo juiz: Decreto-lei n. 4.657, de 4-9-1942, art. 4.º 197
- desconhecimento das leis; escusa; não cabimento: Decreto-lei n. 4.657, de 4-9-1942, art. 3.º 197
- direito adquirido; lei posterior; respeito: Decreto-lei n. 4.657, de 4-9-1942, art. 6.º 197
- fins sociais da lei; aplicação pelo juiz: Decreto-lei n. 4.657, de 4-9-1942, art. 5.º.............. 197

– fundações; legislação aplicável: Decreto-lei n. 4.657, de 4-9-1942, art. 11 198
– lei do domicílio; aplicação: Decreto-lei n. 4.657, de 4-9-1942, art. 7.º 197
– lei do domicílio; sucessão; aplicação: Decreto-lei n. 4.657, de 4-9-1942, art. 10 198
– lei do lugar da constituição da obrigação; aplicação: Decreto-lei n. 4.657, de 4-9-1942, art. 9.º 198
– lei do lugar da situação da coisa; aplicação: Decreto-lei n. 4.657, de 4-9-1942, art. 8.º ... 198
– lei estrangeira: Decreto-lei n. 4.657, de 4-9-1942, arts. 14, 16 e 17 198
– obrigações; legislação aplicável: Decreto-lei n. 4.657, de 4-9-1942, art. 9.º 198
– princípios gerais de direito; aplicação pelo juiz: Decreto-lei n. 4.657, de 4-9-1942, art. 4.º 197
– provas; legislação aplicável: Decreto-lei n. 4.657, de 4-9-1942, art. 13 198
– sentença estrangeira; execução no Brasil; requisitos: Decreto-lei n. 4.657, de 4-9-1942, art. 15 198
– sociedades; legislação aplicável: Decreto-lei n. 4.657, de 4-9-1942, art. 11 198
– sucessão; por morte ou por ausência; legislação aplicável: Decreto-lei n. 4.657, de 4-9-1942, art. 10 198
– *vacatio legis*: Decreto-lei n. 4.657, de 4-9-1942, art. 1.º 197
– vigência das leis: Decreto-lei n. 4.657, de 4-9-1942, arts. 2.º e 6.º 197

LEI DO RJET (COVID-19)
– Regime Jurídico Emergencial e Transitório das Relações Jurídicas de Direito Privado: Lei n. 14.010, de 10-6-2020 789

LEI "HENRY BOREL"
– enfrentamento da violência doméstica e familiar contra a criança e o adolescente: Lei n. 14.344, de 24-5-2022 800

LETRA DE CRÉDITO IMOBILIÁRIO
– disposições gerais: Lei n. 10.931, de 2-8-2004, arts. 12 a 17 585

LETRA IMOBILIÁRIA GARANTIDA
– Lei n. 13.097, de 19-1-2015 665

LIBERDADE ECONÔMICA
– atividade econômica; classificação de risco: Decreto n. 10.178, de 18-12-2019 783
– atividade econômica; exploração de atividade em desacordo com a norma técnica desatualizada: Decreto n. 10.229, de 5-2-2020 787
– declaração de direitos de: Lei n. 13.874, de 20-9-2019 777

LICENÇA-PRÊMIO
– imposto de renda: Súmula 136/STJ 842

LINHA TELEFÔNICA
– direito de uso; usucapião: Súmula 193/STJ 843

LIVRE-INICIATIVA
– atividade econômica; classificação de risco: Decreto n. 10.178, de 18-12-2019 783
– atividade econômica; exploração de atividade em desacordo com a norma técnica desatualizada: Decreto n. 10.229, de 5-2-2020 787

Índice Alfabético da Legislação Complementar e das Súmulas

- garantias: Lei n. 13.874, de 20-9-2019... 777

LIVRE MERCADO
- atividade econômica; classificação de risco: Decreto n. 10.178, de 18-12-2019................ 783
- atividade econômica; exploração de atividade em desacordo com a norma técnica desatualizada: Decreto n. 10.229, de 5-2-2020... 787
- garantias: Lei n. 13.874, de 20-9-2019... 777

LIVROS
- comerciais; exibição judicial; medida preventiva: Súmula 390/STF..................................... 833
- comerciais; fiscalização tributária ou previdenciária: Súmula 439/STF............................... 833

LOCAÇÃO
- *Vide* também ALUGUÉIS e LOCAÇÕES RESIDENCIAIS
- ações de despejo; suspensão da concessão de liminar; imóveis urbanos: Lei n. 14.216, de 7-10-2021.. 798
- benfeitorias do locatário; responsabilidade do adquirente: Súmula 158/STF..................... 831
- bens imóveis da União: Decreto-lei n. 9.760, de 5-9-1946, art. 64, § 1.º............................. 211
- bens imóveis da União; a quaisquer interessados: Decreto-lei n. 9.760, de 5-9-1946, arts. 95 a 98... 215
- bens imóveis da União; disposições gerais: Decreto-lei n. 9.760, de 5-9-1946, arts. 86 a 91.. 214
- bens imóveis da União; residência de servidor da União no interesse do serviço: Decreto-lei n. 9.760, de 5-9-1946, arts. 92 e 93.. 215
- bens imóveis da União; residência voluntária de servidor da União: Decreto-lei n. 9.760, de 5-9-1946, art. 94... 215
- contrato com cláusula de vigência; inscrição no Registro de Imóveis; dispensa da transcrição no Registro de Títulos e Documentos: Súmula 442/STF.. 833
- contrato; renovação judicial fundada no Decreto n. 24.150/34: Súmula 178/STF.............. 832
- de imóveis urbanos: Lei n. 8.245, de 18-10-1991.. 430
- fiança; obrigações resultantes de aditamento: Súmula 214/STJ.. 843
- fundo de comércio; instalações e pertences: Súmula 481/STF.. 834
- promitente-comprador; retomada do imóvel locado: Súmula 177/STF.............................. 832
- retomada para construção mais útil; ordem de autoridade pública; dispensa: Súmula 374/STF... 833
- retomada para sociedade da qual o locador, ou seu cônjuge, seja sócio; admissibilidade: Súmula 486/STF.. 834
- retomada; prova da necessidade: Súmula 483/STF.. 834
- retomante com mais de um prédio alugado; opção entre eles: Súmula 409/STF............... 833
- sucessor ou cessionário; renovação do contrato: Súmula 482/STF..................................... 834

LOCAÇÕES NÃO RESIDENCIAIS
- Lei n. 8.245, de 18-10-1991... 430

LOCAÇÕES RESIDENCIAIS
- Lei n. 8.245, de 18-10-1991... 430

LOTEAMENTO E DESMEMBRAMENTO
- *Vide* também COMPROMISSO DE COMPRA E VENDA e PARCELAMENTO DO SOLO URBANO
- Estatuto da Cidade; disposições: Lei n. 10.257, de 10-7-2001 548

MANDADO DE SEGURANÇA
- coletivo; impetração por entidade de classe: Súmula 629/STF 835
- entidade de classe; legitimidade: Súmula 630/STF 835
- prazo de decadência; constitucionalidade: Súmula 632/STF 835

MARCA COMERCIAL
- ação de perdas e danos; prescrição: Súmula 143/STJ 842

MARCO CIVIL DA INTERNET
- princípios, garantias, direitos e deveres no uso da Internet: Lei n. 12.965, de 23-4-2014 658
- regulamento: Decreto n. 8.771, de 11-5-2016 698

MARCO LEGAL DAS GARANTIAS
- execução extrajudicial dos créditos garantidos por hipoteca: Lei n. 14.711, de 30-10-2023 ... 811
- execução extrajudicial da garantia imobiliária em concurso de credores: Lei n. 14.711, de 30-10-2023 811

MARCO LEGAL DOS SEGUROS
- Lei n. 15.040, de 9-12-2024 816

MARCO REGULATÓRIO DA PRIMEIRA INFÂNCIA
- Lei n. 13.257, de 8-3-2016 694

MAR TERRITORIAL
- Lei n. 8.617, de 4-1-1993 445

MEAÇÃO
- ato ilícito; execução fiscal; responsabilidade: Súmula 251/STJ 843

MEDIDA SOCIOEDUCATIVA
- confissão do adolescente; nulidade da desistência de outras provas: Súmula 342/STJ 845
- prescrição penal; aplicação: Súmula 338/STJ 845
- regressão; oitiva do menor: Súmula 265/STJ 843

MEDIDAS EXCEPCIONAIS EM RAZÃO DA EMERGÊNCIA EM SAÚDE PÚBLICA DE IMPORTÂNCIA NACIONAL (ESPIN)
- instituição: Lei n. 14.216, de 7-10-2021 798

MEIO AMBIENTE
- danos; omissão no dever de fiscalização; responsabilidade civil da administração pública; caráter solidário e execução subsidiária: Súmula 652/STJ 850
- obrigações de natureza *propter rem*: Súmula 623/STJ 849
- Política Nacional do: Lei n. 6.938, de 31-8-1981 339

MENOR
- *Vide* ESTATUTO DA CRIANÇA E DO ADOLESCENTE

MICROEMPRESA
- Estatuto: Lei Complementar n. 123, de 14-12-2006 600

Índice Alfabético da Legislação Complementar e das Súmulas

MINISTÉRIO PÚBLICO
- ação de alimentos; legitimidade ativa para ajuizar: Súmula 594/STJ.................................... 848

MORA
- alienação fiduciária; obrigações contratuais; inadimplemento: Decreto-lei n. 911, de 1.º-10-1969, art. 2.º e parágrafos.. 259
- comprovação; bem alienado fiduciariamente: Súmula 72/STJ 841
- juros de; cobrança sobre título cujo vencimento se dê em feriado, sábado ou domingo: Lei n. 7.089, de 23-3-1983 348

MULHER
- casada; citação nos processos de discriminação de imóveis da União: Decreto-lei n. 9.760, de 5-9-1946.. 202
- Juizados de Violência Doméstica e Familiar contra a; criação: Lei n. 11.340, de 7-8-2006 590

MULTA FISCAL
- moratória; habilitação de crédito em falência; não inclusão: Súmula 565/STF 835

MÚSICA
- *Vide* OBRA MUSICAL

MUTUÁRIO
- procurador do mutuário vinculado ao mutuante; obrigação cambial: Súmula 60/STJ 841

NACIONALIDADE
- *Vide* também ESTRANGEIRO
- aquisição, perda e reaquisição da: Lei n. 810, de 6-9-1949 227

NOTA FISCAL
- venda a prazo; incidência do ICMS: Súmula 395/STJ... 845

NULIDADE(S)
- atos administrativos; declaração pela própria administração pública: Súmula 346/STF.... 833
- estipulações usurárias: Medida Provisória n. 2.172-32, de 23-8-2001 559
- prevista no art. 1.133, II, do Código Civil; inaplicabilidade a venda realizada diretamente pelo mandante ao mandatário: Súmula 165/STF 832

ÓBITO
- Registros Públicos: Lei n. 6.015, de 31-12-1973 265

OBRA FOTOGRÁFICA
- *Vide* DIREITOS AUTORAIS

OBRA MUSICAL
- execução por artistas remunerados; direito autoral; exigibilidade: Súmula 386/STF.......... 833

OBRAS INTELECTUAIS
- *Vide* DIREITOS AUTORAIS

OBRIGAÇÕES
- de fazer ou não fazer; cobrança de multa; intimação prévia do devedor: Súmula 410/STJ... 846

OCUPAÇÃO

- bens imóveis da União: Decreto-lei n. 9.760, de 5-9-1946, arts. 127 a 133 219
- de imóvel da União, despejo sumário: Decreto-lei n. 9.760, de 5-9-1946, arts. 71, 127 e s. 212, 219

OFICINAS IMPRESSORAS

- Registros Públicos: Lei n. 6.015, de 31-12-1973 265

PAGAMENTO

- regra do art. 354 do Código Civil; compensação tributária: Súmula 464/STJ 846

PARCELAMENTO DO SOLO URBANO

- aprovação do projeto de loteamento e desmembramento: Lei n. 6.766, de 19-12-1979, arts. 12 a 17 327
- contratos: Lei n. 6.766, de 19-12-1979, arts. 25 a 36 332
- disposições penais: Lei n. 6.766, de 19-12-1979, arts. 50 a 52 337
- disposições preliminares: Lei n. 6.766, de 19-12-1979, arts. 2.º e 3.º 323
- Estatuto da Cidade; disposições: Lei n. 10.257, de 10-7-2001 548
- projeto de desmembramento: Lei n. 6.766, de 19-12-1979, arts. 10 e 11 327
- projeto de loteamento: Lei n. 6.766, de 19-12-1979, arts. 6.º e 9.º 326
- registro do loteamento e desmembramento: Lei n. 6.766, de 19-12-1979, arts. 18 a 24 ... 328
- requisitos urbanísticos para loteamento: Lei n. 6.766, de 19-12-1979, arts. 4.º e 5.º 325

PARTIDOS POLÍTICOS

- disposições: Lei n. 9.096, de 19-9-1995, arts. 1.º a 7.º e 59 a 63 .... 467, 472

PARENTALIDADE POSITIVA

- instituição: Lei n. 14.826, de 20-3-2024 814

PATERNIDADE

- investigação; filhos havidos fora do casamento: Lei n. 8.560, de 29-12-1992 444

PATRÃO

- ou comitente; responsabilidade civil; culpa presumida pelo ato culposo do empregado ou preposto: Súmula 341/STF 833

PENA DE COMISSO

- necessidade de sentença: Súmula 169/STF 832

PENA PRIVATIVA DE LIBERDADE

- substituição da por restritiva de direitos: Súmula Vinculante 59 840

PENSÃO

- *Vide* RESPONSABILIDADE CIVIL

PENSÃO PREVIDENCIÁRIA

- trabalhador rural: Súmula 272/STJ 843

PENSÕES ALIMENTÍCIAS

- pagamento: Decreto-lei n. 3.200, de 19-4-1941, art. 7.º e parágrafo único 184

Índice Alfabético da Legislação Complementar e das Súmulas

PERDAS E DANOS
- compromisso de compra e venda; exclusão; devolução ou restituição do sinal: Súmula 412/STF ... 833

PESQUISA MINERAL
- alvará de; avaliação da indenização devida ao proprietário do solo; competência; Justiça Estadual: Súmula 238/STJ ... 843

PESSOA JURÍDICA
- atos contra a administração pública; responsabilidade objetiva: Lei n. 12.846, de 1.º-8-2013 ... 643
- dano moral: Súmula 227/STJ ... 843
- de direito privado; demanda no domicílio da agência ou estabelecimento onde se praticou o ato: Súmula 363/STF ... 833
- de direito público ou privado; proteção de dados pessoais: Lei n. 13.709, de 14-8-2018... 744

PLANO DE SAÚDE
- emergência ou urgência; carência: Súmula 597/STJ ... 849

PODER FAMILIAR
- Vide ESTATUTO DA CRIANÇA E DO ADOLESCENTE

POLÍTICA NACIONAL DO MEIO AMBIENTE
- fins e mecanismos de formulação e aplicação: Lei n. 6.938, de 31-8-1981 ... 339

POLÍTICAS PÚBLICAS PARA A PRIMEIRA INFÂNCIA
- Lei n. 13.257, de 8-3-2016 ... 694

POSSE
- imissão definitiva; bens desapropriados: Decreto-lei n. 3.365, de 21-6-1941, art. 29 ... 195
- imissão, *initio litis*, em imóveis residenciais urbanos: Decreto-lei n. 1.075, de 22-1-1970 ... 264
- imissão provisória; bens desapropriados: Decreto-lei n. 3.365, de 21-6-1941, art. 15 ... 192
- terras devolutas; justificação: Decreto-lei n. 9.760, de 5-9-1946, arts. 175 a 185 ... 222
- terras devolutas; legitimação: Decreto-lei n. 9.760, de 5-9-1946, arts. 164 a 174 ... 221

PRESCRIÇÃO
- ação anulatória de venda de ascendente a descendente: Súmula 494/STF ... 834
- ação de desapropriação indireta; prazo: Súmula 119/STJ ... 842
- ação de indenização contra construtor por defeitos da obra: Súmula 194/STJ ... 843
- ação de indenização do segurado contra seguradora: Súmula 101/STJ ... 842
- ação de indenização; termo inicial; data da ciência da incapacidade laboral: Súmula 278/STJ ... 843
- ação de investigação de paternidade: Súmula 149/STF ... 831
- ação de perdas e danos pelo uso de marca comercial: Súmula 143/STJ ... 842
- ação de petição de herança: Súmula 149/STF ... 831
- ações contra a Fazenda Pública: Decreto-lei n. 4.597, de 19-8-1942 ... 196
- execução: Súmula 150/STF ... 831
- intercorrente; ação rescisória; paralisação por mais de cinco anos: Súmula 264/STF ... 832

- interrupção; simples protesto cambiário: Súmula 153/STF ... 831
- pedido de pagamento de indenização à seguradora; suspensão do prazo de: Súmula 229/STJ ... 843
- prestações anteriores ao período previsto em lei; inocorrência: Súmula 443/STF ... 833
- quinquenal: Decreto n. 20.910, de 6-1-1932 ... 181
- vistoria; não interrupção: Súmula 154/STF ... 831

PRIMEIRA INFÂNCIA
- marco regulatório: Lei n. 13.257, de 8-3-2016 ... 694

PRISÃO CIVIL
- depositário judicial; decretação no próprio processo em que se constitui o encargo: Súmula 619/STF ... 835
- depositário judicial; falência; arrecadação do bem pelo síndico; descabimento da: Súmula 305/STJ ... 844
- depositário judicial que não assume o encargo; decretação ilegal da: Súmula 304/STJ ... 844
- do alimentante: Súmula 309/STJ ... 844

PROGRAMAS DE COMPUTADOR
- proteção da propriedade intelectual e comercialização: Lei n. 9.609, de 19-2-1998 ... 494
- regulamento: Decreto n. 2.556, de 20-4-1998 ... 515

PROMITENTE COMPRADOR
- imóvel locado; retomada: Súmula 177/STF ... 832

PROPRIEDADE URBANA
- Estatuto da Cidade; função social: Lei n. 10.257, de 10-7-2001, art. 39 ... 556

PROTEÇÃO
- da família: Decreto-lei n. 3.200, de 19-4-1941 ... 183
- de dados pessoais; por pessoa natural ou jurídica de direito público ou privado: Lei n. 13.709, de 14-8-2018 ... 744

PROTEÇÃO AO MENOR
- *Vide* ESTATUTO DA CRIANÇA E DO ADOLESCENTE

PROVA(S)
- alienação fiduciária: Decreto-lei n. 911, de 1.º-10-1969, art. 1.º ... 259
- inversão do ônus da: Medida Provisória n. 2.172-32, de 23-8-2001 ... 559

PROVA DOCUMENTAL
- de vida, residência, pobreza, dependência econômica, homonímia ou bons antecedentes: Lei n. 7.115, de 29-8-1983 ... 348

PURGAÇÃO DA MORA
- pelo enfiteuta; prazo: Súmula 122/STF ... 831

RADIODIFUSÃO
- Lei n. 9.610, de 19-2-1998 ... 497
- Registros Públicos: Lei n. 6.015, de 31-12-1973 ... 265

Índice Alfabético da Legislação Complementar e das Súmulas

REGIME JURÍDICO EMERGENCIAL E TRANSITÓRIO DAS RELAÇÕES JURÍDICAS DE DIREITO PRIVADO (RJET)
- instituição: Lei n. 14.010, de 10-6-2020 789

REGISTRO CIVIL
- de nascimento: Lei n. 765, de 14-7-1949 226
- pessoas naturais e pessoas jurídicas: Lei n. 6.015, de 31-12-1973 265
- serviços notariais e de: Lei n. 8.935, de 18-11-1994 456

REGISTRO DE IDENTIDADE CIVIL
- instituição; número único: Lei n. 9.454, de 7-4-1997 483

REGISTRO DE IMÓVEIS
- adjudicação compulsória; direito à; não se condiciona ao: Súmula 239/STJ 843
- averbação e cancelamento: Lei n. 6.015, de 31-12-1973, arts. 246 a 259 312
- bem de família: Lei n. 6.015, de 31-12-1973, arts. 260 a 265 313
- compromisso de compra e venda; inscrição: Súmula 167/STF 832
- compromisso de compra e venda; inscrição: Súmula 168/STF 832
- contrato de locação com cláusula de vigência; inscrição: Súmula 442/STF 833
- das atribuições: Lei n. 6.015, de 31-12-1973, arts. 167 a 171 292
- das pessoas: Lei n. 6.015, de 31-12-1973, arts. 217 a 220 308
- dos títulos: Lei n. 6.015, de 31-12-1973, arts. 221 a 226 308
- escrituração: Lei n. 6.015, de 31-12-1973, arts. 172 a 181 296
- matrícula: Lei n. 6.015, de 31-12-1973, arts. 227 a 235 309
- processo de registro: Lei n. 6.015, de 31-12-1973, arts. 182 a 216 299
- propriedade particular; terrenos da marinha: Súmula 496/STJ 847
- registro: Lei n. 6.015, de 31-12-1973, arts. 236 a 245 310
- Registro Torrens: Lei n. 6.015, de 31-12-1973, arts. 277 a 288 314
- remição do imóvel hipotecado: Lei n. 6.015, de 31-12-1973, arts. 266 a 276 314
- serviços notariais e de: Lei n. 8.935, de 18-11-1994 456
- transcrição da sentença desapropriatória: Decreto-lei n. 3.365, de 21-6-1941, art. 29 195

REGISTRO DE TÍTULOS E DOCUMENTOS
- atribuições: Lei n. 6.015, de 31-12-1973, arts. 127 a 131 287
- cancelamento: Lei n. 6.015, de 31-12-1973, arts. 164 a 166 292
- escrituração: Lei n. 6.015, de 31-12-1973, arts. 132 a 141 288
- ordem do serviço: Lei n. 6.015, de 31-12-1973, arts. 146 a 163 290
- serviços notariais e de: Lei n. 8.935, de 18-11-1994 456
- transcrição e averbação: Lei n. 6.015, de 31-12-1973, arts. 142 a 145 289

REGISTROS PÚBLICOS
- de empresas mercantis e atividades afins: Lei n. 8.934, de 18-11-1994 447
- disposições: Lei n. 6.015, de 31-12-1973 265
- Estatuto da Cidade; disposições gerais: Lei n. 10.257, de 10-7-2001, arts. 56 a 58 559

- gratuidade: Lei n. 9.534, de 10-12-1997 493
- normas para a organização e a manutenção de programas especiais de proteção; vítimas e testemunhas ameaçadas: Lei n. 9.807, de 13-7-1999 540
- serviços notariais e de: Lei n. 8.935, de 18-11-1994 456
- Sistema Eletrônico dos Registros Públicos – SERP: Lei n. 14.382, de 27-6-2022 806

REGISTRO TORRENS
- Registros Públicos: Lei n. 6.015, de 31-12-1973, arts. 277 a 288 314

REGULARIZAÇÃO FUNDIÁRIA RURAL E URBANA
- Lei n. 13.465, de 11-7-2017 724

REPETIÇÃO DO INDÉBITO
- nos contratos de abertura de crédito em conta corrente: Súmula 322/STJ 844
- prazo prescricional; tarifas de água e esgoto: Súmula 412/STJ 846
- taxa de juros de mora; incidência da taxa Selic; legitimidade: Súmula 523/STJ 847

REPOUSO SEMANAL REMUNERADO
- indenização por acidente do trabalho; inclusão no cálculo: Súmula 464/STF 833

RESPONSABILIDADE CIVIL
- acidente que cause morte de filho menor; indenização: Súmula 491/STF 834
- atentados terroristas ou atos de guerra contra aeronaves de matrícula brasileira: Lei n. 10.744, de 9-10-2003 581
- cheque falso; pagamento: Súmula 28/STF 831
- civil da administração pública; omissão no dever de fiscalização; danos ao meio ambiente; caráter solidário e execução subsidiária: Súmula 652/STJ 850
- curso não reconhecido pelo MEC; responsabilidade objetiva da instituição de ensino superior: Súmula 595/STJ 849
- e administrativa de pessoas jurídicas pela prática de atos contra administração pública: Lei n. 12.846, de 1.º-8-2013 643
- estradas de ferro: Decreto n. 2.681, de 7-12-1912 179
- indenização de danos materiais decorrentes de ato ilícito; correção monetária: Súmula 562/STF 835
- locadora de veículos; solidariedade com o locatário, por danos causados a terceiro: Súmula 492/STF 834
- patrão ou comitente; culpa presumida pelo ato culposo do empregado ou preposto: Súmula 341/STF 833
- pensão correspondente à indenização; cálculo com base no salário mínimo vigente ao tempo da sentença: Súmula 490/STF 834
- por danos causados; dolo ou culpa grave; transporte: Súmula 145/STJ 842
- por danos decorrentes de conteúdo na Internet: Lei n. 12.965, de 23-4-2014, arts. 18 a 21... 663
- por danos radiológicos: Lei n. 10.308, de 20-11-2001 562

RESTITUIÇÃO DO INDÉBITO
- tributo indireto; não cabimento: Súmula 71/STF 831
- tributo; reconhecimento, por decisão, que o contribuinte *de jure* não recuperou o *quantum* respectivo: Súmula 546/STF 834

Índice Alfabético da Legislação Complementar e das Súmulas

REVISÃO JUDICIAL
- aluguel: Lei n. 8.245, de 18-10-1991.. 430

SEGURADOR
- *Vide* SEGURO(S)

SEGURO DE VIDA
- suicídio não premeditado: Súmula 610/STJ.. 849

SEGURO(S)
- ação; cobrança de DPVAT; escolha do foro: Súmula 540/STJ... 847
- ação de reparação de danos; condenação da seguradora denunciada: Súmula 537/STJ.... 847
- ação regressiva contra o causador do dano: Súmula 188/STJ... 832
- condomínio em edificações e incorporações imobiliárias: Lei n. 4.591, de 16-12-1964..... 231
- danos pessoais; inclusão dos danos morais; exclusão por cláusula expressa: Súmula 402/STJ.. 846
- de vida; embriaguez: Súmula 620/STJ... 849
- habitacional; obrigatório: Súmula 473/STJ... 846
- obrigatório de danos pessoais causados por veículos automotores de via terrestre; pagamento de indenização: Súmula 257/STJ... 843
- obrigatório de danos pessoais causados por veículos automotores de via terrestre; prescrição; ação de cobrança: Súmula 405/STJ.. 846
- obrigatório; valor deduzido da indenização: Súmula 246/STJ.. 843
- pedido do pagamento de indenização à seguradora; suspensão do prazo de prescrição: Súmula 229/STJ... 843
- responsabilidade civil; facultativo; ajuizamento de ação pelo terceiro prejudicado; impossibilidade: Súmula 529/STJ.. 847
- seguro DPVAT; indenização proporcional ao grau de invalidez: Súmula 544/STJ................. 848
- suicídio do segurado no período de carência: Súmula 105/STF... 831
- transferência do veículo sem prévia comunicação; dever de indenizar: Súmula 465/STJ ... 846

SENTENÇA
- ação rescisória; possibilidade de recursos; admissibilidade: Súmula 514/STF......................... 834
- aplicação da lei atendendo aos fins sociais: Lei de Introdução, art. 5.º................................... 197
- aplicação de pena de comisso: Súmula 169/STF... 832
- estrangeira, execução no Brasil: Lei de Introdução, arts. 15 e 16.. 198
- proferida no estrangeiro; homologação; requisito: Súmula 420/STF.. 833
- quando a lei é omissa: Lei de Introdução, art. 4.º.. 197

SENTENÇA ESTRANGEIRA
- de divórcio, obtida por procuração, em país de que os cônjuges não eram nacionais; homologação; vedação: Súmula 381/STF.. 833

SEPARAÇÃO JUDICIAL
- casos e efeitos: Lei n. 6.515, de 26-12-1977, arts. 3.º a 8.º.. 320
- do processo: Lei n. 6.515, de 26-12-1977, arts. 34 a 39... 322

SERVIÇO DE PROTEÇÃO AO CRÉDITO
- período máximo de inscrição do inadimplente no: Súmula 323/STJ 844

SERVIÇO DE TELEFONIA
- fixa; cobrança de tarifa básica: Súmula 356/STJ.. 845

SERVIÇO PÚBLICO
- bens da União; imóveis utilizados em: Decreto-lei n. 9.760, de 5-9-1946, arts. 76 a 78... 212

SERVIÇOS NOTARIAIS
- gratuidade: Lei n. 9.534, de 10-12-1997 493
- Lei n. 8.935, de 18-11-1994 456

SERVIDÃO DE TRÂNSITO
- não titulada, mas permanente pela natureza das obras realizadas; caráter permanente; proteção possessória: Súmula 415/STF 833

SERVIDORES DO ESTADO
- preferência: Decreto-lei n. 3.200, de 19-4-1941, art. 27 187

SISTEMA DE FINANCIAMENTO IMOBILIÁRIO
- disposições: Lei n. 9.514, de 20-11-1997 483
- Letra de Crédito Imobiliário; Cédula de Crédito Imobiliário; disposições: Lei n. 10.931, de 2-8-2004.. 582

SISTEMA ELETRÔNICO DOS REGISTROS PÚBLICOS
- disposições: Lei n. 14.382, de 27-6-2022 806

SISTEMA FINANCEIRO DA HABITAÇÃO – SFH
- agente fiduciário; escolha; contratos não vinculados ao: Súmula 586/STJ........................ 848
- atualização do saldo devedor: Súmula 450/STJ... 846
- avisos de cobrança; execução hipotecária de crédito vinculado ao: Súmula 199/STJ 843
- correção monetária; taxa referencial: Súmula 454/STJ 846
- juros remuneratórios; limitação: Súmula 422/STJ 846

SISTEMA NACIONAL DE ATENDIMENTO SOCIOEDUCATIVO – SINASE
- instituição: Lei n. 12.594, de 18-1-2012 629

SISTEMA NACIONAL DO MEIO AMBIENTE
- Lei n. 6.938, de 31-8-1981... 339

SOBERANIA NACIONAL
- Lei n. 8.617, de 4-1-1993 445

SOCIEDADE(S)
- apuração de haveres; balanço não aprovado pelo sócio falecido, excluído ou que se retirou; invalidade: Súmula 265/STF... 832
- de economia mista; causas em que é parte; competência: Súmula 556/STF 834
- de Propósito Específico: Lei Complementar n. 123, de 14-12-2006, art. 56...................... 609
- imobiliárias; transferência de ações; Imposto de Transmissão *inter vivos*; não incidência: Súmula 329/STF 832

Índice Alfabético da Legislação Complementar e das Súmulas

SOCIEDADE CONJUGAL
- dissolução: Lei n. 6.515, de 26-12-1977 319

SOCIEDADES RECREATIVAS E DESPORTIVAS
- da inscrição: Decreto-lei n. 3.200, de 19-4-1941, art. 31 188

SUBSOLO
- desapropriação: Decreto-lei n. 3.365, de 21-6-1941, art. 2.º 189

SUCESSÃO
- direitos dos companheiros à: Lei n. 8.971, de 29-12-1994 464
- do promitente vendedor; promessa de compra e venda de imóvel; Imposto de Transmissão *causa mortis*: Súmula 590/STF 835
- Imposto de Transmissão *causa mortis*; alíquota aplicável: Súmula 112/STF 831

SÚMULAS
- do STF 831
- Vinculantes 837
- do STJ 841

SÚMULAS VINCULANTES
- acidente de trabalho; ações de indenização por danos morais e patrimoniais; competência: 22 838
- ação possessória; direito de greve; competência: 23 838
- algemas: 11 837
- aposentadoria especial de servidor público: 33 839
- auxílio-alimentação; servidores inativos: 55 840
- benefícios fiscais; contribuição social; revogação de isenção: 62 840
- cargo público; habilitação sujeita a exame psicotécnico: 44 839
- cargo público; investidura de servidor sem aprovação em concurso público destinado ao seu provimento: 43 839
- causas entre consumidor e concessionária de telefonia; competência: 27 838
- cláusula de reserva de plenário; violação: 10 837
- condenado punido por falta grave; remição da pena: 9 837
- contribuição confederativa: 40 839
- crédito presumido de IPI; insumos isentos: 58 840
- crédito tributário; exigibilidade; depósito prévio: 28 838
- crédito tributário; inconstitucionalidade: 8 837
- crime contra a ordem tributária: 24 838
- crimes de responsabilidade; definição, normas e competência: 46 839
- direito de defesa; acesso aos elementos de prova; polícia judiciária: 14 838
- estabelecimento comercial; horário de funcionamento; competência: 38 839
- estabelecimento penal: 56 840
- falsificação e uso de documento falso; processo e julgamento; competência: 36 839
- fármaco; pedido e análise no âmbito da rede pública de saúde: 60 840
- fármaco registrado na ANVISA, mas não incorporado às listas do SUS; concessão judicial: 61 840

Índice Alfabético da Legislação Complementar e das Súmulas

- Gratificação de Desempenho de Atividade de Seguridade Social e do Trabalho – GDASST; inativos: 34... 839
- Gratificação de Desempenho de Atividade Técnico-Administrativa – GDATA; inativos: 20.. 838
- honorários advocatícios: 47... 839
- ICMS; desembaraço aduaneiro: 48.. 839
- iluminação pública; taxa: 41 839
- Imposto sobre Serviços de Qualquer Natureza – ISS; locação de bens móveis: 31.............. 838
- imunidade tributária; livro eletrônico: 57... 840
- inelegibilidade; dissolução da sociedade ou do vínculo conjugal: 18 838
- IPI; crédito presumido; insumos isentos: 58... 840
- IPTU; imunidade; imóvel pertencente à entidade referida pelo art. 150, VI, c, da CF; aluguel a terceiros: 52 840
- Justiça do Trabalho; competência: 22, 23 e 53.. 838, 840
- Lei Complementar n. 110/2001; garantia constitucional do ato jurídico perfeito; ofensa: 1... 837
- livro eletrônico; imunidade tributária: 57... 840
- medicamento registrado na ANVISA, mas não incorporado às listas do SUS; concessão judicial: 61.. 840
- medida provisória anterior à Emenda Constitucional n. 32/2001: 54................................. 840
- nepotismo: 13.. 837
- pena privativa de liberdade; substituição da por restritiva de direitos: 59 840
- polícia civil e militar e corpo de bombeiros do Distrito Federal; vencimentos; competência: 39 839
- precatórios: 17... 838
- princípio da anterioridade; norma que altera o prazo de recolhimento de obrigação tributária: 50.. 839
- princípio da livre concorrência; lei municipal; impedimento de instalação de estabelecimentos comerciais do mesmo ramo em determinada área: 49.. 839
- processo administrativo; falta de defesa técnica por advogado: 5....................................... 837
- progressão de regime; crimes hediondos: 26.. 838
- salário mínimo; praças prestadoras de serviço militar inicial: 6... 837
- salário mínimo; proibição do uso como indexador: 4... 837
- salário mínimo; servidor público: 15... 838
- seguros; alienação de salvados de sinistro: 32.. 839
- servidor público; aumento de vencimentos pelo Poder Judiciário: 37................................. 839
- servidor público; remuneração: 16.. 838
- servidores estaduais ou municipais; vencimentos vinculados a índices federais: 42.......... 839
- servidores militares; reajuste; extensão a servidores civis do poder executivo: 51............ 840
- sistemas de consórcios e sorteios; inconstitucionalidade de lei estadual ou distrital: 2 837
- recurso administrativo; exigências: 21.. 838
- taxa; cálculo do valor: 29... 838
- taxa de juros: 7.. 837

Índice Alfabético da Legislação Complementar e das Súmulas

- taxa de lixo: 19 838
- taxa de matrícula; universidades públicas: 12 837
- transação penal; homologação: 35 839
- Tribunal de Contas da União; processos; aplicação do contraditório e da ampla defesa: 3.. 837
- Tribunal do Júri; competência constitucional: 45... 839

SUSPENSÃO CONDICIONAL DO PROCESSO
- e transação penal; delitos sujeitos ao rito da Lei Maria da Penha; vedada aplicação: Súmula 536/STJ 847

SUPREMO TRIBUNAL FEDERAL
- reexame de decisões proferidas em pedidos de homologação de sentenças estrangeiras de divórcio de brasileiros: Lei de Introdução, art. 7.º, § 6.º 198

TERRAS DA UNIÃO
- alienação; destinadas a fins agrícolas e de colonização: Decreto-lei n. 9.760, de 5-9-1946, arts. 149 a 158 220
- alienação; ocupadas: Decreto-lei n. 9.760, de 5-9-1946, arts. 159 a 163 221
- discriminação administrativa: Decreto-lei n. 9.760, de 5-9-1946, arts. 22 a 31 207
- discriminação; disposições preliminares: Decreto-lei n. 9.760, de 5-9-1946, arts. 19 a 21... 207
- discriminação judicial: Decreto-lei n. 9.760, de 5-9-1946, arts. 32 a 60 209

TERRAS DEVOLUTAS
- conceituação: Decreto-lei n. 9.760, de 5-9-1946, art. 5.º.. 202
- justificação de posse: Decreto-lei n. 9.760, de 5-9-1946, arts. 175 e s.................................. 222
- quando são bens da União: Decreto-lei n. 9.760, de 5-9-1946, art. 1.º................................. 202

TERRAS INTERIORES
- bens da União; identificação; demarcação: Decreto-lei n. 9.760, de 5-9-1946, arts. 15 a 18... 204

TERRENOS DE MARINHA
- bens da União; identificação; demarcação: Decreto-lei n. 9.760, de 5-9-1946, arts. 9.º a 14... 203

TESTAMENTO(S)
- disposição em favor de filho adulterino; validade: Súmula 447/STF...................................... 833

TESTEMUNHAS
- programa de proteção: Lei n. 9.807, de 13-7-1999 540

TÍTULO DE CRÉDITO
- vinculado a contrato de mútuo; avalista: Súmula 26/STJ.. 841

TÍTULO EXTRAJUDICIAL
- execução: Súmula 27/STJ.. 841

TRABALHO
- direito à profissionalização e à proteção ao trabalho; criança e adolescente: Lei n. 8.069, de 13-7-1990, arts. 60 a 69 368

TRANSPLANTE

- remoção de órgãos, tecidos e partes do corpo humano para fins de: Lei n. 9.434, de 4-2-1997 480

TRANSPORTE

- contrato; cláusula de não indenizar: Súmula 161/STF 831
- de passageiro; acidente; responsabilidade do transportador: Súmula 187/STF 832
- desinteressado; responsabilidade civil do transportador por danos causados; dolo ou culpa grave: Súmula 145/STJ 842

TRANSPORTE MARÍTIMO

- falta de mercadoria; reconhecimento do direito a indenização: Súmula 109/STJ 842

TRIBUTO(S)

- indireto; restituição do indébito; não cabimento: Súmula 71/STF 831
- restituição do indébito; reconhecimento, por decisão, que o contribuinte *de jure* não recuperou o *quantum* respectivo: Súmula 546/STF 834

TUTELA

- *Vide* ESTATUTO DA CRIANÇA E DO ADOLESCENTE

UNIÃO

- bens dominiais: Decreto-lei n. 9.760, de 5-9-1946 202
- responsabilidade civil por atentados terroristas ou atos de guerra contra aeronaves de matrícula brasileira operadas por empresas brasileiras de transporte aéreo público: Lei n. 10.744, de 9-10-2003 581

UNIÃO ESTÁVEL

- convivência duradoura; entidade familiar; regulamento: Lei n. 9.278, de 10-5-1996 473
- direito dos companheiros a alimentos e à sucessão: Lei n. 8.971, de 29-12-1994 464
- septuagenário; regime de bens: Súmula 655/STJ 850

USUCAPIÃO

- aquisição de bens públicos por; inadmissibilidade: Súmula 340/STF 832
- arguição em defesa: Súmula 237/STF 832
- direito de uso de linha telefônica: Súmula 193/STJ 843

USUCAPIÃO ESPECIAL

- competência: Súmula 11/STJ 841
- de imóvel urbano; Estatuto da Cidade: Lei n. 10.257, de 10-7-2001, arts. 9.º a 14 552

USURA

- Decreto n. 22.626, de 7-4-1933 182
- nulidade das disposições contratuais: Medida Provisória n. 2.172-32, de 23-8-2001 559

VEÍCULOS

- *Vide* também AUTOMÓVEIS
- alienados, acidente; responsabilidade: Súmula 132/STJ 842
- furto em estacionamento; responsabilidade: Súmula 130/STJ 842

- locadora; responsabilidade solidária com o locatário, por danos causados a terceiro: Súmula 492/STF 834

VENDA(S)
- de ascendente a descendente; ação anulatória; prescrição: Súmula 494/STF 834
- realizada diretamente pelo mandante ao mandatário; nulidade prevista no art. 1.133, II, do Código Civil; inaplicabilidade: Súmula 165/STF... 832

VIOLÊNCIA
- contra criança; estratégias intersetoriais de prevenção; parentalidade positiva e o direito ao brincar: Lei n. 14.826, de 20-3-2024 814
- contra criança ou adolescente; sistema de garantia de direitos: Lei n. 13.431, de 4-4-2017 701

VIOLÊNCIA DOMÉSTICA
- configuração: Súmula 600/STJ... 849
- contra a criança e o adolescente; mecanismos para coibir e prevenir: Lei n. 14.344, de 24-5-2022 800
- contra a mulher; mecanismos para coibir e prevenir: Lei n. 11.340, de 7-8-2006 590
- lesão corporal; ação penal: Súmula 542/STJ... 847
- suspensão condicional do processo e transação penal; delitos sujeitos ao rito da Lei Maria da Penha; vedada aplicação: Súmula 536/STJ.. 847

VISTORIA(S)
- prescrição; não interrupção: Súmula 154/STF... 831
- reconhecimento do direito a indenização; falta de mercadoria transportada via marítima: Súmula 109/STJ... 842

VÍTIMAS E TESTEMUNHAS
- programas especiais de proteção a: Lei n. 9.807, de 13-7-1999... 540

VOCAÇÃO HEREDITÁRIA
- lei que a regula: Lei de Introdução, art. 10 e parágrafos... 198

Índice Alfabético-Remissivo do Código Civil

ABANDONO
- álveo: art. 1.248, IV
- coisa móvel: art. 1.263
- coisa perdida: art. 1.234
- filho: art. 1.638, II
- imóvel: arts. 1.275, parágrafo único, e 1.276
- lar conjugal: 1.240-A
- menores: art. 1.734
- posse: art. 1.223

ABATIMENTO
- contrato – vício redibitório: art. 442
- preço: arts. 500 e 616

ABERTURA
- codicilo: art. 1.885
- sucessão: arts. 1.784 a 1.787, 1.807, 1.815, parágrafo único, e 1.822
- sucessão provisória: arts. 28, 35 e 37
- testamento cerrado: art. 1.875

ABSOLUTAMENTE INCAPAZ
- negócios jurídicos: art. 166, I
- nulidade do casamento: art. 1.551
- prescrição: 198, I
- representação: art. 112

AÇÃO
- *Vide* também ALIMENTOS e PRESCRIÇÃO
- anulação de alienações em fraude contra credores: art. 161
- anulação de casamento de menor, prazo: art. 1.560, § 1.º
- anulação de casamento, prazo: art. 1.560
- anulação de fiança prestada por um dos cônjuges sem autorização do outro, prazo: art. 1.649
- anulação do negócio jurídico, decadência: art. 178
- cobrança de despesas funerárias: art. 872
- considera-se imóvel: art. 80, I
- considera-se móvel: art. 83, II
- contestação de paternidade: art. 1.601
- contra a herança: art. 1.997
- contra ausente: art. 32
- contra devedor solidário: art. 275, parágrafo único
- de evicção, suspende a prescrição: art. 199, III
- demarcação: art. 1.297
- demolitória: art. 1.302
- de um dos cônjuges para anular atos do outro: art. 1.645
- divisão: art. 1.320
- dos credores por caução de títulos: art. 1.459
- dos gestores contra os substitutos: art. 867
- dos herdeiros, para anular atos: art. 1.645
- embargo de construções: art. 1.301
- esbulho: art. 1.212
- exclusão de herdeiro ou legatário: art. 1.815
- executiva hipotecária: art. 1.501
- incapazes contra os representantes: art. 195
- manutenção de posse: arts. 1.210 e 1.211
- petição de herança: arts. 1.824 e 1.825
- prova da filiação: arts. 1.605 e 1.606
- *quanti minoris*: art. 442
- redibitória: arts. 441 e 442
- regressiva contra o procurador: art. 686
- regressiva contra o terceiro culpado pelo dano: art. 930
- regressiva contra o vendedor: art. 1.481, § 4.º
- regressiva contra o verdadeiro devedor e seu fiador: art. 880
- regressiva das pessoas jurídicas de direito público contra os seus agentes: art. 43
- regressiva de condômino contra os demais: art. 1.318

- regressiva dos incapazes contra seus representantes: art. 195
- reivindicação: art. 1.228
- reivindicação pelo condômino: art. 1.314
- relativa a direitos reais: arts. 80, I, e 83, II
- revocatória de doação: arts. 555 a 564
- separação judicial: art. 1.572
- sonegados: arts. 1.992 a 1.996

ACEITAÇÃO
- *Vide* também ADIÇÃO
- contrato entre ausentes: art. 434
- de doação ao nascituro: art. 542
- de doação, pessoas que não podem contratar: art. 543
- de doação, prazo fixado pelo donatário: art. 539
- de doação, sua falta não anula: art. 546
- de fideicomisso: arts. 1.956 e 1.957
- de herança, como se manifesta: art. 1.805
- de herança, direito dos credores do herdeiro: art. 1.813
- de herança, em nome do renunciante: art. 1.813
- de herança, expressa ou tácita: art. 1.805
- de herança, falecimento do herdeiro antes da: art. 1.809
- de herança, parcial, sob condição ou a termo: art. 1.808
- de herança, prazo para declarar: art. 1.807
- de herança, quando não existe: art. 1.805, §§ 1.º e 2.º
- de herança, retratação: art. 1.812
- de mandato, pode ser tácita: art. 659
- de proposta de contrato: arts. 430 a 434
- de proposta de seguro, omissões: art. 766
- de proposta, dispensa de aceitação: art. 432
- de proposta, fora de prazo: art. 431
- de proposta, inexistência: art. 433
- responsabilidade do herdeiro: art. 1.792
- testamentária, abertura do prazo para prestar contas: art. 1.983

ACESSÃO
- coisa dada em penhor: art. 1.435, IV
- como se dá: art. 1.248
- hipoteca, abrange: art. 1.474
- meio de aquisição do imóvel: art. 1.248
- repetição do indébito: art. 878

ACESSÓRIOS
- bens que se consideram: art. 92
- cessão de crédito, abrange: art. 287
- conceito: art. 92
- da dívida, extingue-se com a novação: art. 364
- hipoteca, abrange os: art. 1.474
- hipoteca, objeto: art. 1.473
- obrigação de dar coisa certa: art. 233
- pertence ao devedor, até a tradição: art. 237
- usufruto: art. 1.392, *caput*

ACRESCER
- direito de acrescer: arts. 1.941 a 1.946

ACRÉSCIMOS
- *Vide* também ALUVIÃO
- a quem pertencem: art. 1.250

ADIANTAMENTO
- da legítima: art. 544

ADIÇÃO
- da herança: arts. 1.804 a 1.813 e 1.956

ADJUDICAÇÃO
- ao condômino: art. 1.322
- de imóvel hipotecado, no caso de falência ou concordata: art. 1.483, parágrafo único
- de imóvel que não couber no quinhão de um só herdeiro: art. 2.019
- extingue a hipoteca: art. 1.499, VI

ADJUNÇÃO
- *Vide* também COMISTÃO e CONFUSÃO
- aquisição: art. 1.272
- de má-fé: art. 1.273

ADMINISTRAÇÃO
- da pessoa jurídica: arts. 48 e 49
- da sociedade conjugal: art. 1.567

Índice Alfabético-Remissivo do Código Civil

- da tutela, função pública incompatível: art. 1.735, VI
- de condomínio: arts. 1.323 a 1.326
- dos bens da herança: arts. 1.797, 1.977 e 1.978
- dos bens dos filhos: arts. 1.689 a 1.693
- dos bens dos menores: arts. 1.689 a 1.693

ADMINISTRADOR
- não podem comprar: art. 497
- não podem emprestar: art. 580

ADOÇÃO
- aplicação da Lei n. 8.069/00: art. 1.618
- de maiores de 18 anos: art. 1.619
- impedimentos matrimoniais: art. 1.521, III

ADQUIRENTE
- *Vide* também AQUISIÇÃO
- ação regressiva contra alienante: art. 1.481, § 4.º
- boa-fé: art. 1.268, parágrafo único
- de bem hipotecado, pode remi-lo: art. 1.481
- de bens de insolvente: art. 160
- de coisa móvel: arts. 1.260 a 1.274

AFINIDADE
- em linha reta, não se extingue com a dissolução do casamento: art. 1.595, § 2.º
- em que consiste: art. 1.595
- impedimento matrimonial: art. 1.521, II
- limitação: art. 1.595, § 1.º
- nulidade do casamento: art. 1.548, II

AGÊNCIA E DISTRIBUIÇÃO
- agente, como deve atuar: art. 712
- agente dispensado por justa causa: art. 717
- conceito: art. 710
- contrato por tempo indeterminado: art. 720
- despesas, correm a cargo do agente ou distribuidor: art. 713
- dispensa sem culpa do agente: art. 718
- divergência entre as partes, decisão cabe ao juiz: art. 720, parágrafo único
- força maior: art. 719

- indenização, quando cabe: art. 715
- mais de um agente, na mesma zona, com idêntica incumbência, proibição: art. 711
- perdas e danos, quando o proponente pode requerê-las: art. 717
- proponente, o que lhe é vedado: art. 711
- regras aplicáveis ao contrato: art. 721
- remuneração, direito do agente ou distribuidor: arts. 714 e 716

AGENTE DIPLOMÁTICO
- domicílio: art. 77

AGENTES CONSULARES BRASILEIROS
- casamento, celebração, prova: art. 1.544

AGRAVAÇÃO
- de riscos, no seguro: arts. 768 e 769
- dever do segurado de comunicar incidente que possa agravar o risco: art. 769

ÁGUAS
- artificialmente levadas ao prédio superior: art. 1.289
- canalização através de prédios alheios: art. 1.293
- construção de aquedutos: arts. 1.293 a 1.296
- construção de barragens, açudes ou outra obra para represamento: art. 1.292
- de nascentes: art. 1.290
- de rios públicos, utilização: arts. 99, I, e 100
- do prédio superior, recebimento pelo inferior: art. 1.288
- mares e rios públicos: arts. 99, I, e 100
- obras que prejudiquem poço ou nascente alheios: arts. 1.309 e 1.310
- reclamação do dono do prédio inferior: art. 1.289

ALCANCE
- do tutor, juros a que fica obrigado: art. 1.762

ALICERCE
- paredes divisórias: arts. 1.305 e 1.312

ALICIAMENTO
- de contratados: art. 608

ALIENAÇÃO
- *Vide* também COMPRA E VENDA e DOAÇÃO
- de bens da herança, pelo herdeiro excluído: art. 1.817
- de bens de menores: arts. 1.691, 1.747, III, 1.748, IV, e 1.750
- de bens gravados: art. 1.911
- de coisa alugada: art. 576
- de coisa móvel, por quem não seja proprietário: art. 1.268
- de imóvel, necessidade do registro: art. 1.275, parágrafo único
- de imóvel ou direito real, por pessoa casada: arts. 1.647, I, e 1.651, III
- de propriedade: art. 1.420
- de propriedade agrícola, efeito sobre a prestação de serviço: art. 609
- do usufruto: arts. 1.393 e 1.410, VII
- em fraude contra credores: art. 158
- extinção da propriedade: art. 1.275
- fraude contra credores: art. 158
- mandatário, poderes especiais: art. 661, § 1.º
- mental: arts. 1.962, IV, e 1.963, IV
- pródigo: art. 1.792
- usufruto: arts. 1.393 e 1.410, VII

ALIMENTOS
- atualização das prestações alimentícias: art. 1.710
- cessação do direito: art. 1.708
- compensação com outras dívidas, proibição: art. 373, II
- cônjuge devedor, novo casamento deste: art. 1.709
- culpa de quem os pleiteia: art. 1.694, § 2.º
- definitivos: art. 1.706
- devidos ao parente: art. 1.695
- direito de exigi-los: arts. 1.694 a 1.697
- exoneração do encargo: art. 1.699
- filho havido fora do casamento: art. 1.705
- fixação do *quantum*: art. 1.694, § 1.º
- legado: art. 1.920
- linha colateral – apenas até 2.º grau: art. 1.697
- majoração do encargo: art. 1.699
- menor sob tutela: art. 1.740, I
- modos de sua prestação: art. 1.701
- obrigação de prestar, transmite-se aos herdeiros: art. 1.700
- parente que não suporta o encargo de prestá-los, concorrência dos demais: art. 1.698
- prescrição das prestações alimentares: art. 206, § 2.º
- prestados pelo autor do homicídio de quem os deve: art. 948, II
- prestados por terceiro, na ausência do devedor: art. 871
- prestados por várias pessoas: art. 1.698
- procedimento indigno do credor: art. 1.708, parágrafo único
- provisionais: arts. 1.694, § 1.º, e 1.706
- recusa injusta, motivo de revogação de doação: art. 557, IV
- redução do encargo: art. 1.699
- renúncia: art. 1.707
- separação judicial, devidos ao outro cônjuge: art. 1.704
- separação judicial litigiosa: art. 1.702
- separação judicial, manutenção dos filhos: art. 1.703

ALUGUÉIS
- penhor legal sobre os móveis que guarnecem o prédio: arts. 1.467, II, e 1.469
- prescrição: art. 206, § 3.º, I

ALUGUEL
- *Vide* também LOCAÇÃO DE PRÉDIOS e ALUGUÉIS
- alienação no curso da locação: art. 576
- coisa emprestada: art. 582
- da coisa: arts. 565 a 578
- da coisa comum, preferência do condômino: art. 1.323
- garantia, penhor legal sobre imóveis que guarnecem o prédio: arts. 1.467, II, e 1.469

ALUVIÃO
- modo de acessão: art. 1.248, II
- nas divisas de propriedades, divisão proporcional: art. 1.250, parágrafo único
- propriedade do terreno aluvial: art. 1.250, *caput*

ÁLVEO
- abandonado, a quem pertence: art. 1.252
- modo de acessão: art. 1.248, IV

AMEAÇA
- a direitos da personalidade: art. 12
- a direitos da personalidade de pessoa morta, quem pode reclamar a reparação: art. 12, parágrafo único
- de exercício normal de direito, não constitui coação: art. 153
- de violência contra a posse: art. 1.210
- ruína de prédio: art. 1.280

AMOSTRAS
- venda realizada mediante amostras: art. 484

ANIMAIS
- danos que causem, indenização pelo dono: art. 936
- penhor: arts. 1.444 a 1.446

ANTICRESE
- arrendamento do imóvel por credor: art. 1.507, § 2.º
- cláusula sobre apropriação, pelo não pagamento, nulidade: art. 1.428
- cobrança antes do vencimento: art. 333
- coisas que podem ser objeto: art. 1.420
- constituição: arts. 1.420 e 1.506
- declarações essenciais: art. 1.424
- devolução do objeto: art. 1.428
- direito de retenção: arts. 1.423 e 1.507, § 2.º
- direito real: arts. 1.225, X, e 1.419
- direitos do credor, vindicação: art. 1.509
- dívidas garantidas: art. 1.419
- eficácia: art. 1.424
- em fraude contra credores: art. 165, parágrafo único
- imóvel hipotecado: art. 1.506, § 2.º
- novação: arts. 364 e 365
- pacto comissório: art. 1.428
- propriedade superveniente: art. 1.420, § 1.º
- responsabilidade do credor por deteriorações e frutos não percebidos: art. 1.508
- vencimento antecipado: arts. 333 e 1.425

ANUÊNCIA
- de outrem, como se prova: art. 220
- silêncio, quando importa anuência nos negócios jurídicos: art. 111

ANULAÇÃO
- *Vide* também CASAMENTO e NULIDADE
- de ato de cônjuge, por falta de outorga do outro: art. 1.650
- de casamento do menor, prazo: art. 1.560, § 1.º
- de casamento, prazo: art. 1.560
- de negócio jurídico, por coação: arts. 151 e 171
- de negócio jurídico, por dolo: arts. 145 e 171
- de negócio jurídico, por dolo de terceiro: arts. 148 e 171
- de negócio jurídico, por erro ou ignorância: arts. 138 e 171
- de negócio jurídico, por fraude contra credores: arts. 158 e 171
- de negócio jurídico, por incapacidade relativa do agente: arts. 4.º e 171
- de negócio jurídico, restituição das partes ao estado anterior: art. 182
- fraude contra credores – ação pauliana: arts. 158 a 165
- obrigações contraídas por menores de dezesseis a dezoito anos: arts. 180 e 181
- quando começa o efeito: art. 177

ANÚNCIO
- promessa de recompensa: arts. 854 a 860

APÓLICES
- *Vide* também TÍTULOS
- de seguro, ao portador, quando pode e quando não pode: art. 760

- de seguro, à ordem: art. 760
- de seguro, cláusula permissiva de transmissão: art. 785
- de seguro, declarações que devem conter: art. 760
- de seguro, expedidas após o risco: art. 773
- de seguro, nominativas: art. 760

APOSTA
- *Vide* também JOGO
- contratos de liquidação pela diferença: art. 816
- dívidas de aposta: art. 814
- empréstimos para aposta: art. 815
- sorteio: art. 817

APROVAÇÃO
- do testamento cerrado: arts. 1.868 a 1.870 e 1.874

AQUISIÇÃO
- *Vide* também ADQUIRENTE e COMPRA E VENDA
- condição resolutiva: art. 127
- condição suspensiva: art. 125
- da posse: arts. 1.204 a 1.209
- de direito, o encargo não suspende: art. 136
- de direito, termo inicial: art. 131
- de propriedade imóvel: arts. 1.238 a 1.259
- de propriedade móvel, arts. 1.260 a 1.274
- de tesouro: arts. 1.264 a 1.266
- exigência de registro: art. 1.227
- pela confusão, comistão e adjunção: arts. 1.272 a 1.274
- pela especificação: arts. 1.269 a 1.271
- por acessão: art. 1.248
- por aluvião: art. 1.251
- por avulsão: art. 1.248, III
- por testamento: arts. 1.799 e 1.800
- por usucapião: arts. 1.238 a 1.244 e 1.260 a 1.262

ÁREA
- do imóvel, na compra e venda: art. 500

ARRAS
- em caso de arrependimento: art. 420
- inexecução do contrato: arts. 418 e 419
- na conclusão do contrato: art. 417
- princípio de pagamento: art. 420

ARRECADAÇÃO
- de bens, na sucessão provisória: art. 28, § 2.º
- de herança jacente: arts. 1.819 a·1.823

ARREMATAÇÃO
- *Vide* também HASTA PÚBLICA e COMPRA E VENDA
- bens que não podem ser arrematados: art. 497
- hipoteca: art. 1.484
- proibição ao tutor de arrematar bens móveis ou imóveis do pupilo: arts. 497, I, e 1.749, I
- proibições de arrematar: art. 497

ARREPENDIMENTO
- no caso de arras estipuladas: art. 420

ÁRVORE
- limítrofe, a quem pertence: art. 1.282
- limítrofe, corte de ramos e raízes: art. 1.283
- vizinha, frutos caídos, a quem pertencem: art. 1.284

ASCENDENTES
- *Vide* também AVÓS e PAI
- alimentos, direito a eles e dever de prestá-los: art. 1.696
- casamento, impedimento matrimonial: art. 1.521, I
- deserdação do descendente, casos: art. 1.962
- herdeiros necessários: art. 1.845
- parentes em linha reta: art. 1.591
- pedido de divórcio do incapaz: art. 1.582, parágrafo único
- prescrição, não corre durante o poder familiar: art. 197, II
- sucessão definitiva do ausente: art. 39
- sucessão provisória do ausente: arts. 26 e 27, II
- sucessor legítimo: arts. 1.829, II, e 1.836

- testemunha, impedimento: art. 228, V
- troca de bens com descendentes: art. 533, II
- venda a descendentes: art. 496

ASSENTO
- *Vide* também CASAMENTO, NASCIMENTO e ÓBITO
- de casamento, como deve ser: art. 1.536

ASSISTÊNCIA MÚTUA
- dever dos cônjuges: art. 1.566, III

ASSOCIAÇÕES
- assembleia geral, competência: art. 59
- assembleia geral, *quorum* necessário para sua convocação: art. 60
- associado, qualidade intransmissível: art. 56
- associados, inexistência de direitos e obrigações recíprocos: art. 53, parágrafo único
- cisão, rege-se desde logo por este Código: art. 2.033
- conceito: art. 53
- constituídas na forma de leis anteriores a este Código, prazo de dois anos para adaptação a suas disposições: art. 2.031
- direito dos associados: art. 58
- dissolução, destino do patrimônio: art. 61
- dissolução e liquidação iniciadas antes da vigência deste Código: art. 2.034
- efeito dos atos e negócios jurídicos produzido após a vigência deste Código: art. 2.035
- estatuto, o que deve conter: art. 54
- exclusão de associado, quando é possível: art. 57
- fusão, rege-se desde logo por este Código: art. 2.033
- igualdade de direitos entre os associados: art. 55
- incorporação, rege-se desde logo por este Código: art. 2.033
- transformação, rege-se desde logo por este Código: art. 2.033
- transmissão de quota ou fração ideal, o que importa: art. 56, parágrafo único
- vantagens especiais entre os associados: art. 55

ASSUNÇÃO DE DÍVIDA
- adquirente de imóvel hipotecado: art. 303
- em que consiste: art. 299
- garantias originariamente dadas ao credor, consideram-se extintas com a assunção da dívida: art. 300
- novo devedor, não pode opor as exceções pessoais que competiam ao devedor primitivo: art. 302
- silêncio do credor no consentimento, interpreta-se como recusa: art. 299, parágrafo único
- substituição do devedor anulada, restauração do débito: art. 301

ATOS
- *Vide* também ATOS ILÍCITOS, NEGÓCIOS ANULADOS, NEGÓCIOS ANULÁVEIS e NEGÓCIOS JURÍDICOS
- anulação, prazo: art. 179
- da vida civil, capacidade jurídica: arts. 3.º, 4.º e 5.º
- da vida civil, representação dos incapazes: arts. 1.634, V, e 1.747
- do cônjuge, sem autorização do outro: arts. 1.648 a 1.650
- entre vivos, instituição de condomínio edilício: art. 1.332
- lícitos: art. 185
- sem prazo, exequibilidade: art. 134

ATOS ILÍCITOS
- *Vide* também INDENIZAÇÃO e NULIDADE
- conceito: art. 186
- inexistência de ilícitos: art. 188
- liquidação do dano: arts. 948 a 954
- obrigação de reparação: art. 927
- o que não constitui: art. 188
- quem o comete: art. 187
- reparação do dano: arts. 186 e 927

AUSÊNCIA
- *Vide* também MORTE

- curadoria: arts. 22 a 25
- filhos do ausente: art. 1.728, I
- incapacidade civil: art. 3.º
- mandatário que não queira ou não possa continuar o mandato: art. 23
- perda da posse: art. 1.224
- presunção de morte: arts. 6.º, 37 e 38
- regresso do ausente: arts. 36 e 39
- sentença declaratória da ausência: art. 9.º, IV
- sucessão definitiva: arts. 37 e 39
- sucessão provisória: arts. 26 a 36
- venda de bens: arts. 29 e 33
- voluntária e injustificada, efeitos: art. 33, parágrafo único

AUTORIZAÇÃO
- *Vide* também ANUÊNCIA
- judicial, para alienação de bens de filhos: art. 1.691
- judicial, para alienação de bens pelo tutor: art. 1.748
- judicial, para casamento: arts. 1.519, 1.520 e 1.641, III
- judicial, para retirada de dinheiro de órfãos: art. 1.754
- judicial, relativa aos bens de interditos: art. 1.774
- para o casamento, suprimento judicial: art. 1.519

AVERBAÇÃO
- de título de crédito nominativo, necessidade para produzir efeito perante o emitente ou terceiros: art. 926
- em registro público, quando é exigida: art. 10

AVÓS
- *Vide* também ASCENDENTES
- direito de nomear tutor: art. 1.729
- direito de visita: art. 1.589
- incumbência de tutela: art. 1.731

AVULSÃO
- causa de acessão: art. 1.248, III
- incorporação definitiva: art. 1.251

- reclamação do dono do prédio de onde se destaca: art. 1.251

BAGAGENS
- de viajantes, hóspedes ou fregueses, nas hospedarias: art. 1.467, I
- objeto de depósito necessário: art. 649
- roubo: art. 649

BEIRAL
- de telhado, em relação ao prédio vizinho: art. 1.300

BEM DE FAMÍLIA
- administração: art. 1.720
- destino: art. 1.717
- dissolução da sociedade conjugal: art. 1.721
- duração: art. 1.716
- em que consiste: art. 1.712
- extinção: arts. 1.719, 1.721, parágrafo único, e 1.722
- impossibilidade de alienação: art. 1.717
- instituição: arts. 1.711 e 1.714
- morte de ambos os cônjuges: art. 1.720, parágrafo único
- morte de um dos cônjuges: art. 1.721, parágrafo único
- na falência: art. 1.718
- noção: art. 1.711
- registro: art. 1.715
- requisitos formais para a instituição: art. 1.714
- sub-rogação: art. 1.719

BENEFICIÁRIOS
- *Vide* SEGURO

BENEFÍCIO
- de divisão, na fiança: art. 829
- de ordem, na fiança: arts. 827 e 828

BENFEITORIAS
- colação em inventário, quando não vêm: art. 2.004, § 2.º
- compensação com os danos: art. 1.221

- condômino que as tiver, preferência na compra da coisa comum: art. 1.322
- direito de retenção: art. 1.219
- direito de retenção de coisa locada: art. 578
- em bens dos cônjuges, no regime de comunhão parcial: art. 1.660, IV
- em coisa locada, quando autoriza a retenção: art. 578
- em coisas dadas em pagamento indevido: art. 878
- espécies: art. 96
- evicção, indenização pelo alienante: arts. 453 e 454
- melhoramento sem intervenção do proprietário, não se considera: art. 97
- possuidor de boa-fé: art. 1.219
- possuidor de má-fé: art. 1.220
- privilégio especial do credor: art. 964, III
- quando não se consideram: art. 97
- reivindicação, direito de optar pelo valor atual ou pelo custo: art. 1.222
- repetição do indébito: art. 878
- retrovenda, reembolso dos melhoramentos: art. 505

BENS
- *Vide* também COISAS, IMÓVEIS, INCAPAZES, MENORES e VENDA
- de ausentes: arts. 26 e 28
- de interdito: art. 1.774
- de menor herdeiro, nomeação de curador para os bens: art. 1.733, § 2.º
- de menor tutelado, administração: arts. 1.740 a 1.752
- de menor tutelado, aplicação e conservação pelos tutores: arts. 1.753 e 1.754
- de menor tutelado, garantia da administração: art. 1.741
- de menor tutelado, prestação de contas pelo tutor: arts. 1.755 a 1.762
- de órfãos: arts. 1.753 e 1.754
- dominicais: art. 99, parágrafo único
- dos filhos, exercício do poder familiar: arts. 1.689 a 1.693
- excluídos da comunhão: art. 1.668
- frutos e produtos ainda não separados do bem principal, objeto de negócios jurídicos: art. 95
- negócios jurídicos que digam respeito apenas ao bem principal, não abrangem as pertenças: art. 94
- pertenças, o que são: art. 93
- públicos, não estão sujeitos a usucapião: art. 102

BENS IMÓVEIS
- *Vide* também COISAS, IMÓVEIS e PROPRIEDADE
- materiais provisoriamente separados da construção: art. 81, II
- por determinação da lei: art. 80
- quais são: art. 79
- registro do título: art. 1.245

BENS MÓVEIS
- conceito: art. 82
- materiais ainda não empregados ou resultantes de demolição: art. 84
- para efeitos legais: art. 83

BENS PARAFERNAIS
- alienação: art. 1.687

BENS PARTICULARES
- herdeiro do depositário que vende a coisa depositada: art. 637

BENS PÚBLICOS
- inalienabilidade: art. 100
- quais são: arts. 98 e 99
- uso comum: art. 103

BENS VAGOS
- herança jacente: arts. 1.819 a 1.823
- imóveis abandonados: art. 1.276

BOA-FÉ
- adquirente, na aquisição feita *a non domino*: art. 1.268
- alienação de imóvel indevidamente recebido: art. 879

- casamento anulável contraído de boa-fé: art. 1.561, § 1.º
- construções e plantações em solo alheio: arts. 1.255, 1.258 e 1.259
- contrato de seguro: arts. 765 e 766, parágrafo único
- especificador: art. 1.270
- na interpretação dos negócios jurídicos: art. 113
- posse, aquisição e conservação: arts. 1.201 e 1.202
- posse, conceito: art. 1.201
- posse, conservação do caráter: arts. 1.202 e 1.203
- posse, efeitos: arts. 1.214 a 1.219
- posse, quando se presume: art. 1.201, parágrafo único
- presunção, nos negócios ordinários para manutenção de estabelecimento do insolvente: art. 164
- presunção, quando há: arts. 1.201, parágrafo único, e 1.203
- terceiro em contrato que encubra dívida de jogo: art. 814, § 1.º
- terceiro que contrata com insolvente: art. 164
- terceiro que trata com o procurador após a revogação do mandato: art. 686
- títulos ao portador, detentor de boa-fé: art. 906
- usucapião: arts. 1.243 e 1.260

BONS COSTUMES
- *Vide* também ATOS ILÍCITOS
- ato de disposição do próprio corpo que contrarie os bons costumes, proibição: art. 13
- atos contrários, perda do poder familiar: art. 1.638, III

CADUCIDADE
- do direito do herdeiro: art. 1.943
- do fideicomisso: arts. 1.955 e 1.958
- dos legados: arts. 1.939 e 1.940
- do testamento aeronáutico: art. 1.891
- do testamento marítimo: art. 1.891
- do testamento militar: art. 1.895

CALÚNIA
- *Vide* também INJÚRIA
- revogação de doação: art. 557, III
- satisfação do dano: art. 953

CANCELAMENTO
- de hipoteca: art. 1.500
- de servidão: arts. 1.387 a 1.389

CAPACIDADE
- civil: arts. 1.º, 3.º, 4.º e 5.º
- para adquirir por testamento: arts. 1.799 e 1.800
- para exercer atividade de empresário: art. 972
- para fazer testamento: art. 1.860
- para suceder, é a do tempo da abertura da sucessão: art. 1.787

CÁRCERE PRIVADO
- considera-se ofensivo da liberdade pessoal: art. 954, parágrafo único, I

CASAMENTO
- *Vide* também CÔNJUGES e REGIME DE BENS
- ação de anulação do casamento de menor, prazo: art. 1.560, § 1.º
- ação de anulação, prazo para interposição: art. 1.560
- anulação, causas: arts. 1.550, 1.556 e 1.558
- anulação, cônjuges de boa-fé, efeitos: art. 1.561
- anulação por culpa de um dos cônjuges: art. 1.564
- anulável: arts. 1.550 e 1.557
- assento no registro civil: art. 1.536
- causas suspensivas: art. 1.523
- causas suspensivas, não aplicação quando não houver prejuízos: art. 1.523, parágrafo único
- celebração: arts. 1.533 a 1.542
- celebração fora do Brasil, prova: art. 1.544
- celebração, gratuidade: art. 1.512
- celebração, local: art. 1.534
- celebração, suspensão: art. 1.538

- celebrado na vigência do Código anterior, regime de bens: art. 2.039
- celebrado por quem não possui a competência exigida por lei, quando subsiste: art. 1.555
- comunhão plena de vida: art. 1.511
- consentimento: arts. 1.517 a 1.520
- consentimento, denegação injusta, suprimento judicial: art. 1.519
- consentimento, retratação: art. 1.518
- convenções antenupciais: arts. 1.653 a 1.657
- deveres dos cônjuges: arts. 1.566 e 1.568
- discordância dos pais, qual a vontade que prevalece: art. 1.517, parágrafo único
- dispensa de proclamas: art. 1.540
- doação em contemplação de casamento futuro: arts. 546 e 564, IV
- efeitos jurídicos, cessação da incapacidade do menor: art. 5.º, parágrafo único, II
- em caso de moléstia grave: arts. 1.540 e 1.541
- habilitação: arts. 1.512, parágrafo único, e 1.525 a 1.532
- idade núbil: arts. 1.517 e 1.520
- igualdade entre os cônjuges: art. 1.511
- impedimentos: arts. 1.520 a 1.522
- impedimentos, oposição: arts. 1.522 e 1.529
- *in extremis*: arts. 1.540 e 1.541
- interferência, de qualquer pessoa, na comunhão de vida estabelecida pelo casamento, proibição: art. 1.513
- invalidade do casamento: arts. 1.548 a 1.564
- menor não autorizado por seu representante legal, prazo para anulação: art. 1.555
- menor, para evitar pena criminal: art. 1.520
- menor, ratificação: art. 1.553
- nulidade do casamento, casos: art. 1.548
- nuncupativo: arts. 1.540, 1.541 e 1.542, § 2.º
- pacto antenupcial: arts. 1.653 a 1.657
- planejamento familiar: art. 1.565, § 2.º
- proclamas, afixação: art. 1.527
- proclamas, dispensa: arts. 1.527, parágrafo único, e 1.540
- proclamas, registro: art. 1.531
- procuração: art. 1.542
- provas do casamento: arts. 1.543 a 1.547
- putativo: art. 1.561
- regime de bens, alteração: art. 1.639, § 2.º
- regime de bens, convenção: art. 1.639
- regime de bens, espécies: arts. 1.658 e s.
- registro público: art. 9.º, I
- religioso, celebração sem as formalidades da lei: art. 1.516, § 2.º
- religioso, equiparação ao civil: art. 1.515
- religioso, registro civil: art. 1.516
- religioso, registro civil, nulidade: art. 1.516, § 3.º
- religioso, registro civil, prazo: art. 1.516, § 1.º
- separação de bens, obrigatoriedade: art. 1.641
- separação de corpos: art. 1.562
- válido, como se dissolve: art. 1.571, § 1.º
- viúvo(a): art. 1.523, I e II

CASO FORTUITO
- *Vide* também FORÇA MAIOR
- comodatário, quando responde: art. 583
- comprador, quando ocorre no ato de contar, marcar ou assinalar a coisa: art. 492, § 1.º
- conceito: art. 393, parágrafo único
- dano causado por animal, prova que compete ao dono: art. 936
- depositário, não responde: art. 642
- devedor por coisa certa, quando não pode alegar: art. 246
- gestão de negócio, quando responde o gestor: arts. 862, 863 e 868
- hospedeiros, prova de não poderem evitar os fatos prejudiciais: art. 650
- locatário, em mora: art. 575
- mandatário, quando responde: art. 667, § 1.º
- mora do devedor: art. 399
- mora do locatário: art. 575

CAUÇÃO
- construção, dano iminente: art. 1.280
- de ratificação dos demais credores, pagamento de dívida indivisível: art. 260, II

- herdeiros do ausente, dever de prestá-la: art. 30
- herdeiros do ausente, levantamento: art. 37
- risco da construção pela obra nova, exigência: art. 1.305, parágrafo único
- usufrutuário, obrigação de prestá-la: arts. 1.400 e 1.401
- usufrutuário, quando não é obrigado a prestá-la: art. 1.400, parágrafo único

CEGO
- como pode testar: art. 1.867

CELEBRAÇÃO
- *Vide* também CASAMENTO
- de casamento, formalidades: art. 1.533
- de casamento, quando se suspende: art. 1.538

CERCAS
- direito de tapagem: art. 1.297
- em condomínio: arts. 1.327 a 1.330
- limite entre prédios: art. 1.297
- limite entre prédios, uso comum: art. 1.297, § 1.º

CERTIDÕES
- *Vide* também DOCUMENTOS e INSTRUMENTO
- de idade, na habilitação para casamento: art. 1.525, I
- valor probante: arts. 216 a 218

CESSÃO
- de crédito, compensação de dívidas: art. 377
- de crédito, dação em pagamento: art. 358
- de crédito, formalidade, para ser oposta ao devedor: art. 290
- de crédito, formalidades para valer contra terceiros: art. 288
- de crédito hipotecário: art. 289
- de crédito, limite de responsabilidade do cedente: art. 297
- de crédito, o que abrange: art. 286
- de crédito, pagamento ao credor primitivo: art. 294
- de crédito, penhora sobre o crédito: art. 298
- de crédito, permissão: art. 286
- de crédito, responsabilidade do cedente: arts. 295 a 297
- de crédito, solvência do devedor: art. 296
- de crédito, sub-rogação do cessionário: art. 348
- de crédito, várias, qual a prevalente: art. 291
- de herança, quando não importa aceitação: art. 1.805, §§ 1.º e 2.º

CESSIONÁRIO
- *Vide* também CESSÃO
- de crédito hipotecário, direito de averbar a cessão: art. 289
- de herdeiro, direito de requerer a partilha: art. 2.013

CHAMAMENTO
- à autoria: art. 456

CITAÇÃO
- interrupção da prescrição: art. 202, I

CLANDESTINIDADE
- atos clandestinos não autorizam a aquisição da posse: art. 1.208

CLÁUSULA(S)
- *Vide* também INALIENABILIDADE, IMPENHORABILIDADE e CONTRATOS
- ambígua nos contratos, interpretação: art. 423
- comissória, nos direitos reais de garantia, nulidade: art. 1.428
- condição, o que seja: art. 121
- condição resolutiva: art. 127
- condição suspensiva: arts. 125, 126 e 136
- condições impossíveis: art. 124
- *constituti*, no penhor rural, industrial, mercantil e de veículos: art. 1.431, parágrafo único
- de preempção: arts. 513 a 520
- de retrovenda: arts. 505 a 508
- de venda a contento: arts. 509 a 512
- "em causa própria", no mandato: art. 685
- encargo: art. 136

- especiais à compra e venda: arts. 505 a 532
- ilícitas: art. 122
- inalienabilidade: art. 1.911
- nulas, no contrato de adesão: art. 424
- nulidade de cláusula de transação, efeito: art. 848
- nulidade parcial do ato jurídico: art. 184
- que autoriza o credor a ficar com o objeto da garantia: art. 1.428
- que contravenha disposição de lei, nulidade: art. 1.655
- resolutiva: art. 474

CLÁUSULA PENAL
- alternativa em benefício do credor: art. 410
- a que se refere: art. 409
- divisibilidade da obrigação: art. 415
- estipulação, momento: art. 409
- exigência, não é preciso alegar prejuízo: art. 416
- indivisibilidade da obrigação: art. 414
- limitação do valor: art. 412
- na transação: art. 847
- para o total inadimplemento: art. 410
- quando o devedor incorre de pleno direito: art. 408
- redução proporcional: art. 413
- valor: arts. 412 e 416

COAÇÃO
- anula o negócio jurídico: arts. 171, II, e 177
- apreciação, elementos: art. 152
- decadência para anular o negócio jurídico, prazo: art. 178, I
- de terceiro: arts. 154 e 155
- exercício normal de direito, não constitui: art. 153
- intensidade: art. 151
- no casamento, caso de anulabilidade: art. 1.558
- no casamento, quem pode promover a ação de anulação: art. 1.559
- temor reverencial, não constitui: art. 153
- vício da manifestação da vontade: arts. 151 a 155

CODICILO
- abertura: art. 1.885
- como se faz: art. 1.881
- o que pode conter: arts. 1.881 a 1.883
- revogação: art. 1.884

CÓDIGO CIVIL
- entrada em vigor: art. 2.044
- revogação das leis incompatíveis: art. 2.045

COISA JULGADA
- influência do julgado criminal sobre o cível: art. 935
- transação, posterior, quando é nula: art. 850

COISAS
- *Vide* também IMÓVEIS
- acessórias: *vide* ACESSÓRIOS
- alheias, achadas, direitos do inventor: arts. 1.233 a 1.235
- alheias alienadas, evicção: arts. 447 a 457
- alheias legadas, nulidade: art. 1.912
- coletivas, conceito: arts. 90 e 91
- comuns: *vide* CONDOMÍNIO
- conceito: arts. 79 a 91
- consumíveis, conceito: art. 51
- consumíveis, no usufruto, restituição: art. 1.392, § 1.º
- direito das coisas: arts. 1.196 a 1.510
- divisíveis e indivisíveis: arts. 87 e 88
- divisíveis, em depósito feito por vários depositantes: art. 639
- divisíveis, no legado excessivo da quota disponível, redução: art. 1.968
- fungíveis, conceito: art. 85
- fungíveis, em depósito: art. 645
- fungíveis, na compensação de dívidas: arts. 369 e 370
- futuras, contratos aleatórios: arts. 458 e 459
- indivisíveis, efeito da transação: art. 844
- indivisíveis, no legado excessivo da quota disponível: art. 1.968, §§ 1.º e 2.º

- legadas: arts. 1.912 a 1.917
- litigiosas, como objeto de contrato: art. 457
- perdidas, invenção: arts. 1.233 a 1.237
- principais, conceito: art. 92
- principais, mistura, confusão ou adjunção: art. 1.272, § 2.º
- singulares, conceito: art. 89
- universalidade de direito: art. 91
- universalidade de fato: art. 90

COLAÇÃO
- bens dispensados: art. 2.005
- bens sonegados: art. 1.992
- despesas que não vêm: art. 2.010
- dispensa: arts. 2.005 e 2.006
- doação inoficiosa: art. 2.007
- doações feitas por ambos os cônjuges: art. 2.012
- doações remuneratórias: art. 2.011
- finalidade: art. 2.003
- netos, sucedendo aos avós: art. 2.009
- pelo valor da doação: arts. 2.003 a 2.005
- quem a ela é obrigado: art. 2.002, caput
- renúncia ou exclusão da herança: art. 2.008
- seguro de vida, não está sujeito: art. 794

COLAÇÃO DE GRAU
- em nível superior, emancipação: art. 5.º, parágrafo único, IV

COLATERAIS
- casamento, impedimento matrimonial: arts. 1.521, IV, e 1.522
- casamento, nulidade: art. 1.548, II
- conceito: art. 1.592
- direito de arguir causas suspensivas matrimoniais: art. 1.524
- graus de parentesco: art. 1.592
- graus de parentesco, como se contam: art. 1.594
- testemunho, impedimento: art. 228, V
- vocação hereditária: arts. 1.798 a 1.803 e 1.829 a 1.844

COMERCIANTE
- emancipação: art. 5.º, parágrafo único, V

COMISSÃO
- cláusula del credere: art. 698
- comissário, cessão de seus direitos a qualquer das partes: art. 694
- comissário, despedimento sem justa causa: art. 705
- comissário, deveres: arts. 695 e 696
- comissário, direito de retenção: art. 708
- comissário, obrigação com quem contrata: art. 694
- comissário, remuneração: art. 701
- comitente, direito de alterar instruções dadas ao comissário: art. 704
- crédito do comissário, privilégio geral: art. 707
- dilação de prazo para pagamento, autorização ao comissário, presunção: art. 699
- dilação de prazo para pagamento, quando o comissário responde por ela: art. 700
- dispensa do comissário por motivo justo, remuneração cabível: art. 703
- falência do comitente, crédito do comissário: art. 707
- força maior, não responde o comissário: art. 696, parágrafo único
- insolvência da parte com quem o comissário tratou: art. 697
- insolvência do comitente, crédito do comissário: art. 707
- juros, obrigação recíproca: art. 706
- mandato, regras deste aplicáveis à comissão: art. 709
- morte do comissário: art. 702
- objeto: art. 693
- responsabilidade do comissário: arts. 696, parágrafo único, 697 e 698

COMISTÃO
- Vide também CONFUSÃO
- modo de adquirir: art. 1.272
- operada de má-fé: art. 1.273
- resultando nova espécie: art. 1.274

COMITENTE
- responsabilidade por ato do preposto: art. 932, III

COMODATO
- administradores, não podem fazer: art. 580
- comodatário em mora, responsabilidade: art. 582
- comodatário, obrigações: art. 582
- comodatário, responsabilidade pelos riscos da coisa: art. 583
- comodatários, responsabilidade solidária: art. 585
- conceito: art. 579
- curadores, não podem dar sem autorização judicial: art. 580
- despesas com o uso e gozo: art. 584
- dívida originada de comodato, não se pode compensar: art. 373, II
- na venda a contento, pendente a condição: art. 511
- prazo para o uso concedido: art. 581
- responsabilidade solidária dos vários comodatários: art. 585
- tutores, não podem dar sem autorização judicial: art. 580

COMORIENTES
- presunção de morte simultânea: art. 8.º

COMPANHEIROS
- *Vide* também UNIÃO ESTÁVEL
- deveres: art. 1.724
- direito a alimentos: art. 1.694
- direito sucessório entre eles: art. 1.790
- impedidos de casar, caracterização de concubinato: art. 1.727
- regime de bens: art. 1.725

COMPENSAÇÃO
- alimentos, dívidas provenientes: art. 373, II
- benfeitorias com os danos: art. 1.221
- casos em que não pode haver: art. 373
- causa de extinção da obrigação: art. 368
- comodato, dívida proveniente: art. 373, II
- com o legado feito ao credor: art. 1.919
- de crédito penhorado pelo devedor contra o exequente: art. 380
- depósito, dívida proveniente: art. 373, II
- depósito, restituição: art. 638
- despesas de dívidas pagáveis em lugares diversos: art. 378
- diferença de causa: art. 373
- direitos de terceiros, não se admite em prejuízo: art. 380
- esbulho, dívida proveniente: art. 373, I
- exclusão por mútuo acordo: art. 375
- furto, dívida proveniente: art. 373, I
- mandatário e mandante: art. 669
- obrigação indivisível: art. 262, parágrafo único
- pelo fiador, conjuntamente com a dívida do afiançado: art. 371
- prazos de favor não obstam: art. 372
- prestações de coisas fungíveis: art. 370
- remissão de dívida solidária: art. 262, parágrafo único
- roubo, dívida proveniente: art. 373, I
- várias dívidas do mesmo devedor: art. 379

COMPOSSE
- como se exerce: art. 1.199

COMPRA E VENDA
- *Vide* também ARRAS, CLÁUSULA e CONTRATOS
- *ad mensuram* e *ad corpus*: art. 500
- amostras: art. 484
- arras: arts. 417 a 420
- ascendentes a descendentes: art. 496
- à vista de amostras: art. 484
- à vista, entrega da coisa: art. 491
- cláusulas especiais: arts. 505 a 532
- coisa, elemento do contrato: art. 481
- coisas conjuntas, defeito oculto de uma: art. 503
- comprador insolvente, sobrestamento de entrega: art. 495
- conceito: art. 481
- condômino, preferência: art. 504, parágrafo único
- dação em pagamento, considera-se: art. 357

- de bens de incapazes: vide INCAPAZES e MENORES
- de coisa em condomínio: art. 504, caput
- de coisas futuras: arts. 458 a 461
- de crédito, casos em que se proíbe: art. 497, parágrafo único
- de estrada de ferro hipotecada, oposição pelo credor: art. 1.504
- de imóvel, por medida de extensão ou por área determinada: art. 500
- despesas da escritura: art. 490
- despesas da tradição: art. 490
- em hasta pública, quem não pode comprar: art. 497
- evicção: arts. 447 a 457
- expedição da coisa para lugar diverso: art. 494
- obrigatoriedade do contrato: art. 482
- preço, elemento do contrato: art. 481
- preço, fixação pela taxa do mercado: art. 486
- preço, fixação por terceiro: art. 485
- preço, fixação por uma das partes, nulidade: art. 489
- preço, riscos antes da tradição: arts. 492 e 494
- preempção: arts. 513 a 520
- preferência: vide CONDOMÍNIO e PREEMPÇÃO
- proibidos de comprar: arts. 497 e 498
- pura, quando se considera perfeita: art. 482
- retrovenda: arts. 505 a 508
- riscos das coisas e do preço: arts. 492 e 494
- venda a contento: arts. 509 a 512
- vícios redibitórios: arts. 441 a 446
- vícios redibitórios na venda em conjunto: art. 503

COMPROMISSO
- juízo arbitral, admissibilidade de cláusula compromissória: art. 853
- mandatário, necessidade de poderes especiais: art. 661, § 2.º
- quando e como é admitido: art. 851
- questões excluídas: art. 852

COMPROPRIEDADE
- Vide CONDOMÍNIO

COMUNHÃO
- Vide REGIME DE BENS

CONCEPÇÃO
- Vide também GRAVIDEZ
- proteção dos direitos do nascituro: art. 2.º

CONCUBINO
- doação do cônjuge adúltero, prazo para a anulação: art. 550
- doação feita por pessoa casada de bens comuns: arts. 1.642, V, e 1.647, IV
- do testador casado, não pode ser nomeado herdeiro ou legatário: art. 1.801, III
- relação entre concubinos impedidos de casar, impossibilidade de constituição em união estável: art. 1.727

CONCURSO DE CREDORES
- causa vencimento antecipado da dívida: art. 333, I
- crédito com privilégio especial, preferência: art. 961
- crédito pessoal privilegiado, preferência: art. 961
- crédito real, prefere ao pessoal: art. 961
- credores hipotecários e privilegiados, direito sobre o preço do seguro e o valor da desapropriação: arts. 959 e 960
- discussão entre credores, sobre o que pode versar: art. 956
- preferência do credor da herança: art. 2.000
- preferência e privilégios: arts. 961 a 965
- privilégio especial, objeto: arts. 963 e 964
- privilégio geral, objeto: art. 965
- quando se procede: art. 955
- rateio, quando se procede: art. 962
- títulos de preferência, ausência: art. 957
- títulos de preferência, quais são: art. 958

CONDIÇÃO
- Vide também CLÁUSULA
- captatória de herança, nulidade: art. 1.900, I

Índice Alfabético-Remissivo do Código Civil

- conceito: art. 121
- defesa, quando é: art. 122
- ilícita, quando é: art. 122
- implemento, malícia: art. 129
- implemento, nas obrigações condicionais: art. 332
- implemento, resolução do domínio: art. 1.359
- impossível, ineficácia: art. 124
- inexistência, quando se considera: art. 124
- malícia para obstar ou para levar a efeito: art. 129
- na nomeação de herdeiro ou legatário: art. 1.897
- não se admite na aceitação ou renúncia da herança: art. 1.808
- não se admite no reconhecimento de filho: art. 1.613
- obrigações condicionais, quando se cumprem: art. 332
- pendente, obsta a entrega do legado: art. 1.924
- resolutiva, caducidade do fideicomisso: art. 1.958
- resolutiva, efeito sobre o negócio jurídico: art. 127
- substituição hereditária, quando se transfere ao substituto: art. 1.949
- suspensiva, direito do herdeiro fideicomissário, exclusão da comunhão: art. 1.668, II
- suspensiva, direito do titular do direito eventual: art. 130
- suspensiva, disposição da coisa, pendente a condição: art. 126
- suspensiva, encargo imposto como tal: art. 136
- suspensiva, impede a entrega do legado: art. 1.924
- suspensiva, perda da coisa, pendente a condição: arts. 509 a 512
- suspensiva, subordinação da eficácia do negócio jurídico: art. 125
- suspensiva, termo inicial: arts. 131 e 135

CONDOMÍNIO

- administração: arts. 1.323 a 1.326
- administrador, escolha: art. 1.323
- alteração da coisa comum, consenso geral: art. 1.314, parágrafo único
- assembleia eletrônica: art. 1.354-A
- assembleia; sessão permanente: art. 1.353, §§ 1.º a 3
- coisa indivisível, adjudicação ou venda: arts. 504 e 1.322, caput
- deliberações dos condôminos, maioria: arts. 1.323 e 1.325
- de lotes: art. 1.358-A
- de parede divisória: arts. 1.297, § 1.º, e 1.306
- de paredes, cercas, muros e valas, normas que regem: arts. 1.327 a 1.330
- despesas e dívidas, pode o condômino eximir-se de pagá-las, renunciando à parte ideal: art. 1.316
- direito de preempção: art. 517
- direitos do condômino: art. 1.314, caput
- dívida contraída pelos condôminos, presume-se proporcional: art. 1.317
- divisão da coisa comum antes do prazo: art. 1.320, § 3.º
- divisão, direito de requerê-la: art. 1.320
- extinção: arts. 1.357 e 1.358
- frutos da coisa comum: art. 1.319
- garantia real, constituição, como pode ser: art. 1.420, § 2.º
- indivisão convencionada, prazo: art. 1.320, § 1.º
- maioria, deliberações, como se apura: arts. 1.323 e 1.325
- mandato tácito para administrar: art. 1.324
- multipropriedade; administração: arts. 1.358-M e 1.358-N
- multipropriedade; instituição: arts. 1.358-F a 1.358-H
- multipropriedade; transferência: art. 1.358-L
- multiproprietário; direitos e obrigações: arts. 1.358-I a 1.358-K
- necessário: arts. 1.327 a 1.330
- obrigações do condômino: art. 1.315, caput
- partes ideais dos condôminos, presunção de igualdade: art. 1.315, parágrafo único

- preferência do condômino: arts. 504, 1.322 e 1.323
- retrovenda, efeitos: art. 508
- venda de coisa indivisível: arts. 504 e 1.322
- voluntário: arts. 1.314 a 1.326

CONDOMÍNIO DE LOTES
- art. 1.358-A

CONDOMÍNIO EDILÍCIO
- acesso ao logradouro público, impossibilidade de privação: art. 1.331, § 4.º
- administração do condomínio, assembleia: art. 1.347
- adquirente de unidade, responde pelos débitos do alienante em relação ao condomínio: art. 1.345
- alienação de parte acessória da unidade a outro condômino: art. 1.339, § 2.º
- alteração da convenção ou do regimento interno: art. 1.351
- aluguel de área para abrigo de veículos: art. 1.338
- assembleia dos condôminos: art. 1.350
- assembleia dos condôminos, deliberações, votos: arts. 1.352 a 1.354
- assembleia eletrônica: art. 1.354-A
- assembleia extraordinária: art. 1.355
- assembleia; sessão permanente: art. 1.353, §§ 1.º a 3
- conceito: art. 1.331
- condôminos, direito às partes comuns: art. 1.339
- construção de outro pavimento ou edifício: art. 1.343
- convenção: art. 1.333
- convenção, cláusulas: art. 1.334
- convenção, como pode ser feita: art. 1.334, § 1.º
- convenção, oponibilidade contra terceiros: art. 1.333, parágrafo único
- desapropriação: art. 1.358
- despesas relativas a partes comuns de uso exclusivo de um condômino: art. 1.340
- deveres dos condôminos: art. 1.336
- deveres dos condôminos, descumprimento: art. 1.337
- direitos dos condôminos: art. 1.335
- extinção do condomínio: arts. 1.357 e 1.358
- fração ideal no solo e nas outras partes comuns, valor: art. 1.331, § 3.º
- instituição: art. 1.332
- multa, valor: art. 1.336, § 2.º
- não pagamento das despesas do condomínio, sujeição do condômino a juros e multa: art. 1.336, § 1.º
- obras ou reparações necessárias: arts. 1.341, §§ 1.º a 4.º, e 1.342
- partes comuns: art. 1.331, § 2.º
- partes suscetíveis de utilização independente: art. 1.331, § 1.º
- perdas e danos, quando cabem: art. 1.336, § 2.º
- proprietário, quem são a ele equiparados: art. 1.334, § 2.º
- realização de obras no condomínio: arts. 1.341 e 1.342
- regime de multipropriedade: arts. 1.358-O a 1.358-U
- regimento interno: alteração: art. 1.351
- representação: art. 1.348, §§ 1.º e 2.º
- seguro contra incêndio ou destruição: art. 1.346
- síndico, competência: art. 1.348
- síndico, contas: art. 1.356
- síndico, destituição: art. 1.349
- terraço de cobertura, despesas: art. 1.344
- terraço de cobertura, parte comum: art. 1.331, § 5.º
- vaga de garagem – aluguel: art. 1.338

CONFINANTE
- *Vide* ALUVIÃO, ÁLVEO, DEMARCAÇÃO e DIREITO

CONFIRMAÇÃO
- de obrigação anulável: art. 367
- do testamento particular: art. 1.878

CONFISSÃO
- como prova: art. 212, I

Índice Alfabético-Remissivo do Código Civil

- eficácia: art. 213
- feita por representante: art. 213, parágrafo único
- materna, não exclui a paternidade: art. 1.602
- quando pode ser anulada: art. 214

CONFUSÃO
- *Vide* também ADJUNÇÃO e COMISTÃO
- coisas pertencentes a diversos donos: art. 1.272
- da dívida, efeito da cessação: art. 384
- da dívida, extinção da obrigação: art. 381
- da dívida, operada na pessoa do credor ou do devedor solidário: art. 383
- da dívida, total ou parcial: art. 382
- modo de adquirir: arts. 1.272 a 1.274

CÔNJUGES
- administração dos bens, quando um dos cônjuges não puder exercê-la: art. 1.651
- afinidade com os parentes do outro: art. 1.595
- anulabilidade dos atos praticados sem autorização do outro cônjuge: art. 1.649
- atos que dependem de autorização do outro cônjuge: art. 1.647
- casamento com o condenado por homicídio, ou tentativa, do outro, impedimento: art. 1.521, VII
- considera-se interposta pessoa, nas disposições em favor de incapaz de adquirir por testamento: art. 1.802
- direito a alimentos: art. 1.694
- direitos que independem de autorização do outro cônjuge: art. 1.643
- direitos que independem do regime de bens adotado: art. 1.642
- dívidas, quando ambos obrigam a ambos: art. 1.644
- doação; bens comuns: art. 1.647, IV
- guarda dos filhos: arts. 1.583 a 1.590
- herdeiros necessários: art. 1.845
- interdição do pródigo: art. 1.783
- prescrição, não corre entre eles: art. 197, I
- regime de bens: *vide* REGIME DE BENS
- testemunho, impedimento: art. 228, V
- vocação hereditária: arts. 1.829 a 1.844

CONSENTIMENTO
- *Vide* também AUTORIZAÇÃO
- do cônjuge, para residência de filho reconhecido do outro, no lar conjugal: art. 1.611
- do devedor, para a fiança, desnecessidade: art. 820
- do filho, para reconhecimento: art. 1.614
- do maior de doze anos, para adoção: art. 1.621
- dos descendentes, para a venda por ascendente a um deles: art. 496
- dos pais ou do representante legal, na adoção, quando é dispensado: art. 1.621, § 1.º
- para a venda particular do penhor: art. 1.436, § 1.º
- para casamento de filhos: arts. 1.517 e 1.518
- para casamento, prova na habilitação: art. 1.525, II
- para casamento, suprimento judicial: art. 1.519
- para casamento, transcrição na escritura antenupcial: art. 1.537

CONSIGNAÇÃO
- *Vide* também DEPÓSITO e PAGAMENTO
- como se procede: arts. 337 a 342
- de coisa indeterminada, prévia escolha: art. 342
- despesas resultantes, ônus: art. 343
- dívida vencida em pendência do litígio: art. 345
- efeito: art. 332
- levantamento do depósito: arts. 338 a 340
- no contrato estimatório: arts. 534 a 537
- obrigação litigiosa: arts. 344 e 345
- onde se faz a entrega de coisa certa: art. 341
- onde se requer: art. 337
- quando tem lugar: art. 335
- requisitos para sua validade: art. 336

CONSTITUIÇÃO DE RENDA
- a título gratuito: art. 803

– a título gratuito, possibilidade de isenção de execuções pendentes e futuras: art. 813
– a título oneroso: art. 804
– a título oneroso, exigência de garantia real: art. 805
– bens dados em compensação de renda, domínio: art. 809
– credor, direito à renda adquirido dia a dia: art. 811
– em benefício de duas ou mais pessoas: art. 812
– em favor de pessoa já falecida, nulidade: art. 808
– escritura pública, é exigida: art. 807
– obrigação não cumprida, consequências: art. 810
– prazo: art. 806

CONSTITUTO POSSESSÓRIO

– aquisição da posse: art. 1.196
– bem imóvel: art. 1.196
– bem móvel: art. 1.205
– no penhor rural, industrial, mercantil e de veículos: art. 1.431, parágrafo único
– tradição ficta: art. 1.267, parágrafo único

CONSTRANGIMENTO

– a tratamento médico que implique risco de vida, proibição: art. 15

CONSTRUÇÕES

– beiral, requisitos: art. 1.300
– condomínio da parede-meia, utilização desta: art. 1.306
– de aquedutos: arts. 1.293 a 1.296
– de barragens, açudes, direito do proprietário: art. 1.292
– de prédios rústicos, intervalo mínimo: art. 1.303
– desfazimento de janela, sacada, terraço ou goteira sobre o prédio vizinho, prazo: art. 1.302
– direito de construir e suas restrições: arts. 1.299 a 1.313
– eirado, restrição: art. 1.301
– embargos de chaminés, fogões ou fornos: art. 1.308
– em solo próprio que invadem solo alheio, efeitos: art. 1.258
– em solo próprio que invadem solo alheio, estando o construtor de boa-fé: art. 1.259
– escavações prejudiciais a poço ou fonte: art. 1.310
– janelas, distância que devem guardar: art. 1.301
– má-fé do que constrói e do proprietário do terreno: art. 1.256
– materiais alheios em terreno alheio: art. 1.257
– materiais alheios em terreno próprio: art. 1.254
– materiais próprios em terreno alheio: art. 1.255
– modo de adquirir: art. 1.248, V
– parede divisória: arts. 1.304 a 1.306 e 1.312
– responsabilidade do dono pelos danos resultantes da ruína: art. 937
– responsabilidade do proprietário do terreno: art. 1.253
– restrições ao direito de construir: arts. 1.300 a 1.311
– servidão temporária para a construção, reconstrução, reparação e limpeza: art. 1.313
– terraço, restrição: art. 1.301
– varanda, restrição: art. 1.301

CONTAS

– da curatela: arts. 1.774 e 1.783
– da tutela: arts. 1.755 a 1.762
– de hospedeiros, estalajadeiros ou fornecedores de pousada: arts. 1.468 e 1.469
– do inventariante: art. 2.020
– do mandatário: art. 668
– do sucessor provisório: art. 33
– do testamenteiro: arts. 1.980 e 1.983
– do tutor, não saldadas, impedimento para casamento: art. 1.523, IV

CONTRATOS

– aceitação da proposta: arts. 430 a 434

Índice Alfabético-Remissivo do Código Civil

- de administração fiduciária de garantias: art. 853-A
- aleatórios: arts. 458 a 461
- arras: arts. 417 a 420
- atípicos: art. 425
- benéficos, responsabilidade pela inexecução: art. 392
- bilaterais: art. 476
- boa-fé na conclusão e execução dos contratos: art. 422
- cláusula resolutiva: art. 474
- cláusulas ambíguas, interpretação: art. 423
- com pessoa a declarar: arts. 467 a 471
- de adesão, cláusulas nulas: art. 424
- de agência e distribuição: arts. 710 a 721
- de comissão: arts. 693 a 709
- de comodato: arts. 579 a 585
- de compra e venda: arts. 481 a 532
- de compromisso: arts. 851 a 853
- de constituição de renda: arts. 803 a 813
- de corretagem: arts. 722 a 729
- de depósito: arts. 627 a 652
- de doação: arts. 538 a 564
- de empreitada: arts. 610 a 626
- de fiança: arts. 818 a 839
- de jogo e aposta: arts. 814 a 817
- de locação de coisas: arts. 565 a 578
- de locação de serviços: arts. 593 a 609
- de mandato: arts. 653 a 692
- de mútuo: arts. 586 a 592
- de prestação de serviço: arts. 593 a 609
- de seguro: arts. 757 a 802
- de transação: arts. 840 a 850
- de transporte: arts. 730 a 756
- de troca: art. 533
- disposições gerais: arts. 421 a 471
- distrato: arts. 472 e 473
- escritura pública: art. 215
- estimatórios: arts. 534 a 537
- estipulações em favor de terceiro: arts. 436 a 438
- evicção: arts. 447 a 457
- exceção de contrato não cumprido: arts. 476 e 477
- extinção: arts. 472 a 480
- forma: arts. 107 a 109
- função social dos contratos: art. 421
- herança de pessoa viva, não pode ser objeto: art. 426
- interpretação: arts. 112 a 114
- lugar da celebração, reputa-se o da proposta: art. 435
- oferta ao público, quando equivale a proposta: art. 429
- onerosidade excessiva, resolução: arts. 478 a 480
- onerosos, fraude contra credores: art. 159
- por correspondência, quando se tornam perfeitos: art. 434
- prazo, ausência, execução imediata: art. 134
- prazos, presumem-se em proveito do devedor: art. 133
- preliminares: arts. 462 a 466
- probidade na conclusão e execução dos contratos: art. 422
- proposta, obriga o proponente: art. 427
- proposta, quando deixam de ser obrigatórios: art. 428
- resilição unilateral: art. 473
- resolução por onerosidade excessiva: arts. 478 a 480
- unilaterais, inexecução: art. 389
- venda com reserva de domínio: arts. 521 a 528
- venda sobre documentos: arts. 529 a 532
- vícios redibitórios: arts. 441 a 446

CONVENÇÕES
- antenupciais: arts. 1.653 a 1.657

CONVIVENTES
- *Vide* COMPANHEIROS

CORRETAGEM
- aplicação de legislação especial: art. 729
- com exclusividade: art. 726
- conceito: art. 722

- corretor, dispensa, quando faz jus à corretagem: art. 727
- corretor, obrigações: art. 723
- corretor, remuneração: arts. 724 a 726
- mais de um corretor, remuneração: art. 728
- negócio realizado após prazo contratual, fruto da mediação do corretor: art. 727

CREDOR
- *Vide* também ANTICRESE, HIPOTECA e PENHOR
- a ele deve ser feito o pagamento: art. 308
- ausente, consignação: art. 335, III
- cessão de crédito, direito e limitações: art. 286
- concurso de credores: arts. 955 a 965
- da herança, direitos: art. 2.000
- da herança, pedido de separação dos patrimônios do herdeiro e do falecido: art. 2.000
- de crédito penhorado: art. 312
- desconhecido: art. 335, III
- despesas com o pagamento: art. 325
- direito de escolher o fiador: art. 825
- do herdeiro, pode requerer a partilha: art. 2.013
- escolha do lugar do pagamento, quando designados dois ou mais: art. 327, parágrafo único
- incapaz de quitar: art. 310
- incapaz de receber: art. 335, III
- incerto, consignação: art. 335, IV
- mora do credor: arts. 394, 400 e 401, II
- pignoratício, direitos: arts. 1.433 e 1.434
- prescrição do credor não pago na liquidação da sociedade: art. 206, § 1.º, V
- putativo, pagamento de boa-fé: art. 309
- que demanda antes do vencimento ou por dívida já paga: arts. 939 a 941
- recusa do pagamento ou da quitação: art. 335, I
- renúncia de garantia real: art. 387
- residente em lugar perigoso ou difícil, consignação: art. 335, III
- solidários: arts. 267 a 274
- solidários, exceções opostas a um só deles: art. 273
- solidários, julgamento contrário a um deles: art. 274
- solidários, suspensão da prescrição em favor de um: art. 201

CRIAÇÃO
- de menores abandonados: art. 1.734
- dos filhos: art. 1.634

CRIME
- *Vide* também ATOS ILÍCITOS
- anulação de casamento feito com a ignorância de crime anterior: art. 1.557, II
- liquidação das obrigações resultantes: arts. 948 a 954
- obrigação de reparar o dano: art. 927
- responsabilidade civil independe da criminal: art. 935
- responsabilidade civil, transmissão com a herança: art. 943
- responsabilidade dos que houverem participado dos produtos do crime: art. 932, V
- responsabilidade solidária dos autores e coautores: art. 942

CULPA
- de cônjuge, que determina anulação do casamento, penas que decorrem: art. 1.564
- de terceiro, ação regressiva do autor do dano: art. 930
- do administrador da herança: art. 2.020
- do credor anticrético: art. 1.508
- do devedor, na obrigação de dar coisa certa: arts. 234 a 240
- do devedor, na obrigação de dar coisa incerta: art. 246
- do devedor, na obrigação de fazer: art. 248
- do devedor, nas obrigações alternativas: arts. 254 a 256
- do devedor, nas obrigações indivisíveis: art. 263
- do gestor de negócio: art. 866
- do mandatário: arts. 667, 676 e 678

- do possuidor de má-fé na percepção de frutos: art. 1.216
- dos devedores solidários: arts. 279 e 414
- do tutor, responsabilidade pelos prejuízos: art. 1.752
- do usufrutuário: art. 1.410, VII
- nos contratos unilaterais e bilaterais: art. 392
- verificação da culpa e avaliação da responsabilidade: arts. 927 a 943 e 948 a 954

CURADOR
- *Vide* também CURATELA
- ao ventre: art. 1.779
- autoridade, estende-se aos filhos do curatelado: art. 1.778
- cônjuge ou companheiro, direito de ser: art. 1.775
- da herança jacente: art. 1.819
- do ausente: arts. 22 a 25
- do nascituro: art. 1.779
- do pródigo: art. 1.782
- dos bens da herança: art. 1.800, §§ 1.º e 2.º
- escolha feita pelo juiz: art. 25, § 3.º
- especial ao filho quando colidentes os seus interesses com os de seus pais: art. 1.692
- especial dos bens deixados a menor: art. 1.733
- impedimento matrimonial: art. 1.523, IV
- nomeação, preferências: art. 1.775
- pedido de divórcio do incapaz: art. 1.582, parágrafo único
- prescrição entre ele e o curatelado: art. 197, III
- proibição de adquirir bens do curatelado: art. 497, I e parágrafo único
- proibição de dar bens do curatelado em comodato: art. 580
- responsabilidade civil pelos atos do curatelado: art. 932, II

CURATELA
- compartilhada: art. 1.775-A
- contas: arts. 1.774 e 1.783
- de ausentes: arts. 22 a 25

- do nascituro: art. 1.779
- do pródigo, limites: art. 1.782
- dos bens da herança: art. 1.800, §§ 1.º e 2.º
- regras aplicáveis: art. 1.781
- sujeição à: art. 1.767

CUSTAS
- incluem-se nas perdas e danos, nas obrigações de pagamento em dinheiro: art. 403
- pagamento em dobro pelo credor que demanda antes de vencida a dívida: art. 939
- preferência e privilégio em concurso de credores: arts. 964, I e 965, II
- prescrição: art. 206, § 1.º, III

DAÇÃO
- em pagamento: arts. 356 a 359
- sem consentimento do fiador: art. 838, III

DANO
- *Vide* também INDENIZAÇÃO e PERDAS E DANOS
- ação regressiva contra o causador: art. 934
- arbitramento da indenização: art. 946
- benfeitorias, compensam-se com o dano: art. 1.221
- causado pela antecipada cobrança de dívida: art. 939
- causado pela indevida cobrança: art. 940
- causado pelo condômino, reparação: art. 1.319
- causado pelo vizinho durante reparação, construção ou limpeza de sua casa: art. 1.313, § 3.º
- causado por animal: art. 936
- causado por calúnia ou injúria: art. 953
- causado por coação: arts. 154 e 155
- causado por culpa, obrigação de reparar: arts. 186 e 927
- causado por culpa profissional: art. 951
- causado por esbulho ou usurpação: art. 952, *caput*
- causado por ferimento: art. 949
- causado por homicídio: art. 948

- causado por inexecução de obrigação: arts. 389 e 393
- causado por lançamento ou queda de objetos: art. 938
- causado por ofensa à liberdade pessoal: art. 954
- causado por representantes de pessoas jurídicas de direito público: art. 43
- causado por ruína de edifício ou construção: arts. 937, 1.280 e 1.281
- culpa de terceiro: arts. 930 a 934
- deterioração ou destruição da coisa alheia, para remover perigo iminente: arts. 188, II, e 929
- iminente: arts. 1.280 e 1.281
- iminente, resultante de obras, exigência de caução ao autor delas, pelo proprietário ou pelo inquilino: art. 1.281
- infecto: art. 1.277
- moral: arts. 953 e 954
- na especificação: art. 1.271
- obras no prédio contíguo, exigência de caução: arts. 1.280 e 1.281
- os bens dos responsáveis ficam sujeitos à reparação: art. 942, parágrafo único
- perdas e danos, o que compreendem: arts. 402 a 405
- possuidor de boa-fé: art. 1.217
- responsabilidade indireta: art. 932
- resultante de crime: arts. 948 e 949
- sofrido pelos bens que devem vir à colação: art. 2.004, § 2.º
- solidariedade dos responsáveis: art. 942, parágrafo único

DECADÊNCIA
- *Víde* também PRAZOS
- arts. 207 a 211
- absolutamente incapazes: art. 208
- ação anulatória: art. 179
- conhecimento de ofício: art. 210
- convencional, alegação em juízo: art. 211
- distinção – prescrição: art. 207
- normas que não se aplicam a ela: art. 207
- pessoas jurídicas, ação contra seus representantes legais: art. 208
- relativamente incapazes, ação contra seus assistentes: art. 208
- renúncia à fixada em lei, proibição: art. 209

DECLARAÇÃO
- de ausência: arts. 28 e 37
- de filiação, averbação no registro público: art. 10, II
- de indignidade do herdeiro: arts. 1.815 e 1.818
- de morte presumida, quando pode ser requerida: art. 7.º, parágrafo único
- de vacância da herança: arts. 1.822 e 1.823
- de vontade: *vide* SILÊNCIO
- de vontade, atende-se mais a intenção que o sentido literal: art. 112
- de vontade, causado por dolo: arts. 145 a 150
- de vontade, emanada de erro substancial: art. 138
- de vontade, erro na indicação de pessoa ou coisa: art. 142
- de vontade, independe de forma especial: art. 107
- de vontade, mediante coação: arts. 151 a 155
- do segurado: arts. 765 e 766
- escritas, presumem-se verdadeiras em relação ao signatário: art. 219
- na habilitação para casamento: art. 1.525, IV
- transmissão errônea, nulidade: art. 141

DEFEITOS
- *Víde* também VÍCIOS
- dos negócios jurídicos: arts. 138 a 165
- em construções, responsabilidade do empreiteiro: art. 618
- físicos, irremediáveis, anulação do casamento: art. 1.557, III
- ocultos, vícios redibitórios: arts. 441 a 446
- resultantes de ofensa, reparação do dano: art. 950

Índice Alfabético-Remissivo do Código Civil

- venda realizada à vista de amostras: art. 484

DEFICIÊNCIA MENTAL
- discernimento reduzido, incapacidade civil relativa: art. 4.º, II

DEMARCAÇÃO
- entre confinantes: arts. 1.297 e 1.298

DEPOIMENTO
- *Vide* TESTEMUNHAS

DEPOSITÁRIO
- *Vide* também DEPÓSITO
- despesas e prejuízos provenientes do depósito: arts. 643 e 644
- direito de retenção: art. 644
- herdeiro que de boa-fé vende a coisa depositada: art. 637
- incapacidade sobrevinda: art. 641
- infiel, penas a que fica sujeito: art. 652
- não responde pelos casos fortuitos, nem de força maior: art. 642
- necessário, remuneração: art. 651
- obrigações: art. 629

DEPÓSITO
- *Vide* também CONSIGNAÇÃO e DEPOSITÁRIO
- bagagem: arts. 649 e 650
- direito de retenção: art. 644
- dívida por depósito, não se compensa: arts. 373, II, e 638
- miserável: art. 647, II
- necessário, bagagens dos viajantes, hóspedes ou fregueses: arts. 649 e 650
- necessário, em desempenho de obrigação legal, normas que o regem: art. 648
- necessário, em ocasião de calamidade: arts. 647, II, e 648, parágrafo único
- necessário, quais são: art. 647
- voluntário, como se prova: art. 646
- voluntário, conceito: art. 627
- voluntário, de coisa fechada ou lacrada: art. 630
- voluntário, de coisas fungíveis: art. 645
- voluntário, despesas feitas com o depósito: art. 643
- voluntário, entrega logo que seja pedido: art. 633
- voluntário, feito por dois ou mais depositantes: art. 639
- voluntário, gratuidade: art. 628, *caput*
- voluntário, incapacidade sobrevinda ao depositário: art. 641
- voluntário, no interesse de terceiro: art. 632
- voluntário, obrigações do depositário: art. 629
- voluntário, perda da coisa depositada: art. 636
- voluntário, prejuízos resultantes de casos fortuitos ou de força maior: art. 642
- voluntário, recolhimento ao depósito público: arts. 633, 634, 641 e 644, parágrafo único
- voluntário, restituição não pode ser negada: art. 638
- voluntário, solidariedade dos depositários: art. 639
- voluntário, uso da coisa pelo depositário: art. 640
- voluntário, venda de boa-fé pelo herdeiro do depositário: art. 637

DESAPROPRIAÇÃO
- de coisa dada em garantia: art. 1.425, V e § 2.º
- de coisa usufruída, destino do preço: art. 1.409
- de imóvel dado em anticrese: art. 1.509, § 2.º
- de servidões: art. 1.387, *caput*
- direito de prelação, quando não é dada a destinação para a qual se fez a desapropriação: art. 519
- direito do credor hipotecário ou privilegiado sobre o valor da indenização: art. 959, II
- perda da propriedade: art. 1.275, V
- por necessidade ou utilidade pública ou interesse social: arts. 1.228, § 3.º, e 2.030

- por requisição, em caso de perigo público iminente: arts. 1.228, § 3.º, e 2.030

DESCENDENTES
- *Vide* também FILHOS e NETOS
- alimentos, direito de exigir e dever de prestá-los: arts. 1.696 e 1.697
- colação de bens recebidos dos ascendentes: art. 2.002
- compra de bens de ascendentes, consentimento dos demais: art. 496
- curador de bens do ascendente ausente: art. 25, §§ 1.º e 2.º
- curador do ascendente interdito: art. 1.775, §§ 1.º e 2.º
- deserdação dos ascendentes, causas que autorizam: art. 1.963
- deserdação, quando se pode dar: art. 1.962
- direito de representação na sucessão: art. 1.852
- graus de parentesco, contagem: art. 1.594
- herdeiros necessários: art. 1.845
- impedidos de servir como testemunhas: art. 228, V
- impedimento matrimonial: art. 1.521, I
- prescrição, não corre entre eles e os ascendentes: art. 197, II
- sobrevindo ao testamento, quando o rompe: art. 1.973
- sucessão do herdeiro excluído: art. 1.816
- sucessores legítimos: arts. 1.829, I, e 1.836
- troca de bens com ascendentes, anuência dos demais: art. 533, II
- vocação hereditária: arts. 1.829 a 1.844

DESCOBERTA
- destino da coisa achada: art. 1.237
- de tesouro: arts. 1.264 a 1.266
- dever do que acha coisa alheia perdida: art. 1.233
- direito a recompensa e a indenização: art. 1.234
- publicidade: art. 1.236
- responsabilidade do descobridor: art. 1.235

DESCONSIDERAÇÃO DA PERSONALIDADE JURÍDICA
- confusão patrimonial: art. 50, § 2.º
- desvio de finalidade: art. 50, §§ 1.º e 5.º

DESENVOLVIMENTO MENTAL
- excepcionais sem desenvolvimento mental completo, incapacidade civil relativa: art. 4.º, III

DESERDAÇÃO
- autorização: art. 1.962
- casos que autorizam a deserdação dos ascendentes: arts. 1.961 e 1.963
- casos que autorizam a deserdação dos descendentes: arts. 1.961 e 1.962
- casos que autorizam a deserdação dos herdeiros necessários: art. 1.961
- como pode ser ordenada: art. 1.964
- extinção: art. 1.965
- prescrição das ações relativas: art. 1.965, parágrafo único
- prova da veracidade da causa alegada: art. 1.965, *caput*

DESFORÇO
- para proteger a posse: art. 1.210, § 1.º

DESPESAS
- colação, quais as que não vêm: art. 2.010
- com a coisa depositada: arts. 643 e 644
- com a conservação da coisa, na mora do credor: art. 400
- com a doença do devedor falecido, privilégio: art. 965, IV
- com a entrega do legado: art. 1.936
- com a mantença do devedor falecido e sua família, privilégio: art. 965, V
- com o pagamento e a quitação: art. 325
- da escritura, a quem cabem: art. 490
- da tradição, a quem cabem: art. 490
- da troca: art. 533, I

- de conservação dos bens em usufruto: art. 1.403, I
- de produção e custeio, com a coisa possuída de má-fé: art. 1.216
- do casal, no regime de separação: art. 1.688
- feitas pelo testamenteiro, prestação de contas: art. 1.757
- funerárias, privilégio: art. 965, III
- funerárias, saem do monte da herança: art. 1.998
- judiciais, privilégio em concurso de credores: arts. 964, I, e 965, II
- judiciais, responsabilidade do fiador: art. 822
- justificadas pelo credor pignoratício: art. 1.433, II
- justificadas pelo tutor: art. 1.760
- na consignação: arts. 338 e 343
- na gestão de negócios: art. 868, parágrafo único
- necessárias à compensação de dívidas não pagáveis no mesmo lugar: art. 378
- no comodato: art. 584
- prestação de contas da tutela: art. 1.761

DESTRUIÇÃO
- *Vide* também PERDAS E DANOS e PERECIMENTO
- efeito no usufruto: arts. 1.408 e 1.410, V

DETENÇÃO
- detentor, conceito: art. 1.198
- detentor, presunção: art. 1.198, parágrafo único
- melhoras na coisa: art. 97
- testamenteiro: art. 1.979

DETERIORAÇÃO
- *Vide* também DESTRUIÇÃO e PERECIMENTO
- como se resolve a obrigação: arts. 235, 240 e 246
- da coisa alugada: art. 567
- resultante do uso regular da coisa locada: art. 569, IV
- resultante do uso regular do usufruto: art. 1.402

DEVEDOR
- cláusula penal, quando incorre: art. 408
- demandado antes do vencimento da dívida: arts. 939 e 941
- demandado, na solidariedade passiva, exceções que pode opor: art. 281
- demandado por dívida já paga: arts. 940 e 941
- desoneração pela entrega voluntária do título da obrigação: art. 386
- despesas com o pagamento e quitação: art. 325
- direito à quitação: art. 319
- dívida solidária que interessa a um só dos devedores: art. 285
- em mora: art. 394
- insolvente, fraude contra credores: arts. 158 a 165
- insolvente, na novação: art. 363
- novação, quando se dá: art. 360
- obrigação alternativa: arts. 252 a 256
- obrigação de dar coisa incerta: arts. 243 a 246
- obrigação de fazer: arts. 247 a 249
- obrigação divisível: art. 257
- obrigação litigiosa, consignação: arts. 344 e 345
- obrigação solidária, pagamento por inteiro, ação regressiva: art. 283
- pagamento feito por outrem: art. 306
- perdas e danos, o que compreendem: arts. 402 a 405
- presume-se o prazo em seu favor: art. 133
- quando não responde por caso fortuito: art. 393
- remissão das dívidas: arts. 385 a 388
- solidariedade passiva: arts. 275 a 285
- solidários, aproveitam a transação feita com um deles: art. 844, § 3.º
- solidários, desoneração pela novação: art. 365
- solidários, interrupção da prescrição: art. 204
- solidários, remissão da dívida: art. 388
- substituição do devedor: art. 362

- transação, aproveita ao fiador e aos codevedores: art. 844, §§ 1.º e 3.º
- venda de gado empenhado: art. 1.445

DIA
- do começo e do vencimento do prazo: art. 132

DIREITO
- *Vide* também DIREITOS e LEI(S)
- a alimentos: arts. 1.694 a 1.710
- adquirido por terceiro, quando revogada a doação por ingratidão: art. 563
- à imagem da pessoa: art. 20
- à imagem de morto ou ausente, legitimidade para requerer proteção: art. 20, parágrafo único
- à inviolabilidade da vida privada: art. 21
- ao nome: art. 16
- à sucessão aberta, coisa imóvel: art. 80, II
- das coisas: arts. 1.196 a 1.510
- das obrigações: arts. 233 a 965
- das sucessões: arts. 1.784 a 2.027
- de acrescer, entre herdeiros e legatários: arts. 1.941 a 1.946
- de acrescer, na constituição de renda: art. 812
- de acrescer, na renúncia de herança: art. 1.810
- de acrescer, no usufruto: arts. 1.411 e 1.946
- de construir: arts. 1.299 a 1.313
- de empresa: arts. 966 a 1.195
- de família: arts. 1.511 a 1.783
- de passagem pelo prédio contíguo: art. 1.285
- de propriedade: art. 1.228
- de representação, na sucessão: arts. 1.851 a 1.856
- de retenção, da coisa depositada: art. 644
- de retenção, do credor anticrético: art. 1.423
- de retenção, do credor pignoratício: art. 1.433, II
- de retenção, do locatário: arts. 571, parágrafo único, e 578
- de retenção, do pagamento: art. 319
- de retenção, na compra e venda: arts. 491 e 495
- de retenção, na gestão de negócios: art. 869
- de retenção, por benfeitorias necessárias e úteis: art. 1.219
- de retenção, sobre o objeto do mandato: art. 681
- de superfície: *vide* DIREITO DE SUPERFÍCIE
- de tapagem: art. 1.297
- do promitente comprador: *vide* DIREITO DO PROMITENTE COMPRADOR
- regressivo, contra terceiro culpado: arts. 930, parágrafo único, e 934
- regressivo do condômino: art. 1.318
- regressivo, do devedor solidário que satisfaz a dívida por inteiro: art. 283
- regressivo do fiador: art. 831
- regressivo, no pagamento com sub-rogação: arts. 346 a 351

DIREITO DE SUPERFÍCIE
- alienação do imóvel ou do direito de superfície: art. 1.373
- conceito: art. 1.369
- concessão da superfície, onerosa ou gratuita: art. 1.370
- constituído por pessoa jurídica de direito público interno: art. 1.377
- desapropriação, indenização, a quem cabe: art. 1.376
- destinação diversa daquela para que foi concedido: art. 1.374
- direito de preferência do superficiário ou proprietário, quando cabe: art. 1.373
- direito real: art. 1.225, II
- extinção: arts. 1.374 a 1.376
- extinção da concessão, propriedade plena do proprietário: art. 1.375
- subsolo, não está abrangido, salvo se inerente ao objeto da concessão: art. 1.369, parágrafo único
- superficiário, responde por encargos e tributos: art. 1.371
- transferência a terceiros ou a herdeiros: art. 1.372

DIREITO DO PROMITENTE COMPRADOR
- adjudicação compulsória: art. 1.418

- direito real: art. 1.225, VII
- em que consiste: art. 1.417
- outorga da escritura definitiva de compra e venda, direito do promitente comprador: art. 1.418

DIREITOS
- da personalidade da pessoa jurídica: art. 52
- da personalidade da pessoa natural: arts. 11 a 21
- de vizinhança: arts. 1.277 a 1.313
- do credor, na cessão de crédito: arts. 286 a 298
- do credor, nas dívidas com garantia real: arts. 1.419 a 1.510
- do depositário: art. 644
- do mandatário: art. 681
- do possuidor: arts. 1.210, 1.219 e 1.220
- do proprietário: art. 1.228
- dos condôminos: arts. 1.314 a 1.322
- dos cônjuges: arts. 1.642 e 1.643
- dos nubentes, quanto aos bens: art. 1.639
- do titular da habitação: arts. 1.414 a 1.416
- do usuário: arts. 1.412 e 1.413
- do usufrutuário: arts. 1.394 a 1.399
- reais: arts. 1.225 e s.
- reais de garantia: arts. 1.419 e s.
- reais sobre coisas móveis, como se adquirem: art. 1.226
- reais sobre imóveis, como se adquirem: art. 1.227
- reais sobre imóveis, escritura pública essencial ao negócio jurídico: art. 108

DISPENSA
- de editais, na habilitação para casamento: art. 1.527, parágrafo único

DISPOSIÇÃO
- do próprio corpo com objetivo científico: art. 14
- do próprio corpo, quando o ato pode ser revogado: art. 14, parágrafo único
- do próprio corpo que contrarie os bons costumes, proibição: art. 13

DISPOSIÇÕES
- *Vide* também CLÁUSULA
- atos de disposição do próprio corpo que contrariem os bons costumes, proibição: art. 13
- captatórias, nulidade: art. 1.900, I
- de última vontade, cumprimento: art. 1.976
- finais e transitórias do Código: arts. 2.028 e s.
- testamentárias: arts. 1.897 a 1.911

DISSOLUÇÃO
- da sociedade e do vínculo conjugal: arts. 1.571 a 1.582
- da sociedade e do vínculo conjugal, guarda dos filhos: arts. 1.583 a 1.590
- do regime de bens: art. 1.576

DISTRATO
- forma: arts. 472 e 473

DISTRITO FEDERAL
- domicílio da União: art. 75, I
- personalidade jurídica: art. 41, II
- propriedade da herança vacante: art. 1.822, *caput*
- propriedade do imóvel abandonado: art. 1.276, *caput*

DÍVIDAS
- *Vide* também PAGAMENTO
- assunção de dívidas: arts. 299 a 303
- da herança: arts. 1.997 a 2.001
- de funeral: art. 1.998
- de herdeiro: art. 2.001
- de jogo e aposta: art. 814
- demandada antes de vencida: art. 939
- demandada depois de paga: art. 940
- dos cônjuges, no regime da comunhão parcial: art. 1.663, § 1.º
- futuras, fianças relativas: art. 821
- incomunicáveis: art. 1.668, III
- líquidas, prescrição: art. 206, § 5.º, I
- no condomínio, responsabilidade dos condôminos: arts. 1.317 e 1.318
- obrigações solidárias: arts. 264 a 285

- prescritas, pagamento, não se pode repetir o indébito: art. 882
- remissão: arts. 385 a 388
- repetição do indébito: arts. 876, 882 e 883
- vencimento antecipado: arts. 333, 1.425 e 1.426

DIVISÃO
- acordo sobre a indivisão: art. 1.320, § 1.º
- casos omissos, como se resolvem: art. 1.321
- coisa indivisível, venda: art. 1.322
- coisas divisíveis e indivisíveis, conceito: arts. 87 e 88
- da coisa comum: arts. 1.315 e 1.320
- dos frutos da coisa comum: art. 1.326
- indivisão, acordo para continuação: art. 1.320, § 1.º
- indivisão imposta pelo doador ou testador, prazo: art. 1.320, § 2.º
- mediante sorteio: art. 817

DIVÓRCIO
- averbação em registro público: art. 10, I
- direto ou por conversão, possibilidade de manutenção do nome de casado: art. 1.571, § 2.º
- dissolução da sociedade e do vínculo conjugal: art. 1.571, IV
- dissolução do casamento: art. 1.571, § 1.º
- guarda dos filhos: arts. 1.583 a 1.590
- pedido, legitimidade: art. 1.582
- sem prévia partilha de bens, possibilidade: art. 1.581
- separação de fato por mais de dois anos: art. 1.580, § 2.º

DOAÇÃO
- aceitação: arts. 539, 542 e 543
- adiantamento da herança: art. 544
- a descendentes, quando e como vêm os bens à colação: arts. 2.002 a 2.012
- a mais de um donatário: art. 551
- a marido e mulher: art. 551, parágrafo único
- a marido e mulher, entra em comunhão: art. 1.660, III
- ao nascituro: art. 542
- aos filhos, importa em adiantamento de legítima: art. 544
- aos filhos, quando casarem ou se estabelecerem com economia separada: art. 1.647, parágrafo único
- cláusula de inalienabilidade: art. 1.911
- cláusula de incomunicabilidade: art. 1.668, I
- cláusula de reversão: art. 547, parágrafo único
- conceito: art. 538
- conjuntiva: art. 551
- de todos os bens, nulidade: art. 548
- doador, não responde por juros, nem pela evicção: art. 552
- em contemplação de casamento futuro: art. 546
- em contemplação de merecimento do donatário: art. 540
- em forma de subvenção periódica: art. 545
- encargo, obrigação do donatário: art. 553
- encargo: arts. 441, parágrafo único, 540, 553, 555 e 564
- escritura pública: art. 541
- evicção, quando responde o doador: art. 552
- forma: art. 541
- gravada, quando não perde o caráter de liberalidade: art. 540
- homicídio doloso do doador, a quem cabe a ação: art. 561
- incapazes, aceitação: art. 543
- inoficiosa: arts. 549 e 2.007
- nulidade da doação da parte excedente à parte disponível: art. 549
- nulidade da doação de todos os bens: art. 548
- pelos cônjuges, necessidade de autorização do outro: art. 1.647, IV
- proibição ao tutor de dispor gratuitamente dos bens do tutelado: art. 1.749, II
- remuneratória, quando não perde o caráter de liberalidade: art. 540
- revogação, casos que autorizam: art. 555

- revogação por ingratidão do donatário: arts. 555 a 564
- verbal, quando é válida: art. 541, parágrafo único

DOCUMENTOS
- *Vide* também CERTIDÕES e INSTRUMENTO
- casamento: art. 1.525
- declarações em relação aos signatários: art. 219
- em língua estrangeira: art. 224
- públicos ou particulares, meio de prova: art. 212, II

DOLO
- *Vide* também FRAUDE e MÁ-FÉ
- acidental, conceito e efeito: art. 146
- de ambas as partes, efeito: art. 150
- de menor que oculta a idade: art. 180
- de terceiro, quando pode anular o negócio: art. 148
- do representante, efeito: art. 149
- essencial: art. 145
- nos contratos aleatórios: art. 461
- perdas e danos nas inexecuções dolosas: art. 403
- silêncio intencional, nos negócios bilaterais: art. 147
- torna anuláveis os negócios jurídicos: arts. 145 e 171, II

DOMICÍLIO
- arts. 70 a 78
- ausente: art. 39
- conjugal: art. 72, 1.566 e 1.569
- da pessoa natural, conceito: art. 70
- da pessoa natural, quanto às relações concernentes à profissão: art. 72
- das pessoas jurídicas: art. 75
- diversidade de residências: art. 71
- do devedor, lugar do pagamento: art. 327
- do falecido, abertura da sucessão: art. 1.785
- do marítimo: art. 76
- do militar: art. 76
- do ministro ou agente diplomático: art. 77
- do preso: art. 76
- dos incapazes: art. 76
- dos servidores públicos: art. 76
- eleito no contrato: art. 78
- mudança do domicílio: art. 74
- necessário: art. 76
- pessoa natural sem residência habitual: art. 73
- profissional: art. 72

DOMÍNIO
- *Vide* também PROPRIEDADE
- alegação nas ações possessórias: art. 1.210, § 2.º
- aquisição por usucapião, bens imóveis: arts. 1.238 a 1.244
- aquisição por usucapião, bens móveis: arts. 1.260 a 1.262
- bens públicos: arts. 98 a 103
- da herança: arts. 1.784 e 1.791
- de bens dados em compensação da renda: art. 809
- direto, pode ser objeto de hipoteca: art. 1.473, II
- exclusivo e ilimitado, presume-se: art. 1.231
- perda da propriedade: arts. 1.275 e 1.276
- resolução pelo implemento da condição ou pelo advento do termo ou outra causa: arts. 1.359 e 1.360
- resolúvel, no fideicomisso: art. 1.953
- superveniência, revalida a garantia real: art. 1.420, § 1.º
- superveniente, revalida a transferência: art. 1.268, § 1.º
- tradição nula, não transfere: art. 1.268
- transferência pelo registro: art. 1.245
- útil, pode ser hipotecado: art. 1.473, III

ÉBRIOS
- habituais, incapacidade civil relativa: art. 4.º, II

EDIÇÃO
- privilégio do autor em concurso de credores: art. 964, VII

EDIFICAÇÃO
- *Vide* também CONSTRUÇÕES
- direito de construir: arts. 1.299 a 1.313
- em terreno alheio com material alheio: art. 1.257
- em terreno alheio com material próprio: art. 1.255
- em terreno próprio com material alheio: art. 1.254
- responsabilidade do empreiteiro: art. 618

EDITAL
- de casamento: art. 1.527

EIRADO
- embargo pelo vizinho: art. 1.301

EMANCIPAÇÃO
- extingue a tutela: art. 1.763, I
- extingue o poder familiar: art. 1.635, II
- inscrição no assento de nascimento: art. 9.º, II
- quando se dá: art. 5.º, parágrafo único
- registro público: art. 9.º, II

EMPREGADOS
- *Vide* também PRESTAÇÃO DE SERVIÇOS
- públicos, domicílio: art. 76
- públicos, proibição de comprar certos bens: arts. 497 e 498
- públicos, responsabilidade civil do empregador: art. 932, III

EMPREITADA
- acréscimo no preço: art. 619
- de lavor, perecimento da coisa: art. 613
- de partes distintas ou por medidas: art. 614
- diminuição no preço do material ou da mão de obra: art. 620
- execução da obra confiada a terceiros, responsabilidade do autor do projeto: art. 622
- fornecimento de mão de obra, riscos: art. 612
- fornecimento de materiais, riscos: art. 611
- imperícia, inutilização do material: art. 617
- modalidades: art. 610
- modificações no projeto, proibição ao proprietário: art. 621
- mora de receber a obra: art. 611
- morte de qualquer das partes, quando extingue o contrato: art. 626
- obras defeituosas ou em desacordo: arts. 615 e 616
- onerosidade excessiva na execução do projeto: art. 621
- prazo de duração da responsabilidade pela solidez e segurança de construções: art. 618
- recebimento com abatimento de preço: art. 616
- recebimento ou rejeição da obra: art. 615
- suspensão da obra, pagamento de perdas e danos: art. 624
- suspensão da obra pelo empreiteiro: art. 625
- suspensão da obra, possibilidade: art. 623

EMPRESA
- *Vide* SOCIEDADES

EMPRESÁRIO
- *Vide* também ESTABELECIMENTO e SOCIEDADES
- aplicação de leis comerciais e mercantis não revogadas por este Código: art. 2.037
- capacidade: arts. 972 a 980
- conceito: art. 966, *caput*
- escrituração a que está sujeito: arts. 1.179 a 1.195
- inscrição antes do início das suas atividades, obrigatoriedade: art. 967
- inscrição, requisitos: art. 968
- instituição de filial, sucursal ou agência: art. 969
- não se considera: art. 966, parágrafo único
- pequeno empresário, tratamento: art. 970
- prepostos: arts. 1.169 a 1.178
- registro de seus atos: arts. 1.150 a 1.154
- rural, tratamento: arts. 970 e 971

EMPRÉSTIMO
- *Vide* também COMODATO e MÚTUO
- para jogo: art. 815

– para solução de dívida, sub-rogação nos direitos do credor: art. 347, II

ENCARGO
– efeito: art. 136
– ilícito ou impossível, considera-se não escrito: art. 137
– na doação: arts. 441 e parágrafo único, 540, 553, 555 e 564, II
– nas substituições e fideicomissos: arts. 1.949 e 1.957
– nos legados: arts. 1.937 e 1.938

ENFITEUSE
– aforamentos existentes antes da vigência deste Código: art. 2.038, § 1.º
– constituição proibida: art. 2.038
– de terrenos de marinha e acrescidos, regula-se por lei especial: art. 2.038, § 2.º
– existente antes da vigência deste Código: art. 2.038

ENRIQUECIMENTO SEM CAUSA
– quando não cabe restituição: art. 886
– quando tem por objeto coisa determinada: art. 884, parágrafo único
– ressarcimento, prescrição: art. 206, § 3.º, IV
– restituição do indevidamente auferido: arts. 884 e 885

ENTERRO
– disposições especiais no codicilo: art. 1.881
– feito por terceiro, cobrança aos parentes: art. 872

ERRO
– anulabilidade do negócio jurídico: arts. 138 e 171, II
– de cálculo: art. 143
– de direito, não anula a transação: art. 849, parágrafo único
– essencial de pessoa, no casamento: arts. 1.556 e 1.557
– essencial, na transação: art. 849
– falsa causa, quando vicia o ato: art. 140
– na designação do herdeiro, do legatário ou da coisa legada: art. 1.903
– na indicação da pessoa ou da coisa: art. 142
– na partilha: art. 2.027
– no casamento, anulação: arts. 1.556 e 1.557
– prescrição da ação para anular o ato: art. 178, II
– quando não prejudica a validade do negócio jurídico: art. 144
– repetição do indébito, ônus da prova: art. 877
– substancial, quando é: art. 139
– transmissão errônea da vontade: art. 141

ESBULHO
– *Vide* também POSSE
– ação contra terceiro que recebeu a coisa esbulhada: art. 1.212
– indenização do dano: arts. 952 e 1.212
– não se compensa a dívida proveniente: art. 373, I
– reintegração do possuidor: art. 1.210
– remédios contra: arts. 1.210 e 1.212

ESCRITOR
– do testamento: art. 1.801, I

ESCRITOS
– *Vide* também DOCUMENTOS e INSTRUMENTO
– acessório da matéria-prima que os recebe, não se considera: art. 1.270, § 2.º
– em língua estrangeira: art. 224
– presumem-se verdadeiras as declarações em relação aos signatários: art. 219

ESCRITURA PÚBLICA
– antenupcial: arts. 1.536, VII, e 1.537
– assinatura a rogo: art. 215, § 2.º
– convenção de condomínio edilício: art. 1.334, § 1.º
– de compra e venda, despesas a cargo do comprador: art. 490
– de constituição de renda: art. 807
– de reconhecimento de filho: art. 1.609
– de transação: art. 842

- fundação, instituição: art. 62
- necessidade de testemunhas: art. 215, § 5.º
- necessidade de tradutor público: art. 215, § 4.º
- prova de quitação: art. 324
- quando é da substância do ato: arts. 108 e 109
- redação: art. 215, § 3.º
- requisitos: art. 215, § 1.º

ESCRIVÃO
- prescrição de custas: art. 206, § 1.º, III
- proibição de comprar: art. 497, III

ESCULTURA
- especificação: arts. 1.269 a 1.271

ESPECIFICAÇÃO
- direitos do prejudicado: art. 1.271
- em que consiste: art. 1.269
- especificador de boa-fé: art. 1.270
- indenização devida ao especificador de boa-fé: art. 1.271

ESTABELECIMENTO
- alienação, bens insuficientes para solver o passivo: art. 1.145
- alienação, contrato que tenha esse objeto, produção de efeitos em relação a terceiros: art. 1.144
- alienação, pagamento dos débitos anteriores: art. 1.146
- alienação, proibição ao alienante de fazer concorrência ao adquirente: art. 1.147
- arrendamento, contrato que tenha esse objeto, produção de efeitos em relação a terceiros: art. 1.144
- como objeto unitário de direitos e negócios jurídicos compatíveis com sua natureza: art. 1.143
- conceito: art. 1.142
- transferência, sub-rogação: art. 1.148
- transferido, cessão de créditos: art. 1.149
- usufruto, contrato que tenha esse objeto, produção de efeitos em relação a terceiros: art. 1.144

ESTADO
- civil: art. 1.525, IV
- de necessidade: art. 188, parágrafo único

ESTADO DA UNIÃO
- bens públicos: art. 98
- domicílio da pessoa jurídica: art. 75, II
- pessoa jurídica: art. 41, II

ESTADO DE CASADO
- posse do estado de casado: arts. 1.545 e 1.547

ESTADO DE PERIGO
- anulação do negócio jurídico, prazo decadencial: art. 178, II
- quando se configura: art. 156

ESTALAGENS
- *Vide* ESTALAJADEIROS

ESTALAJADEIROS
- garantias e responsabilidades: arts. 649, 650 e 1.467, I

ESTATUTOS
- das fundações: arts. 65 e 67 a 69

ESTELIONATÁRIO
- proibição de exercer tutela: art. 1.735, IV

ESTIPULAÇÕES
- em favor de terceiro: arts. 436 a 438

ESTRADAS DE FERRO
- hipoteca: arts. 1.473, IV, e 1.502 a 1.505

ESTRAGOS
- *Vide* DANO

EVICÇÃO
- ação de evicção, sua pendência impede o curso da prescrição: art. 199, III
- benfeitorias, quando são pagas pelo alienante: arts. 453 e 454
- bens aquinhoados na partilha: arts. 2.024 e 2.026
- caso em que não pode o adquirente demandar pela evicção: art. 457

Índice Alfabético-Remissivo do Código Civil

- cláusula de exclusão, efeito: art. 449
- coisa deteriorada, dedução de vantagem auferida: art. 452
- coisa deteriorada, subsistência da responsabilidade: art. 451
- contratos onerosos, responsabilidade do alienante: art. 447
- dação em pagamento, credor evicto, efeito: art. 359
- direitos do evicto: art. 450
- doador, não está sujeito: art. 552
- evicção parcial, opção do evicto: arts. 450, parágrafo único, e 455
- legado, caducidade por evicção: art. 1.939, III
- notificação do litígio ao alienante: art. 456
- presume-se a garantia nos contratos onerosos: art. 447
- reforço ou diminuição da garantia nos contratos onerosos: art. 448
- transação, evicção da coisa renunciada: art. 669

EXCEÇÕES
- contrato não cumprido: arts. 476 e 477
- do devedor, na cessão de crédito: art. 294
- do devedor, na obrigação solidária: art. 281
- do emissor de título ao portador: art. 906
- do fiador: art. 837

EXCESSO
- de mandato: arts. 665 e 673

EXCLUSÃO
- de herdeiro ou legatário: arts. 1.814 a 1.818

EXECUÇÃO
- ação executiva hipotecária: art. 1.501
- de hipoteca ou de penhor: arts. 1.422 e 1.430
- fiador, benefício de ordem: art. 827
- fiador, direito de prosseguir na iniciada contra o devedor: art. 834
- por dívida já paga: arts. 940 e 941
- por dívida não vencida: arts. 939 e 941

EXERCÍCIO
- de direito, a ameaça não constitui coação: art. 153
- de direito, não constitui ato ilícito: art. 188, I
- de direitos, incapacidade civil: arts. 3.º e 4.º

EXISTÊNCIA
- de pessoa jurídica, início e fim: arts. 45 e 51
- de pessoa natural, início e fim: arts. 2.º e 6.º

EXTINÇÃO
- bem de família: art. 1.722
- da dívida, não prova a entrega do objeto empenhado: art. 387
- da dívida, novação: arts. 360 a 367
- da dívida, pagamento: art. 304
- da fiança: arts. 837 a 839
- da hipoteca: arts. 1.499 a 1.501
- das associações: art. 61
- da servidão: arts. 1.387 a 1.389
- das fundações: art. 69
- da tutela: arts. 1.763 a 1.766
- do mandato: arts. 682 a 691
- do poder familiar: arts. 1.635 a 1.638
- do usufruto: arts. 1.410 e 1.411

FALÊNCIA
- determina o vencimento antecipado da dívida garantida por penhor, hipoteca ou anticrese: art. 1.425, II
- do devedor, exclusão do benefício de ordem: art. 828, III

FALSIDADE
- de dívidas e contratos, discussão em concurso de credores: art. 956

FALSO MOTIVO
- quando vicia o negócio jurídico: art. 140

FAMÍLIA
- do direito de família: arts. 1.511 a 1.783
- domicílio, fixação por ambos os cônjuges: art. 1.569
- do usuário, necessidades: art. 1.412, § 2.º

- mantença, obrigação do marido e da mulher: arts. 1.568 e 1.688

FATOS JURÍDICOS
- *Vide* NEGÓCIOS JURÍDICOS

FAZENDA PÚBLICA
- *Vide* também IMPOSTOS
- hipoteca legal sobre imóveis de determinados servidores: art. 1.489, I
- hipoteca legal sobre os imóveis do delinquente: art. 1.489, III
- privilégio geral dos impostos: art. 965, VI

FERIADOS
- dia de vencimento de prazo, prorrogação: art. 132, § 1.º

FERIMENTO
- indenização: art. 949

FIADOR
- *Vide* também FIANÇA
- abono à solvência: art. 828
- aceitação pelo credor: art. 825
- benefício de ordem: arts. 827 e 828
- casado, necessidade de autorização do cônjuge: arts. 1.647, III, e 1.649
- compensação de dívida com o credor: art. 372
- de dívidas futuras, quando pode ser demandado: art. 821
- demandado, benefício que pode invocar: arts. 827 e 828
- de parte da dívida: art. 830
- exceções que pode opor: art. 837
- exoneração da fiança: arts. 366 e 835
- falência do afiançado: art. 828, III
- fiança conjunta: art. 829
- insolvência do afiançado: art. 828, III
- interrupção de prescrição: art. 204, § 3.º
- juros a que tem direito: art. 833
- licitação em execução hipotecária: art. 1.481, § 1.º
- morte do afiançado: art. 836
- mútuo feito a menor sem prévia autorização: arts. 588 e 589
- novação sem seu consenso: art. 366
- obrigação, passa aos herdeiros: art. 836
- perdas sofridas em razão da fiança: art. 832
- pode promover o andamento da execução: art. 834
- quando fica desobrigado: arts. 838 e 839
- sub-rogação do crédito ao terceiro que pagou a dívida não o desonera: art. 349
- sub-rogação nos direitos do credor: art. 831
- substituição, quando pode ser exigida: art. 826
- transação, efeito: art. 844, § 1.º

FIANÇA
- *Vide* também CAUÇÃO e FIADOR
- ação para anular a prestada pelo cônjuge sem autorização, prazo: art. 1.649
- benefício de divisão: arts. 829 e 830
- benefício de ordem: arts. 827 e 828
- compensação da dívida: art. 371
- conceito: art. 818
- condições exigíveis para a aceitação do fiador: art. 825
- de dívida de jogo ou aposta: art. 814, § 1.º
- de dívidas futuras: art. 821
- defesa do fiador: art. 837
- de mútuos feitos a menores: arts. 588, 589 e 824, parágrafo único
- de obrigações nulas: art. 824
- efeitos: arts. 827 a 836
- execução, demora sem causa: art. 834
- exoneração da fiança: arts. 366 e 835
- extensão aos acessórios, inclusive despesas judiciais: art. 822
- extinção: arts. 837 a 839
- forma: art. 819
- independe de consentimento do devedor: art. 820
- interpretação: art. 819
- juros do desembolso: art. 833
- limite do valor: art. 823

- morte do fiador, como se transmite a obrigação: art. 836
- parcial: art. 830
- prestada em conjunto: arts. 829 a 831
- prestada em conjunto em partes determinadas: art. 830
- prestada em conjunto, pagamento da dívida por um só fiador, efeitos: art. 831
- prestada por um dos cônjuges: art. 1.647, III
- prestada por um dos cônjuges sem autorização do outro, ação para anulá-la: art. 1.642, IV
- quando fica desobrigado o fiador: arts. 837 e 839
- responsabilidade do devedor por perdas e danos: art. 832
- substituição do fiador insolvente: art. 826
- transação, efeito: art. 844, § 1.º

FIDEICOMISSO
- caducidade do fideicomisso: arts. 1.955 e 1.958
- conceito: art. 1.951
- exclusão da comunhão de bens: art. 1.668, II
- fideicomissário, aceitação da herança, efeitos: art. 1.956
- fideicomissário, renúncia da herança, efeitos: art. 1.955
- fideicomissário, responsabilidade por encargos da herança: art. 1.957
- fiduciário, limitação da sua propriedade: art. 1.953
- fiduciário, obrigações: art. 1.953, parágrafo único
- nulidade: arts. 1.959 e 1.960

FILHOS
- *Vide* também DESCENDENTES e FILIAÇÃO
- adotivo, impedimentos matrimoniais: art. 1.626
- adotivo, parentesco civil: art. 1.626
- alimentos, direito recíproco entre pais e filhos: art. 1.694
- autorização para casamento: art. 1.517
- de separados ou divorciados, não se alteram as relações do poder familiar: art. 1.632
- deserdação: art. 1.962
- guarda dos reconhecidos por sentença: art. 1.616
- guarda em caso de separação judicial ou divórcio: arts. 1.583 a 1.586, 1.589 e 1.590
- guarda, fora da companhia daquele dos pais que negou esta qualidade: art. 1.617
- guarda, mãe ou pai binúbos: art. 1.588
- guarda pelo cônjuge que o reconheceu: art. 1.611
- herdeiros necessários: art. 1.845
- hipoteca legal sobre os bens dos pais: art. 1.489, II
- interesses colidentes com os dos pais, nomeação de curador especial: art. 1.692
- investigação de paternidade e maternidade: arts. 1.615 e 1.616
- parentesco com os ascendentes: art. 1.591
- poder familiar, mãe ou pai binúbos: art. 1.636
- poder familiar quanto aos bens dos filhos: arts. 1.689 a 1.693
- poder familiar quanto à pessoa dos filhos: art. 1.634
- poder familiar, sujeição dos filhos: art. 1.630
- poder familiar, suspensão e extinção: arts. 1.635 a 1.638
- prescrição, não corre entre eles e os ascendentes, durante o poder familiar: art. 197, II
- proteção da pessoa: arts. 1.583 a 1.590
- prova da filiação, ação: art. 1.606
- reconhecimento, averbação no registro público: art. 10, II
- reconhecimento, consentimento ou impugnação: art. 1.614
- reconhecimento, irrevogabilidade: arts. 1.609 e 1.610
- reconhecimento, não admite condição ou termo: art. 1.613
- sucessão legítima: arts. 1.829, I, e 1.835

FILIAÇÃO
- *Vide* também FILHOS

- ação para prova, compete ao filho: art. 1.606
- adultério da mulher, não elide a presunção: art. 1.600
- como se prova: arts. 1.603 e 1.605
- confissão materna não exclui a paternidade: art. 1.602
- contestação, casos admissíveis: arts. 1.598 a 1.601
- contestação, direito privativo do marido: art. 1.601
- investigação de paternidade e de maternidade: arts. 1.615 e 1.616
- presunção legal no casamento: art. 1.598
- quando se presume: art. 1.597
- reconhecimento, averbação no registro público: art. 10, II
- reconhecimento, depende de consentimento do filho: art. 1.614
- reconhecimento, irrevogabilidade: arts. 1.609 e 1.610
- reconhecimento, não se subordina a condição ou termo: art. 1.613
- reconhecimento voluntário, como pode ser feito: art. 1.609
- registro do nascimento, valor probante: art. 1.604
- resultante de casamento nulo: art. 1.617

FLORESTAS
- extensão do usufruto: art. 1.392, § 2.º

FOGÕES
- construção, direito do vizinho: art. 1.308

FORÇA MAIOR
- *Vide* também CASO FORTUITO
- adquirente que não pode demandar pela evicção: art. 457
- causa de inexecução de obrigações: art. 393
- conceito: art. 393, parágrafo único
- depositário, não responde: art. 642
- depositário que perde a coisa depositada e recebe outra em seu lugar: art. 636
- quando não exime o devedor de responsabilidade: arts. 246, 393 e 399

- responsabilidade dos hospedeiros e estalajadeiros: art. 650

FORMA
- dos negócios jurídicos: arts. 104 e 107 a 109
- dos negócios jurídicos, anulação quando não revestir a prescrita em lei: art. 166, IV

FORNALHA
- forno, construção: art. 1.308

FRAUDE
- contra credores: arts. 158 a 165
- contra credores, anulação do negócio jurídico: art. 171, II
- contra credores, na renúncia de herança: art. 1.813
- discussão no concurso de credores: art. 956

FRUTOS
- civis, quando se reputam percebidos: art. 1.215
- da árvore do vizinho: art. 1.284
- da coisa dada em pagamento indevido: art. 878
- da coisa legada: art. 1.923, § 2.º
- da coisa possuída, a quem pertencem: arts. 1.214, 1.215 e 1.232
- de bens incomunicáveis: art. 1.669
- dos bens da herança, partilha: art. 2.020
- dos bens da herança, responsabilidade do herdeiro excluído: art. 1.817, parágrafo único
- industriais, quando se reputam percebidos: art. 1.215
- na anticrese: arts. 1.506 e 1.507
- na posse de boa-fé: art. 1.214
- na posse de má-fé: arts. 1.214, parágrafo único, e 1.215
- na revogação da doação: art. 563
- nas obrigações de dar coisa certa: arts. 237, parágrafo único, e 242, parágrafo único
- naturais, quando se reputam percebidos: art. 1.215
- no condomínio: arts. 1.319 e 1.326
- no depósito, restituição: art. 629

- no penhor, restituição: art. 1.435, IV
- no regime de comunhão parcial: art. 1.660, V
- no usufruto: arts. 1.396 a 1.398
- pertencem ao proprietário: art. 1.232
- são bens imóveis: art. 79

FUNCIONÁRIOS
- *Vide* EMPREGADOS

FUNDAÇÕES
- cisão, rege-se desde logo por este Código: art. 2.033
- criação, forma: art. 62
- dissolução e liquidação iniciadas antes da vigência deste Código: art. 2.034
- efeito dos atos e negócios jurídicos produzido após a vigência deste Código: art. 2.035
- estatutos, alteração: arts. 67 e 68
- estatutos, elaboração e aprovação: art. 65
- extinção, destino do patrimônio: art. 69
- fusão, rege-se desde logo por este Código: art. 2.033
- incorporação, rege-se desde logo por este Código: art. 2.033
- instituídas na forma de leis anteriores a este Código, funcionamento: art. 2.032
- instituídas na forma de leis anteriores a este Código, prazo de dois anos para adaptação a suas disposições: art. 2.031
- **instituídas por testamento: art. 1.799, III**
- insuficiência dos bens, conversão em títulos: art. 63
- Ministério Público, velará por elas: art. 66
- pessoas jurídicas de direito privado: art. 44
- transformação, rege-se desde logo por este Código: art. 2.033

FUNDO DE INVESTIMENTO
- constituído por lei específica: art. 1.368-F
- definição: art. 1.368-C
- regulamento: art. 1.368-D
- responsabilidade: art. 1.368-E

FUNERAIS
- *Vide* também CODICILO e ENTERRO
- despesas abatidas para cálculo da meação disponível: art. 1.847
- despesas, podem ser cobradas da pessoa que tinha obrigação de alimentar: art. 872
- despesas, privilégio geral: art. 965, I
- do *de cujus*, não exprime aceitação da herança: art. 1.805, § 2.º
- indenização em caso de homicídio: art. 948, I

FURTO
- compensação das obrigações resultantes, proibição: art. 373, I
- condenação, incapacidade para o exercício da tutela: art. 1.735, IV

GARANTIA
- *Vide* também ANTICRESE, CAUÇÃO, FIANÇA, HIPOTECA e PENHOR
- de cumprimento de contrato bilateral: art. 476
- devedor insolvente: art. 163
- direitos reais de garantia: arts. 1.419 a 1.510
- do débito, insuficiência, cobrança antecipada: art. 333, III
- dos quinhões hereditários: arts. 2.023 a 2.026
- fraudatória, presume-se a dada pelo devedor insolvente: art. 163
- no contrato de mútuo: art. 590
- novação, efeitos: arts. 364 e 365
- real, de coisa em condomínio: art. 1.420, § 2.º
- real, o pagamento de prestações não importa em exoneração parcial: art. 1.421
- real, por dívida alheia, quando não fica obrigado o terceiro a reforçá-la: art. 1.427
- real, quem a pode dar: art. 1.420
- real, vinculação da coisa ao cumprimento da obrigação: art. 1.419
- renúncia, prova pela entrega do objeto empenhado: art. 387

GESTÃO DE NEGÓCIOS

- comunhão de interesses do gestor e do dono, sociedade presumida: art. 875
- comunicação ao dono do negócio: art. 864
- conceito: art. 861
- contrária à vontade do interessado, responsabilidade do gestor: arts. 862 e 863
- culpa na gestão, indenização: art. 866
- desaprovação, efeitos: art. 874
- despesas de enterro: art. 872
- diligência na administração do negócio: art. 866
- gestor, mandatário que excede ou contraria os poderes do mandato: art. 665
- mais de um gestor, responsabilidade solidária: art. 867, parágrafo único
- obrigação do dono, limite da indenização: art. 870
- obrigação do dono pelas despesas e prejuízos do gestor: art. 868, parágrafo único
- obrigação do dono pelas despesas necessárias ou úteis: art. 869
- operações arriscadas, responsabilidade pelo fortuito: art. 868
- prestação de alimentos na ausência do obrigado: art. 871
- preterição de interesses da gestão, responsabilidade do gestor: art. 868
- ratificação pelo dono, retroação: art. 873
- substituição do gestor por outrem, responsabilidade pelos atos do substituto: art. 867

GRAVIDEZ

- direitos do nascituro: art. 2.º
- impede anulação de casamento por defeito de idade: art. 1.551

GUARDA DOS FILHOS

- compartilhada ou unilateral: arts. 1.583 e 1.584
- direito de visita do pai ou da mãe que não possui a guarda: art. 1.589
- maiores incapazes: art. 1.590
- modificada pelo juiz: art. 1.586
- na invalidade do casamento: art. 1.587
- na separação judicial por mútuo consentimento: art. 1.583
- pai ou mãe que contrai novas núpcias: art. 1.588

GUERRA

- desaparecimento de pessoa durante esta, até dois anos após seu término, presunção de morte: art. 7.º, II

HABILITAÇÃO

- casamento: arts. 1.525 a 1.527
- hipoteca: art. 1.822

HABITAÇÃO

- direito conferido a vários titulares: art. 1.415
- direito real: art. 1.225, VI
- disposições concernentes ao usufruto são aplicáveis ao direito de habitação: art. 1.416
- limites ao titular desse direito: art. 1.414

HASTA PÚBLICA

- alienação de bens de interditos: art. 1.774
- alienação e arrendamento de bens de menores sob tutela: arts. 1.748, II, e 1.750
- coisas achadas, sem dono conhecido: art. 1.237
- pessoas que não podem adquirir nem em hasta pública: art. 497

HERANÇA

- *Vide* também HERDEIROS, SUCESSÃO e TESTAMENTO
- abertura da sucessão: art. 1.784
- abertura da sucessão, último domicílio do falecido: art. 1.785
- aceitação de legado e renúncia da herança: art. 1.808, § 1.º
- aceitação e renúncia: arts. 1.804 a 1.813
- aceitação expressa ou tácita: art. 1.805
- aceitação, irrevogabilidade: art. 1.812
- aceitação, não pode ser parcial, sob condição ou a termo: art. 1.808
- aceitação pelos credores do renunciante: art. 1.813

Índice Alfabético-Remissivo do Código Civil

- aceitação pelos herdeiros do herdeiro falecido: art. 1.809
- aceitação pelo tutor: art. 1.748, III
- aceitação, quando a cessão não importa: art. 1.805, § 2.º
- administração: art. 1.991
- administração até o compromisso do inventariante: art. 1.797
- arts. 1.791 a 1.828
- arrecadação da jacente: art. 1.819
- capacidade para suceder, lei reguladora: art. 1.787
- coerdeiro, direito de preferência na cessão de quotas: arts. 1.794 e 1.795
- constitui universalidade: art. 91
- credores da herança, em concurso com herdeiros: art. 2.000
- de pessoa viva, não pode ser objeto de contrato: art. 426
- despesas funerárias, saem da herança: art. 1.998
- dívidas, pagamento: arts. 1.997 a 2.001
- domínio e posse, transmitem-se com a abertura da sucessão: art. 1.784
- encargos, responsabilidade dos herdeiros: art. 1.792
- expectativa de direito: art. 1.789
- falecimento do herdeiro antes da aceitação: art. 1.809
- inventário e partilha: arts. 1.991 a 2.027
- jacente, quando é: arts. 1.819 e 1.823
- limite ao direito de testar, havendo herdeiro legítimo: art. 1.789
- metade disponível: arts. 1.789, 1.846 e 1.847
- partilha, anulação: art. 2.027
- petição de herança: arts. 1.824 a 1.828
- posse e domínio, indivisibilidade quando chamadas duas ou mais pessoas simultaneamente: art. 1.791
- posse por terceiro, reclamação da universalidade por coerdeiro: art. 1.791, parágrafo único
- prazo para o herdeiro declarar a aceitação: art. 1.807
- quando não entram e quando entram na comunhão os bens herdados: arts. 1.659, I, e 1.660, III
- quando não há testamento ou este caduca: art. 1.788
- renúncia: arts. 1.806 a 1.813
- renúncia de sucessão legítima, acréscimo dos quinhões dos demais herdeiros: art. 1.810
- renúncia de todos os herdeiros da mesma classe, como se faz a sucessão: art. 1.811
- renúncia, deve ser expressa e constar de escritura ou termo: art. 1.806
- renúncia em prejuízo de credores: art. 1.813
- renúncia, irrevogabilidade: art. 1.812
- renúncia, não admite sucessão por representação: art. 1.810
- renúncia, não pode ser parcial, sob condição ou termo: art. 1.808
- universalidade: arts. 91 e 1.791
- vacante, declaração: art. 1.820
- vacante, passagem para o domínio dos Municípios ou do Distrito Federal: art. 1.822

HERDEIROS

- *Vide* também HERANÇA, LEGATÁRIOS e SUCESSÃO
- aceitação da herança do herdeiro falecido: art. 1.809
- aceitação e renúncia da herança: arts. 1.804 a 1.813
- cláusula de inalienabilidade: art. 1.911
- coerdeiros, direito de preferência na cessão de quotas: arts. 1.794 e 1.795
- continuam a posse do falecido: arts. 1.206 e 1.207
- curador, nomeação pelo juiz: art. 1.800
- de comprador, preempção: art. 520
- de credor solidário: art. 270
- de depositário que aliena a coisa depositada: art. 636
- de devedor de alimentos: art. 1.700
- de doador e de donatário, na revogação da doação: art. 560
- de mandatário: arts. 690 e 691

- deserdação: arts. 1.961 a 1.965
- despesas com a herança, reembolso: art. 2.020
- de testamenteiro: art. 1.985
- devedor ao espólio: art. 2.001
- direito de acrescer: arts. 1.941 a 1.946
- direito de exigir reparação devida ao sucedido: art. 943
- direito de representação: arts. 1.851 a 1.856
- do devedor hipotecário, remição da dívida: art. 1.429, parágrafo único
- do devedor solidário: art. 276
- domínio e posse da herança: art. 1.784
- dos bens do ausente, imissão na posse: art. 30
- erro na designação, quando não anula a disposição: art. 1.903
- evicção de bens do quinhão: arts. 2.024 a 2.026
- exclusão: arts. 1.814 a 1.818
- execução do testamento por nomeação judicial: art. 1.984
- filho do concubino e do testador: art. 1.803
- instituição, como pode ser feita: art. 1.897
- instituído conjuntamente com outros: arts. 1.904 a 1.907
- instituído, obrigação de executar os legados: art. 1.934
- instituído, quem não pode ser: art. 1.801
- instituído sob condição captatória: art. 1.900, I
- interrupção de prescrição contra o sucedido: art. 204
- legítimos: arts. 1.829 e s.
- maiores, partilha dos bens: art. 2.015
- necessários: arts. 1.845 a 1.850
- nomeação em testamento: arts. 1.897 a 1.911
- obrigação de reparar danos causados pelo sucedido: art. 943
- obrigação de trazer bens à colação: arts. 2.002 a 2.012
- ordem de vocação hereditária: arts. 1.829 a 1.844
- petição de herança: arts. 1.824 a 1.828
- posse dos bens da herança, direitos e deveres: art. 2.020
- renúncia e aceitação da herança: arts. 1.804 a 1.813
- responsabilidade por encargos da herança: art. 1.792
- sonegadores, pena: arts. 1.992 a 1.995
- sucessão testamentária: art. 1.799

HIPOTECA

- adquirente de imóvel hipotecado, ação regressiva contra o vendedor: art. 1.481, § 4.º
- adquirente de imóvel hipotecado, assunção da dívida: art. 303
- adquirente do imóvel hipotecado, exoneração da hipoteca: art. 1.479
- adquirente do imóvel hipotecado, notificação ao credor: arts. 1.480 e 1.481
- bens de terceiro, por dívida alheia: art. 1.427
- cancelamento: art. 1.500
- cláusula que permite ao credor ficar com a coisa dada em garantia, nulidade: art. 1.428
- cláusula que proíbe ao proprietário alienar imóvel hipotecado, nulidade: art. 1.475
- coisa comum a dois ou mais proprietários: art. 1.420, § 2.º
- coisas que podem ser hipotecadas: art. 1.420
- compreensão da hipoteca: art. 1.474
- condomínio edilício no imóvel hipotecado: art. 1.488
- credor, direito de excutir: art. 1.422
- credor, direito sobre o preço do seguro e sobre a indenização: arts. 959, I, e 960
- credor, notificação na venda judicial em que não for parte: art. 1.501
- credor, oposição ao pagamento do seguro ou de indenização: art. 960
- credor, preferência a outros credores: arts. 958 a 963 e 1.422
- credor, renúncia ao direito de execução imediata: art. 1.425, III
- de navios e aeronaves: art. 1.473, parágrafo único

Índice Alfabético-Remissivo do Código Civil

- direito real: arts. 1.225, IX, e 1.419
- dívida futura ou condicionada: art. 1.487
- duração da hipoteca: arts. 1.485 e 1.498
- dúvida sobre o registro: art. 1.496
- emissão de cédula hipotecária: art. 1.486
- escritura, requisitos: art. 1.424
- estradas de ferro: arts. 1.473, V, e 1.502 a 1.505
- execução de hipoteca, ação: art. 1.501
- extinção: arts. 1.499 a 1.501
- falência do devedor, adjudicação pelo credor: art. 1.483, parágrafo único
- falência do devedor, remissão pela massa: art. 1.483
- fraude contra credores: art. 165, parágrafo único
- indivisibilidade: art. 1.420, § 2.º
- insolvência do devedor, adjudicação pelo credor: art. 1.483, parágrafo único
- insuficiência do valor dos bens, permanência de obrigação pessoal: art. 1.430
- legal: arts. 1.489 a 1.491
- legal, a quem é conferida: art. 1.489
- legal, dos bens do tutor ou curador, inscrita na forma do Código anterior: art. 2.040
- legal, duração: art. 1.498
- legal, existência de reforço: art. 1.490
- loteamento do imóvel hipotecado: art. 1.488
- navio objeto de hipoteca: art. 1.473, VI e parágrafo único
- objeto da hipoteca: art. 1.473
- pacto comissório, nulidade: art. 1.428
- pagamento de prestação não corresponde à exoneração da garantia: art. 1.421
- prédio dominante, menção da servidão, cancelamento: art. 1.387, parágrafo único
- preferência ao crédito: art. 961
- prioridade no registro, efeito: art. 1.422
- prorrogação da hipoteca, averbação: art. 1.485
- quem pode hipotecar: art. 1.420
- reforço de garantia: art. 1.427
- reforço de hipoteca legal: art. 1.490
- registro: arts. 1.492 a 1.498
- remissão pela massa falida do devedor: art. 1.483
- remissão pelo adquirente do imóvel: art. 1.481
- remissão pelo credor de segunda hipoteca: art. 1.478
- remissão pelo executado: art. 1.482
- remissão pelos sucessores do devedor: art. 1.429
- segunda, constituição: art. 1.476
- segunda, quando pode ser executada: art. 1.477
- servidão mencionada no título, cancelamento: art. 1.387, parágrafo único
- vencimento antecipado da dívida: arts. 333, II, 1.425 e 1.426
- venda judicial de imóvel hipotecado, notificação do credor: art. 1.501
- vias férreas: arts. 1.502 a 1.505
- vínculo real sobre a coisa dada em garantia: art. 1.419

HOMOLOGAÇÃO
- penhor legal: art. 1.471
- termo de transação: art. 842

IDADE
- anulação do casamento por defeito de idade, quem pode requerer: art. 1.552
- capacidade jurídica: arts. 3.º a 5.º
- casamento de menor de que resultou gravidez, não se anula por defeito de idade: art. 1.520
- do ausente, que faz presumir a morte: art. 38
- limite mínimo para o casamento: art. 1.517
- separação de bens obrigatória, em virtude da idade dos cônjuges: art. 1.641
- suprimento judicial para casamento de menores: art. 1.520

IDENTIDADE
- erro essencial no casamento: art. 1.557, I

IGNORÂNCIA
- causa de anulação de negócios jurídicos: arts. 138 a 144

ILHAS
- aquisição por acessão: art. 1.248, I
- propriedade: art. 1.249

IMÓVEIS
- *Vide* também BENS IMÓVEIS e COISAS
- aquisição, modos: arts. 1.238 e s.
- aquisição pelo registro: arts. 1.245 a 1.247
- aquisição por acessão: art. 1.248
- aquisição por usucapião: arts. 1.238 a 1.244
- bens dessa natureza: art. 79
- bens que se consideram, para efeitos legais: art. 80
- de ausentes, alienação: art. 31
- materiais provisoriamente separados do prédio: art. 81, II
- objeto de hipoteca: art. 1.473, I
- perda da propriedade: arts. 1.275 e 1.276
- pertencente a menor tutelado, venda: art. 1.750

IMPEDIMENTOS
- matrimoniais e causas suspensivas: arts. 1.520 a 1.524

IMPENHORABILIDADE
- *Vide* também CLÁUSULA e INALIENABILIDADE
- prestação de coisa impenhorável, não se pode compensar: art. 373, III

IMPERÍCIA
- do empreiteiro, responsabilidade pelo material: art. 617
- no exercício da atividade profissional: art. 951

IMPOSSIBILIDADE
- *Vide* também FORÇA MAIOR
- condições impossíveis invalidam o negócio jurídico: art. 123, I
- da prestação, na obrigação de dar: arts. 234, 238 e 239
- da prestação, na obrigação de fazer: art. 248
- da prestação, na obrigação de não fazer: art. 250
- do objeto do contrato, nulidade do negócio jurídico: art. 166, II
- responsabilidade do devedor em mora: art. 399

IMPOTÊNCIA
- anulação do casamento: art. 1.557, III
- ilide a presunção de paternidade: art. 1.599

IMPUTAÇÃO
- do pagamento: arts. 352 a 355 e 379

INALIENABILIDADE
- de bens da legítima, proibição: art. 1.848
- de bens públicos: art. 100
- do bem de família: art. 1.717
- imposta por disposição testamentária ou em doação: art. 1.911

INCAPACIDADE
- *Vide* também INCAPAZES
- absoluta, casos: art. 3.º
- anulação do negócio jurídico, prazo decadencial: art. 178, III
- de uma parte, quando aproveita à outra: art. 105
- do depositário: art. 641
- do fiador: art. 826
- dos menores, quando cessa: art. 5.º
- não pode ser invocada em proveito próprio: art. 105
- para adquirir por testamento: art. 1.802
- para o exercício da tutela e curatela: arts. 1.735 e 1.774
- relativa, casos: art. 4.º
- relativa do agente, anulável o negócio jurídico: art. 171, I
- superveniente, não invalida o testamento: art. 1.861

INCAPAZES
- *Vide* também INCAPACIDADE e MENORES

- anulação do negócio jurídico, prazo decadencial: art. 178, III
- anulação e nulidade dos negócios jurídicos: arts. 166, I, e 171, I
- de receber por testamento: art. 1.802
- direito regressivo contra o representante que dá causa a prescrição: art. 195
- dispensa de aceitação nas doações puras: art. 543
- não corre prescrição no caso de incapacidade absoluta: art. 198, I
- pedido de divórcio, quem pode fazê-lo: art. 1.582, parágrafo único
- responsabilidade por prejuízos causados: art. 928

INCAPAZES
- sócio de empresa: art. 974

INDENIZAÇÃO
- *Vide* também ATOS ILÍCITOS, DANO e RESPONSABILIDADE CIVIL
- calúnia, difamação ou injúria: art. 953
- como deve ser calculada: art. 944
- concorrência da vítima, como será fixada a indenização: art. 945
- dano causado no exercício profissional: art. 951
- desapropriação do prédio em usufruto: art. 1.409
- desproporção entre a gravidade da culpa e o dano: art. 944, parágrafo único
- dolo de ambas as partes: art. 150
- esbulho ou usurpação: art. 952
- esbulho possessório, ação contra o terceiro que recebeu a coisa esbulhada: art. 1.212
- homicídio: art. 948
- injúria, difamação ou calúnia: art. 953
- lesão ou qualquer outra ofensa à saúde: arts. 949 e 950
- obrigação indeterminada, apuração das perdas e danos: art. 946
- ofensa à liberdade pessoal: art. 954
- pagamento de uma só vez, prejudicado pode exigi-lo: art. 950, parágrafo único
- paga por dano em prédio em usufruto: art. 1.409
- pela passagem de cabos e tubulações na propriedade: art. 1.286
- pela passagem em prédio encravado: art. 1.285
- perigo iminente, dano causado para evitá-lo: arts. 188, II, 929 e 930
- possuidor de boa-fé, direito de indenização: art. 1.219
- possuidor de má-fé, responsabilidade: art. 1.216
- reivindicante obrigado a indenizar, opção entre o valor e o custo: art. 1.222
- responsabilidade pelo exercício da atividade profissional com negligência, imprudência ou imperícia: art. 951
- seguro do prédio em usufruto: art. 1.408
- substituição da prestação por valor em moeda corrente: art. 947
- uso indevido de imagem de pessoa: art. 20
- usurpação ou esbulho: arts. 952, 1.212 e 1.216

INDIGNIDADE
- exclusão do herdeiro: arts. 1.814 a 1.818

ÍNDIOS
- capacidade civil: art. 4.º, parágrafo único

INDIVISÃO
- condição estabelecida pelo testador ou doador, prazo: art. 1.320, § 2.º

INDIVISÍVEL
- coisas em condomínio, venda: art. 1.322
- coisas que podem ser: art. 88

INEXECUÇÃO
- das obrigações: arts. 389 a 393

INGRATIDÃO
- revogação das doações: arts. 555 a 564

INIMIGOS
- incapacidade para o exercício da tutela: art. 1.735, III

INJÚRIA
- causa de deserdação: arts. 1.962, II, e 1.963
- causa de revogação de doação: art. 557, III
- indenização do dano: art. 953

INSOLVÊNCIA
- contratos benéficos: art. 114
- devedor de crédito cedido: arts. 296 a 298
- devedor solidário: arts. 283 e 284
- dívida com garantia real, vencimento antecipado: art. 1.425, II
- dívida hipotecária: art. 1.477
- do fiador: arts. 826, 828, III, 831, parágrafo único, e 839
- do herdeiro: art. 1.999
- fraude contra credores: arts. 158 a 165

INSTRUMENTO
- aprovação de testamento cerrado: art. 1.869
- em língua estrangeira: art. 224
- nulidade, não induz a do negócio jurídico: art. 183
- particular, antedatado, simulação: art. 167, § 1.º, III
- particular, convenção de condomínio edilício: art. 1.334, § 1.º
- particular, prova, obrigações convencionais: arts. 212, II, e 231
- público, traslados e certidões: art. 218

INTERDIÇÃO
- *Vide* também CURATELA e INCAPACIDADE
- curatela: art. 1.767
- do mandante ou do mandatário: arts. 674 e 682, II
- pródigos: art. 1.782
- registro público: art. 9.º, III
- restituição de pagamento feito no jogo, pelo interdito: art. 814
- sujeição à curatela: art. 1.767

INTERPRETAÇÃO
- da declaração de vontade: art. 112
- da fiança: art. 819
- da transação: art. 843
- dos contratos benéficos: art. 114
- dos testamentos: art. 1.899

INTERRUPÇÃO
- da prescrição: arts. 202 a 204

INVENTARIANTE
- administração da herança: art. 1.991
- administração da herança até o compromisso do inventariante: art. 1.797
- direito ao reembolso de despesas: art. 2.020
- obrigação de trazer ao acervo os frutos percebidos: art. 2.020
- sobrepartilha: art. 2.021
- sonegação de bens, pena: arts. 1.992, 1.993 e 1.995

INVENTÁRIO
- apresentação de título de crédito em inventário, interrupção de prescrição: art. 202, IV
- colações: arts. 2.002 a 2.012
- dos bens de ausentes: art. 28
- foro competente: art. 1.796
- pagamento das dívidas: arts. 1.997 a 2.001
- prazo: art. 1.796
- sonegação de bens: arts. 1.992 a 1.996
- viúva, prazo em que fica impedida de casar: art. 1.523, I
- viúvo(a), obrigação de fazer o inventário dos bens do casal, causa suspensiva: art. 1.523, I

INVESTIGAÇÃO
- de maternidade e de paternidade: arts. 1.615 e 1.616

IRMÃOS
- *Vide* também COLATERAIS
- direitos sucessórios: arts. 1.839 a 1.843
- impedimento matrimonial: art. 1.521, IV
- obrigação alimentar: art. 1.697
- pedido de divórcio do incapaz, possibilidade de fazê-lo: art. 1.582, parágrafo único
- tutela: art. 1.731, II

JANELA
- sobre o prédio vizinho: art. 1.302

JOGO
- dívidas provenientes, não obrigam o pagamento: art. 814
- empréstimo para jogo: art. 815
- equiparação dos contratos sobre títulos de bolsa, mercadorias ou valores, com liquidação pela diferença: art. 816
- sorteio para dirimir questões ou dividir coisas comuns: art. 817

JUIZ
- de casamentos, pode opor impedimentos: art. 1.522, parágrafo único
- proibição de adquirir bens em litígio: art. 497, III
- responsabilidade direta e pessoal na tutela: art. 1.744, I
- responsabilidade subsidiária na tutela: art. 1.744, II

JUROS
- da mora: art. 407
- da mora, desde quando se contam: art. 405
- da mora, não os deve o doador: art. 552
- dívidas garantidas por coisas em usufruto, responsabilidade do usufrutuário: art. 1.405
- legados, desde quando vencem juros: arts. 1.925 e 1.926
- legais: arts. 406 e 407
- na gestão de negócios, em favor do gestor: art. 869
- obrigações solidárias: arts. 264 a 285
- perdas e danos, nas obrigações de pagamento de dinheiro: art. 404
- presumem-se pagos quando há quitação do capital: art. 323
- responsabilidade do fiador e seus direitos: arts. 822 e 833
- responsabilidade do mandatário pelos da quantia utilizada em proveito próprio: art. 670
- responsabilidade do tutor pela demora na aplicação dos bens do tutelado: art. 1.753, § 3.º
- responsabilidade do tutor quanto ao alcance de suas contas: art. 1.762
- responsabilidade do usufrutuário: art. 1.405
- sobre adiantamentos feitos pelos mandatários: art. 677
- taxa legal, fixação abaixo ou acima, no mútuo: art. 591
- vencimento antecipado da dívida: art. 1.426

JUSTIFICAÇÃO
- do seguro de vida de terceiro: art. 790

JUSTO TÍTULO
- do possuidor, boa-fé presumida: art. 1.201, parágrafo único
- do possuidor, usucapião: arts. 1.242 e 1.260

LAJE
- direito real de: arts. 1.510-A a 1.510-E

LEGADOS
- aceitação do legado e renúncia da herança: art. 1.808
- aceitação pelo tutor: art. 1.748, II
- alternativo, direito de opção: arts. 1.932 e 1.933
- ao credor, não se reputa compensação de dívida: art. 1.919
- ao testamenteiro, perda ou preferência do prêmio: arts. 1.987 e 1.988
- caducidade: arts. 1.939 e 1.940
- capacidade para adquirir: arts. 1.799 a 1.802
- cláusula de inalienabilidade: art. 1.911
- cláusula de incomunicabilidade: art. 1.668
- com encargos, obrigações do legatário: art. 1.938
- de alimentos, o que abrange: art. 1.920
- de alimentos, quando se pagam: art. 1.928, parágrafo único
- de coisa alheia, quando produz efeito: art. 1.912
- de coisa determinada pelo gênero ou espécie, como se faz a escolha: arts. 1.929 a 1.931
- de coisa móvel, não existente no espólio: art. 1.915
- de coisa pertencente a herdeiro ou legatário, cumprimento de legado e regresso contra coerdeiro: art. 1.935

- de coisa pertencente a herdeiro, para ser entregue a outrem: art. 1.913
- de coisa pertencente parcialmente ao herdeiro ou legatário: art. 1.914
- de coisa que deva tirar-se de certo lugar: art. 1.917
- de coisa singularizada: art. 1.916
- de crédito ou de quitação de dívida: art. 1.918
- de dinheiro, vencimento de juros: art. 1.925
- de imóvel, não abrange novas aquisições: art. 1.922
- de pensão periódica, desde quando corre: arts. 1.926 a 1.928
- de propriedade, compreende as benfeitorias posteriores: art. 1.922
- de quantidades certas em prestações periódicas: arts. 1.927 e 1.928
- de renda vitalícia, correrá desde a morte do testador: art. 1.926
- de todos os bens da herança, funções do testamenteiro: art. 1.990
- de usufruto, conjuntamente a dois ou mais legatários: art. 1.946
- de usufruto, presume-se vitalício: art. 1.921
- direito de acrescer: arts. 1.941 a 1.946
- direito do legatário ao legado puro e simples: arts. 1.923 e 1.924
- em favor de estabelecimentos do lugar, preferência dos particulares: art. 1.902, parágrafo único
- em favor de órfão, aceitação e destino: arts. 1.748, II, e 1.754, III
- em favor de pessoa incerta: arts. 1.900, II e III, e 1.901, I
- em favor dos pobres ou de estabelecimentos assistenciais, presumem-se os do lugar do domicílio: art. 1.902
- entrega do legado, onde e como é feita: art. 1.937
- entrega do legado, riscos e despesas: art. 1.936
- fideicomisso: arts. 1.951 a 1.960
- frutos, pertencem ao legatário, desde a morte do testador: art. 1.923, § 2.º
- instituição de vários herdeiros, responsabilidade por sua execução: art. 1.934
- juros, vencimento desde a constituição em mora: art. 1.925
- legado, não prejudica a legítima: art. 1.849
- litígio sobre a validade, suspende o direito de pedi-lo: art. 1.924
- no regime de comunhão parcial: art. 1.660, III
- no regime de comunhão universal: art. 1.668
- nulidade, legado de coisa alheia: art. 1.912
- nulidade, quando há condição captatória: art. 1.900, I
- nulidade, quando o valor fique ao arbítrio do herdeiro ou de outrem: art. 1.900, IV
- nulidade, quando se refere a pessoa incerta: art. 1.900, II e III
- posse, não pode o legatário tomar por autoridade própria: art. 1.923, § 1.º
- puros e simples, direitos que conferem ao legatário: arts. 1.923 e 1.924
- redução aos limites do disponível: arts. 1.966 a 1.968
- renúncia, caso em que se presume: art. 1.913
- renúncia do legado e aceitação da herança: art. 1.808
- substituição de legatários: arts. 1.947 a 1.960
- valor fixado ao arbítrio do herdeiro ou de outrem, nulidade: art. 1.900, IV

LEGATÁRIOS

- *Vide* também LEGADOS
- capacidade para adquirir: arts. 1.799 a 1.802
- direito de acrescer: arts. 1.941 a 1.946
- direito de escolher a coisa legada: art. 1.931
- erro em sua designação: art. 1.903
- excluídos da sucessão: arts. 1.814 a 1.818
- fideicomisso: arts. 1.951 a 1.960
- herdeiro necessário, preferência para inteirar sua legítima no mesmo imóvel, quando há redução: art. 1.968, § 2.º
- incapazes de adquirir: arts. 1.801 e 1.802

- não podem ser escritores do testamento: art. 1.801, I
- nomeação, pode ser pura ou condicional: art. 1.897
- preferência em concurso com os credores: art. 2.000
- renúncia, caso em que se subentende haver: art. 1.913
- substituições: arts. 1.947 a 1.960

LEGÍTIMA

- cálculo: art. 1.847
- cláusulas que podem ser impostas: art. 1.848
- colação, necessária para igualar as legítimas: art. 2.003
- como se calcula: art. 1.847
- conceito: art. 1.846
- deserdação: arts. 1.961 a 1.965
- doação de pais a filhos importa em adiantamento: art. 544
- exclusão dos colaterais: art. 1.850
- legatário, não perde o direito a ela: art. 1.849
- pertence ao herdeiro necessário: art. 1.846
- quota indisponível: 1.789
- redução dos legados para não diminuir as legítimas: arts. 1.967 e 1.968

LEGÍTIMA DEFESA

- da posse: art. 1.210, § 1.º
- de outrem, como dano de coisa, indenização: art. 930, parágrafo único
- não constitui ato ilícito: art. 188, I

LEI(S)

- anteriores ao CC, revogação: art. 2.045
- aplicação da lei anterior, quanto aos prazos, quando reduzidos por este Código: art. 2.028
- da sucessão hereditária: art. 1.787
- disposições processuais, administrativas ou penais constantes de leis de natureza civil incorporadas por este Código, vigência: art. 2.043
- que regula a capacidade para suceder: art. 1.787
- remissões às leis, ou códigos, civis e mercantis anteriores a este Código: art. 2.046

LESÃO

- a direitos da personalidade de pessoa morta, legitimidade para reclamar a reparação: art. 12, parágrafo único
- a direitos da personalidade, reclamação de perdas e danos: art. 12
- anulação do negócio jurídico, prazo decadencial: art. 178, II
- quando não anula o negócio jurídico: art. 157, § 2.º
- quando ocorre: art. 157

LIBERDADE

- de testar, restrição havendo herdeiros necessários: art. 1.789
- pessoal, ofensa, satisfação do dano: art. 954

LICITAÇÃO

- do imóvel hipotecado: art. 1.481
- na partilha da herança: art. 2.019

LIMITES

- entre prédios: arts. 1.297 e 1.298

LOCAÇÃO DE COISAS

- alienação durante a locação: art. 576
- conceito: art. 565
- deterioração, direitos do locatário: art. 567
- direito de retenção: arts. 571, parágrafo único, e 578
- emprego em uso diverso: art. 570
- obrigações do locador: arts. 566 e 568
- obrigações do locatário: art. 569
- por tempo determinado: arts. 571, 575, parágrafo único, e 577
- transmissão ao herdeiro: art. 577

LOCAÇÃO DE PRÉDIOS

- urbanos, sujeita a lei especial: art. 2.036

LUCROS CESSANTES

- quando são devidos: arts. 402 e 403

LUTO
- crédito por despesas com luto da família do devedor: art. 965, III
- obrigação do homicida: art. 948, I

MÃE
- *Vide* também ASCENDENTES, FILHOS e PODER FAMILIAR
- bínuba: art. 1.636
- contestação da maternidade: art. 1.608
- curadora dos bens de ausentes: art. 25, § 1.º
- curatela legítima: art. 1.775, § 1.º
- investigação de maternidade: arts. 1.615 e 1.616
- poder familiar sobre o filho não reconhecido pelo pai: art. 1.633

MÁ-FÉ
- *Vide* também DOLO e FRAUDE
- de terceiro adquirente, nas alienações em fraude: art. 161
- do especificador: arts. 1.270, § 1.º, e 1.271
- na cessão de crédito: art. 295
- na confusão, comistão e adjunção: art. 1.273
- na novação, substituição por novo devedor insolvente: art. 363
- na posse, efeitos: arts. 1.216, 1.218 e 1.220
- na posse, quando há: arts. 1.201 e 1.203
- nas construções e plantações: arts. 1.254 a 1.259
- presume-se na garantia dada pelo devedor insolvente: art. 163

MAIOR
- *Vide* também MAIORIDADE
- de dezesseis anos, pode testar: art. 1.860, parágrafo único
- de dezoito anos, adoção: art. 1.623, parágrafo único
- de dezoito anos, só ele pode adotar: art. 1.618
- de doze anos, adoção: art. 1.621
- de sessenta anos, casamento, regime de separação: art. 1.641, II
- de sessenta anos, pode escusar-se da tutela: art. 1.736, II
- não pode ser reconhecido sem seu consentimento: art. 1.614

MAIORIDADE
- *Vide* também CAPACIDADE e MAIOR
- capacidade testamentária; 16 anos: art. 1.860, parágrafo único
- extingue o poder familiar: art. 1.635, III
- faz cessar a tutela: arts. 1.758 e 1.763, I
- quando começa: art. 5.º

MANDATO
- *Vide* também ADVOGADO e PROCURAÇÃO
- atos praticados após a extinção, quando são válidos: art. 689
- casamento, quando o extingue: art. 682, III
- com cláusula "em causa própria": art. 685
- como se opera: art. 653
- conclusão do negócio, extinção do mandato: art. 682, IV
- conferido a duas ou mais pessoas, quando se entende sucessivo: art. 672
- direito de retenção em favor do mandatário: art. 681
- especial, caso em que é exigido: art. 661, § 1.º
- especial, pode ser: art. 660
- excesso de mandato, efeito de gestão de negócio: art. 665
- excesso de mandato, ratificação: art. 662
- excesso de poderes, conhecimento de terceiro que contrata, efeito: art. 673
- expresso, pode ser: art. 656
- extinção do mandato: arts. 682 a 691
- extinção ignorada pelo mandatário, validade dos atos: art. 689
- formas admissíveis: art. 656
- geral, poderes que confere: art. 661
- geral, pode ser: art. 660
- gratuidade, quando se presume: art. 658
- instruções, atos contrários: art. 679

- interdição de uma das partes, extinção do mandato: art. 682, II
- interdição do mandante, continuação do negócio se houver perigo na demora: art. 674
- judicial: art. 692
- mandante, adiantamento de despesas: art. 675
- mandante, atos contrários às suas instruções: art. 679
- mandante, indenização de prejuízos que sofrer o mandatário: art. 678
- mandante, juros das importâncias adiantadas pelo mandatário: art. 677
- mandante, mudança de estado civil, continuação do negócio se houver perigo na demora: art. 674
- mandante, obrigações: arts. 675 a 681
- mandante, pagamento de remuneração e despesas: art. 676
- mandatário, atos contrários às instruções recebidas: art. 679
- mandatário, continuação do negócio após a morte, interdição ou mudança de estado do mandante: art. 674
- mandatário, despesas e remuneração: art. 676
- **mandatário, direito de retenção:** art. 681
- mandatário, indenização por prejuízos que causar: art. 667
- mandatário, juros das importâncias que adiantar para execução do mandato: art. 677
- mandatário, juros das somas que empregar em seu proveito: art. 670
- mandatário menor de dezoito e maior de dezesseis anos, efeitos: art. 666
- mandatário, morte, providências pelos herdeiros: arts. 690 e 691
- mandatário, não pode compensar os prejuízos que causou com os proveitos que granjeou: art. 669
- mandatário, obrigação de prestar contas: art. 668
- mandatário, obrigações: arts. 667 a 674
- mandatário que age em nome próprio: art. 663
- mandatários sucessivos e solidários: art. 672
- morte de uma das partes, extinção do mandato: art. 682, II
- morte do mandante, continuação do negócio se houver perigo na demora: art. 674
- morte do mandatário, providências pelos herdeiros: arts. 690 e 691
- mudança de estado, extinção do mandato: art. 682, III
- oneroso: art. 658, parágrafo único
- outorga por instrumento particular: arts. 654 e 655
- para casamento, eficácia, prazo: art. 1.542, § 3.º
- poder de transigir, limitação: art. 661, § 2.º
- prazo, terminação, extingue o mandato: art. 682, IV
- ratificação pelo mandante de atos excedentes dos poderes: art. 662
- renúncia, extinção do mandato: art. 682, I
- renúncia, prejuízos ao mandante: art. 688
- revogação, efeito em relação aos terceiros: art. 686
- revogação, extingue o mandato: art. 682, I
- revogação pela nomeação de outro mandatário: art. 687
- tácito, na sociedade: art. 682, I
- tácito, pode ser: art. 656
- verbal, pode ser: art. 656
- verbal, quando não se admite: art. 657

MANUTENÇÃO DE POSSE
- *Vide* também POSSE
- alegação de domínio: art. 1.210, § 2.º
- direito do possuidor de manter-se por sua própria força: art. 1.210, § 1.º
- direito do possuidor em caso de turbação: art. 1.210
- provisória do detentor: art. 1.211

MARIDO
- *Vide* CÔNJUGES

MATERIAIS DE CONSTRUÇÃO
- *Vide* também CONSTRUÇÕES
- quando são considerados bens imóveis: art. 81, II
- quando são considerados bens móveis: art. 84

MATÉRIA-PRIMA
- especificação: arts. 1.269 e 1.270

MATERNIDADE
- *Vide* também FILHOS, FILIAÇÃO e MÃE
- contestação pela mãe: art. 1.608
- investigação: arts. 1.615 e 1.616

MEAÇÃO
- de parede: art. 1.392, § 3.º
- doação excedente: art. 549
- herdeiros necessários: arts. 1.846 e 1.849
- redução testamentária: arts. 1.966 a 1.968

MENORES
- *Vide* também FILHOS, IDADE, INCAPAZES e PODER FAMILIAR
- abandonados, tutela e recolhimento: art. 1.734
- casamento, anulação: arts. 1.550, I e II, e 1.552
- casamento, dispensa de idade para evitar processo criminal: art. 1.520
- casamento, não se anula por defeito de idade quando resultou gravidez: art. 1.551
- de dezesseis anos, impedidos de ser testemunhas: art. 228, I
- de dezesseis anos, incapacidade absoluta: art. 3.º, I
- de dezoito e maiores de dezesseis anos, anulação das obrigações contraídas: arts. 180 e 181
- de dezoito e maiores de dezesseis anos, capacidade para testar: art. 1.860, parágrafo único
- de dezoito e maiores de dezesseis anos, incapacidade relativa: art. 4.º, I
- de dezoito e maiores de dezesseis anos, não se eximem da obrigação quando dolosamente ocultaram a idade: art. 180
- dívida de jogo: art. 814
- emancipação: art. 5.º, parágrafo único
- mútuo feito a: arts. 588 e 589
- pagamento feito a incapazes por obrigação anulada: art. 181
- partilha em que haja interesses: art. 2.016
- representação e assistência: arts. 1.634, V, e 1.747, I
- responsabilidade civil dos pais e tutores: art. 932, I e II
- testemunhas; impedimento: art. 228, I

MÊS
- período, como se conta: art. 132, § 3.º

MILITAR
- domicílio: art. 76
- escusa de tutela: art. 1.736, VII
- prescrição contra, quando não corre: art. 198, III
- testamento, em campanha: arts. 1.893 a 1.896

MINAS
- não estão abrangidas na propriedade do solo: art. 1.230
- objeto de hipoteca: art. 1.473, V
- objeto de usufruto: art. 1.392, § 2.º

MINISTÉRIO PÚBLICO
- abuso do poder familiar, promoção de medidas: art. 1.637
- atribuições em relação às fundações: arts. 65 a 69
- intervenção na extinção do bem de família: art. 1.719
- intervenção nos casos de abuso da personalidade jurídica: art. 50
- nomeação de curador especial ao menor cujo interesse colide com o dos pais: art. 1.692
- nulidade de casamento, promoção: art. 1.549
- nulidades que pode alegar: art. 168

MOEDA
- *Vide* também PAGAMENTO
- espécie em que se deve realizar o pagamento: art. 315

MORA
- cláusula penal, efeitos: art. 411
- do comodatário: art. 582
- do comprador: art. 492, § 2.º
- do credor, obrigações suas e desonerações do devedor: art. 400
- do devedor, interrupção da prescrição: art. 202, V
- do devedor, nas obrigações positivas e líquidas: art. 397
- do devedor, nas obrigações provenientes do delito: art. 398
- do devedor, quando não há: art. 396
- impossibilidade da prestação, responsabilidade do devedor: art. 399
- inutilidade da prestação por causa da mora: art. 395, parágrafo único
- juros: art. 405
- na empreitada: arts. 611 e 613
- na entrega do legado em dinheiro: art. 1.925
- purgação: art. 401
- quando se consideram o devedor e o credor: art. 394
- responsabilidade do devedor em mora: art. 395

MORATÓRIA
- concedida pelo credor, efeito na fiança: art. 838, I

MORTE
- *Vide* também ÓBITO
- abertura da sucessão: arts. 1.784, 1.785, 1.787 e 1.923
- comorientes: art. 8.º
- declaração de morte presumida, quando pode ser requerida: art. 7.º, parágrafo único
- declaração de morte presumida sem decretação de ausência, casos: art. 7.º
- do ausente: art. 35
- do mandante: arts. 674 e 682, II
- do mandatário: arts. 682, II, 690 e 691
- do testador: art. 1.923, § 2.º
- fim da existência de pessoa natural: art. 6.º
- presumida: art. 6.º
- registro do óbito: art. 9.º, I
- simultânea: art. 8.º

MOTIVO
- falso, quando vicia o negócio jurídico: art. 140

MÓVEIS
- *Vide* COISAS

MULHER
- *Vide* também CÔNJUGES e MÃE
- binuba, conservação da guarda dos filhos: art. 1.636
- capacidade para o casamento: art. 1.517
- casamento antes de dez meses da viuvez ou da anulação de casamento ou dissolução da sociedade conjugal: art. 1.523, II
- poder familiar sobre filhos não reconhecidos pelo pai: art. 1.633

MULTA
- *Vide* também CLÁUSULA PENAL
- alternativa a benefício do credor: art. 410
- contratual, como pode ser estipulada: art. 409
- em segurança de outra cláusula: art. 411
- exigência independe de alegação de prejuízo: art. 416, *caput*
- obrigações divisíveis, proporcionalidade: art. 415
- obrigações indivisíveis: art. 414
- para a mora: arts. 409 e 411
- quando incorre o devedor: art. 408
- relativa à inexecução ou à mora: art. 409

MUNICÍPIO
- *Vide* também FAZENDA PÚBLICA
- domicílio: art. 75, III
- herança vacante, passagem para domínio do: art. 1.822
- pessoa jurídica: art. 41, III

- sucessão de bens vagos: art. 39, parágrafo único

MURO
- proprietário confinante: arts. 1.297, § 1.º, e 1.392, § 3.º

MÚTUO
- Vide também MOEDA e PAGAMENTO
- conceito: art. 586
- garantia de restituição, quando pode ser exigida: art. 590
- obrigação do mutuário: art. 586
- para jogo ou aposta: art. 815
- prazo para o pagamento: art. 592
- restituição da coisa: art. 589
- transfere o domínio: art. 587

NASCIMENTO
- Vide também FILHOS
- começo da personalidade: art. 2.º
- registro público: art. 9.º, I

NASCITURO
- direitos assegurados desde a concepção: art. 2.º
- doação a ele feita, aceitação: art. 542
- herança, capacidade para adquirir: arts. 1.798 e 1.799, I

NAVIOS
- hipoteca: art. 1.473, VI e parágrafo único

NEGLIGÊNCIA
- do credor anticrético: art. 1.508
- dos representantes de incapazes, causadores de prescrição: art. 195
- do tutor: arts. 1.752 e 1.766
- quando constitui culpa: art. 186

NEGÓCIOS ANULADOS
- Vide também ATOS e NEGÓCIOS JURÍDICOS
- interrompem a prescrição: art. 202
- restituição das partes ao estado anterior: art. 182

NEGÓCIOS ANULÁVEIS
- Vide também ATOS e NEGÓCIOS JURÍDICOS

- casos: art. 171
- efeito da anulação, quando tem início: art. 177
- nulidade do instrumento, quando não induz a do negócio: art. 183
- obrigações contraídas por menores: art. 180
- parcialmente: art. 184
- prazo para anulação: art. 179
- ratificação: arts. 172 a 175

NEGÓCIOS JURÍDICOS
- Vide também ATOS, NEGÓCIOS ANULADOS e NEGÓCIOS ANULÁVEIS
- anuláveis: art. 171
- condições de sua validade: art. 104
- de boa-fé: art. 164
- escritura pública, quando é substancial: arts. 108 e 109
- falso motivo, vício: art. 140
- forma: arts. 107 a 109
- incapacidade de parte: art. 105
- interpretação conforme a boa-fé: art. 113
- interpretação da declaração de vontade: art. 112
- invalidade: arts. 166 a 184
- nulos, não se confirmam ou convalidam: art. 169
- nulos que contêm requisitos de outro, efeito: art. 170
- prazo para anulação: art. 179
- prova de anuência: art. 220
- prova de autorização: art. 220
- provas em geral: arts. 212 a 232
- representação: arts. 115 a 120
- validade: art. 104

NETOS
- Vide também DESCENDENTES e TUTELA
- colação de bens: arts. 2.002 a 2.012

NOME
- cônjuge declarado culpado na separação judicial, direito de usar o nome do outro: art. 1.578
- direito da personalidade: art. 16

Índice Alfabético-Remissivo do Código Civil

- empresarial: arts. 1.155 a 1.168
- não pode ser usado sem autorização da pessoa: art. 18
- pseudônimo utilizado em atividades lícitas, proteção: art. 19
- uso em publicações, quando não está autorizado: art. 17

NOMEAÇÃO
- de bens, pelo fiador: arts. 827 e 839
- de herdeiros e legatários: arts. 1.801, 1.897 e 1.904
- de testamento: arts. 1.883, 1.976 e 1.984
- de tutor: arts. 1.729, 1.730 e 1.732

NOTIFICAÇÃO
- cessão de crédito: arts. 290 e 298
- direito de preempção, caducidade: art. 516

NOVAÇÃO
- ânimo de novar, não havendo a segunda obrigação é apenas confirmatória: art. 361
- casos em que se verifica: art. 360
- de dívida de jogo: art. 814, § 1.º
- exoneração do fiador, quando há: art. 366
- extinção dos acessórios e garantias da dívida: art. 364
- garantias reais dadas por terceiros: art. 364
- insolvência do novo devedor: art. 363
- não valida obrigações nulas ou extintas: art. 367
- nas obrigações indivisíveis: art. 262, parágrafo único
- na solidariedade passiva: art. 365
- substituição do devedor, independe de consentimento deste: art. 362
- validação de obrigação simplesmente anulável: art. 367

NULIDADE
- *Vide* também ANULAÇÃO, ATOS, COAÇÃO, ERRO e FRAUDE
- anulação de negócio jurídico, casos: art. 171
- da doação: arts. 548 a 550
- da partilha: art. 2.027
- das obrigações contraídas por menores e incapazes: arts. 180 e 181
- da transação: arts. 848 e 850
- de disposição testamentária: art. 1.900
- discussão no concurso de credores: art. 956
- do instrumento, não induz a do negócio: art. 183
- do legado: arts. 1.912 e 1.914
- dos negócios jurídicos, casos: art. 166
- negócio anulável, ratificação: arts. 172 a 176
- parcial, efeito: art. 184
- pronunciação pelo juiz: art. 168, parágrafo único
- quem pode alegar: art. 168
- relativa, alegação: art. 177
- relativa, casos: art. 171
- relativa, efeito da sentença que a julga: art. 177
- restituição das partes ao estado anterior: art. 182

ÓBITO
- *Vide* também MORTE
- registro público: art. 9.º, I

OBJETO
- da hipoteca: art. 1.473
- do pagamento: arts. 313 a 326
- do penhor agrícola: art. 1.442
- do penhor industrial e mercantil: art. 1.447
- do penhor pecuário: art. 1.444
- ilícito, nulidade do negócio jurídico: art. 166, II
- ilícito, validade do negócio jurídico: art. 104, II

OBRAS
- *Vide* também CONSTRUÇÕES
- aquisição por acessão: art. 1.248, V
- segurança contra dano iminente: art. 1.281

OBRIGAÇÕES
- alternativas: arts. 252 a 256
- cessão de crédito: arts. 286 a 298
- cláusula penal: arts. 408 a 416

- compensação: arts. 368 a 380
- confusão: arts. 381 a 384
- dação em pagamento: arts. 356 a 359
- de dar coisa certa: arts. 233 a 242
- de dar coisa incerta: arts. 243 a 246
- de fazer: arts. 247 a 249
- de não fazer: arts. 250 e 251
- divisíveis e indivisíveis: arts. 257 a 263
- extinção pela confusão: art. 381
- imputação do pagamento: arts. 352 a 355
- inadimplemento, bens do devedor respondem por ele: art. 391
- inexecução, consequências: arts. 389 a 393
- juros legais: arts. 406 e 407
- mora: arts. 394 a 401
- novação: arts. 360 a 367
- pagamento, condições gerais: arts. 304 a 333
- pagamento em consignação: arts. 334 a 345
- perdas e danos: arts. 402 a 405
- prestações sucessivas, aumento progressivo: art. 316
- remissão da dívida: arts. 385 a 388
- solidárias ativas: arts. 267 a 274
- solidárias, noções gerais: arts. 264 a 266
- solidárias passivas: arts. 275 a 285
- sub-rogação: arts. 346 a 351
- transação: arts. 840 a 850

OCUPAÇÃO
- meio de aquisição da propriedade: art. 1.263

OFICIAL DE REGISTRO CIVIL
- celebração de casamento: arts. 1.533 a 1.542
- habilitação para casamento: arts. 1.525 a 1.532

ÓRFÃOS
- *Vide* MENORES e TUTELA

ORGANIZAÇÕES RELIGIOSAS
- criação, organização e estruturação interna: art. 44, § 1.º

PACTO
- antenupcial, eficácia do realizado por menor: art. 1.654
- antenupcial, escritura pública substancial: art. 1.653
- antenupcial, no regime de participação final nos aquestos: art. 1.656
- antenupcial, quando é nulo: art. 1.655
- antenupcial, registro imobiliário: art. 1.657
- comissório, na hipoteca, penhor e anticrese, nulidade: art. 1.428

PAGAMENTO
- *Vide* também MOEDA, MORA e OBRIGAÇÕES
- a incapaz de quitar: art. 310
- a incapaz, reclamação: art. 181
- antecipado, casos em que se permite: art. 333
- antecipado, fraude contra credores: art. 162
- ao credor putativo: art. 309
- ao portador da quitação: art. 311
- ao representante do credor: art. 308
- a quem se deve pagar: arts. 308 a 312
- a um dos credores solidários: art. 269
- compensação: arts. 368 a 380
- consignação, considera-se pagamento: art. 334
- consignação de obrigação litigiosa: arts. 334 a 345
- consignação, despesas com o depósito: art. 343
- consignação, quando tem lugar: art. 335
- consignação, requisitos: art. 336
- dação em pagamento: arts. 356 a 359
- de dívidas, no inventário: arts. 1.997 a 2.001
- demandado antes do vencimento: art. 939
- despesas com a consignação: art. 343
- despesas com o pagamento: art. 325
- desproporção entre o valor da prestação e o do momento da sua execução: art. 317
- do devedor, quando não há: art. 396
- em coisa fungível: art. 307, parágrafo único
- em dinheiro, espécie de moeda: art. 315
- em dinheiro, faz-se em moeda corrente: art. 315

- em local diverso do determinado em razão de motivo grave: art. 329
- em local diverso do determinado, reiteração, presunção que faz surgir: art. 330
- em ouro ou moeda estrangeira, nulidade: art. 318
- em quotas periódicas: art. 322
- entrega do objeto empenhado não prova o pagamento: art. 387
- entrega do título da obrigação: art. 386
- imputação do pagamento: arts. 352 a 355
- indevido, repetição: arts. 876 a 883
- lugar do pagamento: arts. 327 a 330
- mora, conceito: art. 394
- mora do credor, efeitos: art. 400
- mora do devedor, efeitos: arts. 395 e 399
- mora, purgação: art. 401
- mora, quando começa: arts. 397 e 398
- objeto do pagamento: arts. 313 a 326
- obrigações condicionais, quando se cumprem: art. 332
- parcial, da dívida com garantia real: art. 1.421
- penhora sobre o crédito, efeito: art. 312
- por medida ou peso, entendem-se os do lugar da execução: art. 326
- por qualquer interessado: art. 304
- por terceiro: arts. 304, parágrafo único, 305 e 306
- prestações sucessivas, aumento progressivo: art. 316
- prova do pagamento: arts. 319 a 326
- quando é válido: art. 307
- quem deve pagar: arts. 304 a 307
- quitação consistente na devolução de título perdido: art. 321
- quitação da última quota, presunção de estarem solvidas as anteriores: art. 322
- quitação, despesas: art. 325
- quitação, direito do devedor: art. 319
- quitação do capital, presume-se dos juros: art. 323
- quitação, entrega do título, presunção: art. 324
- quitação, incapacidade do credor: art. 310
- quitação, requisitos: art. 320
- remissão: art. 388
- repetição do indébito: arts. 876 a 883
- retenção do pagamento por falta de quitação: arts. 319 a 321
- sub-rogação, quando se opera e efeitos: arts. 346 a 351
- tempo do pagamento: arts. 331 a 333

PAI
- *Vide* também ASCENDENTES e PATERNIDADE
- curador legítimo do filho interdito: art. 1.775, § 1.º
- direito de nomear tutor: arts. 1.729 e 1.730
- direitos e deveres quanto aos bens dos filhos: arts. 1.689 a 1.693
- direitos e deveres quanto à pessoa dos filhos: art. 1.634
- direitos recíprocos e alimentos: arts. 1.694 a 1.710
- emancipação do filho, concessão: art. 5.º, parágrafo único, I
- herdeiro do filho: arts. 1.829, II, e 1.836
- investigação de paternidade: arts. 1.615 e 1.616
- poder familiar, exercício: art. 1.634
- poder familiar, suspensão e extinção: arts. 1.635 a 1.638
- prescrição, não corre entre ele e o filho durante o poder familiar: art. 197, II
- representação e assistência dos filhos incapazes: art. 1.634, V
- responsabilidade civil por ato ilícito do filho: art. 932, I
- testemunha em caso do filho, inadmissibilidade: art. 228, V

PAREDE
- *Vide* também CONSTRUÇÕES e MURO
- divisória, presume-se pertencer aos confinantes: art. 1.297, § 1.º

- divisória, travejamento: arts. 1.304 e 1.305
- meia, condomínio, utilização: arts. 1.297, § 1.º, e 1.306
- meia, construções que não se podem encostar: art. 1.308
- usufrutuário não tem direito ao preço pago pelo vizinho para obter meação de parede: art. 1.392, § 3.º

PARENTESCO
- adoção: art. 1.593
- afinidade, conceito: art. 1.595
- afinidade, limitação: art. 1.595, § 1.º
- afinidade, na linha reta não se extingue: art. 1.595, § 2.º
- graus, como se contam: art. 1.594
- impedimento matrimonial: arts. 1.521, I a V, e 1.548, II
- linha colateral: arts. 1.592 e 1.594
- linha reta: arts. 1.591, 1.594 e 1.595, § 2.º
- natural: art. 1.593
- transversais: art. 1.840

PARTIDOS POLÍTICOS
- organização e funcionamento: art. 44, § 3.º
- pessoa jurídica de direito privado: art. 44

PARTILHA
- divorciado, casamento antes de homologar e decidir a partilha dos bens do casamento anterior, proibição: art. 1.523, III
- dos bens do ausente, definitiva: arts. 37 a 39
- dos bens do ausente, provisória: arts. 26 a 36
- na separação judicial: art. 1.575
- viúvo(a), casamento antes de inventariar e dar partilha dos bens do casal, proibição: art. 1.523, I

PARTILHA DE HERANÇA
- amigável, condições e forma: art. 2.015
- anulação, causas: art. 2.027, *caput*
- anulação, prazo: art. 2.027, parágrafo único
- colação: arts. 2.002 a 2.012
- de dívida do herdeiro: art. 2.001
- deliberação pelo testador: art. 2.014
- dos frutos da herança: art. 2.020
- igualdade que deve ser observada: art. 2.017
- judicial, quando será: art. 2.016
- julgamento, efeitos: arts. 1.997 e 2.023 a 2.026
- pagamento das dívidas do falecido: arts. 1.997 a 2.001
- por ato do pai, validade: art. 2.018
- prazo para anular: art. 2.027, parágrafo único
- requerimento pelos herdeiros, cessionários e credores: art. 2.013
- sobrepartilha: art. 2.021
- venda ou adjudicação de imóvel indivisível que não caiba em um só quinhão: art. 2.019

PASSAGEM
- direito a indenização: art. 1.285
- forçada, direito de reclamar: art. 1.285

PATERNIDADE
- *Vide* também FILHOS e PAI
- ação de investigação: arts. 1.615 e 1.616
- confissão materna não exclui: art. 1.602
- contestação: art. 1.601
- prova: arts. 1.604 a 1.606

PATRIMÔNIO
- constitui coisa coletiva ou universalidade: art. 91
- das associações, na dissolução: art. 61
- das fundações, destino: art. 69
- da União, dos Estados e dos Municípios: *vide* BENS e arts. 39, parágrafo único, 99, III, e 1.822
- objeto de usufruto: art. 1.390

PEDRAS PRECIOSAS
- pertencentes ao tutelado, destino: art. 1.753, § 1.º

PENA
- *Vide* também CLÁUSULA PENAL e MULTA
- convencional: arts. 408 a 416
- convencional, admite-se na transação: art. 847

– convencional, não se prejudica pelo pagamento de perdas e danos: art. 404

PENHOR
– agrícola, objeto: art. 1.442
– agrícola, prazo: art. 1.439
– agrícola, se o prédio estiver hipotecado: art. 1.440
– agrícola, sobre colheita pendente: art. 1.443
– bens: art. 1.420, CC
– caução: art. 1.460
– coisas que podem ser empenhadas: art. 1.420, *caput*
– como se constitui: arts. 1.431 e 1.432
– conceito: art. 1.431, *caput*
– contrato, o que deve declarar: art. 1.424
– credor pignoratício, direitos: arts. 1.433 e 1.434
– credor pignoratício, obrigações: art. 1.435
– de coisa comum: art. 1.420, § 2.º
– de crédito, eficácia: art. 1.453
– de direitos e títulos de crédito, cobrança do crédito empenhado pelo credor: art. 1.455
– de direitos e títulos de crédito, conservação de defesa do direito empenhado: art. 1.454
– de direitos e títulos de crédito, constituição: arts. 1.452 e 1.458
– de direitos e títulos de crédito, direito de retenção: art. 1.455, parágrafo único
– de direitos e títulos de crédito, objeto: art. 1.451
– de direitos e títulos de crédito, pagamento ao titular do crédito empenhado: art. 1.457
– de direitos e títulos de crédito, vários penhores: art. 1.456
– depreciação ou deterioração de coisa empenhada: art. 1.425, I e § 1.º
– desapropriação da coisa empenhada: art. 1.425, V
– de título de crédito, direitos do credor: art. 1.459
– de veículos, alienação ou mudança do veículo empenhado: art. 1.465
– de veículos, constituição: art. 1.462
– de veículos, direito do credor: art. 1.464
– de veículos, objeto: art. 1.461
– de veículos, prazo máximo: art. 1.466
– de veículos, seguro, imprescindível à constituição do penhor: art. 1.463
– direito real: arts. 1.225, VIII, e 1.419
– dívida, quando se considera vencida: art. 1.425
– domínio superveniente, revalida a garantia: art. 1.420, § 1.º
– eficácia do contrato: art. 1.424
– excussão do penhor: art. 1.422
– excussão, produto insuficiente: art. 1.430
– extinção do penhor: arts. 1.436 e 1.437
– extinção pela novação: arts. 364 e 365
– garantia prestada por terceiro: art. 1.427
– impontualidade: art. 1.425, III
– industrial e mercantil, alteração das coisas empenhadas sem autorização do credor, proibição: art. 1.449
– industrial e mercantil, constituição: art. 1.448
– industrial e mercantil, direito do credor: art. 1.450
– industrial e mercantil, objeto: art. 1.447
– insolvência ou falência do devedor: art. 1.425, II
– juros, no vencimento antecipado da dívida: art. 1.426
– legal, efetivação pelo credor e homologação judicial: arts. 1.470 e 1.471
– legal, em favor do dono do prédio alugado: arts. 1.467, II, e 1.469
– legal, em favor dos hospedeiros, estalajadeiros e fornecedores de pousada ou alimento: arts. 1.467, I, 1.468 e 1.469
– legal, quando há: art. 1.467
– pacto comissório, proibição: art. 1.428
– pagamento de prestação não importa em correspondente desoneração da garantia: art. 1.421
– pecuário, alienação dos animais empenhados: art. 1.445
– pecuário, objeto: art. 1.444

- pecuário, substituição dos animais mortos: art. 1.446, parágrafo único
- pecuário, venda do gado empenhado: art. 1.445
- preferência em concurso de credores: art. 1.422
- prejuízo do credor sofrido por vício da coisa empenhada: art. 1.433, III
- quem pode empenhar: art. 1.420, *caput*
- remição pelos sucessores do devedor: art. 1.429
- renúncia do credor, quando se presume: art. 1.436, § 1.º
- retenção da coisa empenhada: arts. 1.433, II, e 1.434
- rural, disposições gerais: arts. 1.438 a 1.441
- vício da coisa empenhada: 1.433

PENHORA

- *Vide* também IMPENHORABILIDADE
- coisa suscetível, não se compensa: art. 373, III
- de título de crédito notificado ao devedor, efeitos: art. 298
- devedor que se torna credor após a penhora: art. 380
- do crédito, intimação ao devedor, efeito: art. 312
- impenhorabilidade das rendas: art. 813

PERDA

- da posse: arts. 1.223 e 1.224
- da propriedade: arts. 1.275 e 1.276

PERDÃO

- *Vide* também REMISSÃO e RENÚNCIA
- da dívida: arts. 385 a 388

PERDAS E DANOS

- *Vide* também ATOS ILÍCITOS e MORA
- ameaça ou lesão a direitos da personalidade: art. 12
- coação exercida por terceiros: arts. 154 e 155
- extensão, o que abrangem: arts. 402 a 404
- inexecução dolosa: art. 403
- juros de mora: art. 405
- lucros cessantes: arts. 402 e 403
- na gestão de negócios: arts. 862 a 868 e 870
- na obrigação de dar coisa certa: arts. 234 a 236
- na obrigação de fazer: arts. 247 a 249
- na obrigação de não fazer: art. 251
- nas obrigações convencionais: art. 389
- nas obrigações de pagamento em dinheiro: art. 404, *caput*
- nas obrigações indivisíveis: art. 263
- na solidariedade ativa: art. 271
- na solidariedade passiva: art. 279
- na suspensão da empreitada: art. 624
- nos contratos bilaterais: art. 475
- pela evicção: art. 845, *caput*
- por dano causado por coisas que caírem ou forem lançadas: art. 938
- por dolo acidental: art. 146
- responsabilidade do comprador na preempção: art. 518
- responsabilidade do construtor de obras prejudiciais aos vizinhos: art. 1.312
- responsabilidade do depositante: arts. 643 e 644
- responsabilidade do depositário: arts. 640 e 642
- responsabilidade do depositário no depósito necessário: arts. 649, 650 e 652
- responsabilidade do devedor na fiança: art. 832
- responsabilidade do herdeiro sonegador: art. 1.995
- responsabilidade do mandante: art. 678
- responsabilidade do possuidor de má-fé: art. 1.218
- responsabilidade do proponente se não comunicar a tardia recepção da aceitação: art. 430
- responsabilidade do que constrói ou semeia de má-fé: arts. 1.254 e 1.255
- responsabilidade do tutor, desde a nomeação: art. 1.739

PERECIMENTO
- *Vide* também DETERIORAÇÃO e DESTRUIÇÃO
- da coisa empenhada: art. 1.436, II
- da coisa, por vício oculto: art. 444
- do imóvel, perda da propriedade: art. 1.275, IV

PERÍCIA
- meio de prova: art. 212, V

PERIGO IMINENTE
- *Vide* também DANO
- destruição da coisa alheia, para removê-lo: art. 188, II
- satisfação do dano: arts. 929 e 930

PERITOS
- arbitramento de preço de obra divisória: art. 1.329
- prescrição contra os peritos: art. 206, § 1.º, IV
- prescrição de honorários: art. 206, § 1.º, III
- proibição de comprar bens sobre cujo preço possam influir: art. 497, III

PERMISSÃO
- *Vide* CONSENTIMENTO

PERSONALIDADE
- civil da pessoa natural: arts. 2.º e 6.º
- direitos da pessoa jurídica: art. 52
- direitos inerentes à pessoa natural: arts. 11 a 21
- intransmissibilidade e irrenunciabilidade dos direitos da personalidade: art. 11
- jurídica; desconsideração: art. 50

PESSOA JURÍDICA
- abuso da personalidade jurídica: art. 50
- administração coletiva, voto nas decisões: art. 48
- administrador provisório, quando e como é nomeado: art. 49
- assembleia geral por meio eletrônico: art. 48-A
- associações: arts. 53 a 61
- atos dos administradores, responsabilidade: art. 47
- de direito privado, alterações estatutárias, averbação: art. 45, *caput*
- de direito privado, anulação de sua constituição, decadência: art. 45, parágrafo único
- de direito privado, início da existência: art. 45
- de direito privado, quais são: art. 44
- de direito privado, registro civil: arts. 45 e 46
- de direito público, domicílio: art. 75
- de direito público externo, quais são: art. 42
- de direito público interno a que é dada estrutura de direito privado: art. 41, parágrafo único
- de direito público interno, quais são: art. 41
- de direito público, responsabilidade civil: art. 43
- direitos da personalidade: art. 52
- dissolução: art. 51
- distinção entre as de direito público e as de direito privado: art. 40
- fundações: arts. 62 a 69
- registro: art. 46
- sucessão testamentária: art. 1.799, II e III
- usufruto em seu favor, duração: art. 1.410, III

PESSOA NATURAL
- capacidade jurídica: art. 1.º
- comorientes: art. 8.º
- domicílio: arts. 70 a 74
- incapacidade absoluta: art. 3.º
- incapacidade dos menores, cessação: art. 5.º, parágrafo único
- incapacidade relativa: art. 4.º
- início da personalidade: art. 2.º
- menoridade, fim: art. 5.º
- morte, fim da existência da pessoa natural: art. 6.º
- morte, quando se presume: art. 8.º
- nascituros: art. 2.º
- registro público: art. 9.º

PLANEJAMENTO FAMILIAR

- livre decisão do casal: art. 1.565, § 2.º

PLANTAÇÕES

- aquisição por acessão: art. 1.248, V
- de semente alheia em terreno alheio: art. 1.257
- de semente alheia em terreno próprio: arts. 1.254 e 1.256
- de semente própria em terreno alheio: arts. 1.255 e 1.256
- presume-se pertencer ao proprietário do terreno: art. 1.253

PODER FAMILIAR

- bínubos: art. 1.636
- curador especial, nomeação quando colidem os interesses dos pais com o do filho: art. 1.692
- curador especial para bens legados a menor sob poder familiar: art. 1.733, § 2.º
- exercício durante o casamento e a união estável: art. 1.631
- exercício pela mãe, quando o filho não é reconhecido pelo pai: art. 1.633
- extinção, casos em que se dá: art. 1.635
- nomeação de tutor, no caso de decaírem os pais: art. 1.728, II
- nomeação de tutor pelo pai que ao tempo da morte não tinha o poder familiar, nulidade: art. 1.730
- pai ou mãe que contrai novas núpcias ou estabelece união estável: art. 1.636
- pai ou mãe solteiros que se casem ou estabeleçam união estável: permanência do poder familiar: art. 1.636, parágrafo único
- perda, casos em que é decretada: art. 1.638
- perda ou suspensão: arts. 1.637 e 1.638
- prescrição, não corre durante o poder familiar: art. 197, II
- quanto aos bens dos filhos: arts. 1.689 a 1.693
- quanto à pessoa dos filhos: art. 1.634
- separação judicial, divórcio e dissolução da união estável, relações entre pais e filhos: art. 1.632
- suspensão: art. 1.637

POSSE

- ação de esbulho ou de indenização contra o terceiro que recebeu a coisa esbulhada: art. 1.212
- alegação de domínio ou outro direito sobre a coisa: art. 1.210, § 2.º
- aquisição: arts. 1.204 a 1.209
- aquisição, não autoriza os atos violentos ou clandestinos: art. 1.208
- aquisição, quem pode adquirir: art. 1.205
- atos de mera permissão ou tolerância, não induzem a posse: art. 1.208
- benfeitorias, compensação com o dano: art. 1.221
- benfeitorias, direitos do possuidor de boa-fé e de má-fé: arts. 1.219 e 1.220
- benfeitorias, opção entre valor atual e o seu custo: art. 1.222
- bens de ausentes, imissão dos herdeiros: arts. 30, 32 e 34
- caráter, presume-se o mesmo com que foi adquirida: art. 1.203
- como se adquire: art. 1.204
- composse: art. 1.199
- constituto possessório: art. 1.267, parágrafo único
- da coisa legada, não pode tomar o legatário por autoridade própria: art. 1.923, § 1.º
- da herança, pelo testamenteiro: arts. 1.977 e 1.978
- da herança, quando adquirem os herdeiros e legatários: arts. 1.784 e 1.791
- de boa-fé, conceito: art. 1.201
- de boa-fé, quando perde esse caráter: art. 1.202
- de estado de casado: arts. 1.545 e 1.547
- de servidão: art. 1.379
- desforço imediato: art. 1.210, § 1.º
- deter a: art. 1.198

- direta, temporária, não exclui a indireta: art. 1.197
- do imóvel, faz presumir a dos móveis que nele estiverem: art. 1.209
- dos direitos, quando se perde: art. 1.223
- efeitos: arts. 1.210 a 1.222
- em nome de outrem: art. 1.198
- esbulho, desforço imediato: art. 1.210, § 1.º
- esbulho, direito do possuidor de ser restituído: art. 1.210
- frutos colhidos e percebidos, responsabilidade do possuidor de má-fé: art. 1.216
- frutos naturais, industriais e civis, quando se reputam percebidos: art. 1.215
- frutos pendentes, restituição: art. 1.214, parágrafo único
- frutos percebidos, direito do possuidor de boa-fé: art. 1.214, *caput*
- inerente ao domínio: arts. 1.196 e 1.228
- justa, conceito: art. 1.200
- justo título, faz presumir boa-fé: art. 1.201, parágrafo único
- manutenção, alegação de domínio ou outro direito sobre a coisa: art. 1.210, § 2.º
- manutenção, direito do possuidor: art. 1.210
- manutenção provisória em favor do detentor: art. 1.211
- perda da posse: arts. 1.223 e 1.224
- perda da posse pelo ausente: art. 1.224
- por ela se determinam os limites confusos: art. 1.298
- possuidor com justo título, presunção de boa-fé: art. 1.201, parágrafo único
- possuidor da propriedade resolúvel: art. 1.360
- possuidor de boa-fé, direito a benfeitorias: art. 1.219
- possuidor de boa-fé, direito aos frutos: art. 1.214, *caput*
- possuidor de boa-fé, frutos pendentes, restituição: art. 1.214, parágrafo único
- possuidor de boa-fé, não responde pela perda da coisa a que não der causa: art. 1.217
- possuidor de má-fé, benfeitorias ressarcidas: art. 1.220
- possuidor de má-fé, responsabilidade pela deterioração e perda da coisa: art. 1.218
- possuidor de má-fé, responsabilidade pelos frutos: art. 1.216
- possuidor, direito de ser mantido e restituído: art. 1.210
- possuidor, quem não se considera: art. 1.198
- possuidor, quem se considera: art. 1.196
- reintegração, alegação de domínio ou outro direito: art. 1.210, § 2.º
- reintegração, direito do esbulhado: art. 1.210
- reivindicação, indenização das benfeitorias: art. 1.222
- sucessão na posse: arts. 1.206 e 1.207
- turbação, desforço imediato: art. 1.210, § 1.º
- turbação, direito de ser mantido o possuidor: art. 1.210
- usucapião da coisa imóvel: arts. 1.238 a 1.259
- usucapião da coisa móvel: arts. 1.260 a 1.274
- vícios da posse: arts. 1.200 e 1.208

PRAZOS

- anulação dos negócios jurídicos: art. 178
- anulação dos negócios jurídicos sem prazo estabelecido em lei: art. 179
- atos sem prazo: art. 134
- como se contam: art. 132
- da habilitação para casamento: art. 1.532
- da hipoteca: arts. 1.485 e 1.498
- da prestação de serviços: arts. 598 a 600
- da prisão do depositário: art. 652
- de favor, não obstam a compensação: art. 372
- de prescrição: arts. 205 e 206
- do comodato: art. 581
- do direito de preempção: art. 516
- do penhor agrícola: art. 1.439
- do penhor pecuário: art. 1.439
- fixados por hora: art. 132, § 4.º
- meado do mês: art. 132, § 2.º
- meses e anos: art. 132, § 3.º
- nos concursos com promessas de recompensa: art. 859

- nos contratos, presumem-se em favor do devedor: art. 133
- nos testamentos, presumem-se em favor do herdeiro: art. 133
- para aceitar doação: art. 539
- para anular casamento de menor sem autorização do representante legal: art. 1.555
- para cumprimento do testamento: arts. 1.980 e 1.983
- para execução de tarefa com promessa de recompensa: art. 856
- para interpor ação de anulação de casamento: art. 1.560
- para restituição do depósito: art. 633
- para vacância da herança: arts. 1.820 e 1.822
- reduzidos por este Código, aplicam-se os da lei anterior: art. 2.028
- vencimento em feriado: art. 132, § 1.º

PRÉDIO
- *Vide* também IMÓVEIS
- construções, presumem-se do dono do terreno: art. 1.253
- construído com material alheio: arts. 1.254 e 1.257
- construído com material próprio em terreno alheio: art. 1.255
- direito de construir: arts. 1.299 a 1.313
- direito de tapagem: art. 1.297
- direito real de habitação: arts. 1.414 a 1.416
- encravado, passagem forçada: art. 1.285
- inferior, águas que vêm do superior: arts. 1.288 e 1.289
- limites: arts. 1.297 e 1.298
- servidões prediais: arts. 1.378 a 1.389
- uso anormal da propriedade: arts. 1.277 a 1.281

PREEMPÇÃO
- normas que a regem: arts. 513 a 520

PREFERÊNCIA
- de credores em concurso: arts. 955 a 965
- direito de superfície: art. 1.373
- em favor do condômino: arts. 1.322 e 1.323
- na compra: arts. 513 a 520
- perda pelo credor que concorda com o levantamento da consignação: art. 340

PREJUÍZOS
- *Vide* ATOS ILÍCITOS, DANO e INDENIZAÇÃO

PRÊMIO
- seguro: arts. 757, 760 e 766
- testamenteiro: arts. 1.987, 1.988 e 1.989

PRESCRIÇÃO
- *Vide* também CADUCIDADE, DECADÊNCIA, PRAZOS e USUCAPIÃO
- alegação em qualquer instância: art. 193
- causada pelos representantes de incapazes: art. 195
- continua a correr contra o herdeiro: art. 196
- contra quem não corre: arts. 197 e 198
- disposições gerais: arts. 189 a 196
- exceção, quando prescreve: art. 190
- intercorrente; prazos: art. 206-A
- interrupção, causas: art. 202
- interrupção, efeitos: art. 204
- interrupção, quem a pode promover: art. 203
- interrupção, reinício: art. 202, parágrafo único
- no caso de violação de direito: arts. 189, 205 e 206
- prazos especiais: art. 206
- prazos, não podem ser alterados pelas partes: art. 192
- prazos não previstos: art. 205
- quando não corre: arts. 197 a 199
- renúncia: art. 191
- suspensão: arts. 197 a 201
- suspensão em favor de um dos credores solidários, efeito: art. 201

PRESTAÇÃO
- *Vide* ALIMENTOS e CONTAS

PRESTAÇÃO DE SERVIÇOS
- *Vide* também EMPREITADA
- agrícolas, aliciamento: art. 608

Índice Alfabético-Remissivo do Código Civil

- agrícolas, alienação do prédio não importa a rescisão: art. 609
- agrícolas, atestado de contrato findo: art. 604
- cessa com a morte de qualquer das partes: art. 607
- contrato escrito e assinado a rogo: art. 595
- despedida injusta: art. 603
- não sujeita às leis trabalhistas ou a lei especial: art. 593
- por quem não possua título de habilitação ou não satisfaça requisitos exigidos por lei: art. 606
- por tempo certo, direitos e deveres: art. 602
- prazo máximo: art. 598
- prazos, desconto de tempo em que o prestador não serviu: art. 600
- privilégio dos domésticos: art. 965, VII
- rescisão, prévio aviso: art. 599
- retribuição não estipulada, arbitramento: art. 596
- retribuição, tempo do pagamento: art. 597
- substituição de qualquer das partes, proibição: art. 605
- trabalho, presume-se todo compatível com as forças e condições: art. 601
- trabalhos que podem ser contratados: art. 594
- transferência pelo prestador, proibição: art. 605

PRESUNÇÃO

- de filhos concebidos na constância do casamento: art. 1.597
- de filiação, no caso de novas núpcias: art. 1.598
- meio de prova: art. 212, IV
- morte simultânea: art. 8.º
- na dívida solidária, igualdade das partes: art. 283
- pagamento de juros, na quitação do capital: art. 323
- pagamento de quotas periódicas: art. 322
- pagamento pela entrega do título ao devedor: art. 324
- renúncia da garantia pignoratícia: art. 1.436, § 1.º
- solidariedade das obrigações: art. 265

PRINCIPAL
- conceito: art. 92

PRIORIDADE
- da hipoteca: art. 1.493, parágrafo único

PRISÃO
- de um dos cônjuges por mais de cento e oitenta dias: art. 1.570
- do depositário infiel: art. 652
- injusta ou ilegal, satisfação do dano: art. 954

PROCLAMAS
- de casamento: arts. 1.525 a 1.532

PROCURAÇÃO
- *Vide* também MANDATO
- *ad judicia*: art. 692
- definição: art. 653
- de próprio punho: art. 654
- forma e requisitos: arts. 654 e 655
- instrumento do mandato: art. 653
- para casamento: arts. 1.535 e 1.542

PROCURADOR
- *Vide* MANDATO

PRÓDIGO
- curatela, limites: art. 1.782
- curatela, sujeição: art. 1.767, V
- incapacidade civil relativa: art. 4.º, IV
- interdição, atos que atinge: art. 1.782
- interdição, registro: art. 9.º, III
- relativamente incapaz: art. 4.º, IV

PRODUTOS
- acessórios: art. 92
- da coisa, pertencem ao proprietário: art. 1.232

PROFESSORES
- prescrição de honorários: art. 206, § 5.º, II

- responsabilidade civil por atos dos educandos: art. 932, IV

PROGRAMA DE COLOCAÇÃO FAMILIAR
- crianças e adolescentes; pais desconhecidos, falecidos ou destituídos do poder familiar: art. 1.734

PROMESSA
- de fato de terceiro: arts. 439 e 440
- de recompensa: arts. 854 a 860

PROPOSTA
- de contratos: arts. 427 a 432
- oferta ao público, quando equivale a proposta: art. 429

PROPRIEDADE
- *Vide* também DOMÍNIO
- abandono: arts. 1.275, III, e 1.276
- águas, direitos de vizinhança: arts. 1.288 a 1.296
- alienação: art. 1.275, I e parágrafo único
- aluvião: arts. 1.248, II, e 1.250
- álveo abandonado: arts. 1.248, IV, e 1.252
- aquisição – imóveis: arts. 1.238 a 1.259
- aquisição – móveis: arts. 1.260 a 1.274
- árvores limítrofes: arts. 1.282 a 1.284
- atos defesos: art. 1.228, § 2.º
- avulsão: arts. 1.248, III, e 1.251
- condomínio: arts. 1.314 a 1.330
- construções, direito de construir: arts. 1.299 a 1.313
- construções e plantações: arts. 1.253 a 1.259
- de prédio, direito de exigir segurança contra obras nele realizadas: art. 1.281
- desapropriação: arts. 1.228, § 3.º, 1.275, V, e 2.030
- descoberta: arts. 1.233 a 1.237
- direito de propriedade, como deve ser exercido: art. 1.228, § 1.º
- direito real: art. 1.225, I
- direitos do proprietário: art. 1.228
- do espaço aéreo: art. 1.229
- domínio, presume-se exclusivo e ilimitado: art. 1.231
- do solo, direito de exploração pelo proprietário: art. 1.230, parágrafo único
- do solo, o que abrange: art. 1.229
- do solo, o que não abrange: art. 1.230
- do subsolo: art. 1.229
- fiduciária: arts. 1.361 a 1.368-B
- frutos e produtos da coisa, a quem pertencem: art. 1.232
- ilhas: arts. 1.248, I, e 1.249
- imóvel, aquisição: arts. 1.238 a 1.259
- imóvel, aquisição pelo registro do título: arts. 1.245 a 1.247
- imóvel, aquisição por acessão: art. 1.248
- imóvel, direito de tapagem: arts. 1.297 e 1.298
- imóvel encravado, passagem forçada: art. 1.285
- imóvel, passagem de cabos e tubulações: arts. 1.286 e 1.287
- imóvel, perda: arts. 1.275 e 1.276
- imóvel, renúncia: art. 1.275, II e parágrafo único
- imóvel, uso anormal: arts. 1.277 a 1.281
- imóvel, usucapião: arts. 1.238 a 1.244
- limites entre prédios: arts. 1.297 e 1.298
- móvel, confusão, comistão e adjunção: arts. 1.272 a 1.274
- móvel, especificação: art. 1.269
- móvel, ocupação: art. 1.263
- móvel, tesouro: arts. 1.264 a 1.266
- móvel, tradição: arts. 1.267 e 1.268
- móvel, usucapião: arts. 1.260 a 1.262
- plena, presunção: art. 1.231
- privação da propriedade: art. 1.228, §§ 3.º a 5.º
- requisição da propriedade, em caso de perigo público iminente: art. 1.228, § 3.º
- resolúvel: arts. 1.359 e 1.360

PROTESTO
- para constituir a mora: art. 397
- para interrupção da prescrição: art. 202, II e III

PROVAS
- certidões, valor: arts. 216 e 217

Índice Alfabético-Remissivo do Código Civil

- da fiança: art. 819
- de depósito voluntário: art. 646
- do casamento: arts. 1.543 e 1.547
- do erro, na repetição do indébito: art. 877
- do pagamento: arts. 319 e 326
- dos fatos jurídicos: arts. 212 a 232
- exame médico necessário, recusa em fazê-lo: art. 231
- livros e fichas de empresários e sociedades: art. 226
- perícia médica ordenada pelo juiz, recusa em submeter-se a ela: art. 232
- presunções não legais, quando não são admitidas: art. 230
- reproduções mecânicas ou eletrônicas: art. 225
- testemunhal: art. 228
- translados: art. 217

PUBLICAÇÃO

- de editais de proclamas: art. 1.527
- do testamento particular: art. 1.877

QUALIDADES

- essenciais, erro: art. 139, I e II

QUINHÃO

- dos condôminos: arts. 1.314 a 1.326
- hereditário, garantia: arts. 2.023 a 2.026
- hereditário, hipoteca legal para garantia da torna: art. 1.489, II

QUITAÇÃO

- ao tutor, quando é válida: art. 1.758
- declarações que deve conter: art. 320
- despesas com a quitação: art. 325
- de título caucionado: art. 1.460
- devolução de título perdido: art. 321
- direito do devedor que paga: art. 319
- do capital, sem reserva dos juros, presunção que cria: art. 323
- entrega do título, presunção: art. 324
- instrumento particular: art. 320

- legado consistente em quitação de dívida: art. 1.918
- na imputação de pagamento: arts. 352 a 355
- portador, presume-se autorizado a receber: art. 311
- quotas periódicas, quitação da última, presunção que cria: art. 322
- tutela – prestação de contas: art. 1.758

RAMOS

- e raízes que ultrapassam a extrema do prédio: art. 1.283

RATEIO

- da parte do herdeiro insolvente, na ação regressiva de uns contra outros herdeiros: art. 1.999
- entre codevedores solidários: arts. 283 e 284

RATIFICAÇÃO

- ato de ratificação, requisitos: art. 173
- de casamento contraído por incapaz: art. 1.553
- de negócio anulável: arts. 172 a 176

RECOMPENSA

- direito do descobridor de coisa alheia: art. 1.234
- promessa de recompensa: arts. 854 a 860

RECONHECIMENTO

- de dívida, interrupção da prescrição: art. 202, VI
- de firma em documento: art. 221
- dos filhos: arts. 1.607 a 1.617

REGIME DE BENS

- alteração, possibilidade: art. 1.639, § 2.º
- bens adquiridos na constância do casamento, presunção: art. 1.662
- constará do assento de casamento: art. 1.536, VII
- convenções antenupciais, licitude: art. 1.639
- convenções antenupciais, necessidade de registro para validade em relação a terceiros: art. 1.657

- convenções antenupciais nulas: arts. 1.640, *caput*, 1.653 e 1.655
- de casamentos celebrados na vigência do Código anterior: art. 2.039
- de comunhão parcial, administração dos bens: art. 1.663
- de comunhão parcial, atos a título gratuito que impliquem cessão do uso ou gozo dos bens comuns: art. 1.663, § 2.º
- de comunhão parcial, ausência de convenção antenupcial: art. 1.640, *caput*
- de comunhão parcial, bens incomunicáveis: art. 1.661
- de comunhão parcial, bens particulares: art. 1.665
- de comunhão parcial, bens que se comunicam: art. 1.660
- de comunhão parcial, bens que se excluem: art. 1.659
- de comunhão parcial, bens que sobrevierem ao casal: art. 1.658
- de comunhão parcial, dívidas contraídas por qualquer dos cônjuges: art. 1.666
- de comunhão parcial, encargos da família: art. 1.664
- de comunhão parcial, malversação dos bens: art. 1.663, § 3.º
- de comunhão parcial, obrigações que não se comunicam: art. 1.659, III e IV
- de comunhão parcial, quando nula a convenção antenupcial: art. 1.640, *caput*
- de comunhão universal, administração dos bens: art. 1.670
- de comunhão universal, bens excluídos: art. 1.668
- de comunhão universal, dissolução da comunhão: art. 1.671
- de comunhão universal, dívidas excluídas: art. 1.668, III
- de comunhão universal, em que importa: art. 1.667
- de comunhão universal, incomunicabilidade: arts. 1.668 e 1.669
- de participação final nos aquestos, administração dos bens: art. 1.673, parágrafo único
- de participação final nos aquestos, bens adquiridos pelo trabalho conjunto: art. 1.679
- de participação final nos aquestos, bens alienados em detrimento da meação: art. 1.676
- de participação final nos aquestos, bens imóveis: art. 1.681
- de participação final nos aquestos, bens móveis: arts. 1.674, parágrafo único, e 1.680
- de participação final nos aquestos, direito a meação: art. 1.682
- de participação final nos aquestos, dissolução da sociedade conjugal: art. 1.674
- de participação final nos aquestos, dívidas de um dos cônjuges superior à sua meação: art. 1.686
- de participação final nos aquestos, dívidas posteriores ao casamento: arts. 1.677 e 1.678
- de participação final nos aquestos, morte de um dos cônjuges: art. 1.685
- de participação final nos aquestos, patrimônio de cada cônjuge: arts. 1.672 e 1.673
- de participação final nos aquestos, separação judicial ou divórcio: arts. 1.683 e 1.684
- de separação, administração e alienação dos bens: art. 1.687
- de separação, obrigação que têm ambos os cônjuges de contribuir para as despesas do casal: art. 1.688
- de separação, quando é obrigatório: art. 1.641
- direitos dos cônjuges que independem do regime adotado: art. 1.642
- início do vigor: art. 1.639, § 1.º

REGISTRO DE IMÓVEIS

- alienação, necessidade de registro: art. 1.275, parágrafo único
- aquisição da propriedade pelo registro do título: art. 1.245
- convenção de condomínio edilício: art. 1.333, parágrafo único
- direito real, aquisição pelo registro no cartório: art. 1.227
- domínio, transfere-se com o registro: art. 1.245, § 1.º

- hipoteca, averbação da prorrogação: art. 1.485
- hipoteca de vias férreas, registro, onde se faz: art. 1.502
- hipoteca legal, registro, tempo de validade da especialização: art. 1.498
- hipoteca, registro: arts. 1.492 a 1.498
- hipoteca, registro de mais de uma no mesmo dia, proibição: art. 1.494
- hipoteca, registro de segunda, antes do registro da primeira: art. 1.495
- hipoteca, registro, dúvida do oficial: art. 1.496
- hipoteca, registro, lugar onde se faz: art. 1.492, *caput*
- hipoteca, registro, prioridade: art. 1.493, parágrafo único
- instituição de condomínio edilício: art. 1.332
- penhor agrícola, registro: art. 1.438
- prenotação do título: art. 1.496
- registro de instrumento particular, para validade contra terceiros: art. 221
- registro de promessa de compra e venda, direito real: art. 1.417
- renúncia da propriedade imóvel, registro: art. 1.275, parágrafo único
- retificação ou anulação: art. 1.247
- servidões, cancelamento do registro: arts. 1.387 a 1.389
- servidões, usucapião, registro: art. 1.379
- usucapião de imóveis, registro: arts. 1.238 e 1.241, parágrafo único
- usucapião de servidões, registro: art. 1.379
- usufruto, registro, necessidade: art. 1.391

REGISTRO PÚBLICO

- atos sujeitos a registro no registro público das pessoas naturais: art. 9.º
- averbação, quando é exigida: art. 10
- das pessoas jurídicas, declarações que deve conter: art. 46
- das pessoas jurídicas, efeito: art. 45
- de ausência declarada por sentença: art. 9.º, IV
- de casamento: arts. 9.º, I, 1.536 e 1.543, parágrafo único
- de emancipação: art. 9.º, II
- de empresas mercantis; empresário e sociedade empresária: art. 1.150
- de empresas mercantis; obrigatoriedade: art. 967
- de empresas mercantis; sócio incapaz ou relativamente incapaz: art. 974, § 3.º
- de interdição: art. 9.º, III
- de nascimento: art. 9.º, I
- de nascimento, contestação da maternidade nele declarada: art. 1.608
- de nascimento, falta ou defeito, como se prova a filiação: art. 1.605
- de nascimento, ninguém pode vindicar estado contrário: art. 1.604
- de nascimento, reconhecimento voluntário de filho: art. 1.609
- de óbito: art. 9.º, I
- do bem de família instituído pelos cônjuges: art. 1.714
- sociedade simples; Registro Civil das Pessoas Jurídicas: art. 1.150

REINTEGRAÇÃO

- de posse: arts. 1.210 a 1.212

REIVINDICAÇÃO

- de avulsão: art. 1.251
- de coisa comum, cabe a ação a cada condômino: art. 1.314
- de propriedade resolúvel: art. 1.359

REMIÇÃO

- da hipoteca, pelo credor da segunda: art. 1.478
- da hipoteca, pelo herdeiro: art. 1.429
- do penhor, pelo herdeiro: art. 1.429

REMISSÃO

- das dívidas: arts. 385 a 388
- efeito na solidariedade passiva: art. 277
- em prejuízo de credores: art. 158

RENDAS

- legados consistentes em rendas, quando começam a correr: art. 1.926

RENDIMENTOS
- de bens de ausentes: arts. 33 e 34

RENÚNCIA
- da herança: arts. 1.805, §§ 1.º e 2.º, a 1.807 e 1.810 a 1.813
- da propriedade imóvel: art. 1.275, II e parágrafo único
- da servidão: art. 1.388, I
- de ações, pela ratificação do ato anulável ou pela sua execução voluntária: art. 175
- de fideicomisso: art. 1.955
- de prescrição: art. 191

REPOSIÇÃO
- torna do herdeiro para adjudicação de imóvel que não caiba no quinhão: art. 2.019

REPRESENTAÇÃO
- anulação do negócio jurídico, casos: arts. 117 e 119
- anulação do negócio jurídico, prazo de decadência: art. 119, parágrafo único
- direito de representação, na sucessão hereditária: arts. 1.851 a 1.856
- efeitos: art. 120
- manifestação de vontade do representante, efeitos: art. 116
- poderes, quem os confere: art. 115
- representante, obrigações: art. 118
- requisitos: art. 120

RESERVA
- de bens para pagamento de dívida, no inventário: art. 1.997, §§ 1.º e 2.º
- do usufruto, pelo donatário: art. 1.400, parágrafo único

RESIDÊNCIA
- Vide DOMICÍLIO

RESOLUÇÃO
- do domicílio: art. 1.359

RESPONSABILIDADE CIVIL
- Vide também DANO e INDENIZAÇÃO
- bens do responsável pela ofensa, sujeitam-se à reparação do dano: art. 942
- concorrência da vítima no dano: art. 945
- culpa de terceiro, ação regressiva: art. 930
- dano causado por ato ilícito: art. 927
- das empresas, pelos danos causados por produtos postos em circulação: art. 931
- das pessoas jurídicas de direito público: art. 43
- direito de exigir reparação, transmite-se com a herança: art. 943
- do credor que demanda dívida não vencida ou já paga: arts. 939 a 941
- do dono de estabelecimento de educação: art. 932, IV
- do dono do animal: art. 936
- do dono do edifício em ruína: art. 937
- do dono do hotel: art. 932, IV
- do empregador ou comitente: arts. 932, III, e 933
- do habitante da casa de onde caírem ou forem lançadas coisas: art. 938
- do incapaz, quando responde pelos prejuízos causados: art. 928
- dos empresários individuais, pelos danos causados por produtos postos em circulação: art. 931
- dos pais, pelos filhos menores: arts. 932, I, e 933
- dos que gratuitamente participarem de crime: art. 932, V
- do tutor e do curador: arts. 932, II, e 933
- indenização: vide INDENIZAÇÃO
- independe da criminal: art. 935
- independente de culpa: art. 927, parágrafo único
- obrigação de reparar o dano, transmite-se com a herança: art. 943
- por atos de terceiros, independente de culpa: art. 933
- reparação civil, prescrição: art. 206, § 3.º, V
- ressarcimento de dano causado por outrem: art. 934
- solidária: art. 942, parágrafo único

RETENÇÃO
- Vide também DIREITO

- da coisa empenhada: art. 1.433, II
- do pagamento: art. 319
- por benfeitorias: art. 1.219

RETRATAÇÃO
- de aceitação de contrato: art. 433
- de aceitação ou renúncia de herança: art. 1.812
- de proposta de contrato: art. 428, IV
- do consentimento para casamento: art. 1.518

RETROATIVIDADE
- da ratificação do negócio anulável: art. 172

RETROVENDA
- cláusula especial na compra e venda: arts. 505 a 508
- conceito: art. 505
- prazo; até 3 anos: art. 505

REVOGAÇÃO
- da legislação incompatível com este Código: art. 2.045
- do codicilo: art. 1.884
- do testamento: arts. 1.969 a 1.972

RIOS
- aluvião: art. 1.250
- álveo abandonado: art. 1.252
- bens públicos: art. 99, I
- ilhas: art. 1.249

ROMPIMENTO
- do testamento: arts. 1.973 a 1.975

ROUBO
- não se compensa dívida proveniente: art. 373, I

SEGREDO
- profissional: art. 229, I

SEGURO
- agentes autorizados do segurador, representação de atos relativos ao contrato: art. 775
- apólices, como podem ser: art. 760
- apólices, declarações que devem conter: art. 760
- apólices, emissão: art. 759
- apólices nominativas, forma: art. 760
- companheiro, quando pode ser beneficiário no seguro de vida: art. 793
- contrato, boa-fé exigida das partes: art. 765
- contrato, como se prova: art. 758
- contrato, conceito: art. 757
- contrato, declarações inverídicas do segurado, efeitos: art. 766
- contrato, nulidade para garantia de risco proveniente de ato doloso: art. 762
- contrato sobre risco passado: art. 773
- de coisa dada em garantia real: art. 1.425, § 1.º
- de coisa em usufruto: arts. 1.407 e 1.408
- de coisas transportadas, vigência da garantia: art. 780
- de dano, prejuízos compreendidos: art. 779
- de dano, valor da garantia: art. 778
- de dano, valor da indenização: art. 781
- de prédio anticrético: art. 1.509, § 2.º
- de responsabilidade civil: art. 787
- despesas não compreendidas no seguro de pessoa: art. 802
- de vida, apólice, não pode ser ao portador: art. 760
- de vida, a soma estipulada não está sujeita a dívidas do segurado: art. 794
- de vida, mais de um sobre o mesmo objeto, validade: art. 789
- de vida, prazo: art. 796
- de vida, sobre a vida de outrem: art. 790
- de vida, substituição de beneficiário: arts. 791 e 792
- disposições aplicáveis a todos os contratos de seguro: art. 777
- exceção de contrato não cumprido, não cabe nos seguros obrigatórios: art. 788, parágrafo único
- falta de pagamento, consequências: art. 796, parágrafo único
- mora do segurador: art. 772
- obrigações do segurador: art. 776
- obrigatório: art. 788
- obrigatório, prescrição: art. 206, § 3.º, IX

- pagamento do seguro, casos em que o segurador não pode eximir-se de fazê-lo: art. 799
- pagamento reduzido do capital segurado, no seguro de pessoa, proibição: art. 795
- por valor menor que o da coisa segurada: art. 783
- prazo de carência, quando pode ser estipulado: art. 797
- prêmio, revisão, quando cabe: art. 770
- prescrição do segurado contra o segurador: art. 206, § 1.º, II
- recondução tácita do contrato: art. 774
- risco assumido em cosseguro: art. 761
- risco, diminuição no curso do contrato: art. 770
- segurador, quem pode ser: art. 757, parágrafo único
- sinistro provocado por vício da coisa segurada: art. 784
- sub-rogação do segurador contra o autor do dano: art. 786
- sub-rogação do segurador, proibição nos seguros de pessoas: art. 800
- suicídio, cláusula que exclua o pagamento nesse caso, nulidade: art. 798, parágrafo único
- suicídio nos dois primeiros anos de vigência do contrato: art. 798
- transferência do contrato a terceiro: art. 785
- troca de segurador, obrigações do segurado: art. 782

SEMENTE
- alheia em terreno próprio: arts. 1.254 e 1.256
- alheia semeada em terreno alheio: art. 1.257
- semeadura em terreno alheio: arts. 1.255 e 1.256

SENTENÇA
- de abertura de sucessão provisória, efeitos: art. 28
- de anulação de casamento, efeitos: art. 1.563
- de anulação ou nulidade de casamento, averbação no registro público: art. 10, I
- declaratória de ausência, registro: art. 9.º, IV
- declaratória de nulidade de negócio jurídico: art. 177
- de conversão da separação judicial em divórcio: art. 1.580, § 1.º
- de restabelecimento da sociedade conjugal, averbação no registro público: art. 10, I
- de separação judicial, averbação no registro público: art. 10, I
- de separação judicial, o que importa: art. 1.575
- do depósito em pagamento, efeito: art. 339
- do divórcio, averbação no registro público: art. 10, I
- em ação de investigação de paternidade ou maternidade, efeitos: art. 1.616
- julgamento da partilha: arts. 2.023 e 2.027
- usucapião de imóvel, declaração: arts. 1.238 e 1.241, parágrafo único

SEPARAÇÃO
- *Vide* também REGIME DE BENS
- de corpos, requerida antes da ação de anulação de casamento: art. 1.562

SEPARAÇÃO JUDICIAL
- ação, legitimidade para sua proposição: art. 1.572
- conversão em divórcio: art. 1.580
- deveres a que põe fim: art. 1.576, *caput*
- dissolução da sociedade e do vínculo conjugal: art. 1.571, III
- doença mental grave de um dos cônjuges: art. 1.572, § 2.º
- guarda dos filhos: arts. 1.583 a 1.590
- impossibilidade de vida em comum: art. 1.573
- litigiosa, alimentos: art. 1.702
- mútuo consentimento dos cônjuges: art. 1.574
- procedimento judicial, a quem cabe: art. 1.576, parágrafo único
- restabelecimento da sociedade conjugal: art. 1.577
- ruptura da vida em comum há mais de um ano: art. 1.572, § 1.º
- sentença, o que importa: art. 1.575

SERVIDÕES
- ampliação a outro fim: art. 1.385, § 1.º
- ampliação necessária, indenização ao dono do prédio serviente: art. 1.385, § 3.º
- aparentes, posse contínua, usucapião: art. 1.379
- cancelamento, extingue-se em relação a terceiros: art. 1.387, *caput*
- cancelamento, quando o prédio dominante estiver hipotecado: art. 1.387, parágrafo único
- cancelamento, quando pode ser requerido pelo dono do prédio serviente: arts. 1.385, § 3.º, e 1.389
- de águas e aquedutos: arts. 1.288 a 1.296
- de janela, sacada, terraço, goteira: art. 1.302
- de luz: art. 1.301
- de parede divisória: arts. 1.304 a 1.306 e 1.308
- de passagem forçada: art. 1.285
- desapropriação das servidões: art. 1.387, *caput*
- de trânsito, extensão: art. 1.385, § 2.º
- direitos reais: art. 1.225, III
- extinção: arts. 1.387 a 1.389
- não aparentes, necessidade de registro: art. 1.378
- não aparentes, proteção possessória: art. 1.213
- obras necessárias à conservação e ao uso: arts. 1.380 a 1.382
- pertencentes a vários donos, rateio de despesas: art. 1.380
- prediais, como se impõem: art. 1.378
- prediais, indivisibilidade: art. 1.386
- prédio serviente, o dono não pode embaraçar o uso da servidão: art. 1.383
- remoção da servidão pelo dono do prédio serviente: art. 1.384
- renúncia: art. 1.388, I
- uso, não pode ser embaraçado: art. 1.383
- uso, restrições às necessidades do prédio dominante: art. 1.385
- usucapião, prazo se o possuidor não tiver título: art. 1.379, parágrafo único

SILÊNCIO
- do ausente que tem notícia de esbulho possessório: art. 1.224
- do proprietário, no caso de construções feitas em seu terreno: art. 1.256, parágrafo único
- na aceitação da herança: arts. 1.805, § 1.º, e 1.807
- nos negócios jurídicos, quando importa anuência: art. 111
- renúncia tácita da prescrição: art. 191
- ruídos incômodos constituem uso nocivo da propriedade: art. 1.277

SIMULAÇÃO
- discussão no concurso de credores: art. 956
- nos negócios jurídicos, quando se dá: art. 167, § 1.º
- nulidade dos negócios jurídicos: art. 166
- quem pode demandar a nulidade dos negócios simulados: art. 168
- subsistência do que se dissimulou: art. 167
- terceiros de boa-fé, direitos preservados: art. 167, § 2.º

SINAL
- *Vide* ARRAS

SOBREPARTILHA
- quando se procede: art. 2.022

SOBRINHOS
- *Vide* também COLATERAIS
- direitos hereditários: arts. 1.840, 1.841 e 1.853

SOCIEDADE ANÔNIMA
- aplicação subsidiária deste Código: art. 1.089
- avaliação dos bens que entraram para a formação do capital social, prescrição contra o perito: art. 206, § 1.º, IV
- capital social: art. 1.088
- sócios, responsabilidade: art. 1.088

SOCIEDADE CONJUGAL
- direção: art. 1.567
- dissolução: arts. 1.571 a 1.582

- filiação, presunção na sua constância: art. 1.597

SOCIEDADE COOPERATIVA
- características: art. 1.094
- legislação aplicável: art. 1.093
- sociedade simples, normas subsidiariamente aplicáveis: art. 1.096
- sócios, responsabilidade: art. 1.095

SOCIEDADE EM COMANDITA POR AÇÕES
- administração: art. 1.091
- assembleia geral, poderes: art. 1.092
- capital social, divisão: art. 1.090
- denominação ou firma: art. 1.090
- diretor destituído, responsabilidade: art. 1.091, § 3.º
- diretores, responsabilidade: art. 1.091, § 1.º
- diretoria, nomeação: art. 1.091, § 2.º
- legislação aplicável: art. 1.090

SOCIEDADE EM COMANDITA SIMPLES
- administrador provisório, quando cabe: art. 1.051, parágrafo único
- comanditados, direitos e obrigações: art. 1.046, parágrafo único
- comanditados, responsabilidade: art. 1.045
- comanditários, diminuição de sua quota, efeito quanto a terceiros: art. 1.048
- comanditários, proibições: art. 1.047
- comanditários, responsabilidade: art. 1.045
- dissolução: art. 1.051
- lucros recebidos de boa-fé pelo comanditário: art. 1.049
- morte de comanditário: art. 1.050
- normas aplicáveis: art. 1.046

SOCIEDADE EM COMUM
- atos constitutivos, regência da sociedade enquanto não inscritos: art. 986
- atos de gestão dos sócios, bens sociais respondem por eles: art. 989
- bens e dívidas sociais, titularidade comum dos sócios: art. 988
- existência, prova: art. 987
- sócios, responsabilidade: art. 990

SOCIEDADE EM CONTA DE PARTICIPAÇÃO
- admissão de novo sócio: art. 995
- constituição, independe de qualquer formalidade: art. 992
- contas, prestação quando há mais de um sócio ostensivo: art. 996, parágrafo único
- contrato social, produção de efeitos: art. 993
- exercício da atividade: art. 991
- falência do sócio ostensivo: art. 994, § 2.º
- falência do sócio participante: art. 994, § 3.º
- liquidação: art. 996
- normas aplicáveis subsidiariamente: art. 996, *caput*
- patrimônio especial, o que constitui: art. 994
- sócio ostensivo, responsabilidade perante terceiros: art. 991, parágrafo único
- sócio participante, quando responde solidariamente com o sócio ostensivo: art. 993, parágrafo único
- sócio participante, responsabilidade nos termos do contrato: art. 991, parágrafo único

SOCIEDADE EM NOME COLETIVO
- administração: art. 1.042
- credor particular de sócio, quando pode pretender a liquidação da quota do devedor: art. 1.043
- dissolução: art. 1.044
- firma social, deve constar do contrato social: art. 1.041
- normas que a regem: art. 1.040
- quem pode dela fazer parte: art. 1.039, *caput*
- sócios, responsabilidade: art. 1.039
- sócios, responsabilidade, limitação: art. 1.039, parágrafo único

SOCIEDADE LIMITADA
- administração: arts. 1.060 a 1.065
- aumento do capital social: art. 1.081
- capital social, divisão: art. 1.055
- cessão de quota a outro sócio: art. 1.057
- conselho fiscal, composição: art. 1.066
- conselho fiscal, deveres: art. 1.069
- conselho fiscal, exercício: art. 1.067
- conselho fiscal, remuneração: art. 1.068

Índice Alfabético-Remissivo do Código Civil

- conselho fiscal, responsabilidade: art. 1.070
- contrato social, conteúdo: art. 1.054
- deliberação dos sócios: arts. 1.071 a 1.080
- dissolução: art. 1.087
- exclusão de sócios: arts. 1.085 e 1.086
- normas aplicáveis: art. 1.053
- quota, quando pode ser dividida: art. 1.056
- redução do capital social: arts. 1.082 a 1.084
- sócio remisso, não integralização de sua quota: art. 1.058
- sócios minoritários: arts. 1.085 e 1.086
- sócios, obrigações: art. 1.059
- sócios; reunião ou assembleia; votação a distância: 1.080-A
- sócios, responsabilidade: art. 1.052

SOCIEDADES
- *Vide* também EMPRESÁRIO e ESTABELECIMENTO
- anônimas: arts. 1.088 e 1.089
- aplicação de leis comerciais não revogadas por este Código: art. 2.037
- cisão: arts. 1.113 a 1.122 e 2.033
- coligadas: arts. 1.097 a 1.101
- constituídas na forma de leis anteriores a este Código, prazo de dois anos para adaptação a suas disposições: art. 2.031
- contabilista e outros auxiliares: arts. 1.177 e 1.178
- cooperativas: arts. 1.093 a 1.096
- dependentes de autorização: arts. 1.123 a 1.141
- disposições gerais: arts. 981 a 985
- dissolução e liquidação iniciadas antes da vigência deste Código: art. 2.034
- efeito dos atos e negócios jurídicos produzido após a vigência deste Código: art. 2.035
- em comandita por ações: arts. 1.090 e 1.092
- em comandita simples: arts. 1.045 a 1.051
- em comum: arts. 986 a 990
- em conta de participação: arts. 991 a 996
- em nome coletivo: arts. 1.039 a 1.044
- escrituração: arts. 1.179 a 1.195
- estabelecimento: arts. 1.142 a 1.149
- estrangeiras: arts. 1.134 a 1.141
- fusão: arts. 1.113 a 1.122 e 2.033
- gerente: arts. 1.172 a 1.176
- incorporação: arts. 1.113 a 1.122 e 2.033
- limitadas: arts. 1.052 a 1.087
- liquidação: arts. 1.102 a 1.112 e 2.034
- modificação dos seus atos constitutivos, regência por este Código: art. 2.033
- nacionais: arts. 1.126 a 1.133
- não personificadas: arts. 986 a 996
- nome empresarial: arts. 1.155 a 1.168
- personificadas: arts. 997 e s.
- prazos prescricionais: art. 206, § 3.º, VI e VII
- prepostos: arts. 1.169 a 1.178
- registro: arts. 1.150 a 1.154
- simples: arts. 997 a 1.038
- transformação: arts. 1.113 a 1.122 e 2.033

SOCIEDADES COLIGADAS
- conceito: art. 1.097
- controle: art. 1.098
- participação superior às próprias reservas, proibição: art. 1.101
- sociedade de simples participação, conceito: art. 1.100
- sociedade filiada, conceito: art. 1.099

SOCIEDADE SIMPLES
- administração, a quem cabe: art. 1.013
- administração, maioria de votos: art. 1.010
- administração, poderes revogáveis e irrevogáveis: art. 1.019
- administrador, constituição de mandatários: art. 1.018
- administrador, culpa, responsabilidade: art. 1.016
- administrador, excesso no exercício, quando pode ser oposto a terceiros: art. 1.015, parágrafo único
- administrador, exercício da função: art. 1.011
- administrador que aplica crédito ou bens sociais, sem consentimento dos sócios, em proveito próprio ou de terceiro, responsabilidade: art. 1.017
- administrador, responsabilidade: art. 1.012
- administrador, substituição vedada: art. 1.018
- cessão total ou parcial da quota: art. 1.003

- concurso de vários administradores: art. 1.014
- constituição: art. 997
- contas, prestação pelos administradores: art. 1.020
- contrato social, conteúdo: art. 997
- contrato social, inscrição: art. 998
- contrato social, modificações: art. 999
- dissolução: arts. 1.033 a 1.038
- dissolução, eleição, investidura e destituição do liquidante: arts. 1.036 e 1.038
- dissolução judicial: art. 1.034
- dissolução por extinção de autorização para funcionar: arts. 1.033, V, e 1.037
- dívidas da sociedade, bens que respondem: arts. 1.023 e 1.024
- exclusão de sócio remisso: arts. 1.004, parágrafo único, 1.030 e 1.032
- filial, sucursal ou agência, instituição: art. 1.000
- lucros e perdas, nulidade da cláusula que exclua sócio de sua participação: art. 1.008
- lucros e perdas, proporção: art. 1.007
- lucros ilícitos, distribuição: art. 1.009
- morte de sócio, liquidação da quota: arts. 1.028 e 1.032
- perdas e danos, quando responde o administrador: art. 1.013, § 2.º
- perdas e danos, quando responde o sócio: art. 1.010, § 3.º
- relações com terceiros: arts. 1.022 a 1.027
- resolução da sociedade em relação a um sócio: arts. 1.028 a 1.032
- sócio, possibilidade de retirar-se da sociedade: arts. 1.029 e 1.032
- sócios, contribuição em serviços: art. 1.006
- sócios, contribuições estabelecidas no contrato social, descumprimento: art. 1.004
- sócios, obrigações, quando começam e terminam: art. 1.001
- sócios, transmissão de domínio, posse ou uso, responsabilidade: art. 1.005
- substituição de sócio sem consentimento dos demais, proibição: art. 1.002
- venda e oneração de bens imóveis: art. 1.015

SOLIDARIEDADE

- ativa, conversão de prestação em perdas e danos: art. 271
- ativa, direito de cada credor: art. 267
- ativa, morte de um dos credores: art. 270
- ativa, pagamento a qualquer dos credores, enquanto não houver demanda: art. 268
- ativa, pagamento feito a um dos credores, extingue a dívida: art. 269
- conceito: art. 264
- condicional: art. 266
- dos condôminos: art. 1.317
- efeito da novação: art. 365
- efeito na confusão de dívidas: art. 383
- não se presume: art. 265
- nulidade dos negócios jurídicos, efeito: art. 177
- passiva, ação proposta contra um dos devedores, efeito: art. 275, parágrafo único
- passiva, cláusula, condição ou obrigação adicional estipulada entre um dos devedores e o credor: art. 278
- passiva, devedor insolvente, rateio de sua parte: art. 284
- passiva, direito do credor: art. 275, *caput*
- passiva, direito do devedor que satisfez a dívida por inteiro: art. 283
- passiva, impossibilidade da prestação: art. 279
- passiva, morte de um dos devedores: art. 276
- passiva, oposição de exceções: art. 281
- passiva, que interessa exclusivamente a um dos devedores: art. 285
- passiva, recebimento total ou parcial de um dos devedores, efeito: art. 275, *caput*
- passiva, remissão obtida por um dos devedores, efeito: art. 277
- passiva, renúncia da solidariedade: art. 282
- passiva, responsabilidade pelos juros: art. 280
- pura e simples e condicional ou a prazo: art. 266
- remissão da dívida: art. 388
- resulta da lei ou da vontade das partes: art. 265

SONEGADOS

- ação de sonegados, efeito da sentença: art. 1.994, parágrafo único
- ação de sonegados, quem a pode mover: art. 1.994
- pena ao herdeiro sonegador: art. 1.992
- quando pode ser arguida a sonegação do inventariante: art. 1.996
- responsabilidade do sonegador pelo valor dos bens que não se restituam: art. 1.995
- sobrepartilha dos bens sonegados: art. 2.021
- sonegação feita pelo inventariante: art. 1.993

SUBENFITEUSE

- constituição proibida: art. 2.038
- existente antes da vigência deste Código: art. 2.038

SUB-ROGAÇÃO

- convencional, quando há: art. 347
- da garantia real, na indenização ou no seguro: art. 1.425, § 1.º
- de devedor que paga a dívida indivisível: art. 259, parágrafo único
- do produto da venda de bens gravados: art. 1.911, parágrafo único
- do usufruto, na indenização paga por desapropriação ou dano no prédio: art. 1.409
- efeitos do pagamento com sub-rogação: art. 350
- legal, quando se opera: art. 346
- pagamento com sub-rogação: arts. 346 a 351

SUBSTITUIÇÕES

- *Vide* FIDEICOMISSO

SUCESSÃO

- *Vide* também AUSÊNCIA, HERANÇA, HERDEIROS e TESTAMENTO
- aberta antes da vigência deste Código: art. 2.041
- abertura, transmissão do domínio e posse da herança: art. 1.784
- aceitação e renúncia da herança: arts. 1.804 a 1.813
- capacidade para adquirir por testamento: arts. 1.799 e 1.800
- capacidade para suceder, lei que a rege: art. 1.787
- cessão por escritura pública: art. 1.793
- coerdeiro, direito de preferência na cessão de quotas: arts. 1.794 e 1.795
- companheiro, direito sucessório entre eles: art. 1.790
- cônjuge, concorrência com ascendentes: art. 1.837
- cônjuge sobrevivente: arts. 1.831 e 1.832
- de herdeiros ou legatários: arts. 1.947 e 1.960
- descendentes da mesma classe: art. 1.834
- descendentes, exclusão do grau mais remoto: art. 1.833
- deserdação: arts. 1.961 a 1.965
- direito de acrescer entre herdeiros e legatários: arts. 1.941 a 1.946
- direito de representação: arts. 1.851 a 1.856
- excluídos da sucessão: arts. 1.814 a 1.818
- herança jacente: arts. 1.819 a 1.823
- herdeiros necessários: arts. 1.845 a 1.850
- legados: arts. 1.912 a 1.922
- legados, caducidade: arts. 1.939 e 1.940
- legados, efeitos e pagamento: arts. 1.923 a 1.938
- legítima: arts. 1.786 e 1.829 a 1.856
- provisória: arts. 26 a 36
- redução das disposições testamentárias: arts. 1.966 a 1.968
- substituições ao herdeiro ou legatário: arts. 1.947 a 1.960
- testamentária, havendo herdeiros necessários: arts. 1.789 e 1.845 a 1.850
- transmissão da herança: arts. 1.784, 1.785 e 1.791
- vocação hereditária: arts. 1.829 a 1.844

SUCESSOR

- continuação da posse do sucedido: art. 1.207

SURDO-MUDO

- quando não puder exprimir sua vontade, incapacidade civil: art. 3.º, III

- quando pode fazer testamento cerrado: art. 1.873
- quando pode fazer testamento público: art. 1.866

SUSPENSÃO
- da celebração do casamento: art. 1.538
- da prescrição: arts. 197 a 201
- do poder familiar: arts. 1.635 a 1.638

SUSTENTO
- *Vide* também ALIMENTOS
- dos filhos: arts. 1.566, IV, e 1.568

TABELIÃES
- prescrição das suas custas: art. 206, § 1.º, III

TAPUMES
- direito de tapagem: art. 1.297

TAXA
- de juros legais, no mútuo: art. 406
- dos juros moratórios: art. 406

TELEFONE
- celebração de contrato por seu intermédio: art. 428, I

TENTATIVA DE MORTE
- causa de exclusão da sucessão: art. 1.814, I
- causa de impedimento de casamento: art. 1.521, VII

TERCEIROS
- aceitação de herança pelos credores prejudicados: art. 1.813
- adquirente de má-fé, na fraude contra credores: art. 161
- aquisição de posse: art. 1.205, II
- cessão de crédito, depende de instrumento formal para valer contra terceiros: art. 288
- coação exercida por terceiro vicia o negócio: arts. 154 e 155
- codicilo, não prejudica direitos de terceiros: art. 1.882
- contratos de penhor, anticrese e hipoteca, requisitos para valer contra terceiros: art. 1.424
- dolo de terceiro, ciente uma das partes, anulação do negócio: art. 148
- estipulação em seu favor: arts. 436 a 438
- instituição do bem de família: arts. 1.711, parágrafo único, e 1.714
- interessado na interrupção da prescrição: art. 203
- legado de coisa a ser escolhida por terceiro: art. 1.930
- legado sob condição de entregar certa coisa a terceiro: art. 1.913
- pagamento feito por terceiro: arts. 304 a 306
- partilha, requerimento pelos credores do herdeiro: art. 2.013
- posse da coisa alienada: art. 1.267
- prescrição, interrupção: art. 203
- prescrição, renúncia: art. 191
- promessa de fato de terceiros: arts. 439 e 440
- ratificação de negócio anulável, não prejudica direito de terceiros: art. 172
- recebimento de coisa esbulhada, sabendo que o era, responsabilidade: art. 1.212
- registro de convenções antenupciais, para valerem contra terceiros: art. 1.657
- registro de instrumento particular para valer contra: art. 221
- reivindicação da propriedade pelo condômino: art. 1.314

TERMO
- final, condição resolutiva: art. 135
- inicial, condição suspensiva: art. 135
- inicial, suspende o exercício do direito: art. 131
- na contagem dos prazos: art. 132
- não se admite no reconhecimento de filho: art. 1.613

TERRAÇO
- embargo pelo vizinho: art. 1.301

TERRENOS
- *Vide* também IMÓVEIS
- aluviais, propriedade, divisão: art. 1.250

TESOURO
- achado pelo proprietário do prédio ou operário mandado em pesquisa: art. 1.265
- divisão entre o proprietário e o inventor: art. 1.264
- em terreno aforado, como se divide: art. 1.266

TESTADOR(ES)
- *Vide* também TESTAMENTO
- analfabeto, não pode fazer testamento cerrado nem particular: arts. 1.872 e 1.876
- capacidade para fazer testamento: arts. 1.860 e 1.861
- cego, como pode fazer testamento: art. 1.867
- codicilo, quem o pode fazer: art. 1.881
- de testamento marítimo: arts. 1.888 a 1.892
- maiores de dezesseis anos: art. 1.860, parágrafo único
- militares em campanha: arts. 1.893, 1.894 e 1.896
- não podem dispor de mais da metade disponível: art. 1.846
- partilha da herança, deliberação: art. 2.014
- podem deserdar: arts. 1.961 a 1.964
- que não saibam ou não possam assinar o testamento: art. 1.865
- revogação do testamento: arts. 1.969 a 1.972
- surdos, como podem fazer o testamento público: art. 1.866
- surdos-mudos, como podem fazer testamento cerrado: art. 1.873
- testamento público, devem-se fazer as declarações de viva voz: art. 1.867
- testamentos feitos em língua estrangeira: arts. 1.871 e 1.880

TESTAMENTEIRO
- contas do testamenteiro: arts. 1.980 e 1.983
- dativo: art. 1.984
- herdeiro, na falta de nomeado: art. 1.984
- inventariante, quando exerce essa função: art. 1.990
- nomeação ou substituição em codicilos: art. 1.883
- nomeação pelo juiz: art. 1.984
- nomeação pelo testador: art. 1.976
- obrigação de cumprir as disposições testamentárias: arts. 1.980 e 1.983
- pode requerer que o detentor do testamento o leve a registro: art. 1.979
- posse e administração da herança: arts. 1.977 e 1.978
- prazo para cumprir o testamento: art. 1.983
- prêmio, pode ser preferido ao legado: art. 1.988
- prêmio, quando tem direito: art. 1.987
- prêmio, reversão à herança: art. 1.989
- representação por procurador: art. 1.985
- requerimento do inventário pelo testamenteiro: art. 1.978
- simultâneos, exercício da testamentaria: art. 1.986
- solidariedade dos testamenteiros simultâneos: art. 1.986
- testamentaria, encargo não se transmite por herança e é indelegável: art. 1.985
- validade do testamento, compete-lhe propugnar pela: art. 1.981
- vintena, como se calcula: art. 1.987

TESTAMENTO
- *Vide* também TESTADORES e TESTAMENTEIRO
- aeronáutico, caducidade: art. 1.891
- aeronáutico, forma e requisitos: arts. 1.889 e 1.890
- ato personalíssimo: art. 1.858
- bens excluídos pertencem aos herdeiros legítimos: art. 1.908
- bens remanescentes pertencem aos herdeiros legítimos: art. 1.907
- capacidade para adquirir por testamento: arts. 1.799 e 1.800
- capacidade para fazer: arts. 1.860 e 1.861
- cerrado, aberto ou dilacerado: art. 1.972
- cerrado, abertura, registro e arquivamento: art. 1.875
- cerrado, aprovação: arts. 1.868, II a IV, e 1.874
- cerrado, escrito pelo oficial que o aprova: art. 1.870

- cerrado, não o pode fazer quem não possa ler: art. 1.872
- cerrado, pode ser escrito em língua estrangeira: art. 1.871
- cerrado, quando pode ser feito pelo surdo-mudo: art. 1.873
- cerrado, requisitos essenciais: art. 1.868
- cláusula de impenhorabilidade: arts. 1.848 e 2.042
- cláusula de inalienabilidade: arts. 1.848, 1.911 e 2.042
- cláusula de incomunicabilidade: arts. 1.848 e 2.042
- cláusulas do testamento: arts. 1.897 a 1.911
- cláusulas nulas: art. 1.900
- codicilos, abertura em juízo: art. 1.885
- codicilos, conteúdo: art. 1.881
- codicilos, forma: art. 1.881
- codicilos, nomeação ou substituição de testamenteiro: art. 1.883
- codicilos, revogação: art. 1.884
- codicilos, valem haja ou não testamento: art. 1.882
- com excesso de metade disponível: art. 1.967
- conjuntivo, proibição: art. 1.863
- deserdação: arts. 1.961 a 1.965
- direito de acrescer: arts. 1.941 a 1.946
- disposição de parte da metade disponível: art. 1.966
- disposições em geral: arts. 1.897 a 1.911
- disposições, ineficácia: art. 1.910
- disposições nulas: art. 1.900
- disposições permitidas: art. 1.901
- disposições, prazo para anulá-las: art. 1.909, parágrafo único
- em favor dos pobres, de estabelecimentos de caridade ou de assistência pública: art. 1.902 e parágrafo único
- erro na designação da pessoa do herdeiro ou da coisa legada: art. 1.903
- especiais: arts. 1.886 e s.
- especiais, não se admitem outros, além dos previstos no Código: art. 1.887
- fideicomisso: arts. 1.951 a 1.960
- formas ordinárias: art. 1.862
- havendo herdeiros necessários, limitações: arts. 1.846 a 1.850
- impugnação, prazo: art. 1.859
- instituição de condomínio edilício: art. 1.332
- instituição de fundações: art. 62
- interpretação das cláusulas testamentárias: art. 1.899
- legado a dois ou mais herdeiros, partilha das quotas: arts. 1.904 e 1.905
- legado, alternativo, opção do herdeiro: arts. 1.932 e 1.933
- legado, caducidade: arts. 1.939 e 1.940
- legado com encargo: art. 1.938
- legado de alimentos: arts. 1.920 e 1.928
- legado de coisa alheia: arts. 1.912 e 1.914
- legado de coisa móvel determinável pelo gênero ou espécie: arts. 1.915 e 1.929 a 1.931
- legado de coisa que deva encontrar-se em certo lugar: art. 1.917
- legado de coisa singularizada: art. 1.916
- legado de crédito ou de quitação de dívida: arts. 1.918 e 1.919
- legado de propriedade não abrange novas aquisições, salvo benfeitorias: art. 1.922
- legado de quantidades certas em prestações periódicas: arts. 1.927 e 1.928
- legado de renda vitalícia ou pensão periódica: art. 1.926
- legado, despesas e riscos: art. 1.936
- legado de usufruto: art. 1.921
- legado de usufruto conjuntamente a duas ou mais pessoas: art. 1.946
- legado, efeitos e pagamento: arts. 1.923 a 1.938
- legado, entrega, como e onde se faz: art. 1.937
- legado, execução pelos herdeiros instituídos: arts. 1.934 e 1.935
- legado, normas gerais: arts. 1.912 a 1.922
- legado sob condição de entrega de coisa pertencente ao legatário: art. 1.911
- legatário, quem não pode ser: arts. 1.799 e 1.800
- marítimo, feito no porto, invalidade: art. 1.892

- marítimo, forma, requisitos: arts. 1.888 e 1.890
- marítimo, quando caduca: art. 1.891
- metade disponível: arts. 1.846 a 1.950
- militar, como é feito: art. 1.893 e parágrafos
- militar, feito de próprio punho: art. 1.894
- militar, nuncupativo: art. 1.896
- militar, quando caduca: art. 1.895
- particular, confirmação em juízo: art. 1.878
- particular, em língua estrangeira: art. 1.880
- particular, publicação em juízo: art. 1.877
- particular, requisitos essenciais: art. 1.876
- particular, sem testemunhas: art. 1.879
- prazo concedido para o cumprimento: art. 1.983
- prazos estabelecidos, presumem-se em favor do herdeiro: art. 133
- público, assinatura a rogo: art. 1.865
- público, como pode ser feito por surdo: art. 1.866
- público, único permitido aos cegos: art. 1.867
- reconhecimento de filho feito em: art. 1.609, III
- redução das disposições testamentárias: arts. 1.966 a 1.968
- revogação: arts. 1.969 a 1.972
- rompimento: arts. 1.973 a 1.975
- substituição fideicomissária: arts. 1.951 a 1.960
- substituições dos herdeiros e legatários: arts. 1.947 e s.

TESTEMUNHAS
- do casamento: arts. 1.534 a 1.536 e 1.539
- do casamento nuncupativo: arts. 1.540 e 1.541
- do testamento cerrado: arts. 1.868, I, III e IV, e 1.873
- do testamento, impedidas: art. 1.801, II
- do testamento marítimo: art. 1.888
- do testamento militar: arts. 1.893, 1.894 e 1.896
- do testamento particular: arts. 1.876 a 1.880
- do testamento público: arts. 1.864, II e III, e 1.866
- impedidas de depor: art. 228
- instrumentárias: art. 221
- prova testemunhal dos fatos jurídicos: art. 212, III

TIOS
- *Vide* também COLATERAIS
- casamento, impedimento matrimonial: art. 1.521, IV
- direitos hereditários: arts. 1.829, IV, 1.840 e 1.853
- exercício da tutela: art. 1.731, II
- parentes transversais: art. 1.840

TITULAR
- de direito eventual: art. 130

TÍTULO
- *Vide* JUSTO TÍTULO

TÍTULO DE CRÉDITO
- ao portador de boa-fé, defesa que pode ser oposta pelo devedor: art. 906
- ao portador, desapossamento injusto ou perda, providências cabíveis: art. 909
- ao portador emitido sem autorização de lei especial: art. 907
- ao portador, pagamento ao possuidor: art. 905
- ao portador, reclamação da prestação pelo possuidor: art. 905
- ao portador, responsabilidade do emissor, ainda que a circulação fosse contra sua vontade: art. 905, parágrafo único
- ao portador, título dilacerado, mas identificável: art. 908
- ao portador, transferência: art. 904
- à ordem, aquisição de título por meio diverso do endosso, cessão civil: art. 919
- à ordem, endossante, ação de regresso: art. 914, § 2.º
- à ordem, endossante, devedor solidário: art. 914, § 1.º
- à ordem, endossante, quando responde pela prestação constante do título: art. 914
- à ordem, endosso: art. 910
- à ordem, endosso cancelado: art. 910, § 3.º

- à ordem, endosso em branco, pode o endossatário mudá-lo para em preto: art. 913
- à ordem, endosso-mandato: art. 917
- à ordem, endosso não pode conter condição que subordine o endossante: art. 912
- à ordem, endosso-penhor: art. 918
- à ordem, endosso posterior ao vencimento, efeitos: art. 920
- à ordem, exceções fundadas em relação do devedor com os portadores precedentes, quando podem ser opostas ao portador: art. 916
- à ordem, exceções que podem ser opostas pelo devedor contra o portador: art. 915
- à ordem, obrigação de quem paga o título de verificar a série de endossos: art. 911, parágrafo único
- à ordem, quem é seu legítimo possuidor: art. 911
- à ordem, transferência por endosso: art. 910, § 2.º
- assinatura de quem não tem poderes ou os excede, consequências: art. 892
- aval: arts. 897 e 898
- avalista, a quem se equipara: art. 899
- aval posterior ao vencimento, efeitos: art. 900
- cláusulas consideradas não escritas: art. 890
- direito do devedor quando a quitação consiste na devolução: art. 321
- disposições aplicáveis: art. 903
- em circulação: art. 895
- incompleto ao tempo da emissão: art. 891
- nominativo, averbação, necessidade para produzir efeito perante o emitente ou terceiros: art. 926
- nominativo, conceito: art. 921
- nominativo, pode ser transformado em à ordem ou ao portador: art. 924
- nominativo, transferência: art. 922
- nominativo, transferência de boa-fé, desoneração de responsabilidade do emitente: art. 925
- nominativo, transferido por endosso: art. 923
- omissão de requisitos legais no título: art. 888
- o que deve conter: art. 889
- pagamento antes do vencimento do título: art. 902
- pagamento ao legítimo portador, desoneração do devedor de boa-fé: art. 901
- penhor: arts. 1.451 a 1.460
- portador de título representativo de mercadoria, direitos: art. 894
- prescrição: art. 206, § 3.º, VIII
- prescrição, interrupção: art. 202, III e IV
- quando produz efeitos: art. 887
- reivindicado do portador que o adquiriu de boa-fé, proibição: art. 896
- sua entrega ao devedor faz presumir o pagamento: art. 324
- transferência: art. 893
- usufruto: art. 1.395

TOMADA DE DECISÃO APOIADA
- art. 1.783-A

TÓXICOS
- curatela dos viciados em: art. 1.767, III
- viciados, incapacidade civil relativa: art. 4.º, II

TRADIÇÃO
- constituição de direitos reais sobre coisas móveis: art. 1.226
- da coisa empenhada: art. 1.431
- feita por quem não seja proprietário: art. 1.268
- na cessão de crédito: art. 291
- na obrigação de dar coisa certa: art. 237
- por título nulo: art. 1.268, § 2.º
- transferência do domínio de coisas móveis: arts. 1.267 e 1.268

TRANSAÇÃO
- conceito: art. 840
- concernente a obrigação resultante de delito: art. 846
- declara e não transmite direitos: art. 843
- efeito entre as partes e terceiros: art. 844
- evicção da coisa renunciada na transação: art. 845
- forma: art. 842
- interpretação restritiva: art. 843
- nulidade de cláusula, efeito: art. 848

- nulidade quando após sentença passada em julgado ou quando se verifica que os transatores não tinham direito ao objeto: art. 850
- objeto da transação: art. 841
- pena convencional, admissibilidade: art. 847
- por escritura pública ou particular: art. 842
- por termo nos autos: art. 842

TRANSMISSÃO
- da herança: art. 1.804

TRANSPLANTE
- atos de disposição do próprio corpo, admissão nos casos de transplante: art. 13, parágrafo único

TRANSPORTE
- *Vide* também TRANSPORTE DE COISAS e TRANSPORTE DE PESSOAS
- disposições gerais: arts. 730 a 733

TRANSPORTE DE COISAS
- aplicação de legislação especial: art. 732
- avaria: art. 754, parágrafo único
- caso não possa ser feito, consequências: art. 753
- cláusula de aviso, deve constar do conhecimento de embarque: art. 752
- coisa depositada ou guardada: art. 751
- coisa, necessidade de caracterização: art. 743
- comercialização ou transporte proibidos: art. 747
- conceito: art. 730
- cumulativo, responsabilidade solidária dos transportadores: art. 756
- depósito da coisa: art. 753, §§ 1.º a 4.º
- desistência do remetente: art. 748
- destinatário, dúvida quanto a quem seja: art. 755
- embalagem inadequada: art. 746
- entrega em domicílio, cláusula deve constar do conhecimento de embarque: art. 752
- entrega da coisa, a quem deve ser feita: art. 754
- exercido em razão de autorização, permissão ou concessão: art. 731
- interrupção do transporte: art. 753
- perda parcial da coisa: art. 754, parágrafo único
- perdas e danos, quando cabem: art. 748
- transportador, cautelas necessárias: art. 749
- transportador, responsabilidade: art. 750

TRANSPORTE DE PESSOAS
- ação regressiva contra terceiro, no caso de acidente com passageiro: art. 735
- acidente com passageiro, responsabilidade do transportador: art. 735
- aplicação de legislação especial: art. 732
- conceito: art. 730
- cumulativo, obrigações de cada transportador: art. 733
- dano, concorrência do passageiro: art. 738, parágrafo único
- dano resultante de atraso ou interrupção da viagem: art. 733, § 1.º
- desistência do transporte depois do início da viagem, faculdade do passageiro: art. 740, § 1.º
- direito de retenção por parte do transportador: arts. 740, § 3.º, e 742
- exercido em razão de autorização, permissão ou concessão: art. 731
- gratuito, por amizade ou cortesia: art. 736
- gratuito, transporte que não se considera: art. 736, parágrafo único
- interrupção da viagem por motivo alheio ao transportador: art. 741
- pessoa transportada, deveres: art. 738
- reembolso do valor da passagem, quando é ou não devido: art. 740
- rescisão do contrato antes do início da viagem, faculdade do passageiro: art. 740
- transportador, não pode recusar passageiros: art. 739
- transportador, responsabilidade: arts. 734 e 737
- transportador, responsabilidade no caso de acidente com passageiro: art. 735
- transportador, substituição durante o percurso: art. 733, § 2.º

TRASLADO
- força probante: arts. 216 a 218

TROCA
- normas que a regem: art. 533

TURBAÇÃO
- de posse: art. 1.210
- terceiros: art. 568

TUTELA
- *Vide* também BENS e TUTORES
- aceitação de herança, legados e doações: art. 1.748, II
- alienação de bens do menor destinados a venda: art. 1.747, IV
- arrendamento de bens de raiz do menor: art. 1.747, V
- atos dependentes de autorização judicial: art. 1.748
- atos proibidos ao tutor: art. 1.749
- casos em que os menores são postos sob tutela: art. 1.728
- caução, quando é devida e quando pode ser dispensada: art. 1.745, parágrafo único
- contas, alcance do tutor: art. 1.762
- contas, balanço anual: art. 1.756
- contas, despesas com a tutela: arts. 1.760 e 1.761
- contas, julgamento: art. 1.757, parágrafo único
- contas não saldadas, causa suspensiva matrimonial: art. 1.523, IV
- contas, obrigatoriedade da prestação: art. 1.755
- contas, prestação pelos herdeiros e representantes do tutor morto, ausente ou interdito: art. 1.759
- contas, quitação do emancipado ou do que atingir a maioridade: art. 1.758
- curatela de bens legados: art. 1.733, § 2.º
- declaração das dívidas do menor ao tutor, antes do exercício da tutela: art. 1.751
- de irmãos órfãos: art. 1.733
- de menores abandonados: art. 1.734
- deveres do tutor: arts. 1.740 e 1.741
- entrega dos bens do menor mediante termo: art. 1.745
- escusas: arts. 1.736 a 1.739
- exercício: arts. 1.740 a 1.752
- exercício parcial: art. 1.743
- exercício, prévia declaração das dívidas do menor: art. 1.751
- fiscalização dos atos do tutor: art. 1.742
- gratificação pela tutela: art. 1.752
- incapacidade para o exercício: art. 1.735
- nomeação pelo juiz: art. 1.732
- nomeação pelos pais: arts. 1.729 e 1.730
- pelos parentes, ordem: art. 1.731
- prescrição: art. 206, § 4.º
- prescrição, suspensão durante a tutela: art. 197, III
- protutor, nomeação: art. 1.742
- protutor, responsabilidade: art. 1.752, § 2.º
- recebimento de rendas e pensões do menor: art. 1.747, II
- rendas de móveis e imóveis do menor: arts. 1.748, IV, e 1.750
- representação e assistência do menor: arts. 1.747, I, e 1.748, V
- responsabilidade do juiz na tutela: art. 1.744
- responsabilidade do tutor: art. 1.752, *caput*
- sustento e educação do tutelado: arts. 1.740, I, 1.746, 1.747, III, e 1.754, I
- transação em nome do menor: art. 1.748, III

TUTOR(ES)
- *Vide* também TUTELA
- atribuições: arts. 1.740, 1.747 e 1.748
- casamento com tutelado, causa suspensiva: art. 1.523, IV
- cessação da tutela: arts. 1.763 a 1.766
- destituição: art. 1.735
- deveres: arts. 1.740 e 1.741
- escusa: arts. 1.736 a 1.739
- exercício parcial da tutela: art. 1.743
- fiscalização de seus atos: art. 1.742
- incapazes de exercer a tutela: art. 1.735
- morto, ausente ou interdito, prestação de suas contas: art. 1.759
- nomeação: arts. 1.728 a 1.734

- prazo em que são obrigados a servir: art. 1.765
- prescrição, interrupção: art. 203
- prescrição, não corre entre tutor e tutelado: art. 197, III
- prescrição, responsabilidade do tutor: art. 195
- prestação de contas: arts. 1.755 a 1.762
- protutor, nomeação: art. 1.742
- protutor, responsabilidade: art. 1.752, § 2.º
- remoção da tutela: arts. 1.735, 1.764, III, e 1.766
- representação e assistência do tutelado: arts. 1.747, I, e 1.748, V
- responsabilidade em relação aos bens dos pupilos: arts. 1.752, 1.753, § 2.º, e 1.762
- responsabilidade pela prescrição a que derem causa: art. 195

UNIÃO ESTÁVEL
- causas suspensivas matrimoniais, não impedem sua constituição: art. 1.723, § 2.º
- conceito: art. 1.723
- conversão em casamento, possibilidade: art. 1.726
- deveres entre os companheiros: art. 1.724
- impedimento matrimonial existente, impossibilidade de constituição em união estável: art. 1.727
- não constitui: art. 1.723, § 1.º
- regime de bens aplicável: art. 1.725

USO
- anormal da propriedade: arts. 1.277 a 1.281
- da coisa em condomínio: art. 1.314
- direito real de uso: arts. 1.225, V, 1.412 e 1.413

USOS
- do local da celebração do negócio jurídico, interpretação segundo eles: art. 113

USUCAPIÃO
- de bens públicos, proibição: art. 102
- de coisa móvel, contagem do tempo da posse dos antecessores no prazo: art. 1.262
- de coisa móvel, posse com justo título e boa-fé, prazo: art. 1.260
- de coisa móvel, posse por mais de cinco anos: art. 1.261
- de coisa móvel, prescrição, causas que a suspendem ou interrompem: art. 1.244
- de imóvel adquirido, onerosamente, com base em registro cancelado, prazo: art. 1.242, parágrafo único
- de imóvel, contagem do tempo da posse dos antecessores no prazo: art. 1.243
- de imóvel, declaração solicitada ao juiz pelo possuidor: art. 1.241
- de imóvel, direito reconhecido ao mesmo possuidor mais de uma vez, impossibilidade: art. 1.240, § 2.º
- de imóvel, posse com justo título e boa-fé, prazo: arts. 1.242 e 2.029
- de imóvel, posse de área urbana de até duzentos e cinquenta metros quadrados, requisitos e prazo: art. 1.240
- de imóvel, posse sem título ou boa-fé, prazo: arts. 1.238 e 2.029
- de imóvel, prescrição, causas que a suspendem ou interrompem: art. 1.244
- de servidão predial: art. 1.379

USUFRUTO
- alienação do usufruto: art. 1.393
- caução para garantia da conservação e entrega das coisas em usufruto: arts. 1.400 e 1.401
- cessão do exercício: art. 1.393
- constituído em favor de dois ou mais indivíduos: arts. 1.411 e 1.946
- constituído em favor de pessoa jurídica, extinção: art. 1.410, III
- de animais, as crias pertencem ao usufrutuário: art. 1.397
- de coisas consumíveis: art. 1.392, § 1.º
- de florestas, pode ser prefixada a extensão: art. 1.392, § 2.º
- de imóveis, necessidade de registro: art. 1.391
- de minas, prefixação da extensão: art. 1.392, § 2.º
- deteriorações resultantes do uso normal: art. 1.402

- de títulos de crédito, direitos do usufrutuário: art. 1.395
- direito real: art. 1.225, IV
- direitos do usufrutuário: arts. 1.394 a 1.399
- dos bens dos filhos, inerente ao poder familiar: arts. 1.689 e 1.693 e 1.816, parágrafo único
- edifício destruído sem culpa do proprietário: art. 1.408
- estende-se aos acessórios e acrescidos: art. 1.392, *caput*
- extinção do usufruto: arts. 1.410 e 1.411
- frutos civis, vencidos na data do início e da cessação do usufruto: art. 1.398
- frutos naturais, pendentes ao começar e ao terminar o usufruto: art. 1.396
- impostos reais, incumbem ao usufrutuário: art. 1.403, II
- inventário dos bens recebidos em usufruto: art. 1.400, *caput*
- juros da dívida que onera o objeto do usufruto: art. 1.405
- legado sem fixação de tempo, presume-se vitalício: art. 1.921
- lesão contra a posse da coisa, obrigação do usufrutuário de dar ciência ao dono: art. 1.406
- mediante arrendamento: art. 1.399
- mudança da destinação econômica sem autorização do proprietário, proibição: art. 1.399
- objeto sobre o qual pode recair o usufruto: art. 1.390
- obrigações do usufrutuário: arts. 1.400 a 1.409
- posse de coisa usufruída não anula a posse indireta: art. 1.197
- preço da meação de parede, cerca, muro, vala ou valado: art. 1.392, § 3.º
- prédio danificado por terceiro ou desapropriado: art. 1.409
- quase usufruto: art. 1.392, § 1.º
- reparações extraordinárias, como são pagas: art. 1.404
- reserva de usufruto pelo donatário: art. 1.400, parágrafo único
- seguro sobre a coisa em usufruto: art. 1.407
- tesouro achado por outrem, ausência de direito do usufruto: art. 1.392, § 3.º
- vitalício, quando se presume: art. 1.921

VALA

- divisória: arts. 1.297, § 1.º, e 1.327 a 1.330

VARANDA

- embargo pelo vizinho: art. 1.301

VENDA

- *Vide* também ALIENAÇÃO e COMPRA E VENDA
- a contento: arts. 509 a 512
- com reserva de domínio: arts. 521 a 528
- do gado empenhado: art. 1.445
- em hasta pública: *vide* HASTA PÚBLICA
- em hasta pública, de bens de menor sob tutela: art. 1.750
- em hasta pública, de imóvel que não caiba no quinhão: art. 2.019
- judicial, de imóvel hipotecado, notificação necessária: art. 1.501
- sobre documentos: arts. 529 a 532

VÍCIOS

- anulação da partilha: 2.027
- da coisa empenhada: art. 1.433, III
- dos negócios jurídicos: arts. 138 a 165 e 171, II
- redibitórios: arts. 441 a 446

VINTENA

- do testamenteiro: arts. 1.987 e 1.989

VIOLÊNCIA

- *Vide* também COAÇÃO e ESBULHO
- contra o testador: art. 1.814, III
- na posse, atos violentos não autorizam a aquisição: art. 1.208
- na posse, constitui vício: art. 1.200
- na posse, defesa do possuidor: art. 1.210, § 1.º

VIÚVA

- prazo para contrair novo casamento: art. 1.523, II

VIÚVOS

- casamento antes de inventariar e dar partilha dos bens do casal, proibição: art. 1.523, I

VIZINHOS
- *Vide* também DIREITOS
- direito de construir: arts. 1.299 a 1.313
- direito de tapagem: art. 1.297
- direitos e deveres quanto aos limites entre os prédios: arts. 1.297 e 1.298
- direitos e deveres quanto às águas: arts. 1.288 a 1.296
- direitos e deveres quanto às árvores limítrofes: arts. 1.282 a 1.284
- passagem forçada: art. 1.285
- uso nocivo da propriedade: arts. 1.277 e 1.280

VOCAÇÃO HEREDITÁRIA
- ascendente: art. 1.829, II
- capacidade para suceder: art. 1.798
- colaterais: art. 1.829, IV
- cônjuge sobrevivente: art. 1.829, III
- descendente: art. 1.829, I
- disposições relativas a ela, não aplicação à sucessão aberta antes da vigência deste Código: art. 2.041
- legitimação: art. 1.798
- ordem: arts. 1.829 a 1.844
- união estável e união homoafetiva: 1.790

VONTADE
- manifestação da vontade nos negócios jurídicos: art. 110
- reserva mental: art. 110
- silêncio, quando importa anuência: art. 111